U0809997

世界经济文化年鉴

Yearbook of World Economic Cultures

1997～1998

人民出版社

责任编辑：陈寒节　鲁　静　王能雄　黄金山
装帧设计：赵　静
版式设计：于　华　　张　瑶
责任校对：蒋长芳　袁秋沂

图书在版编目（CIP）数据

世界经济文化年鉴 1997～1998/《世界经济文化年鉴》编委会编
－北京：人民出版社，1998.7

ISBN 7-01-002814-1
Ⅰ.世…
Ⅱ.世…
Ⅲ.经济－世界－1997～1998－年鉴
Ⅳ.F11－54

中国版本图书馆 CIP 数据核字（98）第 14789 号

《世界经济文化年鉴》1997/1998
SHIJIE JINGJI WENHUA NIANJIAN 1997/1998
《世界经济文化年鉴》编辑委员会
人民出版社 出版发行
（100706　北京朝阳门内大街 166 号）
北京京海印刷厂印刷　新华书店经销
1998 年 7 月 第 1 版　1998 年 7 月北京第 1 次印刷
开本：787 毫米×1092 毫米 1/16　印张：80.50
字数：2480 千字　印数：1-1600 册
ISBN 7-01-002814-1/Z·96

定价：248.00 元

中国九届人大一次会议

1998年3月5日，中国第九届全国人民代表大会第一次会议在北京人民大会堂隆重开幕。图为大会会场。

新华社供稿

东亚首脑第一次聚会

1997年12月15日至16日，东盟－中国、日本、韩国首脑非正式会晤和中国－东盟首脑非正式会晤在马来西亚首都吉隆坡举行。这是东亚12国领导人首次聚会，也是中国同东盟9国领导人首次共同会晤。中国－东盟首脑一致同意建立面向21世纪的睦邻互信伙伴关系，并发表了《中华人民共和国与东盟国家首脑会晤联合声明》，中国和东盟国家的关系进入新的发展阶段。

新华社供稿

江泽民主席访问美国

1997年10月26日至11月2日，中华人民共和国国家主席江泽民对美国进行国事访问，这是近12年来中国国家元首首次正式访问美国。两国于10月29日发表了《中美联合声明》，决定两国通过加强合作，共同致力于建立面向21世纪的建设性战略伙伴关系。这标志着中美关系发展进入新阶段。

新华社记者刘建国摄

中国恢复对香港行使主权

1997年7月1日，中英两国政府香港政权交接仪式在香港隆重举行。江泽民主席庄严宣告：中国政府对香港恢复行使主权，中华人民共和国香港特别行政区正式成立。

新华社供稿

联合国秘书长在第52届联大发表综合报告

联合国秘书长安南1997年9月22日在第52届联大就联合国的工作发表综合报告。

新华社记者毛众役摄（传真照片）

太平洋亚洲旅游协会1997年年会

中国首次承办的国际旅游盛会—太平洋亚洲旅游协会（PATA）1997年年会、交易会及世界分会大会4月在北京、上海隆重举行。

新华社供稿

泰国爆发金融危机波及世界金融市场

1997年7月2日，泰国财政部和国家银行宣布泰币实行浮动汇率制，放弃已实行14年的泰币与美元挂钩的汇率制，使泰铢大幅度贬值，由此引发的金融动荡对东亚乃至世界各地的金融市场造成冲击，对世界经济也造成一定的负面影响。

新华社供稿

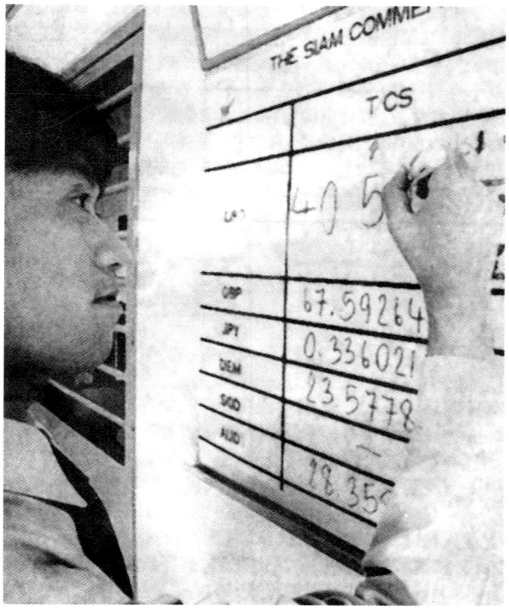

中国与欧盟举行首次领导人正式会晤

1998年4月2日下午，国务院总理朱镕基同欧盟轮值主席国英国首相布莱尔和欧盟委员会主席桑特在伦敦举行了中国－欧盟领导人之间的首次正式会晤。双方认为，这是一次历史性的会晤，相信这次会晤将为中欧关系的进一步发展注入新的活力。图为中国国务院总理朱镕基在伦敦唐宁街10号与欧洲联盟委员会主席桑特（右）会见。左为英国首相布莱尔

新华社记者王岩摄

“探路者”造访火星 “旅居者”成功探秘

1997年7月4日，格林尼治时间17时07分，美国航空航天局的“火星探路者”号飞船及其所释放的“旅居者”火星车在火星阿瑞斯平原成功着陆，开始火星考察活动，并向地球发回大量极有价值的照片和数据。这是人类航天史上的重大事件，将对人类揭开火星奥秘产生深刻影响。

新华社供稿

“克隆羊”成功问世

1997年2月27日，英国《自然》杂志公布：英国爱丁堡罗斯林研究所于7个月前成功地无性繁殖一只绵羊“多利”。“克隆羊”的问世，是生物工程技术发展史上的一个里程碑，但若使用不当，可能影响生态环境，如用于“复制人”，将产生伦理危机。世界卫生组织和许多国家纷纷下令禁止将无性繁殖技术应用于人类试验。

新华社供稿

中国航天工业总公司

总经理：刘纪原

中国航空

朱育理总经理

工业总公司

航空工业是技术密集的高技术产业，也是衡量一个国家科技发展和国防建设水平的重要标志。改革开放以来，航空工业走军民结合的道路取得重要进展，为经济发展、科技进步、国防建设作出了贡献。当前，航空工业在世界激烈竞争中面临着严峻挑战和发展机遇，要大力推进两个根本转变，切实搞好结构调整、技术开发和市场营销工作，把一个崭新的航空工业带向21世纪。

农 5A 飞机

直刺苍穹

参加珠海'96 中国国际航空航天博览会的歼教 7 飞机

运 8C 飞机是陕西飞机制造公司研制生产的4发涡轮螺旋桨式中型、中程多用途运输机。运 8C 气密型飞机，可用于空投、空降。气密舱长 29.3 米，货舱 177 立方米，不仅适用于国防、石油、地质勘探设备等细长物体的运输，而且可空运、空投两辆解放牌卡车，或装运 M 型国际标准集装箱 4 个。珠海航展期间，运 8C 作了精彩的飞行表演，众多观众都争相走进货舱，亲身体验一下其巨大的装载空间。

运 5B 飞机

直 11 型直升机 1996 年 12 月 26 日通过技术鉴定，并开始向用户交付。

'97 中国航空工业成就展于4月3日～9日在香港会议中心举行，展厅面积近5000平方米。步入展厅大厅，首先映入眼帘的是一个大型电视墙，播放着国产飞机和飞行表演实况录像。平台上，陈列着1951年以来中国航空工业研制生产的 70 余架飞机的精美模型。展厅入口处左侧，是图文并茂的展板；右侧是发动机、机载设备、中航技总公司及各厂所选送的展品，后侧是准备上市的哈飞、金城、中航技深圳公司重点摊位。展厅中央，歼 8 Ⅱ M、歼 7MG、歼教 7、强 5、K-8、运 12、直 9、直 11 和 ASN206 无人机昂首挺立，令观众流连忘返。

中国

CHINA

总裁　周明臣

PRESIDENT　ZHOU　MINGCHEN

周明臣总裁在北京会见美国美洲银行董事长兼首席执行官罗森伯格

总裁致辞

PRESIDENT'S REMARKS

历经几代中粮人的奋斗与开拓，中国粮油进出口总公司业务经营不断扩大，实业投资初具规模，国际化跨国经营逐步拓展，已从单纯的贸易公司发展成为集实业、金融、信息、服务、科研为一体的大型企业集团。我们谨向多年以来热情关心、支持我公司事业发展的各级领导与海内外各界朋友表示衷心的感谢。

伴随着共和国改革开放事业的伟大进程，中粮总公司的发展将翻开新的一页。我们将继续发扬“团结、开拓、守信、实效”的企业精神，一如既往地保持与海内外各界朋友的真诚合作，不断开创中粮总公司实业化、国际化、集团化经营的新局面，为中国现代化建设和世界经济繁荣作出新的贡献。

With several generations' efforts,China National Cereals,Oils & Food sfuffs Import & Export Corporation has been developed from a trading company into an enterprise group that goes in for industry,finance,information service and scientific research.I would like to give my sincere appreciations to all those who kindly extended their support and concern to us.

With the further deepening of our Nation's reform and open door policy,our corporation's development has entered a new era.We would continuously be abided by the enterprise spirit of "Unity,Initiative,Credibility,Efficiency"and cooperate with all friends of the world. We will strive for new development of the corporation and make new contributions to our nation's modernization drive as well as the world economic prosperity.

物 业 开 发 系 列

REAL　ESTATE

物业开发系列，已投资参股兴办实业20多个。其中有中粮广场项目，沈阳一条街的改造工程，上海不夜城建设项目，深圳西湖拥有27个洞的全国最大的高尔夫球场，三亚亚隆湾7 000亩土地的开发项目等等，整个规模（包括发展权利）已达500万平方米。

仓储运输项目系列

WAREHOU SING AND TRANSPORTATION

仓储运输项目系列，已投资兴办实业26个，拥有6艘4万吨货轮、5艘集装箱船。仓储设施方面，建立了18个粮食储藏加工项目，包括筛选烘干设备，全年周转粮食能力可达100万吨。在码头建设方面，除了已建成张家港长江沿岸300米长的码头和深圳赤湾深水码头外，还在泰国参与投资兴建了5万吨级的深水码头和一个大型仓库。

酒店经营管理系列

HOTEL RUNNING

酒店经营管理系列，已建成项目13个。包括在北京、哈尔滨、沈阳、大连、青岛等地已建成的9个凯莱连锁酒店、凯风饭店、秦皇岛度假村，还在北京、深圳及新加坡、菲律宾、泰国等地参与其它一些酒店经营管理。

中国民生银行

中国民生银行董事长经叔平先生、行长蔡鲁伦先生会见国际金融公司代表
Mr.Jing Shuping, Chairman of the Board of Directors and Mr.Cai Lulun, President of China Minsheng Banking Corporation meet a representative of International Financial Corporation

董事长经叔平先生会见普华国际会计公司代表
Mr.Jing Shuping, Chairman of the Board of Directors is meeting the representative of Price Waterhouse

中国民生银行(总行)办公楼外景
Outdoor scene of Building of China Minsheng Banking Corporation (Head Office)

中国民生银行
CHINA MINSHENG BANKING CORPORATION

地址：北京东城区正义路4号　邮政编码：100006
电话：(010)65269592　传真：(010)65269593

谨以此书

献给正在迈向21世纪、为实现经济与社会可持续发展而奋力推进现代经济文化建设的人们!

PRESENT THIS BOOK

TO

The readers who are driving to the 21st century with endeavour to promote the construction of the modern economic cultures and realized the economic and social sustainable development!

面对着即将来临的21世纪，世界正酝酿着一场新的科技和产业革命。世界将因科技进步和经济全球化而加快增长速度。文化、教育和科技进步对经济增长的作用日益显著。科技教育、人才培育等因素，在综合国力的发展中日益重要，甚至成为决定的因素。经济活动中文化力的地位与作用，日益强烈地表现出来。经济文化一体化发展，已成为现代化建设进程中的历史性潮流。与此同时，人口增长、生态环境、资源利用等问题引起国际社会的重视，可持续发展成为众多国家追求的发展模式。经济与文化的协调演进对于实现可持续发展具有重要的意义。

现代经济文化是一个新的研究课题，主要研究经济活动中文化的作用与功能，研究经济与文化一体化发展的规律，研究经济发展中人们的思想文化价值观念的变化与发展趋势。在现代经济文化研究的基础上，编辑出版的《世界经济文化年鉴》着重反映世界人口、资源、环境、经济、文化、科技、教育的发展状况，以及这些因素在国家和地区发展中的地位与相互作用，以利于从综合的、整体的角度，正确认识世界的发展趋势。

《世界经济文化年鉴》编辑委员会

顾　　问　王光英　韩天石　马　洪　周光召　于光远　胡　平　周瑞金
刘　吉　宋静存　薛德震　张宏遵　刘纪原　朱育理　康振黄
王礼恒　姜　峻

名誉主任　贾春峰

主　　任　周浩然

常务编委　王永锡　尹世杰　郭钟义　张　炜　周浩然　林振淦　邓　昂
吴　茵　吕日周　顾伯平　白占群　陈　平　马连镇　喻锫丹

编　　委　（分别按姓氏笔划为序）

丁国香　北京大学经济学院副院长、教授
丁俊发　国家内贸局总经济师
马连镇　中国食品工业协会办公室主任
马德伦　中国人民银行办公厅主任
尹世杰　湖南师范大学消费经济研究所教授
王怀宁　中国社会科学院世界经济与政治研究所研究员
王永锡　西南财经大学校长、教授
王梦立　天津师范大学教授
王长连　北京市西城区区长
王俊峰　中国航天工业总公司办公厅副主任
文国运　湖北省劳动厅副厅长
邓　昂　中国科学院学术书刊编审
白占群　中共中央党校科研部副主任、教授
白慧良　中国国家医药管理局办公室主任
吕日周　山西省体制改革委员会主任、研究员
江惠生　中共英德市委书记
孙光成　《世界研究与发展》杂志副主编
孙文年　中国船舶工业总公司办公厅主任

孙天泽　中国食品工业(集团)公司总经理
朱　健　福建省福清市市长
刘信海　中国食品工业协会质量管理部主任
李书有　南京大学教授
李有荣　国家经贸委办公厅副主任
李跃进　北京图书馆馆员
李艳秋　中国人口信息研究中心办公室主任
李立涛　北京电信管理局宣传部部长
陈吉元　中国社会科学院农村发展研究所所长、研究员
陈建平　中外名人文化研究会副秘书长
陈　平　中外经济文化研究委员会编辑部副主任
陈绪华　中外经济文化研究委员会办公室副主任
陈　晨　中国光大集团总公司办公厅副主任
吴念鲁　中国银行金融研究所所长
吴　茵　中外经济文化研究委员会编辑部副主任
沈宝昌　北京市人民政府副秘书长
季克良　中国贵州茅台酒厂集团董事长兼总经理
张　炜　西南财经大学经济系副主任、教授
张斗文　中外经济文化研究委员会秘书长、研究员
张伯山　南开大学旅游系资料室主任
周浩然　中外经济文化研究委员会副主任、编审
周忠厚　中国人民大学教授
周满生　国家教育发展研究中心比较教育研究室主任
郑文林　中国社会科学出版社社长、编审
陆学艺　中国社会科学院社会学所所长、研究员
陆　唯　北京亚太经济文化研究中心特邀研究员
罗治英　甘肃省政协常委、教授
林振淦　中国社会科学院世界经济与政治研究所编审
项　平　南京中医药大学校长、教授
赵廷瑶　北京亚太经济文化研究中心办公室主任

荣德邻　中国企业文化研究会副理事长、高级经济师
孟凡驰　中国企业文化研究会副秘书长
顾伯平　中外名人文化研究会副会长
顾仲朝　中国航空工业总公司办公室主任
封希德　西南财经大学副校长
郭俊义　中国国防科技信息中心研究员
郭钟义　《世界经济文化年鉴》编辑部主任、编审
徐世仁　中国天然气总公司办公厅主任
高效德　中法合营王朝葡萄酒有限公司总经理
梁传运　中国商标事务所副所长、高级经济师
钱来忠　四川省文联党委书记、研究员
唐　骅　北京科技美学协会副秘书长
曾　毅　北京大学人口研究所教授
曾超麟　中共广东省兴宁市市委书记
曾呈奎　中国科学院院士、海洋研究所名誉所长、教授
喻锫丹　中国社会科学出版社编审
杨基常　中共广西壮族自治区党委副书记
程肖彭　南京中医药大学党委书记、校务委员会主任、教授
蒋效愚　中共北京市朝阳区委书记
管华诗　中国工程学院院士、青岛海洋大学校长、教授
蔡　拓　南开大学副教授
翟若愚　国家电力总公司办公厅主任

总编辑 周浩然 喻锫丹

副总编辑 张炜 吴茵 唐骅

编审 郭钟义

编辑 蒋长芳 袁秋沂 张晓兰
徐立宏 陈碧峰 肖玉琼

地址：中国·北京市复兴路83号
邮编：100856
总编室：(010)68218129
编辑部：(010)68221941
传真：(010)68274496

编辑说明

一、《世界经济文化年鉴》是一部全面汇集世界经济文化研究成果，反映世界人口、资源、环境、经济、文化、科技、教育发展动态的综合性年鉴。

二、本《年鉴》主要内容有：(1)世界经济文化发展综述；(2)世界人口发展与环境保护；(3)现代教育与世界科技；(4)国际投资与财政金融文化；(5)世界贸易与跨国营销文化；(6)世界社会消费与消费文化；(7)世界旅游经济文化；(8)国家与地区经济文化；(9)中国经济文化专题介绍；(10)智力资源开发与中外著名企业经营管理；(11)世界经济文化活动；(12)统计资料。

三、本《年鉴》资料来源系各国年鉴、各国政府报告、联合国教科文组织及官方统计资料、世界银行及有关机构出版物。

四、本《年鉴》由中国社会科学院、中国科学院、北京大学、中国人民大学、清华大学、北京图书馆、北京亚太经济文化研究中心、中外经济文化研究委员会、中国对外翻译出版公司、中国现代国际关系研究所、中国人口信息研究中心、《中国人力资源开发》杂志社、国家有关部委的负责人、专家学者、研究人员供稿和参加编撰。

五、本《年鉴》由新华书店经销；中国国际书店、中国出版对外贸易总公司办理国外订购。

六、本《年鉴》涉及内容广泛，加之编辑时间短促，疏漏与不当之处，敬请广大读者指正。

EDITOR'S NOTES

Ⅰ. *The Yearbook of World Economic Cultures is* an annual Publication, which comprehensively collects worldwide research achievement concerning economic culture, and reports developmental status and trends of world population, resources, environment, economy, culture, science-technology and education.

Ⅱ. The main contents of this Yearbook including: (1) Development review on the world economic culture; (2) World population growth and environmental protection; (3) Modern education and world science-technology; (4) International investment and financial culture; (5) World trade and transnational marketing culture; (6) World social consumption and consumptive culture; (7) World tourist economic culture; (8) Economic culture in countries and areas; (9) Special introduction to economic culture in China; (10) Development of intellectual resources and business management of renowned enterprises in China and abroad; (11) Activities and statistical data concerning the world economic culture; (12) Statistical data.

Ⅲ. The data sources of this publication are from various countries' Yearbooks and governmental reports, statistical data from UNESCO and official sources as well as publications of the World Bank and some organizations concerned.

Ⅳ. The book is written and compiled by experts, scholars and researchers from the Chinese Academy of Social Sciences, the Chinese Academy of Sciences, PeKing University, Renmin University of China, Qinghua University, National Library of China, Beijing Asia-pacific Economic Cultural Research Center, the Chinese and Foreign Economic Culture Research Commission, China Translation and Publishing Corporation, China Institute of Contemporary International Relations, China Population Information and Research Centre, the Magazine Agency of 《Human Resource Development of China》, and some Ministries concerned.

Ⅴ. This book can be engaged in selling at Xinhua Bookstore of the whole nation, China International Bookstore and China Overseas Trade Publishing Company.

Ⅵ. This Yearbook is a comprehensive volume with substantial contents, and due to the pressing time, some mistakes and drawbacks are unavoidable, so, readers are welcome to make criticisms and comments, if any of them presents.

前言

现代经济文化是中国80年代兴起的一个新的研究课题,主要研究经济活动中文化的作用与功能,研究经济与文化协调发展的规律,研究经济发展中人们的思想文化、价值观念的变化与发展趋势。这一研究具有深刻的历史根源与现实依据。

首先,由于现代科学技术的发展,人类社会已经步入信息时代,社会生产力的力量源泉已从"物质空间"转向"知识空间",社会生产力发展的关键也不仅是增加物质投入或资金投入,而是不断增加知识的投入。信息化的实现将使传统社会向现代社会的发展过程的快慢同一个国家以智力为核心的现代科技教育水平高低成正比。文化和科学技术已成为生产力的主要因素和社会发展的内核与先导。面对着即将来临的21世纪,世界正酝酿着一场新的科技和产业革命。世界将因科技进步和经济全球化而加快增长速度。文化教育和科技进步对经济增长的作用日益显著。科技教育、人才培育等因素,在综合国力的发展中日益重要,甚至成为决定的因素。人们逐渐认识到,在市场经济条件下,经济活动的主体如果没有行为约束和道德约束,必然陷入无序和混乱。在全球范围内,一种与经济发展、科技进步相适应的文化价值观念的重建受到普遍重视。经济的发展,促进了科技产业和文化产业的迅速发展。商品生产中的科技含量和文化附加值正在增长。重视社会消费对商品中文化含量的需求和跨国营销中文化背景的研究,对于参与国际市场竞争已具有重要意义。经济活动中文化力的地位与作用,日益强烈地表现出来。经济文化协调发展,正在成为现代化建设进程中的历史性潮流。

此外,随着科学技术与现代文明的高度发展,人类开始重新审视与自然的关系,人口发展、生态环境、资源等问题引起国际社会的普遍关注与重视。可持续发展已成为人类社会发展的历史性抉择。这一巨大的进步,必然带来人类哲学观念的划时代的转变,引起科学理论、经济决策及经济、文化、科技、政治的相互关系以及一系列社会思想、学术观点的深刻变化。在这种历史的转折时期,科学正在走向一种新的综合。原有的自然科学、社会科学的研究领域不断获得新突破,形成了许多边缘性学科和跨学科领域。与此同时,自70年代以来,随着世界经济的发展,东亚一些国家和地区的工业化及文明的成果对传统经典的西方发展理论提出了挑战。这些国家和地区的现代化,超越了西方现代化由政治—经济领域递进的模式,走出了具有自己特色的经济社会现代化成功之路。这种发展模式体现了由经济中心型增长观到人—自然—社会协调发展为中心增长观的转变,它的核心是强调文化价值观念在社会发展中的作用。法国的经济学家F·佩鲁在批判传统的"增长即是发展"的观点时指出:"企图把共同的经济目标同他们的文化环境分开,最终会以失败告终"、"如果离开了它的文化基础,任何一种经济概念都不可能得到彻底深入思考"。美国学者博尔丁认为,西方文化被看成一种科学、经济和宗教的独特综合体,它产生了全新的现代化生活方式。但是,这种模式在第三世界国家的试验却受挫,理论和政策的失败向人们展示了另一种希望,即发展中心必然转移到人和社会的和谐发展,而不仅是经济增长。这种新的发展观强调文化的核心作用无疑是很有见地的。但是,这种发展理论是在西方经济理论的框架和体系中来分析和研究发展中国家的进程,存在着许多局限性,更重要的是它没有将经济文化作为一个有机整体来研究。事实上,如果离开经济增长和科技进步,文化将失去发展的动力和最丰富的现实内容。关于文化的研究,很可能重蹈文化决定论的轨迹。

中国的现代化建设需要立足于中国的国情和社会主义市场经济的现实,认真研究经济文化协调发展的规律。自80年代以来,伴随社会主义商品经济理论、市场取向的改革理论、建设有中国特色的社会主义发展理论的研究,中国学术界开始了对现代经济文化的研究,并取得了初步的研究成果,为中国经济文化的理论建设奠定了基础。近几年来,在中国经济文化一体化的发展格局中,无论是企业文化、商业文化,还是区域经济文化、生态经济文化、金融文化等关于现代经济文化的研究,都取得了新的进展。一些研究成果已引起中外学术界的重视。从理论与实践结合的观点来看,现代经济文化一体化发展的形成和演进,主要根源于现代科技革命和现代教育的发展和以市场为纽带的经济、文化资源横向流动与重新优化配置,以及世界各国经济文化建设的经验和人类关于现代化建设与研究的成果。经济文化的相互融合、协调发展,已日益表现在新的历史条件下,人们在改造自然、社会和自我的活动中产生的新的思维方式、价值取向、活动方式以及实践成果的理论总结。社会主义市场经济的发展,呼唤着民族文化精神的重建,呼唤着社会道德的进步,呼唤着对文化、教育、科技、环境保护等问题的高度重视和全面协调发展。目前,经济文化理论的研究和实践探索已成为现代化进程中一项具有挑战性的现实课题。不少学者认为,经济文化的相互促进、协调发展是当代社会发展的一种趋势,是社会全面进步的重要标志。在市场经济发展中,必须发挥文化的先导作用,以可持续发展的基本思路,构建起与社会主义市场经济相适应的价值体系、知识体系、生活方式,使经济的发展植根于经济文化一体化发展的深厚基础之上。

《世界经济文化年鉴》是在中国学术界关于现代经济文化研究的基础上编辑、出版的一部全面汇集世界经济文化研究成果，反映世界人口、资源、环境、经济、文化、科技、教育发展动态的综合性年鉴。编辑出版这本《年鉴》的目的在于揭示：随着世界经济的全球化发展和科学技术的进步，经济文化的融合化、国际化，科学的综合化、人与环境的协调化，逐步实现经济—文化—社会—科技—人类—环境的相互促进、协调发展已成为不可逆转的大趋势。

在这本《年鉴》1995～1996卷出版以来，世界发生着重大的变化。1997年是世界经济在动荡中较快增长的一年，世界大多数国家的经济明显增长，国际贸易明显回升、企业兼并浪潮迭起、信息经济初显威力、国际金融领域热点迭出、动荡与改革交叉，机遇与挑战并存。经济的全球化对世界各国的文化产生着重大的影响，加剧了各国之间文化的撞击和融合，揭示出经济文化发展的深层次关系。在科学领域里，基础研究有所突破，天文学成果累累，计算机、光电子和通信技术发展迅速，生物与医药领域成果辉煌，新材料研究有重大突破，航空、航天事业在合作与竞争中发展。随着知识经济时代的来临，科学技术向生产力转化的速度越来越快，科学研究的方向不仅更加微观深入，而且更加宏观系统，科学技术发展的规模更加社会化、国际化，科学技术发展对社会文明的影响空前广泛，更加深刻。科学不仅仅是生产力，同时又是一种重要的精神力量。学者认为，在未来的信息社会里，知识将代替权力和资本成为重要的社会力量。教育改革的浪潮风起云涌、此起彼伏。对于世界教育未来发展与现代化各方面关系的探讨，已成为人类日益关心的重大课题。发达国家在人力资源开发与管理上的成功经验，引起世界各国的高度重视。在全球范围内，传统的人事管理已成为过去，一场以人力资源开发为主调的人事革命正在到来。一年多来，国际社会对可持续发展问题更加重视；与此同时，对可持续发展的理论学术研究也日益深化。不少学者认为，可持续发展这一观念存在着深刻的哲学、社会和心理背景。可持续发展与传统的发展观念的根本区别在于，从以单纯的经济增长为目标，转向经济、社会、人口、生态环境的综合发展，从注重眼前利益的发展转向长期持续性发展，从重视物质资源转向重视科学技术与知识的发展，尤其是人的发展，要求人类以最高智力水准与相应的责任感规范自己的行为，因而，文化是可持续发展的灵魂。要实现可持续发展，首先必须推动社会文化的发展，张扬实现可持续发展的人文理性精神，制定生态经济文化协调发展的新战略。

1997年，对中国来说是不平常的一年。中国对香港恢复行使主权标志着“一国两制”构想取得巨大成功。中国共产党第十五次全国代表大会，以高举邓小平理论伟大旗帜，把建设有中国特色社会主义事业全面推向21世纪为主题，重申了以经济建设为中心，坚持改革开放的基本路线。江泽民总书记在十五大报告中关于社会主义经济、政治、文化有机统一、协调发展的论述，对于中国的经济文化建设具有重要的意义。在这一年里，经济持续增长，对外经济活动能力和科学技术有了较快的发展，国有企业的改革有重要突破，社会保障制度取得新的进展，城市化水平继续提高，人口保持低增长率。企业文化、商业文化等现代经济文化的研究同市场经济条件下人力资源的开发和企业制度的改革更加紧密地联系在一起，推动了市场经济的发展和现代文明的建设。中国的综合国力有了显著提高。21世纪的中国必将以富强、民主、文明的社会主义国家的崭新形象屹立于世界民族之林。但是，中国的产业结构不合理，人均资源贫乏，能源利用率极低，人力资源的开发相当落后，科技成果转化能力薄弱，教育体制有待改革，与市场经济相适应的社会文化价值观念亟须重建。因此，民族的复兴仍然是任重道远的千秋大业。对此不能不引起充分的重视。

本《年鉴》1995～1996卷出版以来，受到社会各界的重视。专家学者认为，《世界经济文化年鉴》填补了目前出版的专业性年鉴的一项空白，反映了世界经济文化协调发展的新潮流新成果，是对中国经济文化研究成果的总结，同时也是对中国经济文化研究的一个重要的贡献和有力的推动，其创新价值受到关注。《年鉴》的出版对于正确认识世界的发展状况和发展趋势、实现中国经济文化协调发展具有重要的参考意义。本卷在1996卷的基础之上做了适当的调整。调整的目的主要在于更加突出本《年鉴》的特色，着重介绍人口发展、环境保护、科技、文化、教育在国家与地区经济社会发展中的地位与作用，着重反映经济文化一体化发展的状况以及实现可持续发展的有关问题和重大活动。

需要指出的是，世界各国的经济文化发展是一个非常复杂的过程。各国经济文化的发展与其历史传统、社会环境等密切相关。在总结现代经济文化发展的共同规律的同时，还应该看到，经济文化的发展在各国也存在不同的发展规律，在发展体制、运行机制和运作方式上表现出自己的特色，出现不同的发展模式。因此，我们在编辑本《年鉴》时，尽量保持客观性，力求把各国现代经济文化建设的现实客观地反映出来。此外，本《年鉴》在介绍世界经济文化发展状况的同时，对现代经济文化发展中产生的一些新的领域，诸如：智力资源的开发与企业文化建设、跨国营销文化、金融文化等经济文化活动和学术成果作了专题介绍。我们认为，这些资料对于了解现代经济文化的发展规律，推动中国经济文化全面发展战略的实施和现代企业制度的建立，会有一定的作用。

《世界经济文化年鉴》的编辑出版是一项探索性的工作，涉及的内容极为广泛，在时间紧迫的情况下，组织众多作者编撰这本年鉴，确非易事。本《年鉴》的编撰过程，同时也是我们的学习过程。书中错漏之处，在所难免，敬请读者批评指正。

本《年鉴》的编辑出版，得到了有关方面的协助与支持，特此表示深深的感谢。

《世界经济文化年鉴》编辑委员会

目　录

第一篇　世界经济文化发展综述

第二篇　世界人口发展与环境保护

第三篇　现代教育与世界科技

第四篇　国际投资与财政金融文化

第五篇　世界贸易与跨国营销文化

第六篇　世界社会消费与消费文化

第七篇　世界旅游经济文化

第八篇　国家与地区经济文化

第九篇　中国经济文化专题介绍

第十篇 智力资源开发与中外著名企业(公司)经营管理

第十一篇 世界经济文化活动

第十二篇 世界经济文化统计资料

CONTENTS

Chapter 1　DEVELOPMENT REVIEW ON THE WORLD ECONOMIC CULTURES

Chapter 2　WORLD POPULATION GROWTH AND ENVIRONMENT PROTECTION

Chapter 3 MODERN EDUCATION AND WORLD SCIENCE-TECHNOLOGY

Chapter 4 INTERNATIONAL INVESTMENT AND FINANCIAL CULTURE

Chapter 5 WORLD TRADE AND TRANSNATIONAL MARKETING CULTURE

Chapter 6 WORLD SOCIAL CONSUMPTION AND CONSUMPTIVE CULTURE

Chapter 7 WORLD TOURIST ECONOMIC CULTURE

Chapter 8 ECONOMIC CULTURE OF COUNTRIES AND AREAS

Asia

Chapter 9 SPECIAL INTRODUCTION TO ECONOMIC CULTURE IN CHINA

Chapter 10 DEVELOPMENT OF INTELLECTUAL RESOURCES AND RENOWNED ENTERPRISES IN CHINA AND ABROAD

Chapter 11 WORLDWIDE ECONOMIC CULTURE ACTIVITIES

Chapter 12 STATISTICAL DATA OF THE WORLD ECONOMIC CULTURES

第　一　篇

世界经济文化发展综述

- 全球问题与人类现代文明建设
- 1996 年世界经济的发展与变化
- 1997 年世界经济形势及特点
- 科学技术发展趋势及其对社会文明的影响
- 近两年多来世界科技新成果
- 世界教育发展与现代化
- 世界人口、资源与环境
- 走可持续发展道路是中国的必然选择
- 文明的亚洲和亚洲的文明
- 俄罗斯向市场经济转轨与文化教育的变化
- 新兴国家与地区推动经济增长方式转变的政策与措施
- 生态经济文化与可持续发展
- 走向可持续发展的基础
- 论文化力在综合国力中的地位
- 论市场趋势与企业提高文化品位
- 中国传统文化与海外华人企业的发展
- 经济环境与跨国公司的全球战略

全球问题与人类现代文明建设

南开大学 蔡 拓

世纪之交的人类面临着严峻的挑战，在诸多挑战中，全球问题最为尖锐，也因此最令人瞩目。是否能正确地认识和解决全球问题，将直接关系到21世纪人类的命运。

全球问题及其对当代人类的挑战

众所周知，全球问题并非特指某一个问题，而是代表一类具有共同特点的问题。这些问题在内容上具有鲜明的时代特征；在规模上具有全球性；各种问题之间有内在的联系，相互缠结，形成一个不可分割的系统；问题本身超社会制度的差异和意识形态的分歧，关系到全人类的根本利益；最后，这些问题无论在影响力度还是性质上都极富挑战性与威胁性，直接涉及人类的生存与发展。当今，国际社会异常关注的南北关系、战争与和平、生态失衡、环境污染、粮食危机、资源短缺、人口爆炸、难民、毒品、爱滋病、国际人权与民族主义、国际恐怖主义、海洋利用与宇宙开发等等，都属于全球问题。

全球问题是现代文明走向全球化的产物，而全球化的根本动力又在于科学技术的迅猛发展。以微电子技术为标志的新科技革命使整个人类社会生活日益信息化、知识化、智能化。它所建立的大规模、高效能全球信息网络，所带来的巨大技术进步和生产力正在几十倍甚至上百倍的提高，导致了国际经济、政治、军事、文化、社会生活的一体化。相互依存已是不争的事实，任何一个国家、民族都难以在国际网络之外获得独立发展。显而易见，全球化加强了世界各国的联系、对话与合作有助于现代文明的建设。但与此同时，全球化所造成的紧密相互依存也增加了国际社会的脆弱性，引发出一系列全球问题。

全球问题作为文明进程中的一类特殊问题受到关注，始于本世纪五六十年代。换言之，只是从这时起，人口、环境、资源、南北关系、核对抗等等问题才以其整体性、深刻性向人类敲响警钟。70年代以后，难民、毒品、爱滋病、恐怖主义、国际人权与民族主义、海洋利用与宇宙开发等问题又相继加盟全球问题，从而更加震撼国际社会。30年过去了，尽管国际社会对困扰人类的全球问题给予了越来越多的重视，并采取了相应措施，但一方面所采取的措施与所付出的努力远未达到解决全球问题所需要的力度；另一方面，动态系统中的滞后现象所导致的滞后效应，正以更持久的方式显现，释放出失控的能量。因此，从总体上讲全球问题所造成的困境并未得到有效缓解，相反更为严峻。请看下列事实：

全球贫困 在全世界57亿人口中，约有10亿多人口生活在绝对贫困中，其中8亿人口长期处于饥饿状态，比80年代中期增加2.5亿。在联合国清单上，最贫困的国家已增至48个，低收入缺粮国已高达88个。目前世界上最富有的20%人口竟占有世界总收入的83%，而最贫穷的20%人口在世界总收入中仅占1.5%，其收入之比从30年前的30∶1，扩大到今天的61∶1。1996年底结束的世界粮食首脑会议告诉我们，世界人均粮食占有量已从1985年的415公斤，降至今天的360公斤，粮食库存量也到了15年来的最低点。

世界军事安全 冷战结束后以美苏为首的两大军事集团对峙和相互威慑状态已不存在，全球总体形势趋于缓和，但世界军事安全仍令人担忧，地区性武装冲突与局部性战争呈增长之势，1989年为33起，1995年高达46起。与冷战时期相比，冷战后的地区冲突往往具有多边化、国际化的新特点，短期内会产生极快的溢散效果，对国际社会的安全与稳定构成极大威胁;核扩散危险加大,据斯德哥尔摩国际和平研究所的报告,目前至少已有25个国家拥有了或正在获得弹道导弹及其相关技术,到下世纪初,拥有核武器的国家可能超过20个。更为严重的是,核武器可能扩散的对象大都处于冲突与危机的高发区,甚至不能排除恐怖分子拥有核武器;世界军火贸易与军费开支虽因美俄两大军事巨头削减军备而在总量上有所下降,但仍然相当可观。高技术在军事领域的运用受到普遍关注,从而加大了军事科研和高技术武器研制的经费投入,揭开了高技术武器市场争夺战的序幕。军火贸易的较高经济效益,不仅保持了公开、合法的军火销售市场的活跃,而且使秘密武器交易急速升温。亚洲地区军费预算和拨款普遍增加,其中日本军费已达550亿美元。这一切都意味着,世界人民仍笼罩在战争的阴云之下。

难民 根据联合国难民署的统计,1995年世界难民总数达2 600多万,其中仅在波黑和卢旺达内战中难民就达700万,而困扰人类的新危机——环境难民也已达250万,并有继续扩大之势。面对日益汹涌的难民潮,欧洲各国正相继通过法律,采取各种措施限制移民。最近,奥地利内阁通过了1997年外国人移民的配额和内政部提交的新的外国人移民法案。法国则于1996年8月用强力遣送难民,结束了一场"难民危机"。南非也感受到来自周边国家难民的压力,据统计,进入南非的非法移民约有500万。

爱滋病 自1981年发现第一例爱滋病以来,今天该病已蔓延到193个国家与地区。据世界卫生组织提供的资料,截止到1996年6月,全球已有2 790万爱滋病病毒感染者,并正以每天约8 500人受感染的速度扩大流行,到2000年可达几千万至1亿例,有580万人已死于爱滋病。

不言而喻,方兴未艾的全球问题影响到国际社会的安全与稳定,影响到世界人民的生存与发展,影响到人类现代文明建设的进程与前景。可以毫不夸张地说,今天,无论是处理国际经济、政治、军事、文化、社会、科技等关系,还是解决国内的经济发展、政治稳定、社会进步等事务,都难以摆脱全球问题的困扰。然而,由于全球一体化、信息化的洪流来势过猛,全球问题的冲击波过大,所以总的来看,当代人类的回应还颇显欠缺。加强对策研究,制定出范围更广、力度更大的应对措施,开展广泛的国际合作,这些工作无疑非常重要,但前提是提高对全球问题的认识。换言之,只有在对人类已经认同、习惯的一切行为规范、价值准则、理论政策、思维模式等进行全面反思的基础上,并从文化内涵与理论高度上把握全球问题的真谛,才能战胜全球问题的挑战,把人类现代文明建设推向一个新阶段。

全球问题与新发展观、新经济观

(一)从经济增长到可持续发展

发展问题与全球问题联系最为密切,因此,全球问题的文化思考首先要求对传统的发展观进行反思。

第二次世界大战以后,无论是西方发达国家还是新独立的发展中国家都忙于经济的恢复和国家的重建,于是发展成为世界各国关注的共同问题,战后20年也成为世界经济发展的黄金时期。无庸讳言,该时期国际社会所理解的发展就是经济增长,而经济增长对于挣脱战争灾难,重建家园的世界人民来讲无疑是十分急迫而必要的。但是,正当人们陶醉于经济增长的奇迹时,环境、资源、人口及全球贫困的压力却接踵而至。于是人们在冷静思索后不得不痛苦地承认,增长存在着误区,增长绝不等同于发展,人们必须尽快摈弃增长的狂热,去实现持续的发展。

增长的误区

单纯而片面的经济增长存在三个明显的误区。

首先,增长忽视了资源与人口的限制 工业文明的增长观是一种狂妄的、未加限制的增长观,它根本不考虑资源对增长的制约。这种增长观被一种盲目的乐观所统摄,认为物质财富的增长是无限的。然而事实却告诉我们,地球本身是一个体积有限的星球,地球上的资源也存在着枯竭的危险。因此,在一个有限的星球内去企求无限的增长,其矛盾显然是无法调和的。罗马俱乐部第一个报告的重要意义之一,就在于它首次明确揭示了地球的有限性与增长的无限性之间的矛盾,使狂热增长的世界在震惊之余不得不认真对待这一告诫。

工业文明的增长观不仅怠慢了资源而且忽视了人口。由于物质财富的增长,尤其是这种增长速度一度高于人口增长速度,所以人口对增长的约束作用被掩盖了。今天,粮食等基本消费品的增长却难以与人口增长同步,更不要说超过,于是人口与增长的相关性更为突出。当然,世界人口应当稳定在多少,可以稳定在多少?这是一个颇有争议,也亟待深入探究的问题。但不管怎样,有一点是明确的,即对于一个空间与资源都有限的星球来说,一方面人口的无限增长纯粹是幻想,另一方面,人口的过量增长又会导致与经济的增长争夺空间、争夺资源的尖锐矛盾,从而限制经济增长。因此,无论从哪方面讲,人口问题都是增长难以回避的制约因素。

其次,增长造成了灾难性的生态后果 在工业文明中,物质财富的增长是以改造和征服自然为突出特征的。自然空前地人化,改变着它本来的面目。正是在向大自然的胜利进军中,物质财富大大增长,人类的物质生活水平空前提高。然而人类对大自然的胜利,同时又是以惨重的生态后果为代价的。人们在享受日新月异的物质文明的同时,不得不呼吸有害的气体,食用有毒的水、蔬菜、粮食、海味,忍受工业废渣和生活垃圾的侵害,承受噪音的无情干扰。伴随工业化而来的不仅是环境的污染,还有土壤的退化、森林的毁损、物种的灭绝。同样,人口的膨胀也加剧着生态的恶化。仅仅为了满足过量人口的基本生活需要,就不得不过度耕种,过度放牧,过度捕捞,过度砍伐。从而使已经贫瘠的土地更加贫瘠,已经退化的草原更加退化,已经濒危的物种更加濒危,已经毁损的森林进一步遭到毁损,已经紧张的淡水资源更加紧张。

再次,增长加剧了社会不平等 工业文明的增长观是一种不健全的、畸形的增长观,它把经济的发展,国民生产总值的提高看作是增长的唯一尺度,至于分配是否合理,就业是否充分,社会是否公平,则弃之不顾。这种增长观导致了两个尖锐的社会问题:

第一,就一国范围而言,由于忽视社会发展目标,所以在不少国家出现了"高增长,低发展"或者"有增长,无发展"的现象。贫富分化严重,经济结构失调,社会矛盾激化。

第二,就国际范围而言,由于忽视了全球协调发展,南北差距扩大,矛盾加深。发达国家利用自己的资金和技术优势,凭借在现有国际秩序中的特权地位,最佳地利用和组织着全世界的生产要素,从而实现着自身的经济发展。而经济实力非常悬殊的发展中国家,在现有国际秩序未得到改变的情况下,往往成为发达国家经济发展的牺牲品。

可持续发展观

片面追求经济增长的负效应使人们首先区分了增长与发展,这是走出传统发展观误区的第一步。随着实践的发展和认识的深化,发展的概念不断得到拓宽和深化。于是,一个崭新的概念——可持续发展观即问世,并经 1992 年里约热内卢召开的世界环境与发展大会的认同,成为各国解决环境、人口、资源、贫困等问题与提高生活质量、寻求社会全面协调发展的指导原则。

自 80 年代初可持续发展概念提出以来,它被从不同角度加以界定,定义达 10 余种。尽管如此,但至少以下 6 个方面可以看作是可持续发展观的基本要素。

生态持续 认为可持续发展是"保护和加强环境系统的生产和更新能力"。

经济发展 认为可持续发展是"在保护自然资源的质量和其所提供服务的前提下,使经济发展的净利益增加到最大限度"。

社会进步 认为可持续发展是"在不超出支持地球的生态系统的承载力的情况下改善人类生活质量",而改善人类生活质量则必然意味着人们平等、自由、健康地生活。

清洁生产 认为可持续发展是转向更清洁、更有效的技术,尽可能接近"零排放"或"密闭式"工艺方法,尽可能减少能源和其它自然资源的消耗。

代际公平 可持续发展承认并恪守新的伦理准则,即由于自然资源的有限性,每一代人在实现自身的需求时,都不要损害后代人满足需求的条件。

文化重塑 可持续发展就是要把人类从唯物质主义和人类中心主义中解脱出来,促进人的全面发展。

显而易见,上述 6 要素展示了可持续发展的自然、经济、社会、科技、文化特性及伦理观,它集中体现了不同于传统发展观的四大特点。

第一,合理开发资源 增长是否存在极限的辩论使人们认识到,尽管人类的发展与进步是一个无限的进程,但人类创造物质财富的活动却是有限度的,它要受地球上客观存在着的资源的制约。因此,在实现发展的历史征途上,人类必须慎重对待资源问题,冷静而科学地制订合理开发、利用资源的战略,切不可被狂热增长的欲望所左右。如果仍然无视资源对经济增长的限制,急功近利,忘乎所以,那么不仅难以实现持续发展的目标,而且会把人类经济增长的车轮驶向泥潭。

第二,讲究生态效益　现代发展离不开生态原则。重新审视人与自然的关系,把发展与生态环境紧密相连,在保护生态环境的前提下寻求发展,在发展的基础上改善生态环境,这是当代的大趋势,违背不得。生态失衡、环境污染已对人类的生存造成致命的威胁。因此,可持续发展的生态特征是最突出的特征;可持续发展的生态要求是最急迫、最深刻的要求。只注重经济效益而不注重生态效益的发展绝不是人类所企盼的发展,因为这种发展不仅损害当代人的利益,而且破坏后代人的生活条件,从而将把人类送入坟墓。

第三,注重社会平等　发展是为了给人们创造更好的生存条件,让整个人类分享物质财富和社会进步所带来的好处。如果日益增加的物质财富仅为少数国家、少数阶层和集团享用,大多数国家和大多数民众所得极少,甚至成为经济增长的牺牲品,那么,就谈不上发展。因此,无论从国际还是国内而言,在增加物质财富的同时,都必须进行社会改革,以实现公平分配和广泛的社会平等。在这方面,国际社会的努力应集中于建立公正的经济和政治新秩序,并制订某些向第三世界倾斜的特殊政策,以尽快改变其贫困状态,为世界的良性发展奠定基础;各民族国家,特别是发展中国家,应果断调整经济发展战略,坚决进行产业结构、管理体制、就业政策以及广泛领域的社会改革,反对腐败,抑制特权,最大限度减少社会动荡,实现社会平等。唯有如此,才能获得真正的发展。

第四,倡导精神追求　可持续发展不但要满足人们的物质需要和实现社会公平,而且要鼓励和倡导人们完成文化重塑的历史任务,为人类的精神生活开辟一个新天地。工业文明以及片面的增长观、自然观,使人类在过度的物质追求中感到压抑、迷茫、痛苦。现代发展应该帮助人类从这种境遇中挣脱出来,恢复精神生活在人类全部生活中应有的地位,否则,它仍然不能与单纯的经济增长区别开来。因此,注重精神生活,树立新的价值,是促进人的全面发展,从而也是保障整个人类健康、持续发展的重要环节。

需要特别指出的是,尽管增长与发展,传统发展观与可持续发展观有明显区别,但两者的区别绝非要不要经济增长,而是如何实现经济增长和坚持发展的全面性。任何不加分析,简单反对经济增长的观点,都是对可持续发展观的歪曲。

(二)从传统经济观到生态经济观

经济观是对全球问题进行文化思考时必然涉及的另一重要领域。这里所说的经济观,包括对生产、价值、需求、消费等众所周知的经济概念的基本认识。如果在这些基本概念上因循守旧,那么实施可持续发展和解决全球问题只能是纸上谈兵。

传统经济观

传统经济观(也是迄今为止的主流经济观)认为,生产是由一定生产关系联系起来的人们,通过改造自然而创造物质资料的活动与过程。这一认识仅把自然作为生产的对象、征服的对象,忽视了自然的独立地位和在现代再生产中的特殊作用,忽视了生产的基本前提和约束性条件——保护生态环境。

受传统生产观的影响,传统价值观和产值观也存在严重弊端。价值是凝结在商品中的抽象人类劳动,这一概念本身无可非议。问题在于是否所有的抽象劳动对社会和消费者都有益,事实作出了否定回答,而传统价值观却忽视了这一重要事实,于是导致那些对社会和消费者有害的抽象劳动得到认可。与此相关,作为一种计算企业、地区,特别是国家经济产出变化的国际通用理论工具——产值,也不加区分地把一切内含价值的产品统统纳入自身的计算范围。至于这些产品是有用还是无用,是合格还是不合格,是有助于生态环境保护与人民健康还是无助于生态环境保护与人民健康则不闻不问。这种价值观与产值观的错误在于,片面追求产值,忽视经济效益、社会效益和生态效益;否认自然资源具有价值并与产值有缘,从而歪曲地反映了经济产出,导致了经济统计的失实和片面性。

生产是为了满足人们的需求与消费。在传统经济观的框架内,人们更注重的是物质生活需求,忽视精神生活,至于生态需求则在人类的视野之外,无人问津。在消费观上,人们很自然的倾向是追求新奇,盲目更新,忽视节俭,炫耀浪费,因为只有迅速地销售,大量地消费,才能促进生产。此外,由于未把自然资源的耗损和环境污染造成的损失考虑在内,所以目前产品销售成本比实际成本要低许多。这一切,都为用了就扔，不断花样更新的盲目消费和奢侈消费大开了绿灯。

新经济观

传统经济观指导下的人类经济活动，必然造成资源的紧张与生态的恶化，并误导人们踏入片面追求物质享受和高消费的歧途，从而进一步强化了全球问题。正是基于这一事实，新经济观才脱颖而出。

在新经济观看来，现代社会再生产是物质资料再生产、人口再生产、生态再生产和精神产品再生产的统一体。在这个统一体中，包括着经济系统和生态系统两大系统，生态系统具有毋庸置疑的独立地位，是经济系统的基础。道理很清楚，如果没有阳光、空气和水分，人类根本无法生存。如果没有耕地、森林、海洋、矿产、生物，也就无所谓什么物质资料的生产。因此，人类进行生产活动时，必须充分注意生态再生产的重要性，自觉地把物质资料再生产、人口再生产和精神产品再生产与生态再生产统筹考虑，努力做到经济系统与生态系统的平衡，真正实现社会再生产的良性发展。为此，就必须自觉维护生态环境，这不仅是维系生态再生产的重要手段，也是实现人类健康生存和幸福生活的前提性条件。如果我们的生产活动造成了严重的环境污染和生态失衡，损害了当代人的健康，威胁到子孙后代的生存，那就违背了生产的目的。

新经济观向国际社会公认的“价值”与“产值”概念发出了挑战。按照新经济观的见解，其一，价值存在“有益”与“有害”之分。换言之，并非所有的人类抽象劳动都应当被社会承认与接受，那些对生态和社会产生有害影响的产品中所包含的价值，理应遭到拒斥与否定。其二，产值存在“有效”与“无效”之别。产值以价值作为量度，既然价值存在有益与无益之分，产值自然可以一分而二。一切破坏生态平衡，污染自然环境，损害人民健康，毒化社会风气的产品所标识的产值，应当列入无效产值；真正具备衡量社会经济发展变化资格的只能是有效产值。其三，自然资源具有价值。自然资源虽非人们直接加工制造，但会通过人们的辅助性劳动而追加价值。自然资源也会损耗，应以折旧方式计入价值。其四自然资源与产值息息相关。确切些说，自然资源的损耗和生态环境的恶化是产值中的负值，在计算总产值时应减去。人们从事环境保护和开发自然景观所付出的劳动必须计入产值。显然，新经济观对价值与产值的新分析与新解释，将有助于我们在生产活动中更加注重经济效益和生态效益，克服经济发展的虚假性，建立起更加科学的考察和衡量经济活动的指标与体系。

作为新经济观的一部分，新需求观强调被人类淡漠已久的生态需求。生态需求本是人的内在需求之一，但由于空气、水、粮食以及整个生存环境长期都是洁净的，况且这些物质大都不需要付出劳动就为每一个人享用，所以生态需求的独立地位迟迟未被提出。今天，情况已大为不同。一方面污染已侵入到人类的基本生活物质，人们的生命与健康受到现实威胁；另一方面随着物质文化生活的日益丰富，对美好自然景观的需求也日渐强烈。所以，生态需求变得急迫起来。联合国在15国进行的民意测验的结果表明，无论是发达国家还是不发达国家，87%的民众把减少环境污染看得比提高物质生活水平更重要。事情本应如此。很难设想，人类物质生活愈来愈富足，文化生活愈来愈丰富，但却每天呼吸着污染的空气，饮用着污染的水，吃着污染的食品，生活在污染的空间，这绝对违背人类的生存目的。

在消费问题上，新经济观明确反对不顾经济、社会、生态后果的盲目消费与奢侈消费。它认为现代消费的悲剧就在于，很多人根本不知道许多新产品的问世，是以增加资源压力、污染生态环境、影响民众身体健康为代价的。同时产品的低成本又具有虚假性，而正是这种假象助长了浪费和对物品回收利用的轻视。新消费观绝非反对社会消费水平的提高，更不赞成商品的单调化。他提倡节俭，提倡有益于资源保护、环境保护和身体健康的有节制的消费，注重物质消费与精神生活的协调，希望人类能走出消费的误区，获得真正的消费自由。

综上所述，新经济观的核心是突出生态环境保护与生态再生产，强调自然资源价值和生态效益，注重生态需求，倡导有益于资源与环境保护的生态消费。正是在这个意义上说，新经济观就是生态经济观。

全球问题与现代意识

(一)全球问题与全球意识

全球问题所表现出的普遍性、整体性、内在联系的深刻性，要求我们用一种崭新的思维方式认识当代世界，这种思维方式就是全球意识。所谓全球意识，就是在承认国际社会存在共同利益、人类文化现象具有共同性的基础上，超越社会制度和意识形态的分歧，克服民族国家和集团利益的限制，以全球的视野去考察、认识社会生活和历史现象的一种思维方式。

全球意识的根本立足点有两个。其一，承认人类有共同利益；其二，承认文化有共同性。这两个立足点既是全球意识的核心内容，又是把握全球意识的中心环节。下面，我们就围绕两个立足点进行阐述。

人类共同利益是产生全球意识的客观前提

自从有了阶级并产生出维护阶级利益的国家以来，阶级利益、民族利益就在人类社会生活中占了统治地位。但是，超越阶级和民族利益的人类共同利益是一直存在着的，只是在不同历史时期表现得清晰程度、范围大小、数量多少不同而已。例如国际法就是着眼于人类共同利益的一种法律，它通过确立国际社会各个成员间相互关系的公共准则，来谋求和保持必要的和平、协调、公正。这种相对平稳、有序的国际环境符合所有民族的需要，有利于世界各国的发展。今天，人类的社会生活已紧密到如此程度，以至一国的经济、政治改革，哪怕是一项经济政策，一个政治声明，都会引起国际社会的连锁反应。全球问题把整个人类的生存和利益提到更加尖锐、更加鲜明的地步，无论你主观上是否愿意承认，客观的事实却是，不管哪个国家、哪个民族，都不能摆脱全球问题的影响与制约，任何国家和民族若无视全球问题中所内含的人类共同利益的存在，不仅会损害自身，而且要殃及整个人类。

人类共同利益与阶级利益、民族利益并不是截然分开的，它们往往交织在一起。对此，有两种片面的看法。

一种观点认为，独立的阶级利益和民族利益已日渐稀少，无甚意义。共同利益急剧增加，作为阶级与民族利益守护神的民族国家即将退出历史舞台。这种见解的合理性在于看到了世界发展的一体化，但未免偏颇和理想化。在相当长的历史时期内，民族国家不会消亡。共同利益的增加，只是在一定程度上削弱了民族国家的作用，然而并不能抹杀每个国家的特殊要求、特殊利益和民族特性。人类将在一体化的进程中，努力保持民族发展的多样性和丰富性。事实上，也只有容纳而不是排斥民族特性的一体化，才能被各个民族所接受，从而具有坚实的基础。因此，一体化与多样化的协调、并存，将始终是关系到今后人类文明进步的关键课题之一。

另一种观点认为，从来没有独立的人类共同利益，国际社会的必要协调行动仅仅是谋取阶级和民族利益的一种需要和手段。从根本上讲，民族国家的利益具有至高无上的地位，而共同利益则是虚假的，世界政府更是无稽之谈。这种见解的合理性在于肯定了民族国家在当代国际社会中不可替代的地位，指出了阶级和民族利益的现实重要性。然而，这种见解无视世界一体化的事实，看不到一体化对民族国家的冲击，否认共同利益的独立性，因此不仅表现出认识上的片面性，还反映了思维的保守性。必须真正懂得，共同利益绝不是阶级和民族利益的简单附属物，它具有独立的价值和真实的意义。人类社会的发展已经证明并将继续证明，共同利益的增长是一个不以人的意志为转移的历史趋势。在共同利益增长的过程中，民族国家独有的利益无疑会有所减少，而其利益则将在获得共同利益的同时得以满足。

显而易见，在审视现阶段紧密交织的人类共同利益与阶级利益、民族利益的关系时，独立的人类共同利益日益明显并得到承认，这无疑推动着全球意识的生成与发展。

人类文化的共同性是全球意识的内在依据

如同利益区分为人类共同利益与阶级利益、民族利益一样，人类的文化现象也有共性与个性之分。毋庸讳言，迄今的人类历史都有着深深的阶级烙印和民族烙印，但作为一种文化现象，超越社会制度差异和民族国家界限的社会生活及其发展规律是始终存在的。

这一结论在经济领域表现最为明显。首先，科学技术本身无阶级性、民族性可言。经济的起飞和繁荣离不开科学技术的发展，科学技术已被公认为第一生产力。因此，经济落后国家要向经济发达国家学习科学技术，这已成为一个基本常识。其次是管理技术、管理制度方面的沟通。过去一讲到管理就要强调管理的社会属性和阶级属性，忽视甚至排斥现代化大生产在管理方面的共性。但事实表明，只要是现代化大生产，就必须采用旨在提高企业劳动生产率，增强企业竞争能力，从宏观预测到微观治理，从生产环节到流通领域，从机构设置到人事安排，以及录用、考核、奖励等等一整套管理技术和相应的技术手段。这些管理制度和管理技术并不因社会制度不同而失去其普遍适用性，它们是大机器生产的产物，与落后的手工业生产阶段的管理方式相比较，代表着生产力发展的更高阶段。正因为管理方面存在共性，所以大胆引进、借鉴先进管理技术也已在相当程度上被社会认可。

随着对传统社会主义模式的反省和突破，对人类经济生活共性的认识和承认进一步深入到经济运行机制和发展规律上面来。这表现为，其一，承认商品经济是社会主义发展不可逾越的阶段，强调社会主义国家必须大力发展商品经济。其二，承认市场和价值规律的内在作用，把市场经济作为社会主义经济体制的目标模式。这一历史性转变，不仅为商品的竞争和企业的优胜劣汰创造了国内经济环境和条件，极大地推动了技术进步和经济发展，而且进一步把社会主义推向世界市场，从而使社会主义经济与世界经济日益同步，在市场经济的海洋中找到了更多的共同点。其三，承认市场经济的一系列具有普遍适用性的运行机制和经济手段，拿来为社会主义经济所用。例如股份制和证券交易所，劳务、技术、信息、资源等市场及关贸制度，所有这些被市场经济采用，又被实践证明是行之有效的经济手段、运行机制、组织形式，用新的思维和眼光加以审视，就不再为资本主义所独有，而变成"共性"的或"中性"的东西，完全可以运用于社会主义市场经济，并且是经济发展不能忽视的因素。

在政治领域，对超越社会制度差异和民族国家界限的社会现象及其规律的承认远不如经济领域，从而使转变政治思维具有特殊重要的意义。毫无疑问，政治是有阶级性的，所以在政治领域，阶级和阶级分析的方法并没有过时。但必须同时懂得，政治作为人类社会生活的一个基本领域，它的产生、发展、活动又有共同规律可循。换言之，政治不仅要求人们从阶级政治的角度去对待、把握，还要求人们从政治现象的整体去对待、把握。这样，我们看到的就不仅是阶级政治中的特殊表现及规律，而且会在对立现象的背后，捕促住、抽象出人类政治生活的共性，从而增强政治活动的自觉性，减少不必要的政治失误和挫折。

人类政治制度的发展具有共性。这里，政治制度是指统治阶级采取何种方式组织政权，以最大限度地保证国家机器的正常运转。虽然政制也存在一个服务对象问题，但就其本身而言是中性的，可以为不同国体采用。明确了这一点，就不难懂得共和制、代议制、选举制、制衡机制、文官制度等绝非资产阶级国家的专利，而是人类政制长期演化、选择的结果。文明发展到今天，专制的、个人的统治形式显然被历史淘汰，共和制已成为人类政制的主导形式。与此相关，作为一种间接民主制，代议制遍及全球，而选举制又是代议制的必然伴侣，它们的存在都内含着事物发展的规律，不重视不行。权力制衡是政制运行的基本机制。权力具有腐蚀性，不加制约的权力必然导致专制，这是政治发展史上一个公认的事实。正是在这个意义上，权力制衡具有普遍性。文官制度是人事管理的大趋势，它体现了很多人事管理的规律性内容。社会主义国家虽然采用了不同于西方文官制度的称呼，但按职责对公职人员进行科学分类和现代化管理，把竞争机制引入人事管理，用法律明确规定公职人员的地位、职责和义务，这些人事管理的基本原则和方法是不容违背的。

政治民主化是政治现象具有共同性的又一证明。政治民主是市场经济的客观要求，也是文明发展的必然结果。随着人类的进步，民主只能日益发展。应当承认，资本主义国家的社会政治生活不是更专制而是更民主了，这是文明发展的客观力量使然。社会主义国家同样经历着政治民主化的过程，人民的主体意识日益觉醒，参与愿望日益强烈，要求更多、更直接的了解、管理和解决国家大事的权力。显然，如果不从政治发展的客观规律性和世界政治的角度去理解、对待民主化，就不可能更自觉地推进这一历史进程。

在狭义的精神文化领域，也不乏令人深思的体现出共性的社会现象。正像不发达国家可以跨过资本主义社会形态但不能逾越商品经济一样，它也不能逾越精神文化的特定发展阶段，开展启蒙教育就是一例。只有自觉地加强人们的自由意识、平等意识、民主意识、权力意识、竞争意识，才能挣脱封建主义的文化枷锁，为积极的政治参与和自主活动创造文化前提。同样道理，面对文化的人道主义潮流，我们必须扭转谈人色变的病态，把人的需求、人的价值、主体的意识和作用摆到应有的重要位置。应该懂得，许多思想文化大师，尽管其学说、观点带有不言而喻的阶级倾向，但绝不可因此而忽略他们的理论在人类思想史上的地位。要研究并珍视他们给全人类，而不是仅给某个特定阶级留下的深刻思索。

综上所述，人类文化共性是无法抹煞的事实，任何不带有色眼镜的人都不能不予以承认。当然，承认人类文化的共性绝不意味着要否认文化的个性，文化的阶级性与民族性也是不容忽视的客观存在。正像人类共同利益与阶级的民族的利益往往交织在一起一样，文化的共性与个性也时常相互缠结，表现为共性现象中的阶级内容和民族色彩。这就需要我们全面、客观地认识和把握两者的关系，避免偏颇。只有立足于全人类的高度思考问题，从整体上把握社会现象发展的共性和规律，才能视野开阔，总揽全局，破除僵化、守旧、封闭思想的束缚，以开放、进取、创造性的精神改造社会；同时，只有抓住阶级分析和民族分析的视角，才会给普遍规律和共同趋向赋予特定的阶级涵义和民族形式，使抽象思维概括出的规律性东西充满现实、生动的内容。

遗憾的是，当代世界仍然存在着两种偏离正确认识的倾向。一种是把文化的共性绝对化、理想化，忽视不同社会制度对文化发展的制约，不同民族赋予文化的具体特点和形式；另一种是，片面强调不同社会制度下文化现象及其发展规律的特殊性，片面强调国情的特殊性和某些具体民族特点，否认或至少是忽视文化的共性。撇开政治目的不论，这两种倾向都表现出思维的单向性、非辩证性。一般说来，发达国家容易把自身的经验、作法、理论视作文化的个性。但问题的关键却是切实弄清人类文化的一般发展规律，只要是共性，是规律，就必然会在人类的社会实践中为自己开辟胜利的道路。也就是说，无论是自我标榜还是自我保护，都只能接受实践的裁决。事情只能如此，在没有真正弄清文化现象的共性及其发展规律的条件下，狂妄的自我标榜会导致文化强制和文化侵略；而狭隘的自我保护则可能走上排外主义的道路，以民族特殊性为借口，反对或消极抵制一切已为人类文化的进步所证实了的事物、理论与原则。

全球问题迫切要求树立全球意识

全球问题以前所未有的广度、深度和尖锐性，把认识和树立全球意识的历史课题提到人类面前。缩小南北差距，振兴和发展全球经济；防止战争特别是核战争的爆发，为人类赢得和平与安全；治理工业化带来的污染，保护人类赖以生存的生态环境；合理使用资源，严格控制人口增长，确保人类社会的持续发展；与国际恐怖主义、爱滋病、贩毒吸毒作坚决斗争，保障人类的正常生活和身体健康；协调、有序地开发宇宙、利用海洋，为人类争取新的生存空间，提供新的生物资源……难道这一切还没有充分反映出人类利益的共同性?! 正如人们形象地比喻的那样，世界各国都是地球村的村民，都是同一条宇宙飞船上的乘客，共同的利益已把整个人类紧紧联系在一起。

全球问题不仅充分显示了人类利益的共同性，还在全球范围内展现了发展、和平、生态、人口、粮食、资源等等问题的普遍性。换言之，被称作全球问题的那些问题，几乎在所有国家都存在。因此，关于解决这些问题的理论与对策，往往也就具有共同规律。比如生态环境问题，继续走"先发展，后治理"的老路就行不通，而应当遵循发展与治理并举的方针。如此等等，都一再表明，作为当代最受关切的文化现象，全球问题不仅在规模上波及整个世界，在内容、发展规律、解决对策上也具有可重复性，能在不同国家的不同时期再现，这正是文化的共同性。

全球问题的尖锐性使得树立全球意识刻不容缓。受文明程度的限制，在很长的历史时期内，人类是封闭在狭隘的主权国家的天地里生活的。国际的交往虽然存在并不断有所扩大，但毕竟不是左右一个民族和国家的主导力量。今天，情况发生了巨大变化。尽管民族国家仍是国际社会的主体，但国际社会的影响已强大到足以威慑民族国家生存和遏制其正常发展的地步。全球问题就具有这种力量，所以它要求用整体的、世界的眼光来解决人类面临的危机。

(二)全球问题与环境意识

在全球问题中，涉及到人与自然关系的环境问题格外令人关切，环境意识正是适应人们认识和解决环境问题的需要而走上当代的历史舞台。所谓环境意识，就是在主张人与自然全面依赖与和谐的前提下，从最优解决人与自然关系的原则出发，去认识和处理当代人类面临的生态环境问题的一种思维方式。它包括三方面内容。

人类必须充分认识人与自然关系的全面性,学会尊重自然

人与自然的全面性首先表现为人生于自然,但又创造自然　人是大自然长期演化的结果,是自然的一个组成部分,无论人类文明如何发达,人永远不可能摆脱自然的怀抱,因为人的生命之根深埋在大自然中。但人又是万物之灵,具有得天独厚的东西——理性,从而能够进行改造环境、创造自然的活动。正是由于人类的创造性劳动,不仅控制和减少了自然的无理性活动造成的危害,同时又保持着自然的魅力,并以人工自然的绚丽多彩,装点了人类生活的环境。

其次,自然哺育了人,但又受制于人　自然相对于人的占先性,就表现在人要从自然那里获得维系生命的空气、水、阳光、食物,这一点永远不会改变。今天,人对自然的需要还进一步扩展到追求美学的、文化的享受,从而更全面地反映了自然的占先性。但是,自然又是人类改造、征服的对象,在越来越多的领域它要受到人的支配与安排。人类早已结束了从自然界索取成果的幼年时代,尽管人类对自然永远存有一种依赖性,但却凭借自己的聪明才智而赢得越来越多的主动性。正象人离不开自然一样,自然若离开人的创造性改造活动,也将失去耀眼的光辉。

显然,人与自然的关系已空前地普遍化、深刻化。人不再是自然的奴隶,而自然也不甘当人的玩偶。人与自然相互规定,相互制约,任何试图摆脱自然,严重破坏自然伟大平衡的行为都必将受到自然的抵制和惩罚。同样,任何幻想取消人类改造自然的活动,保持纯粹自然状态的念头也将被文明进步的步伐所粉碎。在尊重自然的前提下,人类无疑会在利用和欣赏自然方面取得新的历史性进展。

人类必须改变以自然为对手的逻辑,自觉约束自己干预自然的行为

人与自然关系的全面性,一方面意味着人与自然相互作用的加强,另一方面又由于这种整体的、全面的联系而增加了人与自然关系的脆弱性。这里所说的脆弱性,是指人与自然交往过程中的任何一个环节、领域的微小疏忽和失误,都可能遭至灾难性后果。全球性生态危机、环境危机、资源危机,都无可辩驳地表明当代人与自然的关系是何等脆弱,正是这种脆弱性告诫人类必须约束自己干预自然的行为。

现代科学技术赋予人类干预、支配自然的强大手段和能力。当人们不能正确对待这一手段和能力时,就会把单纯地征服自然作为目的、作为乐趣、作为自我满足的途径,从而导致对自然的无情攫取,漫不经心地破坏。全球性生态、环境、资源危机,正是人类以自然为对手,无节制地干预自然,片面征服自然的恶果。面对这一严峻事实和惨痛教训,人类最迫切的需要就是自觉约束对自然的干预。"自觉约束"当然不等于"自行停止"。人类干预自然的整体性、深刻性,及其干预的负效应对自然自我调节能力的削弱,使得人与自然在很多领域的关系都处于临界或接近临界的状态,任何新的盲目的干预,都会触发难以预料的破坏性连锁反应。所以,尊重生态规律,按照人与自然和谐发展的原则审察、取舍人类干预自然的行为已成为历史的选择与结论。

人类自觉约束干预自然的行为,并不是降低自己的主体地位,向任性的自然低头。恰恰相反,人类通过反省干预自然的实践,增强了对自然本质的认识,特别是对与自然关系发展规律的认识。人自觉限制对自然的干预,正反映了人独有的主体性,因为限制的目的不是迁就自然,而是在更深层次上驾驭自然。人与自然关系的全面性,不在于现象上对自然的全面干预,而是本质上对自然的全面把握。所以,人对自然的行为无论是大胆地干预还是理智地限制,都需要以对自然,对人与自然关系的深刻认识为前提。人类从片面征服走向全面协调,从大胆干预走向理智限制,充分体现了认识的深化,从而表明了人在处理与自然的关系方面,获得了更多的自由。

人类必须把保护环境、再生自然视作最重要的责任

人与自然的全面依赖、相互和谐,内含着一种保护生态环境的神圣责任。全球性生态环境危机把人类推向生存的困境,人与自然的矛盾已尖锐到可能葬送地球的地步。在这种情况下,保护生态环境已从远远超出改善人们生活状况的一般意义,而上升到伦理的高度。伦理的要求是有理性的人类对自身提出的最高要求,也是最有内在约束力的要求。在人与自然的关系方面,当人们摆脱单纯的功利考虑,而对伦理义务和道德责任表示深切的关注时,首先人类会理智地节制自己的物质要求,控制经济发展速度,从而减

缓生态环境危机；其次，人类会慎重、周密地思考每一个干预自然的行动，努力避免对自然新的伤害；再次，人类将自觉地投入现实的保护生态环境，再生自然的活动。总之，只有当人们的意识上升到伦理的自觉时，保护生态环境，寻找人与自然的协调，才会成为指导行为的绝对命令，从而表明这种意识已融化为人的道德责任。

我们的时代是责任的时代，这句话首先适用于人与自然的关系。履行人对自然的伦理义务和道德责任是当代提出的历史要求，尽管这一要求本身有着人与自然尖锐冲突的阴影，但又深刻反映了人类文明的进步，反映了人在处理与自然关系方面向理论自觉、伦理自觉的迈进。道德的责任不能靠法律的强制树立，它是深刻求索、领悟的结果。正因为如此，所以当今这个责任时代，不仅意味着人与自然的关系已发展到一个崭新阶段，而且客观上要求人类用新的尺度全面地对待自然，在共同的进化中求得更本质的协调。

（三）全球问题与求同存异、共处竞争意识

如果说全球意识要求我们树立一种观察、处理当代事物的整体观、系统观；环境意识突出了人与自然的关系，提供了解决两者尖锐矛盾，求得两者和谐进化的新思路；那么，求同存异、共处竞争意识则着重强调了人与人的关系，回答了在人类新文明面前，生活在不同社会制度，有着不同价值取向的现代人如何协调、交往、生存与发展的问题。显然，这是一个更为棘手的领域，但也是正确认识和处理全球问题时无法逾越的一个领域。

所谓求同存异、共处竞争意识，就是在承认社会制度、意识形态、价值取向、经济模式、文化传统、民族特性都具有多样性的基础上，力主不同的民族、国家、政治集团和社会组织相互尊重、彼此对话，用和平与文明的方式处理相互间的分歧，并在坦率的交往和长期的共存中，进行竞争与较量的一种思维方式。求同存异、共处竞争意识可以从三个方面加以理解和把握。

改变对抗性思维

几千年的阶级斗争史，数十年来的冷战与对抗，使人类习惯于非此即彼、对立抗衡的政治思维，容不得异己，听不得不同声音，“顺我者昌，逆我者亡”。其实大千世界本是绚丽多姿的，永远不可能统一，不可能只有一个声音、一种模式。当今世界，无论社会制度、意识形态、价值取向、经济模式、文化传统、民族特性都是多种多样的，哪一种也不能凌驾其上，更不要说建立一统天下，这个现实本身就是对传统政治思维的讽刺。诚然，阶级的对抗、政治集团的较量从未中止，但它们越来越受到诸多因素的制约。首先，全球性相互依赖要求人们承认世界的统一性、联系性。也就是说，要求人们看到在社会政治生活领域不仅有对抗，有较量，还有共同的利害。因此，对抗与较量必须以不损害共同利益的实现为限度。如果无视世界联系的深刻性和利益的共同性，热衷于对抗，那就势必置人类于泥潭不能自拔的境地。其次，文明的进步昭示着人们摈弃激烈的对抗，代之以和平的竞争。因为激烈的对抗会给无辜百姓带来更多的痛苦与灾难，而这是与人道主义的历史潮流相违背的。所以，从一定程度上讲，当代的政治对抗正逐渐摆脱兵戎相见的旧轨，变成持久的综合较量。这种较量的结果当然不会简单地以政治纲领、革命口号为转移，最终将取决于综合国力，取决于现实生活中伦理的和价值的感召力。显然，上述因素的作用正日益加强。在这种情况下，仍然拘泥于“凡是敌人反对的我们就要拥护，凡是敌人拥护的我们就要反对”的政治论断，并对其作简单化、绝对化的理解，肯定会与政治现实格格不入，从而束缚自己的手脚，难以成就大业。

学会妥协、让步

在通常的社会政治观念中，妥协往往被赋予一种贬义，用来指那些政治上不坚定，立场上不鲜明的行为和主张。在某些时候，妥协甚至被等同于背叛。对妥协的这一根深蒂固的见解，实际上始终或明或暗地左右着我们的政治行为，显而易见，这是与对抗性政治思维一脉相承的。

当然，妥协在我们的政治学词典中也并非始终只具有贬义。由于政治斗争的实际需要，妥协也被视为一种有效的政治策略。的确，妥协会给人带来利益，所以把妥协看作一种工具、一种手段服务于某种功利的考虑并不为过。问题在于妥协不仅是一种工具和手段，还是人类社会政治生活的重要规则与内在要求。这就如同伦理道德具有整合、凝聚社会的功能，而同时又是人的本质要求一样。没有伦理道德约束和规范人们的行为，社会就可能走向混乱与无序，而

更重要的是无伦理、无道德的人已不能称其为人，从而失去了生命的意义。同样道德，妥协固然具有政治策略的功能，但是，如果妥协仅局限于这一功能，未能成为社会政治生活的一项规则，自觉地为人们所遵循，那么就意味着人类的政治行为尚未达到自由。

要学会妥协，必须首先学会尊重他人，包括尊重自己的对手。既然世界本身是多样的、丰富的，搞千篇一律和强行一致就行不通。个人、民族、国家都有尊严，而尊严则需要尊重。如果冒犯、甚至侮辱了一个人或一个国家的尊严，那就亵渎了最神圣的情感，从而势必引起最强烈的反应和报复。所以在社会政治生活中，无论社会制度、政治见解、价值取向多么不同，最关键的是相互尊重，尊重各自的选择、意愿、要求和利益。唯有如此，才有妥协可言，否则就只能是对抗。

要学会妥协，还必须澄清斗争哲学与协调哲学的关系。协调哲学是对斗争哲学的限制和补充，世界既有矛盾也有和谐，既有斗争也有统一。光讲斗争、对立，看不到和谐、统一，就是对客观世界和客观事物的歪曲。斗争与协调相互补充，各有各的用途。平心而论，世界上需要协调，讲究协调的事物为数不少。且不说自然界本身就是一种伟大的平衡，就是在社会政治领域，有序不始终是人类追求的目标吗？有序就是一种协调，而无序则是一种混乱的、冲突的状态。

自然界内在的协调是其自身长期演化的结果，而人类社会的协调则要靠人的自觉活动。妥协属于协调，同时又是人有意识实现协调的一种方式。通过相互的沟通、谅解、让步，不同政治主张和价值追求的社会集团或达成某种共识，或暂时搁置分歧，从而保障了社会的相对有序状态。当然，斗争、甚至激烈的冲突总在不断打破相对的和谐，但是如果一个社会总处于斗争、对抗状态，这个社会的发展是不可能的。事实上，正是因为有着协调与妥协，社会才得以从每一次激烈冲突造成的巨大震荡中恢复过来，迈向新的发展的征途。在现代文明阶段，由于世界各国相互联系更为紧密，所以妥协与协调有了更重要的地位。不善于妥协，不注重协调，我们这个相互依存的世界就难以继续。充分认识到这一点，对于我们树立求同存异、共处竞争意识显然十分重要。

发展自身，而不是消灭对手

在人类的政治斗争史，特别是战争史上，长期为人们所信奉和遵循的原则是：消灭对手就是保存自己，消灭对手才能发展自身。这一原则曾为许多政治斗争的事实和战例所证明，因此它不是谬论。今非昔比，当代社会政治生活发生了巨大变化。首先，政治的较量披上了更浓重的经济色彩。社会制度的优劣靠政治宣言和自我标榜无济于事，最根本的标准是生产力，是经济的发展和文化生活的丰富。所以，单纯的政治较量已愈来愈失去市场，发展经济，提高国力，已成为大多数国家既定的战略方针；其次，政治的较量日渐文明化。以直接消灭对手求得自身发展的政治意识和政治战略必然伴随着暴力和激烈的冲突，而这是与社会的不文明状态联系在一起的。随着人类整体文明程度的提高，尊重人、保护人，以人的全面发展为社会政治活动目的的思想更加深入人心。于是，政治的较量不仅在形式上更文明，而且产生了一种在竞争中间接演变对手、消融对手的新意识和新战略；再次，政治较量相关因素的多样化和政治较量走向复杂化。以往的政治较量，其制约因素比较简单，容易识别和把握。但在今天，由于世界的一体化，所以影响政治较量的诸因素已交织在一起，增加了把握政治进程的难度。此外，由于社会变动的速度大大加快，新问题、新现象层出不穷，由于政治较量的走向在合力的作用下可能偏离原有的轨道，出现异常复杂的局面，所以当代政治家在领导和组织社会政治活动时，政策更灵活，态度更务实。在自身和政治对手都具有较大变动性的情况下，仍旧把直接消灭对手作为基本战略，这显然已落伍于时代。

着眼于自身的发展是一种明智的选择。你要发展，别人也要发展，所以当今国际社会就有了发展的竞赛。谁发展得快，发展得好，谁的政治吸引力就大，在政治较量中就处于主动。在和平与发展已成为世界主题的新历史时期，不懂得发展自己，却寄希望于搞垮对手；不首先抓好自己的事情，却迷恋于阻挠对手的发展，这种陈旧的意识和战略，只能导致自身的萎缩、停滞不前。

立足于发展自身而不是消灭对手，世界各国就容易找到更多的共识，整个国际环境就较为缓和、平稳。当然，在谋求发展的过程中，由于现有的经济水平、文化条件、历史背景和民族传统的不同，以及在当代国际社会中地位的差异，各国也会发生矛盾，有时甚至是很尖锐的冲突。但是，发展的大前提即矛盾的解决只能用协商、妥协的方式。因为公开而激烈的政治对抗,将为各国的发展设置障碍。

解决全球问题,推动人类现代文明建设

(一)解决全球问题的政治保障

全球问题的产生有着各式各样的原因,因此解决全球问题必须对症下药。在解决全球问题的众多方案与途径中,首要的是为全球问题的解决排除社会政治障碍。具体些说,就是区别不同情况进行社会变革,包括国内的变革与国际社会的变革。

战争、恐怖主义、吸毒贩毒、爱滋病,这些全球问题与社会制度的联系最为明显。资本主义的内在本质,使得资产阶级难以抵御军火生产和武器交易巨额利润的诱惑,从而终将成为见利忘义的战争拥护者。社会的不公正、精神生活的空虚与堕落、社会矛盾与社会危机的尖锐化为恐怖主义、吸毒贩毒、爱滋病的流行提供了必要的社会条件。因此,若不从根本上变革资本主义制度,克服社会危机,那么就不可能根除战争,摧毁恐怖主义,杜绝毒品与爱滋病。

发展是社会主义国家和广大第三世界国家面临的首要问题。这些国家在发展问题上所遇到的严峻困难与沉重压力,一方面产生于历史上殖民主义的统治和当代国际经济政治秩序的不合理,另一方面又与国内的经济发展模式、战略、经济体制与管理,以及一系列社会政策相关。如这些国家大都排斥市场经济,忽视价值规律和竞争机制的作用。有的发展中国家虽选择了市场经济道路,但由于国内市场很不健全,国家的正当干预又不得力,结果仍然难以实现市场经济的良性循环;在经济发展战略方面,这些国家作出了两项颇具隐患的抉择。其一,片面追求工业的高速发展,严重忽视了农业。其二,片面强调自力更生,严重忽视了对外开放,把自己封闭在狭小的天地里,无视国际经济的相互依存;此外,无论是社会主义国家实行的分配上的平均主义和就业上的铁饭碗政策,还是发展中国家存在的分配不公、政治不稳定等现象,都制约了经济与社会的发展。显而易见,改变上述状况必须通过自身的改革。

其他诸如环境、资源、人口、粮食、难民、人权、民族主义等等问题,都需要从国内社会制度层面进行认真的反省。虽然这些问题在不同社会制度、不同国家中表现各异,但通过制度的变革、完善去创造解决问题的政治条件与环境则是共同的,必须引起足够的重视。

尽管全球问题的产生与解决主要与各国的社会制度、社会政策和经济水平相关,但国际环境无疑也十分重要。冷战结束后,建立国际新秩序的呼声更加高涨,国际社会为解决全球问题采取了一系列令人振奋的举措。90年代以来,仅仅是联合国就先后组织召开了世界环境与发展会议,世界人口会议、世界人权会议、世界社会发展会议、世界妇女会议、世界粮食会议,为世界各国的最高层会晤、磋商提供了机会,达成了一批共同解决全球问题的协议,从而对人类摆脱生存与发展困境产生了积极而深远的影响。

然而正如当代人类所目睹、所体验的那样,现有的国际环境还有许多阻碍和平与发展的因素,现有的国际秩序还难以为解决全球问题提供有力的保障,因此必须对之进行全面的变革。世界旧格局的瓦解为缔造新的国际秩序提供了一个历史契机,国际社会应牢牢抓住这一时机,推进国际秩序的民主化、公正化、合理化。要通过反对霸权主义和强权政治,反对产品分工、资金、贸易、技术等等方面的不平衡、不合理现象,从体制和结构上改变发达国家垄断国际事务,而广大发展中国家却无足轻重的局面。唯有建立了国际新秩序,全球问题才有希望通过全球的努力得以解决。

(二)解决全球问题的文化前提

全球问题所反映的深刻危机固然有经济、政治、管理等等方面的原因,因此需要进行相应的社会变革。但是,当代人类的综合素质与能力不适应急剧变动的世界,落后于迅猛发展的物质文明,这显然是一个基本的事实。正是这一事实,成为正确认识全球问题,顺利克服全球危机的重大文化障碍。鉴于此,必须进行一场文化革命,即人的革命,努力塑造出适应时代需要的新文明的建设者。

面对全球问题,当代人类的文化障碍主要表现为人的精神的失落,人的思维的滞后,人的能力的不足。针对这种障碍,人的革命首先要赋予人类的物质活动以正确的目的和意义,使精神、价值得以复兴。人类

改造物质世界的活动不会停止，但这种改造必须以有利于精神生活为限度。通过人的革命，要使人类的精神追求抑制住物质享受的贪婪欲望，从而确保人类在物质与精神的协调中真正过上一种属人的生活。人的革命还要赋予人类全新的现代意识和持续发展的观念。观念的更新会开阔人的视野，使人从狭隘的、陈旧的意识中解脱出来，从而保障了人在变动世界中的洞察力、分析力、判断力。唯有敏锐的观察，客观的分析，正确的判断，才能为妥善处理当代事务提供坚实的基础。人的革命必须完成提高人的综合素质的历史任务，赋予人驾驭自我与世界的更强大的能力。通过多样化的学习和教育，人的适应力会大大加强。一方面，他们会伴随着外部世界的变化迅速调整自己的心理、思想、行为；另一方面，他们又会主动出击，去矫正、控制外部世界变动的速度、方向，从而表现了人的成熟性，表现了人掌握着世界变化的主动权。

人的革命既然是一场文化革命、文化超越，那么革命的途径只能是文化的途径。毫无疑义，在文化的途径中，教育居于首屈一指的地位。其中，对解决全球最为重要的则是全球教育与环境教育。

全球教育 所谓全球教育，就是对当代新文明和全球问题进行正确的理解与认识，并在此基础上调整原有的观念、思维、价值、心态，树立以全球意识为核心的新文化观念、新价值准则和新道德规范的教育。

全球教育的成果应集中体现为，其一，人们认清了世界一体化的大趋势，并自愿成为这一趋势的参与者和推进者；其二，人们开始自觉树立全球意识，并努力寻求民族国家与国际社会的协调。从民族的视野转向全球的视野，从仅仅对国家忠诚转向同时对人类负责，这是全球教育的核心。国家中心主义必然受到限制与修正，但世界中心主义也过于幼稚与偏颇。全球教育应当有助于人们在民族国家与国际社会之间架起一座互为依托，共同发展的桥梁；其三，人们开始懂得国际团结与协作的重要，自觉培养协作精神，尊重他人的意识，创造不同社会制度之间民主对话、和平竞争的政治文化环境。尽管不同社会制度和价值观念的较量还会长期存在，但对抗性政治思维已落后于相互依存的时代。人类必须携手克服共同的生存危机，这是历史的召唤。

环境教育 所谓环境教育，就是重新认识人与自然的关系，认识环境在现代人类生活中的重要地位，克服人类中心主义和对环境状况的无知、冷漠态度，确立人与自然相和谐，发展与环境相协调的观念的教育。

通过环境教育，首先要使人们充分认识到环境状况的严重和环境在现实生活中日益重要的地位；其次，要使人们改变对自然的错误态度，真正树立人与自然的共同演化、和谐发展的意识。人的骄傲与自尊并不在于征服自然，更不是对自然颐指气使。在一定历史时期，人类需要歌颂征服自然的壮举，但是今天，更需要赞扬与自然的协调。协调自然比征服自然更伟大，也更能体现出人的力量；再次，要使人们正确把握环境与发展的复杂关系，明确摆脱环境与发展两难选择的出路与责任。人类正处于环境与发展尖锐矛盾的时期。先发展、后治理的老路行不通，因为今天的世界环境状况已远不同于工业文明初期，它无法容纳新的过量的污染；先治理、后发展的模式也难以实施，因为一则存在贫困的压力，二则治理需要资金，所以没有一定的发展，也无从改善与治理环境。道路只有一条，那就是环境与发展并重，努力创造出有利于环境保护的发展模式和有利于发展的环境保护战略。

（三）解决全球问题的社会政策与技术措施

在创造必要的政治条件和文化前提的同时，解决全球问题还需要制定和推行一系列有效的社会政策和技术措施。

转向和平经济加速摆脱贫困

为了切实推进和平与发展，亟待实施的具体政策是：

第一，削减军费，包括削减军备、军队和其它各项军费开支 庞大的军费开支，严重影响全球经济的发展。据世界观察研究所统计，一个三叉戟潜艇的造价，可用于全球儿童免疫五年计划防治6种绝症，从而防止每年100万人的死亡。一次核武器试验的费用，能够安装8 000台手动泵，从而使第三世界的农村获得安全的供水。伴随高科技在军事领域的运用，军备的费用更为昂贵。目前，一架F－15战斗机的造价达5 040万美元，一架中型航空母舰的造价约45亿美元。除此之外，庞大的军队和一些国家的海外军事基地与设施也要靠大量资金维持，因此，哪里还有更多的资金去发展经济。令人欣慰的是，世界开始出现削减军费的气象。自80年代中国单方面裁减120万军队以来,北约、俄罗斯也先后宣布裁军,据北约统计,从1990至1997年,其16个成员国的总兵力已削减25%。美、俄两国的核弹头已减少2/3,仅此一项,就使美国核军备的费用支出由冷战时期的500亿美元减至1995年的310亿美元。1996年,联合国通过了《全面禁止核试验条约》。

第二,转向和平经济 为世界军事服务的工业及其职工是一支非常值得重视的经济力量,因此,在削减军费的同时,认真做好"军转民",将为全球经济发展提供巨大潜力。这是因为,军事工业不仅耗用了大量的资源与资金,从而使民用工业受损,而且还减少了大量就业岗位,增加了就业的压力。如在美国,导弹生产每开支10亿美元,创造约9 000个就业岗位,但把同样数量的费用花在地方公共交通上,则可产生21 500个就业岗位,用于教育服务的63 000个岗位。中国把军事工业转向民用工业方面的成就获得世界的赞誉,民品生产已占军工部门产量的80%。美国、俄国、英国、瑞典等国也开始注意转产问题。

第三,加大脱贫工作的力度 摆脱贫困是当代人类的共同任务,在这方面,任何短视、偏见、责难、推诿都不仅使贫困国家处境更加艰难,而且必定会影响到富足国家的经济发展。所以,国际社会,特别是发达国家必须改革国际贸易制度,改善发展中国家贸易条件;改变发展中国家债务缠身、资金短缺的局面;积极向发展中国家转让其所需的技术,提高其人力资源质量等等方面作出切实的努力。只要加强共识,通力合作,消灭贫困并非梦幻。

遏制生态失衡,增加环境投资

生态环境危机是人类建立可持续发展社会的巨大障碍。为了跨越这一障碍,至少应注意以下几个方面。

第一,保护森林与物种 具体措施包括防止污染和地球升温;加强人工植树造林;建立自然保护区;抓好动物园、植物园的建设与管理。

第二,防止全球升温 可以采取的作法是:提高能源使用效率,改变能源结构,控制并逐步停止氯氟烃的使用,积极开发无碳的可再生能源;减少森林砍伐,加强植树造林;试行征收"碳税"制度,用经济手段限制碳的排放量。

第三,增加环境安全投资 长期以来,两个重要的原因限制着人们向环境安全投资,一个是军事安全优先的战略抉择,另一个是严重贫困的现实压力。所以,增加环境安全投资,自然要从排除这两项限制入手。首先是削减军费,把削减下来的军费大部分用于环境保护。其次,为发展中国家提供有关环境保护的专款援助。在1992年世界环境发展大会上,发达国家已作出承诺,现在的关键是实现其诺言。再次,推广实行外债转换环境保护投资的作法,即通过国际协议,免除发展中国家所欠外债,但必须保证这笔资金用于本国的环境保护。

合理使用资源,开辟新的资源前景

人类面临的资源危机像生态环境危机一样咄咄逼人。在解决这一危机的诸多考虑中,注重物质的回收利用和开发新能源尤为重要。

第一,注重物质的回收利用 世界观察研究所的研究报告指出,物质回收利用不仅能节约资源和资金,而且可以减少污染。如利用废钢材炼钢,能耗可降低2/3,空气污染减少85%,水污染减少76%;用废纸造纸,能耗节约40~75%,空气污染减少74%,水污染减少35%。由此可见,在缓解资源危机方面,物质回收利用大有作为。

第二,提高能效,开发可再生能源 这项工作可从几方面着手。首先是工业部门通过研制节能型设备,改进生产工艺节能。其次是运输部门的节能,这里关键是提高燃油效率。再次是发展节能型建筑物。最后是积极推进水能、太阳能、风能、地热能、生物能的开发,为可再生能源最终取代煤、石油、天然气创造条件。

稳定人口,保障粮食

在解决人类面临的人口与粮食问题方面,已经明确的共识和措施是:

第一,加强计划生育 为此需要提供完备的计划生育服务,改善卫生保健条件,降低婴儿死亡率,提高妇女地位与文化水平。

第二,防止耕地的减少和土壤的退化

第三,开发生物技术 尽管科学技术在粮食生产中的作用日益明显,但潜力还很大。这意味着,今天的农作物产量远未达到作物的最佳生产潜力。因此,开发生物技术,保障粮食供给的前景是光明的。

1996 年世界经济的发展与变化

中国世界经济学会　　王怀宁

一

1996 年是一个重要的选举年。在这一年里，美国、日本、俄罗斯这样一些重要的国家都进行了大选。选举的结果，是这些国家原来的执政党皆获得了胜利。原有的政府继续执政，原有的各种对内对外政策得以延续，避免了政府更迭可能引起的变化和震荡。为了争取选举的胜利，这些国家的政府都曾采取过一些有利于经济增长或恢复的政策、措施，从而对推动这些国家的经济增长起了一定的积极作用。

1996 年，世界各地的一些冲突热点，至少已开始趋向缓和。波黑实现了和平，并已进行了大选。这不仅为波黑的经济重建创造了条件，而且也对整个欧洲局势的稳定有积极的影响。相持了几年武装冲突的俄国车臣地区也开始走向政治解决，这对经济严重下滑的俄罗斯无疑是一个好消息，可使俄罗斯政府能更加集中精力去解决处于困难中的经济问题。虽然阿以冲突在 1996 年出现了一定的反复，但从目前的情况看，阿以和平解决一时还不致于发生大的倒退；阿富汗的内战仍在继续进行；非洲大湖地区的局势仍不稳定；但这些对世界全局都不会发生大的影响。世界局势的进一步缓和，无疑是 1996 年世界经济能较为顺利发展的一个重要因素。

在联合国秘书长人选问题上大国之间的矛盾，最终以安南接任联合国秘书长的职位而使这一争执最终得到了各方都较为满意的解决。这对联合国在今后的国际事务中发挥更大的作用和对联合国进行必要的改革是有利的，因而也有利于推动世界经济的增长。

虽然世界经济的增长面对着上述种种有利因素，但 1996 年世界经济的平均增长率仍然不是很高，仅略高于 1995 年的 3.4%，约在 3.8%左右，这主要是由于各类国家面临着不同的经济问题所使然。

二

1996 年世界经济平均的增长速度不快，主要是受发达资本主义国家的经济增长率仍然不高的影响。发达资本主义国家在经历了 90 年代初的经济衰退之后，当前正处于经济回升阶段。但自这次经济回升以来，它们的经济回升一直相当乏力，尚未出现强劲的回升势头。1996 年，美国的经济增长率虽然比 1995 年略有提高，但欧洲发达资本主义国家的经济增长率却比 1995 年有较大幅度的下降；虽然日本的经济增长率出乎意料地有较大提高，但都无法使发达资本主义国家平均的经济增长率比 1995 年的水平有较大幅度的提高。1996 年，主要发达资本主义国家的经济增长率分别是：美国 2.4%（1995 年为 2.1%）、日本 3.6%（1995 年为 0.9%）、欧洲联盟国家平均为 1.7%（1995 年为 2.5%）。这样，整个发达资本主义国家平均的经济增长率仅约为 2.4%（1995 年为 2.0%），仍未摆脱低速增长的局面。

发达资本主义国家的经济迟迟无法有力地回升，主要是由于下列一些因素的影响：

发达资本主义国家的财政无法对经济的增长进行有力的支持

战后，发达资本主义国家曾长期实行赤字财政政策以支撑经济的增长。发达资本主义国家因连年财政赤字，而且赤字数额日益庞大，国债的积累已使许多国家的国债在国内生产总值中所占的比重达 50%以上。这样的政策已到了难以为继的地步。近年来，为了实现经济持续而稳定地增长，发达资本主义国家大多采取了降低财政赤字的政策与措施。根据世界银行的统计，1992～1995年，发达资本主义国家的财政赤字已从占国内生产总值的3.5%，下降到了2.5%；其中，又以美国下降的幅度最大，1996年这一比重将降至1.3%。欧洲联盟国家，为了实现在1999年实行欧洲单一货币的计划，更面临着要大大压缩财政赤字的艰巨任务。本来，在发达资本主义国家中，欧洲联盟国家的财政赤字负担就最重，而为了达到实行欧洲统一货币所规定的各项经济指标，就必须在1997年把各国的财政赤字占国内生产总值的比重压缩到3%以内，并使各国的国债占国内生产总值的比重小于60%。这对绝大多数欧洲联盟成员国来说都是非常困难的。现在，已经达到这一指标的，只有丹麦、卢森堡和爱尔兰三个国家。连实行欧洲统一货币最积极，也是最关键的国家德国和法国，都在完成这一任务方面存在着不小的困难。但它们在欧洲联盟既定的实现欧洲统一货币的计划和目标面前，并无退路，只有硬着头皮往前走。这就要求它们在最近二三年内进一步大力压缩财政支出。在这种情况下，欧洲联盟国家的政府当然不再可能用扩大财政支出的手段来支持经济的较快增长。在发达资本主义国家中，唯一能用财政手段支持经济增长的只有日本；但是，由于"泡沫经济"破灭造成的企业和金融危机是如此严重，尽管日本政府加大了财政的支出，也未能起到预期的效果。日本政府从1995年10月开始增加了财政支出达14兆日元之巨，但庞大的财政支出都迫使政府不得不把个人消费税从过去的3%提高到5%，这必然会影响个人的消费支出，从而使扩大财政支出的效果大打折扣。因此，即使在日本，政府因扩大财政支出从而增加财政赤字的办法来支持经济增长也没有太大的余地了。

发达资本主义国家的高失业率是造成这些国家经济低速增长的又一重要因素

自从80年代后半期以来，发达资本主义国家，特别是欧洲联盟国家就一直为高失业率所困扰。进入90年代以来，这一情况从总体来看并无好转，在一些国家甚至还在进一步恶化。在经济回升时期失业率不但不下降，甚至还进一步提高表明，经济周期对失业率的影响已在减弱，而结构性失业的矛盾已越来越明显和突出。当然，在发达资本主义国家，失业状况也不是完全相同的。近两三年，美国的失业状况已有一定的改善。目前，美国的失业率已徘徊在5.0%左右的相对较低的水平上。但欧洲联盟国家的失业率都仍在继续攀升。目前，欧洲联盟国家平均的失业率已达11.4%以上，而且还有继续增高的趋势。欧洲联盟国家失业率不断增高是长期经济低速增长无法吸纳被科学技术进步排斥的就业人口和新增加的劳动力的结果。现在欧洲联盟国家大都陷入了这种恶性循环之中：经济长期低速增长引起了居高不下的失业率；居高不下的失业率又反过来使经济无法以较快的速度增长。从当前的情况看，欧洲联盟国家一时还看不到有尽快走出这一怪圈的前景。因为，欧洲联盟国家经济低速增长的重要原因之一，是政府无力用扩大财政支出的办法支持经济的增长；而造成政府财政负担过重的一个重要因素是政府的社会福利开支负担太重。若要解决这一问题，就必须对现行的社会福利制度进行较大的改革；而要改革，就必然要涉及到千百万劳动群众既得的利益，因此会遭到激烈的反对。最近一二年，法国政府只是着手在这一方面进行一些初步的改革，工人便以罢工来表示强烈的反对。这说明，不改不行，要改也难，弄不好还会引起社会的激烈震荡。在这一方面，欧洲联盟国家要走的路还很长。在发达资本主义国家中，只有日本历来是失业率最低的。但近年来，随着日本连续几年经济不景气，日本的失业率也在上升。1996年，日本的失业率已接近3%，比其它发达资本主义国家仍然低得多，但对日本来说，这已是历年来最高的水平了。有的日本学者还认为，若把大量不求职的家庭妇女等也考虑在内，日本的失业可能并不比其它发达资本主义国家的失业率低多少。从而失业问题同样也是日本经济中必须予以重视并寻求办法解决的问题。

发达资本主义国家经济政策的首要目标仍然是把通货膨胀抑制在较低的水平上，因此往往会通过减低经济增长速度的办法来达到维持较低通货膨胀率的目的

在许多西方经济学家看来，通货膨胀率与经济增长率之间往往存在着正比例的相关关系；伴随着较高经济增长率的总是较高的通货膨胀率。为了维持较低的通货膨胀便只有降低经济增长率。近几年来，发达资本主义国家较低的通货膨胀率（一般已在3%以下），可以说就是在一定程度上的降低经济增长率为其代价的。今后一段时间，发达资本主义国家经济政

策的这一取向，将仍然是影响它们经济实际运行状况的一个重要因素，使它们的经济增长率继续维持在较低的水平上。

1996年，发展中国家的经济继续以较快的速度增长着，其平均的经济增长率约为6%，高出发达资本主义国家平均的经济增长率约2倍。1996年发展中国家经济增长的一个特点是：过去经济情况不太好的非洲和拉丁美洲国家经济形势普遍好转，1996年这两个地区平均的经济速度可分别达到5%和3%，较1995年高出不少。再加上东亚和东南亚地区的发展中国家继续保持着世界最高的经济增长率，1996年这一地区的平均经济增长率可达8%，发展中国家整体的经济形势可以说是近年来所少有的。

在发达资本主义国家经济低速增长的情况下，发展中国家的经济能较快的增长，反映了发展中国家的经济独立性正在加强，它们的经济已不再完全受发达资本主义国家经济形势的制约。

除了一般的因素之外，促使1996年发展中国家经济加快发展的具体原因是：

外国资本重新流入发展中国家

由于墨西哥金融危机的影响，1995年流入发展中国家，特别是拉丁美洲国家的外国资本曾一度大幅度减少。1996年，这一不利情况已经得到扭转，外国资本重新开始大量流入发展中国家。据估计，1996年流入亚洲和拉丁美洲国家的外国资本较之1995年分别增加了1倍和50%。大量外国资本的流入对发展中国家经济的较快增长显然起了积极的作用。

经过国际社会的努力，发展中国家中的重债务国所积欠的沉重债务已开始着手解决

国际货币基金和世界银行决定启动一项减免重债务国77亿美元债务的计划。这项计划的实施对发展中国家中经济最为困难的一些国家，特别是非洲的一些最贫困的国家，无疑是一个福音，可以帮助这些国家更快地摆脱经济困境，走上经济恢复和发展的道路。

发展中国家的对外贸易有了较快的发展，它们在国际贸易中所占的比重正在稳步增长

自从进入90年代以来，发展中国家平均的对外贸易增长率已高于世界贸易总额的增长率。这是一个不小的变化。发展中国家在国际贸易中的地位正在提高。经济增长最快的东亚、东南亚国家，它们在国际贸易中的地位上升就更为显著。目前，这一地区的进出口额已占世界贸易总额的1/4以上。到2000年，东亚、东南亚地区在国际贸易总额中所占的比重很可能会提高到1/3左右。对外贸易的不断扩大，已成为许多发展中国家经济加快发展的一个有力的推动因素。

1996年，对于处在经济转轨过程中的中东欧国家和独联体国家来说，则是它们的经济发生更加明显分化的一年。最早开始经济变革和转轨的一些国家，如波兰、捷克、匈牙利、斯洛伐克等，经济的恢复已经走过了二三年的时间，它们平均的经济增长率正在逐步提高。1996年，这类国家的经济增长率已达3%～5%，有的甚至更高。与之形成鲜明对照的是，包括俄罗斯在内的一些独联体国家，它们的经济却依然在继续滑坡。俄罗斯经济在1995年继续下滑了4%之后，1996年并未如预期的那样止跌回升，而是在进一步地下滑，下滑幅度仍有3%。一些独联体国家，如乌克兰和一些中亚国家，其经济甚至比俄罗斯还要困难。与中东欧国家的情况相比，它们之间的经济分化是十分明显的。当然，即使是经济已较快回升的国家，它们的国民经济现在也还没有一个达到了经济转轨之前曾经达到过的水平，它们的经济恢复还有相当长的路要走，要走上正常的经济发展的轨道就更有待时日了。

在中东欧和独联体国家中举足轻重的俄罗斯，今后的经济走向如何最为世人所关注。俄罗斯经济能否止跌回升，重新走上正常发展的轨道，这要取决于许多因素：

俄罗斯自转轨以来政局一直不很稳定

不仅中央的权力斗争一直很激烈，而且还为车臣等地区的战乱所困扰。今后，俄罗斯的政局能否稳定，仍然是其经济能不能迅速走向恢复的关键所在。

由于经济转轨，并采取了“休克疗法”，对经济造成的冲击是很大的

特别是由于放开价格，使前几年俄罗斯的通货膨胀十分严重。1996年，俄罗斯的通货膨胀率虽然比最严重时已有很大幅度的下降，但仍然达30%左右。今后俄罗斯若能使通货膨胀率进一步下降，则其经济的转轨和经济的复苏就可以有一个较为有利的宏观环境；否则，要使俄罗斯经济走出低谷就很难。

俄罗斯的经济复苏要取决于其经济转轨是否顺利

从现在的情况看，这方面存在的问题和困难是很大的。就以经济私有化的进程来说，迄今尚没有显著的进展。因为，在私有化进程中起决定作用的大中型企业私有化问题尚未真正触及。

因此，俄罗斯经济要求近期内走出困境还是不太乐观的。

三

在世界经济继续以较低的速度增长的情况下，国际贸易的增长速度也有所放慢。1996年世界贸易总额增长了6.5%，虽然比1995年的8.7%下降了2个多百分点，但仍然比世界经济的增长速度要高得多。因此，国际贸易仍然是推动世界经济增长的一个重要因素。

1996年世界贸易的增长速度虽有所放慢，但其绝对增长率并不算低。因此，自1994年以来，国际贸易已经是持续3年以较高的速度增长。3年平均的增长率达8%以上，这是自70年代中期发生石油危机以来所少有的情况。

国际贸易的迅速增长，是与近年来经济全球化的步伐进一步加快相适应的。一方面，发达资本主义国家之间的国际水平分工正在进一步深化，这大大增加了它们之间的商品贸易量；而在国际贸易中，发达资本主义国家占据着贸易额2/3以上的比重，它们之间商品贸易量的增加，再加技术贸易迅速发展，成为国际贸易加速扩大的一个重要因素。另一方面，由于新一轮的科学技术革命正在兴起，发达资本主义国家的产业结构也在随着进行调整。在这种情况下，发达资本主义国家又有一批产业在向发展中国家转移。这种转移不仅有助于提高发展中国家的出口能力，而且也增加了它们对进口商品的需求。正因为如此，近年来发展中国家在国际贸易中所占的比重已有所回升和提高。

科学技术进步还促进了国际贸易领域的扩大，服务贸易正以大大快于商品贸易的发展速度迅猛增长。与此同时，科学技术革命即使是对商品贸易的结构也有重大的影响，使之不断发生新的变化。信息革命的兴起，已使信息产品和现代办公设备的进出口在国际贸易中占据着越来越重要的位置。现在，仅办公室设备一项的国际贸易额就已超过了整个农产品的国际贸易额。越来越多的新部门和新产品加入到国际贸易中来，已成为国际贸易加速发展的不可忽略的因素。

近年来国际贸易的较快增长与国际贸易秩序有了一定的改善也有关系。由于世界贸易组织的建立和开始运作，对于推动贸易的自由化，扩大贸易规则的适用范围，以及提高国际贸易机构的权威性，都起了积极的作用。世界贸易组织今后在推动国际贸易增长方面还将继续发挥重要的作用。

当然，在国际贸易领域里也不是没有问题和矛盾。在发达资本主义国家经济低速增长的情况下，它们之间争夺市场的矛盾已比过去更加尖锐。在1996年里，涌现出来的英国"疯牛病"，美国用赫尔姆斯-佰顿法与达马他法来干预其它国家的贸易主权，以及美国和日本在贸易上的激烈摩擦等等，都突出地反映出了这方面的问题。在这里，最主要的矛盾在于，美国在冷战结束后已成为世界上唯一的超级大国，它力图成为世界新秩序(包括国际贸易秩序)的领导者，但美国的总体经济实力都在不断地相对下降，这使其无力成为真正的多极世界的主宰。当美国对国际经济秩序颐指气使时，便想将自己的意图通过国内法来强加于人。这种作法显然是行不通的，必然会遭致其它国家强有力的反对，从而只会落一个适得其反的结果，使美国在世界范围的领导地位和威信进一步降低。

四

1996年，国际金融可以说是在相对平稳的情况下度过的，而不像1995年那样发生过那么多的重大事件、受到那么大的冲击。

1996年，在国际金融领域里，除了国际资本又重新加速向发展中国家流动之外，主要有两个比较显著的特点：一是主要发达资本主义国家的货币汇率相对比较稳定；虽然美元略显坚挺，日元和德国马克相对较为软弱，但国际金融市场的汇率波动并不猛烈。再一是全球的股票市场，特别是美国的股票市场，在经济增长普遍不是很快的情况下，都非常地兴旺、火爆，股票的价格出现了有史以来的持续大幅度的上涨。

主要发达资本主义国家的货币汇率在1995年曾经经历了非常剧烈的波动

美元对日元的汇率在上半年曾从1美元兑换100多日元猛跌至不到80日元，下半年却又迅速大幅度回升，重新反弹到1美元兑换100日元以上的价位上，上升与下降的幅度高达60%以上，这是过去从未有过的现象。美元对德国马克的汇率也经历了类似的波动历程，只不过升降的幅度略小一点。

1996年，主要发达资本主义国家货币汇率的变动则要相对平稳得多。美元对日元的比价长期徘徊在1美元兑换100～110日元的水平上。只是在接近1996年年底时，由于日本的经济形势好转不太明显，而金融业的不良债权问题依然居高难下，1美元兑换日元的比价才突破了110日元的大关，但涨幅仍然不是很大。美元与日元、德国马克的比价全年的波幅因之比1995年要小得多。

除了美元对日元、德国马克的汇率波动不是很大之外，在国际金融市场有相当影响的欧洲货币体系其成员国的货币汇率也较过去相对稳定得多。1996年11月，为了能达到加入欧洲统一货币所规定的条件，意大利的里拉，在已经脱离了欧洲货币汇率机制数年之后，又重新返回到了这一体系之中。这既为加强欧洲货币汇率机制的作用创造了条件，也是欧洲联盟国家货币汇率相对稳定的一个表现。

主要发达资本主义国家货币汇率的相对稳定，使汇率剧烈波动而扰乱各国经济正常运行的现象大大减少了，从而使世界经济的增长有了较好的条件。

1996年全球股市主要是在美国股市牛劲十足的带动下而异常火爆的

1995年初，美国道·琼斯股票价格还不到4 000点，但到年底，已突破5 000点的大关。1996年，美国的股市不仅涨幅不减，而且在进入下半年后，股票价格还十几次地突破了历史的最高记录。到1996年11月底，道·琼斯股票价格指数曾一度超越了6 500点，大有突破7 000点的劲头。美国股票价格涨幅如此之大、之快和上升持续时间之长，都是过去从来没有经历过的。

对于美国股市如此之火爆及其今后的走势，各国的经济专家都极为关注，但对此现象都众说纷纭，莫衷一是。有人认为，美国的股市今后仍会上涨一段时间，短期内不大可能出现猛烈的下跌；但是，也有人认为，美国的股票市场已经暴涨过度，与实际经济的运行状况脱离太远，因此，牛市不可能持久，出现剧烈的下跌也不会使人感到意外。在一段时间里，警告说美国股票市场很快要出现巨幅下跌的呼声曾不绝于耳。但喊了半天狼来了，狼却始终没有来。今后，美国股票市场的前景又到底会怎样呢？

我们估计，美国的股票价格今后还会继续上涨一段时间，短期内还不致于出现类似1987年“黑色星期一”那样的股票价格剧烈下跌。因为，对今后美国股市的走势如何判断，主要要看最近二三年推动美国股票市场价格上扬的一些主要因素是否会发生较大的变化。首先，美国公司的利润增长乃是股票价格上升的最重要的基础。近年来，美国股市牛劲十足正是建立在美国公司利润大幅增长的基础之上的。1992～1995年，美国公司的利润平均增长率为15～18%，大大高于同期经济增长率的水平，从而有力地支撑了股票价格的上涨。1996年，从美国公司总的经营情况看，其业绩仍然是相当不错的。据估计，1996年美国公司的利润将比1995年提高25%以上。在这种情况下，美国的股票价格还会继续上升一段时期仍然是有可靠的基础的。其次，在金融市场上，股票价格是与利息率的变动息息相关的。股票价格总是向利息率相反的方向变动。因为，股票价格乃是股票收入的资本化。因此，股票价格总是由股票的红利与市场的利息率之比决定的。利息率越高，则股票价格就越低，反之，则股票价格就越高。近年来，美国股票价格的不断上涨就与美国维持了相对较低的利息率有一定的关系。现在，美国经济正处于经济周期的回升阶段，美国经济的增长在继续，但速度并不是很快，而且，美国的通货膨胀率近二三年已压在3%以下。在这种经济形势下，美国联邦储备委员会一时还不会为了防止经济过热和通货膨胀加剧而采取较大幅度提高利息率的措施。只要不出现利息率突然大幅度提高的局面，就不会发生利息率变动对股票市场带来的巨大冲击，从而迫使股票价格猛烈下跌的情况。最后，美元的汇率一年多来已相对地较为平稳，而且略显坚挺。这对大量外国资本流入美国是有利的，从而对美国的股票市场也是一个有力的支撑。虽然美元的汇率较高，会对美国的出口带来一定的不利影响，使美国的国际收支状况进一步有所恶化，但还不致于对全局造成很大的危害。因此,从美元汇率较为坚挺对美国股票市场总的影响来看,还是利大于弊的。根据上面我们对影响美国股票市场几个主要因素的分析和判断,我们认为,美国股票市场虽然已大幅度连续上升了好几年,但在近期内还不会发生大的震荡和波动。由于股票市场作为虚拟经济的一个组成部分,与实际的经济运行已有越来越大的脱离,因此,美国的股票市场即使发生了类似1987年"黑色星期一"那样的崩市,也仍然将如当时那样,不会对美国经济乃至整个世界经济的实际运行造成太大的危害。

五

科学技术的进步和世界经济的发展,已使经济全球化的趋势越来越明显和加速。经济全球化的趋势对各国经济生活的影响,不仅表现在各个国家都越来越深地卷入到国际分工的体系之中,而且也促使各个国家对原有的一些思想观点和经济体制进行一定的变革来适应这一发展和变化。且不说中东欧国家和独联体国家已被迫在进行经济的根本性转轨,从计划经济体制走向市场经济体制;即使是发达资本主义国家,也不得不进行一定的变革。欧洲联盟国家,在实现了欧洲统一大市场之后,现在正着手实现建立欧洲统一的中央银行和实行欧洲统一货币的计划,就是突出的一例。虽然欧洲联盟国家要实现这一计划困难很多,能否按期实现还很难说,但这一计划终将实施则是没有问题的,问题只是一个时间的早迟。

日本在战后的迅速崛起,曾被看作是一个奇迹。日本被认为是战后在经济发展上最为成功的国家。它的经济管理体制、企业经营的策略和管理方式,都曾被许多国家当作学习的榜样。而现在,正是日本这一战后经济上最为成功的国家,为了更好地适应经济全球化的趋势和潮流,也不得不走上了进行经济管理体制改革的道路。可见科学技术进步和世界经济的发展乃是无法阻挡的客观的力量,任何国家都必须顺应它的发展和变化,并据此来确定自己的战略、政策和措施,才能不被历史发展的洪流所淘汰。过去的成功只是过去顺应世界发展潮流的结果,而未来却要取决于能否跟上世界发展的新的潮流。对此,我们应有足够的认识。原来就已落后于世界发展潮流的国家,今后当然会面临更为严峻的挑战,但这也是一个难得的机遇,跨步赶上世界发展的新的潮流,就会来一个飞跃,从而加速赶上先进的国家,跻身于先进的行列。

自进入90年代以来,随着"泡沫经济"的破灭,日本经济陷入了长达数年之久的萧条之中。连续几年的经济零增长,以数额巨大的不良债权为主要表现的严重的金融危机,日益增高的失业率,如此等等,不能不迫使日本政府考虑现行经济体制存在的弊端,并对之进行必要的改革。桥本龙太郎上台执政后,终于提出了对日本的经济结构进行改革的整体方案。这一方案包括了6个方面的改革,即:

建立先进的电讯业;
改变高成本的物资分配体制;
改革金融体制;
调整土地和住房政策;
改革劳动与就业制度;
改善医疗和福利制度。

从这次日本经济结构改革的内容可以看出,日本的经济结构改革,并不仅仅是一个产业结构的调整问题,而是包括了经济的几乎各个层面的问题,其内涵要比单纯的产业结构调整广泛而深刻得多,实际上是一次经济体制的全面的变革,其对日本经济未来的影响将是巨大而深刻的。

日本的这次经济结构改革,总的精神是要使原来政府对经济管制过严、保护过多而对外开放不够的情况得到较大的改变,以适应经济全球化的发展和要求。从日本这次的金融改革中可以看得很清楚。日本这次金融改革的重点是加强日本中央银行的独立性,实行金融业务的自由化,逐步解除日本政府对各种利息率的管制,政府不再对各种金融机构进行不必要的保护,在金融业中引进竞争机制,以全面提高金融业的效率,并进一步国际化。正因为日本的这次金融体制改革是全面而深刻的,因此,日本政界和学者把它称之为"金融大爆炸"或"东京大爆炸",认为它可以与80年代英国首相撒切尔夫人在英国进行的改革相媲美。为此,日本已修改了过去的"银行法",以确保日本中央银行的独立性和透明度,从而大大提高了日本中央银行在日本经济中的地位和作用。为了提高金融机构的效率,日本在取消对金融机构进行过度保护的同时,还扩大了金融业的对外开放度,不仅取消了只有东京银行才能进行外汇业务的规定,而且要在各个金融业务领域里逐步允许外国金融机构的参与和竞争。

当然,日本的经济结构改革还仅仅开始,其效率如何还有待今后的实践来证明。但有一点是肯定的,那就是不管其成效如何,都不应对改革提出怀疑,问题不是要不要进行改革,而是应该如何进行改革才能获得成功。对于这一点,现在的日本政界和学术界已取得了大体一致的共识,这对日本进行的经济结构改革是非常重要的一个有利条件。如果日本的这次经济结构改革能获得成功,那将为日本在进入新世纪时占据有利的经济竞争位置是有重要意义的。

科学技术进步和世界经济的发展,不仅引起了经济领域的变革之风,而且正在引起人类生产和生活方式的深刻变化。信息化正在改变着人们的工作方式,乃至生活方式,这已为越来越多的事实所证明;生物工程技术的发展,则已呈现出可能会改变人本身的前景。现在,在"克隆羊"出现之后,世界各国都已在是否应将这种技术运用在人类本身的问题上议论纷纷。人们大多怀着疑云,甚至恐惧的思想感情来对待这一问题,并用在原有生产方式和生活方式下形成的道德观念来看待这一问题,反对之声一时不绝于耳。但作为一个唯物主义者,就应该以欢迎的态度来对待每一个科学技术的进步,而不应该用过去的观念来对待甚至反对新的事物,尽管这一事物很可能对人的观念乃至各种社会政治制度和生活方式会带来不可预知的根本性的变化。人们似乎不应忘记中世纪因反对日心说而处死哥白尼的沉痛教训,因为,这种做法决不能阻止科学进步和消灭真理。问题不在于科学的进步肯定会带来人类生活的根本性的变革,而在于如何利用这种进步来更加完善人类本身,使人类获得更好的生活条件和发展。世界总是要发展和前进的,人类也是如此。人类绝不会因为加深了对自然规律的认识而导致本身的毁灭。相反,它可使人类获得更好的条件去发展人类本身。科学技术乃是在人类历史上起推动作用的革命力量,因此,对于科学技术的任何一个新的发现,即使它的实际运用甚至还无法预见,都应对之抱热情的欢迎和无比喜悦的态度。我们相信,当人类迈向 21 世纪的时候,科学技术的进步和世界经济的发展必将使人类获得更好的发展条件。人类应该对科学技术和自身的能力抱有充分的信心。

1997 年世界经济形势及特点

陈特安　史宗星　吴绮敏

经济增长仍是主调

1997 年仍是世界经济在动荡中较快增长的一年。世界大多数国家的经济总量明显增长,其他宏观经济指标进一步改善。据国际货币基金组织最新发表的世界经济评估报告,世界经济全年增长 4.1%,是进入 90 年代以来的最好年景之一。联合国发布的年度经济报告显示,在它所监测的 143 个国家中,今年有 120 个国家的人均产值会增长。

工业化国家仍然是世界经济发展的"龙头"。预计这些国家 1997 年经济增长率为 2.8%,好于去年。

头号经济大国美国经济增长强劲,全年可望增长 3.8%。美国经济即将进入第八个增长年,这是二战后第三个最长时间的增长期。美国经济的良性发展态势表现为"三高"与"三低"。所谓"三高",指的是经济增长率高、综合竞争力高、企业利润率高。"三低"是指失业率低、通货膨胀率低和财政赤字占国民经济的比重较低。美国 11 月份失业率已降至 4.6%,为 24 年来的最低点,接近充分就业水平;今年第三季度的通货膨胀年率降至 1.4%,是 30 年来的最低水平;在 9 月 30 日结束的 1997 财政年度,联邦政府的财政赤字从 1996 年度的 1 073 亿美元降至 226 亿美元,仅占国内生产总值的 0.3%,为 1970 年以来的最低水平。

欧盟经济平稳回升。经合组织预测,欧盟今年的经济增长率为 2.6%，通货膨胀率为 1.8%。欧盟各成员国货币对美元的贬值，使欧盟出口增加。由于为启动欧元而采取紧缩财政政策，欧盟国家的消费、投资和就业相应受到抑制。据经合组织分析，居高不下的失业率和高额预算赤字仍困扰欧洲。

日本经济复苏的势头孱弱。据国际货币基金组织预测，其增长率今年仅为 1.0%，远不如去年。其原因可说是多种多样，包括消费疲软、企业投资减少和公共投资不振、财政赤字增加、就业机会减少等，但最根本的还是经济体制问题。日本经济正处于一个大调整时期。

发展中国家和地区继续保持较快的增长速度，据国际货币基金组织最新预测，今年的经济增长率预计为 5.9%，略低于去年；金融风波的冲击将使亚洲经济增长率从去年的 8.2% 降至 6.8%，但亚洲依然是世界上经济增长最快的地区。中国以最近一次的经济“软着陆”为标志，国民经济开始进入以结构优化和升级、整体经济素质提高为特征的新阶段。南亚地区，特别是印度，经济依然出色。但亚洲面临许多瓶颈与挑战，需认真对待。

拉美经济走出了墨西哥金融危机的阴影，多数国家形势趋好。今年的平均增长率可达 5.2%，是 1979 年以来最好的一年；通胀率今年可能降至 10%，是 25 年来最低的一年。拉美地区贸易失衡状况依旧，外债依然是沉重负担。

非洲大陆加快了经济结构调整与改革，外来投资增加，区域经济合作推动了内部贸易增长，经济形势继续转好，但要摆脱贫困，走向经济起飞，仍需有一个合理和持续的发展战略。

俄罗斯经济今年可望增长 0.5%，这标志着持续 7 年之久的经济下降局面已告结束。东欧大部分经济转型国家也已走出低谷，经济普遍止跌回升。但俄罗斯和中东欧国家的经济仍存在不少难题和不稳定因素。

金融市场剧烈动荡

1997 年的国际金融领域热点迭出，动荡与改革交叉，机遇与挑战并存。随着经济全球化的加快，许多国家改革的力度不断加大，资金的总量和供求关系的变化直接影响着资金流动和融通，资本市场的扩展远远超出经济增长的速度。

今年国际直接投资的数量超过 3 000 亿美元，超过去年的水平，成为经济全球化的推动力量。金融市场的巨额资金除了满足正常经济贸易的发展需要以外，相当大的数量活跃在股票、债券、外汇和黄金市场上追逐投机利益。汇市和股市呈现两种趋势：一是股价严重超值，虚拟经济与实物经济严重脱节，汇市、股市动荡受多种因素的影响，特别是受投机活动的影响越来越大；二是加强汇市、股市的宏观监管机制，提高应付金融风险的能力，已成为各国的共识。

今年的全球外汇市场表现为美元汇率逐步坚挺，步步走高。其中美元兑日元汇率上升 14%，从年初的 1∶115 升至 12 月中旬突破 1∶130 大关，12 月 15 日一度升至 1 美元兑换 131.35 日元，为 5 年来的最高点。美元兑马克汇率上升 16%，从年初的 1∶1.54 升至 12 月中旬的 1∶1.79，8 月 6 日曾达到 1∶1.8913 的高水平，创下 7 年多以来的最高价位。美国的经济表现和货币政策对美元汇率形成了有力的支持。

股票市场的竞争日趋激烈，资金流量增加。股票市场异常活跃，尤为看俏的是美国股市。今年以来，道·琼斯 30 种工业股票平均指数从 6 442 点上升到 8 200点，升幅达 27%。在美国股市的带动下，西方其他股市也在波动中持续走强，普遍上涨。但在 10 月底前后，西方股市又呈现较大幅度的下跌，主要原因是对股市“非理性奋进”的一种调整和受东南亚货币市场动荡的影响。日本股票平均价格虽曾达到 2 万日元的高点却又一跌再跌。拉美股市则看俏，吸引了大量资金。

1997 年最引人注目的是东亚金融动荡。7 月 2 日泰国将固定汇率改为浮动汇率，引起货币大幅度贬值，至 12 月中旬，泰铢贬值 48%。东南亚其他国家相应受此冲击，菲律宾比索、印度尼西亚盾、马来西亚林吉特等均大幅贬值。10 月以后，韩国金融危机骤起，韩元大幅贬值，股市受挫，大公司纷纷破产。11 月初以来，日本三洋证券、北海道拓殖银行、山一证券和德阳城市银行等金融机构先后倒闭，形成信用危机，震撼日本，引发日本乃至全球股市暴跌，日元汇率随即跌至 5 年来的最低点。目前，国际金融机构对韩国、泰国的紧急援助正在进行。据估计，救援资金总额可能超过 1995 年救援墨西哥的资金，但目前动荡似还没完全过去。

金融风波暴露了东亚一些国家经济高速增长中隐含的结构性问题、宏观政策的失误和金融体制的缺陷。比如泰国,多年的经济结构不合理现象积重难返,流入泰国的外资相当一部分用于房地产开发,形成"地产泡沫";缺乏严密的金融风险监管机制,银行呆账坏账过多;引进的外资结构不合理,短期游资过多;借外债过多,外债总额超过9 000亿美元,占其国民生产总值的50%。印尼外债总额也达1 000亿美元;马来西亚外债总额为290亿美元;韩国外债总额达1 100亿美元,而所有这些外债中的大部分款项都要在一年内偿还,于是,面对国际货币投机商的冲击,难以招架。

金融"接触传染"是今年国际金融市场的一个显著特点。以往的金融动荡往往由发达国家引发,而此次"震源"在东南亚,波及东北亚并影响全球,表明世界经济全球化进入了新阶段,东亚在全球经济中的分量和影响越来越大。另外,高科技运用于金融行业,使信息传递、资金调拨的速度大大加快,金融恐慌的心理也正在成为新的危机传导机制。这次的金融危机还反映出国际资本在全球市场的分配不合理,因此,对国际资本进行结构性调整日显重要,建立国际间金融安全机制已成为世界各国的共同需求。所有这些,都为世界新兴市场国家提供了宝贵的警示。

国际贸易明显回升

1997年的国际贸易明显回升。据国际货币基金组织预测,今年全球贸易增长可达8.6%,大大高于去年的5.6%。今年,刺激世界贸易额增长的主要原因是主要国家和地区的贸易增长明显好于去年,特别是西欧和亚洲贸易恢复增长,以及拉美继续保持较高增长率。今年国际贸易的主要特点是:许多商品价格在起伏波动中回升;信息技术产品在国际贸易中的地位进一步提高,与信息技术相关联的服务贸易不断增长;国际贸易自由化领域继续扩大。

值得注意的是,今年全球性贸易谈判取得重大进展,标志着世界贸易自由化正从货物贸易向服务贸易、信息技术和产品贸易领域延伸。在世界贸易组织的主持下,今年相继完成了旷日持久的三个谈判,达成全球基础电信协议、信息技术协议和金融服务贸易协议。其中,基础电信协议旨在创建一个包括电话、传真、计算机互联网络和卫星通信在内的语音和数据通信的开放性世界市场,参加谈判的68个国家和地区的代表承诺在未来几年内逐步开放本国的电信市场。达成信息技术协议的41个代表方承诺,在2000年1月1日前取消包括计算机软件硬件、通信设备、半导体及其生产设备和科学仪器等在内的200种信息技术产品的关税。已有43个国家和地区参加这项协议,所涉及的信息技术产品贸易约占世界信息技术产品贸易额的95%。约70个国家和地区的代表达成金融服务贸易协议,同意1999年对外开放银行、保险、证券和金融信息市场:允许外国在国内建立金融服务公司并按竞争原则运行;外国公司享受同国内公司同等地进入市场的权利;取消跨边界服务的限制;允许外国资本在投资项目中比例超过50%。

贸易增长本身改善着世界经济。它促进重要先进技术的转让,鼓励提高效益从而给各地的消费者降低价格。国际投资往往会随着贸易的增长而增长,各国经贸关系的加强将促进投资的增加。然而,世界贸易出现的一些新动向,使许多国家特别是发展中国家面临严峻的考验。比如,区域集团贸易保护主义日趋严重;全球贸易摩擦与争端有增无减,新的市场保护有所抬头,反倾销措施不断出笼;贸易自由化对发展中国家经济安全构成威胁,等等。

需要指出的是,美国作为最大的出口国和进口国,在世界贸易中的市场扩张欲望越来越强。它竭力要求别国开放市场,以此促进本国市场的扩展。美国在商品贸易和服务贸易方面均居世界主导地位,它在知识产权和投资方面也占绝对优势。在世界贸易组织今年达成的三个协议中,美国的意愿得到了相当程度的满足。美国的贸易理论研究处于世界前列,在世界贸易文化中起着重要作用。美国的综合竞争优势理论、销售理论、战略贸易理论等,均已进入管理贸易时代。

全球化加速　多极化发展

冷战的结束,世贸组织的建立,信息技术的飞速发展,为经济全球化提供了保证和动力。经济全球化、区域集团化进程正在加快。这种发展趋势有利于全球和区域范围内生产要素的自由流动和优化配置，有利于扩大作为生产要素主要载体的跨国公司的规模，促进全球生产力的增长，推动全球产业结构新一轮的调整，并为一些发展中国家利用高新技术，发挥“后发效应”追赶发达国家提供了历史机遇。到今年底为止，已建立的35个区域化组织，都在积极推动区域内贸易和投资的自由化进程。其中包括欧盟、美加墨自由贸易区、亚太经合组织、海湾国家合作组织、南方共同市场、中美洲共同市场、阿拉伯马格里布联盟、澳大利亚-新西兰经济联盟，等等。此外，东盟自由贸易区将于今后几年内建成，欧盟和南方共同市场正在酝酿建立跨洲自由贸易区的谈判，非洲共同体也在筹建之中。

但是，经济全球化是一把“双刃剑”，其负面影响不容忽视。市场经济本身有其弱点，全球市场经济会使这些弱点无限膨胀，加之各国经济实力、产业结构和竞争力不同，全球化进程的加快，对各国的机遇和挑战各异，贫富差距继续拉大，不合理的经济秩序使发展中国家在经济赛跑中始终处于劣势。此外，许多最不发达国家得到的官方援助越来越少，债务负担却越来越重。有些国家在不合理的国际经济秩序中被“边缘化”，使其发展经济的努力大打折扣。即使是发展较快的发展中国家，也难以抵御经济全球化和开放市场带来的风险。东南亚金融风波就是例证。因此，在今年召开的第52届联合国大会的一般性辩论中，不少发展中国家指出，联合国应在协调全球的宏观经济方面发挥更重要的作用；国际金融机构更应对发展中国家援助，减少过度投机对这些国家金融市场的冲击。因此，安理会五个常任理事国的外长于今年9月发表联合声明，呼吁建立公正的世界经济秩序，实现各国经济的共同发展。

多极化的趋势加速发展，是世界经济格局中又一个引人注目的现象。如江泽民主席最近指出的“以广大发展中国家崛起为重要特征的多极化趋势，犹如滚滚洪流，势不可挡”。观察家认为，90年代以前世界经济三足鼎立之势正在被打破，东亚经济正成为世界经济的第四极。这应该说是有理有据的。尽管目前东亚发生金融动荡，但不致影响东亚(一般指东盟、中、韩)作为世界经济一个新增长中心的地位。还在1995年，亚洲的出口额就已分别与美欧相当，高出日本一倍，成为与美欧日并列的世界四大贸易中心之一。就经济规模而言，东亚按购买力平价计算早已超过日本，据世界银行和国际货币基金组织估计，到2010年还将超过欧美。同时，这种“四极论”在国际舆论中也已得到承认。法国《世界报》最近在谈到世界经济格局时就明确地认为：世界经济的“四极”已是不可否认的现实。世界经济出现新的一极，并且在发展中国家和地区，这是世界经济格局具有重大意义的历史性变化。

与此同时，今年6月中旬在荷兰召开的欧盟首脑会议上，批准了《阿姆斯特丹条约》，通过了完善经济货币联盟和欧元运行机制的三个文件，决定欧元将于1999年1月1日准时启动。这是未来欧盟同美国竞争的一个重要手段。人们还注意到，目前日本对东亚国家和地区的援助、贷款、投资和贸易都已超过美国。今年9月，日本在东南亚发生金融动荡之后，提出建立亚洲货币基金的设想，而美国则反对。美日争夺东亚主导权的斗争显而易见。12月中旬，东盟和中日韩首脑的非正式会晤成为东亚历史上的一个创举，在加强东亚国家的睦邻友好、扩大互利合作、促进共同发展方面取得了广泛的共识，展示了东亚国家克服困难，共创美好未来的决心。

企业兼并浪潮迭起

全球化经营已成为当今众多大公司的发展战略，而企业兼并则是它们调整经济结构和生产布局的重要手段。今年，企业兼并高潮迭起，是世界经济运行的一道风景线。

具体说来，有三个明显特点：一是金额巨大；二是国内与跨国兼并并存；三是兼并既涉及发达国家企业也涉及新兴工业化国家企业；四是在制造业兼并的同时，服务业领域的航空业、金融业兼并呈现增强趋势。

据联合国《世界投资报告》提供的数字，1996年仅美国企业兼并额就高达6 582亿美元；1997年上半年为3 660亿美元，比上年同期增长16%，全年并购总额将超过1996年的水平，创造新纪录。另有统计表明，美国交易额超过10亿美元的企业合并案1997年已有74起，大大超过去年的49起。

颇为引人注目的是，1997年一些世界级大企业在兼并风潮中都有大动作：8月，美国波音和麦道两大飞机公司正式合并。11月，世界通信公司“以小吃大”，用370亿美元收购美国第二大通信公司——微波通信公司，成为美国历史上最大的一起兼并案。

世界金融业的兼并浪潮来势更猛。仅在最近几个月里，就接连发生了数起颇有影响的银行或金融公司兼并案：美国第一联合公司收购中心州金融公司；美国史密斯·巴尼公司与所罗门兄弟公司合并；美国美林证券公司收购英国水星资产管理公司；德国联合银行和抵押银行合并而成为德国第二大银行；爱尔兰银行和联合爱尔兰银行合并，成为爱尔兰最大的银行；芬兰梅利塔银行和瑞典北方银行合并而成为北欧最大的金融集团之一；荷兰国际银行收购比利时布朗贝银行，成为比荷卢地区最大的金融集团；瑞士三大银行中的两家——瑞士银行和瑞士联合银行合并成为世界第二大银行和最大的资产管理人。这一系列兼并活动正改变着世界银行业的格局。若按银行股票市价衡量，现在世界10家最大的银行中至少有8家是今年合并后产生的。银行的规模越来越大，抗金融风险能力相应加强。这些规模巨大的跨国银行，往往在数十个甚至上百个国家和地区设立分支机构，业务涵盖众多领域，在资金、技术和人才方面占有优势，在国际金融市场上起领导潮流的作用。

当前，兼并收购的目的已不是简单地追求经营管理与生产规模的合理性和短期效益，而是站在战略的高度，面向即将到来的新世纪，力争在国际竞争中占据有利地位，扩大市场份额。因此，政府操纵的因素也出现在企业兼并收购活动之中。最为突出的是，美国有关法律禁止垄断，但美国政府仍然无条件批准波音与麦道两大飞机制造公司合并，从而对欧盟的航空制造业构成极大威胁。欧盟对此虽极力反对，但在实力决定一切的今天，欧盟对美国也奈何不得。

信息经济初显威力

一段时间以来，发达国家的经济从以钢铁、汽车及公路为基础的工业经济向以硅芯片、电脑及网络为基础的信息经济转变。信息产业将成为未来全球经济中最大、最有活力的产业，成为最重要的资源和竞争要素。以美国为首的西方发达国家已率先步入信息时代，一些发展中国家也将接踵而至。一个全球范围内的信息基础设施将在21世纪初形成。这一重大转变的意义，比世界经济从农业时代转向工业时代更加深远。

1990年以来，美国经济的收缩期仅有9个月，扩张期却高达80个月，是1854年以来的三个经济周期中收缩期最短、扩张期最长的时期。经济周期的这种变化与美国产业结构的变化有着相当密切的内在联系。在影响21世纪国家竞争力的高科技领域，如信息、生物工程、新材料、宇航技术等方面，都居世界领先地位。一段时间以来，美国高技术经济部门年增长率一直保持在8%以上。1986年至1990年，高技术部门对经济增长贡献率为14%左右；1991年至1995年，其贡献率上升到28%；今年的这项指标估计可达35%。

全球信息产业去年总投资大约为6 100亿美元，美国占了41.5%。美国与信息直接和间接有关的部门在国内生产总值中所占的比重已达80%。去年国内生产总值增幅中的1/3来自以网络化和数字化为主要特征的信息产业。美国企业生产效率的提高及全国经济稳定增长与其信息技术的迅速发展密不可分，特别是居于世界领先地位的网络化技术带动了众多产业的发展。

经合组织的专家今年在一篇题为《论以知识为基础的经济》的文章指出，人力资本和技术知识一向是经济发展的核心。如今，无论在企业界还是在理论界，“知识经济”的概念被广为传播和接受。美国经济学家罗默的“新经济增长理论”指出，在计算经济增长时，必须把知识直接放到生产体系中考虑，即把知识列入生产函数。而对知识生产的投资不仅能增加知识的积累，还能增加其他经济要素的生产能力。知识资本将继续升值，它具有连续增长、回报递增的特征。总之，科学技术是第一生产力，科技创新，永远是经济增长的原动力。

科学技术发展趋势及其对社会文明的影响

周光召

科学技术的发展趋势

科学是人类在认识世界和改造世界过程中形成的,是正确反映客观世界的现象、内部结构和运动规律的系统理论知识。科学还提供认识世界和改造世界的态度和方法,提供科学的世界观和处世的科学精神。技术是在科学的指导下,总结实践的经验,得到的即在生产过程和其它实践过程中,从设计、装备、方法、规范到管理等的系统知识。技术直接指导生产,是现实的生产力。

科学与技术既有联系又有区别,科学产生技术,技术推动科学,这两者互相促进,有非常密切的关系。科学技术最早是来源于生产。它们从生产中独立出来成为人类的三大实践活动之一以后,科学就远远走在了生产的前面。无论是从它研究的空间范围、时间范围或是从研究的物质层次和规律上面,都走在了现实生产的前面。特别是它的基础研究部分,其中有暂时还看不到有实际应用价值的部分。恩格斯曾经在《在马克思墓前的讲话》中讲过一段名言,他说:"在马克思看来,科学是一种在历史上起推动作用的革命的力量。任何一门理论科学的每一个发现,即使它的实际应用甚至无法预见,都使马克思感到衷心喜悦"。从这里,大家可以看到马克思对待科学的态度。

(一)基础研究、应用研究和开发研究

基础研究、应用研究和开发研究的特点和差别在哪里?

基础研究以认识客观世界的物质结构、各种基本运动形态和运动规律为己任,它不着眼于当前的应用。基础研究的重大发现,常常会带来生产的革命性变化。它的研究工作基本上在学科前沿,并在实验室中进行。

应用研究一般有明确的目的,是为了进一步发展某门技术,提高生产效率,拓宽应用的领域;利用基础研究的新发现开辟新的生产力和新的生产方向;它还要研究合理使用和节约资源,保护环境和生态等。在100年以前,在实验室里发现了放射性,在后来又在实验室里发现了电子,放射性和本世纪初发现的相对论,就导致了今天整个原子能产业和原子武器的诞生;而电子和本世纪初诞生的量子论及在本世纪中诞生的半导体、三极管产生了现在的整个电子工业。应用研究也要从认识规律出发,只有认识了才能更好地运用它去解决生产的实际问题。所以在应用研究中间,我们有一部分叫应用基础研究,指的就是对客观现象中运动规律的研究。

技术开发从事生产的技术改造、工艺革新、产品更新等,是科技转化的主要环节。

应用研究和技术开发的成果不断推动生产进步,使生产过程合理,效率提高,产品更新,成本降低,它的发展受到社会需求的强烈推动。

现在的基本发展趋势是:科学的研究成果转化为生产力的周期越来越短,速度越来越快。由基础科学研究带来的新兴产业和产业革命将继续发生,由应用和开发研究带来的技术进步和产品更新将持续不断。在21世纪,科学研究的水平将决定一个国家的竞争实力和一个社会精神文明的水平。科学研究的成就有赖创新,而创新需要很高的理论水平。恩格斯在《自然辩证法》中说,一个民族想要站在科学的最高峰,就一刻也不能没有理论思维。

(二)一些基础科学的发展趋势

数　学

数学对数、字、形和逻辑的研究将更加深入,数学将会更广泛地应用于科学研究、预测、管理和生产中去。数学虽然是基础学科,它也对当今的生产产生作

用。例如,在信息传输过程中,如何压缩信息是一个重要的问题,应用数学的成果发展信息压缩的技术是大有可为的。现在数学中有一门学问叫做小波分析,在信息压缩技术中有很重要的作用,大家知道,日本在发展高清晰度电视中落后于美国,就是因为信息压缩技术没有很好地解决。美国应用数学研究成果,使得它在信息压缩技术方面超过了其它国家。因此,现在美国的高清晰度电视以及网络传输方面已经领先于日本,成为世界上技术最先进的国家。

天体科学

现有实验和理论认为,我们所在的宇宙是约150亿年前,由一次大爆炸中产生的。目前科学家正在研究,在这之前和这一宇宙之外是什么?大爆炸是如何发生,宇宙是如何演变,星球是如何形成和死亡的?这些都是当今研究的特点。例如,科学家从微观的研究中知道,在很高的能量状态下,电磁作用、弱相互作用以及重力作用都是统一在一起的,随着爆炸过程,温度逐步降低,它们逐步分离出来,成为单独形式的作用力。宇宙一次大爆炸产生后10^{-48}秒时候,重力场开始分离出来作为独立的作用力,到10^{-11}秒时,同时电磁作用开始产生,在10^{-4}秒时,“夸克”开始形成质子和中子,到了爆炸后的距今30万年左右,宇宙开始形成现有的原子核和原子。10亿年前形成银河系,到了爆炸后的150亿年,形成现在的世界。科学家经过长期的研究和对大量天体观察的结果,看到我们现在所在的太空中的所有星球都是在向外运动的,离开爆炸点越远,运动速度就越快,这表明它们是从一个点中爆炸出来的,形成了现在的宇宙。

世界上最新的望远镜——哈勃望远镜,通过航天飞机已送到600公里以外的太空上,那里没有大气层的干扰,所以这个望远镜几乎可以观察到宇宙起源那么远的时间和点。大家知道,光每秒走30万公里,我们平常计算宇宙的距离按照光走一年的时间来计算。有一张哈勃望远境观察到的银河系的图片,光从这个银河系走到地球需要6 000万光年的时间。所以,我们说这是6 000万光年之前的一个银河系,在这个银河系里有一个非常亮的星体,还有一个比太阳重1亿倍的黑洞。

高能物理和场论

构成核子共有6个夸克,其中第四个夸克,即粲夸克,是由中国血统的学者丁肇中和美国物理学家Richter分别独立发现的,最后一个顶夸克已于1994年发现。6个夸克先由理论上预言,到1994年为止基本都发现了,证实了现有的理论预测。作用于夸克上的胶子场也已有实验验证,现在正进一步研究夸克和胶子场会不会是更基本的超对称场和统一的相互作用的产物。在能量很高、距离很小的时候,所有的相互作用是统一在一起的,而我们的现实世界又不是那么对称的。因此,要研究高度对称的系统是如何实现对称破缺,以形成丰富多彩的世界的。原来人们认为运动中的对称性是不能破坏的基本规律,1956年李政道、杨振宁首先提出左右对称在弱作用下是破缺的,后来发现有系列更高的对称性实际上也已经被破缺,现在正在研究对称性是如何被破缺的。

地球和环境科学

大气中臭氧层的破坏,温室气体的增加,地球上生物多样性的减少,以及水土流失和污染的加剧都带来了严重的环境问题。保护环境,改良生态,控制全球变化是科学研究的前沿问题。全球变化是指环境被破坏后对全球带来的影响。例如,温室气体的增加可以引起温度上升,会带来全球气候的变化,地球上生物多样的减少也是全球性的问题。前不久做过一个实验,在冰岛有很深的冰雪层,是若干年以前积累起来的。在其中可以找到当时气候的资料,如大气中二氧化碳有多少,当时的温度是多少,从中可以看出从15万年前到现在二氧化碳及温度的分布。有一张图片,可以看出宏观上二者大体相应的情况,说明温室气体的产生对全球气候有一定影响,但它也不完全是对应的。最近地球上的温度波动很厉害,而二氧化碳一直在上升,所以全球的温度也不是完全由二氧化碳所决定的。有很多因素有待现代科学家的研究。另外从历史上看,自然也会影响二氧化碳的增加或减少。现在的变化是否完全是由于人为产生的温室气体,还需要进一步的研究。值得注意的是,有人企图用这个来限制发展中国家能源的增加,借此来抑制发展中国家的发展。这既是科学问题,可能也有政治上的问题 。我们不能在科学上没弄清之前,就轻易地作出结论。地球科学还要研究海洋和地壳深部的构造和资源,研究地壳板块运动和地震活动。地震在经济发达的时候危害会更重,必须通过研究事先掌握地震的规律。

非线性科学和复杂系统

非线性科学和复杂系统科学预计在下一世纪会有重大突破，非线性复杂系统中经常出现所谓的混沌现象和自组织、自适应状态，对这些现象的进一步研究将得到规律性的认识和广泛的应用。混沌这个词在中国古代就有，所谓开天辟地之时应当是一片混沌，是无序的。实际上混沌并不是完全无规则的，它的形成是有一些普遍规律的，而且形成以后，表面上看起来杂乱无章，实际上里面是有规律可循的。现在我们已经发现很多现象在一定的条件下都会出现混沌，只要比较复杂系统在非线性相互作用下，这种现象都可能出现。包括人体里一些电波的跳动，也包括大气的环流，甚至于股票的涨落等等都有混沌的出现，所以它是一个很普遍的现象。我们知道在很复杂的条件下，常常会出现能够自已组织起来并能适应这个环境的状态，这是很重要的问题。比如说生命的起源，生物是怎么产生的，在地球刚开始的时候并没有生物，是混沌的。在一片混沌的原始世界上，有高度组织、各部分协同的系统，有规则的各种空间结构模式是如何自动生成的？这都是当前研究的前沿问题。这种有序系统的形成带有一定的必然性，它又是如何在偶然性中展开的？反过来，对决定论力学运动的研究也发现，一些参数的微小变化能产生巨大的后果，可能出现混沌，差之毫厘，失之千里。偶然性也会在必然性中出现。

材料、能源和空间科学

材料工业　是中国国民经济建设中的重要工业，也是非常重要的研究方向，材料可以说是所有工业的基础。预计智能材料、强场材料、仿生和有机功能材料、高强轻型复合材料和纳米材料等将大量应用。现在有些材料可以加入某些电子的技术，增加感知的能力。例如，将来的服装能够感知外界的温度，这种智能材料与仿生材料有某种关系，可以用在飞机上。飞机容易出事故，是因为部件出现很多裂纹。一种材料能够涂在飞机的部件上，就可以感知其内部的裂纹，预防事故。这些都是科学界正在研究的方向。室温超导材料一旦有所突破，将会改变电力、交通、传感、仪器、电脑等的面貌。这些材料都有可能在下世纪获得突破。

我们目前的能源是石油、天然气、煤等，这些能源储存有限，有的还会带来很大的污染。如燃煤会产生温室气体和二氧化硫等有害气体，会产生全球气候变化和酸雨。到下世纪中叶，必须用清洁的能源代替。中国也正在研究清洁煤的技术，如循环硫化床，能够使燃烧过程更加完全，脱硫，这样的技术在中国正在小规模的进行。下世纪中叶，聚变能和太阳能应成为主要能源。西欧的托卡马克装置是世界上最大的研究聚变的装置，前不久首次在世界上实现了热核反应，第一次达到输出的能源略多于输入的能源。通过国际的合作，美国、俄国、日本、西欧预计用20年左右的时间，要在世界上建设一个实验反应堆。

空间科学　卫星对地球的监控已可以观察到单个士兵的活动。卫星将对资源勘探、气候预报、战争预警、环境监测、全球通讯和定位等发挥重要作用。中国科学院遥感所在1994年南方洪涝灾害时，提供灾情监测，很快确定洪水的面积及受灾范围，为防汛指挥部作出决策提供了依据。预计到下世纪，人类还将开拓月球，进行定居太空的试验。现在有一个国际合作计划，拟设立一个很大的航天站，可以较长时间的观测人类在太空的活动。

生命科学和认知科学

生命科学、认知科学和信息科学的结合与突破，不仅将回答生命与智力的起源，而且将实现用机器部分模仿人的脑力劳动。由于集中了专家的经验和知识，机器可以比一般人更聪明。当然要使机器比全体人的智慧高，现在看来是不可能的。因为机器是人创造出来的，机器的智慧也是人给的。人类的总体智慧会超越机器，但是个别人的智慧会低于机器。

生命科学　每个成人都由一个受精卵发育而来。人的全部遗传信息存于受精细胞核内染色体的DNA中。人的遗传基因约10万个，每个遗传基因是由A、T、G、C四种核苷酸，按次序排列在两条互补的组成螺旋的DNA长链上，核苷酸总数达30亿左右，DNA犹如存储生命之歌的磁带。有一张用隧道扫描显微镜拍摄的DNA图像，可以看出它是双螺旋，和DNA密切相联的另一长链，称为RNA，它也带有全部遗传密码，它能将信息由细胞核内带出来，在细胞质中制造蛋白质。最原始的生命可能由RNA产生。现在科学界在讨论到底是RNA还是DNA是最早的生命起源。

DNA可以生成RNA, RNA也可以生成DNA,因为RNA带有全部的遗传信息,它本身还带有生物酶的作用,很可能RNA是最早的生命体。例如,艾滋病毒侵入人体的问题,人的免疫细胞是用来防御的,是抵抗外来病菌的。当免疫细胞被艾滋病毒侵袭时,病毒通过细胞膜进入,然后将病毒的遗传物质RNA放出来,复制成它的DNA,再进入到细胞核中去,和细胞本身的DNA组合、复制,然后分离出来,组成一个全新的病毒。一部分组成外壳,一部分就是病毒遗传物质本身。DNA储存了制造蛋白质的信息,基因中由三个密码字母组成一个氨基酸,许多不同氨基酸的排列形成蛋白质长链,再经过折叠而成有活性的蛋白质。

人如何由一个细胞发育而成?遗传基因如何启动和调控?各种器官和系统是如何按时间顺序和空间位置发育?细胞间信息如何传导?神经系统如何指挥、协同?疾病和衰老是如何发生的?这些都是今天生物学家在着重研究的问题。例如,一个正常的果蝇有两只触角。果蝇的发育是由它的遗传信息所决定的。科学家将它的遗传密码的位置调换一下,改变了它的发育在空间的结构,使果蝇的足长到了它的触角的位置上。同样的情况在其它动物身上也可以实现。如把老鼠的脊椎骨放到尾巴上。遗传基因的排列次序对它的时间和空间发育是非常重要的。例如,人的某些器官损坏了,能否重新启动他的基因,使其重新生长出新的器官。因为原来在人的发育过程中,基因都是启动过的,成人之后就停止了。在正常的情况下,不能再启动。损坏的肢体或器官能否有可能再产生出来,在现在看来是科学幻想,但是也不敢说没有实现的可能。一个弄清人的全部基因排列次序的国际计划正在进行,在下世纪初,就可以把30亿个密码的排列情况,10万个基因的情况研究清楚。

目前,中国正在组织全国的科学家执行一个弄清水稻全部基因的计划。在这方面,日本比中国早进行几年,但是中国科学家以更高的智慧,在水稻基因图谱方面,发展了一种新的方法。中国科学家还与美国科学家合作,从水稻基因中分离了抗性基因,该基因是水稻基因组研究中第一个采取定位克隆战略分离的基因。这个结果已经超过了日本的进展水平。预计中国可以在世界上第一个得到全部水稻基因的图谱。

认知科学 人脑有百亿个神经元,相互通过千万亿个突触相联接,分布在两毫米的大脑皮层上。人脑是如何工作的?人的意识、情绪、意志、感情、理智、智力是如何由脑神经细胞产生的?这个问题不仅具有重大的科学价值和应用前景,而且有重大的哲学价值。这是唯物主义和唯心主义最后争论的焦点。人的意志、情绪等,是由物质所产生的,还是独立的存在。研究这个问题是非常困难的,但现在已经开始进行,而且有了一些初步的进展。预计下一世纪会有很大发展。

未来的生物技术

生命科学的发展对我们的生活有非常密切的关系,未来的生物技术对农业、环境、健康、化工等都是非常重要的。

利用生物技术将来可以由转基因生物生产食物、药品和移植器官。将来植入人体的各种智能芯片可以提高记忆,恢复视力、听力等。现在,恢复视力的芯片已经发明出来,并植入人体。还可采用基因疗法治疗肿瘤、心血管等常见病。

将来可以用转基因植物直接生产塑料和化工原料。现在,我们的化工厂污染也很厉害,用生物来直接生产化工原料是可能的。生物酶比化学的催化剂更有优越性,因为生物酶常常在常温的条件下进行催化。我们人体就是一个大的化工厂,是靠生物酶来作用的。而很多化学催化剂需要很高的温度,还会带来很多问题。用生物酶作催化剂发展化学工业,用生物清理垃圾和清除污染,用生物防治代替化学农药,用经微生物处理的有机肥代替化学肥料是发展方向。现在化学农药污染是相当严重的,前不久有消息说,广东有些人因食用被污染的蔬菜而生病,这就表明我们目前使用的农药毒性太高,将来要解决这个问题,很重要的是采用生物防治的办法。

生物技术也可以应用于电脑产业上,生物芯片和生物电脑能更好地模仿人脑的功能。

还可让具有自组织、自适应和自修复功能的仿生材料和器件成为商品。例如,人的骨骼有自修复的功能,那么,机器的零部件损坏了,能否自己识别自己修复,看来这也不是完全不可能的。

农业和医药

将来农业生产将工厂化、信息化,不靠天,肥料有机化,农药生物化。高产、优质、抗逆性强的转基因动植物将成为重要的农作物品种和生产药物及化工原料的机器。基因工程药物和基因疗法将普遍使用。转基因异种器官移植将成为可能。这里有一张转基因花卉的图片，用不同的转基因，可以使花卉只生长花瓣、花蕊或者花叶。将来可以用转基因的方法生产出各种各样的植物以达到高产优质。

人口、资源和环境

恩格斯在《劳动在从猿到人转变过程中的作用》中说，"我们不要过分陶醉于我们对自然界的胜利。对于每一次这样的胜利，自然界都报复了我们。为了得到耕地，把森林都砍光了，但是他们梦想不到，这地方今天竟成为荒芜不毛之地"。世界上重视环境问题是在本世纪中叶，而恩格斯早在100年前就提出环境问题，可见他有很高的预见性，也说明了哲学对科学的重要指导作用。

对中国来说，人口过多，资源相对不足，环境退化三者相互影响，恶性循环，是人们面临的巨大挑战。持续发展战略是唯一的选择。它要求控制人口增长，节约和合理使用资源，保护环境，消除贫困，普及教育，发展科技和文化，提倡文明、道德和适度消费等。这是世界性的问题，也是中国的问题。

现状

和世界人均相比，目前中国可耕地为1/3；淡水为1/4；森林为1/6；草地为1/3；矿产为1/2；石油、铁矿石、钾盐、铜等缺少，资源利用率不高，浪费严重。

中国环境问题非常严重，水土流失面积达179万平方公里，每年流失表土达50亿吨；沙化面积近150万平方公里；森林覆盖虽有所上升，已近14%，但仍远低于先进国家水平；湖泊面积日益缩小，主要河流和湖泊污染日益严重；中国每年排放二氧化硫1 800万吨，烟尘1 400万吨，废水360亿吨，废渣6.17亿吨；长江流域已经普遍出现酸雨。城市空气污浊，水质不洁，农药残留，白色污染有增加的趋势。

中国自然灾害也日益增加。

期望的情况

将来全球变化的不利趋势将得到控制，大气与河流将恢复自洁功能，这是我们所要求的，也是可能达到的。还将大规模治理沙漠、荒漠和荒山，以改变气候和改良生态。环境意识普及，使绿色科技和绿色产品占据统治地位。可持续发展成为共识，人类将以适度消费作为健康的生活方式，这些对我们国家非常重要。我们还在发展之中，但超前高消费意识已经在一部分人中间滋长，这是完全不符合中国持续发展战略的。

信息科技

微电子、电脑、各种仪器的迅速更新，将推动科学技术、生产、教育、传媒和服务业的继续快速发展，成为生产力中发展最快、带动面最大的科技。信息科技将从根本上改变社会的生产方式和生活方式。信息科技的重要性可以反映在一句古语上，即"知已知彼，百战不殆"。在信息工业的带动下，工业生产过程和产品将实现数字化，网络化、集成化、智能化、移动化、个性化，参与式和交互式。在信息科技中提出的虚拟现实，在人的参与下用计算机来模拟现实中发生的情况，将改变教育、训练、研究、设计、模拟、实验的方式。

科技发展对社会的影响

信息社会的来临

信息高速公路的建成标志世界信息社会的到来。最近世界上不少国家都在建设信息高速公路，中国的金桥工程也在建设中。信息网络将把国家、地区、单位和个人连成一个整体。世界上任何地区发生的政治、经济、社会、生态的事件都会立刻产生全球 影响。世界上已经没有独善其身的乐土。

实时观测和信息反馈系统，使集中调控、市场监视和灾害预警成为可能。信息网络并行工程将设计、试制、生产、销售一体化；在新产品开发中实行并行工程，把各种程序连在一起，在设计的过程中不断反馈生产部门、销售部门的意见，设计出来的东西用虚拟现实，送到消费者面前加以评价和选择，然后改进和实现小批量、多品种的生产，这样将大大缩短新产品上市的时间。一部分工厂将实现远距离电脑控制，全自动化、无人现场操作的生产，目前在科学实验室里已经实现。所以，以机器部分代替脑力劳动将开辟生产力大发展的新产业革命，其意义和影响将大于以机器代替体力劳动的第一次工业革命。

信息社会中的家庭

马克思在《1844年经济学哲学手稿》中说，自然科学却通过工业日益在实践上进入人的生活、改造人的生活，并为人的解放作准备。

在信息社会中，家庭中配备综合事务处理工作站，集成高清晰度电视、高保真音响、数字电视电话、传真、电子邮件、电脑等功能，通过信息高速公路与工作单位、学校、图书馆、博物馆、研究所、新闻库、电视库、商店和服务单位进行交互联系，解决生活和工作中的各种问题。在这种情况下，集中办公已无必要，可以通过电视电话办公，实现协同和调控。家庭将成为生活、学习、工作和娱乐的共同场所。家庭再次成为社会最重要的基本单元。在这样的家庭里，妇女将获得彻底的解放，将更多地参加工作和社会活动。儿童的家庭教育也将变得更为重要。

未来的掌上计算机

现在的笔记本电脑已经可以有几千万次的运算速度，有1千兆的存储量。未来掌上计算机将配备数字电话和全球定位系统，连通国际信息高速公路，对工作进行远距离实时控制；能进行文件处理，信息传送、储存、分析和判断，语音识别和控制，实时翻译等；它还是个人身份证、信用卡、会员证、票证等；还可实施家庭电子管理和安全预警、电子定货、购物和结算；它同时是学习课本和辅导教师，又是微型电视、收音机和游戏机；还可以对人们实行健康监护，比如加装各种传感器，测量血压、脉搏等。

信息社会的景况

工业将实现由顾客参与设计的多品种、少批量的生产，以满足顾客的不同需要，与过去不同的是顾客将参与设计，如购买汽车，可先自行设计，然后定货、交付。家庭购物也可以通过电视进行交互式对话。第二产业将和第一产业一样，产品越来越丰富，但就业人数越来越少。将来以知识和高新技术武装的、范围广阔的服务业将成为主要的就业途径。而就业人员的知识水平和知识更新的速度将成为最重要的竞争因素。终身学习和成人教育将是社会的重要职能。

有人预测，知识将代替权力和资本成为最重要的社会力量。普及教育和科技是消灭贫困和两极分化的根本出路，也是消灭城乡差别、脑力劳动和体力劳动差别的根本途径。这些都可以证明小平同志提出的“科学技术是第一生产力”的论断的深远意义。

科技发展对社会精神文明的影响

科技不仅是生产力，而且是强大的精神力量；科学不仅提供关于客观世界运动和发展的规律性知识，而且提供了系统的认识世界和改造世界的方法，在社会中形成了对待事物的科学态度和处世立身的科学精神。恩格斯在《英国状况》中说：“科学和哲学结合的结果就是唯物主义”。今天，在社会上弘扬科学精神、提倡科学态度和科学方法具有重要的现实意义。科学态度的基本要求是严肃认真、一丝不苟、客观公正、实事求是。科学则基本上就是毛主席在《实践论》和《矛盾论》中所论述的方法的具体化。

毛主席在《实践论》中说：“必须经过思考作用，将丰富的感觉材料加以去粗取精、去伪存真、由此及彼、由表及里的改造制作工夫，造成概念和理论的系统”。我想就毛主席所说的去伪存真谈点看法。科学方法要做到去伪存真是很不容易的，因为现实中存在有意地作伪，如动物的保护色，军事上人为的伪装和隐形、制造假相、散布虚假信息等。同时，不掌握唯物论的认识论、不掌握科学方法和基本的科学知识，就会轻易相信未经严格证明的表演等，就很难存真。所以，耳听为虚，眼见也未必为实。

自然科学通过精确的仪器，在精密控制的条件下，进行可重复和可比的实验，同时对比、分析和综合其它有关实验结果，并利用数学方法进行严格的逻辑推理和误差分析，以求得正确的认识。这就是说，要严格控制条件，进行可以重复和可比的实验。例如，实验新药，要知道它的治愈率有多高，一定要作双盲实验，即找两个条件相当的人群，在不知情的情况下，一个给药、一个给安慰剂，经过实验后，才能了解到真正的疗效，否则结果是不可靠的。

科学精神是彻底的唯物主义精神，它的要点可以概括如下：

科学要求认识客观世界的运动规律，因此，客观、求实是科学精神的首要要求。科学认为，世界的发展、变化是无穷尽的，认识的任务也是无穷尽的。因此，不断求知也是科学精神的要求。

科学要追求真理，不盲从潮流、不迷信权威、不把偶然性当作必然性、不把局部看作整体。未经严密的科学方法所作的反复实验证明和严格的科学推理，不轻易相信所谓的新发现。科学的怀疑精神也是科学精神的组成部分。

科学认为，具体的真理都是相对真理，都有适用的条件和范围，因而是可以突破的。新的发现将拓宽原有的真理,使之适用于更大的范围和更少的条件。创新精神是科学精神的重要组成部分,相对论和量子论都推广了牛顿力学,并适用于更大的范围。

科学又认为,相对真理是不断逼近绝对真理的,绝对真理是由相对真理构成的,在每一具体真理适用的范围和条件之内,它是不能违反的,新发现的真理必须包含原有的真理内容。例如,当运动速度变小时相对论就自动趋于牛顿力学。继承是科学精神的组成部分。现在有很多"新发现"是不讲继承的,违反了许多反复证明过的真理,只用自己的表演来说明新的"发现"。这是不符合科学精神的。

科学已成为社会三大实践活动之一,是社会有组织的群体活动,因此,团队精神、民主作风、百家争鸣都是科学精神的组成部分。科学不仅在于认识世界客观规律、创造新技术和新知识,而且要参与社会的变革、促进社会的进步,要从理性的认识发展到变革的实践。

毛主席在《实践论》中曾经讲过一段非常精辟的话:"通过实践而发现真理,又通过实践而证实真理和发展真理。从感性认识而能动地发展到理性认识,又从理性认识而能动地指导革命实践,改造主观世界和客观世界。实践,认识,再实践,再认识,这种形式,循环往复以至无穷,而实践和认识之每一循环之内容,都比较地进到了高一级的程度,这就是辩证唯物论的全部认识论,这就是辩证唯物论的知行统一观。"

发展科学的动力

科学本身不仅要在学科前沿,而且更要在经济和社会发展中获得推动力量,才能不断向前发展。我们必须从"科教兴国"、振兴中华的历史召唤中汲取力量,鼓舞全国科技界、教育界投身经济和社会发展的主战场,并在科学前沿上努力拼搏,才能赢得中国科技带来的再度辉煌。恩格斯说:"社会一旦有技术上的需要,则这种需要就会比10所大学更能把科学推向前进。"因此,我们科技界一定要把主要的力量投入到促进国家发展和经济建设的主战场上去,这不仅是社会的需要,也是科学自身发展的需要。

在科学的发展中,国际合作和交流是非常重要的。因为科学技术没有国界,发展科技是人类共同的责任。开展国际合作和交流,努力学习和引进国外先进技术是必要的,但是,学习和引进是为了创新、为了自立于民族之林。中国作为世界人口最多的国家,还应当为世界科技发展做出应有的贡献。科学家是有祖国的,中国科学家一定要努力让中国工业建立在本国的知识产权基础上。

马克思在《机器、自然力和科学的应用》中说:"科学分离出来成为与劳动相对立的、服务于资本的独立力量,一般说来属于生产条件与劳动相分离的范畴,并且正是科学的这种分离和独立成为发展科学和知识的潜力的条件。"所以,科学从生产中分离出来,成为独立的社会实践活动,是社会进步的要求。科学研究的时空范围和对物质结构的深入探索都远超出了当今生产的实践,科学的超前发展不断开辟着新的生产领域。科学和经济的紧密结合是正确的、是必须的,但把科学活动都归为经济活动则是不正确的。

马克思在《剩余价值理论》中还说过一段很重要的话:"对脑力劳动的产物——科学的评价,总是比它的价值低得多,因为再生产科学所必要的劳动时间,同最初生产科学所需要的劳动时间是无法相比的。"这段话说明了创造新知识是一项艰苦的劳动,社会当为此准备必要的物质和精神条件,要有配备先进仪器、集中优秀人才的研究基础,要有足够的运行经费,要有促进创新的交流制度和学术气氛。掌握知识产权的多少将决定一个国家的竞争实力,决定它在世界上的地位。希望大家从马克思的话里能够了解到创新是非常不容易的,创新知识的价值远远超过去模仿、引进知识的价值的本身。

近两年多来世界科技新成果

中国科学院文献情报中心　晓　高

1995～1996年以来,随着世界经济的发展,世界科技特别是高技术发展很快,竞争也更加激烈。在竞争的同时,各国都很重视在国内外进行广泛的合作研究与开发,国际科技合作与交流空前繁荣与活跃。一些发达国家认识到,要在高技术竞争中保持领先地位,必须加强基础理论研究。同时,许多国家都在加强对信息、新材料、新能源、生物工程等高技术领域的研究与开发,并加速科技成果转化的步伐,新技术、新产品层出不穷。现将近两年多来世界主要科技成果分领域简单介绍如下:

基础研究有突破

1995年美国科学家宣布发现第六种夸克－顶夸克,被认为是近年来高能物理最重要的发现。1996年,位于瑞士日内瓦的欧洲粒子物理实验室成功地在正负电子对撞中获得了一种新的亚原子粒子——W+和W-夸克,该成果有助于时空肇始研究和大爆炸理论的验证。对物质的研究不断深入:美国在高于绝对零度1亿分之17度的低温环境下,成功地获得约2 000个铷原子组成的"超级原子",证实了爱因斯坦预言的一个新的物质状态;发现了钆-147原子核的超形变现象。日、俄、德科学家合作,发现原子核最外侧有一个中子包层,被称为"中子皮"。日本材料学家用高分辨率电子显微镜直接观察到偏析在钯/氧化镁界面上的氢原子,这是首次观察到最小的原子。欧洲核子研究中心和美国费米实验室先后制造出反氢原子,标明如果进一步改进技术,大量生产反物质原子是可能的。日科学家发现两种新的放射性同位素氡-197和钫-200。中国科学家在世界上首次在"可裂变核区"合成重丰中子新核素镤-239。德国通过锌原子和铅原子对撞产生迄今世界上最重的元素,原子序数为112。日本发现5个新核素,分别为氖、镁、铝核的同位素,均为超中子过剩核,对原子核存在界限的研究提供了实验结果。美科学家证明由多个亚原子粒子——胶子组成的粒子群——胶子球是存在的。日科学家观测到电流量子化现象,有可能导致新量子力学领域的开拓。历时近6年建成的高级光子源(APS)是世界上最亮的高能X射线源,成为探索物质内部结构的强有力的实验工具。美国劳伦斯·利弗莫尔实验室利用气体枪成功地将氢气变成良性电导体,并使其呈金属态达1秒,制成金属氢对物理学和天文学有重大影响。反重力研究获突破,关于高速旋转超导体存在引力场效应的理论在芬兰首获验证。

美国科学家借助巨型计算机,发现迄今最大的素数,该数多达378 632位,可占整整12页报纸,新的素数为$2^{32477871}$,已得到数学家验证。日本研制出每次可挑选一个分子的超微型光控分子镊,它能紧紧夹住分子,在遇到紫外线时可自动打开,用光线作为释放开关,是一个重大突破。多国科学家相继发现超光速存在的证据。中国学者在串联加速器核物理国家实验室中成功地测量了立体S因子,从而证实了太阳中微子失踪现象。意大利学者首次进行了无污染核反应堆实验。

中国科学家在世界上首次从恐龙蛋化石中获得恐龙基因片段,对人类了解恐龙及其生存环境,物种起源和生物进化等具有重要意义。中国还发现了最古老多细胞藻类化石,对认识地球早期生物圈演化有重要意义。美国考古学家发现非洲9万年前的骨制工具,比欧洲发现的早5万年;南非发现新的原始人化石,填补了从猿到人进化史上的缺环;美科学家用绝对遗传测年法,证实现代人类起源于非洲。美、英、澳科学家小组利用碳同位素分析,在一块年龄为38.5亿年的岩石上发现了生命存在的痕迹,比原来发现的最早的生物化石提前3.5亿年,表明生命诞生年代比原先认为的要早。泰国发现了大约1.2亿～1.3亿年前的最古老的恐龙化石,比迄今所知最早的恐龙化石早2 000年。

在地球科学方面的重要成果:美、法科学家首次发现了印度洋板块一分为二的直接证据;美科学家提出在7.5亿年前地球上所有大陆是连在一起形成一个母级大陆的大陆演变新观点;中、英科学家发现地球内核的自转速度比地球本身的自转速度快2/3秒左右,有助于对地球演化过程,地磁场起因等问题的研究;美科学家研究潮汐力发现,地球每天的时间正在慢慢变长,距今9亿年前,地球上每天仅有18小时。

天文学成果丰硕

1995年以来,在天文学领域有一系列重要发现,主要在以下几方面获得丰硕成果:

对太阳观测有新发现 无人驾驶"尤利西斯"号太阳探测器对太阳考察,有史以来首次考察太阳两极区,证实两极太阳风速确实高于赤道区;欧空局索贺(SOHO)探测器捕捉到太阳表面日冕物质喷射现象,并获得清晰图片;据1996年卫星采集的数据表明,太阳寿命比原先预计的要长10亿年,太阳活动比原先认为的要激烈;英国利用可测紫外线的特殊望远镜,拍摄到有关太阳表面的图像。

对太阳系进行进一步探测 "伽利略"号探测器发射6年后抵达木星,开始进行为期二年半的观测,拍摄到木卫二迄今最高分辨率图片,发现其表面的火山结构,还发现在其表面冰层下可能存在液态水,某些生命物质可能存活;"伽利略"号探测器将陆续发回木星几个卫星的近距离探测结果。"哈勃"望远镜在太阳系边缘发现彗星"环带",其中彗星2亿颗,将有助于太阳系诞生的研究和有可能撞击地球的彗星预报;"哈勃"望远镜第一次拍摄到冥王星十几帧高分辨率照片,为冥王星是一颗行星提供了有力证据。世界多家的天文台都对从地球最近点掠过的百武彗星的观测取得详细结果,很可能得等到2万年后人类才能再次见到它。近2年来,火星探测又掀起高潮,各国纷纷制定火星探测计划。美科学家宣布在火星陨石上发现可预示原始生命存在的物质,对此虽有争论,但推动了今后对火星的研究。美国探寻火星生命计划全面启动,先后成功发射"环球探测者"、"火星探路者"号飞船。

对宇宙的观测有新成果 美国科学家首次观测到褐矮星,证实了恒星、行星以外第三类星体的存在。瑞士天文学家在飞马座内发现太阳系外第一颗行星,为近10年内的重大天文发现;1995年证实了至少有三个星系中心有10^7个太阳质量的看不见的致密质量,令人信服地证实了黑洞的存在。中国北京天文台用国产的光学望远镜,对X射线源河外源的观测发现和证实了近20个类星体;还利用新的天文学方法,在一年内发现了100多个小行星并已得到肯定。欧洲发现距地球最远的类星体120 207,观测到迄今最年轻星系的情况。空间红外天文台(ISO)在距地球3 000光年的星际空间发现水蒸气和碳元素,这是首次在星际空间发现水蒸气,表明宇宙其它地方产生生命的可能性存在。中国天文学家在河外星系发现三颗超新星爆发,对超新星研究有重大意义。对太阳系外行星的探测取得很大进展,至少已发现不少于10个其它恒星周围的行星和行星系。哈勃望远镜关于宇宙年龄取得新的观测资料,但依然是未确定的疑难,所得结果最年轻的约100亿年,老的甚至超过150亿年。欧洲天文学家利用白矮星推测宇宙年龄,认为宇宙年龄不可能小于115亿年。美国天文学家在远离地球2.5万光年的遥远星云中发现醋酸分子,这对解释地球生命出现过程及寻找太阳系外生命具有重要意义。美、澳等五国联合小组在银河系边缘观察到宇宙暗物质(MACHOS),类似白矮星,质量为1/10～1个太阳质量,此发现支持了宇宙暗物质由普通物质组成的学说。法国用同温层球载天文望远镜发现星际物质冷凝聚,并探测到来自银河系一个星团的亚毫米信号,这是亚毫米天文学领域的突破。

研制出新的天文观测仪器 其中有澳大利亚研制出比目前测定世界时的原子钟还要精确1 000倍的时钟,每3 170万年才误差1秒。继凯克-110米天文望远镜之后,美国又建成凯克-1 110米天文望远镜,1996年5月开始观天,二者相距85米,成为干涉仪,能得到迄今为止望远镜空前高的分辨率的观测信息。

光电子、计算机和通信技术发展迅速

激光装置的研制竞争仍很激烈 俄罗斯研制的效率高而价低的大功率核抽运激光装置——核抽运光学量子加速器开始试车，应用前景广阔。日本开发出一种新型发光元件，用其制成激光器光电转换效率可达100%，为开发新一代高性能激光器开辟了新途径。美国在1995年成功运行了大功率激光器，在1秒/5 000亿内释放能量超过相同时间内全美所有发电厂输出能量总和的250倍；1996年又试验成功世界上功率最大的激光器，其峰值脉冲功率达1.3拍瓦以上。英国用具有荧光性的塑料聚苯乙烯制成廉价激光器，开辟了激光利用的新途径。英国和澳大利亚研制出可捕捉到原子甚至细胞的激光光钳，应用前景看好。新加坡发明世界最小激光器，其直径只有头发丝的1/10，体积仅1立方微米，功耗小而速度比普通激光器快10～100倍。

各国竞相开发微型元器件 美国研制出世界上最小的扫描隧道显微镜，其微电机直径仅有头发丝粗细，而扫描速度从常规的每秒100次提高到1 000～100万次。德国研制出比病毒还小的新型干涉晶体管。日本利用扫描隧道显微镜超微细加工技术，开发成功单电子晶体管，在室温下可对电子计数，为开发控制电子数目的器件开辟了道路；合成一种可溶于多种有机溶剂的导电塑料，易加工成光通讯开关；在世界上首次合成具有电子元件基本功能的人工蛋白质，可集成制造超高密度元件；找到一种用电子显微镜观察原子操作过程的新方法，为开发新一代原子级元件创造了条件。

计算机、通信业竞争十分激烈，功能化、小型化、智能化、网络化成为追求目标 如英特尔等9家公司联合研制出一种世界最小的数据存储器，尺寸仅为小型张邮票大小；美国制成微型雷达，装在3.75厘米的小正方形硅片上，每秒可发射近百万微小超短脉冲，可满足日常生活多种需求；美国推出耐高温、严寒、风沙和水的耐用型小而轻的笔记本电脑；日本推出仅重400克的便携式通信终端设备的超小型电脑，还可进入国际联网系统；英国制成新型通信网络系统，用户可随时随地进行通信；荷兰推出350小时不需充电的新型移动电话。

努力提高数据存储量和数据传输速度是人们的另一个追求目标 美国发明一种新的计算机硬盘系统，可存储4.492万亿位数据，存储量相当于一个大型图书馆，最大数据传输速度达每秒100兆字节；研制出3.5英寸LS-120超高密度软磁盘，存储能力为120M，是当前高密度磁盘的80倍。日本发明用2mm厚，20mm长的石英玻璃片记录相当100个光盘信息量的新技术。1995年IBM公司创造了每平方英寸磁性介质上存储30亿比特数据的世界纪录；NEC公司推出世界第一个数据容量达1 000兆位的存储芯片。多媒体芯片将成为未来芯片的主流，很多公司竞相开发。英特尔公司首先把多媒体设计融入传统的中央处理器芯片中；德克萨斯仪器公司推出超大规模芯片，指甲盖大小的芯片上包含1.25亿个半导体器件。

日本在1995年实验成功高速大容量光通信，1秒钟可传送400千兆位信息量。美国建成世界最快的通信干线，每秒传送1万兆位信息；开发出三色波分频多路传输光通信容量扩充新技术，不增加光缆容量扩充五成。1996年日本八大公司联合，使用毫米波完成了每秒1亿比特的高速通讯实验，相当于传送3套高画质电视节目或9天的报纸。富士通研究所在世界首次成功进行每秒1.1兆兆比特的超大容量通信实验；研制成功最高速超级并行计算机，该机由1 024个处理器组成，可实现每秒3 000亿次浮点运算。

在通信方面的成果还有：英国发明用输电线通信技术，可大大节省通信线路成本。美国开发出能发送简单回话的寻呼机技术。美国两颗卫星实现世界上首次卫星间直接通讯。

生物与医学领域成果辉煌

1995年以来，寻找新的基因已成为各国科学家关注的热点，不断有新的基因发现。如美国科学家发现和精确定位的成年人糖尿病的一个缺陷基因，由此可找到缓解成年人糖尿病的有效途径；发现导致肺癌和皮肤癌以及控制肥胖的基因；美国和瑞典科学家发现前列腺癌相关的基因；澳大利亚科学家发现导致心脏病的变异基因;英国科学家发现控制绿色植物颜色的基因和控制水果性能的基因。英、美、加、意、法科学家在人类第14条染色体上发现了早老性痴呆症新基因。

艾滋病研究及药物开发方面的主要成果

美国研制出以"蛋白酶抑制剂"为代表的新一代艾滋病治疗药物,并已批准艾滋病疫苗用于人体实验;发现人体唾液中一种能阻止艾滋病病毒侵袭人体细胞的小分子蛋白质——SLPI,将推动艾滋病研究工作的开展。德国发现抗艾滋病病毒分子蛋白。捷克研制出三种可能治疗艾滋病的活性物质。中国旅美学者发现一种艾滋病病毒感染人体免疫系统细胞所必需的蛋白质。英国科学家发现艾滋病病毒可改变基因,并很可能以此对抗人体免疫系统;研制出利用AZT、ddl、ddc的混合物治疗艾滋病,可使患者的死亡率降低38%。澳大利亚研制出一种抗艾滋病更具疗效的新药Ritonavir,可阻止艾滋病病毒内蛋白酶生长,抑制艾滋病病毒繁殖。

用高新技术治愈癌症等疑难病症疗效显著 日本科学家发现一种对细胞分裂周期具有调节作用的蛋白质——CDS-1,为进一步阐明致癌机理提供了新线索;开发出防止癌细胞转移新技术。美国科学家采用基因疗法医治乳腺癌取得显著效果;用可抑制癌细胞的P53基因治疗肺癌,并用胰岛细胞移植法治疗糖尿病取得良好效果。日、英、法等国也相继开展用基因疗法医治各种疾病的临床试验。在生物医学方面的成果还有:英国科学家将猪的心脏植入人体获重大突破;发明人工抢救脑膜炎的新方法,还为三名先天性心脏病儿童实施不开胸心脏手术取得成功。俄罗斯首例大脑神经细胞移植成功。美国科研人员把猪的心脏植人狒狒体内成功,避免了跨物种器官移植手术后免疫系统急性排异反应;采用消除骨髓和器官排异反应新方法,成功地把猪骨髓移植到猴子体内。

在农业生物技术方面成果突出 美国人工培育的抗害虫转基因土豆新品种获准上市;研制出提高纤维组织性能的转基因棉花,并推广抗虫害转基因水稻、玉米等。日本采用组织培养法培育出两种高产、抗除草剂、适合直播栽培的短粒种水稻新品种;在水稻染色体中发现一种随不同病虫害而表达的新基因,有利于缩短作物品种改良的进程。德国发明彩色棉花基因栽培法并开始大田试种。英国科学家用植物大量生产药用蛋白。中国两系法杂交水稻由研究转入中试和推广应用阶段,并在许多省市试种示范,获得可喜进展;其它生物育种研究也获得可喜成果,建构的小麦、玉米和土豆等转基因作物新品种已进入田间试验或大田规模生产试验,不久可望进行实用推广。

今年,英、美科学家用体细胞作为供体细胞,进行细胞核移植,克隆出与亲本属同基因型的绵羊和猴子,引起了各国公众的极大关注。许多科学家认为这是生物科学上的一个进步,是生物工程技术发展史上的一个里程碑。利用克隆技术可以得到优良家畜品种,还可使濒临灭绝的珍稀动物得以保存。另外,对医学生物学研究也会产生重要影响,很多专家预言,克隆技术这一现代高科技成果必将为人类健康带来福音。但是,很多人担心克隆技术带给人类的负面影响,因为它在一定程度上触及了生物伦理学的敏感点,与现在人类的传统伦理观念有很大的冲突。3月4日,美国总统克林顿发布命令,禁止将政府资金用于人体无性繁殖试验。

新材料研究有重大突破

各国加紧研制新材料,美、日、英、德、俄和中国等许多国家都有新成果。美国在1995年在超导研究方面就获得重大突破,成功制备了承载电流超过130万A/cm^2的可弯曲带材,使超导带材承载电流密度提高了近100倍;用C_{60}制成了有机场效应晶体管;合成了能裂解N_2的钼络合物,有助于研究生物固氮机理,在利用大气中氮气作化学原料方面有重要用途;发明了用简易方法成批提纯巴基球,为其广泛应用开辟了道路;发现一种遇热收缩的钨酸锆,可与其它物质混合制造形状不随温度变化的新材料;制成一种可任意胀缩的软材料——水凝胶,该材料对温度、光线及环境刺激非常敏感,可设计、控制其体积;开发出高强度纤维加固塑料,这种复合材料比钢材更硬、更轻且不腐蚀,抗张强度是铁杉木的80倍。

日本科学家用偶氮苯液晶制成高速光学开关,响应时间仅为200μs;开发出一个可百亿倍改变电阻值的新材料——镨锰单晶，可在基本无能耗条件下仅靠外界磁场强度变化自由切换电路通断；研制出比木头轻的新陶磁材料；开发出强度为尼龙2倍的纳豆纤维，废弃后可分解，不污染环境；开发出铌酸镧镓优质压电新材料，在世界首次用拉晶法制出直径70毫米，长250毫米的单晶体；研制出能够在大电流中保持超导状态的新型超导线材；用米糠生产出比钢硬度高一倍，耐磨性能高出1 000倍的新型硬质多孔碳素材料。

德国开发出比金刚石更硬的碳质氮化物材料，可替代金刚石，适于做氢储存器；采用所谓"碳洋葱"的小碳球灸烤方法制出金刚石；开发出在食品工业中具有广泛用途的超薄型无污染包装用纸膜。英国研制出抗强冲击玻璃，其承受冲击力量是普通玻璃的200倍，透光率达90%，而重量仅为后者的一半。俄国研制出超级碳碳复合材料，在3 000℃高温仍能正常工作。中国首次研制成功具有高光学品质和优良光折变性能的掺铈钛酸钡晶体。

在纳米材料的研制方面也有新进展：英科学家首次由凝聚相物质（高纯碳电极）制出碳纳米管，为连续批量制备纳米管材料开辟了新途径。美国首次制成纯氮化硼纳米管。法、美科学家以碳纳米管为模具，研制新型纳米结构，制出纳米级金属氧化物纤维和一系列碳化物纳米棒，在催化、航空航天和电子工业领域有新用途。美国研究出可代替X光诊断仪底片的新型尼龙材料，是纳米级合成物，可吸收X射线。

保护环境，开发新能源

各国努力开发无污染、低能耗的交通工具

德国推出了每百公里仅仅消耗油料3升的节能轿车COSAECO。日本开发出最大时速达100公里的SCV-4太阳电池汽车。日、美、澳都在研制各种高速船，并分别进行试验。美国研制出用特制双汽缸发动机、以200个大气压的压缩气体为动力的气动汽车；研制出重量轻、可移动中充电的电池电动汽车；还推出全部动力均采用太阳能的新型太阳能飞机。法国制出电动、汽油两用车，可解决汽车在市区低速行驶排放废气的问题。

开辟新能源仍是各国关注的热点 日本首次完成波浪能发电系统的实用化试验；研制出合成汽油新技术，利用新发现的催化剂，把从一氧化碳的氧化物中提取汽油馏分的比率提高到62.9%，为合成汽油开辟了新途径。英国建成世界首座潮汐发电站；利用高温热解原理，发明将各种垃圾变为可燃气体的技术。美国用无机材料合成一种名为超分子三重金属复合物的吸光分子，一个分子吸收两个光子后能储存两个电子，从而激活链式化学反应，提高了光化学效率，并能制成在经济上可行的新型燃料；建成用地热进行冷热调温的新住宅。瑞士研制出室温下将二氧化碳和水转变为甲烷的新方法。德国建造了世界首座低温高热垃圾处理系统，热能再利用率达75%；建成世界迄今最大的利用生物废弃物的生物燃气反应堆，可变垃圾为清洁的生物燃料；另外，试验以废塑料代替重油炼钢也取得成功。俄罗斯制成高效助燃器，可使内燃机燃料充分燃烧，并使废气中有毒物质成分大量减少，具有广泛推广价值；研制出以漂浮状态吸收海浪能量进行发电的浮控式海浪电站，极具开发前景；研制出一种用无焰催化焚烧工艺处理核废料的新方法，所用焚烧炉是世界上首次使用催化剂的核废料无污染焚烧装置。美、英科学家发现利用地下水出口附近细菌产生的酶，把糖制成干净燃料分子氢的方法。

太阳能利用的研究也有一系列成果 英国用铟镓砷材料制成新型太阳能电池；用多晶硅材料建成外墙式光电转换装置，转换效率达17%。日本制成仅0.2毫米厚的迄今最薄的胶卷状太阳能电池。澳大利亚制出高转换效率（17%）的薄硅片太阳能电池。德国制出用热化学反应过程实现太阳能存储和传输的新型太阳能吸收器，太阳能利用率可达80%。意大利建成世界最大的太阳能发电设施并投入运行。

航空、航天事业在合作中竞争与发展

在航空航天技术方面竞争激烈，合作更加广泛 为建造21世纪国际空间站作准备，1995年，美国"发现"号、"亚特兰蒂斯"号航天飞机，"联盟"号宇宙飞船分别与俄国和平号轨道站完成对接，并完成发放和回收卫星、太空行走、微重力下科学实验等任务，尤其是"亚特兰蒂斯"号完成美国第100次载人航天飞行，创一系列新纪录。1996年“亚特兰蒂”号航天飞机再次与“和平”号太空站顺利对接、分离，美国女宇航员在“和平”号太空站创滞留太空最长时间纪录。“自然舱”与“和平”号成功对接，“和平”号太空站5个独立的功能舱全部组装完成，对了解地球生态状况具有极其重要意义。俄罗斯“联盟T-24”号载人飞船与“和平”号太空站对接成功，俄、法、美宇航员共同进行太空考察。

美国1995年开始启动“10亿波道地外文明信号”探测计划，再次进行地外文明探测。同年又掀起探测、开发月球新浪潮，美国提出一系列探测开发月球的建议，英国提出月球制氧方案。“生物圈2号”实验失败，证明目前人类脱离地球自然环境尚无法生存。

航天技术又向实用化迈进一步　欧空局发射ERS-2综合卫星；法国科学家用ERS-1承载的空间雷达探测火山爆发前后的地貌变化，显示了空间技术在火山和地震预报方面的应用前景；俄罗斯发射太空无人科学研究站“预测-M2”，对地磁场进行长期研究；日本在世界上首次试验成功卫星地面激光双向通信，可高速传递大量信息，很有发展潜力。另外，航天技术开始用于传统产业，如英国试验利用卫星导引火车；全球收费卫星电话系统问世；借助卫星进行海底石油勘探；利用卫星遥感技术监控传染病等。

航空技术发展迅速，取得一系列成果：俄国制成新式气垫飞机“金戈”号，适用于地形复杂的边远地区；推出“图”、“雅克”和“卡”三种无人驾驶飞机，能像普通飞机和直升机一样起飞和降落；研制出具有转向喷口的第五代喷气发动机，跑道短、空中零速度时机动性强，且确保飞行安全。美国研制出一种可有效对付洲际弹道导弹的无人驾驶飞行器，被认为是最理想的反导弹系统；制成新一代隐型轰炸机，可完全避开所有雷达的捕捉；研制成功世界首台飞行机器人，首次在空中停留3分钟；美国科学家发现在飞机设计中使用近70年的“洞壁理论”，提出了指数递减关系新等式。德国研制出减少空气阻力、降低能耗的智能机翼。八国合作研制的第三代超音速客机图-206试飞成功。

世界教育发展与现代化

国家教育发展研究中心　周满生

人类正走向21世纪。21世纪对全球教育提出了全方位的挑战：打破传统的教育观念和教育模式、教育内容、教育方法和手段需要不断推陈出新、教育改革浪潮势必风起云涌，此起彼伏。人们都在寻求切合本国、适应国际和未来的现代化新教育。对于世界教育未来发展与现代化各方面关系的探讨，已成为人类日益关心的重大课题。

世界教育的宏观背景、基本状况及发展趋势

在研究促发国际教育改革的宏观背景时，人们往往习惯于从政治、社会问题对教育变革的影响、经济因素对教育的影响、人口因素（包括数量、性别、种族等多方面因素）对教育的影响、科技革命对教育变革的影响来综合考虑分析影响教育变革的诸种因素以及教育如何对这些挑战做出应答。从方法论上来说，在本世纪五六十年代以前，这种方法被称为“因素分析法”，即对影响教育制度性质和发展的历史传统、国民的态度、政治和经济等诸条件进行分析、探索其形成的原因。在七八十年代，另一种同样以定性为主的研究方法——系统分析法取代了因素分析法。它把研究对象当作一个系统，从系统总体出发，在系统整体与构成系统的诸要素、要素与要素、系统与外部环境之间的相互作用中、揭示和处理研究对象的性质与

规律。具体说来,在分析教育系统时把社会的其它子系统看作教育系统的外部环境,系统内部各要素的关系的变化受外部环境的影响,反映外部环境的需要。用这些方法来剖析影响教育变革的诸多要素,无疑是很有价值的,但如果总用同一方式和语言来勾勒教育和社会其它方面的关系,未免有"老调重弹"之嫌。这里我们引用国际21世纪教育委员会1996年向联合国教科文组织提交的报告《教育——财富蕴藏其中》的部分阐述,向读者介绍在全球化进程加速和世界范围内政治、经济、社会和文化发展的大背景下,教育在变化着的世界中的位置、作用和一些发展趋势。

国际21世纪教育委员会由前任欧洲联盟委员会主席雅克·德洛尔担任主任,所以这份报告又简称"德洛尔报告"。该报告认为,我们目前社会面临的主要矛盾包括:

全球性与地方性的矛盾 人类活动范围出现世界化走向,全球在经济、技术和信息传播方面更加相互依赖,文化正在部分地国际化;另一方面,每个民族和个人感受到生存的威胁,要不丢失其文化之根,要在自己所在的国家和社区生活中发挥积极作用,实现自己的潜能。

传统与现代化之间的矛盾 教育和民族文化传统处于不断传递、选择、发现和创造过程中。如何促使教育传统适应现代社会,使其完成向新质的转化,是教育现代化的主要课题之一。

长远目标和短期考虑之间的矛盾 一方面,市场经济追求现实的利益和即时利润,社会公众普遍要求迅速的答案和解决问题的现成处方;另一方面,教育作为一种公益事业,需要从长计较的战略考虑和长远设想,需要耐心、齐心和协调一致的改革策略。教育政策所关切的正是要解决这些矛盾。

竞争和机会平等的原则之间的矛盾 这是自本世纪以来,无论是社会、经济的决策者还是教育的决策者,都一直面临的老问题。竞争的压力使许多决策者忘却了自己的使命,即给每个人以利用每个机会的手段。

人的学习能力有限与知识无限之间的矛盾

精神和物质的矛盾 人类始终有对道德理想和精神价值的渴望和追求,教育的崇高使命就是要根据各国的传统和信息,在充分考虑文化的多样性的情况下,提高每个人的思想境界,以获得普遍价值和一定程度的自我超越,人类的生存正是要建立在这个精神根基之上。

那么影响教育的主要因素和教育发展的一些趋势是什么呢?《德洛尔报告》认为:

世界范围的相互依赖和全球化是当代人类生活中的主要力量,因此迫切需要从全球范围来透视教育的问题 世界人口激增和老龄化、低龄化并存的趋势对教育制度造成空前压力。世界人口将从1993年的55.7亿增加到2000年的62.5亿,发展中国家的人口将占其中人口的95%。与工业化国家人口呈老龄化的同时,世界人口又呈年轻化,15岁以下人口的绝对数从1950年的7亿增加到1990年的17亿,这种人口低龄化趋势给教育带来的空前的需求压力常常超出了教育体系的承受力。

全球重新画定了世界经济地图,南北差别不再泾渭分明,国际经济关系中既互相依存又互相竞争的程度越来越高。

新技术使人类进入了信息传播全球化的时代,全球通讯技术的急速进步将改变明日社会的人际交流方式、生活方式乃至思维方式。教育在国际信息网络间通讯中起着重要的作用,它应培养青少年的判断力、识别力,使他们真正了解世界事件、了解其他人民,而免受媒体的有时是简单化的,乃至歪曲的报道的影响。

国际移民也是对教育有直接影响的全球化活动之一。1993年世界移民的人口达9 950万至1.16亿(其中难民1 640万)。移民和全球流动有一半以上是在发展中国家之间,同时流向工业国的总人口数和高度熟练工人的人数也在增加。

语言的多样性表现了文化的多样性。世界上约有6 000种语言,但其中只有十多种是1亿以上人说的主要语言。这种语言的多样性对学校的课程、教学特别是双语教育提出了许多新的课题。全球化的要求和文化(语言)特性的保持应视为相辅相成而非相互抵触的两方面重点。

过去50年里,由于第二次工业革命、生产力提高和技术进步等几方面因素共同产生的影响,世界经济有了空前的发展 为了经济目的而对教育提出的需求不断增多,它显示出人力资源的重要性,也显示出为了提高生产力而进行教育投资的重要性。

但目前的经济增长模式有明显的局限性和缺陷,

这主要表现在它所造成的社会经济不平等(如人口达5.6亿的最不发达国家人均国民收入只有300美元,而其他发展中国家平均为906美元,工业发达国家人均收入则高达21 598美元)和它所付出的生态上的人力上的巨大代价。因此不应仅仅从经济增长及教育对其影响的角度来认识和发展教育,而必须从更广阔的人的发展的视角来看待教育。人口发展要强调发展过程的长期持续性。

能否做到使绝大多数人享受高质量的基础教育仍然是20世纪末的重大挑战之一 1960～1995年,全世界在中小学校注册的学生从2.5亿增加到10亿以上。但目前世界上仍然存在着9亿成人文盲,1.3亿未入学的儿童和1亿过早辍学的儿童。使每一个人——儿童、青年和成年——都获得旨在满足基本学习需要的受教育机会仍是今后相当长一段时期内各国政府,尤其发展中国家政府面临的主要问题。与此同时,要同种种学业失败现象(包括反复留级、中途退学、改学没有实际前途的科目,以及学生在学业结束时既没有获得公认的资格也没有公认的技能就离开了学校)作斗争。

要从"可持续的人的发展"这个角度来认识基础教育的重要性,它应包括继续学习必须的多方面的知识,教人掌握个人生涯和贡献于社会发展的必要手段。

中等教育是世界正规教育体系中发展最快的一级教育。但人数的激增也伴随着高比例的留级、辍学教育等失败,浪费了大量人、财、物资源 中等教育的发展呈多样化趋势,具体表现为教学内容多样化,课程结构多样化、教育期限多样化和学习途径多样化。

高等教育会在结构、专业、学生成份、经费来源等方面进一步多样化 世界各国高等学校都承受着扩大招生的压力。过去20年内,大学生人数从1970年的2 000万增加到今天的6 000万,但在入学机会和质量上仍然存在极大的不平等。今后高等教育的功能会进一步扩大。包括通过教学、培训和科研传授知识、创造知识;通过继续教育和技术咨询为社区服务;开发高、中层次管理人才和其它人力资源;为社会发展和决策提供研究基地;在整个教育制度改革中起带头作用;促进科技人才知识技能更新;利用大众传媒和信息技术扩大成人学习机会;促进国际合作,缩小国际知识鸿沟。

终身教育是未来教育发展的方向,是打开21世纪光明之门的钥匙 随着教育在现代社会中的地位日益重要,教育在人的一生中的作用也越来越大。传统的把教育分成"学校教育(初始教育)和继续教育"的分法已不再能适应今日和明日社会的需要。与现在社会需要相适应的继续教育不能按人生的某个阶段来划分,如"成人教育"和"儿童教育",也不能按某种具体来分,如"职业教育"与"普通教育"。终身教育把正规学习和非正规学习融合在一起,把发展潜力与获得新技能结合在一起,也把学习的劳动与发现新知的快乐结合在一起。终身教育也是战胜机会不平等的一种有力手段。因此,通过终身教育的建设和实施可以达到学习社会的目的。人生的每个阶段、社会的所有活动,都会在终身教育体系中起作用。这样人的个性发展就能与社会的和谐相一致。

"德洛尔报告"从全球范围透视教育问题,针对时代发展,提出了对教育的要求和预测,具有很强的时代气息。这份报告的可贵之处在于它的超前性,它试图回答21世纪遇到的挑战和教育应当遵循的发展模式。报告提出的教育社会化、教育大众化、教育多样化、教育国际化、教育信息化、教育个性化等观点都反映了21世纪教育发展的趋势。该报告的发表引起世界范围的广泛关注和重视,由于21世纪教育委员会成员来自不同专业领域,文化和职业背景各异,故使得《德洛尔报告》涉及的问题和内容很广并因其审视教育的方法和角度不同,这样更利于人们对教育进行反思。但也必须指出,《德洛尔报告》也有较大的局限性。该报告更多地阐述发达国家教育的状况和问题及西方对这些问题的观点,例如该报告用相关篇幅阐述高等教育的"大众化"为"多样化",大学要成为"面向全民的文化场所"。然而高等教育的"大众化",只是发达国家的现实,发展中国家的中学毕业生能够进入高等学校学习的毕竟只占很小一部分。发展中国家显然不能采取目前发达国家的办法,也不能简单地重复发达国家走过的老路,必须找出适合发展中国家自己情况的办法。从高等教育发展来说,发展中国家一方面要扩大高等教育机构,以满足人们日益增加的对高等教育的要求;另一方面要正视发展中国家经济社会和人的发展对教育的需求无限增长和教育供给不足的矛盾以及教育事业自身发展(包括规模扩大与质量的提高)的需求与教育资源(包括经费、师资)供给严重不足的矛盾，对发展中国家只能坚持教育的持续增长，而不能脱离国家实际，一蹴而就。

以上我们归纳了国际21世纪教育委员会报告《教育——财富蕴藏其中》中的一些主要观点及其对国际教育发展趋势的认识。

下面我们从联合国教科文组织发表的一些最新教育统计数据可以看出过去10余年来，世界教育发展的一些简况以及对未来教育发展的一些预测。

1980～1995年15岁以上文盲的数目、成人非文盲率的变化以及到2000年的预测

从表1、表2可以看出，从1980年到1995年，世界范围15岁以上人口非文盲占整个人口的比例，从1980年的69.5%上升到1995年的77.4%，增长了7.9个百分点，预计到2000年，还将继续增长2个百分点。而整个成人文盲的绝对数却未见减少，反而略有增加(从1980年约8.77亿到1995年的8.84亿，2000年预计仍维持在8.80亿的水准)。全世界成人文盲中，将近2/3是女性，她们大部分居住在非洲、亚洲和拉丁美洲的发展中国家和地区。而且过去15年来，妇女文盲占全部文盲人口中的比例还上升了一个百分点。上述数据表明，发展中国家尽管在降低总文盲率方面有所进展，但今后数十年内仍然存在着大量的文盲，如不采取特殊措施，绝大多数文盲仍将是妇女。在许多发展中国家，认为只要扩大对青年一代提供初等教育或基础教育，成人文盲的问题就会迎刃而解。事实说明，这种想法是不正确的。在少年一代尤其是女童如果受不到及时的教育，就会产生大量的新文盲。一个儿童到了11岁尚未进入初等教育一年，则他大概永远不会上学了。一个儿童如果在校未能接受3～4年完整的学校教育，在15岁以上又未能接受较系统的扫盲教育，则他在很大程度上可能成为一个新文盲。

表1 1980年和1995年15岁以上人口文盲数，女文盲数及其比率以及到2000年的预期数

(单位：百万)

	1980			1995			2000		
	男女	女	女(%)	男女	女	女(%)	男女	女	女(%)
世界总计	877.4	551.4	62.8	884.7	564.7	63.8	880.8	564.6	64.1
发展中国家	848.4	530.6	62.5	871.8	556.7	63.9	870.0	558.1	64.2
其中：									
撒哈拉以南非洲地区	125.9	76.2	60.5	140.5	87.1	62.0	143.4	89.3	62.3
阿拉伯国家	55.8	34.5	61.8	65.5	41.2	62.9	67.9	42.9	63.3
拉丁美洲/加勒比地区	44.1	24.7	56.1	42.9	23.4	54.7	42.1	22.7	54.0
东亚/大洋洲	276.1	186.3	67.5	209.9	149.5	71.2	182.4	132.3	72.6
其中：中国	218.8	147.9	67.6	166.2	119.5	71.9	143.5	105.7	73.7
南亚	345.9	207.2	59.9	415.5	256.1	61.6	437.7	271.8	62.1
其中：印度	250.6	152.7	60.9	290.7	182.7	62.8	300.8	190.5	63.3
最不发达国家①	135.4	81.2	59.9	166.0	101.0	60.8	178.0	109.0	61.2
发达国家	29.0	20.9	72.0	12.9	7.9	61.6	10.7	6.5	60.5

①：最不发达国家指1992年人均GNP低于300美元的国家，包括阿富汗、孟加拉国、贝宁等47国。

资料来源：《World education report 1995》，UNESCO，Publishing P.104.

1985～1992年世界范围三级教育在校生人数和毛入学率的变化

毛入学率指某一级教育中各种年龄的学生的总数与官方规定的某一级教育适龄人口的比例。表3的统计表明，从世界范围来看，第一级教育(小学)的毛入学率1992年与1985年相比，总体上没有显著的变化，女生的毛入学率7年来提高了1.8个百分点，其中最不发达国家女生的毛入学率提高了4.2个百分点，说明这些国家女童的入学状况有所进步，但是在这些国家，男女生入学率之间的差别远较其它地区大得多，说明这些国家女童就学受歧视的状况仍很突出。在东亚/大洋洲和拉丁美洲/加勒比地区，第一级教育的男女生毛入学率均已超过100%，有些国家甚至超过了120%。从理论上讲所有的男女儿童都进入了小学，但实际上有许多超龄学生和复读生。

表2 1980、1995年15岁以上人口中非文盲成人男女性的百分比以及到2000年的预期数

(单位:百万)

	1980			1995			2000		
	男女	女	女(%)	男女	女	女(%)	男女	女	女(%)
世界总计	69.5	77.2	61.9	77.4	83.6	71.2	79.4	85.2	73.6
发展中国家	58.0	68.9	46.8	70.4	78.9	61.7	73.4	81.2	65.5
其中:									
撒哈拉以南非洲地区	40.2	51.8	29.2	56.8	66.6	47.3	62.0	70.9	53.3
阿拉伯国家	40.8	55.0	26.2	56.6	68.4	44.2	61.5	72.2	50.1
拉丁美洲/加勒比地区	79.7	82.1	77.5	86.6	87.7	85.5	88.2	89.0	87.4
东亚/大洋洲	69.3	80.4	58.0	83.6	90.6	76.3	86.8	92.8	80.6
其中:中国	66.0	78.6	52.7	81.5	89.9	72.7	85.0	92.3	77.4
南亚	39.1	52.8	24.5	50.2	62.9	36.6	53.7	66.0	40.7
其中:印度	40.8	55.3	25.3	52.0	65.5	37.7	55.8	68.6	42.1
最不发达国家	36.5	48.3	24.9	48.8	59.5	38.1	52.7	62.9	42.4
发达国家	96.6	98.0	95.4	98.7	98.9	98.4	98.9	99.1	98.8

资料来源:《World education report 1995》, UNESCO, Publishing P.105.

表3 1985年和1992年第一级教育在校生人数和毛入学率

(单位:百万)

	在校生人数						毛入学率(%)					
	1985			1992			1985			1992		
	男女	女	女(%)	男女	女	女(%)	男女	男	女	男女	男	女
世界总计	563.7	254.8	45	610.8	281.9	46	98.6	105.5	91.4	98.6	103.8	93.2
发展中国家	477.0	212.6	45	521.9	238.6	46	98.9	107.1	90.4	98.4	104.4	92.2
其中:												
撒哈拉以南非洲地区	57.7	25.8	45	68.9	31.3	45	76.0	83.9	68.1	73.1	79.6	66.7
阿拉伯国家	26.1	11.1	42	31.7	14.0	44	87.8	99.1	76.0	89.2	97.9	80.2
拉丁美洲/加勒比地区	70.2	34.0	48	78.0	37.8	48	106.5	108.6	104.3	108.2	110.2	106.1
东亚/大洋洲	203.1	93.2	46	195.4	92.2	47	116.4	122.9	109.6	114.5	117.1	111.6
其中:中国	133.7	59.9	45	122.0	56.9	47	123.2	132.0	113.9	120.4	123.5	117.1
南亚	113.6	45.4	40	142.3	60.5	43	84.7	97.6	70.6	91.2	101.4	80.2
其中:印度	87.4	35.2	40	105.4	44.9	43	95.9	110.1	80.5	100.9	111.6	89.3
最不发达国家	44.8	18.7	42	56.3	24.6	44	65.6	75.2	55.6	68.7	76.5	60.8
发达国家	86.6	42.2	49	88.9	43.3	49	97.1	97.3	97.0	99.7	100.0	99.5
其中:												
北美洲	22.5	10.9	49	25.7	12.5	48	100.9	101.2	100.7	106.3	107.3	105.5
亚洲/大洋洲	18.3	8.9	49	17.1	8.3	49	96.8	96.9	96.7	95.4	95.6	95.2
欧洲/俄罗斯联邦	45.9	22.4	49	46.1	22.5	49	95.5	95.7	95.3	98.0	98.0	98.0

资料来源:《World education report 1995》, UNESCO, Publishing P.106.

表4显示了从1985年到1992年世界不同区域第二级教育(中学)在校生人数和毛入学率的状况。这7年间,发展中国家第二级教育在校生人数有了迅猛的增长,毛入学率也增长了7.2个百分点,男女生入学率之间的差别也有所缩小。而最不发达国家第二级教育在这期间无论在校生人数和毛入学率增长都很慢。这说明中学在校生人数的增长和毛入学率的提高与各国的总体发展水平确有较密切的关系。在1992年人均国民生产总值在400～2 000美元的发展中国家,第二级教育都发展得较快。

表 4 1985 年和 1992 年第二级教育在校生人数和毛入学率

(单位:百万)

	在校生人数						毛入学率(%)					
	1985			1992			1985			1992		
	男女	女	女(%)	男女	女	女(%)	男女	男	女	男女	男	女
世界总计	293.9	128.0	44	333.7	149.2	45	48.7	53.6	43.6	54.1	58.3	49.6
发展中国家	184.9	74.4	40	226.6	96.0	42	37.7	43.9	31.2	44.9	50.4	39.0
其中:												
撒哈拉以南非洲地区	12.4	5.1	41	16.7	7.3	44	21.8	25.7	17.9	23.1	25.9	20.3
阿拉伯国家	11.6	4.6	40	15.9	6.8	43	45.7	53.9	37.2	53.8	60.1	47.1
拉丁美洲/加勒比地区	20.5	10.4	51	23.4	12.1	52	50.3	48.8	51.8	53.5	51.2	55.9
东亚/大洋洲	79.2	33.5	42	84.3	37.7	45	40.4	45.5	35.1	50.1	54.0	45.9
其中:中国	50.9	20.5	40	53.5	23.3	43	39.1	45.3	32.5	53.7	58.9	48.2
南亚	56.4	18.9	34	80.4	29.7	37	34.0	43.4	23.7	43.0	52.2	33.1
其中:印度	44.5	14.8	33	62.2	22.8	37	37.5	47.9	26.1	48.0	58.4	36.7
最不发达国家	10.1	3.4	34	12.7	4.7	37	16.5	21.7	11.3	17.6	21.8	13.2
发达国家	109.0	53.6	49	107.0	53.2	50	96.4	95.9	97.0	95.8	94.3	97.3
其中:												
北美洲	22.9	11.2	49	22.5	11.1	49	97.7	97.5	97.8	96.5	95.8	97.3
亚洲/大洋洲	21.9	10.8	49	21.8	10.8	50	97.0	96.8	97.2	97.0	96.0	98.0
欧洲/俄罗斯联邦	64.2	31.6	49	62.7	31.3	50	95.8	95.0	96.6	95.1	93.2	97.1

资料来源:《World education report 1995》,UNESCO,Publishing P.106.

表 5 列出了 1985 年到 1992 年世界范围第三级教育(高等教育)在校生人数和毛入学率的变化。可以看出这期间发达国家第三级教育的毛入学率增长最快,平均增长了 7.8 个百分点,而同期发展中国家只增长了 1.7 个百分点,最不发达国家只提高了 0.5 个百分点。发达国家不仅女生毛入学率的增幅超过男生(女性为 9.4%,男性为 6.3%),而且总的第三级教育的入学率都是女生高于男生。在工业化国家中似乎有男青年比女青年较早离校参加工作的趋势。产生这种现象的原因有几种可能的解释:如男青年有较早或较好的就业机会,或者是女青年学习成绩较好,因此,更容易得到接受高等教育的机会。也可能是由于妇女在家庭以外的职业社会中一般很难得到公平待遇,所以工业化国家的女青年,既然已经争取到与男青年一样平等上学的机会,现在必须比男青年更加努力去争取更高的学历,以增加其在劳务市场的机会。

1995 年各地区各年龄段的净入学率

净入学率指符合官方规定的某一级教育学龄的在校学生占这一年龄组总人口的百分比。净入学率和毛入学率有相当大的差距,它往往更真实地反映一个国家某一年龄段在学人口的状况。从表 6 可以看出,在撒哈拉以南非洲,6~11岁的女童有一半没有上学,在南亚这个数字在 1/3 以上,在阿拉伯国家地区,为 1/4 以上,这些女童很可能永远没有接受正规教育的机会。

所有地区 12~17 岁年龄组的净入学率更低,因此,这一年龄组的失学女青少年的人数远远高于 6~11岁年龄组。因此,女童失学问题仍然是一个极为严峻的问题。

表 5 1985 年和 1992 年第三级教育在校生人数和毛入学率

(单位:百万)

	在校生人数						毛入学率(%)					
	1985			1992			1985			1992		
	男女	女	女(%)	男女	女	女(%)	男女	男	女	男女	男	女
世界总计	58.6	26.5	45	73.7	33.8	46	12.5	13.4	11.6	14.6	15.4	13.7
发展中国家	22.9	8.4	37	32.4	12.4	38	6.1	7.5	4.6	7.8	9.3	6.1
其中:												
撒哈拉以南非洲地区	0.9	0.2	25	1.6	0.5	32	2.2	3.4	1.1	3.3	4.5	2.1
阿拉伯国家	2.0	0.7	35	2.8	1.0	38	11.5	14.7	8.1	13.0	15.8	10.1
拉丁美洲/加勒比地区	6.4	2.9	45	7.9	3.8	48	15.7	17.2	14.3	17.7	18.1	17.2
东亚/大洋洲	7.3	2.8	38	9.7	4.0	41	4.3	5.2	3.3	5.5	6.2	4.6
其中:中国	1.8	0.5	30	2.3	0.8	33	1.4	2.0	0.9	1.9	2.4	1.3
南亚	5.5	1.6	29	9.3	2.6	28	5.3	7.3	3.2	7.7	10.7	4.5
其中:印度	4.5	1.3	30	—	—	—	6.0	8.1	3.8	—	—	—
最不发达国家	1.0	0.3	26	1.5	0.4	26	2.6	3.8	1.3	3.1	4.5	1.6
发达国家	35.7	18.1	51	41.3	21.5	52	38.9	37.7	40.1	46.7	44.0	49.5
其中:												
北美洲	13.9	7.3	53	16.4	8.9	54	61.7	57.4	66.1	82.0	73.2	91.3
亚洲/大洋洲	4.8	2.1	43	5.9	2.8	47	28.8	32.2	25.2	33.3	34.4	32.1
欧洲/俄罗斯联邦	17.0	8.7	51	19.0	9.7	51	32.3	31.1	33.6	37.4	35.7	39.1

资料来源:《World education report 1995》, UNESCO, Publishing P.107.

表 6 1995 年各地区 6~11 岁、12~17 岁和 18~23 岁年龄段的净入学率

	6~11		12~17		18~23	
	男	女	男	女	男	女
撒哈拉以南非洲	55.2	47.4	46.0	35.3	9.7	4.9
阿拉伯国家	83.9	71.6	59.2	47.1	24.5	16.3
拉丁美洲/加勒比	88.5	87.5	68.4	67.4	26.1	26.3
东亚/大洋洲	88.6	85.5	54.7	51.4	19.5	13.6
南亚	84.3	65.6	50.5	32.2	12.4	6.6
发达国家	92.3	91.7	87.1	88.5	40.8	42.7

资料来源:《World education report 1995》, UNESCO, Publishing P.36.

1980~1992 年世界范围公共教育经费的变化及占国民生产总值的比例

从表 6 可以看出,1992 年世界平均公共教育经费占国民生产总值的百分比为 5.1%,其中发达国家比例为 5.3%,发展中国家比例为 4.2%,最不发达国家的比例为 2.8%,中国仅为 2.0%。属世界最低水平。中国以占世界教育经费 2% 的比例承担着占世界近 1/4 的相应受教育人口,不能不说是一个奇迹。但教育投入低,教育质量就很难有可靠的保证。从 1980 年到 1992 年,世界各地区公共教育经费占国民生产总值的比例都在缓慢地增长,唯独中国反而下降了 0.5个百分点,这也是极需政府和国民关注的事情。

表7 1980～1992年公共教育经费总额及占国民生产总值的百分比

	美元(单位:10亿)				占国民生产总值的百分比			
	1980	1985	1990	1992	1980	1985	1990	1992
世界总计①	526.7	566.2	1 017.0	1 196.8	4.9	4.9	4.9	5.1
发展中国家	102.2	101.2	163.4	209.5	3.8	4.0	4.0	4.2
其中:								
撒哈拉以南非洲地区	15.8	11.3	15.2	16.0	5.1	4.8	5.3	5.7
阿拉伯国家	18.0	23.6	24.7	26.0	4.1	5.8	5.2	5.6
拉丁美洲/加勒比地区	34.2	28.9	47.1	56.8	3.9	4.0	4.1	4.4
东亚/大洋洲	16.0	20.1	31.8	41.4	2.8	3.2	3.0	3.1
其中:中国	7.6	7.7	9.1	9.8	2.5	2.6	2.3	2.0
南亚	12.8	14.7	35.8	60.4	4.1	3.3	3.9	4.4
其中:印度	4.8	7.1	11.9	10.0	2.8	3.4	4.0	3.7
最不发达国家	3.1	2.7	4.2	4.1	2.7	2.8	2.9	2.8
发达国家①	424.5	465.0	853.6	987.3	5.2	5.1	5.1	5.3
其中:								
北美洲	155.1	221.6	330.2	369.7	5.2	5.1	5.4	5.7
亚洲/大洋洲	73.0	79.3	160.8	225.5	5.8	5.1	4.8	4.8
欧洲①	196.3	164.2	362.6	419.3	5.1	5.1	5.0	5.2

①不包括前苏联国家。

资料来源:《World education report 1995》, UNESCO, Publishing P.109.

世界教育发展与现代化

1983年,邓小平同志提出了"教育要面向现代化、面向世界、面向未来"的著名观点。此后在中国教育理论界兴起了对教育现代化阐述的百家争鸣,目前对教育现代化的内涵和特征,尚无较一致的定义。

现代化理论最初是作为发展社会学的研究课题,在本世纪50年代初兴起。西方社会学者F·迪尔凯姆和M·韦伯是其代表。一个被学术界较广泛引用的概念是美国学者C·F·布莱克在《现代化的动力》一书中指出的,现代化指"近几个世纪以来,由于知识的爆炸性增长导致源远流长的改革过程所呈现的动态形式"。"现代化不是一个固定的目标或一个由各种数据组成的体系,而是一种动态的改革过程"。

现代化是一个历史过程,是一个动态的不断发展的过程。现代化过程从结构角度来看,具有多层面性,可以分为物质层、制度层、观念行为层,其中价值观念的变革是最重要的因素。

现代化理论强调以西方社会的文化特征为参照,把不同于西方社会的文化特征皆看作传统社会的文化特征。认为现代化是朝着欧美型的社会、经济和政治系统演变的过程。它认为现代化包含着社会学、社会心理学和经济学的内容,把价值观念、行为规范和信仰置于社会变革的中心地位,实际上把现代化视为西方工业文明在世界范围内推广的过程。

现代化理论因其西方文化中心的倾向,在60年代后期以来招致了许多批评。但是由于它强调研究发展问题,毕竟为发展中国家探索实现现代化的途径提供了阐释和借鉴。

无论是现代化理论的倡导者,还是研究与现代化相关问题的学者,都把教育作为现代化社会的一个不可缺少的关键性因素。美国学者英格尔斯在其所著"人的现代化"一书中指出:在整个国家现代化发展的进程中,人是一个基本因素,他并不是现代化过程结束后的副产品,而是现代化制度与经济赖以长期发展并取得成功的先决条件。教育是提高人的综合现代性的强有力的影响因素,是形成现代性的主要力量之一;要造就现代人和扩大现代人在社会成员中的比例，主要应该依赖良好的家庭和早年的学校教育。①英格尔斯的另一个重要贡献是提出了现代化的10项指标。他认为一个国家只有达到了下述10项标准才算是进入了现代化。即：人均国民生产总值3 000美元以上；农业产值在国民生产总值中所占比重不超过12～15%；服务业产值在国民生产总值中所占比重超过45%；非农业就业人口在总就业人口中所占比重超过70%；有文化的人口在总人口中所占比重超过80%；青年适龄年龄组中上大学的人数比例超过30%；城市人口占总人口比重超过50%；平均每名医生负担的人口为800人及以下；平均预期寿命为70岁及以上；平均每3人及以下每天有一份报纸。值得注意的是，联合国开发计划署每年度发表的《人类发展报告》和联合国教科文组织两年一度发表的《世界教育报告》中采用的很多的指标和英格尔斯提出的现代化指标是相通的。像《人类发展报告》所采用的人文发展指数(HDI)被认为是反映人类发展的最重要的尺度。HDI有3个组成部分，即出生时的预期寿命；受教育的程度，这包括成人识字率(占2/3的比重)，和初级、中级和大专入学综合比例(占比重1/3)以及实际人均国内生产总值(以购买力平价美元表示生活水平)。由此可以看出，教育水平与国家发展的密切关系。

谈及现代化，就必须涉及教育的现代化。那么何为教育现代化？鉴于现代化一词含义的模糊性，很难找到对教育现代化的权威性的定义。现在我们从国内学者对教育现代化的诸多论述择选几例供读者参考。

教育现代化是社会政治、经济结构的变革在教育上的反映　它既是工业化、世俗化的产物，也是社会各层面理性增长的产物；教育现代化是教育整体上的深刻变革过程，这种变革远不限于教育手段、方法等方面，更应包括制度、组织行为、思想观念在内；教育现代化是一种世界性的教育变迁，世界上任何一个国家和地区，一旦纳入这个过程，社会呈一种不可逆转之势，其结果是世界范围内教育的共性增加。②

目前对教育现代化的定义很不一致，大体上可依据教育现代化的发生发展和教育现代化理论的形成，作两种有联系又有区别的理解　在广义上，教育现代化是指从适应宗法社会的封建的旧教育转向适应大工业民主社会的现代新教育的历史进程，是大工业运动和科技革命的产物，是一切有关进行现代教育的改革和发展的总称。在狭义上，教育现代化主要指第二次世界大战后比较教育学家积极倡导的一种运动及理论。在这里教育现代化主要指新独立的落后国家如何学习发达国家，推动本国教育现代化，从而赶上发达国家实现现代化的运动，即后发外生型国家在赶超早发内生型国家、实现本国现代化的过程中，同时达到先进国家教育发展水平的问题。③

对于什么是教育现代化，严格说来并无一致的看法　日本教育界认为："教育现代化"是面临不断的技术革新的社会所提出的一种教育对策，提倡小队教学、不分级别的学校组织的改革、PSSC物理学、学科结构论以及作为教学媒体的收音机、电视机、教学机器的利用等等"。从这里得到的启示，是教育现代化含有两层意义：第一，教育现代化是一种面向社会和文化现代化的对策；第二，教育现代化是一种包括教育思想、教育制度和教育手段等方面的整体现代化，而后一层是以社会和文化现代化为前提的。④

怎样理解教育的现代化？就是指传统教育向现代教育转化的过程　……传统教育中有许多优秀的东西，要继承和发扬，但它毕竟是旧时代的产物，有不少与现进代不相适应的东西，就要扬弃或改造，使它符合时代的要求，成为现代教育的传统。所以说，教育现代化就是教育转化到教育的现代化，使它具有现代教育的基本特征。现代教育有如下特征：受教育的广泛性和平等性；教育的终身性和全时空性；教育的生产性和社会性；教育的个性性；教育的多样性；教育的变革性；教育的国际性和开放性；教育的科学性。⑤

由上面一些论述可以看出，与社会现代化同步的

---

① 英格尔斯著：《人的现代化》，四川人民出版社，1985年版，第224～237页。
② 郑金州："教育现代化与教育本土化"，《华东师范大学学报(教育科学版)》，1997年第3期。
③ 冯增俊："论中国教育现代化的基本任务及主要特征"，中国教育学刊，1995年第4期。
④ 吴铎、张人杰编：《教育与社会》，中国科学技术出版社，1991年版。
⑤ 顾明远："关于教育现代化的几个问题"，《教育研究》，1997年第10期。

教育现代化,是一个有诸多层面的深刻社会变革过程。它从教育观念、教育制度、教育内容、方法、手段、培育目标、管理体系等诸多方面对传统教育进行调整和改革,从而建立起能够适应现代化建设需要的教育体系,其落脚点在于实现培养人的现代化。下面我们从几个方面概括地描述世界教育的发展是如何体现和丰富教育现代化的内涵的。

教育观念的现代化

教育观念现代化是教育现代化的思想基础。美国社会学家英格尔斯曾经作了一次规模庞大的关于人的现代化的调查,其研究结论是:现代化的过程一个重要方面是一种心理态度、价值观和思想的改变过程。无论一个国家引入了多么现代化的经济制度和管理方法,也无论这个国家如何仿效现代的政治和行政管理,如果执行这些制度并使之付诸实施的那些个人,没有从心理、思想和行动方式上实现由传统的人到现代人的转变,真正能顺应和推动现代经济制度与政治管理的健全发展,那么这个国家的现代化只是徒有虚名。而人的现代化,人的观念行为的现代化,是不可能引进和简单模仿的。造就现代人的最主要的途径有两条,进入工业活动和接受教育。因此可以说,教育的现代化,最重要的是教育思想、观念的现代化。教育思想的现代转化,包括学习观、人才观、教育价值观、师生观等许多方面。本文无法一一加以论述,只摘要介绍几种新的教育观念。

终身教育思想的新发展 终身教育的首次提出见于1972年联合国教科文组织国际教育发展委员会发表的报告《学会生存》。它强调教育所包含的深刻意义决不只是人类在某一阶段的事,而是贯彻于人的一生,是不断地积累日益发展的知识的长期连续的过程。该报告倡导"每一个人必须终身继续不断地学习。终身教育是现代化社会的基石……。我们建议把终身教育作为发达国家和发展中国家在今后若干年制订教育政策的主导思想"。[①] 这种新的教育思潮随后已为不同社会制度,不同发展水平的许多国家所接受,成为许多国家教育改革的重要指导方针并以立法形式加以明确。90年代,随着人类日益进入信息社会,使得一个人在校学习的知识和能力远远不能满足科学技术的迅猛发展及其在社会生产和社会生活方面的广泛应用。人们必须不断学习、终身学习。但终身教育的概念有些模糊和宽泛,需要对其概念和功能做进一步的界定。1996年由雅克·德洛尔任主席的国际21世纪教育委员会向联合国教科文组织提交的报告《教育——财富蕴藏其中》则完成了这个历史任务。它将终身教育定义为:"把与生命有共同外延并已扩展到社会各个方面的这种连续性教育称之终身教育"。[②] 报告提出:"终身教育是进入21世纪的关键所在,也是必须适应职业界的需要和进一步控制不断变化的个人生活的节奏和阶段的条件"。[③] 这份报告深刻阐明了终身教育与现代化社会的关系。指出"终身教育是不断造就人,不断扩展其知识和才能以及不断培养其判断能力和行动能力的过程"。[④] 现代社会的职业是不断变换的,国家社会文化生活是多层面的,人的需求也是多层面的。通过终身教育,满足人多方面的需求,培养适合现代化社会需要的复合型人才。终身教育重视充分挖掘与利用蕴藏于家庭、社区、职业岗位、文化场所、传播媒介中的教育潜能,主动构建有利于全方位提高人的素质的教育环境,这种观念远远突破了原有学校教育的局限性。

再设计教育——国际教育社会兴起的一种新教育观念 90年代中期,一种新的教育观念——再设计教育(Re-engineering education,也有人译为重塑教育或再造教育)在国际教育界十分盛行。1996年12月,教科文组织在泰国曼谷召开了"教科文亚太地区——教育革新为发展服务第二次国际大会",会议主题就是"变革中的再设计教育:教育革新为发展服务"。与会者来自39个国家400余名专家学者和教育行政管理人员,提交的200余篇论文和国家报告的中心内容是各国对"再设计教育"的认识和实施。

---

① 联合国教科文组织、国际教育委员会编著:《学会生存——教育世界的今天和明天》,教育科学出版社,1996年版,第223页。

② 《教育——财富蕴藏其中》,教育科学出版社,1996年版。

③ 《教育——财富蕴藏其中》,教育科学出版社,1996年版,第90页。

④ 《教育——财富蕴藏其中》,教育科学出版社,1996年版,第92页。

什么是“再设计教育”?“再设计”的概念是美国前麻省理工学院计算机科学教授麦克尔、哈默(Michael Hammer)首创的。他将“再设计”定义为:根本性地再思考和彻底地重新设计内容和过程以便大幅度地提高成绩”。“大幅度地”意指量的飞跃,不是“仅为5%或10%的增量变化”。“彻底地”意指从企业深层发生根本性的和深刻的变化。哈默的“再设计革命”思想被宣称为“企业革命的宣言”。“再设计”的思想被转用到教育领域,教科文组织将“再设计教育”定义为:在教育过程中,针对后进的教育方式和受教育者,将其置于发展过程中的主导位置”。为什么在教育领域中要借用企业管理的概念?一个重要的着眼点认为教育的发展太慢,隋性强,不能跟上信息时代的变化要求。国际机构认为,在居住质量、失业、卫生水源、健康状况、民主参与、教育等一系列衡量人类发展状况的人文发展指数中,教育是最难克服的障碍。为了打破教育体制沉闷不前的状态,使教育发展和改革的步伐更快些,要根本性地再思考和重新设计内容和过程。要借鉴企业管理变革的经验,从新的视角审视教育改革。要求教育借鉴企业把顾客的需求放在首位、竞争意识、持续变革等思想。要求教育应把学生的需求放在主要位置,即发挥学生的主体作用。现代社会要求培养的学生既要有共性,要促进每个学生在身心、智力、审美意识、责任感、精神价值观念等方面协调地发展,又要重视培养个性,发掘每个学生的潜力,重视因材施教。教育系统要具有较强的竞争意识,即教育系统与其它系统在时间与空间发展方面的竞争,同时在教育系统内部也要有强烈的竞争,如学校在办学质量方面的竞争、公立学校和私立学校在办学效益方面的竞争。最重要的是教育必须像企业那样,以根本性的方式不断思变,求生存求发展。“再设计教育”特别重视将处境不利地区和人口的教育放在优先位置,上述观念都体现了很强的时代精神。

可持续发展的教育和人的可持续发展　正如“再设计”原先不是一个教育学概念一样,“可持续发展”原先只是一个生态学命题,缘起于环境保护问题。80年代末期以来,可持续发展已成为世界各国发展的战略目标选择。学者们认为此概念存在深刻的哲学、社会和心理背景。可持续发展与传统的发展观念的根本区别在于:从以单纯经济增长为目标,转向经济、社会、生态环境的综合发展,从注重眼前利益的发展转向长期持续性发展,从重视物质资源转向非物质资源(科学、技术与知识)的发展,尤其重视人的发展,要求人类以最高智力水准与泛爱的责任感规范自己的行为,并创造和谐的世界。90年代以来,国际教育界非常重视现代教育要促进人的可持续发展与社会可持续发展的整体结合。1992年联合国环境与发展大会通过的《21世纪议程》指出:“教育、公众认识和培训是使人类和社会能够充分发挥潜力的途径。教育是促进可持续发展和提高人们解决环境与发展问题的能力的关键”。① 1996年1月发表的《德洛尔报告》指出:“可持续发展的概念,进一步补充了人的发展的概念,强调的重点是发展过程的长期持续性,提高未来一代人的生活水平,尊重所有生命赖以存在的自然环境”。② 并认为教育的首要作用之一是使人类有能力掌握自身的发展。由此可见,现代教育是可持续发展的关键因素和基本保证。什么样的教育才能构成实施可持续发展战略的重要组成部分呢?首先,教育要提高人的整体素质,使人树立正确的道德观和发展观,将科学教育和人文教育密切结合起来。其次,要培养受教育者加强责任感,学会与他人共同生活,善于发现他人、学会对人、社会及自然环境负责。第三,基础教育、中等教育、高等教育、成人教育等不同层次、类别的教育协调发展,在学习化社会中,通过实施终身教育,持续不断地促进人的发展。第四,重视人口、环境、卫生、生态、营养、健康教育等内容,把可持续发展教育内容贯穿于整个教育过程中。

培养目标现代化

培养目标指的是社会要将受教育者培养成什么样人的问题,它是一个国家培养人才的总体规范。为了迎接21世纪的挑战,包括发达国家和发展中国家,都在对培养目标进行调整,力求培养具有更高素质的适应现代化社会需要的人才。

现代化的培养目标是什么?许多国家在对现行

① 国家科委社会发展科技司编:《联合国环境与发展文件汇编》,1992年版。

② 《教育——财富蕴藏其中》,教育科学出版社,1996年版,第66页。

教育制度进行检讨反思和对未来社会进行预测的基础上,得出具有共识性的结论是:未来社会要求的现代人必须是具有综合素质的、全面发展的人。他们在价值观和学习观、思维和生活方式、知识和能力、体魄和心理等方面的素质应达到新的水平。“归根到底,21世纪最成功的劳动者将是最全面发展的人,是对新思想和新的机遇开放的人”。① 德洛尔报告则坚决地重申:教育应当促进每个人的全面发展,即身心、智力、敏感性、审美意识、个人责任感、精神价值等方面的发展。为了实现人的全面发展,教育就必须围绕四种基本的学习过程来重新设计、重新组织:

学知,即掌握认识世界的工具;

学做,即学会在一定的环境中工作,学会应用所学知识,学会职业技能,以适应未来工作;

学会共同生活,以培养在人类活动中的参与和合作精神;

学会生存,以适应和改革自己的环境。

它们共同构成了人一生中学习的四个教育支柱。

下面我们举几个发达和发展中国家新颁布的21世纪教育培养目标来探讨其共性。

1990年美国总统布什与50个州的负责人共同制定了到2000年要努力达到的六项国家教育目标,1991年4月布什又宣布了为实现这六项目标拟定的四项战略。为配合教育发展战略的实施,美国劳工部1991年6月发表了《2000年的美国,要求学校做什么样的工作》的报告。报告要求美国无论是将直接参加工作的学生还是计划进一步接受教育的学生都必须获取五种基本能力——资源(确定、组织、规划和分配资源)、人际关系(与他人共同工作)、信息(获取和使用信息)、系统(理解复杂的相互间关系)、技术(运用多种技术工作)和三部分基础——基本技能(读、写、算术、数学、听、说)、思维技能(创造性思维、决策、解决问题、形象思维、懂得如何学习、推理)和个性品质(责任感、自尊、社会交往、自我管理、正直/诚实)。对这八项要求都制订了详细、明确的标准。要求所有学校把培训这八种要求做为工作的核心。而克林顿政府多次重申美国200年教育目标的延续性。90年代,以标准为基础的改革成为了州级层面改进学校的主要策略。美国由于长期分权制度造成的缺乏学生应该学什么和如何学习好的清晰目标的状况有了显著改变。

日本文部省在阐述“21世纪教育目标”的文件中强调“在学校里,要特别注意实行德、智、体各方面协调发展的基本基础教育,还要培养关心他人的精神、爱惜生命的精神、爱护大自然的精神、责任感和自立互助的精神、自创力、礼貌、善良、丰富的感情等等”。

韩国总统金泳三1994年成立了教育改革委员会,三年多来通过5次总统报告提出了四个教育改革方案。1994年5月韩国政府公布《为创造新韩国教育改革的方向与课题》报告,提出21世纪的韩国人要具备的四项素质:

具有很高的道德水准和共同意识的“与众共生存的人”;

具有创造新知识、新技术能力的“智慧的人”;

能够主导国际化、世界化时代的“开放的人”;

懂得劳动价值,具有脚踏实地精神的“实干的人”。

泰国政府1996年底发表《全球化时代的泰国教育:洞察学习社会》的报告,指出:“当务之急是,泰国必须根本改善其教育和培训体系,并以此作为国家发展的基础。这些教育不仅要能教给人们一般技能和职业技能,而且要让他们有足够的学习技能和敏锐的思想;对学习的热爱和学会如何学习的技能”。这种教育让人们能在社区中从事所希望从事的职业、有足够的自信心,并机敏地善于接受新信息和知识的不断更新。这种教育还应扩大人们的眼界,认识丰富多彩的社会和文化,并学会与他人协调。

马来西亚教育部于1994年颁布的《2000年主要教育目标》中提出,第一“培养效忠及团结的马来西亚人”,第二“培养具有信念,尊贵品德、有学识、敏捷及平和的人”。倡导的价值标准是“尊贵的品质、守信、勤劳、受尊敬、有学识、有思考力”。

从上述几国培养目标可以看出,现代化社会人才的要求,是人的全面发展与具有鲜明的个性和特长的统一。各国在调整培养目标时,都把德育放在突出的位置。为了适应未来社会的需要,在强调打好科学文化基础的同时,各国培养目标都特别强调创造能力和

① 《未来教育面临的困惑与挑战——面向21世纪教育目标研讨会论文集》,人民教育出版社,1991年版,第37页。

思考能力的培养，强调培养具有综合知识结构的人才，重视科学方法、态度和科学知识的实际运用。

教育内容的现代化

落实教育培养目标固然需要转变教育思想观念，进行教育制度、结构到教学方法的各种改革，但最关键的是学校课程与教学内容的改革。培养目标的重新设计必须以课程教材改革为落脚点。80年代以来，出现了一场世界范围的课程改革运动，这场改革一直在延续，预示着21世纪课程与教材大规模的更新与重组。

从中小学课程改革的重点来看，有两个趋势较为明显，一是对传统学科陈旧的教学内容进行改造，把现代科技文化的最新成果完整及时地反映在教材中，促进教学内容的现代化，二是课程的综合化趋势。

从数学、物理、生物、化学等自然科学的内容来看，现在中小学学习的内容大多是19世纪自然科学的发明，如能量守衡、进化论、细胞学说等，较少反映科技发展的前沿成果。20世纪50年代以来，以电子学、计算机技术、分子生物学、材料科学、空间科学为代表的新科技革命带动了整个社会的高速发展变化，使学科知识发生着剧烈的“聚变”，信息、知识成百倍地增加，这就要求在教学内容上要增删调整、吐故纳新，把许多新知识有机地组成课程教材，在形式上也要借助各种先进技术进行更新，使教材有更大的容量、综合性和直观性，同时注意吸收现实生活中所必须的大量知识和思想方法，以便产生更高的学习效率。以数学为例，计算机的广泛普及离不开数学，“信息高速公路”的建设也要以数学为基础。面对社会生活中的各种复杂问题，建立某种数学模型，以定量化精确化的方式求解更日趋普遍。数学作为一种“关于模式和程式的科学”已成为现代技术的一个组成部分，向社会的一切方面渗透。“数学”教学也要求从“纯科学”的殿堂中走出来，更多地联系实际，面向大众。1984年，在第五届国际教学教育大会上，一个令人耳目一新的口号——“大众教学”十余年来已经成为各国数学教育界广泛认同的行动纲领，让每个学生都能掌握数学已成为各国数学教材改革的努力方向。许多国家在精选传统教学内容，增加近代数学知识的同时，更注重模型方法、座标方法、变换、编码等现代数学思想方法的渗透，注重数学知识和实际应用的结合。

课程综合化意指随着科学知识的不断分化与综合，各门学科之间日益相互渗透，在课程改革中打破旧的学科界限，把相关教学内容融成一体。本世纪50年代以前，一些国家就开始将历史、地理、公民等课合成社会课，将物理、化学、生物综合成理科或自然科，这类课程称为广域课程或合科课程，集合作业，整体地让学生学习。美国进步主义教育理论倡导的“核心课程理论”主张以学生的个性发展和社会需要为核心，由教师根据学生的需要，采用大单元方式将某些课程综合起来。建立核心课程也被认为是课程综合化的前导。

本世纪80年代以后，课程综合化成为教材改革的主流。其中最有代表性的是英国当代课程论学者丹尼斯·劳顿，他主张以培养儿童适应社会未来情境为中心编制课程，针对学生毕业后面临世界的变迁，培养学生适应未来社会的能力，既要求他们获得各种必要的知识，又要重视他们自身获得的某种经验的价值去影响环境。如与人口、失业、环境、生态、能源、污染等主题编制综合性的社会课程。这种思想很快得到广泛的回应，引起了一场世界规模的科学、技术与社会课程改革，即STS课程。英国科学教育协会已经编定出一整套《社会中的科学和技术》(SATIS)教材，把物理、化学、生物等理科知识同社会、经济、技术与学生的生活紧密联系在一起，使学生理解科学、技术和社会的相互关系，激发学生学习兴趣，为将来的生活、工作做准备。这套教材共10册，每册10个单元，各单元采用搜集实物、参观、实验、戏剧活动等方式，围绕一个知识点探讨其在技术和社会中的应用及后果，教学单元设计内容贴近社会生活，强调科学技术的综合化、整体化，并强调科学技术与实际应用的关系。与此相仿，美国化学会也开发了一套供11～14岁学生使用的FACETS课程，将学习内容组成许多教学单元。学生学习每个单元，首先要收集有关信息，分析信息提出可测量的问题，围绕问题设计方案并实验，分析实验数据并作结论，回答不可测量的问题，提出相应的建议。这类STS课程不仅在内容上重视跨学科知识的综合，而且让学生学习科学思维方法和科学研究过程，突出学生多种能力的培养。目前STS课程被国际教育界认为是当前和未来教材改革的一个主要方向。

另外许多国家在进行课程改革时,强调必修基础课和选修课要兼顾。开课的原则为根据社会对公民的基本素质要求据此定出必修课开设的科目与所占的比重,同时考虑学生个性的充分发展,规定选修课的内容与课时。选修课的开设随着学生年龄的增长而逐步增加,学术型选修课和职业技能型选修课二者也要并重。尖子学生的学术基础知识和发展学生个性特长与兴趣的知识更多通过选修课的途径来解决。

教师队伍现代化

教师是学校教育工作的主要承担者。教育方针的贯彻执行,教育目标的实现;学生知识的掌握,能力的培养、情感的陶冶,理想、信息、科学世界观的形成都离不开教师。现代化教学设施和教学手段的运用也要依靠教师。因此是否具有一支优良素质的教师队伍是推进教育现代化的关键。

1996年9月30日至10月5日,第45届国际教育大会在日内瓦召开,会议的主题是"加强在变化着的世界中教师的作用"。会议通过的九项建议旨在进一步加强现代教育中教师的作用。前五项建议内容如下:

第一,教师聘任:吸引最能干的年轻人从事教学工作;

第二,职前培训:在职前培训和革新性专业活动的要求之间建立更好的联系;

第三,在职培训:对所有教育人士都既是权利也是责任;

第四,教师和其它机构参与改革教育的过程:自主和职责;

第五,教育过程中的教师及其合作者:教育必须对所有人负责。

这些建议体现了遴选教师的标准,改革职前和在职教育以便教师能够适应教育面临的新挑战,加强专业自主和教师的责任感,改善教师的地位及其工作条件。

当前教师队伍的现代化有如下倾向:

教师需要受到更高层次的教育 未来的教师需要有广博精深的科学文化知识,有较快适应新兴学科及综合性学科的教学能力,因此,对教师受教育年限水准的要求越来越高。下表列出了经济合作与发展组织一些国家公立初等教育和初中教育教师的职前培训年数。

国家	公立初等教育教师职前培训年数	公立初中教育教师职前培训年数
奥大利	15	15
比利时	15	15
芬　兰	17	18
法　国	16	16
德　国	19	19
意大利	13	17
荷　兰	17	17
新西兰	17	17
葡萄牙	17	17
西班牙	15	15
瑞　典	16	16
土耳其	15	15
美　国	16	16

资料来源:International Journal of Educational Research, Vol, 25, No. 3, 1996.

从上表可以看出,发达国家对待小学教师的学历要求已经和初中教师的学历要求相仿,基本要达到大学本科毕业的水准,而对初中教师的学历要求,有些国家则更高。1996年国际劳工局在日内瓦召开《结构调整对教育工作者的影响问题联合会议》,会议报告指出:"教员的教育及他们对教育革新的重视,被广泛认为是改善教育质量的关键。作为提高教员资格的一个先决条件,传统的常识规定了较长的培训期。无论是在高收入还是在低收入国家,均延长了教员的规定培训时间"。①近年来,教师高学历化的趋向在发展中国家越来越明显,像亚洲的韩国、马来西亚、叙利亚等国都规定小学教师必须要有大学本科毕业学历才能担任。

强化教师标准,重视教师的专业化训练

许多国家认为为了改变教师职业吸引力不高的状况,除了提高教师待遇之外,要强化教师标准,使教师的培养向专业化方向发展,使教师职业成为一门类似法律与医学的真正的专业。

在制度上,重视提高师范教育的毕业标准和教师

① Impact of structural adjustment on the employment and training of teachers International Labour Office Geneva 1996 年, P109.

的就业资格，通过制订教师许可证及使用制度，改进教师的测试、证书和认可，以提高教师的专业化地位。以美国为例，1986 年 5 月，美国卡内基教学专门职业工作组发表重要报告《国家为培养 21 世纪的教师作准备》，号召筹建“国家专业教学标准理事会”。1987 年，这一组织宣告成立。十年来，这一机构致力于制定优秀教师需要具备的高而严谨的知识和技能标准，开发和实施一套全国性以教师自愿参预为前提的测量标准和证书制度，推进改善美国中小学生学习状况的各项改革。该理事会已经完成了 20 多个领域的证书设计标准。制定标准的指导方针是“教师应知道什么，能够做什么”，依五个主要方面来认证教师是否在改善学生学习中卓有成效，是否具备高水准的知识和技能，良好的性格和敬业精神。

这五个方面是：

第一，全身致力于学生及其学习。承认学生的个别差异，因材施教，通晓学生发展和学习的进程和方式，公平地对待学生。

第二，熟练地掌握学科知识和教材教法。理解学科知识是如何创立构建并与其他学科相联系的，用多种途径来教授知识。

第三，负责管理和监测学生的学习。不断创造和丰富教学环境以捕捉和巩固学生学习兴趣，运用多种方法衡量、测评学生的进步。

第四，勤于思考，从自己的教学实践中学习和总结知识。

第五，教师是“学习村的成员”。在课程分析和建设协调学校教学中发挥更积极、更富创造的作用，与家长沟通密切，善于利用社区资源。

这些标准无疑大大高出美国全国教师认可委员会制订的标准（目前，在 28 个州中，90%以上的教育学院毕业生被认为达到这一标准），但它为 21 世纪的教师确定了最高要求。

在未来教师的培养上，更加强调教育专业训练的严格性和规范化。扩大教育专业学科的学习，如传统的教育学已衍生出教育经济学、教育社会学、教育测量与评价等分支学科，心理学课程已深化到发展心理学、社会心理学、管理心理学，教材教法课程则吸纳了当代教学论、课程论及现代化教育技术的新成果。教育科研能力的培养已被放在突出地位。师范教育的专业化程度增强了，教师职业决非是任意一个大学毕业生都能胜任的工作。

以终身教育思想为指导，形成教师培训制度化

在科技迅猛发展，知识急剧更新的时代，在职教师必须通过继续教育不断充实，更新其知识和技能。“德洛尔报告”倡导：制订各种在职培训计划，使每个教师可借助合适的传播技术能经常得到培训。此类计划可用来使教师熟悉信息和传播技术的最新成就。一般来说，在职培训在决定教学质量方面的作用如果不是更大，至少也是和启蒙教育同样大”①。随着终身教育观念的深入人心以及社会发展对教师素质要求的不断提高”，在过去的 10 年间，教员培训已成为国家为使学校现代化而进行的努力的一个重要组成部分”②。据联合国经济合作与发展组织的统计，1992～1993 年度荷兰中小学教师在职培训参与率为 33%，丹麦为 35%，西班牙为 42%③。教师在工作岗位上工作若干年后，抽出一定时间，回校进行再学习，是保证教师知识、能力结构不落伍、不断激发进取精神的一个根本手段。通过建立完备的在职教师培训机构，制订制度化、正规化的进修培训制度并在时间、场所、经费、条件方面给予保证是实现师资队伍现代化的有效途径。

教育现代化的内容很广泛，除了上述几方面，还应包括教育设施和手段的现代化、教育管理的现代化、教育方法的现代化等等，本文无意也不可能谈及所有内容，只是从世界教育发展与现代化的走向上谈及几点看法。最后重申的是教育现代化作为社会整体现代化的一个密不可分的组成部分，它是一个有着多层面的深刻社会变革过程，需要人们不断地挖掘与认识。

---

① 《教育——财富蕴藏其中》，教育科学出版社，1996 年版，第 141 页。

② Impact of struetural adjustment on the employment and training of tecehers International Labour Office Geneva 1996 年，P110.

③ International Jourhed of Educational Research, VOL. 25. NO. 3. 1996.

世界人口、资源与环境

中国人口信息研究中心 林晓红

人口、资源与环境是当今全球性三大问题,这三者既有内在联系,又相互制约、相互促进。其中,人口对资源与环境的影响取决于人口数量、质量、人口密度、增长速度、人口分布及生活方式和生活水平等,资源与环境对人口的影响主要体现在人口的出生率、死亡率、平均预期寿命、人口的质量、分布、迁移等方面。目前人类社会已进入争取可持续发展的新阶段,人口与资源、环境的协调发展是持续发展的重要内容,资源与环境的永续利用则是持续发展的重要保障,而人口迅速增长及人类行为却直接威胁着这一重要保障。

世界人口与资源

1990～1995年,世界人口年均增长率为1.5%,1996年世界总人口为58亿。据预测,世界人口到2080年将达到顶峰为106亿。由于人口激剧增长,使有限的自然资源开始面临着危机,人均自然资源日趋减少。

粮食

粮食是人类最基本的生活资料,绝大多数国家以粮食为主食,主食中粮食比重为30%～50%的占世界总人口的14.4%,50%～80%的占21.6%,80%以上的占64%。少数不以粮食为主食的国家如美国、英国、新西兰等,也是以粮食作物为基础,粮食为饲料转化为肉、乳、禽、蛋等动物性食品。

随着生产力水平提高和世界经济的迅速发展,粮食生产综合能力明显提高。1979年,世界粮食产量为1961～1965年产量的147%,世界人均粮食产量从1950年到1984年增长了40%。但是,由于垦地、灌溉用水、化肥效用增长减慢,目前,人均粮食产量已下降了8%;五大洲的牧场已扩大到了极限,1990年以来已开始下降;海洋水产品产量也已接近极限,1989年以来已开始走下坡路,下降了7%。这就意味着农业、畜牧业和渔业三大食物部门的产量已不再与人口增长同步,世界人口增长已达到开始减少人均食物消费的转折点。全世界每年新增加的9 000多万人口,他们的食物需求只能部分地靠减少人均食物消费量来满足。

自1950年以来,世界人口已翻了一番,人类的消费需求已超出了自然体系可承受的限度。联合国粮农组织已发出警告,目前世界谷物储备量已下降到了近乎危机的边缘,世界将面临粮食危机,每年必须生产更多的谷物来满足迅速增长的人口对粮食的需求。

近年来,由于国际市场上的粮食出口价格提高了30%～50%,价格的上涨造成世界粮食供给状况的不稳定。目前,世界约有8亿人解决不了温饱问题,有4.5亿人长期营养不良,有近2亿5岁以下的儿童严重缺乏蛋白质和其它必需的营养。在发达国家饥饿现象也日趋严重,粮食问题威胁着发达国家的穷人。自20世纪80年代和90年代以来,北美和欧洲工业化国家的人均收入分配越来越不平衡,社会福利开支减少,失业率不断攀升,低收入家庭对食品援助的需求不断增加。由于贫富差距加大,忍受饥饿的人数不断增加。

如果1984年以来人均食物消费量减少的趋势继续下去,饥饿现象将进一步扩大,将危及世界贫困地区人们的生存。目前,每10个非洲人中就有6人遭受饥饿的煎熬,每年有几百万儿童因饥饿而死亡,25%的非洲人每天得不到足够的蛋白质和热量。如果非洲的经济状况不能改观,农业不能增产,到2000年,在撒哈拉以南地区的粮食自给率将从目前的85%下降到56%,北非国家的粮食自给率将从目前的53%下降到34%。

为了解决粮食危机,必须大力发展粮食生产。而地球上可能适宜于农业的土地最多约有32亿公顷,适合于耕作的土地面积仅占总地面的11%,人均耕地面积仅为0.28公顷。虽然到2000年时,将会有4 500万公顷新的耕地投入生产,但由于水土流失和沙漠化,将会净丧失5 500万公顷耕地。如果世界人口按目前的速度增长,到2000年就会发生土地严重不足的问题。

水

水是人类赖以生存的基础,是工农业生产和人们生活必不可缺的资源。在地球水圈中,水的总储量为13.6亿立方千米,但其中97.5%为海洋咸水,仅有2.5%的淡水。淡水中又有约70%在两极及雪山冰川,只有淡水总量的0.34%是与人类密切相关的。

虽然全球每年流入河流和渗入地下的淡水人均拥有量为7 000立方米,但世界上仍然有22个国家的人均可再生水资源拥有量不到1 000立方米,另外有18个国家的人均可再生水资源拥有量不到2 000立方米。可再生水资源有限的国家大部分在中东、北非和撒哈拉以南非洲地区,而这些地区的人口增长最快。在非洲,缺水是造成环境压力的主要因素,人口增长加上人均用水量的增加已加重了国家的人口承载力。到本世纪末,有2/3的人口也许将生活在水资源紧张的国家。

世界水资源分布表明,有60多个国家和地区严重缺水。中国是个贫水国,全国人均淡水量只有2 500立方米。在全国500多个城市中,有300多个城市缺水,40多个城市经常闹水荒,年缺水量达60亿立方米以上。目前约有4 000万人及3 000万牲畜吃水困难,约有3亿亩耕地受到干旱威胁,每年因灌溉水不足减产粮食250万吨左右,由于缺水而受到影响的工业产值达2 300多亿元。

随着人口的迅速增长、工农业生产的发展以及城市建设规模的扩大,人类对水资源的需求量越来越大,城市用水量以更快的速度增长。从本世纪初开始,到70年代中期,全世界农业用水量增长7倍,城市用水量增长12倍,而工业用水量增长21倍。用水量如此迅速增长,超过了当地水资源的承载能力,必然发生供不应求的状况,尤其是遇到枯水年或连续枯水年,供需矛盾会更加尖锐。

据预测,到2000年,世界淡水资源人均占有量将比现在减少20%以上。因此,水资源危机将成为21世纪人类面临的最为严峻的资源问题。联合国第二次人类住区大会指出,到2010年,世界城市将面临严重的缺水危机,水危机将成为"21世纪城市里最容易引起争端的问题"。城市缺水在下世纪将成为一个全球性问题,中亚、巴基斯坦、印度等发展中国家将是水危机最主要的受害者,对水资源的掠夺将成为未来50年内引发国际间冲突的最主要因素。

森林

森林是陆地生态系统的重要部分,具有调节气候、涵养水源,保障农牧业发展,保护陆地生态平衡的重要功能。覆盖全球1/4陆地面积的森林主要有三类:热带雨林和干旱林、温带林以及退化林地。目前热带雨林的面积约为20亿公顷,2/3分布在拉丁美洲,主要集中在亚马逊盆地,剩余的一半分布在非洲,另一半在亚洲。热带干旱林面积约为15亿公顷,3/4分布在非洲,温带林的总面积为16亿公顷,约3/4分布在工业国。

尽管近10年来全球环保意识加强并采取了一些雨林保护措施,但全世界热带雨林仍在以每分钟29公顷,每年1 540万公顷的速度消失,全球近一半热带雨林告急,它们正受到毁林造田的威胁。而贫困对热带雨林的威胁最大,全球热带地区的许多农民为了养家糊口,不得不毁林开荒种植庄稼,一旦地力衰竭,他们又会转移地方再次毁林开荒。目前热带地区发展中国家平均10%的人口就业依靠雨林,热带国家中共有3.5亿人年收入的一半来自雨林。仅毁林开荒一项,就使全世界每年减少热带雨林1 000万公顷。

热带雨林是全人类的宝藏,它为化工、制药、纺织、化妆品等生产行业提供了重要原料,并出产大量木材、水果等。光合作用使热带雨林成为"地球的肺",为地球提供1/4的氧气,吸收大量的二氧化碳。虽然它只占地球表面面积的7%,但却有地球生物物种的50%~80%生息其间,地球上每天消失的100个生物物种,大多数发生在热带雨林中。从长远看,人类毁坏热带雨林的行动无异等于慢性自杀。

在发展中国家,大约有15亿人口靠木材来满足生活能源的需求。在非洲撒哈拉大沙漠南部,全部能源需求的60%~65%仍然由薪柴和木炭来满足。据估计每年砍伐的燃料树木，在亚洲为7亿立方米以上，在热带美洲为2亿立方米以上。在泰国南部，由于毁林伐木引发了山体滑坡，在暴雨之后发生了严重的泥石流，导致了几百人丧生及数千人远离家园的悲惨局面。

在80年代，全世界每年的毁林速度为0.9%，其中亚洲为1.2%，非洲为0.8%，拉丁美洲为0.9%。到2000年，亚、非、拉不发达国家和地区森林面积将减少40%，木材蓄积量将减少39%，而亚洲的森林每天以5 000公顷、每年以180多万公顷的速度减少。

矿产资源与能源

矿产资源与能源是人类生活和经济建设的重要物质条件。世界上各种矿产资源多半集中在少数国家和地区，开采值的70%～75%集中在10多个国家，而且大多数是工业发达国家。但随着生产的发展及科学技术的进步，发达国家的许多矿产资源储量开始减少，有的甚至趋于枯竭，因而它们日益依赖进口原料。

矿产资源作为一种不可再生资源，是地球亿万年以来经过多次地质作用的结果，用完以后不能够补充，它不像森林这些可再生资源。据估计，世界矿产资源的需求量和消费量将稳定增长，其中最主要的矿产资源的需求量和消费量每年增加3%～5%，到2000年将翻一番有余。炼钢生产用的矿石消费量每年增长3%，肥料生产用的矿石消费量每年增长3%以上，磷盐岩每年消费量增长5.2%。如果铬矿石的消费按目前每年2.6%增长率增加，只要86年就会耗尽。

目前，世界每年能源生产量为115亿吨标准煤，原油生产量为29亿吨，煤炭生产量为46亿吨，其中一半以上的煤炭消费和30%的矿物燃料消费用于发电。但由于全球人口的急剧增长及经济发展的加快，对能源的需求量和消耗量将成倍增长。有关专家指出，在现代生产力发展的前提下，人口每增加1倍，能源消耗将增加7倍。目前全球人口已达58亿，到2020年至少达到80亿，而2050年将有100亿人口，因此在下个世纪的前50年，人类对煤的需求量将继续攀升。在未来的15年内，对天然气的需求量也将迅速增加，年需求率将由目前的20%增加到40%。对天然气需求增长率最快的地区是亚洲环太平洋地区，到2010年，这一地区对天然气的需求量将是目前需求量的3倍，并将超过西欧，成为世界上第三大天然气消费地区。因此，在未来的15年内，海湾国家在天然气方面的投资将增加1倍。

在人类对能源需求日益提高的同时，近年来新勘探的石油储量在不断减少。1995年与过去9年的年平均勘探储量相比竟下降了61%，到1995年底，全球石油储量由1994年的9 580亿桶下降到9 390亿桶，1996年与1995年相比又下降了9%。如果不再增加新的石油勘探量，那么现在全球的石油储量只能再开采38年。

在石油储量下降的同时，全球天然气的储量随着勘探量的增加一直呈上升趋势。1994年新勘探的天然气为1.3万亿立方米，1995年上升到1.43万亿立方米，到1995年底，全球天然气储量达132.8万亿立方米。到本世纪末，随着石油储量的大幅度下降，全球对石油的关注将转移到天然气。

世界人口与环境

随着世界人口的大量增加，工业生产规模不断扩大，人口消费水平日益提高，许多地区对自然资源进行掠夺性开发与破坏，使世界环境日趋恶化，严重威胁着人口的生存与发展。

土地退化

土地最易退化的地区，就是3 000万平方公里的干旱和半干旱地区。在这些地区的许多发展中国家，大量贫穷的农民在小块土地上艰辛地维持生计，由于缺乏必要的资金与技术投资，使土地退化日趋严重。主要土地退化区包括亚洲的爪哇岛、尼泊尔山区，非洲的西马拉维、布隆迪、卢旺达及南美洲的安第斯山区。在爪哇岛上1/3种植高地的土壤侵蚀速度是土壤再生速度的10倍，土壤肥力严重下降。

在过去的45年中，由于人类活动的干扰，使12亿公顷的土地遭受了中等及严重的土壤退化。而土壤退化是许多国家和地区粮食产量停止增长和下降的主要原因，其最明显的表现就是水土流失，它是由气候、地形、植被、土壤等自然因素和人类活动综合作用的结果。在一些国家和地区，由于水土流失而导致生产潜力的丧失可能占到GDP的0.5%～1.5%。据统计,全球每年因水土流失要损失250亿吨宝贵的表土,突尼斯与撒哈拉大沙漠接壤的中央地区,每年每平方公里要流失600吨土,印度每年有8 000公顷的土地被冲刷为沟谷。在中国,受水土流失危害的耕地约为6亿亩,每年流失土壤10亿吨,造成的直接经济损失达40亿～60亿元,而且到本世纪末,水土流失面积将扩大到170万～180万平方公里,泥沙流失量将增加20%～25%。

在过去的40年间,由于土地灌溉面积急剧扩大,使土地盐碱化和水浸问题日益严重。在中国、埃及、印度、墨西哥、巴基斯坦、中亚和美国西部的部分地区,水浇地日益退化。目前,全球约有9.5亿公顷土地受到日趋增加的土壤盐浓度的影响,其中,6亿公顷是由于灌溉方法不良所致,2.4亿公顷土地的生产率严重下降。

在干旱、半干旱地区,因过度农垦、过度放牧和樵采薪柴、利用水源不当等原因,都将引起土地沙漠化。目前,亚洲1/3的土地,非洲2/3的土地,拉丁美洲1/3的土地,正遭受沙漠化威胁。全球受沙化威胁和将受沙化威胁的土地达3 800万平方公里,2亿公顷丰产旱地因受沙漠化影响而减产,占世界旱地总面积的2/3,可养活3 000万人口。每年大约有600万公顷土地遭到不可逆的沙漠化,近乎两个比利时的面积,还有2 000万公顷的可耕地因沙漠化而退化成完全无用的荒地,危及到2/3的国家和地区及14%的人口。

在中国约有17万平方公里沙漠化土地,发展速度超过治理速度,在沙漠区及其边缘地区的1亿亩耕地和1/3的天然草场不同程度地遭到沙漠的威胁和影响。新疆塔克拉玛干沙漠南缘平均每年沙丘向外推移1米～1.3米,非洲撒哈拉沙漠以年均5公里～150公里的速度向南移动。如果任其发展,到本世纪末全球将有1/3的耕地可能变成荒漠。

水源污染

由于工农业生产发展迅速,污水的处理能力根本赶不上排放速度,使宝贵的水资源受到严重污染。现在1/3以上的世界居民得不到安全的饮水,每年发生腹病达9亿例,由此造成的死亡人数达300多万人,其中大部分是儿童。常年患有蛔虫病的人数每年达9亿人以上,血吸虫病患者达2亿人以上。

在中国,42%的地表及地下水受到严重污染,86%的淡水域不适合人畜饮用及渔类生存。"饮用水质差"已对全国人口生存构成威胁,大陆现有24%的人在饮用水质不良的水,约有1 000万人在饮用高氟水,5 000万人饮用高氯化水,1.1亿人饮用高硬度水。

由于未经处理的污水、杀虫药、除草剂、工业污水、放射性污染物最终都被排入大海,经常堵留在沿海的水域中,从而导致海水污染并毒害着海洋生物。珊瑚礁是海洋的雨林,在这里生息着1/3的世界鱼类物种,但土地开发和伐木使沿海岸地区的泥沙大量淤积,导致沿海珊瑚礁减少,从而使鱼类的数量与种类日益减少,菲律宾巴拉望巴奎特湾就是一个最典型的实例。

随着石油工业的发展,人们以先进的科学技术使生产力获得了空前的发展。但现代化的高投入使人类的生存环境受到了严重的污染和破坏,这不仅使人类蒙受巨大的经济损失,而且还危及到人类的生命安全。由于人口的经济行为,每年排入大海的石油至少有600万吨以上,造成的经济损失达5亿美元,因污染每年造成的材料和渔业损失达30亿美元。上海甲型肝炎及秘鲁霍乱的暴发主要是由于海产品受到严重的污染。

在海上交通运输及娱乐水运工具迅速发展的同时,也加剧了海洋和沿海地区的污染。据美国环保局最近的调查显示,1艘摩托艇行驶1小时所排放的烟雾,相当于1辆小轿车行驶800英里排放的废气。在美国中西部和东北部沿海地区,每到夏季,摩托快艇如织、废气污染十分严重,海洋污染事故也日益增多。

大气污染

随着人口的急剧增长和工农业生产的高速发展,都市化速度和人均能源消耗量急剧增长,从而导致大气污染日趋严重。在80年代中后期,全球约13亿人生活在未达到世界卫生组织规定的大气悬浮颗粒物标准的城市地区,他们面临着呼吸紊乱和癌症的严重威胁。如果减少排放物而达到世界卫生组织的标准,则每年可挽救30万～70万人的生命。同时,约4亿～7亿人正饱尝着严重的室内空气污染之苦。

尽管国际上采取了各种措施降低二氧化碳的排放量,但从1990～1995年全球二氧化碳排放量仍然在上升,如果把前苏联和东欧地区除外,全世界其他地区二氧化碳排放量从1990年到1995年共增长

12%。其中,中东地区二氧化碳排放量增加最大,为35%,亚太地区除日本、澳大利亚和新西兰之外增加了30%。目前,经合组织中的发达国家二氧化碳排放量占全球总排放量的50%,发展中国家二氧化碳排放量占全球总排放量的比例由1990年的29%上升到目前的35%。随着未来亚洲、拉丁美洲等地区发展中国家工业步伐的加快,到下个世纪全球的能源消耗将比工业革命前成倍增长,空气中二氧化碳含量也将增加1倍,而一些发达国家预计在2000年实现将二氧化碳排放量控制在1990年水平上的目标有一定困难。

如果不控制"温室气体"的排放量,除地区性差异,到本世纪末,全球的平均气温将会升高0.5℃,到2030年左右,将会升高2℃左右。由于全球气候变暖的影响,南极冰山正逐渐融化,每年有20万~30万座小型冰山从南极洲海岸崩离。一座融化之后水量相当于全球每年所需淡水量1/5的冰山目前已与南极大陆断离,并向北飘移。这座冰山的飘移寿命可达10年,其总冰量相当于南极大陆每年融入海洋淡水的1/3。这就意味着在一段时间内,世界海平面将有所上升。据专家们的预测,到下个世纪,海平面将上升30厘米~50厘米,这会使部分沿海低地被海水淹没,每年将有9 200万人遭受洪水灾害,沿海地区的农业将面临水淹、淡水短缺及盐化破坏的严重威胁。

臭氧层破坏是当代另一个重大的环境污染问题。据最新的研究表明,地球上臭氧耗损的速度和广度较我们预期的要快而大。自1969年以来,跨越美国、加拿大、日本、中国、前苏联和西欧这一地带的臭氧层已减少了3%。据统计,大气中的臭氧每减少1%,照射到地面的紫外线就增加2%,皮肤癌的发病率则增加4%。除非采取更多的措施,否则地球同温层中的臭氧层的不断耗损,将在未来的40年中使得人类居住区域接收的紫外线辐射量增加5%~20%。这不仅损害人的免疫系统,而且还将减少谷物产量,损害鱼类资源,增加大气中的烟雾,引发"温室效应"。

酸雨是由人类生活和工业生产中排放的二氧化硫和氮氧化合物结合而成的产物。酸雨污染不仅严重影响着人类的健康,而且威胁着生态系统的平衡。中国的西南——华南酸雨区已与欧洲,北美并列为世界三大酸雨区.世界许多地区的土壤和湖水已成为酸性,欧洲14%的森林受到影响。

环境污染祸及人类

千百年来,怪胎一直披着一层神秘的面纱。目前,全世界有缺陷的婴儿占出生儿总数的2%~4%,中国新生儿畸形率为1.28%,美国有先天性畸形儿250万。地球上越是工业发达的地区,畸形儿就越多。美国一些化工城市,畸胎率远远高于其它城市,有的竟高出1.5倍至2倍。科学家不得不走出遗传基因的微观世界,终于从外部找到怪胎激增的祸根——环境污染。

在环境污染物的袭击下,正常细胞受到损坏或死亡都会引起胎儿畸变。化学污染物可直接殃及胚胎、胎儿和初生儿,或间接地通过母体干扰胎盘的正常生理,从而影响胚胎和胎儿。目前已知能通过孕妇胎盘屏障进入胎儿体内的化学物质有600多种,在各类化学污染物中,某些重金属使胎儿中毒和发生畸形的威胁最大。

20世纪末,污染日趋严重,工业废水泛滥成灾,臭氧废气无孔不入,一种被称为"环境污染综合症"的怪病,正日益严重地威胁着人类的健康及生命。

在墨西哥,被废水、废气严重包围的墨西哥城,1996年已有48天空气质量指数突破200点的警戒线,联邦区政府不得不3次实施保护环境的一级紧急措施:从凌晨5时开始,全城个人和企业的机动车实施每周"两天不行驶"计划,外交机构的车辆也不得例外,政府机构50%的车辆停驶。同时,关闭20%的加油站,治理污染未达标的企业全部或部分停产,并要求幼儿园、中小学和中等专业学校停止一切户外活动。

近20年来,无论是从生理上还是从心理上,环境污染给人类带来的祸患日益明显。在墨西哥城,1/3的人感到眼睛不舒服,24%的人抱怨头痛,12%的人呼吸困难,上千名学童曾因空气污染而病倒。在巴西圣保罗市,因空气污染造成5岁以下儿童死亡率增加15%,65岁以上老人的死亡率增加12%。据对莫斯科北区500名儿童的调查发现,490名儿童体内重金属过多,呈现不同程度的"慢性中毒"。在德国环境污染受害者中,大多数病人患有神经官能症和精神抑郁症等。

走可持续发展道路是中国的必然选择

宋　健

本世纪以来，地球上发生了三种影响深远的变化：一是社会生产力的极大提高和经济规模的空前扩大，经济增长了几十倍，创造了前所未有的物质财富，大大推进了人类文明的进程；二是人口的爆炸性增长，本世纪世界人口翻了两番，达到57亿，并且仍以每年约8 000万以上的速度在继续增长；三是由于自然资源的过度开发与消耗和污染物质的大量排放，导致全球性的资源短缺、环境污染和生态破坏。这些问题的不断积累，加剧了人类与自然界的矛盾，对社会经济的持续发展和人类自身的生存构成新的障碍。在这种形势下，人类不得不认真地回顾自己的发展历程，重新审视自己的社会经济行为，探索新的发展战略。因此，联合国于1992年6月召开了“环境与发展”的全世界首脑会议，通过了《里约宣言》和《21世纪议程》等重要文件，与会各国一致承诺把走可持续发展的道路，作为未来的长期共同的发展战略。

可持续发展的内涵

为满足迅速增长的人口和不断提高生活水平的要求，发展始终是人类的共同追求。传统观念上的发展主要是以国民生产总值的增长为主要指标，以工业化为基本内容的经济增长。基于这种发展理论，各国形成了二次大战之后空前的“增长热”。世界各发达国家单纯追求经济的高速增长，又引发了新的矛盾，出现了环境污染和生态恶化等严峻问题。这些问题愈演愈烈，逐渐由局部发展到全球。从60年代以来，科学界开始探索走出困境的道路，提出了各种新的发展理论与发展战略。最终以80年代提出的“可持续发展战略”得到世界各国的共同认可，逐步形成共识。

可持续发展是一种新的发展思想和发展战略，它的目标是保证社会具有长时期持续性发展的能力，要点是：

——发展的内涵既包括经济发展，也包括社会的发展和保持、建设良好的生态环境。经济发展和社会进步的持续性与维持良好的生态环境密切相联。经济发展应包含数量的增长和质量的提高两部分。数量的增长是有限度的，而依靠科学技术进步去提高发展的经济、社会、生态效益才是可以持续的。

——自然资源的永续利用是保障社会经济可持续发展的物质基础。可持续发展主要依赖于可再生资源特别是生物资源的永续性。必须全力防止地球生物资源的衰竭和灭绝，将可再生资源的开发利用速度限制在其再生速率的限度之内。可再生资源特别是生物资源寓存于生态系统之内，必须努力保持自然生态环境，维护地球的生命支持体系，保护生物的多样性。

——自然生态环境是人类生存和社会经济发展的物质基础，有如空气和水一样，是人类生存和进步须臾不能离开的东西。可持续发展就是谋求实现社会经济与环境的协调发展和维持新平衡。解决目前出现的全球性生态恶化和环境污染，控制由环境污染导致的一系列重大灾害，是全世界今后相当长历史时期的重要任务。

——控制人口增长与消除贫困，是与保护生态环境密切相关的重大问题。要重新确立人与自然之间、各代人之间的关系，确定新的经济发展战略，发展清洁生产和无害环境或有益环境的技术体系等。

可持续发展涉及人类社会的各个方面。走可持续发展的道路意味着社会的全方位变革。由于各国的国情和发展背景各异，可持续发展的模式也各不相同。

中国的发展与环境面临的问题

中国的经济发展正处在工业化的高速起步时期。经历了一百多年贫穷、落后和受尽凌辱的中国人民，正以前所未有的气概实现着强国之梦。但是，同世界各国相比，中国的发展与环境所面临的问题更多，也更复杂。当代人类面临的某些尖锐矛盾在中国都有所体现。

庞大的人口

中国的人口已超过12亿，每年仍净增约1 500万人口。新增国民收入的1/4被新增人口所消费。即使严格执行人口政策，在未来50年内仍会增加4～5亿人。人口膨胀对资源和环境造成的影响，已成为中国实现环境与经济协调发展的首要问题。人口增长一直是中国发展和限制人均消费水平增长的硬约束。

资源相对短缺

中国拥有广袤的国土和丰富的自然资源，但在庞大的人口基数面前，就显得相对不足了，人均占有量远低于世界平均水平。关系到人类基本生存的淡水、耕地、森林和草地四类资源，中国的人均占有量只有世界平均水平的28.1%、32.3%、14.3%和32.3%，矿产资源人均占有量也不到世界平均水平的一半。资源的不合理开采和消费，更加剧了资源短缺。在经济增长过程中，中国始终受到资源相对短缺的制约。

生态变化态势令人担忧

人口膨胀、自然资源的不合理利用，造成生态环境恶化和自然生态的失衡。据统计，中国有大约4 600种高等植物和400种野生动物处于濒危或受威胁状态。368万平方公里的国土遭受水土流失的威胁。各种自然灾害频繁，削弱了自然生态环境的承载能力。

环境污染不断加剧

在中国600多座城市中，大气质量符合国家一级标准的不足1%。酸雨的程度和范围日益扩大，已由华南、西南地区向华中、华东、华北等地蔓延。中国每年排放污水360亿吨，除70%的工业废水和不到10%的生活污水外，其余污水未经处理直接排入江河湖海，致使水质严重恶化。中国七大水系中，近一半河段遭到不同程度的污染，流经城市的河段有86%水质超标。城市垃圾和工业固体废物日增，大部分未经妥善处理，垃圾围城现象仍在发展中。

走可持续发展道路是中国的必然选择

发展经济、摆脱贫穷、走向富裕是中国发展战略的核心目标。党的十四届五中全会通过的《中共中央关于制定国民经济和社会发展“九五”计划和2010年远景目标的建议》和江泽民同志在五中全会闭幕时的重要讲话，为中国今后的发展指明了方向。江泽民同志精辟地阐述了经济建设和人口、资源、环境的关系，指出“在现代化建设中，必须把实现可持续发展作为一个重大的战略”。就是说，在社会主义现代化建设过程中，必须寻求一条使人口、经济、社会、环境和资源相互协调、兼顾当代人和子孙后代利益的发展道路，这就是可持续发展。走可持续发展的道路是中国发展战略的必须选择。

为了实施可持续发展战略，中国编制了《中国21世纪议程》，将中国的可持续发展战略目标确立为“建立可持续发展的经济体系、社会体系和保持与之相适应的可持续利用的资源和环境基础”。并具体提出了2000年前的战略目标，主要是：

——在保持经济快速增长的同时，依靠科技进步和提高劳动者素质，不断改善发展的质量；

——促进社会的全面发展与进步，建立可持续发展的社会基础；

——控制环境污染，改善生态环境，保护可持续利用的资源基础；

——逐步建立国家可持续发展的政策体系、法律体系，建立可促进持续发展的综合决策机制和协调管理机制。

同联合国《21世纪议程》相比，《中国21世纪议程》所确立的可持续发展战略目标体现了中国国情和发展中国家的特点；与传统的发展战略相比，《中国21世纪议程》所确定的战略有了本质的进步，在总的发展目标中，既包括了经济、社会的发展，也包括了控制环境污染、改善生态环境这些影响长远发展的基础性条件。

中国选择可持续发展道路是历史的必然，也是对未来数代人的责任，如何结合国情、有效地推进可持续发展战略走可持续发展道路，还需要探索。当前至少应从下述几方面着手和努力：

牢固树立人口意识和环境意识

计划生育和环境保护两项基本国策，是可持续发展中最为基本的战略。计划生育是建立可持续发展社会基础的核心；环境保护（包括控制污染和改善生态）则是保证可持续发展的物质基础。应当继续大力提倡树立人口意识和环境意识。基本国策所规定的目标的实现有赖于全民族的觉悟和共同的努力奋斗。

建立资源节约型的国民经济体系

建立适合国情的环境保护与经济发展相统一的产业结构和消费结构，实行全面节约的战略，从根本上改变高投入、低产出，高消耗、低效益的局面。选择资源节约型、质量效益型、科技先导型的发展方式，把经济建设、资源利用、生态保护和污染治理有机地结合起来。在工业污染防治方面，要积极研究、开发和推广应用高效、低耗、无废少废、节水节能的新技术、新工艺，实行清洁生产，把污染消灭在生产过程中。

建立可持续发展的综合决策机制和协调管理机制

中国的可持续发展战略是在建立社会主义市场经济过程中完成的。只有依靠完善的法律体系、政策体系和强有力的执法监督，建立可持续发展的综合决策机制和协调管理机制，才能使可持续发展战略得到贯彻和落实。

充分发挥中国智力和人力资源优势

当今世界，经济和社会发展主要依靠科技的推动，经济竞争主要表现为科技的竞争，国力的强弱也主要体现在科技水平的高低上。这种新形势为中国通过可持续发展道路，跻身于世界强国之林提供了可能。中国各种人均资源占有量在世界上几乎都处于劣势，只有智力和人力资源具有相当的优势。几十年来，中国人民依靠自己的勤劳和智慧，独立地发展了自己的高新技术。在走向21世纪之际，这是中国主要的可依赖的优势条件，促进科技进步，最重要的是全面贯彻执行科教兴国战略，改革科技体制和提高全民族的创新能力。在科学技术发展上走内涵提高的道路，重视科技机构和科技人员智力的发挥，提高科技投资的效益。

加强国际合作与交流

世界经济正在日益形成一种互相依赖的格局，全球性环境问题将整个人类的命运连在一起。在这种新形势下，无论是世界经贸问题还是环境问题的解决，都需要国际间广泛的合作。这为中国开展国际合作，汲取先进科技，发挥自己的优势，迅速赶上世界水平提供了契机。当世界经济贸易摩擦不时出现之时，环境领域的国际合作却在稳步发展，势头良好。从环境保护正在促进产业技术和工艺发生根本变革这一点出发，国际环境合作有可能为中国的可持续发展注入新动力，成为中国实施可持续发展战略的突破口。

文明的亚洲和亚洲的文明

于光远

第一部分　书面提要

一

我们来这里讨论的是时代性的问题/什么是当前时代的质的规定性/19世纪是古典的资本主义在征服世界的道路上取得辉煌胜利，也是它的内部矛盾进一步显露出来、从而作为学说和运动的社会主义兴起的时代/19世纪末出现了自由资本主义向垄断资本主义、私人资本主义向社会资本主义转变的趋势/20世纪前半个世纪是战争与革命的时期，资本主义国家与社会主义国家并存/社会主义从学说、运动发展成为地球上的一种制度和文化/20 世纪的后半个世纪，我想称之为世界历史大调整时期，这是我对当前时代特征的回答/资本主义国家在调整，社会主义国家在调整(改革)，国与国之间的关系在调整/这种调整不是一次完成的，会有多次调整，而且会有经常性的即不断发生的小调整/调整时期不会短，有可能整个 21 世纪都属于这个调整时期/但在世界史上它毕竟带有某种过渡性质，这个时期过后的资本主义国家不再是调整时期开始时的资本主义国家，那时的社会主义国家也不再是调整开始时的社会主义国家；那时的国际关系也不是调整开始时的国际关系/调整时期的产生有客观的原因，对历史的演变发生过重要作用的组织和人物的行为也起了一定的作用。这样的世界历史大调整时期的出现，有其必然性和具体的过程/历史进入和走出这个调整时期，总的说来它意味着人类历史的一种前进/调整时期的质的规定性有待于进一步明确，它的发展规律也有待于探索/需要开展世界历史大调整时期的历史学、经济学、政治学、文化学、社会学、国际关系学等学科的学术研究/随着时间的向前推移，实践经验的积累，对这个时期会看得更清楚/我们正在探讨的就是这个历史调整时期太平洋地区和中国的发展问题。

二

即将过去的 20 世纪和正在来临的 21 世纪，都是世界历史文明特别迅速发展的时期/不同时期文明发展的速度，同它距人类社会开始时候之间的时距长短的平方成比例/在 20 世纪的历史舞台上有过许许多多有声有色的演出，甚至还有狂风骤雨的时候，但是经济文化的发展毕竟是社会发展的基础，在历史的长河中每时每刻的进步是在“看不见”“听无声”(唐代刘长卿诗：细雨湿衣看不见，闲花落地听无声)的情况下实现的/时代的特征不应该从时代的哲学而应该从时代的经济学中去寻找/当代的文明是科学为中心的文明/即将成为过去的 20 世纪，在社会的物质生活中——包括物质资料的生产和流通，也包括人的消费生活和社会对它的服务——依靠科学和根据科学原理而形成的技术取得的进步，是符合这个数学公式的/在精神生活方面文化的发展也是很突出的，物质文明和精神文明本来就是互相渗透的/现代市场经济的文明应该受到特别的注意/亚洲在 20 世纪成为拥有现代文明的亚洲/东亚诸国在取得政治上的独立和解放后，对高技术和现代市场经济文化的重视，以及随之而来的经济的发展，成为崛起的国家，这是 21 世纪可能成为太平洋世纪这种看法的重要根据/进一步建设拥有更高现代文明的亚洲，就是亚洲人在取得非亚洲人的支持下在 21 世纪的根本任务。

三

各个国家和地区，共同参加整个世界文化的创造/各国文化有其共性又有其个性/有个性才能使世界文化的内容丰富多采，才能使彼此受到启发、互相促进/亚洲文明有悠久的历史，亚洲的古老文明中有许许多多对于当代有用的东西/以中国为例，诸子百家、经史子集、近代与当代的很多的创造都是这样/中国的儒家是值得重视的，但有用的岂止“儒”一家/中国有善于吸收并发展外来文明的优秀传统/佛之于唐，科学启蒙之于明末，马克思主义之于“五四”，现代市场经济之于今日/日本和其他东亚国家也有此优点/牛顿花不少时间获得的对二项式定理的发现，今天初中生用一堂课的时间就可以学会/进一步独立创造的意义/民族文化传统与现代科学技术相结合，创新与引进相结合/经过 21 世纪或更长的时间，以科学为中心的现代亚洲文明将可能居世界前列。

四

文明的对词是蒙昧与野蛮/人类历史经历了使用旧石器的蒙昧时期、使用新石器的野蛮时期才进入文明社会/历史是有连续性的，文明社会中蒙昧与野蛮远未绝迹/奴隶、封建社会和资本主义社会初期不用说了，就是在本世纪，希特勒、日本军国主义者的野蛮行径记忆犹新/就是眼前的日本奥姆真理教等不是孤立的现象，在许多国家包括中国都有他们的同道/对于邪恶必须与之斗争，进行镇压，对邪恶宽容就是助长邪恶/现代蒙昧与现代野蛮这些概念是可以成立的/发展文明、建设文明，不能不与现代蒙昧和现代野蛮坚决斗争/人类的历史与生物进化的历史长度之比只占千分之几，人类文明的历史与蒙昧野蛮的历史长度之比也仅有千分之几，蒙昧野蛮不是短期内能够消除的，但应力争缩短现代蒙昧、现代野蛮存在的时间/民族主义、宗派主义非理性的发作，可能互相残杀，这也不能算作文明的行为，是不可取的/要崇尚理性，坚持发展以科学为中心的文化，在科学中包括人文科学。

亚洲要努力在这方面做出贡献。

第二部分 口头说明和补充

我准备了一个发言材料:《文明的亚洲和亚洲的文明》的提要。我的口头发言想对这已经写出的东西作一些补充说明和提一些问题向各位请教。

一

对当代的特征,已有多种说法,为什么我又提出了一个"历史大调整时期"的说法?我认为已有的说法(就我听到的和看到的来说)有的似乎只是概括了某方面的现象。它们说得是对的,但深入事物的本质不够,如"冷战后时代"、"和平与发展时代"等。有的提法倒是说到了实质,但是我很不赞成。比如把当代说成是"社会主义的失败、资本主义的胜利的时期"。我现在试图把时代的特征作出尽可能正确的表述,把它表述得更本质些、更全面些。同时我想在这个提法中表达"时代在前进、人类的前途十分光明"这样一种"向前看"的观点。它是同"向后看"的观点针锋相对的。"向后看"的观点是存在的,它认为历史上过去的某一时期比现在要好得多,要使历史退回到那样的时期。这不仅是对历史的扭曲,同时也完全是空想,而且是一种非常糟糕的空想。

现在世界上还存在种种形态的悲观主义。他们把在曲折道路上前进的、正在迎接更上一层楼的新世纪到来的本世纪末,视作历史进步的终结,这是完全错误的。同这种悲观主义相对应的,社会上就有许多消极的乃至颓废的行为,这是同健康的、积极进取的精神截然对立的。世界历史大调整既然意味人类历史的一种前进,对世界前途的看法也就应该是乐观主义的。

我提出"大调整时期"是出于对近半个世纪历史的这样一种观察:20世纪初本来是资本主义的一统天下,但是一部分资本主义国家不满足于它们在资本主义世界中原有的地位,要争更大的霸权,于是发动了那场第一次世界大战。战争引起了革命,结果出了一个社会主义的苏联。第一次世界大战后,社会主义国家很年轻,也很孤立。战败国中的德国在希特勒掌握政权后认为自己有力量、也有办法东山再起,既可以征服苏联,又可以征服英、法等国家,使美国陷于孤立的地位,于是联合日本和意大利发动了第二次世界大战。在中、英、法、美与苏联联合打击下,德、日、意法西斯惨遭失败。同时资本主义国家除美国外,也遭受到很大的损失。二次大战后,世界上又出现了第二批社会主义国家。两次世界大战使资本主义国家不得不走上调整的道路,采取了一些措施,缓和了资本主义国家内部和资本主义国家与原先殖民地附属国的矛盾,协调了资本主义国家之间的关系。作为"调整"的结果,资本主义国家重新取得了活力,经济文化得到相当快的发展。而与此同时,某些社会主义国家的领导者却沉醉于已取得的那些胜利之中,以为可以继续直线地前进,结果使本国经济社会生活停滞落后。这样一上一下的变化,迫使社会主义国家继资本主义国家调整后,不得不先后走上了调整——即改革的道路。当然社会主义接受改革不是很容易的。它们都经过一个很艰难的过程,才取得多数人的共识。由于资本主义国家和社会主义国家加在一起在世界上占据了主要地位,资本主义国家实行调整加上社会主义国家实行调整,我们可以说整个世界进入了历史大调整的时代。

回顾这一段历史,我们可看出,历史学中的一条基本规律——人类历史是不会直线前进的,起着不可抗拒的作用。某些社会主义国家中的领导集团以为20世纪上半期出现的历史发展的一种态势,会一直继续下去,这就犯了把历史视作直线运动的错误。在历史前进的过程中不可避免地会出现某些不符合历史前进规律的东西,这时候,历史上会出现使这样的东西不再能长期存在下的力量去纠正那些不符合客观规律的看法和做法,然后再继续前进。历史的这种力量是非常强大的。开始许多人没有看出来,没有感觉到它。学者们中的敏锐的观察能力和很强的逻辑推理能力的人,对之会比较早地有所觉察。而到80年代末、90年代初,发生了那样剧烈的"地壳运动"后,就有目共睹了。面对这样的客观现实,人们的思想就应该相应地改变。如果不对新的调整时期进行多学科的研究,仍然按照主观想象和愿望来看问题,就会走进误区。发现自己已经走进误区,就要努力走出来,否则就会在误区中越陷越深。

我认为,如果我们正确地判断"认为世界史会像20世纪上半期那样直线前进"是一种错误的看法的话,那么如果看到人类历史对自己的发展进行某种调整就认为历史在倒退,甚至是直线地倒退,那就更是一种十分错误的看法。持这种看法的人在今天是不少的,不管有多少人有这个看法,但它本来就是非常错误的。而且对这种看法是完全错误的这一点,现在就可以作出判断,勿需再等若干年后。

我在书面发言中指出:"调整时期的质的规定性有待于进一步明确;它的发展规律也有待于探索",需要开展对这个世界历史大调整时期的多学科的研究。并等待更多的社会实践的积累。

我说的"历史大调整时期"是一种抽象,但是因为大家对当代这个客观事物已经作了具体的研究(我在提出这个概念时,就是立足于这些研究之上),因此我感到它就不是笼统的、空洞的抽象,而是具体的、有丰富内容的抽象。当代亚洲是当代世界的一个重要组成部分,当代中国是当代亚洲的一个重要组成部分。我希望这次会议能对我的这个"历史大调整"的提法进行检验,看看这个提法是否比现有的某些提法更全面些、更本质些。我希望取得大家的帮助,使得这个提法能在科学上站得住脚。我认为,对时代规定性的看法如果是一个好的提法,那么它是可以为世界上更多的人接受的。

面对这样的历史大调整时期,我们"应当"怎么办呢?说到"应当"这两个字,我有一个"八字方针"。这八个字是:"要说应当、慢说应当"。"应当"这两个字是"要说"的。就"应当如何如何",就是要拿出指导历史前进的主张来。拿出这种主张是一切有志于促进社会进步的人要做的事情。学者们有这种社会责任,掌握权力的人更负有这种社会责任,掌握权力越大的人,他们拿出或接受学者们提出的指导历史前进的主张的责任就越重。但是,他们拿出的主张应尽可能正确。我说尽可能正确,是因为有时犯错误也难以避免,但是要尽可能减少错误、避免错误。而正确的主张一定要建立在客观事实、客观形势发展的趋势与客观发展规律性的基础上,即要等到自己对客观事物有了认识之后,才去说"应当如何如何"。所以我主张"慢说应当"。我认为在认识世界、提出主张方面,学者们负有一份特殊责任,我们在这方面的工作做得越好就越能产生好的影响。

在今天,我不想来讲"应当如何如何"的问题。今天我不想多说"应当如何如何",这一方面由于我研究得不够,另一方面尽管会议给了我较多的发言时间,但要阐明这样的问题,仍然不够。我相信在这个会议上一定可以听到各位专家学者许多有深入研究的主张。

二

上面除社会主义国家中的问题之外,我还只是讲了比较发达的资本主义国家中的问题,没有去讲在第二次世界大战后没有成为社会主义国家的、原先发达资本主义国家的殖民地和附属国的问题。这些国家在战后逐渐取得了政治上并且进一步取得经济上的独立。当然也有一些国家和地区只是表面上独立,事实上并非如此。我们今天在这里讨论"太平洋与中国"这样一个题目时要看到,太平洋周边在亚洲、大洋洲和拉丁美洲就有许许多多这样的国家,它们在20世纪下半期也走上了新的道路。这些国家的变化也应该视作当代走入世界历史大调整时期的一个重要的方面。尤其随着这些国家的迅速发展,它们在当代世界中占的比重越来越大,在考虑世界历史大调整时期的各种问题时,也就必须对它们给以越来越多的注意。

我认为在世界历史大调整时期中应该包括四个方面:⑴资本主义国家内部的调整;⑵社会主义国家内部的调整;⑶新兴的民族国家和地区的调整;⑷整个世界国家关系的调整。

三

人类历史的前进也是文明的发展。这是我的发言提要第二个部分的基本思想。世界越来越成为文明的世界,亚洲也越来越成为文明的亚洲。我对文明发展速度的看法,是引用了恩格斯《自然辩证法》中的一句话:"不同时期文明发展的速度同它距人类历史发展的时距的平方成正比"。我认为这个数学公式基本上是符合实际的。但我们的研究还必须更具体些。比如,我把20世纪文明发展中最突出的东西概括为两条,一条是自然科学与技术的大发展,还有一条是我称之为现代市场经济文化的那种文明的发展。当然,这种进步一定会表现在工业、运输、通讯以及金融业等方面。20世纪的亚洲也是如此。在人文精神的领域中,如文学、艺术、学术、道德、教育等,20世纪应该说也有很大的进步。同时,我又觉得,20世纪中这方面的进步与科学技术、物质资料的生产流通等方面的进步不那么相称。在这里有一个精神文明的进步与物质文明的进步以及整个时代的进步相适应的问题，有一个与市场经济相适应的问题。处在人类历史大调整时期，文学、艺术、学术、道德、教育等也会有一个调整，它要与经济社会制度的调整相适应。这种适应来得比较迟一些，是完全可以理解的。这一方面的文明来得虽然可能迟一些，但是它起作用的时间却会很深远。比如在教育方面，我提出过这样一个教育思想：人类应该概括人类文化创造，编出非常好的教材和建立非常好的学校制度，通过这种教材和学校制度使年轻一代（我设想是 25 岁左右）能够把人类已有的文化掌握到手，然后从事创造，使社会取得进步。我还认为人本身素质的提高对社会进步起决定性的作用。我还认为早期的教育是人类自身进步的大事。我们有理由预想和希望在 21 世纪的文明中，文学、艺术、学术、道德、教育等方面的进步可以取得相应的大发展，能与继续迅速发展的自然科学与技术、市场经济文化等并列为世界文明发展的主要内容。

关于 21 世纪世界文明方面，我还想提出一个问题，不知道会不会发展出一种"国际合作的新文明"，而这种文明的发展和它的重要性使它能成为这个新世纪世界文明中的一个重要组成部分。现在在国家经济合作方面已经有了一套组织、一套操作方法、一套法律，虽然还不那么完整，从发展中国家的角度来看，也未见得就那么公道。然而总算已经有了这方面的大变化，但我希望还要大发展，而且我想把它扩大到更大的范围，把它称为"历史大调整时期国际合作新文化"。我不愿使自己堕入空想，因此只是提出这一方面的文明的概念，而且把会不会发展出这样一种文明作为一个问题提出。我认为会不会发展出这样很好的文明，那就要看历史大调整时期世界经济政治的变化发展，要看各国政治家、经济界领导人士和学者对国际合作的认识能否大幅度地提高和能否在实践中作出巨大的努力。这种文明中有一部分包括在现代市场经济文化之中，因为现代市场经济文化要求在国际经济合作方面的文化进一步发展，但是国际合作的范围比国际经济合作的范围要宽得多，因此不能完全包括在现代市场经济文化之中。

在这里我想讲一下会妨碍国际合作的一个基本因素，那就是在这个国家与另一个国家之间、这个社会集团与另一个社会集团之间的利益上和意识形态上的矛盾甚至冲突。利益间的矛盾和意识形态的差异即使在调整时期仍然难以避免。这里说的矛盾，包括资本主义国家与社会主义国家之间的矛盾，但是资本主义国家之间也会有严重的矛盾和冲突。各国各有关心的利益，各有自己的国情，各有自己民族的文化和宗教的传统和特色。我认为如果不愿使自己堕入空想，就应该清醒地看到这一点。但是我不认为在通过国际合作文明的发展来促进国际合作的大发展这一件事上人类就不能有所作为。在今天的条件下似乎更可能在这个基础上经过不断的谈判协商，考虑到历史大调整时期的有利形势，做到更前进一步，改善国际间的合作关系。

我认为战后日本的经验值得注意。战前日本采取用武力占领别国领土的政策，认为这样对自己最为有利。结果呢？失败了，悲惨地失败了。战后改用与别的国家做买卖的办法，利用自己的经济力量、技术人员、人才方面的优势，发展得很快。这说明采用国际合作的办法反而可以得到更多的利益。前几年中国民间人士座谈会在北京召开。我和日本的大来佐武郎是经济组的中日两方的召集人。大来针对日本有人怕中国经济技术发展起来后成为日本的竞争对手而对日本不利的想法，举韩国为例，说日本也曾害怕韩国发展起来对日本不利，可是事实上韩国发展起来之后，日韩贸易量大幅度增加。他的这个讲话给我留下深刻的印象。

国际合作需要各国有更发达的经济为物质基础。马克思主义历史唯物主义所陈述经济是一切社会关系的基础这个原理在这里也是适用的。

在国际经济合作中已经发展出不少国际经济合作的文化，在更大范围的经济合作更需要文化的发展。这种文化的内容非常丰富。我认为意识形态方面的进步，应该看做是这种文化中很重要的一个方面，这方面的进步是历史的产物，是以历史的经验和教训为基础的。它可以由有远见卓识的学者们和政治家们对社会的进步问题进行深入的研究和思考来奠定基础，再运用各种传媒把研究出来的结论通俗化，求得对尽可能多的人的头脑发生作用。关于意识形态方面的工作，是我们学者具有特长的领域，我们可以在这方面发挥自己的优势，克尽自己在这方面作出贡献的社会责任。

四

在考虑 21 世纪建设时，我有一个思路，而且应该说“大思路”，那就是既要强调“地球之小”，又要强调“地球之大”。

“地球之小”这个思路是20世纪中开始强调的。人们常常强调地球的资源是有限的，地球作为人类生存和发展的条件是可以被我们自己破坏的。地球是个别的事物，当然是有限的。而人类始终是地球上的居民，与地球共存亡。也就是说我们只有一个地球。在这里，我认为地球的概念应该包括地球的卫星月亮、人造卫星、以及一切从地球上发射出去时把活人带进太空又把活人带回来的物体活动的那样一个空间——这样一个空间大体上就同太阳系空间的概念基本一致。在超出这样的空间和范围之外，即使当一名临时户口的居民也是做不到的。在地球上可以发出能离开太阳起始速度的光箭，也有可能从太阳外发出信息到地球，甚至可以使这样的太空舱返回地面，但这样的空间不是人可以居住的地方。至于说到资源，除了太阳发出的能是地球上的人类取之不尽、用之不竭的能源外，其余的几乎全部来自地球自身。因此，不论从人类的居住的空间或者人可以利用的能量和物质资料的资源来说，都是有限的。从这个“地球之小”的观点出发，我们得出，必须保护我们的地球，我们人类得以生存和发展的根本条件(其中包括保护臭氧层和防止温室效应的严重恶化等方面)。对之我们万万不能掉以轻心。

这一方面的问题在20世纪中我们认识了，提出来了，也已经采取了许多有效的措施。尽管如此，我还是认为我们在环境和资源保护方面做得不够，远远没有达到令人满意的程度，即环境变化的趋势还没有从根本上扭转。特别在我们中国更是如此。这是在21世纪还要继续强调、加倍努力的事情。

我现在特别想提出的是，除了要讲“地球之小”之外，还要讲一个“地球之大”的问题。我们要看到，由于我们的科学很不发达，人类掌握的、可以为人们所利用的能量和各种物质手段的不足，人类能够对之利用的地球上的空间——即技术圈，只占地球的体积若干亿分之一。在我们的技术圈能够进一步扩大时，我们的资源也就可以大大扩大。在这里我们仍然可以说“地球上资源是有限的”这样一句话，但就不像现在人们常常赋予的意思(如说按照现在的开发速度，石油还能开发多少年、煤炭还能开发多少年、有色金属无色金属还能开发多少年等)，而是另外的一种意思了。我们在看到地球之小的同时，还要看到地球上还有非常多的资源还没有开发。比如说我们可以讲这样一句话，海水是今天我们可以开发的最大的矿产，而且这种矿产开采起来非常容易，我们不妨进行一番计算，地球海水中包含的各种金属有多少吨，其中含铀多少吨，含重氢多少吨，问题是有没有足够的能量把它们提取出来。也就是说，用能量去生产更多的能量、用物质资料去生产出更多的物质资料，这笔交易能否进行，并没有在比较大的范围内得到解决，交易中的赢亏问题应作很好的计算和思考。海底矿产资源，首先是大陆架和浅海，海底地下资源也是一个极大的数字。海洋生物资源的利用现在达到的程度也还很低。海洋开发在21世纪将越来越占重要的地位。

这当然不是说陆地上的资源潜力就很小。比如可以问一下，陆地上的水力资源已被开发与未被开发的比例如何。这个比例说出来也会大大改变人们对能源的传统观念。世界上象瑞士那样对水力资源运用得很好的国家并不是很多的，这种清洁的能够不断使用的能源，至今也还远远没有得到充分利用。而在这方面的科学技术已经不存在困难，只是生产力水平的限制和主观上重视不够。

现在还存在着把煤炭、石油、天然气等可以用作化工原料的物质资料作为燃料去燃烧这种浪费的状况，而且还继续在进行。这个问题在21世纪应该有所改进。利用可控核聚变来发电的技术等在21世纪应该可以解决了吧?

还有地下矿产资源的开发问题。现在人类钻探技术达到的深度平均说来还很浅，比现在要深得多的钻探技术还有待于发展，而利用地下矿产，包括地热利用等，也很不足。

这一切都要用数字来说明问题。有些数字并不难得到，只是今天我没有来得及去作准备。

因此我认为，对地球既要有一个大保护(当然也要努力从许许多多的小保护做起)，也要有一个大开发(当然也要从许许多多的小开发做起)。在大开发中要注意对可能造成环境的破坏作充分的研究，以防止对环境的破坏。在这里就非常需要科学技术的发展。在大开发中，科学技术是第一生产力的命题的意义才能充分地显现出来。我们要充分认识大开发之难，但难并不意味不去考虑，而是要研究难的产生和能够克服难的方法。何时何地在何种条件下该知难而进或知难而退等,由对难的知之切、知之深来决定,但决不是在难的面前无所作为。

五

回到亚洲的问题上。20世纪的亚洲,在成为拥有现代文明的亚洲这条道路上前进了很大的一步。我认为21世纪应该在这条道路上继续前进。我的基本思路是,亚洲在当代世界文明发展上原来是后进的,因此努力把世界最先进的文明掌握到手应该是主要的任务。而且应该认识到这是个艰巨的任务,不要轻易地说什么在不长的时间内原先是亚洲落后的国家和世界上最发达国家间的差距可以缩小这样的话。就目前的情况来说,即便是最发达的亚洲国家的日本,它和美国的科学技术还存在着不小的差距,不要说亚洲别的国家了。上面我指出的20世纪世界最为重要的两方面的文明之一的现代市场经济文化,亚洲——或指的主要是东亚——掌握的速度不慢。但总的说来也还不能松懈,还要更好地去掌握。由于中国这样的社会主义国家搞市场经济的时间很短,掌握市场经济文化这件事还要特别使劲。至于20世纪西方文明中的另一个方面自然科学和技术,亚洲和欧美发达资本主义国家之间的差距更大,而且更不容易缩小彼此间的差距,因为这方面的文明的发展特别要依靠工业依靠原先的科学技术基础,因此更要抓紧进行。

在这个亚洲要发展怎样的文明的问题上,这些年人们对重视亚洲悠久文化传统方面讲得不少。由于亚洲各国的文明传统也有很大的差异,而我对中国以外的许多亚洲国家的文化传统知之甚少,知之甚浅,因此只能多讲一些对发展中国传统文明的看法。我总的看法是作为中国人应该特别重视我们中国的传统文化,对中国的文明采取虚无主义的态度是不应该的。但是在重视民族文化传统这一点要很好地分析。在中国文化中,自然科学和技术不是强点。当然在中国文化传统中,有一些在实践中证明是有效的技术决不应该轻视,但还是应该努力用近代在西方发展的科学原理和技术对它进行研究。比如还是要用现代医学科学为工具去研究中医的内科、针灸、药物以及作为一种本人锻炼身体的气功(当然不包括所谓人体特异功能等伪气功)等等。这样的工作虽然难度很大,但是在方向上不应该动摇。世界上已经对人体的科学研究有了深入的系统的研究,建立了人体科学,在这之外不存在另外一种人体科学。把中国传统文化中某些东西吹得神乎其神,不合乎事实,只有害处不会有任何好处。至于把中国古代的一些渣滓冒充优秀文化,就更不必说了。

在中国文化传统中的强点是在处理人与人的关系和道德修养方面。在哲学——特别是辩证思想上,中国传统文化中也有许多宝贵的东西。中国人的聪明智慧代代相传,对于现实生活很有用处。在中国传统文化中,对先进的思想的语言文字表述,非常生动……。对同一个道理,用各种方式的表达,举出不同的事例,会起到更大的效果。一个人的头脑有时会因听到某一句聪明的话开窍,而以前同一个道理听到不知道有多少次,在头脑中却没有发生强烈的变化。

当然即便在伦理道德或哲理等方面,我们也要有分析的态度。对中国传统文化如此,对从外国来的思想也应该如此。力戒夸大其词,搞不切实际的事情。在今天世界上有些外国人,他们并不真懂中国传统文化,却给中国文化不切实际地唱赞歌,甚至对某些早就该扬弃的属于消极文化的东西也大加赞扬。中国人不应该听到这样的话就沾沾自喜,而失去清醒的头脑。

总之,在中国应该发展怎样的文明的问题上,我认为对民族文明传统的虚无主义和对外来文明的排斥都是不可取的。吸收现成的东西与从事一种新的创造相比较,所需要投入的劳动时间要少得多。但是一切文明本来就是人类的"创造物"。"创造"这两个字还是应该得到优先的倡导。在吸收外来文明方面,亚洲国家——主要是东亚各国,有非常好的传统,同时在发挥创造力方面也有非常好的传统。我们一定要保持和发扬我们这种优良传统——有很强的创造力。

总之,亚洲的文明必须是现代化文明,因而亚洲要吸取学习世界上最进步的文明。同时亚洲的文明也会以其特殊的传统、特有的创造来丰富世界的文明。

六

在书面提要中,我特别写了一段有关现代蒙昧、现代野蛮的文字。提出这个问题是由于十多年来接触到的一些事实,主要是在中国有人大搞所谓人体特异功能,使我不得不给予严重的关注的缘故。

最近我接触到一些文件,提出要在当前中国大力破除封建迷信,保卫科学精神。对今天强调提出这样的口号,我很高兴。在中华人民共和国诞生前,中国长期是个半殖民地半封建社会,在鸦片战争前中国是个封建社会。封建社会离开当前中国的时距不长,因此在那个社会中流行的迷信直接在今天传播是不足为怪的。中国的"五四"运动在反对封建迷信方面起了很大的作用,在中国的民主革命中一直反对封建迷信,一直到建国初期都实行坚决反对封建迷信的方针,使得封建迷信受到很大的打击。但是这种活动始终存在。在这些年中由于大肆宣传所谓人体特异功能,致使封建迷信反而沉渣泛起,在社会上产生极坏的影响 。因此强调提出破除封建迷信是完全应该的。但是考虑到迷信起源于原始社会,在封建社会前的奴隶社会中它要比封建社会更加厉害。至于封建社会后的资本主义社会中这种东西也不少。我们可以想到资本主义初期原始积累中的野蛮行为;可以想到买卖黑奴、人为地搞在资本主义制度下的奴隶制度;想到本世纪上半期的希特勒和日本军国主义的野蛮行径;而现在中国和世界上的现代社会中流行的更带有现代色彩的迷信,因而也应该反对现代迷信。现代迷信与古代迷信一脉相传,我认为这是阻碍发现现代文明的一个因素。

从这样的考虑出发,进一步考虑当代世界和亚洲文明过程中,我就去思考历史上的文明和野蛮这个大问题。得出文明既然是蒙昧和野蛮的对词,蒙昧和野蛮不下去,文明就上不来。现代蒙昧、现代野蛮这个概念首先也是从人体特异功能、奥姆真理教这样的历史事实中概括出来的。但又不限于此。世界上还有一些明显地属于蒙昧和野蛮的东西。今天世界上蒙昧和野蛮的势力还相当强大,而且它的存在也将不是一个短的时期。具体的事例太多,在这里不想多讲了。

七

最后我想讲一下在书面提要中没有提出的"历史发展的主体"问题。我不赞成对历史发展的主体的问题作片面的理解,去争论谁是、谁不是历史的创造者,而是赞成"力的平行四边形"的看法。各种不同的人、不同的组织、不同的地区、不同的民族都同时在创造历史。在力的平行四边形中,不同大小、不同方向的力对事物运动的方向起不同的作用,但各有其作用却是无可怀疑的。对这应该做定性加定量的具体研究。

我们中国当然也是这个力的平行四边形中的一个历史发展的主体,而且由于中国是一个世界上人口最多、国土面积很大的国家,所以中国的力量在这里所起的作用会很大。我们中国人是认识到中国作为大国在世界历史上的重大责任的。世界各国对中国在世界上的地位和作用也是很关心的。今年年初我去吉隆坡出席中马经济论坛,在会上我听了马来西亚总理马哈蒂尔的演讲。在这个演讲中,他强调讲了一个问题,表示他不同意世界上有一种"中国威胁论"的看法。我很欣佩马来西亚总理的远见卓识。中国作为一个大国,当然对世界会有很大的影响,中国按照自己一贯的立场,所起的影响将是积极的影响,中国越是强大,它对世界的积极影响就越大,因而形成不了对他国的威胁。这是肯定的,中国历史传统也是这样。在这个大会上有一篇论文是讲郑和下西洋的历史的。中国明初的实力是很强大的,但是并没有侵略东南亚各国,留下的是友好的记录。年初的马来西亚之行,我获得了更多这方面的知识,加深了这方面的印象。世界历史调整时期,各国历史发展的主体的具体研究是学者们必须做的一项基础研究工作。

最后的最后,我再说一句,我们这些学者们也会在力的平行四边形中发生某种作用。这种作用是附在其它历史发展的主体上起作用的。因此妄自尊大固然没有根据,但是反过来妄自菲薄,认为自己不能有所作为的观点也是不对的。

(本文系作者在"太平洋与中国国际研讨会"上的发言)

俄罗斯向市场经济转轨与文化教育的变化

中国社会科学院世界经济与政治研究所　叶灼新

经济转轨与教育改革

自1992年开始向市场经济转轨以来，俄罗斯经济已经5年持续下降。无论是经济体制的变化，还是经济危机的不断加深，对俄罗斯教育事业发展的影响是深刻的。

在教育的规模方面基本稳定

一般说来，教育发展的规模与经济发展的状况相适应。近几年来，俄罗斯的教育规模并没有随着其经济的大幅度下降而急剧缩小，在很大程度上与俄罗斯所实行的教育政策以及教育改革措施密切相关。目前在俄罗斯各种教育机构中学习的有3 400万人，工作的有600多万人。俄罗斯全国有6.9万个学前机构，千万所普通教育学校，2 600多所初级职业教育学校，2 640所中等专业教育学校和567所高等学校，还有近1 500个提高技能和专家进修的教学中心。1990～1996年，俄罗斯博士人数从1.37万名增加到1.87万名，教授人数从1.29万名增加到1.94万名。上述情况表明，近几年来尽管俄罗斯的教育事业发展缓慢，但是同80年代末的教育状况相比，教学机构网基本保持稳定，儿童、青年和成人教育的规模并未缩小。

私立学校是俄教育制度的补充和组成部分

在目前的国立学校不能满足人们需求的情况下，俄罗斯鼓励建立私立学校，其毕业证书具有同等的法律效力。1993～1995年，私立高等学校的数量从8所增加到193所，私立普通学校的数量从368所增加到525所。根据俄现行法律，俄罗斯实行三级学校普遍义务教育制：初级教育(1～4年级)；基础教育(5～9年级)；完全教育(10～11年级)。根据俄宪法规定，这是必须实行的。在初等和中等职业技术学校、国立大学也是义务教育。职业技术学校和国立大学的学生享受助学金。私立学校的建立和发展，已成为俄罗斯教育制度的补充和重要组成部分。目前，在莫斯科已有200所不是由国家承办的文理科中学、寄读学校和教会学校。关于教育付费问题，与各社会阶层所拥有的支付能力密切相关。如莫斯科的“巴卡拉夫尔”文理科中学是一所私立中学，它是俄罗斯学费最贵的学校之一，每个月的学费为600万卢布(合1 000多美元)。

对学习专业的选择发生了较大变化

在前苏联时期，愿意学习工程、农业和自然科学的人占据了统治地位。现在，人们的兴趣已逐渐转向文科。无论是在中等学校，还是在高等学校中，学生学习文科的时间都增加了近1/3。在普通学校里对文科班的兴趣逐渐增加，在所有专业大学和其他高等学校里，学生们也开始学习现代哲学、经济学、社会学、文化学、心理学和逻辑学。职业教育中的结构变化更为明显。学习经济、财政、经营和新型通信技术方面的人数迅速增加。这些情况的变化是与向市场经济转轨进程中青年人竭力增强其升官和发财技能的倾向相适应的。

教育领域存在诸多问题的根子在于严峻的经济形势

在俄罗斯教育领域普遍存在的问题是教育经费不足。新校舍的建设几乎停止，教学设备得不到更新，教科书数量不足。教师的工资和学生的助学金明显落后于物价不断上涨的幅度。据报道，从斯摩棱斯克到符拉迪沃斯托克(海参崴)的广大地区，200万少年早晨不再上学，而是出门打工。小学特别是农村小学的数量有所减少，以致每年都有150万6岁儿童不能入学。除此之外，还有校舍不足的问题，40%～45%的中小学生不得不在两班或三班制的学校里学习。学校教师力量不足也是普遍存在的问题。俄罗斯拥有140所高等师范学校，但目前有75%的高等师范学校毕业生没有把自己的职业同教育事业联系起来。其主要原因也是经济问题，因为教师的工资低于国民经济领域平均工资的25%～30%。

经济转轨与报纸

直到80年代末，苏联报刊不过几百种，现在仅上报刊征订目录的报纸就达800多种，刊物约4 600种。从印数看，苏联报业鼎盛时期是80年代末。当时的《论据与事实》发行量高达3 500万份，居于世界报刊发行量的首位，《共青团真理报》和《劳动报》各约1 800万份，《消息报》1 200万份，《真理报》近1 000万份。然而，在苏联解体后，俄罗斯对报刊的补助大大缩减，报刊成本急剧上升，居民实际收入下降，过热的政治气氛降温，电视发展迅速，看报的人减少了。目前发行量最大的仍是《论据与事实》，为340万份。《共青团真理报》和《劳动报》各140多万份，其余各报印数均不足百万份。在苏联时期，对开四版的大报每份为2戈比。现在俄罗斯的报纸已不再明码标价，一律注明"仪价"。

在为数众多的报纸中，作为机关报的不到10种。主要有政府的《俄罗斯报》、总统办公厅的《俄罗斯消息报》、国防部的《红星报》、共产党联盟——苏共不定期出版的周报《公开性》和随《苏俄报》发送的俄共《俄罗斯真理报》。其他报纸在不同程度上受俄罗斯财团和政界人士所控制。据俄报刊报道，俄财团和政界人士竞相插手控制报业[①]，天然气工业公司和整个石油天然气行业的公司控制了《消息报》、《劳动报》、《工人论坛报》和《农村生活报》等中央级报纸，还控制着29个地区级的报刊和电视台。这个集团特别热衷于收购报纸股票。奥内克西姆银行，这是俄罗斯的一家大银行，它在很大程度上控制着《共青团真理报》和《文学报》，据说这家银行还有意插手地方报纸和电视台。莫斯特-梅季阿公司，这是古辛斯基领导的发展最快的公司。在控制了独立电视台之后，他集中力量抓其他的新闻媒介。《今日报》、《总结》杂志、莫斯科回音广播电台都属于他的势力范围。别列佐夫斯基，这个商人兼官僚（国家安全会议副秘书）控制了电视-6台、《星火》杂志和《独立报》。

经济转轨与电影、电视和广播

在苏联解体前，好莱坞影片还是苏联影坛的稀客。影片上映，几乎场场爆满，过道也挤得水泄不通。电影票显得格外珍贵。而且，观众不难发现，某些镜头被新闻检查员剪掉了。俄语译文也并非忠实原作。苏联当局这样做，主要是防止美国影片对苏联人造成不良的影响。在苏联解体后，俄罗斯影坛已面目全非。120家莫斯科影院放映的影片50%是美国片。这些影片适合观众的各种口味：枪战片、侦探片、色情片和传奇片。近几年来，二等片充斥俄罗斯的屏幕。在苏联时期，对西方影片，包括美国片，有数量比例上的限制，当时每年大约购买120部外国片，不超过国产片的数量，从而形成了文化平衡。按照不成文的规定，影院放映苏联影片与西方影片的场次比例必须是3∶1。目前，莫斯科电影制片厂和列宁格勒电影制片厂这样的大型电影厂已倒闭。在其废墟上建立的新制片厂，又起不到原有的"巨头"作用。[②] 现在俄罗斯拍片无利可图，盗版问题尚未解决，常常造成影片在有线电视台的播放先于电影首映式。国家对故事片生产费用的投入从30%～40%下降到10%～15%，赞助单位的投入从30%～40%下降到15%～20%。自有周转金照例只有15%～20%。其余的费用完全靠制片人和导演来筹措。[③] 在经费拮据的情况下，影片摄制厂家主要瞄准的不再是国内观众和发行单位，而是国外的客户和影视市场。国外对俄罗斯影片的需求量尽管仍然很少，但较稳定。尤其在独联体国家、东欧、近东以及东南亚国家仍有市场。

俄罗斯的电视也和电影一样，电视台播放的电视剧和电影故事片中，来自西方国家的电视剧和电影故

---

① "为什么收买报纸"，[俄]《论据与事实》周报，1997年4月17日。

② [俄]《新时代》周刊，1994年9月1日。

③ [俄]《俄罗斯报》，1995年10月25日。

事片占据了很大的比重。在电视台播放的国产电视片和影片方面却显得相对薄弱,缺乏自己的特色,难以吸引更多的观众。而带有怀旧色彩的苏联时代的影片受到了人们的欢迎。据报道,最近3年来总共播放了115部曾经风靡一时的苏联电影,每部影片都播放了10次。目前,俄罗斯各主要电视台正在发动一场对本国最大的电影制片厂莫斯科电影制片厂实行私有化的运动。实行上真正的争夺对象是该制片厂名扬四海的电影收藏库,正是这些影片使前苏联成为电影大国。这个影片库拥有的1 000部杰出的电影作品被视为一批珍贵的影片收藏品,它将使电视节目编排者获得破记录的观众人数和巨额广告收入。有些电视频道在收视黄金时间收取的广告费每分钟竟高达3万美元,因而播放该制片厂的影片能够在6分钟的广告时间里为其带来18万美元的收入。

俄罗斯实行对外开放后,在引进西方国家先进的技术和资金的同时,也让西方的文化和生活方式长驱直入。这不能不给俄罗斯的精神道德领域带来负面的影响。在苏联时期人们曾批判和抵制西方脱衣舞之类的西方文化向苏联的渗透。现在,每逢周末(星期五和星期六)的深夜,俄罗斯有两个电视台播放长达一个小时的"花花公子"节目,脱衣舞不仅在电视台公开播放,在一些饭店和文艺单位也颇为流行。这样做人们并不认为是黄色的东西。然而,俄罗斯有的报刊已开始注意和批判电视对道德文明的破坏,认为电视成了道德的破坏者,电视像一个酒鬼父亲,对儿童的成长不利。俄罗斯《新时代》周刊对此写道:"我们转向了西方,但是西方并不是解决种种问题的现成药方,倒像是问题的堆积站,是一个每项成功都伴随着危险的世界。自由是危险的,比监狱危险得多。我们迅速学会了开放社会的过火做法。我们发展了无耻行为,就像这是国民经济的一个新领域一样需要迅速赶超"。①

俄罗斯的广播电台也处于经费不足,难以为继的境地。据俄通社——塔斯社1997年初的报道,6家全俄广播电台的领导人指出,由于国家拨款不足,国家广播电台正在缓慢地死亡。比如,俄联邦广播电视局迫于预算拨款少,建议昼夜播音的《灯塔》广播电台将一昼夜广播时间减少将近14小时。国家其他广播电台也同样面临减少广播时间的厄运。《灯塔》广播电台的总编辑认为,以为众多的"新的商业广播电台"能够取代国家广播电台是彻头彻尾的幻想。商业电台依靠广告生存,但对广告感兴趣的主要是大城市居民,而全俄电台要把节目送到每个乡村,因而,全俄电台用在频道上面的费用要多得多。

经济转轨与音乐

在向市场经济转轨进程中,俄罗斯的文艺事业也发生了重大的变化。文艺演出团体的改革方向一般由过去的预算拨款向自筹资金过渡。这种资金来源的变化在不同程度上影响俄罗斯文艺事业的发展。俄罗斯在音乐方面发展的情况就说明了这一点。根据俄罗斯《莫斯科新闻》的报道②,俄罗斯国家模范交响乐团诞生于1936年,与斯大林宪法、前苏联国民经济成就展览会和莫伊谢耶夫民间舞蹈团同年问世。部长会议的一纸命令组建了该交响乐团。俄罗斯国家模范交响乐团指挥在乐坛的地位极高,只有最负盛名的人才能担任。随着1991年末苏联的解体,该交响乐团的地位瞬间一落千丈。盖达尔"休克疗法"的实施和向自筹资金过渡,该交响乐团的所有特权彻底被取消。各项支出猛增:自己支付乐团成员的工资、机票、乐器运输费、场租费等,乐手的工资少得可怜,还不稳定。乐团每个成员都得自谋生路。有的乐手去搞录音,有的人随其他乐队去"走穴",还有的人在婚礼、葬礼上演奏乐曲。一位男乐手是5个孩子的父亲,他迫于生计而每晚在面包房帮工,以此来养活孩子。乐手们以各自的方式生活着,但俄罗斯独一无二的国家模范交响乐团却面临解体的危险。

苏联的解体和俄罗斯向市场经济转轨,也把那些靠职业挣钱糊口的音乐家推向了街头。街头音乐家虽非俄罗斯特有,但俄罗斯街头音乐家的数量之多,在世界上恐怕独一无二。他们当街演奏,面前放着盛钱的帽子,由过路人自愿往里扔钱。起先他们是在莫斯科的阿尔巴特街,扮成绝望的流浪汉,拉着手风琴,唱一些政治打油诗和一些粗俗的小调,引人开心,他

① [俄]《新时代》周刊,1995年10月24日。

② 参见俄罗斯《莫斯科新闻》周报,1997年2月16日。

们的这种演唱在90年代初曾很受欢迎。这类打油诗和小调几乎成了抨击时弊和揭露"社会创伤"的讲坛。不过这种小诗小调没能流行多久,人们就厌倦了。马上就有人意识到这一点,改变了演奏的方向,使这种街头艺术得以发展。他们现在演唱的是苏联作曲家创作的那些老歌,几乎已被人遗忘了的歌曲,听了很是让人振奋,而那些现代派的、震耳欲聋的音乐触及不到人的心灵,所产生的只能是一种刺激感,人们早已厌倦了。今天沦落到俄罗斯街头的音乐家大多是一些高级专业人员。他们找不到工作,在文化界收入微薄,不得不走上街头。他们是一些解散了的乐队的乐师,关闭了的音乐学校的教师以及一些领不到助学金或是只能领到很少助学金的音乐学院的学生。①

经济转轨与宗教

目前,俄罗斯存在十多种宗教,主要有基督教、伊斯兰教、萨满教、佛教(喇嘛教)和犹太教。这些宗教中影响最大的是俄罗斯东正教,它是基督教的一支。俄罗斯东正教会是当今世界上15个独立的东正教会中势力最大的教会。它在前苏联各共和国和世界许多国家和地区都设有下辖教区。

自苏联解体以来,由于人们在信仰马克思主义方面发生了变化,有些人由原来的无神论者转变为信仰宗教,同时由于俄罗斯政府放宽了政策,改善同教会的关系,大规模归还教会财产,在俄罗斯重新出现了一股宗教热。新登记的宗教组织迅速发展,信教的人数显著增长。1985年,俄罗斯东正教有6 806个教区,到1995年已经有了17 500个,其中的8 000个是在1990年和1995年之间产生的。教堂的数目从20个增加到了400个。在阿列克西二世大主教的5年任期里共为33名新主教授了圣职。有3所宗教学院、10个讲习班和另外30个学校培养年轻的牧师。据统计,俄罗斯有一半以上居民去教堂做弥撒,有60%的幼儿受洗礼,宗教婚礼盛行,一部分军人也进教堂做祈祷。电视台经常公开播放宗教节目,在1996年总统竞选期间,宗教人士在电视台公开表态支持或反对某一位总统候选人。俄罗斯总统叶利钦及政府高级官员也经常参加宗教活动,1997年初全社会运动"东正教俄罗斯"召开成立大会时,叶利钦总统等官方负责人致电表示祝贺。每年1月7日是东正教最主要的节日——主降生日。在十月革命后,这一节日已不再大规模地进行庆祝,1992年俄罗斯政府又重新恢复了大规模庆祝活动。

目前,俄罗斯面临着如何妥善处理国内各种宗教之间的关系,特别是东正教与伊斯兰教之间的关系问题。据俄罗斯报刊报道②,俄东正教与伊斯兰教存在着冲突的诸多因素。伊斯兰教在俄罗斯占据着重要地位。据不同估计,在俄罗斯联邦居民中有1 500万至2 500万穆斯林。比高加索、伏尔加河流域、乌拉尔、西西伯利亚等地区是穆斯林集中居住的地方,而联邦的各个主体几乎都有穆斯林居住。除此之外,前苏联境内各国的居民,有很大一部分信仰伊斯兰教,这些国家都加入了伊斯兰会议组织,而前苏联境外的伊斯兰国家又离俄罗斯很近。因而,伊斯兰因素就成为决定和实施俄罗斯对内对外政策时应考虑的重要因素。俄罗斯《独立报》认为,俄罗斯当局正在竭力突出俄罗斯东正教在国家生活中的作用。最近的一次表现是让牧首阿列克西积极参加俄罗斯总统的就职典礼。最高一级的国务活动家百般强调自己对东正教持肯定态度。在武装力量中成立了特殊的哥萨克部队(即东正教部队)。东正教神父为军舰和国家机关举行圣礼,军校和警官学校也作祷告。这表明俄罗斯当局和穆斯林的关系很紧张,后者感到他们在国内受歧视。另外的因素也使这种隔阂加深:把车臣战争说成是东正教教徒同异教徒的战争。哥萨克参加车臣战争,并向电视记者显示自己身上的十字。某些车臣人也向电视记者显示自己头上扎的带子,带子上写着:"没有上帝,只有真主和穆罕默德"。新闻媒介在大力宣扬"伊斯兰危险"。由于国家支持东正教,导致穆斯林对俄罗斯国家的疏远,也不利于俄罗斯同伊斯兰国家之间关系的发展③。

---

① 参见俄罗斯《论据与事实》周报,1996年10月17日。

② 参见"世界和俄罗斯事务中的伊斯兰因素",俄罗斯《独立报》,1996年11月21日。

③ 参见"世界和俄罗斯事务中的伊斯兰因素",俄罗斯《独立报》,1996年11月21日。

新兴国家与地区推动经济增长方式转变的政策与措施

华南师范大学 林 勇

考察新兴国家与地区经济增长的过程及做法,本文主要选择韩国、马来西亚、中国台湾作为考察对象,基于下列几条理由:⑴三地同中国大陆文化传统相同或相近。一项政策措施因实施时间、实施国家地区资源禀赋的不同而产生不同的后果。上述地区都受儒家文化影响,韩国与中国台湾同处于儒家文化圈中,马来西亚华人经济力量举足轻重,其文化底蕴较之西方文明更接近儒家文化。⑵选择韩、马和中国台湾而不选择新加坡以及中国香港,主要是因为城邦制经济实体不具备典型意义。且韩国与中国台湾处于较高层次的发展水平,而马来西亚仿效前二者进行政策选择对经济增长方式转变的经验教训是非常宝贵和值得认真总结的。⑶韩、马、和中国台湾在经济增长方式的转变上是成功的,大有可借鉴之处。

韩、马与中国台湾经济增长的发展阶段

韩、马与中国台湾三地经济快速发展有着相似的历程。其中,韩国与中国台湾两地处于经济发展的较高阶段,经济发展历程基本相同。马来西亚较慢起步,处于低一阶梯的发展水平。现韩国与中国台湾已进入国际化、自由化和科技化的发展阶段。马来西亚仍处于向这个阶段转变的过程。韩国与中国台湾经济发展过程,大致可分为三个时期,⑴经济恢复和增长时期。从50年代初到60年代初期,两地都采取了农村改革的一系列稳定经济措施,采取进口替代策略,为此后的经济发展奠定了基础。60年代初,由于进口替代工业效益低下及国内市场狭小,经济发展困难,两地政府开始调整发展战略,进入了实施出口导向战略阶段。⑵经济高速发展时期及转变经济增长方式阶段。70年代末到80年代初,两地根据经济发展状况及当时世界发达国家技术升级换代的形势制定了出口导向战略。1963年到1973年,主要发展劳动密集型产业,两地面对国际市场,使用本地廉价劳力,按国际市场的技术标准和其它销售要求进行劳动密集型产品加工制作,70年末开始,大力发展重工业,提高技术层次。两地在政府的主导下,坚持出口导向政策,进行产业升级调整,是经济增长方式转变的重要时期,经济得到高速发展。到80年代初,国民经济结构和工业结构已基本合理化,成为新兴的工业化国家或地区。⑶经济稳定增长时期或第二次经济战略转变。两地进入实施国际化、自由化和科技化战略阶段。在坚持出口导向的同时,注重国内市场和对外投资,同时大力加强科技开发,政府逐渐将经济发展主导权转向民间。经济增长主要靠要素生产率提高来实现。

马来西亚50年代末进入进口替代工业阶段,这一时期的农业发展和工业发展为此后经济发展奠定了基础。80年代,马来西亚进入高速发展时期,经济开始向技术资本密集型转变。与前二者不同,马来西亚经济自由度高,国内资源丰富,出口实行多元化,出口构成中,农业比重较高。另一特色是大力发展金融业,实行金融自由化甚至有所超前,这一措施为马来西亚经济发展带来了足够的资本。

韩、马与中国台湾转变经济增长方式的政策与措施

经济增长方式的转变,有赖于经济系统里创造出

一种新的机制，克服文化和体制上的障碍，使得刺激经济增长的动力得到源源不断的发挥。即有赖于经济体制为基础的各种资源配置的改进。韩、马与中国台湾经济增长方式的转变正是以实现资源配置的有效改进为基础的，其值得注意的做法有：

政府干预经济、建立政府主导型的宏观经济体制

韩、马与中国台湾三地实际上都是用政府的力量来扶持经济起飞。发展外向型经济、扶持重工业或半导体工业等主导工业基础需得到政府的支持。因当时三地市场力量微弱，不可能靠市场力量解决问题。这些国家与地区政府干预调节经济的方式有几个特点。

实行指导性计划　韩、马与中国台湾的政府通过经济发展计划及其配套的政策措施，促进经济增长方式的转变。其计划特点有：其一，是一种指示性计划，政府通过研制和实施经济发展计划，确定宏观经济问题目标，协调运用各种政策手段来规范经济发展方向。其二，是计划决策权力高度集中于经济企划院等中央机构，在组织体系上保证了计划协调职能的充分发挥。其三，是大量运用诸如财政政策、金融政策、价格政策等直接或间接的政策措施以实现计划的目标。中国台湾从1953～1976年，连续制定实施了6个4年计划，1976～1981年台湾地区实施第一个社会经济6年计划。在工业结构方面，台湾着手对原有的工业结构中的不合理之处进行改造。着重发展钢铁、电力、造船和石油化学工业以及交通。实施了十大建设。1980～1989年，台湾实施10年经济计划，1980年建成了新竹科学工业园区。交通运输以及电信业基本适应经济与外贸发展的需要，不存在滞后发展的问题。韩国的"五五"计划突出了经济增长方式的转变，重点是优先发展精密的机械工业、电子工业、知识信息产业等尖端的技术产业。其计划的特点是：在放慢经济增长速度的同时，对整个资本、人力和资源的布局及产业结构加以调整，消除不均衡现象；调整出口政策，虽仍坚持出口主导型的经济开发战略，但在具体做法上改变过去单纯注重从金融、税制、汇率等方面对出口部门的扶植方式、突出强调要用技术革新，提高劳动生产率来全面加强产品竞争力，提高国民经济的国际化水平；投资重点以扩大生产规模为主转移到以合理化、节能为中心的技术改造上来，强调挖潜改造，提高产品的质量；主张减少当局的干预，扩大民间企业的自主性。

根据不同时期调节政府控制的力度　在经济起飞时期，韩国与中国台湾的宏观调控都是强有力的。韩国设立了经济企划院，台湾地区设立了工业发展局，统筹掌握全面经济事务，到了80年代初，政府对宏观经济的过度干预出现了资源配置低效率，政府干预向间接调节过渡，开始实施金融自由化、公有企业私有化等措施以更多地发挥市场机制的作用。马来西亚80年代后期在金融自由方面的改革取得了较明显的成效。

宏观调节手段互相配合，体系完整　首先，政府通过不断地健全和完善各种法律、法规和制度以鼓励竞争。其次政府通过法律手段保护资源、保护环境以限制市场盲目性对人类长期发展的破坏作用。再次，政府大力通过直接投资或通过产业政策，完善基础设施，消除瓶颈产业，扶植有发展前途的重点产业。

实行外向型经济，在参加国际竞争中促使产业结构升级

第二次世界大战以后，资本的广泛流动、技术的转让、企业的转移、生产的分工都使经济活动超出了一国或一个地区的范围、形成了各国经济关系密切、互相依存的局面。三地政府及时采取了出口导向战略，在不同时期实施不同的产业政策，促使产业结构升级，达到转变经济增长方式的目的。

韩国在早期实行鼓励出口、限制进口的政策，1964年建立了出口产业育成资金和出口振兴基金1965年实行出口特别产业资金制度。1967年采取对供给出口用的设备材料进口的外汇贷款制度。后来实行单一汇率制，使进口管理的重点转为提高国内产品质量和实行价格的国际水平。1967年规定每年上半年各公布一次可以进口的产品种类的数量，对国内产业给予一定的保护。进入70年代以后，由于各国贸易保护主义又抬头、加之劳动密集型产业技术层次低，使韩国经济持续发展困难，韩国政府采取了一系列措施，实现产业结构的两次升级，即由劳动密集型向重化学工业转变并最终向高新技术产业主导转变。由劳动密集型向重化工业转化时采取如下措施：

扩大出口产业基地　70年代中期以来，韩国致力

于出口产业结构高级化,以提高重化工业在出口产品中所占的比例。韩国制定了实施出口战略产业化方案,制定了按产品类别区分的支援方案。此外还通过提供资金援助,进行企业合并与改造陈旧设施等办法实现政府产业政策。

促使进出口市场的多元化,提高企业在国际分工中的竞争能力　通过采取灵活的市场销售战略与积极参与海外投资来避开贸易保护。

改善出口支援制度　简化出口用原料的纳税步骤。将以前的选择制改为主要原材料个别缴纳,附属用原材料定额激励的制度。在出口贸易方面增加保险基金,提高投保率。在从重化工业主导向高新技术产业主导转化时采取的措施有:一是提高产品的开发和研究经费。政府提供资金,以帮助企业和科研机构重点开发和研制轻工业方面的新技术和新产品。二是增加对中小企业的贷款,并减少对中小企业的税赋,对从事制造业的中小企业免征设备投资税。同时降低银行贷款利息。三是鼓励企业避开发达国家的保护,增加向发展中国家的出口。当局把开拓出口市场作为出口企业的一项重要任务,如在1977年将出口对象国数和海外分社数作为综合商社两项必备条件。四是提供优惠利率。1971年一般贷款利率高达20%左右,而支援出口信贷仅为6.5%。具体设立相应的贷款类别。对加工制造周期较长的大型产品设有支援大型工业品出口信贷,为促进大型商品出口而设立中长期延期付款出口信贷,为推动原料国产化减少进口而发放的使用国产原材料信贷等等。

中国台湾在70年代中期开始了经济增长方式的转换。当时世界通货膨胀涉及台湾经济各个领域,各国纷纷采取限制进口的措施以改善国际收支逆差。这对以出口为中心的台湾经济十分不利,同时台湾越来越失去了往日低工资的优势。台湾地区当局提出了进行"经济转型升级",将经济发展的重点由以前的劳动密集型工业逐渐转移到技术密集和资本密集型工业上来。实施"工业升级"后,以纺织、食品、塑料、家用电器等轻工业为主的出口加工工业,将逐渐转型升级以微电子元器件及其设备、资讯工业,汽车制造等为主要内容的技术密集工业。到90年代初,传统的劳动密集型产品在出口商品结构中的地位也退居到很次要的地位。有的已被完全取代了。80年代台湾的策略主要有三条:

建立新竹科学工业园区　通过园区引进和开发最新技术,带动相关部门的建立和升级。

建立中心卫星工厂体系计划　从日本引进资金和技术,建设年产20万辆汽车的大型现代化汽车厂。

运用国际化和自由化策略　从调整工业结构的意义上即是利用台湾地区现有生产部门的生产能力将发达国家、跨国公司的某项产品的生产工序进行专业加工,把台湾地区的工业生产纳入跨国公司的国际生产线,借以提高产品的资本和技术密集程度。自由化指逐步放宽进口管制和取消保护关税,把国际竞争引进内销市场,给企业增加压力。

马来西亚促进产业结构升级所采取的政策措施侧重点与前二者有所不同,其政策措施有:

设立自由贸易区　从1971年以来,马来西亚的出口加工区数目在东盟中为最大,在税制上优惠最多。规定依据企业的固定资产投资、投资地区、产品类型、本地原料所占比例,可以享受所得税和开发税豁免。并可加速折旧。

修改外资法,放宽对外资企业的限制　规定产品50%以上供出口的外资企业,外资可占股份的50%以上。鼓励企业积极参加国际分工。

引进较先进的产业　马来西亚抓住发达国家要把半导体工业的部分生产工序转移到发展中国家的契机,有针对性地引进和发展半导体工业和电子工业,取得了较好的效果。

总之,推行外向型发展战略,有助于加速技术进步以提高总和要素生产率。首先,外向型战略有助于增加市场竞争压力,迫使企业一方面加强经营管理,引进外国先进设备;为了引进设备企业又不得不努力增加出口以赚取外汇。其次,外向型战略可通过引进直接投资来获取先进技术。再次,通过技术转让、国内企业节约研究发展费用,加快技术赶超速度。

内资动员与外资引进并举,长期维持较高的储蓄率和投资率

要实现经济增长方式的转变,必须打破储蓄不足导致资本紧缺,生产投资不足劳动生产率低,生产率低又导致投入不足的恶性循环。台湾地区的内资动员主要依靠私人储蓄的增长,台湾政府通过物价长期的相对稳定,提高民间的储蓄意愿,从而直接刺激私人储蓄的增长,台湾政府保证物价稳定的政策措施主

要有：掌握粮源稳定粮价；注意物价波动的管理工作，设立面粉、黄豆油平价基金，对成本超过平价的部份给予临时性的财政补贴；灵活运用利率政策，如在石油危机期间，曾三次提高利息以遏制物价上涨。由于台湾地区的资金内部积累甚至超过了投资需求，促进了经济的稳定发展。台湾地区1981～1985年储蓄率为38.9%，资本积累率为26.3%。台湾也欢迎具有重要战略意义或对经济发展不可缺少的外国直接投资项目。其主要措施有：

制定完备的吸引外资的法规、条例，为侨资、外资投资提供法律保证　主要内容有规定对外资的优惠条件，减免税捐或提前折旧。保证结汇自由。资本转移可以在投资后两年以每年20%的比率进行，按照规定移动的资本可自由汇出。另外，保证政策的稳定性。

设立出口加工区，促使吸引外资与引进技术相结合　园区内的科技大学、研究所在2～5年内免费提供给高技术的外资、内资企业使用。

建立华商组织，吸引华侨在台投资　如“世界华侨航运业联谊会”、“世界华商金融联谊会”等组织。

与台湾地区不同，韩国重于依赖外资进行投资。1980年韩国的内部积累率逐步有所提高。但仅有21.9%，而日本与中国台湾分别为31.4%和33.4%。个人积累率低主要受低利率和通货膨胀率高所影响。韩国为了更好地吸引外资，于1984年7月1日实施经过修改后的《外资引进法》，其主要内容有：放宽投资限制，在制造业中92.5%的部门允许外资进入；建立自动批准制度，规定投资少于100万美元的项目可在10日内得到批准；对外资所有权不作任何的限制，外商能自行决定入股比例；除法律上有特别规定，有关营业享有与韩国国民或法人同等的待遇。1991年，韩国经济企划院制定的《第七个五年计划国际化方案》指出，在1992～1996年除战略产业和公益事业外，将完全开放市场，允许外国人自由投资。其主要政策有：简化投资条例，将现存的“批准体系”向“通报体系”过渡；对制造业投资的外商出资率不足50%的，仅需将投资计划通报韩国财政部；为外国人设立3亿美元的投资基金；外资企业投资设厂的头3年免缴公司税和所得税的100%，后二年50%。

马来西亚吸引外资方面近年来做得比较成功：首先是外汇管制少，资本、股息、工业产权费、技术服务费等可自由汇出，不受任何限制。其次，行业管制少，除邮政、电讯、公用事业等部门外，大部门都向外国投资者开放。1986年颁布的“促进投资法”规定对制造新产品或正在现代化拓展和多样化的公司豁免所得税和发展税，对符合新经济政策的的公司给予特别税鼓励。另外，马来西亚政府于1985年设立新投资基金以优惠利率向工业、农业、旅游业、采掘业等行业提供新固定投资以增强国家的生产能力和出口。

培育市场体系，让市场机制充分发挥作用

韩、马与中国台湾等地政府普遍相信，市场经济是最有效率的经济。当私人资本还很弱的时候，国家或地区扶植它的成长，为其发展铺路搭桥，培植市场主体。当私人资本已相当发展时，国家便从经济活动领域悄然退出，将公营企业拱手相让，避免市场体制发展中可能出现的障碍。韩、马与中国台湾、香港和新加坡不同，其市场机制是随 工业化进程的推行而逐步成熟起来的。早些时候是国家对经济的宏观调节占主导地位，随着私人资本发展和国家资本私有化的开展，这种调节作用便渐渐让位于市场机制。譬如台湾，至今已实行了两次经济自由化的改革。其中尤以1986年开始的第二次改革影响深远。这次中国台湾的经济自由改革的基本方针为“三化”：一是自由化，即尊重市场价格机能，减少不必要的行政干预，创造公平竞争的环境。二是国际化，开放内部市场。三是制度化，即制定一套合理的法规，用法制调节控制经济运行。其具体内容是：在贸易方面降低进口税率，逐步放宽进口商品及地区管理，鼓励高附加值，多层次加工产品的出口，放开转口贸易的条件。在外汇金融方面，推动以“利率自由化”为中心的金融体制改革，充分发挥利率的杠杆作用，放宽外国银行在台湾的营业限制。在产业政策方面，是逐步取消在生产与流通领域对企业的各种不合理干预；既积极支持官营与民营的大企业，也注重扶植中小企业。总而言之，转变经济增长方式的目的是提高总和生产要素的生产率。最关键的问题是实现资源的最优配置。而这一过程中，市场机制是最有效率的机制。追求利润的内在动力和竞争的外在压力迫使每个企业在给定投入下获得尽可能高的产出。在进行投资决策时，必然按照资源最优配置的原则，选用最适当的技术。

培植大企业集团，发挥大企业集团与国有企业在推动技术进步方面的作用

韩国经济之所以在短期内实现工业化并有希望在本世纪末跨入发达国家之列。一个重要原因是韩国拥有一大批具有世界水平的大型企业集团。韩国政府不惜采用信贷、税收、财政补贴等多种优惠，优先重点扶持大型企业使其迅速发展。目前韩国已有100多家大企业集团和30多家综合贸易商社，占企业总数的2%，但吸收就业人数却高达45%左右，生产总值和附加值都占全国企业总数的70%以上。从对经济增长的贡献看，50家大企业集团的附加值总额占国民生产总值的比重，在1983年和1985年分别高达23%和28.8%。韩国的企业集团在整个国家经济的转型中起到带头作用。进入80年代，为了能在未来国际市场上占有更多席位，韩国跨国公司大力发展以集成电路、电子计算机、光纤通讯等新技术为基础的信息处理技术。韩国学者李春和认为，韩国政府金融机制和大企业实际上是一个主要通过行政方法控制交易的组织。政府和大企业通过内部联系组成一个组织，这个组织并没有正式名称，可称为“准内部组织”。在这里政府不仅仅是一个主要参与对环境进行控制的市场体系的旁观者，而且是体系内部一个最重要的组织成员。中国台湾的官营资本与大企业在经济转轨中也起了主要作用，对民间经济具决定意义的部门，国营大企业起一定的支配地位。

重视科技发展对经济发展的火车头作用，建立科技与经济紧密相联系的国民经济体系

韩、马与中国台湾这方面的成功做法有：

适应经济发展的需要和水平要求，确定不同的科技政策重点　韩国与中国台湾在劳动密集型为主导的70年代初，为适应制造业的技术要求和初步技术基础，三地科技政策的重点是引进国外技术，建立国内研究与开发的组织机构和法制框架，鼓励企业的技术发展和工人技能培训。在八九十年代，基于国际经济技术竞争的压力和国内已形成了相当的技术装备、资金技能基础，韩国政府转向“技术立国”，中国台湾实行“工业升级”，都加强引进技术的消化、创新和自主发展能力。研究和开发经费大幅增加。

建立和完善官、产、学三位一体的研究与开发体系　在政府计划的指导和推动下，韩国政府与大学研究所、实验室相结合形成三位一体的全国性研究与开发系统。在系统运行中，韩国总统主持制定科技政策与协调部门关系。每季度，总统召集一次由所有内阁成员及研究机构、大学与企业代表组成的技术振兴会议。政策方案确立后即责成直属总统的“技术振兴审议会”予以落实。

重视科技立法，制定财政金融政策加以扶持　中国台湾制定了《科学技术方案》(1979)等一系列法律。韩国则制定了《科技开发促进法》(1972)、《韩国科学财团法》(1976)等专门法规。马来西亚制定了《促进投资法》(1986)。在政府政策上，他们在财政预算中设立开发资金，对研究与开发贷款实行低息制，对经营性的科研机构减免征税。金融政策上，则通过专门银行对新技术和引进技术融资。

多形式引进国外先进技术，提高自己开发能力，取得“后发性优势”　80年代前，韩国与中国台湾等在引进技术时存在着引进来源单一，经济发展上存在受制于人的情况。80年代后有了进一步的改进，韩国除了外国直接投资形式外，许可证贸易的费用直线上升。很多产业采取“交钥匙工程”形式。在取得技术转让的同时，利用交钥匙工程的设备和技术系统性强的特点，派出经培训后的合格人员向有关外国技术人员学习其中的技术问题，然后发挥其技术建设快的特点，迅速地自行扩建和创新。

重视教育培训，为效益性经济增长提供素质较高的科技队伍

韩国与中国台湾两地对教育非常重视，一直坚持对教育进行大量投入。韩国在1975年至1985年教育经费由2.2亿韩元上升到35.3亿韩元，增加了16倍。教育经费占政府开支的比重由13.9%上升到28.2%，这个数字居于世界前列。中国台湾义务教育已扩大到九年，就学率几达100%。教育费用占国民生产总值5%以上，比法国、德国、日本都高。在政策措施上，两地政府采取的政策有：

改革教育体制　韩国颁布了《国民教育宪章》，增加有关劳动技能和劳动技术的教育，增加职业高中，设立高等专门学校以加强职业教育，逐步推广初中入学免试制，建立大学预备国家考试和“学士学位国家考试”，废除大学入学考试，推行高等教育大众化，推行长期综合教育计划，提高师资教学水平。

发展高等教育加速培养科技和管理人才 发展高等教育的目的在于适应经济发展的需求。韩国设立实验大学以摸索适应经济建设的经验,还颁布优待政策,积极从欧美吸收高学历的精英人才。

发展职业教育培养企业所需中等专业人才 韩国政府为了配合政策和法规的实施,改变轻视职业教育、轻实践的陋习,做了许多改革,如建立门类齐全、分工合理、布局适宜的职业培训体系。中国台湾在培养理工科学生和大力加强中等职业学校方面比较突出。80年代台湾地区理工科学生占大学生比例已超过50%。虽然高等专科学校的增长率受到了人为的限制。但据统计,个人重新回到高等专科学校接受教育的比例比中等职业学校的返读率要高得多。

倡导产学合作,采用企业办学或产学合作两种形式 企业办学在韩国体现得较为明显,由大企业出资,委托专家负责的形式出现,大学向社会招生,学生毕业后,企业优先录用。产学合作是企业根据需要向学校投资,设立新专业,学校按企业要求培养人才,或者企业委托学校搞科研项目以进行学术交流。台湾地区则以产学合作方式见多。

总的来说,教育体制及政策的改变为提高经济增长的质量,更快地促进经济增长方式的转变提供了最基础的条件。

韩、马与中国台湾转变经济增长方式的经验和启迪

韩、马与中国台湾在经济转型过程中有一些做法值得重视。

建立计划体系必须注重计划的连续性、适应性与实际性

中国台湾已公布的经济建设计划,其连续性非常紧密。农业与工业配合发展,以外向型工业带动整个国民经济的起飞,促进产业结构升级。在制定经济计划时,比较注重调查研究,充分发挥各大专院校的学术研究优势,使所定的计划建立在调查研究基础上,并根据经济的发展作出调整。如制定第8期10年经济计划时,由于经济发展的基数过大,台湾地区当局不得不对原计划中估计不足的能源消耗过大,出口贸易受阻和劳动力短缺这三大难题作了重大修改,使计划更符合实际,成为指引和加速经济发展的一种必要和带关键性的手段。韩国政府在制定计划时,十分重视各部门以及专家们的意见,并经过反复磋商、论证。在连续性和针对性方面,韩国的经济和社会发展计划以五年计划为主,形成了包括部门发展计划、年度经济计划和解决某些重点问题的专项计划在内的计划体系。部门发展计划是以法律形式颁布的,对不同时期国民经济的重点发展产业实行优惠政策。年度计划对年度经济及经济环境进行分析及预测。专项计划着重解决经济发展过程中的某一重点问题和矛盾。围绕计划制定的一系列政策措施,保证了计划的实现。

实行以技术革新、提高效率为中心的产业合理化政策

韩国与中国台湾的宏观调节以产业政策为核心。他们的产业政策在经济增长方面的主导作用非常值得重视。如韩国1986年实行"产业合理化",旨在通过整顿"不景气夕阳产业",扶植"有望幼稚产业",促进企业技术升级和提高效率,实现产业结构合理化和高级化。韩国为促进企业技术升级和提高效益,建立了"研究课题提出→研究开发组织→技术成果应用"的体制。

实行有选择的政府干预,经济统制与经济自由相结合,发挥市场经济配置资源的基础性作用

中国早在60年代初期即有许多经济学家提出"把外延的扩大再生产转变为内涵扩大再生产"的思想,但中国在实现增长方式转变的道路上困难重重,其根本原因在于市场经济体制未起主导作用。新兴工业国家和地区一方面是政府当局积极参与扶持经济发展,另一方面当局对经济的干预又致力于同市场经济相一致。这些政府当局在建立现代经济体系,推动产业结构升级的开始阶段,除了运用经济政策干预经济,还利用国家资本直接参与经济过程。在优先发展的部门增加国家支出,在经济发展落后的地区建立国有企业。但在市场机制比较健全,微观立体规模成型的情况下,政府逐渐退出经济活动中的主导地位,让位于民间企业。看得见的手的作用是为了让看不见的手更好地发挥作用。泰国、韩国与中国台湾等地80年代后期的民营化浪潮反映了这种意念。中国在

推动经济增长方式转变时必须贯彻这种主旨，计划、产业政策应以不妨碍市场机制正常运转为前提，政府干预是有选择的干预。

扩大经济开发度，通过国际市场的竞争和压力推动整个国民经济向效益型、技术密集型转变

韩与中国台湾等地最初实行“进口替代”的策略，对改善国际收支逆差起到一定作用。但“进口替代”战略是以内部市场为基础的，同时实行的贸易保护主义造成国产品生产缺乏竞争，生产效率低，生产成本居高不下，外国对本国实行技术封锁。实行经济发展战略的转变后，出口导向型使出口扩大、外汇收入增加，便加速引进先进的技术设备、及时使产品结构和产业结构升级换代。近年来，他们重点发展技术、资本密集型的产业，正是在国际竞争压力下企业作出的选择。中国市场广阔，长期封闭的市场体系缺乏有效的竞争。国际贸易中的保护政策实际上保护了本国落后、低效率的企业。因此，继续加大开放力度，迫使国内企业参与国际市场的竞争，是企业出效益的必由之路，也是整个国家产业结构向技术密集型升级的内在动力之一。

改革技术动力机制，应遵循产业结构与技术进步发展关系的内在规律性

改变主要靠资金和劳动力的重新配置调整产业结构的做法，逐步发挥技术进步在产业结构调整中的作用，借鉴韩国与中国台湾等地的做法，技术进步的重点应放在企业技术改造上。政策优先的重点 向有助于扩大出口能力与发展替代进口产品的技术设备倾斜。其次，应确立企业在技术进步中的主导地位，建立适合企业主导型技术开发体系 ，结合中国现代企业制度的构造，应由企业研究开发的“市场型”技术优势逐步取代独立技术与研究机构的“研究”型技术，使企业真正成为集技术开发研究和科技成果商品化职能于一身的主体。

结合中国实际进行教育改革

东亚地区教育发展是经济增长方式得以顺利转变的根本条件。而中国教育投资远远不能满足转变经济增长方式的需要。改革开放以来，国家对教育投入的绝对数额呈逐年增加趋势，但相对比重却连续下降，公共教育经费占 GNP 比重由 1985 年 3.6%降至 1992 年 2.2%，远远低于 5.5%的世界平均水平。其次，应调整教育的投资重点。东亚地区教育经费中分配给基础教育的比重远远高于一般发达国家。中国高等教育的投资效益较低，一方面因为与经济发展需求不符合而出现大量的知识失业和智力外流，另方面高等教育的投资效益率低于中学特别是小学投资效益率。离开基础教育的大发展，转变经济增长方式就是一句空话。

韩国和中国台湾等地与中国内地实际情况有很大不同，在借鉴其成功经验的同时，必须从中国实际出发，同时看到其缺点与不足，避免重走弯路。具体说，下面几个问题是值得我们汲取经验教训的。

必须重视农业的发展 促进农村发展的农业政策是实现经济增长和收入分配平等的中心环节。韩国这方面有过深刻的教训。韩国“先工业化、后农业现代化”的倾斜性发展造成关联效果扩散受阻，工业与农业之间、出口工业与内需工业之间发生失调，造成农业发展迟缓，粮食长期依靠进口，农产品价格上升成为通货膨胀加剧的重要原因。台湾地区自 80 年代中期以来，农业增长率几乎为零，农业用地逐年减少，促使土地价格飞涨，农村收入急剧下降。中国是个农业大国，农村劳动力剩余很大，转变经济增长方式不能单纯强调工业部门的高技术密集型经济增长，不能以牺牲农业的发展为代价，重蹈韩国和中国台湾所走过的弯路。

正确处理好经济发展与金融自由化的关系 中国台湾与韩国在一定时期内实行“金融抑制”，使利率保持在市场均衡利率水平之下，而不是让金融市场上的供求关系决定利率。这种较低的利息率有助于增加企业的投资水平。80 年代以后，韩国与中国台湾当地政府逐步实行了以金融产业民营化、自由化、国际化为主要内容的一系列改革。80 年代中期以来都实行了利率自由化政策，这种利率自由化必须要求有一定的经济发展水平，一个稳定的客观经济环境和健全的竞争机制。中国目前尚不完全具备条件，不能照搬韩国与中国台湾的经验，否则只会出现金融投机与泡沫经济。这方面台湾地区当局已有教训。

生态经济文化与可持续发展

中外经济文化研究委员会 周浩然
西 南 财 经 大 学 张 炜

可持续发展是人类发展思想史上的革命

可持续发展理论的出现作为人类发展思想史的一场革命，是人类进步和人类社会发展的必然产物，本世纪60年代开始，为了解决当代发展的困难和问题，特别是人口、资源、环境问题，全球性的环境污染和生态危机，促使人们反思和检讨既有的发展观念和理论，寻求新的发展途径。到80年代初期，由联合国授权有关组织提出了可持续发展的共同发展战略，引起了世界的广泛重视，如何寻求人口、资源、环境与经济持续协调发展，是1992年联合国环境与发展大会的中心议题之一，随后可持续发展即成为世界各国的共识。按目前国际通行的解释，可持续发展指既能满足当代人需要又不危害后代人的满足其自身需要能力的发展，是既实现经济发展目标，又实现人类赖以生存的自然环境的和谐，使子孙后代得以永续的发展。由此可见，可持续发展不等同于自然资源与环境的保护，而是以更高的层次，更远的视野，更丰富的内容来认识和解决环境与人类自身的发展问题。这种由过去经济发展和环境发展对立起来的观念转变为可持续发展的理论认识，无疑是发展思想史的划时代革命，必然引起人们对很多重要问题的重新认识，引起人们在处理人与自然关系及人们的社会关系问题上的重大调整，其重要的意义，将愈来愈被人们所认识。

近年来，中国理论界对可持续发展进行了卓有成效的探索，并取得了许多有价值的成果。但不可否认，当前对可持续发展的研究和认识仍然存在许多不足之处。表现在：一般理论研究主要集中和热衷于对西方发展理论的介绍和评价、引伸与发挥，忽视从以中国社会发展实践的具体分析为基础，赋予可持续发展新质内涵，以反映中国社会经济发展过程的特殊矛盾和问题；在实证研究上主要限于从人口、环境、资源、技术以及制度等方面展开讨论。这种研究存在的主要问题是，一方面勿视了人类实践主体的历史基础，即将“自然价值主体地位”取代了“人类中心地位”所形成的生态经济文化发展历史基础；另一方面存在将人的发展实践活动中以人为中心形成的生态经济文化关系以及其它复杂关系随意分割的状况。

作为实践，人类可持续发展虽然具有多层面和复杂多样的内容，但“物质资料生产是人类社会存在和发展的基础”，生产实践中人在创造物质财富满足自身生存与发展需要的物质财富的同时，创造和发展了对于人类有重要意义的文化和精神产品，以满足主体自我创造心灵的需要。因此，可持续发展的本质是人以生产实践方式为基础的经济文化发展能力的可持续性。生态经济文化的内在联系和整体发展机制构成了现代人类可持续发展研究的关键性问题。同时，可持续发展是一种系统性的发展过程。对可持续发展的研究必须对问题进行系统的、全面的分析和评价，从系统整体的角度提出解决问题的方法。

作为发展观念的可持续发展的特点是生态经济文化整体发展观

可持续发展作为人类一种新的发展观是对人类

发展实践的经验性总结，马克思认为："对人类生活形式的思索，从而对它们科学地分析，总是采取同实际发展相反的道路，这种思索是从事物开始的，就是说，是从发展过程的完成的结果开始的。"我们要认识可持续发展的特点，在思维和认识的方法上应从以下入手。首先，坚持实践的观点。实践是可持续发展的起点，对于发展的实践过程进行彻底深入地思考取得的结论才能做到历史与逻辑的统一。其次，坚持对人类实践过程的考察要从"主体方面去理解"。人类可持续发展观应是以人为中心的发展观，应深入地分析人的需要以及满足这种需要的手段，当然包括生产的、技术的、文化的、社会的各种手段；同时应将人的主要活动形式——经济文化活动与人的自身发展结合起来。再次，坚持对环境与人类经济文化活动的综合分析。人类现实生活以人的生产实践为基础，以人类社会经济文化发展为主要内容。经济文化发展所代表的物质财富和精神财富的创造，离不开生态环境提供的各种要素。只有对生态环境与经济文化发展关系认真分析。才能把握住可持续发展的主要内容和基本特点。

人与环境的关系是自人类诞生以来就存在的永恒关系。在这个内涵丰富的关系体系中，人类的经济文化与自然生态环境的关系是最基本的重要关系。考察人类发展过程，不难发现人类社会发展是以经济文化发展变化为主要内容的。从原始经济文化时期，经农业经济文化时期，到工业经济文化时期，直至今天现代后工业社会的现代经济文化时期，人类经济文化与自然生态变化过程均是一个不可分割的整体。构成人类经济文化系统的物质要素和空间依托，离不开自然生态环境。在人类发展过程中，自然生态系统和人类经济文化系统交织在一起，形成了一个生态经济文化整体系统。一切历史与现实的经济文化实践活动离不开自然生态系统。从人类发展的实践过程、结果、主体相互关联来看，历史与现实的经济文化实践活动只可能发生在自然、社会、人这三维主体框架范围内。人类社会的发展决不是纯经济的，环境的变化也不可能是纯自然的；同时，文化的发展也不是纯文化的，生态环境变化不只是生态与经济才是原因，生态系统中生物界和非生物界环境因素的变迁还取决于人类的文化因素，特别是开发利用自然的价值观念以及观念对自身行为的支配是实践主体通过技术手段影响环境发展的终极根源。因此，要实现可持续发展应首先确立具体的生态经济文化整体发展观，文化建设和文化现代化是可持续发展的灵魂。

作为实践理念的可持续发展的特点是人类的生态经济文化协调发展实践能力的提高和实践成果的创造

可持续发展作为主导实践主体的理念，其核心是人们对传统的主导人的行为实践理念的片面性及其后果的深刻反思和对传统的发展观念的扬弃。

二战以后，世界各国包括西方国家和新独立的国家在现代化的发展道路选择上是以经济增长为主线，提倡一种"经济人"理论，经济人的科技理论作为实践理论的核心，表现出一种技术统治论的经济文化发展观，主张用经济的方法保证国家的发展，而国民收入和国民生产总值的增长是核心，为实现这种增长要求建立西方方式的自由市场原则和社会结构，引进外资技术、商品；文化上接受西方生活与消费方式，以确立工业商业文明。这种"经济现代化战略"认为经济增长自然可以带来社会各方面的进步。但是，战后许多国家采用这种理论进行的社会实验战略并没有带来预期的繁荣，反而产生始可未料的后果。一方面，许多发展中国家都面临社会稳定、失业、财富分配不合理、贸易条件恶化，过分依赖外资使民族工业面临危机等；另一方面，发达资本主义国家工业化面临资源、环境污染、严重犯罪和恐怖活动等，危及西方社会稳定。现实使人们开始怀疑这种"西方化"和以经济增长为核心的发展理论模式。

以经济增长为主线的"现代化"发展理论的危机，迫使人们开始对西方的经济人理念，经济增长理念等进行深刻的反思。这种理念导致了人与自然、人与人的对立。它忽视人的价值、情感与主体的地位，片面强调以物为中心。法国经济学家 F·佩鲁在《新发展观》中，在批判"增长"即是"发展"的传统观念时指出：那种"企图把共同的经济目标同他们的文化环境分开，最终会以失败告终"。"发展不应脱离人的中心地位来思考"。美国经济学家博尔丁认为，传统的"现代化模式在第三世界国家实践中严重受挫，理论和政策的失败向人们展示了另一种希望，即发展的中心必须转移到人和社会的和谐发展，而不仅仅是经济增长。”在对发展理论反思的基础上，有识之士指出传统西方发展理念的缺陷是忽视人的文化价值的关键地位和作用。罗马大学教授F·玛西妮认为“以前的发展理论首先是考虑经济，却忽视了人类生活的最深层面，即文化层面，造成了发展问题的种种失误。但是由于文化层面包含了人们最坚定不移的一种信念，由于它是人们的价值信念赖以形成的基础，因而成为认识发展问题及主要方面的基点。”自80年代以来，世界各国已开始调整发展战略思想，更加重视人的主体地位和发展的文化价值的作用。可持续发展的提出正是反映了人们对传统西方实践理念的反思和对人的主体地位和人文精神的呼唤，发展中国家和东方社会对可持续发展有认同也是在发展实践中，认识到传统发展理论实践理念的不足。

同时，由于对人与自然关系缺乏正确的认识，由于片面强调“人的力量”，提倡“人定胜天”，忽略了自然与人类经济文化的关系，把人的意识强加给自然，加之经济发展依赖于政治拉动，经济体制缺乏活力，经济增长方式粗放，人口盲目增长等原因，也造成了实行计划产品经济的国家，在经济发展缓慢的同时也面临着严重的资源与环境问题。中国在1958年，为了片面追求工农业产值的飞速增长，出现大跃进、大炼钢铁、滥伐林木，使生态环境遭到严重的破坏，国民经济也受到严重影响，就是一个惨痛的教训。因此，可持续发展作为一种实践的理念的特征，其根本特点就是由传统的以物为中心的理念向以人为中心的根本转换，关键是要形成以人—文化—自然—社会经济协调发展的新观念。人的实践能力的提高和实践成果的创造是可持续发展的基础，生态经济文化的一体化建设是可持续发展的重要标志。我们讲的生态经济文化建设，就是指在人类可持续发展的实践中，确立生态、经济、文化协调互动演进的价值导向，思维模式和行为方式。可持续发展从外延描绘是人与人、人与对象世界协调发展的理想构想，而内涵是人与自然关系的调整，人们的社会关系的调整及人自身的永续发展。这就需要人类实践能力极大的提高来推动生态、经济、文化的整体协调发展，建立立足于后工业社会生态文明的经济文化体系，以人类与生物圈共存为价值导向来发展生产力，确立生态经济文化发展观，树立起生态文化与生态经济协调机制，社会进步和生产力发展，应是生态效益、文化效益、经济效益的统一。

作为实践方式的可持续发展的本质内容是生态经济文化的协调发展与整体推动

可持续发展是人对自身发展过程和方式的把握。1994年世界人口与发展大会报告指出：“要妥善处理人口、资源、环境和发展之间的相互关系，并使它们协调一致求得的互动平衡。”这表明了可持续发展的实践性特征和实践目标，而要实现可持续发展，还需要深入地思考和分析实践过程和方式。

可持续发展追求的目标按国际通行的一般解释是“既能满足当代人需要，又不对后代人的发展造成危害”，在实践过程中就要确立和构建起“主体与客体”、“自然与社会”、“文化与经济”、“人与环境”等诸种新型关系，在诸种关系中，人的关系是永恒的基础关系。这是因为当今世界，人类面临的生态环境危机的根源在于实践主体——人与自然交往中面临的诸多错综复杂的现实矛盾。这种矛盾的产生的基础是人在生产劳动实践中，在开发利用自然、与自然交往过程中，人与自身，人与外界发展关系的紊乱。从人与自身发展看，历史与现实生活中，各种掠夺式的利用自然方式，生态资源大量损耗，带来少数人的富足与多数人的穷困，并造成全球污染。麦多斯指出这种增长的极限是，“世界体系的基本的行为方式是人口和资本指数增长的随后崩溃”。难怪西方有的经济学家描绘出了“世界末日”模型。从人与自然的关系看，片面的以物为中心的增长方式哲学理念的蔓延，否定了发展的人的中心地位，由于片面强调财富的增长，单一的经济增长为主线的发展，使得经济发展长期以生产要素的投入量来维持，依赖于自然资源消耗，严重地破坏了未来发展的生态环境基础，全球的水土流失、土地沙化、自然资源破坏、地球温室效应，严重地危及到人类的发展，人类从来没有像今天这样面临着人与自然关系中的系统矛盾。作为实践，可持续发展在调整人类面临的各种发展关系上，主要包括“政治、文化、生态、自然”框架内的诸方面关系，生态经济文化整体发展，是核心内容，可以为实践提供更强的操作性。

从理论上分析，从人口、资源、环境、经济、文化、政治等来描绘可持续发展的范围，进而探索各因素之间的发展关系无疑是有价值的。但是仅停留在这个层次上却远远不够，还应该联系人的实践本质，研究目前实践发生的原因，从而找到解决问题的方法。

可持续发展的本质是人的生产劳动实践能力的可持续性 实践主体的生产活动是经济活动发展的关键性实践，马克思指出：“生产既支配着生产对立规定上的自身，也支配着其它要素”。生产活动中人的观念和行为产生的整个经济活动，以及相应的制度和管理方式，从各方面对环境产生了有利和不利的各种影响。因此，人的生产实践能力可持续性表现为合理的开发利用自然及人口发展的协调性，生产结构和消费结构的合理性，生产要素利用与资源利用的永续性等等。我们只有将可持续发展过程作为主体实践过程去理解，紧紧抓住以生产为中心的经济活动，并协调生产、经济与环境的关系，才抓住了实践的本质。

可持续发展的主体是人，可持续发展的目标是人类永续发展

支撑可持续发展的价值基础是人的文化价值系统。马克思指出“人的根本特点是社会属性”，人的文化，经济活动和生产实践，从来就不是纯经济或纯自然的过程，传统的经济增长模式，事实上是人的文化价值的结果和人的价值取向的失误，如果考察经济增长方式和经济结构中种种不合理的情况，不难发现浪费资源的粗放式的经济行为与传统的生态文化观直接关联。这种文化观表现为漠视自然生态规律，掠夺性地利用自然，并形成相应的传统、制度、习惯。我们在分析可持续发展时，必须对人们在经济和生产活动中形成的各种价值观和行为规范以及相应的规章制度加以足够的重视，实践证明正是不合理的生态文化观、掠夺自然的发展观和由此导致的实践活动，加剧了生态恶化，危及人类的生存与发展。因此，只有从经济与文化的内在联系上分析实践活动，才能在看到文化价值观对环境的影响，发现生态系统、文化系统中造成环境破坏的各个环节。

自然生态环境是人类可持续发展的物质基础

人的生产实践和经济文化活动是在环境制约下进行的，环境为经济文化活动提供了不可缺少的要素，提供了劳动实践的对象——资源，通过生产劳动开发利用自然，人创造了人的对象世界，创造了经济文化成果，从而在创造的对象世界和经济文化成果中反映自身的存在和发展；同时环境也提供了人类存在的空间场所，形成人与自然融为一体的生态经济文化整体。从这个意义上讲，可持续发展的本质内容是人适应和利用生态环境的可持续性。可持续发展作为实践过程，表现在经济文化活动中就是控制人口、改善资源利用方式、调整经济发展模式、创造新的生态环境。而这些活动的目的是为了通过人与自然的交往从劳动对象、生产要素、生存环境、劳动成果及劳动者质量和数量等方面为人的实践活动创造一个可供自身可持续发展的物质条件。

可持续发展需要制定生态经济文化一体化发展新战略

中国是一个发展中国家，在社会主义市场经济发展的过程中，以经济建设为中心发展生产力是我们的历史任务；而人口众多、资源与劳动力结构不合理、经济结构，产业结构、经济增长方式落后，地区生态经济水平差异大，区域经济文化发展不平衡是中国国情的重要特点，同时在经济发展模式和发展体制双重根本变革的关键时期，来自传统的或现实的各种不利于可持续发展的文化价值观正影响着经济健康发展。因此，坚持可持续发展道路选择，实施可持续发展战略需要通过生态经济文化协调发展来推动和实现。

可持续发展的研究应立足于市场经济的现实

有的学者认为，中国传统文化的“天人合一”观念，“和谐”与“中庸”等观念，为可持续发展提供了丰富和深邃的思想源泉，这无疑有一定的道理。但是，应该指出的是，“可持续发展”在某种程度上即是对现代工业文明的一种反思，也是现代工业文明的一个重要成果。当人们从教训中确立了可持续发展观念的时候，现代科技文化将成为实现可持续发展的巨大动力。可持续发展需要科技文明的推动和市场经济文化所产生的平等观念、竞争观念、创新观念和积极进取的精神。可持续发展应该是一种以人为中心的系统的整体的发展观,这种发展观的产生是人类发展思想史上的一次伟大的进步,一种在古代智慧和现代工业文明基础上的巨大的飞跃。因此,在中国,研究可持续发展应立足于改革开放和科技教育进步,而决不仅仅是对现实的感叹和对传统文化中某些天才思想的缅怀。

走向可持续发展的基础

中共吉林省委党校　　高长江

20世纪即将落下帷幕,人类正满怀激情迎接一个新的公元纪年的到来。为了在新世纪人类社会能有一个更为繁荣的发展,在这世纪之交,反思人类文明特别是近半个世纪以来文明发展的风雨沧桑,调整文明发展的座标,显得尤为重要,按照汤因比的历史哲学观,人类文明的产业和发展就是面对环境的挑战的反应的结果。尽管从理论上说,汤氏对人类文明演进的规律的概括失之过偏,但从某种意义上说,这种观点还是有一定道理的。正是由于20世纪下半叶以来人类文明的发展受到了生态环境的严峻挑战,所以,人类才从传统的、曾被认为是唯一的发展模式中跨越出来,寻求新一轮的发展战略。"可持续发展"作为世纪末人类社会发展的新的主题,它的日益凸显正反映了人类对其赖以生存的生态环境的挑战的理性反应。

作为一种新的发展观,"可持续发展"这个概念最早由以挪威首相布伦兰特夫人为首的联合国环境规划署在1987年发表的《我们共同的未来》中提出,其基本涵义是"既满足当代人的需要,又不对后代人满足其需要的能力构成危害的发展"。后来,1992年联合国环境与发展大会,1995年哥本哈根社会发展世界首脑会议都对此做了进一步补充发挥,强调要通过保证各代人的平等和对环境的综合持久利用,努力实现对当代及未来后代人类的责任,实现社会的可持续发展。就目前国际社会和国内理论界的通论而观,要实现社会的可持续发展,主要是要解决生态环境的永续利用问题,经济与社会的协调发展问题。我以为,可持续发展问题,就表层看,似乎是个环境、经济和社会问题,其实质却是个文化问题。实施可持续发展战略首先必须实施文化发展战略。文化的问题不解决,只是在环境、经济等层面寻找可持续发展策略是极为有限的。因此,要实现社会的可持续发展,首先必须推动社会文化的发展。

一

纵观人类文明史,人类社会的发展,人类发展观念的演变,始终是和文化的发展耦合在一起的。也可以这样说,随着人类文化和文化观念的发展变化,社会和人类的发展观念也在不断地调整方位。

从人类文明史演化的轨迹看,前工业社会是可持续性的。这不仅由于工业化前的人类社会由于自身力量的限制而与生态环境构成了相互依赖的关系,客观地维系了人与自然的协调,保持了生态系统的可持续性进化,更主要的还在于前工业社会的文化观念维系了人类与自然的和谐关系。在前工业社会,社会文化观念集中体现于宗教之中。而宗教从它诞生的那一天起,就以神的意志把人与自然密切地联系在一起,构建了一种天人和谐的关系。远古宗教的自然崇拜、动植物崇拜等神话意识,把人与自然的关系神化为"人—神"关系,人在自然面前只有敬畏与膜拜,这从信仰方面巩固了人与自然的和谐关系。

进入古代社会,虽然社会的生产力水平有所提高,人们的信仰从神话的多种崇拜时代进入了人与外部世界区分的宗教时代,但是,由于当时的初级农业还是一种自然农业,风调雨顺,靠天吃饭,仍然维系着人与自然的相互依赖关系,而古代宗教则从神圣文化方面强化着人与自然和谐的观念。《圣经》中上帝创世造人造物，并未宣告人是世界的中心，而恰恰相反，倒是把人贬损为和自然物一样，都是上帝的创造物。《旧约·创世纪》说："我们要照着我们的形象，按照我们的样式造人，使他们管理海中的鱼、空中的鸟、地上的牲畜和土地，并地上所爬的一切昆虫。"这实际上意味着，人类作为上帝的创造物，他既是上帝所创宇宙万物的使用者，也是自然的经营者、管理者。管理好上帝的财产是他神圣的天职。至于东方宗教，更注重维系人与自然的和谐。佛教的不杀生、慈悲论，道教的天人一体都对生态环境的可持续发展起到了积极的作用。

人类对大自然的探求、驾驭、征服与掠夺，在西方是在人文主义和近代科技革命、工业革命之后开始的。与中世纪宗教文化相反，人文主义者的文化并不是要引导人们离群索居，另外，对物质的占有也不应该仅仅以怀疑的眼光来看待；因为物质提供行善的手段，而且人类的历史就是他们变成大地及其资源的主人的进展过程。热情、雄心和争取荣誉是一个高贵的心灵行动的源泉，在人文主义教育中必须鼓励这些东西。① 而伴随着人文主义思潮兴起的理性主义、科技主义、经验主义、物质主义等，无论是培根的"科学的真理就是赋予人类以新的发现与力量"、笛卡儿的"我思故我在"，还是牛顿的物理定律、洛克的"对自然的否定就是通向幸福之路"、斯密的"物质财富积累越多世界就越有秩序"，都一反基督教的价值观、世界观，并把上帝从人类的精神世界和自然界中驱逐出去，而向人类灌注了这样一种发展观念：作为理性的动物，人是万物之首，人是宇宙的中心。人的使命就是征服自然，改造自然。在理性面前，一切都会为人类所把握："给我空间与运动，我就可以造出一个宇宙。"正是这种人文主义和理性主义，吹响了向大自然进军的号角，拉开了近代社会人类征服自然的序幕。而建立在这种文化思潮基础上的18世纪西方工业革命以及二三次产业革命，则是凭借这种理性精神，把人类对自然界的占有的雄心、欲望变为现实。应当承认，人文主义价值观、理性主义世界观以及工业文明精神，在人类文明发展史上所起的作用是难以估量的。它解放了人的思想，推动了科学技术的发展，使人类对自然界的探索与驾驭成为可能，创造了人类有史以来高度发达的物质文明与精神文明。但与此同时，这种文化精神也助长了人类中心主义意识的膨胀，使人类踏上了征服与掠夺自然的征程，而人类也为文明的这种自发、盲目的单向度发展付出了昂贵的代价。正如马克思所说："文明如果是自发地发展，而不是自觉地发展，留给自己的则是荒漠。"也正是从这时起，人类社会进入了生态环境危机，自然灾害濒发的非持续发展价段。

19世纪下半叶以来，人类社会进入了一个剧烈的文化变革时代。在这个时代的开始，人类的自尊心和世界观便遭受到两次巨大的打击。达尔文的进化论剥夺了人导于万物的特权，击垮了人类中心主义的狂妄自大，展示了人所具有的一种不可磨灭的兽性，使人从至高无上的地位沦落为物种的普通一员；而熵定律即热力学第二定律则宣告了第一定律世界观的破灭，向人们展示了一种新世界观——熵的世界观——物质能量不可逆转地向一个方向——从有序到无序转化的客观规律。与此同时，现代西方哲学对主客二元分立的近代哲学的抨击，对人存在意义的重新思考，对理性主义的批判，对科技主义的否定和对元哲学的张扬，都启发人们深刻反省人类文明单向度发展的偏狭观念。而进入本世纪60年代以来，伴随着生态系统脆弱性的增生和地球承载能力的严重退化，尤其是70年代以来连绵不断的自然灾害对人类的报复，引发了人们对人与自然之关系的重新探讨。1972年，马萨诸塞理工学院的丹尼斯·米都斯领导的17人小组向罗马俱乐部提交了一份《增长的极限》的报告，首次向人类敲响了资源有限和污染激增所带来的毁灭性灾难的警钟；80年代初，美国世界观察研究所所长莱斯特·R·布朗的《建设一个持续发展的社会》一书问世，该书不仅向人们展示了近年来由于人类物质欲望的无限膨胀和对自然环境的肆意掠夺而造成的资源短缺和生态危机这一严酷的事实，并提出了转变文明发展的价值观念，建设一个持续发展社会的构想。而1987年联合国环境规划署的《我们共同的未来》的推出，则标志着人类发展观念的一次历史性转变——从非持续性走向可持续性。

① 克拉克主编：《新编剑桥世界近代史》，中国社会科学出版社，1988年版，第1卷，第101页。

作为一个发展中国家，中国把可持续发展作为国民经济和社会发展的战略目标，不能简单地理解为顺应世界性潮流。由于种种因素的干扰，中国在世纪性经济腾飞时期错过了发展自己的大好时机，现代化建设与发达国家相比形成一个很大的时代落差。而今，当发达国家完成工业化任务走向后工业社会，迈向生态文明和绿色社会的时候，我们却要抓住机遇，发展自己，用半个世纪多一点的时间完成发达国家用300多年时间实现的前工业化和工业化双重跨越。尽管任务如此艰巨，却义无反顾地选择了可持续发展的道路，就是因为中国的发展观念是建立在这样一种文化观念基础之上：中国现代化是有中国特色社会主义现代化，不仅仅是经济的片面增长，而是经济与社会的共同进步；我们不仅要创造一个物质丰裕的社会，而是要建设一个富强、民主、文明的现代化社会。也就是说，经济与社会协调发展，物质文明与精神文明全面进步，人民不仅生活富足，而且精神愉快，并对子孙后代，对人类做出我们应有的贡献。这才是中国现代化的根本目际。正是在这种发展观念的引导下，做出了可持续发展这一艰难的但同时却是具有重大历史意义的发展选择。

上述分析表明，人类文明的发展方向，人类的发展观念的变化，并非仅是由于生态环境变化或经济形势变化的结果，而主要是社会文化精神，人的文化心理结构变化的结晶。“人通过文化认识资源，通过技术获取资源。”① 不同时代有不同的文化价值观、世界观，因而有与之相适应的发展观。

二

根据目前理论界的认识，要实现可持续发展，主要措施为：⑴保护生态环境，实现生态的持续性；⑵提高经济质量，实现经济的持续性；⑶推进社会发展，实现社会的持续性。《中国21世纪议程》对实现可持续发展的总体构想是：在保持经济快速增长的同时，依靠科技进步和提高劳动者的素质，不断改善发展的质量；促进社会全面进步，建立可持续发展的社会基础；改善生态环境，控制环境污染，保护可持续利用的能源。总之，实现可持续发展主要是解决经济、社会、环境这三个方面的问题。这些当然都是实现可持续发展的重要因素。但是，我以为，仅在这三个方面来思考可持续发展的途径是极为有限的。上述分析表明，文明如何发展，向哪个方向发展，并不是由生态环境和经济性质来决定的，而是由人的文化意识来定位的；决定人的发展观念的也不是单纯的生态观、经济观，更主要的是一种文化观，一种文明发展观，一种存在价值观。社会文化的发展，人们文化观念的转变，才是可持续发展的重要因素。因此，也可以说，要实现可持续发展，不仅需要重构人与自然的关系，经济与社会的关系，更主要的是重构人的存在与人的价值之间的关系；不仅需要人的生态理性，经济理性的生成，更需要人的文化理性的生成；不仅需要人们的环境意识、经济体制和经济增长方式的转变，更需要人们文化观念的转变；不仅需要制定环境保护和经济发展战略，更需要制定文化发展战略。

首先，要实现社会的可持续发展，必须实现发展价值观的转变

正如布朗所说：“价值观念是走向持续发展社会的关键。这不仅因为它们能够影响人们的行为，而且它能够决定社会发展的重点，从而决定社会的生存能力。”② 这种价值观念的转变不仅仅意味着从传统工业文明发展观向现代生态文明发展观的转向，而且还意味着从物质主义向人文主义存在价值观的转向。这种人文主义价值观的核心即生态伦理和人文精神。在这种价值观的指导下，“对自然的考察使我们详细地看到人是整体的一个成员。整体怎能只为其众多成员中的一个而存在，……视人为宇宙的中心难道不违反伦理的基本原则吗?”③ 从而自觉地摒弃工业文明那种“人是自然的主人”的人类中心主义面对大自然戡天役物、无限索取的狂妄和愚昧，克服工业文明那种如海德格尔所说的：“在现代技术中统治着的展现是一种强求，这强求向自然提出苛求，要它提供可被开采和储存的能量”，“强迫地球超出力所能及的范

① 罗伯特·F·莫菲：《文化和社会人类学》，中国文联出版公司，1988年版，第98页。

② 莱斯特·R·布朗：《建设一个持续发展的社会》，科学技术文献出版社，1984年版，第279页。

③ 汉斯·萨克塞：《生态哲学》，东方出版社，1991年版，第59页。

围而进入不再可能因而不可能的东西中去”① 的技术理性的统治；这种人文主义价值观反对无限制的发展自由和膨胀的物质消费主义，而承认并尊重自然的生存权、发展权，张扬人类的道义感和责任感，关注人生的精神价值与人性的尊严。由此可见，这种人文主义价值观不仅是对工业文明所张扬的“人性”和技术理性的一种控制，而且还是对物性对人性的宰制和人性中兽性成分泛滥的一种制衡，从而实现人与人、人与社会、人与自然、人的肉体与灵魂的圆融、统一、和谐。只有建构起这样的人文主义价值观，我们才能承认人是自然的一员而不是自然的主宰，应当尊重和爱护我们的家庭成员，从而彻底摒弃人类中心主义那种无情破坏自然环境，贪婪掠夺生态资源的野蛮与残酷，超越人类物种存在的形成逻辑，而升华到物我同根、天人合一的超逻辑存在的境界，做到人与自然的相互友爱，和谐相处，求得社会的持续发展。正如 R·斯班曼在其《技术干涉自然：作为政治伦理学问题》中所说：“只有当人在今天超越人类中心论，并学会把有生命物的财富尊重为自在的价值，只有在一种一如既往的建立起来的与自然的宗教关系中，人才能以长远的目光去保障人的值得人生存的基础。”② 只有建构起这样的人文主义价值观，我们才能具备“我们只有一个地球”的道义感和责任感，并在发展中时刻考虑到爱、同情、良知等伦理范畴，我们发展也考虑子孙后人的发展，而不以损害后代人的发展为代价换取一时的发展；自己发展也考虑他人的发展，而不以损害他国、他地区和民族利益发展为代价换取自己的发展，并且做到消除贫困和两极分化（贫困掠夺资源，富裕浪费资源），进而克服贪婪，节制发展。也只有建构起这样的人文主义价值观，我们才能走出当代社会物质消费主义和享乐主义的生存怪圈，把人生的价值落实到精神价值方面，通过弃侈尚俭、道德修养、艺术审美等人文追求，保持心灵的宁静，思考人生的意义和存在的价值。物质生活的“简单化或许比其它任何伦理，更能协调个人、社会、经济以及环境的各种需求。它是对物质主义空虚性的一种反映。它能解答资源稀缺、生态危机和不断增长的通货膨胀压力所提出的问题。”③ 而这恰恰是实现可持续发展的精神资源。

其次，要实现可持续发展，需要张扬一种人文理性精神

勿容置疑，实现两个具有全局意义的根本转变，优化资源配置和提高经济质量，是实现可持续发展的重要经济基础。可是，无论是市场经济还是集约经济，都绝非是一种单纯的经济现象，而且是一种文化现象。它不仅是人类现代经济理性发展的结果，而且也是人类文化理性发展的结果。由传统的排斥人的主体性和社会的公正性的计划经济体制向尊重人的个性自由，张扬人的主体精神和社会公正平等的市场经济体制转变；由忽视资源的合理利用和生态平衡的人与自然的对立关系的粗放型经济增长方式向重视生态资源的合理利用和生态平衡的人与自然的和谐关系的集约型经济增长方式转变的过程，实质亦即人由过去人与人、人与社会、人与自然相互疏离和相互对立的存在方式向人与人、人与社会、人与自然相互圆融、和谐统一的存在方式转变的过程，也可以说是人类的人文理性的生成过程。如果没有这种人文理性的生成，就不可能有人的存在方式的转变，因而也就不会有市场经济和集约经济的形成。

也许更为重要的是，市场经济的运行更需要一种人文理性精神。如果离开了一种文化理性的规范和引导，市场经济就会走向非理性化，不仅不会促进可持续发展，而且还会破坏可持续发展的生态资源及人文资源基础。市场经济固然是优化资源配置的重要手段，但是它对资源配置效率的优化却在于其短期性，这样，便对生态系统的可持续发展产生了妨害。“市场的缺点就是目光短浅。在市场中，日常决策并不考虑到长期远景”，“市场的力量能够破坏渔业、森林、草原和耕地”，“它不能把同各种经济活动有关的外部代价考虑进去。”④ 特别是当代中国的市场经济，正处于发育的胚胎阶段，早期市场经济的幼稚性、粗野性、血腥性以及运作上的博弈性、随机性，其对人的

① 海德格尔：《报告和论文集》，1978 年版，第 18、94 页。

② 宋祖良：《拯救地球和人类未来——海德格尔的后期思想》，中国社会科学出版社，1993 年版，第 116 页。

③ 布朗：《建设一个持续发展的社会》，第 284 页。

④ 布朗：《建设一个持续发展的社会》，第 231 页。

物欲满足的肉体存在价值的关注，极易导致破坏性、掠夺性、野蛮性生产和短期行为、功利主义的资源配置。近年来在市场经济的发展过程中出现的“公地”现象及其所导致的环境污染、生态破坏等一些严酷的事实，正说明了在缺乏文化理性规范的情况下，市场经济的帕累托佳度和优度原则对生态系统可持续性发展所构成的严重妨害。因此，在市场经济发展过程中，不仅要加强宏观调控和法规制度建设，比如明晰资源产权，完善包括资源成本在内的经济核算体系，建立环境保护和污染治理的有关法规，而且还必须建构一种人文理性精神，使市场主体形成正义经济伦理意识和生态伦理观念，使之“不仅是一种认知的、应用技术的存在，而且更主要的是一种献身于道德评价的，即有责任心的存在”。① 由经济人变成伦理人，从而使之从单纯的以经济利益为主的帕累托原则向市场调节与道德调节、经济效益、社会效益和生态效益原则并重的轨道发展，使市场经济真正成为优化资源配置，推动可持续发展的重要经济基础。

最后，要实现可持续发展，必须奠定坚实的社会文化基础

尽管从理论构想的角度说，可再生资源特别是生物资源的永续利用是可持续发展重要的物质基础，因而，通过采取有效措施防止地球生物资源的衰竭和灭绝，将可再生资源的开发利用速度限制在其再生速度的限度之内，即可保证可持续发展。但是，热力学第二定律即熵定律告诉我们，宇宙的物质与能量只能沿着一个方向转换，即从可利用到不可利用，从有效到无效，从有秩序到无秩序。根据熵的定律，能量在其使用过程中具有无法弥补的耗散为熵的倾向，它一旦消失就永远也收不回来。而宇宙的能量是极为有限的，在人类的吞噬下，它正一天天走向枯竭。特别是近半个世纪以来全球的工业化、城市化浪潮及经济发展的高速度，已造成了对自然资源的大量掠夺、耗费与破坏，造成地球资源的严重短缺；而当今世界巨大的人口压力，也使地球的承载能力日渐式微，地球已表现出“球中羞涩”，捉襟见肘的困境。而且，人类还要发展，还要继续城市化、工业化，还要推进经济增长。尽管维护生态环境已成为人们的共识，但发展中国家在其城市化、工业化进程中，由于资金、技术、工艺的短缺，由于经济、社会需要的无限膨胀，这样，节约能源、维护生态环境运作起来显得十分艰难。在这个意义上看，仅仅在保护生态资源，限定发展速度的层面来思考可持续发展的策略是于事无补的。“在当代生活的前提下，现存的高能量的基础上的节约措施不过是一种缓冲剂而已”。② 要实现可持续发展，我们必须在加强自然资源保护的同时推进社会文化的进步。其基本方针是，通过社会的教育、科技等文化事业的发展，提高劳动者的科学文化素质，推动科技进步，从而使经济的发展由过去的主要依靠物质资本的投入的物质资本依托型经济增长方式转向主要依靠人力资本投入的文化依托型经济增长方式上来，从而改进生产工具和原材料质量，使之发挥更大效能；推动产品结构和产业结构合理化，节约和保护自然资源；提高经营管理水平，使之科学化和现代化，让有限的资源得以充分地利用。正如诺贝尔经济奖得主舒尔茨所说：“如果一个国家只能获得在非再生资源上增加投入所产生的递减效益，那么，它的经济前景实际上是暗淡的”，要求得经济的优化增长，必须“超过传统形式所增加的投入的产出量，……把资本分配到⑴提高作为生产者的人的质量和⑵增加与生产技术的进步有关的投入质量。”③ 不仅如此，通过社会文化的进步，人力资本的累积，人的“智慧生产力”的形成和科学技术的进步，我们不但可以保证可再生资源的有效利用，而且还可以发明创造，开拓出新生能源，“如果我们现在就深思熟虑地、有条不紊地，而不是今后才惊恐万状地完成从现存能源基础到新能源基础的过渡，我们就能把痛苦减少到最低程度”。④ 这样，我们就可以摆脱能源危机对我们的困扰，冲破熵定律为我们设置的樊篱，进入人类文明可持续发展的新秩序。

---

① C·A·皮尔森：《文化战略》，中国社会科学出版社，1992 年版，第 222 页。

② 杰里米·里夫金、特德·霍华德：《熵：一种新的世界观》，上海译文出版社，1987 年版，第 106 页。

③ 舒尔茨：《经济增长与农业》，北京经济学院出版社，1991 年版，第 204 页。

④ 《熵，一种新的世界观》，第 184～185 页。

三

我曾经认为，可持续发展战略实质是文化发展战略。[①] 也正如上述分析所得到的结论，要实现国民经济和社会的可持续发展，我们必须在推进环境保护、经济发展的同时，大力推进文化的发展。文化的发展才是中国走上可持续发展之路的基础。从实现可持续发展的角度，当前的文化发展主要应搞好以下几方面的工作。

第一，从可持续发展的战略高度深刻认识文化发展的战略意义，切实把文化建设纳人国民经济和社会发展的总体规划之中，在推进经济建设和环境保护的同时积极推进文化发展

文化虽然不是生态资源，不是自然环境，但文化却是重要的精神资源和人文环境，由它构成了一切自然和社会现象存在和优化的基础。罗马尼亚文化学家泰纳谢曾对文化有一个很好的概括："文化是社会和人类的最高表现，其发展的程度，也就是衡量人和自然分离的程度"。[②] 这也就是说，文化发展的水平越高，人的自然属性消退的就越彻底，人的社会性就越丰满，人也就越能自由自觉地消除自私、贪婪、感情存在和洞穴假象的偏狭，就越能摆脱盲目性，必然性的禁锢，不仅从自我和物种存在的角度，而且从人类的存在的角度，从历史唯物主义文明发展观的角度"合理地调节他们和自然之间的物质变换，……靠消耗最小的能量，在无愧于和最适合于他们的人类本性的条件下进行这种物质变换。"[③] 这样，人类才能跨出人类中心主义和工业文明单向度发展观的樊篱，从自然史和人类史整体发展的视野确立社会发展的模式。"只是从这时起，人们才能自由自觉地创造自己的历史；只是从这时起，由人们使之起作用的社会原因才在主要的方面和日益增长的程度上达到他们所预期的结果"。[④] 这样，我们也就进入了可持续发展的社会。

第二，对全体公民进行正确的价值观教育

特别是在当前市场经济日益发展和社会生活日益世俗化的情况下，教育人民群众树立正确的价值观更具有特别的意义。这是我们走向可持续发展重要的精神保证。"价值观念的改变，不仅导致人与自然间更和谐的关系，而且也导致人与人之间更和谐的关系"。[⑤] 人的存在并非仅仅为了肉体需要的满足，为了占有物质和消费享乐，而是寻求社会性和自然性的统一，精神和肉体的统一，小我和大我的统一。只有树立起这样的价值观，才能使人们从目前高消费、贪婪占有和盲目发展的模式中超越出来，从而不仅提高人类生存的质量，也提高社会发展的质量。

第三，在全社会实施公德教育和生态伦理教育工程。社会公德教育以"爱护公物，保护环境"为基本道德原则

首先，要唤醒国民的优患意识，强化人们的神圣责任感。要使人们从过去"地大物博，取之不尽，用之不竭"的盲目乐观中清醒过来，深刻认识中国的国情，认识现代化建设所面临的资源基础和社会发展的生态环境，从而在社会生活中，从节水节电，珍惜每一颗粮食，爱护每一寸土地的身边小事做起，自觉保护环境，合理利用资源。其次，要树立国民的平等公正观念，强化人们的庄严道义感。任何人都应以理性的态度践行代内平等，代际平等和人物平等的道德法则，并发扬扶危帮困，共同富裕，对社会负责，对子孙后代负责，对地球负责的人道主义精神。生态伦理教育其目的是在国民心目中树立一种生态伦理意识。所谓生态伦理，其宗旨即为：反对以人为中心的"人类沙文主义"，重新确立人类在自然中的地位；人类不是自然界的征服者和统治者，不是自然界的主人，而是大自然家庭中的一员，人应该成为这个大家庭中的善良的公民；人不仅要承认人的价值与权利，而且要承认生物和一切自然物的价值与权利；大自然的一切都有自己的道德权利，它的价值与权利不是根据对人类的有用与无用确立的，而是作为与人类一样的存在物所固

---

① "可持续发展的人文视野"，《光明日报》，1997 年 2 月 21 日。

② 泰纳谢：《文化与宗教》，中国社会科学出版社，1984 年版，第 1 页。

③ 《马克思恩格斯全集》，人民出版社，第 25 卷，第 927 页。

④ 《马克思恩格斯全集》，人民出版社，第 4 卷，第 491 页。

⑤ 布朗：《建设一个持续发展的社会》，第 290 页。

有的。只有全体公民树立了这样的生态伦理意识,人们才能去主动、自觉地爱护我们的环境,爱护我们的大自然。这要比制定多少部环境保护法规有效得多。

第四,弘扬中国传统文化中珍重自然,爱我宇宙,天人合谐的精神

诞生于中国古代农耕文化土壤上的传统文化,具有强烈的生态伦理意识。中国传统文化的一个突出特征即是,以天人关系为座标来探索宇宙及人间万象。中国的哲学、宗教、艺术无不如此。在《易传》中,古人便将人视为自然界的一部分,与天地合称"三材";而其"天人合一"的观念代表了儒家那种既遵循自然规律,又自强不息,进而达到天人谐调境界的天人观。以老庄为代表的道家,比儒家更崇尚自然,强调人与自然的和谐。无论是老子的"绵绵若存,用之不用之勤","无为无不为",还是庄子的"天地大美"、"天地与我为一,万物与我并生",都表现出道家对大自然,对自然之道的赞赏和天人和谐,物我同根境界的追求。而生于天竺,长于中国的佛教禅学,则更表现出一种近乎于泛神论的人与自然谐适合一的生命哲学。"禅所具有的只是爱我宇宙,亲我自然",在禅那里,大自然本身,人与自然,"没有空间的分别,没有时间的切割,没有因果的干涉,自然与我,我与自然完全融为一体,凝成永恒的存在。正如人们穿衣吃饭一样,大自然水流花开,鸟飞鱼游,冬雪春雨,明月星辰,多么自然、多么浑融,而又多么充满生机,不要去破坏它"①。"青青翠竹,总是法身;灿灿黄花,无非般若",禅的般若实相的观照,把大自然的山水花鸟都变成了禅理禅趣,亦因此形成了禅家物我不二的心态。至于中国古代艺术,更体现出文人知识分子对大自然的衷情与爱恋。朴拙可爱,充满灵气的山水田园一直是中国古代诗画词曲所吟咏和表现的主题,并成为人们"常处、常乐、常适、常亲"和"可行、可望、可游、可居"②的玲珑巧妙的心灵载体。在这山水意境面前,人们得到的是一种"境与人谐"的感受。"中国人抚爱万物,与万物同其节奏;静而与阴同德,动而与阳同波",因此,在中国古代艺术中,"一花一鸟,一树一石,一山一水,都负荷着无限的深意,无边的深情"③。总之,对自然的亲近,人与自然的和谐,是中国传统文化的一个重要观念。只要我们认真发掘整理并加以现代性转换,就可以构成我们现代生态伦理学的基本精神。对于提高我们的生态伦理意识,迈向可持续发展的社会,乃是十分宝贵的精神食粮。

论文化力在综合国力中的地位

中外经济文化研究委员会　周浩然

文化力的涵义、功能与综合国力构成要素

(一)文化力的涵义与内容

随着世界经济的发展和科学的进步,教育、科技在全球竞争中的作用日益突出,智力资源的开发和企业文化建设,直接关系到企业的竞争与国民经济的发展。经济活动中文化力的作用日益强烈地表现出来,经济文化一体化发展正成为现代建设中的历史性潮流。在这种情况下,加强市场经济中"文化力"的研究已引起学术界和企业界人士的广泛兴趣和重视。深入研究和探索文化力与市场经济发展的关系,深入思考和正确把握文化力的基本内涵、功能与作用,对于

① 拙著:《禅:性灵说》,金陵书社出版公司(香港),1993年版,第82页。

② 郭熙:《林泉高致·山川训》。

③ 宗白华:《美学散步》,上海文艺出版社,1981年版,第95、71页。

理论和实践都有重要的现实意义。根据现有的研究成果,文化力是市场经济发展中通过人的活动在经济、文化、科技等领域所展示出的创造力量。文化力蕴涵于现代经济文化一体化发展运动过程中,是推动中国经济发展由传统体制向市场经济体制转型的一种现实的推动力,是综合国力的核心要素,是推动中国经济向市场化、国际化、现代化迈进的综合性力量。文化力发展有其自已的规律性。我们今天所谈的文化力,是以市场经济为背景,并具有科技革命、产业革命、市场经济发展所赋予的新的内涵,这主要表现在以下方面:①

文化力是人们在处理人与自然关系上,以新的价值观念和方法所表现出的生存与发展的能力

人与自然的关系是自人类诞生以来一个永恒的主题,关系到人类的生存、发展。人类要生存和发展,必须从事物质资料生产,开发利用和保护自然。人类自身的经济文化活动必须以环境空间为依托,在经济活动中,人们文化观念的更新和价值取向直接与资源环境内在关联,促进人们在利用资源、环境的活动中,实现当代人的发展而又不影响和制约未来几代人的发展,即可持续发展,这就需要价值观念的更新,需要确立生态经济文化协调发展的整体观、系统观,需要一种新的理念的引导和文化力量的推动。因此,从正确处理人与自然的关系上看,文化力在推动经济增长方式转变中具有导向的功能,是实施可持续发展的推动力量。

在人与市场经济发展中,文化力是经济文化一体化发展和人类自身的全面发展的现实力量 市场经济体制是以市场为主体优化资源配置,推动生产力发展的一种经济运行组织管理的制度。市场经济作为人类经济发展活动的现代体制,其本身就是一种特殊的经济文化现象,是历史发展的必然趋势。市场经济发展需要服从于人类社会发展的目标,服从于人类自身的完善与发展。在市场经济组织与运行的过程中,以市场为导向,利用现代科技成果,利用新的信息网络管理手段,推动了资源广泛的横向流动和合理配置,推动了生产力发展水平,但市场经济决不仅是创造一个“商品堆砌”的社会,它还要促进人的现代化发展,满足人的文化精神的需要。因此,市场经济组织运行发展必须利用文化的功能,对不合理的、落后的、不科学的各种观念、行为、管理形式进行变革。在以市场经济文化,即现代经济文化取代计划产品经济文化的历史进程中,文化力是推动这种变革的直接力量。

文化力是推动经济与社会发展的综合性力量 按系统论的观念来分析文化力,社会经济是一个发展系统,这个系统由若干开放性的子系统构成,而文化力就是其中一个充满活力的子系统。从其构成来看,文化力的构成包括以下因素:⑴现代科技教育和人力资源开发的活力与潜力因素。⑵以思想文化价值观念为主体形成的精神力量。⑶以当代国际市场经济发展为主要内容即后工业社会——信息经济社会活动中,现代信息技术的智能化、国际化、市场化、现代化的文化网络(在这里文化网络是一种新的资源,是文化力形成的基本要素)。⑷优秀的传统文化和美德,以直接或间接的形式与现代市场经济融合,形成新的内涵,然后通过人的作用,成为推动现代化进程的精神动力与社会调控约束力。⑸以人为主体的相关因素。文化力的构成主体是人,文化力的存在与推动社会发展的作用通过人的现实经济活动集中表现出来。这些因素主要包括人的素质(主要是科技文化素质、思想文化素质、社会文化心理素质),民族的性格特征、社会道德规范、创造力等。⑹社会经济发展制度因素。市场经济发展需要不断调整和构建经济管理制度,加强民主与法制建设,确立公正、平等的竞争原则,遵照国际惯例运行。现代经济制度的建立,是文化力作用的结果,又是文化力推动市场经济发展的直接表现形式。强化和增强文化力需要认真分析制度因素。

从文化力形成的结构来看,文化力研究还要重视文化力的形成机制与系统结构。文化力结构包括以下几个层次:

物质层 文化力具有物质力的某些特征,并要通过各种现代文化物质实体建设表现出来,通过各种文化网络和基础性建设推动社会的发展。此外,文化力

① 周浩然主编:《经济文化发展研究》,中国社会科学出版社,1995年12月。

的物质层次包括社会发展的各种文化、教育、科技设施、科技文化成果。

价值层 这主要指人的观念、价值取向、思维模式、群体的心理结构、思想方式等。

活动运行层 包括市场经济在应用文化力中的各种具体力量和能量,如社会文化、精神力量、文化网络力量、人的认识力与创造力等。

文化力场 文化力作为社会发展的推动力有其发展的空间和作用力的方向。文化力场包括宏观、中观、微观的各种力场以及作用范围。

(二)文化力是综合国力的重要构成部分

贾春峰教授在《文化力》和《文化力观》两书中反复强调指出"21世纪的经济赛局,将会很大程度上取决于'文化力'的较量"。"文化力是综合国力的重要构成要素"。① 这种见解具有深刻的理论价值。文化力与综合国力的关系可以从综合国力形成中把握,并通过综合国力构成因素认识文化力在综合国力中的地位。

随着国际形势的趋向缓和,和平与发展已成为历史发展的主流。国际间的竞争,主要取决于综合国力的竞争。进入80年代,特别是90年代以来,综合国力的研究已突破了过去偏重于军事力量的的局限性,进入了综合分析和评价的新时期。在综合分析中,定量分析与定性分析结合起来,理论分析与实践分析结合起来,从而将综合国力的全部内容即物质力与精神力融为一体,月直接量化或评估相结合的方法综合测算综合国力。近年来,中国的专家、学者在综合国力研究方面有了很大的进展。

综合国力是指一个主权国家赖以生存与发展实际存在的综合力量,它既包括一个国家所拥有的全部实力,又反映一个国家政治、经济、军事、资源、教育、科技、文化等各个方面互相作用的状况。黄硕风研究员在《综合国力论》一书中谈到,综合国力是一个动态的大系统。孤立地强调任何一个因素,都不能完整、准确地体现一个国家的综合国力。综合国力系统的主体:生存力、发展力和协同力是由资源力、经济力、科技力、国防力、教育力、文化力、外交力等子系统组成的。陈秀英、涂勤在《建立具有中国特色综合国力评价指导体系与合成方法》一文中认为,综合国力的构成主要为五大要素,即:

资源能力 主要包括人力资源、自然资源;

经济实力 主要包括宏观经济总量、工业生产能力、农业经济能力、能源供应能力、交通运输能力、产业结构与经济效益;

对外经济活动能力 主要包括外贸、国际储备等;

教育科技文化能力 主要包括教育、文化和科技发展水平;

社会发展程度 主要包括结构指标、城市化水平、环保指标、通讯水平、人文发展指数(包括人均国内生产总值、受教育程度、人均寿命指标等)。

在综合国力的第一要素即资源能力一项中,人力资源即人的能力与素质占有重要地位。日本和四小龙均不属于自然资源占有优势,但却通过人力资源的开发使综合国力全面提高。在很大程度上,人力资源比自然资源更为重要。亚洲四小龙由于开发有教养的劳动大军作为制造业的基础,取得了经济增长的奇迹。美国克林顿政府把职业培训作为保证美国企业竞争力,提高综合国力的关键。美国工商界普遍认为,美国工业要保持世界级地位,职业培训至关重要。职业教育培训投资的增长率,应高于企业其它方面的增长率。德国实行企业与学校相结合的培训,使德国的年青人同时接受学校教育与在职培训。而且,职业培训的过程,伴随劳动者的一生。"不培训,不就业"是德国劳动力市场的格言。任何人不管从事什么职业,都必须接受相应的职业培训,必须取得培训合格证,才可以就业。要想改变职业,也必须参加转业培训,取得转业培训合格证,才能求得新的工作。这种全社会法制性的职业教育造就了德国员工的高素质,促进了德国人力资源的开发,推动了德国企业的蓬勃发展。海外华人经济之所以有举世瞩目的成就,与其在教育上的投入具有密切关系。目前,在世界上最活跃的华人企业家,基本上都受过良好的高等教育和全面的职业培训。世界不少著名企业家已形成以下共识:面临着一场智力和行动的挑战,为了在明天的经

---

① 贾春峰:《文化力》,人民出版社,1994年6月版。

济中取胜，今天就必须改变你的企业，就必须大力培育高素质的员工。经济实力是综合国力的基本要素，然而商品生产中的科技文化含量和文化附加值越来越高，企业制度改革、企业文化建设在经济发展中占有重要地位。经济活动中的价值观念和道德规范愈来愈重要。经济文化一体化发展已成为现代经济、科技、文化发展的必然趋势。因此在经济实力的评估中，文化的因素，企业制度的因素不可低估。教、科、文能力是经济发展的先导和巨大驱动力。教育、科技、文化水平是影响综合国力的关键要素。随着世界经济和科学技术的发展，反映科技、文化、教育、人才培育等方面的各种因素变得愈来愈重要，甚至起着决定性的作用。对外经济活动能力反映一个国家对外开放程度，跨国营销的商业文化力。国家的形象、政府的形象、企业形象以及商品的科技文化含量也在对外经济活动中有不可忽视的作用。社会发展程度，特别是其中的环保指标、通讯能力、人文指标等，随着世界各国对经济与社会可持续发展的需要，对综合国力的影响将越来越大。

通过对综合国力构成要素的分析，我们可以看出在经济文化一体化发展历史潮流中，"文化力"是综合国力的重要构成要素。

中国综合国力的显著提高与文化力在综合国力发展中的作用

90年代以来，中国经济连续高速增长，推动了国民经济整体实力的增强，使综合国力有较明显的提高。1992～1996年国内矿产资源的开采平均每年增长12.1%，其中各年分别增长14.2%、13.5%、12.6%、10.5%、9.7%；1997年上半年又比上年同期增长9.5%。这充分表明中国综合国力有了显著的增强。同时中国经济总量位居世界前列，在世界上的排名位置上升。据统计，1992～1996年中国国内生产总值平均每年递增9 200多亿元，1996年经济总量已达67 795亿元，按当年平均汇率计算为8 180亿美元，比1991年的4 060亿美元增加了一倍，在世界上的排名仅次于美国、日本、德国、法国、意大利、英国，居七位。同时，中国科技文化以及各项社会事业发展成绩显著，1992年以来中国不断加大科技投入，全国科研经费、高等院校等单位科技活动支出不断增加，1996年为899亿元，比1995年增长了26%。1996年的科技队伍不断壮大、国有企事业单位拥有科技人员2 759万人，1992～1996年共取得国家级重大科技成果15.85万项，普通高校和中专毕业生达752万人，同时，国民经济等领域都取得了重大发展。所有这一切都表明，中国的综合国力显著增强，与发达国家的差距正在缩小，综合国力地位在世界明显上升。①

从中国综合国力的构成要素来分析：中国人口占世界总人口的22%，劳动力1994年达到7.16亿人，占人口总量的60%左右，劳动力资源丰富，但中国人口受教育程度在世界上属于中下水平，每千人同年龄组人口中拥有大学生数仅为2.4人，低于印度的8人，中国的整体人口素质偏低。更重要的是，中国劳动力长期过量增长，到本世纪未全国人口数量将近13亿。到下世纪中叶，人口数量将达到15亿。在这种巨大的人口压力下，近期每年新增劳动力将达到1 500万以上，就业压力长期存在。同时，人力资源总体质量不高，由于传统体制的束缚，人力资源开发存在着脱离市场经济、自我循环、自我服务的弊端。劳动者平均受教育程度和工人技术水平偏低，与市场经济的发展不相适应。劳动力的素质不足以支持深层次经济资源的开发利用，不能满足提高经济效率的要求，也难以承受经济体制和企业制度改革的压力。此外，整个社会尚未对人力资源的开发引起真正的重视，更未建立起一个激发全民族人力资源开发和人力资源积累热情的机制。改革开放以来，全民族物质资本积累的热情正在形成，面对着世界经济、科技文化发展的潮流，掀起一个全民族人力资源开发和积累的热情，逐步形成与市场经济相适应的人力资源开发的机制，努力培养有文化、有技能、具有良好敬业精神和富有创造力的劳动大军，是综合国力发展至关重要的问题。也是关系企业兴衰、民族前途的大事。

中国矿产资源总量在世界居于前列，但是，中国

① 《中国统计年鉴》，1996卷，统计出版社，1997年3月。

人均拥有资源量少，人口与资源的矛盾突出，同时，由于文化价值观紊乱和管理体制的弊端以及科学技术的落后，造成追逐短期效益的通病，对资源的浪费和破坏也十分严重。因此，保护自然资源，合理利用资源，提高资源的利用效率是保证中国经济持续发展的一个重要问题。

中国自改革开放以来，特别是90年代以来，社会主义市场经济体制逐步建立，经济持续增长。国民生产总值1995年达到1980年的4.22倍，比1988年又翻了一番；1996年完成工业增加值28 580亿元，比1995年增长12.7%。工业生产中存在的重要问题是国有工业经济效益有待进步提高。其增长中，1996年国有、集体增长分别为6.4%、17.4%，中外合资、合作等增长13.7%；主要农产品增长稳定。1996年，粮食产量达到4.9亿吨；比1991年增加5 471万吨，同时油料、肉类、水产品等产量已保持持续5年的增长。目前这些产品已居世界第一位；能源、交通、邮电等基础产业生产能力不断增强，1996年交通和邮电通信增加值3 814亿元；比1991年增长30%多。应当指出，中国产业结构不合理，经济效益不高，劳动生产率低下，人均年产值仅相当于美国的1.6%，资源利用率极低，(1 000克标准能源创造的产量仅为0.7美元，仅为日本的8%)。中国经济增长方式还需要从粗放型向集约型转变，国民经济效益还要进一步增强。

中国的改革开放，促进了对外贸易的发展，进出口贸易额的年均增幅高达16.2%以上，1996年，对外贸易规模进一步扩大，全年进出口总额达2 899亿美元，比1995年增长3.2%。进出口商品结构进一步改善。机电产品出口比重由上年的29.5%上升到31.9%，保持了中国出口第一大类产品的地位。在利用外资方面稳步发展，全年利用外资金额552.7亿美元，比1995年增长12.2%。对外经济技术合作继续增加，国际旅游又有新的发展，旅游外汇收入1996年为102亿美元，比1995年增长16.8%。中国的对外经济活动力有很大的提高，但低于西方国家和韩国，处于中上水平。因此继续扩大对外开放，不断增强国际商业文化竞争力是提高综合国力的重要因素。

1996年，中国各类教育事业取得新的发展。高等教育管理体制改革取得进展，学校布局进一步调整，年末普通高校为1 032所，成人高校1 138所，普通高校招生96.6万人，比1995年增加4万人，在校生302万人。成人高校招生94.5万人(含电大普通专科班8万人)，比1995年增加3.2万人，在校生265.6万人(含电大普通专科班18.7万人)。全国招收研究生5.9万人，比1995年增加8 345人，在校研究生16.2万人，增加1.7万人。中等职业教育规模继续扩大。各类高级中等职业学校在校生1 010万人(含技工学校学生192万人)，占高中阶段在校生总数1 780万人的56.8%。普及九年义务教育工作取得新进展。成人中、初等教育获得较大发展。全年成人中等专业学校在校学生310万人，成人技术培训学校培训学员8 337万人次。国家预算内教育支出由1992年的567亿元提高到1995年的1 081亿元。文化事业继续发展。1996年末全国共有艺术表演团体2 685个，文化馆2 864个，公共图书馆2 641个，博物馆1 205个，档案馆3 600个。广播电台1 238座，中、短波广播发射台和转播台743座，广播人口覆盖率83.7%。电视台880座，1千瓦以上电视发射台和转播台1 245座，电视人口覆盖率86.1%。国家财政用于社会文教支出由1992年的970亿元增加到1996年的1 705亿元。从纵向比较而言，其速度是可观的。(国家统计局《1996年国民经济和社会发展统计》)但是从世界范围来说，中国教育文化水平居中等偏下水平。包括与部分发展中国家相比，教育投入仍然偏低。1992年，中国教育经费占国民生产总值的2.0%；1993年为1.9%；1994年为2.6%。日本、德国、俄国、英国、加拿大等教育经费占国民生产总值分别为4.7%、4.0%、4.9%、6.8%、3.5%，明显高于中国水平。从发展中国家看，中国教育经费占国民生产总值比重也低于印度的3.9%、埃及的4.9%的水平。

教育是一个国家开发和发展智力资源，增强综合国力的重要内容，是经济与科技发展的基础。现代市场经济条件下，竞争依赖于科技与教育实力的增强。在21世纪的竞争中，智力因素是决定的因素，要有丰富的智力资源，必须加大教育的投入和改变教育制度。许多国家经济的迅速崛起，都是依靠优先发展教育。美国是世界上教育经费开支最多的国家，美国人均教育经费为1 000美元左右，日本为560美元，中国仅相当于20美元。美国1992年教育经费达3 280亿美元，占财政总支出的15.8%，占国内生产总值的5.5%左右，比同一年度的军费开支多500亿美元。美国每年用于培训职工的经费达2 100亿美元。美国克林顿政府对社会文化的建设与投入极为重视。自1992年以来,俄罗斯经济持续下降,但教育的规模基本稳定,教育体制的改革也在逐步推广。博士人数从1.37万名增加1.87万名;教授人数从1.29万名增加到1.94万名,儿童、青年、成人教育仍然呈正常发展趋势,教育经费占国民生产总值的4.4%,在1990年基础上有较大幅度的增加。这一点,必然对俄罗斯将来的经济与社会发展产生深远的影响和积极的作用。由此而论,我们应该清醒地认识到,教育在综合国力发展中的战略性地位和我们在教育问题上面临着世界性的严峻挑战,必须使全民族警悟到:教育是关系民族前途、国运兴衰的关键问题。

1996年,中国科技队伍继续壮大。年末国有企事业单位共有各类专业技术人员2 759万人,比1995年末增长2%。全国县级以上国有独立研究开发机构5 435个,高等院校办科研机构3 400个,大中型工业企业办科研机构13 744个,大中型建筑业企业办科研机构726个;从事科技活动人员280万人,其中科学家和工程师159万人。科技经费投入增加。全年全国科研机构、工业和建筑业企业、高等院校和用于科技活动的经费支出为899亿元,比1995年增长8.6%。其中研究与发展经费支出327亿元,增长12.2%,相当于国民生产总值的0.5%。科技事业取得新的成果。全年全国共取得省部级以上重大科技成果3.1万项;获国家奖励的成果647项,其中国家技术发明奖111项,国家科学技术进步奖536项。国家重大技术创新工作取得初步进展。全年完成重大科技攻关180项,重大科技成果产业化工程8项。国家组织完成技术开发、新技术推广、消化吸收、工业性试验92项。企业、高校、科研机构的合作增强。全年参加合作的单位4.5万个,参加人数67.5万人。合作开发项目1.58万项。科技基础建设加强。全年新建成国家工程(技术)研究中心88个,国家工业试验基地5个,国家级企业技术中心40个,对26个国家重点试验室进行了更新改造。但中国科技投入偏低,研究与开发经费仅占GNP的0.71%。(韩国的比例为2.17%、美国为2.9%、德国为2.8%、日本为3.0%、法国为2.4%、俄罗斯为1.8%)。另外,中国高技术产品出口额占GNP的比重不高,1993年为16%,而同一年,日本为68%,美国为49%,韩国也达到了43%。

社会发展程度由城市化、医疗卫生水平、环保、通讯、人文等几方面构成。中国城市人口占总人口的比重远远落后于发达国家。此外,中国在医疗卫生水平、通讯、环保等方面均比较落后,人文指数1995年居世界第111位。

在综合国力的各种要素中,中国经济实力不断增强,对外经济活动能力和科学技术有较快的发展,综合国力有了显著提高,而且将不断提高。可以确信,在邓小平理论伟大旗帜的指导下,21世纪的中国必将以富强、民主、文明的社会主义国家的崭新形象屹立于世界民族之林。但是,中国的产业结构不合理,人均资源贫乏,能源利用率极低,人力资源的开发相当落后,科研投入较少,科技成果转化能力薄弱,教育体制有待改革,教育经费严重短缺,经济发展中文化力的推动力较弱,与市场经济相适应的社会文化价值观念亟需重建,社会主义精神文明建设需要植根于社会主义市场经济条件下经济文化一体化发展的土壤之中。民族的复兴仍然是任重道远的千秋大业。江泽民总书记在党的十五大报告指出,社会主义初级阶段是逐步缩小同世界先进水平的差距,在社会主义基础上实现中华民族伟大复兴的历史阶段。这样的历史进程,至少需要一百年的时间,甚至需要几代人、十几代人,甚至几十代人坚持不懈地努力奋斗。江泽民总书记关于社会主义初级阶段的精辟论述,对中国国情和综合国力的研究具有重要的意义。

在未来的发展中,我们要坚定不移地扩大对外开放,吸取世界各国科技文明成果,扩大对外经济文化交流。因为综合国力实际是一个开放性的系统。一个国家只有不断地与世界上其他国家进行物质、能量、信息的交流,才能使本国的综合国力得到发展。同时,我们要重视民族文化精神在扩大开放、深化改革中的作用。发达国家在向现代化的发展进程中,无不坚持宏扬自己的民族精神。法国的"法兰西精神",美国的"美利坚精神",日本"大和精神",在这些国家的现代化进程中,不断融汇了科技教育新的内涵,吸取了世界各国文明的成果,促进了民族意识和现代观念的统一,从而使其民族的凝聚力得以空前的发挥,促进了这些国家的现代化进程。中华民族具有悠久的文化传统,中国人口多、人均资源贫乏,人均产值和物质生活水平在相当长的时间里很难与西方发达国家相比,在中国未来的综合国力发展中,以市场经济为背景、以科技教育为基础、以社会文化价值观念为核心的文化力开发至关重要，民族文化精神力量的作用不可低估，市场经济条件下的文化建设直接关系到中国现代化建设的进程。笔者认为，目前，应该在以下几个方面应该予以重视：

人力资源的开发

中国综合国力发展中一个薄弱环节是智力资源的开发。从总体来说，目前整个民族物质资本的积累的热情重于人力资源的开发与积累。面临迈向21世纪的伟大历史转折时期，应该坚持以市场经济为导向的人力资源开发与就业体制改革并确立以人力资源开发为中心的发展战略。

教育体制改革与教育投入

中华民族有重教育的传统。民族的未来在很大程度上决定于教育的状况。在千头万绪中，应当把教育改革和教育投入放在重要地位，全面实行教育兴国的战略，并且唤起社会各界对教育的高度重视和大力投入。

市场经济发展中的文化建设

在市场经济中俏然兴起的企业文化、商业文化、消费文化、金融文化、生态文化、地区形象建设等现代经济文化的研究，立足于社会主义市场经济的现实，从市场经济的发展中探寻现代文明的现实基础和实现可持续发展的现实途径，为社会主义精神文明建设提供了丰富的素材，这是现实生活的呼吁，是民族精神文化与市场经济发展的需要，也体现了市场经济条件下，现代文化发展的重要趋势。应当予以重视和引导。

生态、经济、文化的协调发展

重视人口、资源、环境问题，确立可持续发展观，实施与中国国情相符合的、与世界经济文化科技发展相适应的可持续发展战略，使中华民族在跨世纪的伟大历史进程中，以富有建设性的坚韧意志，开放性的博大襟怀，自强不息的创造能力，为世界文明的发展和世界和平与昌盛做出伟大贡献。

总之，重视民族思想文化的升华与文化力的开发是建设具有中国特色的社会主义的需要，也是人类文明发展的需要。

论市场趋势与企业提高文化品位

贾春峰

近些年来，市场经济的发展，无论从国际，还是从国内来说，都呈现出经济与文化“一体化“推进的趋势。这个趋势，要求企业高度重视“文化力”的开发，切实加强企业文化建设，大力提高企业的文化品位。

为什么有这个经济与文化“一体化“发展的趋势出现？为什么现代企业发展须大力提高文化品位？显然，这并不是一个主观现象，并不是人们随心所欲的产物，而从根本上来看，这是现代市场经济发展的内在要求。展开来说，至少有以下九个方面。

(一)现代商品中的文化含量、文化附加值越来越高

现代商品中的文化含量、文化附加值越来越高，这是本世纪70年代以来世界经济与文化“一体化“发展趋势中的一个重要内容。从80年代中期开始，以胡平为代表的中国学者开始研究商业文化。而在商业文化中起着重要载体作用的是商品文化。这个商品文化，所指的就是商品的文化内涵、文化附加值与文化特色，其中包括商品的构思、设计、造型、款式、装璜、包装、商标、广告等等。它们凝结着一定的文化素养、文化个性和审美意识，展示着一定的文明水平。放眼市场，任何一种有价值的商品，都凝聚着一定的、丰富的文化内涵。正是由于商品所包含的文化特色、文化个性，能促使这一商品在一定的消费区域和消费层次里增值、走俏。这个文化内涵、文化个性、文化特

色,实质上构成了商品流通和商品布局的内在依据。而商品的文化含量越大、文化附加值越高,它的幅射能力便越强。现代商品开拓市场的这一趋势,是具有一定的必然性和合理性的。因为随着人们物质生活的日益发展,人们也必然会追求精神文化生活的不断提高。

(二)文化、科技在投入产出中的贡献越来越大

任何一种商品生产出来,都需要有两种投入:有形投入与无形投入。有形投入又称为硬投入,其中包括能源、资源、人力、财力。无形投入又称为软投入,是指文化、科技等。现代市场竞争,促使有远见和有生命力的企业,都在十分注重降低有形投入,而强化无形投入,即提高文化、科技在投入产出中的贡献率。走出高投入、低产出的误区,必须摆脱扩大外延再生产的老路子,走出扩大内涵再生产、降低有形投入、提高无形投入的新路子。这个发展趋势,要求企业决策必须永不休止地吸纳最新科技成果,把开发"文化力"放在重要位置。

(三)智力优势正在取代传统的自然资源优越

这就是国际经济学界研究21世纪世界经济走势中所分析的,绿色革命与材料科学革命的兴起已经降低了经济发展过程中自然资源的重要性。拥有自然资源并不一定能够致富,自然资源贫乏也未必是致富的障碍。一场电信—电脑—运输—后勤保障体系的革命使全球资源网得以形成,而且还可以发展出一个世界性的资本市场。这就是说,电脑和电信手段使拥有资本积累不再是优势,今后只有掌握技术和拥有人才才是真正优势。微电子、生物科技、新材料工业、民用航空、电信、机器人加机床以及电脑加软件被认为是未来几十年的关键产业,它们都可以说是脑力产业。这些产业可以设在地球的任何一处。谁能有效地组织调动人的智力从事上述产业的发展,这些产业就在谁那儿落脚。既然科技创造了人为相对优势,那么,争取人为相对优势就必须要求企业从上到下,每一个层次的职工都具备技能。职工的技能将是21世纪关键性的竞争武器。据世界银行的研究报告,劳动力受教育的平均时间增加一年,国内生产总值就可以增加9%。有这样一种说法:10年前的教育,是今天的经济;今天的教育,是10年后的经济。这是有一定道理的。从对市场经济这个发展趋势的分析中引出的结论,是必须高度重视智力因素、人才培养和教育发展。

(四)生产工艺流程对员工整体素质的要求越来越高

市场竞争和产品质量的提高,推动着生产工艺流程的不断优化。而生产工艺流程的优化,又对员工的整体素质提出了新的更高的要求。莱斯特·索罗在《21世纪的角逐》一书中曾经分析过这样的事实:已经进入大众消费市场的三种主要新产品——磁带摄影机和录相机、图文传真机和激光唱片机,是由美国人和欧洲人(荷兰人)发明的。但是,若看销售额、就业人数和利润三个方面,上述三种重要产品的市场,大部分被日本的企业所占领。这个引人瞩目的事实说明,谁能降低产品的成本,谁就能从发明者手中夺走产品,占领市场。在今天的市场竞争中,新产品的发明者若不能同时又是成本最低的产品制造者,发明的收益就微乎其微。而要成为成本最低的制造者,保持生产工艺流程的最佳状态,职工的整体素质就很重要。而提高素质,就要有教育的发展和在职培训的配合。现在不少企业都认识到实施名牌战略的极端重要性,但如果没有员工整体素质的提高,怎么能生产出名牌产品呢?! 这里所讲的员工整体素质,既包括科技文化素质,又包括思想道德素质。特别是职业技能和职业理想、职业道德、职业纪律、职业责任的培训,实在是市场经济发展的内在要求,而绝非外加的可有可无的事情。

(五)在国际营销中,克服"文化障碍",实现"文化沟通",也正越来越引起人们的重视

在商业文化、企业文化的研究中,人们开始使用"文化障碍"和"文化沟通"这样两个概念,并不是偶然的,而恰恰是市场经济实践的产物。因为在跨国经营中,由于文化的差异使本企业的产品在品种、造型、款式、外观、包装、服务、广告和推销手段上,同营销地人们的文化素养、生活方式、风俗习惯和特定的审美需求不一致,而造成产品滞销的状况,常常发生。人们把这种状况称之为"文化障碍"。而相反,产品若能同营销地人们的文化背景和审美需求相一致,则称之为

“文化沟通”。由此,人们提出了重视跨国公司的文化管理,提出了进行“跨文化培训”的计划。因为国际间经贸活动的加强,企业经营的跨国化,已成为当今的一个重要趋势。在这个发展趋势中,不能不重视因“文化障碍”妨碍实现营销战略的问题。因此,进行“跨文化培训”就成为企业开拓国际市场中不可缺少的事情。进行“跨文化培训”,当然包括了解国外营销地的语言、人们的生活方式、风土民情及其历史、宗教、社会状况,并且了解营销地民族特有的价值观念和这种价值观念所源于的悠久文化传统。

(六)现代市场发展要求企业更加重视商品消费的心理成分和审美要求

市场发展趋势是由消费的发展所牵引的,而消费经常处于变化和流动之中。中国学者黄河涛等人近来研究现代市场的美学冲击、生活质量的美学内涵、企业审美文化与审美文化产业、营销的美学革命、市场组合的审美战略、现代企业服务化营销的审美特征、审美生态环境与企业效益等等,就是观察到了消费发展中的审美化趋势。正是这种消费心理吸引着企业不断开发新产品、新服务项目的积极性和创造性。也正是由此出发,学术界提出产品的新的“美的文化标准”的观点。在产品的质量、耐用、经济性、实用性之外,还要满足消费者的审美需求,有个“美的文化标准”。这个“美的文化标准”,要求企业研究在产品的构思、造型、款式、风格、包装等方面如何体现出美学价值。要把美学注入产品的开发之中,注入营销活动之中,注入服务之中,这就是消费的审美化趋势对于企业的呼唤。

(七)形象力在市场开拓中的地位和作用越来越突出

形象力概念的提出,是基于企业开拓市场的历史分析。当商品比较匮乏的时期,有商品不愁卖不出去;商品生产的越多,企业赢利就越大。这时,企业力主要取决于商品力。后来的发展,使人们认识到只靠商品力不够了,还要有广告等营销手段,这就是说企业力要靠商品力加上销售力。而再往前发展,就是人们认识到,商品力加上销售力,还需要有企业形象的作用,这就是说,企业力等于商品力加销售力再加上形象力。近年来,在国际企业文化、商业文化界,提出“形象营销”、“形象制胜”的概念,提出形象力是企业较量的一个焦点,就是因为由于现代科技的发展和推动,技术推广非常之快,生产同一种商品的厂家越来越多,销售同一种商品的商店也越来越多,在这种情况下,消费者去哪家商场购买哪家工厂生产的产品,选择余地很大,而企业形象如何,应当显得非常重要。所以企业形象塑造,CI 设计,成为今天企业文化建设中的一个热门话题。由科技进步所推动的市场竞争要求企业自觉地进行形象建设,而企业形象建设又带动着员工素质和企业文明水平的提高。

(八)企业信誉正在成为市场中关键性的竞争要素

企业形象是和企业信誉紧密地联系在一起的。早在 10 多年前,邓小平同志就论述了社会主义可以搞市场经济,同时提出了“信誉高于一切”的观点。他说:“对一些严重危害社会风气的腐败现象,要坚决制止和取缔。一切企业事业单位,一切经济活动和行政司法工作,都必须实行信誉高于一切,严格禁止坑害勒索群众”。市场经济是法制经济,也是道德经济。守法和守信是一切经济行为的两个基本规范。市场经济是竞争经济,也是协作经济。而竞争和协作都离不开讲信誉。因为失去信誉,竞争和协作都无法正常进行。所以,“信誉高于一切”应当成为市场经济发展中的一个不可缺少的重要原则。200 多年以前,富兰克林在提出“时间就是金钱”这个命题时,同时也提出了“信用也是金钱”的命题。今天我们是在社会主义条件下发展市场经济,就更应该讲信誉。企业信誉,从根本上来说是取决于产品质量和服务质量。产品质量差,企业不可能有信誉。而注重产品质量不注重服务质量,企业同样会失去信誉。同样质量的产品而因服务不同会给企业带来不同信誉,因而商业文化学讲“服务增值”,是很有道理的。在市场信誉问题很多,而全社会普遍呼唤信誉的今天,企业信誉在市场竞争中的作用会更为突出起来。

(九)企业运作中的文化纽带、精神纽带、道德纽带与产权纽带、物质纽带、利益纽带起着相辅相成、不可缺少的重要作用

现代商业中连锁店的发展说明,如何能“连”起来,如何能“锁”得住?是个值得重视的问题。不只是

连锁店,也包括所有企业、特别是大的企业集团,仅仅靠产权、物质利益方面的纽带是不够的,还必须有文化、精神、道德方面的纽带。由此看来,统一的企业理念、企业精神非常重要。因为它们是渗透到企业内各个分公司、子公司、各种岗位上的员工的精神动力。它们是无形的,又是能动的,可以在企业行为的各个方面发挥作用。比如"同仁堂"的企业理念是"济世"、"养生","炮制虽繁必不敢省人工,品味虽贵必不敢减物力"。这个理念要渗透到海内外各地"同仁堂"药店员工的经营行为之中。再如蓝岛大厦推行"情义服务"的企业精神,这个精神要贯彻到中国各地"蓝岛"分店内经营实践之中。同那些产权纽带、物质利益纽带相比,这些企业精神、企业理念属于思想道德上的纽带,可算是在企业经济行为中起着重要作用的另一只"看不见的手"。这个文化、精神、道德上的纽带,起着增强企业内部凝聚力、粘合力的作用,而这个内部凝聚力、粘合力又势必增强企业在市场上的竞争力和开拓力。现在一些企业正在进行 CI 设计,这里值得注意的是如何做到企业视觉识别系统与理念识别系统、行为识别系统的统一。如果只注重外形视觉识别的塑造,而忽视内在的企业理念的培育,致使"形"与"神"不能统一起来,甚至重"形"而轻"神",那么,就不可能达到企业形象塑造的目的。

自觉地认识市场发展的这些趋势,努力提高企业的文化品位,提高产品、经营管理的文化含量和员工的整体素质(包括思想道德素质和科学技术素质),有助于实现物质文明和精神文明的内在统一。从这个方面,我们可以看到,市场经济的运行,物质生产活动,并不是脱离精神文明制约的孤立的进程;精神文明内在于、渗透于市场经济运行之中,它提升着物质生产活动的文明程度。企业为了迎接日益激烈的国内外市场竞争,为了提高凝聚力、形象力和信誉度,必须在"科教兴企"、"文化兴企"上进行深入开发,不断取得新的进展。

中国传统文化与海外华人企业的发展

南京大学　　李书有

第二次世界大战后,海外华人经济迅猛发展①,引起了世人的瞩目。

众所周知,第二次世界大战之后,日本创造了经济奇迹,亚洲"四小龙"实现了经济腾飞。在亚洲"四小龙"中,除韩国之外,台湾是中国一个省,香港为英国所租借,其经济发展主要由居住香港的华人所创造。新加坡是一个以华人为主体的多种族国家,华人占 76%以上,其经济腾飞是与华人的特殊贡献分不开的。

在东南亚,华人经济占有主导地位。日本 1985 年版《经济新闻》刊载的《亚洲腾飞》排列了东南亚 10 富:陈弼臣(泰国),22 亿美元;林绍良(印尼),20 亿美元;李嘉诚(香港),20 亿美元;恩利克·索贝尔(菲律宾),15 亿美元;郭芳枫(新加坡),15 亿美元;李成伟(新加坡),14 亿美元;包玉刚(香港),10 亿美元;冯秉芳(香港),10 亿美元;郭鹤年(马来西亚),10 亿美元;丘德拔(新加坡),7 亿美元。其中除恩利克·索贝尔是菲律宾人之外,其余 9 人皆为华人。这一统计资料尚未列入被誉为"华人首富"的台湾省的蔡万霖及名列第二的王永庆。另外,1985 年之后,东南亚富豪的情况又有新的变化,超亿万元的华人富豪又有新的涌现。然而就从上述的不完全统计中,也可以看出华人在东南亚经济中的实力。

① 海外华人,狭义的指华侨和外籍华人,广义的指华侨、外籍华人及港、澳、台胞。本文海外华人系广义而言。

华人经济不仅在东南亚占有主导地位，而且扩展到了世界各地。据美国联邦信用会调查显示，1981 年纽约市华埠各银行的华人存款，已超过 100 亿美元。三藩市的华人存款亦有 87 亿美元。估计全美各地华人的总存款，至少在 400 亿美元以上①。据估计，目前分布在 119 个国家和地区的海外华人已有 3 600 万～3 700万人，可动用资金达 3 000 亿美元，已成为国际资本的主要力量之一②。

海外华人经济的崛起，除少数人是在一定的家资基础上发展起来的之外，绝大多数是白手起家的。他们何以能赤手空拳而在短短的一二十年，或二三十年，发展成为超亿万富豪，主宰东南亚经济，乃至世界一些经济行业？笔者认为，除了第二次世界大战后，西方殖民主义势力削弱，东南亚及世界各地民族独立，转向发展经济，国际经济关系也由战前的殖民掠夺，转向自由贸易，为海外华人参与平等竞争创造了机遇之外，中国传统文化孕育出的华人勤劳节俭，聪慧好学，仁义诚信，群体和谐等美德，是海外华人取得经济发展的最基本原因。

中国传统文化，远源流长，发展到春秋战国时代，形成了各具独立思想理论体系的众多学派，其影响较大者有儒家、道家、墨家、法家、阴阳家、名家等六家。汉代独尊儒术，儒家思想成为官方的统治思想，实则是儒道互补。儒家思想已发生了重大变化，吸取了法家、阴阳家思想，墨家学派虽成为绝学，但在民间仍有广泛影响。两汉之际，佛教传入中国，与中国文化相融合，成为中国传统文化的重要组成部分。丰富多彩的中国传统文化，孕育出众多的华人美德。本文试从中国传统文化孕育出的华人美德对华人经济发展的作用，探讨中国传统文化与海外华人经济发展的关系。

勤劳节俭是海外华人艰苦创业的根本途径

勤劳节俭是中国传统文化孕育出的华人美德之一。在中国传统文化中，墨家学派的创始人墨子积极倡导勤劳节俭。他颂扬大禹治水的勤劳精神，“其称道曰：‘昔者禹之湮洪水，决江河，而通四夷九州也。名川三百，支川三千，小者无数。禹亲自操橐耜而九杂天下之川，腓无胈，胫无毛，沐甚雨，栉疾风，置万国。禹，大圣也，而形劳天下如此’”。因此，他要求其弟子仿效大禹的勤劳精神，穿着短衣、草鞋，日夜不休地劳作，以至于劳苦的极点。指出：“不能如此，非禹之道也，不足为墨。”（《墨子传略》）墨子还提出节用的原则：“凡足以奉给民用则止；诸加费不加利民者，圣人弗为。”（《墨子·节用中》）墨子的勤俭主张及其身体力行的勤劳节俭精神，对后世影响很大，历代思想家无不提倡此种精神。勤劳节俭成为华人的传统美德。

华人在海外创业，靠的就是勤劳节俭精神而非侵略与掠夺。众所周知，中国近代以来，长期遭受西方殖民主义者的侵略和掠夺。西方殖民主义者通过对中国发动侵略战争，强迫中国签订一系列不平等条约，割地、赔款，将中国的财富掠夺一空。大批华人为生活所迫而出海谋生，他们在海外不仅得不到祖国的保护，相反还因祖国的贫弱而倍受欺凌，其处境较之在国内更加艰难。他们能在如此艰难的境况中创业，完全靠勤劳节俭，几乎所有的海外华人企业家都经历了艰苦的创业生涯。

被誉为“香港大亨”的霍英东，就是经历了人间的苦难，通过勤劳节俭创业的。霍英东于 1922 年出生在一个贫苦的水上人家，七岁时，父亲在海船上被暴风雨夺去了生命，两个哥哥又在一次翻船的事故中葬身大海。父兄身亡，家中没有了劳动力，无法再在水上生活，母亲只好带着他和两个妹妹上岸谋生。家中穷困，无钱租房子，只好在一层旧楼的大通间与几十户穷客户挤在一起住了下来，靠母亲白天在码头搬运煤炭，晚上替人缝补衣裳，挣下一点微薄收入维持生活。霍英东为了减轻母亲的负担，他 18 岁时中止了学业，到轮船上当了加煤工，后来又在日寇占领军扩建的机场做苦力，每天只有 7 角钱和半磅配给米。他每天只能吃到一碗粥和一块米糕。由于营养缺乏，他身体极度虚弱，难以支撑，为了生计，仍不得连续劳作。终于在一天头晕眼花时，被一个煤油桶砸断了一

① 《华声报》，1985 年 7 月 30 日。

② 《海外华商》，江西人民出版社，1995 年 5 月版，第 2 页。

节手指。他还做过船上的铆钉工。抗战胜利后,他抓住了机遇而获得创业成功。他总结的经验是:“一个人要干一番事业,其中放开眼界,抓紧时机,百折不挠,艰苦创业,占95%的因素”①。

被誉为“世界塑胶大王”的王永庆,是从“家里穷得连鞋子也买不起”的米店小工发展起来的。王永庆祖籍福建安溪。1917年生于台北新店直潭,15岁小学毕业后,家境贫困,无力再支持他上学,他就没再继续读中学而到一家米店当小工。第二年,他年仅16岁,就立下了创业的大志,靠父亲筹借的200元台币开了自己的小米店。因为资本太小,起步维艰,他唯有靠勤劳节俭开创局面。他把米搞得特别干净,以“净”取胜;又不辞劳苦地一家一家去推销,只要用户需要,他可以深夜冒雨把米很快送到客户家中;以“勤”取胜,靠米的质量和周到的服务,终于赢得了用户,使生意兴隆。接着他又扩展业务,开设了碾米厂,以超负荷的劳作,每天干十六、七个小时,以“苦干”终于在与其他碾米厂的竞争中取胜。台湾省光复后,他打入了木材市场,开始时并不景气,他坚持了下来,到了50年代,台湾建筑业兴起,木材价格猛涨,给他带来了发展的机遇。他又开辟了塑胶业,终于发展成为“世界塑胶大王”。他的“台湾塑胶工业股份有限公司”,乙烯产量不仅世界第一,而且扩展到美国,在美国打下了江山。

王永庆靠勤劳节俭创业,又靠勤劳节俭发展产业。他的“台塑”仍然实行一周六天工作制,勤劳是他美德的“企业管理三要件”中的第一要件:“要刻苦耐劳,不畏横逆,在体力的磨练中注入精神意志”。他的节俭精神贯彻始终,工作午餐食物只是一份简单的盒饭,穿的运动跑鞋破了,让女儿缝缝补补再穿,运动毛巾据说用了30年。他反对铺张浪费,1987年公司职员花1 000美元换了新地毯,他差一点大发脾气。

王永庆还用勤俭精神教育后代。他对子孙们说:“中国人有句古老的俗话,富贵不超过三代。白手起家的第一代,往往缺乏创业的条件,自然会感到,如果不努力,根本没有出头的日子。为了追求创业的条件,事事必须耗费苦心,在困难中创立起来的基础,一定比较踏实。第二代及第三代,如果善加利用这个基础,一定比第一代更加有成就。但人在舒服的环境中,往往不太容易激发向上的志气,第二代多少受到第一代言行的影响,还知道用功。到了第三代,不但没有吃过苦,甚至也没有见过,就容易松懈。人一旦松懈,外在的条件都无济于事。这种过程的演变,往往让人不知不觉的疏于防范。所以说,富贵不超过三代”②。这是他对儿孙们发出的警告,要他们永远保持勤俭精神,使父辈艰苦创下的基业发展壮大,而不至于为松懈所葬送。

被誉为“企业巨人”的郭芳枫也曾是一贫如洗,他在1935年14岁出海谋生时,是用8元钱购买了一张半价票渡海到达新加坡,从在一家五金店当学徒,通过勤俭起家的,拥有19家公司,16亿新加坡元资产的新加坡森林集团公司创始人孙炳焱,也是从当学徒起家的。通过勤劳节俭而艰苦创业者,在海外华人中不胜枚举。海外华人的勤俭精神是举世公认的。皮尔逊(英国人)在《新加坡史》中说:“到这里(指新加坡)来的人中,最勤劳的是中国人。”乔西(英国人)在《李光耀》一书中也说:“东南亚的华人在经济上是成功的(没有比在新加坡更为成功的)。新加坡华人用他们的财富发展新加坡,也开发新山和马来亚的其它地方,不仅因为他们是有能力的移民,更重要的是因为他们在发财致富时,懂得怎样掌握钱财,并组织与钱有关的人”。

聪慧好学是海外华人自强自立的智慧源泉

聪慧好学是中国传统文化孕育出的美德之一。华人的智商高是举世公认的,这是中国传统文化长期孕育的结果。从被称为“宇宙代数学”的《周易》,到中国哲学奠基人老子的《道德经》和兵书的鼻祖《孙子兵法》,形成了独特的中华智慧,在世界上是无与伦比的。这些经典是华人取之不竭的智慧源泉。聪明智慧可谓华人的文化基因。加之中华民族又有尊师重

① 《“香港大亨”霍英东》,《当代港台南洋经济强人列传》,经济日报社(北京)亚洲出版社(香港)联合出版(下同),1991年4月版。

② 《“经营之神”王永庆》,《当代港台南洋经济强人列传》,1991年4月版,第125页。

教,刻苦好学的优良传统,因而华人成为世界上高智商的民族。

中华民族尊师重教、刻苦好学的优良传统始于儒家学派的创始人孔子开创的私人讲学之风,在孔子之前是“学在官府”,为贵族的特权,而与平民无缘。孔子提出“有教无类”。(《论语·卫灵公》)即不分等级贵贱都予以教育。主张“学而优则仕”。(《论语·子张》)对于打破等级贵贱有划时代意义,因而孔子被后世尊为“至圣先师”。尊师重教成为华人的优良传统。通过好学可以改变身份地位,“我欲贱而贵,愚而智,贫而富,可乎? 曰:其唯学乎!”(《荀子·儒效》)当然,在封建时代,刻苦好学所追求的是仕途,即读书做官,现代又赋予其新的含义,即通过刻苦好学,达到自强自立,大者为国富民强,小者为事业成功发达。

李嘉诚就是靠聪慧好学,自强自立,发展成为“香港首富”的。李嘉诚,1928年生于广东潮州,祖父、伯祖父都是清末秀才,父亲是位小学校长,特别重视对子孙的教育。李嘉诚不满5岁就入学读书,自幼聪慧好学。但不幸的是在他11岁那年,侵华日寇的魔爪伸向了华南,他的家乡潮州沦陷。父亲带着全家逃难流落香港,一路的辛苦与流落他乡的贫困处境,使他身染重病,生命垂危,临终之前对李嘉诚作了嘱咐:“阿诚,我今一病不起,看来将离开人世,这里要嘱咐你的是,人生斯世,做人做事,要有骨气。好汉不怕出身苦,勤学苦斗有来日;天下无难事,只怕有心人。失意勿灰心,得意毋忘形。秉先辈教诲,谨记莫误身”①。当时李嘉诚年仅13岁,家中有母亲和两个弟弟、一个妹妹,家庭生活的重担就落在了他的身上。他只好退学,去做童工以维持家庭生活。第二年,经友人帮忙介绍到一家小塑料玩具厂当推销员。他努力肯干,同时又刻苦学习。牢记父亲临终嘱咐“勤学苦斗有来日”。他白天工作,夜间读夜校,每天工作学习16个小时以上,不仅工作出色,而且学习成绩优异,学了一口流利的英语,受到老板的赏识,1948年他20岁时,提升为工厂经理,22岁时,他用积蓄的7 000美元,开设了“长江塑料厂”,走上了自强自立的创业道路。他以“长江”命名自己开设的塑料厂,意喻“长江象征着伟大的中华民族浩荡前进,奔腾不息。同时也有大江不择细流之意”②。李嘉诚聪慧好学成为他自强自立的智慧源泉,他是靠勤劳智慧由一个小小的玩具厂发展成为“香港首富”的。他创业伊始,日夜苦干,既管厂务,又跑推销,靠辛苦扩展业务。又发挥聪明才智,捕捉发展信息。50年代中期,他发现欧美市场上兴起了塑胶花热,大至办公大厦,小至家家户户,皆以摆饰塑胶花为时尚,他抓住这一市场信息,于1957年争取到大量海外订单,不失时机的将生产玩具的工厂转向生产塑胶花,当年营业额高达1 000万港元,随之迅速扩大制作业,第二年就开始建造一幢6层楼的工厂和一幢12层的大厦。7年间他获利数千万港元,使他的“长江塑料厂”发展成为世界上最大规模的塑胶花生产厂。

当塑胶花还处在兴旺的时候,李嘉诚从中国哲人告诫的“物极必反”智慧中,预见到塑胶花市场将会由畅销转为滞销。他立即放弃了当时尚可盈利的塑胶花生产,重操旧业,生产玩具,这一转产,使他不仅避免了塑胶花市场衰落而出现的危机,而且每年可从玩具的产品中获得了高额盈利。李嘉诚从塑胶花和玩具产品中获得丰厚的盈利之后,又预察到香港地产物业将会有大的发展,便从1960年开始把大量资金投向地产物业,扩展新的业务。

李嘉诚的聪慧是过人的,当塑胶花市场还在兴旺时,他预见会衰落,而在他投入地产物业之后,遇到1964年银行风潮及1967年骚乱,在此期间物业暴跌,他非但不抛售地产物业,反而继续购置地皮、楼宇,认为这是发展地产物业的良机。到了1972年香港地产物业再度兴旺时,他已拥有35万平方英尺的楼宇物业的雄厚实力,每年可收入390万港元的资金,再度显示其超人的智慧。

李嘉诚地产物业的成功,实力更加雄厚之后,1972年11月,他将长江实业集团25%的股票上市,得款3 100万港元。发展到1976年,他的长江实业集团50%股票已为香港市民所拥有,使他一跃而升为香港华资地产集团的首领,发展成为“香港首富”。

李嘉诚事业的成功受惠于聪慧好学,事业成功之后,他不忘孕育他聪明智慧的祖国和使他成才的教

① 《“香港首富”李嘉诚》,《当代港台南洋经济强人列传》,1991年4月版,第3页。

② 《“香港首富”李嘉诚》,《当代港台南洋经济强人列传》,1991年4月版,第3页。

育，他捐赠近6亿港元创建汕头大学，当一个记者问他："你为什么要捐这么多钱办汕头大学时"，他回答说："这是一个中国人要做的事。一个国家要富强，发展教育是第一因素，也可以说是根本的条件。我们国家要加速四化建设，就要有人才，人才不是天生的，要靠学校培养。我捐资兴建汕头大学，藉以为中国四化建设培育人才，一表拳拳赤子心"①。

在海外华人中像李嘉诚那样，靠聪慧好学而自强自立，终于创业成功者不乏其人。如上文提到的"香港大亨"霍英东、"世界塑胶大王"王永庆、"企业巨人"郭芳枫，以及被誉为"香港巨人"的郑裕彤、被誉为澳门"博彩大王"的何鸿燊、被誉为香港"毛纺大亨"的曹光彪、被誉为香港"投资大王"的胡应湘、被誉为香港"塑机大王"的蒋震、被誉为"华人首富"的蔡万霖、被誉为"台湾茶王"的李瑞河、被誉为台湾"电器先驱"的陈茂榜、被誉为"世界巨富"的林绍良、被誉为菲律宾"经济显要"的陈永栽、被誉为"金融巨擘"的陈有汉、被誉为泰国"农牧巨子"的谢国民、被誉为"鳄鱼大王"的杨海泉、被誉为新加坡"工商巨子"的姚美良等②，皆是因家境贫困，只读过几年书，或根本无缘读书，而是在当学徒、苦工时，为自强自立而刻苦自学、或白天做工、夜间读夜校，而终于成才，发挥聪明才智，抓住各自的发展机遇，运用经营谋略而获得创业成功的。

当然，在海外华人中，也有一些家境较为宽裕，有幸读过大学，是有较高文化素养而后投身于创业者，如被誉为"世界船王"的包玉刚。包玉刚生于1918年，浙江宁波人，父亲包兆龙是一位殷商，经营造纸厂，家境较好，包玉刚自幼接受正规教育，有缘进大学读书，后因抗战爆发未能完成大学学业，但他毕竟受过高等教育，使他参加银行工作不久，在重庆就当上了工矿银行副经理。抗战胜利后返上海，当上了上海银行副行长。1949年全家迁居香港，父亲是位老式商人，深信"无地不富"的古训，力主经营地产业。包玉刚接受了现代观念，放眼世界性的业务，说服父亲，投资航运业。1955年他创立了环球有限公司，前往英国用77万美元购买了一艘排水量为8 000多吨级的旧货船，开始了他的创业生涯。他运用聪明才智，独特的经营方略，到1981年，他就发展成为拥有大型巨轮210艘，总吨位2 100万公吨，超过了美国、苏联两国所属船队的总吨位，被誉为"世界船王"。英国女王封他为爵士、日本天皇、比利时国王、巴拿马和巴西总统授予他勋章或奖章，为华人赢得了荣誉。包玉刚的成功受惠于华人智慧与教育；成功之后，他又回馈祖国的教育，1982年11月，捐款100万美元，设立包兆龙、包玉刚中国留学生奖学金；1984年，又捐款100万美元，为国内培养人才；同年还决定捐资2 000万美元创立宁波大学。在海外华人中像包玉刚那样，有幸上大学，获得专业知识而后走上创业道路，靠聪明才智而取得成功者也不乏其人。如被誉为"华人财神"的李国宝、被誉为"印尼钱王"的李文正、被誉为香港"领带大王"的曾宪梓、被誉为"景泰蓝王"的陈玉书等人。纵观海外华人创业者，无论是像李嘉诚那样刻苦自学成才者，或是像包玉刚那样，有幸读过大学者，聪慧好学皆是其创业成功的重要因素。

仁义诚信是海外华人企业经营的道德信条

仁义诚信是中国传统文化孕育出的美德之一。孔子创立的儒家学派以伦理为核心，仁义诚信是儒家伦理的最基本道德范畴。仁的最基本含义是"爱人"，为人处事要考虑对方，这就是孔子提出的"夫仁者，己欲立而立人，己欲达而达人"。(《论语·雍也》)"己所不欲，勿施于人"。(《论语·卫灵公》)义是为人处事的基本准则，早在《诗经》中就提出了"人而无仪(同义)，不死何为！"(《诗经·庸风·相鼠》)孔子提出"不义而富且贵，于我如浮云"。(《论语·述而》)在义利关系上，中国自古就强调"居利思义"，(《左传·昭公二十八年》)不能发不义之财成为中国的古训。诚指诚实不欺，信指讲信用、守信义，都是立身行事的基本准则，孔子说："人而无信，不知其可也。"(《论语·为政》)儒学是中国传统文化的主体，经过千百年的儒学道德教育，仁义诚信已经成为华人立身行事的基本道德准则。海外华人创业、企业经营无不遵守道德原则。"华人首富"蔡万霖总结的"四大经营"原则是：

① 《"香港首富"李嘉诚》，《当代港台南洋经济强人列传》，1991年4月版，第3页。

② 见《当代港台南洋经济强人列传》。

经营脚踏实地，工作精益求精；
注意商业道德，讲究职业良心；
重视保护权益，负起社会责任；
加强员工福利，兼顾股东利益。①

这"四大经营"原则中不仅在第二原则中提出"注意商业道德，讲究职业良心"，而且其他三项原则也都与道德密不可分。蔡万霖还把儒家经典中的"财散则人聚，财聚则人散"作为经营的座右铭，提出"人人都是小富翁"的口号。1986年，他拿出4亿元股票，供科长以上员工入股，使其每个人都有100万元以上的资产，年终奖金丰厚，使所有的员工都通过经济利益与公司紧密的联系在一起。体现了儒家理财的仁德精神。

被誉为印尼"经营骄子"的李贵辉，他总结的经营原则中提出："爱人、人爱己"的原则，对属下员工非常体贴，他在国内投资招募的职工，有一条规定：职工只取50%的工资，其余50%工资由公司寄给职工家中，以防止职工在外胡乱花钱而影响家庭生活。此举深得人心。他还提出："信人，人就信己"的原则。他是以爱、信这两个道德原则为经营方略而获得创业成功的。

被誉为"香港巨人"的郑裕彤总结的成功秘决二十四字真言是："守信用、重诺言、做事勤恳、处事谨慎、饮水思源、不应见利忘义"②，体现的全是道德原则。

被誉为"台湾茶王"的李瑞河经营原则中有："共创财富，利益均分"、"情义结合，带动人心"。前者体现的是仁爱精神，他的企业取名："天仁"，他让每位门市经理以低利贷款方式取得30%股权，达到"主管即资方"，以实现"同舟共济"的经营方略。后者体现的是信义精神，他对属下用之则信而不疑，有个员工不慎遗失公司一笔巨款，他非但不加责怪反而先垫还给他，使之感激不尽，十多年如一日地忠心耿耿为公司服务。他对经营中不慎失败者也不多加指责，仍予以信任。一次他投资400万台币建了一个食品厂，结果倒闭，他对5位经营者仍继续重用，这5位经营者非常感动，更加卖力地工作赚钱，不仅弥补了损失，而且赚下更多财富，成了"天仁"公司的五员大将。这是他以道德原则经营的成功。

"世界巨富"林绍良的用人原则是"量才任职，不必求舍"与"用人不疑，疑人不用"两条，体现的也是信义原则。他经营中严守家训。母亲在他离家渡海到印尼时的嘱咐是："到了异邦，在待人处世方面要有中国人的教养，凡事多忍让，吃亏一点便是好。万一跟人发生争执，一定要牢记古人的告诫："退一步，海阔天空。进一步，逼虎伤人"。1989年4月，他在香港对记者说，他与两位兄弟后来事业有成，跟上一代的严教与家训有关，其家训是："处事唯忠，待人唯诚"③。

"印尼钱王"李文正经营的重要原则是"重视人际关系，重视信用"，他说："当你要建立国内的业务网，像中亚银行在印尼一样，或是建立地区性的业务网时，无论你打算做什么，所应注重的不是财务能力，建立一个成功的业务网，最重要的因素是人际关系。银行的业务，主要来自人与人之间的联系"，又说："银行家要出售的不是金钱，而是信用。只要能取得人们的信任，就能当银行家"④。

"世界船王"包玉刚的经营原则也是诚与信。他说："你老老实实做生意，讲实话，干事规规矩矩，别人就对你有信心。事在人为，别人对你有了信心，生意就好做"。又说："对人不能欺骗，做事不可以乱七八糟，这样大家关系好，大家有实惠，生意就可以上去。不管是大是小，都是这样"⑤。

海外华人企业经营的具体原则不尽相同，然皆遵循着道德原则则是共同的，这是他们创业成功的重要因素，也是他们立于不败之地的保证。

群体和谐是海外华人相互扶持的牢固纽带

群体和谐是中国传统文化孕育出的美德之一。

① 《"华人首富"蔡万霖》，《当代港台南洋经济强人列传》，第132页。
② 《"香港巨人"郑裕彤》，《当代港台南洋经济强人列传》，第27页。
③ 《"世界巨富"林绍良》，《当代港台南洋经济强人列传》，第184页。
④ 《"印尼钱王"李文正》，《当代港台南洋经济强人列传》，第197页。
⑤ 《海外华商》，江西人民出版社，1995年5月版，第29页。

重群体和谐是中华文化的特征，儒家学派创始人孔子提出“和为贵”(《论语·学而》)的思想。把“和”作为君子之德，是区别君子与小人的标志。他说：“君子和而不同，小人同而不和”，(《论语·子路》)《中庸》发挥孔子贵和的思想，提出：“和也者，天下之达道也”。荀子对儒家的群体和谐思想作了进一步阐发，他指出，人与动物的区别在于能群，维护群体和谐在于礼义道德。

中国文化的群体和谐思想又与自古以来遗留下来的宗族人伦是分不开的。康有为指出，宗族人伦虽在各国都存在，但“莫如中国之盛”。而华人群体和谐首先是家族、宗族的和谐，由家族、宗族扩展到社会群体的和谐。

海外华人因迁居异国他乡，更加重视家族、宗族、华人社会群体和谐，互相扶持，共同创业。被誉为新加坡“饮料大王”的“杨协成”创业史就是一个典型的例证。“杨协成”并不是一个人的名字，而是经历了杨氏家族三代人经营而享誉饮料市场的企业名称。“杨协成”的第一代创业人是杨仁溜，祖籍福建晋江，自幼家境贫穷，年15时随父至漳州一家酱油园当学徒。由于他为人忠厚诚实，又精明能干，得到老板常识，四年后被任用为掌柜。他在这家酱油园辛勤地干了22年，用省吃俭用积蓄的40块钱。在1901年买下了一家名为“黄协成”的酱油园，将“黄”字改为“杨”字而称“杨协成”酱园，为杨氏家族奠定了基业，并将他的5个儿子都培养成才。由其5子发展“杨协成”企业。长子杨天恩于福州三一学院毕业后继承父业，于1918年在漳州新购土地建造新酱园。1928年又另建新园，弟天赐、天华也参加了“杨协成”的创业。1937年，芦沟桥事变爆发，杨天恩带着儿子至杰到海外开拓，1938年“杨天成也到达新加坡，杨氏兄弟分工合作，共同创业，天恩主管制作，天术与至杰负责推销，天成管理账目。杨氏家族企业发展并不是一帆风顺的，随着日寇侵华的扩张，国内漳州酱园被日军飞机炸毁。新加坡“杨协成”酱园生产的酱油销路不畅，未能打开局面。但事物的发展正如老子所讲的祸福是相互转化的。不久，日寇的侵略魔爪又伸向了新加坡，“杨协成”又被炸的破烂不堪。然这次被炸，对“杨协成”来说却是因祸得福。因被炸的破破烂烂而免遭日本侵略军的查封，其他未遭轰炸的酱园都被查封，使“杨协成”在没有竞争对手的机遇下，占领了市场。战后，“杨协成”迅速扩展业务，又占领了东南亚市场。1947年毕业于厦门大学的天华，回到新加坡，1951年天赐也抵达新加坡。杨氏兄弟5人聚集一地，同心协力，发展杨氏家族企业，“杨协成”由酱园扩展到罐头、饮料行业。由东南亚扩展到世界各地，成为“饮料大王”。现在“杨协成”由杨天恩的第三子杨至耀接任，成为第三代主持人，成立“杨协成”控股私人有限公司。这是杨氏三代人经过数十年艰苦奋斗创下的家族式企业。

家族同心协力创业者在海外华人中相当普遍，被誉为香港“影业界”的“邵氏王国”，是由邵醉翁开创的“天一影片公司”，其弟邵村人、邵仁枚、邵逸夫四兄弟同心协力创业的；被誉为“企业巨人”的郭芳枫，从30年代后期在新加坡创业，后来与其三位兄弟同心协力，发展成为超亿万的家族企业。被誉为“世界塑胶大王”王永庆创业的“台塑集团”，与其弟王永在的协助是分不开的。台湾舆论的评论是：“台塑有今天的成就，王永庆的发动、策划是主因，而王永在的执行、督促也不可或缺”。证明了家族同心协力是创业成功的重要原因。

家族式的企业在海外华人创业的历程中发挥了重要作用，但随着企业的发展，经营的多元化、国际化，需要企业的规模扩大，广招人才，由家族式企业转化为股份有限公司。海外华人适应形势的发展变化，在保持家族为企业的核心的情况下，不断调整，吸纳外部力量，将家族企业与现代企业管理相融合。如“杨协成”家族每年圣诞节、农历新年，都要举行家族的大团聚。90多位家族成员团聚在公司大礼堂，把座位排成三个圆圈，表示同心，然后祷告，由长者讲话，鼓励家族成员，保持着浓厚的家族性，而在企业经营上，第三代接班人杨至耀对杨氏家族企业作了新的调整，一是将马来西亚的土著马来人参与股权提高到30%；二是吸纳越来越多的非杨姓的人才参加管理，任用到重要的岗位上，使“杨协成”这一家族企业取得新发展。被誉为“华人财神”的李国宝，对香港华人家族企业在现代仍有其活力作了解答。他说：“因为香港家族日益现代化，许多大型家族企业的董事局已有外人参与，有些公司已经上市，而且注意建立管理系统，着意培养家族内的新人，又能接纳外面的人才。他还指出，未来家族企业应有高瞻远瞩的眼光，才有可能生存[①]。这说明海外华人家族企业既有其创业作用,经过适应时代发展的调整,还有其未来发展前景。

海外华人的群体由血缘的家族、宗族,扩大到地缘组织的同乡会馆,业缘组织的华人商行,以及华人居住区的唐人街、中华街等群体,这些群体成为联结身处异国他乡华人的纽带,使之相互扶持。在早期,海外华人多组织宗族会、同乡会、行业公会,现在发展为华侨、华人社团联合会、协会、商会等群体组织,成为海外华人团结互助的机构。如在日本横滨中华街由旅日华侨共同集资建立的"横滨华银"华侨银行。其宗旨为:"取之于华侨,用之于华侨"十个字,这是针对过去日本银行采取门户紧闭政策,不接受外国人的存款,也不贷款给外国人,迫使旅日华侨团结互助,筹建了华人银行。这个银行的职员全部为华侨,前往存款和贷款的也全部是华侨,而且经营得很成功,在世界各地,华人聚居区都有华侨办的银行,充分表现华人群体和谐旺盛的活力,对海外华人经济发展起了重大作用。

新加坡前总理李光耀于1991年8月10日,在新加坡召开的世界华商大会开幕式的讲话中指出:"世界各地华人成功的主要因素是节俭、刻苦耐劳、重视教育、社群的信任和互相扶助,简单来说,就是中华文化的核心价值观"[②]。

从这一概括中可以看出中国传统文化与海外华人经济发展的紧密联系。李光耀从1959年新加坡获得独立就任总理,领导以华人为主体的新加坡发展经济,通过二三十年的奋斗,使新加坡经济腾飞。他对华人成功主要因素的概括决非虚言。因此,特加以引用,作为本文的结语。

经济环境与跨国公司的全球战略

清华大学经济管理学院　　金占明

跨国公司是第二次世界大战(以下简称"二战")后随着科学技术进步和国际分工的加深而得以迅速发展的国际化企业的高级形式。1946～1952年平均每年增长50%,70年代跨国公司的增速曾一度有所减缓,但80年代后又开始加速发展。根据联合国贸易与发展会议跨国公司与投资公司的统计[③],目前世界上约有跨国公司4万家,拥有海外分支机构25万家。跨国公司的生产总值占工业国家总产值的40%;控制50%的世界贸易,75%的技术转让和80%的技术开发。毫无疑问,跨国公司已成为世界经济一体化的主要驱动力。

90年代以来,随着中国经济的稳定发展和对外投资环境的不断改善,世界上许多跨国公司开始跻身于对华大规模投资的行列,中国已成为跨国公司子公司分布最多的国家,达4.5万多家。以上海为例,截止到1995年6月,由世界著名跨国公司投资的企业已有264家[④]。目前世界500家最大的跨国公司中,已有200多家来中国投资[⑤]。跨国公司对中国的大规模投资使中国利用外资状况产生了两个显著变化:一是使在中国的外国直接投资项目平均规模呈递增趋势,由1990年以前平均规模不足100万美元上升到1995

① 《"华人财神"李国宝》,《海外华商》,江西人民出版社,1995年5月版,第76页。
② 《人民日报》,1991年8月11日。
③ 储祥银:《国际直接投资的近期发展趋势》,《国际经济合作》,1996年1月版,第5～7页。
④ 朱国庆:《跨国公司在华投资行为分析》,《国际经济合作》,1997年2月版,第19～21页。
⑤ 尹集庆:《跨国公司对外投资的选择及其思考》,《国际经济合作》,1996年9月版,第8～11页。

年的245万美元;第二是使在中国的外国直接投资的产业和地区分布发生了重大变化,即由单纯的劳动密集型行业转向资金密集型行业,如电子、通讯设备、机械及化工行业的转移;由单一的东南沿海经济特区向北延伸。与此同时,中国每年实际利用的外资占全社会固定资产投资额的比重、产品出口以及出口商品构成也发生了相应的变化①。总之,跨国公司对中国的经济发展,产业结构调整以及中国企业的国际化经营正在产生越来越重要的影响。

跨国公司的国际化扩张可能出于多方面的动机,如以谋取资本本身利润为动机;以占领垄断东道国市场为动机;以向东道国转移相对落后的技术或产品为动机;以寻求成本优势或获得东道国先进技术为动机等。但跨国公司采取什么样的全球战略不仅与其自身的内在需要有关,而且更重要的是要受其所处经济环境的影响和制约。因此,分析跨国公司所处的经济环境与其全球战略的关系对我们更全面地了解和把握世界经济一体化和推动中国企业的国际化进程具有非常重要的意义。

一

大量研究表明:跨国公司的竞争优势不仅来源于其自身的资源和能力,如财务资源、先进的技术和知名的商标与品牌等,以及这些内部优势与行业环境的适应,而且与跨国公司母国整个国家的经济发展水平所决定的经济结构有密切的联系。

根据波特(Michael E·Porter)的竞争优势理论,一个跨国公司的竞争优势与以下几个因素有关:②③④

因素条件

所谓因素条件是指企业在生产经营过程中所需要的基本资源要素的供应状况,如原材料、劳动力和基础设施等。例如,由于沙特阿拉伯能提供充足的高质量原油,所以该国的石油公司在全球石油行业拥有竞争优势。再如,美国的气候和土壤条件非常适合生产小麦,而澳大利亚的自然禀赋有益于铀的开采,许多南美国家因其丰富的森林资源而使这些国家在木材加工和造纸行业具有竞争优势⑤。同样,菲律宾、印度和中国因有丰富的劳动力资源而在劳动密集性行业,如纺织、手工艺和玩具制造业等具有比较优势,美国、日本等国家则在高技术的生产领域(如微电子产品、医药和医疗诊断设备等)具有竞争优势。在分析因素条件决定跨国公司竞争优势中的作用时,波特还将注意力从自然资源禀赋移向高度专门化的资源上。例如,在分析好莱坞在影片生产上的杰出作用时,波特认为从加利福尼亚大学洛杉矶分校,(ULLA)和南加利福尼大学(USC)电影学院培养的高技能人员起了至关重要的作用;在解释为什么日本公司会在照相机、印刷和录相机行业成功时,波特认为这是因为日本公司具有将电子和光学技术一体化的能力。波特还认为:资源条件的限制可能促进替代品的发展,如日本正是由于原料的短缺刺激了企业的发明和创新,而在意大利,劳动法律的限制加速了工业的自动化进程。

相关的支持性行业

研究发现:对某些行业来说,最重要的国家资源之一是相关的支持性行业。波特惊人的发现之一就是一个国家的竞争优势往往伴随着若干行业的"集合"。在美国,半导体、计算机和软件行业互为重要的资源和相关支持性行业;而在德国,这种相互支持发生在化学、合成染料、纺织和纺织机械行业。

需求条件

跨国公司本国市场的需求状况及其对产品改进和革新的推动作用如何对其竞争优势产生重要的影响。一般说来,成熟的消费者将迫使企业生产先进、质量高而价格合理的产品,以保证它们在本国市场经营的成功,能够满足顾客这些需要的公司在世界其它市场与没有类似经历的跨国公司竞争时将有明显的优势。例如,波特把瑞士和比利时巧克力制造商在国际市场上的突出优势归因于其本国市场消费者的挑

① 李岚清:《中国利用外资基础知识》,中共中央党校出版社,1995年4月版,第65~70页。
② M.E. Porter, The Competitive Advantage of Nations, New York, Free Press, 1990. P.71.
③ Robert M. Grant, Contemporary Strategy Analgsis, Blackwell Publishers Inc. 1995. P.342~343.
④ Thomas L. Wheelen, Strategic Management and Business Policy, Addison-Wesley Publishing Company, 1995, P.311~313.
⑤ Sharon M. Oster, Modern Competitive Analysis, New York: Oxford University Press, 1994, P.100.

剔;类似的,日本公司在世界照相机市场上的领先地位是由于在日本有一大批摄影爱好者并且他们热衷于采用革新产品;德国公司之所以在高性能小骄车的世界市场上领先,也许与德国人喜欢以惊人的速度在高速公路上行驶有密切的关系。最后,美国巨大的本土市场已成为其跨国公司在飞机、汽车、计算机和医药行业的主要优势来源,因为巨大的本土市场可以使这些公司形成大规模生产,从而降低生产成本和提高技术水平。

竞争结构

波特认为:跨国公司与本国其它公司在本国市场的竞争状况对其竞争优势的形成有显著的影响。一般说来,本国公司之间的竞争比来自不同国家的公司之间的竞争更直接和激烈,因此,这种竞争很可能强烈刺激各公司进行技术革新和提高工作效率。日本汽车行业的最显著特点之一就是有 9 家汽车公司在其本土市场上进行激烈的竞争,同样,日本在国际传真机市场的主导地位与其本国传真机市场的激烈竞争有关。从中国的实际情况看,那些在国际市场上比较有竞争力的产品几乎都经历过国内市场的激烈竞争。冰箱行业之所以在中国成为产量、质量和技术水平提高最快的产业,同样与该行业的激烈竞争有关。众所周知:经过十几年的优胜劣汰,中国生产冰箱的企业已由最多时的 200 多家减至 1996 年的 20 多家,由科龙、新飞和海尔等 12 个厂家控制了 80% 以上的国内市场份额。

从以上分析中不难看出,除某些自然资源因素主要与地理位置有关外,其它因素与一国的经济发展水平都有密切的联系。如美国在微电子产品、医药和医疗诊断设备,日本在照相机、印刷和录相机领域的竞争优势主要来源于它们的技术优势,而后者则是因其经济发达而对科研开发作大量投入的产物;同样,相关的支持性行业的发展与一个国家的工业化进程和产业一体化能力有关。至于本国市场的需求条件和竞争状况则更要受经济发展水平的制约和影响,某一市场对高质量产品的需要固然与消费者的选择偏好和习俗有关,但更重要的是与经济发展水平决定的购买力与欣赏标准有关,而某一市场的竞争激烈程度也在相当程度上反映着某一国家或地区的经济发展水平。中国改革开放近 20 年的历史也充分说明:随着经济的飞速发展和经济水平的不断提高,中国消费者无论对日用品还是耐用消费品的质量和品牌的要求都明显提高了,而与此同时,这些产品市场的竞争也越来越激烈。这从一个侧面说明了为什么中国在改革开放之初很少有产品走出国门,而今天为什么有越来越多的产品和企业进入国际市场。

二

如果说,跨国公司母国的经济环境在一定程度上决定了其竞争优势的大小,那么,东道国的经济发展水平及文化环境则基本上决定了其进入的方式与水平。

跨国公司进入国际市场的方式可以分为两大类:对外贸易和直接投资。一般说来,采用直接投资方式时公司要承担更大的责任、风险和挑战,管理过程也比较复杂,当然,成功时获得的收益也大。因此,跨国公司总是力图根据东道国的具体经济环境采取适当的进入方式。

众所周知:发达国家是吸收外国直接投资的主要东道国,到 1995 年,流向发达国家的外国直接投资份额仍占 2/3,达 2 160 亿美元①。而在发展中国家,吸引外国直接投资最多的地区是经济发展速度最快的亚太地区,1994 年这一地区吸收的外国直接投资占发展中国家外国直接投资存量的 70%②。实际上,从中国近几年经济发展速度与跨国公司直接投资关系的比较分析中可以清楚地看到同样的现象。据中国国际经济论坛有关部门公布的数字,在 1991 年～1995 年的“八五”期间:中国的国民生产总值平均年增长 11.9%;中国产业结构调整取得明显成效,基础产业和基础设施的建设速度明显加快,新增发电装机容量 7 500 万千瓦小时,新增铁路营业里程 3 000 多公里,新建和改造公路 9.2 万公里,铺设长途光缆干线达 10 万多公里,新增电话交换机容量 5 895 万门;中国城乡居民的收入水平大幅度增长,城镇居民人均生活费收

---

① 尹集庆:“跨国公司对外投资的选择及其思考”,《国际经济合作》,1996 年 9 月,第 8～11 页。

② 储祥银:“国际直接投资的近期发展趋势”,《国际经济合作》,1996 年 1 月,第 5～7 页。

入年均增长7.7%。与中国经济的高速发展相对应，自1992年以来外国对华直接投资持续快速增长，1992年首次突破100亿美元大关，此后连续4年中国吸引外国直接投资居世界第二位，仅次于美国，占发展中国家利用外国直接投资总量的30%～40%[①]。而在90年代以前，由于中国经济发展水平还不高，尤其是在通讯、运输和能源等基础设施方面的落后导致跨国公司对中国市场持谨慎观望的态度，主要是在中国各大城市设立代表处，从事对华贸易。以美国为例，据不完全统计，美国跨国公司1980～1992年累计对华投资总额不足这些公司1992年一年海外投资总额的1%。从世界跨国公司在中国投资的地区分布上，同样可以看出经济发展水平和基础设施等因素条件对跨国公司进入战略的影响，根据王志乐对30家德、日跨国公司对华投资地区分布的研究(见表1)，在全部231个项目中，珠江三角洲地区有项目39个，占项目总数的16.8%，长江三角洲地区有项目82个，占项目总数的35.5%；环渤海湾地区有项目78个，占项目总数的33.8%，这三个经济发展中心地区共集中了199个项目，占全部项目总数的86%[②]。相反，在80年代以前，跨国公司进入中国市场的主要方式是补偿贸易、加工装配和国际租赁等低级形式。

表1　30家日、德跨国公司投资地区分布

地区	项目数	地区	项目数
黑龙江	1	安徽	2
辽宁	15	福建	6
吉林	3	广东	37
河北	3	广西	1
北京	41	海南	2
天津	13	云南	1
江苏	27	四川	8
山东	6	陕西	4
上海	48	湖北	2
浙江	7	湖南	1
河南	2	江西	1
		总数	231

三

如果跨国公司想要在某一国际性竞争行业建立自己的竞争优势，那么就必须保持其竞争战略与母国比较优势模式的一致性，并根据东道国的经济环境选择合适的生产布局[③]。例如，对英国刀具行业来说，由于来自南韩的同行企业具有低工资和低价钢的优势，所以英国刀具公司若想在普通不锈钢刀具市场上生存几乎是不可能的。在这种情况下能够生存和发展的企业只能是那些依赖高技术或将目标集中于高质量餐具上的公司。在个人电子计算机行业，马来西亚和泰国的制造商很难以他们的品牌提供高性能计算机，因为这些公司在技术上不具备明显的竞争优势，但他们的安装成本却比较低，所以他们的明智选择是安装日本或美国计算机公司生产的计算机。

在考虑生产布局时，跨国公司需要考虑的第一个因素是对其竞争优势有显著影响的东道国的资源的适用性。例如，对耐克(Nike)和利保克(Reebok)来说，低劳动成本对形成其制造优势是至关重要的因素，所以这些公司只能在中国、泰国、印度和菲律宾来安排生产；类似的，遍布世界各地的计算机和电讯设备制造商几乎都在美国设立研究开发机构以利用美国的微电子专家。跨国公司需要考虑的第二个因素是其是否具有特定的竞争优势，对那些竞争优势主要来源于内部资源和能力的跨国公司来说，产品在哪里生产主要取决于某一国家或地区是否能最充分地利用那些资源和能力。例如，丰田(Toyota)、尼桑(Nissan)和本田(Honda)的竞争优势主要来自他们的技术、制造及产品开发能力，所以，80年代以前，这些公司将生产集中在日本国内，而到80年代以后，随着东南亚各国经济的发展以及伴随的生产力水平和管理水平的提高，这些日本公司才将生产逐步转移到国外。影响跨国公司生产布局的第三个因素是产品的可贸易能力，运输成本，各国消费者选择偏好的差异以及东道国政府对进口的限制，这些都可能刺激或迫使跨国公司靠近市场来布置生产。

① 储祥银："国际直接投资的近期发展趋势"，《国际经济合作》，1996年1月，第5～7页。

② 王志乐：《著名跨国公司在中国的投资》，中国经济出版社，1996年版。

③ Robert M. Grant, Contemporary Strategy AnalYsis, Blackwell Publishers Inc. 1995. P. 344～349.

事实上，跨国公司不仅要考虑以上因素对生产布局的影响，而且还要注意到产品生产过程中垂直价值链及输入要素的变化，即要考虑不同国家和地区在价值链的不同阶段可能具有不同的优势。例如，在生产电视机和计算机等产品时，部件的生产是资金和技术密集性的，同时要求规模经济，因而部件生产主要集中在美国和日本等发达国家，但这些产品的安装是劳动密集性的，所以集中在新兴工业化国家和发展中国家。同样，纺织和织布行业也是采取类似的模式，纤维生产是集中在农业和化纤生产有比较优势的国家，纺纱和织布相对来说是资金密集性的，所以集中在新兴工业化国家和成熟的工业化国家。跨国公司在考虑生产布局时还特别注意在生产每一阶段需要投入的主要要素以及生产它们时不同国家的成本高低和适应性。以耐克生产的运动鞋为例，其生产过程包括三个阶段：设计、部件制造和装配。所以耐克公司根据这三个阶段需要投入的要素，劳动力技能和素质以及资金密度的不同，将它们分别集中在美国、新兴工业化国家和中国、印度、菲律宾、泰国等发展中国家。跨国公司的生产布局还依赖于它自身的战略，如果它试图通过成本领先战略去竞争，那么在选择生产地点时应选择成本最小的地区，而对致力于追求差异化优势的公司，则主要 考虑是否易于获得高质量原料、部件以及设计专家。

奥姆(Ohmae)认为①：如果跨国公司试图在汽车、电子和手表等全球性行业中获得竞争优势，那它就必须在世界上经济最发达的大三角地区有上乘的表现，因为大约有90%的高附加值和高技术产品是生产和消耗在北美、西欧和日本，由此也可看出经济发展水平对跨国公司目标市场规模和潜量的影响。

四

跨国公司母国和东道国的经济环境不仅影响其全球战略的制定和实施，而且也决定了它的组织结构特点，而组织结构的刚性反过来又对其战略调整形成制约。研究发现：一旦其功能、运作方式和决策权力分配已经确定，那么，跨国公司想再对其组织结构作根本性调整非常困难，尤其是在东道国政府介入的情况下。事实上，今天被很多跨国公司所采用的战略与组织结构构架倾向于反映它们在早期国际化扩张阶段的选择②。根据巴特利特(Bartlett)等人的研究③④：按母公司与海外子公司权力关系的划分，跨国公司的组织结构演变大致经历了四个时期，反映出不同的特点，它们实际上是跨国公司母国和东道国经济发展水平及全球信息化程度的反映。

二战前的欧洲跨国公司时代

在20世纪头10年，欧洲的跨国公司，如荷兰皇家壳牌公司(Royal Dutch/Shell)帝国化学工业公司(ICI)、菲利普(Philips)站在国际商业的前沿并在海外工业发展中起主导作用。这些公司被称为“多国的联邦”，每一海外子公司独立负责其产品开发、制造和市场，即其运作过程与母公司保持独立。这种“联盟制”的母子关系主要体现在母公司对子公司高级管理人员的任命，大额资金使用的批准以及红利从子公司向母公司的流动。很显然，这种组织结构的产生是因为当时国际运输和交流的成本很高且不可靠，各国的市场高度差异化。

二战后的美国跨国公司时代

在五六十年代，美国公司在整个世界的制造业占据了主导地位，通用汽车公司、福特公司、国际商用机器公司和可口可乐等在相应的行业成为领先企业。虽然美国跨国公司的海外子公司在产品引进、制造和市场方面享有高度的自治，但整个公司的主体结构仍是以本国的运作为主。由于美国是当时世界上最大和最丰富的市场，本国基地对整个公司起着新产品和工艺技术源的作用，所以海外子公司的主要竞争优势是它们利用在美国开发的新产品、工艺以及专有技术的能力。毫无疑问，美国跨国公司之所以采取这种组织结构，同样与其经济发展水平及由此决定的开发能

---

① K. Ohmae, The Triad Worldview, Journal of Business Strategy (Spring, 1987). P. 8～19.

② Robert M. Grant, Contemporary Strategy Analysls, Blackwell Publishers Inc. 1995, P. 358～363.

③ Christopher Bartlett, Building and Managing the Transnational: The New Organizational Challenge, in Competition in Global Industries, ed. Michael E. Porter, Harvard Business School Press, 1986, P. 367～401.

④ C. Bartlett, S. Ghoshal, Managing Across Bordors: The Tramsnational Solution, Harvard Business School Press, 1989.

力与本国市场潜力有关。

七八十年代跨国公司的崛起

在七八十年代，与日本公司相比，美国和欧洲的跨国公司在钢铁、船舶、汽车和电子行业失去领先地位。日本跨国公司的主要特点是它们采取以本国为基地的全球战略。一些大公司如松下(Matsushita)和日本电气公司(NEC)等将其研究、开发和制造集中在日本，而海外子公司主要从事销售和分销，通过建立空前规模的工厂满足世界日益增长的需要，日本公司获得了明显的规模和经验优势。日本能够采取这样的全球战略同样与其经济结构有关，众所周知，日本企业能够广泛地联合而实现高度一体化。

90年代以后的网络化时代

在90年代以后，随着世界经济全球化和一体化进程的加快，尤其是随着全球信息网络的建立和人们需求选择的多样化，跨国公司的主要倾向是要同时获得来自全球一体化和地区适应性的利益，即一方面要通过制造和技术开发的全球一体化获得高效率和低成本，另一方面又要增强对局部环境的适应性。按照克里斯托弗等(Chriistopher Bartlet)的观点，同时适应这两方面矛盾要求的跨国公司的组织结构非常不同于以前的相对简单的多国公司或全球性地区结构，其突出特点是要形成一个资源和能力独立分布，而且又高度一体化的网络，既能灵活地根据局部市场的需求生产其所需要的产品，又能分享一体化制造和资源规模利用的益处。

第　二　篇

世界人口发展与环境保护

· 世界人口发展状况
· 世界人口发展趋势
· 世界部分国家人口发展的经济文化背景
· 世界环境保护发展的趋势与展望
· 世界环境保护的特点与实践
· 世界部分国家环境保护的情况和政策
· 联合国环境署 1998～1999 年拟议基金方案及说明

世界人口发展状况

中国人口信息研究中心　汤梦君

世界人口规模及其增长

(一)世界人口规模的变迁

世界人口急速增长是20世纪后半叶的一个显著特点。进入90年代以来,世界人口仍保持着增长的势头,从1990年到1996年,世界人口由53.21亿增至57.71亿。人口的急速增长,给社会经济发展带来了一系列问题,因此,它愈来愈引起了世界各国的关注。

90年代主要年份的世界人口数量　单位:亿

	1990年	1992年	1994年	1996年
世界	53.21	54.20	56.07	57.71
发达国家	12.14	12.24	11.64	11.71
发展中国家	41.07	41.96	44.43	46.00

资料来源:美国人口咨询局编、中国人口信息研究中心译:1990、1992、1994、1996年,《世界人口数据表》。

1996年全世界有10个国家人口超过1亿,依人口多少排序依次是:中国,12.18亿;印度,9.5亿;美国,2.65亿;印度尼西亚,2.01亿;巴西,1.61亿;俄罗斯,1.48亿;巴基斯坦,1.36亿;日本,1.26亿;孟加拉国,1.2亿;尼日利亚,1.04亿。这10个国家的人口约占1996年世界总人口的60%,这些国家多为发展中国家。世界各国人口相差悬殊,有人口12亿多的中国,也有人口仅有3万的欧洲小国列支敦士登。

自从人类出现,直到产业革命,这段漫长的历史时期里,世界人口的增长是相当缓慢的。高出生、高死亡、低增长的人口再生产类型占绝对优势,人口增长长时期停顿以及间或绝对减少,在这一段时间屡见不鲜。真正的人口规模的快速扩大,是在产业革命后,1800年世界人口达到了第一个10亿,而后来每增加一个10亿之间的间隔越来越短了。1987年7月11日,世界人口突破了50亿大关,预测在本世纪末以前,世界人口将超过60亿。

(二)世界人口增长速度

二战前,尤其是20世纪以前的岁月,世界人口增长相当缓慢,史前时期上万年、上千年还增长不了1%;17世纪以后稍许加快,但平均年增长也不过是0.5%左右。而在二战后人口增长情势发生了剧变,40年代末到70年代初世界人口的增长速度始终处于很高水平,一直接近2%,成倍地高于往昔。其后,发达国家人口增长速度放慢,而中国在内的广大发展中国家由于积极推行以限制生育为主的计划生育,世界人口增长势头得到了一定的控制。80年代以来,世界人口增长率趋于下降,并逐步稳定下来。但总的来看,世界人口增长仍处于较高水平,1995年和1996年,世界人口年自然增长率均为1.5%,保持不变。

世界人口翻一番的时间在慢慢增长。二战以后,世界人口翻一番的时间曾一度缩短到了约40年,与史前时期几百世纪才翻一番大不相同,与进入资本主义后翻一番的时间以百年计也不相同。但现今世界人口倍增时间却呈现增长趋势,1990年人口倍增时间为39年,1992年为41年,1994年为43年,而1996年增至46年,这表明人口翻番的基数越来越大,而人口增长速度正在逐渐放慢。尽管人口增长率已下降并将继续下降,但世界人口仍以每年庞大的规模增加着。据联合国人口预测,人口年增长将大概保持在这一水平直到2015年。因此,人口增长前景仍不容乐观。

由于各国经济发展的不平衡,人口增长也呈现出不同的特征,发达国家人口增长在经历了战后一度的高增长后又停滞了下来,而发展中国家则继续保持较高的人口自然增长率。因此,在世界人口发展中,发展中国家所占总人口的比重在不断上升。

90 年代主要年份的人口自然增长率

单位:%

	1990 年	1992 年	1994 年	1996 年
世界	1.7	1.7	1.6	1.5
发达国家	0.6	0.5	0.2	0.1
发展中国家	2.1	2.1	1.7	1.9

资料来源:1990、1992、1994、1996 年,《世界人口数据表》。

发达国家与发展中国家占世界人口比重的变化

单位: %

	1950 年	1960 年	1970 年	1982 年	1990 年	1996 年
世界人口	100	100	100	100	100	100
发达国家	33.1	31.22	28.55	25.1	22.82	20.29
发展中国家	66.9	68.78	71.45	74.9	77.18	79.71

资料来源:邬沧萍主编《世界人口》,中国人民大学出版社 1983 年出版,第 42 页;1990、1996 年,《世界人口数据表》。

(三)人口再生产类型

人口再生产类型与世界人口的增长密切相关。不同的时代,由于社会生产力发展的程度不同,便会出现与之相适应的不同的人口出生率水平、死亡率水平、自然增长率水平以及其他人口指标,从而构成不同的人口再生产类型。人口再生产类型的演变并非杂乱无章,而是具有一定客观规律性。这就是:人口再生产沿着它固有的三种不同的类型有规律地演变,先从高人口出生率、高人口死亡率和低人口自然增长率组成的人口再生产类型——"高高低"类型,过渡到高出生率、低死亡率和高自然增长率组成的人口再生产类型——"高低高"类型,接着又从后者过渡到低出生率、低死亡率和低自然增长率组成的人口再生产类型——"低低低"类型。

当前,世界上同时并存着"高低高"和"低低低"这两种人口再生产类型。

大部分发展中国家的人口再生产类型都属于高出生、低死亡、高增长的类型,大体上,出生率在 30‰以上,死亡率则在 15‰左右或更低,人口自然增长率高达 2%以上。

1996 年部分亚非拉国家再生产类型的数量表现

	出生率(‰)	死亡率(‰)	自然增长率(%)
利比亚	45	8	3.7
多　哥	47	11	3.6
伯利兹	38	5	3.3
加　沙	55	5	5.0
阿　曼	53	4	4.9

资料来源:《1996 年世界人口数据表》。

这种人口再生产类型意味着这些国家 15 岁以下人口比例空前增大,65 岁以上人口比例很低,而经济活动人口的负担系数高,人口增长十分强劲。这些国家在长期的殖民统治后纷纷独立,发生了第一次人口革命,人口死亡率第一次从长期保有的高水平持续地、不可逆转地跌落下来。但出生率则没有像发达国家那样在短时间内降下来,虽然也在不同程度上推行计划生育政策,但出生率仍大大高于死亡率;人口增长态势虽有所抑制,但自然增长率仍很高。

低出生、低死亡、低增长的人口再生产类型主要分布在发达国家。大体上是出生率低到 15‰以下,死亡率低到 10‰左右,自然增长率在 0.8%以下。

1996年部分发达国家再生产类型的数量表现

	出生率(‰)	死亡率(‰)	自然增长率(%)
日本	10	7	0.2
瑞典	12	11	0.1
德国	9	11	-0.1
意大利	9	10	0.0

资料来源:《1996年世界人口数据表》。

在这种人口再生产类型下,人口素质普遍大为提高,人口平均预期寿命大大提高,婴儿死亡率很低。这些国家由于人民生活水平的提高,以及现代医学技术的飞跃发展和现代医疗保健事业的扩展,死亡率率先下降;之后由于家庭自我限制生育,生育率也逐步下降,所以在战后短暂的人口增长后,出现了较低的增长势头,有的国家甚至出现人口负增长。无怪乎其中的某些国家对目前的生育水平不满,认为是太低了。

应该说,这些发达国家不是现在,而是早在19世纪末、20世纪初就已建立了"三低"人口再生产类型,只是还不充分而已,这是这些国家完成第二次人口革命的结果。第一次人口革命是人口死亡率从高水平上逐渐下降到低水平;第二次人口革命的引爆点则是人口出生率从长期保有的高水平上跌落到低水平,结果促使了人口自然增长率也从高水平上降下来。所以,这次人口革命的核心是出生率的下降。第二次人口革命可视为经济增长、教育发展、医学科技兴盛的产物,人口再生产从"高低高"走向"三低"是大势所趋。今天,对于发展中国家来说,把握发展的机遇,开展"家庭生育计划",控制人口增长,实现人口转变是使人口与经济、环境相协调,提高综合国力的必由之路。

世界人口结构

(一)世界人口年龄结构

影响全世界以及各个国家人口年龄结构变动的因素很多,诸如死亡、出生、迁移、战争等。但它们都受一定的经济条件的制约,所以归根到底社会经济因素对人口年龄结构的变动起主要作用。世界人口年龄结构是长期形成的,短期内变化不大。世界15岁以下少年儿童人口,1950年占世界人口的35.1%,1960年占37.5%,1970年占37.9%,1990年占33%,1996年占32%,从长期的趋势看,这一比值在日渐下降。

与此相对应,65岁以上的老年人口所占总人口的比重日益上升。1950年占总人口的5.3%,1960年占5.1%,1970年占5.2%,1980年占5.7%,1990年占6%,1996年占6%,这意味着世界人口年龄结构在缓慢地向老年型转变。

1996年世界人口年龄结构及总抚养系数 单位:%

	0~14岁	15~64岁	65岁以上	总抚养系数
世界	32	62	6	61.29
发达国家	20	66	14	51.52
发展中国家	35	60	5	66.67

资料来源:《1996年世界人口数据表》。

根据老年人口系数划分人口年龄结构类型,老年人口系数为4~6%为年轻型,7~9%为成年型,10%以上为老年型。当今世界总人口中65岁以上老年人口比例为6%,仍接近年轻型人口;1996年发展中国家65岁以上人口所占比例为5%,因此属于年轻型人口,人口增势还炽;发达国家65岁以上人口占14%,超过10%,属于老年型人口。

人口年龄结构决定了人口抚养系数的不同。人口抚养系数包括少儿抚养系数、老年抚养系数和总抚养系数。根据目前世界人口年龄构成,1996年世界人口总抚养比为61.29%,发达国家的总抚养比为51.52%,发展中国家为66.67%。发展中国家由于人口的快速增长导致社会总抚养比加大,直接影响了社会经济的发展。

(二)世界人口性别结构

人口的性别结构是指人口中两性的比例关系,通常用女性人口为 100 来计算男性人口数值。人类产生至今,性别比始终保持在 100 上下,即保持一种男女人口尤其育龄男女人口数量相当的景状,而使人口生产和再生产得以继续下去。根据联合国对世界大多数地区和国家的统计,性别比保持在94～106之间的占绝大多数。所以,性别比在94～106之间属于正常性别比。

从世界范围来看,人口性别结构基本上比较平衡,男性人口和女性人口大体上保持对等。据联合国估算,1995 年世界人口的性别比为 101,与 1985 年估算的性别比 100.9、1980 年的 100.6 相比,变化不大。

世界人口性别比的变化

	世界	非洲	拉丁美洲	北美洲	亚洲	欧洲	大洋洲
1980 年	100.60	98.32	100.11	96.03	104.06	100.0	100.0
1995 年	101	99	99	95	104	93	100

资料来源:邬沧萍主编《世界人口》,中国人民大学出版社 1983 年出版,第 45 页;《1993 年世界人口年鉴》。

作为一般趋势来看,在保持性别比大致在 100 左右这个大前提下,性别比有略低于 100 而维持在 94～100 的客观趋势。这是因为,人口老龄化是个客观趋势,而老年人口中女性人口寿命又高于男性,所以,当老年人在总人口中所占比重大大上升后,总的性别比有下降的趋势。正是因此,进入老龄化的国家,在保持性比例结构平衡的条件下,性别比一般都低于 100。这就不难解释为什么发达国家性别比偏低,而发展中国家性别比偏高了。

世界人口素质

世界人口的发展过程,既包括人口数量的增加,也包括人口素质的提高。如果没有体质和智能的逐步提高,人类根本不可能从渔猎和采集野果为生进入刀耕火种,并发展到像今天这样具有高度文明的状态。一部世界人口发展史不仅仅是人口数量增长的历史,其间始终伴随着人口素质的提高。进入 80 年代以来,人口数量受到控制,人口素质问题受到大多数国家的共同重视。人口素质稳步提高,已被实践证明是一种客观趋势。

但是,人口学的发展迄今还没有提出一个能准确地、全面地反映人口素质的综合指标,一般而言,人口素质主要包括人口健康素质和人口文化素质。婴儿死亡率、出生时平均预期寿命是集中反映人口健康素质的主要指标。

90 年代婴儿死亡率的变动　　单位:‰

	1990 年	1992 年	1994 年	1996 年
世界	73	68	63	62
发达国家	16	18	10	9
发展中国家	81	75	69	68

资料来源:1990、1992、1994、1996 年,《世界人口数据表》。

当今世界婴儿死亡率的变动充分说明,世界人口的健康素质有了很大提高。据 1975～1980 年资料,全世界每 1 000 个活产婴儿中有 97 名死亡,而 19 世纪曾多达 200 名。居高不下的婴儿死亡率也是导致出生率迟迟不下降的原因之一。二战后随着发展中国家医疗卫生事业的发展,科学技术的提高,发展中国家的婴儿死亡率下降得快,从而使世界人口的婴儿死亡率也逐渐下降。1996 年,世界上婴儿死亡率的最高值出现在阿富汗,平均每 1 000 个活产婴儿中有 163 名死亡。这样高的婴儿死亡率也同时说明,幸存下来的人口当中也有相当一部分人健康素质差。婴儿死亡率的最低值在新加坡,一个新兴的发展中国家,为 4‰。发达国家的这个指标大多在 10‰以下。这反映了这些国家母婴身体健康,医疗护理条件良好,否则达不到这样低的水平。

90 年代出生平均预期寿命的变动　　单位:岁

	1990 年	1992 年	1994 年	1996 年
世界	64	65	63	66
发达国家	74	75	71	74
发展中国家	61	63	61	64

资料来源:1990、1992、1994、1996 年,《世界人口数据表》。

世界人口出生平均预期寿命大为提高,表明出生时预期能活到的年龄越来越大了。1982年时人口出生的预期寿命全世界为60岁,比原始社会、奴隶社会时提高了大约2倍,比封建社会提高了大约1倍,比上一世纪也提高了许多。而1996年世界人口出生预期寿命达到66岁,14年间又增加了6岁。凡此种种,都说明了世界人口的健康素质有了长足的进展。1996年出生预期寿命最高的国家是日本,80岁;而日本的女性则出现了这一指标的最高值,83岁。出生预期寿命最低的国家为阿富汗,43岁,两者相差约1倍。这也说明了国与国之间的差距之大。

人口的教育程度是衡量人口科学文化素质的基础标志。近些年来,人口的教育程度有了很大的提高。二战后,世界成年人口文盲率大幅度地下降。目前,发达国家基本已消灭了文盲,文盲主要集中在发展中国家。这说明适应时代需要,教育的普及程度大大加快了。

1996年中学入学率　　单位:%

	男	女
世界	58	50
发达国家	92	95
发展中国家	52	42

资料来源:《1996年世界人口数据表》。

由表中可以看出,1996年世界上有一半以上的人口接受过中学以上教育。在发达国家,几乎普及了中等教育,而且女性的中学入学率高于男性。在发展中国家,仅有约一半的男性进中学,而女性的中学入学率则低于男性。目前全世界的女性中学入学率达到70%以上的有80多个国家,还有一部分国家女性中学入学率低于10%。在这些国家,提高人口文化素质,尤其是女性人口的文化素质应受到相当的重视。

世界人口分布

(一)世界人口的地理分布

人口分布归根到底决定于社会经济条件,但自然条件和地理环境也具有程度不同的影响,例如气候条件、资源等,都在一定程度上影响人口的分布。目前,世界人口的地理分布极不平衡。世界人口的绝大多数仅居住在占地球面积2.9%的地区,广大自然条件和地理环境差的地区基本无人栖息。各大洲的人口分布极不均衡,1996年欧洲每平方公里有72个人,而大洋洲每平方公里仅有3个人,除目前还不宜人类大量定居的南极洲外,大洋洲是世界上人口最稀少的洲。各个国家之间人口密度也相差悬殊。1996年新加坡人口密度最大,每平方公里有4982人,而西撒哈拉地区每平方公里不足1人。

(二)世界人口的城乡分布

世界人口的城市化日益发展,使世界人口越来越集中在小块地方,意味着世界人口分布不均匀更为加剧。目前从人口迁移分布来看,有两股相反的流向:一股从人口密集地区向人口稀少地区疏散,另一股由人口稀少的乡村地区向城市地区聚集。前一种倾向发展较慢,迁移人数少,对世界人口分布无甚影响;后一种倾向发展迅猛,人口迁移的规模很大,是使世界人口分布不均匀状态加剧的主要原因。

1950年世界城市人口为7.1亿,约占总人口的28.4%;1980年世界城市人口规模和比例分别增至18.07亿和40.9%;1990年增至21.82亿和41%;1996年分别为24.82亿和43%。

90年代主要年份世界城市人口所占比例的变化　单位:%

	1990年	1992年	1994年	1996年
世界	41	43	43	43
发达国家	73	73	74	75
发展中国家	32	34	35	35

资料来源:1990、1992、1994、1996年,《世界人口数据表》。

90年代发达国家充分实现了人口城市化,而发展中国家仍然是人口城市化猛烈推进的时期。20世纪下半叶以前,广大发展中国家还处在以农业为主的前工业化状况,大部分或绝大部分人口居住在落后的农村。而20世纪下半叶起,这些国家纷纷独立,工业化兴起,城市化进程也大大加快。1996年发展中国家的城市人口已占发展中国家总人口的35%。由于发展中国家城市经济发展、基础设施以及行政管理适应不了日益增多的城市人口,造成了一些城市化进程中的问题。随着城市化的继续发展,这些问题将越来越严重。1996年,城市人口比重最高的国家是新加坡,有100%的城市人口,而最低的是卢旺达,仅有5%的城市人口。

世界人口发展趋势

曾　磊

世界人口发展历史回顾

地球上产生原始人至今已有约150万年的历史，经过漫长的岁月才演化成为现代人。发展到目前的文明社会大约花费了5万年。但只有在近300年，经济才出现了突飞猛进的增长，生产力达到了空前的高度。若将人类发展全部时间当作一天，则现代文明只是在最后几秒钟才出现。长期以来，种种严酷的自然和社会条件制约着人口的增长。从考古资料分析结果来看，古代人能活到40多岁已属高寿，婴儿死亡率和儿童死亡率高达千分之数百。因此，尽管出生率很高，人口增长率却很低。在数十万年内，世界人口才达到1 000万人。在人类发展历史上，伴随生产力的三次革命性飞跃，出现了三次人口加速增长时期。

从石器时代以狩猎和采集为特征的生产方式过渡到以农业和畜牧业为主造成了第一次人口加速增长，人口年增长率比新石器时期增加了1倍。生活安定，营养改善使平均寿命延长，同时也使生育率提高。大约2000年前，全世界人口增加到1亿。这一时期生产力虽比石器时代有了很大的提高，但与可利用的资源相比，仍处在受自然条件支配的阶段，资源似乎是无限的，只要增加劳动力，产出就能相应地增加。人口增长与经济发展是并行的。

历史上的第二个人口加速增长时期是随着产业革命和科技发展而形成的，这次高速的人口增长主要是发生在欧洲。公元4世纪罗马帝国时期欧洲的人口密度是每平方公里10人，叙利亚也达到每平方公里55人。产业革命促进了经济和科技的发展，使欧洲人口增长达到空前的高速。目前，欧洲人口密度已达到了每平方公里500人，位于各大洲之首。如此高速的人口增长，曾给欧洲带来严重的经济问题，灾荒、瘟疫都曾夺走过许多人的生命，争夺有限资源的斗争变得十分剧烈。但是，这一时期世界其他地区还有大片未开发的土地，向外移民及掠夺殖民地资源就成为解决人口过剩的办法。直到19世纪后半叶，经过近200年自发调节，出生率和死亡率稳定到一个较低的水平上，人口增长也稳定下来。

第二次世界大战以后，一个具有完全不同特征的人口加速增长时期迅速形成。许多发展中国家摆脱了殖民统治，稳定的生活造成高出生率。同时，引进先进的医疗技术和药物使死亡率突然大幅度降低。例如，斯里兰卡在1934年死亡率高达34‰，1940年引入新的治疗手段DDT向疟疾开战后，仅仅一年内死亡率竟降到8‰，不到二次世界大战前的1/4。但过去由于高死亡率形成的多生子女的观念却不能立即随着死亡率的猛烈下降而改变，出生率在发展中国家普遍维持在很高的水平上。因此，第三次人口增长高峰来得突然，人口增加的速度远远超过前两次，其覆盖面广，来势猛烈。1950年到1996年，世界人口已翻了一番多，从25亿增加到57亿。

世界人口发展趋势分析

(一)1996年世界人口状况和1997年人口形势分析

就全世界而言，世界人口的出生率和死亡率是决定人口发展趋势的两个关键性因素。目前，世界人口的再生产从总体看来具有高出生、低死亡、高增长的特点。发展中国家尤其明显。而发达国家则基本已实现低出生、低死亡、低增长的人口再生产类型(详见下表)。

1996 年、1997 年世界人口状况

	全世界	较发达地区	不发达地区	不发达地区(不含中国)
1996 年中人口数(亿)	57.71	11.71	46.00	33.83
1997 年中预测人口数(亿)	58.58	11.72	46.87	34.57
1996 年人口出生率(‰)	24	12	27	31
1996 年人口死亡率(‰)	9	10	9	10
1996 年自然增长率(%)	1.5	0.1	1.9	2.2
人口倍增时间(年)	46	501	37	32
婴儿死亡率(‰)	62	9	68	73
总和生育率	3.0	1.6	3.4	4.0

资料来源:美国人口咨询局,《1996 年世界人口数据表》。

[注]:出生率和死亡率:每 1 000 个总人口的年出生和死亡数。由于这两种率通常为“粗率”,不考虑人口的年龄结构,因此发达国家的粗死亡率往往高于不发达国家,因为发达国家的老年人比例大。

自然增长率:出生率减死亡率所得年人口增长率,不包括迁移。用百分数表示。

婴儿死亡率:每年每千名活产婴儿中未满周岁婴儿的死亡数。

总和生育率:假定妇女在其生育期内(通常 15～49 岁),目前的分年龄出生率保持不变,一个妇女所生子女的平均数。

从上表资料可以看出,发展中地区人口以及世界人口出生率虽从 70 年代开始下降,但至今自然增长率仍高达 1.5%。每年净增 8 700 万人口。决定死亡率变动的主要因素—婴儿死亡率,不管在全世界范围或是在发展中地区,迄今都还很高,都比发达国家高出数倍。这也说明,总死亡率降低的潜力还很大。因而,当今世界规模的控制人口行动,如果稍有松懈,人口出生率得不到进一步降低或降低很慢,那么世界人口激增的局面还会继续下去。总和生育率,即一个妇女终生生育的子女数,根据多数人口学家论证,如果维持在 2.1 的水平,便意味着人口的简单再生产;低于 2.1 表明人口已经维持不了简单再生产;高于 2.1 表明人口再生产仍在扩大的规模下进行。根据表上资料,发达国家总和生育率等于 1.6,说明其人口连简单的再生产都达不到;也正是这样,大多数发达国家不采取任何控制人口的措施,有的甚至鼓励生育。而反之,发展中国家的总和生育率很高—4.0,说明发展中国家的人口再生产是在扩大规模下进行,而且规模相当庞大。

(二)世界人口增长及分布趋势预测

世界主要地区人口增长趋势

1950～1994 年间,非洲人口从 2.24 亿增加到 3.708亿,平均年增长率为 2.6%(总增长率 217%),是世界上人口增长最快的地区。拉丁美洲和加勒比海地区是除非洲以外 1950 年以来年人口增长率超过 2%的地区。以 2.4%的年增长率,拉丁美洲和加勒比海地区的人口从 1950 年的 1.66 亿增长到 1994 年的 4.74 亿。而与之相反,欧洲是 1950～1994 年间唯一人口增长率在 1%以下的地区,它的年平均增长率仅为 0.6%。

非洲 1990～1995 年间的增长率为 2.8%,是世界上唯一比 1950～1994 年间人口增长率(2.6%)还高的地区。拉丁美洲和加勒比海至 1994 年增长率仅次于非洲,但在 1994 年以后生育已开始下降,降至平均每年 1.8%。人口增长最慢的地区是欧洲,人口近年一直处于几乎静止的状态。世界其他地区,北美洲年增长率 1.1%,亚洲 1.6%,大洋洲 1.5%。

在 1990～1995 年间每年净增的 8 600 万世界人口中,7 400 万(86%)是在亚洲和非洲。在这两个主要地区中,亚洲增加 5 500 万(64%);其中中国 1 300 万,印度 1 700 万,亚洲其他地区 2 500 万),非洲1 900 万(22%)。

1750～2050 年世界人口发展地区分布预测

世界主要地区人口年增长率预测(%)

世界各主要地区	1980～1985年	1990～1995年	2045～2050年
非洲	2.9	2.8	1.1
东非	2.9	3.0	1.2
中非	3.0	3.1	1.3
北非	2.7	2.3	0.7
南非	2.6	2.3	0.8
西非	2.9	3.0	1.2
亚洲	1.9	1.7	0.4
东亚	1.3	1.0	0.0
中南亚	2.3	2.1	0.6
东南亚	2.1	1.8	0.5
西亚	2.9	2.6	0.8
欧洲	0.4	0.2	−0.3
东欧	0.6	−0.1	−0.1
北欧	0.2	0.3	−0.0
南欧	0.4	0.1	−0.6
西欧	0.1	0.6	−0.4
拉丁美洲和加勒比海地区	2.1	1.8	0.5
加勒比海地区	1.4	1.3	0.5
中美洲	2.4	2.2	0.6
南美洲	2.1	1.7	0.4
北美	0.9	1.1	0.2
大洋洲	1.5	1.5	0.3

资料来源:联合国《世界人口展望》,1994年。

注:人口增长率:指人口增长程度或增长速度,即一定时期内人口增长数与人口总数之比,通常以一年为期计算,用百分数表示。

1750～2050年的世界人口

主要地区	1750年	1800年	1850年	1900年	1950年	1996年	2000年	2050年
A. 人口数量(亿)								
全世界	7.91	9.78	12.62	16.50	25.21	57.71	61.68	98.58
非洲	1.06	1.07	1.11	1.33	2.24	7.32	8.33	21.45
亚洲	5.02	6.35	8.09	9.47	14.03	35.01	37.44	57.61
欧洲	1.63	2.03	2.76	4.08	5.49	7.28	7.30	6.78
拉丁美洲和加勒比海地区	0.16	0.24	0.38	0.74	1.66	4.86	5.24	8.39
北美洲	0.02	0.07	0.26	0.82	1.66	2.95	3.06	3.89
大洋洲	0.02	0.02	0.02	0.06	0.13	0.29	0.31	0.46
B. 百分比(%)								
全世界	100	100	100	100	100	100	100	100
非洲	13.4	10.9	8.8	8.1	8.9	12.7	13.5	21.8
亚洲	63.5	64.9	64.1	57.4	55.7	60.7	60.7	58.4
欧洲	20.6	20.8	21.9	24.7	21.8	12.6	11.8	6.9
拉丁美洲和加勒比海地区	2.0	2.5	3.0	4.5	6.6	8.4	8.5	8.5
北美	0.3	0.7	2.1	5.0	6.6	5.1	5.0	3.9
大洋洲	0.3	0.2	0.2	0.4	0.5	0.5	0.5	0.5

资料来源:1.联合国《世界人口展望》,1994年。

2.《1996年世界人口数据表》。

1994～2050年，非洲人口预测将增长200%。2050年的预测人口为21亿，是1994年人口的3倍，1950年人口的10倍。预测非洲人口的增长率将远远超过其他地区。1994～2050年，拉丁美洲和加勒比海地区人口将增长77%，亚洲69%，北美34%。而欧洲人口将下降7%。

从1950～2050年，非洲人口可望增至10倍，拉丁美洲和加勒比海增至5倍，亚洲增至4倍，北美增至略多于2倍，欧洲增至1.2倍。

人口增长率随世界各地区不同而不同。各地区增长趋势如上表所示。在发达国家中，澳大利亚—新西兰1990～1995年增长为最快(1.3%)，其次为北美(1.1%)

欧洲四个地区的人口增长速度都不同。西欧年人口增长率为最高，1990～1995年间年平均为0.55%。而1980～1985年间的年平均增长率仅为0.14%，1985～1990年的年增长率为0.49%。西欧的人口增长率上升的原因是移民的不断增加(主要是德国移民的增加)。与之相反，东欧的人口增长率在1990～1995年间呈负增长。主要由于人口的外迁、生育率的急剧下降和部分东欧国家人口死亡率的上升。南欧的人口增长率在过去的10年也呈下降趋势，从1975～1980年的年增长率0.8%下降到1980～1985年的0.4%、1985～1990年的0.3%和1990～1995年的0.1%。南欧生育率的急剧下降(从1975～1980年的每个妇女一生生育2.3个孩子到1990～1995年的1.4个孩子)是人口低增长的主要原因。北欧1990～1995年的年人口增长率为0.3%，与1985～1990年相同，约高于1975～1980年的0.2%。

澳大利亚—新西兰和北美洲的人口将持续增长到2050年(根据世界人口预测中方案)。西欧和南欧人口将在2005年后下降，北欧人口将在2040年后下降。东欧的人口已经开始下降，而且其趋势将延续至2050年。2050年澳大利亚—新西兰人口数量据预测将是1950年的3倍，2050年北美人口数量将是1950年的2.3倍，这两个地区人口增长的原因是移民的大量进入。欧洲就整体而言2050年人口数量将比1950年略有增长，其中东欧将增长31%的人口，南欧增长13%的人口。

从1980年到1995年，除三个欠发达地区外，全球人口增长率都处于下降的趋势。这三个只升不降的地区都在非洲，它们是：东非(年人口增长率为3%)，中非(年人口增长率为3.1%)，西非(年人口增长率为3.0%)。这三个地区年人口增长率都在3%以上，居高不下。

有五个地区年人口增长率在2%以上。1990～1995年西亚年增长率2.6%，北非是2.3%，南非是2.3%，中美洲是2.2%，中南亚是2.1%。欠发达国家中最低人口增长率的是加勒比海地区和东亚，分别是1.3%和1.0%。据预测这五个年人口增长率在2%以上的地区的人口增长率在2050年都将下降。至2045～2050年，除以上所提到的三个非洲地区外，全球各地区年人口增长率都将下降1%以上。

2050年，东非、中非和西非的人口数量将是1950年人口数的11倍；其次是西亚和密克罗尼西亚(为1950年的8倍)；再次为北非、南非、中美洲(为1950年的6～7倍)；然后是中南亚、东南亚、南美和波利尼西亚(为1950年人口的5倍)。最低的人口增长率将发生在加勒比海地区(为1950年人口的3.5倍)和东亚(为1950年人口的2.7倍)。

值得说明的是，据预测，在1950～2050年间，欠发达国家即使保持最低的人口增长率，其人口增长的数量仍将比发达国家人口增长的数量多得多。欧洲、北美洲和大洋洲2050年的人口总数也仅仅是该三个地区1950年人口总数的2.4倍。

1950年、1995年和2050年世界人口最多国家排名

全世界共有228个国家和地区。3/4的世界人口居住在23个最大的国家。中国(12亿)和印度(9.19亿)占世界人口的38%。

1995年，有10个国家的人口超过了1亿，这10个国家人口总数占世界人口的60%。紧跟中国和印度的人口大国分别是：美国(2.61亿)，印度尼西亚(1.95亿)，巴西(1.59亿)，俄联邦(1.47亿)，巴基斯坦(1.37亿)，日本(1.25亿)，孟加拉国(1.18亿)和尼日利亚(1.08亿)。

1950年、1995年和2050年世界人口最多国家排名

单位:亿

排序	1950年		1995年		2050年	
	国别	人口	国别	人口	国别	人口
1	中国	5.55	中国	12.09	印度	16.4
2	印度	3.58	印度	9.19	中国	16.06
3	美国	1.52	美国	2.61	巴基斯坦	3.81
4	独联体	1.03	印尼	1.95	美国	3.49
5	日本	0.84	巴西	1.59	尼日利亚	3.39
6	印尼	0.8	独联体	1.47	印尼	3.19
7	德国	0.68	巴基斯坦	1.37	巴西	2.64
8	巴西	0.53	日本	1.25	孟加拉国	2.39
9	英国	0.51	孟加拉国	1.18	埃塞俄比亚	1.94
10	意大利	0.47	尼日利亚	1.08	扎伊尔	1.64
11	法国	0.42	墨西哥	0.92	伊朗	1.63
12	孟加拉国	0.42	德国	0.81	墨西哥	1.61
13	巴基斯坦	0.40	越南	0.73	越南	1.44
14	乌克兰	0.37	菲律宾	0.66	菲律宾	1.3
15	尼日利亚	0.33	伊朗	0.66	独联体	1.3
16	越南	0.3	埃及	0.62	埃及	1.17
17	墨西哥	0.28	土耳其	0.61	日本	1.1
18	西班牙	0.28	英国	0.58	土耳其	1.06
19	波兰	0.25	泰国	0.58	缅甸	0.95
20	埃及	0.22	法国	0.58	坦桑尼亚	0.91
21	菲律宾	0.21	意大利	0.57	肯尼亚	0.9
22	土耳其	0.21	埃塞俄比亚	0.53	南非	0.9
23	韩国	0.20	乌克兰	0.51	苏丹	0.85
24	泰国	0.20	科特迪瓦	0.46	泰国	0.82
25	埃塞俄比亚	0.18	韩国	0.45	乌干达	0.7
26	科特迪瓦	0.18	扎伊尔	0.43	德国	0.65
27	阿根廷	0.17	南非	0.41	英国	0.62
28	伊朗	0.17	西班牙	0.40	科特迪瓦	0.61
29	罗马利亚	0.16	波兰	0.38	沙特阿拉伯	0.61
30	加拿大	0.14	哥伦比亚	0.35	法国	0.6
31	南非	0.14	阿根廷	0.34	阿富汗	0.6

资料来源:1. 联合国《世界人口展望》,1994年。
2.《1996年世界人口数据表》。

1995年有13个国家的人口数量在5 000万到1亿之间,这13个国家人口总和是8.37亿,占世界人口总数的15%。这批国家中,亚洲有五个(越南、菲律宾、伊朗、土耳其和泰国),欧洲有五个(德国、英国、法国、意大利和乌克兰),非洲有两个(埃及和埃塞俄比亚),拉丁美洲和加勒比海地区有一个(墨西哥)。

因此,仅仅世界228个国家和地区中的23个国家就占据了世界人口的75%。另一方面,1995年中共有77个国家人口少于100万,这些国家人口的总和为1 500万,占世界人口的0.3%。

39个占世界人口7%的国家年人口增长率在3%以上。这些国家中,21个在非洲,11个在亚洲,4个在拉丁美洲和加勒比海地区,2个在大洋洲,1个在欧洲。另外78个占世界人口21%的国家,年人口增长率在2.0~3.0%之间。这些国家中非洲有29个,亚洲19个,拉丁美洲和加勒比海地区12个,大洋洲18个。

世界人口的28%居住在世界107个年增长率为

2.0%的国家里。其中包括几乎所有的非洲国家和半数以上的亚洲国家。

半数以上的世界人口(55%)居住在中等年人口增长率的国家中(年增长率1.0～2.0%)。而且,世界人口的17%居住在增长率低于1.0%的68个国家中。这68个国家有37个在欧洲,16个在拉丁美洲和加勒比海地区。

由于国家间人口增长率的巨大差别,2050年世界各国人口数量的排名将发生巨大变化(见表),2050年,印度预测将成为世界上人口数量最多的国家,2050年的预测人口为16.4亿,略高于居于第2位的中国人口数量(16.06亿),巴基斯坦到2050年将成为世界第三大人口国(3.81亿),从1950年的13位和1994年的第7位上升为第3位,美国和尼日利亚洲将分列第4、第5位。

(三)世界人口迁移现状及趋势分析

1990～1995年世界主要地区年国际迁移人口数和国际迁移率状况

主要地区和国家	1990～1995年平均年国际迁移	
	数量(万)	迁移率(‰)
非洲	-6.3	-0.09
东非	-12.8	-0.61
中非	0.4	0.05
北非	6.9	0.45
南非	0.2	0.04
西非	-1.0	-0.05
亚洲	-136.6	-0.41
东亚	-17.1	-0.12
中南亚	-66.4	-0.51
东南亚	-48.5	-1.05
西亚	-6.6	-0.29
欧洲	73.9	1.02
东欧	-10.9	-0.35
北欧	4.7	0.51
南欧	-2.0	-0.14
西欧	82.1	4.60
拉丁美洲和加勒比海地区	-39.2	-0.85
加勒比地区	-9.9	-2.86
中美洲	-20.2	-1.69
南美洲	-9.1	-0.30
大洋洲	97.1	3.40

资料来源:联合国《世界人口展望》,1994年。

[注]:迁移率:第1 000个总人口的迁移人口数。符号"-"表示迁出,相反表示迁入。

国际迁移是世界人口地区间的流动。一般说来,大部分国家净迁移通常是很小的,在很多情况下,预测时甚至可以假设它为零。然而,还是有一些国家的国际迁移不能忽略。

从上表可以看出,1990～1995年,欧洲、北美和澳大利亚—新西兰是从非洲、亚洲和拉丁美洲及大洋洲欠发达国家人口净迁入的地区。

澳大利亚—新西兰有很高的年人口净迁移率,为5.8‰;紧接其后的是西欧(4.6‰)和北美(3.4‰)。澳大利亚和新西兰都有着鼓励移民的国家政策。在欧洲,北欧和西欧是人口净迁入地区,东欧和南欧为人口净迁出地区。非洲大陆的人口净迁移率是-0.1‰,与整个非洲大陆内部的各国间的高迁移率比较,这个数字并不显得高。但是,非洲的迁移实际表现为其内部各国(地区)间的难民的流动,其内部的大规模流动并不影响整个大陆较低的人口迁移率。非洲内部东非为人口净迁出区,北非为净迁入区。

亚洲和大洋洲的欠发达地区人口为净迁出。其中亚洲为-0.4‰;美拉尼西亚、波利尼西亚、密克罗尼西亚迁移率为-1.7‰。亚洲内部,东南亚国际迁移率较高,为-1.1‰。所有拉美地区和加勒比海地区也是人口净迁出区,人口净迁移率为-2.9‰;中美洲为-1.7‰,南美为-0.3‰。

就全世界而言,净迁出国的数目超过净迁入国的数目。例如,在181个国家中,73个为净迁出国,51个为净迁入国,其他57个国家和地区迁移率低可视为未发生国际迁移。在73个净迁出国中,27个国家的国际人口迁移率高达3.0‰;在51个净迁入国中,28个国家国际迁移率超过3.0‰。

非洲

非洲12个国家为人口净迁出,其中2个国家人口净迁移率高达-3.0‰。另一方面,11个净迁入国中,5个净迁移高达3.0‰。正如前所提及,非洲迁移主要是同一地区内难民的流动,从本国迁往邻国避难。索马里就是一个本国居民外迁至邻国(埃塞俄比亚和肯尼亚)的内乱严重的国家之一,索马里净迁移率在1990~1995年据估计为-19‰。

亚洲

亚洲人口净迁出国多于人口净迁入国。在24个净迁出国中,9个迁移率超过-3.0‰,10个迁入国中,9个国家国际人口净迁移率超过3.0‰。净迁入国中科威特迁移率最高,高达-86.7‰;沙特阿拉伯-8.8‰,伊拉克-6.7‰。另外,引人注目的高人口迁入的国家是阿富汗(29.6‰),以色列(23.3‰),也门(15.5‰)和约旦(15.3‰)。

伊拉克、科威特和沙特阿拉伯人口净迁出的增加归因于1991年海湾战争的影响。估计有200万人从这些国家中迁出,其中绝大多数为外籍劳工。也门在战争期间也有约100万的本国劳工从波斯湾地区返回国内(80万人从沙特阿拉伯返回)。

阿富汗人口的大规模入迁是归因于内战后大量难民从伊朗和巴基斯坦的返回。1991年底,约有630万阿富汗难民开始从外遣返,1990~1995年间,共有260万阿富汗难民返回家园。

以色列作为一个永久的移民国,有大量的人口从国外迁入。从1989~1991年,约有20万前苏联犹太人移入以色列。随着埃塞俄比亚政策的改变,约有1.5万犹太人在1991年进入以色列。

欧洲

欧洲的移民净迁入国比净迁出国多。在38个国家中,21个迁入国,13个迁出国。在21个净迁入国中,2/5迁移率高达3.0‰。另一方面,一半以上净迁出国的迁移率也在3.0‰以上。引人注目的迁入国家主要是:南斯拉夫(8.6‰)和德国(7.2‰)。波斯利亚和黑塞哥维纳的国际人口迁移率高达-50.2‰。南斯拉夫人口的迁入归因于来自波斯利亚和黑塞哥维纳的难民潮,而德国迁入的移民主要来自东欧和前苏联地区的德裔人口。另外,迁入德国的移民还包括来自前苏联和东欧的录求避难者。

拉丁美洲和加勒比海地区

拉丁美洲和加勒比海地区人口净迁出国多于人口净迁入国,其中净迁出国20个,净迁入国5个。

北美洲

美国和加拿大的移民政策使两国的国际人口净迁移率高达3.0‰以上(先前为4.2‰,现阶段为3.3‰)。

大洋洲

大洋洲主要移民接收国为澳大利亚和新西兰,净国际迁移率分别为6.3‰和3.5‰。该区其他四个欠发达国家为人口净迁出国。

世界部分国家人口发展的经济文化背景

中国人口信息研究中心　刘鸿雁

部分发达国家状况

(一)部分发达国家人口状况

表 1　部分发达国家人口数据

国家	婴儿死亡率(‰)	总和生育率	人口倍增时间(年)	被抚养人口(%) <15 岁	>65 岁	预期寿命(岁) 男	女	城市人口(%)	中学入学率(%) 男	女	人均国民生产总值($)
加拿大	6.2	1.6	116	21	12	74	81	77	104	103	19 570
美国	7.5	2.0	114	22	13	72	79	75	98	97	25 860
西班牙	7.2	1.2	155	17	15	73	81	64	107	120	13 280
新西兰	7.0	2.0	82	23	12	73	79	85	103	103	13 190
日本	4.2	1.5	315	16	15	77	83	78	95	97	34 630
澳大利亚	5.8	1.8	92	21	12	75	81	85	83	86	17 980
挪威	5.2	1.9	182	19	16	75	81	73	118	114	26 480
瑞典	4.4	1.9	630	19	17	76	81	83	99	100	23 630
英国	6.2	1.7	385	19	16	74	79	90	91	94	18 410
法国	6.1	1.7	217	20	15	74	82	74	104	107	23 470
德国	5.5	1.3	–	16	15	72	79	85	101	100	25 580
瑞士	5.1	1.5	231	18	15	75	82	68	93	89	37 180
发达地区	9	1.6	501	21	14	70	78	75	92	95	18 130

资料来源：美国人口咨询局编、中国人口信息研究中心译：《1996 年世界人口数据表》。

按照联合国的划分方法，发达国家包括欧洲和北美的所有国家，加上澳大利亚、日本和新西兰。其他所有地区和国家都归入不发达国家，即我们通常所说的发展中国家。

1996 年中发达国家的总人口为 11.71 亿，占世界总人口的 20.29%。据预测，至 2010 年发达地区的人口将达到 12.31 亿，占当时世界人口的 17.65%；至 2025 年将达到 12.68 亿，占当时世界人口的 15.48%①。从这个数据看，发达国家人口所占的份额将越来越少。发达国家人口比重降低的原因主要是由于发达国家的出生率大幅度下降，而死亡率相对升高所致：发达国家的出生率仅为 12‰，低于不发达国家的 27‰；其死亡率为 10‰，高于不发达国家的 9‰(发达国家的高死亡率主要是由于人口年龄结构老化，老龄人口比重偏高所致)。发达国家较低的出生率及较高的死亡率形成了人口迟缓增长的局面，其年自然增长率仅为 1‰，绝对地低于发展中国家的 19‰。因而，发达国家的人口增长明显慢于发展中国家，其在未来年代的比重也呈降低趋势。

从表 1 数字可看出发达国家人口状况的一些规律：⑴婴儿死亡率极低。绝大多数低于 7.5‰，这与大

① 美国人口咨询局编、中国人口信息研究中心译：《1996 世界人口数据表》。

多数发展中国家高于40‰的高婴儿死亡率形成了鲜明的对比。⑵生育率低。大多数发达国家的总和生育率低于2.0,也就是说,在发达国家平均每个育龄妇女一生生育的孩子数不到2个。⑶人口倍增时间长。即假定目前人口自然增长率不变的情况下,人口增加一倍所需要的时间长。大多数国家人口倍增的时间在100年以上,法国、英国等国家在200年以上,瑞典甚至高达600多年。⑷被抚养的老年人口比重偏高。一般认为,65岁以上人口的比重超过7%时,这个人口结构就会被看成是老年人口偏高。大多数发达国家目前老年人口的比重均超过10%,有些国家已高达16～17%。⑸平均预期寿命高。发达国家人口的平均预期寿命均高于70岁,女性的平均期望寿命在80岁左右,这与发展中国家只有60岁左右的平均期望寿命形成了很大的反差。⑹城市人口比重高。发达国家城市人口比重在75%左右,即从事农业活动的人口仅为25%左右。⑺中小学生入学率高,且男女之间没有明显差异。发达国家中小学生的入学率高达90%以上,即青少年中接受教育的程度较高。

从发达国家的各项人口指标来看,发达国家的城市化程度高、受教育水平高、婴儿死亡率低、平均期望寿命长,人均国民生产总值高,这些指标都表明了发达国家欣欣向荣的景象。但是,尽管发达国家没有发展中国家那样巨大的人口数量压力,但其结构性人口压力已得到广大发达国家的关注。综合考察发达国家目前所存在的人口问题主要有:⑴生育率水平低。大多数发达国家的总和生育率极低,已经低于更替水平的2.1,人口增长处于萎缩状态。由于年轻人口的比重逐渐降低,他们直接面临的一个重要问题是劳动力市场不足问题。⑵老龄化问题严重。自70年代以来发达国家的生育水平不断降低,平均期望寿命越来越长,人口老化程度随之升高,目前发达国家面临着既要解决日益减少的劳动力问题,又要着手老年人的福利待遇问题,以及由此引发的社会问题。⑶离婚问题日益严重。发达国家的离婚率普遍较高,美国1993年的离婚率高达4.6‰;除信奉天主教的爱尔兰、意大利等国的离婚率较低外,其他发达国家的离婚率大约在2‰左右[①]。较高的离婚率使家庭的稳定性差,单亲家庭比重逐渐增多,对青少年的社会化及社会的稳定带来负面影响。⑷移民问题。随着发达国家的生育率下降及老龄化程度加强,经济活动人口的比重日益降低,因而大多数发达国家为解决劳动力不足的问题,从发展中国家引进大量的劳动力。一方面,发展中国家劳动力为发达国家的经济注入了活力,解决了其劳动力不足问题;另一方面,发展中国家的劳动力相对廉价,降低了生产成本。尽管移民问题解决了目前发达国家的经济问题,但随移民的迁入,移民的宗教、信仰、风俗习惯等文化也逐渐被渗入;而且移民的生育率大多高于发达国家当地居民,发达国家的本土居民的比重开始下降,从而引起系列移民问题。

(二)发达国家人口发展的经济动因

发达国家的人口发展经历了一个漫长的过程。18世纪末,欧洲人口快速增长,人口每十年增长10%[②],大量过剩的农村人口涌入城市,与此同时城市人口也在大量增加,从而导致了欧洲城市人口的恶性膨胀。随着大量移民的迁出,农业生产的大幅度提高,加之工业革命的发展,大量剩余人口被吸纳,人口恶性膨胀的势头在一定程度上被遏制。当然,还有一个更为重要的原因就是随着工业化革命的进程,人们的生活方式、生育观念已经发生了质的转变,生育率开始大幅度下降。二次大战后,欧洲地区普遍出现了"婴儿热潮"现象,在一段时间内人口急剧增加,然而为时不长,发达地区的人口增长势头便急剧下降。至90年代,许多发达国家的人口已处于零增长甚至负增长状态。

生育率的下降是随着社会经济的发展、医疗卫生保健措施逐渐完善、传染性疾病被有效地控制、死亡率大幅度下降、特别是婴儿死亡率的下降伴随发生的。社会经济发展在此起到了关键性作用。经济因素对人口发展变化的作用主要表现在下列方面:

⑴妇女参与经济活动。妇女参加经济活动后,使得闲暇时间减少,用于哺乳、抚育孩子的时间减少,生育率下降。工业革命前,没有大型工厂企业,只有一家一户的手工作坊,这种工作既辛苦又耗费体力,妇女难以胜任,因而她们只能从事家务劳动。工业革命

① Demographic Yearbook 1994, United Nations, New York, P559～561.

② Paul Kennedy著、何力译:《未雨绸缪——为21世纪做准备》,新华出版社,1994年版,第2页。

后，开始了机械化生产，大量妇女被吸纳到工作岗位。一些人士称之为“将妇女从繁重的家务劳动及纯粹的生育机器中解脱出来”，也正是因为这个“解放”，使得妇女的闲暇时间逐渐被剥夺，生育时间大为减少，生育率降低。⑵随着经济的发展，养育孩子的成本逐渐上升，从而促使父母作出少生的决定。在经济水平较低的社会里，抚养一个孩子的成本很低。孕期、哺乳期母亲的耗费较少，孩子出生后，生活费用低，且接受的教育较短。随着社会经济的发展，生活状况的改善，养育一个孩子的成本从孕前、孕期一直到孩子上学受教育成本逐渐上升。一个工业社会父母用于孩子的花费相当于一个农业社会父母花费的数百倍甚至上千倍，因而，父母为保证家庭的生活质量不因生育孩子的成本上升而下降，最现实的决定就是少生孩子。⑶医疗保障体系增强。在社会经济发展水平较低的社会中，医疗保障体系相对薄弱，婴幼儿的死亡率高，父母不得不以多生子女来保证子女的存活。在社会经济状况良好的国家，医疗保障体系有效地降低了婴幼儿的死亡率水平，父母以多生子女来保证其存活的生育方式已被摈弃，因而发达国家的生育率较低。⑷社会经济的发展，使得年老父母对子女的经济依赖减弱，特别是发达国家的老龄人口逐渐从养儿防老向以储蓄防老过渡，养育儿子作为养老的效用降低，从而促进了生育率的下降。⑸促进了婚育观念的改变。随着社会经济的发展，人们的婚姻观念、性观念、生育观念、家庭观念均发生了巨大变化。经济水平的提高，女性的自立能力增强，她们可以不依赖男性独自抚养子女，因而对婚姻不满的女性提出离婚的比例增高；经济水平提高，青少年受教育机会增多，青年婚龄提高在经济水平提高的同时，当代青年的性成熟期提前，因而当代青年婚前的性成熟期相对拉长，婚龄推迟与性成熟期的矛盾，促进了非婚同居的增加。由于婚育观念的改变，当代家庭的性、婚姻、生育三要素逐渐分离，家庭解体逐渐增多。

(三)文化因素对人口变化的影响

社会经济变化对人口变动产生了巨大影响，同时政策、法律、宗教、风俗习惯等文化因素对人口变动也产生着决定性的影响，有时二者的影响交织在一起，很难区分哪个因素的影响更大。文化因素主要通过如下几个方面对人口变动产生影响：

⑴政策法律的影响。二次世界大战后，发达国家的人口发展经历了一个短暂的增长期。此后，发达国家要求获得避孕的呼声越来越高，计划生育工作逐渐开展。尽管发达国家在实行了计划生育的过程中受到来自不同方面的阻力，但自70年代以来，大部分欧洲国家包括日本都实行了计划生育政策。1975年法国修正了其流产法，法律许可怀孕后10周内可申请做人工流产；在美国，人工流产合法化，无论是已婚还是未婚都可获得避孕药具并有选择做绝育手术的权利①。人工流产的合法化，以及计划生育的合法开展是发达国家人口大幅度降低的主要原因。经济发展为人们带来了观念的变革，为人口下降准备了必要条件，而政策法律为人口的下降提供了充分条件。与计划生育同时出现在发达国家的另一重要事件是离婚要求。进入90年代后，大部分发达国家已修正了其离婚法，离婚成为合法，只有少数国家仍需经过一段分居期才被允许离婚。离婚法的确立，在一定程度上促进了欧洲国家离婚率的上升，加重了发达国家的高离婚率。⑵宗教的影响。大部分发达国家位于欧洲，它的居民大部分笃信基督教或天主教，避孕、流产等与教义相抵触，因而流产与避孕受到教会的强烈抵制。随着社会的发展，大多数地区的人工流产及避孕已成为合法，如美国、法国、英国、瑞典等国家，但在少数笃信天主教的国家流产、避孕仍不为政府所支持，如爱尔兰、意大利等国家。尽管如此，这些国家的出生率仍然很低，这可能与民间计划生育组织的活动有关，越来越多的年轻人使用避孕方法。同对待流产的态度一样，在天主教国家当中，离婚一直被禁止。如爱尔兰一直到1996年1月才解除了禁止离婚法，意大利直到今天仍对离婚加以限制。这两个国家的离婚率均很低，如1993年意大利的离婚率仅为0.39‰，是美国的1/10。尽管宗教势力对一些发达国家的流产、避孕及离婚产生一定影响，但已可以看出，在发达国家，宗教的影响力越来越弱。一些生活在被禁止流产、离婚国家的富有阶层，以旅行为目的，到允许流产、离婚的国家流产或办理离婚手续。⑶生活方式的影响。

---

① M. 薄兹，P. 施尔曼：《社会与生育》，天津人民出版社，1991年7月版，第400页。

随着大批亚、非移民的流入，其风俗习惯、生活方式开始逐渐渗入发达国家，在一定程度上改变了发达国家的传统生活方式。大部分欧洲国家并不像美国那样具有“大熔炉”传统，它们需要的只是劳动力。尽管移民提供了廉价的劳动力，但同时也带来了大量人口，他们拖家带口，需要住房、医疗服务和学校。因而越来越多发达国家的居民开始担心，有色人种与其种族通婚会改变种族单一式的“纯洁”；大规模的移民（这些人的生育率往往明显高于当地人），使当地人担心，发达国家的居民终有一天会成为少数民族。他们还担心外籍人陌生的生活方式、宗教准则和生活习惯会改变他们的一切。因而，欧洲诸国始终对移民表现出或轻或重的敌视，在一定程度上表现出排外倾向性。近些年来，随着外籍移民的大量涌入，亚非移民在欧洲已不受欢迎，因此许多国家采取措施限制移民进入。

部分发展中国家状况

（一）部分发展中国家人口状况

表2　部分发展中国家人口数据

国　家	婴儿死亡率(‰)	总和生育率	人口倍增时间(年)	被抚养人口(%) 〈15岁	〉65岁	预期寿命(岁) 男	女	城市人口(%)	中学入学率(%) 男	女	人均国民生产总值($)
尼日利亚	87	6.0	22	45	3	55	58	16	32	27	280
加纳	66	5.5	23	45	3	54	58	36	44	28	430
肯尼亚	62	5.4	25	48	3	49	52	27	28	23	260
坦桑尼亚	92	6.3	23	47	3	47	50	21	6	5	90
墨西哥	34	3.1	32	36	4	70	76	71	57	58	4 010
巴西	58	2.8	41	34	4	64	69	76	–	–	3 370
印度	79	3.4	37	36	4	58	26	59	59	38	310
巴基斯坦	91	5.6	24	41	3	61	61	28	28	13	440
印尼	66	2.9	43	35	4	61	65	31	48	39	880
越南	42	3.7	30	40	5	63	67	19	–	–	190
中国	44	1.8	66	27	6	68	72	29	60	51	530
蒙古	61	3.8	51	40	4	62	65	55	–	–	340
发展中国家（不包括中国）	73	4.0	32	38	4	60	63	38	50	39	1 320

资料来源：美国人口咨询局编、中国人口信息研究中心译：《1996年世界人口数据表》。

根据联合国的划分标准，发展中国家所涵盖的面积广、国家多，因而其不同地域有其不同的特点，我们在这里仅选择一些具有代表性的国家列入上表。

1996年不发达国家的年中人口数为46.00亿（包括中国），出生率为27‰，死亡率为9‰，人口自然增长率为18‰；如果不包括中国的话，出生率高达31‰，死亡率与老龄化程度很高的发达国家相同，为10‰。不发达国家的总和生育率为4.0（不包括中国），即平均每个发展中国家的育龄妇女一生要生育4个孩子，与发达国家的1.6相比，高出一倍多。预计2010年发展中国家人口数为57.43亿；到2025年，发展中国家人口将达到69.25亿[①]。从发展中国家人口占世界人口比重来看，处于不断上升趋势，从1996年的79.71%将上升为2010年的82.35%，2025年的87.32%。发展中国家人口增加的速度较快，其年自然增长率为19‰，明显高于发达国家的1‰。

从表2可看出，不同地域的发展中国家的人口特点各异，其共同的主要特点有：⑴生育率高。除中国等少数发展中国家外，大部分发展中国家总和生育率在3.0以上，非洲等国家的总和生育率甚至高达5～6，即每个育龄妇女平均一生要生育3个以上的孩子，而

① 美国人口咨询局编、中国人口信息研究中心译：《1996世界人口数据表》。

非洲地区的育龄妇女则要生育5～6个孩子,甚至更多。⑵婴儿死亡率高。大部分发展中国家的婴儿死亡率在50‰以上,少数发展中国家的婴儿死亡率甚至高达90‰,即每生育1 000个孩子就有90个孩子会在不满周岁时死亡,这与发达国家每生育1 000个孩子只有9个孩子在不满周岁时死亡的比率相差5～10倍。⑶人口倍增时间短。发展中国家人口基数大,其人口倍增时间仅为37年,同发达国家的501年相比,增长速度过快。⑷发展中国家的青少年人口比重高,15岁以下被抚养人口比重为35%,人口结构属于增长型,发展中国家可以提供强大的劳动力市场。⑸同发达国家相比平均预期寿命较短,男女平均期望寿命的差距明显低于发达国家。发展中国家人口的男性平均期望寿命为60岁,女性平均期望寿命为63岁,明显低于发达国家的70岁和78岁,比发达国家将近低10岁;且发展中国家的男女平均期望寿命差仅为3岁,明显低于发达国家的男女平均期望寿命差8岁。⑹城市人口比重低。除少数发展中国家外,大多数发展中国家的城市人口比重低于30%。⑺中小学生入学率低,且绝大多数发展中国家的男女中小学生的入学率存有差别,男孩的入学率明显高于女孩。

综观发展中国家的状况,了解到发展中国家近年来经济发展较快,但其现存的人口问题已经成为阻碍经济发展的重要因素,尽管许多发展中国家已经意识到人口问题的严重性,但许多国家对此束手无策。如印度于70年代初便着手实行计划生育,但经过20多年的实践,成效很小。发展中国家现存在主要问题有:⑴人口增长速度快。发展中国家的人口基数大,目前占世界人口的79.71%,尽管大多数发展中国家实行了计划生育政策,但成效较小。近些年来人口增长速度有所减缓,但其人口总量及人口比重都在增加。据预计,从目前到2025年期间增加的人口中,95%的增加量将属于发展中国家①。⑵男女之间存在着严重的不平等。女性的受教育机会明显低于男性,从其平均期望寿命差仅比男性高3岁,明显低于发达国家的8岁差可看出,大部分发展中国家育龄妇女的生存条件还较弱。⑶人口素质较低。人文发展指数是综合考察了平均期望寿命、成人识字率及人均国民生产总值三项指标得出的,从它的排序来看,可综合反映出一个国家的人口素质。从联合国开发计划署制作的人文发展指数序列表可看出,各项指标最低的国家均是发展中国家,而发达国家远远高于发展中国家。⑷人才外流问题。在发达国家由于生育率的下降而导致劳动力不足时,发展中国家的就业人口却由于居高不下的高出生率而严重过剩。发达国家在从发展中国家引进大量廉价劳动力的同时,也将大量发展中国家的人才吸引走,使得发展中国家的人才外流现象严重。

(二)经济发展对人口的影响

发展中国家的经济发展水平不一,如亚洲的新加坡、中国台湾、韩国等经济发展水平较高,而处于非洲的大部分国家生活水平低下。各个地域的经济发展状况不同,对人口发展的影响也不同。总的来说,经济状况对发展中国家人口发展的影响表现在下列几个方面:⑴经济发展水平低,养育孩子的成本低,从而促进高生育率。在大部分落后的发展中国家,生育行为还完全是一种自然行为,从怀孕、生育一直到孩子的成长(儿童受到的教育有限),一个家庭用于抚育孩子的花费极少,因而促进了高生育率。⑵孩子的经济效用大。在大多数较落后的发展中国家,孩子在很小的时候就可以为家庭带来经济效益。他们照看年幼的弟妹,帮助父母从事农业劳动或进行其他经济活动,他们并不需要成年就可为家庭带来收入,因而促进家庭生育已获得较大收益。另外,年老父母对子女的依赖性强。在大多数发展中国家,社会保障体系不健全,养老形式多为家庭养老,当父母年迈时,成年子女越多,其所获得的照顾就越多,因而促进高生育率。⑶在经济水平较低的发展中国家,妇女参与经济活动的机会较少,大部分时间从事家务活动或简单的农业劳动,因而她们有更多的生育时间,生育期相对较长,因而生育率较高。⑷在经济发展水平较低的社会里,医疗保障体系较弱,孕产妇及婴幼儿得不到应有的医疗服务,孕产妇及婴幼儿的死亡率高。为了获得有效的子女(即保证有子女存活到成年),大部分发展中国家的育龄妇女不得不依赖多生以保证有子女存活到成年。⑸社会经济发展水平低,促进人们向经济发展水平较高的地区流动。大多数发展中国家的经济水

① Paul Kennedy著,何力译:《未雨绸缪——为21世纪做准备》,新华出版社,1994年版,第28页。

平尚不发达，且大多数发展中国家的劳动就业人口充足甚至过剩，大量缺乏劳动力的发达国家为发展中国家提供了良好的就业市场。发展中国家居民移居发达国家一方面解决了发达国家劳动力不足问题，另一方面也为发展中国家劳动力提供了充分就业的机会，增加了发展中国家的经济收入。

（三）文化因素对人口发展的影响

⑴政策法律的影响。在中国、印度尼西亚、泰国、南朝鲜等国计划生育政策对人口控制起到了积极作用，尽管印度尼西亚、泰国的大部分人口信奉印度教或伊斯兰教，实行计划生育会受到宗教力量的抵制，但这些国家的计划生育政策却行之有效，生育率大幅度降低。但是在印度、巴基斯坦、埃及以及非洲诸国，虽然实行了规模盛大、耗资惊人的计划生育工作，但最终成效不大，生育率仍然居高不下。拉丁美洲的计划生育工作几乎没有开展，南美诸国反对家庭计划生育。因而，计划生育工作的是否开展，或开展的好坏成为影响发展中国家生育率的重要因素，在很大程度上计划生育工作比经济因素的影响更大。⑵婚育观念的影响。在大多数发展中国家人们对未婚怀孕持反对态度，他们习惯于早婚、早育；非洲及东南亚一些国家不但习惯于早婚，而且盛行童婚。这些国家育龄妇女的生育期比发达国家育龄妇女的生育期长，因而形成了较高的生育率。另外，发展中国家的大部分人口在农村从事传统的农业生产，这种方式的生产活动要求人们有较好的分工和协作，只有大家庭才能更好地胜任，因而，大家庭成为较多发展中国家家庭追逐的目标，大家庭的生活习惯便成为高生育率的基础。⑶风俗习惯的影响。在大多数发展中国家都或多或少地存有重男轻女的习俗。这种重男轻女的动因多为传宗接代，养儿防老，对男性劳动力的需求等。尽管随着社会经济的发展，人们对男孩的性别偏好的经济动因减弱，但对男性的偏好却始终没有减少。从中国大陆、中国台湾、南韩的出生性别比情况看，尽管经济已经较为发展，但性别偏好仍很严重①。我们从表2中男女中学生的入学率可看出，大多数发展中国家不但在婴儿出生时有明显的性别偏好，且在青少年的成长过程中也会人为地设置障碍，表现出强烈的重男轻女意识。传统的生活方式使得妇女的地位低下，在这样的社会里，绝大多数妇女被限制在家庭，较少参与社会活动，受到的教育较少，其生育率较高。

从发展中国家的人口发展状况看，不利的经济文化因素对人口的急剧膨胀起到了重要的促进作用，要降低发展中国家的人口出生率，努力发展经济是一个重要方面。但更为重要的是采取行之有效的计划生育政策，改变婚育观念。

世界环境保护发展的趋势与展望

中国社会科学院城市发展与环境研究中心　傅崇兰　姜浩翔

从传统的发展模式向可持续发展模式的转变

发展的问题一直是世界各国普遍关注的焦点问题。本世纪以来，随着科技进步和社会生产力的迅速提高，人类创造了空前巨大的物质财富，加速推进了文明发展的进程。与此同时，人口剧增，资源过渡消耗、环境污染特别是全球性的生态危机等问题也越来

① 顾宝昌、罗伊："中国大陆、中国台湾省和韩国出生婴儿性别比失调的比较分析"，《人口研究》，1996年9月，第20卷，第5期，第1～16页。

越严重，阻碍着经济的持续发展和人民生活质量的提高，甚至威胁着人类长远的生存与发展。在这种严峻的形势下，人们开始检讨传统的经济发展观，寻求探索新的发展模式。80年代伊始，联合国针对当代人面临的三大挑战：南北问题、裁军与安全、环境与发展，成立了由当时的西德总理勃兰特、瑞典首相帕尔梅和挪威首相布伦特为首的三个高级专家委员会，分别发表了“共同的危机”、“共同的安全”和“共同的未来”三个著名的纲领性文件。这三个文件都不约而同地提出了世界各国必须组织实施可持续发展战略的同样的结论。在1992年6月联合国召开的环发大会上可持续发展的理论已经成为人类的共识，以此作为指导方针制定的全球可持续发展21世纪议程，也得到世界各国的普遍认同。不论是发达国家，还是发展中国家，都不约而同地把可持续发展作为国家宏观经济发展战略的一种选择并深刻的认识到：“我们需要一个新的发展途径，一个能持续人类进步的途径，我们寻求的不仅仅是几个地方、在几年内的发展，而是在整个地球遥远将来的发展。”

传统发展观基本上是一种工业化实现观，它以工业增长作为衡量发展的唯一标志，把一个国家的工业化和由此产生的工业文明作为现代化的标志。在现实经济生活中，这一发展观表现为对国民生产总值和高速度经济增长目标的热烈追求。这种发展观认为国民生产总值高的国家就是经济强国，人均国民生产总值多的国家就是经济成功或繁荣的国家，国民生产总值增长速度迅速的国家就是经济上取得很大进步的国家。因此，追求国民生产总值的增长就成为国家经济发展的目标和动力。但是，这种单纯片面追求国民生产总值的发展战略所带来的一个严重的后果是：环境急剧恶化，资源日趋短缺，人民实际福利水平的下降，发展最终将难以持续而陷入困境。问题的症结在于，这种经济增长没有建立在生态基础之上，没有确保那些支持长期增长的资源和环境基础受到保护和发展；相反，有的甚至以牺牲环境为代价来求得发展，其结果导致生态系统的失衡或崩溃，最终使得经济发展因失去健全的生态基础而难以持续。在现行的国民生产总值指标中，既没有反映自然资源和环境质量这两种重要的价值丧失程度，也没有揭示一个国家为经济发展所付出的资源和环境代价。相反，环境越是污染，资源消耗得越快，国民生产总值的增长也就越加迅速。例如污染引起的疾病增加了人们医疗方面的开支，污染引发的腐蚀加快了耐用品的更新，治理污染花费的大量资金，这些都累计在国民生产总值之内，促进了国民生产总值增加，因此传统的发展观实质上是一种产值增长观，它所表现的经济繁荣带有很大的虚假性。

可持续发展要求人们必须彻底改变对自然界的传统态度，建立新的道德和价值标准，把自然界不再看作是被人类随意盘剥和利用的对象，而看作是人类生命的源泉和价值源泉。认为经济发展与环境保护相互联系，不可分割，并强调把环境保护作为发展进程一个重要组成部分，作为衡量发展质量、发展水平和发展进度的客观标准之一。可持续发展观强调的是环境与经济的协调发展，追求的是人与自然的和谐，其核心思想是：人类追求健康而富有生产成果的生活的权利应当坚持与自然和谐统一的方式，而不应当是凭借着人们手中的技术，采取耗竭资源、破坏生态和环境资源的方式追求这种发展权的实行。它所追求的目标是：既要使人类的各种需要得到满足，个人得到充分的发展，又要保护生态环境，不对后代人的生存和发展构成危害。它特别关注的是各种经济活动的生态合理性，强调对环境有利的经济活动应予鼓励，对环境不利的经济活动应予鄙弃。

可持续发展还强调代际之间的机会均等，指出当代人享有正当的环境权利，即享有在发展中合理利用资源和拥有清洁、安全、舒适的环境权利，后代人也同样应享有这些权利。当代人不能滥用自己的环境权利，不能一味片面地追求自身发展和消耗，而剥夺后代人理应享有的发展和消费的机会。这一代人要把环境权利与环境义务有机地统一起来，在维护自身环境权利的同时也要维护后代人生存与发展的权利。经济发展应建立在生态的持续能力上，社会公正和人民积极参与自身发展决策的基础上。在发展指标上不单纯用国民生产总值作为衡量发展的唯一指标，而是用社会、经济文化、环境、生活等多项指标来衡量发展。这种发展观较好地把眼前利益与长远利益、局部利益与全局利益有机地统一起来，使经济能够沿着健康的轨道发展。因此可以说，可持续发展是人类20世纪末一种十分明智的选择。

从城市环境保护到人类居住区可持续发展的转变

人类居住区是与人类生活质量关系最密切的生态环境，也是生态环境中最为活跃的组成部分；同时，人类居住区又是人类经济社会发展的主要内容和发展程度的重要标志。全球人类居住区的形态实际上是一个城市化的过程，在这个过程中，城市一方面容纳了全社会的绝大部分经济活动，另一方面又最终消耗了绝大部分的资源与环境容量。从18世纪60年代的产业革命开始，欧洲及北美等发达国家都经历了一个漫长的城市化的过程，例如英国花了90年的时间，是世界上第一个城市人口超过总人口50%城市化的国家，法国用了120年，美国用了90年，日本只用了40年。尽管它们城市化的起步时间各有不同，但到20世纪中，这些城市化程度比较高的发达国家成功地利用了产业革命的成果，实现了其经济增长的目标，创造了大量的物质财富和城市文明。虽然伴随着城市化阶段出现了一系列的社会、经济问题，诸如住宅紧张、环境污染、交通拥挤、犯罪率上升、失业者增加等城市病日趋严重，然而，这些问题并未引起发达国家的高度重视，他们认为这些问题都是经济发展和城市化过程中必然发生的问题，而通过技术进步以及经济和法律的手段是完全可以解决的。例如，在对待环境污染的问题上，西方经济学家认为，环境的价值取决于人们的“意愿支付价格”，即在人们收入条件达到一定水平时愿意而且能够支付的价格，而这种认识恰恰忽视了环境资源的有限性，从而也没有认识到发达国家的经济起飞阶段和城市化过程中它们所占据的环境资源的优势。

进入50年代，许多发展中国家经济开始起飞，以发展工业推动经济增长的发展模式使发展中国家的城市化水平大大加快，与发达国家的城市化汇成一体，形成世界性城市化进程。见下表。

发展中国家与发达国家城市化水平的历史比较

年份	1800	1900	1920	1930	1940	1950	1960	1970	1980	1990	2000
发展中国家	4.3	6.5	8.4	10.3	12.5	16.2	21.9	25.8	30.5	36.6	42.5
发达国家	7.3	26.1	38.7	41.6	46.9	51.8	58.7	64.8	70.7	75.9	80.3

资料来源：联合国《城乡人口增长类型》。

根据世界银行统计，从1950～1986年间，全世界人口增长54%，而城市人口却增长了32%。这个加速发展的过程已经使得人与自然、人与社会以及人与人之间的关系发生了某些失调的现象，这些失调现象最主要地表现为发展与环境资源的矛盾上。首先是城市化的空间向乡村扩张对农业环境资源的侵蚀。由于大多发展中国家的乡村的农业生态环境条件都比较恶劣，人均可耕地少，生活大都处在贫困之中，虽然城市化能够对周围的农村地区既产生一定积极影响，但是由于城市化而城市的对乡村土地滥用，给粮食的生产和供给造成了极大的威胁。其次，由于世界性的城市化进程，大量的能源消耗和废弃物的排放，给乡村的农业生态资源乃至全球性的环境资源造成了巨大的破坏。城市淡水资源的大量消耗使地下水位下降，废水排放污染又使农业水资源更加缺乏，而对城市的长期稳定的发展产生巨大的制约。据统计全世界特别是发展中国家40%的城市面临着淡水资源缺乏或水资源受到污染的威胁。而城市大量消耗能源排放二氧化碳所产生的温室效应和大量使用臭氧层消耗物所造成的全球大气臭氧层空洞的问题更是使人们对过去的发展与环境资源观念进行反思。由于此类种种问题的困扰，并非是个别城市的特殊情况，也不是能够依靠现有的技术手段或经济和法律手段加以解决的，因此，人类居住区的可持续发展问题是关系到人类生存条件和质量的基本问题之一。

全球《21世纪议程》中指出：人类居住区的可持续发展目标应当是改善人类居住区的社会、经济和环境质量和所有人的生活和工作环境，它不仅包括城市居民，而且还应包括城市周边的城镇和乡村的所有人。即向他们提供住房，促进提高综合环境基础设施，改善人类居住区水、卫生、排水、固体废弃物管理;进行人类居住区可持续的土地利用规划和管理,促进人类居住区可持续的使用能源和运输系统,促进灾害易发地区的人类居住区的规划和管理;促进可持续的建筑业的活动,促进人类资源开发和能源建设以促进人类地区发展。评价人类居住区不能仅仅从经济效益和规模角度出发,应当加强人类居住区的环境质量的评价,它包括:住宅和工作单位是否面临着水源和室内烟气的病原体或有毒物质的侵害,从而对人体健康有很大的影响;住宅小区和村庄是否面临着垃圾和污水的不合理的存放所造成的病原体和有毒物质的侵害;在城市一级空气污染包括重工业过渡集中,街道拥挤,车辆发动机维修不善,以及汽车含铅量过高;水污染,原因包括排水设施和污水处理设备不足,以及工业废水超标排放;有毒有害工业废弃物倾倒在水体或陆地产生的污染;在国家一级的水平上,正确处理城市和农村之间的关系,协调城市与乡村的发展模式与水平,避免农村居民和资源遭受城市活动和废弃物的侵害。

人类居住区实现可持续发展的主要手段是进行综合管理,例如城市规划和区域规划。从国际上看,发达国家城乡关系经历了一个由一体到分离,又从分离走向融合的发展过程。以美国为例,自内战以后,美国社会经济重心由乡村向城市转移,并在半个世纪内完成了城市化过程。此后,城市经济及生活向郊区和乡村扩散、渗透,城市化向深层发展,城市和郊区、乡村间的差距不断缩小,整个国家城市化趋于成熟。目前,发达国家的城市环境可持续发展主要体现在以下几个方面:首先是生态社区的规划与设计。根据生态学的原理,建设适合于不同收入阶层、生活方式、文化水平和年龄组的多样化、不同规模类型的住房;在社区内鼓励步行和自行车交通,并采用绿色空间阻隔噪声和视线;在社区之间营造永久性绿带,达到适当提高居住密度的目的;在城镇规划和建设中改变传统的建筑低密度、汽车为主体的土地利用的不经济的社区形式。其次是加强非再生资源的保护和可再生资源的利用。通过经济和法律的手段,鼓励使用更为清洁的能源,以减少石化能源的消耗;停止倾倒而且开始循环、重新使用每件东西,支持循环物质工业的发展,建立社区循环设施。最后,大力推广和实施公交优先的方针,加强信息通讯产业的发展,以适应未来人类区以信息的传输替代人和物的流动,促进可持续发展的实现。

发展中国家的城市可持续发展首先强调的是发展问题,消除贫困是实现可持续发展的一项不可缺少的条件。特别是对发展中国家来说,目前正在经受着贫困和生态恶化的双重压力,贫困一方面是生态恶化的根源,而生态恶化反过来又加剧了贫困。贫困和生态环境恶化把发展中国家拖进了一个十分艰难恶性循环的困境。因此,可持续发展对于发展中国家来说,第一位的是发展,只有发展才能为解决生态危机提高必要的物质基础,也是实现现代文明的唯一出路。发展中国家的城市可持续发展主要体现在以下几个方面:首先是发展观念的转变。由于发展中国家经济起飞的技术条件和资源条件与发达国家起飞时的条件不同,加上借鉴西方发达国家发展的经验,如何使经济增长与环境保护协调发展,避免重复西方发达国家先污染后治理的老路,走可持续发展的健康之路是发展中国家经济发展和城市化进程中最为重要的问题之一。其次,是发展中国家应特别重视保护其有限的农业生态资源,防止因农业生态环境的破坏造成的贫困恶化以及城市发展中粮食供给短缺;保护有限的水资源,防止淡水资源的污染造成的城市生活饮水和农业用水的困难。最后,通过适当的规划和必要的经济与法律制度协调城乡的发展模式,制定切实可行的能源政策,大力发展公交优先交通系统,加强城市与乡村人类居住区的基础设施的建设,改善提高人们生活条件和质量。

从单纯的污染防治战略
向资源可持续利用的转变趋势

可持续发展的物质基础是自然资源的可持续利用性。环境既是自然资源的存在场所,也是构成环境主要要素如水和土地等其本身就是人类生存和发展所必须依赖的资源。因此,环境是可持续发展的基础。反思西方发达国家的那种高生产、高消费、高污染的传统发展模式及先污染后治理的道路,不难发现,它并不是发展中国家发展经济摆脱贫困的最佳途径。西方发达国家传统的现代化发展模式都有两个显著的共同特征:一是对资源的高消耗的生产体系,二是对生活资料的高消耗的生活体系。如1985年美国人口占世界总人口的4.9%，能源生产量占世界总数的21.3%，能源消耗量占世界的24.9%，人均能源消费为9.5吨标准煤，美国即是一个能源生产大国，又是能源消费大国。又如日本人口占世界总人口的2.5%，能源生产量占世界总数的0.5%，能源消费占世界总数的4.9%，人均能源消费量为3.71吨标准煤，日本虽然是一个能源生产小国，但又是一个能源消费大国。这种资源条件，无论是在国际环境中还是对大多数发展中国家本身来讲已不复存在，而现代化发展越来越依靠环境与资源基础的支撑，随着环境恶化和资源的枯竭，这种支撑已越来越薄弱和有限了。因此必须纠正过去那种靠高消耗、高投入、高污染和高消费带动和刺激经济高增长的发展模式，转变为依靠科技进步和提高劳动者素质来促进经济增长的新模式。只有大量的先进生产技术的研制、应用和普及，才能使单位产量的能源、物耗大幅度下降，才能不断地开拓新的能源和新的材料，实现少投入、多产出的生产方式，进而减少经济发展对资源和能源的依赖，减轻对环境的压力。加强环境与资源的保护，以获得长期持久的支撑能力，就必须改变传统的发展模式和消费模式，从发展中寻找可行的途径。发展模式的转变是指从资源消耗型发展模式逐步转变成资源节约型发展模式，即依靠科技进步，节约资源和能源，减少废物的排放，实施清洁生产和文明消费建立经济、社会、资源和环境的协调。正如在1992年巴西里约热内卢召开的联合国环境与发展大会上通过的《里约环境与发展宣言》中指出的："为了实现可持续的发展，使所有人都享受较高的生活素质，各国应当减少和消除不能持续的生产和消费方式"。

目前，世界自然资源的可持续利用主要着眼两个方面：对不可再生资源，主要从科学进步着眼追求提高资源的利用率，减少开采量，使科学进步推动寻找代用品的速度快于资源的速度；对于可再生资源，主要从保护着眼，追求将开发利用速度保持在资源的再生速率之内，同时保护资源再生所依赖的生态系统。可持续发展将可再生资源的持续利用作为战略重点，因此，从单纯的污染防治转向生态环境保护主要表现在：将生态系统保护与自然资源相联系，从而也是与社会经济的发展联系起来，将保护生命支持系统、保护生物多样性和生态系统、保护自然资源的可持续利用作为战略重点，作为保持可持续发展的基础条件。1995年世界银行在评估世界各国的财富时，改变了以往单纯以国民生产总值来衡量的做法，代之以四个方面来综合计算国家的财富，即自然资本、产出资本、人力资本和社会资本。所谓自然资本包括土地、水、森林和矿产等。按照这样的计算方法，我们可以看到，排在第一、二位的不是美国、日本和欧洲国家，而是资源比较丰富、人口相对较少的澳大利亚和加拿大，其人均财富分别达到83.5万美元和70.4万美元。从其财富的来源看，澳大利亚和加拿大来自自然资本的财富分别占到71%和69%，而来自人力资源和产出资本的财富分别只占29%和31%。因此加强对于自然资源合理开发利用和保护的研究，强化资源管理，以期实现资源的永续利用是实现环境保护与经济协调发展的基本问题。

清洁生产模式是从单纯的污染防治向资源可持续发展转变的具体体现，它的含义不仅仅是控制污染，同时也是从促进生态环境的保护和改善出发的。人们在反省过去所采取的环境保护策略和环境保护科学技术路线时发现，过去更多地把环境保护的重点放在了污染物的"末端"控制和处理上，而忽略了污染物的"全程控制和预防"。据估计，在国民经济周转中，社会需要的最终产品占原材料用量的20～30%，70～80%的资源最终成为进入环境的废物，造成环境污染和生态破坏。可以说，工业发展引起的环境污染主要来源是资源的浪费。《我们共同的未来》在论述这一问题时指出："工业界必须认识到污染是一种浪费，是生产中低效率的现象。当工业界认识到污染是一种成本，而必须在他们的生产计划中加以考虑时，他们就会有动力去采取必要的投资步骤以改革工艺，从而提高效率，减少污染和废物"。清洁生产是从生产的全过程考虑，它包括选择无害环境的原料和材料，采取物耗和能耗少、产品转换率高的工艺和生产技术，对生产过程中产生的废物进行减量、循环再生利用和无害化处理，还要求其产品在使用过程中或使用后不对环境构成危害，即生产绿色产品，要做到这些，就必须实行全过程的管理，对传统的设计概念进行相应的革新。因此，提高清洁生产，既可以减少污染，又可以提高自然资源的合理利用，提高效率而减轻对自然资源开发的压力，这是一种全新的生产观、生产模式和在新的观念指导下的人类社会经济发展战略。

清洁生产是国际标准化组织(ISO)所推出的环境管理体系ISO14000系列标准中的重要组成部分,ISO14000是指导企业进行环境管理的规范和标准,它还包括环境管理制度、环境设计、环境标志、产品的全寿命周期评价和企业的环境行为等方面。虽然ISO14000系列是一套企业自愿执行的标准,但由于环境问题日益受到重视、公众的环境意识提高和政府执行环境法规更加严格,因此,如果一个企业达不到环境标准,其产品很可能失去市场,企业得不到银行的贷款支持。其影响十分深远,受到全世界各国的密切关注。在ISO14000系列中的一个重要内容是推行环境标志制度。对产品授予环境标准表明该产品与同类产品相比对环境有益或对环境不利的影响最小。对产品授予环境标志不仅强调其经济价值而且同时强调其环境价值,可以帮助消费者在购物时做出有益于环境的选择并促使企业保护环境。根据OECD的报告,在加拿大全国民意测验中,80%的公众宁愿支付10%的钱购买对环境危害较小的产品。在奥地利和瑞典的民意测验中公众的意见也与此相同。因此,实施环境标志制度不仅有利于促进企业采取行动进行具有可持续发展意义的清洁生产,而且它还是引导公众通过更多的消费清洁产品而参与环境保护的有效途径,是促进可持续的消费模式的重要手段。

环境污染问题向地域性和全球性发展的趋势

地球是一个不可分割的自然生态系统,其各个组成部分相互联系、相互补充、相互制约,特别是在国际社会经济联系越来越密切的今天,每个国家在利用和使用本国的环境资源时,都直接间接、或多或少地利用和影响其他国家的环境资源及其整个地球的环境资源,一个地区的环境污染和生态破坏会影响到其他地区乃至整个地球的生态系统。无论是从地球生态系统来说,还是从国际社会与自然之间的相互依存性都越来越强的趋势来看,地球环境质量的恶化危及所有国家长远的的可持续发展,保护环境是各国持续发展的共同需要。

本世纪70年代以来,在世界范围出现了经济发展的广泛连续性和环境污染问题广泛的扩散性并存在发展趋势。一方面,由于科学技术突飞猛进、经济迅速向纵深发展,世界经济和国际社会已成为越来越紧密联系和相互依赖的整体。各国在经济、贸易、能源、科技和文化等方面往来频繁,相互进出口各种产品,进出口资源、能源,发展旅游业,相互制约相互影响。另一方面,环境污染问题区域间的转移与相互影响,乃至形成全球性的环境问题。区域间的环境问题主要体现在:环境污染和生态破坏从城市向农村、从发达地区向不发达地区,从资源的利用地向资源的产地的扩散。而全球性环境问题主要体现在:各国在发展的过程中都普遍遇到程度不同的环境问题,诸如资源过度消耗和污染物排放不断增加;随着环境问题的膨胀所带来跨国界的环境问题,如酸雨和有害废弃物转移等;在局部环境问题日益困扰各国的同时,人类面临着危及其自身生存与未来发展的全球范围的环境危机的挑战,如全球气候变暖与臭氧层耗损等。这些问题的发展趋势使得人与自然的关系日趋紧张,使得区域之间、国家之间对环境利益的争夺日趋激烈。

全球性环境问题的焦点是发展中国家与发达国家对发展与环境保护问题上的分歧。首先发达国家由于具有强大的经济实力、先进的技术条件和良好的管理能力,使其虽然一度出现严重的环境危机,但很快的得以治理并不断改善;而发展中国家不但面临日益严重的环境污染和生态破坏的双重压力,而且还得保证生存和实现发展的双重任务,解决环境与发展矛盾的综合能力十分有限。其次,发达国家不仅垄断了国际市场,使其占世界不足1/4的人口,享受着世界4/5的商业能源份额,而且还凭借着其经济实力,操纵着国际贸易的规则,通过直接与间接的方式把环境问题转嫁给发展中国家,如有害废弃物的出口和重污染行业的转移等,而发展中国家在经济发展的过程中不仅客观上要承受着后发的劣势,而其还要承受发达国家转嫁的环境负担,使之只能步发达国家之后尘,难以实现突破,也使发达国家与发展中国家的环境质量和经济水平两极分化愈演愈烈。最后,对于保护和改善全球环境国家责任的问题上,某些发达国家以强调人人有份的"共同责任"为借口,将其保护和改善全球环境的责任转嫁给发展中国家。

考察全球环境的恶化和生态破坏的历史和现状,其主要原因是发达国家在工业化过程中长期过度消耗自然资源和任意排放大量污染物质造成的。发达国家在总量上和人均水平上的资源和污染物排放,大大超过发展中国家。根据有关统计资料表明,按人均计算,商业能源高消费国家的每人消耗量是低消耗国家的18倍,二氧化碳排放量,北美是南美的2倍,是南亚和东亚(日本除外)的10倍。每年进入大气的温室气体,美国占世界总量的21%,苏联(联邦)占14%,欧洲共同体占14%,三项合计,占总量的49%。因此,发达国家应承担保护全球环境的主要责任。其次,长期以来发达国家控制着国际经济,建立了一种不合理的国际经济结构,发达国家长期大量廉价使用发展中国家的资源,主要是原料和初级产品,据联合国有关部门统计:拉丁美洲国家出口中初级产品达67%,西亚国家达84%,大洋洲的发展中国家达76%,东南亚的一些发展中国家如印度尼西亚是48%,菲律宾是73%,泰国是67%,马来西亚是61%,这些出口的原料和初级产品的价格非常低,并且,在国际市场上其价格呈急剧下降的趋势。加上这些发展中国家缺乏先进的生产技术和管理水平,难以提高这些初级产品的附加价值,只能以低廉的价格出口,无法对环境进行补偿,造成对环境和生态系统的破坏越来越严重,而发达国家在长期大量廉价使用发展中国家资源的基础上达到了目前高度发达的水平。最后,发达国家在长期利用地球资源的基础上积累了雄厚的物质技术手段,也完全有力量来承担主要责任。这样做不仅是应该的,而且对它们本身的发展有益,所有国际范围的人类活动,也都是以环境资源为物质基础的,环境资源在很大程度上制约着每个国家的经济和社会发展,发达国家的可持续发展也有赖于地球资源状况的改善。

在保护和改善全球环境的国家责任问题上实现共同但有区别的责任,发达国家应承担主要的责任。这一原则已经成为当今国际社会环境法方面的基本准则之一,被写入许多重要的国际文件和公约中,例如1992年联合国环境与发展大会上通过的《里约宣言》和签署的《世界气候变化框架公约》以及1997年生效的《联合国海洋法公约》等。但是从这一原则的确认,到1992年环发大会上发达国家向发展中国家所做出的承诺:即提供为保护环境所需新的、额外的资金和以最为优惠的条件转让环境无害技术;以及实现联合国大会所规定的发达国家应在本世纪末官方援助占国民生产总值的0.7%的目标还需要有一段相当长的曲折道路。到目前为止,发达国家不仅没有实现这些承诺与目标,而且,对发展中国家环境保护的援助在不断的减少。因此全球环境保护问题将成为有史以来最为复杂、最为严峻的国际性问题。

全球性的环境问题不仅关系到人类国际社会的经济和社会发展,还关系到国际社会的安全和政治秩序的稳定。首先,跨国的环境污染和生态破坏可以引起国与国之间的纠纷、冲突。有些国际问题专家已经明确指出,以色列和巴勒斯坦之间的纷争重要原因之一是对水资源的争夺,因为水是决定他们生死存亡的问题。其次,发达国家经常以“生态倾销”为借口,以没有计入环境成本为由,制定单方面的环境贸易措施,为发展中国家产品进入其市场设置壁垒;或者将某些不容许在该国生产销售的产品出口到环境法规和环境标准不够严格的发展中国家,或者向发展中国家转嫁污染工业。环境与贸易的争论已经成为国际政治关系的重要内容。另外,环境污染和生态破坏,特别是大的环境灾难,常常造成大批环境难民,因为他们的家园毁坏,不能继续生存,不得不背井离乡逃往他国,从而给别国带来许多不安定因素,造成国际安全问题。因此如不采取措施保护环境,根除环境灾害的根源,整个世界将会滋生越来越多的不安定因素。80年代以来在国际社会上提出了生态安全问题,有不少科学家和政治家把全球生态灾难与核战争相提并论,指出人类赖以生存的地球生态系统与核战争一样,使人类文明毁灭,特别是冷战结束、国际紧张局势缓和后的今天,生态环境破坏的灾难将取代核战争的恐怖成为下一个世纪人类的最大危险,也将是国际社会最为复杂最为重要的政治经济问题之一。

世界环境保护的特点与实践

中国社会科学院世界经济与政治研究所 庄贵阳

全球环境保护特点

迄今为止,全球环境保护的特征可用两句话来描述:为经济利益而计较,为共同目标而协同。但在1995年全球环境保护的舞台上,出现了不同于以往的内容。因环境保护而引发的利益争端表明,环境保护服务于政治和经济需要的倾向日益明朗化。主要表现在以下几个方面。

(一)国际环境保护协定后续行动进展缓慢

1992年在巴西召开的世界环发大会上,共签署了160多项条约和协议,这是世界各国在全球环境保护行动上达成的共识。尽管南北方国家在承担全球环境保护的责任与义务上斤斤计较,极力维护各自的利益,但保护全球环境这一涉及人类共同未来的长远利益终使世界各国求同存异,从分歧走向共识,这也使环发大会成为人类发展史上一个崭新的里程碑。

据联合国统计,目前全球已有100个国家设立了专门的可持续发展委员会,1 600个地方政府制定了当地的《21世纪议程》。这反映出各国政府都认识到可持续发展的重要性,在设立机构、制定规划等方面取得了相当大的进展。在执行环保法律和规定,以及环保教育等方面,各国也做出了努力。特别是广大发展中国家,正克服自身经济条件的限制和国际环境的困难,探索符合自己国情、面向21世纪的可持续发展战略,取得了不少成就。联合国也发挥了它的积极作用。联合国环境署建立了全球环境技术信息系统,为各国提供服务。然而,在可持续发展领域的国际合作方面,特别是官方发展援助和环保技术的转让方面,还存在许多问题,大大影响了国际环境保护协定的后续行动。

首先,改变生产和消费模式的目标进展不大。一方面,发达国家借口"保护知识产权",使发展中国家得不到有利于环保的技术;另一方面,发达国家的消费方式并没有根本的改变,占全球人口20%的发达国家仍消耗着世界80%的能源。如果仍保持目前这种浪费资源、造成污染的生产和消费模式,实现全球的可持续发展只是一句空话。

其次,在官方援助方面出现倒退。根据里约大会的议程规定,发达国家对发展中国家的官方发展援助应达到其国民生产总值的0.7%。但实际上,1995年官方援助却降至发达国家国民生产总值的0.29%,是1973年以来的最低点。根据承诺,美国1995年应提供3 800万美元,而它只提供了2 300万美元。意大利应提供1 900万美元,而它却分文没给。一些发达国家以提高发展援助的效率为借口,强调依靠私人机构和企业的援助。

另外,有利环境的技术转让出现停滞不前。发达国家以优惠的价格向发展中国家转让技术本是环发大会上各发达国家首脑的承诺,但他们却以种种理由拒绝履行。

1995年4月,在柏林召开的联合国气候会议上,与会国一致同意加强实施全球气候公约,会议确定发达国家到1997年进一步减少温室气体排放的新目标,此外,各国还就富国如何向穷国转让清洁能源技术达成一致。然而,在这次大会上,南北方国家之间的利益之争十分明确。由106个小岛国和发展中国家提出一项建议,要求发达国家在今后10年内进一步减少废气排放,使排放量比1990年的水平减少20%,而美、日、加、澳等国却坚决反对。美、日等国是人均排放温室气体最多的国家,尽管到2000年,以中国为首的发展中国家在废气净排放量方面将会处于领先地位。但发展中国家不会承诺将排放量降至发达国家所认定的“生存排放”的水平。这不仅是它们缺乏资源，更重要的是，这些国家坚持认为发展中国家必须有消除贫穷、提高生活水平的权利。中国和印度对美国和德国等国向发展中国家转让清洁技术表示欢迎，但却坚决反对在“联合履约”计划的初始阶段，富国用技术转让来抵消它们在减少排放方面所做的承诺。

我们再看看臭氧层的保护情况。《保护臭氧层维也纳公约》和《蒙特利尔议定书》的通过和认可，表明世界各国在保护臭氧层方面取得了很大成绩。1995年12月在维也纳召开的第7次缔约国会议上，与会者在肯定成绩的同时，也对臭氧层未来安全表示忧虑。目前，在保护臭氧层公约的执行上出了问题。富裕国家没有履行它们向贫穷国家继续提供资金及技术援助的承诺；因而，贫穷国家也就不愿意遵守它们关于采用其他替代方法的诺言。虽然在这次维也纳会议上，第三世界国家最终同意禁止使用氟氯烷烃类化合物，但要等到2040年，甲基溴的使用要等到2002年才能禁止。这两项协议都允许发展中国家在短期内大幅增加这些化学物质的使用量。但是，穷国所做的承诺能否兑现要取决于能否得到“足够的资金”来实施它们。关于“足够的资金是多少”的争论可能要持续数年，这会大大拖延淘汰氟氯烷烃类化合物和甲基溴的期限。穷国一致同意到1999年使氯氟烃的使用量保持在1995年的水平，而实际情况却是，许多国家的氯氟烃使用量都在大幅度增长，因为它们在1995年生产和使用的越多，到1999年它们能够使用的越多。

(二)由环保引起的双边或多边贸易摩擦增多

当前，环境保护日益提上各国发展的议程。为达到环境保护的目的，不少工业化国家采取了名目繁多的环境管制措施，如单方面限制出口等。这些单方面的行动，对国际贸易产生很大影响，由此引起的双边或多边贸易摩擦日趋增多，如轰动全球的美国禁止进口墨西哥的金枪鱼案、丹麦要求所有国家进口啤酒、矿泉水和软性饮料一律使用可再装容器等案件，都是基于环境保护的考虑。非常有趣的是，取代关贸总协定、成立仅仅一周年的世界贸易组织受理的第一起贸易纠纷，也是源于环境保护——委内瑞拉和巴西状告美国的一项有关空气清洁的法律含有歧视别国的内容。1993年12月，美国联邦环保署颁布一项新法令，规定外国出口到美国的汽油必须符合美国的环保标准，但这一标准却明显高于对本国炼油厂的要求。对此，美国方面辩解说，这主要是由于很难从外国炼油公司获得准确的产品资料。实际上，美国设置双重标准的目的是要保护本国的炼油工业。虽然美国声称到1998年将把国产汽油和进口汽油的标准统一起来，但委内瑞拉是向美国出口石油最多的国家，也是最大的受害者，于是便向世界贸易组织递交了状纸。世界贸易组织经过半年多的调查后认为，美国的双重标准有明显的排他性，也违背世界贸易组织协议中的公平原则，因而向美国发出了“黄牌警告”。

(三)发达国家与发展中国家在环保问题上的矛盾日趋尖锐

生产力发展水平、经济实力、环保意识及环保法规等方面的差异，使发展中国家与发达国家在环境质量方面形成巨大差距。发达国家环境保护事业蓬勃发展，在世界环保领域处于主导地位，已显示出良性的“绿色工业”的萌芽，而发展中国家迫于贫穷和人口的巨大压力，为了满足最基本的生存需要，不得不对自然资源进行超负荷的利用和开发，这无疑会导致环境的恶化。同时，发展中国家的环境意识相对薄弱，环保法规尚有待健全，环境标准相对低下，且无力支付改善这一状况的高昂成本。发达国家与发展中国家在环保意识及环境标准方面存在的巨大差异，使得它们的环保措施难以协调一致，因而双方之间的矛盾日趋尖锐复杂。

1．形成当前环境质量南北差距的主要原因是由于不合理的国际秩序造成的。发达国家利用和消费了世界上四分之一的资源，而在国际市场上，原材料价格偏低和制成品的增加值大、利润率高，使发达国家的经济实力不断充实，也为治理环境提供了雄厚的财力支持。与此相反，以原材料和初级工业品出口为主的发展中国家在低价格的压制下，被迫进行过度开发，还要承担资源开采过程中的损失，缺乏资金和技术保护环境，加剧了环境的恶化。从另一方面看，发达国家迫于国内的高环境标准和处理成本，把国内淘汰的技术或产业，或某些污染严重的产业转移到发展中国家，使后者的环境状况遭到了破坏，经济利益受到损失。近年来,一个不可忽视的事实是有毒危险废弃物的国际转移。一些发达国家出于私利经常打着再生利用的旗号,向发展中国家倾倒有毒有害危险废弃物。而大多数发展中国家的废弃物再生利用技术落后,环境恶劣,所谓再生利用完全是一句空话。仅1995年,洋垃圾闯入中国的案件就发生十余起。

2. 发达国家利用环保标准、环境标志和市场准入等条件作为贸易保护的借口,为西方国家的市场罩上一层巨大的保护网,把发展中国家的许多产品挡在了门外。然而,发达国家却把本国禁用产品出口到发展中国家。以美国为例,美国已经通过了禁止和限制使用有毒杀虫剂的国家禁令,但一些美国公司却继续大量向第三世界国家出口有毒化学品。根据美国海关档案记载,从1991～1995年,美国一直出口涕灭威、有机氯杀虫剂、杀虫脒、阿尔德林等有毒杀虫剂。这些杀虫剂在美国属禁用品,而出口却是合法的。据海关统计,美国已向12个国家出口了3 000多万吨杀虫剂。

3. 发达国家凭借它们先进的科学技术和雄厚的经济实力占据了世界环保市场的霸主地位,而发展中国家的环保技术和产业刚刚起步,实力薄弱,在竞争中处于不利地位。由于环境状况正成为国际社会优惠贷款、国际投资、无偿援助等方面的重要条件,环境问题影响着发展中国家经济的发展。欧洲联盟在1994年就曾提出新的普惠制计划,建议从1995年起将贸易受惠国待遇与劳工标准以及社会和环境政策相联系。针对欧洲联盟的这一提议,第二次东盟——印度区域合作联合会会议呼吁,两者应共同抵制发达国家把劳动力标准和环境问题同世界贸易挂钩的企图。

4. 发达国家对全球环境的恶化负有主要责任,但在承担全球环境保护的责任与义务上它们却极力维护其利益,不肯承担更多的义务,却对广大发展中国家提出不符合实际的要求。就是在全球环境保护公约的执行上,发达国家也不愿履行其承诺,竭力拖延其进程。广大发展中国家意识到这一点,正在加强团结和合作,进行有理有据的斗争,以维护自身的利益。

(四)资源保护的国际争端引人瞩目

目前,资源短缺是各国普遍面临的严峻现实。保护资源,也就是保护经济,保障发展。1995年,加拿大与美国之间发生了"鲑鱼战",与欧盟之间发生了"比目鱼大战"。这两起渔业资源争端的实质与其说是资源保护,还不如说是利益维护。

1. 加、美之间的"鲑鱼战"

1995年6月30日,加美在阿拉斯加鲑鱼捕捞配额问题上发生争执。加拿大单方面终止同美方的谈判,并威胁要对美国采取报复性措施。

阿拉斯加海域的鲑鱼是美国阿拉斯加州、华盛顿州、俄勒冈州和加拿大不列颠哥伦比亚省共同拥有的渔业资源,年产值约10亿加元。1985年,加美签署了一项"加美太平洋鲑鱼协定',以保证"每年的捕捞量相当于每年的繁殖量"。但加拿大认为,自该协定签署以来,情况越来越糟,"阿拉斯加州利用其地理优势,过量捕捞,违反了公平原则",并导致这一渔业资源趋于枯竭。据加拿大鱼类专家的调查,目前最贵重的契努克鲑鱼的存量仅相当于60年代的10%。鲑鱼存量的急剧减少对不列颠哥伦比亚省的渔业产生了很大影响。1995年该省2.5万渔民的捕捞量仅相当于计划量的1/3。由此损失了1.5万个工作机会。

为促使美方就该问题进行谈判,加拿大渔业部长巴里安·托宾于1994年6月命令向途经加拿大水域前往阿拉斯加捕捞鲑鱼的美国渔船征收1 500加元的"过境费"。8月,又命令扣留了两艘在水域捕鱼的美国船只。1995年,托宾再次要求美方谈判,并主动提出加拿大这一年将单方面减少一半的捕捞量。但谈判因阿拉斯加"狭隘的地区主义观念"而告失败。

2. 欧加"比目鱼"大战

1995年3月9日,加拿大在其纽芬兰省附近的公海上拘留了一艘西班牙渔船,从而引发了一场同欧洲联盟之间的渔业纠纷。

"西北大西洋渔业组织"每年给欧洲联盟的配额为3.4万吨,给加拿大1.63万吨。但据加拿大政府调查,自1991年以来,西班牙人每年在这水域捕捞量约为5万吨,相反,纽芬兰省5万渔民去年只捕获3 000吨。比目鱼产量的下降给纽芬兰省经济带来严重困难,1995年以来失业率一直在20%以上。加拿大渔业部长托宾于3月3日向欧盟提出要求:停止捕捞60天,以讨论配额问题,并命令西、葡渔船停止作业,撤至加拿大200海里海域之外;同时指责西班牙渔船违反规定,过度捕捞。但西班牙不予理会。于是加拿大实行"炮舰外交",派出武装渔民和海岸警卫队,扣留了一艘西班牙拖网船。西班牙遂与加拿大断绝官方来往,并以断交相威胁,甚至出动军舰前去保驾。在争执中,加拿大说它在保护渔业资源,西班牙称它在公海捕捞,双方各不相让,险些动武。1995年2月,有关国家曾达成协议,在纽芬兰附近海域的比目鱼捕捞总量大大减少,而在配额上加拿大占了大头,欧盟配额很少,于是忿忿不平。由此,这场西加渔业资源争端迅速演变为欧加渔业资源争端。欧盟先是宣布冻结同加拿大的一切外交关系,继之又发出最后通谍,要求加拿大"无条件"立即释放被扣压的西班牙渔船,并赔偿由此而造成的经济损失。否则,欧盟将考虑进一步采取"相应措施"。这场争端虽于4月16日各方妥协达成协议,但发人深思。对资源保护均没有异议,但如何分配限额却有利必争。利用资源保护与利益维护的二重性服务于经济需要的初衷并未改变。

保护全球环境的重要性已成为共识,这是人类发展的共同利益所在。尽管环境保护服务于经济、政治需要的倾向日益明显,但在分歧与希望中协调环境保护,最终会使保护全球的目的逐步落到实处。

全球环境保护实践

保护环境的重大意义早已被各国政府和人民所认识。国际社会正通力合作,采取各种措施,减少污染和提高环境质量。

(一)国际合作出现转机

环境问题是关系到人类共同未来的一个长远利益问题。温室效应、臭氧层空洞、水资源枯竭以及生物物种减少等全球性的环境问题使人们认识到,要解决环境问题,最终还要靠所有国家的共同努力。需要全球协调一致的对策、合作和行动,在公平的原则下,共同努力,负起各自的责任,开展真正的国际合作,全球环境问题才会妥善地解决,并实现全球范围的"持续和持久的发展"的战略目标。80年代到90年代,有关环保的国际会议和公约空前增多,表明全世界对此已有共识。1992年在巴西召开的世界环发大会上,共签署了160多项条约和协议。这些条约和协议以及关贸总协定中有关环境条款的通过和实施,对全球环境的保护具有十分重要的意义。尽管发达国家和发展中国家在承担全球环境保护的责任与义务上都在极力维护各自的利益,分歧很多,但保护环境的共同目标使它们终于达成妥协与共识。发达国家有责任向发展中国家提供资金和技术援助,发展中国家也要积极努力解决自身的环境问题。几年来的发展实践,也使各国认识到,一个国家,不管是发达国家还是发展中国家,走可持续发展的道路,必须主要依赖自己的努力。同时,由于当今世界各国经济密切联系,全球性的环境保护和可持续发展,单靠少数国家,即使是经济实力非常强大的发达国家,都是不可能的。现在比以往任何时候更要加强这一领域的国际合作。

《保护臭氧层维也纳公约》和《蒙特利尔议定书》的通过和认可,表明国际社会在保护臭氧层的行动上已取得一定成绩。1985年,世界上共产生了100万吨含氯氟烃,而1995年,全世界只产生了36万吨。1995年12月在维也纳召开的《蒙特利尔议定书》第七次缔约国大会上,协议各方一致决定,发展中国家,在2016年冻结使用氯氟烃,到2040年彻底根除;发达国家彻底根除氯氟烃的时间从2030年提前到2020年。1995年3、4月份在柏林召开的《气候变化框架公约》第一次缔约国会议上,主要讨论了《框架公约》对工业化国家规定的义务是否充分及"联合履约"问题,通过了《柏林授权书》,会议确定了发达国家到1997年进一步减少温室排放量的新目标。此外,各国还就富国如何向穷国转让清洁能源技术达成一致。1995年9月在日内瓦,世界上近百个国家在联合国的支持下达成反对出口有毒垃圾协定,即巴塞尔公约补充条款。协定规定,最迟从1998年1月1日起禁止经合组织的富国向贫国出口任何有毒垃圾以及在那里再处理和再使用。此外,1995年还召开了第二次《生物多样性公约》缔约国会议,第四次国际能源会议以及亚太区域环境与发展部长会议等。

环境保护的技术和产业合作与交流成为国际合作的热点。由于发达国家在世界环保市场占有明显的优势,而发展中国家技术落后,急需国外的先进环保技术,这样环境保护的技术与产业合作就成为国际经济合作的热门领域。如1994年一年,就有60多家国外环保公司到中国寻求合作项目。1995年上半年,中国与美国能源部、北欧等国家签订了一些大型环保合作合同。

国际公约的签订与实施,环保技术产业合作交流的进展，表明国际合作已出现新的转机。

(二)环境压力组织的作用加强

实现全球环境的保护，要提高人们的环境意识，从自身做起。近年来，环境压力组织，包括非政府组织如绿色和平组织，政府间组织如国际自然保护同盟及许多国家政府及其环境保护职能机构，对环境保护起着越来越大的监督作用。

迫于国家压力和舆论谴责，1995 年 6 月 20 日，英国壳牌石油公司决定放弃把一座报废的海上储油平台沉没到大西洋底的计划，并要求英国政府允许将该平台运到岸上处理。壳牌石油公司原希望炸沉废弃不用的北海“布伦特·斯帕尔”号巨大的储油平台，该平台位于距苏格兰外赫布里弹岛 150 英里的海沟。绿色和平组织声称该平台内含有 100 吨有毒沉淀物，但英国首相梅杰坚决支持壳牌石油公司的计划。该公司的计划所需费用较低，并且对参与这项计划的工人来说，也比较安全。但是，绿色和平组织在德国发起一场激烈的抵制运动，以打击壳牌石油公司，公司的销售额突然下降了 20% 以上。随着公众抗议声的增高和愤怒情绪的增长，壳牌石油公司的一些加油站被烧毁了，公司雇员也受到了威胁。虽然梅杰仍然支持壳牌公司的炸沉“布伦特·斯帕尔”号平台计划，但是壳牌公司的经理们却宣布要把该平台拖到陆地上拆除。事实上，炸沉平台对环境构成的潜在威胁是有争议的。但是，壳牌石油公司仅仅为了节省资金而向这一海域倾倒巨大的废料平台，这一点很容易被公众抓住。

尽管法国总统希拉克一再强调，法国进行核试验的计划不会改变，但迫于绿色和平组织和南太平洋岛国的强烈抗议和谴责，法国最终还是减少了原定的核试验次数。

由此可见，环境压力组织，尤其是非政府组织在环境保护领域的活动日趋活跃，对政府和企业的监督效果也越来越明显。

(三)环保科技成果大量涌现、环保产业蓬勃发展

解决环境问题的最终出路在于科学技术的进步。环境科技经过近百年的发展，目前已渡过“净投入”时期，取得了令人瞩目的成绩。1995 年，世界环境科技取得重大进展。在理论研究方面，最值得一提的是环境化学家首次登上了诺贝尔领奖台。因大气化学方面的工作而荣膺本年度诺贝尔化学奖的得主是德国马克斯·普郎克研究院化学研究所的保罗·克鲁茨、美国麻省理工学院的马里奥·莫里那、加利福尼亚大学欧文分校的 F·舍伍德·罗兰。三位获奖人的作用是鉴定了因人造化学物质而导致了同温层臭氧损耗的证据并阐明了臭氧损耗的机制。在应用技术研究方面，也有重大突破。废塑料变燃油技术在中国开发成功，标志着“白色公害”被清除的开始。1995 年，节能和太阳能利用的研究仍为能源技术开发的热点，各国都有新的成果问世。德国推出每百公里仅耗油 3 升的节能轿车；美国研制出特制双汽缸发动机，以 200 个大气压的压缩气体为动力的气动汽车以及重量轻、可在移动中充电的电池电动汽车；美国推出全部动力均采用太阳能的新型太阳能飞机；日本制成仅 0.2 毫米厚的迄今最薄的胶卷状太阳能电池；德国制出用热化学反应过程实现太阳能储存和运输的新型太阳能吸收器，太阳能利用率可达 80%；中国的煤炭地下气化技术朝着实用化方向又有新的进展，居世界领先地位。

环境科技的迅速发展，也带动了环保产业的发展。以防治污染、节约能源为目标的技术开发、商品贸易和信息服务、工程咨询迅速增加，形成了一个相当庞大的产业。国际上的环保产业已成为明星产业、朝阳产业，在国际贸易中的比重越来越大，并在环境、社会和经济方面都获得了较大效益。环保产品市场是当今国际上最有活力的市场之一，各国专家分析，今后几年环保产品的贸易增长将远远超过世界贸易的平均增长率。据世界银行在联合国环发大会上发表的一份报告中预测，到 2000 年，世界环保市场的规模将从目前的 5 000 亿美元增加到 6 000 亿美元。

发达国家非常重视环保产业。美国克林顿政府把环保技术作为“推动经济发展的关键技术”加以扶持。早在 1994 年 3 月，美国商务部就把环保产业列为重点出口产业之一。美国政府公开表示，环保产业应享受出口免税。德国把环保技术作为“确保领先地位”的一项重点科研领域对待。日本政府提出“21 世纪新地球”的绿化百年行动计划，政府从 1993 年起推行综合能源的环境对策，使产业结构、能源结构向与环境协调的方向发展。目前，北美和西欧占据了世界环保技术市场的 60% 以上，并正在努力开拓拉美、东南亚等新兴市场。美日德三国环保工业总产值达

1 370亿美元,贸易顺差170亿美元。发达国家争夺环保技术最高点的竞争已经开始,美欧在无氟制冷技术竞争,日欧则在资源回收项目上进行争夺。一些厂商已把注意力从传统的消费市场转移到新的环保市场。净化水质和空气的设备市场、农业生物化学市场、低污染能源市场以及对传统污染工业改造及其替代设备市场是今后环保产业发展的方向。

(四)环保项目成为金融保险业优先支持的方向

在国际援助和投资活动中,环保项目正日益成为优先考虑的对象。按照1992年里约会议精神,发达国家有义务向发展中国家提供相当于国民生产总值0.7%的"发展援助",以改善发展中国家的环境质量。在世界银行对发展中国家的贷款项目中,环保工程被置于优先地位。世界银行对中国援助的原则是,如果每年对华援助10亿美元,则要有1亿美元用于环境保护,3亿美元用于有重要环境保护内容的项目,其余6亿美元所从事的项目也不能违背环境保护的宗旨。世界银行在过去几年中,与中国在林业、黄土高原水土保持、工业污染防治等方面开展了诸多项目的合作。目前,世界银行在中国环境保护方面的投资已达40亿美元。在第四次对华日元贷款项目中,有关环保的基建工程也备受重视。亚洲开发银行在1995年3月6日宣布,亚行将实行新借贷政策,拒绝破坏森林项目。亚洲开发银行表示,今后该行将拒绝为"任何可能破坏森林的农业基础设施和其他公共项目提供资金"。同时,亚行还将优先鼓励有关借贷国使用替代木材的天然气、太阳能等有利于解决农村就业以防毁坏森林的项目。联合国环境规划署和纽约所罗门公司进行的第一次全球金融与环境调查显示,在未来15年中,银行在环境领域进行投资或贷款的数目将增加2倍。31%的银行声称,他们在环境领域进行投资或贷款;88%的银行表示他们将在今后15年在该领域投资或贷款。

绿色保险业已经兴起。1994年11月23日,14家世界大保险公司在联合国总部日内瓦签署了一份环境承诺,保证今后将环境风险列为他们的主要风险项目之一。这标志着环保项目已开始得到保险业的支持。从1987年以来,全世界几次重大环境灾害已造成500亿美元的损失,14家保险公司已承担着这史无前例的巨大损失。与此同时,全球变暖的气候趋势已经开始,干旱和其他由此引起的灾害将会增加环境风险。此外,其他引起环境风险的因素还有有毒废物、垃圾填埋污染和工业污染。保险公司虽然要承担一定的经济负担和风险,但他们认为也可以从中获利。他们有强大力量鼓励那些投保企业改进环境管理,从而减少他们的危险。投资者和投保者都越来越意识到"绿色工业"可以带来长期效益,因而更热衷于环境投资。这样,保险公司就有了更好的机会,他们的风险会减少。

(五)发展生态农业,解决农业生态环境问题

现在世界上开始出现一种利用自然资源的新方式:生态农业。这种农业对人类和地球更有利,从长期看付出的代价较低。这种理论包括少使用农业用化学品(现在尚未找到取消这类化学品的办法)和更好地利用自然资源。许多国家认识到,农业中大量使用化工产品给环境、人们的身体健康及农业本身带来了一系列弊端,纷纷寻找现代农业的新路子,各种替代性的生态农业应运而生,并取得了令人瞩目的成就。目前,许多国家的农业生产模式正在发生变化,其特点之一是不会对环境造成危害,甚至会使环境产生良性循环,有利于人类生存。阿根廷生态农业专家曾撰文指出,生态农业应该是减少化学品的使用量,通过作物轮作并保护害虫的天敌来达到高产、减少成本的目的。英国农场所使用的农药已减少20%以上,氮肥使用量也减少了15.5%左右,欧盟的其他国家也因地制宜,普遍采用了"作物综合管理"计划。泰国已把生产普通稻谷改为生产优质和无化学污染的稻谷,并且要求在稻谷中残留化学物质的含量不得超过世界卫生组织和联合国规定的最高限度。1995年4月,世界银行和联合国粮农组织各拿出50万美元,用于世界农业中病虫害的综合整治,这是另一种意义上的"作物管理",得到世界各国的普遍赞扬。美国农业部的农业研究局正在实施一项综合治理虫害计划,这是美国农业部为到本世纪末使75%的美国农作物面积实现某种形式的虫害综合治理工作的一部分。这一计划的关键目标是:把破坏性杀虫剂的使用减少到最低限度和保护虫害的天敌。进入90年代以来,德国的生态农业发展势头迅猛。不同规模、不同类型的生

态农庄、村镇已发展到6 000多个。德国已成为世界上生态农场最多也是发展最快的国家之一。中国确定了50个类型的农业生态县。实践表明,生态农业是解决农村环境问题,使农业持续发展与改善生态环境有机结合的一条有效途径。

(六)企业重视环保,变被动治理为优先考虑

环境问题由工业化而产生,因而企业重视环保具有十分重要的意义。高瞻远瞩的公司已开始认识到,使总废物排放最小化是最大限度地提高生产力的关键,也是在未来市场上的立足之本。巴西许多企业重视环境保护,在保护环境方面纷纷投以巨资,一些大企业认识到,工业发展和环境保护是可以结合起来的,获取利润并不是破坏环境和毁坏森林的同义词。美国13家大型公共电力设施公司同美国能源部携手,决心大幅度减少使全球气候变暖的温室气体的排放量。到2000年,这些企业的二氧化碳排放量将达到每年减少250万吨的水平。在20多个国家营业的3M公司已经保证,到2000年将所有向大气、水和土地排放的有害和无害废物减少90%(以1987年排放为基数),并将全部废物的产生减少一半。为达到这些目标,3M公司已着手研制闭路和无废物工艺。Monsanto公司到1995年将所有有毒废物的排放比1990年削减70%。欧洲的许多企业都在寻求办法,停止对环境的破坏。有越来越多的企业发现,保护环境同开拓经营并不矛盾,在许多情况下,保护环境不但可以节省开支,而且能增强竞争力。哥德堡市企业界与市政当局合作,寻求解决环境问题。一家运输公司已研制出对环境无影响的清洁剂、燃料、润滑油、轮胎和胶水等。此外,通过一套比较严格的清洁体制,这座港口城市倾倒在海里的精炼石油产品的数量从1985年的3.5吨减少到1994年的不足半吨。意大利化工企业联合会实施的"重任在肩"环境保护计划,已取得显著成绩:从1989年至1994年,意大利空气中飘浮的有机化合物减少了60%,化学工业的废物也减少了60%。日本要求企业不仅要在国内活动中注意环境保护,在国外拓展业务时,也要考虑当地的环境保护,积极参与当地消除贫困等活动,并向当地转移环保技术等。在人们环保意识日益增强的今天,许多企业更是从环保产业中看到了自己的发展道路,纷纷"争做对环保有贡献的企业",在世界范围参与净化环境计划,争取树立环境技术领先者形象。如1993年,日本松下电器公司荣获美国环保局授予的"绿色公司"美名,以表彰其在禁止下属工厂使用造成臭氧损耗物质的绝对领先地位。

如今,清洁生产正在世界推广,也倍受企业欢迎和重视。所谓"清洁生产"就是把污染末端治理变为实现防治污染和工业生产全过程控制。采用清洁工艺过程,不仅能节省污染控制的费用,还能使生产效率提高,从而增加利润。实践证明,推行清洁生产将会给工业企业带来不可估量的社会、经济、环境效益。

(七)回收垃圾,变废为宝

随着经济的发展,产生的越来越多的垃圾日益成为人们头痛的问题。近年来,出于环保和再循环利用资源的考虑,许多国家采取多种手段对垃圾进行综合治理,并取得了很可观的经济效益和社会效益。美国、日本、意大利、德国等发达国家在利用垃圾方面有很多经验。主要做法是:大力开展宣传教育;制定实施垃圾处理和回收废物的法律;厂家主动回收和利用废旧物品;积极推广以废物为原料的产品;大力开发处理垃圾的新技术。如今,绿色浪潮正在全球兴起,为垃圾回收开辟了一个广阔天地。

美国的许多城市和州制定了相应的法律,鼓励或要求企业和家庭将罐、瓶、纸张与其他垃圾分开放置,以便回收利用。在美国的许多地区,垃圾的回收工作已经系统化,垃圾车内采用分隔式,以便分门别类地收集报纸、啤酒瓶、洗剂瓶和其他废弃物。西雅图市还制定了一项"谁扔垃圾谁付钱"的政策,那些垃圾分类回收最好的居民付的垃圾处理费最低,此举使该市的垃圾回收率达到45%,比美国其他城市的平均回收率高出一倍以上。

废纸占美国垃圾总量的37%。由于废纸能化成纸浆反复使用6次以上,所以,废纸的回收率为40%,旧报纸高达50%。克林顿总统曾发布总统令,要求各联邦机构和军队购买用回收纤维生产的纸张,而且在打印纸和书写纸中的比例不得低于20%。与此同时,美国各州还以立法形式促进废纸的利用,其中12个州和华盛顿特区立法要求在报纸印刷中必须有一定比例的再生纸浆;美国著名的《国家地理》杂志封面纸现已掺有再生纸浆。威斯康星州一个废物回收中心

则为无法再化为纸浆的废纸寻找新用途，将碎纸片供给当地的牧场主，取代传统的垫圈草。纸片被粪水沤湿后，成为有机肥。

意大利除了做好垃圾回收和变废为宝两项工作外，还重视从“上游”抓起，即企业在生产时就要考虑到其产品“退役”后的安排。目前，在工业生产中，人们已普遍接受了“不仅要生产而且要考虑到销毁”的原则。意大利最大的菲亚特汽车制造公司，几年来一直致力于汽车的回收过程，目标是要在将来使汽车上所有的材料都能回收。1994 年，菲亚特已回收了 5 万部汽车，通过特殊设备筛选，将汽车部件分类回收，金属部分送到了钢铁厂，塑料部分送到化工厂，车座的外包装制成了地毯，玻璃制成玻璃瓶。

(八)制定并执行严格的法律、政策和措施

实践证明，制定并执行严格的法律、政策和措施，对保护环境具有十分重要的意义。美国环保局局长卡罗尔·布朗纳今年初宣布了一项新的环保计划——共识计划。该计划将把环保重点放在管理整个工业界，而不只是治理个别污染物质，以便以较小的代价取得较大的环保效果。韩国政府从 1994 年起规定，造纸、玻璃、钢铁和塑料等行业必须使用一定比例的再生废旧物资，以达到少产垃圾、保护环境、节约能源、减少进口、降低成本的目的。英国政府在 1994 年 11 月中旬提出了一项新的环境法案，英国将重建生态丛林走廊，旨在采取措施保护英国珍贵的丛林生态系统。英国政府在 1995 年 11 月 8 日又发表了为保护公众健康而确定严格目标的建议书，保证要减少柴油烟雾并公布了减少有害粒子排放的计划要点。澳大利亚联邦政府于 1995 年 3 月 29 日宣布了一项减少温室气体排放的计划，澳大利亚环境部长约翰·福克纳说，这一计划要求，到 2000 年将使温室气体排放量减少约 1 500 万吨。德国政府已采取多种措施，减少温室气体排放。德国目前已有 90 个减少温室气体排放量的项目在发挥作用，另外 20 个项目正在实施中。日本政府从 1994 年起，征收新的二氧化碳排放税，并提高汽油和石油税，以此作为其长期承担国际环境业务的措施。1995 年 6 月 12 日，日本政府制定出保护环境的行动计划。该计划确立了 11 个数值目标，中心内容是促进废物的再生利用、节水和节能等。东南亚国家把 1995 年确定为环保年，并开始实行一项地区性环保行动计划。中国台湾省和韩国对治理污染的计划投入几十亿美元。中国的“八五”计划(1991～1995)在环保方面的支出比上一个五年计划增加了 50%。中国政府已在“九五”计划和 2010 年远景目标规划中建议转变经济增长方式，从注重数量、速度的粗放型经营向注重质量、效益的集约型转变。此外，《大气污染防治法(修正)》和《固体废弃物污染环境防治法》分别于 1995 年 8 月 29 日和 10 月 30 日由全国人大常委会审议通过。《淮河流域水污染防治暂行条例》也于 1995 年 8 月 8 日由国务院发布实施。

(九)重视再生能源的开发研究与利用

能源是重要的物质基础，对于环境保护来说，更具有特殊意义。为保护环境和确保能源供应，许多国家越来越重视对再生能源的开发利用。

当今世界各国开发利用的再生能源主要有太阳能、风能、海洋能、地热能、生物能和水力能等 6 种形式。各国因地制宜，对再生能源的开发利用取得了显著的成绩。中国的再生能源发展受到国际上的好评。再生能源开发量已成为现实能源系统中不可缺少的组成部分，约承担全国 1/4 的能源任务，有力地促进了国民经济的发展。1994 年，太阳能利用技术突飞猛进，其发电的装机容量已达 7 万千瓦，一些发展中国家的乡村集镇已将太阳能电池作为一种能源形式逐渐加以利用。据专家预测，从 2010 年至 2015 年，利用太阳能生产的电能价格可降至 4 美分/度至 6 美分/度，完全可以同利用常规能源所发电能竞争。风力发电有利于环境保护和生态平衡，在国际上也很受重视。在荷兰、德国等国家的一些地区，特别是边远偏僻地区，风能的利用已相当普遍。1994 年全球风能发电的装机容量已升至 317 万千瓦，较 1993 年上升了 22%。德国到 1995 年底风力发电的装机容量达到 100 万千瓦。海洋蕴藏着丰富的可再生能源，目前已在开发的有潮汐能、海流能、海洋温差能、海流力能等。不少国家都在积极开发地热资源，世界各国对水利能的开发更是极为重视，并已建起一批规模很大的水电站，中国正在修建的三峡工程就是其中之一。绿色植物利用水和空气进行光合作用，制造碳氢化合物贮存太阳能，日、美、英、澳等国都在积极开展这方面

的研究。

(十)全球掀起绿色浪潮

环境和资源是当今令人关注的两大问题。随着全球自然资源的日益枯竭,资源的再生成为世界经济持续高速发展的重要因素,而日益膨胀的工业废弃物以及不断增长的处理费用,使制造行业竞相设计易于拆卸、易于回收利用的产品,这类把重点放在减少部件、使原材料使月合理化和使部件可以重新利用的绿色机器,目前正在欧美国家悄然兴起。专家们认为,21世纪将是"绿色世纪"。

1. 绿色技术——这是根据环境价值,并利用现代科学技术全部潜力的无污染技术。绿色技术要求企业在选择生产技术、开发新产品的时候,必须做出有利于环境保护和生态平衡的技术选择。

2. 绿色消费——人们的消费观念,不再是以大量消费资源、能源求得生活上的舒适,而是在求得舒适的基础上,大量节约资源和能源。

3. 绿色营销——要求企业具有环境成本意识,因为环境也是一种资源,应是有价值的。

4. 绿色投资——为防治环境污染和生态破坏,必须有一定的资金投入。一些发达国家用于防治环境污染的环保投资,近年已有较大增长,企业界的投资也出现了"绿色倾向"。

5. 绿色包装——企业在产品设计及包装的使用和处理等方面,既要努力降低商品包装费用,又要降低包装废弃物对环境的污染程度。

6. 绿色标志——就是在商品上印刷特定的图形,以标明该商品的生产、使用及处理全过程符合环保要求,不危害人体健康,并有利于资源的再生和回收利用。

7. 绿色设计——即设计出的产品可以拆卸、分解,零部件可以翻新和重新使用。这样,既保护了环境,也可以避免资源的浪费。目前,有些行业已开始设计易于拆卸的产品。这些产品一旦过了有效使用期,随时可以拆卸后回收利用,有利于环境保护。

8. 绿色产品——进入90年代,许多公司认识到,牟利机会应以制造"无害环境"产品为前提,开发清洁工艺,推出无污染产品,并加强废物的回收利用。实践证明,绿色产品比常规产品能更好地推销。美国一些纺织厂正收集塑料汽水瓶、旧衣服、棉布和毛料碎片等,利用新技术再把它们转化成优质布料,用来制造名牌T恤衫、茄克和背包等多种产品,用寻常的垃圾制出不寻常的产品。

再以绿色家电产品为例,随着生态与环境保护意识的日益增强,各种污染小、能耗低的绿色家用电器产品纷纷"登台亮相",如绿色电冰箱、绿色洗衣机、绿色电视机、绿色个人计算机等。

在美国,几乎每辆汽车重量75%的部分得到了重新利用;德国宝马公司已把一辆汽车回收量比例提高到80%,预计到2000年这一比例将提高到95%。计算机是高技术产品,它的更新换代可谓日新月异。根据科学家统计,一台电脑一般出厂12个月就告过时。美国现在有700万台电脑废弃在储存室中,这意味着计算机的回收使用大有潜力。在电机方面,德国一家公司的产品已到了易拆便装的地步。他们翻新制造的产品,外观和性能与新的一样,价格却低25%。柯达公司在1990年底就改变了原来的产品设计,其相机零部件回收重量已达87%。他们公司生产的"绿色"相机,已成为最赚钱的产品。

现在,绿色产品越来越受到各国的重视,绿色浪潮正在兴起。

世界部分国家环境保护的情况和政策①

朱　达　　郭钟义

美国环境保护的技术革新战略

美国的环境保护可大致分为两个阶段，1994 年以前为第一阶段，大致从 1969～1994 年，共 25 年。这 25 年是从开始治理及取得巨大成功的 25 年，它包括由于美国公众的推动而建立起的世界上最早的先进的环境保护系统，其中包括美国国家环保局（EPA 下同），各州环保机构，以及与之相应而诞生的联邦环境保护法、条例，各州环境保护法和条例等。经过第一个 25 年的努力，应该说，在美国各种最紧迫的环境保护问题上均获得了成功，现在美国国内的环境矛盾已不像 25 年前那么尖锐，天空的空气已经基本达标，未经处理的地表污水和工业废水已很少了，他们 25 年来所取得的环保管理经验与技术，已引起世界的关注。但是仍有一些重要问题亟待解决，其中包括原有的环保法规体系已不再适应当前的形势，需要修改补充；原有的一些环境技术也不能足以解决现在新出现的各种环境问题，更不能说对付未来的挑战了。

鉴于以上问题，美国环境保护局在总结以往经验的基础上，从 1994 年开始实施第二个 25 年环保计划。这个新的计划的核心问题是用最新技术成果，开创环境保护技术进步的新纪元。计划包括 EPA1 亿美元的环境技术基础项目；克林顿总统 1993 年 2 月宣布的由 EPA 领导的环境技术创新项目；1993 年 11 月公布的部门间环保技术出口战略。这项新的计划，当前每年要投入专项资金3 000亿美元，未来 10 年里还会稳步上升。值得注意的是，他们的这项计划和投入，不光是为了美国国内，而且还针对国际环保技术市场，按照美国环保局局长的说法是“为了扶持环境技术革新，帮助美国保持一个强大的和有竞争力的环境产业市场”。具体讲这个新的环保技术革新计划有四方面：

（一）完善环保法规，推动技术革新

美国过去制定的环境保护法规，虽然发挥了良好作用，但有的条款影响环保科技的开发和投入。如美国的工商界每年要拿出 1 300 亿美元按照美国的法规要求完成环境方面的任务，但是这种完成仅是被动消极地完成任务，应付检查，难以调动企业开发试验新技术的积极性，从而阻碍了新技术革新的发展。大多数环保标准都是规定如何固定使用已有的那种技术，不愿意也不敢冒风险试验使用新技术，执法人员也一直不愿按照老的办法破例执行。因此，造成同样的老技术被一次又一次地重复使用，日复一日年复一年，客观上冻结了新技术的推广，阻碍了新技术的发展，也影响了环保的深入发展。另一个问题是法规制定过程的不可预见性。美国的经验说明一项新的环境标准的公布往往需要很多年，而企业只有在新标准颁布后才知道对他们有什么要求，而一旦新标准颁布，国家就会要求企业尽快达到新的标准。而要达到这个新标准，就需要新技术去保证，但新技术的周期一般需要 10 年甚至更长，这样往往会造成新技术开发者提前开发的新技术得不到国家的立项和资助，即使开发了新技术，又往往不符合国家新标准的要求，超前或低于最新标准，从而造成不同程度的“英雄无用

① 本文由朱达提供资料，郭钟义编辑整理。

武之地”。

美国政府认为造成上述问题的根子在已有的法规中。因此，要促进环保技术的飞速发展，使之适应环保事业的需要，就必须修改几项关键性的法规，以使立法工作更加支持环保技术革新，消除或减少革新障碍。他们采取的新的举措是：

增加美国环境立法过程的可预见性，调动影响环保技术革新人参与的积极性；

扩大验收技术合格的范围；

采取包括排放权贸易和其他市场经济刺激的手段，奖励企业使用那些不仅能达到最低标准，而且能超过标准的技术；

精简许可证发放过程和执法工作，推动技术革新。

另外，落实以上措施的方法也有大的革新，它已从以前的对逐个污染物的治理走向对逐个产业的治理。按照这个计划，EPA将全面分析每个工业部门成功和失败的经验教训、存在的问题和今后继续前进的方向。首批重点治理的产业部门有六个：汽车工业、钢铁工业、电子和计算机工业、金属镀膜和表面精整工业、印刷工业和炼油工业。

(二)支持新技术开发和使用

美国环境治理的实践证明，环境技术新成果的推广和应用，往往会遇到两方面的问题，一是技术发明者缺乏将其技术从试验生产场所推向市场舞台所需要的信息、技巧、手段和各种便利条件，不能尽快获得社会和市场的承认。另一方面是应该采用这些新技术的企业又对这些新技术缺乏了解，没有能力去评价它们，没有勇气去使用它们，从而采取一时犹豫观望的态度。而法律工作者、新闻部门或一般公众，也不能很快认同，并做出相应的举措。这些都会影响和障碍新技术的推广和应用。因此，新的措施明确，EPA有能力也有责任帮助解决这些问题并采取有效措施向社会、市场、用户提供信息、技巧手段、测试记录和各种便利条件，以促进新技术尽快走向市场，走向用户，并顺利和有效地发挥其社会效益和经济效益。例如，美国的清洁大气法曾要求将形成酸雨的二氧化硫排放物减少50%，而二氧化硫排放源大多在燃煤电厂，这些电厂为了达标，可以从多方面采取诸如加强计划管理、转用低硫燃料，购买排放权和安装涤气器等措施。当时美国正好有一种保证改型涤气器的控制技术，这项新技术的有效控制率可保证达到98%，EPA经调查后认为，当时同类产品和所有其他措施尚均未达到90%，于是就决定大力支持推广这项新技术，结果取得了良好的效果。

(三)开辟投资新渠道，支持研究新技术

EPA利用自己独特的地位准确分析目前的和可预期的环境保护的总形势和某个环节的特殊需要，同时，及时掌握和准确鉴别出现的环保新技术。一旦认准之后，就有目的地对前景看好的新技术进行战略性资助，使之增加成功的机会。仍以燃煤电厂为例，80年代中期，美国是用湿石灰工艺洗涤烟囱排气，这种方法不但成本很高，而且效果也不理想。后来发现得克萨斯大学开发的一种清洁烟道气的方法廉价而效果好，于是EPA的大气和能源研究试验室就与其合作并投资支持。实践证明，这一新的工艺不仅可以去除任何一个燃煤锅炉烟囱中90～95%的二氧化硫和其他有害酸性气体，从而向实现清洁大气法的减少酸雨目标前进一大步，而且每千瓦的费用还从215美元降到了85美元。推广后仅此一项全产业就节约数十亿美元。

(四)协助推广新技术，引导环保科技向深层次发展

国家环保局(EPA)为引导环保新科技的发展，采取了一系列有效措施：及时汇编和散发环保科技信息，介绍产品，沟通买卖双方联系渠道，协助开拓国内国际市场；通过美国环境培训研究所开展环保技术培训，加强国外的环境基础设施，从而扩大全球对革新环境技术的需求；国家环境局对所有推广的新技术均要保证质量，而且这个质量的标准还要一定不是那些已经发生的污染的“管端”技术，而是预防污染的高层次技术，它涉及生产过程、原料和产品设计等，这些新技术能保证在污染产生之前消灭污染，锤炼政府企业和私人部门之间的良好关系，协助新的美国技术在世界市场上参与竞争。

所谓非“管端”的高层次环境技术是多方面的，其中包括环境会计和资本预算；用新的化学品替代目前有毒的化学原料、催化剂及其产生的有害副产品；在学校中设置环境课程，这些课程将污染预防、生命循

环分析的原则与 DTE 相结合;将污染风险控制与保险业相结合;通过 DTE 计划与干洗业合作,努力减少氯乙烯的危害,研制氯乙烯的替代技术,并提供援助,支持小干洗业落实污染预防措施;开发针对中小型印刷业的污染预防信息,优先选用有利环境的新化学品印刷;在政府所有的建筑物中推广使用对环境有利的清洁产品,改革综合风险评价和评介产品的性能等等。

法国的环境保护原则及实施情况

法国的环境保护强调整个人类都应具有一个共同的目的,要求工业国家在全球规模的工业发展进程中遵守相互团结的原则,以共同维护那些与环境息息相关的条件。因此国家的环境保护计划及其实施中始终遵循以下七条基本原则:

优先考虑环境问题,防止新的环境问题产生,即预防为主的原则;

通过革新控制质量。增加对公共的和私人的环境研究经费。1994 年用于此项的资金增长到了原有的 4 倍;

改进环境服务现状,使之现代化,以建立一个真正的全球性服务体系;

增强公众的环境意识,并将责任分担到每一个人身上,使环境问题与每一个公民息息相关;

在科学、生产率和民主之间寻求一种均衡关系,即将环境对策建立在科学的基础之上,增进专家间讨论的机会;

促进社会负担公平合理,采取谁污染谁付款的原则,向生态失衡开战;

法国承担国际义务,保持法国绿色工业的竞争力并加强国际合作。

根据以上原则,法国在空气、水、海洋、土壤、垃圾、生态等领域的治理情况如下:

(一)空气

法国的空气治理始于 60 年代,当时由法国环境部空气质量署制定了一个有关“静态能源”方法的法规,首先着眼于改善高度城镇化和工业区的空气质量,其主要手段侧重于经济上的刺激,重点治理的污染源是燃煤电厂及控制工业能源。其主要措施是以核电项目代替燃煤项目。新法规的实施大大减少了废气的排放,数年之内就使一些大城市和工业区的空气中的酸度降低了 50%。之后又制定了一些技术法规和技术协议,降低家庭以及餐饮业、汽车用液化气和燃料用油的铅含量。当前,正在实施的大气治理项目有:实施一项规划,按照这个规划,在 15 年内,将使法国向大气排放的碳化合物再减少 30%;政府与小轿车制造厂联合开发环保经济型轿车,鼓励开发电动小轿车;促使市政当局采取临时和永久性相结合的办法减少大气污染。所谓临时性即对污染高峰期的交通加以限制,所谓永久性即发展公共交通运输并改进城镇规划。

(二)水

法国水资源充足,年降水量 4 400 亿立方米,可用于经济和技术的用水有 1 000 亿立方米。目前的总用水量约为 300 亿立方米,其中 50%用于热电站冷却用水,另 50%为工业用水和人畜饮用水。法国的水污染防治始于 1964 年,当时国家针对水污染日趋严重的情况,颁布了一项水法,这项水法是法国管理水资源的一个关键性举措,它首次提出了按水文地形组成流域委员会与用户合作的原则及首次实行“污染者付款”的原则。水法根据全国水流域的情况,组成了 6 个流域委员会和 6 个与之相适应的流域管理局(后改称水资源管理局),分工负责管理法国全国的水资源。水资源管理局负责收取用户和污水排放者缴纳的费用,并利用这笔资金资助抗污染和开发水资源。

为进一步保护水资源,近些年又有两项重大举措:一是议会审议通过了一份法律,这份法律除了重申水的重要价值外,还进行了一系列重大改革,诸如将地下水和地表水分工管理和水资源管理机构由分散管理纳入国家统一管理体系;强调充分发挥地方当局的作用等。二是政府批准了一项耗资 810 亿法郎(约合 140 亿美元)的计划,用于今后 5 年水资源管理开发,其中包括通过扩大和改善目前的排水系统及水处理站,或者通过乡村的地方水处理设施,改善民用废水的回收和处理工作;改善居民饮用水的质量,使之符合标准;减少工业废水排放;根据“污染者付款”和“抗污染者获支持”的原则,逐步向农业污染展开斗争;加强水资源的利用;恢复和保护天然水的环境;加强宣传工作和科研工作。

(三)海洋

法国的海洋环境保护工作成效显著,从多年连续观测证明,其绝大部分海域的污染物含量均处于国际公约可以接受的“正常”或“偏低”的水平。但是部分海滩和水生贝壳类动物养殖场有富化作用(水中营养过剩),从而导致毒素和有毒藻类在不流动的水中扩散。为了进一步保持和改善海洋环境,近些年又采取了一系列有效措施:

——建立海洋质量监测网对海洋进行监测。这个监测网包括海滩质量监测系统、海水域细菌指标记录系统、藻类扩散警报系统、海洋中和沿岸动植物种类生长活动系统以及与以上有关的大型研究计划。

——沿海风景、环境和古迹保护工作。1986 年制定的海岸保护公约规定离海岸 100 米以内不准兴建楼房,以防止海岸不断城市化和海岸地区被吞没。

——建立海滨与湖泊保护协会。协会通过购买土地等手段保护沿岸 450 公里海岸线和 3.5 万多公顷未受破坏的乡村。

——加强水处理设施,保护沿海水质和沿海生态系统,以利发展沿海经济和沿海旅游业。

——禁止向海底倾倒工业废物,禁止在海洋焚化废料。

——在布勒斯特建立了一个排除事故污染技术的辅助中心(CEDRE),购置设施,用以预防和排除向海洋排放碳氢化合物的污染事件造成的损害。

——选择地中海地区并与沿岸 18 个国家和欧共体合作,共同开展测定海环境参数的活动。

——开展国际合作,希望加强国际性碳氢化合物污染损失补偿基金(FLPOL),以便使在污染原因并不清楚的情况下,对被污染的所有受害者给予补偿。

(四)土壤

法国现行土壤政策与欧共体是一致的,即不是以提高土地产量来提高竞争力,而是通过综合保护环境降低成本来保持乡村的结构。法国也开展扶贫,扶贫的一个重要措施是“环保扶贫”。即通过监测自然环境(包括研究和培训)以及对环境保护所需费用进行补偿等办法,来增加贫困地区的生产。

当前正在实施的土壤环境保护措施有两个方面:第一是建立防风林带和喷灌体系,解决一些地区因过分垦殖所引起的土壤侵蚀问题。这个计划估计需要 20 年时间才能完成。第二是土壤治理和净化。10 多年以来农业部一直在培训土地开发人员、农业技师和农业教师,这项工作由农业部和环保部共同负责,其名曰“水和土壤资源的综合治理工程”。

(五)垃圾

法国每年要产生家庭和企业生活垃圾 1 800 万吨、农业垃圾 4 亿吨、工业垃圾 1.5 万吨。以上除农业垃圾全部采取循环利用处理外,其他均采取不同方法进行科学处理,因此,在法国垃圾问题已获得较好解决。

生活垃圾:有选择地集中回收

所谓“集中回收”就是在官方认可的工厂里进行集中处理。这种工厂目前全国有 250 个,它的另一个名称叫垃圾分拣站。它们对垃圾进行分门别类存放和处理。如玻璃、纸张、油、电池、药物等可回收作为再生原料。法国认为这是一项必须开展的工作,因为它不但能提高垃圾的回收率,还能改善垃圾的处理过程,有助于减少诸如焚化过程中氯的排放量或在堆肥和污水沉积物处理过程中重金属的残存量。

工业垃圾:焚化与物理——化学处理

这种处理的对象大部分为工业垃圾、少部分为生活垃圾。法国建有这样的专门处理中心网络。所谓焚化与物理——化学处理,实际上就是销毁和转化。

终极垃圾:固化处理

终极垃圾是指因垃圾处理而产生的垃圾,或者是指因处理垃圾而产生的垃圾。对终极垃圾处理的原则是进行稳定与固化处理。处理过程要保证绝对安全。

核废料:安全存放

法国有两种类型的核废料:一种是在利用放射性物质生产核能过程中所产生的核废料,另一种是来自医疗和科研中的核废料。对前者他们贮存在混凝土结构中,在上面再覆盖防水土质保护层;对后者经过核电站核废料处理过程之后变成了玻璃状物质，然后被暂时贮存在安全条件最好的地表，所谓暂时，是等待以后更为安全的处理办法。

（六）生态

法国生态保护成效卓著，他们通过法规手段和市镇规划，使许多森林得到了充分的保护。全国自然保护区的面积占全国国土总面积的比重已从1978年的7.5%上升到70%。成功来自于一系列强有力的举措：1970年法国制定了一项旨在改善和繁衍法国的动植物种的政策；1976年7月16日通过了"自然保护法案"；1982年编制了"动植物生态区域"目录，其中描述了1.3万多个区域的自然保护计划；1990年成立了一个自然资源监测中心。这些严格限制人类活动，现场保护野生动植物种的积极政策，包括禁止开采和保护生长地的措施，以及保护（冬季喂养）和监测濒危物种繁衍的实际工作等。

德国的环境政策和新途径

德国多年来一直遵循一套一贯的环境政策。因此现在德国的经济正在得到良好的环境保护所带来的益处。

（一）德国环境保护取得高成效的主要原因

有一支庞大的环境队伍和一个高效的环境保护产业

目前全德国从事环境保护工作的人员共计有68万人，如果现在德国的环境保护政策不变，估计到2000年这个人数将达到112.2万，此数相当于德国全部劳动力的4.2%。其中原联邦德国区域内将由54.6万增长到78.6万；原民主德国区域内将由13.4万增长到33.6万。分别达到全部劳动力的2.5%和5～6%。德国的环境保护产业的特点是高效，以中小企业为主，这个产业已经成为国民经济中不可忽视的重要因素。

坚持正确的目的

德国制定的环境政策是把保护自然环境作为当代人和后代人赖以生存的基础，即既要考虑当代人又要考虑后代人都有一个舒适的生活环境。根据这一目的，他们注重把经济、社会和环境保护之间的相互密切联系作为自己环境保护政策的主要组成部分。在国际间，他们则根据生态学和市场经济的模式，贯彻一项切实而有远见的概念，即既要考虑到本国，又要考虑到德国是欧共体的一员，还要考虑到其在全球共同协作中的责任。

掌握三项基本原则，即预防性原则、污染者赔偿原则、合作原则

预防性原则 预防为主原则是德国环境保护的基础之一。他们认为，大自然的循环过程是不可改变的，因此，在人类干扰自然循环时必须非常谨慎，对此宁可把后果估计得悲观些，也不要轻易地抱乐观态度。而且，事实已经证明，当自然环境遭受到破坏以后再去恢复时，所需费用会高于预防所耗费用。因此以预防为主的原则不仅成为德国环境保护和经济发展的因素，而且也成为保证未来安全的手段。根据这一原则，德国执法者对污染源责任者毫不手软，只要责任一经确定，无论任何人都必须对由此引起的损失全部承担责任。预防为主的原则也适用于国际间，德国人认为工业国家的繁荣是由不适当地使用、甚至滥用自然环境资源的结果，为了发展中国家未来的安全和预防全球环境受到威胁，工业国家当然对此要负起责任来。

污染者赔偿原则 德国把污染者赔偿原则作为任何经济体系中管理环境的最有效方式和手段。他们认为这一原则可以鼓励人们的主动性和革新精神，并由此产生清除环境危害和节约成本的技术；是进一步发展市场经济以及把社会各方面都与生态学相结合的动力；也是国际间生态合作的唯一公正而有效的原则。

合作原则 合作原则在德国国内意味着社会上各种集团之间在环境保护政策上要相互协调，通力合作。这其中涉及联邦政府、国家领导机关、领导人、科

学家、立法机构、市政当局、工会、工业社团、新闻媒介和公民个人。合作原则要求每个人都要从其不同的职业岗位,社会地位来负起环境保护的责任,共同把保护环境政策放在突出的位置上。合作原则已经在德国社会上产生了广泛的环境意识。

(二)德国正在采取的环境政策

德国正在采取的环境保护政策的目的是使社会市场经济的各个方面都与生态学联系在一起,使环境保护与所有的经济决策相结合。在环境保护总的政策中要实行行政管理与经济手段相结合。德国的环境保护责任法颁布于1990年,此项法规包括进一步持续减轻对环境无节制的利用,并要达到所要求的管理目标。但是因为过去的环境保护政策主要集中在单纯的管理方面,很少使用经济手段。这种环境管理已暴露其某些众所周知的不足:它不能激励导致降低污染物水平的有效工艺过程,不能实现在花费较少的情况下实现环境管理目标。为了推动环境保护活动,必须在继续严格行政管理的同时加大经济手段的力度。经济手段意味着凡是造成环境破坏的单位都必须承担由此造成的损失费用,以此刺激污染者去降低由于环境破坏所造成的经济损失。其具体内容举例介绍如下:

排污费与税收

德国从1981年起实施废水排放法,1989年又进一步修订了废水排放法。后者跟据实践经验限制了更多的污染排放,包括含磷和硝酸盐等污染物。以后又颁布了新的法规,要求将单位的污染物排放量的税收由原来的50德国马克增加到90德国马克。除废水以外,排污费还包括固体废物与二氧化碳。其收费原则有四条:标准比过去要进一步强化;所收费用根据污染物排放标准准确测定,排放污染物低于排放标准时要降低税收率;污染者为了减轻污染物不良作用而采取的措施所花的费用,至少能够弥补一部分排污费用;由于采取防污措施所增加的收入,可以减少污染物的有害作用所付出的经费支出。

机动车辆税收

德国对机动车辆的收税量过去是以汽缸的容量来计算。后来又把范围扩大到汽车废气。对汽车废气的收费不是一概而论,而是根据每辆汽车是否符合排放标准的高低而采取减免形式。现在政府再一次修订一项机动车辆的税收法,新的法规完全依据汽车排放废气的组分来替代按汽缸容量的收费办法。汽车废气的组分按主要污染物(碳氢化合物、一氧化碳、二氧化氮)、颗粒物和噪音指标来确定。此项收费要求对每一种型号车的废气排放量进行准确的测定,然后计算出税收率。

押金——退款制度

固体废物处理有相当一段时间困难重重,主要是群众不愿在他们的住地区域附近建立废物处理场。1986年,德国制定了新的废物处理法,此法不是寻找新的场地或提高废物处理场的费用,而是在废物源头上采取措施,减少或消灭废物产出量。根据这项法律,政府可以通过经济手段建立配额制度。例如政府依法规定凡是铅包装商品,使用后必须收回90%以上。考虑到商家执行此规定尚有很大难度,于是政府规定采用押金的办法,促使消费者有权把有关的废物退还商店或超级市场,然后收回押金,从而达到对废物再利用与再循环的目的。此种方法不仅解决了固体废物的数量,而且也节约了资源,提高了经济效益。押金——退款制度开始于铅包装饮料,后来又发展到所有其他饮料领域,直至促使全国72%的饮料消费均以此种形式销售。其中矿泉水达到88%、酒类达到46%、牛奶17%。1970年又从72%发展到88%。

为了巩固和发展这一重要成果,政府又出台了包装条例。包装条例把押金——退款制度推广到了饮料以外的其他所有领域。它首先对包装的特性做了明确规定,所谓包装是指运输包装、销售包装(包括一次性使用的盘子)和附加包装(即在销售以外另加的包装)。这就说凡属以上范围的包装均应在条例规定的范围以内。其次在包装的商品中除饮料以外还包括洗涤剂、清洁剂和乳剂涂料的包装品等。第三,凡属以上范围的包装均必须实行押金——退款制度。如果工业界已经能够保证从消费者中收回已用的包装器,可以不执行押金——退款制度,但必须有明确的定额,如达不到定额则仍应强制执行押金——退款制度。

德国目前,执行的押金收费标准如下:

包装器	容　量	押金—退款数(德国马克)
饮料	0.2 或 0.2 以上	0.5
饮料	1.5 或 1.5 以上	1.0
洗涤剂	同上	同上
清洁剂	同上	同上
乳剂涂料	同上	2.0

“蓝色天使”标志

德国政府环境保护部门认为,经济手段行政管理十分重要,但是要从根本上解决环境问题,还必须提高广大群众对环境保护的认识。德国的经验证明,只有当群众真正认识到环境保护对经济和人身健康的利害关系时,其效果才能大大超过许多手段所起的作用。德国政府环保工作除加强环保意识的宣传和教育以外,还采取了一种十分重要的生态标记的方法。此种方法最初起于 1977 年的原联邦德国,现在已盛行全国。这种标志就是“蓝色天使”,即在符合环境保护标准的产品上标上“蓝色天使”标记。实践证明在同样的条件下,使用了标有此种词句的产品则特别易于被人们接受。截至 1994 年 6 月,在德国的 78 类产品中,已有 4 000 种被授予“蓝色天使”环境保护标志。

英国的环境保护情况和特点

英国的环境保护处于世界先进水平。但在工业化发展过程中,英国也曾走过一段“先污染,后治理”的弯路,曾导致了世人皆知的“伦敦烟雾事件”和“泰晤士河水污染事件”,有惨痛教训。从本世纪 50 年代起,英国各界认识到环境污染问题的严重性,花了很大气力进行污染源的末端控制,但事倍功半。到 70 年代,他们改由污染预防出发,坚持整体规划,分步实施的战略,才有效地扼制了环境恶化的趋势。经过 20 多年的努力,全国的大气环境和水环境质量明显改善,生态环境得到较好恢复,蓝天碧水绿地,城镇呈现“都市放牛”的景观。英国的环境保护主要有以下几个特点:

(一)注重城市建筑环境的规划和建设

在伦敦乃至整个英格兰,到处可见 100 多年前的古老建筑,体现出浓厚的传统文化色彩。英国在工业化和城市化的快速发展中,坚持古今兼顾,有机结合的原则,在继承中创新,坚持严格规划,分步实施,尽量避免拆迁,减少浪费和建筑扬尘。由于充分考虑了环境美学,使得大批现代造型新颖的单体建筑和建筑群与这些传统的建筑有机地结合起来,错落有致地散布在城市的各个方位,既延续了城市的文脉,也从环境上给人以美的享受。其现代建筑和古老建筑多是清水墙而很少用有机装饰材料,既给人一种朴实自然的感觉,也有利于防止火灾,避免了装饰材料释放的有机物对大气环境的污染。在英国,很少见到裸露的土地,马路边、房前屋后、角角落落都种满树木花草,净化了空气,防止了扬尘。大气中基本监测不出颗粒物。

(二)生态环境呈现良性循环

经过 100 多年的整治和恢复,英国目前的城乡生态环境已基本实现良性循环,原来由于污染而一度绝迹的许多珍稀物种又相继出现,流域的生物多样性重新恢复,这主要得益于:一是科学规划与合理布局。工业革命后,英国在城市建设中,根据环境的特点和条件进行统一规划,合理布局。如在环境敏感区及人文地理保护区的泰晤士河上游及牛津城等地域,不准建设有污染的企业,在城区开发中,尽可能结合地形地貌自然条件进行功能区划,既保护了环境,防止了水源污染,又有利于管理。二是基础设施完善。英国的大气污染和水污染曾经十分严重。针对这些问题,英国通过加强基础设施建设,改善燃料结构,由燃煤改用天然气,同时采用集中供热取代各种小型分散锅炉,有效地消除了污染、节省了能源,方便了人们生活;同时,英国的给排水设施非常完善,城市供水与排水系统管网化,城市污水处理率达 100%;室内上下水管道及龙头没有跑冒滴漏,灵便好用;农田、牧场灌溉普遍采用地下管网和喷灌方式,大大提高了水资源的利用率。

(三)泰晤士河流域综合整治效果明显

泰晤士河发源于英国西部的塞伦斯特,东经牛津、莱丁、伦敦,于伦敦的达福特入海,流域面积1.3万平方公里、占英国总面积的5%,流域内现有人口1 200万、约占英国总人口的1/3,该地区是英国人口和工业最密集的地区。100多年前,泰晤士河开始污染,到本世纪40～50年代,污染达到了最严重程度,一度鱼虾绝迹、臭气熏天。据介绍,流域内因污染而死亡的人数达6万多。针对泰晤士河流域的严重污染,英国花费了很大气力,从工业污染源的治理、城市污水集中处理,到河道的综合整治以及水资源的开发利用等投入巨资,经过数十年的艰苦努力,终于使泰晤士河流域的生态环境得到改善和恢复。目前泰晤士河水的COD一般为9mg/1左右,BOD为4～5mg/1,一度因污染绝迹的、对水质要求很高的鲑鱼又重新出现。河水十分清澈,有些河段水的能见度达6米,已形成供水、农灌、航运、旅游,防洪等综合功能。泰晤士河流域治理的经验:一是建立权威的综合管理机构。针对泰晤士河流经几个城市,各地取水、排水缺乏统一管理,水资源的浪费、重复污染严重的现象,国家设立了泰晤士河流域管理委员会,负责整个河流的环境保护工作;成立了供水和排水处理公司即泰晤士水集团,专门负责流域的治理和管理;国家环境署负责水质监督检查。80年代初泰晤士水集团私有化后,企业的责任更加明确,政府的监督和协调能力进一步加强,促进了泰晤士河流域环境的明显改善。二是整体规划,分步实施。从前对泰晤士河流域的污染治理,各城市分别采取过措施,由于没有统一的规划,尽管付出很大代价,但水质改善甚微。此后,英国政府总结教训,确定由泰晤士河流域管理委员会全面负责,在污染源调查的基础上,建立全流域的综合整治规划方案,分步实施,经过20多年的努力,终于控制了流域的污染,逐渐使泰晤士河重现昔日风貌。现在,泰晤士河流域管理委员会又已制订出整个流域发展的21世纪议程,为流域经济的可持续发展提供了保证。

(四)城市垃圾的资源化处理

英国对生活垃圾管理严格,处置方法科学,尽量变废为能,减轻对环境的危害。具体做法是:要求市民对垃圾分拣包装,可再生的由有关部门进行回收;不能再生的,则集中运送到处理厂,采用两种处理方式:一种是卫生填埋,填埋厂一般由砖厂综合经营。如波夫罗夫垃圾填埋厂,原先是个砖厂,由于制砖取土形成了若干坑塘,对这些坑塘按卫生填埋的要求,进行防渗漏处理后,一层垃圾覆盖一层土,进行压实填埋,最后在顶层覆土绿化。对填埋坑中厌氧发酵产生的沼气,通过打井抽气送到电厂发电。据说每个垃圾山的沼气可利用30～50年。在垃圾填埋完成后的几十年,国家环保部门一直进行跟踪监测,没发现污染扩散现象。另一种方式是垃圾焚烧发电,如伦敦东南热电厂,该厂负责处理整个伦敦东南区的垃圾,采用先进燃烧技术,每天能够吞掉1 400多吨的垃圾,发电能力35MW。不仅消除了污染,保护了环境,也具有较大的经济效益。

(五)环境法律法规及公众监督机制比较完善

在60年代,英国就着手建立环境保护的法律法规体系。经过30多年的修改补充,现已比较完善。仅专门的法律法规就有30多部,同时在其他的专门法律中也都有环境保护的内容。这些法律范围广泛,内容齐全,措施严厉,可操作性强,为环境保护和管理提供了较完善的法律依据。

英国公众有较强的环保意识。国家在《环境法》中规定,政府每年应拨出专门款项用于环境教育,提高人们的环境意识。环境署设立了每天24小时免费热线电话,受理群众对环境污染情况的举报,一旦发现污染事故,报纸、广播和电视等新闻媒介立即予以曝光,形成强大的社会舆论。这种群众监督机制,不但保证了污染事故的及时处理,也有效地防止了某些企业和个人伺机排放污染物的不良行为。

中国的环境保护和可持续发展战略

中国是一个发展中国家,目前正面临着发展经济和保护环境的双重任务。中国在全面推进现代化的过程中,始终把环境保护作为一项基本国策,把实现可持续发展作为一项重大战略。中国的环境保护注重从中国国情出发,走适合中国国情的道路,避免了工业国家先污染后治理的老路,使经济社会发展与环境保护同步进行,协调发展。改革开放18年以来,中国国民生产总值虽然以年均10%左右的速度持续增长,而环境质量则基本上避免了相应的恶化局面。实践证明,中国实行的环境保护和可持续发展战略是正确的。这个战略及其实施情况有以下特点:

(一)拥有完备的法律体系和管理体系

中国十分重视环境法制法规建设,目前,已形成以《中华人民共和国宪法》为基础,以《中华人民共和国环境保护法》为主体的环境法律体系。其中包括针对特定的环境保护对象制定和颁布的6部全国性环境保护专门法,8部与环境保护相关的资源法,30多项环境保护行政法规,600多项环境保护地方性法规,364项各类国家环境标准等。这些法规、条例、标准的总的指导方针是32个字:全面规划,合理布局;综合利用,化害为利;依靠群众,大家动手;保护环境,造福人民。其具体要求是:

——确立环境保护为中国的一项基本国策。防治环境污染和生态破坏以及合理开发利用自然资源关系到国家的全部利益和长远发展,中国政府坚定不移地贯彻执行环境保护这项基本国策。

——制定经济建设、城乡建设和环境建设同步规划、同步实施、同步发展,实现经济效益、社会效益、环境效益相统一的指导方针,实行"预防为主、防治结合"、"谁污染谁治理"和"强化环境管理"三大政策。

——不断完善环境法律体系,把环境保护建立在法制的基础上,严格执法程序,加大执法力度,保证环境法律法规的有效实施。

——坚持把环境保护纳入国民经济和社会发展计划,实现国家指导下的宏观调控与管理,逐步增加对环境保护的投入,使环境保护与各项建设事业统筹兼顾,协调发展。

——建立健全各级政府的环境保护机构,形成比较完善的环境管理体制,充分发挥环境监督管理的作用。

——加速环境科技的进步。加强基础理论研究,组织科技攻关,开发和推广防治环境污染的实用技术,扶植环境保护产业的发展,初步形成环境保护科研体制。

——开展环境宣传教育,提高全民的环境意识。广泛进行环境宣传,逐步普及中小学环境教育,发展环境保护在职教育和专业教育,培养环境科技和管理方面的专门人才。

——推进环境保护领域的国际合作。积极发展同世界各国和国际组织在环境与发展方面的交流与合作,认真履行国际环境公约,努力发挥中国在国际环境事务中的作用。

中国的环境管理体制建设也取得三大成就。现在已形成由全国人民代表大会立法监督,各级政府负责实施,环境保护行政主管部门统一监督管理,各有关部门依照法律规定实施监督管理的良好体制。由国家技术管理局、国家经贸委、国家计委、国家商检局、国家环保局等部门的代表组成的中国环境管理体系认证指导委员会,又于1997年5月在京成立。目前中国县以上环境保护行政主管部门有2 500多个,从事环境行政管理、监测、监理、统计、科学研究、宣传教育等的总人数达8.8万人。各部门各企业的各类环保人员已达20多万。

(二)将工业污染防治和城市环境综合治理作为重点

中国政府把工业污染防治作为环境保护的重点。在指导思想上确定"三个转变",即:在污染防治战略上,从侧重污染的末端治理逐步转变为工业生产全过程控制;在污染物排放控制上,由重浓度控制转变为浓度与总量控制相结合；在污染治理方式上，由重分散的点源治理转变为集中控制与分散治理相结合。在这个指导思想的指导下，工业污染防治的政策法规体系初步形成，企业环境监督管理得到加强，工业污染防治措施逐步完善。工业污染治理成效显著。1996年，国家环保局在各地政府的积极配合下，取缔和关停了"小化肥、小炼炉、小造纸"等15种污染严重的小企业近7万家。"八五"期间(1991～1995年)，中国每万元国内生产总值能耗由1990年的5.3吨标准煤下降到1995年的3.94吨标准煤，累计节约和少用3.58亿吨标准煤，年节约率为5.8%。1995年，全国县以上工业企业废水处理率达76.8%，燃料燃烧废气消烟除尘率88.2%，生产工艺废气净化处理率68.9%，工业固体废物综合利用率43.0%，工业"三废"综合利用产值190亿元。对酸雨问题，通过采取发展洁净煤技术、清洁燃烧技术和征收二氧化硫排污费等政策措施，也取得成效。污染物排放的增长速度明显低于经济增长速度，部分地区和城市的一些环境质量指标基本保持稳定，有的还在一定程度上有所改善。

城市的环境保护进程加快。中国城市化水平由1980年的19.39%提高到了1995年的28.85%，努力改善城市环境质量是中国政府环境保护工作的一个重点。中国城市环境保护的主要措施是：编制城市总体规划，调整城市功能布局，加强基础设施建设，提高污染防治能力，开展城市环境综合治理，改善城市环境质量等。目前，全国城市居民用气普及率达到68.4%，城市污水集中处理率20%，城市垃圾粪便无害化率45.4%，城市建成区的绿化覆盖率23.8%。全国建成烟尘控制区11 333平方公里，环境噪声达标区1 800平方公里，增加公共绿地4.9亿平方米，一大批城市河道经过整体改造，城市水环境状况有所改善。

(三)加强国土整治与农村环境保护

中国政府把国土整治视为实施可持续发展战略的一个组成部分，开展了大规模的国土整治。截至1995年，中国国土整治规划工作已经取得了新的进展。全国和一些省、市均编制或修编了国土治理规划和土地利用总体规划。国土整治研究取得多项成果，完成了1996～2010年全国国土资源开发与环境整治重大问题等专项研究报告。主要江河湖泊开发整治成效显著，"八五"期间对大江大河进行了整治，建成和新开工建设一批重要的、具有控制功能和综合效益的骨干工程。全面推进土地保护、开发与整治，已有2 100个县级单位完成了划定任务，70%以上的耕地得到了有效保护。制定了10年治理开发666.7万公顷沙漠化土地规划目标，已完成综合治理面积375.9万公顷。防治水土流失、复垦耕地等成效显著。抗自然灾害的能力得到加强，其他诸如生态农业、农村能源建设、乡镇企业污染防治、绿色食品和有机食品开发等方面均取得进展。

(四)加强生态环境与生物多样性的保护

中国的生态环境保护和建设取得了较大成就。

造林绿化取得成效。中国改革开放以来，造林步伐加快，数量逐年增加，质量不断提高，实现了森林生长超过年消耗量，逐步扭转了长期以来森林蓄积量持续下降的局面，进入了森林面积和蓄积量"双增长"的阶段。12个省(区)基本消灭了宜林荒山。以保护和改善自然生态环境，实现资源永续利用为主要目标的"三北"防护林等十大林业生态工程，使中国相当部分地区的生态环境逐步得到改善。中国现有森林面积1.337亿公顷，森林覆盖率为13.92%；"三河(淮河、海河、辽河)"，"三湖(太湖、滇池、巢湖)"的治理进展顺利。与此同时，草原建设和海洋保护也得到加强。

中国在生物多样性保护方面也进行了不懈的努力。采用生物多样性就地和迁地保护相结合的途径，保护了612种濒危珍稀动植物，建立门类齐全的自然保护区799处，面积达7 185万公顷。

(五)注重环境科学技术开发，加强环境宣传教育

中国实施"科教兴国"战略，积极推动环境科学技术的发展。一大批科研课题经过攻关获得成果。环境保护科研机构和科研队伍不断壮大，截至1996年底，已有环保科研机构400多个，科研人员2万多名，推广科技项目385个，在14万个单位获得良好经济和社会效益。环境保护产业快速发展，已拥有产业单位8 651个，从业人员188.2万人，固定资产450.11亿元。国家环境标志进入实施阶段，已有21家企业35种产品获得了中国环境标志。通过环境宣传教育，

提高了全民的环境意识,“中华环保世纪行”新闻活动,引起巨大反响。全国已出版环境报刊数百种,140所高校设有环保系或专业,40多所中等专业学校和上百所职业高中也设置了环境专业,还举办了上万次各类专业培训班,培训人员达40万人次。

(六)积极推动环境保护领域的国际合作

中国政府认为保护环境是全人类的共同任务,因此在采取一系列措施解决本国环境问题的同时,积极务实地参与环境保护领域的国际合作,为保护全球环境这一人类共同事业进行了不懈的努力。这其中包括积极支持和参予联合国系统开展的环境事务,积极发展环境领域的双边合作,参加签署一系列国际环境公约和议定书,严肃认真地履行自己所承担的责任等。

总之,中国经过20多年的不懈努力,在环境保护方面取得了举世瞩目的成就。但是中国人仍清醒地认识到,中国仍处在迅速推进的工业化的发展阶段,加上粗放的生产经营方式,资源浪费和环境污染仍相当严重,随着人口增加和生产经济的发展,这个问题会更加突出,解决历史遗留的环境问题和控制发展过程中出现的环境问题,不但仍然十分严峻,而且任重道远,尚须做出长期而艰苦的努力。

联合国环境署1998～1999年拟议基金方案及说明

环境规划署理事会于1995年5月在肯尼亚内罗毕召开了第十八届会议,理事会对环境方案进行了结构改革并核准了1996～1999两年期方案活动预算,即0.9亿美元至1.05亿美元。1997年1月27日到2月7日该机构召开了第十九次会议,提出了新的环境基金预算。1998～1999两年期拟议方案基本上是建立在理事会第十八届会议所通过的5个次级方案重点之上,它将为应付人类所面临的各种环境挑战,并向21世纪迈进提供一个战略性框架。现今环境署最重要的职能是作为一个讲坛在全球和区域两级处理现有和正在出现的环境课题发挥作用。在过去25年间,环境署已作为使环境问题专家们聚会一堂相互交流经验,并通过集体智慧处理全球环境问题的主要机构发挥了作用。理事会第十九次会议在谈及今后任务时指出,环境署必须继续作为就诸如保护臭氧层、国际水域的综合管理、化学品安全管理和保护地球生物多样性等重大议题进行国际谈判的论坛发挥作用。它还必须在查明、追踪和评估新兴和重大环境议题方面发挥主导作用。为了有效和高效率地完成这一任务,环境署需要不断地发展其从事评估和取得资料的能力。环境署还必须利用其所拥有的专门知识来协助各国建立更为有效地处理它们所面临的各种环境挑战的能力。

理事会在其第18/41B号决定中请执行主任为1998～1999两年期编制两项数额分别为1.05亿美元和1.3亿美元的基金方案活动备选方案。该项文件列出了三种不同的预算额:一、为数8 000万美元的核心预算;二、核心预算再加上数额为2 500万美元的首期补充资金,即总金额为1.05亿美元;三、核心预算再加上数额分别为2 500万美元的首期和第二期补充资金,即总金额为1.3亿美元。

鉴于环境署目前所面临的财政拮据状况,已决定提交一项数额为8 000万美元,更符合现实情况的基金方案活动预算,即使如此,实施此方案仍将需要各国政府增加2 270万美元的捐款,即与目前的捐款额相比要增加近24%。

1998～1999两年期拟议分派额

次级方案,方案构成部分	核心资金	补充资金		所占%*
	(C)	(S_1)	(S_2)	
1. 以可持久方式管理和使用自然资源				
1.1 养护淡水、沿海和海洋资源	10 560 000	3 300 000	3 300 000	13.2
1.2 养护生物资源	6 240 000	1 950 000	1 950 000	7.8
1.3 养护土地资源	5 200 000	1 625 000	1 625 000	6.5
1.4 用于决策和行动规划的资料	1 520 000	475 000	475 000	1.9
共　计	23 520 000	7 350 000	7 350 000	29.4
2. 以可持久的方式进行生产和消费				
2.1 可持久的生产	6 400 000	2 000 000	2 000 000	8.0
2.2 减少在能源使用中对环境造成的影响	1 520 000	475 000	475 000	1.9
共　计	7 920 000	2 475 000	2 475 000	9.9
3. 为人类的健康和福利创造一个更好的环境				
3.1 减少有毒化学品和废物的影响	5 200 000	1 625 000	1 625 000	6.5
3.2 通过改进环境管理做法促进人类健康与福利	2 560 000	800 000	800 000	3.2
3.3 新出现的环境健康问题	400 000	125 000	125 000	0.5
3.4 减轻环境变化和环境紧急情况的影响	1 360 000	425 000	425 000	1.7
共　计	9 520 000	2 975 000	2 975 000	11.9
4. 全球一体化与环境				
4.1 贸易与环境	1 200 000	375 000	375 000	1.5
4.2 环境经济学	1 200 000	375 000	375 000	1.5
4.3 环境法	4 400 000	1 375 000	1 375 000	5.5
共　计	6 800 000	2 125 000	2 125 000	8.5
5. 全球性和区域性服务与支助				
5.1 为区域和分区域合作提供支助	7 200 000	2 250 000	2 250 000	9.0
5.2 环境评估、区域网络和环境署信息资料网/信使项目	15 680 000	4 900 000	4 900 000	19.6
5.2.1 环境评估	4 960 000	1 550 000	1 550 000	
5.2.2 协调和促进政策性研究	1 120 000	350 000	350 000	
5.2.3 用于决策和行动规划的资料	4 800 000	1 500 000	1 500 000	
5.2.4 环境信息服务	3 400 000	770 000	1 100 000	
5.2.5 全球通讯和电子服务	1 400 000	730 000	400 000	
5.3 政策、理事会、机构间事务和资金筹集	9 360 000	2 925 000	2 925 000	11.7
5.3.1 环境公民、公共、新闻、意识、教育和外联	6 400 000	2 000 000	2 000 000	
5.3.2 机构间和政策事务	2 240 000	700 000	700 000	
5.3.3 资金筹集	720 000	225 000	225 000	
共　计	57 280 000	17 900 000	17 900 000	40.3
总　计	105 040 000	32 825 000	32 825 000	100.0

*在方案预算总额中的百分比。

次级方案1:　以可持久的方式管理和使用自然资源

农业及工业的扩展以及不加控制的城市化增加了对土地、水、生物、海洋和沿海资源的需求,而这种需求是无法持续得到满足的。它继续致使自然生态系统退化和毁灭,危害维系人类文化的生命维持系统。养护自然资源并以可持久的方式加以使用是国际社会为确保其生存、福利和社会经济发展而做出的必要反应。

①贯穿次级方案1的若干主题包括支助具有战略关联性的国际环境协定,如《生物多样性公约》、《濒危野生动植物物种国际贸易公约》、《移栖物种公约》、

《联合国防治荒漠化公约》、《联合国气候变化框架公约》和《保护海洋环境免受陆上活动污染全球行动方案》。

②次级方案1的另一个涉及各个领域的主题是促进科学评估，如全球生物多样性评估的后续活动、气候变化政府间研究团的第二份评估报告、世界荒漠化图册修订本、全球淡水评估报告和海洋污染科学问题机构间联合专家组正在编制的陆上活动评估报告。

拟议资金需求

方案构成部分	核心资金 (C)	补充资金 (S_1)	(S_2)	所占%*
1.1 养护淡水、沿海和海洋资源	10 560 000	3 300 000	3 300 000	13.2
1.1.1 与政策有关的淡水、沿海和海洋资源评估	1 760 000	120 000	1 020 000	
1.1.2 支助在实施《保护海洋环境免受陆上活动污染全球行动方案》的国际合作	3 600 000	1 150 000	1 050 000	
1.1.3 支助拟定和实施对国际共有水域进行管理和使用的协定和支助小岛屿发展中国家	2 400 000	730 000	730 000	
1.1.4 支助区域海洋公约和行动计划的实施	2 400 000	780 000	780 000	
1.1.5 拟定和开展能力建设活动，以无害方式管理和使用淡水、沿海及海洋资源	300 000	90 000	90 000	
1.1.6 支助区域和国际与水有关的特别行动		30 000	470 000	
1.2 养护生物资源	6 240 000	1 950 000	1 950 000	7.8
1.2.1 支助《生物多样性公约》有关目标、措施和行动的实施工作	880 000	266 000	266 000	
1.2.2 促进生物多样性的评估、研究和监测	1 100 000	399 000	209 000	
1.2.3 促进对生物多样性进行可持久管理	1 960 000	1 202 000		
1.2.4 制定对生物多样性进行可持久管理的经济措施、工具和政策手段	700 000	456 000		
1.2.5 为获取、安全转让与合作开发无害技术提供便利	900 000	304 000	304 000	
1.2.6 促进能力建设，包括人类资源开发以及建立、加强体制工作	804 000			
1.2.7 提高公众意识和分发资料	150 000	38 000	38 000	
1.3 养护土地资源	5 200 000	1 625 000	1 625 000	6.5
1.3.1 改进与政策有关的旱地和土地退化评估工作	1 000 000	427 125	427 125	
1.3.2 提高全球对旱地和荒漠化问题的认识	1 800 000	939 750		
1.3.3 制定防治荒漠化国家及区域方案，及与全球环货重点领域有关的项目	1 857 200	492 875	492 875	
1.3.4 进一步采用可持久地使用土地和管理自然资源的做法	542 800	235 125	235 125	
1.4 用于行动和决策的资料	1 520 000	475 000	475 000	1.9
1.4.1 支助《气候变化框架公约》的实施	465 000	200 000	200 000	
1.4.2 支助气候变化政府间研究团	675 000	120 000		
1.4.3 协调和实施世界气候影响对应方案	280 000	80 000	200 000	
1.4.4 协助实施《21世纪议程》第9章	100 000	75 000	75 000	

* 在方案预算总额中的百分比。

③确定加强自然资源的合理管理方式和途径也是次级方案的一个主题。除其他事项外，它包括采用有关准则来编制国家生物多样性战略和行动计划以支持生物公约，对合理管理淡水和沿海资源的经济手

段进行试验，改善用以评估发展项目对生物多样性的影响的方法，改善自然资源核算方法，以及发展中国家的能源建设。特别重要的是实施和进一步试用各国政府 1995 年 12 月在开罗会议上以自愿方式通过的《国际生物技术安全技术准则》。

④环境署将通过这一次级方案支持各国在区域海洋、国际淡水盆地、生物多样性和土地退化等领域中制定区域、分区域和国家战略及行动计划。这些活动将支持有关国际、区域和分区域公约和协定。

次级方案 2： 以可持久的方式进行生产和消费

本方案将注重两个具体领域：可持久生产和消费；减少能源使用产生的环境影响。这一次级方案将开展一系列活动来支持各项环境公约。注重低废害生产和消费将配合根据《控制危险废物越境转移及其处置巴塞尔公约》和《关于消耗臭氧层物质的蒙特利尔议定书》开展工作。为此，将同各国政府、世界各地的私人工业、协会和非政府组织密切协作，通过为各国家，分区域和区域的低废害生产中心提供支助的方式来开展实施工作。除了制定可持久的能源政策外，本次级方案还将通过制定和实施由全球环贷提供经费旨在缓解或消除气候变化有害影响的项目来支持《联合国气候变化公约》中有关能源的内容。

拟议资金需求

方案构成部分	核心资金 (C)	补充资金		所占 % *
		(S_1)	(S_2)	
2.1 可持久的生产	6 400 000	2 000 000	2 000 000	8.0
2.1.1 为各国政府确定旨在增加资源生产力和防止污染的政策与战略	1 310 000	500 000	500 000	
2.1.2 提供低废害生产技术和工艺的有关资料及环境管理做法和工具	925 000	400 000	400 000	
2.1.3 拟定环境管理工具，鼓励工商界以负责的方式创业	1 765 000	600 000	100 000	
2.1.4 支持并推动建立国家、分区域和区域少废物生产中心	820 000			
2.1.5 协助建立预防处理技术事故的国家和地方能力	660 000	200 000	200 000	
2.1.6 为关于保护臭氧层的《维也纳公约》和《蒙特利尔协定书》提供机构服务	300 000	100 000	100 000	
2.1.7 支助《控制危险废物越境转移巴塞尔公约》	300 000	100 000	100 000	
2.1.8 建立可持久的消费方式	320 000	100 000	100 000	
2.2 减少能源使用对环境的影响	1 520 000	475 000	475 000	1.9
2.2.1 鼓励采用无害环境的能源政策和技术	1 520 000	475 000	475 000	

* 在方案预算总额中的百分比。

次级方案 3： 为人类健康和福利创造一个更好的环境

本次级方案将包括评估化学品造成的环境退化、城市环境的继续恶化、环境紧急情况和新出现的环境卫生风险。最优先的重点是支持谈判和制定一项在国际贸易中，对危险化学品采用事先知情同意程序的具有法律约束力的国际文书，以及贯彻执行政府间化学品安全论坛关于处理持续存在有机污染物的法律办法的建议。将继续在人类住区（生境）中心/环境署可持久城市方案下实施改进城市环境规划与管理的新战略。将更加注意处理新出现的环境卫生问题，例如造成内分泌失调和淡水水源中的微生物因对化学处理的抵抗力增加而大量繁殖。在环境紧急情况领域内，将继续制定和宣传不采用司法形式的新方法，以避免和解决环境争端，特别是在跨国境资源方面。与此同时，将继续与联合国人道主义事务部（DHA）一起建立和加强处理环境威胁和紧急情况的应变能力。

拟议资金需求

方案构成部分	核心资金（C）	补充资金（S_1）	补充资金（S_2）	所占％＊
3.1 减少有毒化学品和废物的影响	5 200 000	1 625 000	1 625 000	6.5
3.1.1 支助知情同意公约秘书处	500 000	250 000	250 000	
3.1.2 拟定一项具有法律约束力的文书或其他方法来减少和消除持续存在有机污染物的排放	1 200 000	450 000	600 000	
3.1.3 促进有关有害化学品和废物的全球性资料交换	2 000 000	525 000	275 000	
3.1.4 建立各国以可持久方式使用化学品的能力，保护健康和环境不受化学品问题影响	1 500 000	400 000	500 000	
3.2 通过改进环境管理做法促进人类健康和福利	2 560 000	800 000	800 000	3.2
3.2.1 促进采用环境健康战略来减轻环境退化和污染对人类健康和福利的影响	640 000	240 000	240 000	
3.2.2 通过可持久环境方案和在地方一级实施《21世纪议程》来促进采取改进城市环境管理与规划的新战略	800 000	240 000	240 000	
3.2.3 通过国际环境技术中心改进无害环境技术资料的获取	370 000	50 000	150 000	
3.2.4 通过国际环境技术中心促进技术合作、技术结伙和技术转让	380 000	100 000	60 000	
3.2.5 通过国际环境技术中心进行个人和机构能力建设	370 000	170 000	110 000	
3.3 新出现的环境健康问题	400 000	125 000	125 000	0.5
3.3.1 加强决策者获取新出现的环境和健康问题权威性资料，表明尽量减少发展项目有关健康风险的确实可行措施的有效性	400 000	125 000	125 000	
3.4 减轻环境变化和环境紧急情况的影响	1 360 000	425 000	425 000	1.7
3.4.1 改进对环境威胁和紧急情况做出的反应，根据造成被迫迁移的根本原因制定减轻难民对环境的影响的战略	900 000	215 000		
3.4.2 进一步制定防止和解决环境争端的非司法性方法	460 000	110 000	425 000	

＊ 在方案预算总额中的百分比。

次级方案 4： 全球一体化与环境

本方案将注重全球环境议程中的 3 个主要专题：⑴贸易与环境；⑵环境经济学；⑶环境法。在贸易与环境领域中，将与环发会议密切合作，注重以下目标：加强发展中国家和经济处于过渡阶段国家对国际经济政策进行环境评估的能力，改进分析环境政策有效性和成本/效益的方法，促进就国际、区域和国家环境立法与国际和区域贸易协定之间关系进行对话。在环境经济领域中将特别注意制定和改进、试验和应用把环境因素列入社会经济发展进程的工具和手段。将特别注重得到改进的环境影响评估、自然资源核算与价值确定方法等工具和手段。支持制定国际、区域、分区域和国家环境立法，将其作为协调统一环境管理工作的必要工具，是次级方案的一个优先事项和重点领域。

拟议资金需求

方案构成部分	核心资金(C)	补充资金		所占%*
		(S_1)	(S_2)	
4.1 贸易与环境	1 200 000	375 000	375 000	1.5
4.1.1 评估环境与贸易政策及协定之间的关系	300 000		187 500	
4.1.2 协助制定把贸易和环境政策综合起来的有效方法	300 000		187 500	
4.1.3 建立做出政策反应和参与决策的能力	300 000	375 000		
4.1.4 确定、制定和促进采用旨在使金融服务行业更多承担环境职责的工具,推动对可持续发展进行积极投资	300 000			
4.2 环境经济学	1 200 000	375 000	375 000	1.5
4.2.1 进一步使用和应用环境影响评估	400 000	108 750	108 750	
4.2.2 促进经济手段的采用和应用	290 000	90 625	90 625	
4.2.3 促进评定环境和自然资源的价值并加以应用	250 000	103 125	90 625	
4.2.4 促进环境和自然资源核算并加以运用	260 000	85 000	72 500	
4.3 环境法	4 400 000	1 375 000	1 375 000	5.5
4.3.1 通过促进达成国际共识和协助制定法律方法,文书或制度,促进国际环境法的发展	1 865 000	500 000	450 000	
4.3.2 继续环境署在法律方面的能力建设工作	1 775 000	846 000		
4.3.3 继续提供环境法培训、教育和法律资料	510 000	275 000	325 000	
4.3.4 与联合国法律事务厅(OLA)协商,继续为环境署驻内罗毕办事处(UNON)提供一般法律服务	182 000			
4.3.5 公约资料股通过为各秘书处提供新闻和服务以及协助各国政府在制定国家对外联络方案建立能力来支助环境公约的实施工作	568 000	177 000	177 000	

* 在方案预算总额中的百分比。

次级方案5: 提供全球性和区域性服务

通过关于提供全球性和区域性服务与支助的次级方案5在评估、政策和区域实施工作的各个职能性领域内对环境方案的实施工作进行一般性监督。

在评估领域内,环境署主要通过编制全球和区域性环境状况评估报告,继续审查整个世界的环境状况,并针对各种环境威胁提供早期预警。

环境署还将在次级方案5下从事其监督方面的政策工作。有关的各项目标是:(1)针对重大事件和新兴环境课题制定政策性建议和对策;(2)促进各项国际和区域性环境公约及其相关的协定之间的相互协作;(3)详细拟定并促进实行一项关于性别与环境问题的政策;(4)在政策一级促进并领导环境领域里的全系统协调工作。

(北京图书馆　李跃进)

附件一: 环境技术名词注释

商业性能源的使用

商业性能源的使用　的数据主要来源于国际能源机构和联合国。它们是指初级能源——石油(原油、液化天然气和非常规来源的油)、天然气、固体燃料(煤、褐煤和其他燃料)、初级电力(核电、水电、地热电及其他)的商用形式,这些能源都可以转换成石油当量。为把核电转换成石油当量,假定理论上的热效率为33%,水电的功率用100%的效率表示。

能源使用总量　是指在转换成其他最终使用的燃料(如电力或精炼石油产品)之前国内初级能源的使用量,其计算方法是本国产量加进口量和存量变动量,减去出口量和国际海运使用的燃料。能源消费量也包括主要用石油生产的作为非能源使用的产品。尽管在一些发展中国家大量使用燃料木材、干燥的动物粪便和其他传统燃料,但并没有把它们计算进去,因为得不到可靠的和综合性的资料。

人均能源使用量　以所示年份的总人口估计数为依据。

每千克商用能源使用产生的　GDP是以美元计算的每千克石油当量生产的GDP的估计值。

能源净进口量占消费量的百分比　为计算其比率，进口量和消费量都用石油当量来测算。其负值表示该国是净出口国。

二氧化碳排放量数据　包括固体燃料、液体燃料、气体燃料及煤气的燃烧以及水泥制造业等工业所产生的二氧化碳。它们以世界资源研究所报告的几个资料来源为依据，其主要来源有二氧化碳信息分析中心、环境科学处和Oak Ridge国家实验室。

二氧化碳信息分析中心每年对世界绝大多数国家源于矿物燃料燃烧和水泥制造的二氧化碳排放量进行测算。这些测算的依据是从联合国统计处保存的世界能源数据系列中得到的矿物燃料净消费量的数据以及以联合国矿产局保存的水泥制造数据系列为基础的世界水泥制造业数据。排放量的测算使用了全球平均的燃料化学和习惯。估计值不包括在国际海运中使用的燃料，因为难于在从这种运输中受益的国家中按比例分配这些燃料。尽管世界上的排放量估计值可能与实际排放量有10%的误差，但具体到单个国家的估计值可能会有更大的误差。

能源使用量的汇总数值是将期间内每一年份的量值加总，并使用最小平方增长率程序计算的。对于人均能源消费量，计算具体年份的汇总数值时使用了人口权数。

二氧化碳排放量的汇总数值是从国家组别的加总值计算得出的。对于人均排放量的估计值，使用了排放总量和人口数两个指标。

土地使用与城市化

土地使用的数据是世界资源研究所编制的。然而，主要资料来源是联合国粮食与农业组织，这个组织通过年度问卷和国家农业普查从各国机构那里收集了这些资料。但是，一些国家有时对不同的土地使用定义不相同。联合国粮食与农业组织经常调整土地使用分类的定义，有时较大地修改了以前的数据。由于土地使用数据反映了数据资料报告程序的变化和土地实际使用的变化，在解释其趋势中必须谨慎。绝大多数土地使用数据来源于1993年。

耕地包括临时性和永久性作物占用的土地，临时性牧场、市场和屋后花园占用的土地，以及临时休耕的土地。永久性作物是指在每次收获后不需要重新种植的作物，但为获得木材而种植树木的土地除外。

永久性牧场　是指种植饲料5年以上的土地，饲料包括天然作物和栽培作物。由于这种分类难以进行评估，因为它包括了用作牧场的未开垦土地，所以，只有少数国家经常地报告永久性牧场的资料。

其他土地包括森林和木材用地，即自然或种植树木的土地，以及在近期将植树的已砍伐地。它也包括未开垦土地、未用作草场的草地、湿地、废弃地和建筑用地。后者包括住宅、娱乐设施、工业用地，以及道路和其他装配性基础设施的占地。

城市人口占总人口的百分比和在城市人口聚居区的人口估计值　来源于联合国《世界城市化前景》1994年修订本。城市人口聚居区是指人口在100万以上的大都市地区。为了计算城市人口增长率，首先将联合国的城市人口对总人口的比率用于世界银行对总人口的估计(见表4)，然后将得出的城市人口估计数序列用于计算城市聚居区人口占城市人口的百分比。由于本表中的估计值是以各国对城市的不同定义为依据的，国别比较必须谨慎从事。

城市人口占总人口的百分比的汇总数值是根据每个国家在人口总数中的比重从各国百分比加权得出的。其他汇总数值也用同样的方法使用城市人口数加权计算。

森林与水资源

本表提供了两种重要的环境资源的状况的信息。数据引自世界资源研究所《1994～1995年世界资源》。也许与本报告中的其他资料相比较使用得更多，但是，这些资料的使用要小心从事。尽管它们是国别间资源天赋和资源使用的主要差别的指示性指标，真正的国别可比性是有限的，因为在资料收集、统计方法、统计定义和政府资源方面都存在差异。选用它们的原因是，绝大多数国家都可以找到这些资料，并且它们在一定程度上反映了环境的一般状况。

森林面积是指树木占据优势的自然木本植物群丛植被。这些估计值由粮食与农业组织和联合国欧洲经济委员会收集的国别统计资料得出。热带国家的新估算值和温带地区的新估算值由粮农组织和联合国欧洲经济委员会/粮农组织(UNECE/FAO)发表于1993年。

粮农组织和UNECE/FAO在各自的估算中运用了不同的定义。粮农组织将热带国家的天然森林定义为：树木覆盖了绝大部分地表以及没有连续杂草覆盖的封闭林，或者至少有 10% 树木覆盖和有连续杂草覆盖的森林/草地混合的开放林。热带森林包括除种植园外的各种植物群落，包括在一定程度上由于农耕、火烧、砍伐或酸雨所毁坏的植物群落。UNECE/FAO 将森林定义为树冠覆盖了 20% 以上面积的地区。也包括开放林结构、森林道路和防火地带、小面积的临时开垦地、成熟时可达到树冠至少覆盖 20% 的幼林种植地、防风保护带。在温带国家的天然林木面积估计值中包括了种植园面积。本表中的有些国家也包括其他林地，如开放的林地和丛林、灌木地。

森林消失量　是指把森林地永久性地转换为其他用途，包括转为种植、永久性农业、牧业、居住地或基础设施建设。森林消失面积不包括已砍伐但准备重植的面积，也不包括采集薪柴、酸雨和森林火灾而消失的面积。这里总面积的范围和百分比是指天然森林面积的年平均消失范围和比例。

国家级保护面积　是指面积至少为 1 000 公顷，并受到下列五种类型之一的管理的区域：科学保护地和严格的自然保护地、有国家或国际意义的国家公园（未受到人类活动的重大影响）、风景独特的自然景观和自然遗址、有管理的自然保护和野生动物栖息地、受保护的陆地景观和海洋景观地（可以包括文化景观）。本表不包括仅受地方法律保护的区域，也不包括允许消费性使用野生动物的地区。这些数据在定义上有所不同，并在向汇编和散发这些数据的组织如世界自然保护监测中心汇报的过程中有差异。计算受保护地总面积所占百分比时使用了地表总面积。

年度淡水抽取量　的资料收集和估算方法多种多样，它们是总用水量和人均用水量的指示性指标。但是，这些数据掩盖了不同年份的可再生水资源总量方面的重要变化，也没有区分一国范围内水资源可得性在季节方面和地理方面的变化。由于淡水资源是以长期平均量为依据，对它们的估计明显地不包括 10 年内湿干周期波动。法国奥尔良市水利局从已出版的文献中收集了水资源和抽取量的资料，这些文献包括各国、联合国和各专业文献。莫斯科的国家科学院地理研究所也依据已出版的文献收集了全球水资源数据，并在必要的情况下，根据利用其他数据的模型来评估水资源量和消费量，诸如灌溉面积、牲畜数量和降雨量。世界资源学会为得出本表的资料，综合了这些和另外的多种资料。抽取量数据是单一年度的，因而从 1970 年到 1994 年间各国数据有所不同。酸雨和半酸雨地区的国家和小国的资料与降雨量较多的国家和大国的资料相比，更不可靠。

水资源总量　包括国内的可再生资源，如有注释，也包括从他国流入的河水流量。估计数是 1992 年的。国内年度可再生水资源量是指河流平均年度流量和国内从降雨量产生的蓄水层水量。抽取量包括不可再生的蓄水层中得到的水量，以及从淡化水厂得到的水量，但不包括蒸发损失量。当从不可再生的蓄水层或淡化水厂的抽取量很大，或者有大规模的水再利用时，抽取量会超过可再生水供给量的 100%。

人均水资源抽取总量　的计算方法是，将获得抽取量评估值的年份的国家总抽取量除以该年的人口数量。对于大多数国家，部门人均抽取量数据是使用 1987～1992 年部门抽取量百分比估计数计算的。国内使用量包括饮用水、市政用水或供水、公共设施用水、商业机构用水和家庭用水。其他抽取量是指工业直接用水、包括热电厂冷却用水的抽取量、农业用水（灌溉和牲畜饮用）。

（资料来源：世界银行 1996 年世界发展报告）

表 1　矿物燃料的消耗　（$\times 10^{9}$J/人）

分　类	1961～1965 年	1966～1970 年	1971～1975 年	1976～1980 年	1981～1985 年	1986～1990 年
工业化国家	115.82	142.53	165.70	169.52	153.81	160.06
发展中国家	7.37	8.26	10.34	12.91	14.53	17.28

表 2　铝的消耗　（t/100 人）

分　类	1961～1965 年	1966～1970 年	1971～1975 年	1976～1980 年	1981～1985 年	1986～1990 年
工业化国家	5.99	9.00	11.89	16.50	12.56	14.13
发展中国家	0.13	0.23	0.37	0.51	0.58	0.69

表 3 钢的消耗 (t/100 人)

分类	1961～1965 年	1966～1970 年	1971～1975 年	1976～1980 年	1981～1985 年	1986～1990 年
工业化国家	6.17	7.00	7.46	7.90	7.50	8.06
发展中国家	0.17	0.17	0.26	0.34	0.38	0.48

表 4 圆木的消耗 (m^3/人)

分类	1961～1965 年	1966～1970 年	1971～1975 年	1976～1980 年	1981～1985 年	1986～1990 年
工业化国家	1.10	1.60	1.14	1.17	1.17	1.29
发展中国家	0.43	0.44	0.44	0.46	0.48	0.48

表 5 牛肉和小牛肉的消耗量 (kg/人)

分类	1961～1965 年	1966～1970 年	1971～1975 年	1976～1980 年	1981～1985 年	1986～1990 年
工业化国家	24.53	27.37	28.59	29.65	27.69	27.17
发展中国家	3.98	4.06	3.84	4.21	4.05	4.29

表 6 棉花的消耗 (kg/人)

分类	1961～1965 年	1966～1970 年	1971～1975 年	1976～1980 年	1981～1985 年	1986～1990 年
工业化国家	6.91	5.32	5.30	4.70	4.77	5.36
发展中国家	1.93	2.29	2.40	2.29	2.76	2.60

资料来源：世界资源研究所，1992 年。

(本部分统计数据全部由国家环保局 朱 达 提供)

附件二：联合国人类住区会议和《伊斯坦布尔人居宣言》

无庸置疑，目前我们正生活在一个日益城市化的世界。据联合国预测，到 2000 年时，世界人口的大多数将在历史上首次生活在城市之中(46 亿左右)，而 1950 年和 1995 年的比例仅分别为 30% 和 45%。1950 年间世界上仅有 1 个人口过千万的超大型城市，1980 年时已增至 12 个，到 2000 年时则可能会至少增至 25 个，世界城市每周以 100 万人口的增幅扩充将给城市住区的持久发展带来严峻的考验，大约 40% 的城市居民得不到安全饮水或享受不到充分的卫生设施。在一些地区，城市贫困率将高居 60%。由于城市环境不断恶化，世界范围内有 5 亿多人——其中半数为儿童——居住条件低于正常标准或根本没有住房。这些惊人的统计与缺少就业机会，无家可归状况的蔓延和违章建筑区的扩展、贫困的加剧和贫富悬殊的扩大、建筑原材料、服务和基础设施的老化、土地的不当使用、交通日益拥挤和污染的日趋严重、缺乏绿色空间和面对灾害越来越束手无策交织在一起。

为了寻求解决城市负担，并有助于确保 21 世纪使人人拥有适当的住房，联合国会员国于 1996 年 6 月 3 日至 14 日在土耳其伊斯坦布尔召开了联合国人类住区会议(生境二)，也被称之为“城市首脑会议”，这是本世纪联合国召开的最后一次全球大会。来自 171 个国家的代表团，50 多个联合国机构及有关国际组织，2 400 多个非政府组织的代表共约 16 400 人参加了主要会议、非政府组织论坛和其他有关活动。26 位国家元首或政府首脑参加了大会的高级别会议并讲话。此次会议的目标是探讨两个具有全球重要意义的主题：“人人有适当的住房”和“在朝城市化发展的世界中可持续的人类住区发展”。会议审查了全球人类住区报告，审议了各国和国际组织在执行“生境：联合国人类住区会议”，通过建议方面所采取的政策和计划的趋势；《到 2000 年全球住房战略》的中期审查；审议了人类住区领域国家和国际行动在执行《21 世纪议程》方面所做的贡献；审查了目前影响人类住区规划,发展和管理的全球经济社会发展趋势以及对国家和国际今后行动的建议。会议还就向会员国提供制定和执行可持续人类住区政策和方案的技术援助;在国家和地方两级,通过提供充足的住房,基础设施和服务,尤其是向穷人和处境不利的人提供住房,加强公营、私营和社区部门改进城乡居住生活条件的能力;和提高国际社会对人类住区发展在实现可持续经济增长、环境保护、减少贫穷、社会公平和男女平等方面的重大意义的认识等议题进行了卓有成效的讨论。考虑到 1976 年在温哥华举行的联合国人类住区会议(生境一)以来的经验,(生境二)汇集了近年来各有关世界会议发出的信息并将它们归纳充实为人类住区议程——生境议程,它包括《原则和承诺声明》及《全球行动计划》两部分。会议还在最后一天通过了《伊斯坦布尔人居宣言》(见附录)。

为了指导会员国实现会议两项目标的行动,生境议程提出了九项原则:公平和公正原则;根除贫困原则;可持续性发展原则;可居住性原则;保护和支持家庭的原则;鼓励民间参与;加强政府责任原则;公共、私人和社区组织参与者及个人之间的伙伴关系原则;以及齐心协力和国际合作与协调原则。

依照上述原则,《生境议程》提出了六项承诺:承诺以公平和可持续性为基础改善生活和工作条件,以便使人人有适当的住房;承诺在朝城市化发展的过程中实现可持续的人类住区目标;承诺执行扶持公共、私营和社区部门的所有参与者的战略;承诺为住房和人类住区提供资金。同时也做出了国际合作及评价进展的承诺。

虽然生境二是一次各国间的会议,但与会国一致认为社区一级的公共及私营部门才是决定改善人类住区条件成败与否的关键,因此,会议审议了如何在当地一级通过使个人在社区发挥最大限度作用的扶持措施进一步推动会议两大主题的实现。这正是生境二《全球行动计划》及其执行战略的独特之处。实践证明,只有将住房部门的政策和行动与促进整个国家的可持续发展的政策结合在一起才能做到充分调动本地资源的所有潜力,促进人类住区的良性发展。因此,《全球行动计划》的根本目标是将住房政策与指导宏观经济和社会发展以及妥善管理环境政策结合在一起,使市场这一提供住房的主要机制高效率地发挥职能。为实现这一目标,实施战略特就加强对城市的规划与管理;合理利用能源;建立综合的交通系统;提高城市的抗灾能力;充分利用财政、税收、金融等宏观调控政策、增强国家和地方在住房、基础设施和基本服务方面的资金投入能力;提高住房融资系统的效能、鼓励扩大住房储蓄和信贷金融组织,支持住房抵押贷款的发展;鼓励和促进发展建筑材料和提高施工技术提出了建议采取的行动。

世界城市化程度的不断提高,意味着可持续发展将在很大程度上取决于城市和大都市地区是否能管理好保护环境所需的消费格局。如今城市的联系网早已远远超出了其本身的界限,因此,若想在日益城市化的世界中推行可持续人类住区开发,应将乡村和城市当作共同生态系统中人类住区的两端,应实行城乡住区同步建设和发展的方针:要鼓励在农村地区进行投资,改善农村的基础设施和服务条件,增加就业机会,促进农村与城市在经济、社会、文化等方面的联系,以减轻城市膨胀的压力。鉴于世界经济的全球化和相互依存的关系在加强,会议认为在人居领域开展国际合作具有重要的现实意义。因此,国际社会要创造有利于发展中国家获取国际资金的条件,并向发展中国家提供技术和财政援助。

在此次会议中,中国国务院副总理邹家华和建设部部长候捷分别在大会的高级别会议和全会中发言。邹副总理明确阐述了我国政府关于人类住区问题的四个论点,指出:创造和平安宁的国际环境是解决人类住区问题的前提;走可持续发展的道路是解决人类住区问题的必由之路;建立平等互利的伙伴关系,加强国际间的合作是解决人类住区问题的有效途径;尊重国情,自主决策是解决人类住区问题的基本原则。候捷部长在发言中提出:"经济发展、消除贫困,人口和环境的持续协调发展,社会的广泛参与,城市与农村的同步发展,立足于本国国情并且开展有效的国际合作是中国政府解决全球人类住区问题的基本立场。

《生境议程》发出了全球采取行动的呼吁。它在原则和承诺的范围内对可持续的人类住区做出了积极展望——其中不论男女人人均有适当的住房,生产性和自由选择的就业,健康和安全的环境以及可获得的基本服务。《全球行动计划》则努力提供指导,使展望化为现实。

(北京图书馆　李跃进)

伊斯坦布尔人居宣言
1996年6月14日
The Istanbul Declaration on Human Settlements 14 June 1996

1. 我们参加一九九六年六月三日至十四日土耳其伊斯坦布尔联合国第二届人类住区大会的各国元首、政府首脑和政府代表团团长，值此之际，确定两个全球目标，即保证人人享有适当住房和使人类住区更安全、更健康、更舒适、更公平、更持久，也更具效率。在《联合国宪章》的鼓舞下，我们审议了大会的两个主题："人人享有适当的住房和日益城市化进程中人类住区可持续发展"；旨在加强既有的并发展新的伙伴关系，在国际、国家和地方各级采取行动，改善我们的生活环境。我们将按《人居议程》所确定的目标、原则和建议而积极努力，并保证为实施《人居议程》而相互支持。

2. 我们怀着焦虑的心情注意到住房和人类住区条件在不断恶化。与此同时，我们认为城镇是文明的中心，推动了经济的发展和社会、文化、精神及科学的进步。我们必须利用我们住区所带来的机遇，保护其丰富多彩的形式，以促进全人类的团结。

3. 我们重申我们将为全人类生活水平的提高和享受更大的自由而奋斗。此刻，我们想起了在加拿大温哥华召开的联合国人类住区大会、无家可归者国际住房年的庆典和《全球住房战略》，所有这些为增强全球对人类住区问题的认识起到了积极作用，并呼吁为实现人人享有适当的住房而采取行动。近年来联合国召开的全球性会议，特别是联合国环境与发展大会，为我们在经济发展、社会进步和环境保护相互依赖、相互促进和持续发展的基础上，公正地实现和平、正义和民主提供了一个综合的议程。我们努力将这些会议的成果融汇到《人居议程》中。

4. 为改善人类住区中的生活质量，我们一定要与条件恶化做斗争，在大多数情况下，特别是在发展中国家，条件恶化已达到危机的程度，为此，我们必须全面重点地解决特别是工业化国家的非持续性的消费和生产方式问题；非持续性的人口变化问题，包括结构和分布，要优先考虑人口过于集中的趋势；无家可归问题；贫困加剧问题；失业问题；社会排斥问题；家庭不稳定问题；资源缺乏问题；基础设施和服务不足问题；规划欠缺问题；不安全因素及暴力日益增加问题；环境恶化和抗灾能力不断减弱问题。

5. 全球都面临着人类住区的挑战，但各国和各地区也面临着特殊的、需用特殊方法加以解决的问题。我们认识到在全世界，特别是在现况尤其严峻的发展中国家以及在经济转轨国家，加强我们的努力与合作，以改善城市、城镇和村庄的生活条件。鉴此，我们认为世界经济的全球化将为发展过程带来机遇和挑战，同时也将带来风险和未知因素。在发展资金、外债、国际贸易和技术转让方面如能采取积极行动，将有助于实现《人居议程》确定的目标。我们的城市必须成为人类能过上有尊严、身体健康、安全、幸福和充满希望、生活美满的地方。

6. 城市发展和乡村发展密不可分。除改善城市生活环境外，我们还必须努力为农村地区提供适当的基础设施、公共服务设施和就业机会，以增强广大农村地区的吸引力，开发统一的住区网点，尽量减少农村人口向城市流动。中、小城镇尤其应给予关注。

7. 人是我们所关心的可持续发展的中心，因此当我们采取行动实施《人居议程》时，要以他们为基础。我们认识到妇女、儿童和青年对安全、健康和稳定的生活条件有着特殊的需要。我们将加大力度消除贫困和歧视，推动和保护所有人的一切人权和基本自由，并满足人们的基本需求，如教育、营养、和终身医疗服务，尤其是人人享有适当的住房。为此，我们决心根据当地的需要和实际情况，改善人类住区的生活条件；而且我们认为需要对全球的经济、社会和环境发展趋势予以关注，以确保为所有的人创造更好的生活环境，我们还将确保所有的妇女和男人能全面、平等地和青年有效地参与政治、经济和社会生活。我们将促进残疾人充分参与住房和人类住区可持续发展政策、计划和项目的制定，且男女平等。我们特别要为《人居议程》所界定的10多亿生活赤贫的人们和易受伤害和处境不利的群体做出如此的承诺。

8. 我们重申我们的承诺，要全面逐步实现国际法律文件提出的人人享有适当住房的权利。为此，我们将寻求各级公共、私营和非政府伙伴间的积极参与，以保证所有人及其家庭能获得土地使用权的法律保障，能免受歧视并能平等地得到经济上可承受的适当住房。

9. 我们将努力通过增强市场运行的效率，以对社会和环境负责的方式加强提供土地和信贷途径，帮助向那些无力进入住房市场的人们扩大供给可承受的住房。

10. 为了维护我们的全球环境，改善我们人类住区的生活质量，我们决心采用可持续的生产、消费、交通和住区发展方式，防止污染，尊重生态系统的承载能力，并且为后代人保存机会。为此，我们将本着全球伙伴的精神开展合作，保持、保护和恢复地球生态系统的健康和完整。由于各国对全球环境恶化的影响作用各不相同，因此，我们重申的原则是各国要肩负相同但又有区别的责任。我们还认识到，各国将根据自己的能力情况广泛推行预防为主的做法，我们必须据此采取行动。我们还将着重通过提供足够的安全用水和有效的垃圾管理，大力开展健康的生活环境。

11. 我们将推动具有历史、文化、建筑、自然、宗教和精神价值的建筑物、纪念物、开阔空间、风景名胜和住区风貌的保护、修复和维护。

12. 我们把赋予能力战略和原则作为实现我们承诺的最民主和最有效的方法。我们认为地方当局是我们实施《人居议程》最亲密和重要的伙伴，所以，我们必须在各国法律的框架内，通过民主的地方当局促进权力下放：并且根据各国的国情努力增强地方当局的财政和组织机构能力；与此同时，要保证其透明度和责任感，并对人们的需求做出积极反应，这三条是对各级政府的主要要求。我们还将增加我们与议员、私营部门、工会、非政府和民间社团组织的合作，并尊重他们的自主权。我们还将加强妇女的作用，鼓励私营部门进行有益于社会和环境的社团投资。应当在《21世纪议程》、《人居议程》和其他行动纲领的基础上，吸取在伊斯坦布尔举行的“世界城市和地方当局大会”所倡导的全球合作的经验，并且在不影响国家政策、目标、优先项目和计划的情况下，制定地方计划，并据此指导和推进地方行动。赋予能力战略包含政府有责任在适当时候为处于社会不利地位的脆弱群体采取特殊的措施。

13.《人居议程》的实施需要有足够的资金，因此，我们必须在国家和国际一级筹措资金，包括来自各方面新的和额外资金——多边和双边的、公共部门和私营部门的资金。鉴此，我们必须增强能力建设，并推动适当技术和技巧的转让。此外，我们要再次强调近年来联合国会议中提出的承诺，特别是《21世纪议程》中关于资金和技术转让的承诺。

14. 我们相信，全面有效地实施《人居议程》需要加强联合国人居中心（生境）的作用和职能，考虑到人居中心的工作重点要放在明确而完善的目标和战略问题上。为此，我们愿支持《人居议程》及其行动计划的成功实施。我们还认识到加强联合国人居中心（生境）的作用及职能是《人居议程》及其《全球行动计划》得以顺利执行的一个重要条件。

15. 本届伊斯坦布尔会议开创了合作和团结的新纪元。在我们迈向21世纪的时候，我们展示了人类住区持续发展的前景，使我们对共同的未来充满希望。我们接受这个真正不可多得而且非常具有吸引力的挑战，即让我们共同来建设这个世界，使每个人都有个安全的家，能过上有尊严、身体健康、安全、幸福和充满希望的体面生活。

附件三：全球十大环境问题

全球面临的十大环境问题，已引起各国各地区关注。这十大环境问题是：

气候变暖　二氧化碳等温室气体过度排放导致全球气候变暖。80年代是过去100年中最暖和的10年。

臭氧层(THDU)破坏　臭氧层(约20～40公里高空)保护地球生物免受太阳有害(PDHK)紫外线照射TMDF。臭氧层因遭受破坏日益稀薄，1984年南极上空发现臭氧层空洞，最近北极上空臭氧层也日益稀薄。

生物多样性减少　遗传多样性减少；物种多样性减少，近百年兽类减少150种。

酸雨蔓延　硫和氮的氧化物与空气中的水蒸气结合，形成高度腐蚀性的硫酸和硝酸，沉降到地面形成酸雨。酸雨使农作物减少、建筑物腐蚀、树木枯萎、湖泊酸化、鱼类死亡。

森林锐减　森林平均每年消失4 000平方公里，其原因是农业开垦、生产木材和用作燃料。

土地荒漠化　全球陆地面积占30%，其中荒漠及荒漠化土地占陆地面积29%。全球每年有600万公顷土地变成荒漠，相当于一个斯里兰卡。经济损失每年约423亿美元。

大气污染　在八大公害事件中，有五个是由大气污染引起的。大气污染主要因子是悬浮颗粒物、一氧化碳、臭氧、二氧化碳、氮氧化物和铅。

水体污染　发展中国家95%的城市污水未经处理。水体污染的来源为工业废水、生活废水和地表径流水。

海洋污染　人类活动使近海区的氮和磷增加50%～200%；过量营养物导致沿海藻类大量生长。波罗地海、北海、黑海、东中国海等出现赤潮。

固体废物污染　每天东京产生3万吨处理垃圾，纽约为1.4万吨处理垃圾，巴黎为0.9万吨处理垃圾，北京为1.2万吨处理垃圾。

（唐　骅　　李荣启）

附件四：各国环保对策种种

世界经济的发展，促进了社会的前进，但也给城市环境质量带来了严重的影响。据世界卫生组织统计，每年生产的垃圾大约在100亿吨以上，它相当于全球每年粮食总产量的6倍。大量的垃圾造成的环境污染，已成为一个世界性的公害，于是许多国家和政府纷纷想出各种对策，加强环境保护工作。

德国的垃圾课

为了让下一代从小树立“保护地球环境”的观念，德国法兰克福普遍在小学中开设了一门新课——垃圾课。教师在课堂上向学生们讲解垃圾对环境的影响和危害，并指出哪些垃圾可利用，哪些会严重污染环境不能乱扔。同时，学生们在教师的带领下走出学校，参观市内几家垃圾处理厂，通过社会调查，提出减少垃圾污染的建议和设想，增强学生们的环境保护意识。

美国的垃圾学

美国纽约的罗彻斯特理工学院，3年前就以固态垃圾为研究对象，开设了“垃圾学”专业。垃圾学的范围包括如何协助公司和企业处理废弃物，建立垃圾山种植花草树木，以及实施大规模的废物回收再制，减少商品包装等。如果需取得理学士的学位，除了垃圾学必修课外，还要选修物理学、微生物学、地质学，最后一年必须在环境工程公司或工业废物处理公司实习。

日本的垃圾岛

日本东京每天要产生两万吨以上的垃圾，由于堆放场地十分有限，于是政府便实施用垃圾填海造地的办法。在东京郊外，就有一座用垃圾填海堆成的岛——梦岛，岛上建有日本最大的植物园。据有关专家估计，这种填海造地的土地过50年以后就可以正常使用。

瑞典的天空税

为了保护天空大气清洁，瑞典已开始向商业航空公司征收“天空税”。因为飞机在空中飞行时释放的二氧化碳增加了大气的污染，加剧了温室效应。同时，飞机所释放的氧化氮与碳氢化合物，也是导致酸雨的重要原因之一。从今年开始，瑞典能源公司，地面交通运输公司也接到了类似的征收通知。

美国的环保警察

在美国联邦调查局有一支训练有素的环保警察，他们的职能是调查和侦破触犯美国法律的环境污染犯罪活动。在美国，严重的环境污染事件一直属于环保署管，由于环保工作人员在执法中常常因缺乏执法经验，不懂得如何收集证据，追踪线索等侦破技巧，使环保法律有法难以执行。环保警察的出现，使这一问题得到了解决。

（唐　骅　　李荣启）

第　三　篇

现代教育与世界科技

· 发达国家教育的发展概况
· 发展中国家教育展望
· 在联合国教科文组织主持下通过的宣言、公约、协定和建议宣言
· 国际21世纪教育委员会提出新的变革框架
· 高等教育的变革与发展
· 国际社会呼吁:为可持续发展重订教育方针
· 世界科技发展概况
· 科学与未来
· 21世纪前夕的科学和技术:供考虑的一些政策问题

发达国家教育的发展概况

北师大国际与比较教育研究所　　曾晓洁

90年代发达国家教育发展最新概况

(一)各级学校学生数和毛入学率

根据联合国教科文组织1995年的最新统计资料,1993年发达国家各级学生总数为23 799万人,比1992年增加69万,比1990年增加354万,比1985年增加了0.4%。毛入学率1993年年均为82.3%,比1990年的80.8%提高了1.5%,比1985年的78.7%则提高了3.6%。各级学校学生数和毛入学率具体为:

第一级教育

总的趋势为,第一级教育的注册学生数增长不明显。1993年发达国家第一级教育的注册学生总数为8 903万人,比1992年的8 892万人仅增长11万人,比1985年的8 846万人也增长0.3%。1993年发达国家第一级教育的毛入学率为101.3%,1992年为99.7%,1985年为97.1%,在不到10年的时间里毛入学率提高了4.2%。

第二级教育

发达国家第二级教育的学生总数自80年代中期以来一直呈下降趋势。1980年为10 785万人;1985年增长到阶段高峰10 900万人;1990年有较大幅度下降,为10 685万人,比1985年减少215万;到1992年在校生人数开始回升,1993年继续增加为10 711万人,但与1985年的历史高峰相比仍减少了0.2%。第二级教育的毛入学率在最近10年时间里呈现出时升时降的情形,1985年为96.4%,1990年下降为95.1%,1992年略增长为95.8%,但1993年又下降为94.7%,这与该阶段学生数的不稳定情况有关。

第三级教育

第三级教育学生人数在发达国家的发展一直保持了增加趋势。1980年为3 425万人,1985年为3 568万人,增长幅度为0.8%;1990年为3 955万人,1993年迅速增加为4 185万人,比1993年增加230万人,比1985年增长了2.0%。其中第三级教育中女学生的增加为1 807万,增加幅度达1.4%;1993则提高到2 168万,比1985年增加了360万,增长幅度为2.3%。在毛入学率方面,发达国家第三级教育也有明显提高,1980年为76.0%,1990年为80.8%,1993年为82.3%,短短十几年提高了6.3%。

关于更详细具体的资料,请参见表1~3。①

(二)师资情况

发达国家的师资情况总的趋势是保持增长的方向。1993年发达国家各级教师总数为1 683万人;其中,第一级教师占总数的32.4%,为546万;第二级教师占总数的50.1%,为843万;第三级教师占总数的17.5%,为294万。相比于1985年的教师数,1993年的教师总数增长率为1.6%,第一级教师数的增长率为1.6%,第二级为1.5%,第三级为1.8%。详见表4~5。

(三)教育经费

发达国家随着经济的发展,都逐年加大了对教育的投入。1993年发达国家政府支出教育经费总额为9 955亿美元,比1990年的8 536亿美元增长了1 319亿美元,增长率为15%;比1985年的4 650亿美元增

① 以下表1~6根据《联合国教科文组织1995年统计年鉴》所列资料编制。

长了 5 305 亿美元,增长率为 114%,增长幅度之大是非常惊人的。从占国民生产总值的百分比来看,1993 年发达国家政府支出教育经费占 GNP 的 5.3%,1990 年则占 5.1%,1985 年也为 5.1%。按人均教育经费来计算,1993 年发达国家为 1 089 美元,1990 年为 950 美元,而 1985 年还仅为 533 美元,其增长率也超过 100%。详见表 6:

表 1 发达国家、发展中国家各级学校学生数

国家	年份	注册学生总数(千人)				女学生注册总数(千人)			
		总计	第一级	第二级	第三级	总计	第一级	第二级	第三级
		(1)	(2)	(3)	(4)	(5)	(6)	(7)	(8)
发展中国家	1980	627 678	451 012	160 334	16 332	267 050	198 347	63 013	5 690
	1985	684 058	477 027	184 904	22 937	295 466	212 582	74 449	8 435
	1990	742 704	505 128	208 565	29 011	327 264	229 239	87 040	10 985
	1992	780 919	521 925	226 613	32 381	347 535	238 583	96 015	12 397
	1993	803 503	533 030	233 950	36 523	357 710	244 116	99 867	13 727
	% 1980～85	1.8	1.1	2.9	7.0	2.0	1.4	3.4	8.2
	% 1985～93	2.0	1.4	3.0	6.0	2.4	1.7	3.7	6.3
发达国家	1980	230 558	88 459	107 853	34 246	113 109	43 163	53 097	16 849
	1985	231 305	86 628	108 995	35 682	113 910	42 247	53 592	18 071
	1990	234 445	88 049	106 847	39 549	116 126	42 901	52 919	20 306
	1992	237 302	88 917	107 038	41 347	117 945	43 341	53 152	21 452
	1993	237 993	89 029	107 113	41 851	118 427	43 393	53 358	21 676
	% 1980～85	0.1	−0.4	0.2	0.8	0.1	−0.4	0.2	1.4
	% 1985～93	0.4	0.3	−0.2	2.0	0.5	0.3	−0.1	2.3

注:根据《1995 UNESCO Statistical Yearbook》第 2～13 页表 2.4 编制。

表 2 发达国家、发展中国家学生数的各级分布(所占百分比)

国家	年份	学生数的各级分布(%)				女学生数的各级分布(%)		
		总计	第一级	第二级	第三级	第一级	第二级	第三级
		(1)	(2)	(3)	(4)	(5)	(6)	(7)
发展中国家	1980	100.0	71.9	25.5	2.6	44	39	35
	1985	100.0	69.7	27.0	3.3	45	40	37
	1990	100.0	68.0	28.1	3.9	45	42	38
	1992	100.0	66.8	29.0	4.1	46	42	38
	1993	100.0	66.3	29.1	4.5	46	43	38
发达国家	1980	100.0	38.4	46.8	14.9	49	49	49
	1985	100.0	37.5	47.1	15.4	49	49	51
	1990	100.0	37.6	45.6	16.9	49	50	51
	1992	100.0	37.5	45.1	17.4	49	50	52
	1993	100.0	37.4	45.0	17.6	49	50	52

注:根据《1995 UNESCO Statistical Yearbook》第 2～16 页表 2.5 编制。

表 3 发达国家、发展中国家各级学校的毛入学率

国家	年份	毛入学率											
		第一级教育			第二级教育			第三级教育			总计		
		男女	男	女	男女	男	女	男女	男	女	男女	男	女
		(1)	(2)	(3)	(4)	(5)	(6)	(7)	(8)	(9)	(10)	(11)	(12)
发展中国家	1980	95.0	103.9	85.6	35.3	41.7	28.5	5.0	6.4	3.6	50.1	56.1	43.7
	1985	98.9	107.1	90.4	37.7	43.9	31.2	6.1	7.5	4.6	50.7	56.2	44.9
	1990	98.9	105.6	91.8	41.9	47.5	35.9	7.0	8.5	5.5	52.2	57.0	47.2
	1992	98.4	104.4	92.2	44.9	50.4	39.0	7.8	9.3	6.1	53.8	58.3	49.0
	1993	98.6	104.4	92.6	45.7	51.1	40.1	8.8	10.7	6.8	54.7	59.2	50.0
发达国家	1980	96.6	96.8	96.4	91.9	91.4	92.5	36.3	36.2	36.4	76.0	75.9	76.2
	1985	97.1	97.3	97.0	96.4	95.9	97.0	38.9	37.7	40.1	78.7	78.2	79.1
	1990	99.4	99.7	99.1	95.1	93.9	96.4	44.3	42.2	46.5	80.8	79.8	81.9
	1992	99.7	100.0	99.5	95.8	94.3	97.3	46.7	44.0	49.5	82.0	80.7	83.3
	1993	101.3	101.5	101.0	94.7	93.0	96.5	47.4	44.7	50.2	82.3	80.9	83.7

表 4 发达国家、发展中国家教师数

国家	年份	教师总数(千人)				女教师总数(千人)	
		总计	第一级	第二级	第三级	第一级	第二级
发展中国家	1980	23 725	14 224	8 189	1 312	6 313	2 585
	1985	26 970	15 829	9 415	1 726	7 414	3 292
	1990	30 691	17 447	11 142	2 102	8 589	4 214
	1992	31 859	18 046	11 552	2 261	9 067	4 461
	1993	32 671	18 318	11 860	2 493	9 264	4 685
	% 1980～85	2.6	2.2	2.8	5.6	3.3	5.0
	% 1985～93	2.4	1.8	2.9	4.7	2.8	4.5
发达国家	1980	14 399	4 630	7 336	2 433	3 588	3 816
	1985	14 815	4 791	7 475	2 549	3 783	4 069
	1990	16 103	5 167	8 074	2 862	4 150	4 581
	1992	16 589	5 349	8 316	2 924	4 292	4 790
	1993	16 829	5 460	8 431	2 938	4 380	4 801
	% 1980～85	0.6	0.7	0.4	0.9	1.1	1.3
	% 1985～93	1.6	1.6	1.5	1.8	1.8	2.1

注：根据《1995 UNESCO Statistical Yearbook》第 2～18 页表 2.6 编制。

表5 发达国家、发展中国家教师数的各级分布(所占百分比)

国家	年份	教师数的各级分布(%)				女教师数的各级分布(%)	
		总计	第一级	第二级	第三级	第一级	第二级
		(1)	(2)	(3)	(4)	(5)	(6)
发展中国家	1980	100.0	60.0	34.5	5.5	44	32
	1985	100.0	58.7	34.9	6.4	47	35
	1990	100.0	56.8	36.3	6.8	49	38
	1992	100.0	56.6	36.3	7.1	50	39
	1993	100.0	56.1	36.3	7.6	51	40
发达国家	1980	100.0	32.2	50.9	16.9	77	52
	1985	100.0	32.3	50.5	17.2	79	54
	1990	100.0	32.1	50.1	17.8	80	57
	1992	100.0	32.2	50.1	17.6	80	58
	1993	100.0	32.4	50.1	17.5	80	57

表6 发达国家、发展中国家各国政府支出教育经费一览表

年 度	政府支出教育经费(10亿美元)				占国民生产总值的百分比(%)				按人口平均(美元)			
	1980	1985	1990	1993	1980	1985	1990	1993	1980	1985	1990	1993
	(1)	(2)	(3)	(4)	(5)	(6)	(7)	(8)	(9)	(10)	(11)	(12)
世界总计	526.7	566.2	1 017.0	1 176.0	4.9	4.9	4.9	5.1	129	127	208	229
非　　洲	22.9	22.0	26.0	26.2	5.3	5.7	5.7	6.2	48	40	41	38
美　　洲	189.3	250.4	377.3	448.7	4.9	4.9	5.2	5.4	310	378	526	597
亚　　洲	103.5	117.4	227.1	289.8	4.4	4.3	4.2	4.3	41	43	75	92
欧　　洲	200.6	165.8	368.0	391.1	5.1	5.1	5.0	5.2	417	340	742	782
大 洋 洲	10.4	10.6	18.6	20.2	5.6	5.6	5.6	6.0	467	439	715	743
发展中国家	102.2	101.2	163.4	180.5	3.8	4.0	4.0	4.1	32	28	41	43
发达国家	424.5	465.0	853.6	995.5	5.2	5.1	5.1	5.3	500	533	950	1 089

(四)发达国家间的教育交流

随着从1986年开始的一系列欧共体教育培训计划的推行(如 ERASMUS, YOUTH FOR EVROPE 等),发达国家之间的教育交流与合作进入了新的阶段。1995~1996年最突出的教育合作便是发达国家签署协议通过了互认学历草案。1995年2月,来自欧共体12国以及芬兰、瑞典、奥地利、挪威、瑞士共17个国家教育部高校事务负责人,在德国首都波恩召开了题为"第二阶段教育的多元化——欧共体教育新发展"的专题会议。会议就第三阶段教育的多元化趋势、劳动市场需求与发展的关系以及多元化对欧洲未来高教领域日益增强的合作与交流可能产生的影响进行了专门研究。这次会议各国达成共识,认为:在全民教育时代,第三阶段教育的多元化是十分必要的;而且短学制和实践性,是多元化发展的趋势所在;各国在保持基于本国教育传统而发展起来的不同体制的同时,也应在欧共体委员会的帮助下发展各国之间的合作关系,并尽可能简化互相认可学历的手续。会议决定进行一次有关欧洲各国第三阶段教育发展状况的详细调查,为将来的合作与交流提供可靠的资料。

1996年4月在葡萄牙里斯本召开了"欧洲地区高等教育资格认可会议",50多个与会国家代表签署了欧洲地区国家相互承认高等教育学位证书协议。这50多个国家包括欧洲所有国家以及加拿大、以色列、美国、俄罗斯、澳大利亚等与欧洲国家有着大量而密切合作与交流的国家。这项协议是由欧洲议会及美国教育、科学和文化组织共同发起的。协议规定,将以单一的评审程序和原则,确认各国的各级学位证书。协议要求各协议签署国遵循公正的原则,确认其他签约国家获得高等教育所需要的资格证书。协议还要求各国建立国家高教信息中心，负责向其他签约国提供本国高教机构的数据。可以肯定，该协议草案的通过，将积极有效地推进发达国家高等教育交流与合作的进一步发展。

1995～1996年各主要发达国家的教育改革及发展趋势

日本国教育发展概况

(一)教育发展概况

1995年，日本各级各类学校数为64 666所，在校生为2 380万(其中男学生1 234万，女学生1 146万)，教师173万(其中专职教师13.5万，兼职教师38万)。各级学校具体情况如下：

基础教育

1995年，日本有幼儿园14 856所，比1994年的14 901所减少45所，比1990年的15 076所减少220所，其中国立49所，公立6 195所，私立8 657所；从资料来看，幼儿园数量的减少主要是因为私立幼儿园减少的缘故。在园幼儿数为185万，其中国立幼儿园的在园幼儿数为6 786人，公立幼儿园为370 736人，私立幼儿园为147万人。

1995年，日本小学学校数为24 635所，其中国立73所，公立24 390所，私立172所，与1994年情况一致；在校小学生总数为858万，其中国立小学学生数为47 248人，公立为847万，私立为67 609人。

1995年，日本中学学校数为11 289所，其中国立78所，公立10 568所，私立643所；在校总学生数为468万(与1994年的情况一致)，其中国立中学学生数为34 575人，公立中学为442万，私立中学为231 406人。

高等教育

1995年，日本高等学校总数为5 497所，在校生总人数为486万；其中国立高等学校17所，在校生总人数为102 823人；公立高等学校4 163所，在校生总人数为339万人；私立高等学校1 317所，在校生总人数为146万。其中高等专门学校总数为62所，在校生总人数为55 938人；短期大学593所，在校生总人数为52万；大学552所，在校生总人数为248万。

师资

1995年，日本幼儿教师为111 781人(专职102 992人，兼职8 789人)，比1994年的111 870人略有所减少，其中国立幼儿教师466人，公立幼儿教师29 216人，私立幼儿教师82 107人。小学教师总数为436 665人，比1994年的440 870也有所降低，其中国立小学教师1 993人，公立小学教师430 829人，私立小学教师3 843人。中学教师总数为292 312人，比1994年的293 879人，下降1 567人，其中国立中学教师2 397人，公立中学教师268 282人，私立中学教师21 633人。高等学校教师总数为342 672人，比1994年的343 843人减少1 171人，其中国立高等学校教师为1 023人，公立高等学校教师为244 212人，私立高等学校教师为97 437人。

经费

1992年日本总教育预算占国家总预算的7.37%，占国家一般支出38.6 988兆日元的13.75%。据1992年文部省一般会计的细目看，1992年义务和养护教育的国库负担额为2.839兆日元，占全部费用的53.2%。其他预算的顺序如下：对国立学校特别会计的拨款占25.9%；终身学习、文化体育等文教措施费为3 246亿日元，占6.10%。在文部省预算的使用中，人事费约占总额的80%，为4.1 482兆日元。

1993年，日本各级学校总教育费为21 950亿日元，比1990年增加159亿日元。其中，幼儿园教育总费用为31亿日元，小学为192亿日元，中学为185亿日元，大学2 213亿日元，短期大学198亿日元，高等专门学校897亿日元，专修学校8亿日元，特殊教育141亿日元。①

① 由于缺乏最新经费统计资料，故仍沿用1993年经费统计数据。

(二)教育改革及发展趋势

面临国际化、信息化及科学技术的不断发展和产业结构的不断变化,日本政府提出要创立一个灵活而又能创造性地适应时代变化的教育体制。1984～1987年临时教育审议会提出的"重视个性的原则"、"向终生教育体系推移"和"适应变化"这三个报告奠定了日本文教政策的基调。1995～1996年间文部省继续80年代以来的各项教育制度改革,推行适应新形势的文教政策,并于1995年4月召开了第15届中央教育审议会,在1996年7月19日公布了题为《21世纪日本教育的发展方向》的第一次咨询报告,阐述了日本政府最新的教育改革政策方向。具体说来,日本教育改革的新趋向主要集中在如下内容:

终生学习

以教育立国著称于世的日本始终将终生学习作为其教育改革的重要内容,日本政府也一直将发展终身学习看作是日本教育面向21世纪的战略决策。1990年6月26日日本政府制定了日本第一部有关终生学习的法律《关于振兴终生学习实施政策及完善推进体制法》(简称为《终生学习振兴法》)。1990年5月终生教育审议会成立。1991年2月文部省颁布了《关于振兴终生学习建立和完善都道府县事业推进体制的基准》的告示,提出以地方为主积极发展终生教育。1992年7月终生学习审议会提出了题为《关于振兴终生学习与今后的社会形势相适应的方针政策》的咨询报告,指出在建设终生学习社会的目前重点课题为:①以社会普通人为对象,推行学校与社会系统化循环的回归教育;②促进和援助志愿者活动;③充实青少年的校外活动;④增加有关现代课题的学习机会。1994年6月日本政府组织召开了题为"终生学习——面向未来的战略"的经济合作与开发组织(OECD)的第三届国际会议。文部省提出了"作为综合性战略的终生学习"、"作为消费的终生学习"以及"作为投资的终生学习"的三项议题,充分宣传和阐释了日本政府发展终身教育的文教政策。

在推进终生教育方面,日本政府突出的新举措主要是:积极发挥现有高等院校的教育作用,这包括:①设立特别招生入学制度。据文部省统计,1992年有156所大学实行了特别的选拔入学制度,招收社会就业者3 921人;1994年有207所大学和366个学部共招收3 445名社会就业者;②允许一些专科毕业的就职者采用中途编入的特别措施进入四年制大学深造;③大学向就业者开设特别讲座并使其制度化。1992年74所大学开设了夜间学部,就学者达122 653人;④实行旁听生制度,1992年日本大学旁听生达5万多人,占大学生总数1.9%;⑤采用课程学分制,对完成课程的旁听生授与相应学分;⑥建立函授教育课程。另外,日本政府还积极创建新型的学校,重视提供多层次、多类型的学习机会,新学校包括广播电视大学、学分制高中和专修学校等。其中,文部省于1995年还成立了由专修学校、企业及社会各界人士组成的"在职人员再教育推进协会",专门负责调查社会就业者的再教育情况,开展示范性的各项教育课程。

初等教育

在幼儿园教育方面,日本政府提出了振兴幼儿园教育的目标,并根据文部省第三次幼儿教育振兴计划,努力实现让所有希望入园的幼儿(包含两岁幼儿在内)都入园的目标。具体措施有:增补公立幼儿园的设施费、经常费和协助费,以使各幼儿园达到新大纲所要求的幼儿园设备和教具的标准;对幼儿教育进行培训,并编写指导资料,开办各种讲座等。

小学和初中阶段的教育改革涉及四个方面:第一,教育内容的改革。1989年日本政府在对教学大纲实行修改时,提出要培养儿童和学生具有适应社会变化的能力、丰富的心灵以及主动而有创造性地生活下去的素质和能力。1996年中央教育审议会的报告又明确要培养学生的"生存能力",注重发挥每一个学生的个性,提出应进一步使教育课程富有弹性,并改进指导方法以建立有特色的学校。具体的措施是:继续1992年起就开始实行的关于课程实施状况的综合性调查,1996年的重点是初中社会科目及理科;在初中阶段,精选必修的公共课,增加选修课,并相应扩大各科目课时的选择幅度,以使教育课程更富有弹性。第二,学校生活的改善。在日本小学和初中,欺负弱小行为和拒绝上学等问题十分严重,由此引起的小学生自杀事件也频频发生。对此日本政府在1996年的《21世纪日本教育的发展方向》咨询报告中专门论述了该问题,提出充分注重家庭、学校和社区的作用与合作;要加强对学生的心理及行为指导;在充分改善学校内部的环境与氛围的同时,要进一步充实校外指导场所等措施。第三，实行学校五日上课制。为缓和过度考试的竞争，确保孩子"轻松愉快"地学习和实现培养孩子们"生存能力"的新目标，日本政府致力于改善孩子们的现有生活环境，以使孩子们拥有一个良好的学校、家庭和社会三者相互协调的环境，实施学校周五日制便是日本政府实现这一目标所实施的改革。日本中小学从1992年9月开始实行每月一次学校周五制，从1995年4月开始实行每月两次。政府计划四年后，以1999年为限期全面实行学校每周五日制。第四，注重中小学教育与国际化和信息化相适应。在国际化方面，在现行教学大纲的教学内容方面加深了对日本本土文化、传统的理解和关心，注重关注日本与世界的关系；加强外语教育，实施了招聘外国青年指导外语学习(JEF)项目，1994年来自美国、英国、法国、德国等八个国家的3 865人赴日任教以协助日本外语教师教学，并对日本教师进行培训。1995年JEF项目得以扩大；另外，日本政府还加强了对外语教师的要求和心理及工作兴趣调查，以确保师资的良好。与信息化相适应，日本文部省在1995年主要实施了五项措施：推广公立学校的教学用计算机，政府对此补充设备费用；进行学习软件的开发；完善教育用软件图书中心，进行推广运用信息网的地区试点工作；对教师进行计算机知识及操作的培训。

在高中阶段，日本政府的教改方向是增进高中学校教育的个性化和多样化，推进建设有多样化特色的学校，目前日本的高中改革正处于大规模改革时期。1995年以来，文部省就高中教改提出了《高中学校教育改革的推进状况》、《高中学校入学考试改善状况》两个调查报告和《走向技术权威的道路》针对职业教育的教改建议。改革的主要措施有：一、实行多样化和多元文化高中入学选拔方法。各学校根据学科、课程特点可以实行多次考试、多阶段入学的方法；进一步扩大运用推荐入学制度，考试成绩结合面试以及平时学生资料的综合评定来选拔录取等。二、进行学科改革，设置综合学科。过去日本高中只有普通科和职业科，现据文部省的有关规定，从1994年起开设"综合学科"，并使之制度化。综合科目群包括若干专门系列，如信息系列、国际协作系列、环境科学系列等，学生根据自己兴趣及将来发展方向来选修课程。三、设立学分制新型高中，其目的是为扩大选修课程的面和数量，为学生提供更多的课程弹性和选择。四、建立校际间的联合协作制度。经学校许可，学生可到协作校选修本校未设的课程，所得学分予以认可。校际间的合作包括：普通高中与职业高中，普通高中与专修学校，广播电视函授与专修学校的校际合作等。

高等教育

日本文部省1995年印发的《教育白皮书》阐述了日本高等教育改革的方向在1995～1996年间继续集中在以下四个方面：一是促使高等教育体现个性；二是教学和研究向世界水平发展；三是为终生学习服务；四是进一步适应高等教育发展的国际化。

在高校的个性化发展方面：为给予大学更多的自主权，1994年6月大学审议会发表了《关于教员录用的改善情况》和《关于改善大学的经营情况》两个报告，对教学科目和师资任聘等方面作出改革规定；另外在修改后的《大学设置标准》中，还第一次明确规定在大学引进自我检查与评价制度，使各个大学以各自的基本思想与目标，自由开展多样化的教学和研究活动。

在教学和研究方面：各大学首先实施了课程改革，编制了四年一贯制课程，使专业和教养教育系统化；第二，计划建立跨系的选修课程系统，制定新的授课计划；第三，扩大小班制教育；第四，进一步加强外语及信息教育；第五，积极开发新的教学方法，注重校内教研实验中心的建设等。另外，在大学的入学选拔方式上，日本从1990年开始实施国立、公立、私立大学通用的由大学入学考试中心所举办的考试。1996年全日本122所国立、公立大学及213所私立学校的系都采用了这一方式。国立大学还将从1997年开始，在入学选拔中统一采用"分离分割式"。关于推荐入学的方式也进行了一些初步改革。在研究生教育的改革中，建立了新型的多样形式的研究生院，除一般的研究生院外，还出现了跨学科的或是进行跨学科教育研究的研究科；设立了不设学部只有研究生院的大学；几所大学联合组织的研究科以及和学校外的研究所联合组织的研究科等。在经费上，政府投入了99.81亿日元用以支持研究生院的研究与交流，还提供了63.43亿日元的设备费用。另外，扩大了日本学术振兴会特别研究员制(针对博士生)和日本育英奖学会奖励面，巩固和发展了研究生的助教制度。在学位制度方面也计划在学位登记、学位授予以及学位学习时限上进行系列改革。

在高等教育发展的国际化方面：文部省最新的统计资料表明，虽然日本政府提出到2000年外国留学生在日总数要达10万人，可1995年日本高校的外国留学生数从前期高点5.4万人下降为52 921人，为此文部省所采取的举措主要是：加大促进国际交流的短期学生交流计划。该计划实行于1994年，学生学习期为6个月至1年，当时仅200名韩国学生到日学习。1996年该项计划的外国学生为1 700名，到1997年将增加到1 900名，2000年的目标则为5 000名。日本政府为这些短期留日学生提供优厚待遇：房租、学费免费；每月另给予670美元的生活费；并在旅游机票及医疗费用方面给予优惠。另外，政府还要求日本大学开设用英语教授的课程以减少外国留学生的语言困难，目前已有11所国立大学在1996年开设了该类课程。

德国教育发展概况

(一)教育基本概况

入学率及学生数

据联合国教科文组织的最新统计，联邦德国各级学校教育的入学率情况是：1993年学前教育毛入学率为101%；第一级教育毛入学率为97%；第二级教育毛入学率为101%；第三级教育毛入学率为35.6%(其中男生41.1%，女生29.7%)。1993年德国各级学校在校生的总数为：第一级学校在校学生总数为352.4万，其中女生有172.8万，占总数的49%；第二级学校在校学生总数为779.6万，其中女生有375.7万，占总数的48%；第三级学校在校学生总数为187.5万，其中女生75.4万，占总数的40%。

师资情况及师生比

1993年德国第一级教育教师总数为22.5万，其中女教师19.1万，占总数的85%；第二级教育教师总数为52.1万，其中女教师23.5万人，占总数的45%。师生比的情况是：1993年第一级教育的师生比为1∶15.7，比1980年的1∶17有所降低；第二级教育的师生比为1∶15，比1980年的1∶14有所提高。(学生数、教师数请详见表1～3)

表1 德国第一级教育学校数及师生数

国家	年度	学校数	教师数			学生数		
			总计	女教师	女教师所占%	总计	女学生	女学生所占%
		(1)	(2)	(3)	(4)	(5)	(6)	(7)
德国	1990	—	—	—	—	3 431 385	—	—
	1991	—	—	—	—	3 438 052	1 684 548	49
	1992	18 871	215 414	180 814	84	3 469 959	1 700 816	49
	1993	18 867	225 068	191 367	85	3 524 219	1 727 572	49
前民主德国	1980	5 624	53 396	46 146	86	852 109	409 397	48
	1985	5 649	58 406	51 660	88	859 830	415 098	48
	1988	5 703	57 458	51 334	89	956 170	462 081	48
	1989	5 724	57 876	52 080	90	957 675	462 314	48
	1990	—	—	—	—	870 118	—	—
	1991	—	—	—	—	847 970	416 113	49
前联邦德国	1980	18 411	—	—	—	2 783 867	1 359 791	49
	1985	19 594	133 471	105 292	79	2 271 546	1 110 936	49
	1988	13 595	136 155	106 795	78	2 387 995	1 170 507	49
	1989	14 007	139 678	111 502	80	2 475 517	1 214 240	49
	1990	14 107	144 017	—	—	2 561 267	1 254 619	49
	1991	14 170	155 503	130 802	84	2 590 082	1 268 435	49

表2 德国第二级教育师生数

国家	教育类型	年度	教师数 总计	教师数 女教师	教师数 女教师所占%	学生数 总计	学生数 女学生	学生数 女学生所占%
			(1)	(2)	(3)	(4)	(5)	(6)
德国	总况	1990	—	—	—	7 398 011	—	—
		1991	—	—	—	7 500 078	3 607 097	48
		1992	527 009	239 738	45	7 662 797	3 682 085	48
		1993	521 310	235 412	45	7 796 256	3 757 360	48
	普通中学	1990	—	—	—	5 101 924	—	—
		1991	—	—	—	5 228 015	2 604 525	50
		1992	414 358	201 477	49	5 386 212	2 688 732	50
		1993	408 663	196 422	48	5 532 012	2 765 480	50
	职业中学	1990	—	—	—	2 296 087	—	—
		1991	—	—	—	2 272 063	1 002 572	44
		1992	112 651	38 261	34	2 276 585	993 353	44
		1993	112 647	38 990	35	2 264 244	991 880	44
前民主德国	总况	1980	164 382	75 616	46	1 895 579	911 282	48
		1985	167 310	86 127	51	1 519 152	727 611	48
		1988	158 331	84 839	54	1 418 272	677 337	48
		1989	156 710	85 008	54	1 406 374	671 386	48
		1990	—	—	—	1 425 404	—	—
		1991	—	—	—	1 507 080	727 822	48
前联邦德国	总况	1980	—	—	—	6 561 297	3 266 392	50
		1985	—	—	—	7 101 250	3 400 188	48
		1988	443 731	181 801	41	6 219 158	2 991 139	48
		1989	443 210	179 598	41	6 019 040	2 893 803	48
		1990	428 519	196 766	46	5 972 607	2 869 608	48
		1991	440 659	177 798	40	5 992 998	2 879 275	48

教育经费

关于教育经费的统计由于资料所限，现据联合国教科文组织《世界教育报告(1993)》所列资料介绍如下：原联邦德国的公共教育经费占 GNP 的百分比：1990 年为 4.1%，比 1980 年降低了 0.6%；占政府开支的百分比：1990 年为 8.6%，比 1980 年降低了 0.9%；表现出比较明显的下降趋势。各级教育所占日常经费的百分比为：1990 年学前、小学所占比例为 18%，比 1980 年降低了 1.6%；中学为 47.5%，比 1980 年降低了 5.9%；大学为 22.4%，比 1980 年降低了 2.8%。可以说，初、中等教育经费有所下降，而高教经费则有所增加。

(二)教育改革及发展趋势

面临国际化、信息化及全球化的社会发展新趋势，近几年来，德国一直就教育改革进行了广泛讨论，并相继在中、小学教育，职业教育和高等教育方面进行了大量的教育改革。现仅根据有限的资料，概述 1995～1996 年德国教育改革的主要方面：

中、小学改革

德国中、小学教育最突出的改革首先是教育内容的改革。德国的教育方针历来遵循洪堡所提出的培养科学精英的目标，因此多少年来，德国的教育一直自成体系，从小学开始便注重抽象的、书本知识的学

表 3 德国第三级教育师生数

国家	年度	教师数			学生数		
		总计	女教师	女教师所占%	总计	女学生	女学生所占%
		(1)	(2)	(3)	(4)	(5)	(6)
德国	1990	—	—	—	2 048 627	—	—
	1991	—	—	—	2 033 702	841 850	41
	1992	—	—	—	1 823 100	724 000	40
	1993	—	—	—	1 875 099	753 671	40
前民主德国	1980	38 699	10 498	27	400 799	232 336	58
	1985	42 336	—	—	432 672	235 755	54
	1986	42 047	—	—	436 720	232 383	53
	1987	42 254	—	—	437 919	229 229	52
	1988	42 702	—	—	438 930	229 648	52
前联邦德国	1980	171 708	—	—	1 223 221	503 448	41
	1985	—	—	—	1 550 211	646 631	42
	1988	198 241	44 350	22	1 686 725	692 428	41
	1989	—	—	—	1 719 763	697 773	41
	1990	208 881	49 540	24	1 799 394	727 524	40
	1991	218 410	52 931	24	1 867 491	760 659	41

注：本组表根据联合国教科文组织《1995 统计年鉴》编制。

习，强调为升学做准备。传统的教育模式远远不能适应德国今日社会的发展。在中、小学阶段，德国的教育开始转向强调教育及教学同生活要有密切的联系，故在教育内容方面强调各门知识的揉合与综合，强调对概念性知识的学习也要从学生真实的生活中获取说明的事例来帮助学生理解概念的真正含义。如对“水”的认识，便不仅从物理、化学的角度来讲它的性质、性能，还要求学生观察身边的河流、大海，并提供给学生关于水的文学作品，要求学生欣赏、创作与水有关的美术作品等。另外，德国许多中、小学和地方当局还尝试在普通中小学中增加职业教育的内容。如，在北威州、下萨克森州和莱法州已为中小学生开设了经济助理、工业商人和能源、通讯电工这三项职业课；萨克森开设了新闻媒介课，巴符州则加强了外语教学，开设英语及法语。而这些措施的实行都不是指向升学的目标的。德国中小学教育改革的第二个方面是，实施全日制，加强学生的课外活动，注重学生品德与性格的培养。今天，德国中、小学生中 50% 是独生子女，且离异家庭的学生日益增多（约 200 万左右），加之电视、计算机进入中小学生的生活，父母对孩子的教育有所忽视，故出现了不少中、小学生不善于与别人相处，语言表达能力下降，缺乏自我节制能力，纪律松懈等种种不良现象。针对这一情形，德国许多中、小学校将过去的半日制改为全日制，下午安排丰富的课外活动，鼓励通过“独立课”、“走向社会”等多种形式，让学生自己管理自己，参与社会各项活动，注重在活动中培养学生的独立能力与自觉性。另外，学校还加强了教师与学生的“谈心”，注意随时与学生的沟通，以帮助学生在品德及性格上也有良好发展。德国中、小学改革的第三个方面是引进竞争机制，改革学校管理体制。突出的措施是允许家长选择学校；建立信息反馈中心；扩大学校在经费使用、人员聘请、课程设置等方面的权力等。

职业教育

德国职业教育中最具特色的是“双元制”，但目前德国的双元制教育却陷入困境，突出的问题是：①成本太高，每名学徒每年培养费高达 2.5 万马克；②内容陈旧，缺乏灵活及适应性；③由于德国经济形势近几年不太乐观，导致企业大量裁员，培训岗位也大量减少。据统计，从 1992 年到 1994 年底，德国企业所提供的培训岗位减少了 12 万个，减少率达 20%，而且这种趋势仍在继续。针对这一问题，1996 年德国教育部进行了一项对全国双元制培训岗位的调查，结果发现：500～2 000人规模的企业有40%打算减少培训岗位，2 000人以上的企业有60%打算减少培训岗位。为此，德国政府多次呼吁企业界支持“双元制”职业教育。1996年以来，总理科尔也多次与企业进行谈判，德国企业界承诺政府在今后两年的时间内，每年增加10%的培训岗位。鉴于双元制职业教育的困难，德国政府已准备进行一系列的改革来克服双元制职业教育中的种种弊端。

高等教育教革

在高等教育普及化、大众化的今天，德国的高等教育受到了强烈的挑战。自1995年以来，德国高等教育的改革，突出表现为以下几个方面：

要求学生交纳学费 近几年德国的财政问题日益突出，对其高等教育发展的直接影响便是高教经费的年年下降。1996年联邦政府及州政府投入高教的经费比1995年减少了20亿马克，相当于关闭了5～6所中型大学。据预测，1997年德国高校经费面临的赤字高达60亿马克。针对这一问题，德国雇主协会联邦联合会首先提出建议，每年收取3 000马克的学费。这一建议目前遭到了德国教育部长吕特格斯及许多州的拒绝。但也有一些州已准备尝试进行。如：巴登——符腾堡州规定，从1998年开始对那些学制长的大学生从第14学期起，每学期收费1 000马克，而且这些学校还可能增收学生在校期间使用教学设备的费用。报界评论说：“这项措施意味着德国大学不收学费的历史传统将进入博物馆。”可以预计，随着接受高等教育人数的继续增加，收取学费将成为德国高等教育的一个普遍做法。但这项措施所带来的副作用是大学入学人数的明显下降，率先采取收费措施的苏黎世大学入学人数已下降20%，德国东部地区大学生人数的下降则更为明显。如何解决这一问题，是德国高等教育未来发展所面临的一个重要课题。

引进竞争机制，改变高校经费的分配方式 由于高校经费紧张，便带来一个紧迫的问题，即如何有效地使用现有经费。德国大学校长会议，在1992年所公布的高校改革方案中，便倡导在高校拨发国家经费方面，依据每个学校的工作成绩来进行经费分配，从而引进竞争、引进市场机制，以提高现有经费的使用效率。1993年大学校长会议和德国各州文教部长联席会议共同建立了一个工作小组，来推进改革方案的实施。目前已有不少学校采取了一系列措施，来推行改革计划。比如，已经有一些学校开始在校内依据相应的工作成绩指标来分配使用国家给的经费，还有一些高校对课程进行了改革。为实施改革方案，大学校长会议又在最近和Bertelsmann基金会共同成立了高校发展中心，共同承担高校工作成绩评价各项数据标准的设定。这一系列的改革，对德国高校的财政分配体制将产生一些影响。

调整高校培养方向，缩短高校学制 多年来，德国高等教育一直遵循“洪堡思想”，实行科研、教学、学习相统一，讲究纯学术的研究，导致了对社会及大众需求的忽视，而过长的学制则使德国大学生一般要到28岁才大学毕业开始工作。这一切都与德国今天高等教育大众化的发展方向及实际的社会需求不符，也从而导致了德国高校人满为患，设备欠缺，教学质量下降的种种弊端。为此，德国政府提出一个设想，拟将大学教育分成两个阶段，第一阶段是以培养社会和企业界需要的应用型人才为目标的大学教育，为期4～5年；第二阶段是以培养科学研究人才为目标的大学后学位教育，即攻读博士学位和其他形式的继续深造。在第一阶段又分基础和专业学习两部分，在两年基础学习后设中间考试，考试合格者继续学习，不合格者则离开大学进行职业培训。目前，这一设想还在酝酿阶段，有待进一步研究才能实施。

进一步加强高等院校与工商企业的联系与合作 早在1994年，德国政府便将教育部和研究部改组为“教育和研究总部”(Super Education－Reaserch Ministry)，任命吕特格斯出任部长。上任初始，吕特格斯便明确表示他首先要进一步加强高等院校与工商企业的联系。为此，政府提出了一系列相应的措施：鼓励那些拥有优秀职业技能的人进入大学工作，即使他们缺乏一般的学术资格，但应给予他们在大学教学的机会；加强工业企业方面的课程，与州政府和雇主们进行讨论，使职业教育再次变得富有吸引力；增加2.7%的教育经费，以作为对此项改革的一种补助；缩短学制时间等。政府藉以希望通过这些举措积极促进德国高校的大众化、市场化发展。

积极采取措施吸引外国留学生来德留学 面对外国学生留学人数的日益下降，德国政府决定要尽快采取措施来克服德国教育在吸收外国学生的不利之

处。这些措施包括:试点设立符合国际惯例的课程(主要是指解决已在自己国家获得学士学位的学生来德上大学的问题),让他们能够继续深造,而不是重复本科学业;加强对外国学生的"服务工作",包括因材施教,个别辅导等措施;考虑在德国大学向外国学生授予国际流行的学位,如学士和硕士学位等;排除语言障碍,如用主要外语开设学习课程,修改攻读博士学位条例,允许外国学生用外语写毕业论文等;放宽外国学生的入学条件;方便外国学生办理来德签证和延长在德居留许可手续等。

法国教育发展概况

(一)教育基本概况

根据1993年法国国民教育部所出版的《法国初等教育》、《法国中等教育》和《法国高等教育》以及《教育与培训统计年鉴》和1994年的《法国高等教育统计》,法国教育发展的基本概况如下:

学前教育

1992年全法国共有幼儿教育机构19 041所,其中18 646所为公立机构;入园儿童数为2 549 638人,其中私立幼教机构入学幼儿所占百分比为12%;1992～1993年,法国3岁以上儿童入学率达99%。

小学教育

1992年法国公私立小学总数为42 235所;小学生总数为4 060 408人(女生百分比为48%),其中公立小学为3 462 791人,私立小学597 617人;教师总数为342 905人,生师比为16:1;1992年法国小学的毛入学率为106%,净入学率为100%。

中等教育

1992年法国共有4 872所初级中学,在校生人数共计322 828人。1992年法国高级中学一级中普通和技术高中共1 298所,在校生共计1 552 847人,职业高中有1 297所,在校生共计677 666人,1992年中等教育教师数共计为457 644人。

高等教育

1991年法国高校教师总数为218 410人;注册学生人数1 867 491人,1992年增至1 951 994人;1992年法国20～24岁青年进入高等教育学习的毛入学率为45.6%;而在1985年还仅为29.8%。

教育经费

法国国民教育经费来源一般为:国民教育部占57.3%;其他部委占8%;地方政府占19.4%;其他行政机构占0.7%;企业占5.6%,家庭占9%。自50年代以来,法国教育经费在国民教育预算所占比例不断提高:1950年,国民教育预算为15亿法郎,占国家预算的6.7%;1962年国民教育预算为91亿法郎,占国家预算的13%;1970年国民教育预算为261亿法郎,占国家预算的16.9%;1994年教育投入为2 916亿法郎,占全国总支出的20%。在师资教育方面,1995年法国政府拨款6.19亿法郎用于改善教师工作及生活条件;拨款4.75亿法郎用于提高教师工资;拨款8 000万法郎用于提高学校非教学人员的工资。(在高等教育方面的经费情况见表1)

表1　法国高等教育经费情况

年份	高教经费按可变价计算(百万法郎)	高教经费占教育经费的百分比(%)	高教经费占国民生产总值的百分比(%)	高教经费按1993年价计算(百万法郎)	高教经费年增长率(1993年价)(%)	全国教育经费年增长率按1993年价计算(%)
1989	59 843	15.1	1.0	66 540		
1990	66 879	15.7	1.0	72 132	8.4	4.3
1991	71 280	15.7	1.1	74 576	3.4	3.3
1992	77 790	16.1	1.1	79 587	6.7	2.6
1993	83 482	16.4	1.2	83 482	4.9	2.6

资料来源:1994年《法国高等教育统计资料》。

另据法国教育部1996年8月5日公布的白皮书统计数字,法国1995年教育总投入为5 630亿法郎,占全国生产总值的7.3%。平均每个法国国民享受9 700法郎。

据统计，法国政府为每个幼儿园儿童投入的经费是2.15万法郎，以下为每个中小学生、大学生和工程师学校的学生投入的经费则分别达到3.38万、4.52万和7.5万法郎。一个法国学生读完义务教育，即从幼儿园至高中毕业，国家需为其投入约47万法郎。自1986年开始，法国用于培养高中毕业生的费用每年增加2.5%。

根据国家预算，教育投入总额中，国家投入占65%，地方投入占20%，企业投入占5%，家庭补助金占2%，其他机构的投入占1%，家庭投入占7%。

(二)教育改革及发展趋势

初等教育改革

1994年法国国民教育部长在广泛讨论的基础上提出了"关于中、小学教育的155条建议"。1995年9月，法国总理和教育部长决定组建了"学校思考委员会"，该委员会由教育界、企业界、新闻界的专家及行政官员等23人组成。该委员会1996年6月20日向总理提交了《为了学校》的研究报告，对法国现行教育体系进行了调查，并从国家利益及期望的角度对法国未来教育改革提出了21条建议。在上述的两个建议报告中，法国政府对初等教育的最新改革主要体现在以下方面：一、针对法国基础教育形式过于单一的弊端，主要采取：在教学大纲中增加新学科、新课程及实用性知识，如自动化技术、生命与地球科学等；增加必修课和选修课科目；改变初中现行单科教学的方式，开设综合学科；引导学生自我选择学习方向，给初中学生发放个人计划手册，并从初中二年级开始通报职业信息，加强学校专业方向指导委员会的工作；另外，政府还全面调整了小学作息时间，制定课时相对减少，每周和全年安排实施更为合理的新课时制。二、针对法国初等教育师资状况不佳的现状，政府首先提高了中小学校长的地位，使他们有机会受到更好的培训，同时还增强了校长在资金、教师评估、课程安排等方面的权限；改善中小学教师的录用和任职管理，将中小学教师的录用、调动权从中央下放到学区；在初中教师培训中按照新课时制度和多科课程要求开展双文凭培训和交替培训制；提高中、小学教师工资等。

中等教育改革

在中等教育改革方面，针对法国目前因中学生人数增加而产生的师资不足的困难，国民教育部1994年增设了1 250个中学教师职位，1995年又增加了1 339个职位。另外，还为解决中学后进生及学习障碍生问题，为中学专门又设立了1 000个教师职位，预计在10年内学业指导顾问的总人数将增加2倍，使每所中学都有一名专职顾问。为提高中学教师的水平，政府还组织中学高级教师参与大学第一阶段和教师培训学院的教学，规定中学高级教师在准备博士论文过程中，可以在大学第一阶段教学，以便他们进入大学教师——研究员的行列；毕业于高等师范学院的中学高级教师也可以在教师培训学院承担为期3年的教学工作。

课程改革是法国中等教育改革的另一重点。1990年法国全国教育课程审议会颁布了一项新的高中课程改革方案，从此拉开了90年代法国高中课程改革的序幕。法国高中课程的编制比较"密集"和"庞杂"，由于内容过多，教学时间过长，造成学生学习负担过重，课外活动过少，从而导致学生厌学，对社会、文化等问题漠不关心等问题。另外，由于法国高中课程一般分为A科(人文科)、B科(经济、社会科)、S科(综合理科，S科第三年又分为C科——数学、物理和D科——生物、化学)和E科(数学、技术科)等四科普通教育课和F科(工业技术科)、G科(商业科)、H科(情报科)等三科职业教育课程这两大类，因此，各科之间的"隔阂"及"差距"比较突出，因为进入不同类的不同科学习，将来学生所得以升学及发展的机会有很大不同。这种情形导致大多数成绩优秀的学生集中于C科这样的课目学习，其他学习不好的学生不得已才去选C科以外的专业升学，从而使法国中等教育的职业观念受到了破坏，使高中教育的发展远远不能满足社会的实际需要。针对上述问题，法国政府进入90年代以来一直致力于高中的课程改革，主要的措施有：①把过去从初中三、四年级开始的"定向指导期"推至高中第一学年，保证初中阶段学生的全面发展；在高中开始的定向指导中着重点为国语、数学、物理等学科，对差生还予以特别指导；②重新设置课程结构，将过去普通高中的课程改编为普通教育课程(经济、社会科、文科、科学科等)和职业教育课程(第三产业技术科、科技科等)，把C、D、E科编入S科实行综合；另外在S科中又设置了"科技科"做为选修科。总的趋势是使普遍教育课程和职业教育课程趋于接近和渗透。在第三学年允许工业技术科的学生转向F

科和S科。③重组课程体系，在改革方案中政府提出将现有高中的必修课、自选课、必选课的课程体系改之为“一般大纲”和“补助大纲”。“一般大纲”包括必修课和自选课；“补助大纲”包括必选课。除第三产业技术科和第三学年外，“一般大纲”和“补助大纲”各占总课时的80%和20%。④改革“业士证书”，对学生学业成绩的评定方案进行了改革，以保证课程改革的成效。在新的成绩评定方案中，对“一般大纲”的各科考试，笔试及口试相结合；对“补助大纲”的各科考试，由任课教师进行适时适量的评价并由学校或邻近学校的审查委员会核定，同时“补助大纲”内容不再列入全国统一考试之列。

另外，法国政府在高中教育中还积极推进多媒体教学的优先发展，确立了1995～1998年重点在高中发展多媒体教学的目标，并责成法国“全国远距离教学中心”负责教学软件开发，并拨款3 000万法郎。具体的要求是，各学校在教室要配备电脑，中等规模的学校至少应配备100台，第三产业技术科要优先配备。同时，在各校设立专门委员会，以促进在教学中利用情报器械，发展情报教育。

在中等职业教育方面，开设初中职业教育、高中职业教育和职业学校的多种毕业证书，以满足社会对各行各级人才的需要。目前法国所实施的职业高中文凭有：职业能力证书、职业学习证书、补充证书、职业业士文凭等。

高等教育

1991年5月法国国民教育部制定了法国本世纪末高等教育发展规划“2000年的大学”，确定了法国高教发展的四项主要目标：①扩大招生规模（计划到1995年招生数达30万人），改善办学条件；②重点发展各种高等教育机构中的各级职业教育；③积极促进高等教育对地区发展的参与；④为进入欧洲及参与欧洲的教育竞争做准备。1995年底，法国出现了对高教现状强烈不满的大学学潮，法国总统希拉克指出，“大学问题十分紧迫，需要一个切实的建议和改革——这个改革至关重要。要使高等教育更为公正，更能适合今日大学生的期望”。为此，法国大学校长委员会等咨询机构提出了大学改革的十大问题，广泛征求社会各界人士意见。这十大问题是：关于知识传授、关于专业方向、关于大学生地位、关于技术学科、关于职业安置、关于科学研究、关于国际交流、关于大学教师、关于大学管理、关于行政规划等。

1995年以来，政府在广泛讨论的基础上，逐渐形成了一个酝酿中的法国大学改革方案，预计将于1997年10月正式实行。其中所涉及的改革内容主要有：①针对法国目前大学第一学年较高的失败率，大学学年重新改组为学期。第一学期为学生的定向学期，学生们将学习他们选择的核心课程和相关学科及学习方法，学期结束考试后，方可继续转移到一个相关学科或另一个专业学习，包括科技文凭；②对大学学生的资助将改为唯一根据家庭情况而进行的新补助方案，这将使富有的家庭失去大量的课税减免，而中产家庭的学生将会得到更多的补助，其目的是增加学生补助方案的公平性；③要求大学所有的教师都从事本科生教学，增加教学及学生管理教师的晋升机会；④改善大学教师的工作条件，政府将为2.2万名教师建设24.6万平方米的教研室；当四年的大学扩张计划“2000年的大学”在1999年结束时，另一个新的“2000年以后的大学”将给每位教师提供一个办公室，并建立师生共享的“共同生活”的咖啡屋；⑤在大学设立科研奖，积极鼓励青年科研人员的研究，并积极鼓励社会上其他行业的人才从事高等教育研究，对研究生教育的成绩突出者予以奖励。其他措施还涉及大学经费管理、对学生课程的系统评估等。

另外，1995年底起法国政府还对法国大学预科班进行了20多年来最重要的一次改革。法国高等教育预科班是以高中毕业班优秀学生为对象，学制为1～2年，学习结束后，考试合格者继续大学学习，每年招生约7万多人。大学预科班改革的内容是：规定预科班学生入学之年，就确定第二年的学习选择方向，并须从物理、数学、物理化学、物理学和工程学以及科技物理这几个方面确定研修专科。这些科目的教学大纲有所更新，更加注重对高中改革的衔接；另外，新大纲还强调学生的创造精神，在两年课程中设立了“个人创造性实验”的课目。

英国教育概况

（一）教育基本概况

根据《1995联合国教科文组织统计年鉴》、《1993

年英国教育统计摘要》及《英国教育统计》1994 年第 1 号和第 4 号,英国教育的基本概况为:

基础教育

1992 年英国小学学校总数为 34 349 所,其中公立幼儿园 1 380 所,公立小学 23 958 所,非公立学校 2 488所,特殊学校 1 792 所。小学生总数为 916 万左右,其中公立幼儿园 6.09 万人;公立小学 484.95 万人,公立中学 353.45 万人;非公立学校 60.45 万人;特殊学校 11.26 万人。教师总人数为 53.49 万人,其中公立幼儿教师 2 800 人;小学教师 22.26 万人;中学教师 23.27 万人;非公立学校 5.72 万人;特殊学校 1.96 万人。总的学生/教师比为 17:1。

高等教育

1992 年,英国高校学生总数为 118.89 万人,比 1991 年增加 11%。其中,全日制学生 64.92 万人,占全部在校生的 55%,比 1991 年增加 14%;"三明治式"学生 11.33 万人,比 1991 年增加了 2%;部分时制学生 42.64 万人,比 1991 年增加了 5%。

另外,1992 年高校学生数中,大学生总数为37.78 万人;开放大学 10.52 万人;多科技术学院 43.12 万人;其他 PCFC 基金学校 13.79 万人;地方教育部门及教育部资助学校 13.68 万人。

教育经费

1993～1994 年,英国政府拥有的教育经费为 64.87亿英镑,比 1991～1992 年的 35.55 亿英镑有所增加,增长率为 82.4%。1993～1994 年拨给地方部门的教育经费为 29.48 亿。1993～1994 年教育部教育标准化办公室的整个教育费用为 98.72 亿,该两项经费均比 1991～1992 年有较大幅度的增加。

1992 年,每个幼儿园和小学校全日制学生的生均经费为 1 530 英镑;中学生生均经费为 2 230 英镑;全日制大学生的生均费用为 6 690 英镑。①

(二)教育改革及发展趋向

自《1988 年教育改革法》颁布以来,英国政府便积极致力于教育改革,又相继颁布了《1990 年教育法》、1992 年的《继续和高等教育法》和《1992 年教育法》,以及《1993 年教育法案》,对英国教育的未来作了全面的规划与设计。1995 年 7 月,英国首相梅杰还作出决定,将原教育部改为教育就业部。新成立的教育就业部除继续履行原教育部的职责外,还负责原就业部主管的职业和就业教育、中等职业技术和成人职业技术培训与计划、学院拨款和培训、欧洲社会政策与社会基金以及妇女事务等。纵观英国教育的最新发展,1995 年以来英国政府所突出的教育改革主要体现在以下几个方面:

基础教育

在 80 年代《教育改革法》的基础上,《1993 年教育法案》又一次重点规划了英国中小学教育的改革及未来发展趋势,对如何进一步提高中小学教育质量从教育体制、教学课程及督导制度等方面进行了重点改革:

继续推进"直接拨款公立学校"(Grant-maintained School)方案　直接拨款公立学校的最早实施是《1988 年教育改革方案》所确定的,其目的是加强国家政府对教育的中央控制,使英国公立中小学教育体制逐渐由原来地方教育当局的单一管理模式向中央和地方两级管理模式转化,以增加中小学教育的多样化,允许家长自由择校,将市场机制引入中小学教育。椐有关资料,1992 年英国有 3 300 所学校成为直接拨款公立学校,1994 年拨款公立学校的增长数目达1 500所。而且,为进一步推进直接拨款公立学校的建立,英国政府在新的教育法案中特别规定:第一,对那些条件相对成熟的中小学给予财政资助,以帮助他们向"直接拨款学校"过渡;第二,地方教育当局不得为学校申请转为"直接拨款学校"设置障碍;第三,简化"直接拨款学校"审批手续,缩短审批时间;第四,放宽对民办学校、初等学校转为"直接拨款学校"的资格限制;第五,创设机制,使一些特殊教育机构、私立学校等也能够向"直接拨款学校"方向发展,政府期望到 1996 年大部分公立中小学将成为"直接拨款学校"。

另外,为加强对直接拨款公立学校的管理,在《1993 年教育法案》中,政府专设了一个公立学校基金处(The Funding Agenly for schools)取代原来教育部所负责的对直接拨款公立学校的经常性拨款和基建性拨款。该公立学校基金处已于 1994 年 4 月开始工作。在新的法案中还规定:当一个地 方教育当局有超

① 由于资料所限,最新数据只到 1994 年。

过10%的中小学生就读于直接拨款公立学校时，学校基金处将与地方教育当局共同承担义务，确保该地区有足够的中小学学额；如果这个比例高达75%，那么将由学校基金处独自承担这一义务。目前英国有48个地方教育当局与基金处共同管理当地中小学教育，有1个区地方教育当局（伦敦的海林顿——Hillingdon），由于其就读于直接拨款公立学校中学生人数达83.6%而失去了对当地中学的控制，由学校基金处独自接管。可以预计，随着直接拨款公立学校的增加，英国公立中小学教育的体制将发生较大变化。

继续推行“全国统一课程大纲与要求”和“全国统一考试” 全国性课程和全国统一考试的推行是90年代以来，英国中小学教育改革的一个重点。《1988年教育改革法》针对英国课程过度地方多元化而导致的教学质量下降问题，提出建立“全国性课程”，实行统一的课程大纲与要求。新设定的全国性课程由10门学科组成。其中，“核心基础科目”3门——英语、科学、数学；“基础科目”7门——地理、艺术、技术、历史、现代语言、音乐和体育（在威尔士学校，威尔士语也属基础科目）。全国性课程对每学科应达到的成绩目标及每一目标的不同水平层次目标都制定了学习计划，包括教学内容、教学方法和途径的介绍。1989年英国全国课程委员会（NCC）和学校考试及评定委员会（SEAC）分别开始制定各科各主要阶段的成绩目标。3门核心科目中，英语4个主要阶段的法定成绩目标和学习大纲现已完成制定，并在1989年到1992年间已相继生效；数学和科学4个主要阶段法定的成绩目标和学习大纲也于1992年制定。目前，其他各门基础学科的成绩目标和大纲正在制定之中。英国政府计划用8年的时间，到1997年底完全完成全国课程成绩目标及大纲的制定。1995年英国政府采纳从实践中得来的反馈意见，对全国课程进行了三个方面的修定：一是压缩了课程内容；二是简化了评估项目；三是略去了过于繁琐详尽的叙述。1996年英国政府为推行中小学课程目标设置计划，投资200万英镑用于23个当地教育委员会管辖的中小学校。目前这些地区已经有效地使用了课程目标设置。英国教育界人士认为，英国全国课程实施过程中面临的困难在于：是否有足够的教师；教师是否有能力来胜任新的全国课程；如何更广泛地获得社会公众及教师、校长及家长们的广泛支持等。尽管存在众多困难，但英国政府建立国家课程标准以保证英国中小学教育质量的做法已成为英国教育发展的一个未来趋势。

在制定上述全国课程的标准及要求的同时，英国政府还强调学生成绩评定是全国统一课程的一个组成部分。根据1988年的有关全国课程规定，英国将实行全国统一考试，其组成要素是：第一，将英国义务教育分为4个主要阶段（Key Stage），分别在7岁、11岁、14岁和16岁结束；第二，制定每个阶段各科目的成绩目标（attainnment targets），对学生在每个阶段结束时应掌握的知识、技能和理解作出具体规定，使学生的进步可通过全国标准得到衡量；第三，在7岁、11岁、14岁和16岁对学生在成绩目标方面的表现进行评定和报告；第四，学生在考试和评估中所获得的成绩水平和总的进步，在整个义务阶段共分10级；第五，成绩评定工作采用国家统一考试和教师评定相结合的方法；第六，考试和其他评估的结果一方面用于改进教学，另一方面用于向家长总结性地通报其子女在各主要阶段的进步；第七，每个学生的具体评估结果将全面通知家长，但不予公开；学校及地方教育当局的成就将公之于众。1991年夏，英国政府对7岁学生进行了第一阶段3门核心科目不公布结果的全面统一考试，1992年又举行了同类的考试，并对结果首次予以公布。英国政府所推行的全国统一考试在实践中受到了相当阻力，教师及家长的不满情绪和反对态度日益强烈。为此，英国政府1994年成立了一个专门委员会来检讨全国统一课程和考试的安排。具体的措施是：简化考试科目，7岁和14岁考试仅限于3门核心课程；取消7岁和14岁学生的考试成绩排行表；设立增值指标（Value - added indicator），以改变过去仅仅根据学生的平均成绩对学校和学区进行名次排列的做法。1995年英国政府继续推行全国统一考试。

改革中小学督导制度 根据1992年教育法，英国政府于1993年9月成立了教育标准处，取代原陛下督学处负责英国中小学的督导工作，并对英国中小学督导制进行了重大改革。1995年继续这一改革。改革的主要措施是：第一，在督学的聘用方面实行注册督学制度。1992年教育法授权教育标准处主任，即英格兰学校总督通过广告方式邀请有关人士申请注册督学资格，并负责对申请者进行培训，合格者授予注册督学；第二，增加了非专业督学（Lag inspector），并由教育标准处负责培训；第三，教育标准处与注册督学就学校督导工作实行招标，签定合同，以促进工作的竞争与效率；第四，增加督学的法定权力，对办学失败的学校注册督学可以在教育中对之作出甄别。1992年11月，共有5 324人申请注册督学资格，其中388人已接受训练。1993年9月，英国政府根据新的督导体制对英格兰的中学进行了首次督导活动。新的督导制度适用于郡立学校、民办学校、特殊学校和直接拨款公立学校；部分私立学校；城市技术学院、城市艺术学院和私立幼儿学校等。新的督导活动在英格兰中小学每4年进行一次，在威尔士每5年进行一次。英国政府在1995年继续完善新督导制的申请、培训及签约工作，为建立一个新的带有市场竞争机制的督导制度而积极努力。

16～19岁学生的继续教育改革 英国教育部自1995年起，对16～19岁学生的继续教育提出了一系列重大改革措施，并逐渐付诸实践。新的改革主要包括以下内容：加强对14岁以上学生的职业教育和技能训练，同时推出相应课程：所有16～19岁的学生必须修3门课程：交际技巧、数学和信息技术；学习成绩优异者可选 修大学课程并可积累学分。对于学业成绩很差的学生，则应该让他们从14岁起就有其他选择，使他们能在更适合的环境下激发起学习的积极性；从行政方面取消教育与培训的界限，将全国课程设置与评估局和国家资格委员会合并，建立一个全新的考试机构——资格与国家课程设置局等。

高等教育

进入90年代以来，英国的高等教育发生了重大变化：废除了自60年代以来所形成的双重体制，建立了统一的高等教育体制；随着多科技术学院及其他学院升格为大学，英国高等教育进一步走向开放，由精英教育迅速走向大众教育。随之而来的是英国政府相继建立了新的高等教育拨款制度和学生贷款制度来保证高等院校的财政投入和学生的入学机会。1995年以来，英国高等教育的改革与发展突出地体现为如何解决高等教育经费问题和进一步完善学生的贷款制度。

高校经费紧张一直是近几年来困扰英国高等教育发展的一个突出问题。虽然英国政府也增加了教育总预算，但由于教育预算分配中政府加大了对基础教育的投入，如1995～1996年英国基础教育投入为175.6亿英镑，1996～1997年则增加了8.78亿英镑，其资金投入增长率为5%，故造成了英国高校经费的逐年下降与不足。如1995～1996年高教拨款委员会为大学和高等学院提供的日常经费和基建设备费为36.79亿英镑，1996～1997年却降低为34.38亿英镑，比上一年减少了7%。这种高教经费的持续削减，已经严重地影响到大学的发展。为此，英国大学校长委员会为弥补政府削减大学经费所带来的损失，计划增加大学生每年需向校方缴纳的入学费，增涨幅度是到1997年将达300英镑。但该项建议一提出便引起了社会各界的非议。为真正解决这一问题，英国政府已着手对英国高等教育进行一项全面的评估，在评估的基础上将对增加交纳入学费的建议作出最后的决定。

另外，面对高等教育经费的削减，英国政府希望通过私人经费的投入来解决高校经费问题。为此，1996年，教育就业部建立了私人投资倡议计划处和私人投资倡议计划热线服务，为私人投资者在教育和培训领域有私人基金项目的机构提供咨询、建议、信息服务和帮助。教育就业部还要求高教拨款委员会、继续教育拨款委员会和学校拨款局也成立相应的机构，协助和管理私人投入计划项目。

在英国高等学校的助学金和贷款计划方面，英国政府为减轻政府负担，进一步削减了助学金标准而积极发展贷款制度。近几年来，每年助学金削减幅度高达10%，贷款相应增加10%。到1996～1997学年，助学金和贷款数额已经持平。目前，英国政府为学生所提供的贷款为低息贷款或无息贷款，贷款只和物价指数有关，即贷款制度与通货膨胀率相当(英国通货膨胀率为3%)，低于存款利率，因此越来越多的学生(包括富裕家庭的学生)开始加入到贷款计划之中。但目前贷款计划中仍存在许多问题，如：英国高校中有35%的学生是非全日制的学生，但他们却无权得到资助和申请贷款；学生对贷款的偿还始于毕业后的第二年4月，并要在5年之内全部还清，这给刚刚进入社会的学生带来很大的压力。目前，学生还贷计划的保证措施也不很完备，违约、拖欠现象越来越多，这直接影响到贷款制度的继续实施。可以说，虽然英国政府积极开拓解决高校经费问题的种种途径，但高等教育的经费问题仍然是英国高等教育进一步发展的主要问题。

美国教育概况

(一)教育发展概况

1995年秋统计,美国各级学校注册生为6 515万,比1994年的6 394万增加了121万;其中公立学校的学生5 635万,私立学校学生880万。教师1995年为380万,比1994年的374万增加了6万;其中公立学校教师318万,私立学校教师62万。各级学校的概况是:

基础教育

1995年秋统计,全国中小学注册生人数总数为5 071万,比1994年增加了110万。其中,公立学校学生总数为4 504万,私立学校学生为567万。学前班学生数和幼儿园的入园人数在1995年秋增加了25万,总人数从1994年秋的750万增加到1995年的770万。中小学的入学人数在1996年超过了1971年生育高峰时期的5 100万人。中小学的入学人数在1997年将达到5 300万,预计到2002年则可望达到5 500万。其中,中学入学人数(9~12年级)有较大幅度的增加,从1994年的1 360万增加到1995年秋季的1 400万人,因为本世纪80年代后期美国小学人数有所增加,而现在他们该进入中学学习。预计在下世纪初,9~12年级的入学人数将继续增加。另据统计,1995年的中小学生学龄儿童中32.8%的人为少数民族,而在1985年少数民族儿童只占28.2%。白人学龄儿童在1985年所占比例为71.8%,1995年下降至67.2%。

高等教育

1995年美国大学注册生人数为1 444万,比1994年的1 433万增加了11万,保持了自1990年以来一直呈现的轻微增长之势。其中公立大学注册生人数为1 131万,私立大学为313万。如按学制划分,四年制大学的学生数为888万,二年制的为556万。统计预计在今后的7年时间内,美国高等院校的学生将增加130万以上。

毕业生及学位授予

继本世纪80年代中学毕业生数下降之后,1994年美国的中学毕业生数开始回升,1996年达200多万。预计,到2000年将达300万,向1997年的中学高峰毕业人数320万靠近。

1995年美国高校授予的副学士学位为52.4万个,学士学位为120万个,硕士学位为39.3万个;博士学位与1994年的博士学位数持平,达4.3万个;第一专业学位(医药、神学、法律)将增至8.3万个。(详见附表1~2)

师资

1995年美国各级各类学校教师总数为380万人,比1994年的374万人增加了6万,比1990年的357万增加了23万人。其中,1995年公立学校教师总数为318万人,比1994年的312万增加了6万,比1990年的297万增加了21万;1995年私立学校教师总数为62万,与1994年相同,比1990年的60万则增加了2万。按照学校教育的不同层次划分,1995年美国小学教师总数为178万,其中公立学校152万,私立学校26万;1995年美国中学教师总数为119万,其中公立学校108万,私立学校11万;1995年美国高校教师总数为83万,其中公立学校58万,私立学校25万。(详见附表3)

教育经费

1995~1996学年美国各级教育经费总数为5 365亿美元,比1994~1995学年的5 083亿美元增加了282亿美元,比1990~1991学年的4 127亿美元增加了1 238亿美元,增长率为30%左右。其中,公立学校1995~1996学年各级教育的经费总数为4 329亿美元,比1994~1995学年的4 105亿美元增加了224亿美元;私立学校1995~1996学年各级教育的经费总数为1 036亿美元,比1994~1995学年的978亿美元增加了58亿美元。如按教育层次来划分,1995~1996学年美国中小学教育经费为3 239亿美元,比1994~1995学年的3 075亿美元增加了164亿美元,比1990~1991学年的2 489亿美元则增加了750亿美元,增长率为30%;1995~1996学年美国高教经费为2 125亿美元,比1994~1995学年的2 008亿美元增加了117亿美元,比1990~1991学年的1 637亿美元增加了488亿美元,增长率为29.8%,与中小学教育经费的增长水平大致相同。(详见附表4)

附表1 1985～1995年秋按教育层次及学校类别统计的美国在校生数(单位:千人)

层次与类别 \ 年份	1985秋	1990秋	1993①秋	1994②秋	1995②秋
总计	57 226	60 267	63 253	63 939	65 148
公立	48 901	52 061	54 665	55 266	56 348
私立	8 325	8 206	8 588	8 673	8 800
中小学学生总数③	44 979	46 448	48 947	49 610	50 709
公立	39 422	41 217	43 476	44 034	45 037
私立	5 557	5 232②	5 471	5 576	5 672
幼儿园至8年级学生总数④	31 229	33 973	35 795	36 048	36 698
公立	27 034	29 878	31 515	31 703	32 293
私立	4 195	4 095②	4 280	4 345	4 405
9～12年级学生总数	13 750	12 475	13 152	13 563	14 011
公立	12 388	11 338	11 961	12 331	12 744
私立	1 362	1 137②	1 191	1 232	1 267
高等院校学生总数⑤	12 247	13 819	14 306	14 329	14 439
公立	9 479	10 845	11 189	11 232	11 311
私立	2 768	2 974	3 117	3 097	3 128
4年制大学	7 716	8 579	8 740	8 793	8 884
2年制学院	4 531	5 240	5 566	5 536	5 555

说明:

①初步数据。

②估计数据。

③包括地方公立学校入学人数和隶属宗教与非宗教系统的大多数私立学校入学人数。但不含高等教育机构中大学预科入学人数,也不含寄宿学校的特殊学生数和联邦中小学的入学人数。

④包括大多数幼儿园的入园人数和一些保育学校的入学人数,但不含不开设一年级课程的幼儿园入学人数。这部分少算的幼儿园的入园人数,在私立学校占的比重较大。根据美国人口调查局采集的数据,公、私立幼儿园中3～5岁儿童的入园人数从1984年10月的310万增长到1994年的340万人。

⑤包括在大学、其他四年制学院和两年制学院中,学习学位——学分和非学位——学分计划的全日制和部分时间制学生数,但不包括在中学后教育机构中的大学预科学生数。

注:由于四舍五入,各子项之和可能与总数不符。

资料来源:美国联邦教育部国家教育统计中心即将出版的《1995年教育统计摘要》以及《到2005年的教育统计预测》。

(二)教育改革及发展趋势

1994年克林顿政府颁布了《2000年美国教育法》,联邦政府在1995年便积极致力于实现该法所设定的6大目标。联邦政府在1995年的财政预算中比较大地增加了联邦教育拨款,其经费总额增加了16.5%,其中中小学教育经费增加了6.0%,为100.23QD亿美元;中学后教育经费共增加了1.1%(含通过国防部拨款的部分),为14.8亿美元。在其教育拨款中,克林顿政府明确在1995年要着重致力于7项教育重点,它们是:

第一,大力资助教育革新。对"2000年学校改革目标"的资助增加了281.3%,从1994年的1.05亿美元上升到1995年的4.03亿美元;对磁石学校(Magnet School)的资助由1994年的1.08亿美元上升到1995年的1.12亿美元;另外,根据试行性立法,1995年还为"特许学校"(Charter School)增设了一项达600万美元的拨款。

第二,加强对青少年职业教育的资助。针对美国劳动力市场变化激烈,青年失业问题严重的现实,联邦进一步重视青少年职业教育。"从学校向劳动界过渡"项目的拨款从1994年的5 000万美元上升到1995年的1.25亿美元,增加了150%;1995年还增设了一项达3.20亿美元的试行立法性拨款"艾森豪威尔州职业发展资金",以供各州进行职业教育,并对有关研究拨款3 860.6万美元。

附表2 1985～1995年秋按教育层次、种族/民族统计的美国5～17岁中小学学生的入学人数百分比(%)

年份 层次与种族	1985年秋	1990年秋	1993年秋	1994年秋	1995年秋①
中小学②	100.0	100.0	100.0	100.0	100.0
非拉美裔白人	71.8	69.3	68.8	67.6	67.2
少数民族	28.2	30.7	31.2	32.4	32.8
非拉美裔黑人	15.2	15.5	15.5	15.8	15.9
拉美裔	9.5	10.9	11.4	12.7	13.0
非拉美裔其他人	3.5	4.2	4.3	3.8	3.9
小学③	100.0	100.0	100.0	100.0	100.0
非拉美裔白人	70.6	68.8	68.6	67.3	66.8
少数民族	29.4	31.2	31.4	32.7	33.2
非拉美裔黑人	15.6	15.9	15.6	15.8	15.9
拉美裔	10.3	11.1	11.5	13.1	13.5
非拉美裔其他人	3.6	4.2	4.4	3.8	3.9
中学④	100.0	100.0	100.0	100.0	100.0
非拉美裔白人	74.6	71.0	69.5	68.6	68.3
少数民族	25.4	29.0	30.5	31.4	31.7
非拉美裔黑人	14.2	14.4	15.5	15.9	16.0
拉美裔	7.8	10.3	11.2	11.6	11.7
非拉美裔其他人	3.3	4.3	3.9	3.9	4.1

说明：

①估计数据。

②包括地方公、私立学校(隶属宗教和非宗教系统)5～17岁的在校生，但不包括受特殊教育的寄宿学校学生数。

③包括学前班至8年级的5～17岁在校生。

④包括9至12年级的5～17岁在校生。

注：由于四舍五入，各子项之和可能与总数不符。

资料来源：美国商业部、人口调查局与人口现状调查未公布的数据和美国联邦教育部国家教育统计中心未公布的估计数据。

第三，重视中小学校园不良问题的解决。资助“无吸毒学校”的经费由1994年的3.7亿美元增加到1995年的4.57亿美元，上升了23.7%；仅防暴辅导(Violence Counselling)和早期儿童教育的人员培训，就拨款1 387.5万美元；为促使家庭和社区协力解决校园的犯罪问题，1995年还增拨了一笔达1 110万美元的经费；对教管不良和违法少年教育的经费从1994年的3 540.7万美元，上升到1995年的3 931.1万美元。

第四，增加对处境不利学生的资助。对无家可归青少年教育的资助，从1994年的2 547万美元增加到1995年的2 881.1万美元；对夏威夷土著人教育资助，从1994年的822.4万美元上升到1995年的1 200万美元，增加了46.0%；双语教育经费中用于移民学生部分从1994年的3 899.2万美元增至1995年的5 000万美元，增加了28.2%。另外，对“妇女受教育机会均等”项目的资助，从1994年的198.4万美元上升到1995年的396.7万美元，几乎增加了一倍。

第五，大力重视对教育科研的资助。1995年教育科研与发展方面的总经费比1994年增加了21.0%。其中，对教育科研的拨款从1994年的7 800万美元增加到1995年的3 275.7万美元，增加了11.9%；仅对特殊教育研究的资助，就从1994年的385.5万美元增加到1995年的416万美元；另外，值得注意的是，1995年新设了一项300万美元的拨款，以资助国际教育交流。

附表3 1985～1995年秋按教育层次及学校类别统计的教师数和其他人员数(单位:千人)

层次及类别	1985年秋	1990年秋	1993年[①]秋	1994[②]秋	1995年[②]秋
	教师数				
合计	3 264	3 570	3 697	3 741	3 804
公立	2 709	2 972	3 080	3 124	3 176
私立	555	599	617	617	628
中小学教师[③]	2 549	2 753	2 871	2 915	2 971
公立	2 206	2 398	2 505	2 547	2 595
私立	343	355	366[②]	368	376
小学教师	1 483	1 680	1 772	1 754	1 783
公立	1 237	1 426	1 510	1 495	1 520
私立	246	254	262[②]	259	264
中学教师	1 066	1 073	1 099	1 163	1 187
公立	969	972	995	1 053	1 075
私立	97	101	104[②]	110	112
高校教师[④]	715[②]	817	825[②]	826	833
公立	503[②]	574	575[②]	577	581
私立	212[②]	244	251[②]	249	252
	其他人员				
合计	—	3 923	4 152	4 170	4 200
中小学	—	2 287	2 502	2 520	2 540
公立	1 954	2 096	2 298	2 310	2 330
私立	—	191	201	210	210
高教	—	1 636	1 650	1 650	1 660
公立	—	1 148	1 150	1 150	1 160
私立	—	488	500	500	500

说明:

①初步数据。

②估计数据。

③包括地方公立学校教师和隶属于宗教与非宗教系统的大多数私立学校教师数,但不含高等院校的大学预科教师数、特殊教育儿童寄宿学校和联邦学校的教师数;也不含不开设一年级课程的学前班教师数。本表的教师数为折合成全日制教学的教师数。

④包括大学讲师或讲师以上职称的全日制教师和部分时间制教师数;也包括其他四年制大学和两年制学院中,具有讲师或讲师职称以上的教师数。

资料来源:同附表1.

第六,重视教育技术的应用。1995年新设了一些资助教育技术应用的项目,例如,拨款4 454.1万美元,以资助对《中小学教育法》规定项目应用先进技术;对"预备学习电视节目"资助700万美元;拨款75万美元,以建立高度技术化的"21世纪学习中心";还依据试行性立法,设立了一项达4 000万美元的"教育技术"项目,等等。

第七,重视学生的品格行为教育。1995年拨款中,对法制教育的资助达589.9万美元;对人文学科教育的资助,从1994年的894.4万美元增加到1 200万美元,上升了34.2%;新设了一项446.3万美元的拨款,以资助公民教育。

就各级教育而言,1995～1996年美国教育改革的重点着重体现为:在基础教育继续进行"择校"改革和积极推行"国家标准";在高等教育进一步推进扩大"大学机会战略";在成人教育方面提出新《士兵权利法案》等。

附表4 1985～1986学年到

1995～1996学年按教育层次和学校类别统计的美国教育经费

(单位:10亿美元)

层次及类别	学年				
	1985～1986	1990～1991	1993～1994[①]	1994～1995[①]	1995～1996[①]
	未经调整的美元				
各级教育经费总数	269.5	412.7	486.1	508.3	536.5
公立	28.7	333.9	392.9	410.5	432.9
私立	50.8	78.8	93.2	97.8	103.6
中小学教育经费	161.3	248.9	294.6	307.5	323.9
公立	148.6	229.4	272.0	283.9	299.0
私立[①]	13.2	19.5	22.6	23.6	25.0
高教经费[②]	107.7	163.7	191.5	200.8	212.5
公立	70.1	104.4	120.9	126.6	133.9
私立[①]	37.6	59.3	70.6	74.2	78.6
	1995～1996年不变美元[③]				
各级教育经费总数	384.2	478.1	515.8	524.3	536.5
公立	311.8	386.8	416.9	423.4	432.9
私立	72.5	91.3	98.9	100.9	103.6
中小学教育经费	230.7	288.4	312.6	317.2	323.9
公立	211.9	265.8	288.6	292.8	299.0
私立[①]	18.8	22.6	24.0	24.3	25.0
高教经费[②]	153.5	189.7	203.2	207.1	212.5
公立	99.9	121.0	128.3	130.6	133.9
私立[①]	53.6	68.7	74.9	76.5	78.6

说明:

①估计数据。

②包括流动基金和设备追加费。

③1995～1996年不变美元,系指美国劳工部用消费物价指数(GPI)调整后的美元。1995～1996年的消费物价指数,是从美国管理预算局(OMB)所编《美国政府1996财政年度预算》中1995年和1996年数据估算得出的。

基础教育的"特许学校"(Charter School)和"国家考试(National Test)

"择校"概念最早源于70年代卡特政府时期,当时以"可选择性学校"(Alternatie School)和"磁石学校"(Magnatic School)为其表现形式。80年代里根政府积极鼓励了磁石学校的发展。80年代末90年代初,布什政府则明确地提出了要以"择校制度"(Seleccting System)来重建美国的公立教育制度,提出了包括公立学校和私立学校在内的择校计划,并明确表示支持"教育凭证"(Educatinal Voncher)——每年给择校的低收入家庭的学生家长以500～2 000美元的补助。自此,择校便成为美国基础教育改革的热点。90年代克林顿政府反对包括私立学校在内的教育凭证计划,认为违背了美国宪法精神,但表示支持公立学校范围内的择校,提出了"特许学校"计划——允许学区内某一组织或社会团体或教师个人签约承办公立学校。美国人将之称为"公校委托私营"或"公校私营",并认为是公立学校私有化(Privation)的一个表现。1995年克林顿总统敦促国会通过拨款600万美元用于特许学校教改的预算;1996年他提出了2 000万美元的特许学校教改经费,国会最后决定拨款1 800万美元。在1997年最新的教育财政预算中,克林顿总统将特许学校教改经费追加到了4 000万美元,其增加幅度之大足以表明联邦政府对此项教改的高度重视和积极推进。据统计,到1996年末美国有25个州及哥伦比亚特区通过立法支持特许学校,目前全美共有246所特许学校。

“国家考试”是克林顿政府积极进行的另一项基础教育改革,它最早是布什总统在1989年的教育高峰会议上提出的。随后,国家教育标准及考试委员会(National Council on Education Standards and Testing)成立,并于1992年发表了《提高美国目标标准》的报告。为进一步推进国家考试,在教育部下又成立了“全国教育成就评价委员会”(NAEP),专门负责对各州进行抽样测试和分析评估工程。当然,这一切都以各州自愿参加为原则。1993年克林顿总统上任后继续这一改革方向。在他的《人民第一》(Putting People First)中,详细阐述了他的教育政策,其中重要的一项就是促使父母和教育工作者一起建立起全国的课程标准(Natiorol Stardard)和国家考试制度。1994年根据《美国2000年教育目标法》的第二项法规《国家教育改革的主导力量:标准与评审》成立了国家教育标准与改进委员会(NESIC),专门负责制定课程内容标准的评判准则及各州评估标准的评估准则等事宜。该委员会组织了各种专业组织,在各自领域制订以自愿接受为原则的全国标准,并在1995年相继出台了这些标准。标准包括各学科新的教材、教学标准和学习标准。联邦政府运用法律、财政等手段“劝导”各州采用国家标准,实施国家考试,并广泛组织社会各界人士及第一线的教师参加标准的推行。1996年克林顿总统召集美国41位州长和49位大企业首脑在纽约召开了教育高峰会议,会上他要求各州设立学生程度测验制度,并强调各州政府要负起切实的责任,测验标准从严要求,全国一致。但迄今全美50个州仅有5个州设有公校学生程度测验制度,它们是阿肯色州、南卡罗来纳州、北卡罗来纳州、路易斯安那州和弗吉尼亚州。会上,各州州长协议两年内在全国建立这一制度,并为此组建一个独立的、非政府的全国性机构来推进这项工作。克林顿总统在第二任期内,进一步加大了对国家考试的促进,明确提出到1999年之前要在全国实现四年级阅读和八年级数学的统一考试。联邦政府也将为进行统一考试的地方政府拨款300～400万美元。尽管如此,国家考试仍还处于酝酿准备阶段,可以预计在不久的将来,国家考试将成为全美教改的一个重点并进入实质性阶段。

高等教育的“扩大大学机会战略”

克林顿政府在高等教育的发展上确立的教育政策主要体现为进一步为尽可能多的美国人大开高等教育的机会之门。克林顿认为,即使在一流的中学接受教育,也不足以在今天的经济竞争中获得成功,人们还需接受高等教育。为此,在高等教育中他推进了“大学机会战略”,并采取了许多措施:1993年提出新的学生贷款方式“直接贷款计划”。另外,他还积极扩大了佩尔资助款计划(Pell Grant),1995年佩尔计划对每位学生的资助为2 340美元,1997年则上升为2 700美元。该项目的长期计划是在2002年之前把这个数字提高到3 130美元。在另一个“大学勤工俭学项目”(College Word Study Program)中,克林顿也大幅度增加了拨款,1997年该项总拨款为6 200万美元,比1995年增加10%。该计划在5年后将使100万学生受益,目前则为70万。克林顿总统的预算方案是想确保每一位上大学并且符合条件的学生都能得到资助。

另外克林顿还推出了两项新的家庭减税方案,其一是1996年4月克林顿总统宣布的1 500美元的大学前两年学费“抵税计划”,该计划的目的是要使大学的前两年像高中一样普及。该计划规定凡是年收入10万美元以下的家庭可为每一个子女申请1 500美元的学费抵税(该数额比社区学院每年的学费略高,但只占私立普林斯顿大学29 400美元的5%)。该计划规定,任何大学生在第一年里均可申请此项学费抵税。但是,要想在第二年仍能享受此优惠,学习成绩平均至少为B,且没有与毒品有关的罪行。另一项家庭减税计划是1万美元的“减税计划”,该计划规定凡是年收入在10万美元以下的家庭均可申请1万美元的减税,以便让家庭在个人退休金帐户上储蓄教育费用,支付时免税以帮助支付中学以后的所有教育费用。克林顿说,人们可以在任何年份为交纳大学学费而享受1万美元税收减免,包括任何种类的大学学费;给予每个家庭一种税额减免,为典型的社区学院每交纳一元钱,就可以从应交纳税收中减去一元钱,这样就可以使社区学院向每个人退休金帐户储蓄,出于教育、购买住房和支付医疗费用目的而提前支出存款可以不受到税收惩罚。预计在未来6年里,政府仅仅因为学费抵税和减税计划估计减少收入约430亿美元。克林顿政府将采取以下补救办法:部分减少在美国的跨国公司的出口抵税,拍卖无线电波段以及提高机场建设费(从6美元提高到16美元)。

成人教育的"新《士兵权利法案》"

克林顿认为为了国家利益,也要帮助在职工人扩展教育技能,帮助失业者重返学校。正如二战退伍战士上大学一样,当时所制定的《士兵权利法案》体现了国家利益及教育原则。在1994年和1996年,克林顿两次为美国工人提出新的《士兵权利法案》。新的《士兵权利法案》首先把70项重叠的项目合为一体,废弃过时的联邦财政担保金培训制度,并用这些替代资源来资助一项简单的每份2 600美元的技术补助,当工人们愿意上学或接受培训时,可以使用这笔补助金;其次,给州政府更多的灵活性,以满足雇主和工人对培训的需要;第三,扩大"过渡职业中心网",这是克林顿为失业工人和在职工人需要提高技能以求进步而提出,由各州政府创建的网络计划,主要是向在职工人和正从学校学习过程过渡到工作的年轻人提供有关工作、职业和各种不同训练机构的成功率等各方面的信息。

发展中国家教育展望

北京图书馆 李跃进

教育是一个国家摆脱贫困求得发展的主要因素,是一项长期的基础投资。自1990年世界全民教育会议以来,许多发展中国家在教育方面取得了明显的成就。目前除非洲一些地区特别是撒哈拉以南非洲和中亚某些地区教育设施仍然不足以外,在区域一级,女孩和男孩已获得平等接受初等教育的机会。中等教育方面已取得进展,1970年以来,发展中国家成人女性识字率和初等、中等学校的入学率几乎增加了2/3,进展最快的是阿拉伯国家,其次是东南亚和拉丁美洲。但是在承认人人都有"受教育权利"的《教科文组织组织法》通过50年后的今天,全世界仍有1.4亿学龄儿童没有机会接受初级教育;成人扫盲计划的推出虽然使发展中国家的识字率有了明显上升,世界人口中识字的成人数量已由1960年的大约10亿人几乎翻了3番,达到今天的27亿多人,但成人文盲率绝对数目却由1970年的约7.6亿增至今天的9.6亿,其中1/3是妇女;在多数发展中国家尤其是撒南非洲和若干阿拉伯国家文盲率很高,在那里男女之间受教育的差距仍在扩大;全球1亿儿童和不计其数的成年人未能完成基础教育;还有数百万人虽已入学,却未获得知识和技能。

截止到1996年年终,发展中国家人口已达到45.9亿(占世界人口的80%),并且还在以年均1.8%的速度上升,加之年轻人口在总人口中所占的高比例,普及基础教育对发展中国家来说真可谓任重而道远。如果要实现《普及教育世界宣言》和《满足基本学习需要行动纲领》提出的目标,就必须增加入学人数,特别是女童入学人数。

入学与参与

今天有10亿年轻人——近世界人口的1/5——进入了正规教育,而1953年只有大约3亿人或相当于当年世界人口的1/10,这一年是教科文组织所掌握的全球入学估计的最早年代。

女孩的入学状况不如男孩。在6～11岁年龄组,即初级或一级教育,估计有近1/4(24.5%)的世界女孩未入学(8 500万),相比之下大约1/6(16.4%)的世界男孩未入学(6 000万)。

在很大程度上,由于长期的参与正规教育不平衡导致的累积效应,世界妇女的识字率(71%)明显低于男子(83.6%),尽管这种差距正逐渐接近。近2/3世界文盲成人是妇女(5.65亿);她们中的多数生活在亚、非、拉美的发展中地区(见表2)。

表1 1980年和1995年按地区划分的成人识字率

	1980年			1995年		
	男女两性	男性	女性	男女两性	男性	女性
世　界	69.5	77.2	61.9	77.4	83.6	71.2
发展中国家	58.0	68.9	46.8	70.4	78.9	61.7
其中						
撒南非洲	40.2	51.8	29.2	56.8	66.6	47.3
阿拉伯国家	40.8	55.0	26.2	56.6	68.4	44.2
拉美/加勒比	79.7	82.1	77.5	86.6	87.7	85.5
东亚/大洋洲	69.3	80.4	58.0	83.6	90.6	76.3
其中:中国	66.0	78.6	52.7	81.5	89.9	72.7
南亚	39.1	52.8	24.5	50.2	62.9	36.6
其中:印度	40.8	55.3	25.3	52.0	65.5	37.7
最不发达国家	36.5	48.3	24.9	48.8	59.5	38.1
发达国家	96.6	98.0	95.4	98.7	98.9	98.4

注:15岁及以上成人人口识字率百分比。

表2 1990～2000年15岁及以上估计文盲人口(百万)

地区 \ 文盲人口	1980年			1995年			2000年		
	男女两性	女性	女性百分比	男女两性	女性	女性百分比	男女两性	女性	女性百分比
世界总数	877.4	551.4	62.8	884.7	564.7	63.8	880.8	564.6	64.1
发展中国家	848.4	530.6	62.5	871.8	556.7	63.9	870.0	558.1	64.2
其中									
撒南非洲	125.9	76.2	60.5	140.5	87.1	62.0	143.4	89.3	62.3
阿拉伯国家	55.8	34.5	61.8	65.5	41.2	62.9	67.9	42.9	63.3
拉美/加勒比	44.1	24.7	56.1	42.9	23.4	54.7	42.1	22.7	54.0
东亚/大洋洲	276.1	186.3	67.5	209.9	149.5	71.2	182.4	132.3	72.6
其中:中国	218.8	147.9	67.6	166.2	119.5	71.9	143.5	105.7	73.7
南亚	345.9	207.2	59.9	415.5	256.1	61.6	437.7	271.8	62.1
其中:印度	250.6	152.7	60.9	290.7	182.7	62.8	300.8	190.5	63.3
最不发达国家	135.4	81.2	59.9	166.0	101.0	60.8	178.0	109.0	61.2
发达国家	29.0	20.9	72.0	12.9	7.9	61.8	10.7	6.5	60.5

在66个国家中——联合国成员国的1/3——男女成人识字率的差距估计在10个百分点以上,在40

个国家中估计超过20个百分点。男女识字率的差距不仅反映了男女的地位以及提供给他们的受教育机会，而且反映了社会发展状况以及提供此种机会的能力与意愿。识字、受教育机会和发展是不可分割的。

由于过去20年联合国大力提倡把妇女权利上升到国家决策者关注的首要问题，并考虑到发展，现在国际社会对男女教育和发展进程之间关系的复杂的本质有了比较充分的认识和正确的评价。1975～1995年间的4次世界妇女会议，联合国妇女十年：平等、发展与和平（1976～1985年）以及1974～1994年的3次世界人口会议，极大地促进了国际社会对忽视妇女获得平等受教育机会所面临的真正社会代价的研究。

发展的需要

不密切地关注妇女的社会地位，特别是妇女的教育，就无法理解人口增长以及经济、社会和文化变化的基本方面。

由于在世界人口增长仍然高的地区（尤其是非洲和亚洲）所开展的有助于妇女接受教育的措施发挥了巨大作用，近年来世界人口持续下降的前景及其对持久发展和未来全球"生活质量"的影响已经显现出来。据估计，上述地区的发展在很大程度上有赖于"人口转变"：是否出现从以高生育率和高死亡率为特征的人口增长之路向低生育率和低死亡率之路的转变。妇女教育对生育率和死亡率的影响被认为是这种可能性变化的重要因素：受过良好教育的妇女比没受过教育的妇女拥有更少更健康的孩子以及健康的自己。

近年来死亡率下降的速度快于生育率，因此更多的研究已集中到生育率上来。研究表明，妇女受教育方面所取得的进展与生育率的下降密切相关。在非洲和南亚，成年妇女文盲率仍达50%以上，总生育率为每个妇女5个以上。在拉丁美洲和加勒比地区以及东亚和东南亚，妇女文盲率大多不到20%，生育率为每个妇女不到4个，甚至更少。

受过教育的妇女结婚较晚，想要的孩子较少，而且更有可能使用有效的避孕方法。至少受完七年教育的妇女和没有上完小学的妇女的生育率存在着巨大差异。在北非及撒南非洲和拉美，受过某种中等教育的妇女比没有上完小学的妇女少生1.9至1.3个小孩。在生育率从整体来讲比较低的亚洲，受教育较多和受教育较少的妇女之间这方面的差异较小，大致是每个妇女生1个孩子。

在没有上完小学的情况下，受教育与生育率似乎并不是密切相关的。在十分贫困的农村地区，没有上完小学的妇女就可能难以抵制生育准则和行为期望。在撒南非洲的一些最不发达国家，没有上完小学的妇女与没有上过学的妇女相比，其生育率甚至略有增长，造成这种情况的原因是保健服务有所改善，胎儿死亡率下降，历来由延长母乳喂养期和产后禁欲所提供的防止短间隔怀孕的保护有所削弱。但是，在北非及拉美和加勒比地区的大多数国家，由于各种教育的普及，生育率已经下降。这表明完成初等教育或基本教育即使不是"人口转变"中的决定性因素，也是全球人口与发展地形图上的分水岭。

此外，在每一个国家接受过完整的基础教育的年轻妇女有能力在不断变化的经济、社会和文化环境中主宰自己的命运；受过教育的妇女有能力影响、教育他人，特别是她的子女；受过教育的妇女有更多的机会参与到发展进程中。教育哲学家称赞妇女识字是走出传统生活圈的一场革命。

不断增长的文盲人口

尽管世界所有区域的识字率都在上升，男女识字差距在全球和区域一级正缓慢地接近，但仍有一些国家，如撒南非洲——识字率上升了，但两性识字差距并未接近。

此外，尽管全球成人文盲的绝对数似乎已不再增加，但在特定区域，特别是撒南非洲、阿拉伯和南亚还在上升，妇女占其中的绝大多数。上述地区的63个国家中有50个成人文盲的绝对数增加了。

许多国家在降低成人文盲绝对数时所遇到的困难与国别研究中埃及的个案描述相一致。在那里，尽管总的成人识字率估计已从1980年的40%增加到1995年的51%，但同期成人绝对文盲数（男女两性）从近1 600万增加到近1 900万。如果埃及提供给年轻一代的初级或基础教育继续以快于人口增长的速度扩大，最终成人文盲绝对数将开始下降。尽管如此，这尚需几十年时间。因此，埃及和许多其他国家将在总文盲率下降的同时继续面临巨大的不断增长的文盲的前景；尽管采取了特别措施，文盲人口中的绝大多数仍将是妇女。

图表1　按年龄组分布的埃及识字与文盲人口(百万)

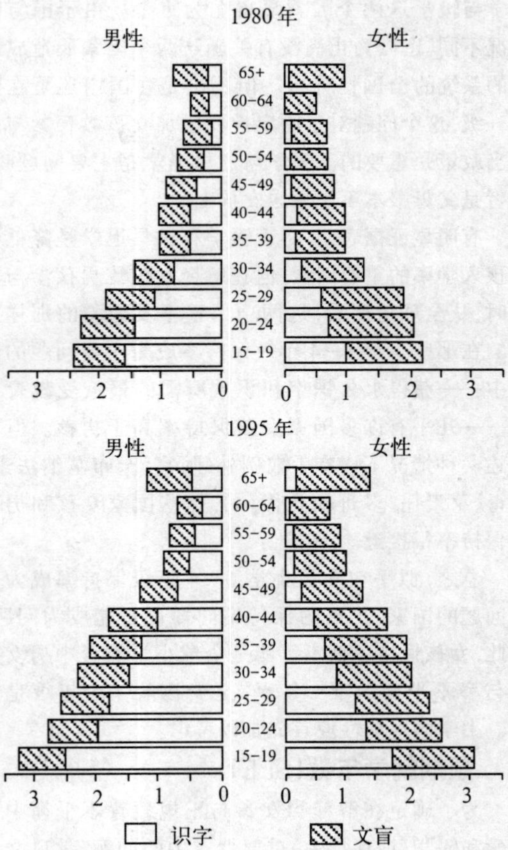

入学趋势

全球男女参与正规教育上的不平衡主要表现在欠发达国家。然而过去30年左右的趋势(撒南非洲除外,80年代那里的入学率未出现增长)表明,在多数区域男女参与不同等级教育的差距缩小了。在东亚/大洋洲和拉美/加勒比第一级男女两性总入学率超过了100%,从理论上说,至少在这一级两性达到了全部参与,尽管事实上注册生中包括了大量超龄儿童。在撒南非洲、阿拉伯国家和南亚,后者仍占有相当大的比例。

在拉美和加勒比地区,男女入学率的不同在所有等级均已不复存在;的确在许多国家中,女性在第二、三级中的参与超过了男性。过去10年所发生的这种最新进展尚未得到全面了解。统计表明,许多国家的女性与男性参与比率(即女性总入学率除以男性总入学率)超过了100%,例如,在南部非洲国家(博茨瓦纳、莱索托、纳米比亚和南非)的二、三级教育中。造成这种现象的主要原因是过早退学以及男孩为了在矿业或商品农业中寻找工作而迁徙。没有这种现成的解释可用以说明许多拉美和加勒比国家,或其他区域的某些特定国家,如斯里兰卡和菲律宾,海湾国家如卡塔尔,阿拉伯联合酋长国的情况,那里的女性与男性参与率亦有利于女性。无疑尽管存在着各种解释,每一国在一定程度上又独具特色,但对于女性参与教育的年限长于男性这种潜在全球趋势的出现,不可一概加以排除。

目前绝大多数发展中国家总的情况仍然是,在所有等级男性参与情况好于女性,但有两点需要说明。首先,应注意女性与男性参与比率从广义上说与女性入学率本身相互关连。换言之,在女性参与几乎与男性相同的国家,女性入学的可能性更大。反之,在女性参与大大低于男性的国家,女性入学的可能性较小。当然这个模式也有个别例外,但总的趋势是:随着女孩参与的提高,男孩和女孩参与的差异趋于减低。正是女孩而非男孩入学受阻的趋势从根本上造成了世界男女性参与不同的模式。

第二,参与的不同只部分地与相关国家的总体发展(人均GNP)有关,尽管这种不同无疑在较贫穷国家中更普遍。1992年在人均GNP不足500美元的国家中,男女性在初级教育中的参与率从50%以下(那里女孩总入学率不足男孩的半数)到接近100%(那里男女孩入学率相等)不等。例如,几内亚47%,乍得48%、贝宁50%,巴基斯坦53%和尼日尔57%;相比之下,肯尼亚98%,卢旺达97%,塔吉克斯坦97%,坦桑尼亚联合共和国97%,马达加斯加96%。很显然,每一个案都包含了社会—文化与经济因素的复杂的混合,因此在解释导致这些不同的原因时,切不可以简单的公式化处理方式做出全球性的概括。

尽管绝大多数男女初级教育参与率低的国家在撒南非洲,但这些国家的总人口规模并不大,所以与一些人口规模大的亚洲国家相比,其低男女参与率对全球男女教育不平衡的影响并不突出。倘若将注意力对准未入学的男女孩的绝对数,这一点就会变得更明显。

上学与辍学

不在学儿童要么从未进过学校，要么入学后又过早地退学了。有证据表明，许多儿童在获得最低程度的教育(五年级)以前未持续上学。在东亚和太平洋地区以及中东和北非区域，入学儿童中大约90%能完成初等教育4年学业，在拉美和加勒比地区是3/4，撒南非洲和南亚只有大约60%。如此之高的辍学率表明，到2000年至少80%小学学龄儿童完成基础教育对撒南非洲和南亚是非常艰巨的任务。尽管超龄儿童入学在世界许多地方仍很普遍，但在多数国家均可做出此种合乎情理的假设，即：如果一个孩子到11岁时还未进入小学一年级，那么他(她)就不大可能再上学了。对给定国家6～11岁年龄组入学比例的估计可明白地说明该国儿童入学的可能性。

今天在撒南非洲，6～11岁女孩就学者估计不足半数(见表3)，因此该地区半数以上女孩不大可能再接受任何正规教育；在南亚，这项数字超过1/3；在阿拉伯地区则超过1/4。

表3　1995年按区域划分的6～11岁和12～17岁年龄组净入学率估计数*

	1～11岁		12～17岁	
	男性	女性	男性	女性
撒南非洲	55.2	47.4	46.0	35.3
阿拉伯国家	83.9	71.6	59.2	47.1
拉美/加勒比	88.5	87.5	68.4	67.4
东亚/大洋洲	88.6	85.5	54.7	51.4
南亚	84.3	65.6	50.5	32.2
发达国家	92.3	91.7	87.1	88.5

* 第一年龄组中注册生数占该年龄组总人口中的百分比。

尽管如此，由于其巨大的人口基数，南亚地区与撒南非洲均摊了6～11岁不在学女孩的最大份额。在这两个区域——南亚更多一些——女孩构成了这一年龄组中不在学青年的绝大多数。在撒南非洲，估计男孩与女孩不在学人数仍在增加。

对于12～17岁年龄组，净入学率在所有区域都很低，因此不在学女孩数比6～11岁高出许多。拥有大量人口的亚洲区域的压力比起撒南非洲来亦更明显。在东亚/大洋洲地区，12～17岁年龄组中不在学女孩少于男孩，这主要是由于在这一年龄组的总人口中女孩数少于男孩数所致。

在解释全球男孩与女孩受教育不平衡方面，今天上学与辍学这两个因素显得尤为重要。由于国与国情况不同，迄今为止尚没有关于这两个因素所造成压力的系统的全国性分析。但不论是在国内还是在国际一级，这个问题对于制定旨在增加女孩教育参与的适当政策是重要的。辍学与过早退学是主要问题吗？或者是父母根本不愿意送女孩上学？

有明显证据表明，尽管辍学和过早退学是降低男女孩入学率的重要因素，但在解释女孩比男孩参与率低时，从全球角度看，这两项因素不及想象的那样重要。在那些小学1～4年级保持率成为主要问题的国家中——获得永久识字和识数所需的最低受教育年限——几乎有许多国家女孩保持率高于男孩。但在上述两种情况下均有少数例外(阿富汗、布基纳法索、乍得、莱索托、多哥和扎伊尔)，这些国家女孩和男孩的保持率很接近。

总之，似乎在女孩小学1～4年级保持率成为主要问题的国家，男孩的保持率同样也可能成为问题。因此，女孩保持率低不可能是全球小学教育中男女孩参与率不平衡的唯一解释，至少在前4个年级是这样。上学的可能性应首先加以考虑。

预期就学年数(SLE)

为了确定在解释男女参与正规教育不平衡中与就学和辍学(或保持率)重要性有关的问题，教科文组织使用了两种统计指标，其中之一是预期就学年数(SLE)，即一位给定年龄的人预期未来接受正规教育的年数，假设他或她在未来特定年龄入学概率等于当前这一年龄人口的入学率。SLE是反映整个教育制度中的预期总体参与的综合性或概括性量度：对于一个5岁的儿童这项指标可以概括出他或她从进入小学到结束正规教育的预期参与情况。1995年教科文组织首次将估计的SLE按性别分列(见表4)。教科文组织推出的另一项指标是预期就学保持年数(SSE)，它基本上是已就学者的预期就学年数。在所有儿童最终均可进入正规教育的国家，一般情况下这两项指标是相同的。在其他国家，由于有一部分儿童根本就不上学，因此那里的预期就学年数将低于预期就学保持年数。

表4 按区域划分的男女预期就学与保持年数(1992年)

	预期就学年数		预期就学保持年数	
	男性	女性	男性	女性
发展中国家	9.1	8.5	10.6	10.2
撒南非洲	6.5	5.5	9.9	9.3
阿拉伯国家	10.2	9.4	11.3	11.0
拉美/加勒比	10.7	10.8	11.1	11.1
亚洲/大洋洲	9.7	8.5	10.1	9.4
发达国家	13.8	14.0	13.8	14.1

注:教科文组织获得的撒南非洲16国,阿拉伯国家12国,拉美/加勒比16国,亚洲/大洋洲18国的区域平均数据。

对这两项指标的比较提供了洞察发展中国家儿童教育参与的新的重要信息,它有助于确定与就学和辍学(或保持)重要性有关的问题。

首先,在发展中国家应注意女孩预期就学年数趋向于略低于男孩,因为在许多发展中国家不上学女童比例高于男童。即使这样,在教科文组织所掌握的52个发展中国家的相关数据中仍有17个国家女孩受教育年限略高于男孩;这种现象在拉美/加勒比地区尤为突出。

第二,应注意到,在SLE差距方面男孩占绝对优势的通常是那些男女两性SLE都低的国家。这些国家多数在撒南非洲,但也包括一些阿拉伯国家,例如阿尔及利亚、埃及、伊拉克、摩洛哥、叙利亚和突尼斯,这些国家男女两性SLE通常较高。

第三,应注意到,在女孩SLE很低的国家,男女孩在就学保持(SSE)上的差距小于SLE。换言之,一旦女孩上学,男女孩SLE差距就会小于她们就学之前。看起来与本来就限制女孩就学的经济、社会和文化条件相比,教育体制对女孩更不公平。这表明在许多最穷国家决策者所面临的真正挑战不仅仅是要确保女孩入学后的保持,更重要的是制定出鼓励父母送子女上学的方法和措施。

最后,应注意到SLE的一些特殊趋势。在教科文组织获得的11个阿拉伯国家1980～1992年的相关数据中,有9国女孩SLE长于男孩。在亚洲和拉美/加勒比国家,此间男女两性SLE的变化除韩国、玻利维亚和孟加拉国外,总的来说很小。在孟加拉国,男女差距已相当接近。

教科文组织所获得的29国1965年(该组织对SLE做出估计的最早年代)至1992年间的统计表明,有24国,其中绝大多数为发展中国家,女孩机会的增加超过了男孩,并且在5个国家中(伊拉克、莫桑比克、波兰、叙利亚和美国),女孩机会增加幅度比男孩高出1倍以上。

对SLE和SSE的审查所反映的总体情况证实了以前对入学率的考察反映出的种种迹象,尤其是似乎在拉美/加勒比的许多国家以及在其他区域人口不断增加的小国,男女孩参与正规教育的机会基本上没有差别;甚至有迹象表明,在正规教育中女孩的保持年数比男孩趋于更长。然而从全球看,这些国家毕竟是少数。在有据可考的大约100个国家中,女孩参与正规教育的总体情况仍然远远落后于男孩。

优先行动与措施

在绝大多数女孩教育参与相对于男孩较低的国家,乡村人口占多数,但在全球展望中这本身并不是一项必然的因素。乡村地区现实的社会—经济、文化和教育状况密切相关,这些状况国与国之间千差万别,在有些国家阻止女孩上学的现象还很普遍。

许多分析家和评论家都强调,造成未入学的家庭与社区因素或许比校内因素更重要。有一种普遍的共识认为,尽管女孩常常因文化准则和传统家庭内部劳动分工概念而被排挤在校外,但家庭贫穷,无论在乡村还是在城市地区,是阻止女孩上学或使她们早早退学的最重要因素。

据观察,在世界许多贫困地区妇女和女性陷入贫穷、早婚、文盲母亲带大文盲女儿的怪圈,文盲女儿早婚后又开始了新一轮的贫穷、文盲、高生育率和高低龄死亡率的恶性循环。要打破这种循环,不仅需要教育的介入,而且还需要能扭转社区生活基本条件的综合发展。

在普遍认为对女孩上学有重要影响的校内因素中,女教师的存在尤为重要,因为许多国家的家长不愿让男教师教她们的女儿。在一项全球展望中,人们发现与选定国家的收入水平或乡村人口所占比例相比,相对于男孩的女孩教育参与与女教师的存在有着更密切的关系。在撒南非洲和南亚,特别是在后者,女教师在一级教育中仅占31%,其中印度最低,仅为28%。发展中国家整体水平为50%,而发达国家已经超过了80%。正是在撒南非洲和南亚,女孩上学所面临的挑战才最为显著。增加女教师可起到鼓励家长送女孩上学的目的。

今天在多数发展中国家,教师职业已成为为数不多的国家有能力确保付薪的“现代”职业之一,它已摆脱了影响妇女进入的歧视性条件,同时能提供特定的社会保障措施(如产假等)。由此看来,对教师获得培训机会的审查就成为许多国家的优先行动领域。

在一些国家中,把刚受过培训的未婚女教师安置到乡村学校尚有困难,因为她们倾向于留在城镇,但这样做又进一步加剧了城乡女孩上学的不平衡。在这种情况下,生活在乡村的已婚女教师似乎就成了一种重要资源,应给予特别的鼓励。除正规教育外,人们也需要她们制定一些非正规教育规划,以帮助从未上过学或过早地从正规教育中辍学的妇女和少女学会识字和其他基本生活技能。社区鼓励女孩上学的态度有着潜在的好处:人们注意到识字母亲比不识字母亲更可能努力确保她们的女孩接受基础教育。

90年代的3次重大国际教育会议——世界全民教育会议(1990年,泰国宗滴恩),泛非女孩教育会议(1993年,上沃尔特首都瓦加杜古)以及9个人口最多国家普及教育首脑会议(1993年,印度德里)——对于普及全民教育,特别是改善女孩的受教育机会起到了推动作用。在孟加拉国,女孩教育得到极大的鼓励。政府发起了一些新颖办法,以增加女童入学率。以学换粮方案便是这样一个新办法,并已产生了效果。还有一个方案是给女童助学金到10年级。如今在孟加拉许多地区,女生数目超过男生。而印度为了提高儿童入学率,于1997年年终推出了带强制性的普教新法案,规定,如果父母不送孩子到学校读书,将被判以2年监禁或被罚款,或两者兼之;雇佣义务教育年龄段学生打工而影响其正常入学的雇主将被判处10年监禁;对于经济条件确实困难的学生,政府将免费为他们提供必要的学习用品、衣服和午餐。

基础教育是提高民族素质的奠基工程,经过多年的努力,中国已初步普及了初等教育,目前除拥有正规小学71万余所外,还在人烟稀少的山区、牧区设置了寄宿制学校和18万个教学点。根据统计,中国还有约2%的学龄儿童没有入学接受初等义务教育,贫困地区每年平均有100万名因家庭贫困而失学的小学生。为了帮助这些地区普及初等义务教育,中央政府每年拨出1.5亿元义务教育补助款,同时发动发达地区对口支援贫困地区,还鼓励贫困地区把落实义务教育与脱贫致富相结合。为防止适龄儿童因家境困难而失学,1989年10月,中国青少年发展基金会在北京宣布实施“希望工程”,建立了中国第一个“救助贫困地区失学少年基金”。截止到1992年,“希望工程”已收到来自中国和世界的捐款1亿多元人民币,救助了328 749名家庭生活困难的小学生重返校园,并投资兴建了62所“希望小学”。对女童的教育是广大发展中国家在普教方面所面临的主要困难,全国妇联和中国儿童少年基金会于1989年设立了帮助女童入学的专项基金。1992年此基金改名为“春蕾计划”,到1995年该计划已在全国开办了1 000多个女童班,使5万名以上的女童重返校园读完小学。如今关心和支持“希望工程”与“春蕾计划”已成为中国社会的时尚。

90年代以来,全民教育作为一项全球性运动其成绩令世人瞩目,但同时也应特别看到它的长期性和艰巨性,今天至少有40个发展中国家的女孩一级教育总入学率仍不到100%,这其中有30个国家男孩总入学率也不到100%,办学设施缺乏和束缚人的传统观念是入学率低的主要原因。未来这些国家所面临的扩大女孩入学和向她们提供继续接受更高层次学习机会的挑战将更大。

中等教育

近年来发展中国家中等教育总入学率提高得很缓慢,目前仍然普遍偏低,1994年平均水平只有46.7%。在分区域一级,拉美/加勒比业绩最佳,为55.6%;东亚/大洋洲增长最快,从1985年的40.5%上升到1994年的53.8%;同期阿拉伯国家从45.6%增至53.0%;撒南非洲的入学率最低,仅为23.5%。而发达国家则早已普及了中等教育。由于现代化经济日益需要至少受过中等教育的工人,发展中国家对中等教育的重视程度将不断提高。预计到2000年时,多数地区的中等教育将达到男生总入学率48%以上,女生总入学率42%以上。1994年在发展中国家,中等学校注册生中89.6%接受的是普通教育,发达国家的这个数字是83.5%。南亚这一百分数最高(98.3%)。但是拉丁美洲和加勒比接受普通教育的学生所占百分比却低于包括发达国家在内的所有其他类别国家,仅为71.8%。

随着有能力确保两性广泛平等地进入不同等级正规教育的国家数目的增加,就学于校内不同学科的平等机会问题在国家和国际一级已变得突出起来。在多数国家内妇女参与劳工市场机会的增加是导致国家和国际关注这种平等机会方面的重要因素,因为学科与妇女就业前景有关。

如今,多数国家小学阶段学生学的课程基本是相同的,只是到了中学他们所接受的教育类型才开始出现大的不同,中学以后以及更高层次的教育这种趋势更加突出。这种不同尤其反映在女生学习与科技有关的课程的人数和比例明显低于男生。在多数国家,由于学生在中学课程的选修课中有一定程度的选择余地,即要么选修一门新的课程,如第二外语或技术制图,要么选修现有的课程,如更深程度的科学,因此在这一等级学科的专业化便有了一定程度的体现。在多数国家中中学教育有着不同类型的学校,通常最多的还是提供一定数量选修课程的普通中学,其他类型则是各种职业技术学校。多数国家的中学常常设有职业或技术班,高中则有大学预科班——专为考大学开设——实行文理科分流。

由于国与国之间关于职业技术与普通教育的定义不尽相同,因此现有的一些陈述性资料给国际比较带来了一定困难。但有一点是明确的,即:女性在面向商业和服务贸易或职业的学习和培训课程中注册百分比明显高于面向工艺、产业和工程贸易或职业课程的注册率。这种模式在1980～1992年间几乎没有变化,因为近年来多数国家商业,特别是贸易就业增长一直快于其他部门。尽管如此,女性参与技术领域的潜力很大,至少这是促进女孩和妇女平等获得技术与职业教育国际专家会议(汉城,1995年7月)所做出的结论之一。

目前发展中国家技术和职业教育的入学率虽然很低,但自1980年以来呈现出稳步上升趋势,1994年总体为9.4%。拉美和加勒比入学率最高,并且自1980年以来一直维持在24%以上,大大超过了发达国家16%的水平;阿拉伯地区这一比例已平了发达国家的记录;东亚/大洋洲的这一数据也有所上升(表5)。

表5　中等教育:1980年、1990年和1994年三大类学生的分布情况(百分比)

	普通教育			师资培训			职业和技术		
	1980年	1990年	1994年	1980年	1990年	1994年	1980年	1990年	1994年
发展中国家	91.9	90.1	89.6	1.4	1.1	1.1	6.7	8.8	9.4
撒南非洲	87.4	90.7	90.5	6.1	3.4	3.8	6.5	5.8	5.6
东亚/大洋洲	94.9	89.8	88.4	1.0	0.9	0.9	4.1	9.3	10.7
阿拉伯国家	87.5	87.4	83.4	1.8	1.1	0.7	10.7	11.6	16.0
拉美/加勒比	71.6	72.1	71.8	4.3	3.3	3.6	24.2	24.6	23.0
南亚	98.2	98.2	98.3	0.1	0.1	0.1	1.7	1.7	1.6
发达国家	83.7	82.6	83.5	0.6	0.6	0.5	15.7	16.8	16.0
全世界	88.7	87.6	87.7	1.1	0.9	0.9	10.2	11.5	11.4

资料来源:教科文组织《1996年统计年鉴》。

特别值得一提的是近年来东亚区域中中国的中等教育发展迅猛,国家鼓励发展不同形式的中学,尽可能使所有学生都能受到教育和职业方面的指导。如今中国的大中城市和沿海发达地区已经基本普及了初中教育。为提高劳动者素质,中国正积极改革中等教育制度,探索文化知识教育与劳动技术教育相结合的途径。1992年中国有普通初中6.9万所,在校生4 065.9万,入学率达66%。鉴于少部分学生因学习困难而产生厌学、退学的情况,国家取消了重点初中制度,鼓励各地根据经济、社会发展与学生自身的学习情况,对初中学生进行职业指导和就业前教育,以及举办初中职业技术学校等。到1992年全国已有职业初中 1 593 所，在校生 56.38 万；普通高中 1.49 万所，学生 704.89 万。近年来职业高中发展更快，到 1996 年各类中等职业学校占高中阶段在校生的比例已达 57%。

高等教育

就发展中国家而言，从 1980 年到 1994 年高等教育总入学率(以 20～24 岁的人口总数除总就学人数)从 5.2%增长到3.8%。从性别和国家类型看，增长最高的是拉美和加勒比，从 1980 年的 13.7% 增长到 1994 年的 17.2%，已超过了世界平均水平；同时其女性入学率超过了男性，从 12% 升至 17.6%。1994 年阿拉伯地区两性入学率为 12.2%，东亚和南亚不足 10%，撒南非洲和最不发达国家则刚达到或超过 3%。从 1980～1994 年，男女两性入学率间的差距在撒南非洲和东亚/大洋洲加大了，在阿拉伯和拉美/加勒比则缩小了(见表 6)。

表 6 高等教育入学率

年 份	性别	发展中国家	撒南非洲	阿拉伯国家	拉美/加勒比	东亚/大洋洲	南亚	最不发达国家	发达国家	世界
1980 年	两性	5.2	1.6	9.2	13.7	3.7	4.4	1.8	36.1	12.2
	男性	6.6	2.5	12.5	15.5	4.7	6.3	2.7	35.9	13.2
	女性	3.7	0.7	5.9	12.0	2.8	2.4	1.0	36.2	11.1
1990 年	两性	7.1	3.0	11.8	17.0	5.8	5.5	2.4	44.2	13.7
	男性	8.6	4.1	14.7	17.9	7.1	7.3	3.6	42.2	14.5
	女性	5.5	1.9	8.8	16.1	4.4	3.7	1.3	46.3	12.8
1994 年	两性	8.3	3.6	12.2	17.2	7.8	6.2	3.0	48.0	15.3
	男性	9.8	4.8	14.5	16.7	9.3	8.1	4.4	45.1	15.9
	女性	6.8	2.4	9.7	17.6	6.2	4.1	1.6	51.1	14.6

资料来源：教科文组织《1996 年统计年鉴》。

在高等教育一级，女性入学率明显低于男性，如在东南亚这方面的男女比率为 100∶58，在北非为 100∶63，在东亚为 100∶71。而在撒南非洲和南亚，这方面的男女比率则要低得多，分别为 100∶30 和 100∶38，但并非所有地区都是这样。在发展中国家的某些地区，妇女受高等教育的人数超过男子，如在拉美和加勒比地区(在加勒比地区，这方面的男女比率为 100∶140)和西亚就是如此。

尽管 1980 年以来高等教育男女入学率有了较大增长，撒南非洲和最不发达国家的入学率仍然极低，表示这些较贫穷区域将继续缺乏从发达区域吸收新技术并发展出适合它们本身需要的新技术所需拥有的中高级技术人员。国内高等教育的低入学率或许可以从在国外大学就学者得到某种程度的补充。1992 年有大约 73 万名发展中国家(包括中国)的学生在 50 个东道国接受高等教育，其中有 8.95 万名学生来自撒南非洲，约 6.78 万名来自拉美和加勒比，28.45万名来自东亚和大洋洲，其中中国留学生 12.86 万。发达国家吸收了这些外国学生的大多数。为了比较方便，1992 年发展中国家(包括中国)国内高等教育入学人数共约 3 240 万，其中撒南非洲 160 万，拉美和加勒比 790 万，东亚和大洋洲 970 万，本地区中国高校注册生为 230 万。

在高等教育一级，女生多集中在教育学和人文学专业。例如，1992 年这些领域的女生百分比分别为：印度 53% 和 44%，马来西亚 57% 和 53%，发达国家中的日本为 73% 和 74%。女性在自然科学、工程学和农学中的注册率低于女性在所有课程中的注册率。法学与社会科学的比例大致平衡。在医学领域，除非洲外，女生注册率略高于女性在所有学科的注册率。理科仍然是男性统治的堡垒(见表 7)。

表7 1990年与每100名的在高等院校某些学科领域就读的男子相对的妇女人数与每100名就读的男子相对的妇女人数

	文科	理工科	农学	法学	医学、卫生保健
发达地区	221	69	62	103	225
非洲					
北非	89	48	36	55	80
撒南非洲地区	46	39	28	39	86
拉美和加勒比地区					
拉丁美洲	254	74	58	80	133
加勒比地区	204	86	61	119	722
亚洲和太平洋地区					
东亚和东南亚	164	73	49	75	274
南亚	61	42	17	25	68
西亚	228	80	49	43	144

资料来源:联合国《妇女指标和统计数据库》1995年和教科文组织《1993年统计年鉴》。

由于数学、科学和有关学科对技能形成、研究和生产率增长所具有的重要性,这些领域中注册生人数及比例的增多就成为教育政策所关注的问题。联合国曾在《1993年世界社会状况报告》中对77个发展中国家的高等教育理科生所占比例进行了比较,发现有22个国家低于30%,23个国家在30～39%之间,21个国家在40～49%之间,6个国家在50～59%之间。此项比例占60%或更高的只有5个国家,它们是安哥拉、几内亚、莫桑比克、特立尼达和多巴哥、中国。

教育开支

根据教科文组织的统计,1994年全世界公共教育开支已达到12 757亿美元,占国民总产值的5.2%,而1980年则占4.9%。发展中国家的教育经费在1994年为1 919亿美元。1980年时仅占GNP的3.8%,到1985年上升到4%,1990年维持同一水平,1994年升至4.2%。1980～1994年间,除南亚外(在那里教育经费有起伏,1980年为4.1%,1985年骤减至3.3%,到1990年又反弹到3.9%,1994年为3.8%),所有区域的教育经费占GNP比例都上升了。

1980～1994年间按人均计算,东亚以及拉丁美洲和加勒比的政府教育支出较其他发展中地区增加的快,只有撒南非洲出现了下降。发展中国家的变化以1985年为界,1980～1985年人均教育开支绝对数字下降很大,但其中大多数1985年的水平在1970年水平以上。1980年以后,撒南非洲的39个国家(尼日利亚除外)的国内总产值停滞,使得人均公共教育开支的平均水平从1980年的41美元降到1985年的26美元,但1985年的学生人均支出仍大大高于南亚和中国的平均水平。也许这反映出由于缺少合格的国内教师,撒南非洲国家聘用相对高薪的外籍教师比亚洲多。进入1990年以后,该地区虽未步出下降的阴影,但人均教育经费已有所上升,达到30美元,1994年为28美元。在1980～1994年间人均教育经费中,阿拉伯国家(112美元)、南亚(除1990年为30美元外,其他年份在13～14美元之间)和最不发达国家(8美元)基本上变化不大,但绝对值相差甚远(见表8)。

人均教育经费的变化与学龄儿童的规模及变化有着密切的关系。目前年轻人口增长最快的地区在非洲撒哈拉以南和阿拉伯国家(见表9)。研究表明,那里用于每个潜在学生的教育经费和增长率最低。由于年轻人口不断增加,教育经费必须在更大范围内分配。从15岁以下年龄人口的分布比例看,1995年发达国家占19.7%,而发展中国家则占34.6%,其中撒南非洲最高达45.5%,西亚次之为38%,印度35.2%,中国略低为26.4%。由此可见,发展中国家普及教育、改善办学条件的难度仍然很大。

表 8 1980 年、1985 年、1990 年和 1994 年公共教育开支

地 区	公共教育开支（10 亿美元）				公共教育开支占国民生产总值的百分比				人均公共教育经费（美元）			
	1980	1985	1990	1994	1980	1985	1990	1994	1980	1985	1990	1994
发展中国家	101.6	100.2	161.7	191.9	3.8	4.0	4.0	4.2	31	28	41	45
撒南非洲	15.8	11.3	15.2	16.3	5.1	4.8	5.3	5.9	41	26	30	28
阿拉伯国家	18.0	23.6	24.8	27.5	4.1	5.8	5.3	5.5	109	122	112	112
拉美/加勒比	33.5	27.9	45.3	72.1	3.8	3.9	4.0	4.5	94	70	103	152
东亚/大洋洲	16.0	20.1	31.8	52.0	2.8	3.2	3.0	3.3	12	14	20	31
其中：												
中国	7.6	7.7	9.1	13.0	2.5	2.6	2.3	2.6	7.6	7.2	7.9	10.8
南亚	12.8	14.7	35.8	16.9	4.1	3.3	3.9	3.8	13	14	30	13
其中：												
印度	4.8	7.1	11.9	10*	2.8	3.4	3.9	3.8*	7	9.2	13.9	11.3*
最不发达国家	3.1	2.8	4.2	4.3	2.7	2.8	2.9	2.8	8	6	9	8
发达国家	424.5	465.1	853.1	1 083.7	5.3	5.1	5.2	5.4	500	533	949	1179
世界	526.1	565.3	1 014.8	1 275.7	4.9	4.9	4.9	5.2	129	126	208	244

资料来源：教科文组织《1996 年统计年鉴》。

“*”为估计数。

表 9 1970～1990 年和 1990～2000 年
不同年龄组人口年均增长率及 1995 年 15 岁以下人口分布(%)

	全部人口	5～9 岁	10～14 岁	15～19 岁	20～24 岁	15 岁以下人口分布
世界						
1970～1990 年	1.8	1.0	1.2	1.8	2.5	
1990～2000 年	1.5	1.0	1.6	0.7	0.4	31.5
发展中国家						
1970～1990 年	2.2	1.3	1.7	2.2	3.1	
1990～2000 年	1.8	1.2	1.8	0.9	0.5	34.6
非洲						
1970～1990 年	2.8	2.8	2.8	2.8	3.0	
1990～2000 年	2.8	2.6	2.9	3.1	3.1	44.0
撒南非洲						
1970～1990 年	2.9	2.9	2.9	2.9	2.9	
1990～2000 年	2.9	3.0	3.1	3.2	3.2	45.5
亚洲						
1970～1990 年	2.0	1.0	1.4	2.1	3.0	
1990～2000 年	1.6	0.9	1.6	0.2	0.1	32.1
中国			5～14 岁			
1990 年			1.49			26.4
印度			5～14 岁			
1990 年			1.97			35.2
拉美/加勒比						
1970～1990 年	2.2	1.3	1.8	2.2	2.8	
1990～2000 年	1.8	0.6	0.9	1.2	1.4	33.8
最不发达国家						
1970～1990 年	2.5	2.6	2.7	2.9	2.9	
1990～2000 年	2.8	2.6	2.7	2.7	2.8	35.2

资料来源：联合国《世界人口展望》1994 年版和教科文组织《1996 年统计年鉴》。

每个学生的教育经费与经济成绩也有关系。经济的困难会造成每个儿童的教育经费增长速度减缓或使这种经费减少。在不同等级教育之间和对职业教育分配这些资金也成为一个十分重要的问题。许多小学净入学率低于90%的发展中国家,将60%或更多的政府教育开支分配给初等教育。在包括埃及和缅甸的几个发展中国家,目前分配给高等教育的政府开支所占比例超过了25%,而在发达国家,这一可比拨款的比例低于20%。在众多的发展中国家对职业技术教育的拨款所占比例不足5%。从长远看,用于教育的开支将导致经济的增长。一些亚洲国家经济上的成功往往部分归因于它们对教育的关心。这个区域用于每个儿童的教育经费的增长幅度比其他任何地区都大。但是经济增长再加上年轻人口数量的下降,使得能够在GNP中用于教育的份额减少的同时出现这种情况。

从世界人口增长趋缓的前景不难看出,未来教育经费不会随时间而减少,相反,教育质量将得到提高,向社会上目前贫困的群体提供的受教育机会将增加。在发展中国家,特别是每个学生的教育经费减少的较贫困国家,将视它们的经济增长率能否回升,并因此提供必要的资源以资助各级教育。

今后学生数量的增加速度将比以往慢。人口增长仍然很快的区域进一步降低生育率将有助于增加学生人均教育经费,但主要变数将是经济其余部门的增长。在有些国家,也存在着通过减少政府其他项目特别是军费的开支来增加用于教育的资源的余地。

教育改革

近年来,发展中国家在教改方面进行了许多有益的尝试,也取得了一些经验,但总的来说,教改的步伐仍然滞后于经济、社会发展的需求,目前还面临许多有待解决的问题。例如:如何扩大学校覆盖面以达到普及教育的目标;如何推进从应试教育向素质教育的转变;如何解决教育投入不足与教育事业发展的矛盾,特别是基础教育经费严重短缺问题;如何提高教师业务水平以增加教学效率。教改的目的是促进学生个性、才智和身心能力的发展,使学生掌握现代科学知识,并使校内学习更接近于工作经历,更适合于社会经济发展的要求。因此,教改的核心与关键仍是课程与教材问题。

以中国和韩国为代表的许多发展中国家由于受文化传统的影响,经济发展对高学历的要求以及家庭对子女过高的期望,使得学校教育受应该教育模式的影响,"择校生"、"负担重"、"补习学校"等一直困扰着基础教育。为了改变这种状况,韩国的教育改革为发展中国家提供了可资借鉴的经验。首先韩国取消了小学升初中、初中升高中的考试;接着又于1992年推出了韩国基础教育课程第六次改革计划。其特点:一是课程决策分权化,中央、地方、学校都对课程设置有相应的权力。二是课程结构多样化,精选必修课,扩大选修课,反映时代要求。三是课程内容适当化,精简教学内容,调整标准和学时,减轻学生负担。四是课程管理效率化,重视学生的能力与个性发展,改善教学方法和评价方法。将于2000年开始实施的第七次中小学课程方案则进一步扩大了选修课的范围,并为学生留出了自修、复习或学习第二外语的"机动时间"。

发展中国家课程设置经过改革后,更多的重点放在了数学、科学与技术,特别是信息技术方面。在初等教育一级,修订后的课程根据学生在实际生活中的需要尽可能多地纳入了科学和数学内容。在这方面新加坡为国际基础教育发展提供了启示,该国由教育部负责修订教学大纲,强调发展学生理解数学概念能力和解决数学问题能力。在科学教育过程中,不仅强调理解和应用知识,而且重视学习技能和学习态度的培养,提高学生思维能力,帮助学生掌握"问题解决"和科学地提出问题的方法。

在电脑化教学和信息系统日益成为传授和学习知识的重要因素的今天,许多发展中国家已开始利用这一教育手段。阿根廷、巴西和古巴在80年代中后期制定了国策,把信息学纳入教育课程内;墨西哥和委内瑞拉也有信息学与教育的计划。摩洛哥已在其教育制度中引入了微机,而中国则提出了普及电脑要从娃娃抓起的口号,并在主要城市和沿海经济发达地区的许多中小学开设了电脑课。为了推动教育领域的信息化,韩国计划到1999年向1.04万所学校提供88万台高性能电脑,利用民间资金在4 000多所学校设多媒体教室,实现每所学校有1个电脑室,到2000年全部实现联网。1998年起将通过电脑网络免费提供各种课外学习资料,发行电子教科书。为了加强中小学电脑教育,新加坡政府为所有6～16岁学生设立了教育储蓄基金，目前所有小学已全部装备了电脑设备，一些条件好的学校已开始利用国际互联网进行教学。

在中等教育一级修订课程的过程中强调了实际技能的开发。泰国的社区中等学校项目，马来西亚的生活技能课以及巴布亚新几内亚的学校社区扩充项目都包含有这样的目标。菲律宾的巴朗加(barangay)高中和中国的职业高中，都使学校直接参与生产过程。

鉴于目前许多国家对中学理科教育重视不够，从教育目的、教材内容到教学方式，均存在着不同程度的问题，国际科学和教育专家在1997年3月举行的一次学术会议上呼吁改革中学理科教育。专家们一致认为，中学理科教育最主要的目标应当是：使学生获得抽象和概念思维能力，并运用这种能力解决现实生活中的实际问题，使学生具有应变能力、交际能力、独立工作能力和不与同事发生冲突的素质。

目前世界许多高校处于发展的困境，由于发展水平上的差异，改革的重点也各不相同。非洲高等教育正面临着高校过分拥挤、教育经费不足、教育效率低和学术水平不符合标准等问题。而印度由于高校发展规模过快，一方面导致相当一部分院校办学条件差、规模小，经费不足以及质量得不到保证；另一方面高校毕业生远远超过了劳动力市场对高级人才的需求，大学毕业生失业现象日趋严重。与失业现象密切相关的人才外流现象在印度也尤为突出。印度高校改革将集中在提高质量和效益上以扭转高等教育在某种程度的贬值。而非洲的改革将集中在努力确保给予青年进入大学的机会，提高教育质量，改善学术奖金制度，加强学位教育计划，提高研究生教育水平上。

21世纪即将到来，21世纪的高等教育与社会的关系将越来越密切。在21世纪的知识化、信息化社会中，高校将更加面向社会办学，社会积极参与学校的办学和管理，教学、科研、生产更加紧密结合，产学研一体化。高校为经济和社会服务，特别是为社区的经济发展服务将是21世纪的必然趋势。21世纪将是教育更加注重质量和人才素质的世纪；21世纪将是高等教育时间上的终身化，空间上的国际化的世纪；21世纪将是教育更加受到重视和更加得到发展的世纪。从某种意义上说，21世纪将是教育的世纪。

参考文献：

1. 联合国教科文组织《1996年统计年龄》
2. 联合国教科文组织《1995年世界教育报告》
3. 联合国《1993年世界社会状况报告》
4. 联合国《世界人口展望：1994年订正版》
5.《中国教育报》1997年部分实例

在联合国教科文组织主持下通过的宣言、公约、协定和建议宣言

宣言

·《国际文化合作原则宣言》，1996年11月4日

·《利用卫星无线电广播促进情报自由流通，扩大教育和发展文化交流的指导原则宣言》，1972年11月15日

·《国际体育运动宪章》，1978年11月21日

·《关于种族和种族偏见的宣言》，1976年11月27日

·《关于宣传工具为加强和平和国际了解，为促进人权以及为反对种族主义、种族隔离和反对煽动战争做出贡献的基本原则宣言》，1978年11月28日

公约和协定

·《促进教育、科学与文化性质的视听材料的国际交流的协定》，签署议定书和协定的第IV条规定的证书范本，1948年12月10日

·《教育、科学、文化材料的进口协定》，附件A.B.C.D和E以及附加议定书，1950年6月17日

·《世界版权公约》及《关于第XVII条的附加声明》和《关于第XI条的决议》，1952年9月6日

·《世界版权公约》，关于该公约实施于无国籍者

及避难者的作品的附加议定书1,1952年9月6日

·《世界版权公约》关于该公约实施于某些国际组织的作品的附加议定书2,1952年9月6日

·《世界版权公约》关于批准、接受或有条件加入该公约的议定书3,1952年9月6日

·《关于在武装冲突情况下保护文物的公约及实施该公约的规定》,1954年5月14日

·《国家间交换官方出版物和政府文件公约》,1958年12月31日

·《国际出版物交换公约》,1958年12月3日

·《反对教育歧视公约》,1960年12月14日

·《保护表演者、唱片录制者和广播组织国际公约》,1961年10月26日

·《建立负责解决反对教育歧视公约缔约国之间可能出现的任何争端的调停和斡旋委员会的议定书》,1962年12月10日

·《关于采取措施禁止并防止文化财产非法进出口和所有权的非法转让公约》,1970年11月14日

·1971年7月24日于巴黎修订的《世界版权公约》及《关于第SVII条的附加声明》和《关于第XI条的决议》,1971年7月24日

·1971年7月24日于巴黎修订的《世界版权公约》关于该公约实施于无国籍者及避难者的作品的附加议定书1,1971年7月24日

·1971年7月24日于巴黎修订的《世界版权公约》关于该公约实施于某些国际组织的作品的附加议定书2,1971年7月24日

·《保护唱片录制者防止其唱片被擅自复制的公约》,1971年10月29日

·《保护世界文化和自然遗产公约》,1972年11月16日

·《人造卫星发送之节目信号分配公约》,1974年5月21日

·《拉丁美洲及加勒比地区承认高等教育学历、文凭与学位的地区性公约》,1974年7月19日

·《教育、科学、文化材料的进口协定议定书》,1976年11月26日

·《地中海沿岸阿拉伯国家和欧洲国家承认高等教育学历、文凭与学位的国际公约》,1976年12月17日

·《阿拉伯国家承认高等教育学历、文凭与学位的公约》,1978年12月22日

·《避免版权收入重复征税的多边公约及增补协定书》,1979年12月13日

·《欧洲地区国家承认高等教育学历文凭与学位的公约》,1979年12月21日

·《非洲国家承认高等教育学历、证书、文凭、学位及其他学术资格的地区性公约》,1981年12月5日

·《亚洲和太平洋地区承认高等教育学历、文凭与学位的地区性公约》,1983年12月16日

·《职业和技术教育公约》,1989年11月10日

其他协定

·《关于具有国际意义的湿地,特别是作为水禽栖息地的公约》,1971年2月2日

《修订关于具有国际意义的湿地,特别是作为水禽栖息地的公约的议定书》,1982年12月3日

建议

·《关于考古发掘国际原则的建议》,1956年12月5日

·《关于使博物馆向人人开放的最有效办法的建议》,1960年12月14日

·《反对教育歧视的建议》,1960年12月14日

·《关于保护景观和古迹之美及特色的建议》,1962年12月11日

·《关于图书期刊出版统计国际标准化的建议》,1964年11月19日(1985年11月1日被废除并修订)

·《关于采取措施禁止并防止文化财产非法进出口和所有权非法转让建议》,1964年11月19日

·《关于教师地位的建议》,1966年10月5日

·《关于保护公共或私人工程危及的文化财产的建议》,1968年11月19日

·《关于图书馆统计国际标准化的建议》,1970年11月13日

·《关于在国家一级保护文化与自然遗产的建议》,1972年11月16日

·《关于促进国际了解、合作与和平的教育以及关于人权与基本自由的教育的建议》,1974年11月19日

·《关于职业和技术教育的修订的建议》,1974年11月19日

·《关于科学研究人员地位的建议》,1974年11月

20日

·《关于翻译人员和翻译作品的法律保护以及改善翻译人员地位的切实办法的建议》，1976年11月22日

·《关于广播与电视统计国际标准化的建议》，1976年11月26日

·《关于文化财产国际交换的建议》，1976年11月26日

·《关于保护历史和传统建筑群及其在现代生活中的作用的建议》，1976年11月26日

·《关于建筑与城市规划国际竞赛的修订的建议》，1978年11月27日

·《关于科学和技术统计国际标准化的修订的建议》，1978年11月27日

·《关于保护可移动的文化财产建议》，1978年11月28日

·《关于艺术家地位的建议》，1980年10月27日

·《关于文化活动公共经费统计国际标准化的建议》，1980年10月27日

·《关于图书、报纸、期刊印制和发行统计国际标准化的修订的建议》，1985年11月1日

·《保护民间创作建议案》，1989年11月15日

·《关于承认高等教育学历与资格的建议》，1993年11月13日

（李跃进）

国际21世纪教育委员会提出新的变革框架

应联合国教科文组织的要求，由具有不同国家、文化和专业背景的14人组成、由欧洲联盟前主席雅克·德洛尔先生领导的国际21世纪教育委员会审查了未来教育所面临的挑战，1996年4月发表的一份报告向最高层的决策人提出了该委员会的建议供采取行动。国际委员会的工作为变革提供了重要的整体框架，包括朝向可持续发展重订教育方针。

国际委员会的报告在调查研究的基础上阐述了教育与文化的关系；教育与公民意识以及在更为常见的情况下与归属感的关系；教育与社会凝聚力的关系；教育、培训、工作和就业的关系；与发展的关系以及教育在推进科学发展中应起的重要作用。在此基础上，委员会考察了四个关键问题。首先是教育体制要能通过完成经济、社会和文化这三重功能而成为发展的关键因素。委员会认为，建设一支合格的有创造性的劳动大军，以适应新技术的需要；采用一种新方式去推进知识的增长，以使经济的发展与负责任地管理和使用物质、人类环境携手并进；造就植根于其自身文化而同时又对其他文化开放并对社会的进步承担义务的公民是未来教育的使命。第二个关键问题是教育体制适应社会新趋势的能力，即教育必须考虑到永远处在不断流变状态下种种彼此有关、相互影响的因素，这是教育的一个基本任务。第三个关键问题是教育体制与国家二者间的相互关系问题。第四个问题是，对他人开放和彼此理解的准则，即和平准则的传播问题。

国际委员会在论述未来教育的过程中始终牢记经济增长与可持续发展的目标。委员会强调将需要教育在解决不断出现的社会问题中发挥日益增长的作用，并指出21世纪教育的四根支柱为：⑴学会认知；⑵学会实干；⑶学会做人；⑷学会共处。所谓学会认知就是要求把广泛的普通教育与在若干选修课上的深造的可能性结合起来，以利于人们记住由于科学进步和新形式的经济和社会活动所带来的种种迅速变化。学会做事则要求人们除学会从事某一本职工作外，还应开发其应付各种不同情况和在集体中与他人合作的能力。未来教育应更加重视各类能使教育与职业工作或社会工作交替轮换的方案，以便使中小学生在校期间就能掌握这些技能。通过教育学会做人是要求人们训练自己把更多的自主性与判断力同更强烈的个人责任感结合起来，在持续发展的进程中当好大自然的伙伴和共同驾驭者。第四根支柱则是通过了解他人、了解他人的历史、他人的传统和他人的精神进而学会与人共处，最终达到通过明智与和平

的途径消除因隔阂、误解而产生的敌意与冲突的目的。

在谈到教改的设想时,国际委员会认为初等教育应把学习的愿望和乐趣,把学会学习这种本领以及求知欲传授给学生。传统教学应与校外途径结合,使儿童对教育的三大领域,即道德与文化、科学与技术以及经济与社会均有所体验。中等教育应使学生可以获得的类型极大地多样化。这应当包括两个方面,一是更为注重抽象化和概念化的传统教育,另一种方式则是让学校与工作经历交相结合,从而产生其他能力和兴趣爱好。大学亦应实行多样化办学,使之适应社会与经济发展的需要。

国际委员会认为,地方社区(家长、学校领导和教师)、政府当局和国际社会的共同努力是教改取得成功的必要条件,地方社区通过在政府当局与有关社会团体之间开展对话的方式参与对需求的评估,这是拓宽教育途径和提高教育质量必不可少的第一步。政府当局必须提出明确的选择,为教育体制确定指导方针,并通过必要的调节而使之规范化、条理化。鉴于近年来国际社会为寻求解决国际问题的满意办法,越来越多地诉诸于国际行动,委员会拟定了几项建议,其中包括呼吁:①按照第四次妇女问题世界会议的建议,坚决鼓励对女孩和妇女进行教育的政策;②以发展援助的最低限度百分比(总额的1/4)资助教育:这一有利于教育的调整也应适用于国际筹资机构,首先是世界银行,世行已经有了一项重要任务;③进一步发展教育借债、互惠贷款以抵销调整政策和减少国内外赤字政策对国家教育开支的不利影响;④在所有国家广泛引进信息社会的新技术以防止贫富国家之间另一差距的增长;⑤列举非政府组织的突出潜力,包括基层倡议,这种潜力可以为国际教育合作提供宝贵的支持。

(李跃进)

附录:

高等教育的变革与发展

——联合国教育、科学及文化组织《关于高等教育的变革与发展的政策性文件》[①] 概要

正当人类告别本世纪,准备进入21世纪的时候,人们看到高等教育取得了空前的大发展,而且对于高等教育在经济与社会发展中的重要作用也有了更深刻的认识。但是,全世界几乎所有国家的高等教育,都处于危机之中。虽然就学人数在不断增加,但国家的资助能力却在下降。发展中国家与发达国家在高等教育与研究方面的差距本来就很大,现在又进一步扩大。联合国教科文组织总干事费德里科·马约尔就是这样认为的。并且,他在《关于高等教育的变革与发展的政策性文件》前言中还指出:高等教育当前面临的趋势和新的挑战表明有必要重新思考高等教育的作用和任务,并为其今后的发展确定新的方针和主要任务。高等教育在即将进入21世纪之际所面临的各种复杂的挑战要求各方面的力量的参与,并需要多种多样的观点与方法。正如当代社会所面临的许多其他问题一样,高等教育问题也需要采取协调一致的行动,所有有关方面加强合作,才能实现人类的共同目标——进一步发展作为人类持久发展的重要手段的高等教育事业。

① 联合国教科文组织1995年版。

高等教育的趋势

高等教育在过去25年中最主要的变化是数量上的增长，但国家之间和地区之间在就学机会方面的不平等现象、学校结构、课程及学习形式方面的差异和财政拮据等现象依然存在。经费问题对高等教育的正常运作已构成越来越严重的危害，已导致学术水平的下降，甚至在一些学术基础和传统比较强的国家中研究活动也感到有压力。教科文组织《1993年世界科学报告》指出，世界上80%以上的研究与发展(R&D)活动是由少数几个工业化国家进行的，跟不上科技发展的步伐意味着发达国家与发展中国家之间在这方面的差距在扩大。

(一)数量上的增长

数量上的增长可以从全世界高等教育在校学生人数上看出，尽管地区与地区或国家与国家之间的增长率差距很大。这一总的趋势是由几种因素造成：人口增长、中小学教育大发展使更多青年人有资格进入高等院校、许多国家与地区的经济增长以及认识到这也是对高等教育的投入。另一个主要原因是出现了一些独立和民主国家，他们看到高等教育不仅是今后发展经济的重要工具，而且也是为消除殖民主义和其他不民主的制度的痕迹与残余，为加强民族特性，开发当地人力资源和吸收并运用知识与技术的能力而进行社会、文化及政治改革的重要手段。

教科文组织的统计资料清楚地显示了这一增长情况。各级教育在校人数从1960年的4.37亿，即世界人口的14%，增加到1991年的9.9亿，即世界人口的18%。高等院校的学生人数增长得更快，1960年是1 300万，1970年增至2 800万，1980年增至4 600万，1991年又增至6 500万。发展中国家的数字表明这种增长特别快：1960年为300万，1970年增至700万，1980年增至1 600万，1991年又增至3 000万。因此，发展中国家在校大学生的比例从1960年的23.1%增加到1991年的46.2%。在某些地区，在校人数的增长特别惊人。如撒哈拉以南非洲地区1970年大学生人数为10万，而1991年竟增至100万；阿拉伯国家从1970年的40万增至1991年的300万；南亚和东亚从1970年的400万增至1991年的1 800万；拉丁美洲和加勒比地区由1970年的200万增至1991年的800万。

一个国家或一个地区每10万居民中的大学生人数是说明该国或该地区高等教育发展水平的重要指标。用这一指标来衡量，入学机会不均等的现象就特别明显。1991年，这个数字差别很大，在北美洲每10万居民中有5 000多名大学生，几乎所有发达国家每10万居民中也有2 500多名大学生。只有几个发展中国家能达到这个比例，绝大多数发展中国家的大学生人数要少得多。尤其令人担忧的是撒哈拉以南非洲地区的情况，那里每10万居民中大学生不足100名。这就是说该地区青年人上大学的机会仅是工业发达地区的1/17(而所有发展中国家的青年人上大学的平均机会是发达地区的1/4)。正如《1993年世界教育报告》所强调指出的那样，撒哈拉以南非洲地区与世界其他各地之间在高等教育方面的差距是当今教育方面最为明显的差距之一。

在校学生人数的增加比较集中在人员、设备及总的运行方面花钱比较少的学科而不是在耗费资源较多的自然科学与技术等学术领域，这一点也很突出。虽然总的在校学生人数的增长也意味着妇女、少数民族以及来自低收入家庭的农村地区的学生等入学比率较低的群体的入学机会有所增加，但今后的政策仍须以进一步提高高等教育机会均等为目标，这已成为一项富于远见的政策。

教科文组织的一项关于高校在校人数的预测表明全世界大学生人数1991年为6 500万，到2000年将增至7 900万，到2015年将增至9 700万，到2025年将增至1亿。发展大规模高质量的高等教育将成为今后的主要挑战。发展中国家的在校人数预计也将呈现大幅度增加：1991年为3 000万大学生，到2000年将增至4 000万，2015年将增至5 000万，到2025年将增至5 400万。但是，考虑到预测的同一时期人口增长，上大学的机会不平衡的现象将依然存在：发达国家中，符合上大学条件的人口中将有大约半数能接受高等院校，而发展中国家能接受高等教育的人尚不足10%。

(二)结构与形式的多样化

各国政府和高等院校本身都已经或者正在对高等院校的结构与形式以及教学、训练和学习方法等进行深刻的改革。这样做的直接结果之一是几乎世界各地的高等教育都趋向多样化。虽然有些学校，尤其是珍视悠久传统的大学对变革有一定程度的抵触，但从总体上说，高等教育已经在较短时期内进行了意义深远的改革。

各国的高等教育，主要在学校的结构、课程、学生人数及资金来源等方面出现了明显的多样化。各国的体制内部十分复杂，不管用什么灵活的分类方法都几乎无法分清各类学校和各类课程。尽管如此，也有一定程度的相似性，即每一所学校在高等教育系统中均占有一定的地位。对一些特别明显的特征加以鉴别和分析，能够指出过去的变化和预示可能的发展方向。

近年来，许多国家的高等教育制度出现了下列两元的，但未必是两极的分化现象：

大学类型及非大学类型的高等院校 尽管大学之间在研究数量与质量、学科数目以及开设的课程等方面存在着明显的差异，但它们与非大学高等院校之间仍有很大的不同。

规模 高等教育机构有大、中、小之分，在学生与教职工人数上也有相应的差别。大的学校往往位于大城市，它们往往也是大的雇主。当高等院校在几个不同的地方办学时，它们往往有几个分校包括不同的附属学院、研究所以及研究生院和职业学校。有些发挥着“联合”大学或“综合”大学的作用。

专科性质和学习层次 某些学校有专门的方向，如农学、医学、师范、社会科学或体育，但当前的趋势是朝更综合学科的方向发展。与这种趋势有密切联系的是学习层次多样化。学习课程通常分为本科、研究生以及研究生后，它们分别授与三种主要学位：学士、硕士和博士（或各国和各专业相应的学衔），这是高等教育学历的重要形式。但是，现在许多高等教育一级的学习与培训不是在传统的高等院校内进行的。这些课程往往是为适应差别很大的对象的特殊需要，例如提供远距离学习课程和满足进一步专门化和不断变化的劳务市场的要求而开设的。这些课程的结业证书引起了学术与专业两方面的问题，包括对在学校以外所获得的技能的学术承认的问题。

学生 由于经济及社会原因，非全日制及不读学位的学生数目在增加。此外，甚至全日制学生也越来越倾向于先工作一段时间再开始上大学，或者工作与学习交替进行。因此，大学生的传统的年龄结构也起了很大的变化。

资金来源与所有制形式 高等教育机构可以分为三大类：国家的、私立的和混合的。私立大学学生所占比例正在增长，在某些国家，主要是发展中国家达到了 50％以上。最近，尤其是在中欧和东欧，私立高等院校和专业学校的出现意味着必须通过有关法律来解决这个新的问题。普遍认为，至少从学术水平上说，私立高等院校之间的差距大于国家的高等院校之间的差距。还应指出的是，甚至在某一个国家的教育系统之内，不同的私立高等院校在法律地位和学术水平方面也可能有很大差距。

在高等教育中还可以看到另外一些区别，虽然这些区别与正在出现的多样化关系不大。这样，在某些国家的教育系统内会有这样一种区别，即有些院校就其特点和所在地来看是面向全国的，而有些则只满足某一地区，甚至本地的需要。另一方面，某些学校，尤其是专业学校，具有国际性。还有一些专为经济力量薄弱不能独自建立学科齐全的高等院校的小国尤其是岛国的需要的地区性教育机构。另外还有宗教学校和非宗教学校之间的区别（虽然这种情况已不多见），以及为不同性别的学生开设的学校之间的区别。

把上述任何一类学校或课程当作最佳的答案或模式都是错误的。假如理想的目标是让更多的人接受到高等教育和以较少的钱来办高等教育，那么我们很可能认为解决的办法最好是有各种不同的学校，特别是从事远距离教育的学校和私立学校。不过我们也不应该忽视这样一点，即就高等教育体系一个部分、一种职责、一项任务或一种结构作出的决定必然会影响到高等教育的其他问题。多样化是当今高等教育中值得欢迎的趋势，应当全力支持。但是一切促进多样化的决定的基础都必须是在尊重学术自由和学校自治的情况下，保证学校和课程的质量、学习机会均等和坚持高等教育的使命与职责。

（三）资金与资源的短缺

对高等教育的投资与社会、经济与文化的发展水平之间的关系是人所共知的。因此，在现有财政资助状况下人们对不断从数量上扩大高等教育的要求表示担心。在大多数情况下，高等教育学生人数增加了，而实际拨款却没有相应增加，所以迫使许多院校削减预算,砍掉课程、放慢基础设施现代化的步子、少订图书、减少国际合作,甚至裁减教师和研究人员。资金缺乏,加上公众越来越关心资金的分配情况,往往在发达国家和发展中国家都导致削减国家对高等教育的资助。资金拮据已经影响到各类高等院校,包括一些实力较雄厚的学校。

对于发展中国家来说,特别是在那些因控制国家预算而引起的财政困难又受到机构调整政策的影响的国家中,要在资金减少的情况下满足社会对高等教育日益增长的需求确实有许多困难。根据教科文组织的统计数字,发展中国家的公共高等教育的开支在国民生产总值中所占的比例要高得多。但是,即使这些国家对高等教育已给予相当优先的地位,他们仍远远不能提供所需的资助,或者与世界发达地区的情况相比。发展中国家花在每个大学生身上的平均绝对开支仅是工业化世界每个大学生平均费用的 1/10。这些问题说明在国家对高等教育的开支方面很难制定政策,因为地区越穷,以拨给高等教育的资金在国民生产总值中占的百分比来算,每个大学生的相对费用却越高。

现在几乎没有一个国家能单靠国库来支持整个高等教育系统。此外,鉴于目前一些地区的经济状况和国家与地方持续的预算赤字,看来今后几年内这种趋势难以转变。要求寻找新的资金来源是当前高等教育"全盘政策"中的一部分。因此,迫切需要通过收缴或增加学费及其他学习费用,通过鼓励开展各种创收活动,如签订研究合同、开展广泛的学术与文化服务和开办短期学习班等措施来修改费用分摊的办法。

(四)国际化程度的提高

教育与科学的最新发展加强了这样一种论点,即既然知识是不分国界的,那么知识的探求、发展与传播也能通过国际学术界的集体努力得到很大的推动。这就是包括高等院校、科学团体的学生会等在内的整个学术界具有国际性的根本原因。在当今全球贸易、经济与政治趋向一体化以及对文化间了解的需要日益增长的情况下,重视高等教育职责的内容和环境的国际化以及增加学生与教师的流动具有格外重大的意义。在国际环境中学习、工作、生活和交流的大学生、教师和研究人员的数量的增加是新的电信技术的产物,它肯定了这种有积极意义的总的发展势态。

根据教科文组织的统计数字,在过去 10 年里,在原籍国以外读大学的人数增加了近 30%,从 1980 年的 92 万左右增加到 1990 年的大约 120 万。他们中的多数人(1990 年有 75 万多)来自发展中国家。然而,同一统计资料显示,在国外就读的大学生总数的增加幅度却低于全世界高等教育就学人数的实际增长幅度。因此,按百分比计算,高等院校中学生的国际化程度降低了。这未必是一件值得担忧的事,因为这可能表明发展中国家在本国培养自己的大学生的能力有所加强。但是应当从当前出现的大学生和教师流动的情况、方式与方向等角度来考虑这些变化,这一点也很重要。

人才外流的危险多年来一直是高等教育国际合作方面的一大难题,尤其是那种较为传统的形式,即大批人不回国或不回原单位。人才流失给发展中国家造成的不良影响是人所共知的,而且在多数情况下,不能由在国外供职的人向国内汇款或其他有益的副作用来弥补。

长期人才外流问题是由相互关联的经济、社会及政治因素所引起的更大范围的地区和国际大流动的一部分。留学可以看作是促使有学识和才华的人才外流的原因之一。但是,外流的人才中有很大一部分实际上是在本国培养成才的。青年研究人员和毕业生在本地得不到鼓励或缺乏在业务上发展的机会,可能是导致人才向外国或向外地流动的主要原因,而这两种形式的人才外流,对高等教育的正常运转和长期发展都是有害的。

高等教育面临的挑战

虽然人类在许多领域都取得了进步,但当今世界面临的各种挑战仍然是最主要的问题。纵观全球性主要趋势,可以看到一系列并存的,有时是矛盾的过程:民主化、全球化、地区化、多极化、边缘化和分裂。所有这些都对高等教育的发展有一定的影响,并要求它作出相应的反应。经济与技术发展不断提出的新任务以及发展战略的改变也同样重要,正如教科文组织倡导的那样,发展战略应当促进人类的持久发展,在这一过程中,经济增长应促进社会发展和保护环境不受损害。能否找到解决上述过程中产生的问题的办法，取决于教育，包括高等教育。

(一)主要的挑战

当今世界许多严重的问题和挑战主要是世界某些地区人口剧增引起的人口变化，连绵不断的冲突与民族纠纷、饥饿、疾病、长期贫困、流离失所、长期失业与愚昧，以及涉及环境保护、维护和平、民主、尊重人权和保护文化多样性的问题。世界某些地区的一些国家内部和国家之间长期解决不了的事端与分歧，由于不能再用意识形态这一“伪装”而不仅变得更为公开而且更为持久。为了解决这些问题，国际社会必须本着团结互助的精神并在清楚了解各国共同利益的基础上采取紧急行动。

有一种普遍的共识在许多国际会议及重要的决策性文件中都得到了充分的肯定，即人类应付其面临的挑战的绝对必要的条件是人力资源的开发。但不应狭义地理解为人力资源的使用，而应广义地理解为教育和培养人才。接受高等教育及其向社会提供的各种形式的教育服务是所有需要高度专业知识和技能的持久发展计划的重要组成部分。

(二)经济与技术发展不断提出的新任务

许多国家，包括最发达的工业化国家，所面临的重大经济挑战之一就是在经济、技术和国际贸易中如何增强适应各种变化的能力。这些变化的速度都是空前的，并且影响到人类活动的许多领域。它们创造了一些新的机会，但也造成了很多问题，尤其是涉及到职业界的问题。这一领域中的变化超出了通常的经济被动的起伏。人们越来越认识到经济与技术发展的影响很大，若不能及时地以适当的方式加以处理，那么它就会导致一系列社会和政治问题，并且不可避免地在地方上，在整个国家、地区乃至国际范围内造成不良后果。要解决这些不断变化的新任务，主要靠教育和培训。

技术发展，尤其是信息与交流方面的技术发展影响极大，所有的国家，无论其工业化程度如何，都必须使用全球公认的标准与设备。这不仅指“硬件”，而且也指组织结构和人的因素，或称“人体”。这就有赖于或涉及到教育，特别是职业教育及高等教育。

上述情况的后果与高等教育的相关特别密切，因为创造高质量的工作有赖于高质量的劳动大军，而高质量的劳动大军的培养正是由高等教育与职业和技术教育一起来完成的。

(三)新的发展战略与高等教育

必须在国家和地方的文化与社会价值观的范围内来寻求解决上述挑战的办法。这些解决办法还必须符合各个社会希望作为其国际社会、经济与文化关系之基础的那些原则。高等院校集中了热爱学习、立志传播现有知识和探索新知识的人，不管结论如何，高等院校必须与整个社会联系，这才名符其实。

对现代社会及经济发展进行的研究表明这种发展在僵化和强加的结构下是不可能蓬勃发展的。靠生搬硬套或强制采用某种经济模式制定的发展策略是注定要失败的，这是从实践经验中，尤其是撒哈拉以南非洲、拉丁美洲、中欧和东欧的经验中得出的一条教训。这一教训同样适用于高等教育面临的问题。越来越多的人和学校认识到，在所有地区，机械地搬用外国的概念和价值观和忽视本地区的和本国的文化与思想对教育都产生了不利的影响。正在进行高等教育改革的国家都应当注意这一点。

在联合国 1991 年制定并随后经联大批准的《国际发展战略》中对自力更生持久发展这个概念的基本内容作了阐述。它认为经济发展应当建立在两个主要基础之上：减少贫困和开发人力资源。对于关心这些问题的人来说，高等教育比以往任何时候都显得重要。人类的发展以及建立更加合作和更多参与的社会关系都与有效地利用和发展现有的教育机会，包括高等教育在内，有着直接的关系。

通过以上对迅速变革的世界上社会、经济和文化发展所面临的挑战进行的简要分析，可以清楚地看到：

1. 高等教育是推动应付现代世界各种挑战所需的大环境的主要力量之一。

2. 高等教育和其他学术、科学及专业机构与组织，都是发展进程中以及在贯彻发展战略和政策中不可缺少的因素。

3. 现在必须以一种新的观点来看待高等教育，这种观点要求把大学教育的普遍性与提高针对性结合起来，以满足它所处的社会对它的期望。这种新观点不仅强调学术自由和学校自治的原则，同时也强调对社会所负的责任。

高等教育的响应
——新的观点

国际、地区、国家和学校各级的决策人在考虑各种方案和作出决定时,应以决定高等教育在社会上的战略地位及其自身的职能的三个口号为指导,即针对性、质量和国际化。

(一)高等教育的针对性

针对性主要指高等教育整个体制以及每一所高校对社会所起的作用以及社会对高等教育的期望。因此,它必定涉及许多问题,如入学机会的民主化、在一生的各个阶段都有更多的接受高等教育的机会、与职业界的联系以及高等教育对整个教育体制的责任等。同样重要的是高等教育界应参与寻求解决人类紧迫的问题,如人口、环境、和平与国际了解、民主与人权等问题的答案。高等教育的针对性也许最好体现在向社会提供的各种"学术性服务"中。今后,有必要对这些服务的形式和提供方法重新加以界定和重新研究。

(二)与整个社会的关系

关于高等教育在变革世界中的作用问题的辩论应兼顾两个方面,一方面要保留那些应作为教育和文化遗产组成部分的特点,另一方面则是为保证高等教育发挥社会赋予它的作用所必需的变革。它的目的是使高等教育更好地对付人类面临的普遍问题和满足经济与文化生活的需求,更切合各地区、各国家或社区的实际问题。

要对前面所提到的各种挑战作出反应,就必然要有教育,包括高等教育。因此,国家和学校制订有关高等教育的使命和职能的政策,就是要解决下列基本问题:

1. 高等教育及其各类高校如何为社会——经济变革作贡献,如何推动人类持续发展?

2. 高等教育,尤其是教学和研究如何促进建立现代社会,如何更密切地参与下列行动:减轻贫困、保护环境、改善卫生保健服务和营养、宣传文明社会的原则、发展其他级别和形式的教育?

3. 高等教育如何对职业界和公民文化为迎接这些挑战所需的变化作出反应(即提高学术与专业水平以及公民个人的素质)?

这些问题可归结为:高等教育在当前和未来的社会中起什么作用和应该起什么作用?

(三)高等教育与职业界

两种并行的趋势决定着高等教育与职业界的关系。首先,由于现代经济越来越变得知识密集,因而更需要依靠高等教育毕业生这些"脑力劳动者"。所以高等教育正在向大规模招生发展。其次,毕业生必须适应不断变化工作、更新知识和学习新技术的需要。现在的职业界变化很大,学生在较早的学习阶段所学的很大一部分专门知识很快就会过时,因此有必要与生产部门保持相互合作的关系,这一点应该纳入高等院校的总任务和活动中。不过应当强调的是,高等教育应从长远的观点和广义的角度来看待它与职业界的关系。

在现代社会中,虽然高等院校不是培养高级人才的唯一机构,但是,这仍然是它们的主要任务之一。大学和其他高等院校仍被看作是中学毕业生接受各种学科的培训的最好的地方,也是开展专业进修的基础。它们还为青年人创造一个良好的环境,培养他们与不同专业和不同文化背景的人开展有效合作所需的技能。这一传统职能必须与对"教育服务"日益增长的需要结合起来,因为社会正在朝"全民终身学习"的模式发展,这种模式正在逐步取代目前这种在一段时间内进行有选择的集中学习的模式。高等教育只有在入学机会和办学方式方面采用多样化和灵活的作法,才能适应迅速变化的劳动市场提出的挑战。

职业界的新情况对高等教育的教学和培训的目的有直接影响。仅仅增加课程内容和学生的学习负担不是可行的解决办法。因此,最好开设那些可以提高学生的智力,使他们能审慎地对付技术、经济和文化变化与多样性的问题,使他们具有主动性、进取心和适应能力等品质,使他们在现代工作环境中更有信心发挥作用的课程。

有鉴于此,高等教育必须对劳动市场和新的就业领域和就业形式的出现采取相应的和积极主动的态度。必须注意主要市场趋势的变化,以使课程和学习安排适应不断变化的环境,使毕业生有更多的就业机会。但是更重要的是,高等教育应通过发挥传统的作用和帮助确定各地有助于人类持续发展的新需要,对

中国人民公安大学

中国人民公安大学是公安部直属的文理兼备的综合新型公安高等院校。学校的办学方针是“从严治警，从治校”，以“忠诚、求实、勤奋、严谨、开拓”的校风誉国内外。半个世纪以来，学校为公安政法战线培养数以万计的领导干部和业务骨干，涌现出一批杰出的雄模范人物。

图片说明:

① 任建新、罗干、陶驷驹等领导来校视察
② 党委书记兼校长孙中国少将
③ 国际警察管理科学研讨会
④ 色质联用实验室
⑤ 该校学生在第七次全国运动会开幕式上表演
⑥ 教学、办公大楼

浙江大学

校长 潘云鹤

计算机辅助设计及图形学国家重点实验室，已荣获国家自然科学技术奖10余项，1995年被美国权威期刊SCIENCE列为TOP-LEWEL重点实验室。实验室主任为石教英教授，学术委员会主任为梁友栋教授。（左图为该室线光源照明模型一图例）

硅材料科学国家重点实验室，已获国家发明奖3项，省部级奖20余项。实验室主任为中科院院士阙端麟教授，学术委员会主任为中科院院士林兰英教授。

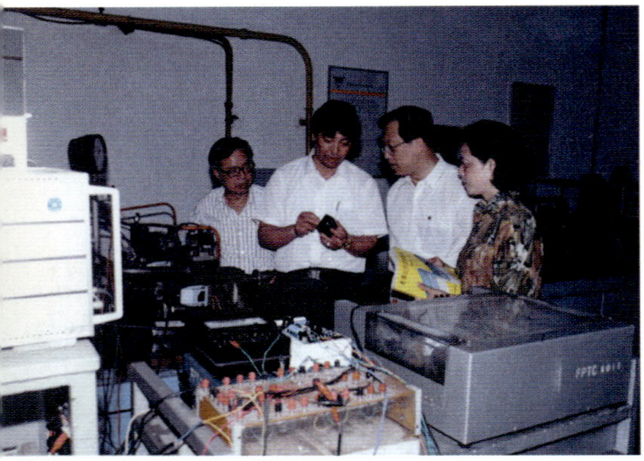

流体传动及控制国家重点实验室，已获国家发明二、三等科技成果奖14项。实验室主任为吴根茂教授，学术委员会主任为中科院院士路甬祥教授。

浙江大学隶属于国家教育委员会，是一所以工为主，理工结合，经管人文协发展的国家重点大学。校本部地处杭州西子湖畔玉泉风景区，分部座落在钱塘江滨。校园占地面积136公顷，校舍建筑面积66万平方米。学校前身为求是书院，建于1897年。1928年定名为国立浙江大学。抗日战争期间浙大西迁到贵州的遵湄潭，并在浙江的龙泉建立分校。1946年秋迁返杭州。至1948年3月，浙大从原文理、工、农3个学院16个系，发展成为文、理、工、农、师范、法、医7个学25个学系的综合性大学。1952年全国高等学校院系调整，浙大成为一所多科性工大学，1957年率先重建理科，成为多科性理工科大学。1978年后增设人文经管学现学校设有研究生院和10个学院。有应用数学、物理学、化学、力学、地球科生物科学与技术、电机工程学、化学工程学、高分子科学与工程学、建筑、土木程学、机械工程学、信息与电子工程学、光电与科学仪器工程学、生命科学与医工程学、材料科学与工程学、能源工程学、计算机科学与工程学、管理工程学、务与会计学、企业管理与营销学、哲学、社会学、政治学、经济与金融学、国际易、国际经济法、外语、中国语言文学等28个系，51个本科专业。有硕士点90博士点38个。11个学科建立了博士后科研流动站。教职工4 400余人。在1 800名教师中，有中国科学院院士5人、中国工程院院士4人，教授、副教授1 070，全日制学生13 500人，其中博士研究生1 000余人，硕士研究生2 000余人。

学校设有100个研究所（室）。有9个国家重点学科，9个国家重点（专业）验室，两个国家工程研究中心，两个国家工程技术研究中心。校图书馆藏书135册。有邵逸夫科学馆、欧阳纯美科学楼等现代建筑场馆。

浙江大学建校以来，已为国家培育了10万余名专门人才。校友中当选为中国学院院士、中国工程院院士的有111人。科研成果累累。1978年以来已获得国家然科学奖5项，国家发明奖38项，国家科技进步奖36项，省部级奖782项。

浙江大学在长期的办学过程中，形成了优良的“求是”校风。“实事求是，严踏实，奋发进取，开拓创新”的敬业精神，激励着全校师生员工为发展中国的教科技事业而努力拼搏。

浙江大学于1994年通过了国家教委“211工程”部门预审。预审专家一致认浙大是中国一所基础坚实、实力雄厚、特色鲜明、充满生机和活力、居于国内一水平、在国际上有较大影响的社会主义大学，1995年被列入国家首批“211工程”设的重点大学。

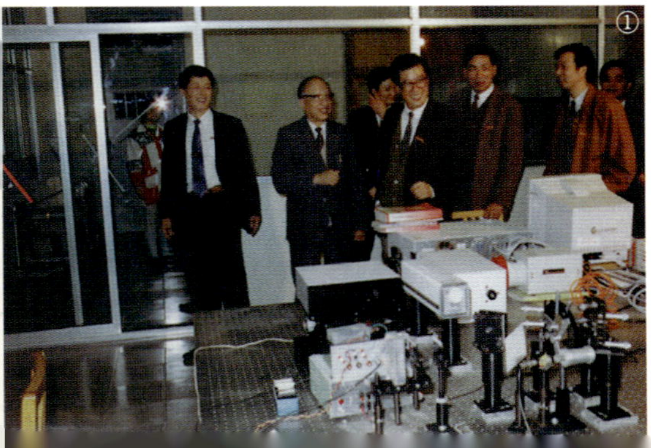

Zhejiang University is one of China's famous national institutions of higher learning directly under the State Education nission. It has developed into a university of science and engineering with multiple disciplines including economics, management and anities. The main campus lies in the Yuquan scenic resort beside the West Lake, and the branch campus is located near the Qiantang . The University covers an area of over 136 hectares with buildings totaling more than 660 000 square meters. Zhejiang University was led in 1897 as Qiushi Academy. In 1928, the University was formally designated the name "National Zhejiang University". After the Japanese War broke out in 1937, the University was forced to take extremely hard westward migrations to several places and finally d down in Zunyi, Meitan, and meanwhile a branch campus was set up at Longquan, Zhejiang Province. In the fall of 1946, Zhejiang ersity moved back to Hangzhou. By the March of 1948, Zhejiang University had developed into a comprehensive university comprising leges with 25 departments, such as Liberal Arts, Science, Engineering, Agriculture, Teacher-training, Law and Medicine, from its nal 3 colleges (Liberal Arts, Science, Engineering) with 16 departments. By 1952, with the national reorganization of the university m, Zhejiang University had developed into a multi-disciplinary engineering institution. In 1957, science departments were reestablished Zhejiang University became a multi disciplinary science and engineering institution. In 1978, departments of liberal arts, economics, gement and humanities were established. Presently, the University possesses a Graduate School, 10 colleges, and 28 departments which Applied Mathematics, Physics, Chemistry, Mechanics, Earth Sciences, Biological Science and Engineering, Electrical Engineering, itecture, Civil Engineering, Mechanical Engineering, Information and Electronic Engineering, Optoelectronic and Scientific Instruments neering, Life Science and Biomedical Engineering, Material Science and Engineering, gy Engineering, Computer Science and Engineering, Management Engineering, ess Management and Marketing, Finance and Accounting, Philosophy and Sociology, cal Science, Chinese Language and Literature, Economics and Finance, International e, International Economic Law, Foreign Languages, etc. It offers 51 undergraduate rams, 90 master Programs, 38 doctoral programs and 11 post-doctoral research ams. There are now 4 400 faculty members. Among 1 800 teaching staff, there are demicians of the Chinese Academy of Sciences, and 4 of the Chinese Academy of neering, 1 070 professors and associate professors. The full-time student population unts to 13 500 with over 1 000 doctoral postgraduates and over 2 000 master raduates.

The University has set up 100 research bodies including 9 National Leading emic Disciplines, 9 National Key Laboratories, 2 National Engineering Research ers, 2 National Engineering Technology Research Centers. The University library collection of 1.35 million volumes. There are also some modern structures like 's Science Building and Ouyang Chunmei Science Building.

Since its founding, Zhejiang University hsa educated more than a hundred sond professional; among them there have been 111 national academicians of ese Academy of Sciences and Chinese Academy of Engineering. Since 1978, the ersity has acquired 5 National Natural Science Prizes, 38 National Invention s, 36 National Scientific and Technological Progress Prizes and 782 Provincial and sterial Prizes.

er the past decades, Zhejiang University has been giving top priority to raising mic level, cultivating students all-round ability and competence while passing on ledge. All the teaching staff and students are encouraged to make every effort for ountry's educational undertaking and scientific development.

In 1994, Zhejiang University was permitted to go through the departmental minary examination for the nation's "211 Project", which unanimously agreed to onsensus that Zhejiang University has proved itself to be a socialist university with id foundation, enormous strength, distinct characteristics and full of vigor and ty, that it among first-class universities in China and enjoys considerable fame and nce in the world. Thus it has become one of the few universities in China to have rked on its ambitious tasks of building a world-renowned university.

图片说明：

①现代光学仪器国家重点实验室。实验室主任为唐晋发教授，学术委员会主任为中科院院士母国光教授。②工业控制技术国家重点实验室，已有39项科研成果获国家和省部级科技奖及发明专利。实验室主任为王树青教授，学术委员会主任为陈翰馥教授。③电力电子应用技术国家工程研究中心。中心以感应加热及交流励磁为重点，在电力电子应用技术领域展开工程化及产业化研究。现任中心主任为倪光正教授，学术带头人为工程院院士汪生教授。④国家光学仪器工程技术研究中心。中心在与舜宇集团紧密联合进行光学仪器工程化、产业化方面已取得重大成就，形成了特色。中心主任为陆祖康教授。⑤工业自动化国家工程研究中心总投资2 500万元。中心开发的造纸计算机控制系统、SUPCON集散控制系统等一批重大成果已开始大面积推广应用，并取得重大经济效益。中心主任为工程院院士孙优贤教授。⑥化学工程联合实验室聚合反应工程分室，先后获国家科技进步奖3项，省部级科技进步奖21项。实验室主任为王凯教授，学术委员会主任为时钧教授。

⑥

③

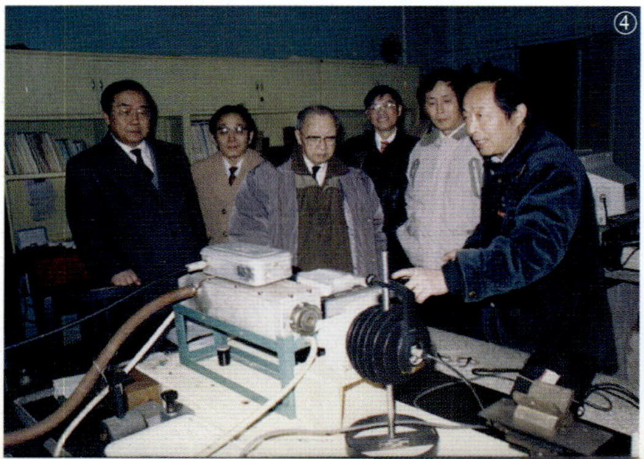
④

⑤

北方工业大学

该校在高校中第一个荣获“文明校园”荣誉称号

学校领导与来访的吉尔吉斯坦议会代表团成员合

北方工业大学的前身是国立北平高级工业职业学校，成立于1946年。1949年6月，华北大学工学院并入该校；1951年1月1日，国立高工改名为北京重工业学校，隶属中央重工业部；1952年5月，北京重工业学校分为北京钢铁学校、北京机械制造工业学校。1958年10月，北京钢铁学校升格为冶金专科学校。1960年6月，又升格为石景山冶金学院。1963年8月，重新改为北京钢铁学校。1978年12月28日，正式改建为北京冶金机电学院。1982年1月，国务院学位委员会宣布中国首批有权授予学士学位的458所高校名单中北京冶金机电学院名列其中。1985年7月15日，改建为北方工业大学。

北方工业大学现有两个校区，学校设有工学院、经济管理学院、建筑学院、人文社会科学学院、基础科学学院、成人教育学院和有色金属管理干部学院等7个学院，设有21个专业、36个学科、13个研究院所、33个实验室和图书馆、艺术馆、电化教育馆。现有在校生3900人，教职工1100人。学校的科研工作也有所突破，在模糊控制器、工业窑炉、计算机图形学、机械工程测试、CAD/CAM一体化技术、电磁冶金学等方面取得了较大进展。自1985年以来，学校承担国家自然科学基金、社会科学基金及“863”项目24项，部委级项目80多项。有100多项成果通过省部级鉴定，有70多项成果获得国家省部级奖励，另有27项成果获国家专利权。理论研究也有很大进展，教师发表论文多篇，出版专著211部。学校目前承担合同项目91项中“模糊控制技术在预焙铝电解槽上的开发应用”和“整机运行状态计算机显示和柔性传动系统的新型回转开发研究，被国家经贸委定为重点新技术开发示范推目；“计算机动画及计算机辅助教学系统”，被国家科委为国家高科技“863”智能计算机主题项目，并与美国罗拉公司合作进行“图像压缩与恢复”的研究。学校已一批具有一定实力的重点学科、研究所和重点研究方向有一批科研成果在产品化、商品化方面效益显著，前阔。学校的对外交流有较大进展，已与美国、德国、日10个国家20多所大学建立了校际合作关系，“八五”期接受242名留学生，派出讲学、学习、出访93人次，创收133.5万元。

教学综合楼

CAD研究中心制作的三维动画片

大学生艺术节

该校的日本留学生与指导教师合影

该校研制开发的太阳能电动车样车

大学生参加军训

首都医科大学

隆重的授予博士学位仪式

1996年9月5日李岚清副总理来校视察

1996年4月11日德国柏林市市长迪普根来校访问

首都医科大学是北京市市属重点高等院校之一，创建于1960年，36年来已经办成兼有研究生教育、本科生教育、大专生教育和成人教育的多种层次、多种形式教育的高等学府，成为北京地区培养高级医学人才的医学教育基地。学校设有校本部和11所附属医院及3所教学医院，此外还有与近远郊区9个县级医院建立挂钩联系的教学基地。十几年来，学校招收、培养了大批合格的硕士生和博士生，1992年经国家人事部批准又设立了博士后科研流动站。近10年来，由于学校设备不断更新，科学研究的支撑条件大大加强，各附属医院除有较完善的中心实验室外，校本部还设有面向附属医院、教学医院服务的实验中心，实验动物科学部以及图书情报中心，科研水平和科研实力明显提高和增强，处于全国医学院校的先进行列。10年来共承担国家部委重大研究项目200项，完成重大研究成果940多项，其中国家、部（市）级以上获奖项目215项，局级项目685项，很多项目达到或接近国际先进水平。

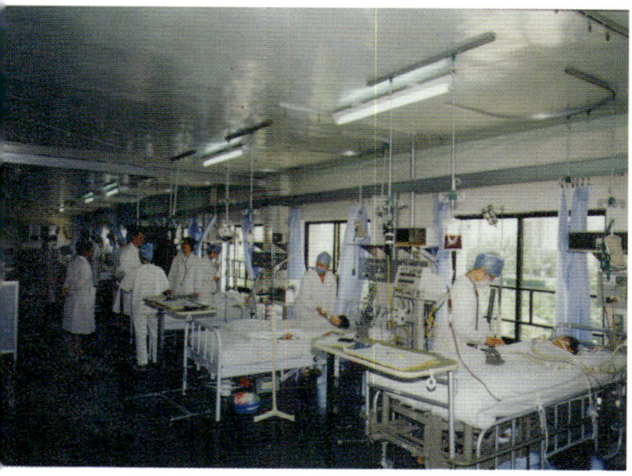

附属医院病房

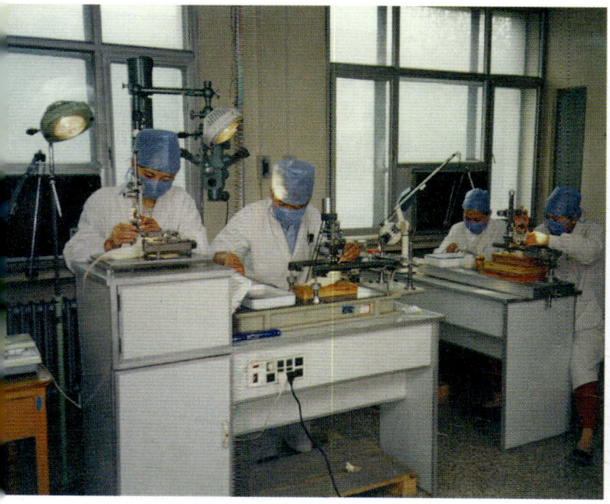

科学研究

第二教学楼

南京中醫藥大學

NANJING UNIVERSITY OF TRADITIONAL CHINESE MEDICINE

校级领导合影

1957年，英国著名学者李约瑟博士（右二）来校参观、访问

与澳大利亚墨尔本皇家理工大学签署联合办学协议

中医文化碑廊

程肖彭教授（左一）在德国访问

南京中医药大学于1955年3月创建，为全国建校最早的高等中医药院校之一。是联合国世界卫生组织传统医学合作中心、卫生部全国中医师资进修教育基地、临床药理基地、国际针灸培训中心。设有中医学博士后科研流动站，具有博士生导师自审权。

学校（包括附属医院）师资力量雄厚，共有教授122位，副教授309位，讲师730位。设有中医药研究院、国际教育学院、植物药深加工工程研究中心，江苏省海洋药物研究开发中心等科研、教学机构，科研成果显著。国家重点课题《中华本草》巨著，被李鹏总理誉为“当代《本草纲目》”。

南京中医药大学是国家教委首批批准接受外国留学生的4所中医高校之一。至今共为80多个国家和地区培养了专业人才。通过互访交流建立和扩大了教研合作关系，为中医药学走向世界做出了积极的努力。

学校图书馆藏书40万册，中外文期刊2 000余种。并有附属医院3所，附属制药厂1个，教学医院13所，教学及毕业实习基地98个。这些为中医药学子提供了良好的学习条件。

南京中医药大学遵循“以继承为基础，以发扬为先导”的办学方针，坚持教学、科研两个中心并重，在迈向21世纪之际，“团结、奋进、继承、创新”的校风正激励着广大师生医护员工，继续创造新的辉煌。

在北京人民大会堂召开的《中华本草》精选本首发式上，卫生部张文康部长等领导会见主要编写人员并合影留念

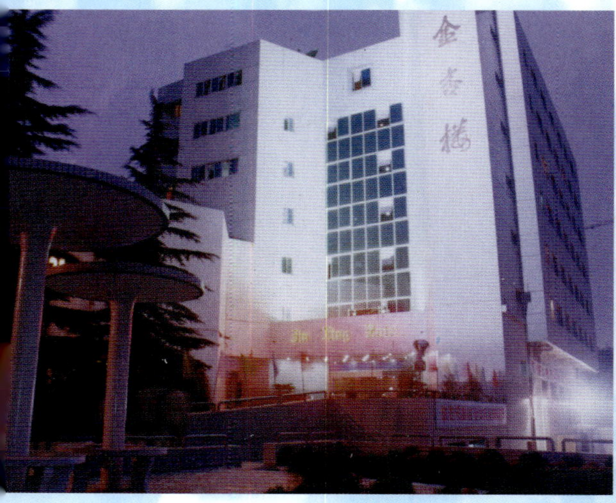

校内留学生宿舍—金杏楼夜景

主教学楼全景

（南京中医药大学供稿） 电话：(025) 6619121

承德市职业技术教育中心主教学楼

平泉职教中心教学楼

平泉职教中心校门

承德市职业技术教育事业

承德市职业技术教育中心领导班子

隆化职教中心的微机课教学

承德市职业技术教育事业紧紧围绕承德市经济发展战略，从“利用区位、旅游、资源三大优势，发展工业生产，促进经济繁荣”的经济建设方针出发，广开思路，灵活办学。近几年来，成果累累，为当地经济建设和社会发展培养了大量的各类人才，走出了一条贫困地区职教为经济建设服务的办学之路。

隆化职教中心俯景

围场职教中心
机电课教学

丰宁职教中心学
生正在上语音课

围场职教中心学校教学楼全景

丰宁职教中心科技馆

天津市文化事业

中共中央总书记、国家主席江泽民接见天津市青年京剧团演员

天津的文化历来以厚重、多元著称。素有戏曲"南北交汇的大码头"、"北方曲艺之乡"和"歌手摇篮"之美誉。这片艺术的沃土，钟灵毓秀，既有遐迩闻名的老一代艺术家，又有造诣精深的中年"台柱"，更有一批崭露头角的舞台新秀。虽然天津历史不长，然而由于历史原因，天津作为拱卫京师大门，留下了许多颇具历史意义的文物，这些无诗声里颂千秋的人文景观同时也反映了天津历史的风貌。由于天津历史的独特，因而天津的博物馆文化也异常丰富，特色鲜明、琳琅满目的展品，体现了丰厚的历史积淀。现天津文化局下辖12个艺术表演团体，包括京剧、评剧、河北梆子、曲艺、话剧、歌舞、交响乐、儿童剧等众多艺术门类。改革开放以后，天津文化发展日新月异，使艺术团体焕发出勃勃生机，精品倍出、美不胜收，舞台艺术姹紫嫣红。充分体现了国际港口城市的风采。

图片说明：

①中国天津艺术团1997年7月25日~8月3日，在巴基斯坦访演期间，巴文化部常务副部长艾哈默德（中）、国家艺术委员会主席那西德（右一），在观看演出后与艺术团团长方伯敬及全体演员合影留念②在阿根廷演出前叶厚荣局长与阿根廷艺术基金会主席弗塔巴特女士、中国驻阿根廷大使馆徐贻聪大使、王世申参赞亲切交谈③阿尔及利亚文化部副部长在中国驻阿尔及利亚大使李清玉陪同下亲切会见中国演员④中国京剧艺术团暨天津青年京剧团在阿根廷布宜诺斯艾利斯市塞万提斯国立剧院的演出，被阿戏剧评论界推选为1997年20项"杰出表演"第二名。

“泥人张”民间彩塑

杨柳青年画

图片说明：

①天津歌舞剧院演出芭蕾舞剧《天鹅湖》

②天津歌舞剧院演出《东方慧光》（于香港文化中心音乐厅）

③“五个一工程”获奖剧目《庄稼院的红辣椒》

④文华奖获奖剧目木偶戏《大肚弥勒佛》（天津儿童艺术剧团）

⑤1997年天津龙狮舞邀请赛

⑥ 1998 年 2 月 28 日天津市隆重举行纪念周恩来百年诞辰暨纪念馆落成开放仪式，中共中央总书记、国家主席江泽民为纪念馆题写了馆名。市委书记、市长张立昌讲话。

⑦纪念馆瞻仰厅内的周恩来、邓颖超汉白玉塑像，背映“海阔云舒”大型壁毯。

⑧座落在天津市风景秀丽的水上公园北侧的周恩来邓颖超纪念馆外景。

⑨天津自然博物馆

⑩平津战役纪念馆

发展中的

中央政治局常委、国务院总理朱镕基视察公主岭市

田纪云副委员长视察公主岭市

新井投产

公主岭市地处松辽平原"黄金玉米带",作为国家重点商品粮基地,曾连续多年雄居全国产粮大县榜首,主要农副产品占有量在全省居于领先地位。

市委、市政府为了使农村经济的发展尽快有一个突破,结合本地的实际情况,确定了以商兴市、以商促工、以工带农的工作思路,用3年到5年的时间,将现在以农业为主体、工业为从属、商贸为补充的农工贸型经济,逐步调整为商贸为先导、工业为主体、农业为基础,农工贸齐头并进、协调发展的贸工农型经济发展的新格局。

光缆通讯

响铃公园

公主岭市

市委书记 栗振国

市长 许景珊

课堂一瞥

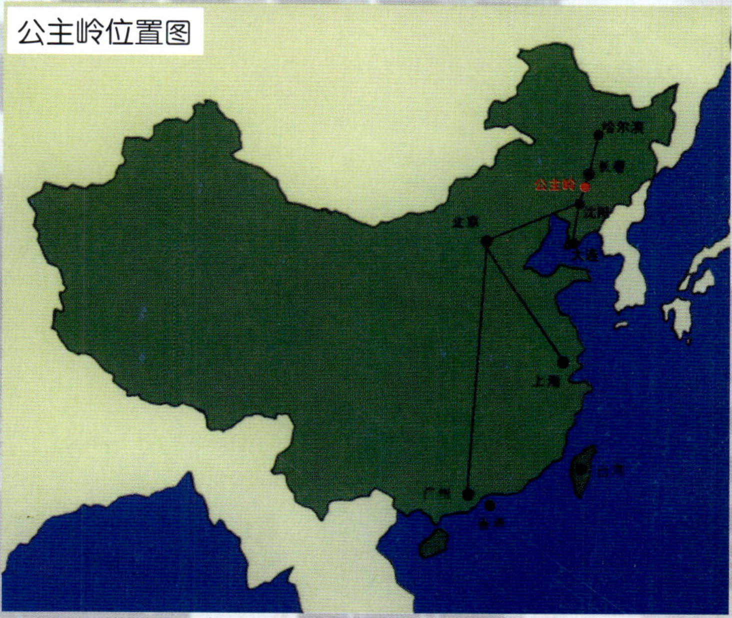

公主岭市地处吉林省中西部。全市辖32个乡（镇）、5个街道。总面积4 058平方公里，总人口102万。

响铃宾馆

草茂牛肥

湖北省劳动事

湖北省劳动厅领导班子左起：厅党组成员副厅长文运国、刘仲煊、厅党组书记厅长李辉轩、厅党组成员副厅长杨文斌、张纲、厅党组成员厅纪检组长高举红

改革开放特别是党的十四大以来，湖北省各级劳动部门面对由计划经济体制向市场经济体制转轨的新形势，高举邓小平理论伟大旗帜，以贯彻实施《劳动法》为统领，以培育和发展劳动力市场，建立新型劳动制度为目标，正确认识和处理放权与管理、服务与监察、破与立的关系，抓重点、攻难点、办试点，圆满完成了各项劳动工作任务，促进了劳动事业的全面发展，得到湖北省委、省政府和劳动部的充分肯定。近4年多来先后有80多个方面的单项业务工作或个人分别获省级以上表彰和奖励。1996年，在国家劳动部组织的全国劳动系统首次评选表彰活动中，湖北省劳动厅被评为全国劳动系统先进集体。

为了使《劳动法》等政策法规深入人心，湖北省劳动厅以及各地、市、县劳动部门经常在企业和职工中开展劳动政策法规知识的学习，宣传和竞赛活动，受到企业和职工的欢迎。

业全面发展

为了给下岗职工创造再就业机会，湖北省各级劳动部门定期、不定期地为他们举办劳务集市。本图是武汉市武昌区专门举办的下岗妇女再就业赶集会的一个场景，旨在为下岗女工再就业排忧解难。

湖北省就业局职介中心在省就业大厦劳务市场举办人才招聘会。

提高职工队伍的文化技术素质是发展经济、搞活企业的基础。湖北省大力开展职工技能开发培训工作，每年为企业输送大批适用技能人才。图为湖北襄樊市高级技校微机操作班的学生正在认真操作实习。

湖北省企业离退休职工由于参加了社会保险统筹，为他们老有所养、老有所乐提供了保障。这是京山县企业退休职工载歌载舞，欢庆自己的节日—“重阳节”。

武汉国税工作

武汉市国家税务局在1994年9月底组建，1995年元月1日起正式运转。从此翻开了武汉市国税工作新篇章的第一页，踏上了新的历史征程。

武汉市国税局运转三年多来，工作已迈出了步子，打开了局面，全局系统圆满完成了上级下达的各项税收任务，新税制得到进一步巩固，税收征管不断加强，征管改革有了突破，国税队伍出现了可喜的精神面貌。被武汉市人民政府授予1995年度“目标管理立功单位”称号。

武汉市国家税务局基层建设一瞥—江岸分局惠济路税务所

全国驰名的汉正街小商品市场征收大厅

以全国统一刊号公开发行的《税收征纳》杂志，由武汉市国家税务局、武汉市地方税务局、武汉市税务学会主办

被武汉市人民政府授予“1995年度目标管理立功单位”称号匾牌

涉外税收征管日益规范，收入年年大幅度增长

未来劳动市场的形成作出贡献。简言之,在一个“学位=工作”这一公式已不再适用的时代,高等教育培养出来的毕业生不仅是求职者,而且还应该是成功的企业家和就业创造者。

为了应付这些挑战,学术界与经济界伙伴的积极配合已越来越被看作是高等教育的任务中不可分割的一部分。这些关系仍然主要停留在能促进技术发展的研究工作方面。不过,人们逐渐认识到有必要将其范围扩大到教学、培训、学习安排和机构组织等方面。与此同时,人们还在寻求一些灵活开课的新方法,作为促进、维持和加强稳定和彼此有利的联系的手段。

全球化过程进一步证明,现代化的人才培养不仅包括高深的专业知识,而且还包括对全球化带来的各种文化、环境和社会问题的充分认识。对高等院校来说,重要的是要加强其在社会上提高伦理道德价值的作用和强调提高未来的毕业生的积极参与的公民精神。在为学生的职业生涯做准备的同时,还需要更加重视学生的个人发展。对这样的毕业生和这种课程的要求,可以成为在高等教育中重新重视人文科学和艺术的机会,也可以为与各种经济部门和国家机构建立合作关系创造新的机会。

(四)经费与费用分担的问题

几乎所有发达国家和整个发展中国家面临的主要问题是在国家预算日益紧缩的时候,社会和个人对接受各种形式的学习和教育服务的要求却持续增长所产生的基本矛盾。这种情况目前已成为国家和高等院校与学术团体之间关系紧张的主要原因。高等教育应该显示自己有力量与其他有组织的部门竞争国家的财政资助。不过,不应该只从国家预算现有的和未来的困难的角度来谈高等教育的经费问题,现在应该从把发展高等教育的负担由国家身上转到私营部门身上的角度来讨论这些问题。

在目前的经济条件下,高等院校有时还得从其服务性活动中部分“收回成本”。在采取这些措施的同时,还要认真研究一些能更有效地利用自己的人力和物力的方法。比如,收取学费的问题是高等教育中一个敏感的问题,因此对待这个问题必须十分谨慎,因为它触及到社会公正和社会流动、教育中的问题和整个国家的教育、社会和税收政策。这个问题还应该从学科流向的角度来看,这种流向已经受到大学前各级教育现行的学费制的影响,因为收费对学生来源、对管理和对学校的地位都有内外影响。总之,对收费问题要特别注意,对贫苦的学生要提供奖学金和贷款。

在对高等教育“社会价值”的片面理解的影响下,在经费问题上过份强调国家与高等教育脱钩的政策极有可能导致“成本回收”的压力过大,和在教学、科研及管理中千方百计寻求“其他资助”和“通过内部增效来收益”。这是一个危险。另一个危险是过多地要求将高等教育机构开展的各种活动“商业化”。在这种情况下,在招生、课程计划、毕业和教学等方面是否还能坚持标准就可能成为普遍关注的问题,也可能成为高等院校、国家和社会之间关系紧张的原因。因此,应作出努力,通过一定的监督与鉴定手段来缓和这种紧张关系,因为无论是哪一种“所有制”形式,人们都要求所有真正的高等院校行使其为公众服务的主要职能。

评价高等教育的主要标准是其教学、培训、研究及社会服务的质量。因此,千万不要把经济关系的自由化和提倡“企业精神”与不要国家政策混为一谈,尤其是有关高等教育的经费问题。也不应该把学校自治解释为迫使各校通过与企业签署大量的服务合同,或是收取或提高学费和其他的学习费用来自筹资金的又一政策。

归根结底,如果希望大学或其他高等教育机构对社会的变革和发展作出显著的贡献,则国家和整个社会不应将高等教育看作是国家预算的负担,而是加强经济竞争力、促进文化发展和增强社会凝聚力的一项长期投资。费用分担问题也应该根据这一认识来解决。总之,为了确保高等教育完成其教育、社会和事业方面的使命,政府的资助仍然是最关键的。

(五)教学改革——内容与手段

为了适应人类持续发展的需要,高等教育必须修订课程设置,必要时应采用和制定新的课程计划。知识爆炸大大增加高校开设的课程。知识爆炸的一个特点是不同学科的相互渗透。如今,人们普遍认为必须加强课程内容的跨学科性、多学科性和提高教学方法的效果。教学改革的措施都应体现这些新的变化。

为了达到这一目的,高等院校应重新考虑教学在其总任务中的地位,并提出奖励措施说明教学的重要意义。同时,高校应与贸易和工业组织建立各种(不必拘于形式的)联系。这些联系应有助于增加入学机会和有利于参与高等教育的新形式。这种形式虽然仍以传统的学习内容为主,但它们也能为那些不能按常规途径入学的人开设职业培训的进修课程。比如,更加灵活地设课和颁发文凭,以及借助新的传播与信息技术开设校外课程,将有助于农村居民接受教育。这还意味着高等院校应对正在出现的终身学习这种模式担负起更多的义务。这就要求在高等院校和它们的社会伙伴之间建立新型的关系。这还意味着有必要继续分析课程设置、培训和进修等方面的需要,并要求建立一套方法来衡量与学生的学业和教师的教学资格有关的工作经验。

为了在最高的层次上提供终身学习机会,需要为高等教育确定新的任务。应该寻求不太正规,但灵活性更大的高级培训方法和更新知识与技术的方法。灵活的教学形式不仅应适合增长知识的活动和教学之间现有的巧妙联系,而且还应为经济和其他部门的专家在高等院校兼课提供方便。商业界、政府和国际组织的有经验的人可以给课程内容注入新的思想。

教学改革的成效还有赖于知识的传授方式。目前,越来越明显的是信息和传播技术中软件和硬件的发展,已为新型的教育服务开辟了道路。这种依赖技术的学习环境要求人们重新考虑教学实践以及校内信息系统的职能。为了让学术界,主要是学生和教师乐意接受以及为了让教学充分得益,信息技术的使用问题应当提到各校提高教学的信息服务,特别是图书馆工作的日程上来。在高等教育中进一步使用这些技术还取决于在满足学术界对信息的需要和保护知识产权拥有者,特别是那些从事商业性出版和信息交流的人的利益之间,寻求满意的解决办法。

在寻求新的解决办法的过程中,许多国家的高等院校都在通过设计"知识单元"的方法来建立不同于传统课程的教学计划。将单科课程作为组织教学的框架这种做法应予以进一步探讨和鼓励。这需要改进学习指导制度需要对许多系科实行的课程所有权和学期结构进行适当的调整,重新安排帮助学生和辅导学生的工作(特别是在远距离高等教育方面),以及为不同形式的学习和不同科目之间的学分转换和教师交流创造机会。

国家之间和国际上相互承认学历、文凭和学位的制度应该反映和促进这一灵活方法并且推动职业指导和提高专业水平。同时,采用单科显然有利于国际上对学历和文凭的承认,因此也有利于学术上的灵活性并能增加流动。在这一领域中国际协定、合作机制和合作方法是不可缺少的。

(六)加强高等教育的研究职能

只有部分教学人员和部分单位(根据各自的任务、学术力量和物质条件)也开展研究工作,高等教育才能完成其使命并成为社会中有价值的一员。由于高等院校与其他研究机构一样,需要得到国家更多的支持,这一点必须反复强调。社会应使研究人员对科学抱有"信心",使他们能根据人类面临的各种复杂的生态、经济、社会和文化问题追求新的目标。

高等教育的研究工作还表现为有不同的人从事各种前沿的学术研究工作。高等院校,尤其是发达国家的高等院校面临着来自学术界以外的研究机构的激烈竞争,这些研究机构在许多领域都有更好的设备和更多的资金。另一方面,国家拨给学术机构的研究经费正受到更多的行政限制。在这种情况下,高等教育机构和研究人员必须表现出能与其他研究机构竞争的能力,并适应新的筹资办法和建立新的合作研究形式。

强调短期效益和预算紧缩的压力,从长远来看可能对高等院校作为发展知识和培养未来科学工作者和工业研究人员的应有地位产生严重的后果。高等院校的研究部门虽然开支很大,但是在以知识和不断的技术变革为基础的全球经济中,它们能提供新的技术和新的思想。要让广大群众、政府机构和经济组织了解研究工作在高等教育中的作用的最好办法是通过一些有说服力的成果,表明研究工作和有关的课程与教学工作的学术质量、经济价值、人文意义与文化影响。

由于经费问题,许多国家,尤其是面临严重经济困难的国家,往往削减对高等教育研究工作的资助,尽管这些研究机构有时是开展有价值的研究活动和发展适应地方需要的技术的主要场所,在许多发展中国家中甚至是唯一的场所。合理使用研究力量能促使许多国家和研究机构,特别是发展中国家的研究机构有效地协调其某些过分分散的研究计划,并建立各种联系和网络中心,以便开展有意义的研究。

研究工作对教学工作的好处常常被忽视，部分原因是教学和研究之间的联系往往不是很直接或很明确的。重要的是高等教育机构开展研究不仅是为了学术上的声誉或出于经济上的考虑，而且是全面提高和发展整个教学和社会服务，包括知识传播等项工作的一部分。因此，研究人员还要设法将其研究成果用于教学和培训。除了教育价值之外，参加科学项目还可以教会学生如何与别人协作工作和学会遵守科学研究工作固有的纪律。

科学要不断解决新的问题，需要不同领域的知识，因此需要对研究人员进行跨学科培训。科学、技术和文化之间共同关注、需要巧妙配合和共同开发的领域的数目正在迅速增加。高等教育机构和诸如科学公园或培养人才的技术场所等其他革新式的组织环境，为开展这类试验提供了适当的条件。

(七)高等教育对其他各级教育的责任

凡是有远见卓识的教育观点和行之有效的教育政策都必须考虑整个教育体制的问题。因此，高等教育的改革必须考虑其与所有其他各级教育的密切的相互依赖关系。

教育系统的这种必要的密切联系是由于高等教育既要依赖于前面各级教育工作所取得的成果，又要负责对中小学教师进行培训。此外，科研与革新，包括新的教育方法和教材与学习资料的编制，通常要由高等教育机构的工作人员来设计、拟订和进行试验，然后才在全系统实施。高等教育需要在整个教育系统的革新中起主要作用。

主张加强高等教育与中、小学之间联系的另一个有说服力的论据是，在中小学和技术与职业学校执教日益需要具有受过大学一级培训的资历和技能，特别是在培养学生自学和判断思考能力方面的技能。要充分掌握所教学科的知识，还要求进行一定期限的在职培训。高等教育可通过其在教师的专业发展中所发挥的这种作用，为改善教师职业的现状作出贡献。

高等教育(在前阶段各级教育的配合以及在各种科学组织和传播媒介的合作下)应该在将更多的科学知识引入教育与文化方面起更大的作用。办法是编写“科学友好”课程并开展“科学友好”活动，以提高人们应用技术的能力，鼓励更多青年，特别是妇女从事自然科学、技术与工程学的学习。

(八)高等教育的质量

在要求增强高等教育针对性的同时，还应普遍关注提高高等教育的质量。高等教育的质量问题是一个综合性的概念，它在很大程度上取决于特定系统的组织结构、法定的任务或特定学科的条件和标准。数年来，对质量问题的关注一直是高等教育政策性辩论的中心。考虑到它对高等教育的发展和改革的影响，有充分理由相信，这种情况将会继续下去。质量问题涉及到高等教育所有的主要职能及活动：教学、培训和科研工作的质量，即其工作人员的素质和课程的质量以及作为教学和科研之必然结果的学习的质量。不过，应该承认，追求“质量”的问题涉及到许多方面，不能仅从各不同课程的学术作用上去作狭义的理解。因此，还要对有关学生的质量和基础设施及学术环境的质量等问题予以重视。所有这些涉及质量的问题，加之适当注意进行妥善管理，将会在以下方面起重要作用：一个特定的机构如何行使职能，如何予以评价，它对学术界和整个社会能造成什么样的“机构印象”。总之，这里有必要说明，“质量评价”的主要目标是让机构及全系统得到改善。

(九)高等教育的国际化

高等教育日益国际化，这首先是教学和科研的全球性的一种反映。现行的经济和政治的一体化进程，文化间了解的日益需要以及现代交流、消费市场的全球性质等，正使这种世界环境得到加强。在国际环境中从事学习、教学、科研、生活和交流的学生、教师和科研人员的数目的不断增加，证实了这一可喜的总体发展趋势。

除了个人的流动性增大之外，我们还看到跨国科研的联系有了加强，学校、教师和学生之间的各种类型的结网和其他联系有了很大的发展。信息和交流技术的稳步发展促进了这一进程。不过，国际学术关系中的某些错误倾向也造成了一些严重的问题。知识的转移和对数据库的利用受到了一些不利因素的严重影响，而这些因素并非一定直接与教育有关，高级培训和科研能力的地理分布不平衡便是一例。由于知识具有普遍性，因而知识的深化、发展和传播只有通过国际学术界的集体努力，从而有了学术生活和学校、科学协会及学生组织所固有的国际特征。国际合作是世界学术界的共同目标，而且还是确保高等教育机构的工作质量和效果所不可缺少的条件。高等教育已在知识的发展、转让和分享方面发挥了主要作用，因而学术上的国际合作应为全面开发人类的潜力作出贡献。这将有助于缩小国家之间和地区之间在科技方面的差距，有助于促进人与人之间和民族与民族之间的了解，从而有助于宣传和平文化。

(十)国际合作的原则和形式

国际合作应以真正的伙伴关系、相互信任与团结一致为基础。它应采用灵活的作法，从而使参与合作的机构或个人能够解决相应的各种问题，而其宗旨应是提高国家、地区和地方在开发人力资源上的能力。然而，在近代，对长期发展战略具有特别重要意义的智力人才的流动，一直是倾向于一个方面——从南至北。新的大学间的合作，尤其是与发展中国家的这种合作不应仅限于促成知识和技术的迅速转让，而且还应推行一些鼓励措施，让学生、教师和科研人员留在其所在的当地院校。这也是为什么国际机构、政府间和非政府组织、负责高等教育的国家当局和大学本身已更清楚地认识到，一个有助于复兴发展中国家的高等教育和减少人才外流现象的国际学术关系战略所具有的种种优势。此外，不应小看南——南合作关系的重要性，因高等教育机构在能对成套的类似经验加以比较的情况下，往往会有更多的具有实用价值的经验可交流。

对国际学术流动的参与，不应受地区化文化的限制，也不应采取商业上所注重的方式来挑选外国学生或提高某机构的所谓声誉。还必须为迫切需要国际援助的国家和高等教育机构以革新方式"向外国学习"提供充足的机会。

国际高等教育合作最紧迫的需要是扭转发展中国家，特别是最不发达国家中的学校出现的衰落现象。高等教育所面临的不利条件首先要求有关国家和学校分别采取一些适当措施并作出必要的努力。学校必须学会更加切实有效地加强其与社会的联系，充分地参与其所在地区或社区的发展工作。人们通常把大学一级的机构视为国家机构的一部分，而不是把它看作是地方社区和整个社会的一个重要组成部分。因而，十分有必要向决策者和整个社会说明，后一种情况才是属实的。

许多发展中国家因受到严重的社会——经济和政治问题的困扰，将很难做到把大量资金投入到高等教育中。因此，国际学术界和国际组织有责任帮助那些在发展自己的教育体制和提高本国的科技能力方面遇到特殊困难的国家的高等教育。

要想为提高高等教育的针对性、质量和国际化寻求解决办法，就要在有关人力资源开发和各级各类教育的作用问题上重新统一思想。在此方面，重要的是国际和国家的开发投资机构、非政府组织和基金会以及整个学术界，应该把对发展中国家的高等教育机构的资助看作是教育系统全面发展以及加强内在能力建设的重要问题。

人们日益认识到，必须更好地协调高等教育发展的国际合作工作。由于国际援助计划通常是互补性的，因此，可以通过妥善设计和协调开展的合作使这些计划得以巩固和发展。

寻求具体解决办法的方针来自对许多地区、国家和地方的各种问题的特点的辨别力。并且还应有这样一种认识，即，虽然知识具有普遍性，但知识的运用却往往带有地方性。高等教育是从属于所在的地方社区并对它负有责任。这种地方性的参与是大学或其他高等教育机构工作任务的一个组成部分。不过，在增强地方针对性的同时，各学校还应通过为关系整个社会的各种科学、教育和文化问题积极寻找解决办法来加强其在国际上的参与。

对质量的关注还应包括国际计划与交流。高等教育机构在"承认"教学水平和授予学位而作的校际间安排上应更加负责并应持谨慎态度，因为如果没有经过内部和外部的质量评估，这样做很容易损害学校的学术地位。

一项深谋远虑的高等教育国际合作方针还应为长期的人才外流问题寻求解决办法。扩大国际智力交流将有助于全面增加高等教育的灵活性、扩大它的范围并提高它的质量，有助于消除人才外流现象的某些根源。通过特制计划为知识的迅速转让寻求新的模式也是一种能有助于减少人才外流的具有革新精神并容易管理的国际合作方式。

(十一)知识的获取

世界各地区学术机构之间的质量差距，直接反映出发达国家和发展中国家之间存在的较大的经济和社会的不平衡现象。许多发展中国家，特别是最不发达国家所面临的严峻的社会——经济形势，对高等教育体制必然产生影响。不过，在当今这个知识密集性的世界上，完善的高等教育体制是扭转这一趋势的主要希望。因此，现在的问题是，处境不利的教育体制如何设法摆脱它们面临的恶性循环的处境。

(对那些应承担主要责任的有关国家和大学来说)首先应采取的其中一项主要步骤是进行机构改革，尤其应使机构适应特定的需要。同时，为机构发展开展的国际合作，在确保知识的获取和促进知识的转让方面应发挥重要的作用。高等教育机构由其自身的使命决定，在确保知识的普遍传播和促进世界各地同类机构的发展方面应能发挥主要作用。目前的挑战是，在这个奖赏和机会分配不均的世界上，各机制都有资格分享知识，其途径是：为新成果的利用提供方便，适当进行学术流动和加强地区集团间的技术合作。

对那些在发展自己机构和编制先进学科课程和科研计划上缺少资金的发展中国家的高等教育来说，知识的利用还有另外的重要意义。通过发展地方的技术与职能，增加知识提供者和用户的数量，将有助于缩小其与发达国家的差距，从而减少其对外国技术和科学援助的依赖。在这项工作中，加强对各种形式的国际学术合作的参与，才有可能防止长期存在的人才外流现象。类似多校园国际高等教育机构的一些项目特别值得进一步探索。

与许多其他人类活动的领域一样，在学术界开展学术竞争(这是知识发展的重要条件)不应妨碍人们从学术团结的理想角度来看待多方面利用学术发明的问题。世界学术界的成员们不应只关注自己机构环境的质量，还应关注各地的高等教育的科研质量。

(十二)为提高学术水平而结网

争取获得卓越成绩虽对每一个高等教育机构都很重要，但没有一个高等教育机构有望在每一个领域均达到最高水平。因此，大学间的合作正日益发展，以避免某些学校、尤其是发展中国家的学校的边缘化，并且通过在大学间进行一种超越国界任务分工，致使更有可能获得学术上的好成绩。设立一个国际研究生中心和科研中心的连锁系统可积极推动特定地区的高等教育并有助于促进南——南合作，特别是在这类安排是以共同利益和合理分担财政责任为基础的情况下更是这样。

现代技术的发展使这些中心的建设和作用显得特别有希望。它们扩大了学术流动的概念，其中不仅有学生、教师和科研人员的传统流动，而且还包括了一种反向流动，即让高级研究中心的研究人员帮助那些偏远且条件较差地区的学校的学生、教师和科研人员。这项工作可通过电子网络、录像带、只读高密度光盘和其他现代交流形式来进行。这些新技术还为处理有关传播由在发展中国家工作的科研人员取得的科研成果的问题提供了可能。

附：

建立新型的高等院校"进取大学"

在承认高等教育是当代和未来社会中最重要的组成部分之一的同时，也要求对高等教育的教学、科研和服务，并最终对高等院校本身进行改革。此外，全球、地区、国家和地方范围内的许多问题是十分复杂的、相互联系的和非常重要的，消极被动地对待这些问题可能会对那些进行改革的学校不利，特别是从长远的眼光来看。联合国教科文组织致力于高等教育的改革，认为所有有远见的高等教育体制和高等院校在确定自己的任务时都有这样一种远大的目光，即建立一种最好称之为"进取大学"的新型大学。即，把每一所高等院校变成：

一个开展高质量培训的地方，使学生能在社会和专业活动的各方面，包括在最复杂、最新和最专门化的活动中有效地发挥作用；

一个择优录取学生的地方，尽管应对社会平等的问题给予必要的注意；

一个全心全意追求、创造和传播知识的人，促进科学发展的人和开展技术革新与发明的人荟萃的地方；

一个注重质量和知识的学术机构，一个向未来的毕业生灌输立志追求知识的思想和培养他们把知识用于社会发展这种责任感的地方；

一个把欢迎学生"回炉"更新知识、提高水平作为一种固定形式的地方；

一个鼓励和积极支持与工业和服务部门进行合作来发展地区和国家经济的地方；

一个以博大精深的批判精神提出和讨论地方、地区、国家和国际上的重要问题，并提出解决办法的地方；

一个鼓励群众积极参加有关社会、文化和知识发展等问题的辩论的地方；

一个能让政府和其他国家机构获得各种决策愈来愈需要的可靠的和科学的情报的地方，一个促进公众参与决策的地方；

一个汇集了坚决遵守学术自由的原则的人的地方，这些人追求真理，在本国社会中和全世界捍卫和促进人权、民主、社会正义和宽容精神，从事真正的公民参政教育和建设和平文化；

一个置身于世界各种挑战和各种机遇之中的机构，一个能适应现代生活的节奏、适应每个地区和每个国家的不同特点的机构。

对"进取大学"的这些要求意味着在寻找能够适应特定的高等教育机构，特定的社会、国家和地区的需要、条件和可能性的学校模式与办学方法的过程中必须进行创造性的调整。高等教育这种发展与变革也应看作是现代社会整个变革中的一个重要部分。新型的高等教育体制的具体形式和实施方法应由每个国家及其高教界考虑决定。不过，在迅速变化的世界上，没有一个国家能认为自己不受国际事务和形势的影响。

国际社会呼吁：为可持续发展重订教育方针

1995年9月25日至26日，联合国教科文组织以"为可持续发展促进教育、公共认识和培训：执行《21世纪议程》第36章"为主题在巴黎举行了机构间协商会议。此次会议在强调重订教育方针以解决可持续发展问题的正确性与必要性的同时，对学校改革和课程重新定向，促进跨学科方法等内容进行了交流和探讨。

会议成果表明，目前在世界范围，在振兴公共教育的努力中，许多国家正在审查学校课程，以确保这些课程在一个迅速变革且期待进入下一个千年的世界上，充分适合满足学生和社会的需要。对可持续发展教育概念和方法的评价是一项要考虑的重要问题，在此评价过程中，可持续发展教育可能会被纳入修订的、富有创新性的教育计划。正规教育计划正在解决可持续发展问题，以便学生们能够了解、关心和具有今后所需的适当技能和生活方式习惯。会议认为，可持续发展教育应培养人们尊重文化差异，尊重人们为自主实现可持续发展而选择的不同道路。公共认识和了解可持续发展应成为国际、区域和国家一级教育改革和培训的最重要优先事项之一。这种了解是一种逐步发展的终身教育过程。这是一种为生态知识和理解；为人力发展（其中包括精神、价值观、道德责任、尊重文化多样性以及致力于和平）；以及为了解经济发展而重新定向的教育和认识。鉴于世界正在向可持续发展迈进，这对于社会来说便成为一个至关重要的基础。

基于这种认识，人们首次正在做出努力来改革课程。越来越多的国家正在编写和出版采用环境方面资料的教师手册和教育小册子。鉴于目前几乎没有环境教育计划，有一项解决办法就是酌情把材料纳入现有的学科领域，诸如科学、社会研究、地理、全球研究、环境研究、保健和人口教育等。另一项办法就是把解决可持续发展问题作为教育制度全面结构调整和改革的一部分，在此过程中将重新修订教育目标和课程。

北美环境教育协会正在制定协助教育者设计和选择环境教育教材的指导方针。这些以7项标准为基础的指导方针被称之为国家标准，它允许在不限制教师灵活掌握教学内容、教学方法的情况下评估质量。1995年5月来自10个撒南非洲国家的专家在教科文组织的帮助下拟定了新的教学方针，把环境、人口和发展观点纳入了学校课程。欧洲议会的一项决议使全欧环境教育项目有所增加。新的设想使更多的地方在大学一年级可授予环境研究学位。此外，在师范院校和大学的环境研究领域的师资培训也在加强。经合组织的环境与学校倡议项目使19个国家参与一个国际课程编制项目,在该项目中每个国家均建立其自己的学校网络。非政府组织也在参与编写教材。世界资源研究所已编写了一套教师指南,论述了环境与发展领域的全球趋势。在国际一级,世界野生物基金会和国际养护自然和自然资源联合会仍继续从事主要有关材料的编写工作。

1995 年 11 月 28 日至 12 月 1 日,捷克共和国在布拉格组织了题为“教育和公众认识促进持续发展”的国际专家会议。会议拟定出了一系列建议,其中包括:各国为可持续发展教育制订指导方针和国家行动计划;教科文组织与联合国和非联合国其他机构合作制定并传播一项更为详细且易于理解的可持续发展教育概念,尤其是概念的内容。特别应该鼓励的是对环境经济学以及正在出现考虑在自然资本与生产资本之间进行选择的新模式的可持续发展教材进行研究、辩论和传播;各种教育方案均应包括可持续发展教育信息,使每个人都获得积极参与创造他或她自己的可持续生活方式的知识;初等、中等及高等教育方案应在其教程中提供可持续发展教育。

1995 年 7 月 23 日至 27 日在英国布拉德福德举行的英联邦政府间环境教育工作会议提请注意:在初等一级,需要介绍某些关于环境和可持续发展的原则和技能以便改变价值观念和看法;在中等一级,教育部需要支持环境教育,对考试和课程作必要改动。在学校,需要有学校的举措,教师需要起模范带头作用,非政府组织和社区参与;在高等一级,需要有跨学科机构。需要有作为学位课程附件的证书和(或)环境教育单元项目表。大学在课程、研究和行动方面需要制订有环境方针。环境教育应遍及现有课程,环境学位问题应纳入决策过程;非正规教育,需要对环境教育工作者、对传播媒介、宗教团体和决策者给予支持和培训;编写与传播有关环境教育方案和资源的文件;环境教育方案的监测和评价;增加供资;发展适当资源材料和技术;将传统的知识纳入环境教育方案;将环境部分并入所有社会——经济活动。

(李跃进)

世界科技发展概况

中科院成都文献情报中心　孙光成
高新技术产业报社　孙肇伦

世界高技术发展的主要成果及发展趋势

(一)世界高技术发展态势

概况

1995~1996 年,世界经济继续复苏和发展。以美、日为首的发达国家 1995 年的平均经济增长率为 2.7%。很多发达国家及发展中国家纷纷制定与调整产业结构及科技政策,希望通过提高本国的经济竞争力,在世界多极化的格局中立于不败之地。

信息高速公路建设进入实质性阶段　1995 年被称作互联网络年,计算机的网络技术有了突破性发展,计算机革命进入了一个新阶段,这为信息高速公路建设奠定了物质基础。经过前两年的宣传攻势之后,许多国家已正式开始建设本国的信息高速公路(NII),全球信息高速公路(GII)的建设也已展开。1995 年初,美国副总统戈尔召开了由联邦与地方官员共同参加的“电信最高级会议”,讨论 NII 的计划,决心在下一世纪初建成本国的信息高速公路。

1995 年 2 月在布鲁塞尔召开的西方 7 国集团 GII

大会上，主要工业国家提出了建设GII的11项示范项目，并讨论了未来对GII的管理、技术和社会影响等问题。在美国的建议下，围绕GII召开了一系列国际会议。西方发达国家确定了以国际合作形式建设GII的战略方针，为未来的信息社会勾画了蓝图。

科技产业化的速度不断加快　在经济竞争日趋激烈的今天，英、法、德、日等国纷纷制定或调整科技发展计划和科技政策，以鼓励科研机构与企业结合，并投入巨资支持那些有发展潜力的中小企业的研究开发活动。特别是随着计算机技术的突飞猛进，新产品从开始研究到最终商品化的周期大大缩短，各类新型的PC机，从研究到上市的时间已不超过18个月。一些发展中国家为加速本国的产业升级与经济发展，也把科研经费的主要部分投入到能迅速转化为生产力的高科技项目的研究开发上。

尖端军事技术的研究开发活动大大加强　冷战的结束和大国间军事对抗的缓解，导致各国纷纷裁军及国防预算不断削减。很多国家将有限的军事预算重点转向军事科研，发达国家凭借自己雄厚的科技实力在这一领域掀起了一场“军事革命”。美国政府于1995年9月发表的《国家安全科学技术战略》提出，要通过高技术使美军保持精良的装备。美国利用自己在电子、信息方面的优势，大力研究用于“信息战”的武器，将传感技术、模拟技术等与先进的武器系统结合起来。法、德等西方国家也将联合研制新型侦察卫星。

发展中国家的科技发展令人瞩目　1995年，很多发展中国家，尤其是亚太新兴工业国家，在国际科技舞台上异常活跃。在世界性的建设NII的浪潮中，除亚洲四小龙外，印度、巴西、墨西哥等发展中国家也制定了发展本国的NII的计划。印度已成为仅次于美国的第二大软件出口国，巴西的航天工业取得了长足的发展，韩国的先导技术开发已取得很大成就。亚太新兴工业国家的经济增长率明显高于西方国家。

国际科技合作与交流更加活跃　由于发展阶段的不同和科研经费的相对紧张，发达国家之间、发达国家与发展中国家之间的科技合作日趋多样化。美、俄在航天领域的合作引人注目，1995年实现的太空站对接大大推动了国际航天事业的发展。由于财政紧缩、经济不景气，大科研项目更多地寻求国际范围内的合作。欧盟各国合作研究的亚微米计划使欧洲的半导体工业恢复了竞争力，尤里卡计划也取得全面进展。

发展中国家经济的迅速增长大大增加了它们对各种高新产业技术的需求。美、欧、日等国家在高技术领域的竞争更加激化，它们既想控制先进技术尤其是先进军事技术向第三世界的转移，又想使本国企业在技术市场上占有优势。预计这一矛盾将在今后几年内愈演愈烈，而国际科技合作与交流也将变得越来越重要。

世界高技术竞争的新变化

科学技术的迅猛发展和各国在技术领域里的竞争不断深化，使世界高科技发展的格局和发展的环境出现了一些意义深远的变化。

向科研前沿转移　目前世界上使用的最先进的计算机是第四代大规模集成电路计算机。许多科学家在着手研制第五代智能计算机和光子计算机，而日本却在着手生物计算机和第六代仿人脑计算机的理论研究了。日本这种超前战略，集中反映了着眼于21世纪同美国争高低，争当世界科技大国的决心。

高技术严格保密　采取严格的高技术保密措施，在美国最为明显。美国为了保持和恢复在高技术领域里的优势，采取了许多“技术堡垒”措施，如制定知识产权保护法，保护企业的秘密；修改情报公司的原则，不允许外国人向美国商用数据库检索资料，并且还准备限制外国在战略领域里投资等。

国际性合作趋势　在高技术竞争加剧的同时，科技的国际性合作与协调的趋势也在加强。国际上许多的大型计划，如“尤里卡计划”本身就是一个国际合作性计划，有许多国家参与。这既反映了高技术的艰巨性，也反映了任何一个国家无法包揽高技术的所有领域。高技术的发展也出现了相互依存的趋向。

美国发明比重下降　世界高科技发展的格局逐步向以美国、日本、西欧等为竞争对手的多极化方向发展。调查材料表明，美国在世界科技发明中所占比重已由50年代的80%下降到50%，估计到2000年会继续下降到30%。1995年美国的高技术进口首次超过出口，亏损达40多亿美元。

日本蚕食高科技地盘　向美国提出挑战的日本，现在正蚕食着美国的一些高技术地盘：在25种半导体技术中，日本就有18项领先于美国；在12项集成电路工艺中，日本领先美国的有9项。近10年来，日本大规模集成电路的世界占有率，已从28%上升到50%，而美国却从55%下降到40%。

俄罗斯科研人员总数居世界首位　目前，俄罗斯科研人员已有150万，超过美国居世界第一位。它在航天、激光和核聚变等领域有着卓越的成就。特别是军事科技上，堪与美国匹敌。但俄罗斯科研体制的一些弊端，严重地阻碍了科技发展的活力，使不少高技术领域落后于西方。俄罗斯已认识到了现实危险性，现正在加速科技领域的改革和高技术的开发。

各国竞相增加经费、争夺人才　近几年来，日本科研经费的增长速度和人才开发的速度占世界第一位，1995年科研经费总额达10亿日元，占国民生产总值的3.19%；到2000年将上升到3.5%。美国把今后5年的国家科学基金预算提高一倍，1996年财政年度的研究开发预算增加12%。技术竞争从根本上说是人才的竞争，现在不少国家到国外用重金聘用人才。日本的人体领域研究计划三分之一的研究人员准备从国外引进。美国、加拿大、澳大利亚和新西兰为了在国外网罗人才，都再次修改了移民政策。

世界高技术发展的主要成果

1996年世界十大科技成就

科学家找到对付艾滋病的新武器　1996年，科学家发现了蛋白酶抑制剂这样的新的疗效物质，并在艾滋病基础研究方面取得了一些突破：发现被称为化学激动物质的天然多肽分子能够抑制艾滋病病毒。这些新发现和新突破为人类对付艾滋病提供了新武器，也使得艾滋病终有一天只可能成为一种慢性病，而不会成为一种致命疾病。

生命起源研究取得进展　从有争议的火星生命之说到证实世界上只有三大生命形式而非以前所说的5种，科学家把我们对生命起源的理解推向了新的高度。

电子出版业蓬勃发展　在1996年度，世界上几乎所有主要学术刊物都实现了在线服务。

科学家怀疑一种新的克罗伊茨费尔特·雅各布综合症是由Prion引起的　Prion是"Protein infective agent"的缩写。以前科学家认为英国疯牛病是由Prion引起的；今年，他们怀疑正是Prion超越物种界限，在人身上引起了一种新的克罗伊茨费尔特·雅各布综合症。

新的激光材料和激光器问世　激光是现代科学发展的动力，可用于从外科手术到地质勘测等诸多领域。1996年，科学家研制出了一些新的激光材料和激光器，为激光技术的更为广泛的应用创造了条件。

科学家首次获得一种真核生物的完整基因序列　1996年，科学家首次获得了一种真核生物的完整的基因序列，这一幸运的真核生物就是酿酒酵母（Saccharomyces cerevisiae）。

科学家搞清T细胞的结构　可进攻受病毒感染的细胞的T细胞是免疫系统最有威力的武器之一。1996年，两组科学家首次获得了与其目标分子结合在一起的T细胞受体的三维图像，从而完全搞清了T细胞的结构，这一成就为设计新的药物铺平了道路。

科学家发现地球内核自转速度更快　长期以来，科学家认为地球内核是静止的，但在1996年，他们根据30年来获得的数据得知，地球内核实际上要比地球其他部分转动更快。

科学家识别出新的能携带和检测位置信号的分子　在动物胚胎发育过程中，每个细胞都知道自己相对于其他细胞的位置，这一基本的"生物定位系统"在1996年因科学家识别出新的能携带和检测位置信号的分子而得到了进一步的阐明。这一发现不但揭示了生命的一个基本过程，而且还会导致由这种位置信号失调引起的癌症的更好的治疗方法的问世。

细胞自杀机制研究取得突破　每个细胞都有一种生来就有的"死的愿望"，当对整个机体有利时，这一被称为"程控细胞死亡"的内在机制就会被触发。1996年，科学家在对这一机制进行解码方面取得了很大突破。

基础科学

1996年，在基础科学方面新发现层出不穷。其中影响最大的是：

物理学　高能物理和激光理论成为美国1996年物理学最引人注目的研究领域，一系列极具说服力的实验结果不仅使某些理论预测得以验证，亦使个别理论模型面临新的考验。1996年2月，美国费米国立加速器实验室的科学家在分析了质子、反质子对撞实验结果后发现，夸克之间存在着剧烈的碰撞，并认为基本粒子夸克可能由更深层次的物质微粒组成，夸克并非自然界中最小的粒子。该实验的发现向长期以来已被广泛接受的物质结构标准模型发出了挑战。同月，美国IBM公司研究人员利用高速计算机经过两年艰苦的计算，终于证明由多个胶子组成的粒子群—胶子球是存在的，同时计算出了若干胶子球的质量。该结论在理论物理上具有重要意义。3月，美国劳伦斯·利弗莫尔国家实验室成功地将氢气转化成了电的良导体，使之呈金属态达1秒种之久，这是人类首次以令人信服的实验制成金属氢，其实验结果不仅仅对物理学而且对天文学亦将产生重大影响。6月，麻省理工学院在物质新的物理形态，鲍斯—爱因斯坦凝聚态(Bose Einstein Condensate)的研究方面获得突破性进展，利用激光和电磁装置冷却和约束钠原子，奇迹般地使500万个钠原子呈鲍斯—爱因斯坦凝聚态，持续时间达30秒钟。此项实验为未来研制类似于激光器的受激原子辐射源开辟了道路。9月，加州大学圣巴巴拉分校使用激光激发多种半导体薄膜，成功地在各个阶段上获取了激光态的单色光。该研究成果从原理上说明，有机膜能够发出覆盖大部分可见光谱的激光，包括传统半导体激光器难以胜任的绿光和蓝光，打开了一扇通往新型可调谐激光器的大门。最近，美国费米国立加速器实验室在基本粒子研究方面又获新的进展，继欧洲核子研究中心之后再次成功地用反质子和正电子制造出了7个反氢原子，以有力的事实向世人表明，大量生产反物质原子将是可能的。

天文学　1996年真可以称得上是美国的天文年，借助哈勃太空望远镜和其他大型太空探测器，美国人在天文学的各个研究领域取得了一连串令全世界瞩目的研究成果，突出了美国在宇宙探索方面的强大优势。

1996年年初，美国天文学家首先在处女星座和大熊星座发现了2颗被认为具有生命生存条件的行星，以后又相继在巨蟹星座、天鹅星座和距太阳系仅8.1光年的拉兰德21 185号恒星处发现了总共4颗新的行星。这些重要的发现为人类寻觅地外生命、探索生命诞生的条件以及更深入了解恒星—行星系统的运动规律提供了十分宝贵的观测数据。

宇宙学　寻找多年的宇宙暗物质终于在银河系边缘的大麦哲伦星云被7次确切地捕捉到；哈勃望远镜长时间曝光所拍摄的宇宙星系照片极大地扩展了人们对于宇宙整体的认识；在遥远的星云中所找到的可形成氨基酸的醋酸分子，很好地解释了宇宙中生命的起因；宇宙膨胀速度可能正在减缓的新发现，从另一个方面支持了宇宙热大爆炸理论；遥远星系和古老星团的接连发现，为天文学界了解和研究宇宙诞生初期的情况提供了帮助；根据哈勃望远镜传回的数据进行计算的结果，再次掀起了有关宇宙年龄的争论。此外，科学家们还在太阳系的研究方面取得显著进展，首次指出月球上有可能存在巨大的冰湖，两次探测到木卫三本身具有类似于地球的内部磁场，大胆提出了木卫二生命假说，这一系列重大的发现和研究进展，使向来冷清的美国天文学会1996年年会一反常态地成为众媒体追逐的新闻焦点。

地学　这方面的重要进展是地球内核的自转速度快于地球本身这一从未监测出的重大发现。该发现对于合理解释地磁场的产生、了解地球的整个演化过程具有直接意义。

新技术新发明

新技术新发明在推动社会、经济发展中的作用是巨大的。1996年，世界各国在新技术、新发明方面都取得了很多成果，其中最为突出的是美国。美国能源部所属的洛斯·阿拉莫斯国家实验室开发出一种全新的激光冷却技术，可以在－200℃以下的环境完成冷却作业；桑迪亚国家实验室则利用其军工优势，将电磁炮原理运用到高速列车研制中，发明了一种可直接行驶于现有铁路的电磁列车，其试验时速达320公里，成本仅为磁悬浮列车的1/2；劳伦斯·利弗莫尔国家实验室研制大功率脉冲激光器获得成功，其试验样机峰值功率超过1.3帕瓦，改写了原来的世界记录；美国贝尔实验室开发出利用电子束进行半导体芯片制作的新技术，加工出世界上第一个0.08微米的电子元件；麻省理工学院研制出一种能随不同环境而强烈变化其体积的伸缩材料—水凝胶，潜在的应用前景十分广阔；纽约光子实验室开发出三维高容量信息存储材料，其信息存储能力达每立方厘米1兆字节；美国英特尔公司在计算机处理技术上取得历史性突破，研制成功运算速度高达每秒1万亿次的超级计算机，重新夺取了该领域内的世界霸主地位。

另一个突出例子是，巴西电子工程师奥威森利用滴灌技术种植西红柿获得成功。他投入10万美元,在4 000平方米的土地上,建立一座西红柿生产“工厂”,月产西红柿17.5吨。他准备投入100万美元、用2年时间在3.3万平方米的土地上,完成他的整个工程建设,实现月产150吨西红柿、产值360万美元的设想。

生物学与生物技术

生物技术在医学领域的成就 近几年来生物技术在医学领域的应用最为广泛。目前,仅在美国已有50多种生物药物疫苗和各种生物制剂投入市场,另外还有400多种生物制剂正在临床试验并可望投入市场。据预测,2003年美国与生物技术有关的药物销售额将高达130亿美元,基于生物技术的药物和疫苗将会超过美国常规药物市场的15%。世界范围内现在销路最好的生物技术药物有:免疫干扰素、治疗贫血病的EPO、治疗免疫抑制患者的GCSF和溶血栓药tPA;最近上市的β—干扰素,可用于治疗多发性硬化症;还有一种是治疗囊纤变性的肺酶,治疗效果和市场反映颇佳。目前各国科学家都竞相开展绘制基因图谱项目研究,美、英、法等国专家在人体、小鼠绘制基因图谱方面取得了阶段性成果。这意味着人类对生命现象的认识提高到了一个新的水平。这对于分析测定人类遗传疾病的基因位置、探索人类疾病产生的内在根源并加以根治方面,具有重大理论价值和现实意义。日新月异的基因治疗技术研究,有可能革新整个医学的预防和治疗领域。原来用于治疗单基因缺陷遗传病的基因治疗技术,现已快速扩展到治疗癌症、艾滋病、乙型肝炎、心血管病等严重疾病。当今困扰人类的癌症、艾滋病等不治之症,有望得到治愈。美国已培育出一种带有人体基因的转基因猪,将其心、肺、肾移植给人体而不会产生急性排异性,为解决人类器官移植的供体不足问题提供了新途径。美国应用生物技术培育出一种山羊,其乳汁含有一种具有抗癌作用的复合单克隆抗体,有很高的医药价值。10只新山羊的生产能力可相当于1个大的人工制造厂。

1996年3月7日,英国诺斯林研究所的坎普贝尔等向外界报告了他们的研究成果—“克隆”羊的诞生。这被认为是1996年世界生物技术方面最引人注目的事件。“克隆”羊的诞生证明生命可能没有精子而产生。“克隆”羊是研究人员通过将实验室培养出的“细胞”和“空羊卵”用电火花结合,然后再将其植于母羊体内发育成熟的方法获得。所谓“细胞”实际上是来源于羊体的胚胎细胞,实验室中可大量培育出来;母羊体中未受精卵取出后,去掉其中染色体便成为“空羊卵”。“克隆”羊的出现,不仅使大批量培育羊成为可能,而且其技术可用于其他动物的培育,特别是濒于绝迹的动物。

生物技术在农业领域的成就及应用 生物技术在农业中的应用是最有潜力的,是解决人类食物供给的最有效的方法之一,对未来农业发展至关重要。应月生物技术可以培育高产、优质、抗病虫、抗逆性好的农作物、林木、畜禽、鱼类新品种。一些发达国家对植物基因图谱进行了深入研究,为加快农作物的育种打下了基础。目前,全世界进入田间试验的转基因植物已超过500多种,利用原生质体培养技术已培育出100多种再生植株。美国食品和药物管理局相继通过了包括棉花、西红柿、马铃薯、大豆和南瓜在内的7种经生物工程遗传改良的农作物品种安全性审查,获得了商品化的许可证。一种可长期贮存的基因重组西红柿已在美、英、日等国上市,结束了有关重组食物安全性的长期争论,极为有利地推动了农业生物技术的发展。诺丁翰大学植物生理系格里尔森教授发现了控制水果成熟的25种基因,这一研究将给水果市场带来极大的变化。首先它可能帮助人们采用转基因方法控制乙烯在水果中的含量,延长水果的贮藏时间;基因工程可去除水果的异味或引入新香味,改善水果的味道和口感;更具意义的是在水果中加入有防癌作用的胡萝卜素和抗氧化剂,使得水果具有保健或药物功能。另外,生物杀虫剂、生长激素、农用疫苗和诊断盒、组织培养等农业生物技术和产品的研究开发都取得了可喜成绩。未来10年农业生物技术将成为发展最快的领域之一。据估计,美国农业生物技术市场从1993年至2000年年平均增长率将达50%,年销售收入从1993年的1.07亿美元增长到2000年的18.3亿美元,其中生长激素将占45%,转基因产品占28%,组织培养占10%。农业生物技术进步不仅给技术开发企业带来经济效益,更主要的是新技术推广后将给社会带来巨大的经济效益。

世界生物技术产业迅猛发展 据统计,1994年美国有关生物技术研究和开发的公司有1 311家,欧洲有485家,日本有300多家。在美国的公司中从事医药生物技术研究和产品开发经营的占42%,较大的生物制药公司有225家,工业投资达350亿美元,是10年前的15倍;欧洲医药公司占20%;美国的保健品公司占26%,欧洲占22%;美国的农业公司占8%,而欧洲占16%。美国的生物技术公司大部分集中在医药和保健品领域,欧洲的生物技术公司比较广泛地分布在医药、保健、农业、工业、环保和其他行业。从当前趋势分析,1995年以后美国可能转向重视农业生物技术的研究开发,并保持相当水平的增长率,以便加强与欧洲生物技术公司的竞争。以科技水平和经济实力而言,当今世界生物技术产业总体水平仍以美国为最好,全行业至今已吸收投资达600亿美元,且产业的收益较好。大量的美国公司声称,其产业收益以年12%增长,产品销售额以年10%增长。美国一家市场调研公司1995年发表的一份生物技术工业年度报告指出,美国上市生物技术公司从1994年6月至1995年6月的产品销售额达到68亿美元,比上一统计年度增长21%。同一时期,全行业的产品销售额达到93亿美元,比上年度增长18%。目前全行业的年营业额为127亿美元。生物技术产业将逐步成为世界经济体系的支柱产业之一。

航空航天技术

各国科学家热衷探索火星,无疑是1996年的特大事件。美航天局称他们发现火星上存在原始生命。该发现不仅再度点燃了人们寻求地外生命的热情,同时也推动了美国航空航天局为期10年的火星探测计划。

美国科学家称,他们发现了两颗可能存在生命的行星。这两颗行星距离地球35光年,由气体组成,没有坚硬的表面,但可能有极厚的大气层。科学家认为,要了解在这种环境下有无生命存在的可能,还需生物学家做进一步研究。

在英国伦敦召开的火星生物国际学术会议上,科学家认为火星上存在原始生物的可能性很大。美国科学家说,他们在距离地球2.5万光年的星云中发现了醋酸分子,认为其对于解释生命出现过程及寻找太阳系外生命有重要意义。美国、德国的科学家提出坠入海洋的彗星可能是地球生命之源。

8月,美国宇航局宣布从火星中发现了可预示原始生命存在的物质。这是人类首次发现地外生命的明确痕迹。英国科学家10月底表示,他们研究后再次证实火星上有生命的结论。与美国科学家不同的是,英国人认为火星生命存在于60万年前,而美国人则认为存在于36亿年前。英国科学家同时指出,火星上的生命也许存在至今。

1996年1月24日,日本政府制定了"新宇宙开发政策大纲"。这个大纲是日本在宇宙开发领域向21世纪进军的方向和总框架。在这个大纲的指导下,日本1996年进行了"希望号"航天飞机的飞行试验机和着陆试验机的试验,开始开发宇宙货运集装箱;宇航员若田光一乘美国"奋进号"航天飞机成功地回收了SFU实验卫星;同俄罗斯"和平号"轨道站进行了合作研究。此外,日本去年还用H-2火箭发射了通信实验卫星。一次发射二颗卫星也获得成功。这样,日本将在21世纪初进入商业卫星发射市场。

1996年日本在太空合成了金刚石,着力开发数值宇宙发动机。这些活动都为日本创立航天产业奠定了基础。

1996年德国参加了一系列的国际空间合作项目。德国宇航公司DASA参与研制欧洲阿丽亚娜-5型火箭和国际轨道空间站,DASA和马克斯·普朗克研究所研制成最先进的"MOMS-2"三维立体摄像机用于美国和俄罗斯的航天探测器。DASA空中客车公司、宇航院还参与新一代600座大型空中客车A_{3XX}的研制。

1996年巴西加速发展航天事业,数据采集卫星SCD-2、SCD-3研制接近尾声,将用于替代正在超期服役的SCD-1。SCD型卫星虽是小型的专用途卫星,但它对巴西的国土调查、森林防火、环境监测卓有实效。另一个成果是巴西空间研究院已基本完成了中国/巴西地球资源卫星中的巴西所负责部分的研制任务。这样到1998年初,巴西将与中国共同拥有地球资源卫星。

巴西的航空业在发展中国家处于领先地位,特别是巴西航空工业公司生产的涡轮式短程客机EMB-145已获得美国航空管理局颁发的合格证书。EMB-145的优点超过世界上其他同类型飞机,它具有涡轮发动机客机的价格,喷气发动机的盈利能力。美国大陆航空公司已订购了25架EMB-145。

计算机与信息技术

到1996年计算机问世已50周年。目前全世界联网的6 000多万台计算机已经构成无所不包的网络空间。

美国　美国在计算机技术和信息高速公路建设方面已处于世界领先地位的情况下，克林顿总统呼吁更新国内的计算机网络，建立通讯速度可提高100～1 000倍的"INTERNET II"新型高速计算机网络。目前美国正在实施"高速主干网络服务计划"，已经联通了30所大学，预计在今后3年可以完成100所大学的联接工作。这一未来美国商业网络的信息传输速度将达到每秒622兆比特。

美国科学家首次将激光用于地面与卫星的双向通讯。在计算机上，美国科学家建立了被称作是"钨酸锆"的奇特物质的模拟模型。这种物质在0.5～777℃的范围内，遇热收缩。科学家认为，将"钨酸锆"与其他物质混合，可制造出形状不随温度变化的新材料。

英国　1996年英国政府从自身和公众两方面入手加强信息技术社会化。11月上旬发表了题为"政府服务电子发送"绿皮书，其宗旨是将政府服务内容电子化，并通过电信网络直接传送到百姓家中和公共场所，从而保证政府24小时为大众服务。在开发新型计算机研究方面，英国帝国理工学院阿列科萨德教授领导的研究小组研制成世界上首台"思维"计算机，取名为马格努斯。它的诞生代表了计算机科学中神经网络技术的最新发展，将有助于人类了解大脑内部的工作原理。看上去如同便携式计算机的马格努斯能意识到周围的环境、自身的存在，并可把其思维表达出来。

日本　日本1996年网络计算机市场十分活跃。日本在美国匹兹堡，独摘了世界运算速度最快计算机的前三名桂冠。筑波大学计算物理学研究中心的"CP-PACS"、科技厅航空技术研究所的"数值风洞"机、东京大学的"SR2201"实效速度分别达到每秒3 682亿次、2 297亿次和2 204亿次。为了满足开发宇宙和地球的需要，日本已计划开发脑式计算机。日本还研制成功超高速光电转换元件—光二极管。这种二极管用波长1.55微米的光每秒可传送10千兆比特信号，将光电转换效率提高到90%以上，创下世界最高的光电转换率，它将成为下一代超光速通信重要元件。为了迎合"互联网"的热潮，日本厂家推出众多新品种，使笔记本式PC机的销量占到PC机总销量的37%。东芝的小型PC、NEC电子函件专用机、卡西欧及日立的手册式PC机先后上市，日本IBM公司的"APTIVA-H系列"声控PC机业已在美国登场。1996年日本PC机市场比去年增加31%，年销量达750万台。

巴西　在计算机通信领域，巴西圣保罗州已在其先进的银行自动化系统上，再度试推"电子钱币"。BRADESCO银行已在圣保罗的伊杜市向该银行的客户首批发放了30 000张"电子钱币"，并在各超市、酒吧、加油站、汽车站等公共场所安装共300个读卡终端机；电脑网络会议系统已在企业界应用，并开始进入学校和一般家庭；"家庭电脑医生"职业应运而生，他们应患者要求，以电脑提供"门诊"服务，每小时收费为35美元。

为了满足巴西移动电话通信市场急速扩大的需求，巴西电话公司1996年投入16亿美元，用于扩大移动电话通讯能力，年底之前已售出130万线大哥大。巴西卫星应用进入更广泛的领域，巴西两家有限网TVA、GLOBOSAT，分别联合世界著名电子传播跨国公司，于1996年6月分别推出70个电视频率和40个电视频道的数字卫星直播电视服务。预计今后5年内，将会拥有1 200万用户；政府教育部发起"卫星电视教学计划"，至1996年6月，覆盖面已达1 500万学生；圣保罗城市警察指挥中心引进美国的车辆自动跟踪控制系统(AVC)装备其指挥系统。

新能源技术

世界各国都很重视能源技术的开发和利用，而且新能源开发更加重视环境保护。

燃料电池的研究开发　燃料电池(FC)是使燃料的化学能转变成电能的电化学发电装置。"直接转变"决定了燃料电池有别于传统的发电装置及其发电原理。火力发电能量转换过程：(燃料和氧化剂的)化学能→热能→机械能→电能，每个转换环节都要损失一部分能量，尤其是受卡诺循环的限制，效率不可能提高。而FC是把化学能直接转化成电能，没有热能、机械能等中间转换环节，从原理上讲效率是很高的，理想热电综合效率可达80%。基于同样的原因，FC除了具有能量转换效率高的优点之外，还具有噪音低、污染少、比能量或比功率高等优势。此外，适应能力强，可用于小到一家一户的供电取暖，大到分布式电站,更可广泛用作汽车、潜艇、航天飞行器等运输工具的动力源。FC技术是以电化学、化学动力学、材料科学、物理学、催化剂理论、电力电子工程等为基础的高技术。近30年来,上述领域诸学科的飞速发展为研究开发FC提供了理论上和技术上的支持;60年代氢氧碱性燃料电池(AFC)的发明并在宇宙飞船上的成功应用,使人们看到FC的巨大优势和诱人的应用前景,于是竞相投入巨资加以研究开发。在这方面,发达国家表现了极大的热情,而美国和日本则分别在理论研究和应用开发方面走在前列。

核能的发展 根据国际原子能机构动力堆信息系统的统计,截止到1995年底,世界上共有437座动力反应堆在运行,其发电量占世界总发电量的17%。全世界有39座机组正在建造或调试中。

亚洲的核能规划正在不断地扩大。除中国以外,日本的核电发展令人瞩目,90年代以来,投入运行12个核电机组。印度除10个机组正在运行外,另有4座正在建造。根据目前的发展速度估计,今后全世界的核装机容量增加的速度大约为每年300~800万千瓦,主要集中在亚洲国家。1996年,世界核电运行继续保持良好的安全运行记录,未出现重大事故。

目前,世界上对先进反应堆技术的研究投入了一定的人力和物力。中小型反应堆除可能用于发电外,还适用于海水淡化、城市供暖、石油热采、煤的气化等。中国、印度正在建造一些中小型反应堆。美国政府正大力支持西屋公司发展先进压水堆AP-600。加拿大积极推出了中型反应堆CANDU-3。核电发达国家将继续发展和完善其大型核电机组。1996年中,英国的125万千瓦的SIZEWELLB机组投入运行。世界上第一座先进型轻水堆,日本的135万千瓦先进沸水堆ABWR机组临界,其运行情况引人关注。

在原子能利用领域,日本1996年较好地处理了“文殊号”增殖快中子堆液钠泄漏事件。此外,日本正在积极参与兴建国际热核聚变实验反应堆。1996年10月底,其JT-60核聚变实验达到“临界等离子条件”,为核聚变能实用化做出了贡献。

德国政府积极支持洁净能源和再生能源的开发,并把发展太阳能、电动汽车、氢能源以及新型核反应堆技术列入重点发展的项目。新的环境政策带动了一大批具有环保意识的项目问世。

部分国家和地区高技术发展状况及有关科技方面的政策

(一)美国

美国发展高新技术产业的有关政策及措施

美国发展高科技产业的政策主要体现在以下几个方面:①政府重视应用研究和新产品开发,帮助大学和工业界建立各种科研联合体,努力推广先进技术;②积极扶植和鼓励创新,并大力帮助传统产业进行技术改造;③鼓励外地企业来本地经营,吸收好经验,积极开发本地资源;④加强教育培训,既重视高级科技人员的培养,又关心普通职工的培训及基础教育。

为落实上述政策,美国各地采取的主要措施包括以下几项:

①建立决策与咨询机构。美国各州几乎都建有科技决策与咨询机构,这些机构或属于政府部门,或是半官半民的团体,但其职能、权限则不尽相同。

②加强科技工程教育。为满足高科技产业对科技人才的需求,各地都十分重视科技与工程教育:有的为院校更新教学设备,有的创办特殊高中为高校输送优秀学生。另外,国防部为提高军事科技人员素质还与大学合作,继续加强科学技术与工程教育。

③重视职业培训。在科技迅速发展的今天,职业培训是必不可少的。美国各地、各部门采取了多种技术培训方式,如麻省官办的技术培训公司,培训项目多,服务对象广,一直受到私营企业的支持。

④促进院校与企业合作。各地均制订有加强院校与企业联合搞科研的计划,其合作方式多以大学为基础,建立工学联营科研中心,根据资源、需求和竞争情况选定研究课题。

⑤扶植新兴产业。为加速新兴产业的发展,各地都在财政或多种方面普遍采取优惠政策,如减免税款、提供发展经费或风险资金等。

⑥资助大学进行科学研究。大学的研究项目不仅能吸引优秀的教员和研究生,而且还能通过研究成果商品化繁荣当地经济。

1996年是美国总统大选年。为争取各个不同阶层的选民以谋取连任,克林顿政府未提出任何新的科技政策,但还是有几件对科研和企业界产生了影响的大事，它们分别为：新电信法案、新空间计划和更新国家计算机网络计划。

1996年2月，酝酿已久的新电信法案终于出台，美国电信业内部各行业间长达62年的人为障碍被彻底摧毁，电话、有线电视、电脑网络和其他传播媒介从此进入了一个可跨行业自由竞争的新时代。新电信法案不仅大大地推动了信息高速公路的建设步伐，同时也引发了企业兼并案，带动了优质、低价的商业竞争，对下一世纪美国社会的发展产生了深远的影响。

新发布的空间计划是美国自冷战结束以来的第一份空间计划，内容包括火星实地考察、国际空间站建设、新一代太空运载工具开发、地外行星探测和地球生态环境监测。新计划以低价、快捷为核心，更加强调国际合作，并将“增进对地球、太阳系和宇宙的了解”视为首要目标。

美国发展高技术的基本经验

①新兴产业与传统产业相结合。美国的做法是一手抓面向未来世界的新兴产业，一手抓目前仍占据广大市场的传统产业。传统产业的衰落，刺激了新兴产业的发展；而新兴产业的发展，又推动了传统产业的革新。

②军工技术与民用技术相结合。美国的高科技产业源于国防科研与军工生产。战时的“曼哈顿”计划和现今的“战略防御计划”对美国的科学技术和国民经济产生了巨大影响。如美国“技术公路”的诞生与成长，就是以军促民的结果；加州“硅谷”和其他许多科技园区的崛起与昌盛，也应该是得益于军工技术的发展。

美国的军工体制是军民兼容型的。现在，美国已采取了一系列措施，加强国防工业与民用工业的结合，如美国国会成立“工业基础与技术”小组委员会，专门研究军民结合问题；国防部推行“全面复兴工业基础”计划，使五角大楼成为推动美国高技术发展和商业竞争的主要领导机构。

③大型企业与中小企业相结合。大企业实力雄厚，可以攻克技术难度大的项目。小企业力量虽然薄弱，但勇于创新，富有灵活性。据调查，目前，美国小企业技术更新成果比大企业多2.5倍，新技术投入市场的时间又比后者少1/3。因此，扶植小企业已不是一种纯粹的社会福利计划问题，而是发展高技术产业的需要。

④政府—大学—工业界相结合。政府统筹全局，具有权威性，可发布法规、指示，进行组织协调，但它资源有限，需要依靠企业界的力量；企业界参加政府计划项目，能对计划施加影响，又有利可图。大学是一支重要的科技力量，但资金、设备不足，同样也渴望得到政府和企业界的支持。因此，只有加强三者的结合，才能形成强大的合力。

（二）欧盟

积极推进科技产业化进程已成为欧盟各国科技政策的主旋律，这一点充分反映在欧盟及成员国目前已在实施的一些科技发展计划上。

目前欧盟正在实施三大科技发展计划，即第四个“科技发展和研究框架计划”、“尤里卡”计划和“欧洲科技合作计划”。这三大计划实施之初的宗旨之一就是促进高科技产业化，随着时间的推移，科技产业化已成为他们的主要目标。

自1984年开始实施的欧盟“科技发展和研究框架计划”是欧盟科技发展计划的龙头，这个为期5年的计划侧重介于基础研究与市场开发之间的应用基础性研究。目前正在实施的“第四个科技发展和研究框架计划”（1994～1998）是欧盟科技产业化进程中的重要一步，预计耗资123.69亿欧洲货币单位（约合153亿美元）。欧盟1996年10月发表的一份报告指出，为了进一步推动科技产业化进程，欧盟科研重点今后将转向以“解决影响人们日常工作和生活问题”为主的民用领域。根据这一方针，1996年11月，欧盟提出第五个“科技发展与研究框架计划”的6大重点，其中包括揭示和利用生物和生态系统的规律、发展信息技术、提高竞争力和谋求可持续性发展等。1985年开始实施的“尤里卡”计划重点在于面向市场的技术开发。该计划实施10年来取得了丰硕的成果。据估计，“尤里卡”计划完成的项目在今后2至3年内将产生巨大的经济效益。1996年6月，“尤里卡”计划开始实施第三个为期4年的中期计划，要求进一步向市场靠拢，并规定项目申请者除了递交原先要求的报告外，还必须提出一份反映该项目市场影响程度的报告。

“欧洲科技合作计划”实施于1971年，宗旨是促进欧盟各国之间的科技合作，以提高欧洲研究与开发的效率,加快科技走向市场的步伐。

欧洲目前正处于一体化进程中,欧盟各国除了积极参与欧盟三大科技发展计划等以增强欧盟的总体竞争力之外,英、德、法等国也各自以三大计划、尤其是“科技发展与研究框架计划”为参照调整自己的科技政策,以促进科技产业化进程,增强自己的综合国力。

经过最近6年的大调整,欧盟及其成员国的科技政策已基本定型,加速高科技产业化已成为其核心内容。为了贯彻这一方针,欧盟及其成员国采取了以下措施:

第一,加强宏观调控,围绕科技产业化确定科研发展重点、制定中长期发展战略;合理分配基础研究、应用研究和技术开发的人力与资金投入,保证科技的可持续性发展。欧洲的三大科技发展计划及英国、德国和法国等的国家级科技发展计划都体现了这一精神。

第二,以市场为导向制定向科技产业化倾斜的政策;改革科研体制,创造有利于科技走向市场的大环境;同时打破政府、企业和学术界之间的壁垒,加强三者的合作。

第三,积极推广科研成果,这是欧盟“科技发展与研究框架计划”的四大主题之一。

第四,加强人才培训工作,促进人才的合理流动;加强科技交流与合作,尤其是加强国际科技交流与合作;鼓励中小企业的技术创新。

(三)东盟

东盟科技部长会议1996年通过了东盟科技发展中期计划(1996~2000年)。

“经费分担,利益共享”是中期计划推出的优化科技经费管理的新举措。以股份制的形式投入经费,并按比例分享项目成果产生的利益,使投入和产出、科研与经济效益更紧密地结合起来,加速科研成果向生产力的转化。这一重大改革改变了对话伙伴国际无偿援助的格局,可以吸引更多的外国投资。

根据东盟科技发展战略的行动和奋斗目标,中期计划确定了八大发展领域及其研究项目,并制定了每个领域目标。这八大领域分别是:

①食品科学技术:包括食品包装、废水处理和食品卫生、东盟自由贸易区食品质量和安全的改善、食品加工废料利用、实用食品和天然香料等五个项目。

②气象学和地球物理学:东盟各国将开展气候变化和自然灾害研究,建立东盟气象和地球物理信息网络,并进一步发展东盟地区气象中心。

③微电子和信息技术:包括软件开发、计算机系统、电子和通信、传感器等。

④材料科学技术:东盟各国将联合开展高技术应用材料、塑料改进和金属再利用技术、防腐蚀和表面保护技术等三个项目的研究开发,并建立信息交换网。

⑤生物技术:联合研究农业生物技术、环境生物技术、工业生物技术和医药生物技术领域的核心项目。其中包括粮食和园艺作物、废物管理、天然产品增值和医疗诊断等项目,并且建立东盟生物技术信息网络。

⑥非常规能源:东盟各国将共同研究与开发各种非常规能源和再生能源,加强信息网络和数据库建设。主要项目有:天然气在交通运输业的运用、能源管理和能源转化、先进的太阳能技术。

⑦海洋科学,主要研究项目有:海洋污染控制、近海资源的保护和管理、工业用海洋资源开发。

⑧科学技术基础设施和资源开发,研究开发优先项目是:科技政策研究、科技信息管理和信息传播、遥感技术和地理信息系统、东盟科技信息网络发展。

(四)英国

1993年5月英国发表了名为“实现我们的潜能:科学、工程和技术战略”白皮书。

白皮书发表几年来,英国政府围绕科技发展战略采取了一系列行动和措施。具体有:1996年开始实施的、旨在加强科研机构与工业界合作的联系(LINK)计划纳入科技办公室直接监管;设立“实现我们的潜能奖(ROPA)”计划,资助更多学生进行同工业需求相关的研究课题;举办一年一度的“全国科学、工程和技术周”活动,增强公众科技意识;出版“展望”报告阐明政府的科技战略。

1996年,英国政府又推出“技术预测挑战竞争”计划,它主要资助技术预测项目确定的优先发展六大领域内科技界与工业界的合作研究与开发。

六大领域是:通信和计算机;生命和基因科学的新产品和新工艺;交通和航天高技术产品;加工精度

和管理质量；创造更清洁和更稳定的社会技术；科学和社会和谐共存。

"技术预测挑战竞争"计划，有三个突出特征：其一是金融、零售和娱乐等服务行业加入到合作研究的行列中，预计这一趋势在今后将不断增强。有资料显示，1981年英国服务业研究和开发经费占全国研究和开发经费的比例只有1.3%，1993年则已上升到8.2%。二是健康和生命科学所占比例较大，其5个项目投资达2 700万英镑，其中政府挑战竞争计划基金为800万英镑。三是参加合作研究的168家公司有30%为中小企业。

（五）日本

日本高技术发展的政策和经验

政府大力支持高技术产业的发展

①政府制订政策和计划，颁布法规和制度，引导和推进高新技术产业的发展。从70年代到现在，日本政府连年出台发展高新技术产业政策和科技计划。1971年5月公布了"70年代产业政策构想"；1981年开始执行"下一代产业基础技术研究开发计划"；1986年3月，日本内阁会议通过了"科学技术政策大纲"；1988年提出"以十大高技术产业为先导"的口号；1992年4月提出了新的"科学技术政策大纲"。为实现这些目标，日本政府还制定了几十个大型科研计划。

②政府采用信贷、税收和财政补贴等经济手段，鼓励和扶植高新技术产业的发展。日本企业开发高技术可以获得低息贷款，如果研究开发成功，按优惠条件还本付息；如果失败，则按无息贷款免付利息。对尖端电子、高性能机器人、新材料、生物工程等高科技产业实行优惠税制和特别折旧制度，对企业的高技术研究和开发费用给予补助。政府还直接分担高新技术费用。

③政府组织和协调官产学合作，集中各方面力量，促进高新技术产业的发展。官产学合作是日本发展高技术产业的一种特有的方式。超大规模集成电路和工业蛋白质项目就是官产学成功合作典范。

为了加快科技向企业的转移，日本成立了许多半官方的中心、生物技术发展研究机构、新技术事业团、新能源和产业技术开发组织等。这些机构为企业提供技术咨询和科技成果，组织、促进和资助企业发展高新技术产业。日本政府还兴建科学城市和高技术开发区，为高新技术产业的发展创造各种有利条件。

企业具有很强的研究开发能力

日本几乎所有的大中型企业都有自己的研究机构，其拥有的科技人员占全国科技人员总数的65%，其投入的科研经费占全国科研经费的80%。

企业进行研究与开发对发展高新技术产业有如下好处：

①能够最大限度地发挥市场机制对发展高新技术产业的激励作用；

②有利于高新科技成果的产业化；

③有利于用高新科技改造传统产业。

然而，企业的研究与开发也存在着明显的弊端。企业一般急功近利，忽视长远的、基础的、风险大的研究，研究领域比较狭窄，致使科技发展的后劲儿不足，影响了科技、经济的持续发展。此外，企业的研究与开发也很少考虑社会效益。

善于利用他国的科技成果

①日本的许多高新技术产业是在引进国外成果的基础上发展起来的，最典型的例子是半导体元件产业。日本从美国引进有关技术后，通过官产学联合攻关，日本的半导体芯片迅速赶上并一度超过美国，近年来也是势均力敌，竞争非常激烈。

②日本成功利用他国科技成果的关键在于创新。日本引进了技术之后，不是简单的仿制，而是组织力量对引进的技术进行分析和研究，从中发现不足之处，改进后再创造出适应国内外市场需要的专利和产品。在引进技术基础上创新正是日本人的成功之处。

③日本利用别国先进科技方式多种多样，主要方式有以下几种：在国外建立研究开发机构；加强国际合作；兼并国外的高科技企业；赞助外国大学的实验室；扩大国际交流。

不断增强自主和独创的研究开发能力

①在大量引进外国先进科技的同时，不断加强独立自主的研究开发能力；

②由重视产业技术到逐步加强基础研究；

③加强独立创新和基础研究的措施。

高度发达的教育体系为高新技术产业提供了坚实的人才基础

①十分重视国民的普及教育。日本很早就实现了义务教育制，现在，日本已普及了高中教育，高中升学率达94.5%；高等教育的升学率达52%，也大众化

了。日本通过百余年来的普及教育，从社会底层开发出大量的高素质人才，为日本的高科技产业培养了一支训练有素的劳动大军。

②尤为重视科技教育，特别是工科教育。日本每10万人口中具有工科学士学位的人数为62.1人，是美国的2.1倍，使日本在工业生产技术的研究开发方面具有超过美国的人才基础。尤其在电气工程学方面，日本的优势更为明显，每年每百万人口授予的学士数，日本为168人，美国为67人，日本是美国的2.4倍。

出于加强基础研究的需要，日本近年来扩大了对高层次人才的培养。大学委员会1991年"从数量上改进研究生院"的报告规定，到2000年时研究生总数要比1991年的9.9万人至少翻一番。

③广泛而富有特色的企业教育大大提高了职工素质。政府和企业都十分重视企业教育，日本的劳动省和各都道府县都设有相应的职业能力开发机构。日本政府还从立法上提倡和保障企业内教育。

高新技术产业国际化途径

①日本在加强对高新产业技术独自开发的同时，按自身的技术水平，参加国际联合研究开发，并与技术引进、技术转让紧密结合。

②通过经济合作贸易、出口成套设备或进行设备投资，收买外国企业或与之合并。

③设立国外当地子公司或跨国公司、合资或独资企业，并在当地销售产品，设立生产、销售据点，形成海外日资企业。

④与日元贷款及政府开发援助(ODA)相结合。

⑤参加、举办国际商品或样品博览会、展览会、交易会、巡回展览会、研讨会，加强与各国工商业界的联系与国际交往。

⑥积极参与并执行ISO、JEC等国际机构的国际标准规格，健全和充实与国际贸易协定(如关贸协定)、国际市场接轨的各种机制。

⑦派遣和接受留学生、进修生、技术专家、指导人员，致力于培养和吸收高技术人才。

⑧与国外企业互相特许，设立技术研究所及研究开发、生产销售点等当地法人团体。

⑨按照商业惯例和条约、协定等，并在尊重贸易国文化、习俗的基础上，开拓国际市场，减少人为摩擦。

日本发展高技术的新规划

1996年日本推出了众多的科研计划，其中主要的是：地球科学综合研究计划、超级钢铁材料开发计划、脑科学时代计划、辐射光科研计划、蛋白质立体结构研究计划、前沿工程技术项目计划、健康信息网络五年计划以及与美国共同推出的帝王数字太空观测计划(SDSS)等。这些计划短的5年，长的20年；投资少则数千亿日元，多则数万亿日元。其目标都在瞄准21世纪。这些计划大部分都将在1997年启动，它们的执行势必为日本创建21世纪新产业打开通路。

日本1996年6月通过了"科学技术基本计划"，实际上这个计划是日本科技迈向21世纪的一个大纲。按"科技基本计划"的设想，到2000年，日本科研经费规模要实现翻番。

在体制方面，1996年日本开始了大幅度修改国家科研公务员制度，其中包括改终身雇佣制为任期制、放松兼职限制规定、鼓励科研人员用自己的发明创办企业以及科研经费明确向开发创造性技术倾斜等。同时正在执行万名青年科研者培养计划，努力扭转青年疏远理工科的现象。此外，日本企业随着经营的缓升，研究开发的投入也在发生好转。

(六)德国

科学研究重大成果

(1)德国女生物学家，马普发育生物学研究所所长克里斯蒂安·纽斯兰—福尔哈特教授因其在基因控制胚胎早期发育过程方面的开创性研究，与两位美国科学家同获1995年诺贝尔医学奖，成为德国第一位获诺贝尔奖的女科学家。1995年的诺贝尔化学奖被授予马普化学研究所所长克吕兹恩教授及两位美国科学家，以表彰其在大气化学尤其是关于臭氧层形成和破坏机理的研究工作。

(2)1994年年末，德国达姆施达特重离子研究所的科学家相继发现了新化学元素110和111，1995年又获重要进展。据报道，发现原子序号为114的新元素已为期不远，预计这一新元素的原子核寿命可达数秒，可用它合成新的化合物。

(3)1995年德国科隆大学物理学教授尼姆兹通过实验测出，在隧道效应作用下，微波能以光速的4.7倍的速度运动，引起世界物理学界的极大关注。

⑷德国海德堡癌症研究中心克拉默教授的研究小组在艾滋病病毒 HIV 中发现了两种蛋白质 gp120 和 Tat,它们能大规模地吞噬人体免疫细胞,从而在揭开艾滋病发病机理方面取得了重大突破。另据报道,德国累根斯堡大学医学及微生物学研究所研制出一种艾滋病疫苗。

⑸卡尔斯鲁厄核研究院建成能在磁场强烈变化时(240 特斯拉/秒)不失超导特性的超导线圈 POLO,性能为世界首位,可用于核聚变和等离子体研究。该院还在陶瓷、铁氧体及氧化铬纳米材料的制备研究领域取得一批世界领先的研究成果。

⑹德国的大陆深钻计划 RTB 已于 1995 年全部结束,该计划耗资 4.3 亿马克,历时 6 年,深钻主井实际钻探深度为 9 101 米。虽因各种技术原因未达到预定的 1.2 万米深度,但该井是世界上所有深钻井中地质情况最复杂的,取得了一大批极有价值的样品和研究成果,有许多为传统的地质学说所不能解释。

德国科技政策的调整

针对德国科技界长期存在的科研投资比例不合理、科研成本过高、科研成果不能及时转化为产品等现象,德国科教部 1996 年对六大科研机构进行了适当的政策调整和结构调整,这六大科研机构是:德国研究协会、马克斯·普朗克协会、布劳恩·科斯特研究会、弗劳恩霍夫协会、赫姆霍尔兹研究中心、德国宇航院。科教部在资金和项目上重点抓两头,即一头是德国研究会和马普协会的基础研究,另一头是承担尖端技术研究的赫姆霍尔兹研究中心和宇航院,同时推动承担应用技术研究的布劳恩协会和弗劳恩霍夫协会进一步面向市场,和工业界结合,自负盈亏。科教部还将德国宇航局和宇航院合并,精简行政人员,扩大研究的自主权。实施这些措施的目的是要提高德国科技在世界的竞争能力。

(七)法国

1996 年 10 月 3 日,法国科技委员会会议提出了新的科技政策大纲,确定了对今后几年科研政策调整的三个方面。

科研重点政策

选择优先研究课题 优先课题共有 7 个:农业食品工业(食品安全性);陆上运输和航空运输;电子信息技术工业;定式化学;医学研究;环境与生活条件;产品和生产方法的创新科学。

战略联合研究计划 在确定优先课题的同时,政府还提出了 4 个多年性的、多学科的优先联合发展计划,投资总量预计 90 亿法郎。

企业未来工业技术化学应用研究计划(REACT-IF) 此项计划准备执行 5 年,投资约 16 亿法郎。计划中包括的一些应用领域有:新型专用无机化学产品;新型聚合材料;活性制品的创新配方。涉及化学工业厂家的横向研究有:未来生产单位对土壤的污染,工业排废等;各种化学反应的安全可靠性问题。

应用生物技术计划 该计划预计期限为 5 年,总投资约 15 亿法郎 ,包括 3 个领域的生物技术研究,即卫生、农业和农产品加工、环境。计划的主要目标是:改善公共卫生,提高生活质量;促进创建新企业,创造就业,同时保证法国在这一战略领域中的世界地位。

微生物学研究计划 该计划预计实施 4 年,经费投入近 50 亿法郎。计划确定了 3 个目标:①加强针对传染的医用微生物学方面的研究;②为新一代的流行病学家、微生物学家和公共卫生专家接受较好的多学科培训创造条件;③在全国保健和医学研究所中确定一个关于传染病的启动性计划,以便调整微生物学家的研究队伍,增加研究经费。

基因图谱编序计划 主要目标是建立起一个基因图谱编序中心。此项工作已从 1996 年秋季开始奠基,1997 年中心的投资和运行经费预计 6 000 万法郎,以后每年预计投入 8 000 万法郎至 1 亿法郎。编序中心在 3 年内应达到每年完成 2 000~3 000 万个基因图谱数据库有效数据的能力。编序中心大计划的执行结果将有利于卫生、环境和有关的工业部门。

关于研究人员的政策

为了保证研究人员能够顺利地在大学、研究机构和企业之间开展业务活动,政府对研究人员的政策作了改进和调整。其主要内容是:

①在科技型公司研究机构中,中止实行主任研究员可额外保留职位到 68 岁的规定。这项措施在 1997~1999 年期间可节省开支 1.5 亿法郎。

②鼓励研究人员在 60~65 岁之间退休离职。三年内在科技型公共研究机构中建立起鼓励研究员提前退休的机制,逐渐减少离职津贴,节省的资金可以保证定期招聘青年研究人员,并保障实验室经费。

③放宽研究员离职到企业去工作的条件，将其工资限额从目前可拿到原单位基准工资的30%提高到150%。

开发科研潜力

实行公共研究小组的利润分红制；

成立面向企业的研究与创新财团；

调动私人资本为创新投资；

促进以专利向创新企业投资。

(八)加拿大

1996年3月，加出台了第一个联邦科技发展战略——“面向新世纪的科学技术”。与此同时，作为联邦发展战略的组成部分和配套落实措施，加联邦政府工业部、农业部、环境部、卫生部、海洋渔业部、自然资源部、交通部以及人力资源部等主要科技部门和机构也出台了各自的科技行动计划。

发展目标　①确保加拿大在应用和转移科技成果以创造持续经济增长和提高就业方面继续处于世界前列；②运用科技创造就业机会，提高社会效能，改善环境质量和卫生条件，提高人民的生活质量；③在加拿大创立世界级的优秀科研中心，建立广泛的科学探索基础，鼓励公民参与科技活动，确保新知识的获取和迅速的传播。

优先发展项目　①长期空间计划：重点满足加拿大需要，刺激经济增长与就业；②科研、工业和教育进步网络：加快信息高速公路建设；③技术协作网：帮助小企业获得先进技术；④学校网络：将大学、学院、中学和图书馆与信息高速公路相连接；⑤健康智能网：提高全国疾病监控能力；⑥医学科研拨款委员会与加拿大制药商协会的伙伴关系项目：有效运用私人投资，促进医药学的研究；⑦三所高校介子设施：为加拿大和国际科研机构提供世界一流的粒子物理试验设施，确保加拿大科学家能在国际粒子物理研究一线工作；⑧西部经济多样化计划的生物技术伙伴关系项目：促进金融业改进对新型产业中的中小企业的资金支持；⑨前期竞争应用研究网络：对智能系统做前期研究与开发；⑩农业和农业食品配套项目：重点资助农业和农业食品研究项目，促进技术转让。

机构调整　成立“科技咨询理事会”以取代“国际科技顾问委员会”。科技咨询理事会由加拿大各领域的精英分子组成。该理事会将参与“内阁经济发展政策委员会”举行的有关科技政策和科技发展优先项目的审议工作的会议，审议联邦科技发展情况，对发展过程中的重大问题提供咨询意见等。

改进管理机制　进一步明确联邦政府的职责，这些职能为：资助和开展科研工作；支持大学、优秀科研中心网络及其他非政府机构的研究活动；支持私营部门的研究与开发活动。建立信息网络，提供信息与分析。

进一步明确联邦政府内部的职责，这些职责为：作为联邦政府总体计划部门，“内阁经济发展政策委员会”将负责审议联邦科技工作，并就科技发展的优先项目等问题向内阁提出建议；“内阁经济发展政策委员会”审议联邦科技工作情况的依据是联邦政府内与科技有关的各部门的年度工作报告；“科技咨询理事会”将就“内阁经济发展政策委员会”所建议的科技发展优先项目提出自己的观点和咨询意见；工业部长在负责科学研究和发展的国务秘书的协助下，将负责联邦政府跨部门间的科技政策和战略的协调工作；工业部长在负责科学研究和发展的国务秘书的协助下，将负责联邦政府跨部门间的科技政策和战略的协调工作；由联邦政府内与科技有关的各部门派代表组成一个委员会，该委员会将协助工业部长进行部门间科技政策和发展的协调工作。

发展方向　①提高联邦政府支持的研究工作的效果；②建立合作伙伴关系；③重视预防措施和可持续发展；④加强在国际规则和标准的制定及知识产权保护方面的工作；⑤加强信息网络建设工作，为知识性经济的发展打好基础；⑥国际科技联系与合作；⑦加强科技文化建设，提高全民科技素质。

(九)韩国

韩国战后是一个十分贫穷落后的小国。然而经过30年的高速增长，工业以跳跃式的创新获得了较大发展，1991年人均国民生产总值已达6 498美元，成了中等发达国家。80年代以来，整个重化工业产品已占工业出口的50%以上，目前已达95%，其中制造业出口的尖端技术产品已接近1/4。汽车在整个80年代增长了50多倍，从1.2万辆增至60多万辆；电子产品目前已成为韩国出口的第一大支柱产业，半导体已占世界第3位。韩国用压缩工业化的办法，创造了震惊世界的“汉江奇迹”。目前它正在进一步实施“科技立国”的战略，加速高技术产业的发展，向世界第七科技大国进军，争取2000年其高技术产业的产值达到1 135亿美元，人均国民生产总值达到16 150美元。

韩国这样一个小国能在强手如林、激烈竞争的世界上，在30年弹指一挥间完成了工业化，并成功地发展了高技术产业，成为后起之秀，韩国政府行为在高技术规划、实施战略中起了关键作用。

针对市场失灵和计划失灵，成功地实现了市场与计划相结合的管理体制

日本成功地利用市场与计划二元机制的最优结合创造了经济高速增长的范例，给韩国政府以巨大的鼓舞。韩国政府结合国情，一方面充分发挥市场的优势，把它作为计划的基础，促进经济活力和科技进步；另一方面发挥政府的强有力的领导和各种行政手段，引导市场向着产业结构调整、充分利用资源、繁荣出口和经济高速增长的方向发展。在强调政府行政权力集中管理方面，韩国比日本更胜一筹，效果更好。正是由于选择了计划与市场相互补充的管理体制，使南韩经济没有出现停滞、倒退而蒸蒸日上。

以“出口导向”战略代替“进口替代”战略

由于经济落后，外贸恶化，不少落后国家都采用“进口替代”战略，这种战略副作用多：国内市场狭小，一旦饱和，不可能再成为经济发展的动力；跟在别人后面跑，压制了本国的独创精神；往往与市场保护相伴而生，影响企业提高产品质量、降低成本、参与国际竞争，从而延缓了经济发展速度。韩国政府当机立断，实施“出口导向”战略代替“进口替代”战略，并采取循环渐进交替进行方式，不断促使产品升级、扩大出口，把“出口导向”作为经济增长目标的生死存亡斗争来对待。这样韩国高技术产业90年代平均增长率为19%，其出口增长率则达20%，其中微电子增长最快，占高技术产业出口的45%，成为世界微电子市场上的璀璨新星。

做好战略产业规划，为高技术产业发展创造条件

韩国政府提出了做好产业规划，加强原材料和加工制造业，先打好基础再发展高技术产业的措施。政府依靠有真才实学的专家或作为“脑库”，或委以重任，认真调查世界经济、科技、市场发展趋势及国内情况，进行比较分析，做出科学决策及中长期发展规划。运用产业政策指导协调发展，使产业结构10年更新换代上新台阶。产业政策重点突出，把成长产业扶植成支柱产业，形成规模经济，先后扶植了钢铁、汽车、机电制造和电子产业。决策科学化的专家管理和咨询制度，有效地保证了其产业政策制订的正确性，避免了某些高度集权国家出现的重大决策失误。这是韩国政府在追赶过程中的创举，也是其经济迅速崛起的秘诀。

高技术产业发展与民用工业结合，以市场带动高技术产业发展

韩国政府吸取了其他国家的教训，充分认识到不能为高技术而高技术，市场是高技术发展的根本动力。高技术产业必须与民用消费品结合，进入家庭、办公室等，尽可能地占领新市场。韩国在发展电子产品的同时，注重生产新一代高附加值、智能化、多功能化的电子消费品，如录像机、音响、照相机等，使传统产业与高技术产业交相辉映。

加大对高技术产业的支持力度

高技术产业知识密集度高、创新性强、风险性强，所需要的资金极大，只靠企业自己积累必然力不胜任，速度缓慢。韩国政府在做好产业规划的基础上，支持经济实力强大的私有大集团企业发展。政府通过直接控制的金融系统对其进行信贷分配，以资金、信息引导私有大企业向着政府规划的产业政策目标前进，尽可能地减少不确定性、风险性以及由于过度竞争引起的经济动荡。政府还制定各种优惠政策，减免税收，提供低息贷款，出口激励，支持企业集团联合研究开发，提供低价的建设用地，高价采购等，千方百计给予高技术产业各种扶持；着重企业环境的建设与改善，以利高技术产业能克服早期的“生长痛”，尽快形成规模经济，参与国际竞争。

适时引进技术和充分利用外资

发展中国家要快步赶上先进国家困难极大，韩国、日本成功地创造了“后发型现代化道路”，即利用发达国家“产业转移”、“国际分工”和跨国公司优势互补提供的特殊机遇，充分发挥“后发优势”，跳跃式地掌握先进技术，制造更优质价廉的产品参与竞争。韩国政府发挥行政领导作用，走的是一条引进技术→消化吸收→改进提高→国产(超过外国)→出口的道路。

以模仿为基础的快速追赶技术是韩国技术创新的重大突破。韩国政府除了从事大型项目的技术引进活动外,更重要的是为全国技术引进创造良好的法律和制度环境,以及为技术引进提供管理、协调、咨询、信息和资金融通等服务。技术引进绝不好大喜功、盲目求新,而是注意可用性、有效性、效率、可行性。韩国还注意把先进国家高技术产业中技术层次较低的加工、装配技术和管理技术先接受过来,加以消化、吸收、创新,再发展自己的工业,例如半导体微电子工业。这是一条缩短与世界技术差距的成功的技术引进之路。对于外资,一直采取鼓励态度,从1962年引进第一批外资开始,至1988年已引进外资755.8亿美元,外资占整个资金投入比重的40%,对韩国经济发展起到了输血的作用。

加速人才培养

高技术产业的发展,人力资源是最重要的资源,“一切经济发展的关键因素都是从头脑中产生的”,只有优秀人才才能引进、消化先进技术和管理经验,发展自己的产业。韩国政府认为“节约高等教育费用和总动力中的知识组成部分的费用是最坏的浪费”。在发展高技术产业时,一方面注意大力培养科学精英,新成立了科学技术研究所和先进技术学院,培养了博士、硕士,并使其在工业部门、国家机关和科研机构担任要职;另一方面还重视整个产业队伍素质的提高,培训了大批中等技术人员与工人。韩国政府对教育、科研开发经费的投入一直很高,教育投资强度超过美、英、日、德等发达国家。韩国R&D占GNP的比例从1976年的0.46%到1996年的4%,跃为世界先进水平。另外,韩国的人力开发曾大力借助国外,近万名专家在国外获得学位后,被吸引回国,任政府官员、学术骨干和企业家,他们眼界开阔、信息灵通,决策科学性强,管理效率高、失误少,因而成为韩国经济快速发展的重要因素。

(十)新加坡

重点投资前景好的高技术产业

重点发展半导体工业 新加坡政府注重对具有良好前景的高技术产业进行投资,1995年政府的投资重点放在发展半导体晶片制造园方面,成为发展高技术的显著特点。1995年10月,新加坡政府两次宣布征用面积32.5公顷的土地发展晶片制造园。这样加上已有的高技术公司的晶片制造厂,形成了一个面积达50公顷的园区,可容纳8～10家晶片制造厂,从而形成较强的晶片制造能力。新加坡政府还从三个方面大力促进新加坡的半导体工业发展,这包括制定特别的培训计划来培养更多的工程师和技术人员,给半导体公司投资奖励以及改善环境支持更多的研究与开发活动。目前新加坡正是沿着这一方面发展,把高额资金集中到半导体晶片制造业上。

随着电子工业的发展,厂家对晶片制造技术也有更高要求。目前特许半导体公司开发出0.35微米技术,在此基础上它们与新加坡的微电子研究所合作进一步开发0.25和0.18微米技术,并得到国家科技局的支持。

为实现将新加坡建成世界晶片制造中心这个目标,除了设立晶片园之外,新加坡政府还采取其他措施来加以促进。经济发展局和科技局与大学联合实施特别培训计划,为半导体工业培养更多的工程技术人员。此外还有全方位的奖励计划,包括税收优惠、补偿土地的征用费用、提供购置设备的资助等等。

形成一批以跨国企业为主体、以本地企业为辅助和关联的高技术企业群体 目前新加坡制造业有800多家跨国公司,著名大公司如:

·菲立士电子集团,1994营业额为25亿新元,还将在新加坡投资扩展激光唱机和驱动器的生产能力,并投资3 500万新元建立新的企业总部。

·亚洲公司是美国康柏电脑公司在新加坡的子公司,1994年和1995年销售额均超过20亿美元。该公司打算增加投资1.5亿新元扩建厂房并提高研究与生产能力。

·美国国民半导体有限公司,1994年营业额超过33亿美元,新加坡为其分布全球的8个生产基地之一。

还有上面已经提及的特许半导体公司和TECH半导体公司,都是颇具规模和影响力的新加坡公司。

总之,新加坡以其独特的开放和引资方式在较短时间里形成了自己的高技术企业群体,目前限于地域条件,这些高技术企业也正在寻求向东南亚和中国发展。

政府机构积极推动高技术产业发展

新加坡经济多年来取得稳定持续增长,特别是高技术产业迅速发展并在经济机构中占有越来越重要的地位，这是与新加坡政府部门重视科研与生产相结合、逐步调整产业结构、鼓励发展高技术企业的政策密切相关的。

新加坡与高技术产业发展联系密切的政府机构主要有国家科技局、经济发展局、生产力与标准局等。同时给高技术发展以大力的投资。据统计，新加坡自1992年以来年均研究开发经费已超过9万美元，在亚洲处于领先位置。

为及时了解世界高技术发展动向和国际市场的变化，新加坡政府特别注意保持与国外学术界和企业界的联系。国际科技局设立了一个9人顾问小组，包括来自中国、日本、德国、加拿大、瑞士、英国和美国等的科学家、专家，定期开会讨论有关的发展问题。

新加坡政府发展高技术的一些具体措施

支持高技术公司的研究与开发活动；

重视和利用跨国公司的丰富技术资源；

建立高水平的科研机构，吸引高科技人才；

财税优惠政策。

(十一)俄罗斯

科技投入

俄罗斯在整个经济衰退的情况下，科研投入也是今非昔比。从1991～1996年，对科技的投入从占国民生产总值的2.5%降至0.5%，已跌到落后国家和弱小发展中国家的水平。

1996年联邦整个预算支出为435.75万亿卢布，基础研究和促进科技进步拨款额为11.6万亿卢布。其中，基础研究3.4万亿卢布；航天活动0.1万亿卢布；科技进步优先领域和具有前景的技术研究8.1万亿卢布。

在预算经费异常紧张的情况下，俄罗斯科研人员经过不懈的努力，仍取得了一些好成绩。在基础研究方面，俄罗斯和日本科学家提出一种新的独特的碳结构材料——ФуЛЛереНЫ的研究课题；在接近绝对零度时，对氦3的研究结果提供了解释一系列新科学现象的依据；用于微电子学和计算技术的纳米级材料的研究；无线电导航系统的高精度、高稳定性频率和时间的激光标准的确定(在原子和分子光谱分析的基础上)；强磁性非均质液晶综合体的研制。

此外，在航天方面，俄货运飞船“进步M－32”号顺利升空，在太空与载人空间站“和平”号对接成功，向在“和平”号轨道站进行科学考察的宇航员运去了300公斤食品。“联盟TM－24”号载人飞船与在太空飞行的“和平”号载人空间站实现对接，使在太空从事考察的人员增至6名。

飞机制造业的杰作是研究出苏－37战斗攻击机。苏－37是苏－35的改进型，最大突破是改变了牵引力矢量的喷嘴设计。这种多功能歼敌机可携带14枚“空对空”导弹，最大载重量8吨，最大时速2 500公里，空中加一次油可连接飞行6 500公里，实用升限1.8万米。俄军方认为苏－37是21世纪上半叶的超前战斗机。

科技发展的具体措施

确定科学技术中优先发展的领域(1＋7计划)
1996年5月，俄政府科技政策委员会在切尔诺梅尔金总理主持下召开了第二次会议，主要讨论了两个问题，即确定科技发展优先领域和保护知识产权。

科技发展优先领域为：信息技术和电子、生产工艺、新材料和化工产品、生命系统技术、交通、燃料及能源、生态和自然资源合理利用。

这些领域对俄罗斯至关重要，决定着21世纪俄罗斯经济和社会发展的前景。

除上述7个优先领域外，还有基础研究，它单列为一项，故称之为1＋7计划。

会议另一议题是讨论保护知识产权问题 。据俄官方人士说，未经许可俄向外国转让知识产权的损失每年达数十亿美元。1996年5月2日的总统令中规定，今后由司法部统管保护知识产权方面的问题，实行统一的国家政策。

积极开拓高新技术市场　1996年6月，原科学部和圣彼得堡市联合举办“国家科学中心俄罗斯高新技术投资项目”展览。这是国家确定的61个国家科学中心高新技术科研成果的汇报展，其目的是寻求投资伙伴，把高新技术推向市场，争取外国投资。

俄科学院适应市场条件进行机构改革　近几年俄科学院科技干部老化问题严重。俄科学院主席团正在采取一系列措施，改善生活、工作条件，增强吸引力。好的迹象是科研工作者外流减少，人员相对稳定，博士人数增加了1%。在4年多的市场经济改革中，俄科院竭力对科研机构进行调整，使之不断适应市场经济的需求。其主要目的就是要保存俄科院的科技潜力,保障在经费锐减情况下继续从事高水平的研究工作。俄罗斯科学院现有各类研究所433个,科研工作人员12.2万人。

保护和发展军工高技术 军工企业的高新技术为俄罗斯的强项。俄罗斯继承了前苏联大约70%的军事工业,这里集中了世界一流的科技人员、高超的技术工艺。1996年俄政府在强化军工企业方面采取了如下一系列措施:纠正偏差,保护骨干企业;成立国防工业部,强化管理;偿还拖欠资金,解除军工企业后顾之忧;建立军转民基金会,增加对军转民计划的拨款。

近两年,俄罗斯在强化军工生产方面做了大量工作,已初见成效。1996年估计军售将达到35亿美元。俄罗斯的远景目标是年军售100亿美元,将军售获利款项再投资于科研和再生产,轮番滚动,以此带动其他经济部门走出困境。

加强国际科技合作 近年来,俄罗斯加强了同世界工业发达国家,特别是经济发展比较快的国家的科技合作。俄罗斯—韩国在电子领域合作密切,有近千名专家在韩国长期工作;俄罗斯—印度在航空航天领域合作加强,俄正帮助印建立一个"米格29"生产厂;俄罗斯—伊朗的合作主要集中在核工业领域,俄将帮助伊建立一座核电站。

基础研究是俄罗斯开展国际科技合作的传统领域。目前,俄罗斯在该领域开展国际合作的主要方式是共同研究、共同设计、根据外方的订货利用外资进行研究和设计;接受外方赠款、设备、材料和著作;参加讨论会和学术会议,以及按合同派遣科学家出国工作。

除了国与国之间的科技合作之外,俄罗斯还积极参与国际间"大科学"之类的全球科技合作,如:"阿尔法"空间站是俄美之间航天合作的最大项目,参加该项目的还有日本、欧盟、加拿大和意大利;"火星-96"计划,参加国有22个,光俄罗斯就出资1.2亿美元,已准备了近10年;"国际热核聚变实验堆"计划,参加国有俄、美、欧盟和日本;"欧洲大型强子对撞机"计划,该计划由欧洲核研究委员会主持,总计划经费26亿瑞士法郎。另外,俄还参加了"人类基因组"、"巨型客机"、"巨型射电望远镜"等大科学项目的国际合作。

世界部分国家和地区高技术开发区的发展及背景

(一)欧洲最著名的技术开发区——索菲亚

索菲亚·安蒂波利斯技术开发区是欧洲所有技术开发区中最早兴建和最著名的开发区。它位于法国蓝色海岸之滨,占地2 300公顷。开发区的950家公司共有来自50个国家的职员1.5万多人,每年向该地区的经济注入28亿美元。除此之外,在开发区内开展的各种活动还间接地为该地区创造了1.8万个就业机会。开发区自建立初期至今已发生了明显变化。当时索菲亚开发区专门吸引大的公司参与,而且以美国公司占主导地位,主要开发信息技术。自从1962年国际商用机器公司在离索菲亚不远的拉戈德设点后,德克萨斯仪器公司和数字设备公司也相继前来,同时还吸引了其他一些计算机公司设点。目前,扩大索菲亚经济增长的主要办法是开拓新的项目,例如扩大通信技术、制药以及卫生和教育方面的业务。现索菲亚开发区共有202家信息和通信技术公司、49家卫生设备公司、64家研究和教育机构及617家服务性公司。从长远看,亚洲的一些公司将起重要作用。为了同欧洲做生意,亚洲公司必将在欧洲设立调研和开发基地,蓝色海岸是理想之地,这里有法国第二大机场和通向意大利的高速公路。索菲亚开发区范围内2/3的土地为自然保护区,另有150公顷的体育运动和娱乐区,全年日照300天,是工作和休闲的理想场所。

(二)日本的筑波科学城

长期以来,日本不太重视基础理论研究,基本不存在研究型大学,因而也不会形成如欧美各国那种具有开拓性的技术创新科学园。而筑波城的建设在这一方面有一定突破。筑波科学城是以国家高额建设投资与从东京搬迁而来的众多国家科研机构所组成,也可以说它是日本政府倡导科学政策的产物。"科学城"作为高科技园一种类型并在世界上被广泛应用,这在筑波本身也有一个过程。在开始阶段,综合性基础及开发性应用研究占有较高比例,随着日本私营企业及其研究所开始利用筑波国际博览会的原会址形成东光台、筑波北、筑波西等科学公园及筑波技术公园,现在每年都有 20～30 个民间高技术企业进入园区,它开始成为一个产、学、研一体化的国际性科学工业城。

筑波科学城位于东京东北 50 公里处(距国际机场 40 公里),北依筑波山,东临日本第二大湖霞个浦。科学城南北长 18 公里,东西宽 6 公里,总面积为 27 平方公里。环绕科学城外围技术园开发区占地 258.5 平方公里。在保护良好自然环境和农业用地的前提下,民间高技术企业及其研究所发展十分迅速。

到 1990 年 4 月,筑波科学城人口已达 16.6 万人,其中本科生和研究生约 1 万人,教学与研究人员 1 万人,研究所工作人员 5 000 人,留学生及国外研究人员及其家属 2 000 多人。国家和地方政府正在考虑筑波未来的发展。国家土地局提出了"新筑波规划",准备把筑波科学城与邻近的土浦合并,形成一个范围较大与东京互相补充、互相依赖的城市地区,规划人口达 100 万,鼓励民间企业进入筑波地区从事开发,在加强现有设施建设的司时,将修筑通往东京及国际机场的高速公路,进一步缩短行车时间,实现快速联系。

(三)韩国大德科学城和大田科学园区

大德科学城的发展背景

在 70 年代以前,韩国除了一些研究性大学如汉城国立大学(SNU)等少数大学外,企业几乎没有进行研究与开发活动。70 年代早期,韩国从国外引进先进科学技术,主要发展劳动密集型产业,加强企业与研究单位之间的联系,对于提高企业技术水平和增强出口导向型产业的竞争力是十分必要的。1973 年,前总统曾提议,为了促进科技发展和平衡区域发展,应在远离汉城的地方建立科学公园。于是科学技术部和建设部捐赠了位于汉城以南 16.8 公里处的大德的 2 770万平方米的地方。1973 年 12 月,制定了大德科学城总体规划,开始建设基础设施和一些研究与教育设施。1978 年开始从汉城迁移科研机构。最早迁入的是 SNU 的工程学院、两个公立研究所(韩国化学技术研究所和韩国能源、资源研究所)和两个私立工业研究所(这两个私立研究所的总部仍在汉城)。1983 年 2 月,大德科学城的管辖区与大田市合并。政府对大德科学城的建设和研究活动给予财政支持。大德科学城的研究单位大多从事基础研究,拥有研究与开发的分部,而总部和生产活动位于其他地区。

1979 年成立了大德科学城管理办公室,包括两个部门:一般性管理部门和规划、房地产管理部门。高等院校对园区的发展起重要作用,大德科学城的一个明显优势就是拥有众多的研究所、大学教师、硕士研究生和博士研究生,可以参与研究所和实验室的工作。大德科学城利用园区内科技人员众多的优势,尤其是从事电子工程、计算机科学、机械工程、材料工程的科技人员的优势吸引企业的研究所和实验室。

根据土地利用规划,至 1992 年园区总面积达 27.6km²,其中 48%的土地是研究设施,7%是居住用地。为了保护良好的居住环境,剩下的 45%的土地是绿地。为使工作人员在园区定居,科学城规划建设 5 个居住小区,提供 12 400 套住房。目前,拥有 1 500 套住房的中心住宅小区已建成。位于它南面的 Shinsung 居住区的 4 000 套公寓于 1992 年建成。

大田科学工业园区的发展

韩国在半导体、新材料、生物技术和电子通讯等方面具有创新能力。这些高技术产业并不需要布局在汉城地区。由于单位重量价值高、便于运输,使高技术产业适合在交通方便的边缘地区发展。大田市是韩国中部地区发展高技术产业的合理区位之一。大田市拥有靠近大德科学城和位于技术带的交叉点上的有利区位条件。为了加强研究与开发和高技术产业间的联系,1990 年初,大田市政府和由 16 名教授及官员组成的"大田科学工业园区建设顾问委员会"决定在大德科学城附近建立大田科学工业园区并开始进行规划。大田科学工业园区毗邻大德科学城,在大田市中心西北方向 5km 处,该园区包括半导体生产区、生物化学生产区、新材料生产区和公用设施,占地 400 万平方米。

(四)美国硅谷的复苏

位于加利福尼亚州旧金山湾区的硅谷是世界上著名的电子、半导体工业园区,也是美国高科技最集中的地区。1994 年 5 月圣荷塞(San Jose)市经济发展办公室公布的 1993 年硅谷经济统计资料显示,硅谷在经历了前几年的衰退之后逐渐复苏,1994 年一季度的各项经济指标也表明,硅谷仍保持好的发展势头,主要表现在以下几个方面:

就业人数增加 硅谷各公司经过前两年大幅裁

减员工之后,1993 年裁员减少,失业率由 7.9%降至 6%,服务性行业增加 7 500 人,而历史上增加人数最大的一年是 8 900 人。高技术产业方面就业情况较好,如电子设备、器件以及半导体方面 1993 年多增加 300 人,而在 1992 年减少 2 800 人;计算机硬件方面增加 1 500 人,而 1992 年减少 8 300 人;国防工业(包括航天、测试仪器等)方面虽然仍在裁员,但情况已有所好转,1993 年裁员 5 900 人,而 1992 年的裁员人数达 14 700 人。

基建规模扩大 1993 年有近 100 家公司在硅谷投资兴建、扩大基建设施(办公室、实验室、生产厂房等)。例如,IBM 公司开始在 San Jose 市中心建造 13 万平方英尺的办公大楼;Conner Peripherals 公司是美国最大的计算机磁盘机生产厂之一,在 Milpitas 市扩建 7.7 万平方英尺厂房,将增设两条生产线,并增加 200 名员工。

此外,不少公司在硅谷新租用或扩大租用建筑设施的面积共达 740 万平方英尺,其中大部分用于各公司开展研究和开发工作。总的说来,硅谷的房地产业开始有所回升。

风险投资增长 1993 年在硅谷的风险投资额为 9.498 亿美元,占全美国风险投资总额 25.45 亿美元的 37.3%;1992 年为 8.82 亿美元。

风险投资用于高科技产业的情况是:生物技术(包括医药)3.316 亿美元,约占 35%;计算机软件 2.773亿美元;通讯技术 1.168 亿美元;计算机及外围设备 1.040 亿美元;半导体设备 0.8 亿美元;其他 0.4 亿美元。

从全美国的情况看,风险投资用于高科技产业的数额还会增加,1993 年 25 亿美元,1994 年增至 39 亿美元,1995 年预计可达 50 亿美元。

产值显著提高 以 1993 年硅谷前 150 家大公司的发展情况为例。1993 年硅谷的公司能进入前 150 家的标准是年销售额在 3 500 万美元以上,而 1992 年的标准是 1 500 万美元。1993 年美国 500 家大公司销售额平均增长 0.2%,而硅谷前 150 家大公司则增长 19%。1993 年硅谷前 150 家大公司的利润额为 46.3 亿美元,而 1992 年为 30.9 亿美元。1993 年硅谷前 150 家大公司的利润增长 50%,大大超过了美 500 家大公司 15%的增长率。1993 年在硅谷销售额达到 10 亿美元以上的公司由 1989 年的 5 家增至 20 家。

(五)芬兰的科技工业园

芬兰于 1982 年创办了第一个以密集的高新技术企业为特征的科技工业园区一奥卢科技园。目前芬兰全国已建立起 9 个科技工业园区,并以其强大的生命力在经济建设中发挥着重要作用。

分布在芬兰各地的科技工业园区都建在当地权威的大学和研究机构周围,依托大学和科研机构,把科研、生产和产品销售紧密结合在一起,使科研成果迅速商品化。位于首都附近的奥塔涅米科技园区建在赫尔辛基技术大学和芬兰国家技术研究中心旁。距北极圈仅 200 多公里的奥卢科技园区紧邻奥卢大学和芬兰国家技术研究中心实验室。在科技园区企业中工作的人大部分是大学毕业的工程师或科研机构中的技术人员。实践证明,企业与高科技相结合,进一步增强了经济发展活力,科技园区内的经济发展速度大大高于园区之外。

芬兰科技园区规模虽然不大,但均因地制宜,根据当地的经济发展特色和当地大学和人才优势,确定各个科技园区的专业发展方向,形成了各自独特的产业结构。奥卢科技园区以通讯和医药为两大支柱产业。图尔库科技园区建起了生物城、数据城和电子城。库奥皮奥科技园区的重点是卫生保健、环保和信息技术。于韦斯屈莱科技园区则以金属和木材加工工业的自动化技术、能源工业及精密机械工业设备见长。

芬兰的科技园区非常重视孵化器的建设,全国的科技园区中共有 18 个孵化器,专门对初创小企业进行孵化。孵化器专家定期对孵化对象进行辅导,在企业经营管理、资金筹措、产品研制及销售等方面提供咨询。孵化器形成了使初创小企业茁壮成长的得天独厚的小环境,不仅使企业的成活率达到 80%以上,而且减少了企业初期发展的风险,使众多高技术小企业在这里迅速发展和成长。

高技术企业的创建和发展离不开风险资金。芬兰的科技园区都建立起多渠道的风险投资机制。这种风险投资来源于国家、企业和私人投资者,通过各种不同渠道提供给高科技企业。

目前,芬兰的科技园区还在不断发展扩大。由芬兰政府和赫尔辛基市政当局共同规划的以生物科学为主导的又一个新科技园区正在建设施工之中,到

2000年其建筑面积将达到12万平方米。新科技园将以现代化的设施和舒适的环境成为国内外生物技术研究机构的科研生产基地。据专家估计,在10到15年内,它将成为世界著名的国际生物技术研究中心之一。

(六)澳大利亚的技术园

1984年,在州政府的支持下,南澳开始兴办澳大利亚最早的技术园—阿德莱德技术园。到目前,澳大利亚已经挂牌开发的各类园区已超过30个。澳大利亚联邦政府为了支持企业的技术开发与创新活动,实行了150%R&D税收优惠政策(即企业在申请所得税时,用于R&D部分的成本可以按照实际成本的150%计算),并建立了"研究与开发资金"计划,无偿支持那些无力从事创新与开发活动的中小企业。澳大利亚开发各类园区的官方动力主要来自各州和地方政府。政府参与兴办园区的动机不外乎想通过园区的良好环境和服务,培养或吸引技术集约型企业在本地的发展,调整地区经济结构,借助高科技企业的"旗舰"作用,为未来经济发展提供新的动力。另外,有些园区的开发还结合了城市新区的建设(如堪培拉的"Fern Hill技术园")和旧城区改造(如悉尼的"澳大利亚技术园")。澳大利亚技术园具备的成功因素是:

1. 技术园位置与联邦政府各部及政府组织接近,而联邦政府部门是技术产品和服务的最大主顾,每年估计达15亿澳元,对从事相关技术产品开发和经营的公司企业来说具有极大的吸引力,客观上园区不乏客源;

2. 技术园能为R&D公司提供与大学相互作用的环境;

3. 与市中心商业办公区相比,技术园长期租赁金较低,具有竞争力;

4. 技术园接近商业区、住宅区和教育区,交通发达,客户能享受现代城市提供的方便。

对政府研究单位自办的技术园,政府另有特殊政策。比如,澳大利亚科工组织矿物能源和建筑研究院凭借其良好的地理环境(交通方便,接近悉尼几所著名大学、商业区等城市服务中心)和技术优势,利用院区用地兴办技术园。政府政策允许其出售园内1/4的土地,解决建园所需的资金。学校办技术园是澳大利亚技术园发展又一经验。新南威尔士州乌龙贡大学办技术园的模式是这类技术园发展的一个典型。它从鼓励科技人才公司、培养各类校办企业开始,随着校办企业公司的逐渐壮大繁荣,发展到准备以兴办技术园的方式来满足进一步发展的要求。

建立技术中心,为新建技术企业提供孵化器,是支持技术企业成长的一项实践。一般来说,完全以商业方式建立这样的技术中心在经济上是有一定风险的,澳大利亚有些技术中心、研究开发中心是靠地方政府补贴办起来的,以服务新建技术企业和支持R&D活动为目的。不过政府目前已经开始鼓励这些中心自营其利。

现代技术企业中有不少是从大学或研究单位衍生出来的。新州乌龙贡大学建立"ILLawarra技术中心",提供了学校自我培养新技术企业成长的一种机制,不管小公司是否最终脱离了母体,都与学校有着千丝万缕的联系,这种联系对帮助技术成果的转化有重要意义。

(七)瑞典的科技园

科技园创建的背景

瑞典的科技园最早创建于80年代初期。经过十多年的发展,全国已建成各具特色的科技园15个,主要集中在瑞典的中南部地区。

瑞典创立科技园的初衷源于当时大学和产业界长期缺少沟通,结果形成了这样一种局面:企业由于知识得不到及时更新,往往感到开发新产口缺乏后劲,迫切需要不断从大学获取新的知识和信息;而大学的科研成果由于得不到商品化,长时间被束之高阁。这样,在科研和产业化之间便形成了一个断层。为了弥补这个断层,知识界和产业界都表达了一个共同的愿望,希望能创造一种环境,使产业界能经常和大学的科研人员接触,以便及时了解他们的科研动向;大学的科研人员也可以将他们的科研成果拿来进行商品化开发。于是,在各方面的积极响应下,科技园这种形式便应运而生。

科技园的结构及规律

瑞典科技园的选址都紧靠大学,有的甚至直接建在大学校园内。科技园的建筑既有特点,又比较适用。其功能是以研究和开发为主,而少数科技园同时具有教学功能,成为综合性的科技园。科技园的公司有两种类型,一种是由瑞典的大中型企业到科技园注册的,另一种类型是大学教授、研究人员或者是学生到园区来创办的。创业或工作人员素质都很高。每一个科技园都有各自的特色,形成了彼此密切相关联的主要研究与开发领域,它们的形成同与科技园相邻的大学的主导学科又有着密切的关系。如于吕勒奥市的 Auroum 科技园主要从事以通讯和数学技术为基础的信息技术的研究与开发。此外,还有其他科技园从事环境技术与装备、新材料技术等行业的研究与开发。

科技园的经营与管理

科技园完全实行企业化管理,因为科技园是由企业而不是政府来创办的。由股东组成的董事会负责决策,确定公司经营方向、经营策略和资金运筹等。经营科技园的公司除维持一般的物业管理外,大部分管理放在运作管理,即如何为园区公司提供最佳服务等,但是这些服务都是有偿的。

主要的服务项目有:⑴为园区公司提供经营管理服务;⑵为园区公司提供信息服务;⑶为园区公司创造最佳的学术环境;⑷为园区公司提供融资服务。总之,科技园为园区公司提供的服务是全方位的,其经营宗旨是为园区企业创造一流的内部环境和一流的外部条件。科技园为小企业和新创建的企业提供了一种创造性的、专业性的商业环境,在企业从简单的商业概念到具体的专利、许可证、市场开发、金融到最终销售产品的每一步骤中,科技园都可以起到催化剂的作用。

科技园的筹资方式

瑞典科技园的资金一般来自以下几个方面:

政府 国家工业与技术发展局(NUTEK)除提供少量无偿拨款支持科技园的一些项目外,还提供数量相对较大的资金以风险资金的形式支持科技园,这部分资金是有偿的,除要求收回本金外,还要加收一定的利息。

基金会 如失业保险基金和工业革新中心基金会向科技园投入一定数量的资金来扶持科技园企业的发展。到 1996 年为止,它们共同向科技园投入了 3 700万克朗的资金。

投资公司 技术园区发展有限公司是一风险投资公司,但只以初始股本金的形式投资于企业,其所占股份控制在 20～49%之间,而且不投资超过 300 万克朗的项目。

其他一些投资者 因看好科技园的良好发展前景而投资的有关金融等机构。

科技园建设的经验和教训

瑞典科技园主要有以下几个方面的成功经验:

·园区公司可以聚集一批大学的博士生,从而促进大学与科技园的良好合作;

·开发高等教育机构的成果具有良好的投资前景;

·相对较少的资金可以为科研成果开发成产品创造必要的条件;

·实践证明,科技园这种独特的环境使得园区公司的成功率较社会上同类公司的成功率明显要高;

需要吸取的教训:一是企业在发展过程中不仅要注重技术,而且要注重管理。不少企业的失败不是技术上的原因,而是管理上的原因。二是由于科技园不具备容纳中大型公司的条件,因此当园区公司发展到一定阶段,需要从事大规模生产时便不能提供足够的发展空间,于是这些公司不得不迁移到外面去。

(八)意大利的科学园区

意大利的科学园区与欧美其他工业国家相比,发展较晚,目前,已建有各种科学园区 20 多个。政府还准备在意南方落后地区再建立 13 个科学园区。

意大利的科学园区具有三个特征

⑴在国家集中指导下发展;

⑵科学园区的规模较大;

⑶不以盈利为目的。

意大利的经验是:作为一个科学园区,不论其规模和性质如何,为获取园区的成功发展,必须满足下述条件:

⑴集中分布在一个独立的地区之中;⑵与学术中心或国际、国内的研究中心具有真正的联系与合作;⑶具有重要的不动产投入;⑷积极推动科研机构向企业转让技术;⑸对利用园区的研究成果开发新产品或成立新企业者,给予组织和财政上的支持;⑹园区内存在一种有效的运行和管理机制;⑺园区内应力争有大学参加;⑻园区所在地区的地方政府、金融机构、商会、企业家协会的积极介入与支持;⑼园区应与国际、国内的各种数据库保持通畅的通讯联系;⑽园区内应建立一种有利于来自学术机构、研究单位和工业企业

的科学家和工程技术人员自由进行学术交流的气氛和条件。

最后，园区的发展当然离不开财政的支持。因此，国家、地区和大型企业集团的支持与介入自然成为园区能否顺利发展的首要前提。

意大利的科学园区大致可分为以下几类

以基础研究及其生产性发展为主要目的的科学园区，其典型为的里亚斯特科学区(ARST)

ARST是经意大利议会批准成立，旨在促进高技术研究的一个大型科学园区，迄今已有近十年的历史。现有实验室2万平方米，来自各个企业和研究机构的研究人员共600人，今后拟增加到1 200人。

在工业衰落地区建立科学园区(如米兰Bicocca科学园区)

这一园区的重点科技领域是：建筑材料、环境、能源、机器人与人工智能、生物技术、通信和空间技术。

园区的主要目的是：促进高技术研究、开发、生产、检验和培训的结合；建立一种横向(从一个生产部门向另一生产部门)和纵向(在国家研究机构和革新性企业之间)的技术转让机制；促进大学、国家研究机构和革新性工业企业之间的合作开发；通过"孵化器"和"苗圃"的方式，推动高技术企业的发展；推行长期的教育培训计划和"学位后"培养制度，为企业技术革新提供充足的人力资源；提供各种通信、数据库和咨询服务，促进技术和"诀窍"买卖双方的结合。

目前，在园区内已建有一批核心机构，如环境研究所、传感器实验室、Date康采恩、Fochi集团公司的高技术服务公司等。

以优质人力资源为基础而发展建立的园区，如巴厘科学城

巴厘科学城是意大利的一批科学家和企业家共同构思的产物。除了巴厘大学能提供优秀的研究人员外，园区自身就拥有"革新和技术管理学院"、"生产管理学院"与"工业和应用数学研究学院"，能为进入园区的各个单位提供高水平、高能力的科研人员，因而能广泛吸引大型跨国公司进入园区，支持园区的研究计划。

该园区的学科重点是开发信息技术和电子技术，主要学科领域涉及信息和遥感、微电子、软件和人工智能、机器人与自动化、空间技术、激光技术、医学仪器和环境科学等。

园区的特定目标是：推动信息技术领域的工业研究项目，实现企业与研究机构之间的合作；为开发高技术产品和服务开展可行性研究，并在园区内或在意南方落后地区付诸工业生产；培养高新技术企业和第三产业；建立为中、小企业利用和推广革新技术的服务网络；建立高质量、高水平的常设性人才培养体制；支持多学科大学的发展和促进与发展中国家的科技合作；促进文化和社会革新。

跨地区的协会性科学城如Torinl－Novara－Ivrea三角地

科学园区是通过协会的形式，在面积较大的工业发达地区，把跨国公司的大企业，革新性的中、小企业，公立和私立的研究中心，金融机构和企业家协会中的科研和有关人员组织起来，围绕技术区协会选定的项目，开展研究工作。目前，已有1.8万名研究人员在该技术区的统一协调下开展工作。

该技术区支持的重点领域是自动化、航天、生物工程、电子、机械和新材料，都是一些高新技术领域。以期通过这种合作，使都灵地区在意大利乃至全世界都具有举足轻重的地位。

(九)以色列科技工业园

以色列的科技工业园始建于70年代，到现在为止，25个大小不一、形式各异的科技工业园区遍布全国各地。这些园区的运行机制和管理办法各不相同，但是目标只有一个，就是利用政府给予的各种优惠政策发展高科技产业，将科技知识和科研成果转化为商品，为国民经济的发展注入新的血液。

为刺激科技发展，促进国际科技合作，吸引外国资金，以色列政府制定了《工业R&D鼓励法》和《投资鼓励法》。对批准的R&D项目按类别给予总预算20～60%的经费支持。支持领域覆盖了计算机软件、光电子、化学、通讯等领域。其主要目标是通过对R&D给予经费支持、与企业共担风险等鼓励办法，把科学家和工程技术人员的创造性引导到开发、生产高技术出口产品上来。

《投资鼓励法》对国内和外国企业公司在以色列投资给予相当多的优惠措施。这些措施包括向投资者减免税收、提供贷款和出口担保等。除国防工业以外，外资的引入几乎可以在任何领域。

以色列的科技工业园的发展是这个国家培育技术产业的整体努力的一个方面。建设科技工业园区的目的,是要为科技人员提供比一般工业企业更优惠的环境。为他们提供必要的条件,使他们的研究成果在尽可能短的时间内成功地变为工业产品。高校和研究所在各级政府部门的支持和鼓励下,在将科学技术研究成果转化为工业商品的过程中起着十分重要的作用。以色列的七所高校都积极参与了科技工业园的创建与操作。以色列政府在上述两个法律的框架下,对符合以色列工业高技术发展战略的优先领域,利用减免税收、提供一定比例的 R&D 经费或贷款以及其他各种优惠政策,吸引企业和公司进入工业园区内。

科技工业园的核心是孵化器。全以色列有 28 个孵化器分布在各个科技工业园区内。这些孵化器在安置俄罗斯移民中的科学家和工程技术人员方面发挥了重要的作用。

大多数工业园都设在城区附近或高校、研究所旁。园区与高校关系密切,一些园区内的企业可以使用高校的实验室甚至人力,直接消化高校、研究所的科研成果,开发成熟后再向附近的工业区转移。每个园区都有自己的支柱型企业,如海法附近的 MATAM 工业园,其中的 ELSCINT 公司以其高度先进的电子医疗诊断设备,如双倍速的 CT 扫描仪和磁共振成像仪,蜚声国际市场。

以色列的科技工业园虽然起步较早,但时至今日,大多数新建园区只是初具规模。由于在高校内对教育科研机构直接进行商业活动存在许多不同看法,因此每一个工业园的运行机制和管理办法也各不相同。

总的说来,以色列的科技工业园可以归纳为以下几点:

①进入园区的公司企业其项目必须具有科技特征,对园区环境无害,企业经营的 R&D 项目多以出口为目标,在国际市场上有一定的竞争力;

②重点鼓励和扶持中小企业;

③保证园区内的建筑和设备处于良好状态,以满足承租人的要求。

(十)丹麦科学园

丹麦科学园的兴建始于 80 年代末,现有 7 个科学园。丹麦兴办科学园的目的是,加强工业界与本地、外地及国外大学、科研院所的合作,用支持和管理等手段为 R&D 项目提供帮助,让有关新发明的设想迅速投入研究开发,使其成果尽快商品化、产业化,既提高丹麦科技水平,扩大智力资源,又利用智力资源把科技知识以最有效的方法尽快转移到实际生产中,促进经济发展。

科学园的条件

科学园的分布

科学园建在邻近大学和研究所集中的地区。在哥本哈根市的辛姆宾科学园区位于丹麦研究机构最集中的地区。这个地区有 5 所大学,有许多应用技术研究所和 R&D 成分很高的公司。丹麦 70% 的 R&D 机构集中在这个地区。主要项目领域有生物技术、化学、医药、环保、计算机软件、信息技术、电子、通信、食品。位于菲英岛的菲英科学园距奥登塞市中心和高速公路很近,在奥登塞大学、工学院、农学院这三所大学中间的地方。主要项目领域有信息技术和计算机科学、生物技术、机器人技术、农业技术、环保。日德兰半岛北部的诺维(NOVI)科学园离阿尔堡大学很近。主要项目领域有自动控制、电子、通信、能源与环境、信息技术、渔业技术、气象探测、航海导航。

入园条件和手续

①公司自己无法进行的大而长期的 R&D 项目,可以与科学园的 R&D 公司合作,以比进入科学园;或者把公司从事 R&D 项目的科研组迁入科学园;或者与附近的大学、研究所合作,把合作项目放在科学园进行。

②只从事 R&D 的公司可以进入科学园。

③科技人员有了新发明的设想,可以在科学园办公司从事实际 R&D 工作。

④测试和验证 R&D 成果商品化、产业化可行性的工作可以在科学园进行。

⑤大学、研究所、公司的 R&D 项目可以进入科学园。

科学园提供的条件和帮助

一般提供如下 8 种服务与帮助:①为企业提供新技术;②提供咨询服务;③帮助项目发展;④提供知识网络服务;⑤提供组织上的服务;⑥为做毕业论文的学生提供帮助;⑦提供资金帮助;⑧出租科学园场地

和服务设施。

今后的举措

发挥本地优势，创立更多新的R&D项目

科学园主要加强与本地及国内外的科技界、工业界的广泛联系，了解本地大学和研究所在科技领域中的领先优势，考虑如何使本地科学家在这些有优势的领域中充分发挥作用。同时，要走出去，到国内的其他地方，甚至到国外去寻找和吸引合作伙伴，在科学园创立更多的R&D项目。

任命顾问

科学园任命项目顾问，专门了解附近大学和研究所正在进行的科研工作，想办法了解很可能会引起工业界兴趣的正在进行的那些科研项目或项目的某个部分，及时掌握科研成果的信息，提供给科学园。

改变陈旧行为和观念，走联合开发的路子

科学园提出，要改变工业界陈旧的行为和观念，帮助有共性开发计划的公司和大学、研究所联合起来，在科学园内设立共同的中立的R&D基地，走联合开发的路子，争取事半功倍的效果，增强丹麦产品在国际市场上的竞争力。

进一步联系和支持中小公司

有的科学园以前基本上是和大公司合作，现在已开始进一步加强和中小企业的联系，更多地和开发能力较弱的中小公司合作，让中小公司迅速发展起来，也为解决本地的就业问题创造了机会。

(十一)印尼塞尔彭科学园

塞尔彭科学园概况

印度尼西亚塞尔彭科学园(PUSPIPTEK)始建于1977年，位于距雅加达27公里的塞尔彭，占地500公顷。1994年政府又批准扩展土地500公顷，其中350公顷用于建设新技术工业区，150公顷用于建设以高技术专业为主的印尼理工学院(ITI)。这个集科研、教育、生产三位一体的科学园已成为印尼发展高科技的中心。

经过近20年的筹备和建设，塞尔彭科学园得到了迅速发展，至今已兴建了13个国家级研究中心，研究领域涉及标准计量、电子工程、环境保护、应用物理、应用化学、应用冶金、材料工程、热动力、航空动力、能源利用、加工技术、自然灾害防治和生物技术等。基础设施建设日益完善。此外还建有供穆斯林、天主教和基督教徒做礼拜的宗教活动场所。

管理机制、经费和人员情况

科学园的管理机制

塞尔彭科学园直属印尼研究和技术部领导，具体由科学园管委会(又称科学园理事会)协调管理。管委会下设计划局、建设局、行政管理局、财务局和科学园社区管理中心，负责整个园区的总体规模和建设，协调园区的研究和发展工作。

科学园的经费投入

科学园的基本建设经费主要靠政府拨款。迄今为止，国家已投资科学园2 245.5亿盾(约1.1亿美元)。科学园管委会只负责园区的总体规模设计和公共设施建设。各研究中心的建设和设备配置基金由各主管部门向国家计划署或国际组织申请，这些经费不计入国家对科学园的投入预算。各研究中心的研究经费和行政费用也由各主管部门调拨。

科学园的人员情况

目前塞尔彭科学园共有职工5 000余人，其中技术人员3 332人，其余为行政管理人员和辅助人员。在技术人员中，高中和中专毕业生1 938人，大专毕业生264人，大学本科生886人，硕士生172人，博士生72人。

科学园主要研究中心

目前，在塞尔彭科学园已建的13个国家级研究中心为：①航空动力学和气体动力学研究中心(LAGG)；②工程材料测试研究中心(LUK)；③热力学、发动机和推进器系统研究中心(LTMP)；④加工技术研究中心(LTP)；⑤减灾中心(LMBA)；⑥生物技术研究与开发中心(PPP)；⑦能源利用技术研究中心(LSDE)；⑧应用化学研究中心(LKT)；⑨应用物理研究中心(LET)；⑩标准计量研究与开发中心(LKIM)；⑪应用冶金研究中心(LMT)；⑫多用途核反应堆及其辅助实验中心(RSG－LP)；⑬环境管理研究中心(EMC)。

存在问题及对策

印尼政府旨在将塞尔彭科学园建成印尼的硅谷，但目前的发展离此目标还相距甚远，存在的主要问题仍是科研与生产没有紧密地联系起来。每年科研成果不少，但大部分没有转化为生产力，科学园培养了不少科学家，却没有造就出众多的成功的企业。为改变此状况，科学园采取了以下措施：

⑴制定优惠政策，吸引企业，特别是外国投资兴办高技术产业。凡是在科学园高新技术工业区建厂，可以市场价的1/2租用土地，具有进出口权，并可免交部分进出口税。

⑵大力发展技术孵化器，孵化高新技术企业。科学园区设有孵化中心，凡要进入科学园孵化中心的公司必须首先递交项目建议书和可行性研究报告，经科学园管委会批准后即可进入中心孵化。

⑶实行新的研究项目经费管理办法。鼓励各研究中心和企业建立新型的伙伴合作关系，改变科研部门闭门造车的被动局面，把科学研究直接推向市场。科研项目的实施由企业和研究中心共同进行，研究成果所有权及利润的分成按投入资金的比例确定。

(十二)布达佩斯技术大学科学园区

概况

匈牙利布达佩斯技术大学科学园区(INNOTECH)创建于1987年，坐落在布达佩斯大学附近，是匈牙利第一个在政府倡导下，由匈工商部、国家技术发展委员会、高教部和匈科院等牵头，以布达佩斯技术大学为依托，以股份制形式筹集资金的西方模式的科学园区。现拥有固定资产4亿福林(合400万美元)，占地9 000平方米，3 250平米建筑面积(包括办公楼、车间、仓库)，拥有32个技术含量较高的公司。近年来园区收入逐渐增加，1995年达14.7亿福林(合1 100万美元)。

园区的主要特征

主要业务活动

以布达佩斯技术大学为依托的INNOTECH科学园区从创建时就明确其优势发展领域首先 结合布达佩斯大学的优势领域，同时遵循发达国家科学园区的经验，从以能源为基础的技术转向以信息为基础的技术开发。园区的R&D活动早期以机械设计和加工、能源工程及核电技术、材料科学为主，现转向以微电子、计算机和信息处理技术、通讯技术和自动化技术为主。

园区管理体制和运行机制

INNOTECH园区组织结构分两部分：

①以租赁形式进入园区的外来公司，园区本部不参与其经营活动，只提供一定服务。

②园区本部(INNOTECH有限责任公司)，根据业务需要设管理经理、技术经理和业务经理。其业务活动分成两部分：一部分为园区内外公司提供各类服务；另一部分是以布达佩斯技术大学的R&D队伍为依托，或吸收他们的实验室技术在园区内进行产业化哺育，然后再向园区外推广，实现产业化或帮助大学教授将其研究成果直接进入市场。

国际合作

加强国际合作是科学园成功的一条很重要的经验。不仅由此可获得不少最新技术的信息，有利于技术开发，并得到别国在园区管理方面的经验，更重要的是可提高园区在国际上的知名度，有利于吸引外资和争取国际项目资助(如联合国的PHARE计划项目)。

政府的优惠政策

政府对科学园区的优惠政策有：①地方政府对园区可免除10年的地方税；②涉及现代技术专利的进口生产设备可免除海关税；③为增加出口竞争能力所需的技术开发的信贷资金可降低利息70～100%；④园区公司为增加再就业，将利润投入再生产的利润可免税；⑤农田被用作建设园区时，在园区开发阶段可从政府中得到补贴。

未来发展计划

为了进一步的发展，由总理办公室牵头协调各方面力量，计划在布达佩斯技术大学和罗兰大学附近再建一座新园区。扩建后的园区将具有各种功能，其中最重要的是：①提供各类信息；②在园区内建立工业园区，直接实现技术转移或高技术产业化；③保持广泛的国际接触。但目前由于匈经济不景气，起动较慢。

(十三)中国台湾新竹科学工业园快速发展之经验

新竹科学工业园于1980年9月正式成立，15年来该园区发展迅速，到1994年底进入园区的厂商达165家，营业额从1983年的30亿元新台币增加到1 778亿元新台币，11年增长了59倍之多，保持每年以约40%的速度增长。园区的资本额累计已达935亿元新台币，总产值占全台湾2.81%。从业人员1994年底共有33 538人，专科以上的学历人员占50%。园区的研究能力不断增强，高科技产品层出不穷，许多产品是世界领先。比如，全友公司生产的光学影像处理器领先于美国 HP 公司和日本 CANON 公司。

园区快速发展为世人瞩目的原因有以下几个方面：

①优惠的区位环境和地理位置。园区位处台湾最发达的台北地区，海陆空交通十分方便，同时离重要城市近，易于获得各方面的信息。园区附近高校、科研机构集中，它们不但为园区内厂商提供高级的科技人才、科研条件，而且还能在产品开发、人才培训等方面提供充分支持。

②很好的管理体制。实行自上而下的二级管理体制。并制订有较完善的法规，做到"依法治园"。

③较完善的运行机制。园区建立了良好的规模协调机制、有力的监控和激励机制以及较完善的服务保障机制。

④较好的支持政策。在园区内实行较好的税收和收费政策、财政金融政策、人才政策等。

世界著名科学技术研究中心(单位)的基本状况及其主要成果

(一)新形势下的美国贝尔实验室

历史辉煌

贝尔实验室发展至今已 70 多年了，它在科学上的建树是世界上任何一个科研机构无法比拟的。早在初创时期的 1926 年，贝尔实验室便在音画合成的同步问题上取得技术突破，为人类带来了生动的有声电影。此后，许多科学新发现和新发明都与贝尔实验室这个名字紧密地联系在一起：1927 年发现物质具有波动性，同年远距离电视传输获得成功；1929 年发明人工喉；1933 年实现立体声录制和传输；1937 年第一部数字式计算机问世；1938 年发明无线电高度计；1946 年研制出晶体管；1948 年信息理论诞生；1954 年硅太阳能电池问世；1958 年首部激光器研制成功；1962 年通讯卫星成为现实；1964 年发明按键电话；1968 年发现宇宙大爆炸的重要证据——微波背景辐射；1969 年研制成功摄像机的电耦合器件；1969 年开发出 UNIX 系统；1986 年开创神经网络系统；1988 年发明数字移动电话，并于同年开发出光纤电缆；1989 年高清晰度电视诞生；1992 年研制出实时语言翻译系统，等等。截至目前，贝尔实验室仅获得的专利就已超过 2.6 万个，平均每天有一项专利问世。

除了在科研方面赢得了国际上的广泛赞誉外，贝尔实验室还培养和造就了一批造诣高深的世界级科学家。著名的诺贝尔物理学奖获奖者的名单上就有 7 位是贝尔实验室的科学家，而获得其他各类科学奖项的研究人员更不计其数。正如一般美国人所认为的那样，贝尔实验室已不再仅仅被看作是 AT&T 公司的资产和发明创造的摇篮，贝尔实验室已经成为美国的骄傲。

战略转移

长期以来，贝尔实验室优越的环境、独特的背景造就了一种特殊的研究文化，每一个在此工作的研究人员享有完全自由的选题权利，可以凭借自己的兴趣和敏感，选择前沿学科的突破口，在科学的大道上自由驰骋。这一传统在 50 年代得到进一步加强。贝尔实验室的科学家正是在这种气氛中工作，视解开自然奥秘为己任，寻突破科学难关为目标，至于科研成果如何转化为商业产品则被认为是公司里的工程师和技术人员们的事，而与己无关。他们这种不闻世事的态度和做法，使其与公司管理阶层之间慢慢形成了一条难以逾越的鸿沟。其结果是，尽管从 50 年代到 80 年代贝尔实验室科研硕果累累，但 AT&T 公司却一再错过商业机会，逐渐失去了竞争优势。

1984 年，美国对通讯业实施反托拉斯法，AT&T 公司被迫从地区性电话业务中退出，而只保留长途电话服务，公司规模大大缩小，市场余地极为有限。面对快速变化的市场需求和同类行业的低价位竞争，AT&T 公司再也无力支持短期内没有经济利益回报的基础科研项目，贝尔实验室科研转轨已成命中注定。

1995 年 9 月，美国电报电话公司(AT&T)为适应电讯业日趋白热化的激烈竞争，毅然一分为三，对其所属机构进行了大规模重组。强大的商战冲击波震撼了贝尔实验室这座科学圣殿，并使其不可避免地成为被整编的对象，其科研战略也发生了根本的转变，研究方向从过去的以基础科学和应用科学为主转为以商业为目的的产品开发和技术开发为主。经过 1

年的调整,贝尔实验室彻底脱离了AT&T公司,成为新成立的LUCENTTECHNOLOGIES公司的主要部分。

不同反响

对于贝尔实验室性质的转变,一时间众说纷纭,而工作在贝尔实验室的研究人员对此事亦有不同的看法。现年52岁的美国科学院院士劳伦斯·雷比纳认为从科学的角度看,现在所研究的课题同样具有挑战性。他表示,商业产品开发亦令人兴奋,也大有可为,这段历史将成为他职业生活中难忘的一页。但是也有部分科学家因无法找到施展才华的天地而离开了贝尔实验室。如因发现宇宙存在微波背景辐射而获1978年诺贝尔物理学奖的罗伯特·威尔逊就是其中的一位,由于他的离任,贝尔实验室的射电天文实验室也只好关门。因失去AT&T公司的支持,发明光敏晶体管的阿伦·黄现已回到斯坦福大学。他说,现在美国已不重视有风险的研究项目投资,也没有为25年以后才得到利益回报的课题资助。

然而,不管怎么说,贝尔实验室现在依然是世界超一流的研究机构,年科研预算仍维持在35亿美元的水平上,科研人员超过2.5万人,其中4 000人具有博士头衔。目前贝尔实验室在全美国8个州设有研究基地,并在21个国家建立了分支机构,其中也包括中国。由于贝尔实验室内部的部分物理和化学实验室已转作他用,其基础研究所占的比重现已降至25%,然而随着计算机实验数目的急剧增加,其应用研究和产品开发的能力却得以大大加强。因此,人们有理由相信,有着浓厚学术空气和孜孜以求精神的贝尔实验室,明天会更好!

(二)美国的工程技术合作研究中心

美国的工程技术合作研究中心以美国大学和工业界的合作研究中心为主体,已发展到相当大的规模。尽管这些研究中心的类型各异,但其活动均是围绕促进科学技术发展、培养人才、加强学术界与工业界的合作以及技术转移等目标开展的。1994年,美国卡内基·梅隆大学对美国大学和工业界的各类合作研究中心做过一次全面调查,现根据这次调查结果从几个方面来介绍这些研究中心的基本情况。

数目、经费规模和研究方向

截止到1990年为止,美国已在200多所大学中建立了1 056个各种类型的工业界和大学合作研究中心,其中半数以上是在80年代建立的。1990年,这些研究中心在研究相关的活动中所开支的经费约41.2亿美元,其中有25.3亿美元直接用于研究与开发。在这些研究中心所开展的工作中,研究与开发的工作量约占2/3,教育和培训的工作量约占1/5,基础研究和应用研究占的比例大致相同,均各占40%以上。

人员情况

据统计,在1990年,有大约1.2万名大学教职员工,2.23万名博士研究生以及16.8万名硕士研究生参与了各类研究中心的工作。研究中心通过各种教育和培训手段对促进美国经济增长和社会发展做出了巨大的贡献。1990年,每个研究中心平均培养了4个博士研究生和7个硕士研究生,向工业界输送训练有素的科技人员。1989～1990年间,经研究中心培养的毕业生中,平均每个中心有5.7人在参与中心合作的公司中找到长期受聘的工作岗位,公司反映良好。

经费结构

各级政府拨款是大部分研究中心财政的主要来源。在各研究中心的经费结构中,各级政府机构所提供的经费占了近一半的比例,其中联邦政府提供的经费占总经费的34%,州政府占12%,工业界占31%,大学自己占18%;有86%的研究中心接受过政府基金;有70%以上的研究中心是在联邦政府或州政府的资金支持下建立起来的。

与工业界的联系

美国工业界与大学合作研究中心已成为美国大学直接与工业界合作进行科学研究与工程开发的主要手段之一。根据1990年的数据统计,工业界与大学的合作研究与开发活动中,有70%是通过研究中心这种形式进行的。除了直接投入资金之外,参加合作的公司还向研究中心和相应的大学提供各种设备,并允许大学使用工厂的设备来培养和训练学生。通过这些活动,研究中心与各传统工业界和高技术企业建立了跨多个工程领域和学科的联系。当然,在研究中心的工作目标问题上,各中心之间还存在着不同的看法。例如,有大约1/4的研究中心认为帮助工业界改良其产品和制造工艺是研究中心的重要任务,而其他大部分研究中心则认为自己的主要任务是进行传统的学术研究和培养人才。

从统计数字看，几乎有3/4的研究中心是由大学发起成立的，由政府发起的占10.9%，由工业界发起的占10.7%。以上数字表明，美国大学与工业界合作研究中心的建立并不仅仅是为了满足工业界的需要，主要的原因还是美国大学出于进行教育改革的需求，为了寻求一条教育与生产实践相结合，即产学研结合的路子，向社会转移适用技术，输送合格人才而建立的。同时，成功的研究中心实例也说明，各级政府在经费上的支持是影响大学和工业界合作关系的重要政策手段，这些钱往往起了种子资金的作用。

申请专利和发表论文情况

据统计，1990年全美各大学被授予专利权1 174项，其中各研究中心拥有211项，占总数的20%左右。在研究中心的研究与开发经费中，每百万美元生产的专利数基本上与大学的科学和工程研究经费中每百万美元投入所产生的专利数相当。研究中心每百万美元研究与开发经费所产生的专利数大约是工业界研究与开发实验室的1/3。总的来说，研究中心发表研究论文的比例与大学的科学和工程研究与开发过程中发表论文的比例相当。

总的运行状况

各研究中心的运行特点和工作水平随其规模大小、技术领域以及资金来源的不同而有所变化，并且与研究中心是从事开发商品化技术还是进行更传统的学术研究有密切的关系。各研究中心之间之所以存在生产率差异的重要原因是由于他们从事不同的工作。那些主要从事改进工业界产品和工艺过程研究的中心对技术商品化过程会产生及时的正面影响，而且这些研究中心的各种发明、设计制造的各种新产品以及获得的专利要比那些从事更具学术性研究的中心多。研究中心所从事技术领域的不同也会使他们在产出能力的大小和类别上存在差异。据统计，从事先进材料和生物技术研究的中心所申请的专利数在各类研究中心占领先地位；从事生物技术研究的中心在开发新产品上独占鳌头；从事计算机软件研究的中心则在开发新工艺过程上领先，而计算机软件技术和制造技术领域中的研究中心却是开发新型设备样机的佼佼者。

不同规模的研究中心其工作状况也有差异。据对美国各类大学与工业界合作研究中心的调查，小型研究中心的运行状况普遍要好于较大规模的中心，但是否影响其运行状况的真正原因就是规模的大小，目前还不得而知。

与外界的信息交流

工业界和大学通过合作研究中心这种形式的紧密结合，在某种程度上使大学和工业界之间产生了社会利益需求的调整。参与研究中心工作的工业界希望在短期内设计改进其急需的各种技术，而大学的学术传统是尽快将研究成果公诸于众，让社会分享。随着研究中心的发展，大学为了从工业界获得资助，已经不再坚持一贯的立场将研究结果无偿公布于众。例如，研究中心的工业界一方常会限制中心与外界进行与合作项目有关的信息交流，使论文拖延发表，或要求删除论文中的有关数据。据统计，有40%以上的研究中心反映大学教职员工与外界的信息交流有时受到工业界一方的限制；有35%的研究中心出现过合作的工业界一方要求论文在发表之前要删去与合作内容相关的信息；几乎有一半的研究中心反映合作的工业界一方曾要求延迟反映中心研究结果论文的发表。但调查结果也反映，大学在学术交流方面所受到的损失，在一定程度上能够从研究中心促进先进技术商品化的有效机制所产生的效益中得到补偿。

随着工业界与大学合作步伐的加快，美国大学与工业界合作研究中心将会在人才培养以及加快技术商品化的过程中产生更大的积极作用。

（三）英国中央研究实验室

成立于1928年的中央研究实验室位于伦敦西郊，现约有150人。从1992年起由纯实验室转变成高科技公司，科研目标转变为以市场为导向。

英国中央研究实验室有着十分辉煌的历史：它发明了世界上第一台立体声录放机、第一个电视播放系统和第一台CT机；它拥有专利约600项，超过英国高校专利的总和；它发明的很多技术为其他公司创造了巨额利润。最近，该实验室的发展战略已开始转向市场经济。

科研是实验室发展的基础，放弃科研是舍本逐末之举。中央研究实验室不同意一些科研机构改变性质从事金融、贸易、房地产等工作，认为那是以己之短攻人之长。他们的经验表明，只要科研方向正确，其收益是很高的。

目前,该实验室重点开发四大技术领域:一是随着信息高速公路的兴建而日显重要的多媒体技术;二是日常工作和生活中的通信技术;三是生物、医用仪器技术;四是实用小发明。该实验室并不从事基础性的技术研究,因为在这一领域无法同大公司和国家实验室竞争。该实验室的最新研究成果包括立体电视机、平板电视机、仿真立体声技术、短距离无线电传输技术、指纹辨别技术、音像制品防伪技术等。

该实验室的产品不是技术成果,而是知识产权。技术成果只有受到法律保护拥有了知识产权后才能投放市场。从技术成果上升为知识产权无疑是一大飞跃。这种做法的好处是充分利用法律体系和其他公司现有的生产能力为自己服务。实验室没有必要投资建厂生产产品,这样可减少风险,专心搞科研,充分发挥自己的技术优势。

1979年,该实验室发明了获诺贝尔奖的CT机时,已经意识到知识产权的重要性,迄今从这一医疗器械的专利中收益近2亿英镑。目前该实验室成立了力量很强的专利部,处理该实验室产权事务。

(四)俄罗斯免疫研究所

俄罗斯免疫研究所始建于1979年,建所的目的是为了加强和发展过敏学和免疫学理论及临床方面的研究。1994年6月该所成为俄罗斯国家科学中心,其主要学科方向:①免疫学的分子遗传和细胞理论;②过敏症的分子和细胞机理,过敏症研究和临床治疗;③免疫生物学及新型疫苗;④居民免疫检验和治疗;⑤过敏症检验、治疗和预防药物的研究;⑥人及动物免疫遗传学研究;⑦免疫生态学和免疫病毒学研究;⑧免疫药理学和免疫康复学研究;⑨免疫学研究的标准和计量。

该所有5个研究部,每个研究部又设若干实验室:

1. 免疫生物技术部。该部包括:①免疫反应遗传控制实验室;②人造抗原实验室;③生物技术实验室;④细胞相互作用实验室;⑤抗原制剂生物化学实验室;⑥肽实验室;⑦免疫活化实验室;⑧免疫药品实验室。

2. 遗传免疫部。包括:①人体组织遗传适应性实验室;②组织分类实验室;③化学免疫实验室。

3. 细胞免疫学部。包括:①过敏症细胞动力学和免疫调节实验室;②淋巴细胞分化实验室;③普通免疫实验室;④动物实验室。

4. 放射性同位素研究部。

5. 免疫诊断免疫矫正研究部。包括:①免疫过程模拟实验室;②免疫治疗实验室;③免疫矫正实验室;④获得性免疫缺乏症实验室;⑤免疫流行病实验室。

该所下设一个附属医院,专门诊断和治疗各种原发性和继发性过敏症病人,平均每年接待门诊患者1.3万人次,住院治疗2 000人次。

该所设有研究生部,可组织副博士和博士论文答辩。

全所工作人员约300人,其中有院士4人,通讯院士3人,27名博士,85名副博士。

俄联邦标准、计量、认证委员会批准该所为国家诊断和治疗新药的试验和检测中心,并拥有新药生产的半工业化中试装置。

近年来该所在过敏学和免疫学基础理论研究方面获得一批成果,同时也研究出一批新药,如:抗艾滋病疫苗、抗伤寒疫苗、抗花粉过敏疫苗和抗流感疫苗,有些药品已用于临床治疗。据介绍,抗花粉过敏疫苗Polioksidoniy是一种高分子化合物,它可以刺激机体并增加自身免疫能力。这种制剂作为疫苗可提高机体免疫力4~10倍,花粉过敏病人立春之前注射该疫苗可免遭过敏之苦。又如抗流感聚合物疫苗(APSV)含有血球凝聚素抗原,这种疫苗可使接种者对流感病毒的抗原性从48%增加到86%,该疫苗不但非常有效,并且绝对没有副作用。

该所与美、英、德、法、荷、比、瑞士、日、朝等国家都有科技合作关系。该所希望并准备采取各种途径与中国同行开展合作。

(五)法国里昂全国应用科学研究所

设在巴黎东南约500公里的里昂市的法国全国应用科学研究所是法国应用科学研究和开发的圣地,也是法国工程师的摇篮。它是一个集教学和科研于一身、融研究和开发为一体的教育科研机构。里昂全国应用科学研究所创办于50年代。经过近40年的发展,它现已成为拥有9个教学系,33所实验室,600多名科研、教学人员和150多名科研管理人员的多门类多学科的应用科学研究和教育机构,每年向社会输送700多名在校学习5至6年、既懂理论又能实际操作的高水平工程师。全国应用科学研究所9个教学系每年从高中毕业生中招生千名左右;研究所还设成人教育,每年为500多人组织各种实习;此外,研究所还有一个“科技实施中心”,组织营业性培训班,向社会提供管理和技术、环境和安全、工业信息、测量检查和维修、电力电子和光学、力学热力和流体、房屋建筑和公共工程、材料金属和分析8大领域、250个专题的培训。

教学和科研并驾齐驱,是全国应用科学研究所的一大特点。研究所分设培训和科研两大部,前者主管教学,管理下设的各个科系;后者主管科研,统率33个实验室,实验室下又设数目不同的课题组。研究、开发同样受到重视,这是研究所的又一大特点。据研究所的经验,应用科学的基础研究周期一般8至10年,方法研究周期一般6至8年,而研究成果的实施和推广周期一般是2至4年。为了保持研究所的后劲,研究开发必须同时并重,目前科研课题立项遵循两个原则:一是自上而下,即由主管部门要求研究所做的科研项目;二是自下而上,由实验室和企业联合提出的项目。两个原则以后者居多。近年来,除了人员工资以外,研究所所属实验室和科研经费80%来自工业企业,国家提供的只占20%左右。1992年,研究所跟社会各界签署的合同中,国家机构约占35%,工业集团占29%,中小企业占32%;从合同金额看,国家机构约占30%,工业集团占33%,中小企业占20.5%,国外合同约占15%。

为了促进科研手段、知识和成果向生产力的转化,1988年5月研究所成立了注册资本190万法郎的股份制技术开发公司,向企业提供咨询服务,承接研究和试验等,从此研究所的合同金额迅速上升,1993年达774亿法郎。

(六)加拿大国家光学研究所

加拿大国家光学研究所(NOI)成立于1985年底,位于加拿大魁北克市。NOI成立最初5年的研究开发运行费用等主要靠二级政府支持。其后,政府要求NOI更多地向工业界提供技术服务,获取资金。但为保证NOI在基础应用领域的水平,二级政府同意在后5年度内再各出资1 800万加元,主要用于购买经政府批准的研究设备、支持基础应用研究项目及部分运行费用。

目前,该所有120多人,平均年龄为32~34岁,其中博士和硕士学位以上的研究人员有90人。研究所主要从事五大方面的研究与开发:光学系统与器件;光电子材料和工艺过程;光电子器件与光导器件;激光器件;光计算机研究与光电相关的信息处理,机器视觉系统。1994~1995年度预算为1 200万加元,其中200万为设备费用,由政府拨款;500万由二级政府以项目合同方式给予支持;余下500万则由NOI向工业界提供技术服务的合同中获取。

经10年的努力,NOI已成为一个独立的、公共性质(受政府财政支持、但不受政府控制)、非赢利、实行私营企业化管理的在加享有较高声誉的高技术研究所。

作为一个公共的研究所,NOI的宗旨是“要成为光学与电子学研究与开发的国家先驱者,同时向工业界提供技术支持与服务以提高企业的竞争力,促进社会经济的发展”。为此,NOI在项目的选择上非常明确:既要兼顾具有潜在应用前景的技术发展项目或基本应用研究,同时又要注重将已开发的技术应用到工业部门中去,为工业部门提供技术开发服务。

对于基础应用研究项目及研究设备,二级政府经严格审查后给予必要的财政资助。NOI每3个月向政府部门提交项目执行情况报告,年底作项目总结报告。此外,NOI还承担加国防部、太空署、交通部等部门的项目。1995年NOI共执行11个政府项目,29个自选项目(包括基础应用研究与工业应用研究),共获得政府项目合同资金500万加元,占NOI全部项目合同资金的50%。

工业应用项目的开发分三个层次:第一层次是NOI的经理人员与大公司直接联系,了解公司企业的需求,提出利用NOI的技术提高企业产品竞争能力方案,对大公司双方还可合作研究开发;第二层次是定期向2 000多个公司、企业发送NOI的最新技术专利,介绍新技术的应用情况;第三层次是在商业刊物上向更多的公司企业推销NOI的技术与服务。此外,NOI还采用技术讲座和研讨会的形式,介绍NOI的成果与研究开发能力,寻求更多的工业界合同。1995年共获合同项目160多个,合同金额500万加元,占NOI全部项目合同金额的50%。

(七)德国癌症研究中心

德国癌症研究中心已把研究工作的重点由生物

信息研究领域，扩大到了基因组的研究。这是因为，基因的变化或者功能的失落，均会导致细胞增长的失控，因此，将来在相关的研究工作中，基因鉴定将发挥特别的作用。从课题上看，该研究中心已经在发展分子生物研究方面，制定了开展癌症研究的计划，并加强了对人类肿瘤的分析与研究。1996年，德国癌症研究中心确定了以下几个新的研究重点：分子生物物理学；理论生物信息学；细胞遗传学；大分子生物物理学；合成基因的结构；分子基因组分析；生物统计；医学图像处理；母体癌的分子遗传学分析；真核细胞的DNA复制。

上述这些新研究重点，是该研究中心人类基因组研究的基础，德国的海德堡大学和欧洲分子生物实验室将共同参与有关的研究工作。

（八）韩国基础科学研究院

1995年，韩国将7年前建于大田市的基础科学中心改建为基础科学研究院（KBSI），并扩展其功能，不仅具有原先为研究提供设备服务的性质，而且拥有自己的科研力量。

在基础科学中心的基础上，KBSI为其大田总部和汉城、大邱、釜山及光州四个分院安装了现代化的测量和分析设备，为有创造力的科技人员提供高水平的研究基地，使KBSI成为韩国开展联合基础科学研究的中枢。

KBSI创建并以少量人员管理着一个良好的访问研究系统，鼓励国际协作，积极地与外国著名机构挂钩，吸引国内外高级研究人员。

因此，KBSI不仅在支持大学和研究机构进行研究活动中起催化剂作用，而且是韩国基础科学开发联合研究的中心。在21世纪，推动韩国有关学科领域进入世界先进水平的行列，使韩国成为主要的基础科学国家之一，是KBSI的奋斗目标。

KBSI为开展基础等离子体研究建立了一个称为“HANBIT”的等离子体研究设施一串联磁镜装置。1996年将在该装置上开展高温等离子体边界的基础研究，并发展射频和微波加热技术、等离子体诊断技术等。这对发展等离子体科学和世界共同为之努力的核聚变科学都将做出贡献。

研究物质第四形态、占自然界物质总量99%的等离子体，有以下四个主要分支：基础等离子体物理、聚变等离子体、空间等离子体和等离子体技术。

等离子体科学是一门包括下述科技领域知识的交叉性学科：光学、低温物理学、统计力学、磁流体力学、光谱学、原子物理、非线性动力学、高温材料学、真空微电子学、磁场技术、超导磁铁、高压脉冲源、超高真空技术、计算机和机器人、射频和微波源、粒子和场探测、激光技术等。

除了建造“HANBIT”外，为实现韩国的核聚变研究计划，KBSI还建造了新一代核聚变装置——“STarX”。其目的是在该装置上进行研究，争取在2001年使韩国的核聚变研究赶上国际水平，并对世界的核聚变反应堆发展做出贡献。

（九）尼赫鲁高级科学研究中心

尼赫鲁高级科学研究中心（JNC）建于1989年，坐落在班加罗尔北郊的卡纳塔克邦，占地面积15英亩。JNC的中心目标是促进科技前沿领域和交叉学科领域的最高水平的科学研究。从JNC成立初起，它就与印度班加罗尔科学研究所（IIS）开展密切的学术合作，这两个机构均是独立的机构，但它们在科研中一直相互促进，相互补充，尽量避免重复的工作。由于JNC与IIS之间的密切合作，以及在来自全国其他一流研究机构、教育机构的50个荣誉成员的建议和指导下，JNC在1989～1990年期间（即JNC场地规划和建设期间）就开始实施学术研究计划，进行了一系列的学术活动。其中突出的是每年召开30次讨论会，使科学家、工程师和大学生们能相会在一起交流研究成果，评估进展情况，开创合作研究项目，实施暑期研究奖学金计划（SRFP）。有的学术讨论会还达到国际水平，吸引了许多外国人参加。现已出版各种会议录约20卷。现在暑期研究奖学金计划每年为40多个项目提供经费，每年申请的学生人数已达数千人。学生们在2个月的暑期研究中，在导师的指导下，获得了技能，得到了培训，提高了科学论文的水平，对决定学生们的职业和兴趣起到了巨大的促进作用。

每年11月前后，JNC在班加罗尔召开年会，在会上讨论目前感兴趣的题目，邀请荣誉成员作报告，至今已出版荣誉成员和JNC有关人员的论文360篇。

在JNC已开始运行的研究实验室中，有的从事生物多样化研究、材料化学和物理化学研究、凝聚物理理论和液体力学研究，也有的实验室从事基因研究、基因治疗和分子寄生虫技术、人类基因计算研究。表面科学和分子电子学、毫微材料和碳结构的研究计划也开始实施。目前JNC正在建立一个从事合成系统和复杂系统研究的小组,为此,JNC还与美国著名的圣菲研究所开展合作。

JNC与新德里拉吉夫·甘地现代研究所合作实施了一项提供研究资金计划,以支持科学与工程领域的青年博士生做出富有革新精神的科技成果。这种拨款基本上是以提供种子资金的形式,采取一次性拨款的方式,每年只有6个名额的研究资金,但却能收到上百份的申请书。

在国际科学领域中,JNC实施了几项计划,如与意大利的里雅斯特国际理论研究中心(ICTP)和印度班加罗尔科学研究所合作,在班加罗尔实施了地区联合计划;JNC曾以东道主身份召开了由亚洲首席科学家和青年分子学家参加的分子科学亚洲首届学术讨论会。JNC还参加了联合国工业发展组织有机合成专题研讨会等活动。

(十)古巴遗传工程与生物技术中心

古巴遗传工程与生物技术中心建于1986年,隶属古巴国务委员会。该中心是一所具有现代化设计、先进设备的科研所。占地约4.3万平米。中心人才集聚,在遗传工程与生物技术研究领域,可称得上是世界一流科研机构。它的某些技术和产品,如重组法、干扰素、人体转移因子、重组表皮生长因子、重组链激酶等,已达到世界先进水平。

该中心的前身是生物学研究中心,成立于1982年。古政府从1981年起就十分重视发展生物技术,并将其视为科学技术领域的重点学科之一,由各科研中心抽调骨干组成攻克人用D干扰素的小组。1981年,古将其生产的干扰素开始使用于登革热、急性出血性结膜炎等病人,并获得较好疗效。随着技术的发展和生产规模的扩大,1982年决定成立生物学研究中心。1982～1986年间该中心在研究和开发单克隆抗体、新的诊断手段、用化学合成法生产基因段片,并在组织培养和病毒学研究方法等方面取得突破性进展。在此基础上,决定建立遗传工程与生物技术中心。

该中心设有"蛋白质和荷尔蒙"、"疫苗和诊断手段"、"能量与生物量"和"优质组织细胞遗传学"等科研分部。各分部有低温实验室,有P～4和P～3生物基因操作实验室。中心还有连接各分部终端的计算机中心和四种语言同声翻译系统等。

(十一)古巴免疫试验中心

该中心建于1987年9月,属古巴国务委员会直接领导,派生于古巴国家科学研究院。

该中心是一个科研与生产密切结合的科研机构,设有"动物试验室"、"冻干实验室"、"提纯实验室"、"滴定法实验室"、"过滤实验室"、"质检实验室",还有生产试剂和仪器的工厂。主要从事开发和生产用来诊断影响人体健康的疾病的试剂和仪器。该中心同古巴科学院、卫生部、哈瓦那大学所属的科研院所及遗传工程和生物技术中心等单位保持着密切合作,共同开发试剂和诊断仪器。

该中心开发生产的索马超微量分析系统已具世界先进水平,并已出口世界许多国家。利用该系统和该中心开发的诊断试剂,可以迅速而又准确地诊断出各种疑难疾病,如艾滋病、肝炎等。目前,通常使用的诊断仪器需要7～8小时才能读出结果,而且血液取样量大,使用诊断试剂多,既耗时又不经济。此系统则省时省力又经济,一般2～3小时即可读出结果。

(十二)古巴芬莱研究院

古巴芬莱研究院(为纪念在医学上做出过重要贡献的FINLAY大夫而命名)建于1991年1月,是古巴疫苗研究、开发和生产计划的指导中心,隶属古巴国务委员会。该院负责同参与疫苗研制计划的20多个科研院(所)和科研小组协调计划的实施。

该院的重点研究领域有:血清与诊断学、基本疫苗学、感染学、分子生物学和免疫学。拥有4个生产厂,主要生产本院或该院同其他院所合作开发的疫苗,如细菌和病毒疫苗、现代技术亚组疫苗。该中心还设有质量保证中心和疫苗与传染学专业情报中心。

其主要成果有:B群脑膜炎双球菌疫苗,乙脑、乙肝疫苗,抗BC脑炎疫苗,破伤风疫苗,霍乱疫苗,DPT疫苗,DT疫苗,MMR疫苗,狂犬病疫苗等十几种具有世界先进水平的疫苗。目前,多种疫苗已大量出口拉美的巴西、阿根廷、秘鲁等国。

(十三)古巴分子免疫学中心

古巴分子免疫学中心(CIM)建于1991年,位于哈瓦那西部科学园区,隶属古巴国务委员会,其前身为国家癌症和放射生物学研究院的一个抗体科研小组。

该小组自1981年就开始研制单克隆抗体，1984年即进入癌症和肾脏移植排斥反应的临床试验。1989年古巴领导人视察国家癌症和放射生物学研究院后，决定开始建造体内注射用单克隆抗体的科研生产设施。1991年决定新成立古巴分子免疫学中心。目前已发展到224名工作人员，其中有70多名科学家和工程师。

CIM是一个以科研、开发、生产和销售为一体的机构。该中心还有一专门推销单克隆抗体的贸易有限公司。政府投巨资兴建了1.2万平方米的科研生产楼群，引进大量先进的科研仪器和生产设备，如细胞工程、组织细胞培养、蛋白质分析、基因工程等。生产规模较大，可通过体外细胞培养和先进的纯化技术，纯化达公斤级单克隆抗体和处理100多个细胞株。主要成果：诊断和治疗肿瘤的单克隆抗体有抗表皮生长因子受体(EGF～R) McAb、抗癌胚抗原(CFA) McAb和抗CDGMcAb等；防治器官移植排斥反应的单克隆抗体有抗CD3McAb；还有监测心血管病的抗载脂蛋白McAb和抗乙型肝炎病毒表面原(HBsAg)等多种单克隆抗体。肿瘤疫苗正处于试验阶段。

该中心按国际GMP标准进行严格的质量控制，产品质量已达到国际先进水平。

附：统 计 表

(一)世界部分国家和地区科研人员情况

表1 亚洲、欧洲、北美洲研究与开发科学家与工程师人数(1996年)

亚 洲	欧 洲	北美洲
120万人	110万人	90万人

表2 亚洲主要国家科学家占总人口的比例(1996年)

日 本	韩 国	新加坡	中国
7‰	2.3‰	1.8‰	1.6‰

表3 五国历年来研究人员数的变化情况比较(单位:万人)

国别 \ 年度	1965年	1975年	1983年	1985年	1988年
中 国	9.0 (1960年)	31.0 (1978年)	32.8	33.6	30.7
美 国	49.45	52.77	72.26	79.00	—
日 本	11.76	25.52	34.22	38.13	—
德 国	6.45 (1967年)	10.37	12.82 (1981年)	—	—
法 国	4.79 (1966年)	6.41	9.27	9.82	—

表 4 五国历年来研究人员占总人口的比重比较(%)

国别 \ 年度	1965 年	1975 年	1983 年	1985 年	1988 年
中国	0.014 (1960 年)	0.032 (1978 年)	0.032	0.032	0.028
美国	0.25	0.24	0.31	0.33	—
日本	0.12	0.23	0.29	0.31	—
德国	0.11 (1967 年)	0.17	0.21 (1981 年)	—	—
法国	0.09 (1966 年)	0.12	0.17	0.18	—

(二)部分国家科学产出指标数值比较

表 5 19 个国家及地区科学产出规模与国际科学合作的国际化指标(INI)之间的关系

国家及地区	科学产出文献量(篇)	INI(%)
美国	111 711	4.4
英国	26 551	7.8
前苏联	24 584	1.2
法国	15 775	7.2
日本	14 553	3.3
加拿大	13 190	10.4
印度	7 086	4.6
澳大利亚	5 467	7.4
意大利	4 985	11.5
瑞典	4 467	12.2
以色列	2 834	13.2
西欧(6 国)	2 530	14.0
东欧(4 国)	1 887	8.0
南非	1 300	7.2
新西兰	1 200	7.5
南美(5 国)	469	21.6
中东(3 国)	343	23.3
亚洲(6 国)	139	30.5
非洲(6 国)	110	29.8

表 6 八个科学产出大国三项指标的数值比较

学科 \ 国别	美国			英国			前苏联			日本		
	SPI	PAI	INI	SPI	PAI	INI	SPI	PAI	INI	SPI	PAI	INI
数学	42.6	29.1	16.3	8.2	8.3	24.0	3.5	0.7	4.5	5.2	2.6	11.9
物理学	31.2	18.6	14.4	6.9	8.2	24.2	16.3	2.9	3.7	8.9	2.7	7.2
化学	21.9	17.0	9.1	6.8	10.0	17.1	15.8	2.8	2.2	10.8	3.5	3.8
工程与技术	41.1	26.2	7.9	8.7	9.3	12.8	5.9	1.1	2.0	11.1	4.8	5.1
地球与空间	46.8	25.3	13.8	9.7	11.3	27.4	7.8	1.9	5.9	3.1	2.2	16.5
生物学	39.4	22.5	6.9	9.7	9.4	11.3	2.6	0.7	3.6	6.7	3.7	6.2
生物医学	40.0	24.5	9.5	8.9	10.3	17.1	8.8	1.7	3.3	6.8	3.7	8.4
临床医学	41.8	23.2	6.2	10.5	10.2	10.1	3.1	0.6	2.0	5.9	3.4	6.3

学科 \ 国别	德国			法国			意大利			澳大利亚		
	SPI	PAI	INI	SPI	PAI	INI	SPI	PAI	INI	SPI	PAI	INI
数学	8.2	6.8	19.5	7.0	6.6	21.8	2.4	2.9	28.0	2.3	2.8	29.1
物理学	8.2	11.2	28.6	7.2	9.4	28.5	3.2	5.3	32.6	1.3	0.9	16.9
化学	7.6	8.7	13.1	6.2	8.4	15.7	3.1	4.1	15.4	1.6	2.2	15.2
工程与技术	7.3	7.2	11.2	3.4	4.5	15.0	1.6	2.0	14.2	1.8	2.4	15.6
地球与空间	5.4	9.2	37.2	4.9	7.1	34.0	2.4	3.9	35.2	3.5	4.0	27.3
生物学	4.9	6.7	15.3	3.5	4.8	15.7	1.2	1.9	16.6	4.9	4.5	10.7
生物医学	6.0	8.8	21.3	5.4	7.0	19.5	2.2	3.3	22.2	2.0	2.2	16.0
临床医学	6.3	6.4	10.5	5.0	5.9	12.0	2.8	3.7	13.2	2.2	2.2	9.9

(三)有关国家和地区的科研经费情况

表 7 六国研究人员人均研究经费 (单位:万美元)

国别 \ 年度	1965 年	1975 年	1983 年	1985 年	1990 年
中国（万元人民币）	2.25（1960 年）	1.49（1978 年）	2.05	4.02	10.33
美国	4.05	6.67	12.06	13.77	—
日本	1.00	3.46	8.00	8.93	—
德国	3.79（1967 年）	9.66	14.03（1981 年）	—	—
法国	4.43（1966 年）	9.54	12.00	12.06	—
英国	—	6.07	10.67	—	—

表 8 世界主要科技发达国家基础研究占应用开发投入的比例(%)

国家	科技水平阶段Ⅰ	科技水平阶段Ⅱ	科技水平阶段Ⅲ
美国	8.5	8.6～12.9	12.2～16.0[6]
英国	10.9～30.0	11.9～16.0	8.2
法国	12.0～18.5	18.5～21.0	21.0
西德	19.5	21.0～27.0	20.5～21.5
日本	24.3～30.0	14.5～18.8	12.9～14.5

表 9 研究与发展经费的国际比较 (单位:亿美元)

指标＼国别、年度	美国 1994 年	日本 1993 年	德国 1993 年	法国 1993 年	英国 1993 年	韩国 1993 年	印度 1992 年	中国 1994 年
R&D 经费	1730	1234	474	323	241	77	20	28
R&D 经费/GDP(%)	2.61	2.93	2.48	2.41	2.19	2.33	0.83	0.5

表 10 各国政府科技投入比重的比较

国别＼年度	1965 年	1975 年	1983 年	1985 年	1990 年
中国	—	—	—	75.95	45.5
美国	64.9	51.4	46.6	46.8	44.0
日本	30.8	27.0	22.2	19.4	18.2 (1991 年)
德国	47.4	48.8	39.4	39.6	—
法国	70.6	60.1	54.8	53.6	—
英国	49.3 (1966 年)	52.9	48.9	—	—

表 11 世界主要科技发达国家科技投入强度

国家	目前		未来	
	年代	占 GDP 比例%	计划时间	占 GDP 比例%
美国	1992	2.78	长期目标	3.00
英国	1992	2.22	有增加意向	
法国	1992	2.42	长期目标	3.00
德国	1992	2.73	有增加意向	
欧盟	目前	2.00	长期目标	3.00
日本	1992	2.88	未来五年内	倍增
韩国*	1993	3.40	2000 年	5.00

* 按占 GNP 计算。

表 12 各国投人基础研究、应用研究与试验发展经费的比例

国别＼年度	1965 年	1975 年	1983 年	1985 年	1990 年
中 国	—	—	—	—	7.7∶35.0∶57.3（1989 年）
美 国	12.7∶21.6∶65.3	13.1∶22.0∶64.6	12.6∶23.3∶64.0	12.2∶22.0∶65.8（估计）	12.1∶21.1∶66.7
日 本	30.3∶31.1∶33.6	14.2∶21.5∶64.3	14.0∶25.4∶60.6	12.9∶25.0∶62.2	13.3∶24.3∶62.4
德 国	19.4∶80.6（1967 年）	23.9∶76.1	20.5∶79.5	—	—
法 国	47.5∶34.7∶47.8	21.4∶36.0∶42.6	20.9∶33.0∶46.1（1979 年）	—	—
英 国	11.9∶24.5∶63.7（1967 年）	16.1∶25.4∶58.5	—	—	—
韩 国	—	—	—	—	16.6∶19.6∶63.8

注：德国仅有应用研究与试验发展的合计数字。

表 13 世界主要科技发达国家走的科技发展道路

国 家	科技水平阶段Ⅰ		科技水平阶段Ⅱ		科技水平阶段Ⅲ	
	年 代	道 路	年 代	道 路	年 代	道 路
美 国	1920～1950	自主基本创新	1950～1960	自主基本创新	1960 后	自主基本创新
英 国	1970 前	自主基本创新	1970～1980	自主基本创新	1980 后	自主基本创新
法 国	1970 前	自主基本创新	1970～1980	自主基本创新	1980 后	自主基本创新
德 国	1950～1970	引进消化吸收	1970～1980	自主基本创新	1980 后	自主基本创新
日 本	1945 前	技术引进	1950～1970	消化吸收开发	1970 后	自主基本创新
韩 国	1965～1971	技术引进	1971～1980	消化吸收	1980 后	自主渐进创新

表 14 主要发达国家高技术工业产品的市场分布

高技术制成品	1980 年	1981 年	1982 年	1983 年	1984 年	1985 年（百分比％）	1986 年	1987 年	1988 年（est.）	1989 年（est.）
美 国	40.4	39.5	38.9	37.8	37.9	36.3	36.9	37.5	37.0	36.0
日 本	18.4	19.7	20.4	21.6	23.3	23.6	23.4	25.1	26.5	28.4
联邦德国	11.8	11.7	11.8	11.8	11.3	12.0	11.5	10.5	10.1	9.5
法 国	6.2	6.1	6.1	5.8	5.3	5.4	5.2	4.9	4.7	4.7
英 国	8.1	8.1	8.2	8.0	7.9	8.2	8.1	8.2	8.2	8.4
意大利	3.9	3.7	3.4	3.3	3.2	2.9	3.2	3.1	3.1	2.9

资料来源：Science & Engineering Indicators－1991。

表 15 美日在高技术领域的优势比较

主要高技术制品(15 个领域)	评 价	重要基础技术(11 个领域)	评 价
半导体激光	日本	生物工程材料和方法	日本
半导体存贮元件	日本	半导体材料和微电子设备电路	日美同等
高强度钢	日本	机械智能和机器人	日美同等
精密陶瓷	日本	高能量密度材料	日美同等
应用微生物技术的生物制品	日本	复合材料	日美同等
家庭用磁带录像机	日本	超导	日美同等
光磁唱片	日美同等	软件生产	美国
超导材料	日美同等	并列计算机体系结构	美国
工程塑料	日美同等	光集成电路	美国
高分子分离膜	日美同等	数据融合(大量处理)	美国
利用动物细胞制作的生物制品	日美同等	空气和气流推进	美国
组装机器人	日美同等	(轻量和高功率发动机)	
激光加工机	日美同等		
飞机引擎	美国		
数据库	美国		

资料来源:引自 1988 年日本《产业技术白皮书》和 1990 年美国国防部《重要技术计划》。

表 16 中国近年来研究与发展经费情况 (单位:亿元)

年 度	1988 年	1989 年	1990 年	1991 年	1992 年	1993 年	1994 年
R&D 经费	89.5	112.3	125.4	142.3	169.0	196.0	222.2
比上年实际增长(%)	7.83	15.33	5.78	6.29	10.08	1.58	-2.78
R&D 经费/GDP(%)	0.64	0.70	0.71	0.70	0.70	0.62	0.50

表 17 马普学会按研究领域经费与人员分配情况表

研究领域	1994 年经费		科研人员		1995 年经费		机构资助		项目经费资助		客座与奖学金生
	百万马克	%	编制	%	百万马克	%	人员	其中科学家	人员	其中科学家	
总 计	1 616.44	100	2 522	100	1 424	100	10 657	2 463	1 469	738	495
化 学	133.79	8.3	195	7.7	133	9.3	1 428	312	290	119	403
物 理 学	479.93	29.7	739	29.2	493	34.6	2 673	796	256	152	1 118
天文与天体物理	161.24	10.0	255	10.1	156	11.0	877	205	111	105	253
大气与地学	66.64	4.1	101	4.0	66	4.6	234	70	92	77	89
数学与信息学	33.30	2.0	51	2.0	37	2.6	64	36	5	5	235
生 物 学	435.31	26.9	563	22.3	488	34.3	2 313	431	589	152	361
医 学	131.42	8.1	157	6.2	137	9.6	1 912	351	164	85	477
法 学	58.45	3.6	126	5.0	66	4.6	761	132	37	32	437
史 学	47.99	3.0	164	6.5			62	27	4	4	54
社 会 学	17.22	1.1	39	1.5			34	15	1	1	11
心 理 学	22.82	1.4	37	1.5	139	9.8	51	17	4	2	13
语 言 学	20.30	1.3	67	2.7							
教 育 学	5.44	0.3	12	0.5			248	71	6	4	44
经 济 学	2.10	0.1	16	0.6	9	0.6					

资料来源:1995 年《马普年鉴》。

表 18 俄罗斯基础研究基金会有关申请项目与资助项目的数据

（按年龄段统计）

项目领导人的年龄	申请项目所占比例（%）	获资助项目所占比例（%）	申请项目获批准的比例（%）
30 岁以下	2.4	1.3	12
30～35 岁	6.0	4.5	16
35～40 岁	10.0	8.9	20
40～50 岁	31.5	32.2	22
50～60 岁	30.6	32.2	23
60 岁以上	19.5	20.9	23

表 19 美国国家科学基金会的化学研究预算增长表

单位：百万美元

研究项目	1995 年（实际拨款）	1996 年（估计拨款）	1997 年（建议拨款）	1996～1997 年（增减%）
材料研究	174.8	174.0	189.1	9
项目资助	82.8	84.1	92.6	10
科学与工程研究中心	58.7	56.6	58.6	4
国家设备与仪器	33.3	33.3	37.9	14
化学	123.1	125.7	136.6	9
项目资助	105.1	105.1	111.7	6
仪器与设备	18.0	20.1	24.9	24
工程学	62.8	61.3	67.5	10
生物工程与环境系统	23.1	23.2	25.9	12
生物工程	16.2	16.2	17.0	5
环境和海洋系统	6.9	7.0	8.9	27
合计	360.7	361.0	393.2	9

表 20 美国国家科学基金会的科研预算增长表

单位：百万美元

研究项目	1995 年（实际拨款）	1996 年（估计拨款）	1997 年（建设拨款）	1996～1997 年（增减%）
海洋科学	192.8	190.6	204.9	8
材料研究	174.8	174.0	189.1	9
大气科学	144.4	142.0	153.2	8
物理学	130.0	130.9	142.3	9
化学	123.1	125.7	136.6	9
天文学	102.5	106.2	117.0	10
分子和细胞生物学	88.6	87.2	92.2	6
地球科学	82.4	85.4	95.9	12
数学	85.3	84.2	91.6	9
综合生物学和神经科学	80.4	80.0	85.0	6
环境生物学	79.0	79.0	84.2	7
多学科活动	29.5	30.0	31.5	5
合计	1 312.8	1 315.2	1 423.5	8

表 21　美国国会批准的 1996 财年研究与发展预算表

单位：百万美元

机　构	1995 年	1996 年			
		众议院	参议院	国会	增减%
国家航空与航天局	14 377	13 821	13 821	13 904	-4
科学、航空和技术	5 901	5 846	5 846	5 929	0
人类空间飞行	5 515	5 457	5 457	5 457	-1
任务支持	2 555	2 502	2 502	2 502	-2
其他	406	16	16	16	-96
环境保护局	7 241	5 711	5 951	6 528	-10
科学和技术	539	Na* *	500	525	-3
国家科学基金会	3 361	3 180	3 180	3 220	-4
研究与有关活动	2 245	2 274	2 274	2 314	3
教育与人类资源	606	599	599	599	-1
学术研究基础设施	250	100	100	100	-60
大型研究设备	126	70	70	70	-44
其他	134	137	137	137	3
商业科学与技术	2 620	2 257	2 284	2 480	-5
国家海洋和大气局	1 912	1 853	1 880	1 853	-3
海洋大气研究	240	204	231	226	-6
国家标准技术研究院	701	399	399	620	-11
技术管理	8	5	5	7	-15
能源	857	798	782	792	-8
矿物燃料	424	417	417	417	-2
能源保护研究与发展	433	381	365	375	-13
职业安全及卫生管理	312	280	289	305	-2
美国农业部：林业研究	194	178	178	178	-8
总　计	28 961	26 225	26 485	27 407	-5

* 包括 1995 年 7 月 27 日规定取消的部分。

* * 未收集到数字。

资料来源：美国国会报告。

表 22　美国国家科学基金会的总预算增长表

单位：百万美元

研究项目	1995 年（实际拨款）	1996 年（估计拨款）	1997 年（建设拨款）	1996～1997 年（增减%）
研究和有关活动	2 280	2 271	2 496	9
数学和物理科学	645	651	708	9
地球科学	420	418	454	9
生物科学	301	300	326	9
工程学	323	316	354	12
计算机与信息科学和工程	258	255	277	9
极地计划	223	217	226	4
社会学、行为学和经济学	110	114	124	9
教育与人类资源	612	601	619	3
研究设备和仪器	244	171	95	-44
其　他	136	140	142	2
合　计	3 270	3 183	3 325	4

表 23 法国政府直属科研机构 1995 年职工人数和年度经费

机构名称	职工人数(人)	年度经费(百万法郎)
国家科研中心	26 467	12 693
国家农学研究院	8 615	3 117.5
国家健康与医学研究院	4 913	2 333.0
法国科研合作与发展研究所	1 625	1 044.1
国家信息与自动化研究院	704	437.4
国家交通运输与安全研究所	415	210.0
国家农业机械化、乡村工程、水利和森林中心	617	197.3
国家人口研究所	165	86.3
生物与医学研究机构(包括巴斯德研究所和国家艾滋病研究署等)		857.3
原子能总署	21 300	2 042.9
法国海洋开发研究院	1 132	924.6
国家农业研究与开发合作中心	1 189	678.8
科学与工业城	911	572.9
法国环境与能源控制署	148	194.4
研究与技术基金		774.5

表 24 保加利亚财政拨款 1991 年资助项目分布

单位		项目数	%	金额(百万列瓦)	%
总计		1 117	100	47.3	100
科学院	小计	699	62.6	30.2	63.8
	保加利亚科学院	598	53.5	24.5	51.8
	医学科学院	37	3.3	2.4	5.1
	农业科学院	64	5.7	3.3	7.0
高等学校		362	32.4	14.0	29.6
其他		56	5.0	3.1	6.6

学科	项数	%	金额(百万列瓦)	%	均资助强度(万列瓦/项)
总计	1 117	100	47.30	100	4.235
农业	103	9.2	4.80	10.1	4.660
地球科学	152	13.5	3.20	6.7	2.105
数学	78	7.0	1.849	3.9	2.371
信息科学	37	3.3	1.995	4.2	5.392
化学	187	16.7	6.643	14.0	3.552
物理学	129	11.5	6.020	12.7	4.667
生物学和生态学	72	6.4	3.240	6.8	4.500
分子生物学和细胞生物学	50	4.5	4.200	8.9	8.400
技术科学	190	17.0	9.480	20.0	4.989
医学	60	5.4	3.840	8.1	6.400
人文科学	20	1.8	0.722	1.5	3.610
社会科学	39	3.5	1.311	2.8	3.362

表 25 日本 1996 年科学预算的重点

(单位:10 亿日元;1 美元=100 日元)

		变化量(%)
科技厅		
R&D 总预算	692.8	+7.2
特别促进基金	21.5	+16.2
空 间	177.9	+5.2
核动力	319.5	+3.5
超级光子环 Spring-8	16.7	+10.6
人类基因组	2.4	+4.1
人类新领域科学计划	3.6*	+1.7
战略基础研究	15.0	新增项目
通产省		
R&D 总预算	319.0	+5.3
工业科学技术院	144.0	+7.4
创造性 R&D 计划	2.6	新增项目
文部省		
资助研究的补助金	101.8	+10.2
优秀中心(COE)计划	11.4	+23.8
博士后奖学金	11.2	+33.5

* 包括通产省的 14 亿日元。

表 26 德意志研究联合会 1987～1991 年资助项目学科分布

金额单位:百万马克

项目类别	学科	1987 年				1989 年				1991 年			
		项目数	%	金额	%	项目数	%	金额	%	项目数	%	金额	%
普通项目	人文社会科学	608	13.1	87.9	19.8	1 186	25.8	96.5	19.4	1 068	19.7	91.6	15.2
	生命科学	1 552	33.4	156.3	35.3	1 577	34.4	178.4	35.8	1 898	35.1	222.7	37.1
	自然科学	1 182	25.4	105.9	23.9	1 159	25.2	110.9	22.2	1 597	29.5	144.6	24.1
	工程科学	608	13.1	93.3	21.0	672	14.6	112.6	22.6	848	15.7	141.5	23.6
	合 计	4 651	100	443.4	100	4 594	100	498.4	100	5 411	100	600.4	100
重点*项目	人文社会科学	181	10.6	19.8	9.6	218	13.5	29.7	15.1	187	12.4	24.3	13.1
	生命科学	321	18.8	60.5	29.5	247	15.4	44.9	22.8	303	20.0	48.6	26.1
	自然科学	553	32.3	66.3	32.3	523	32.5	53.7	27.2	516	34.2	55.0	29.5
	工程科学	656	38.3	58.6	28.6	621	38.6	68.7	34.9	504	33.4	58.2	31.3
	合 计	1 711	100	205.2	100	1 609	100	197.0	100	1 510	100	186.1	100
特殊研究领域	人文社会科学	18	11.3	31.0	9.5	20	12.0	38.1	10.9	19	10.7	35.4	9.0
	生命科学	61	38.1	120.3	37.0	58	34.7	127.4	36.5	64	36.2	143.7	36.7
	自然科学	45	28.1	92.5	28.5	49	29.3	96.5	27.7	51	28.8	108.8	27.8
	工程科学	36	22.5	81.0	25.0	40	24.0	87.1	24.9	43	24.3	104.0	26.5
	合 计	160	100	324.8	100	167	100	349.1	100	177	100	391.9	100

* 项目数按子课题统计。

表 27 德意志研究联合会普通项目和重点项目人员费与科研事业费的比例(%)

用途	1987 年	1988 年	1989 年	1990 年	1991 年
人员费	75.0	76.0	75.4	75.7	71.4
科研事业费	25.0	24.0	24.6	24.3	28.6
合　计	100	100	100	100	100

表 28 德意志研究联合会各类资助项目所占经费比例

金额单位：百万马克

项目类别	1985 年		1987 年		1989 年		1991 年	
	金额	%	金额	%	金额	%	金额	%
普通项目	462.9	43.9	443.4	39.8	498.4	41.0	600.4	42.4
重点项目	192.1	18.2	205.2	18.4	197.0	16.2	186.1	13.1
特殊研究领域	305.3	28.9	324.8	29.1	349.1	28.7	391.9	27.6
其他项目	94.5	9.0	142.0	12.7	172.3	14.1	240.4	16.9
合　计	1 054.8	100	1 115.4	100	1 216.8	100	1 418.8	100

附录：

科　学　与　未　来①

——联合国教科文组织《世界科学报告·总论》摘要

毫无疑问，近 1000 年来人类历史的一个突出特点是现代科学的诞生及其随后按指数率的增长。人类文明与文化的中心，特别是中国、印度、美索不达米亚、中亚、南美、埃及、希腊与罗马等地，传留给我们许多重要发现，成为后来科学发现的基础。但是，在那些较早的历史时期里，有阵发的的科学活动，却没有任何一贯性自我持续过程。之后，在数百年前，科学革命和工业革命在欧洲发生并植根。自此以后，科学的发展一直在积蓄力量，但只在某些地区兴旺发达——主要在欧洲、北美和日本。第三世界的一些地区落在后面，除了偶然闪现光辉的科学业绩外，仍然苦于缺乏以知识为基础的发展。

目前，1000 年来最后一个世纪的特征是，通过科学研究取得的信息、知识和认识有了迅猛的增长。知识、技术应用的结果，使我们目睹几个时代同时出现。人类历史上几个较早时代，例如石器、铜器、铁器和青铜器时代，都跨越很长的期间。对比之下，20 世纪却经历了原子能时代、空间时代、电子学信息学时代、新生物学时代、新材料时代以及认识宇宙结构时代。

科学的统一性与跨学科性

在科学的进程中，许多学科领域通过广泛的观察与系统地提出有关的理论概念而发展起来，并具有各自的现象学所描绘出来的独特性质。然而，这些一度被视为独特和分立的领域可能在几个层次上继续保持分立，而由于某些目的可以集合到一个共同的理解体系内。

科学进步的另一重要方面是，不同学科汇聚一起

① M.G.K 梅农：《世界科学报告》，科学技术文献出版社。

相互支援,更重要的是孕育出崭新领域与学科。今天,数学与物理在化学领域中起着深远作用,物理与化学同样在生物学中起着深远作用。当前还发现数学、物理、化学与生物学对我们了解地球系统具有关键性,在地球科学与生态学领域中尤其如此。分子生物学、遗传工程与生物技术,正是通过跨学科途径才得以诞生。

除了自然科学之间的统一性与跨学科性外,基础科学与应用科学之间,特别是工程、农业、医学、兽医学等学科之间,相互影响日益密切。由于这些相互影响,科学发现在社会部门采用的产品与工艺技术中得到了大量应用。

然而介于自然科学与社会科学之间的跨学科领域仍然比较薄弱。有成效地研究地理、人类学、心理学之类的学科,无疑需要跨越自然科学与社会科学;经济学正在越来越具有数学性质并利用来自物理、化学与生物系统的许多理论进展。可是,随着科学向社会的加紧渗透,在自然科学中如此富有成果的跨学科性也应在自然科学与社会科学之间向更深层发展。这一点极为重要。

现代科学的特征

在过去30年中,科学发展规模之大几乎达到彻底改观的程度:无论是按研究工作者人数、科研经费、研究出版物数量来衡量,或是按基于科学进展的全球生产范围来衡量,都明显如此。这样一个在活动规模上的重大变化必然要求科学本身的性质及其与社会的关系有一个深刻的改变。科学不再是社会边缘单独存在的活动,而是与医学、工业、农业及其他生产部门、以及政府与政府间的活动密切交织在一起,交织的方式与范围甚至达到遍布并影响整个社会的程度。

近代科学发展的第二个重要特征是科学发现投入实际使用的过程迅速。虽然有一部分生产,特别是在发展中国家里,来自传统的操作,但大部分生产是依赖而且直接来源于近代的科学发现。这些发现越来越多地是属于20世纪,而且是近几十年的成就。电子科学与信息技术,塑料与合成纤维,激素与抗生素,核能,空间技术及其全部应用,遗传工程等等领域都是基础的科学发现迅速转化为日常生活中使用的产品与方法的例证。

第三个特征是科学应用于军备。科学家和发明家对作战机器、对为军方提供咨询感兴趣并非新鲜事。现代科学开始成为军事系统的一个必要部分,不仅体现在毁灭性武器本身,而且体现在需要庞大的众多支援机构作战方面。

到此前不久,人们所担忧的是一些拥有完备武器系统的国家与政府所卷入的战争。但是在炸药、自动化武器与生物武器生产方面的许多进展也可以被那些热衷于无政府主义和恐怖主义的小集团利用,这一事实将科学助长的恐怖提到了一个新的高度。

今天的科学与技术具有协同和共生关系。在技术开发早期阶段,主要是通过运用从实践中掌握的技能取得进展,对所涉过程的智力理解比较少。例如,蒸汽机是最突出的发明之一,对社会有重大影响,然而它不像人们一开始可能设想的那样是根据对热动力学的理解研制而成的。更确切地说,这类技术进展历来包含的是一些新颖的、然而简单的概念,只有少量的创新成分。但在近几十年中,技术是通过对有关工艺过程的基本科学理解而前进的。电气工程是技术的重要推动者,从一开始就完全以科学为基础。与此相反,化学工程在早期阶段主要是以实验为基础,尽管现在有着高度科学基础。核技术、生物技术、空间技术及信息技术等领域的进展都是在科学发现、知识与理解的基础上取得的。反过来,技术发展也在大大加速科学的进展。由于新型材料、电子设备与仪表的问世而产生的强大效能,促使科研工作提高了速度和可靠性。例如计算机技术,它今天在科学活动与进程中已处于核心地位。正是科学与技术之间这种密切关联使得两者的前进程度大大加快。

科学组织的变化

在整个现代科学的历史中,相当大一部分是在教育机构里进行的,这种情况一直持续到今天。最大的科学发现总是来源于强烈的内在动力、好奇心、直觉及个人智慧。要使这些属性开花结果,必须有一种环境,让思想在处于当前认识前沿的知识地平线上空自由驰骋。尽管毫无疑问需要有恰当的支托机构,但首要条件是思维与表达的自由以及培养学术的文化背景。青年人最富于创造力,他们不囿于大量既有的知识和经验,同时又拥有开展前沿研究所必需具备的技能。

在第二次世界大战前,科学还只是用少量资金开展的闲暇活动,参与活动的一些小集体中经常是有着很能发挥作用的师生关系。大战以后,科学更加有组织了,投入研究的金额也大大增加,出现了大型设备、大型研究项目和计划。第二次大战期间,有组织地进行的项目如雷达的研制与部署及研制原子弹的曼哈顿计划,都取得了成功,证明了很具体的定向研究活动的威力。第二次世界大战前就已存在的工业研究实验室在战后规模扩大,有的将研究扩展到科学的前沿领域,甚至纯科学领域。

今天,工业承担着很大一部分科研经费,政府则承担国防研究、基础结构与测量设施及空间、气象、海洋学等大型研究计划的经费。在这种情况下,大学研究似已退居幕后,就财政拨款而言可能如此,但它仍然继续是科学的中心。

"大科学"的出现

第二次世界大战结束以来,重要的科学活动大多以大科学项目的方式进行。这类项目须设多种实验场所;或者单独设立一个综合性高级实验室,其装备与管理需要若干个大型科学小组和一笔国家难以独立承担的巨额经费。这类项目最初都属于高能基本粒子与空间科学领域,现在进一步包括例如地学与生物学之类的领域。

就高能物理学而言,大科学项目的原理不难理解。在探测物质结构时,观察的体积越来越小,需要使用波长尺度相当的探测器。由于波长与能之间是一种反比关系,因而制造这种探测器必须达到越来越高的能量,为此使用了巨型加速器。例如日内瓦的欧洲原子核研究组织(CERN)开始了一项协作研究,作为欧洲国家财团的一项计划,至今仍在继续执行。

卫星、发射系统及外层空间探测计划通常也占较大比重。卫星与空间探测器最初完全是由美国与前苏联发射。欧洲航天局(另一欧洲国家联合组织)、日本、中国与印度继之而起,尽管规模较小。这些项目耗资越来越巨大,因此正在计划今后开展多国合作研究计划。

按序排列人类基因组的计划,有理由视之为代表生物学跨入大科学行列的第一步。目前,一些国家正在各自进行,从而出现了知识产权问题。很多人认为,人类基因组计划应当作为一项国际协作事业来组织进行。有些专家预测,到2000年可能测绘出人类基因组的共同特征,兹后不久可能测绘出基因组个体差异。

科学界很多人感到,随着大计划所需的资金有增无减,"小科学"可能会苦于资金告绌。令人担忧的后果将是科学的性质变形,也许变成更像工业那样进行组织和管理,以期完成某些既定的任务。这种组织形式实际上可能使科研人员丧失那种来自内心的迫切愿望、内在的动力与创新性的创造冲动。因此,在大科学时代至为重要的一点是保证同小科学及教学机构科研之间的平衡,继续支持青年科学家沿着自己的设想将研究进行下去。

发展中国家的科学前景

在发展中世界的国家当中,有的由于拥有石油之类的资源,能够夸耀人均收入高;而大多数是穷国,但抱有一种信念,认为它们能沿着富国走过的道路前进,达到相似的水平。朝此发展的道路不仅对南方,而且对整个世界来说,必须是可以持续前进的。这种发展只能通过最集约地和最恰当地运用科学技术使人类获得力量才能实现。对社会经济发展提供确切需要的劳力、资本与技术,在不同情况下差异很大,但普遍认为技术在全球近期的经济发展中所起作用占最大比重。

继第二次世界大战之后殖民主义结束的年代里,关于发展过程及科学技术(S&T)在其间的作用问题,有多种理论。一个日益明显的要点是发展不能始于外部,而必须植根于一国内部,因此需要具有一种内生S&T能力。当存在一个坚实的S&T基础结构时,外援便能起有力的催化剂作用,可被吸收和明智地利用。反之,一个国家内部不具备这种吸收力,则来自外部的援助大部分会被浪费掉。因而在第三世界里,促进科学技术势在必行。

工业化国家与中、东欧的经济政策虽各有不同,但它们的科学传统大致相似，即自工业革命以来都参加了近代科学的进军。其结果是科学技术深深植根于它们的文化之中。现在的日本亦复如此。

与此对照，在发展中世界里，对科学缺乏承受力。大部分人口缺少正规教育，他们的工作沿袭以往世纪的一套做法；这两个特点需要改变。读写能力、普及性初等教育，特别是科学教育，必须列为国家议程的优先重点。还需要传播对钻研学术赋以高度声望的价值体系。早期阶段，在工、商业能够为研究与开发提供巨额资金之前，政府务必从通过海外援助计划与政府间组织从外国获得任何援助中，为科学教育和科学能力的建立拨付必要的资金。唯其如此，才能为科学打下内部基础并建立起基础结构，使人民具备条件去参加以知识为基础的、富有创新精神的社会经济发展工作。

全球科学与国际合作

科学家实际上一直形成一个国际团体。作为个人，他们已经跨越国界和洲界进行专业接触与合作。技术领域的情况则不然。较近，多国企业突出的一个特点是全球高度地互相依赖，使这一局面有所改变。

除了科学家个人或团体之间的协作外，现在需要国际合作的问题越来越多。首先是前面提到的大科学项目；其次是那些本身具有全球性问题。它们要求有大范围的观察、测量和分析网络。早期的例子是测绘地球磁场须在地面设立无数个观测点。目前，有关气象学、海洋学与地球整个环境的问题都属于这类问题。这些计划的先决条件是大规模基础结构，包括船只、飞机、卫星、数据接收、贮存及分析系统，以及为数众多的观测点。此外，它们要求任务界限明确，研究拨款有保证，计划分阶段，有组织、有管理、有协调，以确保计划完成。

上半个世纪中，国际科学联合会理事会（ICSU）在组织国际科学活动，特别是有关环境的活动中，起了最主要的作用。这些活动除科学家个人参与外，还有政府间与非政府间组织参加。

全球计划为发展中国家和科学家提供了参加边缘科学研究的极好机会，参加这类计划还具有信息交流与培训的重要意义，足以促进发展中国家内部S&T的成长。

利于持续发展的科学

人类历史较早期的人口很少，人类活动的规模对地球环境不形成任何不可逆转的压力。但世界人口从近代开始由估计的3亿增加到1900年的17亿，预计到2000年将增加到60亿左右，可能达到80～150亿的饱和数字，视稳定人口手段奏效速度如何而定。人口的这种增长几乎全发生在发展中国家内。显然，无论人口如何多，人类社会在衣、食、住、用水、耗能、就业、基础教育及保健方面的最低需要，必须予以满足。因此，发展必须遵循一个保证提供这些基本必需物质的模式。自工业革命以来，人类活动规模有极大的扩充。工业生产增长了100倍以上。这不像人们所认为的那样完全是以自然资源与环境为代价实现的；因为科学技术不断提供了新方法，通过提高生产率与效率及开始采用新能源，使自然资源获得更充分的利用。然而我们现在知道，人类活动规模大大扩充的冲击力正在损坏地球的生命支持系统。由于人口众多并不断增长的发展中国家很自然地滋长着对发达国家高生活水平的向往，并仿效它们的发展模式，其结果对环境的影响可能是不可逆的，实际上可能危及地球人类生命的延续。

依靠科学技术进步而维持富裕的现代工业社会的消费模式及发展中国家人口的高增长率是导致环境压力的两个重要因素。

发展中国家只能通过以人为核心的快速发展才能稳定人口。摆在我们面前的问题是要保证发展中国家继续发展，但须沿着可持续的道路发展。在世界环境与发展委员会（主席为格罗·哈莱姆·布伦特兰德）的报告（简称“布伦特兰德”报告）中明确提出，持续发展“必须保证在不损害后代满足需要的能力的情况下满足当前需要”。

许多解决办法离不开科学技术，这是毫无疑问的，但是对环境无损的持续发展不可能通过单纯的技术安排来实现。社会还须了解和接受转向新的生活方式和生存方式的必要。因而我们面临的问题是以一种政府、群众、企业和工业都能接受并按之行动的方式提出结论和建议。

科学家在向决策者谈问题时，必须简化自己的意见，使用简明的语言，在建议中舍弃各种限制条件，当然应就自己很有把握的专业领域阐明自己的观点。另一方面，政治家活动的时标较短，受选举之类过程的限定，他们宁愿沿着一些很快见效的老路前进，涉及跨代权益的较远前景则不在他们行动和计划时帧以内。因此重要的是，自然科学及技术工作者会同社会科学家、企业家、工业家、政府内外的政治家、决策人员以及关心发展进程与基层社会的人士共同研究出一种使教育、知识培养、分析与决策之间相互配合的全新方法。此外，现在使用的术语，如：增长、发展、国民生产总值、成本效益分析，由于定义狭窄不能再采用；它们的涵义应按未来将遇到的情况重新予以考虑。我们将需要部分地改造我们的教育制度，以达到增进对环境的认识和逐渐灌输将世代持续发展奉为神圣原则的价值准则。

必须认识到地球的承载能力是有限的，人口、人类活动同其他有生命、无生命的系统之间务须达到一定程度的协调与平衡。一部分人口不能以另一部分人口为代价继续自己的发展。这样就引出了以下问题：协调生存的状态能否稳定，或者说会不会衰落？答案是必须不断变革，必须实现这样一种动态平衡，即：通过利用资源的若干新方法来达到改善生活，而不是过度耗用很大一部分地球资源来达到改善生活。科学技术在设计创造性地利用资源的方法中能发挥巨大威力，但这些方法必须是社会可以接受的。这就是我们在探索可能给人类带来高质量生活的新的科学方向时所面临的挑战与任务。

UNCED 达成的科学议程

按 1992 年 6 月在里约热内卢召开的联合国环境与发展会议上达成的政府间一致意见所发展的科学议程对科学界至关重要。概括说来，议程可归纳为以下三项：

——以一种紧迫感去应用能在许多领域中大幅度减轻环境压力的已有知识；科学家必须联合社会科学家、工业企业及政府与非政府机构的决策者共同调查阻碍这类应用的因素并研究克服办法。

——探索新途径，特别是对因须满足人们的需要与愿望而不易减轻或消除人为影响而造成环境压力的某些领域，更应探索其中的新途径。

——制订了解地球环境的计划，使人们对由于人类活动而可能在一段时间内发生变化的众多参数，掌握一份有关它们的原始资料，藉此能在变化发生时予以监测，并对其潜在影响及时作出评估，以便采取预防措施。在全球范围内连续、扼要地进行观测后，须分析观测数据在构成地球环境的综合系统中的相互关系。因此，需要开创一个崭新的跨学科科学时代——“地球系统研究”时代。

科学在公众中的形象

由于科学技术以令人目眩的速度向前发展，它们影响人类社会（不论好或坏）的力量已经加大。科学在公众中的形象等问题也随之引起越来越多的关注。考虑到这个论题的广度，在此只能就可能出现的问题类型举几个例子来议论。

首先让我们考虑一下在科学实践范围内出现的问题。由于科学的产品可以得到知识产权的保护，于是信息传播自由，特别是讨论科学问题的自由以及科学内部交流的自由，都成了问题。过去对平行地开发科学设想或发现曾有过争议，但今天更常见的是关于重点项目的争论和法律争吵。这些问题，加上商业、战备与国防利益的考虑，正在导致形成一种在科学研究上保密而不是开放的局面。新闻界不断在报道一些欺骗、剽窃和抹煞原始出处或援手的事件。公开调查这类事件正在成为科学舞台上一个令人遗憾的节目。

长期以来动物权利提倡者提出抗议，反对使用动物做经受痛苦或牺牲的科学实验。有些理由确实中肯，因为在一些特殊场合下动物实验过多，使用动物的方式也近乎残酷。认为精确的动物实验不可或缺者的驳论之一是：从长远来说，这类研究成果将为大量人群造福，很可能对动物自身也有裨益。

在新的生物科学中，“人类基因学工程”及其有关计划之类的活动正在提出许多极为复杂的伦理和社会问题：试验与操纵人类遗传物质及使用由此而来的信息应否有伦理界限？应否对人的繁殖细胞进行遗传操纵及对胚胎进行实验？这种实验会不会危险地修改人的遗传继承?对人类基因组进行解码的尝试会不会减少我们的人性?是否有可能防止对子孙后代“理想”品质的操纵?尽管基因是人类生命的核心,经过进化将我们同过去联系起来并决定着我们的未来。那么,教育、环境与文化因素在塑造人类中又起着什么作用呢?难道我们是遗传指令的无助产物,对自己的行动既无自由也无责任?遗传物质应否为警察及法医科学所用?在强制性的社会政治中,利用优生信息作为一种歧视手段的做法并没有完全消失。随着人类遗传学研究的日益深入,这些问题以及其他许多类似问题正在出现。

现代信息技术的威力也在引起某些伦理问题。它们涉及到对人的隐私的侵犯,涉及到以不同方式在不同时候收集可能日后用于歧视个人或团体的信息。

关于科学的形象,毕晓普说道:

“我们生活在一个科学时代,已经解决自然界许多大难题。科学的成果大大提高了人类的福利与认识。然而科学现在发现自身处于同社会的矛盾冲突中,被赞赏而不被信任;为未来提供了希望,但又形成了有歧义的选择;得到充分支持,但没有能力履行全部承诺;自炫成就卓越,但被指责为未更直接地用于达到社会目标。”

结 束 语

对人类未来潜在影响最严重的两个突出问题是当前科学能够且必须以最大紧迫感加以解决的问题。第一,世界人口,主要是在发展中国家,将增长到大大超过80亿的数字才会趋于稳定。而根据人口预测,这一数字可能达到80～150亿。为了实现一个处于预测低限的稳定而均衡的人口数,必须迅速而有效地执行开发和降低贫困的计划。届时世界将学会适应如此巨大的人口并公平地满足其基本需要。

第二,世界总能耗定将增加到超过现在水平的两倍。最近的估计表明,最高需求水平每年将达22～26万亿瓦(1万亿瓦$=10^{12}$瓦)。这一能量主要将继续取自于矿物燃料,至今还未出现其他能大规模产生能量的有效和适用的能源。由于世界必须承受较高的二氧化碳排放量,所以不能不开展大量的科学研究,做到相当确切地了解将产生哪些环境效应。还需设计捕集或消灭温室气体的方法,并深入研究新能源。

人口与能源仅仅是其中两个问题,还有大量有关问题需要解决,然后才能达到为世界人口提供最低必需物和满足人类尊严的基本要求。因此,科学作为人类伟大的创造性文化活动固然必须继续发展,但务必善加管理,使之满足社会的需要和实现社会的期望。

但必须承认,科学技术本身对我们目前大多数社会经济问题并不能提供解决方案:不是像科学界有些人认为的那样,单靠技术就掌握了全部答案。较普遍的公认结论是:我们所探索的解决方案,除科学技术外还涉及政治、经济与社会方面。因此科学技术必须同社会沟通并向更大的跨学科性发展。

今天,科学技术具有极强大的威力,但科学与科学教育本身却与道德及精神价值无关。因而,在保证科学技术进展的同时,使其威力受到制约和智慧调节的责任就落在科学家身上。但我认为,受到智慧调节的科学虽然会将我们引向光辉的未来,可是如果没有科学,再高的智慧也不能解决今天世界的社会经济问题。

21世纪前夕的科学和技术: 供考虑的一些政策问题

(联合国科学和技术促进发展委员会,关于“审议1999年纪念维也纳科学和技术促进发展会议20周年的方式和方法”中的C部分)

《科学和技术促进发展维也纳行动纲领》是1979年通过的。当时,国际上正在进行南北辩论,冷战接近尾声,各国政府正在专注于促进建立技术能力,但私营部门很少参加,特别是在发展中国家。争论的重点更多的是强调发达国家和发展中国家之间科学和技术发展的不平衡，而不是两类国家企业间的合作。在这种环境下，许多发展中国家以及中欧和东欧国家把外国直接投资看作发达国家企业，特别是跨国公司控制其经济的一种手段。

90年代初期，国际环境发生了显著变化。冷战结束后，以前东西方两个集团国家之间的合作逐渐增加，私有化、自由化和全球化开始向各大陆发展。后来的多边贸易谈判乌拉圭回合的进展进一步促进了这种发展，乌拉圭回合最后通过了一系列关于货物和服务贸易、投资和知识产权的国际协定。在这种环境下，越来越多的发展中国家意识到加强私营部门的优越性，对政策进行了调整以促进企业，特别是中小型企业的发展。

因此，发展中国家的经济对外国直接投资更开放，这些国家采取了鼓励这种投资的各种措施以促进外国技术、销售和管理知识的转让和传播。表现为各种合作安排，包括本国和跨国的战略联盟、不同形式的伙伴关系和建立网络等企业间合作得到扩大。信息和通信技术的更广泛传播促进了这一进程，改变了生产制度和工作安排，因而影响到就业和国际竞争力，对国际投资以及货物和服务贸易也产生了深远影响。

在21世纪前夕，科学和技术的作用和重要性看来比以往任何时候都更突出。然而，在考虑和技术有关的问题，包括各方面的作用、政策和战略方面的观念与方式发生了变化。在这种情况下，一些未解决的老问题以及新问题一直是国际辩论的焦点，而且今后仍然会如此。下面概要叙述了其中一些问题。[①]

技术能力的建立和竞争力

在《维也纳行动纲领》所强调的领域中，技术能力的建立过程现在仍然是一个优先问题。“维也纳”强调的是国家的作用，而现在所关注的问题是能力的建立和竞争力之间的复杂关系。

由于最近的全球化和自由化给所有企业带来的压力，许多企业，特别是经合发组织和新工业化国家的企业做出了有计划的努力进行技术投资和加强技术能力以便加强竞争力。在信息技术等新技术方面的大量投资使这些国家企业日益要求这种投资能在竞争力方面带来收益。

这促使越来越多的企业，特别是经合发组织国家企业分担开发费用和分散采用新技术的风险。代替对抗关系的新的伙伴关系，包括合作研究与发展以及合作安排，已成为90年代现实情况的一部分。然而，许多发展中国家被抛在后面，它们对这一过程的参与是有限的。

除技术以外，还有很多因素影响企业的竞争优势，包括劳动力成本和技能、筹资、贸易壁垒、汇率波动、销售知识、生产灵活性以及企业间的合作安排。但是，对多数发展中国家，特别是最不发达国家很重要的劳动力成本对竞争力来说已不再是那么重要的决定因素。即便在传统的劳动力集约部门，竞争力越来越取决于技术变化、不断培训和改造技术以及技术革新。因此，需要加强技术能力，依靠研究与发展改造进口技术，并将其用于产品开发和生产活动。这对采用新技术特别重要，新技术越来越有赖于科学以及大量研究与发展活动，可给增长和发展带来重大机会和影响。

新技术带来的机会和挑战

信息技术的扩大传播带来一系列问题，影响到所有国家，特别是发展中国家的贸易和发展前景。[②] 21世纪，受全球化和自由化影响的国家越来越多，不论是发达国家还是发展中国家，这种趋势很可能会继续下去，并可能加速发展。另外，生物技术、材料技术和激光技术等其他新技术的发展和传播也取得进展，虽然其影响没有信息技术那么大。但是，有迹象表明，在企业和研究与发展机构的研究和实验的基础上，这些技术在各经济和社会部门的传播也将扩大。

这就要求对这些技术的经济和社会影响，特别是对发展中国家和经济转型国家的影响作出评估，包括对竞争力、就业、技能的形成和利用、技术能力的建

① 在这方面，另见第六章：“进一步研究的日程”；贸发会议：“加强技术活力——关于技术发展方式和竞争力的思想的演变：文献评论”，1996年(UNCTAD/DST/9，销售编号：E.95.II.D.21)；第五章：“结论和未来的工作领域”；贸发会议：“新的全球环境中的科学和技术：对发展中国家的影响”，1995年(UNCTAD/DST/8，销售编号：E.95.II.D.14)。

② 见“实质性主题：信息和通信技术促进发展。信息和通信技术促进发展工作组报告”(E/CN.16/1997/4)。

立、企业间合作和建立网络的影响。在评估的基础上,可建议采取一些政策,使企业和这些国家能利用这些技术带来的机会,并对其造成的问题在国家和国际上作出反应。因此,需要弄清影响这些国家企业增长和发展的主要问题。

与技术和企业发展的衔接有关的问题

变化的全球环境使技术作为一种关键因素对企业发展具有更大作用,即便许多中小型企业,包括发展中世界的这类企业也不可避免地需要经常注意技术变化。企业——到目前主要是发达国家企业的创新战略、政策与合作行动为企业部门带来了很多机会和挑战。新工业化国家和其他一些发展中国家以及经济转型国家也采取了这类战略、政策和行动。因此,各国政府越来越认识到需要创造一个有利的政策环境,使各种企业,特别是中小型企业能更好地理解这一创新过程,利用新的机会,为实现各项社会经济发展目标更有效地做出贡献。

但是,尽管各国政府为适应变化的环境做出了相当大努力,但许多发展中国家和经济转型国家在建立强有力的中小型企业方面仍然遭到很多困难。这在很大程度上是因为它们的一些具体服务能力相当薄弱,如投资前和项目执行服务、管理咨询、工程设计、产品开发、标准和质量控制以及技术推广和销售,这些服务对私营企业的发展和增长都特别重要。虽然越来越多的发展中国家在培养熟练科技人员方面取得进步,但它们仍然缺少足够的组织和管理能力,而这对企业的发展是至关重要的。另一个束缚因素是缺少资金。由于包括银行系统在内的金融机构不够发达以及这一系统与生产和服务企业缺乏紧密联系,许多发展中国家的中小型企业在从本国来源筹集开办资本方面有很多困难。这些企业的规模也限制了它们为自身发展筹集资金的能力,它们利用国际金融市场的能力也有限。因此,企业和行业的努力还需要有宏观经济政策支持,这种政策要考虑到生产部门的需要和调动其积极性。

国家的新作用:一些政策考虑

当前的全球化和自由化趋势带来了一些和国家的作用有关的问题。在某些国家,这种作用显著缩小,市场力量的作用超过了国家政策的作用。在另一些国家,这种新趋势要求政府在制定政策方面发挥一种不同的积极作用,这将有助于发展中国家经常适应不断变化的国际市场以及新的生产组织形式和竞争。

这又引起了政府干预的作用问题,特别是在促进技术革新和建立技术能力方面。在制定科学和技术、投资和贸易政策时,这种干预的深度和广度是需要考虑的问题。在 1996 年 12 月 20 日和 21 日举行的促进发展委员会小组会议上,一些专家主张,科学和技术问题应当按部门和具体领域分别解决,而另外一些专家则倾向于采取一种更通用的办法。①

许多发展中国家和经济转型国家面临的一个很大问题是,如何确保政策稳定以实现科学和技术的长远发展目标。需要探索和实行一些战略以克服宏观经济不稳定所带来的各种限制以及威胁着研究与发展、新技术的转让与采用,特别是人力资源开发的预算限制。但是,在制定这些战略之前,必须对现行科学、技术和革新政策以及这些政策如何与发展政策相互作用,包括与投资、工业和贸易政策的协调问题进行评估。这种政策审查的目的是估价科学和技术政策对发展中国家和经济转型国家企业发展,包括其国际竞争力的贡献。其目的还是为了使科学和技术政策与发展规划相结合,包括在和技术、投资、贸易和工业化问题有关的各部和机构之间开展更有效的对话。这将有助于各国改进本国的政策和看清国际合作机会。②

探索技术合作的新办法,包括对环境无害技术领域的合作

虽然技术能力已成为实现经济发展和持续竞争力的关键,但这一过程并不总是很快、没有代价或自动完成的,即便有关技术在其他地方已广泛传播。除

① 见"审议纪念 1999 年维也纳科学和技术促进发展会议 20 周年的方式和方法。贸发会议秘书处小组会议报告"(E/CN.16/1997/CRP.2)。

② 技术促进发展中心:"世界科学和技术促进发展的情况:未来的选择",1989 年在纽约举行的科学和技术促进发展政府间委员会第十届会议背景文件。另见早些时候的一个文件:德国国际发展及科学和技术促进发展中心基金会:"科学和技术促进发展国际合作:未来的选择"(1989 年,波恩和纽约)。

实物投入以外，这还需要有各种新技能、技术信息和服务、合同研究设施、与其他企业的相互作用、设备供应者、标准机构等。建立这样的密集合作网络需要发展特殊技能以及一个有利的经济、体制和法律环境。[①]保持技术先进和对"知识的全球化"作用反应的必要性要求全世界的企业创造新形式的合作关系和伙伴关系。因此，为一个世界性的商业化知识库做出贡献的企业、大学和其他组织的数目正在迅速增加，很多企业都在争取以创新方式和其他组织建立联系。[②]作为这种趋势的一部分，在发展中国家，开始逐渐出现企业间以及企业和研究与发展组织之间的新形式的伙伴关系。这种伙伴关系可转变为新形式的双向技术合作关系，促使有关各方分享技术知识，合作进行研究与发展、培训、生产和销售。[③]

在这种情况下，在对环境无害的技术领域看来存在着相当多的合作机会。在里约热内卢举行的联合国环境与发展会议对这一领域的合作给予了特别注意。这在维也纳会议时不是重点，但现在已显示出其重要性，因为在各国在里约会议上已明显表示愿意进行这一领域的工作的情况下，这对其他领域的技术合作可发挥示范作用。采用新的、节省资源和干净的技术是保持良好环境的关键之一。这一领域日益加强的创新能力使能源、运输、农业、建筑和制造业等领域出现了一系列新的技术选择。有效促进采用对环境无害技术时常需要采取鼓励措施和政策，创造引导企业采用这类新技术和实行新形式技术合作的"有利环境"。

科学和技术对促使最不发达国家加入世界经济的作用

"维也纳"会议没有解决的一个重大问题仍然是最不发达国家加入世界经济的问题，包括对世界先进技术的利用。许多最不发达国家在加强本国科学和技术能力方面遇到很多困难：各种技术在很大程度上仍然属于外部因素，许多大学和研究与发展机构只能勉强维持度过80年代。在像非洲这样的区域，这种情况对发展和现代化进程的不利影响很大，这一区域多数国家的本国科学和技术能力，如技术培训、研究与发展以及企业获得和改造技术的能力仍然很低。一个长期目标是改善利用研究与发展的政策条件，建立区域信息和援助机制，加强最不发达国家企业和机构的科学和技术能力。可注意中小型企业的需要。另外，最不发达国家科研机构对信息网的利用对避免脱离全球技术变化环境特别重要。[④]

南南合作前景：机会和挑战

市场的全球化和自由化为南南合作以及一些发展中国家，特别是东南亚和拉丁美洲一些国家的加速发展增加了一个新的方面，创造了一个具有更大潜力的环境。在考虑到在多边贸易谈判乌拉圭回合上签订的国际协定的情况下讨论一下在相互关联的技术、投资和贸易领域的南南合作的这一新环境带来的机会和挑战可能是有益的。对这些和其他有关问题的讨论可以作为探索在新环境下促进南南合作政策的第一步。

---

① 贸发会议："贸易和发展理事会投资和技术转让相互关系特别工作组最后报告"(TD/B/WG.5/12)，1994年。

② J.L.Badaracco:《知识联系》(波士顿：哈佛商业学校出版社，1991年)，第9页。

③ 见贸发会议："技术能力的建立和技术伙伴关系：实地调查结果、国家经验和方案"(UNCTAD/DST/6)，1995年；贸发会议："交流技术伙伴关系经验"(UNCTAD/DST/15)，1996年。

④ 见贸发会议："米德兰特宣言和促进增长和发展的伙伴关系"，联合国贸易和发展会议第九届会议通过，1996年(TD/377)。

第　四　篇

国际投资与财政金融文化

- 经济文化发展与国际投资
- 国际投资的最新发展趋势
- 发展中国家利用外资的特点和趋势
- 国际投资的经济文化环境分析
- 跨文化的国际直接投资
- 1995～1996 年国际金融形势
- 1997 年东南亚金融危机的原因和启示
- 世界著名金融机构及其国际管理的文化背景分析
- 1996 年的世界保险业
- 财政文化及其建设的主要途径

经济文化发展与国际投资

西南财经大学 俞 娟 吴 韬

国际投资的兴起是经济文化发展的结果

战后50年,世界经济有了非常大的发展,在世界经济的巨大发展中,科学技术的进步是一个重要的因素。与经济的发展和科学技术的进步相伴随的则是人们文化素质的提高。

战后,世界经济的发展是有史以来最快的一个时期。从经济总量看,最大的资本主义国家美国,在1945年时,其国民生产总值仅2 119亿美元;到1957年时便翻了一番,达到4 411亿美元;1992年更已达到59 355亿美元,为1945年的28倍。而美国战后的经济增长在发达资本主义国家中还是属于最慢的国家之一。战后经济发展最快的日本,1946年的国民生产总值仅为132亿美元,现在已达4万亿美元左右,增长竟在300倍上,更是一种"奇迹"。从劳动生产率的水平看,战后发达资本主义国家也有了很大的提高,这清楚地表现在这些国家的人均国民生产总值

表1 主要发达资本主义国家的国民生产总值和人均国民生产总值(1992)

国 家	国民生产总值(亿美元)	人均国民生产总值(美元)
日 本	35 097	28 190
瑞 典	2 350	27 010
美 国	59 355	23 240
德 国	18 562	23 030
奥地利	1 768	22 380
加拿大	5 675	20 710
意大利	11 826	20 460
英 国	10 283	17 790

资料来源:世界银行《1994年世界发展报告》,第163页。

上。因为人均国民生产总值表明每一人口在一年中所创造出的价值,因而可以近似地表明一个国家已经达到的劳动生产率水平(见表1)。它们所达到的水平若与收入水平较低的发展中国家相对照,就非常清楚地表明了差距之大:低收入发展中国家1992年人均国民生产总值仅为390美元,是瑞士的1/90,也不足发达资本主义国家的1/56,从而它们在社会经济发展阶段上显出了明显差距。

战后世界经济,特别是发达资本主义国家的经济发展是在科学技术获得巨大进步的推动下取得的。科学技术作为第一生产力的作用只有在现在才较充分地显现出来,若没有科学技术的迅速发展也就不会有世界经济的今天。据一些经济学家估计,在战后资本主义国家的经济增长中,到70年代时科学技术进步所起的作用就已高达70~80%,而在本世纪初则仅占5~10%。科学技术进步使劳动力的质量不断提高,而劳动力素质的高低则是经济能否迅速增长的主要因素。战后初期,在美国的就业人口中,大专毕业生约占20%,而现在已达50%,并呈现出不断提高的趋势。其他发达资本主义国家的情况也与美国类似(见表2)。

科学技术的迅速发展不仅推动了生产和经济管理方式的发展变化,从而促使着整个社会劳动生产率的提高;而且科学技术进步推动和加速了国际分工体系的发展和完善,从而加速了各国的经济增长。

经济发展,科学进步,必然会带动社会文明的进步。在人类社会即将跨入21世纪之际,全球目前都处于一个由传统到现代化的巨变中。虽然各国的经济文化因各自的国情背景、经济文化系统和经济文化发展会有不同的特点和不同的道路选择,但是由于人类有着共同的发展目标和需要,经济文化的发展也存

在共性。第二次世界大战以后,属于东方文化背景的东亚,一些国家或地区经济的崛起,已引起了全世界的关注。特别是近10年来,中国经济的勃起和文化发展更产生了强大的吸引力。21世纪,世界经济大融合、大交流、大发展、大碰撞,各国经济的国际化,必将导致东西方经济文化的进一步沟通和融合,经济文化一体化发展已成为一股新的历史潮流。

表2 主要发达资本主义国家适龄人口的入学率(%)(1991年)

国家	中学*	大学
美国	90	76
德国	—	36
法国	101	43
英国	86	28
加拿大	104	99
意大利	76	32
日本	97	31
奥地利	104	35
瑞典	91	34
澳大利亚	82	39

注:有的国家统计数字超过100%,是因为有未到入学年龄或超过适龄年龄界限的老年人入学。

资料来源:世界银行《1994年世界发展报告》,第217页。

国际投资作为国际分工和生产国际化发展到一定阶段的产物,是实现各国之间经济联系的基本形式。它是随着金融资本的逐渐形成而出现,并伴随资本主义发展和科技革命的进步而在全球迅速发展的经济活动。国际投资的最初表现形式为资本输出。早在19世纪70年代,英国就开始进行资本输出,以垄断市场,获得高额利润。当时的资本输出主要是以间接投资的形式进行的。国际直接投资始于上世纪80年代,美国的胜家缝纫机厂在英国开设自己的分厂,该分厂生产的"胜家牌"缝纫机远销世界各国。

自第二次世界大战结束以来,世界经济发展的不平衡,导致世界各国既相互依存又相互竞争的格局。人们越来越清楚地认识到,如果善于利用各种资源,不仅有利于缩小本国同世界先进水平的差距,而且能节约大量的开发资金和研制时间,从而获得无可比拟的经济效益。但是,实现世界各种资源的引进、吸收和利用,是离不开资金这个前提条件的。因此世界各国经济的开放和发展,使国际投资达到了空前的规模;反过来,国际资本流动的发展,又大大加速了一部分发达国家和发展中国家经济技术现代化的进程。第二次世界大战后的日本,把利用外资、引进技术,作为恢复和发展国民经济的一项重要方针,从一个经济陷于瘫痪的战败国成为发达的工业国,大约花了40年时间。到1985年底,日本海外资产为4 377亿美元,海外负债为3 079亿美元,两者相抵后的海外资产为1 298亿美元,比1984年底增加555亿美元,等于当年的资本输出额,最终成为一个"新兴的债权国"。

国际投资总是与世界经济的总体趋势联结在一起的,也就是说,当经济发展比较迅速,经济环境比较有利时,国际直接投资就会取得较大发展;否则,就会呈萎缩状态。进入90年代以来,国际直接投资在1990年达到2 320亿美元的最高记录后,由于西方国家经济普遍不景气,国际直接投资曾一度萎缩;到1993年由于以美、英为首的西方国家经济率先走出衰退,又重新刺激了国际直接投资的发展,1993年仅跨国公司的对外直接投资就已经达到1 950亿美元,而截止到1993年底全球国际直接投资累计总额高达2 125万亿美元,比80年代末增长了41.7%。美国仍在该市场中占主导地位,1993年对外直接投资500亿美元,吸引外资320亿美元。中国吸引外资居世界第二位,为260亿美元。从国际投资的结构看,仍是受各国各地区的经济文化发展影响。据统计,日本、北美和欧洲经济区这三个地区就吸收了国际直接投资的绝大部分,80年代占世界总量的70%。1990年这三个地区交叉持股直接投资总额达6 400亿美元。对发展中国家的外国投资主要集中在经济发展快、基础设施好、政策优惠多,并且有可观投资回报的国家,也就是说主要集中在这几年经济一直持续发展的拉美和亚太地区的发展中国家。它们从经济结构到金融体系都进行了有利于与国际市场接轨的改革,因而倍受国际资本的青睐。据测算,中国、新加坡、墨西哥、阿根廷、马来西亚、泰国、巴西、香港地区等十个国家和地区吸收的外国直接投资约占世界投资总量的21%,而广大的非洲等经济一直没有得到多大发展的国家由于内乱不断,使私人资本望而生畏,外资流入寥寥,即使官方发展援助和优惠贷款增长也十分缓慢,加之贸易出口条件恶化,这些国家和地区不仅享受不到外资流入的好处,甚至还由于偿债而出现资金倒流。

因此从以上论述我们不难看出:世界经济一体化是资本国际化的基础,资本国际化是世界经济一体化的产物。世界经济一体化的发展,决定着资本国际化发展的进程。

国际投资的发展促进了经济发展的一体化进程

尽管世界经济一体化的发展,决定着国际投资发展的进程,但是反过来,国际投资也会对世界经济一体化发展产生积极的促进作用。战后50年,以跨国公司为主体或载体的国际直接投资成为在全世界范围内组织经济活动的重要形式,在世界经济舞台上扮演了越来越重要的角色。特别是80年代末以来,由于世界科学技术的进步与信息产业的发展,世界经济区域化、一体化进程的加快,国际投资规模急剧扩大,迅猛发展。其中资本的国际流动速度已超过世界生产和国际贸易的发展速度,成为推动世界经济发展的主要动力。1992年,作为国际资本流动主渠道的跨国公司海外销售总额达5.5万亿美元,比世界商品出口总额还高出1.5万亿美元。1994年跨国公司对外总流量2 260亿美元,大大高于1993年2 080亿美元的水平,其中发展中国家吸收了世界外国直接投资流入量的37%。对于发展中国家来说,外国直接投资成为最重要的外部私人资本流入。

跨国公司的发展促进了世界经济活动的国际化,而经济一体化正是经济活动国际化的必然趋势

跨国公司形成后,为寻求资源的最佳配置,在全球不同地区设立生产点。这种国际性生产方式,加速了国际生产专业化、协作化的发展,扩大和加深了国际分工。而生产国际化超越国界,就必然提出消除市场障碍和实现经济一体化的要求。但战后各国经济联系和相互依赖的加强以及经济生活的国际化发展,却常常受到国家壁垒限制。跨国公司的发展,经济生活的国际化,要求各国打破疆界线,彼此间进行经济协调和联系。因此,经济生活的国际化就成为各国尤其是发达资本主义国家趋向联系,走向经济一体化的客观基础。各国政府已经认识到跨国公司投资带来的好处,相应地,90年代中期出现了自由化和为外国直接投资提供便利的总体发展趋势。双边投资协定更进一步充实了国家层次上的外国投资自由化措施,到1995年年中,各国间已经缔结了900个这样的协定,其中有60%是1990年以来缔结的。联合国贸易与发展会议指出,双边投资协定签署中出现了一种新的发展趋势:发展中国家间缔结双边投资协定发展很快。

跨国公司加剧了世界市场的垄断和竞争,而当代资本主义世界市场的激烈竞争正是经济一体化的直接原因

二战前,国际经济往来的主体主要是国家或分散的中小型经济组织,跨国公司还无法左右世界经济的发展。进入70年代后,跨国公司的力量急剧膨胀,其对世界经济所产生的影响远在其他经济组织之上。目前跨国公司已控制了世界生产的40%;全球对外直接投资的90%;其贸易销售额占全球贸易额的1/3;并掌握了目前世界上80%的新技术和新工艺;垄断了国际技术贸易的75%。因此,可以说当今国际市场的竞争已主要体现为跨国公司之间的强烈竞争。这种日趋激烈的竞争,使一些经济实力薄弱的小国和发展中国家,难以承受国际市场剧烈变动的影响。因而它们一方面有必要组织自己的大跨国公司;另一方面有必要与实力雄厚的经济大国结成集团,彼此协调出一个相对稳定的环境。1994年,发展中国家跨国公司的对外直接投资约为330亿美元,联合国贸易与发展会议据此编制了总部设在发展中国家的最大50家跨国公司名录。墨西哥Cemex公司雄居榜首,香港Hutchison Whampoa、韩国大宇集团和三星集团、香港Jardine Matheson控股公司紧随其后。不仅如此,那些实力雄厚的经济大国为进一步增强自身经济实力,保持其在某一领域的垄断优势,也需要联合中小国家的力量,协调行动。早在50年代,欧共体(EEC)的成立,其重要动机之一也是为了增强与美国抗衡的实力。而历史证明,EEC的建立,确实加快了成员国经济发展的步伐,壮大了EEC的竞争实力,摆脱了美国控制,成为当今世界三大经济中心之一。

跨国公司一定程度上促进世界经济的不平衡发展,这是推进区域经济一体化的重要因素

当今跨国公司数目、规模最大的当属美、欧、日。三者各有优势，其地位也常常处于变化之中。美国从70年代起经济开始下降，作为世界经济大国的地位，越来越受到西欧与日本的挑战。为此，美国自然要寻找途径以保护并扩大自己的市场和势力范围，于是和加拿大、墨西哥组成北美自由贸易区。西欧共同体一方面依靠共同体的一体化措施推进成员国的经济增长，甚至许多重要指标赶上或超过了美国；另一方面相对于日本经济的快速增长，其增长速度仍相对缓慢。日本是发达资本主义国家中经济增长最快的国家，但也存在某些不稳定因素，从而迫切需要一个相对稳定的区域市场，因此，它积极寻求在亚太地区扩大经济合作的途径。而世界上一些相对弱小的国家也需联合起来，以集团力量抗衡大国和其他集团。所以经济发展的不平衡也是经济一体化形成的重要因素，而跨国公司加剧了经济发展的不平衡性。

当然，在跨国公司内部贸易日益发展的情况下，公司内部调拨引起的国际贸易数量日增，跨国公司必然会要求尽可能在更大范围减少贸易障碍，而不单单只是区域内部。所以跨国公司的发展推动了全球经济一体化。

国际投资对世界经济文化的作用与影响

国际投资对东道国经济文化发展的影响

国际直接投资是通过跨国公司在海外的经营活动实现的，国际投资的场所是在东道国，它直接参加了当地的社会再生产过程，因此我们在研究国际投资的作用时，一般把注意力集中于它对东道国经济发展的影响上。

国际投资对东道国资本形成和经济增长的影响

战后以来，西方不少经济学家把资本这个要素看成是国际投资对东道国的重大的甚至是首要的贡献。他们认为，外来投资能填补计划投资和国内储蓄的缺口，尤其在发展中国家，资金短缺是经济发展中普遍存在的难题。而国际投资作为一种稳定的资本投入，有助于填补这种缺口，成为发展中国家扩大投资的重要资金来源之一。一般来说，国际投资对东道国解决资金短缺确有着不可忽视的积极作用，这是战后西欧、加拿大和日本等国采取各种措施，大量引进国际投资的重要原因之一。根据美国商务部资料（见表3），美国跨国公司国外子公司的资金来源中有近一半来自外部。

表3 1966～1972年美国跨国公司国外子公司的资金来源

单位：%

		合计	外部来源		当地企业内部来源		其他来源
			来自美国	来自第三国	未分配利润	折旧等收入	
全部行业和地区		100	13	32	16	34	5
按行业分	石油业	100	23	28	9	35	5
	制造业	100	9	31	19	38	3
	其他行业	100	6	44	20	23	7
按地区分	加拿大	100	7	21	25	38	8
	欧洲	100	17	35	10	34	4
	其他发达国家	100	16	38	16	26	4
	拉丁美洲	100	7	36	13	42	2
	其他发展中国家	100	14	31	22	28	5

资料来源：美国商务部《现代商业概览》，1975年7月号。

本世纪以来，加拿大政府也通过引进国际投资，积极发展经济。大量外资的涌入，为加拿大提供了大量的补充资本（见表4），目前已居西方发达资本主义国家“七强”之列。在这样一个人口稀少、领土广大的国家内,实现如此高速发展,没有外部因素的推动,是难以想象的。

表 4 加拿大每年新增投资额外资所占比重

单位:%

年份(平均每年)	外资比重	年份(平均每年)	外资比重
1926~1930 年	50.0	1956~1964 年	56.0
1946~1949 年	21.0	1965~1967 年	40.0
1950~1956 年	33.0	1968~1969 年	41.0

资料来源:[加]皇家委员会《总结报告》,1957;加拿大统计局《加拿大国际收支状况》,1926~1967 年,1971 年。

国际投资弥补东道国发展资金不足的作用在发展中国家表现得尤为明显。战后在国际旧经济秩序依然存在的情况下,非产油的发展中国家,一般不能为自己的经济发展积累必要的资金,往往需要外资来补充,即使是经济条件较好的中等收入国家也是如此(见图 1)。

图 1 发展中国家:按地区划分的资本净流入

(10 亿美元)

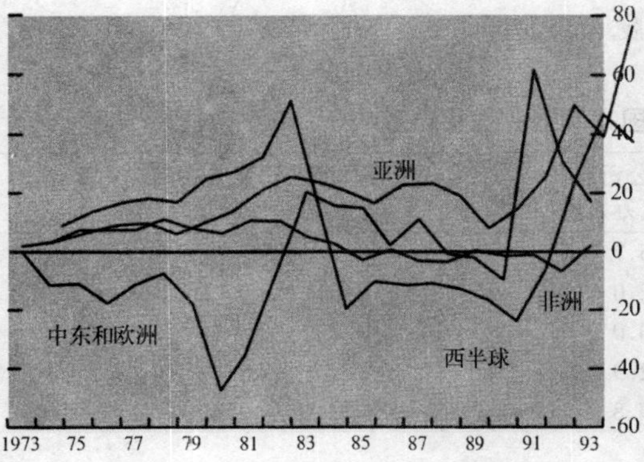

资料来源:国际货币基金组织《国际收支统计年报》。

巨额的国际投资为这些国家和地区的建设提供了重要的资金来源,成为它们资本形成的重要组成部分。如印尼石油业得到迅速开发,其中 90% 的资本是由美国提供的。1983 年,美国投资占香港制造业投资总额的 46.2%,1986 年上升到 53.4%[①]。巴西、墨西哥也是吸收国际投资最多的发展中国家,60 年代中期以来经济获得较快发展。必须指出的是,国际投资对东道国经济发展的推动作用,并不是单方面孤立发生的,而是东道国制订和实施合理的外资政策,把外资纳入本国(本地区)经济发展轨道的结果。

同时,我们必须清醒地看到,国际投资对东道国资本形成的积极作用毕竟是有一定限度的,也是有阶段性的。一般来说,当跨国公司在东道国建立子公司初期,流入东道国的资金就多一些,对东道国的资本形成和经济增长起着积极作用。但是随着子公司的建立,生产大规模展开,利润的不断获得,对东道国的这种资金流入将会逐渐减少(即使它的投资额可能因利润再投资而增加)、停止以至收回本金。到这时,对东道国来说,就是资金流出了。所以从这一点看,也将转为消极作用了。如果当地资金缺乏,那么跨国公司凭借其优势条件,甚至会夺走当地有限的资金,吸去当地的储蓄,从而加重了当地企业资金困难,这样就会给东道国带来严重损害。

国际投资对东道国产业结构和技术进步的作用

战后,国际投资的迅猛发展在一定程度上促进了东道国的技术进步。因为跨国公司在东道国投资建立新的工厂,为东道国带来了一揽子先进的机器设备、技术知识和管理经验,并通过投资所实现的机器设备和技术管理知识的转移和扩散,对东道国经济的发展有着积极的作用。

越来越多的国家在实践中认识到,利用外国先进技术比进口设备要合算得多。特别对于发展中国家,由于它们本身先进技术有限,而且发明创造技术往往需要花大量的研究经费,经过很长时间的试验和累积,所以绝大多数的发展中国家无力承受这些。如果能通过吸收国际投资,从美国及其他发达资本主义国家引进先进技术,便可节约成本,减少投入,缩短时间,并绕过失败的风险,有可能较快地把经济搞上去。80 年代以来,美国许多大企业纷纷涌入电脑业和汽车行业。到 1984 年底,已有 28 家美国公司向南朝鲜的电子行业投资,美国的国际商业机器公司、国际航空标准公司等先后独资或合资建造电子工厂。例如,美国通用汽车公司同韩国一家企业合资建立了一座年

① 《远东经济评论》,1986 年 9 月 18 日,第 75 页。

产23万辆汽车的制造厂，目前汽车工业已成为韩国的热门工业。海外的大量投资和技术转让与亚洲“四小”高技术战略相呼应，积极推动了其产业结构由劳动密集型产业向资本——技术密集型产业转变，推动了亚洲“四小”的经济增长。据统计1980～1988年，韩国实际经济增长率年平均为9.7%，我国台湾省为7.9%，香港地区为7.6%，新加坡为6.6%[①]，均高于同期发达国家和发展中国家的平均经济增长率。

国际投资对东道国就业的影响

一般来说，国际投资对东道国的就业产生了不可忽视的影响，它包括造成的直接影响和间接影响（见图2）。直接影响即跨国公司内部所提供的就业，它在一定程度上增加了东道国的就业机会，缓解了东道国的高失业率（见表5）。

国际投资对发展中国家和地区的就业人数的增长也起着不少作用。例如在新加坡最重要的工业之一即电子工业里大约95%的生产和就业属于外国跨国公司的子公司。

图2　国际直接投资对东道国就业的影响

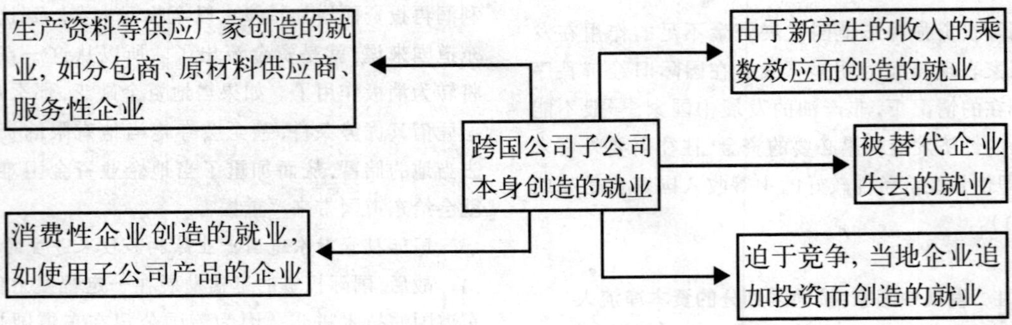

资料来源：格罗斯《在拉丁美洲的多国公司》，伦敦，1989年版，第91页。

表5　美国子公司对5个发达国家制造业就业的影响

项目 国家	制造业就业总数（万人）	美国子公司雇员人数（万人）	美国子公司雇员在制造业就业总数中的比重（%）
加拿大	171.4	65.7	38
比利时	96.6	12.0	12
荷　兰	106.0	10.0	9
英　国	1 346.2	82.9	6
联邦德国	838.3	49.8	6

资料来源：美国商务部《现代商业概览》，1983年2月。

国际投资对东道国就业造成的间接影响指的是它在其他企业中创造的就业机会。首先，跨国公司在相关行业间与其他跨国公司和当地企业展开竞争，这就刺激了其他企业的就业，虽然短期内它们也可能排挤当地企业或其被迫进行合理化改革和削减就业，但这只是暂时的。其次，正如图2所显示的，跨国公司有广泛的后向与前向联系，可以在它们的供货方、销售方和服务代理人之间创造就业。从长期来看，国际投资创造的间接就业机会远远大于直接提供的就业机会。有统计表明，前者至少是后者的两倍之多。

---

① ［日］《太平洋工商业》，1989年第6期，第3页。

国际投资对东道国经济自主的影响

国际投资对东道国经济自主的不利影响的根源在于:跨国公司在东道国的子公司的最终决策权并不在东道国手中,而在跨国公司的母公司手中,而且跨国公司的目标和东道国的目标又不一样,这就给东道国实行独立自主经济政策造成了困难。与此同时,西方发达资本主义国家向海外进行投资时,还利用其强大的经济实力和各种优势,向东道国提出苛刻的要求,直接影响其政策,以左右东道国的经济方向。具体说来,表现在两个方面:

首先,东道国的许多经济部门被国际资本所控制。战后,在美国大规模海外直接投资的推动下,许多国家建立了一些工业部门,这些部门实际上在不同程度上被美国跨国公司所控制,这严重影响了它们的经济自主发展(见表6)。

表6　300家美国跨国公司在7个东道国制造业的渗透程度

东道国	年份	占产出的比重(%)	工厂和设备开支占国内全部固定资产形成的比重(%)	美国子公司雇员人数(万人)
英国	1966年	10.5	16.3	56.6
	1970年	16.4	20.9	71.5
联邦德国	1966年	3.8	9.2	26.4
	1970年	8.0	12.3	42.9
法国	1966年	5.9	4.3	11.4
	1970年	6.1	5.8	19.6
比利时*	1966年	10.3	17.0	7.4
	1970年	15.7	14.1	14.1
加拿大	1966年	48.5	42.7	55.4
	1970年	51.8	32.2	55.1
墨西哥	1966年	16.1	6.7	10.6
	1970年	24.8	9.3	18.4
巴西	1966年	11.6	12.4	12.8
	1970年	17.8	18.3	17.6

注:包括卢森堡。

资料来源:美国关税委员会《跨国企业对世界贸易和投资以及美国贸易和劳工的影响》,华盛顿,美国政府出版局,1973年。

表6显示了美国公司在7个东道国的产出、就业和工厂设备开支中所占份额,表明了东道国经济受美国跨国公司的控制程度。美国资本凭借对东道国经济的巨大控制权,就可以在相当程度上支配东道国经济发展方向。正如加拿大能源部长吉·莱斯皮1975年在旧金山谈话时指出:"关于在加拿大生产什么和向哪里销售的许多战略决定,都是在纽约、伦敦、杜塞尔多夫、东京以及就在旧金山那里的董事会房间里作出的。"①

其次,国际投资的大量涌入以及从属于投资国利益的投资倾向,在许多方面加剧了东道国经济发展的不平衡性。长期以来,美国垄断资本为了使加拿大变成自己的原料附庸,极力促进加拿大采掘业的发展,而人为地阻碍了其制造业的发展。以石棉工业为例,1974年加拿大开采的石棉原矿,94%被运往外国工厂加工②。所以在加拿大的石棉生产部门中,几乎只有采掘而没有加工业,其他如铁矿部门,都在不同程度上存在这种情况。美国资本对加拿大经济的控制还表现在生产力地区配置的某些极不合理现象上,如加拿大主要工业区远离煤矿产地,就是一个典型例子。加拿大的工业,80%集中于安大略和魁北克两省西部,这里是加拿大最大的工业中心,这种布局本来就是由美国资本利益所决定的,它实际上是美国经济区的自然延伸,可是该地区完全没有煤矿区,它离新斯

① 《加拿大金融时报》,1975年5月19日,第28页。

② 《加拿大矿业杂志》,1977年11月号,第46页。

科舍煤区约1 600公里，离阿尔伯塔煤田更远达3 000公里左右。因此加拿大主要工业区用煤不得不依赖从美国进口。

其次，国际投资对东道国经济的控制加剧了东道国经济发展的不稳定性。例如，加拿大长期以来是美国最大的贸易和投资伙伴。由于美国资本对加拿大经济的渗透和控制，使加拿大的经济发展严重依赖于美国经济行情。加拿大对外贸易的60～70%是同美国进行的，因而美国经济中任何微小的行情变动，都会在加拿大经济中得到反应。

国际投资对世界经济的作用

国际投资促进世界经济的发展

战后，国际投资的迅速扩张对促进世界经济的发展起到巨大的推动作用。在西方国家，跨国公司的作用最明显、最典型。如今，在衡量西方国家的经济发展水平时，应当考虑该国分布在世界各国的"第二经济"的规模。西方跨国公司国外分公司的产值在本国经济中的地位越来越重要。80年代初，美国跨国公司国外分公司的产值达到国内生产总值的41.4%，西欧跨国公司国外分公司的产值达到整个西欧国家国内生产总值的29.1%，其中瑞士、荷兰、英国和瑞典的跨国公司国外分公司的产值分别占其国内生产总值的54.8%、84.4%、58%、34%[①]。如果仅考虑物质生产，则大多数西方跨国公司的作用更大。例如，美国跨国公司国外分公司的产值相当于其国内物质生产部门产值的80%至90%[②]。据联合国一些专家的预测，到本世纪末，全世界300家最大的跨国公司的产值将占整个资本主义世界国内生产总值的75%。

国际投资加速了国际分工和国际协作的进程

生产力发展导致国际分工和国际协作，而国际分工和协作又反过来促进生产力的发展。国际分工和国际协作有利于提高专业化水平，提高科学技术水平，提高劳动生产率，实现全世界范围的社会化大生产。而以跨国公司为代表的国际投资正是加速国际分工和国际协作进程的催化剂。当代跨国公司的生产很少在一个国家或地区完成，根据其全球战略，组建跨国生产线，将生产过程分散在各国的不同地区，实行专业化生产，增强各国间的经济联系。例如，国际商用机器公司在美国以外的任何一国都不制造完整的360型电子计算机，而是由英国、法国、德国和意大利等国的子公司分工生产该机的各种零部件，然后，将各子公司生产出来的零部件集中于总装配厂，形成一个完整的产品。

国际投资促进国际贸易的发展

跨国公司发展对外直接投资，在东道国举办独资或合资企业，一般表现为机器设备、原材料和半成品的出口，扩大出口规模，跨国公司国外投资额的增加又为进一步扩大国际贸易提供物质基础。由于跨国公司实行在国际范围内分工，总公司与子公司、子公司与子公司之间贸易规模巨大。1966年，跨国公司内部贸易额占到世界贸易总额的22%，1980年这个比例上升到25%。据《1995年世界投资报告》强调，跨国公司企业间贸易已经成为世界进出口贸易中的重要因素。过去的10年来，企业内贸易市场扩大了一倍多，而且还极可能继续扩大。1993年，世界范围这一市场的规模估计达1.6万亿美元，相当于世界贸易的1/3。除内部贸易外，跨国公司还与局外企业进行大宗的贸易。据估计，在70年代中期，跨国公司的贸易在世界贸易中所占的比重超过1/2，可能高达2/3[③]。此外，发展中国家通过吸收跨国公司的直接投资，也可以扩大出口规模。

应当看到，西方发达国家的跨国公司的国际投资也会对世界经济的发展带来不利影响。西方大型跨国公司资金实力雄厚，信息灵通，其流动资金是国际金融投机活动的主要资金来源，加剧了国际金融市场的动荡，对发展中国家金融政策的实施和汇率的稳定产生不利影响。而且西方大型跨国公司实行的划拨价格政策，使得广大发展中国家蒙受巨大的经济损失。

①②尼·什麦廖夫：《当代经济生活的国际化》，陈东根译，载《世界经济译丛》，1988年第1期。

③姚曾荫主编：《国际贸易概论》，人民出版社，1987年版。

国际投资的最新发展趋势

西南财经大学　俞　娟　吴　韬

进入90年代以来,随着国际贸易和生产经营跨国化的进一步发展,尤其是在世界经济一体化趋势的推动下,国际投资不断增长。日益庞大的国际投资,深刻地影响着世界政治与经济的发展。可以预见,在90年代后期甚至在21世纪,在世界经济发展及国际经济结构的急剧变化中,国际投资将扮演最主要的角色。因此,对当前国际投资最新变动趋势的研究,对于把握世界经济的现状与未来,制订中国吸引外资和对外投资的相应对策,具有十分重要的意义。

(一)全球发展趋势

进入90年代以来,全球国际投资仍呈增长趋势,但其增长速度却低于80年代。以国际直接投资为例,1990年,全球外国直接投资外流量(即从一国流出的外国直接投资数量)为2 250亿美元,比1989年增长了7%,低于80年代年平均14%的增长水平(见表1)。全球外国直接投资外流存量(即新流出的外国直接投资加上原有的外国直接投资数量)为1.7万亿美元。同年,全球外国直接投资内流量(即流入一国的外国直接投资数量)为1 840亿美元,低于1989年的水平*。1990年,世界跨国公司总数超过了3.5万个,在国外设有15万多家分支机构(见表2)。

表1　1986～1990年外国直接投资流动

国家分类	1986	1987	1988	1989	1990	1980～1985	1986～1990	1980～1985	1986～1990
	(单位:10亿美元)					在总量中份额(%)		增长率(%)	
发达国家									
吸引投资	64	108	129	165	152	75	83	−3	24
对外投资	86	135	161	201	217	98	97	−2	26
发展中国家									
吸收投资	14	25	30	30	32	25	17	4	22
对外投资	2	2	6	10	8	2	3	1	47
所有国家									
吸收投资	78	133	158	145	195	184	100	−1	24
对外投资	88	137	167	211	225	100	100	−2	26

资料来源:国际货币基金组织;OERD估计数;联合国跨国公司和管理局。

注:从理论原则上讲,外国直接投资内流量和外流量应该一致,但实际计算的结果却常常差距很大。产生这种现象的原因有:各国之间对投资外流量和内流量定义的不同,对已经实现和没有实现的资本增值和损失的计算方式不同,以及收集和统计外国直接投资方式的不同。

表 2 跨国公司母公司和外国分公司的地理分布

单位:个

地区/国家	母公司	外国分公司[a]	年份
发达国家	30 900	73 400	1989
奥地利	880	2 492	1988
丹麦	800	647[b]	1992
芬兰	1 350	1 524[b]	1991
法国	2 000	3 671[c]	1984
德国	6 984	10 978[d]	1990
日本	3 331	2 884	1990
挪威	1 115	2 799	1989
瑞典	2 750		1986
瑞士	3 000		1992
英国	1 533	3 411[e]	1981
美国	3 712	13 582	1989
发展中国家/地区	3 800	62 900	1989
巴西	576	7 110	1986
中国	553	15 966	1988
香港	500	2 464[d]	1982
印度	176	926	1988
马来西亚	153	578[e]	1981
巴基斯坦	57	560[f]	1988
韩国	668	2 821	1988
中国台湾	405	4 764	1988
南斯拉夫	112	3 949	1991
中东欧	300	10 900	1991
保加利亚	26	117	1991
独联体	68	2 296	1991
捷克斯洛伐克	26	592	1991
匈牙利	66	2 140	1991
波兰	58	2 168	1991
罗马尼亚	20	3 527	1991
世界总数[g]	35 000	147 200	1990

资料来源:联合国、经济和社会发展部、跨国公司和管理局、世界投资名录(1992 年,联合国,纽约)和各国官方及摘录文件。

a. 代表资本输入国记录的跨国公司数;b.1986 年;c.1971 年;d.1989 年;e.1988 年;f.1987 年;g. 包括表中没有列出的国家资料。

注:表中记录的跨国公司及外国分公司低于实际数目,因为有些国家没有向联合国上报其跨国公司或外国分公司数目,有些国家则只上报那些销售额或财产超过一定规模的外国公司。另外,发展中国家非股份投资也没有包括在表 2 中。

1990 年对外直接投资增长减缓和 1991 年对外直接投资额减少主要归因于日本、美国和英国对外投资的减少。1989 年,美国资本输入量为 710 亿美元,而 1990 年,由于经济萧条导致投资赢利率下降,美国资本输入量仅有 370 亿美元,刚刚超过 1989 年的一半,可见下降的速度多快、幅度多大。日本和英国是当时世界上最大的资本输出国之一,也是美国国外资本主要来源国,美国经济的不景气降低了美国外资利用能力,从日本和英国引进的资本也随之减少。另外,英国本国经济的萧条和日本国内投资增长率的迅速提高(因此取代了部分对国外的投资)也是这两个国家直接投资外流量减少的原因之一。除此之外,80 年代末世界金融市场的不稳定,世界经济增长率的下降,跨国公司合并和兼并活动的加剧,这一切对国际投资都有抑制性影响。

1990 年美国外来投资水平降低的原因之一是其衰退带来的经济疲软。这一原因说明了跨国公司对外投资和东道国吸引投资方面具有周期性波动的影响。过去,对外投资变化与周期波动紧密相连,但在 1991 年,许多发达国家都面临经济衰退或经济增长减缓,对外投资仍继续增长。除英国外的其他 4 国的对外直接投资水平仍高于 1987～1989 年(高速增长期间)的水平,尽管与 1989 年相比,其增长速度大大减缓(见表 3),这说明跨国公司受经济周期波动的影响趋于减轻(或滞后)。跨国公司变得更注重于长期的全球发展战略目标,如市场渗入和市场份额增加,因为跨国公司日益认识到向全球发展对于增强其竞争优势是十分必要的。例如,尽管中欧和东欧地区许多国家的经济十分疲弱,但为了公司的长期目标,跨国公司仍在这一地区发展,仍对这一地区进行投资,这说明了公司在全球范围规划中长期目标的重要性。

正如表 3 所显示的那样,当前,日本、英国和美国仍是世界主要资本输出国。1990 年,日本外国直接投资增长率低于 1989 年,英国外国直接投资数量低于 1989 年水平,美国外国直接投资停滞不前。而除日本、英国和美国外的发达国家外国直接投资外流量却比 1989 年上升 25%。1990 年,流入发展中国家的外国直接投资与 1989 年比上升了 7%,占全球外国直接投资内流总量的 17%。根据世界银行的统计资料(见表 4),从 1990 年至 1995 年,流向发展中国家的净资本呈现出不断增长的趋势。1995 年总量达到 2 310 亿美元,比上一年增长了 11.5%,其中私人资本流量有更快的提高,它已在整个发展中国家净资本流入量中占据了主导地位,1995 年达到 72%。外国直接贷款和商业性贷款的增加带动了流入发展中国家的国际私人资本的增长。到1995年,流向发展中国家的外国直接投资达到903亿美元的历史新高。流向发展中国家的外国直接投资主要来自美国、英国、法国、日本、德国等工业化国家。近年来,中国台湾、新加坡、韩国、香港地区等新兴工业化国家和地区对发展中国家的直接投资也在快速增长。

表3　1986～1990年五大投资国对外直接投资表

国家	1986	1987	1988	1989	1990	1980～1985	1986～1990	1980～1985	1986～1990
	外流量(单位:10亿美元)					在总量中的份额(%)		增长率(%)	
法国	5	9	15	19	35	6	10	-6	59
联邦德国	10	9	11	14	23	8	8	4	22
日本①	15	20	34	44	48	10	20	22	35
英国	18	31	37	36	21	20	17	-1	6
美国②	14	28	14	29	29	26	14	-16	20
总数	61	97	112	142	156	69	72	-5	26

①日本资料不包括再投资利润;

②美国资料不包括荷兰 Antilles 金融(银行除外)、保险和不动产部门的投资。

资料来源:国际货币基金组织;各国官方统计数字。

表4　发展中国家国际私人资本净流入的总量结构

单位:亿美元

项目　　年份	1990年	1991年	1992年	1993年	1994年	1995年
净私人资本流入总量	440	616	1 003	1 542	1 588	1 671
证券投资总量	67	204	273	839	671	557
债券投资	30	128	132	383	332	337
股票投资	37	76	141	456	349	220
外国直接投资	250	350	466	683	801	903
商业性贷款	17	25	138	-49	92	171
其他	106	37	126	69	24	46
长期总净资本流入量	1 019	1 017	1 953	2 072	2 074	2 313
私人资本占长期总净资本流入量比例	43.2	48.5	64.6	74.4	76.6	72.2

资料来源:世界银行 World Debt Tables, 1996。

对发展中国家的投资仍主要流向东亚、南亚和东南亚、拉美和加勒比,对这些地区投资的增加来自对非洲投资的减少。1990年流向发展中国家的外国直接投资份额的变化来源于总投资规模的扩大和世界范围对外投资增长速度的减缓。在发展中国家中,10个最大的投资接受国吸收了对发展中国家投资总额的约2/3。1990年流向最不发达国家的投资略有增加,其为2.5亿美元,仅相当于巴基斯坦一国吸收到的外来投资。投向中欧和东欧的外国投资虽急剧增加,但仍处于低水平。

(二)地区发展趋势

过去很长一个时期内,由于各国经济发展水平及经济结构的差异,加上历史上的种种原因,形成了对外投资国与接纳资本国两个相对稳定的国家群体。自80年代以来,随着整个国际投资规模的急剧扩大,以往主要的对外投资国,均以更快的速度吸纳越来越多的外国资本,而原先受资型国家,则加快了对外投资的步伐。如今对外投资的主要国家都已经成为主要吸收投资的国家,大量对外投资与大规模吸纳外资往往结合于一身,在国际投资领域,正在出现双向平衡、对流为主的新局面。

发达国家

90年代以来,广大发展中国家摆脱了80年代中后期的债务危机,而西方资本主义国家经济却普遍不景气,流向发达国家的投资增长减缓。比如,1991年发达国家吸收外资就比上一年减少31.2%,仅1 210亿美元,1992年更比上年减少15.7%,降为1 020亿美元。一些国家经济增长减缓、私人部门负债增加,金融体系内出现结构性疲软。隐藏在这些现象背后的是金融购买与兼并行为的减少,而全球购买与兼并是发达国家企业跨国投资的重要方式。90年代以来,日本的资本输出量呈下降趋势,从1989年的680亿美元降至1992年的340亿美元。其原因主要有二:一是受政府需求增加的刺激,日本跨国公司增加了对国内生产设施的投资,因而减缓了其对外投资的增长速度;二是日本跨国公司普遍遇到了融资困难问题。作为对外投资主要融资提供者的日本银行在1990年年初世界股票、房地产市场崩溃中蒙受了巨大损失,与此同时,为满足国际清算银行对货币储备的要求,被迫增加存款储备,同时缩减了放款规模,不得不减少对外国的直接投资。

从1993年开始,世界经济呈现缓慢复苏和低速增长态势,国际投资的主要国也从对外投资的衰退低谷中走出。1993年,日本海外直接投资流量已有回升,打算增加海外投资的企业明显增多。根据日本进出口银行国际投资和发展研究所1994年9月对237个制造业跨国公司的调查(见表5),打算增加海外投资的跨国公司数已接近81%,而在1992年,这个比例数只有51%。1994年接受调查的跨国公司都是日本海外直接投资的主力,在海外都拥有三个以上的投资企业,这些跨国公司1993年对外直接投资的金额占日本制造业海外直接总投资的70%左右,因此这些公司增加国际投资的意愿显然标志着今后日本国际投资将会进一步增加。

表5 1990～1994年日本跨国公司对外投资的意愿情况

年份	被调查的公司数	增加投资的公司比例(%)	维持现状的公司比例(%)	减少投资的公司比例(%)
1990	191	55.0	20.4	24.6
1991	153	53.6	18.3	28.1
1992	159	50.9	25.2	23.9
1993	187	63.1	24.9	15.0
1994	237	80.8	14.6	4.6

自从80年代中期以来,非欧洲共同体的西欧国家资本输入量和输出量一直呈上升趋势(1985～1990年期间其比重分别为44%和27%),这说明欧洲经济区已经成为一个强大的经济区域。1984年后,巨额投资涌向北欧国家说明,在更广泛的欧洲经济一体化开始之前,北欧国家政府对国外投资采取更为优惠的政策产生了决定性影响。瑞典的公司,以及来自其他欧洲自由贸易同盟国家的公司为了加强其在共同体市场的地位,在该市场内发起了进攻性购买与兼并运动。与此同时,共同体国家企业也在欧洲自由贸易同盟国家中进行投资。1985年至1989年期间,投向和来自欧洲自由贸易同盟成员国的投资中,大约51%是欧共体和欧洲自由贸易同盟成员国作出的。

从总体上看,尽管1990年发达国家外国直接投资输入量在绝对数上减少了,但它在全球外国直接投资内流量中所占比重高达4/5,其中包括欧洲共同体、日本、美国在内的"三强"国家的资本输入量占全球外国直接投资内流总量的70%。1990年,"三强"的资本输出量占世界外国直接投资外流总量的83%。可见,发达国家作为国际投资吸纳的重要性正在增长。历史上曾出现的情况是:资本输出国是主宰,东道国往往处于受人摆布的被动地位。现在,许多强大的富国,却在主动地大量吸收外国投资,并且愈是发达的国家,吸收的国际投资也愈多。这种趋势在美国投资结构变化中表现得最为突出:第一,美国成为吸纳国际投资最多的国家。1980年,外国在美直接投资累计额为830亿美元,1990年剧增到4 037亿美元,1994年就已近6 000亿美元,其中1994年一年中接受外国直接投资达600.7亿美元,超过美国当年对外直接投资额584.2亿美元,居世界第一。第二,美国的对外投资,进一步向发达国家集中。50年代初,美国对发达国家的投资在其全部对外投资中所占比重不到一半，到1990年就已上升到74%。

如今，国际投资的绝大部分是在发达国家之间进行的，其中主要部分又是在若干个最发达的国家间流动(见表6)。影响这种趋势的因素有两个方面。一方面，从1994年起，美国、日本和西欧等主要发达国家逐渐走出衰退，经济开始恢复增长，对投资的需求量相应增大。在这种情况下，对发展中国家的投资开始放慢速度。据统计，对发展中国家的私人投资在1993年增长了55%，达到1 592亿美元，而在1994年增长还不到19%，为1 729亿美元。同时，美、日和西欧等开始出现了逐步降低对新兴资本市场投资比重的趋势。另一方面，受1995年日本神户大地震、墨西哥金融危机以及英国巴林银行倒闭等事件的影响，新兴资本市场出现投资萎缩现象。1995年初的日本神户大地震给日本造成近1 000亿美元的损失。为了使该地区恢复生产，未来数年内预计需4～8万亿日元(约400～800亿美元)的重建资金。对重建资金的需求不但可能影响日本一贯的资本输出，而且还可能出现资金的反向滚动，从而引发人们对全球资本市场供应紧张的担忧。墨西哥爆发的金融危机则显示出对新兴资本市场投资的风险加大，从而动摇了投资者对新兴资本市场的信心；同时，墨西哥金融危机已影响到美国资金对外流出，从而影响美国投资者对其他国家的投资。而英国巴林银行的倒闭，使全球资本市场陷入一片混乱之中，作为国际私人投资主要来源的美国对外证券的私人投资资本开始向国内撤退，转向较为安全的美国中长期债券，这必将对国际投资带来不利影响。

表6 国际直接投资流进流出表

单位：10亿美元

国家(或地区)	流向	1981～1985 平均每年①	1986～1990	1988	1989	1990	1991	1992
发达国家	流进	37	130	131	168	176	121	102
	流出	47	163	162	212	222	185	162
发展中国家	流进	13	25	28	27	31	39	51
	流出	1	6	6	10	10	7	9
中欧与东欧②	流进	0.02	0.1	0.015	0.3	0.3	2	4
	流出	0.004	0.02	0.02	0.02	0.04	0.01	0.03
所有国家	流进	50	155	159	196	208	162	158
	流出	48	168	222	222	232	192	171

①根据半对数回归方程计算的复合增长率估计的数字。

②原南斯拉夫被包括在发展中国家。

资料来源：联合国贸易与发展会议跨国公司与投资司《1994年世界投资报告：跨国公司、就业和工作环境》，联合国出版署。

此外，美国等一些发达国家从1994年开始实施的紧缩货币政策已迫使银行利率上升，导致部分流入发展中国家的投资回流。1994年美国政府先后6次大幅度提高美国联邦基金利率，从1994年初的3%提高到1995年2月的6%，这无疑对投资者具有极大的吸引力。而对发展中国家来说，这将使筹资成本增加，投资下降，并加重债务负担，从而对发展中国家吸引外资带来不利影响。

展望90年代后期，随着发达国家经济增长，利率回升，部分发展中国家经济状况的逆转和国际债务问题的发展等，国际投资将越来越集中在发达国家之间。据联合国跨国中心的一份分析报告：90年代发达国家之间的资本流量将约占全球直接投资总额的81～90%。

发展中国家

从80年代中期起，发展中国家和地区吸引外国直接投资的速度逐渐加快(见表7)。

表 7　发展中国家和地区外国直接投资平均输入量

输入国地区和经济	1970—1979	1980—1985	1986—1990	1970—1979	1980—1985	1986—1990	1970—1979	1980—1985	1986—1990
	单位:10 亿美元			在输入总量中份额			年增长率		
所有国家	22	50	150	100	100	100	16	－1	24
发展中国家	5	13	26	24	25	17	21	4	22
拉美和加勒比海地区	3	6	9	13	12	6	20	－5	17
西　亚	0.3	0.4	0.5	1	1	0.4	··	53	37
东亚、南亚和东南亚	1	5	14	6	9	9	16	7	28
太平洋地区	0.02	0.1	0.1	0.1	0.3	0.1	28	－1	－5
非　洲	1	1	3	3	3	2	22	52	6
其他[a]	0.03	0.04	0.05	0.1	0.1	0.03	15	－8	··
最不发达国家	0.1	0.2	0.2	0.5	0.4	0.1	27	－16	116
10 个最大资本输出国和地区[b]	1970～1979 4	1980～1990 13		1970～1979 13	1980～1990 13		1970～1979 23	1980～1990 11	

资料来源:国际货币基金组织 OECD;联合国跨国公司管理局。

a. 马耳他和南斯拉夫;

b. 这 10 个国家和地区为:1970～1979 年:巴西、墨西哥、马来西亚、尼日利亚、新加坡、埃及、印度尼西亚、香港、伊朗和乌拉圭;1980～1990 年:新加坡、墨西哥、巴西、中国、香港、马来西亚、埃及、阿根廷、泰国和中国台湾省。

据世界银行统计,发展中国家吸引外资的数量在稳步上升,1991 年流向发展中国家的国际直接投资增长了 25%,达到 390 亿美元,占当年全球总量的 24%,1992 年吸引了 510 亿美元,占全球总量的 32%,1993 年则进一步上升到 800 亿美元,在跨国投资的总额中首次突破 40%大关。发展中国家的间接投资也是空前的增长,从 1989 年的 76 亿美元增至 1991 年的 203 亿美元和 1992 年的 270 亿美元,1992～1993 年间接股权投资,包括预托证券、国家基金和外国投资者直接购买的股票共增长了 15 倍。国际投资高涨给发展中国家经济增长注入了新的动力。经济合作与发展组织(OECD)的著名世界经济分析家认为,国际投资的高涨,无疑会给发展中国家提供新的引擎和强大的动力,事实上,哪里国际投资最活跃,哪里经济增长就最快。亚洲四小龙经济的腾飞,东亚奇迹的出现,就是典型范例。

尽管对于整个发展中国家来说,外国投资总额增加了,但这种投资的分布是不均匀的。表 8 反映了 1990～1995 年间流向发展中国家国际私人资本的地区构成,东亚及太平洋地区在总量上占据了主导地位,其所占份额由 1993 年的 41%上升至 1995 年的 59%。近期资本流动的一个有趣的特点是,资金主要流向成功的中等收入国家以及增长前景看好的低收入发展中国家,如中国和印度。许多流入国,尤其是中国和印度是发展中国家的大市场。近年来,许多流入国对外国参与本国经济活动的政策和态度发生了很大变化。但是,多数非洲国家吸引的私人资本仍很少。虽然吸引的外国直接投资的名义值在逐渐增长,但与其他地区相比,仍然很少,主要原因是经济增长前景不看好,以及政治和宏观经济不稳定,使这些国家的投资收益极不确定。尼日利亚和北非国家如突尼斯和摩洛哥是直接投资的主要流入国。但近年来流向非洲的短期资本和其他长期资本为负,主要原因是尼日利亚和南非的资本外流。因此,流向该地区的资本净流动(不包括特别融资)也为负①。流向中东的资本主要是短期资本。70 年代和 80 年代早期的大量外流主要是由于石油价格迅速上涨以及随之而来的经常项目盈余。类似地,近期大量的流入主要是由于油价下跌,经常项目巨额赤字(尤其是沙特阿拉伯)以及地区冲突后的重建造成的。近期的大部分流入是

① 大多数非洲国家受益于不同形式的发展援助带来的资金转移;近年来,流向非洲的单方转移(主要是官方转移)一年达 130 亿美元(约占该地区国内生产总值的 4.5%),对南撒哈拉国家而言,一年达 75 亿美元(约占国内生产总值的 7.5%)。

盈余年间国内居民和政府积累的国外资产的回流。相反,埃及和土耳其等国是近期私人资本的主要流入国。埃及的大部分流入是以外国直接投资的形式进行的,而土耳其的流入主要是证券投资。

表 8 发展中国家国际私人资本净流量的地区结构

单位:亿美元

地区和国家	1990	1991	1992	1993	1994	1995
发展中国家净流入总量	440	616	1 003	1 542	1 588	1 671
欧洲和中亚	82	71	216	250	156	173
撒哈拉以南非洲	2	10	3	-8	47	50
东亚和太平洋地区	204	262	447	629	772	981
南亚	24	21	28	46	74	60
拉美和加勒比海	122	227	304	588	497	339
中东和北非	5	24	4	38	41	68
中国	81	75	213	380	466	447
墨西哥	82	119	92	219	174	109
巴西	5	32	97	161	119	69
韩国	11	55	75	87	81	165
马来西亚	16	38	64	87	67	121
阿根廷	-2	29	58	137	82	88
印度尼西亚	33	35	47	5	74	114
泰国	47	50	40	44	41	82
前 12 个国家占总量比重	79.8	77.2	86.6	84.6	76.1	76.0

资料来源:世界银行 World Debt Tables, 1996 年。

据统计,约 80%以上的国际直接投资集中于东亚和太平洋地区以及拉丁美洲和加勒比地区。而对东亚和太平洋地区的直接投资集中于中国、马来西亚、泰国和亚洲四小龙;对拉美地区的直接投资主要集中于巴西、阿根廷、墨西哥和哥伦比亚。从亚太地区看,由于中国、马来西亚、泰国大力发展外向型经济,改善投资软硬环境,增强了对外资的吸引力,成为亚太地区外国直接投资的三个主要焦点。在该地区直接投资中,中国占 37.01%,马来西亚占 24.64%,泰国占 12.74%,印尼占 8.18%,韩国占 8.17%,菲律宾占 5.37%,巴布亚新几内亚占 2.82%,其他国家占 1.07%。而国际间接投资的流入主要集中于拉美地区,据统计,1989~1992 年间流入阿根廷、巴西、墨西哥,加上韩国和土耳其的间接投资,占总额的 70%。

某些发展中国家尤其是亚洲及拉美国家和地区成功地吸引国际资本大量流入的原因主要有:

第一,这些地区的发展中国家经济高速增长,外资政策和外资管理较前更加开放。许多发展中国家尤其是 亚太地区发展中国家在西方经济不太景气的情况下保持着调整增长的势头,成为全球经济最具活力的地区,而且这些地区的发展中国家致力于推进市场经济的改革与完善,正逐步解除贸易管制、放松对国内金融市场的管制,以及逐步取消对资本项目的管制,这是资本流入的重要原因。

第二,随着国际金融全球化趋势的加强以及国际投资多元化,发达国家的投资基金为了获得可观的回报率或分散投资风险而往往投向新兴市场,这些基金包括互助基金、退休金、人寿保险金等;同时发达国家如美国修改了有关规定,这为发展中国家在国际金融市场上直接筹资,包括发行债券、股票等创造了便利条件。

第三,许多发展中国家已接受拉美债务危机的教训,在引进和利用外资时能合理安排债务结构,并积极改善与债权人的关系,打消了债权人的顾虑。这样不仅稳住和扩大了外资进入,同时也使原来撤离的资金又流回到这一地区。

第四,某些地区的结构调整也带动外资的流入,较为典型的是亚洲地区随着日本、韩国及中国台湾省将劳动密集型产业转移给临近的其他国家和地区的同时，吸引着大量的外资流入。

(三)投资行业发展趋势

80年代对外投资的急剧增加伴随着投资部门构成的变化和向服务业投资的增加。表9展示了主要投资国80年代末对外直接投资资产的部门分布情况。从中我们可以看出第三产业中外国资产流量和存量明显增加。除加拿大和英国外，服务行业仍是最大的单一对外直接投资行业，约占日本对外直接投资的2/3，占许多其他国家对外直接投资的40%。80年代后期，对服务行业的投资占这些国家对外总投资的50～55%。尽管表9所列国家可收集到数据的最近年份中，对服务行业的投资(从相当高水平)减少(荷兰、法国除外)了，但是，投资转向第三产业反映了长期结构性变化，且这一趋势仍在继续发展。截至1994年底，爱沙尼亚贸易活动吸收的外国投资占其总额的47%，斯洛伐克和波兰贸易活动吸引的外国投资比重分别占23%和16%；金融服务行业吸收的外国直接投资也占有相当的比重，如匈牙利保险行业中，外国资本占65%，其保险费收入中，97%来自有外资参与的保险公司。

当前，发达国家的国际投资日益向高技术产业和非制造业倾斜。对发展中国家的直接投资则从第一产业和第二产业向电子、运输、精密机械加工组装以及金融服务业、贸易、商业、通讯、旅游业等等第三产业转变。美国对外投资的特点是以高技术产业为主导，投资重点已经从传统的工业部门转移到以电气化和化工为主的新兴产业部门，其中以对电子、电气行业的投资增长最快。

表9　主要资本输出国外流直接投资的部门分布在总量中的比重及年增长率

国家	年份	部门			总数
		第一产业	第二产业	第三产业	
加拿大					
部门构成	1975	9	62	29	100
	1990	6	51	43	100
增长率	1975～1990	13	14	18	15
法国					
部门构成	1976	22	38	40	100
	1990	13	38	49	100
增长率	1975～1990	23	27	29	27
联邦德国					
部门构成	1976	5	48	47	100
	1990	2	49	59	100
增长率	1976～1990	6	10	14	12
日本					
部门构成	1976	28	32	40	100
	1990	6	27	67	100
增长率	1976～1990	10	21	28	23
荷兰					
部门构成	1975	47	39	15	100
	1989	35	24	41	100
增长率	1975～1989	6	5	17	12
英国					
部门构成	1984	33	32	35	100
	1988	25	38	37	100
增长率	1981～1988	2	14	11	9
美国[a]					
部门构成	1975	26	45	29	100
	1990	8	44	47	100
增长率	1975～1990	–	8	12	12

资料来源：世界投资名录(1992年，纽约，联合国)。　a.1975年第一产业只包括了石油工业开采部门，加工部门被包括在第二产业，而市场和分配被包括在第三产业。

日本是东亚及太平洋地区的主要资金来源国，准备在亚太地区建立一个立体交叉型投资结构体系。(1)资金密集型产业的投资主要集中于亚洲四小龙；(2)金融、保险、贸易、不动产行业的投资集中于香港和新加坡；(3)资源开发型产业的投资主要集中于中国、泰国、印度尼西亚和菲律宾；(4)工业生产型产业的投资主要集中于中国、马来西亚、韩国和泰国；(5)劳动密集型产业的投资主要集中于中国、印度尼西亚、菲律宾、马来西亚和泰国。日本对亚太地区的投资正向着运输、电子、加工组装和金融服务方向转变。从1993年和1994年日本海外直接投资的行业结构看(见表10)。

表10　1993、1994年日本海外投资的行业结构

单位：百万日元

行　业	1993		1994	
	金额	比重(%)	金额	比重(%)
化学工业	75.487	9.6	76.070	8.9
钢铁业	32.119	4.1	10.957	1.3
机械	42.798	5.4	32.390	3.8
电气机械	82.742	10.5	113.973	13.3
电气机械装配	222.343	28.3	265.355	30.9
汽车零部件	153.590	19.5	165.277	19.3
纺织	47.700	6.1	56.093	6.5
其他	128.348	16.5	138.363	16.0
总额	785.127	100.0	858.478	100.0

电气机械装配和汽车零部件制造业的投资额都分别高居第一和第二。1993年和1994年电气机械装配业之所以成为日本跨国公司海外投资的最重要行业，是因为其对外投资的首要目的在于维持和扩大市场份额并力图把生产地点向现有海外投资基地转移。该行业对外投资的意向明显体现了日本跨国公司试图在亚洲新兴工业化国家(即亚洲四小龙)、东盟国家和中国生产标准化产品，在本土生产高附加值产品的战略。这种战略进一步促进日本在亚洲四小龙、东盟、中国、美国和加拿大进行直接投资时特别重视国内产业转移这一需要，因为这些地区与日本本土相比，既有低工资成本的优势，又有规模可观的国际市场，另外美国和加拿大对日本的贸易障碍和摩擦，也是促使该行业尽快向外投资的重要动因。与电气机械装配行业的投资动机不同，这两年汽车零部件行业对外投资的首要目的则是维持或扩大市场份额，并向加工装配厂商提供零部件。1993年，该行业对外投资的另外一个重要目的是要向第三国出口产品或在投资东道国获得廉价劳动力。1994年，其向亚洲四小龙、美洲、加拿大、拉美的投资，最主要的目的是向装配厂商提供零部件，事实上1994年日本在美国、加拿大的海外企业已经改善了它们的销售状况，特别是增加了对美国通用汽车、克莱斯勒和福特三大汽车公司的销售额。然而，1994年其向东盟、欧盟和中国的投资却不是以向装配厂商提供零部件为最主要目的，而以保有市场为主。在汽车零部件制造业的中近期投资计划中，中国是被看好的投资场所，而其他地区的意愿投资偏好都略逊一筹。

表11　汽车零部件制造业和电气机械行业的中近期投资意愿

地　区	增加投资公司数		维持现状公司数		减少投资公司数		被调查公司数	
	汽车	电机	汽车	电机	汽车	电机	汽车	电机
亚洲四小龙	4	11	7	13	1	2	12	26
东盟五国	16	21	3	4	2	1	30	41
中国	17	22	1	2	1	0	19	24
亚洲其他国家	4	7	4	1	1	0	9	8
美国、加拿大	15	4	6	6	0	1	2	11
拉美	7	1	5	5	0	0	12	6
欧盟	6	6	3	8	2	2	1	6
总计	69	77	31	39	7	5	107	121

电气机械行业的中近期海外投资意愿似乎更积极一些，中国、东盟五国和亚洲其他国家都是日本跨国公司愿意增加投资的地区。表 11 中的统计资料表明，在 1995～1997 年的中近期内，日本的海外投资将会增加，尤其是日本的汽车零部件制造业和电气机械行业将会向中国和东盟等亚洲国家、地区增加其投资。

(三)“三足鼎立”局势

联合国 1991 年《世界投资报告》指出，从许多资本输入国的角度看，大多数外国直接投资集中来源于“三强”国家或地区之一，形成了外国直接投资发展“三足鼎立”之势，这种格局与跨国公司以投资国为中心建立地区核心国外附属机构网络的战略相一致。例如美国是大多数拉美国家和少数亚洲国家的主要投资国，日本是亚洲国家外国直接投资主要来源国，而欧洲共同体国家则是中东欧及一些与欧洲有历史渊源的非洲国家的有控制力的投资者(见图 1)。

图 1 外国直接投资集中于“三强”国家

(年平均投资流入量受“三强”控制的国家)

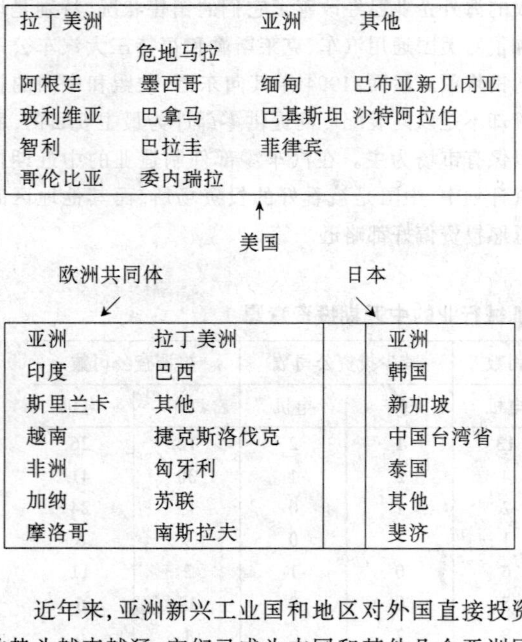

近年来，亚洲新兴工业国和地区对外国直接投资的势头越来越猛，它们已成为中国和其他几个亚洲国家的主要投资者(见表 12)。进入 90 年代，其对东盟的直接投资猛增，从而取代了日资在该地区的投资优

表 12 亚洲新兴工业国家和地区对亚洲国家的投资

(占年平均流入量的比重)①

资本输入国	1983～1986 年	1987～1990 年
南亚和东南亚		
印度	1	3②
印度尼西亚	11	19
马来西亚	19	41
菲律宾	6	18③
泰国	13	31
新兴工业国和地区		
韩国	3	5②
中国台湾省	10	14
中国	55	66②

资料来源：联合国 1992 年世界投资名录：亚太地区。

①根据输入国经济报告。

②1987～1988 年。

③1987～1989 年。

势。1991 年，亚洲新兴工业化国家和地区对东盟 4 国(泰国、马来西亚、印尼和菲律宾)的直接投资占其对外直接投资总额的比重由 1987 年的 19% 上升到 29.5%；同期，日本则由 35.6% 下降至 15.2%。目前，亚洲新兴工业化国家和地区的对外直接投资已冲出亚洲，成为全世界对外直接投资的第二梯队，是国际资金市场上的新生力量。其中尤以韩国为代表，1993 年，韩国对外直接投资额为 131.77 亿美元，其中对亚洲的投资最多，达到 54.63 亿美元。近年，韩国不断开拓对外直接投资市场，并已形成对外投资多元化的局面(见表 13)。

“三强”成员国的跨国公司目前正设法增加对那些围绕“三强”其他成员国的国家和地区的投资，从而能在整体上占据全球竞争优势。新兴工业国的跨国公司也在推行这种投资战略方式，如逐步增加对拉美和中东欧投资以便打入美国和欧洲共同体市场。在地区一体化趋势日益加强的情况下，投资大国互相侵入是跨国公司一种战略性的反应。因此，原来输入国围绕一个“三强”成员国的模式将会发展成为围绕多个“三强”成员国或几个“三强”成员国共同占领某一资本输入国市场的局面。

表 13 韩国对外投资状况

单位:件,1000 美元

	1992 年		1993 年		累计总额	
	件数	金额	件数	金额	件数	金额
亚洲地区	360	555 746	545	546 259	1 659	2 190 669
东盟	94	248 360	87	138 075	557	1 229 918
印度尼西亚	26	164 408	18	59 273	222	796 259
中国	171	141 161	378	271 787	647	474 573
越南	8	16 775	15	26 988	23	43 563
欧洲地区	37	144 081	33	189 632	194	566 640
北美地区	63	391 642	58	386 096	553	2 192 260
美国	63	346 872	54	379 646	521	1 738 001
其他地区	40	163 623	48	195 725	350	628 743
合计	500	1 255 092	684	1 317 712	2 755	5 578 312

资料来源:《日本贸易振兴白皮书·投资篇》,1995 年,第 184 页。

发展中国家利用外资的特点和趋势

西南财经大学　卢　勇

发展中国家利用外资概况和存在的问题

90 年代,发展中国家经济发展最显著特征是外资大量流入推动经济增长。据世界银行报告,1996 年全球流向发展中国家的外资比 1995 年增长 20%,达 2 850亿美元。其中,中国以 520 亿美元居冠,比 1995 年增长了 17%;其中约 435 亿美元为直接投资。墨西哥虽因 1995 年比索危机而使外资锐减,但 1996 年又增加了一倍,达到 281 亿美元,位于第二位。印尼、马来西亚、巴西、泰国则分居第三至六位。如此巨额的外资流入,为发展中国家整体发展,加速世界经济一体化带来机遇,但也会带来一系列风险。1995 年初爆发的墨西哥金融危机为发展中国家引进外资敲响了警钟。(见表 1)

表 1 1996 年发展中国家吸引外资金额

单位:亿美元

排名	国家	金额
1	中国	520
2	墨西哥	281
3	印尼	179
4	马来西亚	160
5	巴西	147
6	泰国	133
7	阿根廷	113
8	印度	80
9	土耳其	47
10	智利	46
11	俄罗斯	36
12	匈牙利	25

资料来源:《国际经济信息》,1997 年第 7 期,第 1 页,国家统计局国际统计信息中心。

(一)发展中国家利用外商直接投资概况

外商直接投资的流向历来主要以发达国家尤以美国和西欧为主，尽管如此，近年来流向发展中国家的外商直接投资却不断增长。据统计，1983～1987年间，发展中国家年均吸收外国直接投资为183亿美元，1990年上升为310亿美元，1995年为997亿美元，1996年更达到创纪录的1 100亿美元，约占各国吸收外商直接投资总额的1/3。但是，流向发展中国家的地区分布很不平衡，据统计，1995年流入发展中国家的外商直接投资总额的80%被10个经济增长较快的亚洲和拉美国家吸收。其中约有2/3即650亿美元投向亚洲，特别是亚洲一些新兴的市场经济国家，这其中中国就占了一半多，约380亿美元。拉美和加勒比海地区约占27%，比上年增加了3个百分点。非洲仅占5%。中东欧地区为128亿美元，比1994年增加了近一倍，这一地区正成为吸收外商直接投资的新热点。下面分别谈谈发展中国家不同地区利用外商直接投资的情况。

亚洲和太平洋地区

自1986年起，东亚、东南亚、南亚及太平洋地区就超过拉美和加勒比海地区一跃成为发展中国家中引进外国直接投资最多的地区。亚洲特别是东亚是当今世界经济最有活力的地区，由于其在公共设施、人员素质、经济社会政策、经济增长实绩及社会稳定性等方面具有优势，所以外商直接投资看好东亚地区，而且这些优势将继续存在，因此该地区仍将成为外国直接投资的热点。值得一提的是，东亚吸收外资中有很大部分来自区域内新兴工业化国家和日本。

拉美和加勒比海地区

从80年代末起，这个地区中的一些国家的经济再次高涨，政府努力促进该地区经济一体化，外资政策更加开放，这些为外国直接投资创造了有利条件。例如阿根廷、智利和墨西哥等国积极推行企业私有化政策(包括通讯、银行和公共福利等行业)，努力控制财政赤字，降低贸易壁垒，从而有力地吸引了大量外资。

非洲地区

近年来，非洲一些国家也开始采取优惠的外资政策以吸引外国直接投资，如减少或减除对外国公司活动的法规限制等。但是，目前经济条件不成熟以及非洲经济前景的不确定性，仍阻碍外国直接投资大规模流入。为了能大规模引进外资，非洲既需要国内政策的有效引导，又需要国际机构的帮助，以改善基础设施条件，改善投资环境。

中欧和东欧地区

经过转轨的激烈阵痛之后的中东欧国家，近来经济的强劲复苏和发展潜力巨大的市场，为外商投资提供了较大的盈利空间，外国投资者竞相涌入这些地区，这地区已显示出新投资热点的魅力。1995年中东欧地区吸收外国直接投资达128亿美元，比1994年的66亿美元增长近一倍。但外国直接投资大多集中在经济状况较好的匈牙利、捷克和波兰三国。外国公司在中东欧的投资对这些国家的国有工业私有化进程起着重要作用，给这些国家带来了加速工业改造所必需的外部资本、专业技术和先进的管理方法。

(二)发展中国家利用外资存在的主要问题

外资流入量过大

外资大量流入发展中国家推动经济增长，发展中国家之间也展开吸引外资的激烈竞争，因而出现一些国家片面追求外资的数量，导致外资流入量过大，超过了实际需要，造成了负面影响。1994年，墨西哥、阿根廷、巴西等拉美国家外资流入量大大超过其实际需要，给经济发展带来不稳定因素。

短期投机性外资过多

近年来，由于生产性投资难以获得较高利润率，外商直接投资有所减少，以购买证券为主要形式的国际证券融资明显增多。据国际货币基金组织统计，在国际金融市场上流动的短期银行储蓄和其他银行证券至少有7.2万亿美元，相当于全世界年经济产出的20%。虽然这类投资具有高收益的回报率，但投机性和流动性较强，受资国难以控制其流向。90年代初，美国经济不景气，墨西哥经济形势较好，大量外资纷纷从美国流向墨西哥，这些游资占墨西哥当年外资总额的65%。1994年欧美经济走出衰退，经济开始复苏，利率提高，这些游资又从墨西哥大量流出，以至墨西哥政府不得不动用180亿美元的外汇储备，弥补巨额亏空。正是这种“飞燕”式投机性资本给墨西哥经济造成严重不平衡，最终导致金融危机。

金融市场开放过快

发展中国家在宏观经济调整中对金融业进行改革，放宽对外资的限制，允许外国金融机构在本国设立分支机构，开放国内金融市场，实行本币自由兑换等，这可加快国内市场与国际市场接轨。但是对不具备强大金融体系、规范银行制度和监管机制的发展中国家，过早、过快地开放本国的金融市场将带来危险后果。墨西哥金融危机就是前车之鉴。

中国利用外资状况

(一)中国利用外商直接投资的概况

中国对外开放以来，利用外资的形式多种多样，但主要形式是外商直接投资。1996 年是自 1992 年以来中国大规模利用外商直接投资的第五个年头。中国在这一年内实际吸收的外商直接投资总额达 423.5 亿美元，比 1995 年增长了 12.9%，已连续四年居世界第二，成为除美国外吸收外商直接投资最多的国家。据统计，截止到 1996 年底，中国已累计批准外商投资项目 283 793 个，协议外资额 4 693.3 亿美元，实际利用 1 755.08 亿美元。因此，就实际进入的直接投资规模而言，中国在发展中国家继续名列第一。(见表 2)

表 2　外商历年在中国的直接投资(FDI)

单位：亿美元

时间	1979～1984	1985	1986	1987	1988	1989	1990	1991	1992	1993	1994	1995	1996
FDI 利用值	30.6	16.61	18.74	23.14	31.94	33.92	34.87	43.66	110.07	275.15	337.67	375.21	423.5

资料来源：《中国统计年鉴 1995》和《中国人民银行统计季报》1997 年 2 期。

中国利用外商直接投资的特点

从投资主体来看：跨国公司继续大举进入，投资平均规模明显扩大

1996 年国际大财团、跨国公司的投资继续保持增长势头，已成为在华投资主角。据了解，目前全球已有 430 多家跨国公司和大财团在中国投资兴办企业。仅上海浦东就有近 60 多家跨国公司投资兴办了 90 多个大型企业项目，这其中包括日本三菱、住友、三井、松下，美国庄臣，台湾省汤臣等。广东也吸引 300 多家国际大公司的投资，仅东莞市就超过 60 多家，广州市 50 多家，深圳市 30 多家，佛山市约 20 多家。由于跨国公司投资比重的上升，1996 年批准的外商直接投资项目平均规模明显扩大，已经从 1995 年的 247 亿美元上升到 298 亿美元，提高 20.6%。其中苏州工业园区单项投资超过 3 000 万美元，居全国之首。

从投资地区来看：东部吸引外资优势不减，中部外商投资呈强劲增长势头

1996 年中国加大了对中西部外商直接投资的政策支持力度，在配套项目、资金等方面给予一定优惠，同时将地方的外资项目审批权限由原来的 1 000 万美元放宽到 3 000 万美元。从 1996 年 1～9 月实际利用外商直接投资的地区分布来看，中部比同期增幅达 24.6%，高于东部的 18.3% 和全国平均 17.05% 的水平，这主要是黑龙江、安徽、湖南三省强劲增长的贡献。东部仍保持了领先优势，其中北京、上海、河北等省市的增幅之大引人注目。相比之下，西部的外商投资普遍出现大幅度减少，陕西高达 31% 增幅也未能改变整个西部外商直接投资平均负增长的格局。

从投资产业来看：产业投向结构趋于合理

1996 年外商直接投资的产业投向进一步得到改善，能源、交通等基础设施和原材料、机电等资金技术密集型项目成为外商投资的热点，过去盲目发展并严重影响宏观经济调控的房地产和娱乐业消费项目得到有效控制。1996 年前三季度新批外商直接投资项目中，投向第二产业的协议金额达 424 亿美元，占全部协议额的 73.9%，比 1995 年同期上升了 10.7 个百分点。第三产业的协议额中，房地产项目比重为 17.2%，与 1995 年同期相比又有大幅度下降。而金融保险业协议额为 1.5 亿美元，较 1995 年同期增长 2.4 倍。

1996 年中国利用外商直接投资存在的主要问题

外商投资地区分布不均衡

外商对华直接投资虽已遍布全国各省市自治区，但主要集中于东部沿海地区，对正在发展的中西部特别是西部地区的投资极其有限。从1996年前三季度的实际情况来看，引导外商向中西部投资的政策尚未取得明显成效。由于同期全国已经批准的外资项目中，中西部的协议额比重同时下降，地区差距可能进一步扩大。

收购国有企业正成为外商投资的热点

近年来，一些具有投机性的国际金融资本纷纷来华收购国有企业，经过简单的"包装"，拿到境外上市，谋取暴利。这种投机性金融资本来华投资，一般没有生产技术、管理知识的投入，不参与企业的经营管理，而是利用企业的良好业绩和中国的发展前景，在境外注册一公司上市或转卖给某基金会，投资者则从市场的超额认购中巧取豪夺。如香港的"中国策略投资有限公司"1992年4月在山西收购了太原双喜轮胎公司，5月在福建泉州市收购了全部41家国有企业，9月又与大连市二轻部部分企业实行"嫁接"，之后又连续在宁波、无锡、杭州创办了数十家控股公司，1993年8月在大寨创办了"大寨中策股份有限公司"。至此，"中策"在中国收购了200多家国有企业。1993年6月，这家公司将其在百慕大注册的中国轮胎公司在纽约上市，其上市报表中的资产就是太原双喜轮胎公司55%的股份和杭州橡胶厂51%的股份。中国轮胎公司在美发行630万新股，每股定价17美元，共筹资1亿美元，扣除9%上市费用和在太原、杭州收购橡胶厂投入的300万美元，转眼间"中策"就获暴利9 000多万美元。从上述情况可以看到，"中策"的实质是"倒卖国企"的策略，香港一家杂志称其为"把祖国上市集资"。

外商在华投资已开始出现垄断国内市场的势头

随着国际跨国公司、大财团在华投资的快速增长，"三资"企业在国内市场特别是收益丰厚的大众消费品市场，显露出强大的竞争优势。它们凭借雄厚的实力，通过低价销售、先送后卖、狂轰滥炸式的广告宣传等促销方式，给国有企业造成剧烈冲击。如计算机、通讯业、飞机制造业、化妆品、电梯行业、医药行业等由美资垄断，汽车行业由法资和德资垄断。据统计，1995年外商投资企业的产品销售额在洗衣粉行业占35%、化妆品36%、香皂40%、医药13%、电子产品产量的1/3。外资的大量涌入，必然抑制同行业国内企业的发展，势必影响民族工业的发展壮大，妨碍国家总体经济目标的实现。对这种现象如任其发展，外资垄断我国市场的势头还会进一步扩大。

中国在吸收外商直接投资方面正面临日趋激烈的国际竞争，应考虑如何利用其他形式的国际资本

首先，在流向发展中国家的近1 000亿美元的外国直接投资中，中国已占近40%，要想进一步扩大外国直接投资份额，其难度越来越大。其次，无论是在东亚还是在拉美的发展中国家，或是中东欧地区的经济转轨国家，日渐成为外国直接投资的热点地区，这都对中国构成竞争压力。不仅如此，这些国家和地区的经济发展水平和经济结构与中国有相近之处，出口产品在世界市场上也与中国的产品形成竞争，从而更加剧了与中国的竞争。面对这种局面，中国除了不断改善投资环境，继续扩大吸收外商直接投资之外，还可以通过举借外债、证券融资、项目融资等多种手段吸收外资，减少对外商直接投资的依赖。

(二)中国利用国外借款和证券融资的概况

中国自改革开放之初的1979年对外借款以来，至今已有18年的历史。利用外国政府、国际金融组织等的借款，以及对外发行证券、股票等的国际证券融资已成为中国对外开放的一个重要组成部分。在1992年以前，国外借款一直是我国利用外资的主要方式，其所占比重高于外商直接投资。另据国家外汇管理局公布的数据，截止到1996年底，中国因实际利用国外借款等形成的外债余额为1 162.8亿美元，比1995年末增长9%，就外债规模而言，是发展中国家的第三大债务国。我国向境外发行债券始于1982年，中国国际信托投资公司在日本发行了100亿日元武士债券，到1994年底，中国境外债券余额为100亿美元。从境外发行股票来看，1991年12月，上海电真空股份有限公司首次向境外发行人民币特种股票(B股)，共筹集资金24.5亿美元，1994年12月31日B股总市值达19.2亿美元。1993年中国首批9家大型国有企业在香港发行股票(H股)，并在香港联合交易所上市。截至1994年，已有17家国有大中型企业赴境外发行股票，共筹集资金192.3亿港元和9.58亿美元。1996年1～11月中国实际利用国外借款和证

券融资达 96.8 亿美元，比 1995 年同期增长 13.1%，占当年实际利用外资总额的 22%。(见表 3)

表 3　中国利用外资中的总量结构

单位：亿美元

年份	外商直接投资	对外借款	港澳台及外国在华的证券投资
1979～1984	30.6	130.41	/
1985	16.61	26.88	/
1986	18.74	50.14	/
1987	23.14	58.05	/
1988	31.94	64.87	/
1989	33.92	62.86	/
1990	34.87	65.34	/
1991	43.66	68.88	5.65
1992	110.07	79.11	9
1993	275.15	11.89	36.5
1994	337.67	92.67	39.2
1995	375.21	103.27	7.1
总计	1 331.58	914.37	97.45

资料来源：《1996 年中国统计摘要》、《中国统计年鉴 1995》和《中国金融年鉴 1996》。

中国利用国外借款和证券融资的特点

国外借款保持了适度规模，结构得到优化

外债对国民经济的作用具有双重性，虽可通过借入资金达到增加投资，促进国民经济发展的目的，但如果规模过大或使用不当，也可能使债务累积成为巨大的负担，影响国民经济的持续健康发展。中国长期坚持较为严格的外债管理制度，使外债余额基本保持了适度规模。1996 年对国外贷款实行了全口径计划管理，对外借款总额得到有效控制，外债余额的增幅是自 1990 年以来最小的，也大大低于 17 年间年均增长 20% 的水平。此外，1996 年吸收的国外借款中，来自外国政府和国际金融组织的优惠贷款占有 56% 的比重，比 1995 年高出 15 个百分点，这种结构可以减轻还本付息负担。另一方面，长期借款的比重也有所提高，有利于回避债务风险。

国际资本流入的多元化特征日趋明显，证券融资的比例继续上升

自 80 年代中期以来，国际资本市场上出现新的发展趋势，现在证券投资大约已占国际资本总额的 80% 左右。1985 年前后，中国在国外发行证券并不多，特别是发行股票还是空白。但是，自 1992 年 2 月首支 B 股上市为标志，中国顺应国际资本市场的发展趋势，利用境内外上市外资股票和发行国际证券所筹集的外资逐年上升，为中国吸引外资开辟了新的道路。而且从中国国有企业改革的趋势看，随着大中型企业普遍建立现代企业制度和国内证券市场的进一步完善和发展，国际证券融资将成为越来越重要的一种利用外资的方式。

国外借款大量投向基础产业和中西部地区，有效缓减了结构性资金短缺的困难

1996 年利用的国外借款主要投向基础设施、基础产业，资金使用侧重于调整产业结构和缓减瓶颈制约，平均投资规模较大，投资项目所产生的社会效益和国家宏观目标保持较高的一致性。如农业方面的陕西农业综合发展项目，交通方面的江苏路网改造和沪宁二级公路，能源方面的广东汕头电厂，原材料方面的陕西渭河化肥厂，吉林化工厂 30 万吨乙烯项目等。据统计，1996 年实际利用外国政府贷款的 47%，国际金融组织贷款的 40% 都投向中西部地区。这些对缓减基础产业滞后经济发展的矛盾，促进中西部地区经济增长发挥了重要作用。

中国利用国外借款和证券融资中存在的问题

中国在利用国外借款和证券融资的主要问题在于：由于项目立项的科学性和管理上的原因，造成局部地区或一些项目偿债困难；美、日元债务仍占外债余额的主要部分，不利于保证币种结构上的安全；短期外债管理上，出现一些投机性外资流入境内套取利差的现象；资本市场的开放程度较低，尚未建立起完善的证券市场体系，证券、股票筹资比重太低，境内 B 股和境外 H 股、N 股仍缺乏足够吸引力等一些方面。

(三)外资对中国经济的影响

对中国经济成功实现“软着陆”做出了贡献

1996 年中国将通货澎胀率有效控制在 6.1% 的低水平上，同时达到 9.7% 的较高经济增长速度，成功实现年初制定的宏观经济调控目标。这一年实际利用各种外资占社会总投资的 13% 左右，是国内总需求的重要组成部分之一。

为中国对外贸易的持续增长创造了有利条件

1996 年外资企业进出口总额占全国的 47%，比

1995年增长25%,大大高于全部对外贸易总额3.2%的增长水平。经过几年的发展,外商投资企业已成为中国外贸新的增长点。1996年实际利用外资中近80%是直接投资,随着这些投资逐渐形成新的生产能力,将为中国外贸提供长期持续发展的基础。

提供了大量就业机会

中国是个人口大国,有大量的农村剩余劳动力,而且随着中国国有企业改革的深入进行,失业和下岗人员的增加已成为一个非常突出的问题。从外商直接投资方面来看,按1995年底时累计利用1 332亿美元,解决1 700万劳动力就业的比例,考虑到企业增资情况等因素进行推算,1996年外商直接投资实际新增423.5亿美元,大约可再提供200万左右就业岗位。此外,利用对外借款进行的基本建设和技改项目也创造了大量工作机会。因此,合理、适度利用外资无疑有助于国有企业改革的推进和社会的稳定。

引进先进技术和管理经验

学习外国的先进技术和管理经验是我国吸收外国投资的主要目的之一。中国在吸引外资中,引进了一批先进实用的技术和设备,填补了国内一些行业和产业空白;而且使一些老企业得到改造和发展。在14个沿海开放城市中,约有一半的国有企业得到不同程度的改造,推动了产品的更新换代,使一些重点产品达到国际先进水平。外资还带来了先进的企业管理经验,促进中国管理的现代化。一些外资企业通过职业培训等形式,为中方培养了大批管理和技术人才。特别是通过共同经营,边学边干,中方人员可以向国外同行学习并交流有关管理的知识和程序,从而开发出符合当地产业实际情况和商务惯例的管理体系。

国际投资的经济文化环境分析

西南财经大学 俞 娟 吴 韬

国际投资环境是指在国际资本流动中,影响国际直接投资活动的东道国政治、经济、社会、法律、文化、自然等因素的总体。

由于外国投资者在决定投资活动时,总是选择那些投资风险小、安全有保障、收益丰厚稳定、市场有发展前景的场所进行投资安排,所以都要通过调查研究争取较好的投资环境。同样,资本输入国为了降低投资者的生产经营风险,也会积极改善投资环境。所以,有利的投资环境将促进国际投资的发展,而不利的投资环境将阻碍国际投资的发展。比如,在第二次世界大战期间,欧洲、亚洲的数十个国家都卷入战火之中,国际政治经济局势动荡,国际投资环境恶化,严重影响了国际投资的发展。世界上五个主要投资国(美国、英国、德国、法国和日本)中,有三个国家(英国、德国、日本)对外投资规模大幅度下降,法国基本保持不变,只有美国的投资规模有小幅度的增长。而战后国际投资迅速发展的重要原因就在于有一个比较安定的国际政治经济环境,从而形成了有利的国际投资环境。反之,国际投资的发展也可以促进国际投资环境的改善。在参与国际投资的实践中,东道国通过与外国投资者的各种联系,熟悉了国际投资惯例,可以有针对性地改善本国投资环境,以便吸引更多的外资,促进本国经济的发展。

(一)国际投资环境的构成要素

广义的国际投资环境,包含两个方面的内容:一是国际政治经济形势,二是资本输入国关于对待外资流入的态度和接受外国投资的基本条件。而狭义的国际投资环境,通常是指后者的内容。由于国际风云变幻不定,各国情况千差万别,无法形成一个统一的投资环境的标准,因此投资环境是一个相对概念,不同投资者对投资环境的要求不尽相同,而投资风险和预期收益分析是测定投资环境的基础。在分析投资环境时,一般是就狭义环境进行分析,它包括了两方面:一是投资硬环境,主要是指东道国的能源供应(如电力、煤炭、石油、天然气等)、交通运输(如航空、铁路、公路、海运)以及电话、电报、电传等通讯设施和相应的基础设施;二是投资的软环境,主要是指东道国的政治稳定,法制建设比较完善,政府机构工作效率高、服务质量好,各项政策具有透明度,社会公众有一定的文化素质等。

政治环境 政治环境是国外投资者最关心的一个问题,因为投资地区的稳定状况决定了投资的安全性。政治环境的内容包括:

政治制度 亦称政体,指处于统治地位的社会阶级组织政权的形式,包括了国家管理形式、结构形式以及选举制度、公民行使政治权力的制度等。一国的政治体制总是同该国的根本性质和社会经济基础相适应的。在不同的政治制度下,政府指导经济的方针不同,各利益阶层和政治集团在社会政治经济生活中的地位不同,因而对外资的立场和态度也不同。不同的政治体制可能会给外国投资者带来一定程度的风险,但不同政体又可能存在对外资有吸引力的环境条件。

政权的稳定性 由于直接投资往往需要长期规划,如果政权因为内部或外部问题而动摇,很可能使外国投资得不到保障或规划变动,所以投资者会顾虑重重,望而却步。

政策连续性 这点和政权的稳定性是密切相关的,但政权稳定并不是决定政策连续性的唯一因素,政府正常选举,意外事件的发生都可能导致政府政策的变动。

政府的内外关系 这点一般包括了东道国政府在国际交往中与别国发生冲突的可能性,国家对外关系现状和发展前景,以及国内冲突的可能性等。因为这些都要影响投资者的生产经营活动,甚至危及投入资本的安全性。

社会环境 投资者往往十分关注东道国的社会环境。社会环境主要包括三个方面:

社会文化 由于各国社会文化具有较大差异,文化交流的难易程度对国际投资的进行起了重要的影响。一国的社会文化主要包括了语言、宗教、教育、家庭、国民情感、风俗习惯等。因为国际投资是跨国经济行为,需要语言的沟通。虽然在国际交往中有广泛使用的语言(如英语),但各国都有自己的官方语言,为避免语言不通给投资活动带来的障碍,国外投资者往往更愿意到与本国使用同一种语言的国家进行投资。又如教育水平,它是反映国民素质的重要标准。随着科学技术水平的提高,劳动力因素对于促进国民经济发展的作用越来越大。在教育水准较高的国家进行投资,易于使用知识型的劳动力,有利于投资活动的顺利进行。此外,受教育程度不同的人在价值观念、对新事物的敏感度和适应程度方面也会有明显的差距。事实上,随着科技进步、生产管理的机械化和自动化,劳动力成本的重要性已大为降低,只有拥有大量受过良好教育的高素质的熟练工作人员的国家,能成功地吸收国际投资,所以发展各类中高级教育培训成为改善投资环境的重要因素。

社会状况 社会状况包括了社会秩序、国际信誉、对外交往等几个方面。良好的社会秩序,可以提高国外投资者的人身安全;良好的国际声誉,较好的内外交流,可以提高国外投资者对东道国的信任感,增强投资信心。新华社(瞭望周刊)和中国社科院亚太所在全国范围内组织了"港台澳在祖国大陆投资情况问卷调查",当问及企业最担心的问题时,在按经济特区、沿海其他地区和内陆地区的分项调查中,经济特区将社会治安放在了第一位,三个地区都把乱收费放在第二位,有效比分别占到了 10% 和 9.2%,可见提高社会秩序已成为改善我国投资环境的重点。

社会服务 因为国外投资者面临的是一个完全陌生的投资环境,东道国的社会服务质量和效率会影响投资者的收益。社会服务一般包括了行政服务、金融服务、信息服务、生活服务等。在各个国家,政府都是社会经济活动总的和最后的调节者,同时也是社会经济活动的总的服务者。高效率的政府行政服务,能保证投资活动的通畅进行,因此它是吸引国外投资者的重要因素。其次,在现代商品经济条件下,金融服务对于投资活动就显得格外重要。金融市场的开放程度,金融融资能力和结算效率,金融服务质量都直接关系到了投资效益。最后,社会生活水平和便利程度,政治经济文化信息传导是否顺畅真实,都影响了投资者的积极性。以美国为例,进入 80 年代以后外国对美国投资以迅猛的速度增长,其中一个重要原因就是美国的投资环境对外国投资者具有很强吸引力。美国的社会服务水平相对较高,不仅是其生活水平、

信息服务水平和行政服务水平较高，更重要的是它有发达开放的金融市场，这为投资活动提供了便利的融资条件，同时由美元作为国际货币用于国际收付结算，这更方便了投资者的资金往来，降低了经营成本。所以加强基础服务设施建设，提高社会服务水平，是改善投资环境，吸引国外投资者的重要策略。

经济环境 经济环境是影响国际投资活动的最直接和最基本的因素，它主要包括了宏观经济环境、微观经济环境和经济政策。

宏观经济环境 这是指一国所具有的从事经济活动的基本条件，主要包括了一国所处的经济发展阶段和发展水平、财政预算、国际收支状况、通货膨胀状况等。根据各国经济的发展状况就可以把不同国家划分为发达国家和发展中国家。一般来说，由于发达国家经济实力雄厚，国际竞争能力强，引进外资和对外投资的规模较大，投资的重点是资本密集型和知识密集型产业。而发展中国家经济实力较弱，国际竞争能力较差，主要是以利用外资方式投入劳动密集型产业。同样，国民生产总值、国民收入、国际收支状况和通货膨胀率等指标都反映了一国经济实力、经济运行态势和对外经济活动状况，并进而影响了投资收益，对国际投资活动起促进或阻碍作用。

微观经济环境 它是国外投资者在东道国进行投资活动时所面临的具体条件，主要包括：市场、资源、基础设施、生产要素和经营自主权等。由于投资者在东道国投资的一个直接目标就是开拓市场，所以市场的完善和开放度就影响了国际投资。如果一国形成了完整的市场体系，并且在这个体系内市场主体是健全的，那么国外投资者在进入这一市场时会受到较少限制。同时是否具备丰富的资源也是对外投资决策时的主要标准，因此东道国可以充分利用投资者对资源的要求，发挥开发资源优势，获得最大的比较收益。另一个微观环境是基础设施问题，它包括了能源、交通运输、通讯设施、原材料供应系统、金融信息服务、生活设施建设和条件等。基础设施是从事生产经营活动的基本前提条件，只有当基础设施能保证投资活动的顺利进行时，才能更多地吸引外资。

经济政策 一个国家的经济政策内容十分丰富，影响国外投资者的经济政策主要有：外贸政策、地区开发政策、外汇管理政策以及各种优惠政策等。首先，外贸政策对国际投资有较大的影响。在目前国际竞争日益激烈的情况下，大多国家在承认自由贸易的原则下采用各种政策奖出限入，如采用进口替代政策以本国生产代替国外商品的出口。这些政策的实施在不同程度上限制了商品进口，利于直接投资活动，同时关税政策调节和管理也会影响国际投资活动。其次是经济开发政策，包含了工业化政策、产业开发政策和地区开发政策。多数发展中国家在推行工业化政策促进和保护本国工业发展过程中，经常通过引进外资来弥补资本和投入不足。同时为扶持某些产业和地区发展而制订优惠投资政策，这就为符合以上政策要求的外国投资提供了优惠待遇，吸引资本进入。再次是一些财政、外汇、外资政策，如财政补贴、外汇进出管理、外资国内配套资金优惠贷款等。这些政策直接影响了投资收益、资本自由进出和利润汇出。

法律环境 因为东道国的法律环境是外国投资的合法权益能否获得有效保障的根本依据，所以它在国际投资环境中具有十分重要的地位和作用。由于吸收和利用外资的各项法律是在维护国家主权和国家利益前提下，根据各自不同的政治、经济、文化和社会发展的背景下设立的，所以其法规条例存在差异。但为保障外国投资者的投资权益，东道国的法律环境具有几个共同特征：(1)法律的完备性，即关于外资活动立法的完备程度；(2)法律的稳定性，即东道国对于外资立法的长期稳定性和连续性，没有朝令夕改的现象；(3)投资争议裁决的公正性，指当投资项目的执行中发生争议时，为保证公正合理的解决，应制订解决步骤和程序，或选择投资国或第三国相关法律为依据进行仲裁。这说明，法律环境不仅是指立法，还包含了执法的公正性。以中国为例，前不久，新华社《瞭望周刊》和中国社会科学院亚太所在全国范围内组织了“港台澳在祖国大陆投资情况问卷调查”，其中企业家问卷共回收了129份(经济特区42份，沿海地区72份，内地15份)。此次问卷调查是国内对港台澳投资企业最全面的调查之一，虽然调查对象仅局限于港台澳资企业，但由于此类企业投资额占全国外商投资企业总投资额的一半左右，反映出的问题就具有相当的代表性。在这次调查中发现，中国的法制建设在投资者看来还有很大差距(见表1)。表中我们看出，

表 1 港台澳资企业如何看待大陆法律

大陆法律	企业	百分比	有效百分比
基本有	41	31.8%	45.1%
有法不依	27	20.9%	29.7%
很不完善	23	17.8%	25.3%
未回答	38	29.5%	41.8%

将“很不完善”和“有法不依”两项有效百分比数字相加,认为中国在法制方面问题较大的有效百分比达55%,这从一个侧面提示出了中国在法制建设方面存在的差距,因此中国在加强吸收外资的同时应完善法律。但表中数字也揭示给我们,法制方面的问题不仅仅局限于法规不够完善,更重要的还在于如何执行法律。

自然地理环境 它是指由于非人为的因素所形成的外部条件,包括两个方面:一是东道国的宏观自然环境,如地理位置、气候、人口、天然资源;二是投资项目所在地的地理位置、气候、资源、经济状况等。它可能通过其中某些因素对国际投资产生直接影响(如自然资源型投资对资源的要求),也可能通过对经济特点、市场的影响来间接作用于投资。美国在80年代后吸收的西欧和日本资本流入迅速增长,有一个重要原因是美国具有丰富的资源。它拥有丰富的铅、锌、石油、天然气、煤等自然资源,其储量和产量都居世界前列。它还拥有高质量熟练的劳动力资源。随着科技进步和各发达国家劳动工资不断增长,美国国内的劳动力成本已低于很多西欧国家,这使在美国投资仍能获得高额利润。最重要的是,作为战后科技革命的发源地,美国拥有先进的技术资源。西欧和日本等国大都通过直接投资猎取科学技术情报,掌握美国研究出来的先进生产方法。

(二)90 年代国际投资环境发展的新趋势

进入 90 年代以后,世界经济发生了巨大变化:地区经济集团化的纵深发展和新技术革命的推动,大大加快了世界经济国际化进程,随着跨国公司的迅速发展,世界经济正由经营一体化向全球生产一体化、市场一体化演进,并推动了世界经济一体化的进程。国际投资也呈现出技术型、质量效益型变化趋势。从国际投资需求来看,由于诸多原因造成了国际资金供不应求,各国争夺国际直接投资的局面。西方发达国家,如日本、美国、德国等国为维持和发展本国经济,出现了投资回流现象。而发展中国家,如东欧国家,拉丁美洲和非洲重债务国,以及亚洲国家出于振兴和发展经济的需要,更加迫切地需要吸引国外直接投资。正是由于国际投资的供求状况、流向和结构变化,使投资环境出现了与之相适应的若干发展趋势。欲吸收国际直接投资的国家和地区只有根据这种趋势,有重点地积极改善投资环境,加强对国际直接投资的吸引力,才能达到利用外资有效促进经济发展的目的。投资环境发展的新趋势主要表现为:

不断提高劳动者素质 随着科技革命的进一步发展及其在生产中的广泛应用,生产和管理的机械化与自动化带来的劳动生产率的提高,使劳动力成本的重要性大大降低。据国际金融公司的研究报告称:“近年来,廉价的直接劳动力费用的重要性在日益缩小,在许多部门中直接劳动力费用现在已只占制造费用的 10~15%,在某些部门中这一份额甚至更小。”事实上,当前的国际市场竞争已开始集中在产品的高附加值和高质量方面。与此相适应,通过国际直接投资转移的劳动手段,也不再是主要利用非熟练的廉价劳动力和陈旧的生产设备,而是利用熟练劳动力且费用低廉的较为先进甚至尖端的生产线。据统计,目前发达国家对外直接投资中约有 50%集中于服务行业或与其有密切联系的行业,简单的加工工业已不再是外资投入的重点对象。因此,东道国能够提供具有较高素质的经理、中级管理人员及熟练的技术人员和劳动力,成了吸引外国直接投资的一个重要方面;或者说,在投资环境其他因素相同情况下,拥有大量受过良好教育的高素质的熟练工作人员的国家,更能成功地吸纳国际投资。所以,通过发展各类中级和高级教育,培养和造就具有高素质的熟练劳动者,既是一国加快经济建设的需要,也成为东道国改善投资环境以吸引外资的一个发展趋势。

拓展市场规模 在国际直接投资的发展过程中,有一个相当长时期是出于获取物质资源的投资动机,即属于所谓资源型的投资。但是,由于自然资源业是具有较强政治敏感性的投资领域,二战后不少国家为维护本国的自然资源主权,往往对外来投资施加种种限制,甚至对外国投资经营的资源开发企业实行征用或没收政策，这使得资源型投资面临较大风险。同时，随着科技发展，新型合成材料和新的替代资源出现，传统的资源投资动机被弱化，而市场型投资增加，即通过直接投资就地生产、就地销售，开辟和占领投资东道国及其毗邻的市场。

东道国及其毗邻地区的市场规模大，不仅便于投资者从当地市场取得生产经营所需要的多样化的各种资源，而且可使之降低资源采购和产品出口运输的成本，提高盈利水平。这就是说，经济规模大、市场规模大、经济增长快的国家和地区，更易于吸收大量的国外直接投资。而那些市场规模和潜力较小的国家和地区，一般只能吸收生产供出口的投资。这就是那些经济增长较快的国家，通过进口替代政策适当开放本国市场而有效吸收大量国际投资的原因。所以，在吸引国际投资的竞争中，注重制定产业政策，加快经济发展，增强经济活力，提高开放程度，借以有效扩大经济和市场规模，已成为许多国家和地区致力改善投资环境中的一种较为普遍的倾向。

提高科学技术水平，优化技术配套服务　目前大的跨国公司普遍地投资于知识和技术密集型产业。事实上，在目前跨国公司开展的国际直接投资活动中，几乎都包含了获取东道国先进技术、科学管理和合格配套产品等的强烈动机。这在以发达工业国家作为东道国的投资中表现得格外突出。例如，英国帝国化学工业公司投资1.5亿美元买下美国食品化学公司维亚特力斯公司的化学生产部，以期掌握该公司在航空和宇航领域用的复合材料的生产技术。1990年日本索尼公司投资了56亿美元收购了美国哥伦比亚制片公司和录音公司，其目的也是通过索尼硬件与哥伦比亚软件技术结合，以占领音乐唱片、影片和录像市场。由此可见，要更加有效地吸引外国直接投资，特别是吸引实力雄厚的跨国公司的技术要求较高的投资，就必须在改善投资环境中，把致力于发展科研事业、提高科学技术水平及提供高质量的配套技术服务作为重点，为外商投资企业提供相应的更高生产技术条件。只有如此，才能更多吸引握有先进技术的外国投资者，并在为其提供必需技术、管理和配套产品中，做到取其之长，补己之短，进一步提高本国的技术和工业水平。

加强现代化基础设施建设　随着国际分工的深化和世界生产经营一体化的发展，各国之间的经济联系和依赖关系也日益密切。与此同时，目前现代化的大规模生产经营活动，对于能源、交通、通讯等基础条件的要求也越来越高。这既是高度机械化和自动化的生产本身的要求，例如生产要有足量、优质而稳定的燃料、电能和水资源供应，又是国际市场瞬息万变和日益激烈的竞争要求，例如需要以快捷的交通运输和邮电通讯予以满足。可见，当今的生产经营更加依靠发达的能源和水源供应系统，发达的海陆空交通运输系统和发达的电信网络；据此，基础设施不完善势必要阻碍生产经营活动的正常开展，因而难以吸取到一定的国际直接投资。所以，按照国际标准从事本国的基础设施建设，已成为各国改善投资环境的重要内容。

此外，一些发展中国家按照国际惯例改革国内经济管理体制，也是投资环境改善发展的趋势之一。

（三）亚太地区各国投资环境现状

1995年流向发展中国家的外国直接投资就达到了1 000亿美元，其原因就在于这些国家经济持续增长，自由化和私营化继续发展。其中，亚洲的南亚、东亚和东南亚仍然是最大的发展中东道国地区，1995年其吸收的投资流量估计为650亿美元。亚洲发展中国家的经济规模和活力使其日益成为所有国家跨国公司为其全球生产网络扩大市场和利用当地有形、无形资源的重要地区。以上国家也力图通过优越的投资环境吸引更多的国际直接投资。

中国的投资环境现状分析

自1992年以来，中国就一直是最大的发展中外资接受国。1995年中国吸收的外国投资占到了流向东亚、南亚、东南亚总投资的58%。到1995年上半年，中国累计批准外商投资项目23万多个，协议外资3 300多亿美元，实际使用外资金额1 100多亿美元。这一成绩的取得是与其良好的、不断改善的投资环境分不开的。

政治环境　目前中国在以江泽民同志为核心的党中央领导下，集中力量建设有中国特色的社会主义，政局稳定、政策连续、经济快速发展、社会安定，这都利于外商投资。

经济环境　应该看到，中国有许多吸引外资的有利条件：国民经济持续保持较高的增长速度；改革开

放以来，各级政府投入大量资金投入基础设施建设，交通和通讯状况有了很大改善；我国拥有丰富的自然资源和劳动力资源，有较强的工业基础、较高的科技水平和巨大的人才优势；此外随着国内消费水平和生产结构的提高，我国市场规模和容量都有巨大的潜力。这些因素都将吸引外资投入。但是我国现在还存在着吸引外资的消极因素，首先是基础设施和社会服务体系发展相对滞后；其次是经济金融体制不健全，资本市场规模小；第三是经济政策缺乏统一性、稳定性，使投资预期的不确定性增大。改革开放以来，我国制定了一系列鼓励外商投资的优惠政策，这种对外资的税收豁免和倾斜使得市场扭曲，投机性迂回投资增加。近期优惠政策正逐步向国民待遇转变，使其在产品销售、征收税费、资金周转方面享受与本地企业同等待遇。

社会环境　目前我国投资环境中的主要问题就是效率低，管理混乱，乱收费等。由于对外资企业实行按行业归口管理，形成政出多门，相互扯皮，造成效率低下。虽然国家制订了优惠政策，但地方政府出于自身利益考虑，随意征用费用，加重外资企业负担。这些问题严重影响了我国投资环境的改善，急需解决。

法律环境　改革开放以来，我国先后颁布了中外合资经营企业法、外资企业法等，目前涉外法规达500多个，对外商投资权益有明确的法律保障。但在具体实施中却存在有法不依执法不严的局面。同时在技术含量不断提高的投资活动中，我国对商标、知识产权的法律保护尚不得力。据调查，认为商标和知识产权得不到保护的投资者在全国占48%，在经济特区达到68.4%。这需要我国从立法和执法两方面不断加以强化。

总的看来，我国过去一直是以政府优惠政策、广大的消费市场、廉价的劳动力三大优势来吸引外资。现在，我国在按照国民待遇、平等竞争原则下，应加大市场吸引力度，以市场导向为中心，加强基础设施建设，健全法制，营造良好的整体投资环境。

韩国的投资环境分析

亚洲“四小龙”之一的韩国自70年代以来，年平均经济增长率高达17%，人均国民生产总值由1970年的253美元直升至1994年的8 470美元，1995年达9 000美元以上。其经济迅猛发展的一个重要原因就是韩国政府长期坚持大胆利用外资促进本国经济建设的开放政策，并积极主动地为外商创造良好宽松的投资环境。

政治环境　自50年代末期韩国政府完成了战后复建工作后，便制定了引进外资集中力量发展经济的基本政策。进入80年代以后，随着韩国政局趋稳、经济复苏、工资涨幅下降、国内市场扩大，外商对韩国的投资大幅增长。1994年7月韩国政府实施了《外商投资环境改善方案》，保证了投资环境的改善，当年引入投资13.20亿美元。

经济环境　韩国拥有深厚的市场潜力和坚实的产业技术基础。随着国民收入水平和消费能力的大幅度提高，国内需求市场具有深厚的潜力。同时，韩国多年来还致力于经济发展和产业结构调整，培养了大批产业技术人才，打下产业技术基础，吸引大量资本密集的高科技产业前往投资。另外，韩国还于1994年分别实施和公布了《外商投资改善方案》和《外商引进法》，主要内容包括：扩大对外商投资的综合服务功能，简化投资程序，扩大投资范围，使外商投资自由化比率在1997年提高为95.3%，大幅度扩大投资租赁优惠范围。

社会环境　通过近年来的高速发展，韩国的社会经济状况、基础设施服务等方面都有了较大改善。目前韩国在机场、港口、道路和通讯等公共设施等方面较东南亚、南美的发展中国家都为先进。但是由于历史原因，韩国人对外国投资的作用持否定态度，使得政府政策在基层实施有一定障碍。

自然地理环境　韩国拥有较优越的地理位置。它处于高度工业化的日本和经济快速增长、市场庞大的中国大陆之间，将来可发展成为工业化国家与东北亚地区间贸易往来的桥梁和环黄海经济圈的物流中心。

新加坡的投资环境分析

新加坡在短短30年时间里，从经济落后的殖民地成为人均国民生产总值超过一万美元的花园城市，外国资本为其带来的财富、技术、就业机会起了决定性作用。而外资对新加坡的情有独钟，则归因于其良好的投资环境。

政治环境　在新加坡处于殖民地时期，英国和荷

兰的资本就已进入了新加坡。而在1965年成立共和国以后,政局的稳定和政府对引进外资的支持,使美、日、德、英各国的大跨国公司在新加坡设厂,投资领域遍及制造、金融、电子、炼油等各行各业,1994年外资占总投资额的75.2%。巨额的外资为新加坡经济的转型与起飞奠定了坚实的基础。

经济环境 为配合经济发展战略,政府对外资的引进进行了积极的引导和控制。先后对投资劳动密集型工业、资本密集型产业、技术密集型产业实行优惠政策,并坚持多边引资政策,保持各方投资均衡。同时,新加坡为鼓励投资,还对外资项目给予财务支持,如政府参股,提供优惠贷款,成立经济发展基金等措施。此外,根据非歧视性原则和透明原则制订的税收制度更易于被投资者理解和操作。从长期的经济运行来看,新加坡的高速增长和长期在2.5%以下的通胀率也对外资构成了极大的吸引力。

社会环境 从历史看,新加坡是从一个殖民地转化而来,民众对外国投资易于接受。而语言文化也较易沟通。在共和国成立后,新政府利用特有的中央公积金等资金对基础设施建设进行了巨额投资,如70年代初投资2 000万新元建立了亚洲最先进的港口"贸易网络"进出口报关电脑网络系统,1990年政府又投资6.5亿美元为章宜机场(亚洲最大机场)兴建第二运转站等。完善的交通运输、邮电通讯、生活等公用设施及方便快捷的金融服务,创造了良好的投资环境。

菲律宾的投资环境分析

政治环境 自1946年独立以来,菲律宾政局较为动荡。但1992年拉莫斯执政以后,制订了经济发展的"2000计划",推进"协调型市场经济"发展,使政局稳定,经济稳步发展。

经济环境 由于推行"新自由主义"市场经济,减少了政府对经济的干预,该国极大地鼓励了投资者的积极性。政府先后颁布了《投资奖励法案》、《出口奖励法案》和《新综合投资法》,推行外商投资比率政策,对优先计划中的企业规定的外资比例较高(见表2)。另外,还给予外资企业诸多优惠政策,放宽外汇管制,允许注册投资的收益与资本进出。

表2 菲律宾允许外资参与的比例

项目	允许外资比例
鼓励优先计划中的先驱企业	100%
鼓励优先计划中的非先驱企业	40%以内
国内发达产业	30%以内
国内发达产业主要供出口	可超过30%
出口加工区企业	100%

社会环境 菲律宾拥有较发达的陆海空运输体系,港口和机场的吞吐量居世界前列。由于政局稳定,其社会心态近年来也比较平静。根据《亚洲商业》的国民信心指数统计表明:菲律宾的国民信心指数在1991~1993年分别为60、70和65,1994年上升到74,1995年上升到81。而且其国民大都会讲流利的英语,这将有利于外国企业进入。

自然地理环境 菲律宾拥有铜、铬、镍、金、铁、煤、木材等矿藏资源和自然资源,对国外投资者有很大诱惑力。而它地处亚、澳两大洲及东亚和南亚的交通要道,是西方发达国家进入亚洲市场尤其是中国市场的要地和支撑点。这些都非常有利于它吸引外国投资。

马来西亚的投资环境分析

马来西亚通过创造较优越的投资环境,大量吸引外资进入电子工业和能源基础设施建设等领域,使其国民经济以平均每年8%的速度递增。

政治环境 马来西亚政府制定的"新经济政策"在近年来初见成效,各党派之间合作良好,政局稳定,增强了投资者的信心。

经济环境 该国经济自1986年开始复苏以来,保持了高增长、低通胀势头,进入了稳定高速增长时期。国内拥有丰富的木材、橡胶、锡矿、可可、石油、天然气等自然资源,而且还颁布了"投资奖励法",给予外来投资者以税务和非税务两方面的优惠权益。目前,马来西亚通过设立大量出口加工区为投资者提供充足的工业用地和多种投资选择。

社会环境 马来西亚的基础设施完善,交通运输便利,拥有众多现代化港口。而且国内的能源供给、通讯设施、医疗卫生、文化教育等生活设施也较完善。此外,由于政府重视教育,国民文化水平和工作技能等素质较高,为外来投资提供了价廉质高的劳动力资源。

自然地理环境 马来西亚地处东南亚经济繁荣地区，拥有联结东西半球航运的马六甲海峡，这极大地刺激了它的转口贸易发展，为投资者的航海运输提供了巨大便利。

(四)东欧地区投资环境现状

由于政治、经济体制等因素的制约，东欧国家吸引大量外国资本是在90年代以后。在90年代的头一二年里，外国向东欧国家的直接投资不断增长。1990年东欧吸引外资11亿多美元，1991年达32亿美元，1992年为47亿美元。但由于其投资环境远逊于亚洲发展中国家，以至于1994年时只吸收投资57亿美元。

近几年来，东欧地区的投资环境正在逐步改善。如政治上逐步稳定，市场经济正在建设，原有的工业基础较强，经济政策日益明确，法律制度日趋完善，这些都是吸引外国投资的积极条件。目前东欧各国为鼓励外商的直接投资，都制订相对灵活的优惠政策。

税收政策 对外国独资和合资公司制定优惠的所得税率，大多在30%到40%之间，对于外资资本较大的还实行一定期限内的免税待遇。

资金转移 对于外国投资者的利润和股本资金转移方面规定较为宽松，允许其外汇自由进出。

投资限制 一般对于外资投资领域和投资额没有特别限制，但如保加利亚规定外资企业不得拥有不动产所有权，俄罗斯还限制外国投资者建立银行和保险公司。

虽然有诸多政策优惠，东欧各国普遍经济运行状况较差。经济缓慢回升，通胀较高，工业生产增长不多，外汇也较疲软，市场经济建设也较缓慢。这些都使得外国投资者将目光移向亚洲、太平洋地区和拉美地区。总的说来，东欧国家经济局势不稳定和各国经济发展的不平衡在近期内阻碍了外国直接投资的大规模流入。展望未来，东欧国家能否成功地吸引外国直接投资，主要看其国内市场改革进程如何，以及西欧国家对该地区金融和技术援助程度大小。

跨文化的国际直接投资

深圳大学 杨 帆

国际直接投资是指一国政府或企业将资本技术等生产要素投入到他国企业并参与其生产经营的行为。国际直接投资随着战后以电子信息业为代表的第三次科技革命的发展，其本身也获得了长足的发展。特别是进入90年代以来，世界直接投资规模长期保持在每年2 000亿美元的高水平上，1990～1994年，世界对外直接投资共为10 325亿美元，为1985～1989年7 043亿美元的1.4倍，相当于1989年前投资累计额12 626亿美元的81.8%。国际直接投资规模的迅速膨胀使得生产要素国际流动的规模、速度都有了相当提高。随着生产要素国际转移的纵深化发展，国际直接投资格局愈来愈呈现出区域化倾向。例如，日本近年来对亚洲直接投资占其历年海外直接投资总额的比重呈现出大幅上升之势：1990年度为12.3%，1991年上升为14.27%，1993年更进一步上升至18.4%，1994年更增至23.39%。而欧共体的投资流入其内部区域的数量也在迅速增加，1982～1984年，欧共体对内投资额为78.3亿美元，而1985～1987年，仅对英、法、意、德、荷五国的投资就增至239.61亿美元，增长近3倍，到了1988～1990年这一数额更增至665.42亿美元。同时，美国随着北美自由贸易协定的运行，其直接投资流向也呈现出明显的区域化倾向。对于这种趋势，传统的跨国公司理论，无论是垄断优势论，产品生命周期论，还是小岛清投资理论，都很难作出令人满意的解释。国际直接投资额领域内的这种区域化趋势已不再仅仅是经济利益因素驱动的结果，这种行为本身已包含了越来越多的文化动机。目前,相当多的跨国公司已逐渐认识到,国际直接投资不仅是一种经济行为,更是一种文化行为,它不仅是经济要素的国际投入行为,而且更是一种文化要素的交流、碰撞、融合的行为。

事实上,国际直接投资从一开始就不仅仅是经济要素在国际范围内的流动,而是经济因素与文化因素二者紧密联系在一起的国际运动。因为伴随跨国公司的生产经营活动在全球范围的开展而流入东道国的商品、技术、管理、人员等生产要素本身就蕴涵着丰富的文化因素。一般而言,文化因素可分为四个层次:(1)器物层次,指物质产品、建筑、机器设备等物质实体。(2)制度层次,指具体的企业制度、市场制度,政治经济体制以及人们的行为规则等。(3)非正式制度层次,指风俗习惯、伦理规范等。(4)价值体系,指信念道德标准、价值标准等。而以商品、技术、管理、人员为主的生产要素的跨国流动则分别从不同层次促进着文化要素的国际转移,从而可以说国际直接投资流动从一开始就是经济文化一体化的运动。

商品 商品作为器物层次的文化形式,它本身就是社会文化长期整合的直接结果。美国学者本尼迪克特曾指出,每种以物质品为特征的文化实质上都包含有一种主导目的,一种文化倾向。日本的森谷正规也曾明确提出:“每一个国家的技术或制成品,全都是该国文化的产物”,“不同国家的文化或风俗习惯越来越明显地反映在他们所制造的产品中。”① 例如,日本文化注重简洁精炼,这种浓缩文化对日本精雕细刻的技术风格影响很大,现在它已表现在以结构紧凑、重视细节、手艺精巧为特色的日本产品中。特别是在小型化、微型化的技术实现上表现尤甚,如照相机、电子计算机、手表、集成电路等,这些产品充分反映了日本的文化传统。随着科学技术的不断进步,物质产品的极大丰富,各国人民在满足了基本生理需要后已开始越来越注重获得国际上其他国家或地区对民族文化的尊重及文化认同感,从而决定着各国产品在外观设计、包装及内部结构等方面将越来越多地带有本民族的文化特色。

技术 所谓技术是指人类改造自然的物质手段,它由一整套的实践操作方式、程序、规范组成,它主要协调人与自然界的关系。技术直接影响和决定着人们的相当比重的行为规范,不同的技术意味着人面对自然界时应采取不同的操规程序和行为规则。正是从此意义上,我们认为技术也是具有文化性格的。由于技术所携带着的行为规范存在着与原有的行为规则相符合或相抵触两种情况,因此,技术的文化性格在实践中表现为两个方面:当技术的文化性格与既定的国民文化传统基本一致时,则该技术将会在该文化下得到迅速推广和普及。比如钢铁技术,它就具有积累性进步的特点,并要求较高水平的精细操作技术和品种的多元化,而这恰好与日本擅长局部改良、重视生产现场和精巧细致的国民性格及社会文化相符,因此钢铁技术在日本得到了近乎完善的实现。而与此相反,在具有突变性 特点的化工技术方面日本却一蹶不振,不如德国化学工业那样强大。森谷正规认为,这与化工技术比较适合德国的国民性与社会文化有关,因为德国人是最擅长于对物质进行彻底分析、分类并使之成为一个体系,此外化学工业浓厚的个体研究方式也很适合欧洲的个人主义特色。而日本属于东方文化,它强调综合能力、整体感,不长于作对物质的精细分析,因而日本与德国两国在化学工业的发展上迥然不同。此外,日本的斋滕优教授在总结了日本向南韩、巴西、印度尼西亚等发展中国家技术转移的效率后发现,由于南韩在文化方面与日本有许多相似之处,同属汉字文化圈,因此,它不但从日本引进的技术较多(见表1),

表1 南朝鲜技术引进的来源及数量

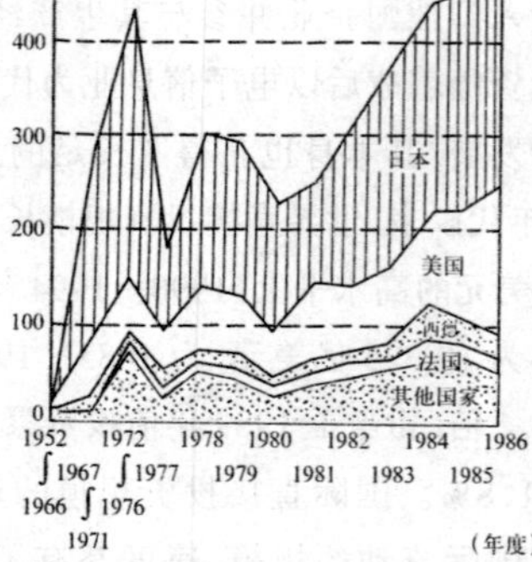

资料来源:小川雄平《南朝鲜经济分析》第291页。

① 森谷正规:《日本的技术》,上海翻译出版公司,1985年版,第14、19页。

而且实现的成功率亦较高。无疑，当技术在与其相适应的文化传统下确实能尽快传播、普及并生根开花。而另一方面，技术的文化性格还表现在，当既定的文化传统、民族性格与技术文化性格不同时，则该技术在当地运用起来就比较困难，有时甚至无法运用。

由上可见，技术作为指导人们如何正确利用自然的行为规范，其本身就蕴涵着丰富的文化因素。

管理 管理的核心是对人的管理，其目的是研究如何调动每位员工的积极性并将各员工的努力整合为集体生产力。因此，管理活动从其实质上可分为两类，其一是设立管理的激励机制，调动每位员工的生产热情和创造积极性。而要建立合理的、适宜的激励机制就必须首先要弄清楚职工认为什么才是最重要的、最有意义的、最有价值、最值得做的。也就是说，要明白职工的基本价值观，只有在明确了这一点之后，我们才能顺其要求，建立合理的适宜的激励机制。如果脱离职工的基本价值取向而想当然地设立一套激励机制，肯定是行不通的。企业管理的第二方面在于协调员工之间、上下级之间的关系，增强整个职工群体的凝聚力、向心力，加强员工之间的合作，把企业整合为一个紧密的整体，从而发挥出 1+1〉2 的集体生产力。而在企业内部职工关系中，最为重要的是上下级关系的协调，而要协调好上下级关系就必须了解员工的权威意识、所能接受的权力距离的大小、民主参与意识等方面的文化观念，在此基础上，我们才能建立适宜的上下级关系。如果对职工既有的权威意识、民主参与管理等观念漠然不顾，而随心所欲地引进或建立一套“理想”的上下级关系，在实践中也是很难行得通的。美国著名管理学家德鲁克曾在《管理学》一书中指出：管理不只是一门学科，还应是一种文化，一个特定民族、社会、文化圈的特定文化对管理过程的渗透和反映，就形成所谓的管理文化。

人员 人是社会的人、文化的人。跨国公司每一名外派的技术人员、管理人员都是蕴涵着丰富的本国文化信息的人。虽然商品的国际流动、技术的国际转移都带有异国的市场心理、行为规范方面的文化因素，虽然管理制度的国际渗透不仅直接传播了制度文化，而且间接传播着价值观，但是，它们都仅仅是传播着文化体系中的某些局部环节、某些侧面，而由于人是文化的创造者和承载者，他们携带一个国家民族几乎全部的文化信息，因此只有人员的国际流动才是文化因素全方位、深层次的全面流动，他直接促进着制度文化、行为规范、风俗习惯、价值取向等多方面文化因素的国际流动，促进着文化的全方面的交流、碰撞、融合。

由上可见，国际直接投资所导致的不仅是经济因素的国际转移，而且也导致文化因素在国际范围内流动；国际直接投资不仅是一种经济现象，而且更是一种文化行为。虽然从一开始国际直接投资就是经济与文化因素同时在国际领域内的流动，但是经济文化一体化趋势的迅猛发展却是在第三次科学技术革命的强劲推动下出现的。

首先，科学技术革命为传统文化的经济化提供了物质条件 在二战后初期，无论战败国还是战胜国其国民经济都遭受到了轻重不同的破坏，有的国家甚至被战火烧成一片废墟。据统计，战后初期世界国民生产总值不足 5 000 亿美元，当时人口为 22 亿，人均国民生产总值还不足 250 美元，世界上大量人口都挣扎在温饱线上。而随着战后第三次科学技术革命的蓬勃兴起，劳动生产率的极大提高，整个状况发生了重大变化。目前，世界国民生产总值已达到 25 万亿美元，虽然人口也增至 55 亿，但人均 GNP 已接近 4 500美元，比战后初期增长了二十几倍。在这种经济的强劲增长中，科技进步所作的贡献已达到70～80%(主要是发达资本主义国家)。虽然科技进步所导致的人均 GNP 的提高并不能反映世界各国经济发展水平和贫富的差异，但世界各国的物质生活条件都比战后初期有了大幅度提高，大部分人口的基本生理需要也得到了满足。物质生活水平的提高，一方面使各国、各地区、各民族的人们在满足了生理及安全需要后逐渐开始追求更高层次的社会需要，他们希望本地区和本民族的历史、文化能得到世界的认同，希望本地区、本民族能得到世界的尊重，同时他们也希望本民族的优秀文化能扩散传播到世界各地。因此，客观上就存在着将传统文化尽量地附着于物质实体或技术、制度等生产要素上，通过它们的国际流动来促进其文化的传播交流的需要。而另一方面，人们也希望了解世界各地其他地区的不同文化传统、风土人情、风俗习惯，不仅可以达到休闲、娱乐、文化交流的目的，而且还能从其他民族文化中吸取其有益成份来充实、发展本民族文化。人们的这两方面行为动机直接促成了当今世界旅游业的迅猛发展。据统计，现在世界每年出国旅游的人数就已达55亿人次左右，从事旅游业的人员已超过1亿人，每年的旅游收入已以千亿美元计，旅游业已名副其实地成了世界最大的产业部门之一。旅游热潮使各地区各具民族文化特色的产品销量猛增，最具民族文化特色的产品或最具国际竞争力的产品、旅游市场的需求为传统文化经济化、产业化提供了强大的外在市场拉动，使越来越多的民族文化产品化、产业化了。可以预见，随着科学技术的不断进步，传统文化经济化、商品化、企业化的趋势将越来越显著。

其次，科学技术不仅促进了传统文化经济化步伐，而且它也在不断更新着、增加着经济中的文化含量 首先科学本质上就是一种文化，是与人们的基本价值体系紧密相联的文化，科学直接影响着人类的世界观，直接影响着人们的价值观，直接影响着人们的情趣、伦理道德、生活方式，以及人类自身的发展。此外技术也是一种文化，它是关于人与人之间如何协调统一起来改造自然的行为规范的文化，改造自然的技术存在于改造自然的行为活动中，是一种动态性的东西，一种规范性的东西，这种规范不同于社会内部关系中的道德规范、法律规范，而是一种技术规范。技术规范作为改造自然的方法，也就是改造自然的行动程式，它直接构成人类行为规范的一部分。其次，现代科学技术的发展直接加快着经济中文化因素的更新速度并且日益增大经济中的文化含量。首先，科学知识越来越呈现出指数化增长的趋势。国外有位专家推算，科学知识19世纪每50年增长一倍，20世纪中叶每10年增长一倍，70年代每5年增长一倍，现在缩短为每3年增长一倍。根据粗略统计，19世纪的科研成果比18世纪多几倍，而20世纪前半叶的研究成果又远远超过19世纪，进入60年代以来，科学的新发现、新发明竟比前2000年的总和还多。与此相应，知识的陈旧速度也在迅速加快。18世纪知识的陈旧周期是80～90年，到了20世纪50年代就缩短为15年，现在则为5～10年。科学知识的迅速更新不仅直接影响着人们的价值取向、信念、世界观等层次的文化因素，同时它也加快着技术更新步伐；其次，技术的更新速度也明显加快。过去，凡每种重要新技术的出现都要间隔几十年甚至上百年，而本世纪50年代以来，每隔5年或不到5年就会有一种新技术出现。如从1957年第一颗人造卫星上天到1960年第一台激光器研制成功，相隔就不到3年。科学技术更新速度的加快，在提高经济中文化含量更新速度的同时，也加快了科学技术向产品、企业转移的速度。最后，科技发展导致科技成果商品化周期缩短。据调查，这一周期在18世纪时约为100年，19世纪50年，20世纪30年，二战后缩短为7年，现在一般为3～5年甚至2～3年。科技成果商品化步伐的加快，直接提高了经济中文化要素的更新速度，同时也直接增大了经济中的文化含量，日益膨胀的科学知识越来越多、越来越快地注入到了经济生活中。虽然科学技术知识大多为世界各国共享，但是正如前述，科学技术皆有文化性格，经过各国不同的传统文化的整合后，它们在商品、产业上的表现形式是不尽相同的。虽然各国对科学技术的文化整合形式、程度不同，但有一点是相同的，即各国都在尽量加快这种整合的进展速度，增加经济中的文化含量，以便在世界经济中占有一席之地。

综上所述，技术的发展不仅直接促进着传统文化的经济化，同时它还通过自身的创新不断更新或影响着人们现有的信念、道德观、思维方式、行为规范、基本价值取向等文化体系的各层面，并且还通过科技成果日益加快的商品化、产业化步伐，积极地加大着经济中的文化含量，使经济与文化的联系日趋紧密，使经济文化一体化发展趋势日益明显，并使得国际经济领域中的贸易往来、投资活动已具有了越来越多的文化交流的因素。

纵观近十年来国际直接投资格局的发展变化，而日本的崛起是尤其引人瞩目的现象。日本对外直接投资的迅猛发展出现在1985年西方五国达成纽约广场协议之后。该协议使日元获准大幅度升值，日本企业的国际投资能力空前增强。以此为契机，日本开始向东亚、北美、西欧大举展开了投资攻势。

尤其令世人关注的是1989～1990年日本对美国的大规模投资。1989年，索尼公司从可口可乐公司手中买下了哥仑比亚影片公司和三星电影公司，随即又投入了十几亿美元促进这两家电影公司的经营发展。1990年，松下公司又出资61亿美元，成为了美国音乐公司（MLA）及其所属的环球电影公司的新主人。MLA是一家大型综合娱乐公司，主要生产电影和各种音乐唱片，被视为美国好莱坞的代表产业。几乎与此同时，日本最大的三菱房地产公司投下14亿美元购买了纽约洛克菲勒中心80%的产权，并投入5亿美元用于装修。洛克菲勒中心始建于1931年，拥有12座建筑，是包括NBC电视台、美联社、通用电气等美国一些著名公司的总部所在地，一向被看作西方世界财富和权力的象征。日本公司的这一系列的大举措不仅令美国民众大为震动，而且也在国际社会上引起了广泛关注，国际舆论界称"日本人要买下美国的灵魂"，日本人也为自己的"宏篇巨作"得意不已，并梦想着巨额利润将不期而至。

然而，事与愿违，日本的投资不仅分钱未赚，反而遭受到了巨额亏损的沉重损失。1994年1月，索尼公司宣布其在美国的影片公司亏损了32亿美元，随后又被迫将公司转让他人。1995年4月，松下公司在损失了30亿美元之后，也宣布其拥有的MLA公司80%的股票转让给加拿大的一家饮料公司。更引人注意的是，同年5月，三菱公司负责经营的洛克菲勒中心因债务沉重，被迫申请破产保护；到了9月，三菱又决定把它对该中心拥有的产权转让给洛克菲勒房地产公司。当初，三菱对洛克菲勒中心的总投资为20亿美元，而现房地产专家评估其市值仅为12.5亿美元。除此之外，日本的先锋、东芝以及一些房地产公司的投资都遭受到了程度不同的损失。

与此形成鲜明对比的是，日本在亚洲的投资却获益颇丰。据日本通产省统计，在1991年4月到1992年3月的财政年度里，虽然日本在美国的分公司亏损2 080亿日元，在欧洲的分公司微利66亿日元，而在亚洲的分公司却创利4 870亿日元①。另据日本通产省《海外子公司事业活动基本调查》所提供的数据显示，仅在制造业中，亚洲子公司的销售额占全部海外子公司的销售额不过23%，而经常利润却占到47%（1989年度）；预计到2000年，海外子公司销售总额中，亚洲将占50%，而经常利润则可达到60～70%。对亚洲尤其是东亚的直接投资正成为日本最有利可图的事业。

日本对东亚直接投资的成功，除了东亚经济快速增长外，日本与东亚各国同属于汉字文化圈，具有相似的文化背景与企业文化观念，从而日本公司在管理上文化冲突少，技术移入效率高，则是构成日本在东亚获得成功的最重要的因素。虽然日本在美国直接投资的失败是诸多因素综合作用造成的，然而，因日元升值而"暴高"的日本公司在盲目地对外投资中忽略了日本与美国文化背景及企业文化方面的差异，无疑是造成日本企业遭受重创的主要原因。特别是当日本人携带着儒家文化传统去经营位于西方文化前沿阵地的好莱坞电影业时，从一开始就注定了他最终必会失败的命运。此外，美日双方因文化背景不同而形成的不同企业文化也是造成日本企业失败的又一重要因素。索尼、松下当初购买好莱坞的电影公司时，在很大程度上是看中公司里有包括超级导演斯皮尔伯格在内的一大批电影天才，他们希望通过公司对这些人委以重任后，他们会像日本雇员一样对公司尽忠，长久地为公司服务。可没想到，这批天才不愿为日本人服务，他们纷纷辞职，另起炉灶，使日本人束手无策，最终使日本损兵折将后撤出了好莱坞。

那么，日本与美国在文化背景与企业文化上究竟存在哪些区别呢？

（一）日美两国的文化背景

日本的文化背景

文化的同质性

从文化上看，日本民族是异常同质的。所谓"同质性"是指民族文化或心理的均一性。日本民族古代虽由倭人、诸少数民族和大陆移民三部分组成，但在长期的相互同化和融合，以及政治、社会、文化均质化过程中，已变成了单一民族，这种单一民族共享同一文化，具有同质的民族心理。虽然7世纪以后，中国儒教文明以及中国化的佛教的传入，对日本文化曾经以很大影响。但中国的儒教和佛教一传入日本，就被加以日本化，形成为日本文化的一部分而不再是异质的。日本文化的同质性集中体现在日本社会或社会集团上下之间强烈的文化认同感，日本人能接受把它的同人分成三六九等的高低，却拒绝这个社会的公然阶层化。他们认为"大家毕竟都在一条船上，应当同舟共济，不要让任何一个人过不去"。

同质的文化使得日本民族有着异常的凝聚力和团结性，以及国家和民族一体化感。明治维新时，300个封建诸侯争先恐后地把土地和政权上缴给皇室而没有

① 英国《经济学家》周刊，1993年4月24日。

迟疑[①]，就证明了这一点。极强的同质文化和同质心理，使得日本国民易于统一意志，统一思想，统一行动。

集体本位主义

日本民族的集体本位来自于日本特殊的“家”。日本传统的“家”是建立在血缘关系的基础上的，它是一种以血缘关系为核心的组合体。在“家”中，亲一子关系不一定意味着血缘关系，“家”中往往包含有男性非血缘关系者。日本的“家”强调，“家”对子不仅有统治权，而且也必须遵守亲对子的恩的道德准则，因此，家庭成员往往对“家”有一种特殊的归属感。

而从社会角度来看，日本的“家”是以层层寄进的分封和主仆形态存在的。农仆为求得政治、经济和人身方面的庇护，往往通过订立契约的形式，将土地和权利，甚至部分家产转让给小庄园主或成为其“分家”；之后，又依契约条例为其管理庄园，这就是寄进。小庄园主再将部分土地以同样的方式寄进给大庄园主或成为其“分家”，由此形成直至幕府的层层寄进的封建庄园制和“家”族互动链条。在这个链条中，国家是最大的“家”，而幕府将军是家长（“亲方”）。以组合形态表现出来的日本人的“家”有着较小的独立性，每个“家”都受到纵式结构中的上下直接制约。这最终导致日本人有一种大家庭的集体本位精神和意识。

报恩意识

“日本人的基本假设前提是每个男女生来都负有恩情债”[②]，这种原债是任何日本人都不能超脱的。活着的人都必须“知恩”—“报恩”，报恩意识是日本传统文化的重要特点之一。

日本人认为每个人都承受着诸多恩德，除了“皇恩”、“亲的恩”、“主的恩”，还有“师的恩”以及其他关系所产生的“恩”，既承受了“恩”，就有义务偿还。日本人报恩主要表现在“忠”、“孝”上。“孝”是对家内成员而言，而“忠”则是对家外（国）而言，而在日本的分封制下，“家”与“国”是一体化的。“家”不过是“国”的一个分“家”，而“国”又只是“家”的“总本家”。因此，日本人主张“忠孝一体”，并且强调尽“忠”优先于行“孝”。

报恩意识使日本人一生都努力地尽忠行孝，这种忠孝观使得日本人具有极大的向心力、冲劲和自我牺牲精神，以及工作责任感和历史使命感。

文化是历史的投影。日本独特的历史造就了日本同质的具有强烈的集体主义意识及报恩意识的文化。

美国的文化背景

美国文化是一种非均质的文化

美国是世界上最大的移民国家，它得天独厚，拥有极其丰富的自然资源，所以它不但能够连续数百年吸引数以千万计的移民，而且能够承受其压力，养活众多人口。大量移民的涌入带来了不同性质的甚至互相冲突的文化传统、宗教习俗。为避免发生剧烈的宗教文化冲突，美国宪法第一修正案规定了政教分离原则，这不仅使之成为西方最早实行政教分离的国家，而且它创造了一种宗教宽容和文化宽容气氛，使得在欧洲其他国家尖锐对立的新教、天主教和犹太教以及不同质的文化体系均能够在此相安无事、和平共处。如今的美国堪称世界上最完备的宗教文化博物馆，大量的宗教派别、文化体系彼此宽容，认同于美利坚民族的旗帜下，文化的多元性使美国文化呈现出非均质性特征。

强烈的个人本位主义

早期的美国移民大多是因为在母国受到宗教、人身迫害才来到美国这个“希望之乡”寻求自由，“不自由，毋宁死”是大多数移民坚定的信条，而美国立法的政教分离原则适时保障了宗教生活的个人自由，同时长期的“边疆生活”使移民往往势单力孤地面对变幻莫测的大自然，要生存，就只能靠他的勇敢与自然斗争。从而，美国早期移民往往都养成了自力更生、积极进取和个人权利神圣不可侵犯的价值观念。具体说，这种观念体现在以下几方面：①这种文化价值观念的哲学基础是个人主义。它的社会政治观主张个人是本位、目的和核心，社会是满足个人需要的手段；它的人性论主张人是自私的；它的财产观是主张个人拥有对财产绝对的自主权—私有制。②其价值取向是追求个人幸福，并认为个人幸福是社会幸福的基础，后者只是前者的手段。③实现其价值观的方法途径是个人奋斗。他们强调个人的自立、自主的主体精神以及自我选择、自我设计、自我创造的生存方式，肯定和赞赏靠个人不懈努力改善生活处境的白手起家的英雄。

显著的创新精神

---

① 中江兆民：《一年有半、续一年有半》，商务印书馆，1982年版，第16页。

② 本尼迪克特：《菊花与刀》，浙江人民出版社，1987年版，第98页。

激进的个人本位的价值观念是美国人富于创新的根源。个人本位强调人人不同，个个相异，反映在思维上就是求异思维，标新立异。早期的移民都是在母国受到迫害才来到美国，因此他们都有意识地切断与母国的关系，力图在这里创造一种崭新的生活。同时年轻的美国无任何辉煌的历史可谈，这使它们只有义无反顾的向前、向前。而文化的多元性为美国人的创新提供了有利条件，各种具有不同文化的人在一起，必定会产生思想的交流与碰撞，自然会导致新的思想、学说、学派的涌现，同时无论是政府还是企业都积极地利用各种物质手段来刺激创新，保护创新者的合法的利益，从而使今天的美国成为了世界上发明创造最多的国家，它是第一专利大国、第一诺贝尔奖大国。

西方文明的理性主义

美国早期的欧洲移民把西方文明带到了美洲，而西方文明从历史渊源看是由三部分组成：①古希腊的科学与哲学，注意解决人与自然的关系，提倡认识自然、战胜自然；②古罗马法律，明确规定人的权利和义务，明文告示人的行为规范；③希伯莱民族的宗教，注重人的信仰问题，实质是人的精神活动的规范。这种文化渊源总体上导致了文化上的理性主义，这种理性主义不同于东方强调"做完善的人"的实质理性，它强调"做正确的事"，注重程序、注重制度、注重效率，总之注重人与物、人与自然的关系，即所谓的形式理性。形式理性的传统促使人们重视科学、重视实践，信奉"知识就是力量"。

(二)日美两国企业不同的管理模式

不同的文化背景对管理过程的渗透和反映最终会导致不同的管理模式或称管理文化。文化背景究竟会从哪几个角度来影响日美两国的管理文化呢？

荷兰文化协作研究所所长霍夫斯坦特教授认为，对管理活动有影响的文化层面有四个方面：(1)个人主义与集体主义；(2)权力差距；(3)不确定性的规避；(4)价值观念的男性度与女性度。

个人主义与集体主义　在个人主义占统治地位的国家中，个人把他们与组织的关系看成是功利性的和个体性的，个人对组织的义务是十分脆弱的，这种义务只有在个人看到了对自己有明显的利益才存在。而在集体主义盛行的国家中，人们往往从道德方面来解释他们与组织的关系，他们对组织具有精神上的义务和忠诚，在雇员与雇主之间，这变成了一种责任的契约，雇员把组织看作是他们自己的，组织的成功就是他们的成功，公司的失败也是他们的失败。

权力差距　该指标直接反映权力与财富分配上的不平等程度，同时，权力的距离又是与集权程度、领导和决策联系在一起的。在一个管理者保持高权力差距的组织中，下属依赖于他们的领导人，在这种情况下，管理者做出决策，而下属则接受这个决策。相反，在低权力差距的社会中，在管理者与下属之间，管理者只保持一个很低程度的权力差距，下属则可参与影响他们工作行为的决策。

不确定性的规避　该指标是指：一个社会对不确定和模糊态势所感到的威胁程度，试图以保障职业安全，制订更正式的规则，拒绝越轨的观点和行为，相信绝对忠诚和专业知识来规避上述态势。从组织与管理方面看，不确定性的规避影响了一个组织使其活动制度化需要的程度。在一个高不确定性规避的社会中，工作条例与规范的建立是一个组织为应付不确定性而设立的组织程序，管理也相对是以工作和任务指向为主的；而在一个弱不确定性规避的社会中，就很少强调控制。这种社会鼓励其成员接受事物的多样性，很少注意去发展那些对个人创造性严格限制的政策、实践及程序。

价值观的男性度与女性度　男性化社会强调自信、追求金钱和物质、不关心别人、无视他人价值观，成功的创造者和能力被视为英雄。而在女性化社会中，竞争的失败者可能会引起人们的同情，个人的才华受到怀疑和否定。

限于篇幅，本文仅以表2《个人主义指数差异的含义》加以对比。

表2 个人主义指数差异的含义

个人主义指数低的国家	个人主义指数高的国家
·由公司提供各种条件(培训、物质条件等)十分重要	·雇员个人的生活(时间)十分重要
·对公司在感情上有依赖	·感情上独立于公司
·大公司有吸引力	·小公司有吸引力
·从道义道德角度处理与公司关系	·以算计的方式与公司相处交往
·较重视工作中的培训和技能使用	·较重视工作中的自由与挑战因素
·学生认为,"不顾别人而一味追求自己的目标"在社会上不易被接受	·学生认为,"不顾别人而一味追求自己的目标"在社会上可以被接受
·经理追求的是划一和井然有序	·经理追求的是领导艺术和花色品种
·经理更看重自己地位的稳固	·经理更看重自治
·经理赞成"传统的"观点,不支持雇员的主动行动和团组活动	·经理赞同"现代的"观点,激励雇员发挥主动性开展团组活动
·一般认为集体决定胜过个人决定	·人们认为个人决定优于集体决定
·人生的责任对学生有吸引力	·人生的享乐对学生有吸引力
·经理把责任、专长和声望视为人生目标	·经理选择享乐、温情和安全作为人生目标
·个人的主动行为在社会上遭人白眼	·个人的主动行为受社会鼓励
·对"重要"问题的回答更多的是一概认同	·对"重要"问题的回答较少一概认同
·人往往被分为圈内和圈外	·人就是普通的人
·社会关系是按圈内关系预先确定的	·需要建立具体的朋友关系
·从事某项工作需要的学龄较长	·从事某项工作需要的学龄较短
·每1000辆车辆的交通事故较多	·每1000辆车辆的交通事故较少
·更传统的时间使用格局	·更现代的时间使用格局

我们知道,日美两国的文化背景存在较大差异,而这种差异性又通过上述四个指标的不同明确地反映出来:

	个人主义	权力距离	不确定性规避	价值观男性度
美国	中等	小	低	高
日本	低	中等	高	中等

"Motivation Leadership and Organization: Do American Theories Apply Abroad"; Organizational Dynamics 1980, 9; 第42～46页。

从四指标所影响的社会常规中我们可以看出,四指标的不同会直接导致雇员及雇主对业绩评判、决策方式、考评方式、对公司的态度等等方面的差异,从而会导致不同的企业管理文化。因此日美两国在指标上的差异直接决定着他们在管理文化上的不同特征。

日本的企业管理文化特征

终身雇佣制 该制度是日本文化指标中高度的不确定性规避在企业管理中的自然体现。所谓终身雇佣制,是指一个人一旦被公司正式录用,只要公司不倒闭,受雇者能胜任本职工作并无重大违法犯罪问题,原则上不会被解雇,可以一直工作到强制性的退休年龄55岁为止,并享受一定数额的退休金,一般相当于五至六年的工资。

日本之所以选择"终身雇佣制",从其传统文化层面上分析,主要决定于传统上的"亲方"有责任恩给"子方",而"子方"则有义务"报恩",这种"恩结"、"报恩"意识使企业(象征"亲方")与职工(代表"子方")能形成长期的雇佣关系。

年历序列工资制 年历序列工资制是一种与终身雇佣制相配套的企业分配制度。在该制度下企业职工的工资由两部分构成,一部分为资历工资,它取决于职工在企业的资历的深浅,其工资额随着工龄的增长而增长,这部分工资一般在职工工资总额中占较大比重;另一部分为能力工资,它取决于职工的工作能力和对企业贡献大小,工作能力越强,对企业的贡献越大,工资就越高,反之则越低,这部分工资所占比重相对较小一些。

年历序列工资制一方面促使了终身雇佣制的运作,它使工作年限长、经验丰富、对企业的经营发展有一定重要作用的老职工不敢轻易跳槽,因为一旦跳入其他企业,很可能其工龄工资又得从零开始;另一方面,这种制度也杜绝了年轻工人的投机心理,使他们一进厂就踏踏实实地从基层做起。

企业工会 与欧美等国家按行业组织工会的作法不同,日本采取以企业为单位组织工会的办法。也就是说,一个企业的职工,不论什么工种,都参加本企业的工会,成为会员,会员及其家属的全部生活几乎都纳入企业范围,工会与企业兴衰与共,相依相存。

这种工会的存在改变了工会与企业的对立状况,缓和了劳资矛盾,有助于在企业内创造和谐的工作气氛。

禀议决策制 在这种决策制度下,企业的工作程序、规章,甚至公司的战略变化都来自于与这些变化有关的部门和个人。通过逐级的,在各个管理层次对目标进行仔细的检查后,公司高层才做出最后的决策。任何对决策的接受与否决只有通过各级检查之后才有结果,这种决策程序是典型的"自下而上"的程序,而不是像美国那种"自上而下"的程序。

禀议决策制促使由下自上的信息沟通,使全体成员具有责任感,使得高层管理者能代表群体。这种决策方式是与日本社会的垂直结构以及其民族的集体主义意识相一致的。

控制方式 日本企业是以微妙、含蓄和内在的方式进行控制的。经理管理员工不是直接向员工下达硬性的目标式工作任务,而是着重教会雇员应该怎样理解企业和社会的关系,应该怎样理解企业在整个世界中的作用。日本许多大企业都有自己的"社训"和"社歌",每天早晨上班前,都要求员工大声朗诵。通过这样一些活动,经理们力图把企业的宗旨、信念和价值观念灌输到员工头脑中,并让他们自己据此推导出具体规则和目标。这种控制方式中蕴涵着儒家文化中"做完善的人"的实质理性因素。

日本独特的文化背景酿造了日本企业特有的管理模式,而与此相应,以西方文化为背景的美国则有自己不同的管理模式。

美国的企业管理文化特征

与日本相比,美国的管理文化存在以下特点:

短期雇佣制 美国人以追求个人价值实现或个人幸福为终极目标。他们认为为企业工作仅是实现自身价值的手段,而并非目的之一。因此,一旦发现更好的机会,更有利于发挥其才能的企业,他们会毫不犹豫地跳槽。因此,在美国的企业中,辞职和解雇是经常发生的。据统计,就从事体力劳动和办公室工作的职工来说,在一个企业的停留期平均为2年;就企业管理硕士来说,毕业后头10年平均换过3个公司;即使经理级人员,停留在一个企业的平均期也只有4年。

考评能力,迅速晋升 由于雇员流动性大,美国企业不得不采取迅速评价和升级的办法,各企业都有一整套严格、客观、高度数量化的标准来对员工的工作绩效作出科学的评价,并以此评价为依据,决定对职工的奖惩、去留与晋升。这充分体现了美国企业所奉行的能力主义,以能力取人,把能力高低作为职工是否晋升的重要依据,拒绝以身世、资历、年龄等作为晋升的依据。这在某种程度上是对美国传统文化中的个人英雄主义的强化与认同。

职业发展的高度专业化 在日本企业中,员工职务每隔一段时间就要调换一次,以便让其熟悉整个公司的运作并保持一种创新精神与充沛的干劲。而在美国企业中,员工的职业是高度专业化的,或者一辈子搞生产,或者一辈子搞销售,或者一辈子作会计,转换专业是罕见的。据对50家美国大公司的几十位总经理在20年内的经历所作的调查,每人平均从事的专业为1.4个,而人事、金融部门经理所从事的专业更少,仅为1.1个。这种制度虽然易于把人培养成特别精通一门业务的专家,但是它使人的发展片面化,仅成为一台高速运转机器上的某个零部件,员工之间往往缺乏了解,只关心个人与专业,而不关心他人与企业,整个企业变为一台机器而不是由具有主体创造性的人所组成的集体。

决策方式与控制模式 美国人认为个人权利是神圣不可侵犯的,这使他们一方面尊重他人的权利,同时又毫不含糊地行使自己的权利。明晰的个人权利观念使美国企业呈现为一种典型的个人决策方式。企业中每个职务上的雇员在其权限范围内,都能勇于承担独立决策的责任,而且他们也认为在该范围内只有自己才能担当此任。正如威廉·大内在《Z理论》中所说:"在典型的美国企业里,科长、部门经理、总经理都一致地认为他们'不能踢球'—只有他们自己才应

当担起做出决定的责任。”①

一旦作出决策，向下传达或执行时，美国企业都是通过明确的或形式化的控制方式来督促其执行的。即通过所谓的目标管理法、方案计划价值法和成本利润分析法，向其下属下达一个定量硬指标，让其在规定时间必须予以完成。这种控制方式是与美国文化中的形式理性主义相一致的。

日美两国不同的文化背景孕育出了不同的管理文化，而在某些方面，二者差异非常大。这就要求日美两国在相互投资中必须重视这些差异并应采取适当方式加以调和、整合，只有这样才能在跨文化的国际直接投资中获得成功。如果忽略这些差异或调和不得法，则最终都会以失败告终。

由于文化的冲突而导致的东道国与跨国公司母国的非经济摩擦可谓数不胜数，这类摩擦直接增大了跨国公司的管理成本，对其经济效益产生了重要影响。在当今跨国公司全方位多层次向国外拓展其经营空间的形势下，文化的交流与碰撞所带来的非经济摩擦已日益成为引起广大跨国公司重点关注的问题，并投入了相当的人力、财力对其加以研究，力图将激烈的文化冲突演化为温和的文化融合。

为了有效地减少跨国公司内部的非经济摩擦，一般认为，在进行国际投资时，应注意以下几方面：

(一)培养全球经营者的宽阔视野与胸怀

随着跨国公司在全世界各大国家与地区的迅速扩展，跨国文化冲突的日益增多，跨国公司的发展越来越要求摆脱其狭隘的民族观念，胸怀全球，成为一个世界性的生产经营者。目前，许多成功的巨型跨国公司，如国际商用机器公司、麦克唐纳、福特、菲利浦、索尼、尤尼莱佛等都甘心情愿地放弃或至少是淡化了自己的民族身份。他们敢于将高增值活动分布在许多国家，在决定投资战略时它们优先考虑能否有效地利用其全球网络的人才、资本、技术和自然资源，而彻底摆脱了狭隘的民族、地域观念。此外，在人事决策上，也应以公司的全球利益为主要考虑，一般不分人员的国籍，只要能胜任工作，符合公司的用人标准就大胆起用。同时，要成为一个好的全球性公司，还要求公司不仅应遵守当地的法律，遵守公民的义务，而且还应积极与当地政府合作，支持本土的公益及其事业的发展，从而使自己融合在东道国里，成为一名好公民。如美国的费里斯通公司就曾积极主动地免费为利比亚橡胶种植者提供种子，还提供免费技术服务，以促进当地橡胶工业的发展，同时也为其本身发展提供了稳定的原料来源。此外，为了尽快摆脱自身民族的烙印，融入当地社会，跨国公司还可注意聘请通晓当地语言、历史、风俗习惯、宗教信仰及思维模式等方面的文化顾问，定期或不定期地听取他们对企业的经营管理、产品的开发设计、广告公司的宣传制作等方面的意见，以便及时纠正自己在文化管理上的偏差。

(二)优先选择建立股权式合资企业的投资方式

跨国公司发展初期，独资被认为是最佳的海外投资方式，因为母公司可掌握独资公司的绝对管理权，独享其利润。但随着各国经济实力的逐渐增强，民族情绪也开始发生了变化，自行其是的独资公司由于难以协调与东道国的文化冲突而变得举步艰难。而与此相反，建立合资企业却具有许多独资企业难以比拟的优势(见下表)。

表 3　合资经营的优缺点

优　点	缺　点
可获得：当地资本	在以下方面意见分歧：
当地管理经验	营销计划
原材料供应的保证	分红政策
熟练劳动力	收益再投资
市场营销能力	向第三国出口
已有销售网技术	原材料和零部件供应
有助于获得：政府批准	转移定价
当地货币贷款	管理方式
税收优惠	报酬水平
进口保障	与经营者分享来自以下
规模经济	方面的垄断利润：
减少民族主义排外情绪	技术、营销、管理经验
	让出一些技术

资料来源：[美]爱伦·夏皮罗《跨国公司的财务管理》第 431 页。

① 威廉·大内：《Z 理论》，第 36 页。

而在上述诸多优势中，建立合资企业有利于了解当地文化，减少文化冲突也成为各企业创立合资公司的首要原因，见下表。

表 4　美国跨国公司办国外合资子公司动因

合　资　的　具　体　利　益	平均评值*
①有利于了解当地政治、经济和风俗习惯	4.8
②迅速进入当地生产和经营	4.0
③得到经理人才	3.4
④使产品易于就地销售	3.3
⑤得到市场购销人员	3.3
⑥取得当地资本	2.7
⑦获得本地原料	2.6
⑧有利于生产、人才、研究与开发工作	2.5
⑨使别处产品能在当地销售	2.5

注：0 为最不重要，6 为最重要。

资料来源：叶刚《遍及全球的跨国公司》。

当地合作伙伴不仅对本地的经济状况、市场环境、各企业的商业布景具有充分的了解，而且，他们更对当地的政治经济体制、法律、政府、风俗习惯了然于胸。因此，跨国公司与当地企业、政府合作不仅降低因市场信息不完全而产生的经营风险，而更重要的是，可以通过合资来减少跨国公司内部的文化管理成本，协调与当地政府的关系，保证跨国公司在本地的长远发展。

同时，在建立合资企业时，还要尽可能地使用土生土长的管理人员。许多跨国公司总裁们发现，在许多国家，尤其是发展中国家，要真正了解当地体制大约需要 10～20 年的时间，而跨国公司根本不可能让母国的经理人员在那里停留如此长的时间，而尽量聘请本地的管理人员，则可基本解决这一问题。此外，支付给本地管理人员的工资也相应低些。当然，这样的管理人员，尤其是中高级管理人员除了具备基本的管理素质外，还应具备良好的沟通及文化协调能力。

(三)构建与文化背景相适应的组织系统

跨国公司不能简单地照搬本国的机构或进行简单的组织设计，而是应充分考虑当地的经济文化背景，设计出与之相适应的组织结构。在权力距离越大的国家，组织的层级设立越多则越适合人们的偏好；而在相反的环境下，则应减少组织的层级以增加上下级之间的双向交流和影响机会，而整系统的信息收采反馈情况直接决定于企业的决策方式，而企业的决策方式则往往直接受到文化背景的制约。在个人主义严重的国家，则往往采取个人独立决策方式，与此相应，与某个问题相关的信息及决策的反馈信息则流向有权决策的个人；而在集体本位主义的国家，情况则不同，由于它们一般倾向于采用集体决策方式，因而信息也是集体共享；而如何奖励业绩突出的雇员及提高职工生产积极性则更是与文化背景相关。职工认为什么是最重要的、最有意义，以及他们愿意接受怎样的奖励方式等问题从其内在本质看都是与员工的价值观紧密相联的。

正是因为一个企业的组织结构与文化背景存在如此紧密的关联，因此，要求跨国公司在构建海外子公司的组织架构时，必须充分考虑当地的文化背景。

1995～1996 年国际金融形势

中央财经大学金融系　黄　琦

1995 年是国际金融领域的多事之秋，爆发了一系列震惊全球的金融事件：墨西哥金融危机、美元汇率剧烈波动、兑日元和德国马克创历史新低、许多大银行严重亏损甚至倒闭、衍生产品操作不当造成重大损失、兼并浪潮迭起。比较而言，在刚刚过去的 1996 年，国际金融整体形势基本稳定。国际金融市场持续扩大,交投活跃;国际银行行业的兼并与重组继续发展;欧洲货币一体化向着既定目标迈进。在此,我们将从以下几个方面对1995~1996年的国际金融形势加以总结。

(一)1995~1996年美元汇率先抑后扬,并在1996年内保持坚挺,兑西方主要货币汇率稳中走强

1995年是国际外汇市场极度动荡的一年。美元汇率在年初出现了历史上罕见的暴跌,并引起全球各界的关注与恐慌。1995年4月份,美元对日元和德国马克分别贬值到创纪录的历史低位:1美元兑79.7日元和1.3455马克。在西方七国首脑会议之后,经过各国携手干预外汇市场,美元的汇价逐渐回稳,于年底呈现好转势头,并将这一势头延续到1996年。在过去的一年内,虽有美元下调的局面出现,但每次下调后的反弹都是一浪高过一浪,尤其是9月份以后,美元上升幅度更为显著。可以说,美元稳中走强是1996年外汇市场的主流。

就美元对日元和马克的汇率而言,1996年,美元兑日元汇率上升了12.1%,由年初的1美元兑换103.41日元升至年底的115.95日元。若与1995年4月18日创纪录的低位79.75日元相比,则上升了45.4%。美元兑马克也从1996年初的1.4362升至年底的1.5410,升幅达7.3%,与1995年4月份的历史低位1.3400相比,升幅则达15%(详见附表1)。另外,美元兑瑞士法郎、意大利里拉和加拿大元等其他西方货币也不同程度地出现了大幅度回升。促使去年美元汇率持续上升、保持坚挺的因素主要有以下几个方面:

附表1　1995、1996年主要货币的汇率及黄金价格变动

	1995年				1996年			
	年初开盘价	年内最高价	年内最低价	年终收盘价	年初开盘价	年内最高价	年内最低价	年终收盘价
德国马克	1.548	1.565	1.3455	1.436	1.4362	1.5735	1.43	1.541
日元	99.55	104.7	79.7	103.35	103.41	116.4	103.07	115.95
英镑	1.566	1.6566	1.5195	1.55	1.5465	1.7163	1.4888	1.7135
法国法郎	5.3325	5.3995	4.7405	4.9055	4.904	5.3233	4.88	5.1885
黄金现价	382.9	397.8	370.8	386.85	386.9	417.7	365.7	367.8

资料来源:路透财经资讯。

注:①除英镑汇率是以美元标价外,其余货币汇率均为1美元折合的本币价格。

②黄金价格的标价单位是美元/盎司。

首先,几大国际货币发行国经济发展上的差异促使市场对美元的信心增强　1990年以来,美国经济步出衰退困境,增长势头良好,实现了低通胀下的稳步增长。1995年经济增长率达到2.9%,1996年达到3%;而德国与日本近年来经济增长明显乏力,预计1996年由于出口不振日本的经济增长率仅为1.8%,德国更是只达到了1.3%。

其次,美国的高利率使美元对国际投资者和投机者构成了强烈吸引　在经济稳步增长的条件下,美联储自1996年以来一直奉行相对从紧的货币政策,使其利率(与日德两国相比)维持在一个较高的水平上。例如:目前美国的贴现率为5%,德国为2.5%,日本仅为0.5%。一个月存款利率,美国为4.875%,德国为2.68%,日本仅为0.25%。美国利率偏高是美元汇率坚挺的重要因素。

第三,西方主要国家在政策上协调一致,共同推动美元走强　自1995年下半年至今,美国政府出于其财政需要一直坚持高汇率政策,以增加国际资金的流入。其他主要工业国家也从各自的经济利益出发,支持美元强势。为此,美国、日本和德国的财政官员遥相呼应,不断就美元汇率问题发表讲话,暗示支持美元走强。美国的高汇率政策及西方政府

官员们对市场的诱导性讲话,有力地支持了美元汇率的进一步挺升。

第四,美国股市的支持作用 1996 年以来,美国股市升势如虹,全年内道·琼斯工业股指曾 44 次创历史新高,从 1996 年初的 5177.45 点升至 12 月 27 日的 6560.91 点,升幅达 26.7%。同时,美国的债券市场在近年来也火爆异常。美国证券市场的繁荣吸引国外资产的大量流入,并带动了美元汇率上扬。据统计,1996 年仅日本对美国的债券投资就超过 400 亿美元,是前一年的 3.5 倍。

可以说 1996 年的国际外汇市场是美元风光再现,扬眉吐气的一年。此外值得一提的还有英镑的走势。英镑的升值是去年下半年直至年底国际外汇市场上最引人瞩目的现象。

英镑在去年 7 月下旬对美元及德国马克又一次的大幅度贬值后于 8 月初转为升势,并将这一势头成功地保持到了年底。仅在去年第四季度内,英镑的有效汇率指数升幅为 10.5%,达 96.1。若与 1995 年 11 月 29 日的最低水平 82.2 相比,升幅达 17%。而且是对 ERM 的所有组成货币普遍升值,因而具有坚实的基础。英镑对美元和德国马克在 1996 年 12 月 31 日达到 1992 年 9 月以来的最高点,分别为 1 英镑兑 1.7120美元和 1 英镑兑 2.6400 马克。

促使英镑走强的因素较为复杂。首要原因应归功于英国经济在欧洲国家中的强势地位,这是英镑走强的基础。其次,英国的利率水平远远高于欧洲主要国家,这对英镑具有强大的支持作用。马克在 1996 年一直面临降息的压力,市场传言不断。事实上,为刺激经济,德国央行确实在 1996 年不断降息。全年曾六次下调回购利率,使之从年初的 3.75% 降至 3%。另外,央行还于 4 月 18 日宣布中央贴现率和伦巴德率各降 0.5%,分别由原来的 3% 和 5% 降至 2.5%和 4.5%。而英镑的官方利率则在 10 月 30 日提高了 25 个基本点,从而达到 6%的水平。对利率走势的预期以及实际利率水平的差异,通过外汇市场的投机和炒作力量促使英镑对美元和其他欧洲大陆货币升值。第三,英国作为世界重要的石油净出口国,石油价格的上涨也成为推高英镑的一个有力因素。1997 年 6 月到期的原油期货价格在 1996 年第四季度上涨了 12%,达到了 23.27 美元的峰值,从而日元对美元继续回落至 45 个月来的最低水平,而英镑对美元的比价也达到了四年来的最高点。另外,欧洲一体化的大背景也对英镑构成了一定的支持。随着欧洲货币联盟如期实行的可能性加大,市场预期由多国参加的大联盟极有可能造成未来欧元的弱势。而英镑很有可能至少在第一期暂不加入,这就促使了基金经理们大大提高了英镑在其资产分布中所占的比例。

(二)国际资本市场的蓬勃发展

1992 年以后世界经济进入全球性恢复阶段,新兴发展中国家出现了强劲的经济增长。与此相伴随,国际资本市场在经历了 1988～1990 年的收缩后,进入持续的扩张期。近 5 年来,股票、债券和银行贷款等市场的发行总值及年度增长率均连创历史最好水平。

1996 年以来,国际资本市场总体表现活跃,市场规模迅速扩大。根据经济合作和发展组织提供的统计,1996 年国际金融市场的发行活动增加了 30%。另据国际清算银行的资料,去年前三个季度国际资本市场上的融资总额(国际银行信贷净额、欧洲债券发行净额与国际债券融资净额之和)为 6 239 亿美元,较上年同期增长了 22.5%。

国际资本市场在持续繁荣的同时也呈现出各自不同的特点。具体分析如下:

国际债券市场

发行量

在连续两年的徘徊之后,1996 年国际债券的发行总量达到了创记录的 7 830 亿美元,比 1995 年上升了 56%(参见图 1)。尤其是第一季度,与 1995 年同期相比升幅高达 78%;第二、三季度增势稍弱,最后一个季度又达到了 60%。

面值货币结构

在 1996 年新发债券中,以日元与马克为面值的债券所占的比重下降,而英镑与美元债券占据了更大的市场份额。其中美元债券在过去的四年中持续增长,1995～1996 年间又增长了 72%。同期固定利率英镑债券的发行量也是 1993 年以来最多的一年,总值达到了 210 亿英镑,是 1995 年的两倍。这种面值货币结构上的变化主要受美元和英镑持续升值的影响以及较高的债券收益率的吸引,造成市场上对美元和英镑债券的需求上升,从而刺激了这两种面值的债券发行。

图 1 国际债券发行量

单位:10 亿美元

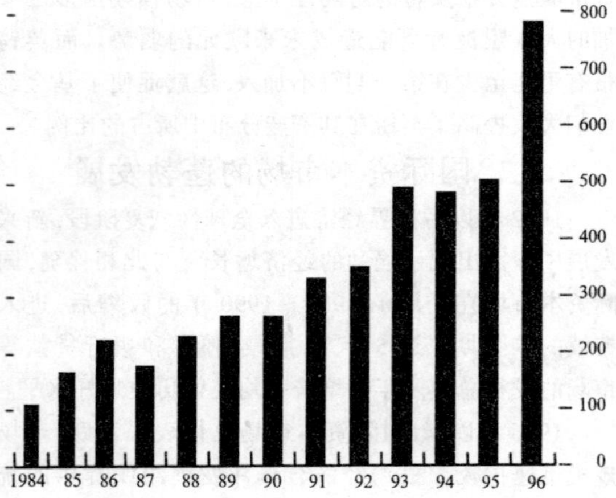

资料来源:英格兰银行季度报告,1997 年 2 月。

收益率

资本市场对有关国家经济走势的分析及其经济政策变化的预期直接影响着长期债券的价格,收益率就会随之呈现出相反方向的变动。由于市场预期联储将要提高利率,使美国 30 年国债的收益率一度从年初的 6%左右上升到 7 月份的 7.2%,但后来的各种经济数据表明美国的经济发展状况平稳,通胀率和就业率都保持在稳定的水平上,加息无凭。故债券价格逐渐回升,30 年国债的收益率则回落到年底时的 6.6%。德国 10 年期国债的收益率在上半年受美元市场的影响,收益率从年初的 6%曾上升至 6 月份的 6.67%。但由于德国经济回升乏力,市场对其丧失信心,故而导致收益率层层回落,年底降至 5.8%。

股票市场

1995～1996 年,全球股市风起云涌,价格普遍上涨。其中美国股市迭创历史新高的强劲走势尤令世人瞩目。纽约股市道·琼斯工业平均股价指数在 1996 年内 44 次刷新记录,于 12 月 27 日达到 6 560.91 点,从而使纽约股市继 1995 年上涨 33.5%后,1996 年再次上涨 20.8%,是连续上涨的第六个年头。在股指上扬的同时,交易量与新股发行量也不断扩大,截至 1996 年第三季度,纽约股票交易所和全国证券交易商协会自动报价系统(NASDAQ)的交易量比 1995 年同期分别增加了 13%和 11%。新股发行在第二季度达到了创记录的 329 亿美元。

美国股票市场大放异彩,主要得益于以下几个因素:(1)上佳的宏观经济表现为股市的持续攀升提高了坚实的基础。1996 年美国经济保持了第六年的持续增长,同时,通货膨胀也得到了有效的控制。消费者物价指数(CPI)为 3.3%,核心物价指数仅为2.6%,为 1965 年以来的最低水平,低通胀下的适度经济增长使投资者对经济前景及股市的发展充满了信心。(2)欧洲各国为实现"马约"所规定的单一货币标准而在 1996 年普遍采取了紧缩的财政政策,同期日本经济仍未走出衰退的阴影,致使国际游资大量涌入美国股市,以求资本增值和美元升值的附加利益。据统计,1996 年第三季度外国投资者购买美国股票的净额增加了 69 亿美元,比第一季度增加了 87%,预计全年将可突破 1993 年 216 亿美元的记录。(3)婴儿潮时期出生的美国人(babyboomers)处于对养老金的忧虑而将巨额银行存款投入股市,进一步推动了股指的上扬。1996 年投资人总共将 2 200 亿资金投入共同基金,其数额为 1995 年的两倍。(4)美国等一些国家的利率低企,使得公司投资成本降低,盈利增加。另外,从 1995 年起开始的新一轮企业间合并收购热潮,使股市动力增强,不断攀高。

在充当全球股市火车头的美国股市的带动下,各国股市也普遍出现了反弹,其中尤以加拿大、欧洲、澳洲和香港地区的股市涨幅明显。加拿大 TSE300 指数在 1996 年上升了 25.7%,连续 50 多次创历史新高;在欧洲大陆,除了受美国股市的影响外,各国政府为达到"马约"所规定的趋同标准而付出的努力也构成了对股市的利好支撑。核心市场的股票价格较前一年稳步上扬,年内德国 FAZ 指数上升 21.6%;法国 CAC 指数上升 23.7%;西班牙 39%;意大利 13%;斯堪的那维亚股市的发展比欧洲其他国家更为强劲,其中尤以芬兰为甚,上涨了 46.5%。英国股市的涨幅虽无法与美国及欧洲大陆国家相比,但其金融时报 100 种股票价格指数在 12 月 31 日也达到了创记录的 4 118 点,全年上涨了 11.6%。香港恒生指数升幅达到了 33.5%(附表 2 提供了一些更详细的数据)。

附表 2 世界主要股票市场的股票价格指数

	1995 年				1996 年			
	年初开盘	年内最高	年内最低	年终收盘	年初开盘	年内最高	年内最低	年终收盘
道琼斯工业平均股票指数	3838.48	5216.47	3832.08	5117.12	5177.45	6560.91	5032.94	6448.27
标准普尔 500 种股票指数	459.11	621.69	459.11	615.93	620.73	757.03	598.48	740.74
德国 CAX 股票指数	2079.45	2317.01	1910.96	2253.88	2284.86	2909.91	2284.86	2888.69
法国 CAC40 种股票指数	1885.91	2017.27	1721.14	1871.97	1908.38	2349.11	1897.85	2315.73
英国金融时报 100 种股票指数	3065.7	3689.3	2954.2	3689.3	3687.9	4118.5	3632.3	4118.5
日本日经指数	19684	20011.8	14485.4	19868.2	20618	22666.8	19161.7	19361.3

资料来源：Bloomberg。

在全球多数股市发展如火如荼的同时，部分亚洲股市却在去年继续呈现疲弱态势。日本股市受日本经济不景气的影响而持续低迷，日经指数继 1995 年下降 1.3%后，去年继续下降了 2.5%；新加坡股市虽然在第四季度出现了上升势头，但与年初相比全年仍下降了 2.2%；韩国股票市场更是一蹶不振，持续下降，到 9 月 30 日止，其综合指数比上年急降 16.22%；泰国股市也起伏动荡，呈下跌之势。

国际银团贷款

与债券、票据等其他金融工具相比较，银行贷款以借款人与银行之间的信用关系为基础，关系就比较稳固；借款规模一般不受限制；与债券、票据的发行手续相比较，国际银团贷款相对简单，资金到位相对迅速。与股票市场相比较，银行贷款筹资成本低、风险小。因此，银行贷款一直是国际融资市场最为重要的工具之一。在 80 年代国际融资证券化的潮流中，银行传统的信贷业务一度持续萎缩。但在最近几年，传统业务又出现回潮之势。国际银团贷款业务发展很快，在国际资本市场上非常活跃。从 1993 年到 1995 年的协议贷款金额逐年上升，分别达到 1 367 亿、2 362亿、3 684 亿美元；1995 年，银团贷款占国际资本市场融资总额(12 580 亿美元)的比重从 90 年代初的 15%左右上升到 29.3%。1996 年度公布的新增贷款金额达 5 237 亿美元，在 1995 年的基础上又增长了 42.2%。

新兴市场

"新兴市场"主要指在新兴工业化国家以及发展中国家和地区兴起的金融市场。该市场的扩张，尤其是证券市场的快速上升是近年来国际资本市场发展的重要特点之一。新兴市场以其大幅波动、高速增长及诱人的发展前景吸引了大批国际投资者。但同时该市场的发展也存在着过分偏重股票市场、市场容量小、金融产品单一、投机性强、市场设施及监管尚不完善、市场波动剧烈、风险大等问题。1994 年底墨西哥金融危机的爆发，充分暴露出新兴市场的脆弱性。新兴市场国家吸取了墨西哥金融危机的教训，加强了对市场风险的防范措施，国际协调能力及应变能力都得到一定程度的提高。尤其是新兴市场的高成长性对国际游资仍具较强的吸引力。因此，墨西哥危机爆发后资金迅速撤离，俟事态稍见平稳后，大批游资又迅速回流。

1996 年以来，拉美国家已逐渐摆脱了墨西哥金融危机的阴影，经济开始复苏。亚洲国家在防止经济过热的前提下，仍然保持了强劲的增长。与此同时，全球流动资金充裕，主要西方工业国利率低企，投资者对高收益率的追求以及对发展中国家投资环境日益改善的认识使相对沉寂的新兴市场再度获得国际游资的青睐。此外，墨西哥、菲律宾和阿根廷等国将其债务期限延长，东欧和南美的经济自由化使得国内公司获准进入国际资本市场融资。在这些因素的综合作用下，1996 年三季度，新兴国家债券发行额达到创记录的 207 亿美元，估计全年新兴市场所接受的国外投资及商业贷款总额将达到 2 250 亿美元，与 1995 年的 2 080 亿美元相比，将增长 8.2%。其中增长较快的是私人资本的流入，尤其是亚洲地区凭借其骄人的经济增长而成为全球投资的热点。另外，在流入新兴市场的资本中，以公司合并和购买等形式进行直接投资的比例加大。大量的直接投资将对受资国的经济发展起到一定的促进作用。

总结 1996 年的国际资本市场，我们可以用以下三句话来加以概括:国际金融市场蓬勃发展,在世界各主要市场上的股票及债券发行量均大幅增长;在美国和欧洲市场上,股票价格全年大幅上涨,升势不减;对欧洲货币联盟是否如期实现以及第一批参加国的猜测和预期,成为债券、股票及衍生产品市场走势的一个重要影响因素。

(三)国际黄金市场出现动荡,黄金储备略有减少

近几年来黄金市场一直相对平淡,但在过去的一年中金价却出现了大幅波动。年初由于西方外汇市场较为稳定,投资基金纷纷转向各类证券市场和黄金市场,黄金在投资组合中所占比重明显上升,致使金价出现了有力的反弹,为低迷的黄金市场带来几分活力。在新年伊始短短的一个月内,金价相继突破每盎司400美元、410美元等阻力价位,在2月2日攀升至418美元的6年最高价。但随后金价转而持续大幅下挫,接近年底跌至每盎司337美元的低点,与年内最高点相比,波幅达19.4%,大大超过了近几年6%至8%的平均水平。

支持年初金价弹升的短期因素,基本上可以归纳为西方经济暂时放缓,利率趋降;美国政府及国会为预算问题争持不下;欧洲各国央行因对单一货币缺乏信心而回购黄金等几点原因。但这种反弹是暂时的,它无法从根本上扭转金价的低迷走势。因而在这些短期因素的作用消失后,金价出现了更猛烈的下跌。

分析造成黄金市场颓势的原因,主要同市场对黄金的投资需求下降有关。由于持有黄金无法生息,因而一般说来其保值作用只有在出现恶性通货膨胀、政局更迭或金融风潮等情况下才能较明显的体现出来。而近年来国际政治、经济、金融局势相对稳定,主要工业国严格控制通胀,实现了低通胀下的经济增长。1996年以美国为代表的全球股市普遍看好,新兴市场也已完全摆脱了墨西哥金融危机的阴影,重新吸引大量投资;汇市则因美国经济增长健康及利率优势成为游资热点,美元兑马克、日元稳步上升;再加上各种衍生投资工具日益普及等因素,黄金市场备受冷落是不可避免的。另外,部分欧盟国家为达到"趋同标准"而调整黄金储备,通过出售部分黄金储备来降低财政赤字和国债也促成了金价的下跌。

(四)1995年以来国际金融风波迭起,金融风险呈现加大趋势

近年来,金融风险明显加大,尤其是在金融衍生产品的交易上风波不断,这些事件引起国际金融界的强烈震动。继1995年2月享有200年盛誉的英国巴林银行因内部管理上的疏漏,其新加坡分行的交易员尼克·里森越权操作日经指数期货亏损9亿美元而破产以来,一系列的金融丑闻不断曝光:

——全美最富裕的郡县之一——加州橙县由于包括各种衍生产品在内的证券市场价格暴跌而使由其管理的投资基金遭受了25亿美元的亏损,以致于宣告破产。

——纽约银行家信托公司因涉嫌欺诈,向客户隐瞒衍生产品投资的风险性,致使辛辛那提州吉布森贺礼公司(Gibson Greetings Inc.)蒙受了2 000万美元的损失,从而遭到后者的起诉。

——法国第二大国有银行—里昂信贷银行由于内部决策失误以及徇私舞弊而使该行帐面出现了120亿法郎的巨额亏损。

——1995年9月下旬,日本第十大银行大和银行正式对外承认该行纽约分行一位高级交易员通过做假帐的方式,在过去的11年间隐瞒未经授权的交易,造成11亿美元的亏损。大和银行准备出卖部分资产并推迟注销坏帐来弥补这一令人难以致信的巨额亏损。这一丑闻暴露了大和银行内部管理上的严重问题,消息传出引起了极大的震动。许多国家的银行纷纷暂停对大和银行的资金交易,大和银行的股票也被迫在交易所内停止交易。

——1996年6月14日,日本住友商社宣布,由于交易员滨中泰男越权违规操作铜品期货交易,长期作假帐隐瞒亏损,10年间共造成26亿美元的损失,成为迄今为止日本乃至全球金额最大的一宗期货经营亏损。

近年来金融风险的异常加大,主要原因是在世界性金融自由化浪潮发生以后,国际金融体系在规模、复杂性及地域范围等方面都急剧扩大。据BIS的资料显示,七国集团国家(除英国外)之间跨境的债券和股票交易额在国内生产总值所占的比重从1985年的35%上升到去年的140%。1995年4月各中央银行对于衍生产品市场的调查表明,衍生工具交易合约的名义余额仅在场外交易市场就超过了400亿美元。

另外,继放宽存款利率、业务范围之后,西方各国已实际上取消了对于跨境设立金融机构的限制。放宽金融管制,实现金融自由化有利于资本在国内及国际范围内更加有效地配置,降低金融服务的成本,并为各类金融机构提供了规避风险的新手段。但与此同时,金融自由化也使得许多金融产品的价格骤然失去了金融管制的束缚,波动幅度加大;金融机构则因竞争的加剧而进一步扩大业务范围,风险业务迅速膨胀。尤其是对衍生产品的使用,一方面为投资者提供了转嫁风险和获取高额收益提供了工具,但另一方面又由于其高度的杠杆性、集中性和高复杂性极易引起巨额亏损,进而诱发金融市场动荡甚至危机。

事实上,金融风险的加大已经引起了金融界(尤其是各国中央银行以及国际清算银行、巴塞尔委员会和国际会计准则委员会等国际金融组织)的高度关注,加强对金融衍生工具监管、强化商业银行风险自律的呼声日益高涨。然而,迄今仍未见到特别行之有效的监管手段和风险管理手段出台,因此金融衍生工具风险而造成的重大损失依然频频出现。这一方面表明金融衍生工具的高度复杂性使金融监管和风险管理的难度加大;另一方面,也反映了各国中央银行、商业银行和非银行金融机构对金融衍生工具踯躅不决的态度。这是由于金融行为作为一种商业行为决定了金融业的发展过程中必然伴随着风险,完全消除风险的想法无疑是不现实的。实际上,在一定程度上可以说"效率"与"风险"是并存的,尤其是作为金融自由化的产物的衍生工具,其两面性表现得尤为明显。如何平衡效率与风险无论对于金融机构本身还是对于监管当局来讲都的确是一个难题。对于商业银行和非银行金融机构而言,限制金融衍生业务不仅会造成衍生业务收入的下降,而且极有可能会连带冲击传统业务本身 。对于中央银行来说,限制金融衍生业务将对金融业,对国民经济,尤其是对外经济,产生不可忽视的影响,因而也不愿骤然采取过为严厉的措施。所以,实际上当各国中央银行和商业银行在金融自由化与加强监管之间面临两难选择时往往会向前者倾斜。

(五)国际金融业兼并与重组再掀浪潮,竞争格局与业务方式呈现新趋势

90 年代以来,国际银行业掀起了新一轮的兼并浪潮。在 1995 年发生的两起大的合并意向,再次引起世人的极大关注。1995 年 3 月,日本三菱银行与东京银行宣布合并,成立东京三菱银行。同年 8 月,美国大通曼哈顿银行宣布将与化学银行合并。1996 年 4 月 1 日,这两项合并计划实现,并开始正式营业。新的东京三菱银行资产总额约为 77 万亿日元(约合 7 240亿美元),成为世界上资产规模最大的商业银行。而同日组成的大通曼哈顿银行公司其总资产超过 3 000亿美元,成为美国最大的商业银行。此外,中小规模的兼并为数众多,不胜枚举。其中较大的有荷兰银行与阿鹿银行的合并、荷兰 ING 集团收购巴林银行、德国黑尔福德储蓄银行与黑尔福德城市储蓄银行合并、日本住友银行收购大和银行在美国的业务和资产、加拿大汇丰银行收购加拿大巴克莱银行的商业银行业务,等等。

一般说来,银行合并行为可以达到下述目的:扩大经营规模,获得规模金融效应以增强竞争实力;拓展业务范围,谋求优势互补;降低经营成本,提高盈利能力;实现综合化经营以分散风险。这是国际银行业兼并的内在动因。从总体外部环境看,近年来的金融自由化浪潮为银行收购兼并提供了较为宽松和有利的条件,就连一贯较为注重反托拉斯法的美国对银行兼并的立场也有所松动,因此银行兼并事件频频发生。据统计,在过去的六七年中,由于兼并,美国银行数目减少了3 500家,降幅达 25%。另据美国银行工会主席泰勒估计,今后 5 年,美国银行的兼并将继续扩大,银行数目将由现在的 1 万家减至 2000～5000 家。此外,金融自由化带来国际银行业竞争的日趋加剧。随着世界经济增长速度减缓,传统业务衰退,银行的收益率逐年下降。尤其是日本泡沫经济破灭后遗留下来的大量呆帐、坏帐使日本金融业负担沉重,一些中小银行相继倒闭,大银行也是步履维艰。作为针对银行困境的应急措施,日本的一些银行便选择了兼并之路。

国际银行业日益激烈的竞争迫使银行不断更新技术,新的金融品种和新的银行技术一直在不断涌现。计算机技术的飞速发展,更加推动了银行业务方式的转变。电子银行业务的发展呈现加速趋势,电话银行、智能卡、无人银行、电子货币等技术发展迅速。但在过去的一年里最为引人注目的无疑当属世界第一家互联网络银行—"安全第一网络银行"(Security

First Network Bank)的成立及上市。

1995年10月18日,安全第一网络银行正式开始营业。它给客户提供的是一种以互联网络为基础的全新的服务手段。没有营业大厅,没有营业网点,顾客只要有一部与国际互联网(Internet)相连的电脑就可以在任何时间、任何地点办理该银行提供的各项业务,如开户、存款、支付帐单及各项转帐服务,另外还有外币买卖、长期存款和信用卡服务。客户还可以在网络上申请获得房屋及汽车贷款、购买保险、通过经纪人买卖各项金融产品等。如需存取现金,只要到邻近的提款机用金融卡操作即可。对客户而言,利用网络银行可以节省很多时间及奔波之苦。而且这种银行一年365天,每天24小时开放,极大地方便了客户的需求。对银行来说,网络银行的开通,省去了传统银行所必需的营业大厅、分支机构和大量的雇员,从而大大降低了经营成本。据美国权威机构的调查,各种银行服务手段的平均单项交易成本有着很大差别。传统银行网点的单项交易成本为1.07美元;电话银行为0.54美元;自动柜员机为0.27美元,而互联网络银行只需0.10美元,其成本上的巨大优势可见一斑。

安全第一网络银行成立后银行业务增长速度很快,每月增长率达到100%。目前该银行的客户已近4 000个,遍及美国50个州并正以每月650人的速度快速增长,存款高达900万美元,而该银行所雇佣的业务人员却只有15人。然而更具轰动效应的要算是1996年5月的安全第一网络银行的股票上市。上市当天即翻了一番,其股票价格从每股20美元被炒至41美元。由此可以看出投资者对网络银行发展前景的信心。

目前,世界各大银行纷纷准备提供网上业务。据安全第一网络银行执行总裁詹姆斯预计,在未来一年内在互联网络上提供金融服务的银行将发展到200余家。根据美国权威金融调查机构ERNST&YOUNG公司的分析,1997年互联网络银行所进行的银行交易量将占到银行交易总量的15%。而另外一项预测则表明,在未来的三年里,仅在北美就至少会有500家银行通过互联网络提供银行服务。可以预计,一场改变金融业服务方式的无声革命将很快席卷全球。

(六)欧洲各国确立了单一货币的实施纲领,欧洲货币联盟获得突破性进展

1991年的马斯特里赫特条约提出了建立欧洲货币联盟,实行单一货币的目标。近年来欧盟成员国间对此多有争论,焦点集中在马约中的“趋同标准”上,即货币联盟成员国的主要经济指标必须在规定的范围之内。如:价格稳定,通货膨胀率不能超过价格最低的三个成员国的年平均通货膨胀率的1.5%;健全的公共财政,政府预算赤字不超过本国GDP的3%,公共债务不超过本国GDP的60%;稳定的汇率,本国货币加入欧洲货币体系汇率机制至少两年;无差别的低的长期利率,长期债券(十年期国债)收益率不超过最稳定的三国平均水平的2%等,而欧盟的15个成员国中,大多数在短期内尚无法达到“趋同标准”。

建立欧洲货币联盟不仅是欧洲经济一体化发展的需要,也是欧盟经济政治地位的象征。欧盟各成员国对建立货币联盟已经经过了长时间的准备,如果出现推迟,必然引起政府声望下降,以及金融市场的剧烈动荡和严重的经济货币危机,使欧洲经济一体化受到严重挫折。正是基于这种认识,欧洲货币联盟的各国,尤其是两大主角德国和法国已加强了在立法、财政和货币政策等方面的协调,统一的进程在1996年取得了较大进展。

1996年10月16日欧盟委员会正式提出了关于实行单一货币欧元的三个文件:《欧元使用的法律地位》、《确保经货联盟第三阶段预算稳定公约》和《加强经济趋同程序与新的货币兑换机制》,其核心内容分别是确立欧元的法律地位、制订货币稳定公约和欧洲货币体系的汇率机制。这三个文件为未来欧洲统一货币的运作勾划出了一个清晰的轮廓,这是欧盟继1995年底马德里首脑会议确定货币联盟时间表之后,在货币联盟建设方面采取的又一实质性步骤。1996年12月14日在爱尔兰首都都柏林欧盟首脑会议上,欧盟15国领导人签署了欧洲统一货币最后期限公报,规定1999年1月为欧洲货币联盟的起始日期,届时欧盟统一货币将投入使用;这次会议还确定了欧元七种面值纸币的样币,从而标志着欧元正式诞生。欧盟都柏林会议表明欧盟单一货币筹备工作已经取得了决定性的进展,同时也表明欧洲一体化已进入发展的更新阶段。

附表 3　西方主要国家的国际储备

	1991 年	1992 年	1993 年	1994 年	1995 年	1996 年
	全部储备(黄金按 35 盎司合 1SDR 折算) 单位:百万 SDR,以期末数据为准					
世界储备	704 647	726 156	798 121	856 484	981 740	1 118 704
发达国家	428 438	424 229	440 423	460 700	514 121	574 900
美国	55 769	52 995	54 558	52 510	59 467	53 694
日本	51 224	52 937	72 577	87 062	124 125	151 511
德国	42 375	69 489	59 856	56 325	60 517	61 176
英国	29 948	27 300	27 420	28 739	28 910	28 390
发展中国家	276 210	301 927	357 699	395 783	467 620	543 804

资料来源:IMF:Iaternational Financial Statistics,1997 年 4 月。

关于欧元法律地位的文件规定,欧元从 1999 年 1 月 1 日起在法律上将成为欧盟内实行统一货币国家的唯一合法货币。1999 年 1 月 1 日至 2001 年 12 月 31 日的三年为过渡期,在此期间将确定欧元同各成员国货币的汇率,其中欧洲货币单位(ECU)将可以一比一的汇率兑换欧元,从而保证汇率上的连续性。自 2002 年 1 月 1 日起的半年内,欧元将取代各成员国货币,从 2002 年 7 月起原货币将停止流通。

预算稳定公约的目的在于保证欧元的稳定,规定各成员国除非遇到特殊情况,财政赤字不得超过 GDP 的 3%,否则将向欧洲中央银行交纳一定数量的保证金;如果在一定期限之后仍然不能重新达到 3%的标准,则该保证金将成为罚款,进入欧盟预算。可以认为,预算稳定公约中规定的这种惩罚措施的主要目的是为了确保未来欧元的"硬通货"地位。

关于加强经济趋同程度与新的货币兑换机制的文件规定,在欧元国与非欧元国之间建立一种新的欧洲货币体系汇率机制,即以中央汇率为基础,以该体系的中心——欧元来确定汇率,欧元与非欧元国的货币汇率浮动幅度较为宽松,为上下各 15%。新机制的目的在于防止出现竞争性货币贬值,扰乱欧盟内部大市场的正常运行。

欧盟统一货币的实行将会对世界政治、经济新格局产生重要而深远的影响。首先,欧洲货币联盟的实现会极大地增强欧洲各国间的凝聚力,并对欧洲政治联盟的建设产生巨大的推动作用,从而促使欧洲一体化的进程进一步向前发展。其次,货币联盟将促使欧盟内部统一市场更加完善,可避免汇率动荡对经济产生的负面影响,消除了汇率风险和免除兑换费用,促进各成员国经济发展和创造就业机会,从而为欧盟的经济发展注入新的活力。第三,单一货币实行后,欧元必将成为主要国际储备货币和国际结算货币之一,国际储备体系结构将发生重大变化。据 TMF 统计,1995 年底在发达国家外汇储备中,美元居第一位,占 53%;马克为第二位,占 16%;欧洲货币单位居第三位,占 12%;日元居第四位。欧盟货币统一后必将形成欧元、美元和日元三足鼎立的储备格局。上述几个方面的影响综合起来将使欧盟在国际经济与政治领域中的实力地位得以提高,有利于欧洲国家在国际事务中同美国分庭抗礼,使美国的霸主地位进一步受到削弱,有利于世界经济、政治多极化的平衡发展。

1997年东南亚金融危机的原因和启示

中国国际研究中心　　陈德照

一

在泰国金融危机中，国际投机资本的冲击起了重要作用。但国际投机资本之所以能在此时此地采取如此大的动作并且得逞，是由于以下几个原因：

经济结构的矛盾发展到了严重程度，人们对泰经济前景发生动摇　泰国的储蓄率虽然较高，但用于房地产等投资过多，用于基础设施和科技部门投资过少。历次五年计划，研究开发费用都严重不足。1992～1996年的"七五"计划，用于研究开发的年度预算仅2亿美元，只占国内生产总值0.14%。1996年在曼谷工业区内设厂的外国投资者，已很难雇到合格的技术人员和管理人员。制造业中，连一般的工程师和技术人员，甚至连熟练工人和服务部门的专业人员也非高薪征聘不可。1996年8月15日《远东经济评论》文章认为，80%以上的泰国劳动力没有受过小学以上教育，教育滞后已成为泰经济发展的"最大障碍"。泰国一向以发展劳动密集型产业见长，但现在泰国的劳动成本却比邻国高出2～3倍，使泰国劳动密集型产业失去了优势。90年代中期，劳动密集型产业已成强弩之末，新兴产业的发展又困难重重，加上基础设施等矛盾比过去更加突出，泰投资委员会官员称，交通阻塞每天给泰经济造成330万美元损失，1996年曼谷地区的劳动生产率因此损失1/3，估计两年后将损失1/2。对此，泰国政府却未能拿出有力的调整措施，严重动摇了人们对泰经济发展前景的信心，从根本上为金融动荡埋下了祸根。

由于出口受阻等原因，国际收支严重失衡，外债负担日益沉重　长期以来泰过分依赖来料加工和电子工业等单项商品出口。泰执行出口导向战略，一时很有成效，但由于过分依赖来料加工，在出口增加的同时，进口额也随之大增。据统计，泰每出口1美元商品，便有60美分来料进口，产品的技术含量很低。1996年美国等国家对电子产品需求骤减，位于泰出口第一位的电子、电器出口额剧降，整年的出口增长为零，成为1996年泰国经济增长下降的重要原因。出口停滞，奢侈品等进口却居高不下，形成巨额经常项目逆差，1996年达162亿美元，占国内生产总值8.3%，同墨西哥比索危机前情况相差无几。经常项目逆差主要依靠外债弥补。1997年上半年，泰外债总额达850亿美元，其中短期外汇债务440亿美元，占51%，超过整个外汇储备。泰国的外债大部分是在90年代短短几年中筹集的。1993年至1996年，涌入泰国的外国贷款有500亿美元之多。法国的《商报》对此评论说：由于"在短期内筹集了弥补经常项目赤字所需的资金而变得非常容易发生支付能力危机。"

近一二十年来，泰国金融业发展很快，但也存在一些致命弱点　一是金融机构的建立和运行缺乏严格的规章制度和金融纪律。许多私人金融机构建立时就不符合现代金融业要求，自有资金占资产比重过低。它们向泰国金融机构发展基金提供的资金一般不到储蓄总额1%，加上平时风险意识薄弱，一有风吹草动，便陷入困境。金融动荡开始后，40多家金融机构很快处于实际倒闭状态。它们占金融机构总数一半左右。二是对房地产投资过多，形成大量呆帐和坏帐。房地产占商业银行贷款总额比重高达29%，实际还要高，有人估计占50%。房地产业一旦低迷，便形成大量呆帐和坏帐。1992年至1996年，仅曼谷新建成的住宅就有76万套，但有30万套公寓住房既卖不出，又租不出去。全国积压房达80万套。这种呆帐、坏帐虽非一天形成，但一旦形势动荡，便成为金融机构倒闭的重要原因。三是泰铢钉住美元的汇率机制同国际金融形势变化不相适应。美元大幅度升值固然对泰不利，美元大幅贬值对泰经济也不好。过去在泰国经济发展势头良好情况下，加上日本在泰贸易、投资中的地位还不像今天这么重要，美元大幅升降的影响不怎么明显。今天，泰国内经济形势及其所处国际经济环境和80年代有很大不同。泰铢硬要钉住美元，必然给国际投机资本造成可乘之机。

总之，泰国和东南亚金融危机是国内、国际多方面、多层次原因交叉作用的结果。我们不应低估国际投机资本的破坏作用，但主要是泰国国内宏观经济形势、国际支付能力、国内金融形势和体制出了问题，从而为国际投机资本的的破坏活动提供了机会和土壤。

二

到目前为止，东南亚金融危机已给有关国家经济造成重大损失。以泰国为例，泰铢一再大幅度贬值；股票市值与高峰期比较下降70%；预计今年经济增长率只在4%左右，通胀率则会高达8～9%。

尽管如此，东南亚经济经过短暂喘息后，仍会正常发展。

这是因为，第一，东南亚经济近一二十年来高速发展是由政治、经济等多种因素决定的。不能排除金融危机在个别国家引起政治动荡的可能性，但从整体看，东南亚国家近几年发生政治大动荡的可能性不大。今后一个相当时期，这些国家仍将维持较高的储蓄率。公众对于发展经济仍将具有强烈愿望。

其次，这次金融危机是在东南亚经济高速增长过程中发生的，是对高速增长中出现的各种弊端的一次强迫性“自我调节”。东亚其他国家，特别是中国仍保持经济良好增长势头。目前中泰经贸关系大幅度增加，日本经济也在恢复增长，这些都有助于泰国等经济渡过难关和复苏。

第三，这次金融危机中，东南亚各国情况不平衡，新加坡元只少有波动。印尼状况总的看也较好，经常项目赤字只占GDP3.8%，明显低于泰国的8.3%；雅加达商用房的空房率只有7%，高档房还供不应求。菲律宾情况虽稍差，但泰国金融动荡后，行动较快，采取措施较早，有助于减轻危机的影响。

第四，泰国政府在决定接受国际货币基金组织援助后，准备实行6项措施，主要是改革金融机构，全面解决金融方面存在的问题。实现这些措施后，泰金融形势有可能稳定下来。

第五，世界经济正在稳定增长，铢等货币贬值有助于这些国家增加出口。今明两年，东南亚经济增长速度虽会降低，但整体讲，它仍将是世界经济增长最快的一个地区。金融危机不会根本改变东南亚作为世界经济重要增长中心的战略地位。

东南亚金融危机目前虽然还没有结束，今后一段时间还可能出现一些余波，恢复地区经济秩序也会遇到不少困难，但目前主要问题是东南亚国家能否从这次危机中吸取应有教训，在解决深层次结构性问题方面采取有力措施。这关系到泰国和东南亚经济经过这次被迫进行的“自我调整”后能否顺势走上一个新的阶梯。

这次金融危机是东南亚国家在近30年持续发展中首次出现的金融大震荡；是继墨西哥之后，新兴市场经济在3～4年时间里出现的第二次危机。它迫使人们去思考：经济迅速发展中国家哪些地方出了问题？今后还会不会有第三、第四次危机？它们可能在哪些国家出现？墨西哥以及拉丁美洲国家从危机中吸取教训后，经济步入了新的发展轨道。这给东南亚国家提供了重要启示。国际货币基金组织的介入和国际社会提供的援助给泰经济输入了生机。泰国舆论认为，只要上下同心协力，执行振兴经济的计划，泰国经济会出现新的“转机”。这个转折期大致需要5年到10年时间。在这之后泰国和东南亚经济有可能进入一个新的发展阶段。

但东南亚国家要实现经济的这种转折也面临不少困难。由于这次危机是在经济高速增长过程中产生的，不是经济衰落的结果，目前人们虽然已纷纷要求变革，但主要还是希望结束眼前这种混乱状况，使经济恢复“正常发展”，对深层次问题的变革和解决，准备仍嫌不足。其次，由于这次危机在东南亚各国的发展是不平衡的，波及和影响较小的国家，对深层次变革迫切性的认识是否充分，也尚有待观察。第三，目前这些国家教育和科技力量同经济进一步发展要求间的差距普遍偏大。泰国目前的教育机构每年只能满足对工程师和技术人员需求量的40%。最后，深层次变革涉及利益集团的矛盾，这给改革增加了难度。可以预料,今后东南亚经济发展道路将比过去艰难。

三

从客观经济角度看问题,东南亚金融危机给我们的启示似可归结为以下几点:

全面看待对外开放的效益和影响 开放为我们的发展提供了巨大机遇,这方面我们已有很多论述;也增加不少风险,这方面我们讲得不够。从东南亚金融危机的情况看,开放的经济风险主要来自三个方面。

首先,由于经济相互依赖加深,世界上任何国家经济的较大变化都对其他国家产生程度不同的正、反面影响 特别是美国等世界经济大国,国内经济形势发生变动,包括股市、汇市变化,对全世界有重要关连。多年来我们注意得多的是,美国等西方国家经济衰退和危机对世界的影响,对其经济强势发展给发展中国家带来的经济、政治问题却研究不够。这次泰铢贬值恰恰是90年代以来美国经济强劲增长、国际竞争能力明显提高,同泰国失去劳密型产业优势,在发展新兴产业方面又无良策,二者之间形成明显反差的结果。1997年第一季度,由于美元坚挺,马克等西方主要货币汇率都较大幅度下降。与1996年同期比较,4月初,美元对日元汇率由1:107上升到1:122,对德国马克汇率由1:1.48上升到1:1.69。在公司和企业层面,由于信息革命和广泛采用新科技结果,美国企业的竞争能力明显提高,增加了外国商品进入美国市场的难度,使泰贸易赤字上升。这种情况下,泰国和东南亚国家货币迟早要贬值。有关当局迟早要对汇率作出适当调整,否则会严重阻碍出口增长。

其次,同世界经济接轨过程中潜藏着各种风险 当多种风险同时发生时,容易酿成危机。1996~1997年泰国国际收支所以出现严重困难,电子产品出口受阻是重要原因。与此同时,许多传统出口商品也出了问题。1997年第一季度,泰大米出口比上年同期剧减30%以上,其中60%是高等级米。1996年,泰成衣类出口较上年减少16.7%,鞋类与杂项制品也呈两位数衰退。旅游业历来是泰国际收入重要来源。由于污染和基础设施落后等原因,近年来旅游收入呈下降趋势。旅游支出却随出国旅游人数增加而上升。这些对陷入困境的国际收支起了雪上加霜的作用。正当经常项目危机四伏时,资本项目出了问题。由于外资纷纷流入中国、缅甸、拉美等国,流入泰国的外资减少了。泰国被迫大幅度提高利率。5月份,短期利率从上月8.4%提高到22.5%,6月更提高到36.6%。这却引起股市暴跌,贸易、金融、股市风暴相继出现、互相促进、形成恶性循环,终于一发而不可收拾。

最后,贸易和金融自由化带来的风险 贸易、金融自由化是当前世界经济的大潮流。发展中国家应当积极地投入到这个潮流中来。问题是当前世界经济秩序仍是一种旧秩序。各国经济发展水平和贸易、金融自由化程度差别悬殊。发达国家利用自由化对发展中国家施加压力,要求它们承担与其国力不相应的自由化进程和速度。如果发展中国家不能结合国情,量力而行,采取既积极又谨慎立场,便会给经济造成巨大损失。有关地区在总结这次危机时认为,东南亚金融风暴的"最大启示"是这些国家资本项目开放太快,太依赖外资,使投机性的短期资本能够自由进出,对美元供求造成巨大冲击。与此同时,这些国家又坚持本国货币钉住美元的做法,在制度上为投机资本兴风作浪留下空隙。

注意高速增长掩盖的矛盾与问题 它们主要表现在四个方面。一是部门间发展比例失调,交通、能源、农业等发展滞后,影响经济的有效增长。东南亚国家情况虽然各不相同,但程度不同地存在这些问题。泰国由于重视发展农业,即使发生了金融危机,目前国内农产品供应仍然充分,成为泰国能够稳定局面的重要原因。但泰交通发展滞后。印尼则农业滞后,农产品价格昂贵,提高了工业制成品的出口成本。菲律宾许多城市电力奇缺,企业因此开工不足,影响外国企业对菲投资。二是人口和环境污染日益严重。东南亚人口问题主要不在于本国资源能否养活本国居民,而在于如何提高人口素质,使之适应新时期的竞争。随着经济发展,这方面问题变得日益严重。美国前劳工部长罗伯特·赖克认为,在科技革命时代,真正竞争力的来源不再是经济和企业,而是社会和人才,否则一个国家永远只能沦为"装配工厂。"泰国大量引进外资有效地提高了经济增长速度,但多年来,国际舆论也担心,泰国有可能成为日本的

"经济殖民地",主要就是因为泰缺乏有效地利用和管理外资的人才。在环境保护和治理方面,东南亚的情况也不平衡。新加坡在治理环境方面已站在世界前列,但其他国家情况却相当严峻。联合国亚太经社理事会的报告说,一些亚洲城市空气中,二氧化硫和尘埃含量比发达国家高几十倍,甚至几百倍,认为这最终将成为亚洲经济发展的障碍。曼谷街头交警要戴口罩值勤,这种情况已严重影响泰国吸引外资的能力。三是人们满足于经济高速增长,对产品质量和更新换代注意不够。东南亚国家至今尚未发生韩国那样的大型百货大楼倒塌事故,但建设中的大型设施不符合质量标准的报道已时有所闻。更重要的是,东南亚国家普遍存在产品更新换代缓慢、出口产品中新科技产品匮乏的问题。泰国的电子产品主要是电子工业中技术含量低、劳动力成本比重高的产品。国外市场一旦不景气,出口受阻的首先是这些产品。四是经济形势良好时,股市常常以高于经济增长的速度发展,结果形成程度不同的泡沫经济;经济形势恶化时,股市又以更快速度下滑,使经济形势更加恶化。这种特点在这次危机中表现得十分明显。增长速度越高,股市膨胀越厉害的国家,危机征兆出现后,股市降幅一般也越大。针对上述情况,舆论认为,今后不能像日本、泰国那样,在危机发生后才对股市采取严格调控措施,而应在经济状况良好时,就使股市健康发展。金融"自由化不代表央行放手不管"。

不久前,泰国发展研究所负责人阿马尔·暹瓦拉说,这次引起亚洲的恐慌的主要教训是:"8%的增长掩盖了大量的错误行为。"美国《国际日报》8 月 5 日社论认为,"要稳定汇率及防止货币受投机型攻击,唯有确保健全经济的发展",都注意从宏观经济角度总结这次金融危机的教训。

即使是行之有效的发展模式,也要及时进行改革,否则会成为经济社会进一步发展的障碍 日本和泰国从两个不同角度向我们提出了警示。这次危机前,新加坡、马来西亚、印尼等虽然都已提出下一阶段战略目标,如马亚西亚 1991 年就提出,到 2020 年把马来西亚建成"充分发达的国家";印尼于 1994 年提出,从 1994 年起的 25 年内,使印尼人均收入翻两番;菲律宾则提出,到本世界末要加入新兴工业国家行列,于 2025 年前把菲建成工业化国家。问题是,这些国家未能根据这些新的战略目标,针对过去几十年中积累的问题,切实解决经济发展中存在的结构性矛盾。

这种矛盾大致是两种。一种是部门和地区之间的失衡。上面提到的基础设施严重滞后等问题便属于这种矛盾。另一种是同技术革命和世界经济发展比较,整个国家的经济结构滞后,需向更高层次调整。两种经济结构调整都十分重要。从这次金融危机看,前者是引发危机的直接原因,但后者却是危机爆发的根本原因。危机发生后,人们对结构失衡的危害性,认识比较一致。到目前为止,泰国等国家针对危机采取的措施,大都也是为了解决金融领域本身的问题以及经济结构失衡引起的矛盾。对于深层次的矛盾和结构升级问题,目前尚未提出系统解决办法。马来西亚已经推出一些大的建设项目,如与印尼合作修建一座"令世人瞠目"的,长 95 公里横跨马六甲海峡的大桥;投资 108 亿美元围海造地 6 300 公顷来建一个深水港,一座国际机场和一个工业园区。这些项目上马会提高经济增长速度,但并不能解决经济结构的更新换代问题。这些国家能否有效地解决这些问题有待进一步观察。

继墨西哥金融危机之后,东南亚金融危机再次向发展中国家和新兴市场显示:金融业不是一个局部性领域,它牵一发而动全身 进行现代化建设必须有金融意识。美国《华尔街日报》1997 年 8 月 6 日文章在评论东南亚金融危机给人的启示时说:东南亚金融业正在成熟,东南亚已经了解到,金融规章和经济管理在经济增长方面再不应处于次要地位。目前,东南亚一些国家和地区纷纷提出,要及早建立金融自由化规范与纪律,加强金融监理等制度,以防范金融风险发生。有的则建议,调整股市投资结构,加强法人投资比重,加速共同基金的审核。有的则认为,应在东南亚建立防范金融风险的具体操作机制。东南亚金融危机后,经济安全问题将进一步提到地区合作日程上来。金融问题将在经济安全合作讨论中占据更重要的位置。

世界著名金融机构及其国际管理的文化背景分析

中央财经大学金融系 黄 琦

(一)世界著名金融机构简介

荣获 1996 年《欧洲货币》全球金融业最佳成就奖的银行及其他金融机构

在国际金融界享有较高权威的《欧洲货币》杂志,每年都要根据世界各国金融机构在上一年的盈利状况、经营特点、业务创新能力及同业竞争能力等方面的业绩表现,评选出年度全球金融机构最佳成就奖。由于该奖项能够比较真实、客观地反映出国际金融领域的发展以及世界著名金融机构经营状况与实力对比方面所发生的变化,因而受到了广泛的关注。

为了确保评选的公正性和真实性,《欧州货币》杂志制定了一套评选程序。编辑们在大量的问卷调查、记者访问和不同公司盈利状况的比较基础上,先拟定一个初步名单,然后,要求名单上的候选者提供一 份报告,说明自己在被提名的领域所具备的优势和获奖资格。接着由《欧洲货币》的两位编辑在为期一个月的时间内尽可能地与候选者交谈,集中核实各公司的质量、管理结构、业务重点、创新能力与获利能力及其排名等。最终的获奖名单是由《欧洲货币》高级编辑组成的一个委员会来决定的。

1996年度《欧洲货币》最佳成就奖于 7 月揭晓。此次评选的奖项范围比以往有所扩大。为了反映国际金融市场结构的变化,该奖增添了一些新的奖项。譬如在衍生产品市场上,除了原有的最佳衍生产品经纪、最佳风险顾问奖外,又新设置了最具创新的衍生产品经纪奖;在二级市场这个往往被各种评奖活动所忽略的领域,新设了最佳国际股票经纪公司奖;在债务及股权研究领域,《欧洲货币》开设了两个新研究奖:最佳国际股权研究机构和最佳新兴市场研究机构奖。另外,此次评奖除了评出 28 个项目的最佳成就奖外,还分别根据地区和国别评选出了当地的最佳金融机构。通过此次评选结果,我们可以更加全面地了解世界著名的一些大金融机构在经营管理方面的特点及其发展变化。

分享 1996 年《欧洲货币》28 个最佳成就奖的金融机构分别是:

美国花旗银行(Citibank)最优秀银行奖(Best Bank)、最佳外汇银行奖(Foreign exchange bank)、资产抵押债券最佳承销商(Underwriter of asset - backed debt)

这是花旗银行继 1995 年之后蝉联最优秀银行奖。1995 年美国花旗银行业绩可观,盈利增长至 35 亿美元,资本回报率升至 20.8%。不仅如此,花旗银行在经营战略上也向前迈进了一步。该公司采取了一系列业务举措,以增强它在消费者和公司金融业务方面的优势,并使它从为数众多的强大竞争对手当中脱颖而出。

在消费者业务方面,该银行建立起了高效、便捷、优质服务的银行形象,该业务占其第一季度核心业务盈利(9.82 亿美元)的 52%。在其开展业务的所有 98 个国家中,都可以看到这种“花旗式银行服务”。1995～1996 年间,在其公司金融业务方面,花旗银行进行了重大的战略调整,即从以地区为中心转向以客户为中心的战略。现在,花旗银行组建了一系列的全球小组来处理与其 1 400 个目标市场上的不同客户之间的关系。虽然该银行的资产已经缩减,但是能够适应客户需要,为其提供更为复杂的融资产品(而不仅仅是单纯的贷款),以及在新兴市场上的长足发展,这两方面的优势使得花旗银行受到越来越多的客户的欢迎。

同五年前相比,花旗银行的资产负债状况有了极大的改观,1995 年总资本已达到 277 亿美元。同时,花旗银行的高层领导们很清楚技术、风险管理和人才在保持其银行业领袖地位上的重要性。因此,在技术发展和整个公司内部风险监控与平衡方面,花旗银行下了很大的力气。在人事管理方面,花旗银行大大削减了公司总部的人员,将其转向许多分散面灵活的小机构,以便更好地适应当地的环境。

花旗银行在此次评选中还获得了最佳外汇银行奖。这是它连续第18次获得此项荣誉。花旗银行下属的80个财务中心进行着世界近140种货币的交易。该银行不仅在经合组织国家市场上的远期外汇与外币期权业务中具有极强的竞争力,在新兴市场国家货币的交易中也占据了主导地位。1995年花旗银行外汇业务收益达11亿美元,比1994年翻了一番。同时,新兴市场批发业务亦是花旗银行的一项核心业务,该行在新兴市场业务上制定了明确的经营战略。在公司金融业务方面,花旗银行将其目标市场定位在1 400家最大的公司。1995年从中获得11亿美元的收入,1996年第一季度收入3.93亿美元。在消费者金融方面,花旗银行的服务主要针对的是最具实力的20%的消费者。此项业务在1995年为该银行带来8.04亿美元的收益,1996年第一季度又达到2.24亿美元。这种长期发展战略使花旗银行业务同当地市场的发展息息相关,伴随着新兴市场国家经济的增长,该银行的客户基础也在不断的扩展。正是因为这样,花旗银行此次还赢得了最佳新兴市场银行奖。

摩根·斯坦利集团(Morgan Stanley)最佳筹资商(Capital-raising house)最佳国际股票承销商(International equity underwriter)、最佳兼并与收购顾问(Mergers and acquisitions adviser)和最佳欧洲中期票据承销商(EMTN house)

至1996年6月一年中,该公司在国际债券和股票市场筹资657亿美元。同时,该公司融资范围广、质量高、市场创新能力强,也是它被评为全球最佳筹资商的重要因素。1995年该公司在债务市场180项融资业务中共融资420亿美元,在53项股权及与股权有关的资本项目中共融资237亿美元,其中136亿是为境外发行人筹集的资金。其业务范围涉及有史以来最大的两起非私有化公司股票的首次公开发行,以及第二大可转换债券的发行(为三菱银行筹资20亿美元)等。在这个高度竞争的市场上,摩根·斯坦利在高档名牌产品领域里建立起了自己的客户群,如古姿(Gucci)、巴格瑞(Bulgari)和哈韦·尼克尔斯(Harvey Nichols)等等。

有股权承销方面,虽然摩根·斯坦利在私有化业务中相对落后,但在近年来由于私有化的高潮已过,它在国际股票市场业务中所占的比重下降,从而使摩根·斯坦利凭借其在私人大公司原始股发行中的优势而再次脱颖而出,并被评为最佳国际股票承销商。不仅如此,此次评选中该公司还获得最佳兼并与收购顾问和最佳欧洲中期票据承销商的称号,表明该公司在国际资本市场融资领域占有优势地位。1996年第二季度该公司盈利达3.01亿美元的历史最高水平,投资银行业务额亦增加一倍,证券交易营业额较去年同期上涨29%。同时,该公司1996年二季度回购股份1.15亿美元。

在收购与兼并咨询方面,摩根·斯坦利具有很强的实力。从1995年初以来的世界市场上最大的15起兼并与收购案中,该公司介入了其中的9起,而且,其中4起是由它独立操作的。经它咨询的兼并活动涉及医疗保健、通讯、金融等行业。其中包括奈内克斯(Nynex)收购大西洋贝尔公司、化学银行与大通曼哈顿银行的合并等举世瞩目的兼并案。

美林集团(Merrill Lynch)欧洲及全球债券最佳牵头行(Lead manager, Euro and global bonds)、最佳衍生工具创新奖(Most innovative derivatives house)、最佳国际股权研究机构奖(International equity research house)和最佳股票经纪公司奖(Best brokerage firm)

在将美元债券的发行引进全球债券市场上,美林集团取得了突出成就。最引人瞩目的是为沃尔特·迪斯尼公司发行的26亿美元的全球债券,这是迄今为止公司发债规模最大的一次。除美元债券外,近年来美林集团发行债券种类不断扩大。1995年以来,美林集团共以14种货币发行了债券,并成为法国法郎、瑞士法郎和日元债券最重要的承销商。

除了在债券发行数量上的成绩,美林集团在金融工具创新、国际债券研究以及股票二级市场操作等方面也表现不俗,因而在本次评奖中,美林集团还被授予最佳衍生工具创新奖、最佳国际股权研究机构奖和最佳股票经纪公司奖。

瑞士华宝银行(SBC Warburg):最佳欧洲债券交易商(Eurobond trading house)、最佳欧洲商业票据交易商(Euro-commercial-paper house)、最成功战略兼并机构(Most successful strategic merger)、最佳新兴市

场研究机构(Emerging markets research house)

瑞士华宝银行对欧洲债券市场有着深刻的了解，在此基础上建立起自己独特而稳定的组织结构。其结构上的独特之处在于将信用产品、国债和衍生产品交易严格划分开来，而且，像其他的大交易商一样，不允许做债券信用产品的方向性交易(即不承担该种产品的利率风险)。这样就保证了欧洲债券交易的透明度，并且便于切合客户的需要。所有的信用产品头寸都集中管理，而且使用相似的定价模型。事实上，这些统一管理的头寸是由三部分组成的。第一部分是专注于流动性较强的市场和由自己承销的债券，这部分的交易量占总交易量的65%；第二部分业务主要是资产掉期和结构性产品；第三部分主要交易资信级别较低的债券和信用派生产品。这种结构使得该银行能够对所有主要币种的金融产品提供服务。目前，它是超过12种货币的欧洲债券和全球债券的造市商。

在欧洲商业票据市场上，瑞士华宝银行的交易量占据了1/4的市场份额。其经营上的特点是产品创新能力较强，从而能够依据客户需求提供不同的组合产品。目前，其产品种类已接近400种，涉及19个不同的币种。两年来，欧洲商业票据的币种结构发生了很大变化，美元票据所占比重已由85%下降到50%，这一变化使得华宝银行的优势更加突出。

1994年瑞士银行收购了英国最大的商人银行－SG华宝银行，这是一次非常成功的战略性兼并，实现了两家银行的优势互补：瑞士银行在外汇、债券及衍生产品交易上的优势与华宝银行在公司融资方面的声誉及市场占有率相结合，在短短的一年内使该银行的股本收益率达到了14.1%，这在瑞士所有银行当中是最高的。然而，这样成功的购并活动对瑞士银行来讲并不是第一次。1992年该银行收购芝加哥衍生产品经济奥克纳公司(O'connor)之后，很快就将其管理文化和高级员工转化为自己的有机组成部分。对布林森基金管理公司(Brinson)的收购也是同样的。经过几次收购与兼并，瑞士华宝银行成功地扩展了业务范围，增强了竞争实力，从而跻身于世界超级银行之列。

瑞士华宝银行在新兴市场的研究上也投入了很大力量。该银行278名研究人员中25%分布在以香港为中心的太平洋沿岸地区。在过去的一年中，该银行又在10个国家增加了专门的国别分析人员，还出版了一个全球新兴市场的研究刊物，除了运用发达市场的分析工具外，还专门开发了新兴市场的评估技术。

JP摩根公司(JP Morgan)：最佳衍生工具经纪(Derivatives house)、最佳政府债券交易商(Government bond trading house)

衍生工具投资是JP摩根公司主要的业务收入。该公司在衍生工具的研究、风险管理、咨询和衍生产品创新方面具有良好的声誉。1995年，JP摩根公司为2 000个客户进行了32 400笔掉期业务与利率衍生交易。其帐面合约金额达1.5万亿美元，较1994年增长55%。该公司还经营各主要货币的外汇衍生产品，并开发了短期利率衍生交易业务，其最新业务品种为隔夜指数掉期交易。

除了衍生工具交易外，同其竞争对手相比，该公司的另一优势表现在政府债券的交易方面。JP摩根是当地介入该市场最早也是规模最大的交易商。它在除瑞典外的所有GIO国家的一级和二级市场上都有代理人或分销机构。该公司还具有很强的经济及债务分析能力。它的两项研究成果已成为公认的行业标准。一是包括了16个国家的"JP摩根政府债券指数"，二是它的风险度量与管理工具"风险矩阵"。因此，在本次评选中JP摩根公司还被评为最佳政府债券交易商。

美国大通银行公司(Chase)：最佳辛迪加货款机构(Syndicated loan house)、最佳全球托管机构(Global custodian)奖

辛迪加贷款是大通银行在它与化学银行的合并中最直接获益的领域之一。它的美国辛迪加贷款部的负责人吉米·李在这一行业中经验最为丰富，而他正是来自化学银行。在过去的四年中，大通银行一直是美国辛迪加贷款的最大牵头安排者和提供者。1995年，大通又为西屋电气(Westing－house)收购CBS公司安排了75亿美元的贷款。这是自1989年以来次投资级别购并融资规模最大的一次。现在它正进一步将其业务领域推广到欧洲。仅在1996年第一季度，大通银行在欧洲的辛迪加贷款市场上的交易量排名达到第一位，并在英国的几起购并融资中起了重要作用，融资规模累计达到45亿英镑。另外，在拉丁美洲，大通是1995年最大的拉丁贷款安排者，在亚洲该公司也在积极拓展业务。

大通银行的全球投资者服务部是世界最大的托管机构。据该公司的统计，在其保管下的资产大约有3万亿美元。继荣获1995年度《欧洲货币》杂志最佳全球托管机构奖后，该公司在1995年又赢得了130个新客户。尤其是在与化学银行的合并意向宣布之后，该公司新添了25个客户，托管的净资产增加了1 250亿美元。因而，在此次评选中，大通公司理所当然地再次夺冠。

日本野村证券公司(Nomura)：最佳新兴市场债券承销商(Emerging market debt underwriter)、将新发行人引入市场奖(Best at bringing new issuers to market)

这次是野村证券公司连续第二年保持了其在新兴市场债务承销方面的头号地位。1996年1～5月，它承销的47笔交易帐面金额达到70亿美元。作为最早进入东欧市场的国际金融机构之一，野村证券已获得了对巴尔干地区债务承销方面的垄断地位。在拉丁美洲，尤其是阿根廷和巴西的新债发行市场上，该公司也获得了一定的成功。在墨西哥比索危机之后它为巴西发行的日元债券帮助新兴市场的借款人重新打开了国际市场的大门。在亚洲，其业务集中在武士债券的发行上。

野村证券的业务一直主要集中在国债市场上，目前，它正在准备开展其他信用产品业务，尤其是东欧的私有经济部门。野村证券凭借其迅速进入新开放市场的经验，必将捕捉到更多的盈利机会。

标准渣打银行(Standard Chartered)：最佳改善银行奖(Most improved bank)

由于墨守陈规，1992年该银行的盈利下降到历史最低点。此后，标准渣打银行对其业务活动进行了大刀阔斧的改革，通过出售一些外围业务而增加了公司业务的整体性。近年来，该行集中发展了它在亚洲、中东及非洲的私人、公司和机构银行业务，消费者融资业务，国债以及投资银行业务等具有相对优势的业务项目，并取得了显著的成绩。其资本回报率由1992年的6%增加到1995年的28%；同期每股净收益由6.2便士上升到45.9便士。1995年该行税前盈利达到6.61亿英磅(约合10.1亿美元)，其中68%来自亚太地区。可以看出，标准渣打银行正在由一个老式的松散的银行集团转变为管理良好的，严格控制风险的银行。

荷兰银行(ABN Amro)资本市场最佳改善银行奖(Most improved capital markets bank)

这是该行连续第二次赢得此奖。该行在欧洲债券及全球债券承销方面进展很快，在截至1996年5月的一年中，其排名已由前一年的第14位提高到第2位。1995年该行帐 面交易增长40%。在辛迪加贷款安排方面该行名列世界第12位。继荷兰盾市场的业务成绩外，该行在美国债券市场的业务同样引人注目。

美国银行家信托公司(Bankers Trust)：最佳风险顾问(Risk Adviser)

宝洁公司丑闻曾使该公司在衍生产品交易上的声誉扫地，但这一事件的教训使得该公司加强了对风险管理的重视。它在内部风险监控机制方面的经验使它在过去的五年中成为引人瞩目的风险顾问机构。该机制还被用来计算银行业标准的风险调整后的资本收益率(Raroc)。

作为风险顾问，银行家信托为客户提供的服务不仅包括某一项产品的销售，还涉及公司融资、兼并与收购等行为的风险咨询。它根据客户的不同情况，不仅将其面临的风险量化，它的风险管理建议有时甚至会导致客户完全改变其经营方式。

除上述银行外，还有一些获奖银行，包括：

西班牙桑坦德银行(Banco Santander)：最佳小银行(Best smaller bank)；

巴克莱银行(Barclays)：最佳项目融资机构(Project－finance house)；

巴西贴现银行(Bradesco)：最佳新兴市场国内银行(Domestic bank in an emerging market)。

从地区看，除荷兰国际银行获东欧最佳银行外，西欧、亚洲、拉美和非洲的最佳银行均为花旗银行。同时，荷兰国际银行还被评为亚洲最佳证券商，瑞士华宝银行被评为西欧最佳证券商，奥地利信贷联合银行被评为东欧最佳证券商。

英国《银行家》杂志评选出1996年世界1 000家大银行新排名

英国《银行家》杂志于1996年第七期发布了一年一度的“世界1 000家大银行”重新排名。从这些银行，尤其是前100名大银行的座次变化当中可以总结出国际银行业发展的趋势(见附表4)。

附表 4　英国《银行家》杂志世界 100 家大银行排名(1996 年)

排名			核心资本		资产			资本与资产的比率				税前利润		实际利润增长				资产回报率	
最新排名	去年排名		总额(百万美元)	变动率(%)	总额(百万美元)	资产排名	变动率(%)	今年比率(%)	去年比率(%)	今年排名	去年排名	利润额(百万美元)	变动率(%)	今年增长率(%)	去年增长率(%)	今年排名	去年排名	%	排名
1	7	汇丰银行 英国伦敦	21 445	20.3	351 601	13	12.6	6.10	5.71	517	534	5 692	16.0	12.2	19.5	376	252	1.62	115
2	8	农业信贷银行 法国巴黎	20 386	8.1	386 388	9	7.9	5.28	5.27	618	586	2 511	25.8	23.6	7.2	235	388	0.65	569
3	10	瑞士联合银行 瑞士苏黎士	19 903	4.0	336 188	16	12.3	5.92	6.40	542	642	1 751	-5.0	-6.6	na	617	na	0.52	692
4	9	花旗银行 美国纽约	19 239	11.8	256 853	28	2.5	7.49	6.87	346	404	5 608	21.1	17.8	56.3	311	86	2.18	96
5	2	第一劝业银行 日本东京	19 172	1.9	498 625	4	2.0	3.85	3.85	819	790	1.610	99.6	99.9	22.4	59	229	0.32	707
6	11	德意志银行 德国法兰克福	18 937	8.8	503 429	1	21.8	3.76	4.21	838	721	2 487	0.8	-1.0	na	566	na	0.49	548
7	4	住友银行 日本大阪	18 605	0.6	499 933	3	5.1	3.72	3.89	845	780	262	na	na	-449.2	na	819	0.05	871
8	1	三和银行 日本大阪	17 676	-7.2	501 043	2	2.4	3.53	3.89	872	778	-2 080	-532.7	-533.4	-46.9	832	730	-0.42	942
9	6	三菱银行 日本东京	16 667	-0.0	475 010	7	3.2	3.51	3.62	879	830	840	54.6	54.9	-27.9	116	670	0.18	799
10	5	樱花银行 日本东京	15 961	-11.3	478 050	6	1.6	3.34	3.82	905	794	-3 034	-600.5	-601.4	7.5	834	382	-0.63	951
11	3	富士银行 日本东京	15 443	-17.3	487 341	5	1.5	3.17	3.89	920	779	-3 625	-1 068	-1 070.5	-38.2	841	707	-0.74	954
12	13	美洲银行 美国旧金山	14 820	6.9	232 446	33	7.9	6.38	6.43	473	456	4 567	22.9	19.5	5.7	289	413	1.96	85
13	17	瑞士信贷银行 瑞士苏黎士	13 751	0.1	358 734	12	5.5	3.83	4.04	825	752	1 829	18.8	16.7	-39.8	320	711	0.51	557
14	19	荷兰银行 荷兰阿姆斯特丹	13 372	5.5	340 642	14	8.3	3.93	4.03	807	755	2 394	14.2	12.1	3.3	379	449	0.70	402

续表 1

排名			核心资本		资产			资本与资产的比率				税前利润		实际利润增长				资产回报率	
最新排名	去年排名		总额（百万美元）	变动率（%）	总额（百万美元）	资产排名	变动率（%）	今年比率（%）	去年比率（%）	今年排名	去年排名	利润额（百万美元）	变动率（%）	今年增长率（%）	去年增长率（%）	今年排名	去年排名	%	排名
15	21	柜台储蓄集团 法国巴黎	12 667	5.3	229 916	34	9.8	5.51	5.74	592	530	842	122.6	118.7	-51.6	51	745	0.37	746
16	12	日本兴业银行 日本东京	12 497	-5.9	361 372	11	-0.8	3.46	3.65	888	826	-1 000	-293.9	-294.3	19.9	826	244	-0.28	935
17	20	瑞士银行 瑞士巴塞尔	11 733	-11.3	250 566	29	35.8	4.68	7.17	694	370	1 186	24.4	22.2	-36.2	250	692	0.47	675
18	25	国民西敏寺银行 英国伦敦	11 501	12.8	260 846	27	6.5	4.41	4.16	735	730	2 717	10.1	6.5	57.0	472	83	1.04	208
19	23	巴黎国民银行 法国巴黎	11 453	0.7	325 250	19	9.7	3.52	3.84	874	792	632	-0.3	-2.1	96.9	577	45	0.19	785
20	27	化学银行 美国纽约	11 436	14.3	182 926	44	6.7	6.25	5.83	496	517	2 980	34.6	30.9	2.1	193	461	1.63	139
21	31	荷兰合作银行 荷兰	11 310	10.4	182 944	43	9.1	6.18	6.11	507	485	1 294	7.0	5.0	7.8	497	377	0.71	590
22	14	东京银行 日本东京	11 169	6.3	237 738	32	4.3	4.70	4.61	693	672	1 415	97.2	97.5	-23.1	61	646	0.60	562
23	29	国家银行 美国	11 074	13.4	187 298	41	10.4	5.91	5.76	544	529	2 991	17.1	13.9	25.1	354	205	1.60	123
24	26	巴克莱银行 英国伦敦	11 068	9.8	261 705	26	4.0	4.23	4.00	761	758	3 229	12.0	8.4	174.4	448	20	1.23	99
25	22	巴黎巴银行 法国巴黎	10 980	-7.0	272 213	24	3.0	4.03	4.47	783	694	-81	-108.0	8.0	11.8	813	334	-0.03	922
26	32	中国银行 中国北京	10 869	19.2	239 860	31	8.5	4.53	4.13	715	739	1 252	-13.6	-26.1	-1.3	721	497	0.52	574
27	33	法国兴业银行 法国巴黎	10 474	7.6	326 507	18	7.6	3.21	3.21	917	882	1 131	-7.2	-8.9	0.8	635	481	0.35	620
28	24	中国工商银行 中国北京	10 060	-4.6	373 614	10	18.0	2.69	3.33	955	865	561	10.1	-5.8	-58.4	610	763	0.15	787
29	15	日本长期信用银行 日本东京	9 929	-4.7	296 297	21	-5.2	3.35	3.34	902	864	-652	-659.4	-660.4	-80.0	835	790	-0.22	933

续表 2

排名			核心资本		资产			资本与资产的比率				税前利润		实际利润增长				资产回报率	
最新排名	去年排名		总额（百万美元）	变动率（%）	总额（百万美元）	资产排名	变动率（%）	今年比率（%）	去年比率（%）	今年排名	去年排名	利润额（百万美元）	变动率（%）	今年增长率（%）	去年增长率（%）	今年排名	去年排名	%	排名
30	34	JP 摩根 美国纽约	9 636	8.7	184 879	42	19.3	5.21	5.72	627	532	1 906	4.4	1.6	−33.9	538	685	1.03	318
31	35	德累斯顿银行 德国法兰克福	9 203	−3.8	332 909	17	21.4	2.76	3.49	951	847	1 396	17.2	15.1	−9.5	336	567	0.42	515
32	18	旭日银行 日本东京	9 187	−8.5	266 510	25	5.9	3.45	3.99	890	761	−1 283	−486.0	−486.7	−24.6	831	651	−0.48	948
33	16	东海银行 日本	8 996	−13.5	298 311	20	2.0	3.02	3.56	933	837	−2 326	−1 138.0	−1 139.8	−54.1	843	744	−0.78	956
34	38	西德意志州银行 德国	8 717	2.3	291 314	22	13.5	2.99	3.32	934	866	774	57.5	54.7	−13.9	117	604	0.27	690
35	36	大通·曼哈顿银行 美国纽约	8 444	3.8	121 173	65	6.3	6.97	7.14	401	376	1 876	5.0	2.1	135.8	531	33	1.55	266
36	45	德国商业银行 德国法兰克福	8 210	16.7	281 385	23	18.0	2.92	2.95	944	906	832	−30.2	−31.4	39.0	741	130	0.30	626
37	102	第一国民银行 美国芝加哥	7 890	146.5	122 002	64	159.0	6.47	6.79	466	415	1 754	115.5	109.6	−25.5	53	655	1.44	87
38	37	里昂信贷银行 法国巴黎	7 835	−11.0	339.394	15	−5.1	2.31	2.46	972	933	423	na	na	na	na	na	0.12	797
39	40	壹家银行 美国	7 824	9.4	90 176	89	1.6	8.68	8.06	237	281	1 904	33.7	30.1	−19.7	197	629	2.11	197
40	44	国民共同信用银行 法国巴黎	7 775	9.1	105 306	77	10.7	7.38	7.49	364	332	699	31.9	29.6	−12.4	200	594	0.66	676
41	49	澳大利亚国民银行 澳大利亚	7 589	23.2	98 467	84	18.7	7.71	7.43	327	340	2 174	7.9	3.1	34.5	525	148	2.21	88
42	50	劳埃德 TSB 集团 英国伦敦	7 171	20.1	229 495	35	82.0	3.12	4.73	924	643	2 945	45.7	40.9	23.4	161	220	1.28	23
43	43	卡里普罗－伦巴地 储蓄银行意大利	7 015	2.3	117 640	67	6.1	5.96	6.19	536	477	511	80.0	70.9	−69.0	91	781	0.43	733

续表 3

排名			核心资本		资产			资本与资产的比率				税前利润		实际利润增长				资产回报率	
最新排名	去年排名		总额（百万美元）	变动率（%）	总额（百万美元）	资产排名	变动率（%）	今年比率（%）	去年比率（%）	今年排名	去年排名	利润额（百万美元）	变动率（%）	今年增长率（%）	去年增长率（%）	今年排名	去年排名	%	排名
44	28	三菱信托银行 日本东京	6 816	−17.9	158 684	49	9.0	4.30	5.70	752	536	−2 612	−1 235.8	−1 237.8	−46.6	844	729	−1.65	964
45	47	圣保罗银行 意大利	6 796	6.3	160 908	47	2.2	4.22	4.06	762	748	333	−16.9	−21.1	−45.1	699	725	0.21	798
46	30	住友信托银行 日本大阪	6 461	−19.6	143 902	55	1.5	4.49	5.67	723	541	−2 706	−2 671.9	−2 676.4	−71.6	851	783	−1.88	967
47	52	维斯卡亚银行 西班牙	6 439	1.9	116 426	68	8.2	5.53	5.87	590	512	1 196	26.5	20.8	−9.9	268	573	1.03	388
48	54	加拿大皇家银行 加拿大蒙特利尔	6 287	9.9	132 402	61	6.3	4.75	4.59	687	674	1 523	9.6	7.8	470.7	454	7	1.15	199
49	66	巴伐利亚联合银行 德国慕尼黑	6 278	15.4	247 684	30	12.1	2.53	2.46	960	932	932	23.2	21.0	−7.4	265	551	0.38	481
50	64	荷兰国际银行 荷兰阿姆斯特丹	6 254	11.2	154 049	51	13.6	4.06	4.15	780	736	1 007	18.7	16.5	8.9	322	364	0.65	447
51	51	帝国商业银行 加拿大多伦多	6 240	3.2	127 607	62	18.9	4.89	5.63	672	545	1 240	13.2	11.4	23.1	398	221	0.97	332
52	61	德国复兴银行 德国法兰克福	6 228	9.5	167 138	45	−2.5	3.73	3.32	844	867	315	26.3	24.0	1.9	232	465	0.19	792
53	56	裕宝银行 德国慕尼黑	6 116	3.9	208 276	37	8.6	2.94	3.07	942	894	947	23.7	21.5	−0.9	257	495	0.45	487
54	53	阿贝国民银行 英国伦敦	6 109	6.4	159 870	48	9.3	3.82	3.93	828	770	1 590	10.1	6.5	29.2	474	177	0.99	166
55	60	桑但德银行 西班牙桑但德	6 021	4.5	135 614	58	9.5	4.44	4.65	730	662	1 202	2.1	−2.5	18.1	583	267	0.89	322
56	63	柏林银行 德国	5 853	4.0	196 409	40	15.6	2.98	3.31	938	869	624	24.9	22.7	128.5	245	36	0.32	628
57	74	阿根塔亚银行 西班牙	5 645	14.9	105 058	79	9.3	5.37	5.11	604	603	704	−9.3	−13.3	−13.9	661	603	0.67	555
58	81	国民劳动银行 意大利罗马	5 493	28.6	107 871	75	6.3	5.09	4.21	642	720	148	39.1	32.1	−50.5	190	742	0.14	855

续表 4

排名			核心资本		资产			资本与资产的比率				税前利润		实际利润增长				资产回报率	
最新排名	去年排名		总额（百万美元）	变动率（%）	总额（百万美元）	资产排名	变动率（%）	今年比率(%)	去年比率(%)	今年排名	去年排名	利润额（百万美元）	变动率（%）	今年增长率(%)	去年增长率(%)	今年排名	去年排名	%	排名
59	41	大和银行 日本大阪	5 391	-8.6	152 753	52	-7.7	3.53	3.57	870	835	-1 387	-664.7	-665.7	-36.5	836	695	-0.91	958
60	65	罗马银行 意大利罗马	5 360	1.4	134 016	59	39.6	4.00	5.50	793	561	157	180.5	166.3	90.3	39	800	0.12	858
61	70	西太平洋银行 澳大利亚悉尼	5 348	9.7	79 906	98	29.6	6.69	7.91	434	294	889	32.1	26.3	294.0	217	14	1.11	432
62	39	三井信托银行 日本东京	5 312	-17.8	132 818	60	2.1	4.00	4.97	792	623	-2 033	-1 555.9	-1 558.5	9.2	847	360	-1.51	963
63	96	舰队银行 美国	5 286	47.6	84 973	93	74.4	6.22	7.35	500	347	1 036	1.3	-1.5	21.0	572	234	1.22	254
64	67	纽约信孚银行 美国纽约	5 262	5.0	104 002	81	7.2	5.06	5.16	645	595	350	-61.2	-62.2	-43.9	791	721	0.34	747
65	77	加拿大丰业银行 加拿大多伦多	5 260	18.2	105 730	76	10.5	4.98	4.65	658	661	947	31.0	28.8	-21.0	207	637	0.90	349
66	94	巴伐利亚州银行 德国慕尼黑	5 208	31.9	211 676	36	14.0	2.46	2.13	965	941	501	36.5	34.1	-3.5	180	523	0.24	624
67	73	意大利商业银行 意大利米兰	5 118	8.8	100 386	83	5.6	5.10	4.95	641	624	666	71.2	62.6	-49.6	102	740	0.66	552
68	69	共同富裕银行 澳大利亚悉尼	5 110	10.0	63 264	122	8.9	8.08	8.00	287	289	1 079	44.5	na	33.8	na	158	1.71	279
69	57	巴西贴现银行 巴西圣保罗	5 083	8.0	33 774	191	33.4	15.05	18.60	38	24	916	7.0	-42.0	na	760	na	2.71	391
70	58	商工组合中央金库 日本东京	4 985	10.1	149 055	53	-4.1	3.34	2.91	903	910	208	187.3	187.8	-56.1	32	759	0.14	820
71	75	蒙特利尔银行 加拿大蒙特利尔	4 958	8.4	110 015	72	9.4	4.51	4.55	721	687	1 240	19.0	17.0	15.4	318	292	1.13	186
72	72	中国建设银行 中国北京	4 810	1.8	207 116	38	23.3	2.32	2.81	970	917	742	7.2	-8.3	3.8	630	436	0.36	491
73	82	PNC 银行公司 美国匹兹堡	4 762	15.0	73 507	103	14.5	6.48	6.45	465	451	627	-30.3	-32.2	-21.5	742	641	0.85	537

续表 5

排名			核心资本		资产			资本与资产的比率				税前利润		实际利润增长				资产回报率	
最新排名	去年排名		总额（百万美元）	变动率（%）	总额（百万美元）	资产排名	变动率（%）	今年比率（%）	去年比率（%）	今年排名	去年排名	利润额（百万美元）	变动率（%）	今年增长率（%）	去年增长率（%）	今年排名	去年排名	%	排名
74	62	中国农业银行 中国北京	4 670	－12.3	147 997	54	－2.0	3.16	3.53	922	843	517	268.2	215.0	－65.6	27	777	0.35	648
75	87	法国人民银行集团 法国巴黎	4 633	7.6	112 653	70	19.2	4.11	4.55	773	684	522	7.4	5.5	3.3	489	447	0.46	606
76	46	日本信用银行 日本东京	4 589	－13.5	156 145	50	－3.8	2.94	3.27	941	877	－1 188	－1 081.7	－1 083.4	－59.9	842	769	－0.76	957
77	79	意大利动产银行 意大利罗马	4 530	2.7	43 909	153	0.4	10.32	10.08	143	138	546	－3.4	－8.2	－12.3	628	593	1.24	580
78	88	比利时通用银行 比利时布鲁塞尔	4 521	8.9	161 114	46	17.3	2.81	3.02	947	897	825	3.0	1.5	18.8	539	257	0.51	374
79	83	多伦多－多米尼银行 加拿大多伦多	4 519	8.5	76 528	100	8.0	5.90	5.88	546	511	926	15.3	13.4	144.1	361	330	1.21	296
80	85	纽约银行 美国纽约	4 503	11.9	53 720	133	9.9	8.38	8.23	263	265	1 482	23.8	20.4	31.8	273	162	2.76	59
81	76	第一联合银行 美国	4 479	－0.8	96 740	85	25.1	4.63	5.84	703	516	1 559	10.1	7.1	13.0	461	316	1.61	60
82	68	静海银行 日本静海	4 233	3.3	72 411	104	2.5	5.85	5.80	556	522	371	－6.3	－6.2	－1.8	614	505	0.51	695
83	48	安田信托银行 日本东京	4 173	－18.8	79 608	99	－8.2	－5.24	5.92	625	506	－1 642	－1 652.3	－1655.1	－4.4	849	533	－2.06	965
84	97	意大利西雅娜银行 意大利	4 168	15.9	85 989	92	－1.1	4.85	4.14	676	737	387	267.0	248.6	na	21	na	0.45	660
85	90	新西兰银行集团 澳大利亚	4 155	6.6	75 456	102	12.4	5.51	5.81	593	521	1 169	26.7	21.1	146.2	262	29	1.55	114
86	100	丹麦银行 丹麦哥本哈根	4 075	13.7	70 319	109	15.3	5.80	5.88	562	510	917	358.4	348.9	－72.0	13	786	1.30	237
87	80	关键银行公司 美国纽约	4 062	－4.4	66 339	117	－0.7	6.12	6.36	515	464	1 158	－9.8	－12.3	134.0	651	34	1.75	135
88	78	千叶银行 日本千叶城	4 060	11.3	81 872	95	3.0	4.96	4.59	660	675	535	213.5	214.1	11.0	28	341	0.65	543

续表 6

排名			核心资本		资产			资本与资产的比率				税前利润		实际利润增长				资产回报率	
最新排名	去年排名		总额（百万美元）	变动率（%）	总额（百万美元）	资产排名	变动率（%）	今年比率（%）	去年比率（%）	今年排名	去年排名	利润额（百万美元）	变动率（%）	今年增长率（%）	去年增长率（%）	今年排名	去年排名	%	排名
89	55	横滨银行 日本横滨	4 032	−14.4	110.414	71	−2.0	3.65	4.18	852	725	−1 133	−1 038.0	−1 039.7	−12.3	840	592	−1.03	961
90	86	西北银行公司 美国	4 017	0.3	72 134	105	21.6	5.57	6.75	584	417	1 423	20.5	17.2	22.7	317	224	1.97	54
91	98	新加坡发展银行 新加坡	3 903	12.7	34 778	185	8.8	11.22	10.84	111	116	542	11.5	9.7	7.3	429	387	1.56	520
92	92	易托银行 巴西圣保罗	3 790	17.0	25 193	240	34.3	15.05	17.27	39	30	610	−29.1	−61.6	na	788	na	2.42	433
93	129	DG 银行 德国法兰克福	3 712	35.1	200 138	39	17.1	1.85	1.61	984	950	344	−39.5	−40.6	139.5	758	31	0.17	637
94	59	东京信托银行 日本东京	3 702	−17.3	69 470	112	−6.8	5.33	6.01	611	495	−1 538	−1 310.4	−1 312.5	43.4	846	116	−2.21	968
95	114	瑞典商业银行 瑞典斯德哥尔摩	3 665	14.1	71 538	106	19.2	5.12	5.35	637	579	745	20.8	17.7	455.1	313	8	1.04	292
96	99	瓦可维亚银行公司 美国	3 625	10.1	44 964	149	14.8	8.06	8.41	289	246	865	14.4	11.3	7.4	402	386	1.92	210
97	108	新加坡华侨银行 新加坡	3 611	16.7	32 149	202	15.0	11.23	11.07	110	113	590	10.8	9.0	16.2	440	283	1.83	426
98	109	北欧斯安银行 瑞典斯德哥尔摩	3 554	7.3	65 900	118	6.7	5.39	5.36	602	577	395	na	na	−201.0	na	814	0.60	610
99	42	巴西银行 巴西巴西利亚	3 554	−39.7	82 070	94	10.2	4.33	7.91	744	295	−4 190	−956.9	−564.7	na	833	na	−5.11	972
100	95	威尔斯法戈银行 美国旧金山	3 505	−2.3	50 316	139	−5.7	6.97	6.72	402	418	1 799	22.7	19.3	35.8	290	142	3.58	14

《银行家》杂志此次排名所考核的指标包括核心资本实力、资产规模、资本与资产比率、税前盈利、平均资本收益率等，最终依据核心资本的大小进行排序，以突出“巴塞尔协议”关于资本充足比率的要求。

从附表4可以看出，世界最大银行的资本实力在一年中发生了很大的变化。仅从排在前10名的银行看，以往各年变化很小，只有一两家的排名发生调整，而此次排名变化很大。

附表5 《银行家》杂志依据核心资本排出的世界10大银行

1996年		1995年	
名 次	银 行	名 次	银 行
1	汇丰银行(英国)	1	三和银行(日本)
2	农业信贷银行(法国)	2	第一劝业银行(日本)
3	瑞士联合银行(瑞士)	3	富士银行(日本)
4	花旗银行(美国)	4	住友银行(日本)
5	第一劝业银行(日本)	5	樱花银行(日本)
6	德意志银行(德国)	6	三菱银行(日本)
7	住友银行	7	汇丰银行
8	三和银行	8	法国农业信贷银行
9	三菱银行	9	花旗银行
10	樱花银行	10	瑞士联合银行

资料来源：英国《银行家》杂志世界1 000家大银行排名，1996年7月。

1993～1995年间日本银行在《银行家》杂志世界1 000家大银行排名中风光一时，前10名中日本银行一般要占到六名。在1995年的排名中更是垄断了前六名。然而，在1996年的排名中日本银行的名次整体大幅下挫，滑落到第五名以后。其主要原因一是由于日本的银行界尚未从泡沫经济破灭的梦魇中摆脱出来。在1995～1996会计年度，日本大部分银行遭受了巨额的不良资产损失，仅进入《银行家》杂志世界1 000家大银行排名的119家日本银行的不良资产损失就高达178亿美元。巨额呆帐的冲销，自然严重影响了日本银行界的资本充足率。另一个原因是日元汇率在1995年上半年大幅度升值之后开始逐渐下调，从1995年4月至1996年3月的一年内，日元兑美元由1美元兑89.35日元下跌到106.28日元，跌幅达18.95%。日元汇率下调使日本银行折合成美元的资本总量受到影响，因而也在一定程度上牵连到日本银行的排名。

日本银行业排名的下滑为汇丰银行的领先提供了机会。汇丰银行这些年来发展速度很快。1970年当《银行家》杂志首次进行世界大银行排名时，汇丰银行的总资产仅仅排在第96位。而经过20多年的发展，尤其是收购了米德兰银行以后，汇丰银行大力拓展在欧洲的商业银行和投资银行业务，由一个地区性银行向全球性银行转变。此次排名中，该银行的总资产排在了第13位，核心资本(214亿美元)更是超过了其他银行，跃居世界第一。

(二)金融管理文化背景分析

无论是《欧洲货币》杂志对全球金融业最佳成就奖的评选，还是《银行家》杂志的世界1 000家大银行排名，都是通过一些反映各候选机构自身实力的数据资料评出的，具有一定的客观性和准确性。从这两项结果可以看出一个突出的现象，即各地区金融业发展水平极不平衡。在本次 涉及的28个项目的最佳成就奖中，美国共有6家金融机构获得17个奖项，欧洲共有5家金融机构获得8个奖项，而亚洲只有日本的1家金融机构获得2个奖项，发展中国家则只有巴西的1家银行获得1个项目的最佳成就奖。而在大银行排序的前100名当中，发展中国家和地区的银行除了中国的4家、巴西的3家以及新加坡的2家银行上榜外，其余91家均为发达国家的银行所垄断。其中，日本银行22家、美国银行17家，德国10家，法国8家，意大利7家，英国5家。这种不平衡一方面反映出各地区金融业发展基础的不同，另一方面也反映出各地区金融业的实力对比。分析各国银行所处的金融管理文化背景，有助于我们对造成这种不平衡的原因加强理解。

美国的金融管理文化

美国是世界上最大的移民国家。数百年来，数以千万计的移民从世界各地源源不断地涌向美国这个“希望之乡”以圆其“美国梦”，即摆脱束缚，寻找机会，实现个人价值。作为这种移民文化的典型，美国文化的特点以及由此形成的价值观都带有激进的个人主义色彩。强烈的个体本位使美国人更强调个人利益、地方利益，而把中央利益和公众利益放在次要位置。在此基础上形成的政治体制是立法、司法和行政三权分立、相互制衡的格局，经济体制上也表现出明显的分权特征。

在财政体制上，美国实行的是联邦、州及地方政府的三级财政制度。这种体制虽然其他西方国家也在使用，但是美国的分权倾向最为明显，州及地方政府在税收分配中所占比例最大，且财权分散，各地区开征的税种、税率有很大的不同。

在银行体系上则形成了美国独特的二元银行体系、多头管理体制以及单一银行制。美国银行业管理体制具体内容主要包括以下几个方面：

银行注册与监管的双轨制

“双轨制”是美国独特的二元银行体系的直接结果。国民银行和州立银行的并存，使这些银行的注册申请分别在联邦和州政府办理。联邦政府和州政府则分别依据有关的法律规定设置专门机构，对这两类银行予以监管。

监管机构的多元化

在反对中央集权和防止垄断的指导思想下，为避免监管机构权力过于集中，形成了多头管理体制。多头监管机构同时并存，相互制约。在此体制下，货币总监局、联邦储备体系和联邦存款保险公司三大联邦监管机构和 50 个州的 银行管理机构对美国的银行业进行交叉分工式的管理。全美 15 000 多家银行也因此被划分为多种类型，包括国民银行、作为联储会员的州立银行和非联储会员的州立银行、参加联邦存款保险公司保险的银行与未参加保险的银行，接受不同机构的管理。

附表 6　美国银行业监管机构一览表

监管机构	
银行持股公司	联储
国民银行	货币总监局
州立银行	
会员银行	联储/州银行管理机构
非会员银行	联邦存款保险公司/州银行管理机构
合作银行	联邦存款保险公司/联储
工业银行	
参加保险的	联邦存款保险公司
未参加保险的	州银行管理机构
第 20 节附属公司①	联储/证券交易委员会
节俭机构持股公司	节俭机构监督局
储蓄银行	节俭机构监督局/联邦存款保险公司/联储
储蓄贷款协会	节俭机构监督局
艾奇法公司②	联储
外国银行	
分支机构	
州级注册	联储/联邦存款保险公司/州银行管理机构
联邦注册	货币总监局/联储/联邦存款保险公司
代表处	联储

注：①系指银行持股公司下属的从事证券交易的非银行实体，其证券交易活动受《格拉斯—斯蒂戈法案》第 20 节的规范。

②系指依据艾奇法由联储登记注册的从事国际银行业务的公司。

单一银行制

作为反托拉斯精神在银行业管理上的体现，美国通过一系列的立法对银行间的兼并以及银行跨州设立分行等对自由竞争构成威胁的活动严格加以限制。这种限制导致了美国银行数目巨大，其中多数都是规模很小的地方性单一制银行。这在世界各国的银行体系中是绝无仅有的。另外，美国的联邦储备法还对金融机构的业务范围作出了明确规定，互相不得交叉。1933年的"格拉斯—斯蒂戈法"还进一步将商业银行业务与投资银行业务严格划分开来。

美国的银行业管理体制为维护金融业的稳定提供了有效保障，但在80年代以来，随着金融业创新活动的发展和宏观经济环境的变化，美国这种严格的监管体制的弊端越来越明显的暴露出来。一方面，由于监管机构高度重叠，职责交叉，造成重复管理和资源浪费，同时也由于各级监管机构执行不同口径的法规，造成政令不一，影响了管理的效率。另一方面，对银行经营方面的严格限制制约了银行进一步的发展，影响到美国银行的竞争力。

有鉴于此，80年代以来，美国对银行业的监管体制进行了重大改革。在银行资本充足比率、存款准备金等方面加强要求的同时，逐渐放宽了对银行经营活动方面的限制。改革的具体措施包括：允许银行的存款利率按照市场利率水平的变动进行调整；取消了各类存款机构的业务划分，鼓励商业银行向证券业渗透；允许银行作为退休基金和保险的经纪，促使美国银行向全能银行发展；解除了半个多世纪以来对银行跨州经营的禁令，允许银行持股公司从1995年10月起可以跨州收购银行。这些措施实施，使美国银行业的经营环境得到了很大改善，有助于银行扩大规模，降低成本，提高效率，从而极大地促进了美国银行业竞争实力的提高。

近年来美国金融机构资本实力迅速壮大，经营环境持续改善，以及各银行加快内部重组与合并步代，积极扬长避短拓展业务范围，并不断致力成本控制，结果盈利能力不断增强，整体实力不断提高。在1996年《欧洲货币》杰出成就奖和《银行家》杂志世界1 000家大银行排名结果中美国银行的上佳表现正是这一变化的集中体现。在近几年的银行兼并浪潮中，美国银行数目大大减少，许多银行通过兼并与收购使业务范围得以拓展，资本与资产规模明显扩大，从而在银行排名次序上得以提高。譬如，美国第一芝加哥银行在兼并NBD银行以后排名由1995年的第76跃居第37位；1995年排名第95位的Fleet金融公司与排名第157位的Shawmut国民银行合并之后，在1996年的排名中上升到第63位。其他一些已经达成合并协议但在1995～1996会计年度尚未实施的合并案将会对1997年的排名产生影响。其中最引人瞩目的是美国化学银行(此次排名第20位)与大通曼哈顿银行(第35位)的合并。合并后的新银行已于1996年3月31日正式营业，其核心资本达到200亿美元，总资产超过3 000亿美元，在1997年的排名中有望夺取第二或第三的位置。

日本的金融管理文化背景

日本同东亚地区的中国等一些国家一样具有明显的儒家文化传统。儒家文化是产生和植根于农耕社会之中的，它与移民文化有着本质的不同。在农业社会中，人们长年被束缚在土地上，很少迁移。而人在一个地方呆久了，就会自然而然地追求一种与自然、家族、邻里和社会的和谐关系，这样，个人的意志、愿望就必须让位于家族、社会的共同意志，个人不再是孤立的人，而首先是家庭的人、社会的人、国家的人。家庭、社会和国家的利益高于个人利益，是儒家文化的价值观。这种价值观尤为强调个人对于家庭、民族和国家所肩负的责任与义务，强调对长辈尽孝、对君主尽忠，因而，儒家思想必然诱发父权、王权的专制。日本虽然早已建立起资本主义市场经济体制，但在政治体制上却依然维持着君主立宪，依然保留了天皇。另外，以社会为本位的价值观以及强烈的集体意识造成了权力的集中和国家职能的强化，从而为国家干预经济生活提供了有利的政治条件和社会文化基础。

日本的金融体制也带有明显的国家干预的烙印。首先，同西方国家相比，日本的中央银行的独立性较小，管理金融的大部分权力相对集中在国家政府手中。1994年《日本银行法》明确规定日本银行作为中央银行必须"以国家的目的为使命"，政府对日本银行具有人事任免、业务命令和监督管理等方面的权力。日本银行还要无条件地向政府提供贷款并认购国债。其次实行严格的业务分离制，长期金融与短期金融分离、银行业务与投资信托业务分离、国内金融与国际金融分离。第三,与日本经济的“二重结构”相适应的是金融体系的“二重结构”,即既有服务于大型工商企业的商业银行、长期信用银行和信托银行,又有旨在保护和促进中小企业发展的互助银行、信用金库等金融机构。第四,为促进经济发展而长期推行低利率政策,间接金融在融资方式中占主导地位。

战后日本实行的是集中计划指导下的自由经济,其特点是政府对企业的经营有较大的干预和指导,同时,日本政府对企业采取保护主义。这种经济政策对战后40年中日本经济的高速发展起到了有效的促进作用,使日本跃居世界工业强国和金融大国之列。但是,随着日本经济规模的飞速扩展和世界经济格局的变化,日本这种经济政策的弊端开始显露出来:政府管制及其所设置的贸易壁垒打乱了价格体系,使日本国内商品价格高昂,抑制了消费,导致日本巨额的贸易顺差,日元被迫升值;政府干预的权限过大,使产品市场和金融市场的供求信息脱节,导致企业和金融机构的资金配置不当。最明显的例子是80年代日本股票和房地产价格暴涨,形成泡沫经济。泡沫经济崩溃后,给日本银行业留下了超过50万亿日元的巨额坏帐,并成为目前困扰日本金融体系稳定和经济发展的重大障碍。日本经济学界在分析发生银行巨额坏帐的根源时指出,除了有金融机构、地产公司及黑社会勾结,搞内幕交易这一原因外,还有大藏省官僚主义、低效率的行政体制及金融机构的严重腐败等因素。由于大藏省的官僚主义,造成在80年代不适当地降低利率,引发经济过热;而在经济过热,甚至出现泡沫化倾向时又没有及时加以纠正,听任农林系统的金融机构继续向“住专”投放贷款,导致“住专”坏帐增加近1倍。实际上,不论是大藏省的官僚主义、对金融机构的管理不当,还是金融机构内部的腐败问题,都从深层次上反映出战后日本实行的这种集中计划指导下的自由经济体制本身的问题。

受泡沫经济破灭后的巨额坏帐的影响,日本银行的整体实力受到严重的影响。从1995～1996会计年度看,日本的主要银行由于冲销坏帐而遭受巨额亏损,其中,1995年排名第一的三和银行亏损20亿美元,樱花银行亏损30亿美元,富士银行亏损36亿美元,兴业银行亏损10亿美元等。唯一的例外是住友银行。由于该行在1995年就大胆暴露了其不良资产的包袱(这是二战以来日本大银行首次对外公开宣布其亏损状况),因而它在1996年的压力就相对较小。在《银行家》世界1 000家大银行排名中,住友银行是日本银行中下滑幅度最小的一个。

即便如此,日本银行在国际金融领域的实力还是不容忽视的。1996年世界最大的银行如果不是依据核心资本,而是根据总资产来排名的话,排在前几名的将是德意志银行、三和银行、第一劝业银行、富士银行、樱花银行和合并前的三菱银行。可见,日本银行还是具有相当实力的。事实上,近年来日本银行业正在积极寻求摆脱困境的办法,其中,最引人瞩目的是东京银行与三菱银行的合并。新的东京三菱银行已于1996年4月1日起正式营业。新银行无论是以其278亿美元的核心资本还是7 240亿美元的总资产,都能够很容易地获得国际银行业霸主地位。其他日本银行也在努力摆脱不良资产的困扰,近来银行坏帐趋于下降,有迹象表明日本银行业重振雄风还是很有可能的。

1996 年的世界保险业

中国人民保险公司保险研究所　王　友　顾祖芬　戴申生

1996 年是世界保险业异常活跃的一年。西方七强保险市场购并重组，新招频出，高潮迭起，亚洲、东欧、拉美解禁开放，方兴未艾，前景看好。

世界保险市场概况

(一)西方七国保险市场

西方保险市场最发达的国家主要是指美国、日本、德国、英国、法国、瑞士和意大利。90 年代以来，这些国家已经达到或度过了各自的巅峰状态。总态势是法、日、意暂居高，英、美、德、瑞走低。

美国保险市场

过去的十年中，美国财产及意外险市场的利润一直低于其他产业和服务业利润的平均值，但保险资产净值增长比保费增长明显加快的现象却令人深感意外，此现象一直持续到 1994 年。在自然灾害肆虐的 1994 年，特别是加州北岭大地震以及利率上调引出的负作用使得美国保险业大大受挫，1995 年的承保业绩仅达平均水平。但由于良好的投资收益及证券市场的高利润(约达 200 亿美元)，资本基金的增长却令人瞠目，估计比保费增长高出 5 个百分点。1996 年的下调利率可能会使投资收益及资本积累减少，但在未来的两年内，资本基金增长将继续保持在 6%左右，保险市场的承保能力继续呈现过剩状况。自 1987 年以来，由于保险基金不断增加，因此估计未来两年内的费率不会提高。美国的汽车保险自 1992 年取得最好成绩以来，费率竞争愈演愈烈，结果导致 1995 年成绩稍有逊色。尽管如此，汽车保险市场仍保持赢利，但如果竞争不受限制，汽车保险市场将会继续受到来自费率及保费收入两方面的压力。美国第二大保险市场——劳工保险市场，由于 1994 年承保成绩良好而引出的竞争导致出现价格折扣，此趋势预计还将继续。商业保险及责任保险的费率在未来两年内亦将会受到竞争的威胁。

日本保险市场

尽管日本经济不景气，但对日本非寿险业来说，1995 年却是可喜的一年，增长率超过了 8%，由于低利率以及房地产价格下跌，股票市场不景气，日本保险市场的投资收益欠佳，税后全部收入大约仅增长 2%左右。1995 年由于提高了私人火灾保险费率，从而明显改变了火灾保险的业绩。汽车保险人在成功地制止住修理成本费用偏高现象之后，汽车保险市场获利逐渐增高，同时，汽车保险人在提高易出事故的司机的保险费后，使其赔付率大大降低。种种迹象表明，竞争压力的逐渐增大，索赔案件层出不迭以及费率不断降低，将会引发更加激烈的竞争，从而使日本保险业绩回落到中等水平。另一方面，在未来的一段时期内良好的投资收益，可防止非寿险保费收入下滑。

英国保险市场

1994 年投资回收率较低，导致非寿险承保业绩欠佳，但由于赔付率较低而获得了满意的总收入(净保费增长率 11.5%)。鉴于美国业务的积极发展以及英国市场的低位赔付率，1995 年的成果较佳。这些好转至少减轻了一些激烈的竞争带来的负面影响。此外与 1994 年相反，英国保险业因金融市场上股票和债券出人意料的佳绩而获利颇丰。1994 年开始的价格下跌给保险增长蒙上了阴影，特别冲击了机动车保险。电话直销形式办理的低价位保险造就了一个激烈竞争的市场环境，将增长率推向负值。价格疲软的趋势再加上经济增长减速，使曾经在 1993 年及 1994 年增长迅猛的其他非寿险业，在 1995 年及 1996 年保费增长滞缓。从 1997 年起，由于保险市场承保能力的收缩导致的价格回升，预期机动车保费增长率稳步上升，其他非寿险亦有望复苏。

法国保险市场

1994年以来法国证券市场的发展，使得将资金的45%投放于该市场的法国非寿险人取得了巨大的成功。在1994年，10年期的长期利率攀升了2个多百分点。在过去的两年中，他们的金融业绩被不动产实际价值的贬值和外汇资产的汇率损失而受挫。1994年法国公布的非寿险资本基金下降主要基于此原因，当年偿付能力(资本基金与保费收入之比)也相应萎缩，但该数字从未下落到欧盟规定的最低数额的3.3倍以下，预计还会有较大的增长。法国目前主要险种费率参差不齐，损失保持在同一水平，1995年增值税从18.6%提高到20.6%，从而增加了对未付增值税的老保户的赔款支出。这一税赋的设置从而使费率调整成为必要，特别是大额业务。机动车的赔付率由于交通安全改进，反盗窃措施的加强等而下降，不利因素则是迅速上涨的修理成本，人身伤害的高额赔款以及1995年开始实行的支付给“道路安全会”机动车保费0.5%的法定费用。机动车的总体成果是损失率略有下降，而费率的增长可能比消费价格增长慢得多。其他财产险的赔款自1991年以来一直下降。法国各险种需求不一，需求增长缓慢，以机动车保险需求为例，机动车的注册在过去的两年中大约每年增长2%，并在未来时期中还略将高一些。而财产险需求方面，建筑业和企业的有限投资，致使在1997年前有所作为不敢奢望。从目前机器和厂房保险的现状来看，当今和将来的商业前景均比个人保险看好。社会保障的削减，老龄化人口带来的医疗服务的人均费用的增加以及医疗服务中超过平均水平的价格上涨，都将极大地刺激对健康保险和意外伤害保险的需求。

德国保险市场

1995年德国保险市场的承保业绩良好，但保费增长有所下降。由于政府放宽限制，德国的财产险/意外险保险人在经历了1990～1993年的艰难年代后，承保业绩开始好转:1994年增长率为2.9%，1995年为3.9%。这归功于1994年费率的大幅度上调，主要涉及到汽车、家庭等个人保险以及商业火灾保险。由于费率的上调，保险税又提高15%，投保户们对此的反应只能是降低他们的保险需求，如提高免赔额或是缩小汽车综合保险的责任范围。1994年德国汽车保险收入增长率为8.2%，1995年下降为3.2%。对德国保险市场来说，1995年是竞争格外激烈的一年，这场竞争大战到来之前的最明显信号是商业保险(火险)及汽车责任险的保险人宣布他们从1996年开始设定自己的费率评定标准，不再使用保险协会规定的费率等级标准。在汽车保险市场，各家保险公司为争夺市场份额以回扣吸引“低风险”客户(指新手司机及妇女)，在过去这部分客户按一般费率交纳较高保费。汽车责任保险人计划于1996年6月出台的高风险费率标准已被汽车保险市场上的各类经营者抢先使用，这就意味着保险价格从1996年已开始下滑。由于在过去的两年中汽车保险市场的保险业绩良好，因此有较充分的潜力实行费率折扣。

意大利保险市场

在90年代的前半期，意大利非寿险比整个经济发展的速度快得多。从1991年起，这一增长速度不断被保险业绩所反映。三年以来，平均赔付率下降了10个百分点，1994年为82%，这是自1987年以来从未有过的好记录。与此同时，成本率也从1990年的27.7%下降到1994年的23.9%，因而改善了整个保险成果。市场的整体增长率因1993年至1994年的经济紧缩而逐渐降温，但机动车强制性责任险的费率则步1994年的弛禁后尘骤增，导致1995年的又一次强劲攀升。鉴于1995年价格增长和整个经济的持续好转，可以预测在未来期间内，保费增长率保持在8%至9%，大约与名义国内生产总值增长率同步。

瑞士保险市场

由于瑞士经济黯淡，国内非寿险业在1990年到1993年间收益甚微。从整个经济增长率而言，1994年保费增长率达2.4%就算相当令人满意的了。一个有利的因素就是赔付率大幅度下降，更主要的还应归功于机动车险的低赔付率。瑞士贸易协会估计1995年保费名义增长率约为1%，比实际增长率数字略低。在其他方面，由于巨灾费率较低和其他因素的原因，赔付率将持续下降。瑞士保险业在弛禁方面的第一举措就是1996年1月10日废除了“机动车责任险费率表”，由于法律赋予保户无须事先通知即可撤消长期保单的权利，费率下降的后果立即在年内直接产生。普遍认为费率将平均下降5%至10%。但在其他方面,预计价格起伏将不会太大,由于一方面经济活动因购并需求带来的浮躁,另一方面机动车险价格的激烈竞争,预计1996年的名义保费收入将下跌,1997年,保费增长也是步履蹒跚,平均损失率、赔付率乃至承保业绩可能将会更不尽如人意。

西欧其他保险市场

历史悠久、技术发达的西欧保险业,由于统一市场的建立,竞争更加激烈。据欧盟统计局提供的数字,1995年西欧保险公司共有4 132家,比上一年减少了413家。其中欧盟15个成员国拥有保险公司3 900家。

自1993年3月1日起,欧盟内部统一市场的启动,各国有实力的保险公司更加便利地进入别国市场,设立分公司。有的国家保险业原本并不发达,近年来保险公司增加较快,如爱尔兰增加了67%,西班牙增加了15%。有的国家利用其有利的金融市场,使得某些险种发展较快,如近年来的卢森堡,再保险业务增加了10%。

在欧盟国家的各类非寿险中,汽车保险仍和前几年一样高居榜首。特别是在意大利,高达险种结构的56%。德国和奥地利由于市场规定至今十分严格,汽车保险比例呈下降趋势。英国和荷兰因市场规定放松较早,汽车保险份额保持稳定,甚至略有上升。

在所有西欧国家中,意外险和健康险均有长足发展。这些趋势反映在有关各国社会保险制度的结构性变动。荷兰的意外险和健康险市场占保险市场的43%,比汽车保险高出一倍以上。目前人寿保险在多数西欧国家发展很快,这是因为人们意识到国家退休制度有可能发生变化而提前准备养老的补充性保障。

(二)亚洲保险市场

亚洲保险市场一般包括以下主要国家和地区:中国、香港、印度、印度尼西亚、韩国、日本、马来西亚、菲律宾、新加坡、中国台湾省、泰国及越南。进入90年代以来,亚洲保险市场以超过10%的年率快速增长。前5年内,保费收入净增加约3 000亿美元。

日本保险市场占亚洲市场的绝大部分。1990年保费收入为3 717亿美元,占亚洲市场的88.6%;1995年增至6 106亿美元,比1990年增加64.3%,占亚洲市场的85.2%。与日本相比,亚洲其他国家和地区的保险市场规模就显得很小。韩国虽然排名第二,但其1995年的保费收入仅为535亿美元,只相当于日本的8.8%。前5年间,韩国保险市场规模增加了95.3%,台湾省保险市场规模在同期内翻了一番,由68.4亿美元增加为137.2亿美元。印度保险市场规模1995年为56.6亿美元,比1990年增加22%。中国1995年为59.8亿美元,比1990年的28.3亿美元增加了87.7%。亚洲其他国家的保险市场增长幅度更大,由1990年的59.8亿美元增长为1995年的280亿美元,增幅高达368%,年均增长率为36%。

1994年亚洲12国或地区人口达27亿,已近世界人口的1/2,但国内生产总值只占世界生产总值的1/4,其中仅日本的所占份额就达1/6。1994年亚洲12国或地区的寿险保费收入占世界寿险保费收入的47.6%,其中日本占42.5%。亚洲的寿险市场广泛使用储蓄型保单,虽然亚洲大部分国家经常受到自然灾害的侵袭(如地震、暴风雨及洪水),但亚洲的非寿险保费收入不足世界非寿险保费收入的1/5。亚洲保险业正在迅速增长,其速度较工业化国家常规增长率超出许多,这是亚洲经济发展的直接结果。另一方面,在某些亚洲国家,保险业仍处在发展阶段。

在所有国家的险种比较中,选择对象限于汽车保险,火灾或财产保险和MAT(即水险、航空险和运输险)。由于汽车险保费收入占亚洲非寿险保费收入的1/2,显然汽车险是亚洲非寿险最重要的险种,这在泰国、日本和台湾省尤为突出,其后是香港地区和新加坡。火灾保险则在菲律宾和印尼特别重要,相反在韩国和越南所占份额较小;MAT在印尼和越南出人意料地占据了较大的份额。

大多数亚洲国家在非寿险消费和人均收入之比远低于世界平均水平,若不包括储蓄性保单(亚洲非寿险业特有的保单形式),亚洲非寿险将远远落在世界平均水平之后。与非寿险相反,亚洲寿险消费高于世界平均水平,除香港地区和新加坡之外,其他亚洲国家或地区的寿险深度都在世界平均水平之上。亚洲的日本、韩国仅次于南非,名列世界第二、第三,津巴布韦和瑞士紧随其后。

在亚洲12国或地区,在1994年底大约有600家非寿险公司、250家寿险公司在从事保险经营活动。公司的数量和平均规模因地而异。外国保险公司的进入使亚洲各国或地区的竞争升级,外国保险公司在亚洲市场控制的份额并不大,但在寿险市场却占有

1/2份额。亚洲国家为限制外资进入本地市场处处设防。在大多数亚洲国家,越境投保是不允许的,同时外国保险公司申办代表处障碍重重,可见外资进入亚洲保险市场并非易事。

(三)东欧保险市场

东欧保险市场一般包括以下主要国家:波兰、捷克、匈牙利、斯洛文尼亚、克罗地亚、斯洛伐克、罗马尼亚、保加利亚、俄罗斯、乌克兰、爱沙尼亚等。自1989年以来,东欧保险市场像其他经济领域一样经历了向市场经济转轨的进程。1994年东欧保险市场保费收入大约93亿美元,占世界份额的0.5%,其中非寿险为61亿美元,寿险为32亿美元,相应占世界份额0.7%和0.3%。1995年估计达130亿美元,占世界份额的0.6%,其中非寿险为75亿美元,寿险为45亿美元,相应占世界份额的0.8%和0.4%。

1995年东欧各国保费收入占该地区市场份额表(%)

国家	份额	国家	份额	国家	份额
俄罗斯	39.1	斯洛文尼亚	7.0	保加利亚	2.2
波兰	18.6	乌克兰	4.9	罗马尼亚	1.2
捷克	10.3	克罗地亚	4.4	其他	1.6
匈牙利	7.7	斯洛伐克	2.9		

在计划经济体制下,东欧保险业和其他所有行业一样,由国有公司经营,垄断公司占主导地位。通往自由的市场经济的第一个步骤就是私有化和反垄断,目前大部分已告完成。尽管反垄断和市场对外开放,前国有公司的保费份额在所有国家普遍居高,但逐年下降,这种走势在非寿险市场更甚。在大多数国家,占市场最大份额的原国有非寿险公司已经下降到不足50%,而在寿险却占有80%以上。与此同时,外资控制下的公司份额亦有增长,但与西欧数量相比并不是很高。匈牙利是个例外,该国保险公司实际上全部掌握在外资手里。其他国家外资公司的份额在平均水平之上的有:捷克、爱沙尼亚。除了爱沙尼亚以外,外资公司的寿险市场份额均高于非寿险市场份额。

在东欧非寿险业,汽车保险及火灾保险仍在市场上占主导地位。近年来由于轿车的数量不断增加,档次越来越高,交通事故不断上升以及被盗风险日益加大,汽车保险的潜在需求愈加明显。随着东欧各国工业产品出口量的不断扩大,责任保险,特别是产品责任保险将得到重视和发展。东欧的寿险早在市场经济体制时代就已开办,在转轨进程中,大多数国家由于失控的通货膨胀的影响,保单贬值。在东欧国家恶性通货膨胀时期过后,寿险市场应有一个全新的起点。

在东欧经济转轨过程的第一阶段,保费收入增长率高于国内生产总值增长率,只有匈牙利一国的保费收入保持不变。1993年以来,中东欧保险市场持续增长,东南欧及俄罗斯保险市场也发生了变化。预计东欧保险业将保持良好增长势头。下一个5年内,国内生产总值将增长4~6%,非寿险业将增长5~9%,寿险业将增长7~12%。由于宏观经济调控的好转以及监督力度的加大,东欧保险市场的前景看好。

(四)非洲保险市场

自从80年代中期以来,面对西方大保险公司的激烈竞争,非洲保险市场一直萎靡不振,进入90年代有所改观。1994年保险收入近190亿美元,占世界保费收入总额的1%,其中非寿险保费收入约50多亿美元,占世界市场份额的0.6%;寿险保费收入约130多亿,占世界市场份额的1.2%。1994年以7.9%的保费实际增长率高于该年平均水平(3.5%)。非洲保险业的市场覆盖率大大低于世界平均水平,而且分布极不平衡。90%以上的保险收入集中在南非、津巴布韦等少数几个国家。非洲保险第一强国当数南非,1994年全部业务保费收入为155.65亿美元,占世界市场份额0.79%,实际增长率8.8%,位于世界第13位;非寿险保费收入29.87亿美元,占世界市场份额0.35%,实际增长率3.7%,位于世界第23位;寿险保费收入125.78亿美元,占世界市场份额1.12%,实际增长率10.1%,位于世界第10位;保险密度为人均

384.9美元,位于世界第28位;保险深度为12.77%,以0.06的微弱差距,第一次被日本的12.83%超出,屈居世界第二。

非洲保险公司大都起步晚,影响弱,规模小,资金多则为数百万美元,少的甚至只有数千美元。要在与西方大公司竞争中求生存,图发展,就需要改变市场营销策略。首先要加强非洲大陆内的行业联合并制定统一的经营战略;其次要针对地区特色,创造适应当地生活需要关系密切的保险广告和产品;再次要注重改变企业形象,提高信誉和服务质量。此外,非洲的保险公司根据当地部族多和农业在国民经济中的主导地位等特点,调整了保险结构,将加强农业、人寿和人身等方面的保障。为了增强竞争能力,提高服务水平,非洲的一些国有企业正在向私有化过渡,如赞比亚政府日前批准在国内和国际招标,出售国家保险公司70%的股份。

(五)拉美保险市场

自从80年代后期以来,拉丁美洲地区的经济改革增强了拉美经济的活力,逐渐走出了经济衰退的阴影。1995年拉丁美洲地区保费收入达300亿美元,占世界总保费收入的1.5%,其中阿根廷、巴西、智利、哥伦比亚、墨西哥及委内瑞拉六国的保费收入占拉美地区保费收入的90%。80年代后期拉美地区处于严重的债务危机之中,后来由于进行经济改革并实行稳定的货币政策,于90年代前5年初见成效:国民收入加速增长,通胀率迅速下降,保险需求日渐加大。90年代前5年拉美地区保费平均增长率为5.8%,而80年代后期的增长率为3.2%。拉美地区寿险业得益于良好的经济环境,加之部分国家将社会保障制度实行了私有化,寿险保费收入平均增长11.6%,仅有委内瑞拉在这5年内经济增长下降,亦使其保险业出现负增长。1995年墨西哥和阿根廷受到墨西哥金融危机的影响,经济急剧衰退,保费收入陷入低谷,增长率为-1.6%;1996年开始走向复苏。1995年,拉丁美洲的保险深度分布在1.5%(墨西哥)到3.1%(智利)之间。在过去15年间,拉美各国排名位置变化明显,过去排在前位的委内瑞拉和阿根廷被智利和哥伦比亚取代。在80年代后期拉美地区经济改革的大潮下,拉美保险市场开始放宽限制,对外开放,到目前仅委内瑞拉还未开禁,保险费率等均由政府控制。在巴西,议会已通过议案,终止国家再保险公司对再保险业的垄断。放宽限制后的拉美各国保险市场发生了很大变化:保险费率大幅下降,保险公司之间兼并风迭起。

拉美经济发展前景看好。到本世纪末,预计拉美地区国内生产增长总值将平均每年增长4~5%,非寿险业将增长6~8%,寿险业增长将超过10%。随着对外国公司的开放,拉美地区保险业的竞争将随之激烈。

1996年世界保险重大事件

1996年,世界保险市场令世人关注的是两起重大事件,即保险巨头的购并重组和日美两国的保险谈判。

1.1996年世界保险业购并重组蔚然成风,颇为盛行。其中包括瑞士再保险公司(Swiss Re)以17.04亿英镑购并了英国保诚保险公司(Prudential)所属的(M&G)公司,使其成为世界上最大的人寿、健康再保险公司;法国最大的再保险公司(SCOR)购并了美国的全美再保险公司(All State Re),使其在北美保费收入比例从22%上升为35%;德国慕尼黑再保险集团(Munich Re)购并了美国再保险公司(American Re),预计增加约150亿美元的再保险收入;位于世界保险经纪公司第二位的美国怡安保险集团(AON)购并了美国英之杰(Incbcape)下属的国际经纪人公司(Bain Hogg)等等。然而最震惊世界保险业的当属1996年11月12日法国最大的两家保险公司—巴黎联合保险公司(UAP)和安盛保险公司(AXA)的"超级合并",从而使该公司以3 131亿法郎营业额名列世界第二,仅次于日本人寿公司;以22 950亿法郎的资产管理额名列世界第一。

2.1996年12月14日,历时三年零四个月的日美保险谈判达成协议,尘埃落定。日美保险协议是近年来两国间关于汽车、半导体、知识产权等一系列经济协议谈判的重要内容之一,涉及到日本保险市场自由化和在日美资保险公司的利益问题。该项谈判始于1993年9月,由于双方各执己见,僵持不下,始终未果。经过3年多的多次会谈和协商,终于于最后期限(1997年12月15日)的前一天,由日方让步为代价,达成协议。日美保险谈判的分歧是保险费率的自由化和保险业务的自由化。前者美国要求日本迅速实现保险费率自由化,而日本坚持阶段性地推进,无意加速;后者则主要集中在“第三领域”险种(即寿险和非寿险以外的险种)的自由化。日本计划从1997年起允许寿险公司的非寿险子公司经营该险种的业务,而目前在日以美资为首的外资非寿险公司在该险种市场占有1/3的份额,因而美国要求日本在2001年前对上述措施实行冻结。达成协议的主要内容为:日本的非寿险费率在1998年7月前实行完全自由化;允许国内寿险公司的非寿险子公司从1997年1月起有条件地参与“第三领域”的险种,对外资非寿险公司的保护措施持续到2001年,2001年1月起实行全面自由化。

1996年世界巨灾及重大保险赔案

1996年自然灾害和意外事故导致的保险损失为123亿美元,除去通货膨胀及美元汇率因素外,比上年降低22%左右,主要是因为全年没有重大自然灾害发生。尽管该年的损失下降,但仍高于1970～1995年的平均水平。全年记录在案的自然灾害341起,死亡达22 000人。

1996年最大的自然灾害是美国的飓风、冰冻和中国的洪灾,最大的人为事故是欧洲的火灾和爆炸。在123亿美元保险损失中,自然灾害导致的达79亿美元。单独损失数额最高的灾害是美国的“Fran”飓风,达16亿美元,又一次成为1989年以来超过10亿的巨灾之一。从地理分布条件来说,美国由于暴风雪和冰冻等恶劣气候,又一次成为损失之最。全球全年全部损失达500亿美元,1/3是源于中国严重的洪灾。人为灾害导致的保险损失近44亿美元,占了相当大的比例。欧洲的三起火灾和两起爆炸造成了20亿美元的保险损失。

1996年世界主要地区或国家巨灾分布统计

地区/国家	数量(起)	比例(%)	死亡人数(人)	比例(%)	保险损失(百万美元)	比例(%)
欧洲	43	12.6	929	4.2	2 667	21.6
/英国	6	1.8	9	0.0	1 158	9.4
美洲	92	27.0	2 514	11.3	8 122	65.9
/美国	53	15.5	745	3.4	7 858	63.7
亚洲	156	45.7	15 761	70.9	1.007	8.7
/日本	9	2.6	39	0.2	291	2.4
非洲	38	11.1	2 839	12.8	95	0.8
大洋洲	3	0.9	73	0.3	0	0.0
公海/空间	9	2.6	101	0.5	372	3.0
合计	341	100.0	22 217	100.0	12 332	100.0

财政文化及其建设的主要途径

西南财大财税学院　　王国清

随着改革开放和社会主义市场经济的发展，现代经济文化作为新的研究课题，在我国取得了引人瞩目的成就。作为经济文化之独立子系统的财政文化，其协调运作和综合发展，以不同的内容和形式展现在现实生活中，迫切需要我们随着社会的发展和改革开放的深化，进一步重视财政管理和财政体制改革中"文化力"的因素及其投入，探索财政文化协调发展的理论总结，以促进财政和文化整体关联、协调发展，深化财政管理和推进财政体制改革。本文拟就财政文化的几个基本问题谈点初浅的看法。

财政文化及其特征和功能

财政文化是人们在国家的财政活动中所形成的思维模式、行为规范和价值导向，它既是财政与文化整体关联、协调发展的总结，又是进一步推进财政文化一体化发展的原动力。

财政文化可以分为财政主体文化和财政客体文化这两个层面。财政主体文化是指财政部门及其人员的理财思维模式、行为规范和价值导向；财政客体文化是财政活动涉及的部门、企业单位和个人的思维模式、行为规范和价值导向，只有做到财政主客体文化的统一和认同，财政管理和财政体制改革，才能达到预定的目标和取得预期的效果。

财政文化是经济文化的一个组成部分，当然也就具有经济文化的共同特性。但是，财政文化也具有自己的特性，其一般表现为：

（一）财政文化体现国家主体性

财政分配是以国家为主体的社会产品分配，财政部门的一切活动直接代表国家。国家一方面以社会管理者的身份，凭借政治权力，对国有经济、非国有经济以及公民个人的一部分社会产品或国家收入进行分配；另一方面国家以生产资料所有者的身份，凭借财产权力，对国有经济的一部分社会产品或国民收入进行分配。

国家在参与社会产品或国民收入分配中处于分配的主导方面，分配的另一方处于被动和从属地位。

财政分配是通过国家与有关各方的分配关系来实现的，集团之间、单位之间、人与人之间的利益关系矛盾，是通过国家这个层次得以缓解或调节。

财政分配的国家主体性，决定着财政文化，无论是财政主体文化或财政客体文化，其思维模式、行为规范、价值导向，都深深地打上国家主体性的烙印。

（二）财政文化体现无偿性

除财政信用之外，财政分配一般是具有无偿性的一种分配。从主要的分配客体来看，剩余产品价值M的分配可以脱离再生产过程，使得财政分配可以采取不返还的无偿方式来进行。从财政分配的结果来看，一般是使社会产品发生单方面的转移，形成无偿性的分配，财政收去的对方单位不能得到直接的、相应的或者等价的报偿，因此财政分配一般是所有权和使用权相统一的分配。

财政分配的无偿性，决定着财政文化，无论是财政主体文化还是财政客体文化，其思维模式、行为规范、价值导向，都要体现无偿性特征。

（三）财政文化体现强制性

除财政信用之外，财政分配一般是具有强制性的一种分配。财政分配的强制性是指国家作为统治机关不进行生产，为耗费一定物质资料，凭借国家权力以立法或行政权力的形式强制地取得一部分社会产品，在规定的范围内任何单位和个人不得拒绝，拒绝或不按照规定，都要受到一定的制裁，直至绳之以法。

财政分配的强制性，决定着财政文化，无论是财政主体文化或财政客体文化，其思维模式、行为规范、经济导向，都要体现强制性特征。

那么，财政文化又具有哪些功能呢？

（一）整合功能

财政文化作为财政活动中的思维模式、行为规范和价值导向，是整合、立体、全方位地研究财政，并力图阐明财政各个子系统之间，财政主客体之间的内在联系。财政文化的这种整合功能，体现着财政管理科学发展的新趋势，标志着财政文化一体化发展的新阶段。

（二）导向功能

财政文化作为财政活动中的思维模式、行为规范和价值导向，对财政主体文化和客体文化涉及的部门、单位和个人的理财心理、行为规范和价值取向起着导向功能，从而对财政发展起导向功能。

（三）规范功能

财政文化既包括有形的、正式的、带强制性的行为准则，是人们思想和行为的硬约束，但财政文化又包括无形的、非正式的、非强制性的行为准则，是人们思想和行为的软约束。但无论何种约束，都将对人们的心理约束起作用直到对行为产生约束。在一个特定的文化氛围中，人们合乎特定准则的行为会得到认同和赞扬而感到心理上的满足；反之，由于得不到承认甚至遭到谴责而产生失落感。所以，具有健康的、向上的财政文化素养的部门、单位和个人就会自觉遵从根据国家利益和人民根本利益而确定的行为准则。

（四）凝聚功能

健康的财政文化能使财政部门及其人员，以及财政活动涉及的部门、单位和个人，感到强烈的使命感、归属感和自豪感，从而不仅在财政内部形成一股强劲的凝聚力，而且使财政分配涉及的客体单位和个人在国家利益、人民根本利益基础上产生凝聚力，从而对每一个人都起着号召作用和融合作用，在参与财政实践中实现自身的价值。

（五）激励功能

财政文化作为财政活动的思维模式、行为规范和价值导向，它能指导和激发人们内在的积极性，继而转化为自觉的行动。

（六）辐射功能

财政文化通过财政收支的各种方式及其制度规定，财政意识和财政行为，财政各类教育和宣传活动，向社会辐射和传播其丰富的文化内涵，影响整个经济文化的建设，提高财政在整个国民经济中的地位，并通过财政文化的改善、重构和优化，直接或间接有力地推进整个社会精神文明建设。

财政文化的基本要素和内容体系

（一）财政文化的基本要素及表现形式

财政文化既然是人们在财政活动中形成的思维模式、行为规范和价值取向，那么其构成的一个基本要素就是理财准则，其表现为：

国家利益准则 财政资金是国家所有的资金，财政部门及其财政工作者是受国家的嘱托，代表国家和人民去管理国家资金的收入和支出。财政在社会再生产中处于分配环节，在社会产品的诸种分配形式中居于主导地位；财政部门在市场经济条件下有着日益重要的调控作用，这就决定了财政工作者力争和维护的，只能是国家的利益，即代表人民和整体的、长远和根本的利益，而不是部门、小团体及个人的“私利”。所以，财政工作者在财政分配活动中必须坚持国家、企业和个人利益三兼顾原则，保证国家利益，合理安排企业留利，适度增长个人消费份额，而且，随着经济和社会发展，相应提高国家集中分配的比重。反之，财政工作者对侵吞、挥霍、浪费国家资财的现象特别痛恨，疾恶如仇。

财经法纪准则 财政要管好国家资金的收支，必须遵从预算法、税法、征收管理法等一系列法规，而且还要经管好企业和行政事业单位的财务、会计。就前者而言，它们是财政工作的规程和依据，是保证财政活动正常运行的规范和约束。就后者来看，也主要是通过各种财务会计制度和财经纪律来进行，否则，国家财政收支安排无从实现，社会经济活动难以顺利进行。无法可依，财政干部感到茫然；有法不依，财政干部感到痛心；违法不究，财政干部感到恼火。

资金效益准则　财政要用好国家资金，必须讲求资金效益。财政干部深知国家钱财来之不易，且资金有限，只有讲求效益，才能实现财政增收，培植财源，或者能进一步举办别的项目或事务。所以，财政干部更为关心国家资金的使用效益，大凡投入者效益大，他们无不由衷高兴；反之，尤其是造成浪费，则又令其痛心和难受。

收支平衡准则　财政收支活动既关系到国家机关和事业单位的正常运转，社会的安定，也关系到整个国家的经济建设和各项事业的发展。财政工作者担负着代表国家组织收入和安排各项支出的重任，而且应该“量入为出”，否则就会导致财政收支失衡而形成赤字，而赤字不仅会产生各种消极影响，而且为弥补赤字，财政工作者压力大，工作也会陷于被动。所以，实现财政收支平衡是财政工作者的最大愿望，只要财政收支能够保持平衡，财政工作者的心理压力减弱，财政工作也就好做多了。

渴求理解准则　财政的规章制度和改革方案，是财政文化的动态因素。财政活动要能达到预定目标和取得预期的效果，需要财政收支活动的对方单位及其人员深入理解，付诸实现。而且对财政工作者为国理财付出的艰辛劳动，也希望得到领导和群众的理解。理解就是对他们的关怀，理解就是对他们付出劳动的肯定，理解就是对他们工作的支持。

除以上准则之外，尚有公平准则、效率准则、硬化预算准则、勤俭节约准则、留有后备准则、特事特办准则等等。理财准则汇集理财的思维模式、行为规范和价值取向于一体，是人们对理财活动的评判依据的原则，是对理财活动的价值观念的提取和重视。

需要指出的是，理财准则是财政文化最重要的因素，当然也是财政主体文化的最重要的因素。如何体现财政主体文化和财政客体文化的有机结合，从而促进人的全面发展，促进财政经济的发展和进步，价值认同既是财政文化的另一个基本因素，又是联系、协调财政主体文化和财政客体文化的纽带和网络。因为财政文化的价值认同是理财的思维模式、行为准则和价值取向的灌输、培养和深化，目的是一方面使财政工作者接受、赞同和遵守财政的价值准则，另一方面使财政收支活动的对方单位及其人员接受、赞同和遵守财政的价值准则，财政管理和财政体制改革方能顺利、有效的运行。

（二）财政文化的内容体系

财政文化究竟应该包括哪些内容，这是一个值得进一步研究的问题。就财政文化本身来说，有许多健康向上的财政文化，即“好”文化，正如我们前面描述的理财准则。但财政文化中也有不健康的、浪费的财政文化，即“坏”文化，例如财政工作的“不打赤字吃亏”，“不花白不花”，纳税中的“查出了是你（国家）的，没有查出是我（小团体或个人）的”等等，就是这种财政文化的表象。我们应该灌输、培养和强化财政文化中的“好”的部分，反对“不好”的部分，建立适合于社会主义市场经济的财政文化模式，然后在此基础上，提高财政文化的水准，增加财政中的文化含量，重视对“文化力”的投入。

就财政文化覆盖的内容来说，财政活动中体现的思维模式、行为规范和价值取向，贯穿于财政理论、财政政策和财政制度，贯穿于财政管理和财政体制改革。

就财政文化的体系来看，财政文化包括财政基础文化、财政收入文化（含税收文化、国际税收文化）、政府与国有企业的财政文化、债务文化、积累性财政支出文化、消费性财政支出文化、社会保障支出和财政补贴文化、国家预算文化、预算管理体制文化、财政平衡文化和财政政策文化等。

拓展财政文化的主要途径

（一）培育和发展财政文化，应不断完善财政体制改革

因为，古今中外的历史证明，占主导地位的财政文化态势决定财政体制改革的模式，有凯恩斯主义关于国家运用包括财政政策、货币政策和对外扩张政策，核心是财政政策的主张，就决定了美国罗斯福总统施行“新政”；有美国供应学派的思想，就导致了美国里根政府和英国撒切尔夫人施行的减税政策，等等。因为，财政文化的价值认同决定财政体制发展推进成效，随着如何做大“蛋糕”和如何“分蛋糕”的讨论中，我们就经历了利改税—承包制—“税利分流”—现代企业制度下的政府收入分配形式的规范，与此相适应经历了 1980 年的“分灶吃饭”—1985 年的“分灶吃

饭”—1988年的地方财政预算大包干—1994年的分税制，在这一系列的改革中，符合客观实际的价值认同越正确，遵循越规范，效果就越好，并随着客观条件的变化而发展。还因为，财政文化的整体协调制约财政体制改革的方向。在坚持社会主义的条件下，结合我国实际，大胆吸收和借鉴资本主义国家市场经济的作法，充分考虑我国的经济发展水平，特别注意与我们有相似文化背景的“亚太模式”对我们有用的经验，于1994年推行的初始的、渐进式的分税制财政体制改革，经历了对这一改革的责难、怀疑、误解、认同、推进，目前要求我们正确处理改革、发展、稳定的关系，把支持经济和社会发展摆到中心的位置，积极推进经济增长方式转变，提高经济增长的效益和质量，努力实现国民经济总量平衡和财力分配结构的合理调整。为此，应继续深化财政体制、税收制度和预算管理制度等方面的改革；基本消除财政赤字，控制债务规范，避免债务拖累；理顺分配关系，健全财政职能等。

(二)加强财政制度文化建设

财政的制度文化，是财政多年经营管理经验和文化沉淀的结晶，它不仅关系到财政内部，而且涉及到社会有关各方及个人。随着社会经济对财政提出的要求，财政业务的不断完善和发展，就要加强制度文化建设以增强财政内部诸方面及个人之间的团结合作，以及财政同其他部门、单位和个人之间的团结合作，借以调动各方面的积极性和创造性，科学、有效地控制财政管理的全过程，约束各个部门、单位和个人的言行，建立共同价值取向，统一步调，增强协调性的战斗力。例如，振兴财政需要地方财政与中央财政共同振兴，在振兴四川财政的阶段性具体目标—2000前消除全省历年滚存赤字，绝不把赤字结转到下个世纪，并使四川省财政逐步步入良性循环轨道，更坚定不移地执行好川府发(95)111号文件这一“以奖代补”的过渡期转移支付的补充形式，纠正对这一政策制度理解上的偏差，并通过实施细则的修订，行之有效地贯彻落实，以达到预定的目标。

(三)必须把财政文化建设贯注到财政管理活动中去

应对财政内外的部门、单位和个人进行观念更新教育，使之树立起现代财政的各种观念。例如，财政资金的“三防一保”问题，即防诈、防盗、防抢，保证财政资金的安全。为此，各级部门、单位和个人要严格遵守各项法律法规，加强廉政建设和财政监督，约束、堵塞管理上的漏洞，不给犯罪分子以可乘之机。又如，强化预算外资金是财政性资金的观念。为此，须把预算外资金所有权还权于国家，调控权还权于政府，管理权还权于财政，整顿分配秩序，健全财政职能，控制行政事业性收费和政府性基金，并对已设立的各种收费和基金进行清理整顿，在此基础上重新核定收费项目和基金规模，将一部分该纳入预算内管理的纳入预算管理，并随着发展，适时将其中一部分收费和基金规范为税收管理，纳入地方税体系建设。在管理的基础方面，运用财政文化建设起独具特色的标准化管理体系，制定和完善各类规章制度，建立健全信息系统，努力做到规范化。要让财政内部及有关各方与个人明确振兴财政的管理目标，包括精神文明建设目标，长短期目标，宏微观目标。运用目标激励的方法，最大限度地调动财政及有关部门、单位和个人的积极性。

(四)把财政文化与财政的思想政治工作队伍建设结合在一起

面对新形势、新情况、新问题，大胆地吸取财政文化的理论精粹，把财政文化建设作为加强和改进思想政治工作的一个重要途径来抓。发展财政文化的一个目的就是建立以人为中心的管理。为此，在振兴财政中，既要有一批政治素质高、业务能力强的领导干部，又要加强对广大财政干部的培训。只有加强“讲学习、讲政治、讲正气”，并提高干部职工的科学文化水平和业务素质，方能适应振兴财政的迫切需要。

第　五　篇

世界贸易与跨国营销文化

· 国际市场
· 国际营销与文化环境
· 国际营销中的文化因素
· 世界文化的分区与特点
· 中国和国际商标事业的发展

国际市场

西南财经大学　傅晓蓉　赵　莉

国际市场排行榜

(一)世界经济形势的发展与经济增长速度最快的国家(地区)

按联合国的预测,1996年全球GDP增长率将由1995年的2.4%上升为2.8%,1997年则继续向好的方向发展,预计GDP将达到2.9%,略高于去年的水平。在经济增长加快的同时,全球范围的通货膨胀率继续下降,居民消费价格指数由1995年的7.9%降为1996年的5.1%,预计1997年将下降为4.0%。

1996年,世界各国经济仍呈不平衡增长态势。

(1)发达国家经济保持稳定增长势头,但增长速度低于去年,其GDP增长率为2.3%,这比1995年低了0.2个百分点。通货膨胀率除意大利为4.1%以外,其他国家均保持在3%以下。从国别看,美国经济竞争力明显提高,日本经济呈复苏之势,欧盟经济增长出现减慢趋势,其他发达国家的经济则保持适度增长。

1996年,美国经济形势继续优于其他主要西方发达国家。首先,在历经10余年产业结构调整的基础上,美国在"信息高速公路"、生物和航天技术等新兴产业方面比日本和欧洲至少先进10年,这使得美国的国际竞争力遥遥领先于其他西方发达国家,这为美国经济持续增长提供了动力。其次,从1995年11月开始,美国的货币政策在通货膨胀得到控制的基础上有所放松,这在一定程度上刺激了国内需求,其中居民消费和住房投资增长较快,下半年因抵押贷款利率上升,消费需求和投资需求均有所下降。从全年看,美国的GDP增长了2.2%左右,通货膨胀率为2.3%。1997年上半年,美国经济持续健康增长。据美国商务部公布的数据,美国3月份的贸易逆差缩减了19.3%,为85亿美元,但同期美国对日本的贸易逆差也上升了8.3%;占美国国内生产总值2/3的消费开支3月份增加了0.2%,4月份仅增加0.1%。预计美国1997年的GDP将增长2.2%,通货膨胀率将为2.7%。

1996年,日本整体经济形势好转,经济增长率为3.7%,其中第一季度增长势头最强,GDP增长率(折年率)达到12.9%。这与日本政府加大解决银行巨额呆账的力度、降低官方利率、增加公共投资以及日元相对于美元的大幅度贬值有关。进入1997年,日元汇率和股价虽大幅下跌,但日本整体经济依然继续恢复,且力度有所加大,受4月份开始实施的提高消费税和废除特别减税措施的影响,其经济恢复的速度会有所减缓。日本大部分人认为,日本经济要摆脱长期低迷状态,必须进行包括金融体制改革在内的经济结构改革。1997年5月,日本众议院行政改革特别委员会开始审议《金融监督厅设置法草案》等有关金融、政券体制改革的法案。这标志着日本金融改革进入实质阶段。预计1997年日本经济增长速度将有所减缓,经济增长率为1.6%。

从1995年下半年开始欧盟经济增长势头减缓,1996年增长率比上年的经济增长速度下降了0.8个百分点,仅为1.6%,这与欧盟各国实施紧缩的财政政策有关。1996年下半年,欧盟各国的利率水平不断调低,经济增长有所加快,加上欧盟各国同时还采取其他政策措施刺激经济的增长,因而1997年欧盟的经济前景相对乐观,预计其GDP增长率将达到2.3%。1996年,欧盟多数国家的通货膨胀率明显下降,居民消费价格指数从1995年的2.8%下降到1996年的2.6%;1997年将进一步下降,预计为2.3%。

(2)发展中国家经济将继续保持较快增长势头。1996年发展中国家经济增长有所加快，GDP增长率可望达到5.4%。1997年发展中国家的GDP增长率，据联合国LINK中心的预测，将比上年上升约0.5个百分点，为5.9%。

拉丁美洲和加勒比海地区的经济增长明显加快。在国际社会的帮助下，拉美各国采取了一系列措施，使墨西哥金融危机对拉美各国的影响得到有效缓解，拉美各国的经济状况有所好转。1996年，该地区的总体经济增长开始加快，GDP增长了2.5%。预计1997年将会达到4.5%左右。

非洲经济取得长足发展。据1997年5月非洲开发银行公布的《非行1996年年度报告》，1992～1994年非洲经济增长率仅为1.2%，1995年即上升至2.8%；到1996年，非洲的经济增长率比上年又增加2个百分点，为4.8%。1996年，不少非洲国家的经济增长速度首次超过其人口增长速度，经济复苏的国家也在不断增多，当年的非洲人均收入比上年增长26%，平均人口增长率仅为2.8%。国内生产总值增长速度超过人口增长速度的国家在90年代初为20个，到1996年则增至41个。非洲经济状况的明显好转与其内部政治环境的改善以及农业生产条件的好转有直接关系。1997年非洲的经济形势如何，将取决于非洲的气候条件和经济管理的改善、政治与经济形势的稳定以及国际经济环境的状况。按联合国LINK中心的预测，非洲经济增长率在1997年将为3.8%左右。

亚洲地区自80年代中期以来一直是世界上经济增长最快的地区。1996年，亚洲经济增长速度有所放慢，据日本经济企划厅1997版的亚洲经济白皮书，1996年亚洲经济增长率为7.4%，比上年下跌0.8个百分点。造成亚洲经济增长速度放慢的主要原因是这一地区出口业的不景气，1996年亚洲地区的出口增长率比1995年下降了许多。另外，各国政府出于对通货膨胀的警惕而采取紧缩的财政、金融政策也是造成经济增长放慢的一个重要原因。尽管1996年亚洲经济增长速度有所放慢，但从劳动力和投资等因素分析，如果亚洲农村拥有的潜在剩余劳动力能顺利地向其他行业转移，那么影响经济增长的劳动力不足现象将不会出现；亚洲地区的储蓄率在不断上升，这能满足大部分投资资金的需求；亚洲新兴工业国家和地区的企业收购、兼并发达国家企业的现象仍在增多；中国和东盟各国在吸收发达国家技术方面的潜力仍然很大，因此，在今后中长期内，亚洲经济将继续保持强势。预计1997年该地区的GDP增长率将为7.8%，通货膨胀率会继续呈下降趋势。

多数东欧国家经济继续恢复，俄罗斯经济仍未摆脱下降格局。1996年，对东欧和前苏联地区多数国家来说，经济改革已取得积极成果，但因各国为治理通货膨胀而相应采取的从紧的财政和货币政策，使该地区总的GDP增长率较上年而言有所下降，预计为4.7%。俄罗斯经济继续下降，其GDP比上年下降4个百分点，但俄罗斯的通货膨胀率已大幅降低，由1995年的180%左右下降到1996年的45%。1997年，除俄罗斯经济将继续下降(预计下降幅度为1%左右，这一下降趋势将在1998年左右停止，并转降为升，其通货膨胀率将进一步降至11%)外，其他国家的经济都将实现适度增长，预计GDP的年均增长率为4.9%，同时各国的通货膨胀率也会呈现明显下降趋势。

世界各国经济增长速度有快有慢。据国际货币基金组织在《世界经济展望》中的数据，1995年世界平均增长速度3.5%。1995年超过平均增长速度的国家(地区)有13个：中国(10.2%)，马来西亚(9.5%)，越南(9.5%)，韩国(9.0%)，新加坡(8.9%)，泰国(8.7%)，印度尼西亚(8.1%)，印度(6.8%)，中国台湾省(6.1%)，香港地区(5.0%)，菲律宾(4.8%)，中东地区(3.6%)。在上述13个国家与地区中，多集中在亚洲，尤其是东亚和东南亚国家。由此可见，这是世界经济增长速度最快的地区。工业发达国家1995年经济增长速度均较缓慢，大多在2%上下。经济发展速度明显滞后的国家主要集中在拉美和一些经济转轨国家。如拉美地区经济增长率仅为0.9%，俄罗斯增长率不但没有上升，反而下降5%左右。

(二)国际贸易与处于前20位进出口国家和地区

1996年，国际贸易量的增长率为6.4%，低于1994年的9.5%和1995年的8%，贸易增长速度有所放慢，但世界贸易仍维持在一个较高的增长水平上。这三年国际贸易的年均增长率达到8.5%，大大超过过去10年的年均增长率——5.5%的水平，可见，自

1994年以来,国际贸易的年增长率出现了一个新的高峰(第一次高峰出现在1976年)。据世界银行的预测,世界贸易的这一增长趋势,将至少维持到下世纪初叶,并且会成为推动世界经济增长的主要动力。

目前国际贸易格局主要有以下几个特点:

服务贸易迅速发展

在世界贸易中,商品贸易额在世界贸易额中占有绝对优势地位,但近年来,以信息服务和技术软件转移为主的服务贸易迅速增长,在世界贸易总量中的比重明显提高,其增长速度也高于商品贸易的增长速度。1995～1996年的服务贸易额分别为1.23万亿美元和1.4万亿美元,分别比上年增长19.4%和14%;同期商品贸易的增长率分别为18.9%和11%。据世界银行预测,今后10年,商品贸易可望以年均6%的速度增长,服务贸易的增长率则可能保持在10%左右。

世界贸易格局仍以发达国家为主,欧洲国内生产总值和贸易总额已超越美国

发达国家在世界贸易中的份额约占世界贸易总额的2/3。1995年发达国家的商品进出口额分别增长16.8%和16.9%,约占世界贸易总额的67%。1996年,发达国家的贸易增长速度有所减缓,贸易增长11%,出口额达3.8万亿美元左右。美、德、日仍是世界排名前3位的国家。

据美国国际经济研究所的调查结果,欧洲国内生产总值和贸易总额已超越美国。目前欧洲的国内生产总值超过8.4万亿美元,占全球生产总值的31%;美国的国内生产总值为7.2万亿美元,比欧洲约少1.2万亿美元,其在全球生产总值中所占的比重为27%,比欧洲所占比重少了0.4个百分点。在世界贸易总额(不包括欧洲内部贸易)中,欧洲同样领先于美国,欧洲贸易额为1.9万亿美元,占世界贸易总额20%;美国为1.7万亿美元,所占比重为18%。

发展中国家的贸易增长率继续强于发达国家

发展中国家的贸易额在大幅度的提高。自1991年以来,发展中国家的贸易增长率持续高于世界贸易的增长率,显示其富于活力的增长。1995年,发展中国家的商品贸易进出口总额分别比上年增长22.9%和22.7%。1996年,因世界电子市场需求低靡,使以亚洲为贸易中心的发展中国家的贸易出口受挫,发展中国家的出口贸易增长速度将低于1995年,增长率约为15%,达1.8万亿美元。

世界贸易组织(WTO)进一步完善,其管理全球贸易的能力增强

WTO于1995年1月1日正式取代关贸总协定开始运转,成为世界多边贸易体制的法律和组织基础。1996年,WTO除继续在开放全球金融服务市场方面作出努力外,还就基本电气通讯问题进行了多轮会谈,对海运自由化方面的工作也有所涉及。同时,WTO的纷争处理机构的机能也有所加强,截至1996年7月,WTO受理的案件共51件,发达国家被通报的件数达21件,这使各国对其寄予极大期望。

国际社会的环保意识增强,"绿色壁垒"将成为新的贸易保护手段

伴随着世界经济的发展,环境恶化正日益成为人类关注的问题。1996年9月1日,国际标准化组织(ISO)正式颁布首批环境管理国际标准的体系,即环境管理体系——规范及使用指南(ISO14001)和原则、体系和支撑技术通用指南(ISO14004),环境审核指南——通用原则(ISO14010)、审核程序(ISO14011)和审核员资格(ISO14012)。

1997年初举行了被人们称为"绿色回合"的关贸协议新加坡会议,经多边谈判,各国虽未能如预计的那样在"环境与贸易问题"上取得实质性进展,但WTO总干事认为,该问题将会"成为下一轮多边贸易体制谈判的中心议题"。一旦WTO就"贸易与环境问题"达成新的多边协议,发达国家将会得到以环境标准制造新贸易壁垒的合法依据。

国际市场上的出口大户也是进口大户。从进出口的绝对值来看,处于前茅的国家比较集中,大部分是工业发达国家。据统计,1995年世界前20位进口国与地区的顺序如下:

美国7 713亿(美元,下同)德国4 432亿,日本3 360亿,法国2 745亿,英国2 653亿,意大利2 040亿,香港地区1 961亿,荷兰1 759亿,加拿大1 684亿,比利时—卢森堡1 542亿,韩国1 351亿,中国1 321亿,新加坡1 245亿,西班牙1 148亿,中国台湾省1 036亿,瑞士816亿,瑞典799亿,墨西哥797亿,马来西亚740亿,俄罗斯648亿。由此可见,前8位的进口大国也是出口大国。在前20位进口国家和地区中，分布于亚洲地区的只有6个，这表明，国际贸易仍集中在发达国家之中。各地区贸易额及其增长率可见下表：

地 区	贸易出口额	增长率	贸易进口额	增长率
世界总计	48	19	5 025	19
北美	775	14	940	11
拉丁美洲	255	22	245	11
西欧	2 190	21	2 185	21
欧盟国家	2 030	22	2 010	21
中/东欧/波罗的海国家	150	26	145	23
CIS中东欧国家	75	25	90	28
非洲	105	12	120	16
中东	140	13	130	11
亚洲	1 300	18	1 260	23
日本	445	12	335	27
中国①	150	23	130	14
东亚六地区②	515	23	565	26

①不包括香港地区转口贸易。

②包括中国台湾省、香港地区、韩国、马来西亚、新加坡和泰国。

资料来源：联合国《统计月报》1996年8月。

(三)近10年世界出口商品结构变化趋势

国际市场商品结构由初级产品和制成品构成。从1995年世界贸易组织(WTO)的统计看，初级制成品的国际贸易额为36 400亿美元，约占整个国际贸易的74.4%。国际市场商品结构发展的基本结构是初级产品增长缓慢，在国际贸易总额中所占比重下降，工业制成品贸易发展迅速，在国际贸易中所占份额大幅度上升。如果将1983年的出口商品额及其构成同1993年的进行比较，这种趋势更为明显：

商 品 类 别 (按国际贸易标准分类)	出口额(亿美元) 1983年	 1993年	比 重(%) 1983年	 1993年
全部产品*	18 340	36 410	100	100
初级产品	7 830	9 730	42.7	26.7
农产品	2 680	4 380	14.6	12
食品	2 040	3 450	11.1	9.5
原料	640	930	3.5	2.5
矿产品	4 460	4 330	24.3	11.9
有色金属及矿产品	700	1 130	3.8	3.1
燃料	3 760	3 200	20.5	8.8
工业制成品	10 510	26 680	57.3	73.3
机电产品	5 280	13 750	28.8	37.8
化工品	1 360	3 260	7.4	9
钢铁	620	1 080	3.4	3
服装	400	1 330	2.2	3.7
纺织品	500	1 150	2.7	3.2
其他消费品	1 160	3 370	6.3	9.2

* 含未列名产品。

(四)国际消费市场大观

随着世界和区域经济一体化的发展,国际市场上的供需关系也在不断发生变化。从总体上看,西欧各国生产力平均水平很高,消费水平自然也普遍很高,特别是私人消费增长较快,平均占国内生产总值的60%以上。就现在消费趋势而言,正进一步向高级化方面转化。例如,西欧各国用于饮食方面的支出(恩格尔系数)愈来愈小,仅为0.16,商品价格不再是最追求的对象,而花费在高档服装、保健食品、环保用品以及用于消闲和接受各种服务等方面的支出日益增多。加上老龄人口的不断扩大,一些老年人特殊用品的需求大量增加。

北美是世界最发达的市场之一,美、加对商品质量的追求更加严格,着眼点放在技术更新最快的高质量产品,要求商品安全、新颖、有华贵的装潢。人们感兴趣的是新奇、时髦产品,而极少考虑价格的高低。生活用品具备多功能、多品种、小批量,个性化、电子化的商品愈来愈受青睐。

与北美市场不同,拉美市场多为发展中国家,市场消费主要围绕着发展生产力所需的燃料和其他初级产品各种制成品及中间产品等。整个拉美地区与亚、非相比经济基础较好,工业化进程早,平均收入和生活水平较高,人口城市化已达相当水平,再加上人种复杂,包括印第安人、黑人、白人、混血人、日本移民、华裔人口及其他亚裔人口,因此需求是多方面的,市场潜力很大。

东亚市场地域分散、复杂且人口众多,各国消费水平差异很大,其中日本和亚洲"四小龙"消费水平较高。日本较西欧、北美消费水平虽还有一些差距,但仍向高级化发展。总趋势是要求商品具有省时、快速、方便、实用以及轻型、时髦、健康、消闲等特点。特别应引起注意的是,近年来因妇女就业增加,为追求轻闲、舒适,日本市场对节省家务劳动的各类商品、运动娱乐商品等需求增加。与西欧、北美不同的是,物美价廉及优惠商品仍有较好销路。

南亚经济发展速度缓慢平稳,平均消费水平不高。印度是南亚最大市场,主要进口农产品(植物油、油籽等)、机械设备和轻纺产品(丝绸、棉布等)。但值得重视的是,印度市场近年来变化很迅速,尤其是中产阶级的崛起(约占印度人口的20%左右),他们对高档现代化耐用消费品越来越感兴趣。如对家用电器、汽车和摩托车等的需求数量不断增多。

中东市场是世界重要的粮食、活畜、军火及资本货物和原材料的进口市场;人口大部分是穆斯林,民族必需品消费为重要特色。世界各地的商品在这里都有销路,但以中、低档商品更受欢迎。其中高收入的石油输出国,本国生产能力有限,所需高档消费品必须从国际市场购买,如高档成衣、丝绸、小汽车和自行车、家用电器及地毯、毛毯等。

非洲市场近些年不景气,进口市场呈萎缩状态。但所需进口商品种类繁多,主要是整个非洲制造水平低所致,因此许多商品如成套设备、运输设备、金属制品、仪器仪表、化学塑料、农机具、粮食食品、建筑材料、医药用品、日用生活用品等等无所不进。日用工业品以中、低档、物美价廉、耐用,最受欢迎。

澳洲市场主要部分是澳大利亚。澳大利亚消费水平较高,但由于人口集中于城市(悉尼、墨尔本和布盘),各种族民族依然保留着各自的宗教、文化和传统习俗,因而是一个多元文化市场。它虽是发达国家,但制造业相对较弱,所以许多制成品要靠国际市场提供,如电子电器、计算机、家用电器、家具、服装、鞋类、车辆、机械及其他日用工业品等。澳大利亚人目前消费倾向趋高级化,喜欢娱乐、旅游、运动、垂钓,讲究饮食并爱好饮酒,在向方便、快速、营养方面变化。

要素市场

(一)国际纺织品市场

棉花市场

作为世界商品贸易一部分的纺织品服装贸易,市场的总态势是供求改善,市场平稳。纺织原料供应增长快于需求的增长,供求基本平衡,除棉花价格稳中略降外,其他呈现疲软;纱布交易继续清淡,价格低平,服装等成品生意平平。

国际棉花咨询委员会(ICAC)对棉花产、供、销的数量预计比1995年减少近100万吨。产量的变化引起价格波动,自1995年年底以来,世界市场上棉花价格下跌,而其他农作物,如粮食价格上涨,导致1996/1997年度世界棉花种植面积由上年度的3 523万公顷减至3 341万公顷,但因单位面积产量的提高弥补了种植面积的减少,使棉花总产量仍处于较高水平。

各主要产棉国的具体情况是：美国棉产量估计为396万吨，与上年底基本持平；印度和巴基斯坦产量略有下降，分别为260万吨和176万吨；乌兹别克斯坦产量由上年的125万吨降至117.5万吨；土耳其为78万吨。而其他一些非主要产棉国棉花产量增长显著，如巴西增幅高达49%，产量达到53.7万吨；墨西哥增长较快，产量达到34.9万吨；埃及产量为34.5万吨；澳大利亚为39.7万吨。据中国国家统计局提供的资料，由于棉花效益比较低，农民种植积极性不高，播种面积比1995年减少12%，再加上气候条件不好，病虫害严重等原因，1996年棉花产量约为420.3万吨。

从消费看，世界棉花消费呈增长态势，其增长最多的仍是几个主要产棉国，如美国因经济持续增长和受棉价下跌的影响，工厂用棉量比上年增长3.8%；印度、土耳其、墨西哥消费亦增长。相反，一些棉花净消费国如日本、韩国等消费下降。1996/1997年度世界棉花消费量由上年度的1 863万吨增至1 926万吨。

从整体看，棉花供求基本平衡，自1995年底以来，棉花呈下降趋势。此外，ICAC预估的1997年国际棉花产量要高于1996年，总产量亦多于总消费量。如今后产销情况不出现大的变化，预计国际棉花价格将在目前相对平稳中呈下降趋势。

羊毛市场

国际羊毛市场仍不太景气，表现为产量下降，需求疲软，价格下跌。由于主要羊毛生产国—澳大利亚和其他一些国家受去年干旱影响，产量下降。据8月初国际羊毛局发布的题为“羊毛生产和供给”的报告预测，1996～1997年度全球羊毛产量为144万吨，是1973年以来的最低水平，其中澳大利亚目前产量与1990/1991年度最高年景相比产量下降40%，绵羊头数减少1/3，1995/1996年度羊毛产量仅为43.7万吨，是40年来最低水平。但是，发达国家经济发展缓慢，对羊毛的需求不旺；加上独联体国家因自身经济需要而抛售羊毛，一时由主要羊毛进口国成为大量出口羊毛的国家。据外电报道，独联体抛售了约17万吨羊毛，导致价格一路下滑。在1995年3月羊毛价格达到最高峰—澳东部洗净毛市场指数843澳分/千克，此后一跌不止，使得其他国家因羊毛卖价低而不愿出售，造成出口量下降，库存增加。如1996年4月份新西兰羊毛出口就下降了35%。同时，国际羊毛局为了减少库存积压，连续放出羊毛库存，促使本来就低迷的羊毛价格继续下跌。6月末结束的1995/1996年度澳毛平均拍卖价格为619澳分/千克，下降了21.4%。国际羊毛局预计，1996年西欧市场消费者对羊毛成品的消费将比1995年增长1%，北美、日本、中国市场将增长2%，韩国及中国台湾将增长8%。但这还不足以遏止羊毛价格的下滑，因为澳大利亚羊毛局的羊毛库存还有221万包，约占世界羊毛供给量的1/3。如果国际羊毛局继续放出羊毛库存，价格还会下跌，相反则可能稳定价格。由于长期销售价格低迷，使产地羊毛增产欲望大减，有的牧民开始向谷物生产转移。如果国际羊毛局继续放出库存，业界估计，用不了3年，澳毛将无力向国际市场供应，届时国际市场羊毛价格又会暴涨。估计澳东部市场指数将在600～650澳分/千克净毛。

化纤市场

随着科技的发展，合成纤维和人造纺织品的用途不断扩大，其优越性被更多的消费者所认识，如过去只适合做秋冬服装使用的腈纶纤维，目前正迅速发展为四季各类服装皆宜的多用途纤维，致使化纤的需求增加；其次化纤不受气候等自然因素的影响，原料供应比较充足，一些缺乏资源的国家（地区）致力于化纤工业的发展，促使化纤产量有较大增长，1995年比1991年世界化纤增幅15.8%，达到2 064.6万吨，占当年纤维总量的49.8%。世界化纤业，尤其是亚洲国家化纤发展势头旺盛。据日本化纤协会的统计，日本1996年8月份化纤产量比上年同期增长1.8%，这是连续2个月超过上年同期水平；韩国1996年1～6月化纤产量比上年同期增长6.9%；中国台湾进一步扩建化纤厂，印度、印尼等国加速发展化纤业。在纺织品市场需求不旺的情况下，势必出现库存加大，竞争更为激烈。如韩国到1996年6月底的库存比1995年同期猛增41%，日本8月份库存比1995年同期增长3.4%。因此，一些自身消费市场不大的国家（地区）如日本、韩国、中国台湾等，以出口为导向进行产业调查，积极对外销售。甚至不惜降价销售。日本1～8月合成短纤和人造棉出口数量比上年同期猛增64%，金额却减少5.3%；合成纤维布出口量增长9.1%，金额减少0.9%，这是价格下跌所致。1996年11月初与1月初相比，日产腈纶棉和聚脂纤维分别下跌

5.6%和22.2%；台湾地区产腈纶棉、人造棉和聚脂纤维分别下跌8.4%、21.5%和24.5%。

根据以上情况分析，在化纤产能的效应作用下，未来化纤供应比较充裕，市场需求仍不旺，总体价格难于回升；个别品种不排除在小范围攀升。

纱布市场

1996年纱布市场总体是生产下降，交易清淡，价格低平。据法国纺织工业联合会报告，1996年上半年纺织品产量将比1995年同期下降2%。日本丸红商社预测，1996年日本纺织品将继续1995年走势，持续下降3%。德国纺织品生产1996年上半年比1995年同期下降10.2%。1996年1～5月纺织品销售额比1995年同期下降3.6%。中国是纱布生产的大国，据国家统计局统计，1996年上半年，粘胶纤维产量比1995年同期下降7.48%，纱和布的产量比同期分别下降6.22%和11.98%。即使生产下降，供应减少，也没有扭转纱布市场的清淡。生产下降在一定程度上讲是由于需求减少，厂家为了减少库存积压的损失所致。1996年春季广交会与1995年同期相比，平均单价除棉纱略有上升外，其余均有不同程度下降，其中棉涤纶纱下降3%，棉坯布下降13%，棉涤纶坯布下降5%，成交金额比去年春交会下降31%。

由于1997年美、欧经济增长仍旧缓慢，纺织原料供求不紧，加上贸易保护主义盛行和纺织品进口进一步管制，致使市场竞争加剧，对纱布市场继续产生负面影响。然而美、日等国经济的增长带动了纺织品市场的启动，使其在低迷中露出了好转的兆头，如美国1996年1～9月累计进口下降1.4%，而9月却增长10.4%，但好转的程度仍属有限。

服装市场

经济发达国家是主要服装进口国，发展中国家是服装出口的主要供应源。自90年代初的世界经济危机以来，发达国家几经周折，虽然走出低谷，但经济复苏乏力，失业率一直居高不下，社会消费欲望下降。相反，众多发展中国家则持续快速增长，而纺织服装的迅速发展是推动发展中国家经济增长的重要手段，促使成衣供应者和供应量逐年增加，从而加剧了服装市场的竞争。最明显的是南美洲各国利用其地域优势，扩大对美国的服装出口，从而排挤了中国乃至远东地区对美国的出口。墨西哥已跃居美国服装进口供源首位，中国及香港地区退居第2第3。

随着经济的增长，服装市场露出霞光，其表现是，服装进口大国进口增长，市场销售好转。美国商业部1996年11月公布的资料显示，美国当年1～9月服装进口比1995年同期增长2.9%，其中9月单月进口激增10.1%，美国零售协会负责人认为，进口量增加预示着1997年圣诞节期间的销售情况会不错。日本百货市场服装销售，3月份比去年同期增长4.6%，这是连续第3个月增长。这预示着服装市场后市看好，美国、日本市场继续好于欧洲市场。

(二)国际粮油食品市场

1995～1996年度国际粮油市场波动较大。由于全球粮食产量连续3年处于低水平，而需求却一直保持旺盛势头，1995/1996年度全球粮食库存降到了近20年来的最低水平，国际市场粮价暴涨。在粮价高涨的刺激下，1996/1997年度各国纷纷扩大播种面积，全球粮食产量大幅回升。1996/1997年度全球粮食供应紧张的状况已大大缓解，库存回升，粮价会明显下降。但是，供应紧张不可能在一年内得到扭转，1996/1997年度全球粮食库存从历史上看仍处于低水平，粮食市场仍然很脆弱，如果明年的粮食作物出现什么问题，粮价很容易再次大幅上涨。

小麦　1996/1997年度全球小麦产量大幅回升，除美国以外，主要出口国欧盟、加拿大、澳大利亚和阿根廷的产量都有较大幅度的增长，其出口供应和库存也相应增加。由于小麦丰收，欧盟恢复了搁置一年多的小麦出口补贴。南半球和阿根廷及澳大利亚丰收在望，最近正在冲击国际市场小麦价格。因此，1996/1997年度全球小麦供应增加，库存将回升，小麦价格将下跌。不过，在1998年小麦收成明朗之前，小麦供应仍然偏紧，麦价仍将保持在高水平。从目前情况看，北半球的冬麦播种面积继续扩大，1998年的小麦收成看好。

粗粮　1996/1997年度全球玉米产量大幅回升。主要出口国美国的产量从73.74亿蒲式耳回升到92.65亿蒲式耳，美国的玉米库存大幅回升。阿根廷也扩大了种植面积，玉米产量可望增加。中国等一些重要进口国产量增加，进口需求下降。因此，1996/1997年度玉米价格明显回落。如果1998年生产国继续扩大播种面积，玉米价格甚至会进一步下跌。

1996/1997年度全球大麦产量大增,欧盟增产近900万吨,加拿大、澳大利亚、美国的产量也都不同程度增加。但增产部分多集中于饲料大麦,啤酒大麦供应仍然偏紧。

大米 1996/1997年度全球大米增产,亚洲大米产量可望创纪录。国际市场大米价格呈下跌趋势。大米出口国的竞争进一步加剧,泰国、越南、印度和巴基斯坦将在中低档米市场上展开竞争。但是,国际市场对高档米的需求仍然非常旺盛,高档价格仍会保持坚挺。

大豆、豆粕及豆油 1996/1997年度全球大豆产量有所增加,美国、巴西、阿根廷三个主要出口国都增产。但是,由于结转库存低,大豆总供应量变化不大。1996/1997年度全球大豆供应仍然紧张,大豆价格将保持在高水平上。全球豆粕产量有所增加,但是中国、印尼、韩国、菲律宾等亚洲国家的需求增长迅速,将促使豆粕市场在高价位上波动;欧盟粮食丰收,豆粕消费量将明显下降。全球豆油产量略增,豆油价格将保持上年水平或略有下降。

糖 1996/1997年度全球糖产量继续增加,产量连续第三年超过消费量,糖价下跌压力进一步加剧。预计国际市场原糖价格将降到10美分/磅,白糖价格降到12.5美分/磅。

(三)机电市场

在当今国际市场贸易中,机电产品占有重要地位。根据世界贸易组织的统计,1994年世界机电产品贸易额达到15 859亿美元,约占当年世界贸易总额的32.5%。1995年世界机电产品市场续呈稳好,但一些主要国家机电产品市场的发展极不平衡。具体表现在以下方面:从订货上看,一方面日本和英国等发达国家机电产品生产企业接受订单情况要好于去年,其中,日本的订单在1995年回升4.2%的基础上,1996年头8个月又比1995年同期增长7.8%,而英国的订单则在1995年减少6.7%后实现了6.7%的回升;另一方面,美国和德国的订单金额分别比1995年同期增加12.2%和0.7%,只是增幅低于1995年。

从生产上看,美国、德国和英国的机电产品生产分别比1995年同期增长5.7%、2.8%和5.3%,增幅均高于1995年的水平,而日本也增加3.1%,但增幅不如1995年的6.3%。

从出口上看,除日本机电产品的出口金额比1995年同期减少9.7%外,其余发达国家均有所增加。其中,美国和英国分别增加9.1%和13.2%,但增幅略小于1995年。

从价格上看,美国的机电产品在国际市场上的价格总水平与1995年同期相比基本持平,而德国、加拿大和英国生产的机电产品价格水平则分别上升1%、1.2%和1.9%。

另外,发展中国家特别是亚太地区的发展中国家积极利用外资发展出口导向型产业,促使劳动密集程度相对大一些的机电产品出口加工业务在不长的时间内形成一定规模。

预计随着西方经济增长、特别是西欧经济的恢复和上升,机电产品市场仍将保持较旺的局面,其中机床、轴承、电气设备、建筑机械、环保设备和农业机械等似都将保持良好的增长势头,一些高新技术产品如办公及通讯设备等,则更将表现旺销的发展态势。

(四)能源市场

国际能源市场上主要能源产品总体上呈供需平衡态势,其价格稳中趋升。据统计,已经证明了的全球石油储量达10 170亿桶(1桶=159升)。天然气蕴藏量达139.7万亿立方米。世界煤的储量比石油和天然气都丰富,目前约1万亿吨,可以确保供应200多年。能源分布得不均匀,石油仍以中东为主,可达6 595亿桶(其中沙特占了2 600亿桶),前苏联约有570亿桶,北美866亿桶,中南美洲789亿桶,亚洲441亿桶,欧洲177亿桶。而天然气的占有大户是俄罗斯,共48万亿立方米,占全球总储量的近35%。

另一方面,近10年来,能源消费基本稳步发展:石油消费每年增加2%,天然气3.6%。煤的增幅比较小,只有0.8%。而前苏联的经济崩溃导致能源消费继续持续增长的状况发生微妙变化。1995年前苏联地区能源消费继续下降,倒退到9.43亿吨石油当量,同期世界其他地区能源消费上涨了2.9%,达到71.93亿吨。这样,1995年世界初级能源消费量近81.36亿吨石油当量,比1994年增加1.8%。

石油市场

石油是世界上最重要的一种能源产品,其消费量占世界一次能源消费量的40%。两次石油危机以来,尽管人们力图通过提高石油利用效率节约用油,以及加紧开发利用替代能源，以求降低石油在一次能源消费结构中所占比例，但是在未来的20～30年内，石油在一次能源消费结构中所占比例不会下降太多，石油仍将是最主要的能源产品（见表1）。

表1 世界主要能源产品的市场占有率（%）

年份	1973	1980	1985	1990	1994	1995	2000
煤	28.2	29.0	30.7	28.5	27.2	272	31
石油	47.2	43.3	37.9	40.0	40.0	39.7	33
天然气	18.2	19.0	20.1	22.5	23.0	23.2	19
水力	5.6	6.2	6.7	2.4	2.5	2.7	6
核能	0.8	2.5	4.6	6.6	7.2	7.3	11

资料来源：《当代世界经济实用大全》，中国经济出版社1990年版，第25页；【英】《英国石油公司世界能源统计评论》1986年、1995年、1996年。

因此，油价涨落是产油国和进油国共同关心的问题。在过去的20年里，人们时而担心石油涨价，时而又担心石油降价，彼此各怀心事，不同的人对油价往往作出不同的预测。

关于原油供给和原油价格的决定机制，目前有3种比较有代表性的见解。其一，原油供给和原油价格径路取决于资源所有者的资源优化方案；其二，本期的原油供给和价格取决于上期原油生产能力的利用效率；其三，原油价格取决于原油市场的供求关系。比较而言，第三种见解更具有普遍性。

首先是世界石油资源状况 据美国《油气杂志》报道，到1996年1月1日止，全球已探明的石油储量为1 730亿吨。按目前石油探明储量和开采量计算，世界石油资源尚可够人们再消费40年。

其次是世界石油需求增长趋势 1994年以来，全球经济已摆脱连续几年的疲软状态，西欧、北美、拉丁美洲的经济得以复苏，亚洲经济持续高速发展。国际经济会议预测，1990～2010年，世界经济年平均增长率将达到2.5～3.5%；亚洲除日本和文莱，年平均增长率为5～9%。

预计到2000年前，世界石油消费量年平均增长率为1.48%。到1999年世界石油消费量将达到37亿吨/年，比目前净增长2.4亿吨。其中发展中国家增长1.35亿吨，总需求量达到12.3亿吨；发达国家增长8 000万吨，总量达到21.6亿吨。独联体和东欧国家对石油的需求也将随着经济复苏而增长。据国际能源机构4月21日发表的《世界能源展望》，21世纪世界对石油的需求将达到顶峰，到2010年世界石油需求量将从目前的7 000万桶/日，上升到9 200～9 700万桶/日。

旺盛的石油需求和日益减少的石油储量，将使国际油价在未来的10～15年内呈现出上升的总趋势。但同期的石油生产量也将有较大幅度的增加，国际石油市场仍然呈供略大于求的局面。资料表明，到本世纪末，欧佩克组织的石油产量将由现在的2 800万桶/日增加到5 000万桶/日；非欧佩克产油国的石油产量也将由目前的4 200万桶/日增加到4 900万桶/日。因此，国际石油市场将继续保持平衡状态，油价不会有太大幅度的上涨。如果没有突发性事件，国际石油市场不会出现大的震荡，更不会重演一场新的石油危机。

煤炭市场

煤是一种重要的能源产品。据已探明的储量来看，煤炭资源相当相富。根据1994年底的探储量和开采量，煤炭可供开采235年。

煤炭的产量也将逐年增长，预计到2000年，世界煤炭产量将由1991年的451 736万吨提高到529 000万吨，年均递增率为1.89%。而从1995年煤炭产量来看，除印度、哈萨克斯坦、加拿大外，中国、波兰、德国、英国、印度尼西亚等国都较上年有所增加。

1995年世界主要国家和地区的煤产量

单位：万吨

国家和地区	1994年	1995年
中　　国	124 000.0	129 148.8
印　　度	27 090.0	25 168.8
波　　兰	13 363.2	13 616.4
哈萨克斯坦	10 435.2	8 319.6
德　　国	5 762.4	5 886.0
英　　国	4 771.2	5 138.4
加　拿　大	4 396.8	3 858.0
印度尼西亚	2 854.8	3 798.0

资料来源：联合国《统计月报》1996年9月。

另一方面，据英国《金融时报》最近发表的专版，国际煤炭贸易将继续增长，亚洲市场决定着增长速度。

从世界范围内来看，煤需求几乎每年均呈指数增长，至今它已超过谷物和铁矿石，成为通过海路贸易的最大宗商品。1973 年石油冲击时，煤的贸易量才 1 900万吨，1996 年已达 2.45 亿吨。预计 2000 年将达到 3.2 亿吨，下一世纪的头 10 年里将再增加 1.8 亿吨。这正是寻求开发世界各地尤其是南美、澳大利亚和印尼煤藏的大型跨国公司以及一些小公司越来越关心这个行业的原因。

日本、韩国、中国台湾地区大建环保性先进的现代高效电站，由此推动了亚洲煤炭市场的扩大，煤炭生产只是勉强能跟上其扩大步伐。台湾地区电力公司现在是世界上最大的蒸气煤进口商，年进口 1 800 万吨。韩国电力公司也相差不多。日本 9 家地区性电力公司和国有的电力开发公司每年共消耗 5 000 万吨进口蒸气煤。该地区的其他国家正在跟上。印度和中国大陆也进口煤炭。中国大陆、菲律宾和马来西亚正在建设指定全部或部分进口煤炭电站，而且，几乎每一个亚洲国家都有一系列处在前期的私营发电项目。亚洲廉价天然气不够丰富是亚洲各国进口煤炭的主要原因。此外，该地区的大多数电力公司面对着需求的高速增长，已经超出了它们能够满足需求的能力。需求高涨将使煤炭价格强劲回升。

天然气市场

除了独联体国家因继续其经济重振而导致天然气的内部需求不断下降外，所有地区均对天然气业的蓬勃发展产生了积极影响。

此外，在亚洲、中东及拉丁美洲持续保持其活力的同时，1995 年欧洲燃气的需求均有增长，而增势最猛的仍要数工业和电力部门。在天然气领域，液化气生产能力的提高，使其贸易形式更趋多样化，并开拓了新的交易手段。

以上分析来源于法国燃气业界近期面世的一篇 1996 年年度报告，题为《世界天然气》。其对数据的研究颇具影响，它包括了有关最新数据：原料储量、产量、国际贸易额、天然气销售量及价格。报告涵盖了 1994 年和 1995 年，并对 1996 年和 1997 年作了前景展望。

报告对天然气业主要业绩的分析和数据结果分析通过以下六个方面阐述：

世界上已探明的天然气储量

全世界已探明的天然气储量在 1995 年增长了 1.4%。截至 1996 年 1 月 1 日达到 150 241 109 立方米。这一探明储量的增加主要归因于在哥伦比亚、埃及、印度尼西亚和越南发现的新的燃气资源。全世界燃气资源占据了世界石油资源的 98%，其中 40% 的储量在石油输出国组织（欧佩克），39% 在独联体。

世界天然气产量

世界天然气净产量在 1995 年提高了 1.9%，达到 2 750 109 立方米，而 1994 年为 2 698 109 立方米。商业用气的产量在 1995 年达到 2 207 109 立方米，增加了 1.8%，约占石油产量的 58%。商用燃气产量增长最快的地区是拉丁美洲（6.8%）、中东（9%）和亚洲（6.3%），增长较慢的是北美（1.3%）和西欧（3.3%）。与此同时，阿尔及利亚的管道燃气出口量有显著增加。俄罗斯的气产量只减少了 12 109 立方米，其进口量的上升在一定程度上弥补了国内的下降。

其他由对天然气进行提取造成的损失量 1995 年为 131 109 立方米（比 1994 年增加 2%），占世界产量的 4.8%。液化天然气在欧佩克成员国里占据着一个重要份额。欧佩克成员国净产气中约有 3 810 立方米，约为全世界此类气消费总量的 29%，由各处理厂进行加工处理。

国际天然气贸易

与 1994 年相比，1995 年国际天然气贸易额增长 8.8%，为 3 955 109 立方米。管道燃气及船运天然气两项贸易均获得持续进步，其中管道燃气的国际贸易额增长尤其显著。

世界天然气消费

世界天然气消费量在 1995 年提升了 1.8%，达 22 068 109立方米。尽管独联体国家消费量仍有下降，该地区对世界市场走势仍具有举足轻重的影响。其他地区则都对世界燃气业发展产生了正面影响。首先应数中欧的表现出色：增长率 9%；其次是中东、拉丁美洲、亚洲、西欧、非洲和北美。

在整个世界范围内，消费的产业分布相对于 1994 年有所变化。全世界城市居民消费量增长十分有限，所占份额仍停留于 26%。用于发电的燃气消费量也停滞不前，只达到 455 106 等效石油吨。

国际市场天然气价格

1995 年的价格比 1994 年的价格上涨了 8%。此外，石油产品价格也被带动上扬。天然气价格以传统的净产气计算，上涨了 8%；以石油产品计算也提升了

12%。相反,美洲市场的燃气竞争造成气价格下跌27%,直到年底才急剧回升。

核能市场

核能是一种潜力很大的能源,一些发达国家的核电消费量已占有相当大的比重,核电站建设正从发达国家向发展中国家过渡。1990年,世界核能消费量为18 940亿千瓦时;1995年世界核能消费量增加到21 630亿千瓦时,比1990年增长14.20%,年平均增长为2.69%。1990～2000年,世界核能消费年均增速将基本保持上个10年2.20%的增速,1995年高0.29个百分点,达6.15%。2000年也将基本维持相同的比重,为6.13%。预计到2000年,美国仍将是世界最大的核能消费国,其核能消费量将占世界核能总消费量首位。

(四)汽车市场

市场产销情况

据英国《经济学家》周刊报道,世界汽车工业目前正面临生产能力严重过剩的考验。

汽车工业是当今世界上最重要的产业部门之一。在全球制造业的前50家公司中,至少有13家是汽车公司。它们所雇用的员工达250万,而为汽车制造商提供零配件的生产厂家以及加油站、维修站的雇员人数则是此数的3倍。

据统计数据,假如全世界的汽车制造厂都全速运转,每年驶出生产线的小客车和运动车等小型汽车可达6 800万辆。但在1996年,全球小型汽车的实际产量却只有5 000万辆,仅相当于全部生产的73%。在世界三大汽车生产地中,1996年日本少生产小型汽车400万辆,仅为其生产能力一半;西欧少生产600万辆,低于其生产能力33%;北美的情况虽好一些,但也少生产390万辆,比其生产能力低21%。

这家周刊预测显示,世界汽车生产能力过剩在今后几年里将更加严重。到2000年,全球小型汽车生产能力将达到每年8 000万辆,而需求量则只有6 000万辆。换言之,即使北美所有的汽车厂全部关闭,全世界的汽车生产能力仍将过剩。

从销售上看,1990年至1995年,世界汽车销售量由4 795万辆增加到4 910万辆,销售量每年平均递增0.6%。其中,轿车由3 459万辆减少到3 385万辆,每年平均递减0.3%;商用汽车由1 336万辆增加到1 525万辆,年均递增3.4%。从生产上看,世界汽车工业的生产规模由1991年的4 803万辆扩大到1995年的4 918万辆,产量每年平均递增0.6%。其中,轿车由3 469万辆减少到3 393万辆,每年平均递减0.6%,而商用汽车则由1 334万辆增加到1 525万辆,年均递增3.4%。

进入1996年,随着西方经济形势继续好转,主要西方工业发达国家私人消费开支和固定资本投资规模都有所扩大,使这些国家对轿车和商用汽车的需求受到直接的推动。与此同时,随着亚太经济的高速增长,亚太地区正在成为推动世界汽车市场发展的一个新的支撑点。根据英国经济学家情报社公布的数字,1996年世界汽车销售量为5 027万辆,比上年增加2.4%。其中,轿车增长2.1%,商用汽车增长3%,表明世界汽车市场的需求状况进一步有所好转。从轿车上看,北美的需求减少,西欧和日本的需求有所增加,但仍未恢复到90年代初的水平,而亚太和南美地区对轿车的需求却迅速增长。从商用汽车上看,世界各地的总需求均有所增长,欧洲和日本的增长仍带有回升的性质,北美的增长比较稳定,亚太和南美地区则持续保持迅猛增长的势头。

1996年世界汽车销售情况

单位:万辆

地区	轿车销量	增幅(%)	商用汽车销量	增幅(%)	总计销量	增幅(%)
西欧	1 231	2.6	158	-2.3	1 389	2.4
北美	920	-2.3	705	0.6	1 625	-1.1
南美	218	6.5	61	6.1	279	6.5
日本	460	3.6	250	3.3	710	3.5
亚太地区	356	6.6	305	7.0	661	6.8
东欧	170	4.9	46	-3.2	216	3.3
其他地区	102	3.0	44	24.9	146	8.1
世界	3 457	2.1	1 569	3.0	5 026	2.4

汽车市场趋势

尽管1996年汽车市场已逐步回升,但由于产能大于产量这一大背景,传统汽车市场日趋饱和。面临竞争激烈的市场,世界汽车市场呈4大趋势。

生产高度集中化,大企业主宰市场

世界12家最大跨国汽车公司的汽车产量已占全球汽车产量74%。美国汽车公司已由1908年的241家减到几家,其中通用、福特和克莱斯勒三大公司的

产量占全国总产量的90%以上；日本已剩下11家汽车公司，其中丰田、日产和本田3家公司控制国内汽车市场65%；德国1993年生产的汽车中，大众公司产量占67%。

实现联合发展推行全球化战略

随着市场竞争的激烈化及研究与开发费用的日益庞大，使许多汽车大公司开始有点力不从心。它们认识到，与其在有限的市场上进行反复无序的过渡，不如通过联合和合作方式，通过合资、联合开发，建立海外工厂，走出国门，实现“无国境”经营。总之，世界汽车企业的这种纵横联合的趋向将进一步明显，从而影响着世界汽车工业的未来发展格局。

环球30家最大汽车商

排名(按产量) 1992年	1991年	车商	国别	主要车辆	1992年产量(千辆)	比1991年增减(%)
1	1	通用, General motors	美国	雪佛兰 别克 窝帕尔	7 146	1.9%
2	2	福特, Ford	美国	福特, 林肯, Lincoln	5 764	7.6%
3	3	丰田, Toyota	日本	丰田, Lexus	4 249	(2.2%)
4	4	Volksqagen	德国	Volkswagen, Audi, SEAT	3 500	8.1%
5	5	Nissan	日本	Nissan, Infiniti	2 963	(4.0%)
6	9	Chrysler	美国	Plymouth, Dodge, jeep	2 175	16.6%
7	6	Peugeot	法国	Pigeot, Citroen, Talbot	2 050	(0.6%)
8	11	Renault	法国	Renault	2 042	14.0%
9	7	Honda	日本	Honda, Acura	1 852	(7.2%)
10	10	Mitsubishi	日本	Mitsubishi	1 832	(1.1%)
11	8	Fiat	意大利	Fiat, Lancia, Alfa Romeo	1 381	6.8%
12	13	Suzuki Motor	日本	Suzuki	1 248	1.0%
13	12	Mazda	日本	Mazda	836	(9.6%)
14	14	Daihatsu Motor	日本	Daihatsu	702	(5.4%)
15	16	Hyundai Motor	韩国	Hyundai	674	9.5%
16	15	VAZ(Volzhky)	俄国	Lada, Zhiguli	648	(0.1%)
17	17	Fuji Heavy Industries	日本	Subaru	598	1.9%
18	19	BMW	德国	BMW	529	8.1%
19	18	Daimler-Benz	德国	Mereedes - Benz	479	(8.5%)
20	22	Kiamotors	韩国	Kia	473	20.0%
21	20	Isuzu Motors	日本	Isuzu	405	0.4%
22	21	British Aerospace	英国	Rover, Land - Rover	304	(3.6%)
23	23	Volvo	瑞典	Volvo	283	9.3%
24	24	Daewoo	韩国	Daewoo	143	39.4%
25	27	FSM	波兰	Fiat126 Cinquecento	142	10.8%
26	29	Tofas	土耳其	Tofas	133	32.5%
27	26	Zaz	乌克兰	Tavria	128	(4.3%)
28	28	Maruti Udyog	印度	Zen, Omni, gypsy	103	5.8%
29	29	Proton	马来西亚	Saga	102	(1.9%)
30	30	AZLK	俄国	Moskvitch		(2.9%)

环保、节能和安全仍是永恒的主题

面对竞争激烈的市场及日益严格的法规，未来汽车的开发在相当长时间内，仍主要从以下三方面努力：一、开发节能汽车，以应付未来能源危机的威胁；二、开发无污染、清洁型汽车，以减少或消除对环境的破坏；三、开发安全型汽车，从主动、被动安全两个方面确保驾驶员和乘务员的安全。

采用高新技术,缩短产品开发周期

据估计,1990年至1995年,日本汽车品种增加了20%。为开发出具有竞争力且难效仿的产品,各国汽车企业投入大量资金用于研究开发(R&D),费用平均占到企业销售额的5%,最高达到10%。它们将航天、军工领域的高新技术及开发手段应用到汽车上,其中大量采用高新电子技术是关键手段。总之,汽车工业第四次变革尽管不会从根本上改革汽车的性质,但对汽车工业乃至整个人类社会所带来的影响是不可估量的。

国际汽车市场排行榜

(五)国际自行车市场

自行车是国际贸易中的大类商品。全世界有64个国家和地区生产自行车及零配件。世界自行车产量1990年约为1亿辆左右。主要生产国(地区)有中国、日本、中国台湾省、美国、意大利、德国、印度、韩国及前苏联,上述地区的产量占世界总产量的75%左右。以下就美国、德国、意大利、日本的自行车市场情况作一介绍。

美国:库存大,进口将减少　美国是全球最大的自行车市场,近年需求量稳定,约为1 000多万辆,包括零配件在内的销售额约为30多亿美元。美国既是生产大国,又是世界上进口自行车最多的国家,而且其进口自行车的比例还在逐年增长。1984年进口自行车占其市场的48.5%,1987年已增至60%以上,进口数量多达760万辆,创历史最高纪录。台湾地区是美国自行车最大的供应地,占其进口的80%。

美国人骑自行车的目的是娱乐与运动,因此在美国销售的自行车不仅要求实用,还要美观,价钱贵点没有关系,低价的自行车反倒没人买。最受美国消费者欢迎的三种自行车颜色是蓝色、红色、粉紫色。山地车在美国的销售量已达最高点。但是,当前美国市场上进口自行车过多,库存较大,其自行车进口将要减少一些。

德国:出口平稳,进口剧增　德国自行车产业健全,以整车生产为主。整车及车架年产量中1/4外销,以欧洲为主要市场。近年来为降低成本,德国大量从低工资国家与地区进口自行车零件,加工后再行出口,其出口量近几年始终保持在75万辆左右。

由于经济稳步发展,自行车在德国当地已成为继玩具之后最受欢迎的一种消费品,其自行车市场规模大幅增加,1990年销售量高达600万辆,创历史最高纪录。进口剧增,1988年至1990年,分别进口69.3万辆、96.8万辆与165万辆。德国市场上各种类型自行车,包括普通运动型、城市型、青少年赛车型、荷兰型、折叠式、越野运动型及山地车、女式车,都是其销售主力。

德国人喜爱价格在300～500马克的国产自行车。这个价格高于进口自行车的价格,但国产车质量好、型号多、用途广,加上装饰豪华、舒适,配有现代化设备,市场销售畅旺。

意大利:出口为主,进口增长快　多年来,意大利自行车年产量一直维持在260万辆左右。意大利自行车以出口为主,1988年出口150万辆,金额达1 012亿里拉;1989年出口增至245万辆;1990年又升至250万辆。欧洲是意大利自行车出口的最大市场,其中法国最大。

近年来,意大利进口自行车增长极快,1988年至1990年,进口数从6万辆、16.2万辆增至44.4万辆,进口潜力相当大。

日本:昔日出口大国,而今进口增加　日本一向是世界自行车出口大国,自1980年被台湾地区所取代后,其自行车出口逐年减少。尤其自日元升值后,其生产成本增加,加上日本自行车制造商将重点放到利润较高的高级跑车、赛车上,致使日本进口自行车增加。1986年其自行车进口超过14万辆,1988年增至90万辆,1990年为66.7万辆。

日本市场受欢迎的自行车,除部分本国产品外,大多是进口的名牌产品,美国、德国、意大利名牌产品最受欢迎。消费者最为关心的是美观、坚固、安全、轻便。由于日本没有专用的自行车道路,故适用于各种道路骑的自行车在日本特别畅销。1988年需求量最大时,日本消费者兴起“大众化自行车”的购物热潮,加上学生上学自行车的需求猛增,因而对台湾地区、韩国生产的自行车进口大增(其中轻便女车约占一半,学生用车占1/3)。

越来越多的日本人意识到骑自行车有健身作用,还能给人一种娱乐运动的美感,因此预计今后各种自行车在日本将越来越受宠。目前产量只相当于其国内需求量的10%,市场潜力很大。

(六)钢材市场

产销态势

1995年在西方经济、特别是西欧经济增长迟滞下,钢材市场需求不振,价格续有下跌。但目前一些国家钢材的库存量已逐渐有所减少,预计随着西方经济的加快发展,钢材市场需求回增,价格似或可望逐渐有所转稳或回升。1996年世界钢铁市场年景尚可,是一个仅次于1989年的不好不坏的年头。由于发展中国家对钢铁需求增加,全球钢铁量增长1%,达6.48亿吨。美国钢铁消费量在1995年下降3.7%之后,1996年维持原来水平。世界第一大钢铁生产国日本,其国内需求在连续3年下降后于1995年上升6.8%,但1996年又因国内市场钢铁需求不振,导致上半年热轧板材订单比1995年同期下降15%,冷轧板材订单下降7.6%,中厚板材需求也呈疲软态势。

由于亚洲新增加的钢铁生产能力足以满足该市场新增加的消费需求,因此西方国家向这个地区出口钢材变得越来越困难,无奈只好降低其产量。1996年西欧的钢材产量仅为1.63亿吨,减少850万吨,东欧减少200万吨,俄罗斯和乌克兰减少200万吨,就连日本也不得不降低其钢材产量300万吨。

钢材趋势

根据国际钢铁学会分析预测,钢铁市场较1996年有所回升。欧盟1996年消费量与1995年的1.24亿吨相比没什么变化,其消费量将下降7%而达1.167亿吨。东欧1995年锯钢市场增长20%以上。这一增长的大部分是基于出口需求,尤其是来自西欧市场的需求,因为那些市场行情已悄趋于上升。预计1996年和1997年东欧钢产品消费将以较稳定的增长速度2.5~3%发展。前苏联的钢销售量约为3 500万吨。其中约一半是俄罗斯的。由于建筑发展势头强劲和汽车销售使钢产品需求上升等原因,美国钢表面消费量将仍为1亿吨左右。加拿大和墨西哥的消费量将有所增长。同时阿根廷和巴西的经济回升将有助于提高南美的消费量。预计1996年南美钢消费量将从1995年的2 250万吨提高到2 350万吨,到1997年将提高到2 470吨。1996年中国大陆经济增长速度接近10%,但钢市场继1993年和1994年的进口后,因库存过多而仍然受到压抑。韩国和中国台湾经济增长速度放慢。1996年韩国对钢产品需求以比1995年高不到6%的速度增长,预计1997年增速将只有3.5%。印度1996年钢产品消费量将增8%以上,1997年将进一步增5%,而达2 500万吨。1996年整个亚洲地区消费量几乎达3亿吨,这将比预计中的1997年消费高。澳大利亚的钢消费量将从资源发展的繁荣和矿活动中获利,尽管其他一些用钢产品的市场普遍疲软。霍尔休斯预计,澳大利亚今年钢消费将增长几乎4%,1997年将增长几乎5%。南非钢产品需求正在受到高利率的压抑,因而1997年非洲总消费量将下降几乎1%。中东钢产品消费将受伊朗的影响猛增。

据国际钢铁学会预测,钢产品消费增长的主要前景将在发展中国家。南美私有化和自由化的经济正处于不断增长的过程,其钢产品消费量将增4.5%,到2000年时将达到2 800万吨。

韩国和中国台湾的经济正趋于成熟,并有增长速度放慢的迹象。这可能使1995年至2000年的钢产品消费的年均增长速度达3.3%。这比90年代前5年的平均增长速度低2个百分点。即便如此,预计到2000年时该地区总消费量将增至3.4亿吨——占世界总消费量的47%。

预计澳大利亚和非洲将以1%至1.5%的速度增长。但预计中东的增长速度为4%。把这些预测的数字加在一起,就产生了2000年的世界总的钢产品消费量7.14亿吨,这比1995年世界总消费量高6 200万吨。

国际劳务市场和国际工程承包市场

(一)国际劳务市场

国际劳务市场的特点

国际劳务市场的发展变化与世界总的政治和经济形势有着密切的关系。目前国际劳务市场呈现出以下一些特点:(1)世界劳务市场流向与经济发展趋向一致,且日趋多元化。战后初期西欧大规模重建经济,需要输入大批外籍劳工;北美的发展也需要大量外国劳务,因而使这两个地区成为战后初期世界最主要的劳务市场。70年代的经济危机,使西欧、北美发达国家经济陷入“滞胀”泥潭,对外籍劳务需求量减少。此时劳务的总流向是中东、北非和经济发达的欧美国家。进入90年代后，随着科学技术的进一步发展以及海湾战争余波的影响，世界劳务正在向亚太、欧洲和北美方向流动。目前世界最主要的几个劳务市场是中东、北美、西欧、北非、南美和东南亚等。(2)国际劳务市场对高技术劳务需求逐年上升，对低技术及简单劳务需求减弱。随着世界科技的进步，世界各国政府都在限制普通劳动力入境。发达资本主义国家所需要的不再是从事劳动密集型产品生产的劳动力，而是需要一些较高级的较特殊的劳务人员，如厨师、教师、医生以及信息、通讯、软件设计等专门人才，多数发展中国家需要的是能够提供咨询、设计以及其他技术服务的技术人员以及承包工程劳务。(3)当前国际劳务市场呈现缓慢增长状态，竞争十分激烈。进入80年代后，国际劳务市场呈不景气状态，近年来有所复苏，但增长仍然缓慢。国际劳务市场的紧缩，使得保护主义日益严重，不少劳务进口国制定了限制外籍劳务流入的规定，并开始大规模遣返外籍工人；各劳务出口国竞相杀价使劳务价格一落再落；成交条件日益苛刻，工程款拖欠严重；承包工程的利润率不断下降。但是，国际劳务市场的这种不景气状态迟早会结束，国际劳务合作有着十分广阔的前景。

当代国际劳务市场的基本格局

生产和资本国际化，使世界劳务市场国际化程度加深 国际移民已成为世界经济体系的不可分割部分。据专家们估计，80年代初，居住在本国之外的临时移民人数业已达到2 500万人。目前，世界上主要吸引外国劳动力的地区(不包括劳务人员的家属)有：西欧(410～650万)、北美(540～600万)、拉美(350～400万)、中东(230～300万)、亚太(150～260万)、西非(130万)。

西欧国家成为世界第一个移民中心，仅欧共体就有1 300万移民(包括家属)，其中约有800万人来自欧共体成员国。法国使用的外国劳力占其就业人数的7%；德国8%；瑞士和卢森堡达30%。接受大部分外国移民的国家按人数依次为：德国463万人，法国400万人，英国173.6万人，瑞士、比利时和瑞典约为100万人。西欧地区输入劳工主要是由于这一地区人口老化，劳动力供给结构性不足；德国东部大规模投资建设，以及脏、累、险及低收入工作劳工短缺等等。据有关专家预测，欧洲统一大市场的建成，将会创造新的就业机会，但不会像60年代那样引起移民的大量进入，不愿再从第三国招募。

北美 传统上北美是第二个移民中心，其劳力资源在历史上就是依靠外国工人。尽管目前这一地区经济仍未完全走出经济衰退阶段，劳务市场较80年代有所缩小，但却蕴藏着巨大的潜力。目前，美国每年接收70万来自世界各地的移民，以及季节性的工人和其他劳务人员。美、加两国对国际性劳工的需求主要是由于以下几个原因：一是美、加幅员辽阔，资源丰富，而人口自然增长率很低，对人口及劳动力的容量很大。二是劳动力的结构性短缺。一方是服务业、零售业等收入低的行业缺员；另一方是一些高技术密集产业缺员。三是由于美元贬值，外国在美直接投资增加，从而导致对劳动力的需求量上升，这无疑对国际劳工的需求产生影响。

中东 70年代，中东产油国家迅速形成世界劳务市场。80年代初，约有300万外国工人被吸引到这里来。迄今为止，该地区实质是第三个移民中心。这里的移民密集程度高，外国劳动力在当地劳动力总人数所占的比重很大。如：阿联酋大约为90%，沙特和巴林大约为40%，阿曼为34%。该地区劳动力的主要来源国是埃及，其在阿拉伯东方各国移民总数中约占75%；其余25%分属也门、伊拉克、叙利亚、约旦、巴勒斯坦，以及巴基斯坦、印度、孟加拉、韩国和菲律宾。

拉美 在拉美，主要接受邻国工人的是阿根廷和委内瑞拉，这里也是吸引外国劳务的一大中心。

亚太 由于亚太地区，特别是东南亚地区的经济一直在持续稳定并以较高的速度增长，因而这一地区对劳动力的需求也越来越大，劳务市场空前活跃。目前，日本、新加坡、韩国和中国香港、台湾的劳动力在总量上处于稀缺状态。在大洋洲，澳大利亚使用的外国工人大约有30万人，其中许多人准备取得居留国的国籍。

此外，大多数亚洲国家和地区既大量输入劳动力，也接受各种专业的专家。

国际劳务市场的趋势

纵观当代国际劳务市场的状况，它具有以下几个方面的发展趋势：

国际劳工的需求总量呈上升趋势 近年来，一些工业化发达国家的经济处于衰退之中，劳务市场的容量受到抑制。但随着发达国家经济的复苏与回升，对国际劳工的需求也会随之扩大。同时由于发达国家高技术知识密集型产业的发展，会进一步加深劳动力的结构性不足。人口进一步高龄化，劳动力自然供给不足，也是发达国家对国际劳工需求量呈扩大趋势的重要因素。新兴工业化国家和地区经济持续以较高的速度增长，并处于产业结构向技术密集型转轨的发展时期，劳动力不足的缺口将进一步扩大。东欧国家和俄罗斯今后随着西方国家的大量资金投入，无疑会增加对劳动力的需求；同时，俄罗斯西伯利亚及远东地区地广物博、人口稀少、劳力不足，对国际劳工有着巨大的需求潜力。90年代，中东市场仍保持以往对国际劳工的需求容量。

劳务人员流动的方向日趋多元化 以往劳动力主要是由经济落后的南方国家向经济发达的北方国家移动，向其他方向移动的数量较少。但是，近年来劳动力移动的方向出现多元化趋势，除原来的南北方向移动之外，还出现了西西方向移动（受经济一体化和集团化发展的影响）、东西方向移动（受原苏联东欧国家剧变的影响）和南南方向移动（受发展中国家经济发展不平衡以及经济合作加强的影响）。这是90年代国际劳工流向的一个明显特点。

对劳动力的素质要求不断提高 随着科技进步及其在实际中的应用，主要劳务输入国的产业结构正发生着重大变化，欧、美、日等发达国家和地区将集中发展知识和技术密集型产业；新兴工业化国家和地区也逐步将劳动密集型产业转移给发展中国家，而本国注重发展技术密集型产业。中东海湾国家正在改革单一石油经济结构，通过发展石油化工、制造、服务、农业等行业，实现向多元化结构的转变。各国产业结构的变化，使得国际劳务市场上对技术工人的需求量呈上升趋势。与此相适应，一些国家如美、英、法、德、日等国的移民法规或劳务许可制度对专业技术人员和熟练技术工人从事劳务的有关条款较为宽松，而对普通劳工的输入控制较为严格。

国际劳务市场上的竞争日趋激烈 现在，许多国家一方面采取措施参与日趋激烈的国际竞争，想方设法扩大劳动输出；另一方面，又对本国的劳务市场加以保护，以求减少外来劳动力的竞争，其结果是使国际劳动力市场的竞争更趋激烈。由于国际劳务市场上存在着激烈竞争，使得劳务价格越来越低。80年代初中东劳务市场普通劳务人员的基本工资每月500美元左右，目前已降低到100美元左右。为了保护本国居民的就业，美国对外籍普通劳务人员入境加以限制，对发放给这类人员的劳工许可证控制较严。中东国家从1983年开始限制外籍劳务人员流入，采取了诸如实行劳动许可证限额，控制入境签证，限制居留时间等措施。阿联酋和科威特等国还规定，外籍劳务人员办理签证必须有当地法律担保人。

国际工程承包市场的成交条件日趋苛刻，支付方式多样化 受国际劳务市场竞争激烈和国际工程承包领域公司林立的影响，国际工程承包的成交条件越来越对承包商不利，如要求承包商带资承包，减少工程项目的预付款，以及要求承包商为业主筹集资金或为业主做出资金安排等。在支付方式方面也做出了一些对承包商不利的变化，如用当地货币支付、延期支付、实物支付（用各种商品作价支付）和经营支付（承包商出资建完项目一段时间来收回投资并取得一定的利润）等。

国际服务贸易领域将出现经常化、制度化的多边协调机制 关贸总协定“乌拉圭回合”谈判中，制定出了《服务贸易多边框架协定（草案）》，首次把服务贸易纳入关贸总协定的谈判范围之内，从而使通过经常化、制度化的多边协调与谈判来解决国际服务贸易领域的争端和问题成为可能。

（二）国际承包劳务市场

根据国际货币基金组织的报告，1996年世界经济增长率将进一步增加到4.1%，这将是世界经济增长率在1988年达到4.6%以来的最高增长速度。预计承包劳务市场将在1995年回升的基础上进一步发展，市场容量将稳步增加。

亚洲市场

亚洲地区经济增长速度在1995和1996两年超过其他地区，分别达到7.6%和7.3%。东亚和东南亚国家和地区仍将是世界上最具活力的承包劳务市场，其中一个重要的原因就是这一地区的投资增长迅速。1995年马来西亚、印度尼西亚、菲律宾、韩国、香港地区、泰国的投资增长率都达到两位数以上，1996年这些国家和地区的投资仍保持较高速度，其中香港地区为8.5%、印度尼西亚为18.9%、韩国为7.8%、马来西亚为18.3%、菲律宾为16.4%、新加坡为

10.9%、中国台湾为6.6%、泰国为9.9%。

基础设施建设仍将是亚洲承包市场上最大的投资部门。目前由于经济快速发展和城市化进程的加大，亚洲许多国家，包括"四小龙"、东盟、东南亚和南亚国家的能源、电力、水力、交通、通讯等基础设施严重不足，大大制约了该地区吸纳生产资本的能力，从而造成经济进一步发展的瓶颈。据亚洲开发银行估计，今后亚洲各国要保持经济的稳步发展，在1994～2000年中，至少需要投资1万亿美元用于基础设施建设，其中70%集中在东南亚。据世界银行分析，从现在起到2004年，亚洲地区用于交通基础设施方面的投资将高达6 070亿美元，其中用于航空基础设施的投资为2 000亿美元。另外据预测，从目前到2010年15年里，亚洲各国的电力需求将以5.8%或更高的年率增长，需要新增79万兆瓦的发电能力才能满足经济增长的需要，其增发电能力占全球新增发电能力的一半。

日本经济形势较为严峻。经过四年缓慢的经济增长之后，1995年日本经济的增长率仍然只约有0.5%。据国际货币基金组织分析，日本经济增长乏力的原因很大程度上是因为日元升值导致日本制造业的销售下降。1995年初的大阪神户地震给日本经济带来巨大的不利影响，日本政府对震后重建工程十分重视。日本建筑市场规模虽大，但是对于国际承包商来说，能做的工作很有限，因为首先日本本国的建筑公司实力雄厚，完全有能力自行解决震灾复兴问题。据美国《工程新闻纪录》统计，1994年国际上最大的20家工程公司中日本公司占13家，其中最大的6家都是日本公司。1994年最大的10家日本公司的营业额总计达1 255亿美元，而它们的海外营业额只有近100亿美元，海外营业额只占总营业额的8%。其次日本也希望通过这次机会，刺激一下经济的恢复和发展。与中央政府相比，地方政府则对国际合作持欢迎态度，因为承建工程巨大已导致技术工人的短缺。为此，兵库县政府已向法务省提交了一个进口劳务的特别条例，以解决这一问题。因而，近几年来日本的建筑劳务需求量将较大。

东亚和东南亚国家承包劳务市场将继续保持旺盛的增长势头。尽管在80年代后半期和90年代上半期，各国已投入了巨额资金扩大基础设施建设，并取得了很大的成绩，但基础设施落后于经济增长的局面仍很严重，90年代后期仍需加快投资。据亚洲开发银行的估计，1994～2000年，韩国基础设施投入资金900亿美元，印尼900亿美元，泰国600亿美元，马来西亚500亿美元，中国台湾400亿美元。预计从90年代后半期到21世纪初，亚洲"四小龙"的经济将逐步走向成熟，最终步入发达国家的行列；在东盟国家中，马来西亚、泰国经济起步较早，90年代后期将结束高速增长，成为新兴工业国家，承包市场将步入稳步发展阶段；印尼因人口基数大，国内有较多相对落后的地区需要建设，承包市场仍将维持高速增长；而越南、菲律宾等国起步稍晚，20世纪乃至21世纪初都将保持高速增长的势头，国内基础设施建设潜力巨大；缅甸、老挝也在奋起直追，未来市场的工程将吸引大量的国外承包商。除了基础设施项目外，经济的快速增长也带来了众多的大中小型工农业生产项目；经济增长，城市人口快速增长所引起的对商业性建筑和民用住宅的需求急剧增加，建筑业市场也空前繁荣。

香港即将兴建的大型基础设施项目包括铁路、公路、港口码头、增设新机场、污水及排放工程以及水电站工程等，投资总额将高达2 765亿港元。其中铁路项目共1 300亿港元，约占总数的一半；在新机场项目中，道路项目的总开支占新机场项目总开支的23.4%。90年代中期以来，香港经济发展速度很快，除制造业已移到大陆南部以外，包括银行、电讯等的服务行业的一些企业也将转移到大陆。这些都是需要很多人员的工作，也是香港近年来创造大量就业机会的行业，因而未来香港的劳务市场并不乐观。

越南自改革开放以来经济发展迅猛，吸引了大量的外国投资，涉及石油、天然气、钢铁、冶金、化工、水泥、制糖、电子、新兴消费工业以及农牧渔业等各个领域。但在经济发展的同时，基础设施落后，能源、交通、电力、通讯等基础工业与经济发展的矛盾日益加深，在国家投资有限的情况下，越南政府一方面积极与国际金融组织和外国政府联系以吸收贷款，另一方面大力吸引外国私人企业在这一方面投资。其中亚行在1996～1997年度将提供12～14亿美元的援助；在巴黎会议上，许多发达国家及国际组织也保证向越南增加贷款20亿美元。越南众多的公路、桥梁、供水、山区道路、港口建设均将使用来自国外的资金。而在石油勘测与开采、电力、邮政通讯方面来自国外私人企业的投资较多，包括来自澳大利亚、西欧、美国、日本、俄罗斯、韩国等国家和地区的公司。根据越南政府1994年制定的“到2000年对外贸易发展战略目标”,招商引资,迅速发展包括石油开采,铁、铜、铝、磷、煤等矿产,石化工业,铁路运输,炼钢厂,水泥厂,农林海产品等基础产业和出口加工业已成为越南经济中长期发展的主要目标。因而在未来几年内,越南的工程承包市场将进一步活跃。对于越南来说,经济的高速发展及产业的升级需要大批技术人员和熟练劳动力,而越南传统上是劳务输出国,普通劳务不可能进入,外国公司可以派高级技术人员和当地缺乏的技术人员前往越南。

印尼自1994年开始的第六个五年计划,将GDP的年增长率指标确定为6.2%,而据专家分析,实际增长率将大大超过这一数字,同时每年至少要创造250万个就业机会。印尼希望在六五期间得到至少2 400亿美元的固定资产投资和1 700亿美元的私人项目投资。虽然这些资本主要来自其国内(1994年印尼国内投资为532亿美元),但外国资本也将发挥越来越重要的作用,1994年印尼吸引外资237亿美元,1995年前7个月批准的外国投资已达272亿美元。为进一步发展经济,解决基础设施的瓶颈问题,印尼决定在五年计划期间花费560亿美元建立其基础设施,其中电力投资将超过250亿美元,预计到2004年建成9 259兆瓦的发电能力;通讯部门需要投资60亿美元建设500万条线路,其中200万条将由私人部门来完成;交通运输方面要新建1万公里的道路,其中包括310公里的收费公路和55公里桥梁,共需投资130亿美元,供水工程将投资新鲜水。据估计在六五计划期间的所有投资中,有2/3来自私人投资。

虽然马来西亚的交通通讯和基础设施及服务方面的水平较高,但仍不能满足经济持续高速增长的需要。马来西亚在未来几年在交通、能源、通讯等方面还将投以重资,以加快发展,满足需求,其中机场、高速公路和港口与交通方面的投资就有220亿美元。通讯项目将投资162亿马元。另外,政府还积极鼓励私人部门建设和经营使用天然气为原料的电站。

印度自从1991年开始大规模经济改革以来,经济增长受到了全世界的关注,是亚洲地区最具发展机会的市场之一。然而,基础设施特别是交通运输和电力不足已成为经济进一步发展的障碍,包括港口、空运、公路、铁路在内的交通运输设施与GDP增长的比率为1.5:1;估计未来四年内,电力的供应量至少要3.8万兆瓦,目前的供应量却只有一半。据亚洲开发银行的预测,从1994年到2000年,印度基础设施方面的投资约需2 300亿美元。

非洲市场

非洲国家已经度过了最困难的时期,并已逐步走上了稳定和发展的轨道。尽管非洲目前还存在某些“热点”国家和地区,但从总体上看,非洲大陆政局趋于稳定,经济开始恢复和增长。1994年非洲经济增长率为2.4%,结束了90年代以来经济持续衰退的局面。1995年非洲经济形势进一步好转,据非洲经委会估计,1995年增长率在3%左右。一方面,由于世界经济的复苏,国际市场原材料需求旺盛,价格大幅度上涨;另一方面,非洲国家的经济结构调整改革也已取得了初步成效,再加上气候较好,对农作物生长有利,因而,1996年非洲经济还将会稳步回升,增长率可望达到3.7%。经济的回升将使得非洲承包劳务市场趋于活跃,需求量增加。

非洲的经济和承包市场将从南向北呈梯形发展趋势。第一梯队为南非;第二梯队是南部非洲的博次瓦纳、纳米比亚、津巴布韦、毛里求斯等国;第三梯队是中部非洲,1994年中部非洲14个非洲法郎区国家货币贬值50%,出口增加,进口减少,贸易竞争能力增强,许多国家在国际经济组织和西方国家的敦促下,在经济改革和私有化方面取得了可喜的成绩,经济开始活跃;第四梯队是北部非洲,相对来说困难较多,经济增长最慢,但也在增长之中。

1994年南非国内生产总值增长2.5%,预计1995年增长率可达3%,农业和制造业迅速恢复,对外贸易增长较快,资金外流的局面已彻底扭转,外汇储备明显增加。由于南非基础设施较好,人民的知识和受教育水平较高,社会环境优于其他非洲国家,是非洲经济发展的火车头,其工业产值约占整个非洲的一半,国内生产总值占整个非洲30%。南非新政府把经济的重建和发展作为首要任务,其重点是基础设施建设(包括住房、市政设施、公路建设等)、改进教育和职业培训。新政府的第一个财政预算,拨款25亿兰特(约7亿美元)作为启动资金,并将在今后5年内继续提供400亿兰特。另外,政府还决定出售一部分政府拥有的土地和企业以减少国家的债务负担。白人企业界对该计划也持乐观态度并积极参与。1994 年国内固定投资总额比 1993 年实际增长 4.5%,新项目投资额为 610 亿兰特,1995 年和 1996 年将进一步增长。另外,南非在经济复苏过程中,技术劳务短缺,需要从国外引进大量外籍劳务人员。

南部非洲的莫桑比克和安哥拉结束了多年的内战,国内百废待兴。纳米比亚独立后不久,急需发展国内经济;博茨瓦纳、津巴布韦、毛里求斯等国是非洲经济发展最快和最稳定的几个国家,博茨瓦纳前几年的经济平均增长率达 8%,毛里求斯为 7%,预计津巴布韦的经济在未来几年内将达到 4.9%,这些国家对非洲其他国家经济发展提供了有益的经验和可取模式。南部非洲的许多国家都在大兴土木,进行基础设施的建设,承包市场非常活跃,发包项目很多。另外工业项目,像火柴厂、制造厂、制药厂这样的项目是当地所急需的。以盛产铜矿的赞比亚在铜矿开采和老矿改革方面的市场前景较好。

埃及的经济经过几年的经济改革之后形势较好,1995 年国内生产平均增长率已由上年的 3.6% 增加到 4.5%,工程市场前景乐观。新兴项目较多,工业方面的项目有炼油、化肥厂和石化项目;基础设施方面的项目有苏伊士铁路桥、发电厂、地铁以及一些城市的供水和污水处理厂的扩建工程;建筑业方面项目有亚历山大图书馆和“尼罗河上的好莱坞”;旅游方面的项目有 CONRAD 饭店和一系列海滨度假村。

1996 年阿尔及利亚工程承包市场将继续不景气,原因一方面是由于政府支出紧缩公共项目毫无生机,另一方面由于政局不稳,私人投资也显得死气沉沉。石油和天然气部门仍将是承包商最感兴趣也投资最多的部门,预计 1996 年投资将集中在天然气生产、管道加油方面以扩大天然气出口。阿尔及利亚国家能源公司 SONATRACH 投资 50 亿美元,另外还有投资巨大的私营部门的石油和天然气项目。石油部门以外最重要的工程是政府在 1995 年初计划的、但已经推迟了的住房工程,其他的基础设施工程将会取得较快的进展。污水处理厂改进工程和其他城市类似项目将由世界银行贷款。

中东市场

中东工程承包市场在 1995 年开始好转的基础上,1996 年在私营部门的推动下将继续出现回升,预计市场的工程量将比上年进一步提高,工程所涉及的领域将更加广泛。石油部门仍将是中东地区领先发展部门,石油、天然气、炼油和石化项目是海湾国家创造工程份额最多的行业。在基础设施方面,电力部门的投资较大,而且私人投资的比重不断增加。阿联酋、沙特阿拉伯、埃及、叙利亚、黎巴嫩、加沙和约旦河西岸地区以及巴基斯坦,工程承包市场在新的一年里将出现回升,并将出现繁荣的气象。预计 1996 年石油价格将会有所回升,但幅度不会很大,继续在较低的水平上徘徊,再加上政府支出缩减以及一些国家政局不稳等原因,阿尔及利亚、巴林、伊朗、阿曼、科威特、土耳其、也门等国家和地区的工程承包市场将呈继续萎缩的局面。

1996 年中东市场的特点是:第一,市场竞争空前激烈;第二,当地公司日益强大,竞争力不断增强,仅沙特就有数千家当地公司,承揽了绝大多数的维修项目和半数以上的基础设施工程;第三,基础设施、土木建筑项目所占比重逐渐减少,技术生产性项目增加,因而对建筑工人需求进一步减少,而对生产、技术、操作、维修人员的需求增加;第四,私营项目不断增多,许多国家奉行鼓励私人参与经济发展,吸引民族资本对国内项目投资的政策,取得了明显的效果,并在非石油经济发展中起着越来越重要的作用。

自 1991 年海湾战争结束以来,阿联酋和科威特工程承包市场一直保持快速增长的势头,由于人口增加较快,需求旺盛及私营部门的参与,旅馆业活跃。随着伊拉克入侵科威特后重建工程结束以及经费缩减,政府部门的工程项目锐减,承包商们在私营部门展开了激烈的竞争。少数部门未受政府预算削减的影响,仍然享有巨额政府拨款,住房建筑业便是其中之一。近年来住房短缺情况逐年上升,目前科威特约有 4.2 万个家庭在等待提供住房或住宅地皮,全国住房管理委员会计划在三个地区实施大规模的房建计划,新建 2 600 套住宅。其他项目包括新建价值 1.16 亿美元的科威特石油公司总部。石化方面的项目有建立石油合资企业、45 万吨乙烯厂、35 万吨乙二醇厂、天然气脱酸厂等项目。

在阿曼,除了液化天然气开发项目外,私营部门的投资主要集中在电力和污水处理方面。预计未来电力方面的投资比人们当初所希望的要慢。未来电力方面的项目有 388 兆瓦的巴卡私营电站和处理

1 400万加仑/天的海水淡化综合项目，萨拉拉的集电器和泵站工程和日处理污水440万加仑的处理厂。巴卡私营电厂和海水淡化厂项目将采用BOT方式建设，如果该项目成功，将为私营部门进一步发展电力和基础设施项目提供一个良好的方式。截止到目前为止，阿曼的最大的项目是液化天然气项目，上游部分包括聚集和加工天然气的设施以及360公里的管道；下游部分包括在加里拉的液化厂的价值20亿美元的建设、采购和工程施工。另外苏东价值8.5亿美元的化肥厂的设计和建筑工程，年产31.5万吨氨和145万吨尿素。

在1993～1994年卡塔尔掀起了建设新工业项目第一次浪潮之后，政府又推出了一系列大型石油和天然气项目，预计1996年卡塔尔工程承包市场将进一步看好。对于外国承包公司来说，目前卡塔尔经济建设给他们带来了难得的机遇，其中包括卡塔尔通用石油公司(QGPC)和它的价值50亿美元的合资工程项目等。

由于政府继续执行紧缩的财政计划，1996年伊朗建筑业将继续衰落，只能希望依靠外国资助和私有资金的项目能取得进展。

叙利亚　经济自1990年以来一直以5%以上的速度增长。其中建筑业的产值起到了突出的作用。从叙利亚派遣军队参加“沙漠风暴行动”以来，该国政府已经使用了阿拉伯国家提供的30亿美元的援助，使其基础设施发展到了可能达到的最高水平。与此同时，叙利亚的私营企业家们也不失时机地建立了数以百计的工程项目。国外公司签订了有关发电站、远程通讯、环境卫生以及石油和天然气的经济合同。但是，由于与以色列尽早和谈的前景日趋暗淡，叙利亚经济发展的良好势头于1995年开始逐步放慢，除非叙利亚政府采取进一步的金融改革措施，彻底解决困扰政府的巨额债务难题，否则绝大多数外国公司不会立刻投资。

黎巴嫩　工程市场的繁荣得益于中东和平进程的进展。预计未来的项目包括：两条以BOT方式兴建的收费公路，造价为11亿美元；贝鲁特中心区的一系列新建筑物；价值2.5亿美元的海岸保护工程等。除了这些私人工程项目外，公共方面的计划包括改善贝鲁特港口项目，改善北部供水和污水处理设备等。由于公共项目的资金逐步减少，政府一方面积极从世界银行和以色列发展银行等国际金融机构筹集资金，另一方面要求承包商们承担部分资金。

中东和平的另一个受益者巴勒斯坦未来三年的经济发展战略包括两个方面，一是发展大中型企业，二是建立一些小投资企业。1996～1998年，国营企业计划投资13.2亿美元，其中7.8亿美元用于基础设施建设。在总投资计划中，主要投资项目投资将为5.5亿美元，其中90%将由世界银行提供。一旦援助国同意巴勒斯坦与世界银行签署的总价值5亿美元的核心项目援助计划，加沙和约旦河西岸地区在1996年就将会有一大批工程项目上马，这些项目的实行标志着该地区将进入一个新的发展阶段。截止到目前为止，该地区的大部分项目为应急的小项目，未来的绝大部分核心项目是大型基础设施，计划中的项目包括西岸地区输电网的修复、低成本住房、工业生产、污水管理、公路修复和加沙机场建设等。

巴勒斯坦的炼油、天然气加工和电站项目在新的一年里将比较活跃，主要原因是经济增长对能源的需求不断增加，并且政府尽可能鼓励私营部门更多的参与工程项目建设。石油部门的工程很多，工业基础设施的扩建工程也将创造一新的工程机会。

西欧和北美市场

西欧　1995年西欧各国的投资大增，形成了一股新的投资热潮，同时跨国界的企业兼并活动十分活跃，并达到了创纪录的水平。1995年上半年欧洲公司在新工厂、新机械和新建筑方面的投资增长13%以上，其中荷兰、西班牙、意大利、英国和丹麦的新投资增长最为突出。为建立欧洲统一的市场，欧洲各国在基础设施方面须进一步完善，投资将集中在污水处理、环保工程、电力、公路、机场、铁路、地铁以及信息高速公路方面。另外为振兴德国东部经济，德国将在东部大兴土木，预计将投资1万亿美元用于基础设施的建设。预计1996年欧洲经济仍将保持缓慢回升的势头，增长率可能低于1995年的水平。而在经济缓慢增长的同时，失业率仍居高不下，主要表现为结构性的失业，目前欧洲国家的失业率平均为10%左右。但从长远来看，欧洲人口老龄化的问题十分严重，必将成为未来经济增长的主要障碍，表现出许多国家在2005年后劳动力市场的一种长期趋势。

美国　据西方经济学家预测，1996年将是美国经济连续第5个增长的年头,国民生产总值增长率预计将在2.5%左右。联邦储备银行降低短期利率的下降,使得建筑、汽车和私营企业投资支出增加,从而带动了全美经济回升。预计1996年美国工程承包市场将进一步好转。从各行业情况来看,石化工业喜忧参半,忧的是油价偏低使得炼油工业新项目处于停顿状态,喜的是油价低却也刺激了对石油下游产品的需求,从而促进了石化市场的繁荣。美国国内电力市场依然毫无起色,大项目很少,但纯净能源及环保工程潜力巨大。工业项目中钢铁业出现了巨大回升,1994年投资于钢铁业的资金是过去20年来最多的。汽车待业工程市场比较强劲,由于美元贬值,许多日本汽车商纷纷在美国设厂以降低成本,使得美国中南部各州汽车业发展迅猛。由于信息高速公路的建立,通讯业将飞速发展;硅谷和新英格兰地区电子工程和生物工程等科技行业发展也很快。建筑业在80年代末、90年代初经历了一次较为严重的衰退,1991年建筑业落入谷底时的发包总额只有2 309亿美元;此后由于美国经济的持续增长,建筑业开始了比较强劲回升,1994年市场发包达到2 960亿美元,1995年将保持比较平稳的增长,这是美国经济"软着陆"在建筑业市场的反映。据《工程新闻纪录》的最新预测,1996年美国建筑业增长率将达到4%,建筑业发包额将达到3 111亿美元。

拉美市场

1995年拉美市场和加勒比地区经济禁受住了墨西哥金融危机的考验,虽然经济增长率比上年下降,但仍增长0.6%,而且在治理通货膨胀方面取得了显著的成就,通货膨胀率由1994年的337%下降到24%。由于受墨西哥金融危机影响,1995年流入拉美的外资明显减少,纯资本流入额不到300亿美元,而1992~1994年平均每年有600亿美元。预计1996年将出现明显回升。另据世界银行的报告,在今后数年里,拉美各国用于改建、扩建基础设施的投资将高达数千亿美元,其中主要由私营企业来完成,同时仍需要外国政府和国际金融组织的大力支持。

巴西　由于治理通胀成果显著,从1994年开始出现投资热,企业用于扩大再生产的投资迅速增加。在巴西1996~1999年的四年计划中,政府预计将投资4 589.6亿雷亚尔(约4 900亿美元),其中约3 055.7亿雷亚尔(约3 300亿美元)将用于医疗卫生、教育、住房、环境、城市发展、社会保险和劳动就业等政府部门,占整个计划投资的65%,其余1 533.9亿雷亚尔(约1 600亿美元)用于基础设施和社会问题的投资。主要项目包括:从亚马孙地区马瑙斯市至委内瑞拉的公路,连接国内现有公路、铁路和水路的网络;修建北方电力网络输送购自委内瑞拉的电力;巴西~玻利维亚输油管道;里约热内卢附近塞佩蒂巴港现代化进出口码头以及欣古大型水电站。在这些项目中,除政府部门的资金和来自国际金融组织的资金外,私人部门的投资占了相当大的比重。由于投资热的不断升温,巴西未来几年里工程承包市场将十分活跃。

智利　至1995年经济已连续12年稳定增长,平均年增长率达6%,是拉美地区经济增长最快、最稳定的国家,也是投资风险最低的国家。当地政府除以自然资源为基础积极吸引外资外,对通讯、能源、资源、基础设施、旅游业、金融业和环保业的外商投资也采取鼓励的政策。预计1996年智利仍将保持较高的经济增长速度。

秘鲁　拉美经济最自由化的国家,1994年和1995年经济增长率高达12%和8%。外国资本正大量涌入,其中很大一部分为外国政府和国际金融组织的低息贷款,用于秘鲁的基础设施,特别是公路的建设;私人资本则主要集中在各种采矿业。在能源方面最大的项目是一个天然气田,储量高达11亿立方英尺,需投资10亿美元。为了实现经济持续增长,秘鲁正在致力于资本市场的建立,需要大力改善公路、港口、电力、通讯等基础设施和银行、旅游等服务水平,因而秘鲁未来的工程市场也将十分喜人。

古巴　经济自1995年下半年出现转机,估计全年增长率可达2.3%。古巴为积极吸引外资,实行了更加开放的政策,允许外国公司举办独资企业和从事房地产、自由贸易区和出口加工区投资。除了医疗和教育外,古巴的所有工业领域,包括作为国家基础项目的制造业,一律向外资开放,大部分将以联合企业形式出现。欧洲、美国、加拿大的公司已纷纷同古巴签订了各个行业的意向书,对蔗糖生产、镍矿勘探和开采、石油勘探和开采、热带水果的开发利用以及旅游业等领域表示了极大的兴趣。作为"美洲的未开拓的市场",古巴未来几年经济日益引人注目,工程承包市场有着巨大的潜力。

墨西哥 在经济经历了严重的金融危机之后，1995年国内生产总值下降了2%，政府投资减少8.7%，私人投资减少29.5%，通货膨胀率高达50%，国内失业率达到了创纪录的水平，其中土木建筑部门的生产比1994年下降45%，1996年累计辞退工人近50万人。1996年经济趋势虽然会有所好转，但前景并不乐观。预计1996年外债将超过150亿美元，由于对外债的严重依赖，因此出现金融危机的潜在因素依然存在。同时鉴于资金的严重短缺，政府部门不可能拿出资金，许多计划内的项目不得不推迟，私人企业大多则持观望的态度，外国公司要在这里工作就要自己解决资金问题，因而无论在墨西哥投资还是搞工程，风险都很大。据美国开发银行预测，墨西哥经济到1997年才能全面恢复。

世界技术市场

世界技术市场的分布与世界各国经济发展水平，尤其与科技发展水平息息相关，具有地域性，又有垄断性。世界技术市场的发展趋势呈多样化。

(一)世界技术市场的分布特点

目前，可以说技术市场遍布全球，分布十分广泛，但是其分布呈现明显的不平衡性，大部分集中在发达资本主义国家，小部分分布在俄罗斯、东欧国家和发展中国家，而且在每一类国家的发展及分布也很不平衡。发达资本主义国家不仅是世界技术的主要出口国。1985年资本主义国家的对外工业产权支出115亿美元，其中日本、意大利、前联邦德国、法国、英国、美国、加拿大、荷兰等8国产权支出91.24亿美元，占总额的79%。日本是世界上最大的许可证进出口国，1985年购买许可证的支出高达23.61亿美元，占42个资本主义国家工业产权总额的40%。日本进口许可证的来源主要是美国，大量引进许可证的目的是为了发展出口，通过利用外国的技术创造出国际市场所需的第一流产品。其他发达资本主义国家，包括美国在内，每年也都购买国外的技术，以便利用其他国家的科技成果。美国、日本、法国、英国和德国等5个最大的资本主义国家之间进行着最为频繁的技术交换，他们同时既是许可证的卖主又是买主，既是对外投资国也是吸收外国投资国。

当代的科学与技术的研制和开发，是需要投入大量资金的一种高度资本密集型活动，因而主要是在拥有雄厚资本的发达资本主义国家中进行。尽管发达资本主义国家在世界技术市场上占据主导地位，但是它们之间的技术贸易的发展也很不平衡。80年代中期，美国已成为外国直接投资的净接受国，它吸收了外国直接投资的50%以上。1995年美国也成为最大的资本货物净进出口国，但在航空、电信、办公室设备和大型机械等部门，仍在世界市场上保持着主要地位。在其他如机床、纺织品和印刷品等部门，它的市场份额已大幅度下降。到目前为止，美国在专利使用费和服务费用形式的技术使用费方面仍然是最重要的技术供应国。但是即使在这些方面，它从发展中国家所占份额也从1972年的80%下降到80年代中期的70%。正如联合国贸易和发展会议秘书处1988年的报告所指那样，自70年代以来，在发达市场经济国家中，总的技术出口表现得最有活力的无疑是日本。日本在过去15年中所有各类制成品都呈现贸易余额，包括以研究、发展费用对生产比例来衡量的低、中、高技术密集型产品在内。大规模的对外直接投资申请和注册专利件数以及技术收入和付款的显著增长，都反映出日本在微电子、机器人和新材料等几个关键技术领域所处的领先地位。

西欧国家在70年代和80年代在世界技术市场的表现，从总体上看不够突出，石油危机、浮动汇率、日本和美国厂商的竞争都对西欧构成了严重威胁。但是前联邦德国在几个较老的工业部门加强了它作为一个技术输出国的地位，它通过在机器设计和制造方面积累起来的经验，保持了稳固的技术优势，从而成为世界主要商品出口国之一。瑞士和瑞典，特别是瑞典，保持了它们在某些关键技术方面的主导地位，如金属加工、精密仪器、土木工程和生物工程等，它们在新兴发展中国家和地区，特别是在亚洲的活动日益增加。

俄罗斯、东欧国家的对外贸易也有所发展，但在世界技术市场上所占份额很小。这些国家在1985～1987年间年平均购买美国许可证的支出仅为2 400万美元，或者说只相当于美国许可证收入总额的0.2%。与此同时，这些国家向美国出售许可证年平均得到的收入仅为100～200万美元，或者说仅相当于美国购买外国许可证支付费用的0.1%。在80年代，这些国家平均每年向日本购买许可证的费用为21

亿日元，只相当于日本出售许可证收入的0.1%。

发展中国家的科学技术落后，在世界技术市场上主要是购买者，只有少数几个经济发展迅速的国家和地区开展了技术出口业务。发展中国家和地区无论在世界技术进口中还是在世界技术出口中所占比重都不超过10%，具体说到许可证贸易，发展中国家和地区在世界技术市场上所占的比亘更小，因为发展中国家和地区引进技术方式主要是吸收外国的直接投资和进口成套设备及其他机器设备。世界技术市场的分布还呈现出高度的垄断性和竞争性。世界技术市场上的垄断性和竞争性在不同类型的技术方面将有不同的表现。在尖端技术的制造和供应上，虽然也会发生竞争，但它的垄断性胜过竞争性。在一般工业技术的制造和供应方面虽然也有不同程度的垄断性，但竞争性超过垄断性。一般工业化技术市场是买方市场，而高技术市场永远是卖方市场。

跨国公司是世界技术的买主和卖主，他们在技术转让总收入中的比重估计占4/5。70%以上的美国许可证收入来自母公司从其在国外开设的子公司获取的许可证收入，其中来自西欧子公司的许可证收入占美国从西欧得到的许可证收入总额的81%，来自加拿大的占19%。美国购买许可证的支出，55%是在公司内部系统进行的。英国的许可证贸易也有类似情况，在公司内部系统得到的许可证收入占英国许可证收入总额，在1975年为30%，1982年上升为52%，而支出从54%上升到87%。日本进口许可证有52%是通过公司内部系统进行的。

(二)发达国家的技术市场

发达国家是世界的主要技术市场

技术市场规模的大小取决于经济发展和经济实力，技术市场的发展同经济发展的迫切需要息息相关。发达国家之所以是主要的世界技术市场，有以下几种原因：

发达国家是世界技术的主要创造者和主要输出者 发达国家拥有丰富的技术资源、雄厚的科技力量、大量的科技知识和资本。当今发达国家的人口虽然占世界人口总数的37%，但却拥有世界93.3%的科学家和工程师、87.4%的科研资金和99%的科研规模。再加上政府的大力支持，高工资对发明创造和节约昂贵的劳动成本的刺激以及良好的竞争机制和产权保护，使发达国家成为世界上科技成果最多的国家。专利申请和注册件数每年数以万计。转让技术成为发达国家重要的对外业务和收入来源。

发达国家是世界的主要技术进口国 技术差距是技术贸易的前提条件，发达国家之间的技术并非平衡发展，不同国家、不同企业的技术也不平衡，这是产生技术转让的基本原因。在不平衡发展的情况下，后进国家、部门、企业为了缩小或消除同先进国家和企业之间的差距，设法从先进国家引进自己需要的技术。由于科技迅速发展、竞争加剧和专业化分工细化，各国、各部门、各企业之间的相互依赖在不断加强。

发达国家的技术转让和技术贸易有着优越的条件保证 直接投资是发达国家之间技术转让的重要杠杆，发达国家跨国公司母公司相互在对方国家开设的成千上万的子公司和合资公司是发达国家之间技术转让的主要方式。发达国家之间相互发展技术贸易不仅有其必要，而且具备良好的条件。它们已具有相当高的工业发展水平，完备的基础设施，精干的科技人才，以及财政、金融、信息机构。况且商品、资本、技术和人员相互流动也比较自由。这些都有利于吸收、引进和推广外国的先进技术。

发达国家技术贸易的主要方式

许可证贸易 这是发达国家普遍采用的技术引进方式。许可证贸易的一个突出特点，是集中在高技术密集型、发展迅速和利润高的部门，如化学工业、制药工业、机电工业，特别是电子工业、计算机及其软件工业，等等。在许可证贸易的价格计算中，美国一般采取国际通常的做法，即入门费高、提成费低。

国外投资 世界上大部分对外直接投资是在发达国家之间进行的。战后初期，美国对西欧投入巨额资金，给西欧输进一批新设备和先进的工艺。后来随着日本和西欧投入经济的迅速发展，美国的直接投资日益增多。日本在80年代对美国有巨额的对外直接投资，日本有2/3以上的海外投资采取了技术入股的方式。

高技术产品交易 这种贸易已发展成为技术贸易的一种新形式。1981年美国高技术产品的出口额高达1 090亿美元，超过同期工业产品出口额的70.4%。1970～1982年期间，在世界高技术市场中，美国始终占有最大份额。然而，目前日本的份额却逐

年增加,从10%增至15%。

发达国家的有关技术市场的法规和管理

对技术市场最重要的法规,是1883年签订的《保护工业产权巴黎公约》,简称《巴黎公约》(1984年11月中国已正式参加该公约)。其他与发达国家技术市场有关的法律文件还有:《专利合作条约》(PCT)、《欧洲专利公约》(EPC)、《共同体专利公约》(CPC)和联合国《国际技术转让行动守则(草案)》。

发达国家对技术市场的管理主要是运用法律手段。目前,发达国家已完全取消了外汇控制,为了保持企业间竞争、国家安全和外交政策的需要,也订立了保护工业产权及其转让的规章,限制违反反托拉斯法的行为,限制对社会主义国家的技术转让。国际间由巴黎统筹委员会协调控制各国社会主义国家的技术转让。除上述外,一般企业间的技术转让是没有法规限制的,政府并不或很少干预。

(三)发展中国家的技术市场

发展中国家技术市场的现状

发展中国家对国外的先进技术有着迫切的需求,所以,广大发展中国家也是当今世界上的重要市场。发展中国家尽管有着丰富的自然资源,但是除少数国家和地区以外,一般经济发展水平低下,他们在国际分工体系中很大程度处于原料供应者的地位。由于发展中国家经济和教育落后,资金短缺,科技人员很少,无力支付研制先进技术所需用的高额资金,这样就决定了发展中国家主要依靠引进国外技术来满足建立和发展民族工业的需要。

发展中国家主要是从发达国家引进大批技术,引进的技术主要是引进成套设备。

发展中国家引进技术的类型

发展中国家的经济状况、社会发展、人口素质及自然资源存在着很大的差别,而技术总是在一定的政治、经济、文化和自然环境条件下应用的。对技术的需求受许多因素的制约,特别是受经济发展战略、基础设施和生产要素等因素的重大影响。发展中国家技术应用的环境和所需技术的种类不同于发达国家,而且,发展中国家之间技术应用的环境存在很大差别,这就决定了发展中国家引进技术的类型因国家状况的不同而不尽一样。

拉美发展中国家引进技术类型 拉美发展中国家引进劳动密集型技术。其主要技术供应国有美国、德国、日本、英国等发达国家。美国一直是拉美技术转让的主要国家。1976年拉美国家支付美国的技术费用为2.99亿美元,其中许可证和特许权费占34%,其他费用占66%。按部门分,制造业占42%,石油业占15%。第二次世界大战后,日本也十分重视对拉美发展中国家的技术输出。据日本通产省的1992年统计材料可知,日本在拉美、亚洲和非洲等地发展中国家制造业部门共进行了1 265项投资,其中795项在拉美。目前拉美制造业部门的大部分新技术来源已不再是美国,而是日本。

东盟成员国引进技术类型 东盟成员国包括文莱、印度尼西亚、菲律宾、马来西亚、新加坡和泰国等国家。近年来,东盟成员的经济贸易发展迅速,引人注目。国外直接投资是东盟引进技术的主要形式。近年来东盟各国吸收外国直接投资有很大增长,泰、印、马、菲四国自1986年至1989年的四年中共利用国外直接投资约500亿美元。

中东国家引进技术类型 中东大部分国家盛产石油,石油工业是这些国家的支柱产业。中东主要产油国引进的技术主要是资源密集型和能源密集型技术,尤其是石油加工技术,以及引进大批外国专家和技术人员。

非洲国家引进技术类型 目前非洲大部分国家经济落后、科技落伍、人多,农业是非洲的主要经济部门,主要出口产品是初级产品。非洲的技术市场被西方大国的跨国公司主宰着,非洲国家购买的专利、许可证、技术服务都全部来自西方跨国公司,非洲大多数企业的设备和技术,都由跨国公司提供。西方跨国公司对非洲输出技术的主要渠道是直接投资。

发展中国家引进技术的渠道

发展中国家引进技术的主要渠道有两种。

通过商业渠道引进技术 商业渠道是发展中国家引进技术的主要方式,它又分为跨国公司内部系统的技术转让和通过跨国公司之间的协议所进行的技术转让。跨国公司内部系统的技术流动是发展中国家引进技术的主要渠道。

通过非商业渠道引进技术 非商业渠道是指通过政府之间签订的经济技术援助协定或通过国际组织的经济技术援助进行的技术转让。为了建立新的国际经济秩序,外国对发展中国家以技术、资本和经验形式的援助每年达150亿美元。

发展中国家技术市场的竞争

发展中国家引进的技术多为工业化技术。随着工业在全球的日益普及化,发展中国家技术引进来源呈现出多极化的趋势,从而打破西方发达国家对于一般工业化技术的垄断,使竞争日趋激烈。

当前发达国家仍是发展中国家引进技术的主要来源。发达国家对发展中国家的技术转让主要是由追逐商品销售市场的动机引起的。虽然发达国家在发展中国家技术市场占主导地位,但他们之间存在着激烈竞争。日本向发展中国家转让的技术多属于劳动密集型和标准化的技术,在价格上也具有竞争性。俄罗斯等东欧国家在发展中国家技术市场上同西方国家展开了激烈的竞争。在发展中国家技术市场上,一些经济发展较快的新兴发展中国家也在积极进行一般工业化技术的转让。

(四)世界技术市场的发展趋势

世界技术市场的发展有3种趋势:

技术商品多样化 随着技术在经济增长中的作用日益增强,技术以多样化的方式进入生产领域。目前,普遍采用的技术转让方式已由通过产品的仿制进行材料、产品的转让过渡到开发技术的综合能力的学习和模仿。同时,专有技术和软件技术商品也有了长足的发展。随着科学技术的逐步社会化,纳入技术商品范畴的也逐渐增多。

经营系列化 在国际技术贸易活动中,技术出口方除转让技术设备外,还要提供技术培训指导,派专家参与试投以及进行必要的技术服务工作。

流通网络化 为了开拓国际技术市场,目前在世界各国,特别是发达国家都在努力争取在国外设立技术市场网点。此外,还将广泛开展国际合作,研究解决共同关心的问题。

交通运输市场

(一)国际航运市场

世界主要海、海峡和运河

目前,国际上具有航运意义的海有:地中海、黑海、北海、波罗的海;日本海、黄海、东海、南海、爪哇海、珊瑚海;孟加拉湾、阿拉伯湾、波斯湾、红海;加勒比海、墨西哥湾等。

国际上最有重要航运价值的海峡有:马六甲海峡、直布罗陀海峡、英吉利海峡、达达尼尔——博斯普鲁斯海峡、霍尔木兹海峡、佛罗里达海峡、尤卡坦海峡和莫桑比克海峡等。

可以通行海轮的国际主要运河有:

苏伊士运河 位于埃及东北部沟通红海和地中海的一条河,把大西洋和印度洋联结起来,扼欧、亚、非三洲交通要冲。苏伊士运河总长173公里,现能通行吃水22米,满载25万吨或空载56万吨的巨轮。苏伊士运河是世界上最繁忙的航道之一,担负着极大的运输任务,每年通过运河的船舶达2万艘以上,平均每天通过60多艘次,年通过的货运量逾2亿吨。

巴拿马运河 是联通大西洋(加勒比海)和太平洋的重要国际航道。纵贯巴拿马共和国的中部,处于中美地峡的最狭窄的地段,由于地峡与海面存在高差,因此运河是建成开闸式的。运河全长81.3公里,可供6.2万吨海轮出入。每年通过巴拿马运河的船只在航向上由大西洋驶往太平洋的约占2/3。在货运上,美国对运河的依赖性最大,约占全部货运量的70%;其次是日本,占27%。巴拿马运河的地位仅次于苏伊士运河。

基尔运河 位于德国北部日德兰半岛上,连接北海和波罗的海。运河长98.6公里,可通行吃水9.4米、1 400吨的船舶,年通过8万多艘船舶,远多于苏伊士运河和巴拿马运河。运河对所有国籍的船舶日夜开放。

世界主要港口

港口是船舶生产活动的出发地和目的地,也是船舶货物装卸、物资供应和旅客上下的基地以及一国与地区外贸进出口的门户。因此,港口往往是交通枢纽或大城市。

目前,世界上有各类港口3 000多个,其中用于国际贸易的商港约有2 300多个,个吞吐量在1 000万吨以上的有100多个,亿吨级的港口约10个。

世界上吞吐量在1 000万吨以上的大港,80%以上集中在发达国家,它们往往同时也是大工业城市或经济中心;发展中国家由于工业不够发达,港口一般只是原料、燃料的输出港。

世界重要港口的分布概况如下：

太平洋拥有众多海港，约占世界港口总数的17%，沿岸主要商港有：东京、横滨、神户、千叶、名古屋、大阪、川崎、符拉迪沃斯托克、釜山、大连、广州、高雄、香港、马尼拉、曼谷、新加坡、悉尼、墨尔本、火奴鲁鲁、温哥华、西雅图、旧金山、洛杉机、卡亚俄、瓦尔帕莱索等。

世界海运中，大西洋航区的海运最为发达，港口也最多，约占世界75%，主要有：圣彼得堡、格但斯克、哥本哈根、汉堡、鹿特丹、安特卫普、利物浦、纽约、新奥尔良、休斯敦、里约热内卢、布宜诺斯艾利斯等。

印度洋航区的港口约占全世界港口总数的10%。它们主要有：槟城、加尔各答、科伦坡、卡拉奇、科威特、亚丁、吉布提、蒙巴萨、达累斯萨拉姆、德班等。

地中海——黑海沿岸有：康斯坦萨、伊斯坦布尔、雅典、那不勒斯、热那亚、马赛、巴塞罗那、阿尔及尔、塞得港。

北冰洋的航线不多，港口也不多，主要是摩尔曼斯克、阿尔汉克斯克和雷克雅未克等。

目前，世界上年吞吐量超过1亿吨的大港有荷兰的鹿特丹，美国的新奥尔良和纽约，日本的横滨、神户、千叶和名古屋，新加坡的新加坡港，法国的马赛，以及中国的上海。

国际航运市场

干散货船市场

从市场需求来看，据英国克拉克森预测，1997年世界干散货海运贸易仍可维持2%的温和增长，其中五种主要大宗干散货（矿、煤、粮、铝钒土和磷矿石）及小宗干散货将保持1%的低速增长。

在煤炭市场，热力煤贸易可望出现6%以上的强劲增长势头，这主要是由于亚洲地区1997年将有大批火力发电厂陆续建成投产所致。相比而言，1997年的炼焦煤需求形势并不乐观，主要是以欧盟为首的发达国家，为加强环境保护，有意逐年削减煤炭进口量，而先进的电解炼钢法也正悄悄地取代传统的炼钢法，从而导致全球炼焦煤需求量减少。

1996年至1997年度，世界粮谷市场将格外引人注目。据联合国粮农组织统计预测，1996年世界粮谷产量达18.21亿吨，比上年增长5.2%。但是1997年全球粮谷贸易将比上年度下降约1 500万吨。

铁矿石贸易量预测比较平稳。1997年铁矿石海运贸易量，将会在1996年3.97亿吨的基础上略有增加，日本、中国仍然是矿石贸易中的需求大户。

运力供给方面，截至1996年10月1日，世界干散货船队已增加到2.49亿载重吨，在1996年底前又有780万载重吨运力投入营运，1997年和1998年两年将分别有1 720万载重吨和850万载重吨运力相继交用。也就是说，1997年新船交用与旧船拆解均达到高峰，从而使世界干散货船队吨位增加量保持在3～4%之间。但是市场对干散货船队运力需求仅增加2%，所以运力供过于求仍然会困扰市场。

油轮市场

1997年原油海运量将继续保持上升趋势，增长可达2.75%。据国际能源组织最新预测，1997年全球石油需求量为每天7 370万桶，比上年每天增加40多万桶。但短运距的北海原油产量将每天增长80万桶，拉丁美洲的产量亦将每天增长40多万桶。这种供应格局将导致原油海运周转量进一步下降。相反，由于伊拉克经地中海出口原油，短运距原油海运需求将继续上升。与此同时，世界油轮船队亦有轻微增长。预测1997年新船交付量约为1 000万载重吨，而旧船的拆解量会因运价的进一步回升而难以明显增加。

集装箱班轮运输市场

由于供需差距进一步拉大，因此市场难以摆脱困境。资料表明，1997年班轮市场将新增总箱位52万TEU（增长24%），而市场需求却没有明显增长迹象。

环太平洋航线东行运量由于远东地区对美出口疲软，因而总体运量会受很大影响。据太平洋航线稳定协定（TSA）统计，1996年该航线动力增长了19%，从而使1996年每标箱的运价跌幅平均达400美元。该组织预测，随着中远、长荣、现代商船等大公司新船投入使用，今年该航线运力将再增长10%，运价将不可避免地继续下滑。为了稳定运价，该协定的15家成员公司已于1996年10月初达成协议，从1997年1月1日起，恢复曾于1989年至1995年间实行的运力管制制度，冻结现有未利用舱位的50%。与东行航线相反，太平洋西行航线由于美国对远东地区出口稳定增长（西行航线运量预计将保持8%的增长），运价将继续保持稳定。

国际集装箱制造市场

集装箱价格水平是反映世界集装箱发展状况的最好指标之一。据统计资料显示,目前世界集装箱拥有量约为850万TEU左右,而且每年将按10%的增长率持续发展。

在过去十年中,世界集装箱价格由于供需不稳定而一直动荡不定。对占全球集装箱最大市场的亚洲而言,其20英尺集装箱价格一直不太稳定。以中国台湾为例,20英尺集装箱价格由1990年的3 000美元一直持续下跌到1993年的2 600美元;而40英尺集装箱价格由1985年的2 900美元上升到1989年的约4 600美元。据最近的市场资料,中国大陆及东南亚国家的40英尺集装箱造价已降到3 500美元左右。

80年代初期,由于钢板成本稳定或下跌幅度较小,世界集装箱造价基本稳定,而且大部分为20英尺集装箱,生产制造商集中于日本、韩国和中国台湾,逐步取代欧洲的地位。

然而由于韩国和中国台湾的劳动力成本几乎每年提高20%,而且集装箱产量水平已达到最高水平,制造集装箱的原料也达到最大限度,使得集装箱价格水平上升。于是中国台湾和韩国的制造商纷纷进入集装箱制造市场,导致集装箱的价格水平开始下降,各生产商为了提高市场竞争力,纷纷将产业转移至中国大陆、泰国、马来西亚及印度尼西亚等劳动力成本相对低廉的国家。中国大陆由于本身的集装箱需求量大,以及投资环境较佳,逐步成为集装箱主要生产国。

1992年以后,不仅中国、泰国、马来西亚及印度尼西亚大量投入集装箱生产,而且土耳其、墨西哥等国也因需求量的增长而纷纷大量进入集装箱制造市场。这使得集装箱的供求稍微达到平衡,而集装箱的价格也有下滑的趋势,有些低成本国家甚至将20英尺集装箱的造价下降到2 500美元以下。而40英尺集装箱价格则低于3 900美元。例如中国在1992年的20英尺集装箱价格为2 450美元。

集装箱价格主要受到劳动力成本的影响。以中国台湾省和中国大陆为例,台湾的劳动力成本占造价的15%左右,而在大陆平均为5%左右,台湾每只20英尺集装箱的制造成本达2 500美元,无法与大陆的2 000美元进行竞争。当然中国沿海劳动力成本也有逐年上升的趋势,尤其在1994年,集装箱价格已经上升,20英尺集装箱平均价为2 200～2 350美元之间,而40英尺集装箱平均价格在3 600～3 700美元之间。

除了劳动力成本以外,集装箱原材料也是影响其价格水平的重要因素。由于集装箱原料生产国如日本的出口萧条使原料价格下滑,而中国及东南亚国家又大量订购这些原料,因而使得集装箱生产成本下滑。1994年,许多集装箱订单不断向40英尺规格发展。但40英尺集装箱因需求量增加导致部分制箱木材及钢材价格比以前有较大幅度的上升。

曾经为集装箱制造王国的台湾地区和韩国,由于竞争因素的变化,使该项产业逐渐走向萧条。在过去10年,集装箱供需失调使得集装箱制造市场起伏不定。由于亚太地区经济的高速增长,使得集装箱的需求量远远高于供给量的幅度。此外,大型集装箱的需求量日益提高。40英尺集装箱与20英尺集装箱的价格之比,由过去几年的1.6倍上升到1994年的1.8～1.9倍。

国际船舶市场

1996年全球各类船舶成交额近100亿美元,与1995年持平。在市场需求的影响下,油轮成交大幅上升,干散货船交易量显著下降,集装箱船和杂货船买卖活动明显增强。

统计表明,在96.4亿美元的全球船舶总成交额中,油轮占25.6亿美元,比1995年增加30%左右。干散货船为18.2亿美元,比1995年大减51%。其他类船52.6亿美元,增长30%多。

按吨位计,油轮的成交总吨位是1 900万吨,比1995年增46%。此外,油轮的成交条数为188艘,比1995年仅增加9艘,大型油轮的需求较前增大。

集装箱船和杂货船是另一番景象,成交吨位从1995年的750万吨增加到1996年的839万吨。

根据船舶所报的国别,希腊仍居第一,购买了47艘油船和83艘干散货船,比1995年的61艘油轮和183艘干散货船明显减少。中国是干散货船的最大买主,购入量达到14艘。

市场需求不仅左右着新、旧船舶成交,也主宰着废船的拆解。1996年干散货船报废量增加,占133条、703万吨,油轮拆解量59艘、623万吨,兼用船的报废量则从1995年的12艘、166万吨增至18艘、228万吨。全年被船舶拆解厂收购的废船吨位共计1 500万吨。

(二)国际航空运输市场

市场现状

航空运输具有速度快,灵活性强,运程短等特点。国际航空运输在当今世界客货运输中,日益发挥着重要作用。

在世界空运货物周转量和空运旅客周转量中,美国的数量最大,次为前苏联,其他航空运输发达的国家还有日本、德国、法国、英国、加拿大、澳大利亚等国。

1995 年世界航空客运周转量前十位国家和地区

(单位:亿公里)

国家和地区	1994 年	1995 年
美国	8 237.16	8 586.24
日本	1 146.00	1 787.12
英国	1 042.44	1 152.96
德国	565.32	617.16
加拿大	434.88	495.96
法国	475.44	495.24
澳大利亚	482.40	248.66
新加坡	449.25	483.96
韩国	395.76	485.04
俄罗斯	642.36	610.32

1995 年世界航空货运周转量前十位国家和地区

(单位:亿吨公里)

国家和地区	1994 年	1995 年
美国	222.601	230.270
日本	63.180	65.651
德国	55.400	60.060
韩国	—	57.293
法国	44.010	45.679
新加坡	33.180	37.734
英国	—	34.274
加拿大	15.516	17.227
泰国	12.732	12.280
瑞士	14.580	11.498

两图表资料来源:联合国《统计月报》1996 年 9 月。

世界航空运输网大致呈条带状横贯于北半球中纬度地带,并且延伸到南部各大洲。世界航空运输网的地区分布存在着明显差异,欧洲西部、美国东部、加勒比海和东南亚等地区最稠密,非洲、拉丁美洲和亚洲的一些地区相当落后。

目前,世界上主要货运机场有法国的戴高乐机场、德国的法兰克福机场、英国的希思罗机场、日本的成田机场和香港的启德机场等,它们都是当今世界现代化、专业化程度很高的巨型国际空中枢纽。

世界主要的国际航空线:北大西洋航线、西欧—中东—远东航线、北太平洋航空线、北美—澳新航空线、西欧—东南亚—澳新航空线。除此之外,西欧—南美、西欧—非洲、北美—南美和远东—澳新等航线是世界上重要的航空线。

据《日本经济新闻》统计,空运量占前十位的民航航线有:伦敦—巴黎(2 855 千人)、伦敦—纽约(2 413 千人)、东京—香港(1 799 千人)、香港—台北(1 737 千人)、伦敦—阿姆斯特丹(1 724 千人)、曼谷—香港(1 629 千人)、东京—火奴鲁鲁(1 591 千人)、汉城—东京(1 519 千人)、吉隆坡—新加坡(1 505 千人)、都柏林—伦敦(1 427 千人)。

发展趋势

航空公司的规模越来越大,联营呈多元化,合作呈多层次化。

90 年代初,各国航空公司通过收购、换股、投资等方式,相继完成了国内的兼并和联合,从而结束了长期以来千帆竞发的局面。

在美国,7 大公司占据了其国内运输业务的 97.3%,而余下的 100 多家航空公司仅占 2.7%的市场份额。

在德国,汉莎航空公司几乎拥有 100%的市场份额。

在法国,法国航空公司兼并了法国国内联合航空公司,垄断了国内运输业务的 95%,成为世界第六大航空公司。

最近,美国美洲航空公司和英国航空公司又在酝酿合并,这两家航空公司的销售额合在一起将超过 300 亿美元。

截至目前,世界航空运输业几乎已被六大航空运输联盟所垄断。它们分别是:美国联合、汉莎、英国、西班牙、日本及泰国等航空公司的联盟；美国西北、荷兰、印尼等航空公司的联盟；美国三角、瑞士、新加坡、日本全日空、韩国和巴西等航空公司的联盟；美国大陆、加拿大、北欧、法国、意大利、越南、菲律宾等航空公司的联盟；美国合众、英国、快达等航空公司的联盟；美国美利坚、俄罗斯、香港国泰等航空公司的联盟。

世界飞机市场前景展望

据美国波音飞机公司最近的调查，未来十年世界空中客、货运市场将持续兴旺，对各类客机的需求将明显增长。据波音公司预测，到90年代中期世界范围货运订单估计每年以6～7%的速度增长，其中4个市场将有力地推动这种增长，即横渡太平洋航线、美国国内航线、亚～欧航线、远东航线。据美国航空与航天局的官员透露，从现在起至2001年美国用于研制新型飞机的开支将达3 300亿美元。这表明今后发展航空技术的难度和所需的人力物力。目前美国波音飞机公司正同日本厂商合作。

欧洲空中巴士飞行公司，目前正在积极研制大型客机。俄罗斯正在研制中的图—204新客机，计划尽快投入使用。

巴西和阿根廷将合作发展新型民用航空机。巴西的因姆伯拉飞机公司和阿根廷的伐伯里卡飞机公司已达成协议并拟定了涡轮螺旋桨飞机的发展计划。

世界商用飞机市场

美国的波音、麦道和欧共体的空中客车系列商用飞机是目前世界商用飞机制造业中的"三强"，除去前苏联及东欧主要使用自产飞机外，波音产品所占市场的份额高达50%，其次是后来居上的空中客车系列，以及眼下退居第三的麦道系列。在经济不景气的情况下，全球性的空运市场同样萎靡不振，各飞机制造厂商不得不考虑减产。如波音737的月产量已从21架减至14架。

世界商用飞机市场上的一匹黑马自然是前苏联了。由于联盟解体，经济窘迫，燃油供应缺乏，企业效益的巨大压力，前苏联以世界商用飞机第二大国的地位和极为便宜的要价进入市场，巩固了商用飞机市场的买方市场态势。

西方分析家相信，在经历了如此漫长的萧条期后，商用飞机市场将回升。而且，无论大环境如何，亚太地区的经济增长，尤其是中国大陆的经济崛起，必然构成对商用航空的强烈需求。例如，据IATA(国际航空运输协会)1992年5月发表的报告：目前本地区定期航班客运量占世界总额的1/4，两年后即可增至1/3强，而到2010年会达到1/2，高达3.75亿人次。事实上中国民航的客量扩充率，在改革开放的十余年来，一直名列世界前茅。据国家统计局1992年统计公报：我民航货运量增长33.7%，客运增长32.5%。据预测，中国对商用飞机的需求将达到600～900架(而1992年世界新机销售总量为580架)。

(三)世界铁路运输

铁路是近代机械动力应用于交通运输最早的部门之一，具有运量大、速度较快、运价较低、运时准确的优点。铁路运输是多数国家的运输方式，也是内陆邻国之间国际贸易的主要运输方式。目前世界铁路网总长度已达140万公里。这些年来，世界各国铁路已从增加数量逐渐转向采用新技术、改善质量的方向发展。牵引动力中，内燃机和电力机车的比重逐年增加，蒸汽机车比重不断下降。目前在全世界铁路通车里程123万多公里，电气化里程已达16万多公里。各国铁路的技术装备和运输生产过程的机械化、自动化程度日益提高。

全世界的铁路在地域分布上是很不平衡的。以国家论，美国最长，约30万公里，占世界铁路总长度的25%左右。前苏联其次，共约15万公里，占世界铁路的11%。其余铁路长度较长的有：加拿大、印度、中国、澳大利亚和阿根廷。广大发展中国家铁路则很少。从地区看，西欧和北美地区铁路网较稠密；广大的亚洲、非洲和中、南美洲，铁路网较稀少。

目前，在世界上具有国际贸易意义的铁路干线有：

西伯利亚大铁路

目前西欧至远东的货物有15%通过铁路运输，远东对西欧的贸易运输则有30%以上经此完成。它比水运可节省10～15天时间，缩短路程7 000公里，运费便宜20%，可谓快速、便宜、安全。

第二西伯利亚大铁路

斯维尔德洛夫斯克—秋明—叶尼塞斯克—共青城—苏维埃港，全长6 500公里。它对增强西伯利亚和远东地区的运力，开发西伯利亚的资源，加强欧洲与远东地区之间的国际贸易带来了深远的影响。

新亚欧大铁路

该铁路全长10 900公里,连接太平洋和大西洋,辐射欧亚两大洲40多个国家和地区,是亚欧间一条最便捷的陆上通道。

北美地区的铁路网较稠密,运输较繁忙,穿越大陆的铁路干线有多条

在美国境内:

①西雅图—斯波坎—圣保罗—芝加哥—底特律铁路。

②圣弗朗西斯科—奥马哈—芝加哥—费城—纽约铁路。

③洛杉矶—埃尔帕索—休斯敦—新奥尔良铁路。

④温哥华—里贾纳—温尼伯—渥太华—蒙特利尔铁路。

北美大陆铁路是北美洲东西海岸主要大港及沿海与内地之间物资运输的重要通道,特别是60年代开展集装箱海陆联运以来,成为国际集装箱水陆联运的大陆桥,避免了过巴拿马运河的拥挤。

其他国际铁路干线

①巴格达—巴尔干铁路。全长3 184公里,是中东地区连接欧洲的便捷的铁路运输线。此线过海峡,从伊斯坦布尔起,可西接中西欧铁路网。

②东南非铁路干线。达累斯萨拉姆—卢萨卡—布拉瓦约—哈博罗内—开普敦。该线途经铜、铬、金等矿产资源丰富的地区,运输繁忙。

③南美铁路干线。布宜诺斯艾利斯—圣地亚哥—瓦尔帕莱索铁路。该铁路线虽然不长,但对沟通南美大陆东西两岸的联系和促进过境国之间的国际贸易起着作用。同时,为开展国际集装箱水陆联运网创造了良好的条件。

(四)国际公路运输

公路运输因其线路造价较铁路低,又具有运输灵活、直达性好等优势,成为当今世界发展最快、应用最广与地位日趋重要的一种交通运输方式。它尤其适用于短途运输和部份地区的中长途运输。

世界货物贸易运输中,汽车运输量并不大,主要限于铁路运输较落后,海运和河运不便乃至无法进行的国家与地区,一般仅是毗邻国家与地区之间的小批量货物的短途运输。但是,在机场、车站、港口、码头等处的众多货物的疏散调运等方面,主要采用公路运输。

公路运输在外贸货运中的地位,各大洲、各国、各地区间的差别悬殊。欧洲、亚洲和拉丁美洲的部分国家较发达,外贸的货运量与周转量均较可观,尤其是一些山国之间的货运,则主要是由公路承担的。

信息市场

(一)信息市场概览

在进入21世纪之际,以微电子为基础,计算机为核心,光纤通信为先导的信息技术,推动世界进入信息时代。目前,美国、日本等发达国家的经济总量中已有50%以上的增加值是由信息产业开创的。1995年世界前500家最大企业排序中,计算机及办公设备,电子和电器设备及通信业有60家上榜,占500家企业的12%。其中美国入选公司最多,为24家,比1994年减少2家。

以销售额来看,1995年60家公司的总销售额为16 191.03亿美元,比1994年的14 196.99亿美元,增长1 994亿美元。其中日本居销售额首位,为5 493.89亿美元,比1994年增长12.2%;美国居第2位,为5 338.67亿美元,比1994年增长1.96%;德国占第3位,为1 068.32亿美元,比1994年增长16%;法国位居第四,为885.2亿美元,比1994年增长11%。目前世界信息市场主要仍被日本和欧美发达国家所占有。

1995年世界主要
国家信息企业销售额排行榜

排名	国家	上榜企业数(个)	销售额(亿美元)
1	日本	14	5 493.89
2	美国	24	5 338.67
3	德国	2	1 068.23
4	法国	4	885.20
5	韩国	3	876.00
6	荷兰	2	526.05
7	瑞士	2	462.11
8	意大利	1	419.03
9	英国	2	323.27
10	瑞典	2	301.82

(二)电信市场

当今世界的电信产业正迅猛发展。1994年,世界电信市场营业总额超过了5 100亿美元。其中美国、欧洲、日本和加拿大作为电信产业的四强,占全球电信服务总收入的4/5。特别是美国,它拥有SBC、AT&T、SPRINT、MCI、NYNEX、AMERITECH等众多无论技术上还是在经营管理和竞争经验上都有十分卓著成绩的公司。然而,从全球的市场角度来看,欧美专区的电信市场已经趋于日益成熟,亚太专区则正日益成为目前世界上电信产品和服务的最大需求者。根据国际电信联盟的资料,亚太专区电话的平均拥有率仍然远远低于全球12%的平均水平。在今后的5年内,亚太专区电信市场的投资额将超过3 000亿美元。世界电信产业市场的这种变化使得国际上主要的电信公司纷纷开始寻求开拓新兴市场的机会。在世界贸易组织的基础电信谈判中,这种趋势也就不可避免地反映出来。

1996年2月15日,世界贸易组织68个成员签署了全球基础电信协议,将从1998年1月1日开始实施。1996年全球电信市场总额高达6 000亿美元,据预测1998年将激增为8 000亿美元。

美国是全球最大电信市场,占世界电信市场6 000亿美元营业收入的30%。美国承诺开放所有电信服务市场。

欧洲联盟为第二大市场,占世界电信营业总收入的28.3%。欧盟承诺15个成员国将在2003年以前,完成基本电信服务的自由化,包括卫星网络与服务,以及所有移动与个人通讯服务和系统。

日本是第三大市场,占世界电信营业收入的13.6%。日本承诺允许外国公司和投资人进入大部分电信服务市场。

澳大利亚是第四大市场,占有率达1.89%。澳大利亚承诺开放几乎所有的基本电信服务市场。与此同时,取消对卫星服务供应、公共移动电话与设备的服务厂商的数量限制。

加拿大是全球第五大电信市场,占有率达1.78%。加拿大承诺在2000年前分期废除对其他电信服务公司设定的持股上市,并于1998年10月起取消架设海底电缆需先取得许可证的限制。

巴西是全球第八大电信市场,也是新兴工业国家中规模最大的市场,占全球电信市场的1.43%,排名在韩国和瑞士之后。巴西承诺终止政府在电信市场的独占局面,并允许进一步开放公共电信服务市场。

(三)全球PC市场

电脑市场

1996年全球电脑销售量为6 840万台,尽管升幅仍然高达两位数,但与过去数年间比较,则首次低于20%,其中主要原因为欧洲销售不振,如德国1996年第四季度电脑销售表现即不如1995年同期。

在制造层面上,1996年排名前五位的电脑厂商中,销售量最高仍为COMPAQ,因此再度荣登榜首,1996年该公司在全球占有率由前年的9.8%扩大至10.1%。至于蓝色巨人IBM,1996年则已卷土重整旧日威风,销售量巨幅增加27%,直逼康柏。

PC厂商1996年全球排名

排　名	公司名称	1996年销售量单位:万台	增长率%	市场占有率	
				1995年	1996年
1	COMPAQ	704	+22	9.8%	10.1%
2	IBM	608	+27	8.1%	8.9%
3	PACKARD	424	−3	7.5%	6.2%
4	APPLE	359	−12	7.9%	5.2%
5	HP	300	+48	3.4%	4.4%

资料来源:IDC。

世界软件市场

微型计算机正在缩小这个世界。不管是工业化国家还是非工业化国家,由于微型机价格低廉,适应需求,所以,比大型机更快地在全球推广普及。计算机传媒的通信网络也有助于缩小这个世界。微型计算机在全世界的普及已经对软件产业产生了巨大的影响。

智　利　1990年智利主办了第十届国际计算机科学会议,同时还举办了一个大型的拉丁美洲商业展览,展览会上居优势的是微机。会议预测世界软件市场将在未来10年里急剧发展。目前世界软件市场虽然只有2%在拉丁美洲和非洲,然而飞速发展的世界软件市场将为上述地区提供富有意义的机会。与会人士认为软件业的发展与推广将随之促进一个更合理的平等发展的世界。革新的软件往往是由设备资产并不雄厚的小公司开发,所以非工业化国家的公司将在世界市场上充当此任。

美　国　美国目前约占世界软件消费量的52%,其软件产品约占世界市场的70%。估计美国、欧洲、日本占有1989年世界软件市场的81%。软件业如此集中的状态将会改变。世界通信系统的改善,欧洲、北美和日本的薪金与管理费用极高,微型机使软件公司的成本剧降。就以智利来说,智利的大学办得很好,许多教师拥有美国的高级学位,他们的薪金、办公条件比美国差,可是他们使用的计算机和软件开发工具与美国并无不同。

爱尔兰　美国几家著名的软件公司均在爱尔兰设有分部,生产适应当地需要的软件。

印　度　自1985年起,印度总理拉·甘地开始致力于现代化,引进微型计算机,印度的信息技术业以59%的年增长率快速发展。目前印度的软件年出口值约1 000～1 500万美元。1985年时印度的信息技术软弱无力,现在把重点放在微型机和小型机上,所以对于大型机系统和项目经验很少,高级系统的用户也不多,而要建成高度发达的软件工业这是个先决条件。

软件输出有几种方式:公司可在某个销售点安排若干程序编制员供顾客随时调用;可同用户商议后承包研制某种功能的全部软件;或者为世界市场开发软件包。

东　欧　东欧各国在许多方面千差万别,包括文化经济、著作权法、技术水平以及已经建立起来的计算机基地。东欧国家加在一起才有约百万台磁盘操作系统的微型计算机(美国约有4 000万台),但现在微机经过官方渠道正在涌入。东欧软件出口最有名的项目是前苏联科学院研制的TETRIS游戏软件,它是经匈牙利输出到西方国家的。

远　东　打开计算机的机盖,就会发现远东国家或地区在硬件方面的工作何等出色。集成电路芯片上打印的制造国别好像是联合国的点名册,其中大多数来自远东各国。

软件工业近几年在大多数远东国家或地区是发展最快的工业之一。日本、中国台湾、韩国、新加坡的软件业都有高水平的活动。

教育在长时期里可以决定软件事业的成功与否。印度、智利这样的国家正在培养少量尖子软件设计师。然而,依然存在的问题是,这些国家只有培养大批的具有平均水平的软件设计人员才能适应飞速发展的软件工业。

世界移动通信市场

移动通信是20世纪经济与通信技术、微电子技术和计算机技术发展的体现

它集有线通信、无线通信、交换与网络技术于一体,能够快速、准确地跨地区、跨国通信。据国际通信与经济学家们预测,到本世纪末或下个世纪初,移动通信将承担通信业务量的50%左右。

移动通信被人们认为是人类未来通信的基础性网络结构。主要包括:蜂窝移动电话系统,集群调度电话系统、无线寻呼系统、无线电话系统以及移动卫星系统、多信道无中心选址电话系统、移动数据、中小容量自动拨号电话系统等。随着移动通信技术与业务的迅速发展,正逐步进入千家万户,将成为一类重要的信息产业。

移动通信产业现状

我们所说的移动通信产业包括:移动通信产品与技术的开发和制造业,移动电话网的营运服务业以及移动通信网的建网工程业,这三部分有机地构成了移动通信产业。

世界移动通信的发展始于40年代汽车移动电话。自从70年代世界“蜂窝革命”以来,迅速推动了移动通信理论与技术的飞速发展,特别是80年代以来市场迅速扩大,移动通信业的产值在整个电信业产值所占比例达到20%。根据世界蜂窝移动电话最多的21个国家和地区的统计,到1994年底,全世界蜂窝电话用户已超过4 000万,并持续保持40～50%的年高增长率。预计到2000年用户将超过1.2亿。

目前,由国际无线电咨询委员会认可的模拟蜂窝移动系统电话共有七种系统。最早投入使用的是日本的NAMTS系统,此后北欧的NMT-450系统,美国的AMPST-800系统,1985年由英国研制的TACST-900体制系统投入使用。至今为止,世界范围应用最广泛、用户最多的是TACST-900和AMPST-800系统。模拟蜂窝移动电话系统在世界上是一项很成熟的技术,其性能可靠,但其频率利用率低,用户十分拥济,不能满足日益增长的用户市场的需求,且有保密性差,话音噪音大,费用高,并与固定通信网向数字化、综合化发展趋势不相适应等一系列缺点,因而80年代中期许多国家积极开展第二代数字蜂窝电话系统研究开发工作。这种系统可向用户提供电话和各种非话业务。这种系统具有容量大,频谱利用率高,通信质量好,业务种类多,保密性好,抗干扰能力强,设备小巧轻便,成本低,且能与综合业务数字网联网等许多优点,使得数字蜂窝市场发展迅速。目前国际上已经研究开发的数字蜂窝移动电话有五种:欧洲邮电主管会议 CEPT 主持开发了 GSM 系统,已于 1992 年在世界多个国家中迅速推广;由英国电子工程协会主持开发的 DT-AMPS 系统于四年前投入使用,这是一种数模兼容的双模式系统,是在现有模拟制式 AMPS 的基础上改造而成的。日本的 JDC 系统、英国的 DCS1 800 系统以及美国的 CDMA 系统是几种系统中技术最先进的,正向实用化方向发展。从现在来看电子 GSM 技术比较成熟且商用化的时间早,因而在许多国家中得到推广和应用,以超过模拟蜂窝移动系统的速度 40%以上发展。

世界移动通信发展的市场前景

从世界范围来看,美、日、欧及中国的台湾省、香港地区和新加坡的移动通信比较发达,普及率也很高,而且需求的增长率仍然很大,市场远不饱和。进入 90 年代后,美国在设备方面新投入达 250 亿美元,新增用户 350 万,当年增长率达 40%。并且一直保持这个增长速度。1994 年用户已超过 1 800 万,1995 年用户数超过约 2 000 万。日本与欧洲的移动通信市场也是很大的。1994 年 3 月底日本移动电话用户已经达到250 万,普及率 2.32%;与瑞典的 11.03%的普及率和挪威的 12.55%的普及率相差甚远。但由于日本经济发展水平高,将会有更大的市场需求。据日本邮政省预测,到 2000 年日本蜂窝移动电话用户将会突破1 000万大关。

欧洲的移动通信市场也是非常巨大的,1990 年即达到 91 亿美元的市场规模。1993 年 1 月蜂窝移动电话用户已超过 600 万。

数字化是移动通信发展的必然趋势,几大国际著名公司都将为取得一定份额而角逐。据瑞士证券公司报道,到 1995 年底瑞典爱立信公司数字移动交换机和基站产品已经占世界市场 40%的份额。

国际市场上的环保观念

(一)绿色消费主义——未来消费市场的趋势

目前市场上可以见到不少产品上标有"再生"(Recycled)"纯天然"(AllT-natural)以及"合符环保要求"(Environmentally friendly)等字样,吸引着众多的消费者。这已不是个别厂家的标新立异,世界各地许多厂家都已大行此道,成为一种潮流。消费者也越来越多地倾向于选择不会制造环境污染的绿色商品,据英国的一项调查表明,2/5 的成年人在决定消费之前会认真考虑该商品对于环境造成的影响。英国经理人协会理事长摩根指出,今后是否重视环保将是厂家能否在市场生存的关键。

为了保护人类赖以生存的自然环境,消费者已自觉地开始抵制那些给生态环境造成破坏的生产行为和使用时可能带来环境污染的商品。环境保护主义将主导未来的消费市场。这种时尚被称为绿色消费主义。在绿色消费主义面前只有能够防止环境污染的商品才能生存。

目前绿色消费主义在欧洲已经盛行,在法国最受欢迎的色彩是黄绿色。一些矿泉水广告干脆以翠绿色配朵小花的自然景色来招徕顾客。此外,深桔色、金色这些大地色彩也颇有吸引力。若是用这些色彩装饰家庭,即使足不出户也可以感到与大自然的结合。在英国绿色消费主义发展迅速。大约在两年前英国市场上几乎没有绿色商品,到 1996 年初,在英国一家超级市场上已有 35 种绿色商品上市,目前数量增加到数百种。在美国消费市场中绿色商品发展最快,1996 年的新产品中有 5% 标示合符环保要求,预计 1997 年数量会增长一倍。

德国的绿色消费主义市场最为引人注目。德国商会的环保专家指出,过去德国单以品质和可信度著称于世,未来德国将更强调环保意识。民意调查表明70%的德国百姓将有关环保方面的报道列为最关心的事务。德国一家酒厂销售的啤酒,所有的酒花及大麦在种植过程中完全不使用杀菌剂、杀虫剂及化学肥料。装酒用的瓶子也由该厂回收再用。德国政府致力于消除消费者对环保问题的疑虑,联邦环保署设计的“蓝天使”标志，符合检验标准的商品均可使用。商品必须经过严格的检验，由一群科学家、保护消费者官员、产业界代表及环保专家组成的审核委员会负责，检验标准不断提高。美国与英国的环保专家认为“蓝天使”标志可以引进到他们的国内。可以预见，有朝一日全世界各国的百货公司和超级市场将提供完全合符环保要求的商品。

（二）绿色产业崛起与绿色壁垒挑战

全球呼唤“绿色文明”

面对环境日益污染的现实，人类真切地认识到必须与大自然和谐相处，建立一个以环境保护为标志的新文明——“绿色文明”。

当前，世界所面临的各种环境问题，归根结底都是经济问题。而国际贸易是现代经济增长的重要因素，因此国际贸易，特别是自由贸易，被认为是破坏环境的因素之一。全球性经济活动增加了资源消耗量，增加了向大气层、土地及水域倾倒和排放的废物量，从而加剧了环境污染。另一方面，自由贸易客观上刺激了一些国家、特别是发展中国家为了增加木材和动物皮革制品的出口量而过度、无度地砍伐森林和捕猎野生动物，从而加剧了生态失衡。

“绿色消费”观与“绿色产品市场”

60年代末期，环境保护运动开始在美国和欧洲兴起。近30年来，环境保护的浪潮愈卷愈大，环保的重要性被愈来愈多的国家认识，环保意识在愈来愈多的人的头脑中扎根。进入90年代后，环境危机和价值观的变化带来了消费观的变化。生活质量的提高，理性化的现代生活，城市化的竞争社会和契约化的人际关系，激发了普遍的怀旧情绪，促使80年代的价值观念返璞归真，向传统倾斜。人们更加注重家庭，关心人性和社团的需要，追求闲暇而放弃更多的金钱。这就使得90年代的消费者越来越关心环境保护问题，具备了绿色消费观形成的价值观基础。同时，日益严重的环境危机使得科学家和绿色组织的观点很容易为人们所接受，从而提高了消费者对污染原因和危害的认识。这样绿色消费观就伴随着90年代成长起来。

有关资料表明，77%的美国人表示一个公司的环境信誉会影响其购买决定。40%的欧洲人更喜欢购买绿色产品而不是传统产品。中国青岛电冰箱总厂销往德国市场的电冰箱达5万台，数量居亚洲之首，原因就是该厂使用电冰箱发泡材料中对臭氧层起破坏作用的氟利昂含量减少50%后，使之获得了德国的环境标志。

在亚洲，挑剔的日本消费者对普通的饮用水和空气都以绿色为其选择标准；韩国和香港地区的消费者争先购买那些几乎绝迹的菜籽作为天然的洗发剂；纯天然、纯净无色的矿泉水成为中国饮料市场上的佼佼者。

在港台、日本、美国，被人们称为生态服装的图案、色彩、文字极富特色与寓意：用珍稀动植物作图案、以花草树木为色调甚至用简洁明了的文字写在服装上，如“我爱大自然”等来直接表达消费者的心声。

国外一些餐饮、旅馆行业开办了各种“生态服务”以满足人们保护健康、崇尚自然的需要。

生态饭店　古巴国家植物园里开办了一家生态饭店，专门供应植物园自己生产、加工的植物类食品。植物园拥有一个菜园和养蜂场。饭店提供的植物食品能够满足人体所需的各种营养，而且含有丰富的维生素、植物纤维、矿物质等，对人体健康十分有益。

生态旅馆　美国建成了一座别具特色的生态旅馆。旅馆提供的用品尽量不含化学物质，如不含酸的信封、床单，肥皂是用植物油炼制的，每间客房有一台香味发生器，可根据客人的要求随时向房间释放出果香味或花香。

生态商店　巴西的里约热内卢有一家生态商店，商店专营各种天然食品、饮料、天然化妆品、纯棉服装、印第安人手工艺品及有关环境保护的书籍及技术设备。店里所有的东西都由天然原料制成，不含任何化学成分，很受消费者的欢迎。

绿色设计——最时髦的生产方式

目前在全球的滚滚绿浪中，最时髦的生产方式是绿色设计，即设计出的产品使用寿命结束时其零部件可进行拆卸、分解、翻新和重复使用，或者可安全地进行重复使用。欧美和日本的一些大公司正在争先恐后地进行绿色设计，因为绿色设计制造的产品不仅可以减少原材料的使用，降低生产成本，便于全面的管理，而且能够进行更有效的销售。

欧美一些大公司的汽车公司正在改变生产方式，目的是提高汽车的可拆卸率。美国的汽车回收率很高，每辆车75%的部件都可重新利用。德国宝马公司也致力于这方面的工作。宝马公司汽车回收率已达到80%，它和大众汽车公司以及美国的克莱斯勒公司计划在本世纪末要达到95%。

在计算机行业，绿色设计也十分盛行，美国国际商用公司、惠普公司、数字设备公司等厂家正在迅速而全面地展开绿色设计。美国环保部门制定的能源之星计划规定，凡与计算机有关的产品，在休眠状态的耗电不得超过30瓦。据推算，根据这项计划，到本世纪末每年可节约用电2.6亿度，意味着少向大气排放2 000万吨二氧化碳、14万吨二氧化硫和7.5万吨氮氧化合物。

此外，欧美的电话机、发动机、照相机等制造厂商也都参加到绿色设计的行列中。

“绿色标志”风靡全球

绿色标志又称环境标签，是一种张贴在产品或其包装上的图形，表明该产品不但符合质量标准，而且在生产、使用、消费和处理过程中也符合规定的环境保护要求，对生态环境和人体健康没有损害。

环境标志是由政府的管理部门依据有关标准、规定向某些产品颁发的一种特殊标志。目前，实施这一制度的国家大多自定标准，但从前景来看，环境标志制度将向各国一致无差别和相互承认方向发展。

最早使用环境标志的是前联邦德国，于1978年开始实施保护环境的“蓝色天使”计划，对在生产和使用过程中都符合环境要求的商品授于一个图案标志，允许该生产者把图案印刷、张贴在其商品或商品包装上。1988年加拿大、美国、日本等国开始实施环境标志。法国、瑞士、芬兰、澳大利亚等国1991年开始实施环境标志制度。至此，“环境标志”风靡全球。

欧共体绿色标志制度

1993年7月欧共体正式推出欧洲环境标志(EEC－Lable)。自由申请欧洲环境标志，在欧共体任何一个成员国获得的环境标志都会得到整个欧共体成员国的承认。欧共体颁发环境标志计划依据重点产品类最初规定而制定，在欧共体委员会的支持下，在所有利益集团及成员国的参与下，有六个成员国牵头为环境标志标准献计献策。牵头的国家和产品有：丹麦—纸类产品、建筑绝缘材料、纺织品；德国—洗涤剂、餐具清洗剂、家用清洁剂；法国—油漆、清漆、电池、洗发剂；意大利—包装材料、冰箱、瓷砖；荷兰—鞋类、履带式车辆；英国—洗衣机、洗碗机、护发用品。

绿色壁垒的挑战

80年代以来，发达国家不断加强对发展中国家的贸易保护，采取关税和非关税壁垒、限制进口、实行出口补贴等。在关贸总协定逐步取消全球多边自由贸易关税壁垒的情况下，环境保护就很有可能成为一种重要的非关税壁垒——“绿色壁垒”。西方发达国家相继实施的环境标志制度，客观上为发达世界的市场罩上一张巨大的保护网。一些国家已经规定，没有环境标志的进口产品要受到数量和价格方面的限制。

(三)国际绿色营销

随着全球以保护人类自身生态环境为主题的绿色运动的发展和深入，国际市场上一种新的营销方式——绿色营销悄然兴起并迅速传播，显示出强大的生命力，势必成为今后国际市场上营销的主流。

特点及内容：

国际绿色营销，就是企业致力于通过国际交换过程以满足人们的绿色消费需求，履行全球环境保护的责任和义务，实现自身的盈利所进行的国际市场调查、产品开发、产品定价和分销以及售后服务等一系列的经营活动。

国际绿色营销具有明显的特点

具有鲜明的绿色标记　绿色营销与其他营销方式根本的不同之处，就是企业在国际市场调查、产品开发、分销和售后服务等整个活动过程中，都和维护生态平衡、重视环境保护，提高人们的生活质量和情趣的绿色观念紧紧相扣，并将其贯穿于营销活动的始终。

人类有关建立可持续发展社会新思想的产物

环境的污染、资源的减少，已威胁到人类的生存。它促使人们重新审视过去社会经济的发展方式，决心由粗放型经营转向集约型经营，追求人与自然的和谐，可走持续发展的道路。

经济、社会和环境效益的统一　国际绿色营销活动不仅千方百计地满足全球日益高涨的绿色消费的需求，而且在营销的全过程中尽可能地少污染或不污染环境，重视资源、能源的节约和废品的回收与循环利用。

国际绿色营销的内容

搜集绿色信息　绿色信息包括：绿色消费信息、

绿色资源信息、绿色产品信息、绿色科技信息、绿色法规信息、绿色组织信息、绿色文化信息、绿色经济信息和绿色竞争信息等。

开发绿色产品 开发绿色产品应抓好两个环节。其一是进行绿色设计,系指以环境和资源保护为核心的观念的设计,它要求生产过程中少用资源和能源,并且尽量不污染环境,而且能耗低;其二是绿色制造,又称清洁生产。

设计绿色包装 绿色包装应简单而又能保证产品的洁净和安全,包装材料无毒,可以回收、循环使用或可以自然分解。

制定绿色价格 绿色产品在其开发过程中,增加了企业在原料、使用技术、三废处理等注重环保、有益健康和安全等方面的成本。企业应该通过产品的绿色包装、绿色促销等活动,使之在各国消费者心目中察觉价值的基础上,订一个比一般产品高一些的价格。这样做,一方面提高了绿色产品的地位,意味着它能给消费者带来绿色利益;另一方面企业也能提高经济效益。

建立绿色销售渠道和开展绿色促销 企业应开展绿色产品的国际直销活动,以缩短渠道、节约流通成本、降低售价、扩大销售。企业还应利用广告、营业推广、人员推销等各种促销形式在国际市场上广泛宣传自己的绿色产品,扩大企业的影响,达到促销目的。

提供绿色服务 企业在售前、售中和售后服务过程中,应该坚持执行既满足广大消费者、客户的绿色消费要求,又符合节省能源,尽可能减少污染的原则。使用过的废旧产品,企业要负责回收处理,负责拆卸、再利用或再循环。

环保市场

当今世界范围的环境污染和生态破坏,已严重地危及到人类的生存和经济的发展。保护环境已成为全球的战略性问题。随着环保意识的增强,环保产业不断发展,形形色色的环保产品不断涌现,环保产品市场迅速扩大,保护环境、变废为宝是许多国家的共同口号。环保将促成第二次工业革命。

近几年来,许多国家都掀起了环保热潮,竞相研究废弃物质的综合治理和再生利用。

德国是世界上最早重视治理环境污染的国家之一。德国政府从 1979 年开始实施环境计划,把环境保护工作放在优先地位。经过 20 多年的努力,德国的环境保护成就举世瞩目,建立起能提供防止和消除环境污染的先进技术的环保产业。目前,德国依据环境技术发展起来的新兴市场价值每年可达 400 亿马克,该市场的年增长率估计为 6～8%。在全球环保设备贸易中,德国占 21%,出口额达 350 亿马克,超过钢铁业产品的出口。

欧洲其他各国,特别是北欧国家的环境保护工作也取得显著成绩。挪威是佼佼者,早在 1972 年就设立了环境部,并从行政、立法和经济三方面进行环境污染的治理。

美国在 1970 年开始拯救自身的环境。当年 4 月 22 日美国人民举行首次"地球日"活动,接着又成立了环境保护局等联邦政府机构,确保了保障空气、水源质量的时间表。经过 20 多年的努力,美国排放到大气中的煤灰数量减少了 70% 以上。80 年代美国大部分城市每年空气质量低于标准的天数已减少了 38%。

废弃物回收和再生利用前景广阔

1991 年全球利用废弃物质,为人类创造了 500 亿美元的财富,估计到本世纪末,这个数字将翻一番。现在几乎所有国家都在从环保的角度考虑废旧物的处理回收问题。因为无论哪个国家都无法避免在生产过程和消费过程中出现废旧物和垃圾。所以垃圾处理已成为世界性的新兴工业。

据资料介绍,目前,美国每年形成种类垃圾约 25 亿吨,垃圾占地已达 1.2 万平方公里。80 年代后,很多美国商人发现废弃物质回收处理和再生利用有利可图,纷纷投资开发废弃物质回收处理行业。为了使垃圾变废为宝,美国目前有 230 多个城市对垃圾进行分类收集处理。芝加哥废料管理公司等三家垃圾公司,已成为全国性的垃圾托拉斯,年经营额超过 20 亿美元。美国已投入使用的利用垃圾提取能源的工厂达 70 家,利用垃圾制取沼气发电的工厂已在纽约投产。这是目前世界上最大的利用沼气发电的工厂,可向一万多户供电供热。

欧共体国家的垃圾工业也正在兴起,资源回收产业取得可观的成效。1992 年欧共体要求制造包装品的工厂在 10 年内回收 60% 的废塑料和其他包装用品。目前法国已建立日处理10吨以上垃圾的工厂350个,已有1/3的垃圾得到处理。

日本政府几年来大力推广绿色技术,许多公司使用再生原材料生产各种产品。1991年5月日本通过了《资源再生促进法》,明确规定必须大力发展废旧物质回收业,使废旧物质成为日本工业所需原材料的重要来源。

环保产品市场不断扩大

所谓环保产品是指它生产所用的材料、生产过程、使用及用后都不会对环境造成损害的产品。1992年有148个国家参加的"地球高峰"环保会议上,提出了永续发展的理念,要求环保工作做到既顾现在,也不损害未来,并且促使企业负起保护大自然的责任。随着人们环保意识的增强,环保产品备受青睐。现在不少国家预见到环保市场大有可为,纷纷制订研制开发环保产品规划。美国商业部预测,2000年全球环境保护市场将达到3 000亿美元,潜力巨大,因此,把扶持环保工业作为美国重要策略之一。美国能源部、环保署、进出口银行将组成特别小组,着手研究开拓美国环保产品的出口市场。

其他发达国家也普遍重视环保产品的开发。近年来,从德国开始,继而加拿大、日本等国,都致力于发展绿色产业,并开始实行绿色标签制度,使消费者在选择商品时,除考虑价格质量外,还要考虑环保问题。目前,"绿色"是环境改善、环境得到保护的标志,绿色产业、绿色产品、绿色技术等工业成为竞相发展的事业,绿色日用品的研制开发在许多国家方兴未艾。

保健品市场

(一)保健品市场前景光明

保健品就是将普通食品经过加工,加入一定的经国家认证既是药物又是食物的药食制作而成的新食品。它既有普通食品的功能,为人体提供一定的营养素,又具有人体保健方面的特殊功能。

目前国际上生产和销售的保健品品种,大致分三类:维生素制剂;功能性食品;各种带有滋补兼治疗功能的天然植物制剂。

赖氨酸、叶酸、VB6、VB2等维生素与氨基酸原料现在主要用于生产营养保健品。1992年在意大利举行的国际药物博览会上100多个国家参展的商品有80%以上是保健品和药酒类。70年代美国、日本每年保健品产值分别为6亿美元和1亿美元,80年代分别为24亿美元和10亿美元,到1990年已分别达到35亿美元和36亿美元,特别是日本增长达36倍。6年来,发达国家保健品销售量以每年12%的速度增长。经济越发达的国家,保健品市场越发达。日本对活菌制剂的研究已相当深入。美国超级市场上出售的食品半数以上是添加营养性维生素或矿物质的强化营养食品。

近几年来,西方国家在开发带有治疗作用的营养保健品上更是不遗余力。加拿大一公司已开发利用天然植物"锯棕油"、非洲樱桃及南瓜仁油组成的治疗老年前列腺肥大症的保健胶囊。

1994年4月在新加坡召开的第一届保健食品国际研讨会上,专家们预言21世纪是营养保健食品的世纪。

中国药膳风行世界

近年来,中国传统药膳正风行世界,这种能促进健康的"药膳疗法"与美食热、健身热一样,越来越受人青睐,其市场也日具规模。药膳在日本尤受欢迎。

有人统计过,以各种形式运用中医药膳治病的人,已占全世界人口的近1/3。在美国,热衷于运用中医药保健的人越来越多,加利福尼亚州甚至批准了中医中药的费用可以作为医药保险费用报销。

中外驰名的药酒药饮,也是国外注意养生者们追逐的饮食,日益为社会各个阶层所接受。

由于受到药膳的影响,国际中草药市场也日趋兴旺。据有关资料显示,目前全美已有1.1万多个中药销售点。在日本,位于横滨中华街的更生堂药局备有上千种草药,每天都门庭若市。

黑色食品

黑色食品主要有:谷物中的黑米、黑麦、黑豆,坚果有黑枣、黑芝麻,藻类是海带、紫菜、苔条,食用菌有香菇、黑木耳。动物性食品为黑鱼、甲鱼、乌骨鸡,它们历来被认为是名贵之物,是食品中的上品。

科学研究表明,含天然黑色素的食品,营养价值高,并有滋补养身功能,具有高品位的食用和药用价值。

为适应生活的快节奏，应用食品工程技术开发的黑芝麻糊、黑米粥、海带粉、乌骨鸡和甲鱼口服液更被消费者看好，成为保健食品的新秀。

随着环境保护意识的加强，食品保健观念的建立，绿色食品正快步进入千家万户，成为新一代的流行食品。

（二）国际医药品市场

今后5至10年，随着人类生存条件的改善，生活质量的提高，新兴工业化国家的崛起，以及西方国家社会老龄化问题的日益突出，国际医药保健品的生产和消费将以高于同期国民经济的发展速度持续增长，市场容量有进一步扩大之势。

美　国　是世界上最大的处方药市场。1987年市场销售额为361亿美元，1989年上升到374.2亿美元。不过，美国对药品的进口限制十分严格，除采取许可证、配额管理等一般性贸易保护措施外，美国食品与药物管理局还制定了标准很严的法规。

日　本　1989年的药品销售额为351.42亿美元，比1988年增长9.3%。该年的进口为39亿美元，比1988年增长9.8%；出口为25.8亿美元，是药品净进口国。日本因近年来连年贸易顺差，受到了贸易伙伴的强大压力，因此决定开发初级原料市场。日本有望成为中国原料药出口的重要市场。

德　国　是欧洲最大的药品市场。1989年药品销售额为109.8亿美元，比1988年增长2%；该年出口61.1亿美元，进口33.9亿美元。德国保健开支居西欧之首。目前，男用保健品市场异军突起，14岁以上的男性约有86%使用化妆品。预计，多功能、营养、疗效好及天然化妆品将有良好的市场前景。

西欧及其他欧洲国家　法国1989年药品销售额为58亿英镑，比1988年增长11%；意大利55亿英镑，增长10%；西班牙21亿英镑，增长15%；荷兰13.73亿美元，增长12%；瑞士21.86亿美元，增长6%。

亚　洲　销售额目前占世界的25%，90年代末将提高到36%，成为世界第三大医药市场。中国有12亿人口，是潜力巨大的市场，但目前人均药品消费仅20元人民币。世界各国正日益重视对亚洲市场的开发。

中　东　近年来药品消费额增长很快，但由于该地区制药业落后，药品主要依赖进口，加上该地区外汇充裕，支付能力强，已逐渐成为引人注目的医药出口市场。

（三）国际饮料市场

咖啡市场

咖啡与茶叶、可可齐名，同为世界三大饮料。自从17世纪在欧洲流行以来，咖啡种植迅速发展，已成为发展中国家出口的重要的大宗初级产品，其重要性仅次于石油。

据英国路透社报道，F.O.里奇统计机构近期在其预测报告中指出，1995～1996年由于气候不佳，世界咖啡产量仅为8 764万包/60千克，预计1996～1997年度的咖啡产量将增至9 645万包/60千克。

世界咖啡生产国协会近期来对世界咖啡产量和销售量的预测分析分别是9 900万包和1亿包。

预计阿拉比卡咖啡产量1996～1997年度将增至6 478包，罗勃斯特咖啡量将从1995～1996年度同期的2 983万包增至3 167万包。

1996～1997年度最大咖啡生产国巴西产量预计将达2 600万包，较1995～1996年度增加了1 000万包。到1997～1998年度末世界咖啡库存量将增至2 418万包，1997年9月底的库存量为2 141万包，CNI预计1997～1998年度世界咖啡出口量将保持不变，仍维持在7 500万包的水平上。

据国际咖啡组织（ICO）首脑称，已经或正在走向市场经济的东欧和远东国家，咖啡消费前景极好。日本在过去30年中，咖啡消费量从1965年50万包/60千克增长到1995年的620万包/60千克，到2000年咖啡消费量将增长到640万包左右。

中国1985年进口咖啡量约为1万包，而到1995年达到近20万包，到2000年中国咖啡的消费量将达到50～100万包。

预计到2000年，整个世界咖啡消费量不会少于1 080亿包。

日本咖啡市场　由于嗜爱咖啡的人越来越多，普通咖啡进入家庭生活，人们不断追求高品位，快餐店对速溶咖啡的大量消费以及其他食品服务业的需求等一系列因素，在欧美诸国咖啡消费徘徊不前的形势下，日本咖啡市场却一枝独秀，以每年7%的速度持续上升，前景将继续看好。

日本咖啡经营企业估计有500家左右。其中最大三家占了全部企业经营能力的50%。经营速溶咖啡的只有三家,而罐装咖啡生产企业有80家,其中三家公司占了罐装咖啡65%的市场。

日本本土不产咖啡,因此所有咖啡原料均为进口。1987年进口咖啡总计29.5万吨,金额为8.38亿美元。

咖啡豆进口已持续增长十年,日本从几十个国家进口咖啡豆,其中以巴西、埃塞俄比亚、印尼、哥伦比亚等为最多。

速溶咖啡每年一般进口约7 000吨。出口大国为巴西、哥伦比亚、美国和德国。进口有两种形式:以日本制造商再包装的散装咖啡和原装咖啡。

咖啡在日本被认为是高档饮品。饮用者不仅希望咖啡有好的口味,而且还希望有优雅的环境,并配以愉悦的谈话,摩登的都市氛围。据全日本咖啡协会调查,大多数日本人喜欢咖啡清雅淡香。

法税与法规:目前,日本对未经处理的咖啡豆、咖啡制品没有进口限制。然而,根据国际咖啡组织协议,实行出口配额制须出示原产地证,禁止进口非该组织成员国的咖啡。在出口配额制下进口则需要一个国家咖啡组织认可的标志和原产地证背面的数量说明。其他有关法规包括植物检疫法和食品卫生法。

国际茶叶市场

1990年和1991年世界茶叶产量持续增长,1991年增至257万吨的创纪录水平,比1990年增加0.9%。主要产茶国中,产量均有程度不同的增长,印度74.2万吨,增加3.8%;中国54.6万吨,增加1.1%;斯里兰卡24.07万吨,增加3.2%;肯尼亚20.36万吨,增加3.3%。

世界茶叶市场趋势　作为世界性饮料的茶叶,除达到传统的感观要求外,还要求限制农药残留量和铜、铅、砷含量等。因此生产和销售无公害自然茶已成为必然。

日本从70年代就试产有机茶。80年代又试制了无农药茶。所谓有机茶和无农药茶是指在茶叶生产中仅施用有机肥料而不施用任何化肥和农药,依靠先进科学的管理技术和生态平衡来抑制病虫的发生及其危害,提高茶叶品质,使生产的茶叶达到无农药残留、无公害的天然标准。为了取得竞争的胜利,日本政府大量投资开发茶叶新品种。

坦桑尼亚现已成为世界上第一个生产和出口仅施有机肥而不施任何化学药物和农药的茶叶的国家。伦敦的茶叶公司与坦桑尼亚签订了包销全部产品的合同,其产品在伦敦市场非常走俏,且市场已渐渐扩大到美国、加拿大等西方国家。

美国茶叶市场　美国是个饮料大国。尽管美国的自来水水质符合直接饮用标准,但美国人却不愿意消费这一免费饮料,而乐意每年花费几百亿美元享用各种罐装、瓶装、盒装的饮料。

美国又是个茶叶进口大国,每年进口茶叶达8万吨,金额达1亿多美元。在世界各茶叶进口国中名列第二,仅次于传统的茶叶进口王国——英国。

①美国茶叶进口情况:美国本国不产茶叶,所需茶叶主要从中国、阿根廷、印度尼西亚、斯里兰卡等国进口。美国进口茶类中,主要是红茶,占总数的90%左右;其次是绿茶,占8%;剩下是花茶、乌龙茶。美国人主要饮红茶。中国是美国所需绿茶的主要供应国,占美国全部绿茶进口量的80%左右。其次是日本,约占20%。

美国每年进口花茶和乌龙茶约1 000吨左右。主要从中国大陆及台湾地区进口。1987年美国共计进口花茶和乌龙茶1 266吨,其中中国大陆631吨,占49.84%;台湾地区631吨,占49.21%。

②美国茶叶消费情况:美国进口茶叶后,分别拼配、加工、包装成袋泡茶、速溶茶、混合茶等再加工产品提供消费者。由于散装茶的销量日趋下降,因此大多数美国人是不识茶叶真面目。

就消费区域而言,美国东部人均消费量高,在全部消费量中占33.59%;第二是西部地区,约占29.74%;第三是中部地区;最低的是太平洋沿岸。

花茶和乌龙茶主要是华人及亚洲移民消费。在美国,由于社会生活水平高、生活节奏快,因此饮料必须具备适口、快捷的特点,才能打开市场。而各种各样的即开即饮的可乐、果汁等罐装饮料正因为适合了这一特点,所以能称霸饮料市场。面对这一社会特点,茶叶消费方式也起了相应变化,那些易于准备、易于处理的袋泡茶大为盛行。

③美国茶叶消费的特点:在世界各地,人们普遍把茶叶作为一种开水泡饮的饮料。而在美国,茶叶的饮用方式却全然不同。在美国消费的茶叶中,无论是

袋泡茶、速溶茶，80%以上都是以冷饮方式饮用的。即把种类茶泡好后放入冰箱冷却然后再饮用。这种与众不同的特点，引出了对茶叶的不同要求。主要有：

对冷却的茶汤喜清忌浑。在世界其他各国，人们把茶汤在冷却中产生的乳凝现象看作是好茶标志，而美国的消费者却把这一现象看作是品质不善，坚持茶汤在冷却后仍保持透明。

求价不求质。美国在进口茶叶中，很大一部分是用作速溶茶的生产原料，对茶叶品质要求不高也促成了这一特点。

重汤色不重外型。美国消费的茶叶绝大多数是袋泡茶、速溶茶等。因此，消费者不是直接见到茶叶，故对形不看重，只求汤色。

国际可可市场

据英国吉尔·达夫斯商品贸易公司最新出版的可可市场报告称：1990年至1991年度世界可可豆过剩量为13万吨，这相当于世界7至8个月的消费量。自1984～1985年度开始，造成库存年年增大，可可豆的价格已从1977年7月的每吨5 000美元跌至近几个月的1 000美元。

由于可可价格已连续15年下跌，以至它被一些国家看成是最缺乏基础性因素支持的商品。近7年来世界可可消费量连续有所增长，但全球的生产量增长得更快。

据英国吉尔·达夫斯商品贸易公司报道，1990～1991年度世界可可消费量仍以3%的速度增长，消费量为227.3万吨。东欧国家的可可消费量也保持增长的势头。

世界果汁市场

据世界银行统计：1970～1986年期间世界果汁年增长率为2.9%，到90年代达到3.7%。这里所指的果汁主要包括桔汁、澄汁和苹果汁、葡萄汁及其他果汁。预计到2000年，世界各种果汁产量结构不会发生大的变化，桔汁约占82%，柠檬汁约占9%，其他果汁占9%。其中发展中国家果汁生产的增长速度要快于发达国家，发展中国家占世界产量的份额将由1986年的66%上升到2000年的69%。

果汁的需求变化主要取决于收入、人口和价格的变化。世界银行预计，到2000年，世界发达国家果汁的人均消费量将由1990年的34.2公斤上升到2000年的41.7公斤，发展中国家由1990年的人均10.8公斤上升到2000年的13.2公斤。从世界消费量来看，将由1986年的6 100万吨增加到2000年的1亿吨，年平均增长率为3.6%。由于人口增长较快，发展中国家比发达国家果汁消费增长更快。

1990年世界果汁出口量为900万吨，到1995年已增加到1 050万吨，2000年将达到1 200万吨。90年代世界果汁出口贸易的年增长率为3.1%，快于1961～1986年的2.9%。从今后世界果汁贸易的品种构成来看，2000年世界桔汁的出口贸易量将为840万吨，柠檬汁为160万吨，其他果汁为200万吨。

美国饮料市场

美国饮料市场可分不含酒精的一般饮料与含酒精的饮料两大类。据美国杂志调查，美国21岁以上成年人平均每人每年消费的各类饮料情况如下：一般饮料50.8加仑、咖啡22.4加仑、牛奶20.2加仑、茶5.9加仑、啤酒34加仑、葡萄酒2.6加仑、烈酒2.2加仑、矿泉水46.1加仑。

现将美国饮料、酒类市场动态细分如下：

饮料市场　在一般饮料市场中，可乐型居首位，市场占有率达33.2%。其中又以可口可乐和百事可乐居1、2位，占70%以上。其余依次排列为矿泉水(28.2%)、咖啡(14.2%)、牛奶(12.5%)、果汁(7%)、茶(3.5%)，其他类占1.4%。

90年代美国饮料市场上可乐型上升至38.6%、咖啡减至12.8%、茶降为3.2%、矿泉水降为25.4%、果汁则上升至7.9%。美国一般饮料市场已经饱和，消费者对含咖啡因饮料的喜好程度有所下降，整个市场消费量随人口变化与收入增减而波动，同时一般饮料又与酒类之间有互换性，特别是与啤酒的销售量有关。

酒类市场　美国酒类饮料可分啤酒、葡萄酒与烈酒三大系列。啤酒人均每年消费34加仑，葡萄酒与烈酒的人均年消费占2.5加仑左右。

国际营销与文化环境

西南财经大学　刘嘉汉

作为研究企业国际营销活动及其规律的一门新兴管理学科，国际营销学是随着第二次世界大战以后世界经济一体化和企业国际化的发展而产生的。所谓国际营销（International Marketing），是指企业为满足市场需要并获得利润而跨国界进行的一切与市场有关的经营和销售活动。国际营销与国内营销活动虽然在本质上有着相同的营销任务，但它绝不仅仅是国内营销活动在国际市场上的简单延伸，而是有所区别的。国际营销与国内营销之间最主要的区别在于营销环境的差别。这种营销环境的差别又主要表现在各国文化背景的差异性上。由于国与国之间文化价值观念的差别，会导致各种文化中商业习惯方面的不同。为了提高成功的可能性，营销组合决策中考虑文化差别，长期以来一直是海外经营的关键问题。从事国际营销的企业，必须对国外的文化环境给予特别注意，对各种文化因素加以深入了解。

国际营销学中的文化概念

文化是一个概念非常广泛和复杂的复合体，它包括人们的价值观念、观点态度，也包括人们创造的用以表现人类行为的有意义的符号，以及具有历史继承性的人类行为模式。本质上讲，它包括所有有意识的行为以及涉及社会中的个人生活的价值观。服装、建筑和城市等是文化的有形部分；宗教、价值观念和传统习惯等是文化的无形部分。

由于文化涵盖范围的广泛，人们很难找到一种能被几乎所有人接受的对文化的定义。不同学科站在不同的角度观察文化这一现象，会产生出适合于本学科特点的关于文化的不同定义。国际营销学从人类学的观点出发来研究文化，因为每个人群都有其社会传统，其知识、信仰、习惯与生存方法均不相同，故每个人群或每个社会都有文化存在。因此，国际营销学认为，文化是"人们通过学习获得的区别于其他群体行为特征的集合"，它通常具备如下一些特征：⑴文化是分成部分或因素的，一部分与另一部分又是紧密相关的，如宗教和婚姻、商业和社会地位等；⑵文化是某个社会或集团中成员共同享有、一致奉行的；⑶不同社会的文化具有差异性；⑷文化是学而知之的，而不是通过生理遗传的方式继承的；⑸通过成员关系，文化可以一代一代传递下去；⑹文化是不断演进和变化的。

文化有多种分类方法。爱德华·荷尔（Edward T. Hall）将文化分为显性文化和隐性文化两类。在日本、沙特阿拉伯等拥有隐性文化的国家中，话语中隐含的意思与直接说出来的意思至少一样重要，说话的双方凭借对文化的理解来进行沟通。而在显性文化国家里，如美国、加拿大，该表达的意思已经直接了当地包括在话语中，并没有太多的"弦外之音"。不同的文化特性，导致美国人在提出批评或拒绝的时候常常较为直率，而日本人则含蓄得多。如果营销人员不明白这一点，信息就容易被误解。比如，一个日本企业经理人员在谈判桌上从牙缝里吐出一句"这非常困难"时，他的真实意思是想说"不"，但在日本人的传统中，直接说"不"会冒犯客户，是一种不礼貌的行为。这样的文化观念限定了日本人说"不"的可能性，因而选择较为婉转的说法。但在这种情况下，一个美国经理人员则可能因未得到直接了当的拒绝而提出进一步要求，让日方设法"解决困难"，日本人就会觉得美国人太勉为其难了，从而会使谈判气氛恶化。

文化环境与国际营销

美国经济学家杜森伯瑞（J. Dusenbery）曾经说过：

"在人类涉及的各种活动中,都可以找到文化的决定性影响……,不管是产品的购买还是产品的制造,不管是提供物质上的舒适还是精神上的享受,都构成了我们的生活文化。"文化在国际营销中有着重要的地位,就国际营销活动的主体而言,文化影响到企业营销策略的每一个方面,正如没有文化的人缺乏深刻的思想一样,没有文化的营销策略同样缺乏深刻的影响;就国际营销活动的客体而言,文化是对消费者行为影响最为深远、最为广泛的一类环境因素。具体而言,文化环境对国际营销活动的影响主要表现在以下这些方面。

(一)文化环境与市场细分

市场细分是指企业按照某种标准将市场划分为若干个各具共性的子市场,不同的子市场之间存在着明显的差异。从本质上讲,市场细分是企业的一种资源配置策略,目的在于将恰当的资源配置于恰当的细分市场。市场细分的必要性主要在于消费者对产品的需求具有差异性,不仅面对企业提供的不同产品,消费者的反应不尽相同,即便是对同一种产品,不同消费者的需要也不尽相同。在利用一定因素将整体市场细分之后,企业可通过针对该细分市场的特定需要开发特定产品来力求尽可能好的满足细分市场的需要,使其销售和利润达到最大化。在竞争性市场中,这种策略能在一程度上保证获取较理想的销售和利润。对追求经济效益的企业来说,市场细分是必须要考虑的基本营销策略,而文化是市场细分的标准之一。在国际营销中,消费者由于其所处文化环境的不同,从而形成很不相同的消费特征,这一点构成了利用文化环境进行市场细分的基础。服装、家具、家电、闲暇用品、金融商品等各个产品领域,不同文化背景的人可形成不同的细分市场。如在家具购买中,上层社会的消费者更看重家具的象征意义;与此相反,处于社会下层的消费者则更注重家具的实用性。又如信用卡的使用上,大部分信用卡持有者属中上层和上层,具有较高且稳定的收入、较高的教育程度和社会职业地位,这些人很在意自身的形象,讲求效率,通常还是成就导向型的;与此相反,较低层的消费者较少使用信用卡,即使使用也只是做为一种分期付款的手段,而非寻求高层消费者所追求的方便性。

根据不同的文化环境进行市场细分,有助于企业针对不同需要选择以单一细分市场为目标市场的集中营销策略;为各种各样的细分市场分别开发不同的产品来满足其特定需要的差异营销策略或置各细分市场的需要特征差别于不顾,强调其共性而开发一种产品来满足几个细分市场的需要的无差异营销策略,从而作为最有利的目标市场选择。

(二)文化环境与产品定位

国际企业在不同国家安排产品应当与每个社会的文化特质保持一致,在市场细分的基础上,针对每个目标市场需求的具体特点来设计改进产品,使之更能适应当地市场的需要,从而实现产品准确的市场定位,使利润有较大的增长。福特公司推出平脱车时,定位是"无忧无虑,充满浪漫色彩的小型车"。然而在汽车上市之后,公司发现其主要购买者是务实、讲求功能实效的、没有什么浪漫气质的消费者,因此立即重新对汽车再定位为"集各种功能于一体,既经济又可靠的、充分继承福特传统优点的A型车"。美国可口可乐公司在世界各国销售其产品时,均要针对不同国家的不同文化特征对产品定位作必要的调整,在西班牙,它主要作为一种混合物,甚至可以掺酒饮用;在意大利,它以餐桌上的饮料出现,正在取代牛奶、咖啡;在印度尼西亚,可口可乐所做的第一件事,就是使印尼人习惯碳酸饮料的滋味。成功的产品定位,使可口可乐公司在许多不同文化环境的国家都获得了巨大成功。

(三)文化环境与分销渠道

就分销渠道而言,不同文化会导致消费者选择商品时不同的行为方式。在美国,低层消费者更多光顾折扣商店并通过邮寄购买商品,同时,对住家附近的小店也有特殊兴趣,经常光顾并同售货员建立起私交。当这些低层消费者光顾高档商店时,心中总有不踏实的感觉,觉得自己受到轻视或坑骗。相反,较高阶层消费者则有规律地光顾那些高档百货商店,在这类商店中购买风险较大的商品,较少光顾折扣商店,只在折扣商店购买风险较低的商品。据美国克利夫兰市的调查,68%的下下层家庭主妇主要在闹市区采购,而上中层家庭妇女中这一比例却只有33%。在美国,公司使用上门销售和其他直接销售商品的办法是可行的,但这在欧洲国家却行不通,欧洲妇女会认为公司代理人的登门拜访是对她们私人生活的侵扰。

上述情况说明,国际营销企业在设计开发其分销渠道时,要充分考虑目标市场所属文化环境及相应的商品选择行为,再根据自己产品的特性对分销渠道作出合理安排或必要调整。

(四)文化环境与广告策略

不同文化环境中具有不同文化特点的人,在面临同一广告及其所推介的产品时,其反应和感受必然是有差异的,为不同文化背景的人推出的广告,也理应有所不同。"车到山前必有路,有路必有丰田车"这句非常出色的广告词,只能是丰田广告的"中国版",而绝不可能是"美国版"或其他的什么版,甚至不可能是它的日本原版。即使是"可口可乐",它的广告定位在美国和在中国也应有所不同,"可口可乐"在美国是一种低廉的大众饮料,在中国却成了气派的象征;"麦当劳"在美国属于低廉方便的标准快餐,到了中国却成了全家盛装共度周末的去处,以至于在"麦当劳"的所有分店中,北京和深圳分店的销售额分居第1、2位。类似的情况比比皆是。国内"华丰"方便面的一则电视广告,主要情节是一个年轻人用望远镜观察别人(老人、孩子甚至还有情侣)大嚼方便面的盛况,于是深受启发,也跟着大吃起来。这则广告无疑成功迎合了中国式的攀比、赶时髦的心理,如果放到美国去,则百分之百会砸锅。这种用望远镜窥探他人的行为,一定被认为是对他人隐私权的侵犯,美国人最恼火的莫过于此。美国一则成功 的防腐剂广告,到了泰国却毫无效力,只因广告画面上一对少男少女的卿卿我我与泰国保守的社会文化规范格格不入。后来对此作了轻微修正:两个姑娘正谈论防腐剂,结果开始出现了效果。

事实上,消费者的文化环境特征一直都是营销人员制定广告主题所参考的主要依据。有创意的广告制作者总是更多地利用文化环境特征来渲染广告主题,从更深层次去影响消费者。就广告策略而言,针对某一文化群体的广告所使用的语言、符号、象征必须要为该文化群体所明了。一般文化层次较低的人对那些视觉刺激强烈、动感十足或能解决实际生活中的问题的广告更易于理解和接受;文化层次较高的消费者则更容易接受那些奥妙且精巧的象征性广告和能充分展示自身社会地位,表现自我特征的广告。比如"麦氏"速溶咖啡在我国的一例推销广告,着力渲染现代生活的快节奏,职业人员面临的空前的竞争压力。这点恰同我国目前速溶咖啡的主要购买者一中上等收入的职业人员的生活方式相接近,在这种文化背景下强调"麦氏"咖啡带来的"情意"就甚能打动这类消费者的心。

(五)文化环境与媒介选择

文化背景不同的消费者在媒介选择有明显的不同,这给企业营销人员更有效地选择触及目标市场的媒介提供了依据。就媒介选择而言,由于不同阶层对媒介的兴趣存在差异,企业营销人员如打算将产品推向特定的社会阶层,就必须了解该社会阶层经常接触的媒介,使信息能最有效地触及其目标市场。以美国为例,美国社会的中上层较低层更多地阅读报纸和杂志,看电视相对较少;中上层对其子女看电视的行为较为关注,而下层对子女的电视节目选择较为放纵。据调查,美国克利夫兰的低收入家庭主妇中,只有39%的人是通过报纸的广告来认识社会的时兴趋势,上中等收入的家庭主妇这一比例却达68%。即便是同一媒介,不同社会阶层所接触的内容也有所区别。以电视为例,中上层较关注新闻、重大事件评述和戏剧节目;而中下层对肥皂剧、智力测验、知识竞赛和滑稽小品感兴趣。这些媒介行为对国际营销企业合理安排营销刺激,使企业的媒介选择同目标市场保持一致有一定的指导作用。

(六)文化环境与消费者行为

世界各地的消费者都有一些共同的需求和愿望,但他们满足这些需求和愿望的方式却各不相同。有许多因素制约着消费者的购买行为,文化是其中最重要的一种。文化作为人们的一种适合本民族、本地区、本阶层的是非观念影响着消费者的行为,使生活在同一文化范围内的各成员的个性具有相同的方面。例如,中国人的主食是米饭、馒头,西方人却是面包;中国人往往是正餐时才喝酒,西方人却把酒作为饮料随时饮用。文化对消费者行为的影响是通过对其心理的影响实现的。文化因素对消费者的购买心理会产生很大的潜在影响,进而影响着企业在国际市场上的营销。具体而言,文化对消费者心理的影响主要体现在对消费者心理动机、购买的心理基准和社会时尚3点上。

文化影响消费者心理动机

在某种程度上说,文化是一种社会行为规范或行为准则体系。任何一个消费者均处于一定的社会文化环境之中,他们在产生消费动机、购买欲望之前已经无意识地受到了社会文化的制约或影响。这里,文化对消费者心理动机表现出一种约束,其典型形式是风俗习惯对消费者行为的约束。

文化影响消费者购买的心理基准

所谓购买的心理基准,是指消费者用以选择购买方案、购买动机的准则。它是消费者在购买过程中起决定性作用的行为规范。消费者购买的心理基准同样要受社会文化的影响和制约。首先,购买心理基准的建立受到社会经验和外界所提供的信息资料的影响。其次,消费者购买心理基准的形成或调整过程,本身也是在一定的社会文化环境中进行的,也要受消费者经验的影响和制约以及外来信息刺激的影响。

社会文化时尚影响消费者心理

时尚是社会文化的产物,是社会阶层中广泛传播的崇尚或风潮。社会文化时尚在消费者身上则体现为追赶消费潮流,对崇尚事物的追求等。消费风潮的兴起是整个社会消费领域保守和开放、守旧和创新等矛盾急剧斗争的结果。这个时期也是消费者调整、改变其消费心理的重要时期。一般来说,消费风潮的结果是更多的消费者增强从众心理和求新、求异心理等。当然,也会有部分消费者因循守旧,对消费风潮置之不理。

了解出口国的文化特点和其对消费者行为的影响,是国际营销企业必须面对的重要课题,它直接关系到出口产品在国外市场上的适应性和竞争力,应引起高度重视。为适应不同文化背景的消费者行为,营销人员必须对本企业的营销策略作全方位的调整,在产品标准、使用方法、基本用途、促销方式、分销方式等各方面充分顾及文化价值观带来的特殊问题。

成功的跨国营销总是以成功地跨越各国文化差异为前提的。事实上,众多跨国营销的失败,不是产品、技术的失败,而是文化认识的失败,有时候,这种失败甚至是相当惨重的。

1989 年,日本实力雄厚的索尼公司雄心勃勃地以 34 亿美元收购美国好莱坞的哥伦比亚电影公司和三星电影公司,又随之投入十几亿美元扩大这两家公司的规模,指望蜚声全球的好莱坞电影能为索尼带来巨额利润。次年,不甘示弱的松下公司也斥资 60 亿美元买下好莱坞的 MCA 公司及其所属的环球电影公司。日本最大的三菱房地产公司投下数 10 亿美元,一举买下纽约曼哈顿岛上被称为美国象征的洛克菲勒中心建筑群 80％的股权。在大批日本公司纷纷进入美国投资的浪潮下,美国人曾惊呼:“有钱的日本人快把美国都买下了。”

然而,日本人万万没有想到,他们赚钱的初衷竟然会变成一场恶梦。1994 年底,索尼公司被迫宣布,过去 5 年里,它经营的两家好莱坞电影公司净损失 27 亿美元。松下公司的损失也不止 10 亿美元。而洛克菲勒中心股票的价格一跌再跌,从 5 年前的每股 20 美元降至 4 美元,成为三菱公司的沉重包袱。华尔街的有关统计数字表明,日本公司 80 年代末在美国房地产业的投资总计为 320 亿美元,按 5 年后的实际价格计算,只值 150 亿美元,净损失达 170 亿美元。

以精明著称的日本人何以在美国生意场上摔得这样重?华尔街金融界人士把日本在美国电影业和房地产业投巨资、吃大亏的经历作为典型案例加以分析研究后认为,其主要教训之一就是忽略了东西方文化传统差别及其对经营活动的影响。在日本,公司雇员与公司之间是终生雇佣关系,而在美国,公司主管人员跳槽却习以为常。索尼和松下公司当初收购好莱坞电影公司时,原因之一是很看重公司里包括超级导演史匹堡在内的一批大腕强人,不惜出高薪并把公司经营交给他们全权管理,指望他们长期任职并为公司带来好运,没料到这些强人并不感恩领情,没过多久,纷纷辞职另组自己的公司,使日本人束手无策,叫苦连天。

从上例可以看出,国际营销企业海外业务的成败,很大程度上取决于是否认识和理解不同文化间存在的巨大差别,取决于企业营销人员能否摆脱本国文化过强的影响。由于各国文化背景不同,企业要想在国际营销中获胜,必须首先进行文化分析。从各国企业的国际营销实践来看,重视文化分析者成功,忽略文化分析者失败,这已成为国际商界的一条定律。近一二十年来,美国企业在国际商战中的战绩远不如日本企业,一个重要原因就在于美国企业在分析理解不同文化背景下各国消费者的需求差异方面着力不够,不少美国企业甚至想当然地以为在美国畅销的东西拿到国外自然也畅销。美国的金宝牌浓缩罐头汤,在美国同类产品中享有90%的市场份额,十分畅销,但产品投放英国市场后,几年时间也没能得到英国消费者的认可,白白损失了3 000万美元。究其原因,在于英国人要求的口味与美国不同。另一家在美国国内销售蛋糕配料很成功的大公司,在对日本家庭没有烘烤蛋糕的习惯,家里一般也没有烤箱的情况没有任何了解分析的情况下,把同样的配料销往日本,结果损失了数百万美元。直到美国企业经历了无数次失败之后,才在最近几年开始认识到适应异国文化在国际营销中的重要性。一位美国专家告诫说:"国外经营的成败,取决于国际企业管理人员对文化基本差异的认识和理解,取决于他们是否愿意把美国文化观念当作超重行李一样留在美国境内。"在这方面,日本企业尽管也有失败的教训,但仍不失为国际营销界成功跨越文化差异、理解异国文化的典范。以日本企业在中国市场的产品广告策略为例。自中国实行对外开放政策以来,日本企业为占领这一庞大市场,赢得竞争优势,在中国市场做了大量广告。他们认为:要使广告被中国人接受,达到刺激消费欲望,促进潜在消费者购买的目的,必须脱掉日本味,贴近中国消费者的日常生活,顾及中国人的传统观念和文化情感。因此,他们非常注重广告的中国化,善于利用中国语言和中国人乐于接受的方式来进行广告促销,使用的广告语中很多来自中国的习言、俗语或名句。如丰田汽车公司的广告"车到山前必有路,有路必有丰田车";三菱汽车广告"有朋自远方来,喜乘三菱车";夏普打字机广告"不打不相识";一通讯器材公司广告"决胜千里之外,运筹帷幄之中"等。东芝公司则用"此时无霜胜有霜"来宣传自己的优质无霜冰箱,可谓匠心独具。

根据中国公众的心理特征,日本企业经常强调广告的艺术感染力,通过广告的情感效果来影响潜在消费者,注重触及中国人的情感世界,寓产品于景,动观众以情,使观众不再处于被动接受地位,而是处于欣赏者地位,在欣赏过程中,自然而然地接受广告所表达的思想,产生强烈的消费欲望。

正是由于日本企业对中国文化的高度敏感性,使他们能够深入了解中国消费者的需求特点和欣赏心理,从而制作出许多艺术高超、手法别致、技巧独特、立意新颖,在中国家喻户晓、有口皆碑的广告,为他们在中国市场上取得营销成功奠定了良好基础。这些成功的广告既来自日本企业对中国文化的深刻洞察,也来自他们对中国广告专家和社会文化专家的意见和看法的注重,颇值得中国企业借鉴。

文化适应与文化变迁

(一)文化适应

世界各国甚至一个国家的各个地区,都有其特殊的文化传统、偏好与禁忌。为解决企业在国际营销活动中如何对待文化的国际性差异问题,必然涉及到"文化适应"的概念。所谓文化适应,是指企业的决策要适应社会的文化特点。对国际营销而言,文化适应就是要求企业在制定国际营销决策时,充分考虑目标市场上的文化特点,使决策在实施过程中不但不会触犯当地的文化传统、生活习俗、宗教禁忌等,而且能比竞争对手更能满足消费者需求,取得竞争优势。换言之,文化适应要求企业决策对当地的文化保持高度敏感,以确保在实施过程中不受制于当地的传统、习俗和禁忌。文化影响存在于所有的营销决策中,国际营销企业必须适应海外文化,他们的所有决策和手段都应当与当地的文化保持完全一致。

随着我国对外开放政策的实行,特别是随着近几年外贸体制改革的深入,大批生产企业已获得对外贸易经营权,直接投身于竞争激烈的国际市场上。还有相当一批规模较大、基础较好的外贸企业,开始尝试着以国外生产的方式进入国际市场,开展了全方位的国际营销活动。在这一过程中,中国一些外销企业已开始注意到文化适应的问题。如以生产健力宝饮料闻名的广东健力宝集团,其罐装健力宝饮料的图案,就是专门请英国盛世广告公司的一个华侨专家设计的。它的英文图案内容,把健力宝同发动机引擎的劲力巧妙联系在一起,向国外消费者深入浅出地表达了健力宝饮料的功能,既保持了民族特色,又使外国人易于接受。然而,另一方面,我国还有相当一部分出口企业的营销人员,还缺乏文化差异的概念,缺乏将各国消费者的文化观念予以系统整理,得出统计分析结果以指导企业制定营销策略的意识,总是习惯于用自己的文化观念去推测国外顾客的购买行为,按照本国文化背景下的决策方法制定国际营销决策,更谈不上文化适应。原因何在?

事实上,文化适应的必要性是公认的,但在实践中想做到这点却很困难。之所以如此,一个重要原因是所谓“自我参照准则”在起作用。

“自我参照准则”(Self-reference criterion 简称SRC)这一概念是由美国营销学家詹姆斯·李(James A. Lee)在其《海外经营中的文化分析》一文中首先提出的,指的是“无意识的参照自己的文化价值观”。其含义为“当经营人员遇到具体情况时,他就会用自己的价值体系作为理解这种情况的尺度和标准,并作出相应的决策。比如,在国内市场营销中,营销人员对环境因素的变化所做出的决策往往是一种下意识的、自然的决策。他们不加思索地以一种社会所能接受的方式作出决策,是因为他们的价值观与所处的文化环境相通。在这种环境中生活的经历已成为他们的习惯和行为基础。一旦他们来到一个陌生的市场,在另一种文化环境中从事营销活动时,往往不能很容易地认识到某些不可控制因素的潜在影响,他们对环境因素变化所作出的是基于自己文化价值观念的下意识的决策。这种决策,虽然可以被母国文化所接受,但却极有可能被不同的文化环境所拒绝,从而导致营销努力付诸东流。

人们对“SRC”的依赖总是很自然的。在美国,如果某人约会迟到,那么,他会感到内疚,并为此而致歉——这种严守时间和时间重要性的价值观一直存在于他的头脑中。如果这人受约会见一位阿拉伯朋友,根据“SRC”,他会准时赴约,并会因对方的迟到而生气并指望得到对方礼貌的道歉。然而,根据阿拉伯人的“SRC”,约定的时间并不意味着必须在准确钟点出席,而只是意识中的一个“大约”的时间,因此也就没有理由因为“迟到”而道歉。在这种情况下,必然会导致冲突,如果双方互不了解的话,气氛恶化也就在所难免。在中国,向客人递烟敬酒是一种热情友好的表示,因此中国一些外贸公司的谈判人员见到外国商人总要递上一支香烟,在宴会上也爱拼命劝外商喝酒,这实际上就是在使用“SRC”。然而,国外并没有劝酒的礼仪,也有不少人是反对吸烟者,向他们敬烟劝酒反倒是不礼貌的表现。在这方面,有的外贸公司甚至得到过更严重的教训。1985年中国某烟草公司去美国参加一大型展销会,带去大量香烟准备在开幕式上做招待用,并进行促销性质的免费散发,结果遭到抵制,在展销会一笔生意未成。可见,使用“SRC”往往是无意识的,但正是这种无意识的行为,往往成为文化适应的障碍。

怎样克服SRC倾向?詹姆斯·李提出了一整套方法,分四个步骤:

第一步,按照本国的文化特点、习俗和规范来确定业务问题或目标。

第二步,按照外国的文化特点、习俗和规范来确定业务问题或目标。不作价值判断。

第三步,分离出问题中的“SRC”影响,并对它进行自我审查,分析其如何使问题变得复杂化。

第四步,在没有“SRC”的影响下,重新明确业务问题,确定最适当的业务目标,并解决破坏最佳商业目标形势的问题。

让我们以美国汽车厂商希望进军巴基斯坦市场为例来说明这四个步骤。

第一步,在美国,汽车是大多数人的必需品。每户家庭拥有2辆汽车是比较普遍的。高速公路是按时速110公里设计的,但法定时速是90公里。汽油中的辛烷值是80～100。消费者对汽车的要求是舒适,如空调、收录机、行驶控制和驾驶室空间。制造技术是高级精细的。每年推出新式样汽车是普遍接受的做法。购买者可选择国内造和国外造汽车,低成本进口车占有市场的较大份额,并不断向国内汽车产业的生存提出挑战。

第二步,巴基斯坦是一个落后的发展中国家,人均收入很低。80%以上的人是文盲,生活在只有泥路的乡村里。即使在城区,由于缺少现代路面,汽车时速也很难超过55～65公里。汽油非常昂贵,每加仑要近3美元,且其辛烷值只有60。该国遵奉彻底的伊斯兰生活方式。伊斯兰宗教思想渗透于经济、政治、教育和家庭等各个方面。西方人的物质生活和物品占有的态度不受欢迎。富人不能炫耀自己。自行车是个人的主要交通工具,一些稍微有钱的人骑小型摩托车。拥有汽车是成就和社会身份的标志。拥有一辆进口车就像美国人拥有一辆奔驰车一样。

第三步,从前两步的比较中可看出两国的差别是明显的。即使是美国最便宜的汽车,与巴基斯坦人的需要也难以匹配。要想进入巴基斯坦市场,美国汽车商不能通过简单改换汽车式样来成功地向该市场渗透,巴基斯坦人的需求需要一个全新的产品概念。

第四步,美国汽车商应设计一种全新的汽车,这种车的价格必须在2000美元左右,因而在许多方面都必须简单:重量轻、不要复合机体设计,如果有铸件应极少,不用上等材料,不需要太多的装饰;要使用小功率引擎,要采用当地材料,尽可能少地依赖进口技术和零部件,每加仑汽油要有最高行驶里程,比如130～160公里,行驶时速可达65公里。换言之,这种项目所需外汇最少。

詹姆斯·李的"四步骤法",对于我国企业在国际营销业务中消除"SRC"的影响同样有可借鉴之处。在此试举一例:如何把中国的自行车打入美国市场?

第一步,自行车是中国家庭的主要交通运输工具,中国人买自行车的主要着眼点是车身的结实程度、喷漆、电镀工艺及外观。车身一般由钢材制成。挡泥板必不可少,因为雨天也要骑车上班。车后座不可少,因为自行车还是运输工具。一般没有变速轮,重量一般在30～40公斤。

第二步,美国家庭的主要交通运输工具是汽车,自行车主要作为健身器材,供人们锻炼和娱乐消遣用。购买者要求自行车灵巧轻便,要有几档变速并配上一些美观的零配件。自行车车身一般用铝合金制成,全车重量一般只有10～15公斤。一般不设车后座和挡泥板。

第三步,将前两步进行比较,可发现中国与美国对自行车的需求有本质的不同。即使把中国人求之不得的"凤凰"、"永久"和"飞鸽"原封不动地搬到美国市场,也不会有大的销路。

第四步,如想在美国自行车市场占有一席之地,就要重新设计产品,使自行车符合美国市场的要求:小巧、轻便、有变速档、无挡泥板和后座……。只有这样,才能打开销路。

当然,设计全新产品只是产品设计策略中的选择之一。在许多情况下,由于各种原因(如考虑成本因素等),企业宁愿将产品只作少量改动甚至原封不动地搬到国外市场。需要强调的是:营销人员在主观上必须努力克服"SRC",学会用外国顾客的文化价值体系来评价企业的产品,确实认识到为国外市场设计全新产品是可供选择的策略之一。只有这样,才能抓住国际市场上的各种机会,才能使企业真正走向世界。

要克服"SRC",营销人员就必须对当地特有文化十分了解。其知识领域包括两个层次:一是事实性知识,如当地人的商业习惯、地理交通等,它们往往可以从报刊上获取;二是解释性知识,如当地人的处事态度、生活观念等。要获得解释性知识,最重要的是与各阶层的人交往,从中汲取有益的经验。

从本质上说,对国外商业的适应性有三个范围:产品、机构制度和人员。"产品"在国外市场上要适合东道国的环境、电气规定、色彩偏好等,要按照当地需求重新设计;"机构制度"包括符合东道国观念的商业交往和组织方面的适应性;"人员"的关键是努力摆脱"SRC"的影响。这种适应性,要求全面考虑时间、社会行为、消遣行为、家庭交往等的含义。

(二)文化变迁

文化变迁的含义

国际营销人员不仅必须懂得文化影响一国环境的所有方面,他们因此必须熟悉文化,从而据此确定营销组合,而且还必须懂得,随着时间的推移,文化是变化的,具有动态性质。

一般来说,随着社会、经济的发展,随着文化交流的深入以及各种环境因素的变化,文化价值观的某些深层因素和大量表层因素都处于变动之中,通过不断的完善和修正而持续演进着。换言之,一种文化不是凝固不变的,而是缓慢的、有时也可能是剧烈的变化着的。随着时间的推移,一个社会中的语言、道德规范、价值观念、行为方式、生活习惯等文化因素,都在发生着程度不同的变化。

文化变迁之所以发生,一方面在于文化是服务于人类需要的,人类需要的变化导致了文化的调整和演进;另一方面,不同的文化之间并不是隔绝的,而是存在着千丝万缕的联系,在以各种形式的沟通中相互借鉴与吸收着,这种借鉴与吸收的过程,同时也是文化变迁的过程。

文化变迁与企业的国际营销

文化变迁对企业国际营销的影响

文化变迁可以给企业的国际营销带来两种影响。

第一,文化的变迁迫使企业适时改变营销决策,使之适应文化的新特点。文化变迁意味着消费者购买行为、审美观念等发生了变化,过去行之有效的营销决策可能不为新的文化所接受。比如,60年代,西方国家很多人喜欢高脂肪、高蛋白食品,尤其讲究食品的色、香、味。但自80年代以来,由于人们认识到这类食品会使人发胖,而且容易导致各类疾病,于是高脂肪和高蛋白食品不再受欢迎,猪牛肉的销量急剧下降。相反,低胆固醇、低脂肪和天然食品等越来越受到人们青睐。这种文化的变迁必然要求食品生产厂商及时调整自己的营销策略,只有这样,才在变化的潮流中求得生存和发展。

第二,文化变迁可以给企业带来新的营销机会,在某一时期不能在某一特定文化环境中推出的产品和劳务,由于文化的变化而可能为大家所接受;文化的变迁还标志着人们需求的变化,从而创造了尚待满足的新需求。1985 年初,不少国家开始盛行素雅大方、质地朴实的厚胎瓷产品,国际市场需求量很大。但当时国内还没有一个厂家能生产该种产品,不少陶瓷企业也因不了解国际行情而无法认识这种尝试的意义,先后作出了不生产厚胎瓷的选择。然而,湖南醴陵市国光瓷厂却被国际市场上高容量这一巨大"磁场"所吸引,凭着对国际市场的透彻分析,凭着几十年积蓄的技术和设备力量,毅然选择了试产厚胎瓷并取得了空前成功,使厚胎瓷成为国光的拳头产品,畅销于以美、加、澳为主的国际市场及东欧、港澳等 30 多个国家和地区。这一例子说明,企业必须善于审时度势,提高应变能力,抓住文化变迁带来的营销机会,否则就会贻误战机,甚至会被变化了的文化环境和市场形势所淘汰。

国际企业在文化变迁中的作用

国际企业在文化变迁面前并不是无所作为的。通过自己的努力,国际企业可以加速或减缓这一变迁,有时甚至可以促成或逆转某种变化。历史上,大多数文化借鉴和文化吸收都不是在有意识地计划安排下发生的。而现在,社会中越来越多的变化是人们有意识安排的。社会工作者在推广粮食杂交品种、宣传良好的卫生习惯、推广营养健康的食谱时所采用的方法,营销人员也可以用来实现其商业目标。国际企业不仅要善于满足需求,而且要创造需求。这就是说,国际企业在进行营销活动时,不仅要善于适应目标市场的文化特点,而且要善于促进目标市场的文化发生变化,使其加速接受企业的创新。

以日本人的饮食变化为例。日本传统一直以蔬菜、鱼和米饭为主食。二战后不久,在美国麦当劳等西方食品公司的几经努力下,日本人逐渐对牛奶、面包和牛排发生了兴趣。到 1981 年,日本大众饮食结构中,动物脂肪和蛋白质的摄入量第一次超过了蔬菜的摄入量,麦当劳公司的汉堡包也像日本的传统饭团一样受欢迎了。

应当注意的是,国际企业可以参与文化变迁并不意味着它是万能的。有一些文化变迁不是一个或几个国际企业能够改变的,只是在一定幅度内,在某些特殊情况下,才有可能发挥"主观能动性",促进文化的变迁。有时,参与文化变迁的成本太高,企业宁可等待机会的到来。国际营销活动主要还是为了适应需求和满足需求,创造需求是受一定限制的。

国际营销中的文化因素

西南财经大学　　封希德　刘嘉汉

文化是一种多因素构成。一些国际营销学家认为,文化应包括下列要素:⑴物质文明:技术、经济等;⑵社会结构和制度:社会组织、教育、政治结构等;⑶人和宇宙、信仰体系等;⑷美学:书画刻印艺术和造型艺术、民间传说、音乐、舞蹈、戏剧等;⑸语言。

在文化的诸因素中,与国际营销决策关系较为密切的主要有语言、教育、宗教、社会组织、美学观念、价值观念、生活习惯、礼仪习俗等。国际营销中的文化分析主要就在于对这些因素及其对营销活动的影响的分析。

语　言

语言是人类进行信息沟通的方式，是“文化的镜子”，要了解一种文化，应首先了解文化中的语言。因为语言反映了一种文化的实质和价值观。例如，英语中有关工商业活动的词汇很丰富，这说明英美社会工商业非常发达。同样，位于北极圈内的爱斯基摩人描述雪的词汇很丰富，而这些词汇在位于热带地区的阿拉伯人的语言中却很难找到。相反，在阿拉伯人的语言中，有大约3 000个词用来描述骆驼，这说明了骆驼在阿拉伯人生活中有着重要地位。因而，语言是不同文化差异最显著的体现。

世界各国的语言文字非常复杂，据统计，全世界比较普遍使用的语言有200多种，其中使用人口超过5 500万的共13种，即汉、英、法、西班牙、俄、阿拉伯、印度、孟加拉、日、葡、德、印尼、意大利语，前六种是联合国官方语言。

语言的差异往往代表着文化的差异。企业在进行国际营销活动时，应充分重视语言的差异对顾客购买行为的影响。成功的国际营销企业，往往能灵活地运用当地的语言。因为语言文字的重要不仅在于表达意识，更在于表示一种亲切感。如果不能克服语言的障碍，即使有良好的营销策略，也是纸上谈兵。而且，优异的语言能力，与企业向市场推出的产品的品牌、品名的选定大有关系，对于企业建立良好的产品形象也很有帮助。具体而言，语言差异对国际营销决策的影响主要表现在信息沟通和翻译两个方面。

(一)信息沟通问题

语言是信息的载体，是与世界各国通商的一把钥匙，企业要想取得国际营销的成功，必须了解当地的语言；营销人员要想了解顾客的需求，说服顾客购买，必须克服语言障碍。如果营销人员能够使用顾客的母语或顾客熟悉的语言，就能大大增强对顾客的说服力和影响力。假如语言不通，营销人员就很难亲身到市场中去搜集信息，掌握市场动态，而只能听别人的转述。对于在国外没有子公司的企业来说，由于与东道国各方面要进行更直接、更频繁的接触，语言上的要求相应也就更高。

在国际营销活动中，稍有不慎就可能犯语言方面的错误。瑞士雀巢公司在向一些发展中国家销售奶粉时，曾因未能正确使用当地语言说明产品使用方法，造成许多儿童营养不良甚至死亡，引起了国际舆论的谴责，严重影响了公司声誉。即使在英美这些都使用英语的国家中，语言的差异也会造成歧义。例如在谈判中，美国代表说“table the proposal”，意味着搁置，而英国人却会理解为列入议程、马上执行。再如，英方说这次谈判“bombed”，意思是谈判取得了成功；而对美国人来说，这个词意味着谈判彻底失败。

由于世界上语言的纷杂歧异，克服语言沟通的障碍难以要求经理们掌握所有海外市场所使用的语言。这种情况下，解决问题的办法之一是对于有长期业务往来而且非常重要的海外市场，派往当地的人应掌握当地的语言。此外，选择合格的经销商或代理商可以帮助跨越语言和文化的障碍。在当地找到既对本国文化了如指掌，又熟悉了解国际企业母国语言和文化的管理人员，也是跨越语言障碍的良好途径，且对公司在当地业务发展十分有利。

(二)翻译问题

在企业的国际营销活动中，如广告、产品牌号、产品目录、说明书、合同、谈判等，很多环节都会碰到翻译问题。中国出口商品的样本、说明书及宣传文字往往先草拟中文稿，然后直译为外文。这种作法，虽然从文字上看，译文并无差错，但外国人看了仍会感到不习惯，甚至产生不同的理解。这是因为，同一个意义，外国人的表达方式并不一定相同。最通常的例子是：中国企业常以“价廉物美”为自己的商品进行宣传，但如果把“价廉”直译为英语的“cheap”，外国人即会理解为“劣货”。

翻译实际上是两种文化的交流，稍有不慎就可能犯错误。这方面的一个典型例子是美国通用汽车公司生产的雪佛莱系列车中的“Nova”牌汽车。它的英文意思是“神枪手”。这种汽车在美国很畅销，在拉美市场上却一度无人问津。原来，许多拉美国家过去曾是西班牙殖民地，在西班牙语中，“Nova”意为“不走”。于是，美国“神枪手”汽车在拉美成了“不走”牌汽车，这个名字显然不能增加潜在购买者的信心。

中国企业在外销翻译中也出现过不少错误。如某公司的“白象”牌电池，在东南亚国家受到欢迎，但出口美、加却遭到了拒绝，原因在于其品牌直译为

"White Elephant"在英文中有"废物"之意。另一家公司把获国家银奖的"芳芳"牌唇膏直译为"Fang Fang Lipsick"向美国出口,当地人却望而生畏,不敢问津,原因在于"Fang"在英文里有"毒牙"的含义。"废物"牌电池和"毒牙"牌唇膏当然难以唤起顾客的需求。

一般说来,在外销翻译中,为避免错误,可参考以下做法:(1)到哪个国家去营销,就请精通该国语言和文化的人作翻译;(2)必要时,可使用两个翻译人员,即先由我方一名翻译将中文译成外文,再由外方一名翻译把外文还原为中文,如果这一中文能体现原来中文的精神和创意,那么这个译文是可取的;(3)译文由我方翻译,最后再由对产品很熟悉的外国当地人审核。代理商和经销商一般是最佳人选;(4)在翻译中避免使用生僻的成语和俚语;(5)在翻译品牌名或公司名称时,使名字在各国均能发音,但在各国语言中都无具体含义。"柯达"(Kodak)、"索尼"(SONY)、"埃克森"(EXXON)均是这方面成功的例子。

象征性语言也必须引起营销人员足够的注意。在美国和其他一些西方国家,约会准时是大家都接受的规范。但在拉美、阿拉伯及其他亚洲许多国家,人们时间观念并不强。对他们不守时的举动表示恼怒是无济于事的。形体语言也属于象征性语言的范畴。在完成一次谈判后,美方经理喜欢用拇指和食指弯成一个圈表示"OK"。但在法国南部,人们会认为它表示这笔生意毫无益处;日本人把这种手势当作索贿的标志;而对巴西人来说,它完全是一种侮辱。即使一个人应占据的空间,也因文化的不同而不同。阿拉伯人交谈时喜欢紧靠在一起,但是美国人会觉得很不舒服而坐开一些,这种举动会被阿拉伯人认为很不礼貌。

在许多场合,象征性语言交流比实际文字更为重要,并且人们会有不一致的理解。因此,国际营销人员必须正确掌握文化差异和行为,避免无意中产生的交流误解。

教　　育

教育是培养人的一种社会现象,是传递生产经验和生活经验的必要手段。由于各国的教育体系、方法、内容和水平不一样,教育也是营销人员在决策时应考虑的因素之一。

在考察和比较各国教育发展水平时,常用识字率这一指标。各国识字率差别很大,一般来说,经济愈发达,识字率愈高。据统计,加拿大、美国、日本等发达国家,识字率均在99%以上,而低落收入国家识字率普遍较低,阿富汗为12%,埃塞俄比亚仅为10%。

教育水平是构成一个社会生活方式的决定因素,不同的教育素养,会使消费者表现出不同的审美观念,购买商品时的选择原则和选择方式就不一样,从而不但影响一个社会的生活习惯,而且还影响着人们对商品的需求倾向。另外,有资料表明,受教育更多的人收入也更高,80年代,美国收入不等的现象大大增加,在很大程度上可用教育良好、培训较多就能获得较高报酬来解释。较高的收入相应地也就意味着较高的购买力。

教育的差异对国际营销活动的影响,主要反映在以下几个方面:

(一)教育普及程度是市场细分的标准之一

在教育普及程度高的国家,乐器、艺术品、高档文具等通常有较大的市场,因为人们的文化素养较高。同样,尖端的科技产品也会有较好的销路,因为这些国家科技水平较高,人们对高科技产品的需求也就比较大。

(二)教育水平对市场营销调研有一定影响

如果某国识字率很低,营销人员将很难与被访者进行信息沟通,调查问卷的作用非常有限。此外,在教育程度不高的国家,第一手资料的获得也非常困难,这些资料要么不够准确,要么残缺不全。教育水平的落后,也会使企业难以在当地找到合格的调研人员或调研机构。

(三)教育水平对营销组合决策的影响

首先,企业在设计产品时,必须使产品的复杂程度、技术性能适合国外顾客的受教育程度,否则难以打开销路。产品包装上的文字以及产品目录和产品说明书等也要考虑目标市场的受教育程度。其次,在选择广告媒介时也必须考虑到目标听(观)众的受教育程度。如果受教育程度低或根本不识字，报纸、杂志和其他文字宣传广告就难以奏效，而应用广告牌、电视广告、广播广告、现场示范等促销形式可能会收到良好结果。

(四)教育水平对招募培训员工有较大影响

在教育水平很低的国家，国际企业在当地招聘合格的工人、技术管理人员时会遇到很大困难。许多企业不得不花费大量的时间和金钱对员工进行培训。有时企业还得选拔一批人到母国进行培训，以便让他们成为合格的管理人员。

(五)企业自身营销人员的受教育程度也影响到国际营销决策

近年来，我国不少企业开始在海外直接投资，逐步实现企业的国际化。但我国的工商管理教育还难以适应企业国际化的要求，导致精通管理、法律的人才的缺乏，从而影响了企业国际化的进程。

宗　　教

宗教作为文化要素之一，是文化中处于深层的东西。目前，宗教在世界上仍有强大势力。据不完全统计，全世界的伊斯兰教和天主教徒各有 8 亿人，基督教徒约有 10 亿人。世界各大宗教，大致均有其主要流行地区，基督教在北欧、北美和澳大利亚；天主教在西欧与南美；伊斯兰教在中东与北非；以佛教立国的虽然只有泰国、缅甸、柬埔寨等国，但佛教在南亚、日本和中国均有广泛影响。

具体而言，宗教对企业国际营销的影响主要表现在如下几个方面：

(一)宗教与需求

宗教往往为人们树立了道义准则和禁忌，直接影响着不同社会和不同宗教信仰人们的价值观念、人生态度、审美情趣、生活习惯和消费行为。例如，种姓制度是印度教的主要信条之一，这导致印度教徒心目中根深蒂固的等级观念、家庭观念及因循守旧观念，企业在这类国家营销必须使自己的策略与当地的观念结合起来才能很快打开局面；佛教的核心思想是四大皆空、无所作为、甘守清贫，这与追求富裕和成就的思想是格格不入的，企业在这类国家经营高档消费品必须小心翼翼；《古兰经》是伊斯兰教的基本经典，《古兰经》上没有允许做的事，穆斯林绝对不能去做，这就要求企业在这类国家做广告、搞促销之前，必须先研究一下《古兰经》，与《古兰经》相结合的营销策略必能收到事半功倍的效果；天主教强调礼拜天和圣餐仪式，要求教徒绝对依从教会、教物和神职人员，因此在这类国家，企业若能取得当地传教士的支持，将会很快打开局面；而新教则否认世俗生活和宗教生活的差别，提倡节俭、储蓄，主张人们通过努力工作来愉悦上帝，而成就则是努力工作的证明，这就影响到企业的经营作风。

在对待财富的态度上，伊斯兰教认为讲究物质财富是一种耻辱；基督教则以财富为衡量成就的尺度；印度教虽不赞成占有财富，但是用宿命论解释富人的占有。可见，不同宗教对同一事物会有截然不同的态度，从而会导致不同的需求和消费模式，这将对企业的国际营销决策产生深远的影响。国际营销人员对此应有充分的认识，对本企业所进入市场人民的宗教信仰要有所了解，这样才能适应当地的市场习惯。

(二)宗教节日

各种宗教都有自己的节日，这些节日在各国之间变化很大，不仅基督教徒与穆斯林不同，甚至这个基督教国家与那个基督教国家也不一样。一般而言，信仰基督教和天主教的国家，人民以圣诞节为每年的主要节日；信仰伊斯兰教的地区，人民以开斋节为主要节日，节前又有斋期。宗教节日可直接影响到企业营销活动的进行。例如，在伊斯兰教的斋月里，一切工作都要减速，尤其是做生意，无论多么重要的生意，在斋月里也不能进行。此外，宗教节日往往是企业推销产品的好机会，节日前后需求大长大落。据统计，许多基督教国家圣诞节前一个月的零售额往往高出其他月份好几倍；在中东国家，朝圣季节是消费品生意最好的时期，因为当地人习惯于在前往麦加参拜时，购买家庭用品或衣服等。企业如果对宗教节假日掉以轻心，往往会带来不必要的损失。例如在德国，核桃是买来装饰圣诞树的，中国与美国都向德国出口核桃，中国核桃质量比美国好，但美国的卖 79P 一磅，中国的只卖 49P 一磅，销量也不如美国。究其原因，是因美国核桃 10 月底到货，11 月上旬上市；中国核桃

11月底到货，12月初上市，而德国人11月上旬就开始采购圣诞节用品了。

(三)宗教要求与禁忌

各种宗教都有其独特的要求和禁忌，如印度教视牛为圣明，其教徒不仅不吃牛肉，连与牛相关的产品也不使用；犹太教则禁食猪肉和水生贝壳类动物；穆斯林不吃猪肉、禁烟酒，屠宰牲畜和禽类须有一定规范并经神职人员出具证明。再比如阴历9月是伊斯兰教的绝食期，整整一个月，当地人日出后到日落前不喝水、不吃有形的东西、不抽烟，这就给当地的外国营销企业带来了很多问题。在国际营销中，了解不同宗教的要求和禁忌是至关重要的，否则业务经营必然会碰壁，遭受损失。中国一家肉类加工厂由于不遵守科威特“不准用宰猪的器械宰牛”的规定而损失惨重，而江苏盐城肉类加工厂却由于尊重伊斯兰教禁忌，将全部生产制作过程录像送对方审查，从而保证了年出口200吨咖喱鸡块罐头的生意。

(四)宗教组织

宗教组织本身往往在经济事务中起到相当大的作用。首先，宗教组织本身是大型的团体购买者；其次，它是教徒购买决策的重要影响者。一般来讲，如果宗教组织认为某种新产品、新技术对宗教构成威胁，就会限制使用和引进；反之，如果宗教组织认为某产品或技术对宗教有利，就会号召教徒使用和购买，因此会非常有效地促进该产品或技术的推广和普及。

(五)妇女在经济事务中的地位和作用

在不同宗教中，妇女的地位有很大的差别，从而导致了她们在经济事务中的作用的不同。中东伊斯兰国家的妇女地位低下，其作为购买决策者和影响者的能力受到很大限制；在印度妇女连做调查对象的自主权都没有。在一些国家，公司无法聘用女经理或女职员。在另一些国家，公司只能通过直销、妇女专卖店等方式了解女消费者的情况。因此，企业在进行跨国经营时，应根据当地妇女地位的高低和作用大小，适当调整营销战略。比如，企业在进行大件商品的促销宣传时，在穆斯林国家应以男子为主要宣传目标，因为家庭主妇在购买大件商品时影响力很小。

(六)政治风险

不同宗教及同一宗教的不同派别之间各种各样冲突所导致的政治风险，是国际营销企业最常遇到的政治风险之一。在印度，存在着印度教和穆斯林之间的冲突；在黎巴嫩，存在着基督教与穆斯林的斗争；在北爱尔兰，存在着天主教与新教的对立；在荷兰，天主教集团与新教集团同样存在分歧。由宗教引起的矛盾往往会给国际企业的营销活动和人事管理带来困难。在一般情况下，宗教差异可能标志着市场差异，即不同的宗教集团可能意味着不同的子市场，企业应据此制定不同的营销策略。

社会组织

社会组织，又称社会结构，是一个社会中人与人之间发生关系的方式。它确定了人们在社会上所扮演的角色及人们的权贵模式，关系到人们如何处理彼此之间的关系，如何协调自己的行动以便和平共处，因而是人类行为的基础之一。

不少人类学家把社会组织概括为亲属关系和社会群体两大类，其中亲属关系主要指家庭；社会群体包括年龄群体、阶层群体、性别群体和共同利益群体等。每一种社会组织对营销活动都有一定影响，因为它们影响着人们的行为、价值观念乃至整个生活方式，任何营销人员都不能忽视其存在。

(一)亲属关系

社会组织中最基本的关系是亲属关系，而亲属关系的基本单位是家庭。家庭的含义和规模在各国之间存在着巨大差别，一般分为核心家庭和扩展家庭两种形式。核心家庭通常由父母和未婚子女组成；扩展家庭常常几代同堂，成员众多，父母、(外)祖父母、叔姑、舅姨、堂(表)兄妹等，都属于一家。家庭形式的区别主要是由经济原因造成的，国家愈穷，家庭规模愈大。欧美与日本等发达国家一般是核心家庭；在亚洲和拉美等地的大多数发展中国家，则以扩展家庭为主。中国目前正从扩展家庭向核心家庭过渡。

作为一个密切的社会单位，家庭影响着每个成员作出的大部分决定。研究家庭的规模与结构对国际营销活动有着重要意义。

1. 在人口总量一定的条件下，家庭规模越小，家庭数目就越多，以家庭为购买单位的消费品市场潜力也就越大。反之，市场潜力就小。例如，假如一对年轻夫妇和父母住在一起，他们就没有必要另买一套炊具，如果他们离开父母而独立生活，他们就会考虑再买一套炊具，这就增加了市场对家庭必需品的需求。

2. 在人数较多的家庭中，众多的家庭成员能形成圈套的集合购买力。因而，一些较高档的商品容易首先在规模圈套的家庭里普及。尽管有些国家人均收入较低，但其扩展家庭的集合购买力可能使之成为高档消费品的潜在市场。日本几家电器公司就是看到了中国扩展家庭的强大购买力而抢在荷兰菲力浦公司前面打开中国电视市场的。

3. 不同规模结构的家庭在购买商品时，处于决策地位的人是不同的。在小家庭中，购买高档物品的决策往往由夫妻共同作出；而在大家庭中，家族之长往往有权作出购买高档商品的决策。因此，企业在促销时应针对不同情况采取不同策略。

(二)社会群体

社会群体是影响个人态度且与之相互作用的团体。它可以小到几个人的小组，大到成为一种文化团体。每个社会群体都有某些成员是倡导者，他们自愿提供或按别人的需要提供自己的经验和建议，对人们的消费行为起着参谋指导作用。这种口传的宣传方式常常比广告宣传方式更能决定企业在一国市场营销的成功与失败。

社会群体中个体的行为不仅受自己独立的思想、信念、价值标准、消费观念等方面的影响，还要受到群体内其他个体的影响。社会群体对个人的影响方式十分巧妙，一个人通常不知不觉就与相关群体协调起来，自觉接受和同意本群体的行为，并避免犯规的风险。

人类学家通常将社会群体细分为年龄群体、性别群体、阶层群体、共同利益群体等。各种群体对营销活动都存在有一定的影响，并被证明是非常有效的一种市场细分标准。

年龄群体

按照年龄进行市场细分，然后据此选择目标市场，早已是公认的有效手段。一般而言，根据年龄的不同，青少年、成年和老年构成了三种亚文化群。由于三者的自身特征、生活环境等方面的差别，从而形成各自独特的价值观念、生活方式，因而有必要把它们视为不同的子市场。

社会的作用、地位和声誉是只属于年轻人还是属于年纪较大的社会成员？在行为、服装等方面是年轻人模仿老年人还是老年人仿效年轻人？对这些问题的不同回答，有助于判别一个社会、一种文化的年龄类型。西方多数国家显然是属于年轻型的社会，与此相反，在朝鲜等一些儒教盛行的国家，却十分强调年龄和资历。

性别群体

不同性别的人在社会地位和经济事务中的作用的差异，也属于文化范畴。世界上普遍存在着重男轻女的现象，然而重男轻女的程度却有很大的差异。在某些国家，对女性的轻视仅仅存在于观念上；在少数典型国家，则完全把妇女当作私人财产。

男女社会地位的不同，决定了他们在经济生活中作用的不同。以家庭购买决策为例，按照传统，丈夫一般在家庭中处于支配地位，但在实际购买活动中，则从来都有丈夫主导、妻子主导、夫妻共同决定等多种情况。特别是在当代，妇女的社会、家庭地位在不少国家都有了很大提高，因此绝不能笼统分析夫妻在购买决策中的作用。一般而言，在价值观念和婚姻角色上较传统的家庭，多为丈夫主导型；相反，观念较“自由”和“现代”，同传统婚姻角色相背离的家庭，妻子主导型则较常见。比如，新加坡丈夫在家庭决策中会比美国丈夫起更大的主导作用，美国妻子则比荷兰妻子有更多的自主性。营销人员应根据不同性别特征来制定营销策略，否则难免失败。曾在美国销售量排名第一的固龄玉牙膏，进军日本市场时却无人问津，原因在于其设计过于强烈和男性化，难以受到女性的欢迎。而在日本，到商店购买生活用品是女性的专利。

阶层群体

随着男女社会地位的日趋平等，忽视性别特征而按社会阶层与收入来划分一国市场的做法，已被不少国际营销企业采用。任何国家都存在着阶层，它是某一种购买力的社会表现，即同一阶层的人基本上具有相似的购买倾向。一般来讲，每一个社会阶层内的成员都趋于制定相似的购买计划，在一国市场上，社会阶层比购买力(人均收入)更能决定消费者购买商品数额的大小。此外，社会阶层还影响着企业分销渠道的选择和促销手段的采用。人们要到他们感到舒适自由的地方购买货物,要到那些广告宣传和产品供货都向着他们的地方去购买。这就要求企业必须精心为一国市场的不同阶层设计广告和产品,选择各阶层都愿意接受的销售渠道。

以一国社会阶层划分市场的方法在汽车、烧酒、冰淇淋、化妆品、杂志、制鞋以及上百种其他产品和劳务的经营中都很成功。中国某企业的矿泉水在美国的销量最初一直很低,每年只有5万瓶。后来企业一改过去那种不分对象,一种产品打天下的营销方式,采用分层次的营销战略。首先,提高矿泉水价格,50%的产品仍沿用过去那种价格,另外生产50%价格较昂贵的高档产品;其次,改变过去那种只在饮料商店销售矿泉水的做法,精心选择一些作为分销地点的超级市场和小商店;最后,根据人口数量的分析,制定广告宣传决策,每年花费数万元广告费用在商业电视和高级时装杂志上刊登广告。所有这些策略都取得了成功。1987年该企业在美国的销售量达50万瓶,创汇200万美元。

共同利益群体

具有共同利益的人组成一个共同利益群体。这种群体可以是政治性的,也可以是宗教性的、职业性的或娱乐性的。它们对企业的营销活动也有一定影响。例如,消费者协会、工会等对企业经营活动起到某种程度的鼓励或限制作用。行业协会也是一种重要的共同利益群体,它们往往对企业的国际营销活动产生很大影响。例如,中国的纺织品出口近年来增长非常迅速,美国的纺织品生产者协会则竭力到政府部门游说,设置各种有形和无形的障碍来限制中国纺织品的进口。因此,企业在识别细分市场时应考虑共同利益群体这个因素。另外,根据共同利益群体对营销活动的影响,企业可以通过适当调整营销组合策略来充分利用积极因素,限制或避开消极因素。

美学观念

美学观念是文化传播美的思想的表达形式,它既表现在音乐、美术、戏剧、舞蹈、建筑等各种艺术形式之中,也表现在对颜色和形式的欣赏之中。对美的追求可以给人以极大的满足感,因此产品的审美功能大小是决定购买者购买行为的重要因素之一。由于各国民族、宗教和文化发展的不同,体现在美学观念上也各不相同,甚至大相径庭。经营对外经贸的企业,尤其是经营消费品出口业务的企业,在开发产品、订定牌号、设计包装、促销策划、组织商品编配等时,要适合目标市场的需求,就必须深刻理解市场的美学观念。

美学观念主要涉及以下几个方面:

(一)审美情趣

不同国家和地区的人审美情趣很不一样,同一国家和地区在不同的历史发展阶段,审美情趣也有变化。当前,随着科技的发展,交通通讯技术日益发达,国际交往的频繁,文化交流的扩大,人们的审美情趣在潜移默化中有趋于“一致”的倾向。然而,各国各地区的差异仍然存在。比如,根据东方人的民族传统,越是正式隆重的场合,女性的服装越是封闭式的;西方人却正好相反,在典雅的交际场合,女式礼服不论气候寒冷程度如何,往往袒胸露背,以此为美。又比如,按照许多国家的传统,化妆是青年人的事,老年人则不化妆。欧美一些国家的人们近年则持不同态度,认为老年人比起青年人来说,已失去了自然美,因此更应该化妆打扮以作为弥补。因而老年妇女同样浓妆艳抹,老年男士仍穿花格衬衫,或红色外衣。

(二)数字偏好

在数字本身的意义以外,人们对数字往往有喜欢和禁忌的区分。中国及非洲许多国家传统上喜欢“双数”,日本人和印度人认为“3”有积极的含义;西方人习惯以“打”为计数单位,日本传统则以“5”为一套。信仰天主教和基督教的国家忌讳“13”,印度人则认为以0结尾是不祥之兆。日本人一般不喜欢“4”和“9”,因为在日文发音里,“4”字音近“死”,“9”则音近“老”。国际营销企业在商品计价、商品编配、色彩搭配、宴请人数等时,经常会与数字打交道,应随时留意各国在数字偏好上的差异。

(三)色彩偏好

色彩在不同文化中有不同的象征意义,因而许多国家对颜色有不同的偏好和禁忌。例如,东方国家用白色表示悼亡,西方国家则用黑色标志丧事;泰国人崇尚黄色,印度人偏爱红色或桔黄;而马来西亚人非常忌讳深绿,认为绿色象征病患和灾祸。一家花生酱制造厂试图打开马来西亚市场,但因产品的绿色包装而惨遭失败;美国一家水上娱乐工具制造商在马来西亚损失惨重,原因同样是公司主导颜色——绿色与当地文化相冲突。可见,色彩对企业营销活动有很大影响,企业在产品设计、广告、包装等很多方面都要涉及颜色,因此应充分了解各种文化中的色彩观念,了解关于色彩偏好和禁忌的知识。

(四)音乐偏好

音乐是民族文化的重要组成部分,音乐广告是世界上流行的广告技巧。对于制作音乐广告的营销人员来说,了解音乐的文化差别是很重要的。不同的文化对音乐的欣赏有很大差异,要理解一种文化中各种音乐的象征意义,就必须更多地了解这种文化背景。因此,在世界范围内寻求音乐美感的一致性是不可能的,营销人员应进行充分的调查研究,选择当地人们喜欢的音乐配合企业的促销活动。

(五)花卉与图形

花卉人人喜爱,人们常对花卉赋予不同的代表意义。牡丹花在我国传统上代表"富贵",西方国家普遍以玫瑰象征"爱情"。然而,在喜爱花卉的同时,不同文化的人对花卉的品种和颜色又各有讲究和忌讳,中国人以荷花象征夫妻"和合",日本人则视荷花为丧气;中国人以中秋赏菊为乐事,意大利人则忌讳菊花;法国人不喜欢黄色花朵,英国和加拿大人把白色百合花与死亡联系在一起。营销人员在同外国人生意往来时,应了解这些区别。

商品和包装设计离不开图形,可是各种图形在不同的国家有各自的讲究。比如在罗马尼亚和哥伦比亚,三角形和圆形包装能够吸引顾客;德国人则欢迎方形包装;伊斯兰教国家最忌猪的图形;西欧各国都不愿重见纳粹用过的标志;在非洲一些地方,狗和猫头鹰要避免使用等等。此外,不少商品还有国际通行的需求与标准,如各种食品罐头就有国际通行式样,企业绝不能自搞一套。

(六)产品设计

产品设计是美学观念的重要组成部分。技术美学是西方非常流行的一个概念,它要求产品设计同时具有实用和欣赏的功能,达到内容与形式的完美统一。技术美学的观点已被国际上很多大企业用于推动产品的设计。

科学美观的设计能给产品带来高附加值。同样是走时准确的手表,为什么瑞士产品被人们看成"豪华"、"高档"呢?同样面料、同样做工的服装、皮革鞋,中国产品为什么比法国、意大利便宜很多但仍销势不畅呢?根本原因就在于外国产品款式新颖、造型美观,而我国企业的产品设计却跟不上消费者审美情趣和消费心理的变化。

国际企业的产品设计存在两种策略选择:一是标准化策略,即在国内外市场都采用无差别的同一种设计;二是多样化策略,即根据不同国家、不同市场的偏好来设计不同的产品。两种策略各有利弊,标准化策略的优点是成本较低,可以节约设计费用,大规模生产可降低成本,且可采用统一的促销行动以节省促销费用。缺点是忽视不同市场对产品设计的不同偏好,很容易背离市场需求。对于消费品来说,多样化策略往往能取得更大成功。

价值观念

价值观念是指一个社会或其中一部分人对事物的评价标准和崇尚风气,是人们意识形态领域里长期形成的一种判别事物好坏、优劣、是非、善恶的标准,在很大程度上决定着人们的行为。价值观念往往有宗教渊源,也常常和道德标准联系在一起。不同国家、不同民族、不同文化的人,在价值观上往往有巨大差异。例如,中国人往往把坚固耐用与否视为质量好坏的重要标准,美国人则喜欢标新立异,与众不同。在管理方面,美国人强调个人的作用,日本人则崇尚精诚合作的团体精神。价值观念涉及面较广,是营销文化环境中最难准确认识的一个方面。不同的价值观念会导致不同的消费行为,给国际营销活动带来直接的影响。下面分别说明几个价值观念的含义及其对营销决策的影响。

(一)时间观念

时间观念是价值观的重要组成部分,也是重要的文化特征之一。不同文化背景下的人们对待时间往往有不同的态度。一般来说,工业发达国家,如欧美、日本等,人们工作和生活节奏快,时间观念强,业务洽谈和约会十分注重"准时"。在拉美和中东等一些经济落后或封建意识遗留浓重的国家,时间观念就要差得多,往往对时间不重视,不讲究约会或赴宴的准时,有时甚至有意识拖延时间，以表示其地位的尊贵。中国人的时间观念近年来在部分地区和部分人中尽管有所加强，但受传统影响，整体上看时间观念仍比较差，还难以适应当今世界市场上的激烈竞争。日本和美国虽然都是时间观念强的国家，在珍惜时间、强调效率这一大方向上是一致的，但仍存在着一些细节上的差异。美国人比较重视决策效率，日本人比较重视实施效率。

了解时间观念的国际差异对于国际营销决策的制定是有益的。首先，在时间观念强的国家，那些节省时间的产品，如快餐、快速摄影、成衣等都会受到欢迎；在时间观念差的国家，这些产品就可能受到冷落。例如，因对时间的不同态度，就使速溶咖啡在美国很畅销，而在拉美，家庭主妇更愿购买普通咖啡，因为那里时间不值钱，购买速溶咖啡反而会被人嘲笑为“懒惰的主妇”。时间观念的差异，可以作为企业确定消费者需求，选择目标市场的依据之一。其次，在进行营销决策及实施过程中，必须充分考虑时间因素。时间观念往往和办事效率结合在一起，所以有时亦称时效观念。一般而言，在经济发达国家，办事节奏快，竞争激烈，营销机会稍纵即逝，在这种国家进行营销，必须争分夺秒，才能抓住机会，在竞争中立于不败之地。在经济欠发达国家，时间观念差，办事效率低，营销人员必须有充分的思想上和措施上的准备，打好“持久战”。

（二）空间观念

不同的文化对空间的利用也有所不同，美国人认为地方越大越好，因此公司里办公室的大小是根据主人的地位大小来安排的，而不是从实际需要出发。美国经理的办公室都在楼房的顶层，业务科都在楼房的下层。日本人则把业务科安置在楼房顶层。法国人是把主管人的办公室安置在一般工作人员的中间。可见，在个人空间上，不同文化同样存在差异。在美国，商业谈判距离一般是5至8英尺左右，高一级的商业个人会晤，间隔则在18英寸至3英尺之间。在部分北欧国家，距离还会相应拉长。但拉美人却总喜欢靠得很近，甚至于鼻子碰鼻子。因此，北美商人到南美去谈判时，总是尽量往后退保持他的个人空间。与此相反，对方却总是往前靠以保持其习惯的个人空间，如果没有双方的理解，难免会闹得不愉快。因此，空间观念的差异仍是国际营销中值得注意的问题。

（三）财富观念

不同文化对物质财富的向往程度不同，有的文化把财产的私人占有视为最终目的，有的文化仅把财物作为一种手段。在西方，人们普遍存在追求财富的观念，美国人把财富占有的多少视为衡量一个人取得成就以及获得社会认同的主要标准。在佛教或印度教盛行的国家，“无欲”被认为是一种值得追求的理想境界，人们对物质没有多少贪欲，其生产和消费的动机显得很微弱。不过，随着全球经济的一体化，不同文化在财富观念上的差异正日趋缩小。

在财富观念不同的国家进行营销，应有不同的策略。一般来说，营销人员总愿意在追求物质享受的国家进行促销活动。在这样的国家伴随财富观念而来的是对商品的评价标准问题，许多商品之所以能以高价出售，原因并不单纯在于它们使用价值高，而在于它们标志着一定的财富地位，顾客追求的更多的是心理上的满足。在西方国家经商，显然应十分重视这种财富观念的影响。

（四）商业观念

亚里士多德时代，商业活动很少为西方人的价值观所赞同，只是在近代工业文明兴起后，商业活动才取得应有的地位。我国长期受重农思想的统治，商业活动一直被抑制，商人被视为“奸商”而难有政治地位。在有些国家的历史上，只有社会地位较低的阶层或流浪在国外的人们才会去经商，如欧洲的犹太人和东南亚的华人。总之，在轻视商业活动的社会，优秀人才不会进入商业领域，营销人员会发现他们在人员招募、分销渠道等方面困难重重。

（五）对自身文化的态度

每一种文化都会在它的居民中培育出某种自尊或自卑。埃及人谈及自己的文化遗产时，总是怀着强烈的感情。相反，美国尽管取得了经济上的巨大成就，国家的年轻却使美国人怀有一种文化历史的失落感。文化的自尊往往使一个社会对外来思想和进口产品产生抵触情绪，例如，日本人对他们的文化和经济成就引以为豪，从而倾向于买日本货。

（六）对古老文化和现代文明的态度

世界上许多经济上还比较落后的第三世界国家，如埃及、印度等，有着数千年悠久的历史和古老的文化传统，在经济建设过程中，人们往往容易追求现代物质文明，反而忽视了自己固有的灿烂文化遗产。美国、澳大利亚等工业发达国家，立国时间不长，人们尽管充分享受着现代物质文明，却又十分羡慕古老的优秀文化艺术。外贸企业如能重视这种"互补性"差异，对于开发出口产品，必有很大裨益。我国许多以古老神话故事为背景的大型牙雕和玉雕，附有故事的缘由和意义说明，深受外商赞赏，即是证明。

（七）对风险和创新的态度

在科技迅猛发展，竞争日渐激烈的现代市场上，从长期和整体战略着眼，外贸企业必须重视运用科学技术不断"创新"，开发新产品，改进老产品。可是，应当注意不同文化对风险和创新的态度并不一样，从而对新产品的接受程度也会不一样。一个传统守旧的，比较安于现状的社会，通常也是不赞成冒险，拒绝创新的社会。在这样的社会里，新产品要想能得到迅速扩散是非常困难的。而一个喜欢变化、鼓励冒险的社会，人们对新事物的接受要容易得多。在这样的社会里，新企业和新产品总是容易受到欢迎。美国和香港地区是两个最欢迎"创新"的市场，一项独具匠心的新产品，如果宣传得当，不难利市百倍。相反，西欧国家，尤其是德国，消费者比较保守，并不那么疯狂地追求标新立异，而特别重视牌子出名、厂誉好的商品。

不同年龄结构的消费者对于风险和创新的态度也不一样。一般来说，年轻顾客喜欢冒险追求猎奇，对创新敏感，欢迎创新；老年顾客则比较保守，不轻易改变原有的消费习惯。

营销人员在面对风险和创新问题上的不同态度时，应分别采取不同的策略。在传统型的社会里，应尽可能避免强调自己的产品如何标新立异，而应说明自己的产品和传统产品很相似，只是功能和质量方面更好。同时，营销人员可通过广告和宣传等促销形式，改变顾客对试用新产品所担风险的认识。

生活习惯

生活习惯涉及人们的衣、食、住、行、用诸多方面。在当今世界，由于交通日益发达，信息交流频繁，旅游事业发展，各国人民的生活习惯相互影响很深，有不少共同之处，但仍然存在很大差异。

衣着方面，世界各国正向"一致化"方面迈进。"牛仔裤"源自美国，目前已通行于世界各地；西服本是欧美人的服装，现也流行于许多国家；过去服装变化少而慢，近年来，服装，尤其是女性和年轻人的时装经常更新，不断变幻。这些都是"一致化"的表现。另一方面，各国衣着习惯仍有很大差异。比如，中国习惯，男人衬衫内常着汗衫，而西方人现在一般已不在衬衫内穿内衣。很多国家传统服装仍有强大势力，像日本的和服，阿拉伯民族的"大袍"，东南亚一些国家的"沙龙"等等。黑种人对服饰色彩的选择特别重视，而白种人则没有这种倾向。

食，更是千差万别，口味各异。一般来说，西方人肉食重，东方人蔬食多；东亚人以稻米为主食，非洲有的地区则以木薯为主食。欧美人嗜甜食，而中国出口的糖果和点心，他们又常嫌过甜。就饮料而言，各国人习惯也大不一样。以饮茶为例，中国人爱泡淡茶，阿拉伯人喜欢喝绿茶，但要加盐和薄荷；西方国家一般喜喝红茶，并要加糖和奶。即使同一国家的不同地区、不同民族，饮食上也可能存在差异。如美国西部人爱喝杜松子酒和伏特加酒，而东部人则喜欢喝苏格兰、威士忌混合酒。

各国人民住的情况也大不一样。由于经济发展水平、气候环境、人口密集程度、传统生活方式等的差异，各国建筑及居住条件仍各具特色。比如，香港地少人多，商业发达，闹市区摩天大楼紧密相连，为世界之最；但居民住家十分拥挤，开间异常狭小，有钱人仍住花园洋房。美国中上层人士则喜欢居住在郊区的庭院式住宅里，而不愿住大楼公寓。日本许多近代住宅，外观虽是西式，内部装饰却沿用民族形式的拉门和"榻榻米"铺地，室内房屋开间较小，比较低矮。西欧各国虽也建造高楼大厦，但不像美国、香港地区那样集中，居民仍喜欢庭院式住宅，并保持原来的民俗传统建筑风格。

随着科技的进步，经济的发展，世界各国的交通条件都在迅速改善。美国由于高速公路四通八达，不论城乡，汽车都是人们的主要代步工具，铁路受到冷落，航空事业飞跃发展，空中交通拥挤。日本是汽车拥有量仅次于美国的国家，但火车仍是人们喜欢乘用的交通工具。西欧各国版图相对较小，铁路和公路同时并用，国与国间航空事业也在迅速发展。中国是自行车王国，不论城乡，自行车都是主要代步工具，城市之间，汽车、火车是最主要交通工具。总之，各国都在着力解决人们“行”的问题,可并不都是一个模式。

至于各国人民的日常用品,虽也有相互借鉴,趋向“一致化”的方面,但差异仍是明显的。如食具方面,东亚人习惯用碗筷,欧美人用盘子和刀叉,印度则用盘子和手吃“抓”饭。卧具上,西方人习惯用毛毯,东亚各国则离不开棉被。甚至微不足道的毛巾,各国要求也不尽相同,有大有小,有的要短毛,有的要厚绒,因为梳洗和沐浴习惯不同,有的人喜欢“湿洗”,有的人习惯于“干擦”,需求自然不同。

生活习惯的不同,也可为企业提供开拓国际市场的机会。例如,平均每个法国男人所使用的化妆品数量,几乎是其妻子的两倍;德国人和法国人比意大利人更爱吃意大利式面包;非洲多提控斯地区,男人不准戴白色帽子,但该地天气炎热,人们在烈日下工作,必须戴帽子,所以只好戴杂色的帽子。这样企业会发现世界最大的男性化妆品市场在法国;意式面包在德国、法国最畅销;而多提控斯需要大量的杂色帽。

总之,世界之大,生活习惯各不相同,国际营销企业,尤其是经营消费品的企业,必须深刻理解并慎重对待其间细微的差别,才能使自己推销的商品适销对路,切合需求。

礼仪习俗

同语言一样,礼仪习俗也是处于表层的文化因素。每一种文化都有自己与众不同的习俗和礼仪。一种文化中被认为是粗鲁、令人反感的行为,在另一种文化环境中可能被认为是完全正常的。比如,美国人吃三明治或汉堡包时习惯用手抓;但大多数欧洲人认为这一举止十分粗鲁,难以接受。从另一个角度来说,美国人认为欧洲人吃东西太快了,那种狼吞虎咽的样子大大超出美国人的行为标准。在美国,直率和坦诚被认为是一种美德,尽管有时不太好受;在拉丁文化中,人们却总是避免使对方窘迫或不惬意的表述。

不同文化的具体礼节对推销员和广告信息来说,其重要性是不言而喻的。假设一幅广告画面上是一个小孩右手拿叉在吃东西,左手放在桌子下面。这样的广告很可能在美国受欢迎,在欧洲却会被拒绝。因为美国人认为这种进餐行为可看出这是个很有教养的小孩,但大多数欧洲人认为,有教养的小孩应该是左手拿叉右手放在桌子上(或拿刀)。

对于国际营销企业更具直接意义的是不同文化中不同的商业礼仪与习俗。北美是一个民族杂居的社会,人口流动十分厉害,因此人们需要在短期内交上朋友,过后不久又各奔东西。在这种情况下,在北美结识一个朋友既快又容易,然而转眼间双方拂袖而去也是人之常情;但在世界其他地方,大多把友谊看得高于一切,一般不轻易发展个人友谊,但个人关系一旦建立起来后,则常常是旷日持久的。两种不同的习惯反映在商业上,北美依赖于广泛的、一般行之有效的法律体系而不是个人友谊来确保商业责任义务的履行及纠纷的解决;在其他地方,友谊经常取代法律与合同,人们更倾向于仅仅依靠友谊和亲密关系,依靠当地的口头原则或日常习惯来指导商业行为。阿拉伯人甚至认为递合同请他签字是一种侮辱,他们认为口头协议完全具有约束力。

尽管很多人都承认礼仪习俗随着文化的不同而不同,但在思想感情上却总觉得自己的方式正确,在实际生活中常常按照自己的文化标准来解释对方的习俗和礼仪,这往往导致错误的看法。美国人常把日本商人的沉默看成消极的表示,而事实上日本商人是希望尽量少说话以便使对方改变主意。在中东,即使一笔简单的生意也需要很多天才能达成协议,因为阿拉伯人喜欢说一些与生意无关的话或做一些别的事情。俄罗斯人常常在最后一刻改变主意,芬兰商人甚至邀请外商到芬兰式蒸汽浴室去继续谈判。这些习俗与礼仪看似琐碎,而对营销人员来说却非常重要。

中国瓷都景德镇曾向香港市场销售过一批精美的瓷器,瓷器上画着关公全神贯注读书的图案,栩栩如生。可是这批产品在香港市场却严重滞销。营销人员在进行细致分析调查后发现,关公看书的“书”与“输”谐音,犯了香港人的忌讳。针对这种心理,营销人员建议将产品稍作改变,在关公看的书的封面加上“发财之道”四字。这条建议付诸实施后,该产品在香港立刻就热销起来。

避免习俗和礼仪方面错误最好的办法是进行细致的调查。足够的经验也很重要,具有丰富国际营销经验的营销人员犯错误的机率要小得多。另外国际企业既可以向消费者征询习俗和礼仪方面的意见,也可以认真听取当地中间商的建议。只有在了解了顾客和中间商的看法之后,重大决策才能付诸实施。

世界文化的分区与特点

西南财经大学　　刘嘉汉

不同国家、不同社会都有各自不同的文化特征。在形形色色的文化差异之外，由于政治、经济、历史、地理等方面的原因，某些地区在民族传统、宗教信仰、语言文字等文化因素上又存在着相同或接近的地方。根据这些相似性，世界文化可大致划分为六个大区，即东亚文化区、东南亚文化区、南亚文化区、伊斯兰文化区、非洲文化区和西方文化区。

东亚文化区

分布在中国、朝鲜、韩国、日本、蒙古等东亚各国。

本文化区的主要特点是：人口众多、历史悠久，受佛教，尤其是儒家思想影响甚大，形成一种“伦理型文化”。强调社会意识，强调利他主义、责任感和个人对集团的归属，把“自我”完全融入社会背景中去，把追求内部世界和外部世界的协调、和谐，个人身心与整个环境的适应看作进入自由境界的条件。强调权威和服从，每个人都要认识到他在社会中的特殊位置，并要受一整套习俗和惯例的约束。尊重教育，重视学习和自我完善，不但强调追求知识本身作为目的的重要性，还把它看作是修身养性的手段，更重要的是个人可通过接受教育对社会作出最大贡献。有强烈的家庭观念和宗族观念，以家庭和睦、亲人团聚为最大快乐，讲求忠诚和孝道。强调勤奋、节俭和储蓄，重义轻利等。

这一地区的代表性国家有：

(一)韩国

民族　单一的朝鲜族。华人有3万多，主要集中在汉城，80%是山东籍。

语言　统一的朝鲜语。商界人士多通晓英语，老人多通晓汉语。

宗教　种类较多，主要有佛教、儒教、基督教、伊斯兰教及天道教、圆佛教和萨满教等。

教育状况　实行小学六年制免费义务教育。高等教育机构分公立和私立，80%是私立。著名大学有汉城大学、延世大学、高丽大学等。1993年大学入学率为48.2%，1992年成人识字率为97.4%。有很高的教育水平。

文化状况　有92家日报，《东亚日报》、《朝鲜日报》、《中央日报》、《韩国日报》、《汉城新闻》和《京乡新闻》是六大全国性韩文日报，除《汉城新闻》外，其他报纸均属私营。1992年每千居民平均日报发行数为412份。联合通讯社是韩国所有新闻媒体共办的一个合作性通讯社。全国有97个广播电台，39个电视台。

市场消费特点　随着韩国市场的不断扩展与自由化，人民生活日益富足，外国商品进入韩国市场的机会也相应越来越多。虽然韩国人以民族主义自居，但在消费行为上，对外国商品仍有强烈的偏爱，特别是对质量过硬、牌子响亮的产品更是如此。从消费对象看，韩国家庭的购物权掌握在家庭主妇手中，80%的购物决定是由家庭主妇做出的，因此对她们的消费习惯及档次的分析是不可忽视的。另外，韩国人口中19岁以下的青少年目前占总人口的45%，且韩国人长辈愿意给晚辈和孩子们购买他们最喜爱的产品，因此，从消费者群看，这是一个值得重视的消费市场。韩国青少年的消费观不同于老年人，他们乐于接受新事物、新思潮、新产品。

(二)日本

民族　民族构成较单纯，除北海道有约2万阿伊努族(虾夷族)人外，99.4%的人都是大和族人。另有60多万朝鲜人移民和约10万华人移民。华人移民多集中在大城市，只有约30%加入日本籍。

语言　日本语为唯一官方语言。

宗教　全国现有30万个已登记的宗教团体(不包括神道)。神道教和佛教是并立的两大宗教,为多数日本人所信奉;其次是基督教和天主教。

教育状况　实行9年义务教育。大学分国立、公立和私立三种,著名的国立综合大学有东京大学、京都大学等,著名的私立大学有早稻田大学、庆应大学等。1992年成人识字率为99%,是世界少有的文盲率极低的国家之一。

日本非常重视社会教育,函授、业校、广播、电视教育等较普遍,职业教育尤其是发展的重点。基于"经营即教育"的思想,各大企业都极其重视职工教育,重视对人的教育和传统文化的教育。从内容上看,职业教育包括文化知识、技术技能、道德修养和思想感情等多方面的训练,成了传播文化的一种手段。

文化状况　日本虽是单一民族,但日本人勤于学习、善于吸收、性喜摹仿、勇于创新的性格特点,使他们从国外积极引进了各种文化和制度,形成了带有民族色彩的"杂合文化"。这种文化,既保留了具有浓烈封建家庭主义和村社群体意识的日本传统文化,又融合了中国儒家文化和欧美资本主义文化中适合日本民族的合理因素,深深体现出一种民族主义的、家长式的和反个人主义的"大和精神",并对日本近现代的发展起到了难以估量的推动作用。

日本现有综合性日报124家,1992年每千居民平均日报发行数达577份。全国有影响的报纸通称"六大报",即《朝日新闻》、《读卖新闻》、《每日新闻》、《日本经济新闻》、《产经新闻》、《东京新闻》。1992年发行图书45 595种,杂志38 518种,较有影响的杂志有《中央公论》、《东洋经济》、《经济学人》、《文艺春秋》等。广播电台、电视台共有197家,除半官方性质的日本广播协会外,其他电视广播公司均为私营。共同通讯社是日本最大的通讯社,时事通讯社是第二大通讯社。

市场消费特点　日本是个巨大的消费市场,消费水平普遍较高,目前私人消费支出总额仅次于美国而居资本主义世界第二位。但日本顾客较相信本国产品,国外商品进入困难。消费者对产品质量要求非常高,不仅要求商品充分具备应有的功能,而且对商品的外观、款式、品牌及是否提供售后服务都十分关心和讲究。消费需求的总趋势是向多样化、个性化、高级化、知识化、感觉化及健康、卫生、方便、享乐方向发展。在消费结构上,用于食物的支出比重下降厉害,而用于医疗保健、洗理卫生、交通通讯、教育、文化娱乐、交际等杂项开支比重上升,家庭消费水平和质量有较大提高。

东南亚文化区

主要分布在中南半岛、马来群岛各国。

本文化区的主要特点,一是民族、语言、宗教的复杂性,居民除当地人外还有华人、印度人、日本人和欧洲移民等,宗教有佛教、伊斯兰教、基督教、印度教等。二是文化的多元性,建筑风格、服装、造型艺术、传说、生活习俗等,各式各样、形形色色。三是道德行为准则的多样性,儒家的、佛教的、伊斯兰教的、西方的……互不干涉,同时并存。

这一地区的代表性国家有:

(一)新加坡

民族　有208个民族,以华人(77.7%)、马来人(14.1%)、印度人(7.1%)、巴基斯坦人为主,是世界上除中国之外唯一华人占多数的国家。马来人是本土人,华人主要来自广东、福建两省。

语言　英语、汉语、马来语和泰米尔语为官方语言,马来语为国语,英语为行政语言,商业活动和民间往来多用汉语。许多居民都能使用两、三种语言。

宗教　宗教信仰十分复杂。华人多信奉佛教和道教,少数信天主教和基督教。马来人和巴基斯坦人多信奉伊斯兰教。印度人信奉印度教。

教育状况　实行十年制基础教育,小学教育免费。大学有新加坡国立大学、南洋理工大学等。实行母语和英语双语教学是新加坡教育的一大特点。1995年成人文盲率为9%,其中女性为14%,男性为4%。

文化状况　不同民族带来了不同的文化色彩,政府在保留各民族传统文化的同时,也鼓励向新加坡统一民族文化演进。全国现有10家报纸,其中四家是华人报纸,即《联合早报》、《联合晚报》、《新民日报》和《星期五周报》,版面均采用汉语简体字,这在海外华文报纸上是独一无二的。1992年每千居民平均日报发行数为336份。新加坡广播电台成立于1936年,新加坡电视台成立于1963年。

市场消费特点 新加坡尽管是人口小国,但进口量较大,居民的基本生活消费资料有相当大部分靠进口,大部分原材料、燃料、半成品和机器设备也靠海外市场供应,由于实行开放型市场政策,市场竞争激烈。由于经济的迅速发展,居民生活水平不断提高,个人消费品需求趋向高档化、多样化和优秀化。另一方面,由于职工收入差别较大,导致了消费结构的多层次化,也因此形成了多层次的零售业市场。商品多样化和价格多样化是新加坡市场特点之一;适合华人的商品需要量大是新加坡市场的特点之一。由于劳动力供应严重不足,新加坡还是一个有潜力的劳务市场。

(二)泰国

民族 有20多个民族,其中泰族占总人口的40%,老族占35%,马来族占3.5%,高棉族占2%,华人约占10%。华人中,广东籍占90%以上;广东籍中,潮州籍约占80%。

语言 泰语为官方语言,英语为通用语言。曼谷和北部地区流行中国方言(以潮州语为主),南部地区讲马来语。

宗教 佛教为国教,为95%的居民信仰。南部马来族信仰伊斯兰教,还有少数人信奉基督教、天主教和印度教。

教育状况 政府非常重视教育,中小学实行义务教育。著名高等学府有朱拉隆功大学、法政大学、玛希顿大学等。1992年大学总入学率为19%,高于亚洲和世界平均水平,文科生所占比例远高于理科生。1995年成人文盲率为6%,其中女性为8%,男性为4%。

文化状况 作为国教的佛教影响着泰国人生活的每一方面,也为泰国文化抹上了浓厚的宗教色彩,不论文学还是戏剧,不论绘画还是建筑,不论舞蹈还是音乐,都与佛教有着直接关系。

泰国新闻媒体主要仿效西方国家形式。1992年每千居民平均日报发行数为85份。主要泰文报纸有《泰报》、《民意报》、《每日新闻》等;主要华文报纸有《罗日报》、《中华日报》、《新中原报》等;主要英文报纸有《曼谷邮报》等。广播电台有230多家,官方电台为泰国国家广播电台;电视台主要有5家,都设在曼谷。

市场消费特点 泰国政府推行市场开放政策,只对部分本国产业采取高关税保护。由于国民所得收入提高,居民购买力增强,市场容量较大。一般生活用品都有较好销势。

(三)越南

民族 有60多个民族,越族(也称京族)占89%,还有傣、瑶、苗、高棉等少数民族。讲汉语的民族占2.4%,华侨较多。

语言 官方语言为越南语(又称京语),其他语言有汉语、法语和英语。

宗教 居民中55.5%信奉佛教,7.4%信奉基督教。还有和好教、高台教等。

教育状况 普通教育学制为12年,分基础级和中学级两级。著名高等学校有河内综合大学、河内百科大学、胡志明市综合大学等。1993年大学入学率为1.5%。80%的越南人受过10年义务教育,1995年成人文盲率仅为6%,其中女性为9%,男性为4%。

文化状况 李朝第一代王李公蕴的《迁都诏》是越南第一部有影响的文学作品。用汉文和字喃创作的《征妇吟曲》、《宫怨吟曲》、《金云翘传》被公认为越南的三大古典名著。

全国共有报刊300多种,中央及地方出版社48家,主要报刊有《人民报》、《人民军队报》、《共产主义》月刊等。新闻法规定报纸由国家控制。1992年每千居民平均日报发行数为8份。越南通讯社是国家通讯社。电台有"越南之声"广播电台;电视台有越南中央电视台。

市场消费特点 人口较多,本国工业基础差,因此对外国产品有较大消费需求,是一个具有很大潜力的消费市场。但现有购买力有限,供应竞争激烈。消费者有强烈的金钱价值观。选择商品时,首先考虑到的是钱。城市有买名牌、认名货的购买倾向。市场主要进口商品包括电视机、收音机、电冰箱、电扇、照相机、录音带、计算机和钢等,还有大量纺织品、服装和鞋类,同时也进口很多供当地工业加工的原材料。香水、洗发水、护肤品、化妆品、肥皂、洗衣粉、家庭清洗剂、牙膏、糖果、口香糖、饼干、软饮料、啤酒是最急需的商品。

南亚文化区

分布在南亚次大陆的印度、斯里兰卡、孟加拉等国。

本文化区的主要特点是，佛教尽管起源于本区，但占统治地位的却是以“因果报应”、“轮回转世”为基本教义、崇拜多神的印度教。印度教作为世界上最古老的宗教之一，大约在4 000多年前就出现在印度河流域，它没有伊斯兰教的“先知”，没有基督教的“经典”和“组织机构”，认为等级制度是天经地义。印度教既是一种宗教信仰，又是一种生活方式，从而使本文化区形成宗教型的文化精神。文化的各个方面都带有浓厚宗教色彩，如禁食牛肉，不用牛革制品；繁杂独特的宗教仪式；城乡到处可见的神像、神龛、庙宇等。本区人口众多，宗教矛盾突出。语言虽多属印欧语系，但语种多、方言复杂。

印度是本文化区的代表性国家。

印　度

民族　有十个大民族和许多小民族。各民族约占全国人口总数的94～96%，部落民占人口总数的4～6%。主要民族有印度斯坦族(46.3%)、泰卢固族(8.6%)、孟加拉族(7.7%)等。

语言　约有180种语言，700多种方言，分属印欧语系、达罗毗荼语系、汉藏语系和南亚语系。官方语言为印地语和英语。

宗教　多宗教国。约有83%的居民信奉印度教，其次为伊斯兰教(11%)、基督教(2%)、锡克教(2%)、佛教(1%)和耆那教(1%)等。

教育状况　实行12年一贯制中小学教育。对所有14岁以下儿童实行义务免费教育。有综合性大学(含研究生)人数达350万以上，居世界第三位。但全国整体教育水平很低，1995年成人文盲率达48%，其中女性为62%，男性为35%。

文化状况　作为世界四大文明古国之一，印度文化有着较早起源。梵语文学在公元前六世纪以前即开始兴起，获取诺贝尔文学奖的泰戈尔是印度文学家中的杰出代表。印度的绘画艺术，特别是以阿陀壁画为代表的壁画、细密画、舞蹈、雕刻、建筑、音乐在世界都很著名。

全国共有92种文字的报刊25 536种，多为私人所有，最大的3家报纸依次为《甘露市场报》、《旁遮普之狮》和《印度时报》，1992年每千居民平均日报发行数为31份。主要新闻机构和通讯社有：新闻发布署、印度报业托拉斯、印度联合新闻社、印度斯坦新闻社。全印广播电台广播网覆盖全国人口95%。全国现有18家电视台，电视网覆盖全国人口的86%。

市场消费特点　印度作为世界第二人口大国，有着巨大的市场潜力。但由于经济发展水平不高，仍属低收入国家，且贫困人数较多，占人口总数的26%，因而购买力有限。个人消费支出中，食品支出约占55%。

伊斯兰文化区

主要分布于东半球以中东为中心的亚非两洲的干旱地区，从北部非洲的摩洛哥等北非各国直到亚洲的土耳其、各阿拉伯国家及伊朗、巴基斯坦等国。此外，在东南亚的印度尼西亚、马来西亚、文莱，东非、西非的一些国家也都有众多的穆斯林。据统计，在80年代中期，世界上有28个国家将伊斯兰教定为国教，有35个国家的穆斯林占居民中的多数。90年代，伊斯兰教影响更是日益扩大。

本文化区语言以阿拉伯语为三，这里古文化发达，有著名的金字塔，巴比伦空中花园，宏伟的清真寺院；《天方夜谭》是世界著名的文学巨著。但这里现代化文明水平较低，经济发展水平不平衡。

伊斯兰教是本地区的主要精神支柱。伊斯兰教既是一种文化，也是一种生活方式。这里人们的吃、穿、用、住、行及法律道德准则都表现出伊斯兰特点。对“清真言”诵读；雷打不动一天五次的礼拜；在伊斯兰圣地麦加、麦地那的虔诚的宏大的朝圣场面，都成为伊斯兰文化的一种象征。这里的礼节、禁忌也都和宗教有着密切的关系：男人们见面可以握手或亲双颊，但在公开场合下女人不可与男人接触；用左手吃饭、拿东西被认为是失礼的，更不可把脚掌对着别人及把脚放在桌椅上；伊斯兰教禁止崇拜偶像，所以橱窗中的服装模特都是无头的，人体雕塑、洋娃娃之类东西都是不受欢迎的礼品。在伊朗甚至专门制定了《伊斯兰服装法》，禁止任何人(包括去伊朗的外国人)穿着触犯伊斯兰教规的“轻薄服装”，如短袖衫、短裤、透明丝袜、印有女人像的T恤衫等等，违者会被宗教警察拘捕。

本文化区的代表性国家有：

(一)埃及

民族 阿拉伯人约占87%，约为世界阿拉伯人总数的1/3；科普特人约占11.8%，其他还有贝都因人和努比亚人等。

语言 官方语言为阿拉伯语，函电语言为英语、法语和阿拉伯语。中上层通用英语，法语次之。

宗教 阿拉伯人信奉的伊斯兰教为国教，科普特人信奉基督教，另有少数人信奉犹太教、希腊正教等。

教育状况 实行普及小学义务教育制度。教育体制分初等教育、预备教育、中等教育、高等教育。有综合性大学13所，著名的有开罗大学、亚历山大大学等。全国教育水平较低，1995年成人文盲率为49%，其中女性为61%，男性为36%。

文化状况 世界文明古国之一。现有日报7家，各种期刊70多种，多为阿拉伯文，也有英、法文的。主要阿拉伯文报刊有《消息报》、《金字塔报》、《共和国报》、《金字塔经济学家》周刊、《图画》周刊等。1992年每千居民平均日报发行数为41份。中东通讯社为唯一的国家通讯社。电台有国家广播电台。电视台为国营的埃及电视台，共有3个频道。

市场消费特点 非洲第二大进口国和第二大机电市场。由于国内制造业满足不了工业发展的需要，每年需大量进口工业用品。地少人多的现状，使一些基本消费品也需依赖进口，因此是一个有潜力和多层次的消费市场；对不同档次的商品均有需求，但以低中档为主。市场保护色彩浓厚，买主有明显的价格取向性。

(二)沙特阿拉伯

民族 88%为沙特阿拉伯人，其余基本为其他阿拉伯国家移民。由于历史原因，也居住着不少波斯和非洲血统的人。定居华人约有43 000人。

语言 官方语言为阿拉伯语。通用英语。地方方言较多。

宗教 伊斯兰教为国教，有98%的居民信奉。基本属伊斯兰教逊尼派中的瓦哈卜分派，另有少数什叶派。0.8%的居民信奉基督教。

教育状况 政府注意智力投资和人才培养，实行非义务但免费教育制度。有7所综合性大学，著名的有伊斯兰大学、沙特国王大学等。1995年成人文盲率为37%，其中女性为50%，男性为29%。

文化状况 有11种报纸，23种杂志。主要阿拉伯文报刊有《国家报》、《欧卡兹报》、《座谈报》、《利雅得报》等；主要英文报刊有《阿拉伯新闻》、《沙特报》、《沙特商业》等。《乌姆·古拉》为官方周刊。沙特通讯社为国家通讯社。主要广播电台为利雅得广播电台。现有电视台5个，电视网已覆盖全国98%的地区。

市场消费特点 是世界上最富有的国家之一，居民生活水平提高很快，加之国内经济发展单一，除石油工业外其他工业、农业等基础薄弱，造成消费市场对外的严重依赖性，是中东乃至整个亚洲地区最大、购买力最强的消费市场。进口商品中，机电产品所占比重最大，其中汽车进口量居首。各国土特产也在沙特进口商品中占有一席之地。为改变对进口产品的过度依赖，近年来，政府运用掌握国家经济命脉的权利，积极支持发展本地工业产品，并在政府购货时明显倾向于国内产品，同时对国外产品采取有效的抵制倾销政策，使消费市场结构也有一定改变。沙特居民没有个人所得税，政府对许多商品和服务又给予各种补贴，使得消费者能抽出大笔现金用于消费和服务。家庭消费比重最大的是食品、清洁化妆用品；其次是家庭日用必需品。再次是耐用消耗品、住房、汽车。沙特老式的大家庭已开始消失，代之而来的是夫妻与子女组成的新式小家庭，这使家庭耐用品、电器、厨房用具、汽车、家具及内装修市场充满活力。随着妇女就业率的不断提高，职业妇女的消费品有增长趋势。随着人口的年轻化和生活方式的逐步西化，快餐、新潮服装、娱乐品、运动器械、美容化妆品等也逐渐进入沙特市场。

沙特消费者中外国居民占有较大比重，其消费习惯与方式同沙特人相比有明显差别。除欧美侨民外，他们中的大多数属低薪阶层，收入和消费水平无法同沙特人相比，这导致了低档产品在沙特仍有很大市场。

(三)伊朗

民族 多民族国家。主要民族有波斯人，占66%；阿塞拜疆人，占25%；库尔德人，占5%。其余为阿拉伯人、土库曼人等。

语言 官方语言为波斯语。其他少数民族语言有土耳其语、古兰语、库尔德语、俾路支语和阿拉伯语等。英语在商界、政界可通用。

宗教 伊斯兰教为国教,有98.8%的居民信奉,其中青年1%为什叶派,7.8%为逊尼派。另有少数人信仰基督教、犹太教和索罗亚斯特教等。

教育状况 实行中小学免费义务教育,重视高等教育。有大学46所,著名的有德黑兰大学、设拉子大学等。1993年大学入学率为15.1%。1995年成人文盲率为28%,其中女性占34%,男性占22%。

文化状况 有报刊近百种,大部分在德黑兰出版,1992年每千居民平均日报发行数为20份。主要报纸有《世界报》、《消息报》、《伊斯兰共和报》等。实行书报检查制度,严禁出版有悖于伊斯兰教义的书籍、杂志。伊斯兰共和国通讯社是唯一的官方通讯社。电台用波斯语、阿拉伯语、英语、法语、德语等多种语言对外广播。电视有两个台播放节目。

市场消费特点 作为西亚大国,经济基础好,物产丰富,市场潜力较大,但进出口限制多。对南非和以色列的货物禁止进口,美国货物则必须有主管部委的特别许可才能进口。对含酒精饮品、枪弹、毒品、空中摄像机、录像设备、无线电传话机和接收设备、粗俗电影、令人不快的唱片、磁带和印有不雅照片的书籍、色情刊物和录像带、时装杂志严禁进口;对挂毯、古董、金银、宝石、钱币、古币、古代手稿或绘画严禁出口。居民消费结构中,食品支出比重较大。

非洲文化区

分布于撒哈拉以南的非洲地区。

本区经济不发达,文化相对落后,文化的民族色彩较浓。语言复杂,虽以班图语系为主,但语种繁多,世界上共有约3 000种语种,非洲就有1 000多种。宗教信仰多样化,伊斯兰教、基督教与各种原始宗教同时存在。

这一文化区的代表性国家有:

(一)加蓬

民族 多民族国家,属班图种族的有40多个部族,主要有芳族(占全国人口的31%)、巴普努族(占22%)等。俾格米种族有3 000余人。

语言 官方语言为法语,民族语言有芳语、米耶内语和巴太凯语等。

宗教 居民50%信奉天主教,20%信奉基督教新教,10%信奉伊斯兰教,其余的信奉原始宗教。

教育状况 教育制度与法国相似,教学使用法语。小学实行免费教育,大中学生全部享受国家助学金。国立奥马尔·邦戈大学和马苏库科技大学是综合大学。1995年成人文盲率为37%,低于该地区平均43%的水平,其中女性为47%,男性为26%。

文化状况 主要报刊有《团结报》、《振兴》、《钥匙》、《消息》等,均为法文版。加蓬新闻社为官方通讯社,电台有国营的加蓬电台。电视台有国营电视一台、电视二台和私营非洲电视台。

市场经济特点 是非洲经济情况最好的国家之一,1994年人均国民生产总值为3 880美元,居非洲各国之首,市场潜力巨大。居民用于生活费用的支出较高。

(二)赞比亚

民族 共有73个部族,大多属班图语系黑人。奔巴族约占总人口的18%,通加族占10%,其他还有洛兹族、恩戈尼族、隆达族等。欧亚人有7万。

语言 官方语言和商业语言均为英语,部族语言有31种,主要有奔巴语等。

宗教 17%的人信奉天主教和基督教新教,亚洲移民信奉印度教和伊斯兰教,农村居民大多信奉原始宗教。

教育状况 政府重视发展教育事业,实行七年制普及义务教育。1995年成人文盲率仅为22%,其中女性为29%,男性为14%。

文化状况 主要报刊有《赞比亚每日邮报》、《赞比亚时报》、《Z字杂志》等。赞比亚通讯社为官方通讯社。电台有赞比亚广播电台。电视台有赞比亚电视台。

市场消费特点 经济单一国家,以产铜为主,生产力发展水平低,长期导致商品私有制,工业部门所需大部分生产资料和65%的消费品均需进口,外贸长期处于逆差。另一方面,持续的高人口增长率和城市人口膨胀使社会消费需求压力倍增，因此具有极大市场潜力。政府实行贸易自由化政策，对进口基本无限制，进口关税也相对较低，对国内生产和生活必需的商品只征低税甚至免税，而对高档消费品征以100%的高额关税。当地市场消费水平悬殊，整体购买力不强。极少数高薪水阶层对高档消费品需求有限，城市大多数低收入居民和农村消费则喜欢价廉物美的中低档日用消费品，对商品的牌子、式样、包装不甚讲究。

西方文化区

西方文化区面积大、分布广，对世界文化的影响深。主要分布在欧洲及欧洲移民为主的国家和地区。

本文化区的总特点，一是各国经济普遍发达，资本主义发展早，科学技术水平高；二是多民族并存，竞争意识强烈；三是文化的多样性，表现为民族的多样性、宗教教派的多样性及语言的多样性等；四是文化艺术发达，具有本区特色，建筑风格独特；五是科学型的文化精神，西方人强调人与自然的对立，以改造世界、发展世界作为获得自由的途径。思想观念上主张民主、自由、平等、博爱。主张个性自由，祈求一种发展的、完整的、有效的自我。

西方文化区由于民族众多，风俗习惯、礼仪各不相同，但在基督教文化的深刻影响下，在风俗礼仪、禁忌习惯和节日等方面仍有许多共同之处。如西方各国最盛大隆重的圣诞节，以及复活节、万牲节、情人节等，这些节日随着基督教传播到世界各地。

本文化区内按差异又可分为四个亚文化区，即西北欧区、中欧区、地中海区和前苏联区。

(一)西北欧区

本亚区包括爱尔兰、英国、法国、比利时、荷兰、卢森堡、瑞士、德国、丹麦、冰岛、挪威、瑞典、芬兰等国，以及上述各国移民的地区如加拿大、美国、澳大利亚、新西兰、南非等。该区语言以印欧语系的日耳曼语为主；宗教为基督教的新教及天主教派；在文学、戏剧、音乐、美术等方面都有明显的地区特征；是近代工业革命的发源地，资本主义经济发达，现代化文明程度高。

本亚区的代表性国家有：

英国

民族 民族构成主要有英格兰人(占总人口的83.3%)，苏格兰人(占8.93%)，威尔士人(占5.01%)和北爱尔兰人(占2.77%)。现有华人移民近15万，80%为广东籍；香港人最多，约占10万。

语言 官方和商业通用语言均为英语。但在威尔士的某些地区，英语和威尔士语并用，在许多官方场合有同等效力。威尔士北部用克尔特语。苏格兰西北高地及北爱尔兰还通用盖尔语。

宗教 英国被认为是一个基督教国，居民多信奉基督教新教，主要分英格兰教会(亦称英国国教圣公会，其成员约占英国成人的60%)和苏格兰教会(亦称长老会，有成年教徒79万)。另有天主教徒570万，伊斯兰教徒150万，犹太教徒40万，佛教徒2万。

教育状况 对5～16岁的儿童实行义务教育。中小学分公立和私立两种。公立学校学生免交学费；私立学校师资条件与教学设备都较好，但收费高，学生多为富家子弟。著名高等学府有牛津大学、剑桥大学、伦敦大学、爱丁堡大学等。25岁以上受高等教育者占11%。1992年成人识字率为99%。

文化状况 文学在英国文化中占有相当重要的地位，产生过不少举世闻名的文学家，如14世纪的诗人乔叟，文艺复兴时期的作家莎士比亚，18世纪《鲁滨逊漂流记》的作者笛福，19世纪的狄更斯及现代大戏剧家、评论家萧伯纳等。

全国现有约130种日报、1 700种周报和7 500种周刊和杂志。1992年每千居民平均日报发行数为383份。主要通讯社有路透社、新闻联合社、交换通讯社三家。广播电视主要由独立广播局和私营的英国广播公司经营。

市场消费特点 英国是自由竞争市场，外商必须要有当地的代理商或自行设立的据点，以便负责行销、发货及售后服务等，才具有竞争力。市场容量规模大，进口商品种类齐全、档次多样化，但主要集中于英国本土不具备优势的劳动密集型产品。从单项商品市场看，其容量也很可观。有较高的市场购买力，但由于财富高度集中，10%的富人占有市场财富的一半，其中只占全国人口1%的最富有者，拥有全国私人财富的1/4，因而购买力也相对集中。消费者对产品质量、设计和售后服务较为重视，举办展览以使产品与消费者见面是英国与其他西欧国家扩大广告宣传效力的常用方法。

法国

民族　主体民族为法兰西人，约占总人口的90%；少数民族有阿尔萨斯人、布列塔尼人、巴斯克人、科西嘉人等。中国移民近20万人，以广东潮州人最多，约占70%；其次是浙江温州人和广东四邑人。

语言　官方语言和贸易语言均为法语。

宗教　79%的人信奉天主教，20%的人信奉基督教新教、犹太教和伊斯兰教等其他宗教。

教育状况　教育上实行中央集权制。地方教育行政单位是大学区，全国分为27个大学区。大学区下一级教育行政单位是省督学处，省下设分学区。由中央到地方各级都设有咨询机构，负责向教育行政部门提供意见和建议。

6～16岁为义务教育。公立小学和中学实行免费教育，小学和初中使用的教材也是免费的。高等学校除私立学校外，一般只缴纳少量注册费。现有综合性大学85所，1993年大学入学率为49.5%。1992年成人识字率为99%。

文化状况　法国是西方社会中最具文化色彩的国家之一。法国文学是一座绚丽的人类文化花园，产生了许多文学巨匠和大量优秀的文学作品；法国的艺术也是人类艺术中的一朵奇葩，建筑与绘画的成就卓著。法国还是全世界公认的电影发源地，一年一度的戛纳电影节被认为是世界三大电影节中最具艺术性的一种。

全国现有法文日报136种，主要有《世界报》、《费加罗报》、《巴黎晨报》、《法兰西晚报》等。地方报纸《西部法兰西报》是法国发行量最大的报纸。1992年每千居民平均日报发行数为205份。主要杂志有《快报》、《观点》、《新观察》、《巴黎竞赛画报》周刊等。法新社是世界五大通讯社之一，在国外有112个分社。广播事业由法国国家广播公司控制，现有私营电台近1 300家。现有6家全国性电视台，2、3台为国营，1、4、5、6台以私营为主。

市场消费特点　法国人比较注重安逸和享乐的国民性格决定了法国的消费水平，国内生产总值的68%被用于个人消费，是个高收入、高消费国家，消费市场十分庞大。但这个市场也是世界公认的最不开放的市场之一。除在国内缺少的矿产原料、能源方面市场比较开放外，对国内支柱产业实施了比较严厉的管制，非关税壁垒非常庞杂苛刻。80年代中期以后，消费结构随着消费品市场的逐渐饱和而发生了根本性变化，在家庭开支中长期一直占第1位的食品已让位于住房而退居第2位。90年代法国居民用于衣、食的消费比重进一步减少。消费偏好上，随着人口的日趋老龄化，老年人消费的比重有明显增长；消费者对商品的要求转向高质量、新款式、个性化、华贵，大众商品已失去市场；节省时间和有益于消费者健康及环境保护的商品倍受推崇；休闲娱乐市场增长迅速；食用亚洲食品的人越来越多，中国的药膳，尤其是各种宫庭秘方，已越来越被广泛接受；服装的花色设计上，倾向于购买具有本国民族特色或具有东方神秘色彩的服装；自行车消费由传统的交通型逐渐转向休闲型；钟表和首饰消费均向高级化、多样化和系列化方向发展，成为时装配套的一部分，款式和保值成为两大消费倾向；化妆品消费的总趋势是高档化，具有疗效性、抗衰老、营养皮肤、毛发再生、防晒和防治老年皮肤搔痒的产品倍受欢迎。法国是世界最大的男用化妆品市场、西欧最大的玩具市场和第二大家具市场。

德国

民族　主要是德意志人，另有少数丹麦人、吉普赛人和索布族人。总人口中有650万外籍人。

语言　通用德语。商业上英语也通行。

宗教　居民主要信奉基督教新教和天主教。新教徒占总人口的40.2%，天主教徒占35.3%。

教育状况　大、中、小学和职业教育发达，职业教育是德国最有传统、最具特点的教育制度，它在很大程度上保证了德国产品质量饮誉不衰 。对6～18岁青少年实行12年制的义务教育，公立学校学费全免，教科书等学习用品费用部分减免，对经济困难的学生提供资助。业余教育普及。1993年大学入学率为35.6%。1992年成人识字为率99%。

文化状况　现有日报约410种，各种专业刊物8 000多种，杂志约1 500种，大报业托拉斯施普林格报业集团垄断了全国报纸出版量的1/5。发行量最大的报纸是主要刊载马路新闻的《图片报》，发行量最大的地方性报纸是《西德意志报》。1992年每千居民平均日报发行数为323份。大通讯社主要有德意志新闻社和德意志电讯社两家。全国性广播电台有负责对国内广播的德国广播电台和对全世界广播的德意志电波电台。电视台有全国性的德国电视台和德国电视二台。德国的书籍出版量在世界上居第2位,仅次于美国。德国的建筑艺术颇具特色,联邦立法要求所有建筑设施必须有一笔艺术预算,因此,德国建筑大多绚丽多彩。

市场消费特点　是一个潜力巨大的市场,又是一个十分挑剔的买方市场。市场自由化和比较开放的进口政策使消费者既要求产品价格低廉,又要求款式质量上乘,十分讲究商品的设计、色彩和包装。对技术产品,要求提供周到完善的售后服务,对环境保护也越来越重视。受国际市场影响,德国青年也追求新潮,但老年消费层偏爱实用的式样和颜色,需求层次多样化。1993年,德国家庭支出中近77%用于消费,其中饮食约占16.9%,房租占16.7%。

德国是世界最大的纺织品进口国和第二大鞋类进口国。

加拿大

民族　现在居民包括50多种民族成份,其中英裔居民约占42%,法裔居民约占27%,土著人约占5%。华人约有80万,主要集中在温哥华和多伦多等大城市。

语言　英语和法语同为官方语言和通用商业语言。魁北克省主要讲法语。

宗教　居民中信奉天主教的占47.3%,信奉基督教新教的占41.2%。另有少数东正教徒、犹太教徒和伊斯兰教徒。

教育状况　联邦政府不设专门机构,教育管理权归省级政府,教育经费基本靠各省自筹,联邦政府也提供一定的资助。中小学教育已普及,著名高等学府有多伦多大学、不列颠哥伦比亚大学、拉瓦尔大学、麦吉尔大学等。1992年成人识字率为99%。

文化状况　有110家日报,1 300种杂志。主要报纸有英文的《多伦多星报》、《环球邮报》和法文的《蒙特利尔日报》。1992年每千居民平均日报发行数为204份。主要杂志有《麦克林斯》新闻周刊。主要通讯社有加拿大通讯社、索瑟姆通讯社和加拿大合众社等。加拿大广播公司为国营的全国性电台、电视广播公司。

市场消费特点　市场规模虽小,但高额人均收入和快速的经济发展使其市场容量,特别是进口商品市场容量相对于其人口数仍然很大。国内消费大体由私人、政府和企业三部分组成。私人消费占国内最终需求的比重最大。这些需求有相当部分是由进口来满足的。从私人消费的构成来看,人们在服务项目(包括房租、住旅馆和进餐馆等费用)上的支出最大,约占私人消费开支总额的一半;其次是非耐用消费品,占27%左右;耐用消费品开支占17%。消费者对产品的使用和需求受地理、气候影响或季节性采购某种消费品。社会的多文化背景导致了多种消费偏好,此外,不同年龄层次的文化群体也有不同的消费偏好,年轻人受时尚影响很大。人口老龄化趋势使30岁以上人口的消费市场有所扩大,30岁以下人口消费市场相对缩小。

美国

民族　典型的移民国。基本居民美利坚人主要由不同历史时期迁入的移民及其后裔组成,包括100多个民族成份,分属世界三大人种和各种混合类型,其中白人占84.1%,黑人占12.4%。华人移民有100多万,主要集中在一些大城市。目前中国移民最多的州是加利福尼亚州,最大的唐人街在纽约。

语言　通用英语。有些民族讲本族语言,如部分印第安人讲印第安语,路易斯安那州讲克里奥尔式法语,西南部及某些有大批墨西哥和加勒比地区移民的地区讲西班牙语。

宗教　世界上所有主要宗教在美国几乎都有信徒,其中基督教新教徒约占57%,天主教徒占28%,犹太教徒占2%,信奉其他宗教的占4%,不属于任何教派的占9%。

教育状况　教育事业非常发达,法律规定6～16岁儿童必须入学。中、小学教育主要由各州教育委员会和地方政府管理,多数州实行十年的义务教育。学校分公立和私立两种,公立学校由政府税收支持,学生免费入学;私立学校多由教会支持。1992年成人识字率为99%。

著名高等学府有哈佛大学、麻省理工学院、哥伦比亚大学、加利福尼亚大学伯克莱分校、斯坦福大学等。1993年大学入学率为80.6%。

文化状况　美国素有“民族熔炉”之称。来自不同国家、不同种族的人民创造和发展了共同的美国文化。这种文化，崇尚科学、理性和个人主义、功利主义。个人主义文化传统尤其深入人心，渗透于社会生活的各个方面。个人的价值和尊严，强烈的个人奋斗意识，成为美国文化的基本价值原则之一。

美国文学繁荣于19世纪末20世纪初，出现了一大批著名作家如霍桑、马克·吐温等。20年代初，德莱塞的《嘉莉妹妹》、《欲望三部曲》等，标志着美国现实主义文学进入全盛时期。一战以后，美国文学进入世界领先水平，诺贝尔文学奖获得者纷纷涌现。美国艺术流派众多，各具特色。在美术方面，先后经历了欧洲画流派、流行艺术画派、超现实主义画派阶段，涌现了大批优秀画家，推出了许多风格各异的作品。在音乐方面，欧洲音乐加入非洲黑人音乐和印第安民族音乐所形成的美国爵士乐以及以此为基础的流行音乐，成为美国音乐特色。在电影方面，美国是闻名于世的电影王国，技术手段先进，80年代以来，年产各类影片平均250部，一年一度的奥斯卡奖为世人瞩目。

美国报业系统庞大，最有影响的三大报纸为《纽约时报》、《洛杉矶时报》和《华盛顿邮报》。1992年每千居民平均日报发行数为236份。主要期刊有《现代成熟》、《读者文摘》、《电视指南》等。美联社是美国最大的通讯社，合众国际社位居第二。全国有广播电台8 807家，电视台1 000多家。最大的两家对外广播机构为美国之音和美军广播电视网，均属官方电台。美国有最大的全国性广播公司(CBS)、美国广播公司(ABC)和有线电视新闻广播公司(CNN)。

市场消费特点　有“世界大市场”之称。强大的经济实力决定了其巨大的市场容量，体现出一系列显著的市场特点，主要有：

①市场容量大，需求多。美国是当今世界上进出口贸易额最高的国家，占世界贸易总额的1/10强，保持了大进大出的势头。市场需求具有多样性和多层次性。一方面，从原材料商品到制成品，从普通商品到高科技产品，从大众消费品到高档奢侈品，包罗万象。另一方面，由于人民总体生活水平较高，对高档商品的需求量很大；由于贫困阶层的存在，使价廉物美的中低档商品也很有销路，贫富悬殊决定了消费的多层次性。另外，消费者对外国商品很少有偏见，相反，在国产货和进口货间，他们通常更喜欢后者。

②市场变化快，销售时效性强。美国人性格开朗，喜欢与众不同，赶时髦、猎新奇的民族性格，导致美国市场追求时尚，变化迅速。按季节特点售卖商品，是市场变化快的重要表现。如过了销售季节，商品身价顿时大跌。

③对商品质量、包装和安全标准要求高。美国市场竞争激烈，要占领美国市场，必须要有高质量的产品。不同档次的商品包装有很大区别，但都趋于小型化、个性化。同时包装要牢固，易于搬运携带，不易破损或霉烂。美国商店最不愿意出售因制造不良而可能损害健康或危及人体的商品，对安全要求极高，检查标准严格。

④重视广告宣传，受市场促销影响大。在现代美国市场，广告的设计与宣传方式对产品能否占据市场关系极为密切。

近年来，由于美国经济回升，对原材料性商品需求增多，但因国内工业生产的重点是高技术产品，而一般工业品特别是日用消费品生产不足，不得不从国外大量进口。因此，机电产品、纺织品、服装、地毯、抽纱、食品、家电等在当前美国市场上均属走俏商品。美国是世界上最大的服装和纺织品市场，美国人对运动用品的需求也一直保持旺势。另外，迎合减肥、健康、享受、环保等消费时尚，以低卡路里、低油脂、高纤维素、快速供应、生鲜供应、外国风味、功能分装、名人导向、有趣、好玩、对生态有益等为特点的食品在美国也大有市场。

澳大利亚

民族　有100多个民族，民族结构以欧洲人为主，英国后裔占总人口的55%；其他欧洲国家后裔占40%；亚裔移民占3.5%；土著居民占1.5%。由于政府较为积极的移民政策，每年吸收外来移民约10～14万人，其中半数以上为亚洲人。现在有华人约30万，多数居住在悉尼，约1/3居住在墨尔本，其他分散在各大小城镇。大部分华人已取得澳大利亚国籍。

语言　来自100多个国家的移民带来了140多种语言，但大多数居民能讲英语，少数土著人讲本民族语言。英语为官方语言。

宗教　98%的居民信奉基督教，其中多数为新教徒，分圣公会信徒、澳大利亚联合会信徒等。少数人信奉犹太教、伊斯兰教和佛教。土著居民仍保留了他们的传统宗教信仰。

教育状况　联邦没有专门的教育部,只有就业、教育和培训部。教育事业主要由各州政府负责。各州设教育部,独立主管本州大、中、小学和技术教育学院。联邦政府只负责给全澳大学和高等教育学院提供经费,制定和协调教育政策。教育经费充裕,广泛进行职业教育培训,重视师资队伍建设,科技教育发展迅速。1992年成人识字率为99%。

儿童从6岁开始接受12年义务教育。学校分公立、私立两种。著名高等院校有澳国立大学、堪培拉大学、墨尔本大学、悉尼大学等。1993年大学入学率为41.9%。

文化状况　文化带有浓厚的欧洲色彩。近年来,随着世界各国移民的大量涌入,民族多元化的同时,文化也日益多元化,亚洲文化的影响逐步深入。

全国有200多家报纸、1 200多家期刊。1992年每千居民平均日报发行数为265份。主要报纸有《澳大利亚人报》、《悉尼先驱晨报》、《世纪报》、《金融评论》等。《澳大利亚妇女周刊》是发行量最大的刊物,《公报》周刊是最老的刊物之一。总部设在悉尼的澳联合新闻社是澳大利亚最大的通讯社。澳有四种性质的广播电台、电视台:①官办的澳大利亚广播委员会(ABC),统管全国国有广播、电视;②民族电视台,主要为来自世界各地的不讲英语的移民服务,现有两个台;③商业电台、电视台,全国有125个商业广播电台和50个商业电视台;④公众广播电台,一般由热心公众事业的私人团体经营。

市场消费特点　作为经济合作与发展组织的成员国,是大洋洲经济实力最强的国家。市场具有地理环境相对独立,集中的城市化,多元文化倾向,人口老龄化和家庭小型化,竞争激烈等特点。由于人口稀少,澳作为一个消费市场规模大大小于北美、西欧和日本市场,市场容量有限。但由于经济发展和各届政府一系列福利政策的实施,其平均消费水平并不低于最发达国家。各地消费者口味不尽相同,多讲究"货有所值",较青睐于进口产品(尤其是高、中档产品),尽管近年来政府一再鼓励消费者购买本国产品,但成效不大。随着经济的发展,澳肉类消费和住房消费有增加的趋势。特别是由于闲暇时间的增多,人们对娱乐方面的消费需求有增加的趋势。

(二)中欧区

本亚区包括巴尔干半岛各国及部分斯拉夫文化区如波兰、保加利亚、捷克、斯洛伐克等。宗教信仰为基督教的东正教派和天主教派;语言文字以斯拉夫语为主;经济发展水平中等,但文化艺术比较发达,产生过许多著名音乐家。

波兰是本亚区较有代表性的国家。

波兰

民族　波兰人约占98%,另有少数乌克兰人、白俄罗斯人、立陶宛人、日耳曼人和犹太人等。华人约有6 000人,集中在华沙等大城市。

语言　官方语言为波兰语。函电语言为德语、英语、波兰语和法语。

宗教　约90%的居民信奉罗马天主教。另有少数东正教、路德教和奥格斯堡教派信徒。

教育状况　实行8年制免费义务基础教育。著名高等学府有华沙大学、华沙工业大学、克拉科夫雅盖隆大学等。1993年大学入学率为25.5%。1992年成人识字率为99%。

文化状况　有报刊约1 000种。团结工会的《选举报》是发行量最多的日报,政府机关报为《共和国报》。1992年每千居民平均日报发行数为159份。波兰通讯社是国家主要通讯社,波兰广播电台和波兰电视台是国家主要的电台和电视台。

市场消费特点　近年来,由于居民收入增加,购买力有所提高,1994年个人消费较上一年增长近3%。由国家垄断外贸的情况已不复存在,但有国家参与的一些公司在外贸方面仍起着决定性作用。

(三)地中海区

本亚区包括地中海沿岸的葡萄牙、西班牙、意大利、希腊、塞浦路斯、以色列及以本区移民为主的拉丁美洲地区等。语言为印欧语系的拉丁语和希腊语;宗教信仰以基督教的天主教派、东正教派为主;经济发展水平中等;文化艺术十分发达,如意大利和希腊的建筑、雕塑、绘画、音乐、文学艺术等。

本亚区的代表性国家有:

意大利

民族　95%以上是意大利人,少数民族有撒丁人、弗留里人、奥地利人等。

语言　意大利语是官方语言和主要商业语言。

居民大多讲意大利语，个别边境地区讲法语和德语。

宗教 居民90%以上信奉天主教，只有少数人信仰新教和犹太教。境内的阿尔巴尼亚人和希腊人信仰耶和华教。

教育状况 6～14岁儿童享受免费义务教育。著名大学有罗马大学、米兰"博可尼"大学、波伦亚大学、佛罗伦萨大学等。1993年大学入学率为37.3%。居民文化素质较高，1992年成人识字率为97.4%。

文化状况 作为"文艺复兴"的发祥地，意大利在诗歌、绘画、雕刻、建筑、音乐等方面写下过辉煌的篇章，涌现了一大批以但丁、薄伽丘、达·芬奇、米开朗基罗、拉斐尔等为代表的杰出文学艺术家。

国内主要报纸有《共和国报》、《晚邮报》、《新闻报》、《信使报》等，《共和国报》发行量居全国第一。1992年每千居民平均日报发行数为106份。主要综合期刊有《展望》周刊、《快报》周刊、《时代》周刊等，《基督教家庭》为全国最大的宗教性期刊。安莎通讯社是最大的通讯社。广播电台有3套节目，电视台有3个。此外还有大量私人电台和电视台。

市场消费特点 90年代以来，国内消费需求增速减慢。化妆品、清洁卫生用品、家用电器、轿车等的需求下降。但香水销售开始活跃，对速冻面点的需求有所增长，尤其在青年消费层中，服装消费有明显的由降回升之势。

以色列

民族 犹太人占81.1%，阿拉伯人、德鲁兹人及其他民族占18.9%。

语言 希伯莱语为国语，希伯莱语和阿拉伯语均为官方语言。通用英语，许多学校都讲授英语课。

宗教 犹太教是国教，约有81.1%的人信奉，伊斯兰教有14.2%的人信奉。其余的人信奉基督教和其他宗教。以色列信守宗教多元化体系，保障宗教自由，允许不同宗教团体并存，保持各自的宗教、教育和慈善事业制度。

教育状况 以色列把教育看作维系犹太民族生存和发展的纽带，政府对教育给予高度重视。5～16岁儿童享受义务教育，免费教育至18岁高中毕业，凡未满18岁且未完成初等教育的青少年必须参加专门的补习班。学校分国立学校、国立宗教学校及私立宗教学校三类，学生可自己选择学校。著名高等院校有：以色列科学和人文学院、耶路撒冷希伯莱大学、特拉维夫大学、海法大学等，大学毕业生占全国人口的10.5%。以色列文化教育水平较高，每三人就有一人在上学。1992年文盲率为4%，其中女性为5.5%，男性为2.4%。

文化状况 以色列作家群人数众多，最负盛名的是诺贝尔文学奖得主希·尤阿格家。以色列人对音乐歌舞非常感兴趣，以色列交响乐团闻名世界。

全国有报刊1 188种，1992年每千居民平均日报发行数为246份。主要报刊有《国土报》、《话报》、《晚报》、《新消息报》等。主要通讯社有犹太电讯社、以色列通讯社和以色列联合通讯社。主要电台有以色列广播局和军方电台以色列国防之声，主要电视台有以色列电视台和以色列电视教育中心。

市场消费特点 以色列经济规模小，国内市场相对也小，公共消费由于巨大的国防负担、偿还内外债务及政府过分参与和鼓励新经济计划等原因，在国民生产总值中的比重在西方国家中名列首位。随着经济的发展，个人消费水平可与西方国家匹敌。家庭规模较小，为3.8人。1950年以来人均消费增长了3倍多，私人存款也持续增长。

巴西

民族 是一个由外来移民及其后裔组成的国家。全部人口中，外来移民及其后裔占95%以上。各国移民的大量涌入，使巴西成为有名的"人种博览会"之一。1992年统计，全部人口中，白种人占54.77%，黑白混血种人占38.45%，黑种人占5.89%，黄种人占0.16%。主要民族巴西人是一个混血民族，包括白人、黑人、穆拉托人、梅斯蒂索人、桑博人。人口分布极不均衡，城市人口占了74%。南美各国中，巴西华人最多，有十几万，约大部分聚集在圣保罗市。

语言 葡萄牙语为官方语言，英语只能在一流饭店才行得通。

宗教 87.8%的居民信奉罗马天主教。基督教徒占6.2%，唯灵论者占2%，其他占4%。

教育状况 教育分基础教育和高等教育两级，实行全国性免费公共教育制度。国立学校教育质量低于私立学校。另有少量英、美及欧化的各类学校。著名高等学府有圣保罗大学、里约热内卢联邦大学、圣保罗天主教大学、巴西利亚大学等。1993年大学入学率为11.5%。1995年成人文盲率为17%，男女文盲比例相等。

文化状况　有日报300余种，杂志650种。1992年每千居民平均日报发行数为55份。发行量在15万份以上的主要报纸有《圣保罗之页报》、《环球报》、《圣保罗州报》和《巴西日报》。主要杂志有《请看》、《标题》、《这就是》、《视界》等，均为周刊。全国有广播电台2282家，多为私人电台；电视台有7家，"环球台"为全国最大私营电视台。政府管理的有国家电视台和教育电视台两家。

巴西早期文学深受宗主国影响，以摹仿葡萄牙文学为主。巴西的戏剧于50年代开始走上世界舞台。巴西的音乐和舞蹈深受非洲文化影响，巴西人一年一度的狂欢节上所跳桑巴舞颇具非洲舞蹈特色。巴西的美术也具有民族特色。

市场消费特点　贫富差距的悬殊和文化结构的多样化，使巴西市场呈多元化特征。首先，由于工业发展不平衡，各地区间市场容量差异很大，消费力主要来自沿海的大城市；其次，各城市对商品档次的要求差距大。大城市的消费档次高，要求优良的产品设计和质量，其他地区则爱买设计简单、价格便宜的产品；第三，各文化结构中的移民对市场商品种类要求也有一定差异。

巴西经济的高速发展带动了市场的发展，市场部类齐全，但市场情况不稳定，对外依赖性程度高，工业部门有待进一步发展。巴西人不论贫富，都爱买外国商品。

(四)前苏联区

本区包括目前的俄罗斯、乌克兰、爱沙尼亚、拉脱维亚、立陶宛等地区。语言文字为斯拉夫语；宗教信仰为基督教的东正教；经济发展水平中等，但文教科技水平高。

俄罗斯是这一地区的代表性国家。

俄罗斯

民族　有130多个民族，其中俄罗斯人占82%，少数民族占18%，主要有鞑靼人、乌克兰人、楚瓦什人、巴什基尔人、摩尔多瓦人等。居住在科尔巴多尔群岛的阿留申人人数最少，仅有500多人。有华人近10万，大多未取得俄罗斯居留权。

语言　俄语为官方语言，属印欧语系的斯拉夫语族，也是境内各族人民交往最常用的语言。主要少数民族都有自己的语言文字，这些语言分属印欧语系、阿尔泰语系、高加索语系和乌拉尔语系四大语系。

宗教　主要宗教为东正教，其次为伊斯兰教。其他还有萨满教、佛教(喇嘛教)和犹太教等。

教育状况　教育体制分为学前教育、普通中小学教育、职业技术教育、中等专业教育和高等教育。目前已开始出现集体和私人办学。对15岁以前的基础教育实行义务教育。各级各类学校均实行日校、夜校和函授并举的方针。著名高等院校有莫斯科大学、莫斯科高等技术学校、国立圣彼得堡大学等。居民受教育程度高，1992年成人识字率为98.7%，在9～49岁居民中识字率达99.92%，10岁以上居民中每千人就有860人受过高等或中等教育。

文化状况　俄罗斯近现代文学、音乐、舞蹈、美术等在世界享有盛誉。

新闻出版业较发达。1991年出版书籍和小册子34 000种，16.3亿册；杂志和其他定期出版物3 681种。主要报刊有《文学报》、《俄罗斯新闻报》、《俄罗斯报》、《独立报》、《消息报》、《真理报》、《红星报》、《莫斯科新闻》周刊、《星火杂志》等。俄通社——塔斯社和俄罗斯新闻社为两大国家通讯社。电视台有奥斯坦基诺电视台、俄罗斯电视台和俄罗斯教学台。电台有第一广播电台、俄罗斯广播电台、青春广播电台等。

市场消费特点　由于原苏联对消费品生产的长期忽视，国家投资主要用于发展重工业和国防工业，而轻纺、食品、医疗等工业部门在国民经济中所占比例很小，基础薄弱，导致重工业产品供过于求，不得不寻找国外市场；轻工业产品(日用工业品和消费品)和农产品(粮食、食品及一些轻工原料)供不应求，需从国外市场进口。近年来，消费生产有减无增，而来自国内外各种渠道进入消费市场的商品数量有所减少，导致食品及药品严重匮乏。尽管价格上涨幅度很大，但消费者对基础食品的需求仍然很大。

俄罗斯是一个潜力巨大的立体多元化市场。居民主食主要是面包、黄油、香肠之类，对烟酒也有极大嗜好，所需商品档次也较高。但目前消费市场上最需要也最畅销的是能满足人民衣食住行方面需要的最基本产品，如肉食、蔬菜、水果、罐头、香烟和白酒等。在纺织类中，纯棉织物、针织内衣裤、中低档羽绒服和夹克衫、针织运动装、胶底鞋、运动鞋、旅游鞋、花格棉绒衬衣、居室用纺织品如台布、窗帘、床罩等很受欢迎。化妆品和工艺品中，头花、胸饰、发卡、化妆盒、香水是俄罗斯妇女的必备之物。小巧便宜的家电产品也有一定市场。另外，由于俄罗斯冬季漫长而严寒，因此，过冬御寒用品年消费量很大，而避雨用具和春秋季服装鞋袜消费量较小。

中国和国际商标事业的发展

中国商标事务所　　梁传运　王　冲

随着全球市场一体化的趋势的加速发展，商标作为世界贸易的通行证，在经济生活中的作用越来越引起人们的重视，而加强对它的保护也不是一个国家的事情了。不论是我国与其他国家的双边合作与交流，还是世界各国、国际组织，关于商标专用权的取得及其保护方面的协作越来越密切，商标保护的国际化趋势越来越明显。

世界各国 国际组织的商标保护

1996年1月起，在欧洲，欧盟国家在西班牙共同签署了《共同体商标法》，从而开始运行一种在共同体全部15个国家适用的商标体制。一件共同体商标申请现在向设于西班牙的欧共体商标局提出，即可在欧盟范围内获得一项有效的商标注册，有关商标案件的裁决将在欧盟所有国家得以执行。

在美洲，1996年1月16日，美国总统克林顿签署了《1995年联邦商标法》。这部法律首次在联邦范围内为商标淡化行为确立了诉因。这项立法对《联邦商标法》作了修订，使驰名商标所有人在其名称或商标已经驰名，且他人的使用已淡化该商标的独有特性的情况下有权禁止他人使用该商标。

1996年4月1日，《有关商标国际注册马德里协定的议定书》开始正式实施，与《商标国际注册马德里协定》并存。同时，《商标国际注册马德里协定及其议定书的共同实施细则》生效。

这里有必要介绍一下《商标国际注册马德里协定》(以下简称《协定》)和《有关商标国际注册马德里协定的议定书》(以下简称《议定书》)的背景。

《商标国际注册马德里协定》于1891年4月14日签订于西班牙首都马德里，于1892年生效，至今已有一百多年的历史。中国于1989年10月正式成为核《协定》的成员国。该《协定》现已有40多个成员国。该《协定》的签订、实施和不断修改与完善，为各成员国国民提供了一条简便的商标国际注册的途径。《协定》规定，商标在原属国注册以后，商标所有人只需用一种语言(法语)向一个机构(即国际局)提出申请和缴纳费用，而无需用各种不同的语言分别向各缔约国的商标注册管理机关提出申请，并分别向每个商标主管机关缴纳费用。各受理国商标注册机关在受理商标申请之日起一年内必须对该商标注册与否作出决定，不然则视为该商标通过初审。它的省力、省时、省钱等优越性，在一定程度上促进了国际经济贸易的发展，是商标保护领域内较为成功的国际条约之一。但它也存在着明显的局限性，由于使用语言、费用及审查时间与国民待遇不相同等问题，迄今，没有能把像美国、日本等这样一些经济大国吸引进来。为此，世界知识产权组织自60年代以来进行了不懈的努力，终于在1989年6月27日，在西班牙首都马德里召开的外交大会上通过了在《协定》基础上制定的《议定书》。

《议定书》是在《协定》基础上发展而来的，它在申请条件、审查周期、工作语言、收费标准和方式以及国际注册和基础注册的关系等方面都作了重要修改。其目的是为了使那些对国际注册体系感兴趣，而因国内法律等问题，难以加入《协定》的国家能够参与这一商标国际注册体系。在西班牙加入《议定书》不久，一直未加入《协定》的英国、瑞典分别加入了《议定书》，中国已于1995年9月1日加入《议定书》，并使《议定书》于1995年12月1日生效。在中国加入《议定书》之后，丹麦、古巴已先后向世界知识产权组织递交了《议定书》的加入通知书。目前，仍有不少国家对《议定书》表示了很大的兴趣。如美国已将有关加入法案提交国会审议；日本也派遣了几批审查官员到世界知识产权组织接受培训；另有一些国家在其国内法作适当的修改和必要的筹备之后，很可能在近期内加入《议定书》。

为了加强国际合作与交流，1996年5月，国际商标会议第118次年会在圣地亚哥举行，来自世界几十个国家或地区的商标代理人、著名企业代表共计300多人参加了会议。

中国商标发展

随着中国社会主义市场经济体制的逐步确立，国内重视商标的大环境逐步形成，商标工作在经济生活中占据了越来越重要的地位。商标的注册和管理，促使企业以市场为导向，积极参与市场竞争，不断扩大市场占有率，不断提高规模经济效益，从而促进早日从粗放型经济向集约型经济转变。由于加强了商标专用权的保护，加大打击商标侵权、打击假冒商标的力度，从而以确保市场经济体制的确立和完善。围绕这些任务，1996年中国在商标的注册和管理、法制建设、专用权的保护、商标代理制的进一步完善等方面作了卓有成效的工作。

(一)商标注册工作和商标专用权保护工作取得突破性进展

1996年全年受理各类商标申请达20余万件，进入世界前10位，比1995年增加了64%；到1996年末，中国有效商标注册达70万件。

1996年，全国各地的工商行政管理机关积极开展公平交易执法年活动，将保护商标注册专用权作为一项工作中心来抓。据统计，去年全国共查处商标侵权案件14 000余件。在查处商标侵权案件时，各级工商执法机关将对侵权人的处罚与对注册人的保护结合起来，从而有力地保护了商标注册人的利益，充分地调动了注册人参与打击侵权活动的积极性，增强了执法机关的权威。

在加强商标注册专用权保护的同时，特别加强对驰名商标的保护，为企业的发展创造了良好的环境。对于外国在华商标专用权也给予了充分的保护，查处了一批有影响的涉外商标案件，有力地维护了中国在知识产权保护领域的国际形象。1996年4月18日，美国摩托罗拉公司访问商标局。1995年，该公司对在北京、浙江、江苏等地数十起生产、制造、销售侵犯该公司注册商标专用权案件，请求当地工商行政管理局的商标执法部门依法进行了查处，绝大多数案件获得了满意的结果。此外，上海、新疆等地还主动在当地查处了一系列侵权案。

(二)商标法制工作硕果累累

为了加强对企业商标的管理，促进企业正确行使商标权，维护企业的合法权益。1996年3月1日，国家工商行政管理局发布了《企业商标管理暂行规定》。该规定从企业商标权的保护，企业商标权的评估，许可使用、转让，以及以商标权投资等种种行为作出了规范。

为了加强对商标评估机构的管理，维护商标评估的正常秩序，保障商标评估机构及委托人的合法权益，国家工商行政管理局于1996年5月26日制定并颁布了《商标评估机构管理暂行办法》。该办法确定了国家工商局商标局为商标评估机构的管理机关，同时对商标评估机构的评估资格、开业条件、行为准则等一系列问题作了详细的规定。

1996年7月13日，国务院发布了《特殊标志管理条例》。该条例对特殊标志的登记、使用和保护作了规定。这是为推动体育、文化、科学研究及其他社会公益活动的发展，保护特殊标志所有人、使用人和消费者的合法权益所采取的一项重要举措。

近年来，驰名商标的认定和保护日益突出。为了切实加强保护驰名商标注册人的合法权益，维护市场经济秩序，1996年8月，国家工商行政管理局发布了《驰名商标认定和管理暂行规定》。该规定对驰名商标作了定义，对驰名商标认定机关、认定条件、认定程序、保护措施等作了规定。按照这一规定，中国驰名商标的认定只能是国家工商行政管理局。驰名商标的认定采取个案认定方式，即一般根据驰名商标的所有人是否有这方面的法律要求来进行认定，驰名商标认定后三年内有效。

针对目前商标印制市场的混乱局面，为了加强商标印制的管理，维护商标印制市场秩序，国家工商行政管理局于1996年9月重新制定并颁布了《商标印制管理办法》。

由于我国既是《商标国际注册马德里协定》成员国，又是《有关商标国际注册马德里协定的议定书》成员国，为保证商标国际注册在我国的正确实施，国家工商行政管理局重新制定了《马德里商标国际注册实施办法》。

（三）商标代理制进一步完善

为进一步完善我国商标代理制，促进中国商标代理事业的健康发展，1996年7月，召开了“完善我国商标代理制”研讨会。同年5月14日，全国商标代理组织联谊会会长、秘书长会议通过了《商标代理行为规则》。此《规则》充分体现商标代理的权利和义务，保护商标代理组织之间的正当竞争，促进商标代理事业的发展。到1996年底，国家工商行政管理局指定的有商标代理权的机构达100家，其中有26家具有涉外商标代理权。为适应商标这一无形资产评估的需要，1996年12月份国家商标局曾举办了第一期全国商标评估培训班。

（四）国际交往与合作进一步加强

1996年，商标局共接待了42个外国团组正式来访。其中包括世界知识产权组织副总干事居尔舒先生、法国工业产权局局长昂格尔先生、日本特许厅长官荒井寿光先生、泰国智慧财产厅厅长班坡先生等人率领的代表团。

1996年3月初，国家工商行政管理局与世界知识产权组织在深圳举办了“中国和国际商标注册系统”培训班。世界知识产权组织副总干事居尔舒先生、国际注册局局长马萨多先生分别作了《商标国际注册马德里协定及其一九八九的马德里议定书》、《国际商标保护领域的最新进展》、《马德里协定及其议定书的共同的细则》的演讲。李岚清副总理会见了居尔舒先生。

由国家工商行政管理局副局长白大华同志率领的代表团于1996年3月底访问了泰国商业部。在泰国，中国代表团会见了泰国商业部长舒奇先生，并分别同泰国智慧财产厅、商业注册厅、内贸厅的高级官员进行了交流。当年4月份，中法商标工作组第11次会议在北京召开。法国工业产权局局长昂格尔先生和白大华同志参加了会议，双方通报了1995年度各自国家的商标工作情况及共同关心的议题。9月，中国参加WIPO第二十九次系列会议。12月初，中日商标首脑第一次会议在京召开，双方就尼斯分类、驰名商标的保护、商标办公自动化、人力资源开发以及其他共同关心的问题进行了探讨并达成共识。双方还签署了《中日商标首脑第一次会议备忘录》。

附件：世界贸易组织与知识产权理事会

1994年4月的《马拉加什宣言》虽然宣布了要成立一个“世界贸易组织”来代替“关贸总协定”，但并未指出具体的成立日期。

只是在1994年12月8日“世界贸易组织协定”的“执行会议”在日内瓦才最后决定了世界贸易组织于1995年1月1日成立。中国到1994年底之时，尚未完成进入世界贸易组织的谈判。但由于中国政府全面参加了关贸总协定乌拉圭回合的谈判，并在该回合的最后协议上签了字，所以，中国代表仍旧以正式成员的身份，参加了12月8日的执行会议。

1994年12月20日，中国“复关”谈判未达成协议。其中主要问题是美国坚持把中国作为“发达国家”对待，而事实上中国的经济状况远未达到发达国家水平。所以，1995年1月1日，世界贸易组织成立时，中国也尚未进入该组织。

世界贸易组织成立后的三个多月里，该组织的“总干事”人选曾是个举世瞩目的问题。起初，墨西哥、韩国及意大利（实际是欧洲联盟）各有一名人选。

由于1995年年初，墨西哥发生金融危机，墨国内舆论认为作为墨西哥候选人的萨利那斯（墨前总统）有不可推卸的责任，故该候选人退出。不久，韩国候选人也宣布退出。3月23日，世界贸易组织的成员及关贸总协定缔约方代表们，就任命意大利候选人鲁杰罗(Renato Ruggiero)为总干事一事，达成了一致意见。5月1日，鲁杰罗成为世界贸易组织首任总干事。

由于马尔加什会议上决定由关贸总协定向世界贸易组织过渡，应当有个过渡期。1994年12月8日的执行会议决定，这个过渡期为一年。就是说，在1995年全年内，"关贸总协定"与"世界贸易组织"并存。这主要是由于当时尚有20多个关贸总协定的缔约方，在世界贸易组织成立之日尚不能完成对乌拉圭回合全部协议的审批程序（至1994年4月，关贸总协定共有128个缔约方）。

1995年5月17日，上任不到一个月的世界贸易组织总干事，就遇到了日美关于汽车贸易的纠纷。该纠纷由于未能在两国间以谈判解决，美国总统克林顿于5月10日宣布授权对日本采取报复行动，日本即诉诸世界贸易组织，认为美国的行为违反世界贸易组织规定的基本国际贸易原则。①

到目前为止，尚无国家间的知识产权纠纷投诉世界贸易组织。

在《建立世界贸易组织协定》的第4条里，规定了该组织设立一个"总理事会"，同时设立"货物贸易理事会"、"服务贸易理事会"及"与贸易有关的知识产权理事会"（简称Trips理事会）。实际上，1986年乌拉圭回合之始提出的三项新议题中，"投资保护"不再成为一个单项，而是列入"货物贸易协议"这个大项之下。所以，没有再设一个"投资保护理事会"。

在1995年1月31日的世界贸易组织总理事会上，选出香港的哈宾森(Stuart Harbinson)为"与贸易有关的知识产权理事会"主席。

Trips理事会的各项具体职能，均规定在《与贸易有关的知识产权协议》中。《建立世界贸易组织协定》只是规定了Trips理事会应在总理事会指导下开展工作。

协定也是在第4条中，规定了各理事会可以按照需要去设立附属机构。而在世界贸易组织的直接领导下，也设立了一些职能机构。其中之一，就是"知识产权与投资部"（或译为"司"-Division）。它的首任领导是英国人奥登(Adrian Otten)。它并不是Trips理事会所设的机构。

在《建立世界贸易组织协定》中，规定了WTO的五项主要工作，即：

促进本协定及多边贸易协议（系指包括货物贸易、服务贸易、知识产权保护在内的几个多边协议）、多种贸易协议（系指包括政府采购、民用航空器协议等在内的几个不属于"多边贸易协议"的其他协议）的管理与实施；

为世界贸易组织的成员之间的谈判提供讲坛；

解决成员间的贸易争端；

实施贸易政策审查机制；

与国际货币基金组织及世界银行合作。

世界贸易组织的职能由成员部长级会议（至少两年举行一次）行使。部长级会议休会期间，由"总理事会"行使。

协定规定由总干事设立秘书处（而马拉加什会议已决定将关贸总协定原秘书处工作人员转为世界贸易组织秘书处人员）。

协定还规定：WTO具有法人资格。

协定规定：如果要修改Trips的第4条（即"最惠待遇"条款），必须得到世界贸易组织的全体成员同意。可见超越了《保护工业产权巴黎公约》及《保护文学艺术作品伯尔尼公约》的"最惠待遇"原则，对世界贸易组织多么重要。

关贸总协定的原缔约方以及欧洲共同体，凡批准乌拉圭回合1994年的最后协议文件并承担义务的，均是世界贸易组织的"创始成员"(Original Members)。

《建立世界贸易组织协定》最后要求所有成员均有义务使自己的法律、条例及行政程序与协定一致，并且对协定不得作任何保留（但对于协定所附的某些协议，可以按协议的条件作出保留）。

在《建立世界贸易组织协定》之下，共有六大"附件"，它们是：

附件1.A. 货物贸易多边协议

在这个协议之下，又有十三个分项，其中第(1)项

① 该纠纷后由日美双方自己达成了协议。

之下,还有七个次分项,即:

(1)1994年关税与贸易总协定

对解释1994年关税与贸易总协定第2条1款(b)项的谅解

对解释1994年关税与贸易总协定第17条的谅解

对1994年关税与贸易总协定有关收支差额规定的谅解

对解释1994年关税与贸易总协定第24条的谅解

对于依照1994年关税与贸易总协定免除有关义务的谅解

对解释1994年关税与贸易总协定第28条的谅解

1994年关税与贸易总协定马拉加什议定书。

(2)农产品协议

(3)卫生与植物卫生措施的适用协议

(4)纺织品与服装协议

(5)贸易的技术壁垒协议

(6)与贸易有关的投资措施协议

(7)实施1994年关税与贸易总协定第6条(反倾销)的协议

(8)实施1994年关税与贸易总协定第7条(海关估价)的协议

(9)装运前检验协议

(10)来源规则协议

(11)进口许可证程序协议

(12)保障协议

附件1.B. 服务贸易总协议

附件1.C. 与贸易有关的知识产权协议

附件2. 对解决争端的规范及程序的谅解

附件3. 贸易政策复审机制

附件4. 多种贸易协议

(1)民用航空器贸易协议

(2)政府采购协议

(3)国际奶制品协议

(4)国际牛肉协议

在乌拉圭回合结束时,形成正式的“最后文件”共计425页。如果加上各成员在货物买卖的关税减让、服务贸易等问题上达成的协议附件,则共计26 000页。1994年6月,由当时尚未“交权”的关贸总协定秘书处编辑印制成书的《多边贸易谈判的乌拉圭回合成果》(其中包括《马拉加什宣言》等等),也长达558页。

世界贸易组织共(应)有法定工作人员人数为420人。其总部设在日内瓦的“威廉拉柏德中心”(Centre William Rappard)。该组织的“知识产权与投资部”也在这个总部中。

世界贸易组织将其现有的成员分为三类:第一,发达国家成员(大约30个);第二,发展中国家成员(大约70个);第三,最不发达国家成员(初步定26个)。个别国家的归类尚未最后确认。成员国(及地区)的部长级会议已决定,将成立一个“贸易与发展委员会”,定期调查和了解最不发达国家的状况,并向世界贸易组织提议采取相应措施予以帮助。

(中国社会科学院知识产权研究中心　郑成思)

第六篇

世界社会消费与消费文化

· 近期世界社会消费的状况
· 世界社会消费的发展趋势
· 现代科技、文化消费发展的状况与趋势
· 中国近期社会消费及趋势

近期世界社会消费的状况

湖南省经济管理干部学院 尹清非

社会经济文化一体化，这已成为世界发展的主旋律和总趋势。在这个总趋势下，世界社会消费呈现“四高”的特征，即高科技、高层次、高效益和高质量。正是在这“四高”的影响下，世界各国消费状况都产生了相当大的变化。目前，世界不同类型主要发达国家或经济高速增长典型国家消费的状况是：

美国

进入90年代以来，美国经济获得了较高的增长率，1994年经济增长率达到4.1%，而通货膨胀率控制在2.6%左右，美国的经济增长得益于以下三个方面：一是汽车和建筑业这两大支柱工业开始好转，汽车商推出新型汽车，使汽车旺销，钢铁工业生产也趋于好转；二是信息工业的飞速发展，信息技术和信息产业优势较为明显，社会信息化发展迅速；三是服务业、旅游业持续保持高速发展，服务业在美国国内生产总值中所占比重越来越大，1970年为42.9%，1990年为51.5%，1992年为53%。正是在这种经济背景下，美国居民收入增长迅速，消费水平有一定的提高。美国个人收入和支出情况如下表：

美国个人收入和支出情况

	1980年	1990年	1991年	1992年	1993年	1994年
个人消费支出（亿美元）	17 481	37 612	39 064	41 399	43 782	46 284
个人储蓄占可支配收入比重（%）	7.9	4.2	4.8	5.3	4.1	4.1
人均可支配收入（现价，美元）	8 576	16 208	16 745	17 616	18 165	19 028
人均个人储蓄（美元）	675	680	838	934	746	779

资料来源：《国际统计年鉴》(1996)第492页，中国统计出版社1996年出版。

从上表可以看出：①个人消费支出增长十分迅速，1980年为17 481亿美元，1990年为37 612亿美元，1994年为46 284亿美元。②个人人均可支配收入增长也十分迅速，1980年为8 576美元，1990年为16 208美元，1994年为19 028美元。③个人消费占可支配收入的比重，大幅下降，1980年为7.9%，1990年为4.2%，1994年为4.1%，人均个人储蓄虽呈上升趋势，但相对人均个人收入和人均消费支出的增长，却是十分缓慢，1980年为675美元，1990年为680美元，1994年为779美元。以上三点说明，美国居民消费水平已相当高，近年仍在大幅提高。与此同时，消费者的储蓄倾向不仅下降，而且较低，消费倾向仍有上升，美国仍是鼓励消费，以消费拉动经济增长。美国这种消费拉动型的增长模式为：鼓励、刺激消费→产生新的或扩大消费要求→拉动产业发展→推动经济增长→增加个人可支配收入→进入下一个经济循环，消费在这起着动力和导向作用。

美国居民消费支出增长速度相当快，其个人消费支出情况为：1980年为17 481亿美元，1990年为37 612亿美元，1994年为46 284亿美元。美国个人人均消费支出情况为:1992 年为 29 846 美元,1993 年为 30 682 美元,增加 846 美元。

美国居民消费结构变化情况如下表:

美国消费结构(%)

	1980 年	1990 年	1991 年	1992 年	1993 年	1994 年
1 食品饮料烟草	20.74	17.23	17.07	16.53	16.45	16.24
2 服装鞋类	7.54	6.89	6.77	6.82	6.66	6.61
3 住房	14.60	14.56	14.70	14.49	15.11	15.04
4 家庭设备用品	13.36	11.63	11.59	11.48	11.30	11.24
5 医疗保健	11.85	15.89	16.68	17.02	17.67	17.74
6 交通通讯	13.48	12.07	11.13	11.19	11.31	11.42
7 文教娱乐	8.65	9.89	10.01	10.07	9.84	10.21
8 其他	9.56	12.15	12.54	12.93	12.13	11.94

资料来源:根据《美国统计摘要》(1994 年)第 453 页、《美国统计摘要》(1996)第 450 页数字计算。

从上表可以看出,在消费结构中,食物消费比重下降最为迅速,1980 年为 20.74%,1994 年为 16.24%,其后依次为服装鞋类、家庭设备用品和交通通讯。人们新增消费支出重点投向劳务消费、娱乐文化教育和医疗保健,其增长最快的是医疗保健,由 1980 年11.85%,上升到 1994 年的 17.74%,娱乐文化教育由 1980 年的 8.65%上升到 1994 年的 10.21%,这表明美国居民消费水平已相当高,人们更加注重享受需要和发展需要的满足,更加注重精神文化消费和人的发展。

1993 年美国人均消费支出,从年龄分组来看,35～44岁这个年龄组,人均消费支出最高,为 37 429 美元,其往后依次为 55～64 岁年龄组,人均消费支出为 32 973 美元,25～34 年龄组为 28 594 美元;最少的为 25 岁以下年龄组为 17 468 美元。这表明 35～44 岁这个年龄组消费水平最高,因为该阶层年富力强,事业有成,经济收入高,经济基础好,有能力、有条件,也最需要提高消费层次。再从地区来看,消费水平最高的是西部,1993 年人均消费支出为 34 348 美元,其次是东北部的 31 634 美元和南部为 29 247 美元,最后是中部为 28 884 美元。1993 年与 1992 年比较,南部消费水平大幅上升,1993 年比 1992 年人均消费支出增加 1 497 美元,同期西部上升 701 美元,东北部上升 457 美元,中西部上升 439 美元。由此看来,美国地区消费差异在扩大,西部与东北部、中西部差距在扩大,而西部与南部消费差距在缩小。

日本

日本是世界第二大经济强国,80 年代再次出现经济高速增长,1991～1993 年由于“泡沫经济”的崩溃,经济增长大幅下降,1994 年开始进入复苏轨道。日本是以高储蓄、高积累、低消费促进经济高速增长成功的代表性国家。近年来日本在发展经济的同时,虽然消费支出在可支配收入中的比重呈下降趋势,但消费支出绝对额是大幅提高(见下表),也使得日本居民消费水平和消费质量大幅提高,消费结构更趋合理化,形成了世界上最好的食物消费模式之一。

日本家庭月平均收支情况

	1965 年	1980 年	1990 年	1993 年	1994 年
可支配收入(日元)	59 557	305 549	440 539	478 155	481 178
消费支出(日元)	49 335	238 126	331 595	355 276	353 116
消费支出占可支配收入比重(%)	82.84	77.94	75.27	74.30	73.39

资料来源:《国际统计年鉴》(1996)第 495 页。

日本消费结构变化情况表(%)

	1970年	1980年	1990年	1991年	1992年	1993年	1994年	1995年
1 食品	34.06	29.03	25.37	25.11	24.69	24.33	24.13	23.67
2 住房	4.87	4.63	4.76	5.11	5.47	5.59	6.13	6.49
3 燃料、照明和水	4.39	5.74	5.51	5.50	5.55	5.68	5.85	6.05
4 家具和家用器具	5.00	4.28	3.98	4.10	3.92	3.75	3.87	3.81
5 服装鞋类	9.46	7.88	7.38	7.28	7.00	6.65	6.35	6.15
6 医疗保健	2.67	2.54	2.85	2.76	2.79	2.94	2.91	2.99
7 交通和通讯	5.20	7.99	9.47	9.33	9.32	9.88	9.79	10.02
8 教育	2.73	3.61	4.65	4.34	4.61	4.51	4.70	4.67
9 阅读和娱乐	9.03	8.51	9.68	9.61	9.83	10.02	9.90	9.59
10 其他消费支出	22.59	25.79	26.34	26.86	26.82	26.66	26.37	26.56
	100	100	100	100	100	100	100	100

资料来源:根据《日本统计年鉴》(1995)年第570～571页、《日本统计年鉴》(1997)年第568～569页数字计算而得。

从上表可以看出:食品消费支出呈下降趋势,1980年恩格尔系数下降29.03%,进入最富裕的生活水平,1995年又降至23.67%,住房、燃料等、交通和通讯、教育等呈上升趋势,其中上升幅度最大的是住房和教育,教育由1980年的3.61%上升到1995年的4.67%,住房由1980年的4.63%上升到1995年的6.49%,而家具和家用器具、服装鞋类呈下降趋势。

日本是世界耐用消费品的最大生产国和出口国,其耐用消费品普及速度快,普及率高,但农村居民与城镇居民耐用消费品普及率有一定的差异,空调、CD唱机、摄像机、个人电脑等,城市工人家庭明显高于农民家庭,而摩托车等农民家庭明显高于城市工人家庭。日本主要耐用消费品普及率见下表:

1994年日本主要耐用消费品普及率

项目	空调器	电冰箱	彩电	音响	洗衣机	摄像机	摩托车	CD机	个人电脑
全部家庭	77.2	97.8	98.9	57.7	99	31.3	24.5	55.9	15.6
农户	54.2	98.8	98.2	54.2	99.4	28	42.9	42.9	11.3
工人家庭	79.5	97.7	99	61.5	99	33.7	22.7	61.8	17.4

资料来源:《国际统计年鉴》(1996)第502页,中国统计出版社。

日本食物消费模式是动植物并重型,动植物消费比例搭配较好,正是由于这种食物消费模式和合理的营养结构,使日本人平均寿命达到84岁。日本食物消费结构见下表:

日本居民月平均消费支出

单位:日元

	1970年	1980年	1990年	1991年	1992年	1993年	1994年	1995年
生活费支出	79 531	230 568	311 174	327 113	333 661	335 247	333 840	329 062
食品支出	27 092	66 923	78 956	82 130	82 381	81 562	80 552	77 886
A 谷物	4 526	9 196	9 121	9 276	9 297	9 699	9 550	8 548
B 鱼贝类	3 577	9 682	10 551	10 996	11 211	10 758	10 023	9 880
C 肉类	2 729	7 533	7 785	7 949	7 881	7 516	7 173	7 108
D 蔬菜海菜	3 611	8 591	10 089	10 835	10 437	10 602	10 267	9 931
E 在外就餐	2 413	8 467	12 349	12 823	13 004	12 994	12 820	12 643

资料来源:《日本统计年鉴》(1995)第570～571页;1994～1995年数字来自《日本统计年鉴》(1997)第568～569页。

芬兰和丹麦

芬兰和丹麦都是北欧典型的福利型国家，其共同特点是高福利，特别注重生态环境，收入差距、消费差异不大，消费结构合理且层次高，消费结构变化不大。

芬兰消费结构中，食物消费支出呈下降趋势，恩格尔系数比较低，1980年为27.81%，1990年为23.32%，1993年为24.68%。衣着消费支出比重也呈下降趋势，1980年为5.51%，1990年为5.69%，1993年为4.77%。住房消费支出比重则相对上升较快，1980年为17.97%，1990年为18.67%，1993年为22.90%。医疗保健、交通通讯、娱乐文化教育，杂项商品和服务的消费支出比重变化很小，1980年四者分别为4.45%、15.16%、9.72%、12.12%，1990年分别为4.58%、17.21%、9.71%、14.00%，1993年分别为4.95%、14.59%、9.34%、12.85%。从芬兰消费结构中可以看出：一是交通通讯消费、杂项商品和服务消费所占的比重较高，其中通信消费支出上升相当快，这得益于通信事业的发展。二是在食物消费支出和住房消费支出中，食品消费支出上升快，而非酒精饮料、酒精饮料消费支出上升慢，烟草消费支出呈下降趋势。住宅消费中，房租等支出上升幅度大大高于燃料、电力消费支出的增长。其消费支出具体情况见下表：

芬兰居民食物、住宅消费支出(按1990年不变价格)

年份	食品	非酒精饮料	含酒精饮料	烟草	燃料和电力	房租等
1980年	37 171	1 063	8 426	5 163	7 432	25 932
1993年	40 686	1 189	9 940	4 507	10 819	41 347

资料来源：联合国《国民核算统计年鉴》(1993)第403页。

丹麦消费结构变化情况如下表：

丹麦消费结构(%)

	1980年	1990年	1991年	1992年	1993年
1 食品、饮料、烟草	25.23	23.40	23.52	23.83	23.57
2 服装鞋类	5.91	5.92	5.86	5.54	5.60
3 住房、燃料、电力	26.97	24.80	24.66	24.54	24.58
4 家用器具	7.40	6.23	6.19	5.99	6.02
5 医疗保健	1.82	2.06	1.94	2.11	2.09
6 交通通讯	14.60	15.53	15.48	15.89	15.85
7 娱乐文化教育	9.17	11.21	11.47	11.08	11.47
8 杂项商品和服务	8.88	10.85	10.88	11.02	10.82

资料来源：根据联合国《国民核算统计年鉴》(1993)第296－297页数字计算。

从上表中可以看出，其恩格尔系数从1980年到1993年变化不大，因为它已经较低。衣着消费、住宅消费、用品消费、医疗保健消费和交通通讯消费支出在消费结构中变化都不大，只有娱乐文化教育、杂项商品和服务支出在消费结构中才有一定的变化，但也仅上升2个百分点左右。

韩国

韩国是亚洲“四小龙”之一，是后进国家成功发展经济的典范。韩国消费品工业发达，服务业、旅游业发展很快，从业人数增加很快。韩国注重应用技术的发展，对科学技术投资大，在科技发展总开支中，政府基金占17.2%，生产性企业基金和特别基金占82.4%，在科技经费支出结构中，基础研究开支占12.6%，应用研究占26.3%，试验开发占61.1%。韩国教育事业也比较发达。在这种社会经济背景下，韩国居民消费结构变化较大，具体情况见下表：

韩国消费结构(%)

	1981年	1985年	1990年	1992年	1993年
1 食品和饮料	42.90	36.86	32.02	30.05	29.23
2 住房	4.15	4.92	4.65	4.68	4.46
3 燃料、照明和水	8.42	7.40	4.49	4.41	4.34
4 家用器具	4.35	4.72	5.70	5.33	5.18
5 服装鞋类	8.14	7.55	8.33	7.96	7.59
6 医疗	6.73	7.11	5.24	5.40	5.27
7 教育文化和娱乐	9.44	10.92	12.84	13.93	14.17
8 交通和通讯	6.02	6.33	8.40	8.88	10.01
9 其他消费支出	9.85	14.19	18.32	19.64	19.76

资料来源:根据《国际统计年鉴》(1993)第614页有关数据计算。

从上表可以看出:①食物消费中,恩格尔系数下降很快,从1981年42.9%下降到1993年的29.23%,表明韩国城市居民从小康走向富裕,食物消费水平提高得相当快;②燃料、照明和水消费支出比重下降快,从1981年的8.42%下降至1993年4.34%;③教育文化和娱乐消费支出比重和交通通讯消费支出比重呈直线上升,前者1981年为9.44%,1993年为14.17%,上升近5个百分点,后者1981年为6.02%,1993年为10.01%,上升近4个百分点,这表明消费结构向高层次和现代化方向发展;④其他消费支出上升幅度最大,1981年9.85%,1993年为19.76%,上升超过一倍,这表明韩国劳务消费支出比重上升迅速。

世界社会消费的发展趋势

湖南省社会科学院 经济研究所 尹向东

展望21世纪,世界将呈何种趋势?世界著名的未来学家约翰·奈斯比在《公元2000年世界大趋势》一书中指出,世界十大趋势是(1)经济全球化;(2)文化与复兴;(3)社会主义和自由市场;(4)生活国际化、文化本土化;(5)国家与民营化;(6)太平洋盆地的兴起;(7)妇女普升领导人;(8)生物世纪;(9)宗教与复兴;(10)个人与世界。这十大趋势都与社会生活消费息息相关,都将对社会消费产生直接或间接的重大影响。根据当今世界社会消费的发展状况可以看出,世界社会消费的发展趋势主要表现为"四化",即国际化、智能化、美与艺术化、个性化。在这"四化"的影响下,世界社会消费的主要发展状况大体表现在以下几个方面:

(一)世界食物消费发展的新走势

食物消费,从古至今都是维持人类生命、生长发育、繁衍后代以及人们从事各种社会活动的物质基础,是人类生存的基础。食物消费合理化及其新走势是社会消费发展最重要的问题之一。

食物消费的"金字塔"

美国推出的"食物金字塔"模式。美国农业部推出的"食物指南金字塔"图形,将成为今后美国人摄取食物的最佳方案。金字塔的底层为各类食物,包括面包、麦片、米饭等,表明人的热能大部分来源于碳水化合物,是饮食的基础;第二层为蔬菜和水果,二者平分秋色,这是维生素、纤维素的主要来源;第三层为鱼、肉、蛋、奶类,比过去所占比例显著缩小,是蛋白质的来源;第四层(即最尖端)是脂肪、油类和甜食,这就说明,在保证必要的脂肪的前提下,这类食品不占重要地位。

中国推出的食物消费"金字塔"。中国预防医学科学院营养学家们提出"食物金字塔"模式,旨在提醒人们合理、科学地安排一日三餐饮食,提高健康水平。这个"食物金字塔"是由四层组成:第一层是谷类食物(如米饭、馒头、面条、面包等),每天应该吃的最多;第二层是蔬菜和水果,每天要吃的多一些;第三层是肉、蛋、奶、家禽、鱼、豆腐,每天要吃的适量;第四层是油和糖,每天应吃的量最少。

饮食观念新变化

近年来,人们(特别是城市居民)在强调吃好的同时,饮食观念也发生新变化,其动向是:一是爱新鲜,忌污染。讲卫生、讲安全,注重绿色消费,追求新鲜正成为一种时尚。二是重蔬菜,喜野品(物)。蔬菜、水果含有大量维生素、矿物质、纤维素,具有抗衰老、美容养生等功效,是人们应多食用的食品。许多野果和野物营养丰富,污染少,可保健、品味鲜、倍受青睐。三是吃优质粮,也吃杂粮。人们对于主食要求更高,喜吃精加工的优质粮,也爱吃些杂粮以调节口味。精加工的玉米、小米等已成为人们喜爱品尝的食物。四是讲求保健,追求原汁原味。对保健食品需求成直线上升,人们十分崇尚纯天然生物保健食品和健脑益智型保健品。人们开始追求生态食品,标以"天然原汁"、不含防腐剂、甜味剂、香精的瓜果、蔬菜植物饮料很受消费者欢迎。

食物消费方式新转变

进入90年代以来,人们食物消费在向求精、求活、求保健、求营养、求方便发展的同时,消费方式出现了"五化":

一是多样化　主、副食都趋向多样化,以便更好地满足营养需求。

二是口味化　饮食不仅要有营养,还要品味好,有特色,对口味要求十分强烈,这是特色餐厅、特色食品、口味食品畅销的原因所在。

三是方便化　方便,已是现代人加快生活节奏,适应社会发展的要求,于是方便食品、熟食十分畅销,快餐业更是火爆。

四是多功能化　人们不但要求食品营养丰富,美味可口,而且要求具有保健、防病、治病的功效。

五是高转化率化　人们追求丰富的植物、动物、水产资源,直接生产的转化率高、能为人体迅速吸收的低盐、低糖食品。

在美国,食品消费发展趋势具有9个特性,这9个特性均以英文字母"F"开头,一是健康(Fitness);二是高纤维(Fiber);三是快速供应(Fast);四是新鲜(Fresh);五是功能分装(Function);六是趣味(Fancy);七是外国风味(Foreign);八是玩的(Fun);九是名人商标(Famous)。这"9F"反映了现代食物消费发展的一种趋势。

食物消费市场新走势

近年来,世界食物消费已趋向营养、口味、保健三者相结合的新走势,在这种消费走势影响下,食物消费市场畅销的十大食品是:

一是抗衰老食品　以大豆蛋白为主要原料,配以花生、芝麻、核桃仁、何首乌、大米等制成的抗衰老系列食品,具有抗衰老、延年益寿之功能,愈来愈受到老年消费者的青睐。

二是仿生模拟食品　仿生模拟食品所模仿的多属名贵、珍稀和紧俏的食品。如燕窝、贝类以及水果中的荔枝、葡萄等,具有营养平衡、价格低廉的特点。

三是美容食品　将具有美容作用的水果、蔬菜、花粉等制成各种饮料、口服液。如蜂蛹,其维生素的含量超过牛肉、鸡蛋白,仅次于鱼肝油,目前已引起不少生产厂家的关注。

四是绿色食品　现代社会强烈需要生产安全、营养的食品,于是出自最佳生态环境,带来最强生命活力的绿色食品应运而生。绿色食品主要包括"生态食品"、"有机食品",是无污染的安全、优质、营养类食品。

五是汤罐食品　由于汤罐食品具有易消化,吸收快的保健功能,目前风靡国内外市场,如猪肉汤、蛇肉汤、牛肉汤、虾肉汤、百合木耳汤、核桃仁猪肝汤等汤罐食品,市场潜力大,成本低,见效快。

六是方便食品　近年来,各种方便食品迎合消费者既食用方便又省时间的消费心理,市场销售前景广阔,如盒装、袋装方便面、听装八宝粥、罐装八宝饭以及方便米饭等,深受消费者的欢迎。

七是智力食品　智力食品在营养成分上突出补

脑和增加记忆能力的效能，在造型、包装、图案方面启发食用者的智力。

八是新潮食品　在脱脂牛奶中充入二氧化碳，做成“汽奶”；将蚯蚓粉磨碎后，添加蜂蜜、山梨醇等物质而制成胶囊丸；将蚕丝深加工，制成食用蚕丝粉、蚕丝糖、蚕丝面条等食品都具有消除疲劳、防止高血压、增强肝功能之效果。

九是冷冻食品　冷冻食品，虽已有50多年的历史，但近几年发展却十分快，许多国家冷冻食品消费总量年平均增长速度超过5%，有些国家超过10%。目前增长最快的是法国，其次是德国和日本，消费量最多的是美国。冷冻食品是有效节约和利用食品资源，保证食品质量和消费者健康需要的最有效的手段之一。

十是膨化食品　膨化食品以其特有酥松性、风味性和营养性、卫生性，受到广大消费者的喜爱。

世界饮料消费的新趋势

近年来世界饮料业蓬勃发展，各种名目的新型饮料层出不穷。据1996年10月20日在巴黎举行的第17届国际饮食沙龙组织提供的资料，表明当前国际饮料消费趋势是：

一是方便包装饮料销量大增这类系列饮料的包装轻巧，便于随身携带，既可以在餐厅饮用，也可以在走路时、旅途乘车时或在办公室里，随时随地饮用，成为越来越多的人从早到晚整日饮用普及型饮料。

二是保健型饮料需求上升　随着生活水平的提高，人们对身体健康投入的精力和花费越来越多，新型保健饮料既能增进健康，又能保持体形和补充能量。例如天然果汁、高维他命天然饮料、茶类、新潮饮料等等，因此对这类饮料的需求在不断上升。

三是矿泉水的销售量越来越大　带气的和无气的矿泉水销售同步增长，男士偏爱带气的，女士偏爱无气的。

四是晚上、周末或节假日是含酒精饮料消费最多的时刻

在全球最受欢迎的含酒精饮料中，啤酒占第一位。国际饮食沙龙组织认为，在各种各样的饮料品种中，啤酒、矿泉水、果汁和提神饮料的产、销最旺，而新潮饮料最引人注目。

目前，世界上销量最大的四种饮料消费的具体情况是：

啤酒——全世界有130个国家的人喝啤酒，啤酒已成为世界性的消费品。新的趋势是各个国家的人越来越喜欢喝别国的啤酒。根据1994年统计，在欧洲，啤酒产量按人均排位，捷克第一，155立升，德国第二，138立升，其后是英国、西班牙、法国。

矿泉水——由于国际市场上无气矿泉水竞相削价，带气矿泉水在市场上则更能增值。据统计，矿泉水在欧洲的消费量，法国居第一，人均110立升。欧洲矿泉水产量排列是德国第一，意大利第二，法国第三。

提神饮料——1995年，此类饮料在欧洲的销量增长了80%，总销售量达7 800万公斤，总营业额为3亿英镑。德国和奥地利是提神饮料的两大主要生产国。德国占有46.2%的提神饮料市场。值得注意的是，奥地利正在成为这类饮料的强劲竞争对手。

果汁——第一消费大国是德国，人均40立升，法国人均12立升，欧洲人均消费20立升。

世界饮料生产与开发所呈现的新走向是：

一是在可乐和汽水中加入果汁　在传统含碳酸气的饮料中加入各种鲜果汁，成为含碳酸气的饮料新品种。如美国可口可乐公司在新加坡推出的樱桃清凉低度酒中加入鲜果汁制成的饮料，其果汁浓度一般在3～10%左右。

二是重视开发具有热带风味的果汁饮料　欧洲一些国家最新推出的热带风味饮料如椰子汁、芒果汁、菠萝汁等，深受消费者欢迎。

三是开发保健减肥饮料　德国最近研制出一种果皮芳香饮料，它呈玫瑰色，是一种保健减肥饮料。日本研制成大米发酵饮料和米糠饮料，香港地区上市的减肥可乐、减肥百事等均受到消费者的欢迎。

四是开发蔬菜汁饮料　将蔬菜加工成蔬菜汁作为饮料，是近些年国外兴起的饮料新潮流。因蔬菜中含有生理活性物质——酶，可直接参与人体内的新陈代谢，这种特殊作用是一般水果所没有的。各国开发的此类饮料有用菠菜、胡萝卜、芦笋、圆白菜、大蒜等制成的饮料，复合饮料和发酵饮料也正在开发。

五是野生果汁饮料　野生果汁饮料也被称为第二代果汁饮料（第一代是桔、橙、苹果汁等，第二代是野生沙棘、野蔷薇、黑加仑汁等）。由于有些野生植物中含有的某种维生素、氨基酸或微量元素，比传统的

第一代果汁饮料高几倍甚至几十倍，有的还有一定的药用价值，因此，大有后来居上之势。

六是特殊饮料　根据某些特殊的消费对象而研制的新型饮料，如专供运动员饮用的高能饮料、高电解质饮料，专供老年人、幼童饮用的无化学添加剂饮料等。

21 世纪的食物消费

21 世纪我们吃什么？这是许多人所关注的问题。21 世纪中国的食物消费将有很大的改善和变化，食品更加丰富多彩，绿色食品将成为最畅销食品，基因工程食品、合成食品等许多高科技食品将大量走向市场，21 世纪大显风流的食品将有：

一是绿色食品　人们面对被工业、废弃物污染的农田、水源和大气，被化学品污染的农产品和在食品加工过程中添加的化学色素、添加剂等，使我们的食物受到严重污染，这已危害到人类的生命。因此，人们追求绿色消费，绿色食品消费已成为一种消费时尚，即使它比一般的食品贵 30～50%。绿色食品是经国家有关权威部门认定，并使用绿色食品标志的食品。许多国家都制定了绿色食品标准和发展目标。规定农副产品、肉禽产品和食品加工都应按绿色食品标准执行。

二是黑色食品　世界上许多国家又兴起了黑色食品热，黑面包、黑米饭、黑饮料成了时髦食品。西班牙、意大利风行用墨鱼汁染黑食品来食用；日本、美国营养学家提出，凡含有天然黑色素的动植物，其营养价值与保健功能均超过它们的浅色同类。

三是奇异动物食品　昆虫、蛇、蝎等奇异动物将成为人们的美味佳肴。虫餐正在世界各地迅速发展，并将代表未来人类食品的新潮。科学家们发现，生物世界中为数最多的昆虫具有极高的营养价值，目前世界已有不少地方开始食用昆虫，如法国已流行将飞蚁做成热汤吃；澳大利亚人喜欢品尝一种含有甜汁液的蜜蚁；印尼一些人喜欢吃微烤过的蝴蝶蛾子；泰国人则把蟑螂拌进酱面里；美国旧金山市最近举行过一次别具一格的“昆虫宴”。蛇、蝎已成为佳肴，在 21 世纪将更受人们欢迎。

四是花卉食品　花卉将作为食物而不是植物进入 21 世纪的家庭。日本及欧洲人已开始将鲜花食品视为佳肴，日本农林省已制定长期发展食用花卉的计划，将花卉食品逐步推向家庭餐桌上。

五是人造食品　人造食品将通过分子链合成、基因拼组、生物发酵等复杂的技术制成。人造食品具有营养丰富、功能性强、效用高等天然食品无法相比的优点。美国人利用合成技术，已成功生产人造鸡蛋白和用基因工程生产出了人造西红柿。

六是海藻食品　海藻食品被科学视为天然的营养保健宝库，海藻含有 18 种人体所必需的氨基酸及多种维生素，并含有人体所需的多种微量元素，是极好的营养食品。目前世界上用海藻类制成的食品已有 200 多种，如海藻面条、冰琪琳、酸奶、罐头、点心等等。

（二）世界服饰发展的新走势

服饰消费，是一种对于人类生存和发展极为重要的消费。人们常说，衣食住行，衣着消费居于生活消费前列。服饰不仅能防寒保暖，而且作为现代消费的一个重要方面，它最能体现人的仪表、精神风貌，是人们展示个性和风采最主要的手段。因此，服饰消费更呈丰富多彩，集民族特色和个性、现代时尚为一体。

不同年龄群体的服饰消费

不论国别、民族、生活习惯是否相同，不同年龄群体对服装消费的基本需求是不同的。而同一年龄层则是基本相同的。

一是儿童对衣着消费的需求　儿童衣着消费既要体现活泼、天真、可爱的天性，又要适应体型变化快、服装更新快和挺腹、无腰、窄肩的特点，对于面料质料要求不高，但要细软、透气性好，对于款式和色彩要求反映活泼、天真、可爱的天性。

二是青年对衣着消费的需求　追求色彩鲜艳、款式新颖甚至标新立异，从而充分体现青年人的朝气。青年人的服装正朝着选料高档化、款式时新化、装饰多样化和方便化，追求清新、优雅、柔和、明快、奔放舒适、多变等特色。青年人衣着消费趋热性强，易赶时髦，西装热、茄克热、T 恤热、羽绒服热、羊毛衫热等等，热点一年一个样，年年有新样。

三是中年人对衣着消费的需求　中年人的服装既具有青年人的部分特点，又具有老年人部分特点，只是更加注意实用性、成熟美、装饰美，不追求奇异、花俏，注意大方、华丽、简便、明快。西装、风衣、茄克在中年人中最为流行和应用。

四是老年人对衣着消费的需求 爱美之心,人皆有之。老年人也希望穿着合体,以显其风度,在颜色上已跳出灰、蓝、黑的老框框,老年人衣着已走向款式化,其款式应具有时代感,要简洁、明快、实用,对面料和式样要求宽松舒适、柔软轻便。

世界服饰消费发展的十大趋势

随着世界服装业的飞速发展,时装变化速度快、时尚化、个性化倾向十分明显,趋势转化快,而且各国差异大,但世界大众消费者服装消费却呈现新的大趋势。90年代中后期,这种消费走势为:

一是高档化 随着消费水平的提高,许多消费者追求质地好,做工精细,穿得舒适,于是近年来裘皮、真皮、纯毛、真丝面料十分畅销。

二是艺术化 许多消费者对服装的选择包含对美和艺术的追求。希望从衣着上获得美的享受,体现仪表、风度、修养等,注意服装的艺术性。

三是名牌化 目前,在中青年消费者衣着消费中,追求名牌服装,即使价格贵上许多,也要买皮尔卡丹、金利来、富绅等名牌服装,以穿名牌来体现地位和气派。有些人追求名牌已带有一定的盲目性。

四是时装化 许多消费者衣着消费是追求新颖、时尚,因而大方、得体、又具有个性、特色的时装,成为消费者(特别是青年消费者)的购买对象。时装已不再只是可望不可及的时装模特的"专利",衣着消费时装化已成为一种不可阻挡的消费潮流。

五是个性化 小康型消费模式的一个重要特征是消费个性化,服装是最能表现消费者个性的消费品,人们喜欢独自穿着新颖、美观、潇洒、新奇的时装,以展现个性。因此,服装往往在用料、用色、配件、装饰、款式等方面要求遵循个性化原则,这样衣着消费,使整个消费生活变得丰富多彩。

六是配套化 人们讲求的不是单一的美,而是衣、帽、裙、鞋、裤、领带、腰带、提包等诸多用品的配套化,形成一种协调美。

七是随意化 在非正规、非隆重的场合,或是上、下班,人们都喜爱休闲装,倾向随意化,追求大方、自由、简洁、舒适,这种随意化,使休闲装得以在当今世界广为流行。

八是国际化 消费品的国际贸易发展,使消费,特别是服装、用品进一步走向国际化。世界名牌服装开始大量进入中国,在中国各大商店都有许多国际名牌的专卖店,许多年轻人以穿世界名牌为荣。"八五"期间中国服装进口增长十分迅速,1991年进口服装0.16亿美元,1994年为5.72亿美元,1995年为9.05亿美元。"九五"期间服装进口仍将持续增长。

九是民族化 不同的民族有自己民族特色和风格的服饰,这是一种民族传统。现代服饰消费中,已将民族风情与现代文明有机地融合在一起,形成现代服饰。在中国最典型的是现代旗袍风行,中式西服和休闲装畅销,它们只是在原有的特色基础上,根据现代中国人的需求,加以修改。民族化是服饰丰富多彩的最主要体现。

十是一体化 服饰的个性、文化性、时尚性逐步融为一体,形成一体化。这从民族个性和民族传统中反映服饰文化,将服饰文化融于时装中,使追求个性、文化性成为现代服饰消费的时尚。

现代服装的几大先导类型

据有关专家预测:90年代后期,世界至少有以下六种类型的服装将成为服装行业的先导:

一是自然奔放型 体现年轻、率直、朝气而充满活力的特征,比较讲究粗犷和传统的结合,具有自由自在的田园气息。常见的上身装束有纯运动型的服装,短而宽的针织衣,飘洒的梯形上衣,长而厚的束腰T恤衣等。下身装束一般为滑雪裤、高尔夫球裤、百慕大短裤及各种柔软的长短裙等。

二是浪漫智慧型 主要是为了强调穿着者妩媚的魅力。其特点是充分利用多种布料与变换布料图案之间的有机结合,从而表现出一定的艺术灵感。衣着线条柔和而宽松,穿着时需配以纱巾、披肩、短披风和斗篷等服饰。

三是高雅时尚型 这是一种集含蓄优雅与日常便服于一体的服饰类型。这类服装的特点是服饰虽然超前却不耀目,而且比较具有女性的温柔感。常见的装束一般为上衣短小(也可长至大腿部)而宽松,下部配以宽松、柔软的长裤。

四是海阔天空型 这类服装比较注重年轻人的乐观、好动及勇敢的特点,具有简洁统一,从而与潮流式服装形成较为强烈的对比。上衣一般来说比较短小,而裤子则有适当的宽度。

五是怀古文雅型 这是一种理想式的男士服饰,

虽然有点守旧意味,但看上去较为文雅沉静。其特点是衣着的线条自然且比例协调,没有夸张。

六是休闲随意型　无论是先进的欧美还是发达的港台和东南亚,追求个性与风格、注重舒适与随意已成为一种社会潮流。穿上休闲装,有利于增加人的随意感,减少束缚感,使人更易接近,更平易近人。前不久在亚太经济合作组织主持各国首脑云集的一个国际会议上,各国首脑脱去西装革履,卸下领带,穿上随意装,这便是组委会的一项规定,其目的是利用休闲装,发挥出融洽人际间、国际间交流理解的特殊功能,促使各种人士相互交往、相互理解。美国一公司曾对 3 000 名各阶层的老板和职员调查,结果 82.3% 的人喜爱休闲装。休闲装是服装发展的一大趋势,法国一些时装设计大师预言:"世界服装业的将来,定是休闲装的天下"。

服装面料发展的新进展

随着科学技术的发展和对特殊服装需要的增加,服装面料也更加多姿多彩,层出不穷。

杀菌布　法国一家公司推出一种杀菌布,是把氯和氨水掺入布料中,与棉花纤维揉合在一起所织成。用这种布制成的服装,不仅能够起到抑制汗臭的作用,而且能有效地防止细菌滋生。

环保布　美国两家公司合作生产了一种环保布,这种布主要利用回收的饮料瓶制成纤维织布。其质量毫不逊色于用正宗聚酯原料生产的化纤面料。开发这种布料有益于环境保护,故取名为环保布。

磁性布　英国一家纺织厂开发成功一种带有磁性的布,用具有磁性的纤维织成,用其加工成服装,对治疗风湿、高血压等有一定的效果,对身体无任何副作用。

保温布　德国一家公司开发出一种具有保温功能的布,布内含有防水的硫酸钠胶囊,当其受热时,硫酸钠逐渐变成高热液体,当气温下降时,硫酸钠又渐渐硬化,释放出所蓄能量。用来制成服装,会使人体保持一定温度。

不脏布　俄罗斯的一个研究院研制成功一种不易弄脏的布,是把锌、铜的再生物加工成混合物,然后掺入到布料之中,使其具有不粘灰尘的特点。

液晶变色布　美国一家公司研制成功一种液晶布,可以在 18 至 33℃ 范围内由红变蓝。用其加工成时装,由于人体各部位体表温度不同,会产生不同颜色,并不断随着体温变化而变化。

发光布　日本针纺公司最近开发成功一种发光布,是用会发光的尼龙纤维织成。由于能吸收并储存日光,晚上在暗处会放射出不同颜色的光芒。

(三)世界耐用消费品发展的新走势

在人们的消费生活中,耐用品消费范围最广,最复杂,涉及行业最多,耐用消费品主要包括日用耐用消费品和文娱耐用消费品。耐用消费品发展速度最快,更新换代快,产品生命周期短,是现代科学技术在消费领域应用最快、最多、最广的领域,是最能体现消费的国际化、智能化、美与艺术性、个性化发展的大趋势。

不同类型国家耐用消费品发展的状况

从世界范围内,衡量一个国家耐用消费品消费发展的阶段,主要指标是电视机普及率,其他耐用消费品(如冰箱、空调器、摩托车等)因国情、环境、气候等差异而拥有量大相径庭。

发达国家耐用消费品发展阶段

世界主要发达国家电视机普及率(每千居民)

国别	美国			日本			法国			德国			英国		
年份	1980	1990	1993	1980	1990	1993	1980	1990	1993	1980	1990	1993	1980	1990	1993
台数	684	812	816	539	611	618	353	402	412	439	554	559	401	434	435

资料来源:《国际统计年鉴》(1996),中国统计出版社出版。

从上表可以看出,发达国家电视机普及率相当高,而且是以彩电为主导,从 80 年代开始,主要发达国家人均拥有量已相当高,进入一种追求质量、档次的平稳发展时期。从日本耐用消费品发展来看,其发展的阶段性十分明显。

日本主要耐用消费品普及率

单位：台/百户

	1980年	1985年	1990年	1992年	1994年
空调器	41.2	54.6	68.1	72.3	77.2
微波炉	37.4	45.3	75.6	81.3	87.2
冰箱	99.2	98.4	98.9	98.0	97.8
洗衣机	99.2	99.6	99.4	99.2	99.0
彩电	98.5	98.9	99.3	99.1	98.9
录像机	5.1	33.5	71.5	75.1	73.8
摄像机	9.0	8.5	23.7	25.6	31.3
摩托车	28.1	35.6	31.0	28.2	24.5
CD唱机			41.5	54.3	55.9
个人电脑			11.5	11.9	15.6

资料来源：同上表。

70年代，日本耐用消费品消费热点是冰箱、彩电、洗衣机，这三种产品由成长期进入成熟期。空调器、微波炉消费热点正在形成。80年代的消费热点是摄像机、录像机、微波炉、空调器、CD唱机、个人电脑的消费热潮已经形成。

90年代的消费热点是个人电脑、CD唱机、摄像机等，空调器、微波炉、录像机等耐用消费品由成长期进入成熟期。

经济高速增长的发展中国家

经济高速增长的发展中国家是近年形成的世界经济发展最重要的经济增长点，它主要位于亚太地区，其耐用消费品发展状况如下：

主要经济高速增长的发展中国家电视机普及率(每千居民)

国别	韩国			马来西亚			新加坡			泰国		
年份	1980	1990	1993	1980	1990	1993	1980	1990	1993	1980	1990	1993
台数	165	210	215	87	148	151	311	377	381	2	35	49

资料来源：同上表。

从上表可看出，经济高速增长的发展中国家，经济高速增长与主要耐用消费品(如电视机)普及率大幅提高同步实现，韩国和新加坡电视机消费增长是在70年代，而马来西亚、泰国则是在80年代至90年代初。

欠发达国家

世界欠发达国家主要集中在非洲和南亚，其耐用消费品发展状况如下：

部分欠发达国家电视机普及率(每千居民)

国别	尼日利亚			缅甸			孟加拉		
年份	1980	1990	1993	1980	1990	1993	1980	1990	1993
台数	8	36	38	×	2	3	1	5	6

资料来源：同上表。

从上表可以看出，欠发达国家耐用消费品普及率相当低，增长相当慢，消费层次与档次较低，在别国已算不上高档耐用消费品的一般彩电或黑白电视机，在这些国家还是奢侈品，大众消费者是可望不可及的。

中国耐用消费品消费发展的状况

中国耐用消费品消费在迅速发展的同时，呈现十分明显的阶段性，这是一大特色。

50～70年代末的耐用消费品热点是"老四件"——手表、自行车、缝纫机、收音机。这一阶段主要是中国自产自销，并且是凭票供应。

80年代初～80年代末的耐用消费品消费热点是"新六件"——电视机、录音机、电风扇、洗衣机、电冰箱、录像机。这个阶段的特征是：国外进口产品为先导，初步形成消费热点，同时开始大规模引进生产线，不少产品很快形成进口产品与国产产品平分秋色的局面，然后逐步形成以国产家电基本替代进口产品。在这“新六件”中，录像机始终以消费进口产品为主。

90年代初～90年代中期的耐用消费品消费热点是超级“四大件”——多功能大屏幕彩电、空调器、电话机、住房。这个阶段的特征是：高档多功能大屏幕彩电以进口为主，而中档多功能大屏幕彩电以国产为主，一般电话机以国产为主，而移动电话则基本上是进口产品（或外资、合资企业市场的国外名牌）的一统天下。

90年代中后期的耐用消费品的消费热点将走向多元化，除了超级四大件继续升温外，家用电脑、VCD机、单元房、小汽车也开始逐步成为热点。这个阶段高档家用电脑、VCD机和高档小汽车都是以进口产品为主导，与此同时，国产（含组装）家用电脑、VCD机都以其价廉物美快速进入家庭，成为大众购买的热点。

世界耐用消费品消费的趋势

世界耐用消费品消费大趋势主要体现在：一是耐用消费品更新换代快，消费品生命周期短；二是文娱耐用消费品增长最为迅速，发达国家和新崛起的发展中国家更是如此；三是新兴耐用消费品发展极为迅速。具体说来：

文娱耐用消费品消费的发展趋势　文化、娱乐、音乐、体育等满足人们精神文化需要的用品消费量持续增加，在消费支出中的比重将逐步提高，档次迅速提高，其中彩电进入更新换代期，彩电走向高档化、大屏幕；电脑以极快的速度进入家庭，成为中国迈向信息化社会最重要的表现之一；家庭影院式的VCD组合音响，风行世界；家用健身器材进入一个新的发展时期——开始大规模走进家庭，家庭装饰品十分流行，艺术品、雕塑、盆景、花草、鱼鸟大量进入家庭。

耐用消费品的发展趋势　新兴发展中国家耐用消费品发展最为迅速，在消费结构中的比重是超常增长，普及和更新换代速度大大快于其他国家。中国只用了15年时间，就完成了耐用消费品发展“三级跳”。中国耐用消费品生命周期短，从开发期到成熟期、衰退期仅仅只有3～5年左右时间，如单缸洗衣机仅3年左右，黑白电视机仅4年左右、小屏幕（20寸以下）彩电仅5年时间，录音机也仅3～5年时间，空调器从大规模开发生产到目前相对于生产能力来说已进入衰退期仅2～3年。作为世界大国，仅用15年时间，就完成了日本、美国等发达国家40年的耐用消费品发展的历程。韩国、新加坡、马来西亚、中国台湾地区与香港地区等亚太国家和地区，也是用较短的时间，完成耐用消费品发展的三个阶段。

主要耐用消费品的发展趋势　由于世界发达国家消费水平大大高于发展中国家，耐用消费品档次和普及率都大大高于发展中国家，而不发达国家耐用消费品档次和拥有量又相当低，因此，中国在分析主要耐用消费品的发展趋势时，只是针对一般水平国家的发展趋势而言的。

彩电、冰箱、洗衣机消费档次提高。彩电、冰箱、洗衣机在许多发展中国家已进入第二次更新换代。第一次更新换代是小彩电换为21寸彩电，单门、双门小冰箱换为大冰箱，单缸洗衣机换为双缸洗衣机，第二次更新换代是21寸彩电换为大屏幕彩电、大冰箱换为超级无氟环保冰箱、双缸洗衣机换为高档全自动洗衣机。

住宅电话、家庭电脑、VCD机大量进入家庭。随着生活节奏加快，人际交往的频繁，信息业的高速度发展，电话已成为人们不可缺少的消费品。许多亚洲发展中国家电话普及率提高很快。1994年每百人拥有电话台数：日本为48台，韩国为40台，马来西亚为15台，美国为59台。每10万人拥有蜂窝电话（大哥大）：日本为1 260台，韩国为623台，马来西亚为442台，新加坡为4 270台，美国为4 326台。中国城镇居民近年来BP机、大哥大普及上升幅度居世界前列，发展速度居世界前列，拥有台数居世界前列，其通讯网络系统、设备以及手机档次都是世界90年代水平。中国已成为世界最大的电信消费市场。长沙市在1994年以前每百人拥有手机不超过1.5%，而1997年上半年达到8%以上，即100多万人口的长沙市，拥有 大哥大近10万台。

随着科技的发展，家庭电脑成本和价格一降再降，586家用（中、低档）电脑从1995年的1.5万元降至1997年的5 000～9 000元。家用电脑多功能和国际互联网络广泛开通，使家用电脑能充分发挥其功能，学电脑、懂电脑已成为现代中青年人立足社会的一种必备的工具。进入21世纪，不懂电脑就难以立足，因此，学电脑已成为一种社会风气，拥有家庭电脑已成为一种时尚，这是电脑快速进入家庭，成为消费热点的动力。

VCD机是近年形成的又一消费热点。对于青年人来说，拥有一套家庭影院VCD组合音响是一种时髦，其价格并不很贵，低档的VCD机和组合音响更受广大消费者欢迎，购买后在家就可以看VCD影碟和唱卡拉OK，自己想唱就唱，不用去卡拉OK厅，既方便又节约，既是一种娱乐，又是一种享受。

空调成为新时尚。空调器主要用于夏季降温，发展中国家是在80年代和90年代初消费开始热起来。近年来，在空调器质量和性能大幅提高以及品种丰富多彩的同时，价格却大幅下降，很多消费者都有购买空调器的能力。空调消费发展较快的国家和地区为处于热带或亚热带地区的发展较快的发展中国家，如新加坡、中国、韩国、马来西亚等国家。在这些国家，空调消费已从单一窗机走向窗机、分体机、柜机三足鼎立的格局。

小汽车成为家庭消费的目标。小汽车作为方便的交通工具，适应了人们对于提高出行效率和舒适性的追求，这是轿车在全世界获得了广泛应用和普及的根本原因。在发达国家轿车已成为家庭生活的必需品，日本平均3.5人拥有一辆轿车，美国平均1.5人一辆，西欧平均2人一辆，发展中国家如巴西、墨西哥、韩国、马来西亚等国平均10～20人一辆，中国目前是平均每千人1.2辆。全世界每4辆汽车中有3辆是小汽车，其中2.5辆以上是家用轿车。家用轿车进入家庭，将极大地提高家庭生活质量，加快生活节奏，提高工作效率，扩大活动范围和消费领域，丰富生活内容和情趣，大量增加外出消费的时间和内容，这些将给家庭生活方式带来重大改变。因此，如果说家用电器的普及是居民走向小康的主要标志，那么轿车进入家庭则是居民从小康走向富裕的主要标志。

小轿车大量进入家庭，是中国21世纪初的目标，是今后消费的发展必然。据有关人士预测，到2000年中国具备购车能力的家庭在800万～1 000万户，到2010年可达7 000万～8 500万户，换句话说，到2010年可能约有3亿左右人口的家庭具备购车能力。可以预计，经过全社会的共同努力，小汽车大量进入家庭的明天即将到来，中国也将成为世界最大的汽车市场。

现代科技、文化消费发展的状况与趋势

湖南省社会科学院经济研究所　尹向东
湖南省经济管理干部学院　尹清非

走向21世纪的社会消费的主旋律是重视生活。这是主要重视生活质量和层次的提高，重视社会经济文化一体化中科技文化的影响，重视传统文化、民族文化与现代文化的溶合，注重消费环境，在此基础上，形成新的、科学文明的生活方式。

(一)科技发展与科技新产品

近年来，随着信息技术、材料技术和生物技术的迅猛发展，对社会生活的各个领域产生了深远影响，特别是微电子技术带来的信息化，给生活方式带来的变化更为明显。

人脑与电脑

电脑是人制造的，电脑程序的编制是人脑编制的。人脑创造的电脑，集众多人的智慧于一体，这便使电脑产生巨大的作用。

两三年前，当代国际象棋的顶尖高手卡斯帕罗夫和IBM公司耗时6年开发的“深蓝”电脑软件之间开展了“人机大战”，结果卡氏以4:2战胜“深蓝”，战胜的秘诀是反常规，因电脑是集众多人智慧为一体，是按常规(即按一定的规则)进行运作,人决非电脑的对手。但人脑的概念化能力和想象力、创造力是电脑所不能相比的。1997 年 3 月,卡氏与“深蓝”再度开展“人机大战”,结果“深蓝”以 3:1 击败卡氏,其原因一是“深蓝”以其十分精确的计算,只要卡氏略有失误,便被电脑逮住;二是电脑不像人受情绪影响,人情绪变化时,必然易出差错;三是卡氏水平提高速度大大低于“深蓝”,“深蓝”集中了无数科研人员 50 多年辛勤努力的成果。这场“人机大战”的结果意义非凡,表明电脑在许多方面可以超越人脑,信息化将主导 21 世纪。

网络革命

Intemet 堪称“电脑网络的老祖宗”,网络革命就始于 Intemet。

网络业的先驱、美国太阳微系统公司的首席技术官埃里克·施资特说:“中国很早就看出 Intemet 的意义,……微机彼此隔绝是没有价值的,只有当他们联成网时才最有用途”。在 1995 年 Intemet 便成为至高至尊,成为“信息高速公路”的同义语。这充分体现电脑的用途,对人类生活方式和生产方式乃至其思维方式产生重大变革。据 Nexis 公司对美国部分报纸、杂志和电视台的调查,1995 年 1 月这些媒体提到“电脑”一词的次数为 1205 次,1994 年同期为 464 次,1993 年仅为 167 次。据《时代》周刊等单位在 1995 年一次调查表明,57% 的人不知道电脑化空间是什么意思,但 85% 的人确信,信息技术将使他们的生活变得更好。他们不知电脑化空间在哪儿,却形成了全球范围的“入网热”。因为没有人愿意错过信息革命这班车。在 1996 年和其后的几年里,人人都有可能被“一网(环球网)打尽”,从网上可知天下事,从网上每个人随时都可大范围的收集或传递信息。

网络化形成了计算机领域的三次浪潮:

第一次浪潮的主导者是大型计算机,关键是信息处理。情景是计算机是复杂、庞大的。

第二次浪潮的主导者是微机,关键是信息的获取,情景是计算机爬上了书桌,这是 80 年代产生的一次计算机革命。

第三次浪潮的主导是网络,信奉的是:网络为王,未来属于全球性的网络。其关键是人与信息联结,人与人的联结。结果是技术的重心从计算机革命向信息存取革命转移。情景是所有这些计算机都连为一体。

第三次浪潮的意义不仅在于是计算机领域的一次重大革命,而且在于是一个改变人类生活方式、生产方式的革命,是一个划时代革命,Internet 成为新世纪的必经之路,互联网络正造就着有史以来最为奇特的人文景观,信息共享正在把地球变成一个小小的村落。如果说,19 世纪是铁路的时代,20 世纪是高速公路的时代,那么,21 世纪将是网络的时代,网络时代无“网”不胜。

21 世纪高科技产业主流

电脑、通讯与家电功能结合的三 C 产品,已成为高科技产业的主流,这将带来消费革命、销售革命和金融革命。

“三 C”所产生的消费革命,这表现为它导致电脑消费、通信消费和家庭电脑消费三者本身的革命,如电脑电视便是三 C 的产物,人们使用电脑就像使用电视一样简单,电视又兼有电脑功能,可进入互联网络。还表现为它将导致消费方式和消费观念的变革。利用“三 C”,购物可不出门,存取钱可不到银行,只要通过电脑便可完成。

“三 C”所产生的销售革命,不仅表现在带动三 C 产业的兴盛,并成为主导产业,更重要的是导致电脑购物时代的到来,用电脑购物,用扫描笔记取所购物品数量等各种数据,输入到专用的电脑后,再输入送货到家的时间。这一切订货信息被传送到超级市场信息中心,剩下的只是等待商品送到家门。据预测,美国在今后的 10 年内将会有近 20% 的超级市场要向电脑购物方向发展。

“三 C”所产生的金融革命,使电子货币时代即将来临。这将改变人类以现金作为基本支付工具的习惯,形成一个“无现金社会”的远景,由信用卡负担起支付大额消费款项的功能,而让电子钱包来扮演日常生活中小额消费款项的支付角色。

新技术的广泛应用

进入 90 年代以来,新技术、新产品层出不穷,呈几何数增长。新技术在消费领域得到了相当广泛的应用,它不断改变着人们的消费方式。近两年,新技术在消费领域应用呈现“四化”趋势。

微型化 小巧、实用、方便是消费需求的客观要求，是消费品开发与生产的方向，例如：

微型电视摄像机。最近，英国 TV2 通讯公司已研制出一种微型电视摄像机。该摄像机仅重 100 克，可拍摄时速 300 公里的运动物体。

微型录像机。日本索尼公司开发的 GV－8 型录像机，仅重 1.1 公斤，对折起来只有一本硬书大小。

微型电话。美国一家公司发明了一种世界上最小的电话。这种电话机可像手表一样戴在手腕上，只要拨动微型字盘，就可以和世界上任何地方有同样电话的通话。

微型照相机。一种款式新颖的袖珍照相机，最近出现在国际市场上。它厚仅 2 厘米，呈四方形，是一种可戴入衣袋里的小型照相机。

微型全自动洗衣机。最近，德国一家厂商设计制造了一种当今世界上最小型的全自动洗衣机，它的机身只有 25 英寸高，宽 15 英寸，可放在厨房或浴室的洗手盆下。

项链式收音机。英国制成一种鸡心形的项链式收音机、重 50 克，可与项链配套吊挂在胸前作饰品，又可听音乐，两全其美。

最小的电视机。日本制造的液晶手表电视机是目前世界上最小的电视机，其屏幕只有 17×25 毫米，图像清晰，音质好(用耳机收听)。

微型电冰箱。国外新近开发出一种微型电冰箱，它体积很小，高为 23 厘米，厚为 24 厘米，宽为 23 厘米，净重 2 公斤，只有 1 本大字典大小。

微型传呼机。一种微型传呼机在美国问世，其大小相当于信用卡，厚度只有 1/4 寸。这种传呼机既能发声，也能震动。使用者可以将它放在口袋里，携带方便。

微型复印机。日本研制出一种超小的复印机。其外型如眼镜盒一般大小，可随身携带，使用方便，人们看书、读报发现需要复制的内容，只要取出这种复印机，对准要复制的部分缓缓移动机身，连续扫描，几秒钟后便可获得 1 份复印件。

模糊化 模糊技术使消费者从复杂的家电产品操作中解放出来，从而大大提高家电的实用性。模糊技术现已在消费领域广泛应用。例如：

模糊电冰箱。这种容量达 350 升的高性能模糊电冰箱，内设冷冻室传感器，外界温度传感器、门传感器，以上传感器输出的信号由电脑进行模糊处理后，可获得冷冻食品温度变化情况，冷藏室食品温度变化情况、冷藏室食品温度分布情况、冰箱周围环境情况、冷凝器结霜量信息，最后由电脑对压缩机、风扇、降霜器进行最优控制，保鲜、节电功能十分理想。

模糊洗衣机。日本松下公司制成的“模糊洗衣机”，内装有智能光传感器，能根据洗涤开始阶段洗涤液透明度的变化，由电脑按照模糊处理程序对衣物脏污程度、脏污性质(泥或油类)、洗涤剂(粉末或液体)进行识别，并自动设计最佳洗涤时间，既洗净了衣服，又不伤害衣料。

模糊自动洗碗机。这种洗碗机可自动测出洗涤槽内装有多少碗、碗碟上有何种油污，并以此自动选择洗涤剂的种类，用水量及洗涤时间。

模糊煮饭。一次最多可煮 1.8 升米饭，内装锅体温度、室温、蒸气三种传感器。用它煮饭时，每一分钟检测一次加热状况，根据检测结果用模糊理论对火力强弱进行微妙控制，保证煮出的米饭松软可口。

模糊彩色电视机。能自动调节电视机屏幕亮度。当看电视节目的人与电视机距离远时，它能自动增大音量。

模糊面包烤炉。可检测烤炉内部温度，原料初温度以及面包的“焦黄”状况，根据面包反射光强弱判断面包数量和色泽，微电脑根据上述状况应用模糊理论对烘烤时间、“焦黄”程序进行微妙调控，烤制的面包可与经验丰富的厨师烤制的面包媲美。

模糊吸尘器。这种吸尘器与有一个基本模糊数学原理，运用模糊逻辑电路技术制造的模糊尘感应器，它可以根据地毯灰尘的多少，自动提高或减少吸力，不但省电省时，而且吸尘效果很好。

快餐式模糊微波炉。日本夏普公司根据模糊逻辑的原理，设计出一种能迅速进行切、削、搅、拌等各种做菜工艺并制成菜肴的快餐式模糊微波炉。

电子化 许多日用品电子化，这是消费品生产与开发的又一趋势。电子技术的广泛应用，使原有消费品功能大大提高，更实用。近期一些电子新产品有：

电子消字笔。日本推出一种袖珍电子消字笔，携带、使用非常方便。

电子消声器。日本开发出一种声波干涉型的电子消声器。

电子弱音器。英国推出一种电子弱声器。它有一个话筒，当人们对着话筒大喊大叫时，声音即会减弱到一般的说话声。

电子水龙头。联邦德国发明了一种电子送水系统。使用时只要按动“开”或“关”的按键，温水就会从水龙头里流出，数位显示器就会显出水的实际温度。

电子黑板。美国一家公司最近研制成一种电子黑板，这种黑板兼有电脑摄影机的功能，通过它可以进行资料交流的远距离通讯座谈会。

电子止痛笔。日本研制出一种电子止痛笔，当找到穴位时，电子止痛笔便会亮起绿灯，并发出响声。

电子化妆器。日本最近推出了一种电子化妆器。按动自已所需要的化妆色和发型的相应按钮，屏幕上就会显示出已经化妆好的面容。

电子牙刷。日本开发出一种电子牙刷，它的内部装有锂电池，当牙齿与牙刷接触时，便有电流通过，依靠离子的电流作用使牙齿上的污斑脱落，牙刷柄把上还有一个豆粒状闪烁光点，发出电子蜂鸣声，揭示电路确已接通。

电子警犬。该报警器有一架摄像机和图像记录仪，可防盗、防火，还可管理家务，在紧急情况下可自动打电话报警，并可连拨3个电话号码。

电脑化　电脑在消费品中广泛应用，是现代科技发展的必然。近期电脑化新产品有：

电脑电视机。日本生产的电脑电视机，可以把图像自动打印出来，还可重复5秒钟前的节目。

电脑冰箱。日本东芝公司制成了一种采用新压缩、绝热和冷却方法，并用压敏阀取代电磁开关来控制冷剂的流动，电脑电冰箱其耗电量只有同体积冰箱的1/3。

电脑洗衣机。日立公司研制的全自动电脑洗衣机，拥有强、弱水流，洁净能力提高18%，衣物损耗降低30%，并能自由选择洗衣和干衣时间，过水次数和调节水位。

电脑电风扇。日本推出的“法记”电风扇，能根据环境温度自动调节风力大小，使人感到是“自然”在吹拂。

电脑抽油烟机。英国研制的这种抽油烟机，主要由一个微电脑感应器控制，能自动开机吸取油烟。

电脑电话机。美国研制了一种把电话机和计算机相结合的电脑电话机。在计算机键盘上有一个插孔，可连接电话机，按一下“拨号”，就能启动电话呼叫，而拨号是在数字键盘上完成，这种电脑计算机装有一个软件包，具有自动拨号、重拨号和存储无限电话号码等多种功能。

电脑相机。美国制造的新型电脑高速相机，每秒钟可拍1.2万张像片。而且不用胶卷，其影像直接输入电脑记忆系统。把该系统接到电视屏幕上，即可任意选择所需的影像。

电脑钥匙。日本用精制陶瓷制成的电脑钥匙，内装有集成电路，可防复制、改制、遗失也无妨，因为它是靠暗码开启的。

电脑自行车。加拿大研制的电脑自行车，可以显示出行驶的速度、时间和路程，以及心跳速度，从而提醒你注意安全。

电脑睡床。美国制成一种电脑睡床，该床可做不同角度的升降，并有电子调温控制装置，不仅美观、舒适，还有治疗作用。

世界科技发展预测

德国教育、研究和技术部最近公布的一份报告指出，今后25年世界科技发展将实现如下重要突破①：

2002年：制成小型可视电话；集电话、文传、电脑、录像于一身的微型机器可放入衣袋；个人可通过计算网络调阅全世界的藏书。

2003年：微生物帮助清除大面积受污染土地的有毒物质；癌症治疗取得突破，基因治疗法初显威力；屋顶和墙上的太阳能电池成为门窗一样的建设设备部件。

2004年：垃圾桶能自动分检各种家庭垃圾；机器设备能像人一样视物并区别各种事物。

2005年：微型探测器能排除血管中的障碍物，血栓病得到治疗。

2006年：蕊片将缩小300倍，多用途且价格便宜；汽车完全自动化，车上计算机完全能承担驾驶任务。

2007年：计算机能自动翻译世界上几种主要语言。

2008年：计算机能计算出各物质的分子结构，能按需要确定物质的特性；计算机能阅读书籍和文件，并作综述；最后找出致癌的各种因素。

---

① 见《市场观察》1996年第8期。

2009年:制出能接受人体神经系统指挥的关节和肌肉。

2010年:电动汽车在专用"加油站"用太阳能电力充电;制成能接受人体神经系统指挥的人工眼。

2012年:制超导传输设备,电力输送不再有损失。

2013年:微型化继续发展,制成原子大小的晶体管;居民开始接种主要癌症预防药,癌症预防成为可能。

2014年:磁悬浮列车采用新技术,时速达1000公里;能人工吸走空气中的二氧化碳,保持大气稳定。

2016年:耐用消费品的寿命比现在延长5倍;通过超导线路在新的蓄能器中存大量能源。

2017年:可使用药物等来促进人产生新思想;微处理机利用活细胞保证能源自给。

2018年:全世界大量生产具有光电作用的(Photovoltaisc)氢作为重要能源;宇宙飞船安装磁性反弹驱动装置能飞向更远的星球。

2019年:在沙漠中利用太阳能发电,用超导线输往工业国。

2020年:在空间站设置太阳能电站发电,用电磁波输向地球。

(二)文化教育消费

如果说现代化意味着科学技术成为必然性和由此带来的生活方式的改变,那么,消费现代化就意味着文化教育事业发展成为必然和由此而引起重塑人类生活方式和消费观念。因为,现代化消费方式的传播并不只简单地表现为技术和物质产品的传播,它最根本的方向是人体现在思想领域,是人的消费观念的改变。

当代成功的发展模式——亚洲模式

亚洲成功发展模式的核心是成功的文化。亚洲社会不同于西方社会,根本区别正如新加坡前总理李光耀所说的"东方社会相信个人存在于其家庭的关系网络中,他不是本初的、独立的。家庭则是家族、朋友以及更广泛的社会的一部分。"家庭是搭建社会的砖块,"政府或存或亡,但家庭却是永久的。"正是在这种东方文化的背景下,东亚才出现了经济腾飞。新加坡是运用文化促进经济发展的典范。运用文化成为"礼仪之邦"的根基是加强国民教育。新加坡的教育是高级、有序、严格的管理教育,注重伦理、道德、传统文化的教育,是讲法制、讲文明、讲秩序的教育,是高标准、分层次、讲实际的教育,使新加坡真正成为"文明之邦"、"礼仪之邦"。新加坡每万人拥有600多名大学毕业生,重教育是新加坡成功的根基。

信息高速公路中的文化消费①

印刷术和印刷机的发明导致第一次信息革命,使人类社会从农业社会进入工业社会,它推动了欧洲的文艺复兴和宗教改革,孕育并促进了尔后的科技革命和工业革命,使人们生活方式、思维方式、价值观念发生巨大变革,形成工业文化和工业文明。信息高速公路的建设则导致第二次信息技术革命,它将推动人类社会由工业社会跃入信息社会,这次革命对人类产生的影响比第一次要深远而巨大得多,对文化消费的影响将更加深刻、巨大。

在信息化社会,信息和知识将代替金钱和权力而成为社会的基本财富和基本资源,知识价值将成为社会的主导价值。这种社会新格局的出现是由新的生产方式和交往方式造成的。它又始于计算机应用于通信领域。这种应用是"计算机通信(Compunication)"的新模式,它将取代用纸张印刷,由物质运输设备传送和电报、电话、无线电、电视等的图像、声音信息的传送。21世纪将会是无纸通信的时代,人类将在信息高速公路上,利用电子和光电子使通信更快速、更方便、范围更加广泛,真正实现超越时空限制的交往。信息高速公路加快了工厂自动化、办公自动化和家庭自动化的"三A"革命的进程,网络的发展促进了家庭办公时代的到来,网络的发展极大地丰富人们的精神生活。这场信息技术革命的一个直接结果是促进文化领域的产业革命和消费革命。其原因是:一是构成信息高速公路的要素中许多都是文化产业的产品;二是在信息高速公路中消费是以科学技术和文化教育消费为主;三是在信息高速公路中将物质产品与文化(精神)消费品融为一炉;四是向人类展示的将是前所未有的、丰富多彩的文化生活和实现远程教育、远程交流、远程获取信息和资料以及远程医疗、远程购物等等。

① 参见金吾伦:"信息高速公路与文化发展",《中国社会科学》,1997年第1期。

信息高速公路将给文化消费带来的变化有：一是有序的信息就是知识，在信息高速公路上获取信息就是获取知识，其消费就是文化消费；二是为人类文化消费提供了一个巨大的文化空间，从信息高速公路上可以快速获取世界各地的文化信息和文化娱乐节目，可以进行虚拟实在模拟，使人通过虚拟实在技术将丰富的想象力变成现实；三是创造了新的文化载体，新载体将改变人们的文化消费方式；四是扩大了人与人之间的交往，促进智能的倍增。在电脑空间中，跨国、跨地区交往不再受空间制约，在心理上也易产生认同感，因为都是地球村的居民；五是人们消费倾向必然出现重点向文化消费转移，人们分配给文化教育的生活空间和时间大大增多。信息高速公路给消费领域带来最大变化就是消费重点由物质向文化的转移，这不仅仅是消费领域中划时代的大变化，也是人类历史上的一个伟大的变化。

世界文化教育事业发展状况

各国城市图书馆、博物馆发展状况是反映各国文化事业发展的一个重要指标。

世界主要城市图书馆和博物馆

	年份	图书馆			博物馆	
		图书馆(座)	藏书量(册)	年阅览人数(人)	博物馆(座)	年参观人数(人)
中国						
上海	1992	31	16 420 000	7 590 000	12	590 000
天津	1992	31	650 000	303 000	13	48 000
印度						
德里	1993	187	1 072 872	79 455	6	1 637 903
马德拉斯	1993	145	4 624 941	7 115 770	4	
日本						
大阪	1992	26		6 073 034	20	
东京	1992	194	26 268 883	37 143 259	160	
美国						
休斯顿	1992	36				15
纽约	1992	210			150	
俄罗斯						
圣彼得堡	1992	549	25 813 700	1 371 000	61	
莫斯科	1992	1 423			73	

资料来源：《国际统计年鉴》(1996)，中国统计出版社。

从上表可以看出：①世界主要国家图书馆事业比较发达的有俄罗斯、美国、印度、日本等，其中俄罗斯最发达，仅莫斯科就有1 423家，拥有世界上最大的图书馆，中、小图书馆也相当发达。②经济欠发达并不完全等于文化贫困，印度经济欠发达，但科学技术和文化教育事业都较发达，德里图书馆为187座，马德拉斯为145座。③发达国家博物馆数量大大高于发展中国家，中国上海、天津分别有12座和13座博物馆，印度德里、马德拉斯仅有6座和4座，而美国纽约有150座，日本东京有160座，俄罗斯的莫斯科有73座。博物馆的多少反映一个城市乃至一个国家文化消费的档次的高低和文化艺术消费需求的大小。

各国城市影剧院发展状况是反映该国文化消费状况的又一重要指标。

世界主要城市影剧院

	年份	剧院		电影院	
		个数(座)	年观众数（千人）	个数(座)	年观众数(千人)
中国					
上海	1992	47		262	80 890
天津	1992	16	310	126	29 600
印度					
德里	1993	27		74	56 200
马德拉斯	1993			112	
韩国					
斧山	1991	22	1 919	56	6 918
汉城	1992	25	23 689	95	
美国					
休斯顿	1992	25		60	
纽约	1992	38		312	
俄罗斯					
莫斯科	1992	60		116	5 654
圣彼得堡	1992	20	3 143	288	16 252

资料来源:同上表。

从上表中可看出:①只要是文化比较发达的国家,其剧院、电影院数量较多;②剧院的数量多少,很大程度上取决于居民的消费习惯,即是否喜欢外出看戏,如俄罗斯人喜欢看歌剧、听音乐会,所以其剧院数量多;③在电视业的冲击下,戏剧和电影业开始衰落,这在一般发达国家尤为突出。但美国纽约电影院个数达 312 座,居世界城市之最,其原因是美国电影业十分发达。

城市公园发展情况是反映各国城市文化娱乐事业发展和精神文化消费状况的重要指标。

世界主要城市公园

	日期(年/月/日)	公园数量(座)	公园面积(万平方米)
中国			
北京	1991		7 152
上海	1992－12－31	89	732
天津	1992－12－31	127	651
印度			
德里	1992－1993	14 551	7 473
马德拉斯	1994	88	2 300
日本			
大阪	1992	835	797
东京	1992	4 870	3 364
新加坡	1992－12－31	392	1 771
美国			
休斯顿	1993	449	82 525
纽约	1990		10 670
英国			
伯明翰	1992	301	3 923
伦敦	1992		45 370

资料来源:同上表。

从上表可以看出:①发达国家公园数和面积大大高于发展中国家;②文明城市的重要特征是美化环

境，新加坡、休斯顿、巴黎、汉城等城市公园面积大，城市已公园化，时时 给人以美的享受，文明的享受；③人口十分密集的大城市，如上海市、天津市、大阪、东京等亚洲大城市，由于城市人口多，地价十分昂贵，寸地寸金，七八十年代占公园的面积修建大厦，使本来就少的公园，面积更少，90 年代以来，许多城市开展扩建、新建公园的“还我公园”运动，力争使城市居民有一个更好的居住环境，节假日能到公园去休息、娱乐。

教育事业的发展状况是关系到千秋万代的大事，人口素质的高低是决定一个国家消费能力、生产能力高低的重要因素。

世界部分国家或地区人文发展指数(1992 年)

	成人识字率(%)	初、中、高等教育综合入学率	教育指数	GDP 指数	人文发展指数	人文发展指数与人均 GDP 位次之差
世界总计	76.0	58			0.759	
加拿大	99.0	100	0.99	0.98	0.950	7
美国	99.0	95	0.98	0.99	0.937	-1
日本	99.0	77	0.92	0.98	0.937	5
法国	99.0	86	0.95	0.98	0.930	3
澳大利亚	99.0	79	0.92	0.98	0.929	7
香港	91.2	70	0.84	0.98	0.905	-14
韩国	97.4	79	0.91	0.96	0.882	7
泰国	93.5	53	0.80	0.95	0.827	-3
马来西亚	81.5	60	0.74	0.96	0.882	14
印度	49.9	55	0.52	0.21	0.439	7
尼泊尔	25.6	55	0.36	0.20	0.343	-5
索马里	27.0	7	0.20	0.17	0.246	-14
阿富汗	28.9	14	0.24	0.13	0.228	-12
尼日尔	12.4	14	0.13	0.13	0.207	-18

资料来源：《国际统计年鉴》(1996)，中国统计出版社。

从世界人文发展指数可看出：①世界发达国家与发展中国家之间、发展中国家之间人文发展差异十分巨大，发展极不平衡，发展中国家应把发展教育事业、提高国民素质作为最为重要的事情；②从成人识字来看，低于世界平均水平的发展中国家达 67 个之多，其中最低的仅为 12.4%，识字率在 30% 以下的有 6 个国家；③从教育指数、GDP 指数和人文发展指数来看，穷国与富国差异仍然相当大。越富则人文发展水平越高，教育事业越发达；越穷，教育事业越落后，发展速度越慢。

从居民文化程度构成来看，居民文化素质最高的是美国，大学文化程度的达 45.2%，仅次于美国的是新西兰(39.1%)、以色列(23.1%)、加拿大(21.4%)、日本(21.2%)。居民文化素质低的仍是南亚和非洲不发达国家，印度有大学文化程度的仅为 2.5%，孟加拉为 1.3%，巴基斯坦为 2.5%，尼泊尔为 1.1%，文盲及文化程度不明者，这几国均在 70% 以上，其中尼泊尔达 90.3%，国民素质低下是制约经济发展、消费水平提高的最根本的因素，解决这个问题是贫困国家教育发展的首要问题。

发展教育的出路首先在于增加消费。但贫困国家越穷，越不重视教育，教育经费在国民生产总值的比重就越低，印度 1992 年为 3.7%，孟加拉国 1992 年为 2.3%，巴基斯坦 1993 年为 2.4%，而日本 1993 年为 5.1%，美国 1990 年就达 5.3%，法国、德国 1993 年均为 5.8%[①]。

① 《国际统计年鉴》(1996)，中国统计出版社。

附件一：世界部分国家消费支出占消费结构中的比重表

部分国家食物消费支出在消费结构中的比重(%)

	1980年	1985年	1990年	1991年	1992年	1993年	1994年	1995年
澳大利亚	24.17	22.51	20.87	20.85	20.64			
丹　麦	25.23	23.58	23.40	23.52	23.83	23.57		
法　国	21.25	20.51	19.05	18.92	18.44	18.33		
加拿大	18.88	17.48	15.93	16.29	16.02	15.69		
美　国	20.74		17.23	17.07	16.53	16.45	16.24	
日　本	29.03	27.00	25.37	25.11	24.69	24.33	24.13	23.67
瑞　士	28.88	28.14	27.12	27.01	26.99	27.05		
泰　国	42.78	38.14	32.44	31.95	31.26	30.51		
新加坡	26.92	25.24	19.03	19.39	19.14	18.59		
新西兰		19.28	19.32	19.38	19.40	19.62		
印　度	57.88	55.12	51.52	52.16	51.91	51.02		
英　国	28.08	24.92	21.15	21.15	21.36	20.68		

资料来源：联合国《国民核算统计年鉴》(1993)、《日本统计年鉴》(1997)、《美国统计年鉴》(1996)。

服装消费支出在消费结构中的比重(%)

	1980年	1985年	1990年	1991年	1992年	1993年	1994年	1995年
澳大利亚	7.02	6.72	5.59	5.61	5.49			
丹　麦	5.91	6.01	5.92	5.86	5.54	5.60		
法　国	7.30	6.94	6.48	6.31	6.14	5.91		
芬　兰	5.51	5.36	5.69	5.53	4.96	4.77		
加拿大	6.88	6.15	5.53	5.37	5.19	5.21		
美　国	7.54		6.89	6.77	6.82	6.66	6.61	
日　本	7.88	7.18	7.38	7.28	7.00	6.65	6.35	6.15
瑞　士	5.04	4.85	4.54	4.48	4.37	4.14		
泰　国	9.82	11.14	11.59	11.75	11.61	11.33		
新加坡	7.44	7.74	7.64	7.41	7.10	6.93		
新西兰		6.38	5.29	5.20	5.26	5.53		
印　度	11.22	12.17	12.26	11.35	10.58	11.26		
英　国	7.12	6.97	6.18	6.04	5.95	5.91		

资料来源：联合国《国民核算统计年鉴》(1993)、《日本统计年鉴》(1997)、《美国统计年鉴》(1996)。

住房消费支出在消费结构中的比重(%)

	1980年	1985年	1990年	1991年	1992年	1993年	1994年	1995年
澳大利亚	18.74	19.52	20.50	20.29	20.32			
丹　麦	26.97	24.69	24.80	24.66	24.54	24.58		
法　国	17.38	18.90	18.78	19.66	20.08	20.84		
芬　兰	17.97	18.58	18.67	20.09	21.43	22.90		
加拿大	20.56	22.33	23.20	24.11	24.52	24.69		
美　国	14.60		14.56	14.70	14.49	15.11	15.04	
日　本	10.37	11.14	10.27	10.61	11.02	11.26	11.99	12.54
瑞　士	20.27	20.86	20.15	20.65	20.85	21.14		
泰　国	11.06	11.07	8.63	8.58	8.31	8.14		
新加坡	9.15	10.77	10.97	11.51	11.53	11.22		
新西兰		15.18	0.00	0.00	0.00	0.00		
印　度	12.59	12.00	11.53	11.74	11.99	11.97		
英　国	18.47	20.18	17.94	18.75	19.39	19.51		

资料来源：联合国《国民核算统计年鉴》(1993)、《日本统计年鉴》(1997)、《美国统计年鉴》(1996)。

用品消费支出在消费结构中的比重(%)

	1980年	1985年	1990年	1991年	1992年	1993年	1994年	1995年
澳大利亚	7.78	7.48	6.37	6.40	6.58			
丹 麦	7.40	6.59	6.23	6.19	5.99	6.02		
法 国	9.49	8.28	7.89	7.72	7.53	7.45		
芬 兰	7.16	7.01	6.82	6.53	6.19	5.94		
加拿大	9.87	9.18	9.07	8.77	8.76	8.73		
美 国	13.36		11.63	11.59	11.48	11.30	11.24	
日 本	4.28	4.27	3.98	4.10	3.92	3.75	3.87	3.81
瑞 士	6.10	5.64	5.49	5.52	5.05	4.97		
泰 国	6.59	7.11	9.38	9.96	10.09	10.26		
新加坡	8.43	9.93	8.36	8.57	8.66	8.46		
新西兰		10.41	9.36	9.51	9.85	10.78		
印 度	3.79	4.71	5.00	4.74	4.76	4.71		
英 国	7.22	6.59	6.55	6.53	6.52	6.63		

资料来源:联合国《国民核算统计年鉴》(1993)、《日本统计年鉴》(1997)、《美国统计年鉴》(1996)。

医疗保健消费支出在消费结构中的比重(%)

	1980年	1985年	1990年	1991年	1992年	1993年	1994年	1995年
澳大利亚	6.16	6.46	7.29	7.41	7.32			
丹 麦	1.82	1.74	2.06	1.94	2.11	2.09		
法 国	7.69	8.53	9.42	9.65	9.89	10.16		
芬 兰	4.45	4.55	4.58	4.79	4.96	4.95		
加拿大	3.72	4.19	4.24	4.33	4.52	4.59		
美 国	11.85		15.89	16.68	17.02	17.67	17.74	
日 本	2.54	2.54	2.85	2.76	2.79	2.94	2.91	2.99
瑞 士	8.29	8.63	9.20	9.49	9.90	10.41		
泰 国	3.70	6.21	7.21	6.99	6.70	6.29		
新加坡	3.20	3.46	4.23	4.23	4.21	4.08		
新西兰		4.79	4.84	4.93	4.89	5.12		
印 度	2.99	2.66	2.36	2.37	2.38	2.33		
英 国	0.95	1.25	1.42	1.59	1.67	1.67		

资料来源:联合国《国民核算统计年鉴》(1993)、《日本统计年鉴》(1997)、《美国统计年鉴》(1996)。

交通通讯消费支出在消费结构中的比重(%)

	1980年	1985年	1990年	1991年	1992年	1993年	1994年	1995年
澳大利亚	15.45	14.78	15.19	14.82				
丹 麦	14.60	18.01	15.48	15.89	15.85			
法 国	16.54	16.69	16.17	16.20	15.67			
芬 兰	15.16	16.94	15.65	15.00	14.59			
加拿大	14.99	15.95	14.66	14.35	14.29			
美 国	13.48		11.13	11.19	11.31	11.42		
日 本	7.99	9.06	9.33	9.32	9.88	9.79	10.02	
瑞 士	12.34	12.03	12.96	12.95	12.55			
泰 国	11.55	10.44	13.73	15.30	16.80			
新加坡	15.20	13.20	13.42	13.90	14.52			
新西兰		18.43	0.00	0.00	0.00			
印 度	5.14	6.59	9.23	9.79	10.10			
英 国	16.63	17.04	17.07	16.88	17.06			

资料来源:联合国《国民核算统计年鉴》(1993)、《日本统计年鉴》(1997)、《美国统计年鉴》(1996)。

娱乐文化教育消费支出在消费结构中的比重(%)

	1980年	1985年	1990年	1991年	1992年	1993年	1994年	1995年
澳大利亚	8.06	8.99	9.36	9.38	9.79			
丹　　麦	9.17	9.98	11.21	11.47	11.08	11.47		
法　　国	7.25	6.99	7.53	7.44	7.46	7.42		
芬　　兰	9.72	9.37	9.71	9.80	9.48	9.34		
加 拿 大	10.44	10.59	11.29	11.09	11.19	11.19		
美　　国	8.65		9.89	10.01	10.07	9.84	10.21	
日　　本	12.12	12.83	14.33	13.91	14.45	14.53	14.60	14.26
瑞　　士	9.59	10.03	10.08	9.95	9.79	9.59		
泰　　国	4.62	4.77	4.45	4.59	4.67	4.79		
新 加 坡	10.07	12.09	15.73	16.11	15.53	15.29		
新 西 兰		8.92	9.42	9.48	9.63	10.41		
印　　度	3.01	3.04	3.78	3.68	3.76	3.73		
英　　国	9.43	9.41	10.01	10.00	10.16	10.28		

资料来源:联合国《国民核算统计年鉴》(1993)、《日本统计年鉴》(1997)、《美国统计年鉴》(1996)。
(以上资料均由湖南省经济管理干部学院尹清非收集整理)

附件二:世界部分国家消费结构数据

美国消费结构(%)

	1980年	1990年	1991年	1992年	1993年	1994年
1 食品、饮料、烟草	20.74	17.23	17.07	16.53	16.45	16.24
2 服装鞋类	7.54	6.89	6.77	6.82	6.66	6.61
3 住房	14.60	14.56	14.70	14.49	15.11	15.04
4 家庭设备用品	13.36	11.63	11.59	11.48	11.30	11.24
5 医疗保健	11.85	15.89	16.68	17.02	17.67	17.74
6 交通通讯	13.48	12.07	11.13	11.19	11.31	11.42
7 文教娱乐	8.65	9.89	10.01	10.07	9.84	10.21
8 其他	9.56	12.15	12.54	12.93	12.13	11.94

资料来源:《美国统计摘要》(1994)第453页、《美国统计摘要》(1996)。

英国消费结构(%)

	1980年	1985年	1990年	1991年	1992年	1993年
1 食品、饮料、烟草	28.08	24.92	21.15	21.55	21.36	20.68
2 服装鞋类	7.21	6.97	6.18	6.04	5.95	5.91
3 住房、燃料、电力	18.47	20.18	17.94	18.75	19.39	19.51
4 家用器具	7.22	6.59	6.55	6.53	6.52	6.63
5 医疗保健	0.95	1.25	1.42	1.59	1.67	1.67
6 交通通讯	16.63	17.04	17.88	17.07	16.88	17.06
7 娱乐文化教育	9.43	9.41	10.01	10.00	10.16	10.28
8 杂项商品和服务	12.00	13.64	18.87	18.47	18.70	18.24

资料来源:联合国《国民核算统计年鉴》(1993)。

加拿大消费结构（%）

	1980年	1985年	1990年	1991年	1992年	1993年
1 食品、饮料、烟草	18.88	17.48	15.93	16.29	16.02	15.69
2 服装鞋类	6.88	6.15	5.53	5.37	5.19	5.21
3 住房、燃料、电力	20.56	22.33	23.20	24.11	24.52	24.69
4 家用器具	9.87	9.18	9.07	8.77	8.76	8.73
5 医疗保健	3.72	4.19	4.24	4.33	4.52	4.59
6 交通通讯	14.99	15.95	15.38	14.66	14.35	14.29
7 娱乐文化教育	10.44	10.59	11.29	11.09	11.19	11.19
8 杂项商品和服务	14.67	14.12	15.35	15.38	15.44	15.60

资料来源：联合国《国民核算统计年鉴》(1993)。

法国消费结构（%）

	1980年	1985年	1990年	1991年	1992年	1993年
1 食品、饮料、烟草	21.25	20.51	19.05	18.92	18.44	18.33
2 服装鞋类	7.30	6.94	6.48	6.31	6.14	5.91
3 住房、燃料、电力	17.38	18.90	18.78	19.66	20.08	20.84
4 家具、家庭设备用品	9.49	8.28	7.89	7.72	7.53	7.45
5 医疗保健	7.69	8.53	9.42	9.65	9.89	10.16
6 交通通讯	16.54	16.69	16.80	16.17	16.20	15.67
7 娱乐文化教育	7.25	6.99	7.53	7.44	7.46	7.42
8 杂项商品和服务	13.09	13.14	14.05	14.14	14.26	14.22

资料来源：联合国《国民核算统计年鉴》(1993)。

瑞士消费结构（%）

	1980年	1985年	1990年	1991年	1992年	1993年
1 食品、饮料、烟草	28.88	28.14	27.12	27.01	26.99	27.05
2 服装鞋类	5.04	4.85	4.54	4.48	4.37	4.14
3 住房、燃料、电力	20.27	20.86	20.15	20.65	20.85	21.14
4 家用器具	6.10	5.64	5.49	5.25	5.05	4.97
5 医疗保健	8.29	8.63	9.20	9.49	9.90	10.41
6 交通通讯	12.34	12.03	13.09	12.96	12.95	12.55
7 娱乐文化教育	9.59	10.03	10.08	9.95	9.79	9.59
8 杂项商品和服务	9.49	9.81	10.32	10.20	10.12	10.14

资料来源：联合国《国民核算统计年鉴》(1993)。

芬兰消费结构（%）

	1980年	1985年	1990年	1991年	1992年	1993年
1 食品、饮料、烟草	27.91	25.35	23.32	23.97	24.67	24.68
2 服装鞋类	5.51	5.36	5.69	5.53	4.96	4.77
3 住房、燃料、电力	17.97	18.58	18.67	20.09	21.43	22.90
4 家用器具	7.16	7.01	6.82	6.53	6.19	5.94
5 医疗保健	4.45	4.55	4.58	4.79	4.96	4.95
6 交通通讯	15.16	16.94	17.21	15.65	15.00	14.59
7 娱乐文化教育	9.72	9.37	9.71	9.80	9.48	9.34
8 杂项商品和服务	12.12	12.84	14.00	13.64	13.31	12.85

资料来源：联合国《国民核算统计年鉴》(1993)。

丹麦消费结构(%)

	1980年	1985年	1990年	1991年	1992年	1993年
1 食品、饮料、烟草	25.23	23.58	23.40	23.52	23.83	23.57
2 服装鞋类	5.91	6.01	5.92	5.86	5.54	5.60
3 住房、燃料、电力	26.97	24.69	24.80	24.66	24.54	24.58
4 家用器具	7.40	6.59	6.23	6.19	5.99	6.02
5 医疗保健	1.82	1.74	2.06	1.94	2.11	2.09
6 交通通讯	14.60	18.01	15.53	15.48	15.89	15.85
7 娱乐文化教育	9.17	9.98	11.21	11.47	11.08	11.47
8 杂项商品和服务	8.88	9.40	10.85	10.88	11.02	10.82

资料来源:联合国《国民核算统计年鉴》(1993)。

日本消费结构(%)

	1970年	1980年	1985年	1990年	1991年	1992年	1993年	1994年	1995年
1 食品	34.06	29.03	27.00	25.37	25.11	24.69	24.33	24.13	23.67
2 住房	4.87	4.63	4.64	4.76	5.11	5.47	5.59	6.13	6.49
3 燃料、照明和水	4.39	5.74	6.50	5.51	5.50	5.55	5.68	5.85	6.05
4 家具和家用器具	5.00	4.28	4.27	3.98	4.10	3.92	3.75	3.87	3.81
5 服装鞋类	9.46	7.88	7.18	7.38	7.28	7.00	6.65	6.35	6.15
6 医疗保健	2.67	2.54	2.54	2.85	2.76	2.79	2.94	2.91	2.99
7 交通和通讯	5.20	7.99	9.06	9.47	9.33	9.32	9.88	9.79	10.02
8 教育	2.73	3.61	3.97	4.65	4.30	4.61	4.51	4.70	4.67
9 阅读和娱乐	9.03	8.51	8.86	9.68	9.61	9.83	10.02	9.90	9.59
10 其他消费支出	22.59	25.79	25.99	26.34	26.86	26.82	26.66	26.37	26.56

资料来源:《日本统计年鉴》(1995)第570～571页、《日本统计年鉴》(1997)。

新加坡消费结构(%)

	1980年	1985年	1990年	1991年	1992年	1993年
1 食品、饮料、烟草	26.92	25.24	19.03	19.39	19.14	18.59
2 服装鞋类	7.44	7.74	7.64	7.41	7.10	6.93
3 住房、燃料、电力	9.15	10.77	10.97	11.51	11.53	11.22
4 家用器具	8.43	9.93	8.36	8.57	8.66	8.46
5 医疗保健	3.20	3.46	4.23	4.23	4.21	4.08
6 交通通讯	15.20	13.20	13.62	13.42	13.90	14.52
7 娱乐文化教育	10.07	12.09	15.73	16.11	15.53	15.29
8 杂项商品和服务	19.61	17.56	20.42	19.36	19.94	20.91

资料来源:联合国《国民核算统计年鉴》(1993)。

泰国消费结构(%)

	1980年	1985年	1990年	1991年	1992年	1993年
1 食品、饮料、烟草	42.78	38.14	32.44	31.95	31.26	30.51
2 服装鞋类	9.82	11.14	11.59	11.75	11.61	11.33
3 住房、燃料、电力	11.06	00.07	8.63	8.58	8.31	8.14
4 家用器具	6.59	7.11	9.38	9.96	10.09	10.26
5 医疗保健	3.70	6.21	7.21	6.99	6.70	6.29
6 交通通讯	11.55	10.44	13.97	13.73	15.30	16.80
7 娱乐文化教育	4.62	4.77	4.45	4.59	4.67	4.79
8 杂项商品和服务	9.88	11.13	12.34	12.47	12.06	11.88

资料来源:联合国《国民核算统计年鉴》(1993)。

印度消费结构(%)

	1980年	1985年	1990年	1991年	1992年	1993年
1 食品、饮料、烟草	57.88	55.12	51.52	52.16	51.91	51.02
2 服装鞋类	11.22	12.17	12.26	11.35	10.58	11.26
3 住房、燃料、电力	12.59	12.00	11.53	11.74	11.99	11.97
4 家用器具	3.79	4.71	5.00	4.74	4.76	4.71
5 医疗保健	2.99	2.66	2.36	2.37	2.38	2.33
6 交通通讯	5.14	6.59	8.83	9.23	9.79	10.10
7 娱乐文化教育	3.01	3.04	3.78	3.68	3.76	3.73
8 杂项商品和服务	3.38	3.70	4.72	4.72	4.84	4.89

资料来源:联合国《国民核算统计年鉴》(1993)。

(以上资料均由湖南省经济管理干部学院尹清非收集整理)

中国近期社会消费及趋势

湖南师范大学消费经济研究所　　尹世杰

社会公共消费与居民个人消费比例的变化趋势

我们这里所讲的“社会消费”,是指广义的社会消费,包括社会公共消费和居民个人消费。从长期发展趋势来说,社会公共消费在总消费中的比重应该逐步提高,居民 个人消费的比重相对降低。但这些比重的变化,主要取决于生产力发展水平。在生产力发展水平不高的情况下,社会公共消费的比重过高,就会影响个人消费,不利于居民消费水平的提高,不利于社会经济的发展。从世界各国的情况来看,收入水平高的国家,社会公共消费的比重也较高;收入水平低的国家,社会公共消费的比重也较低。根据世界银行的材料,以 1981 年为例,社会公共消费在消费结构中的比重:低收入国(34 个)为 11%,下中等收入国家或地区(39个)为13%,上中等收入国家或地区(21个)为15%,高收入石油出口国(4个)为21%,市场经济工业国(19个)为17%。收入水平不同,社会公共消费的比重也不同。

中国近20年来,居民消费与社会公共消费的比重变化的情况是:社会公共消费在国民收入消费额中的比重逐步提高。如1978年为11.4%,1985年为13.1%,1990年为15.1%,1993年为15.2%①。最近几年略有下降。按支出法国内生产总值结构来说,社会公共消费在总消费中的比重:1993年为22.3%,1994年为22%,1995年为20.9%②。在生产力水平不高的情况下,社会公共消费这样的比重还是偏高了。随着消费市场化、商品化的发展,一些福利性消费的逐步减少,这个比重还会降低。问题在于:还要具体分析社会公共消费的内部结构。比如,用于发展文化、教育、卫生保健等"公共产品"的支出(包括这些方面的基础设施和服务)增加了,这是很必要的。但近年来,一些行政管理费用增加很快,甚至造成铺张浪费,这就有问题了。中国国家财政支出中,行政管理费的支出:1978年为52.9亿元,1985年为171.06亿元,1990年为414.56亿元,1994年为847.68亿元,1995年为996.5亿元;而社会文教费的支出:1978年为146.96亿元;1985年为408.432亿元,1990年为737.81亿元,1995年为1 756.7亿元③。从1978年至1995年,社会文教费增长12倍,而行政管理费却增长19倍以上。这就显得很不合理了。

值得注意的是:社会公共消费中有一部分实际上转化为少数人的个人消费,供少数人挥霍浪费,包括挥霍公款。这样就会影响居民消费的增长。有人统计,中国近年来"集团消费"猛增:1990年突破1 000亿元大关,1993年增至1 384亿元;公款吃喝1990达400亿元,1992年达800亿元。近年来,公款吃喝玩乐,有增无减。据国家统计局测算:全国大中型饭店、宾馆,60~70%的收入来自公款宴请。以保守的态度估算,1994年全国用于公款宴请的费用达1 000亿~1 200亿元。近些年来急剧膨胀起来的歌舞厅和夜总会,也成为公款消费的大项之一④。有人估算:全国每年至少有100亿人民币进了桑拿浴室,这笔钱大多是从国家的血脉里流出的⑤。据1993年末不完全统计,中国小轿车拥有量为230多万辆,其中当年新增轿车(不计替换废车)约46万多辆,95%为公款购买,其中进口车占50%左右,仅新增轿车一项,国家全年需支付买车和养车费用约700亿元,相当于当年国家财政赤字的1.25倍。1993年公费旅游支出达160亿元。从上面情况说明:社会公共消费中的正当支出,应该不断增长;不合理部分,特别是集团消费的增长不宜过快,以免影响个人消费的正常增长。

中国近期居民收入水平和消费水平的变化

居民消费的变化,主要取决于居民收入的变化。因此,要分析中国近期居民消费水平和消费结构,必须先分析居民收入的变化。

中国近年来,城乡居民收入水平均有显著的提高。城镇居民家庭人均生活费收入:1990年为1 387.3元,1995年为3 892.9元,1996年为4 377元,6年增长了3倍多;农村居民人均纯收入:1990年为686.3元,1995年1 577.7元,1996年为1 926元⑥,6年也增长3倍。根据"九五"计划:城镇居民人均生活费收入实际年均增长5%,农民人均实际年增长4%,增长幅度均较大。

收入水平的提高,为消费水平的提高和消费结构的改善创造了重要的条件。全国居民消费水平:1990年为803元,1996年为2 675元;其中非农业居民1990年为1 686元,1996年为5 786元;农民1990年为571元,1996年为1 718元。"八五"时期,全国居民消费水平均每年增长8.9%,其中农民居民为

---

① 《中国统计年鉴》(1994),中国统计出版社,1995年版,第40页。
② 《中国统计摘要》(1996),中国统计出版社,1996年版,第14页。
③ 《中国统计年鉴》(1995),中国统计出版社,1995年版,第220页。1995年数字,引自《中国统计摘要》(1997)第48页。
④ 何苓甫:《中国反击隐形经济》,远方出版社,1997年版,第227页。
⑤ 《中国消费者报》,1995年8月5日周末版。
⑥ 《中国统计摘要》(1997),第72页。

7.7%,非农民居民为8.7%(均按可比价格计算)①扣除物价上涨因素,无论城镇居民还是农民,实际消费水平均提高将近一倍。

具体说来,城乡居民实际消费水平均有显著的提高。例如,社会消费品零售额:1990年为7 250.3亿元,1995年增至20 620亿元,1996年增至24 614.3亿元,6年增长了3倍②。其中:衣着类1990年1 182.2亿元,1994年为2 602.3亿元,4年增长1倍多;日用品类1990年为993.9亿元,1994年增至2 065.6亿元,4年增长两倍多;文化娱乐用品类1990年443亿元,1994年增至862亿元,4年增长近1倍。以每百户居民家庭拥有的耐用消费品而言,城镇居民电冰箱拥有量:1985年为6.58%,1996年为69.67%;彩色电视机拥有量:1985年为17.21%,1996年为93.5%;电炊具拥有量:1985年为19%,1996年为91.1%;农村居民电视机拥有量:1985年为11.74%,1996年为87.97%,洗衣机拥有量:1985年1.9%,1996年为20.54③,增长几倍甚至十几倍。这些都反映实际消费水平的提高和消费层次的提高。

这里有一个值得研究的问题:居民储蓄的增加,是有利于消费水平的提高,还是不利于消费水平的提高?有人认为,中国近年来,"由于储蓄异乎寻常的增长,使居民消费的增长大大落后于收入的增长,甚至使居民在收入迅速增长时期竟然出现了消费水平的下降。1987年和1988年,分别有20%和35%的居民生活水平下降,而到了1989年则出现全国居民消费水平的下降"。他们还认为,造成城乡居民的高储蓄倾向原因之一,是"加之长期以来,中国在消费领域一直存在一些传统观念,压抑消费,往往片面强调节衣缩食,勤俭度日,把适度增加消费视为奢侈浪费,把正当消费和艰苦奋斗对立起来,甚至把人们改善生活和资产阶级生活作风等同起来。由于这些传统的观念束缚着人们的思想意识,一旦人们的收入水平提高,就会提高他们的储蓄倾向,形成上述一种高储蓄倾向"④。这些观点是把储蓄和消费绝对对立起来了。应该看到,储蓄中有相当大一部分是用于消费的,不少人的储蓄是准备用于提高消费水平的。中国80年代有不少家庭,特别是城市居民家庭,不是通过一定时期的储蓄积累,不断增加家用电器,从而使城镇逐步普及家用电器的吗?中国现在加速住房商品化,强调开办多种形式的住房储蓄业务,强调房改重点是推行和完善公积金制度,这不是通过储蓄的方式来解决住房问题,提高居民消费水平吗?居民储蓄,从短期来说,可能制约目前消费水平的提高;但从较长时期来说,正是为以后提高消费水平打下牢固的物质基础。应该说,居民储蓄的增长,是件好事,是有利于经济的发展和居民消费水平的提高的,决不能把储蓄和消费对立起来。中国最近几年居民储蓄更多,增长更快,能说中国这几年城乡居民消费水平在下降吗?至于中国有些年度居民消费水平可能出现降低的情况,这有很复杂的原因,如物价的上涨,消费品供求失调,消费需求膨胀,等等,不能简单地归罪于储蓄。至于说,中国城乡居民高储蓄的原因之一,是由于"存在一些传统观念","由于这些传统观念束缚着人们的思想意识",这不仅在理论上说不通,而且是不符合当前实际的。抑制消费是错误的,但"艰苦奋斗"、"勤俭度日"这些传统观念,并不错,中国不仅不能全盘否定,现在还应加以发扬。请问:现在还有多少人"把正当消费和艰苦奋斗"对立起来?有多少人"把改善生活和资产阶级生活作风等同起来"?人们储蓄倾向的提高是由于这些问题界限不清吗?居民储蓄倾向的提高,又有什么不好呢?这不仅把正在走向21世纪的中国城乡居民的消费观念估计过低了,而且把传统观念中的正确的与不正确的东西混为一谈了。

中国近年来,由于收入水平的提高,使居民消费出现明显的变化。

(一)消费多样化、多层次化

由于消费品和劳务的生产、供应日益丰富,消费呈现多样化。不仅实物消费得到较好的改善,劳务消费也得到较好的提高;不仅物质生活得到较好的满足,精神文化生活也得到较好的满足。消费内容日益丰富,消费选择性不断增强,消费者能根据自己的爱好进行消费,逐步体现消费的个性化。与此同时,随

① 《中国统计摘要》(1997),第71页。
② 《中国统计摘要》(1997),第122页。
③ 《中国统计摘要》(1997),第75、78页。
④ 郑必清等:《走向21世纪的中国消费结构》,湖南出版社,1996年版。

着社会经济的发展,居民收入水平的差距在一定时期内逐步扩大,消费水平的差距也会拉大,进一步呈现多层次化。极少数出现"豪华型消费",一部分人进入"小康型消费",大多数人处于"温饱型消费",还有少数人处于"贫困型消费"。近年来,在城镇居民中,由于收入水平不同,消费水平的差距逐步扩大,以1994年为例,从衣着支出来看:最低收入户为167.98元,低收入户为235.54元,中等偏下户为309.39元,中等收入户为390.89元,中等偏上户为477.17元,高收入户为589.08元,最高收入户为682.33元;从耐用消费品来看:最低收入户为34.59元,低收入户为115.58元,中等偏下户为154.31元,中等收入户为230.21元,中等偏上户为299.94元,高收入户为429.43元,最高收入户为628.72元;以交通通讯而言,最低收入户为39.6元,低收入户为63元,中等偏下户为83.15元,中等收入户为121.98元,中等偏上户为161.78元,高收入户为227.74元,最高收入户为319.4元[①],差距还相当大。这种趋势,在"九五"时期将继续出现。农村的情况也大致如此。现在有一部分人早已进入小康生活,有的正在进入,有的需花较多的时间、较多的力气才能进入。正如中共中央关于制定国民经济和社会发展十年规划和"八五"计划的建议所指出:"由于中国经济发展很不平衡,全国小康水平的实现,从地区和时间上将是逐步推进的。"这些都说明,消费的多样化、多层次化,是发展的必然趋势。

(二)人们的消费,由以数量扩张为主逐步转变为以质量提高为主

近年来,大多数城乡居民的基本消费需要大体得到了满足,人们消费的差别,主要表现为质量上的差异。饮食讲营养,居住讲舒适,生活强调健美化、方便化,就是强调质量。消费质量,首先表现在消费品(包括劳务产品)的质量上。不同的花色、品种,不同的档次,质量的差别很大。近年来,中国居民不仅在吃、穿、住等方面质量大大提高,在用品方面更是丰富多彩,家用电脑、空调器、组合音响等逐步进入居民家庭;不仅物质生活质量大为提高,精神文化消费也日益丰富,不断提高消费中的文化含量。人们的消费质量,还表现在消费的方便程度、舒适程度、闲暇时间多少及其利用程度等等;消费质量,还表现在消费环境的质量上,包括自然环境、人文环境的质量。中国每万人拥有的绿地面积:1980年为9.6公顷,1993年增至34.9公顷。这反映了环境质量的提高。我们要站在可持续发展的高度,避免环境污染,保持生态平衡,不断提高环境质量。总之,随着小康水平的到来,人们越来越注重消费质量的提高。

中国近年来,消费质量不断提高。例如,反映消费质量的重要指标之一是人口死亡率。中国近年来,人口死亡率不断降低:1970年为7.6‰,1985年为6.8‰,1990年为6.7‰,1993年为6.6‰,在世界各国中是比较低的[②]。反映消费质量的另一个重要指标"平均期望寿命",中国1985年,男人为66(岁),女人为71(岁),1993年,男人为68(岁),女人为71(岁),在世界各国中是比较高的[③]。此外,中国这几年有了双休日,闲暇时间大大增加,闲暇消费质量也不断提高。人们的消费,由追求数量增加转向追求质量提高,也是发展的必然趋势。

(三)人们的消费,由满足生存需要为主转向追求发展需要、享受需要的满足

人们的消费,总是由低层次向高层次不断发展的。温饱阶段,属于较低层次。在消费结构中,生存资料所占比重很大,享受资料、发展资料所占比重很小。在小康阶段,属于较高层次,生存资料虽然仍占消费的主体,但比重已大大降低,发展资料、享受资料、特别是发展资料在消费结构中的比重不断扩大,这已成为小康生活的重要内容。例如,中国近年来,居民文化教育消费增长较快。城镇居民平均每人娱乐、教育、文化服务:1993年为194.01元,1994年为250.75元,1995年为312.71元,1996年为347.95元,4年增长近一倍;农村居民平均每人文化、教育、娱乐用品及服务:1990年为31.38元,1995年为102.39

---

① 《中国统计年鉴》(1995),第260~261页。
② 《国际统计年鉴》(1996),中国统计出版社,1996年版,第59页。
③ 《中国统计年鉴》(1995),中国统计出版社,1995年版,第759页。

元,1996年为132.4元,6年增长两倍多[1]。又例如,中国国内旅游:1990年为2.8亿人次,1994年为5.24亿人次,1996年已达6.39亿人次,6年增长近3倍。这些都说明:享受消费、发展消费不断增长,享受需要、发展需要的满足程度不断提高,是发展的必然趋势。

消费结构的变化及其发展趋势

消费是国民经济良性循环的关键,而消费结构是否合理,产业结构是否与消费结构、需求结构相适应,更是核心问题。我们研究社会消费,必须着重研究消费结构问题。必须研究消费结构的发展趋势及其优化,以利于产业结构的优化,促进国民经济的良性循环。

研究消费结构,必须研究影响消费结构的因素。消费结构受多种因素的影响,有经济因素,也有非经济因素。我们在这里,只简要地分析一些经济因素对消费结构的影响。

中国当前,有些经济因素对消费结构将产生重大的影响,除居民收入水平的变化外,还有以下一些因素的影响。

例如,价格的变化对消费结构有很大的影响。各类消费品价格不同幅度的变化对居民消费取向产生不同的影响。

目前,中国的价格形成机制有了明显改善,进一步扩大了消费品价格的市场调节比重,在社会商品零售额中,市场调节部分已上升到95%左右,对居民家庭消费倾向产生的影响也将大大提高。在消费支出中,价格弹性系数最小的是粮食、燃料、医疗费、学杂费等生活必需品,其次为副食、衣着、房租、水电费等,建筑材料、交通邮电、文化娱乐及文娱用品等弹性系数最大。价格的变化必然影响消费需求,影响消费结构。

又例如,住房、社会保障等体制的改革和公用事业的商品化收费,使城镇职工收支总额加大,必然影响消费结构的变化。如住房的商品化,住房消费支出就会大大增加;社会保障体制的改革,职工每人按工资的3%交纳养老金,按1%交纳失业救济金,医疗费个人负担20%,一年由个人负担的社会保障费用就会大大增加。粮食价格补贴的取消,交通邮电价格的上涨等,这些改革的实施,也会加大居民的支出,这些都会影响消费结构。

又例如,金融体制改革也会影响居民的消费格局,股票、债券、信用卡、保险单等金融商品进入千家万户,居民会选择投资作为货币增值的基本手段。集资办个体企业或私营企业,或购买债券、股票。这些货币投向,也都会影响消费结构。

诸如此类。我们要分析这些方面的变化对居民消费的影响,分析消费结构的新变化。

随着社会经济的发展和居民收入水平的提高,居民消费结构发展的一般趋势是:生存资料在消费结构中的比重不断降低,享受资料、发展资料在消费结构中的比重不断提高,这反映消费层次和消费质量的提高。这在前面已说过了。如果从吃、穿、用、住、劳务消费等进行划分,一般趋势是:吃在消费结构中的比重逐步降低,即恩格尔系数逐步下降;穿的比重一般变化不大;用的比重会逐步上升;住的比重经过一段时期大幅度上升后,又会下降;劳务消费,特别是精神文化消费的比重会大大提高。这已为世界各国消费结构发展的实际情况所证明,中国消费结构发展的一般趋势也是这样。

下面我们从吃、穿、用、住、劳务消费等几个方面,具体分析中国当前消费结构的发展趋势:

(一)关于食物消费的发展趋势

随着社会经济的发展,恩格尔系数不断降低,是普遍趋势。一些发达国家,现在恩格尔系数已经很低。早在1992年,美国仅为16.53%,法国仅为18.61%,德国仅为20.52%。新兴国家如新加坡,1991年的恩格尔系数仅为18.73%,近几十年来都降低很快。中国近20年来,城乡恩格尔系数虽降低不快,但也呈降低趋势。如城镇居民的恩格尔系数:1978年为57.5%,1985年为52.25%,1990年为52.24%,1995年为49.7%。农村居民恩格尔系数:1978年为67.7%,1985年为57.4%,1990年为55.6%,1995年58.6%。从总的说,恩格尔系数呈下

① 《中国统计摘要》(1997),第74、77页。

降趋势。这里有个值得研究的问题：在发达国家近几十年来恩格尔系数下降均较快，近年来一般在20%左右，甚至在20%以下，为什么中国近20年来居民收入增长快而恩格尔系数下降不快，有时甚至出现反弹，原因何在？是否由于以下一些原因：第一，中国长期以来，在居民的居住、医疗保健、教育等方面，有大量的福利性消费，这些方面在消费结构中的比重很低，因而居民有可能仍以较多的收入用于食物方面；第二，中国大多数居民还处于温饱阶段，虽然已"吃饱"，但还需要"吃好"，因而食物支出仍较多；第三，近年来食物价格上涨较多，使居民食物支出增加。由于上述原因，使恩格尔系数下降缓慢。但发展趋势必然逐步降低。当前由于福利性消费的逐步减少，居民用于住房、医疗保健、文化教育方面的支出大大增加，以及有些居民用于股票、债券、保险等支出的增加，用于食物消费的支出会减少，因而恩格尔系数也必然下降。

在食物消费方面，除了恩格尔系数不断下降这个趋势外，还表现为：营养化、方便化、无污染化。

重视食物营养，强调营养平衡，是每个消费者的普遍要求。中国几千年前，《皇帝内经》中就提出关于坚持营养平衡的饮食原则："五谷为养，五果为助，五畜为益，五菜为充"。讲究营养，每人每日应吃四大类食物：粮谷类；豆类、肉类及乳、蛋、鱼虾等动物性食品；蔬菜和水果；油脂。并根据各人情况，对以上各类食物合理搭配，才能达到营养平衡。

中国近年来，城乡居民食物消费质量逐步提高，主食比重相对降低，副食比重不断提高。城镇居民家庭平均每人消费肉禽及制品：1993年为250.36元，1994年为335.17元，1996年为438.76元；蛋类：1993年为47.07元，1994年为57.92元；1996年为79.73元；水产类：1993年为71.35元，1994年为95.79元，1995年为131.11元。农村居民平均每人食用家禽：1990年1.25公斤，1994年为1.63公斤，1996年1.93公斤；蛋类：1990年为2.13公斤，1994年为3.03公斤，1996年为3.35公斤；鱼虾：1990年为2.41公斤，1994年为2.86公斤，1996年为3.47公斤[①]，增长均较快。但是，从中国当前来说，大部分居民营养水平还不高，食物结构还不合理，营养还不平衡。从一般居民来说，植物性食品的比重过大，90%的营养来自植物性食品，蛋白质和脂肪都低于营养标准的要求，营养不全，特别是在热能、蛋白质的构成中，动物性食品所占比重过低，因而使食物消费质量不高。另外，在很多人的食物消费中，摄入的食盐和糖类过多，优质蛋白、钙、维生素A、维生素B_2不足。因此，我们今后的饮食，应减少谷类的摄入，增加豆类、乳类等优质蛋白的摄入，提高食物营养水平。近年来，保健食品充斥市场，但有些质量不高，甚至出现假冒伪劣。当前急需加强对保健食品的质量监督和市场管理，保护消费者的身体健康。

食物消费的另一个趋势是方便化。人们生活节奏加快，各方面要求提高效率，节省时间，在食物方面也要求方便化，要求各种方便食品。在发达国家，方便食品已达食品总量40%以上，中国近年来，方便食品也越来越多。到1995年为止，全国方便面生产厂商已达2000余家，共拥有各种生产线3000多条，年实际产量约100万吨。在短短的6年中，产量增加4倍多，平均每年增长70%以上[②]。近十年来，食品工业发展较快，从1982年到1993年，整个食品工业的总产值已达3400亿元，占全国工业总产值的10%，成为第四大工业行业。食品工业的发展，不仅使食品丰富多彩，而且为营养化、方便化创造了重要的条件。

食物消费要求方便化，还表现在在外用餐的越来越多。不少家庭，早餐、甚至中餐大多在外用餐，特别是双休日，全家外出作消闲活动甚至短途旅游，大多在外用餐。如城镇居民每人在外用餐的支出逐年增加，一改过去不愿在外用餐的习惯，这也反映居民消费水平、特别是食物消费水平的提高。

在食物消费方面，还有个趋势，是要求无污染化。绿色食品已开始受到人们的青睐。现在，全世界都在呼唤"绿色文明"，喜爱"绿色产品"，特别是食品。有些国家对所生产的产品已开始贴上"环境标签"，"绿色标志"。中国也在试制"绿色食品"，不用农药、化肥，以有机肥料栽培种植，不受污染，安全卫生。目前全国已开发绿色食品743种，平均年产量达51万吨，包括粮油食品、禽、肉、蛋、水果、蔬菜、罐头、酒和饮料等。绿色食品正由初级产品向深加工方向发展，由单

① 《中国统计摘要》(1997)，第74、78页。
② 李培圩："方便面、方便食品舞台已唱主角"，《中国消费者报》，1996年11月12日。

一化向系列化产品发展，由一般化向名、优、特、新方向发展。

(二)关于衣着消费的发展趋势

随着居民收入水平的提高，衣着方面讲究新颖，注意款式，衣着支出会大大增加，但经过一段时期以后，衣着消费在消费结构中的比重又下降。很多发达国家的情况都是如此。英国居民家庭服装和鞋类支出在消费结构中的比重：1980 年为 8.13%，1985 年为 7.34%，1990 年为 6.49%，1994 年为 6.04%[①]；美国家庭衣着消费在消费结构中的比重：1980 年为 7.54%，1991 年为 6.77%；日本家庭衣着消费在消费结构中的比重：1980 年为 7.88%，1993 年为 6.65%。中国近年来，城乡居民家庭衣着消费支出也会增加，但在消费结构中的比重，一般不会有大的变动。1985 年，城镇居民平均每人衣着支出 98.04 元，在消费结构中的比重为 14.56%；1990 年每人衣着支出 170 元，在消费结构中的比重为 13.36%；1994 年每人衣着支出 399 元，在消费结构中的比重为 13.99%；1996 年平均每人衣着支出 527.95 元，在消费结构中的比重为 12.9%。农村居民平均每人衣着支出：1985 年为 30.88元，在消费结构中的比重为 9.4%；1990 年每人衣着支出为 45.44 元，在消费结构中的比重为 7.8%；1994 年人均衣着支出为 70.38 元，在消费结构中的比重为 6.92[②]。这就说明：城镇居民衣着消费在消费结构中的比重一般比较稳定。农村居民在 80 年代初，由于收入水平较低，衣着消费在消费结构中的比重较低；以后由于收入水平的迅速提高，衣着消费在消费结构中的比重也迅速提高。预计“九五”时期，城市居民衣着消费在消费结构中的比重稳定在 10%左右；农村居民衣着消费在消费结构中的比重，将随着收入水平的迅速提高和“消费城市化”的影响，比重还会有所提高，但经过一段时期后又会有所下降。

居民衣着消费另一个趋势是成衣化。1994 年城乡居民衣着消费中成衣率已高达 45%，其中城市已高达 75%。服装商店各种款式、色泽、时髦的服装，丰富多彩。最近服装市场还出现一股“休闲风”，各种休闲装成为消费时尚，更能体现个性。这都是发展的普遍趋势。

衣着消费另一个重要趋势是化学纤维的比重在增加，天然纤维的比重在减少。造成这种趋势的原因，除了化学纤维本身所具有的优点外，还由于中国人口多、耕地面积少，不可能大幅度增加棉花产量，发展化纤纺织品却大有可为。

还有个值得注意的问题：衣着消费方面，要反对崇洋的思想观念。随着消费的世界化，国外绚丽多姿的服装，吸引人们的视线。进口服装也可购买，但不能盲目崇洋，影响中国民族工业的发展。事实上，有不少优美的服装，是我们自己设计、自己生产的，却美其名为“洋货”，贴上洋标签、洋图案，写上洋字，以求高价。有的甚至运到国外后，贴上“洋标签”，经过一些“洋化”后，又运回国内，高价出卖。这不仅反映一种民族自卑感，而且不利于发展民族工业。我们这个文明古国，有优秀的服饰文化。如何发扬中国优秀的民族文化包括服饰文化，提高民族自尊心，是我们今后一项重要的任务。

(三)关于用品消费的发展趋势

用品消费在居民消费结构中的比重，前几年已在上升。以城镇居民而言，1985 年人均日用品支出 71.88元，在消费结构中的比重为 11.68%；1990 年人均日用品支出为 129.66 元，在消费结构中的比重为 10.14%；1994 年人均日用品支出为 335.49 元，在消费结构中的比重为 11.8%；1996 年人均用品支出(家庭设备用品及服务、文娱用耐用消费品)为 387.95 元，在消费结构中的比重为 9.9%[③]。今后几年，这个比重不会有大的变化。农村居民人均“家庭设备用品及服务”支出：1985 年为 16.25 元，在消费结构中的比重为5.1%；1990 年为 30.9 元，在消费结构中的比重为5.1%；1990 年为 30.9 元，在消费结构中的比重为 5.1%；1994 年为 55.46 元，在消费结构中的比重为 5.1%；1996 年为 84.22 元，在消费结构中的比重为 5.4%[④]，如果加上“文化教育娱乐用品及服务”，比重就会高些。以耐用消费品而言，电视机、洗衣机、电冰

---

① 《国际统计年鉴》(1996)，中国统计出版社，1996 年版，第 496 页。
② 根据《中国统计年鉴》(1995)第 262、282 页及《中国统计摘要》(1997)第 74、77 页的数字计算而得。
③ 根据《中国统计年鉴》(1995)第 262 页数字及《中国统计摘要》(1997)第 74 页数字计算而得。
④ 根据《中国统计摘要》(1997)第 77 页数字计算而得。

箱，在城镇居民家庭普及率较高。1996年年底每百户居民家庭拥有量：彩色电视机为93.5%，录音机72.86%，电冰箱69.87%，洗衣机90.06%，电炊具91.1%①。现代四大件(电话、空调器、家庭电脑、小汽车)已经或即将成为城市居民的消费热点，在消费结构中的比重不断上升。以电话机而言，中国平均每百名居民拥有的电话机(部)：1980年为0.4，1990年为1.1，近几年发展很快，1996年城市电话普及率已达24.1%。电脑也迅速进入城市家庭，预计"九五"期末或下个世纪初，也将初步普及。

至于农民家庭，耐用消费品的满足程度还较低。以彩电而言，1985年为0.8%，1990年为4.72%，1996年也还只22.91%；以电冰箱而言，1985年为0.06%，1990年为1.22%，1996年为7.27%；以洗衣机而言，1985年为1.9%，1990年为9.12%，1996年为20.54%，以收录机而言，1985年为4.33%，1990年为17.83%，1994年为26.08%，1996年为31.15%②。

用品消费，还表现出一些新的趋势，各种高档耐用消费品由供给导向型向需求导向型转变，日益丰富多彩。电话已成为很多家庭追求的新大件。预计到2000年，城镇居民家庭电话普及率将提高到70%左右，预计今后几年中国电话用户每年将增加500万～1 000万部。

又例如，厨房、卫生间现代化悄悄兴起。随着住房成套率的提高，大中城市居民日益关注厨房、卫生间的现代化，墙上贴瓷砖，地上铺马赛克，购置电饭煲、微波炉、烤箱、抽油烟机、排风扇、淋浴热水器等。1995年底每百户城镇居民家庭拥有电炊具84.16台、抽油烟机34.47台、淋浴热水器30.05台，大部分是近两三年购置的，今后的趋势将更旺。

还应该看到，在城市居民家庭，老的家电更新换代，洗衣机、电冰箱、彩色电视机陆续进入更新期。新的家电如空调器、录像机、高级组合音响、微波炉等将成为城镇居民追逐的目标，很多家庭已拥有电脑。最近几年，电脑将成为城镇居民的消费热点。另外，小汽车也将陆续进入居民家庭，特别是城市居民家庭。据有人预测：到2000年中国具有购车能力的家庭约为800万～1 000万户，2010年可达到7 000万～8 500万户，中国将有1/3的家庭拥有小汽车。

近年来，农村居民家庭设备、用品显著增加，中高档耐用消费品也纷纷进入农家。目前，农村居民用品在自行车、缝纫机、钟表、收音机等老四件已基本饱和，但拥有量仍在继续增长，新型高档家用电器和其他用品迅速进入农家，中高档家具也迅速增加，还有越来越多的农户购买了录像机、照像机和电冰箱等高档耐用物品。最近几年，农村将出现家用电器消费热，农村家用电器将像城市家庭一样，逐步普及。有人预测：如果中国2.3亿农户的耐用消费品达到现在城镇消费水平，需要新增加收录机9 700万台，彩电1.68亿台，洗衣机1.66亿台，电冰箱1.4亿台，这将是一个广阔的消费市场。

中国过去，农村家用电器普及率低，除了由于农民收入水平低、家用电器价格高这些重要原因外，还由于两方面的原因：一是农村基础设施差，用电、交通等条件限制家用电器在农村的普及；二是我们现在有不少家用电器在农村不适用。因此，今后要逐步在农村普及家用电器，除了要大力发展农村经济、加速农村经济产业化，增加农民收入和改善农村用电、用水、交通等基础设施外，还必须发展农村适用的家用电器，功能简单适用、耗电量低，质量可靠、价格低廉的产品，适应占中国人口70%的农民的需要。这样才能占领农村市场，提高农民消费水平。

分析用品消费，还要研究家庭小型化、人口老龄化对家庭用品消费的影响。人口老龄化，家庭中老年人增加，不仅对食物消费结构产生影响，对用品消费也产生影响，如保健用品、健身器械等消费就会增加；家庭小型化对耐用消费品的需求将会大大增加，对其他用品消费也会增加。这些影响如何，也都是值得研究的。

(四)关于住房消费的发展趋势

住房是最基本的消费资料，人们在基本解决吃、穿问题以后，住的问题就显得更为突出。中共中央关于制定国民经济和社会发展"九五"计划和2010年远景目标的建议指出："要丰富消费内容，改善消费结构，重点解决住和行的问题。"中国过去城镇居民的住房，属于福利性消费，在消费结构中的比重很小。

① 《中国统计摘要》(1997)，第75页。
② 《中国统计摘要》(1997)，第78页。

1985年城镇居民平均每人房租6.48元,在消费结构中的比重仅为0.89%;1980年人均房租9.43元,在消费结构中的比重仅为0.83%;近几年开始进行住宅商品化,房租略有提高。1994年人均房租28.79元,在消费结构中的比重为1%;1995年人均房租103.62元,在消费结构中的比重为3%[①]。有人预计,随着住房商品化的发展,到本世纪末,住房消费在消费结构中的比重,将上升至15%左右。

住房消费中还应该包括一个重要组成部分,即住房的装饰。人们现在对住房的要求,已不能满足于避风雨的生存需要,而要求美观、富丽、宽敞,作为享受资料和发展资料的要求越来越强烈,这样,室内装饰就显得越来越重要了。近年来,不少居民,特别是城镇居民搬进新房之后,大加装修,成为一种时尚。目前,住房消费成为城市居民的消费热点,住宅和室内装饰将吸收大量的购买力,使住房消费在消费结构中的比重将不断上升。

中国最近几年,随着居民收入水平的提高,住房消费水平也在不断提高。城市居民平均每人居住面积,1978年为3.6平方米,1980年为3.9平方米,1985年为5.2平方米,1990年为6.7平方米,1993年为7.5平方米,1994年为7.8平方米,1995年为8.1平方米[②],根据建设部规划:"九五"期间,中国将建成住宅12亿平方米,年均2.4亿平方米,届时中国城市人均住房使用面积将达14平方米(居住面积9平方米),住宅成套率将达70%,住宅功能及质量将进一步提高[③]。当前的问题是:住房潜在需求大,但对商品房的有效需求明显不足。1995年底,城市人均居住在4平方米以下的缺房户300多万户,危房3 340万平方米;但另一方面,1995年底全国商品房却积压5 032万平方米,1996年商品房积压还在增加。积压的主要原因:一方面是房价偏高,目前积压的商品房中,约有3 500万平方米售价在每平方米2 000元以上;另一方面,居民购买力偏低。因此,当前要着重解决商品房售价高与居民实际购买力低的矛盾。据世界银行对一些国家推行居民住宅商品化情况的综合考察,认为房屋总价与一般家庭收入之比应保持在3:1到6:1之间,才有可能推行住宅商品化。从中国当前情况来看,一套60平方米的住宅,如按每平方米2 000元计算,需12万元左右;如按每平方米3 000元计算,需18万元左右,对一般工薪阶层来说,须20～30年的工资才能买到一套住宅,这是难以承受的。因此,中国目前要进一步推进住宅商品化的进程,必须降低民用住房的建筑成本,降低利润,降低房价;加快建立住宅建设融资体系,完善购房的分期付款制度和消费信贷等制度;特别要推行和完善住房公积金制度,采取相应的配套政策措施,促进住房商品化。积极妥善地推进住宅产业化,实行住宅部件系列化开发、集约化生产和商品化供应,以提高住宅建设速度和建设质量。

农村居民随着收入水平的提高,住房消费水平也在不断提高,80年代已出现建房热,住房支出不断增加。如1985年人均居住支出57.9元,在消费结构中占17.8%;1990年人均居住支出101.31元,在消费结构占17.6%;1995年人均居住支出为182.21元,在消费结构中占13.9%;1996年人均居住支出为219.06元,在消费结构中为13.8%[④]。今后一段时期,农村建房热虽已降温,但还要求不断提高住房质量,有的还要修新房,有的要改造旧房,今后农村居民住房消费支出所占比重将呈平稳的趋势,估计到2000年时农村住房消费支出在消费结构中的比重将达12%左右。

总之,住房消费的发展趋势是:在一定时期内,特别是住宅商品化的时期,住房消费比重将迅速提高,以后将比较稳定,甚至呈现下降趋势。

(五)关于劳务消费的发展趋势

随着商品经济的发展,劳务消费在国民经济发展中的作用越来越大,发展劳务消费,能更好地满足消费需要。人们的享受需要、发展需要的满足,主要依靠劳务消费来实现。高层次的享受需要和发展需要的满足,能促进人的身心健康和全面发展;发展劳务消费,大大有利于提高劳动力素质。特别是智力性、发展性劳务消费的增加,是提高劳动力素质的根本条件。发展劳务消费还有利于促进家务劳动社会化,节

① 根据《中国统计年鉴》(1995)第262页数字及《中国统计摘要》(1996)第55页数字计算而得。
② 《中国统计年鉴》(1996),第312页。
③ 《光明日报》,1996年2月29日。
④ 根据《中国统计摘要》(1997)第77页有关数字计算而得。

约家务劳动时间，增加闲暇时间，有利于开展多样化、多层次的消费活动，丰富消费内容，提高消费质量和层次；发展劳务消费有利于优化产业结构。提供劳务消费的部门，是第三产业。世界产业结构发展的趋势是：第一产业的比重不断缩小，第三产业的比重不断扩大。一些发达国家，近数十年来，第一产业的比重已从20～30%，下降到3～4%，甚至更低，而第三产业所占比重已增至60%，甚至更高。发展劳务消费，就会促进第三产业比重的提高。

劳务消费在消费结构中的比重不断提高，这是发展的必然趋势。在发达国家，早在1979年，劳务消费占个人消费支出的比重：美国为40%，日本为36.2%，西德为30.6%，法国为30.6%，英国为33.2%，成为国民经济一个重要组成部分，成为反映现代经济社会发展水平一个重要的标志。中国过去劳务消费水平很低。最近几年，劳务消费比重虽有所提高，但情况还没有根本改变。以城镇居民而言，占劳务消费极大部分的医疗保健、交通通讯、娱乐教育文化服务三项支出在消费结构中的比重：1992年为13.94%；1993年为15.2%；1994年为16.8%；1995年为17.1%；1996年为18.2%[①]。以农村居民而言，占劳务消费极大部分的医疗保健、交通和运输、文化教育用品及服务三项支出在消费结构中的比重：1990年为13.9%；1994年为15.9%；1995年为16.2%；1996年为15.1%[②]。这些都说明，城乡居民劳务消费水平还偏低。中国劳务消费水平低，有很多原因，其中最根本的原因，是长期以来否认劳务的商品属性，采取“非市场化”的方式进行消费。这是中国传统的、高度集中的计划经济体制的重要支柱之一，是产品经济模式的重要表现之一。因此，必须大力发展劳务消费，使劳务消费在消费结构中的比重不断提高，以利于促进社会主义市场经济的发展。

下面，我们就劳务消费内部一些主要部分进行一些分析，揭示其发展趋势。

关于精神文化消费的发展趋势

精神文化是人类文化的本质和核心，是文化的最高层次。精神文化消费是人们消费的极重要内容，是消费的最高层次，是社会主义精神文明极重要的组成部分。健康的精神文化消费，像马克思所说的：能“放射出崇高的精神之光”，培养人们高尚的品德，高雅的情操，提高人的整体素质，促进人的身心健康和全面发展。经济文化一体化，是当代社会发展的趋势。“文化是发展的摇篮”，经济的发展，必须发挥文化引路的作用，通过高层次的精神文化消费，构建起适应社会主义市场经济发展要求的观念形式、价值体系、知识体系、生活方式，才能使市场经济走上健康发展的道路。我们如何通过高层次的精神文化消费，把人从“物化”的关系、从物欲中解放出来，提高人的文化意识，培养优良的社会机体，来促进市场经济的健康发展，是我们当前一项极重要的任务。因此，发展、提高精神文化消费，提高消费结构中精神文化消费的比重，就能提高消费结构的层次和质量，就不仅能促进社会经济的发展，而且能促进社会文明和社会全面进步，这正体现经济文化一体化，正体现社会主义两个文明建设协调发展的良好局面。

中国过去，精神文化消费比重一直偏低。例如，城镇居民书报杂志支出在消费结构的比重：1964年为1.14%，1981年为0.95%，1985年为0.94%，1989年为0.87%；文化娱乐费的比重：1964年为0.71，1981年为0.63%，1985年为0.36%，1989年为0.3%；农民家庭文化生活服务支出在消费结构中的比重：1978年为2.8%，1983年为2.2%，1985年为2.9%，1989年为0.26%[③]，最近几年，还没有根本改变。城镇居民“娱乐教育文化服务”在消费结构中的比重：1993年为9.1%，1994年为8.73%，1995年为8.84%，1996年为9.5%。农村居民“文化教育娱乐用品及服务”在消费结构中的比重：1993年为7.5%，1994年为7.3%，1995年为7.7%，1996年为8.3%[④]。

精神文化消费比重偏低，这是消费水平、消费质量不高的重要表现。“九五”时期，这个比重将会较快提高。小康水平的实现，不仅表现在物质生活的改善，也表现在精神文化生活的充实。《中共中央关于

① 根据《中国统计摘要》(1997)第34页的有关数字计算而得。
② 根据《中国统计摘要》(1997)第77页的有关数字计算而得。
③ 《中国统计摘要》(1986)，第668、674页。
④ 根据《中国统计摘要》(1997)第74、77页的数字计算而得。

加强社会主义精神文明建设若干重要问题的决议》中强调:“提高全民族的思想道德素质和科学文化素质”,“加强思想道德建设,发展教育科学文化”。“决议”还指出:“要以提高市民素质和城市文明程度为目标,开展创建文明城市活动”,“要以提高农民素质、奔小康和建设社会主义新农村为目的,开展创建文明村镇活动”。我们要在不断开拓精神文化消费领域的基础上,不断提高精神文化消费的比重。要把物欲型、享乐型消费逐步转化为知识型、科技型消费,加大文化含量和知识含量,弘扬主旋律,强调高质量。现在人们越来越重视发展、提高精神文化消费。今后,精神文化消费在消费结构中的比重将不断提高。有人预计:到本世纪末,精神文化消费在消费结构中的比重,城镇将上升到15%左右,农村将上升为10%左右,这是可能达到的。精神文化消费在消费结构中的比重不断提高,是发展的必然趋势。

关于信息消费的发展趋势

信息消费在消费结构中的比重将不断提高。

信息消费对社会发展起着极重要的作用。未来社会是信息社会。特别是电子信息产业,是新兴高科技产业,是关联度极广的产业,它能对国民经济各部门进行渗透,对经济发展和经济生活会起着极大的作用。1995年世界信息产业的销售额达到8 500亿美元,1996年进一步增至1万亿美元,信息产业将超过汽车工业和钢铁工业[①]。信息不仅对生产、流通起着越来越大的作用,信息也不断渗透于消费领域,丰富消费内容,甚至使消费方式发生根本性变革。不出家门,可以进行学术交流,可以利用计算机组织集会,可以欣赏外界一系列新鲜的东西,可以坐在家里购买你所需要的东西。信息消费在人们消费中,将起着越来越大的作用。正如有些人所说的:今天一切经济活动、消费活动离不开信息,我们生活在世界信息的海洋中。

正因为信息在生产和生活中作用越来越大,因而信息产业、特别是信息咨询服务业,发展很快。美国早在1993年底已有12 388个电子信息网络,用户已从军事领域扩展到商业、教育、科研和公共服务领域。很多发达国家,都在大力发展信息产业,扩展信息消费。目前全世界咨询与信息服务业年营业额已达数千亿美元,咨询营业额的年增长率超过10%[②]。

中国信息产业和信息消费一直很落后。1991年全世界信息产业产值达2 030亿美元,中国只有30多亿人民币。1991年中国电脑产值只占世界总产值的0.3%。据1994年统计,中国有信息企业8 000多家,政府信息机构2 000多家,信息咨询企业3万余家[③]。但很多信息企业因缺乏稳定可靠的信息资源和一定的专业技能,往往出现一些虚假信息,对信息需求者不仅无益,反而导致不良后果。至于信息如何渗透于消费领域,为改善消费方式、优化消费结构、提高消费质量服务,那就更值得研究了。从1994年起,中国开始实施“金桥”、“金关”、“金卡”等“三金”工程,是中国信息基础设施的重大举措,对中国的经济发展和居民消费将产生巨大的影响。近年来,还出现了中国教育与科研示范网:NCFC,还在准备建设中国信息高速公路。这些将大大提高中国信息化和信息消费水平。

关于旅游消费的发展趋势

旅游业不仅是一种经济事业,也是一种文化事业。旅游消费,不仅是一种实物消费,也是一种精神文化消费。旅游消费是对人的发展、对社会经济发展、对社会文明有着重要作用的消费活动。未来学家约翰·托夫勒在《第四次浪潮》中指出:人类社会的发展,从农业(第一次浪潮),到工业(第二次浪潮),再到后工业社会(第三次浪潮),信息革命是第四次浪潮,娱乐和旅游业的发展,是第五次浪潮。它们将是加拿大、美国、日本等国家经济增长最快的部门,到2000年,加拿大以闲暇产业为基础的经济部门的产值将达1万亿美元[④]。

近年来,世界各国旅游事业发展很快,旅游消费增长很快。世界旅游协会(总部设在布鲁塞尔)的一份最新研究报告说:1994年世界旅游业收入已占世界国民生产总值的1/10,旅游业已成为世界最大的产业。全球旅游业总产值在1991年为2.9万亿美元,

---

① 乌家培:“中国信息化道路探索”,《经济研究》,1995年第6期。
② 宋键:“大力发展咨询产业”,《光明日报》,1995年1月17日。
③ 《光明日报》,1994年6月6日。
④ 《第四次浪潮》,华龄出版社,1996年译本,第75～76页。

1994年已增加到3.4万亿美元,预计到2005年可达到7.9万亿美元,1995年从事旅游业人员可达到2.09亿人[①]。全球国际旅游人数:1984年为31 243.4万,1994年增至54 626.9万人,增长23 383.5万人[②]。

中国近年来,旅游消费也发展很快。1978年旅游人数为180.9万人,1995年增至4 638.7万人,增长26倍;旅游收汇总额,1978年为2.6亿美元,1995年为87.3亿美元,1996年国际旅游创汇102亿美元,比1978年增长38.8倍,上升到世界第9位[③]。接待外国旅游人数成倍增长,1990年为174.73万人,1995年为588.67万人,1996年达5 112.75万人[④]。国内旅游也发展很快。1994年全国国内旅游人数达5.24亿人次,1996年国内旅游人数达6.39亿人次,旅游收入1 838亿元。今后几年,随着居民收入水平的提高,旅游消费将会更旺盛,旅游消费在消费结构中的比重将不断提高。1997年举办了旅游年活动,1998年还将举办"华夏城乡游",1999年"生态环境游",2000年"神州世纪游"等活动,不断推出新的内容,不断提高旅游质量,将使中国旅游消费进入一个新的发展阶段。

目前主要问题是:旅游消费结构还不大合理,缺乏多样化、多层次化和个性化,一般性的观光旅游较多,高层次的文化旅游还不多。旅游环境还有待改善。有的基础设施落后,交通不便,"进不去,出不来";有的旅游景点还不完美,甚至没有开发、修饰;有的自然环境遭到严重污染,有的人文环境甚至遭到破坏;有的旅游景点大搞封建迷信活动,借此牟利;有的旅游产品缺乏特色,缺乏吸引力;有的旅游服务质量不高,甚至出现宰客现象。这些都需及时解决,否则会大大影响旅游消费的发展。

旅游消费不应该限于游山玩水,必须把文化因素渗透于旅游消费的各个环节中。应该提高文化含量,作为促进人的身心健康和全面发展的一项消费活动。应该多开展一些有特色的、文化档次高的旅游消费活动。文化旅游是新兴的、最有发展前途的一种旅游形式。据世界旅游组织估计:文化旅游在全部旅游活动中所占比例,目前已达37%,游览古代城堡和要塞、游览美丽的历史名城、公园或园林,参观具有高度文化气氛的博物馆、美术馆、古代宫殿、历史文物馆、建筑艺术、文物考古以及各种文物展览、艺术展览、字画展览等。这些文化旅游,将大有发展前途。除文化旅游外,还有绿色旅游,包括森林旅游、生态旅游等旅游形式,也很吸引一些人,它将成为很多国家重要的旅游内容。

旅游消费,是新兴的在人们生活中越来越重要的一种消费活动,它在居民消费结构中的比重将不断提高,这是发展的必然趋势。

消费方式的变化

随着科学技术和文化教育的发展,以及居民收入水平的提高,消费方式也不断发生变化。

例如,消费的市场化、商品化的发展,逐步改变供给制、半供给制(主要是职工)以及自给自足的消费方式(主要是农村居民)。目前城镇居民消费,几乎完全实现了消费的市场化、商品化;农村居民也实现了消费的市场化、商品化。农村居民家庭生活消费支出:1980年为162.21元,其中现金支出为83.83元,占51.68%;1985年为317.42元,其中现金支出为194.68元,占61.33%;1990年为584.63元,其中现金支出为374.74元,占64.12%;1995年为1 310.38元,其中现金支出为859.43元,占65.59%[⑤],可见农村居民消费的市场化、商品化的程度大大提高,反映了消费方式的一大重要变化。

又例如,工作时间的缩短,闲暇时间的增加,闲暇消费的增加,也使人们的消费方式产生深刻的变化。马克思把"工作日的缩短"作为由必然王国到自由王国飞跃的"根本条件"。增加闲暇消费,大大有利于发展人的智力、体力,促进人的全面发展。在闲暇时间里,人们可以开展一些有益于身心健康的闲暇消费活动,学科学,学文化,学技术;搞参观、访问、社会调查;

① 《国际市场》,1994年第4期。
② 《世界经济文化年鉴》(1995~1996),中国社会科学出版社,第835页。
③ 《光明日报》,1997年3月22日。
④ 《光明日报》,1997年3月22日。
⑤ 根据《中国统计年鉴》(1986)第300页的数字计算而得。

搞文化体育活动、艺术欣赏活动；搞文化旅游、生态旅游，等等。这些都会使人们的消费方式产生重大的变化。中国近年来，人们有了双休日，闲暇消费活动就增加了很多新的内容，消费方式也出现了一些新变化，如城镇居民平均每人在外用餐：1993 年为 91.77 元，1994 年为 119.88 元，1995 年为 160.66 元，1996 年为 186.21 元①。闲暇消费的增加和闲暇消费质量的提高，不仅促进消费方式的变化，而且对人的发展，对社会经济、文化的发展，产生良好的效果。

再例如，随着科学技术的发展，高新技术渗透于消费领域，特别是信息技术的发展，信息消费的崛起，使人们的消费方式以及社会交往方式，产生根本性的变革。特别是多媒体技术的发展，多媒体进入家庭，正如有些人所说的：不仅是秀才不出门，能知天下事，而且是足不出户，可购天下物，甚至可办天下事。目前全球计算机网已分布在 200 个国家和地区，使2 000 多万个用户得以沟通信息，共享数据。中国目前在城市家庭中，电话已开始普及；电脑已开始进入居民家庭，正不断扩展，已经对居民生活产生重大的变化。今后随着电脑的逐步普及、特别是互联网的开展，居民消费方式更将有新的突破。据有人调查，到 1997 年 6 月为止，北京、上海、广州三市的成年市民中，8.4%的人可以接触或利用计算机国际互联数据网络。调查表明，有 8.2%的市民可以在家中利用电脑，19.3%的人可以在单位接触或利用电脑，5.5%的人在家中和单位均可使用电脑。这表明，至少有13.2%的市民拥有家庭电脑，而总体上，有 33%的市民现在可以接触或利用电脑②。这种情况，在全国其他城市也将陆续出现，居民消费方式将会出现巨大的变化。

加强对社会消费的引导

消费是社会再生产一个重要环节。是两个文明建设一个重要组成部分。人们的消费虽然是各人自己的事，应该自行决策，但人不是孤立的个人，而是"社会人"，应该有合理的社会目标和规范，必须适应社会经济、文化发展战略的要求。特别是市场具有比较强烈的自发性，人们的消费行为也往往具有自发性，出现非理性行为，出现一些非理性消费。因此，对人们的消费，必须加以正确引导，提高消费层次和质量，以促进人的全面发展、社会经济文化的全面发展。

如何对社会消费进行正确引导？

必须从可持续发展的战略高度来引导社会消费。

我们要把资源和生态的可持续开发、经济的可持续发展、社会的可持续发展的战略精神落实到消费生活各个方面，落实到消费水平、消费结构和消费方式中去。

这里有个很重要的问题，必须放弃传统的不可持续的发展战略，坚持可持续发展战略。有人提出："80 年代以来的持续发展理论，强调经济增长与环境协调和人与自然的和谐………持续发展论反映了人类对经济与环境关系的深化，是人类在发展道路上经过了一个曲折过程之后的正确选择"③。这是否把可持续发展(Substainable development)与"持续发展"(Substained development)混为一谈了。须知二者是根本不同的。1989 年 5 月第 15 届联合国环境署理事会期间，经过争论和反复磋商，通过了《关于可持续发展申明》，明确提出了与"持续发展"不同的"可持续发展"的定义④。总之，要用可持续发展战略思想来引导社会消费，反对传统的片面强调经济的"持续"发展战略。

江泽民同志在党的十四届五中全会上强调指出："现代化建设中，必须把实现可持续发展作为一个重大战略。要把控制人口、节约资源、保护环境放到首要位置，使人口增长与社会生产力的发展相适应，使经济建设与资源、环境相协调，实现良性循环"。江泽民同志在第四次全国环保会议的讲话中又指出："在社会主义现代化建设中，必须把贯彻落实可持续发展战略始终作为一件大事来抓"，"现在已成为世界许多国家指导经济社会发展的总体战略"。1992 年 6 月，在联合国环境与发展大会上通过的《关于环境与发展的里约宣言》强调指出："为了实现可持续发展，使所

① 《中国统计摘要》(1997)，第 74 页。
② 《光明日报》1997 年 7 月 13 日报道："互联网对市民家庭生活影响增加"。
③ 郑必清等：《走向 21 世纪的消费结构》，湖南出版社，1996 年版，第 155～156 页。
④ 钟述孔：《21 世纪的挑战与机遇》，世界知识出版社，1992 年版，第 66～69 页。

有人都享有较高的生活素质,各国应当减少和消除不能持续的生产和消费方式,并且推行适当的人口政策。”中国也制定了《中国21世纪议程》,确定了可持续发展战略,并在《关于国民经济和社会发展“九五”计划和2010年远景目标纲要》中强调提出:“必须把社会全面发展放在重要战略地位,实现经济与社会相互协调和可持续发展。”这里讲的“较高的生活素质”,“减少和消除不能持续的生产和消费方式”,“社会全面发展”,“经济与社会相互协调”,都牵涉到社会消费如何合理的问题。必须处理好人与自然的关系,坚持可持续发展战略,中国要根据中国具体情况,选择有利于节约资源和保护环境的产业结构和消费方式,走可持续发展的道路。中国目前,全国已建村、乡、县生态农业试点1 200多个,其中有7个获得联合国环境规划署授予的“全球500佳”称号;全国建成自然保护区700多个,占有全国土地面积5.6%。中国绿色食品,方兴未艾。这些都是良好的开端。

必须从经济文化一体化的高度来引导社会消费

社会的发展,不仅在于经济的增长,而且在于社会的全面进步,在于社会文化的高度的发展。经济文化一体化是当代社会发展的大趋势。经济文化协调发展,物质文明和精神文明相互促进,已成为社会全面进步的重要标志。市场经济不仅是一种经济关系,也是一种文化现象。市场经济的深入发展,不仅需要物质文明建设为精神文明建设提供丰裕的物质条件和技术的支持,更需要精神文明建设为物质文明建设提供精神动力和智力支持。“文化是发展的摇篮”,必须站在经济文化一体化的高度,以文化为导向、为动力,来引导经济社会的发展。消费是经济文化一体化的重要结合点,是两个文明的重要结合点。人们的消费,不仅要求满足物质需要,更要求满足精神文化需要;不仅满足生存需要,更要求满足享受和发展的需要;不仅要求满足一般的享受和 发展的需要,而且要求满足高层次的享受和发展的需要;不仅要求促进经济的发展,而且要求促进社会文明和社会全面进步。在人们的消费生活中,要实现这些要求,并不是轻而易举的。中国近年来,改革开放和现代化建设取得伟大历史性成就,消费领域也出现了很多健康向上的东西,但同时也出现了一些不文明、不健康的东西:有的人重物质消费,轻精神文化消费,甚至吃喝至上,酒醉金迷;有的人精神文化消费内部结构失衡,重视娱乐性、消遣性消费,忽视智力性、发展性消费,去卡拉OK厅、夜总会花几百元甚至几千元在所不惜,但买书刊的人不多;有的人精神文化消费层次不高,格调不高,热衷于低层次的文化娱乐活动,却很少欣赏高雅音乐、高雅艺术、高雅文艺作品;有的人热衷于封建迷信活动,请巫婆,拜法师,求神问卦,修庙造坟,大肆挥霍;还有少数人大搞“灰色消费”、“黄色消费”,或沉溺于赌博,或沉溺于声色狗马,寻找精神刺激,不能自拔。正如《中共中央关于加强社会主义精神文明建设若干重要问题的决议》中指出的:“在社会精神生活方面存在不少问题,有的还相当严重。一些领域道德失范,拜金主义、享乐主义、个人主义滋长;封建迷信活动和黄赌毒丑恶现象沉渣泛起;假冒伪劣、欺诈活动成为社会公害;文化事业受到消极因素的严重冲击,危害青少年健康的东西屡禁不止………。”这些虽然只是少数人的行为,但败坏社会风气,败坏社会主义精神文明。正因为这样,加强对消费、特别是对精神文化消费的引导,提高消费中的文化含量,加强精神文明建设,就显得特别重要了。

必须从国民经济良性循环的高度来引导社会消费

消费不仅直接体现社会生产目的,而且是国民经济良性循环的重要关键①。这就必须发挥需求导向规律的作用,正确引导社会需求,特别是消费需求,促进产业结构的合理化,开拓新产业,特别是新兴的第三产业,是一个极为重要的问题。还应该看到:中国近年来居民储蓄不断增加,现在居民结余的购买力已超过4万亿元,这应该说是大好事。但如此巨大的购买力,必须加以正确引导,否则不仅会成为“笼中虎”,而且会成为“笼外虎”。通过建立合理的消费需求结构、消费结构,适当鼓励消费,来引导大量购买力。这就要引导居民把更多的购买力投入国家当前急需鼓励

① 尹世杰:“消费是实现国民经济良性循环的重要关键”,《我的经济观》第2卷,江苏人民出版社,1992年版,第655~698页。

发展的消费热点上去,如住房消费、信息消费、旅游消费等方面,使其成为国民经济新的经济增长点。例如发展住房消费,能带动一个较长的产业链条,促进国民经济的增长。有人统计,兴建安居工程2亿平方米就可带动相关行业实现1 000亿元产值。还要把居民的购买力更多地引向劳务消费特别是高层次的精神文化消费上去,发展这些方面的消费,不仅不受土地、能源等资源条件的限制,而且能优化消费结构,对人的发展、对社会经济的发展,作用很大。这就要加速发展民用住宅业、信息产业、旅游产业、特别是加速发展文化教育事业,这正是当代产业结构升级的重要内容。这些新兴产业发展了,文化含量、科技含量高的产业发展了,这就为进一步优化消费结构、产业结构创造了重要条件。消费结构与产业结构的层次性变化,相互促进,共同提高,正体现出了社会经济的协调发展,促进国民经济的良性循环。

《中共中央关于制定国民经济和社会发展"九五"计划和2010年远景目标的建议》中指出:"积极发展第三产业","继续发展商业和生活服务等传统产业。积极发展旅游、信息、咨询、技术服务、法律服务和会计服务等新兴产业;规范和发展金融、保险业;引导房地产业健康发展","加速科技进步,优先发展教育","大力发展各项文化教育和社会福利事业,加强公共文化和福利设施建设"。中国"九五"时期,消费结构的层次性变化,将成为加速发展这些产业的强大动力。要根据消费需求、消费结构的新变化,密切注意消费市场的新动向,使产业结构更好地适应需求结构、消费结构的变化,促进消费结构和产业结构的优化,促进国民经济良性循环,更好地实现小康水平这一战略目标。

必须从人的全面发展的高度来引导社会消费

马克思早就指出:未来社会是"建立在个人全面发展和他们的共同社会生产能力成为他们的社会财富这一基础上的自由个性"[①],实现"对人的本质的真正占有",实现"人的复归"[②]。合理的消费是促进人的全面发展极其重要的方面。

这里牵涉到一个带根本性的问题:如何从根本上提高全民族的素质,这是发展社会经济、促进社会文明的关键。特别是当代科学技术迅猛发展,并渗透于消费领域,消费者必须有现代的科学文化知识和艺术修养,才能享受现代科学文化和艺术的丰硕成果,正如马克思所说的:一个人"要多方面享受,他必须有享受的能力。因此,他必须是具有高度文明的人"。无数事实证明,最终决定一个国家或地区的社会进步和经济发展的,不是物资,不是资本,而是人力资源,特别是劳动力素质的提高。因此,应该真正把发展文化教育放在战略地位,不断提高人的思想道德素质和科学文化素质,提高精神消费力,促进人的全面发展,这是人们进行消费的崇高目的,也是促进社会主义市场经济健康发展的重要条件。

这些都说明,必须从人的全面发展的高度来引导社会消费,才能发挥社会消费在社会经济文化的发展、人的发展的巨大作用。人是社会的主体,是经济文化的主体,也是消费的主体。这就必须优化消费结构,提高消费层次和质量,特别是提高消费中的文化含量,提高精神文化消费的比重,才能促进人的全面发展。马克思所说的"人的需要的丰富性",体现为物质文化需要的丰富,特别是高层次精神文化的需要的丰富,这是"人的本质的新的充实",是人的全面发展的最重要条件。江泽民同志提出:用科学的理论武装人,用正确的舆论引导人,用高尚的精神塑造人,用优秀的作品鼓舞人。落脚点在人,在人的素质的提高,在促进人的全面发展。这正体现了可持续发展的总体战略,体现了经济文化一体化,体现了两个文明建设协调发展的良好局面。

---

① 《马克思恩格斯全集》第46卷上册,人民出版社,1976年版,第104页。
② 《马克思恩格斯全集》第42卷,人民出版社,1979年版,第120页。

第　七　篇

世界旅游经济文化

- 全球国际旅游发展势态综析
- 世界部分国家和地区国际旅游市场发展概况
- 全球出境旅游发展状况
- 欧美地区旅行社业发展态势研究
- 中国国内旅游发展现状及趋势分析
- 信息技术在国外旅游业中的应用
- 中国旅游文化研究发展状况
- 旅游人类学简介

全球国际旅游发展势态综析

南开大学旅游学系 张伯山

对于全球国际旅游发展来说,1995年是好坏参半的一年。从好的方面看,许多第三世界国家经济发展顺利,中东和平取得突破性进展,这些为国际旅游创造了极为有利的条件。然而,墨西哥突然出现的金融危机引发的美元贬值、日元升值、德国马克坚挺,以及巴林银行转眼之间陷于倒闭境地,种种不利事件对西方工业化国家的经济造成了不小的冲击,使得发达国家经济复苏减慢,失业率居高不下,拖住了全球国际旅游的后腿,造成1995年全球国际旅游发展速度大大低于1994年。到1996年,世界旅游业的发展状况有了明显好转,全球国际旅游接待人数和国际旅游收入均超过了1995年的增长速度,并且均创造了历史最高纪录。出现这种情况的原因,主要是影响世界旅游业增长的不利因素有所减少,而有助于旅游业发展的因素明显发展。尽管中东、南亚、非洲、前南等地区仍存在政局不稳的状况,但已有所好转,发达国家1995年发生的种种金融货币危机的影响逐渐减退,经济复苏过程普遍加快,就业状况有所好转,亚太地区经济继续充满活力,稳步增长,这些均为全球旅游业取得良好业绩提供了稳固基础。

1995年,全球国际旅游人数总共达5.6703亿人次,比1994年的5.4627亿人次净增约2 076万,增长率为3.8%,比1994年5.4%的增长率低1.6个百分点,未达到人们原先预期的速度;国际旅游收入为3 716.82亿美元(不包括国际间交通费),比1994年的3 467.03亿美元净增249.79亿,增长率为7.2%,比1994年10.42%的增长率低3.22个百分点,也比1994年的增长速度慢了不少,但是仍然高于1995年国际旅游人数增长速度,而且这已是自1985年以来国际旅游收入增长率连续第11年超过国际旅游人数的增长率。1995年全世界国际旅游者人均旅游支出额为655美元,比1990年的577美元增长了78美元,增长率为13.51%。在世界贸易收入之中,国际旅游收入也日益占据重要地位,上述1995年全球国际旅游收入已相当于当年世界商品贸易的8%,在全球国际服务贸易收入中所占比例则高达2/3。此外,1995年,全球国际间交通费约为600亿美元。在1995年全球旅游总人数中,乘飞机旅游人数达3.6亿人次,比1994年增长5%,全球旅游客流量分布仍然比较集中,有2/3是由北美地区流向欧洲地区。1996年,全球旅游业有了飞速发展,国际旅游接待人数总共达到5.9212亿人次,比1995年增长4.4%,国际旅游收入(不包括国际间交通费)达到4 231.16亿美元,比1995年增长13.8%,两项均达到历史最好水平。

从各个旅游区看,1995年中东地区的国际旅游接待取得了近几十年来少有的骄人速度,其国际旅游接待人数增长率跃居世界第一,南亚地区则紧随其后,名列第二。东亚太地区在1995年虽然已不再保持二位数的增长速度,但是仍达到了令人羡慕的增长率,排列在世界第三位,且其旅游收入增长仍然高达二位数。欧洲仍然是接待国际旅游者最多的地区,接待量将近占1995年全球总数的2/3。美洲1995年国际旅游接待人数增长速度高于全球平均速度,但国际旅游收入增长幅度却非常之小。非洲地区国际旅游接待人数在1995年尽管增幅不大,但国际旅游收入的增长速度却也颇为不俗。

上述各个地区国际旅游发展局势变化的原因,一方面是由于巴以和谈取得巨大突破,局部地区政局稳定,经济发展良好,客观上为旅游者旅游活动提供了便利;另一方面也是由于旅游者的主观追求发生了变化,越来越多的旅游者选择旅游目的地时追新求异,不再满足于出国进行阳光、沙滩度假,而是热衷于追求异国文化情调，从而使中东、南亚、东亚太等地区具有独特而浓郁民族文化特色的旅游目的国的入境旅游人数迅速上升。同时，这一情况也反映出进行文化旅游已成为一种世界性趋势。而欧美地区由于经济境况欠佳和受到其他地区的有力挑战，只能无奈地面对进一步丧失旅游市场份额的现实。

1996 年，尽管政局仍有动荡，但中东地区的旅游业增长速度仍然名列世界首位，旅游接待人数同 1995 年相比增长率高达 37.1%，国际旅游收入比 1995 增长了 23.9%。东亚太地区则再次名列第二，旅游接待人数增长 7.7%，国际旅游收入增长 18.9%。欧洲地区的旅游业增速比 1995 年有明显放慢，旅游接待人数增长了 3.0%，名列世界倒数第二，并且大大低于世界平均增长速度，但国际旅游收入增长情况较好，增长了 12.9%，虽然也低于全球 13.8% 的平均增长速度，但在世界六大旅游区中排名第三。南亚地区由于有些旅游目的地政局状况不佳，使得其旅游业增长势头受到阻碍，大大低于其 1995 年的增长速度，增幅仅为 2.4%，排名倒数第一。美洲地区旅游业有所增长，其中旅游接待人数增长了 3.2%，国际旅游收入增长了 11.7%，两项均低于世界平均增长幅度，名列世界倒数第三，考虑到 1996 年奥林匹克运动会在美国举办，这样的增长速度实在不尽人意。虽然在安全方面出现一些问题，1996 年非洲的旅游业增长速度似乎未受到明显影响，旅游接待人数增长了 3.5%，世界排名第三，但其国际旅游收入增长速度却不算快，只增长了 10.2%，低于全球平均增长速度，在世界六大旅游区中排名倒数第二。

从具体旅游目的国和地区看，1995～1996 年国际旅游流向更加集中，其中 1995 年全球名列前 10 名的旅游目的地旅游接待量占全球旅游总流量的 54%，名列前 20 名的旅游目的地旅游接待量则占全球旅游总量的 73.31%，1996 年这两个比例数字则分别为 61.51% 和 81.23%。其中法国 1995 年的国际旅游接待人数虽然比 1994 年有所减少，但是仍然超过了 6 000万大关，1996 年又增长 2.31%，达到 6 150 万人次，连续保持世界第一，平均每个居民接待 1.05 到 1.06个国际旅游者。1995 年西班牙的旅游接待人数曾首次超过美国，上升到世界第二位，平均每个居民接待1.15个国际旅游者，1996 年却再次被美国超过，名列世界第三。其他欧美发达国家名次变化不大，而发展中国家，特别是亚太地区的一些新兴旅游目的地，国际旅游接待人数却有了明显增长，其中中国 1995 年首次进入世界前 5 名之列，1996 年依然保持这一名次。香港地区、马来西亚、新加坡和泰国也先后进入前 20 名之列。此外，中欧和东欧的一些发展中国家旅游接待人数发展也很迅速，进入世界前 20 名的有匈牙利、波兰、捷克及俄罗斯。北美地区的墨西哥和被世界旅游划入欧洲旅游区的土耳其成绩也很突出，1995 年墨西哥名列世界第 8 位，1996 年上升到第 7 位，土耳其在 1996 年则进入了前 20 名之列。这样，1995～1996 年全球国际旅游接待人数最多的前 10 名旅游目的地中，发展中国家占了 4 个，前 20 名中则占了 9 个。这一迹象再次表明，全球国际旅游市场份额正在继续向发展中国家转移。这种情况是自 70 年代中期以来世界旅游业发展趋势的继续。在过去的 20

表 1　1995～1996 年全球国际旅游发展状况

地　区	接待人次(万)		增长率(%)		旅游收入(亿美元)		增长率(%)	
	1995	1996	94/95	95/96	1995	1996	94/95	95/96
非　洲	1 880.0	1 945.0	1.7	3.5	69.15	76.22	5.9	10.2
美　洲	11 194.4	11 551.0	4.4	3.2	952.39	1 063.78	0.2	11.7
东亚太	8 362.4	9 009.0	8.6	7.7	693.49	824.36	11.9	18.9
欧　洲	33 724.0	34 744.0	2.3	3.0	1 898.20	2 144.74	8.6	12.9
中　东	1 104.1	1 514.0	11.8	37.1	66.53	82.43	29.7	23.9
南　亚	438.4	449.0	11.0	2.4	37.06	39.63	17.3	6.9
全　球	56 703.3	59 212.0	3.8	4.4	3 716.82	4 231.16	7.2	13.8

资料来源：根据《旅游市场》1996 年 9 月第 5 期第 7 页及《旅游调研》1997 年第 3 期第 47 页公布数字整理。

年里，欧洲失去了将近10%的旅游市场份额，旅游接待人数在全球国际旅游接待总人数中所占比例，从1975年的69.2%降到1995年的59.5%和1996年的58.7%；美洲在这20年里也也失去了将近3%的旅游市场份额，而以发展中国家占多数的东亚太、非洲、中东和南亚地区所占旅游市场份额却在不断增大，其中东亚太地区的国际旅游接待人数20年来增长了3倍，在全球旅游接待总人数中所占比例从1975年的3.9%上升到1995年的14.75%和1996年15.2%，国际旅游收入在全球总额中所占比例也从1975年的5.3%上升到1995年的18.7%和1996年的19.48%，与欧美地区三足鼎立的地位进一步巩固。

同旅游接待人次相似，全球国际旅游收入的分配也很不平衡，1995年国际旅游收入名列前10名的国家或地区的收入总数占全球国际旅游总收入的55%，名列前20位的国家或地区的旅游收入则占全球国际旅游总收入的72%，1996年这两个数字分别为54%和71.3%。同国际旅游接待人次迅速增长相对应，东亚太地区的国际旅游收入在1995年增长也较快，其中中国、澳大利亚、香港地区、印度尼西亚、新加坡、中国台湾地区等旅游目的地的国际旅游收入均以两位数的速度增长，但在日元升值的影响下，造成前往日本旅游的费用昂贵，因此日本的国际旅游收入增长率达到二位数的国家，除了西班牙之外，其余均为东亚太地区的国家和地区，包括中国、中国香港地区、新加坡、泰国、澳大利亚、墨西哥和韩国，这其中除了澳大

表2　1990～1996年世界各旅游区在全球旅游市场所占份额(%)

年份	类别	世界	非洲	美洲	东亚太	欧洲	中东	南亚
1990	接待人次	100.0	3.43	18.81	11.44	63.68	1.90	0.72
	旅游收入	100.0	1.88	26.09	14.39	54.90	1.94	0.77
1991	接待人次	100.0	3.50	21.40	11.80	61.10	1.50	0.67
	旅游收入	100.0	1.58	25.90	14.75	55.75	1.44	0.58
1992	接待人次	100.0	3.60	21.50	12.30	60.40	1.55	0.70
	旅游收入	100.0	1.74	25.82	14.60	55.66	1.47	0.71
1993	接待人次	100.0	3.60	21.30	13.70	59.30	1.40	0.68
	旅游收入	100.0	1.74	27.05	15.40	53.90	1.25	0.64
1994	接待人次	100.0	3.50	20.50	14.10	59.60	1.50	0.70
	旅游收入	100.0	1.59	28.12	16.79	51.78	1.05	0.69
1995	接待人次	100.0	3.32	19.74	14.75	59.47	1.95	0.77
	旅游收入	100.0	1.86	25.62	18.66	51.07	1.79	1.00
1996	接待人次	100.0	3.29	19.51	15.21	58.68	2.56	0.76
	旅游收入	100.0	1.80	25.14	19.48	50.69	1.95	0.94

资料来源：根据《旅游市场快讯》1995年5月5日(第9期)第23页、《旅游市场》1996年9月第5期第13页及《旅游调研》1997年第3期第47页公布资料整理。

利亚以外，又都是发展中国家和地区。然而，在全球国际旅游收入排名上，发展中国家的情况要比旅游接待人次排名差一些，发达国家则仍然占据一定优势。在1995年国际旅游收入最多的前5个国家中，全是发达国家，其中美国以583.7亿美元名列第一，其次分别为法国、意大利、西班牙和英国。在名列前10名的国家和地区中，只有香港地区、中国和新加坡3个发展中国家和地区。进入前20名的其他发展中国家还有波兰、泰国、墨西哥、韩国和印度尼西亚。1996年这一格局变化不大，排名前5位的仍是原来的5个国家，其中美国以643.73亿美元再次名列第一，西班牙从1995年的第四位跃居第二位，法国和意大利退到

第三位和第四位,英国仍居第五位。这一年国际旅游收入进入前10名的发展中国家和地区只有香港地区和中国,进入前20名的其他发展中国家有新加坡、泰国、波兰、墨西哥、韩国和印度尼西亚,加上香港地区和中国,仍是1995年原有的8个发展中国家和地区。这一情况再次从一个侧面说明发展中国家旅游业的经营效益和创汇能力与发达国家仍有一定差距。

总起来看,尽管1995~1996年全球国际旅游发展速度比过去放慢,但仍然保持了稳步增长,使旅游业在世界各国的国民经济发展中的作用更加重要。对于许多国家来说,特别是对于发展中国家来说,如果管理得当,旅游业的发展不但可以带来财富,改善国民经济状况,还可以在一定程度上解决就业问题。据世界旅游理事会最新统计,目前全世界直接旅游从业人员人数总共达2.85亿,在世界就业总人数中所占的比例为10.7%,其中东欧地区旅游从业人数为1.691亿,亚太地区为2 260万,非洲和中东地区为1 990万,欧洲联盟成员国为1 980万,北美地区为730万,加勒比地区为240万。另据报道,许多国家的旅游业对本国就业的贡献已经处于举足轻重的地位,其中奥地利的旅游业养活的人口所占比例达14%,希腊为10%,西班牙为9%,瑞士为8%,德国为7%,澳大利亚和葡萄牙为6%,美国和法国为5%,瑞典为3%。

正是由于旅游业在经济上的明显作用,许多国家对于本国的旅游业发展和管理给予格外重视,因而对其政府旅游管理机构和对外旅游市场促销活动提供了很大财政支持。据世界旅游组织调查,虽然一些国家的旅游管理的促销活动经费来源结构正在发生变化,但绝大多数费用还是由政府出资,表现出对政府财政的强烈依赖性。

表3 1990、1995年全球国际旅游接待数量最多的前20个旅游目的地排名

排名		目的地	接待人次(万)		1994~1995增长率(%)	全球总数份额(%)	
1990	1995		1990	1995		1990	1995
1	1	法国	5 249.7	6 058.4	-1.19	11.43	10.68
3	2	西班牙	3 744.1	4512.5	4.38	8.15	7.96
2	3	美国	3 953.9	4 473.0	1.70	8.61	7.89
4	4	意大利	2 667.9	2 918.4	6.20	5.81	5.15
12	5	中国	1 048.4	2 336.8*	10.91**	2.28	4.12
7	6	英国	1 801.3	2 270.0	7.92	3.92	4.00
5	7	匈牙利	2 051.0	2 208.7	3.09	4.47	3.90
8	8	墨西哥	1 717.6	1 987.0	16.11	3.74	3.50
27	9	波兰	340.0	1 922.5	2.26	0.74	3.39
6	10	奥地利	1 901.1	1 775.0	-0.80	4.14	3.13
10	11	加拿大	1 520.9	1 685.4	5.53	3.31	2.97
16	12	捷克	727.8	1 660.0	-2.35	1.58	2.93
9	13	德国	1 704.5	1 453.5	0.28	3.71	2.56
11	14	瑞士	1 320.0	1 183.5	-5.17	2.87	2.09
13	15	希腊	887.3	1 109.5	3.57	1.93	1.96
19	16	香港	658.1	959.8	2.86	1.43	1.69
14	17	葡萄牙	802.0	951.3	4.17	1.75	1.68
15	18	马来西亚	744.6	793.6	10.27	1.62	1.40
22	19	新加坡	484.2	659.5	5.22	1.05	1.16
21	20	泰国	529.9	652.2	5.94	1.15	1.15
1-20名总计			33 854.3	41 570.6	3.07	73.72	73.31
全球总计			45 923.3	56 703.3	3.80	100.00	100.00

资料来源:《旅游市场》,1996年9月第5期,第3~5页。

注:带有*和**的数字为世界旅游组织公布的统计数字。

在全球旅游业不断发展的同时，旅游者的需求特点也在变化之中。一方面，随着世界各国中等收入阶层人数扩大，使得加入旅游者队伍的人数日益增多，而大多数旅游者往往集中拥向为数不多的热门旅游目的地。据报道，1995年共有1 800多万游客访问了巴黎，1300万游客访问了伦敦，而前往地中海地区旅游的游客人数则约达1.2亿，约占全球国际旅游总人数的1/5以上。另据美国一家旅游杂志根据城市文化内涵的丰富程度、餐馆菜肴特色、城市卫生与环境状况及地方风情氛围和当地居民的友好态度等标准对3万多读者的调查，1995年世界上最受旅游者欢迎的10个城市分别是：悉尼(83.1分)、旧金山(83.0分)、佛罗伦萨(81.8分)、罗马(78.8分)、维也纳(78.3分)、萨尔斯堡(78.0分)、巴黎(77.9分)、伦敦(77.6分)、京都(77.2分)、檀香山(76.9分)；亚洲最受欢迎的10个城市分别是：京都(77.2分)、香港(64.9分)、加德满都(58.8分)、东京(57.6分)、大阪(51.3分)、北京(50.4分)、上海(48.4分)、新德里(47.3分)、台北(40.7分)、胡志明市(39.1分)；根据环境状况、景色优美程度、住宿条件、当地居民友好态度和沙滩质量等标准调查，世界最受欢迎的5个岛屿分别是：毛伊岛(86.1分)、考爱岛(81.0分)、百慕大(81.0分)、巴厘岛(75.9分)和莫雷阿岛(75.0分)。另一方面，致力于寻求遥远的或尚未开发的旅游目的地的旅游者人数也日益增多。越来越多的旅游者渴望游览新的景点，见识新鲜事物，聆听新奇的声音。他们开始到世界上过去曾经是遥不可及的地方去旅游，到达目的地后，他们也不再满足于在海滩上晒太阳，而是想要进行文化或者自然旅游，参观考古发掘地点，登山爬坡，乃至寻找失散已久的亲友或者寻访祖先的遗迹。于是前往加勒比群岛和东部非洲野生动物园之类新奇旅游目的地的旅游者人数不断增加，到乌干达追踪大猩猩或者去南极洲漫游之类更富有刺激性的特别旅游项目，也成为越来越多的游客追求的目标。

表4 1995年全球国际旅游收入最多的前20个旅游目的地排名

排名		目的地	国际旅游收入(亿美元)		1994～1995增长率(%)	占全球总数份额(%)	
1990	1995		1990	1995		1990	1995
1	1	美国	430.07	583.70	-3.37	16.25	15.70
2	2	法国	201.85	273.22	6.61	7.63	7.35
3	3	意大利	200.16	270.72	13.14	7.56	7.28
4	4	西班牙	185.93	250.65	14.70	7.02	6.74
5	5	英国	149.40	174.68	15.10	5.64	4.70
6	6	奥地利	134.10	125.00	-5.02	5.07	3.36
7	7	德国	114.71	119.22	7.49	4.33	3.21
11	8	香港	50.32	90.75	9.11	1.90	2.44
25	9	中国	22.18	82.50*	12.66**	0.84	2.22
12	10	新加坡	45.96	75.50	6.83	1.74	2.03
8	11	瑞士	67.89	72.50	4.23	2.56	1.95
9	12	加拿大	56.12	70.48	11.71	2.12	1.90
64	13	波兰	3.58	70.00	13.82	0.14	1.88
14	14	澳大利亚	40.88	68.75	15.45	1.54	1.85
13	15	泰国	43.26	66.17	14.84	1.63	1.78
10	16	墨西哥	54.67	60.70	-3.93	2.07	1.63
16	17	荷兰	36.36	60.50	7.80	1.37	1.63
18	18	韩国	35.59	56.62	48.77	1.34	1.52
26	19	印度尼西亚	21.05	53.12	11.01	0.80	1.43
15	20	比利时	37.21	52.50	1.31	1.41	1.41
1-20名总计			1 931.29	2 677.28	6.50	72.96	72.03
全球总计			2 647.08	3 716.82	7.20	100.00	100.00

资料来源：《旅游市场》，1996年9月第5期，第5～7页。

注：带有*和**的数字为世界旅游组织的初步统计数字。据中国国家旅游局出版的《中国旅游统计年鉴》公布的数字，1995年中国的旅游外汇收入为87.33亿美元，1994～1995年增长率为19.3%。

随着全球国际旅游业的不断发展，世界各地已经到处都有旅游者的踪迹，即使是地球上最偏僻的地方，也感受到了大众旅游热潮的冲击，迄今为止，从南极到拉普兰，从西伯利亚到亚马逊河流域的热带雨林，世界上几乎已经没有多少地区未留下旅游者的足迹。旅游者这样大批到来，固然给旅游目的地带来可观的经济收入，但同时也给许多旅游目的地造成这样那样的问题。一方面，对于那些希望通过外出旅游来远离嘈杂人群或日常琐事的人们来说，要想寻找一块理想的净土正在变得越来越困难；另一方面，成千上万游客集中到来，也使那些最热门的旅游目的地的环境受到严重污染和破坏，例如，地中海地区如今已被人们称作世界上最脏的海域之一。有鉴于此，许多人士越来越深刻认识到发展旅游业不可一味追求短期经济利益，保护旅游资源和环境也是极为重要的。因为旅游目的地是靠旅游资源和环境的魅力来吸引游客的，要使这种吸引力持久下去，就必须使旅游业走可持续发展的道路。因此有人士强调，各国政府应当积极认真的探讨旅游业发展会给本国带来何种后果，并针对这种后果制定严格的政策来引导和控制旅游业的发展，合理规范旅游开发活动和旅游区的规划设计，以确保本国旅游业健康持久地发展下去。

世界部分国家和地区国际旅游市场发展概况

天津市旅游总公司　左　坚
天津商学院餐旅系　姚延波

第二次世界大战结束以后，特别是60年代以来，全球国际旅游一直保持持续增长，并在经过了70年代和80年代的高速发展后，于90年代进入成熟期。90年代初期，由于西方社会经济普遍衰退，再加上海湾战争、石油危机以及其他诸多因素的影响，世界旅游业曾遭受严重打击。1994年，世界经济开始复苏，但因主要工业国家失业状况没有明显改观，故增长速度放慢。由于世界旅游业与世界经济发展之间有着密切的联系，因此世界经济的缓慢增长，势必会影响到世界国际旅游的市场格局、发展状况以及旅游需求。本文拟就1995～1996年世界国际旅游以上诸方面的发展状况予以简要概括。

1995～1996年世界国际旅游市场发展状况

由于世界经济发展速度放慢，国际旅游的发展速度受到影响。1995年，世界国际旅游接待人次及国际旅游收入分别比1994年增长3.8%和7.2%，而1994年这两项指标分别比上年增长5.4%和10.4%。1996年，国际旅游接待人数达5.92亿人次，比上年增长了4.6%，国际旅游收入达4 231亿美元，比上年增长了7.6%。1995年和1996年两年的年增长率均低于1994年的增长速度。但世界国际旅游的市场格局仍没有大的变化，基本保持了90年代初的格局分布：欧洲仍占有最大的市场份额，居世界第一位；美洲的市场份额虽有所下降，但仍居世界第二；东亚太地区国际旅游接待的增长率低于中东地区，但仍保持了较快的增长，市场份额也随之增长，居于第三位；中东地区旅游增长速度虽为全球最快，但却和非洲与南亚一样，占有极小的市场份额。

世界旅游接待人数和国际旅游收入

人数（百万人次）　收入(亿美元)

流向	旅游接待人数 国际旅游收入	1990		1994		1995		1996	
		数字	增长%	数字	增长%	数字	增长%	数字	增长%
欧洲	旅游接待人数	261.0	1.5	315.0	1.9	337.2	2.3	347.4	3.6
	国际旅游收入	1 170.0	6.5	1 532.0	0.6	1 898.2	8.6	2 144.7	5.9
美洲	旅游接待人数	84.0	5.4	108.5	4.05	111.9	4.4	115.5	3.2
	国际旅游收入	659.0	17.4	950.0	4.8	952.4	0.2	1 063.8	6.1
东亚太	旅游接待人数	46.5	4.3	74.7	7.6	83.6	8.6	90.0	8.3
	国际旅游收入	350.0	13.1	619.9	18.7	693.5	11.9	824.4	13.3
非洲	旅游接待人数	14.0	5.2	18.6	1.5	18.8	1.7	19.5	2.3
	国际旅游收入	65.0	19.1	56.0	−4.0	69.2	5.9	76.2	9.2
中东	旅游接待人数	6.0	−19.8	7.9	−4.0	11.0	11.8	15.1	10.5
	国际旅游收入	35.0	−25.9	36.0	−12.0	66.5	29.7	82.4	14.7
南亚	旅游接待人数	3.0	9.1	3.7	7.0	4.4	11.0	4.5	4.3
	国际旅游收入	21.0	5.4	24.0	11.2	37.1	17.3	39.6	8.8
全球	旅游接待人数	415.0	2.5	528.0	3.0	567.0	3.8	592.1	4.6
	国际旅游收入	2 300.0	10.0	3 211.0	5.1	3 716.8	7.2	4 231.1	7.6

资料来源:根据世界旅游组织资料整理。

欧洲地区国际旅游市场

欧洲地区自60年代以来,其国际旅游接待人数及国际旅游收入一直居世界第一位。1995年与1996年,这两项指标再次居世界首位。但其所占市场份额已由1960年的72.5%(流量份额)和56.8%(收入份额)逐年下降到1996年的58.7%和50.7%。1995年,欧洲国际旅游接待量占全球总量的59.5%,但增长率只比上年多了2.3%,低于同年世界平均水平。1996年,欧洲国际旅游接待人数为3.5亿人次,比1995年增长3.6%,国际旅游收入2 144.74亿美元,比上年增长5.9%,仍处于缓速发展。其主要原因,一是由于该地区币值较高;二是由于其接待容量已趋于饱和。

欧洲国际旅游市场份额(%)

年份	接待人数	国际旅游收入
1960	72.5	56.8
1970	70.5	62.0
1980	65.6	59.5
1990	62.1	53.8
1994	59.6	47.4
1995	59.5	51.1
1996	58.7	50.7

资料来源:根据世界旅游组织资料整理。

欧洲国际旅游市场的发展非常成熟,其中许多国家的国际旅接待方面都非常发达。1995和1996两年,法国国际旅游接待人数都居全球第一。其他欧洲国家,像西班牙、意大利、英国、匈牙利、波兰、捷克、奥地利、德国和瑞士等地,也均位于全球前20名。1996年,国际旅游收入除美国位于第一位以外,前10位中有7位均为欧洲国家,依次为西班牙(第二)、法国(第三)、意大利(第四)、英国(第五)、奥地利(第六)、德国(第七)和瑞士(第十)。

欧洲出境旅游近两年发展较慢,1995年该地区出国旅游仅增长2%,而且1995年与1996年的发展趋势都是:远程出国旅游增长快于欧洲区域内近程旅游。1985～1995十年间,欧洲区域内出境旅游仅增长37.3%,而区域外出境旅游则增长了95%。远程出境旅游的首选目的地是北美,其次为东亚太,并且到东亚太地区的市场发展趋向稳定。

近年来,北欧地区国际旅游的快速增长令人瞩目,其旅游增长率高于世界平均水平,并极具潜力。主要原因是北欧国家是著名的福利国家,经济极为发达,且社会安定,福利极高,带薪假期居欧洲之最,并且由于气候因素,乐于到阳光充足的地方,因此出游率极高。

美洲地区国际旅游市场

1995年,美洲地区接待国际旅游人数为1.12亿,比上年增加4.4%,而国际旅游收入仅比1994年增加0.2%。1996年,其国际旅游接待人次达1.15亿,比1995年增加3.2%,国际旅游收入增加了6.1%。但由于1996年奥运会在美国举行,因此这样的增长率并不算高。同时,美洲1995～1996年的客流份额和收入份额比1994年均有下降。

美洲国际旅游市场份额(%)

年　份	接待人数	国际旅游收入
1960	24.1	35.7
1970	23.0	26.8
1980	21.6	24.6
1990	20.6	26.6
1994	20.5	30.3
1995	19.4	25.6
1996	19.5	25.1

资料来源:根据世界旅游组织资料整理。

美洲国际旅游增长渐缓的原因,主要是因为北美国际旅游近年来的不景气。1995年,加拿大和墨西哥的入境旅游人数大幅度下降,美国第二大旅游目的地的地位也被法国取代。1996年,北美国际旅游有所回升,美、加、墨三国国际接待人数增幅较大,美洲国际旅游也随之增长。近两年古巴旅游业增长迅速,国际接待人次增幅达19.6%,非常突出。北美出境旅游的首选地仍是欧洲,2/3以上的出境旅游者是去欧洲的。

此外,中美、南美及加勒比海地区国际旅游也均有不同程度增长。

东亚太地区国际旅游市场

1995年以来,中东及南亚地区的国际旅游发展速度首次超过东亚太地区,但东亚太地区的国际旅游仍保持了较高的增长势头。1995年,该地区接待国际旅游人数比上年增加了8.6%,旅游收入比上年增长11.9%;1996年接待人数及旅游收入分别比1995年增长8.3%和13.3%,虽大大超过全球平均增长率,但已明显低于90年代初的增长势头。所占市场份额也有小幅增加。

在东亚太地区,东北亚无论在接待人数上,还是在旅游收入上均居第一位;东南亚和大洋洲分别为第二和第三。但在增长速度上,大洋洲居第一位。1995年,在旅游收入方面,香港地区居首位,收入达90.75亿美元;中国居第二位,泰国为第三位。韩国近年来旅游收入增长迅速,1995年国际旅游收入增长率为46.6%,达55.79亿美元。在接待人数方面,增长最快的是越南,比上年增长22.8%。

东亚太国际旅游市场份额(%)

年　份	接待人数	国际旅游收入
1960	1.0	2.9
1970	3.0	6.1
1980	7.4	8.4
1990	11.6	14.9
1994	14.1	18.3
1995	14.7	18.7
1996	15.2	19.5

资料来源:根据世界国际旅游组织资料整理。

近年来东亚太地区市场格局变化的突出特点是:已从以接待为主转向接待与输出并举。东亚太地区1995年共有9 000万人出国旅游,其中70%的人是在本地区内流动。日本仍是区域内最大的旅游输出国,1995年出境旅游人数突破1 500万大关,达到1 529.8万人次,这同日本政府鼓励国民出国旅游及日元坚挺有密切关系。韩国出境旅游发展迅猛,大有后来者居上之势。泰国及印尼出境旅游也有大幅度提高。

中国是东亚太地区近年来格外引人注目的国家,1995年与1996年连续两年国际旅游接待人数位居世界第五;国际旅游收入位居世界第九。

非洲地区国际旅游市场

近两年,非洲入境旅游人数增长缓慢。1995年共接待1 880万人次,比上年增长1.7%。1996年接待1 945万人次,比1995年增长2.3%。其国际旅游收入增长幅度超过接待人数增长幅度,1995年和1996年分别增长5.9%和9.2%。以上两项指标的市场份额仅有微小变化,仍占极小份额。

非洲国际旅游市场份额(%)

年 份	接待人数	国际旅游收入
1960	1.1	2.6
1970	1.5	2.2
1980	2.6	2.6
1990	3.4	2.0
1994	3.5	1.8
1995	3.3	1.9
1996	3.3	1.8

资料来源:根据世界国际旅游组织资料整理。

非洲国际旅游入境市场之所以发展缓慢,主要是出于安全方面的原因,由于撒哈拉等地政局不稳,再加上传染病的危害,极大地影响了非洲国际旅游的进一步发展。

南非是非洲重要的国际旅游接待国和客源国。1995年,南非接待国际旅游入境人数及国际旅游收入分别比上年增加17.1%和10.5%,大大超过世界平均增长率。南非出境旅游也有所发展,其传统首选目的地为欧洲。近年来,南非游客开始对亚太地区发生兴趣,按感兴趣程度排列,依次为澳大利亚、新加坡、香港地区、新西兰、日本、泰国。

中东地区国际旅游市场

中东是目前全球国际旅游发展最快的地区。1995年,其国际旅游接待人数为1 104.1万人次,比1994年增长11.8%;国际旅游收入66.53亿美元,比上一年增长了29.7%。1996年,中东地区国际旅游仍保持了最高增长速度,接待人数和旅游收入分别比1995年增长了10.5%和14.7%,大大超过世界平均增长率。该地区国际旅游市场份额也随之提高,1996年接待人数和旅游收入所占市场份额分别为2.6%和1.9%,均比1994年有大幅度提高。

中东国际旅游市场份额(%)

年 份	接待人数	国际旅游收入
1960	1.0	1.5
1970	1.4	2.3
1980	2.1	3.4
1990	1.7	2.0
1994	1.5	1.1
1995	1.9	1.8
1996	2.6	1.9

资料来源:根据世界旅游组织资料整理。

中东国际旅游的迅速发展,在很大程度上是由于近两年埃及旅游业的巨大发展。1995年,埃及占中东地区接待人次增长总量的50%,旅游收入增长总量的80%;另外中东和平进程对国际旅游的稳定发展也起到了一定作用。一些国家还积极发展出境旅游,以以色列为例,该国人口560万,年出境旅游人数占总数的40%,其中商务旅游发展尤为迅速。

尽管中东地区国际旅游大幅度增长,但其所占市场份额仍然很小。由于该地区政局不稳,恐怖事件时有发生,对其国际旅游的发展有极大的抑制作用。

南亚地区国际旅游市场

多年来,南亚不论是在国际旅游接待人数上还是在国际旅游收入上,所占市场份额均居最后一位,仅占不足1%的份额。1995年,南亚国际旅游增长速度加快,其增长幅度仅次于中东地区,接待国际旅游者438.4万人次,比上年增长11%;国际旅游收入为37.04亿美元,增幅达17.3%。

南亚国际市场份额(%)

年 份	接待人数	国际旅游收入
1960	0.3	0.5
1970	0.6	0.6
1980	0.8	1.5
1990	0.7	0.8
1994	0.7	0.8
1995	0.8	1.0
1996	0.8	0.9

资料来源:根据世界旅游组织资料整理。

1995年南亚国际旅游大幅度增长的一个重要原因,是印度国际旅游的迅速增长起到了带动作用。近年来,印度为迎合世界国际旅游的发展趋势,大力开发探险旅游、修学旅游和家庭旅游。其中探险旅游主要面对欧洲和日本这两个传统市场,以及韩国、印尼、新加坡和香港地区等新兴市场。由于探险旅游者平均停留时间长,花费高,因此印度探险旅游年营业额可达4 600万美元。印度也非常重视发展家庭旅游,专门召开会议研究开发美国家庭旅游市场。此外其他国家,如斯里兰卡、尼泊尔以及马尔代夫等国也有不同程度的增长。

1996年,南亚地区国际旅游的增长幅度有所下降,接待国际入境旅游者449万人次,比1995年增长4.3%,国际旅游收入39.63亿美元,比上年增长8.8%。从市场份额上看,接待人数所占份额保持不变,仍为0.8%,而国际旅游收入所占份额则下降了0.1%。造成以上状况的主要原因,是南亚部分地区的政局不稳,影响了国际旅游的大幅度增长。

1995~1996年国际旅游市场的需求趋势

进入90年代中期,国际旅游业更趋成熟,世界国际旅游市场向着更深更广的方向发展,并对市场的总体需求与供给产生了深刻的影响。总的来说,国际旅游市场的消费群体在不断扩大;对于旅游产品及旅行方式的选择更趋于自由化和自选化;同时,对于旅游产品的需求更加多样化和细分化。其具体表现为:

会议、奖励旅游继续快速发展

1995年以来,会议与奖励旅游继续向全球化发展,越来越多的国家对会议及奖励旅游予以高度重视。1996年5月,第九届欧洲奖励、公务和会议展销会于日内瓦举行。此次展销会在场地面积、参展公司数,以及买家数等方面,均有大幅度增长,居历史最高水平。

欧美地区经济发达的国家,多年来一直是会议旅游的中心,会议之都巴黎,年举办会议1 200个,赢利55亿法郎。此外,伦敦、维也纳、日内瓦、布鲁塞尔和纽约等也均为著名的会议中心。近年来,会议旅游的重心开始移向亚太地区,新加坡、香港地区、曼谷、汉城、东京都是新兴的会议中心,接待会议数均列世界前茅。目前亚太地区为促进国际会议旅游的发展,纷纷采取不同的促销策略。日本为了大力发展会议和奖励旅游,批准了一项"会议促销法",将42个城市作为重点样板城,负责促销国际会议,同时指派日本观光振兴会(JNTO)作为促进会议旅游的官方机构。

奖励旅游在许多发达国家都已广泛开展,1986年,参加奖励旅游的人就已超过100万。近两年,越来越多的商业组织的奖励资金是通过奖励旅游的形式来奖励员工的。德国是奖励旅游极为发达的国家,1995年,德国举办奖励旅游的公司持续增加,14%的公司奖励旅游的预算高于1994年,同时大部分公司每年要举行2~5次奖励,5%的公司举行10次以上。目前,奖励旅游已由过去纯粹的参观游览变为包括研讨会、专业会议、培训发奖会以及游览等内容丰富的旅行,向着奖励旅游和会议旅游合二为一的方向发展。

家庭旅游日渐兴起

亚太地区近年来旅游市场发展的一个明显趋势,就是家庭旅游的兴起。据新西兰旅游局的调查,家庭旅游与青年旅游已成为亚太地区最为重要的细分市场,越来越多的父母都带着孩子一起旅游。家庭旅游兴起的原因,一是随着亚太经济的崛起,家庭可自由支配收入随之增多;二是由于父母平时无暇照顾孩子,通过节假日与孩子一起旅游作为补偿。

1995年,东盟国家到新加坡旅游的14岁以下的小游客比上年增加了3.1%,到泰国的小游客也比上年有所增加,香港地区接待的东南亚和南亚旅游者中,40%的人是以家庭形式来港的。为迎合这一发展趋势,亚太地区许多国家纷纷推出各种促销策略来吸引家庭旅游者。香港地区推出了丰富的旅游产品,除名目众多的家庭包价旅游外,还推出符合儿童心理的促销活动,以及对母亲的促销活动;澳大利亚则发起"与孩子一起旅行"的促销活动,使家庭旅游团预订迅速增加,同时由于澳元坚挺,许多澳大利亚家庭出国度假;而新加坡的航空公司,则为孩子们建立了青少年探险家俱乐部,孩子们一上飞机就可参加。

除亚太地区以外,其他国家的家庭旅游也日渐兴起。美国RY&P公司1995年调查结果显示:越来越多的美国人外出度假时,愿意带孩子一起旅行,并且孩子在家庭旅游目的地、旅行方式以及住宿的选择上起相当大的作用。

青年旅游市场方兴未艾

近年来,受国际旅游大潮的影响,世界许多国家的青年旅游市场发展迅猛。亚洲青年旅游市场在整个亚洲国际旅游市场中所占比重为20%,在日本、香港地区、新加坡、泰国和印尼等,青年旅游较为普及。根据PATA调查,香港和泰国80%的海外旅游者的年龄为18~34岁,而泰国海外旅游者的年龄更趋年轻化,51%的人年龄处于18~24岁之间;新加坡18~34岁的年青旅游者则占其全部海外旅游者的60%。日本每年有 500 万年龄在 15～34 岁的青年人出国旅游，占出国旅游总数的 45%左右。亚洲青年国际旅游者在选择目的地时，一般选择澳大利亚、新西兰、尼泊尔及东南亚等地。

在欧美地区，青年旅游市场发展速度也较快。据估计，近两年每年有大约 1 000 万青年旅游者出国旅游，英国、德国、美国、西班牙和爱尔兰连续 10 年名列前 5 位客源国，美国、英国、法国和希腊是欧美青年旅游者的主要目的地。亚太地区，尤其是澳大利亚和泰国近年来也为越来越多的青年旅游者所选择。

全球出境旅游发展状况

南开大学旅游学系　张伯山

旅游客源是世界旅游业发展的关键性因素之一。1994 年，为世界各旅游接待国提供客源的出境旅游人数总共达 5.463 亿人次，比 1993 年增长了 5.4%。1995 年，全球出境旅游总人数则达到 5.6703 亿人次，增长率为 3.8%。由于出境旅游与旅游者个人的经济支付能力直接有关，因此同入境旅游接待相比，出境旅游客流量的地理分布更加集中一些，主要发生在欧美发达国家和一些发展水平提高较快的发展中国家，其他一些经济正在起步的发展中国家居民的出境旅游目的则以公商务活动为主。例如，1994～1995 年世界上 7 个最大的旅游客源国均是西方经济发达国家，1994 年 7 国出境旅游人数总计为 2.16 亿人次，占当年全球国 际旅游总人数的 39.5%，1995 年则上升到 2.336 亿人次，占当年全球总数的 41.2%，其中德国多年来出境旅游人数一直名列榜首。出境旅游支出最多的，也主要是西方发达国家，1995 年名列前三位的分别是德国、美国和日本。从人均旅游支出上看，虽然排在前列的也以发达国家为多，但有些经济发展较快的发展中国家名次也很靠前。1994 年，人均旅游支出最多的 4 个国家是：日本(2 262 美元)、澳大利亚(1 843 美元)、挪威和韩国(均为 1 660 美元)。1995 年人均旅游支出较多的国家和地区有：日本(2 401 美元)、中国台湾地区(1 656 美元)、韩国(1 550 美元)、美国(897 美元)、法国(881 美元)、意大利(773 美元)、德国(632 美元)、英国(591 美元)和加拿大(527 美元)。

欧洲地区部分国家出境旅游情况

欧洲地区是当今世界最大的客源发生地，出国旅游人数最多的国家大部分集中在这一地区。随着逐步摆脱近几年的经济衰退，1994 年该地区出境旅游状况有所好转，1995 年也基本保持平稳发展，但具体国家的情况则有升有降。

德国

多年来德国一直保持世界第一大旅游输出国的地位，1985～1994 年期间其出国旅游人数平均以每年 4.2%的速度递增。尽管近几年世界经济不景气使德国出国旅游受到一定影响，但 1994 年其出国旅游仍保持增长势头，出国旅游总人次达到 6 520 万，再次名列世界第一，比 1993 年增长 1.24%，占全球国际旅游总人次的 11.94%。在这一年的出国旅游者中，原西德地区的居民占了大多数，总共达 5 400 万人次。全德赴欧洲以外地区的远程旅游者人数为 720 万人次，比 1993 年略有增长，短程旅游者人数有所下降，但为期 5 天以上的中距离旅游人数却有所增加，参加包价旅游的人数也保持着强劲的增长趋势。虽然德国出国旅游者的数量在世界上最多，但由于德国游客向来以节俭而闻名，所以其出国旅游支出在世界上并不是

表1 1985～1995年世界七大旅游客源国出国旅游人数及增长率

（单位：百万人次）

年份	加拿大	美国	日本	法国	德国	意大利	英国
1985	13.2	34.7	5.0	8.8	45.0	9.2	21.6
1986	13.1	37.2	5.5	10.0	45.3	9.3	24.9
1987	14.9	39.4	6.8	18.2	49.0	13.1	27.4
1988	16.5	40.7	8.4	18.3	53.1	14.9	28.8
1989	10.3	41.1	9.7	19.9	56.3	17.0	31.0
1990	20.4	44.6	11.0	19.4	57.5	19.1	31.2
1991	21.9	41.6	10.6	17.3	59.9	15.8	30.8
1992	21.7	43.9	11.8	16.9	62.1	18.0	33.8
1993	20.6	45.5	11.9	16.4	64.4	16.0	33.3
1994	18.3	47.5	13.6	17.7	65.2	16.9	34.2
1995	18.0	50.0	15.3	18.2	74.9	16.0	41.7
1993/1994 增长%	-10.8	4.4	14.3	7.9	1.2	0.6	2.7
1994/1995 增长%	1.0	5.3	12.5	3.0	14.9	5.3	21.9

资料来源：根据《市场信息与研究》1995年3月号、《旅游调研》1995年第3期、《旅游市场快讯》1996年第16期、《旅游时报》1996年3月31日公布数字整理。

表2 1995年全球出境旅游支出最多的20个国家和地区

排名 1985年	排名 1995年	国家/地区	旅游支出（亿美元）	1994/1995年增长率	占全球份额%
2	1	德国	473.04	9.0	14.7
1	2	美国	448.25	2.9	13.9
4	3	日本	367.37	19.6	11.4
3	4	英国	246.25	11.0	7.6
5	5	法国	160.38	15.6	5.0
10	6	意大利	123.66	1.5	3.8
7	7	荷兰	110.50	0.6	3.4
8	8	奥地利	95.00	1.8	2.9
6	9	加拿大	94.84	-18.8	2.9
17	10	台湾省	85.95	9.0	2.7
12	11	比利时	79.95	2.7	2.5
9	12	瑞士	65.43	3.4	2.0
25	13	韩国	59.19	44.8	1.8
14	14	瑞典	51.09	4.7	1.6
11	15	墨西哥	49.50	7.7	1.5
21	16	西班牙	47.50	13.4	1.5
15	17	澳大利亚	45.74	5.4	1.4
16	18	挪威	41.85	6.5	1.3
24	19	新加坡	41.13	12.2	1.3
18	20	丹麦	37.78	5.4	1.2

资料来源：《旅游市场快讯》1996年10月29日第20期第1～2页。

最高的。1994年德国旅游者出国旅游的总支出约为433.98亿美元,人均旅游支出只有666美元,比亚洲的韩国人均旅游支出还要低。德国旅游者出国旅游的交通工具,近距离短期旅游以私人汽车为主,远程旅游以飞机为主,此外乘坐旅游大客车和火车出国旅游的人数也在增加。1994年德国乘私人汽车出国旅游人数为3 460万人次,占出国旅游总人数的53.1%,比1993年下降了2.6个百分点,乘坐飞机出国旅游的人数为1 780万人次,占出国旅游总人数的27.3%,比1993年增加了2.3个百分点。1994年德国游客出国旅游的目的地仍以欧洲的西班牙、意大利、奥地利和法国为主,其中赴西班牙和意大利旅游人数始终名列前茅,但前往阿尔卑斯山地区的奥地利和瑞士等国旅游的人数却有下降的趋势。1994年前往北美地区旅游的德国游客比1993年增长了4.4%,其中前往美洲的加勒比地区旅游的人数增长了32.8%;前往亚太地区旅游的人数增长了19.5%,其中以新加坡、马来西亚、泰国及印尼、香港地区为主要目的地,前往中国和菲律宾的德国游客人数也基本保持平稳增长,如1994年赴中国旅游的德国游客共15万人次,比1993年增长7.14%,前往泰国旅游的德国游客共35.4万

表3 1994年德国出国旅游者主要旅游目的地

目的地	前去旅游人数(百万)	所占比例(%)	目的地	前去旅游人数(百万)	所占比例(%)
西班牙	8.1	12.4	瑞士	1.5	2.3
意大利	6.1	9.4	土耳其	1.4	2.1
奥地利	5.1	7.8	北美	1.6	2.5
法国	3.0	4.6	北非	1.5	2.3
希腊	2.5	3.8	欧洲其他国家	3.3	5.1
荷兰	1.6	2.5			

资料来源:根据《中国旅游报》1995年12月2日公布数字整理。

人次,比1993年增长11%,前往香港地区旅游的德国游客人数为23.6万人次,比1993年增长7.6%;1994年赴非洲地区旅游的德国游客人数也比1993年大大上升,增长率为12.3%。1995年德国出国旅游人数达到7 490万人次,增长率为14.87%,出国旅游支出为473.04亿美元,增长率为9.0%,两项均名列世界第一,但人均旅游支出只有632美元,仍然大大低于亚洲的台湾地区和韩国的人均旅游支出。1995年德国游客出国旅游的主要流向分布为:西班牙810万人次,意大利540万人次,奥地利470万人次,土耳其170万人次,东欧国家340万人次,美洲国家150万人次,加勒比地区120万人次。

法国

由于经济复苏缓慢,失业率上升及地理位置和气候的影响,该国近几年的出国旅游发展速度明显低于其相邻各国,但从绝对数量上看,该国的出国旅游市场仍不可低估。1994年法国出国旅游情况比预料的要好,在该国5 800万总人口中,出国人数为1 200万,占总人口的1/5以上,出国旅游总人次达到1 767.7万,比上一年增长7.9%,在欧洲地区名列第三位,排在意大利和荷兰之前,在世界上排名为第五位。法国游客出国旅游目的以消闲娱乐为主,但公商务旅游也占有一定比例。该国游客出国旅游的时间有35%选在7～9月,但这样集中出游的主要是近程短期旅游者,比例占43%,享有长假的旅游者出游季节性并不强,其中甚至有许多人专门选择在冬季出国旅游,例如在前往亚太地区旅游的法国游客中,有2/3将旅游时间定在冬季。法国出国旅游者的旅游交通工具以私人汽车为主,不通过旅行社而直接进行有关旅游预订的人数正在增多,但前往亚太地区的法国游客有80%仍要通过旅行社进行旅游预订,其中有28%预订包价旅游,另有52%只预订客房、交通或其他某些服务项目。法国旅游者出国旅游的目的地以西欧地区的西班牙、意大利、德国、英国、比利时和卢森堡等国为主,前往东欧、北非及地中海沿岸各国的游客也占一定比例。美国是法国旅游者在欧洲以外地区的最大旅游目的国,1994年前去旅游人数占法国出国旅游总人数的3%,此外前往加勒比地区和加拿大旅游的人数增长幅度也很大,其中赴加拿大旅游人数为38.8万人次,比1993年增长14.2%,原因主要是这两个旅游目的地与法国之间的空中交通条件改善,机票价格降低以及这二地加强了对法旅游促销攻势。1994年前往亚太地区旅游的法国旅游者人数增幅也较明显,仅1～9月便增长了9%,其中赴泰国、越南、澳大利亚等国的法国游客人数增幅均达到二位数。前往印尼、印度、尼泊尔、法属波利尼西亚、柬埔寨、老挝、马尔代夫等地的法国游客人数也有一定增长,但前往中国、菲律宾和斯里兰卡的法国游客人数

却有所下降。1994年法国赴中国旅游人数总共为11.18万人次,比1993年下降了2.7%。1995年该国出国旅游增长速度有所放缓,出国旅游人数约为1 820.7万人次,比1994年增长3%,出国旅游支出约为160.30亿美元,比1994年增长15.6%。但这一年法国远程出国旅游再次呈现 出良好的增长势头,主要流向是西非和亚太地区,前往加勒比地区旅游人数也大增。法国游客人数增长较快的目的地有澳大利亚、菲律宾、新西兰和马尔代夫,增速均达二位数,越南、老挝和柬埔寨接待的法国游客人数也令人瞩目。在1995年最初几个月,前往法属波利尼西亚、新喀里多尼亚以及斯里兰卡旅游的法国游客都曾急剧增长,但其增势很快被一些意外事件阻挡住。前往印度的法国游客人数在1995年保持平稳增长,但前往泰国、马来西亚、澳门地区和新加坡的法国游客人数明显减少。

西班牙

西班牙在传统上是一个旅游接待大国,其出国旅游从1975年才开始发展,到目前在世界上的排名已进入前十几名。近几年来由于西班牙货币比塞塔连续大幅度贬值,使该国的入境和出境旅游向相反的二个方向发展,在入境旅游接待不断增长的同时,出境旅游人数连年下降。到1994年,该国出境旅游人数已下降到1360万人次,比1993年下降23.16%,但其出国旅游支出仍达41.9亿美元,比1993年增长4.8%。1994年西班牙出国旅游人数最多的地区分别是马德里、加泰罗尼亚大区和 巴斯克地区,这几个地区人均出国旅游支出额为570美元,高于全西班牙的人均水平。与出国旅游总体上不景气形成鲜明反差的是,该国前往远东地区的远距离旅游人数有所上升,其原因主要是该国企业界人士到远东进行商务旅游的人数大幅度增加,再加上一些传统旅游目的地不断发生意外事故促使该国经营远程国际旅游的旅行社转而经营旅游安全系数较高的远东地区旅游业务。仅在1994年1～6月,西班牙赴远东地区旅游人数就比1993年同期增长了97%。但由于该国过去前往远东地区旅游人数基数较低,所以前往远东地区旅游人数的绝对数字仍然不高。西班牙游客在远东地区的旅游目的地主要有印尼、泰国、日本、马来西亚和越南。1994年该国到中国旅游的人数也略有上升,达到1.30万人次,比1993年增长17.4%,其中散客占69.3%,团体旅游者占30.7%。此外,赴中国的豪华旅游团数量在连年减少,而进行经济等旅游的人数猛增。1995年,西班牙国民旅游人数总体上又大幅减少,但该国出国旅游人次和出国旅游支出均与1994年基本持平。

表4 1990～1994年西班牙人、出境旅游情况对照

年份	入境旅游		出境旅游	
	人次(万人)	收入(亿美元)	人次(万人)	支出(亿美元)
1990	5204	185.93	2187	42.53
1991	5349	190.04	1940	45.30
1992	5533	221.80	1986	55.42
1993	5726	177.62*	1770	39.99
1994	6142	213.70*	1360	41.90

资料来源:《旅游市场》1995年5月第3期。

注:1993年和1994年旅游收入数字下降主要由于西班牙比塞塔大幅贬值所致。

英国

英国是仅次于德国和美国的世界第三大旅游输出国,近几年虽然也面临着经济不景气带来的不利影响,但其出国旅游却一直保持增长趋势,只是增长幅度有所起伏。1994年1～9月,英国出国旅游人数达到2 736万人次,比1993年同期增长12%,然而1994年全年英国出国旅游人数却只达3 420万人次,比1993年净增90万人次,增长率只有2.7%。不过从1985～1994年这一期间来看,该国出国旅游人数平均增长率为5.2%,高于同期德国和美国出国旅游人数的平均增长速度。近几年英国旅游者的出国旅游支出也保持二位数增长速度,1994年又增长10%,达到139.0亿英镑,比当年该国的国际旅游收入多出41亿英镑,旅游收支逆差比1993年猛增23.3%,成为又一个旅游收支赤字大国。在英国出国旅游者中,进行休闲度假旅游的人数占85%。英国的气候具有冬季较长,多阴雨,少阳光的特点。由于这种气候的影响,使英国游客对拥有阳光和沙滩的旅游目的地格外偏爱,此外散客在该国出国旅游者中占60～70%,原因是英国游客出国旅游经验丰富,语言障碍较小,并且大多数喜欢分散、自由而不受约束的旅游形式。英国游客出国旅游的季节性不特别明显,出国旅游客源的产生地集中在人口密集、经济发达、平均生活水平较高的

英国中南部地区，比例约占 60～70%，此外该国的远距离出国旅游者构成以年龄在 45 岁以上、年收入在 2 万英镑以上的阶层为主。多年来英国游客出国旅游的目的地以西欧其他国家，特别是以地中海沿岸国家为主，前去旅游人数比例高达 80%以上，其中每年有近1 000万人次前往法国和西班牙旅游，其次前往希腊、意大利、葡萄牙、南斯拉夫和爱尔兰旅游的人数也不少，但总体上看这种近距离短期旅游在逐年下降，而前往欧洲以外地区的远距离旅游所占比例在不断上升。英国游客的远距离旅游目的地主要有北美、大洋洲和远东地区各国，其中赴北美地区的游客人数前几年增长较快，尤其以美国佛罗里达对英国游客的吸引力为大，但从 1993 年到 1994 年，英国赴北美地区旅游人数已连续二年出现下降，到远东地区旅游的人数则保持较高增长速度。英国游客在亚洲的旅游目的地主要有土耳其、塞浦路斯、香港地区、印度、日本、泰国、以色列、新加坡、马来西亚、印尼、菲律宾和中国，其中前往东南亚各国、香港地区及中国旅游的人数在 1994 年增长了 7.2%，大大高于 1994 年英国出国旅游总人数的增长速度。另外，1994 年该国游客前往中国西南地区及越南、老挝、缅甸三国交界地区旅游的兴趣也在增大。多年来英国一直是中国的重要客源市场，除 1989 年外旅华人数均保持稳定增长。1994 虽然中国国内一再发生的恶性事故对旅游接待造成了相当的不利，但英国游客旅华人数仍然增长了 8.5%，达到 16.7 万人次，成为中国第九大旅游客源市场。1990～1994 年期间，英国游客赴中国旅游人数年平均增长速度高达 18.96%。1995 年英国出国旅游人数出现大幅度上升，达 4 170 万人次，比 1994 年增长了21.63%，其中赴中国旅游人数为 18.49 万人次，增长率为10.7%，前往韩国旅游的人数 也猛增，仅 1995 年1～8月就有 4 万名英国游客到韩国旅游，比 1993 年同期增长了 36.7%。

北欧地区各国

这一地区的国家主要有瑞典、芬兰、丹麦和挪威等。该 4 国的人口总共约 2 300 万，而且经济富有，政局稳定，社会福利较高，国民带薪假期较长，再加上气候寒冷，因此，其居民每年出国旅游的人数比例相当高，其中前往北欧以外地区旅游的人数每年就在1 200 万人次左右。90 年代最初几年，该地区的出国旅游也受到世界经济持续萧条的影响，但程度相对小一些。随着世界经济开始复苏，1994 年上述 4 国的经济状况大为改善，人均国民生产总值再次名列世界前茅，全部进入世界经济收入最高的前 10 个国家之列，排名分别是第 1、3、5、10 位。经济收入的提高，使这几个国家的居民出国旅游再度兴旺起来。1994 年该 4 国仅旅华人数就比 1993 年增长 17.6%，达到 7.29 万人次，几乎是 1990 年的 3 倍。其中瑞典游客旅华人数为3.04万人次，比 1993 年增长 30%。1994 年芬兰出国旅游人数达到了 600 万人次以上，其中乘游船前往爱沙尼亚、瑞典等邻近国家旅游人数增长最快，达到 350 万人次，赴俄罗斯旅游人数也大幅度增长，达到 35 万人次；此外地中海北岸和欧洲各大城市也是芬兰游客的重要旅游目的地，海湾国家也开始引起芬兰游客的兴趣。芬兰游客前往亚太和北美地区的远距离旅游在 1994 年也大有好转，除泰国以外，中国、印度和澳大利亚也成为芬兰游客的重要旅游目的地。1994 年芬兰游客旅华人数为 2.03 万人次，比 1993 年增长8.9%。美国和加勒比地区则是芬兰游客赴美洲地区旅游的主要目的地。1994 年芬兰游客出国旅游的形式也发生变化，团体游客减少，散客增多，此外芬兰游客参加的旅游项目也开始向多样化发展，除了传统的海滩度假外，观光旅游、文化旅游和健身旅游也不断吸引更多的芬兰游客。

在连续几年呈下降趋势之后，1994 年丹麦的出国旅游终于有了转机，出国旅游人数在 1994 年第一季度就比 1993 年同期增长 16.4%，其中包价旅游增长了 18.7%。但前往美国和加拿大的航空包价旅游继 1993 年全年下降 7.4%之后，在这一时期又下降了 15.7%，而前往拉美和亚洲及中东地区的航空包价旅游则有强劲增长。前往欧洲各国的航空包价旅游在同期也保持平稳增长，但就具体旅游目的地而言，则各有差异，其中赴希腊、荷兰、德国和斯堪的那维亚地区国家旅游的航空包价旅游游客人数明显增多，而前往法国、英国、葡萄牙和瑞士的航空包价旅游游客人数则有所减少。

表5 1990～1994年北欧四国游客旅华人数增长情况

年份	1990		1991		1992		1993		1994	
国家	人次	增长%	人次	增长%	人次	增长%	人次	增长%	人次	增长%
瑞典	10 456	6.0	16 224	55.2	21 158	30.4	23 396	10.6	30 420	30.0
芬兰	5 100	17.1	12 285	140.9	15 340	24.9	18 655	21.6	20 312	8.9
丹麦	5 915	5.6	8 050	36.1	10 569	31.3	13 088	23.8	13 510	3.2
挪威	3 559	-42.3	5 279	48.3	5 759	9.1	6 848	18.9	8 629	26.0
合计	25 030	-5.5	41 838	67.2	52 826	26.3	61 987	17.3	72 871	17.6

资料来源《旅游市场》1995年5月第3期。

东欧及前苏联地区各国

由于经济状况不佳,东欧及前苏联地区各国居民出国旅游的条件不如西欧各国,但因过去历来具有爱好旅游的传统,加上近年来这些地区各国经济开始有所好转,因而其出国旅游人数也在逐步增多。1994年仅赴英国旅游的东欧游客便达40万人次;在经济发展较为顺利的匈牙利,1994年出国旅游人数高达1 437.4万人次,比1993年增长18.65%。1994年俄罗斯出国旅游人数为554.1万人次,比1993年增长23.9%,其中商务旅游者为134.7万人次,增长24.3%,观光旅游者为229.8万人次,增长41.5%。该国旅游者的主要目的地有土耳其、德国、中国、波兰、阿联酋等。接待该国游客人数增长较快的旅游目的地则有美国、塞浦路斯、西班牙、土耳其、阿联酋等。1994年俄罗斯赴中国旅游人数为39.8万人次,成为中国第三大客源国,1995年该国赴中国旅游人数继续上升,达到48.93万人次,比1994年增长22.4%。然而,尽管东欧及前苏联地区各国出国旅游人数不少,由于其经济收入还较低,使得这些国家游客在国外的旅游消费水平受到相当限制。例如,有许多俄罗斯和东欧各国游客在英国旅游时是自带露营工具或租用帐篷在贫民区露营并且常常自带食品和饮料,往返于各旅游目的地时乘坐廉价火车,在城市内游览观光时也尽量步行,以便尽可能减少旅游费用支出。因此这些游客在英国的日平均旅游费用支出仅为15.2英镑,远远低于美国游客在英国日平均支出58英镑的水平,更低于日本游客在英国日平均支出68.5英镑和挪威游客在英国日平均支出69英镑的水平。

表6 1994年俄罗斯旅游者出国旅游主要旅游目的地

目的地	接待俄罗斯游客人次(万)	1993～1994增长(%)	目的地	接待俄罗斯游客人次(万)	1993～1994增长(%)
美国	10.87	1183.8	波兰	27.99	21.24
塞浦路斯	6.86	778.5	保加利亚	7.20	20.19
西班牙	7.06	523.9	希腊	6.63	182.70
土耳其	57.90	335.8	立陶宛	9.99	95.20
法国	4.49	288.5	拉脱维亚	12.16	67.00
意大利	5.50	263.0	德国	39.80	52.90

资料来源:《市场信息与研究》1995年8月号。

北美地区主要国家出国旅游情况

北美地区是世界上仅次于欧洲地区的第二大旅游客源市场,对全球国际旅游的发展也具有至关重要的地位。90年代初以来世界经济的持续萧条使这一地区的出国旅游产生了较大波动,到1994年和1995年,该地区有的国家出国旅游重新呈现平稳发展势头,有的国家则仍然保持连年减少的局面。

美国

美国是世界上仅次于德国的第二大旅游客源国,1994年出国旅游人数达4 750万人次,比1993年净增310万人次，增幅为6.98%，出国旅游支出达到435.62亿美元。这种局面的出现，主要是由于美国经济有所好转，1994年该国经济增长率达到3.7%，是自世界经济开始复苏以来最高的一年，再加上该国的通货膨胀率得到控制，就业率也有所提高，从而为美国旅游者出国旅游创造了较好条件。美国游客出国旅游的流向，主要集中在墨西哥、加拿大及欧洲、亚太各国和拉美其他国家 。1994年美国游客赴墨西哥旅游人数为1 582万人次，赴加拿大旅游人数为1 215万人次，赴欧洲各国旅游人数为1 300万人次，赴拉美其他国家旅游人数为722万人次，赴亚太各国旅游人数为477万人次。从具体旅游目的国看，除了墨西哥和加拿大以外，1994年接待美国游客人数较多的国家还有：英国（接待人数260万人次）、法国（接待人数200万人次）、德国（接待人数156万人次）和意大利（接待人数125万人次）。就发展趋势而言，近几年美国游客赴美洲其他国家和欧洲各国旅游人数时有起伏，尤其是赴欧洲各国旅游人数总体呈下降之势，其中以赴法国、德国、西班牙、荷兰等国旅游的人数下降最为明显，而赴亚太地区各国旅游的美国游客数量虽不及前往欧美地区者，但发展势头没有大的波动，一直保持一定增长速度，尤其是赴香港地区、中国、韩国、泰国、印度和印尼等国旅游人数增幅较大。1994年美国游客在亚太地区的10个最大旅游目的地分别是香港地区、日本、中国、新加坡、韩国、菲律宾、泰国、澳大利亚、台湾地区和印度，其中香港地区共接待美国游客77.6万人次，名列亚太地区之首，日本次之，共接待美国游客53.14万人次，但比1993年下降了0.4%，中国名列第三，共接待美国游客46.99万人次，比1993年增长17.5%。在赴中国旅游的美国游客中，公商务旅游者人数增长最快，观光度假者人数则稳中有升。接待美国游客数量增长势头较好的其他亚太国家还有柬埔寨（接待人数1.5万人次，增长率为106%）、越南（接待人数4.3万人次，增长率为82%）、澳大利亚（接待人数28.97%人次，增长率为3.2%）以及帕劳群岛（增长20%）、印尼（增长15%）、马来西亚（增长10%）、新西兰（增长104%）。从总体上看，1994年美国旅游者出国旅游的特点是：更喜欢娱乐性和刺激性强的旅游项目和新奇旅游目的地，老年旅游者人数有所增多，旅游者对旅游价格和旅游安全问题更为敏感，出国旅游季节差别日益淡化。1995年美国游客出国旅游继续保持增长，出国旅游总人数达到5 000万人次，比上年增长5.26%，出国旅游支出为448.25亿美元，比上一年增长2.9%，人均旅游支出为897美元。美国游客最喜欢的十大外国旅游目的地分别是爱尔兰、英国乡村、英属哥伦比亚、哥斯达黎加、澳大利亚、百慕大、新西兰、瑞士、以色列和英国伦敦。1995年美国旅游者在亚太地区的主要流向是：香港地区76.9万人次，比1995年减少1.2%；中国51.5万人次，增长9.6%；韩国35.9万人次，增长8.1%；菲律宾35万人次，增长12.9%；新加坡34.6万人次，增长0.6%；澳大利亚31.5万人次，增长8.6%；泰国27.7万人次，下降5.1%；台湾地区27.4万人次，增长3.0%；印尼17.9万人次，增长5.9%；新西兰15.2万人次，下降3.8%。

表7 1994年美国旅游者主要出国旅游目的地

目的地	接待美国游客人次（万）	1993/1994增长（%）	目的地	接待美国游客人次（万）	1993/1994增长（%）
墨西哥	15.820	3.50	意大利	1.250	43.64
加拿大	12.150	1.05	瑞士	0.897	0.90
英国	2.603	2.97	西班牙	0.802	2.30
法国	1.997	1.47	美洲其他地区	7.215	4.55
德国	1.564	1.43	亚太地区	4.768	7.58

资料来源：《市场信息与研究》1995年1月号。

加拿大

加拿大也是世界主要客源国之一，但由于世界经济衰退和加元疲软的影响，近年来其出国旅游人数一直在下降，1994年仍然保持这一趋势。这一年加拿大出国旅游人数为 1 834.4 万人次，在世界上排名第四位，下降率达到 10.7%，大大低于 1991 年 2 193.7 万人次的历史最高纪录。加拿大游客出国旅游的目的地主要是美国，1994 年赴美旅游人数约为 1 497 万人，占该国 出国旅游人数的 83.11%。英国是加拿大游客的第二大旅游目的地，前去旅游的人数为 66.45 万人次。再次是墨西哥，前去旅游的人数为 39.41 万人次。加拿大游客的其他重要旅游目的地还有法国、德国、意大利、荷兰、香港地区、古巴、瑞士等。香港地区是加拿大游客在亚太地区最大的旅游目的地，1994 年前去旅游的人数为 18.52 万人次，比 1993 年下降 2.16%；中国紧随香港地区之后，1994 年接待加拿大游客 11.32 万人次，比 1993 年增长 7.7%，因此加拿大已成为中国第 13 大旅游客源国。接待加拿大游客较多的亚太国家还有日本、新加坡、泰国、澳大利亚等。1995 年，虽然世界经济进一步恢复，但加元仍然保持疲软势态，再加上加拿大政府为了减少旅游收支逆差开展强大宣传活动，大力鼓励国民在国内旅游，使得这一 年该国出国旅游人数再次减少。这一年加拿大出国旅游人数总共为 1 801.2 万人次，比 1994 年下降 1.81%，其中去美国旅游人数为 1 444.6 万人次，比 1994 年下降 3.5%，但赴美国以外其他国家旅游人数达到 356.6 万人次，比 1994 年的 337.4 万人次增长了 5.7%，其主要流向是欧洲、百慕大和加勒比地区，赴亚洲旅游人数继续大幅度增长。随着出国旅游人数的 减少，加拿大游客出国旅游支出也明显下降，1995 年该国出国旅游支出总共为 94.84 亿美元，比 1994 年减少18.77%，人均旅游支出为 526.5 美元。

表 8　1994 年加拿大游客出国旅游主要目的地

目的地	接待加拿大游客人次(万)	旅游支出(亿加元)	目的地	接待加拿大游客人次(万)	旅游支出(亿加元)
美国	1 497.04	71.220	古巴	13.01	0.909
英国	66.45	7.063	瑞士	11.55	0.784
墨西哥	39.41	3.329	多米尼加	11.22	0.829
法国	38.47	4.102	奥地利	8.46	0.505
德国	23.45	1.834	百慕大	8.34	0.907
意大利	14.04	1.412	巴哈马	7.75	0.688
荷兰	13.85	0.871	西班牙	7.64	0.764
香港地区	18.52	1.636	澳大利亚	7.51	1.617

资料来源：《市场信息与研究》1995 年 1 月号。

亚太地区各国和地区出境旅游情况

近年来，亚太地区不仅入境旅游接待日益繁荣，而且出境旅游也保持平稳而迅速地发展，是世界上最具潜力的旅游客源市场。这种情况的出现，主要是得益于该地区经济的高速发展，使人们外出旅游的经济能力不断增大。除了日本、澳大利亚等发达国家外，韩国、台湾地区、香港地区、东盟各国、中国等东亚太发展中国家和地区也正在世界旅游市场上崛起，成为日益令人瞩目的客源发生地，此外南亚地区的出境旅游也正在引起人们注意。1995 年，东亚太地区出境旅游人数总共达 9 007.3 万人次，比上年增长 5.8%，其中有6 645.8万人次在洲内旅游，比上年增长 4.9%，占这一地区出境旅游总人数的 73.8%；进行远程旅游的人数为2 361.5万人次，比上年增长 8.5%，占出境旅游总人数的 26.2%，其中赴欧洲旅游人数为 1 086.5万人次，比上年增长 7.3%，占出境旅游总人数的 12.1%。1995 年该地区出境旅游支出最多的前 5 个国家和地区分别是日本、台湾地区、韩国、澳大利亚和新加坡，中国的旅游支出则达到 34.83 亿美元，名列第六位，比上年增长 14.7%。

日本

在本国经济高速发展推动下，日本的出国旅游自 80 年代以来除个别年份(如海湾战争期间)外，连续十几年保持稳定增长，这在发达国家中是不多见的。1994 年日本出国旅游人数再创纪录，达到1 357.8934

万人次，比 1993 年增长了 14.3%，出国旅游人数在日本人口中的比例首次超过 10%；出国旅游支出为 307.16亿美元，占全球旅游总支出的 9.56%，比 1993 年增长 14.3%，减去 1994 年该国 34.72 亿美元的国际旅游收入，旅游赤字高达 272.44 亿美元，抵消掉 1994 年该国贸易顺差的 21%，对减少其对外贸易磨擦起到了相当大的作用。这一年日本人均出国旅游支出也高达 2 262 美元，再次稳居世界第一。1994 年日本出国旅游者支付给外国航空公司及游船公司的国际间交通费总额达到 96.4 亿美元，也创造了历史最高纪录。促成 1994 年日本出国旅游人数增长的原因，主要是由于日元不断升值，再加上各航空公司和旅行社调低价格，使日本人出国旅游及在国外购物乘车比在国内旅游还要便宜实惠，因而诱使大量日本游客走出国门旅游。1994 年日本出国旅游者有 50%是来自以东京地区为中心的关东七县，全日本游客出国旅游的目的地以前往亚洲各地为主，占 44.7%，其中赴韩国、台湾地区、香港地区游客人数平稳增长，赴中国、印尼、新加坡、泰国、菲律宾及关岛和塞班岛旅游人数迅速增长。1994 年旅华日本游客为 114.12 万人次，比 1993 年增长25.1%，是中国最大的客源市场。美洲是 1994 年日本游客出国旅游的第二大旅游目的地，其中赴美国旅游人数占日本出国旅游总人数的 32.3%，这其中又有相当大的部分是以夏威夷为旅游目的地；此外赴欧洲旅游人数占 12.5%，其中以赴奥地利、英国、法国、意大利的人数为多；赴大洋洲旅游人数占 9.2%。1994 年日本出国旅游者构成，除继续以度蜜月的新婚夫妇、年轻职业女性及老年人为主体外，家庭、商务、中年和学生与儿童等旅游市场也有所发展，其中家庭旅游人数占出国旅游人数的 16.7%，海外蜜月旅游人数占 7.7%。几年来日本年轻职业女性出国旅游人数一直快速增长，1994 年 20～29 岁的女性出国旅游人数达 230 万人次，是同年同龄男性出国旅游人数的 2 倍。当年全日本出国旅游的所有妇女总数达 603 万人次，占出国旅游总人数的 44.4%，其中 20 岁左右的年轻女性就占日本出国旅游总人数的 39.4%。1994 年日本老年人出国旅游人数约为 153 万人次，占出国旅游总人数的 9.058%，公商务旅游者占出国旅游总人数的 13.1%，其中赴亚洲各国的人数占大多数，比例达到 63.1%，特别是赴越南和缅甸的公商务旅游者增长较快，增长率均达到二位数。1994 年日本中年出国旅游市场也明显发展，其中以 45 岁以上的中年妇女出国旅游人数增长较快，占当年所有出国旅游妇女人数的 20.2%，此外夫妇双方合计年龄超过 80 岁并一同外出旅游的“圆月族”旅游者占出国旅游人数的 12%，由圆月族、中年妇女以及中年男子构成的中年旅游者占日本出国旅游人数的 1/3 左右。近年来参加海外修学旅行的日本学生和儿童人数也在不断增多，1994 年该国共有 411 所初、高中学校组织或计划了海外修学旅行，占日本全部初、高中学校的 2.4%，15～19 岁学生出国旅游人数为 47.1 万人次，比上年增长 15.7%，其中高中学生出国旅游人数共达 442 批 9.98 万人次，比上年增长 12.8%。1994 年日本政府又新认可了 5 个县可以组织出国修学旅行，使日本可以进行出国修学旅行的县和市分别达到 25 个和 4 个，在全日本 47 个都道府县中占 61.7%。日本学生海外修学旅行的目的地主要是亚洲邻近国家和地区，其中以韩国和中国最受欢迎 1994 年韩国共接待进行海外修学旅行的日本高中学生 156 批 3.57 万人次，比 1993 年增长 5.7%，中国共接待日本海外修学旅行高中学生 87 批 2.5 万人次，比 1993 年增长 27.5%。日本学生海外修学旅行的其他目的地还有美国本土（接待日本修学旅行学生 37 批 9 456 人，增幅为 27.4%）、夏威夷（接待 36 批 7 506 人，增幅 1.3%）、澳大利亚（接待 31 批 7 452 人，增幅 16.2%）、台湾地区（接待 18 批 3 981 人，下降 8%）、加拿大（接待 14 批 3 003 人，增幅 16.2%）及新加坡、马来西亚、泰国等其他亚洲国家（共接待 22 批 2 444 人，下降 1.6%）、新西兰（接待 13 批 2 306 人，增幅 12.0%）和欧洲各国（共接待 22 批 1 703 人，增幅 60.9%）。从总体上看，日本学生海外修学旅行主要以“费用廉价、近距离、短时间”为特点。1995 年，日本出国旅游人数再创高峰，达到 1 529.8125 万人次，比上一年增长12.7%，出国旅游支出达到 367.37 亿美元，增长 19.6%，人均旅游支出为 2 401 美元，依然名列世界第一。这一年日本游客前往亚洲其他国家和地区旅游人数达到 685.33 万人次，比上一年增长 10%，其中赴韩国旅游人数为 156.6 万人次，增长 0.9%，赴香港地区旅游人数为 115.96 万人次，增长 21%，赴中国旅游人数为 130.52 万人次，增长 14.4%，赴台湾地区旅游人数为 82.34 万人次，增长 10.8%。

表9 1994年日本游客出国旅游主要目的地

目的地	接待日本游客人次(万)	目的地	接待日本游客人次(万)
韩国	155.2094	英国	37.2500
中国	114.1200	法国	34.1694
香港地区	95.8100	意大利	27.8274
台湾地区	74.3234	德国	20.9014
新加坡	68.7344	美国	402.5898
泰国	48.4268	澳大利亚	68.5881

资料旅游:《市场信息与研究》1995年8月号。

澳大利亚

澳大利亚也是亚太地区的重要旅游客源国,同欧美许多国家一样,在经历了世界经济衰退的持续颓势之后,到1994年该国的出境旅游出现了转机,出境旅游人数达到235.43万人次,比1993年增长3.84%。在1994年出境旅游的澳大利亚游客中,年龄在25~54岁者占大多数,其中增长速度最快的是45~54岁的中年人,增长幅度为5%,15~24岁和15岁以下的出境旅游者在经历了大幅度下降之后,1994年也有了明显回升。1994年澳大利亚出境旅游发展的主要特点是:(1)在国外停留时间短。其中出国旅行时间短在一周以内的为24.50万人次,比1993年下降3.07%;在国外停留时间短在一周以上、二周以内者为57.76万人次,比1993年增加3.49%,二者合计占1994年该国出境旅游人数的34.97%。出现这种变化的原因之一是因为许多澳大利亚游客把一次较长假期分几次使用,并把出国旅游目的地从欧美转向亚太地区。(2)出国度假旅游者人数比例最大。1994年澳大利亚出国度假旅游者人数占出国旅游总人数的48.58%,高居各类旅游者之首,其次是探亲旅游者,占23.84%,再其后依次为:商务旅游者,占17.34%;会议旅游者,占2.84%;修学旅游者,占1.29%;其他旅游者,占3.74%。(3)散客和小包价旅游者人数上升。越来越多的旅游者只通过旅行社代订交通工具和饭店客房,其他参观游览活动则自行安排,反映出对突出个性和较为自由的旅游方式的追求。(4)商务旅游者增长明显。1994年澳大利亚出国商务旅游者达到40.83万人次,比1993年增长10.47%,占1994年该国出国旅游总人数的17.34%。此外,相当多的中下经济阶层人士也开始进行远程出国旅游。

纵观总体旅游流向,1994年澳大利亚出国旅游者主要去向有:亚洲地区(占36.21%)、大洋洲地区(占23.43%)、欧洲地区(占21.78%)、美洲地区(占14.78%)。其中前三个地区接待澳大利亚旅游者人数分别增长了4.81%、1.9%、6.68%,而美洲地区却下降了0.2%。从具体旅游目的地国家和地区来看,1994年澳大利亚出国旅游者的15个最大的目的地分别是新西兰、美国、英国、印尼、香港地区、新加坡、斐济、马来西亚、泰国、菲律宾、意大利、日本、巴布亚新几内亚和希腊,这些国家1994年接待澳大利亚旅游者总计达188.49万人次,比1993年增长了2.38%,占该国出国旅游总人数的80.06%。1994年澳大利亚游客旅华人数首次突破10万大关,达到10.95万人次,比1993年增长10.3%,名列中国第15大客源国。1995年澳大利亚旅华人数达到12.94万人次,比1994年增长10.1%,上升为中国第13大客源国。

表10 1994年澳大利亚游客出国旅游主要目的地

目的地	接待澳大利亚游客人次(万)	比上年增长(%)	占出境总数%	目的地	接待澳大利亚游客人次(万)	比上年增长%	占出境总数%
新西兰	35.33	1.75	15.00	泰国	7.18	-0.40	3.05
美国	28.83	3.93	12.25	菲律宾	4.73	12.88	2.01
英国	25.45	5.55	10.81	意大利	4.51	6.36	1.92
印尼	21.42	7.74	9.09	日本	4.26	-6.37	1.81
香港地区	13.04	-1.13	5.54	中国	10.95	10.30	4.65
新加坡	9.17	6.33	3.09	巴布亚新几内亚	3.50	-1.40	1.49
斐济	8.29	5.73	3.52				
马来西亚	8.45	1.19	3.59	希腊	3.38	13.40	1.44

资料来源:《旅游市场》1995年5月第3期。

韩国

韩国是亚太地区经济发展较快的国家之一，随着该国国民收入的不断提高，其出国旅游人数增长速度近年来也一直居高不下。1994年韩国出国旅游人数达到315.4万人次，比1993年增长了30%，出国旅游支出则达到40.88亿美元，比1993年增长24.44%，从而成为亚太地区最重要的旅游客源国之一。韩国游客出国旅游的目的主要为公商务、蜜月度假、观光游览、探亲访友等，其中蜜月度假人数达到60万人次。除上述旅游活动外，修学旅游、奖励旅游和游船旅游也都有一定增长。韩国出国旅游者构成以往以男性职业人士为主，但1994年这种局面有所改变，女性出国旅游者人士大幅度上升，达到100万人次，几乎占该国出国旅游总人数的1/3。在韩国出国旅游者中，有67.8%以散客身份进行旅游，参加团体旅游的人数占15.4%，比过去有所增加，这是由于出国旅游人数增长较快，许多旅游者对旅游目的地的情况不太了解，所以通过旅行社进行旅游预订和参加团体旅游的人数上升。在1994年韩国所有出国旅游者中，出游次数在4次以上的占44.2%，首次出国旅游者占30%；另外，80%以上的出国旅游者在外平均停留时间为11.2天。从出国旅游目的地看，有67.8%的韩国游客前往亚洲其他国家或地区旅游，人数达到213.8万人次，但随着观念改变和经济支付能力的提高，赴欧美等地区进行远程旅游的人数有所上升，使得该国赴亚洲其他国家或地区旅游人数比1993年下降了2.9个百分点。韩国旅游者的远程旅游目的地以美国为主，1994年赴美旅游人数为46.99万人次，其中仅1～6月赴美旅游人数就达26.21万人次，比1993年同期增长47.1%，从而使美国成为韩国出国旅游者的第二大旅游目的地。此外前往加拿大、法国、英国等国及前苏联地区旅游的韩国游客人数也有较大幅度增长，其中赴前苏联地区旅游人数总共达到39.98万人次。韩国游客在亚太地区的旅游目的地以日本名列第一，其次还有中国和泰国。1994年赴日旅游的韩国游客人数总共达到114.2万人次，占韩国出国旅游总人数的36.21%，使日本成为韩国出国旅游者第一大旅游目的地，其中仅1～6月赴日旅游人数便达51.1万人次，比1993年增长14.6%；1994年赴泰国旅游的韩国游客人数为24.7万人次，比1993年增长40.7%，使泰国跃升为韩国旅游者出国旅游的第四大目的地。由于中韩之间往来航班增多，1994年韩国旅华游客人数继续上升，达到34.03万人次，比1993年增长了79.2%，名列中国第第四大旅游客源国，而且今后该国旅华人数大幅度增长的势头仍然强劲。韩国出国旅游者在亚太地区的其他旅游目的地还有香港地区、台湾地区、新加坡、菲律宾、马来西亚、澳大利亚等。1995年韩国出国旅游人数达到381.9万人次，比1994年增长21.1%，并首次超过该国的入境旅游接待人数，超出量为6.6万人次。日本仍是韩国游客最大的旅游目的地，前去旅游人数仍达100万人次以上，其次也仍是美国，人数为65.8万人次；此外赴中国旅游人数为52.9万人次，比1994年增长55.6%，名列中国第二大旅游客源国，前往泰国、新加坡、香港地区旅游的人数也较多。1995年韩国游客出国旅游支出达59.19亿美元，连续第二年超过其入境旅游收入，超出额为3.22亿美元。这一年韩国出国旅游者人均旅游支出1 594美元，仅次于日本和台湾地区，仍然名列世界前茅。

东北亚地区其他国家和地区

除日本和韩国以外，东北亚地区较重要的旅游客源输出国和地区还有香港地区、台湾地区和中国内地。1994年香港地区海外旅游人数在300万人次以上，其中仅1～11月海外旅游人数便达253万人次，比1993年同期增长12.3%。除此之外，1994年1～11月还有2 262万人次的香港地区居民前往中国内地和澳门地区旅游，这样算来，仅有618万人口的香港地区居民人均出境旅游次数达到4.1次，出境旅游比率高居世界首位。接待香港地区游客人数增长较快的旅游目的地主要有韩国和欧美地区，其原因主要是由于通往这些旅游目的地的航班增多，机票价格下调，加上这些目的地的饭店纷纷以优惠价格招徕旅游者，从而使香港游客前往上述目的地旅游的经济能力增强；此外由于香港地区向北美地区移民增多，促使香港游客前往美加进行探亲旅游的人数增多，也是一个重要原因。香港地区前往东南亚地区各国旅游的情况在1994年也普遍好转，其中前往泰国、菲律宾等国的游客人数回升较为明显。前往中国内地旅游的香港游客人数因不同旅游线路而有升有降，其中以北京线和广东线发展势态较好。前往台湾地区的香港游客人数在1994年出现了负增长。从旅游形式上看,1994年香港出境旅游仍以团体旅游为主,但其比例正在下降,而自选旅游、家庭式旅游和散客旅游呈上升趋势。1995年,香港地区出境旅游总人数达3 200万人次,其中前往中国内地和澳门旅游人数为2 600万人次,前往东南亚地区旅游人数为191万人次,前往美国旅游人数为34万人次。

台湾地区出境旅游在经过连续数年猛增之后,从1994年开始进入成熟期,再加上这一年台湾经济发展停滞不前,因此使其出境旅游发展速度放缓。这一年台湾地区出境旅游人数总共为474.4万人次,仅比1993年增长1.9%,但仍保持亚洲地区第三大旅游客源市场的地位。亚洲地区其他国家或地区仍是1994年台湾游客的首选旅游目的地,前去旅游人数为390万人次,占台湾地区出境旅游总人数的82.3%,但由于种种原因,台湾游客前往某些旅游目的地的人数明显减少,其中前往香港的台湾游客人数下降了9.8%;前往泰国的台湾游客为41.5万人次,下降率达10.3%,其主要原因是泰国国内出现了旅游者人身意外事故;赴菲律宾的台湾游客人数也减少9.1%,总共只有17.33万人次;到日本旅游的台湾游客人数减少,但前往服务质量和安全有保障的国家和地区旅游的台湾游客人数仍有所增多,其中赴澳大利亚旅游人数达10.5万人次,比上年增长42%;赴新西兰旅游人数达1.44万人次,比上一年增长19%;赴欧洲地区旅游人数为6.56万人次,上升41%;赴北美地区旅游人数达5.2万人次,上升24.5%;赴新加坡旅游人数为23.4万人次,上升27%;前往印尼旅游的人数为18.14万人次,上升33.5%。1994年台湾出境游客以散客旅游为主,用较短日程到一个旅游目的国或地区旅游以节省时间和费用的游客人数有所增加,但由于欧洲地区各国采用了通用签证的措施,赴欧洲进行多国旅游的台湾游客人数也不少,另外乘游船前往东南亚各国和阿拉斯加旅游的台湾游客人数也有所增长。1995年台湾游客出境旅游状况好于1994年,人数达到将近519万人次,比1994年增长了9.40%,其中前往香港地区旅游人数将近191万人次,增长9.42%;前往中国内地旅游人数为153.23万人次,增长10.2%;前往美国旅游人数为52.29万人次,增长15%;前往日本的游客人数由于日元升值、旅游费用居高不下而跌至50万人次以下,比1994年下降了26.4%;前往新加坡旅游人数为56.3万人次,增长10.2%;前往泰国旅游人数为48.3万人次,增长7.8%。1995年台湾游客出境旅游支出总共达85.95亿美元,首次超过该地区同年的贸易顺差额,比上年增长9%,人均旅游支出也达到1 656美元,仅次于日本,名列世界前位。

1994年中国公民出境旅游人数略呈下降趋势,出境总人数为373.36万人次,比1993年减少0.2%,其中因公出境人数为209.13万人次,占出境总人数的56%,比1993年下降8%;因私出境人数为164.23万人次,占出境总人数的44%,比1993增长12%;此外,参加旅行社组团出境旅游的人数为109.04万人次,占出境总人数的29.4%,在外过夜的出境旅游者人数为75.55万人次,出境一日旅游者为34.29万人次。从乘坐的交通工具看,1994年乘飞机出境的中国游客为82.04万人次,占出境总人数的22%;乘轮船出境人数为49.45万人次,占出境总人数的13.2%;乘火车出境人数为22.1万人次,占出境总人数的5.9%;乘汽车出境人数为24.60万人次,占出境总人数的6.6%;另外还有195.09万人次是以徒步旅行方式出境的,占出境总人数的52.3%。从出境旅游的目的地看,1994年中国游客前往东南亚地区各国的人数为82.05万人次,占有组织出境旅游总人数的74.7%,到周边国家旅游的人数为41.35万人次,占有组织出境旅游总人数的37.6%。1995年中国公民出境总人数出现大幅度增长,达到452.05万人次,比1994年增长21.1%。其中因公出境人数为246.66万人次,占出境总人数的54.6%,比上年增长17.9%;因私出境人数为205.39万人次,占出境总人数的45.4%,比上年增长25.1%;由旅行社组团出境的人数为125.99万人次,比上年增长14.7%,占出境总人数的27.9%,占因私出境人数的61.3%,其中过夜旅游者人数为93.68万人次。在1995年中国公民出境总人数中,乘飞机出境的为105.33万人次,占23.3%;乘轮船出境的为57.43万人次,占12.7%;乘火车出境的为29.79万人次,占6.6%;徒步旅行出境的为236.3万人次,占52.3%。1995年旅行社组织中国公民出境旅游的主要的目的地有:澳门地区,前往旅游人数为39.58万人次;香港地区,前往旅游人数为37.43万人次;缅甸,23.29万人次;越南,12.24万人次;泰国,12.04万人次;俄罗斯,7.03万人次;新加坡,3.93万人次;马来西亚,3.78万人次;朝鲜,1.81万人次;菲律宾,

0.36万人次。1995年到港澳地区和东南亚国家旅游的中国公民人数总共为97.12万人次,占有组织出境总人数的66.7%,到周边国家作边境旅游的为44.73万人次,占有组织出境总人数的30.7%。

表11　1994年中国公民有组织出境旅游主要目的地

目的地	接待中国游客人次(万)	比1993年增长(%)	目的地	接待中国游客人次(万)	比1993年增长(%)
香港地区	31.06	-0.9	老挝	8.80	—
澳门地区	36.05	33.5	泰国	6.80	-10.7
前苏联地区	4.94	51.0	菲律宾	1.84	
朝鲜	0.73	-46.3	新加坡	2.69	-65.5
蒙古	25.86	—	印尼	1.57	—
缅甸	0.56	—	马来西亚	2.03	-35.6

资料来源:《旅游调研》1995年第9期。

表12　1995年中国公民出境旅游前十大旅游目的地

目的地	接待中国游客人次(万)	占1995年出国旅游总人数比例(%)	目的地	接待中国游客人次(万)	占1995年出国旅游总人数比例(%)
澳门地区	39.58	8.76	俄罗斯	7.03	1.56
香港地区	37.43	8.28	新加坡	3.93	0.87
缅甸	23.29	5.15	马来西亚	3.78	0.84
越南	12.24	2.71	朝鲜	1.01	0.40
泰国	12.04	2.66	菲律宾	0.36	0.08

资料来源:根据《旅游调研》1996年第6期公布数字整理。

东南亚地区各国

东南亚地区各国不但入境旅游接待日益繁荣,出境旅游也不断发展,成为日益受人瞩目的旅游客源发生地,其中尤以东盟各国出境旅游发展最为突出,原因是东盟各国目前政局稳定,经济发展状况良好,使这些国家的居民出国旅游支付能力提高,出国公商务活动频繁,因而出国旅游人数增多。1994年,新加坡的经济增长率再次超过10%,促进了其出国旅游人数进一步增长,仅赴亚太地区其他国家和地区旅游人数便从1990年的191.83万人次上升到278.97万人次,1990~1994年每年平均增长率为9.8%。新加坡旅游者最喜欢的十大旅游的目的地分别是印尼、泰国、马来西亚、香港地区、中国、澳大利亚、台湾地区、印度、日本和韩国,其中印尼是新加坡旅游者第一大旅游目的地,1994年接待新加坡游客人数达到101.72万人次。1994年新加坡赴中国旅游人数为23.19万人次,占新加坡出国旅游总人数的8.3%,比1993年增长15.4%,是中国的第六大旅游客源国,而中国则是新加坡的第五大旅游目的地。1995年,新加坡出国旅游进一步发展,该国游客最喜欢的出国旅游目的地仍然主要是东亚太地区国家和地区,其中印尼和泰国仍然名列第一、二位,香港地区和中国接待的人数也进一步增加,其他还有澳大利亚、台湾地区、韩国、澳门地区和菲律宾。随着本国经济的较快发展,马来西亚人,特别是马来族人的经济支付能力大大提高,使1994年马来西亚出国旅游人数继续上升,其中旅华人数为20.87万人次,比1993年增长23.9%,是中国的第七大旅游客源国。1995年,该国仍是中国第七大旅游客源国,旅华人数达到25.18万人次,比1994年上升20.7%。由于中马两国关系不断发展,预计该国旅华人数今后还会增长。1994年泰国出国旅游人数达到168.1万人次,创造了泰国出国旅游人数的最高纪录,比1993年增长9.16%,出国旅游人数在泰国总人口中的比例约占2.03%,这从一个侧面反映了泰国居民生活水平的提高。1994年泰国旅华人数为16.37万人次,比1993年增长了7.5%,是中国第十大旅游客源国。1995年,泰国出国旅游人数进一步增长,达到182万人次,比上年增长8.27%,出国旅游支出约为

32亿美元，比上年增长10.12%，人均出国旅游支出为175.82美元，比当年外国游客在泰国人均102.9美元的旅游消费高出将近一倍。由于担心这种情况会影响本国国际收支平衡，泰国政府已开始采取措施劝阻国民减少在国外旅游时的购物支出。1995年泰国仍然保持中国第十大客源国地位，赴中国旅游人数达到17.33万人次，比上年增长5.9%。

表13 1994年新加坡游客在亚太地区的十大旅游目的地

目的地	接待新加坡游客人次(万)	占新加坡出国旅游总人数比例%	目的地	接待新加坡游客人次(万)	占新加坡出国旅游总人数比例%
印尼	101.7155	36.5	澳大利亚	18.7540	6.7
泰国	38.8510	13.9	台湾地区	7.0271	2.5
马来西亚	32.0126	11.5	印度	4.5079	1.6
香港地区	27.0505	9.7	日本	4.0657	1.5
中国	23.1879	8.3	韩国	3.3341	1.2

资料来源：《旅游市场快讯》1995年9月25日(第18期)。

表14 1995年新加坡游客在东亚太地区的九个主要旅游目的地

目的地	接待新加坡游客人次(万)	比1994年增长(%)	目的地	接待新加坡游客人次(万)	比1994年增长(%)
印尼	107.2	5.4	台湾地区	7.0	1.4
泰国	43.3	11.9	韩国	3.6	9.1
香港地区	27.6	2.0	澳门地区	3.0	
中国	26.2	12.9	菲律宾	2.6	-10.3
澳大利亚	20.6	9.6			

资料来源：《旅游市场快讯》1996年5月15日(第9期)。

菲律宾的经济增长速度与其他东盟国家相比要慢一些，但1994年仍达到4.7%，因此该国出国旅游这一年也有所发展，其中赴中国旅游人数达到10.49万人次，比1993年增长26%，1995年赴中国旅游人数为21.97万人次，比1994年增长18.8%，继续保持中国第八大旅游客源国的地位。菲律宾游客旅华目的以公商务和奖励旅游为主，此外从香港地区入境到中国内地进行一日游的人数也占一定比例。由于经济发展状况所限，预计菲律宾出国旅游人数今后增长速度可能不如其他东盟国家。

印尼虽然基本上还是一农业国，但近年来经济也有一定发展。尽管政府为减少外汇流失而对本国公民征收150美元的出境税限制了该国出国旅游的发展，该国居民出国旅游人数仍然达到一定规模，其中以赴新加坡旅游人数最多，其他较重要旅游目的地还有欧洲各国、马来西亚、澳大利亚、香港地区、日本、台湾地区、夏威夷和中国内地等。1994年该国赴中国旅游人数为12.04万人次，比上年增长了9%，1995年该国赴中国旅游人数上升到13.28万人次，比1994年增长10.3%，连续保持了中国第十二大客源国的地位。1994年印尼出国旅游者中年龄在34岁以下的青年人仅占54%，大大低于新加坡的60%、香港地区的79%和泰国的80%的比例。这表明印尼出国旅游者的年龄一般偏大一些。此外，印尼游客出国旅游的动机主要是寻求体验新奇事物，并且大部分采取包价旅游的方式。

除了上述国家和地区外，南亚地区的出境旅游也在发展之中，其中以印度的出国旅游发展最为突出。自1991年以来，印度的出国旅游人数开始逐年上升，其中尤以1993年和1994年增长幅度较大。1994年印度出国旅游人数达到273.5万人次，比1991年增长40.76%，其中赴中国旅游人数3.56万人次，在中国各主要旅游客源国中排名第十九位，比1993年增长11%。这一年印度出国旅游者出国旅游的目的以公商务为主，出国度假旅游人数一度曾因机票和国外饭店价格上涨而减少。随着机票价格下调，散客和家庭式旅游又明显增长，选择团体旅游的人数则较少。这一年印度出国旅游者的旅游目的地主要是以色列和南非，但泰国和马来西亚也开始对印度游客产生一定吸引力。1995年印度出国旅游人数继续有所增长，其中赴新加坡旅游人数为18.85万人次，比上年增长8.5%，赴泰国旅游人数为13.84万人次，比上年增长8.7%；赴菲律宾旅游人数为1.24%，增长15.3%；赴香港地区旅游人数为8.615万人次，增长7.6%；赴中国旅游人数为4.5万人次，增长26.3%，在中国旅游客源国中仍然排名第十九位。

欧美地区旅行社业发展态势研究

南开大学旅游学系　　杜　江　刘赵平

在欧美地区，旅行社(travel Agency)是指旅行代理商(travel Agency)经营的服务性企业，旅行社和旅行代理商两个词通常可以互换使用。根据国际官方旅游组织联盟(IUOTO)的解释，旅行代理商(社)的职能主要包括三个方面：

第一、向公众提供有关旅行、住宿条件以及时间、费用和服务项目等方面的信息，并出售旅游产品；

第二、受交通运输、饭店、餐馆及供应商的委托，以合同规定的价格向旅游者出售他们的产品；

第三、接受它所代表的供应商的酬劳，旅行代理商(社)按售出旅游产品总金额的一定比例提取佣金。

旅行社作为旅游服务供应商和旅游消费者之间的媒介，其在欧美地区旅游服务体系中的地位如图1所示。

图1　欧美地区的旅游服务体系

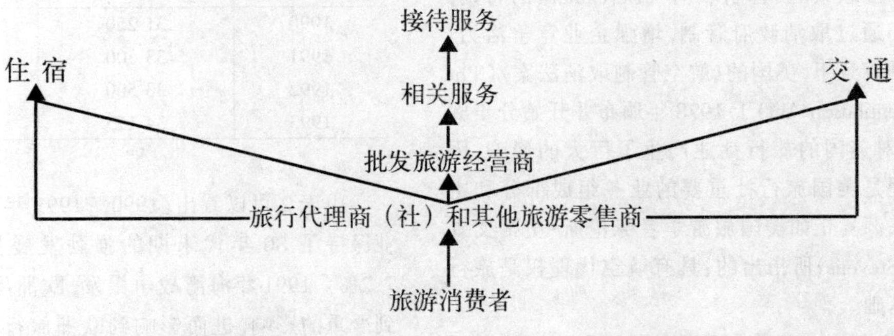

资料来源：根据莱曼(Armin D. Lehmann)著《旅行与旅游—旅行社经营概论》整理。

从图1可以看出，旅行社(或称旅行代理商)处于欧美地区旅游服务体系的最前沿，直接面对广大的旅游消费者。旅行社作为欧美地区旅游零售商的主力军，他们既可以作为批发旅游经营商的代理人向旅游消费者销售各种包价旅游，同时也可直接代理销售住宿和交通等旅游服务供应商提供的产品。旅行社已经逐步发展成为欧美旅游服务体系中举足轻重的重要组成部分，并将不断扩大对旅游者的影响，甚至左右世界旅游市场份额的划分。

欧美地区旅行社在其旅游服务体系中的重要作

用,决定了其在旅游业中举足轻重的地位。本文旨在通过对近年来欧美地区旅行社业发展的状况的研究,阐明欧美地区旅行社业的现状和特点。需要说明的是,由于资料的限制,本文对欧洲旅行社业的研究将集中于欧共体12国,不包括东欧和其他非欧共体国家。本文资料除特别说明者外,主要来源于美国《旅行周刊》(Travel Weekly)两年一次的《美国旅行社市场调研》(U.S. Travel Agency Market Survey)和《旅行与旅游分析》(EIU Travel & Tourism Analyst)提供的有关欧洲和美国旅行社情况的资料。

在过去的10年中,欧美地区的旅行社业一直保持了良好的发展势头。截止到1993年底,美国共拥有旅行社32 446家,创美国历史最高纪录,营业收入总额达934.68亿美元。与此同时,欧共体国家的旅行社营业点(Travel Agency Outlet)[①]也于1993年底发展至34 175家,超过美国旅行社行业的规模,营业收入总额达752.22亿美元,明显落后于美国旅行社业的收入规模。纵观过去十余年的发展状况,欧美地区的旅行社业呈现出以下九个特点。

行业规模不断扩大

如前所述,欧美地区的旅行社业在过去十余年中一直保持着良好的发展势头,行业规模不断扩大。

美国国会于1978年开始了一系列对制约美国经济的有关产业政策的"管制取消"(Deregulation)行动,其目的在于通过取消政府管制,增强企业竞争活力。正是在这种背景下,美国的《航空管制取消法案》(The Airline Deregulation Act)于1978年颁布并开始分步骤地实施,它对美国的旅行社业产生了巨大的影响,因为航空代理是美国旅行社重要的业务组成部分和主要的收入来源。正如美国旅游学者劳伦斯·史蒂文森(Laurence Stevens)所指出的:具有航空代理权是旅行社生存的基础。

1978年美国《航空管制取消法案》颁布以前,美国的旅行社尚不足两万家。《航空管制取消法案》的颁布,特别是由此导致的1984年航空专卖权的取消,使得许多其他过去没有航空代理权的机构开始有机会涉足旅行代理业,从而极大地促进了美国旅行社业的发展(参见表1)。

表1 美国旅行社业发展情况(1983~1995年)

年 份	旅行社数量	增长率(%)
1983	22 633	—
1985	27 193	20.15
1987	29 584	8.79
1989	30 373	2.67
1991	32 066	5.57
1993	32 446	1.19
1995*	33 489	3.21

*为1995年中期的统计数字,源于EUT Travel & Tourism Analyst 1995-5 P.51.

由表1和其他相关资料可以得知,美国的旅行社行业受《航空管制取消法案》的直接影响,在1982年首次突破2万家的大关,1983年达22 633家。1985年,航空专卖权被取消,全美旅行社数量猛增至27 193家,比航空专卖权取消前的1983年增长了20.15%,而且在随后近十年的时间中,美国的旅行社一直保持了稳步增长的势头。

80年代后期,欧洲旅行社的营业点曾有过较快的增长。进入90年代以来,由于受到海湾战争以及欧洲各国经济衰退的影响,增长速度趋于缓慢,但总体上依然保持了不断发展的趋势(参见表2)。

表2 欧共体旅行社业发展情况(1990~1993年)

年 份	旅行社营业点数量	增长率(%)
1990	31 250	—
1991	33 500	7.2
1992	33 500	0
1993	34 175	2.0

由表2可以看出,1990~1991年间,欧洲旅行社业保持了80年代末期的强劲发展势头,增长率达7.2%。1991年海湾战争爆发,欧洲旅游业的发展受到严重的影响,进而影响到欧洲旅行社业的发展,直到1993年,欧洲的旅行社数量才有了缓慢的增长。

地理分布欧美有别

就旅行社的地理分布情况来看,美国和欧洲的情况差别较大,美国旅行社地理分布相对均匀,而欧共

体内不同国家间存在较大的差异

从全美旅行社的地理分布情况来看，东部地区共有旅行社 9 474 家，占全美旅行社总数的 29%；西部地区 8 663 家，占 27%；南部地区 7 690 家，占 24%；中西部 6 619 家，占 20%（参见图 2）。

图 2 美国旅行社地理分布情况（1993）

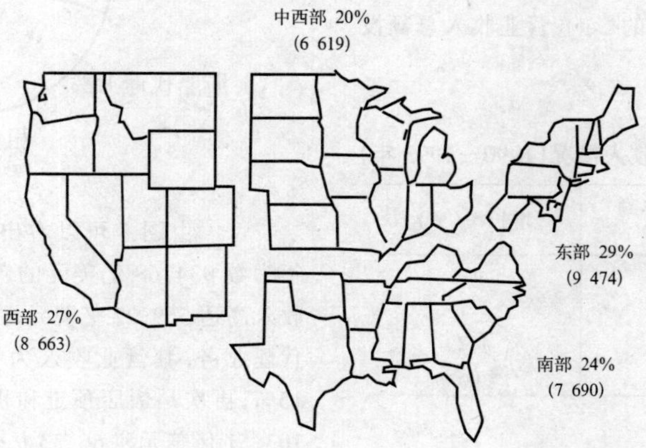

由图 2 可以看出，就总体数量而言，美国旅行社在全国四大区域的分布是比较均匀的。当然，如果将各地区的面积因素考虑在内，则东部地区旅行社的密度明显高于其他三个地区。近年来，由于从北方迁往南方温暖地带工作和居住的人数增加，南部地区的旅行社增长较快。另外，有关美国旅行社城乡分布状况的资料表明，美国的旅行社主要集中在城市，总数达 16 498家，占全美旅行社总数的 51%；其次为城市郊区，总数为 12 923 家，占 40%；旅行社最少的地区是城镇和农村，共有旅行社 3 025 家，占总数的 9%。

由于资料方面的限制，我们无法确知欧洲旅行社在地理分布方面的特点，但从有限资料我们可以得知，欧共体 1993 年的 34 175 家旅行社营业点极不均衡地分布在各个国家，其中主要国家旅行社营业点分布情况为：德国 9 500 家，英国 6 799 家，意大利5 150 家，西班牙 4 831 家，法国 3 805 家。

营业收入稳步增长

近年来，欧美地区旅行社业总的营业收入都处于稳步增长的状态，但旅行社平均收入情况却不尽相同。

在 1983 年至 1993 年的 10 年中，无论是美国旅行社业总的营业收入，还是旅行社平均的营业收入，都在稳步增长，年平均增长率分别为 11.39%和4.92%。到 1993 年底，全美旅行社营业收入总额高达 934.68 亿美元，旅行社平均营业收入也由 1983 年的 193.1 万美元增加至 1993 年的 288.0 万美元，净增近 100 万美元（参见表 3）。

表 3 美国旅行社营业收入情况
（1983～1993 年）

年 份	旅行社数量	营业收入总额（百万美元）	平均营业收入（千美元）
1983	22 633	43 700	1 931
1985	27 193	54 290	1 996
1987	29 584	64 237	2 171
1989	30 373	79 357	2 613
1991	32 066	85 922	2 680
1993	32 446	93 468	2 880

由于资料所限，我们无法对美国旅行社行业的盈利状况进行详细分析。但据《旅行周刊》1993 年进行的旅行社市场调查，1992 年美国只有 66% 的旅行社盈利，而 1993 年随着旅行业务的增长，有 76% 的旅行社盈利。这一调查结果对美国旅行社行业具有很大

的鼓舞作用。

与此同时,欧共体旅行社业1993年的营业收入总额约为500亿英镑(合752.22亿美元),较1990年增加了30亿英镑,增长率约为6.4%。其中,1990年至1991年间的增长率为2.1%,1991年至1992年间增长率略有增加,达到4.3%,1992年至1993年间,由于德国和法国受到经济衰退的影响,营业收入总额没有增加(参见表4)。

表4 欧共体旅行社业营业收入情况(1990～1993年)

年份	营业收入总额(10亿英镑)	增长率(%)
1990	47	—
1991	48	2.1
1992	50	4.2
1993	50	0

在旅行社营业收入总额增加或持平的同时,欧共体国家旅行社的平均营业收入却由1990年的150.4万英镑下降为1993年的146.3万英镑。其中1991年由于海湾战争的影响下降幅度较大,1992年略有回升,1993年起又呈下降趋势(参见表5),这与同期旅行社业营业收入总额增加幅度不大而旅行社数量增加较快有一定的关系。

表5 欧共体旅行社平均营业收入情况(1990～1993年)

年份	平均营业收入(万英镑)	增长率(%)
1990	150.4	—
1991	143.3	-4.7
1992	149.3	4.2
1993	146.3	-2.0

收入来源多种多样

美国旅行社营业收入主要由各种销售佣金构成。旅行社的销售佣金是旅游服务供应商根据旅行社代理销售其产品的数量,以及双方事先商定的佣金比例向旅行社支付的劳动报酬。旅行社代理销售的产品是多种多样的,但主要包括航空、游船、租车和饭店等项目,并由此构成其主要的收入来源,其中又以航空代理业务的收入最为重要(参见图3)。

图3 美国旅行社业的收入结构

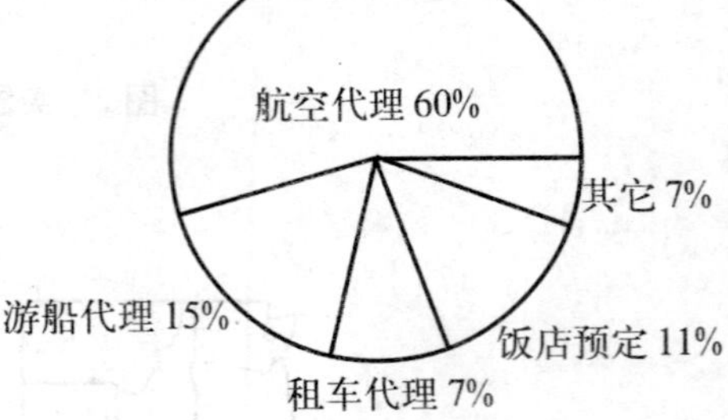

由图3可以看出,在全美旅行社行业1993年为数934.68亿美元的营业收入中,航空代理业务收入高达559.22亿美元,占总数的60%;其次是游船代理业务,其营业收入为140.22亿美元,占总数的15%;再次是饭店预定和租车代理业务收入,分别为103.51亿美元和66.33亿美元,其在旅行社行业营业收入总额中所占比例分别为11%和7%。美国旅行社行业营业收入的这种结构是与美国地域广大和人们旅行以航空和汽车为主要交通工具的旅游方式密切相关的。

欧共体的旅行社也有多种多样的收入来源,其中主要包括销售包价度假、代购交通票据、代办旅行保险和外币兑换等。就总体而言,欧共体旅行社营业收入中的票务收入也占到相当的份额,如法国于1990年至1993年间在票务收入比例有所下降的情况下,票务收入总额仍由原来的479亿法郎增加到499亿法郎。但是,在欧共体不同的国家中,旅行社营业收入的构成存在较大的差异(参见表6)。

表6 欧共体各国旅行社营业收入的构成(90年代初)

国别	包价度假(%)	票务及其他(%)
希腊	15	85
西班牙	27	73
法国	30	70
葡萄牙	40	60
爱尔兰	50	50
英国	50	50
丹麦	50	50
德国	56	44
比利时-卢森堡	70	30
荷兰	75	25

主体业务各有所好

美国旅行社的业务经营范围既包括个人的休闲旅行,也包括公司和各类机构的公务旅行(皆含国际旅游和国内旅游),而且两者在旅行社业务中的比重不相上下,同时还存在一小部分休闲与公务相结合的旅行业务(参见表7)。

表7 美国旅行社休闲与公务旅行业务构成情况(1993年)

	占旅行社行业营业收入的比例					
	1983年	1985年	1987年	1989年	1991年	1993年
个人休闲旅行	47	47	50	48	48	47
公务旅行	44	44	40	44	44	45
休闲与公务结合的旅行	9	9	10	8	8	8

就散客和团体的业务比重而言,美国旅行社中占绝对优势的是散客旅行业务。1993年,全美旅行社营业收入中散客业务收入为819.9亿美元,占全美旅行社业总收入的88%,团体旅行业务只占业务总量的12%,其中主要是休闲度假旅游、会议旅游和奖励旅游业务(参见表8)。

表8 美国旅行社散客与团体业务构成情况(1993年)

	营业收入(百万美元)	占旅行社行业总收入的比例(%)
散客旅行	81 990	88
团体旅行	11 478	12
合　计	93 468	100

欧共体各国旅行社的业务构成情况与美国不同,包价度假业务在欧共体各国的旅行社中占到相当的份额(参见表6)。在荷兰、比利时和卢森堡,旅行社经营包价度假的收入占到旅行社营业收入的70%以上,德国、丹麦、英国和爱尔兰等国旅行社的包价度假收入也都保持在营业收入总额的50%左右,只有西班牙和希腊的包价度假收入保持在30%以下的水平。

此外,欧共体各国旅行社营业点每年都出售大量的包价旅游,由此我们也可以大致推断出包价旅游在欧共体各国旅行社业务中的重要地位(参见表9)。

垄断经营日趋明显

就旅行社行业的规模结构而言,美国的旅行社行业具有两个明显的特点。其一,美国旅行社行业主要由中、小规模的旅行社构成,年收入在200万美元以下的旅行社占到全美旅行社总数的62%,另有25%的旅行社年收入在200万美元和500万美元之间,大规模的旅行社只占全美旅行社总数的13%(参见表10);其二,规模较大的旅行社虽然数量有限,但其营业收入占全行业营业收入总额的比重却很高。1993年,占旅行社数量13%的大型旅行社的营业收入占到全美旅行社业营业收入总额的46%(参见表11),这充分反映出这些大型旅行社的规模和实力。事实上,垄断性经营已经成为美国旅行社业一个重要的经营特点。

表9 欧共体各国每个旅行社营业点售出的包价旅游情况

国　别	每个旅行社营业点售出的包价旅游数量
丹　麦	2 600
荷　兰	2 200
德　国	2 100
英　国	2 000
比利时	1 900
法　国	1 400
西班牙	450
意大利	350
欧共体平均	1 500

表10 美国旅行社的规模结构

营业收入水平(百万美元)	旅行社数量	所占比例
1.0以下	9 409	29
1.0～1.9	10 707	33
2.0～4.9	8 112	25
5.0以上	4 218	13

表 11 美国不同规模旅行社的收入情况(1993 年)

营业收入水平 (百万美元)	旅行社数量	营业收入额 (百万美元)	占旅行社业 总收入比例
1.0 以下	9 409	6 546	7
1.0～1.9	10 707	17 693	19
2.0～4.9	8 112	26 262	28
5.0 以上	4 218	42 967	46

欧共体主要国家的旅行社也都表现出明显的垄断化趋势,其中以法国最为明显。1992 年,法国主要的 17 家旅行社总共拥有 2 512 个营业点,占到全国营业点总数的 66%,其中营业额最大的 7 家旅行社的营业收入高达 51.43 亿美元(284 亿法郎),占全国旅行社业营业收入总额的 38.6%。1993 年,英国 5 家主要旅行社的营业点数量为 1 968 家,占全国旅行社营业点总数的 28.5%,除去其中一家旅行社(Going Places)数据暂缺外,其余 4 家旅行社的营业收入为 22.95 亿美元(15.32 亿英镑),占全国旅行社业营业收入总额的 16.1%。德国主要旅行社的影响力落后于法国和英国,但也表现出相同的垄断趋势。1992 年德国最大的 22 家旅行社拥有 1 742 个营业点,较 1991 年增加了 310 个营业点,占到旅行社业营业点总数的 19.1%,其营业收入也由 1991 年的 52.59 亿美元(79.91亿马克)增加至 1992 年的 60.21 亿美元(97.57 亿马克),占到全国旅行社业营业收入总额的 29.6%(参见表 12)。

表 12 法、英、德主要旅行社营业收入情况(1992 年)

单位:百万美元

国别	前 5 位旅行社行业营业收入之和①	全国旅行社行业营业收入②	①/② (%)
法国	4 436	13 309	33.3
英国	2 295*	14 230	16.1
德国	3 276	20 364	16.1

* 不包括 Going Places 旅行社的数据。

欧共体旅行社业不仅在各国内部表现出垄断的趋势,而且已经出现了许多大的跨国集团。德国、法国、西班牙和英国的许多大的旅行社或旅游公司都已开始走上跨国经营的道路,这与欧共体各国间的相互依存关系是密切相关的。

专职雇员数量有限

美国《旅行周刊》1993 年的旅行社市场调查表明,目前美国旅行社专职雇员的平均人数有较大幅度的下降,1993 年与 1991 年相比,每家旅行社平均减少了一名专职雇员。这个数字虽然很小,但如果考虑到 1993 年美国旅行社专职雇员的平均规模只有 5.5 人,那么这个数字的含义则远远超过其绝对量本身,它意味着 1993 年美国旅行社专职雇员的平均规模较 1991 年下降了 15.38%。

如果从更长的一个时期来观察美国旅行社行业雇员的规模,我们发现近十年来美国旅行社行业专职雇员的规模一直处于不断变化之中(参见图 4),而其中的最低点是 1985 年,估计可能与当时美国旅行社的迅速发展有关。因为旅行社数量的迅速增加,必然会在一定时期内引起专业人员的短缺和流动,从而造成旅行社雇员规模的相对萎缩。此外,面对 90 年代初期美国旅游业因经济原因出现的暂时萧条,许多旅行社采取的裁减雇员或雇佣兼职雇员的措施也是旅行社平均雇员人数减少的重要原因。

图 4　美国旅行社专职雇员规模变化情况(1983～1993 年)

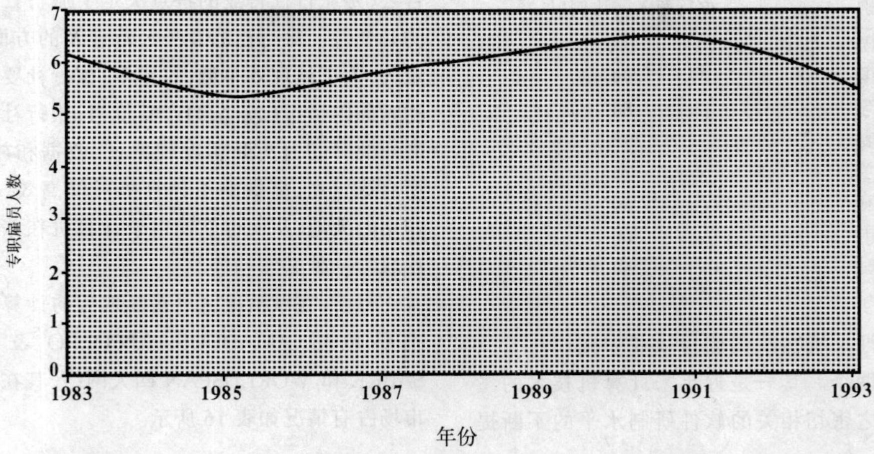

在欧共体内部,约有 20 万以上的人员受雇于旅行社,每个营业点平均拥有雇员 6 名(参见表 13)。事实上,由于这一数字包括了旅行票代售点工作人员和旅行社总部的管理人员,从而使得旅行社营业点雇员的平均数量明显高于实际数量。对旅行社营业点雇员人数的实际调查表明,目前欧共体国家旅行社营业点实际的平均雇员人数只有 3 名。

表 13　欧共体旅行社雇员人数(1990～1993 年)

年度	旅行社营业点数量	雇员人数(千人)	营业点平均雇员人数
1990 年	31 250	187.5	6.0
1991 年	33 500	195.0	5.8
1992 年	33 500	201.0	6.0
1993 年	34 175	205.1	6.0

在欧共体内部,各国旅行社雇员之间的情况并不相同。1992 年,英国每个旅行社营业点的平均雇员在 4～5 人间,法国每个旅行社营业点平均雇佣 6.8 名职员,而西班牙每个旅行社营业点平均雇员却达 10 人左右。

预订系统广泛使用

计算机预订系统(CRS)的出现和推广曾被认为是旅行社发展的一大威胁,甚至被许多人看作旅行社零售点的替代品。早在 80 年代,人们就预言一旦计算机技术发展到一定的程度,旅游者便可以通过网络系统自已进行各种旅游预订,从而宣告旅游中间商的消亡。然而,近年来旅行社行业发展的实践表明,计算机预订系统的普及不但没有危及旅行社行业的生存,反而为旅行社的经营者们提供了利用网上信息为旅游者提供快捷、优质服务的有效手段,并由此极大地扩大了旅行社的机会市场。

早在 1983 年,美国 86% 的旅行社就已经加入了计算机预订系统,在以后的几年中又有更多的旅行社相继入网。截止到 1993 年底,美国已有 96% 的旅行社加入了计算机预订系统(参见表 14)。

表 14　美国旅行社计算机预订系统普及情况(1983～1993 年)

年份	旅行社入网比率(%)
1983 年	86
1985 年	90
1987 年	95
1989 年	95
1991 年	96
1993 年	96

欧洲旅行社入网比例近年也有了长足的发展,德国所有的旅行社营业点都已加入了计算机预订系统,法国旅行社营业点的入网率也已经高达 99%。但与此同时,有些欧共体国家旅行社营业点的入网率却相对较低(参见表 15)。

表 15 欧洲主要国家旅行代理商入网情况(1993 年)

国 别	旅行商入网比例(%)
德 国	100
法 国	99
西班牙	80
丹 麦	75
荷 兰	75
意大利	60
英 国	60
比利时	40

计算机预订系统在欧美旅行社业中推广与普及的原因主要有两个。其一是近年来计算机技术的飞速发展以及与之密切相关的软件研制水平的不断提高;其二是因为旅行社行业适合应用计算机技术,换言之,是旅行社行业的特点决定了旅行社应用计算机的必要性。旅行社的业务经营涉及的方面众多,信息量大,人工处理效率低,差错多;旅行社要在尽可能短的时间内呈报出复杂的产品价格;旅行社还要在尽可能短的时间内为顾客办理票证、收据和旅行计划等。所有这一切,都是电子计算机可以高效、准确地发挥作用的天地,从而也就使电子计算机在旅行社中的应用成为一处必然趋势。

目前,在欧美地区居垄断地位的计算机预订系统主要包括 AMADEUS, APPOLLO & GALILEO、SABRE 和 WORLDSPAN 四大网络,其在欧美地区的市场占有情况如表 16 所示。

表 16 世界四大 CRS 在北美和欧洲市场占有情况(1992 年)

网络名称	主要运作国家	市场占有率(%)
AMADEUS	法国、德国 西班牙 瑞典	欧洲 60%的市场份额
APPOLLO & GALILEO	美国 英国、荷兰 瑞士、希腊 意大利 比利时	美国 30%的市场份额 欧洲 40%的市场份额
SABRE	西班牙 美国	美国 45%的市场份额
WORLDSPAN	美国、远东	美国 15%的市场份额

资料来源:MARKETING IN TRAVEL AND TOURISM Victor T.C. Midleton 1994.

法律趋严经营趋难

近年来,在欧美等旅游发达国家和地区出现了加强旅游法制建设、保护旅游者权益的潮流,这对欧美乃至全世界的旅游业都产生了重大的影响。

1990 年 6 月 13 日,欧共体理事会颁布了《关于包价旅行、包价度假、包价旅游的指令》(以下简称《指令》),其目的在于保护消费者的合法权益,施惠于欧共体的旅游者,同时提高欧共体各国旅游产品的质量和声誉,吸引更多的旅游者前往欧洲旅游。《指令》要求欧共体各国采取各种有效措施,确保在 1992 年 12 月 31 日以前执行《指令》的各项内容。尽管最终只有法国、英国和荷兰按期执行了《指令》,其他国家由于各自特殊的情况而有所推延,但到 1995 年底,除希腊以外的所有欧共体国家都采取了必要措施,开始实施《指令》的各项规定。

《指令》带有明显的给消费者以更多权益、给旅行社以更多责任的倾向,其主要规定包括:

(1) 旅行社在促销产品时应提供包括价格、日程、服务内容、规格和档次等在内的书面材料,合同内容不得误导消费者,否则造成的损失由旅行社赔偿。

(2) 合同一旦签订,不许随意更改,即不得随意涨价、变动活动内容或拒绝出团。

(3) 旅行社应提供在破产条件下给消费者补偿的经济保证。

(4) 欧共体各国政府应保证该国的旅行社及旅游服务供应者具有履行合同规定义务的能力。

所以这些规定无疑使旅行社承担起比以往任何一个时期都要大得多的责任，从而在许多方面增加了旅行社经营的难度和压力。

在美国，由于其立法及司法制度的特点，有关旅行社的立法在各州之间不尽相同，有的行业协会为维护自已的既得得益也不时对立法加以阻挠。尽管如此，通过立法管理旅游业已成为一种不可阻挡的潮流，越来越多的州和行业协会也纷纷以积极的态度参与有关旅游立法的讨论和磋商，弗吉尼亚、夏威夷、加利福尼亚、佛罗里达、华盛顿和俄勒冈等州都已拥有自已有关法律，其主导思想都是加强行业管理，确保消费者的合法权益不受侵害。

综上所述，自进入 90 年代以来，欧美地区的旅行社业经历了一个不同寻常的发展时期，并在发展中形成了自己鲜明的特点，同时也出现了许多新的动向。在欧共体方面，在西班牙、意大利和希腊等国，包价旅游尚处于萌芽时期，在法国也还有大量的由国内度假转为国外包价度假的余地，即使在像英国和德国这样成熟的市场，也还有大量从未购买过包价旅游的潜在顾客。同时，商务旅游的增加也意味着旅行社相关业务的增加。因此，我们或许可以对欧洲旅行社业的发展前景持较为乐观的态度。而在美国方面，1995 年 1 月，以德尔塔航空公司(Delta Airlines)为代表的包括联合航空公司(United Airlines)和西北航空公司(Northwest Airlines)在内的美国各主要航空公司先后宣布对旅行社的销售佣金实行最高限制，即对国内航线往返票价和单程票价分别在 500 美元以下 250 美元以上的机票销售佣金限制在 50 美元和 25 美元以内，从而打破了过去航空代理 10% 标准销售佣金的惯例，引发出旅行社行业的一场革命性变化。销售佣金最高限价对美国旅行社业的影响很快就显现出来。1995 年 4～7月间，美国新开旅行社较 1994 年同期增加 23.5%，而自动停业的数目却比上年同期增加了 56.6%。1995 年，美国联合、美洲、德尔塔、西北、大陆及美国等 6 家航空公司向旅行社支付的佣金为 57.1 亿美元，较 1994 年减少 1%，其中德尔塔航空公司支付的佣金减少 12.5%，减幅最大。美国航空运输业此举对美国旅行社行业的影响目前尚很难进行全面评说，还需要我们对美国旅行社业进行更长期的观察与研究。

注：

①由于资料限制，本文对欧洲旅行社业的研究以旅行社营业点为基本单位。事实上，欧洲的旅行社营业点无论是在总体数量还是在单体规模方面，都类似于美国旅行社的概念。

②法国为 1992 年数字。

主要参考文献：

1. 杜江"近年美国旅行社业发展态势研究"，《旅游学刊》1996～4.

2. 杜江编著《旅行社管理》，南开大学出版社，1996。

3. 汤明(译)《欧洲旅游业的联合趋势》，《旅游调研》1996～6.

4. "The Package Travel Directive—Implications for Organizers and Suppliers" John J. Downes. EUI Travel & Tourism Analyst 1996～1.

5. "Travel Agents in Europe" Christine Smith & Paul Jenner. EUT Travel & Tourism Analyst 1994～3.

6. "Travel Agents in the USA" Helga Loverseed. EVI Travel & Tuorism Analyst 1994～6.

7. "Prospects for the US Travel Agency Sector" Jin Glab. Eui Travel & Tuorism Analyst 1995～5.

中国国内旅游发展现状及趋势分析

南开大学旅游学系 徐 虹

中国国内旅游的发展虽然起步较晚,但发展速度迅猛,经济效益与社会效益显著,应该说国内旅游已经成为中国旅游业的新的增长点,但与此同时也出现了一些问题需要进一步研究。以清醒的头脑正确认识中国国内旅游发展的现状及存在的问题,预测其发展趋势,对制定国内旅游发展战略与策略,促使国内旅游更健康的向前发展具有重要的理论及现实意义。

国内旅游发展现状分析

(一)国内旅游发展现状

从总的情况来看,中国国内旅游发展速度很快,国内旅游人次数和旅游收入呈现出稳定增长的趋势,国内旅游业正逐渐成为新的经济增长点。但目前国内旅游仍处于初级阶段,总体消费水平不高,消费结构单一,组织化程度较低,具体来说,国内旅游发展现状体现在以下几方面:

出游人数逐年递增,出游规模迅速扩大

近两年来中国国内居民出游人数及出游率逐年增加,促使国内旅游市场出现了空前繁荣的局面,呈现出巨大的增长潜力。

国内旅游发展状况

单位:亿人次

	1994 年	1995 年	1996 年
出游总人次	5.24	6.29	6.39
比上年增长%	27.8	20.0	1.60
平均出游率%	43.7	52.4	52.8

资料来源:《中国旅游报》1997 年 2 月 20 日、4 月 29 日。《中国旅游统计年鉴》。

从 1995、1996 两年的旅游人次上看逐年上升,其中 1995 年城镇居民出游人数为 2.46 亿人次,出游率为 91%,比上年(75.76%)增长 15.2%;1996 年出游人数为 2.56 亿人次,比上年增长 4.1%。1995 年和 1996 年农村居民出游人数均为 3.83 亿人次,出游率为41.2%,比 1994 年(34.31%)增长 6.9%。1994 年城镇居民出游率比农村居民出游率高出 41%,1995 年高出 1 倍多,1996 年高出 50.3%,这说明旅游活动与经济发展水平的密切关系,随着人们可自由支配收入的增加,尤其是 1994 年 5 月实行新工时制后,为城镇居民外出旅游创造了时间上的条件,因而其发展速度异常迅猛;另一方面也说明生活水平的提高对人们的消费观念的转变也发生着影响,人们的消费结构在发生着变革,外出旅游已成为大中城市居民较为普遍的要求和活动。虽然农村居民出游率目前尚不很高,但相对 9.3 亿农村居民的基数来说,出游的绝对规模较大,尤其是东南沿海地区富裕起来的农民,外出旅游的势头会越来越旺。

随着国内旅游人数的不断增长,国内旅游收入也逐年增加,见下表:

国内旅游收入情况

单位:亿元

	1994 年	1995 年	1996 年
旅游收入	1 023.5	1 376	1 638
比上年增长%	18.5	34.4	19.0

资料来源:《中国旅游报》1995 年 5 月 11 日、1997 年 2 月 20 日。

从上面的统计数字来看,近两年国内旅游收入每年均以两位数字在递增，1995 年增长速度最快，这是国内旅游人数迅速增长和国内游客出游人均花费上升较快的结果（1996 年游客人均花费 256.32 元/人次，比上年增长 17.2%）。

国内旅游以游览观光为主，其他形式为辅

目前从国内旅游需求来看，尚处于发展的初级阶段，表现为游览观光型旅游仍然为主要形式，休闲度假旅游虽有一定发展，但尚未形成主流。据国内旅游抽样调查显示，1994 年城镇居民对国内旅游活动感兴趣的比率主要为：自然景观占 47.4%，人文景观占 12.6%，探亲访友占 22.4%，休闲度假占 9.5%，风俗人情占4.3%，购物占 4.4%；1995 年城镇居民对国内旅游活动感兴趣的比率主要为：自然景观占 53.1%，人文景观占8.1%，风俗人情占 8.5%，休闲度假占 20.3%，健身运动占 1.7%，节庆活动占 2.1%，未填报者占 6.2%。（资料来源：国家统计局：中国国内旅游抽样调查资料）两年相比，游客对自然景观的兴趣有所增加，仍是旅游活动的主要目的，对休闲度假和风俗人情的兴趣有较大增加。在度假旅游中以短时间停留为主，那种一周以上的休闲度假为主要动机的旅游者人数极少，双休日和节假日的旅游虽有休闲度假的因素，但仍以观光和娱乐活动为主要内容。

近距离旅游比重较大，消费水平以中低档为主

目前在国内旅游中占主导地位的仍是短程旅游，1994 年全国第二季度的旅游者 1～3 日游的为 48%，4～7日游的为 25.8%，8～14 日游的为 16.5%，15 日以上的为 7.6%；1995 年则依次为 55.6%、21.3%、14.3%、8.8%。从停留时间上看，1～3 日游的比率增长较快，递增 15.8%，这种状况是与双休日的实行密不可分的。从停留时间上可以看出，国内旅游以区域旅游为主，客流量与出游时间和距离是成反比的。

目前中国居民的经济收入和生活水平总的状况是呈正态公布的，即两头小、中间大。1995 年城镇职工月收入在 300～800 元之间的占 54.2%，800～1500 元之间的占 15.7%，300 元以下的低收入者占 23.9%，1500 元以上的高收入者占 6.2%。根据 1995 年抽样调查显示，按月实际收入分组，月收入在 1000 元以上的游客出游人数比例为 9.5%，500～999 元的为 43.8%，200～499 元的占 31.5%，200 元以下的为 15.2%。根据 1996 年国内旅游抽样调查显示，家庭平均月收入在 500～1500 元的家庭占出游人数的比重为 55.1%，而 500 元以下的仅占 5.5%，3000 元以上的仅占 8.1%。出游比例最大的是中档收入的消费者，且自费比例占一半以上，这种状况决定了国内旅游消费的主流必然是中低档。据调查，1995 年城镇居民国内旅游人均花费 464.12 元，农村居民国内旅游人均花费61.47元；1996 年城镇居民国内旅游人均花费534.1 元/人次，农村居民国内旅游人均花费 70.5 元。这说明人均花费是与收入水平呈正比的。

按不同的旅游目的划分，人均消费水平也说明了目前中国国内旅游消费的中低档特性。

按旅游目的划分的人均消费状况

单位：元

	观光度假	探亲访友	就医医疗	文体交流	商　务	会议公务	其　他
1995 年	453.00	420.70	1300.42	924.31	1356.72	1081.47	272.01
1996 年	527.60	557.80	802.90 （健康疗养）	1582.0 （交流专业访问）	1547.70	1364.80	638.90

观光度假、探亲访友人均花费相对偏低。据 1996 年国内旅游抽样调查显示，休闲、观光、游览度假的占出游人数的 48.9%，探亲访友的占 20.4%，健康疗养的占 1.1%，会议的占 9.3%，宗教朝拜的占 1.6%，其他旅游目的占 9.3%。资料显示，会议游客比重有所下降，观光度假、探亲访友的游客所占比重最高，而这两类旅游恰是中国国内旅游的主体。

虽然总体上消费水平较低，但就公费旅游者和高收入自费旅游者来讲，其消费水平还是很高的。据 1994 年全国第二季度抽样调查显示，个体经营者的人

均旅游花费为 1 139.10 元，是国内旅游人均花费602.50元的 1 倍。1996 年调查资料显示，交流、专业访问及商务旅游的人均花费是最高的，分别为 1 582 元和 1 547.7 元，比观光度假和探亲访友者的人均花费高出 1 倍多。

通过旅行社有组织接待的比例较低

相对于国内旅游需求的迅猛发展，国内旅游供给系统配套不利，加之国内旅行社服务质量差，旅游者对旅行社的作用认识不足，因此国内旅游中通过旅行社有组织接待的比例不高，尤其是短程旅游散客比例更高。1995 年全国旅行社接待的国内旅游者为 1 882.02万人次，占国内旅游总人数的 3.14%，1996 年旅行社接待的国内旅游者为 2 492 万人次，占国内游客的 3.9%，比上年的 1 882 万人次增长了 32.4%。虽然旅行社接待的人数有所增长，但总体水平仍然较低，相对于旅游发达国家国内旅游 70%由旅行社组织的比例来看，显示了中国国内旅游尚处于初级阶段。

(二)国内旅游发展原因

促使国内旅游迅猛发展的原因是多方面的，从产生旅游需求的主观因素来看，随着社会的进步，消费者对旅游这种高格调的休闲方式的需求在不断上升，消费者尤其是中青年消费者观念发生变化，他们不再因循传统的老观念而走出家门，投向大自然的怀抱。据 1995 年 4 月举行的“北京消费者生活观、消费观抽样调查”表明，向往高格调生活和新式休闲观已被多数人视为人生的一大追求，这反映了人们消费观念的更新。目前家庭规模日益小型化，围绕着独生子女的消费方式的变革日益深入，为使孩子开阔眼界、增长见识而全家外出旅游的越来越多。从产生旅游需求的客观因素来看，中国国民经济持续稳定的增长带动了国内旅游需求的高速增长，这种影响表现在一方面差旅型外出人数的增加，另一方面消遣型旅游活动增多。其中消遣型旅游活动的增加是以可自由支配收入的增加和余暇时间的增多为前提的。改革开放以来，伴随着国民经济的不断发展和经济体制改革的日益深入，尤其是分配体制的变化，使城乡人民的货币收入不断增加，城乡居民个人收入占国内生产总值的比重由 1978 年的 49.3%上升到 1994 年的 61.7%，收入的大幅度增加使居民的生活水平和生活质量有了显著的提高。1992 年居民储蓄余额为 1.15 万亿元人民币，1996 年居民的储蓄额高达 4 万亿元，这是国内旅游大发展的经济动力；余暇时间的增加是国内旅游尤其是短程观光休闲游大发展的重要推动力，到 1996 年 5 月 1 日，全世界 175 个国家中，有 145 个国家实行了 5 天工作制，中国也于 1994 年 5 月 1 日加入到这一行列中，这无疑是 1994 年以后国内旅游热迅速膨胀的原因。

从旅游供给方面看，国家政策从过去“不支持、不提倡、不反对”到“因地制宜、积极引导、稳步发展”转变为今天的“积极发展”，这种政策上的转变，为国内旅游的迅速发展创造了良好的外部条件。在旺盛的旅游需求带动下，经过各方面的努力，中国国内旅游供给已形成一定的产业规模，这表明中国国内旅游业大发展的时机已到。

应该说近两年国内旅游的高速发展与传媒的宣传推动作用是分不开的，一年一个宣传主题的旅游年的展开、双休日实行后有关休闲方式的文章报道及各类广告的大量推出，对消费者消费观念的转变和消费需求的引导起着重要的作用。一些富裕起来的人的消费个性化日益突出，不同档次和品种的旅游产品恰能满足他们的这种要求，大多数具有从众消费心理的人会追随这种消费方式，在大众传媒的引导下投入到热火朝天的国内旅游中。

(三)国内旅游发展中的问题

在国内旅游蓬勃发展的同时，我们不应忽略其发展中存在的问题，这些问题归纳起来主要有以下几方面：

旅游基础和服务设施发展滞后

旅游业的发展速度在很大程度上要依赖于交通业的发展速度，中国近几年在交通业上的投资逐年上升，但相对于迅猛发展的国内旅游来说，交通运力仍显不足。目前国内旅游交通的主导方式仍是铁路运输，而中国铁路营业里程仅为 6 万公里，人均只有 5 厘米。长江和沿海航行的客轮经常超员，有时甚至高达 50～80%，虽然民航和公路运输有很大发展，但由于价格或安全等原因，分流人员有限，如民航 1995 年运送旅客 5 000 万人次，人均0.04次，且大多数是公务者。高速公路刚刚起步，道路状况欠佳，塞车比较严重，供需矛盾仍很尖锐。尤其在旅游旺季因不能满足旅游者交通票务问题而出现的投诉时有发生，据 1996

年上半年旅游投诉情况分析，对旅行社的投诉案件中，国内游客占 76.3%，主要是春节前后与“五一”节期间国内旅游者迅猛增长，引起交通、食宿等问题难以及时妥善解决，出现延误日期、甚至取消行程等情况，旅游者不满进而提出投诉。这极大地影响了旅游服务质量和旅游者的旅游兴趣。交通对国内旅游发展的制约不仅表现在运力上，而且表现在布局上，中、东部地区交通较为发达，而西部地区的可进入性差阻碍了国内旅游者的长距离流动，导致旅游资源的浪费，丧失了发展的机会。相对国内旅游的中低档现状来看，服务设施的结构也不够合理：表现为一方面档次过高，旅游者望而却步；另一方面过于简陋，缺乏必要的安全和卫生，旅游者不敢问津。

行业管理不健全，缺乏统一的规划和标准

首先，旅游业的产业边界模糊，国内旅游的发展依靠众多的部门和行业，即使按照严格的行业划分标准与旅游业有关或构成要素的行业就达 30 多个；其次，国内旅游“社会办”、“自发办”特点比较突出，分属不同行业和部门，缺乏统一的管理渠道和健全的管理机制，因此发展无规划、无统一标准的现象比较严重。如旅游资源开发中，缺乏行业统一规划和布局，不进行可行性研究而盲目开发、重复开发，仅 1992 年到 1996 年，全国人造景点就达 203 个，一时间开发出 20 多个西游记宫、30 多个民俗村，由于粗制滥造、低劣模仿，相当一部分达不到预期效益，造成了社会资源的极大浪费。

由于行业归属不同，服务标准不规范，旅游者对服务质量的投诉较多。旅游业需要自我约束、自我修养的行业纪律和素质，然而国内旅游刚刚起步就面临着巨大的市场需求，符合一定水平的从业者供给能力有限，分属不同行业和部门的导游人员水平参差不齐，服务标准不统一，相当一部分导游不知道起码的景观典故。业务技能和职业道德的匮乏，使得欺瞒游客，索要回扣、小费，损害游客权益的事件时有发生。行业管理的不健全、不统一影响了旅游产品质量的提高。

旅游法规不健全，市场运行无规则

市场经济应该是法制的经济，以法治理才能保证市场运行秩序。虽然伴随着国内旅游业的发展，中国也颁布了许多单项法规。如 1995 年 7 月开始，国家和地方旅游局相继成立了旅游质量监督管理所，1996 年 10 月颁布了《旅行社管理条例》，但由于涉及范围有限，不足以调整旅游活动中产生的所有旅游法律关系，而《旅游法》这一根本大法却迟迟不能出台，使市场运行中出现的许多问题缺乏解决的法律依据，如游客投诉旅游企业，在调解无效的情况下进行法律裁定就缺乏依据。再如削价竞争、高价宰客、以次充好、违约行为等都需要法规的健全和完善。

旅游产品质量不高，市场组织化程度较低

目前国内旅游产品线路设计上适合国内游客需求的新产品不多，“热点过热，冷点过冷”的现象较为严重，形成旺季与国际旅游争交通、争设施的局面，使本已很紧张的交通更加紧张，使一些热点地区人满为患，污染严重。由于供给紧张，旅行社承诺的服务难以保证，引起旅游者的极大不满；另外旅行社在削价竞争的情况下，为保证一定的利润，削减服务项目、降低服务质量等行为也引发旅游者的不满，从而使旅游者不再信任旅行社，不愿参加旅游团，影响了旅行社的再组团能力和信誉。据统计，1995 年在中国国内旅游 6.29 亿人次中，由旅行社接待的仅占出游总人数的 3.14%，而旅游发达国家则达到 70% 以上。市场组织化程度如此之低，一方面说明国内旅游刚刚起步，人们对旅行社的作用缺乏认识，另一方面也说明旅行社自身在经营中的质量、价格等方面存在不尽如人意的地方。

国内旅游发展对策分析

树立“大旅游”的观念，建立健全国内旅游管理体制

国内旅游的开展涉及“行食住游购娱”等各方面，涵盖了第三产业及第一、二产业的众多行业，还涉及体育、文化、宗教、政治等各系统，这种强烈的综合性和依托性要求把与国内旅游业密切相关的边缘性、辐射性、交叉性领域纳入行业管理范围，从而更好地为国内旅游的发展创造良好的外部环境。纵观世界各国旅游业管理模式，存在着政府行政管理模式、协会模式和公司管理模式。结合中国的具体国情，应采用行政管理模式与协会管理模式相结合的管理体制，在不同时期两者所占的比例可以有所变化，以适应不同

的市场形势。

在统一了国内旅游管理体制之后，运用经济、法律、行政等手段加强对国内旅游市场的宏观调控。在市场经济的条件下，要更多地运用经济的和法律的手段调节市场进而调节企业的行为，如利用价格杠杆实行优质优价、低质低价、特质特价、行业最低保护价和最高限价，调节不同产品的供求；法制建设是维护市场经济秩序的一个重要手段，是经济和行政手段的完善和深化。首先应抓紧制定和出台旅游法，以调整旅游活动中产生的所有旅游法律关系；其次要对现有的法规进行修改、补充、完善，使其更加有效地运作。

完善旅游基础设施和服务设施，合理开发旅游资源

以社会发展总体规划为基础，结合不同地区的社会、经济、环境等客观条件，以满足旅游者需求和促进旅游业发展为目的，进行国内旅游业的总体规划。在财政投资有限的情况下，鼓励多条渠道筹措资金发展交通运输业，对投资于基础设施的部门和企业给予政策上的倾斜；食宿设施的建设要立足于国内旅游的现有消费水平，以中低档为主兼顾高档，旅游主管部门要为旅游投资者提供现有供给的信息，引导投资者的投资方向更好地适应旅游者的消费需求；旅游资源的开发应充分考虑当地的资源条件和社会经济发展水平，合理规划，以经济的、法律的、行政的手段协调好资源开发与保护的关系，防止盲目建设、重复建设。

优化更新国内旅游产品，完善国内旅游产品体系

围绕着创建优势产品、配套产品和规模产品的思路，结合国内旅游市场的特点，调整和补充现有的产品，开创新的产品。对传统观光产品要丰富优化内容，改进其包装组合，增强产品的竞争力和吸引力；同时要鼓励旅游企业开发新产品，以符合消费发展趋势的新产品引导消费，尤其要注意开发那些具有较高文化品位和浓郁地方特色的旅游产品。在大力开发中短距离旅游产品的同时，要有计划地开发一些远距离旅游产品以适应部分消费者的需求。

强化旅游培训，加大国内旅游的宣传力度，提高市场的组织化程度

国内旅游的健康发展离不开旅游从业人员的良好服务意识和优质服务技能，各级主管部门要端正思想，提高对培训重要性的认识，越是在市场需求旺盛的时候，越不能忽视培训的作用。通过岗位培训与专业培训相结合、自已培养与面向社会招徕相结合、自学成才与院校培养相结合等方式，不断更新旅游管理者的观念，提高管理水平，促进旅游从业人员自律能力和服务质量的提高。

通过加大对国内旅游的宣传力度，引导国内旅游者采用更加合理的旅游消费方式，实现需求的最大满足。旅行社应转变观念，以市场需求为己任，打破传统包价组团方式，提供灵活多样的服务组合，适应国内旅游者不同的消费需求，不断提高旅游市场的组织化程度。

国内旅游发展趋势预测

国内旅游人数将持续增长，自费比例稳步增加

中国旅游业的发展是从入境国际旅游开始的，虽然这不符合旅游业发展的一般顺序，但却是符合中国国情的发展道路，经过近20年的发展，不仅入境国际旅游有了很大的发展，而且国内旅游发展的条件也日益充分并呈现出一定的规模。一国国民可支配收入和可支配时间的不断增长预示着国内旅游业广阔的发展前景。一般来说，当一国人均国民生产总值达到300美元时，居民就有产生国内旅游的动机，目前中国大部分地区的人均国民生产总值远远超过这个最低标准，尤其是东部沿海发达地区及中部部分地区国内旅游需求巨大。“九五”期间，中国经济增长速度将保持在8%，到2000年人均国民生产总值比1980年翻两番，如此的经济发展速度和规模为国内旅游的发展提供了坚实的经济基础。伴随着经济的发展，可自由支配收入和时间的提高与增加，人们对生活质量提高的要求会日益强烈，而在通货膨胀不可能消失的经济周期内，仅靠储蓄增值已不可行，这会促使一部分人提款投身到旅游当中来。从而使国内旅游消费支出占个人消费支出的比例进一步加大。

国内旅游消费水平在档次多元化的基础上，总体水平呈上升趋势

从国内旅游者的参加类型来看主要有自费、公费、公私混合型三种。自费旅游者虽然在传统客源结构中占的比重不大，但近几年其比重日益上升，如据1995年抽样调查，北京市民赴京、津、冀旅游者中，自费占70%；国旅总社提供的资料显示，近年来节假日组团去海南、云南旅游的，几乎全都是个人付现款。以工薪阶层为主的国内自费旅游者所占比例的不断上升决定了国内旅游消费的档次以中低档为主，但同时高收入群体的比重也在变化，总的趋势是不断增加，据统计，城镇居民中，年收入3万～5万的家庭约430万户，其存款量占全国居民储蓄总额的50%，这部分人的消费水平远远高于一般的工薪阶层，形成国内旅游消费者中的高档消费者。公费旅游近几年也发生了较大的结构变化，伴随着国民经济的发展和商务活动的日益频繁，公务外出的比例有所上升，而这部分公费旅游的消费水平要高于自费旅游者，因此从总体上看，中国国内旅游消费呈现出档次多元化的格局。

从外出旅游停留的时间来看有逐渐延长的趋势，目前以1～3日游为主，但是伴随着经济的不断发展，人们的收入和余暇时间会不断增加，旅游供给的条件会日益改善，尤其是交通设施的改善和运送速度的提高，会为长线旅游创造良好的条件，1997年火车运输速度的提高便是一个良好的开端。国内旅游者旅游阅历的日益丰富也会对长线旅游提出要求，“南北大流动”正成为国内旅游中的新动向。伴随着长线旅游的发展，人们的消费支出也表现出日益提高的趋势。

国内旅游方式日益多样化，以旅行社为中介的旅游活动将会有较大的发展

目前国内旅游方式以散客为主，约占60%以上。尤其是双休日实行以后周边地区的短途旅游有了很大的发展，这部分旅游者大多是散客游。但随着出游人数的增多，住宿、交通的紧张状况使散客要耗费许多时间去解决从而不能尽兴游玩；伴随着旅游经历的日益丰富，人们越来越认识到参加旅行社的组团比自己去旅游更省时、省钱；另外整顿国内旅游市场秩序的一系列措施的出台和实施会促使国内旅游服务质量的进一步提高，从而有助于改变旅行社的市场形象，增强旅游者选择旅行社的信心。这一切都会促使旅行社的龙头作用更好地发挥，通过旅行有组织接待的比例将会进一步提高。目前长距离旅游基本上是通过旅行社组织进行的，随着长距离旅游的日益发展，旅行社的作用将会更加重要。

伴随着国内旅游的不断发展，传统的大包价旅游方式将会出现很大的变化。人们越来越不满足于跟着导游到处转，更加自主的旅游方式会有一个很大的发展，如上海春秋国际旅行社国内部从1995年4月推出自助游，利用其在各地分支机构电脑联网的优势，提供车、船、机票和住宿条件，线路、时间由游客自定，安排妥贴，价格实惠，深受游客欢迎，一年多已接待游客3 000多人，显示了良好的发展前景。这说明市场的需求是多样性的，旅行社可以通过多种服务方式满足游客的需求，更好地实现其市场组织作用。

旅游产品的结构将向多元化发展，文化内涵丰富的产品将更受欢迎

传统的国内旅游产品以观光游览为主，注重自然景观的欣赏。每到旅游旺季，游客大量涌向传统风景名胜区，交通紧张、人满为患、环境质量下降的状况使游客难以获得美的享受，人们越来越不满足这种走马观花式的旅游，伴随着双休日的实行，人们希望利用周末放松紧张的情绪，充分享受大自然的美丽，希望通过一些参与性的旅游活动，从中获得知识和教益。因此各种专项旅游产品日益受到人们的青睐，如市民下乡种菜这样的休闲农业活动正在上海市民中悄然兴起。每逢双休日，许多上海家庭都会到市郊有条件的乡村中，或挥汗田间，或河边垂钓。目前，世界许多城市每年以回归大自然为主题的休闲农业项目，都会吸引众多的城市观光客。这一融观光、修身、参与、习农、品尝、娱乐、购物、度假等为一体的专项旅游产品在国内旅游市场上大受欢迎也说明了这一发展趋势的前景是广阔的。

虽然目前国内旅游产品仍以观光游览为主，但是环保意识的增强和游客消费需求的转变会使越来越多的专项旅游产品推向市场。旅游者更加注重产品的文化内涵，富有教育意义及高科技内涵的产品也将受到市场的欢迎。

国内旅游市场竞争更加激烈，管理进一步规范化

伴随着国内旅游的进一步发展，旅游市场供给将进一步增加，市场竞争的局面会更加激烈，但市场管理的措施也将进一步规范化，市场竞争的无序也将走向有序。为此，国家已采取一定的措施并初步见效，如出台了《旅行社管理条例》，规范了旅行社分类方法和市场准入的条件；建立了质量监督管理所，受理游客的各种投诉；正在制定并准备颁布旅行社及旅游饭店服务质量标准等等，这些措施的出台表明国内旅游市场正逐步走向规范，国内旅游市场法制化建设正在一步步推进并将获得进一步完善和发展。

信息技术在国外旅游业中的应用

南开大学旅游学系　　向　萍

近年来，信息技术的飞速发展和旅游业对信息技术的依赖性，使得以计算机网络化为代表的现代信息技术在国外旅游业中得到了广泛的应用，并因此对现代旅游业的发展产生了巨大的影响。本文旨在通过介绍信息技术在国外旅游业各部门中的应用情况，阐明信息技术对国外旅游业发展的影响。

一般说来，旅游业主要由目的地旅游组织部门、交通运输部门、住宿接待部门、旅游业务组织部门和游览场所经营部门五大部分组成。旅游业务经营者"凭借着旅游吸引物、交通和旅游设施，向旅游者提供的用以满足其旅游活动需求的全部服务"称为旅游产品。旅游产品具有综合性、无形性、不可转移性、生产和消费的不可分割性、不可储存性和易拆性等特征。其中，旅游产品的综合性就要求旅游业经营者必须全面、准确、及时地掌握相关协作部门纷纭复杂和变幻莫测的经营信息，而旅游产品的无形性、不可转移性和不可储存性则要求旅游业经营者凭借一切快捷、有效的信息手段，将旅游产品的信息广泛传播至目标市场和相关销售渠道，以吸引旅游者参加其旅游活动。正是旅游业的这些特点，决定了旅游业适合采用现代信息技术。同时，信息技术近年来的飞速发展也为旅游业广泛应用信息技术提供了良好的外部环境。事实上，信息技术已在除游览场所经营部门以外的旅游业各部门中得到广泛应用，并已形成各部门具有代表特色的信息系统，对国外旅游业的发展产生了重大的影响。

旅游目的地信息系统
(Destination Information System)

旅游目的地信息系统(DIS)是近年来迅速发展起来的一种新的旅游信息传播方式，它采用计算机网络技术，将旅游目的地的各类旅游信息按照一定的规则储存于数据库内，并通过与相关部门的计算机联网实现旅游信息与旅游业发展动态的同步变化，从而为旅游者的旅游决策和实际旅程提供了一条更方便、更快捷和更准确的信息渠道，同时也为旅游经营者提供了一种更为有效的信息传播途径。

旅游目的地信息系统通常是由旅游目的地国家或地区的各级旅游组织部门组织开发的，因为他们的主要职能便是宣传目的地形象，展示目的地魅力，广泛招徕旅游者。旅游目的地旅游组织部门传统的信息传播方式有三种，一是邮寄文字材料或声像材料，二是在主要旅游目的地国或地区设立驻外机构，三是在全国范围设立旅游问讯处(Visitor Information Office)。但是，随着世界旅游市场竞争的不断加剧，特别是随着世界旅游的市场格局逐步从以团体旅游为主转化为以散客旅游为主，旅游者对旅游信息提出了前所未有的要求，传统的信息传播方式越来越无法满足旅游者对旅游目的地信息全面、系统、快捷、准确和动态的要求，旅游目的地信息系统遂应运而生，并迅速成为旅游目的地国家或地区旅游组织部门间重要的竞争手段。

到目前为止，由旅游发达国开发的旅游目的地信息系统根据其开发组织者的不同和由此决定的覆盖范围的不同可以划分为两大类，即全国性信息系统和地区性信息系统。

顾名思义，全国性信息系统储存有目的地国家或地区全面和综合的旅游信息，遍布全国的旅游问讯处以及旅游目的地国或地区设立在国外市场的旅游办事处均可通过电信联系获得有关信息。全国性信息系统的优势在于人们可以在任何一个终端获得有关全国各地旅游设施的信息，这对于主要经营散客旅游以及多目的地旅游的国家尤为重要，因为旅游者到过一个目的地以后，可以及时查询下一个目的地的信息。全国旅游信息系统的另一优势是它有利于和旅游行业的其他系统联网，如与计算机预订系统（Computer Reservation System）联网等。全国性信息系统的不利之处主要表现在三个方面，其一，电信费用较高，从而使这种系统的运行费用增加；其二，容易出现技术故障；其三，要保持一个全国性数据库的内容不断更新是相当困难的。因此它对程序的合理性要求很高，以便于各地的机构根据这一程序不断维护和及时更新旅游服务设施方面变化的信息。丹麦旅游局（Danish Tourist Board）设计的旅游目的地信息系统“丹麦库（Dandata）”便属于全国性信息系统（参见图1）。

图1　丹麦旅游局“丹麦库”结构图

供应者	旅游业其他子系统	用　户
饭店与宿营地		旅游问讯处职员
吸引物与活动	丹麦库 产品信息库	丹麦旅游局驻外办事处
	产品供应者 市场信息库	
餐　馆	统计信息库	丹麦旅游局雇员
公园博物馆等		选定的供应商

资料来源：Destination Information System:
Examples of Electronic Market Places.
BY Dr. Pauline J. Sheldon.

“丹麦库”依靠普莱姆（Prime）微机运行，有100多家用户。这些用户分布于哥本哈根的国家旅游办公室、地方旅游问讯处、设立在国外旅游市场上的旅游办事处以及一些大供应商的办公室。“丹麦库”由遍布全国的1.5万个旅游产品的产品数据库和市场数据库组成，市场数据库储存有主要外国市场的详细信息。全国数据库通过地方旅游信息机构提供的最新信息而不断更新其内容。“丹麦库”的成功部分地归因于其力求保持数据库完整、最新的承诺。

地区性旅游目的地信息系统只提供一个地区的旅游资源和设施的信息，如奥地利的蒂罗尔（Tirol）信息系统和瑞士的阿彭泽勒兰德（Appenzellerland）信息系统。这类系统的开发或者是受需求驱动，为了满足旅游者在当地旅游问讯的需要和提高旅游问讯的质量而开发的；或者是受供应驱动，出于当地供应商提高客房出租率和旅游设施利用率的需要而开发的。地区性信息系统数据库的信息更新很快，最新的信息可以很方便地输入数据库，因为这类系统通常由地方旅游局负责管理，他们的工作人员对当地旅游资源和旅游设施的变化情况了解得比较清楚，所以能够确保信息随时更新。地区性系统不需要电信联系这一环节，从而大大降低了动作费用。这种系统的局限性在于其应用范围较小。当旅游者需要查找该地区以外的旅游信息时，这种系统就显得力不从心了。正因如此，才出现了几个地区联网的地区性网络系统。荷兰便是在原有地区性信息系统的基础上率先建立了地区性网络系统,而且荷兰和英国正在努力实现两个国家之间的联网,以满足旅游者的更高需求。联网后的系统通过信息共享,可以提供更加广泛的信息,同时也可以促进各地区旅游部门之间的信息交流和相互合作。但是,这种联网系统的标准很难制定,开发的难度较大。

旅游目的地信息系统的开发和维护费用一般由国家旅游组织或地方旅游组织承担,但也可以由所有入网的旅游企业承担,因为它们是信息系统的直接受益者之一。与此同时,我们也必须意识到,过于沉重的经济负担可能会迫使部分旅游企业,特别是规模较小的旅游企业退出信息系统,这必将影响系统内信息的全面性,进而影响到系统的总体质量。当然,介于二者之间的各种方式也都因具有各自的优势和劣势而具有不同的适用性。

计算机预订系统

(Computer Resevations System)

第二次世界大战以后,特别是60年代以后,西方航空业得到迅速发展。航班和机位的大量增加,使原有的电话和电传预订方式和人工出票程序变得耗时费力,效率低下。于是许多航空公司便逐步以计算机操作取代人工预订,实现了内部票务系统的自动化。此后,一些大型航空公司为了提高内部票务系统的效率,在原有系统的基础上扩大了数据库,并吸收其他公司的信息加入数据库,逐步形成了网络化的计算机中央预订系统,并在发展中形成了欧美地区计算机预订系统(CRS)寡头垄断的局面(参见表1)。

表1 世界四大CRS在北美和欧洲市场占有情况(1992)

网络名称	主要运作国家	市场占有率(%)
AMADEUS	法国、德国 西班牙 瑞典	欧洲60%的市场份额
APPOLLO & GALILEO	美国 英国、荷兰 瑞士、希腊 意大利 比利时 西班牙	美国30%的市场份额 欧洲40%的市场份额
SABRE WORLDSPAN	美国 美国、远东	美国45%的市场份额 美国15%的市场份额

资料来源:MARKETING IN TRAVEL AND TOURISM. Victor T.C. Midleton 1994.

尽管航空公司开发计算机预订系统的最初目的在于提高航空机位销售的计算机管理水平,使航空公司的售票处和作为航空票务代理的旅行代理商能够随时获得航空公司的相关信息,提高工作效率,扩大机票销售。但是,由于其他航空公司和大量旅行代理商的入网,使得计算机预订系统为其所有者和开发商带来了巨大利润。这些系统的所有者不仅要向入网的航空公司收取入网费,而且对每一次预订要收取手续费。随着需求的膨胀,这种收益也迅速增加。正是由于计算机预订系统这种巨大的经济和战略潜力,才使得其所有者争相向旅行代理商方面渗透。为了使其系统对旅行代理商具有更大吸引力,预订系统的所有者便着手扩充其系统的内容。此后,计算机预订系统除具有预订机票的功能以外,又逐步开发出预订饭店客房和租车、传递旅行日程表、出售航空保险、查询旅游目的地相关信息,甚至为其顾客定购鲜花等多项旅游服务功能。为增加其吸引力,这些系统还增设了计算机记帐和代发工资等办公自动化功能,以方便旅行代理商更有效地进行内部管理。计算机预订系统功能的改进极大地提高了旅行代理商的劳动生产率，同时也使航空公司在行业竞争加剧、机票价格水平降低的情况下，通过扩大机票销售额增加了利润。

计算机预订系统的发展，极大地促进了旅行代理业的发展，同时也使得旅行代理商成为航空公司计算机预订系统举足轻重的用户。1993年，美国96％旅行代理商已经加入到计算机预订系统中去，欧洲的旅行代理商入网比例也在不断提高(参见表2)。

表2　1993年欧洲主要国家旅行代理商入网情况

国　别	旅行商入网比例(％)
德　国	100
法　国	99
西班牙	80
丹　麦	75
荷　兰	75
意大利	60
英　国	60
比利时	40

资料来源：EIU TRAVEL & TOURISM ANALYST No.3 1994.

计算机预订系统发展到现在已经不再是航空公司普通的售票工具，而是旅游业至关重要的市场营销手段。它控制着大量旅游服务的销售，并在未来的旅游销售方面具有不可限量的潜力。计算机预订系统的应用对旅行代理商的积极影响是显而易见的，但与此同时，计算机预订系统的广泛普及也会对旅行代理业的发展带来一些不利影响。这一方面表现在计算机预订系统对旅行代理商业务的威胁，正如国外有关专家预测的那样：如同计算机为代理商提供许多保证一样，计算机也构成了严重的威胁。因为旅游信息资料逐步为社会所有，如果将来各种咨询、预订系统设立在图书馆或其他公共场所，甚至和个人的家用计算机联网，旅游者便可以自行直接预订全世界的航班和饭店，甚至可以购买包价旅游产品，这将使旅行代理商失去现有的部分业务。另一方面，表现在计算机预订系统对旅行代理商安全管理的威胁。随着计算机在旅行代理商中的普及，计算机的安全管理问题也会日益突出。例如，美国汤姆逊旅行社女雇员为报复而删除电脑预订，致使游客滞留海外，给旅行社造成了巨大损失。特别值得注意的是，近年来日趋繁多的各类计算机病毒也对计算机的应用构成威胁。但是，这些消极影响并未能阻止计算机在旅行社行业中的推广与普及。

饭店管理系统
(Property Management System)

饭店管理系统(PMS)是集计算机软件、硬件技术和饭店组织管理为一体，为饭店经营和管理工作服务的计算机应用网络系统，其在饭店业中的广泛应用，使大多数饭店不仅实现了前台管理的自动化，而且实现了后台管理的自动化，同时还使得前后台之间的联系更加通畅，更加紧密。

饭店管理系统根据不同饭店所选用的硬件配置和应用软件的不同，其功能和效果也各不相同。与此同时，饭店管理系统的功能在相当大的程度上还取决于与之相联的其他子系统的数量和功能。10年前，饭店管理系统唯一可以联接的子系统是售点终端系统(Point－of－system)。10年后的今天，国外多数饭店所使用的饭店管理系统大都与其他众多的子系统相联，从而实现了饭店管理系统功能的综合化(参见图2)。

与相关子系统联接之后，饭店管理系统的功能主要包括前台管理(预订、入住登记、客人个人资料档案、离店结帐等)、客房管理(房态显示、电子门锁、电话自动记帐、客房酒吧自动记帐、客房能源控制、付费电脑自动记帐、楼道安全监测等)、餐饮管理(餐饮成本控制、餐饮销售额统计、餐饮预订等)、销售管理(客人住店记录分析、客源市场分析、营销方案策划等)、财务管理(夜间帐目审计、成本利润分析、收益管理等)以及人事管理(员工工作业绩记录、人事档案管理等)。

勿庸置疑，饭店管理系统的应用，可以极大地提高饭店的工作效率。例如，数据的一次输入和多部门共享，减少了大量人为的重复劳动。与此同时，饭店管理系统的应用有助于提高饭店的服务质量。例如，帐目及时、准确的结算可以减少客人的等候时间，提高客人的满意程度。而且，饭店管理系统的应用有助于提高饭店的管理水平，饭店管理系统可以随时为饭店的各级管理部门提供准确、全面的信息，为管理决策的制定提供科学的依据。尤其值得一提的是，饭店管理系统与中央预订系统的联网在饭店客房、餐饮以及会议服务设施的销售方面产生了良好的经济效益。

图 2 饭店管理系统与相关子系统联接情况

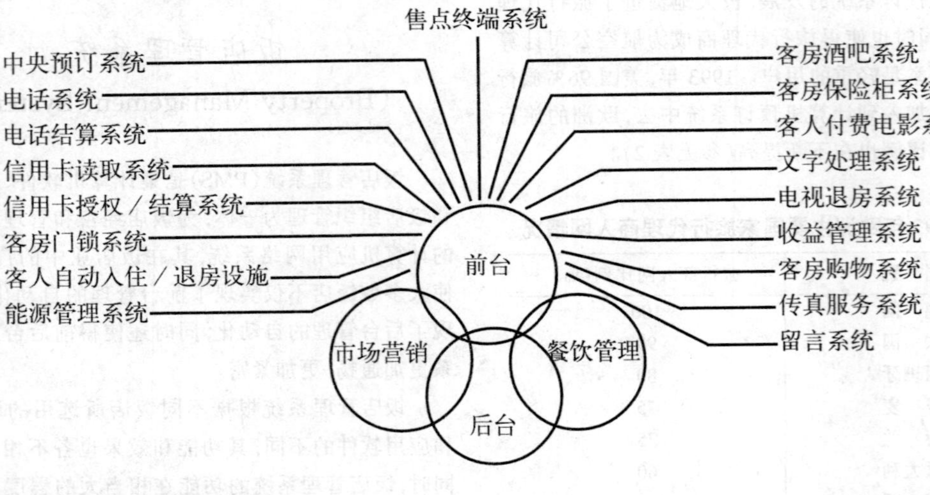

资料来源：Chervenak, Keane & Co. Report Sept. 1993.

此外，一些大型跨国饭店集团为增加销售、提高市场占有份额，近年来投入巨资开发了自己的计算机预订网络系统。例如，假日集团(Holiday Inn)目前经营着世界上最大的饭店预订系统之一 Holidex。该系统一年能带来 3 000 万夜房次的业务量，占假日集团年平均客房出租率的 33%。与此同时，Holidex 还与阿波罗(Apollo)等一些国际性的计算机预订系统(CRS)联网，利用这些系统进一步扩大销售量。一些无力开发自己饭店预订网络的非连锁饭店和中小型饭店则加盟各类饭店代理和营销联合系统，以期借助联合的力量同连锁饭店竞争。饭店预订系统的发展及其与计算机预订系统的联网，使饭店管理人员在一定程度上得以对其客房产品实施收益管理，最大限度地提高收入，并针对业务发展情况及时调整经营策略，进行更有效的促销。饭店预订系统与饭店管理系统的交互作用，极大地提高了饭店的运作效率，降低了饭店的人力成本，这对于人力成本较高的西方饭店无疑是一个非同寻常的优势。

但是，饭店管理系统在饭店管理中的广泛应用，也引起了许多有关专家的担忧：计算机管理作为一种无形的屏障，阻碍饭店员工与客人的交流，减少了饭店服务中的人情味，以致于饭店作为招待业(hospitality industry)的性质日趋弱化，从而将最终断送饭店业。也正是因为这方面的原因，国外有些高档饭店拒绝采用过度影响饭店员工与客人交往的管理系统，以确保其服务的个性化和人情味。此外，饭店管理系统的日益普及也容易使人们对之形成过分的依赖性，尽管采用管理系统的饭店都有各种防范措施，但一旦计算机出现故障中断运行，都会或多或少地影响饭店正常的经营活动。同时计算机病毒和计算机犯罪，也是饭店管理系统必须面对的现实。

银行结算系统
(Bank Settlement Plan)

随着计算机联网的航空客运预订系统和饭店销售预订系统的逐步普及，以及旅行社从手工操作到电脑运作的升级过程的逐步完成，处于旅游产品尤其是包价团体组合与销售终端环节的旅行社业最终走出了自身经营管理改革的关键一步，开始实行旅行社银行结帐(BSP)

使用银行结帐法后，旅行社作为航空公司的代理出售机票，使用自动转帐系统与有关的航空公司结帐。其间省去了大量的帐单往来，提高了运作效率。

银行结帐法包括三个主要的的环节，即银行结帐经理、资料处理中心和过帐银行。按照银行结帐法的要求，旅行社每周把代售机票的销售统计表及其他帐单送往资料处理中心进行计算机处理。中心将处理后的帐单分析报告寄给旅行社和有关航空公司。旅行社收到的帐单分析报告中列明其售出的各航空公司的机票数额和应得的佣金数额。每家航空公司收到的帐单分析报告中则列出各旅行社扣除佣金后应付的款额。在付款期限之前的3～5天，资料处理中心就通知过帐银行各旅行社应付给各航空公司的票款数额，以便银行过帐给航空公司。旅行社只需将应付款项一次交给银行，由银行向各航空公司转帐即可。

银行结帐系统采用了全自动化管理，旅行社每周销售情况与帐单分析由资料处理中心的计算机系统自动编报，过帐也是通过银行间的自动过帐系统进行。因此旅行社只需向资料处理中心呈交一份销售报告，向过帐银行一次付款，就完成了整个结帐过程，十分简便快捷。而航空公司的票款则通过过帐银行直接存入公司帐户，无需追帐，节省了大量时间、人力和费用。但银行结帐法在提高销售与结算效率的同时，却使旅行社的资金周转更加紧张。因为银行结帐法的结帐期限一般是15天，旅行社必须在期限内向过帐银行付清代售机票款项，如迟付一天，就以失效论，必须在隔天以现款付清所有欠款。而旅行社则通常要给自己的客人60天的宽容期付清旅费。这种资金流入与支出间的较长时间差，只有财力雄厚的大旅行社才应付得了。对于没有大量流动资金的中型旅行社，银行结帐法往往造成巨大冲击，一旦无力应付资金进出间隔造成的空档，就会出现银库空虚，陷入资金周转不灵的困境。尽管如此，银行结帐法作为旅行社和航空公司款项往来的现代化手段，其发展前途还是十分乐观的。

总之，信息技术的飞速发展是当今社会不可阻挡的潮流，它给世界旅游业带来了机会，也带来了挑战。如何发挥和利用信息技术的最新成果，改进和完善各种现有计算机系统的功能和作用，使之更有效地服务于旅游目的地、交通运输设施、住宿接待部门以及旅游业务部门的运作和管理，是未来数年摆在旅游业界人士面前的一个艰巨任务。如何实现现有各类系统之间的交叉动作、功能互补、优势共享，也将是业内人士重点研究和开发的课题。

参考文献：
1. 李天元编著《旅游学概论》，南开大学出版社，1991年版。
2. 林南枝主编《旅游经济学》，南开大学出版社，1994年版。
3. 杜江编著《旅行社管理》，南开大学出版社，1996年版。
4. 国家旅游局有关资料。
5. Jane Hickey："Hotel Reservation Systems and sources of Business"夏威夷大学旅游学院教材。
6. Dr. Pauline J. Sheldon："Destination Information System：Examples of Electronic Market Places"夏威夷大学旅游学院教材。

中国旅游文化研究发展状况

南开大学旅游学系　　张伯山

随着当代旅游的发展，国内外旅游学术界研究旅游现象的视野也在扩大，人们纷纷寻求以更多更新的角度进行旅游研究，旅游文化便是其中之一。在中国，人们对于旅游和旅游事业的性质，历来就有经济性和文化性两种不同看法。这在80年代初中期以来国内出版的许多百科全书、年鉴和辞典等参考工具书中对旅游的归类上,可以找到佐证:有的参考工具书将旅游归入经济贸易类,有的则将旅游归入社会文化类。但有一段时间,从经济角度研究旅游现象似乎占据了主流地位。随着中国旅游事业的迅速发展,客观实际不断为旅游学术研究提出新的问题,其中有些问题单单从经济角度有时很难圆满解答,于是有些人士便尝试探寻旅游研究新的切入点。在 80 年代中期中国文化热的影响下,许多人开始看重对旅游文化的研究。80 年代末和 90 年代初,中国旅游文化研究出现了第一个高潮。从那时到现在,已经出现了以研究旅游文化为主要内容的多种类型的文献。例如图书著作类有《旅游文化论文集》(中国旅游出版社 1991 年出版)、《文化旅游》(巴蜀书社 1989 年出版)、《旅游文化探胜》(上海古籍出版社 1990 年出版)、《旅游文化》(云南人民出版社 1990 年出版)、《深圳旅游文化》(广东旅游出版社 1995 年出版)、《旅游文化导论》(中国旅游出版社 1996 年出版)、《广东人谈旅游文化》(广东旅游出版社 1996 年出版),参考工具书类有《中国旅游文化大辞典》(江西美术出版社 1995 年出版),报纸类有《旅游文化报》(1989 年初在成都创刊)。虽然目前尚无专门的旅游文化期刊杂志,但已有许多旅游专业期刊开辟了旅游文化栏目,其他各类报刊上也发表了大量专门探讨旅游文化问题的论文。此外,还有许多地方电台或电视台先后开办了旅游文化专栏节目,一些旅游文化教学科研机构团体也相继出现,例如 1989 年在北京成立了"中国旅游文化学会",深圳大学、天津师范大学等一些高等院校开设了旅游文化或文化旅游专业。以上这些情况说明,中国旅游文化研究已取得了重要成果,为今后旅游文化研究继续深入发展,打下了必要的基础。

尽管取得了一定成果,但总起来看中国旅游文化研究仍处于初级阶段。目前国内旅游学术界在这方面的研究主要集中于探讨旅游文化的概念定义、旅游文化的研究对象、旅游文化的内涵或内容构成、旅游文化的研究目的等等,而且在许多问题上尚未取得共识。本文将分几个方面进行一些介绍。

关于旅游文化概念的定义

旅游文化的定义是国内旅游文化研究中最受重视的问题之一,讨论得也最为热烈,但目前仍未取得一致看法或提出被大多数人接受的概念。这方面的不同观点大致可分为以下几种类型:

物质财富和精神财富的总和说

这一类型表述主要有:

(1)旅游文化是人类过去和现在创造的、与旅游有关的物质、精神财富的总和。

(2)旅游文化是旅游主体、旅游客体和旅游媒体相互作用产生的物质和精神成果。

(以上二种表述参见冯乃康,《首届中国旅游文化学术研讨会纪要》,《旅游学刊》1991 年第 6 卷第 1 期第 57 页。)

(3)旅游文化是指作为群体的人在旅游领域中的活动方式,以及为这种活动所创造,并又为这种活动方式所凭借的物质财富所包容的精神及精神产品本身的总和。(姚家齐,《徽州社会科学》1989 年第 4 期第 7 页)。

(4)旅游文化是指与人类旅游活动密切相关的精神文明和物质文明。

(5)旅游文化中旅游 + 文化,是旅游与文化的化合,是客体——旅游资源的文化内涵和价值,主体——旅游者的文化需求和情趣,旅游媒体——旅游业的文化意识和素质,三者互相作用产生的物质和精神成果。

(以上二种表述参见文力:《旅游文化定义辨释》一文,《旅游研究与实践》1993 年第 3 期第 31 页。)

(6)旅游文化是包含在旅游过程中的人类物质和精神活动成果的总和(王德利,《财贸研究》1995 年第 6 期第 46 页)。

特殊文化形态或文化行为表征说

这一类型的表述主要有:

(1)旅游文化是以一般文化的内在价值为依据,以旅游诸要素为依托,作用于旅游生活中的一种特殊文化形态(参见冯乃康:《首界中国旅游文化学术研讨会纪要》,《旅游学刊》1991 年第 6 卷第 1 期第 57 页)。

(2)旅游文化是以广义的旅游主体为中心,以跨文化交际为媒介,在丰富多样的旅游活动中迸发出来的,形式复杂广泛的各种文化行为表征的总和(肖洪根,《华侨大学学报(哲社版)》1994 年第 1 期第 8 页)。

(3)旅游文化就是在旅游这一独特的社会现象中

所体现出来的文化内涵，或曰一种文化形态在旅游中的体现（白槐，《山东旅游》1991年第3期第11页）。

(4)旅游文化是指人类旅游行为的文化属性，就是淀积于游人、造景者和景观并由景观套式集中体现出来的民族文化模式或亚文化模式（刘凌，《旅游研究与实践》1993年第3期第35页）。

相关要素间关系总和说

这一类型的表述主要有：

(1)旅游是一个大系统，旅游主体、旅游客体和旅游媒体，三者互为条件，互相作用，共寓于旅游这一社会实践的统一体中。旅游文化既是三者共同的需要，也是三者相互作用的一个产物（杨时进，《旅游科学》1992年第1期第9页）。

(2)旅游文化就是旅游主体和旅游客体的总和。旅游主体既包括旅游者，又包括旅游经营者；客体除自然景观和人文景观外，还包括旅游服务设施（喻学才、朱晓华，《旅游研究与实践》1992年第3期第5页）。

(3)旅游文化是旅游者或旅游经营者在旅行游览或旅游经营、管理、服务过程中反映与创造出来的物质和意识文化的综合体（郑昌进，《旅游研究与实践》1993年第3期第51页）。

(4)旅游文化是旅游主体、旅游客体和旅游媒体相互作用的结果，或者说是旅游主体和客体之间各种关系的总和（李中泽，《北京第二外国语学院学报》1995年第4期第36页）。

其他类型表述

除上述几类观点外，还有一些作者分别提出了各不相同的表述，主要有：

(1)旅游文化是指：旅游者或旅游服务者在旅游观赏或旅游服务过程中所反映出来的观念形态及其外在表现（参见文力：《旅游文化定义辨释》一文，《旅游研究与实践》1993年第3期第31页）。

(2)所谓旅游文化，是表现旅游者需求与旅游者感受的文化，是一种设计产品的文化（刘恒生，《旅游调研》1991年第1期第40页）。

(3)旅游文化是指人们在国内外旅游实践过程中所创造的与旅游相关的边缘文化（黄克，《山东旅游》1992年第2期第20页）。

(4)旅游本身就是一种文化活动。旅游文化是旅游最通俗化、最愉快的、最多样的手段（苏恒，《四川师范大学学报（哲社版）1990年第5期第34页）。

(5)我们从文化学的角度，给旅游下一个新的定义：旅游是人们为了寻求文化差异所进行的一种暂时性文化空间跨越的行为和过程，以及由此引起的社会行为、关系和影响的总和（唐友波等，《上海大学学报：社科版》1991年第4期第6页）。

在表述旅游文化的概念时，有的作者为了划分旅游文化的构成或区分旅游文化与文化旅游、旅游业文化及旅游企业文化的区别，还对后三者的概念定义进行了各种表述：

(1)文化旅游是指旅游服务者（即旅游产品提供者）为旅游者（即旅游产品消费者）提供的以学习、研究和考察游览国文化的某一或诸方面为主要目的的旅游产品（黄克，《山东旅游》1992年第2期第20页）。

(2)文化旅游即人们通过旅游或者在旅游过程中了解和获取知识的活动。文化旅游也可分为广义和狭义两种。从广义的意义说，任何一种旅游活动均不可避免地带有接触和了解目的地文化科学知识的因素；从狭义的意义说，系指那些以了解目地的文化为主要任务的旅游活动（陶汉军，见云南人民出版社1990年6月出版《旅游文化》一书第1～2页）。

(3)旅游业文化是旅游管理者和服务者根据旅游者的特殊需求，在旅游资源开发、旅游服务及旅游管理中所呈现或体现出来的文化心态及物化表现（冯乃康，《旅游研究与实践》1991年第2期第5页）。

(4)旅游业文化是部门文化，是社会文化体系的重要组成部分，是人民群众创造的旅游业物质财富和精神财富的总和。既有旅游业物质财富，也有旅游业的全体成员所共有的思想观念、价值观念、职业道德、经营思想、服务观念、旅游经济领域中的生产力和生产关系等（乔玉霞，《山东旅游》1991年第1期第8页）。

(5)企业文化是表现企业内部生产关系（包括劳资关系、干群关系等）发展的文化。严格地说，企业文化属于管理科学的范畴（刘恒生，《旅游调研》1991年第1期第4页）。

(6)旅游企业文化有广义和狭义两种。广义的旅游企业文化是指旅游企业在经营过程中，所形成的具有本企业特色的物质财富和精神财富的总和。狭义的旅游企业文化是指旅游企业在发展过程中逐步形成的具有本企业特色的思想意识、价值观念、行为习惯、心理因素的总和(唐德鹏,《山东旅游》1991年第1期第11页)。

此外,有的人士对前述各种旅游文化概念的某些定义持有不同看法,例如有的作者认为:"旅游文化"概念的提出,是出于总结中国十年旅游业经验教训的需要。从一开始,"旅游文化"概念的提出,就有意无意地以发展旅游业为出发点和落脚点,实际上也就暗含着以追求经济效益为最终目的。从实际意思和实际内容来看,命名为"旅游业文化"似乎更为确切,而"旅游业文化"作为一种产业文化,不过是人们近年来所提出的"企业文化"的一个分支(刘凌,《旅游研究与实践》1993年第3期第33页)。

关于旅游文化的内容构成

随着旅游文化定义表述的各不相同,人们对旅游文化内容构成的看法也有种种差异,其主要看法有:

(1)旅游文化的内容,举凡旅游城市、旅游路线、旅游景点上的一切有助于增长旅游者文化知识的物质财富与精神财富,都属于旅游文化的范畴(莫高,《旅游学刊》1989年第4卷第4期第41页)。

(2)旅游文化包括旅游院校开设的各类课程、各种有关学科中与旅游相关部分,还包括交通工具、酒店宾馆、娱乐设施、旅游景观、旅游服务等构成的旅游产品(郁龙余,《旅游学刊》1989年第4卷第2期第63页)。

(3)必须承认旅游文化有着三个层面,即:旅游行为的文化层,旅游景物文化层和旅游经营文化层(杨时进,《旅游科学》1992年第1期第9页)。

(4)旅游文化包括旅游主体和旅游客体两方面。主体既包括旅游者,又包括旅游经营者。对旅游者而言,经营者是客体的一部分,但对景观设施而言,经营者又是主体。客体除自然景观和人文景观外,还包括旅游服务设施(喻学才、朱晓华,《旅游研究与实践》1992年第3期第5页)。

(5)旅游文化不仅包含在旅游客体中,而且包含在旅游媒体中,同时主体的文化素养也是一个不可忽视的组成部分。因此,旅游文化建设必须从旅游主体、客体、媒体等方面着手,全方位进行(王德利,《财贸研究》1995年第6期第46页)。

(6)旅游文化的内容是非常丰富多彩的。它不仅仅包括人们常说的精神文化和物质文化,同时也包括社会关系文化,主要有关于旅游活动的经济制度和法律制度,它是使旅游活动顺利进行、协调、和谐发展的关键(文力,《旅游研究与实践》1993年第3期第32页)。

(7)旅游文化的内涵十分丰富,外延也相当宽广,广义的理解应当包括社会的全部物质、精神财富。旅游文化涉及到的学科非常多,特别是历史学、地理学、美学、人际关系学、建筑学、环境学等等。旅游文化应当包括行政文化、企业文化、产品文化、环境文化、建筑文化、宗教文化以及酒文化、烹饪文化等等(参见周盼、李明德:《旅游文化是旅游理论研究的重要课题——旅游文化座谈会纪要》,《旅游学刊》1991年第6卷第1期第56页)。

(8)旅游文化是一个综合性的文化、经济活动,除了旅游三要素—旅游资源、旅游者、旅游业以外,体现在旅游活动中的衣、食、住、行、游、购、娱等内容都有其文化内涵,因此在旅游活动中分别形成了与旅游有关的服饰文化、饮食文化、建筑文化、交通文化、购物文化等(范能船、朱晓松,《锦州师院学报(哲社版)》1991年第3期第50页)。

(9)旅游文化由深层结构和表层结构两部分组成,深层结构指的是人类普遍存在的求知、求乐、求健、求美心理,表层结构指的是旅游景观、旅游设施等。作为可供观赏的文化形态,包括历史古文物、现代新事物、日常生活文化、伦理文化等(参见冯乃康:《首届中国旅游文化学术研讨会纪要》,《旅游学刊》1991年第6卷第1期第57~58页)。

(10)相关的目的国民族文化、客源国文化以及主体和媒体、客体在旅游活动中相互交际碰撞而产生的动态文化都是旅游文化这一概念中融为一体的、不可分割的部分(肖洪根,《华侨大学学报(哲社版)》1994年第1期第75页)。

(11)旅游文化是一项系统工程,其内容很广,诸如旅游文学、旅游管理学、旅游市场学、旅游教育学、旅游建筑学,以及其他人文旅游资源等。文化旅游包括教育旅游、修学旅游、考古旅游以及各种旅游节庆活动(吴鸿礼,《旅游研究与实践》1992年第2期第17

页)。

(12)各民族特有的传统文化是构建旅游文化的主体(黄达仁,《旅游研究与实践》1993年第3期第37页)。

(13)旅游文化存在着二元结构——传统性和现代化。旅游文化的传统和现代化两方面具有表现为截然不同的极性分离,但又处于旅游业的统一关系中(陈传康:《城市问题》1990年第6期第38~42页)。

对于上述表述中的某些观点,一些人士持有批评态度,例如有的作者指出:许多人均持"大文化"观念,把文化视为物质财富和精神财富的总和。如此,自然会把举凡旅游业牵扯到的两种财富,均网罗到"旅游文化"范围,使这个概念成为无所不包的橡皮魔袋,于是有人就把什么"行政文化"、"企业文化"、"环境文化"、"烹饪文化"、"酒水文化"都包括在"旅游文化"之内。像这样一个大杂烩,如何成为学科的对象?怎样做规律性的探讨?(刘凌:《旅游研究与实践》1993年第3期第34页)。

此外,也有作者谈到了旅游业文化和旅游企业文化的内容构成:

(1)旅游业文化外延很强,范围广,内涵也很深。单从旅游业行业内部,就涉及到旅游业建筑文化、旅游业饮食文化、旅游业商品文化、旅游业环境文化和旅游业园林文化等(乔玉霞:《山东旅游》1991年第1期第9页)。

(2)旅游企业文化包括一个企业独特的指导思想、发展战略、宗旨信念、经营哲学和管理特色;包括特有的企业传统、作风、道德规范和伦理关系,以及企业约定俗成的公约、厂规等。具体地说,旅游企业文化有三层含义:企业的物质文化;企业的制度文化;企业的精神文化"(唐德鹏:《山东旅游》1991年第1期第11页)。

(3)如何描述旅游企业文化呢?可以从两个层面来考虑,一是深层的思想结构和思维方式,即指全行业成员的价值观念和行为准则的总和,是企业文化的"理性"部分;二是表层的文化体现,即企业活动所表达出的文化现象,是企业文化的"感性"部分,也可称为文化作品。这两个层面的和谐统一,便构成了旅游企业文化系统(江文波:《山东旅游》1991年第1期第15页)。

关于旅游文化的研究对象和主要问题

这方面的观点目前也不够统一,其表述也是多种多样的,主要有:

(1)研究旅游文化的目的就在于设计出更加适应旅游者需求的旅游产品的服务内容,以适应和引导旅游者的消费(刘恒生,《旅游调研》1991年第1期第40页)。

(2)旅游文化的研究应是多方面的,现代旅游业的真正发展是在第二次世界大战以后,故应该把旅游文化的研究重点放在现代旅游业上,这样才能对实践产生直接的指导意义(参见周盼、李明德:《旅游文化是旅游理论研究的重要课题——旅游文化座谈会纪要》,《旅游学刊》1991年第6卷第1期第56页)。

(3)旅游文化的研究要着重深入研究旅游文化活动在本国条件下的特殊运动形式,要着重探索具有中国特色的旅游文化建设,从而为开展健康、多样、生动、活泼、富有引力的旅游生活,繁荣中国旅游经济及创造出更高层次的经济、文化、社会效益而作出贡献(杨时进:《旅游科学》1992年第1期第10页)。

(4)如何建设有特色的旅游文化,如何使旅游文化发挥最佳效益,这是我们目前值得探索的问题(郑昌进:《旅游研究与实践》1993年第3期第53页)。

(5)旅游文化的研究包括对旅游主体文化的研究、对旅游客体文化的研究和对旅游媒体文化的研究。或从旅游三要素"碰撞"后产生的文化"质"来确定旅游文化研究内容(参见冯乃康:《首届中国旅游文化学术研讨会纪要》,《旅游学刊》1991年第6卷第1期第57页)。

(6)旅游文化的研究对象主要应该是:研究旅游生活中的文化现象、文化活动和运行轨迹及其表现特征;研究旅游生活的基本要素(主体、客体、媒体)在旅游文化形成和发展过程中各自所占有的位置及其相互影响的脉络;研究旅游文化对于旅游经济、旅游产业、旅游社会发展过程中的地位和作用及其所展示的层面。旅游文化的建设自然还要涉及到社会各界和相关的系统。这自然也要在研究的过程中经常给予必要的关照才对(杨时进:《旅游科学》1992年第1期第9~10页)。

(7)旅游文化学以旅游文化的各个类别的相互关系为研究对象，探讨旅游在人类发展史上的地位、功能与影响，为旅游事业的发展提供宏观的、科学的指导(郁龙余：《旅游学刊》1989年第4卷第2期第63页)。

(8)旅游文化所着力探讨的，是各民族文化模式和亚文化模式影响旅游行为的规律。旅游文化学，就是考察旅游行为的一个特定视角。人们可以从清理景观特征入手，探寻相应的旅游行为习惯，终而发掘深层的民族旅游心理。这种旅游文化心理的利弊得失及其在旅游文化变革中的地位和作用，都是旅游文化学关注的课题。旅游景观建设如何适应外国游客的文化心理，也是旅游文化的研究课题(刘凌，《旅游研究与实践》1993年第3期第35～36页)。

(9)把旅游者作为旅游文化研究的重点，不仅因为旅游者是旅游文化的主体，还因为旅游者是一切旅游服务、管理工作的出发点和归宿。旅游文化又有不同于其他形态文化的特点，就是旅游者既有本国的，又有异域的，有些人文旅游资源与海外无关，有些人文资源与海外关系密切，这些都是研究旅游文化，开发旅游文化资源必须重点考虑的问题(陈祥龙，1994年8月13日《中国旅游报》第3版)。

(10)旅游文化要把重点放在旅游者身上。旅游业文化研究也应把旅游者作为最主要背景和条件，才能揭示旅游业文化的特征及其内容。作为一种企业文化，旅游业文化还要研究市场、经营及内部管理等特殊矛盾，有的也许并不直接与旅游者有关，但就总体说，旅游业文化形成和构建的基础也仍然是旅游者的旅游生活(冯乃康，《旅游研究与实践》1991年第2期第5、9页)。

(11)旅游文化的研究主要在两个方面：一是对旅游活动的主体—旅游者的研究；一是对旅游活动的客体——旅游资源的研究(白槐，《山东旅游》1991年第3期第12页)。

关于旅游文化的特征

对于旅游文化的特征，作者们也有各种各样的看法，但相比之下表述的类型比其他方面略少一些，主要有：

(1)旅游文化的特征包括综合性、地域性、继承性、新奇性、服务性、多样性等，并且必须兼具时代的特性(参见冯乃康：《首届中国旅游文化研讨会纪要》，《旅游学刊》1991年第6卷第1期第58页)。

(2)旅游文化是一种自由的文化。这里使用的“自由”一词，即指人从盲目性走向自觉性，超越最起码的温饱，追求精神文化享受(苏恒，《四川师范大学学报(社科版)》1990年第5期第31页)。

(3)旅游文化具有民族性。旅游文化跟其他文化相比具有更大的先导性和开放性(黄达仁，《旅游研究与实践》1993年第3期第37～38页)。

(4)旅游文化是一种有时间和空间上的延续性，而没有国界性或地域性的、动态的路上文化(肖洪根，《华侨大学学报(哲社版)》1994年第1期第8页)。

(5)作为一种观念形态，旅游文化也有一定的阶级性。此外旅游文化还有着强烈的历史性和个性化。旅游文化是一种和谐欢乐的文化，一种追求新奇和享乐的文化，基调是积极的。旅游文化当然有古今中外的差别，但总的倾向却是一致的(冯乃康，《旅游研究与实践》1991年第2期第9页)。

(6)旅游文化具有下列四大特征：以自觉参与旅游活动的人为核心；具有同一的价值体系和模式；是旅游活动过程中，各要素间相互作用的统一；是旅游活动过程中不断变迁和积累的产物(文力，《旅游研究与实践》1993年第3期第32页)。

(7)旅游业文化的特点是综合性、服务性、多样性和国际性(乔玉霞，《山东旅游》1991年第1期第9～10页)。

(8)旅游企业文化的特征主要是：世界性和民族性；自主性和整体性；竞争性和协作性(江文波，《山东旅游》1991年第1期第15～16页)。

关于旅游文化研究的目的和作用

对于旅游文化研究的目的和作用，进行明确表述的人也相对较少，但表述方式仍然不尽一致，主要有：

(1)转变观念，正确处理旅游业的经济与文化的关系，这就是我们要研究旅游文化的重要目的。(于英士，1990年10月24日《中国旅游报》第3版)。

(2)提出旅游文化的作用在于增加社会安定、和谐、陶冶人们的心性和情操;促进经济文化交流;推动社会进步,维护民族团结;实现地区间、国家间、民族间的政治、经济、文化、感情交流;提高民族精神与文化素质,增强民族体质(林永匡、王熹,1989 年 2 月 19 日《中国文化报》第 3 版)。

(3)旅游文化的研究任务就是要叙述不同于其他文化形态的内容,揭示其独特的本质特征,以帮助旅游者和旅游服务者提高观览欣赏水平和管理服务水平(冯乃康,《旅游研究与实践》1991 年第 2 期第 9 页)。

(4)研究旅游文化的特点主要是为了把握旅游文化的本质,从而充分发挥其作用(参见周盼、李明德:《旅游文化是旅游理论研究的重要课题——旅游文化座谈会纪要》,《旅游学刊》1991 年第 6 卷第 1 期第 56 页》)。

(5)研究旅游文化的目的就在于设计出更加适应旅游者需求的旅游产品和服务内容,以适应和引导旅游者的消费。旅游文化是对旅游业提出产品内容和质量的设计要求;企业文化则是通过建立新的更加适应于社会经济文化发展的生产关系,调动员工的生产热情,保质保量地完成产品的生产(刘恒生,《旅游调研》1991 年第 1 期第 40 页)。

(6)旅游文化研究的目的在于正确地把握"古为今用"、"洋为中用"的方针,秉着批判地继承和吸引的原则,积极倡导和推动旅游文化建设,为建设有中国特色的社会主义旅游业,为建设社会主义的物质文明和繁荣社会主义的新文化作出自己的贡献(杨时进,《旅游科学》1992 年第 1 期第 10 页)。

(7)旅游文化研究的根本目的在于力求保障旅游事业健康合理的文化取向,所注重的是社会心理效益。这种研究,既有利于对传统文化的批判继承,也有利于与外民族文化的比较、对话和交流,从而也助于新时期旅游文化的革新与创造,总之,旅游文化是个抓大事的学科,而不纠缠于枝枝节节的旅游事象。它力求为人类旅游行为作出文化导向和文化调适(刘凌,《旅游研究与实践》1993 年第 3 期第 35～36 页)。

(8)旅游文化是旅游资源投入的最有力的因素,是防止旅游资源老化和退化最有效的生命剂,是发展旅游经济的重要途径(郑昌进,《旅游研究与实践》1993 年第 3 期第 53 页)。

(9)国民素质的提高,旅游文化的开拓,是旅游事业的灵魂和潜动力(史镜、杜丽霞,1996 年 4 月 14 日《中国旅游报》第 3 版)。

关于旅游文化的行为主体

迄今为止,涉及探讨旅游文化行为主体的论著还不很多,并且各家差不多一致认为旅游文化的行为主体是"人"。但这里的"人"是指旅游者还是指旅游服务者,则分为两种明显不同的观点:

(1)旅游文化的主体就是旅游者(陈祥龙,1994 年 8 月 13 日《中国旅游报》第 3 版)。

(2)旅游文化的核心创造于有素质的旅游者,只有从一般的物质之旅,向特殊的精神之旅的超越,才能摆脱"单面人"的局限。旅游实质上是一种高级的精神活动,这是旅游文化的动力和源泉(史镜、杜丽霞,1996 年 4 月 14 日《中国旅游报》第 3 版)。

(3)旅游的文化意义主要在于旅游与人的爱美天性、人类文明、人才成长、精神需求、身心健康等方面密切相关(何宗文,《重庆师院学报(哲社版)》1995 年第 3 期第 61 页)。

(4)对于人类来说,旅游是一种衣食无忧后的行为。久而久之,它又从一种偶发行为渐渐变化为部分人的习惯,变化为可以被社会理解的正当事端,于是它就拥有了文化的蕴含,偶发的旅游行为终于上升到旅游文化。不管是谁,当他自觉地成为旅游文化的一分子时,就等于宣告他在精神上和肉体上的双重强健(余秋雨,1996 年 2 月 24 日《人民日报》(海外版)第 8 版)。

(5)旅游文化行为的主体是旅游服务者,文化旅游的行为主体是旅游者(吴鸿礼,《旅游研究与实践》1992 年第 2 期第 17 页)。

(6)旅游文化的行为主体的主导方面是被游览国的人们(特别是从事广义的旅游服务的人们),这些人为了吸引旅游者到本国旅游,千方百计地创建、丰富和发展自己的旅游文化。而文化旅游的行为主体的主导方面是旅游者,他们为学习、研究和考察游览国的文化(不仅仅是旅游文化)的某一或诸方面而提出这种文化旅游的某种具体产品路线的要求,只要他们认为旅游服务者提供的相应的产品路线可行,就会加以购买并消费(黄克,《山东旅游》1992年第2期第20～21页)。

关于旅游文化与其他旅游研究范畴的关系

在这方面,许多作者都提出了自己的看法,总起来看可大致分为三种,即旅游文化与其他旅游研究范畴是包容关系、被包容关系和并列关系。

旅游文化与文化旅游的关系

(1)旅游文化越丰富多样,文化旅游也将丰富多样。旅游文化是文化旅游的基础和条件,没有旅游文化,文化旅游便成了无源之水、无本之木。而文化旅游又为丰富和发展旅游文化提供了动因和机遇(吴鸿礼,《旅游研究与实践》1992年第2期第17页)。

(2)旅游文化与文化旅游是两个密切联系的范畴。这表现在:一、文化旅游中旅游文化的组合。旅游文化越丰富多样,文化旅游也将正比例成倍数地丰富多样;二、两者相辅相成。一方面,旅游文化是文化旅游的基本条件、主要目的和重要保障;另一方面,文化旅游又为创建、丰富和发展旅游文化提供了动因和机遇(黄克,《山东旅游》1992年第2期第21页)。

旅游文化与旅游企业文化的关系

(1)旅游企业文化,是旅游文化的重要子系统之一。旅游文化是将整个旅游活动当作一种文化行为来考察,而旅游企业文化只探讨企业活动中的文化因素。因此两者只有种属关系,没有相互替代的功能(江文波,《山东旅游》1991年第1期第15页)。

(2)"旅游文化学"与"旅游业文化学",是互相依存、互相促进的两姊妹学科,它们理应携手同行,为中国乃至世界旅游事业的发展作出各自的贡献(刘凌,《旅游研究与实践》1993年第3期第36页)。

(3)旅游企业文化是旅游文化的基础和细胞(乔玉霞,《山东旅游》1991年第1期第9页)。

(4)旅游文化规定了旅游业文化的基本方向和基本内容,它们的关系是整体和局部的关系(冯乃康,《旅游研究与实践》1991年第2期第5页)。

旅游文化与其他旅游学科的关系

(1)旅游文化包括旅游院校开设的各类课程,诸如旅游学、旅游社会学、旅游心理学、旅游经济学等………(郁龙余,《旅游学刊》1989年第4卷第2期第63页)。

(2)旅游文化与旅游经济并存于旅游业中,是相存相依、相促相融的关系。旅游教育就是旅游文化的内容之一(参见周盼、李明德:《旅游文化是旅游理论研究的重要课题——旅游文化座谈会纪要》,《旅游学刊》1991年第6卷第1期第56页)。

(3)旅游文化的外延是旅游文学、旅游心理学、旅游企业文化、导游艺术等,与之并列的范畴是旅游经济等(黄克,《山东旅游》1992年第2期第20页)。

(4)旅游文化作为一种独立的学科体系,尚未形成,但因其涉及面十分广泛,所以它的许多分支学科已引人注目:旅游文化史;旅游文学;旅游民俗学;旅游美学;旅游教育(范能船、朱晓松,《旅游学刊》1992年第7卷第1期第49～50页)。

(5)在中国,"旅游经济学"这个学科名称已事实上取代了本来应有的一级学科"旅游学",旅游文化却至今仍没有自己的学科地位。"旅游经济"这件小袍子已经裹不住日渐突出的"旅游文化"的躯体了。旅游业的实践已向旅游教育提出了这么一个要求:顺应产业的需求,在学科目录中增加"旅游文化"这个专业目录,使其能为发展旅游事业,弘扬民族文化的伟大目标尽力(毛桃青,《旅游科学》1995年第2期第37～38页)。

(6)在"旅游学"这个一级学科下,增设"旅游文化"这个二级学科,实为推动旅游活动向高品位前进的必由之路,这对于纠正只重金钱不重人,只重旅游经济不重旅游业的非经济因素的偏向无疑是有积极意义的举措(喻学才、毛桃青,《江汉论坛》1995年第12期第83页)。

(7)我们的目标是建立以"旅游学"为一级学科,旅游经济、旅游文化、旅游管理等学科为二级学科的较为规范的旅游学学科体系,以便从学科建设方面来推动中国当代的旅游事业(东南大学旅游专业全体教师1996年3月26日《致全国高校旅游专业同行书》)。

关于旅游文化研究的方法论

就目前所见文献来看,旅游文化研究的方法论是各类旅游文化论著中最薄弱的环节,只有少数作者提到过这方面的问题,并且只是一带而过。如林永匡、王熹在《中国旅游文化史的研究》一文中提到在研究中国旅游文化史时应“采用马列主义的研究方法”(见1989年2月19日《中国文化报》第3版);唐友波等人在《旅游文化学发凡——一个文化学的视野》一文中认为旅游文化学是用文化学的方法来研究旅游(见《上海大学学报(社科版)》1991年第4期第4页)。肖洪根在《国内外旅游文化研究述评》一文中则指出:“旅游文化及其分支学科研究方法论有待于进一步丰富”(见《华侨大学学报(哲社版)》1994年第1期第69页)。其他有关论著中则很少涉及方法论的研究。

总起来看,目前旅游文化研究在旅游文化的定义及内涵、旅游文化的研究对象与目的等方面已取得一定成果,为今后旅游文化研究的进一步发展奠定了重要的基础。但也应看到,在某些文献中对于旅游文化的一些概念的使用和表述一定程度上还存在着混乱现象,加之对旅游文化研究方法论研究的严重不足,所以要使旅游文化研究达到系统化和完善化,还有很长的路要走。

旅游人类学简介

南开大学旅游学系　　张伯山

第二次世界大战后,人类旅游活动有了飞速发展,在客观实际需要的推动下,旅游学术研究也在不断有所进展,特别是近几十年来,世界范围的旅游学研究进入了繁荣时期。在这一时期,不但从事旅游研究的人数和旅游文献数量大增,研究领域和角度不断扩展,而且出现了许多新的旅游学分支学科。旅游人类学便是其中之一,在日本,这一学科称为旅游民族学。在当今世界旅游学术界,旅游人类学已成为较受重视的旅游分支学科,是世界旅游学研究的前沿领域之一。但到目前为止,进行这一领域研究的主要是国外一些学者,国内涉足这一分支学科研究的人还很少。从目前已有文献来看,当前旅游人类学研究的内容,针对西方发达国家情况的较多,但也有一部分研究涉及到了发展中国家在旅游发展上的一些问题。值得注意的是,在国外一些学者的旅游人类学研究成果中,已经有涉及中国情况的内容。例如,古尔丁,G. E.(E. Guldin)于1989年在美国《人类组织》季刊14卷第4期上发表了题为《赴中国进行人类学研修旅游:呼唤文化导游》的论文,探讨了由人类学家带领学术研修旅游团赴中国旅游,对于使外国旅游者减少对中国和中国人的消极偏见、形成积极印象的作用。

在国外,较为明确提出旅游人类学概念的文献,大约出现在70年代初。到1977年,美国加利福尼亚大学人类学教授史密斯,V. L.(Valene L. Smith)主编的旅游人类学论文集《主人与客人——旅游人类学》一书出版。该书是旅游人类学研究的最重要著作,也是当今世界旅游学研究的重大开创性成果之一,被国外旅游学术界一些权威人士称为旅游社会文化影响研究上的一座里程碑。1989年,该书经修订后再版,其中有些内容进行了较大修改。1983年,在国际上具有权威性的旅游学术刊物《旅游研究纪事》(美国)编辑出版了“旅游人类学专号”,集中发表了一批旅游人类学研究论文。1992年,美国的《人类学实践》季刊也编辑出版了“旅游人类学专号”。与此同时,世界上其他各种旅游学和人类学学术刊物上也陆续发表了许多专门探讨旅游人类学问题的论文。1993年,美国纽约州立大学出版社出版了“应用人类学丛书”,其中之一为马尔萨,K. N.(K. Norkunas Martha)所著《大众声誉政治学:加利福尼亚州蒙特雷的旅游业、历史和少数民族》一书,1995年,英国的珀加蒙出版公司出版了登尼生,N.(Nash Dennison)所著《旅游人类学》一书。这些论著基本上代表了当今世界旅游人类学研究的最高水平。在日本,也有这方面的论著发表,其中河出书房新社于1990年出版了日本观光文化研究所的神崎宣武所著旅游民族学专著《旅行观光民俗学》一书,书中用民族学和民俗学理论考察了日本人的旅游习俗。

根据国外已有文献,旅游人类学的主要研究内容,是旅游者和旅游活动本身的性质以及旅游活动对接待地居民和社会的经济、社会和文化影响,具体研究范围主要有:

旅游与社会的关系及其相互影响

主要包括个体旅游者或旅游团体的成员同其亲属、朋友、邻居和同事等参照群体之间的社会关系;旅游团体内部的成员构成、相互之间的社会关系及其在旅游过程中的变化,以及旅游团体成员与旅游过程中所遇到的其他旅游者的关系;旅游者与旅游服务人员和旅游接待地居民之间的关系;旅游业自身运行的社会机制、旅游从业人员的招聘及这些从业人员相互之间的关系,以及旅游从业人员与其他行业从业人员之间的关系;旅游业部门构成与其他行业部门构成的异同;旅游者及旅游业通过广告、金融等业务活动和各种国际性组织机构等中介,同各种社会组织机构、不同行业和各个政府部门之间形成的社会关系;旅游在生活方式认同、消费模式和社会迁徙愿望等方面,对社会各不同阶层的影响等。

旅游与文化的关系及相互影响

主要包括旅游与不同文化内在结构的相互关系和影响,特别是旅游与不同社会阶层和民族文化之间的关系和影响;旅游如何使旅游者在环境变换中实现其表达本国、本民族文化所蕴含的价值观以及补偿其在家庭或工作环境中受到压抑的价值观这样一种愿望;旅游者如何在旅游与教育、娱乐和业余爱好等其他同样可以实现上述愿望的习俗活动之间进行选择和分配自己的精力、金钱和时间。

旅游对旅游者个人的影响

主要包括旅游对旅游者个人流动、退休生活、着装、娱乐方式、饮食习惯的影响;不同旅游方式对旅游者在环境与自然保护、医疗保健、自我意识等方面认识和兴趣进行的反映和产生的影响;发达国家居民的旅游行为和习俗对发展中国家居民的文化与行为的影响;旅游者在旅游之前、旅游过程中和旅游结束后等不同阶段表现出的个人动机、态度和行为特点及其变化;旅游活动对旅游者个人的生命周期不同阶段的影响;旅游在人们的生活经历、教育、生活方式选择和世界观形成中的地位和影响,以及旅游在旅游者对其他地区的居民、社会的态度和认识形成上的地位及作用;旅游是否真正能成为促进各国人民相互了解、文化交流和国际间和平的重要因素,以及如何在这些方面达到最佳效果;各种旅游方式对于家庭群体生命周期的发展变化、父母与子女间关系和婚姻伴侣关系的影响,以及对旅游者和接待者双方身心健康的影响;旅游纳入社会福利内容对于老年人和贫困者的物质、精神生活和经受教育的意义和影响;旅游对于正在成长中的儿童的历史、自然和地理知识发展的影响,这些儿童的旅游与娱乐经验的轨迹及其内在关系,以及这些方面的经历对儿童成年后的生活方式、娱乐方式和职业行为的影响等。

旅游人类学是一门将旅游学与人类学研究相融合的交叉学科,其方法论的建立,主要是基于人类学,特别是文化人类学的方法。此外,不同作者在各自的旅游人类学研究中,还使用或涉及到了许多其他学科的研究方法。其中较重要的方法主要有:社会语义学方法、心理学方法、经济学方法、社会学方法、地理学方法、语言学方法、艺术学方法、民族学方法、民俗学方法、符号学方法、动力学方法、行为学方法、历史学方法、教育学方法、现象学方法、以及原始文献分析方法、定量调研技术、个人成长与经历分析研究和各种比较分析方法。

鉴于旅游人类学在研究对象和使用方法上的特点,使许多学者认为,这一学科在研究旅游现象的角度和范围上具有更加丰富、全面和广泛的长处,因此同只从单一角度研究旅游现象的其他许多旅游学分支学科相比,具有特定的优势。在用其他旅游学分支学科理论和方法研究解决旅游发展中的某些问题不理想时,许多人士往往瞩目于旅游人类学,并希望这一学科在国内和国际旅游规划设计、旅游法规制定和旅游开发等专业活动领域,发挥越来越大的作用。

第八篇

国家与地区经济文化

亚洲

· 中国经济文化概况

　台湾地区经济文化概况

　香港地区经济文化概况

· 菲律宾经济文化概况

· 缅甸经济文化概况

· 马来西亚经济文化概况

· 越南经济文化概况

· 日本经济文化概况

· 泰国经济文化概况

· 新加坡经济文化概况

· 印度经济文化概况

· 印度尼西亚经济文化概况

非洲

· 埃及经济文化概况

· 南非经济文化概况

· 坦桑尼亚经济文化概况

欧洲

· 瑞典经济文化概况

· 俄罗斯经济文化概况

· 波兰经济文化概况

· 法国经济文化概况

· 意大利经济文化概况

· 英国经济文化概况

· 德国经济文化概况

美洲

· 阿根廷经济文化概况

· 巴西经济文化概况

· 加拿大经济文化概况

· 美国经济文化概况

· 墨西哥经济文化概况

· 智利经济文化概况

大洋洲

· 澳大利亚经济文化概况

· 新西兰经济文化概况

专论

· 综合国力评价指标体系与合成方法研究

中国经济文化概况

1996年中国的经济、科学与技术、教育及文化事业,获得进一步的发展。在经济文化一体化的经济文化方面,诸如企业管理文化、商业营销文化,以及经济与文化密切结合的一些产业(如旅游业、广告业等),也取得了重要的发展与成就。

经　济

1996年中国经济保持适度增长,抑制通货膨胀取得明显成效,社会总供求基本平衡,市场供应充足,国际收支状况良好,财政金融形势基本平稳,人民生活水平继续提高。全年国内生产总值67 795亿元,比上年增长9.7%;其中第一产业增加值13 500亿元,增长5.1%,第二产业增加值33 148亿元,增长12.3%,第三产业增加值21 097亿元,增长8%。人均国内生产总值5 569元,全社会劳动生产率9 902元,扣除价格因素,分别比上年增长8.6%和8.3%。经济结构不合理和部分企业生产经营困难问题仍然突出。

(一)工业

工业生产保持稳定增长。全年完成工业增加值28 580亿元,比上年增长12.7%。其中国有工业增长6.4%,集体工业增长17.4%,以中外合资、合作经营和外资企业为主的其他经济类型工业增长13.1%。大中型工业增长7.9%。轻重工业生产大体同步增长。全年轻工业完成增加值11 938亿元,比上年增加13.1%;重工业完成增加值16 642亿元,增长12.4%。

钢铁产量突破1亿吨(10 110万吨),跃居世界首位。钢材产销率达到99%以上,这说明国内市场有旺盛的钢材需求,而且绝大部分钢材适销对路。国产钢材对国内市场的满足率达88%,这意味着中国钢铁工业已具备了相当的发展实力和水平,大多数钢材品种已基本能满足国民经济快速发展的需要。但多年来,以外延型粗放增长方式发展起来的中国钢铁工业不能乐观,钢铁企业普遍工艺装备落后,产品质量不高,能源消耗大,劳动生产率低,也是不容回避的问题。

汽车工业面对日益激烈的市场竞争,积极进行结构调整,生产集中程度明显提高。据对国家目录中的汽车企业进行的统计,截至1996年产量在万辆以上的企业有16家,年产汽车129.7万辆,占全国总产量147.5万辆的88%;年产量不足千辆的有55家,其产量占总量的1.2%。一汽、上海大众、东风、天津四个企业集团年产量均超15万辆,四家产量占全国汽车总产量的52.15%,比1991年提高了36.74个百分点。

部分企业生产经营困难加大。工业产销衔接水平虽然逐季提高,但全年产销率仍比正常水平低;产品积压、资金拖欠未见缓解,年末产成品资金占用比年初增加750多亿元,应收帐款金额增加1 200多亿元;企业亏损比较严重,亏损面达到23%,比上年上升1.7个百分点,亏损额占利税总额的比重为24.8%,上升6.2个百分点。工业经济运行质量有待提高。

(二)农业

种植业再获丰收。由于进一步加强农业,增加投入,提高农业科技推广应用水平,加上气候适应,粮食产量再创历史新记录。糖料、烤烟、蔬菜、水果、茶叶等农产品持续增长。全年粮食产量4.9亿吨,比上年增长5.0%;甘蔗和甜菜的产量分别达到6 700万吨和1 550万吨,比上年增长2.8%和10.6%;烤烟产量290万吨,增长26%。受市场价格等因素影响,棉花、油料、麻类种植面积减少,产量有所下降。棉花的产量为420万吨,比上年下降11.7%。

林业生产继续发展。全年完成造林面积470.9万公顷,林业结构得到调整,生态效益、社会效益、经济效益得到较好兼顾。西北、华北、东北"三北"防护林体系建设三期工程启动,淮河流域、珠江流域、黄河中游和辽河流域防护林体系工程上马,至此,全国重点林业生态工程已达10个。黑龙江省大兴安岭林区1987年森林大火迹地更新造林任务全面完成,近百万公顷焦土重披绿装。湛江 50 万吨木浆厂工程正式立项。

畜牧业生产稳定增长,主要畜产品产量和牲畜存栏数量增加。1996 年中国肉类总产量达 5 800 万吨,比上年增长了 10.3%,禽蛋、奶类也有较大幅度的增长,实现了畜牧业 18 年的持续增长。自 1984 年以来,中国畜牧业生产在粮食增长缓慢的情况下实现了快速增长,成为农村经济中最活跃的部分和主要增长点。中国畜牧业已建立了节粮型畜牧业结构,畜牧业生产对谷物的依赖程度低于世界平均水平。1996 年畜牧业产业结构中猪肉占肉类的比重为 68.5%,比 1991 年下降了 11.5 个百分点;同期牛羊肉比重上升了 3.6 个百分点,禽肉上升了 5.6 个百分点。全国节粮型畜禽的生产在肉类生产的总份额中已占 31.5%。

渔业生产保持较快增长,全年水产品产量 2 800 万吨,比上年增长 11.2%。渔业生产物质装备水平进一步提高,渔业投入增加。

(三)国内商业和市场物价

国内消费品市场供应充足,销售额稳定增长。全年社会消费品零售总额 24 614 亿元,比上年增长 19.4%,扣除物价因素,实际增长 12.5%。分城乡看,城市消费品零售额 14 921 亿元,比上年增长 20.1%;县及县以下消费品零售额 9 693 亿元,增长 18.3%,扣除物价因素,实际分别增长 13.5%和 11.2%。集贸市场成交活跃,全年成交额 14 695 亿元,比上年增长 27.2%。

促进国内产业提高竞争力的倾向不断加强,主要表现是彩电、空调、微波炉、彩卷等产业的国产品牌纷纷采取价格竞争方式争取市场份额。根据中怡康公司对全国 35 个城市 106 家有代表性的商场统计,在 1996 年国产彩电的降价商战中,国产彩电销售数量为 447 490 台,占总销售量的 77.16%,所占比重比上年增加 3.56 个百分点;进口彩电销售数量为 132 463 台,占 22.84%,所占比重比上年减少 3.56 个百分点。然而,外国牌号彩电销售数量比上年增长 10.26%,销售金额增长 19.46%,均高于同期全国市场彩电的销售量和销售额的增长率。

1996 年抑制通货膨胀取得显著成效,市场物价涨幅持续回落。全年商品零售价格和居民消费价格分别比上年上涨 6.1%和 8.3%,涨幅分别回落 8.7 个和 8.8 个百分点,较好地完成了物价调控目标,但一些商品特别是服务性项目的价格涨幅偏大。

(四)金融和保险业

金融改革进一步深化,监管工作加强,调控手段进一步完善,利率调整取得积极成效。1996 年 5 月 1 日和 8 月 23 日,中国人民银行两次降低金融机构各项存贷款利率;中国接受国际货币基金组织协定第 8 条款义务,从 12 月 1 日起实行人民币经常项目可兑换。年末金融机构各项存款余额 68 596 亿元,比上年增长 27.3%;各项贷款余额为 61 157 亿元,增长 21.2%,证券市场比较活跃,国债发行和兑付工作顺利完成,股票市场有了新的发展。国家外汇储备增加较多,年末国家外汇储备为 1 050 亿美元,比上年末增加 314 亿美元。

保险事业得以较大发展,全年全国承保金额 156 645亿元,比上年增长 10.4%;保费收入 756 亿元,增长 20.5%。社会保险事业取得较大进展,年末全国有 8 760 万职工参加了基本养老保险,各级劳动保险机构为 300 多万失业职工提供了失业救济。全国已有 34%的乡镇建立了农村社会保障网络。

(五)对外经济

中国 4 月 1 日起进口关税平均税率从 35.9%降至 23%。全年进出口总额达 2 899 亿美元,比上年增长 3.2%,其中出口总额 1 511 亿美元,增长 1.5%;进口总额 1 388 亿美元,增长 5.1%。进出口商品结构进一步改善,机电产品出口比重由上年的 29.5%上升到 31.9%,保持了出口第一大类产品的地位;国内紧缺的原材料、能源和交通设备进口增加较多。

外商投资企业进出口继续大幅度上升,全年达 1 371亿美元,增长 24.8%,占全国进出口额的比重由上年的 39.1%提高到 47.3%。利用外资稳步发展,全年实际利用外资金额 552.7 亿美元,比上年增长 14.2%;其中外商直接投资 423.5 亿美元,增长12.2%。外商投资结构进一步改善,基础设施、基础产业和支柱产业项目以及资金、技术密集型项目增加。

对外经济技术合作继续增加。对外承包工程和劳务合作新签合同金额 102.7 亿美元,比上年增长 6.2%;完成营业额 77 亿美元,增长 16.8%。

(六)人民生活

1996 年城乡居民收支稳定增长,全年城镇人均可支配收入和生活费收入分别为4 839元和4 377元,比上年增长13%和12.4%,扣除物价因素,实际增长3.8%和3.3%。职工工资水平继续提高,全年全国城镇职工平均工资6 210元,比上年增长12.9%,扣除物价因素,实际增长3.8%。农村居民纯收入1 926元,增长22%,扣除物价因素,实际增长9%。但地区间、居民间不平衡问题仍较突出,部分省、区居民实际收入水平有所下降,一些低收入居民家庭生活还比较困难。

年末全国从业人员68 850万人,比上年末增加900万人。全年通过实施再就业工程帮助200多万名失业者和企业下岗人员实现了再就业。年末全国城镇登记失业人数553万人,登记失业率3%。

根据国家统计局人口变动抽样调查结果,1996年中国大陆全年出生人口2 067万,净增1 268万,年末全国总人口为12.2 389亿人。城乡居民的居住条件又有改善,全年城镇新建住宅3.6亿平方米,农村新建住宅7.6亿平方米;到年底,城市居民人均居住面积达9平方米。

科学与技术

1996年中国科技队伍继续壮大。年末国有企业事业单位共有各类专业技术人员2 759万人,比上年末增长2%。全国县级以上国有独立研究开发机构5 434个,高等院校办科研机构3 400个,大中型工业企业科研机构13 744个,大中型建筑业企业办科研机构726个;从事科技活动人员280万人,其中科学家和工程师159万人。

科技经费投入增加。全年全国科研机构、工业和建筑企业、高等院校等单位用于科技活动的经费支出为899亿元,按相同口径比上年增长8.6%。其中研究与发展经费支出327亿元,增长12.2%,相当于国内生产总值的0.5%。科技基础建设加强,全年新建成国家工程(技术)研究中心88个,国家工业试验基地5个,国家级企业技术中心40个,对26个国家重点试验室进行了更新改造。

科技事业取得新的成果。全年全国共取得省部级以上重大科技成果3.1万项;获国家奖励的成果647项,其中国家技术发明奖111项,国家科学技术进步奖536项。直接为经济建设服务的主要科技成果有:完成了622兆比特同步数字系列光纤通信系统、国际通信卫星测控天线、话音卫星通信系统、全天候实时航空遥感系统的研制并投入使用。280千安大型槽铝电解工业性实验成功。在转基因农作物研究方面,首次在世界上获得抗青枯病转基因马铃薯株系。农作物新品种扬麦158号、中棉19号已大面积推广。全年受理国内外专利申请10.3万件,授权专利4.4万件。

国家重大科技创新工作取得进展,全年完成重大科技攻关180项,重大科技成果产业化工程8项。国家完成技术开发、新技术推广、消化吸收、工业性试验92项。1996年科技在农业发展中的分量增大,在种植业方面的贡献率比上年增长了4个百分点,在林业生产中的贡献率达到28%,在畜牧业生产中的作用已接近50%,在渔业生产中的贡献率达48%,在农田、水利、气象、环保等事业中也发挥了重要作用,为新的农业科技革命奠定了良好的基础。

教育与文化

1996年高等教育管理体制改革取得进展,学校布局进一步调整。年末普通高校为1 032所,比上年减少22所;成年高校1 138所,减少18所。普通高校招生96.6万人,比上年增加4万人,在校生302万人。成年高校招生94.5万人(含电大普通专科班8万人)比上年增加3.2万人,在校生265.6万人(含电大普通专科班18.7万人)。全国招收研究生5.9万人,比上年增加8 345人,在学研究生16.2万人,增加1.7万人。中等职业教育规模继续扩大,各类高级中等职业学校在校生1 010万人(含技工学校学生192万人),占高中阶段在校生总数1 780万人的56.8%。

普及九年义务教育工作取得新进展。全国初中在校生5 048万人,初中入学率达82.4%,比上年提高4个百分点;小学在校生13 615万人,小学学龄儿童入学率达98.8%,比上年提高0.3个百分点。普通初中和小学学生辍学率分别为3.5%和1.3%。希望工程取得可喜进展,全年接受海内外捐款2.9亿元人民币,救助29.6万名失学儿童重返校园,资助建设希望小学1 560所。成人中、初等教育也获得较大发展,全年成人中等专业学校在校学生310万人，成人技术培训学校培训学员8 337万人次。全年共扫除文盲407万人。

文化事业继续发展。年末全国共有艺术表演团体2 685个，文化馆2 864个，公共图书馆2 641个，博物馆1 205个，档案馆3 600个。广播电台1 238座，中、短波广播发射台和转播台743座，广播人口覆盖率83.7%。电视台880座，1 000瓦以上电视发射台和转播台1 245座，电视人口覆盖率86.1%。各类电影放映单位6.9万个；全年生产电影故事片110部，发行各种新片（长片）174部，有11部（次）影片在国际电影节上获14项奖。全国性和省级报纸全年出版181亿份，各类杂志出版24.4亿册，图书出版70.8亿册。

体育事业成绩辉煌。在亚特兰大奥运会的激烈竞争中，中国运动员共获得16枚金牌、22枚银牌、12枚铜牌，金牌和奖牌总数均列第四位。在全年国内外重要比赛中，中国运动员在17个项目中获得75个世界冠军。

为加强社会主义精神文明建设和文化事业的发展，国务院发出进一步完善文化经济政策的若干规定，决定在加大各级财政对文化事业投入力度的同时，拓宽文化事业资金投入渠道，逐步形成适应社会主义市场经济要求的筹资机制和多渠道投入机制。开征文化事业建设费，鼓励对文化事业的捐赠，继续对文化事业实行财税优惠政策，建立健全宣传文化发展等各种专项资金制度。

经济文化一体化的发展

经济与文化的结合，经济文化一体化的发展，表现在两个方面。一是在经济运行中注入文化色彩，通过文化发展经济事业；二是以文化为依托，发展文化活动的经济产业。

运用文化因素促进经济事业的发展，或称为广义的企业文化。中国改革开放以来，企业文化建设取得了明显的成绩。企业文化建设首先在沿海城市兴起，逐步向内地延伸。邓小平南方谈话发表和党的十四大以来，企业文化建设在全国呈现全面发展态势，逐步在不同行业和不同所有制企业中推进，内容由虚变实，建设范围由窄变宽，研究队伍由小变大，具有中国特色的企业文化内涵更为丰富，特别是以企业为主体的社会主义市场经济文化取得了开创性进展。⑴以企业形象战略、名牌战略和顾客满意战略为主题的实践探索与理论研究在全国广泛展开；⑵在经济体制由计划经济向市场经济转变、经济增长方式由粗放型向集约型转化中，不少企业把企业文化建设贯穿于改制、改组、改造，推进观念转变、文化结合与管理创新、技术创新并举；⑶为规范市场行为和适应消费审美趋势，发展企业道德文化和企业审美文化的研究和实践已引起广泛重视；⑷在一些金融机构、外贸企业和一些中外合资企业中，中外企业文化比较、跨国文化管理、跨国营销文化、国际投资的文化背景等研究正在兴起，推动了企业文化建设的国际交流和企业的发展。

中国在经济文化的理论研究方面，日益引起广泛的重视。不少省市、企业和学校成立了企业文化研究机构，形成了水平较高的研究队伍；全国出版的企业文化理论著作约有50多部，专门刊物10多种；部分高校和中专学校开设了企业文化课程；各种形式的讲座和研讨会不断举行。运用企业文化理论于企业管理之中的企业日益增多。据统计，在全国有20几个行业的上千家企业自觉地实行着企业文化管理方式。不少企业理论上深入探索，实践上章法分明，有明确的指导思想和发展规划，创造了许多具有企业文化特点的管理模式和营销方式。

（一）企业精神与传统文化

企业的形象，企业的凝聚力、向心力，员工对企业的归属感都来源于共同的价值观念、共同的理想目标与伦理道德，这些都属企业的精神文化。企业的精神文化包括文明经商、职业道德等精神文明，包括了企业全体职工的思想、观念及价值取向，可以说它是企业文化的灵魂，决定着企业的素质和经济活动的方向。许多企业把企业的精神建设放到了企业文化建设的首位。中国国际航空公司的企业精神用9个字来概括："永不休止地追求一流。""永不休止"意味着不间断和无止境；"追求"就是要拼搏和实干；"一流"则是更强、更快、更大、更精、更好。国航在全体员工中广泛开展公司精神的宣讲活动，将比口号化成为每个员工的信念，激发、调动、诱导广大员工的潜在智慧和创造力，使公司上下、各个领域、各个岗位充满着、激荡着一种蓬勃向上的气息、激情和氛围。浙江省杭州华联集团通过许多措施，把艰苦创业、注重信誉、追求卓越、求实奉献的华联精神转化为广大员工的忠于职守和为消费者服务的实际行动，使尊重顾客、关心顾客、以顾客为本的现代企业文化观念渗透到商厦的一切经营活动之中。

中国传统的儒家文化、道家文化，成为许多企业家制定经济方略的指南。《三国演义》、《红楼梦》、《水浒传》等古典文学著作也被许多企业家视为经营方略的参考书，一些企业家坦言《三国演义》对生产管理功不可没，《孙子兵法》等也在商战中发挥作用。而"和""诚""信"则成为当今企业经营的时尚。中国平安保险公司始终把寻找和确立员工认同的价值观看作是维系"平安"发展的大事予以关注，如以承担社会经济补偿为己任，对"平安"同仁提出了敬业求实、友爱尊重、同心同德、维护公益的德行规范。这些德行规范成为员工的价值观，它超越了追求经济效益的功利主义目的。同仁之间的团结友爱、互助谦和，同时不忘关心社会疾苦，积极参与"希望工程"活动，体现了"仁"爱精神；尊敬上级、关心下属是"礼"，培养员工克己敬业、忠于职守为"义"，对客户坚守承诺、注重服务为"信"。这些企业价值观，来源于对祖国优秀传统文化的传承和发扬。

许多有战略眼光的企业家，有意无意把开掘文化遗产，对产品的开发、商标的命名和广告宣传都力争渗入传统文化的细胞。孔子家乡曲阜便有孔府菜系、孔府家酒、孔府宴酒；鲁迅家乡浙江绍兴工商界抢注名人为商标，构成了鲁迅系列、勾践系列。

在经商浪潮中，众多的知识分子弃文经商，从高墙深院奋勇"下海"，他们不仅把文化带入商界，还把儒家文化"重义轻利"的价值观携进了商界，提高了商人的整体素质。这些下海文人"义利并重"，既追求正当的商业利益，又维护崇高的商业道德；既看重同业竞争，又坚持市场规范；既坦言个人利益，又维护集体利益，并关心社会公益事业。他们营造了现代中国儒家文化。

（二）经济与文化"联姻"

谋求企业的营销与文化活动、文化氛围的直接结合，实行经济与文化"联姻"，其形式多种多样。

文化搭台，经济唱戏。一些地区通过举办文化节活动，吸引海内外大批商家前来，发展商贸。到1996年，山东潍坊风筝节已办了12届。通过风筝节，形成了潍坊独有的文化特色——风筝文化，以风筝为龙头带动起年画、剪纸、泥塑等一大批丰厚的民俗文化。风筝像一条纽带，将昔日鲜为人知的小城潍坊与世界上50多个国家与地区联结起来，彼此之间有了多种形式的文化交流与合作。通过风筝节，潍坊文化实现了由过去的福利型向经营型的重要转变，使市场条件下的文化找到一条生存发展之路，进而激活了文化产业。同时，由于借助于文化节的活动，经贸活动和本地的有关产业发展，使潍坊地区的经济获得迅速发展。

文企联姻。青岛是个具有百年历史的文化名城，近年青岛市的文化部门特别是文艺演出团体，从企业中寻婆家、觅知音，京剧团、吕剧团、交响乐团等市直九大文艺演出团体，全部与名优企业建立了联系。"联姻"双方各得其益，剧团得到了可贵的经济支持，而企业从中得到的是良好的企业形象宣传以及潜在的经济利益。海尔集团在上海开订货会，在新闻发布会上，集团总裁发布的主要内容，却是海尔儿童艺术剧团将在订货会期间免费为与会人员献上的几台儿童话剧。此举引起与会者浓厚兴趣，订货量大增。后来，澳柯玛集团开订货会时也如法炮制，澳柯玛歌舞团大显身手，订货会也大获成功。

文化渗透。北京华威大厦的经营者们将书店请进了商厦，设立了专门的图书精品店，之后又有西单商场、希福连锁店等一大批商家把图书请进了商场。到1996年，北京大小商场设立图书专柜的比比皆是。其他省市的书店也纷纷进军各类商厦和超级市场，在上海、广州、武汉、天津、成都，这种商场里的书店也已是随处可见。生意场上文化渗透还表现在娱乐项目挺进商场，如在大商场内设电子游戏机、电子摸拟摩托、摸拟汽车，供逛商场顾客玩乐；在商厦开设娱乐活动角、儿童乐园等，作为人们在购物之余进行娱乐消遣的理想场所。除"图书渗透"和"娱乐渗透"，还有商家不惜重金在商场内增设各种各样充满文化气息的服务项目，如休息长廊、名品史展、花卉展览、时装表演、书法绘画比赛等等。"文化渗透"的结果同样是顾客欢迎、商家得利。在充满文化氛围的商场购物，在满足物质方面需求的同时，可忘却逛商场的疲劳，得到艺术上的享受和精神上的满足;对于经营者来说,扩大了商场的知名度,也赢得了消费者的回报。一些商场愈来愈浓的文化氛围已成为许多顾客趋之若鹜的重要因素。

(三)商标、品牌与文化

商标是市场经济的产物。中国在计划经济条件下,企业不重视商标,有的干脆不使用商标;转向市场经济之后,企业成为市场主体,商标不仅是商品和服务的标记,更是企业有形资产和无形资产的载体。从某种意义上说,商标就是企业的信誉,企业在市场竞争中能力的综合反映,商标的作用为越来越多的企业所重视。1996 年中国商标局受理注册商标 128 428 件,其中国内 101 178 件,外国 27 250 件(包括马德里商标国际注册领土延伸至中国的 11 407 件),这是改革开放以来年注册量最多的一年。到年底,全国有效注册商标已达到 648 107 件。1996 年也是中国商标专用权保护工作赢得世人赞誉的一年,截至 11 月底,全国各级工商行政管理机关共查处商标侵权案件 1.4 万余件。

1989～1996 年国家工商局认定的驰名商标有 19 种,按认定时间先后依次为同仁堂(药品)、蝴蝶(缝纫机)、贵州茅台(酒)、凤凰(自行车)、青岛(啤酒)、海尔(电冰箱)、中华(卷烟)、北极星(钟表)、永久(自行车)、霞飞(化妆品)、五粮液(酒)、泸州(酒)、大白兔(糖果)、张裕(葡萄酒)、玉立(吸排油烟机)、双星(胶鞋)、熊猫(收音机、电视机、录音机)、英雄(自来水笔)、常柴(柴油机)。驰名商标是指经过长期使用,在市场上享有较高信誉并为公众熟知的商标。为了切实保护驰名商标注册人的合法权益,维护社会经济秩序,促进经济发展,国家工商局于 1996 年 8 月 14 日发布《驰名商标认定和管理暂行规定》,对驰名商标的认定和管理作出了若干具体规定,对驰名商标予以特殊保护。1997 年 4 月,国家工商局又认定了 23 种驰名商标。按商品注册用商品国际分类排列,它们是灯塔(油漆)、马利(美术颜料)、美加净(化妆品)、金驼(电解镍)、张小泉(剪刀)、长虹(电视机)、康佳(电视机)、小天鹅(洗衣机)、冰山(制冷设备)、美菱(电冰箱)、澳柯玛(冰柜)、东风(汽车)、嘉陵(摩托车)、红豆(服装)、森达(皮鞋)、雅科尔(服装)、红梅(味精)、健力宝(饮料)、椰风(饮料)、燕京(啤酒)、杏花村(酒)、郎(酒)、红塔山(卷烟)。至此,由国家工商局认定的驰名商标达到 42 件。

商标与品牌意识在中国大为加强,创名牌、保名牌,已甚为风行。名牌中凝聚着品质、价值、文化等众多因素。“红豆”衬衣之所以在国内占有很大的消费市场,除了它的优良质量外,其品牌名称就很有意境,使人联想到唐诗“红豆生南国,春来发几枝。劝君多采撷,此物最相思”。“红豆”在国外的译名是“爱的种子”(Love Seed),无论是买来寄与远方的朋友或是送给身边的亲人,或是自已穿,它都伴随着一种柔情、一种思念、一种爱心、一种祝福。产品的名称越有文化味,其所蕴含的审美情感就越耐品味、越耐咀嚼,其审美价值也就越高,产品也就越具有市场竞争力。

自 90 年代前期以来,中国经济体制向社会主义市场经济转变,短缺经济时代逐步结束。市场竞争中,质量竞争与品牌竞争的作用日益重要。为了在日渐开放、竞争激烈的市场上获得生存,企业注重科技开发和质量控制,在售后服务、产品形象等方面下大力气。一批国产著名品牌逐步确立,成为消费者放心购买的标志。一批优秀民族品牌的无形资产由数亿元到上百亿元。1996 年 12 月,由国家统计局、劳动部等单位联合组织了中国职工生活进步调查,调查结果反映了民族品牌市场竞争力的总体状况和发展趋势,显示民族品牌已经在大多数消费品市场占主导地位。根据 1996 年市场销售份额,调查涉及的 40 余种消费品中,民族品牌占 70%以上市场份额的产品有 33 个,占全部被调查产品种类的 82.5%。民族品牌居榜首的有 30 个,占全部被调查产品的 75%。民族品牌在这些产品的生产领域拥有扎实的基础,生产能力、质量已达到相当水平;同时,这些产品的生产和消费在中国有传统优势,受地域、人文环境等因素影响,国外品牌与其竞争的优势不明显。

(四)广告业

商品广告是商业营销文化的重要形式。随着市场经济的发展,中国广告业迅速发展壮大。1996 年中国的广告营业额达到 366.6 亿元,比上年增长 34.2%;广告经营单位和从业人员达到 52 871 家、512 087人,分别比上年增长 10%和 7.3%。在全国各省、自治区、直辖市中,广告营业额超 10 亿元的有 7 个,其中北京、上海、广东继续遥遥领先,分别达到 92

亿元、64亿元和40亿元。三省市营业额占全国营业额的一半以上。

中国广告业呈现国际化、股份化、专业化三个趋势。随着国外产品大量进入中国市场,他们的广告在市场上已随处可见;目前中国有合资广告公司433家,几乎所有的跨国广告公司都在中国设立了分公司。这些公司拥有900多个客户,1996年的营业额18亿多元。股份化的趋势更为明显,现有股份制广告公司3 353家,1996年营业额为11.7亿元;此外还有联合企业284家。私营广告企业有5 551家。随着各地企业股份制改造,预计不久股份制的广告公司将占压倒多数。竞争的加剧带来广告业分工的细化,除专业广告公司外,媒介、客户、行政单位、公用事业单位都在办广告公司;各种电脑、影视制作公司、印刷公司、市场调查公司等,凭借专业技能,在广告市场上也占一席之地。

1992年以来,社会主义市场经济的发展进入快车道,广告业迅猛发展,广告在充当商品促销工具的同时,更注重将品牌意识、文化品味、情感蕴味注入广告创意。1996年国家工商局首次在全国开展"中华好风尚"公益广告月活动,得到了社会各界的广泛响应,一大批宣传精神文明建设、弘扬中华民族传统美德的公益广告作品在各大媒介展播。在逐步完善广告法规的基础上,中国广告业正在步入平稳发展的轨道。

(五)旅游业

1996年中国大陆接待海外旅游者首次超过了5 000万人次,达到5 112.75万人次,比上年增长10%以上。其中外国人674.4万人次,华侨15.5万人次,港澳同胞4 249.5万人次,台湾同胞173.4万人次,分别比上年增长14.6%、33.5%、9.4%和13.2%。国际旅游外汇收入比上年增长16.8%,达到102亿美元,提前4年完成了年创汇100亿美元的发展目标。国内旅游的发展也明显加快,国内旅游的人数达6.4亿人次,平均不到两个中国人就出门旅游过一次;国内旅游收入1 638.4亿元,比上年增长19.1%。全国旅游业总收入达到2 487亿元,比上年增长18.5%,相当于国内生产总值的4%,在国民经济中占有了较重要的位置。

旅游就其本质来说是一种文化体验。人们游览名胜古迹、体验历史留下的东西,体验古人的创造和智慧,获得心灵的净化与升华;从空间上说,人们旅游是为体验异地、异域或者异族的山水风光、风土人情,追求一种与自己日常生活环境构成的较大反差,一种新鲜感。90年代以来,中国旅游业一直以高居世界前列和适度超前于国民经济的速度发展。一些有条件的城市将旅游列为龙头或支柱产业,积极投资建设旅游景点。在此基础上,旅游行业通过对旅游产品的整体结构调整和优化,使以山水风光、文物古迹、民俗风情为特征的传统旅游项目,普遍充实了新的游览内容,由一般观光向主题观光、参与性观光发展,增强了旅游产品的吸引力和生命力。旅游业本身就是文化与经济相结合的产物,近年出现的"旅游搭台、经贸唱戏"的活动,使中国旅游业更加披上经济文化的色彩。与旅游相配合,各地的旅游餐饮、旅游购物、旅游娱乐等方面也逐渐从重复分散转向规模化集约经营。

(中国社会科学院世界经济与政治研究所 林振淦)

台湾地区经济文化概况

人文地理

台湾省位于中国大陆架东南缘的海洋上,由台湾本岛、澎湖列岛及其他大小附属86个岛屿组成。台湾省地形结构属山地型,海拔500米以上的高地占陆地面积的45%,大体分台东山地、台中丘陵、台西平原三部分,属热带亚热带气候,年平均气温摄氏22度,年降雨量在2 000毫米以上。

台湾省岛内物产资源比较优越,农林资源丰富,森林占全岛面积1/2,是世界樟脑主要产地。这里由于气候适中、雨量充沛,盛产稻米、甘蔗、茶叶和热带亚热带水果及鱼类。但矿产资源有限,特别是现代工业所需金属矿产与油气等十分贫乏。

全岛人口中汉族占绝大多数，高山民族仅占百分之几，80年代以来，人口增长大大趋缓。

经济概述

60年代以前，台湾经济以农业为主，进入60年代后，随着出口加工业的发展，生产力布局发生较大变化，形成如下几大工业区块：

——以台北市为中心的北部工业区。包括台北县和基隆、桃园，是台湾最大的工业区。有工商企业10多万家，约占全岛工商企业总数的1/3，职工人数的一半，资产总值的3/4以上，以纺织、电子和机械工业为主。

——以高雄市为中心的南部工业区。包括高雄县、台南县、台南市、屏东县及澎湖县等。该区工商企业为全岛的1/4和职工总数的1/5，资产总值的1/10以上，以大型钢铁、造船和石油化工为主，是台湾主要重工业基地。

——以台中市为中心的中部工业区。包括台中县、澎化县、南投县。工商企业约为全岛的1/5，职工总数16%，资产总值1/10。

第二次世界大战后，台湾经济经历了恢复时期(1946～1952年)、稳定发展时期(1953～1960年)、经济"起飞"时期(1961～1973年)、经济调整时期(1974～1982年)和经济增长时期(1983年至今)五个阶段。经过40多年发展，经济取得长足进展，1952～1991年间，国民生产总值从16.79亿美元上升为1 802.68亿美元，人均国民生产总值从137美元上升为8 815美元，年经济增长率为8.8%。人均收入与美国的差距由1951年的29倍，缩小为1990年的2.6倍。1996年国民生产总值2 867亿美元，人均国内生产总值1.33万美元。

目前，台湾省的国民经济结构已得到较大程度的改善，形成了以重工业为龙头和轻工业及其配套工业为主体的工业生产体系。1953～1996年间农业比重由38.3%降为5.5%，工业比重由17.7%上升为43.1%，服务业比重由44%上升为61.1%。制造业内部比例亦在优化，1952～1996年间，轻重工业的比例由75.2%与24.8%调整为32.3%与67.7%；[①] 若按劳动密集与资本技术密集程度划分，1981～1996年间，劳动密集工业由50%降为43.8%，资本技术密集工业由50%上升为56.2%。

进入90年代，受各种因素作用的影响，经济增长有所放缓，但基本保持6%以上的速率增长。1996年为5.7%。1996年经济不景气的主要成因是：

民间消费不振 如上所述，近年来台湾产业结构发生较大变化，1986～1996年间，服务业比重迅速上升，民间消费占GDP比重亦随之由47.9%提高到60%以上。与此同时，房地产及股市低迷不振则导致民间消费疲软乏力，80年代股市房产狂飙期民间消费年增长率曾高达16%，进入90年代则降至10%以下，1996年更跌至5%上下。民间消费疲弱，则导致岛内企业恶性倒闭，基层金融机构挤提风波此起彼伏，从而大大拖慢了经济增长步伐。1991～1995年间，民间消费对整个经济增长率贡献的百分点，已由4.02降为2.95。

投资意愿低落，民间与官方投资年增率双双下滑 政局不稳、投资环境恶化，造成产业外移，厂商出走，资金外流，民间投资意愿低落。据官方统计，近6年已有623亿美元资金外流。为了刺激投资意愿，当局试图以公共工程带动景气回升，然而由于营建业不景气，则使迄今已有4 000亿元台币公共投资滞后。至于民间投资，6年来工程进展一波三折，至今仍问题多多。具体分析投资对经济成长率的贡献度，1991～1995年间已由26.08%降为14.73%[②]，1996年状况依然不佳。

从海外供给与需求状况考察，近年来产品竞争力停滞不前并趋下降 1991～1995年间，海外需求的比重徘徊在33%水平上下，未明显上升；相反地，海外供给比重却居高不下，始终在30%以上，表明产品竞争力停滞不前甚而下降，产能提高未足以扩大出口。1996年整体外贸增长不到2%，其中出口为1 159亿美元，增长3.9%，为6年来最低点；进口为1 012亿美元，较上年下降2.2%，为11年来首度衰退[③]。

---

① 台湾《经济日报》，1997年3月16日。

② 《大公报》，1996年11月7日。

③ 台湾《经济日报》，1997年1月20日。

对外经济关系

对外贸易的扩展

台湾60年代初开始实行出口导向战略以来，对外贸易发展迅速。到70年代中期，对外贸易依存度已上升到GNP的70%以上。1976年开始，对外贸易一直保持顺差，并呈扩大趋势，1986～1990年间，连续5年出超处于120亿美元水平以上，1987年曾一度高达187亿美元。1981年进出口贸易额达440亿美元，开始跻身于世界20大贸易地的行列。1991年达1 390亿美元，升居第13位；1996年达2 171亿美元，退居第14位①。

目前，台湾的170多个贸易伙伴中，主要集中于18个国家和地区，其中又高度集中于美国、香港、日本和德国四地，1986年上述地区合占台湾外贸总额的67.2%，形成对少数国家和地区的高度依赖。近年来，随着贸易多元化方针的推进，这种依赖有所减弱。1984～1996年间，美国在台湾出口贸易中的比重由48.8%下降为23.2%；与此同时，亚洲地区的比重则迅速上升，香港成为其第二大出口市场，1996年比重已达23.1%，直逼美国②。

在对外贸易的商品构成方面，随着经济发展，发生了重大变化。60年代中期以前，农产品及农产加工品在出口中占绝大比重；随后，工业品的比重迅速上升，1952～1970年间，由8.1%上升为78.6%，1990年达95.5%。随着产业升级，在工业品的出口中，资本技术密集产品的比重迅速上升，1990～1996年间，高科技产品比重由36%上升为46%③。

利用外资与对外投资

侨外资引进　60年代后，随着出口导向策略的推进，引进外资政策的制定，进入台湾的侨外资有较大增长。1970～1980年间，引进外资额由1.63亿美元上升为4.66亿美元，1989年达24.18亿美元高峰。80年代末以来，随着岛内投资环境恶化，外资引进处于不稳定增长期，1993年降至12.1亿美元低点。1994年，随着欧美景气回升，入岛外资出现1990年以来首次增长，较上年增34%，达16.3亿美元。1995年持续增长到29.2亿美元。1996年略为下降④。

日本和美国是台湾外资的主要来源，1952～1989年的38年间，日、美占台湾引进侨外资总额的比例，分别为31.0%和29.8%。在引进外资的部门构成方面，60、70年代以制造业为主，通常比例在75～80%之间。进入80年代，特别是80年代后期开始，随着与美国的贸易摩擦加剧，要求开放岛内市场与服务业，外商对金融、运输、服务及商业的投资增长迅速。近年来，电子业的外来投资的增长也很迅速。

对外投资　与吸引外资相较，台湾对外投资起步晚、规模小。进入80年代，随着外汇存底的增加与岛内投资环境的恶化，对外投资增长较快，1980年为3.03亿美元，1990年为15.52亿美元，1991年和1993年均达16.6亿美元高点，1994年基本与上年持平(不含对大陆投资部分)，1995年为12.5亿美元，较上年下降23%⑤。

台湾对外投资从东南亚地区起步，到80年代中期，开始转向北美，"远程化"趋势延续到80年代后期。随之又出现新的调整，即向中国大陆和香港的投资迅速增加，对东南亚的投资亦增长迅速，而对北美的投资则相对下降。近10年来，对东南亚的投资累计达330多亿美元，截至1996年底对泰国的投资达94.7亿美元，印尼达93.2亿美元，马来西亚达79.4亿美元，越南达41.9亿美元⑥。

两岸经贸关系的发展

1978年以前，海峡两岸即或是通过第三地的间接经贸往来亦十分有限，1970～1978年间，经香港转口的累计贸易额仅1亿多美元，1978年后发展迅速，大致分三个阶段：

第一阶段，1979～1983年间，两岸经港间接贸易起伏较大，1978～1981年间，由0.76亿美元上升为

① 台湾《经济日报》，1997年1月20日。
② 台湾《经济日报》，1997年1月11日。
③ 台湾《经济日报》，1997年4月7日。
④ 台湾《经济日报》，1997年11月28日。
⑤ 台湾《经济日报》，1996年1月2日。
⑥ 台湾《经济日报》，1997年5月4日。

4.66亿美元,3年间增长5倍多。1981年后随着大陆对台贸易政策较大调整,到1983年两岸间接贸易额降为2.64亿美元。

第二阶段,1984～1986年间,随着大陆放宽外汇管制与扩大进口,两岸间接贸易重又走上迅速增长轨道,1985年台湾对大陆间接出口高达9.87亿美元。

第三阶段,1987年至今,两岸间的贸易稳定增长,从1987年的15.27亿美元,上升为1996年的222亿美元①。

投资方面,台湾对大陆的大量间接投资是在1987年以后,到1995年累计向大陆的协议投资额达294亿美元,累计实际投资达116亿美元②,居大陆外来投资第二位。

科研开发

近年来,台湾日益重视科学技术的研究与开发,1985～1992年间,研究开发费用从254亿台币上升为948亿台币,年增长率达20%。但是目前台湾研发经费的投入与发达国家相较仍有相当差距,80年代末,发达国家研发经费占GDP的比率在1.7～2.9%之间,而台湾仅为1.38%,1992年为1.79%,计划2002年前达2.8%。1985～1992年间研究人员数由2.46万上升为4.83万,但1992年每万人口研究人员数,台湾仅为23.3人③,而美国为30人。同时,近年来台湾研究人员结构状况变化不大,1988年研究人员中博士级为11.3%、硕士级为23.3%、学士级为57.3%、专科级为27.8%,明显反映出高级人才不足的缺陷。

1991～1996年间的台湾六年经建计划,规定要提高台湾的整体科技水平,以促进国民经济现代化,为此计划科研经费占GDP的比率从80年代末的1.38%提高到2.2%。统计资料显示,1990～1994年间,台湾研究人员数已由4.6万上升为5.5万,每万人口研究人员数由22人上升为26.2人,提前达到计划目标④。

为提高整体科学技术水平,1991～1996年间,台湾集中投资建立七大研究中心或实验室:在台北建立防灾科技研究中心,实验动物繁殖及研究中心;在新竹建立高速电脑中心,次微米元件实验室,同步辐射研究中心,高温超导实验室和太空科技实验室。此外,为尽快发展高科技产业,则选择条件好、投资见效快的科技产业实体(如扩建新竹科技园区和兴建台南科学工业园区),台南科学工业园区1995年9月破土动工,第一期计划耗资145亿～160亿台币,1998年第一座集成电路工厂将投产⑤。为促进区域均衡发展,则对区域性科技资源进行综合利用,并重视推动国际科技交流,重视科技人才培养、延揽与奖励,包括遴选科技人员研究进修,加强专题科技教学,并设立研究奖励制度,鼓励科技人员进取。

多年来,台湾在推进科技转化为现实生产力和发展高科技产业的进程中,创建科学技术园区是一个重要的战略举措,继1980年创建新竹科技园区后,现又着手兴建台南科学工业园区。新竹科技园区自1980年成立以来,已进行了两次扩建,1983～1994年间,产值已由3亿台币猛增为3 186亿台币(约达100亿美元),未来10年计划园区整体产值可超过1万亿台币(约300亿美元),在世界科技社群中占一席之地。目前入区公司已由7家增至221家,从业员工达6.04万人⑥,其中集成电路和电脑两大产业产值约占园区总产值90%,成为园区科技开发的主体。目前园区生产的鼠标和影像扫描器的产量居世界第一,网络卡和终端机产量居世界第二,个人电脑居世界第三,集成电路居世界第五。

人力资源开发利用与企业文化

统计数字显示,80年代后期(1985～1989年),台湾文化教育指数,除个别项目有所下降外,其余大都持续增长,尤其是大学生在人口中比例增长幅度较大。以1989学年指标同世界平均水平比较,台湾教育发展已超过世界平均水平,各级教育经费总额占

① 台湾《经济日报》,1996年3月1日。
② 台湾《国际经贸消息》,1996年7月23日。
③ 日本未来工学研究所:《亚洲各地的科学技术现状》,1996年3月。
④ 台湾《经济日报》,1995年12月21日。
⑤ 台湾《经济日报》,1995年7月6日、1995年9月9日。
⑥ 《台湾的硅谷——新竹科学工业园区》:《日本工业新闻》,1997年11月7日～12日。

GNP 比率达 5.6%，接近发达国家水平。中学毕业生就学机会率有较多提升，使小学到大学的普通教育在结构上有较大改善。职业教育也较发达，1989 年度各类职业训练机构的培训人数达 2 万余人，与同期产业人才需求基本适应。

近二三十年，台湾经济发展迅速，除其他有关因素外，主要得益于人力资源结构与素质的完善，适应着国民经济调整与升级的需要。具体而言，进入 80 年代，随着人口自然增长率的下降，体力好、经验丰富的 30～49 年龄段的青壮年比重上升，预计 1981～1996 年间将从 39%上升为 52.2%。并且随着教育发展与普及，90 年代人口教育体系将进一步改善，高职及大专以上文化占 15 岁以上人口的比率提高较快，将由 1981 年的 23.8%上升为 1990 年的 35.3%和 1996 年的 41.3%，即接近 15 岁以上人口的半数。上述人口结构的变化，对增加专业技术与管理人才，促进经济结构重组与升级起着积极作用。

为继续提高全社会教育水准与改善人口素质，1991～1996 年间，计划增设大专院校 25 所，高等教育学龄人口(18～21)的在学率从 28%上升为 36.2%，赶上发达国家水平。高等学校区域分布亦向南、中、东部地区扩散，促进地区均衡发展。与此同时，在职业培训方面，1991～1996 年间，将新增职业培训机构 16 所，新增职业培训能力每年达 3 万人次。

在与人力资源开发相关的企业文化研究方面，台湾的管理学界和企业界把企业文化的研究归结为寻求中国式的管理模式，认为“即使在现代世界中，中国社会与中国人仍有着与众不同的特点，而这些特点则是传统旧文化与外来新文化相互调节与整合的结果”。因此，其研究的宗旨是创造与实行崭新的中国式管理。台湾交通大学教授曾化强的观点比较有代表性，他认为，中国式的管理“即中国精神的企业文化”，具有以下特征，即，中国式的管理是：中国式的现代化的、行之有效的管理，不断创造的管理，仁爱的管理，修己安人的管理，发展经营理念的管理。他指出，要达到管理的中国化，就必须使中国化与现代化相结合，一方面吸收外国的优点，另一方面使传统文化适合现代化。中国化的管理是“现行管理制度的自我创新”，对原有制度通过质与量的改进与创新，建立中国式的管理风格。近几年来，台湾企业文化的研究与开发取得了较大进展，但也表现出一些缺陷与不足。即，在企业文化的内容上，他们主张以儒家思想为中心，比较重视学习西方管理方法，而轻视其管理理论；在企业文化的研究上，尚停留在个案研究、典籍研究方面，创造性的研究较少。

（中国社会科学院亚太所　魏燕慎）

香港地区经济文化概况

香港特别行政区面积 1 075 平方公里，人口 630 万(1996 年)，国民生产总值 1 550 亿美元，人均国民生产总值 24 367 美元[①]，货币及汇率 1 美元 = 7.735 港元(1996 年)。

人文地理

香港包括香港岛、九龙及新界地区，位于中国大陆南部、珠江口以东，西与澳门遥遥相对，北与广东深圳经济特区毗邻，距广州市 200 公里。

香港岛于 1842 年 8 月被英国占领，全岛面积 75.62平方公里，是香港商业活动中心和行政管署所在地。港岛地势陡峻，向南倾斜，太平山高为 551 米，是全岛最高峰。北岸与九龙半岛相对峙，维多利亚港在港岛与九龙市区之间，面积 6 000 公顷，海港阔度 1.6～9.6 公里，吃水 12 米，远洋船舶可自由进出，同时停泊 150 艘巨轮，是世界最优良天然港口之一，也是最繁忙最高效的海港。

① 《亚洲华尔街日报》，1997 年 10 月 20 日。

港岛对岸的九龙，在界限街以南大陆部分，是南九龙半岛，连同西面的小岛，面积10.62平方公里，这块地方于1860年10月被英国占领。九龙的尖沙咀、油麻地和旺角是香港工商活动另一中心，港岛与九龙之间交通，过去依靠轮渡沟通，海底隧道与地铁通车后，两地已连成一体。

九龙界限街以北到深圳河以南称北九龙，英租借后称为新界，是香港地区面积最大的部分，连同附近的235个小岛屿，总面积达959.3平方公里，约占香港总面积的92%。新界是1898年6月被英国强租去的，租期99年。新界丘陵起伏，是全区地势最高的地方。新界居民，过去以农业为主，随着经济发展，出现了许多新市镇。

香港虽处热带，但又与热带地区不同，一年四季分明，雨量充沛，四季花香，春湿多雾、夏热多雨、秋日晴和、冬微干冷。香港地区的大部是山区，丘陵起伏，大多是从东北向南延伸。这里没有大的河流和湖泊，加上地下水源有限，随着经济发展，人口增多，食水是个长期不易解决的难题，直到1960年，突破以往筑塘蓄水办法，从深圳引东江水供港，才使淡水供应有了可靠保证。

香港从一百多年前一个仅有数千渔民的渔港小村，发展为今天拥有630万人口的现代化都市，其人口多数是不同时期以不同条件与方式由内地迁入，因而这里的居民语言文化和社会习俗与内地一脉相传。目前这里是世界人口最稠密的地区之一，占全港面积16.5%的港九市区，每平方公里人口密度达2.6万人。近年来人口分布状况变化较大，1962～1992年，30年间新界人口已由50万上升为257万。香港人口年龄结构较轻，但近年已出现微弱老化趋势。1971～1981年间，大量移民入境，劳动人口年增率达4.5%，但近10年间，移民入境相对减少，加上出生率下降，劳动人口增加趋缓，随着经济发展，劳动力短缺现象日益严重。

经济发展简况

第二次世界大战后，香港经济取得举世瞩目的成就。1950～1991年间，本地产值由31.5亿港元增加为6 330亿港元，41年增长了200倍，年递增率达13.8%。同一期间，对外贸易总额由75亿港元增加到15 448亿港元，增长了205倍，年递增率达13.9%。

40多年来，香港经济发展经历了经济恢复时期(1947～1952年)、工业化时期(1952～1970年)、经济多元化时期(1970～1982年)和经济稳定增长时期(1982年至今)等阶段。

进入80年代，曾经80年代初西方经济衰退的打击，步入相对低速结构调整期，但在内地经济迅速增长的带动下，仍有多年达到双位数增长纪录。1979～1996年间，香港本地生产总值由1 118亿港元上升为11 999亿港元，增长9倍多；对外贸易总值由1 168亿港元上升为29 339港元，增长近25倍①。据南华证券公司董事罗祥国博士乐观估计，1997年以后，若能保持5.5%年增长率，届时人均产值将超过3.3万美元，基本赶上美、日当年水平，如果这一进程顺利的话，那么从1946年开始，香港只用半个世纪时间，即赶上西方最发达国家的水平。

总之，经过近二三十年发展，香港经济转型已大致底定，已由轻工业向以服务业为主城市过渡，“无烟工业”成为经济主要支柱。主要反映在：

经济转型迈向深度化 80年代中期以后，香港厂商已逐步将轻工业生产基地移向内地，本地生产主要转向资本密集工业及服务业，服务业成为经济主流。为适应当地人力资源状况，未来服务业将进一步深度化，如提供专业咨询服务及财务融资安排等。

保持转口港重要地位 从70年代中期转口再度成为经济增长主要动力后，1980～1995年间转口在总出口中比率已由31%上升为87%。转口业务并带动货柜业、航空运输发展，使以服务业为经济支柱趋势更为明显，同时随着新机场协议达成，建筑业及私人消费因大型建设而保持高水平，成为经济增长的重要动力。

地产买卖持续活跃 除基建工程外，地产市场发展亦对建筑业发展起带动支持作用。

国际贸易与金融中心的形成与确立

从70年代开始，香港在制造业结构变动与升级的同时，贸易、金融及其他服务业发展迅速，其经济多

① 《亚洲华尔街日报》，1997年10月20日。

元化步伐大大加快，日益成长为亚太地区及国际贸易与金融中心。

国际贸易中心的形成

优越的地理位置，自由港的体制，加之近10多年来中国对外开放，与东亚周边国家地区的经济振兴，促使着香港在转口贸易基础上迅速成长为亚太乃至世界重要贸易中心。

香港成长为国际贸易中心是与其对外贸易迅速扩大同步进行的，60年代转向加工贸易后，对外贸易发展迅速，年增长率从50年代的5%上升为13%。70年代高达19.3%，80年代更高达21.5%。1973年对外贸易额为100亿美元，而到1996年则高达3 793亿美元，在世界贸易中的地位从1959年的27位上升为1996年的第8位，按人平均计算其出口水平已高于美国、日本、西欧等发达国家和地区①。

香港成长为国际贸易中心经历了转口贸易型向加工贸易型转变的过程，早在战前香港就是东方一大转口贸易港，1959年开始，香港以转口贸易为主的海岛型经济逐渐转向转口贸易与加工贸易并举，并以加工贸易为主的新兴工业出口地区，在长达20年时间内，本地加工出口值一直占总出口的七成以上。然而，80年代以后，随着产业升级与调整，大量出口加工业转移内地，在大陆对外开放的推动下，转口贸易发展迅速，1981～1995年间转口贸易在总出口中比重由34.1%上升为83%。

国际金融中心的形成

香港作为亚太地区主要国际金融中心的崛起，是伴随着70年代制造业的起飞和80年代经济转型发展的必然结果。基于经济结构调整及现代工业和经济发展的需要，香港当局于1978年开始，宣布中止不再增发银行牌照的禁令，积极推动香港作为地区性金融中心的扩展。

以在香港安排组合的贷款额，外资和金融机构的数量及规模考察，香港是仅次于伦敦和纽约的世界第三大国际金融中心，同时从集境内和离岸金融业务于一身看，香港和伦敦同是集成性的金融中心，即从处理国际金融业务层面考察，这里是实质的"功能中心"，而不是提供注册和记帐，以达到逃避税收的场所。其从事的国际金融业务，除传统的存贷、汇兑和财务咨询等一般银行业务外，众多的金融中介机构还积极参与各种类型的银行金融活动。总之，从各个层面看，这里作为国际金融中心的规模虽不及纽约、伦敦，但其功能齐备、服务多样。这里金融机构功能的发挥，境内境外不受任何限制，其金融业务从一开始就属于地区性、国际性的。作为地区和国际金融中心，主要表现在如下一些方面：

这里聚集了大批国际银行及其他金融机构 80年代以来的香港一直是除伦敦、纽约外，外国银行最多，世界第三银行中心。目前世界最大的100家银行中有85家在香港设有分行或办事处。

香港黄金市场久已蜚声世界 80年代以来，一直同伦敦、纽约及苏黎世并列世界四大黄金市场。

香港外汇交易量居世界第五位 1995年4月外汇日均交易量达910亿美元，每天有100多家国际性机构参与投资和投机，与东京、新加坡同为亚洲最大外汇市场②。

香港证券市场居世界第六位 从70年代开始，特别是1986年四家证券交易所合并以来，发展迅速，目前香港共有上市公司622家，上市证券1 485种，上市公司市值4.6万亿港元，居世界第6位，亚洲名列第二③。

1995～1996年经济发展概况

香港经济经90年代初强劲增长后，随之进入调整阶段，1995年整体经济虽保持一定增幅，但逐步下降，全年增幅为4.6%，低于上年。经过1994～1995年股市、楼市调整，1996年经济逐步回扬，从谷底温和回升，但由于进出口表现欠佳，全年增幅仍维持与上年相近水平，为4.7%④。

经济发展各个层面的表现是：

楼市、股市经调整走向回升

1994年开始的一系列抑制楼价措施，加之利率上

① 《亚洲华尔街日报》，1997年10月20日。
② 香港《经济导报》，1997年8月25日，第34页。
③ 香港《经济导报》，1997年8月25日，第34页。
④ 《大公报》，1997年2月28日。

扬及投资环境趋弱，使1995年房地产市场仍承接1994年下半年的弱势，进一步调整，年内一级市场下跌2成多，累计跌幅达10成。1996年楼市提前完成调整，交易转旺，楼价看涨，尤以豪宅楼价升幅最为突出。

1995年股市，虽在年末最后交易日突破万点大关，升幅达20%以上，但基于吸纳资金利好因素有限，日成交额仍较上年低30%。进入1996年，随着地产市场趋热，港股盈利增加和美股劲升带动，港股一路畅旺，10月11日连续突破心理关口，恒指由年初10 073.39点，升至13 004.8点，到11月中累计升幅近达30%，头10月成交量较上年同期上扬近60%。

银行、旅游业持续表现不俗

在本地需求旺盛的支持下，多年来，香港银行业利润处于高速增长状态，平均利润高于其他行业，也高于世界其他地区，1995年银行税前营利较上年增19.6%，1996年上半年增幅更高达28%。

在旅游业方面，1995年游客人数突破1 000万人次，旅游收入达750亿港元，较上年增16.6%。受'97利好因素影响，1996年游客人数突破1 100万人次，旅游收入达870亿港元，增幅达15.5%。

就业及物价水平均有所改善

在结构调整持续，服务业吸纳饱和，制造业就业人口减少与劳动人口增长的情况下，1995年失业率达3.5%，为11年来最高点。进入1996年，随着复苏步伐加快，第四季度失业率已降至2.6%。

90年代上半期，美元疲软使与其联系的港元随之下贬，进口产品价涨，加之工资与通涨挂钩的机制，致使通涨处于近达双位数高水平。1996年美元趋挺，中国内地经济软着陆及香港自身调整，使香港通涨率降至6.7%的多年未见水平①。

消费市场由疲转强

受股市、楼市下跌负财富效应、利率日升和失业率上升的影响，1995年香港私人消费进入调整期，全年私人消费开支仅增0.7%，是1974年以来最低点。1996年，由于整体经济未再向下调整，发展平稳，楼市、股市回升及整体市场气氛转好，加上旅游持续趋热，使私人消费见底回扬，全年升幅达4%。

内部投资持续兴旺

得益于机场核心工程及政府其他工程和私人工程，1995年有近千亿港元投入，工程投资达历史高峰。1996年新机场大型基建加速，公屋产量增加，使得公营建造业开支增长显著，同时随着楼市趋活，私营建造活动也结束多年徘徊，全年固定资本形成增幅达11%，为进入90年代的次高增幅。

对外贸易先扬后滑

香港1995年外贸尚佳，得益于美国、西欧平稳复苏，内地外发加工蓬勃及港产出口骄人，整体出口增幅达15%，其中港产出口扭转前二年下降趋势，增幅达4.3%，为1988年来最佳；转口全年升幅为17%。然而1996年，由于美欧市场疲弱，内地出口加工法规调整及两岸关系趋紧，使港产出口下降8%，转口增幅放缓为8%，整体出口仅增4%②。

陆港经济贸易联系的发展

经过数十年的辛勤耕耘，香港不仅为中国南方最大的港口，也成为世界最大的贸易港之一，是内地通向世界的重要枢纽与桥梁。近10多年来，随着大陆对外开放，陆港两地的经济贸易联系，无论在深度还是广度上均大大向前推进，随着"九七"回归，将迎来陆港两地经贸联系一体化的新时期。

——两地间贸易规模迅速扩大，互为对方的重要贸易伙伴

改革开放以来，陆港两地间贸易迅速扩展。1979～1995年间，两地间贸易额由170亿港元上升为10 498亿港元，增长了近100倍，两地贸易占香港对外贸易比重由10.05%上升为34.6%。目前，陆港两地互为对方重要贸易伙伴。具体而言，在转口贸易方面，1982年大陆结束长期落后日本状况，再次成为香港最大供货来源；在出口市场方面，1984年大陆亦跃升至仅次于美国的地位。而在整体贸易上，1985年开始，大陆则成为香港最大的贸易伙伴。

在陆港两地贸易联系中，内地经港转口贸易既是两地贸易主要组成部分，也是近年香港对外贸易迅速成长的主要动因，转口贸易占香港整体出口贸易总额

① 《大公报》，1997年2月28日。

② 《大公报》，1997年2月28日。

比重已由70年代末的34%上升为目前的83%。香港长期担负着内地进出口商品最大转口港的角色，目前内地是经港转口货物最大市场和主要来源地，1990年香港转口货值近90%与内地有关，陆港两地转口贸易迅速增长使香港成为世界第八大贸易经济体①。

——两地生产合作发展迅速，给香港经济结构调整以有力推动

近10多年来，中国大陆改革开放，出口加工业发展与香港结构调整产业升级相结合，香港大量劳动密集工业北移内地，两地生产合作发展迅速，形成了内地作为后方生产基地，香港作为接单、供料、产品设计与推销中心的"前店后厂"格局，目前估计已有3/4香港厂商投资内地，仅珠江三角洲即有3万多家合资企业和8万多家来料加工厂，仅此一项即可每年为香港厂商节省2 000亿港元，大大提高港制产品在国际市场的竞争力②，并有利于香港工业结构向高增值产品的制造升级。同时，内地华南加工业的发展，对服务业需求迅速增加，但一时又未能满足，则促使港商从事具有较高附加价值的生产支持服务业，使香港服务业受惠。

——两地相互投资迅速增长，中资在香港经济中的地位举足轻重

近10多年来，港商在内地投资始终占大陆外来投资的大部分。据统计，改革开放以来，内地实际利用的外商直接投资达2 200亿美元，其中港商投资所占份额一般都在50～60%之间③。与此同时，内地在香港也投放了大量资金，除原有中资机构大量增资外，在港新设机构投资也不断增加，中资除进入商品贸易及相关领域外，还向其他领域扩展。截至1996年，在港中资企业已达1 818家，企业资产超过400亿美元，累计直接投资250亿美元，超过美国和日本，成为仅次于英资的最大外来资本。

——两地金融合作进一步加强，中资成为香港金融市场的重要稳定力量

两地经贸关系的发展，相互投资及金融机构的设立，促使两地金融联系大大加强，突出反映在内地把香港作为筹集建设资金的重要基地，香港则把内地作为投放资金的巨大市场。与此同时，中资银行集团在香港的力量迅速壮大，成为香港金融市场稳定的一股重要力量。

经过90年代的发展，中银集团已成为香港仅次于汇丰的第二大银行集团，管理着香港10%的银行资产。在80年代中期香港银行业的危机中，中资银行发挥了积极的作用。80年代末全球股灾爆发，中银集团与港府及其他银行合作挽救香港期货市场。1994年5月，中国银行香港分行成为香港第三家可发钞银行。总之，迄今中银集团已成为稳定香港金融市场的一股重要力量。

教育事业

香港教育水准同工业发达国家相比并不算高，但是70年代以来，为适应经济发展和国际市场竞争角逐中的领先地位，教育日益成为推动经济发展的重要因素，教育事业日趋现代化与多样化。进入80年代，一个以九年义务教育为基础，大力推广工业教育、职业教育和发展高等教育的全面教育体系，逐渐取代过去旨在培养少数为殖民统治服务的精英教育。

从整体智力教育结构看，香港教育大致由公共教育、工业教育与训练及大专教育三个系统组成，教育的重点逐步从数量增长转向质量提高。进入90年代，为进一步发展大专教育，形成了以香港大学、香港中文大学、香港理工学院和香港科技大学为主导，其他大专学校为辅的高等教育体系，一个教育普及、机会均等的"学历社会"已逐步形成。

1978年9月开始，香港实施9年免费强迫普及教育，规定从1980年9月开始，年龄在6岁以上，15岁以下或末完成中三课程的学童，均须接受全日制初中教育，1981年全港中小学生占同龄儿童的87.4%，基本普及了小学及初中三年义务教育，在这基础上进一步加强工业教育与训练，培养具有大专程度的专业人才。

工业教育与职业训练在香港也有很大发展，而且有不断加强的趋势。香港的中小学及大专学校分别

① 香港《大公报》，1995年8月23日。
② 香港《大公报》，1995年8月23日。
③ 《国际经贸消息》，1997年12月25日。

由教育署、大学及理工教育资助委员会负责财政拨款,但有关各项教育事宜由教育统筹委员会统一策划。香港的工业教育则在该教委的指导下,由官方资助的职工训练局具体策划及管理,目前该局属下的工业学院(相当内地的高级技术专科学校),为青年人提供政府资助的工业教育,对象为中学五年毕业学生,分技工和技术员课程,其特点是理论学习与实际操作并重。

另外,政府还开设学徒训练计划,凡是14~18岁的学徒,如在42个指定行业中任职而又接受过完整学徒训练者,均需订学徒合约,并需参加3~4年学徒训练,这种多层次、多种形式的工业教育与职工训练体制,无疑对促进人力资源的开发,提供了必要条件。

社会文化及设施

香港在社会生活方式、思想文化、伦理道德及至经济价值观念诸方面,都具有东西方融合的特征。不过,从社会学观念考察,由于年龄层次、职业、阶层、教育及个人所得方面的差异,人们的文化倾向则不尽相同。

香港虽然在历史上曾经蒙受了100多年殖民统治,长期与祖国大陆社会生活脱节,西方资本主义及随之而来的西方物质文明填补了这一段文化历史真空;然而,这里毕竟是个华人社会,加上地缘相接,使得港人的文化根茎依然是在中国。这样,就使得香港人的一般文化观念形态,一方面在社会和物质观念上接近西方开放社会;而在伦理道德、文化观念、社会习俗等方面,则更与内地、特别是粤闽地区一脉相承。

随着经济发展,香港的传播媒介与文化艺术事业发展较快,而且日益具有国际化的特征。

目前在香港注册登记的报纸有60多种,期刊杂志100多种,其中每周印行6天的英文报纸2家,5天的3家,中英对照的1家。每天出版的综合性中文报纸26家,此外还有晚报、影视报和日文报等数十家。

香港电视分别由享有专利权的香港电视广播有限公司及亚洲电视有限公司经营,这两家公司各自拥有中英文电视台两个,电视已成为香港市民主要传播娱乐工具之一。由于香港电讯事业发达、位置适中,近年来,不少国际电台、电视台、报刊、杂志及通讯社都以香港作为东南亚业务基地,合众社、美联社、法新社、路透社等120多家外国传媒机构都在这里设立总部或分社,使其成为亚太地区重要新闻集散中心。

市政局在现行政制体制下,既是政制的一个组成部分,又充当行政管理角色,除了负责为数万市民提供各种康乐文体活动设施外,还负责管理全港公共图书馆、博物馆、科学馆、艺术馆和文化中心。位于尖沙咀的香港文化中心,于1989年11月开幕,这里除建筑风格别致、地处海旁、风景优美外,室内设有2 100个座位的音乐厅,两个分别容纳1 700个座位和500个座位的剧场。

医疗卫生与社会福利

近年来,港英当局为配合社会经济发展,缓和舆论压力,日益重视改善居民的医疗卫生服务,积极扩充各种类型医疗保健机构的数量和注意提高医疗质量,增添设备,发展医学教育事业,使香港医疗卫生事业逐步走向现代化,目前香港的各种现代化医疗设备、住院病床、医生配备及基层卫生保健服务的医疗技术水平和各种工业职业病、精神病防治等,在亚洲各地中均属水平较高的地区之一。

香港医院分官办、官方补助和私人开办三种,1987年政府决定将官方医院及辅助医院实行一体化管理,统一由法定的医院管理局管辖,1991年12月1日起正式接管所有公立医院。

据1991年统计,香港规模较大、设备先进的官办医院和官方补助医院35家,政府属下诊所66家,连同私人医院共有病床2 500多张,平均10万居民有6.6个诊所,每1 000居民有病床4.4张,较美、日、西欧水平低,但高于马来西亚和新加坡。目前香港医生主要来自香港大学和香港中文大学医学院的毕业生,以西医为主,中医、中药事业较发达,是东南亚地区中药材重要集散地。

香港社会福利主要包括两大部分,一是由公共财政支持的福利开支,二是在政府鼓励支持下,私人机构开展的多种公益金筹款举办的社会福利事业。由政府公共开支支持的“社会保障制度”,70年代初开始逐步推行,主要分公共援助制、社会保险制和企业劳资强行储蓄制。目前由社会福利署提供的社会保障计划,主要有公共援助计划,特别需要津贴计划、暴力及执法伤亡赔偿计划、交通意外伤亡援助计划及紧急救济计划。除了实施政府公布的“社会保障计划”外,还有300多家民间慈善福利团体,也积极参与各项社会福利事业,资金来源主要来自各种大型筹款的积累,1990～1991 年度的公益金超过 1 亿港元,主要是固定或临时用于医疗、老人服务、伤病残人士、戒毒及防治艾滋病等特别资助。

(中国社会科学院亚太所 魏燕慎)

菲律宾经济文化概况

菲律宾共和国,面积 29.97 万多平方公里,耕地面积 1 200 万公顷,人口 6 930 万人。1996 年国内生产总值为 1 990 亿美元,人均国内生产总值为 2 935 美元,人均国民收入为 1 130 美元。

菲律宾位于亚洲大陆东南部,北隔巴士海峡与中国台湾省遥遥相对,南与西南隔苏拉威西海、苏禄海、巴拉巴克海峡与印度尼西亚、马来西亚相望,西濒南中国海,东临太平洋。全国由 7 170 个岛屿组成,其中以吕宋、棉兰老、萨马等 11 个主要岛屿占全国总面积的 96%,山地占全国面积的 3/4 以上,森林占 1/3,有活火山十几个,常发生地震。海岸线约长 18 533 公里,属热带海岸线气候,高温多雨,每年 5～10 月是雨季,11 月至第二年 4 月为旱季,6～11 月多台风。马尼拉平均气温 27.6℃。

菲律宾人的祖先是亚洲大陆的移民。早在西班牙入侵前,菲律宾就有许多土著部落和马来族移民建立的割据王国,1521 年麦哲伦率领西班牙远征队到达该岛。1565 年被西班牙殖民者占领。1896 年博尼法西奥领导反西班牙殖民者进行武装起义。1898 年美国通过对西班牙战争后签订了《巴黎条约》,占领了菲律宾。1935 年 11 月,美国被迫准许建立以奎松为总统的自治政府。1942～1945 年被日本占领,战后美国重占菲律宾。1946 年 7 月 4 日宣告独立。

经　济

独立后,从 1947 年罗哈斯出任第一届总统到 1965 年第六任总统马科斯期间经济发展缓慢。1983 年后政局动荡,经济衰退,1984 年、1985 年连续两年出现负增长,1985 年通货膨胀率达 23%。1986 年 2 月科·阿基诺担任总统后,力主经济自由,减少国家对经济的控制和干预,打破垄断,进行国营企业私有化,并扩大消费和出口。几年来经济有一定发展,但由于国内政局不稳,加上 1991 年发生纳图博火山喷发等自然灾害以及电力危机和海湾战争的影响,1991 年国民生产总值的年增长率为负 0.5%,通货膨胀率达 16.5%,人均国民生产总值 720 美元,失业率达 22.1%,贫困人口比率达 39.2%。1992 年 6 月拉莫斯出任总统后提出了振兴经济的“菲律宾 2000 年”奋斗目标,并制订了 1993～1998 年的 6 年中期经济发展计划。为实现这一计划目标,拉莫斯提出以投资带动经济复兴的政策,并做了以下改革与调整。

加强宏观调控,深化财政金融改革 为适应以投资带动经济复兴,采取了以下措施:⑴1992 年 8 月解除实行了 40 年的外汇管制政策,允许外汇自由买卖和自由出入。⑵实行金融体制改革和调整金融政策,改造负债累累的中央银行,重新确立中央银行的职能,逐步减少国内债券的发行,开放国内银行业,将马尼拉和马卡蒂股票交易所合并成菲律宾股票交易所,允许外资银行在菲律宾设立分行或收购菲银行股权,提高国内银行最低资本额,鼓励银行兼并以增强实力和提高银行的竞争力。⑶改革税收制,采用扩大增值税制度扩大财政收入。

扩大吸引外资,放宽投资政策 全面改革菲律宾投资署,建立高效率的外资审批机构;放宽投资限制,允许外商进入菲资源开发和公用事业;鼓励面向出口的投资,对面向出口的行业和企业,开放 30%的国内市场。

大力加强基础设施建设 设总统旗舰项目的总统委员会,给基建项目各种优先权;通过鼓励外商、私人部门和国家电力公司联合建发电厂，解决电力危机；改变菲长途电话公司对电讯业的垄断；扩建马尼拉国际机场后，又扩建马尼拉湾；与印尼合资修建南北高架公路。以上措施使菲经济摆脱了困境，赶上其他东盟国家的发展势头。据菲律宾国家统计协调局公布，菲律宾国民生产总值年增长率1996年上半年为7.1%，人均国民收入1 130美元；国际货币基金组织说，菲律宾国内生产总值的增长速度，已高于其他东盟国家，其国际竞争力也从第35位上升到第31位，从1997年起可以不再依赖国际货币基金组织的"扶贫性"贷款，该组织已将菲律宾从穷国名单上除去。

菲律宾经济目前存在的问题：⑴旧的经济体制的弊病仍然存在。⑵贸易赤字庞大，贸易收支逆差状况恶化。⑶外债沉重，截至1995年底已达394亿美元，占国民生产总值的56%。⑷农业发展跟不上人口增长速度，摆脱不了"靠天吃饭"的局面。⑸经济发展不平衡，经济增长集中在大马尼拉地区，南部地区是世界上贫穷地区之一。

农　业　菲律宾农业人口占总人口的2/3以上，农业产值1996年第二季度增长6.6%，占国内生产总值的22%。粮食作物和经济作物分别占农产品产值的53%和47%。粮食作物主要是稻谷和玉米。椰子、甘蔗、马尼拉麻和烟草是菲四大经济作物。菲盛产椰子、香蕉、芒果、菠萝，其中椰子产量占菲出口量的6%(1996年)。据国家统计协调局公布，1995年菲农、林、渔业以1985年不变价格计算总产值为1 729.9亿比索，从1995年0.77%的增长率升至1996年的3.47%；农林业从1995年的1.78%的增长率升至1996年的3.96%。菲森林资源战后损耗日渐增加，过去20年里，每年森林砍伐率或森林覆盖面积损失约19万～20万公顷。据1997年菲《世界日报》报道，目前菲森林覆盖面积只剩560公顷，占全国土地面积不到19%，菲每一人口平均只有0.085公顷的森林覆盖面积。1996年林业增长率为负45.81%。按1995年固定价格计算，1994年木材产值29.71亿比索。以下为1995年农作物产量：稻米1 054.1万吨，椰子121.8万吨，菠萝139.7万吨，香蕉308.2万吨，芒果43.2万吨，烟草6.4万吨。渔业现已开发的海水、淡水渔场面积2 080平方公里，捕捞技术仍比较落后。1995年总产值占国民生产总值的18%。水产品产量为210万公吨，比1994年的207万公吨增长1.53%。

工　业　菲律宾的工业产值约占国内生产总值的33%，1995年产值为2 852亿比索，比1994年增长7.31%。据菲国家统计协调局公布，截至1996年6月菲工业增长缓慢，从1995年7.36%的增长率降至1996年的6.17%。工业中的水电业下降幅度大，从1995年的14.14%的增长率降至1996年的7.2%。工矿业总产值占国民生产总值的34.33%。1995年主要矿产品产量如下：金12.8吨，银31.1吨，铜108.1万吨，镍5.5万吨；1996年原油49.1万桶，天然气为3.106亿标准立方米。

制造业是菲工业中最重要的部门，也是经济增长的首要动力。1995年增长6.8%，1996年增长缓慢。以1985年不变价格计算只增长5%，比1995年的6.8%的增长率下降了1.3个百分点。

服务业　在菲国民经济中占有主要地位，其产值占国民生产总值的45%左右。据菲国家统计协调局公布，服务业按1985年不变价格计算，1995年为3 453亿比索，比1994年增长4.92%，1996年上升到5.76%。其中以金融服务业增长显著，从1995年的6.79%增至12%。

交通运输与通讯　菲以公路运输为主，承担60%的货运量和80%的客运量。公路集中在吕宋岛。1994年公路总长为161 036公里。日本提供低息贷款修建的"泛菲公路"是最长的公路。后来又修建马尼拉—克拉克—苏必克高速公路。公路运输总增加值从1995年的235.8亿比索增至1996年的247.9亿比索，增长5.13%。1994年有机动车234.2万辆，其中有5.37万辆是私人客车。桥梁11 473座。铁路运输线有3条，1条在吕宋岛，全长1 000多公里，由私营公司经营。另外两条总长1 200公里。水运输业总增加值从1995年的38.7亿比索增至1996年的40.2亿比索，增长3.73%；1993年有商船3 665艘，总吨位为9 500.4万吨；港口414个，总吞吐量为3.815亿吨。近年来菲政府鼓励外商投资港口建设。空运较为发达，1994年有机场353个，其中87个为国营机场，266个为私人机场。国际航线总长3 996.9万公里。其总增加值从1995年的13.8亿比索，增至1996

年的14.5亿比索，增长4.69%。近年来菲政府积极扩建机场，将原美驻菲海军基地苏比克的内丘比航空港和克拉克空军基地的空军机场改造为国际机场，还在南棉兰老岛的三宝颜市和桑托斯将军城修建国际机场，并向外商开放民航业。通讯业，由于菲政府解除对电话业的垄断，增加了电话线路，1996年菲40.3人就拥有一部电话机；此外还扩大销售新电讯产品和电讯服务，电讯业的增加值从1995年的135.3亿比索增至1996年的153.5亿比索，增长13.43%。

旅游业　1996年占国内生产总值5.3%，旅游收入达27亿美元，比1995年同期增长16.6%；游客人数达200万人，人均旅游消费达1 300多美元。旅游业的发展，创造了111万个就业机会，政府对发展旅游业采取的措施：⑴利用外资和本国资金。美国和澳洲两家酒店及娱乐有限公司决定将菲律宾作为它们进入亚洲的切入点，菲律宾各家银行已承诺提供约1.15亿美元贷款；⑵将277项旅游基建项目列为旅游发展重点；⑶展开宣传和促销活动，通过国际互联网络介绍菲律宾的美丽风光和别具一格的旅游项目：探索海底世界的潜水游、观看鲸鱼和野生动物游、菲律宾百岛游和"带回家一个朋友"等专题游。1997年又出台"寻根游"。1995年游客人数176万，其中日本游客32.3万人，台湾19万人，韩国12.2万人。

财政金融　1994年拉莫斯开始扭转国家财政连续10年出现赤字的局面。1996年财政金融表现良好，截至8月菲国际收支盈余达30亿美元，比1995年同期增长3倍；外汇储备达113亿美元，比1995年同期增长46%。财政收入80%以上是靠税收。据国家统计协调局公布，1996年税收收入为364.2亿比索，差额为17.5亿比索。政府现预算盈余约2.3亿美元；贷款平均利率从90年代初的24.3%下降到1995年上半年的13.3%。1996年以来市场主要零售商品物价回落，比索与美元汇率稳定，保持在26.32∶1美元。

对外经济关系　菲政府力求借助东盟国家的经验和力量，带动菲经济的起飞，提出面向东亚的经济外交。1993年以来通过出访与各有关国家共签署了124亿美元的投资和贸易协定。菲经济发展得益于出口贸易、国内投资和海外劳工汇款的大量增加。1996年头8个月出口总额达130.3亿美元，比1995年同期增长16.3%。1996年1～7月，吸引外资16亿美元，比1995年同期增长1.8倍。菲约与150个国家(地区)有贸易关系，主要贸易伙伴是美国、日本、新加坡、荷兰等国。1996年菲向美出口农、矿产品和工业制成品，出口额为62.65亿美元，占菲出口总额的33.5%；日本是菲第二大商品出口市场，菲向日出口矿产品、家具、加工食品、水果和蔬菜，出口额为33.62亿美元，占菲出口总额的18%；新加坡是菲对东南亚国家出口最大的市场，也是菲第三大商品出口市场，出口额为11.89亿美元；荷兰为菲第四大商品出口市场，出口额为10.11亿美元，占菲出口总额的5%；马来西亚为菲第五大商品出口市场，出口额为6.21亿美元，占菲出口总额的3%。劳务输出是菲对外经济活动的重要组成部分。1996年海外劳务汇款达70亿美元，比1995年同期增长57%。菲出口加工区也是创汇的来源之一，1996年已成为亚洲出口增长最快的国家，现有碧瑶、甲米地、马克坦和巴丹四个出口加工区，出口额达51.34亿美元，占菲出口总额的32%。为大幅度增加进口，据菲国家统计协调局称，1996年菲外贸赤字——出口与进口差额从1995年的90.09亿美元增至1996年的117.86亿美元，增长了29.6%。菲的进口仍超过出口，从1995年的265.38亿美元上升到1996年的333.29亿美元，增长了21.8%；而出口从1995年的174.47亿美元上升到205.43亿美元，增长了17.7%。这些情况使菲的商品贸易额从1995年的439.85亿美元增至1996年的528.72亿美元。菲经常帐户逆差达19亿美元，外汇储备达113亿美元，比1995年同期增长46%。

科学技术

菲科学技术研究在第二次世界大战前已初具规模，建立了不少现代科技研究机构，有马尼拉医学会、菲律宾大学附属医院、菲律宾科学协会、菲律宾公共卫生协会等。这些科研机构建立的时间比东南亚其他国家要早。第二次世界大战期间，菲研究机构有不少遭到破坏。独立后，政府一面进行整顿，一面筹建新的科研机构，不断增加科研经费和培养科技人员。菲科学技术部负责政策的制定、科技研究与开发的联合与强化，也负责人才、有形资源与财政的开发与管理,以及研究与开发成果的推广和应用。政府部门研究机构及政府部门进行实用与实验性开发的机构来自24个不同的部、组织机构和公共企业或公司。近年来菲增加科研经费的投入,1987年科技经费为135亿比索,占同年国内生产总值的3.0%。1989年科研经费分配分别为:一般服务部门2.35亿比索,高等教育部门1.34亿比索,其余的0.775亿比索用于生产部门。1990年菲科技人员总数约17.7万人。

教 育

菲政府重视教育,中小学实行义务教育。鼓励私人办学,为私立学校提供长期低息贷款,并免征财产税。1994年教育经费为449亿比索,占政府预算开支的11.74%。菲是亚洲识字率最高国家之一,1996年识字率为94%。1994～1995年有小学35 671所,中学6 055所,大学2 457所,在校生中小学生1 090万人,中学生476.29万人,大学生165.19万人。全国有1 235所职业学校,教师37.92万人。著名高等学校有菲律宾大学、阿典尼奥大学、东方大学、远东大学、圣托马斯大学、菲律宾女子大学等。

非正规教育在菲律宾历史悠久,内容有实用扫盲、职业技术培训以及广播函授教育等,参加人员不受年龄限制。非正规教育活动,大部分依靠中、小学组织举办。在全国14个地区,常规的实用扫盲班在学校进行。到1990年已组织了6 739个实用扫盲班,参加人数12万人,不包括11 168个谋生技能培训班的25.83万人的参加者。

文 化

音乐舞蹈 菲律宾人酷爱音乐,全国几十个民族都有自己独特风格的民族音乐和舞蹈。菲政府为发扬民族文化,从1973年起,每年7月进行"菲律宾民间艺术节"。

电 影 菲是亚洲最早拥有电影业的国家之一,产品数量在亚洲也名列前茅。现有电影院1 200家,每天观众约165万人。电影制片公司近10家,每年拍130～160部故事片。除国产片外,菲每年还从美国等国家进口200多部影片,美国影片在菲很受欢迎。菲从1982年开始每年举办马尼拉国际电影节,专门放映亚洲的优秀电影。

1994年菲律宾出版报刊79种,其中报纸9种、社科期刊22种、科技期刊48种。发行量最多、影响最大的是英文日报。菲律宾通讯社是官方通讯社,与中国、马来西亚、印尼、泰国、巴基斯坦、日本等15个国家和地区的通讯社建立有新闻交换关系,与美联社、合众国际社、路透社均有工作联系。1994年菲有257家出版机构,有330个广播电台、66家电视台,分属100家广播公司,其中广播局和人民电视台属官方性质,其余均为私人所有。菲电视普及率为9.8人中拥有一台电视机。

经济一体化

菲律宾是一个多民族的国家,主要民族是马来族,包括比萨扬人、他加禄人、伊罗戈和比科尔人等,占菲律宾人口85%以上。少数民族有穆斯林和华人、印度尼西亚人、阿拉伯人、印度人、西班牙人和美国人。还有为数不多的土著民族。比萨扬人是菲最大的民族,有2 640万人,占人口42%。主要从事农业,种植稻谷、玉米、椰子、甘蔗、烟草等。还从事食品、采矿、纺织、冶炼、汽车装备等。他加禄人是菲律宾各民族中经济、文化最发达的民族,菲律宾政府把他加禄语定为国语,在国内政治、经济和文化上一直处于优势地位。他加禄人主要从事农业,种植水稻、旱稻、玉米等粮食作物,还栽种香蕉、椰子、芒果、咖啡、各种蔬菜以及马尼拉麻、甘蔗、烟草、橡胶等。他加禄人城市居民大都经商或在政府机构工作。伊罗戈人主要从事灌溉农业,种植水稻、玉米、烟草、甘蔗和薯类。比科尔人以农业为生,除种植水稻、番薯、豆类、可可外,还种植马尼拉麻。少数民族中的华人,1975年以后,菲政府对华人实行同化政策,鼓励华人加入菲律宾国籍。1976年开始把华文学校纳入菲律宾国民教育轨道,取得很大成功,使华人在政治、经济、文化等方面基本融入菲律宾社会,成为菲律宾具有重大影响的少数民族。

菲律宾华人经济是菲律宾经济的重要组成部分,在80年代已占菲律宾产业资本投资额20～30%。1991年菲律宾有华人125.1万人,他们在与当地人民共同开发菲律宾的过程中有很大贡献。华人经营的商业有杂货及贸易业。据菲华商联合会资料估计，1991年华商所经营的杂货店及贸易行超过8 000家；经营的金融业，以银行为主，1991年经营银行13家，占菲律宾30家商业银行的43%；经营的保险公司以非人寿保险为主，有23家，占菲律宾保险市场的40%；经营航运及仓储业有12家；经营药业有1 000多家；经营的旅游服务业，主要从事大酒店、旅行社、夜总会、歌厅、观光游览车及旅游商店等。华人经营的传统行业尚有纺织、烟草、木材加工和建材业、农业、畜牧业等。纺织品和服装是菲出口工业品之一，其中华资占75%左右。此外，华商在钢铁、电子、电器、化工、汽车装备、房地产等行业的经营活动也很活跃。据1996年6月《资本家》杂志发表的资料，菲律宾华人有20名被列入世界华人富豪龙虎榜，在世界10大华人超级富豪中菲律宾华人有2位(郑因敏和陈永栽)。

菲律宾经济数据表

	1995年	1996年
国内生产总值	1 730亿美元	1 990亿美元
国内生产总值增长率	5.7%	5.8%
人均国内生产总值	2 660美元	2 935美元
经济增长率	5.7%	5.8%
通货膨胀率	11%	4.7%
人口	6 860万人	6 930万人
人口增长率	1.5%	2.3%
人均国民收入	1 010美元	1 130美元
人口识字率	93%	94%
失业率	11.9%	8.3%
出口值	174.47亿美元	205.43亿美元
进口值	265.38亿美元	333.92亿美元
经常帐户逆差	33亿美元	19亿美元
外汇储备	62亿美元	113亿美元
外债	373亿美元	394亿美元

资料来源：1996年1月～1997年1月菲国家统计协调局公布。

(中国现代国际关系研究所　吴秀慧)

缅甸经济文化概况

经　济

缅甸是一个历史悠久的农业国。1948年独立前，由于受英国的长期殖民统治，缅甸成为稻谷单一作物制的国家，经济基础非常薄弱。1948年独立后，缅甸政府采取了一系列恢复生产、发展经济的措施，但因政策失误，社会动荡不安，经济发展缓慢。1987年12月被联合国列入最不发达国家行列。农业人口占全国人口的70%以上。1988年9月，以苏貌为首的"国家治安建设委员会"接管政权，开始施行经济领域的各项改革，使缅甸经济重新进入了一个新的发展阶段。1989年3月缅甸军政府颁布《国营企业法》，实行市场经济及对外开放政策，使缅甸经济很有起色。从1992～1993年度起，开始执行"经济发展年"计划，重点发展农业，使粮食生产获得重大突破；工业上则强调重点发展基础产业，改善国内投资环境，并与中、美、英、法、德、泰等国的公司签订了涉及效能运输、能源矿产、邮电通讯、冶金机械及汽车修理等领域的合作协议；在金融领域，政府准许私人和合作社开办银行，并建立了以国家银行为主、合作社与个人为辅的新金融体制；在旅游业方面，新成立了国家旅游部，强调促进旅游服务业发展，在吸引外资上也取得了可喜的成就。另一方面缅甸政府通过实行巩固国营企业，鼓励和发展私人经济，积极吸引外资，全方位对外开放等一系列政策，使经济有所好转，近几年国内生产总值达到较高的增长率。但目前缅甸经济仍存在着许多严重的障碍和问题：国营企业经济效益不佳，农业上的经济改革方案还没有全部出台，财政入不敷出，外债过多等。缅甸的国内生产总值近4年来平均增长8%，但缅甸的实际人均所得只恢复到10年前的水平。自1996年4月以来，缅甸的宏观经济格局已逆转，外汇储备大减，预计1996/1997年经济增长速度放慢。

矿产及制造业 缅甸的矿藏非常丰富，矿产资源种类繁多，储量丰富，主要有石油、天然气、钨、锡、锑、铅、锌、铀、锰、金、银、煤以及各类宝石和玉石等。缅甸矿产中要数钨和锡的储量最为丰富，缅甸东部自上而下正好处在世界上最大的钨锡矿带，从印度尼西亚的勿里洞岛、帮加岛经马来半岛直到缅甸的掸邦高原一带，储存有大量的钨锡矿。缅甸的钨、锡主要分布在德林达依省、孟邦、克伦邦、克耶邦南部，自南而北绵延1 200公里，其中以德林达依省的储量最多。著名的矿区有德林达依省的哈敏枝矿、亨达矿、甘报矿、罗德那榜矿以及克耶邦的摩奇矿等。

缅甸还以盛产宝石和珍珠蜚声全球。宝石储量极丰富，不仅品种多，而且质地好。主要有钻石、黄玉、翡翠、玉石、琥珀、红宝石、蓝宝石、猫眼石、水晶石等。在这些五光十色的各种宝石之中，尤以红宝石、蓝宝石、猫眼石最为名贵。宝石的产地主要集中在曼德勒省的抹谷、达贝舍以及掸邦的孟密等，其中尤以抹谷最为重要，素有缅甸"宝地"之美称。玉石储量巨大，质地优良，在世界上已久负盛名，主要分布在钦邦西部雾露河上游一带。1973年曾在此地发现一块重达33吨的粗玉，成为当时世界上最大的玉石。南部的德林达依省的丹老群岛一带则盛产珍珠，这里曾发现过一颗世界上最大的珍珠。此外，还出产大理石、石灰石以及石膏等建筑材料。

农业 缅甸有优越的自然条件，发展经济特别是发展农业的潜力很大。全国可耕地面积约为4 600万英亩，但实际耕地面积只是2 000万～2 500万英亩。大部分地区属热带气候，雨量充沛，适宜种植水稻、玉米、豆类、棉花、黄麻、烟叶、橡胶、甘蔗、芝麻、花生等20多种农作物和经济作物，尤其以水稻为宜。过去，缅甸有"世界谷仓"之称，曾是世界主要大米出口国。近年来农业生产一直高速发展，粮食产量全面提高，出口增加。农业产值约占国内生产总值的40%左右。几年来，政府增加了农业投入，改革了农村政策和供销政策，因而调动了农民积极性，加上采取了其他有力的助农措施，农业生产连年增长，彻底摆脱了军政府上台前严重缺粮的被动局面。1992～1993年度全国粮食喜获丰收，稻米产量突破了1986年以来一直在1 400万吨左右徘徊的局面，达到1 491万吨。1993～1994年度更上升到1 746.6万吨，创缅甸历史最高水平。农业产值增长率为5.4%。豆类生产1988年以来一直在增长，豆类出口，1992～1993年度达37.3万吨，已成为缅甸最大的出口农产品。大米出口20多万吨。1994～1995年度，缅甸出口100万吨粮食，并努力在1996年也保持这个水平，使稻米生产成为缅甸的支柱产业之一。粮食充足对稳定市场、安定人心起了很大作用。此外，其他的经济作物、畜牧业、捕捞业、水产加工业等部门均有不同程度的发展。

林业 缅甸素有"森林王国"之称，长期以来，森林覆盖面积占全国土地总面积的51%，约为38万平方公里，但据近年来的最新卫星测绘统计认为，由于连年滥砍滥伐，森林覆盖率已下降到只有47～48%左右，不过即使如此，林业资源还是非常丰富。盛产的木材有热带雨林、季风林、龙脑得林以及红树林等多种类型，全国树木品种达2 300种之多，以柚木最为著名。缅甸是世界上著名的柚木出产国之一，柚木林分布很广，约占全国森林总面积的30%，以勃固山区、亲敦江流域以及瑞波地区为最多，国际市场上的柚木有85%都是产自缅甸。除柚木外，还产铁力木、檀木等多种优质硬木以及竹、藤和各种树脂等。

渔业及畜牧业 缅甸的渔业资源极为丰富，由于其海岸线长达3 200公里，近海及海域每年的产鱼量多达240万吨，但由于船只和设备有限，每年的捕获量仅为60万～100万吨左右，仅占海鱼年总产量的38～40%。此外，国内所有的江、河、湖泊中都盛产淡水鱼。

发展畜牧业的条件也较好。天然牧场总面积达40万公顷，但因畜牧业多系个体农民经营，国家对畜牧业投资也少，因此发展水平较低。

工业能源 缅甸的石油储量丰富，产油区主要集中在伊洛瓦底江中游地区、新敦江下游的因多、班达地区，若开邦沿海的巴荣嗄岛、延别岛以及莫达马湾的大陆架一带。目前已有美、英、荷、意、加、日、韩等7个国家石油公司在各地勘探或开采，与缅甸政府先后签订了10多项勘探石油的协议，勘探范围达8万多平方公里，包括新敦江流域、伊洛瓦底江三角洲、锡唐河流域和安达曼海湾大陆架等地区。缅甸现有的主要油田有仁安羌油田、兰濑油田、仁安佳油田、曼油田、仁安马油田以及苗旺油田等。产油区还储有丰富的天然气。1994年9月,美国加利福利亚联合石油公司与缅甸鉴定了一份价值5亿美元的大型工程项目合约,将承建缅泰之间的天然气输送管道。缅甸与法国的一家石油公司也签订了一个迄今缅甸最大的投资合同,用于开发缅甸近海石油,投资总额达10亿美元。

近年来,缅甸的工业已开始扭转滑坡趋势,民族工业取得一定增长,基础设施渐趋完善。工业生产自1992年后,其发展速度已很快,其中矿业和电力的增幅最大。

交通、通讯业 缅甸的交通运输和通讯业较为落后,1993～1994年度,这两个部门在国内生产总值中所占比例仅为1.7%,政府最近拨出财政预算的30%,用于发展基础设施。

在缅甸的国内交通中,公路占有重要的地位。缅甸公路干线总长为23 569公里,其中国家级公路仅为4 000公里。以纵贯缅甸南北的毛淡棉——仰光——曼德勒——南坎为主干道,向东西南北辐射,形成公路网络。

缅甸铁路长为4 800公里,铁路设施大多为第二次世界大战前后生产和建造的,十分陈旧。轨宽0.915米,一般称"米轨"。牵引机车以内燃机车为主,大部分机车已老旧,现有的铁路系统远远不能满足经济发展的需要。

缅甸航空的特点是机场多、飞机小、运量小。缅甸共有大小37个机场。航空业务都由国营的"缅甸航空公司"经营。该公司拥有福卡F27S飞机5架、福卡F28S飞机3架和直升机两架。

缅甸的国际航空运输业务主要由在缅甸开展国际航运业务和设有机构的航空公司来承担。美国的"泛美"和"东方航空公司"以及荷兰、法国、泰国、中国、孟加拉、俄罗斯和新西兰等国的航空公司在仰光都设有机构。

缅甸国内河流众多,水运很发达,可通航的内河航线长达8 000多公里。伊洛瓦底江、钦敦江的主流以及伊洛瓦底江三角洲的各支流和河网均可通航,是缅甸重要的通航区。伊洛瓦底江是纵贯缅甸南北的水上大动脉。

缅甸的沿海港口虽然较多,但海运并不发达,国际贸易港口有仰光港、勃生港、毛淡棉港和若开港,其中最主要的是仰光港。仰光港共有13个码头的泊位,设计年吞吐能力为500万吨,但由于港口设施较差,装卸效率低下。缅甸的远洋海运业务由国营的"缅甸五星轮船公司"经营。该公司共有11艘万吨以上的远洋船只,并在许多国家设有办事机构。

缅甸的通讯设施一直十分落后,直到1992年初政府才组织成立了邮电通讯部。自1989年以来,国家采取投资和吸引外资相结合的办法,努力发展国内通讯事业,耗资1.301亿缅元,建立了国内卫星通讯地面站,结束了长期边远城镇无法与内地通讯联络的历史。近年来,缅甸通讯公司还分别与德国西门子公司和韩国大宇公司合作发展电讯,有两项电讯工程正在进行之中,竣工后缅甸与国际上的电讯联系将有改观。

财政金融 新政府执政后,大胆实行开放的金融政策,改革财政金融体制,使国内金融形势趋于好转。政府在金融领域也已开始对外资银行开放,并计划发展多元化的金融体系。除国有银行外,现已允许外国银行在缅开业,设立办事处,开办外国银行的分行或合资银行,截至1994年8月,已有泰国军人银行、新加坡发展银行、华联银行、泰国家民银行等8家外国银行在缅甸开业。近年来缅甸工农业生产发展趋于好转,对金融领域的改革初见成效,使缅甸财政金融状况得到了较大改善。外汇储备已达18.04亿缅元(为3亿美元),比前几年有较大增加。

自1988年9月以来,缅甸对金融制度进行了较大的改革。目前全国共有6个国家级的银行:缅甸中央银行、缅甸经济银行、缅甸投资与商业银行、缅甸外贸银行、缅甸农业和农村发展银行。缅甸中央银行前身为1948年成立的缅甸联邦银行。它负责管理国家财政,指导、监督和调控银行体制;向经济部门提供财政和货币情况的资讯;稽查帐目;实施对黄金和外汇的管制;发行证券、制订票据贴现率、利率;发行货币等。唯有中央银行可以印刷钞票。

缅甸政府现已允许成立私人银行。从1993年11月缅甸出现第一家私人银行至1994年9月,缅甸共建立了10家私人基股商业银行。外汇管理工作主要通过缅甸外贸银行,由外汇管理委员会和外汇管理部负责。以计划财政部长为首的外汇管理委员会负责分配外汇。《缅甸外汇法》规定,任何人未经外汇管理局负责人的许可,在国内不得买卖、借贷、兑换外汇。国家规定缅币不得出入国境。但在中缅边境地区,根据贸易部规定(91 第 7 号令),可以使用人民币和缅币。

对外经济关系 缅甸对外贸易的主要贸易伙伴是东南亚国家、中国、日本和欧洲共同体国家。自1991~1992 年度起,缅甸的外贸总额已超过 110 多亿缅元。贸易对象中,东南亚国家尤其是泰国和新加坡占有重要地位,例如 1991~1992 年度,缅甸对东南亚的出口在总出口中所占的份额已达 35.8%(其中新加坡占 19.4%,泰国占 12.7%);从东南亚的进口占总进口额的 35%,其中新加坡占 12.4%,泰国占 14.8%。日本在进口方面的地位最为重要,在整个 80 年代缅甸每年的进口约 50%来自日本,但从 1991 年以后,日本在其进口总额中所占的比例已下降到 21.1%。印度和非洲也是缅甸的重要出口市场。

缅甸外贸长期不平衡,新政府执政后的 6 年时间里,对外贸易发展迅速,各个方面都有不同程度的增长,在减少进出口不平衡的方面有所进步,逆差有所减少。近年来,政府改革了外贸政策,鼓励国营和私营的外贸出口,巩固和扩大了与邻国的贸易,并开始与更多的东盟国家建立经贸合作关系,努力开辟一些新的出口市场。目前,外贸形势大为改观,进出口贸易有一定的改善,外贸收支也向平衡发展,贸易逆差已减少到 30 亿缅元。1993~1994 年度,贸易占国内生产总值的 22.1%,按当年价格计算,纯国内贸易为 3 086.242 亿缅元,进口金额为 72.18 亿缅元,出口金额为 40.71 亿缅元。政府计划在继续扩大海外贸易的同时,继续大力发展同中国、泰国等国的陆地边境贸易,把促进进出口市场的多样化作为缅甸对外贸易的重点。1995 年缅甸已正式提出加入东盟,1996 年东盟已接受缅甸为东盟成员国,这将推动缅甸与东盟国家的经济合作关系。

缅甸鼓励外国直接投资。1988 年底颁布了《外国在缅投资法》,此后又陆续颁布了多项涉外法规和法令,明确规定了投资的优惠条件、待遇和保护措施,保证不收归国有。新法令允许外商成立独资企业,允许缅甸私人经营单位同外商合作经营。近几年,对外经济活动空前活跃,外国公司前来投资的势头加强,许多国家包括西方国家已把缅甸当作潜在市场,尤其是新加坡、泰国、韩国和美国的公司纷纷前来占领市场。据缅甸外国投资委员会统计资料,以及缅甸政府的最新经济发展报告,自 1989~1994 年 3 月 16 日,已有来自 16 个国家和地区的 84 家公司获准在缅投资,投资总金额达 10.56 亿美元,其中石油和天然气的项目 20 个,约 3.81 亿美元,占总投资金额的 1/3;饭店和旅游业为 20 个,约 3.32 亿美元,占总投资金额的 1/3;矿业 10 个,约 1.55 亿美元;农业 1 个,约 269 万美元;制造业 30 个,为 9 596 万美元。在对缅投资中,泰国和美国处于领先地位,分别为 2.11 亿美元和 2.03 亿美元;新加坡和日本是第三位和第四位,分别为 1.07 亿美元和 1.01 亿美元;荷兰和奥地利是第五位和第六位,分别是 8 000 万美元和 7 150 万美元;第七位是中国香港,为 5 836 万美元;中国排第八位,为 110 万美元。此外,日本、韩国、台湾、新加坡等国和地区对缅投资开始日趋活跃,外商纷纷涌入缅甸,已有多家外国公司正申请获准在缅开设办事机构。缅甸政府称,1994~1995 年度争取到 20 亿美元的外国投资,从而使外国投资总额增加到 30 亿美元。预计在未来的几年内,引进并利用外资将提高缅甸国内生产力。缅甸还借助邻国改革开放的成功经验,开始在国内大城市建立出口加工区,准备借此更多地吸收外国投资和先进技术。到 1993 年底,开辟了一批工业开发区,外资、合资工厂达 24 个。1994 年 3 月,新加坡总理吴作栋对缅甸进行了正式友好访问后,东盟各国领导人也先后出访了缅甸(除文莱),并都与缅签订了贸易、投资和经济合作的协定。

中缅边境贸易发展很迅速,也很醒目。近几年两国贸易年均总值超过 5 亿美元并继续向上攀升,而且边境贸易的规模逐年扩大,范围越来越广,已从单纯贸易发展到多方面、多层次的经济技术合作,包括商品贸易、旅游、建电站、修铁路等等。双方市场联系,也由商品市场扩展到技术、劳务等方面。缅甸商人在边境地区可使用人民币作为流通货币。通过边境贸易进入缅甸的中国商品多达 500 余种,可大致分为三类:一是消费品,包括纺织品、食品、药品、文化用品、玩具等;二是诸如机器设备、机器零配件和建筑材料等;三是各类工业原料。具体出口的商品有:香烟、布料、柴油机、水泥、啤酒、棉纱、电池、药品、针织品等;从缅甸进口的主要商品有:木材、玉石、鱼、锰矿石等。缅甸政府从法令上禁止缅甸商人与台湾直接贸易,但仍有一些台商与缅商开展贸易,缅向台出口项目以石油、黄金、钢铁等天然资源为主,缅从台主要进口商品为电子零件、合成纤维及自行车等。

缅甸主要经济指数表

	1991 年	1992 年	1993 年	1994 年	1995 年
国内生产总值(亿瑞尔)	1 868	2 494	3 603	4 731	6 132
国内生产总值增长率(%)	-0.6	9.7	6.0	7.5	9.8
通胀率(%)	32.3	21.9	31.8	24.1	25.2
人口(万)	4 270	4 370	4 460	4 540	4 620
出口总值(亿美元)	4.306	5.907	6.96	8.1	9.63
进口总值(亿美元)	8.423	10.102	13.02	15.97	21.66
经常项目收支(亿美元)	-3.44	-2.75	-2.92	-3.39	-6.3
外汇储备(亿美元,不含黄金)	2.584	2.801	3.029	4.22	5.611
公共债务(亿美元)	48.53	53.27	57.3	65.02	
货币汇率(瑞尔/美元)	6.28	6.10	6.16	5.97	5.67

资料来源:"EIU Country Report: Maiaysia, Bruinei" 4th Puarter of 1996;"EIU Country Profile: Maiaysia, Brrruinei" 1996~1997。

1995 年各行业经济占国民生产总值的比重(%)

农业	53.7
制造业	7.3
畜牧业	7.0
运输业	2.7
建筑业	2.3
金融业	0.1
贸易	23.4
其他	3.5
GDP	100.0

资料来源:"EIU Country Report: Maiaysia, Bruinei" 4th Puarter of 1996;"EIU Country Profile: Maiaysia, Brrruinei" 1996~1997。

科技教育文化

缅甸境内共使用着 100 余种不同的语言。这些语言分属于汉藏语系的藏缅、侗台(壮侗)语族和南亚语系的孟高棉语族。其中藏缅语族有缅语、克钦语、那伽语、傈僳语等,侗台语族有掸语、老挝语、果刚语、克伦语等,孟高棉语族有孟语、布朗语、佤语等。缅族、克钦族、克伦族、掸族、孟族等都有本民族的文字。

1964 年,缅甸改革了教育制度,教育分基础教育、职业教育和高等教育。学制为:小学 5 年,初中 4 年,高中 2 年,高等教育 4~9 年。1989~1990 年度教育经费为 4.47 亿美元。全国有小学 33 499 所,学生 648.3 万人,教师 19 万人;中学有 2 635 所,学生141.7 万人,教师 6.4 万人;各类大专院校 132 所,在校生 24.4 万人,教师 8 263 人,主要大学有仰光文理科大学(1920 年成立)和曼德勒文理科大学(1964 年成立)。1971 年缅甸曾获联合国教科文组织颁发的扫盲运动奖。

缅甸的新闻机构很少。1963 年 7 月由原缅甸新闻处改组成立缅甸通讯社。广播只有缅甸之声,用缅语、英语及 8 种本国少数民族语言广播,每天播音 15 小时。1980 年还建立了缅甸电视台。报纸目前只有官办的《劳动人民日报》,英、缅文各 1 份。

人口与环境保护

缅甸人口约 4 620 万。多民族国家,约有 42 个民族。缅族是缅甸的主要人口,占总人口的 65%,其他各族所占比例均不到 10%。如克伦族占 8%,掸族占 7%,若开族占 5%,其他各族均在 5% 以下,华人占 1.5%。缅族分布于缅甸的中心地带。少数民族分布在全国 80% 的土地上,地处边远地区和高原地区,形似马蹄环绕着整个缅甸。

缅甸是一个绿色世界。其森林覆盖面积占全国总面积的48%,居世界第7位,是著名的森林古国。这里生长着7 000多种树木,生物资源十分丰富。若开、德林达依、萨尔温江流域和密支那等地都有大片天然常绿林,终年覆盖着苍翠的莽林,林中竹子丛生,藤葛交错,交通困难。缅甸的柚木储量占世界总储量的85～90%。柚木以其特殊的抗腐蚀性、耐久性、稳定性而成为世界上最贵重的木材之一。缅甸的竹林分布广泛,竹子种类有20多种,年产竹在9亿多棵以上。由于经济比较落后,所以人们的环保意识还很落后,但是得天独厚的自然环境,却也使缅甸人可安枕无忧,与自然共享。

经济文化一体化

位于中南半岛的缅甸,历史上是中国文化圈与印度文化圈的交汇地之一。当古老的印度文化从半岛的西南部进入这个地区的时候,中国文化也正从半岛的东北部开始扩展自己的影响。这种从公元前数百年就发生的情况,一直延续到本世纪初,使得中南半岛与中国文化有两千多年的密切悠久的文化交往。中国文化和印度文化的长期影响,深深地融入了缅甸文化中,已成为该国民族文化的一部分。缅甸是佛教古国,佛教文化可以说是该国的主流文化,单从寺院2万多座,佛塔10多万座就可看出佛教在缅甸人民心目中的位置至高无上。全国佛教徒约3 300万人,占总人口的80%以上。其他宗教伊斯兰教约330万人,占8%;基督教徒约200万人,占5%。1948年缅甸独立后,前总理吴努采取了一系列措施促进佛教发展。1950年专门成立宗教事务部,组织了缅甸联邦佛教会。1961年10月,政府宣布佛教为国教。但翌年奈温执政后取消这一规定,使缅甸佛教界基本上实行闭关自守政策。1980年10月,吴努回国后,担任三藏委员会主席,从事佛经研究、整理和宣传工作,使缅甸的佛教又有所发展。

缅甸还是一个比较落后的农业国,受经济限制,社会消费不大,个人消费能力也比较低。经济文化产业状况较好的是旅游业。

缅甸旅游资源丰富,但发展较慢。现已开始重视发展旅游业,1996年被定为旅游年,仅4～8月访仰光的游客便达58 067人,比1995年同期到访的人数38 069人增加53%。1995～1996年度,共有15万人到缅甸旅游,1996～1997年度估计有23万游客。从1989年的10万人次开始,逐年攀升。目前,又提出今后每年要吸引50万外国游客来缅甸旅游的宏伟目标,并且在已开放的仰光、曼德勒、蒲甘、良吁、景栋、黑河、土瓦、高东等城市的基础上,又新增开了腊戍、密铁拉、实兑、妙吴、勃生、羌达、毛淡棉、吉谛瑜等新的旅游城市。同时还通过与外国公司建立联营企业,修建符合国际标准的旅馆,改善交通运输条件,提高国营和私营旅行社的素质,以吸引更多游客。佛教圣地仰光和曼德勒有2万多名和尚,曼德勒附近的实皆山集中了全国1/3以上的女尼。和尚以到曼德勒圣地念经拜佛为无上荣耀;蒲甘则是古老的佛教圣地,有5 000多座佛塔。仰光的大金塔已成为缅甸的象征,蒲甘的阿难陀塔和优婆离戒坛、勃固的瑞摩都塔等都是世界闻名的佛教建筑。

(中国现代国际关系研究所　方　华)

马来西亚经济文化概况

马来西亚位于东南亚中部,其领土主要由马来半岛(西马)和加里曼丹岛北部(东马)两大部分组成。面积32.9万平方公里,人口1 900万左右(1993年普查)。海岸线长4 192公里。首都吉隆坡是全国第一大城市。其他主要城市还有槟城、新山(柔佛巴鲁)、马六甲城、关丹、古晋和哥打巴鲁等。全国共有13个州和1个联邦直辖区。属热带雨林气候。自然资源非常丰富,其中锡和棕油的产量居世界首位。主要民族是马来族和华族,分别占总人口的62%和29%,此外还有印度族等。主要宗教包括伊斯兰教、佛教、印度教和基督教,其中伊斯兰教为国教。官方语言为马来语,英语和汉语广为使用。华人多讲广东话和福建话。

从历史来看,马来西亚最早的居民是马来半岛的阿斯里人,沙捞越的普南人和沙巴的鲁古人,约在5000年前从华南和西藏迁徙而来。第二批移居者为马来人,可追溯到3000年前。上述民族现在都被称为土著民族。16~19世纪,荷兰、西班牙和英国等殖民主义势力相继入侵。19世纪末20世纪初,英国势力逐步扩展至马来西亚全境。1941年底为日本所占领。1945年日本投降后,英国重掌政权。1957年,马来半岛脱离英国的统治而独立,当时称马来亚联邦。1963年,马来亚联邦与新加坡、沙巴和沙捞越组成马来西亚联邦,其中新加坡于1965年退出。

经　济

马来西亚的国民经济在国家独立前后主要着重于农业和矿业。进入80年代尤其是80年代中后期以后,制造业、建筑业和服务业的比例大幅度增长,从而摆脱了自然资源出口型的经济模式。90年代以来,马来西亚被世界经济论坛和国际管理发展研究所两个机构鉴定为"新兴工业化国家",在其中的竞争力排名已超过韩国而跃居第四,而它在国际企业界信心排行榜上则已超过台湾而跃居第三。

最近几年,马来西亚经济持续取得巨大成就:1988~1994年国内生产总值年均增长率达9%左右,居东盟之首,在整个亚洲仅次于中国。根据1996~1997年度政府经济报告,1996年马经济增长率将从1995年的9.5%降至8.2%;人均产值从1986年的1 830美元增至1994年的3 406美元,在东盟国家中仅次于文莱和新加坡,是泰国的1.5倍和印尼的5倍;外汇储备从1986年的60亿美元增至1993年的272亿美元,同期外债则从219亿美元减至191亿美元。

马来西亚的就业人数从1987年到1993年平均每年增长3.9%,而同期的劳动力总数年均增长率只有2.9%,这就使其失业率从8.2%降至3.0%,已经达到"充分就业状态"。制造业的劳动力紧缺状况比较严重,许多企业的开工率达不到80%,技术工人短缺状况尤为紧迫。

在80年代后半期,马来西亚在保持经济高速增长的情况下,通货膨胀率仍一直保持在4%之内。但进入90年代以来,随着薪水的提高、人民购买力的增强和商业贸易的迅速发展,通胀率略有上升,1991年和1992年分别达4.4%和4.7%;1993、1994、1995、1996年经努力控制在3.6%、3.8%、3.4%、3.6%,使通胀率保持在最低水平。

不过,马来西亚经济仍然存在一些问题,其中以下三项尤为紧迫:⑴基础设施不能满足国内经济蓬勃发展的需要,成为发展的瓶颈。⑵劳动力缺乏,1993年国内全部劳动力为760万左右,而失业率只有3%,工资上涨10%左右,使其劳动力不再廉价,从而丧失一项重要的竞争优势。⑶科技力量不足,妨碍其经济规模扩大与产业升级。

基于国内强劲的经济增长势头,而且考虑到世界经济格局变化为其提供的宝贵机会,马来西亚总理马哈蒂尔于1991年2月提出了雄心勃勃的《2010构想》,欲使马来西亚成为"全面发达的工业化国家"。其具体目标是:收入增长4倍,达到1.2万美元左右。作为配合上述构想的中期和短期目标,政府随后制定了《第二个远景规划纲要》(1991~2000年)和《第六个五年计划》(1991~1995年),并于1991年6月获国会批准。据此,制造业占国内生产总值的比例,将于1995年和2000年分别达到32.4%和37.2%;制造业和原产业(即初级产业,包括农业和矿业)吸收全部劳动力的比例,将由1990年的19.5%和28.4%分别减至23.9%和20.5%,从而使就业结构发生变化。

1996年11月28日马来西亚公布第二个工业发展计划。马来西亚第一个工业计划是1988~1995年,着眼于大规模投资和迅速工业化。该计划吸引了大量外国资本和技术,使经济在过去9年中保持了8%以上的增长率。第二个工业计划是1996~2005年,集中发展以下8个关键性工业领域。这些领域包括:电力、电子设备、纺织、服装、化工,以资源为基础的工业、以农业为基础的工业和仪器工业、交通、原材料和机械。马哈蒂尔说这个计划旨在发展制造业,"特别是汽车制造工业、电信和信息技术工业"。同时"还要集中力量搞好小型和中型工业的发展,不仅仅是为满足主要工业的发展提供零部件，还要生产可供出口的高质量零部件，甚至制成品”。按照新计划，制造业部门在2000年以前每年增长10.7%，到2005年，每年增长速度减慢到8.3%。国际贸易和工业部说，制造业这个相对比较慢的增长速度符合大多数发达国家经济发展的增长模式。马来西亚准备在2020年成为一个全面工业化的国家。

为实现这一目标，马哈蒂尔提出了一系列计划。如1996年竣工的马来西亚国油双峰塔高达466米，比芝加哥的西尔斯大厦还高出3米，使吉隆坡成为拥有全球最高建筑的城市。马来西亚还计划建设新首都。新首都叫必打灵查亚，将有人口25万。这个新建城市被设计成“信息枢纽”，将通过利用各种光导纤维的“多媒体走廊”与吉隆坡联系在一起。马哈蒂尔断言：“总有一天，吉隆坡与必打灵查亚将形成一个特大城市，可与东京—横滨媲美。”马来西亚还在兴建一座国际机场，于1998年启用，预计客流量将达2 500万，且以后还会增加，到2020年客流量达6 000万。一位名叫文森特·唐奇云(译音)的KL Linear City计划更加雄心勃勃，他要使穿过吉隆坡的盖郎河私营化，在水中打桩建造一个高10层，弯弯曲曲延伸长达2公里的巨型水上建筑，拥有写字楼、公寓和商业中心，建筑面积达90万平方米，将创下建筑最长的世界纪录。与这项工程配套的还有一条单轨架空车道，一个拥有1万个车位的停车场等。这些工程于1996年冬开工，工期为20年。马哈蒂尔说，把吉隆坡变成世界上最现代化的城市之一已经鼓起了马来西亚企业家们的奋争精神。

工 业

制造业 马来西亚的制造业共有17个部门，其中较重要的有电子、纺织、服装以及橡胶、热带硬木和原油加工。政府近年致力于扩大制造业基础，鼓励发展汽车、钢铁和水泥等重化工业，并对本国丰富的自然资源进行深加工，以期改变其制造业过于依赖纺织和电子产品的局面。80年代中期以来，制造业占国内生产总值的比例不断上升，1987年开始超过农业，1994年达到31.5%。制成品占出口总额的比例也在不断上升，1989年首次超过初级产品，1994年达到77.5%。制造业1995年、1996年的增长率分别为14.5%、12.8%。在国内生产总值中所占比例由33.1%提高到34.5%。

对于马日合资的“英雄牌”汽车制造厂和帕瓦惹钢铁公司，马来西亚政府都曾给予多方面援助，使其免遭破产厄运。前者于1988年首次盈利3 200万马元，1990～1991年度更达2.62亿马元。政府在1989年底收购帕瓦惹钢铁公司81%的股权之后，对其进行了重组。目前这两家企业都已成为举足轻重的国营大型制造业公司。

1996年底马来西亚又提出新措施，建议规模较小的中小型工业合并，集资扩大业务，提高竞争力，设立一个总研究及开发中心负责工业设计与研究。中小型工业应着重电脑设计、电脑制造电脑工程和电脑模拟等方面的技术。汽车组件与配件的交易量，已从1990年的4.2亿马元增加到1995年的12亿马元。马来西亚有能力生产3 000种组件，占国产车组件的50%。1995年，进口拆散部件与配件共值54.2亿马元。目前马来西亚汽车工业仍依赖进口汽车配件和组件。今后要提高在研究和开发方面的投资，提高马来西亚的汽车业竞争能力。

建筑业 马来西亚的建筑业是反映国家经济状况的晴雨表。70年代后期和80年代初期，由于经济发展较快，对住宅和公共设施的需求大幅度增长，建筑业一片兴旺，在国内生产总值中占据较大比重。80年代中期，在经济不景气的氛围笼罩下，建筑业急剧滑坡。80年代末期以来，随着经济的复苏和加速发展，建筑业重新高涨。1991年和1992年，建筑业产值增长率分别达到15%和14%，在当年各部门产值增长率中居于领先地位。在全国各地尤其是西马主要城市大兴土木的热浪中，水泥供应屡次极度紧缺。马由于公共领域新建筑工程趋少，同时马“七五”发展计划的新项目于1996年才付诸实施，加之于1995年推行的抑制房地产过度投机、不鼓励外国人在本地购置产业的政策取得预期效果，因此1996年建筑业增长率从1995年的17.3%降至9%。

矿业 马来西亚的矿业生产以锡、石油和天然气的开采和提炼为主。马来西亚是世界最大的产锡国，但因1980年以来国际市场锡价下跌，加之国内生产成本提高和储量减少，锡产量只有1.04万吨，不到1990年的一半。原油也是马来西亚的重要矿产之一，近年来产量增长缓慢。天然气在全部矿业中所占比例较小。总体来看，矿业产值增长放缓趋势日益明显，已在1993年开始出现0.5%的负增长。1995年、1996年的增长率分别为9%、3.1%。由于全面生产增长率较低，因此矿业产值占国内生产总值的比例，已从1986年的11%降至1996年的7.1%(1995年为7.5%)。

农业

马来西亚的热带雨林气候对于棕榈、橡胶和水稻多种农作物的种植和生长非常有利。农业生产结构以种植业为主，林业次之。由于大量劳动力流向城市，劳动密度较大的水稻和橡胶的发展放缓甚至出现倒退。农业产值占国内生产总值的比例从1986年的21%降至1996年的12.7%(1995年为13.5%)，农业增长从1995年的1.1%增加到1996年的1.6%。

马来西亚政府为促进农业的发展，曾于1983年和1991年两度制定“国家农业政策”。1983年政策的重点是，督促农民放弃传统的耕作方法和自给自足的经营方式。1991年政策的重点是，增加政府对农业的服务费用，制定一系列鼓励农业发展的措施。此外，政府拨出巨款兴建和改善农村的道路、水利和电力等基础设施(“六五”计划的重点之一是改善农村交通状况)，并大力促进农村教育事业的发展，试图以此缩小城乡差别，延缓农民流向城市的速度。政府还与许多国家进行谈判，说服它们降低棕油和原木的进口关税并取消非关税壁垒。

棕油　马来西亚是全球最重要的棕油生产国，1993年的棕油产量占全球总产量的53%。作为出口旺盛的经济作物，棕榈的种植面积从1987年的164.03公顷增至1993年的228.10万公顷，同期的棕油产量则从453.31万吨增至740.35万吨，出口量从407.7万吨增至557.7万吨。

水稻　水稻种植面积从1987年的64.48万公顷增至1993年的67.30万公顷，但同期产量只从109.25万吨增至129.83万吨(马来西亚多年以来粮食不能自给，进口量从1987年的19.65万吨增至1993年的38.92万吨)。

橡胶　橡胶种植面积从1987年的188.13万公顷减至1993年的176.35万公顷，同期产量则从157.87万吨降至107.43万吨。

木材　马来西亚盛产热带硬木，木材加工业近年发展较快。原木产量由1991年的3 986.0万立方米减至1993年的3 694.2万立方米，出口量由1 931.8万立方米减至929.8万立方米；同期的锯木产量由889.3万立方米增至917.4万立方米，出口量由502.1万立方米增至547.7万立方米。

能源

马来西亚拥有多种能源，包括石油、天然气、水电和煤等，但其国内能源消耗的90%以上为石油和天然气。1986年探明的石油和天然气储量分别为30亿桶和1.5万亿立方米，主要分布在东马两州(沙巴、沙捞越)和西马丁加奴州近海，其勘探和开采主要由“国家石油公司”与“英荷壳牌石油公司”、“埃索石油公司”签定生产分成合同，并由后二者直接经营。为改变能耗单一结构，政府于1980年宣布要减少石油和天然气的开采量。1992年的原油产量为3 260万吨，液化气产量为2 010万吨。

交通与通讯

马来西亚的基础设施从英国殖民统治时期开始发展，其完善和充足的程度在东盟国家中仅次于新加坡。但是，随着近年经济的蓬勃发展，基础设施已远远不能满足需要，瓶颈效应日趋严重。政府已在加速更新和扩展基础设施方面投注了较多财力，“六五”期间还将为此拨款76亿美元。

马来西亚的交通运输以公路和海运为主，铁路和空运次之。马来半岛的交通设施远比沙巴和沙捞越两地发达。

公路　全国公路总长已从1980年的28 870公里迅速增至1990年的64 445公里。1993年完工的“南北大道”全长823公里，纵贯马来半岛，南接新加坡，北连泰国。公路运输承担着全国近50%的客货流量。全国汽车拥有量从1980年的260万辆增至1985年的400万辆。1990年，平均每1 000人拥有96辆私人汽车，居东盟之首。

铁路　全国铁路总长2 681公里(1985年)，其中2 092公里为单线，正在实施加铺复线工程。马来半岛各主要城市均有铁路相通。与新加坡和泰国有铁路联系。

海运　商品进出口大多通过海运进行。全国主要港口共有32个，其中吞吐量最大的前3名依次为巴生(吉隆坡以西40公里)、槟城和柔佛。两家国营的船务公司“马来西亚国际船务公司”和“国家船务有限公司”的经营总量仅占全国货物进出口的10%左右,其余90%都由外国船务公司经营。

航空 全国机场共有126个(1987年),国内航线主要由“马来西亚航空公司”垄断经营。各中心城市及沙巴和沙捞越两州的主要城镇之间均有航空联系。吉隆坡与中国的北京和广州之间已有航空联系,中国国际航空公司和马来西亚航空公司均有班机往来。1993年6月,中马两国商定增开槟城与厦门之间的国际航线,来往两国之间的航机班次也将由每星期6次增至12次。

通讯 马来西亚的邮电通讯事业比较发达。1992年平均8.8人拥有1部电话。

对外贸易

马来西亚对外贸易受西方市场影响较深。其商品出口已从1987年的138亿美元增至1993年的484亿美元,数量居全球第19位,竞争能力居第17位。1985年,出口结构发生重大变化,制成品首次超过农产品。1987年以来,以电子和纺织产品为主的制成品在国际市场的竞争能力不断加强。1989年,制成品出口量首次超过初级产品,占全部出口的54%。在70~80年代,马来西亚保持着贸易顺差的地位。1991年,出现多年以来的首次贸易逆差,共计1亿美元,但这主要是由大量购入半成品和生产设备而引起的。1992年,外贸局面重新扭亏为盈,顺差额为28亿美元。1993年顺差增至34亿美元。马来西亚的主要贸易对象是新加坡、日本、美国、英国和德国。

随着经济实力增强和国内劳动力成本的提高,马来西亚企业界近年开始加大对外投资的步伐,投资额由1992年的13亿马元猛增至1993年的34亿马元,1994年1~9月也已高达25亿马元。1980~1993年对外投资总额为130.631亿马元(根据1993年汇率计算,约折合50.83亿美元),其中直接投资65.188亿马元,产业收购14.579亿马元,扩充贷款50.864亿马元。马来西亚的对外投资主要集中在西方发达国家和新兴工业化国家与地区,包括美国、英国、澳大利亚、新加坡和香港等。近年开始在邻近的发展中国家进行投资,包括中国、印尼、越南、柬埔寨和巴布亚新几内亚等。

马来西亚鼓励外国直接投资。1986年以来,政府通过股权结构、税收和融资等方面的种种优惠条件,吸引了大量外资,促成其经济的复苏与起飞。1988~1992年获批准外资共计238亿美元,其中1992年为69亿美元。近几年来,日本和台湾一直是马来西亚最大的外资来源。目前,在马来西亚的全部外国直接投资中,日本、美国和欧共体等发达国家所占比例仍高达70%左右,其余则以亚洲新兴工业化国家和地区为主。

马来西亚重视使用外国借贷资本,这是弥补其经济发展资金不足的重要手段。主要采取政府直接举债和政府担保国营企业举债的方式。至1993年,外债总额共计191.4亿美元。

马来西亚主要经济指数表

	1991年	1992年	1993年	1994年	1995年	1996年
国内生产总值(亿马元)	1 358	1 337	1 618	1 857	2 137	1 302.3
国内生产总值增长率(%)	8.7	7.8	8.2	9.2	9.5	8.3
通胀率(%)	4.4	4.7	3.6	3.7	3.4	3.8
人口(千万)	1.82	1.86	1.91	1.96	2.01	
出口总值(亿美元)	344	407	471	536	733	
进口总值(亿美元)	368	405	477	611	804	
经常项目收支(亿美元)	-42	-22	-28	-41	-71	-53.6
外汇储备(亿美元、不含黄金)	109	172	272	254	238	
公共债务(亿美元)	178	200	233	248	304	
货币汇率(马元/美元)	2.75	2.55	2.57	2.62	2.50	

资料来源:“EIU Country Report: Maiaysia, Bruinei”4th Puarter of 1996;“EIU Country Profile: Maiaysia, Brrruinei”1996~1997。

科学技术

马来西亚十分重视引进新技术。政府制定了吸引本地私人公司进行科研工作的计划,1991年用于科研的拨款达1.578亿马元。科研经费在国内生产总值中所占比重,1989年为0.8%。据称,1995年上升到1.5%。马来西亚政府倡议建立实施技术和管理人员培训计划的拨款基金。此外,还成立了工业技术协调和转让委员会,由政府提供10亿马元拨款。政府采取的措施包括:要求政府所属研究机构集中研究本地自然资源的深化开发和利用问题;要求拥有政府股份的大型制造业公司增加科研费用;准备设立"武吉惹利尔科技区",为科技活动提供便利。

自1988年以来马来西亚的经济持续高速增长,劳动力日益紧缺,周边国家的迅速发展给马来西亚造成很大压力,迫使其经济结构从劳动密集性产业向较高技术水平的产业升级,以保持它在地区内相对的经济竞争优势。对此,马来西亚政府在1990～1995年的第六个五年计划中,将科技的发展列入重要地位,确定了一批重点发展的产业部门或技术领域,主要包括:

航空航天业　航空业是马来西亚近年发展的新兴产业。政府将其重点定为轻型飞机或飞机零部件的制造。同时希望通过航空业的发展,带动相关工程和航空服务设施制造的发展,或者新型合成材料的开发。1996年,马来西亚先后成功发射了两颗人造卫星:"东亚卫星一号"和"东亚卫星二号"。这是马来西亚科技发展的一个重大突破。

电子技术　由于电子技术是其他高技术产品和加工能力的基础,因此马来西亚政府将鼓励本国电子电器业向微电子和生产自动化转变为其工业政策的重点。其主要目标是减少组装,发展制造业的自动化技术,以及计算机辅助设计、制造等。由于外资对电子业的技术转让较少,政府政策是鼓励本国企业联合起来提高技术与合作水平。马来西亚电子业与其他产业的联系一直较弱,产品也曾主要是元器件。在新的发展战略下,一些电子企业与其他应用其产品的企业联合,进行设计与生产,其产品包括软盘驱动器、计算机、工业机器人、飞机通讯和自动驾驶等方面的微电子控制部分。政府也成立了一个专门的研究试验室,协调大学与企业的相关研究开发,并作为咨询中心。

生物技术　马来西亚已在种植及其产品加工、饲养、医药等行业开始应用生物技术。政府现已成立了一个工作小组,通过国家生物技术项目的完成,来提高生物技术水平。这些项目包括分子生物、遗传工程、工业与环境及医药等方面的生物技术。计划成立国家生物技术中心,协调所有相关领域的活动,并建立多种基金培训有关人员。同时,政府也鼓励私人部门加入生物技术的研究与应用。

信息技术　马来西亚在90年代初,据估计每年约有15亿林吉特用于信息技术。随着经济和通讯的快速增长,信息技术市场扩展很快,并与电子、电讯产业的发展密切相关。在发展中国家,马来西亚已有相对发达的电讯网,现在它需要以光纤、卫星、无线、数字等先进通讯技术组成的网络,从而为经济提供更可靠更有效的服务。因此政府已计划重点发展信息技术,以适应通讯发展的需要。1987年建立了国家信息网,并于1992年与美国联网,现在正计划将大学与研究所联网。政府还成立了信息技术工作小组,它已将信息技术的开发、管理、通讯与数据服务、计算机、中小企业的信息技术支持等作为重点,并在上述领域成立了专家小组,分析并规划相应的微电子和信息技术发展战略。

政府为发展高技术还采取了其他措施,如成立马来西亚技术发展公司,其任务是将大学和研究机构的研究成果和技术商业化,并支持技术型企业的发展;马来西亚科学院在1994年7月提出建立一个实体性公司,吸收优秀的科学家、工程师、技术人员加入,支持他们在各自领域的研究与发展,科学院提供内部交流机会、研究基金,并资助科研项目;给高技术产业税收优惠,包括免除5年的所得税,从项目批准时起5年内减免60%的投资税。

教育文化

教育　根据马哈蒂尔于1993年底发布的《六五计划中期回顾》,马来西亚政府在1996年前对教育采取如下措施:加快师资培养,增建6所教师培训院校;重视青少年普及教育,增建1.2万间中小学教室、11所聋哑盲童学校和8所技校;逐步加快大学教育的发展,为其增拨研究、建设等费用,同时允许私人设立大学,允许外国大学设立分校,并以税收优惠鼓励青年出国留学;鼓励企业对其员工进行科技培训。

马来西亚的普通教育体系分3级:初级、中级和高级。对6~12岁儿童实行免费小学教育。1965年采用了综合教育制度。1991年教育经费预算66.4亿马元,占预算总开支的17.64%左右。小学入学率为95%,政府津贴的小学约7 000所,中学900多所。文盲率为22%左右(1991年)。全国有马来西亚大学、国立大学等7所高等院校。

1995年政府政策预算中,用于教育的部分达20.4亿马元,约占财政支出总额的4.2%。政府为提高教师的地位、巩固教师队伍,在1995年逐步提高了中小学教师,特别是学校中教育和管理骨干的工资和级别。为加强对外交流、提高教育水平,马正计划将大中小学国际化,吸引周边国家的学生,并请发达工业化国家的大学来马办分校,现已有英国、澳大利亚、日本的大学向马申请办分校,美国也有大学有此意向。

1996年马来西亚开始实施新的私立高等教育法。根据这个法令,马来西亚的一些大公司,如大型的电讯公司马来西亚电讯公司、特纳卡国营电力公司、跨国国营石油公司都能建立自己的大学;吉隆坡正致力成为东南亚地区优秀的教育中心。目前,已有80个国家的11 367名外国学生在该国伊斯兰教大学注册。他们大多来自印度尼西亚、波黑和泰国,主修经济学、工程、法律。用英语授课,还开有伊斯兰教知识和阿拉伯语必修课。

近几年随着中国经济的发展,亚洲经济的崛起,马来西亚大力推行"讲华语"运动。1996年底马来西亚已与中国南京大学合作,签定马中学生交流计划,吉打州政府正积极筹组"讲华语马来同胞学会",配合今后的交流活动。

1997年开始运作的国家教育基金,将与学生储蓄投资计划挂钩,在银行为学生设立升学贷款计划。国家教育基金除为贫穷学生开辟一条贷款升学的渠道外,也是一项教育改革的措施,目标是到公元2000年把19~24岁的青少年接受高等教育的升学率,从目前的13.47%提高到40%。

文化 马来西亚国家文化的原则是各族文化的优秀遗产都是国家文化的基础;科学、民主、法治精神与爱国主义思想,是建立共同文化价值的指导思想;共同价值观应通过多元民族形式来表现;国家文化应基于民主协商来建立。因此马来西亚的国家文化是绚丽多彩的、统一而又多样化的文化。国家文化的建设,是充分发扬各族优秀文化,同时促进国内民族文化的交流,且吸收外来文化的优秀成分,建立共同文化价值观,增进各民族的共同点。为促进各族文化的发展,马来西亚设立了国家文化基金,公平资助马来西亚各族挖掘、保存、研究和发展自己的传统文化;鼓励民间社团、工商企业机构设立文化基金,且豁免这些基金的所得税,促进文化事业的蓬勃发展;一视同仁地扶助各族母语教育的发展,使各族传统文化能通过母语教育充分继承发展,并通过国家语文出版局有计划、有步骤地出版各族文化研究及文学名著的译作,促进文化交流;另外,在各社区设立文化活动中心,使民间团体举办更多的健康文化活动,每年固定拨款赞助各族有代表性的文化活动;设立各族学者组成的文化咨询委员会,推动和协助对各族社会现状的综合研究。

新闻出版 约有50家报纸,用8种文字出版。主要有:马来文的《马来西亚使者报》、《每日新闻》、《祖国报》;英文的《新海峡时报》、《星报》、《马来邮报》;华文的《南洋商报》、《星洲日报》等。

马来西亚国家新闻社简称马新社,半官方通讯社。在曼谷、雅加达和马尼拉设有办事处。马来西亚广播电台为官方承办的电台,建于1946年,当时称马亚广播电台,1963年改用现名。拥有6个广播网,用马来语、英语、华语和泰米尔语广播。

马来西亚之声建于1963年,用马来语等8种语言对外广播。马来西亚电视台也是官方承办,建于1963年,设有两个频道,用马来语、英语、华语和泰米尔语播放。电视台第三频道是马私营电视网,1984年6月1日开播。

经济文化一体化

马来西亚三大民族中,马来族约占人口的54%,华人约占35%,印度裔占10%。由于马来人信奉伊斯兰教，伊斯兰教也是国教。而华人受儒家文化影响较深，因此回儒两大文化形成了马来西亚的文化主流。目前，东亚地区经济持续高速发展，马来西亚与东亚的经济和政治关系日趋紧密，而东亚许多国家都是儒家文化传统，这使马来西亚越来越重视儒家文化。

1995年3月，马来西亚为了促进回儒两大文明的交流、消除宗教和民族隔阂、增进地区和世界和平，经过充分准备，在马来西亚大学举行世界上首次研究伊斯兰和儒学关系的国际研讨会。马来西亚副总理安瓦尔在开幕词中指出，目前东南亚国家中，伊斯兰与儒家文明正在进行合作，共同创造地区繁荣。舆论认为，这是回儒文明的有机结合，将成为“马来西亚文化”的新起点。

早在1981年马哈蒂尔就推行以日本为经济楷模的“向东看”政策，日本、韩国人民“刻苦耐劳的精神、求知欲、谋生方式和优秀的价值观，都是伊斯兰教所推崇的”。“向东看”政策主要是学习日本的经济发展经验，努力吸引日本的资金、技术和管理经验。80年代中期，日元大幅升值，日本国内的生产成本不断上升，迫使一些传统产业和中小企业纷纷向国外转移。实行“向东看”政策并对外资给予种种优惠的马来西亚，成为日资注入的热点地区。此后几年之内，马来西亚与日本的经济关系迅速发展。到90年代初，日本在马来西亚的贸易、投资及政府援助等三个方面都雄踞榜首。据1990年底的统计，在马来西亚共有马日合资的制造业工厂200多家，全日资制造业工厂40多家，非全日资的制造业领域的日本公司子公司有300家左右。马日合资的帕瓦惹钢铁公司，是马来西亚最大的钢铁制造企业。

近年来坚持亚洲价值观，认为东亚地区经济持续高增长说明东方文化、价值观与西方文化一样，都可使国家发展。西方国家以人权、民主等为借口干涉亚洲国家内政，并将其文化、制度强加给亚洲国家是无理的。

商业 马来西亚的商业文化比较独特，政府扶持马来人，使马来人有很多机会在国有企业私营化过程承包国家大型企业，一跃成为商海明星，超级富豪。在政府的扶持下，马来西亚原有的经济成分已逐步改变，成为国家经济的一股不可忽视的力量，缩小了与华人经济的差距。在国民生产总值中，从1990到1995年，华人经济分别从占45.5%下降到40.9%，土著经济则从19.3%上升到20.6%。政府号召马来人向华人学习经营管理方式，促进马来人学华语，以期在商场更有特长。政府的勉励像催化剂一样，使马来西亚的经济蓬勃发展，而且土著人生活逐渐富裕了，对华人的嫉妒心理也就弱了，民族更为和睦，反过来又促进了国家经济的发展。

马来西亚的私人消费水平和消费档次也在提高。1995～1996年，私人消费从562亿美元上升到610.9亿美元，从占国民生产总值的10%下降到8.7%；公共消费从176亿美元上升到184.3亿美元，从占国民生产总值的7.1%下降到4.7%。

服务业 马来西亚的服务业包括水、电、天然气、交通、通讯、仓储、批发、零售、旅馆、餐厅、房地产、金融、保险、商业服务和政府服务等，在经济领域和人民生活中始终扮演着重要角色。自1982年减少政府服务开销以来，服务业产值增长率持续下跌。在1987年经济全面复苏的同时，服务业才迅速回升(政府服务除外)，1993年的产值占国内生产总值的比例达到42%，并且吸收了全部劳动力的47.2%，远远高于制造业(23.6%)和农业(21.3%)。1996年服务业的增长率比1995年的9.4%稍稍下降，为8.9%，在国内生产总值中所占比例从44.2%上升到44.6%。

旅游业 旅游收入是马来西亚重要的外汇来源之一。80年代中期，为减少国际收支赤字，政府决定推进旅游业的发展，成立了专门机构，制定了新的策略。“1990年马来西亚观光年”取得很大成绩，外国游客人数比1989年增加50%，超出官方原定的430万人的目标，达到750万，使马来西亚取代泰国而成为外国游客最多的东南亚国家；外汇收入约2.7亿美元(不包括游客住宿和购物等方面的消费)，占国内外汇收入的5%。因受“海湾危机”的影响，1991年来马外国游客人数增加2.8%。1993年，旅游收入占国内生产总值的12%。马来西亚的旅馆供应非常充足，而且还在迅速增长。尽管如此，其客房使用率在1990年和1992年仍然达到70%，而旅游热点槟榔屿等地则高达80%以上。

信息咨询 马来西亚倡导多媒体走廊，向高科技进军。马哈蒂尔倡导“电子政府”，他的办公室里有两部电脑，一部是联网的，因为马哈蒂尔太忙，他并没有时间查询计算机网络所提供的全部信息，他利用它来回答电子邮件。另一部电脑是他用来查询政府的各项计划和工程，并掌握各项计划的发展进程。马哈蒂尔认为"电子政府"是无法避免的发展，因为政府的工作量快速增加。如签发国际护照，如今每年有1 600万人次的出国纪录，而政府不能一味地增加人员。此外，政府要发国民身份证、各种卡片及执照等，数量惊人。就像银行要以自动提款机协助处理交易一样，未来政府的大部分日常工作将由电脑仪器来处理。

马来西亚准备发展多媒体超级走廊的计划，随着马哈蒂尔访问美国和日本的积极推动，已引起马来西亚国内的广泛关注。这个计划的主要内容是把位于吉隆坡市区到雪邦新国际机场的宽 15 公里、长 50 公里的地带发展成为经济特区，以优惠条件吸引外国电脑企业到这里投资设厂，使之成为全球多媒体科技中心，以便在 21 世纪以咨讯工业代替制造业，成为国家主要收入来源。依照该计划，世界第一座数位娱乐多文化中心也将在该走廊园内产生，连接这个园区的机场预定在 1998 年启用。园区的道路和其他基本建设已在施工中，尔后将在该园区内兴建住宅、大学、研究中心和制造厂。马来西亚政府已拨出 30 亿美元作为该项目的费用。

马哈蒂尔解释多媒体超级走廊是个多元文化网络，由相互联系的国际公司和马来西亚公司一起组成，目的是通过马来西亚与邻近国家的多元文化的联系，把新产品和服务输出到经济蓬勃发展的亚洲和世界其他地区。马哈蒂尔邀请了 25 名世界咨讯科技界的著名领导人，担任这个计划的国际咨询委员会委员。此外，著名的日本电话电信公司也订下了计划，要到特区建立第一个研究与发展中心，同时提供资金开设管理一所多媒体大学。

（中国现代国际关系研究所　方　华）

越南经济文化概况

经　济

越南主要农林渔产品有稻米、橡胶、木材和水产品。耕地 709.11 万公顷，占国土面积 27.7%。农业人口占总人口 80%，农业劳动力 2 100 多万，占全国总劳力的 70%。农业产值占工农业总产值的 29%(1996 年)。农业主要是种植业，产值占农业产值的 75.5%。种植业又以粮食种植为主，主要产区是湄公河三角洲和红河三角洲，其产量占全国粮食产量的 60%以上。过去越南是粮食进口国，年进口 30 万～100 万吨，但随着农业体制改革的深化，粮食生产连年增产，农业生产增幅较大。90 年代以来，粮食有余，并部分出口。1993 年全国产粮达 2 450 万吨，人均 346 公斤，创历史最高纪录。1994 年粮食产量又上新台阶，达 2 600 多万吨。商品粮为 700 万吨，出口大米 220 万吨，成为世界第三位大米出口国。1995 年，全国粮食又夺得丰收，产量达 2 740 万吨，比前年同期增长 4.5%，出口大米 215 多万吨，创汇 4.5 亿美元。现在大米出口值占总出口值的 10.6%(1996 年)。粮食有余对稳定市场、平抑物价、安定人心起了很大作用。此外，经济作物、养殖、捕捞、水产加工等均有不同程度的发展。橡胶、咖啡、茶叶、甘蔗、烟草等也有明显发展。橡胶由 1986 年的 5 万吨增至 1990 年的 5.9 万吨，咖啡由 1.88 万吨增至 5.79 万吨。

畜牧业发展也较快。1990 年肉类生产比 1980 年增加 2 倍，达 95.6 万吨。渔业有长足发展。越南海岸线长 3 200 多公里，沿海滩涂面积 30 万公顷，淡水养殖面积 100 万公顷。全国渔船 6 万多艘。水产品产量逐年上升。1985 年水产品产量 80.8 万吨，1991 年达 106 万吨，1996 年水产品出口超过 100 万吨。出口创汇 2.63 亿美元。越已同外国签订 86 个渔业协定，总资金额2.3亿美元。现在越南水产品出口占总出口额的11.9%，已超过大米的出口额。

林业占有优势。全国森林面积931.5万公顷，木材储量5.86亿立方米，可开采量3.41亿立方米。盛产柚木、楠木和杉木等名贵木材。近几年来，年开采量325万～338万立方米。

工矿业

近10年来，越南加快工业发展步伐，产值年均增长7.6%。工业布局是南轻北重，南方主要是轻工业，北方集中钢铁、化工、水泥、化肥和煤炭等。骨干企业多为中国和原苏联援建项目。从业人员300多万，其中1/3是国营企业职工。1986年以来，越鼓励发展多种经济成份，私营企业有明显发展。目前，国营企业亏损严重，亏损企业占全国工业企业的38%。近年来，工业生产有所好转，主要工业产品石油、电力、水泥等增长较快。1992年上半年，工业增长16.4%。工业开始高速增长，完整的工业体系基础渐趋形成。越工业生产自1992年扭转滑坡趋势后，继续保持高速增长。1991～1995年，工业生产年均增长11%。1996年达12%。主要产品原油、钢铁、电力和能源大幅度增长。

石油　石油开采工业是越南的支柱产业。80年代中期以前，石油业几乎完全是空白。1986年，白虎油田产原油4万吨，1993年猛增至650万吨，1994年产量达710万吨，创汇9.76亿美元，占全国出口收入总额的27%；1996年产量达750多万吨，出口创汇超过10亿美元。除白虎油田外，越还同英国、荷兰、日本等10多个国家的石油公司签订合同，进行油气勘探，并加紧开发大熊、大龙和椰子等三个油田。计划至2000年，原油产量达2 000万吨，天然气产量12亿～15亿立方米，成为亚洲第三产油国。同时，修建年处理300万吨能力的炼油厂，争取2000年原油处理能力达1 000万吨。

电力工业　现有发电厂50多座，小水电站200多个。1981年全国发电量为38.45亿千瓦小时，1991年增至91.92亿千瓦小时，其中商品电66.2亿千瓦小时。1995年电力产量达146.87亿度，电力供应满足不了经济发展需要，缺口30%。目前，在原苏联的援助下，正兴建和平水力发电站（装机容量192万千瓦）、治安水电站（装机容量42万千瓦）等。这些电站全部投入运转后，全国发电量可达180亿千瓦小时，可缓解电力供应紧张状况。越计划至2000年，全国电力装机容量达670万千瓦，发电250亿～300亿千瓦小时，届时能基本满足经济发展需要。

煤炭业　全国探明煤炭储量为407亿吨，正在开采的为28.4万吨，占储量的6.98%。煤矿主要集中在北部广宁、太原一带。全国采掘能力为880万吨。但因缺乏资金、设备陈旧，产量时高时低。1988年煤炭产量为690万吨，创历史最高纪录。近几年来，一直徘徊在500万～600万吨之间。年出口净煤50万～70万吨，1991年增至100万吨。主要出口日本、韩国和东南亚国家。

纺织业　全国有131家国营企业和部分私营企业，共86万枚纺锭，1.9万吨织机，年纺能力8.7万吨，织布4.5亿米。实际生产能力只有50～60%。

交通·通讯·能源

越南的基础设施十分薄弱。由于长期处于战争状态，基础设施多遭严重破坏。全国统一后，大部分设施已经修复，但因资金匮乏，多数设施已陈旧不堪。近年来，随着改革开放的发展，基础设施不足的矛盾日益突出。交通运输不畅，电力供应紧张，通讯设备落后，严重地影响了越南经济进一步发展。越南政府虽加强对基础设施的建设，但短期内难以扭转困难局面。

交通　大体分为南北两个枢纽：北部以河内为中心，南部以胡志明市为中心，向四面辐射。北部交通设施尚未完全恢复，南部设施年久失修，运输效益低下。铁路仍是越南陆路交通运输的主要干线。河内至胡志明市的“统一铁路”是贯穿南北交通的大动脉，全长1 730公里。越南公路比较发达，北、南分别以河内和胡志明市为中心。1990年，民用汽车7万多辆，其中客车2.5万辆，另外，有各类摩托车35万辆。公路货运量占全国货运量的54.6%。由于缺乏维修保养，公路路面严重损坏。内河航运较发达。全国河流总长4.1万公里，通航里程8 000公里。有25个内河港口，年吞吐量700万吨。内河航运货运量占全国总货运量的30.4%。海运有7个商港，年接待外轮能力270艘次，年吞吐能力1 000万吨。远洋船队总吨位40万吨，年货运量150万吨。1991年，全国海路货运量为779.8万吨。主要港口有胡志明市、海防、岘港、

归仁、头顿、鸿基等。越南全国有机场90多处，其中民用机场15个。河内内排和胡志明市新山为南北两个国际机场。越南民航公司拥有32架苏制各类型客货机和2架美国客机，已开辟了11条国内航线和多条国际航线。民航局已同世界上20多个国家和地区签署了民航协定，并准备增辟与东南亚、亚太和欧洲一些国家的航线。有16个国家和地区的航空公司同越南有定期班机。1992年，北京至河内、广州至胡志明市的国际航班已先后通航。1995年，中越铁路也已通车。

通讯　邮电通讯设施落后，由邮政远程通讯总公司统一经营，职工24万多人。全国现设邮电局所1 740个，但仍有6%的县、78%的乡未通邮。越与世界上50多个国家建立业务联系，同30多个国家和地区通邮。邮件递送速度缓慢，电报送达需2～3天。全国有3 200部电话总机，12万部电话分机，40%为人工接转，平均537人占有一部电话(1990年)。电话线路总长9.2万公里，其中微波通讯线路只有2 400公里。全国只有13个邮局开设电传和传真业务。近年来，原苏联援建的河内卫星地面通讯站已开通，有26条电话线路和26条电报线路，可与原苏联和东欧国家电讯联系。同澳大利亚合资修建的胡志明市地面卫星通讯站，现已开通同东京、曼谷和澳大利亚等地直拨电话，还将扩大到加拿大、美国和法国。该通讯站拥有28条电话线路和8条电报线路。

能源　越南能源尚不能完全自给。原油缺乏加工能力，全部依靠进口石油。电力供应紧张，煤炭自给有余。越正加快步伐，同独联体合作修建装机容量192万千瓦的和平水电站(北部)，同日本等西方国家在南部小河修建年炼油能力300万吨的炼油厂。越南能源需求以每年15%的速度递增，已规划修建核能电站。预计到本世纪末，能源供应紧张状况才能有所缓解。

财政金融

近40年来，由于连年战争和政策失误，给越南经济发展带来深重灾难。国家财政一向由国内收入和大量外国援助解决。越南政府一般不公布财政预决算，即使公布，也是年年财政收支平衡，没有细目。实际上越南财政开支一直处于恶化状态，年年巨额赤字，一般情况下占支出的50～70%，主要依靠外援借贷和超量发行货币填补。1986～1990年，情况发生了变化，外援大量减少，财政赤字的61.3%依靠超量发行货币解决，结果通货膨胀直线上升。1988年，通胀率达700～1 000%，1989～1990年保持在100%，1991年为70%。由于经济状况好转并采取积极坚决措施，通胀率才逐步下降。1993年越经济中突出的一点是有效地控制了通货膨胀。物价上涨幅度降到4%，月平均物价上涨指数仅为0.35%，年通货膨胀率由1992年的17%降至5.2%，为多年来最低点，远低于预计的15%。1994年越通胀率为17%。1995年上半年，通胀率有所回升，约为14%左右；下半年，政府采取一系列有效措施，从而使全年通胀率保持为12.7%。1996年，政府继续采取严格措施，使得通货膨胀率继续下降，全年为7%左右。

近年来，由于工农业生产发展较快，加之采取了一系列有效措施，越财政金融状况得到了较大改善。外汇储备已达2亿多美元，比前几年增加近10倍。1993年财政收入比1992年有较大幅度增长。值得一提的是，往年国家财政增收主要靠增发货币，而今则是在物价稳定、越盾升值的前提下取得的。从争取外援的情况来看，1993年10月越从国际货币基金组织、亚洲开发银行和世界银行三大国际金融组织共获得近10亿美元的贷款。同年11月间，在巴黎举行的援越国际会议把国际社会援助越南的活动推向了一个新起点，越南共获得了18.6亿美元的援助。此外，1993年越南还获得各国政府发展援助3.6亿美元，其中1.39亿美元为无偿援助，这是近年来越南获得外援最多的一年。1994年越获外援18.6亿美元。越外汇储备已达4亿美元。截至1995年年底，在3次巴黎援助越南国际会议所作的61亿美元的承诺中，越已签署了价值46亿美元的项目，到位资金达17亿美元。

越南的金融体系是50年代初以来逐步建立起来的。它由国家银行、投资发展银行、外贸银行、工商行和农业信贷银行组成。最初，越南只有一家中央银行，即国家银行，它直接经营具体的金融业务。80年代以来，越南银行突出其聚集、调节资金和控制货币等方面作用。1997年底，越将在胡志明市成立第一家股票证券交易所，允许外资购买越国营企业股份。目前越南是世界银行、国际货币基金组织和亚洲开发银行的成员国。

越南国家银行成立于1951年,原名为越南全国银行。它是货币、信贷和结算中心,并向政府提出关于金融政策建议。总行设在河内,在胡志明市设有办事处,并在全国各省市设分行,各县设支行。

投资发展银行成立于1957年。初名为建设银行,1981年改名为投资建设银行。基金由财政部提供,直属财政部,是办理基本建设拨款、对各项基本建设实行财政监督的专业银行。80年代后期,又改名为投资发展银行,隶属国家银行,任务基本未变。

外贸银行成立于1963年4月。在海防、岘港、胡志明市、芽庄和头顿设有分行,是经营外汇业务的专业银行,负责办理对外贸易、非贸易信用,提供出口贷款的国际结算和汇兑;经营有关外汇、金银、贵重金属和国际银行等方面业务。同世界300多家银行有联系。

工商银行成立于1981年。它除了办理一般的存款业务外,还向企业和个人贷款,筹集资金、发行股票。目的是通过高速提供信贷等,制约通货膨胀。

另外,有金融珠宝公司10家,股份银行和财务公司17家,外汇调剂中心2家,外国银行7家,与外国合资银行3家。

现代越南货币制度是越南宣布独立后于1964年创立的,后因越南南北分权一直存在南北两种货币。1976年越南宣布南北统一后,发行全国统一货币。

货币名称为越元或越盾(Dong)。越盾有6种面额。1美元=11 064越盾(1996年)。越盾同美元等外币比值是浮动价格。

近年来,越南已批准法国、英国、泰国、印尼、马来西亚和香港等国家和地区在越南设立联营银行。新加坡、菲律宾、日本等国正在筹划设立驻越机构。

对外经济关系

对外贸易 越南是社会主义国家,70年代中期以前,主要同中国、苏联建立密切的经济关系。1977年,加入经互会的国际投资银行和国际合作银行。1978年7月加入经互会,成为"社会主义大家庭"国际分工的积极支持者。1978年底,西方国家对越实行经济制裁,越同苏联的双边贸易额占越南外贸总额的70～80%左右,苏援占越南外援总额的90%左右。80年代中期以后,苏联和东欧局势发生变化,越南搞改革开放,对外经济关系实行多元化和多样化,大力发展同亚太地区和西方国家的经济合作和贸易往来。1991年,越南同亚洲国家贸易占越外贸总额的76%。通过调整外贸政策与出口商品结构,现已实现了出口市场多元化,不仅巩固和扩大了其在亚太和西北欧的市场,开始恢复与独联体国家的经贸合作关系,而且努力开辟中东和南美市场。为此越进出口贸易仍能保持较高的增长,外贸收支也渐趋平衡。1993年全年进出口总额达63亿美元,其中出口金额约30亿美元,比1992年增加20%;进口金额约33亿美元。目前,越已初步形成了以原油、大米和水产品为主的拳头出口产品,外贸形势大为改观。1994年越全年进出口总额为86亿美元。1995年达112亿美元,其中,出口额为47亿美元,进口额为65亿美元。

外国直接投资 自1987年底颁布《外资法》至1995年12月31日,除已建成投产项目外,越南政府批准的国外投资总数已达1 348个,注册资金为193.47亿美元。其中仅1995年批准项目就达401个,注册资金66亿美元。目前外商对越投资已发生了结构性变化:单项投资规模越来越大,有些达到数千万乃至上亿美元,投资区域已由胡志明市和南部沿海向中部和北部扩展。在对越投资中,中国台湾、香港地区和澳大利亚、法国处于领先地位。台湾在对越投资中继续居于首位,1993年台商对越投资比1992年剧增4倍多,达10亿美元之巨。截至1994年,越政府批准的台商投资项目为179个,投资额近20亿美元。日本、韩国、新加坡对越投资也异常活跃。此外,美商在美国政府宣布解除对越禁运的情况下也纷纷涌入越南,已有30多家美国公司获准在越开设办事机构。据估计,美在越的投资潜力可达70亿美元。引进并利用外资提高了越国内生产力和工艺水平,不断增加的外资已成为越经济发展的重要动因。越准备在1992～2000年争取到210亿～220亿美元的外国投资,涵盖25个关键行业,增加100万个就业机会。至今,外企已直接选用25 000名越南雇员,并上缴利税数百亿盾(约合数百万美元),为越南赚取了一笔可观的外汇。

外国援助 向越南提供援助的主要国家是中国、苏联和东欧国家。从1954～1978年7月,中国向越南提供200多亿美元的援助,援建399个项目。从1955～1986年,苏联向越南提供192.49亿卢布,援助项目300多个。东欧国家也向越提供数亿美元援助。

1986年,苏曾许诺5年内向越提供130亿美元援助,实际每年只提供10多亿美元。1989年以后逐年减少。1991年,苏只提供1亿美元长期贷款,2 000万美元赠款,其他东欧国家已完全停援。目前,越南大、中型国营企业都是中、苏和东欧国家的援建项目。随着柬埔寨和平进程的发展,西方国家放宽对越限制,其他国家对越援助也逐步增加。1991年法国宣布向越提供9 500万法郎经济援助,美国也开始向越提供少量人道主义援助。日本对越援助有突破性进展。1976～1978年日向越提供7 500万美元援助。1992年,日宣布向越提供455亿日元援助(折合3.6亿多美元),帮助越南振兴经济。中国也向越提供8 000万元人民币贷款。

与中国的经济关系　越南同中国公路、铁路和海路相通。两国有长期贸易。1978年后经贸关系曾一度中断。1991年11月,中越两国实现关系正常化以来,双方同意设置5对国家级口岸,10个省级口岸,44个边境互市点,并签订了投资保护、经济合作、贸易、技术合作等12个协定,为加强两国人民经济合作和贸易往来创造了有利条件。据越南官方统计,1988年双边贸易额(含边贸)仅1 000多万美元;1991年中越双边贸易额为1.42亿美元,边界贸易额8 000万美元。1993年猛增至近3亿美元(含边贸),5年内增加近30倍。1994年和1995年两国双向贸易额分别为5亿美元和10亿美元。目前,中国已在越南建立13个公司代表处,为进一步促进两国经贸关系积极工作,双方经济合作也已起步。两国已达成协议,中国将在越南参与18个项目的经济合作。中国上海、北京、辽宁、江西、湖南、山东等省市,先后派团访越,就经贸合作达成共识,并取得具体成果。越南从中国进口设备、农机、水泥、五金交电、日用消费品等;向中国出口海产品、农副产品、木材和煤炭等。两国贸易潜力很大,有广阔的发展前景。

科　技

重视教育和科技。改革现有教学体制,提高教学质量,建设一支知识分子、企业家和熟练工人相结合的队伍,以满足经济发展的需要,并为越南进入21世纪作准备。加大教育投入,培养各种实用人才,并发展多种形式的就业指导和职业传授,形成社会技术教育体系。大幅度增加科研投资,改革科研体制,实行科研、教学与生产经营相结合。大力发展科技,确定国家重点科技开发项目,以高科技带动产业发展,重点发展电子电脑、生物工程、新材料等现代技术,为下一步的产业结构升级打好基础;发展社会科学,使之成为制定经济社会政策的依据。

全民识字率	82%
成人文盲率	18%
教育经费在国家投资支出中占	3%
科研经费在国家投资支出中占	1.1%

资料来源:美国公共事务局《背景材料:越南》,1990年5月;《越南社会主义共和国社会经济统计资料》。

教　育

越南开办教育事业历史悠久。由于深受中国政治和传统文化的影响,在1917年法国殖民当局正式在越南推行法国教育制度以前,越南基本上采用中国古代的教育制度。19世纪中叶以后,法国殖民主义者一步一步将越南变为其殖民地,在西方文化和教育制度的冲击下,深受中国影响的越南传统文化和教育制度逐渐衰落了。尽管法国殖民主义者在越南推行法国教育制度,目的在于培训忠实于自己的人才,以便维护其长期对越南的殖民统治,但从客观上来说,法国教育制度的推行,是越南现代教育制度的开端,它有力地促进了越南现代教育的形成和发展。1976年越南全国统一后,教育事业发展更快,提出“培养越南新人,实行全民普及教育和培养新型劳动队伍”,取消了私立学校,设立了教育部以及大学和中专部主管全国教育。现在,越南已经形成了包括幼儿教育、初等教育、中等教育、高等教育、师范教育、职业教育以及成人教育在内的系统的教育体系,各级教育都有很大发展。现在越南已成为亚洲国家中教育比较发达的国家之一,其全民识字率达82%,全国有幼儿园6 647所,入园幼儿160.8万人,幼儿教师6.7万人;初等学校14 308所,在校学生1 140.8万人,教师39.9万人;中等学校1 078所,在校学生66.2万人;中专270所,在校学生11.4万人,教师2.07万人。尽管如此,越南的教育事业也还存在许多问题。最为突出的，一是教育经费短缺，平均仅占国民生产总值的3%；二是教育质量严重下降，教学条件越来越差，教师待遇低下，积极性难以发挥。近年来由于改革开放政策的实施，教育受到商品经济越来越严重的冲击，学生和教师流失现象越来越严重。这一问题已经引起广泛关注。

越南的教育结构几经变革。1976年全国统一以后，越南在全国范围内进行了教育方针和教学体制改革，在南北方统一实行新的教育结构。这种教育结构分为三个大的阶段：9年制的小学教育，3年制的中学教育和3～5年制的大学教育。这种教育结构的独特之处，是把初中教育划入小学教育阶段，其中学教育仅指普通意义上的高中阶段。这种教育结构目前仍在继续推行。

文化

越南是一个拥有54个民族的多民族国家，因此其语言也多种多样，大致可分为3个语系。首先是南亚语系，使用者占越南总人口的97%，包括36个民族；其次是汉藏语系，约占总人口的2%，包括9个民族；第三是南岛语系，含5个民族，占越南总人口的0.9%。目前越南使用最普通的文字是越文文字，但在历史上曾经大规模地使用过汉字和喃字。越南文字源远流长，在其文字发展的长河中可以发现这样一个特点，即受到外来影响特别大，而各个时期的文学特征又受到外来语言文字不同程度的制约。因此，越南文学的发展可按其文字的发展来叙述。

汉文文学 越南汉文文学是以汉字形式来表达越南历史文化内容的，是越南文学的第一个时期。从秦汉以来直到19世纪末叶，汉文学在越南文学发展史上一直占有重要地位。

喃字作品 13世纪时一些越南学者开始用喃字进行文学创作。其中最有代表性的作品是阮荐的《国音诗集》，被称为越南现存最早的一部喃字诗集，今天仍然颇为流传。

法语文学 1862年，法国殖民当局规定法语和国语（罗马拼音字母文字）同时成为学校的教学用语，1917年又规定法语为正统语言。于是出现了法语文学，从而使越南有了现代异议殇小说、话剧和不同于古典诗的诗词，等等。

国语文学 这里的国语是指罗马拼音字母拼写的文字，即现在的越语越文。

越南各民族都是能歌善舞的民族，在其长期的历史发展中，创作出形式多样、程式完善的音乐舞蹈。越南独立后，对民间音乐舞蹈进行了系统研究，并且学习西方现代乐舞。1956年成立了舞蹈学校，后改为音乐学院，教授民间音乐舞蹈以及西方现代舞蹈。1957年，分别成立了越南舞台艺术家协会和越南作曲家协会。1960年成立音乐研究院。1968年成立民俗研究院，开始对民间歌舞进行系统研究。此后，50多个民族的成千首民歌被录制下来，建立其音乐研究档案。与此同时，恢复了至少大约180种传统乐器。舞蹈方面主要是发掘民族民间传统舞蹈，如恢复和发展了长期被人忽视的越族舞蹈和红河三角洲各省，特别是清化、太平的传统舞蹈。

越南的建筑艺术凝固了越南传统文化、中国文化、以占婆为代表的印度文化以及以法国为代表的西方文化，实际上是各种文化的融合，并且在17世纪时达到高峰。今天越南建筑师已经组织起自己的协会，把越南的建筑艺术推向一个新的阶段。1984年，越南颁布《保护和使用文化名胜古迹法》，建筑物，特别是有特色的古建筑正作为一种旅游资源得到保护和恢复。

人口与环境保护

越南是中南半岛人口最多的国家。越南人口增长速度迅猛，平均年增长率2.19%，约30～40年人口就翻一番。越南已成为世界上第7个人口增长速度最快的国家，人口“爆炸”已成为越南主要社会问题之一。人口急剧增长，就业形势严峻。随着所有制重组以及精简机构的不断开展，仍有不少原国营企业职工面临重新安置问题。越南社会劳动力为3 000多万个，而城市失业人口总数达220万，农村尚有600万劳力处于半失业状态，另有几百万人因工厂开工不足处于半失业状态。今后几年内，还将精简近百万国家机关人员、退役军人、从前苏联和东欧返回劳工以及陆续被遣返要安置的大批越南船民等，使越就业压力急剧增大。越迄今尚无有效的控制人口增长政策，人口年增长率达到2.3%，年净增人口160多万。这一切将严重制约改革的深入，并直接影响社会安定。近年来，越南政府采取奖惩分明的计划生育措施，提倡一对夫妇只生一个或2个孩子，妇女22岁以后才准生育，并规定头胎与第2胎之间必须间隔3年；实行计划生育的家庭购买住房、孩子入学、就医均得到优惠；3个孩子以上的家庭被取消一切福利和不容许迁入城市和工业区等。此外，政府也较为重视建立和健全各级计划生育的组织机构。

经济文化一体化

近40年来，由于连年战争和政策失误，越南经济发展几起几落。1961年至1965年，实行第一个5年计划，重点发展重工业。5年中，工业增长达70.6%，农业增长12.7%，但整个国民经济仍处于困难境地。1965～1975年，全民进行抗美战争，经济基础设施遭到严重破坏，工农业生产大幅度下降。

全国统一后，越南经济建设进入一个新阶段。从1976年以来，先后执行三个5年计划。1976～1980年的"二五"计划，要求工农业生产翻一番。强调优先发展重工业，农业走向社会主义大生产，结果经济比例失调，农业和轻工业生产停滞不前，并走下坡路。5年中，国民生产总值年增长0.3%，国民收入下降为0.8%。国内粮食紧张，市场供应紧张，人民生活下降。1981～1985年"三五"计划期间，越发动侵柬战争，把大量财力物力人力投入战争，加上受到国际制裁，经济相当困难。在此期间，越广泛推行"新经济政策"，农业实行集体承包制，工业扩大企业自主权，放宽商品流通控制，以刺激经济发展。农业生产有所起色，粮食产量由1 440.6万吨增至1 820万吨；但工业生产急剧下降，许多工业产品达不到1976年的水平。

1986年越共"六大"提出把工作重心转向经济建设，实行改革开放的总方针，并制定了"四五"计划，把发展粮食食品、日用消费品和出口商品生产作为三大任务，从而使越南经济发展走向正轨。5年中，越南经济体制改革取得了突破性进展。农业实行联产承包制，分田到户；工业废除集中官僚包给制，转换经营机制，核算经营，自负盈亏，取消补贴；发展多种经济成份，完成市场体制，实行商品经济；大力吸收外资，引进技术，从而有力地促进了国内经济发展，出现了工农业生产并进的势头。

1991年7月，越共"七大"提出以经济建设为中心，坚持党的领导，深化改革，全面开放，建设符合越南国情的社会主义总路线，通过了《越南到2000年经济社会稳定发展战略》，要求实现经济稳定发展，改善人民生活，摘掉"世界最穷和最不发达国家"的帽子，为21世纪经济起飞打下基础。今后10年经济增长速度平均6～8%，人均国民收入从200美元增至400美元。

经过几年的全面改革，越南经济成绩显著，1991～1994年，国内生产总产值年均增长8.3%。1995年越南的国内生产总值增长9.5%，1996年增长9.3%，工业产值增长14%，农业生产增长4.7%，第三产业增长12.6%。通货膨胀率由1995年的20%降到1996年的6%。

越南自确立以经济改革与建设为中心的国家发展战略以来，对经济领域进行了大刀阔斧的改革。经过10多年的探索和实践，越南已初步建立起国家宏观调控下的市场经济体制，并正从传统计划经济向市场经济转变。越推行的一系列改革措施及其重大成果，已引起国际社会的广泛注意。人们普遍认为，不久的将来，越有可能成为东亚经济的又一条"龙"。

综上所述，越南经济已走出低谷，步入正常的运行轨道。整个90年代，越南工农业生产将保持目前的增长势头，继续向前发展。随着美国对越南贸易禁运的解除，国际金融机构向越南提供巨额贷款以及西方发达国家对越南投资的不断增加，加之越南经济有一定潜力，政治上相对稳定，越南经济发展前景光明，如不出大的意外，可望实现2000年国民收入翻一番的目标。

越南与亚洲数国经济状况比较表

单位：(10亿美元)

	越南	印尼	菲律宾	泰国	中国	日本
GDP	15.6	174.6	64.7	141.1	548.3	4 591.0
通货膨胀	14.4	9.6	7.2	5.4	21.7	0.7
出口	3.6	40.2	13.4	43.9	102.6	384.2
进口	4.5	32.3	21.2	48.3	95.3	238.2

资料来源：英国经济学家情报部1995～1996年度。

劳务输出 越南劳务输出始于70年代后期，

主要对象是苏联、东欧国家和中东地区一些国家。至1989年,劳务输出人员达22万人。其中苏联12万人,东欧国家6万~7万人。劳务输出的目的是:(1)培训技术人员;(2)偿还债务。1990年后,苏联、东欧局势变化,大部分劳务人员陆续返国。

旅游 越南的旅游资源十分丰富,可吸引大量游客。越是亚太地区旅游协会成员,已同泰国、新加坡、老挝、日本、法国、美国、独联体和香港等国家和地区的旅行社建立了联系和合作。

越南旅游业刚刚起步,设施十分薄弱。全国1.88万个床位中五星级饭店只有1 565个,占总床位的8.3%(1991年),远远满足不了形势发展的需要。1986年国际游客1万人次,1990年18.7万人次,1991年达30万人次,创汇3 500万美元。过去越旅游业面向苏联和东欧国家,现更重视接待西欧、北美、港台和越侨游客。国际游客有60%是赴越考察的商人。国内旅游业也有新发展,1991年国内游客达46.5万人次,出国旅游者有1.09万人次。

越南把旅游业视为改革开放的重要组成部分。计划开辟4个旅游群,即北部以下龙湾为中心,包括河内、奠边府组成的名胜古迹群;中部以古都顺化为中心的古迹群;东南部以大叻为中心的海滨别墅群;南部以胡志明市为中心的乡村旅游群。近年来,已加快对旅游业的投入,完善旅游设施建设。同时,积极引进外资,促进旅游业发展。至1991年底,外国向越南旅游、饭店等投资92个项目,资金超过7亿美元。1992年8月,越南已向国际旅游局呈送有1 600页的报告,请求国际旅游组织给予支持和援助。

(中国现代国际关系研究所 王汉森)

日本经济文化概况

日本国位于亚洲东北部太平洋上,是一个群岛国家,由北海道、本州、四国、九州等四个大岛和3 900多个小岛组成,总面积为37.78万平方公里。自然资源较贫乏,但海岸线蜿蜒曲折,全长为3.4万公里,是世界上单位面积海岸线最长的国家之一,每平方公里有海岸线90米左右,而且多海湾、良港。这成为日本获取资源、能源及运销各种商品的有利条件。第二次世界大战后,日本最重要的工业区大都形成在沿海地带,尤其是太平洋沿岸。日本属于温带海洋性季风性气候,6月多梅雨,夏秋季多台风。人口为12 593万(1996年12月),主要为大和民族,北海道约有两万阿伊奴族人。

公元4世纪中叶出现统一的国家——大和国。645年发生大化改新,建立起以天皇为绝对君主的封建中央集权制国家。12世纪末进入"幕府"时期,即武士阶级掌权的军事封建制国家。17世纪中叶起,实行了长达200多年的闭关锁国。1868年革新派推翻幕府统治,实行"明治维新",发展资本主义,并走上侵略扩张道路。1945年,第二世界大战战败,宣布无条件投降。1947年实施新宪法,由绝对天皇制国家变为天皇为国家象征的资本主义议会内阁制国家。

战后以来,日本的政局总的来说比较稳定,但是近几年政权更迭较频繁。自民党在长期执政达38年之久之后,1993年7月被联合政权取代,沦为在野党。1994年6月,自民党以社会党挂帅、自己掌权形式重返政权。1996年初,自民党总裁任联合政权首相;10月大选后,自民党单独内阁成立,社会党、先驱新党阁外合作。

经济上为世界第二大经济强国。战后曾持续近20年的高速增长。1973年第一次石油危机后进入低速增长。1991年下半年起,"泡沫经济"崩溃,经济出现严重衰退。自1993年10月起又开始缓慢复苏。

经 济

日本经济即使在经历了第一次石油危机以后,仍维持着年平均3.9%的增长率。但进入90年代以后却急速下降，1992～1994 年连续 3 年为零增长，其中在 1993 年 10 月底，一度出现过景气复苏的局面；但在 1994 年 10～12 月期间，由于个人消费、住宅投资减少等现象出现，又使景气复苏的速度减慢。这期间，日本经济的特征表现为出口的增长率低，民间设备投资减少。就出口而言，第一次石油危机以后年平均增长 7.1%，而进入 90 年代以后，却下降为 4.1%；民间设备投资也由原来的年平均增长 5.5% 下降到 2.6%。1995 年景气开始略有回升，不过日元升值，加上美国经济减速，阪神大地震、地铁沙林事件等令社会不安定的外在因素，又导致了年中的景气复苏停滞不前，但年增长率仍为 2.4%，是 3 年来第一次摆脱零增长。

1996 年，日本经济与上一年度相比又略有起色，但其景气恢复依旧动力不足。这一年上半年 GNP 的增长率显示出经济增长的不稳定性，第一季度增长率为 2.9%，但第二季度增长率却跌为 -0.7%，比 1995 年减少 1.2 个百分点，预计全年度的增长率为 2% 左右。从各方面因素的显示来看，日本经济将进入低速稳定增长时期。

日本经济形势在总体上依然难以恢复景气，其主要原因是：⑴1993 年起欧美各国经济相继步入复苏、扩张期，日本周边国家和地区的经济增长率也高于日本，对日本形成出口压力，制约着日本经济的景气恢复速度；⑵“1955 年体制”在日本经济的转折时期呈现出“制度疲劳”和“不适应症”；⑶以“拿来主义”为特征的“赶超型”经济模式，与经济成熟化之间的不协调日益明显，要克服其弱点，进行结构性改革将是一项长期复杂的任务。因此，今后产业调整和与此相适应的低速增长将成为日本经济的主要特点。

农业 日本农业自 1986 年以后呈下降趋势，进入 90 年代以后稍有好转。1994 年，日本农林牧渔业就业人口为 373 万。耕地面积 512 万公顷，约占国土面积 13.56%，主要种植水稻、小麦、大豆等作物。1993 年主要农水产品的自给率如下：稻米 75%，小麦 10%，豆类 4%，肉类 64%，水产品 76%，油脂 17%。1994 年主要农畜产品的产量：水稻 1 198 万吨，小麦 565 万吨，牛肉 60.2 万吨，猪肉 139 万吨，牛奶 43.35 万公升，鸡蛋 252 万吨，水产品 800 万吨。1993 年由于日本米产量为二战以后最低水平，日本政府进口 259 万吨大米，而 1994 年日本米产量获大丰收，因而导致了 98 万吨的库存(截至 1994 年 10 月)。

由于日本农业长期处于政府的严格保护下，与工业制品相比，日本农产品的国际竞争力很弱，因此，随着日本经济“全球化”速度的加快，推进农业改革，提高农业素质就成为不可回避的一项改革内容。日本农业改革的基本方向是：

建立内外结合的食用农产品供应体制 长期以来，日本的粮食及主要食品基本上靠国内供应。随着多边贸易谈判等有关协议的落实，日本的农业将面临严重的考验，今后对各种农产品的进口限制将逐步放宽。

缩小农产品内外价格差，减轻国民负担 日本农产品的价格同欧美主要发达国家相比高出许多。且由于严格的进口限制，使消费者不得不以几倍于国际市场的价格购买本国产品，即使在日元升值的时候也难得到实惠。为了改变这种局面，日本政府在加强农业生产基础的同时，将对农产品加工工业进行调整，降低农产品流通成本。

扩大经营规模，推进生产“集约化”，提高农业劳动生产率 据估计，到 2000 年，日本农户将减少到 360 万户，农业劳动力将减为 257 万人，其中男子壮劳力将减少一半。这就要求农户通过一定的途径将农地集中，以提高机械化程度和劳动生产率。

增强农业部门技术开发，实行“农业生产高技术化”。

工业 日本工业高度发达，重化工业较早地成为制造业的支柱，而且，信息、运输、通讯、自动化、家电、半导体、计算机、汽车、生物工程等行业，在 80 年代中期以后，便相继超过欧美国家，成为牵动日本乃至世界经济发展的主导性企业。1994 年工业的就业人口 2 157 万人，占就业人口的 33.4%。“泡沫经济”崩溃后，工矿业一度在低水平上徘徊，上扬乏力，1994 年起开始缓慢回升。就工业指数来看，1992 年、1993 年连续 2 年为负增长。以 1990 年为 100，则 1991 年下降到 95.5，1992 年更降到 91.2；从 1993 年起开始缓慢回升，1995 年恢复到 95.1，1996 年 11 月为 100.1。

钢铁工业是日本的基础产业之一，80 年代以前就成为资本主义世界第一钢铁生产大国。进入 80 年代后，头4年生产连续下降；1986年到1991年间生产逐渐好转，生产指数由86.2上升到100.8(以1990年为100)。从1991年开始，由于日元急剧升值，使钢铁的国内外价格产生很大的价格差，日本国内厂家也纷纷将生产转移到海外。结果，导致了钢铁产量和价格持续下降，如粗钢的产量1990年为1.11亿吨，而1993年仅为9 700万吨。冷延钢板的价格也每吨由1988年的9.55万日元下降到1995年的5.80万日元；1996年起，价格略有回升，为5.95万日元。1995年由于过大估计了阪神大地震的复兴需要及日元升值引起的需求减少等原因，造成了200万吨的积压库存。从1995年10月起的库存调整预计大概需要一年的时间。预计1997年起，日本的钢铁工业将因成本降低而利润大增。

汽车工业是日本的支柱产业和最大的出口产业。80年代中期以后，因日元升值使日本汽车的出口量连年下降，但因国内需求旺盛而生产状况尚好。1980年起，日本连续15年汽车产量居世界第一。但从1991年起，日本的汽车产量持续6年下降，1994年度更跌至1 055万辆，被美国超过，失去了“汽车王国”的宝座。1996年度的产量为1 034万辆，比1995年度产量增长了1.5%，是6年来的首次增长，但仍只有迄今产量最高的1990年(1 349万辆)的77%。从汽车市场来看，1996年时隔5年再次超过700万辆，比1995年增长2%，创连续3年增长的记录。

旅游业　日本发展旅游业已有百年历史，但近代化的旅游业在日本还是一个相当年轻的产业，它真正被视为一项“事业”不过是近30年的事情。第二次世界大战后，为了促进国际交流并增加外汇，日本国内一致倡言振兴和平产业——旅游业。在政府制定的“国家旅游——国内旅游——出国旅游”，不同时期重点发展不同旅游的政策的推动下，旅游业有了飞跃发展。

“泡沫经济”崩溃后，日本国内旅游市场自1991年起有逐渐缩小的趋势，但仍有8兆日元的市场，且低价市场被看好。据1995年的《休闲白皮书》统计，1994年日本国内旅游人数达6 369万人，占总人口的60.7%，再加上国外旅游的1 190万人，共占总人口的72.1%。而在希望参加各项休闲活动中，选择国内旅游占78.8%，居首位；国外旅游占51.1%，居第四位。1995年，对日本旅游业来说是较不景气的一年，1月是阪神大地震，3月是地铁沙林事件，4月起日元又持续升值。以旅游业前50大企业排行榜而言，在国外的总营业额增长7.6%，而国内却减少2.1%，呈明显的对比。排行第二至第四位的近畿旅行社等3家公司，更由于国内的业务占60%，到1995年底仍营业亏损。目前日本的旅游业还面临着一个问题，就是1995年日本有超过1 500万的出国旅游者，而访日的却只有350万人。在1996年初，日本政府重新修定了《旅游业法》；5月中旬，官民更立意在10年内增加两倍的访日观光客。看来，日本的旅游业似乎将又有一股新的改造旋风。

对外贸易　日本是对外贸易发达的国家，对外贸易在国民经济中占重要地位。从1955年到1989年期间，日本进出口的贸易额分别增加了135.8倍和84.3倍，年平均增长率分别达到16.3%和15%，其增长速度大约相当于同期世界进出口增长速度的3至4倍。1995年，日本贸易额为7 789.4亿美元，约占国民生产总值的15.2%，继美国和德国之后，为世界第三大贸易国。1995年，日本的出口额为4 430.2亿美元，进口额为3 359.2亿美元，进出口差额为1 071亿美元，比1994年的差额减少了137.58亿美元。

日本进出口产品构成近年来也发生了很大的变化，就出口来看，曾经非常走红的AV机、汽车、办公设备的出口量减少，所占构成比例降低，尤其是1995年6月日美汽车协议签定后。按美元计算来看，1995年度汽车出口比前一年减少了10.5%，汽车出口只占出口总额的11.6%，AV机减少了9.8%，家电产品减少了7.6%。而就进口来说，机械类的进口代替原材料的增加显著，1995年度，进口总额比前一年度增加18.1%，而其中制成品的进口则增长了27.2%。全部制成品中进口制成品就占59.8%，其中在曾是日本占优势的钢铁、汽车、办公设备、电子产品等领域，可以同日本国内生产的产品相媲美的产品的进口显著增长，引人注目。

这种对外贸易构造性的变化，最直接的原因是汇率的变化，而值得引起注意的变化则是：⑴企业的海外生产及海外生产的产品返销的增加；⑵为了减轻日元升值引起的价格竞争力下降，而采取大量从海外筹措资材来降低成本的倾向。

日本的主要贸易对象国是美国、中国、中国台湾、韩国、德国。1995年日本的对外贸易,就出口来看,对美国的出口额占出口总额的27.3%,对中国占4.95%,对韩国占7%。从进口额来看,美国占22.4%,中国占10.6%,韩国则占10.1%。

国际收支 1981年到1996年的16年期间,日本贸易收支年年都是顺差。贸易收支顺差在1986年达到高峰后,有所降低,但到90年代以后,又迅速增长上去,1992年猛增至1 361亿美元。经常收支顺差,在经过80年代起伏后,到1991年也增至1 147.7亿美元,1993年度又进一步增加到1 313亿美元,达到第二次世界大战后的最高峰。1994年度,日本的贸易收支顺差微增1.4%,经常收支顺差比1993年减少4.2%。1994年以后,日本贸易顺差减少,国际收支经常项目盈余也持续下降。按通关统计来计算,1995年日本的贸易顺差为961亿美元,比1993年度的1 219亿美元减少了258亿;1996年度上半年的贸易顺差为43 329亿日元,比1995年度同期减少30.94%。经常收支顺差1996年上半年为35 994亿日元,比1995年同期减少34.77%。据推算,1996年日本的国际收支经常项目盈余将缩小至6万亿日元左右,比1995年度减少约35%。

1987年,日本人均国民生产总值达19 564美元,首次超过美国,居西方七国之首。1993年继1992年之后,人均国民生产总值排在瑞士、卢森堡之后,名列世界第三。1995年,日本的人均名义国民生产总值达34 630美元,继卢森堡、瑞士之后,排在世界第三位。而其人均国内生产总值(GDP)为386万日元、41 045美元,也排在世界第三,但从人均购买力平价GNP来看,在OECD前10位的各国中还低于美国,甚至在亚洲中还低于中国的香港。

科学技术

第二次世界大战后初期至70年代,日本采取的引进外国技术为主,开发"自主技术"为辅的科技政策,对促进经济发展起到了重大作用。据日本经济企划厅的测算,80年代,在推动经济增长的资本、劳动力和技术三大因素中,技术的贡献率已接近资本所起的作用。1980年至1989年日本经济的年均实际增长率为4.2%,其中技术进步的贡献度平均为1.7%,资本和劳动的贡献分别为1.9%和0.6%。这就是说,80年代日本经济的增长的40.5%是靠科技进步实现的,而同一时期,美国的科技进步对经济增长的推动作用还不到29.6%。而1985年至1990年期间,科技进步的贡献率更增至45%,远远超过了同一时期美国的17%。1980年至1990年日本在世界高技术产品市场所占份额已由18.4%猛增至29.2%,而同期美国则从40.4%下降到35%。

科技的发展在促进日本产业结构的高级化和日本产品持高附加值化,提高日本产品和企业的国际竞争力,促进日本经济飞速发展的同时,由于日本经济实力的增强,使科技自身得到了进一步的开发。据美国商务部的调查,1989年在12个高技术领域,日本已超过美国的有5个,与美国水平相当的占1个,而且从发展趋势来看,除人工智能等两项技术外,日本均将占领先地位。但是,据日本的《尖端技术最新情报事典》提供的资料来看,目前在前沿科学技术领域,日本仍然紧随美国之后,尚难改变其追随者的地位。如在生命科学领域美国就拥有绝对的优势,其他像在海洋·地球科学、情报·电子材料等领域美国也略优于日本,日本只在生产·机械领域稍稍优于美国。按个别技术比较,在22个技术中,日本只在半导体制造装置、CD－ROM等5个技术上有绝对优势,而美国则在9个技术上有绝对优势,在3个技术上略有优势。

从科技发展方面来看,随着国内外经济形势的变化,日本的"吸收型"的科技战略,在一些方面已经失去了原有的积极意义。在80年代初,日本政府就曾明确提出"技术立国"的设想,强调重视振兴基础科技,加强"自主技术"开发和培养"创造型"人才。进入90年代,"泡沫经济"崩溃后,日本经济处在重大转折时期,许多重大的经济课题等待着科技的发展来解决,而且日本的科学技术在相当多的领域已经达到世界领先水平,仅仅依靠外来技术已难以满足国民经济和科学技术本身发展的需要,这迫使日本政府不得不加强开发独创技术的力度,由原来的依靠引进、模仿美欧先进技术来获取技术开发高效率和经济高速增长转变为依靠自己的努力,加上平等互利的国际交流来开拓新的技术和产品领域,在研究开发中加大基础研究的分量。

在今后的一段时期里,日本科技的这种由"吸收型"向"自主独创型"的转换将在更广泛和更深层次展开。虽然由于经济不景气,科学技术预算也增长缓慢,但日本政府仍在"科学技术立国"的战略指导下,及时调整科学技术政策,加强薄弱环节。为了加速科技战略转换的进程,日本政府先后制定了一系列政策方针。其主要思路可以概括为:

扩大科技投人,尤其是政府的财政拨款

80年代以来,日本的科技研究经费增长迅速。1980年至1992年度科技研究费总额由52 462亿日元上升到139 095亿日元,增长1.7倍,年均增长速度达9.0%,但是这一增长主要是靠民间企业支撑,民间企业占全国科技研究经费的68.7%。为此,日本政府明确提出应增加政府的"研究开发负担"。1992年决定制定《学术和科学技术预算倍增五年计划》,准备5年内使政府的研究开发预算翻一番。1993年政府负担比率增至20.4%,是1984年以后首次突破20%。据《日本的科学技术活动的体系分析报告》提供的数据,1994年,日本政府的科技预算经费为23 585万日元,其中科技厅预算增加6%;1995年增加9.2%。

加强基础研究,调整研究开发投资的部门结构

1992年日本政府根据国内外科学技术及经济社会发展形势,修改了1986年制定的《科学技术政策大纲》,强调了地球环境问题和在重要研究开发领域之一——基础性先导性科学技术领域中,新增添了"尖端性基础科学技术"一项。日本的基础研究经费在国民生产总值中所占的比重偏低,像欧美主要发达国家的基础研究经费大致都占1%,而日本却只有0.45%。日本企业也把大部分资金用于获利较快的开发研究和应用研究领域。1992年度,日本企业的科技研究经费中,开发研究与应用研究两项合计达93.1%,而基础研究仅占6.9%。1994年度,政府科研经费中,基础研究经费比1993年度增加16.6%。

培养和造就具有开创性的科技人才队伍

就科研人员数量而言,日本并不落后于欧美主要发达国家,仅次于美国,居第二位。根据日本科学技术厅的统计,1994年,日本的科研人员为64.1万人,比1980年的36.3万人增加了27.8万人,15年间增长了76.6%。但是,据1990年科学技术厅的预测,若国民经济按每年3%至4%的速度发展下去,到2005年日本将缺少36万至51万研究人员,而这将成为制约国民经济发展的重要因素,因而培养和确保科学技术人才将成为日本科技发展的一个重要课题。而且日本科技人员的模仿、改造能力较强,独创性一直不足,就更需要创造良好的、宽松的科研环境,以利于创造型人才的培养。

进一步改革和完善科研体制,建立有效的基础研究促进制度

日本的现行科研体制以民间企业为中心,"官、产、学"三位一体,互相配合,密切合作,这对促进日本科技事业的发展起到了积极的作用。但随着科技发展的重点转移,它的一些环节不再适应形势的需要,因而,日本政府加快了科研改革的步伐,决定加强科研机构的横向联系,实行科研组织的"流动化"和增强研究人员从事科研活动的"自由度",以创造良好的科研环境,吸引优秀人才。近年来,日本在加强基础研究的同时,在"技术全球主义"的口号下,更积极推动国际科技合作。

教 育

第二次世界大战后以来,日本政府把教育视为国家和社会发展的基础,是"立国之本",大力兴办教育事业,企业和家庭也十分重视"智力投资"。这为振兴日本经济提供了丰富的素质较高的人力资源,在经济发展中发挥了相当大的作用。日本教育的主要特色可以概括为以下几点:

高度的重视教育,政府视教育为"立国之本",企业则视教育为"兴业之本"

从政府方面来看,日本政府的历届内阁都能紧紧抓住教育不放,把教育看成是日本经济政策的重要一环来加以考虑。1947年,在国家财政还极为困难的情况下,毅然决定将义务教育由6年延长至9年,而且多年来普及义务教育比较彻底,是世界上义务教育最普及的国家之一。1995年高中入学率达96.7%,大学的升学率也达到45.2%,文盲率仅为0.1%。教育质量也受到国际舆论界的高度评价,在教育领域经常名列前茅或接近榜首,尤其是数学和电脑方面。

从企业方面来看,日本企业家普遍认为要想在竞争中立于不败之地,不断更新职工的知识和经验,开发其能力,提高劳动生产率非常重要。因而,普遍对职工进行岗位培训,1985年,千人以上企业实施企业内教育的达100%。

不断扩大教育投资,强调教育先行

60年代,日本的财界就非常重视教育与现代化的关系,认为"国际间的经济竞争就是技术竞争,而技术竞争又归结为教育竞争"。1963年,日本经济审议会明确将"人力开发"作为发展经济的根本政策。政府也在"教育先行"战略思想的指导下,把教育计划纳入经济计划,通过预测一定经济发展时期内所需人才的数量和规格,为教育提出发展方向和明确任务,然后再进行教育改革,保证及时供应人才。

为促进教育事业发展,日本的各级政府还大幅度增加教育投资,教育经费在整个国民经济中所占的比例较高。从60年代到80年代初,就政府开支的教育费占国民收入的比重的增长速度来看,日本增长了54%,仅次于法、英两国居第三位。1980年至1992年度,文部省掌握的预算额约占国家总预算额的8%左右。1992年度文部省所做的教育预算(一般会计)为5.319万亿日元,占政府一般预算的7.4%,比1991年度的5.056万亿日元增加2 630亿日元,增长率为5.1%。1992年度的公共教育费总额(公共教育费总额是指学校教育、社会教育及教育行政上支出的教育费总额)为223 349亿日元,占国民生产总值的4.75%,占国民收入的6.21%,占总行政费的17%。

不断进行教育改革,优化教育结构

为了使教育更能适应经济的发展,培养21世纪日本所需要的、面向世界的、国际化的人才,日本积极进行教育改革,优化教育结构。根据国际化、高度知识化、信息化、技术集约化的原则,为培养更多能适应新形势需要的人才,从终身教育的观点出发,重新探讨中、小学教育和高等教育的任务,探讨各种教育机构之间以及它们同职业训练机构之间的配合与联系,对高等教育,给学校以极大的自由度和自主权,力图克服过去强行划一的模式,形成各自的特点。

积极发展社会教育、职业教育

日本历来有重视社会教育的传统,早在明治时期就建立过一些社会教育设施。1949年日本专门制定了《社会教育法》,70年代后提出"终身教育"设想。1988年文部省将"社会教育局"改为"终身学习局",并使之居于各局之首,主要负责制定有助于发展社会教育的政策并付诸实施。1992年度社会教育费用达25 055亿日元。

在日本的职业教育中企业内职业教育应算最成功、最有特色的部分,它在使日本迅速完成经济的恢复并进入高速增长中功不可没。它不仅培养出大批精通业务的经营管理干部,而且还造就了一支素质较高的劳动力大军。目前,企业的职业教育已极为普遍,大企业就更加严格。这种职业教育涵盖面广,无论普通工人、一般职员还是高级管理人员和企业领导层均在培训之列,同时具有连续性,即企业除了对在职职工进行定期培训外,还要求职工工作变动或提升晋级后,根据新工作岗位的实际需要,对他们进行"再教育"。因此,可以说,日本企业的这种职业教育实际上是一种同终身雇佣制相适应的"终身教育"。

社会与生活

人口老龄化 从中长期看,日本国内面临的突出问题是人口结构的老龄化。第二次世界大战后,日本人的平均寿命以工业国家前所未有的速度增长,而生育率(总生育率)下降的速度则像其他国家一样,结果社会迅速老化。不久的将来这些人数越来越少的"孩子"将须赡养人数众多的长寿老人。据厚生省的《1995年寿命简表》显示,日本男性的寿命是76.36岁,女性是82.84岁。这是日本男性连续第10年,日本女性连续第11年成为世界上最长寿的民族。而在生育方面,1995年为118.7万人,比1994年少了5万人。总生育率降至1.43,是历来最低的(总生育率是指妇女一生中所生育的孩子总数)。截至1995年,65岁以上的人口占14.5%;预计到2025年,这个比率将增至25.8%(厚生省人口问题研究所:《日本人口预测》,1992年)。目前,每一位老人和小孩的生活由5个成人分担,但根据厚生省的预测,到2025年,这个重担只能由2个成人承担。

面对这种前景,日本政府采取了一系列措施,在1990年推行一项10年的"黄金计划",旨在扩大和促进看护老人的社会服务,计划到2000年将"家庭服务员"增加到10万人,照顾生活不能自理的老人;在全国建立1万个"家庭看护支援中心",使人们24小时可以得到专家级护理的咨询和指导。1995年政府探讨了有关计划,并把它改成"新黄金计划",旨在进一步扩大各项服务。到2000年希望落实新的老年人看护保险制度,以提供各种福利,资助老年人的看护费。

从1991年4月起,规定所有20岁以上的国民都加入强制性的国家养老制度。1997年1月起,将分配给公共保险计划的成员一个"基本保险号",供其一生使用,改变了以前更换职业就得更换号码的作法,这将有助于收纳工作,稳固养老金和保障个人利益。

这种人口结构的老龄化,势必引起日本社会及经济结构的一系列连锁性变化。⑴社会福利负担的加重,需要通过合理的税制改革等来加以解决;⑵年轻劳动力短缺,今后将延长老年人就业年限、吸收妇女就业、适当向国外开放劳动力市场等予以弥补,日本的劳动密集型产业将进一步向海外转移;⑶消费市场发生变化,从住房到医疗保健服务、保健食品等市场将扩大。

消费 90年代,日本的私人消费结构出现了明显的变化,总趋势是,消费的高级化、多样化以及服务性消费支出的扩大。1986年度,物质性消费(吃、穿、住)在家庭消费支出中的比重为52.4%,到1992年度则下降为47.9%;预计2000年将进一步减少到42.3%。而同物质性消费相反,非物质性消费(医疗、保险、交通、通讯、教育、文化、娱乐、旅游、在外就餐、美容等)所占的比重却由同期的47.6%增至52.1%;预计2000年将上升至57.7%。私人消费的这种结构性调整,必将对物质生产部门,尤其是制造业核心的耐久和半耐久消费资料生产部门带来深刻影响。1992年,耐久和半耐久消费资料在全国家庭消费支出中所占的比重,由1986年仅有的13.5%又有所下降,为13.2%。这说明,日本居民对上述两个部门的消费已接近于饱和,预计在今后相当长的一个时期里,这种状况不可能出现根本性变化。

企业文化

日本企业文化是具有日本民族特色的,强调团队意识、家庭精神的企业文化。其表现形式是多种多样的,如"社风"、"社训"、"社魂"、"组织风土"、"经营原则"、"企业使命感"等。日本企业在长期的经营实践过程中,以传统的文化观念为依托,不断汲取欧美文化的营养,建立起强调群体的和谐统一的价值观,并以此为基础,建立了民族主义的、家长式的和反个人主义的企业文化。

日本企业文化形成的主要原因是:⑴日本民族结构的意识和行为趋向同一,具有相同的民族习惯;⑵日本战后的改革为日本企业文化的发展创造了适当的环境和条件;⑶日本社会的恩耻意识,强化了企业内部人员的一体化观念,成为孕育日本企业文化的深厚土壤;⑷外来文化是日本企业文化重要的营养来源。日本企业将外来文化与本国文化相结合,融人情与效率于一炉,形成了既有原则,又有"信条"和"精神"的企业文化。

同其他国家比较,日本企业文化的主要特点是:⑴日本传统文化同现代文化相结合。通过解散财阀等改革,以及引进欧美先进思想和体制,抛弃了封建糟粕,在建立自己的企业文化中保留了民族的特点。⑵"家庭主义"的管理方式。在日本,强调企业是一个大家庭,雇员、管理人员、经理之间有一种亲属式的关系,使雇员把自己的命运和企业命运捆在一起,增强了对"家庭"的责任心,自觉地把工作放在首位。⑶培养职工对企业的忠诚。日本企业十分重视培养职工的向心力,养成"生产报恩"的牢固观念,要求职工尽忠职守,拼命工作,树立为企业、社会和国家效力的使命感、荣誉感和自豪感。这一点,构成了日本经营的核心。⑷增强企业内部的凝聚力。为了使企业上下同心协力,企业不遗余力地采用多种形式以使全体员工遵循共同的价值观和奋斗目标。如:通过"杜风"、"社训"、"经营原则"、"社长信条"等使员工的价值观趋于一致;终身雇佣制和年功序列制使职工的终生利益与企业紧密相联。⑸注重发挥群体优势。日本企业重群体作用,不重个人作用,强调个人必须融入群体之中,为发挥群体优势尽力,并以此判断职工对企业贡献的大小。

目前,日本企业正在以"精神革新"为主轴,从革新组织风尚,改善企业形象,改革商品与服务等方面进行新的尝试,创建面向21世纪的企业文化。

企业文化的特征 日本企业文化是东西方文化的融合,带有鲜明的日本色彩,是日本经济腾飞的重要因素。其主要特征是:⑴和魂洋才。“和魂”即大和民族之魂,也就是日本的民族精神。“和魂”是日本企业文化的核心,其内容可归结为“和”——重视人和,强调人际关系的亲密和谐、相互信任、彼此依赖;“同”——同心、同德、同力;“忠”——职工对企业要忠诚,尽职守责、荣辱与共。“和魂”的核心是重视人的作用,强调集团精神。“洋才”是指西洋技术。第二次世界大战后,日本企业继承明治维新时代的传统,注意吸纳美、德等国先进的生产技术、管理技术和管理方法及讲求效率的工作作风等。日本企业文化是以日本化的中国儒家文化为核心的“和魂”与先进的欧美技术为内容的“洋才”相结合而形成的。⑵经营即教育。这是松下电器公司总裁松下幸之助最早提出的思想,并将之作为企业文化建设的重要内容。他指出:“造物必须先造人”,“人的智慧、科学知识和实践经验都属于社会财富,而且比黄金更有价值。”所以,日本企业在生产经营活动中非常重视教育,着力提高人的素质,促进企业的发展。日本企业为了不断提高职工素质,不惜巨资进行企业员工教育和人才培训。大型企业大都制定了长、中、短期人才培训计划,建立了多层次的职业教育训练组织和机构,拥有相当完善的现代化教育手段。日本企业热衷于经营教育,不单纯是为企业开发人才,增加利润,而且也兼顾职工自我成就欲的需要,调动职工为企业尽忠效力的积极性。⑶重视组织风土建设。组织风土,即企业风气,指企业成员的工作态度、作风、道德规范和活动原则等。日本大企业大都有“社训”或“社是”,也就是企业的总纲领或总方针,企业成员共同遵守的经营宗旨。通过“社训”或“社是”的灌输,使其逐渐成为企业全体成员共同的价值体系和行为规范。这样,企业的整体精神和职工的集体主义意识就会不断增强,形成一股为实现企业目标而努力工作的巨大合力。强调尊重人、关心人,以“人”为中心,是组织风土建设的重要内容。日本企业的经营管理模式可以概括为终身雇佣制、年功序列工资制和企业工会,谓之为“三种神器”,它形成了企业的命运共同体的经营管理格局;80年代后,日本企业又吸收欧美能力主义思想,建立起了新经营管理模式。但是,它仍然以人为中心,重视人的因素,把爱社精神、全员管理和能力主义价值观融为一体,这是企业长治久安、立于不败之地的重要保证,是日本企业取得成功的奥秘所在。⑷集体合议制(禀议制)。这是日本企业普遍采取的一种决策制度。在决策前,企业决策层将决策意向作为文件下发给各级管理人员,广泛征求意见,然后再拿到会上讨论,作出决策。这种会下疏通、会上讨论的集体决策方式,有一定的民主性,有利于提高决策的科学性和执行决策的一致性。但是,其缺点是决策慢,稳健有余,进取不足,然而决策执行的速度却较快。

(中国现代国际关系研究所　徐学群)

泰国经济文化概况

泰国位于亚洲中南半岛中南部,东面与柬埔寨毗邻,东北面与老挝交界,西北面与缅甸为邻,半岛南端与马来西亚接壤,东南临暹罗湾,西南滨印度洋的安达曼海。全国总面积为51.4万平方公里,在东南亚仅次于印度尼西亚和缅甸,位居第三位。泰国的国境线长4 750公里,海岸线总长2 420公里,其中,泰国湾海岸线1 930公里,安达曼海岸线490公里。

泰国地形复杂,其特征是北高南低,地势由西北向东南逐渐倾斜。地形大体可以分为5部分:西部、西北部内陆山地区域;南部半岛区域;东部呵叻高原;由西向东倾斜的高原区域和泰国中部平原(湄南河谷地)区域。因他暖峰海拔2 576米,为泰国最高峰。湄南河是最主要的河流,它纵贯南北,全长约1 200公里,流域面积15万平方公里,为中部农业区的重要灌溉水源和航运干线。湄公河流经泰国东部边界,在泰国境内的主要支流是蒙河。

泰国地处热带和亚热带，全国大部分地区属热带季风气候，全年气温较高，温差不大，雨量充沛，旱、雨季分明。全年明显可分为3个季节：2月中旬至5月中旬为热季，5月中旬至10月为雨季，11月至翌年2月为凉季。凉季和雨季很少下雨，也叫旱季，年均气温在24～30℃之间。全年平均降水量为1 600毫米，但由于地形和海洋的影响，各地降水量有很大差异。比如，内陆地区降水量为1 000毫米，而海湾沿海地带，由于北部的山脉和海洋的阻隔，又经常受到海风的影响，降水量竟高达3 000毫米。

泰国是一个自然资源非常丰富的国家。主要资源有矿产、生物和水力资源。丰富的资源，为泰国的经济发展和人民生活水平的提高创造了优异的条件。

锡和钨是主要的矿产资源。锡的储量最为丰富，约150吨，为世界总储量的12.2%，居世界首位。其他矿产有铁、褐煤、铜、天然气、岩盐、铅、石膏、锑、锰、铬、萤石、宝石和碳酸钾盐等。

泰国的森林资源丰富，60年代末森林面积约占全国面积的54%，由于盲目开采，现有森林面积1 440万公顷，占全国面积的28%。主要分布在北部、东部、中部和南部，以各种热带乔木为主。榕树、樟树、金鸡纳树及柚木都是比较珍贵的树木。桂树为泰国的国树。由于有良好的生存环境，泰国的动物资源也很丰富。大象是最常见和数量最多的哺乳动物，有野象和驯象两种。此外，还有鸟类、鱼类和爬行类等上百种动物。

泰国有较充沛的雨量，众多的河流及大量的地下水，58条100公里以上的河流遍布全国各地。泰国的水利资源主要分布在湄南河上游、湄公河支流、夜公河上游以及北大年河一带。上述内河及泰国湾盛产各种鱼类。

经　济

泰国历史上是一个农业国家，第二次世界大战前后经济主要依赖于农业。第二次世界大战期间，由于日本的侵略，泰国经济遭到了严重破坏。自60年代中期以来，泰国经济开始迅速发展，1965～1980年间，泰国国民生产总值的年均增长率为7.3%；1980～1990年的年均增长率为7.6%。

进入90年代以来，泰国经济增长速度加快，工业化程度不断提高，取得了引人瞩目的成就。特别是近几年来，泰国经济发展势头良好，泰国国民生产总值的增长速度已连续4年保持在10%左右；年均经济增长率一直处于8.6%左右。1994年的增长率达8.3%，国内生产总值约1 437亿美元，人均收入约2 423美元。工业部门增长11.9%，工业生产总值占国内生产总值的30%，农业部门增长4.2%。1995年底人均国民生产总值达2 740美元，外汇储备达370亿美元，进出口总额超过1 200亿美元，出口增长26.8%，出口额达1 300亿铢，进口增长22.1%；通货膨胀率一直控制在6%之内，在东盟是最低。从1995年起，世界银行已将泰国提升列为中等收入水平的新兴工业化国家。目前，泰国经济增长率排世界第7位，投资吸引力排世界第3位，仅次于中国和越南。

农业　泰国地处中南半岛热带地区，是一个传统的农业国家，尽管同工业相比，发展速度仍较缓慢，但在国民经济发展中占有重要地位。近20年来，泰国农业发展很快，农产品出口在国际农产品市场上占有重要地位，每年都创下大量外汇收入。泰国政府一直十分重视农业的发展，认为农业是国民经济的基础性产业，它的发展不仅为工业的发展积累资金，而且在稳定物价和维持社会方面起着重要作用。同时，根据泰国国情，将发展农业提高到推动实现工业化的战略高度，提出了“农业工业化”和“创汇农业”问题。

目前，泰国的农产品如大米、木薯、橡胶、热带水果、冷冻吓和冷冻鸡出口均占世界第一位。此外，泰国的咖啡、蔬菜、鲜花等的出口也已跃居世界各国前列。近几年，泰国农产品出口创汇额在50亿～60亿美元之间，约占泰国所有出口产品创汇总额的1/5以上。1994年泰农产品出口创汇约116亿美元，相当于1994年财政开支的一半，占当年泰出口总额的26%。其中，大米出口470万吨，约占世界市场近1/3；木薯、菠萝、橡胶出口量居世界第一，冻虾居第三位，玉米占第四位，蔗糖居第五位。1996年，农业增长率达3.7%，大大超过上年的2%。农产品价格上涨，出口增长为10%左右，其中大米出口560万吨，创汇462亿铢，创历史最高水平；木薯出口540万吨，价值175亿铢；咖啡出口额达42亿铢，比1994年增长98.8%；橡胶出口170万吨，创汇545亿铢。

泰国农业的快速发展和产品质量的提高及出口数量的增加，主要在于政府对农业发展的重视和有效措施的顺利实施：⑴政府对农业发展的重视。长期以来，泰国政府始终都把发展农业作为提高整个国民经济水平和发展工业化的起点和基础，给予高度的重视和促进。从本国农业发展的现状、问题和发展前景，着重从三个方面入手：一是狠抓农田基本建设；二是抓好良种和农业技术的应用和推广；三是狠抓农产品质量和出口创汇。⑵加强科学研究带动农业发展。随着泰国工业化水平的不断提高和农业耕作面积的缩小，泰国政府就把农业科研工作放在头等重要地位。泰国农业部下设各种科研机构，专门从事农作物良种、生产技术和管理、防止病虫害、粮食、水果、蔬菜收获后的储存等项目的研究，以推动农业的发展。⑶高度重视科研成果的应用推广。⑷从国外引进优良品种。泰国政府重视吸收和引进适合于本国国情的世界先进技术和优良品种，这些技术和优良品种，在促进泰国的农业发展中起了重要作用。⑸大力培养农业科技人才。

工业 50年代前后泰国的工业还很薄弱，起步也较晚，当时只有少量的纺织、陶瓷业以及碾米、锯木等初级加工企业。当时以发展替代工业为目标。60年代期间，修建大量公路、机场、码头，为泰国的经济起步奠定了基础。为了引导工业有计划地实现现代化，70年代初，成立了泰国工业发展村规划机构。所谓工业发展村就是由政府投资在规划的特定地区征地、筑路、修建电力、能源和给排水等基础设施，然后把土地切块出租或卖给国内外投资者。目前泰国已在全国设立了7个这样的工业发展村。70年代以后工业的战略目标“逐步转向发展出口商品生产”上面，80年代陆续建立了一些规模较大的水泥、食糖、造纸、食品加工、电子、电力、汽车装配等工厂。泰国政府已在首都曼谷周围和北部清迈附近建立了5个工业发展区，在东海岸建立第一个工业发展区——乌托普工业区，兴建大型石油化工联合企业，是目前最大的工业中心。

为改变初级、落后的工业结构，泰国政府于1962年制订了《工业投资鼓励法》，并开始实施工业发展的进口政策。从70年代起，政府又将进口替代转为“出口导向”工业发展战略，并优先发展劳动密集型企业。到80年代以后，在出口加工区的带动下，电子、电器等行业迅速发展起来。在整个工业中，加工制造业是最重要的部门，主要有纺织、电子、汽车装配、钢铁、水泥、食糖、食品、化工、珠宝等部门，既发展替代进口工业，又发展面向出口的加工工业。据统计，1986～1990年间，泰制造业年均增长率达到14.3%；1990年，因政府控制经济发展的“过热”现象，生产增长率稍微压低，但仍达14%。1960年泰国有不足500家工厂；到1990年，泰已有5.15万家工业企业。其门类分布和生产能力均大为扩展，不仅成为泰国出口导向型工业战略的依托，而且支撑着泰国经济的高速增长。1993年工业增长率为10%，其中建筑业增长11.1%、矿业增长9%。1995年泰国工业生产有大幅增长的主要部门有食品加工、纺织品、珠宝、电器、塑胶产品和罐头食品。同时由于日元增值刺激日本汽车工业向新地方转移，而泰国成为理想的选择地，“日立”、“三菱”、“本田”公司都在泰国投下了大笔资金，泰国的汽车生产将从1994年的46.45万辆增加到60万辆，在2000年将达到100万辆，成为东盟最大汽车生产国。汽车工业的发展将进一步帮助泰国产业结构、出口结构的调整，大大促进工业的发展。

1992～1997年，是泰国第7个“五年计划”的实施阶段。其主要工业发展目标是：⑴在大力发展出口工业的同时，调整产业和产品结构，使出口产品更能适应国外的需要；⑵重点发展制造业，并拟定制造业平均每年以10%的速度增长；⑶支持具有发展潜力的产业，其中包括钢铁、石化、电子、机械、纺织和农产品加工等；⑷致力于国内各地区经济的均衡发展，为此，采取税收优惠等措施，鼓励投资者开拓东北部边缘省区；⑸加强基础设施建设，到1996年泰国将投资250亿美元修建公路和公共运输系统。与此同时，泰国还将在经济上放宽管制，并实行鼓励民营经济发展，推动金融逐步自由化等政策。

泰国 1992～1996 年经济状况

(1 美元＝25.413 铢)

年　份	1992 年	1993 年	1994 年	1995 年	1996 年
国民生产总值(10 亿铢)	2 827	3 164	3 601	4 127	4 606
经济增长率(%)	8.1	8.3	8.7	8.6	7.2
通货膨胀率(%)	4.1	3.4	5.1	5.8	6.2(1～9 月)

对外贸易　对外贸易是泰国经济的重要支柱，在国民经济中起重大作用。近年来泰国政府不断改进和健全促进出口的各种法规和管理制度，大力开拓国际市场。泰国的出口商品主要是农产品和纺织品，有大米、纺织品、木薯、橡胶、玉米、集成电路、珠宝、海产罐头、冻虾、糖和各种水果等。进口商品主要是燃料、原材料、零部件(元器件)和经济技术装备，如石油、半成品和日用消费品等。主要贸易伙伴是日本、美国、英国、东南亚各邻近国、荷兰、沙特阿拉伯。泰国经济的发展，带动了产业结构的变化，制造业在对外贸易中占有越来越重要的地位。1985 年，泰国制造业出口首次超过了农业的出口。同年，泰国纺织品的出口超过了一直居泰国出口首位的大米，结束了泰国以农产品出口为主的历史。1990 年，除了纺织品出口以外，机械设备、珠宝加工、电子设备、电器等 4 大类商品出口同时超过大米出口。

目前泰国已成为世界上食品、水产品、大米、饲料、纺织品和服装等轻纺产品的出口大国。1994 年出口额达 1 118.0 百万铢，首次突破 1 万亿，为历史最高纪录，比 1993 年增长 16%，进口额为 1 344.8 百万铢；1995 年出口总额为 1 381.7 百万铢，比 1994 年增长约 20% 左右，进口总额为 1 755.5 百万铢；经常性项目贸易逆差额为 373.8 百万铢。对主要出口市场东盟、美国、欧盟的出口都有所增加，其中输出到东盟市场的出口值为 605 661 百万铢，增长了 27.1%；对中国、韩国、日本、东欧的出口值亦增加，对日本的出口值为 236 101 百万铢，中国为 40 868 百万铢。1996 年初步统计，出口额为 1 478.4 百万铢，进口额为 1 897.6百万铢，经常性项目贸易逆差额为 377.9 百万铢。

对外贸易额

单位：10 亿铢(1 美元＝25.413 铢)

年　份	1992 年	1993 年	1994 年	1995 年	1996 年
出口	815.2	921.4	1 118	1 382	1 478
进口	1 021	1 143	1 345	1 756	1 898
贸易平衡	－205.4	－221.7	－226.8	－373.8	－419.2
经常项目平衡	－160.1	－161.2	－203.2	－377.6	－377.9
国际收支	77.1	98.8	104.8	179.5	/

外资方面　泰国面向出口的工业化战略在很大程度上依赖于外国投资。为加速工业进程，改变过分依赖农业的经济结构，泰国于 1977 年 5 月颁布《促进投资法》，并相继制定了一系列鼓励外国企业在泰投资的法规和优惠政策。目前已把全国划分为 3 个投资区，以吸引外商到泰内地来投资。此外，泰国政府除了降低税率、放松外汇管制和保证不没收外资财产外，还大力改善港口、道路、电力和通讯等基础设施和投资环境。

长期以来，泰国在吸引外资方面是卓有成效的。1961 年泰吸引外资仅 1.2 亿铢；1970 年为 9 亿铢；1980 年达 38 亿铢；到 1990 年，外资净直接投资高达 572 亿铢。外国公司年申请投资项目，在 1988 年高峰期达 596 项，协议投资金额达 26 亿美元。大批外资投入到纺织、服装、电子、化学、运输机械等制造业部门，极大地改善了泰国的产业结构，增强了工业生产能力和出口商品的竞争能力。1995年投资增长率为12.5%,成为经济增长的主要动力。就民间投资而言,从1994年下半年起已扭转退势,年增长率为11.4%。外资主要集中在汽车、石化、电器和塑料工业。另外,日本将在1995年到1997年有2 000宗投资项目总额可达2 000亿铢(82亿美元);美国也已定下在泰大规模投资目标,7年内投资额将达8 000亿铢(320亿美元)。

中泰经济贸易 自从泰中两国1975年正式建立外交关系以来,中泰两国的经贸关系不断发展。建交前两国没有直接贸易,建交后经两国政府的推动和企业的努力开拓,得到了快速发展。1978年,中泰两国签订了双边贸易协定和成立贸易联合委员会;1979～1984年间,两国先后签订和执行了5个年度的进出口商品议定书。1985～1989年间,中泰贸易额平均每年递增37.8%;两国贸易额从建交初年的2 100万美元发展到1980年的4.5亿美元、1985年的3.7亿美元、1990年的12亿美元、1993年的13.5亿美元。1994年,中泰贸易额达到创纪录的20.23亿美元,比1993年增长49.6%,其增幅远远高于我对外贸易的总体增长速度。其中,中国出口11.59亿美元,进口8.64亿美元,分别比1993年增长54.4%和43.7%。目前,泰国为中国的第17大贸易伙伴。1995年1～3月,双边贸易总额为5.95亿美元,比上年同期增长83.4%。泰国对我国的出口商品主要有大米、玉米、橡胶、蔗糖、烟叶及化学纤维等;我国对泰国的出口商品有轻柴油、机械设备、农机具、化工、轻纺、土畜产品、工艺品及水泥等。

两国企业在发展进口贸易的同时,积极发展相互投资,尤其是在邓小平同志南方谈话后,泰国到中国投资大幅度增加。据我方统计,到1994年底累计泰国企业到中国投资项目1 828项,协议金额28.8亿美元,实际投入资金6.3亿美元,占我国直接吸收外资国别(地区)协议金额的第8位,实际投入金额的第10位。其中仅1993～1994年两年就投资1 233项,协议金额18.5亿美元,实际投入4.7亿美元,是前十几年的2～3倍。

1993年8月,泰国总理川·立派在访华期间曾提出"黄金四角"经济合作的建议,即在中、泰、老、缅之间开展次区域合作,推进澜沧江——湄公河流域的共同开发。这一建议得到了中国、缅甸和老挝的积极响应。积极参加"金四角经济合作区"计划,是中国打开南门,走向东南亚、走向世界最实际的重大战略举措。

经济政策 为解决当前经济中存在的问题,顺利实现"七五"计划,泰国新政府对经济合作、贸易和投资重点进行了调整:⑴重点发展内地、农村经济。具体措施有:稳定农产品价格,开拓农产品国际市场;加强土改工作;鼓励向内地投资;政府拨出国家预算的20%分配给全国各府县自理开发,造益内地人民。⑵扩大对外经贸合作,促进商品出口。积极扩大对印支国家的贸易、投资,改善与缅甸的关系。重视地区经贸合作,积极推动东盟自由贸易区的进程。⑶改善税收政策,促进长期储蓄,大力吸引外资。新政府的经济纲领强调储蓄、基金、公债金的长期性,刺激人民储蓄,由每年的7%增长到15%。同时,适当降低法人所得税和中小型企业所得税,以扶持中小型投资者,并吸引更多的外国资本。

1996年12月泰国提出了新的振兴经济措施,包括:放宽金融紧缩政策,加紧发展金融市场和资金市场,将外汇市场发展成为稳定的国际化市场;推行均衡预算;推行节约政策,减少官方及国营企业机构的投资;推行集资方针,减小奢侈品支出;巩固泰币币值的经济地位;全力推行分散收入至内地政策;设立房地产共同基金;促进商人参与基础建设和公用设施的投资等。

为了强化泰国落后的制造业基础,政府宣布从1995年1月1日起,降低3 908项商品的进口税。这项规定包括:燃料、石化产品、塑料、纺织品、皮革制品、木材、纸、纸浆、家具、钟表等。

科　技

泰国政府非常重视农业的科研工作,注意农业科学技术人才的培养,积极从国外引进良种并加以研究改造,使其推广应用,提高产品质量,使泰国农产品在国际市场上具有良好的声誉。工业方面继续调整产业结构,注重扩大高价值电子产品和高科技产品。全国从事自然科学研究的有2.2万人,从事社会科学研究的有4.7万人。主要研究机构有:泰国国家研究院,工业部科学厅,应用科学研究所。

但是，随着泰国经济的快速发展，科技力量薄弱和科技人员短缺已成为经济发展中的严重问题。历次五年计划，研究开发费用都严重不足，1992～1996年的“七五”计划，用于研究开发的年度预算仅2亿美元，只占国内生产总值的0.14%，不但低于发达国家，比印度等发展中国家也低得多。工程技术人员和管理人才严重缺乏。目前，泰国缺少科学家5 800多人、工程技术人员1万余人，科研工作也不能适应需要。在1996年的财政预算中，泰国政府把开发人力资源作为首要任务。拟通过把6年义务教育时间延长到12年、举办各种职业培训班的方式加速技术人才的培养，并通过从国外引进科技人才的方法，促进科技开发。

教 育

泰国政府非常重视教育，中小学实行12年义务教育制，即小学6年、初中3年、高中3年。中等专科职业学校为3年制，大学一般为4年制，医科大学为5年制。1989～1990年度教育经费预算为612.67亿铢，占财政总预算的18.3%；1994～1995年度教育经费预算为44.08亿美元，占财政总预算的15.4%。著名高等学校有：朱拉隆功大学、法政大学、玛希顿大学、诗纳卡琳威洛大学、亚洲理工学院等。此外，还有开放性的兰甘亨大学和素可泰大学等。

为了配合第八期国家发展计划和社会发展计划强调人力资源这一政策，1996年政府拨出30亿铢的教育贷款基金，供各地贫穷学生借贷，贷款可供就学与教育有关的费用及生活费用。在接受教育期间，将不计算任何利息，也不用抵押物品，一切由毕业就职后算起。此贷款计划可供13.2万多名学生借贷。同时，教育部于1996年5月出台农业生扶持计划，援助初三农村毕业生免费进入农业、体育和戏剧等学校深造，为期3年。国家还为每人每年提供5 000铢的援助金和住宿，以解决童工、雏妓问题，并给农家子弟升学的机会。

文 化

语言文字

泰语是泰国国语，属汉藏语系壮侗语族（即黔台语族），与中国壮语、傣语等同属一个语族。泰语分为中部泰语、南部泰语、北部泰语和东北部泰语，其词汇不少来源于古汉语，部分来源于孟——高棉。社会、政治方面的词汇和简单的科技术语往往是以巴利语和梵语的语根为基础的。泰文是1238年前后在古高棉文草书体的基础上创造的文字。

新闻出版

通讯社 泰国通讯社（TNA）是官方通讯社，原称国家通讯社。1977年4月9日成立，10月改为现名。

广播电台 泰国的广播电台较多，总数达230多家，既有政府、王室、三军和警察系统主办的，也有民办的商业电台。泰国国家广播电台是目前泰国发射功率最大、设备比较完善的电台，1930年2月成立，前身为曼谷电台，1936年改名京都电台，1941年改现名。对内用泰语广播，对外用英语、华语、马来语、越语、老语、高棉语、缅语和日语广播。亚洲自由之声电台由美国承建，1968年3月建成，设在泰国中部的沙拉武里府，当时主要是对付共产主义宣传，现以泰、英、法、老、柬、越、缅语等对亚洲广播，由外交部掌管。

电视 泰国共有9家电视台。其中4家为彩色电视台，均设在曼谷；其他5家为黑白电视台，分别设在孔敬、素叻他尼、南邦、普吉的合艾府。

报纸 泰国的新闻出版物较多，大多集中在首都曼谷。泰国的报纸用三种文字出版，其中泰文报纸有《泰叻报》、《每日新闻》、《淡炎叻报》和《民意报》。英文日报有《曼谷邮报》和《民族评论报》。中文日报有《中华日报》、《星暹日报》、《京华报》和《世界日报》。

文 学

泰国的书面文学是伴随泰文的出现而产生的。700多年来，泰国文学不断发展。今天，泰国文学已经从宫廷文学、宗教文学的领域走出来，成为社会生活不可缺少的一部分。泰国文学按其发展可分为古代文学、近代文学和当代文学，最早的文学作品被认为是素可泰王国时期的坤兰甘亨王碑碑文。曼谷王朝初期，文学开始繁荣，这一时期，散文开始流行，著名作家披耶帕康开创了用散文体写作的先例。

本世纪20年代末，在西方文化的影响下，泰国新文学开始兴起，并很快占据主导地位。新文学的代表人物有西巫拉帕（1905～1974年）、马莱·初披尼（1906～1963年）、阿卡丹庚亲王（1905～1962年）。80年代以来,泰国对外文学的翻译和介绍工作有了较大发展,由于泰国华人较多,华文文学在泰国也占有一定地位。目前,泰国共有200多位有影响的作家,其中专业作家仅20多人,业余作家大都是新闻工作者、教师和职员。

宗　教

宗教在泰国的社会中占有十分重要的地位。佛教是泰国信仰人数最多的宗教,对泰国的政治、经济、社会生活和文化领域都有着重大的影响。

佛教在泰国具有悠久的历史。早在公元最初的几个世纪内,从印度传入的大乘佛教就在当时的泰国境内的一些小国传播。从13世纪伊始,由锡兰(斯里兰卡)传入的上座部佛教(小乘佛教)在泰国逐渐占主导地位。佛教对泰国人民的社会生活有很大的影响,佛寺在广大农村具有十分重要的地位,是村落的社会、文化和政治生活的中心。

人口与环境保护

1996年11月2日,泰国总人口已满6 000万,占世界58亿人口的1%,排第17位。1996年新生婴儿约90万,死亡人口约30万,人口净增长约60万。照此数据预计,2019年人口将增至7 000万。泰国的6 000万人口分布如下:城市居民1 900万,内地各农村居民约4 000万;中部(包括曼谷)的人口约2 000万,东北部约2 000万,北部1 200万,南部约800万;按年龄分类,1～15岁人口约1 650万(27.4%),16～59岁的工作年龄人口约3 860万(64.4%),60岁以上高龄者约480万(8.2%)。目前泰国女性平均年龄为72岁,男性平均年龄约67岁,都较以往长寿;女性较男性多出3.5万人。

泰国自60年代初就实行人口控制和计划生育政策,30多年来泰国的计划生育政策取得很大成果,人口增长率从60年代初的3%降低到现在的1.1%。同时这也是推行家庭计划25周年的结果。由于该计划的成功实施,泰国人口不会过速增长。为配合该计划,第八个国家发展计划也应做出适当的调整,著重于发展人口资源,重视国民健康,以及全民素质的提高。但目前的首要问题是解决提高国民生活标准。

1992～1996年泰国人口统计

年　份	1992年	1993年	1994年	1995年	1996年
人口(百万)	57.8	58.3	59.1	59.5	60.2
劳动力(百万)	32.4	32.9	33.2	33.6	34.0
失业率(%)	3.0	2.6	2.6	2.6	2.6

近几十年来,泰国经济发展付出的最大代价就是生态环境和自然资源破坏严重,国家的基本经济资源,如土地、水、森林、矿藏和渔场都作出了目前所能作到的最大限度的开发利用和不同程度的破坏。由于过度采伐,森林面积大大减少,森林覆盖率由50年代的66%降为目前的25%左右;矿产资源所受破坏的状况与森林相似,在矿区,大量无地和失地农民涌入矿区非法开采,使矿产资源受到很大破坏;河流和沿海地区水流污染问题也十分严重,在河流污染地区,水质变坏,水中生物大量死亡,同时也威胁着沿河居民的身体健康;随着车辆数量的增多,空气污染也日益严重。

为了有效地控制环境污染,保护环境,泰国政府制定了一系列措施和法规,严禁游客在公共场所乱扔杂物,并采取了相应的惩罚措施。同时,为促进旅游业的发展,加强沿海"环保",1996年11月,普吉府举办了国际钓鱼比赛;自1997年1月1日起,交通部规定缩短轿车、厨车及小货车的使用年龄,以减少行驶的旧车数量和空气污染;为解决城市垃圾问题,曼谷市政府明文规定,在非垃圾站丢垃圾、废物或吐痰,罚款2 000铢以内;司机如把垃圾撒在路面上要罚款3 000铢;在河旁、水港大小便或丢垃圾,则被罚款1万铢。

旅游业的发展及存在问题

旅游业是泰国外汇收入的重要来源。从60年代开始发展,如今已成为创汇最多的经济部门,其成龙配套的综合服务及"微笑之国"的美誉举世闻名。曼谷东方宾馆连续10次位居世界十个最佳宾馆之首。1962年泰国旅游业的外汇收入为3.1亿铢,1982年则达238.78亿铢,当年泰国大米的出口值为225.1亿铢,旅游业的外汇收入第一次超过了居十大出口产品之首的大米出口值,成为创汇最多的经济部门。

1990年外国游客有529万人次，创汇49亿多美元；1994年到泰国的游客为622万人，外汇收入达1 600亿铢，比1993年增加了6.4%。1995年到泰国旅游观光的人数达709万人，比上年增加14%，创汇1 800亿铢。1996年泰国旅游业继续呈增长势头，国外游客人数达725万人，超出预定目标5万人，比1995年增加7.4%，创汇2 100亿铢，为历史最高纪录。

为了进一步发展泰国旅游市场、吸引更多的游客，泰国政府制定了一系列发展旅游业的计划。如：根据不同国家的节假日制定旅游方案；建设新的旅游场所；改善基础设施和旅游服务；保护旅游地点的环境；调整酒店及其他膳宿场所价格。同时，为了鼓励本国人民在国内旅游，以减少经常性帐目赤字，泰国旅游机构制定二年计划，推动和促进"泰人在泰旅游计划"。估计此计划将促使泰国人在国内旅游的人数达到5 400万，即平均每人每年在国内旅游2.9人次，即使旅游收入流通达到约1 481亿铢。泰国的旅游业仍存在一些问题，如环境污染、酒店竞争、泰国人出国旅游和花费增多等问题，其中色情业泛滥最为严重。反娼妓运动人士认为，泰国有妓女50万人，雏妓10万人，艾滋病患者20万人，艾滋病带菌者人数更多。这些数字，其说不一，有人认为是夸大其辞，有人则认为这些数字只少不多。据政府所作调查，泰国的卖淫场所共有7 318处，卖淫者为15万～20万人，若以卖淫收入计算，每年收入达4 500亿～5 400亿铢，占年国民收入的7～8%，远远高于贩毒业收入，为法律外营业收入最高者。对于妓女尤其是雏妓多起来的原因，看法不一，有的认为是贫困造成的，有人反对，认为这是借口，主要原因是卖春赚钱容易，家里有了钱，政府也有了钱，所以，家里和政府都高兴，只是损害了妇女。另一个原因是宣传媒介和一些丑业场所登、演裸女，使一些妇女不知其丑，而一些男人则形成了不嫖妓就不像男人的观念。

为了控制色情业的泛滥，减少雏妓数量，1996年泰国政府颁布了防止及取缔卖淫条例，并于1996年12月21日开始正式实施。此条例取代了1960年的旧法令，其不同处在于，对嫖妓者治之以罪，迫良为娼、贩女为娼的父母及嫖宿未满18岁少女者均为有罪。与卖淫者勾结的父母将面对4～20年的监禁，政府同时也将撤销他们对子女的监护权。对于从事卖淫业者和妓院老板将被判20年监禁，嫖雏妓者被罚款2万～12万铢，而妓女的最高处罚是监禁1个月和罚款40美元。被迫卖淫的妓女将不会受处罚，而未成年者将被送入改造中心。

（中国现代国际关系研究所　袁　颖）

新加坡经济文化概况

新加坡共和国位于马来半岛南端。东临南中国海，西经马六甲海峡通往印度洋，北隔柔佛海峡与马来西亚为邻，南隔新加坡海峡与印度尼西亚相望，面积639平方公里，由新加坡岛和邻近的54个海岛组成。由于这种得天独厚的地理位置，新加坡从19世纪以来便逐步发展成本地区商业中心。

新加坡古称淡马锡，曾是马来西柔佛王国的一部分；1824年沦为英国的殖民地，一直是英国在东方的重要转口贸易商埠和在东南亚的主要军事基地。1942年日本入侵，1945年英恢复殖民统治。1959年实行内部自治，成为自治邦，李光耀任总理。1963年9月并入马来西亚，1965年8月脱离马来西亚成立共和国。1990年11月第一副总理吴作栋接替李光耀任总理。1993年8月举行独立后首次总统大选，王鼎昌当选为新加坡第一位由全民选出的总统。

经　济

新加坡国土面积小，人口少，自然资源匮乏。第二次世界大战前，新加坡的经济还十分落后。自1965年独立以来的30多年里，经济发展取得了举世瞩目的成就,成为亚洲“四小龙”之一。1996年新加坡人均国内生产总值近3万美元,其国际竞争力仅次于美国,为世界第二。

90年代以来,一直保持着强劲的增长势头。据统计,1990～1994年间,其国民生产总值年均增长率达8.5%,远远高于同期世界经济增长水平,其中,1993～1994年国民生产总值增长率均为10.1%。此后新加坡经济发展速度有所放慢,1995～1996年,其国民生产总值年均增长率分别降为8.9%和7%,但这一增长速度仍然在世界各国中名列前茅。

新加坡人均国民收入达24 000美元,这一收入水平实际上已经跻身于发达国家行列。对外贸易、对外投资也有明显增加。从目前情况看,今后几年内,新加坡经济将继续保持这种发展势头。据新加坡政府估计,在1996～2000年间,经济增长速度将介于7～10%之间,这也反映了他们对未来经济发展的乐观情绪。

尽管经济建设取得了如此辉煌的成就,但新加坡领导人至今依然保持着清醒的头脑和忧患意识。为了确保未来经济发展,新加坡政府正全力加强三方面工作。

提高人口出生率,同时努力吸纳国际优秀人才到新加坡工作

新加坡现有人口约300万,其中78%为华人,15%为马来人,7%为其他民族。新加坡文化教育水平一直较高。例如根据1990年统计材料,新加坡人10岁以上的人员中,识字率达到90%,基本上达到了发达国家水平。

当然,进入90年代以后,新加坡社会也出现了这样一个问题,即在文化素质相对较高的部分人中产生了一种“丁克”现象。他们因为这样或那样的原因,不愿意生育子女,结果导致新加坡人口出生率持续下降,加之有些年轻人移居国外,人力资源缺乏的问题日益严重。

为了改变这种状况,新加坡政府采取了以下几方面措施:调整现行生育政策,鼓励条件成熟的青年男女早婚早育,以便为新加坡未来经济发展提供充分而且优秀的人力资源;改革移民政策,为一些高科技人才特别是来自亚洲诸国的优秀人才落户新加坡大开方便之门;通过新加坡国际基金会建立起人才俱乐部以网罗国际优秀人才;建立一些高科技研究所和国际领先的实验室,为高科技人才提供良好的工作居住条件;加强其公民的认同感和国家意识,尽量避免新加坡优秀人才的外流。

鼓励企业进军海外市场,通过与国际市场的联系与接触,努力掌握最新信息,力争在激烈的国际竞争中立于不败之地

1986年新加坡经济委员会提出了一份题为《新加坡经济发展新方向》的报告,首次提出新加坡经济发展的方向是拓宽对外经贸联系,特别是对外投资。该报告指出,由于新加坡内部投资机会有限,扩大对海外投资才是新加坡安身发达之计。1991年,新加坡政府又提出了一份题为《经济发展战略报告:通向发达国家之路》的报告,再次提出要鼓励其企业家扩大对海外的投资,通过发展对外经济联系来占领国际市场,并增强新加坡企业的发展后劲。1993年1月1日,新加坡总理吴作栋在新年献词中强调,新加坡人必须扩大海外投资,以扩大其经济发展基础;随后不久,内阁资政李光耀也指出,政府应该想方设法创造条件,让新加坡企业走出国门,并在海外市场中寻找新加坡经济腾飞的“第二双翅膀”。

为了鼓励企业家们扩大对海外的投资,新加坡政府制定了一系列优惠政策。如在税收方面,政府规定,凡投资海外的企业所获得的利涯均可以向政府申请减免税;在融资方面,除了给予海外投资公司一部分优惠贷款外,还通过“企业海外投资促进委员会”购买这些企业的上市股票,通过这种 投资入股的方式再提供部分资金;另外,对于一些投资海外的中小企业,政府还可以通过海外投资基金及各种区域性基金提供融资服务。新加坡政府成立专门机构,协助企业向海外发展。1993年1月,新加坡设立了“企业海外投资促进委员会”,这一机构的主要任务便是提出新加坡企业对海外投资的评估,并向政府提出可行性建议;此后,又设立了一个以内阁部长牵头的区域性企业论坛,为企业界提供信息方面的服务。与此同时,新加坡经济发展局、贸易发展局及外交部也开始设立一些相对应的专门机构,为企业界进行海外投资提供各种服务。

这些政策措施大大调动了其企业对外投资的积极性。近年来,新加坡企业对外投资正在急速增长,特别是对东盟国家和中国的投资更是呈急剧上升之势。截至1997年4月,新加坡企业对外投资总额已达350亿美元,仅1996年其对外投资即达100亿美元,比1995年增加了59%。近几年来,新加坡在中国的投资显著增长。1993年新加坡在华投资29.5亿美元,相当于过去新加坡在华投资总额的150%;到1996年底,新加坡在华投资额累计已达61.7亿美元。

加强基础设施建设,特别是实现交通运输行业的建设,努力为国内企业投资提供良好的外部环境

新加坡从80年代初期起即在东部的樟宜移山填海,填出一块面积达670公顷的土地,以建设高度现代化的樟宜机场,预计到2000年,樟宜机场将成为亚太地区首屈一指的超级航空城。与此同时,新加坡港务局还计划用30~40年的时间对巴西班让港和大力港进行全面改造,以适应水运事业的发展。新加坡政府计划在21世纪初期能够吸引并处理比90年代初期多10倍以上的交通量,同时通过优质服务努力将新加坡建成亚太地区的金融、贸易、运输和服务中心。

通过宏观管理政策,特别是财税政策引导企业经营活动,努力减少国内外企业的负担

以1995~1996年财政年度为例,政府对财政税收政策便作出大幅度调整,如再次降低房地产及个人所得税;对投资海外的企业采取多项优惠措施,政府还向经济发展局提供大量资金,以便为中小企业向海外发展提供充足的资金来源;对一些高产值的金融活动,如投资基金、资本管理及信托投资业务所获得的高额利润也给予5%的税赋优惠。与此同时,政府还将大量资金用于国民教育、科技开发基本建设及扶持部分产业发展方面,以确保国内投资环境对国内外企业界的吸引力。另外,还决定将基础设施的服务费减少到最低水平;除汽车税以外尽量减少各种税赋,尤其是个人和公司的所得税,以鼓励企业及个人创造财富;政府在制定国家预算方案时将实行从严从紧方针,以进一步节约开支,减轻个人和企业的税收负担。

1996年1月1日,新加坡被经合组织列入"较先进的发展中国家"之后,新加坡政府随即提出了"团结一致、关注未来课题和加倍努力"等三大原则,同时制定了新加坡的经济发展战略,即创造和积累财富、改进有利于商业活动的国内环境、制定工业发展政策、深化科技基础以及通过海外发展战略增强其经济后劲。从目前情况看,在今后几年里,新加坡经济仍将保持这种高速发展态势。

科学技术

早在1990年,新加坡政府和学术界便围绕跨世纪发展战略问题进行了大规模讨论。当时由200名分别来自政府各部门、民间学术机构以及企业界的精兵强将集中讨论了新加坡未来的经济发展战略。经过仔细研究和磋商,他们终于达成共识:走科技立国之道。他们为新加坡未来发展描绘的美好蓝图是:到21世纪初期,每个新加坡公民都能熟练地掌握电脑基本知识,并能有效地利用多媒体技术与世界各国进行沟通和联系。同时,新加坡还将增加科技投入,使其交通运输、通讯等产业实现科技化。具体来说,新加坡将达到以下目标:

商业领域 将借助宽频传播系统建立起高度现代化的越洋商业会议中心,并以此为契机努力促进包括设计、行销行业在内的一些高附加值产业的发展。

服务业方面 将建立起面向亚太地区的教育培训中枢,同时通过宽频传播系统向国外发出信息,使新加坡专家不需要跨出国门便可以向亚太地区诸国提供各种咨询、训练及其他信息服务。

交通通讯方面 新加坡将建立电子资料交换系统,使大众运输系统更加方便快捷;与此同时,新加坡还将建立起整体数位服务网络,努力保持新加坡在海运及空运方面的领先地位。以世界上最低廉的收费为世界各国提供国际直拨服务,同时通过综合数据转驳网把声音、数据和图像资料传送到世界各国。新加坡电信局还准备将装置高容量光学纤维、卫星系统、海底电缆以及新的电话转接系统为其他国家的广播和电信事业提供服务。

制造业方面 主要是通过信息网络系统增加各企业之间的联系与交流,使生产流程更加畅通快捷,并使其工作效率大为提高,从而降低各企业的生产成本,增强其国际竞争力。

贸易方面 新加坡将建立起"货柜整体数位信

息系统"和"贸易咨询网络",使新加坡成为亚太地区效率最高的仓储和营运中心。

市民生活方面 新加坡将建立多媒体学习环境,双向式教育信息系统,并提供大型资料库供市民随时检索国内与国际信息。

除此之外,新加坡政府还计划在未来4年时间内将大中型企业的管理全部实现电脑化,而家用电脑的使用率也将由目前的25%增加到50%以上。与此同时,将发展专门供旅游业使用的信息软件,以提高整个旅游行业的服务水平;设立电子购物系统、电子交通监管系统和医疗卫生资料库以方便新加坡公民的衣食住行。

为了实现这些目标,新加坡政府已经启动了一项庞大的信息产业工程——国家信息基础设施工程(NII)。现在他们已经开始在市中心铺设光纤网络,并于2005年之前建成全国性的光纤网络系统。

新加坡科技局作为高科技事业的直接管理者还将努力推动科技研究与开发利用工作。在分子与细胞生物研究所,现在已经有150名拥有博士学位的科技人才正在进行基础研究;在系统科技与信息产业研究所,新加坡对电脑软件的研究与开发也在世界保持了领先水平。除此之外,新加坡还计划增设两家研究所,具体负责对微电子和制造业方面的科研工作。

新加坡政府最近还决定在1996年4月1日前对国家电脑局进行重组,以促进新加坡信息产业的发展,并以国际最先进的方法为国际信息产业的发展提供服务。

教　育

新加坡是个自然资源匮乏的弹丸小国,但拥有较高素质的人才资源。在联合国一次劳工质量调查中,新加坡人才质量居世界之首。政府对教育的高度重视和人才资源的有效开发,已成为新加坡经济起飞和持续发展的强大动力。

新加坡教育成功之处有以下几个方面:

政府尊师重教巨款投资教育

新加坡政府重视教育,不断增加教育投入。教育经费占历年财政支出的第一位,并以每年30%的速度增长。1991年教育经费占预算总开支的16.2%,高于美国和日本。目前教育津贴已达到每个学生平均教育成本的90%。

新加坡还十分重视教师的生活待遇。在新加坡,教师的收入在各行业中仅次于军人,居第二位。70年代起,教师的工资每年都大幅度递增,增幅由开始每年递增50元增至现在每年递增160元。一般一位10年工龄的中学教师,月薪在3 000～4 000新元左右。新加坡生活水平较优裕,许多教师都有自己的房子、汽车。每年还有12周的假期。由于待遇高,职业稳定,因此教师职业在新加坡备受尊崇。

注重基础教育培养实际工作能力

新加坡的教育实行小学6年,中学4年,初级学院(相当于高中)2年,大学4～5年。小学阶段只象征性地收学费12新元,中学每学期也只收75～100新元。

10年前新加坡开始改革教育制度,并派专人到中国台湾、日本、德国考察,学习它们成功的经验。他们发现由于新加坡的学生只接受8年的基础教育便修读职业课程,常常因不善用英语而出现困难。而台湾及德国学生的基础教育为9年,又是采用母语作为工作语言,学生在职业培训中表现良好,所以,新加坡政府决定将基础教育延长到10年。

由于多年来政府对基础教育的一贯重视,新加坡国民整体文化水平已由小学普及到初中,识字率达91.6%。

新加坡的基础教育除了使学生全面打好文化基础外,还注意培养孩子们的实际工作能力和创造力,使教育不断满足国家经济的发展需要。新加坡的教育方针指出,要教育每个儿童,使其最大限度地发挥自己的潜力,成长为热爱祖国,责任心强,能自食其力,并对国家有用的人才。

新加坡从小学开始即采取"双语教学"、强调英语是第一语言、是工作语言,母语(华语、马来语、泰米尔语)是第二语言,这样为每个新加坡学生选择未来职业,参与经济活动打下基础。而且中学教育已经与技能训练融为一体。在中学的头两年,学生学习公共课程;后两年,要选择艺术科学、商业或工程技术课程,男生还可选修木工、陶艺,女生可选修家政学。

新加坡在中小学电脑普及教育方面成绩突出。2/3以上的小学和所有的中学都已拥有电脑设备与师资;各中学还成立了电脑学会,许多学校还拥有完善的电脑中心。在学校管理上基本都实行了电脑网络化。新加坡教育部计划拨款1 000万新元,资助学校购置电脑软件并培训师资,到1997年年底使所有的学校都能拥有电脑。

多层次、多渠道的成人教育网络

新加坡经济的迅速起飞除了政府经济政策得力外,也与成功的成人教育分不开。

1990年与1965年相比,新加坡各类专业技术人才在国民中的比重从5%增加到24%,平均每年有两万多职工接受全日制和业余在职教育,新加坡的劳动生产率也以每年4~5%的比率增长。经过30年来的发展,以专业技术培训为主体的各类成人教育层次多样,形式灵活,已普及到国民经济发展的各个领域。

新加坡的成人教育特色之一是由政府、行业、团体和个人共同举办,政府统一进行协调管理。1972年国家成立生产力局,下设生产力训练学院,是当时全国最大的成人培训法定机构。1979年成立工业职业训练局,下设15个教育学院,27所培训中心,负责组织就业前的职业技术教育和在职职工的技术文化培训,以及国家定标的三级技术工人考核。政府每年为此拨款1亿多新元。

除直接举办成人教育外,政府还倡导行业培训及社区培训,从而形成了多层次、多渠道的全国性成人教育网络。

另一大特色是企业出资建立技能发展基金。1979年开始,政府规定企业主为每个月薪不满750新元的职工向国家交纳相当于工资1~4%的费用,作为技能发展基金,主要用于资助低工资、不具备小学文化或初级技术的职工培训。如果私人企业举办培训班,生产力局也可提供训练设备和30%的补贴。这一举措从经济上有效地调动了企业主的送培积极性,也大大促进了职工学习专业技术的热情。

新加坡的成人教育在形式上也灵活多样,有全日班、黄昏班、周末班、电视教学班、研讨会等等,为职工参加技术培训带来方便。

进入90年代以来,新加坡政府大力引进世界先进技术,采取国际合作方式,培养自己的专门人才。贸工部先后同日本、德国、法国等国合作,建立德新学院、法新学院等5所科技学院,吸收初中毕业生学习人工智能、激光、电脑等先进技术,加强人才的知识更新教育。

30年来,新加坡对本国人才资源的投资和开发产生了巨大的经济效益和社会效益,推动了经济的迅速起飞和持续发展,成为亚洲四小龙里以“人才立国”的成功楷模。它的不少经验对于发展中国家有效地培养和开发人才都有一定启示。

新加坡重要经济数据

	1992年	1993年	1994年	1995年	1996年
国内生产总值(亿新元)	806	942	1 085	1 211	1 326
国内生产总值年增长率(%)	6.0	10.4	10.4	8.8	7.0
通货膨胀率(%)	2.3	2.3	3.1	1.7	1.4
人口(万)	282	287	293	299	304
出口总值(亿美元)	634	737	965	1 180	1 250
进口总值(亿美元)	721	849	1 024	1 242	1 313
经常项目(亿美元)	56.2	42.1	112.8	150.9	114.7
外汇储备(亿美元)	404	484	582	687	757
公共债务(百万美元)	16.5	7.2	3.2	0.0	0.0
货币汇率(新元/美元)	1.63	1.62	1.53	1.42	1.41

资料来源:EIU Country Report:singapore Ith quarter of 1997。

(中国现代国际关系研究所 孟习贞)

印度经济文化概况

印度共和国,国土面积297.47万平方公里,耕地面积1.66亿公顷,1994年人口9.136亿,国民生产总值2 936亿美元,人均国民生产总值320美元,货币名称印度卢比,1996年1美元=35卢比。

印度有悠久的文化历史,为四大文明古国之一。有文献记载的历史自公元前1700年雅利安人入主次大陆起,开始了吠咤时代。公元前6世纪,形成了16国争雄局面。公元前321年第一次形成统一的奴隶国家——孔雀王朝。此后进入更多的外族入侵时期,国家四分五裂。公元7世纪起穆斯林向南亚次大陆渗透,势力日益强大,1526年建立了莫卧尔帝国,为印度有史以来最强大的王朝,也是当时世界上最强盛的国家之一。1600年英国入侵,建立东印度公司,1894年印度沦为英国的殖民地。1947年印巴分治,印度独立。1950年生效的印度的宪法规定印度为联邦国家,是主权的、社会主义的、世俗的民主共和国,采取英国式的议会民主制。独立后的半个世纪中,印度国大党统治的时间最长。

经　济

印度的矿产资源不算丰富,已探明的主要矿有:铁矿210亿吨,铝矿27亿吨,占世界8%;云母占世界第一位;铀7万吨,钍36.33万吨,煤、锰、铜、锌、铬等均不及世界藏量的5%,石油资源严重短缺。森林资源比较丰富,覆盖面积占地理面积的22%。

独立后印度为改变以农业为主的落后的殖民地性质的经济,实行公营与私营并存的混合经济体制,坚持自力更生的原则,是社会主义国家以外实行五年经济发展计划最早、最大的发展中国家。1951年4月实行第一个五年计划,目前正在执行第八个五年计划。

印度自第二个五年计划起仿效苏联,实行优先发展重工业的战略。1956的工业政策决议把所有重工业、基础工业和国防工业划归国营,私营和外商只能向其他工业投资。国家对私营大企业在扶植的同时通过工业许可证制度和反垄断措施加以限制,通过《外汇管理条例》对外国投资进行约束。这一战略的主要成就是:1.国民经济结构有很大改善,1950~1951年度,农业占国内生产总值的58.9%,工业占15%,服务业占26%,1990~1991年度农业只占31.6%,工业占24.6%;服务业占43.7%。2.国营经济在国民经济中占居主导地位,国家不仅垄断了铁路、邮电、港口、国防工业、银行和保险,而且在重工业中占绝对优势。3.打下了工业化的基础。4.绿色革命的推广,实现了粮食基本自给。但是在半管制、半封闭的状况下,国营企业体制僵硬,管理不善,效益很低;私营企业的积极性受挫,经济发展缓慢。1951~1980年的30年中,经济平均年增长率只有3.5%。

80年代印度经济进行了初步的调整,开始放松对私营和外资的限制,重视轻纺工业的发展,经济年均增长率达5.6%。但宏观管理失控,财政和国际收支双失衡。1990年受海湾危机的冲击,爆发了有史以来最严重的外汇危机。由于石油开支激增,侨汇剧减,1991年6月外汇储备降至10亿美元,仅够维持两周的进口,财政赤字占国内生产总值的8.4%,经济濒临崩溃的边缘。

1991年7月国大党政府大力推行经济改革,彻底抛弃苏联发展模式,使经济从半管制走向自由化,从半封闭走向全球化。在工业、贸易、财政、金融、税收、农业等领域颁布了一系列的改革措施,如除关系到安全、战略、有污染的工业外一律免除生产许可证;取消构成垄断企业的资产规定;对国营企业实行谅解备忘录制,31家盈利企业股票在3年内转让49%;外商向35类最优先发展的工业部门投资,参股率由40%提高到51%,自动核准;电力、石油提炼、计算机和软件,可以独资；鼓励外国机构投资者在印度进行证券投资；允许有条件的大公司在国外发行股票和债券；实行卢比贬值和经常项目卢比可自由兑换；最高关税率由1991年的300%逐年降至110%、85%、65%、50%；降低利率和下调法定准备金比例，扩大银行自主权；全国23个股票市场进行计算机联网，完善规章制度；允许农产品在全国自由流通等。经过5年的改革，印度经济已取很大成就，GDP增长率从1991～1992年度不到1%上升到1994～1995年度的7.2%和1995～1996年度的7.1%。

表1 印度国内生产增长率和部门构成

部门	增长率%				占GDP%		
	1995～1996年	1994～1995年	1980～1981年	1950～1951年	1995～1996年	1994～1995年	1980～1981年
农业	2.4	4.9	3.2	2.4	28.1	29.4	38.1
工业	13.1	8.5	6.6	5.6	26.3	24.9	20.9
服务业	6.7	6.1	6.3	5.4	45.6	45.7	41.9
总计	7.1	7.2	5.3	4.0	100.0	100.0	100.0

资料来源：中央统计局。

农业 农业占国内生产总值的29%，农业劳动力占全国劳动力66%。50年代印度粮食危机四伏。自60年代中期推广墨西哥矮脚小麦等高产种子以来，绿色革命使“印度的讨饭碗变成了面包篮子”。粮食产量由1965～1966年度的7 235万吨增至1994～1995年度的1.92亿吨，一跃而为粮食净出口国。1995～1996年度的粮食产量为1.85亿吨，重要经济作物有棉花、甘蔗、茶叶、黄麻、咖啡、烟草、橡胶和香料。畜牧业占农业产值的25%，牛存栏数居世界第一位。70年代印度开始增产牛奶的“白色革命”，在联合国粮农组织的合作下实施“使牛奶成河”计划，1995年牛奶产量达6 500万吨，仅次于美国，居世界第二位。80年代印度开展扩大渔业资源的“灰色革命”，发展增产淡水鱼虾技术和养殖珍珠的技术。同时扩大海洋渔业资源。

工业 工业占国内生产总值的27%，门类齐全，有自我装备能力。1995～1996年度工业增长率为13.1%，主要由于制造业增长14.2%。纺织业是就业人数最多的传统工业，近几年来有很大起色。1995～1996年度纺织品出口创72.01亿美元纪录。钢铁工业一直属于优先发展行业，在放开价格管制和减税后产量上升，1995～1996年度钢材产量为2 080万吨。机械工业占工业生产指数的30.5%，从生产简单的钢铁制品发展到成套设备和计算机。计算机软件和汽车工业是投资的热门。1995～1996年度的软件产值为12亿美元，出口值为7.34亿美元。软件工业已成为印度出口支柱产业之一。除向美国等发达国家出口外，在巴林、迪拜、斐济、墨西哥、阿根廷、阿联酋、沙特阿拉伯和南非开辟了新市场，并正打入中国和其他非洲国家。现在全国有600多家软件公司，软件技术人员有16万，54家软件公司获得ISO9001认证。将计算机硬件与软件相配套，以便获得更多的经济效益和智力财富是印度计算机产业未来的发展方向。但石油、煤炭、电力增长缓慢，发电量为3 797亿千瓦，石油产量为3 456万吨，人均电话每千人8部。基础设施不足仍是妨碍工农业发展的因素。过去公营部门垄断了基础设施的发展，现在政府鼓励私营和外国投资。1996～1997年度预算建议设立基础设施发展金融公司，法定资本500亿卢比，以支持该项事业。

旅游业 印度名胜古迹遍布全国，种族、宗教、民俗繁多，丰富多彩的集市和节日，崇山峻岭，长河大川，漫长的海岸线，形成了一道道独特的风景线，为旅游业的开发创造了有利条件，旅游人数日益增多。1951年外国游客只有16 829人，1995～1996年度达219万人，外汇净收入14.8亿美元。旅游业已成为外汇收入的重要来源。主要旅游景点有：阿格拉的泰姬陵，为世界第六奇迹，马哈拉施特拉邦的阿旃陀、埃洛拉岩洞，大象洞、奥里萨邦的科纳克太阳神庙、扎干斯庙，中央邦的卡朱拉霍庙，旁遮普的金庙，克什米尔的毗湿奴德维庙，果阿的基督教堂，还有各地的印度教庙、佛教寺院、清真寺以及斋浦尔王宫等。但是目前的旅游服务设施还跟不上需要,全国只有59 000个旅馆房间,卫生条件差,接待人员素质不高,加上交通不便,影响了旅游潜力的发挥。旅游业有时还受到教派冲突、恐怖主义活动乃至鼠疫的影响。

表2 印度旅游业发展

	1990～1991年	1991～1992年	1992～1993年	1993～1994年	1994～1995年	1995～1996年
游客人数(万人)	161.37	178.19	182.08	187.13	191.00	219.00
增长率(%)	-8.6	10.4	2.2	2.8	2.5	14.6
外汇净收入(亿美元)	10.64	15.12	17.13	17.25	14.25	15.00

资料来源:印度储备银行公报1996年8月。

财政金融 印度实行赤字财政政策,同时采取措施控制通货膨胀。1996～1997年度预算总开支为20 466亿卢比,总收入为19 808.2亿卢比,赤字为657.8亿卢比。财政赤字为6 226.6亿卢比,占GDP的5%,低于1995～1996年度的5.9%。国防开支为2 777.9亿卢比,占预算总开支的13.6%。财政赤字主要靠发行公债和市场借款填补,至1996年3月内债总额为55 304.4亿卢比,占GDP的51%;外债为922亿美元,是世界第四大债务国。由于紧缩开支,降低货币供应量,增加税收等宏观调控措施得力,通货膨胀率从1994～1995年度的10.4%降至1995～1996年度的7.8%。截至1996年6月底,黄金外汇储备共计220.91亿美元,其中黄金储备价值44.37亿美元,特别提款权1.28亿美元。

对外贸易 由于采取了一整套鼓励出口和进口先进设备的措施,1995～1996年度出口达318.31亿美元,比上年度增长21.4%;进口为363.37亿美元,比上年度增长28.7%,逆差45.39亿美元。在出口中,农产品增长了43.9%,制成品增长16%;进口中,石油及石油产品增长27.3%,达75.47亿美元,是逆差扩大的主要因素。欧盟占印度出口的26.4%和进口的26.8%,美国占出口的17.3%和进口的10.5%,日本占出口的7%和进口的6.6%,欧佩克占出口的9.6%和进口的18.9%,俄罗斯占出口的3.3%和进口的2.3%,中印贸易额为11亿美元。

外国投资 1995～1996年度实际流入的外国直接投资为21.33亿美元,证券投资22.14亿美元,总额为43.47亿美元,低于1994～1995年度的48.95亿美元。主要由于证券投资流入减少,国内市场不振和政府的限制使印度大公司在世界证券市场上发行的全球股票存单急剧下降。流入的直接投资中,美国为6.5亿美元,英国2.372亿美元,日本2.038亿美元,荷兰1.668亿美元,德国3.336亿美元,其他22.916亿美元。大部分投在机械、电子和电力设备部门。

表3 主要进出口商品结构(1995～1996年度)%

出口		进口	
农产品	19.1	石油及石油产品	20.8
矿产品	3.7	消费品	2.5
皮革制品	5.4	化学品	7.1
化学品	7.4	钢铁	4.1
机械产品	13.7	资本品	28.0
纺织品	22.6	宝石	5.7
珠宝	16.6	化肥	4.4
其他	11.5	其他	27.4

资料来源:印度储备银行公报1996年8月。

科学技术

公元前2500年印度河流域文明给印度古代科学技术发展奠定了基础。独立后历届政府重视发展与国家优先战略目标和资源相适应的本国技术。经过40多年的努力,印度的科技发展水平名列第三世界国家前茅。

科技政策 印度先后颁布三个科技政策决议。

1958年颁布的《科学政策决议》,阐明向科学家提供良好的工作条件和服务条件,按照科学家的地位给予荣誉;鼓励并尽快地执行培训科技人员的计划,以满足科学、教育、农业、工业和国防的需要。1983年正值新技术革命在世界范围兴起之际,为赶上世界科技发展步伐,政府又颁布了《技术政策声明》,强调在战略和关键科技领域实现自力更生,开发具有国际竞争力,特别是具有出口潜力的技术。印度的计算机软件工业正是在政策影响下发展起来的。政府提供了一切必需的投入:人员培训、高速资料传输、简化投资和进出口手续及减免税等。1994年科技部根据经济改革开放的需要和工业应用技术落后状况,又制定《新技术政策》,强调加大农业和基础设施的科技含量,科研与生产相结合,在自力更生的基础上加强国际交流与合作,注重对引进技术的消化、吸收和创新,加速科研成果商品化。

科学管理系统 各门类科研有归口管理机构。中央一级的研究机构有130多个,科技部下属的科研机构有13个,企业一级的研究单位有1 200个。全国有33个农业研究所、27所农业大学和一些非农业大学进行农业研究。理工科大学和高级科技研究所是科研的核心力量。中央一级的管理机构有:印度国家科学院、印度农业研究委员会、印度科学与工业研究委员会、印度原子能委员会、印度医学研究委员会、国家空间研究委员会、科学技术部、内阁科学技术委员会;其他归口管理机构还有电子部、生物技术部、环境部、海洋开发部、非传统能源部和国防研究开发组织。

科研经费 印度用于研究与开发的费用不断增加,近几年维持在占GDP的0.8～0.9%,在世界平均水平之上。1995～1996年度科技预算中民用部分为480.7亿卢比(合14亿美元),军事研究开发费用不详,以往每年在3亿～4亿美元,和发达国家相比显然微不足道。1992年美国的科研开支为1 100亿美元,占国民生产总值的2.7%;日本为300亿美元,占国民生产总值的3.5%。为追赶发达国家,印度前科技国务部长库马加曼加兰提出在本世纪末使研究发展开支达到占国内生产总值的2%。为鼓励科研成果商品化,1995年政府设立技术发展基金,政府对进口设备征收5%的科研税用于支持国产技术的开发。

科技人力资源 科技兴国,人才为本,印度从娃娃抓起。小学生教学基础好。除了有大量的中等技术学校外,大学生与人口的比例超过中国。大财团有资助学习尖子出国深造的计划。开展广泛的国内外科技交流与合作也有助于人才成长。据印度官方数字,1992年科技人员有340万,仅次于美国、俄罗斯,居世界第3位。有许多科学家享誉世界,独立后选入英国皇家学会的有17人。美籍印度科学家获诺贝尔奖的有2人。美国许多大学和医院不是由美籍印度人负责就是由他们占据重要职位。最近,担任加利福尼亚大学副校长的美籍印度人库马尔·N·巴特尔因在激光研究开发领域的重大突破,获克林顿总统颁发的1996年美国最高科学奖。另一方面,印度科技人员外流严重,科技人口与总人口的比例很低,每1 000人中只有0.09人;而美国为2.68人,德国为2.87人,俄罗斯为3.72人,波兰为4.98人。印度科技人才又相对不足。为鼓励外流人才回归,国内设立了许多设施完善的科技园。

科技成就 印度出版的科技著作居世界第8位,有18种科学杂志被收入《最新刊物目录》。这是一本汇集全世界具有一定水平的科学杂志。据该刊在1995年的统计,印度学者在国际权威科学刊物上发表的论文相当于亚洲其他发展中国家发表论文的总和。印度的科技成就突出地反映了在原子能研究与应用、空间技术、电脑软件、分子生物、太阳能应用等高科技领域和前沿科学方面。

原子能研究 印度把核能作为缓解能源不足和加强国防的战略工业,早在1948年就开始和平利用原子能的研究,现已建立起从核燃料探测、开采、提炼、重水生产、反应堆到核废料处理的完整的生产体系。它有一个宏伟的商用核电站建设计划。目前的5个核电站有10个核发电反应堆,核电能力为1 695兆瓦,核电量占全国电力的2%;正在建设4个核电站,到2001年核电能力将达7 700兆瓦。另有7个研究反应堆。鉴于钍藏量有36万吨,而铀藏量只有7万吨,原子能部制定了以快中子反应堆为核心的核电技术战略。一旦充分利用钍资源,理论上就相当于拥有6 000亿吨煤的发电量,21世纪下半叶核电能力就可以达到35 000兆瓦。巴巴原子能中心最近宣布,一座30千瓦铀233快中子研究堆已于1996年10月28日

运行。下世纪初，一座500兆瓦快中子反应堆可投入商用。目前印度是第三世界中唯一有设计快堆能力的国家。核能发展也有明显的国防意义。每年反应堆可生产100公斤钚－铀239，能用于核弹头。1974年印度进行了一次核爆炸，1994年进行了一次核弹试验，现在是世界上第六个有能力制造核武器的国家。

空间技术　航天事业始于60年代，迄今已发射“亚里亚哈塔”卫星(主要进行太阳物理和高层大气物理学试验)、地球观测卫星、地球同步通信卫星、“罗希尼”卫星(用于验证SLV－3型火箭和地面测控系统的性能)、广播电视卫星和印星系列、印度遥感卫星等六类17颗卫星，并研制了四代运载火箭。1994年10月15日，印度首次利用自己研制的PSLV－2d第三代运载火箭，将一颗地球遥感卫星送入极地轨道。这标志着印度成为继美、俄、中、法、日之后第6个具备把卫星送入极地轨道能力的国家。1996年3月又用极地运载火箭将IRS－1c发射入轨，有14个国家的地面站可以接收到这颗卫星传来的信息资料。IRS－1d将于1997年发射，同年还将把重1 500～2 500公斤的INSAT－2系列多用途卫星发射入轨。它决定花3.3亿美元从俄罗斯进口2台低温发动机用于地球同步卫星运载火箭GSLV。到2000年印度将用自制的低温发动机装备GSLV。第三代PSLV和第四代GSLV的研制表明印度已有制造洲际弹道导弹的能力。现在印度正积极参与国际航天市场竞争，其强项是发射低空轻量级卫星。

信息技术　随着80年代以来世界信息技术飞速发展，拉·甘地提出要用电子革命把印度带入21世纪，大力扶持计算机产业。1995年印度国防研究和发展组织开发出每秒钟可以进行10亿次浮点运算的超级计算机，达到了美国克雷公司新一代超级计算机的运算能力。个人电脑迅速普及。计算机软件已享誉世界，软件产值平均年增长率达50%以上。1987年印度建立了国家信息中心网络。该机构是一个以计算机为基础的全国卫星通讯网络，通过两条64KHPS线路同美国和其他国家国际网络相联结，并与全国70个城市联网。这就是印度开通的第一条国际信息高速公路。此外印还有6条专业性国际信息高速公路，与海外联系的64KPBS增至450条。

生物技术　农业部负责人指出，到本世纪末要养活10亿人，未来的农业出路主要取决于生物技术的研究与应用，如基因工程、生物固氮、光合作用和生态环境等。可持续农业的战略提上了日程，今后提高农业生产率将不再主要依靠化肥和农药。下世纪印度注定成为生物技术大国。近几年来生物技术已从古老的酿造、食品加工、药品生产向现代遗传工程、动植物细胞合成、酶的应用、生物冶金、无性繁殖、疫苗和细菌等方面发展。

海洋研究　印度占有地理条件的便利，除海岸线长外，在印度洋中还有一些岛屿。研究的项目有海底碳氢化合物的开采、矿产开采、渔业开发、气象调查和环境污染等。从孟买近海开采的石油占全国石油产量的2/3。在彭地治理岛开采的天然气也已用于生产。印度并就勘探开采印度洋中的锰矿制定了大型开发计划。最新的成就是从印度洋采掘含铜、镍、钴的聚合金属。

表4　印度的科技指标(1992～1993年度)

科技计划拨款	918亿卢比
研究发展开支占GDP%	0.83
研究发展开支	514.164亿卢比
科研机构	2 519
大学	183
学院	7 513
科技人数	340万
研究开发人员	29.3万
女科学家	8 490
印度的专利数	1 678

教　育

1947年独立后，印度政府对教育极为重视，教育事业获得相当大发展。1986年通过的《国家教育政策》决定大力普及初级教育并开展成人扫盲运动。印度政府计划在第8个五年计划期间(1992～1997年)普及初级小学并消灭15～35岁年龄段的文盲。1990年学龄儿童入学率达99.6%，但辍学率较高。1991年统计表明，印度识字人口达3.52亿，文盲为3.24亿，7岁以上人口的识字率为52.2%。其中男性为64.15%，女性为39.29%，女性比重有明显提高。

1993 年度各级学校学生及教师数

	学校(万所)	学生(万人)	教师(万人)
小学	57.25	10 540	163.7
初级中学	15.39	3 870	105.9
高级中学	8.41	2 270	127.3
高等院校*	0.5	480.5	26.5

* 1994 年数字。

注:据 1994～1995 年印度统计资料。

印度宪法规定对所有 14 岁以下儿童实行免费教育。印度政府规定,实施中小学 15 年正规教育体系。各邦规定学龄前教育 2 年,10 年中小教育,2 年中等专业教育或预科教育,3 年高等教育。10 年中小教育又分 5 年小学、3 年初中和 2 年高中。这 10 年一贯制中小学的高中,称为初级高中,如果再加 2 年中等职业教育或预科教育,则称为高级高中,或称 12 年一贯制。如要念大学,必须进 2 年制预科学校学习。印度大学教育连同研究生和博士生实行 8 年制,即 3 年大学本科(学士)课程,2 年高级学位(硕士)课程和 3 年专业研究(博士)课程。

印度高等教育发展迅速。独立前,印度仅有 15 所综合性大学,在校学生 20 万。独立后,印度政府十分重视高等教育建设。截至 1994 年,印度全国拥有综合性大学 197 所,其中国立大学 12 所,邦立大学 185 所,大学生总数近 500 万。目前印度已成为第三世界国家中高等教育最发达国家之一。印度拥有训练有素的高级人才,估计有 200 万工程师和科学家(1950 年仅 20 万人),各类大学毕业生 1 000 万人,5 000万人受过高级中学教育,掌握流利英语。全国著名大学有:

德里大学　国立综合性大学,创建于 1922 年,设于新德里。该校以数学、医学和经济等学院最负盛名。现有学生 15 万人,藏书 96 万册。

尼赫鲁大学　国立综合性大学,1969 年建立,设于新德里。该校以研究当代国际政治、经济关系和汉语教学而闻名。在校学生 4 000 余人,藏书 25 万册。

国际大学　国立综合性大学,创建于 1924 年,前身为印度文坛泰斗泰戈尔创办的“寂乡书院”,设于西孟加拉邦比尔布姆县。1937 年 4 月,该校设立中国学院并建有中国藏书馆,30～40 年代抗战期间,中国著名学者谭平山、许地山教授和著名画家徐悲鸿、教育家陶行知等曾在此任教,在校学生3 000多人,藏书 45 万册。

阿利加尔穆斯林大学　国立综合性大学,成立于 1920 年,前身为阿利加尔英国—东方伊斯兰学院,设于北方邦阿利加尔市。该校历史系的高级研究中心享有较高地位。在校学生近 2 万名,藏书 70 余万册。该校尤以收藏和保存伊斯兰原始手稿和珍贵文献资料而著称。

贝拿勒斯印度教徒大学　国立综合性大学,创建于 1916 年,设于瓦纳腊西。在校学生 1.5 万人,藏书 65 万册。该校尤以对东方学、神学和艺术学科的研究最负盛名。

加尔各答大学　邦立综合性大学,创建于 1857 年,为印度历史最悠久的三所大学之一。理科以物理、电子系著名,文科以博物馆专业著称。在校学生 19 万,藏书 60 万册。

马德拉斯大学　邦立综合大学,1857 年创建,印度最早的三所大学之一,在校学生 11 万人,藏书 40 万册。

印度教育经费主要来源有四个方面,即中央政府和各邦政府的预算拨款;地方机构的资助;学生的学费;私人和国外赠款。独立后,中央政府和各邦政府的预算拨款所占比重不断上升,从 1950～1951 年度占当年教育经费的 57.1%,到 1980 年上升到 80%以上。教育经费占国民生产总值的比重由 1950～1951 年的 1.2%,上升到 1996 年的 3.9%。初等教育和中等教育经费均由各邦政府及地方机构负责,各邦政府负责教育经费的绝大部分,中央政府也给予少量的补贴。中央政府预算的主要部分用于高等教育和其他教育计划。1993～1994 年度印度教育经费 2 390.9 亿卢比,占国民生产总值的 3.9%,人均教育经费为 267.14 卢比。

文　化

印度是一个文明古国,具有悠久的历史,印度河流域孕育了色彩斑斓的印度文化。它以丰富而庞大的古典文学遗产在世界文学史上占有重要席位。印度最早的文学巨著是《吠陀》,是印度教圣典,它共有 4

部，即《梨俱吠陀》、《娑摩吠陀》、《耶柔吠陀》和《阿闼婆吠陀》，其中以《梨俱吠陀》产生时间最早，约在公元前1500年后，而《阿闼婆吠陀》则产生较晚，约在公元前500年左右。除了《吠陀》文学外还产生了颇具世界影响的《摩诃婆罗多》和《罗摩衍那》两部史诗，集中反映了古代印度的社会生活和文学创作的巨大成就。此外，古代印度的民间文学也颇发达，其中以《五卷书》(包括《朋友的决裂》、《朋友的获得》等五卷)流传最广，影响最大。

印度近代文学则以20世纪印度文学泰斗、伟大的诗人和哲学家泰戈尔为代表。他的创作对印度文学发展产生巨大影响，1913年获诺贝尔文学奖，成为第一位非西方作家荣获此奖。主要作品有诗集《吉檀迦利》、《新月集》、《园丁集》、《飞鸟集》，长篇小说有《小沙子》、《沉船》等，剧本有《摩吉多塔拉》、《邮局》等，它们集中反映了印度人民在殖民统治和封建的种姓制度双重压迫下的惨痛生活，描写了帝国主义和官僚的专制、蛮横，也反映了民主思想与印度教之间的冲突和矛盾。他所作歌曲《人民的意志》，印度独立之后定为印度国歌。

博物馆 印度现有大小各类博物馆370多个，它大致可分为国家和地方博物馆、私人博物馆和名人纪念博物馆三类，其中主要博物馆有：

印度国家博物馆 印度最重要的国家博物馆之一，成立于1948年，设在首都新德里，是专门收藏艺术史、肖像画、佛教文佛及文献资料的博物馆。

印度博物馆 印度历史最悠久的博物馆之一，也是东方国家藏书最丰富的博物馆，建于1814年。设在加尔各答。该馆由地质、考古、生态、工业和人种等部门组成，其中以地质展品属亚洲最大。钱币厅收藏的印度钱币之丰富是举世闻名的。

萨拉尔·詹博物馆 印度的国家艺术和考古博物馆，建立于1950年，设于海德拉巴市。该馆原为海德拉巴纳瓦布(宰相)萨拉尔·詹三世(1823～1853年任职)的私人收藏馆，是世界上私人藏品最好的博物馆。馆内收藏品达4 500多件，其中不少是稀有珍宝。中国收藏馆内藏有明清瓷器和一幅康熙皇帝亲笔题名的画像。

尼赫鲁纪念馆和图书馆 设在新德里，原为英印军总司令的官邸，独立后成为首任总理尼赫鲁寓所和办公楼。1964年尼赫鲁去世后，印度政府改建成此馆。馆内分别展出印度国大党领导人甘地和尼赫鲁等人领导印度人民抗英争取独立斗争的历史性照片和文献。1994年在该馆旁建立一座图书馆，藏书近10万册。

图书馆 1947年独立后，印度政府对图书馆的建设极为重视，拨专款培训各级图书馆管理人才，运用电脑对图书馆信息进行储存和检索。印度全国现有大小图书馆约6万多个。图书馆大致可分四类。

国立图书馆 原为1903年成立的帝国图书馆，藏书160万册、外文期刊800多种。目前印度全国有10个这样规模的国立重点图书馆。

大学和学术图书馆 全国共有100多个，主要分布在105所大学、16个研究协会和10所全国性学术机构，其中以加尔各答、孟买和马德拉斯3所大学的图书馆尤为历史悠久。

公共图书馆 属地方图书馆，划归各邦、区、市、县、乡管辖，这类图书馆大小共有4 000多所。

专业图书馆 它主要由政府部门提供经费。目前各类专业图书馆约有5 000余所。著名的有尼赫鲁纪念馆和图书馆、印度历史研究理事会图书馆等。

此外，首都新德里还设有著名的国家档案馆。

新闻与出版 印度主管新闻的机构是宣传广播部新闻局。它设有首席新闻官1名，对外联络主任6名，副首席新闻官10名，下设新闻处，分别驻在各邦首府以及一些重要城市。

通讯社 主要通讯社有：⑴新闻发布署。实际即印度政府中央通讯社，拥有1 300多名派驻国内外记者，向全国8 000多家新闻单位发稿，下设总分社和分社。⑵印度报业托拉斯。印度最大的通讯社(半官方性质)。1947年成立，社址设在孟买，在国内有130多个分社，国外有11个分社，每日英文发稿量10万字以上。⑶印度联合新闻社。印度第二大通讯社，系报业同仁合股企业，1959年成立，社址设在新德里，现有国内分社100多个。⑷印度斯坦通讯社。系私人通讯社，1949年成立，总社设在新德里，各邦设有分社，主要用印地文、尼泊尔文发稿。

广　播 全印广播电台，官方广播机构，隶属印度宣传广播部，在全国各地设有96个广播中心，广播覆盖率占全国人口的95%以上；对内用21种语言，对外用25种语言广播。

电　视　全印电视台，1959年成立，隶属宣传广播部，1982年开始播彩色节目，电视网覆盖全国人口的80%以上。

报　刊　印度报刊绝大部分均为私有，截至1988年底全国共有报刊25 000多种，发行总数接近5 500万份。印地文报刊发行量占首位，其次为英文报刊。印度全国最大报刊分别为《甘露市场报》、《旁遮普之狮》和《印度时报》。印地安报刊主要有《新印度时报》、《傍晚快报》、《印度斯坦》等。英文报刊主要有《印度快报》、《印度斯坦时报》、《印度教徒报》等。此外还有印共（马列）的机关报《人民民主》周刊和反映印度共产党观点的日报《爱国者报》等。

出　版　印度出版事业发达，早在80年代印度出版图书量即名列全球前10名，其出版的英文图书的数量仅次于美、英，居世界第三位。

宗教与种姓

印度是一个传统的宗教国度，是世界上两大宗教印度教和佛教诞生地，全国人口中几乎99%以上笃信宗教。信仰的主要宗教有：印度教（占总人口的83%）、伊斯兰教（占11%）、基督教（占3%）、锡克教（占2%），其余分别为佛教、耆那教、袄教、犹太教。

印度教　世界最古老的宗教之一。渊源于古代的吠陀教（产生于公元前2000年左右）和婆罗门教（形成于公元700年前后），并吸收嗜那教和佛教等教义以及民间信仰演变而来。基本教义是神定种姓，因果报应，生死轮回及禁欲、非暴力等，主张灵魂永生不死，可以再生或转世。印度教拥有广泛的群众基础，浓厚的传统影响，它渗透到印度社会和政治生活各个方面，从中央到地方各级政府在制订法律时均需考虑印度教的法规和习俗。不少团体和政党以印度教形式出现。

伊斯兰教　印度第二大宗教，公元7世纪传入印度，12至13世纪席卷北印度，成为伊斯兰封建统治的主要精神武器，一度被德里苏丹国和后来的莫卧儿帝国定为国教。其基本教义是“五大信仰”，即信真主安拉、信天使、信释典、信先知、信末日。印度境内伊斯兰教徒大多集中在北方邦、西孟加拉邦、北哈尔邦、安德拉邦等地区，属逊尼派。

基督教　公元4世纪传入印度。其教义认为上帝（天主）创造并主宰世界。基督教徒主要集中在喀拉拉邦和西海岸孟买、果阿等地。

锡克教　16世纪以来在印度流行。创始人是那纳克（1469～1539年）。锡克教最初是印度教改革派——虔诚运动的一翼，后发展成为一支独立宗教。其基本教义是在神面前人人平等，提倡自我修行，反对种姓隔阂和歧视妇女。主要流行在旁遮普邦。

佛教　起源于公元前6～5世纪印度，创始人是古印度迦毗罗卫国净饭王子悉达多·乔答摩，后人尊称他为“释迦牟尼”，意即“释迦族的圣人”。其基本教义是众生平等，苦海无边。公元前3世纪起佛教向外传播，发展成为世界性宗教。可在印度本国佛教自9世纪起逐步衰落，13世纪初几乎消亡，19世纪稍有复兴。印度独立后，广大贱民为了摆脱种姓制度下的摧残和压迫，争取平等的人身权利，掀起了大规模脱离印度教，改信佛教运动，使印度佛教得到较大发展。

种姓制度　印度社会的一个重要特征。种姓制度等级森严，把人分成四类等级，即僧侣贵族婆罗门、军事贵族刹帝利、一般平民吠舍和被征服的奴隶首陀罗，形成了四种姓。此外，还有一种所谓种姓之外的“不可接触”的贱民，属于社会的最低层，任人歧视和蹂躏，个人生命财产毫无保障。这个种姓制度保留至今，对印度社会、政治和经济发展造成很大障碍，并造成种姓相互仇恨与斗争。

（中国现代国际关系研究所　华碧云　沈志勋）

印度尼西亚经济文化概况

印度尼西亚(简称印尼)地处东南亚南部,由太平洋和印度洋之间的1.3万多个岛屿组成,其中6 000多个岛屿有人居住,是世界上最大的群岛国家,人称“千岛之国“。主要岛屿有爪哇岛、苏门答腊岛、加里曼丹岛南部、苏拉威西岛、伊里安岛西部等。

印尼自然资源丰富,其国土约有75%被浓密的森林所覆盖,盛产各种珍贵木材及大米、橡胶、咖啡和水果;还蕴藏大量的石油和天然气,发展经济有得天独厚的条件。

经　济

印尼1945年独立时经济水平极低,且有非常浓郁的殖民地经济色彩。当时印尼全国人口中约有70%以上是农业人口,农业在国民生产中所占比例也超过了75%;印尼的工业基础十分薄弱,除了西方人所控制的石油、橡胶加工等工业外,他们所拥有的也只是一些微不足道的轻纺工业。这些企业不仅数量少,而且规模也很小。由于长期战乱、国际上初级产品价格疲软、国内政局长期动荡不定以及缺少必要的治国人才等方面原因,60年代初期印尼经济几乎处在崩溃的边缘。

1965年“九·三0”事件后,苏哈托上台执政。为了保持经济的健康稳定发展,印尼制定了第一个25年发展规划(1969～1994年),同时从1969年4月1日起开始实行第一个五年计划。到目前为止,印尼共实行了5个五年计划。这5个五年计划记载了印尼人民艰苦奋斗的历程。

第一个五年计划,印尼政府将经济建设的重点放在农业及基础设施建设方面,同时也有意扶持石油化工、水泥及其他农用机械工业的发展。政府原计划国民生产总值年平均增长率为4.7%,而实际年均增长率已达8.6%,创印尼独立以来的最佳纪录。

第二个五年计划开始于1974年4月1日,这一阶段实现了国民生产总值年均增长7.7%的发展目标。政府工作的重点是解决日益严重的就业问题,因此大力倡导发展劳动密集型产业,并鼓励开发边远地区。政府将预算的28%用于这些边远地区的开发,同时还组织了8 300个家庭迁移到这些地区。

第三个五年计划期间,印尼经济发展受国际市场上石油、天然气价格波动的影响很大,特别是70年代末世界石油、天然气价格大幅度下跌后,印尼财政收入大量减少。为了减少对石油、天然气行业的过分依赖,印尼政府开始部分调整经济发展结构,努力增加非石油行业的出口。这段时期,印尼粮食基本上实现了自给;农副产品及一些初加工产品出口明显增长;另外一些大型工业项目也陆续开工,从而为后来经济发展奠定了良好的基础。

第四个五年计划时期,印尼经济再次出现较大幅度的波动,特别是80年代中期世界石油价格再次下跌后,印尼的石油收入明显减少,并一度影响到经济计划的进行。但在这段时期,印尼也开始全面改革经济体制,即对税收体制、投资体制和金融体制进行全面改革。在此期间,非石油行业出口增长迅速,1988年非石油、天然气产品出口已达出口总额的60%左右,从而大大提高了印尼经济在国际市场的应变能力。

从1989年4月1日开始实行的第五个五年计划,是印尼经济起飞的重要时期。印尼政府继续进行财税和金融体制方面的改革,同时以前的改革也开始产生明显效果。这几年国民生产总值增长率一直保持在7%左右,劳动力就业人数也由7 450万人增加到8 640万人,外国直接投资总额达399亿美元,国内资本投资也达160.1万亿印尼盾(约合1 000亿美元)。与此同时,印尼经济结构继续得到改善,非石油、天然气产品已成为其主要出口产品,每年出口额均占其全部出口额的60%以上。在第一个25年经济发展规划期间,印尼经济年均增长率为 6.8%,人均国民收入由 70 美元增加到了 780 美元。

1994 年 4 月 1 日起,印尼开始执行第二个 25 年发展规划(1994～2019 年)及第 6 个五年计划(1994～1999 年)。印尼制定第二个 25 年发展规划的指导思想便非常明确:增加自身经济实力,促进经济快速稳定发展,在保持国家稳定的基础上初步实现工业化,使综合国力明显提高,实现几代人追求的强国梦。为此,他们提出了"与发展中国家告别,昂首阔步进入新兴工业化国家"的奋斗目标。

为了实现这一跨世纪奋斗目标,印尼政府采取了一系列经济改革措施,包括调整产业结构,扩大非石油、天然气产品的出口;改革金融体制,减少国家对金融业的过分干预;调整外商投资政策,改善投资环境,大力吸引外资;完善市场竞争机制,将部分国营企业推向市场等改革措施。这些经济改革措施改变了其经济结构过分依赖石油、天然气的局面,并有力地推动了经济发展。

首先,对外贸易持续增长,外贸结构趋于合理 外贸体制改革大大提高了其产品的竞争力,非石油、天然气产品出口增长迅速。1987～1993 年间非石油、天然气产品出口额由 86 亿美元增加到 270 亿美元,占该年度总出口额的 73%。外贸政策的改变也带来了出口产品的多元化。最近几年,玩具生产、木材加工及成衣业已取代石油、天然气成为出口创汇的重要支柱。

其次,外商投资踊跃,出口创汇型企业增多 80 年代中期以来,印尼多次调整其外资政策,外商投资大幅度增加。截至 1993 年底,印尼吸引外资 654 亿美元。其中,1986～1993 年共吸引外资 465 亿美元,占 71%。1994 年 6 月 2 日,印尼再次调整外资政策后,外商投资更为踊跃。印尼投资统筹局公布的资料表明,1994 年外商对印尼投资达 237 亿美元,比 1993 年增加了 192%;1995 年 1～3 月,外商投资达 129 亿美元,这反映了新政策对外商的吸引力。

第三,私营企业发展迅速,国内企业投资踊跃 经济改革的最大受益者是私人财团。近年来,私人经济发展十分迅速,它们不仅参与发展机械、电子、纺织等行业,而且还承包兴建高速公路和水电设施,有的公司甚至在通讯、炼油等行业也有巨额投资。印尼国内资本投资,近年来也十分活跃,1990 年投资高峰时曾达到 325 亿美元。此后几年,印尼国内资本投资开始下降,但到 1994 年国内资本投资又有所回升,达 240 亿美元。

1996 年印尼经济继续保持高速增长态势,经济形势继续看好。这一年国民生产总值增长率为 7.8%,增长速度比 1995 年略有放慢。进出口贸易额为 984 亿美元,比 1995 年增加了 15%;经常项目赤字为 89 亿美元,比 1995 年增加了 27%;外汇储备达 157 亿美元,比 1995 年增加了 14.5%。

重要经济数据

	1992 年	1993 年	1994 年	1995 年	1996 年
国内生产总值(万亿盾)	259.9	302.0	322.2	445.4	511.1
国内生产总值年增长率(%)	6.3	6.5	7.34	8.2	7.8
通货膨胀率(%)	7.6	9.2	9.24	9.4	6.7
人口(百万)	186.3	189.7	193.1	193.8	196.5
出口总值(亿美元)	340	366	391	455	515
进口总值(亿美元)	273	284	316	398	469
经常项目(亿美元)	−36.8	−20.1	−37.0	−70.2	−89
外汇储备(亿美元)	104.5	113.0	125.0	137.1	157.3
公共储备(亿美元)	837.6	895.4	946.2	1 020	1 030
债务清偿率(%)	30.6	32.6	30.8	30.5	28
货币汇率(盾/美元)	2 030	2 087	2 229	2 249	2 340

资料来源:EIU Country Report:Indonesia 1th quarter of 1997。

高科学技术产业:经济腾飞的依托

在90年代初期,印尼国内曾经围绕经济发展战略问题进行过激烈的讨论。以科技合作与统筹部长哈比比为首的技术官员认为,21世纪是科技的世纪,只有抓住这一历史机遇,增加科技投入,优先发展部分技术密集型企业,才能确保未来25年发展规划的实现;而以前财政部长苏玛尔林为首的"传统派"则认为,印尼是一个农业大国,经济基础薄弱、人才匮乏是印尼经济的主要特点,在这种特殊情况下搞经济建设,只有多发展劳动密集型产业才适合印尼特有的国情。这样不仅可以解决每年增加的数以百万计的劳动力就业问题,而且能确保社会的稳定。而发展高科技产业从长远来看固然可以带动产业升级和整个国民经济发展,但从目前情况看却是远水解不了近渴。

这场大讨论的结果是哈比比为首的技术官员取得了明显胜利,他们不仅掌握了新一届内阁的主导权,而且也开始将他们的一些政策构想付诸实施。在他们的影响下印尼政府已经决定在"六五"期间,印尼在科技方面的投入将由"五五"计划期间的11亿美元增加到18亿美元。1994年开始的第二个25年发展规划规定进一步增加科技方面的投入,并重点发展包括飞机制造和电子通讯业在内的一批高科技产业。

文化教育

随着印尼经济实力的进一步提高,以及经济发展对科技文化事业提出了更高的要求,印尼政府对文化教育的投入也与日俱增,从而有力地促进了文化教育事业的发展。

印尼政府对文化教育事业十分支持,从70年代中期以来,他们在教育方面的投入与日俱增,1989～1994年的第5个五年计划期间,印尼政府在教育方面投入约占整个政府财政支出的14%左右。另外,他们还努力探索出一条由政府支持、私营企业资助、社会力量联合办学的道路,教育事业发展蒸蒸日上。

印尼实行小学义务教育制度。从60年代以来,根据苏哈托总统命令,印尼各地建立了一系列小学。1994～1995年度,印尼93%的适龄儿童入学。

由于政府工作努力,印尼的文盲人数呈下降之势。据统计,文盲人数占总人口的比例,1971年为39%,1980年为28%,1990年则进一步下降到23%。

在办好小学义务教育的同时,印尼政府也大力加强中学和大学教育。印尼现行学制为小学6年,初、高中各3年,大学4～7年。大学讲师以上教育工作者也由第一个5年计划(1969～1974年)的8 800人增加到1995年的93 500人。

印尼的新闻出版事业较为发达,特别是1990年8月,政府放宽了对新闻事业的管理,境内报刊如雨后春笋般成长起来。据不完全统计,目前向全国发行的报纸多达数百种。当然,政府放宽对新闻出版业管理后也出现了一些问题,1994年就有3家影响较大的刊物《时代》、《点滴》和《观察家》被勒令停业整顿。

主要报纸有《罗盘报》、《战斗报》、《独立报》、《武装部队报》、《雅加达邮报》、《专业之声报》、《观察家报》、《印度尼西亚日报》、《印度尼西亚时报》等等。

安塔拉通讯社 全称为印度尼西亚国家新闻通讯社,由印尼政府主办。该社成立于1937年,1994年拥有2 784家经济实体,11家电台,5家电视台和86家报纸。另外,安塔拉通讯社还在全国各地建立了27家分社,在海外也建立了7家分社。

印尼民族通讯社 简称KNI通讯社,这是一家由私人经营的通讯社,1967年创办。

武装部队新闻社 由国防安全部主办。

印度尼西亚广播事业较为发达,1994年听众人数约2 700万人。主要电台有印度尼西亚共和国电台,这家电台由印尼政府主办,成立于1945年9月。另外还有一家电台叫印度尼西亚之声,这家电台主要对外广播,目前主要以印尼语、英语、日语、泰语以及西班牙语等语言播音。

相对而言,印尼电视事业起步较晚,1967年8月17日,印尼第一家电视台——印度尼西亚电视台才正式开始运营,但到90年代以后,印尼电视事业获得了长足进步。现在,印度尼西亚电视台已经拥有10个分台、273个转发器,电视观众达1 000万人以上。另外,印尼政府从80年代末开始允许私营机构经营电视事业,到1994年已经出现了5家私营电视台。

人的素质

印尼是世界上第4个人口大国，1990年10月进行的一次全国人口普查结果表明，当时的人口总数为1.79亿。据1997年4月17日出版的《亚洲周刊》估计，到1996年底，印尼人口已经达到了1.98亿。

1960～1990年是印尼人口增加最快的一段时期。据统计，1960年，印尼全国总人口为1.19亿，1960～1980年间人口增长率为2.3%；而1980～1990年间，人口增长率则下降为2%；1990～1996年更下降到1.6～1.7%。

目前印尼人口有以下特点：第一，年轻化特点明显。由于六七十年代是印尼人口出生的高峰期，因此目前印尼社会中年轻人所占比例特别高。1990年进行的人口普查结果表明，年龄在24周岁以下者占全国人口的比例高达56%。

第二，人口的地区分布极不平衡。1990年人口普查结果表明，占全国土地面积不足7%的爪哇岛和巴厘岛，其人口占全国总人口比例达62%；而面积达42万平方公里的西伊里安查雅，其人口却只有100多万，每平方公里居住人数不到4人。

第三，城市化趋势日益明显。1980年人口普查时，城市居民占总人口的比例为22.4%，而1990年则增加到30.9%；城市人口年增长率为5.4%，而农村人口年增长率则只有0.8%。

印尼人口分布不均严重影响了经济发展及社会稳定。为了改变这种状况，印尼政府从70年代末期起便开始了大规模移民计划，仅在第三个5年计划期间(1979～1984年)，每年都有11万多个家庭从爪哇和巴厘岛移居东部边远省份。这一移民计划在90年代仍在继续，在1995年，又有6万多个家庭移往东部各省。

（中国现代国际关系研究所 孟习贞）

埃及经济文化概况

埃及全称阿拉伯埃及共和国，面积100.2万平方公里，人口6 164.8万(1995年1月)，首都开罗。埃及大部分地区位于非洲东北部，只有苏伊士运河以东的西奈半岛位于亚洲西南部，是连接欧、亚、非三洲的交通要道和战略要地。西连利比亚，南接苏丹，东临红海并与巴勒斯坦、以色列接壤，北濒地中海，海岸线长约2 700公里。全境96%的土地为沙漠，为热带沙漠气候，干燥少雨。尼罗河三角洲和北部沿海地区属地中海式气候。

埃及是世界文明古国之一。公元前3200年出现奴隶制的统一国家。公元前6世纪后，长期为外来民族统治。公元640年成为阿拉伯国家，以后曾被土耳其、法国和英国占领，1914年成为英国的“保护国”。1922年独立。1952年7月23日，以纳赛尔为首的“自由军官组织”推翻法鲁克王朝，次年成立埃及共和国。1954年纳赛尔被选为总统。1970年9月纳赛尔去世，同年10月15日萨达特继任总统。1981年10月6日，萨达特遇刺身亡，同年10月穆巴拉克继任总统。

经　济

从70年代后半期到80年代初，埃及经济年实际增长率达12%，主要原因是石油收入大幅度提高，其次是在国外工作的埃及人的汇款增加和旅游收入增加，同时还得益于苏伊士运河的开放。然而1982～1983年后，石油价格不断下跌，埃及的经济成长主要受到高额外国贷款的驱动。80年代中期，埃及经济发展减慢，面临严重困难。

1991年，由于埃及在海湾战争中站在以美国为首的西方国家一方，反对伊拉克侵吞科威特，受到美国等西方国家的赞赏，先后有20多个国家和金融机构向其提供贷款和紧急援助，并免除各种债务250多亿美元，这几乎是其外债总额的一半，另一半也被允许延期偿还，埃及经济困难得到缓解。1991年着手进行经济改革，坚持“和平、稳定、发展”的总方针，逐步推进改革，进行结构调整，在强调自力更生和发展本国工农业生产的同时，实行“生产性开放”政策，放宽投资条件。在重点对价格机制、金融、财政和税收进行改革的同时，着力稳定物价，努力安排就业，营造一个较稳定的发展环境，使经济运行逐步纳入持续健康发展的轨道。

其中最主要的两项措施是：⑴改造国有企业。自1952年埃及建立共和国到80年代初的30年间，纳赛尔和萨达特均仿效前苏联的经济模式，实行高度集中的计划经济，在各经济领域均建立了一大批国营公司和企业。但长期以来，由于体制僵化，人浮于事，效率低下，个人收入和贡献脱节，职工积极性低下，企业亏损严重，约有七成的国营企业完全靠国家补贴维持，成为国家经济的沉重负担。1991年公布的新企业法，确定以股份制、租赁制等多种形式对国营企业进行大面积私有化改造。鼓励部分国营企业在保证国家资本占51%的基础上与私人或外资企业合资；部分企业在股份制基础上把国有企业中的部分资产转给职工，但股权转让基本上不超过总股份的10%；对一些大企业实行拍卖的方式，优先让其职工购买，然后由埃及的私人购买，其次是向外国或埃及国内的实业家整体出售，但国家对后一种出售有数量限制，最成功的一种方式是将国有企业的股票上市；逐渐减少对国营企业的补贴和优惠，把企业推向市场；减少对国营企业的行政干预，给企业更多的自主权，实行自主经营，自负赢亏，使其与私营和合资企业进行公平竞争。⑵开放金融市场，统一汇率。1992年6月埃及颁布的新《银行法》允许外国银行与本国银行在金融市场上公平竞争，而且允许各银行根据市场变化，在中央银行的规定限度内确定利率。对于因为长期实行多种汇率导致的黑市交易盛行的混乱局面，于1991年2月开放外汇金融市场，同年10月统一了埃镑与美元的官方汇率，基本形成了在国家银行统一调控下的统一外汇市场。

1994年7月，巴黎俱乐部减免了埃第二笔约40亿美元的债务。1995年，埃政府继续稳步实施经济改革和推动私有化，并制定出开发西奈半岛和上埃及贫困地区的宏伟规划，力争实现国民经济迅速发展。1996年，各项经济指标都显示经济运行良好，其中：国家赤字已降低到1.3%，经济增长率接近5%，外汇储备由80年代末的20亿美元提高到185亿美元（不包括黄金储备）；银行的储蓄存款增至1 560亿埃镑；外债到1995～1996财政年度下降到289亿美元，相当于国民生产总值的48%。官僚主义和腐败现象逐步减少，政府部门实行了精兵简政。外贸开放步伐加大，减少了关税壁垒，投资环境得到改善，1992年到1994年，投资在国民生产总值中所占的比重分别是21%、24%和24%。1991～1992年度，私人投资占国民生产总值的9.4%，约达111亿埃镑（1美元等于3.311埃镑），而后连年提高，到1994～1995年度，达到占国民生产总值的14%，约208亿埃镑。1990～1994年，外国对埃及的直接投资每年平均以6.1%的速度增长，投资额从1990年的10.252亿美元增加到1994年的13.366亿美元。同非洲国家相比，除阿尔及利亚、加蓬和突尼斯外，埃及居第四位。

主要经济指标	1993年	1994年	1995年
GDP(10亿埃镑)	157.3	175.0	205.0
GDP(增长率%)	0.5	2.3	3.2
出口(10亿美元)	3.55	4.04	4.67
进口(10亿美元)	9.92	10.00	12.27
外债(10亿美元)	31.1	33.4	34.4

资料来源：英国经济季评《国家概况：埃及1997年第一季度》。

埃及经济的四大支柱是石油、侨汇、旅游业和苏伊士运河通过费。

石油 石油行业的战略目标是：⑴实现石油和天然气的自给。石油和天然气占埃及基本能源总消耗量的92%，为实现这一目标，埃及努力加强石油行业各部门如生产、提炼和出口之间的协调与合作，重视与国际石油市场的联系。⑵增加油气资源的探明储量。为了保证经济的持续发展，石油行业在与外国石油公司谈判开发协议时，表现了相当的灵活性，以最大可能地吸引外资进行开发。1996年6月探明的石油储量有37亿桶，约占世界总量的0.3%，按目前的年开采量可供埃及开采11年。据石油部门估计，运用先进的勘探技术可以再增加100亿桶的储量。主要油田在苏伊士湾，那里生产埃及81%的原油。勘探活动主要集中在边界地带，如接近利比亚边界的沙漠地区、接近苏丹的红海沿岸、西奈半岛和上埃及靠近苏丹地区。⑶维持石油出口在国家收入中的重要角色。埃及于 1976 年开始出口石油。进入 90 年代以来,原油日产量是 90 万桶,其中 17 万桶出口,余额供国内消费和属于外国合资公司。近年来出口增长不快,原因主要是国内消耗量增加以及国际市场原油价格低迷。从 1987 年到 1994 年财政年度,石油出口占总出口收入的 40～50%,为 12 亿到 25 亿美元。此外,为实现可持续发展和保证国民的健康,保护环境也是石油行业的重要目标。

旅游业 埃及拥有丰富的旅游资源,有举世闻名的金字塔群和狮身人面像,保存完好的公元前 13 世纪的拉美西斯二世等 11 具法老和王后的木乃伊,艾资哈尔清真寺和抵御十字军东侵的石城堡,以及如画的尼罗河风光和著名的阿斯旺大坝等等。1995 年游客总数达 321 万,收入 12.2 亿美元,和 1992 年的 320 万游客、30 亿美元收入相比,还有较大差距,但这也说明旅游业的潜力很大。1996 年游客总数达到 389 万,客房入住率上升到 64%。游客主要来自 8 个国家,德国最多。1995 年德国游客是 319 312 人次,其次包括英国、美国、法国、意大利、以色列、沙特阿拉伯和利比亚。来自前苏联、日本和南非的游客数目在 1995 年增长很快。影响旅游业充分发挥潜力的因素主要有:基础设施不足,特别是四星级以下饭店服务质量低劣;市场意识不强,宣传力度不够;埃及航空公司经营上的保守主义态度;暴力和不稳定,如海湾战争、穆斯林极端主义分子袭击游客事件等。政府对旅游业的发展目标是到 2000 年至少每年吸引 630 万游客,逗留天数 4 000 万。

苏伊士运河 苏伊士运河连接地中海与红海,长 169 公里。自 70 年代运河加深工程以后,运河有能力通行超级油轮。运河区内的苏伊士城和塞得港等城市已发展成为重要的工、农业和居民区,同时也是建立免税区的重要区域。1996 年 6 月埃及宣布了进一步加深运河的新计划,意在使吃水 77 英尺的船只到 1999 年能顺利通过运河。1995 年有 15 000 多艘船只通过苏伊士运河。近几年来自苏伊士——地中海输油管道的竞争使运河收入有所下降,从 1993 年创纪录的 19.6 亿美元降到 1995 年的 19.4 亿美元。

侨汇 在国外工作的工人寄回国的收入近年来稳步增长,从 1987～1988 年的 30 亿美元增加到 1993～1994年的 60 多亿美元,为保持埃及经常性项目顺差起到了重要作用。1996 年侨汇收入 40 多亿美元。

对外贸易 由于出口商品少,外贸连年逆差,1995 年贸易逆差比上一年增加 1/3,达到 82.9 亿美元。出口商品的组成几十年来发生了巨大的变化。在 1965～1990 年期间,农产品在总出口额中的比重从 71%降到 20%,伴之而来的是燃料和矿产品从 8%升到 41%,尤其自 80 年代以来,主要出口商品为原油及其制成品。制造业在出口中占的比重也不断上升,其主要产品是棉纺织品和成衣,它们在1993～1994年的总出口额中占到 24.2%。经济改革的重要目标之一就是将出口商品多元化,扩大制成品的出口,使其到 2000 年达到 100 亿美元。这个政策在 1994～1995 年初见成效,非石油出口品总额比上一年度增加了 70%。埃及同 120 多个国家和地区有贸易关系,主要贸易伙伴是美国、法国、德国、意大利、英国和日本等。

主要贸易伙伴(1995 年)

出口对象国	百分比	进口国	百分比
意大利	18.6	美国	18.9
美国	11.1	德国	9.6
德国	6.8	意大利	7.6
英国	6.6	法国	7.5
罗马尼亚	6.2	日本	5.1
法国	4.1	英国	3.8

资料来源:英国经济季评《国家概况:埃及 1996～1997 年》。

外贸商品构成(1994/1995 年)

主要出口商品	百分比	主要进口商品	百分比
石油及其制品	36.6	机械运输设备	27.6
农产品	13.9	食品饮料	24.5
工程和冶金产品	12.4	化工产品、橡胶和皮革	15.7
棉花	10.8	羊毛、纸张和纺织品	12.3

资料来源:英国经济季评《国家概况:埃及 1996～1997 年》。

外国援助 1991～1993年，埃及获得国际援助总额约80亿美元。美国是埃及最主要的援助国，其他提供援助的有德国、法国、日本、英国、意大利等国家和世界银行、国际货币基金组织。

美国援助

单位：百万美元

	1991年	1992年	1993年	1994年	1995年
商品出口信贷保障	125	40	115	160	165
经济援助	781	892	747	592	974
军事援助	1 300	1 300	1 300	1 300	1 300

资料来源：英国经济季评《国家概况：埃及1996～1997年》。

工业 埃及的棉纺织业有着悠久的历史，但是最近的工业化始于1973～1974年石油收入剧增后，海湾国家开始向埃及投资的时候。从70年代到80年代初期，工业生产的年增长率为10%多一点，随后开始下降，在1985～1986年和1989～1990年度，增长率为7%；1993～1994年仅为3%。但是数字显示，虽然国有企业增长减慢，但私营部门得益于经济自由化政策，增长很快。埃及工业产品种类很多，包括食品加工、建筑材料、化肥、化工、电子产品等。食品加工和棉纺织业是工业中的重要部门。埃及是世界上最重要的产棉国之一，发展棉纺织业有得天独厚的条件。近年来，由于劳动力过剩、技术落后以及由于国家垄断生产而造成的缺乏质量意识，棉纺织业生产不景气。埃及的私营企业主要由一些雇工不超过10人的小企业组成。国有企业1992～1993年占工业总产值的60%，90%的工业品出口，职工人数占总数的75%，获得73%的工业投资。私有化在1996年得到新的推动，政府鼓励较大规模的私营企业，但是其发展依然受到较多的限制，国有企业对于它们视为侵占自己利益的行为可以采取有效的惩戒措施，进行压制。

交通运输 埃及是中东地区重要的空中枢纽，开罗连接着世界主要城市。国有的埃及航空公司是本地区第二大航空公司，每年运送300万乘客和4.3万吨货物。但由于埃航服务不先进，最好的时候它也只占有经过埃及的空中交通客运量的26%。旅游圣地和中心城市都建有机场，开罗、亚历山大、阿斯旺、塞得等都有国际航班定期来去。开罗是全国唯一有能力进行大规模货运的城市。

埃及可航行水道全长3 100公里，苏伊士运河和尼罗河几乎各占一半，国内运量的约3%靠水运进行。亚历山大是最主要的海港，它是地中海沿岸最大的港口，年货物吞吐量为2 400万吨，埃及国际贸易的1/3要经由这里。塞得港和苏伊士城是第二和第三大港。航运业存在的问题是服务落后，费用过高，影响了工业产品的竞争力。

失业 失业是埃及一个严重的政治、经济和社会问题。据官方数字，失业率在1995～1996年度为9.4%，但非政府机构估计实际数字更高，1994年世界银行估计失业率为17.5%，失业人口280万，其中70%为20岁以下的年轻人。据世界银行估计，到2000年需要创造500万个就业机会以维持目前经济发展速度，并将失业率减少一半。

南北差距。埃及经济发展很不平衡，地区差异大。北部是主要的经济、政治中心和人口聚居地，南部主要是农业地区，南北在经济发展的各方面差别很大。南部的人口只占总人口的29%，但却占总贫困人口的41%。南部人口的识字率是北部开罗省的一半，平均寿命少6岁，人均国内生产总值是开罗省的45%。在联合国的人类发展排名表上，开罗省排名69，而南部总体只能排到125名，全国总排名1995年为107。

农业 农业在GDP中的份额1985～1986年度降到了16.3%，1994～1995年度降到16.3%，但是其对经济依然十分重要，农业劳力占总劳力的32%，通过出口原棉和加工后的棉花为国家换取外汇，是工业的基础。埃及在70年代曾粮食自给有余，是农产品净出口国，但由于国家不适当和广泛地干预，农业陷入衰退。为了给城市消费者提供低廉的食品，政府规定农作物的种类，固定农作物价格，对收购和销售进行严格控制。这些政策打击了农民的积极性,致使农民放弃种植受到严格调控的作物,如棉花、大米等,转而种植限制较少而且有利可图的饲料作物。棉花是埃及最重要的出口农产品,多年以来得到广泛补贴,其内容包括在种子、肥料、病虫害控制、灌溉、信贷等各方面提供优惠价格和服务。尽管如此,棉花的种植面积还是大幅度下降,从1962年的220万费丹(一费丹等于0.42公顷)降到1995～1996年度的70万公顷。为促进棉花生产,政府提高了棉花收购价格,1993～1994年度在棉花价格补贴上政府共耗资6 000万美元。同时,从1994～1995年度开始,允许私营工厂直接从农民手中购买棉花。1996年2月取消了1995年10月为保证国有纺织厂原料充足而开始实行的对棉花出口的禁令,私营企业第一次获准出口棉花。亚历山大的棉花交易所也即将重开。

自1986年以来,政府限于经济形势恶化和援助国的压力,对所有作物的控制几乎都逐渐被取消,农业成为经济中最开放的部门。农民可以自由交易。到1994年,对化肥、农药和种子的补贴全部取消,只有农用能源继续得到补贴。改革的结果是产量大幅度提高,其中小麦和水稻获得创纪录的最高产量,许多重要作物实现了自给,如水稻、水果、豆类和蔬菜,出口增长也很大。农业面临的挑战是有限的可耕地资源与快速增长的人口之间的矛盾。没有充足的灌溉用水也是农业进一步发展的制约因素。灌溉设施老化过时,700万费丹的耕地中只有2%配备了现代化灌溉设备。

开垦沙漠是埃及政府解决可耕地不足的主要措施。1985～1995年的10年中,约有100万费丹的沙漠得到开垦,使从沙漠获得的可耕地面积达到300万费丹。但是由于人口增长,新的耕地不断被扩展的城市用地侵蚀,耕地总面积大体上并未增加,保持基本上的稳定。每年由于城市化和工业化,埃及农业用地面积减少3万费丹。

人口和环境保护

埃及是阿拉伯世界人口最多的国家。根据最新的官方估计数字,埃及到1996年1月1日人口总数是6 024万,预计到2000年将达到6 500万。减缓人口增长速度是穆巴拉克当政以来取得的重要成绩。埃及的人口增长速度在1985年达到最高值的3%,由于实行了广泛而卓有成效的计划生育政策,1995年人口增长率降到2.1%。目前一半人口年龄在20岁以下,造成巨大的就业压力。出生率和死亡率双双下降,出生率从1965年的43‰降到1994年的27.5‰,死亡率从1965年的19‰降到1994年的6.4‰。人均寿命从1952年的39岁上升到1996年的65岁。总人口中信奉伊斯兰教的阿拉伯人约占87%,信奉基督教的科普特人约占11.8%,希腊正教、天主教等其他基督教徒约25万,还有少数犹太教徒。

经济和人口因素使得在海外工作对埃及人很有吸引力。在海外工作的人口总数据官方估计,1983年为328万,其中286万在邻近的中东国家。据世界银行的数字,1988～1989年达到最高峰时在外工作的人占劳力总数的13%,过去20年的平均数字是7%。受阿拉伯产油国经济发展速度减慢和1991年海湾战争影响,海外工作的人口比例有所下降,但随后沙特和利比亚又重新雇用了大批埃及工人。据中央银行估计,1993～1994年度总数为261万,1994～1995年度为267万。

埃及政府和民众的环保意识在逐渐觉醒。在世界银行的支持下,埃及的第一个环保计划于1992年出台,号召保护环境和古迹。埃及目前被世界银行界定为“水源紧张”,而且正在滑向“水源缺乏”。90%的废水未加处理,80%的工业废水不受监控即随便排放。空气污染也令人吃惊,开罗的空气含铅量居世界首位,是国际安全值的8倍。工业废渣的排放量为每分钟10吨,其中的1%为危险物。1994年1月通过了新的环保法,它将以前的《空气保护法》和《海洋环境法》合为一体,加入了对危险物的排放和处罚规定,鼓励对环境有益的项目的建设。这部法加强了埃及环保署的职权,使其直接对下列事项负责:制定环保政策和战略;监控国家环保体系;掌管新的环保基金;管理埃及的16个国家公园;组织环保教育计划;审批和评估经济建设项目,确保对环境的合理使用。

教　育

埃及总人口的几乎1/4都是学生和教师,这个比例高于全世界的平均值1/5,也显示出政府自60年代以来的发展教育事业的成功之处。教育经费的年增长速度(1980～1993年为6.3%)高于GNP的年增长率和人口增长率。1960年小学生的总人数是270万,到1994～1995学年,在校小学生达1 070万,中学生总数也从1960年的55万增加到1994～1995学年的810万,同期大学生在校人数也从13.4万增加到82.6万。虽然在各个年龄层学生总数的增加一定程度上可归因于人口的增长,但小学入学率不容置疑地提高了。1992年6岁儿童的入学率达到98.5%,女童入学率也达到92.3%。其中约5%的学生就读于私立学校。全国有综合性大学13所,其中著名的有开罗大学、亚历山大大学、艾资哈尔大学等,大学教师3万名。

较高的人口增长率给教育带来巨大的压力。学校数目从1960年的1.37万增加到1990年的2.4万,同期非大学教师人数从10.3万增加到57万。教育资金的缺乏导致校舍陈旧,设备短缺,复式甚至三班倒式教学秩序的出现和教室的过度拥挤:据联合国儿童基金组织资料,平均一个教室要容纳45个学生,在人口密集的地区甚至高达100人。教师收入不高,不得不靠办课外辅导班来增加收入。家长收入的1/4被用来付学生的辅导费,在重要考试之前尤其如此。

教育的另一不足之处是它目前还不能为劳动力市场提供必需的技术人才。在过去的10年中,文盲率居高不下,达总人口的50%。1992年男子的文盲率是34%,女子的文盲率是65%。虽然每年埃及的13所大学都有大批的学生毕业,但大学毕业生传统上不愿意接受不太有权势的蓝领阶层工作。据世界银行1994年对私营企业的调查显示,技术人员的缺乏是制约发展的重要因素。为解决这个问题,政府正积极采取措施鼓励中学毕业生到全国的125所技校学习。其他问题包括:人才流失和教育方法落后,死记硬背的教学方法教出来的学生缺乏创造性地分析问题和解决问题的能力,难以适应现代劳动力市场的需要。

科　技

埃及有着灿烂的古代科技,早在古王国时期,浅浮雕和圆柱的石雕技术已很完美,吉萨的大狮身人面像和第五王朝(公元前2465～2323年)皇家群雕等最早的世石雕像已达到这一技术的顶峰。从第一王朝(约公元前2649年)左塞国王的梯形金字塔到世界七大奇迹之一的吉萨大金字塔(约公元前2550年)无不显示出埃及在建筑和几何学专门知识方面的杰出成就。

现代阿拉伯文化与今日实行的伊斯兰教紧密地交织在一起,导致其与科学的冲突,从而阻碍了阿拉伯世界科技水平的发展。目前埃及的科技水平与世界相比差距较大,但作为北非的阿拉伯国家,埃及无论与非洲相比,还是与阿拉伯地区相比,都处于领先地位。据联合国教科文组织统计,1990年埃及共有科技人员1 043万,其中科学家与工程师157万。在全部相当于专职的科学家和工程师中,自然科学领域占17%,工程技术领域占15%,医学占23%,农业占17%,社科和人文科学及其他领域占28%。自穆巴拉克当政以来,科技工作的重要性被提到一个新的高度,为此专门把每年的5月29日定为科研日。科研工作强调高效和实用。1981年以来科技投入1亿埃镑,获得的收益估计为700亿埃镑。全国有318个科技中心,多数主要为高等教育服务,其次分别服务于制造业和服务业领域。

文　化

埃及有着灿烂的古代文化。古埃及的亚历山大图书馆代表着亚历山大时代人类文明的精华。那里除藏有古希腊文学作品的全部手抄本和其他文种的优秀作品抄本外,还有从世界各地收集到的各种图书,是有史以来第一座真正的世界性图书馆,当年作为世界文化和科学中心曾为当时科学家和哲学家提供服务。埃及政府在联合国教科文组织和开发计划署的帮助下于80年代末修复了这座举世闻名的图书馆。

埃及现有国家级图书馆一个,1990年馆藏211.7万册,年读者量为179.8万人次;公共图书馆1988年时有836座,馆藏852.3万册。每千人拥有公共图书馆藏书从1980年的33册升到1990年的170册。

目前,埃及有日报7家,各种期刊70多种。主要阿拉伯文报刊及其发行量为:《消息报》,100万份;《金字塔报》,30万～44万份;《金字塔经济学家》周刊,50

万份;《最后一点钟》周刊,10万份。

中东通讯社是埃及唯一的国家通讯社,成立于1956年。国家广播电台于1928年创建,用阿拉伯语及30多种外语向国内外广播。中东广播电台建于1964年,主要为商业服务。亚历山大广播电台建于1964年,用阿拉伯语广播。

近年来,西方文化对埃及的影响越来越大。以电影为例,1985年埃及的故事片产量为103部,到1991年降至59部,但进口片高达153部,其中65.4%来自美国。埃及只有一个国营电视台,共有三个频道,用阿拉伯语播放节目。对埃及人来说,电视是消闲的工具,信息的来源,也是文化的媒介。根据1995年10月与法国公司签订的合同,埃及将发射自己的第一颗通讯卫星,时间定在1997年年中。一旦成功发射,这颗被命名为埃及尼罗河号的卫星将极大地促进埃及通讯事业的发展,它能至少增加6个电视频道,增强埃及在信息与文化领域内与西方文化抗衡的能力。

(中国现代国际关系研究所 王 辉)

南非经济文化概况

南非共和国简称南非,位于非洲大陆最南端,国土面积1 228 376平方公里,是英国的5倍,又相当于荷兰、比利时、意大利、法国和德国五国面积之和;人口42 583 761人(1995年DBSA的统计数),1995年国民生产总值(DGP)4 844亿兰特,约占非洲大陆的30%,是非洲经济最发达的国家。

南非国境内环抱着莱索托王国,西北邻接纳米比亚,北面是博茨瓦纳和津巴布韦,东北面为莫桑比克和斯威士兰,东南西三面濒临印度洋和大西洋,海岸线长达2 954公里。全国分设9个省,即北开普省、西开普省、东开普省、西北省、奥兰治自由邦、比勒陀利亚-威特沃特斯兰德(又称金山或兰德)-弗里尼欣地区(简称PWV地区)、北德兰士瓦省、东德兰士瓦省和夸祖鲁-纳塔尔省。南非是世界上唯一拥有3个首都的国家:比勒陀利来是行政首都,人称南非"母地"的开普敦是司法首都,而"花泉之都"的布隆方丹是立法首都。这3个首都可以说是三权分立的象征。

南非气候温和,大部分地区属热带草原气候。因地处南半球,6~8月为冬季,最低气温为-10~12℃;12~2月为夏季,最高气温为32~38℃。夏季多雨,冬季干燥,全年日照时间较长,年均降雨量仅为464毫米,大大低于857毫米的世界年均降雨量。

南非基础设施完备,有非洲最完善的交通运输系统。全国铁路网3.6万多公里,占整个非洲铁路线六至七成;公路网四通八达,有18万多公里,仅次于美国和加拿大,居世界第三位。在长达近3 000公里的海岸线上,有德班、开普敦、伊丽莎白港、东伦敦和理查兹湾等深水港口设施,提供高容量的远洋运输及国际装卸与转口业务。主要国际机场在约翰内斯堡、德班和开普敦,可直接飞抵欧亚及北美等地区的25个世界大都市。

经 济

南非在非洲50多个国家中,经济最发达,虽然人口只及非洲总人口7%,土地面积也只占非洲大陆的4%,但其国内生产总值和外贸总值,分别占非洲大陆两成和1/4。

南非的农业特点是多样化、现代化。南非是非洲最大的农业出口国,也是世界上少数几个粮食和农副产品净出口的国家之一。南非的农业不仅基础设施、农业生产技术、农业机械化程度及农业劳动生产力水平大大领先于其他非洲国家,而且其农副产品的商品率也雄居非洲各国之首。主要农作物有玉米、油籽、豆、糖、水果等。

南非矿产资源极其丰富,国内蕴藏着60多种矿藏,是世界主要的矿产生产国和出口国,被称为"世界矿业帝国"。黄金、铂系金属、锰、钒、铬、硅铅酸盐的储量居世界第一,钻石居第二,镍、锆、磷酸盐居第三,煤、钛、锌居第四。其矿产出口占国家出口收入的60%。

南非是非洲大陆的工业大国,其制造业占整个非洲制造业的40%。制造业是南非最大的经济部门,也是最主要的就业机会提供者之一。南非制造业基础雄厚、技术先进、管理手段完善、门类齐全,主要的制造业部门包括:食品加工业、化工业、金属和非金属冶炼业、金属和非金属矿产品加工业、汽车制造业、纺织工业、服装工业、电子设备制造业、家用电器制造业、机械制造业、交通及建筑设备制造业、建筑材料制造业、办公设备制造业、木材及木制品加工业、皮革加工业、印刷业、酿造业、造纸业等等。南非制造业不仅能够满足国内市场对工业制成品的需求,而且还有一定数量的工业产品出口国际市场,其出口量正在不断增加。但冶金产品仍是南非出口的最主要的工业产品,其他工业制成品出口所占比重不大。

表1 1995年各部门在国民生产总值(GDP)中所占的比例(%)

农林渔业	4.6	私人消费	60.3
矿业	8.9	公共消费	20.6
制造业	25.2	国内固定投资	16.9
建筑业	2.9	出口产品及服务	24.9
金融服务业	15.3	股市的变化	2.1
贸易餐饮饭店	15.5		
公共管理	14.1		

资料来源:英国经济学家情报部《国家报告:南非》1996年第4季度。

南非自1961年成立以来,经济主要经历了四个阶段:

70年代中期以前,经济全面发展和最繁荣的时期(又被称为"种族隔离的黄金时期")

南非白人政府推行的种族隔离制度使黑人成为廉价劳动力的源泉,推动了南非经济的发展。这10多年里,南非经济一直处于高速增长状态,按生产要素价格计算,1963~1973年的10年中,南非国内生产总值(GDP)由61.78亿兰特增至175.58亿兰特,增长184%。南非成为当时南半球工业化程度最高的国家。

70年代中期至1989年,经济全面衰退时期

种族隔离制度的推行使南非越来越陷入孤立局面,包括英美在内的西方大国纷纷对南非实行经贸和外交的全面制裁。国际经济制裁和国内民族解放运动的深入开展,使政局动荡,投资环境恶化,国外大公司和银行纷纷从南非撤出,出现外资流入锐减、资金净外流的现象。据统计,1985~1989年,南非因受制裁和资金外流,外汇收入损失达152.1亿美元,生产损失达304.2亿美元。

1989年至1993年初,经济进一步恶化时期

南非经济从1989年开始恶化,之后GDP连续3年负增长,分别为-0.5%、-0.4%和-2.0%;通货膨胀率和失业率居高不下,1991年通胀率增至15.3%;1992年失业率达45%。这时期,南非人民实际生活水平下降了13%。

1994年新南非成立后,经济重建与发展时期

以曼德拉为首的非国大执政后,对新南非的经济政策进行调整,实行多种经济成分并存的混合经济体制,调整工业结构,建立面向出口的完整的工业体系,实施大中小企业并举的方针,扩大对外开放,制定新的投资法,吸引更多的外资。为了解决种族主义统治留下的黑白人经济不平等问题,促使经济的腾飞,1994年4月南非新政府推出《重建与发展计划》(简称RDP),此计划成为新政府的经济政策和急待实施的首要任务。RDP主要内容是:政府将在未来5年内花费390亿兰特,提供100万套住房,为250万居民供电,为1 200万人提供饮用水;6年内重新分配1/3的农用土地;10年内提供250万个就业机会。

由于资金紧缺,在RDP实施的前两年,政府只拨出了20亿兰特,与计划相差甚远。尽管如此,新政府还是在短期内稳住了自80年代以来的经济下滑趋势,从大选当年第一季度的负增长,到实现当年国民生产总值平均增长率达2.5%,1995年进一步增至3.3%;通货膨胀率降到20年来的最低点;外资流入明显增加,到1995年底,共约80亿美元。

为推进RDP,1996年6月,南非议会通过了政府提出的"增长、就业和再分配——宏观经济战略"(简称MES),确定了1996~2000年的五年发展规划。RDP强调纠正不合理的经济结构和财富分配的不平

等,而 MES 的着眼点是促进增长,力争在本世纪末建立一个外向型、有竞争力的、快速发展的经济,为寻找工作的人创造足够的就业机会,解决贫困问题,并为下世纪经济长期可持续发展奠定基础。

为了到本世纪末实现经济增长 6%、财政赤字占国内生产总值的比例降到 3%、年创造就业机会 40 万个的目标,MES 提出促进非黄金产品的出口,扩大私人部门投资,加速公共部门投资,改进投资的就业密集度和产出增长,增加基础设施和服务行业的发展以吸收更多的劳动力。

表 2 经 济 指 数

年份	1991 年	1992 年	1993 年	1994 年	1995 年	1996 年
GDP(亿兰特)	3 101	3 410	3 837	4 317	4 844	
GDP 实际增长率(%)	−1.0	−2.2	1.3	2.7	3.3	4.1
消费通货膨胀率(%)	15.3	13.9	9.7	9.0	8.7	7.2
出口(亿美元)	233	236	241	247	279	
进口(亿美元)	172	182	183	215	271	
外汇储备(亿美元)(包括黄金储备)	29.6	31.9	27.9	31.2	43.2	
外债(亿美元)	256	272	255	279	320	
储蓄额(亿美元)	22.4	13.8	18.0	−6.1	−34.9	
制造业生产指数(1990 年=100)	96.4	93.5	93.3	95.8	103.0	
矿业生产指数(1990 年=100)	99.1	99.5	102.5	100.9	99.3	
汇率(美元:兰特)	2.756	2.850	3.264	3.549	3.627	4.674

资料来源:英国经济学家情报部《国家报告:南非》1996 年,第 4 季度。

表 3 1995 年南非与主要贸易伙伴之间的进出口额占总进出口额的比例

出口国	占总额的比例	进口国	占总额的比例
意大利	7.8%	德国	15.9%
日本	7.3%	英国	11.5%
美国	6.6%	美国	10.9%
德国	5.5%	日本	9.8%
英国	5.0%	意大利	4.5%

资料来源:英国经济学家情报部《国家报告:南非》1996 年,第 4 季度。

科 技

南非的科技在非洲处于领先的地位。南非是世界上唯一的从煤炭里提炼燃料的国家,是世界上发电成本最低的国家之一,拥有世界上最大的发电系统,其发电量占全非洲发电总量的 50% 以上,不仅能够满足国内对电的需求,而且从 80 年代中期以来还有大量的剩余电力出口其邻国。

在能量利用方面,随着环境保护意识的增强,核能的利用越来越得到政府的重视,核技术发展非常迅速。目前,南非已建立了第一座核电厂。南非核能资源非常丰富,其中铀矿的储量达 30.5 万吨,占西方国家总储量的 13%。目前,南非已成为世界三大产铀国之一,充足的铀资源和核处理技术为南非核能工业的继续发展提供了有利的条件。

南非是世界上的采矿业最先进的国家之一,其采矿技术和设备都十分先进,尤其是在深层采矿方面,其技术和设备居世界领先地位。这与南非重视采矿业的技术教育和职业培训工作分不开。目前,南非共拥有 17 个矿工职业培训中心,每年能够培养出 4 500 名矿工下井作业。

南非的农业科研实力也很强,水平较高,处于世界先进行列。其科研工作主要由农业研究委员会、南非农业开发部、一些综合性大学以及私营部门的一些农业研究机构来完成,研究的范围包括农业生产技术、农业机械、经济作物、粮食作物、畜种改良、兽医学、土壤、灌溉、植保和生态等。

南非全国有科研机构 300 多所,科研人员 2.5 万。科研经费约占国内生产总值的 1%,其中约 50% 为政府拨款。主要科研机构有:科学与工业研究委员会(CSIR),1945 年成立,下属研究与开发、财务与管理和人力资源三大部,以及 20 多个全国性研究所和实验室,为国家的经济发展献计献策;铀浓缩公司,1982 年成立,负责铀浓缩的研究;原子能公司,1982

年成立,设有全国核能研究中心和浓缩铀加工厂;煤油公司,1957年成立,进行从煤中提炼石油产品的研究与发展。

教　育

南非白人政府曾长期实行种族隔离的教育制度,设有4个"教育部",分别负责白人、黑人、有色人和亚洲人的教育。1983年提出实行"隔离但平等"的教育"改革"。1985年设立第五教育部,即国民教育部,负责制定国民教育的总体政策。但是,黑人受教育机会还是远远低于白人。1988～1989年度白人教育费用人均3 082兰特,而黑人只有765兰特。白人学校师生比例是1:21.6,黑人学校为1:40.13(不包括黑人家园)。

这种种族隔离制教育到1991年有所改变。从1991年1月起,几百所国立中小学和部分白人私立学校对各种族的孩子开放,但是1992年仍有170万学龄儿童失学,主要还是黑人。白人文盲率为7%,亚洲人为29%,有色人为38%,黑人为68%。

南非的高等教育非常发达,全国共有17所综合性大学,其中不包括4个曾宣布过"独立"的黑人家园的大学。这些大学都设有本科生部和研究生部,教学内容非常丰富,师资力量也极强。南非最知名的大学有南非大学、金山大学、斯泰伦博斯大学、比勒陀利亚大学、开普敦大学、纳塔尔大学等,其中南非大学是当今世界上最大的函授大学,大学面向世界招生。南非的大学享受政府的财政补贴,但在行政管理方面拥有绝对的自主权。除大学外,南非还有12所综合技术院校和许多技术专科学院。

据南非基金会1994年3月的统计,南非中小学共有25 919所,大学21所,技术培训学校15所;小学生7 343 559人,小学教师188 461人,师生比例为1:39;中学生3 063 685人,中学教师116 379人,师生比例为1:26;大学生346 990人,大学教师13 315人,师生比例为1:26。

南非的图书馆体系包括两个国家级图书馆(位于比勒陀利亚的国家图书馆和位于开普敦的南非图书馆)、670个省级公共图书馆、374个专业图书馆、91个政府图书馆和88个大学或学院图书馆,下设1 570个服务点,共计藏书4 700万。

新南非成立后,政府对教育体制进行了改革,完成了旧的分成不同种族、分散在黑人家园的教育机构的合并工作。从1995年1月新学期开始,南非的教育机构一律取消种族隔离,所有适龄中小学生基本上就近入学,在同一个体系内、按同一课程表进行学习。这是一件划时代的大事。南非成人文盲率从1984年的50%降为1995年的30%。

为了使更多的黑人得到受教育的机会,新政府1995～1996年的预算中把教育经费增加了10%,为322亿兰特,占预算总开支的1/5多。1996～1997年的教育预算经费又比上一年增加了9.42%。

文　化

南非的新闻出版业相当发达,编辑、出版、印刷、发行方面的技术非常先进,大大领先于其他非洲国家。目前,已注册的各类报刊杂志超过5 000种,比其他非洲国家同类出版物的总和还多。

南非定期出版的报纸有250多份,其中国家级和省级报纸约100种,除少数日报外,大多数为周报或两周出版一次,有14种是专为黑人读者出版的、3种为有色人的、3种为印裔读者的。主要包括:日报《星报》(阿非利加语)、《商业日报》(英文)、《城市报》(英文)、《阿古期报》(英文)和《索韦托人报》(英文)等;周报《报道报》(阿非利加语)、《星期日时报》(英文)、《星期日论坛报》(英文)和《周末星报》(英文)、《和睦关系报》(阿非利加语)等。

南非共有各种杂志800余种,其中300种为普通大众刊物,500种为贸易、技术及其他方面的专业刊物。主要包括:《Huisgenoot》、《Scope》、《Getaway》、《Financial Mail》等。

南非新闻联合社是全国性新闻机构。南非广播公司成立于1936年,下辖广播电台和电视台。广播电台对内有22套节目,用11种语言广播,每周播音3 492小时;还有1套对外广播的节目"南非之音",用英、法、葡、期瓦希里、聪加等7种语言对外广播,每周播出208小时。电视台有4个频道,用9种语言播出,其中电视1台和4台用英语和阿非利加语播放,每周分别播出120个小时和27个小时;电台2台用祖鲁语和科萨语播放,每周播放59个小时;电视3台用南索托语、北索托语和茨瓦纳语播放,每周播放59个小时。另外,1986 年 10 月南非又成立了一家收费电视台 M-Net,它不受南非广播公司的管辖。

环境保护

南非是一个干旱国家,年均降雨量仅为 464 毫米,年均水流量仅有 530 亿立方米(其中只有 330 亿立方米的水量被合理利用)。另外,每年还有约 54 亿立方米的地下水资源可利用。

南非的森林资源非常有限,现有森林面积 136 万多公顷,占国土面积的 1%多一点,其中人工商业林面积为 120 万公顷、土生土长的自然林面积为 16.4 万公顷,树种以松树等软质木为主。南非政府十分重视森林保护,国内设有专门的森林学校,有的大学也开设有关森林方面知识的专业课程,许多森林工作者都是经过专门培训后才上岗的。

南非以其丰富的天然动植物而著称于世,其花植物种类有 2 300 多种,有 17 个国家级公园以及许多国家级和省级自然资源保护区,其中南非的克鲁格国家公园是世界上最大的野生动物保护区。

环境保护在南非受到高度重视。其环境保护的主要宗旨是,维护生态进程和必要的生存系统,防止人为的生态恶化。南非环保的发展史可追溯到其提出的"世界森林资源保护战略"的绿色财产年、1989 年第一个环境保护法出台,到 1993 年政府通过有关环境政策的"白皮书"。该白皮书符合国际大趋势,提出了持续发展的原则,着重强调人类环境与城市化、有计划地利用土地与恢复受剥蚀的土地、控制污染与环境经济学等。

除了环保法和政府的白皮书,南非的环境事务部还特别设立两个项目保护生态和环境,这两个项目是"南非自然遗产项目"、"重点景点保护项目"。

南非不仅重视国内的环境保护,而且也十分重视环保的国际合作。南非是"国际鲸协会"的创始国之一。作为"南极条约"的倡导国之一,南非在 1991 年 10 月 4 日签署了有关南极环保的一系列公约。

丰富的自然资源、保护良好的生态环境、宜人气候、迷人的海滩、便利的交通与电信、独特的民族风格,这一切吸引了众多的世界各地的游客,也促进了南非旅游业的发展。南非旅游设施完善,有饭店近 1 400家,床位约 9.2 万张。旅游点主要集中在东北部和东、南沿海地区。1993 年接待游客 342 万人次,创汇 47 亿兰特。

表 4 旅 游 业

年份	1990 年	1991 年	1992 年	1993 年
国外游客人数(万)	102.67	170.95	289.28	336.97
旅游收入(亿兰特)	9.1		70.47	120
占 GNP 的比率(%)	4	2	2.0	3.4

资料来源:CSS。

表 5 1985~1993 年来南非旅游人数变化图表

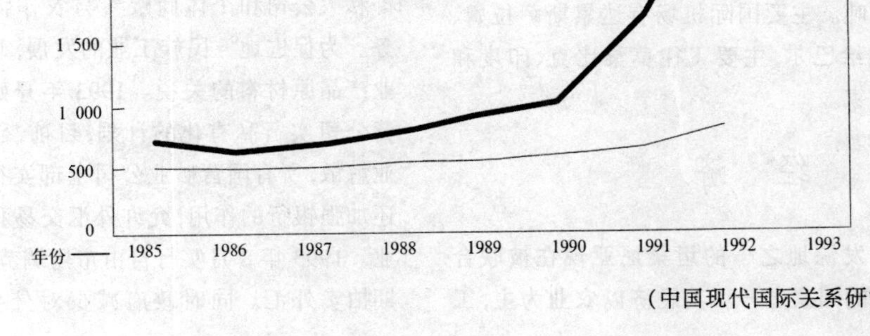

(中国现代国际关系研究所 韦祎红)

坦桑尼亚经济文化概况

坦桑尼亚有国土面积945 087平方公里，相当于大不列颠的4倍，主要由坦桑尼亚大陆、桑给巴尔岛、奔巴岛和马菲亚岛组成，其中桑给巴尔面积2 657平方公里；人口3 030万(1995年统计数)，其中桑给巴尔77万人，人口的自然增长率为3.2%。1994年国内生产总值(GDP)11 414亿坦先令(当时1美元=540坦先令)，1996年11月汇率1美元=590坦先令。

坦桑位于非洲东部，赤道以南，北界肯尼亚和乌干达，南与赞比亚、马拉维莫桑比克接壤，西与卢旺达、布隆迪和扎伊尔为邻，东濒印度洋，大陆海岸线长840公里。坦桑气候温和、干燥，大部分地区平均气温21～25℃，雨季从4月份开始，持续6周。全国按照不同的地形分成三种不同类型的气候：东部沿海地区和内陆部分低地属热带草原气候，6～9月平均气温28℃，12～3月平均气温35℃；西部内陆高原属热带山地气候；桑给巴尔等岛属热带海洋性气候，终年湿热，年平均气温26℃。

坦桑资源蕴藏丰富，有钻石、黄金以及煤、铁、磷酸盐、天然气等。它是非洲第四大矿储国，已探明的主要矿藏量为：钻石200万吨(含量6.5克拉/吨)，金矿35万吨，煤3.24亿吨，铁1.3亿吨，磷酸盐1 000万吨，天然气300亿立方米。

坦桑的交通运输以公路运输为主，其公路总长8.19万公里，其中沥青公路3 660公里；铁路线总长4 460公里。主要港口有达累斯萨拉姆、姆特瓦拉、坦噶和桑给巴尔，其中达累斯萨拉姆有深水泊位11个，年吞吐量350万吨。主要国际机场有达累斯萨拉姆、乞力马扎罗和桑给巴尔，主要飞往莫桑比克、印度和英国等十几个国家。

经　济

曾是古人类发源地之一的坦桑尼亚现在被联合国列为最不发达的国家之一。其经济以农业为主，工业落后。农业人口占总人口的87%，农业产值占国内生产总值的60%以上，农产品出口收入占外汇收入的80%左右。1967年尼雷尔政府开始对经济实行国有化，在全国范围内开展“乌贾马村”运动，欲使坦桑走上一条自给自足的社会主义道路。这条改革之路在教育、卫生保健和社会服务方面取得了一定的成果。但是，在经济方面尤其是农业生产方面却遭到了失败。由于国际经济环境变化、周期性旱灾的困扰和国内的政策失误，整个70年代和80年代初，坦桑经济每况愈下，生产停滞，商品奇缺，债台高筑，赤字庞大，连年出现负增长，被西方称为“非洲病孩”。在这种情况下，从1986年7月起，坦桑政府接受国际货币基金组织的经济调改方案，大幅度调整经济政策，改革经济体制，逐步实行经济私有化，向市场经济转轨。目前，坦桑已在西方政府的援助和监督下，实行了3个“三年经济恢复计划”。

改革不仅使长期陷入困难的经济走出低谷，而且出现了稳步回升的局面。在执行经济恢复计划的第一年，就止住了经济滑坡，走出低谷，从而开始了持续增长的新阶段。据统计，1986～1991年，坦桑农业年均增长5%，工业年均增长4%，国内生产总值年均增长3.85%，超过了2.8%的人口增长率；通货膨胀率也从1985年的36%下降到1991年的20%。

在经济的恢复和发展道路上，坦桑政府把农业放在首位，纠正了过去一些过激做法，鼓励个体经营，发展小农经济，大幅度增加农业投入，同时放宽限制，允许私人公司和个体商贩参与农作物收购和进出口业务。为促进地方民族工业的发展，政府放弃了某些工业产品原材料的关税。1993年开始对约400家半国营公司实行私有化的计划，目前，已有1/3的国营企业解散，所有国营矿业公司全部实行了私有化。政府还加强银行的作用，允许外汇交易和外国银行在坦开业。1993年8月实行自由市场调节汇率，中央银行定期拍卖外汇。同时政府减少对外贸的控制，鼓励出口。

为吸引更多的外汇和增加国内外的投资，1990年制定了《国家投资（促进和保护）条例》。该条例所保障的鼓励措施包括5年的免税期，免税期结束后仅征35%的公司税，对建立企业所需的设备和机械免征进口关税和销售税。此外《条例》规定的措施还有：对设备、机械和厂房按20%的损耗折扣减税；工业建筑费用作20%的投资减税（船舶减税率为40%）；保证不对投资者实行强制性收购（在非常情况下因涉及公共利益而实行的收购除外，此种收购必须经过正当的法律程序）等等。1992年5月议会又通过《1992年国家投资法》。截至1995年10月，坦桑政府已批准691个合资商或独资项目，总金额16亿美元，投资者分别来自南非、意大利、韩国、加拿大、英国和美国等。这些投资项目可创造10多万个就业机会。

坦接受的外援数额也不小，每年近10亿美元。但1994年11月起，在西方国家支持下，挪威、瑞典和荷兰冻结了对坦4 000万美元的援助，原因是坦财政管理混乱，使援款付诸东流。1995年2月，西方援坦巴黎俱乐部会议决定在1995～1996年财政年度向坦提供近10亿美元的援助，但附加了大量条件，且援款到位率甚低。

1995年是第三个经济恢复计划的最后一年。农产品市场全部放开，农业取得丰收。财经治理整顿取得一定成效，取消了进出口许可证制度，资本与债券市场开始运作，经济改革进一步深化。但坦经济仍存在许多困难。由于1995年10月大选，政府开支猛增，内债急剧膨胀，政府越来越依靠发行债券来弥补财政赤字。目前，姆卡帕新政府把制定完善的经济计划和增加财政收入作为其首要任务。

表1　经济指数

年份	1991年	1992年	1993年	1994年	1995年	1996年
GDP（10亿坦先令）	935	1 131	1 404	1 823	2 395	
GDP增长率（%）	5.7	3.5	4.2	3.0	3.5	5.0
消费通货膨胀率（%）	28.7	21.8	25.3	33.0	28.3	21.5
出口（亿美元）	3.41	4.16	4.47	5.20	6.79	7.75
进口（亿美元）	15.47	15.10	15.20	15.03	16.86	15.00
外汇储备（亿美元）（不包括黄金储备）	2.039	3.273	2.033	3.321	2.702	3.206
外债（亿美元）	0.06 689	67.81	69.63	74.42	76.09	78.75
汇率（坦先令:1美元）	219	298	405	510	575	575
财政支出（亿坦先令）	2 090.00	2 279.73	2 515.43	2 355.91	3 292.88	
财政收入（亿坦先令）	1 185.47	1 539.20	2 156.17	4 287.50	5 142.84	
国外货款或赠款（亿坦先令）	856.53	679.53	1 409.88	2 265.51	1 688.46	
赤字（亿坦先令）		874.87	1 379.88	1 931.59	1 849.96	

资料来源：英国经济学家情报部《国家报告：坦桑尼亚》1996年第4季度，其中1996年的数据为预测数；1995～1996年英国经济季评。

表2　1994年各产业部门在GDP中所占的比例（%）

农林渔业	57.1	私人消费	89.6
贸易与旅馆	15.3	政府消费	7.7
制造业	7.6	股市增长	27.5
交通与通信	6.5	出口	26.4
建筑业	5.2	进口	-54.4
矿产业	1.3		

资料来源：英国经济学家情报部《国家报告：坦桑尼亚》1996年，第4季度。

表3　1995年坦桑与主要贸易伙伴之间的进出口额占总进出口额的比例

出口国家	占总额的比例	进口国家	占总额的比例
德国	9.2%	英国	9.6%
日本	8.2%	肯利亚	9.0%
印度	8.1%	日本	7.2%
比利时－卢森堡	6.5%	沙特阿拉伯	6.3%
英国	5.4%	中国	4.9%

资料来源：英国经济学家情报部《国家报告：坦桑尼亚》1996年，第4季度。

教　育

坦桑政府重视教育事业,小学实行免费义务教育,对中学教育政府提供一定的鼓励费。学制为小学7年,初中4年,高中2年,大学4年。小学生7岁入学。几乎所有的小学都是国立的。中小学入学率从1970年的22%增至1981年的58%,但1992年又下降至43%。1992年小学入学率为68%,其中男生为69%,女生为67%;中学入学率仅为5%,其中男生为6%,女生为5%。由于坦政府在全国范围内开展扫盲运动,成人识字率从1967年的33%增至1986年的90.4%。1993年全国成人识字率为84%。1995年1月起政府每年为公立学校的小学生提供8万坦先令,每年为私立学校小学生提供5万～6万坦先令。

1990年公立小学10 484所,1992年在校小学生340.8万。1992年公立中学186所,私立中学275所。大学主要包括达累斯萨拉姆大学和索科伊内农业大学,还有许多培训中心和技术学院。1991～1992年度,教育经费占政府预算的4%。

近年来由于国家财政拮据,教育经费严重不足,不少中学面临关闭的威胁。为此,政府提出教育改革的政策,鼓励私人或集体办校,主张农村和边远地区在政府的资助下创办自己的学校,以便让更多的孩子能就近入学。

表4　1991年在校师生情况

	学生人数	教师人数
小学	3 512 347	98 174
中学	166 812	6 849
大学	3 327	939
师范学院	16 297	1 255
其他院校	1 927	267

文　化

坦桑政府重视发展民族文化,大力推广斯瓦希里语。国内有国家艺术委员会和音乐委员会。首都达累斯萨拉姆是经济和文化中心,设有国立中央图书馆和历史博物馆等。

坦桑的主要刊物有英文《每日新闻》,发行量8万份;斯瓦希里文《自由报》、《民族主义者报》和《工人日报》。此外,还有《快报》(每周两期)、英文周刊《商业时报》、斯瓦希里文双周刊《火焰报》。

坦桑尼亚通讯社是国家级通讯社,成立于1976年10月,坦桑大陆各省均设有分社,还有少数记者驻邻国。

坦桑尼亚电台是国家级电台,建立于1951年,总部设在首都达累斯萨拉姆,分别用英语和斯瓦希里语广播。桑给巴尔革命之声是桑岛的电台,建立于1964年,只用斯瓦希里语广播,每天播音9小时。

桑给巴尔电视台是国营电视台,1973年3月建成,只用斯瓦希里语播送节目。另外,坦桑还有两家新成立不久的私营电视台:海岸电视网(ITV)属坦桑大陆的私营电视台,1994年2月建成;独立电视台(CTN)于1994年6月落成。

环　保

坦桑政府一贯重视环境保护,其国内野生动物资源十分丰富,1/3的国土为国家公园、动物和森林保护区。全国有11个国家公园(占地面积近3万平方公里),近10个野生动物保护区和50个野生动物控制区。

丰富的自然资源推动了坦桑旅游业的发展,不仅吸引了世界各地的旅游观光客,也为坦桑带来了丰厚的外汇收入。主要旅游点有塞伦盖堤国家公园、恩戈罗戈罗保护区、马尼亚腊湖国家公园和米库米动物园等,还有世界著名的乞力马所罗山和东非大裂谷。1995年度接待游客28万人次(其中桑给巴尔岛每年有5万人左右的游客),旅游收入2.05亿美元。1996年坦接待外国游客32.6万人次,旅游创汇3.22亿美元。自1991年以来,坦旅游创汇年均增长28%。坦政府计划到2000年接待游客100万人次。

(中国现代国际关系研究所　韦祎红)

瑞典经济文化概况

瑞典王国(The Kingdom of Sweden),位于北欧斯堪的纳维亚半岛东部,西以斯堪的纳维亚山脉为界与挪威相邻,东北以托尔尼奥河为界与芬兰相接,东临波的尼亚湾和波罗的海,西南濒北海,同丹麦隔海相望。海岸线全长7 624公里。国土面积449 964平方公里,几乎是英国的两倍,囊括斯堪的纳维亚半岛2/3的土地,系北欧最大国家,也是欧洲第四大国。全国南北纬度相差颇大,约有15%的土地在北极圈以内。气候明显受西风和洋流的影响,北部为大陆性气候,南部为温和的海洋性气候。首都:斯德哥尔摩(Stockholm);全国人口:884万人(1995年底);语言:瑞典语;国民生产总值:2 290亿美元(1995年);按人均国民生产总值:25 926美元(1995年);货币名称:瑞典克朗;汇率:1美元=6.64克朗(1996年)。

瑞典的铁矿、森林和水力资源丰富。铁矿蕴储量36.5亿吨,主要集中在北极圈内的基律纳和玛姆伯格地区,含铁量品位高达60~70%。铀藏量约20万~30万吨,为欧洲之最。此外,还有铅、锌、铝、金、银等矿藏。森林覆盖面积2 320万公顷,占全国面积的57%以上,蓄材量为24亿立方米。水利资源丰富,境内湖泊星罗棋布,约9.2万多个,占全国总面积的8%,最大的维纳恩湖面积5 585平方公里,加之河流水势湍急,瀑布甚多,为瑞典提供了廉价的能源。

11世纪初形成统一的瑞典王国。1050~1250年是瑞典社会政治和宗教发生变化的时期。1284年将芬兰变为大公国。1397年丹麦和挪威的君主玛格丽特女王统治瑞典。1523年瑞典贵族石斯塔夫·瓦萨发动起义,推翻了丹麦统治。16~17世纪是瑞典的强盛时期,屡次向外扩张,成为波罗的海的霸主,后来逐渐衰落。1809年的瑞典宪法是欧洲成文宪法中最早的一部,瑞典立宪体制的基础由此确立,并持续至今。瑞典在两次世界大战中均严守中立。冷战结束后,瑞典明显向西方倾斜,1995年1月1日成为欧洲联盟正式成员。

第二次世界大战前后,社会民主党连续执政44年之久,直到1976年10月中央党、人民党和保守党组成的联合政府上台执政。1982年9月社会民主党东山再起,帕尔梅当选首相。1985年9月大选,社会民主党继续执政,首相连任。1986年2月帕尔梅首相遇刺身亡。3月12日议会批准原副首相卡尔松出任首相。1991年9月大选,保守党、人民党、中央党和基督教民主党获胜,组成联合政府,卡尔·比尔特任首相。1994年9月社会民主党再次获胜上台,成为现任执政党,首相佩尔松。

经　济

瑞典曾是一个贫穷落后的农业国,在不足百年的发展中,后来居上,现已成为世界上工业发达、最富有的国家之一。50~60年代经济一直发展迅速,1946~1949年国内生产总值平均增长率为6.4%。50年代为3.4%。60年代为4.6%。70年代受世界经济危机的影响,经济发展缓慢,但国内生产总值年平均仍保持2%的发展水平。80年代经济一度陷入困境,1981年出现0.3%的负增长。1982年瑞典社会民主党上台后,采取了一系列有效的经济措施,使经济有了新起色。1982~1987年国民生产总值增长13%。进入90年代以来,在整个西方经济不景气和国内庞大社会开支的双重压力下,瑞典经济陷入二战后最严重的经济危机之中,经济连续3年负增长。直到1994年经济才开始回升,国民生产总值增长2.6%。1995年国内生产总值2 290亿美元。按人口平均国内生产总值1995年25 926美元。1995年经济增长率为3%,高于OECD平均1.9%的增长数。

近几年,瑞典政府把"实现经济持续增长"视为首要目标,以增加生产取代原有靠高国债、高赤字维系的高福利政策。采取的主要措施有:(1)紧缩财政政策。庞大的财政赤字是政府的沉重负担，福利开支占其重头。为解决巨额财政赤字，政府采取增收节支、减少补贴、改革税收和福利制度；大力削减政府行政开支。⑵改造传统的产业结构，加大对中、小企业的扶植。瑞典基础产业随着新兴工业国以其廉价成本挤入瑞的传统市场后，再难以保持强劲的竞争力。民族经济的活动范围日益受到限制。政府在将传统产业结构向高技术转型的同时，给予传统工业支持，增强其竞争力。⑶重视发展高新技术。90年代以来瑞典加大对科技的投入，对不适应国际竞争的科研体制和结构进行了调整，加大将科研成果转化为生产的力度，注重产品质量，增强了国际竞争力。

国内生产总值(10亿克朗)

	1991年	1992年	1993年	1994年	1995年
当年价格计算	1 447.3	1 441.7	1 446.2	1 525.3	1 634.9
1991年固定价格计算	1 447.3	1 426.8	1 395.1	1 432.0	1 474.9
实际增长率	−1.1	−1.4	−2.2	2.6	3.0
人均国内生产总值(千克朗)					
按当年价格计算	167.4	165.9	165.4	173.0	184.9
按1991年固定价格计算	167.4	164.1	159.5	162.4	166.8
实际增长率	−1.8	−2.0	−2.8	1.8	2.7

资料来源：英国经济学家情报部《国家概况：瑞典》1996/1997年度。

工业　瑞典工业发达，在整个国民经济中占有十分重要的地位。1995年工业产值占国民经济生产总值的29.8%，工业产品占总出口的80%以上。瑞典工业的显著特点是：以私营企业居多，现全国85%的企业为私人企业；以中、小企业为主，全国98%的企业拥有雇员不足50人。自70年代瑞典工业结构开始发生显著变化，一度作为主要工业的采矿、冶炼、钢铁、木材加工等传统部门已逐步被机械制造、汽车、电子、精密仪器等新兴工业部门取代。政府在产业结构的转轨中推行"双管齐下"的方针：一是加强资本集中。对亏损严重、竞争能力明显减弱的企业"兼停并转"，如将日益衰弱的造船、纺织业进行补贴、改组或收归国有。对结构不合理的企业进行改革，兴建新型集团，增强企业发展的活力。二是促进产品向高、精、尖发展。为产出打入国际市场的"拳头"产品，加强企业在国际市场的竞争力，政府设立了80亿克朗的企业更新基金，专门用于企业的技术改造、设备更新、科研和人员培训，同时改革科技体制，加强科学、技术研究，不断完善科技法规，多出精品和人才。

金属加工和机械制造业　这是瑞典工业中最重要的部门之一，现全国共有此类企业378家，其中一些大公司在国际上享有很高的声望。瑞典滚珠轴承公司是产销集中经营的企业，它不仅是北欧最大的工业企业，而且是世界上生产优质滚珠轴承的最大厂家，年产值30多亿美元。埃里克逊公司是欧盟国家电话通讯系统的第二大供户。瑞典的机械产品一半左右供出口，其中2/3以上销往工业国家。产品具有精密、耐用和工艺水平高的特点。当今世界上用于航空导航仪的精密度最高、摩擦力最小、体积最小的滚珠轴承产自瑞典。

钢铁工业　瑞典钢铁工业历史悠久。丰富的铁矿资源使瑞典成为世界上铁矿石的生产大国，年产钢量约480多万吨，其中特种钢占1/3。80年代中瑞典发明了钢包精炼法、水蒸气代替氩气精炼法、雾化静压成型法等先进冶炼特殊钢的方法，进一步推动了钢铁生产的发展。现全国有钢铁公司20多家，大多为生产特种钢厂家，其主要产品有：滚珠轴承钢、手表钢、剃刀钢、切削工具钢、石油化工用的钢管等，在国际上有很强的竞争力。

汽车工业　战后得到迅速发展，在世界汽车50家大企业排名榜上瑞典汽车制造公司占据两位。目前瑞典能够生产小汽车、各种卡车等，主要销往美国和一些欧洲国家。90年代初受经济衰退的影响，小汽车年生产量急剧下降，从1988年到1993年由年产35万辆减到12.8万辆。1994年至1995年生产量开始回升，由16万辆增到17.6万辆。

能源工业　在整个经济中起举足轻重的作用。全国有8大水力发电站和3大火力发电站。核发电站始建于1965年,投入运转的有7座。1995年发电总量为1 433.28亿度,在世界居第13位。美国三里岛核电站事故和前苏联切尔诺贝利事件的发生,给瑞典能源工业造成很大影响,使政府预计到2000年建成24座核电站的计划破产。1980年经公民投票决定,瑞典所有核电站将在2010年以前拆除,现已有2个核电站提前关闭。1997年2月瑞典执政党和在野党达成一项新的能源协议,决定在1998年7月1日前再关闭一座核电站;2001年7月1日关闭巴塞拜克一号核电站;放弃2010年前拆除全部核电站这一最后期限。目前,瑞典主张继续保留核电站的人占多数,认为拆除核电站耗资巨大;核电消失带来的电力减少,不仅影响人们的生活,而且将使造纸、冶金等耗电量大的企业面临困难。瑞典作为工业发达国家,能源密集企业较多,加之冬季漫长、交通线长,能源消费极大,这是瑞典亟待解决的问题。为此,政府采取新的能源战略:近期利用进口天然气、煤和扩大水力来代替核能,同时把重点放在提高能源利用率和降低能源消耗上。远期大力开发、利用生物燃料、风能、太阳能,以替换核能和取代部分石油,确保能源工业在可靠安全的条件下不断发展。

农业　战后历届政府对农业都十分重视,采取了一系列支持农业的措施,使农业不断向机械化、科学化和集约化方向发展,提高了农业劳动生产率,缓和农产品的商品率。全国耕地面积300万公顷,占土地总面积的10%左右。目前,瑞典农业现代化水平和农业劳动生产率均居欧洲国家前列。1945～1995年,农业生产总值在国民生产总值的比重由10%降为2.3%。农业劳动力占全国总劳动力的比重由1940年的40%降到1995年的3.5%。农业机械化程度日益提高。

近几年,瑞典农业出现了两个引人注目的新变化:

一是农场数目日减,规模扩大,出现明显集中的趋向。瑞典农业以家庭农场经营为主,全国有11.8万个家庭农场,其中耕地不足20公顷的农场约占2/3,耕地在100公顷以上的农场仅占农场总数的3%。从80年代起,2～20公顷耕地的小农场逐渐减少,在不到10年的时间里就减少了13 700个,与此同时大农场却增加了600个。变化的主要原因是小农场面临着严重的劳力短缺;可耕地的3/4更适合现代农业生产的大、中型农场作业。

二是生态农业发展迅速。随着人们环保意识的增强,世界各地出现了以不使用化肥和农药为主要特征的"生态农业"。以这种方式生产的粮食、蔬菜、肉类虽然价格偏高,但深受消费者欢迎。瑞典在这一领域起步早,受到政府和农民的普遍重视,在生态农业的发展中现已处于世界领先地位。瑞典政府和议会已作出决定,到2000年要把10%的耕地转为生态种植。为实现这一目标,政府在欧盟环保规划范围内制定出了支持生态种植饲养的具体计划,其中包括对农民提供咨询和培训。现在越来越多的农民愿意将自己的农庄改为生态种植和饲养。1995年经营生态农业的农户在全国已超过3%,拥有耕地10万多公顷。生态农业的发展不仅可生产高质量的食品,保持土地的持久肥力,丰富农作物和禽畜种类,而且可限制对非更新自然资源的使用,减少环境污染。

林业　瑞典以"森林之国"闻名世界。1995年森林覆盖面积为2 320公顷,占陆地面积的57%。森林总蓄积量26亿立方米,人均占有295立方米。全国每年林木生产总量达8 500万立方米,采伐量为6 500万立方米,采伐量低于生产量,实现了越采越多、越采越好的局面。这得益于政府有效的森林经营和管理。其主要措施有:⑴实行森林多种所有制,调动各方面育林、养林积极性。国有森林仅占27%,25%属大公司所有,48%属私人所有。全国3/4的农民拥有林地,农忙时务农、农闲时务林,对林业的发展起着重要作用。大林业公司在育林、采伐、集材、运输上都有丰富的生产管理经验,采育比例协调,有利于林业的稳步发展。⑵坚持依法治林,科学育林的方针。自1948年林业法实施后,瑞典未再发生滥伐林木现象。1979年议会对采伐量又作出明确规定,每年全国林木采伐量不得超过7 500万方立米。1981年议会又将采伐量限到7 000万立方米,并对各农场的采伐和育林量作出具体规定,遵循科学发展规律和严格的立法,使森林的采育得到合理控制,有效地促进了林业的兴旺发达。⑶重视技术和科技人才的培养。全国有高等林业专科院校5所,其中皇家林学院创建于

1828年,造就出一大批林业人才。此外,瑞典有26所林业技术学校和许多林业学会。平均每15个国家工作人员和雇员中就有一人从事林业,这批可观的专业队伍,对国家林业的发展起着积极的推动作用。

交通运输 瑞典陆海空交通运输已高度现代化。全国已经形成一个四通八达、紧密相连的交通运输网络。进入90年代政府又投资两笔巨款,总额1 400亿克朗(约合187亿美元)用于改善交通状况。第一笔420亿兴建连接瑞典与丹麦的厄勒海峡大桥等项目;第二笔政府计划在1993～2003年的10年里,投资980亿用于改变公路和铁路交通网。其中400亿用于加强全国的公路干线,包括兴建700公里长的高速公路,预计到2003年横贯全国的欧洲4号、6号、18和20号公路将全部成为汽车时速110公里以上的高速公路;320亿改善全国的铁路网,主要将铁路干线改造成适合时速达200公里以上的高速火车线路。这是瑞典本世纪最大的一笔铁路建设投资。其余的260亿用于改善大城市的公共交通等项目。这项计划的实施将使瑞典的公路和铁路交通更加畅通,获得更多的经济效益。

1995年瑞典公路全长21万公里,货运量2.55亿吨。全国注册小汽车363.1万辆。1995年全国铁路通车里程10 919公里,客运量9 800万人次,货运量5 600万吨。

水运 瑞典海岸线长达7 624公里,港阔水深,海上运输业发达。全国内河航道640公里。90年代初,100吨以上的船只446艘,总吨位293万吨。1995年外贸货物吞吐量为52 817万吨。

航空 瑞典民航运输发达。斯堪的纳维亚航空公司是瑞典同挪威、丹麦合资经营的国际航空公司。瑞典持有42.8%的股权,挪威、丹麦各28.6%。公司航线遍及五大洲50多个国家,上百个大城市。1995年国际客运量86.52亿人公里,货运量14.6万吨公里;国内客运量26.72亿人公里,货运量2.3万吨公里。

对外贸易 瑞典是个小国,国内市场狭小,其经济发展高度依赖对外贸易。工业生产的50%以上供出口,一些大公司的出口率达80～90%。进出口在国内生产总值的比重日增,1991～1995年出口从27.9%上升到40.9%,1995年贸易顺差达1 050.6亿克朗。瑞典出口值在国内生产总值的比重从1950年的17.8%上升到1995年的34.5%。出口产品的品种也发生了很大的变化,由主要出口原材料、纸张、纸浆、运输设备等,增加了电子产品、特种钢、机械制品;其高技术出口也发展迅速,飞机发动机、宇航工具用钢、汽车电子仪器、工业机器人等在出口商品中日益占有重要地位。现在,瑞典不仅纸张出口量居世界第一,在电子产品出口上后来居上。1995年瑞典在国际移动电话市场上,占据美国市场的31%,欧洲市场的53%,亚洲市场的28%。创汇560亿克朗。主要进口产品有:石油、机械制品、化工产品、运输设备、纺织品等。主要贸易伙伴:欧盟、北欧、美国。1995年欧盟占瑞典进出口总额的61.6%和58.1%,北欧分别占16.7%和16.6%。

瑞典一直积极参与国际经济活动,提倡自由贸易。先后加入关税及贸易总协定、联合国贸易与发展会议、经济合作与发展组织、欧洲经济与合作组织、欧洲自由贸易联盟和北欧理事会。1973年与欧共体签订自由贸易协定,最终于1995年1月正式加入欧洲联盟。

瑞典对外贸易进出口额

单位:(百万瑞典克朗)

	1991年	1992年	1993年	1994年	1995年
出口额	332 800	326 050	388 300	471 600	564 400
进口额	301 260	290 940	334 290	399 130	458 800
差　额	31 480	35 100	54 010	72 470	105 600

资料来源:英国经济学家情报部《国家概况:瑞典》1996～1997年度。

1995 年主要贸易伙伴在瑞典外贸所占比例%

	出口	进口
德国	11.1	16.0
英国	8.5	8.3
挪威	6.8	5.9
美国	6.7	7.4
丹麦	5.8	5.3
荷兰	5.4	4.3
芬兰	4.0	5.5
欧盟	58.1	61.6

资料来源：英国经济学家情报部《国家概况：瑞典》1996～1997 年度。

科学技术

科技概况 瑞典是个小国，它从本世纪初还是落后的农业国发展成为先进的工业国，其重要原因之一是始终重视科学技术事业。用知识武装人民，用知识造福人民；尊重科学、尊重知识、尊重人才是瑞典的基本国策。据 1989 年统计，瑞典从事研究与开发工作的科技人员总数 50 258 人，其中科学家和工程师人数为 22 725 人，平均每 1 万人中拥有研究与开发人员 59 人。1991 年科研经费 413 亿克朗，占国民生产总值的 2.88%。科学研究与开发经费的主要来源是企业部门。

历史上瑞典获得各类“诺贝尔奖”者共计 26 人。这一国际最高奖的创立人是瑞典人诺贝尔，瑞典人以其骄傲和自豪，并以他的探索精神激励人们不断向新的科学高峰攀登。生物学和生命医学是瑞典的传统学科，在分子生物学、生物化学、生物物理学、细菌学、病毒学和免疫学等方面的研究均取得过重大成果，在世界上享有很高的声誉。

跨世纪科研规划 瑞典依据国力和自己的科学技术优势，将科研课题与本国社会和经济发展紧密结合，重点放在信息技术、生物科学、环保、能源、微电子、机器人，以及空间和高温超导等尖端领域。这些不仅是瑞典现在也是其跨世纪的科研重点。1993 年 8 月，瑞典议会通过政府提出的“前沿领域研究”议案，确立了未来 15 年的科研发展战略。政府对这一跨世纪项目投入科研资金 100 亿克朗，主要用于三大领域的科研：⑴战略性学科，包括自然科学、医学、生物学和电子技术；⑵环境保护。重点是将在环境方面取得的基础性研究成果尽快推广应用；⑶人文社会学。研究因技术革命所导致的经济结构和社会结构变化，及其对科技发展的影响。现在，瑞典正在实施两项国家环境保护和能源发展计划，旨在研究和开发能源和环保技术，探索从根本上解决瑞典拆除核电站造成的能源短缺问题。

科研机构体系 瑞典科技管理体系的突出特点是部门化、分散化、多元化，政府对全国科学技术的发展采取宏观调控，研究与开发决策权下放到执行机构，不直接干预的方针。瑞典的研究机构主要分四大类：

第一，国家科学技术政策与决策机构。主要有国家技术开发委员会、国家动力委员会、自然科学研究委员会、国家检测研究所、瑞典空间研究中心、国家高等院校局等，这些是政府支持研究开发的核心机构，通过保持与科学家、研究机构及企业的联系，组织和支持在科技研究上的协调与合作，跟踪技术发展方向，及时作出决策。

第二，科学院和基金会。如瑞典皇家科学院、瑞典皇家农林学院、瑞典皇家工程学院、皇家军事科学院、瑞典科学院、工业研究基金会及诺贝尔基金会。诺贝尔基金会创建于 1900 年，奖励 5 种对人类作出杰出贡献的人：在物理领域作出重大发现或发明的人；在化学领域作出重大发现的人；在生物或医学领域作出重大发现的人；在文学领域创作出最杰出作品的人，以及最大限度地促进国家间的友好关系、裁减常备军队及促成与传播和平的人。这些机构主要是将科研成果进一步推广，促进各学科的不断发展。

第三，大学及其研究机构。他们侧重基础研究和应用研究。如斯德哥尔摩大学，其研究机构有瓦伦贝格实验室、文纳－格伦研究所。瑞典一直注重教育与科研紧密相连，各高等院校借助自身雄厚的师资力量，将其研究方向和课题与工业企业技术或生产上的问题挂钩，既培养、锻炼了人才，又解决了生产实际问题。

第四，企业研究机构。主攻方向是，根据本部门的特色，针对市场行情，搞技术和新产品的开发。

科研政策重点 面对科学技术的迅猛发展，政府提出新知识、新技术和新产品的科技发展方针，大力促进科研机构、高等院校和企业不断更新知识，加速新技术的研究与开发，推出高尖新成果。

第一，保持高水平的基础研究。基础研究主要是由高等院校来承担，研究经费主要依靠国家，此外研究理事会、政府基金会、私人基金会也大力支持基础研究。瑞典政府和科技界一向重视基础研究，视其为科技“百年大计”的基石。近几年，由于企业部门的研究机构条件优越，工资待遇高，导致高等院校的研究人员大量“外流”，基础研究力量受到削弱。为保持一支高素质的基础研究人员队伍，政府及时采取了有效措施：⑴加大国家对高等院校研究经费的投入，使高等院校有条件承担更多的长期发展科研项目；⑵提高大学科研人员的工资待遇，改善大学教授、助理研究人员及博士研究生的研究条件，鼓励更多的人去从事基础研究；⑶促进大学同工业部门的配合与协作，以保证基础研究与应用研究及技术、产品开发的均衡发展。

第二，推进高科技的发展。瑞典资源、资金和人力都有限，不可能在广泛的科技领域里同国外竞争，发挥自身优势，重视研究开发高质量、高水平的学科是瑞典奉行的基本原则。瑞典在生物化学、医学居世界领先地位，政府一直全力支持其发展。瑞典在保护本国科技特长的同时，依据社会和经济发展情况，抓住科学技术上的新苗头，组织力量进行研究开发。90年代以来，瑞典的重点研究项目主要有信息技术、新材料、环境保护、能源等。政府每年投入新材料研究的资金5.8亿克朗，工业部门投入25亿～30亿克朗。在金属材料、高温超导体等方面的研究已取得显著成果。

第三，加强企业的创新能力。加快新技术的推广和研究成果商品化，是企业发展的生命线，也是企业争夺国内外市场的关键。瑞典十分重视工业企业的研究与开发工作，许多企业拥有自己的研究发展部。政府鼓励企业创新，大力投入新技术和新产品的开发。瑞典企业基本建设投资中，用于研究与开发的经费达40%以上。近几年，瑞典企业在信息技术上的投入较大，据国际数据公司1997年初的调查，瑞典82%以上的大公司在一年内将实现公司内部联系网络化。沃尔沃汽车公司还将利用信息技术搞一家合资公司，专门负责公司内部及其同供货商、全球推销商之间的信息联网工作。

第四，积极开展国际科技合作与交流。在瑞典，政府所属部门与机构、高等院校、研究机构、企业及个人，都可以直接与国外的相应机构和合作者进行联系和开展科学技术合作。瑞典的科学家、教授和工程师，也很重视通过各种方式保持与国外同行的联系和交往，以了解和吸收国外科学技术发展的最新进展与成果。对于瑞典自身实力不足的科研项目，积极寻求国际间合作解决，如核能技术、航天技术。目前，瑞典同西欧国家的科技合作最为广泛，积极参与欧洲各国发展信息技术战略计划，其中包括11个工业发展项目和12个研究项目；尤里卡计划中参与50多个项目；对欧洲哥伦布航天计划投资2.8亿克朗。

科技体制改革　随着世界范围的技术变革和生产结构的调整，瑞典科技体制出现了引人注目的变动。

第一，政府对科研与开发的干预明显增加，强调“集中统一性”。瑞典中央政府不制定全国统一的科技政策。但近几年，瑞典政界、科技界和企业界普遍认为，原有的体制已不适应新的国际科技形势变化，主张以内阁首相为首的科学顾问委员会发挥更大作用，强化统一协调功能。政府对长远的、具有重大战略意义的科研项目，加强宏观协调和引导，正确选择发展目标和研究重点，以有力地发挥自身特长，增强瑞典在国际上的竞争力。今后，科研发展方向的决策不再是教授和技术专家的“一统天下”，政治家和企业界将更多地参与。

第二，建立专门机构，充当科研合作和成果转化的“桥梁”。近几年，瑞典出现了许多“知识产业公司”、“科技村”一类的机构和组织，其宗旨是使科研、开发和生产连成一体，通过各种途径把新知识、新技术向企业研究与生产部门传播，促进科研成果迅速向产品转化，推动企业的发展，增强市场竞争力。

教　育

瑞典十分重视教育，并形成了一套独具特色的“终生学习体制”。1948年国家批准实行“9年国民义务教育”方案，1950年正式推行，1972年普及全国。瑞典教育体制分几个层次：学前教育、义务教育、义务后教育，每个人从幼年到老年均可享受学习待遇，形成终生追求知识的社会风尚。据 1994 年统计，1/4 以上的劳动力受过某种高等教育，3/4 的劳动力拥有高中文化程度，平均受教育水平高于 OECD 的平均水准。政府每年在教育方面的投入约占国民生产总值的 8%，高于美国、日本和英国的比例。1994～1995 财政年度文化教育经费为 330 亿克朗。

全国现有 9 年一贯制学校 1 420 余所，在校生 95 万多人；中等学校 470 所，在校生 31 万人；大学和高等专业学院 35 所，其中著名的有斯德哥尔摩大学、乌普萨拉大学、皇家工学院、斯德哥尔摩商业学院等，在校学生 16.4 万人，研究生 1.3 万人。瑞典每年总计培养博士研究生约 900 多人，计划到 2000 年将这一指标增加 1 倍。瑞典除开办大量的正规学校外，还创办了北欧国家所特有的民众高等学校及旨在培训政治和社会活动成员的 12 个全国学习联合会组织的学习小组。函授、职业重新培训等成人教育组织遍及全国各地，对提高成人的文化水平起了积极作用。此外，国家还专门开设 250 所特殊学校，为身心残疾者创造了学习条件。

瑞典教育中的一个突出特点是重视成人教育。成人教育是瑞典非常普遍的教育形式，各社会团体都积极创办成人教育机构。全国接受成人教育的约 260 万，占全国人口的 32%，就业总人口的 57%。据调查，约有 58% 的基干工人，43% 的非熟练工人和 54% 的职员在继续接受教育。今后，政府教育政策优先考虑的目标是进一步提高更高层次的教育水平。

文　化

瑞典经济发达，人们生活水平高，社会对文化的需求不断提高，每年用于文化的经费约为 45 亿美元。政府努力为各阶层人士创造充分机会，参与各类文化活动，提倡文化为全民服务。

新闻出版　瑞典有 1 000 多种报纸和刊物，其中日报 174 种，日总发行量 483 万多份。按人口计算，瑞典是世界上拥有报纸最多的国家之一。主要报刊有：《每日新闻》1864 年创刊，日发行量 41.5 万份，是国内发行量最大的一份综合性报刊。《快报》1944 年创刊，日发行量 57.6 万份，每日印发 30～50 个版面，是北欧国家中最大的一份晚报。《晚报》1830 年创刊，日发行量 40 万份，居国内第二位，是瑞典总工会的报纸。《哥德堡邮报》1858 年创刊，日发行量 28.3 万份，是瑞典南部最大的一份综合性报刊。

瑞典通讯社。1921 年创建，属半官方新闻机构，是由瑞典各报纸和广播电台合建的一个股份公司，负责向 140 多家报纸及广播、电视台提供国内外新闻。国内新闻约占 2/3，国际新闻主要是转播几大国际通讯社的消息。它与国外 20 多家通讯社有合作关系。瑞典通讯社在通讯技术上比较先进，曾是欧洲第一家合作电传机发稿的通讯社。70 年代初又较早地使用电子技术。现在编稿、发稿全部使用电脑终端。

广播、电视事业很发达。瑞典 1925 年设立了广播股份公司，1956 成立了瑞典广播电视股份司，统一经营全国的广播、电视业，是一家得到政府特许的私人垄断公司，其经费来源主要靠电视收看费，不足部分由国家拨款。瑞典法律规定，广播台不播放广告，电视不播放暴力和色情节目。1993 年该公司重新组建为 4 家独立的分公司：瑞典全国广播电台、地方广播电台、教育广播电台和瑞典电视台。

瑞典全国广播电台，担负着国内外的广播任务，为听众提供及时可靠的消息，高质量的文化、娱乐、音乐节目。现有三套节目，每套节目各有侧重，相互间不进行竞争。瑞典广播电台，是全国广播电台的一部分，主要是向外国听众和移居、旅游在外的瑞典人播送政治、经济、文化、体育等新闻。目前，对外使用 9 种语言：英语、法语、德语、俄语、西班牙语、葡萄牙语、爱沙尼亚语、拉脱维亚语及瑞典语。

瑞典电视台。1957 年创建，1969 年增加了电视二台，1990 年和 1991 年分别成立了商业性的电视三台和电视四台。此外，还有 3 家私营电视台和两家收费电视台。瑞典电视采用帕尔彩色制式。卫星电视也很普及，1984 年建立卫星有线电视网以来，60% 以上的家庭已入网。

语言　瑞典语为瑞典的官方语言，属印欧语系日耳曼语族斯堪的纳维亚语支。现瑞典有近 800 万人使用此语，芬兰约有 66 万人也使用瑞典语。瑞典语在语音、语调、词性、语序上均有其独特点。词汇构成来自三个方面：本族语词汇、外来词汇以及在此两者基础上产生的新词汇。瑞典各地的口语有方言差别，一般来说瑞典语可以与丹麦语和挪威语互通。

瑞典学校里英语是必修课，大多战后出生的瑞典人都会讲英语。商业通用语言为英语，德语也常用。

文学 瑞典文学历史悠久，有一批优秀的文学家和著名的文学作品。瑞典最早的文学作品是反映英雄业绩、王朝和家族兴衰的传说和故事，但没有传至后世。进入20世纪，现代文学色彩纷呈，涌现出许多反映普通社会成员的现实主义作品，诸如贝里曼的《瓦德雪平的马库雷尔一家》，考克的《工人》，埃里克·格德格伦的《没有路的人》，尤其是现代文学巨匠、1951年诺贝尔文学奖获得者帕尔·拉格尔克维斯特，其作品《侏儒》和《巴拉巴》等在世界赢得赞誉。

文化遗产 瑞典是保护世界文化和自然遗址公约的缔约国，注重文化遗产和名胜的保护。其主要文化遗址和自然名胜古迹有：斯康森博物馆，斯德哥尔摩市的一座露天民俗博物馆，是世界上同类博物馆中历史最悠久的一个，创建于1891年；斯康森是瑞典文“多角堡”的意思，博物馆就是从多种角度向人们展示昔日瑞典民俗生活。格里波斯霍尔姆古堡现已成为欧洲最大的肖像画陈列馆。瓦萨沉船博物馆，是瑞典众多博物馆中独具特色的博物馆，专为展览一艘从海底打捞上来的瓦萨号沉船而建立的。东亚博物馆，是一座专门展览中国等东方国家文化的博物馆，馆内所藏主要是中国、日本、朝鲜等国的文物。北欧博物馆，1907年正式落成，它把自近代以来直至今天的瑞典人的工作、生活真实地展现在眼前。斯德哥尔摩的中国宫，建于1753年，是一座中国式宫殿和法国洛可夫式建筑的混合体，兼有东方的典雅和西方的华丽。斯德哥尔摩历史博物馆，是瑞典陈列古文物的著名博物馆，馆内展出各个时代的文物，“北欧海盗时代”最为引人注目。乌普萨拉教堂，曾是瑞典国王加冕之地，典型的哥特式教堂。诺贝尔纪念馆，位于卡尔斯库加市的白桦山庄，是诺贝尔结束海外飘泊生涯回到祖国的定居之地。北海草堂，是中国维新派领袖康有为当年在瑞典的居住地。

体育 瑞典国小，但体育成绩却令世人瞩目，历届奥运会比赛中获奖名次跻身前5名以内。体育运动遍及全民，强项是网球、冰球、乒乓球和足球。瑞典网球明星曾称雄于1985年世界网坛，冰球是世界五强之一，足球为欧洲劲旅之一，跻身世界杯大赛，乒乓球多次在世界大赛捧杯夺冠。瑞典在组织大型比赛方面具有丰富的经验，曾成功地主办过足球、冰球、滑雪等世界性比赛。

人口与社会环境

瑞典是世界上人口自然增长率最低、平均预期寿命最长的、老龄化程度最高的国家之一。长期极低的人口自然增长率和较高的预期寿命造成瑞典人口结构的日趋老化，这已成为瑞典当今社会亟待解决的问题。

人口增长 瑞典人口总数883万(1995年底)，其中90%为瑞典人，少数民族主要有芬兰和萨米人。95%以上的人信奉路德教。人口预期寿命男为74.8岁，女为80.4岁。15岁以下少年儿童占总人口的19.0%，15～64岁人口占62.9%。65岁以上老年人占18.1%。男女比例为97.7对100，女性多于男性。1994年人口自然增长率为3‰，人口增长主要来自外来移民。人口密度每平方公里约为19人；85%以上的居民居住在工农业发达的南部和中部。

社会环境 瑞典非常重视从身体素质和文化教育素质提高全社会的人口质量，主要是：⑴进行高水平教育和培训，造就高素质的就业大军。瑞典在经济不景气时期，政府的各项预算开支都不同程度地有所削减，但教育经费历来只增不减。⑵改善大众公共卫生医疗条件，提高全民身体素质。瑞典贯穿全国的医疗保健网络和社会保险体系，降低了人们的疾病发病率和死亡率，提高了全民的身体素质，从而造就出良好和谐的社会环境，使经济社会实现较快增长。

经济文化一体化

瑞典是世界经济最发达、最富有的国家之一，长期以来实行高工资、高福利政策，职工工资和生活水平在西方国家名列前茅，是世界上少见的高福利国家。瑞典人的富裕使其有足够的资金用于教育、医疗、文化事业，促进了全社会稳固向前发展。

经济一体化 从90年代初瑞典连续几次大幅度调整经济政策，在扶植旧产业的同时，积极发展新兴产业，避免造成经济失调和社会动荡。与此同时，瑞典政府认识到，随着欧洲一体化进程的不断深入，其未来的政治、经济发展与欧盟密不可分，为使本国经济与欧洲统一大市场的其他国家同步发展，瑞典全面参加欧洲一体化进程。1995年1月瑞典正式成为欧盟成员国。目前，瑞典在积极为加入欧洲单一货币做准备。

广告业 在瑞典，广告已成为商业界不可分割的组成部分，在经济发展中起着重要的积极作用。广告的传播媒介除广播外，主要是利用各种出版物，占瑞典广告费用的一半；其次为直接邮寄，占广告费用的16%。此外，还有电影广告、海报及广告牌、购买点广告等。瑞典人均读报率居世界之首，各大报刊中广告占有大量篇幅。《每日新闻》报每天的广告消息约有30多页，广告是该报的主要经济来源。瑞典许多广告代理商都兼营市场调查业务，在广告促销业务中及时了解市场行情，对厂商生产适销产品极具参考意义，有效地推动了生产的发展。

瑞典法律曾明文规定，电视台不播放广告。但随着私营广播电台和电视台的出现，电视不播放广告的规定正在改变。

旅游业 瑞典的旅游业与西欧其他国家比起步较晚，但其经济基础好，旅游基础设施完善，社会安定，旅游业得以迅速发展。目前，在瑞典整个经济中，旅游业的重要性已超过汽车出口业，成为瑞典一个有着深厚传统文化基础和巨大发展潜力的重要经济行业。旅游业约占国民生产总值的3~4%，直接就业和间接就业的人数达23万。

瑞典最北部处于北极圈，冬天寒冷而漫长，有“白夜”、“夜半日出”等奇观，在旅游业的发展中有着得天独厚的优势。尤其是瑞典地广人稀，风光秀丽，拥有大面积的“未遭破坏的大自然”，这对世界上关心环境，注意生态的旅游者颇具吸引力。瑞典地处欧洲，但其文化传统、风土人情与欧洲大陆国家有很大差异，加之社会环境祥和、优美，旅游服务完备，在国际旅游竞争中具有很强的实力。当今，瑞典的旅游业以其创汇能力大，消耗能源少，提供就业机会多等特点，正以高速增长的势头，推动瑞典的经济发展。

消费合作社 瑞典的消费合作社不仅在社会消费中扮演着重要角色，而且对经济发展有着积极的影响。60~70年代，瑞典零售贸易网沿着建立超级市场和“连锁商店”系统的道路发展，今天顾客更喜欢超级市场和设有大型专业化部门和大型专业化商店的特大超级市场。建立这样的贸易中心，消费合作社发挥了积极作用。

目前，瑞典有135个区域性基层消费合作社，有1 700多个网点，全国200多万户居民是消费合作社成员，占总户数的50%。消费合作社拥有全国一半的大型超级市场和商业中心，其中K.F.科恩足姆集团流转额占瑞典大型商店流转额的一半。消费合作社还建有加工生产体系，食品工业尤为发达。类似区域批发企业，根据辐射能力、交通运输条件，进行合理布局，由若干个基层社联合起来兴办，加工厂与基层零售网点建立起稳定、密切的生销关系，做到按需生产、产销平衡，对基层社网点实行预先定货、送货和按购买量返利制，形成社会消费良性发展的局面。

企业文化

瑞典的企业形式以私人占有为主，但国有也占相当比例。工业和农业的企业组织形式明显不同，农业以小规模农场见长；工业则高度集中。瑞典100家大的工业企业的产量占全部工业产量的近一半，5家最大的工业公司产值占国内生产总值的9%。瑞典有名的大垄断企业有：重型电气设备公司、沃尔沃汽车公司、山德维克特种钢公司、爱立信电气公司、医疗器械公司、滚动轴承公司等，他们在瑞典经济中占据重要地位。

随着科技的发展，瑞典企业日益重视科学技术在生产中的作用，许多工业企业十分重视研究与开发工作，并建立起自己的研究开发部门。企业的研究重点是技术和产品开发，其科研经费占基本建设投资的40%左右。瑞典工业企业的研究开发工作特点是：一是自筹经费，大约90%的研究资金靠企业筹；二是研究开发工作主要集中在少数工业部门，如交通运输设备、电力设备、电讯设备、轴承、造纸、医疗器械和医药，他们实验设备完善，科研力量雄厚。这样的大企业瑞典有140多家。

瑞典企业文化的特征是：由于瑞典是个只有840万人口的小国，要求得在世界范围内立足发展，就必须强调人与人之间的和谐。因此，瑞典民族文化非常强调国际精神。以此为背景，瑞典的企业文化建设基本上是以“尊重人”、“提高人的价值”为中心进行的，很注重对员工的情感管理。

沃尔沃公司和莎士公司可以说是瑞典企业文化的杰出代表。沃尔沃公司是北欧最大的运输机械制造公司，总经理吉伦哈马在追求技术现代化过程中，特别注重培养职工的自豪感和爱厂如家意识，在这种思想指导下，公司健全了旨在“尊重人”的非传送带作业方式。在装配小轿车的工厂里，设有25个作业站，每个作业站由15到28人组成的工作小组来管理，各车间都分为电台系统、机器系统、控制系统、内部装饰和最后检查等工作，这样就废除了迫使每个工人从早到晚重复同一工作的传送带方式。此外，在每个工作小组内工人的一切工作都可以自己做主。他们可以互换工作，今天拿锤子的工人，明天可以改用螺丝刀工作，使工人感到了工作的自主和愉快。他们就是这样培养职工热爱企业、忠于企业，全体员工团结一致，共同为实现企业目标而努力奋斗。莎士公司是欧洲著名的航空公司，公司总裁简·卡尔森上任后的第一步工作就是重构公司文化，改革公司结构，其做法是把公司的组织系统的上下级关系颠倒过来。他抱着“旅客至上，工人至上”的信念，把与旅客直接打交道的职工放在公司的主导地位上，公司其他部门的人员转而为上面这部分直接与旅客打交道的职工服务。卡尔森经常用公司的这种信念和抱负进行对照检查，从而给公司增添了强大的活力，使莎士公司一跃成为欧洲航空界首屈一指的公司。

瑞典作为一个工业化程度很高的国家，企业文化建设也取得了令人瞩目的成就，像通用电器公司等大企业，除了与沃尔沃、莎士公司有相同之处外，还在下放经营权、调动管理人员积极性、探求企业发展战略等方面，具有突出的表现。瑞典的社会文化直接推动了企业文化的发展。它表明企业文化必须以民族文化、时代文化为奠基石，才能坚实地构建起自己独具特色的大厦。

（中国现代国际关系研究所　杨义萍）

俄罗斯经济文化概况

国名俄罗斯联邦或俄罗斯。国土面积1 707.54万平方公里。人口1.487亿(截至1996年上半年)。首都莫斯科。共有100多个民族，以俄罗斯族为主，约有1.2亿人，主要集中在俄罗斯联邦的欧洲部分。其他主要少数民族有鞑靼族、乌克兰族、白俄罗斯族、日耳曼族、犹太族、哈萨克族、亚美尼亚族等。宗教以东正教(又名正教)为主，其次为伊斯兰教和佛教。俄语为官方语言，其他主要少数民族都有各自的语言和文字。

自然地理　位于欧亚大陆的北部。北临北冰洋，东濒太平洋。陆上与14个邻国接壤，北面是挪威和芬兰，西面是爱沙尼亚、拉脱维亚、立陶宛、波兰和白俄罗斯，西南面与乌克兰接壤，南面有格鲁吉亚、阿塞拜疆、哈萨克斯坦、蒙古和中国，东南面与朝鲜相连。隔海与日本和美国相望。海岸线长33 807公里。主要地形有俄罗斯平原、乌拉尔山脉、高加索山地、西西伯利亚平原、中西伯利亚高原、南西伯利亚山地和远东山地。全境森林覆盖面积为72 800万公顷，占国土总面积的43%，对俄罗斯的气候环境和经济发展具有重要意义。俄罗斯河流总长为800万公里，每年经流量为4 000立方千米，主要河流由西往东依次是顿河、伏尔加河、乌拉尔河、鄂毕河、叶尼塞河、勒拿河和阿穆尔河。俄罗斯共有湖泊约20万个之多，主要有里海、贝加尔湖、拉多加湖、奥涅加湖和兴凯湖等。俄罗斯气候复杂，从北寒带到亚热带，气候类型多样，大部分属于北温带，以大陆性气候为主，温差普遍较大。1月份平均气温从零下1℃到零下50℃不等。夏季气温南北相差悬殊，7月份平均气温从1℃到25℃不等。年降水量平均为150毫米到1 000毫米。

历史沿革　俄罗斯人的祖先是东斯拉夫人罗

斯部族。1480年伊凡三世建立了中央集权国家——莫斯科大公国。1547年,伊凡四世(伊凡雷帝)改大公称号为沙皇。1721年彼得一世(彼得大帝)改国号为俄罗斯帝国,定都圣彼得堡。1861年废除农奴制。1913年罗曼诺夫王朝建立,沙皇俄国不断向外扩张,版图不断扩大。1917年,列宁领导十月革命,建立了历史上第一个社会主义政权。1918年1月,俄罗斯苏维埃联邦社会主义共和国成立。1990年6月12日,俄罗斯联邦最高苏维埃发表《主权宣言》,宣布俄联邦拥有"绝对主权"。1991年12月25日苏联解体,俄罗斯联邦成为独立国家,并作为原苏联继承国取代其在联合国等国际组织的地位。

行政区划 俄罗斯联邦包括21个共和国,1个自治州,10个自治区,49个州,6个边疆区,以及莫斯科和圣彼得堡2个直辖市。俄罗斯联邦下辖的自治共和国、边疆区和州是平行的行政区,自治州和自治区隶属边疆区和州管辖。

国体、政体 1993年12月12日经全民公决通过的《俄罗斯联邦宪法》规定,俄实行联邦制,总统为国家元首和执行权力机关首脑;立法权力机关是选举产生的联邦会议(议会),由"联邦委员会"和"国家杜马"两院组成。

资源 俄罗斯自然资源十分丰富,种类多,储量大。其中石油、天然气、铁矿石、钾盐、煤炭储量均居世界前列,泥炭、磷灰石、黄金、铜、锌、锡、银等储量也都很丰富。森林及水力资源都十分充沛。

经　济

俄罗斯联邦曾经是前苏联经济实力最强的一个共和国,因为前苏联的经济基础和骨架基本上分布在俄罗斯境内,前苏联的一些工业、科技区域也大部分在俄罗斯。以莫斯科为中心的中央经济区集中了前苏联纺织工业的一半以上,机械工业占前苏联的1/5。西北经济区是前苏联重要的加工工业区,精密机械制造、机电、化学和有色金属等部门均较发达。北方经济区森工造纸居前苏联首位。乌拉尔区的采煤业居前苏联第二位,冶金业及所产的优质钢在前苏联也居前列。西伯利亚的摩兹巴斯地区为前苏联重要的煤炭基地,新库涅茨克钢铁工业发达,有色冶金工业也有相当规模。俄罗斯有前苏联最大的燃料动力基地:西西伯利亚油气田、伏尔加－乌拉尔油气田、北高加索油气田和库茨涅茨煤田,还有前苏联主要的钢铁工业基地。俄罗斯联邦的农业在前苏联也占有重要地位,其农业产值占前苏联农业产值的一半以上,俄罗斯的工农业总产值占前苏联的70%。它的主要工农业产品产量在前苏联各类产品中占很大比重。

苏联解体以来,俄罗斯政局动荡,经济大滑坡。据统计,1991～1995年间,全俄生产下滑50%以上,超过了二战期间苏联生产下降的幅度。人民整体消费水平跌到20年代的水平。通货膨胀严重,物价飞涨,社会秩序不稳,罢工、抗议活动时有发生。为了摆脱危机,俄罗斯进行了一系列调整工作。在经济政策上,放弃了激进的"休克疗法",转而执行渐进的改革方针,走稳重的中间道路;在改革目标上,由建立自由市场经济改为面向社会的市场经济,即以混合所有制为基础,保留国家经济干预,注意解决社会领域问题;改变私有化政策,暂停大中型企业的私有化进程,改为有选择地进行非国有化,把重点放在保护国有财产和提高私有化企业的效益上。1996年继续推行1994年中开始的通过货币购买实施的第二阶段私有化。但是由于地方领导和企业主管担心手中权力被夺或遭削弱,居民对分配不公、财富集中到少数人手里不满,对第二阶段私有化抵触情绪很大,矛盾较多。另外,政府对经济发展加大了宏观调控力度,采取了加强税收征管、严控财政支出和货币发行量的措施。在调整产业结构、改善投资环境、增加军火出口、加快独联体一体化进程等方面取得了进展。但危机并未摆脱。

俄罗斯独立5年,经济危机也已持续5年,原先估计1996年经济能降至谷底后将缓慢回升,但实际不如所预测的那样乐观。俄罗斯独立后前3年经济大滑坡,国内生产总值下降速度在2位数。1996年经济形势概括如下:1996年头10个月国内生产总值与1995年同期相比下降6%,1996年工业生产下降约6%,其中大中型企业下降9%。下降幅度较小的是生产受购买力影响较小的部门和面向出口的部门,如电力下降0.4%,燃料下降2.5%,钢铁下降4.3%;下滑最大的是面向国内市场的部门和外贸状况不佳的部门,例如食品工业下降10%,化工和石化下降11～12%,机器制造下降18%,森工造纸下降21%,

轻工下降25%。轻工业特别是食品工业的产量只及独立前的20～30%,工业产值不及当时的一半。企业的经营状况继续恶化,亏损面从1995年的31%上升到1996年的40%多。外汇储备不断减少,当年上半年为43亿美元,下半年至年底前仅剩32亿美元。1996年经济与上年相比,最大的变化是通胀率大幅度下降,当年全年约为23%,而上年高达230%。通货膨胀是控制住了,但它仍未达到适合投资的程度。其次是外贸进出口继续快速增长。当年头9个月进出口额为979亿美元,这比上年同期增长了约7.6%,顺差达281亿美元。出口630亿美元,增长8.5%,其中对独联体国家出口增长19.6%,但出口结构不合理,能源占45%。积极变化是食品进口额有所下降。1996年吸收外资略有增长,近38亿美元,前两年都只有10亿～15亿美元,但与俄潜在的投资需求仍相去甚远。另一个积极变化是当年下半年晚些时候起财政税收状况略有好转。这主要是由于税收问题紧急委员会采取强硬措施,勒令欠税大户限期补税,否则强制实施破产。

工业 俄罗斯联邦继承了前苏联许多重要工业基础,工业资源丰富,工业部门齐全,实力犹存。但目前俄罗斯工业生产部门的形势仍然很严重:工业消费品生产相对落后;工业生产的高度集中垄断排除了企业之间竞争的可能性,造成产品质量低劣,在市场上无竞争能力;企业相互拖欠问题日益尖锐。1995年全国各种企业三角债已高达300万亿卢布,1996年总额更是高达900万亿～1 000万亿卢布,相当于国内总产值的近一半。拖欠债务严重影响了各企业之间资金的周转,造成许多企业无钱购买原料、燃料,甚至无钱发放工资,许多企业不得不长期处于停产或半停产状态;投资规模急剧萎缩。1991年以来俄社会投资总额已连续5年大幅度下降,1995年的投资额只有1990年的1/3,其中生产性投资仅为1/4。在吸引外资方面,因投资环境不佳,成效甚微。

燃料动力工业 是俄罗斯的支柱产业,是其外汇的主要来源。1996年上半年俄罗斯30个采煤区中有14个(占全俄采煤量的71%)开采量比上年同期有所增长。天然气开采量与上年同期相比增加2%。到当年10月份,电力部门生产下降0.4%,燃料下降2.5%。

冶金工业 近年来由于国内对金属产品需求量减少,该部门各种产品的生产量逐年减产。其主要问题是:冶金行业在向市场过渡方面没有深思熟虑的方案;冶金私有化仓促上马,速度过快。俄罗斯在实行私有化过程中,对冶金企业的固定资产的评估缺乏科学依据,其资产被大大贬值。行业之间存在严重的相互拖欠现象,财政状况恶化,表现在产品价格上涨,流动资金短缺,各种税收大为增加;能源、运输价格上涨,整个冶金综合体面临亏损局面;采矿设备陈旧,更新改造用的资金严重不足;投资缺乏等。1996年头10个月钢铁生产比上年同期下降4.3%。

机器制造业 机器制造业是一个国家工业发展水平的重要标志,但俄罗斯自独立以来该行业一直呈下降趋势。据俄罗斯《统计问题》资料,1996年上半年其主要机器制造业情况如下:轻型汽车生产量完成了78%,载重车厢和金属切削机床完成了22%,载重汽车、客运车厢和交流电电动机完成了16～19%,锻压机、拖拉机和谷物收割联合机完成了5～8%。1996年上半年生产了2台干线蒸汽机车和4台干线电力机车,比上年同期减少了60%。电气化列车车厢减少了18%,其中仅莫斯科就减少了25%。石油和天然气工业所需的多种设备制造比上年同期有所下降。空气冷却设备是上年同期的84%,压缩机为上年同期的67%,制冷设备是1995年同期的36%。拖拉机和农业机械:所产拖拉机的平均功率从1995年上半年的82马力增加到1996年上半年的106马力。耕种用拖拉机和工业用拖拉机比1995年上半年都有增加。与上年同期相比生产的饲料收割联合机增加了1.7倍,谷物收割联合机减产了55%,割草机减产了43%。

化学和石油化学工业 近几年来由于国内原材料生产连年下降,国内企业支付困难及石油出口增加,石油化学工业生产也不断下降。1996年上半年与上年同期相比霞石精矿、磷灰石精矿和精选光卤石生产都有下降,硫磺和黄铁矿分别增长了2%和63%。氮肥产量增长了3%,磷酸肥料和钾肥分别减少了25%和0.8%。合成树脂和塑料制品中聚苯乙烯和聚氯乙烯树脂减少41～44%。聚丙烯增长了29%,其中莫斯科地区(占全俄罗斯产量的46%)增长5.4倍。热塑性塑料板生产是1995年上半年的

52%,同期的软聚氯乙烯塑料为76%,聚合薄膜为98%,热塑性塑料导管及其配件为126%,玻璃钢及其制品为100.2%。油漆生产比1995年上半期减少9%。莫斯科生产的轻型汽车用轮胎产量减少了54%,这导致整个俄罗斯该类产品减产。

建筑材料工业 1991~1993年俄罗斯建材行业的特点是基本建设投资减少,基建规模压缩,生产技术用建设项目减少,主要建材产量连年下降。1994年随着私人住宅建设规模扩大,一些建材产量有所增加。但1996年建材工业生产比上年下降24%。如石棉水泥管和管接头及瓷地板砖减产了7~8%,建筑用石灰减产了32%,石棉混凝土板减产25%。虽然全俄罗斯砖材生产减少了23%,但在部分地区产量有所增加。水泥生产也有下降,全国33个水泥产区中只有一个地区产量增加了12%。

轻工业 轻工业一直是俄罗斯工业部门中的最薄弱环节。前苏联的轻工业与西方国家相比已经比较落后,俄罗斯独立后轻工行业的根本面貌并未改观,诸如技术落后,结构不合理,固定资产损耗大,工艺设备陈旧等问题依然存在,而国家投资不足,轻工原料生产不稳定,能源价格提高,进口商品冲击国内市场等新问题更加重了危机。因此俄罗斯轻工业产品产量连年下降,市场供应不足,人民实际生活水平下降。1996年轻工生产比1995年下降25%。1996年上半年纺织工业中儿童用针织品有所增加,但是针织外衣与年初相比减少了40%。衬衫和裙子比1995年上半年减少22~45%。皮革和制鞋业中女式皮货比1995年上半年增加13%,软革制品增加3.1倍。

食品工业 俄罗斯独立后实行的激进式经济改革使物价涨幅过快,通货膨胀严重,实际工资增长有限,加之粮食生产不景气,使其国内食品供应相当紧张。1996年食品工业生产与1995年相比下降10%。1996年上半年与1995年同期相比,不含酒精饮料、人造奶油食品、矿泉水、浓缩食品和糕点食品生产分别下降了4~28%。由于制糖企业进口的原料增加,以此原料生产的砂糖产量不断增加,与1995年上半年相比增加了1倍多。用粮食生产的粗酒精是1995年的57%,所有地区除萨马拉州外都未达到1995年同期的水平。在俄罗斯绝大多数地区合法的酒类生产都有所下降。肉类制品的半成品和肉类罐头分别比1995年上半年增长了4%和9%。统计过的15种鱼类食品中有12种产量比1995年上半期有下降,尤其是特制、熏制、腌制类及干咸鱼类制品下降较多(分别下降了20~48%)。

科学技术

俄罗斯是一个科技大国,继承了原苏联的科技主体和框架,但是其发展极不平衡,结构不合理。概括地说,俄罗斯与军事工业相关的技术,如航天、激光技术居世界领先地位,而与经济产业技术相关的技术如微电子、集成电路、电子计算机等比较落后。

科学研究工作的基础力量是大批的研究人员和科技干部,在科技发展过程中起核心作用的是高级专家。俄罗斯从事科学研究和探索的高级人才人数在1992年初时达到了96.84万人,其中有9.3%(8.99万人)是科研教育工作者,他们边教学边从事研究工作。从事科研的博士约2.48万人,副博士16.86万人。与1991年相比,高级人才总数减少了11.2%,其中副博士减少7.9%。这与科技领域减少科研机构数目和经费紧张有关。科学博士的人数变化也呈现出新动向。1991年这个数字还增加了3.2%,之后由于社会现实条件使科学劳动的声望值不断下降,加之学者工资水平低,使攻读学位的副博士人数急剧减少。同时以前对博士答辩的各种严格限制没有了,学术范围内的竞争逐渐弱化,这一切都起了消极影响。各种研究辅助人员也急剧减少。俄罗斯科技人才主要分布于这四大部门:科学院机构、高等学校、专门领域研究部门和厂矿企业。俄罗斯科技人才面临的另一个严重的问题是人员老化。

向市场经济转轨的过程导致了科学研究工作性质和体制上的根本性变化。基于旧的中央计划基础上的科技人才培养过程和供求关系被否定,新的以市场经济为特征的人才供求关系才刚刚开始形成,从事科学工作的人数近几年一直呈下降趋势,并成为国民经济各领域中从业人数下降速度最快的部门之一。虽然科研工作者离职现象严重,但更严重的是向科研部门输送的新人越来越少,尤其是年轻人。科研人员离职的主要原因是机构压缩和改组、向其他部门流动和向外国移民。由于科研教育机构面临同样的状况,培养青年科技人才也越来越困难。从1991年到1992年俄罗斯科学院系统有508人长期移居国外,占该院总人数的0.8%,其中大部分(55.9%)有副博士学位,一部分(16.2%)有博士学位,几乎近半数的移居者(48.5%)年龄不足40岁。俄罗斯学者移居最多的是以色列和美国。

国家预算是科研经费的主要来源,1991年科研经费支出的95%由国家预算拨给。对科研机构实行完全独立核算和自筹资金的机制改革使非预算资金作为科研经费的比重不断提高。从1992年起开始试行由非预算资金资助一部分科研部门开发新产品,然后按产品成本价值的1.5%提成,当年提供这类资金约86亿卢布,只有预计水平的4%,而且其中大部分用于补充开支。1992年非预算资金最多只有4～5%用于科研经费日常开支。这样一来科研经费仍主要由中央财政集中拨款,像多年的情况一样,预算资金和政府基金拨款约占国家科研投资的97～98%。在向市场经济转轨过程中国家预算在科技投资中仍具有特殊意义,否则基础研究和许多知识领域的发展、长期科技计划的实现都是不可能的。

经费短缺是俄罗斯科技事业面临的大难题。从苏联解体至今的5年中(1991～1996年),俄罗斯科技事业一直处于严重的经费危机状态。主要是因为:⑴国内经济形势恶化,国民生产总值连年大幅度下降,用于科技拨款的经费比例也大幅度下降。到1996年政府科技拨款仅占国民生产总值的0.60%。⑵严重的经济危机导致生产连年大幅度下降,大部分生产部门处于停产或半停产状态,当然也就拿不出资金搞技术和设备更新。⑶目前国家财政困难的情况下,加之市场经济条件下科研体制运作模式和法规尚不完善和成熟,受传统影响的科研单位自行筹集经费能力差。

文化和教育

俄罗斯也是有深厚文化传统的国家,有着灿烂的民族文化。它的民间艺术、建筑艺术、文化古迹、音乐、文学和芭蕾舞等举世闻名。

俄罗斯的新闻出版业也面临改革以来所产生的经济危机和体制混乱局面的困扰。编辑出版部门因自身归属不清和经费不足,加之各种费用猛增,处境困难。据俄罗斯出版业管理部门统计,到1994年上半年全国有1 300家报刊编辑部出版定期报刊。1994年初只有1%的俄罗斯公民征订定期出版物,但定期报刊仍有相当可观的销售量。1991～1993年印刷出版业费用猛涨,同时邮寄费用也大幅度上涨,导致定期出版物价格明显提高。边远地区征订量下降,过去一般订有数份报刊的家庭也仅限于订一两种了,而且首先选择的是地方性的小报刊。

近年来俄罗斯广播事业持续发展。到1993年中莫斯科国际广播电台每昼夜用46种外语播出节目达156小时30分钟,全世界约1亿人收听。俄罗斯国家电视中心位于首都莫斯科市奥斯坦基诺,这里拥有一流的节目编导和制作技术。电视业中的有线电视近年有大发展,仅在首都莫斯科1993年底已有有线电视台近150家。

苏联解体前俄罗斯公民不分民族和种族,不分性别、宗教信仰、语言、财产状况、社会地位,均享受平等的受教育权;所有儿童和青少年必须接受文化教育。各类教育一律免费,部分学生的学习和生活费用全部由国家负担;学生享受奖学金。俄罗斯联邦的教育体系为:学龄前教育,普通中小学教育,中等职业技术教育,中等专业教育,高等教育,再培训及进修机构等。俄罗斯联邦公民受教育水平较高,高等教育普及率也较高。俄罗斯联邦全国识字率达99.8%,基本上消除了文盲。

俄罗斯独立后在教育领域进行了一系列改革,主要是使教育机构向非国有化和非垄断化方向发展,不断扩大非国立机构办学潜力,鼓励和提倡集体和私人办学,使不同类型办学机构之间在提高教学质量、知识更新和吸收生源等方面展开竞争。1991～1992年俄政府两次公布稳定和发展教育的政府计划,但许多措施仍未发挥作用。主要是因为国家财政困难,教育投资和资金使用无法保证,加之国家政局不稳,体制不健全,管理混乱等。

1993～1994年度俄罗斯教育仍存在一系列尚未解决的问题:成千上万名教师因为物质因素离岗去其他部门就业;相当数量的师范院校毕业生因同样的原因而不愿做教师;全国中小学外语教师配备只满足了75%;在上一个学年教师工作有2.9万个空缺。对教育系统的投资远远不能满足需要;教育支出在国家预算支出中所占的比重不断下降,1992年为2.1%,1993年为1.4%。教育系统没有保护因私有化而改变公共教育基础设施归属的企图。教育改革中教学设备和器材供应严重不足;教育书目出版减少近一半,1992年600类,1993年为320类。农村教育设施尤其需要资助,在1993年有2 000多所学校的破损率超过75%,需要立即搬迁或改建。当年学龄前教育机构关闭的趋势仍在继续,有35个地区2~8%的此类机构关闭。

1993年全日制国立中小学有学生约2 060万,国有学龄前教育机构有660万儿童,这分别是1992年的100.4%和91%。中等专业学校有199.4万名学生,是1992年的95%。高等学校在校学生约253.8万人,是1992年的96%。俄罗斯高等学校不断扩大推广收费制度,1993~1994学年有9.5万名学生为全额自费生,上一学年为4.9万名。

由于俄罗斯经济陷入危机,许多企业和部门精简人员减少机构,使得相当一部分大中专院校毕业生无法进行安置,大约20~30%的学生毕业后即进入了失业人员的行列。如果俄罗斯经济没有大的转机,继续保持目前的低谷徘徊状态,这种情况仍不会有大改变。

改革开始后的俄罗斯高等教育还出现了一些新变化:国立莫斯科大学是世界著名的高等学府之一,但是现在的俄罗斯青年不像过去那样向往它了,莫斯科大学的许多专业曾一度招生困难;社科和一些基础学科也被冷落,更多的人把目光投向经济、金融、商务和法律等容易实现个人经济利益的热门专业。

人口和环境保护

1996年上半年俄罗斯联邦人口仍保持下降趋势。据统计,截至当年上半年,俄罗斯人口为1.487亿人,比当年初减少20万人,比上一年全年减少330万人。全国有70个人口聚居区(占全国人口的93%)的死亡率高于出生率。全国登记的死亡人口是登记的出生人口的1.7倍。1996年1~5月份登记新出生人口为55.32万,比上年同期减少2.48万人(4%)。全国只有莫斯科一个地区自1994年以来新出生人口呈逐渐上升趋势,但数量不大。

人口死亡率仍居高不下,平均每1 000人中有15人死亡。非自然死亡人口比1995年有所下降。婴幼儿死亡率与1995年持平,平均每1 000名不满一周岁的幼儿中有18名死亡。

俄罗斯联邦环境保护面临的形势也相当严峻。近十几年来形成的生态环境严重污染状况存在于俄罗斯联邦的许多地区。主要与工业有关的废弃物排放,即向大气和水域排放污染物虽然有所减少,但环境污染仍在加剧。其中斯维尔德洛夫斯克等州的水污染非常严重,伏尔加河和鄂毕河流域水污染也很严重。俄罗斯环保部门每月能从10~20个城市上空测到空气中污染物质含量严重超标。全国只有15%的城市人口生活在大气污染程度符合标准的地方。1992年大气污染最严重的俄罗斯联邦城市有44个,尤其是其欧洲部分的大城市周围。这些城市及其附近分布有大量容易造成空气污染的工业。

俄罗斯是一个淡水资源丰富的国家。多年平均的河流年总流量为4 270立方千米。但是水资源的地域分布并不均衡。在里海和亚速夫海流域居住着80%以上的俄罗斯人口,集中了主要的生产力,该流域占河流年总流量却不足8%。水资源主要集中在西伯利亚和远东。自然界的水因向地表水源乱弃废物和工业、农业及生活污水排入地下而污染。1992年俄罗斯废水排放量约为70.6立方千米,其中21.7立方千米(38%)属于污水。经正规净化的污水为2.8立方千米,只占应被净化污水的9%。

俄罗斯地表土壤受到水力风力作用的强烈侵蚀,近20年来受侵蚀的耕地面积每年扩大25万~30万公顷,每年近25 000~30 000公顷黑土因沟壑冲刷而流失。俄罗斯森林广阔,林木总储量为816亿立方米。近20年来因采伐和火灾,针叶林中的成熟木材减少了79亿立方米,其中仅最近5年就减少了29亿立方米。平均每年发生火灾的林区面积达100万公顷以上,其中一半的森林被烧毁。

另外由于前苏联时期大力发展原子能工业,在俄罗斯个别地区产生了危险的放射性物质污染。放射性污染的主要成因是大量研制和试验核武器,核事故和核废料排放。近年来又开始销毁其大量储存的核弹头。

表 1 主要经济指数

	1992 年	1993 年	1994 年	1995 年	1996 年
国内生产总值（美元 10 亿）	760.0	711.9	635.2	626.9	605.8
人均国内生产总值(美元)	5 124	4 794	4 290	4 224	4 064
国内生产总值的实际增长率(%)	-14.5	-8.7	-12.6	-4.0	-6.0
日用品价格上涨率(%)	1 354	876	307	198	48
人口(百万)	148.3	148.2	148.0	148.1	148.0
活期存款(美元 10 亿)	4.2	6.2	4.8	12.6	13.0
总债务(美元 10 亿)	79.0	83.1	94.2	105.7	107.8
国家预算占国内生产总值的%	-10.3	-7.0	-10.7	-5.1	-7.7
汇率(平均)卢布:美元	220	932	2 191	4 558	5 121

资料来源:英国《经济季评》。

表 2 1995 年国内生产总值结构(总量的%)

农业生产总值	6.3
工业生产总值	37.4
社会服务业总产值	56.3
国内生产总值总量	100.0

表 3 1995 年出口的基本结构(总量的%)

燃料、原料和金属矿	40.4
金属	19.1
机械设备	9.9
橡胶和化学制品	9.6
出口总量(包括其他)	100.0

表 4 1995 年进口的基本结构(总量的%)

机械设备	33.0
食品	27.9
橡胶和化学制品	10.6
金属	7.4
进口总量(包括其他)	100.0

表 5 1996 年工业各部门生产情况(与 1995 年相比%)

电力	-2
燃料	-3
冶铁	-4
其他冶金	-5
化学和石油化工产品	-11
机器制造	-11
纤维和造纸	-22
建筑材料	-25
轻工业	-28
食品工业	-9
工业生产总量	-5.5

表 6 1993～1996 年能源生产情况

	1993 年	1994 年	1995 年	1996 年
煤(百万吨)	305.7	270.2	262.9	243.0
天然气（10 亿立方米）	617.5	606.6	595.3	575.0
石油	342.4	314.6	306.4	294.0

表 7　1995～1996 年农业生产情况

（单位：百万吨；另标出者例外）

	1995 年	1996 年	1991～1995 年平均	1996/1995(%)
谷物	63.4	69.3	87.9	9.3
小麦	30.1	34.9	38.2	15.9
黑麦	4.1	5.9	8.8	43.9
大麦	15.81	5.9	23.8	0.6
燕麦	8.6	8.3	10.5	-3.5
玉米	1.7	1.1	1.8	-35.3
小米	0.5	0.5	0.9	-8.4
荞麦	0.6	0.5	0.8	-18.3
大米	0.5	0.4	0.6	-16.0
豆类	1.5	1.8	2.5	20.0
甜菜	19.11	6.1	21.7	-16.7
向日葵	4.2	2.8	3.1	-34.4
亚麻(千吨)	68.7	59.0	72.2	-14.2
马铃薯	39.9	38.5	36.8	-3.5
蔬菜	11.3	10.7	10.2	-5.4
肉类(活物重量)	9.3	8.6		-8.0
牛奶	39.2	35.7		-9.0
鸡蛋(个:10 亿)	33.8	31.5		-7.0

以上统计资料来源：英国《经济季评》。

（中国现代国际关系研究所　白冬子）

波兰经济文化概况

波兰共和国（The Repubic of poland），简称波兰。国土面积 312 683 平方公里（面积居欧洲第七位）。人口 3 862 万（占欧洲人口总数的 5.3%，居欧洲第八位）（1995 年 12 月统计）。首都华沙（波兰第一大城市，人口约 180 万）。波兰基本上是单一民族国家，波兰族占全国人口的绝大多数（98%），少数民族主要有乌克兰、白俄罗斯、日耳曼及其他民族等 10 多个。波兰民族信奉罗马天主教。少数民族中宗教信仰各有不同，乌克兰族信奉东正教，日耳曼族信奉基督教，犹太族则信奉犹太教。波兰语为官方语言。

自然地理　波兰位于中欧东北部，东邻俄罗斯、立陶宛、白俄罗斯和乌克兰，南连斯洛伐克、捷克，西接德国，北濒波罗的海。边界线全长 3 538 公里，其中海岸线长 524 公里。地势北低南高，中部下凹，平原占全国面积的 72%。主要山脉有喀尔巴阡山和苏台德山。主要河流有维斯瓦河和奥德河。气候属海洋性向大陆性过渡的温带阔叶林气候。1 月份平均气温 -5℃至 -1℃，7 月份平均气温为 17℃至 19℃。全国年平均降水量为 600 毫米。

自然资源　波兰是欧洲矿产资源比较丰富的国家之一。最主要的矿产是硬煤（蕴藏量约 100 亿吨）和褐煤（蕴藏量约 300 亿吨）。硬煤和褐煤的总蕴藏量居欧洲第四位。有色金属矿产和化学原料主要有：铜、锌、铅、磁铁矿、钛、镍和硫磺等。铜和硫磺的蕴藏量居世界首位。锌和食盐的储量也名列前茅。波兰的农业用地面积约 1 800 万公顷（国土面积的

60%),其中耕地面积约 1 300 万公顷。森林面积约 900 万公顷(国土面积的 28%)。

历史概要 波兰国家起源于西斯拉夫人中的一些部落联盟。10 世纪中叶形成封建王国,之后 200 年间多次遭德意志封建主和鞑靼蒙古人的入侵。1569 年与立陶宛联合组成统一的贵族统治国家。18 世纪后半叶先后被沙俄、普鲁士和奥地利 3 次瓜分。1918 年恢复独立并成立了资产阶级共和国。1939 年 9 月 1 日法西斯德国入侵波兰,发动了第二次世界大战。1944 年 7 月 22 日波兰民族解放委员会发表宣言,宣告"波兰人民共和国"成立。战后波兰的建设历经波折,特别是 80 年代以来的全国性罢工浪潮使其国内形势严峻。1989 年 6 月波兰"团结"工会在选举中获胜,执政 40 多年的波兰"统一工人党"不得不向反对派让步,随后组成了以"团结"工会为主体的联合政府。波兰议会 1989 年 12 月通过宪法修正案,改国名为"波兰共和国"。1993 年 9 月以社会民主党为首的民主左派联盟和农民党在议会选举中获胜,10 月组成联合政府。

行政区划 波兰全国划分为 49 个省和 3 个直辖市。行政区划分省、市、区、乡及乡级市镇四级。首都华沙为全国最大的城市。罗兹是波兰的第二大城市,也是世界最重要的纺织工业中心之一。第三大城市克拉科夫是一座文化名城。波兹南省省会波兹南市是重要的工业城市和贸易中心。

政治体制 波兰实行立法、司法、行政三权分立的资产阶级式多党议会民主政治。总统为国家元首和武装力量最高统帅。现任总统亚·克瓦希涅夫斯基于 1995 年 12 月就任。议会由参、众两院组成,众议院是国家最高权力机构和唯一的立法机关。议员由普选产生,任期 5 年。政府为国家最高行政机关,对议会负责。本届政府于 1996 年 2 月成立,总理是前众议院副议长沃·齐莫谢维其。

经　济

东欧社会主义国家发生变革以前,波兰采取的也是社会主义公有制条件下的中央计划经济。1989 年社会性质剧变之后,开始推行旨在建立发达资本主义国家经济运行模式为目标的经济变革。具体表现为实施"休克疗法",大幅度放开物价,加速推广"私有化",允许商品自由流通,允许私人开银行,开始建立证券交易所、股票市场,实行本国货币与外币在本国境内自由兑换等。波兰引进资本主义市场经济初期曾产生相当严重的后果:"休克疗法"导致经济急剧滑坡,两年内国内生产总值下降了 18%,工业生产下降了 30%。经济动荡引发了一系列社会后果:大量失业,失业率曾连续 4 年高达 16%;财富分配不均,两极分化尖锐;出现恶性通货膨胀,社会购买力下降,1989 年通胀率曾达 586%。但从 1992 年下半年开始,经济逐渐复苏并稳步增长,体制转轨初见成效。波兰是目前东欧经济发展形势较好的国家之一,市场经济体制不断完善,私有经济产值已超过国内生产总值的一半,金融体制改革亦取得较大进展,外贸增长迅速,政府对经济的宏观调控不断加强,促使经济连续 4 年出现回升。1992～1994 年 3 年间国内生产总值分别增长 1%、3.8%、5%,1995 年又比上一年增长 7%,其中工业增长 10.2%,农业增长 20%,外贸出口增长 30%,是 1992 年以来增幅最大的一年。波兰目前的经济增长率已接近剧变前的水平,经济效益也不断提高。宏观调控取得成效,表现在:⑴通货膨胀得到控制。通胀率 1994 年降至 32%,1995 年进一步降至 27.8%。⑵财政收入增加,开支减少。国家预算收入在国内生产总值中的比重不断增加,1994 年为 32%;预算赤字从 1993 年相当于国内生产总值的 5.1%下降到 1994 年的 2.7%;1995 年上半年外汇储备猛增 55 亿美元,总额已达 167 亿美元。⑶失业率下降。1993 年失业率为 16.4%,1995 年略有下降,为 14.9%。⑷外贸进一步增长,并且成为波兰国内生产总值迅速增长的主要原因之一。虽然波兰目前经济形势开始转好,但仍属恢复性质,1995 年国内生产总值约相当于 1989 年的 97%。目前经济发展仍面临诸多困难,主要是:重工业在工业中比重过大,经济结构不合理的现象依然存在;私有化阻力较大,特别是大型企业的私有化进展缓慢;通货膨胀率虽明显下降,但指数仍偏高;失业率略有下降,但仍有大约 220 万人失业。主要经济指标如下表:

表1 国内生产总值

	1992年	1993年	1994年	1995年
总额(百万兹罗提)				
按现行价格	114 944	155 780	210 407	268 900
相对价格(1990年)	53 450	55 467	58 380	62 467
变化率%	2.6	3.8	5.3	7.0
按现价价格	2 992	4 046	4 454	6 966
按相对价格	1 391	1 441	1 513	1 618
变化率%	2.3	3.5	5.0	6.9

资料来源:英国《经济季评 1996～1997·波兰卷》。

表2 经济变化情况

	1991年	1992年	1993年	1994年	1995年
GDP(%)	-7.0	2.6	3.8	5.3	7.0
工业生产%	-11.9	3.9	7.3	13.0	10
失业率%	11.8	13.6	16.4	16.0	14.9
通胀率%	249	43	36	32	22

资料来源:英国《经济季评 1996～1997·波兰卷》。

工业 工业政策调整最显著的变化是私有化成份迅猛发展。1995年工业销售总产值比上一年增长9.4%,其中公有部门的产值下降了1.3%,而私有经济部门的产值上升了26%。1994年私有部门产值占工业总产值的39.4%,1995年上升到44%。生产制造业是自经济回升以来发展最好的部门,它的产值在1995年增长了11.4%,其中采矿业产值下降了0.9%,公共事业产值增长了0.6%。工人超过5名的企业生产力提高了9%。波兰放弃了计划经济时期的工业门类划分法,工业的门类划分变宽,如出现了"工程类"这样的划分。同时把工业产值构成分为三大部门:采矿业、生产制造业和公共事业。1994年生产制造业产值占工业总产值的80.8%,其中包括次要生产部门饮料和食品业,它的产值占工业总产值的19.8%。化工业产值占工业总产值的6%;冶金工业占6.1%;焦炭、原油及石油产品产值占5.9%;机械设备制造业产值占5.1%。

最明显的结构变化在于:金属加工业的产值从1990年占工业总产值的10.3%下降到1994年的6.1%;机械设备制造业的产值从7.8%下降到5.1%;食品工业产值从占工业总产值的17.5%上升到19.8%。

表3 工业结构情况

(占工业总产值的%;按现行价格计算)

	1990年	1994年
工矿业	7.9	8.7
(其中煤炭业)	4.9	6.6
制造业	84.2	80.8
(其中食品饮料业)	17.5	19.8
金属加工业	10.3	6.1
化工业	6.5	6.0
焦炭和石油产品	5.2	5.9
机械设备制造	7.8	5.1
公共事业	7.9	10.5
总额(包括其他)	100.0	100.0

资料来源:英国《经济季评 1996～1997·波兰卷》。

表4 主要工业产品产量

	1992年	1993年	1994年	1995年
煤炭(百万吨)	132	130	134	136
褐煤(百万吨)	66.9	68.1	66.8	63.5
天然气(10亿方立米)	4 019	4 949	4 635	4 820
精炼石油(百万吨)	12.6	13.4	13.4	13.4
原油(千吨)	4 091	4 547	4 698	5 210
电力(10亿千瓦小时)	133	134	135	139
原钢(百万吨)	9.9	9.9	11.1	11.9
轧钢(百万吨)	7.5	7.6	8.6	9.0
电解铜(千吨)	387	404	405	407
铝(千吨)	43.6	46.9	49.5	52.0
硫磺(千吨)	2 917	1 893	2 163	?
氮肥(千吨)	1 167	1 224	1 385	1 615
磷肥(千吨)	329	282	415	514
拖拉机(千台)	8.0	11.5	15.3	21.5
小客车(千台)	219	334	338	366
彩电(千台)	619	841	881	1 084

资料来源:英国《经济季评 1996～1997·波兰卷》。

农业 波兰农业面临的严重结构问题需要相当一段时间来解决。1990年以来提倡的经济自由化导致对农产品的需求下降(农业生产指标统计见表5),零散的小农经营难于进行调整。由于农业经营的收入下降,农民开始节省开支,压缩投资,减少购买化肥和农业设备,矿物肥料的使用从1989年196公斤(每公顷)下降到1992年62公斤(每公顷),此后又逐年增多。农药的使用也逐渐增加,但仍低于80年代的水平。自经济恢复以来,随着农产品需求的回升和农业投入与产出比率变得逐渐有利,农民开始提供更多有益的服务,重新考虑增添农用设备。1994年农林渔业雇佣的劳动力占就业劳动力总数的27%,但其产值只占国内生产总值的6.3%,所以农业劳动生产率的提高仍有很大余地。国营小农业部门正在逐渐消失,在这些部门就业的劳动力从1989年的70万人下降到1994年的不足20万人。在国营农场占多数的波兰北部和西部地区农村剩余劳动力的问题仍较严重。

表5 主要农产品产量(除指明外单位均为千吨)

	1992年	1993年	1994年	1995年
谷物	19 962	23 417	21 763	25 900
小麦	7 368	8 243	7 658	8 700
大麦	2 819	3 255	2 686	3 300
马铃薯	23 388	36 270	23 058	24 900
甜菜	11 052	15 621	11 676	13 300
油菜籽	769	606	777	1 400
水果	1 889	2 223	1 721	2 100
牛肉	944	785	717	—
猪肉	2 652	2 532	2 225	—

资料来源:英国《经济季评 1996～1997·波兰卷》。

建筑业 波兰建筑业产值在1990～1991年连续下降,1992年开始增长,1993年和1994年分别比上一年各增长4%。1995年建筑业中私营成份达到87.2%,国营部门仅占12.8%,这与1989年国营形式占主导地位的情况刚好相反。1995年交付使用的住房5.84万套,1994年为7.61万套。

文化教育

波兰基础教育(小学)为8年,普通中等教育或职业、专业教育4年,高等教育一般4～5年。接受高等教育的人口比例不断提高,1992年为12.8%,1994～1995年为15.6%。高等教育的主要形式(包括私立学校)有:大学12所,提供广阔范围的各学科高等教育,传统上的强项是人文学科。工业学校31所,进行工程学、科学和技术方面的初、中级教育。医药学校11所。经济类学校39所,其中华沙经济学校,即前中央计划和统计学校是最有名的。私立商业学校约49所(1994～1995年)被特许提供有学历的教学,其中3所有资格授予硕士学位。

波兰为适应经济改革的需要,也对教育体制作了调整:改革职业教育,发展中等技术教育;把原来学制2年的初等职业教育改为学制4年的中等技术学校,学生毕业后可获得中学毕业证书或职业培训证明,可以进大学继续深造,也可参加短期技能培训后进入工作岗位。这种教育形式受到青年人的欢迎;逐步调整高等教育的收费制度,改革高教体制;鼓励各种形式的校外教育,批准成立私立院校。1993～1994学年度私立院校在校人数近4万人。

(中国现代国际关系研究所　白冬子)

法国经济文化概况

法国全名为法兰西共和国,面积551 602万平方公里,首都巴黎,城区人口240万,巴黎大区人口910万;全国人口5 826.5万(截止至1995年12月31日统计数字);邻国有比利时、卢森堡、德国(北方和东北方向)、瑞士(东部)、意大利和摩纳哥(西南方向)、西班牙和安道尔(西南方向);主要宗教有天主教(83%),新教(2%),犹太教(1%);国内生产总值77 316亿法郎(1995年),折合1.55万亿美元;人均国内生产总值13 2万法郎,折合26 447万美元(1995年);汇率1美元=4.9 915法郎(1995年平均数);主要出口产品有服装和纺织品、机械设备、汽车(标致、雷诺和雪铁龙)、铁钢制品、农产品、酒类、奢侈品、武器;主要进口产品有原油、机械设备、化学产品、钢铁制品;主要贸易伙伴为欧盟(约占50%)、原油出口国、美国、日本等。

地理概况:法国位于欧洲西部,地理位置较西欧其他国家优越,既是沟通北海与地中海的陆上通道,又是西欧通向南欧、北非和亚洲的中枢,欧洲大陆各国同南北美洲之间的往来也多经过法国。法国基本上属于平原国家,领土面积的4/5是平原和丘陵,广阔的平原为法国经济提供了有利条件。法国大部分地区属海洋性气候,气候瘟和,雨量适中,可以种植多种作物。在矿产资源中,铁、铝土和铀居西欧第一位;钾盐储量仅次于德国,居西欧第二位。但能源相当贫乏,石油几乎全靠进口。一般有色金属和稀有金属奇缺。近年来,随着煤炭开采量的降低,核能发电已经逐渐取代传统的热能发电,核能发电量已占总发电量的2/3强。

经　济

法国是一个工农业发达的资本主义国家,其综合实力在资本主义世界中仅次于美、日、德列第四位。1995年法国工业生产总值为25 593亿法郎,折合5 728.8亿美元。工业人口443.86万,主要工业部门有钢铁、机械、纺织、汽车、航天航空、电子、采矿、化学、食品加工、旅游等,其中核电设备能力、石油和石油加工技术居世界第二,宇航和航空工业居第三位。另外,法国还是世界第三大军火出口国。1995年粗钢产量1 300万吨,生铁1 803万吨,原煤896万吨,纸浆

2 018 万吨，汽车 317 万辆，发电量 4 532 亿度。法国不仅是农业大国，还是农业富国，尤其是谷物、奶类和黄油等有大量剩余供出口。法国为西欧农产品和农业食品的最大输出国，在世界上仅次于美国，居世界第二位。其主要农产品有牛肉、谷物、甜菜、马铃薯、葡萄等。法国还是世界上第一大葡萄酒生产国、第二大甜菜生产国、第三大牛奶生产国、第三大肉类生产国、第五大小麦生产国和出口国。1995 年法国农业纯收入在继 1994 年增长15.7%后又增长了 12%，农产品的出口顺差达到 92 亿美元，约占当年全国外贸差额的 44%，其中葡萄酒及酒精饮料的顺差就达 59.5 亿美元，奶酪的顺差达 15 亿美元。

交通运输 1994 年公路总长 80.81 万公里，其中高速公路6 292公里，投入营运车辆 2 620 多万辆；铁路总长 3.3 万公里，基本实现电气化和内燃机化，特别是高速列车技术居世界领先地位。法国目前已制定计划投入数十亿法郎需时 10 年开发铁路自动化监控系统，使得列车流量可增加 10 倍。阿尔斯通公司研制的双层防撞列车已研制成功，1997 年起开始在法国高速铁路之外的普通列车上投入使用。

法国航空公司是西欧最大的航空公司，居世界第三位，共有客机 114 架，航线总长 105 万公里，联通 73 个国家和地区的 186 个城市。巴黎有仅次于伦敦的欧洲第二大机场，而且法国政府已宣布将在巴黎修建第三个机场，戴高乐机场也将进行扩建，使得戴高乐机场每年的客流量从目前的 2 870 万人次增加到 5 500万人次。

法国内河航道 4 613 公里，内河运输船只 3 078 艘，总吨位 165.5 万吨。法国远洋商船拥有量及海洋运输能力已从 20 年前的世界第 9 位下降到第 25 位，拥有商船 208 艘，运输能力为 586.3 万吨，海洋总营业额 1993 年为 41 亿美元，1995 年为 40 亿美元。主要港口有：波尔多、布雷斯特、布格涅、瑟堡、敦刻尔克、滨海福斯、勒阿弗尔、马赛南特、鲁昂、赛特、图伦等。

战后经济发展状况 二战后，恢复成为当时法国经济面临的主要任务。法国政府所作的几项重要决策是：从 1945 年至 1946 年，对掌握国家经济命脉的能源、交通运输企业和一些大银行实行国有化；把“计划”引入市场经济，从 1948 年起执行了第一个经济发展计划，即“现代化和装备计划”。从 40 年代末至 50 年代末的 10 年时间中，法国继续把重点放在发展重工业上，并延伸到建筑业和制造业，实现了以重工业为基础的初步工业化，工业年增长率达到 6.1%，国民经济年增长率达到 4.8%。从 60 年代初起的连续 15 年，法国进行了大规模技术设备更新，充分利用国际先进科技成果和第三世界廉价能源和原料，以资本密集型产业结构发展经济。1962 年开始的欧共体共同农业政策为法国农业提供了有利时机，法国一跃成为欧洲第一大农产品出口国。这一时期，法国的国内生产总值年均增长率高达 5.7%，成为法国历史上经济增长最快的时期。1973 年第一次石油危机后，法国经济困难重重，通货膨胀居高不下。为此，法国这一时期政策的重点主要放在经济调整上，力图控制通货膨胀、缓和就业矛盾，逐步改善各方面的失调现象。但由于国际环境不利，而且这一时期经济政策不稳定、变动大，致使法国经济出现了战后以来严重的衰退局面。特别是 1981 年由于政策失误，即采取以扩大支出刺激需求来带动经济增长的经济膨胀政策，致使 1983 年至 1985 年西方国家经济普遍复苏时，法国经济发展却停滞不前，国内生产总值增长率只达到西方主要工业国平均值的一半左右。1986 年 3 月，法国希拉克的右翼政府制定了自由主义色彩很浓的经济改革方针：减少国家干预、鼓励自由竞争、减轻企业税收和社会负担，同时对一些国营企业实行私有化。而且在 1988 年左翼社会党重新执政后，保持了这些政策的延续性，使得法国经济逐步进入了低通货膨胀率下的低速增长时期。但是由于不断受到经济景气性周期的影响，法国经济近年来还是缺乏活力，生产性投资不足，私人消费疲软。特别是 90 年代初，西方国家经济再次出现衰退，致使法国 1993 年国内生产总值增长率为 -1.5%。

1994 年法国经济有所回升，并且 1995 年保持了一定的增长（增长率 2.2%），但发展势头已趋于减弱。1995 年法国出口增长 5.9%，成为经济发展的主要动力。但企业投资只增长了 4.2%，与经济衰退前相比仍有明显差距，而且法国企业自我投资率很高，企业主们面对市场需求不旺、利率偏高的形势，主要采取减少企业债务和提高企业内部效益的战略，对扩大投资持谨慎态度。法国私人消费增长在 1993 年停滞之后，1994 年回升了 1.6%，1995 年增长了 1.8%，但在政府新近增税措施的压力下，人们更加偏重储蓄，对消费缺乏信心。1995年状况有所改善，失业问题得到一定缓解，特别是1995年5月法国新总统上台后提出了优先解决失业的方针，主张通过一系列“社会手段”增加就业。这些措施起到一定效果，1995年法国失业率为11.6%，低于1994年的12.3%的水平。马约的规定加入单一货币的各国财政赤字不能超过国内生产总值的3%，而法国财政赤字离这一目标还有相当差距（1995年仍超过5%）。总统希拉克于1995年10月26日宣布实行两年的经济紧缩，目标是把财政赤字占国民生产总值中的比重在1996年降到4%，1997年降到3%。朱佩总理11月15日宣布了社会保险制度改革计划，试图通过实施严厉的改革措施改变目前社会福利赤字过高的状况。据统计，1994～1996年社会保险赤字累计额达到361亿多美元，政府希望1996年的赤字减少到34亿美元，1997年实现收支盈余。社会保险改革计划出台后，产生了积极效果，金融市场反应良好。但由于政府在宣传方面欠妥，且未同各工会进行充分协商，导致公众出现强烈反对情绪，1995年11月下旬爆发了大规模罢工和游行示威，引起了一场多年少有的社会危机。

国内生产总值增长

年份	工业生产指数（1980指数＝100）	国内生产总值（亿美元）	经济增长率
1989	110	9 655	3.9%
1990	112	11 953	2.4%
1991	112	11 833	0.8%
1992	111	13 244	1.2%
1993	107	12 507	-1.4%
1994	111	13 285	2.6%
1995	115	15 490	2.5%

资料来源：法国《发展》杂志1996年3月特刊。

法国进出口贸易

	1990年	1991年	1992年	1993年	1994年	1995年
进口（亿美元）	2 344	2 319	2 394	2 017	2 309	2 743
进口指数（1990＝100）	100	102	104	97	114	123
出口（亿美元）	2 164	2 171	2 355	2 099	2 356	2 867
出口指数（1990＝100）	100	105	108	106	118	128

资料来源：联合国统计月报1997.1和1996年国际货币基金组织进出口统计年鉴。

法国进出口分布情况

（亿美元）

	CAF出口		FAB进口	
	1994年	1995年	1994年	1995年
欧盟15国	1 474	1 801	1 428	1 744
其中：德国	399	501	406	505
意大利	219	274	230	273
英国	231	263	183	219
美国	164	167	195	213
日本	46	56	85	96
中国	22	26	40	51
中东	75	85	58	61

资料来源：1996年国际货币基金组织进出口年鉴。

工业生产指数(1990=100)

	1988年	1989年	1991年	1992年	1993年	1994年	1995年
总指数	95	98	99	98	94	97	106
采矿业	107	104	101	94	89	88	81
制造业	95	98	98	96	92	96	101
电、气	94	97	109	111	113	118	155
建筑业	93	98	101	99	93	93	89

资料来源:联合国统计月报1997.1。

国际储备

单位:亿美元

	1990年	1991年	1992年	1993年	1994年	1995年
国际储备总额	367.78	312.84	270.28	226.49	262.57	268.53
在储备基金中的头寸	14.28	16.66	24.82	23.10	23.75	27.56
外汇	340.67	282.92	243.84	200.08	235.20	231.42
特别提款权	12.83	13.26	1.63	3.31	3.62	9.55
黄金(百万纯金盎司)	81.85	81.85	81.85	81.85	81.85	81.85

资料来源:联合国统计月报1997.1。

主要部门创造价值增值占总额的比重

创造价值增值的主要部门	1994年	1995年
农、林、渔业	4.4%	4.4%
工业	25.3%	25.6%
建筑业	5.9%	5.7%
贸易和商业服务业	37.3%	37.3%
其他	27.1%	27.1%

资料来源:法国财政部蓝皮书。

制成品出口指数(1990=100)

	根据美元价格	根据法郎价格
1992年	100	97
1993年	94	98
1994年	98	100
1995年	111	101

资料来源:联合国统计月报1997.1。

科研开发

法国是世界第四大科研大国,居美、日、德之后,科研范围广泛,特别是在航空、航天、精密仪器、通信、汽车、医药、化学、能源等领域居于先进地位。法国在大量增加科研经费的同时,还利用现有的手段使国家的科研成果尽可能在私营企业实验室中得到开发,国家实验室也现实地对待企业每天遇到的问题。法国企业积极开展和参与科研及新技术开发,大型企业都有自己的研究中心和实验室。法国中小企业从总体上来看科研投入水平不高,但是技术革新、创造发明活动却十分活跃,自1985年以来有1.6万家中小企业实现了2.6万项技术革新和创造发明。而且作为世界第二大农产品出口国,法国一直致力于科技兴农,把化学、生物、电子、机械等领域内的科技进步迅速转化为农业生产力。法国调整农业科研重点,由提高作物产量转向提高产品质量;由扩大农田转向休耕地的综合利用;由注重主要农作物转向多种经营;由注重生产技术转向经营技术。法国还向那些在欧洲联盟第四个研究与发展计划范围内进行的大的科研项目提供经费,如在未来汽车、未来火车、疫苗等方面。法国还积极参与已实施10年的尤里卡计划,该计划项目总数1 107个,法国参加了403项,投入资金总额176亿美元。其中法国参与的主要是环境、生物技术、机器人、信息技术和新材料。

法国政府确定的科研目标是促进经济竞争力和科技发展,创造新行业和新就业;满足社会的需求和期望,特别是在医疗卫生和环保方面;深入发展多学科研究,促进边缘学科研究,特别是生物、化学和物理之间的界面研究;推护国家主权,在国家和国家范围内保持大型民用和防务科研计划,如空间、能源、涉及军民两用的联合科研项目。另外法国科研政策还有三大考虑,一是促进领土整治、科研是促进法国各地区经济能力进行科研来实现;二是参加国家科研和“科研欧洲”的建设,参加欧洲联合科研项目,开展多种形式的科研合作;三是提高科研工作的价值和科研人员在社会中的地位。

1996年法国预算中的民用科研开发预算增加到631.5亿法郎,其中民用研究和科技发展预算(BCRD)为530.3亿法郎,比1995年增加2.3%,还向欧盟第四个发展研究计划出资35.2亿法郎。

科研人员人数

	1980年	1990年	1994年	1995年
科研人员总数	74 900	124 060	137 600	146 000
其中:企业占	44.7%	46%	45.4%	—

资料来源:法国经济统计研究所、法国年鉴QUID等。

科研开发费用

国内开发研究费用总额	1980年	1990年	1994年	1995年
(单位:亿美元)	251	289	303	361
占国内生产总值比重	2.25%	2.4%	2.4%	2.4%

资料来源:法国经济统计研究所、法国年鉴QUID等。

教　育

法国的基本学制是小学5年、初中4年、高中3年,相当于大学第一和第二阶段4年,博士研究生至少4～5年,博士之后还有一个更高的资格,相当于过去的“国家博士”学位,年限不定,为申请教授职称者所必须。法国习惯上把一个学年分为3个学期,全学年32～36周。中小学每周一、二、四、五和周六的上午上课,大学星期三照常上课。由于法国节日较多,每学年实际上课天数不到200天。法国的学生在高中毕业时要参加毕业会考,成绩合格者(业士)才有资格进入高等教育机构继续学习。一般来说,会考的合格率在70%左右。

1984年《高等教育法》规定,法国高等教育是指中等教育后的所有科学、文化职业性公共教育机构,包括大学、大学校、短期高等教育机构和大型科学文化教育机构4种类型。大学都是综合大学,它们历史悠久,学科齐全,是从事高等教育和科学研究的主要场所,培养教师、研究人员、文职人员、律师、医生等专门人才。法国现有大学机构80个,其中大学68所、大学中心3个,还有政治学员等机构。巴黎地区学生集中,共设13所大学,分布在巴黎、凡尔赛和克雷戴耶三个学区。大学校是政府官员、企业领导人、工业研究人员、工程技术人员、金融和商业管理人员的培养基地。法国有300多所大学校,包括163所工程师学校、71所商科和管理学校、5所高等师范学校、3所国立应用科学学院。短期高等教育机构主要是两年制的大学技术学员和高级技术员班。大型公共科学文化教育机构包括法兰西学员(1530年)、自然历史博物馆(1626年)、巴黎天文台(1667年)、国立工艺博物馆(1794年)、高等研究实践学校(1868年)等。它们是法国高等教育中一个特殊的组成部分,其主要任务是传播科学文化知识,举办各种学术讲座和专题研讨会,开展成人教育和继续教育,同时也从事与大学相类似的教学活动,并授予相应的国家文凭。

由于法国目前的财政紧缩政策以及目前法国大学存在着许多亟待解决的问题,1995年11月法国各地数万名大中学生举行游行示威,提出必须彻底改革教育制度,教育制度必须为学生毕业后加入劳动市场提供方便,并要求制定一项指导或计划性法律以便使高等教育在预算分配上得到优先考虑并使政府负担长期责任。法国教育部长贝鲁为此决定推出“紧急计划”,增加大学拨款及教师人数,以平息风波。事实上,政府在1991～1995年执行的所谓“2000年大学计划”中作出了相当大的努力,共投资64亿美元,但仍不能满足实际需要,而且政府在解决教育问题方面已没有多少回旋余地。

法国各类学校在校生

单位:万人

	1970 年	1980 年	1990 年	1994 年	1995 年
小学	733.4	719.9	669.9	656.2	—
中学	417.3	512.8	539.1	549.7	—
大学	73.6	102.1	142.1	207.5	220

资料来源:法国经济统计研究所。

法国公共教育经费

	1992 年	1993 年	1994 年	1995 年
总额(亿美元)	496	498	525	610
占国内生产总值比重	3.7%	3.98%	3.95%	3.94%

资料来源:法国 1992～1995 年预算法案。

文 化

法国建立了一个广泛、资金充裕的全球文化网络,其中包括9 000名法国官员,以及 1.5 万名非法国籍职员、300 所学校、132 个文化中心、25 个研究所和遍布 140 个国家的1 060个法语研究联合会。每年有 5.6 万名顾问、作家、艺术家和学生参与法国的文化交流活动。1997 年将在越南举行第一次亚洲法语国家首脑会议,届时将有 47 个国家参加,为此法国已决定向越南提供3 500 万～5 000万法郎的资助。1996 年法国的文化预算增加了8.7%,达到 32 亿美元。

文化遗产

法国有着众多宝贵的文化遗产,政府和公众也十分注意保护。法国每年 9 月的第三个周末为文化遗产日,届时全国公共博物馆一律免费开放,私立的门票减价。参加活动的人与年增加,到 90 年代中期增加到 600 万人,超过人口的 10%。1994 年法国文化部所作的一项调查表明:法国人一致支持举办遗产日活动,认为文化遗产是民族的财富,应该严格认真地保护起来。1994 年法国成立了一个由国家、社会团体及私人共同出资组成的独立的"文化遗产基金会",其宗旨是帮助维修私人博物馆。从 1981 年起,全国共实施了 400 多项博物馆的大型修建、扩建和更新工程,目前国家级的艺术博物馆在全国共有1 100多座,每年接待的参观人数达到4 600多万。但是,法国的严肃文化艺术领域受到商品经济的不断冲击,尽管国家采取了重点扶持政策,资金短缺也是在所难免的。

语 言

法国积极维护法语的纯洁度及其在世界上的地位,无论是在电影、电视或是计算机及出版物和日常对话方面。目前以法语作为母语的人有9 000万,但自 80 年代以来,法国学校中学习英语的人数已经翻了四番,法国的科学家也经常用英语出版他们的著作,甚至在法国召开的国际会议上散发的也常是英文的论文。1995 年,欧共体国家有 83%的高等学校学生学英语(法国自己就达 84%),只有 32%的人学法语,16%的人学德语。作为电影诞生地的法国,国内市场上的法国片只占 30%,而美国片占了 59%。议会于 1975 年通过了"巴斯—罗利尔法",规定贸易名称、广告以及在接待中必须使用法语。1983 年,法语语言全国高等委员会宣布抵御在视听领域出现英文,并禁止在政府的讲话和出版物、学校的课本以及司法活动中使用英语单词。1986 年,法国政府召集的所有讲法语的国家举行国际会议以维护法语的地位。1994 年法国议会通过了《图邦法案》,规定在法国行销的所有商品,其标签、说明书、广告及商店招牌都必须使用法语。1995 年法国最高视听委员会又宣布,自 1996 年 1 月起,对所有广播电台实施法语歌曲播出数量最低限制,规定法语歌曲不得少于 40%。1996 年 3 月法国举办了"法语周",全国各中小学校、学术机构都被动员起来参加这一活动。法国每年还举办一次"全国大听写”活动，参加人数多达百万。

图书馆

法国人有着良好的读书习惯，对于书的使用率居欧洲第一位，年借阅书籍达1 650多万册。法国共有公共图书馆达3 100多座，各地区、省、市、大学一半都有自己的图书馆。单单是巴黎的20个区即有67座图书馆，约30万人登记借书。其中法国国立图书馆现有图书1 200万册，每年要接待读者35.2万，书籍年借阅量达110万册。1995年3月30日，法国总统密特朗在任期届满前亲自为法国国立图书馆新馆的落成剪彩。新馆坐落在巴黎赛纳河边，由4幢L型塔楼组成，每幢高80米，各20层，其架位长度超过400公里，估计藏书能力可以达到容纳今后100年的出版物。该馆的建设历时3年，投资达16亿美元。

新闻出版

财政困难使得日报的数量减少到不到100各，目前影响较大的有稍保守一些的《法兰西晚报》(410 700份，巴黎)、《费加罗报》(423 993份，巴黎)和稍偏左的《世界报》(362 000份，巴黎)以及《西部法国》(790 000份，雷恩)。为了限制法国出版业的集中以及保守派的出版业巨头罗伯特·哈桑的影响，社会党政府曾于1984年出台了一项法律，规定出版商不能同时拥有属于巴黎和地方省份的报纸，并禁止他们拥有超过巴黎或是地方省份15%的发行量。许多受过教育的法国人喜欢读某些政治、经济周刊，如《快报》、《新观察家》或《观点》。但是，越来越多的人已经转向从电视和广播里获取新闻，法国现有电视机超过2 930万台，收音机超过5 000万台。法国家庭平均每周收看电视的为18个小时，而其中1/4的时间是收看新闻。

人口与环境保护

人口增长

年份	人口	出生率	死亡率	生育率（平均每个妇女所生孩子）
1980年	5 373.1万	1.49%	1.06%	1.94
1990年	5 657.7万	1.34%	0.93%	1.77
1991年	5 689.3万	1.33%	0.92%	1.76
1992年	5 721.7万	1.30%	0.91%	1.72
1993年	5 752.9万	1.23%	0.92%	1.65
1994年	5 777.9万	1.23%	0.90%	1.65
1995年	5 826.5万	1.25%	0.91%	1.70

资料来源：法国发展杂志1996年3月特刊。

法国面临人口老龄化。法国国家经济统计所公布的报告指出，由于战后良好的医疗条件使法国人均寿命普遍延长，死亡率大大降低。目前，法国20%人口为老年人口，在700万户家庭中，1/3的家庭至少有一名60岁以上的老人，由此而带来的社会问题、经济问题会越来越突出。

法国人口状况

	1971年	1981年	1991年	1995年
20岁以下	32.9%	30.3%	27.5%	26.1%
20～64岁	54.2%	55.9%	58.4%	58.9%
65岁以上	12.9%	13.8%	14.1%	15%

资料来源：法国经济统计研究所。

环境保护

法国在经济发展过程中一直优先考虑治理环境污染。法国工业已度过高污染阶段，大型企业大都已迁至郊区，而且法国规定企业的污染必须由企业自己负责。国家还拨出专款治理水污染，1997～2001年第七个水源治理计划拨款210亿美元(1992～1996年拨款180亿美元)，主要解决2 000人以下小镇的水净化系统。农业方面，从1994年起法国政府主要是帮助农户改进农业耕作和灌溉方法，费用由国家水源管理部门支付。到1995年底，国家帮助了2.2万农户改进了120万公顷农田的施肥方式，并从1996年起实施4年一期的“减少农用磷酸盐污染计划”。法国还通过了针对城市污染的《空气法》，承认公民有呼吸新鲜空气的权利，是法国环境立法中首部以健康为主的法律。该法规定在2000年以前建成遍及全国的空气检测网，并采取一系列限制措施以保护市民的健康。法国环保部于1995年12月进行的一次民意测验表明，今后将有一大部分法国人准备作出一定牺牲以降低城市污染的程度，可以说法国人的环保意识是非常强的。近年来法国市场上印有生物农业AB标记的无污染食品不断增加，法国从事生物农业的农户近4 000个，耕作土地面积9万多公顷。

法国政府在1994年就已决定实施两个十年计划——卢瓦尔河的整治和维护计划与预防自然灾害计划。这两个计划需要投入25亿美元，由国家和地方机构来提供资金。1996年环保部在这两个计划上的预算资金达6 570万美元，用于卢瓦尔河堤坝的加固和河床的重修，实现涨水预报网和水文测量网的现代化和自动化，加强河流养护以及大城市和海外省发生洪灾的预防工作。另外，1996年在环境保护方面的研究拨款增加了28%，法国环境研究所的经费增长了7.5%。

环境保护方面的预算投人

	1993年	1994年	1995年
预算金额(亿美元)	2.85	2.98	3.5
增长率(比上一年)	10.6%	9.8%	6.3%

资料来源：法国1993年至1995年预算法案。

经济文化一体化

经济特点

法国经济是建立在资本主义私有制的基础之上的，人们根据市场竞争机制实现各自的利益，各个利益集团通过协商制定法律对市场进行组织和管理，同时国家也通过各种干预活动对市场进行调节和保护。

法国经济具有双重性。一方面，它属于自由市场经济体制，私有经济占主导地位。另一方面，为维护国家主权、保障市场经济的更好运行，国家加强了干预活动，建立庞大的国有部门，对关键性行业或战略性部门进行控制。法国经济的这种特性被称为“混合性经济”。戴高乐曾说过：“市场有积极面，它使人们变得活跃，它给优秀者给予褒奖，它鼓励人们去超过他人、超越自我。但是，市场也带来不公正，造成垄断，为弄虚作假者提供方便。因此，对市场不能盲目，不能认为什么问题都可以依靠市场去解决。市场不应凌驾于民族和国家之上，而应该由民族和国家对市场来调控。”

为了加强对市场的宏观调控，从1946年法国开始制订国家计划，这是一种建立在市场经济基础上的指导性计划，一般每个计划为期5年。当然法国的国家计划是以生产资料私有制为基础的，它的目的是为了减少市场对社会经济的自发破坏作用，同时发挥市场机制的优点，以促进经济增长。法国的国家计划有两个特点：一是计划制定的协调性。它集中地体现在计划的整个制定过程中，“协调原则”也成为法国计划化的一个创举。二是计划实施过程由政府通过各种手段、途径进行检查监督和影响引导，但计划对企业，特别是私营企业没有法律上的强制性，它们可以实行也可以不实行；而且计划在实施过程中可以根据情况对计划指标、重点等做出必要的调整。因此法国的计划也被称为指导性的、象征性的。

欧洲建设

法国一直致力于欧洲统一建设，因为欧洲是法国经济的支注。在法国的第一个国家计划中就提出，欧洲建设是法国在未来相当长一段时间内的首要目标，因此法国将继续推进欧洲经济和货币统一的进程。但在认为法国利益受到损害的情况下，也会积极维护自己的利益，因此跟其他国家在经贸关系中将会时有摩擦。但一般都会在欧洲共同体范围之内通过谈判解决。在国际市场，法国主张欧洲联合，从经济技术上形成统一的力量跟美国和日本竞争市场，竞争的领域主要是军用民用飞机的制造、核电技术、高速火车、火箭和卫星、电子通讯、汽车制造、农产品和食品。

家庭消费

家庭消费结构

百分比(%)	1970年	1980年	1990年	1994年
食品、饮料、烟草	26	21.4	19.3	18.3
服装、鞋	9.6	7.3	6.5	5.7
住房、取暖、照明	15.3	17.5	18.9	21.3
家具、家居用品	10.2	9.6	8	7.5
健康	7.1	7.7	9.5	10.2
交通、通讯	13.4	16.6	17	16.4
娱教文化	6.9	7.3	7.7	7.4
其他	11.5	12.6	13.1	13.2

资料来源:法国经济统计研究所。

人均消费食品数量

	1970年	1980年	1990年	1993年
面包(公斤)	80.6	70.6	63.3	60.5
奶酪(公斤)	13.8	15.3	17.1	17.7
牛肉(公斤)	15.6	19.3	17.6	17.1
家禽肉类(公斤)	14.2	19.3	22.2	22.2
葡萄酒(升)	106	95.6	73.7	71.4
矿泉水(升)	39.9	54.7	92.4	92.3

资料来源:法国经济统计研究所。

重要产业及新兴农业

高级品牌产品行业　根据法国经济部对高级品牌产业所作的调查,1994年高级品牌产品总营业额为191亿美元,与航空和航天业的营业额相当,产品58%依赖外国市场,直接雇佣6.6万人。在各类产品中的排名是:第一是香水和化妆品,占36%;其次是葡萄酒、香槟等酒类,占23%;高级服饰和皮件占16%。1993年高级品牌的出口为101亿美元,进口为28亿美元,顺差72亿美元,远超过汽车业的53亿美元。香水、时装、皮革是法国奢侈品制造业的三大支柱。目前在法国约有100多家企业从事奢侈品制造业,法国具有国际声誉的香水、时装和首饰公司几乎都集中在巴黎,占全国同行业的83%,出口的90%。法国奢侈品的出口市场较集中,大约40%出口到欧洲国家,其中德国12%、意大利9%、瑞士7%、英国6%,欧洲以外主要是美国13%、日本8%、香港地区5%。

气象业　与气象业关系最密切的首先是农业。农业气象台为农业生产提供天气预报,使农民能够在最好的时间播种、收割、灌溉、施肥和洒农药,使葡萄种植业因事先预防霜冻而产量少损失1/4。在房屋建筑及公共工程部门,根据天气预报安排作业可以每年节约3亿美元。法国电力公司——法国煤气公司也可根据天气预报进行生产,因为气温变化一度相当于2%的耗电量。根据风向和风速制订飞行计划,法国的航空业能节省3亿多法郎。在法国,专业人员已瞄准一个每年增长8%的4 000万美元的市场,仅法国海洋气象台的15名职工为海洋作业提供气象服务的收入就达200万美元。法国目前的气象工作隶属于装备和运输部,在每年的3.2亿美元预算中,国家提供70%。法国气象台的商业收入占它预算的10%。法国气象台最近配备了一台克雷C98型计算机,每秒钟运算40亿次,是法国前所未有的功率最大的计算机。法国气象台还在对多媒体计划投资,法国信息公司1995年10月6日使法国气象台进入互联网络,人们可以通过电脑查询天气情况,到2000年用户将达25万。

旅游业　法国是个具有悠久历史和文化的国家,各种古建筑遗址保护完好,一些著名的博物馆收藏了大量的艺术珍品,巴黎、地中海和大西洋沿岸风景区及阿尔卑斯山区都是著名的旅游胜地。法国的旅游业十分发达，有饭店和旅馆约2万个，客房56.3万套，从事旅游业的人员达46万人。1995年接待游客6 050万人次，实现收入273亿美元，在全球旅游业中排名第一，但其地位越来越受到西班牙等国的挑战，至少在长期停留旅游方面是如此。

信息业　法国80年代初就推出了信息查询电脑(MINITEL)计划，目前这种微电脑信息传输系统已经拥有了650万个用户，拥有信息微机50万台，年营业额逾10亿美元。1994年法国政府召开小型部长会议分析了"电子高速公路"多媒体信息传输系统的前景，并决定将提出一项兴建法国信息高速公路的实施方案。1995年宣布的秋季法律草案再一次推动了信息高速公路计划。法、德于1993年12月决定成立Atlas公司，合力争夺面向大企业在欧洲电信服务市场。法国电信总公司还通过其子公司Transpac在欧洲其他国家收买一些公司，以增强实力。法国目前光纤长度已达82万公里，1993年国内电信网还铺设了1.2万公里的光纤电缆。到1995年，所有法国城市都用光缆连起来。从1997年起法国将不再使用同轴电缆，无线电中继站要一直用到1998年。

企业

截至1995年底，法国大大小小企业的总数达134.3万家，其中绝大多数为中小企业，雇员在10人以下的就有113.4万家。在雇员10人以上的20.9万家企业中，最大的100家工业企业雇佣了工业部门的21%的员工，其营业额占工业部门总营业额的32.6%，最大的100家服务业企业雇佣了服务业雇员总数的22%，营业额占同行业的20.7%。位居前10名的大型企业则分别占工业部门雇员总数的9.3%、营业额的15.3%以及服务业雇员总数的13.9%、营业额的8.5%。法国工业制成品出口的68.8%是由占企业总数3.6%的大企业来完成的，而占企业总数0.6%的特大型企业就占了出口总额的46.2%。1994年法国在国际市场税前营业额超过10亿法郎的企业共有160家，其中46家是由外国母公司控制的法国子公司。法国公司出口最多是埃尔夫—阿基坦公司(265亿美元，占公司营业额的70.7%)，其次是阿尔卡特尔—阿尔斯通(219亿美元，占公司营业额的72.4%)、道达尔公司(184亿美元，占公司营业额的74.7%)。服务业中的法国最大的连锁公司家乐福，分布在15个国家，开设分店975家，1994年销售额为245.77亿美元，列世界第9位。

1995年11月政府宣布，欧洲第一大、世界第四大的铝制品和包装材料制造企业贝西奈集团(PECHINEY)将实行私有化，此外还进行了一些小规模的私有化。但是在未来相当长的一段时间内仍将实行公私并存、计划市场互补的"混合经济"模式。1995年11月推出了中小企业发展计划，旨在促进它们的投资，调整它们的税收，改善竞争秩序和调整商业布局。该计划围绕五个内容提出了35条措施：投资方面，提出了促进投资的措施，尤其提出要为不足500人的中小企业创办一个中小企业发展银行；税收方面，对于营业额不足5 000万法郎包括资本中利润不足20万法郎的企业，它们所应交纳的公司税将被降低33%到19%等等。

(中国现代国际关系研究所　王　朔)

意大利经济文化概况

意大利共和国(The Republic ot Italy, La Repubblica Ialiana)，位于欧洲南部，形状像一只长筒皮靴，包括亚平宁半岛及西西里、撒丁岛等岛屿。北以阿尔卑斯山为屏障与法国、瑞士、奥地利、斯洛文尼亚接壤，东、南、西三面分别临地中海的属海亚得里亚海、爱奥尼亚海和第勒尼安海。面积为301 277平方公里，国土南北狭长，海岸线长约7 200公里。全国大部分地区属亚热带地中海式气候。北部阿尔卑斯山脉南麓和波河平原属温带大陆性气候，夏季炎热，冬季寒冷；南部包括亚平宁半岛、西西里岛和撒丁岛等，属亚热带地中海式气候。人口5 820万(1995年底),主要是意大利人,此外还有少数德意志人、法兰西人和阿尔巴尼亚人。绝大多数人讲意大利语,个别边境地区讲法语和德语。大部分居民信奉天主教。成人识字率为98%。

意大利是世界闻名的文明古国。公元前509年建立罗马共和国,出现过西塞罗、斯巴达克思这样的杰出人物。屋大维在公元前27年废共和建立帝国,罗马帝国延续了500余年(公元前27年至公元476年)。公元962年受神圣罗马帝国统治。11世纪诺曼人入侵南部并建立王国。12~13世纪分裂成许多王国、公国、自治城市和小封建领地,著名的意大利旅行家马可·波罗就是在这一时期来到中国并留下他不朽的游记的。16世纪起先后被法、西、奥占领。1861年3月建立意大利王国。在著名的政治家加富尔及军事家、民族英雄加里波第的帮助下,撤丁王国国王伊曼纽尔二世最终在1870年统一全国,结束了长期分裂状态,从此意国力蒸蒸日上,成为欧洲大国。1922年10月,墨索里尼上台,实行长达20余年的法西斯统治,并参与发动第二次世界大战,成为二战三大祸首之一。1943年9月,意大利投降,并参加同盟国作战,因此避免了如德国、日本那样被占领的命运。战后意大利政府更迭频繁,每届政府平均寿命不足一年,但是政府的内外政策具有相对稳定和连续性的特点。经济、社会发展在欧洲国家中是非常显著的。

意大利在古代时期便有了灿烂的文化,早期的奴隶制民主共和国的许多民主实践,西塞罗的民主典范至今为人传诵。意大利是文艺复兴的中心,但丁的《神曲》,马基雅弗利的《君主论》,阿奎那的神学思想,达·芬奇的《蒙娜丽莎》画像、米开朗基罗的雕塑等等都使意大利闻名世界。

意大利矿产资源贫乏,仅有水力、地热、天然气、大理石、汞、硫磺等资源及少量的铅、铝、锌和铝钒土等。发展工业所需的能源和原料主要依赖国外,是世界主要资源进口国之一。意大利是世界七大工业国之一。1995年国内生产总值为1 770.0万亿里拉,约合10 860亿美元,比1994年增长了3%,人均18 276美元。

经 济

意大利是发达的资本主义工业国,国民生产总值仅次于美、日、德、法而居世界第五位。

二战时期的法西斯独裁统治,连年的侵略战争,使意大利本来就不发达的经济遭到严重破坏。1945年,意大利国民收入只及1938年的55%,全国财富损失约1/3,经济极端困难。经过举国上下艰苦努力以及国际援助,到1950年意大利已完成恢复经济的任务。在5年的恢复时期,意政府财政实行紧缩政策,贯彻保守的复兴计划,大力加强基础工业和促进大企业的技术改造,把"马歇尔计划"给予意的16亿美元援助用于支持大垄断企业,提高其生产效率并带动中小企业和提高国际贸易竞争力。意政府还对农业进行一系列改革,调整农业生产关系,分配没收的土地给小农,缓和阶级矛盾;开发南方,解决南北发展不平衡问题。外贸上改变了墨索里尼的闭关自守方针,实行对外开放。这一系列措施大大促进了经济的发展,为日后的起飞奠定了基础。意大利经济自1950年后连续出现13年的快速增长,平均速度为6%,其中工业生产在50年代的平均增长率为8.8%,在西方主要资本主义国家中仅次于日本、德国而超过美国、英国、法国;60年代工业保持着7.2%的发展速度,在西方七国中仅次于日本,这被认为是意大利经济"第一次奇迹"。70年代初期,意经济陷入"滞胀",从1974~1981年国内总产值年均增长只有2.2%。80年代中期,意大利出现了所谓"第二次经济奇迹",自1983年下半年摆脱危机后,工业实现了连续6年的稳定增长。1986年意国内生产总值、人均国内生产总值均超过了英国,从而成为世界第五大经济强国。90年代初,受国际经济环境影响以及意国内因素作用,意大利经济很不景气。1992年国内生产总值只增长0.6%,1993年比上年下降1.2个百分点,1994年增长2.1%,1995年表现不错,增长了3%,但1996年经济再次下滑,当年仅增长0.8%,失业率也高达12%。

工业 意大利是世界主要原料进口国。原油99%需进口,其他如煤炭、铁矿砂、棉花、羊毛、皮革、木材等绝大部分依赖进口,其工业产品大约1/3供出口,因此意大利工业具有明显的出口加工特征。

意国家参与制企业比较发达。伊利、埃尼和埃菲姆是三大国营财团,在全国工业产值中约占1/3,经营范围涉及钢铁、造船、机械、石油、化工、军火等部门。意大利炼油能力居欧洲首位,规模巨大的国家碳化氢公司(即埃尼集团)扮演了关键性角色。意大利钢铁工业有完整的循环工艺流程,生产水平很高,国营企业生产的钢铁占整个行业总产量的75%,其中伊利集团作用最大。汽车工业在意大利机械工业中地位突出,发展极快,二战前最高年产量为5.9万辆,1956年达到28万辆,1963年达110多万辆,成为世界汽车主要生产国之一。1992年意大利小汽车产量达174.2万辆。著名的菲亚特公司是意大利汽车制造业最大的垄断集团,也是意最大的私营企业集团。

意大利经济的一个主要特色是中小企业占绝对多数。纺织、服装、制鞋、家具等产业在意大利经济中占有很大比重,而这些传统产业又多以中小企业为主。因此,传统产业和中小企业在创造国民生产总值、提供就业、出口创汇诸方面占有重要的地位。80年代后期,意大利全国中小企业的产值已占全国工业总产值的2/3,出口额占全国出口总额的一半左右,因此,意大利中小企业被认为是“意大利经济的中流砥柱”。意大利中小企业技术先进,它们讲究产品质量,注重投资效益,在传统手工技艺的基础上积极采用各种新技术,在服装、制革、制鞋、针织、家具、首饰等领域的技术和设备具有世界先进水平。目前,意大利中小企业已形成了许多专业化的企业群,发挥了集团优势,取得了规模经济效益。其方式是:一个地区的同一行业进行联合,在联合的基础上进行分工和专业化生产,在地区的范围内形成规模效益;在对外贸易中,中小企业采取联营经销网和销售联合体的方式,1/3以上的中小企业与国外有直接贸易合作关系。意大利政府也一直在推行开放的经济政策,对中小企业实行一系列优惠办法,不断采取措施支持小企业的发展和保护中小企业的国际竞争力。

近几年来,意大利经济形势不好。许多国家参与制企业经营不力,严重亏损。政府正逐步推行对主要国有企业进行私有化的政策。中小企业在意经济中的地位越来越重要。

农牧渔业 1995年农业产值占国内生产总值的3.2%,从事农业的人口占总就业人数的10%,可耕地面积约占全国总面积的10%。主要农产品产量如下表:

主要农产品产量

(单位:万吨)

	1992年	1993年
小麦	903.2	850.4
玉米	751.2	809.2
葡萄	1 091.1	993.8
橄榄	236.6	307.7
马铃薯	263.6	218.0
番茄	592.2	549.4

旅游业 意大利的旅游业世界有名。独特的自然条件、悠久的历史与丰富的文化艺术遗产以及优美的风景和民风习俗使意大利成为最能吸引外国游客的国家。每年来自全世界的国外游客占全部旅游者的1/3以上。近年来,每年有200万以上外国游客访问意大利。旅游收入是弥补国家收支逆差的重要来源,1994年旅游营业额高达110万亿里拉(约700亿美元)。1995年旅游总收入为215.77亿美元,仅次于美国,居世界第二位。主要旅游城市是罗马、佛罗伦萨和威尼斯等。1995年接待游客达3.9亿人次。

交通运输 意国内运输主要依靠公路,公路担负客运量的2/3,货运量的70%。

铁路 1991年总长度19 582公里,其中国营铁路占80%,20%为私人铁路。1992年客运量484亿人公里,货运量6 880万吨。铁路部门就业人员1994年为14万人。

公路 1991年总长度为303 518公里,其中高速公路6 193公里。

水运 1993年抵港货物2.79亿吨,来自国外的达2.2亿吨;离港货物1.1亿吨,其中5 100万吨运往国外。主要港口有热那亚、那不勒斯、威尼斯、的里雅斯特、塔兰托等。

空运 1994年乘飞机出入意大利的旅客共2 630万人次,入境1 310万人次,出境1 320万人次。

财政金融 意财政入不敷出,巨额赤字和公共债务一直是意经济的两大难题。意弥补财政赤字主要办法是靠发行政府债券。截至1995年底,意国债高达1.3万亿美元,居西方七国之首。

对外贸易 意大利是世界上进出口大国,1996年出口达2 500亿美元,进口达2 050亿美元,顺差近

450亿美元。意大利1995年的主要出口产品依次为工业和农用机械394亿美元;纺织品和服装261亿美元;金属和金属制品241亿美元;电力设备212亿美元;化工产品191亿美元;汽车176亿美元;皮革和鞋只126亿美元。1995年的主要进口产品依次为:化工产品290亿美元;金属及金属制品252亿美元;电力设备206亿美元;汽车185亿美元;工业和农用机械147亿美元;石油129亿美元;农产品121亿美元。

1995年的进出口对象国

出口	百分比	进口	百分比
德国	18.7	德国	19.1
法国	13.0	法国	13.9
美国	7.3	英国	6.1
英国	6.2	荷兰	5.5
西班牙	4.8	美国	4.8
瑞士	3.8	比利时-卢森堡	4.8
欧盟	56.8	欧盟	60.5

科学技术

1993年,意国内研究与开发总开支估计为218 910亿里拉,占国内生产总值1.4%左右,其中公共拨款(公共研究机构、公共管理部门和大学)占全部拨款的42.9%。1992年全国有全日制研究人员74 422人,每万名劳动者中有30人,主要集中在公共部门。按经合组织统计,1992年意政府研究开发拨款按购买力平价法计算为80.54亿美元,在西方七大国仅多于加拿大。

意大利的科研基地主要是:大学、公共研究机构。意有64所大学,基本上都是公立大学。1992年高等教育部门研究和开发开支按购买力平价计算为26.68亿美元,占国内R&D总开支的20.3%,占GDP的0.27%。公共研究机构包括国家研究委员会(CNR),国家新技术、能源和环境机构(ENEA)和其他专门研究机构。CNR通过一个由近300个研究所和中心组成的网络开展工作,并对大学、私立实验室以及定向研究项目进行资助。ENEA是一个多学科机构,目前分为环境、能源和新技术三个部门,它们实施政府各部的定向研究项目。意大利太空署(ASI)成立于1988年,任务是资助并协调国内国际和欧洲太空署(ESA)的空间活动。

意大利是技术净进口国。在过去30年里,在与其他国家的技术贸易中,意大利有着巨额贸易逆差,1992年技术贸易收入为13.25亿美元,支出为24.05亿美元,逆差为10.8亿美元。为了促进技术革新,意政府多年来制定了多项措施,出台一系列鼓励性方案,如应用研究基金、技术革新基金以及对购买先进机械进行援助的立法等。

教育

意大利宪法规定,6～14岁儿童享受义务教育。1993～1994学年,全国有小学生2 863 279人,初中生1 996 037人,高中生2 718 958人,技术学校学生1 183 239人,职业学校学生493 169人,高等学校学生1 135 546人。1994年著名大学情况如下:罗马大学,建于1303年,学生约18.4万名,教师2 600名,是欧洲最古老和最大的大学之一。米兰博可尼大学,建于1902年,学生10 900名,教师660名。波伦亚大学,建于11世纪,学生9万名,教师2 677名。帕多瓦大学,建于1222年,学生62 781名,教师2 180名。那不勒斯大学,建于1224年,学生10万名,教师1 833名。比萨大学,建于1343年,学生2.8万名,教师300名。佛罗伦萨大学,建于1321年,学生60 931名,教授1 467名。

文化

图书馆 意大利有非专业图书馆34个,1989年时馆藏图书7 394千册,攫增图书60 264册,年读者量为45 663人次;有公共图书馆42个,1991年馆藏18 080千册,年读者量为253 457人次;有高校图书馆10个,馆藏5 642千册,年增图书38 406册,年读者量为826 848人次。

新闻出版 主要报纸及发行量:《共和国报》80万份;《晚邮报》约80万份;《新闻报》约55万份;《24小时太阳报》45万份;《信使报》31万份;《今日报》28万份;《时代报》19万份。另外,各政党均有自己的机关报。

主要综合性期刊:《展望》周刊;《快报》周刊;《时

代》周刊;《欧洲人》周刊,还有最大的宗教性期刊《基督教家庭》。

安莎通讯社为意大利国家级通讯社,成立于1945年。意大利广播电视公司为国营伊利垄断集团控制,向邮电部负责。广播电台有3套节目,年播音1.8万多小时;有3个电视台,年播节目6 000小时。此外,意还有大量私人广播电台和电视台。

电影 意大利电影业不景气,年产量由1970年的240部下降到1991年的99部。每年进口大量影片,1990年进口380部,1991年进口331部,其中美国片占66.5%,法国片占11.2%,英国片占8.2%,德国片占2.4%,日本片占0.6%。

意大利有固定影院3 338座,年观众量为881万人次,流动影院年观众量为5万人次,全国年人均观影1.5人次。

文化遗产 意大利是世界上文化遗产最为丰富的国家之一。意也是保护世界文化和自然遗产公约的缔约国,截止至1987年12月31日共有6处文化遗址、天然名胜及综合型遗址被列入世界遗产目录,它们是:卡莫尼卡谷地岩画、历史名城罗马、珍藏达·芬奇《最后的晚餐》的圣玛丽亚·德拉、格拉齐耶教堂、历史名城佛罗伦萨、威尼斯及其泻湖、比萨中央教堂广场。

人口和环境保护

意大利人口1995年达到5 820万人,年增长率0.2%;1990年男子平均寿命为73岁,女子平均寿命为80岁;成人识字率达到98%。目前人口出生率9.7‰,结婚率也在下降,1986年只有5.2%。人口结构已渐趋老化,老龄人口日益增加,1981年,60岁以上的人占总人口的17.4%。

在意大利1860年统一后,由于原意各地之间经济关系改变,许多人纷纷外迁以摆脱经济关系变动带来的压力,首先迁往法国、瑞士、突尼斯等邻近国家,后来,尤其在19世纪最后20年间,转向美国、阿根廷、乌拉圭、巴西等美洲国家。除了战争年代之外,这一趋势一直持续到战后的初期,意农村人口急剧减少。从1875～1925年间,总计约1 000万意大利人离开本国。到现在为止,已有半数返国。

在法西斯统治年间,向外移民减少,而且只限于向非洲的意属殖民地。二战后,外移人口重新上升,主要移向工业化国家,如瑞士、西德、英国、法国、比利时、荷兰等国,到了70年代中期才再次下降。在这一阶段,共计有800万人口移居国外。由于意经济蓬勃发展,外流人口纷纷回国。同时国内迁徙增多,主要是大批人口从南部和东北部迁徙到迅速发展的西北部。

意人口结构是女多男少,1981年女性占人口的51.4%,男性占48.6%,主要原因是女性寿命长于男性(1990年统计,女性平均寿命80岁,男性仅为73岁)。就业结构,1986年农业劳动人口9.5%,工业部门(第二产业)劳动人口为29.1%,服务部门50.3%。到1995年农业劳动人口降至5%,已是典型发达国家的就业结构。

环境保护 意大利是世界旅游大国,意政府比较注重环境保护。由于意大利人口较多,而国土面积狭小,其植被覆盖率80年代仅为21.2%。意政府在30万平方公里的土地上辟有5个国家公园,以保护自然环境,它们是:大帕拉迪索国家公园,面积7万公顷;斯特尔奥国家公园,面积13.7万公顷;阿布鲁佐国家公园,面积4万公顷;彻尔切奥国家公园,面积8 400公顷;卡拉布里亚国家公园,面积1.8万公顷。此外,意农林部还直接管理不同类型的若干自然保护区,其总面积略大于10万公顷。一些自然公园和自然保护区也由地区有关部门管理。

除了保护自然环境之外,国家公园和自然保护区还保护典型的意大利动物群。意大利的地中海滨丛林中有许多野猪,国家公园也为野山羊、小羚羊、赤鹿等动物提供了栖身之所。小啮齿动物、小哺乳动物、爬行动物及鸟类数量不少,但是大的野生动物如熊、野狼等由于过度捕猎,在意大利已不多见。

经济文化一体化及外交

意大利是欧洲联盟(原欧共体)的最早成员之一,几十年来致力于地区经济一体化,不仅加入了欧共体,还是以下各个国际组织的成员国:欧洲煤钢联营、欧洲原子能联营、欧洲理事会、北大西洋公约组织、欧洲合作与发展组织、经合组织(OECD)、联合国及下属各机构、西方七国集团等。

当前意大利对外政策的基本点是：立足于西欧，积极推动欧洲一体化的进程，主张欧洲应有共同的外交和防务政策；忠于北约，重视同美国的传统关系；强调建立公正合理的国际新秩序，主张世界多极化和加强地区性合作；认为联合国应在世界新格局中发挥主导作用。支持欧盟和美国向中东欧国家开放；主张进一步发展南北对话并增加对第三世界国家的援助。关注对前南危机、中东和地中海事务；重视发展同亚太地区国家的关系，积极推动欧盟全面恢复对华关系，促进发展双边政治、经济合作。强调维护人权和自由权。意大利是1995～1996年度安理会非常任理事国，重视联合国在国际事务中的作用，积极参加联合国的维和行动，先后向柬埔寨、莫桑比克、索马里、萨尔瓦多和黎巴嫩等国派遣了数千名维和人员，还提供了大量的人道主义和经济援助。

意大利同中国关系较好。1970年11月6日中意建交。多年来，两国政府交往频繁。两国签有海关、民航、商标注册、科技文化、经济、保护投资、领事、互免双重征税等协议或条约。中意两国经济合作关系势头良好。据中国海关总署统计，1995年中意双边贸易总额为51.8亿美元，其中中国出口额为20.7亿美元，进口额为31.1亿美元，总额比上年增长11.2%，是中国在西欧仅次于德国的第二大贸易伙伴国。在1997年4月的日内瓦联合国人权委员会上，意大利决定不参与美国为首的西方国家提出的反华提案，此举反映了意大利政府对发展意中关系的明确态度。

意大利主要工业品产量

	1992年	1993年
粗钢(万吨)	2 479.2	2 583.7
水泥(万吨)	4 047.6	3 319.3
汽车(万辆)	147.5	111.6
公共汽车(万辆)	20.9	15.1
电冰箱(万台)	401.1	427.0
冰柜(万台)	190.2	179.2
硫酸(万吨)	93.7	72.5
计算机(万台)	39.4	51.1
电视机(万台)	215.1	242.9
洗衣机(万台)	513.2	568.0
洗碗机(万台)	88.3	107.6
摩托车(万辆)	56.3	52.4
苏打(万吨)	96.5	93.4
氨(万吨)	135.8	88.5

资料来源：1994～1995年度经济季评。

经 济 指 标

经济指标	1992年	1993年	1994年	1995年	1996年*
国内生产总值(千万亿里拉)	1.5	1.55	1.64	1.77	1.85
GDP实际增长率(%)	0.6	-1.2	2.1	3.0	0.8
通货膨胀率(%)	5.4	4.2	3.9	5.4	3.9
人口(百万)	57.0	57.1	57.2	57.2	57.2
出口总值(10亿美元)	178.2	169.2	189.8	231.2	250.0
进口总值(10亿美元)	175.1	133.3	154.3	187.2	205.0
经常项目(10亿美元)	-28.7	9.4	14.1	25.7	42.0
黄金储备(12月)	27.6	27.5	32.3	34.9	48.0
政府赤字占国内生产总值的比例(%)	9.5	9.6	9.0	7.1	7.1
政府公共债务相当于GDP的百分比	108.4	119.3	125.5	125.0	125.0
汇率(年平均)里拉:美元	1 232	1 573	1 612	1 629	1 542

资料来源：英国EIU国家报告1997年第一季度。

注：1996年为估计数。

1995 年国内生产总值的来源占总数的百分比

国内生产总值的来源	占总数的百分比
农业、林业和渔业	3.2
采矿、制造业及公共事业	22.9
建筑业	5.0
服务业	63.3
其他类	5.5
总和	100.0

1995 年国内生产总值组成占总数的百分比

国内生产总值组成	占总数的百分比
私人消费	62.5
公共消费	16.5
固定总投资	17.0
存量变化	1.1
商品及服务出口	25.0
商品及服务进口	−22.2
总和	100.0

1995 年主要出口产品(10 亿美元)

工业及农用机械	39.4
纺织品及服装	26.1
金属及金属制品	24.1
电力设备	21.2
化工产品	19.1
汽车	17.6
皮革及鞋类	12.6

1995 年主要进口产品(10 亿美元)

化工产品	29.0
金属及金属制品	25.2
电力设备	20.3
汽车	18.5
工业及农用机械	14.7
石油	12.9
农产品	12.1

1995 年主要出口对象国占出口总值的百分比

主要出口对象国	占出口总值的百分比
德国	18.7
法国	13.0
美国	7.3
英国	6.2
西班牙	4.8
瑞士	3.8
欧盟	56.8

1995 年主要进口对象国占出口总值的百分比

主要进口对象国	占进口总值的百分比
德国	19.1
法国	13.9
英国	6.1
荷兰	5.5
美国	4.8
比利时－卢森堡	4.8
欧盟	60.5

注:表 3～6 资料均据英国 EIU 国家报告 1997 年第一季度。

企业文化

意大利企业文化的显著特点是:确立明确的企业发展战略、目标以及远大抱负,并以坚韧不拔的毅力去实现;努力培养职工忠于企业、忠于职守的观念,让职工在企业中愉快地工作,把企业传统文化与现代文化和科学技术相结合,形成一种新的文化观念;成功的企业建构成功的企业文化,而成功的企业文化使企业进一步成功。

意大利菲亚特汽车公司的企业文化重点放在把握国际市场,实施公司战略上。为此,他们制定了适合本公司特点的大规模投资计划,实现生产合理化、目标化,提高销售网络的效率和积极性,用精美的设计、新颖的产品、高质量的服务以及低价格吸引消费者。为了运行这一切,公司在辅助方面还采取大量"软"措施来配套,从而保证了企业目标得以实现。

(中国现代国际关系研究所 曹家淼)

英国经济文化概况

不列颠包括大不列颠(英格兰、威尔士和苏格兰)及北爱尔兰,其全称是大不列颠及北爱尔兰联合王国,简称联合王国,通常人们称之为英国,英国属于发达的资本主义国家,也是世界上少数拥有核武器和航空母舰的国家之一。

整个英国地理上是由位于主岛中南部的英格兰、西南部的威尔士、北部的苏格兰和爱尔兰岛上北爱尔兰四部分组成,总面积为24.2万平方公里,约合9.3万平方英里。英国从南部海岸到最北端苏格兰海岸距离为1 000公里(600英里),东西最宽处约为500公里(300英里)。英国是个岛国,四面环海。由于整个不列颠岛处于大陆架地势,英国周围的海是浅海,一般深度不超过90米。大西洋暖流的作用使海水温度升高,有利于鱼类资源的繁殖,为英国提供了可观的海洋生物资源。据说,从英国的任何一个点出发100公里的距离内都能到达海岸线。英国地势为南低北高。南部为英格兰东南部平原,地势平缓,有少数丘陵;北部是苏格兰高原,平均海拔为200米;中西部为山区,部分山峰夏季有积雪。

英国位于北纬50度至60度之间,纬度较高,但气候并不寒冷,这主要是受大西洋墨西哥暖流影响所致。英国中部地区由于受墨西哥暖流和莫斯科寒流的交叉影响,气候相当潮湿。但英国的气候总体上是温和的,冬无严寒,夏无酷暑,西南风比较强劲。最高温度很少超过32℃,最低温度很少低于-10℃。夏季平均气温为15℃,冬季平均气温为4℃。全年雨量比较平均,每年3~6月比较干燥,9~1月比较潮湿。每年5、6、7三个月的平均日照从北部苏格兰的5小时到英格兰南部沿海的8小时不等;每年11、12、1三个月的日照时间最短,苏格兰北部为平均1小时,英格兰南部平均为2小时。

根据1994年中的统计,英国总人口为5 840万,是世界上第17个人口大国。英国人口主要由英格兰人、苏格兰人、威尔士人和爱尔兰人组成。英格兰人占英国人口的绝大多数,为83.1%,苏格兰人占近10%,威尔士人占5%,爱尔兰人则不到3%。

英国的人口密度为每平方公里241人,大大高于欧盟每平方公里153人的平均数。根据90年代初的人口普查,爱尔兰人口的50.6%视自己为新教徒,38.4%的爱尔兰人口称自己为天主教徒。代表独立主张的爱尔兰共和军一直与英国政府对立,要求北爱尔兰独立。信奉天主教的绝大多数北爱尔兰人赞成建立统一的爱尔兰共和国。英国还有数百万来自海外的移民,其中以印度、巴基斯坦、孟加拉人居多。英国的华裔血统居民也有20多万,散居在英国各主要城市。在英国的伦敦、伯明翰、曼彻斯特、利物浦等大城市均有唐人街。

英国的国教为基督教圣公会教会,属基督教新教派别,有成年教徒约900万。英国从体制上属于政教合一的国家,宗教不对国家政策进行干预。但英国宗教又与政府有着十分密切的联系。英国的国王是英圣公会教会的领袖,教会的大主教由英王任命,而英王的加冕典礼由英国圣公会大主教主持。苏格兰教会,也称长老教,是英国另一个有影响的教会,有信徒近100万。英国的国教经历了长期、曲折甚至残酷的发展历程。英国国教从罗马天主教中分离出来,是15世纪欧洲宗教改革的产物。宗教革命中天主教和新教两大教派的对立以及所产生的暴力冲突给英国社会留下了深刻的影响。在英国的许多城市,人们至今仍能看到宗教纷争留下的痕迹,例如在苏格兰的著名城市圣安德鲁斯,宗教战争的遗址随处可见。罗马天主教在英国仍有较强的势力,约有教徒近500万。此外,英国还有不少伊斯兰教徒、犹太教徒、印度教徒和佛教徒。如今,各个宗教派别之间基本上能够和睦相处。

不列颠的名称起源于希腊和拉丁文,其最早的渊源是赛尔特文字。尽管赛尔特人并不是史前最早到达不列颠群岛的人种,但是赛尔特人开始了不列颠有文字记载的历史。赛尔特人通常被用来区分不列颠群岛早期居住者和后来的盎格鲁—萨克逊入侵者。

在朱利叶斯·凯撒公元前55年和54年两次远征之后，不列颠和罗马世界的交往日趋密切，到公元前43年罗马入侵时达到顶峰。罗马统治逐渐从英格兰的东南部延伸到包括威尔士，甚至一度到达苏格兰低地地区。公元409年，罗马人从不列颠群岛撤退，随之而来是一段动荡时期。在此期间，来自北欧的盎格鲁人、萨克逊人和朱特人占领了不列颠岛。英格兰这个名字就是起源于盎格鲁文字中的。这些占领者在不列颠岛上定居下来，建立了许多小的王国。其后，来自斯堪的纳维亚的 Vikings 入侵并且定居在不列颠岛。最后一次外来者对不列颠群岛成功的入侵发生在公元1066年。诺曼第的威廉公爵在黑斯丁战役中打败了英国人。来自法国的诺曼人和其他人到英国居住，对英国的社会、文化、历史、经济等方面产生了深刻影响。在其后的300年里，法语成为英国贵族和上流社会的语言。诺曼人的入侵对后来英国社会和法律结构产生了巨大影响。

英国虽然只是一个位于欧洲大陆以外，大西洋中的岛国，但其对世界历史进程的影响却是独一无二的。对资本主义发展和对世界近代史产生重大影响的资产阶级革命及工业革命均发生在英国。早在18世纪后半叶到19世纪上半叶，英国就完成了工业革命。在此之前的17世纪中叶，英国爆发了资产阶级革命，为资本主义的全面发展奠定了政治基础。到19世纪中期，英国成为当时世界上经济实力最强的资本主义国家，其殖民地遍布全球。在大英帝国全盛时期，英国的殖民地面积是其本土面积的150倍，统治的人口是其自身人口的近10倍，工业制造业能力和产值占世界的1/3强，号称“日不落帝国”。随着近代民族独立和民族解放运动的兴起，特别是经过两次世界大战，英国在全球的势力范围已大为缩小。虽然英国仍是所谓的西方七个经济强国之一，但其真正的经济实力已远远落后于美国、日本甚至德国。英国在欧盟目前15个成员国中，国民产值、经济实力、人均收入已处于二流国家之列。

英国的国家政治体制为君主立宪制，即国王是国家元首、联合王国武装部队的总司令和英国国教的世袭领袖。英国国王同时还是许多英联邦国家的国家元首，像澳大利亚、加拿大、新西兰、巴巴多斯、巴哈马等国均将英国女王视为其国家元首。英国是最早建立资本主义民主政治的国家，但同时又严格继承和维护着君主政体的传统。如果除去17世纪克伦威尔短暂共和时期，英国一直是由世袭君主统治着。目前的英国女王伊莉莎白二世的血统可追溯到萨克逊王朝时期。英国王室的祖先还包括查理曼大帝、苏格兰马尔科姆二世和巴巴罗萨皇帝。名义上，英国国王有权任首相、内阁大臣、高级法官和海外属地的总督，可以召集和解散议会。王室的影响遍及英国社会生活的各个方面：英国硬币上嵌有英国现女王的头像；邮政称为皇家邮政；海军为皇家海军。英国政府被称为女王陛下政府。这正说明，英国国王的权力是象征性的，而非实质性的。政府的所有活动都是以女王的名义进行的，但事实是女王对国事不得干预。女王可以宣布议会开会，但不得参加辩论；女王甚至被禁止进入英国议会下议院。英国女王虽然可以挑选内阁首相，但她只能必须挑选在英国议会下院获得多数席位的那个党的领袖担任首相。英国王位实行世袭制，王位继承有着严格顺序，相当复杂。为保证王位世袭制的延续和防止意外事件，英国王位继承人有24人之多，这也反映了英国王室的悠久传统。

英国议会是资产阶级民主政治的产物，经过了长时间的演变与发展而逐渐完善起来的。议会由君王、上院和下院组成。英国议会的上院又称贵族院，有1 162个议席，由王室后裔、世袭贵族、新封贵族、英国教会大主教、主教及高等法院法官组成。上院议员均由国王指派。下院也叫平民院，设650个议席，下院议员经普选产生，任期5年，可连选连任。下院议席按照选区分配，英格兰占523席，苏格兰72席，威尔士3席，北爱尔兰17席。英国议会为执政党与在野党及其他在议会有席位的政党进行政策辩论的场所。下院政党之间的辩论对外开放，具有相当的透明度，这也是英国议会民主政治的特色和传统。英国实行议会多数党派执政制，在议会下院获得多数席位的政党成为执政党，负责组成内阁政府。政府有权在它认为适当的时候提前举行大选。英国的政党主要有保守党、工党和自由民主党。英国还有一些规模较小的政党，包括有近2万党员的英国共产党。

经　济

从1981年到1989年，英国经济经历了9年的持续增长,年平均增长率超过3%。此后,同其他发达工业国家一样,从90年代初开始,英国经济受到周期性经济衰退的严重打击。1990年的经济增长率仅为0.6%。1991年的国内生产总值比前一年下降了2.3%,整个国民经济处于极度萧条之中。随着整个经济形势的复苏,到1992年下半年,国内生产总值略回升。1993年,经济增长率为1.9%,到1994年第二季度,国内生产总值比上年同期增长了近4%。至1996年年底,英国经济总体上保持着良好的发展势头。低利率是促进经济形势发展良好的重要因素之一。在所有欧盟国家中,英国的基础利率是最低的。

以亚当·斯密、大卫·李嘉图为代表的英国古典经济学派为自由竞争的资本主义市场经济奠定了理论基础。英国是近代资本主义民主思想和资本主义市场经济理论和实践的发源地。英国经济是建立在私人企业基础之上的,私人企业的产出占国内生产总值的80%,占全国就业的75%。政府的经济政策是鼓励和扩大私人企业的发展,使其在国民经济中发挥更大的作用。尽管英国经济主要依靠私有企业,但英国的经济结构却不是单一的。英国实行的是所谓"混合经济"模式结构,即私有企业在国民经济占主导地位的同时,允许相当部分的国有企业存在,形成私有制与国有制经济结构并存;同时在实行自由竞争的资本主义市场经济的基础上,大力加强政府对整个经济形势的宏观控制。政府通过其金融、财政、货币政策干预经济的运行。政府调节经济的途径包括运用财政、信贷手段刺激扩大社会消费需求;运用政府投资手段兴建大型公共设施和工程以增加就业;利用国家机器及法律措施,限制财团和垄断企业的发展,以维护公平竞争的市场环境。对一系列关系到国民经济发展的重要部门,例如电力、交通、能源、核工业、宇航工业等实行国有化管理。

产出量 从1992年下半年,英国的经济,特别是制造业的生产开始恢复。国内生产总值从1994年第二季度开始持续增长,并持续至今,平均年增长率为3.8%。整个国民经济,包括制造业、建筑业和服务业,都显示了增长的势头,其中制造业的生产增长率为3.9%。从1992年到1996年,英国国内生产总值年增长率平均为2.7%。英国政府预计1997年的经济增长率将基本可以维持这个水平。过去的几十年,英国的服务业发展令人瞩目。这与早期工业化国家经济结构的调整相一致,即制造业在国民经济的比重逐步下降,服务业的比重持续上升。1950年,英国服务业在整个国民经济产值中不到50%;90年代这个数字达到70%以上。与此同时,制造业在国民经济产值中所占比重从50年代的近40%下降到90年代的不到25%。以金融、保险、旅游、餐饮等行业为代表的服务业创造了越来越多的就业机会。正如英国BBC著名记者约翰·汉弗莱在其为《英国年鉴》撰写的题为《不列颠:变化的50年》一文中所写的,英国正在改变着它在世界中的角色,它在人们的心目中已不是一个产品制造国,而是一个向世界提供越来越多服务的国家。英国的金融保险业十分发达,这已不是什么新闻,而英国的旅游业目前已成为英国第二大产业却鲜为人知。英国是全球第5旅游业大国。现在,英国的服务业,包括金融、保险、旅游等行业已经成为英国经济的支柱产业,对整个国民经济的发展起着不可替代的作用。

生产率水平 整个80年代,英国制造业的人均生产率增长水平高于其他主要工业发达国家。从1980年到1990年,年人均生产率增长为4.6%。到1994年7月,这个数字达到历史最好水平,为4.8%。1996年,整个国民经济人均生产率增长为3.2%。这些数字从一个侧面反映了英国经济劳动生产率整体水平的不断提高。这也是产业结构调整、技术进步及管理水平提高的具体表现。

外国在英投资 英国是世界上公认的投资环境良好的国家之一。外国在英直接投资十分活跃。据最新统计,现在约有1.3万个外国公司在英国从事经营活动,其中3 500家是美国公司,1 000家是德国公司。日本公司在英国从事经营活动的虽然只有200多家,但其经营效益和发展前景相当可观。以健全的商业法规,稳定的劳资关系和较低的个人及公司所得税为特征的良好投资环境是英国得以大量吸收外国企业到英经营的主要原因。外国公司在英国享受着与英国公司同等的政策待遇。英国是欧盟国家中吸引外国投资的最大国家之一。在日本对欧盟国家总投资额中,英国占了40%以上;在美国对欧盟国家总投资额中,英国占了近40%。英国也是世界上最大的吸引外国直接投资的国家之一。

就业 从1983年到1990年，整个就业人数增加了300万，而到90年代初这个数字下降了200万。随着近年来经济形势的复苏，有迹象表明，就业水平将趋于稳定。90年代初，由于经济萧条，失业率增加。到1992年末，失业人数达到300万。1996年末的失业人数为260万，失业率为9.2%。

海外贸易 英国的经济基本上是外向型的。英国从历史上就有相当重视海外贸易的传统。可以说，从16世纪开始，英国就是海上贸易大国。从一定意义上讲，当时的大英帝国雄厚的经济实力和军事力量就是建立在其强大的贸易基础之上的。在世界经济一体化进程不断发展的时代，英国政府更将海外贸易视为其国民经济发展的支柱。几百年来，海外贸易对英国整个经济发展的重要性是不能低估的。尽管英国国土面积不大，人口也只是世界总人口的1%，但英国是目前世界第5大贸易国。就人均贸易进出口额计算，英国超过美国和日本。就无形贸易收入而言，英国在世界前3名之列。英国是世界第二大海外投资国，也是欧盟的主要投资国家之一。英国是许多产品的出口大国，其中许多是高技术产品。这些产品包括航空、航天系列产品，电气、电子设备和仪器，化工、石油产品及各类机械设备。同时英国又是世界上最大的农产品、原材料及许多初级产品的出口国之一。英国的无形贸易在英国对外贸易方面占有重要地位，起到了平衡帐目的作用。在无形贸易中，金融业和旅游业的作用是显而易见的。这种状况从一个角度说明，英国作为世界金融中心的地位还是举世公认和相当稳固的。1993年，英国无形贸易的盈余为2.8亿英镑。据最新统计表明，英国服务业的出口价值约占其海外贸易总额的30%。英国与其他欧盟国家的贸易往来非常密切。英国与欧洲国家的贸易往来也对英国对外贸易结构产生了深远影响。从70年代到90年代的20多年间，英国对欧盟国家的贸易出口从占其对外贸易的33%上升到53%。英国从这些国家的进口也呈现着相同的上升趋势。英国同许多亚洲国家的贸易也取得了相当的进展。中国、日本以及东盟国家正在成为英国重要的贸易伙伴。由于英国与许多亚洲国家在经济上存在较强的互补性，英国与这些国家的贸易往来有着广阔的前景。

能源及自然资源状况 能源及非燃料矿产资源在英国经济中起着重要的作用。能源产业雇佣了约30万雇员，占英国工业总雇员的7%。能源工业的产值占国内生产总值的5%。能源领域的投资占英国全国投资的11%，占工业投资的42%。能源产值为国家收支平衡贡献了15亿英镑的收入。1996年，英国原油及石油产品占其出口总值的8%。英国前10家规模最大的企业，能源企业就有3家，分别是壳牌公司、英国石油和不列颠天然气公司。据1996年数字统计，英国是世界第十大石油生产国，是欧盟最大的能源生产国。英国还是世界主要天然气和原煤生产国。英国还大力开发核能的利用，在整个英国公共电力提供网络中，核能发电已占20%以上。英国水资源比较丰富，可以满足工业与生活需要。水资源主要来源于江河湖中地表水和地下水。

英国的农业、渔业及林业 英国的农业比较发达。近几年，农业收入不断提高。据1995年数字统计，英国农业的总收入比上一年提高22%。1995年，英国农业雇佣了英国总就业人口的2.1%；1995年农业收入为90亿英镑，占国内生产总值的1.5%。英国是世界主要农产品及农业机械出口国，主要出口牲畜、食品、农业化工产品和农业机械等。1995年10月，英国政府发表了其农业政策白皮书。白皮书是由英国农业、渔业及食品部和环境部共同编制的。白皮书阐明了英国政府的农业政策及目标，申明英国的农业政策是要建立一个能够对付21世纪挑战的，面向一个开发的国际市场的高效、繁荣的农业体系。英国的渔业资源丰富，能够满足国内市场的需求及出口需要。1996年英国的捕鱼量为51.2万吨。根据欧盟共同渔业政策(CFP)，英国在其海岸线6英里的范围内可以自由捕鱼；在其海岸线6～12莫里范围内，可以同欧盟成员国协商捕鱼。英国的树林面积为240万公顷，预计占其国土总面积的10%，大大低于欧洲平均25%的数字。英国致力于保护其林业资源，以保证野生动物的活动场所及人们进行休息、娱乐的地方。自从1919年以来，英国的树林占地面积增加了两倍。1987年以来，新造林地17万公顷。英国林业每年约生产800万立方米的木材，约占其总消费量的15%。因此，英国每年需从其他国家进口大量的木材。

交通与通讯 英国的交通与通讯等基础设施发展迅速。1994年竣工投入使用的海峡隧道将英国与欧洲大陆紧密连接。英国的公路状况不断改善;港口及空中运输持续发展。90年代以来,由于政府重视通讯业的投资,英国的通讯业保持着高速发展的势头。英国是个交通运输业相当发达的国家。世界上第一条铁路就出现在英国,至今已有100多年的历史了。1825年投入运营的位于曼彻斯特附近的斯道克特火车站是世界上第一个蒸汽机车运送公共旅客的火车站。众所周知,第一台蒸汽机车就诞生在英国。虽然火车早已不是英国的主要交通运输工具了,但英国的铁路系统仍然十分发达,至今还有约1.7万公里的铁路线仍在运营。英国首都伦敦的地铁也是世界最早的地铁系统,至今仍在伦敦的公共交通方面发挥着不可替代的作用。

英国的道路系统颇为发达。1995年英国公路总长度为38.2万公里,其中高速公路总长约为3 000公里,公路运输在整个英国交通运输业中占有重要地位,承担着陆路运输总量的85%。从1985～1995年的10年间,英国的客运和货运均有长足发展。这一期间,英国的客运运输量增加了近30%。汽车旅行及运输、水运、空运量也有较大幅度的提高。近10年来,汽车拥有量有相当幅度的上升。英国70%以上的家庭拥有一辆以上的汽车。根据到1995年底的统计,英国注册的汽车保有量为2 540万辆,约每2人有一辆汽车。在这2 500多万辆车中,约有2 100多万辆是小汽车;200多万辆为轻型货车;40多万辆载重汽车;其余为各种各样的车辆。

英国是世界上民航设施比较发达的国家之一,也是世界民航运输业大国。90年代中空运周转量约为230亿吨/公里,其中定期航班空运业务为160亿吨/公里,不定期业务为70亿吨/公里。英国全国共有142个民用机场,其中年空运量10万人次以上、货物吞吐量150万吨以上的就有近30个。1995年乘飞机进出英国的旅客人数为1.39亿人次(其中出入境旅客为1.294亿,过境旅客为150万)。伦敦的希思罗国际机场是世界上最繁忙的机场之一,平均每3分钟就有一架飞机起落。1995年,希思罗机场共运输旅客5 400万人次(其中包括过境旅客)及100万吨的货物。希思罗机场现有4个旅客进出终端,但仍不能满足实际发展的需要。最近,英国有关部门建议在希思罗机场修建第5个旅客进出终端,使希思罗机场的旅客吞吐能力增加2/3。英国政府的民用航空政策是:保证民用航空安全的高标准;通过控制噪音及油料废气的排放,保护环境;通过鼓励航空运输业之间的竞争,以维护旅客的利益。

在世界已经进入信息时代的环境下,通讯业成为英国经济中发展最快的产业部门之一。在通讯业方面,英国有着世界上最先进的网络系统。许多公司及私人企业看好该领域的发展前景,积极扩展投资,争夺市场,诸如在光纤电缆通讯、无线电网络系统及数字交换领域,1981年以来,政府鼓励在此领域里的竞争。1984年,英国政府将以前垄断英国电信市场的英国电信公司私有化,并且鼓励更多的企业从事电信以提供多样化的通讯、电信服务。1996年,英国通讯业的总投资为55亿英镑。英国政府积极倡导和支持在国际贸易组织的协调下,实现国际通讯、电信市场的自由化,并为此承担相应的义务。

英国的服务业 英国的服务业包括金融、保险、零售、旅游及商业服务等领域,其总收入占英国国内生产总值的65%,雇佣了总就业人口的75%,是英国国民经济的支柱产业。随着国家经济结构的调整,服务业在英国的经济生活中发挥着越来越重要的作用。英国在服务业的就业人数从1983年的1 300万上升到1996年的1 680万。1995年英国金融机构海外纯盈利为204亿英镑,对英国的财政收支平衡起到了至关重要的作用。伦敦仍然是欧洲目前最大的金融中心。英国的其他金融中心还有爱丁堡(欧洲第四大金融中心)、曼彻斯特、卡第夫、利物浦、利兹和哥拉斯格。伦敦也是世界主要的金融和商业中心,从事服务业的人数为85万人。根据大不列颠1997年官方年鉴记载,伦敦在世界银行业、保险业、证券业、外汇业、债券业、期货业及商品交易业拥有众多世界之最。英国首都伦敦作为世界金融、商业中心的地位可以从以下事实中反映出来:

——伦敦是世界外国银行最集中的地区,其银行借贷款业务量占世界总额的1/5;

——伦敦是世界最大的海外证券交易中心;

——伦敦是世界最大的国际保险业及分保业中心,占国际保险市场份额的20%以上;

——伦敦是世界最大的债券交易中心,成交额占世界总量的55%;

——伦敦是世界最大的外汇交易中心市场,承担

着全球30%的外汇交易额,日均成交量大约为295亿英镑,成交外汇种类世界第一;

——伦敦是世界最大的金银交易中心,其黄金、白银价格很大程度上决定世界市场的价格;

——伦敦是世界最大的金融衍生市场之一;

——伦敦是世界最大的债券交易商集中地。

除此之外,伦敦股票交易所、伦敦商品交易所、伦敦金属交易所、伦敦原油交易所和伦敦期货交易所在世界经济、贸易、金融、投资领域中都起着举足轻重的作用。仅以世界上历史最悠久的伦敦股票交易所为例,这家成立于1860年的股票交易所目前就成交额及上市股票数量而言是世界第一。据1995年统计,全世界大约2 400家公司的8 000多种有价证券在该交易所挂牌上市,市场价值按当年汇率计算达6 300亿美元。如此巨额的有价证券交易对世界金融业的影响就可想而知了,这同时也是伦敦作为世界金融中心的实力所在。

英国是民办第5大旅游国,有近200万人从事旅游业及相关产业。1996年英国旅游业收入为37亿英镑。英国还是世界三大国际会议承办国之一,其他两个分别是美国和法国。著名的国际会议中心有伯明翰的国际会议中心、伦敦的伊莉莎白二世女王及奥林匹亚会议中心和卡第夫国际会议大厦等。

英国的公关业、广告业、商业咨询业、市场调查业也相当发达。1996年英国公关业收入约为10亿英镑,广告消费110亿英镑,商业咨询业收入为112亿英镑,市场调查业收入为6亿英镑。

经济发展战略:英国政府的经济发展战略是力图在低通胀率和健康的投资政策环境下,保证经济的可持续性发展。1992年,为了维持英镑的稳定,英国决定暂时退出欧洲货币体系,停止英镑与欧洲货币单位之间的汇率联系。此后,政府制定了一系列政策框架,其核心目的就是反对通货膨胀,保持货币与信贷的稳定。政府决心利用官方的中长期金融、信贷及财政政策,保证投资环境和机制的良好运转。另一方面,政府及中央银行则利用短期贷款利率作为调节的经济运行的杠杆。政府宏观经济政策将降低通胀率和失业率,提高增长率作为保持整个经济持续、稳定的增长。而政府的微观经济政策的主要目标是通过私有化、放松管制及税制改革等措施,鼓励企业发展,刺激市场活力,改善投资环境。

英国的外交事务及防务政策

英国的外交事务 英国是120多个国际及地区性组织成员国,这其中包括联合国、欧洲联盟和北大西洋公约组织。作为联合国5个常任理事国之一,英国积极参与联合国的各项事务。

英国与英联邦的关系是其外交事务中的一个重要方面。包括英国在内,目前英联邦共有51个成员国。英联邦是一个在自愿基础上,主权国家结合的国家联合体。其他英联邦重要成员国有澳大利亚、加拿大、新西兰、印度、巴基斯坦、南非等。英国女王被视为英联邦首脑。英联邦成员国之间的协商主要以以下形式进行:1.英联邦国家首脑会议;2.英联邦国家部长级特别会议;3.英联邦外交代表,又称高级专员会议;4.英联邦非政府组织会议。英联邦秘书处负责促进各成员国之间的协商活动,发布信息,组织各种级别的英联邦成员国会议。作为英联邦的成员国,英国在英联邦中发挥着特殊的作用,特别是在对发展中国家经济援助方面。英国对外援助的75%提供给英联邦中的不发达国家。

英国的防务政策 根据最新统计,截止到1997年4月底,英国军队的总人数约为22万;其中陆军为11.1万人,空军为近6万人,海军约为5万多人。英国政府计划到2000年将其军队总人数及辅助人员减少约2万人。1996～1997年度的军费预算约为214.25英镑;1997～1998年度和1998～1999年度将分别预计达到219.23亿英镑和226.24亿英镑。

科技、教育、卫生、文化

英国的科技发展 英国在科技发明方面有着悠久的历史和优良的传统。英国各级教育机构——大学、理工学院、技校是培养高素质科技人才和工程师的摇篮。英国政府充分认识到科技在国民经济发展中的重要性以及它们在国内、国际市场竞争中的关键作用。

英国20世纪在科技领域取得了引人注目的成就。这些成就包括脱氧核糖核酸三维分子结构的发现对现代分子遗传学的贡献,以及英国生物学家在胆固醇、维生素D、抗生素及胰岛素等方面的发现与发明。在过去的25年中,英国科学家在宇宙的起源、半导体技术、空间物理学、计算机辅助诊断技术取得了世界领先的成果。1985年,英国科学家首次在南极发现大气臭氧层现象。英国科学家在生物遗传工程方面,在基因工程方面,在克隆技术方面均处于世界领先地位。英国人口仅为全球的1%,但英国承担着全球科研总量的6%。英国是仅次于美国获得诺贝尔奖最多的国家,总计有70名学者获得过诺贝尔化学奖。主管英国科技工作的政府部门是英国教育与科学部,负责全英基础和应用科学的研究。该部通过4个委员会,即科学与工程研究委员会、医学研究委员会、自然环境研究委员会、农业及食品研究委员会下拨科研经费、制定科研规划、组织科研研究。英国1994年用于科技发展研究的经费是146亿英镑,约占其国民生产总值的2.2%。工业界承担整个科技发展研究经费的50%,政府承担30%,其余由私人基金会承担。

根据1993年发表的题为《发掘我们的潜力:科技、工程发展战略回顾》白皮书所制定的原则,英国的科技资助及组织工作近几年发生了很大变化。白皮书首次对英国过去20年科技发展的战略、政策、现状与未来进行了系统的回顾与总结。白皮书所定的英国未来科技发展的战略目标是:加强科技界、实业界、学术界和政府决策部门之间的联系与合作,预测未来科技发展对国民经济重点部门所可能产生的重大影响,采取相应的措施与步骤,利用现有的潜力,保持英国科技在更多领域中的领先地位及竞争优势。为此,1993年白皮书设立了"发掘我们潜力奖",特别奖励那些与国民经济发展有密切关系的科技领域的发展研究所取得的成果。1996年,政府出资1 800万英镑奖励了约250个科技发展项目成果。英国的高等院校承担了英国大部分的科技基础理论研究。英格兰、苏格兰及威尔士高等教育资助委员会为英国高等院校从事科技基础理论研究的学者提供主要的财政资助。这些资助通常是支持那些既从事教学,又从事科研的教师开展基础理论研究。另外其他资助科技基础理论研究的机构还包括实业界、私人基金会、政府部门及欧盟。这些机构一般向各高等院校下达科技基础理论研究课题,为它们提供充足的资金保证,并且帮助这些科技成果实现其市场价值。通过这些机构的财政资助,英国高等院校成为英国科技基础理论研究的重要阵地。

英国最有声望的科技学术团体是皇家学会。皇家学会建立于1660年,其全称是英国伦敦促进自然科学知识皇家学会,是世界上历史最悠久的学术团体。该机构相当于其他国家的国家科学院。皇家学会目前有会员1 000多名,其中许多人还兼任着政府部门的科技顾问等职。英国皇家学会担负着英国教育科学部向科技项目资助、拨款学术监督职能,在英国乃至世界都有着较高的学术地位和权威。皇家学会还行使着英国对外科技、学术交流的职能,参与了许多非政府组织及政府组织的科技学术活动和国际科研合作项目。

英国的教育概况 英国教育的目的是充分发挥不同年龄、不同社会阶层个人的潜力,使他们成为不但对己,同时对社会都有益的人才。英国对从4岁—16岁的孩子普遍实行义务教育。英国非常注重继续教育、成人教育和终身教育。英国的高等学校、社区大学、技工学校为成人提供灵活、实际、有针对性的职业、专业技术培训。过去的5年,英国教育体制经历了深刻、深远的改革,以保证政府教育政策的贯彻和执行。英国政府的教育政策是:全面提高受教育者的素质、能力及潜力;保证受教育者有更多的选择余地;使更多人有接受高等教育的机会;使教育更好地为国家的经济建设服务;使教育投资获得更佳的经济效益。

英国教育体制的发展经历了长期的历史演变。英国最早的学校是由教会在6世纪开办的。在以后的几个世纪中,英国教会实际掌握了英国教育的垄断权。当时教育的目的是培养年轻人成为教会工作人员,专门从事神职工作,效忠教会。在长期的封建王朝统治时期,英国教育只是少数富人子弟的特权,尽管有一些所谓的奖学金为"贫穷但是急需"的人所设立。随着工业时代的到来,一些实业界和工业界人士开始认识到教育的重要性,开办了一些学校。直到本世纪初,中学教育才不断普及,使那些无力支付学费的家庭能够有机会让他们的子女接受基础教育。英国的教育体制目前分为4等,即学前教育(幼儿园教育)、小学教育、中等教育(初中、高中、技校等)和高等教育(社区大学、本科、研究生),这些称为正规教育。除此之外,英国还有着广泛的社会教育体系,主要包括职业教育、技能教育、特殊教育和继续教育。英国高等教育中有一种非常独特的教育方式,这就是所谓的"开放大学(Open University)"。开放大学是为全英不同年龄的成年人提供学位、学历教育的机构。开放大学的学生不住校,教学手段采取灵活、多样的方式,利用远程传输手段及行之有效的教学方式(卫星、电视、广播、音像设施、函授、不脱产)对学生进行教育和培训。学生在选择专业、就学方式、就学时间等方面有很大的灵活性。1989年,开放大学首次开设工商管理硕士学位课程。1996年英国共有10万多人在开放大学注册攻读学位课程。自从1970年开放大学开办以来,总计有近15万人在开放大学获得了学位。

英国目前有大约50多万教师在全英2 000多所各类学校任教。英国的学生总数为900万。英国高中生考入大学的比例已由80年代初的8∶1上升到目前的3∶1。英国目前共有90多所高等院校,1994～1995学年在校学生约为175万人,学生与教职员比例17∶1。英国1996年的教育经费约为270亿英镑。

英国的医疗卫生状况 英国1996～1997年财政年度用于医疗卫生方面的经费预算总额为413亿英镑,其中用于医疗的为400亿英镑,其余为社会服务开支。国家健康服务体系是英国卫生健康福利机构,为英国公民及外国合法居留者(不计其收入水平)提供全方位的健康、医疗服务。国家健康服务体系是建立在如下原则基础之上的,即合理、有效地利用现有资源,为那些需要医疗服务的公民提供良好的医疗服务,以保证他们的身心健康。英国的国家健康服务体系是世界上最大的、雇佣人员最多的医疗保健机构,共有雇员100万人。1995年,英国政府为国家健康服务体系提出了6条重点发展方向。1.进一步发展基层医疗体系,注重预防疾病的工作;2.保证精神病患者能够获得住院、门诊、社区医疗等的综合服务;3.提高医疗经费开支的投入产出比;4.给受保健者以更大的发言权和知情权;5.加强对老年人、残疾人等的医疗保健服务;6.加强国家健康服务体系工作人员的培训。英国国家健康服务体系是英国国家福利政策的产物,其费用支出源于国家税收。尽管这种医疗卫生体系存在种种弊端,但它在过去的几十年里,为英国的全民卫生保健事业作出了重要的贡献。

英国的文化艺术状况 英国是世界上文化艺术遗产资源最丰富的国家之一。英国的文学传统源远流长,可追溯到中世纪时期,为世界奉献了乔叟、莎士比亚、密尔顿、雪莱、狄更斯、萧伯纳等文学巨匠。英国在文学、戏剧、艺术、音乐、绘画、电影、舞蹈、表演艺术等领域有过引人注目的成就。1995年,英国诗人Seamus·Heaney获得了当年的诺贝尔文学奖。英国首都伦敦是世界著名的文化艺术中心,经常举办高水平的文化艺术活动,吸引着世界著名艺术家前来参加。英国政府和企业对文化艺术事业在资金上给予了充分的支持。

英国是世界电影大国,电影事业十分发达。在过去的20年里,英国演员、导演、编剧和制片人总共获得了奥斯卡奖中的30%以上。1996年,英国电影工作者获得了四项奥斯卡奖,分别是最佳编剧奖、最佳动画片奖、最佳纪录片奖和最佳服装奖。英国全国各地大约有2 000个电影院,每周约有250万电影观众,一年约为1.24亿人次。英国的电影等级分为四级,即U级—可供所有年龄段的人观看;PG级—在家长指导下,少年儿童可以观看;12、15、18岁级—分别为这些年龄段的人观看;规定限看的和18岁以上级—严格禁止18岁以下观众观看。

英国有2 000多所对公众开放的博物馆和美术馆,每年约有1亿多人次参观。英国的博物馆和美术馆均为政府全额资助。这些博物馆和美术馆每年收入约4.4亿万英镑。坐落在伦敦的大英博物馆是目前世界艺术品收藏最丰富的博物馆之一,珍藏着世界各地不同历史年代的大量珍贵文物、艺术品及艺术珍品。英国驰名世界的其他博物馆还包括:英国自然历史博物馆、维多利亚—阿尔玻特博物馆(展示工艺美术及装饰艺术)、国家科学与工业博物馆(包括国家铁路博物馆、国家摄影、电影和电视博物馆)、国家美术馆(收藏有从11世纪到20世纪的西方著名绘画作品)、国家肖像博物馆、国家军队博物馆、皇家空军博物馆等。

英国的图书发行和图书馆事业非常发达。免费公共图书馆遍布英国各地。电视、报刊和广播每天刊登大量的书评。大英图书馆是英国的国家图书馆,也是世界上最大的图书馆之一,各类藏书、手稿等约为1 800万册。图书馆每年接待约50万人次的读者。目前政府投资5亿多英镑正在为大英图书馆建设一个新建筑物。英国每年的图书出版发行量和图书贸易额也相当可观。1995年,英国共出版各类图书10万种,出口图书总值约为10.89亿英镑。

英国的广播电视 英国1996年通过的广播法案放松了政府对大众传媒的控制,鼓励英国大众媒介产业向多元化方向发展,同时保证新闻报道的客观性和公正性。英国广播业的发展遵循着传统原则,即广播必须是一个向社会、向公众负责的行业。在这个原则基础上,各个广播公司需要开展竞争,为公众和社会提供更好的信息、娱乐服务。英国的主要广播、电视机构有BBC-英国广播公司(提供电视及广播节目)、ITC-独立电视委员会(调节商业电视、广播服务,包括有线和卫星电视)和广播管理局(作用与ITC基本相同)。

英国广播公司(BBC)是英国最大的新闻媒介机构,也是世界上最有名的广播公司之一。英国广播公司具有半官方的性质,其章程、资金及责任均由政府的皇家广播宪章所限制。公司董事会由12名董事组成,其中有1名董事长、1名副董事长,还有3名董事分别负责苏格兰、威尔士和北爱尔兰事务。董事会成员均由政府推荐,经女皇任命通过才能就任。由董事会推举公司的首席执行官负责公司的日常事务。

英国的报刊业和新闻机构 英国的报刊业相当发达。据统计,每10个英国成年人里就有6人每天阅读一份全国性报刊;每10个英国成年人里就有9人每天阅读一份地区性报刊。全国性报刊周末的发行量可达1 400万份,星期天可达1 600万份,而总的读者量肯定大大超过这个数字。英国每天发行120种日报,1 300多种周末刊物,包括商业、体育、娱乐、宗教增刊和6 600多种期刊。英国的许多报纸有着悠久的历史。例如:《观察家报》首次发行在1791年,是目前世界最老的全国性周末报。《泰晤士报》发行于1785年,是英国最老的日报。创刊于1690年的《贝罗·沃切斯特》周刊据称是世界上连续发行的最早的周刊。英国目前有10种全国性的日报,9种全国性的星期日发行的报纸。全国发行的通俗性报刊有《每日镜报》、《每日星报》、《太阳报》;严肃的日报有《金融时报》、《泰晤士报》、《独立报》和《卫报》等。星期日发行全国性报纸有《世界新闻》、《星期日泰晤士报》、《观察家报》等。

英国最著名的通讯社是隶属路透集团的路透社。路透社也是世界有名的大通讯社之一。路透社是非私人企业,现在全世界90多个国家有雇员14 600名。路透社在遍布全球的153个分支机构里有文字记者、摄影记者及其他新闻工作人员近2 000人。路透集团全资控制着全球最大的电视新闻机构——路透电视。路透电视向全球近90个新闻机构、通讯社、广播电台提供新闻录像节目。

英国的体育、娱乐状况 英国是现代足球、网球、高尔夫球、台球、板球、拳击等体育项目的发源地。英国运动员在足球、台球、板球、田径等一系列体育项目中成绩优秀。英国在100多个体育项目中保持着世界记录或者世界领先水平。在1996年亚特兰大夏季奥运会上,英国运动员获得了15枚奖牌。在随后举行的残疾人奥运会上,英国运动员获得了112枚奖牌。据统计,约有近3 000万16岁以上的英国人定期参加各种各样的体育活动。英国人最喜爱的运动项目包括竞走、游泳、斯诺克台球、健美、瑜伽功和自行车。英国人最喜欢观看的运动项目有足球、英式橄榄球、网球、板球、高尔夫球、赛马、马术和体操。英国人的娱乐项目包括桥牌、国际象棋、远足等。

注:资料及有关数字来源于政府出版的《不列颠年鉴1997年版》。

企业文化

英国企业文化的特征:由于英国与美国历史上的原因和现实的密切联系,在企业文化建设方面基本上是紧跟美国之后。在英伦三岛众多的企业中,企业文化建设最成功的当属马狮百货集团公司,它是英国企业文化的杰出代表。从马狮公司文化建设状况,可以大致了解英国企业文化及其特点。

马狮公司由小百货摊崛起而发展成为驰名世界的百货集团公司,其成功的奥秘就在于其卓越的企业文化。马狮公司的企业文化是建立在“人的因素最重要”这块基石上的。这是马狮文化最突出的特征。其具体表现是:⑴注重建立“融洽的人际关系”。公司认为,企业员工是从事工业工作的主体,各层管理人员要真心实意地尊重每个职工的尊严。公司要求管理人员对员工所做的贡献要及时地予以奖励和鼓励,还必须了解员工的困难并予以解决,尤其是高级主管更应关心员工的工作环境和各项福利措施的优劣程度。

此外,公司上下都享受同等福利待遇,如各级管理人员都同样在员工食堂与大家一起吃饭,所有人的餐费都是每周一英镑,不允许任何人搞特殊化。⑵强调"尊重人的因素",并认为提高每个员工的素质,乃是对"尊重"的深化。公司为员工提供良好的条件,让他们得到经常的训练和自我发展的机会。马狮公司素以能为不同阶层的员工提供周详和组织严谨的训练方案而著称。他们的训练一般包括三个主要部分,即专业课程、实地蹲点和评核讨论。经过这样的培训,员工的知识和技能都可得到提高,自我价值得到实现,整个公司则显示出生机和活力。⑶把关心员工当作公司理念,注重对员工的情感投资。公司最高领导层经常了解这方面的情况,并专设福利委员会负责此项工作。在具体解决员工的困难时,不以条文为单一依据,而以情感为首要。为了帮助员工排忧解难,他们经常破例解决一些问题。这些问题大都是与员工本身及其家庭因意外或患病而出现的困难。总之,尊重所有员工,关心员工的各种问题,全面和坦诚地做双向沟通,对员工的努力和贡献做出赞赏和鼓励,不断地训练和提高员工素质,追求优质产品和优质服务,可以说是马狮公司文化的特色。

以马狮为代表的英国企业文化,正在不断发展。被认为比较保守的英国人,不但吸收借鉴美国的企业文化,也在向日本学习,因此在英国企业文化中,美日两国的文化成分所占比例较大。今天的文化就是明天的经济。这正是作为欧洲共同体主导国,面对世界经济飞速发展,本国工业出现萧条,所采取的必要措施。

(外交学院　张晓立)

德国经济文化概况

1939年9月1日,希特勒德国进攻波兰,从而发动了第二次世界大战。这场战争历时5年半,使欧洲的大片土地成为废墟,夺走了约5 500万人的生命。

第二次世界大战后,德国除向苏联和波兰割让11.4万平方公里土地外,其余部分由美、苏、英、法四国占领,建立了4个占领区。1948年美、英、法三国决定合并三国占领区,并实行币制改革。1949年5月8日德国西区议会委员会通过《德意志联邦共和国基本法》,并于5月23日正式生效。9月20日第一届联邦政府组成。1949年10月7日在苏联占领区成立德意志民主共和国。1990年10月3日德意志民主共和国并入德意志联邦共和国,柏林被定为首都,从此德国实现了重新统一。

德意志联邦共和国(简称德国)位于欧洲中部,北邻丹麦,西部与荷兰、比利时、卢森堡和法国为邻,南边是瑞士和奥地利,东部与捷克和波兰接壤。德国是斯堪的纳维亚和地中海地区以及通过向中欧和东欧各国的桥梁。德国的国土面积为356 853.95平方公里,1996年下半年全国人口为8 197.1万人,人口密度为每平方公里229人。总人口有将近728.3万外国人,约占9%。除俄国之外,德国是欧洲人口最多的国家。按国土面积计算,德国则小于法国和西班牙。

德国是联邦制国家,由16个州组成。

自然与环境　德国的地形多种多样,连绵起伏的山峦、高原台地、丘陵、山地、湖泊以及辽阔宽广的平原。其特点是湖泊星罗棋布、丘陵起伏不定的沿海岸高燥地和粘土与草原、沼泽及中等山脉隆起地带前方向南伸展的肥沃黄土地错落混杂:中等山脉隆起地带将德国的北部同南部隔开;西南部等山脉梯形地带包括上莱茵低地及其边缘山脉;南德阿尔卑斯山前沿地带包括施瓦本—巴伐利亚阿尔卑斯山区在博登湖和贝希特斯加登之间,包括阿尔高伊的阿尔卑斯山、巴伐利亚的阿尔卑斯山和贝希特斯加登的阿尔卑斯山。

德国在气候方面位于大西洋和东部大陆性气候间的凉爽的西风带。温度大起大落的情况很大。降雨分布在一年四季。冬季平均温度在1.5℃(低地)和−6℃(山区)之间。7月份低地平均温度为18℃,山区为20℃左右。但上莱茵河谷气候温润,上巴伐利亚经常有从阿尔卑斯山吹来的燥热风;哈尔茨山区的山风刺骨,夏季凉爽,冬季多雪。

德国是一个缺乏原料的国家。在原料和能源供应方面,德国在很大程度上依赖进口,其所需的天然能源的2/3靠进口,天然气需求量的1/4可在国内满足。德国的铁矿和石油储藏量少。硬煤、褐煤和钾盐的储藏量很丰富,还可开采几十年。最大的褐煤储藏量在莱茵兰、南勃兰登堡和萨克森以及萨克森—安哈特和下萨克森地区东部地区。现已查明有开采价值的储藏量约为560亿吨。最重要的硬煤矿是莱茵兰—威斯特法伦的硬煤区和萨尔煤田。有开采价值的硬煤储量估计约为240亿吨。德国的天然气储量在发现了埃姆斯兰和北海的新气田以后,估计储量可达约3 500亿立方米。天然气进口来源分布很广,可保证今后十年的消耗量。1980年底开始,德国已不再开采铀。用于核电站运转的浓缩铀从外国进口,并由德国矿业联合会在外国的矿山参股的收入加以保证。

经　济

德国是国际上领先的工业国之一,其经济综合能力占世界第三位,在世界贸易中甚至占第二位。

德国实行社会市场经济制度。它的基本特征是市场原则和社会均衡原则相结合。这种经济秩序的中心是市场,竞争是这种秩序运转的基本动力。但同时还要体现社会保障和国家政策干预。在国家尽可能只给予必要干预的口号下,国家在市场经济中主要负有调节的任务。它规定市场活动的框架条件,而生产什么和消费什么原则上由千百万家庭和企业自由和独立地作出决定。生产什么样的货物和生产多少以及谁从中得到多少,这个问题主要由市场决定。竞争是市场机制运作的前提,没有竞争就不可能有市场经济。市场经济中也会出现违人心愿的发展,国家必须通过预算、税收、社会福利和竞争政策来抵制这些发展。经济发展理事会谋求经济景气政策的所有参加者的尽可能一致的行动;财政计划理事会的任务是协调联邦、各州和乡镇财政计划,以便公共收支同国民经济的能力与要求协调一致;鉴定宏观经济发展专家理事会每年秋季提出一份关于宏观经济状况和预测其发展的鉴定书,便于各经济领导部门和公众作出判断。每年1月份联邦政府向联邦议院和参议院提交一份年度经济报告。

1990年德国统一以来,德国必须在改革西德深受失业和结构变化困扰的市场经济的同时,还要把东德经济改造为适应市场经济。在西德,1994年起降低高昂的企业税,扣除利润的法人税率从50%降至45%,工商业税的最高税率从53%降至47%;还打算通过降低营业税来再次减轻税收负担,并加强市场的自身力量,国家对经济的影响受到限制,违反市场规律的规定被取消,国营企业正在民营化。在东德,经济改造和复兴是长期的艰巨任务,作为经济发展原动力的中产阶级几乎荡然无存,大部分产品在世界市场上无竞争能力,劳动生产率仅为西德的1/3,环境遭到严重破坏,住房、交通网络和通讯工具甚为落后。迄今改变经济结构的过程还在进行。1990年以来,联邦和西德各州对东德的财政资助,到1994年底已超过6 000亿马克。特别是促进投资给了东德的经济发展巨大的推动力。1991年西德和外国投资者在东德的投资总额为230亿马克,1992年为390亿马克,1993年为460亿马克,1994年为560亿马克。目前东德人均公共固定资产投资总额已超过西德人均值。农业正在进行改造。原农业生产合作社大规模解体,迄今已有2.25万家农户决定自负盈亏地经营一个企业,同时还有3 000多个农业生产合作社已经转为注册的合作社、私人公司或股份公司。劳动力从1989年的82万人降至目前的15万人。联邦政府通过托管局这个合法机构,对原民主德国的国营企业进行改造。到1994年底大约14 000家企业实现了私有化,签定单项合同将近4万项,进益约650亿马克。允诺增设劳动岗位约150万个,允诺投资额2 070亿马克。至今土地出售成交4万起,负债将近2 700亿马克,连同原民德国债、住房建筑债务被划入遗留债务偿还基金,约为3 700亿马克,1995年联邦为此已支出260亿马克。

德国经济的支柱是工业。在统一的德国,大约5.1万家工业企业1996年底雇用人数约700万人,超过其他经济部门。然而工业在德国国民经济中的比重明显下降。1996年全德国工业在各经济部门总增值中的比重已降至32.3%,而服务业创造价值已占增值的36.2%,商业和交通运输业占13.3%。工业中发展迅速的行业有信息和通讯技术以及航空航天工业,但无法补救纺织工业和钢铁生产这些老工业部门的衰退。拥有雇员1 000人以上的大企业只占工业企业的约1.9%,而2/3以上的工业企业拥有雇员不足100人。所以,德国主要是由中小企业组成的,尽管卓有成效的中小企业数量多,但作用越来越大的还是大型工业企业。工业中30%以上的就业人员在职工超过1 000人的大企业中工作,仅西门子康采恩的雇员就有39.1万人。汽车工业是德国最重要的经济部门之一,1996年产轿车475万辆。德国机器制造业极为发达,其机器设备出口约占西方工业国家机器设备出口总量的20%左右。德国的化学工业拥有最现代化的技术和用于研究开发的巨额费用,在世界范围内居领先地位。电机工业也是德国工业部门中的先进行业。精密机械和光学工业在国际上的许多领域居强有力地位。航空和航天工业起步较晚,规模虽小,但工业和技术是最现代化的,是面向未来的行业。

德国不仅是一个高度发达的工业国,而且也拥有高效率的农业,生产的农畜产品种类繁多,单产水平高,全国每公顷平均生产谷物6 280公斤(约合亩产420公斤),全国每头奶牛平均产奶量为5 487公斤。

德国的交通运输业发达,是国民经济的重要组成部分。西德的交通运输业高度现代化,运输量大,速度快,效率也比较高;东德的交通运输业虽比西德差,但也很发达。为加速德国的经济发展,国家自1991年起对铁路、公路和内河航运的17个特别重要的项目进行资助,以扩建和新建东西德之间的联系,逐步完善德国统一交通运输网。

德国马克可以自由兑换,在与外国进行资本往来中不存在任何限制,是仅次于美元的第二大储备货币。德意志联邦银行是德国的发行银行,其最高领导是由联邦银行董事会和各州中央银行行长组成的中央银行理事会,它决定德国的货币和信贷政策,它的基本任务是控制货币流通量,以确保货币的稳定,同时也为经济增长的筹资提供必要的支付手段。为此,它主要利用最低储备金、再筹资和开放市场等政策手段。目前全德共有私人信贷银行330家,转帐划汇中心13家,储蓄所704家,合作中央银行3家,信贷合作社2 778家,抵押银行和合法地产信贷银行33家,有特殊任务的信贷机构20家,建筑储蓄银行35家以及外国的信贷机构96家。德国的有价证券交易所在法兰克福/美因河畔,约占全德证券交易额的2/3,在世界仅次于东京、纽约和伦敦,居第四位。

对外经济在德国经济生活中起着决定性作用。德国的对外贸易在世界上仅次于美国,居第二位。1996年约为14 000亿马克。最主要的出口商品是机动车、机器、化工和电机产品;最主要的进口货物为农产品和纺织品、机动车、机器和电机产品。1996年德国出口的大约50%进入欧盟。德国最重要的贸易伙伴是法国,接着是荷兰、意大利、英国和美国以及日本。目前德国的对外投资额约为2 750亿马克,外国在德国的投资约为1 900亿马克。在相互投资方面,美国是最重要的伙伴国,然后是荷兰、瑞士、法国和英国。近年来德国在国际收支中的经常项目出现赤字,1994年亏损110亿马克,1995年为149亿马克,1996年结余51亿马克。中国是德国在亚洲仅次于日本的贸易伙伴,而德国也是中国在欧洲最大的贸易伙伴,但双边贸易额占各自进出口总额的比重甚微,即尚不占两国对外经济的重要地位。到1996年4月底,德国在中国直接投资项目达1 411项,协议金额49.81亿美元,实际投资14.07亿美元,在各国对华投资中仅占约1%,位居第8位。德国是中国引进技术最大来源国,在科技、援助、教育、环保等方面合作也有所扩大。

群众性失业是困扰德国经济发展的巨大障碍,1996年平均全德登记的失业人数为396.6万人,失业率为10.3%;预期1997年可增加到450万失业大军。失业金最高相当于净工资的67%。一般情况下,失业者最多可以领取一年,年老的失业者最多领取32个月。如果继续失业,可以申请失业救济,它最多可达净工资的57%。目前,在西德平均每人住房面积为35平方米,在东德为28平方米。物价基本稳定,1996年全德消费品价格平均增长1.5%。在西德,一个平均收入的职工在交纳保险费45年以后的养老金约为雇员平均净收入的70%。目前每月此类养老金约为2 310马克;在东德稍低些。通常年满65岁者就可领取养老金。在德国,无力自助和无法获助者可得到社会救济金,主要由各州和乡镇提供。

科 技

德国极端重视科学研究与技术开发工作,并采取一系列措施使科学技术与生产实践相结合，从而有力地促进了企业的技术进步和生产发展。德国在战后初期就曾提出“经济要科学化，科学要经济化”的口号，一方面大力引进外国先进的科学技术，另一方面积极开展科学研究与技术开发工作，经济的恢复和发展很快。估计德国经济增长额中的2/3左右是直接或间接地来自科学研究与技术开发。德国强调，当前的世界经济竞争，本质上是科技竞争，把加速科技进步作为国家发展的基本国策，国家要扶植直接服务于经济发展的科学研究和新技术开发工作。

在德国从事科技研究和技术开发工作的机构，大致可分为高等院校、高等院校外属于国家和由国家资助的科学研究与技术开发机构以及广大企业的科学研究与技术开发机构三大类。高等院校进行研究工作是德国的老传统，多年来从事与应用研究有密切关系的基础研究，在教师中约有1/3从事科学研究工作，在经费中约有40%用于科学研究工作。高等院校外的研究首先以高等院校的研究为基础，主要在基本上由联邦和各州共同资助的基础物理、新能源、航空与航天、医学、分子生物学、环境与极地考察等耗资巨大的项目研究机构中进行。德国没有联邦一级的科学院，但有7个由州政府提供资金的科学院。它们是科学界进行交流的中心，主要支持长期的人文科学项目。马克斯·普朗克协会是高等院校外促进科学事业发展最大的研究机构，经费绝大部分由联邦和有关州拨款。它在西德有60多个高水平研究机构，并正在东德建立新的机构，主要进行超出高等院校范围的或需要特别大型设备的基础研究。弗朗霍夫学会主要从事应用研究，承担国家和企业委托的项目，其成果使工业部门直接受益。这是一个从事自然科学和工程科学的应用研究与技术开发的组织，也是德国最大的接受委托研究的机构，大约50个研究所接受委托。在东德已建立约10个机构和12个分支机构。目前德国从事尖端领域的基础研究和技术开发的，主要是联邦和各州所属的16个大研究中心，其资金来源90%靠联邦，科研机构所在地的州出10%。企业界中有很多科学研究与技术开发机构，主要从事应用科学和技术开发，目的是推出新技术、新工艺和新产品，拥有强大的科学研究与技术开发力量，人数和经费都约占全国的2/3。这是德国科技体制的一大特点。在企业一般都自己设有专门的科学研究与技术开发机构，配备有雄厚的科学技术力量和完善的科学研究设施。中小企业也有试验室，财力和人力不足的组织联合研究或委托有关单位进行研究。目前有30多个行业的近万家企业参加的80多个研究机构联合成立了工业研究联合会，受到国家资助，对企业承担委托项目和咨询服务。德国科技体制的一个典型的特征，是那些科学研究促进和资助机构对协调全国科学研究与技术开发工作起着重要的作用。德意志研究联合会是一个全国性的独立科学管理机构，仅1994年审查处理的科学研究与技术开发资助申请就有将近2万项。它从联邦和各州得到资助经费，1994年约为18亿马克。

德国的科学研究与技术开发人员约有50万人。德国的科学研究与技术开发费用与年俱增，按全国人口平均所占有的科学研究与技术开发费用，德国60年代只及美国的1/3，到70年代已同美国处于大致同一水平，1980年以后就超过了美国。1993年德国科学研究与技术开发费用为816亿马克，占当年国内生产总值将近2.5%，在大工业国中仅次于日本(3%)和美国(约为2.8%)，占第三位。

促进国际科技合作是德国科技政策的一个重要方面。除促进通过洪堡基金会或德意志学术交流中心进行的德国和外国科学家交流及直接合作外，还有多样的国际合作形式。德国同30多个国家签订了科技合作双边协定。德国的主要合作伙伴是欧盟各国，其次是美国、日本等发达国家。现在也加强与东欧各国的合作。德国积极参加尤里卡计划等欧洲科技合作活动以及非一国之财力所能使用的大型科学仪器的设备，如设在日内瓦的欧洲核研究组织的高能加速器，设在格雷诺布尔的劳厄/朗格温研究所的超高流反应堆和在海德堡的欧洲分子生物学实验室。美国是德国的重要科技合作伙伴，主要是在航天、能源、信息、交通、环境和医学等领域。德国与日本合作的重点是能源、生命科学等。德国与第三世界国家也有较多的科技合作，其目的在开辟市场和寻求原料。

科学技术在当今世界上的地位日益重要，也是世界强国之间竞争的焦点。德国是科技和经济高度发达的国家，但在高技术竞争方面，在某些领域受到美国、日本的冲击。德国在基础研究与传统领域的研究开发方面，与美国和日本相比毫不逊色，但在微电子和生物工程方面处于不利的竞争地位。

教 育

德国的教育事业受国家监督。按照德国的联邦制结构,教育事业的管辖权在联邦和各州之间进行分配。教育事业中的立法与行政管理的绝大部分职权归各州所有,尤其是在中小学教育、高等教育以及成人教育和进修等方面。根据《德意志联邦共和国各州关于统一教育事业的协定》(1971 年 10 月 14 日汉堡协定),各州对义务教育、组织形式、考试的承认等问题作出了有约束力的规定。德国各州文教部长例行会议通过补充决定,使各州的教育事业协调一致,如关于重新安排高中,中学毕业考试中的统一要求以及关于相互承认保证教育事业中的统一性的各项协议。在德国统一后,东德根据基本法、汉堡协定和德国各州文教部长例行会议的有关协议,颁布了新的学校法。

1996 年德国有 52.5 万所学校,学生 1 200 多万人,授课的在职教师大约 72 万人。基本法给予每个人自由发展个性,并按各自的爱好与能力自由选择学校、培训场所和职业的权利。教育政策在这方面的目标是使每个人有可能获得最理想的促进,并接受合格的、符合他的兴趣的培养。每个人终身都应有机会在个人、职业或政治方面得到发展。教育政策的准则之一是将年轻人教育成为决心在民主制国家中共同担负责任的成年公民。德国是原料缺乏的国家,它依靠的是受过教育的专业力量,因此,德国对教育的投资额很高。1996 年全德的公共预算中大约 1 300 亿马克用于中小学和高等院校,包括对中小学生和大学生的资助。

义务教育从 6 周岁开始至 18 岁,共实行 12 年。儿童 6 岁开始上小学,一般为 4 年,在柏林和勃兰登堡两个州为 6 年。在大多数联邦州内,开始的两个年级不打分,而只给一个报告形式的评语,借以描述在各个学习科目中个人的进步与弱点。第 5、6 年级学生及其家长可以决定继续上哪一种类型学校,也可以变更。大约 1/3 的儿童在小学毕业后升入普通中学。在普通中学(5 年级到 10 年级)毕业后,大多数学生开始职业培训,与此同时上一所职业学校至 18 岁。九年制中学(5 年级到 13 年级)是德国传统的较高学校,在 11 年级至 13 年级这个阶段里,传统的班级制被课程制取代,虽然某些必修课程还存在. 但高中生则有可能选择个人的重点科目。学校的课程分为语言文学艺术、社会科学和数学自然科学技术三大类。读完 13 年级通过考试者就获得升入普通高等院校的资格证书,持此证书就可在高等院校的任何专业学习。

德国每一类学校都有受过特殊培养的教师,每位教师都必需受过高等教育,但学习年限不同。担任小学和普通中学教师一般学习 6 个学期。高等院校学习结束后通过国家考试后,还要在学校进行教育实践培训,并通过第二次国家考试者,可以担任高中教师。教师通常被任命为公务员。目前对东德的教师还在实行过渡性规定。

德国的中学毕业生人数不断增加,其中决定上高等院校学习的越来越多,而接受职业教育的毕业生比重则处于停滞状态。目前,手工业和工业中后继乏人。中学毕业后不谋求上高等院校资格的年轻人通常接受一种职业教育。大部分人在企业中的实践培训同时,接受职业学校的理论培训,即企业和国家共同对职业教育负责。目前 160 多万年轻人正在大约 450 种得到承认的培训职业中接受培训。现在正在加强努力使那些尚未接受过职业培训的年轻人在职业方面获得培训。在德国,原则上不应该有一个青年人不经培训就开始职业生活。

在德国,现在申请高等院校学习名额约占适龄青年的 1/3。1994～1995 年冬季学期大学生的人数约为 190 万名,其中有 22.1 万名新入学者。高等院校由各州管辖。联邦规定高等教育事业的一般原则,并参加为高等院校建设和研究筹资。高等院校享有自治权,在法律的范围内有自己的校规。综合性大学是德国高等院校的支柱,在这些学校里的学习以通过学士考试、硕士考试和国家考试而结束,有几门学科只以硕士或博士考试结束。高等专科学校主要在工程技术、经济、社会学、设计以及农业等学科内安排更多的与实践有关的学习,以学士考试结业。今天几乎 1/3的新生选择此类高等院校。在黑森和北莱茵—威斯特法伦两个州有整体大学,它将不同类型的高等院校统一起来,相应地开设多种课程,学习年限不同,给予不同的结业证明。1994 年全德有将近 13.5 万名外国学生。几乎所有的专业课程都有中间考试,但大学生仍能自由选择课程。大学生不交纳学费,并通过大学参加事故保险和以优惠的大学生保险费用参加医疗保险。大学生有权根据联邦教育促进法，获得国家的助学金，其中一半为奖学金、另一半为无息贷款。在西德得到资助的大学生为 19.2%，在东德为 49.1%。长期以来在探讨学习改革问题，首先是缩短学制。

在德国，约有 1 000 万人参加成人教育，因为工作岗位上的要求越来越高，而且在发生变化，不少人在一生中须多次变换职业。德国有业余大学 1 000 多所，一般是由乡镇创办，州提供补贴。进修与深造的人数显著增加，目前每 3 名雇员中就有 1 人参加训练和各种讲座，越来越多地利用职业培训来改善就业机会的首先是失业者。

文 化

德国作为联邦制国家的文化生活是丰富多彩的，各州独立的文化生活使大大小小各具特征的文化中心得以产生，甚至在最小城镇中，文化生活也在发展。德国是一个拥有许多文化中心的国家，它没有文化方面偏僻闭塞的落后地区。人们无需百里迢迢地去看优秀戏剧或聆听精彩的音乐会。有些较小的城镇也有珍贵的图书馆或饶有趣味的艺术品珍藏馆。德国这种多样性反映在各种文化机构的地区分布上，国家图书馆设在法兰克福/美因河畔、莱比锡和柏林，国家档案馆在科布伦茨，最有价值的博物馆在柏林、慕尼黑、纽伦堡、科隆和斯图加特，两所最重要的文献档案馆在马尔巴赫和魏玛。汉堡是新闻媒介最集中之地，科隆和杜塞尔多夫是现代艺术生活的中心。德国大多数文化设施是由城镇经管。除少数例外，各州在文化事务方面执行立法工作。

德国许多人认为，现代社会中的各种大众媒介，通过提供信息和意见，使公民能了解和监督议会、政府以及行政部门的活动。联邦政府新闻与信息局是沟通政府与公众的机构。

德国人很喜欢读报。从报纸密度(每 1 000 居民的报纸发行量)来看，德国仅次于日本、美国和瑞士，居世界第四位。德国的期刊市场琳琅满目，《明镜》周刊是国际上著名的发行量超过 100 万份的新闻杂志。新闻权由各州新闻法管辖，主要内容包括版本说明义务、不能强迫他们说出提供信息者和信息来源的新闻记者小心谨慎的义务和拒绝证言的权利以及在报道失实时进行反驳的权利。“德国新闻理事会”是出版商和记者自我监督的机构，它处理违反记者小心谨慎的义务和伦理方面的问题。然而，它的表态并无约束力。

德国的广播和电视不掌握在国家手里。德国广播事业的特征是双元广播制，即公法广播事业和私营广播事业协调并存。1995 年德国有 11 个广播电视台。一部分广播电视台仅覆盖它们所在的州，一部分是多州广播电视台。对公法性广播电视台的监督与领导权一般的由广播电视理事会、管理理事会和台长三个方面掌握，他们由各州议会选举产生。这一结构应保证广播电视台独立于国家机构，然而实践中不总是排除一切政治影响。私营电视台由主要是媒介康采恩参加的企业财团经营，其仅靠广告收入筹资。目前大约有 170 多家私营电台。

德国的重要出版业城市是慕尼黑、柏林、汉堡、斯图加特、法兰克福/美因河畔、科隆和莱比锡。德国的图书出版量在国际上占第二位，仅次于美国。书业是除药业外德国还由立法者确定控制零售价格的经济部门。这就确保了几乎所有的图书可在全德以统一价格购得，保证了以书籍这个文化财富供应居民。

德国的许多大城市都拥有自己的乐队和歌剧院。最古老的歌剧院在汉堡，最现代化的歌剧院在科隆和法兰克福/美因河畔，仅在柏林就有 3 家歌剧院。慕尼黑的国家歌剧院和德累斯顿的森佩尔歌剧院是意大利文艺复兴全盛时期风格的建筑。柏林爱乐团、慕尼黑爱乐团、班贝格交响乐团、莱比锡音乐厅交响乐团等是有名的德国乐队。

德国戏剧异常丰富多彩，不仅在柏林、慕尼黑和汉堡大城市，而且在偏僻地区也有戏剧演出。德国的剧院每一个演出季节由国家拨款资助 30 多亿马克。得到资助的除国家剧院、州剧院和市剧院总共约 590 家外，还有大多数的私人剧院约 170 家。

文化节不仅在德国的大城市，而且也在许多小地方举行。仅音乐方面的文化节就有 100 多个。波恩每隔 3 年在 9 月份举行国际贝多芬节，慕尼黑每年 7 月举办歌剧文化节，柏林每年 2 月举行国际电影节，争夺金熊奖和银熊奖。

旅游业

德国是一个旅游国家,不仅为外国旅游者,而且也为德国人提供丰富多彩的城市与风光,几乎有一半德国人在国内度假,在德国度假的外国人只占旅游者的10%。1995年外国人旅游收入约170亿马克。

德语地区作为拥有许多大小不等的单个主权国的松散联盟长达几个世纪之久,在几乎所有的主权国内都有过繁荣的独立的社会与文化生活。众多的文物建筑、图书馆、博物馆、剧场等对艺术鉴赏家与爱好者具有巨大的吸引力。魏玛、埃森纳赫或德累斯顿是德国文化的传统城市。但是,风景的多姿多彩也令人神往。在北海和波罗的海的海岸边和岛屿上海洋性气候温和宜人。荷尔斯坦因和梅克伦堡的多湖平原使人流连忘返。中等山脉地区和阿尔卑斯山是徒步旅游者涉足为快的目的地。博登湖和巴伐利亚湖是水上运动爱好者的好去处。莱茵河、美因河、摩泽尔河、内卡河、多瑙河以及易北河的河谷充满了浪漫色彩。远离交通干线的大约100多条旅游者之路,揭示了古代的文化风光,使人更加接近自然景色、田园诗般的古老城市和村庄。在不见于旅游指南的地方,旅游者也会发现漫长历史的遗迹。旅游者在巴伐利亚到处可见清新明快的巴罗克式建筑,在北方则是庄重严谨的哥特式砖砌房舍。许多地方的乡土节日和民族服装节、葡萄酒周或其他民间节日向旅游者提供与当地人接触的机会。

外国旅客的旅游手续简便。许多国家的公民可以无需办理签证到德国访问3个月。德国是参加申报协定的国家,凡持有该协定参加国的签证的人,都可到德国旅游。外汇可以不限数额地携入和带出。

德国人喜爱旅游,近年来德国人将近60%曾进行至少5天的休假旅游。富裕程度的提高和工作时间的缩短,使就业人员有更多的休假机会和业余时间。近年来绝大多数的劳资协定都规定有6周或更长的休假时间。绝大多数的企业为此支付休假津贴。

许多德国人在本国度假旅游。但是,绝大多数的休假人员宁愿去气候和煦的南方国家。1995年他们在国外支出的费用约为620亿马克。目前在国外旅游的目的地主要是意大利、西班牙、奥地利、法国、瑞士和美国。

根据民意调查,目前一个普通德国家庭用于业余活动和旅游的费用约占收入的20%。这个比例还在提高。一个名符其实的余闲工业亦称无烟工业正在发展成为繁荣的经济部门。70年代初德国业余活动协会应运而生,它从事关于业余活动的研究,提供信息、资料和咨询。

企业文化

1996年全德有雇员3 080万人,构成德国就业人员的绝大部分。此外还有作为雇主的300多万独立工作者,他们除有48万协助工作的家属外大多聘用雇员。雇主还包括股份公司、联邦、各州,乡镇以及其他公共机构。

在德国,雇主和雇员联合会有权在国家不干预的情况下签订劳资合同,实行劳资自治,结成社会伙伴。通常以几年为期的劳资轮廓协定规定工作时间、休假天数、解约通知期限和加班费等。通常一年签订一次工薪协议规定职工的报酬。此外还有以职业培训、养老金等为内容的专门工薪和劳动条件协议。这是德国企业文化的一个特征。

职工参与企业民主管理,是德国企业文化建设的极其重要内容,一般称为职工参与决定,是指国家通过专门的立法,使职工享有权利,有组织地参与企业内部对生产过程和职工内部生活的领导和管理,其着眼点是保证企业内部安定团结的生产秩序。

职工通过选派代表进入企业领导机构参加民主管理,是德国职工参加企业民主管理的最高层次。根据1951年制定的《煤炭行业参与决定法》,煤炭和钢铁行业实行职工共决。根据1976年制定的《参与决定法》,大的股份制企业由职工代表和股东代表对半组成监事会,主席由2/3多数选举或由资方代表选出。根据1952年制定的《企业组织法》,一般企业的职工代表在监事会占1/3席位。根据1972年通过的《企业组织法》,职工通过企业职委会参加民 主管理。这种职委会不是企业的领导机构,而是职工代表机构,但可依法参加企业内部管理,又称企业里的职工参与决定。它在国家法律和劳资双方签订的行业工资合同允许的范围内,在本企业的福利、劳动、人事和经济事务等方面可参与企业民主管理。职工在企业职委会选举中享有选举权和被选举权,凡涉及职工本人的事务有了解权、讨论权、阅看权和申诉权。

职工参与企业民主管理十分有益于劳资之间的伙伴式合作,对保证企业内部的和睦气氛起着重要的作用。参与决定也意味着职工应担负起责任来,既要对每个职工负责,也要对整个企业负责。从职工参加企业民主管理的层次来看,通过职工代表机构职委会在企业进行的参与决定,是职工参加企业民主管理的重点。尽管职工参与企业民主管理也有其耗时和费钱的弊端,但这一制度在创造企业文化方面所起的积极作用是颇大的。

社会保障制度也是德国企业文化的一个内容。在德国,社会保障的目标不是对人的全面供养和照料,而是建立在自己获得的个人要求之上。为实现这一目标,德国制订了一系列的社会保障法,从对生病、事故和年老时的保障,直至子女补助、住房补贴或失业金。此外,国家还确保居民的基本生活条件。社会保障费用在国民生产总值中的比重为30%以上,其中1/3用于养老保险,1/5以上用于法定医疗保险。

根据法律,所有的职工都参加养老保险。这种法定养老保险费(目前为总收入的 18.6%)只交到目前为7 800马克的保险费计算界限为止,由雇主和雇员各付一半。职工养老保险公司在职工男年满65岁、女年满60岁后支付养老金,如投保者死亡,其家属得到死者一定百分比的养老金。目前这类养老金约为雇员平均净工资的70%。许多企业还自愿为其职工支付额外的老年补贴,这种企业养老金是对法定养老金的宝贵补充。

几乎所有的德国公民都参加医疗保险。保险费由投保者和雇主各支付一半,1994年西德为总收入的13.5%,东德为12.5%。

在德国,所有雇员和农民按法律规定都参加事故保险。目前每个有抚养义务者都得到子女补贴。无力自助与无法获助者得到社会救济金。

消费文化

在德国,保护消费者利益是消费文化的基本内容。国家为了保护消费者利益,制订了许多法规,并资助消费者组织,以加强消费者在市场上的地位。为了让每个消费者在购买商品之前充分了解市场情况,详细了解要买商品的供求、质量和价格等,国家在以下一些方面作出法律规定。

关于广告宣传,各种各样的广告宣传不可否认是一种信息来源,但对于消费者来说,应该正确理解广告的意义,只能把它当作了解商品供给的一种手段,但在最终决定购买商品时不应受其影响。这样就可以利用广告的积极一面。另一方面法律规定广告宣传必须遵守一定的规则,而不准把商品吹得天花乱坠。保护消费者最重要的法律是《反不正当竞争法》,其主要任务是防止商业活动中的欺骗行为,特别是保护消费者免受可使人曲解的广告宣传之当。

商品标记对影响消费者作出是否购买商品的决定,能起很大的作用。因此,法律对其有一些规定。根据《包装品法规》,包装商品必须在包装上注明商品净重或数量。非标准化包装的商品,除该商品的售价外,还要注明单位商品售价。根据《生活用品标记法》,包装出售的食品必须注明:品名、生产厂家、配料、添加剂种类和数量清单、保存期等。根据《度量衡法》,包装不得造成内装商品比人们想象还要大的错觉,违者受到惩处。根据法律规定,商品包装上还要注明商品等级。《纺织品标记法》规定,出售给最终消费者的纺织品必须注明该商品的各种原料含量,以便消费者比较同类商品的质量和价格。标记应作在商品本身之上,易于辨认。在商业习惯上,含量标记通常作在有企业字号、商品商标和商品保护标记的同一标签上。保护标记是厂商自愿向消费者提供的信息,仅用若干象征性标记告知消费者有关洗熨、化学洗涤、烘干或日常保护等方面的注意事项。它虽然不是商品的品质标记,但已国际图象化,因此不得随意更改,而且德国有专门的监督机构。《产品信息准则》规定,家用电器要根据统一体系注明其产品的技术标记,一般由生产厂家自己做,但是否符合实际情况,则受德国商品品质保障和标记协会以及德国标准协会监督。此外,还有大量厂家自定和自愿遵守的商品标记,具有很大的广告价值,消费者不要为其所惑。厂商自愿注明在商品上的质量检验印章和商品品质标记,在某种意义上可以作为消费者的参考。品质标记在德国已有50年的历史,德国品质保障和标记协会规定颁发品质标记的质量要求和决定标记的外观。德意志标准是对产品最起码的技术和安全要求,凡送德意志标准协会检查合格的产品，就可获得德意志标准已验的质量印章，在市场上就会受到消费者的青睐。德国电气产品最有名的安全标记，是德国电气协会颁发的德国电气协会标记，其对产品的各项技术和安全指标进行彻底检查，如测试电压的稳定性，导电部件的温高，潮湿和高温对机器性能的影响、防跑电性能、耐用程度等。检查结果全部合格，该产品才能获得德国电气协会标记。根据1968年制定的《器械安全法》，厂商生产或进口的技术器械，必须符合认可的技术规定和劳动保护规定，才准许投放市场。德国政府1964年资助成立民间的商品测试基金会，重点测试传统消费品如家用电器、照像器材、汽车、娱乐器材、洗衣粉、卫生保健用品、食品等。1973年制订和1985年进行重大修改的《标价法》规定，除极少数商品(如艺术品等)外，所有零售商和服务行业企业都必须明确标价。

德国没有统一的消费者保护法，有关这些内容的法规散见于各种法规。1976年制定的《反经济犯罪法》着重反对银行信贷、破产诉讼等领域里的经济犯罪行为。为打击计算机和数据处理领域里的犯罪活动，德国1986年又制定一个《反经济犯罪法》。除立法外，德国在各州还设有专门处理经济犯罪案件的重大经济犯罪检查院。对经济犯罪不仅处以罚款、判刑，在某些情况下还可取消罪犯从事某种职业的资格或判罚停业若干年。德国还制订了许多消费者保护法规，如《分期付款法》、《一般交易条件法》、《旅行合同法》、《房租法》以及教育、卫生、能源、环保等法规。

(中国社会科学院世界经济与政治研究所　白靖宸)

阿根廷经济文化概况

阿根廷共和国(The Republic of Argentina)，位于南美洲东南部，东濒大西洋，南与南极洲隔海相望，西邻智利，北与玻利维亚、巴拉圭交界，东北与乌拉圭、巴西接壤。面积2 776 889平方公里，人口3 418万(1994年)，首都布宜诺斯艾利斯(Buenos Aires)，人口296.5万(1993年，包括近郊19个区的大布宜诺斯艾利斯市共1 100万人)，年平均气温16℃。全国划分为24个行政单位，由22个省、1个地区和联邦首都组成。现任总统卡洛斯·萨乌尔·梅内姆(Carlos Saul Menem)，1989年7月8日就职，1995年7月8日获得连任。

阿根廷地形复杂多样，地势西高东低。安第斯山脉坐落在西部，贯穿南北3 000多公里。东部为大片冲积平原，海拔不到200米，但其间高耸一座阿空加瓜山，海拔6 964米，为南美洲第一高峰。中部和东南部为辽阔富饶的潘帕斯大草原，所在5省占全国领土面积的1/4，这里地势低平，土地肥沃，气候宜人，适于农牧业的发展，是阿根廷和世界上著名的粮食和肉类产地，为阿根廷物产最丰富的地区，也是阿根廷的政治、经济、文化中心和人口集中地区，流经此地的拉普拉塔河成为孕育阿根廷民族的摇篮。北部为格兰查科平原，多为沼泽洼地，盛产林木、水果、经济作物及畜牧产品，阿根廷的特产马黛茶和烤胶就产于该地区。南部是巴塔哥尼亚高原，这是一块绵延起伏的半沙漠地带，河流稀少。火地岛是南美洲最南端的岛屿，高山终年积雪，东北沿岸为平原地区。

阿根廷的气候复杂多样。北部属于亚热带气候，年平均气温18～20℃，位于阿根廷最北端的峡谷地区因有南回归线的穿越，呈热带性气候，夏季1月平均气温为25～30℃，冬季的7月为12～13℃。南部因靠近南极，气温较低。位于最南端的火地岛气温最低，年平均气温仅为5.3℃。除南北气温相差悬殊外，横贯南北的安第斯山脉，气温变化也很大，气候呈明显的垂直分布。海拔1 500～2 500米地带属热带和亚热带气候；海拔2 500～3 500米地区干燥而温和，日温差大；海拔3 500～4 500米地区干寒，夜间有冰冻；海拔4 800米以上地区终年积雪。

阿根廷境内河流众多。全国共有河流湖泊数百个，各河流通航里程共为3 215公里。由于河流走向多由西至东，西部高耸入云的安第斯山脉和东部海拔不到200米的冲积平原形成了高落差水位，为阿根廷提供了丰富的水力资源，其水力蕴藏发电量为1 100万千瓦。

阿根廷矿产资源丰富，已探明并有开发价值的有80多种，包括石油、天然气、煤炭、铁、银、铀、铅、锡、石膏、硫磺等。已查明蕴藏量：石油3.2亿吨，天然气5 404.29亿立方米，煤炭6亿吨，铁3亿吨，铀2.94万吨。阿根廷森林面积达62.7万平方公里，占全国总面积的1/3左右，木材多为硬木和半硬木。此外由于阿拥有2 600公里的海岸线，沿海大陆架渔业资源丰富，盛产无须鳕、黄花鱼、青花鱼和黑线鳕等。

阿根廷海岸线总长5 117公里，有众多良港。布宜诺斯艾利斯是全国最大的港口，其他重要的港口有：马德普拉塔港、布兰卡港、罗萨里奥港和圣菲港等。

在西班牙殖民者入侵之前，阿根廷的原有居民为印第安人。1530年，西班牙殖民者到达拉普拉塔河流域。1535年，西班牙控险家门多萨率领一支由2 500人组成的舰队入侵，并在拉普拉塔河右岸建造了布宜诺斯艾利斯城堡。门多萨被任命为新领土的总督。西班牙殖民者对印第安人进行了灭绝种族的屠杀。1776年西班牙在布宜诺斯艾利斯设立了直接受王室统辖的总督区。1810年5月25日，阿根廷开始反对西班牙统治的独立战争，很快就推翻了殖民政权，并建立了包括现今乌拉圭、巴拉圭及玻利维亚在内的拉普拉塔临时政府。当年民众集会的广场称做“五月广场”，5月25日被定为阿根廷建国纪念日。独立后，国内出现混乱纷争的局面，巴拉圭、玻利维亚、乌拉圭先后脱离临时政府，1816年7月9日，拉普拉塔联合省宣告独立，1826年又改组为阿根廷联邦共和国，1862年完成了联邦各省的统一，结束了独立后阿根廷长期骚乱和分裂的局面，国家正式得到统一。

从19世纪中叶开始，大批欧洲移民的到来，以及英国资本的经济渗透，对阿根廷的经济和社会发展产生了重大影响，阿根廷的商品生产和商品市场都有了很大发展。第一次世界大战中，阿根廷趁各帝国主义国家忙于交战之机，利用其中立地位，加快民族经济发展，推动工业化进程。1930年，乌里武鲁发动兵变，建立了军人独裁政府；在此后10多年中，阿根廷先后更换了4届总统，出现了军人和文人交替执政的混乱局面。第二次世界大战后，庇隆当选为阿根廷总统，提出了“社会正义、政治主权、经济独立”的口号，他的主张被称为“庇隆主义”。1955年9月，庇隆被军人政变推翻，流亡国外；1973年庇隆再次执政，但不久就病逝。1983年，加尔铁里因马尔维纳斯群岛战役惨败，被迫交出军人政权，阿方辛就任总统，开始国内民主改革。1989年正义党候选人梅内姆当选总统，1995年获得连任。梅内姆再度执政以来，基本延续了上届政府确定的内外大政方针，注意同各党派合作，改善同军人和工会的关系，基本上维持了全国政治和谐。

1853年阿制定第一部全国统一的宪法。1994年8月22日，宪法经第四次修改后实施。修改后的宪法规定，阿为联邦制国家，实行代议制民主。总统通过直接选举产生，任期4年，可连选连任一次。新宪法还规定设总理一职。全国性政党28个，主要有正义党（现为执政党）、激进公民联盟、国家团结阵线等。

阿根廷奉行独立自主的对外政策，坚持各国人民自决、不干涉内政和主权国家一律平等的原则。强调建立国家经济新秩序，开展南北对话和南南合作，外交注重务实，积极推动拉美地区一体化，强调发展同美欧国家的关系，大力拓展同亚太地区的关系。阿已同110个国家有外交关系。

中国1972年2月19日与阿根廷建交。建交以来，两国关系发展顺利，双方高层互访不断。1995年两国关系继续全面发展，阿根廷总统梅内姆访华，中阿经贸混委会第12次会议在北京举行。1995年双边贸易总额为6.439亿美元，其中中方出口额为3.703亿美元。

经　济

阿根廷是拉美大国，工业部门比较齐全，农牧业发达。阿根廷在经历30～40年代的经济繁荣后，一个成熟的资本主义经济体系成长起来。第二次世界大战结束时，其经济和社会发展水平可与加拿大、澳大利亚等发达国家相比。在拉丁美洲国家中，阿根廷的工业化进程起步最早，制造业发达，人均国民生产总值长期居拉美各国之首。

然而到了80年代，如同其他拉美国家一样，阿根廷遭受了严重的经济危机和债务危机，1989年创下了年通货膨胀率4 923%的历史纪录，经济大幅度滑坡。

以梅内姆总统为首的政府自1989年执政以来，进行了大刀阔斧的改革。1991年经济部长卡瓦略就职后，首先从货币政策入手，以法律的形式确定了比索的发行量完全以外汇储备为基础，比索与美元固定的等值汇率，比索对各种外汇可自由兑换。这就是闻名一时的"可兑换法"。法令颁布以后，新比索开始流通，通胀立即开始直线下降，1991年降到84%，1993年降到7.4%，1995年则降到1.6%。梅内姆政府还采取了快速私有化措施。被私有化的国有企业除了电话公司和航空公司等大公司以外，还有电视台以及一部分规模较小的石油化工公司、发电厂、钢铁厂等。

阿根廷经济1995年出现衰退，增长率从前几年6～7%直线下降，以至于出现了4.4%的负增长，大批中小企业倒闭，资金大量外流，许多银行宣告破产。在出现经济萧条初期，部分人将其归咎于1994年底爆发的墨西哥经济危机的冲击，并认为不久将会走出萧条，但直到1996年6月也未出现所期待的复苏，却出现了高达35亿比索的巨额财政赤字和17%的失业率等其他萧条期的典型特征。

近几年来，阿根廷全力推行所谓的新自由主义经济政策，初期收到显著的经济效果：降低了通货膨胀；保持了货币金融体系的稳定；促进外贸飞速发展；获得大量外部资金。然而，随着改革的深入，这一政策所产生的负面效应，所引发和积累的深层次问题开始充分暴露，有的逐渐激化，达到相当严重的程度。如实行私有化的初衷主要有两个：提高企业的经济效率，以甩掉国家财政补贴的大包袱；筹集更多资金用于发展经济。从某种程度上来说，阿根廷达到了这些目的。1989年到1995年的7年里，私有化的直接收入和节省的国家财政补贴大约有300亿美元。然而随之而来的是国家丧失了必要的宏观调控能力，引发一系列社会问题。最为突出的是高失业率，失业率自1991年开始上升，于1995年达到18.4%的历史最高水平。如此高的失业率产生了巨大的社会压力和不安定因素，1996年发生了两次全国性的大罢工。由于阿根廷国内经济形势日趋恶化，经济改革的设计者经济部长卡瓦略不得不于1996年7月宣告辞职，由中央银行行长罗克·费尔南德斯接任。

工业 工业技术水平较高，工业产值占国内生产总值的1/3，主要有石油、钢铁、水泥、化工、纺织、汽车制造和食品加工等。

阿根廷的石油生产前景广阔，特别是马尔维纳斯群岛发现有大量的石油和天然气，阿根廷正与英国积极磋商合作开发事宜。长期以来，阿根廷的国营石油矿藏管理局对全国石油实行产、供、销的全面垄断，导致石油工业管理效益极低，严重制约了石油工业的发展。近年政府力图通过改革开放，实行私有化途径，引进竞争机制，使石油勘探、开采和销售向国内外的私人投资开放，进而增强石油工业的活力。这些措施已取得了积极的效果。1995年阿根廷石油开采量比1994年增加10.58%，1995年阿全国共开采石油4 182.2万立方米，由此获得的外汇收入达16亿美元。巴西和智利是阿根廷石油的主要购买者，它们购买阿根廷出口石油的2/3。

阿根廷的核工业发展水平位居前列，现拥有3座核电站，能独立生产浓缩铀。汽车工业在90年代得到迅速恢复，现阿根廷已成为拉美三大汽车生产国之一。南方共同市场的建立为阿根廷汽车工业的一体化生产及参与国际市场的竞争增添了动力。钢铁产量居拉美第三位，全国共有6家大型钢铁厂，集中在罗萨里奥到圣尼古斯一带。机器制造业具有相当水平，主要产品有机床、水压机以及石油工业、电力工业部门所需要的主要设备。现阿根廷能生产从军用喷气式飞机到大型运输机、农用飞机和直升机等多种机型，阿产飞机已打入国际市场。食品加工业较先进，主要有肉类加工、乳制品、粮食加工、水果加工和酿酒等。阿是世界上葡萄酒主要生产国之一，年产量30亿公升。

主要工业产品产量

	1992年	1993年	1994年
钢(万吨)	270	287	327
发电量(亿度)	546	588	608
水泥(万吨)	505	536	630
原油(万立方米)	3 120	3 444	3 868
天然气(亿立方米)	250	267	277
汽车(万辆)	34	34	41

资料来源：1993/1994年和1995/1996年度经济季评。

交通运输 陆、海、空运均较发达，交通运输以陆运为主。

铁路：总长3.57万公里，年客运量124.7亿人公里,货运量79亿吨公里。

公路:总长29万公里,有客运汽车410万辆,商运汽车150万辆。

海运:商船140艘,总吨位185万吨。沿海港口12个,港口年吞吐量8 500万吨。

空运:全国共有大型客机29架,机场400多个。重要国际机场有首都埃塞萨国际机场。各省府、主要城市及重要旅游点每天均有航班往来。国际航线26条,年载客量370万人次,营运额7亿多美元。

农业 阿根廷是农业大国,也是世界上主要粮食生产和出口国,素有"世界粮仓"之称。地处南美的阿根廷具有得天独厚的自然条件,全国可耕地达1.77亿公顷,农业种植面积3 084万公顷,主要种植小麦、高粱、玉米、大豆、亚麻等。1995～1996年农业年度,阿根廷粮食总产量为4 300万吨,其中小麦产量为860万吨,玉米产量为1 050万吨,全年粮油出口创汇约75亿美元。1995年,阿根廷气候干燥,粮食减产,但由于国际市场粮油价格上涨,结果其收入不仅没有减少,反而有所增加,农民积极性有所提高。

政府重视发展农业生产,特别是对粮食生产一贯重视。一方面对农业采取优惠政策,以提供专项低息贷款、调整税收等措施鼓励扩大生产和出口;另一方面积极推广先进的耕作技术,普及农科知识,并不断地改善为农牧业服务的体制。另外还注重发挥农业技术研究所的作用。阿根廷全国农业技术研究所,既是一个科研单位,又是组织推广政府农牧业科技发展规划的设施机构,它在主要农牧业区都设有地区研究中心、技术实验站和推广站,形成了遍布全国的农牧业科技推广网络,及时向农牧业生产者提供新的科技信息和商业信息。

阿根廷是世界著名的畜牧业大国,畜牧业占农牧业总产值的40%。全国牲畜的80%集中在潘帕斯大草原。1993年牛存栏数5 500万头,年屠宰量878.45万头,牛肉产量达280万吨,出口40万吨,年人均消费牛肉75.3公斤。1995年出口牛肉51万吨,出口值10.76亿美元,创15年来最高纪录。羊存 数3 000万只,年产羊毛15万吨,出口8.4万吨,出口量居世界第四位。由于英国"疯牛病"事件影响,欧洲牛肉市场将会因此每年出现20万吨的缺口,面对这一机遇,阿根廷在欧洲积极展开宣传攻势,准备进一步开拓欧洲牛肉市场。

阿根廷的蜂蜜生产近年来发展很快,其蜂蜜出口传统上一直占据世界第三位,从1992年开始占第二位。阿根廷有技术水平很高的养蜂者,而且有养蜂的优越的自然环境。蜂蜜生产主要集中在潮湿的大草原,而全国其他地区也具有发展养蜂业的巨大潜力。

渔业资源丰富,约1 900万吨,但未得到充分开发,年捕鱼量仅40万吨左右,一半以上供出口。

主要农产品产量

(单位:万吨)

	1992/1993年	1993/1994年	1994/1995年
小麦	968.5	960.4	1 085.7
玉米	1 138	1 024	1 112
大豆	1 101.8	1 131.3	1 202
高粱	284.6	215.8	162.3
葵花籽	280.9	392	477

资料来源:1993/1994年和1995/1996年度经济季评。

财政金融 面对高通货膨胀下金融动荡与财政严重失衡的恶性循环,梅内姆政府把经济政策的重点首先放在金融货币方面,采取一种稳定的比较有保障的货币制度,国家采取必要的财政调整措施,实现金融和财政的平衡。政府的上述构想集中体现在1991年开始实行的兑换计划上。兑换计划把阿根廷货币与美元的汇率以法律的形式固定下来,可以自由兑换,中央银行必须根据国家的外汇和黄金储备发行货币,以稳定币值。这一系列措施在初期取得了良好效果,但随着墨西哥金融危机爆发,阿根廷经济受到冲击,经济严重衰退。新自由主义政策带来的是国有资产的流失,失业率的攀升,贫富悬殊加大。阿根廷的经济困境影响到财政金融的稳定。1995年财政收入502.936亿美元,财政开支516.669亿美元,财政赤字13.733亿美元,国际收支逆差0.69亿美元。截至1995年底,阿中央银行国家储备为185.06亿美元。由于大量向国际机构贷款,外债由1991年的680亿美元增至1995年的870亿美元。拉美经委会把阿根廷列为本大陆外债增长最快的国家,越来越多的人认为,阿根廷的经济奇迹是依靠外债膨胀形成的。

对外贸易 对外贸易在国民经济中占有重要地位,出口总额约占国内生产总值的15%。1995年,出口总额为208.93亿美元,进口总额为199.69亿美元。主要出口产品为谷物、牛肉、皮革、羊毛、油脂、烤胶、植物油、钢材、化工产品和机械等，进口产品为化肥、石油产品、铁矿砂、煤炭、精密仪器等。主要贸易伙伴为拉美国家、欧盟国家、美国、日本等。

近几年随着比索美元化，出口竞争力下降，进口严重失控，使得贸易收支出现逆差。1995年政府对贸易政策进行调整，贸易收支有所改善。

近年对外贸易情况

（单位：亿美元）

	1993年	1994年	1995年
出口额	128	157	208.93
进口额	160	215	199.69
差　额	－32	－58	9.24

资料来源：阿根廷经济部1995年经济报告。

外国资本　1989年8月，梅内姆政府制订了新的外资法，提高外资的优惠条件，以扩大引进外资。1981～1993年，外国投资总额近140亿美元，其中美国占多数，其次是西欧、日本等国家。外国投资主要集中在石油、天然气、汽车制造、医药化工、金融机构和服务业等部门。近年来，民航、电信等公用事业部门已向外资开放，部分外债资本化也使外资总额有所增加。1995年，外国投资达69亿美元，到1995年底，有210家外国公司在阿投资，外资总额达240亿美元。

社会与文化

人口民族　阿根廷是一个多民族国家，意大利、西班牙、德国、法国、英国的欧洲白人后裔是今天阿根廷人口的主要组成部分，约占全国人口的97%，其中一些人也与当地印第安人通婚，成为印欧混血种人。富有民族特色的高乔人就是西班牙人或意大利人同印第安人的混血后裔，他们生活在潘帕斯地区，虽然讲西班牙语，但其生活习俗却在很多地方类似印第安人，具有自由开朗的性格。人口分布极不平均，潘帕斯地区只占阿根廷总面积的22%左右，但却居住着70%以上的人口；在巴塔哥尼亚、火地岛以及安第斯山麓地带各干旱省份面积占总面积的50%以上，而人口只占总人口的10%左右。阿根廷还有来自北非、中东、日本、中国等亚洲和阿拉伯的移民。由于民族构成的多样性，阿根廷具有吸收外来文化、开放和自由的传统，现阿根廷仍是吸收世界各地移民的主要国家。

语言宗教　阿根廷的官方语言为西班牙语。居民绝大多数讲西班牙语，但上层知识分子和官员多会讲英语或其他欧洲国籍的语言，有少数印第安人讲瓜拉尼语和凯楚阿语，少数印欧混血种人讲克丘亚语。和许多拉美国家一样，宗教信仰已成为阿根廷人生活中的重要部分。全国有87%左右的人信奉天主教，此外还有部分犹太教徒、基督教教徒和东正教、万灵论等教派。

风俗习惯　由于阿根廷人绝大多数为欧洲移民的后代，欧洲的风俗习惯在阿根廷留下了深深的印迹。阿根廷人在姓氏、容貌、语言等方面都具有西班牙和意大利的风格。特别是在首都布宜诺斯艾利斯则更具有典型的欧洲风格，人们操欧洲语言，身穿欧式服装，居住在欧式建筑群中，喜欢去欧洲旅行等。

每年2月22日～3月9日为阿根廷的传统节日——葡萄节。每当节日来临之际，人们都身着节日服装，载歌载舞，随着彩车游行。葡萄节的最高潮是全国选美比赛，每年都有近6万名漂亮姑娘参加选美，经过多次预选，最后选出葡萄女王王冠的获得者。选美结束后还要举行西班牙壁画、雕塑等艺术展览及盛大的探戈舞表演。

于1970年首创的牡犊节是另一重要节日。阿根廷人对牛羊等牲畜有特殊的感情，一些牧区，如阿亚库巧地区，一直为全国牡犊节的中心。节日期间，要举行传统的赛马和骑术表演。晚上在为牡犊节专门兴建的两座大型娱乐厅中，由全国最优秀的艺术团体表演民间传统戏剧和歌舞。节日期间还要召开全国农牧业发展形势圆桌会议。

文学艺术　阿根廷文学受欧洲文学影响很深，早在殖民地时期，就产生了最早的散文诗《阿根廷》。随着拉美独立战争的胜利，阿根廷出现了一批讴歌独立后的祖国的古典主义诗人，其中维森·洛佩斯的《爱国进行曲》后来成为阿的国歌。20世纪后，阿根廷文学出现了繁荣景象，卢贡内斯的《百年颂》对以后的文学发展有重要影响。二次大战后，阿根廷又出现了一批以新风格流派创作的作品，如埃内斯托·萨瓦托的小说《遂道》和胡里奥·科塔萨尔的小说《踢石戏》等，都很具代表性。

阿根廷的音乐舞蹈在拉美文化中独具魅力。其中尤以“探戈”舞曲最为盛名，其优美的旋律和动人的舞步已经历了百年发展的历史。起初继承了民间舞曲的风格，表达的是下层人民的感情，后来逐渐演变为走向舞台，进入上层社会交际场所，成为具有浓郁民族风情的新型舞蹈和乐曲。在弘扬民族传统艺术方面，“探戈”已成为阿根廷民族音乐和舞蹈的代表，每年的12月11日定为全国探戈日。

教育科技 阿根廷教育水平较高，实行义务初等教育。从1996年开始，阿将在5年内逐步实行10年义务教育制度，对传统的7年义务教育和5年中学教育的体制及其教育内容作重要改革。梅内姆总统宣布1995至1997年，阿政府将在教育部门投资30亿美元。实施改革的目的是为了使教育工作能够适应社会变革和经济发展的需要，把基础教育工作提高到一个新的水平。阿根廷1994年文教经费占国家预算的5.7%，文盲率(10岁以上人口)为3.7%，儿童入学率为96%。阿共有90所高等学府，其中46所为私立大学，著名大学有布宜诺斯艾利斯大学、拉普拉塔大学和科尔多瓦大学。为适应地区经济一体化发展需要，布宜诺斯艾利斯大学增设了“南方共同市场”专业研究生班，以培养相关的高级专业人才。南方共同市场自1995年1月1日正式运作以来，有关的专业人才供不应求。

阿根廷的科学技术发展起步较早，这与其经济发展水平及工业化进程相适应，也与其移民的构成来自先进的欧美国家和教育发展水平有关。在某些领域，阿根廷的科技水平较早地进入发展中国家的先进行列，特别是其农业出口部门的科技研究与开发，达到了较高水平。在核能研究和利用方面也步入拉美的先进行列。1967年兴建的阿图查一号核电站成为拉美第一座核电站，1974年3月建成使用，这在发展中国家也是最早的核电设施。但阿根廷近20年来的科技发展面临设备、资金的缺乏和人员的有效组织，以及全国性的有力推动，处于相对缓慢和不平衡的发展之中。

新闻出版 全国发行各类报纸2 062种，周刊96种，还有250种外文出版物，首都及各省重要报纸35家。主要报纸有《民族报》、《号角报》、《纪事报》、《新闻报》等。杂志月销售量460多万份，重要周刊有《市场》、《索莫斯》、《人物》等。美洲通讯社系国家占多数股份的公司，属总统府新闻国务秘书处领导。阿根廷新闻社和报联社均为私人通讯社。阿根廷有有辐电台101家，调频电台约1 500家，微波电视台61家，有线和闭路电视台866家。

旅游 阿根廷已成为南美最大的旅游国，在美洲居第四位。1995年有游客410万人次，旅游收入43.06亿美元。主要旅游点有伊瓜苏大瀑布、阿根廷湖、卡特德拉尔山、莫雷诺冰川等。

人民生活 阿根廷生活水平较高，贫富差距相对较小，相当一部分居民属中产阶层。但自80年代以来，人民生活水平下降。1995年阿根廷经济出现萧条，社会问题严重，失业率从1991年的6.7%增加到17%。社会两极分化日益严重，占全国人口20%的富人拥有50%的财富，而占人口20%的穷人只拥有5%的财富，最贫困阶层的实际收入水平仅是1990年的50%。

(中国现代国际关系研究所 杨首国)

巴西经济文化概况

巴西全名巴西联邦共和国(THE FEDERATIVE REPUBLIC OF BRASIL)。首都巴西利亚(Brasilia)。

自然概况 巴西面积为8 547 403平方公里，是拉丁美洲最大的国家，几乎占南美的一半；为仅次于俄罗斯、加拿大、中国和美国的世界第五大国。赤道线在巴西北部的马卡帕附近横穿而过，南回归线在南部的圣保罗附近穿过。巴西国土主要分布在南半球；南北最长为4 394公里，东西最宽为4 319公里。

巴西北邻法属圭亚那、苏里南、圭亚那、委内瑞拉和哥伦比亚，西靠秘鲁、玻利维亚，南接巴拉圭、阿根廷和乌拉圭，东濒大西洋。整个南美洲只有厄瓜多尔和智利不与巴西接壤。

巴西的地貌可分为两大部分，即面积为400万平方公里的亚马逊平原和高度在海拔300～500米之间的巴西高原，中间还点缀着一些低矮的山脉。高原的东部是陡峭的悬崖，并有几座海拔2 500米以上的山峰。峭壁下面便是狭长的大西洋沿岸平原。靠近北方委内瑞拉边境的内布里拉山峰(3 014米)，是巴西第一高峰。

巴西境内有八大河流系统，是世界上河网发育最好的国家之一。北部的亚马逊河流域和图康廷斯－阿拉瓜亚河流域占巴西灌溉面积的56%。亚马逊河是世界上水量最丰富的河流，全长6 577公里，仅次于尼罗河。亚马逊河在巴西境内流长3 615公里，海轮可航行直达秘鲁的伊基托斯市。南部有巴拉那－巴拉圭河流域。巴西境内最长的河流是圣法兰西斯科河，它由南往北再往东流入大西洋。

巴西共分三个气候带：亚马逊平原和圭亚那高原属于热带雨林气候，全年湿润多雨，年平均气温达27～28℃；巴西高原的大部分处于热带草原气候，长夏无冬，四季变化不明显，只分干湿两季；巴西南部和东南部的大部分地区属于亚热带气候，四季分明，夏季炎热冬季寒冷，年平均气温在20度左右。全国土地的90%处在热带，但占人口60%的居民居住在因受海拔高度或季风影响的地区，气温宜人。

巴西降水量各地分布很不均匀，降水量最多的是贝伦市附近的亚马逊河入海口处和亚马逊河的上游广大地区，年降水量达2 000毫米以上。最干旱的是占全国总面积的10%的东北部，被称为“旱灾多发区”。该地区雨量极少，蒸发量却很大，很难种庄稼。

巴西的自然资源十分丰富。森林面积为580万平方公里，占国土面积的68%，仅亚马逊丛林的木材就占世界总蕴藏量的45%。主要矿藏有铁、锰、铝、煤、锌、铬和金。其中铁矿储量占世界总储量的1/3，而且品位高，大多是含铁60%的赤铁矿。此外，铌、钽、石墨、石棉储量也是世界第一。尽管巴西石油储量只有1.77亿立方米，但水力资源丰富，仅三大河系估计就有21.3万千瓦，开发利用的潜力巨大。

人文历史 据考古发现，巴西领土上出现人类是在公元前8000～7000年左右。到16世纪，居住在巴西境内的是印第安人，总数为80万～100万左右，主要从事捕鱼和耕种，处于原始公社的各个不同阶段。

1500年，葡萄牙航海家佩德罗·阿·卡布拉尔在巴西沿海登陆。他将这块大陆称为圣十字地，并宣布这些土地为葡萄牙的领地。后来他们在这里发现了一种叫做巴西木的珍贵红木树种，便将这块土地也命名为巴西。葡萄牙人通过残酷剥削印第安人和与竞争对手法国人、荷兰人进行长期争夺，到1654年，彻底占领了巴西。1807年拿破仑入侵葡萄牙，葡王室逃至巴西，巴西成为葡帝国的中心。1815年巴西取得王国地位。1820年8月葡萄牙本土发生了资产阶级革命，导致了巴西独立运动的新高涨。1822年9月7日，巴西宣告独立，建立巴西帝国，这一天便成为巴西的国庆日。1824年3月，巴西第一部宪法生效。根据宪法规定，巴西被宣布为君主立宪国。又经过长期的斗争，1889年11月15日巴西成立联邦共和国，1891年定国名为巴西合众国。同年，通过联邦宪法，直至1930年被武力推翻，这一时期被称为“第一共和国”。1930～1945年由热图利奥·瓦加斯任总统。1946年颁布了新的民主宪法，并沿用至1967年，后被1964年通过武装政变的军人政府废除。从1964年到1985年，巴西又经历了长达20多年的军人独裁统治。1969年10月改国名为巴西联邦共和国。1985年1月，新的文人总统当选，结束了军人独裁。此后又有4位总统执政。1988年巴西通过了现行的新宪法，后来经过几次修正，使之更加完善。目前，巴西已进入了政治和经济历史的新阶段，即政治不断民主化，经济逐渐对外开放的新阶段。

政治、外交和军事 巴西是一个总统制的联邦国家。全国共分为26个州和1个联邦区(巴西利亚)。议会是国家的最高权力机关，由参、众两院组成。两院议长、副议长两年改选一次。参议员每州3人，任期8年；众议员任期4年，每州最多不超过70名，最少不低于8名。巴西的司法机构由最高联邦法院、联邦上诉法院、高级司法院、各联邦地区法院及联邦劳工、选举、军事等专门法院构成。1995年新成立的卡多佐政府上台之后积极推进包括修改宪法在内的各项综合性改革，经济上继续执行雷亚尔计划，稳定货币，扩大出口吸引外资，控制通货膨胀再起，坚决地对国有企业进行私有化；目前已批准对巴西电信业和最大的矿业公司－淡水河谷公司进行私有化，但议会却否决了对巴西石油公司私有化的议案，认为这关系国家经济命脉。政治上，一方面维护执政联盟的团结，力求顺利通过一系列宪法修正案；另一方面，大刀阔斧地消除政府中滥用权力和腐败现象，从精简机构、提高效率方面进行机构改革。巴西议会也已于1997年初投票通过总统连任案，允许总统连选连任，这就为卡多佐总统1998年再度问鼎总统宝座奠定了基础。

巴西奉行独立自主、不干涉内政、和平友好的外交政策，主张国际关系多极化和民主化，反对世界单极化和霸权主义，要求建立一个公正、民主、全面尊重人权、特别是发展权的国际新秩序。同时主张对联合国安理会进行改革，希望成为安理会常任理事国。在对外经济关系上，奉行多元化和维护自由贸易的原则。

巴西重视同美国和欧洲的关系。巴美的政治、经贸关系历来密切，美国是巴主要的贸易伙伴和最大的债权国。巴一方面与美国在知识产权、贸易保护和对古巴制裁等问题上有磨擦；另一方面在经济上又离不开美国，只是希望在互相尊重和平等的基础上，同美建立新型的“负责任的伙伴关系”。欧盟目前是巴西最大的贸易伙伴和投资者，1995年双边贸易额达到400亿美元。巴西作为拉美大国，奉行睦邻友好政策，重视同拉美各国的关系，大力推动地区一体化，积极倡议建立南美乃至整个美洲自由贸易圈。同亚洲的关系，目前尚主要集中在经贸领域，重点是加快发展与中国、印度、日本和东南亚的合作关系。

从1974年8月15日巴西与我国建交之后，两国在各个领域的合作发展顺利，双方高层互访频繁。1995年12月巴西总统卡多佐应邀访华。中国全国政协主席李瑞环（6月）、国务委员李铁映（5月）等先后访问巴西。1995年中国同巴西贸易总额为19.9亿美元，其中中方出口7.59亿美元，进口12.31亿美元。

巴西是里约集团、南方共同市场、77国集团、15国集团的成员国和不结盟运动观察员。到1995年6月巴已与155个国家建立正式外交关系。

巴西军队总兵力33万，陆军20万人，海军6.5万人，空军6.4万人；预备役部队134万人。1995年军费开支不到国家预算的2％。

经　济

巴西的经济实力居拉美首位，西方世界第八位。在殖民地时期，经济发展受宗主国和外国资本的束缚，国家经济单一性非常突出。1889年废除奴隶制后，劳动生产率大大提高，巴西经济的发展出现转机。19世纪初，英、法、美、比利时等国的经济势力相继进入巴西。1945年后美国资本逐渐占了统治地位。二战之后，巴西实行了进口替代战略，采用控制进口、多种汇率和高关税的办法保护本国工业，同时又将运输、动力、食品、教育特别是技术人员的培训列为国家发展的重点项目；工业化和基础设施建设取得很大进展，成为发展水平较高的经济大国。1948～1980年间，巴西国民经济年平均增长7％，国民经济生产总值达3 500亿美元。这一时期被称为“巴西奇迹”。

但进入80年代后，经济出现严重衰退。10年中，国内生产总值仅增长17.2％，而人均产值却下降了5.5％，外债由550亿美元上升到1 200亿美元，通货膨胀率由100％上升为1 700％。几届政府为使经济摆脱困境，曾进行过多次正统和非正统的经济调整和改革，先后颁布过“克鲁扎多”计划、“夏季计划”和“新克鲁扎多计划”，但均告失败。因此，80年代对于包括巴西在内的拉美各国来说是“失去的十年”。1990年之后，科洛尔总统制订了“新巴西计划”，制止通货膨胀，为经济的恢复和发展创造条件。

1993年年底，佛朗哥政府实施了以恢复国民经济、遏制通货膨胀、增加社会福利、改革税收为主要内容的新经济计划“雷亚尔计划”。第一步，政府先从平衡1994年联邦预算入手，大刀阔斧地砍掉22亿美元的预算开支，使收支达到平衡；同时积极争取议会通过建立紧急社会基金的提案，增加了政府可自由支配的资金，为避免预算外资金开支造成赤字创造条件。第二步，1994年3月1日，推出“实际价值单位”（URV）作为全国各经济部门统一参考指数。URV的价值由中央银行根据通胀变化情况每天进行调整，并与美元比价同步增减，一个URV实际上等于一个美元。政府规定，巴西原货币克鲁塞罗雷亚尔仍作为支付手段，但工资、最低薪标准、职工退休金及所有的公共服务收费一律折算成 URV。将 URV 引入货币体系的主要目的是利用它在新旧货币之间形成过渡。第三步,从 7 月 1 日起,新货币雷亚尔取代 URV。美元仍不能自由兑换或在国内作为支付手段。该计划的实施降低了惯性通货膨胀,刺激了投资,带动了生产的发展。

1994 年上半年,月通胀还为 40%,下半年就降为 2%以下。该年的国内生产总值增长率为 5.67%,创 1986 年以来的最好水平。该计划的设计者,佛朗哥政府的财政部长费尔南多·恩里克·卡多佐在 1995 年当选总统之后,继续执行稳定该经济政策,并不断深化改革,取得显著成效。1995 年的通胀指数只有 20%,而 1996 年则更降到 10%以下。巴西经济开始进入稳步调整阶段,1995 年国内生产总值约为 6 800 亿美元,增长率为 4.2%;1996 年为 7 400 亿美元,增长率为3.1%。并成功地度过了由于墨西哥金融危机所导致的经济灾难。但由于外贸赤字和政府财政赤字居高不下且节节攀升,给新货币带来巨大压力,同时雷亚尔与美元的过高比率(一个雷亚尔至今仍相当于一个美元)也削弱了巴西出口的竞争力,反过来阻碍了出口。这使得卡多佐政府左右为难。而 1996 年以来随着经济的好转,社会消费也猛增,很多人是用信用卡借贷购物。这种不正常的经济过热很可能就隐藏着再次高通胀的危险。

随着国民经济规模的扩大,工业产值早已超过农业,服务业产值位居首位;工业生产总值占 30%,国内生产总值的 10%用于出口;这一格局与一些发达国家相似。巴西的劳动力约有 6 500 万,52%在服务行业,23%为农业劳力,22%在工业领域。

工矿业 实力和水平均位于拉美之首。70 年代建成了比较完整的工业体系。1993 年工业产值 1 734亿美元,占国内生产总值的 38.2%。1995 年工业增长率为 4%。主要工业部门有钢铁、汽车、石油化工、水泥、冶金、建筑等,核电、通讯、电子、飞机制造、军工等已跨入世界先进国家行列。机器设备的自给率达 80%以上。矿业产品的出口是巴西外汇收入的重要来源之一。矿业中的大户是铁矿开采,它主要由国营企业巴西淡水河谷公司控制。但该公司经营不善,连年亏损,1997 年年初,巴政府决定将其作价 103 亿美元,进行私有化。

1995 年主要产品产量

钢(万吨)	2 514.1	黄金(吨)	63
汽车(万辆)	163.5	水泥(万吨)	2 523
石油(百万桶)	270	纸张(万吨)	595

农牧业 巴西农牧业比较发达,在国民经济中居有重要地位。农牧业产值占国内生产总值的 13%。咖啡、甘蔗、柑桔居世界第一,其中橙汁占世界市场的 85%。可可、大豆产量为世界第二,玉米产量居世界第三。除小麦部分尚需进口外,粮食基本自给。畜牧业也很发达。巴西全国已耕地面积约 9 000 万公顷,可耕地面积约 4 亿公顷,牧场 2 亿公顷。1995 年农业获历史性大丰收,粮食总产量 8 100 万吨,比上年增产 10%。

1995 年主要农产品产量

(万吨)

稻谷	1 127	咖啡豆	205
可可	28	大豆	2 558.1
小麦	156.1	玉米	3 671.9
甘蔗	30 174	柑桔(千只)	98 772
牛肉	380		

交通运输业 巴西的交通运输以公路运输为主,占全国运输总量的 85%;铁路运量越来越小;水路不足 10%。公路总长 299.4 万公里,几乎所有的州府之间,都有柏油公路相通。与此同时,航空业尤其是国内航线发展越来越快,越来越多的人喜欢乘坐短途飞机。巴西现有 8 家航空公司,均为私营。

财政金融 巴西近几年来财政收支一直出现赤字,1994 年财政赤字约 315 亿美元,1995 年财政赤字达 320 亿美元。国营企业与地方州、市收支恶化。而且自 1995 年以来,巴西的多家州立银行纷纷提出破产申请或请求中央银行予以接管。巴西议会也已经设立特别委员会调查中间是否有有组织犯罪的原因在内。但目前巴西外汇流入超过财政赤字,1995 年有 13 亿美元的顺差。1994 年巴西外资净流入为37.5 亿美元,1995 年为 49 亿美元,1996 年达到创纪录的 94 亿美元,成为仅次于中国和墨西哥的第三大外资流入国。1995年,外汇储备为近600亿美元;外债总额1 480亿美元,内债也近2 000亿美元。虽然外资的大量流入会使外汇储备有所增加,但沉重的债务负担始终是经济发展的心头之患。

对外贸易 90年代以来,巴西政府逐步取消了实行近40年的以高额关税和出口奖励补贴为内容的“进口替代”政策,鼓励提高产品质量和加强出口竞争机制,并宣布开放市场,5 000种商品免征或减征进口税。但同时又对一些商品动辄进行反倾销惩罚,如对中国的一些铅笔、自行车等轻工产品实行高关税限制。1994年进口额为331亿美元,出口额435亿美元,贸易收支尚为顺差;此后贸易开始变为逆差。1995年进口497亿美元,出口465亿美元,赤字32亿美元;1996年进口532亿美元,出口477亿美元,赤字55亿美元。

巴西主要进口石油、化工原料、光学仪器、小麦等;出口钢材、铁矿砂、纸浆、交通运输设备及咖啡、大豆等农产品。

巴西的主要贸易伙伴为南方共同市场、美国、欧盟、日本、中东、东南亚及其他拉美国家。随着全球化和地区一体化进程的加快,巴西与南方共同市场国家的贸易往来越来越大。

社会和文化

教育 巴西的教育机构有公立的(联邦的、州立的和市立的)和私立的两种。教育等级分学前、初级、中级、大学和研究生院。对7~14岁的儿童实行义务教育。各级公立学校都免费。非赢利的私立学校可以接受公共资金。巴西的1988年宪法规定把州和地方税收的25%分给教育事业。全国现有初级学校近20万所,在校学生约3 000万人;中等教育学校有12 445所,在校学生约400万人;高等院校有873所,在校生约160万人。全国63%的高校集中在东南部,能进大学的仅占适龄人总数的40%弱。著名高等学府有圣保罗大学(理工科)、里约热内卢联邦大学(综合类)、巴西利亚大学等。几乎所有的高等教育最终都由教育部掌管,确定标准的机构是联邦教育委员会。联邦政府在每个州都至少设立一个联邦公立大学。不管是公立还是私立的大学,都要求通过入学考试;完成学业后,大学生可获得学士学位。巴西文盲率很高,现有文盲3 277万人,占全国人口的20%。巴西对职业教育一向比较重视。全国设有工业人员进修管理局、商业人员进修管理局、高级职员进修管理局以及全国教师进修中心、全国农牧业研究中心等负责职业教育的机构。巴西的成人教育以官办民助为主。在职人员都得通过考试;主要形式是电化教育。

民俗习惯 巴西人由于地处热带,因此服装比较简单;男人平常只穿长袖衬衣或短袖衬衫,妇女着连衣裙或裙子,但色彩比较鲜艳。人们只是在正式社交场合才穿西服、礼服。

巴西的饮食习惯深受移民国的影响。如南方的圣卡塔利娜州,饮食以德国风味为主;圣保罗州则受意大利烹饪术的影响;东北的巴伊亚洲是巴西黑人最早的居住地,那儿的食谱则有浓厚的非洲特色,以海味为主,味道辛辣;而北部神秘的亚马逊大森林的食物多为野味——野兽和野菜;在南部的几个州,当地特色则是“巴西烤肉”,以前只是在野外露天烧烤,而今已走入世界许多高级饭店,享有盛誉;巴西人平常吃得最多的家常饭就是“豆饭”——用牛肉、口条、薰肠、猪耳朵和蒜、辣椒等调味品配置的煮豆,制作简单,别有风味。此外,巴西啤酒被许多国际旅行者认为是西半球最好的。多年来,所有的巴西大啤酒厂都有来自德国和荷兰的专家监督制造。“瓜拉那”是巴西独有的饮料,是用亚马逊地区的水果酿成。而用甘蔗酿成的“卡查萨”——一种朗姆酒也很受欢迎。

巴西素有“咖啡王国”的美称,因此喝咖啡自然是人们的一种日常习惯,三餐都离不开咖啡,连工休间歇也被称为“喝咖啡时间”,招待客人自然也是一杯又浓又香的巴西咖啡。

巴西人的家庭观念很强,旧式的几代同堂的大家庭仍有不少,农村和边远地区更多。那儿的人们住用支架支撑起来离地面很高的圆筒形草房;在东北部地区大多数是木制房屋;在东南部地区人们住的是石屋、木屋和土屋。在大城市里家庭成员之间由于住房条件的限制虽不能住在一起,但也要尽可能搬入同一公寓或同一条街道,以便保持密切的联系。

巴西的节日分宗教和非宗教两种。狂欢节是巴西人民的传统节日,起源于古罗马人和古希腊人迎新春的典礼,于每年的四旬斋前(2月中、下旬)举行,持续3天。其中最有特色的是桑巴学校的游行队伍。参加游行的人大多是城郊的广大穷人。每年狂欢节，每个桑巴学校之间要进行比赛，评委对他们进行打分。每个学校的表演必须有一个主题，如某个历史事件或历史人物，或从巴西文学作品中选择某个故事或传说，服装、道具、布景和歌词也都必须符合故事情节。这无疑有助于巴西民间艺术的发展。而里约热内卢的狂欢节是世界上规模和名声最大的狂欢活动，吸引了世界各地的游客云集此地。

文学 按书名数目计算，巴西的小说、诗歌和戏剧占拉美全部的一半。

巴西文学的发展史大致与巴西的两个主要历史阶段相符：殖民地阶段，从1500～1822年独立，多数作品具有巴罗克和阿卡狄亚风格；1822年以来为民族风格阶段，其作品多描写巴西土著民族的风俗人情和印第安人的战争。在后一阶段的一些重要的文学动态与国家的政治和社会发展密切相关。如，罗曼蒂克文学大致与57年的帝国阶段相对应；在巴西独立后，文学作品的内容多以揭露和抨击奴隶制度和反映巴西下层人们的生活为主；高踏派和现实主义文学则在共和国早期几十年里非常繁荣，内容以反映巴西社会问题居多；到上个世纪末和本世纪初，印象派文学兴旺起来；在20世纪，具有先锋派唯美主义思想的先锋主义或现代主义运动占了支配地位。1922年举行的闻名于世的圣保罗现代艺术周就高度赞美了这一文学形式。该艺术周的成功不仅对巴西的文学，也对绘画、雕塑、音乐和建筑带来深刻的影响。

美术和民间艺术 巴西的美术史是跟欧洲密切相连的；尽管1922年的“圣保罗现代艺术周”给美术界带来冲击，但并未使之兴盛起来。直到第二次世界大战之后，艺术博物馆和作品数量才有大量增加。现在，巴西的画家、雕塑家和版画家在巴西和世界各地的美术馆和博物馆展出他们的作品。当代艺术家们有：莱加·帕皮、阿米利亚·托勒托、杰克·利尔那、鲁本·瓦伦丁等等。

作为三种文化的有机结合，巴西民间艺术可以说是西半球最丰富多彩的民间艺术了。东北部的陶瓷和雕塑工艺早在葡萄牙人来到之前就已经在印第安人中间流传，其工艺之复杂、图案之美丽皆闻名于国内外。

建筑 巴西的早期建筑源自葡萄牙，后深受法国的影响。现在巴西的建筑艺术已是世界最有特色的派系之一。巴西现代建筑的典范有圣保罗和里约热内卢的艺术博物馆、里约机场和贝洛奥里藏特教堂等等。当然，最有名的当属巴西的新首都－巴西利亚。卢西奥·科斯塔和奥斯卡·尼埃梅尔的精彩合作使巴西利亚的设计——大飞机型——成为大型建筑史上的一块里程碑。

体育 巴西尽管不能称之为体育大国，但其在某些项目上是绝对的强手。如足球、排球、赛车等项目。巴西全国共有8 000多个体育俱乐部。为1950年世界杯而建的位于里约的马拉卡南体育场，可容纳20万观众，仍是世界上最大的体育场。而巴西队是世界上第一个连续四届（1958、1962、1970、1994）获世界杯冠军的足球队。除此之外还有5个每个可容纳10万人的大型足球场。连不爱好足球的人都知道贝利、罗马利奥、贝贝托、罗纳尔多。男、女排球也是世界强队之一；至于沙滩排球更是巴西的强项。使巴西获得很高声望的另一项运动是赛车，著名选手有1981、1983和1988年获世界冠军的内尔森·皮盖以及1988、1990和1991年获世界冠军的艾尔顿·赛纳。后者给其祖国带来的荣誉，使巴西在其不幸遇难后给予最高级的国葬。此外，巴西人在划船、帆船和篮球比赛中也有突出表现。

科技 巴西于1969年成立科技发展基金会，后又成立科技部，统管科技工作。科研工作的重点是应用科技，在防治热带疾病、水电、选矿、钢铁等方面具有相当水平。巴西原子能科学的研究水平居拉美之冠。空间技术已进入世界先进国家之列。巴西和中国从1984年就开始在钢铁、宇航、原子能、农业方面加强密切合作，并成立巴中科学技术混合委员会。巴西的主要研究机构有太空技术中心、巴西石油公司研究与发展中心、圣保罗毒蛇研究所等。

巴西政府于1996年年中公布了巴西1996～1999年四年科技发展规划。该规划旨在结合本国客观实际需要，重新组织科技研究、开发和服务。规划共包括13个领域和战略目标，预计总耗资182亿美元。该规划的主要内容是：加强对科学技术人员和工程师的培养；完善和加强科技基础设施；重建和巩固重点研究中心；研究开发和提高具有竞争能力的技术；发展信息自动化技术；加强前沿技术研究；加强航天科技的开发和利用；研究开发解决社会问题的科技；为了持续发展建立几个大的生态体系；促进城市环境持续发展；制定全国区域发展规划；重新组织全国科技体系；协调和维护科技行政管理等。

人口与环境 巴西人口约1.6亿(1995年)，居世界第六。其中29岁以下的年轻人占总人口的62%。人口主要集中在东南诸州的大西洋沿岸。全国人口中，白种人占55%，黑人占5%，混血人占39%，其他人种如亚裔、印第安人只占0.5%左右。亚裔人以日本后裔和韩国后裔为多。中国人大多居住在圣保罗、里约热内卢，多以经商为主，其中也不乏学术界、政界和演艺界人士。葡萄牙语为巴西官方语言，88%的居民信奉天主教。此外，新教、犹太教、伊斯兰教和一些原始宗教如“伏都教”也有很多信徒。

据生物学家估计，全世界生物共有500万～1 000万种，而巴西的亚马逊地区就多达100万种。全世界已知植物种类有1/4在巴西均能找到，且巴西独有的植物有1.2万种。在亚马逊丛林中大约有1.5万多种动物，其中8 000多种为巴西独有。但巴西政府曾大力鼓励移民到亚马逊流域的热带雨林地区，这后来导致了严重的环境问题，使44.44万平方公里的森林遭到破坏。1992年6月3日～14日，联合国环境与发展大会在里约热内卢举行。140多个国家的代表包括80多个国家的元首和政府首脑来此共商爱护环境和保护生物多样性大计。巴西后来也提出了以保护生态环境为中心的可持续发展战略；采取措施控制该地区的发展，并禁止出口原木。同时对亚马逊森林进行卫星监控，成立了由巴西、欧共体、美国和其他10多个国家组成的巴西热带雨林保护计划署。

经济文化一体化

经济一体化 随着经济全球化的到来，巴西也加快了地区一体化进程，倡议成立了南方共同市场。该联盟由阿根廷、巴西、乌拉圭和巴拉圭四国组成，于1995年1月1日正式成立。在这一关税同盟内，四国商品的85%免税，其余的15%将在1999年以前逐步减免，直至形成一个完全的自由贸易区。同时四国还确定了共同的对外关税。现在的南方共同市场拥有约1.9亿人口，面积1 200万平方公里，年国内生产总值达到8 000亿美元。1996年，南共市又与玻利维亚和智利签署条约，两国加入该关税同盟，但尚未成正式成员国。现在正在拟议中的南美自由贸易圈由南方共同市场和安第斯集团组成，然后再和北美自由贸易区共同组成美洲贸易区。该设想极为庞大。目前，与安第斯集团的谈判已经开始；与北美自由贸易区的谈判因美国的消极尚未开始。

旅游业 服务业较发达。1994年产值占国内生产总值的55.2%，比1993年增加4%。巴西是世界十大旅游创汇国之一。游客来自拉美、欧洲和美国。1995年外国游客达185万人次，净收入约18亿美元。1995年政府制订了“1996～1999年全国旅游政策”，计划将游客数目增加一倍。全国注册旅行社有6 600家，拥有大型宾馆1 400家。全国主要旅游点有：最为著名的狂欢节的昔日首都里约热内卢，最大的经济金融中心、南美最大城市圣保罗，拥有雄伟的教堂和古老的建筑的最早的殖民地和保留历史传统最好的城市萨尔瓦多，规划最好的高原首都巴西利亚以及南方的风景秀丽的伊瓜苏瀑布和现今世界最大的伊泰普水电站，还有北部神秘的亚马逊热带雨林和新兴的工业区马瑙斯自由区等。

巴西 INTERNET 网现状 巴西的互联网是1995年正式建立的。开始时，大约有4万用户。但从那时起，有了很大发展。到1996年10月共出现600多家网上服务公司(PROVEDER)，30多万用户。至1996年底，用户数估计可达到100万。

巴西现有以下几个大型网络：

第一大网络是埃菲(EFNET)，网上用英语，现由81个网上服务公司组成。第二大网络是“巴西聊天网”(INTERNET RELAY CHAT OF BRASIL)，用葡萄牙语，现由55个网上服务公司组成。该公司的发展潜力巨大。第三大网络是UNDERNET，由43个服务公司组成。第四大网络是DALNET，由31个服务公司组成。

（中国现代国际关系研究所 孙岩峰）

加拿大经济文化概况

加拿大(Canada)位于北美洲的北半部,东临大西洋,西濒太平洋,南邻美利坚合众国,北接北冰洋。国土面积为 9 976 139 平方米,海岸线长约 2 万公里,仅次于俄罗斯联邦,居世界第二位。加拿大除北部极地区域为寒带苔原气候外,大部分地区为大陆性温带针叶林气候。各地气候差异明显,西部沿海地区温和湿润,东部气温比西部低,降水均很充沛,中部地区冬夏温差大,降水较少。

加拿大是一个多民族的国家。1996 年底人口为 3 010万人,人口年增长率为 1.5%。英裔居民约占 42%,法裔 27%,来自其他欧洲国家的移民及后裔占 20%,土著印第安人和因纽特人占 2%。加拿大华人较多,是继英、法裔之后第三大民族,人口约 70 万人,大部分集中在温哥华和多伦多等城市。英语和法语均为官方语言。大部分居民信仰罗马天主教和基督教。

加拿大原为印第安人与因纽特人居住地,16 世纪起法国和英国势力渗入。英法七年战争后,法国将新法兰西(即加拿大部分地区)割让英国。1867 年,英国将加拿大省、新不伦瑞克和新斯科舍合并为一个联邦,成为英国最早的自治领,此后其他省相继加入。目前加拿大有 10 个省和两个地区。1926 年英国承认加和英一样享有“平等地位”,始获得外交上的独立。1931 年成为英联邦成员。加拿大是君主立宪制国家,英国女王为国家元首,总督是女王的代表,但实权为民选的总理掌握。现任总理为自由党领袖让·克雷蒂安。克雷蒂安自 1993 年 10 月上台后,对内着重振兴经济,缓解就业问题;改革政府运作方式;维持高福利制度;对外强调外交政策的独立性,一改保守党前几届政府的亲美外交;大力发展与亚太地区的联系,曾数度率庞大贸易代表团出访亚洲。加拿大是较早承认我国的西方大国之一(1970 年 10 月 13 日)。1996 年 11 月,克雷蒂安两度访问中国,促进了中加关系发展。1996 年 1~6 月份,加拿大是中国第 10 大贸易伙伴。

加拿大是西方七国集团(G7)成员之一,制造业非常发达,冶金、石油、化学、木材加工和食品工业均很发达。加拿大农业机械化程度和商品化程度都很高,是世界上主要的粮食出口国。1996 年加拿大国内生产总值为 8 036 亿加元,比上年实际增长 1.4%左右,人均国内生产总值 1995 年达 19 440 美元。加拿大矿产资源非常丰富,煤、铁、石油、天然气、有色金属、稀有金属等储量丰富,铀、镍,锌的开采世界有名。核电站的技术也居世界前列,参加了中国泰山核电站三期工程。这是中加建交以来最大的经济合作项目。

加拿大林业资源非常丰富,造纸工业发达。森林覆盖面积为 24 716.4 万公顷,约为中国的 2 倍;总蓄积量为 28 671 百万立方米,覆盖率为 27%,人均森林面积 9.32 公顷,居世界前茅。

经　济

1990 年 4 月,加拿大经济在实现连续 7 年的增长之后,开始进入自第二次世界大战后最为严重的一次经济衰退。1992 年国内生产总值实际增长仅为 0.8%,到 1993 年开始复苏,当年实际增长 2.2%,1994 年为 4.1%,1995 年为 2.3%,1996 年估计为 1.4%(EIU 国家报告统计)。外贸状况显著改善,企业效率有所提高,物价上涨率 1996 年仅为 1.6%。但是过高的公共债务,持续不降的高失业率和国内需求疲软,使经济增长受到制约。失业率 1996 年仍保持在 10%左右,在西方七国集团中几乎是最高的。

1996 年,加政府把压低通货膨胀作为发展经济的主要目标,通货膨胀被控制在较低的水平。1996 年加大幅度降低官方利率和银行短期贷款利率,继续执行紧缩政策,当年联邦政府赤字在国内生产总值中所占的比例已由 1993 年的 4.9%下降到 2.1%,1997 年预计将降至 2%以下。1997 年加经济活动会比 1996 年更加活跃,增长势头可能会超出1996年。

工业 加拿大金属及矿产资源丰富,是世界上锌和钠的生产大国。据联合国统计月报,1995年加拿大月生产锌为92.78千吨,高于中国的83.33千吨;铁矿石1994年月均开采306.3万吨(品位为61%);1995年月均采煤321.5万吨,褐煤302.8万吨。原油1995年月均737.9万吨,生铁70.5万吨/月,粗钢235.9万吨/月。水泥87万吨/月;铝月均18.1万吨,精铜月均4.77万吨。加拿大新闻纸产量世界第一,1995年月均77.08万吨。1994年汽车月均生产8.76万辆客用车。

农业 林业和渔业1995年占国内生产总值的2.8%,然而出口产值却高达556亿加元。加拿大是世界重要的粮食出口国,主要出口小麦、大麦、亚麻、燕麦、油菜籽。

对外贸易 加拿大是世界经济强国、资源大国,出口在加拿大经济中占有举足轻重的作用。在《北美自由贸易协定》的推动下,加拿大从1990年到1996年第二季度出口额增长了69%,增长幅度名列世界第一;从1990年到1996年第二季度加拿大的进口额增长了60%,增幅居世界前列。进出口总值1995年达3 602.57亿美元,多于中国的2 779.1亿美元(联合国统计)。其中进口为1 680.53亿美元,出口为1 922.04亿美元。1995年主要出口产品依次为机动车辆及配件、机械设备、其他工业产品、森林产品、能源产品、农业产品。1995年主要进口产品依次为机械设备、机动车辆及配件、其他工业产品、其他消费品、农业产品、能源产品。主要出口对象国1995年分别是美国,占加出口总值的79.6%;日本占4.5%;英国占1.5%;其他欧盟国家占4.5%,中国约占1%左右。1996年的进出口总值为3 921亿美元,多于中国的2 890亿美元。1996年的外贸顺差使经常项目收支出现顺差。

科学技术

加拿大政府通过公共事业性机构履行它在科学领域的职责

公共事业性基础机构包括出于各种原因进行科学活动的许多部门和机构,主要有:⑴1971年成立的科学和技术国务部,负责执行科学政策和协调联邦科学活动的中心部门。其主要目的是鼓励发展和使用科学,以便协助国家实现各项目标。为实现这一目的,其职责是:制定国家的科技发展政策,对科技的发展和应用提出建议,以及在制定和发展公共政策中鼓励使用科技知识。⑵加拿大国家研究委员会,成立于1916年,宗旨是为了国家的发展而促进、支持并从事科学和工业研究。⑶加拿大科学委员会,成立于1966年,对加科技政策提供独立的咨询。⑷加拿大医学研究委员会,成立于1969年,主要职能是在卫生科学领域促进和从事基础、应用及临床研究,并就卫生研究问题对卫生、福利部长起咨询作用。⑸加拿大自然科学和工程学研究委员会,成立于1978年,目的是促进和支持自然科学和工程学研究的发展,并协助提供高质量的人才。⑹加拿大社会科学和人文科学委员会,成立于1978年,其目的是促进和支持社会科学和人文科学领域的研究和学术活动。

加拿大的大科学研究情况

大科学指在基础学科领域进行的大型的、复杂的科学研究活动。它需要昂贵的设备、广泛领域的专业人才及大量的经费和技术支持,与国际科技合作与交流密不可分。这种科学一般包括:空间科学、高能物理学、海洋科学、射电和光学天文学,及近些年来的如材料科学、超导技术、生物技术、大气科学等。

加拿大联邦政府的科技归口管理部门为联邦工业部,该部的科技战略司负责大科学有关政策的制定工作。目前在加拿大国家科学技术顾问委员会下设有大科学分委员会。从以上两部门等渠道了解的情况,加拿大在大科学研究方面的基本经验与认识为:⑴若想在主要工业化国家继续保持和发展科技优势,加拿大就必须参加大科学的国际合作。⑵加拿大虽然在航天、粒子物理学、天文、核聚变等领域参加了国际合作,但总的来说,加拿大对大科学研究的投入在7个主要的工业化国家中是偏少的。经费的限制导致了一方面由于研究设施不足,许多加拿大科学家投入到使用国外设施的研究活动中。

加拿大联邦政府对于大科学研究的主要政策与要求为:⑴大科学研究要有科学的先进性和价值。这项目要具有国际公认的先进性,要有国际一流的研究人员参加,具备一流的研究条件。⑵要有社会、经济效益。如要在科技人才的培养和造就方面有收益;要有技术方面的收益;大型科学研究设施的建设应能推动工程技术方面的进步;要重视对区域性科技发展的影响;要有助于提高公众对科技的认识和提高在国际科技界的声誉。

加拿大在大科学研究方面的主要优势是:在航天技术、核能利用、生命科学、环境科学等领域,加在科研、技术开发和应用上都有其特点,有些居世界领先地位。加与世界主要科技先进国家有良好的合作关系。加与美国之间由于经济、地理、文化等方面的原因,两国科学技术相互渗透,这使得加拿大能很快地分享到世界最新的科技成果。

加拿大在大科学研究方面的主要不足是:

⑴研究和开发经费不足,开展大科学研究的经济支撑能力有限。加联邦政府1995至1996年年度研究与开发经费投入约34亿加元,同年度全国在研究和开发方面的总费用约为84亿美元,不仅远低于美国的1 663亿美元,日本的691亿美元,即使与意大利的132亿美元相比也有不小的差距,其投入总量在西方七国中位居最后,按人均计算也只是超过意大利而居倒数第二。1996至1997年度,加联邦政府在研究和开发方面的预算更减少至区区32亿加元。根据1997年3月公布的加联邦政府新的预算方案中的报告和预测,加政府用于国际援助合作项目的拨款也将削减,其拨款额1994~1995年度为29亿加元,1995~1996年度为22亿加元,1996~1997年度为22亿加元,1997~1998年度将减至21亿加元,1998~1999年度将进一步减至19亿加元。这样1998~1999年度国际合作经费将比1994~1995年度减少34%。

⑵科技政策导向上重应用,轻基础。1996年3月,加拿大出台了其第一个联邦科技发展战略——"面向新世纪的科学技术"。该战略重视建立更有创造性的经济和提高就业,而对基础科学研究方面涉及甚少。

⑶组织管理上综合协调能力不强。由于没有项目、经费等的管理权力,这使得联邦政府科技归口管理部门在大科学的组织管理方面的综合协调能力有限。

加拿大基础科学简介

根据教科文组织的统计,1986年加经济活动领域有合格科技人员468.68万人,其中科学家和工程师162.30万人,技术员306.37万人。1992年研究开发总开支为102.89亿加元,按当年汇率折合85.1亿美元,占国民生产总值的1.5%,低于1990年世界平均水平的1.85%,仅相当于北美洲整体水平3.16%的一半。1991年加拿大高校有相当于全日制的科学家和工程师27 570人,总科研经费为28.39亿加元,其中自然科学领域人员占55.7%,经费占73.1%;社会科学领域人员占44.3%,经费占26.9%。1992年用于社会经济目的的科研经费为35.3亿加元,其中知识更新占17.4%,农业发展占15%,民用航天占11.7%,工业发展占11.6%,保健服务占9.5%,国防占7.5%。

为了支持和促进科技的发展,加拿大政府采取了一系列措施,税收减免鼓励是其中的一项,所得税法允许在加拿大从事实业的纳税人,其用于研究和发展的经常开支和资本支出可在支出当年或以后的任何一年全部扣除。另外一个措施是科学研究税减免,其作用是允许从事研究和发展的公司将各项减免转让给新的投资者,其方式是减免50%的税额。科研税收减免旨在使不可征税而又希望吸引外部资金的公司受益。

教　育

加拿大是一个教育事业发达的国家。据统计,1989~1990学年全国共有中学生507万人,应用艺术和技术学院(也叫社区学院)学生32万,大学生52万(不包括30万左右的业余大学生),统计在校学生约占全国总人口的23%左右。到80年代末,全国15岁以上的人口中约有80%以上受过中等或中等以上的教育,其中1/3受过高等教育。

加拿大法律规定,教育是省政府和地方政府的职责,所以联邦政府没有教育部这一管理全国性教育的机构。联邦政府有不少部门负有进行特殊教育和支持一般教育的职责。各省省政府设有教育部门负责管理全省的教育事宜,包括高等教育。由全国各省教育部长组成的教育部长委员会会同联邦政府的国务部和财政部等协调全国教育计划。市政府及市以下的地方政府均设有教育局或教育委员会负责管理本地的教育和学校。各地的教育经费由地方政府征税筹集,省政府和联邦政府部分资助。

学龄前教育 即幼儿园教育。幼儿园大部分是公立的,学费全免。幼儿园的学制基本上分低班和高班两种,年龄为4~5岁。还有一种托儿所,不管是公立还是私立均收费,但经济困难的家庭可以申请免费或减费。1990年加有学前教育教师15 471人,女教师占70%;注册生46.23万人,总入学率1992年为60%。

小学生和中学生教育 加拿大实行普遍义务教育。法律规定,凡年龄在6岁至16岁之间的儿童和少年必须上学。加拿大的中小学制度与中国不同,小学与初中合在一起,从一年级到九年级。有些学校还设有课外祖籍语言班,学生可在课后学习他们的祖籍语言。英语和法语是加拿大的官方语言。一般高中从十年级到十二年级,有的还有十三年级,学生毕业时可拿到中学荣誉毕业文凭。持有这种文凭的中学生优先进入大学。

加拿大的中小学有三类,即公立学校、教会学校和私立学校。公立学校由省政府或地方政府开办和管理;加拿大青少年都有权享受免费的公立学校教育。教会学校主要是指罗马天主教会开办的学校,受地方政府资助,学生可免费读到十年级,之后要缴学费。私立学校是由私人资助或开办的学校,这类学校一般都有特定的教育目的和教学计划,学生上学要缴费,特殊情况下可申请减免。加各城市和地方一般都把本地区划分为若干学区,学生应在其居住的学区和就近的学校上学,不过也有"择校生"。

加拿大1992年有小学16 463所,教师145 425人,女教师占69%,在校生243.84万人,小学总入学率为106%;1992年有中学教师153 883人,女教师占53%,在校生239.21万人,女生占49%,中学总入学率为107%,高于发达国家95.2%的平均水平。

高等教育 加高等教育的正式名称是"中学以上的教育",通常是指在大学、社区学院、专科技术学校或私立职业学校的教育。社区学院也称应用艺术和技术学院,是一种两年制的大学,对学生进行职业或技术教育,只发给文凭,不授学位,相当于中国的大专。有的社区学院也起大学预科的作用。社区学院经费主要来自省和地方当局。这种学院学制短,分布广,学费低,课程实用,毕业生易找到工作,因此发展迅速,到80年代中期,全国已有200多所,约有专职教师2.5万余人,学生30余万。

加拿大大学教育已有300余年历史,因其过去是法、英殖民地,其大学教育开始就有强烈欧洲传统,最早的大学一般都是由教会办的。加拿大最古老的大学拉瓦尔大学前身就是法国人于1663年创建的魁北克神学院,1852年改现名。加拿大第一所非教会的私立大学是蒙特利尔的麦吉尔大学,创建于1821年,之后成为加拿大第一所综合性大学。不久许多综合性大学相继设立。

加拿大大学教育的真正发展是在二战期间以及战后时期。二战期间,由于战时需要,联邦政府大力资助大学教育,培养出大批专业技术人员。战后又安置大批退伍军人入学,接受高等教育,使他们及时转变为有用人才。从此形成了联邦政府资助高等教育的制度。加拿大50~60年代的战后经济繁荣,迫切需要人才,大学教育也随之迅速发展。60年代是加拿大高等教育的大发展时期,大学生人数从1961年到1971年的10年间,由12.9万人增长到32万余人,翻了一番多。到90年代,全国共有大学89所,专职教师3.67万名,全日制学生51.44万余人,其中6.2万人为研究生,占学生总数的12%;业余大学生30.05万人,其中研究生为3.9万人。两者合计为81万余人。

1991年加拿大有高校教师(全日制)67 122人,女教师占28%;在校生194.28万人,女生占54%,高等教育总入学率远高于世界平均水平和发达国家平均水平。每10万居民中大学生人数7 694人,居世界领先水平。1992年,综合性大学中有外国留学生37 478人,其中亚洲学生为18 503人,占1/2;其次为非洲,6 248人;欧洲5 876人,4 842人来自北美洲。

除了最通常的全日制正规教育外,加拿大成人教育也很流行。成人教育是指成年人继续他们的学业,或者修读他们感兴趣的科目,前者如中学第九年级到十二年级的课程,后者如摄影、戏剧、园艺学、修理汽车、电子计算机操作等。这类课程通常由各地的教育局或教育委员会组织。学生年龄参差不一,皓首老人与精壮小伙可同在一个教室上课。成人教育中还有免费为新移民办的英、法语班,上课的人若没有工作,每个月还可以领几百加元的生活津贴。

教育经费 1992年,加拿大公立和私立教育开支共计512.91亿加元,占加拿大GNP的7.6%,高于发达国家5.3%的平均比例;人均教育经费1 469美元,高于发达国家平均水平(828美元)。教育经费占政府开支总额的14.3%,经常性教育开支为465.14亿加元,占总经费的93.1%,占GNP的7.1%。

文 化

加拿大是一个多民族的移民国家,各民族的共同特点是宽容待人、和睦相处。因此,加拿大各民族及其文化互相共存,好像五颜六色的图案拼在一起,构成一块绚丽多姿的马赛克。加拿大本是印第安人和因纽特人的故乡,自从欧洲和其他各地的移民来到这里以后,在短短的二三百年间,加拿大已建成一个工农业和文教事业高度发达的国家。这跟众多的具有不同文化的加拿大人的共同创造是分不开的。

加拿大的文化事业包括广播、电视、电影、出版、新闻、图书馆和博物馆等。它们与娱乐业结合在一起构成国民经济中的一个重要部门。据80年代中期统计,文化行业的从业人员约有30多万人,相当于全国的农业人口;每年的收入约100亿加元,相当于加拿大冶金采矿业的总收入。加拿大联邦政府没有文化部,主管文化机构的是传播部。

广播电视 加拿大是最早发展广播事业的国家之一,今天也是世界上广播电视事业最发达的国家之一,不仅技术先进,而且普及率高、覆盖面大。据统计,在全国近千万个家庭中,电视机已普及到每个家庭,有1 300多个发射台和转播台,即使远在北极地区的居民也能通过卫星转播收看电视。广播电视的管理体制是公私营并重,但以国营加拿大广播公司为主体。加政府管理广电事业的机构是加拿大广播电视和电讯委员会,加拿大广播公司的电台和电视台的覆盖率分别为加拿大全国人口的97.3%和99.2%。此外,该公司还有一个加拿大国际广播电台,用英、法、中、俄、德、西班牙、葡萄牙等12种语言向全世界广播,并向800多个外国电台和电视台提供音乐和其他节目,以扩大加拿大的国际影响。1988年该台曾向中国北京、上海、广州市人民广播电台提供《每日英语》教学节目。

新闻报刊 加拿大新闻事业比较发达。1991年加拿大拥有日报106种,发行量581.5万份,千人拥有量215份,接近于世界平均水平(113份)的两倍,但低于发达国家的整体水平(350份)。比较有名的报纸是多伦多《环球邮报》,该报发行量较大,有153年的历史,地位相当于中国的《人民日报》。1989年时,加拿大有非日报1 627种,发行量达2 204.3万份,千人拥有量为805份。1992年有期刊1 400种,发行量达3 710.8万册,千人拥有量为1 356册;面向专职人员的期刊为849种,发行量为1 099万册;面向普通公众的期刊为551种,发行量为2 611.8万册。由于受到美国报刊杂志的强烈冲击,加拿大报刊贸易常处于逆差之中。1992年进口额为5.66亿美元,出口仅为1.19亿美元,逆差达4.47亿美元。在加拿大销售的一般性杂志中,每4本中竟有3本是美国杂志!仅《时代》周刊和《读者文摘》的广告就占了加拿大全国杂志广告的40%。加拿大目前最大的全国性杂志《麦克莱恩》(Maclean‘s)周刊,每周发行量为60多万份。

图书馆 加拿大国家图书馆成立于1953年,到1989年馆藏图书达到720万册,年增加量为84 740册。它除了收集各种图书以外,还收集其他资料,如报刊、唱片、录音带、录像带、政府文件、会议记录、学术论文,现在又包括计算机软件和磁盘等。

到1988年时,加拿大共有公共图书馆993个,服务点6 157个,馆藏图书5 958.1万册,年增加量为437.6万册。

电影 加拿大电影从19世纪末开始出现,主要描写大草原上的风光,多为纪录片。1913年加拿大第一部故事片《伊万杰琳》拍得很成功。第一次世界大战中高涨的加拿大民族主义促进了加拿大电影事业的发展。1919年的《回到上帝的家乡》名震一时。由于受到美国好莱坞电影的巨大冲击,加拿大电影业长期不景气。为了重振电影业,加议会于1939年通过法案建立了加拿大电影局。该局把重点放在文献纪录片上,自它成立以来至今已拍制了1.7万多部视听文献片,其中包括6 500多部原版电影。目前,它每年大约摄制100多部新片。自该局成立以来,它已获得3 000多项国际奖励,其中包括奥斯卡奖。它不仅是加拿大电影业的骄傲,而且也是加拿大的骄傲。

博物馆 加拿大的博物馆有大有小,大的如渥太华的加拿大文明博物馆，基建耗资2.75亿加元，建筑宏伟，展示了1万多年来人类在加拿大的活动；小的如某一小村镇的博物馆，只有一幢旧的房子，甚至一个草棚，显示该村镇过去的历史。据统计，目前全加各地共有2 500多个各种大小不同的博物馆，其中公家所有的展品90%集中在60个最大的博物馆中。

加拿大最早的博物馆是1842年建立的新不伦瑞克博物馆。1880年，加拿大国家美术馆建立，这是由官方最早建立的博物馆。二战以后，全国各地兴起了创办博物馆和美术馆的高潮。联邦政府遂于1968年通过国家博物馆法，成立了加拿大国家级博物馆和美术馆。其中包括加拿大文明博物馆、国家自然科学博物馆、国家科学和技术博物馆和加拿大国家美术馆。从此后，加拿大博物馆事业蓬勃发展。加拿大博物馆和美术馆等的兴旺发达不仅促进了旅游事业，而且还推动了学术研究和教育事业的发展。

人口和环境保护

加拿大从1851年以来每10年进行一次人口普查。最近举行的人口普查是1991年6月4日，估计全国人口为2 690多万人；1996年底，加拿大人口已突破3 000万人。由于本国人口自然增长率很低，加拿大政府近年来放宽了移民政策，国外来的移民日益增多，1990年的新移民将近20万人。近几年的移民主要来自亚太地区，其中来自港台地区的移民占相当比重。据估计，在加的华人至少有70万人，有的数字估计已达100万人。

加拿大男女比例是女比男多，在65岁以上的老人中女性与男性的比例为1.38∶1；在85岁以上的老年人中，这个比例竟高达2∶1。

加拿大民族成分复杂。本世纪70年代以前，欧洲裔居民占绝大多数。随着世界其他地区来的移民日益增多，欧裔人口比重不断下降。据统计，从1971年到1981年的10年间，欧裔居民由80%降为67%，美裔居民由9%降为8%，而亚裔在10年中就由5%增加到14%，而且比例正在迅速上升；拉丁裔居民从3%上升到7%。移民的日益增加使加政府认识到统一语言的重要性。1969年加政府颁布《官方语言法》，规定英语和法语同为全国通用语言，即官方语言。全国有60%的人讲英语，24%的人讲法语。

加国土面积居世界第二，但由于其人口少，故平均每平方公里只有3人，可以说是典型的地广人稀的国家。1985年联合国统计，世界人口平均密度为每平方公里36人，加拿大的人口密度列211个国家中的第197位。

加地广人稀现象主要是在北部，特别是北纬60度以北的西北地区和育空地区，近400万平方公里的土地上只不到10万人口。加拿大南部，气候适中，人口较密。加是高度城市化的国家。1986年全国人口中76.5%为城市人口，23.5%为乡村人口。人口最多的城市是多伦多，1986年为342万人；其次为蒙特利尔，286万；第三为温哥华，138万。加拿大人口的85%以上集中在南部紧邻美国的200公里的范围内，人口最集中的地区是圣劳伦斯河流域低地及大湖区，这一地区面积只有18万平方公里，占全加面积的1.8%，却集中了全国40%的人口（1 200多万人）。加拿大全国25个10万人以上的大城市中有13个集中在这一狭长地带，构成了加拿大人口最集中的“魁北克城——温莎走廊”。

加拿大面积广阔，人口稀少，风景宏伟壮丽，自然资源极为丰富，森林面积占世界的10%，淡水拥有量占世界的50%。加历届政府十分重视环保，于1971年在内阁中设立环境部，成为世界上第二个最早设立环境部的国家，并制定了环保立法，大力治理污染。这方面的法律有《环境部法》、《环境污染法》、《加拿大水资源法》、《清洁空气法》和《海洋倾倒控制法》等。1988年，加政府在以上法律基础上制定了《加拿大环境保护法》。1990年又制定了《绿色计划》。

《绿色计划》是一项全国性的行动计划，力图改善对环境的破坏，以维持将来的持续发展。该计划要求如下：净化空气、保护水源、清洁土地、控制化学肥料生产、减少使用有毒的化学物质，为农业创造健康的环境；维持再生资源、保护渔业再生资源、保护自然地域、保护野生动物。同时还要求推进全球性的计划，以解决全球气温上升、臭氧减少及酸雨问题等。

为履行1992年巴西环境首脑会议通过的森林原则，加正在积极推行一项全国性的永续森林规划，希望到1997年加在永续森林方面处于世界领先地位。从1992年起，加拿大在温哥华主办每年一次的全球环保大会，以交流环保经验，推销环保产品，促进世界环保的发展。

加拿大还向发展中国家的环保项目提供财政和技术援助,每年的援外金额大约为27亿加元。

为了执行环境保护这一艰巨而复杂的任务,加拿大将联邦环境部建成一个超级大部。1995年环境部有正式职员5 700人,每年经费为7.37亿加元。为了紧缩开支,各政府部门都在裁员,到1998年环境部将减至4 100人,但对于只有3 000万人口的加拿大来说,环境部可谓是一个庞大的部门。

此外,加政府还要求各内阁部长成为环保政策的执行者和维护者。为此,各部专设"环境审计局"以向国会提出报告,检查部长是否尽职执行环保计划。

经济一体化

加拿大是世界上积极倡导经济一体化的国家,是北美自由贸易区的重要成员。1989年加拿大总理马尔罗尼和美国总统布什共同签署了加美自由贸易协定;1993年墨西哥加入进来。1994年签署了《北美自由贸易协定》,规定到1998年,美国和加拿大完全取消彼此间的关税和限额。自以上两个协定签署以来,加拿大出口额从1990年到1996年第二季度已增长了69%,增长幅度名列世界第一;从1990年到1996年第二季度,加拿大的进口额也增长了60%,名列世界前茅。

美加一体化不断深入,经济上高度相互依赖。自1989年初美加贸易协定生效以来,加拿大对美的出口翻了一番,增加了730亿美元。1995年,美国和加拿大的双向商品贸易总额为2 620亿美元,与1989年的1 710亿美元相比增加了53%,形成了世界上最大的贸易伙伴关系。美加两国间的直接投资也显著增加。美国公司及其子公司雇佣了约90万加拿大人,而加拿大公司的子公司则雇佣了大约70万美国人。

除了在本地区积极促进一体化外,加拿大还积极参加亚太地区方兴未艾的区域合作。加拿大积极拓展亚太市场,力图改革外贸过于依重美国的状况。加是亚太经济合作组织重要成员国,1997年11月将在加拿大温哥华举办的第5次亚太经合首脑会议将进一步推动加拿大的"亚太化"。加政府已确定1997年是加的"亚太年"。

表1 加拿大经济统计表

经济指标	1992年	1993年	1994年	1995年	1996年
国内生产总值(市场值,单位10亿加元)	690.1	712.9	747.3	776.3	803.6[a]
实际国内生产总值增长率(%)	0.8	2.2	4.1	2.3	1.4[a]
以消费物价计算的通胀率(%)	1.5	1.8	0.2	2.1	1.6
人口/单位百万(年中统计)	28.4	28.9	29.3	29.6	30.1
出口离岸价格(10亿美元)	132.1	144.0	163.8	189.9	213.3[a]
进口离岸价格(10亿美元)	126.4	136.0	151.5	167.5	178.8[a]
经常项目(10亿美元)	-22.6	-23.4	-17.3	-8.7	-3.4[a]
外汇储备(不含黄金,10亿美元)	11.4	12.5	12.3	15.0	20.4
政府外债(10亿美元年底统计)	66.9	78.8	74.2	84.6	—
汇率*(平均值)加元/美元	1.21	1.29	1.37	1.37	1.36

注:1997年2月4日;1.355加元合1美元。

a是EIU国家报告估计。

表 2

1995 年国内生产总值主要来源	比　例(%)
农业、渔业及林业	2.8
制造业和采矿业	23.3
建筑业	5.0
公共事业	3.3
交通运输业	9.0
金融保险业	16.0
其他服务业(包括政府部门)	40.6
以 1986 年要素成本计算的国内生产总值	100

表 3

1995 年国内生产总值组成部分	比　例(%)
私人消费	60.0
政府消费	19.4
固定投资	17.3
存货	0.9
商品及服务出口	37.4
商品及服务进口	-34.9
统计误差	-0.1
以市场现价计算的 GDP	100.0

表 4

1995 年主要出口产品	单位:10 亿加元
汽车及配件	61.6
机械设备	56.3
其他工业产品	46.9
林业产品	35.6
能源产品	20.8
农业产品	20.0

表 5

1995 年主要进口产品	单位:10 亿加元
机械设备	75.6
汽车及配件	50.5
其他工业产品	45.0
其他日用消费品	25.6
农业产品	13.4
能源产品	7.3

表 6

1995 年主要出口对象国	占总数的%
美国	79.6
日本	4.5
英国	1.5
其他欧盟国家	4.8

1995 年主要进口对象国	占总数的%
美国	75.0
日本	3.7
英国	2.1
其他欧盟国家	—

注:以上资料均摘译自英国经济学家情报学会(EIU)《国家报告》,1997 年第 1 季度。

(中国现代国际关系研究所　曹富森)

美国经济文化概况

美利坚合众国位于北美洲中部,其原始居民主要是印第安人。现有人口 2.61 亿,每平方公里人口密度为 2.53 人。大部分集中在五大湖、密西西比河及大西洋沿岸地区,现在的人口流动主要是从东部人口密集区向西南部的"阳光地带"和"硅谷"区移居。

美国领土北与加拿大接壤,南靠墨西哥湾,西濒太平洋,东临大西洋,海岸线长达 22 680 公里。本土面积 9 372 614 平方公里,其中农业用地占 47%,森林占 29%。美国本土地势是东西高,中间低,主要山脉为南北走向。全境地形从东到西是东南沿海平原,东部阿拉巴契亚山地、中部平原、西部山系。美国的河流以落基山脉为分水岭,分为两大水系,一是太平洋水系，主要包括科罗拉多河、哥伦比亚河、育空河；一是大西洋水系，主要包括密西西比河、康涅狄格河、赫德森河。东北部是世界最大的淡水湖群，面积多达24.5万平方公里。大部分地区为温带和亚热带气候。

印第安人曾经世代居住在这块土地上，在这里生养繁息，创造了光辉灿烂的古代文明。1492年意大利的航海家哥伦布远航来到美洲。此后，欧洲移民纷纷涌到美洲。到1733年，英国已经在大西洋沿岸建立了13个殖民地。1775年，美国独立战争爆发。1776年7月4日通过了脱离英国的《独立宣言》，宣告美利坚合众国成立。1783年独立战争结束，建立了独立的资产阶级共和国。

美国宪法规定美利坚合众国是联邦制国家，各州拥有相当大的自主权。联邦内实行资产阶级的三权分立，立法、司法、行政三权互相制约。总统是最高国家元首，拥有行政权。根据美国宪法，凡是年满35周岁，在美国居住14年以上公民都可以竞选总统。总统每届任期4年，最多只能任两届。宪法把立法权授与国会，国会由参、众两院组成，两院议员均由选民直选产生。参议员共有100人，每个州平均分配2人，任期为6年，每年改选其1/3。众议员有435名，各州按人口多寡分配名额，任期2年。参、众议员都可以连选连任。司法权则属于法院，法院由最高法院、11个上诉法院、91个地方法院和3个有特别审判权的法院组成。

美国现任总统克林顿，为美国第42任总统。1946年出生于美国南部的阿肯色州，1973年毕业于耶鲁大学。1978年，年仅32岁的克林顿成为阿肯色州州长。1993年首次当选为美国总统，1996年又连选连任，成为从罗斯福以来第一位连任的民主党总统。

经　济

美国经济的整体形势近几年来一直不错，但是也存在着一些引人注目的问题。从表面上看，美国经济摆脱了呆滞的困扰，并继续保持温和增长。自60年代以来，美国经济和其他所有资本主义国家一样，一直经历着经济增长周期的困扰，而现在美国经济似乎进入了一个稳定期的增长期，实现了美国政府多年以来梦寐以求的可持续发展。但实际上，经济在增长的同时，已经隐含着不少问题。实现可持续发展的道路还是漫漫无际的征途。

1995年下半年，美国经济出现了较为明显的呆滞，第四季度的经济增长率仅为0.3%，为近几年中增长速度最慢的一个季度。而据美国联邦储备委员会调查报告的统计，1996年上半年的经济增长按年率计算为3.1%，下半年约为2.4%，全年达2.3%，比1995年的2%要高。从季度增长情况看，第一季度增长率为2%，第二季度为4.7%，第三季度的增长速度略有减小，增长率是2%。显然，美国经济1996年增长速度不是太高，但基本是持续增长。从上一次经济衰退算起，这已经是第6年持续增长，而且根据大多数经济学家的估算，美国经济的增长势头在近期还会继续下去。

美国经济近年来在持续增长的同时，失业率也在相应下降，而且也没有出现太高的通货膨胀。1992年失业率仍为7.5%，而1996年以来，失业率一直在5.5%上下徘徊，是近7年以来美国失业率最低的一年。就业人数平均每月增加20多万人。克林顿执政4年以来，美国的就业机会增加了1 070万个，在西方国家中处于较好水平。此外，人均收入也在不断提高，贫困线以下的人数在持续下降。与此同时，通货膨胀也得到了较好的控制。尽管就业增加较多，但物价并未如不少经济学家估计的那样上涨。1996年第三季度通胀率仅为1.9%，全年通胀率继续控制在3%以下。用国内生产总值价格指数衡量通胀率仅为2.1%，是30年来的最低值，而且仍呈下降趋势。

克林顿政府减少联邦财政赤字的计划也基本上得到实现。联邦财政赤字在1992年创历史最高纪录，达2 904亿美元，近4年来赤字下降64%，到1996年已经降到1 073亿美元，达到了15年以来的最低点。

美国经济近年中出现的问题也比较突出，其中最主要的是劳动生产率增长较慢，外贸逆差继续加大。美国1995年的劳动生产率增长1.1%，1996年的前三个季度中只有第一季度的增长率达到了1.8%，全年只有0.8%。劳动生产率增长的滞后严重影响了经济增长速度。美国1996年的对外贸易逆升到1 142亿美元，是从1988年以来最多的一次，比1995年上升了8.7%。

商业　1996年美国出口稳步增长，达到8 630亿美元。但是，进口金额也高居不下，贸易逆差仍保持在1 000亿美元以上。美国的进出口贸易主要由商品贸易和服务贸易两部分组成，由于1996年美国经济增长较快，商吕进量大，所以商品贸易的逆差较大，出口额为6 000亿美元，进口额为8 000亿美元，商品贸易的逆差高达2 000亿美元。与此同时，美国一向丰厚的服务贸易顺差在1996年也持续增长，抵消了相当多的商品贸易逆差。

根据联邦储备委员会的统计，美国1996年的商品贸易逆差有着明显的特征，食品和饮料的顺差比较稳定，资本商品的波动比较显著，整体贸易状况恶化的主要原因是工业原料类的进口，其中最突出的是石油进口。此外，消费品和汽车部件进口在1996年也有所增加。农产品顺差的增长幅度很小，但制造业的逆差缩小了。美国和日本之间的贸易关系有一定程度的改善，但是美国仍然有400多亿美元的逆差。美国与加拿大、欧盟的贸易更趋平衡，尽管美国有一点逆差，但和双方的贸易金额相比数目较小。

尽管美国1996年的商品贸易逆差比上一年增加1 670亿美元，但商品贸易的不平衡状况在1996年的最后一个季度有了大幅度的改善，其中对日本的逆差在这一季度下降最快。工业生产在1996年的大部分时间里都在不断增长，美元的比价也在大幅攀升。因此，美国的国际竞争力基本上仍然是较强的。

1996年美国国内生产总值是69 944亿美元，按季度增长计算比上一年增长3.9%。

美国进出口统计

(10亿美元，年率)

	1995年	1996年	1995年 4季度	1996年 1季度	1996年 2季度	1996年 3季度	1996年 4季度
			总量(按支付平衡计算)				
出口	787	836	814	821	836	823	863
进口	892	950	892	918	950	958	967
平衡	-105	-114	-78	-97	-114	-135	-105
			商品(按支付平衡计算)				
出口	576	612	598	600	613	601	633
进口	749	799	750	771	800	806	813
平衡	-173	-188	-152	-171	-188	-206	-180
			服务(按支付平衡计算)				
出口	211	224	217	220	224	222	229
进口	142	151	142	146	150	151	154
平衡	68	73	75	74	74	71	75

1996年美国贸易平衡表

美国顺差	10亿美元	美国逆差	10亿美元
荷兰	+10.0	日本	-47.7
澳大利亚	+8.1	中国	-39.5
比利时-卢森堡	+5.8	加拿大	-22.8
香港	+4.1	墨西哥	-16.2
巴西	+3.9	德国	-15.5
韩国	+3.9	台湾	-11.5
埃及	+2.5	意大利	-9.4
阿根廷	+2.2	马来西亚	-9.3
阿联酋	+2.0	委内瑞拉	-8.2
英国	+2.0	尼日利亚	-5.0
智利	+1.9	印度尼西亚	-4.2
西班牙	+1.2	法国	-4.2

资料来源：《商业美国》1997年3月号。

1996年美国服务业出口又创新纪录，高达2 240亿美元，其中顺差多达734亿美元，也创历史最好成绩。服务贸易的顺差抵消了商品贸易逆差1 880亿美元中的40%。服务部门的产值近年来增长速度惊人，现在已经占美国国内总产值的75%左右，就业人员占总就业人数的80%，其范围从运输、零售和批发贸易、专业服务到教育、医疗信息等数不清的行业。美国经济1996年创造的260万个就业机会中，服务行业占了240万个，增长的就业岗位主要集中在信息服务、保健服务、教育及其他社会服务等待遇不错的行业。

服务行业在美国独霸一方的状况是近年来才出现的新情况。仅仅在前几年，服务业在美国的国际贸易中的位置还很不显眼,1985年服务部门的出口还只有730亿美元,顺差仅有3亿美元。然而,在10年以后,它的顺差竟高达734亿美元。美国服务业贸易迅速增长的原因主要是美国在近年来的高科技行业中居于主导地位,同时也借了这几年全球经济增长快的光。

美国是国际商业和旅游中心,全球各地的游人和商人每年都源源不断地涌向这里。显然,他们在美国的一切开支,包括交通、饮食、娱乐购物的所有费用,都变成了美国的出口,这些收入在过去的10年中增长了两倍。美国近年来经济持续增长,商品贸易额不断扩大,这也推动了海运、港口、汽车运输及与运输相关的其他服务行业的兴旺。美国的交通和运输行业在1986年还存在着80多亿元的逆差,而到了1995年逆差变成了180多亿美元的顺差。金融服务业近年来每年能给美国带来40亿美元的顺差。

遍布全美的大学每年吸引着世界各地的大量留学生,外国学生在美国读大学,使美国形成了一定的经济优势,1995年在美国上大学的外国留学生为美国增加了近70亿美元的贸易收入。由于美国处于通信和信息技术的领先地位,所以美国的专业性和技术性咨询公司很受外国公司的欢迎。这些咨询公司可以给外国公司提供法律、财会、工程设计、电信等各种各样的服务。这些行业在1995年给美国拿回了120亿美元的贸易顺差。

美国1996年在服务贸易上同所有的贸易伙伴都是顺差,这部分顺差可以抵消相当大的一部分商品贸易方面的逆差。日本是美国最大的服务贸易出口市场,1995年美国对日本服务贸易的顺差是170亿美元。1996年美国的顺差是200亿美元,同年,美国对日本商品贸易的逆差是480亿美元,服务贸易盈余可以抵消商品贸易逆差的约40%。

个人储蓄　美国个人储蓄在1995和1996年度持续增长,为美国经济的发展积累了资金。根据美商务部的统计,1996年美国个人储蓄总金额达到2 740亿美元,比前一年增长了3.8%,占其个人收入的4.9%。但是,和日本等其他国家相比,美国的个人储蓄率仍然是低的,即使和美国历史上的储蓄率相比,现在的储蓄率也不是最高的。80年代美国的个人储蓄曾一度保持在8~9%左右,到90年代初期,也还在6%左右。

和前几年相比,美国人开始更多地考虑退休以后的生活。10年以前,只有25%的年龄在40~50岁之间的人愿意为退休而储蓄,到1996年底这一比例已经增加到50%。在这种观念的主导下,在近5年内美国的消费支出一直维持在2.7%左右。越来越多的人把钱投资在债券、互助基金等事业上。

工业　美国的工业部门在90年代一直处于较高的增长水平。1989年8月伊拉克入侵科威特后,随着石油价格的大幅波动,美国工业产量出现连续6个月的萎缩。1991年3月,耐久的制造业产品下降了7%,到1992年第四季度才恢复到原来的水平。从此之后,工业产值4年内不断增长,只有在1995年1月后出现了6个月的短暂停顿。在这个增长期内,耐用工业产品年增长6%,公用事业增长2.5%,非耐用工业品增长1.5%,矿业增长1%。尽管工业经济持续增长,但是由于生产力的提高和使用临时劳动力的增多,大大限制了工业就业率的增长。到1996年底工业就业人数为1 830万,只比1992年增加了20万,比80年代后期下降100万。由于非耐用品生产增长缓慢,因此,其就业率在1995年和1996年均有下降。

耐用消费品的产量促进了美国工业从1991年到1994年经济的恢复和扩展,其中最主要的是轻型卡车、轿车、器具和个人电脑的生产。从1994年开始,当其他耐用消费品的生产不再增长的时候,电脑的实际产量以每年30%的速度递增。轿车和轻型卡车的生产在1991年初到了一个周期的低谷,而从此之后到1994年却一直以两位数的百分比增长,之后生产基本不再增加。从1994年到1996年,轻型运输工具的国内产量每年是1 170万辆,包括进口在内,年销售量是1 500万辆。

和耐用消费品在90年代长足增长相比,非耐用消费品的年增长率只有1.5%。在非耐用消费品内部增长的差异也比较大,报业趋于逐渐下降的趋势,布料生产在1995年下降10%,1996年初期下降到1990~1991年期间的最低点。食品和烟草略有增长,药品和纸张的增长比较强劲。

商业设施增长落后于经济增长周期的步伐,但在1992年以后却是经济增长的主要动力。信息处理及其相关设施以两位数的生产指数增长,带动商业设施的增长到1996年底超过了1/3。改进质量后的电脑产量几乎增长了4倍。把电脑排除在外,商业设施的增长率是25%。工业设备的增长从1992年初期到1995年中期一直强劲,随后就保持在一定的水平上,这一水平比1989年增长期的最高点高15%。建筑材料是工业设备中增长最快的,其增长势头一直保持到1995年下半年和1996年。其他设备,包括农业、服务业设备和办公用品在1993年、1994年增长速度也较快,随后出现停顿,其产值比上一个衰退期高10%。1996年后半年又重新开始增长。

在商业设施中,只有运输设备从1991年至1996年初期没有增长,因为商用轿车的产量处于停滞状态,商用飞机的产量还有所下降。商用卡车的需求在初期曾有所增加,但是到1995年末和1996年重型卡车的生产已经大大下降了。1996年随着商用飞机生产的大量增加,商业设施的产值又创新高。联邦政府从1989年开始对国防和空间设备的投资减少了大约30%,这明显地影响了包括军用飞机及其部件等在内的设备生产。建筑材料的产量在1990年到1991年的衰退期内曾下降10%,直到1993年末期和1994年还没恢复到衰退前的水平。这是因为已经建成的房子有许多无人租用,而集体居民住宅和非居民建筑的需求又相对疲软。与此相反,独家居民楼建设的恢复既早又速度快,从1993年底到1996年底,建筑材料产量以年率4%的速度增长。

在90年代,为了进一步使工业加工材料的生产增长速度要快于制成品的增长速度。工业材料的生产种类繁多,其量值约占工业总产值的40%。耐用商品材料,如钢铁、发动机、半导体、计算机部件等占工业材料的一半以上。耐用商品材料在10年内增长了近40%,其中增长最快的计算机部件和半导体以年率两位数的速度增长。但是宇航工业的疲软直到最近还影响着耐用商品材料生产的增长。和耐用商品材料相比,非耐用商品材料的增长是比较慢的,原油产量,特别是田纳西州和阿拉斯加州原油产量的下降,基本抵消了天然气和煤的生产使用。居民燃料油和核材料产量的下降也基本抵消了电力生产的增长。在非耐用商品材料中,纺织、纸和化学材料从1989年到1993年产量持平,随后出现较快增长,到1995年又开始下降。在近10年内,非耐用商品材料的生产的年增长率只有1.5%。

在90年代,工业设备的利用率既没有达到70、80年代的最高水平,也没有下降到70、80年代的最低点。这种情况反映出,近年来工业设备能力加速增长,80年代后期工业的衰退相对温和,最近6年工业持续增长也相对平稳。设备能力近年来的加速增长使长时期的工业繁荣没有对工业能力形成过大的压力,在1991设备利用率最低的时候是78.1%,高于1982年的最低点71.1%。1991年后,经过6年的增长,设备利用率在1994年底和1995年初达到了最高点,是84.9%。这一纪录接近80年代末期的最高点,但明显低于70年代增长周期的最高点。利用率增长在1995年有所放慢,到1996年增长结束,水平是83.5%,比长期平均水平高一个百分点。

在制造业内,1996年后期的设备利用率相对高一些,特别是计算机和一些重要的加工工业,如炼油、橡胶和塑料产品、钢铁等,同时印刷、出版等行业的增长率则低于它们的长期平均水平。当工业增长在继续的时候,对工业设备的投资也在不断增加,使工业能力的增长速度不断加快。制造业的年增长率几乎翻了一番,从10年前的大约2%增长到了1996年的4%;耐用品的生产能力的增长率增加近3倍,达到6%。设备能力的增长大部分是计算机和半导体,但是钢铁等工业的增长也不小,非耐用品生产能力的增长仍较慢。

在矿业方面,设备能力的衰退有所缓和,石油和天燃气钻探上升到了1982年以来的最高点,尽管还远远低于以前的最高点。最近海岸钻探的增加有助于保持能力,也可以抵消老油田的衰落。矿业其他方面的能力增长和使用比较温和,过去10年中产量增长超过能力增长,因此,能力过剩也得到较大程度的解决。

科　技

美国经济在90年代摆脱停滞不前的局面,呈现出持续增长的势头,很大程度上得益于其雄厚的科技实力。根据瑞士国际发展研究所发表的世界竞争力报告,美国在综合实力上是世界上最有竞争力的国家,其中最显著的是美国的科技实力。美国科技实力的强大归因于其多年来一直重视基础和宏观科学的研究,虽然这些研究和工业生产没有直接的联系,但是只有基础科学搞好了,才有可能在新兴科技领域占主导地位。美国近年来一直领导信息技术和生物工程技术等尖端科技的发展,与其基础科学的雄厚实力密不可分。

1996 年工业生产、能力和利用率增长率

项目产值	1992～1996 年	1994 年	1995 年	1996 年
总工业	3.5	5.7	1.8	3.7
制造业	3.8	6.5	1.6	4.0
不包括计算机	3.2	6.0	7	3.1
能力				
总工业	2.8	2.5	3.3	3.7
制造业	3.1	2.7	3.7	4.1
不包括计算机	2.6	2.3	3.1	3.3
设备利用				
总工业	—	84.3	83.1	83.2
制造业	—	83.9	82.3	82.2
不包括计算机	—	83.9	82.1	82.0

资料来源:《联邦储备公报》1997.2。

由于美国对基础科学研究的重视,因此,美国科技优势最显著的领域就是与基础科学有关的学术论文发表量、诺贝尔奖获得者人数等方面。据统计,全世界主要学术刊物发表的论文中有 35% 是美国人写的,在 1980 年到 1990 年的 10 年中,全球诺贝尔自然科学奖获得者总共是 64 人,美国人就有 36 人,占总数的一半还多。根据美国核心技术研究所的统计,从 1990 年到 1994 年,美国处于领先地位的技术领域有一定程度的缩小,但是仍然在相当多的领域对欧洲和日本有优势。在通信和计算机软件领域,美国都占据绝对优势,特别是在计算机软件方面,别的国家和美国的距离还相当大,而且美国领先的地位还在不断加强。

美国科技实力的强大得益于其对研究开发的大量投资。1993 年美国投给研究开发的资金为 1 610 亿美元,相当于其国内生产总值的 2.6%。其总额占世界第一,比日本、法国、韩国的总和还多。由于近年科技开发项目都比较庞大,私人公司的承受能力有限,因此美国政府大规模投资于研究开发,以利于提高美国的科技竞争力。从研究开发投资的结构上看,基础研究占 16%,应用研究占 25%,开发研究占 59%。

美国科技实力强大还在于其拥有大量的优秀人才,美国硕士和博士占总人口中的比例是世界第一,每 10 万人中每年有 5.8 人获得博士学位。除此之外,美国还每年吸引其他国家的大量移民,这些移民给美国带来了数目可观的优秀人才。

在过去,美国的科技政策是政府投资和民间投资分离,政府只投资那些民间无法承担的基础科学和国防、宇航、能源等民间机构无法承担或不愿承担的领域。但是,自从 90 年代以来,美国的科技政策发生了较大变化。为了加强美国企业在国际上的竞争能力,政府也开始投资于与工业相关的一些科研项目,国防科技在政府研究开发投资中所占的比重在不断下降。同时,政府对国防科技的投资也开始注重于军民两用技术领域。

教　育

美国人的受教育水平以及对教育的重视程度均居世界前列。美国有一套较完善的教育立法;教育投入较大;发动社会办学,特别是企业和基金会的赞助弥补了政府拨款的不足;办学途径比较灵活,既有公立也有私立学校。教育机构中不仅有综合大学、文理学院、专业学院,还有初级学院、社区大学、开放大学、函授大学、老人大学、成人大学等。美国的大学及研究机构从世界各地招募了大量高级研究与管理人才,对美国社会的繁荣与发展起到了很大的推动作用。信息时代,科学技术迅猛发展导致的生产率大幅度提高,以及劳动力市场对高素质人才的需求,极大地推动了美国教育的发展。

美国是个移民社会,长期以来,它一直把发展教育视为使移民融入美国社会的途径。因此,学校里不仅进行基本文化和基本技能训练,而且进行价值观念培养。实现美国化的目标推动着美国教育的发展,而学校教育的发达又反过来促进了移民的美国化,促进了统一的美利坚民族文化的形成和发展。

1960～1995 年研究开发支出

（10 亿美元）

	目前美元			1987 年美元		年百分比变化	
年份	总数	国防空间	其他	总数	占 GDP 比例	目前美元	当时美元
1960	13.5	7.5	6.0	52.0	2.6	9.4	7.6
1965	20.0	10.8	9.3	70.6	2.9	6.3	3.7
1970	26.1	11.4	14.7	74.6	2.6	2.0	-3.2
1973	30.7	11.9	18.9	74.9	2.3	7.9	1.7
1974	32.9	11.8	21.1	73.9	2.3	7.0	-1.4
1975	35.2	12.3	23.0	72.2	2.2	7.2	-2.3
1976	39.0	13.4	25.6	75.0	2.2	10.8	3.9
1977	42.8	14.3	28.5	76.7	2.2	9.6	2.2
1978	48.1	15.3	32.8	80.1	2.2	12.5	4.4
1979	54.9	16.6	38.4	84.1	2.2	14.2	5.0
1980	62.6	18.4	44.2	87.6	2.3	13.9	4.3
1990	151.5	44.4	107.1	134.1	2.7	7.5	3.2
1991	160.1	42.9	117.2	136.4	2.8	5.6	1.7
1992	164.5	41.1	123.4	136.3	2.7	2.7	-0.1
1993	165.8	40.6	125.2	134.4	2.6	0.8	-1.4
1994	169.1	41.3	127.8	134.3	2.5	2.0	-0.0
1995	171.0	41.0	130.0	132.1	2.4	1.1	-1.6

资料来源:《美国 1996 年统计概览》。

据联合国教科文组织的最新统计,1994 年美国 25 岁以上人口中未上过学者仅为 0.6%,在世界各国的此项统计中,仅次于新西兰(全部受过教育)和日本(0.3%,1990 年统计数),占第三位。25 岁以上人口中上过小学者占 8.2%,上过中学者占 44.6%,中学以上文化程度者占 46.5%。1993 年美国人预期受教育年限为 15.9 年,仅在加拿大之后(17.6 年),居世界第二。

美国实施 10 年制义务教育,学习年限为 7～16 岁,学前教育入学年龄始于 3 岁,小学 6 年(6～11 岁),初中 3 年(12～14 岁),高中 3 年(15～17 岁)。

学前教育 总注册率 1992 年为 61%。1993～1994年度注册人数为 719.8 万,其中女孩 338.4万人,占 47%,私立园所占注册总数的 34%。

初等教育 1992 年总入学率为 107%,净入学率为 100%,私立学校入学率为 10%。1993～1994年度全美有小学 7.2 万所,教师 166 万人,其中女教师 139.4 万人,占 84%;学生注册数为 2 369.4 万人,其中女生 1 152.3 万人,占 49%;师生比为 1∶14。自 1985～1986年度以来,美国的小学校减少了 4 000 所,但教师和学生人数的同步增长维持了原有的师生比率。小学各年级注册生占在校生的比例如下:1 年级占 18%,2 年级占 17%,3～6 年级各占 16%。

中等教育 总入学率 1992 年为 97%,净入学率为 90%,私立学校入学率占 8%。1993～1994年度全美有中学教师 133.4 万人,其中女教师 72 万人,占 54%;在校生 2 057.8 万人,其中女生 999.1 万人,占 49%。各年级注册生占在校生总数的比例为:初一、初二分别为 18%,初三 19%,高一 17%,高二 15%,高三 14%。

高等教育 目前美国约有 3 000 多所大学,一般每所大学都有几千学生,多的达 5 万,包括本科生和研究生。1994 年,美国每 10 万居民中大学生数为 5 546 人,仅次于加拿大(6 980 人),居世界第二。按性别划分,女生高于男生,男女所占份额分别为 5 107 人和5 965 人。80 年代至 90 年代,美国高校教师人数处于迅速增长阶段,1980～1981 年度为 395 992 人,1985～1986 年度为 64.9 万人,进入 1990～1991 年度已跃至 833 844 人,以后基本处于稳定状态,到 1993～1994 年度教师数为 84.2 万人。学生数自 80 年代以来呈稳步一升趋势,1980～1981 年度为 12 096 895 人,1990～1991 年度为13 710 150人,1993～1994 年度达到 14 473 106 人。其中综合大学和具同等水平的院校 1990～1991 年度有教师 589 799 人，女性占 31%；有学生 8 529 132 人，女生占 53%。其他高等院校(教师培训学院、技术学院等)有教师 244 045 人，女教师占 45%；有学生 5 181 018 人，女生占 57%。1992 年接受国际标准教育分类各层次教育的学生比例为：第五层次 38%，第六层次 49%，第七层次 13%。按学科分布，高等院校注册生人数从高到底依次是：商业管理 2 421 455 人，医学 1 407 901 人，人文与宗教 1 307 684人，教育学 961 865 人，工程学 801 126 人，社会学与行为学 731 225 人，数学与计算机 525 067 人，自然科学 496 415 人，家政学 326 462 人，法律 305 181人。

1992 **年按学科划分的大学生(与研究生)比例**

教育	人文学科	法律及社会学	自然科学、工程学与农学	医学
7(11)	13(18)	30(38)	17(19)	10(9)

由此可见，在前 10 位中，理科生明显少于文科生，工程学人数为第五位，数学与自然科学分别退居第七和第八位。1993 年美国大学毕业生人数为 2 294 970人，其中大专生 724 317 人，本科生 1 159 931人，研究生 410 722 人。按学科分布列居前五位的毕业生人数分别为：商业管理 489 731 人；人文与宗教304 479人；社会学与行为科学 247 090 人；医学243 022人；教育学 221 618 人。理科毕业生中，工程学为162 357人，居第六位；自然科学为 87 456 人，居第七；数学与计算机为 71 643 人，在工艺与应用美术之后，居第九。

美国是世界上吸收留学生人数最多的国家，1990 年为 407 530 人，1993 年为 449 749 人。1993～1994 年度美国接纳非洲学生 20 569 人；欧洲学生 59 607 人；大洋洲学生 3 857 人。接纳最多的是亚洲学生，为 294 091人，其中来自中国大陆的学生为 81 962 人，香港13 752 人，印度 34 796 人，日本 43 770 人，韩国 31 076人，马来西亚 13 718 人。

教育经费 美国总的教育开支自 80 年代中期以来呈明显上升趋势，1985 年为 199.372 亿美元，1990 年为 292.944 亿美元，1992 年为 328.396 亿美元，分别占国民生产总值(GNP)的 4.9%、5.3% 和 5.5%；1985 年和 1990 年分别占政府总开支的 15.5% 和12.3%。1990 年经常性教育开支为 265.074 亿美元，占总额的 90.5%，占 GNP 的 4.8%，占经常性政府开支的 12.3%。教育基本建设开支为 27.870 亿美元。1992 年各级教育中每个学生所拥有的教育经费占人均 GNP 的比例为：学前教育 13%，中等教育 36%，高等教育为 21%。各级教育经常性公共开支所占比例为：学前教育占 3.7%；小学占 34.7%；中学 36.5%；大学 25.2%。经常性教育开支中各种人员薪金占 75.5%，其中教师薪金占 53%。教师薪金在学前教育和中小学教育中均占 56%，在高等教育中占 44%。

如今，教育问题已被美国政府视为未来关系国家安全的重要问题之一。1997 年 2 月 4 日克林顿总统在一年一度的国情咨文中就教育问题提出了 3 项目标和 10 项措施。这 3 项目标是：使每一个 8 岁儿童具有阅读能力；12 岁的少年能够操作互联网络；18 岁的青年能够上大学及成年人能够继续学习。今后 4 年要增加教育方面的拨款 50 亿美元。

文　化

图书馆 图书馆是美国人社会生活的一个重要组成部分。目前，全美国大约有 1 500 座图书馆，其中1 000座是免费的公共图书馆，它们每年出借的书籍在 10 亿册左右。

美国国会图书馆是世界上馆藏最丰富的图书馆，它拥有用 470 种语言记录的 1.08 亿件收藏品，但书的数量还不到馆藏的 1/5。在 2 000 万卷图书中，英语书籍尚不足 1/4。除去书籍，国会图书馆还拥有世界上最大藏量的唱片(220 万张)、地图(400 万幅)、小提琴等收藏品以及电影和新闻短片资料。它还收藏有大约 1 400 万张照片。美国版权局也是国会图书馆的一部分，1994 年版权注册量已超过 52 万。国会图书馆总面积为 34 万平方米。

国会图书馆正变得更加接近世界，任何调制解调器和利用国际互联网通道的人都能通过电脑进入图书馆和查询目录卡片。国会图书馆于 1994 年建成了一个国家数字图书馆，计划到 2000 年拥有 500 万页数字化信息。

近年来，由于信息通讯技术的发展，美国城镇中的图书馆大都实现了计算机联网。因而，每个馆实际上都是整个城市图书馆系统中的一个分支。在一座城市内，图书馆能满足读者进行馆际互借的需求；读者可仅凭一张借书卡，通行所有这些图书馆，并可就近还书。

具有悠久历史和优良传统的纽约公共图书馆是仅次于国会图书馆的全美第二大图书馆。它建于1895年，拥有4所研究图书馆和80多所分馆，藏书量达700多万册，其规模在世界名列前茅。1996年5月2日，纽约公共图书馆又增设了一个科学技术和工商企业分馆，原来100多万册图书、10多万种期刊皆已输入电脑，所有电脑又都与其他图书馆、教育机构、办公室等有关的信息网络连接起来。

报刊与出版 1994年美国共出版图书51 863册，其中首版42 454册。发行量居前五位的依次是：文学作品中的历史与评论为8 836册；社会学与统计学8 038册；历史与传记4 704册；医学3 147册；数学3 021册。发行量最少的是表演艺术类，只有364册。1994年美国出版了儿童图书5 321种。

美国是印刷品国际贸易的首位出口大国，1994年出口图书和小册子价值18.329亿美元，进口11.097亿美元，盈余7.232亿美元。

美国的日报种数自80年代以来呈现出逐步萎缩的趋势，1980年日报种数为1 745种，1990年为1 611种，到1994年已降至1 548种。年发行量1980～1990年间处于稳定阶段，1990年为6 232.8万份；1990年后开始下降，1992年为6 016.4万份，1994年为5 930.5万份。每1 000人日报拥有量也出现了小幅下降，1980年为273份，1990年为249份，1995年为228份。低于发达国家的平均水平(286份)，但约为世界平均水平的2.38倍。1993年美国有非日报(每周出版1～3次)9 816种，发行量为7 150万份，千人拥有量为277份。到1994年非日报种数减至9 728种。

美国的报刊贸易自90年代以来继续呈上升趋势，1990年出口创汇7.033亿美元，进口1.933亿美元，盈余5.1亿美元；到1994年报刊出口额已上升到8.234亿美元，进口2.285亿美元，盈余5.949亿美元。

文化纸张 美国新闻纸的产量与消费量居世界首位。1994年产量为633.9万吨，进口量超过生产量为715万吨，出口86.2万吨，消费量为1 262.7万吨，人均消费48.45公斤，超过发达国家平均水平22.2公斤的2倍，约为世界平均水平5.9公斤的8.2倍。其他印刷与书写纸张的产量为2 289.1万吨，进口317.2万吨，出口135.7万吨，消费2 470.6万吨，人均消费94.79公斤，大大高于发达国家平均水平50.8公斤和世界平均水平14.1公斤。

电影 电影在美国是一种产业。以好莱坞为龙头的美国电影业每年不但生产高预算、高成本，由著名影星出演的A级片和两部影片同时放映、制作成本低一半的低廉的B级影片，而且还摄制大量的音乐片、怪诞片、喜剧片、传记片、匪盗片和西部片等。

好莱坞实际上由八家公司所垄断，其中最具实力的“五大公司”是洛伊(米高梅)影业公司、派拉蒙影业公司、华纳兄弟影业公司、20世纪福克斯影业公司和雷电华影业公司。这五大公司组成一个整体，每年的重要影片几乎都由它们生产，全世界都有他们的影片发行系统并拥有保证其影片放映的最大和位置最优的电影院。与这“五大公司”有业务联系的是“三小公司”：环球影业公司、哥伦比亚影业公司和联美影业公司。前两家专为一些大公司提供双片连映的低成本的故事片。后者则是为少数几个优秀的独立制片人发行影片的唯一一家发行公司。

美国的电影业在整个80年代为上升阶段，1989年产量曾达到345部的峰值。1990年起开始下滑，从276部直落到1993年的210部，居印度(839部)和日本(238部)之后，列第三位。

1991年美国有固定影院23 662座，年观众量为9 819万人次。美国还有免下车电影院(Drive - In Cinemas)908座。全部影院年人均观影为3.9次，总票房收入为4.803亿美元。

传媒与通讯 在美国，传媒和通讯技术组织以市场为依托，由主宰新闻、广播和电影业的私营联合大企业所把持，但法规则由联邦通讯委员会(FCC)制定。在FCC的支持下，美国直接广播卫星传输、光波通讯服务以及高清晰度电视标准的研究取得了长足的进展。90年代初，计算机主要被用于商业目的(1990年占市场的2/3)，但24%的家庭已经拥有了个人电脑。

近年来,美国的光波传讯和蜂窝电话发展迅猛。1990年美国有光波传讯台508.4万个,1992年为905.6万个,到1994年已达到1 405.2万个,是世界发展最快的国家。另据蜂窝电信协会统计,美国从1983年起开发蜂窝电话,进入90年代以后其用户每两年的增加量均超过一倍以上,1990年为5 283 055个,1992年为11 032 753个,到1994年已升至24 134 420个。随着市场的扩大,价格已经下降,1990年底,用户的月使用费大约为80美元,平均通话长度为2.2分钟。1994年美国主要话线投入使用的电话机为156 769 000门,平均每百人拥有60.2门,位于百慕大(75门)和圣彼埃及密克隆(60.9门)之后,居世界第三位。

根据联合国教科文组织的统计,1994年美国拥有收音机5.53亿台,千人拥有量为2 122台,超过发达国家平均水平1 009台的1倍多,几乎是世界平均水平357台的6倍。1994年美国投入使用的电视机为2.13亿台,千人拥有量为817台,高于发达国家的平均水平(526台)。

如今,看电视已成为美国人生活中的一部分,美国人已成为名符其实的"电视观众",而且被认为是图像、信息、娱乐和知识的消费者。然而,电视中色情与暴力镜头的增加所带来的负面影响已越来越多地引起了全社会的关注与忧虑。据媒体与公共事务部所做的一天18小时随机收视调查,1995年电视暴力动作每日为2 605帧。此外,把妇女当作性的产物(尤其是在广告中)加以展示,把她们当作暴力和强暴的受害者加以不适当的渲染以及对性的详细描述已越来越多地引起了非议。因此,美国已根据社区道德规范制定了家庭收视政策总则。

在美国,暴力和色情不仅出现在广播媒体中,而且也出现在电子游戏、电脑传真网络、独立的电视生产以及互联网上。先进的媒介技术也被种族分子所利用。根据教科文组织1996年出版的报告,北美有近250个种族仇恨组织凭借大规模通讯网的优势聚集起来,大肆鼓吹重建白人家园,白人住区与其他种族分开等言论。1995年初,美国推出了打击在互联网上传播仇恨和色情内容的法规。

在信息与通讯高速发展的今天,美国广播电视的跨国传播也达到了高潮。建于1942年的美国之音每天用44种语言对外广播;10年前CNN开辟了国际卫星频道。它们不但向全球传播新闻,而且还输出美国的文化、道德和价值标准。

企业文化

、 美国企业文化是由美国许多成功企业所形成的具有美国特色的企业文化。各国移民所带来的民族、种族文化在美国企业文化中得到了体现;资本主义私有制所提倡的个人至上、个人奋斗的个人主义在企业文化中得到了充分的发展。

美国企业文化的产生,有着深刻的政治、经济、文化等社会根源。⑴它源于美国的社会文化,与美国社会文化有着天然的联系。美国是一个只有200多年历史的多民族国家,其社会文化流派甚多,十分复杂。这种文化背景决定了美国企业文化的最大特点是自由贸易、自由经营,鼓励个人凭才智和努力致富。⑵美国当代企业文化的产生与近20年来美国经济持续衰退和日本经济的迅速起飞有直接关系。二战后至60年代末,美国一直是世界首屈一指的经济强国。但是随着西欧、日本经济的崛起,尤其是在日本经济的冲击下,美国在国际市场竞争中节节败退。有鉴于此,许多学者在对比反思过程中,逐渐形成了日美企业比较研究的热潮。这便是美国企业文化理论形成的导因。⑶美国企业文化与美国管理理论的发展也密切相关。美国是世界上管理科学最发达的国家,各学派的理论迭出不穷,从而成为美国企业文化理论形成和发展的思想渊源。⑷美国企业文化的产生还有深刻的社会原因。一是职业队伍构成的变化。随着新技术革命引起的产业结构的变化,自1956年起,白领工人首次超过蓝领工人。新一代劳动力由于富裕程度和文化素质较高,经济要求已不是工作的唯一动力,他们充满着心理满足和自我实现的欲望。更注重人文色彩的企业文化显然适应了这种要求。二是人口结构和素质的变化。美国战后出生的4 000万人口到70年代已进入了青壮年。这一代人受过良好的教育,富有独立性和创造精神,要求民主参与的欲望较强。他们涉足企业必然会对管理模式产生影响,必然要求企业管理面向人、尊重人、关心人,扩大民主,参与决策。企业文化的产生正是这一代人要求的折射。三是人们对企业性质的认识发生了较大变化。随着时代的变迁,美国管理学界和那些明智的企业家认识到，企业不应把赢利当作唯一目标，还要为社会做贡献，使职工生活得更有意义。美国企业管理学界正是从这点出发，总结出企业文化这一崭新的理论。

美国企业文化作为一种新的管理理论和方式，有如下特点：⑴从忽视人到重视人，尊重人的价值，注重发挥全体员工的积极性。在管理上，把关心人、尊重人放在首位，看作是企业成功的关键；在决策方式上，改变过去的个人决策方式，重视职工的民主参与，把个人决策与发挥员工的积极性结合起来；在领导与员工的关系上，一改过去单纯追求利润的作法和雇主雇员间纯粹的契约关系，把关心职工生活、改善劳动条件、与职工平等相处放在重要地位。⑵从着重依靠"制度管理"过渡到重视文化建设，重视管理哲学。在80年代的企业文化建设中，美国许多成功的企业认识到单纯依靠制度管理，容易造成人与人之间关系的冷漠，使管理者见物不见人，使企业脱离社会，成为单纯的赢利场所。为克服这一弊端，许多企业把文化建设放在十分重要的地位。⑶从单纯的功利主义转向注重企业的社会效益。美国企业界的功利主义主要表现在：企业只以财务目标为导向，只顾赚钱，不重视社会效益；许多人只讲权利、享受，不尽义务，不做贡献；人际关系淡漠，缺少合作和支持。近年来，美国一些成功的大企业开始注意解决上述问题，把企业看作是社会的有机组成部分，是财富的创造者，人民生活的服务者。企业不仅要注重经济效益，也要注重社会效益。总之，自80年代以来，美国在全国进行了一场对企业文化的研究与重塑运动，强调研究探索企业文化对企业生产力、企业效率及企业市场地位等各方面的影响，寻求适应新形势的企业价值准则，重塑和发展美国企业文化。

美国企业文化的主要特征是：⑴强烈的个人奋斗意识和竞争观念。美国大多数企业家和员工都有着强烈的个人奋斗意识，他们"追求卓越"、"永不满足"、"求变求进"，这成为美国企业文化的基本原则之一。着意创新，不仅是企业家活动的信条，使他们不断自我"开发、成长、创新、突破"，而且他们还动员下属也积极创新，不断再造自我。敢于竞争、勇于进取是美国大多数企业家的经营理念，为了竞争，不惜冒风险，甚至孤注一掷。在企业内部，各个部门、各个岗位也处在不断的竞争之中。强烈的竞争观念促使美国企业注重核算，注重效益；同时也使同事间的关系变成了一种纯粹的利益竞争关系，冷漠和不合作的态度充斥美国企业。⑵员工具有浓厚的雇佣意识。以个人能力主义和流动性、冒险性为特征的美国国民文化习性决定了企业员工从来不从一而终地服务于一个企业，而是"干一天活，挣一天工资"，不安于现状，习惯于"人往高处走"，只要有合适之处就果断"跳槽"。在这里，没有日本企业职工对企业的归属感、一体感，而是一种赤裸裸的雇佣关系。⑶经营目标上的利润第一主义。资本增值的本性决定了美国企业必然以攫取最大剩余价值为根本目标。为此，美国企业在经营活动中表现出了极强的功利主义倾向。企业十分重视利润率的高低、税后利润多少以及资本周转速度、股票收益等与利润有关的指标。相反，企业的社会责任感却很薄弱。⑷经营管理中重"管理硬件"。这是由美国企业自泰罗以来的管理传统所决定的。企业历来重视战略计划、结构制度和理性化、数据化等硬件，忽视人员、作风等软件，企图通过硬性管理措施约束和限制员工个人能力主义的过度膨胀，使员工和企业的关系成为一种纯粹的契约关系。⑸分配上的能力主义政策。美国企业大多采取职务工资制和岗位工资制，即根据员工能力的大小，担任什么样的职务，从事什么样的工作，就按雇佣契约领取什么样的报酬。由于员工能力高低的差别较大，工资差别就相应悬殊。美国企业拒绝以身世、资历、年龄、工龄作为晋升及确定工资水平的依据和参照。⑹企业决策缺乏民主性。美国人的思维方法是根据事物发展的逻辑进行分析、判断和推理。这种理性思考决定了美国企业的领导决策方式必然缺乏民主性。企业少数几个最高领导负有决策责任。他们把个人做出决策看作是能力强的表现，而把决策过程中征询别人意见视为无能。因而，在决策过程中，他们很少征求下属意见，一旦作出决策，就采取上意下达的方式，要求下级必须执行。这样，虽然决策果断、快捷，但决策的科学性和执行决策的一致性却得不到有力保证。

美国人认为，企业领导人应当具备下列10个条件：⑴合作精神；⑵决策才能；⑶组织才能；⑷适当授权；⑸善于应变；⑹勇于负责；⑺敢于创新；⑻敢冒风险；⑼尊重他人；⑽品德超人。

（中国现代国际关系研究所　石　博　宇　翔）

墨西哥经济文化概况

墨西哥合众国(The United States of Mexico),位于北美大陆南部,北邻美国,东南与伯利兹、危地马拉相接,东濒墨西哥湾和加勒比海,西、南临太平洋,是拉丁美洲地区重要国家之一。面积 1 967 183 平方公里,人口 9 112 万(1995 年数字),首都墨西哥城。全国划分为 31 个州和一个联邦区,国旗由绿、白、红三个垂直长方形构成,国徽图案是一只雄鹰嘴里叼着一条蛇,停在一棵仙人掌上。现任总统埃内斯托·塞迪略。

墨西哥领土呈羊角形,面积 5/6 是高原和山地,平均海拔约 1 800 米。东、西、南三面为马德雷山脉环绕,中间是较平坦的墨西哥高原,高原南部多火山雪峰,地震频繁,只有墨西哥湾、加利福利亚湾和太平洋沿岸有狭长的平原,颇似两条花边镶嵌在“羊角”边缘。

墨西哥全境都在北纬 33 度以南,北部地处亚热带,南部地处热带,但由于多高原和山地,垂直气候带较为显著。除少数高山地区外,各地最冷月平均气温都在 12℃ 以上。大部分地区有旱、雨季之分,雨季从 6 月持续至 10 月中旬,集中了全年 75% 的降水量。70% 的地方气候干燥或半干燥。

墨西哥河流分为三大水系:大西洋水系、太平洋水系和内流水系。主要河流是布拉沃河、乌苏马辛塔河、格里哈尔瓦河、巴尔萨斯河等。墨西哥地下蕴藏着金、银、铅、铜、锌、锑、汞、铁等资源;动力资源有石油、煤;战略资源有铀、锰、钨、钒等;非金属矿物有硫磺、石墨和萤石等。墨西哥的银、萤石、天青石、盐产量占世界一位;铋、石墨产量占世界第二位。森林覆盖面积为4 500万公顷,约占领土总面积的 1/4。海产主要有金枪鱼、海蝎、沙丁鱼等。

墨西哥是世界著名文明古国之一。墨西哥印第安人创造了举世文明的古玛雅文化、托尔特克文化和阿兹特克文化。玛雅人创造了象形文字和 20 进位制计算方法,最早使用零,还修造了宏伟壮观的金字塔。玛雅文化在公元 10 世纪突然消失。11 世纪以后,玛雅文化在尤卡坦半岛北部得到复兴,史称玛雅后期文化。

1519 年西班牙殖民者入侵墨西哥,1521 年西班牙人攻陷特若奇蒂特兰城(今墨西哥城),墨西哥开始了近 300 年被殖民的屈辱历史。1810 年 9 月 16 日,伊达尔戈在多若雷斯发动起义,揭开了独立战争的序幕。1821 年宣告独立,1824 年成立联邦共和国。19 世纪中期,美国入侵墨西哥,强占了墨西哥一半以上的领土。1910 年墨西哥爆发资产阶级革命,推翻了迪亚斯的寡头统治。1917 年颁布第一部资产阶级民主宪法,宣布国名为墨西哥合众国。20 年代末,革命制度党开始上台执政至今。

近年来由于经济改革的深入和政治改革的进展,墨西哥国内政治格局正在发生重大变化,革命制度党“一党独大”的局面逐渐由“多党竞争”取代。执政党革命制度党内连续发生领导人被谋杀事件,内部矛盾激化。该党多名重要人物宣布退党,塞迪略政府面临严峻考验。墨西哥对外政策的基点是:强调“务实”和“多元”外交,在重视对美关系的同时,强调独立自主,反对霸权主义和强权政治,大力推动南北对话,加强南南合作,主张建立国际经济新秩序。1972 年 2 月 14 日与中国建交,两国领导人多次互访,并签订了多项协定。据中国海关总署统计,1995 年两国贸易额为 3.89 亿美元,其中中国对墨西哥的出口额为 1.95 亿美元,进口额为 1.94 亿美元。

经　济

在西班牙殖民统治时期,墨西哥经济发展十分缓慢,独立革命的胜利,特别是外国资本的进入,一定程度上推动了资本主义的发展。19 世纪 30 年代,已完成产业革命的英国,开始将资本转移到墨西哥,铁路、电讯、采矿等行业发展很快。后来美国资本取代英国资本,逐步控制了墨西哥经济命脉,民族工业发展缓慢。1910年至1917年的资产阶级革命为民族工业的发展开辟了道路。卡德纳斯执政时期,实行"国有化"政策,将外国资本控制的石油、矿山收归国有,墨西哥民族工业化进程进入了一个新的时期。

第二次世界大战结束以后,墨西哥经济得到了持续稳定发展。但是到70年代,由于建设速度过快,制约经济发展的重重矛盾日益激化,加之世界经济危机的影响,墨西哥经济发展受到严重挫折。1976年经济危机中上台的波蒂略总统,希望依靠石油繁荣摆脱危机,推行"膨胀增长"政策,财政赤字日益严重,只得放手举借外债,结果通货膨胀和外债膨胀同时恶性发展,到1981年官方外债达到570亿美元,成为世界最大的负债国之一。世界市场石油价格突降,导致石油出口收入锐减,外汇储备急剧减少,政府继续靠举借外债填补亏空。1982年8月,政府宣布无力偿还外债,由此爆发了巨大的债务危机。墨西哥经济严重衰退,不得不进行经济调整。1980～1989年,国内生产总值的年均增长率仅为0.7%,1987年通货膨胀率达到创纪录的159.2%。1988年萨利纳斯上台后,推行"新自由主义"改革:大力推进私有化进程;改革外贸体制,扩大对外开放,积极引进外资;开放金融市场;实施社会发展计划和政治革新。墨西哥开始出现恢复和增长的良好势头,1989～1991年,经济增长幅度分别为3.3%、4.4%、3.6%。

1994年1月1日,墨西哥正式加入北美自由贸易区后,贸易投资持续增加,但也面临经常项目赤字庞大、中小企业倒闭、经济增长率低等问题。1994年12月,墨西哥爆发严重的金融危机:比索狂跌,外资大量抽逃,股市暴跌。危机引起全球的普遍关注和不安。1995年国内生产总值为2 138.67亿美元,比1994年下降近7%;人均国内生产总值2 340美元;年通货膨胀率达51.9%;全国有1.5万家企业倒闭,150万劳动者失业。

面对激烈的金融动荡和严重的金融危机,塞迪略政府先后颁布实施了"克服经济紧急状态团结协定"(1995年1月3日)、"1995～2000年国家发展计划"(1995年5月31日)、"经济复苏联盟"(1995年10月30日)、"国农牧业计划"(1995年10月31日)、"助农牧业和渔业协定"(1996年7月23日)、"持中小企业发展金融协定"(1996年8月16日),采取了削减政府开支,压缩经常项目逆差,解决银行、中小企业、农牧业主的到期债务,稳定汇率,逐步降低利率等一系列措施。与此同时,美国、国际货币基金组织等向墨西哥提供了约500亿美元的紧急贷款,以帮助其克服危机。1996年,墨西哥经济形势明显好转,逐步走向恢复。1996年国内生产总值增长5.1%,最后一季度甚至增长了7.6%;1995年全年通货膨胀率为51.9%,1996年下降到27.7%;1996年就业机会增加近100万个;全年墨西哥新比索与美元的比价保持在1∶8左右;吸收外资增多;外贸顺差增加。

工矿业 墨西哥工业门类比较齐全,但发展不平衡。制造业占首要地位,主要有钢铁、造纸、木材、化工、纺织、化肥、汽车制造、食品饮料等。石油化学工业和采矿业也占重要地位。墨西哥主要大公司有:墨西哥石油公司、墨西哥高炉公司、拉萨罗卡德拉斯-特鲁恰斯钢铁公司、蒙特雷冶炼公司、墨西哥钢管厂等。

近年来客户工业(即出口加工工业)发展迅猛。1965年,墨西哥政府开始在北部边境地区设立客户工业区,允许外国投资者在区内建立出口加工企业,由此揭开了客户工业部门在该国长期迅速发展的序幕。在80年代以前,墨西哥客户工厂多以服装加工、纺织、玩具和家具制作、电视机零配件及半导体等中低档技术的行业为主,到1990年,经营电器和电子材料及配件、机电设备、交通设施、机械产品和工具以及化工产品等高技术行业的客户工厂已占客户工业企业总数的40%以上。1994年,客户工业超过石油部门,成为该国的最大外汇收入来源。

石油生产在墨西哥国民经济中占有举足轻重的地位。墨西哥1976年在海上成功地钻了Chac-1油井,随后又发现了阿卡尔油田和若奇油田。在1979～1994年间,共开发钻井129口,在30处油田中发现了71个石油和天然气井。墨官方认为按目前的速度至少还可以开采50年。在石油出口繁荣的80年代,石油出口一度占70%,后来外贸出口逐渐呈现多元化趋势,但1995年仍占总出口的17.3%。1996年墨经济得以复苏,一定程度上得益于石油大量出口。1996年石油产量比上年增加10%,平均每天接近286万桶。1996年石油出口收入为105亿美元,1995年为74亿美元。

钢铁生产在墨西哥工矿行业中占有重要地位。1996年墨西哥钢材产量为1 300万吨，高于1995年的1 210万吨。1991年墨西哥出口钢材140万吨，1995年增加到630万吨，创汇27亿美元。墨西哥现有91家钢铁生产企业，其中两家为大型综合性企业，35家联营企业，有52家已经被列入出售、拍卖或者合并的名单。虽然受经济危机的不利影响，但近年来墨西哥的钢铁行业发展很快，钢铁行业在实行国内横向和纵向联合的同时，也在国际上，主要同实力强大的美国的一些钢铁公司，建立贸易技术等方面的战略联盟。

汽车工业随着经济的对外开放获得了长足发展。墨西哥汽车工业的发展始于80年代初期，80年代中期已初具规模，1985年汽车产量为40万辆。90年代初，墨西哥汽车工业进入黄金时代，这当然在很大程度上得益于北美自由贸易协定的签署。墨西哥生产的汽车不仅满足了国内市场需求，而且已大量出口，成为该国的主要出口产品之一。1986年墨西哥汽车出口仅6万辆，1990年增至30万辆，1994年突破50万辆，1995年汽车出口再创纪录达到78.2万辆，出口额90亿美元，预计1996年汽车出口有望突破百万辆大关。

近几年主要工业产品产量(单位:万吨)

	1992年	1993年	1994年
钢	845.9	918.9	1 024.6
铸铁	340.4	360.0	350.1
水泥	2 664.1	2 706.1	2 931.2
化肥	172.9	146.1	
纸浆	55.9	48.7	49.6
客车	79.8	81.0	83.2

资料来源:墨中央银行,墨国家统计局。

农牧业　全国有可耕地3 169万公顷，占全国总面积的19%，其中已耕地2 100万公顷；农村人口2 500万，占全国人口的27%；1994年农牧业产值为1 013.92亿比索，占国内生产总值的8.1%。主要种植玉米、高粱、小麦、大豆、水稻、棉花等，剑麻产量居世界前列。全国牧场占地面积7 900万公顷，可放牧面积占全国面积的48%，主要饲养牛、猪、羊、马等，畜产品部分出口。林业、渔业在国民经济中的比重较小。

近10年来，墨西哥发挥其优越的自然地理条件，大力发展以出口为主的外向型农业生产，取得了显著的成果。1995年农牧产品出口比前一年猛增50%，出口达40.16亿美元。如柠檬，年出口量达11万吨，居世界首位；西红柿年出口50万吨，创汇近5亿美元。

但墨西哥农业近两年也出现了危机，主要表现在：农业生产全面衰退，1995年前9个月农牧业生产下降6.2%，农牧业亏损7亿美元，粮食生产亏损达25亿美元；主要谷物大幅减产，需进口大量粮食，1995年主要谷物产量由上年的2 890.5万吨，下降到2 505.2万吨。农民收入大幅下降，大批农业生产者濒临破产。墨西哥农业危机是农业结构长期失调和落后所致。政府提出了一系列克服农业危机和调整农牧业结构的方针和政策，主要措施有：加大对农牧业的投入，加强农牧业技术的研究和推广，实行补贴制度和调整农产品价格等。

1992～1994年主要农产品产量(单位:万吨)

	1992年	1993年	1994年
玉米	1 692.9	1 864.8	1 919.3
高粱	535.8	408.5	386.9
小麦	362.0	358.2	358.9
菜豆	71.9	124.2	146.2
稻米	39.4	38.8	37.5
大豆	59.4	41.5	43.0
食糖	329.0	421.2	393.0

资料来源:1995～1996年度经济季评。

交通运输业　交通运输业较发达，以公路交通和航运为主。近年来铁路运输服务质量提高，客运量有所增加。

公路总长307 142公里(1994年)，其中包括全封闭式快车路4 000公里，高速公路50 805公里。墨西哥还将和美、加两国一起修建联结3国的超级高速公路网，还设想把这条公路网建成“绿色公路”，即无污染的公路。铁路总长26 445公里(1994年)，地铁总长178公里。全国共有有大小港口和码头198个，同欧美、中南美和加勒比地区、远东地区、地中海地区设有定期和不定期的客货运班轮，主要有墨西哥湾的阿尔塔米拉、韦腊克鲁斯和太平洋沿岸的曼萨尼略、拉萨罗——卡德拉斯。在空运方面,有民航飞机约5 000架,同欧美、日本及中南美洲许多国家通航;共有商业性机场76个,其中国际机场44个。主要机场有墨西哥城、瓜达拉哈拉、蒂华纳、坎昆等城市的机场。

财政金融 截至1995年底,墨西哥国际储备为157.41亿美元;外债总额1 611.3亿美元,其中公共外债1 009.34亿美元。主要银行是墨西哥银行,成立于1925年,为中央银行。墨西哥金融部门仍存在明显的脆弱性。据1996年墨西哥银行和证券委员会统计,墨西哥银行系统的利润率降低了22.71%,亏损总额达16.49亿比索,银行的筹款减少了16.73%。美国股市的波动、利率的涨跌、经济增长的快慢都会对墨西哥金融部门和经济增长的快慢产生直接的影响。

对外贸易与国际收支 近年实行贸易开放政策,鼓励本国产品出口,放宽进口限制,使对外贸易额显著增长。1996年墨对外贸易持续大幅增长,出口总额达959.48亿美元,比1995年增长20.6%;进口总额为895.33亿美元,比上年增长23.6%,贸易顺差为64.15亿美元。主要出口商品为原油、汽车、汽车配件、咖啡豆、钢材及化工机械产品、蔬菜等,主要进口商品为汽车材料、电器、化工产品、食品、饮料、纸浆、纺织、石化产品等。对外贸易是墨经济复苏和增长的主要动力之一,其中出口总额已占国内生产总值的1/3左右。美国是墨西哥最重要的贸易伙伴,其贸易额占墨贸易总额的2/3;其次是欧盟和拉美国家。墨也十分重视与亚太国家的贸易往来。

1995年墨西哥受金融危机影响,外流资本约260亿美元。随着经济和金融市场形势好转,增强了外国投资者的信心。到1996年第三季度为止,墨外资流入比上年增长5.7%。其中直接投资为70亿美元,证券投资46.72亿美元。国际储备稳定在150亿美元左右的水平。1996年8月初,墨西哥提前偿还了美国提供的作为汇率稳定基金的70亿美元紧急贷款和国际货币基金组织的10亿美元贷款。

墨西哥沉重的外债仍严重制约经济发展。现共有外债约1 650亿美元,每年付息金约150亿美元,相当于国民生产总值的6%。

近几年对外贸易情况(单位:亿美元)

	1992年	1993年	1994年
进口额	653.67	793.46	724.53
出口额	518.86	608.82	795.42
差　额	-134.81	-184.64	70.89

资料来源:墨西哥银行。

近几年国际收支及外国投资情况(单位:亿美元)

	1992年	1993年	1994年
经常项目收支	-233.99	-294.19	-6.54
资本项目收支	325.82	142.59	
直接投资			55
外资净流入			153

资料来源:墨西哥财政部。

社会和文化

人口 9 112万(1995年统计)。墨西哥是个多民族国家,在长达300年的殖民统治中,西班牙人、印第安人和黑人不断融合,逐渐形成一个新兴的民族——墨西哥族。其中印欧混血种人占90%;印第安人约1 000万,主要分布在中部、南部地区和尤卡坦半岛等经济落后的地区;外国侨民19万,主要是美国人、西班牙人、危地马拉人,以及少量的中国人和日本人。

宗教、语言 主要宗教为天主教,居民中92.6%信奉天主教,3.3%的居民信奉基督新教。天主教会有严密的组织,势力相当强大,教堂遍布全国城乡。天主教会经常就国内重大问题公开表达意见并支持一些政党,对国内政治有一定的影响。官方语言为西班牙语,属印欧语言的罗曼语族。墨西哥全国约有11个方言区,但方言间的差异不大。除官方语言外,印第安人还讲各种印第安语,但由于这种语言非常繁复,加上在社会上受到歧视,印第安青年一代使用本族语言的越来越少,因此有濒临消亡的危险。

人民生活 贫富悬殊严重,占人口30%的人拥有全国总收入的一半;穷人占总人口的46.3%。最低工资每月150美元。80年代起,政府通过人民必需品公司低价出售农产品,以保证人民基本生活水平。1995年,由于金融危机的影响,国民购买力和生活水平空前下降,中产阶级的生活亦受到严重影响。全国共有医务人员20多万名,90%以上集中在城市。主要医疗系统:⑴社会保险委员会,平均每千人1.07名医生;⑵国家职工与社会服务委员会,平均每千人1.652名医生,0.9张病床。

教育科研 墨西哥是美洲地区最先发展教育事业的国家。早在1523年,佩德罗德甘特神父就于特司科科创立了美洲第一所印第安人学校。1533年,殖民当局创建了美洲第一所大学——墨西哥大学。1867年华雷斯总统颁布第一部教育法令,规定小学实行免费义务教育。自1910～1917年墨西哥革命后,历届墨西哥政府均对教育事业比较重视,教育经费在政府历年预算中始终占有很高的比例。二战以后,墨西哥经济发展很快,现在墨西哥已成为第三世界中工业比较发达、经济实力比较雄厚的国家,这与墨西哥一贯重视教育是分不开的。目前,墨西哥的学制为:小学6年,初中3年,高中3年,大学一般为5年。1993年教育经费占总预算的22.4%。现政府强调深化教育改革,注重提高教育质量,提出了基础教育现代化的目标。1992年全国有文盲670万人,文盲率为7.8%。为了提高这部分人的文化水平,政府正积极推广成人基础教育计划。墨每10万人中拥有大学生1 543名。著名的大学有:墨西哥国立自治大学、国立理工学院、墨西哥学院等。其中墨西哥国立自治大学有30万名学生,2.5万名教师,是全国最大的综合性大学,也是拉丁美洲最古老、最大的高等学府;其次是墨西哥国立理工学院,有8万多名学生,5 000名教师。

墨西哥是拉丁美洲科学技术比较发达的国家。自1940年起,墨西哥开始工业化建设,大量引进国外技术,本国的科技研究也随着发展起来。80年代以来,墨西哥的科技事业取得了长足的进步,形成了比较广泛的科研机构网。墨西哥的科技机构大致分为五个方面,即:联邦政府各部的科研机构、联邦直属机关的科研机构、高等院校的科研机构、国营企业的科研机构和私人企业的科研机构。全国科学技术委员会是墨西哥政府的科研活动领导机构,主任由总统任命。其任务是:对外执行双边、多边和国际机构的科技合作协定,对内促进人才培训、信息交流和科技活动的开展,就科技问题向政府提供咨询,并负责制订科技长期规划和中短期计划。重要的科研机构有:科学研究院、石油研究院、全国农业研究所、核能研究所等。科研经费由国家拨给,预算每年增长约为5.4%。经费开支约占国民生产总值的1%。全国高级科研人员近万名,在利用遥感技术、生物技术、近海石油勘探及开采、食品加工等方面取得重大科研成果。

新闻出版 全国有270种报纸和100多种全国性刊物,平均每百人订报14.4份。主要报刊有:《至上报》,1917年创刊,合作社方式经营,日发行量20余万份;《国民报》,1929年创刊,现为官方报纸;《金融家报》,日发行量14.5万份;《墨西哥先驱报》,与教会联系较多;《墨西哥太阳报》、《宇宙报》等。墨西哥通讯为官方通讯社,属内政部。墨报刊国际消息90%来源于美联社、合众社和法新社。据1990年全国统计数字,共有广播电台1 023家,电视台540家,有线电视台109家。首都有7个全国性电视台,其中特莱维萨电视公司所属的4个电视台规模较大。

风俗饮食 墨西哥人的衣着保留了鲜明的民族风格,遐迩闻名的墨西哥"恰罗士"由紧身衣裤、粗腰带和宽边帽组成,还在裤缝缀上两排闪闪发光的金属圆片,在帽沿上用金银线绣出复杂的花纹,在别国人的心目中,它是墨西哥的代表服。在大城市中,居民的衣着普遍欧化,但不少男子仍穿着带绣花衣襟的白衬衫。

墨西哥菜是在印第安传统菜基础上,吸收西班牙烹饪技术发展起来的,在美洲地区享有盛誉。墨西哥风味以辣为主,玉米、菜豆和辣椒是膳食的三大基本原料,最著名的菜为辣酱炖肉,家常蔬菜数炒仙人掌和仙人球最富特色。以烤玉米面薄饼为主食,包上各种馅料,油炸成形状各异的风味小吃。墨西哥人热情好客,宾客上门,习惯先以酒招待。用龙舌兰叶酿造的特基拉烧酒闻名于世,但价格昂贵。劳动人民普遍饮用印第安人的传统饮料。墨西哥人在工间或饭后有饮茶习惯,茶的种类较多,较普遍的有咖啡茶、红茶、巧克力茶、母菊花茶和香子兰茶等。

旅游 墨西哥是世界十大著名旅游国之一,是继美国、加拿大之后美洲第三大旅游地。气候宜人,风光秀丽,名胜古迹甚多,来该国旅游的人每年达300万～400万人次。墨西哥共有36万套客房,从业人员近130万。墨西哥城、阿卡普尔科、蒂华纳、坎昆等为著名旅游胜地。瓜纳华托古城、帕伦克古城等被联合国列入世界遗产名录。墨西哥城的"三种文化"广场是印第安、欧洲和墨西哥文化共处的缩影。玛利雅奇音乐和萨巴特奥舞蹈融合了西班牙和印第安音乐舞蹈的特色。墨西哥壁画享有世界声誉。90年代，骷髅艺术盛行全国，从亡灵节的骷髅艺术制品到各种形状骷髅糖果随处可见。骷髅艺术是墨西哥传统民族文化中一个别具魅力的组成部分。

环境保护 在墨西哥追求快速工业化进程中，环境问题未引起足够重视，加上人口的急剧增长，致使环境污染严重，生态系统受到严重破坏。全国的热带雨林仅存10%，其余全部被毁，江河湖泊几乎全部受到污染。首都墨西哥城已成为世界上污染最严重的首都，该城烟雾严重超标，大量居民呼吸困难、头疼、眼睛不适，当局多次宣布进入环境紧急状态。

1996年年初，塞迪略总统宣布了该国迄今第一项全国环境计划，即1996～2000年全国环境计划，旨在保护更多的土地免予开发，授予各州更多的管理国立公园的权力，调整本地的工业布局。该计划还要求制订全国土地利用计划，即根据各地区的生态条件调整开发规划，建立跟踪有毒废物排放的数据库体系，对非法排放废物的行为予以惩罚，督促造成污染的公司出钱治理它们对森林、河流和空气的破坏。1996年，墨、美、加三国在北美洲环境保护协定书上签字，同意在北美自由贸易区框架内加强环境保护合作。近年来，美国多次指责墨西哥有关法律和规则不完善，甚至直接要求墨西哥按照美国标准治理与美国接壤的北部城镇的废水和废气。而墨西哥则坚决反对美国以环保为由干涉其内政的做法。

1996年墨西哥用于环保的投资为21亿美元，占国民生产总值的0.6%。墨西哥计划在2000年将环保投资提高到占国民生产总值的1%。

（中国现代国际关系研究所 杨首国）

智利经济文化概况

智利，全名智利共和国(Republica de Chile)。位于南美洲西南部。面积741 767平方公里。人口1 403万(1994年)，印欧混血种人占75%，白人20%，印第安人5%。官方语言为西班牙语，农村少数印第安人聚居区亦使用马普切语。大多数居民信奉天主教。首都圣地亚哥。

智利位于南美洲西南部，安第斯山脉西麓。东邻阿根廷，北界秘鲁、玻利维亚，西濒太平洋，南与南极洲隔海相望。海岸线长约1万公里。南北长4 200公里，东西宽96.8～362.3公里，是世界上最狭长的国家。境内多火山，地震频繁。气候可分为北、中、南三个明显的部分：北部主要是沙漠气候；中部气候温和，属冬季多雨、夏季干燥的亚热带地中海式气候；南部为多雨的温带阔叶林和寒带草原气候。年平均气温8.6～21.8℃。由于地形复杂，地势层次分明，气候多样。智利天然资源丰富，种类繁多。矿产资源中，硝石和铜先后在各类经济发展史上各领风骚。铜矿的金属储量估计为4.5亿吨，约占世界储量的1/4，智利因此有“铜的王国”的美誉。其中丘基卡马塔矿和特尼恩特矿的储量占智利铜矿总储量的77%。已进行工业性开采的有丘基卡马塔矿、特尼恩特矿、安第纳矿和萨尔瓦多矿等，4大铜矿的产量占全国总产量的83%。硝石多产于北部托科皮利亚和安托法加斯塔附近。此外，还有铁、煤、碘、金、银、铅、锌、锰、水银和石油等。

智利境内早期原由阿劳坎等族印第安人居住。15世纪末智利北部曾被印加人征服。1535年西班牙殖民者阿尔马格罗率军第一次进入智利进行征服活动，无功而返。1541年瓦尔迪维亚率西班牙殖民者再次入侵，相继建立圣地亚哥、瓦尔帕莱索、康塞普西恩等殖民城市。但西班牙殖民者始终未能征服比奥比奥河以南的阿劳坎人。殖民地时期属秘鲁总督辖区，1778年设为智利督辖区，1783～1784年分为圣地亚哥和康塞普西恩两大监政官辖区。1810年9月18日首府圣地亚哥居民起义，推翻西班牙殖民统治，1814年被西班牙殖民军镇压。1817年圣马丁率安第斯山军，在贝尔纳多、奥希金斯等智利爱国者配合下，从阿根廷门多萨越过安第斯山进入智利，取得查卡布科战役胜利,重占圣地亚哥。1818年2月12日正式宣布独立,成立智利共和国,奥希金斯任第一任最高执行官。1822年颁布第一部宪法。经1829～1830年内战,保守党上台,执政30年。1879年在英国挑动下,同秘鲁和玻利维亚发生争夺太平洋沿岸硝石矿区的战争(史称太平洋战争),1883年获胜,取得了秘鲁的塔拉帕卡省和玻利维亚的安托法加斯塔省,并迫使秘鲁同意其占领秘鲁的塔克纳和阿里卡省10年。1925年自由党政府通过的宪法初步确立了代议制民主政体。1927～1931年实行军人独裁统治,自此智利出现了各党联合执政与军人统治轮流更迭政局的长期纷争。1970年,社会党人隆尔瓦多-阿连德领导的人民团结政府上台,实施了一系列激进的改革措施。1973年9月11日,军人政府推翻了阿连德政府,由陆军总司令皮诺切特出任总统,开始了长达16年之久的军人独裁统治,并进行了新自由主义经济模式的实验。1989年智利经过全国大选恢复了文人政治,由各党派联合组成的新政府在艾尔文总统的领导下,平稳地由军人专政向文官政府过渡。1990年3月11日至1994年3月11日,艾尔文总统到弗雷总统的权力转移标志了智利政府和社会的稳定、经济改革的成功和政治民主化的巩固。1994年3月11日,弗雷总统宣誓就职,标志着智利民主过渡阶段基本完成,代议制民主进入新时期。弗雷宣称,本届政府的任务是发展经济,消除贫困,改善教育和医疗体制,使智利进一步进入国际社会。1995年,智利政局相对稳定,全国和解初见成效,民主体制进一步巩固,军文人关系进一步改善。政府消除贫困、均衡发展的执政纲领较得人心。经济持续增长,外交更加务实、活跃。

经　济

智利自独立以后,国民经济长期以矿产品开采和出口为支柱产业缓慢发展。30年代末,智利开始实行“进口替代”工业化战略。40～60年代中期,经济处于稳定增长的局面。1940～1965年26年间,智利国民经济的年平均增长率为3.7%。1973年后,皮诺切特将军领导的军政府开始在企业、物价、外贸、税收和社会保障等各个领域实行全面改革。从1990年执政联盟的第一届文人艾尔文政府开始,到1994年上台的第二届文人弗雷政府,基本上继续执行军政府时期的经济政策,并加以改善,特别是利用智利重返国际舞台、摆脱过去孤立状况的优势,实行全方位的对外开放,引进竞争机制,同时高度重视对国民经济的宏观调控,注意国民收入均衡分配,并继而调动私人企业和个人参与经济建设和社会福利事业的积极性。

自1984年以来,智利经济已经保持了持续增长12年的良好纪录。其间国内生产总值年均增长近6%,通胀率从23%降至8.3%,失业率由18.5%降至5.6%,国内储蓄率从11.3%增至27.5%,固定投资率由13.6%增至27%,外国直接投资额由占当年生产总值的1%提高到6%,出口额由36.5亿美元升至158亿美元。90年代头5年,智利经济年平均增长7.4%,也是拉美经济发展最快的国家。1995年,智利经济增长8.5%,人均增长6.4%,居拉美之首。国内生产总值达673亿美元,比1994年增加152亿美元。人均国民生产总值从1994年的3 700美元增加到1995年的4 700美元。国内储蓄总额达到占国内生产总值的27.6%,创历史最高纪录,而通货膨胀率为8.3%,为35年来最低水平。到1995年底,外汇储备达148亿美元,外国投资累计总额为205亿美元。智利在国外投资47.8亿美元。国内失业率为4.5%。1996年,智利的经济增长率达到6.8%,实现该国经济连续13年持续增长的目标。通货膨胀率和失业率分别下降6.6%和6.5%,创造了7.4万个就业机会,比上一年增加1.5万个。儿童死亡率已降到11.2%的历年最低点。

农业　智利农业分为传统农业和出口农业。传统农业主要包括小麦、大麦、燕麦、稻米、玉米、甜菜等14种主要农作物的生产。出口农业主要是水果、蔬菜的种植和出口。1940～1970年30年间,农业生产年平均增长率为2%,低于同期的年平均人口增长率(2.4%)。80年代,农业生产形势好转。1980～1985年年均增长3.3%,1985～1990年为7.8%。进入90年代后,农业生产又趋下降,增长率从1990年的8.5%降至1993年的1.0%。1993年农业(林、畜牧业)产值为3 738亿比索,占当年国内生产总值的6.8%。农(渔)业就业人数82.5万人,占全国就业总人数的16.5%。出口农业主要是在70年代以“增加非传统产品出口”的方针指导下,发展水果、蔬菜生产。经过20多年的努力,智利创汇农业取得了惊人的发展。1970年,智利农牧业产品的出口额只有7 000万美元,1995年农牧业产品出口达44.73亿美元,其中40%出口。政府计划到2010年,2/3的农牧业产品出口国际市场。如70年代中期以来,果树的种植面积和产量不断增加,葡萄、苹果、猕猴桃、桃子和李子等各种水果的外销量也大幅度上升,居拉美首位,成为利用"比较优势"发展生产和出口的成功范例。1980年,全国水果种植面积仅为6.5万公顷,到1995年水果地已扩大到18.2万公顷。1993年,水果出口额为8.72亿美元,占农业产品出口总额的74.6%左右。1995年,智利新鲜水果出口达10.27亿美元,其中葡萄一项就达5.2亿美元。猕猴桃已成为智利出口的拳头产品之一,出口创汇收入为7 700万美元。

林业 智利是一个森林资源十分丰富的国家,林业是其国民经济的第二大支柱。1995年,智利林业产品出口再创历史最高纪录,达23.69亿美元,比1994年增长51.5%,占全部出口总额的14.77%,成为居铜产品之后最重要的出口产品。林业产品出口中主要是纸浆,金额达12.7亿美元,占整个林业产品出口的53.6%。1996～2000年期间,智利在林业部门的投资将达35亿美元。1996年林业产品出口再上一个台阶,达25亿美元。智利政府十分重视保护森林资源和植树造林绿化荒山。最近5年来,平均每年植树11万公顷。目前,植树造林面积已达180万公顷,成为世界上少数森林资源继续增长的国家之一。智利全国土地面积为7 500万公顷,山地多,可耕地只有510万公顷,不到全国土地面积的7%。受保护的天然森林1 380万公顷,占全国土地面积的18%,远远超过世界平均水平的5～6%。在受保护的天然森林内,建立了32个国家森林公园、43个森林保护区和12个有特殊价值的保护地。

渔业 智利西濒太平洋,海岸线长达数千公里,盛产鱼类、贝类、海藻等,品种达1 016种,主要有鳟鱼、鳕鱼、鳗鱼、沙丁鱼、金枪鱼、石斑鱼、大牡蛎、章鱼、海蟹、对虾、龙虾等。70年代以来,智利海洋捕捞业和近海养殖业发展较快。1980年已是南美第一、世界第五位的渔业大国。1992年捕鱼量达662.8万吨,比上年增长7.5%。智利伊基克省首府伊基克有"智利鱼都"之称,其捕鱼量约占全国捕鱼总量的1/3。目前,智利海洋捕鱼量已跃居世界第四位,成为继秘鲁之后世界第二大鱼粉出口国。1995年,智利渔业产品的出口额达17.82亿美元。80年代初智利从欧洲、日本和北美引进大马哈鱼种进行饲养,现在已成为世界上第二个产大马哈鱼的国家。1995年,智利产大马哈鱼近9.8万吨,赚取外汇4.89亿美元,比1994年增长40%。

矿业 矿业是智利传统的支柱产业部门,特别是铜矿业,在国民经济中占有极其重要地位。1992年该部门的增值占国内生产总值的8.2%,高于农业7.1%的份额。1993年,在矿业部门就业的职工9.2万人,约占全国就业人口总数(498.6万)的1.8%。1994年,矿业总产值4 709.7亿比索,占国内生产总值的8%,其中铜、铁矿石、硝石、碘、金等矿产品出口额为51.9亿美元,占全国出口总额的45%左右。矿业生产中,铜的开采量和出口量均居世界第一位。智利素以"铜矿之国"著称,智利人称铜为"红色的金子"。智利已探明的金属铜储量1.47亿吨,占世界总储藏量的27%。铜的出口在本国外贸中具有极其重要的地位,是智利外汇收入的主要来源之一。60年代铜的出口额占出口总额的65～70%,1973年和1974年曾达到占80%的高峰。后由于非传统产品出口增加,铜出口额占出口总额中所占比重显著下降,1994年已降为36.8%。据估计,从17世纪初到20世纪70年代智利出口到世界各国的铜累计达2 000多万吨。1989年以来,智利铜的年产量都在150万吨以上,并逐年有所增加。1989年的产量为162.8万吨,1990年智利产铜约160万吨,占世界产铜量的20%;1992年铜产量达197.6万吨,比1991年增长6.5%;1993年达到211.6万吨,增长了近30%。估计智利的铜产量今后将维持9.9%的年增长率,到2000年产量将达到393万吨,在世界铜市场所占份额将由现在的27%上升至40%。智利铜的出口量长期以来居世界各国之首。主要销往美国、欧洲和亚洲等30多个国家。

除铜以外,智利的铁矿储量约16亿吨,含铁量在60%以上,集中在北部。1963年,铁矿成为采矿业中发展最快的部门和继铜之后的第二大矿业生产部门。90年代以来,年产量保持在1 000万吨以上,1993年产量达1 090.4万吨。铁矿的出口额在矿产品中居第二位。智利的无烟煤储量约50亿吨、烟煤储量3亿吨。煤的生产长期不稳,1993年产量为158.4万吨,比1990年的274万吨下降了42.2%。智利的钼矿储量占世界储量的1/4,仅次于美国,居第二位。目前,智利已成为世界上最大的钼生产国和出口国,钼的年产量基本上维持在1.4万吨左右,1993年为1.49万吨。

对外贸易 智利的对外贸易在扩大开放自由度和促进出口多样化的政策刺激下获得迅速发展。智利出口的增长始于1985年,1981~1992年,智利的出口增长92%,1993~1995年又增长了53%。1995年达到创纪录的水平,出口额约160亿美元,占国内生产总值近30%。其中矿产出口近50%,9%多是农牧业和渔业产品,纸浆和纸张占10%,木材制品占5%。

工业 50和60年代,工业产值分别占国内生产总值的25.4%和25.9%,居首位。70年代上半期占28%以上,最高年份达30.7%。70年代的产业结构调整使工业比重不断下降,1982年降至18.9%。1994年制造业产值为10 037.65亿比索(1996年比索价格),占当年国内生产总值的17.1%。1993年,就业人数为83.5万人,占同期全国就业人数的16.7%。全国51%的企业集中在圣地亚哥、瓦尔帕莱索和康塞普西翁。智利的主要工业部门有钢铁、纺织、造纸、木材加工、石油化工、汽车装配、食品和饮料加工、烟草和制革等。

智利的钢铁工业建于1910年。1946年国营太平洋钢铁公司成立,次年着手建立瓦契帕托钢铁厂。1950年6月,该厂生产出第一炉钢,开始了智利钢铁工业发展的新阶段。60年代智利钢铁产量跃居拉美第四位。1951~1980年,钢铁产量由17.8万吨增至69.5万吨。1984年以来,钢产量持续上升,1992年产量为95.5万吨,1993年达到102.2万吨,第一次超过百万吨。

纺织工业是智利传统工业部门之一,包括纺纱、织布、针织和绳索等行业。本世纪30~60年代是纺织工业的稳定增长时期。70年代本国纺织业因自由进口政策的执行大受打击。1974~1977年,国内市场销售的纺织品中,进口品占24.5%。80年代中期以后,纺织业才逐步摆脱了不景气的状况。近几年来,面料、服装、鞋帽等服装品出口持续增长。1993年,服装、鞋帽出口额为7 300万美元,比上年增长了30%;服装品出口额5 800万美元,比上一年增长20%。主要产品有聚脂纤维、尼龙、棉织品、男女牛仔裤、内衣、运动衫、毛衣和长筒靴等。主要出口市场有阿根廷、美国、玻利维亚、秘鲁和墨西哥,最近还打入了欧洲市场。

智利的纸浆、造纸工业始于1920年,现已成为国内较大的工业部门之一。1993年,纸浆、新闻纸和纸板产量分别为103.4万吨、18.6万吨和11.2万吨。80年代末期以来,上述产品出口大幅度上升,1993年出口额为6.17亿美元左右。

智利的建筑业具有承建铁路、公路、机场、港口等交通运输工程,住宅、厂房、公共设施等房屋建筑,水利、电力网和卫生设施等各类工程的能力。但经营和发展情况很不稳定。1984年以后,随着经济的恢复和发展,建筑业逐渐回升。1994年,建筑业产值为3 229.9亿比索,占当年国内生产总值的5.5%。1993年建筑业就业人数为40.3万人。

交通运输 智利的交通运输业包括铁路、公路、海上和航空运输以及通讯。1994年,交通运输业产值4 543.29亿比索,约占国内生产总值的7.8%,占全国就业人口的7.1%左右。智利1851年修筑了从科金博通往卡尔德拉港口的第一条铁路线。1993年,全国铁路线长6 560多公里,其中圣地亚哥和瓦尔帕莱索之间为电气化铁路,长771公里。中央铁路是全国铁路的主要干线,北起皮萨瓜,南到蒙特港,其他铁路线都是这一干线的支线。

社会与文化

80年代以来,智利作为经济改革和政治民主化进程的成功范例受到拉美和世界各国的赞誉,社会矛盾有所缓和,贫困人数比例有所减少。1980~1992年智利人均GDP年均增长3.7%,是拉美国家中最好的。1994年智利人均收入达3 200美元,政府计划到2000年使该收入水平达到4 700美元。

民族、语言、宗教 印第安人是智利最早的居民,其中包括居住在北部的艾马拉人、阿塔卡梅尼奥人、克丘亚人和迪亚吉塔人;居住在中部的阿劳坎人和西南沿海岛屿的阿拉卡卢夫人。15世纪末,北部印第安人被印加人征服。后西班牙殖民者几次入侵,只有中部的阿劳坎人在反殖民征服中从未屈服,保留了自己的独立与自治。殖民统治时代,欧洲移民开始与当地的土著居民同化和融合。在目前的人口构成中,印欧混血种人约占75%,白人约占20%。一战前,来自欧洲的白人移民约10万,只占当时智利人口的4%。印第安人经过被征服、残杀和瘟疫的摧残,人口数量大量减少,目前占智利人口的比例不足5%。智利的官方语言为西班牙语。白人移民中仍有说欧洲原国籍的语言。在印第安各族中使用的语言有艾马拉语、克丘亚语、阿劳坎语或称马普切语、昆隆语(阿塔卡梅尼奥人使月)以及迪亚吉塔语。其中克丘亚语和阿劳坎语使用的人数更多些,受印加文化的影响较深。智利居民约79.2%信奉罗马天主教,6%信奉基督教新教,约12.8%的居民信仰其他宗教,无神论者和无宗教信仰的人约占总人口的2%。智利的印第安人也信奉天主教,但仍保存古老的图腾崇拜和宗教仪式。

文化、艺术、教育 智利的文化与其经济、政治和社会发展的历史,与其民族的多样性和融合性紧密结合,这种特性在智利的文学和艺术中得到充分反映,具独特的拉美风情。

智利民族史诗《阿劳坎纳》是拉丁美洲殖民地时期最早的史诗。全诗共分3部、37章,于1569、1589和1878年陆续出版。作者西班牙军人埃尔西利亚·苏尼加在这部史诗中歌颂了智利南方的阿劳坎族印第安人为保卫自由和家园而顽强抵抗西班牙入侵者的英勇业绩。

智利有许多杰出的诗人,写下不少传世之作。其中最为著名的诗人有:

巴勃罗·聂鲁达——智利共产党人,国际和平运动的社会活动家。从1923年第一部诗集《黎明》问世起,聂鲁达继承西班牙语诗歌传统,吸收智利民间诗歌特色,形成自己独特的创作风格,对拉美诗歌发展产生较大影响。1971年聂鲁达获诺贝尔文学奖。其代表作《诗歌总集》是其篇幅最大的作品,全集共1.5万行,分为相对独立的15章,通过对美洲风光和古今豪杰的生动描绘,展现印第安美洲在世界历史中的地位和作用,具有一定的革命性。其主要作品有《二十首情诗和一支绝望的歌》、《西班牙在我心中》、《大地上的住所》、《葡萄园和风》等。

加夫列拉·米斯特拉尔(原名卢西亚·戈多伊·阿尔卡亚加)——拉美第一位诺贝尔文学奖得主,智利著名女诗人。她的第一部诗集《孤寂》于1922年问世就突破了当时风行拉美的现代主义风格,并有所创新。以后的作品对拉美抒情诗歌的发展有较大影响。1945年荣获诺贝尔文学奖。作品主要有《死的十四行诗》、《有刺的树》、《葡萄压榨机》、《柔情》、《塔拉》、《母亲的诗》等。

智利音乐中民间音乐是其重要组成部分,名为“托纳达”的民间音乐最为流行。它的特点是节奏缓慢、抒情,具有浪漫主义色彩,像《河流、河流》、《如果你去智利》、《痛苦》等属此类音乐的歌曲曾风靡整个拉丁美洲。智利的民间舞蹈在全国各地不尽相同,其中传统的民间歌舞《奎卡舞》最为流行。其主题诙谐,一般表现男女双方的爱情,伴奏音乐具西班牙和印第安特色,活泼、明快、节奏感强。该舞蹈易学易跳,音乐简单,深受智利人民的喜爱,被定为智利的国舞。此外,《萨帕特奥》、《库安多》等在拉美其他国家流行的民间舞蹈也深受智利人民喜爱。智利全国有报社87家(1989年),发行的报纸有83种,杂志279种,简报69种,总发行量为2.6亿多份。主要报纸有《信使报》,1927年创刊,发行量平日12万份,星期日25万份;《民族报》,1980年创刊,发行量2万份;《三点钟报》,1950年创刊,发行量17万份;《二点钟报》(晚报),1931年创刊,发行量3万份。

智利的著名高等学府有:智利大学——智利最大的高等学府,建于1738年。1943年改组更名为智利大学。设有自然和社会科学20多个系,还有设在其他城市的9个分校。另附设14个研究所,5个研究中心,7个实验室和天文台,40个专业图书馆(藏书100万册),1个研究生院,出版大学年刊等75种刊物,是集教学、科研、出版为一体的机构单位。智利天主教大学——最大的综合性私立大学,1888年创建,设有神学、医学、生物等自然科学及哲学、美学、文学和历史等社会科学学科及研究机构。学校由圣地亚哥主教管辖,校长的任命由梵蒂冈批准。

智利全国有840家图书馆,共藏书518万多册。最重要的有:国立图书馆,也是南美洲最大的图书馆,藏书120万册;国会图书馆,藏书25万册;智利大学图书馆,藏书20万册;瓦尔帕莱索天主教大学图书馆,藏书15万册。

旅游业 智利政府重视发展旅游业。除原有的沿海海滨和南部的风景区外,近几年又投资开辟了一些新的旅游点,进一步完善旅游服务设施,建造滑雪中心,组织南极观光和国际音乐会等。全国有旅游饭店1 163个。1994 年外国游客约 150 万人次,旅游收入 8.3 亿美元。

(中国现代国际关系研究所 曹 珺)

澳大利亚经济文化概况

澳大利亚联邦位于南太平洋和印度洋之间,是一个地广人稀,资源丰富,仅有 210 年历史的后起的发达资本主义国家。在这个风光旖旎,文化多元,纵横 768 万平方公里的辽阔土地上,生活着 1 800 万人口,人口密度仅为每平方公里 2.4 人。由于澳工业化程度较高,全国 85%的人口生活在城市地区,尤其集中在东部沿海地区。1995 年主要城市人口为:悉尼 377 万人,墨尔本 322 万人,布里斯班 149 万人,珀斯 126 万人,阿德莱德 108 万人。

资源丰富是澳经济迅速发展的一个重要原因,铝、铁、镍、铀的储量均占世界前列,其中主要矿产铝矾土储量约 62 亿吨,铁矿砂 350 亿吨、铝 3 121 万吨、锌 5 624 万吨、铀 29.9 万吨、黑煤 5 300 亿吨、褐煤 1 260亿吨。黄金、石油等重要资源的蕴藏量也很可观。澳农牧业十分发达,素有骑在羊背上的国家之称,盛产羊、牛、小麦和蔗糖。1995 年国内总产值已达到4 704亿澳元,折合 3 314 亿美元,人均为 18 561 美元。

经　济

1996 年年中是澳经济复苏的第 5 年,在经历了令人沮丧的衰退,1991～1992 财政年度实际 GDP 增长达到 0.6%的低点之后,澳经济终于汇成了一股溪流,过去 3 个财政年度的平均增长达到了 4.2%,并且 1996 年第二季度按季节调整后的实际 GDP 比 6 年前的一个循环波峰高出了 17%。

当前的复苏主要由于起步较缓不如上次于 80 年代出现的经济回升来得迅猛。此次经济上升期的头两年,由于许多公司在经历了资本与负债比率连续 10 年上扬后开始调整资产负债率,因此,商业投资低迷便成为经济快速增长的主要障碍。相比之下,相当低的公司负债和产权比率使得商业投资成为 80 年代早期增长的主要动力。另一方面,目前的上升出现在通胀大大低于前 20 年水平的环境下,看来此次复苏比起 70 年代和 80 年代的两次扩充期来得更加稳健。尽管目前的周期尚未结束,但持续 5 年的增长已是自 1960 年初以来最长的不间断扩充。

1993 年后期经济增长明显加速,1994 年第一季度达到了年趋势比率 6.2%的峰值,该年度其余时期只略有回落,1994 日历年度 GDP 平均增长为 4.8%。1994 年非农 GDP 增长了 5.7%,但由于东部各州受到干旱的打击,农业产出下降幅度高达 16%这一事实并未在以 GDP 衡量的全面经济状况中得到充分的反映。

为了防止经济过热,1994 年下半年澳大利亚储备银行实施了严格的货币紧缩政策,1994 年后期至 1995 年上半年经济活动放缓,主要反映在住宅建设降温,机械设备投资锐增的局面得到节制以及公共投资增长疲软。经过调整,1995 日历年度的经济增长回落到 3.5%。

1995 年经济下滑的根源还在于住宅投资周期的完成。1992～1994 年住房投资以年均大约 11%的速度增长,使得住宅数量比 1991 年出现的上一个循环低点高出了 9%,大大超出了人口增长。1994 年第四季度开始扭转这种供大于求的局面:此后直至 1996 年住宅投资额缩减。1995 年住宅投资平均下降幅度接近 10%,此次需求的周期性下降因紧缩银根导致的抵押利率上浮得到了加强。

商业投资在经历了 1994 年的强劲增长之后于

1995年出现回落。这种疲软对于机械设备投资来说表现得尤为明显，由于商业信心不足，制造业开工率低，加之公司利润与1994年相比令人沮丧，1995年下半年这项投资实际出现了下降。况且许多公司决定将投资推迟到1996年经济与政治前景明朗以后。在过去4个财政年度里，政府投资仍然不足：1995年比1991年的水平低大约4%，致使公营企业投资较低(部分原因是向私营部门出售资产)。

尽管如此，最近商业投资扩充力度足以促进商业部门股票的攀升。据经合组织秘书处估计，其增幅已从1993年略低于2%加速升至1995年的近3%，预计1996年将达到3.5%。

家庭消费是国内需求之本，这种需求始于经济上升的初期，其势头已汇入1996年。特别是在1994年和1995年，由于就业增长平稳以及工资增长加速，实际可自由支配的家庭收入的大幅增长极大地促进了家庭消费。1995年家庭消费的增长明显快于税后个人所得的增长。经历了1994年的广泛停滞以后，1995年家庭储蓄率进一步下降，以致于自70年代中期以来的这种下降趋势继续保持不变。1996年上半年私人消费继续保持旺盛。

在此次经济复苏的头两年，澳失业率曾居高不下，1993年曾创下了10.9%的最高记录，以后随着经济形势的好转加之1994～1995年工作年龄人口年均增长(仅为1%)明显落后于就业增长，因此失业率快速降至1994年的9.7%和1995年的8.5%。1996年仍维持在8.7%上下。尽管在截至1996年年中的4年里就业人数增加了70.3万人，增幅为9%，开创了稳定的就业增长记录，但与1995年后期及1996年初持续稳定的产出增长相比，就业增长仍然偏低，失业率仍大大高于1981年创下的5.7%的低潮记录。

工业生产

由于产业结构的调整，澳工业占GDP的份额呈下降趋势，1980年为36%，到1995年已降至28%。近年来制造业占GDP的份额已接近16%。1980～1990年工业年均增长率为2.8%，1990～1995年为3.3%。自1992年经济复苏以来主要工矿业和制造业产品产量见表1：

表1 1990～1996年澳大利亚主要工矿业产品产量表

	1990年	1991年	1992年	1993年	1994年	1995年	1996年
煤(千吨)	158 534	164 644	175 130	176 527	226 944	191 052	
褐煤(千吨)	45 990	49 386	50 723	47 648	49 980	50 748	
原油(千吨)	25 465	25 432	22 311	21 836	23 364	21 612	
天然气(兆兆焦耳)	797 340	746 331	812 350	874 179	938 425	941 520	
铁矿(千吨)	109 884	111 420	115 308	116 508	124 308	136 992	147 768
铝钒土(千吨)	39 983	41 831	39 746	41 400	43 306	42 308	43 308
锌矿(千吨)	835	919	1 032	995	955	1 035	1 028
锰矿(千吨)	915	701	570	1 040	980		
镍矿(千吨)	66 180	68 768	57 000	64 700	79 000		
粗钢(千吨)	6 684	6 216	6 456	6 804	7 632	8 062	7 944
电力(百万度)	155 077	156 851	159 753	163 747	167 151	173 400	
水泥(千吨)	7 075	6 110	5 731	6 225	6 733	7 124	6 396
轿车(千辆)	361	287	270	285	310	294	304
棉布(百万平方米)	40	36	39	41	52	59	64
冰箱(千)	346	363	372	393	460	408	
彩电(千)	158	167	177	154			

资料来源：联合国：《1996年亚太统计年鉴》；《统计月报》1997年8月。

农　业

1995年澳有耕地和多年生作物土地48 348千公顷，其中水浇地2 317千公顷，此外还有多年生牧场414 500千公顷(1994年)。农业产值占GDP3%，务农人口占经济活动人口的5.5%。主要农作物有小麦、大麦、甘蔗和水果，主要农牧产品产量见表2：

表 2 1990～1996 年澳大利亚农产品产量表

(单位:千吨)

	1990 年	1991 年	1992 年	1993 年	1994 年	1995 年	1996 年
小麦	15 066	10 557	14 739	18 203	9 036	17 253	23 497
大麦	4 108	4 530	5 397	6 815	2 913	6 252	6 075
燕麦	1 530	1 690	1 937	1 652	924	1 937	1 616
高梁	946	751	1 447	548	931	1 272	1 555
甘蔗	24 370	20 640	27 958	31 700	34 920	37 597	40 649
牛肉和小牛肉	1 677	1 760	1 791	1 826	1 825	1 803	1 702
羊肉和羔羊肉	628	669	667	643	552	562	534
猪肉	317	312	336	326	344	351	329
家禽肉	407	417	444	473	491	485	
羊毛、带脂	842	843	815	762	735	700	
全脂牛奶	6 456	6 601	6 941	7 554	8 327	8 556	

资料来源:粮农组织:《生产年鉴》1997 年。

联合国:《1996 年亚太统计年鉴》。

对外贸易

澳作为英联邦国家,传统贸易伙伴主要是英、荷、比、意、法、德等欧洲国家和美国,但自 80 年代开始,由于贸易保护主义盛行,澳的贸易条件不断恶化,加上初级产品价格下降,使得其国民经济急剧滑坡。世界经济集团化、区域化日益加深,一边是欧洲统一大市场,另一边是美、加、墨北美自由贸易区,层层壁垒使澳失去了传统市场。此后,澳经历了一场旨在实现由欧美国家向亚太国家的战略转移的重大调整与改革。他们调整了经济结构,改变了贸易模式,确定了以亚洲为外贸重点的策略,同时向亚洲和世界开放国内市场,吸引外资,加速经济国际化步伐。

1996 年 3 月,澳大利亚的自由——国家党联盟击败工党竞选获胜,约翰·霍华德当选澳第 25 届总理。与极力强调"融入亚洲"的上届政府不同,新总理更加强调要恢复与西方的传统关系并在政治和军事上向欧美倾斜。但在经济上仍然以亚洲为中心,继续奉行已执行多年的亚太战略。

澳虽然算得上一个发达国家,但具有发展中国家的经济贸易结构,初级产品的出口在国民经济中占有重要地位(见表 3)。另据经合组织统计,1994 年澳主要出口商品中粮食、饮料和烟草占 21.5%,原料占 20.5%,燃料占 16.6%,三项累计已达到 58.6%。由于可供出口的农矿产品价格低,科技含量不高,缺乏竞争力,加上国内多种物资来源有赖于进口,因此近年来贸易逆差呈扩大趋势。据联合国贸发会议统计,

表 3 按商品类别划分的出口结构

标准国际贸易分类	1993～1994 年		
	出口额(千美元)	百分比	
		占国家总出口	占世界
所有商品	43 126 854	100.00	1.12
322 煤、褐煤和泥炭	5 072 521	11.76	30.10
931 特种交易	4 992 301	11.58	6.41
971 黄金、非货币	3 323 299	7.71	14.60
011 鲜肉、冷冻肉	2 702 683	6.27	8.13
268 羊毛	2 127 988	4.93	44.98
281 铁矿、精砂	1 928 180	4.47	25.97
287 基本金属矿	1 643 123	3.81	13.16
684 铝	1 509 704	3.50	4.86
333 原油	1 093 634	2.54	0.61
334 石油产品、精炼	932 350	2.16	1.13
其余	17 800 671	41.28	

资料来源:联合国贸发会议:《1995 年国际贸易与发展统计手册》1997 年 9 月。

澳对欧盟出口所占比例已从 1970 年时的 22.8%降至 1995 年的 11.8%,而进口自 1980 年以来一直维持在 25%的水平。1990～1994 年间,澳向欧盟出口每年增长率为 2.5%,但从欧盟进口年增长率为 3.4%。澳对美、加出口所占比例已从 1970 年时的 15.8%降至 8.5%,而进口自 1980 年以来则维持在 24～25%的高

水平。1996 年澳对美出口总额为 46 亿澳元，从美进口则为 167 亿澳元，澳的逆差为 121 亿澳元。在原有的欧洲市场日益被韩国、日本等亚洲国家所占领，与美国在农产品出口价格补贴问题上矛盾尖锐的情况下，澳终于在亚太地区找到了柳暗花明又一村的感觉。

表 4　进出口总额(百万美元)

	1990 年	1991 年	1992 年	1993 年	1994 年	1995 年	1996 年 1～6 月
进口	42 024	41 651	43 808	45 478	53 425	60 317	31 310
出口	39 760	41 855	42 839	42 704	47 525	53 097	29 674
平衡	−2 264	204	−969	−2 773	−5 900	−7 220	−1 636

资料来源：联合国《统计月报》1997 年 8 月。

表 5　贸易方向——出口(百万美元)

	1990 年	1991 年	1992 年	1993 年	1994 年	1995 年	1996 年
亚太经社会	22 860	26 078	26 739	27 359	31 612		
新加坡	1 805	2 272	2 696	2 239	2 511	2 831	2 278
中国	959	1 168	1 372	1 541	2 050	2 293	3 029
香港地区	998	1 492	1 703	1 830	1 909	2 090	2 325
韩国	2 213	2 689	2 623	2 920	3 424	4 474	5 726
日本	10 232	11 496	10 737	10 466	11 613	12 181	12 019
新西兰	1 952	2 001	2 246	2 473	3 148	3 840	4 339
东盟	4 376	5 110	5 927	5 802	6 926		
西欧	6 149	5 814	6 052	5 356	5 415		
美国	4 283	4 167	3 780	3 409	3 321	3 358	3 855

表 6　贸易方向——进口(百万美元)

	1990 年	1991 年	1992 年	1993 年	1994 年	1995 年	1996 年
亚太经社会	15 223	16 151	18 029	19 570	22 239		
新加坡	1 020	1 154	1 073	1 205	1 672	1 675	2 095
中国	1 042	1 364	1 696	1 986	2 474	2 871	3 227
香港地区	675	648	648	571	679	753	711
韩国	1 027	1 084	1 213	1 393	1 427	1 674	1 865
日本	7 308	6 799	7 375	8 086	8 866	8 880	7 999
新西兰	1 715	1 766	1 877	2 068	2 482	2 673	2 878
东盟	2 590	3 273	3 587	3 615	4 392		
西欧	10 601	9 569	9 917	9 982	12 495		
美国	9 424	9 455	9 263	9 134	11 039	12 595	14 367

资料来源：联合国《1996 年亚太统计年鉴》。国际货币基金组织《贸易方向统计年鉴》，1997 年。

亚洲是澳最大的出口市场，1995 年对亚洲出口占澳总出口额的 65.1%，从亚洲的进口也高达 40.7%。澳的 10 大贸易伙伴中有 7 个在亚洲，澳对外投资的 13 个国家中有 9 个在亚太地区，与亚太地区发展密切合作已成为澳外交政策的重要组成部分。

科学技术

概述 近年来,为了促进研究的供资方、实施方以及最终用户间的合作,将科研成果有效地应用于国家的经济与社会福利,澳科技体制发生了重大变化,政府强调要发挥国民创造性、想象力和智慧,加大科技投入,并决定无限期地继续对工业部门的研究与开发(R&D)实行150%的税收减让。

机构变更 1992年澳政府重新界定了总理科学委员会的作用,将其更名为总理科学与工程委员会(PMSEC),它是澳科技编制中的最高机构。该委员会由多名对科技有着浓厚兴趣的大臣以及科技界领导组成,其成员已扩大到国库部长和工程界的一名代表。该委员会主要考虑涉及国家利益的重大问题,例如气候变化和生物多样性,日新月异的工业技术所发挥的作用以及澳科学技术在亚太地区的机遇与战略。该委员会已出版了由独立专家小组撰写的有关上述课题的报告。

澳大利亚科技委员会(ASTEC)继续作为政府获得独立政策意见的主要来源。

根据政府部门的行政安排,工业、技术与贸易部(DITAC)对科学与技术负有广泛责任,但其他部也各司其职。DITAC和艺术、体育,环境与内部事务部还任命了科学总顾问。在总理与内阁部内,首席科学家办公室负责协调跨部政策意见。

预算 过去5年里,R&D开支占政府开支的比例已从1987~1988年的2.5%增至1992~1993年的2.6%以及1993~1994年的2.7%。用于资助R&D的主要费用增长是通过供资计划实现的。近年来,民用科研费用增长较快,特别是在工业发展、环保、社会发展、服务及研究的升级等方面,国防研究费用下降显著。

自80年代初以来,研究成果的供需方已加强了联系。国家鼓励主要政府研究机构,特别是联邦科学与工业研究组织(CSIRO)利用外部资源追加资金。这些外部资金来自私营企业和各种政府援助的供资计划。现在CSIRO只收到少量的政府费用,其目标是获得相当于30%拨款的外部资金。对政府机构直接拨款的减少已由划给合作研究中心(CRC)方案的追加资金以及澳研究委员会(HRC)提供给基础研究项目资金的增加所弥补。通过ARC获得的研究基金已有了大幅度增加,相当于1992~1993年政府支出的0.25%。

表7 预算趋势(百万澳元)

	1990~1991年	1992~1993年
政府R&D预算拨款	2 170	2 609
澳大利亚研究委员会(ARC)	182.5	263.1
150%工业R&D税收减让(政府税收减少)	290	395
工业革新方案	36.8	43.5
合作研究中心(CRCs)	—	45.3
澳大利亚技术集团公司	—	30

由于公司税则下调,1993~1994年通过工业R&D税收减让放弃的岁收减少了4 700万澳元。1992~1993年实际放弃岁收为3.95亿澳元。

根据经合组织(OECD)的最新统计,澳国内研究与开发(GERD)总开支呈上升趋势,1990年为52.22亿澳元,1992年为64.70亿澳元,到1994年已达到73.21亿澳元,按购买力平价计折合54.49亿美元,按不变价格计,1994年增长率为4.8%,国内人均R&D总开支为305.4美元。澳1994年GERD占国内总产值(GDP)的1.61%,低于OECD平均水平2.14%,民用GERD占GDP1.5%。国内从事R&D的全日制人员为86 162人,年均增长率为4.1%。澳每千名劳动人口有研究与开发人员9.8人,与美国(1993年水平)持平,但低于日本(14.2人)、芬兰(12.9人)和法国(12.4人)。澳1994年全日制研究人员(或大学毕业生)总数为56 521人,年增长率为4.1%,每千名劳动人口中有研究人员6.4人,高于OECD平均水平5.5人。不同资金来源占GERD的比例如下:1992年工业占44.3%(OECD为59.2%);政府资助部分占49.9%(OECD35.9%);国内其他来源占3.9%(OECD 2.7%)。1994年由海外资助部分占2%。1994年GERD的比例分配如下:企业部门占46.2%;高等教育占25%;政府部门占26.8%;私立非盈利部门占2%。

科学基地的发展 国家对高等教育部门研究的资助包括支持研究和研究培训两部分。拨款标准除依据研究优势，申报课题是否为科技优先项目外，还要看是否具有进一步革新的潜力以及开展有效的研究培训的能力。国家有对高等教育结构和科研费用进行研究与资助的专门机构。澳大利亚研究委员会(ARC)的作用是对高校研究政策提供咨询，并对于向高校划拨研究资金提出建议，1994年它的预算超过了3亿澳元，因此，它已成为澳政府最大的研究供资机构。高校所进行的高质量的基础与战略研究可得到特别研究中心的支持，全国有20家这类中心，每家拥有可使用9年的筹资(每年在40.5万～94.5万澳元之间)，并且可从外部资源获得补充。比起特别研究中心来，32家教学与研究中心与企业和社会的联系更为紧密，其中的骨干中心每年可获得21.5万澳元的资金，预期还可从企业和其他科技成果的最终用户获得更大的额外资助。

据OECD的统计，1994年澳高等教育研究与开发开支(HERD)为18.30亿澳元，相当于13.62亿美元，年增长率为2.3%(OECD为1.6%)，科研费用占GDP的0.4%(OECD为0.38%)。高等教育从事R&D全日制人员为40 096人，年增长率为6.4%。高等教育(或大学毕业生)中有全日制研究人员32 272人，年增长率为7.5%，占全国研究人员的57.1%。

促进技术革新 对工业研究与开发税收减让150%，旨在鼓励企业对R&D进行投资，自1985年首次实施这项计划以来，企业R&D开支(BERD)及占GDP比例几乎翻了一番。按现行公司税则，这项减让使公司R&D成本减少了一半。

为了促进技术改革，开发具有国际竞争力的产品，澳设立了一系列资助机构和方案，其中包括工业研究与发展补助金(GIRD)，国家采购开发方案(NPDP)，尖端制造业技术开发方案(AMTDP)，尖端工程中心(AECs)，协调研究补助金方案等。

1994年澳BERD总额为33.83亿澳元，折合25.18亿美元，年增长率为8.1%(OECD为-3%)。企业R&D开支占国内工业产值(DPI)的0.78%(OECD为1.71%)；占GDP的0.74%。企业从事R&D的全日制人员为25 240人，年增长率为7.4%，占全国R&D总人数的29.3%。企业(或大学毕业生)中有全日制研究人员14 639人，年增长率为4.4%，占全国研究人员的25.9%。按BERD的不同来源分，工业部门资助部分占92.7%，占国内工业产值的0.72%，并且年增长幅度高达6.9%；政府资助部分占3%；国内其他来源占1%；海外资助部分占3.2%。按行业划分，BERD比例分配如下：航天工业占0.8%(1991年数据)，电力电子工业占12.1%，办公室机械和计算机业占1.3%，制药业占3.9%，其他制造业占39.3%(1991年数据)，非制造业占43%。

1994年澳政府内部研究与开发开支(GDVERD)为19.65亿澳元，折合14.62亿美元，年均增长率为2.4%，占GDP的0.43%。政府部门从事R&D的全日制人员为19 134人，年增长率为-1.7%。

1994年政府研究与开发预算拨款或支出(GBAORD)为28.58亿澳元，折合21.27亿美元，其中国防开支占7.8%，民用部分占92.2%。按用途分，不同资金流向占民用GBAORD比例如下：经济发展计划占29%，健康与环境计划占14.5%，非定向研究计划占24.2%，综合性大学基金占32.2%。

澳专利申请量1994年为33 873件，与美国(207 069件)和日本(369 710件)相差甚远，在国际技术贸易方面，1994年收入为2.26亿澳元，支出为4.36亿澳元，逆差为2.10亿澳元。

教　育

澳宪法没有赋予联邦主管教育的责任，教育事业主要由各州政府负责，各州设教育部，州、区自行管理自己的学校和技术与进修教育体系，联邦的作用是资助教育，特别是高等教育以及制定与协调教育政策。

学前与小学教育 1994年澳学前教育机构有注册儿童186 163人，近年来私立机构注册率在26%左右。学龄前学校附属于正规小学，多数儿童5岁开始上小学，小学阶段根据各州的规定为7或8年。6～15岁(塔斯马尼亚为16岁)的义务教育阶段。

1994年澳有小学7 725所，教师98 867人，其中女性占75%；有学生1 639 577人，总入学率为106%，到1995年小学生已接近180万人。各年级注册生分布比例为：1～6年级各占16%，7年级占6%。小学复读生比例占4%，其中2年级占17%。

中学教育 学生12岁开始升入中学接受6或5年教育(依小学年限而定)。1994年中学有教师

101 477人,女性占 51%,有注册生 1 273 640 人,总入学率为 86%,到 1995 年,在校生已达 130 万人。

大学教育 大约 50%的高中毕业生在完成中学学业的一至两年内进入大学。高校入学条件通常根据在校学习情况或附加考试,并且被限制在由政府资助的几所学校。现在大约 1/7 的大学生是按特定入学条件而不是按在校成绩入学的。

高等教育部门包括技术和进修教育学院,私立职业教育机构和大学。澳有各类高校教师 27 442 人(1992 年数据),女性占 31%;有学生 559 365 人,到 1994 年注册生已达到 932 969 人。入学率为 40.9%。1994 年传统综合大学有教师 26 555 人,女性占 32%,注册生 559 682 人;其他第三级教育学院(师范、技术类)有注册生 373 287 人。澳高等教育部门扩充显著,1985～1995 年间学生数上升了 63%,1995 年超过了 60 万人,研究生数增长了 178%,达到了 7.4 万人。按国际标准教育分类(ISCED)等级划分,1993 年各层次学生百分比分配如下:第五层次占 43.9%,第六层次占 44.4%,第七层次占 11.7%。在第五层次学生中,学大众传播与文献管理的学生最多,占 33.8%,主修自然科学与工程学(包括数学与计算机科学,下同)占 25.6%,运输与通讯占 7.9%;在第六层次教育中,注册生较多的学科分别是自然科学与工程学占 22.8%,商业管理占 20.1%,人文与宗教占 15.3%,医学占 12.8%,教育学占 10.2%;在第七层次教育中注册生人数较多的学科依次是:教育学占 23.9%,自然科学与工程学占 19.3%,商业管理占 18.8%,医学占 10.7%。1993 年各层次毕业生人数为:第五层次 7 933人,第六层次 90 146 人,第七层次 34 781 人,全年毕业生总计 132 860 人。

80 年代后期高等教育部门完成了院校调整,从前由大学和高等教育学院构成的"二元制"已被只有综合大学的一元化国家制所取代。此后,许多学院并入了大学。1982～1995 年间高校数目从 78 所减到了 36 所,但每所学校的规模则从 4 000 人增至 17 000 人。从整体上说,如今的大学可提供大学和研究生教育的全套方案。

在出勤方面,有相当多的大学生以非全日制方式上课。1995 年大约 40%的高校生采取了部分时间或形式上上课的方式。

为了促使人人享有平等受教育的机会,1993～1995 三年期,共为开放教育活动拨款 5 200 万美元,为许多被排斥在校园之外的人提供了受高等教育的机会。1993 年头两个学期中,妇女在全体开放教育生中占 60%。从 1994 年起,政府将实施迟延高等教育捐款计划,如向高等教育课程中录取的全时开放教学的学生支付薪资等。

澳大利亚还制定了提供教育援助和收入支持的联邦方案。方案尤其针对低收入、土著和托里斯海峡岛民以及生活在偏僻孤立地区的人群。澳主要学生收入支持计划,AUSTUDY 开支 1995～1996 财政年度已达到 15.73 亿澳元,相当于每个接受者 3 266 澳元。

1992 年澳公共教育开支总额为 23.30 亿澳元,占 GNP6%,高于发达国家平均水平 5.3%;占政府总开支的 14.2%,1980～1992 年年均增长率为 2.1%;经常性教育开支为 21.25 亿澳元,占总额的 91.2%,占 GNP 的 5.4%。资本开支为 2.05 亿澳元。经常性开支的百分比分配如下:学前教育占 1.1%,小学教育占 29.7%,中学教育占 41.6%,大学教育占 26.6%,未分配部分占 1%。在经常性开支中,人员薪金占 77%,奖学金占 7.2%。

文 化

现代澳大利亚文化是 1788 年首批英国移民进入澳洲后发展起来的。它以欧美文化为背景,目前全国人口的 94%与英国或欧洲其他国家有着近亲或血缘关系,但随着移民的涌入,澳已成为典型的多民族国家。在这片美丽的土地上除居住着有 4 万余年历史的土著人外,在过去 50 年里,还有来自 170 个国家和地区的 575 万人把澳洲大陆作为自己的家园。近 10 年来,亚洲移民增长迅速,现已达到 68 万,占澳总人口的 4%左右。移民人口的年增长率为 1.5%,超过加拿大、美国和日本。大量少数民族移民的涌入改变了澳的人口结构,也使澳的文化变得五彩缤纷。现在澳有 175 种交际语言,200 多种亚文化。

自 80 年代以来,澳政府所实施的文化政策主要为:促进各种形式的优秀艺术的发展;促进人们对文学艺术的欣赏和了解,鼓励并为人们参加文化活动提供条件;鼓励发展多元文化;通过文艺显示澳大利亚独特的民族形象;加强对外宣传,促进外国对澳大利亚文化和艺术的了解。政府对文化的重视表现在各个领域。

图书馆 澳大利亚图书馆的特点是藏书多、管理先进、设备完善、服务周到。1991年澳国立图书馆的馆藏量包括手稿和缩微制品共计463万件。1994年全国有高校图书馆43个,服务网点231处,馆藏文献3 300万件,年增加量为150万件,年接待读者55万人次。外借图书2 100万册,国内馆际互借39万册。年经常性开支3 610万澳元,员工开支占53%。高校馆共有员工4 785人,其中有文凭者为1 578人。

图　书 按国际十进分类法分,1994年澳出版图书种类如下:

	总数	普通	哲学	宗教	社会科学	语言学	纯科学	应用科学	艺术	文学	地理/历史
种数	10 835	218	151	246	4 453	157	511	1 730	700	1 812	857

从统计上看,社会科学、应用科学和文学类占前三位。按主题分,法律、公共管理类最多,为1 950种,文学作品中的历史与评论类次之,为1 812种,政治学占第三位,为1 314种。

1994年澳图书及小册子出口额为6 740万美元,进口3.71亿美元,贸易逆差3.04亿美元。

报刊 1994年澳有日报69种,发行量460万份。自90年代以来种数已从62种提高到69种,发行量也略有上升,1995年每千人拥有日报258份,略低于发达国家的总体水平,但已接近于世界平均水平的3倍。与图书贸易相同,报刊贸易逆差巨大。1994年出口额为2 360万美元,进口为1.62亿美元,逆差1.39亿美元,并且呈上升趋势。

新闻纸、印刷与书写纸张 近年来,澳新闻纸产、消量呈稳步上升趋势,1994年产量为46.1万吨,消费量为66.43万吨,人均消费量为37.21公斤,大大高出发达国家的平均水平22.2公斤,几乎是世界平均水平的6.3倍。进口量继续呈下降趋势,从1990年的28.31万吨降至1993年的20.47万吨。但1994年略有回升,达到20.60万吨;出口量虽然不大,但经历了几次大的起伏,1985年为4 300吨,1990年降至400吨的低点,1993年一度升至5 600吨的高点,但1994年再次大幅回落,达到2 700吨。其他印刷与书写纸张的各项指标均呈上升趋势,到1994年产量已达到34.80万吨,消费量达到88.30万吨,人均消费达49.46公斤。为了弥补国内消费量的不足,澳从国外大量买进,1994年进口量已达58.10万吨,而出口仅为4 600吨。

博物馆 根据联合国教科文组织的统计,1991年澳有博物馆1 893座,年接待观众1 796万人次。非专业人员中,多数为志愿工作者。据调查,在779家博物馆中,志愿者为51 861人。澳有艺术类博物馆236座,年接待观众971万人。

广播与电视 1994年澳有投入使用的收音机2 305万台,千人拥有量为1 291台,高于发达国家的平均水平1 009台,是世界平均水平的3.6倍。澳有官办、商业和公共三种电台。ABC广播电台网有112个台,其中短波6个、调频14个,属官办。有商业电台133个,还有公共电台26个。

1994年澳有投入使用的电视机873万台,千人拥有量为489台,是世界平均水平的2.5倍,澳从1956年开始播放电视,现有电视台137个,其中政府办的85个,民族电视台2个,商业电视台50个。全国共有217个转播站,收视率和收听率均达到100%。在众多电视台中,SBS电视台在传播多元文化方面独具特色,它每天用47种语言进行广播,用7种语言直播国际新闻,每周有44小时节目,节目中间插播30至60秒钟各种语言的有关社会服务的通告(详见表8)。

表 8 广播电视节目总时数及百分比分配

节目类型	广播		电视		
	公共台	商业台	总小时数	公共台	商业台
总的年播放小时数	740 173	1 270 262	268 280	6 280	262 000
百分比分配					
信息节目	15.3	12.4	17.6	25.7	17.4
教育节目	1.3	/	4.1	22.4	3.6
文化节目	1.6	/	0.1	3.0	–
宗教节目	2.5	0.9	1.0	1.3	0.9
广　告	/	7.8	/	–	/
误　乐	72.0	74.0	77.3	47.6	78.0
未分类节目	7.2	4.9	–	–	–

注:广播节目中,广告和游戏统计列在未分类节目中;商业广播中的教育、文化与游戏节目列在未分类节目中。商业电视节目包括广告在内。

"/"数据包括在另一类下。

"–"数值为零。

资料来源:① OECD, Economic Surveys: AUSTRALIA, 1997.

② OECD, Main Science and Technology Indicators, Jan, 1997.

③ FAO, Production Yearbook, 1996.

④ UN, Statistical Yearbook for Asia and Pacific, 1996.

⑤ UNESCO, Statistical Yearbook, 1997.

⑥ 骆以清等《骑在羊背上的国家——澳大利亚》。

⑦《世界民族》,1996 年 1 月。

(北京图书馆　李跃进)

新西兰经济文化概况

新西兰是太平洋西南部的一个绿色岛国,由南北两大岛、斯图特岛及周围一些小岛组成。国土面积为 27.05 万平方公里,农业用地占总面积的 64.1%,其中草场面积为 51.6%。山地和丘陵占国土面积的3/4以上。北岛多火山和温泉,南岛山区多冰河、湖泊。新西兰属温带海洋性气候,四季温和多雨。1995 年全国人口为 357.54 万,每平方公里居住人数只有 13.2 人,毛利人是岛内唯一的非欧籍土著居民,现约有 55 万人,占总人口的 15%。新西兰城市化程度较高,76.2%的居民生活在城市地区,1995 年时全国人口最多的三个主要城市是奥克兰(95.26 万人)、克赖斯特彻奇(32.44 万人)和惠灵顿(33.11 万人)。1996 年国民生产总值为 644 亿美元,以当年价格和汇率计算人均为 1.8 万美元。

现政府为国民党与新西兰第一党于 1996 年 10 月大选后组成的联合政府。新西兰的外交政策核心是维护其主权与安全,强调《澳新美安全条约》的重要性。积极主张裁军和禁止核试验,新一届政府又提出了"亚洲 2000 年计划",强调要把外交重点转向亚太地区。

经　济

1996 年新西兰经济进入了第五个增长年。与上个增长期不同,它不是由财政扩充或有利的贸易条件的冲击所激发,而是受到新西兰元贬值后带来的出口量骤增的推动。尽管此后货币变得坚挺,但由于贸易自由化政策的实施,出口业绩仍保持了旺盛。整个

1993年和1994年出口部门所创的外汇加之较低的利率使得公司和家庭支出出现增加，利润和商业信心的高涨导致投资与就业的快速扩充，其结果是失业明显下降。总之，1993年以来受到支撑的消费的信心和强劲的经济增长已成为经合组织国家中最强的一股增长势头，1993～1994年GDP出现了平均为5.5%的高速增长，1995年仍达到3.5%。此次经济形势的好转虽有着广泛的基础，但尤其受到了活跃的私人资本开支的支撑。随着生产与劳动力市场萧条期的消失，通胀及往来帐户的压力已有所抬头，国际收支逆差从1992年的11亿美元升至1996年的26亿美元。所占GDP的份额也从2.7%升至4.1%，但与上一个强劲增长期相比，其负面影响程度显得非常有限，这表明80年代中期开始实施的贸易自由化，全面取消对商业、劳动力市场和公共部门的管制，以及推出中期宏观经济政策框架等广泛的结构与机构改革已收到了良好效果。

1996年和1997年经济前景继续看好。经历1995年较为紧缩的货币环境，步伐有所放缓以后，经济扩展似乎已稳定下来。由于1996年中期实施的减税促进了私人消费，1996年和1997年产出增长预计可分别达到2.75%和3.25%。预计通胀将保持在控制范围内，并可望在短期内有所回落。最近颁布的《财政责任法》旨在确保审慎的预算政策的持续性，实现收支的平衡，为防止对货币状况的过度压力，除目前正在实施的财政紧缩外，减税工作将逐步扩展开来。

当1990年新政府执政时，加强了80年代就开始的面向市场的改革，并继而实施控制支出，推行低通胀、低利率政策，实行金融自由化，促进投资和外贸出口，使国内宏观经济指标明显好转，如失业率从1992年的10.3%下降到1995年的6.3%，通胀率由1987年的19%下降到1995年的3.7%，外汇储备也由1991年的28.72亿美元增加到1996年的57.74亿美元。存在的问题仍是外债负担沉重，1995年外债净现值占GNP的2.4%；失业队伍庞大，1995年青年失业率高达11.8%。在结构政策方面，有许多未完成的事项，包括技能开发、贸易保护、私有化和医疗改革。

农业 1995～1996财政年度农业占GDP的5%，比1991～1992年度的6.1%有所下降；占就业的9%。1990～1991年农业年均增长为0.9%。农业实际上也指农业产业部门，它包括农业投入和运输、加工、农产品的销售与零售。农业产业部门雇用了17%的劳动力；占GDP的15%和商品出口的54%。

新西兰的农业以畜牧业为主，畜产品占农业产值的近2/3。在畜牧业内部，自1991年以来，乳制品所占份额已经上升，而羊毛的份额却出现了下降。1995～1996年度乳制品占农业总产值的31%，羊毛(8%)、绵羊和羔羊(9%)及牛肉(12%)也占有重要份额。蔬菜、水果、坚果和其他园艺加在一起占农业总产出的13%。

农业与其他产业，特别是食品与运输业有着密切的联系。作为出口行业，农业受到宏观经济形势，特别是汇率变化的影响。因此，农民及农场组织对贸易政策及农业问题甚感兴趣，他们是政府经改的一股幕后力量。1984年大选前，联邦农民、主要的农场院外集团组织，就曾要求将政府对经济的干预减至最低，创造经济增长和持久低通胀的环境，包括出口鼓励限度，引入浮动汇率制度，劳工市场改革，取消所有进口许可条件，降低关税，实行运输部门自由化。在1984年关税政策回顾期间，该组织呼吁到1997年7月完全取消关税。

新西兰农业的另一重要问题是进入外国市场和其他国家在第三市场实施的农业补贴对其产生的影响。虽然乌拉圭回合农业协定对新西兰非常有利，但大规模的市场准入限制和补贴仍然存在，它们每年耗费GDP的2%。

林业 林业是新西兰增长最快的行业之一，在延至1993年的10年里，它所占的GDP份额翻了一番，达到了2.5%。林产品的加工与制造另占GDP的2.8%。1996年2月，林业及其初级加工占就业的1.5%。人工经济林面积70年代年增长率为7.5%，1980年以来为4.4%。随着这些植物进入成熟期，从1989～1995年生产增加了近55%。人工经济林的供给占总产量的97%，预计1995～2005年将增长70%。

1989～1995年出口量增加了82%，现在出口占产量的3/5强。1995年初级和半加工林产品占商品出口的13%，与日本、澳大利亚和韩国一起占总出口额的近3/4。由于产量迅速增长，而国内需求几乎没有扩大，因此，预计林产品出口量将大幅度上升，到2005年有可能增加一倍。

表 1 1990～1996 年农业生产与出口[1]（百万美元）

生产	1990 年	1991 年	1992 年	1993 年	1994 年	1995 年	1996 年[2]
羊毛	1 252	832	793	737	724	933	864
羊毛出口	1 424	1 044	1 173	985	1 134	1 322	1 099
绵羊和羔羊	865	885	845	1 037	1 216	1 120	953
羔羊出口	958	978	1 177	1 209	1 085	1 044	1 139
羊肉出口	136	172	171	180	166	153	198
牛	1 187	1 376	1 443	1 559	1 540	1 394	1 137
牛肉和小牛肉出口	1 092	1 284	1 451	1 419	1 384	1 161	1 054
乳制品	2 166	1 641	2 235	2 536	2 569	2 585	3 270
牛奶出口	2 534	2 485	2 897	3 369	3 563	3 473	3 717
水果、蔬菜、坚果和其他园艺	1 201	1 257	1 402	1 374	1 269	1 337	1 351
鲜猕猴桃	539	520	506	370	381	321	263
苹果和梨；nashi 出口	218	305	335	349	320	491	534
总水果和蔬菜出口	999	1 069	1 167	1 026	1 076	1 195	1 291
农业服务	731	760	807	873	950	1 006	993
其他[3]	945	838	835	989	1 248	756	631
总的农业产出	9 284	8 488	9 274	10 135	10 515	10 246	10 336
总的以农业为主的出口	8 784	8 752	9 993	10 267	10 559	10 815	10 583
农业占国内总产值比例（%）	6.4	5.4	6.1	5.8	5.6	5.2	5.0
以农业为主的出口占总商品出口的比例（%）	60.5	58.1	58.2	56.3	55.2	53.5	52.6

注：①生产指截至 3 月 31 日的年度；出口指截至 6 月 30 日的年度。

②包括牲畜存栏，活畜销售和非农收入的变化。

③初步估算。

④生产数字指农业部门产值，出口数字指加工产品。

资料来源：新西兰农业部（1996 年）。

渔业 1993 年渔业约占新西兰 GDP 的 0.4%，产量的 4/5 用于出口；1995 年海洋水产品出口占总商品出口的 5.5%。出口从 70 年代的每年 1 000 万美元升至 1995 年的 12 亿美元，预计到 2000 年时可达到 20 亿美元。澳大利亚、日本和美国是主要市场，它们各自约占新西兰水产品出口的 1/3。然而渔业部门正在扩展市场，对香港地区、中国台湾和西班牙的出口增长较快。

采矿业 1993 年采矿业占新西兰 GDP 的 1.5%，占就业的 0.5%。大约本行业 3/4 的附加值，1/4 的就业产自原油提炼，特别是天然气部门。新西兰原油及浓缩物产出的 2/3 用于出口，但国内消费的 80% 靠进口，因为本国炼油厂只能处理比国产品种更重的原油。矿物开采，主要是黄金、银、沙、岩石和砂金，约占该部门产出的 1/4。1993 年矿产品进口占商品进口的 5%，近 4/5 为原油或浓缩物。主要出口也是原油或浓缩物，占新西兰商品出口的 2%。

制造业 1995 年新西兰制造业占 GDP 的 21%，占就业的 18%。制造业产品构成总商品出口的 86% 和总商品进口的 96%。新西兰制造业部门的构成及制成品国际贸易反映了它在初级产品生产上的实力。1/3 的制造业为食品工业，粮食制品构成制成品出口的 41%（见表 2）。纸浆和纸制品占制成品附加值的 6% 及制成品出口的 6%。制成品进口集中在机械设备（27%）、运输设备（20%）、石油和基本化学产品（22%）。

表2 按生产种类和产业划分的制造业附加值、工资和贸易的份额(%)

	制造业附加值份额		制造业工资份额		制造业进口份额	制造业出口份额
	1987年	1993年	1987年	1993年	1995年	1995年
食品、饮料和烟草	28.4	33.0	26.1	27.9	5.8	40.9
肉和肉制品	10.3	8.0	—	—	0.3	15.6
乳制品	3.4	6.0	—	—	0.4	15.6
其他食品	7.4	8.4	—	—	4.1	8.9
饮料、麦芽酒和烟草产品	7.3	10.5	—	—	1.1	0.9
纺织与服装	8.4	6.0	10.1	7.6	6.7	8.8
木材与木制品	6.3	6.3	7.3	7.5	0.9	6.9
纸浆与纸制品、印刷与出版	11.6	13.6	13.0	14.5	4.5	6.8
纸和纸制品	4.6	6.4	—	—	2.7	6.4
印刷与出版	7.0	7.2	—	—	1.8	0.4
石油、化工、塑料与橡胶制品	15.1	12.1	9.8	10.9	24.8	11.8
石油、煤和基本化学产品	8.5	4.7	—	—	22.1	10.2
橡胶、塑料和其他化学制品	6.6	7.4	—	—	2.7	1.7
非金属矿物	3.6	3.2	3.6	3.3	1.5	0.4
基本金属	2.9	4.7	3.4	5.0	3.7	11.2
结构金属制品、机械和设备	22.7	20.2	25.8	22.3	49.6	11.7
结构金属制品	7.2	6.4	—	—	2.0	1.5
机械、设备(含专业与科学设备)	9.9	9.0	—	—	27.1	8.6
运输设备	5.6	4.7	—	—	20.5	1.5
其他制成品	1.0	1.0	0.9	0.9	2.5	1.4

注:"—"无资料。尚未作出指定年度这些产业的估计数。

资料来源:新西兰统计(1995年),"新西兰国民核算体系",以及世贸组织根据新西兰官方数据的计算。

关税实际上是制成品进口保护的唯一来源。1996年7月1日实施的关税减让已将最惠国制成品关税从平均7.5%调至现在的平均6.5%的水平。只有少数行业继续受到10%的最惠国关税的保护,它们是:纺织、服装、鞋和皮革、家俱、纸箱、纸盒、橡胶制品和某些结构金属制品。

服务业 1995年新西兰的服务部门约占GDP的62%,占总就业的65%。对外劳务贸易构成1995年总贸易的23%,并且过去5年的增长略快于商品贸易的增长。新西兰是劳务净进口较小的国家,在截至1995年3月的年度里,净进口相当于GDP的0.8%,劳务出口相当于GDP的7%。

服务业中通讯部门1993年占GDP的3.3%,比1987年的2.9%有所上升。在截至1995年6月的年度里,该部门附加值增加了近11%;金融服务业,包括银行、保险和证券占GDP的比例从1987～1989年的年均5.7%降到5.4%,占就业的6.4%。近3/4的部门经济活动为银行业务。

运输 1993年运输和仓储部门占GDP的5%,这个比例自80年代中以来已经稳定下来。大约该部门附加值的1/3来自公路,1/4来自空运,1/5来自铁路和水运,其余来自对该部门的资助性服务。1993年运输部门雇用了5%的全时制劳力。在截至1995年6月的年度里,运输出口占新西兰总服务出口的40%,相当于总出口的9%。对境内外籍人提供的运输服务被视为旅游出口;它们另占总服务出口的10%。

旅游 1995年旅游业是新西兰出口创汇的最大单一来源,约占总外汇收入的18%,这个数字按绝对价值计算约为48亿美元,它包括新西兰航空公司售出的价值13亿美元的海外机票。估计该部门占GDP的5～6%。旅游业的迅猛发展使得海外游客到达人数从1984年的不足60万提高到1992年的100

万和 1995 年的近 140 万；从 1993～1995 年，游客人均支出增加了 44%，达到 3 000 美元。

传统上游客主要来自澳大利亚(1995 年占游客的 29%)、加拿大和美国(二者占 14%)、日本(11%)和英国(9%)。1992 年以来大部分客源增长来自亚洲，特别是韩国、泰国和中国台北。亚洲游客人数(不包括日本)，在截至 1994 年 6 月的年度里增加了 45%，1995 年增加了 31%，在截至 1996 年 6 月的年度里增加了 30%。

贸易业绩 近年来，新西兰的国际贸易出现了持续高速增长，1996 年出口额达到 144.42 亿美元，进口 147.25 亿美元，年贸易额的增长速度在 10%以上。

在商品贸易模式方面，90 年代初新西兰出口结构发生了变化。在最近的出口，尤其是制成品出口快速扩充期内，肉和肉食品的份额从 17%降到了 13%，而非金属、非农出口比例上升了近 3 个百分点，占到出口份额的 20%以上；林产品的份额从占商品出口的 10%升到了 12%。

接近半数的新西兰商品进口为非农制成品，包括金属、电力机械、非电力机械和运输设备。后两类占 1991～1994 年总商品进口快速增长的大部分。从 1990～1994 年，石油及石油产品进口额下降了 14%，它们的进口份额下降了近 3 个百分点，达到 5.2%。

在地区贸易模式方面，从 1990～1995 年，新西兰对东亚的商品出口几乎增加了 80%，这标志着远离发达的欧洲和北美市场的巨变仍在继续。英国占新西兰的出口份额从 1978 年的 30%强降到了 1990 年的 7%和 1995 年的 6%。从 1990～1995 年对美国出口仅增长了 7%，在此期间，美国份额以 13%降至 10%。对东亚出口占 1990～1995 年商品出口总增长的半数以上，这对于 90 年代初期新西兰以出口为主的经济复苏很重要。到 1995 年东亚占新西兰商品出口份额上升了 8 个百分点，达到了 39.1%。对澳大利亚的出口继续构成总商品出口的 19%；由于澳新地区贸易协定的实施，这项份额在 1978～1990 年间从 11%上升到了 18%。亚太经济合作经济体占新西兰出口的 70%。

新西兰商品进口的地区构成几乎没有什么变化。澳大利亚、欧盟和美国各占进口的约 20%，并且自 1990 年以来保持着稳定的份额。东亚经济体占进口的 29%，与出口相比，其份额显得过小，大约进口的 71%来自亚太经济合作经济体。

科学技术

过去几年新西兰的科技体制经历了重大变革。机构调整的第一阶段是建立新的政策性组织，研究、科学与技术部(MORST)和一个新的供资组织，研究、科学与技术基金会(FRST)。前者的作用是为政府制定全盘政策框架，优先项目和供资提供决策意见。基金会的作用是为特定科学活动划拨政府基金。新的科学供资体制是科学改革的最重要内容，以最著名的公共合格科学基金(PGSF)为例，它一改从前由政府直接向科研机构拨款的惯例，建立了总额约为 2.6 亿新元，根据滚动安排可确保使用 5 年的专款。根据新的体制，研究机构和研究人员应在 FRST 主持下进行合同竞标，夺标后方可承担统一的研究计划，"公共合格"研究与政府的国家科学优先项目相一致。所有资金按全部成本方式提供。

1992 年随着政府"科学优先项目表"的出台，一种科学资金战略框架建立了起来，它反映了 1992～1993 年至 1997～1998 年 5 年间科学基金的划拨方向。

科学改革的第三阶段是建立 10 个皇家研究所(CRIs)，它们完全属于政府，但具有公司结构和全新管理模式，在运作上遵守与其财务活动有关的公司法规则。CRIs 是独立法人机构，每个所由政府任命的 9 人理事会组成。它们的多数资金是通过竞标从 PGSF 那里获得，其主要研究领域为：畜牧、园艺产品、农产品、林木产品，工业发展，环境健康和刑侦科学，社会与经济发展，土地环境、大气、水及地球圈。

国内研究与开发总开支(GERD) 根据经合组织的统计，新西兰 GERD 近年呈上升趋势，1990 年为 6.42 亿新元，到 1993 年已达 8.24 亿新元，按购买力平价计折合 5.45 亿美元，年增长率为 8.2%，国内人均研究与开发经费为 156.6 美元。GERD 占国内总产值的 1.03%。1993 年全国从事研究与开发的全日制人员为 10 490 人，年均增长率为 5%。按资金来源分，GERD 比例构成如下：企业资助部分占 33.6%，政府资助部分占 55.7%，国内其他来源占 8.1%，海外资助部分占 2.6%。1993 年 GERD 的比例分配如下：企业部门占 30.2%；高等教育占 28.2%；政府部门占41.6%。

近年来科研项目的供资情况没有大的变化,但根据国家优先项目表,未来社会发展和服务研究资金增幅较大,为了支持工业发展研究,主要的初级产品加工,特别是农、林、渔业的研究经费将有明显下降,地球和大气研究经费将略有减少。

科学基地的发展 除了10个皇家研究所外,从事科研工作的公立和私立机构有包括拥有550名全时制科研人员的其他政府部门;拥有2 300多名全时制学术技术人员的大学;拥有800多名全时制人员的研究协会及拥有1 800个全时制研究及相关人员的私立部门。CRJs有3 200多名全时制科研人员。

为了培养高级科技人才,1993年新西兰开始向杰出的青年科学家提供早期职业资助的博士后奖学金,资助他们在国内研究所从事深入的研究,或到国外接受培训与实践,1993～1994年度这项奖学金获得了100万新元的拨款。

促进技术革新 目前新西兰所面临的重要科技政策问题是技术革新问题,它强调为企业,为人才资源,主要是为科学家和技术人员的供求创造支持性环境,并促进私营部门的技术升级,改善科研投资水平低的现状,为此,政府建立了"企业援助一揽子计划",其中"企业增长技术方案"(TBG)包括了四个子方案:合作研究方案鼓励通过向科研项目提供部分资金建立企业与研究所间的协作;技术合资方案鼓励通过资助研究人员进行技术成果的开发与利用;技术转让方案旨在促进企业的技术升级;机构内部研究与开发方案目的是通过共同资助研究与开发,扩大部门内企业的技术能力。自1989年以来TBG方案和它的前身新兴技术计划已资助了164个项目。1993～1994年度TBG获得了1 060万新元的补助金。

专家援助补助金计划(EAGS)鼓励合格企业在技术规划与科研管理领域聘用顾问,以达到效率与竞争力的持久改善。1992～1993年度GAGS得到的划拨资金为250万新元。

企业开发调查补助金计划(BDIG)对申请人论证新项目的可行性(包括技术评估)进行援助,以此鼓励创新。1992～1993年度该计划得到的划拨资金为1 220万新元。

教 育

新西兰对中小学实行免费教育,6～16岁儿童享受11年义务教育,国民受教育程度普遍较高,据联合国教科文组出版的最新统计,新西兰国民预期受教育年限为16.8年,仅次于加拿大(17.6年),居世界第二。1994年每10万居民大学生数居世界第四,为4 675人,教育开支占GNP比例也很高。近年来,高等教育和职业教育发展尤为突出。

学前教育 1994年新西兰有学前教育园所3 720个,几乎全部为公立机构,有教师7 147人,其中95%为女性;有注册儿童131 311人。适龄儿童注册率为75%。

小学教育 1994年新西兰有小学2 324所,教师19 443人,女性占81%;有学生331 666人,总入学率为101%,净入学率为99%。师生比为1:17。各年级注册生分布比例如下:1年级占17%,2年级占20%,3～5年级各占16%,6年级占15%。小学复读生占4%。

中学教育 80年代期间,新西兰学校教育的最大问题是职业教育薄弱,青少年入学率低,到1993年义务教育终止年龄才从15岁提高到16岁。直到80年代后期多数青少年在到达17岁时(高三)仍做出离校就业的选择。然而,近年来由于受教育程度高的人更容易获得就业,许多人开始返校进修,中学校内高中生所接受的职业教育也有所增加。另一方面,失业率的上升也使得青少年进入就业市场的愿望受挫,于是正式教育的参与情况有了明显的改善,17岁和18岁学生的注册率分别以80年代中期的35%和19%升至1992年的65%和39%,但与其他发达国家相比仍有差距。

到了1994年,中学有教师28 358人,有学生404 563人,总入学率已达到114%,净入学率96%。其中普通中学有教师24 569人,女性占58%,学生340 905人;职业中学有教师3 789人,女性占49%,学生63 658人。普通中学各年级注册生比例为:初中4个年级均占15%,高一占18%,高二占14%,高三占8%。

大学教育 1993年新西兰各类高校有教师12 427人,女性占42%;注册生为162 932人。1994

年有所上升，为169 421人。

1993年传统综合性大学有教师4 740人，女性占27%，有学生105 555人；遥授学院有学生13 312人，女生占60%；其他第三级教育学院（师范、技术类）有教师7 687人，女性占51%，有学生57 377人，女生占57%。

按国际标准教育分类（ISED）划分，1994年接受5～7层次教育的在校生人数及比例分配如下：第五层次50 378人，占29.7%；第六层次100 194人，占59.1%，第七层次18 849人，占11.1%。

与其他发达国家相比，新西兰高等教育入学率居最高之列（特别是是第三级教育中的非大学部分）。据认为相当高的助学金比例是促使入学率增长的重要原因。最近进行的高校结构与供资改革将使学校获得更大的自主性，同时也将导致学费补助金的减少。改革旨在使总的助学金水平接近于来自进修教育的净公益收入，校方为满足广泛的就学需求，可开设新的选修和学位计划。这项改革已收到一定成效，参加职业导向学位课程的学生有了增加，有越来越多的高校将自身推向市场，参与价格竞争。

改革以后，政府结束了免费的高等教育，实行了收费制，但也提供基于经济情况的财政补助以及让更多人能获得教育贷款。各大学在提供教育方面的竞争也更加激烈；分配给大学的公共资金是根据注册学生和课程的多寡而定。教育是新西兰政府负责的主要领域，几乎全部直接教育开支为公共教育开支，占预算的18%。近年来政府教育开支及占GDP的比例为：1993年45.39亿新元，占5.9%，1994年为46.27亿新元，占5.7%，1995年为48.03亿新元，占5.5%。1990～1996年政府教育开支占GNP的7%，高于发达国家平均水平。

文　化

新西兰是一个以欧洲白人为主的国家，受英国的传统影响较深，从1907年取得自治至今只有90年历史，而土著毛利人的历史则可追溯到公元1350年大批毛利人乘独木舟来到新西兰，若从毛利人航海家库普驾舟千里发现"遥远的白云之乡"算起则可追溯到公元950年。

在饱受了长期的殖民统治，经历了无数历史沧桑后，如今多数毛利人已融入了现代社会，虽然他们的人口不足全国总数的1/7，但仍保留了绚丽多彩的民族文化。毛利人的服饰、习俗及歌舞已成为新西兰最著名的人文景观。新西兰北岛上的罗托鲁阿是毛利文化的发源地，那里有著名的毛利工艺学校，毛利人酷爱的雕刻和编织艺术在这里得到了传播。毛利人能歌善舞，当迎接贵客、喜庆佳节、婚丧嫁娶和祈祷六畜兴旺，都要尽情歌舞。男人跳的勇士舞表现出毛利人诚挚热情、勇敢的性格；女人跳的抖手舞具有丰富的想象力和浓郁的艺术色彩，象征天时、地利与人和，展示她们对美好生活的向往。毛利人待客时所行的碰鼻礼亦十分奇特。每当客人到来，他们中跑得最快的人来到客人面前挥舞手中的剑和长矛，并做出各种鬼脸，妇女们在喊声中跳起迎宾的"哈卡舞"以示欢迎。最后由部落中德高望重者向客人行碰鼻礼。

随着工业化的发展，已有75%的毛利人移居城镇，接受了西方文明的影响，由于人口少加之与其他民族通婚，毛利语有失传的危险。鉴于此种情况，现在新西兰不少学校开设了毛利语课，以继承和发扬毛利人的宝贵文化遗产。新西兰政府实施多元文化政策，早在1974年就曾宣布毛利语与英语同为本国语言。

新闻出版　新西兰有报纸148种，刊物590种，其中日报31种，总发行量为105万份，1994年每千人日报拥有量为297份，高于发达国家平均水平。报刊交易量不大，以进口为主。1994年进口额为6 003万美元，出口仅为120万美元，逆差为5 920万美元。新西兰是新闻纸净出口国，1994年产量为36.50万吨，消费量为11.35万吨，人均年消费32.14公斤。出口量为25.16万吨，进口100吨，其他印刷与书写纸张大部分靠进口。其产量自90年代以来呈快速下降趋势，从1990年的3.8万吨降至1994年的1.4万吨，而年均消费量在1990～1993年间保持在11万吨以上，1994年降至7.6万吨，人均消费量为21.58公斤，不足发达国家平均水平的半数，进出口量分别为6.51万吨和0.29万吨。

1994年图书出口创汇930万美元，进口为9 920万美元，贸易逆差8 990万美元。

广播与电视　1994年新西兰有投入使用的收

音机 350 万台，千人拥有量为 991 台，是世界平均水平的 2.8 倍；有投入使用的电视机 180 万台，千人拥有量为 510 台，接近于发达国家平均水平 526 台，是世界平均水平的 2.6 倍。

资料来源：① OECD, Economic Survey: New Zealand, 1996.
② OECD, Main Science and Technology Indicators, Jan., 1997.
③ UNESCO, Statistics Yearbook, 1997.
④ WTO, Trade Policy Review, New Zealand, 1996.
⑤《美洲、大洋洲国家概况》，世界知识出版社，1995～1996.
⑥《世界旅游地理》，江苏教育出版社，1996 年。

（北京图书馆　李跃进）

附：

1996 年全球国家和地区竞争力排行榜

根据瑞士洛桑国际管理学院（IMD）近期对全球 2 465家大企业领导的问卷调查结果所排出的 1996 年全球国家竞争力统计，美国、新加坡同时居于全球国家竞争力、社会改革活力、吸引企业投资能力三个排行榜的第一位和第二位。日本和韩国分别居政府积极进取排行榜第一位和第二位。该份调查结果已于 1996 年 9 月 4 日登录于全球竞争力统计年报中。

IMD 公布的初步调查结果，包括全球企业领导人针对四个项目的评估，分别是：国家竞争力（govern－ment Competitiveness）、社会改革活力（the resilience of societies）、吸引投资能力（attractive）、政府积极进取（aggressive）等四项。IMD 的调查中并未对该四项给予清楚定义，可以依受调查的企业领导人的认知给予定义，受调查者针对各项目分别勾选其认为最佳的前三名。排名第一为 100 点，第二为 66 点，第三为 33 点。

值得注意的是，从四项评估项目排名前 10 位的国家和地区看，亚洲国家和地区在每一项排行榜前 10 位的数目都超过一半，表明企业家认为亚洲国家和地区具有较强的竞争力。

1996 年全球国家和地区竞争力排行榜

排名	国家竞争力排行	得　分	社会改革活力排行	得　分	吸引企业投资能力	得　分	政府积极进取排行	得　分
1	美国	438	美国	463	美国	476	日本	443
2	新加坡	438	新加坡	217	新加坡	181	韩国	336
3	日本	346	日本	162	英国	104	美国	296
4	德国	231	德国	130	马来西亚	86	新加坡	
5	韩国	119	韩国	109	德国	85	台湾地区	150
6	瑞士	74	台湾地区	71	瑞士	82	德国	121
7	台湾地区	71	香港地区	68	中国	80	中国	111
8	香港地区	60	英国	57	加拿大	57	香港地区	58
9	马来西亚	56	中国	53	日本	55	马来西亚	54
10	英国	48	新西兰	47	香港地区	54	法国	25

资料来源：《国际经济信息》，1996 年，第 9 期，第 1 页。

专论：

综合国力评价指标体系与合成方法研究

中国现代科学院世界经济与政治研究 涂 勤 陈秀英

概 述

近些年来，综合国力的比较研究已日益成为一个热门话题，不仅国内外的专家学者投入大量的精力进行研究，许多政治家们也密切关注着这方面的研究结果。世界上有不少知名的研究专家从不同的角度出发，选取数目不等的社会经济指标，构造类型各异的评价指标体系，并借助不同的计算测算方法，或以定性为主，或以定量为主，来评价世界各主要国家的综合国力。

自1990年以来，笔者参加了《世界主要国家综合国力比较研究》课题（中华社会科学基金项目），主持完成了《建立具有中国特色的综合国力评价指标体系与合成方法》课题（中国社会科学院重点研究课题），有机会对国内外专家学者及有关国际组织的评价方法和结果进行较为系统的分析研究，并在此基础上提出了一套自己设计的指标体系和数据的合成方法。

在研究过程中，我们的基本研究程序是：

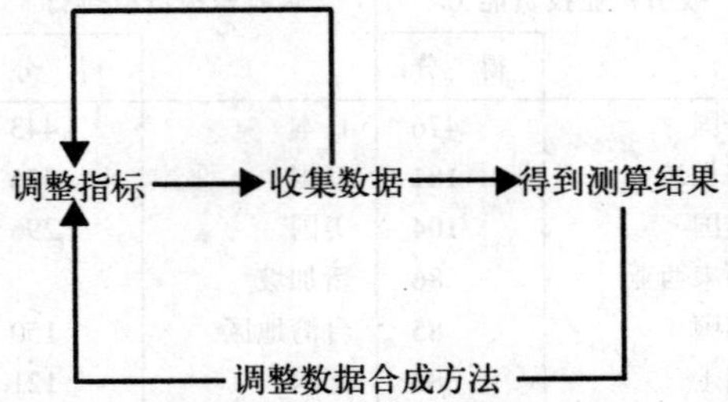

为了快速地得到测算结果，我们特意编制了一套计算机程序，充分利用现代科技手段来提高研究效率。由于综合国力研究涉及到多个国家，在设计指标体系时，仅从理论上考虑是不够的，在实践中我们往往很难找到相应的较高质量的可比数据。因此，既要全面考虑指标体系的构造和指标量化与合成方法，又要考虑到数据的质量和是否具有国际可比性，这样，才能比较客观公正地评估中国及世界主要国家的综合国力。

研究过程中，我们还发现：

· 由于研究的目的不同，选择评价指标的侧重点也就不同，指标体系结构的差异可能带来完全不同的测算结果。

· 即使采用同一指标体系，如果采用的数据合成方法不同，其测算结果也会产生相当大的差异。

因此，要想正确地评估综合国力，就必须选择好评价指标，构造一套比较合理、完整的指标体系，这是综合国力研究的基础。同时，选择合理的指标数据合成方法，是取得比较客观、合理的测算结果的关键。

选择评价指标的原则

综合国力的评测既是一个理论问题，又是一个现实问题。它涉及面广，指标内容丰富，因此，评价指标选择得好坏，质量高低是关系到评价结果正确与否的关键。我们必须理论结合实际，全面、准确地选择社会、经济各方面具有代表性的要素指标，构造一个综合性强、涵盖面广，既公正合理又具有国际可比性的综合国力评价指标体系。为此，我们应遵循以下原则：

（一）综合性原则

综合国力是一个主权国家赖以生存与发展的全部实力及其影响力的合力，是一个综合性概念，涉及到国民经济的各个层面。

我们在实际生活中涉及到的社会经济指标有成

千上万个，其实每项指标都与综合国力有着或强或弱的联系。但是，在研究工作中，我们不可能把所有这些指标都纳入到综合国力的指标体系之中，因而必须根据研究分析的需要，选择那些综合性强，具有较高代表性的高质量的指标。

例如，同其他指标相比，国民生产总值在比较经济实力乃至评估整体综合国力时，都是一个不可或缺、极其重要的综合性指标。

（二）科学性原则

实事求是的科学态度是做好一切工作的根本。在研究工作中，我们要从大量的社会经济指标中选择公正合理的评价指标，使所选择的指标能够较全面地反映被评价事物的客观现实，就必须坚持认真求实的科学性原则。

首先，我们要根据研究对象本身所固有的性质与特点，系统有序地选择评价指标，构造科学的评价指标体系，为客观正确地评估综合国力奠定基础。

其次，要重视指标之间的内在联系，分析所选指标对国力得分的影响，注意指标的动态性，辩证地选择各类指标，使指标的结构合理，即总量指标与人均指标、数量指标与质量指标、生产指标与结构效益指标之间达到有机的结合与辩证的统一，体现选择指标的科学性原则。

（三）实际需要与现实可能相结合的原则

在国际比较中，选择或构造一个“理想”的评价指标体系并不是一件容易的事情，因为理想的评价指标必须同时具有良好的可操作性和全面的评估力度。

在现实生活中，大量的原始指标不可能同时具备上述两个条件。在我们的研究中，凡是需要而又能直接选择利用的统计指标尽量直接选用；凡是需要但不能直接选用而又具备条件可以加工成理想指标的，一定要根据评估的需要，从原始指标中选择两个或两个以上的相关指标加工成一个理想的评价指标，以此增强评价指标的说服力。

比如在考虑一个国家的能源供应能力时，为了提高评价指标的力度，取能源的生产量、进出口量等相关指标，计算出能源的自给率，用自给率这样的复合指标去评估能源供给能力，这比选用单项原始指标评估的效果要好得多。

（四）借鉴与创新相结合的原则

多年来，一些知名的国内外研究专家对综合国力已经进行过大量的研究工作，为国力研究做出了很大贡献，积累了比较丰富的经验，为我们在综合国力评价指标的设置、综合国力指标的量化和测算方法等方面提供了样板和可供借鉴的经验。我们一定要吸取精华，弥补其不足之处，并要结合时代要求和中国国情，创造性地选择一些比较理想的评价指标，以提高评价指标体系的整体评估力度。

我们在保留了前人有关评价指标基本框架的基础上，根据自己的研究思路设置了一套评价指标体系。此间，我们充实了教育和科技方面的评价指标，增加了环保、人文及反映生产效益等方面的新指标，使总量指标与人均指标、生产量指标与生产结构和生产效益指标按比例有机地结合在一起，突出反映了科技进步、人文发展和社会化进程等方面在综合国力中的影响。

一般地说，综合国力的比较是在大国（强国）间进行，由于各国国情有别，其综合国力的结构特点也有较大的差异。因此，我们在实际选择评价指标时，一定要反映各国国情的客观现实，反映各国在经济发展、科技进步、人文发展及社会进程等方面的特点，注意遵循数据可比性的原则，提高评价指标及最终结果的可信度。

综合国力评价指标体系框架及特点

根据上述原则，我们借助联合国、国际货币基金组织、经济合作与发展组织及世界银行等权威性国际组织的统计数据，精选了100项社会、经济指标，分五大要素，构造了一套综合国力评价指标体系。

由于考虑到指标量化的难度及软指标量化结果的信度和效度等方面的问题，我们在设计综合国力指标体系的过程中去除了反映精神要素的软指标，突出了反映物质要素的硬指标，通过用实实在在的数据来比较说明各国的综合实力。

其基本框架如下：

综合国力指标体系

- 一、资源能力
  - 1.人力资源
    - (1)人口数量
    - (2)经济活动人口
    - (3)15～64岁人口占总人口%
    - (4)人口平均预期寿命
    - (5)千人拥有大学生数
  - 2.矿产资源
    - (1)原煤.原油储量
    - (2)天然气储量
    - (3)铝土、铁、铜矿石储量
    - (4)水能资源
  - 3.自然资源
    - (1)国土面积
    - (2)可耕地面积
    - (3)人均可耕地
    - (4)灌溉面积占可耕地%
    - (5)森林面积
    - (6)森林覆盖率
    - (7)淡水资源
    - (8)人均用水量
- 二、经济实力
  - 1.宏观经济总量
    - (1)GNP或GDP总量
    - (2)经济增长率
    - (3)人均GNP或GDP
    - (4)通货膨胀率
  - 2.工业生产能力
    - (1)原煤产量
    - (2)原油产量
    - (3)天然气产量
    - (4)钢产量
    - (5)发电量
    - (6)汽车产量
    - (7)棉纱产量
    - (8)水泥产量
    - (9)人均煤产量
    - (10)人均油产量
    - (11)人均天然气产量
    - (12)人均钢产量
    - (13)人均发电量
    - (14)人均汽车产量
    - (15)人均棉纱产量
    - (16)人均水泥产量
  - 3.农业供养能力
    - (1)谷物产量
    - (2)人均谷物产量
    - (3)皮棉产量
    - (4)人均皮棉产量
    - (5)谷物自给率
    - (6)油料产量
    - (7)人均油料产量
    - (8)人均卡路里
  - 4.能源供应能力
    - (1)标准能源生产量
    - (2)标准能源消费量
    - (3)人均标准能源生产量
    - (4)人均标准能源消费量
    - (5)标准能源自给率
    - (6)原油加工能力
    - (7)发电设备装机容量
  - 5.交通运输能力
    - (1)铁路货运周转量
    - (2)铁路客运周转量
    - (3)海运装货量
    - (4)海运卸货量
    - (5)航空货运量
    - (6)航空客运量
  - 6.经济结构与效益
    - (1)第三产业占GDP%
    - (2)社会劳动生产率
    - (3)工业劳动生产率
    - (4)农业劳动生产率
    - (5)能源加工设备利用率
    - (6)单位耗能创造的产值
- 三、对外经济活动能力
  - 1.外贸
    - (1)外贸总值
    - (2)进口贸易额
    - (3)出口贸易额
    - (4)出口依存度
  - 2.国际储备
    - (1)国际储备总额
    - (2)黄金储备额
    - (3)外汇储备额
  - 3.外资
    - (1)对外直接投资额
    - (2)吸收外资额
- 四、教科文
  - 1.教育文化
    - (1)小学入学率
    - (2)中学入学率
    - (3)高等教育入学率
    - (4)教育经费占GDP%
    - (5)大学文化人口占25岁以上人口%
  - 2.科技水平
    - (1)研究与开发经费占GDP%
    - (2)人均研究与开发经费
    - (3)科学家与工程师人数
    - (4)千人拥有科学家与工程师数
    - (5)国家申请专利数
    - (6)高科技出口额占GDP%
    - (7)综合科技指数
- 五、社会发展程度
  - 1.结构指标
    - (1)城市人口占总人口%
    - (2)医疗卫生费支出占总支出%
    - (2)妇女就业率
  - 2.环保指标
    - (1)安全饮水人口占总人口%
    - (2)二氧化碳排放量
  - 3.通讯水平
    - (1)千人拥有直拨电话
    - (2)千人拥有收音机数
    - (3)千人拥有日报数
  - 4.人文发展指数
    - (1)成人识字率
    - (2)正规学校教育平均年数
    - (3)人文发展指数

这一套指标体系具有以下特点：

首先，整个指标体系层次明晰，指标选择较全面，突出了经济实力是综合国力的核心与重点

整个评价指标由100个社会、经济指标构成，分为五大类，由三个不同的层次组成，这三个不同层次的指标体系，在质的规定性和体系结构的合理性与有序性方面是一致的，但在量的规定性和表现形式方面则不完全相同；另外，指标设置全面合理，指标的总数量适中，弥补了以往综合国力评价指标数量设置太少或过多，以及指标设置不够全面等方面的缺陷，突出了经济实力评价指标体系是整个综合国力评价指标体系的核心与重点。从指标上来看，经济实力评价部分共包括49个经济指标，占整个评价指标体系指标总数的49%，接近一半。从所包括的内容来看，经济实力评价指标部分包括了宏观经济总量、工业生产能力、农业供养能力、能源供应能力、交通运输能力、生产结构和效益等六大方面内容，基本涵盖了国民经济的各个主要方面。

由于这套评价指标是按照一定的比例来构造的，使评价指标体系在总量指标、人均指标和结构效益指标之间比例协调

人们早先设置的综合国力评价指标体系，大多数是由总量指标构成，一般都选用人口数量、领土面积、国民生产总值、钢铁和能源的生产量或消费量等总量指标来构造评价体系，直接以此评估各国的综合国力。

随着时间的推移，评估指标的数量由少到多，涵盖面也日趋扩大，但由于受资料条件的限制或者受研究者评估目的的影响，仍然以总量指标为主，这就使得在评估结果中常常出现人多、地域大但经济并不发达的国家排在世界前列的情况。中国在改革开放之前，经济并不发达，但在过去的综合国力比较中，也常常出现被排在世界前列的情况。

在以往的综合国力评价中，经常出现资源型经济大国和人口、地域大国占有过高位次的情形。为了避免出现这种不合理的情况，我们在选择指标时，首先重视各指标之间的内在联系，按比例地选择各类指标，使得在最后形成的评价指标体系中总量指标、人均指标和结构效益指标比例适当。

根据我们的实际测算表明，指标好比天平中的一个砝码，如总量指标选择过多，天平立刻倒向资源型或人口型大国一边；如果人均指标选择太多，像加拿大、澳大利亚之类的中等大国马上会位置前移。

所以，为了准确比较中国与世界主要国家综合国力实力地位的需要，我们必须辩证地选择评价指标，并使总量、人均指标和结构效益指标各占适当的比例，以保证评估结果的相对正确性。

突出物质要素指标(通常称为硬指标)，去除了精神要素指标(通常称为软指标)，使综合国力评价指标体系建立在更具实感可比的基础上

物质要素指标是看得见、摸得着，直接比较有实感，容易使人信服；精神指标虽也是综合国力的重要组成部分，但这一部分指标，如政治力、外交力等大多是反映精神要素与能力，是看不见、摸不着的无形指标，在实际测量中不易量估，只能模糊估计，很难进行精确的比较。因此，我们认为，在构造综合国力评价指标体系时，去除精神指标，突出物质要素指标比较有实感力，其评估结果会更有说服力。

综合国力的测算方法

综合国力评价指标确定之后，选择较好的测算方法是综合国力评估的重要一步。我们在“建立具有中国特色评价指标体系与合成方法”课题中，对测算国力的不同方法进行了比较研究。测算结果表明，即使选用同一个指标体系，但如果采用的指标量化与指标合成方法不同，其测算结果也不一样。因此，必须选择好合理的测算方法，以便取得较符合实际的测算结果。

(一)价值指标换算方法的选择

要进行国际比较，我们首先遇到的问题是价值指标在不同国家中，由于其货币度量单位各不相同，需要将各个国家的价值指标标准化。用什么方法转换价值指标，用什么货币作为对比国的统一货币单位，必须慎重选择。到目前为止，主要有两种方法和货币单位可供选择。

·美元。采用官方汇率作为价值指标的换算因子，将用不同国家货币表示的价值指标数据统一换算成美元,用美元作为国际比较的统一货币单位。

· 国际美元。采用购买力平价法(PPP)作为价值指标换算因子,将不同国家货币表示的价值指标换算成国际美元,用国际美元作为国际比较的统一货币单位。

纯就方法而言,应该说购买力平价法要优于官方汇率法。联合国国际比较项目(ICP)使用购买力平价而不是官方汇率作为换算因子,开发出了用更好的国际可比尺度测量GDP的新方法。近几年,世界银行、国际货币基金组织、经济合作与发展组织每年都公布了用购买力平价(PPP)计算的人均GNP值,并在国际比较项目中积极倡导推广这种方法。

但由于目前参加国际比较项目的国家尚不够普遍,多数发展中国家还不能采用购买力平价法直接测算人均GNP值,所以,目前还不能用购买力平价法作为统一货币的换算因子。

鉴于目前这种实际情况,世界银行在其发展报告中指出,"联合国及其地区经济委员会以及诸如欧洲共同体、OECD和世界银行等其他国际机构并致力于改进这种方法,并将年度购买力比较逐步推广到所有国家"。同时指出,"虽然官方汇率作为统一货币的换算因子有不少弊端,但是,汇率仍是将GNP从本国货币换算到美元的唯一普遍可用的工具"。所以,在我们的综合国力比较中,仍然使用官方汇率作为价值指标的换算因子,将各国货币统一换算成美元后再进行比较。

(二)物质指标的量化方法

面对着众多的量纲不同、单位各异的社会、经济统计指标,如何将它们量化成统一的标准化的数据,这在多项指标合成比较中是经常遇到的一个难题。过去,在我们的研究中,主要采用并讨论了两种方法来进行指标的量化。

综合指数法(或叫比重法)

对物质指标的量化,一般可采用综合指数法,即将单位各异的统计指标无量纲化,这是多指标量化评价中不可缺少的重要步骤。我们计算相对数比率的做法,是无量纲化的基本方法。通过将量纲不同的大量数据指数化,取得无量纲的标准化数据。

具体的做法是:

· 把要量化的统计指标按研究目的的需要,分成正指标或逆指标这两大类;

· 按照指标的类别,凡是正指标都以最大值为100,依次计算各国该项指标占其最大值的比例;凡是逆指标,都以最小值为100,依次计算最小值占各国该项指标的比例,经过这种计算就可取得无量纲的数值,即标准化数据;

· 根据研究需要,进行多指标合成。

各国正指标得分 = 100 × 各国该指标的数值/该指标的最大值

各国负指标得分 = 100 × 该指标的最小值/各国该指标的数值

这种方法简单,容易操作,是人们常用的一种指标量化方法。

Z分数法

由于参加综合国力评价的指标千差万别,其数据分布差异很大,有的指标如"平均预期寿命",分布比较集中,最大值和最小值之间的差别不到1倍;而有的指标如"人均GNP",分布比较离散,最大值和最小值之间的差别在100倍以上。如果采用综合指数来量化指标,则会存在同是数值最低的国家,在"平均预期寿命"指标上得分可高达60分左右,而指标"人均GNP"的得分则不到1分,这种情况是很不合理的。

为了解决这种不合理的情况,国际组织如世界银行等在它们的一些评价指标体系中,则采用不同方法,对分布差异不很大的指标,直接采用综合指数法来量化指标,而对那些分布差异很大的指标,则采取先取自然对数,然后再用综合指数法来量化。这样就可以缩小这些数据的差距,如原来相差100倍通过取自然对数后相差将缩小到4.6倍。

通过研究数据还可以发现,对于绝大部分的指标,不同国家之间的数值没有规律,是随机的,可以将其分布看为正态分布。因此,为了弥补上述综合指数法存在的缺陷,我们可以根据概率统计原理,利用概率分布曲线(正态分布)的特点,探索一种新的指标量化方法,即"Z分数"法。

这种方法不受指标数值分布情况的影响,按照概率统计学的原理,将数据全部归一化为标准正态分布。通过这种归一化的处理,所取得的标准化数据分布完全相同。

采用Z分数法计算的基本步骤为：

· 计算该指标的均值和方差；

· 计算各国指标的Z分数；

· 计算指标得分。

Z分数=(各国该指标数值-该指标的均值)/该指标的方差

我们可以直接用Z分数来计算综合国的得分(均值为0,最大值约为3,最小值约为-3),也可以将Z分数转化为百分制：

指标得分=100×(Z分数+3)/6

由于采用综合指数法量化数据,指标得分只与最大值(或最小值)和本国指标的数值有关,与其他国家的数据分布无关;而"Z分数"方法其结果与所有国家的数值都有关。因此,从现代信息论的角度上说,"Z分数"法比综合指数法包含更多的信息量。

(三)多指标合成方法

将指标量化取得标准化数据以后,我们可以得到单个指标的得分,但为了研究目的的需要(计算综合国力),我们还要将各类指标的得分进行汇总,即指标合成。在计算各国综合国力时,我们采用了两种合成方法:一是简单累加合成法,另一个是加权合成法。

简单累加合成法

将标准化数据得分分类相加,层层汇总即是简单累加合成。我们设计的指标体系分为三层,首先汇总得到的是第二层的得分,然后再将第二层得分汇总得到综合国力各组成部分的得分,最后将这几部分的得分汇总就得出了综合国力的总分。每个国家的总分值即表明这个国家综合国力实力的大小。

我们用字母p代表一个国家的综合国力得分值,用n表示综合国力构成要素的个数,用m_i表示综合国力第i个构成要素的第二层指标的个数,用1_{ij}表示综合国力第i个构成要素、第j个二层指标所包括的基本指标的个数,P_{ijk}表示综合国力第i要素、第j个二层的第k个基本指标的得分。这样的基本指标一共有100个。最后的汇总结果可用如下公式表示：

$$P=\left[\sum_{i=1}^{n}\sum_{j=1}^{m_i}\sum_{k=1}^{1_{ij}}P_{ijk}\right]/100$$

指标累加合成,顾名思义是将量化后的多项指标的得分数据简单加总。同后面介绍的加权合成法相比,从表面上看简单累加合成法没有使用人为的加权系数,好像数据的合成过程不受人为因素(权重)的影响。

但实际上,在指标简单累加合成时,隐含了一个假设,即假定每一个指标的重要性完全一样,这样我们才可以进行简单相加,其结果则相当于等权重相加,即每个指标的权重相等,均为1/N(N为所有指标的个数)。这也就是说,虽然不同指标(如GNP总量和钢产量)对综合国力起着不同的作用,其重要性明显不一样,但所有这些指标都被假定为对综合国力的贡献相同。

用累加合成方法计算综合国力时,由于每个指标代表着相同的权数、每个指标在总体中都占有相同的份额,因此,综合国力各因素的指标数量就代表了该因素在综合国力中的重要性(权重)。如果资源部分的指标数量增加一倍,则资源在综合国力中的重要性也大大增加,资源大国在进行综合国力的评价时,位次将普遍靠前。

通过以上简单分析我们可以看出,简单累加合成法在测算综合国力时,有一定的可用性,其方法简单、容易操作,是进行多指标合成,取得基础分析数据的一种简便方法。但它存在上述的明显不足,其测算结果往往会不可避免地产生较大的误差。

加权合成法

通过上述对累加合成方法的分析可知,指标体系的设置对测算结果的影响很大。在实际运作中,尽管对指标的选择慎之又慎,千方百计寻找可比数据,但仍有不理想之处,不能做到全面合理。加上简单累加合成法没有考虑不同指标对综合国力的贡献有大有小,所以使测算结果有不尽人意之处。为了尽可能全面合理地评价各国综合国力的实力和地位,求得更加准确的评估结果,我们经过反复测算、比较,认为采取分层加权,即用不同的权数对综合国力各构成要素进行加权合成,可望得到比较满意的测算结果。

权数的确定是根据形势需要而定,受时代变化影响很大。在战争年代,军事、战略物资至关重要,往往将军事实力放至高于一切的地位,给予最大的权数。

当今社会,和平与发展是时代的主流,所以：

· 经济实力是构成国力的基础要素，是表明该国实力和地位的主要表现，所以经济实力应该权数最高；

· 科教文能力是经济发展的火车头，在当今科技大发展的形势下，科学教育水平成为影响综合国力的关键要素，仅次于经济实力；

· 对外经济活动能力反映一个国家对外开放程度，是影响综合国力的主要组成部分，赋权略低于教科文能力；

· 资源供应能力对综合国力影响大小众说不一，但我们认为，要保持经济的"可持续发展"，没有一定的后备资源及资源的合理配置，是达不到目的的，因此赋权可略低于对外经济活动能力；

· 社会发展程度比其他构成要素对综合国力的影响稍小些，所以赋给权数最低。

但随着各国经济对"可持续发展"的需要，世界银行推出了"衡量国家财富新标准"，社会发展程度这一要素将对综合国力产生越来越大的影响。因此，我们根据当前社会经济的特点，根据不同要素对综合国力影响程度的大小，分别按层次赋给一定的权数。由于篇幅所限，这里仅列出一、二级权数（见下表）：

分层赋权权重

综合国力构成要素	一级权重	二级指标	二级权重	三级指标权重
1. 资源能力	0.15	1.1 人力资源	0.4	（省略）
		1.2 矿产资源	0.3	
		1.3 自然资源	0.3	
2. 经济实力	0.35	2.1 综合指标	0.3	
		2.2 工业能力	0.2	
		2.3 人均工业能力	0.1	
		2.4 农业供养能力	0.1	
		2.5 能源供应	0.1	
		2.6 交通运输	0.1	
		2.7 结构效益指标	0.1	
3. 对外经济活动能力	0.18	3.1 外贸	0.4	
		3.2 储备	0.3	
		3.3 国际投资	0.3	
4. 科教文能力	0.2	4.1 教育文化	0.5	
		4.2 科技力	0.5	
5. 社会发展程度	0.12	5.1 社会指标	0.3	
		5.2 环保指标	0.2	
		5.3 通讯	0.25	
		5.4 人文指标	0.25	

按照给定的权数，我们逐项分层加权计算，最后汇总得出结果，用 P 表示综合国力总分值，P_{ijk}表示每一项基本指标的得分，H_{ijk}表示该指标的权重，其计算公式可简单表示为：

$$P = \left[\sum_{i=1}^{n} H_i{}^{*}\left(\sum_{j=1}^{m_i} H_{ij}{}^{*}\left(\sum_{k=1}^{l_{ij}} H_{ijk}{}^{*} P_{ijk}\right)\right)\right]$$

我们前面讨论的数据合成方法都是采用算术相加。此外，我们还可以用几何相加的方法来合成数据，如简单几何平均、加权几何平均等，由于篇幅所限，这里就不再讨论。

测算结果

以上我们论述了物质指标量化的两种方法和多指标合成的两种方法，指出了它们的适用范围。在我们目前的研究中，由于本课题只选择了世界不同类型的大国(共13个)与中国作比较，所以物质指标量化采用综合指数法，在多指标合成时，采用加权合成方法，测算出中国及世界不同类型的主要大国1990年和1995年的综合国力分数值。其测算结果列表如下：

表1　综合国力构成要素比较

国　家	资源供应能力		经济实力		对外经济活动能力		科教文能力		社会发展程度	
	1990年	1995年	1990年	1995年	1990年	1995年	1990年	1995年	1990年	1995年
美国	62.56	59.43	78.99	76.42	83.1	78.7	75.3	84.7	81.5	83.2
日本	30.45	30.12	51.96	52.63	46.8	45.9	75.8	73.6	79.3	75.4
德国	25.23	24.27	39.27	37.03	67.2	49.6	60.0	61.6	82.7	77.2
法国	25.45	25.19	38.26	34.50	49.4	31.6	53.6	61.2	80.2	76.8
意大利	26.09	25.42	33.37	27.35	42.3	23.2	40.5	48.6	69.3	66.5
英国	23.31	20.95	33.21	31.18	47.4	36.4	46.2	55.6	82.5	79.0
加拿大	41.36	43.09	41.9	38.47	26.1	23.2	66.2	64.9	76.7	78.1
俄罗斯	50.92	52.22	39.62	30.62	8.1	7.8	61.8	51.6	64.3	71.5
澳大利亚	39.52	39.58	37.8	33.29	15.0	12.6	45.3	48.1	82.6	74.6
中国	55.59	57.41	33.92	36.62	20.7	31.6	33.3	33.0	46.0	47.7
巴西	35.34	33.04	17.22	19.47	7.6	13.1	26.1	29.0	57.4	59.0
印度	39.03	41.47	22.41	21.70	4.8	6.8	22.4	29.1	30.8	35.4
韩国	29.33	28.62	22.97	25.83	19.3	20.5	44.6	51.5	68.0	76.9

上表数据显示，美国各构成要素得分1995年均属前列，日本除资源供应能力、社会发展程度较差外，其经济实力和科教文能力仅次于美国列第2位。俄罗斯经济实力有明显下降，由1990年的第4位，下降到1995年的第9位，科教文能力由1990年的第4位，下降到第7位；中国的资源能力较强，从1990年到1995年保持了第2位，经济实力明显增强，由1990年的第8位上升到第5位，对外经济活动能力由1990年的第8位上升到第6位，但社会发展程度很差，在13国中列第12位，科教文能力也不高，有待今后发展。韩国的科教文能力和社会发展程度处于上升地位，这促进了其经济实力的提高。可以看出，五大构成要素的变动，都直接影响着该国综合国力的变化。参看下表：

综合国力排序结果表明，美国的国力得分最高，1995年达到76.76分，处于各国之首，名列第一；日本的国力得分为54.98分，仍仅次于美国，名列第二；德国的国力得分1995年比1990年有所下降，仅为47.11分，排名第三，仍为世界三强。其余几个大国的国力得分变化不大，加拿大、法国和英国分别位居第4、第5和第6位；俄罗斯由于经济实力明显下降和科教文能力减弱，使其国力由1990年的第6位降为第7位；而中国综合国力有明显提高，由1990年的第10位，上升到第8位；韩国1995年的综合国力得分超过了意大利，由1990年的第11位上升到第10位；巴西、印度的国力也有所提高，但与上述强国相比地位没有发生变化。

表2 综合国力及其构成要素排序

国家	资源供应		经济实力		对外经济		科教文		社会发展程度		综合国力		综合国力总得分	
	1990	1995	1990	1995	1990	1995	1990	1995	1990	1995	1990	1995	1990	1995
美国	1	1	1	1	1	1	2	1	4	1	1	1	76.83	76.76
日本	8	8	2	2	5	3	1	2	6	7	2	2	55.85	54.98
德国	12	12	5	4	2	2	5	4	1	4	3	3	51.54	47.11
法国	11	11	6	6	3	5	6	5	5	6	5	5	46.43	43.00
意大利	10	10	9	10	6	7	10	9	8	10	9	11	39.61	35.26
英国	13	13	10	8	4	4	7	6	3	2	7	6	42.49	41.21
加拿大	4	4	3	3	7	8	3	3	7	3	4	4	48.01	46.45
俄罗斯	3	3	4	9	11	12	4	7	10	9	6	7	43.05	38.84
澳大利亚	5	6	7	7	10	11	8	10	2	8	8	9	40.83	38.43
中国	2	2	8	5	8	6	11	11	12	12	10	8	36.12	38.72
巴西	7	7	13	13	12	10	12	13	11	11	12	12	24.80	27.02
印度	6	5	12	12	13	13	13	12	13	13	13	13	22.74	25.10
韩国	9	9	11	11	9	9	9	8	9	5	11	10	32.98	36.57

我们可以根据测算结果,按综合国力的得分多少,将13个国家划分为4类:

· 国力超强的美国。1995年美国国力得分高达76.76分,遥遥领先于其他各国,排序第一;

· 国力次强的日本、德国、加拿大。1995年这3个国家的得分分别为54.98、47.11和46.45,分别排在第2～4位;

· 国力中强的法国、英国、俄罗斯、中国、澳大利亚、意大利及韩国。国力排名分别为第5～11位,得分差距不大,特别是排在第7、8、9位的俄罗斯、中国、澳大利亚,相互间的差距小于0.4分,可以认为国力接近;

· 国力较弱的巴西、印度。这两个国家的综合国力与上述强国相比,属于较弱的国家,国力排序处于最后。

第九篇

中国经济文化专题介绍

中国经济文化发展状况

· 文化的基本问题与中国文化的现代化
· 中国高等教育改革的新进展与发展趋势
· 中国知识产权保护情况简述
· 中国国有企业改革的历史回顾与前景展望
· 1998 年中国经济热点问题
· 中国商业文化研究述评
· 1997 年全国商品流通工作概况
· 1998 年全国商品市场形势的基本分析
· 中国拍卖业的发展状况
· 1997 年中国消费品市场基本形势与主要特点
· 金融业在改革开放中稳步健康发展
· 中国电力工业的改革与发展
· 开创陆上石油工业发展的新局面
· 努力保持中国航天工业的良好发展势头
· 航空工业的形势和新举措
· 中国民族造船工业的发展状况
· 国家医药管理局与中国医药业的现状和发展
· 1997 年中国旅游业
· 1996～1997 年中国民族工作情况
· 中国海关业务
· 1997 年国民经济和社会发展统计公报
· 国务院机构改革方案

中国部分地区与城市经济文化建设

· 首都物质文明建设和精神文明建设取得新成就
· 发挥优势振兴朝阳
· 北京市西城区 1997 年经济与社会发展概况
· 蓬勃发展的天津文化事业
· 江苏省经济文化建设
· 湖北省劳动事业取得显著成绩
· 1997 年西藏自治区的旅游业
· 旅游经济要重视“文化力”开发
· 建设生态城市实施可持续发展
· 用强烈的文化意识指导城市建设
· 厦门市的投资环境
· 全力打好国有企业改革攻坚战
· 华北工业重镇——唐山市
· 在改革开放中奋进的承德市
· 烟台市的投资环境
· 建设现代化的工业港口城市——福清
· 兴宁——崛起中的现代化粤东商贸新市
· 寻求农村经济发展的新突破
· 地区形象设计的崛起与认识

中国部分高等院校和科研机构

· 浙江大学
· 北京师范大学
· 中国人民公安大学
· 首都医科大学
· 南京中医药大学
· 北方工业大学
· 江西师范大学
· 外交学院
· 西南工学院
· 北京大学百年校庆

文化的基本问题与中国文化的现代化

北京大学　黄楠森

文化问题是国际理论界十分关注的问题之一，文化的字样在马克思主义著作中也经常出现，但马克思、恩格斯、列宁以及其他马克思主义理论家都没有系统地论述过文化问题。毛泽东在《新民主主义论》中对文化问题作了一定的系统的论述，但文化问题在一般马克思主义基本理论的著作中仍然缺乏系统的论述，因此，长期以来，文化的确切含义是什么、文化在人类社会的地位和作用以及其他文化基本问题，没有得到系统的深入研究和论述，人们对文化问题意见分歧，莫衷一是。改革开放以来，文化成为我国理论界的热门话题，进行了广泛的研究和讨论，在许多问题上形成了一定程度的共识。1997 年 9 月 12 日江泽民同志在党的十五大上的报告《高举邓小平理论伟大旗帜，把建设有中国特色社会主义事业全面推向二十一世纪》在理论上有许多新的突破，其中关于文化问题的论述可以说是重要的理论突破之一。报告把有中国特色的社会主义社会区分为三个方面：经济、政治和文化，并对如何建设有中国特色的社会主义文化作了专章论述，对文化问题提出了许多新的科学论断，这对文化的基本理论问题，特别是文化的建设问题的深入研究会发挥重要的引导和推动作用。下面拟以马克思主义基本理论和十五大报告为指导，参考改革开放以来的讨论，简略论述文化基本问题和建设有中国特色的社会主义文化问题。

文化的含义

要弄清楚一个概念的含义必须从内涵与外延两个方面着手。一个概念的内涵指它的定义，而定义必须揭示这个概念所指该类事物的本质。文化是一类社会现象，那么，它是那一类社会现象呢？不管人们对文化的定义有多少，若只问它是那一类社会现象，人们的看法还是比较一致的。几乎各种论著都指出，文化的含义有广义与狭义之分，广义的文化现象等同于社会现象，狭义的文化现象就是精神现象，不包括客观现象或物质现象。这里我们只举《中国大百科全书》的社会学卷和哲学卷来说明这点。社会学卷说："广义的文化是指人类创造的一切物质产品和精神产品的总和。狭义的文化专指语言、文学、艺术及一切意识形态在内的精神产品。"（第 409 页）哲学卷说："广义的文化总括人类的物质生产和精神生产的能力、物质的和精神的全部产品。狭义的文化指精神生产能力和精神产品，包括一切社会意识形式，有时又专指教育、科学、文学、艺术、卫生、体育等方面的知识和设施，以与世界观、政治思想、道德等意识形态相区别"（第 924 页）。这两个定义基本上是一致的，不同的只是后一个定义把精神产品又分为两类，一类是意识形态，一类是非意识形态，认为更狭义的文化指非意识形态的精神产品。那么，在这广狭两种定义中有没有一个为人们更多地使用呢？这两卷都没有提出和回答这个问题，但社会学卷曾指出，从词源上讲，在西方，文化（culture）的含义是从农作物的培育引伸出来的，指人的品德和能力的培养；在中国，与文化相并列的是武功，文化即文治教化之意，并说："文化一词的中西两个来源，殊途同归，今人都用来指称人类社会的精神现象"，但是"历史学、人类学和社会学通常在广义上使用文化概念。"（第 409 页）我认为，应该指出，对文化作狭义的理解是具有更广泛性的趋势，而且从文化理论和文化建设来讲，应该使用狭义的理解，狭义的文化是严格意义的文化，即人类的精神现象和精神产品。为什么这样说呢？

把文化与经济、政治并列起来使用，已经成为一种相当普遍的趋势。应该说，在过去广义的文化被更多地使用,而20世纪以来,经济、政治和文化就经常被并列起来使用了。例如英国著名历史哲学家汤因比的文明形态理论认为人类社会表现为各种文明形态,而文明包括三个组成部分,即经济、政治和文化。又如近年来在国际理论界引起很大争议的美国学者亨廷顿的文章《文明的冲突》也是把文化与经济、政治并列。

文化一词在马克思主义经典作家的著作中多次出现,但不是一个特定的术语,其含义是比较广泛的。他们没有把经济、政治和文化三者并列起来说明社会结构。他们用以说明社会结构的术语是社会存在与社会意识、生产力和生产关系、经济基础(生产关系总和)和上层建筑,上层建筑包括政治和意识形态。如果把文化与经济、政治并列起来,显然文化与意识形态不能相等,文化包括意识形态,比意识形态更广。一般马克思主义哲学教科书创造了"意识形式"一词用以称呼包括意识形态在内的全部意识,但也没有用"文化"一词。毛泽东在《新民主主义论》中提出了经济、政治和文化三者并列的社会结构理论,并规定了三者之间的关系。其他马克思主义者也常常采用社会结构三分理论来阐明一些问题,例如江泽民同志也把三者并列说:"有中国特色社会主义的经济、政治、文化,是有机统一、不可分割的整体。"(1991年庆祝中国共产党成立70周年大会上的讲话)他在中国共产党第十五次全国代表大会报告中又进一步把社会主义建设区分为这三个方面。不管人们如何理解三者的关系,只要把三者并列,就是承认文化不是经济、政治,而是经济、政治以外的东西,即精神活动及其产品。这就是前面提到的狭义的理解。有了这个共识,我们就可以进一步弄清它的内涵,即它的本质。

在这个问题上,唯物史观和文化史观的观点是根本对立的。唯物史观认为,文化作为精神活动及其产品是经济、政治的反映,经济是物质活动及其产品,政治不是物质活动,但也是改造社会的客观活动,由于它是经济的集中表现,因而在经济与文化之间起着中介作用,因此,文化是经济与政治的反映,而归根到底是经济的反映。但是,文化还具有相对独立性,因而能给予伟大反作用于经济和政治,其本身也具有传承性和稳定性,是人类社会结构不可缺少的一部分。文化水平的高低也是衡量一个社会文明程度的标准之一。文化史观夸大文化的地位和作用,亦即夸大精神活动的地位和作用,认为文化不是来自人类的物质活动,而是人生来就具有的精神活动的能力及其产品;认为人的一切活动都由人的精神来支配,因而它是人类活动中最根本的活动,决定着人类社会的一切,决定着人类社会的经济和政治。这两种观点的对立和争论实际是唯物主义与唯心主义的对立和争论,这里暂不讨论这个古老而又常新的问题。本文所遵循的是唯物史观关于文化内涵的观点,因此,本文对文化内涵的回答就是:文化是人类的精神活动及其产品,是经济和政治的反映,归根到底是人类物质活动的反映。

弄清楚了文化的内涵,还必须弄清楚它的外延,否则我们对文化的理解仍然是抽象的。文化的外延不是很容易弄清楚的。我们无法把文化所具有的具体的分子一一指陈出来,唯一的办法只能是根据其内涵来分门别类地列举其各个组成部分。这样做,有两个不可少的前提:一、经济、政治和文化包括了人类社会全部现象,三者之外就是社会之外的自然界了。二、经济、政治和文化三者尽管有互相渗透和互相包含的关系,但从概念上是不相容的,也就是说,有明确区别的。这样,我们就可以把文化的外延表述为若干类文化现象。

首先应该指出的是作为经济之直接反映的精神活动及其产品。经济活动可以分为两个方面,一是生产活动,一是生产交往,即生产关系。因此,第一类文化现象就是科学技术(这里指的主要是自然科学技术),它是一个社会的物质生产水平的直接反映并直接推动生产的发展。

第二类的文化现象是经学思想和经济理论,它是经济制度的直接反映并直接推动和指导经济制度的变化。

第三类文化现象是政治法律思想和理论,它诚然是一个社会的政治活动的反映,但首先却是社会经济制度的反映。

第四类文化现象是语言文字。语言文字是人类文化的重要组成部分,是人类生产劳动和全部社会实践的产物,服务于全部社会实践,贯穿于人类社会的一切领域。

第五类文化现象是道德伦理观念、善恶标准和道德伦理理论。道德伦理现象是文化的重要组成部分,也是观念上层建筑的重要组成部分。

第六类文化现象是宗教现象。从理论上讲，宗教与马克思主义唯物主义是不相容的，但它作为人类传统文化的重要组成部分已深深地生长在现代社会中，成为现代文化的重要组成部分。

第七类文化现象是文学艺术。文学艺术是具有最广泛群众性的文化现象，可能没有人不欣赏文学艺术，因而文学艺术对于人的观念、思想、情感具有最强大的感染作用。

第八类文化现象是哲学和社会学说。哲学和各种社会学说（包括前面所说的经济理论和政治法律理论）也是文化的重要组成部分，它们的性质比较复杂，一方面是知识，因而可以成为科学，一方面是意识形态，表现了一定的阶级利益。因此，在这个领域，一方面有百家争鸣问题，一方面存在着意识形态斗争。

第九类文化现象是教育和教育思想。以上八个文化领域彼此可以相对地分开，但作为文化的一个重要领域的教育却无法与这些领域分开。教育行动本身诚然是一种特殊的文化活动（知识、技能的传授与学习、品德的陶冶与修养、身体的锻炼等），但教育的内容却离不开上述各个领域。因此，教育在文化中具有综合性、代表性，教育水平的高低能够代表一个国家的文化水平的高低，要提高文化水平，加强教育是唯一途径。

第十类文化现象是新闻出版事业。新闻出版事业是另一个具有综合性的文化因素。新闻工作以报道各种当前发生的重要事件为主，实际上无所不包，出版工作当然更加如此。新闻出版运用语言、文字、图像、广播、电视、电脑各种传播工具反映和沟通整个世界，影响及于每一个人，在文化领域处于十分重要的地位。

第十一类文化现象是公共文化设施及其活动，它是由政府或社会设立的面向社会大众的文化设施及其活动，例如图书馆、博物馆、文化宫、文化活动室等等及其活动。这也是一种综合性的活动，是不可缺少的文化活动。

第十二类文化现象是民间文化。民间文化也是一个具有综合性的文化领域，即自发地流行于民间的通俗的素朴的文化，缺乏自觉性、理论性、系统性，然而为广大群众所喜闻乐见，对群众具有潜移默化的作用，有强大的影响力。其具体内容甚为复杂，难以尽述，例如民间文艺活动、节日活动、旅游活动、娱乐活动、风俗习惯、时尚、流行音乐等。

以上所谈十二个领域都是作为现实的经济、政治之反映的文化现象，除此之外，当然还包括从古代遗留下来的文化因素，即传统文化因素和从国外传播进来的文化因素，特别是西方文化因素。

那么，以上十二个领域是否包括了经济、政治以外的全部社会现象呢？当然没有。至少还有两个领域没有涉及，一是卫生，一是体育。它们无疑是物质活动，因为它们都是改造人体的活动，而人体是一种物质。它们无疑包含着丰富的文化因素，即精神因素，如医药学、医疗道德、体育学、体育艺术等。也许把卫生、体育归属于文化现象更合适一些。文化的外延问题是一个需要进一步研究的问题，以上意见只是一孔之见，提供讨论而已。

研究文化的方法

文化作为科学研究的一种对象，当然是需要用一般科学研究方法来研究，但它又是一种社会研究的对象，需要用社会科学研究方法来研究。它还是一种特殊的社会研究的对象，即文化学研究的对象，需要用文化学研究方法来研究，但文化学研究方法的基础是文化学，而现在这正是我们要解决的问题，因此，这最后一个层次的方法还无从谈起，这里我们只能谈谈前两个层次的方法。

首先是一般科学研究方法 一般研究方法包括两个主要部门，一是搜集和整理材料，一是对材料进行从感性到理性的加工制作，这是一般科学研究的两个阶段，是唯物主义和辩证法原理的运用。为什么要搜集和整理材料，怎样搜集和整理材料？这是因为我们承认理论观点和体系是外部世界及其客观规律的反映，所以研究的首要任务就是从实际出发，从客观世界去搜集感性材料，并努力作到去粗取精，去伪存真，求全觅细，分类排列，显然，这里的主导原则是唯物主义。对感性材料进行理性的加工制作则是运用辩证法的范畴对这些材料进行归纳与演绎、分析与综合，从中引出带有一定程度的普遍性的理论观点，并把这些观点构成一个具有内在逻辑联系的理论体系，在这里所有辩证法范畴或原则都是不可少的，矛盾的对立与统一、质与量、反复与前进、静止与运动、原因与结果、一般与个别、偶然与必须……都是经常要用到的，亦即运用辩证法来作到由此及彼，由表及里，由材料到规律，由理论观点到理论体系，显然这里的主导原则是辩证法。当然，这种阶段或部门的区分是相对的，在第一阶段，辩证法也在起作用；在第二阶段，唯物主义也是不可少的。当然，还有第三个阶段，那就是对理论研究成果进行检验、修正、发展的阶段，这个阶段实际还包括进一步搜集和整理材料，对材料进行加工制作的内容。不仅如此，它实际不是三个阶段，而是反复进行的无限个阶段。毛泽东的《实践论》就是对一般科学研究方法的系统论述，这里我们就不作进一步论述了。

其次是社会科学研究方法　最主要的社会研究方法就是辩证唯物主义历史观的方法，即以辩证唯物史观的基本观点为指导来研究各种现象，其中当然包括研究文化现象。辩证唯物史观的基本观点很多，首先是社会及其规律的客观性的观点，用这个观点指导来研究文化就是要寻找文化现象的客观性和规律性。其次是社会存在决定社会意识，社会意识反作用于社会存在的观点，用这个观点来研究文化现象，就要寻求文化现象的客观根源和它对社会存的作用。第三是社会发展基本规律的观点，即生产力与生产关系、经济基础与上层建筑的矛盾发展规律的观点，用这个观点研究文化现象就要研究文化怎样表现了社会发展基本规律的作用，文化与生产力、生产关系、经济基础、上层建筑的关系。第四是阶级和阶级斗争的观点，即原始公社瓦解以来人类社会分裂为阶级、主要阶级的斗争推动社会发展的观点，用这个观点研究文化就要研究文化与阶级的关系、文化的阶级性与非阶级性。第五是实践观点，即社会实践是人类社会的本质和基础，一切社会现象均有其实践的根源的观点，用这个观点研究文化就是要弄清楚文化与实践的关系，寻求一切文化现象的实践根源。辩证唯物史观的所有观点对于研究文化都具有指导作用，因为辩证唯物史观是关于人类社会的一般理论，而文化是一种社会现象。人们研究文化不可能没有任何思想指导，区别只在于自觉还是不自觉。不自觉地用唯一科学的历史观，即辩证唯物史观来指导，就可能用其他历史观来指导，而其他历史观就其整体说都是非科学的。非科学的历史观主要有自然主义历史观和唯心主义历史观，前者把人类社会的一切因素归结为人的自然基础，即认为人的一切因素都是作为有血有肉的动物的人与生俱来的，然后由人的因素形成社会的因素；后者把人类社会的一切因素归结为人的与生俱来的理性、智力、思想，然后由人的因素形成社会的因素。可以明显看得出来，这两种历史观是相通的，都主张人的因素是与生俱来的，不同之处在于前者强调人的自然性或动物性，而后者强调人的精神性。用这些观点自觉地或不自觉地来指导文化研究，是不可能对文化问题作出科学结论的。

应该进一步指出，即使自觉地应用辩证唯物史观来指导文化研究，也只解决了一般方法问题，并不能保证结论的科学性。应用科学方法来研究任何问题，都有一个会用不会用，正确应用与错误应用的问题。最容易出现的错误应用是把一般观点强加于具体现象，并通过逻辑演绎引出结论而不管具体现象的特点。正确的应用只是以一般观点为指导具体分析具体现象，再从中得出与具体现象一致的结论。用辩证唯物史观指导文化研究也是如此，切忌单凭一些一般观点逻辑地引伸出若干结论，这样做不是得出空洞的抽象的结论，就是得出错误的结论。

文化在人类社会中的地位

文化在人类社会中的地位问题实际是人类社会的各个组成部分的关系问题，而由于经济、政治与文化是人类社会的三个主要组成部分，因此，这个问题就主要成为经济、政治和文化的关系问题，说得更具体一点，就是：经济、政治和文化三者中那一个是最根本的，起最后决定作用的？是经济还是文化？这里存在着两种截然相反的论点：文化史观认为文化是人类社会的最根本的起最后决定作用的东西，是它最后决定了一个国家、一个民族、一个地区的基本面貌，是它的不同类型区别了不同的国家、不同的民族、不同的地区；而唯物史观认为是经济，而不是文化。下面举几个例子来说明。

梁漱溟在《东西文化及其哲学》中提出了一种颇为典型的文化史观。他认为世界上有三种基本文化，即西方文化、中国文化和印度文化，三种文化决定了三种社会。西方文化的核心是科学技术，中国文化的核心是伦理道德,印度文化的核心是宗教。在他看来,科学技术社会是人类社会发展的低级阶段,伦理道德社会是它的高级阶段,宗教社会是它的最高阶段。中国社会和印度社会并未经过科学技术社会阶段,处于早熟状态,因此国力孱弱,备受欺凌,而西方社会尚处于低级阶段,虽国力强大,但人们生活弊端甚多。他从这种观点出发提出了中国现代化的道路就是要把三者结合起来,即以儒家思想为本,吸收西方文化成分,复兴中国文化,真正达到人类社会发展的高级阶段,进一步再过渡到宗教社会阶段,即人类社会发展的成熟的最高阶段。显然可见,梁漱溟把文化看成是一种精神性的东西,它是决定人类社会发展的根本力量,是区别不同社会类型的根本标准。这种观点是与唯物史观根本不同的文化史观。

英国现代历史学家汤因比在他的代表作《历史研究》中提出了另一种文化史观,即宗教史观。他认为人类社会的单位不是国家,而是文明,文明包括三个组成部分,即经济、政治和文化。其中文化是文明的核心和精髓,而文化中最根本的是宗教,"宗教是文明生机的源泉",不同类型的宗教决定了不同类型的文明。因此,他根据不同类型的文化,确切点说,根据不同类型的宗教,把世界区分为二十多个类型的文明,如基督教文明、东亚教文明(俄罗斯和东亚的基督教)、伊斯兰文明、印度文明、远东文明(中国、朝鲜、日本等)。在他看来,人类社会史就是文化史或宗教史。

美国学者亨廷顿的文章《文明的冲突》对世界的现状和前景提出了许多观点,引起了很大的反响,我国学者也发表了不少评论文章。我这里只想评论一下它的理论基础——一种文化史观。他认为"文明是一种文化的实体","文明是人们的最高文化凝聚物",这同汤因比的观点是一致的;认为"以文化和文明划分这些国家集团远比以政治经济制度或经济发展水平来进行划分有意义"。在他看来,"文明间的差异不仅是现实的差异,而且还是基本的差异",而文明间的差异主要是思想观念上差异,"不同文明的人们既在权利和义务、自由和权威、平等和等级的关系何者更重要有分歧,也在神人关系、个人与集体关系、市民与国家关系、双亲和孩子关系、夫妇关系等方面持不同看法。这些差异作为历史的积累非短期所能消除,它们比政治意识形态和政治权利间的差异更为根本。"因此,人类社会的历史实质上就是文化史或思想观念史。他把世界划分为7或8种文明,"它们包括西方文明、儒教文明、日本文明、伊斯兰文明、印度文明、斯拉夫—东正教文明、拉美文明以及可能的非洲文明。未来最大的冲突将沿着分隔这些文明的断裂带进行。"(以上引文均见《现代外国哲学社会科学文摘》1994年第8期)

从以上举例,我们可以概括出文化史观或文明形态历史观的几个特点:一、划分世界不同地区的主要标准不是经济发展水平或经济政治制度,而是文明或作为文明的核心的文化。二、文化与经济、政治并列,并共同组成人类社会,属于人类社会的精神领域。三、文化在整个人类社会中起最后的决定作用,是人类社会中最根本的东西。

同文化史观相反,唯物史观认为人类社会的基础、根基是经济,政治是经济的产物;经济和政治又是文化的基础、根基,文化是经济和政治的产物,而经济、政治和文化又通过直接和间接的、简单和复杂的相互作用形成一个有机的立体网络,文化的作用是巨大的重要的不可缺少的,但决定整个社会面貌的最后的根基、推动整个社会前进的最后的动力是经济,这是不能含糊的。所谓"经济"当然不仅是经济制度,它首先是一定水平的社会物质生活,即人类的经济生活,然后才是建立在物质生产上的经济制度。所谓"文化"当然不仅是意识形态或思想上层建筑,它首先是直接反映物质生产的精神因素如科学知识、语言等,然后才是反映经济制度、政治活动的思想上层建筑。马克思主义经典作家没有系统地论证过经济、政治和文化的关系,但这些思想已包含在他们关于社会基本矛盾,即生产力与生产关系、经济基础与上层建筑的矛盾的理论之中。毛泽东正是根据了唯物史观的基本观点在《新民主主义论》中系统地论证了经济、政治和文化的关系,确认了文化的重要地位。他说:"一定的文化(当作观念形态的文化)是一定社会的政治和经济的反映,又给予伟大影响和作用于一定社会的政治和经济;而经济是基础,政治是经济的集中的表现。这是我们对于文化和政治、经济的关系及政治和经济的关系的基本观点。"接着他就引证了马克思的话来说明他的观点的理论根据就是马克思主义,并指出,"我们讨论中国文化问题不能忘记这个基本观点。"(《毛泽东选集》第2卷第663～664页)毛泽东运用这个基本观点来分析中国文化的过去、现在与将来,认为中国的旧文化是封建文化,当时的文化是殖民地、半殖民地、半封建的文化,而中国要建立的新文化应该是新民主主义的文化,也就是人民大众反帝反封建的文化,是民族的科学的大众的文化。对毛泽东的文化理论有一个正确理解问题,它有可能使人误认为经济只包括经济制度,即唯物史观所说的经济基础,不包括生产及其他经济活动,文化就是意识形态(观念形态)或唯物史观所说的上层建筑,不包括那些非意识形态的东西如自然科学、语言等,这不是毛泽东的本意。毛泽东讲新民主主义文化是民族的科学的大众的,显然包括那些全民族的科学的东西,而不仅是占统治地位的意识形态或上层建筑。总起来看,唯物史观认为:一、人类社会可以区分为经济、政治、文化三个组成部分,这一点是与文化史观一致的。二、经济、政治、文化三者中最根本的或起最后决定作用的是经济,不是文化。三、划分世界各个地区、国家的主要标准是经济(包括生产发展水平和经济制度),而不是文化。这后两点是与文化史观相反的。

文化史观把文化看成是人类社会的最后决定的最根本的东西,而文化或文化的核心是精神、观念、思想,所以文化史观是一种唯心史观。文化无疑是人类社会的一个重要组成部分,在人类社会中具有不可缺少的巨大的作用,在某些条件下发挥了决定性作用,也是不同国家、不同民族、不同地区相区别的重要标志之一,而且不同地区的文化上的差异是经过长期社会生活和历史的积累而形成的,具有相对的独立性和稳定性,对于一个国家、一个民族是一种强大的凝聚力,是决不可忽视的。文化史观强调文化的重要地位和巨大作用,具有一定的合理性,因而它对文化问题的分析和论证往往具有重要的启发作用,但它毕竟是一种唯心史观,是片面的,从整体上说是不科学的。

根据辩证唯物史观来处理文化与政治、经济的关系问题,就能正确理解文化在人类社会中的作用,我们既不能像庸俗经济主义那样低估它的作用,也不能像文化史观那样夸大它的作用,这对认识文化在人类社会中的重大作用,对于建设我国现代文化都是至关重要的。

文化的共性与个性

在文化问题的研究中,中西文化比较是一个讨论十分热烈的问题。文化比较研究就是研究文化的共性与个性,就中西文化而言就是研究中国文化与西方文化有什么共同之处和差别,即中西文化的共性和个性。除中西(或中外)比较而外,还有古今文化比较,如中国古代文化与现代文化比较,这种比较不大为人们重视,其实也是很重要的。

文化无疑是具体的历史的多姿多彩的,但它也有共性。文化的共性,或曰普遍性、一般性,又分为若干层次,否定共性是不对的,只承认地区文化的共性,否定人类文化的共性也是不对的。当然,共性是什么也是要进一步研究的。那么,人类文化的共性是什么呢?

要回答这个问题,可以有多种方式,最一般的方式就是从各地区、各时代的文化现象中寻求其共同点,但这样找到的共同点不一定是最根本的,因为文化现象十分复杂,极其多样化,很难归纳。另一种方式是从其根源去寻求,也就是以唯物史观为指导,把文化看成在经济、政治的基础上产生的社会现象,不能离开社会实践,就文化谈文化。

人类社会的历史告诉我们,人和人类社会都是人的社会实践的产物,所谓历史归根到底不外是人的社会实践的总和。人类社会的文化,作为与经济、政治并列的人类社会的三大组成部分之一,其根源也是人的社会实践。因此,文化的共性与个性是社会实践的共性与个性决定的。那么,社会实践的共性是什么呢?

实践的最根本的共性是实践的本质,即自觉地改造自然、改造社会和改造自我的活动。一是改造,二是自觉。所谓自觉不仅是有意图、有目的,而且是有思想指导,即多多少少的规律性认识的指导。有自觉而无改造,即无实际行动,谈不上实践;有改造而无自觉,则是动物式的活动,也谈不上人的实践。一个民族、一个国家、一个社会的生存和发展,都是以它的成员的自觉改造活动为基础。不管哪个地区的社会,不管哪个时代的社会,都是如此,无一例外。文化既是以社会实践为其产生和发展的根源,它的共性就应该是社会成员的自觉改造的思想。这种自觉改造世界的思想是任何地区、任何时代的任何民族、任何国家、任何社会都必然具有,而且不能不有的,否则它就只有萎蓿、凋零、消灭。

诚然,在人类历史上,思想家们真正科学地认识到自觉改造世界活动在社会中的地位和历史上的作用是很晚的事情,即在马克思和恩格斯大约150年前创建马克思主义的时候。由于体力劳动和脑力劳动的分离,历史上思想家们绝大多数都是轻视劳动的,从而也是轻视实践的。但是,既然实践活动是人类社会生死存亡所系的活动,怎么可能没有思想家对它有所认识呢?而且,一个人即使对实践活动的意义毫无认识,在实际行动中也不能不对历史进行自觉的改造。试想,人类在进行采集、渔猎、畜牧、农业、工业生产活动的漫长过程中怎么可能不按照一定的规律性认识来指导自己的改造活动呢?这种活动怎么可能不反映到自己的头脑里并影响自己的文化活动呢?回答是肯定的。我们可以从历代各国的文献中摘引大量言论来印证这种推断。

按照这种观点,自觉改造世界的思想应该是世界上从古到今一切类型文化的根本的共性,也是中国文化与西方文化的根本的共性。有一种颇为流行的观点认为中国传统文化的精髓就是天人合一思想,这导致科学技术不发达,但天人(自然与人)关系和谐,而西方文化的精髓是主客二分思想,这导致科学技术发达,但天人关系紧张。这种观点是难以成立的。

"天人合一"在中国思想史上有多种含义,其中包含的神秘的封建的含义暂时不予考虑,这里只谈其中包含的合理思想。一、天人合一是指人与自然是一体,人不能存在于自然之外,人自始至终是自然的一部分。这当然是对的,也是有意义的,可以防止我们去做超越自然的蠢事。二、天人合一是指自然与社会的和谐,即人们所熟知的生态平衡,但所谓"和谐"、"平衡"都是从人的角度来说的,是以人类为中心的和谐与平衡,人类保护自然资源、保护动植物、治理环境污染、维持生态平衡,并不是因为自然界有什么权利,完全是为了人类自己。人与自然的和谐状态就是最宜于人类居住、生存和发展的状态。自然界本身是无所谓和谐不和谐的。因此,要达到人与自然的和谐,只能采取自觉地改造自然的办法,而决不能抛弃科学技术、停止自觉地改造自然,让自然界回到人类出现时的原始状态。不存在是否要改造自然的问题,只存在怎样改造自然的问题:是把自然界改造得更宜于人类的生活,还是只顾局部利益与眼前利益而把自然界改造得越来越不宜于人类的生活,这才是问题的关键。如此理解的"天人合一",不但与改造自然不冲突,而且正是人类自觉改造自然的积极后果。

"主客二分"当然也有一个理解问题。有的人把主客二分理解为主客对立,理解为作为主体的人对作为客体的自然贪得无厌、肆无忌惮地索取和掠夺,而且把生态平衡的破坏归罪于主客二分的思维方式,并把它说成是西方文化的共性,似乎它不是中国文化的共性。这完全是对主客二分的误解。合理地理解的主客二分,不过是指人在实践与认识的过程中把自己与客观世界相对地区别开来,这是人类生存与发展所必需的,是不可避免的。只要人类不毁灭,人类永远要把自己看成主体,而把世界看成客体。至于人如何处理主客关系,是第二个层次的问题,不能因为主客关系处理不好就根本否定主客关系,那不是因噎废食吗?

主客体的区分,人把自己从浑沌的世界里区别出来,是在类人猿变成人的过程中发生的,是在劳动和实践的过程中发生的。从逻辑上说,首先是实践的主体与客体的区分,然后是认识的主体与客体的区分,还有评价的主体与客体的区分,这种区分将与人类相终始。主客二分从空间上讲是普遍的,不仅西方那里有主客二分,中国这里的主客二分一点也不少。人的活动只要是自觉的活动,人就是作为主体来活动。西方唯心主义哲学家把区分主客的唯物主义叫做二元论,那完全是一种歪曲和诬蔑。

主客二分并不排斥主客统一,主客统一也是首先在劳动和实践的过程中发生的,也就是改造世界的成功,是主体目的的实现。主客统一在认识活动和评价活动中也时时出现。上面讲的天人合一从一定意义讲也就是主客统一。因此,主客二分与天人合一,如果给以合理的解释,实际是人类实践活动的两个侧面,不仅是不冲突的,而且是相互依存的,互补的,谁也离不开谁。只有主客统一而无主客二分,那就没有人类及其活动;只有主客二分而无主客统一,那就会使人类无法生存和发展下去。西方人,东方人,北方人,南方人,概莫能外。主客二分与主客统一反映在文化上就是自觉改造世界的思想,它是文化的本质,没有主客二分的文化和没有主客统一的文化都是不可能的,不仅如此,偏重一个方面的文化也是不可能长期存在的。如果中华民族偏重主客统一,而不与天斗、与地斗、与人斗,它能绵延存在到今天而且日益兴旺发达吗?如果西方各国偏重主客二分,它们能创造出高度的现代文明吗？

那么，各民族、各地区、各国家的文化是否各自有其共同的特色呢？这当然是有的，人类文化的共性只能通过多种文化的特殊性、个性表现出来，这些特殊性、个性对于各自文化来讲，也是普遍性、共性。把"天人合一"看成中国文化的共同特性，把"主客二分"看成西方文化的共同特性，我认为是难以成立的；即使说中国文化偏重于主客统一，西方文化偏重于主客二分，也是难以成立的。你可以在中国思想家中找出许多强调主客统一的话，我也可以在中国思想家中找出同样多的强调主客二分的话；你可以在西方思想家中找出许多强调主客二分的话，我也可以在西方思想家中找出同样多的强调主客统一的话。但是，这并不是说，各种文化没有任何共同的特性。中国理论界除了以主客统一与主客二分来区分中西文化之外，还提到另外一些中西方文化的区分，如中国文化强调把整体摆在第一位（整体主义），西方文化强调把个人摆在第一位（个人主义）；中国文化重视伦理道德，西方文化重视宗教；中国文化强调精神享受，西方文化强调物质享受；中国文化重视经世致用，西方文化重视系统研究，这些都是有道理的。但是有些说法不见得能成立，除了上面提到的主客统一与主客二分而外，有人认为中国哲学以"和为贵"、"仇必和而解"，而西方哲学，特别是包括在西方范围内的马克思主义则主张斗，"仇则仇到底"，这是不符合实际的。无论中西，思想家们都是讲和多，强调斗的毕竟是少数。西方文化当然讲斗，但中国文化中斗的纪录决不次于西方。有人讲过二十四史就是一部相砍书，几千年不但斗争不断，而且战争频繁，这是不错的。马克思主义在革命年代当然强调斗争，但在从革命过渡到建设时，和即统一，就成了主旋律。毛泽东讲斗也讲和，邓小平强调和平与发展是当代世界的两大主题，但也没有忘记斗争，这些是大家都很熟悉的。

人类文化的共性与个性、普遍性与特殊性，各民族、各地区、各国家的文化的差别与比较是一个大题目。为了创建21世纪的文化，为了各种文化互相取彼之长，补已之短，应该广泛而深入地研讨文化的共性与个性问题，但是无论如何不要忽视整个人类文化的共性——自觉地改造世界的思想。如果没有这个根本的共性，各种文化的互相学习和互相吸取将成为不可能。我们经常听到世界各种文化要融合，特别是中国文化与西方文化要融合的主张，如果人类文化没有共性，这种融合也是不可能的。不仅如此，21世纪的文化将是在人类历史新阶段，亦即人类社会实践新阶段的基础上来建立，它更加离不开人类文化的根本共性——自觉地改造世界的思想。

文化的类型

文化类型问题即对文化分类的问题。对一类事物进行分类首先有一个分类标准的选择问题。可以选择任何标准来分类，但有些标准并不是本质的东西，按照它们来分类只能有某些方面的意义，没有根本的意义。例如人，可以按照性别分为男人和女人，或按照年龄来分为婴儿、儿童、少年、青年、中年和老年，或按肤色分为黄种人、白种人和黑种人，或按地区分为亚洲人、欧洲人、非洲人、美洲人和澳洲人，或按国别分为中国人、俄国人、英国人、法国人、德国人、美国人、日本人等等，或按职业分为哲学家、科学家、文学家、艺术家、画家、政治家、军人、公务员、律师、医生、演员等等，或按阶级关系分为工人、雇员、资本家、农民、地主、个体劳动者等等。在这里标准就是共性，不同的类型就是个性，共性是抽象的，没有独立的存在，共性存在于个性之中，即存在于不同的类型之中。

对文化分类也有一个选择标准问题。文化可以按时代分为古代文化、近代文化、现代文化，也可以按地区分为亚洲文化、欧洲文化、非洲文化、美洲文化、澳洲文化，或东方文化、西方文化，也可按国别分为中国文化、印度文化、日本文化、埃及文化、俄国文化、英国文化、法国文化、德国文化、美国文化等等，也可按宗教分为基督教文化、天主教文化、东正教文化、伊斯兰教文化、佛教文化、儒家文化（严格讲，儒家并不是宗教），等等，当然我们还可以提出其他标准，对文化的类型进行其他划分。问题在于这些划分有什么意义？我们采取某种划分有什么意义？

仔细推敲，上面有的划分是很笼统的、空洞的，如果不加以具体化，很难说有多大意义。例如东方文化与西方文化，如果仅仅指地区的不同，东方文化就是亚洲文化，西方文化就是欧美文化，究竟这两种类型的文化有什么重要的区别并不清楚，所以人们都在努力寻求一种更有意义的区别，即各自不同的特色，特别是那种根本性的区别。前面提到过几种观点都是对于西方文化与东方文化或中国文化的根本区别的回答。梁漱溟认为区别在于西方文化的核心是科学技术,印度文化的核心是宗教,中国文化的核心是伦理道德。但是,汤因比和亨廷顿却把宗教看成一切文化的共性而不仅是印度文化的特色,并以不同的宗教来区分不同的文化。而中国的一些学者,包括一些外籍华人学者,则以不同的哲学思想,即天人合一与天人对立,来区分中国文化与西方文化。这些学者还未像梁漱溟、汤因比、亨廷顿那样明确提出文化类型问题,没有说人类文化有两大类型,但既然如此规定中国文化与西方文化的特色,实际上就是以关于天人关系的哲学思想为标准来区分文化类型。有的学者还预言东方文化将在世界历史舞台上再度辉煌,并取代西方文化近代以来所占有的支配地位。但我认为以上几种观点并未找到区分文化类型的最根本的东西,这个问题的解决有赖于唯物史观的指导。

那么,根据唯物史观,应该怎样来区分文化的类型呢?

前面已谈到文化与经济、政治构成社会的整体,文化是由经济、政治决定的,既然如此,文化的类型应该是同社会的类型一致的,文化的类型应该按照社会的类型来划分。唯物史观把人类社会的类型划分为五种,文化的类型也应该划分为五种,即原始公社文化、农业奴隶制文化、农业封建制文化、工业资本主义文化和工业社会主义文化,每一种类型的名称都包括了生产力水平和经济政治制度的内容。可以看出,生产力水平在第二、三类型是接近的,在第四、五类型也是接近的,但经济制度在这几种类型中的区别是比较明显的。

文化类型的这种区分不过是对文化本质的抽象把握,各种类型文化的实际存在是具体的,因而是十分复杂的、多种多样的、丰富多彩的。分析起来,其复杂情况大致有三种:一是每种类型均有其特殊的表现形式,如美国文化和西欧文化同是工业资本主义文化,即在本质上属于同一类型,但其具体表现各有不同特色,例如英美哲学偏重于经验主义,西欧大陆哲学偏重于理性主义,等等。二是各种类型文化的相互渗透,你中有我,我中有你,例如中国文化与美国文化按其基本性质来讲,属于不同类型,一是工业社会主义文化,一是工业资本主义文化,但这两种类型文化之间的相互影响是很多的,工业资本主义,即一般所说西方文化,大量涌进中国社会,影响十分明显,而现代资本主义国家也吸收了很多社会主义文化因素,如对自由市场进行适当的国家调控的思想、缓和贫富对立的尖锐性的思想,适当提高人民群众的福利的思想等等。至于现代资本主义文化中还存在着古代封建制度文化的因素,甚至奴隶制文化的因素,也是很平常的。三是中间类型或混合类型的存在。人类社会的除五种正常的类型而外,还存在着由于多种原因而出现的多种中间的或混合的社会类型,例如从一种类型向另一种类型过渡的时期往往出现具有两种类型的基本特征的社会,或者由于内外原因而出现混合型的社会,因而其文化也出现多种不正常的类型。这两种情况在中国历史上都出现过。春秋战国时代的中国的社会制度一般认为是从奴隶制到封建制的过渡时期,但这个时期很长,长达800年,两种社会制度的交错导致两种类型文化的交错,奴隶制的思想与封建制的思想不仅在社会上同时存在,甚至在一个流派或一个人的思想中存在,例如儒家的思想就很复杂,包含了这两种文化的因素。不仅如此,由于文化的积累作用,有许多原始社会文化的因素,也在儒家的思想中存在。19世纪中叶以来,中国社会逐渐沦为半封建半殖民地社会,这种社会就是一种混合型社会。有人认为半殖民地是一个政治概念,半封建和半殖民地无法结合在一起。其实,半殖民地或殖民地是一个政治概念,半殖民地本身的经济制度可能大部保持其原有形态,但从整体上说,它已纳入帝国资本主义的经济体系之中,并必然有外国资本主义进入其中,正如封建制不仅是一个经济概念(地主所有制),而且是一个政治概念(君主专制或军阀专制)一样。半殖民地不仅指政治上的部分独立性的丧失,而且指经济上的部分资本主义性的存在。半封建半殖民地实质上是封建主义和资本主义经济政治制度的混合。这种混合型的社会产生了混合型的文化,即半封建半殖民地文化。毛泽东在《新民主主义论》中说当时中国社会是半封建半殖民地社会,其文化是半封建半殖民地文化,即一种混合的文化,这种观点是科学的,符合当时的实际情况。当然,还应指出,当时的中国还有着原始公社的和奴隶制的文化因素,这些是中国历史长期发展所积累下来的。

文化的不同类型的进化和相互影响

不同类型的文化可以在同一地域或不同地域先后存在,也可以在不同地域同时存在,不管是哪种情况,多种文化都有运动变化和相互影响。文化的运动变化不外两种情况:一是在内外原因的推动下自身的进化运动,一是由于不同文化之间的相互影响而发生的变化,下面分别作些说明。

一种社会形态为另一种社会形态所取代,即五种社会形态中的前一种形态为后一种形态所取代,是一种合乎规律的过程,与此相应,一种文化类型为另一种文化类型所取代,即五种基本文化类型中前一种类型为后一种类型所取代,也是合乎规律的过程。这种过程是一种进化,是循着从低级到高级、从简单到复杂、从单一到多样的前进运动,但是前进运动不限于这五种类型的循序前进,如果由于内外原因,发生了跳跃式或中断式的运动,也是一种前进或进步。例如中国封建社会由于外国势力的侵入而逐渐演变为半封建半殖民地社会,其文化从而也逐渐由封建文化演化为半封建半殖民地文化,尽管其间付出了丧权辱国、人民惨遭杀戮的代价,仍然包含了前进的意义。而且正由于中国的半封建半殖民地性质,它才有可能过渡到社会主义社会,从而建立起社会主义文化,中国社会和文化的发展可以说是跳跃了作为一种完整的社会形态的资本主义社会,也可说是通过半封建半殖民地社会(一种畸形的资本主义社会)从封建社会演变为社会主义社会,这也是历史的进步,在文化上也是如此。又如西藏社会,本是一个农奴制社会,由于社会主义制度在全国范围内建立,便经过和平民主改革直接从农奴制过渡到社会主义,其文化也如此,这也是历史的进步。

在今天的地球上,历史上曾经出现过的文化类型都同时存在,尽管资本主义文化占据着绝对的优势,因此,这些文化类型之间便产生了相互影响,不仅先进的文化影响着后进的文化,后进的文化也在多方面影响着先进的文化,使现代社会的文化呈现出丰富多样的姹紫嫣红的色彩。先进文化影响后进文化是易于理解的,似乎是理所当然的,后进文化何以也能影响先进文化呢?这是因为在人类文化中积累了许多永久性、普遍性的因素,这些因素对于任何时期和任何地域都是适用的,即或者是有益的,或者是无害的。许多哲学思想、科学思想、价值观念都具有普遍性,例如按照自然规律而不是随意地贪婪地改造自然的思想、所有的人应友好相处的思想、勤劳节俭的品德、各种科学的观点和理论、积极向上的人生态度等等都具有永恒的普遍的价值,任何类型文化都是应吸收的。针刺治疗是中国古老的医疗技术,在现代医学空前发展的今天仍然具有重要的价值,已得到美国政府和医学界的承认在全世界得到广泛的赞赏。自有人类以来,特别是今天各地区交往方便而频繁,各种文化之间的影响是很明显的,而且是无法阻止的。

这种相互影响无疑有负面的消极的作用,但从整体上看,从长远看,其作用是积极的正面的。这种作用不仅使各种文化更加丰富多彩,而且可以扩大与加深人类的智慧与才能,提高人们的品德与趣味,推动整个社会和文化的发展。因此,我们应该推动并正确引导文化之间的交流与相互影响,避免不利的影响,扩大与加深有利的影响。

中国的传统文化的解体与现代文化的形成

如果按照历史学的一般划分,中国历史在鸦片战争(1840年)以前为古代,鸦片战争至五四运动(1919年)为近代,五四运动以后为现代,那么,就可按照年代的划分把中国文化史划分为古代文化、近代文化和现代文化。这样,就有一个为这三个时代的文化定性的问题。根据以上关于文化的一般观点,我们就可以把中国古代文化定性为农业封建文化(秦汉以前暂不考虑),近代文化为半封建半殖民地殖民地文化,现代文化为半封建半殖民地文化经过新民主主义文化向工业社会主义文化的过渡。中国文化史是一个复杂的问题,应该开展专门的研究。从近年来的讨论来看,大家最关注的是传统文化与现代文化的关系问题,下面就这个问题谈些看法。

如何给中国传统文化定性?如何给现代文化定性?我认为传统文化指两千多年来逐渐形成的相对稳定的文化,即农业封建文化,亦即中国古代文化,它的下限是五四运动,此时它开始了急剧的变化,加速半封建半殖民地化的过程,也开始了向现代文化的过渡。中国现代文化十分复杂，包含着封建的资本主义的文化因素，但就其最后形成的相对稳定的文化类型而言，它应是工业社会主义文化。

2 000 多年以来，中国的生产水平一直停留在手工农业的水平，而经济政治制度则是封建主义。封建主义的经济制度近百多年来由于暴露出它阻碍中国生产发展和综合国力的提高的严重弱点，受到各种批判，成为一个纯粹的贬义词，但中华几千年灿烂文化正是在这种制度上创造出来的。农业封建主义文化包含着糟粕，也包含着丰富的具有永恒价值的精华，它已成为人们的共识。当人们要消灭封建制度的时候，对封建文化采取了过激的态度，这是难于避免的。革命完成之后就应予以有分析的公正的评价。现在是在这样努力了，已经取得巨大的成果，这种努力还要大力进行下去，但这并不能改变它的农业封建主义的本质。

中国传统文化的内容十分丰富和复杂。现在似乎公认传统文化就是儒家文化，因为儒学是中国传统文化的精神支柱，即最主要的指导思想。这种观点一般说来是可以接受的，但还要具体分析，尤其不能忽视其他文化因素。首先不能轻视儒家以外各家思想在中国文化中的地位和作用，特别是道家、法家、佛家的思想。反孔的思想家历代都有，实际上儒家思想在其漫长的形成和发展的过程中吸收了诸子百家以及反孔各派的大量思想。其次应看到儒家本身也有许多门派，儒学并不是一个结构严谨、思想一贯的理论体系，其中不仅主观唯心主义与客观唯心主义并存，甚至唯心主义与唯物主义同在。第三，尤其不能忽视的是我国古代各族人民在改造自然的物质生产活动中积累的生产经验、作出的创造发明、提出的科学理论、写出的科学著作，以及他们在同自然的斗争中培养出来的勤劳、勇敢、节约、自强不息等优良品德，正是这些智慧、才能与品德使中华诸民族在这片并不太广阔，更不太丰腴的土地上几千年子孙繁衍，生生不息。但是，这些文化因素却被排斥于儒家的视野之外，轻视劳动和劳动人民成为儒家的一贯思想。第四，也是万万不能忽视的是中国古代各族人民在反抗剥削压迫和外来侵略的斗争中所培养出来的不畏强暴、不怕牺牲、坚韧不拔的斗争精神和济困扶危、舍己为人、大公无私的高贵品质，正是这些精神因素使中国古代人民能够对己和、对敌狠，前仆后继去争取胜利而岿然独立于世。这些因素在儒家思想中有所反映，但由于儒家阶级性的局限，没有占据主要的地位。中国传统文化非常丰富而复杂，如果把它归结为儒家思想，又把儒家思想归结为天人合一、以人为本、和为贵等思想，就未免片面了。

中国传统社会及其文化真正发生变化是从鸦片战争开始的。

中国传统社会在历史上曾经有过非常辉煌灿烂的时期，但近三四百年来逐渐大大落后于西方，鸦片战争的失败是它的落后性的大暴露，从此中国成为强国欺凌侵略的对象。中国需要赶上西方国家，用后来的话讲，就是要现代化。中国的落后最明显表现在经济方面，经济要现代化的内部阻力主要来自传统的政治和文化，而文化又是政治变革的主要阻力。在经济、政治和文化的这种错综复杂的相互作用之中，有识之士先后提出过实现中国现代化的种种主张，掀起了各种运动，如洋务运动、维新运动、民主革命运动。这些主张的提出是受西方文化的影响，也反映了中国社会现代化的需要，这就意味着中国传统文化在悄悄地发生变化。

辛亥革命的胜利从政治上动摇了中国传统文化的根基，但它第一次遭到的真正的冲击是五四运动前后的新文化运动。由于儒家思想是中国传统文化的精神支柱，新文化运动的矛头直接指向儒家思想，提出“打倒孔家店”的口号，从当时看这是无可厚非的，也是难以避免的。当然，应该看到，新文化运动对孔子及其学派的思想的批判有许多过激之处，今天必须加以纠正。当时更重要的问题是：新文化是什么？具有不同观点的人有不同的回答，大体上有三种回答：全盘西化派主张的西方自由主义文化、新儒家主张的传统文化的现代化和共产党人主张的新民主主义文化，即毛泽东所说的作为新民主主义经济政治之反映的民族的科学的大众的文化。这三派都是在中国传统文化解体过程中产生的，都主张向西方学习，都属于新文化运动。现代新儒家并不是复古派。这三派的区别在于对待西方文化的态度、对待中国传统文化的态度和对待马克思主义的态度。

中国封建统治阶级在文化问题上对资本主义侵略的反应，除盲目地顽固坚持闭关锁国政策而外，最初就是要在原封不动地保持传统文化的条件下，发展工业，用坚船利炮武装自己，这就是主张中学为体，西学为用的洋务运动。洋务运动之后兴起的改良主义的维新运动对中国传统文化采取了一定的批判态度。民主革命运动则进一步主张以西方的经济、政治、文化来取代中国传统社会,这就是西化。在民主革命影响下陈独秀1915年创办《新青年》,掀起专门的文化运动——批判旧文化、创立新文化的新文化运动,它的核心就是后来得到广泛认同的“科学与民主”。俄国十月革命的胜利大大影响了中国新文化运动,使它发生了分化,陈独秀、李大钊等人从西化派转为马克思主义派,胡适成了西化派的主要代表。西化派与马克思主义派有许多共同之处,它们都主张向西方学习,都主张科学与民主,都对传统文化持批判态度。但它们之间存在着根本性的分歧。首先一个分歧是对马克思主义的态度,西化派想把西方工业资本主义文化全盘搬到中国来,反对马克思主义,而马克思主义派则反对资本主义,而赞成作为资本主义批判者的马克思主义。对西方文化,马克思主义派虽然也主张加以吸收,但赞成采取分析的态度,从工人阶级和社会主义的立场加以取舍,或加以重新理解。例如科学与民主的旗帜,马克思主义者也是主张高举的,认为科学是应该充分吸收的,而民主则不应该是少数人的民主,而应该是真正的彻底的民主,是包括工人阶级在内的人民的民主。西化派对传统文化基本上抱虚无主义态度,而马克思主义派则主张加以批判地继承,例如抨击当时的尊孔复古思潮最力的李大钊主张以今日的标准对孔子思想进行取舍,说:“孔子之道有几分合于此真理者,我则取之;否者,斥之。”现代新儒家创立者应该说是提倡东方文化的梁漱溟。现代新儒家不是尊孔复古的顽固派,而是一些具有现代西方文化素养,赞成科学与民主的学者。以梁漱溟来说,他原本是赞成西化的,由于看见西方资本主义社会的各种弊端,才转向佛学,又转向儒家,于1917年进入北大讲学时第一次明确发表了后来被称做现代新儒学的这一思路。现代新儒家的特色在于坚持以儒家思想为核心来形成现代中国文化,或者说,把中国传统文化现代化,借以实现中国社会现代化。从时间上讲,尊孔复古的顽固派早于新文化运动,而现代新儒家是在新文化运动中出现的,稍晚于西化派和马克思主义派。现代新儒家容易被误解为尊孔复古派,但实际上它是跟着西化派的现代化道路前进的,决不想保持农业封建文化。相反,它也反对这个传统文化的经济政治基础,只是鉴于资本主义社会的各种弊端而主张以儒家思想来加以补救。因此,从实质上讲,它所设想的文化是自认能够克服资本主义弊端的资本主义现代文化。

总之,中国传统文化之所以受到新文化运动的冲击而逐渐解体,其原因不在于传统文化本身,而在于它的经济政治基础在逐渐解体,新文化运动正是适应了中国经济政治基础中的变化才兴起的,才能如此波澜壮阔地凯歌前进的。当然,新文化运动的兴起、扩大与深入大大加速了中国传统文化的解体,对此,新文化运动中的三个基本派别都是发挥了积极作用的,其中马克思主义派起了突出的领导的作用。新文化运动的倡导者和主要代表最初都属于西化派,但后来转变成为马克思主义派的是其中起主导作用的一些人物,如陈独秀、李大钊等,而这些人在新文化运动中最活跃、最坚决、影响最大。

中国现代文化萌芽于五四运动,经过30年的演化而于1949年后形成的,所谓“萌芽”,所谓“形成”,都带有很强的相对性、模糊性,实际上并没有准确的时间,只是大体上有一个阶段的划分。所谓“现代文化”也没有一个完成了的形态,而是一个过程,只是大体上有一定的确实的内容。也就是说,它的形成有一定的经济政治基础,而形成以后它有一定的确实的内容。

我认为它的经济政治基础形成于1949年至1956年之间。从生产力来说,中国仍然是一个农业国家,现代工业产值在整个国民经济中比重仍很小。在经济制度方面,中国经历了半封建半殖民地(半资本主义)和各种经济成分并存的新民主主义经济制度(社会主义、资本主义和个体经济),已过渡到社会主义。在政治制度方面,中国经历了中华民国的政治制度和新民主主义政治制度,已过渡到了人民代表大会和多党合作的人民民主专政。现代文化正是建立在这样的基础上,其内容是这样的基础的反映。由于这个基础1956年后仍处于不断变化的过程中,这个文化也在不断地变化,特别是改革开放以来,变化更大,但其根本性质并没有改变,仍然是社会主义的。那么,它有些什么实际内容呢?我认为其内容是十分复杂的。

首先,它的核心或指导思想无疑是马列主义、毛泽东思想、邓小平理论,这是社会主义经济政治制度的反映,又是为这个制度服务的

但同时在这个文化的实际指导思想中又混杂了不少非马克思主义的因素,如教条主义、个人迷信、极左思想等等，这些因素是各种错误的思想根源。

其次，在这个文化中也保留了许多传统文化因素和革命传统因素 传统思想十分复杂，是长期积累而沉淀下来的，具有相对的独立存在，不易随着旧经济政治基础的消失而消失。这些传统思想包括封建时期的思想，也包括民主革命时期的思想；既包括传统文化的精华，也包括传统文化的糟粕；既包括用文字传下来的，也包括口头相传或潜藏在人们头脑中而在人们的实际活动中起作用的思想，即所谓“无意识”或“潜意识”。

第三，在这个文化中也存在着许多外来的东西 外来的思想也十分复杂，是通过各种传媒或中外人士的直接间接接触而传过来的。特别是改革开放以来，由于市场经济的发展，外来思想，尤其是西方思想蜂拥而至，进入中国文化之中。其中不少科学的东西，如高精尖的科学技术思想、科学的管理思想、积极进取创新的思想、文学艺术哲学中的合理思想等等。也有许多消极的东西，如极端个人主义、金钱至上思想、极端享乐主义、非理性主义等等。

第四，中国新文化的主要部分是直接反映中国当前经济政治的精神因素 一是反映中国生产水平，即科学技术管理水平的思想和理论，其中有很现代化的，也有很落后的，甚至是很原始的。整个说来，它还不是现代化的，仍属于发展中国家的行列，没有达到发达国家的水平。二是直接反映中国当前经济政治制度的思想和理论，其内容也十分复杂。中国基本经济制度是以公有制为主体的多种经济成分共存的制度，经济体制正处于从计划经济向国家宏观调控下的市场经济转轨的过程之中。中国基本政治制度(国体)是工人阶段领导下的人民民主专政，政治体制(政体)是人民代表大会制度和中国共产党领导的多党合作和政治协商制度，这种制度既不同于西方的多党制，也不同于前苏联的一党制，而是在长期政治实践中逐渐形成的适应中国国情的特殊的民主制度，这种政治体制目前正处于不断完善和发展之中。直接反映这种经济政治制度的经济思想和政治思想是中国现代文化的重要组成部分。三是间接或直接反映这种经济政治基础的文化因素，具体讲就是语言、文学、艺术、宗教、道德、哲学、教育、体育、卫生、风俗习惯、社会风气、礼仪等等。这些文化因素中既有社会主义的与工人阶级的，也有资本主义的与资产阶级的、小资产阶级的，还有中性的与各阶级共同的；既有积极的，也有消极的；既有精华，也有糟粕。中国的语言文字是中国现代文化的重要组成部分，它是中国社会的全部经济、政治与文化生活得以运转的不可缺少的因素。汉语与汉字是中国语言文字的主体，此外还有少数民族和外国的语言文字。关于汉字改革，人们之间存在着意见分歧。在我看来，汉字有其优越性，也有其局限性。语言文字是以抽象的形、声、意来描写或者说明具体的复杂的东西，形与声的抽象性愈高，其描写或说明就愈方便愈精确。汉字的声的抽象性很高，一个音节就是一个词，而西方文字则否。但汉字的形的抽象性则比西方文字为低，造成了一定程度的不便。如何解决这个矛盾是一个十分困难的问题，意见分歧就是围绕这个矛盾发生的。但无论如何，汉字是世界文化中的一笔巨大精神财富，在世界文化中占有崇高的地位，是大家都认同的。

中国现代文化，作为一个整体，不仅是多因素的、多侧面的、多样性的、多层次的，而且是多元的，其多元性表现在它的多种来源、多民族性、以多种经济成分为基础、多阶级性，但是它的总的发展趋势不是多元化或多极化，相反，它的总的趋势从一定意义上本是一元化，这就是说，它有一个统一的指导思想，这个指导思想一般说来就是马克思列宁主义，具体说来就是毛泽东思想和邓小平理论。马列主义就其原来形态说诚然是外来的东西，但由于它的普遍性适应中国国情，80年来经过中国共产党人的宣传、研究、运用、发展，它已深深植根于中国历史和中国社会，并形成了它的中国化的形态——毛泽东思想和邓小平理论，成为中国现代文化的核心，即指导思想。它之所以能成为中国文化的核心因素还由于它有着中国的经济政治作为它的坚实的基础，由于它实际地指导着中国经济、政治、文化的建设和发展。

以上所谈主要指中国大陆而言，不包括台湾、香港和澳门，虽然中国大陆、台湾、香港、澳门有大量文化因素是共同的，特别是在传统文化方面是共同的。

中国文化的现代化

在中国经过近一个世纪成千上万人民前仆后继英勇顽强的艰苦奋斗，已经基本建立起工业社会主义社会及其文化，它是现代人类社会的一部分，而由于它原来的历史基础十分落后及其达到现时状态的曲折道路，它在许多方面都还没有达到现代社会的先进水平，即没有现代化，因而它还有现代化的任务。毛泽东及其战友提出的四个现代化的任务主要是就生产力而言的，决不是说，中国社会实现四个现代化就足够了，中国社会的现代化是作为整体的社会及其各个方面的现代化包括经济、政治和文化的现代化，这是不言而喻的。有人说，中国只搞四个现代化，不要民主，如果这不是有意的歪曲和攻击，也是天大的误解。邓小平理论就是一个全面建设现代化中国的理论，其内容不仅包括发展生产力，而且包括经济、政治和文化的现代化，其中当然包括扩大社会主义民主。江泽民在党的十四大报告中已经全面地系统地阐述过这个理论，在党的十五大的报告中又特别从经济、政治、文化三个方面论述了邓小平的现代化理论。十五大报告指出："最大的实际就是中国现在处于并将长期处于社会主义的初级阶段"，"社会主义初级阶段，是逐步摆脱不发达状态，基本实现社会主义现代化的阶段"，其具体内容包括我国社会的一切方面。报告指出："全党要毫不动摇地坚持党在社会主义初级阶段的基本路线，把以经济建设为中心同四项基本原则、改革开放这两个基本点统一于建设有中国特色社会主义的伟大实践。……根据这个理论和基本路线，围绕建设富强民主文明的社会主义现代化国家的目标，进一步明确什么是社会主义初级阶段有中国特色社会主义的经济、政治和文化，怎样建设这样的经济、政治和文化，是必要的。"报告就这三方面的现代化建设作了详细的规定。对于文化建设的任务，报告说："建设有中国特色社会主义的文化就是以马克思主义为指导，以培育有理想、有道德、有文化、有纪律的公民为目标，发展面向现代化、面向世界、面向未来的，民族的科学的大众的社会主义文化。"这就是现代化的中国文化。为了实现这个任务，我认为应该正确处理以下一些问题：

(一)中国现代化文化建设的指导思想

中国文化建设的指导思想应该是什么，自五四运动以来，一直是一个争论激烈的问题。

对未来的中国现代化文化建设有可能起指导作用的主要有三个思想体系，除马克思主义以外就是儒家思想和西方自由主义思想。谁有最大的可能成为中国未来文化的指导思想呢?

现代新儒家认为是儒家思想，其理由主要有二：第一，儒家思想是中国本土思想，土生土长，源远流长，2000多年来成为中国文化的根本，最适应中国社会生存与发展的需要。第二，儒家的若干基本思想诚然是古代的东西，但加以现代化就可能成为中国现代文化的核心，用于指导实现中国社会的现代化。人们谈得较多的儒家思想有：天人合一思想(人与自然应保持协调与和谐的关系)、人文精神(从人的需要，按人的标准来考虑一切问题，从事一切活动)、集体利益原则(把集体利益摆到个人利益的前面，个人利益应服从集体利益)、中庸哲学(不趋极端，不为已甚，力求适中)等等。

我认为儒家思想要成为中国未来文化的指导思想是不可能的，有三个主要理由：第一，中国传统文化已经解体，儒家思想体系已为历史所否定，其根本原因是由于其经济政治基础已经崩溃，除非恢复传统社会和传统文化，儒家思想的权威是不可能恢复的。第二，现代社会远比古代为复杂，儒家思想作为一个思想体系无法适用于现代社会，80年前新文化运动的领袖已作过这种评价，时至今日就更加如此了。第三，儒家思想中有许多合理因素，这些因素在今天是有价值的，例如上面所说的那些思想，此外还有很多别的思想今天都是有价值的，但是，且不说这些思想是不是中国传统文化所独有的，这些思想也只能起一定的积极的作用，而不能起根本的指导作用，也不是儒家思想作为一个体系起作用。

西化派认为西方自由主义应是中国未来文化的指导思想，把传播这种思想视作"新启蒙"运动。这种观点的理由有三：第一，西方发达国家从整体上说是现代社会发展的最高水平，现代化就是西方化，自由主义思想是现代西方社会和西方文化的指导思想，理应成为中国社会和文化的现代化的指导思想。第二，中国正处于从计划经济向市场经济的转轨过程之中，市场经济与私有制是不可分的，市场经济发展下去，终将走向资本主义，自由主义是资本主义的产物和资本主义文化的核心。第三，中国奉行开放政策，向西方学习，西方生活方式和西方文化大量涌入，渗透进从科学技术、经济思想、政治思想到文化娱乐、文学艺术、宗教、哲学等等各个领域，实际上发生了全盘西化的过程，自由主义是这个过程的指导思想。

这种观点无疑有一定事实根据，它所预言的后果不是不可能，但其可能性不是很大的。第一，现代化不等于西化，更不等于全盘西化。中国社会在各个方面都要吸收西方的合理的东西，但决不是照搬。在科学技术方面学得很多，但在经济制度和政治制度方面只吸收从社会主义角度看来可以吸收的东西，文化方面更是如此。在此情况下，自由主义难以发挥指导作用。第二，在中国有的人不相信社会主义可以同市场经济相结合，有的人希望社会主义通过市场经济而转化为资本主义，但从改革开放10多年的经验来看，建立正常而有效运转的社会主义市场经济是完全可能的，因为近10多年来中国经济体制实际上已处于转轨之中，市场经济的发展既推动了中国经济的高速发展，又保证了公有制的主体地位。实践证明，只要改革的措施正确，执行得力，公有制企业完全可以成为市场活动中强有力的竞争者。第三，只要社会主义公有制的主体地位能够确保，自由主义在中国文化中就不可能起指导作用。西方文化中那些健康的积极的合理的因素将为中国文化所吸收，而成为马克思主义指导下的中国文化的有机组成部分。

剩下来有可能对中国文化建设起指导作用的就只有马克思主义了。文化建设的指导思想问题实质上是整个国家和全体人民的实践活动的指导思想问题。马克思主义能否成为指导中国社会的发展的根本思想是一个老问题，即马克思主义是否适合中国国情的问题。马克思主义刚传入中国时争论过这个问题，近一个世纪过去了还有争论。在有些人看来，马克思主义不是本土的东西，而是舶来品，它的传播导致民族文化传统的失落和断裂。中国现代文化的核心只能是本土的东西，即儒家思想和其他本土的思想。这就否定作为西方现代文化一部分的马克思主义与中国传统文化有任何共同之处或相通之处，然而近一个世纪的实践证明，马克思主义的理论体系中包含了许多对于东西方有普遍意义的东西，这些东西具有普遍意义，只要能找到它们在中国的具体表现形式，它们就是与中国国情相适应的。毛泽东思想与邓小平理论就是这种表现形式，即中国的马克思主义，它们是马克思主义的普遍原理与中国社会实践相结合的产物，来自中国实践又成功地指导了中国实践，这就证明了马克思主义的普遍原理是适应中国国情的。毛泽东思想和邓小平理论又是中国特有的思想体系，它们深深植根于中国土壤之中，是中国优秀文化传统的继承与发展，是中国现代文化的精髓，正如儒家思想曾是中国封建文化的精髓一样。它们是地地道道的国产，而不是舶来品。不仅如此，中国现代文化是一个庞大的复杂的精神系统，其主要部分（主体）当然是本土的，外来的因素（包括马克思主义的因素）只能是局部，起指导作用的马克思主义也只是局部。马克思主义只是文化因素，不是一个文化的完整体系，不可能取代中国文化。它作为指导思想也不是以其纯粹原有的形态起作用，而是通过其中国化的形态即毛泽东思想、邓小平理论起作用。中国文化仍然是中国文化，它没有变成德国文化，也没有变成苏联文化或俄国文化。它仍然是中国传统文化的继续和发展。由于中国历史发展的复杂性和曲折性，今天当然存在着对中国传统文化的重新认识和评价问题，重新分析和吸取问题，但这也离不开马克思主义的指导，即离不开毛泽东思想和邓小平理论的指导，根本不存在由于马克思主义的传入而出现的中国民族文化传统的断裂问题，有的只是中国封建文化的断裂，或说中国殖民地、半殖民地、半封建文化的断裂，这是不可避免的，也是不可逆转的；今日中国存在着对儒家思想的重新认识和重新评价，根本不存在，也不可能存在恢复儒家思想的权威地位问题。

从正面说，马克思主义之所以能成为中国现代化文化建设的根本指导思想有以下原因：一、马克思主义本身的科学性和实践性。马克思主义包含着科学的宇宙观和历史观，是人们自觉改造自然与社会的普遍指导思想，对于人类任何自觉的认识活动和实践活动都是必要的和有效的，中国建设社会主义文化当然不能例外。正如前面谈到文化研究的方法时所说，唯物史观具有更加直接和重要的意义，文化建设如无唯物史观的指导必将事倍功半，甚至走到相反的道路上去。二、中国已经在马克思主义指导下进行了长期的革命和建设，其中包括文化上的争论、斗争和建设，尽管发生过重大的偏差和错误，如“文化大革命”，但总的说来，马克思主义的指导还是成功的，特别当它正确地同中国国情创造性地结合起来，形成适应中国社会发展需要的毛泽东思想和邓小平理论，其指导作用尤其显著。中国今天正在邓小平理论指导下阔步前进,有什么理由抛弃它的根本理论基础——马克思主义的指导呢?三、文化的基础是经济政治,中国在工业上已经达到相当高的水平,经济制度坚持了公有制主体,正在建立社会主义市场经济体制,政治制度坚持了人民民主专政的国体和人民代表大会、共产党领导的多党合作和政治协商的民主制度,在这样的基础上建立的文化只能是社会主义的,亦即只能是以马克思主义为指导的文化。四、如果马克思主义的指导在“文化大革命”中曾被歪曲,实际上是被糟蹋的话,那么,建国以来的长时期中,特别是在改革开放以后,马克思主义的指导对于文化建设所起的积极作用则是有目共睹的。邓小平及其他领导人努力在文化建设中贯彻马克思主义的指导,党中央两次制定关于精神文明建设的方针政策,这些方针政策的贯彻执行都卓有成效,这就在实践上证明了马克思主义指导的必要性和合理性。

(二)正确处理中国传统文化与文化建设的关系

五四运动以来,“孔家店”是被打倒了,中国传统文化是否被消灭了呢?应该说,由于西方文化(包括马克思列宁主义)的冲击,特别是由于经济政治的变革,从整体上讲,中国传统文化已不复存在,但它的各种因素,包括积极的和消极的,精华和糟粕,还大量存在,在个别地方甚至占有优势。这些因素短时间内不可能消逝。其精华还将永远保留下去,造福于中华民族的子孙万代。

有一种观点认为,五四运动以来,中国文化失落了,这对于弘扬爱国主义、树立民族自信心和增强民族凝聚力是不利的,应该加以恢复,但也不是简单地恢复,而是加以现代化。我认为这是把中国传统文化与中国文化混为一谈了。中国存在中国文化的现代化问题,不存在中国传统文化的现代化问题,正如中国存在中国社会的现代化问题,不存在中国传统社会的现代化问题。中国传统社会和传统文化已经成为过去,不必要也不可能加以恢复并使之现代化。中国文化的现代化只能是中国现代文化的现代化。传统文化立足于传统社会之上,现代文化立足于现代社会之上,传统文化与现代文化之间存在着中断与继承的关系,不能只承认传统社会与现代社会之间的继承而否定其间的中断,也不能只承认传统文化与现代文化之间的继承而否定其间的中断。传统文化失落不等于中国文化失落,难道中国现代文化不是中国文化?

应该指出,“文革”结束以前虽然毛泽东和中国共产党对传统文化一直采取了批判与继承的正确的方针,但实际上在理论工作中重视批判而忽视继承,甚至在“文革”中发展到对孔子和儒家思想的全盘否定。这种片面性近10多年来逐渐得到了纠正,开始对传统文化采取了实事求是的态度,但这10多年来由于西方文化和西方生活方式的冲击,中国传统文化以及整个中国历史传统在许多人心目中日益淡薄,有的人甚至耻为中国人,有鉴于此,近年来党和政府加强了全民的爱国主义教育,号召和支持文化界整理和研究中国传统文化,弘扬中国优秀传统文化,这是完全正确的,这个工作正在开始,还须继续加强。但这决不是要把中国传统文化现代化,而是对传统文化采取实事求是的科学态度,取其精华,弃其糟粕,使传统文化的精华更充分地融入中国现代文化之中,这也就是批判与继承的方针的真正贯彻。中国传统文化的精华不仅将有机地溶入中国现代文化之中,而且将溶入中国现代化文化之中。

显然,在建设我国现代化文化的过程中,必须妥善地处理对待传统文化的态度问题,民族虚无主义与复古主义都是错误的。中国传统文化是中华多民族在世世代代的改造自然与改造社会的斗争中逐渐形成起来的,深深植根于中国的历史传统之中,其影响虽然也有负面的,但也有许多正面的东西,于今天仍有重要意义,是不应抛弃的,而且也不可能抛弃。但是,如果要一成不变地加以保留,或者要把它作为一个整体来取代现代文化,即所谓“中学为体,西学为用”(实际是完整地保留中国传统文化、但物质生活是西方的),不但是不应该的,而且是不可能的。批判与继承是对传统文化唯一正确态度。

(三)正确处理西方文化与中国文化建设的关系

西方文化主要指西方发达国家的文化,对中国影响最大的当然是西方现代文化。中国近几百年来落后了,其具体含义就是中国的经济政治文化落后于西方。西方已经步入现代,而我国还停留在近代,甚至中世纪的水平。前面我们已经谈到,俄国十月革命以前,在一般人看来,中国要现代化也就是要在经济政治文化上赶上西方,现代化实际上就是西方化。这是以前的情况。那时主张现代化的人主要分成两派,一派是中学为体西学为用的改良派,即主张保持中国传统文化,但在经济上学习西方;另一派是全盘西化派,即主张经济政治文化全面学习西方的自由派,这两派都失败了。十月革命后出现的马克思主义派主张向俄国革命学习。改良派演化为后来的现代新儒家,它同自由派实际上都主张中国走资本主义道路,马克思主义派主张中国走社会主义道路。由于国际国内历史现实主观客观的种种原因,社会主义道路走通了。有的人喜欢把中国共产党领导的中国革命的道路称为"俄化",这是很不确切的。中国现代革命诚然是大量吸取了俄国革命的理论和经验,但中国革命的根本指导思想是马克思主义、列宁主义,而具体指导中国革命的则是马列主义与中国革命实践相结合的毛泽东思想。而所谓"俄化"则是脱离中国实际照搬俄国经验,这曾经发生过,并给中国革命造成了重大损失,中国革命的胜利正是抵制了这种错误倾向并创造性地贯彻了马列主义指导的结果。

现代新儒家没有使中国实现现代化,且不说其他原因,理论上的致命的弱点,就足以导致它的失败,这就是颠倒了文化与经济政治的关系。文化只有与经济政治相适应,才能对经济政治的发展起积极的推动作用,用新儒家思想来指导则是要用古代的文化来指导现代的经济政治,尽管戴上现代的桂冠,但毕竟是古代的东西,怎么能对远比古代为复杂的现代经济政治的发展起积极的推动作用呢?

比较起来,倒是全盘西化派没有这个毛病,但他们完全否定中国传统,特别是不管中国国情,主张照搬西方经济政治文化,其失败也是不足为奇的。

我们既不应全盘否定传统文化,也不应全盘否定西方文化,中国文化的现代化与西方文化之间有着密切而复杂的关系。中国社会和中国文化的现代化离不开西方文化。不仅西方高度发达的科学技术管理的思想和理论是必须吸取的而且已经大量吸取了,经济政治的思想和理论也有许多值得学习和借鉴之处,实际上已对中国建设产生了巨大的影响。社会主义经济政治思想也是西方社会的产物,资本主义与社会主义的关系是十分复杂的,中国过去对社会主义认识不清楚,与对资本主义认识不清楚有关,西方文学、艺术、道德、教育、宗教、哲学中当然都有许多值得借鉴之处。西方文化同中国传统文化一样有精华,有糟粕;有积极因素,也有消极因素。总之,我们对西方文化也应采取分析的态度,取其精华,弃其糟粕,以我为主,洋为中用。当然吸取西方文化的精华也要与中国实际相结合,而不能生搬硬套。

(四)中国的现代化文化就是有中国特色的社会主义文化

中国现代文化不等于现代化的中国文化。要使中国文化现代化,还有一个努力建设的过程。我们要建设的现代化的中国文化是怎样的呢?按照以上对文化在人类社会中的地位的理解和对中国现代文化的认识,现代化的中国文化应该是现代化的中国社会的一部分,而现代化的中国社会就是邓小平同志所指明的有中国特色的社会主义社会,因此,现代化的中国文化就是有中国特色的社会主义文化。它将随着中国现代化建设的发展而逐步形成,成为有中国特色的社会主义社会的一个重要组成部分。具体说,我认为它有以下几个特点:

现代化的中国文化的现实基础是中国特色的社会主义经济政治 它首先包括高度发达的生产水平和科技水平,其次是与生产水平相适应的以公有制为主体的基本经济制度和充分发达的社会主义市场经济体制,第三是与这种经济制度相适应的具有中国特色的完善的社会主义民主制度,即人民代表大会制度和中国共产党领导的多党合作和政治协商制度的进一步完善化,它就是中国的人民民主专政。与西方那种表面上热热闹闹,实际上为少数人所控制的资产阶级民主制度相比较,这种民主制度将是人类历史上出现过的最真实最广泛最有效的民主,是中国人民对人类政治制度史的独特贡献。这样的经济政治是中国现代经济政治之进一步发展和完善,要经过长期的艰苦努力才能充分建立起来。

现代化的中国文化的思想来源是中国传统文化与现代文化以及西方文化、东方文化和前苏联的社会主义文化 关于它与中国传统文化、西方文化的关系前面已经谈到,这里谈谈它与前苏联和东欧文化、东方文化的关系。前苏联和东欧各国的社会主义虽然都失败了,但它们都创造了灿烂辉煌的社会主义文化,其中有许多因素对于建设中国现代化文化是有很大的参考价值的,它们失败的教训也是一种有价值的文化因素。东方各国文化虽然在整体上也落后于西方发达国家,但近年来若干国家和地区的文化在一定程度上已赶上西方,而且由于同属东方,它们与中国有更多的共同之处,过去也有过更多的交流,因此,它们的文化中可借鉴的东西也是不少的。当然对于它们,如同对西方文化那样,我们也应采取分析的态度。

社会主义文化因素在整个现代化中国文化中占主导地位 中国经济政治中存在多种成分,这决定了中国文化中存在多种成分,这种状况在实现了现代化之后也不会消逝,但与经济政治中社会主义因素占主导地位相适应,文化中也必然是社会主义因素占主导。因此,中国现代化文化必然是为人民服务的、为社会主义服务的文化。无论在文学、艺术中,还是在教育、伦理中都应该是如此。例如在人们的价值取向中,由于私有制还存在,个人主义是不会消逝的,但社会主义集体主义又不能不占主导,如果让个人主义占了主导,这样的文化将不再是社会主义文化,经济政治上的社会主义就难以坚持下去了。

现代化中国文化将集中表现在"四有"新人的大量涌现上 现代化的中国文化是实践的具体的活生生的文化,它必然体现在现实的人身上,否则它就只是空洞的理论,正如中国社会的现代化必然体现在人的现代化上一样。江泽民同志说:"同经济、政治的改革和发展相适应,以'有理想、有道德、有文化、有纪律'为目标,建设社会主义精神文明。"(十四大报告)这里说的正是现代化的中国文化的标志和具体体现。他在十五大报告中又重申了这一点。

马列主义、毛泽东思想和邓小平理论是现代化的中国文化的指导思想 全盘西化派、现代新儒家和马克思主义派在中国文化现代化问题上的分歧实际上是指导思想上的分歧,即用资本主义思想,还是儒家思想,还是马克思主义来指导?既然现代化的中国文化就是有中国特色的社会主义文化,它的思想当然只能是马克思主义。以资本主义思想来指导,只能建立资本主义文化,从而只能为资本主义的经济政治开辟道路。以儒家思想来指导,即使它是"现代化"了的,也只能通过改良道路来建立资本主义文化,从而也只能为资本主义开辟道路。它们实际上走的是自由化的道路,而决不是社会主义现代化的道路,而自由化,历史已经证明,是不可能在中国实现社会的现代化的。马克思主义的指导并不排斥文化上的多样化,相反,中国现代化文化必然贯彻"百花齐放、百家争鸣"的方针,多种文学艺术形式,多个学术流派,只要是有益于社会主义的文化因素都可以得到存在和发展,共同促进中国现代化文化的繁荣。江泽民同志在十五大报告中不仅把经济、政治、文化建设作为中国整个社会主义现代化建设的三个不可分割的任务提出来,而且对这三项任务作了具体的规定。他对文化建设的任务作了一个精炼而全面的概括,他说:"有中国特色社会主义文化,是凝聚和激励全国人民的重要力量,是综合国力的重要标志。它渊源于中华民族五千年文明史,又植根于有中国特色社会主义的实践,具有鲜明的时代特点;它反映我国社会主义经济和政治的基本特征,又对经济和政治的发展起巨大的促进作用。建设有中国特色社会主义,必须着力提高全民族的思想道德素质和科学文化素质,为经济发展和社会全面进步提供强大的精神动力和智力支持,培育适应社会主义现代化要求的一代又一代有理想、有道德、有文化、有纪律的公民。这是我国文化建设长期而艰巨的任务。"为了完成这个任务,全国人民都要进行艰苦的奋斗,尤其是从事文化工作的知识分子更具有不可推卸的责任。这个任务,我相信是可以同整个社会主义现代化事业一起完成的。

中国高等教育改革的新进展与发展趋势

国家教育发展研究中心　周满生

1993 年，中国颁布了《中国教育改革和发展纲要》。《纲要》规定了 90 年代中国高等教育发展的目标是：高等学校培养的专门人才适应经济、科技和发展的需求，集中力量办好一批重点大学和重点学科，高层次专门人才的培养基本上立足国内，教育质量、科学技术水平和办学效益明显提高。到 2000 年，全国高等学校本专科在校生要达到 630 万人左右，其中本科生 180 万人、专科生 450 万人；在校研究生达到 18 万人；18 至 21 岁学龄人口学率上升到 8％左右。

中国目前还是一个发展中国家，接受教育的人口很多，而我们的财力十分有限，这就要求国家慎重地选择高等教育的发展战略。根据中国国情和多年的办学实践积累的经验，中国高等教育必须坚持规模、结构、质量、效益协调发展的战略，走内涵发展为主的道路，在保持适度规模以基本满足社会主义建设对各类高级专门人才需要的同时，通过改革优化高等教育的层次结构、科类结构、专业结构和地区布局，不断提高教育质量和办学效益。

我们正处于一个改革的年代。在世纪之交，世界许多国家，包括发达国家和发展中国家，都在进行面向 21 世纪高等教育改革的探索和研究，不少国家纷纷采取措施，加快改革步伐。中国也不例外。进入 90 年代以后，中国高等教育面临世界科学技术革命和社会主义市场经济的双重挑战，改革的任务十分艰巨。我们认为，中国高等教育改革应当注意以下三点：

第一，要在世界科学技术发展和世界各国高等教育改革发展的大环境中考虑中国高等教育的改革。我们必须站在 21 世纪的高度，面对现代科学技术发展的趋势和特点．在借鉴世界各国开展高等教育改革成功经验的基础上，深入地思考未来世界和中国需要高等教育培养什么样的人，以此为出发点推进改革进程，力争在下个世纪培养出一批在国际学术舞台上有竞争能力的专家学者和优秀人才，为推动世界科技发展、促进人类文明和社会进步作出自己应有的贡献。

第二，中国高等教育应当纳入到国家经济和社会发展的大循环中去，积极进行调整和改革。在 21 世纪开始的时候，中国将建立起社会主义市场经济体制的基本框架，社会主义各项建设事业的进程将大大加快，未来社会对各类高级专门人才的需求，无论是在数量、结构方面，还是在质量、规格方面，都将发生较大的变化。我们应当根据社会需求的变化改革中国的高等教育，以便为下个世纪国家经济发展和社会全面进步培养和造就一大批中坚力量。

第三，在高等教育改革过程中，我们要更新教育思想和观念，特别是要重视人才培养模式的改革，注重学生素质的提高，以使他们能够适应未来社会的需要。

90 年代中国高等教育改革有两个重点，其一是体制改革，这是高等教育改革的关键；其二是教学改革，这是高等教育改革的核心。下面分别介绍中国高等教育体制改革和教学改革的新趋向。

中国高等
教育体制改革的进展

中国原有的高等教育体制以国家集中计划、中央部委（俗称为“条”）和地方政府（俗称为“块”）分别办学并直接管理的体制并以国家“包上学”、“包就业”为主要特征。这一体制与中国过去实行高度集中的计划经济体制相适应，在中国高等教育发展史上曾经发挥过重要的作用。随着社会主义市场经济体制的建立和各项事业改革的深化，旧的高等教育体制越来越不适应目前经济和社会发展的需要，妨碍和制约着教育教学改革的深入进行和高等教育事业的进一步发展。

概括起来，原有体制的弊端及其所带来的问题主要是：

第一，条块分割，自成体系，各自封闭办学，直接导致部门和地方在低水平上重复设置高等学校和专业，造成资源配置的严重不合理。中央部门和地方分别办学并直接管理，地方政府中各业务厅局也要自己办学校，造成大的条块分割和小的条块分割，乃至大小块块、条条也分割，形成各自“小而全”的封闭体系。

第二，由于条块分割导致高等院校及其学科、专业大量重复设置，以及单科性院校比重过大、数量过多，造成我国高等教育在结构和布局上严重不合理。

第三，造成我国高等学校缺乏生机和活力。由于国家包揽办学，统得过多，管得过死，学校缺乏办学自主权，或学校仅为行业服务，不能快速地主动地根据经济、社会发展的需要和人才市场的变化，对办学的形式和内容进行相应的调整，因而缺乏生机和活力。

很显然，如果不改革目前这种条块分割和“统”与“包”的体制，不解决由这种体制所造成的高等教育在结构、布局、质量、效益等方面存在的诸多问题，我国高等教育就很难进一步健康发展，就不能适应改革、开放和社会主义市场经济的需要。因此，体制改革成为高等教育改革的关键。具体来说，包括以下方面：

改革高等教育的办学体制

中国高等教育办学体制改革的目标是：改革原有的单一由国家包揽举办高等教育的旧体制，实行以政府办学为主、社会积极参与、各方面联合办学的体制。经过几年的改革实践，原有的由政府包揽办学的格局正在打破，逐渐向公办、民办并存的格局转化，社会团体办学等形式已经出现。

改革高等学校的管理体制

管理体制改革主要是理顺学校、政府、社会之间的关系，淡化和改变学校原有的单一隶属关系，实行中央和省级政府两级管理，分工负责，以省级政府统筹为主，变“条块分割”为“条块结合”；政府职能逐步转变为宏观管理，确立学校为法人实体单位，扩大学校的办学自主权。在改革实践中，通过实行中央部门与地方共同建设、共同管理高等学校，高等学校之间合作办学，高等学校与企业协作办学，有关高等学校的合并，以及部门所属高等学校转由地方管理等途径，已经取得了显著成效。与此同时，高等教育的结构布局也得到初步的优化，原有单科类型学校过多的状况逐步得到缓解，教育资源的配置渐趋合理，办学水平和办学效益逐步提高。目前，中国已有 70 多所原中央部门所属的高校实行了共建共管；202 所高校实行了多种形式的合作办学；160 所高校合并成为 64 所，净减 96 所；中国有 1 700 多个大中型企业和科研单位与 170 多所高校实行了多种形式的协作办学。中国普通高校数量已经从 1994 年的 1 080 所减至目前的 1 032 所，成人高校从 1990 年的 1 321 所减至 1 138 所。与此对应，1996 年校均本专科生规模从 1991 年的 1 901 人增至 2 927 人，生师比从 1991 年的 6.64:1 提高到 9.6:1。高等教育的规模、结构、质量、效益趋向统一协调发展。

改革高等教育投资体制

在原有的高等教育体制下，高等教育投资体制为单一的依靠政府财政拨款。投资体制改革的目标是，逐步建立以国家财政拨款为主，社会积极参与，多渠道筹集经费的体制。80 年代后期，中央政府提出财政拨款为主，财、税、费、产、社、基多渠道筹措教育经费体制。经过“七五”和“八五”近 10 年的努力，这一格局已经形成。1995 年与 1990 年比较，国家财政性教育经费支出占教育经费总支出的比例由 85.53% 下降至 75.16%，其中财政预算内教育拨款占教育经费总支出的比例由 64.62% 下降至 54.76%。同期，非财政性教育经费支出（包括捐（集）资办学、学杂费、社会团体及公民个人办学和社会及个人投入）占教育经费总支出比例有了明显提高，已接近 1/4，形成了教育经费由政府、社会、个人共同投入的格局。

高等学校招生和毕业生就业制度改革

中国从 80 年代中期开始对高等学校招生制度进行改革，实行了国家任务招生计划和调节性招生计划相结合的体制，对国家任务招生计划招收的学生不收学费，调节性计划招收的学生收取一定的费用，但降低分数线录取。这种收费与录取标准不统一的“双轨制”不利于考生公平竞争和调动学生的学习积极性，弊端日益突出。招生“并轨”收费改革，就是要建立起更为有效的学习激励机制，同时也在一定程度上减轻国家的财政负担。1995 年有 247 所高等学校进行了这项改革，1996年招生“并轨”的学校已经扩展到600多所，在1997年基本实现了所有高等学校招生“并轨”。

完成“并轨”改革后，全部入学的新生实行缴费上学，根据各地的经济发展情况，学生缴纳的学费控制在全部培养费用的25%以内，同时已经逐步建立起以学生奖学金、学生贷款、勤工助学基金、特殊困难补助及学杂费减免为主体的多元化的家庭经济困难学生资助政策体系，保证不让一个品学合格的学生因经济困难而上不了学。招生“并轨”和收费改革，进行得很顺利、很平稳。这项改革不仅改善了学生不公平竞争的状况，调动了学生学习的积极性，也极大地调动了学校办学的积极性，增强了学校的办学活力。

在大学生就业制度改革方面实行了毕业生与用人单位“双向选择”的办法，发展趋势是逐步过渡到除少数毕业生按合同就业外，大多数毕业生在国家政策指导下自主择业。

改革高等学校内部管理体制

改革高等学校的内部管理体制，首先以改革校内人事制度和分配制度为重点，在合理定编的基础上，对教职工实行岗位责任制和聘任制，在分配上按照工作实绩拉开差距，打破平均主义，调动广大教职工的积极性，转换学校内部运行机制，提高办学水平和效益；其次，要通过改革逐步建立健全高校内部决策、行政执行、审议、监督、咨询机构，促进高等学校管理和决策的科学化、民主化，使学校成为既有自主办学权利，又有自我约束机制的法人实体。

中国高等教育教学改革的进展

随着体制改革的不断深入，高等学校的教学改革也在全面深入地开展。国家推动高等教育教学改革总的方针是：要重点发展应用性学科和专业，适度发展新兴学科、边缘交叉学科，稳定和提高基础学科；要努力培养高层次复合型人才；要特别重视培养农村和乡镇企业需要的各种人才，开拓人才通向农村的途径。采取与实际工作部门以及境外机构和个人联合培训、研修等措施，努力培养适应社会主义市场经济急需的管理人员和教学、研究人员。要合理调整系科和专业设置，拓宽专业面，优化课程结构，改革课程内容和教学方法，加强教材建设，注重素质和能力培养，增强学生对社会需要的适应性。逐步实行学分制，在确定必修课的同时，设立和增加选修课，拓宽学生的知识视野，激发学生学习的主动性和创造性。建立合理的淘汰制和优秀学生奖励制等教育教学制度，大面积提高教学质量。

这几年，国家教委采取了一系列措施，加强高等学校的教学工作：

推进教学内容改革

在认真组织各学科专家、学者进行研讨的基础上，国家教委于1994年制定并实施了《面向21世纪教学内容和课程体系改革计划》。这项改革计划是为了适应21世纪世界经济、政治、科技、文化和社会发展的新趋势，适应中国经济体制和经济增长方式两个根本性转变的需要，培养适应21世纪社会发展需要的人才。这项改革的总目标是，转变教育思想，更新教育观念，改革人才培养模式，实现教学内容、课程体系、教学方法和手段的现代化，形成和建立有中国特色社会主义高等教育的教学内容和课程体系。这一计划正式批准立项221个大项目，近千个子项目，几乎覆盖文理工农医所有学科和专业，有1万多名教师参加了这一研究计划。目前，这一教学内容和课程体系改革计划已全面实施，有的已经取得了可喜的阶段性成果。这一改革计划的全面实现，将使中国高等学校的教学内容和课程体系发生变化，教育质量将上一个新台阶。

在教学改革领域，各高等学校还加大了外语和计算机教学改革的力度，注意培养学生的外语和计算机应用能力。中国还在190所工科院校中进行了数学和物理题库测试，积极探索高等学校新型的考试方式。

此外，国家教委正在积极进行“加强高等学校文化素质教育”试点工作。从世界范围看，自本世纪初高等教育的教学内容实现了从古典人文主义课程到现代科学课程的质的转变以后，科学技术教育一直在高等教育中占据主导地位。当今世界科学发展的趋势，既有高度分化又有高度综合，而综合化趋势为主，特别是人文科学和自然科学又一次走向融合，人文社会科学在促进经济发展和社会进步中发挥着越来越重要的作用。但是,高等学校的人文社会科学教育却有被忽视的危险,这不能不引起我们的关注。目前,国际上一些有识之士强烈呼吁要加强"科学教育的人文化倾向"。这可能是一个世界性的课题。中国提出加强高等学校的文化素质教育,目的是使学生不仅掌握一定的科学知识、具备一定的能力,而且要学会如何"做人"。为此,要求高校学生掌握一些基本的高品位的文化知识,加强文化修养,继承世界各国包括中国的优秀文化遗产,陶冶高尚的情操,以便更好地服务于未来社会,推动人类文明的发展和进步。

改革专业设置,调整专业结构

从1978年实行改革开放以来,先后于1987年、1993年对本科专业目录进行两次大的调整,由原来的1400多种缩减到500余种。但是,目前仍然存在着专业过细过窄,部分专业重复设置,专业设置的宏观结构不尽合理等弊端。这种状况严重影响高等学校人才培养的质量。1997年正在进行新的一轮专业目录修订和调整专业设置工作。

本次专业结构的调整,遵循科学性、适应性、规范性的原则,力求从社会对高等学校人才的需要出发,遵循教育规律,结合中国国情和高等教育改革与发展的实际,进一步拓宽专业口径,增强专业的适应性,改变过去过分强调专业"对口"教育状况,更加重视培养基础宽厚、能力强、综合素质高的人才,使人才培养更加适应社会的需要。本次专业结构的调整将对高等学校人才培养模式改革起到积极的推动作用,也将进一步促进本科人才培养质量的提高。专业调整工作将在1998年完成。

改进教学方法

在教学方法改革方面,国家提倡高校教师在发扬中国传统的教学方法中重演绎、推理、严谨、认真等优点的同时,要注意克服对归纳、分析和渗透、综合训练重视不够的缺陷,改变"灌输式"、推广"启发式"和"研讨式"的教学方法。特别是最近几年中国强化了现代化教学手段的应用,大力推广计算机辅助教学工作,组织教师研制教学软件,促进优秀课件的交流和推广工作,收到了很好的效果。

深化教学管理领域改革

在教学管理方面,国家在两个层次上推进改革:

在宏观教学管理方面,国家致力于探索建立高等学校教学工作和教育质量的宏观监控体系。国家建立了经常性的高校教学工作状态数据统计制度并在一定时间内公布。为促进高等学校提高教育质量,从1994年开始,国家教委颁发了对新办的院校进行教学合格评估、对办学时间比较久的基础好的院校进行优秀教学工作学校评估、对处于两者之间的学校进行随机评估等三种评估方案。从1997年开始,国家教委计划用3年时间,对170所新建高等学校进行国家级的教学工作合格评价;目前近10所重点高校参加了教学工作优秀学校的评估,今后将对高校开展教学工作随机评价。在开展评价工作中,我们提出"以评促建",通过评价促进高等学校重视教学工作、提高教学管理水平和教学质量。

在微观教学管理方面,我们强调采用何种教学管理模式属于学校的自主权,有条件的高校可以实行更加灵活的学分制。同时,还要求高等学校发扬重视学风建设的好传统,严格教学管理、严格考试要求、严格考试纪律,创建优良的校风和学风。

实施"211工程"

1994年7月《国务院关于<中国教育改革和发展纲要>的实施意见》中明确提出实施"211工程",即面向21世纪,重点建设100所左右的高等学校和建设一批重点学科。根据国务院指示,国家教委会同国家计委、财政部于1995年10月制定并发布了《"211工程"总体建设规划),对工程建设的总目标、建设的主要内容、"九五"期间的任务、建设资金的使用与建设管理程序等方面作出了规划和规定意见。建设的总目标是:经过若干年的努力,使100所左右的高等学校和一批重点学科在教育质量、科学研究、管理水平和办学效益等方面有较大提高,接近或达到国际同类学校和学科的先进水平。目前,"211工程"的国家专款、部委及地方支持的专款已经或正在落实,"九五"期间预计总数可达80亿元左右。

以上简要介绍了中国高等教育改革的状况。可见中国在由计划经济体制向社会主义市场经济体制转轨的过程中,高等教育的改革与发展取得了很大成绩。但是,中国是一个发展中国家,经济和教育发展很不平衡,高等教育的改革和发展还面临一些值得重视的问题和困难,主要表现在以下方面:

——教育改革在总体上还不适应现代化建设的

需要。现行教育体制特别是办学体制、管理体制、投资体制和高等学校招生、就业制度等改革仍滞后于经济体制改革的要求。教育体制和运行机制与建立社会主义市场经济体制和日益深化的政治、科技改革要求还很不适应。

——教育投入不足与教育事业较快发展的矛盾依然突出,财政性教育经费支出占国民生产总值的比例还远没有达到《纲要》提出的要求;教育投资水平不仅不能适应社会主义市场经济和社会发展对教育的需求,而且也难以满足现有教育事业发展的基本需求,投入不足使办学条件仍然较差。

——教育既有人才结构及供给机制还不适应经济社会大发展对人才的需求;人才培养在总量和质量尤其是规格和素质等方面不适应现代经济快速发展的需要。

——教育思想、教学内容和教学方法程度不同地与经济建设和社会实际需要存在着脱节现象。

——高等教育布局不合理,专业过细、重复设置,综合效益亟待提高。

——教师队伍建设存在很多亟待解决的问题;教师待遇仍然偏低,在住房、医疗等方面存在较大困难。

国家正视这些问题和困难,决心采取有效措施逐步加以解决。

中国知识产权保护情况简述

中国版权研究会　张树英

在生产和社会实践中,人类在劳动中用智慧创造出自然科学、社会科学和文学艺术上的智力成果,从而产生了保护智力成果所有权利益的法律措施——知识产权保护制度。

保护知识产权是中国改革开放政策的组成部分,是促进科学、技术和文化事业繁荣发展,保障社会主义市场经济正常运行的重要制度。

知识产权分为工业产权和著作权两部分。工业产权即专利权和商标权,著作权也称版权。知识产权保护的必须是具备独创性的智力成果,目的是保障独创权利人的合法权益,调动权利人的积极性和创造性。

中国早在清朝末年就颁发过有关知识产权保护的制度,北洋政府和国民党政府也有过相似的制度。新中国建立后,直到 1982 年、1984 年、1990 年、1993 年才先后颁布了中国的《商标法》、《专利法》、《著作权法》和《不正当竞争法》。之后参加了《巴黎公约》、《伯尔尼公约》、《世界版权公约》、《马德里商标国际注册协定》和《专利合作条约》等国际保护条约。

专利法

专利权是指国家专利主管机关依法授予专利申请人及其继承人在一定期间内实施其发明创作的独占权。

专利法则是国家制定的解决有关发明创造的权利归属问题和发明创造的推广利用问题的法律。

早在中世纪随着商品经济的扩大发展,技术成果成为一种商品、成为一种财富。在这样的历史条件下产生了专利制度。

1747 年,威尼斯共和国制定了世界第一部专利法。1790 年在美国、1791 年在法国、1814 年在俄国、1817 年在荷兰、1820 年在西班牙、1877 年在德国、1885 年在日本均相继建立了适合本国的专利制度。1883 年以法国为首十几个国家共同签定了《保护工业产权巴黎公约》使保护制度国际化。

中国在解放后也发布过有关发明专有权的条例,

直至1980年中国专利局成立后，1984年3月通过了《中华人民共和国专利法》。1985年，中国加入了《保护工业产权巴黎公约》，1992年，又根据中国现状对《专利法》进行修改，使中国专利制度日趋成熟和完善。

中国《专利法》的特点是在一部法中维护发明、实用新型和外观设计三种专利。

发明专利获得要符合三个必要条件：

新颖性 获得专利的发明创作不仅应是独创的，还必须是前所未有的首创。在申请前，没有同样的发明，不论国内外都没有公开发表、使用过的最新发明。

先进性 （也称创造性）这发明创作必须是一种与国内外现有技术完全不同的技术方案，是一种新的技术领域的诞生。

实用性 这发明创作必须能够在产业上进行制造，在实际上得到应用。不能违背社会公德，危害公共安全。

满足以上条件后，申请人须向专利局书面提出申请。专利局收到申请后由专业知识的人员受理、初步审查、公布发明申请和说明书等有关文件，最后在实质审查通过后，专利局将颁发发明专利证书，同时登记和公告。

实用新型专利和外观设计专利也须提出书面权利要求，提供有关说明、造型的图片或照片，经专业人员的初步审查，符合条件，便公告授权。

一旦出现专利纠纷，可以依法请地方专利管理机关调处，也可以向人民法院起诉。

商标法

商标法是伴随着自由竞争而产生的。生产者用文字、图形或其他组合成一种独特的标志，区别不同的商品或不同的来源。

世界上第一部商标立法是在1857年，由法国颁布。随后，1862年在英国、1870年在美国、1874年在德国、1905年在澳大利亚……也制定了商标法。

中国在1904年，清政府曾颁布过中国最早的《商标注册试办章程》。1923年，北洋政府颁布过《商标法》和《细则》。1927年，国民党政府也曾颁布过《商标法》。

新中国成立后，中国制定了《商标注册暂行条例》。1978年，中国工商行政管理局成立。《中华人民共和国商标法》于1983年颁布并实施。从此中国的商标管理工作纳入正轨。

中国的《商标法》适应建立社会主义市场经济的需要，采用国际上通用惯例，形成了具有中国特色的商标法律制度。保护商标权与维护消费者利益相结合的原则是中国商标法的立法宗旨。

确定商标专有权一是注册原则，二是申请在先原则。也就是谁在先提出申请、进行注册，谁就享有商标专有权，就受到法律的保护。

商标注册要填写《商标注册申请书》。主管机关对其进行检查、对比、审查，然后在《商标公告》刊物上告布于众。无异议便可注册产生商标专有权，受到法律保护。

发生注册商标争议，将由商标局指定的法定机构商标评审委员会客观、公正的裁决。如果出现商标侵权行为，可由工商行政管理机关和人民法院处理。

著作权

著作权是指作者对自己创作的文学、艺术和科学作品依法享有的民事权利。

现代著作权保护的第一部法律是1710年英国政府颁布的《安娜女王法》。而中国在南宋民间刻印的书上就刻有“已申上司不许复板”的字样，这就是一种保护意识。中国第一部保护著作权的法律，仍然是清末的《大清著作权律》。第二年虽推翻了清朝封建统治，但还被使用。1915年、1928年，北洋政府和南京政府也颁布过《著作权法》和《细则》。新中国成立后，政府陆续颁发了《关于出版工作决议》等中央文件。当1979年，中国共产党第十一届三中全会后，国务院副总理邓小平率领中国代表团访问美国，在谈判到“中美高能物理协议”时，美方提出著作权保护问题。于是同年4月，中央批复国家版权局“组织班子，草拟版权法”。

1984年文化部颁布了《图书、期刊版权保护试行条例》及其细则。

1990年中国正式颁布了《中华人民共和国著作权

法》及其《实施条例》。一年后,中国相继加入了国际上影响最大的版权组织,——《伯尔尼公约》(建于1886年)、《世界版权公约》(建于1952年)。

中国立法的宗旨是保护文学、艺术和科学作品作者的著作权,以及与著作权有关的权益,鼓励有益于社会主义精神文明、物质文明建设作品的创作和传播,促进社会主义文化和科学事业的发展与繁荣。中国著作权法是以维护作者的权益为核心;作者和公众利益协调一致;并符合著作权国际保护基本准则。

中国和大多数国家一样,认为著作权的产生来自作品创作的必然结果,不须任何手续,故采用自动保护制度。

作者权益主要体现在人身权和财产权。

人身权(精神权利)是人的劳动和劳动成果应得到社会尊重和承认的权利。社会要发展、要繁荣就必须积极的推动社会科学工作者的创造力,鼓励人的劳动热情,承认人的智力成果。

财产权(经济权利)是劳动者因为劳动成果而获得的报酬,劳动者的劳动得以认可、使用,并在社会中产生良好的科学和社会效益,那么就会得到相应的报酬。进而改善了劳动者的生活和工作条件,使劳动者创造出更多更好的有利于国家、集体的成果。

著作权的主体按法律规定是有权享有著作权的人:自然人和法人或非法人单位。

自然人(作者)即独立构思创作作品的一个人。但也可能是共同构思创作作品的若干人。他们的创作成果有机地联系在一起,共同创作出一个不可分割的合作作品,称之为共同作者。

而由机关、团体、企业等单位提出的构思,提供经费,设计方案,指派人员进行劳动,其著作权归以上法人或非法人单位享有。实际劳动者的劳动为职务作品,仅应获得相应的劳动报酬。

著作权保护的对象是人们以智力创作,发表并获得利益的成果——作品。

受保护的作品包括文学作品、口述作品;音乐、戏剧、曲艺、舞蹈作品;美术、摄影作品;电影、电视、录像作品;工程设计、产品设计图纸及其说明;地图、示意图等图形作品;计算机软件及民间文学艺术作品。

受保护的作品又必须是具有独创性的。作者在文学、艺术、科学领域中,不论素材的选择、文学情节、色调搭配、形状设计等方面进行独立的思考,并以与众不同的形式表达出来才为独创性,才能受到法律的保护。

中国规定不受法律保护范围之内的作品有二种情况;一种是违反中国其他法律规定,如禁止出版,传播违法、反动、破坏民族团结,泄密、淫秽的作品。一种是国家的决议、命令官方的正式译文和法规法律;在报纸、电台等传播媒介中报道的单纯事实消息;中国的阳历、阴历、藏历等历法;数表、通用表格和公式。

著作权人的权利包括发表权、署名权、修改权、保护作品完整权、使用权和获得报酬权。

发表权是作者人身权中最基本的权利。当一件作品完成之后,作者有权决定作品是否以出版、上演、录音、展览等方式公之于众。

署名权是指作者在自己创作的作品上标记的权利。可署名、可不署名,可化名来表明自己的身份。

修改权是在作品发表之后,作者为了作品更加完美,自己或授权他人修正、增减其作品。

维护作品完整权是防止他人在使用自己作品时对其进行有损名誉的歪曲、篡改,是作者要求尊重作品独创性的权利。

著作权人通过他人合法的使用,得到一定的经济效益而获得报酬权。

所以复制、表演、播放、展览、发行、摄制电影、电视、录音、录像或改编、翻译、注释、编辑等方式使用他人作品均要支付作者报酬。

新中国第一次支付稿酬标准是1950年,新华书店采纳原苏联付酬方法。

1958年,文化部颁布了《关于文学著作和社会科学书籍稿酬的暂行规定草案》。

1961年文化部废除了版税制,仅支付较少的一次性稿酬。

到了文革时期,便一切稿酬都不再支付了。

1977年,中国规定了《新闻出版稿酬及补贴试行办法》,著作稿酬2～7元/千字。

1980年,颁布了《关于书籍稿酬的暂行规定》,把著作稿酬标准提高到3～10元/千字,并恢复了印数稿酬。

1984年,稿酬标准再次提高到6～20元/千字。

1990年至今,稿酬标准又提高到10～30元/千字,最高不得超过40元/千字。

著作权的许可使用,在一定条件下为合理使用。

如为个人学习、欣赏复制作品;为教学、科研复制少量作品;为评论适当引用他人作品;也就是复制的目的不是商业性的,可以不经作者允许不支付报酬,但要指明作者姓名,作品名称和出处。

一般使用他人作品要征得著作权人同意,签定使用合同,使用后支付报酬。

许可使用的合同主要条款应包括使用作品的方式、使用范围、使用期限、支付报酬的标准和办法。合约上要制定违约责任,以保障协议的认真履行。

中国著作权法对侵犯著作权行为规定了民事责任和行政责任制度,近日又规定了刑事责任制度。所以根据侵权的主客观情况罚处侵权者承担停止侵害、消除影响、公开赔礼道歉、赔偿损失等民事责任,并可由著作权行政管理部门给予没收非法所得、罚款等行政处罚,更重者可拘役或判处有期徒刑并处罚金。

著作权纠纷可以调解。通常是纠纷双方互谅互让,消除争议,达成共识。调解不成,可向人民法院起诉。

著作权合同纠纷也可请第三者仲裁,仲裁人对特定行业必须熟悉,裁决要准确和迅速。如不能达成仲裁协议的仍可诉诸法律。

著作权法实施6年来,中国在知识产权保护领域里取得了很大的进展,配套的法律不断的健全。如今中国设立知识产权庭的有北京市高院、中院、上海市高院、中院、广东省高院、广州市中院、福建省高院、海南省高院等几十家法院。

但终因中国知识产权保护工作开展的较晚,与国际上还有一定距离。又由于社会上著作权法律意识薄弱,法律本身也存在不足,还常常出现不法分子盗版、侵权等现象。

中国要走向现代化,必须建立和完善社会主义法制体系,保护知识产权,保护人类的文明,才能推动社会的发展,才能促进科学、技术、文化的繁荣。

中国国有企业改革的历史回顾与前景展望

国家经济贸易委员会　李有荣
北 京 物 资 学 院　魏国辰

国有企业改革的历史进程

十一届三中全会以后,随着解放思想、实事求是的思想路线的确立和对外开放国策的推行,中国国有企业改革由此拉开了序幕,并大体经历了以下六个阶段。

第一阶段,扩大企业自主权的试点阶段

扩大企业自主权是对我国传统的国有企业管理制度进行改革的一种早期探索,它是由四川省率先于1978年10月在6家国有企业中进行的。自主权的主要内容是:给企业定一个增产增收的目标,允许企业实现目标后,提取少量利润留成,可给职工发放奖金。1979年5月,原国家经委等6个部门联合发出通知,确定在京、津、沪三市选择首钢等8个大企业进行扩大企业自主权试点。同年7月,国务院颁布了《关于扩大国营工业企业经营管理自主权的若干规定》、《关于国营企业实行利润留成的规定》、《关于提高国营工业企业固定资产折旧率和改进折旧费使用办法的规定》、《关于国营工业企业实行流动资金全额信贷的暂行规定》以及《关于征收固定资产税的规定》5个文件,要求各地和各部门按照统一规定的办法选择少数企业进行扩大自主权的试点,试点面迅速扩大,到1980年7月,试点企业发展到6 600多个,约占预算内工业企业数的16%。试点的效果也十分明显,试点企业的产量、产值、上缴利润增长幅度,大都超过了试点前的水平，也高于非试点企业的水平。

为了把扩大企业自主权的试点引向深入，1980年9月，国务院批转的《关于扩大企业自主权试点工作情况和今后意见的报告》提出了改变利润留成办法，调动了企业生产积极性。1984年5月，国务院又颁布了《关于进一步扩大国营工业企业自主权的暂行规定》，把扩权工作又推进了一步。

企业自主权的扩大和利润留成制度的建立，增强了企业完成计划和增产增收的积极性，企业自我发展意识和盈利意识有所增强。但是，由于没有有效产权约束和市场竞争约束，又没有价格体系的引导，因而，增产增收效应随时间而递减，企业产值的增加只能靠大量社会资金的投入来维持，从而使财政赤字增大。

第二阶段，试行经济责任制阶段 从1981年起，中央政府决定采取经济紧缩政策，进一步调整国民经济结构，并提出了增加财政收入、减少财政赤字的要求。各地为了落实财政上缴任务，在扩大企业自主权试点基础上，对部分工业企业实行了利润包干的经济责任制试点。由于这种方法使企业的责任较为明确，利益落实，很快在部分国有大中型企业中得到推广。1981年4月，在国务院召开的全国工交工作会议上肯定了企业经济责任制的内容，并明确提出建立和实行经济责任制的要求。会后，50多家企业实行了上缴利润递增包干的经济责任制。1981年10月、11月，国务院批转了《关于实行工业企业经济责任制若干问题的意见》和《关于实行工业企业经济责任制若干问题的暂行规定》两个文件，进一步提出工业经济责任制不仅要和利润挂钩，还要和产量、质量、品种、成本等挂钩，要求企业内部在生产、技术、经营等方面建立明确、具体的经济责任制。

盈亏包干的经济责任制，确实使一些企业在较短的时间内取得了增产增收的明显效果，但大多数企业经济效益并没有明显的提高。而且在当时价格制度和税收体系等多方面的体制尚未进行改革的情况下，盈利水平往往不能正确地反映企业的经营状况，承包基数又常常受非经济因素的影响，"苦乐不均"的状况相当严重。鉴于这种情况，1982年10月国务院转批的国家体改委、原国家经委和财政部《关于当前完善工业经济责任制问题》的文件强调指出，实行经济责任制，要明确企业对国家的经济责任，要把工作重点放在落实企业内部经济责任制方面，建立健全岗位责任制。1983年初，在"包字进城，一包就灵"的口号推动下，短短的两三个月内，全国大多数国有企业普遍实行了利润包干制。由于时间仓促和未注意规范，致使经济秩序发生混乱并形成物价涨势。于是，中共中央和国务院作出决定，停止全面推行利润承包和"加快利改税"的改革。

第三阶段，试行利改税和深化企业内部改革阶段 为了正确处理国家、企业和职工三者利益，保证国家财政收入稳定增长，1983年4月，国务院批转了财政部《关于全国利改税工作会议的报告》和《关于国营企业利改税试行办法》，这就是所谓的第一步利改税。第一步利改税的主要内容是：凡有盈利的国有大中型企业，根据实现的利润，按55%的税率缴纳所得税，税后利润一部分上缴国家，一部分按国家核定的留利水平留给企业。凡有盈利的国有小型企业，根据利润，按八级超额累进税率缴纳所得税，税后企业自负盈亏。第一步利改税的实行，基本达到了稳定和增加财政收入的目标，但由于税种比较单一，难于全面发挥税收调节经济的杠杆作用；征税后利润的分配办法仍较纷繁，国家同企业的分配关系还没有完全定型；某些企业之间留利过于悬殊的问题没有很好解决。

1984年10月，国务院又批转了《关于在国营企业推行利改税第二步改革的报告》。第二步利改税改革的主要内容是：将国有企业应当上缴国家的财政收入分别按11个税种向国家缴纳，把国家与企业的分配关系用税法的形式固定下来。这项改革是按照国家得大头，企业得中头，个人得小头的原则设计的，从实施的结果看，推行第二步利改税后，在一定程度上调动了企业、职工积极性，促进了企业的发展，在短期内保证了财政收入的增加。但由于各地区、各行业和企业的情况千差万别，价格严重扭曲以及各方面改革不配套，第二步利改税改革不仅没有消除税收的不规范状态，为企业创造一个平等竞争的外部环境，调节税的设置反而造成企业普遍缺乏自我改造、自我发展的能力，形成了"水涨船高"、"苦乐不均"、"鞭打快牛"的状况，影响了企业职工积极性，最终也影响了国家的财政收入。

1984年10月，党的十二届三中全会制定的《中共中央关于经济体制改革的决定》指出：增强企业活力，是以城市为重点的整个经济体制改革的中心环节。为了落实这次会议精神，国务院于1985年1月至1986年7月，就试行工效挂钩、发展横向联合、实行政企分开、实行劳动合同制等方面发布了一系列文件，促进了企业内部改革的深化。随后，国务院又颁布了《全民所有制企业职工代表大会条例》等文件，确立了"厂长全面负责，党委监督保证，职工民主管理"的新型企业领导体制，使企业内部改革又向前迈进了一大步。

第四阶段，推行承包经营责任制，完善企业经营方式阶段 1986年全国曾出现过"股份热"，但由于当时社会上对股份制认识不一，加之由此所要求的条件不具备，所以只允许搞少数试点而不进行推广。这样，企业改革的主要形式重新回到人们所熟悉和易于接受的承包制。1986年12月，国务院《关于深化企业改革，增强企业活力的若干规定》，提出要推行多种形式的承包经营责任制，给经营者以充分的经营自主权。1987年3月全国人大六届五次会议通过的《政府工作报告》，强调要把改革重点放到完善企业经营机制，实行多种形式的承包经营责任制上来。1987年4月，原国家经委受国务院的委托，召开了全国企业承包经营责任制座谈会，全面布置了推行承包制的各项工作，从此，承包制在全国大中型企业中推开。1988年2月，国务院颁布了《全民所有制工业企业承包经营责任制暂行条例》，使承包制步入规范化、正规化的轨道。到1988年，实行承包制企业已占到全国预算内工业企业的90%，占大中型企业总数的95%。

承包经营责任制与以前所实行的利润包干的经济责任制相比，其承包性质已发生了很大变化，由过去单纯落实财政上缴任务的一种手段，演变为一种相对完整的企业经营形式。承包制的主要内容是：包上缴国家利润，包完成技术改造任务，实行工资总额与经济效益挂钩。在国家和企业的分配关系上，确定了"包死基数、确保上缴、超收多留、欠收自补"的原则。承包制虽仍是从重构企业激励机制入手以调动其积极性，但政企关系已不限于分配关系的调整，实际上企业已获得了部分产权，开始由行政机构的附属物向商品生产者转变，由纯粹的生产型向生产经营型转变，由依靠行政指令组织生产向计划与市场共同调节生产转变。这种制度既能实现政府财政收入稳定增长的目标，又给了企业一定程度的利益驱动，因而被政府和企业共同接受并迅速成长为企业改革的主导形式。

承包制的实行，使企业活力有了明显增强，但"包盈不包亏"、承包者与职工产生矛盾对立、企业间"苦乐不均"、承包过程不具有竞争性等弊端困扰着承包制。因此，在推广中又提出了各种有效措施，如风险抵押承包、全员承包等。尽管如此，国有企业的经营没有从根本上发生转机。1990年第一期承包期满后，虽然大多数企业仍在形式上维持承包制，但都改为一年一定的"滚动式承包"，与实行一般的"放权让利、扩大自主权"没有太大的区别。

第五阶段，以转换企业经营机制为重点的企业改革阶段 1991年9月中共中央工作会议制定了增强国有大中型企业活力的20条措施，以促进国有企业经营机制的转换。1992年初，邓小平同志南方谈话以后，企业改革力度逐步加大。外部环境得到很大改善。1992年7月，国务院颁布了《全民所有制工业企业转换经营机制暂行条例》(以下简称《转机条例》)，以法规形式明确了国有企业转换经营机制的目标，制定了落实企业14项经营自主权的具体措施。《转机条例》的贯彻落实，企业经营机制转换有了新的进展，但由于《转机条例》未解决产权问题，企业经营机制难以从根本上转换。

第六阶段，以建立现代企业制度为目标的制度创新阶段 1993年11月，党的十四届三中全会提出了建立现代企业制度是国有企业改革的方向，从而把国有企业改革推向制度创新的新阶段。1994年初，国家经贸委组织实施了"万千百十，转机建制"规划，把转换企业经营机制与深化企业改革、建立现代企业制度结合起来，取得了显著效果。同时，国家又出台了财税、金融、投资、外贸体制等宏观经济体制配套改革措施。由于政策目标和改革措施具有相当的理论高度和可操作性，极大地促进了国有企业改革顺利进行，企业改革全面展开。1994年11月，国务院召开了全国建立现代企业制度试点工作会议。1995年5月，国家经贸委在上海召开了全国企业改革试点工作现场交流会，总结和推广了上海等城市"建立现代企业制度试点"和"优化资本结构试点"的典型经验,下发了一些可操作的政策性文件,对增强搞好国有企业信心,明确企业改革任务,探索解决重点难点问题,推动企业改革工作产生了积极影响。1995年5月、6月,江泽民总书记在上海、长春的两次企业座谈会的讲话,进一步坚定了搞好国有企业的信心和决心,明确了国有企业改革的任务。1995年9月党的十四届五中全会提出:以建立现代企业制度为目标,把国有企业改组、改造和加强企业管理结合起来,构造产业结构优化和经济高效运行的微观基础。全面准确把握"产权清晰、权责明确、政企分开、管理科学"的现代企业制度基本特征,加大改革力度,使大多数国有大中型骨干企业在本世纪末初步建立现代企业制度,成为自主经营、自负盈亏、自我约束、自我发展的法人实体和市场竞争主体。并提出"抓大放小"企业改革的总体战略部署,为企业改革指明了道路。

1996年是"九五"计划的第一年,是国有企业改革力度继续加大的一年。1996年1月,国务院批转学邯钢经验的通知,召开了推广邯钢经验现场会,促进了企业加强管理,减亏增效。1996年5月,江泽民总书记发表了《坚定信心,加强领导,狠抓落实,加快国有企业改革和发展步伐》的讲话,进一步明确了国有企业改革的基本方针,促进了国有企业改革。1996年11月,中央经济工作会议提出,1997年国有企业改革与发展工作的重点是:加大力度,狠抓落实,配套改革,总结经验,逐步推开。国有企业改革要做好四个方面工作:一是搞好"抓大放小"、"三改一加强",转换国有企业经营机制;二是以改革方法搞好企业管理;三是抓好企业领导班子建设;四是努力为国有企业改革创造有利的环境和条件。1996年全国各地都把"三个有利于"作为判断企业改革成败的重要标准,并从全局出发,从战略和整体上全面系统地考虑改革总体思路、措施、步骤。建立现代企业制度试点工作进一步深化;优化资产结构试点城市在"增资、改造、分流、破产"及解决国有资产管理体制,债务重组等难点、重点问题上取得了初步成果;"抓大放小"步伐加快;加强了企业管理,学邯钢见到了成效。国有企业改革已形成强大合力,改革取得了实质性突破。

1997年国有企业在改革和发展方面取得双进展。企业改革进一步深化,一是改革方向、方针更加明确。大家越来越深刻地认识到改革的思路要从搞活每一个国有企业转向搞活国民经济,从减税让利转向制度创新,从主要抓企业改革转向与配套改革同步推进,从分别抓单向改革转向"三改一加强",从分散经营转向实施大公司大集团战略;二是改革范围扩大,力度加大。改革范围扩大主要表现为,优化资本结构试点城市由58个扩大到111个,国有重点工业企业由300户扩大到512户,试点企业集团由57户扩大到120户。各地加快了放小的步伐,加强了工作指导,使大批小企业走向了市场,收到了比较好的效果。改革力度加大最突出的表现为用于支持国有企业改革的投入增加;三是改革成效显现。通过多年的改革,企业改革成效已开始显现。一批企业机制得到转换,适应市场和开拓市场的能力提高,基本建立了优胜劣汰机制,大部分企业有了压力和动力。一批企业的历史包袱和社会负担有所减轻,市场竞争能力增强。国有企业生产经营比较稳定,经济效益明显好转。1997年9月党的十五大提出了"加快推进国有企业改革","力争到本世纪末大多数国有大中型骨干企业初步建立现代企业制度,经营状况明显改善",使企业改革走上了一个更加明确的道路。当前国有企业改革正遵循"形成合力、配套改革、创造条件、全面推开的思路",按照"三个有利于"的标准,向前推进。这些都表明,国有企业改革已经进入成熟的、系统化的新阶段。

对国有企业改革主要举措的简要分析

回顾以往的改革,可以看出,不同的改革措施,在特定的历史时期,对不断提高国有企业整体水平和素质,增强企业活力,转换企业经营机制,充分发挥潜在优势起到了一定的作用。改革是逐步深入的,有成效的。但是,由于认识上的不一致,人们对原则的规定作了不尽相同的理解和解释,况且,有许多人的认识只来自经验的总结和浅层次的理论指导,而未能从更深层次的理论上加以理解和作出说明。因此许多改革措施和步骤尚未触及问题的根本和要害。可喜的是,经过长期理论研究和实践探索,人们对国有企业改什么、怎么改,有了统一的科学认识,建立现代企业制度是国有企业改革的方向,国有企业改革的根本问题是制度创新,国有企业改革的关键是产权制度改革。

从总体上看,我国国有企业的改革是以渐进方式演进,与独联体、东欧国家的"激进"改革有着本质区别。"渐进"和"激进"的区别,主要是进程快慢的不同、改革的方式不同,但人们也将目标的不同纳入其中。所谓"渐进式改革",一是从最容易改革的边际部分改起,由易到难,逐步推进。二是由单项制度改革逐步走向整体制度的变革。三是由政策调整发展到制度创新。四是由搞好单个企业到搞好整个国有经济。渐进式改革较之于激进式改革有其优点,主要是:第一,使改革成本在时间序列上分摊,以降低短期改革成本,避免剧烈的社会、经济震动和短期产生巨额损失。第二,以"让利"和"补偿"方式,弱化改革的反对力量,使改革较易进行。但渐进式改革的优点恰恰是它的"缺点",渐进式改革的短期改革成本可以降低,而长期改革成本却不一定低。企业改革拖得越是持久,进一步改革的难度就越大,付出的成本就越高。所以,渐进式改革不是绝对的,在时机适当、条件具备时,渐进中也需要"急进"。

应当承认,改革开放以来,国有企业经过放权让利、利改税、承包制、转换经营机制等改革阶段,取得了一定的成效,但仍然是有限的,大多数国有企业效益低下的状况没有根本改观,根源何在?

(一)放权让利的利与弊

改革之初,人们认为传统的以高度集权为特征的计划体制的弊端,不在于政府直接管企业,而在于政府管得过多过死,压抑了企业的积极性,因此要向企业放权让利,以增强企业活力。从改革的操作及其成本来看,这样做既简单,又能为政府和企业双方乐于接受。但在具体的实施过程中,却经常出现如下现象:一方面,政府承诺下放的权力被层层截流,迟迟放不下去;另一方面,获得了部分自主权的企业不顾甚至侵蚀国家利益而偏重企业利益。因而,国有企业改革曾一度陷入了"放——乱——收——死——放"的恶性循环。

放权让利为何走不通?对此,经济理论界有不同的说法,一是认为放权让利的随意性大,对该放什么权,不该放什么缺乏深入系统研究,结果是"放"乱了。二是还有一些人认为放权让利忽视了其他方面的改革,缺乏社会的支持和各方面的配合,因而不可能取得成效。三是一少部分人为维护其既得利益,千方百计阻挠放权让利。这些意见都有一定的道理,但不是问题的全部,更不是问题的根本。根本问题在于,在不改变计划配置资源的方式的前提下,建立在国营制度基础之上的放权让利是不可能塑造出一个有效的激励机制来的。

放权让利,强化物质刺激,本来意味着让企业经营人员根据情况变化和企业自身的利益做出决策,但是,当这种决策与政府或者上级主管机关的目标发生冲突时,有关的行政机关就会采取措施改变企业的决定,甚至收回已经下放的权力。由此看来,要使新体制变得有效率,就必须建立一种激励相容机制,使企业以自己的利益为目标做出的决策与政府目标相一致。解决这一问题的办法,通常是选择利润留成和与之相关的制度。然而在无法确定利润来源,无法根据职工的劳动贡献和经营者的经营努力及其水平高低确定其报酬时,利润分享不可能促使企业合理使用资源,因此,利润留成制度的实施,也不可能使企业经营状况得到较好的改善。

总之,不改变以行政命令配置资源的方式,而只试图通过"加强核算"、"放权让利"和物质刺激来调动企业积极性的办法,不可能使企业真正具有活力,反而会由于激励的非兼容性,而使改革陷于困境。

(二)承包经营责任制是一种过渡性形式

从承包经营责任制的制度构造看,承包制与企业发展及商品经济之间存在着较大的矛盾。一是企业的外部环境是经常变化的,而承包合同在承包期内却是不可变更的,两者的摩擦会把承包制推入困境。承包制这种固化现有体制的功能,加大了进一步改革的难度和成本。二是承包指标是政府与企业一对一谈判的结果,因而指标的高低常受讨价还价的能力、与主管部门决策者的个人关系、贿赂等因素的影响,承包指标不具有竞争性,从而会使效益好的企业由于上级多反倒难以生存,困扰着企业发展。三是经营者普遍追求承包期内的留利最大化而直接损害了国有资本的长期利益,但政府若试图校正经营者的行为,则极有可能再收权而使旧体制复归。因而矛盾的表现是,承包经营权会使经营者行为失控,约束经营者则有可能造成政企不分。四是在承包制下,企业仍没有经过明确界定的法人财产，相应地也就谈不到以法人财产承担民事责任。这样，企业就不可能自负盈亏，在最好的情况下，也只能是“负盈不负亏”。五是承包制一方面使企业有了强烈的利润动机，但另一方面却使企业仍承担着对职工的各项保障职能，因而企业难以成为一个真正的商品生产者。六是承包制隐含的一个前提是，承认所有企业都有生存的权利，这样，即使承包制调动了企业增产增收的积极性，也极有可能使经济结构趋于老化和恶化，而降低整个社会的资源配置效益。

鉴于承包制有诸多缺陷，在实施过程中人们又提出了各种完善的措施。但是，在运用中收效并不明显。承包制为何难以完善？根本的原因在于这一制度在使承包者拥有企业部分剩余索取权的同时，发包者无法仅通过一级承包合同对承包者实施有效的监督和约束。而这又会引起发包者的逆向行为，即改变承包条件和限制承包者的自由权。因此，承包制总会使自己处在一种承包放权和发包收包的左右为难的境地。这就说明，企业承包制不是一种 能够稳定实行的制度，也绝非企业改革的根本出路。

（三）企业经营机制转换的难处

企业经营机制是企业在运行中，为适应外部经济环境，求得生存和发展，有效地进行生产经营活动的机能和运行方式。国有企业转换经营机制的目的在于唤起企业自身的活力，使企业适应市场，成为依法自主经营、自负盈亏、自我发展、自我约束的生产者和经营者。从落实国务院《转机条例》的情况来看，迄今为止，离自主经营、自负盈亏这一目标仍很遥远。为什么国有企业的经营机制难以转变呢？

国有企业的自主经营，按其本意，就是在国家所有权的授权范围内，企业有自主权，并能自主充分地运用权力而不受任何干预。但是，要做到这一点，关键是要使所有者和经营者具有共同的行为目标。政府作为行政组织，行使国有资产所有者职能却往往使其与经营者目标不一致。一是政府常常凭借所有者身份，为企业设置体现社会偏好的激励约束规则，甚至不惜牺牲企业效率来实现政府目标；二是当企业目标与社会偏好不一致时，为了使企业的经营行为与政府期望实现的目标相一致，政府常常借助行政权力来约束企业行为，行政干预不可避免；三是由于企业承担了社会责任，成本与利润指标并不确切反映企业的努力程度，因此当企业陷入困境时，政府不会坐视不救而会给予外部援助。这说明，行政权对所有权的侵害，是政企不分从而是企业难以自主经营的症结所在。

自负盈亏是指法人企业用自己财产对盈亏负全部责任。所有者当然要负盈亏责任，事实上改革前所有者也是负盈亏责任的，不过是作为所有者的国家统负盈亏。企业自负盈亏正是针对统负盈亏提出来的。自负盈亏不仅涉及所有者的利益，也涉及经营者和广大职工利益，转换企业经营机制就是要建立一种机制，使企业成为真正的自负盈亏。近年来国有企业亏损增加，已成为影响经济正常发展和经济运行质量提高的突出问题，成为各界人士注目的焦点。导致国有企业经济效益差的原因当然很多，但企业缺少自负盈亏机制显然是一个重要原因。因为如果企业不自负盈亏，则一系列问题难以解决。如企业不会有明确的财务责任；企业不会有改进经营管理的强大动力和压力；企业不会有技术进步的强大压力和动力；企业不会有提高投资效益的动力和压力；企业不能建立必要的自我约束机制；企业不会有走向市场、参与市场正当竞争的内在动力；企业间不会实现真正的优胜劣汰等等。

企业自负盈亏进展缓慢有其客观原因。企业实行自负盈亏是有一定条件的。一是要求企业实行自主经营，如果企业不是自主经营，也就不能要求企业自负盈亏；二是要求企业有自己的财产权，如果企业没有自己的财产权，即使名义上是法人，也难以完全自负盈亏，国有企业仍旧只能由国家财政统负盈亏。自负盈亏进展慢也有主观原因，主要是对此重视不够，没有摆在应的的位置上研究和处理，这和落实企业自主权相比就显而易见。要促使企业自负盈亏，必须明确企业作为法人不仅有经营权，而且有财产权，必须加快产权制度改革。

所以，绕开产权改革而单纯地转换企业经营机制，可以取得暂时的、局部的效果，但从长期和根本上看，是注定行不通的。

（四）国有企业改革的根本出路在于建立现代企业制度，转换企业经营机制

现代企业制度是以产权为核心，适应社会化大生

产的客观要求，反映社会主义市场经济体制的内在要求，使企业真正成为面向国际、国内市场的法人实体和市场竞争主体的一种企业制度。

现代企业制度提出并不是偶然的，它是国有企业近20年改革发展的必然要求，是国有企业改革的继承和发展。一是改革目标的继承。早期企业改革目标是使企业真正成为相对独立的经济实体，成为自主经营、自负盈亏的社会主义商品生产者和经营者，实质上是使企业成为独立的法人实体和市场竞争主体，这也是建立现代企业制度所强调的内容。二是政企职责分开原则的继承。十几年来，从企业相对独立到独立的商品生产者和经营者，直到把企业推向市场，都是为了改变企业附属政府的行为方式，成为市场竞争的主体。政企职责分开，是现代企业制度的重要内容。三是所有权与经营权分离要求的继承。改革开放以来，从扩大企业自主权开始，逐渐提出了两权分离的理论，并进行了一系列的实践探索，最终确立两权分离的实现形式就是建立现代企业制度。

现代企业制度的基本特征是"产权清晰，权责明确，政企分开，管理科学"，这四项特征是一个有机的整体，四者往往是互为因果，又互为条件，只有四项特征都充分得到实现，才能综合性地从根本上解决国有企业那些深层次问题，建立起社会主义市场经济的微观基础。

产权制度是现代企业制度中最重要组成部分，产权制度改革是国有企业改革的核心。放权让利、利改税、经济责任制、承包制、转换经营机制等改革举措没有从根本上解决国有企业低效率这一重大难题，关键就是没有进行产权制度改革。产权制度改革不是要改变公有制的性质，而是要改变它的实现形式。公有制实现形式可以而且应当多样化，一切反映社会化生产规律的经营方式和组织形式都可以大胆利用，并要努力寻找能够极大促进生产力发展的公有制实现形式。

国有企业改革取得的成就

（一）形成了明确的推进国有企业改革的指导思想和思路

经过长期的调查研究和大胆探索，在理论认识上，我们以邓小平理论为指导，确立了以建立社会主义市场经济体制为目标的经济体制改革方向，提出了国有企业改革的方向是建立现代企业制度；在实践上，我们已经由在计划经济体制框架内实行放权让利和利益调整的改良式改革，进入到制度创新阶段。这些年关于国有企业改革的提法，从"搞活国有企业"到"搞好国有企业"、"搞活整个国有经济"提法的变化，是我们对国有企业改革认识不断深化的体现，也是企业改革指导思想的突破。与早期、中期改革指导思想比，现在的改革指导思想，有如下几个明显的特点：一是从改革的宽度、幅度看，由单项突破进展到整体推进；二是从改革的方式看，从政策推动进展到法律规范；三是从改革的深度看，由政策调整进入到制度创新；四是从改革范围看，从试点到全面推开，从搞好单个企业转到搞好整个国有经济上来，把改革、改组、改造和加强企业管理有机地结合起来，优化国有资产结构，实现国有资产战略转移，提高国有资产的运营效率；五是从改革方法上看，从孤立地解决国有企业历史遗留问题转到配套进行金融、财税、投资、社会保障、商品流通等方面的体制改革上来，通过建立企业资本金制度、银行呆帐准备金制度、失业保险和救济制度、养老医疗保险制度、城镇住房公积金制度等，从整体上解决国有企业的历史遗留问题；六是从改革的道路上，从摸着石头过河过渡到顺着桥过河；七是从企业改革突破口看，从国有大中型企业进展到"抓大放小"，以小促大。所有这些特点表明，国有企业改革的指导思想有了新的转变和突破，并日趋明确。

江泽民同志在党的十四届五中全会上的讲话中指出："要研究制定国有经济的发展战略和布局，按照建立现代企业制度目标，积极推进国有企业改革，集中力量抓好大型国有企业，对一般小型企业进一步放开搞活"。这是国有企业改革经验的科学总结，也为进一步搞活国有经济指明了方向。

党的十五大报告指出：建立现代企业制度是国有企业改革的方向。要按照"产权清晰、权责明确、政企分开、管理科学"的要求，对国有大中型企业实行规范的公司制改革，使企业成为适应市场的法人实体和竞争主体。这又为国有企业指明了任务。

（二）进一步明确了国有企业改革的基本方针

党的十四大以邓小平同志建设有中国特色社会

主义理论和党的基本路线为指导，提出我国经济体制改革的目标是建立市场经济体制，党的十四届三中、五中全会在总结经验的基础上，又进一步明确了国有企业改革的各项基本方针，这包括：

第一，以公有制为主体的现代企业制度是社会主义市场经济的基础，国有企业特别是大中型企业是国民经济的支柱，国有企业改革是经济体制改革的中心环节；

第二，建立现代企业制度是国有企业改革的方向；

第三，把国有企业的改革同改组、改造和加强管理结合起来，以构造产业结构优化和经济高效运行的微观基础；

第四，要着眼于搞好国有经济、通过存量资本的流动和重组，对国有企业实施战略性改组，以市场和产业政策为导向，集中力量抓好一批国有大型企业，放开搞活小企业，以利于更好地发挥国有经济在国民经济中的主导作用；

第五，搞好国有企业，要全心全意依靠工人阶级，切实加强企业经营管理者队伍的建设，严格企业内部管理，形成适应市场经济体制要求的机制，做好企业各项基础性工作，提高企业的整体素质；

第六，加快国有企业的技术进步，形成企业的技术创新机制，增强企业的市场竞争能力；

第七，协调推进各项配套改革，重点是建立权责明确的国有资产管理、监督和营运体制，促进政企职责分开，加快建立健全社会保障制度，为国有企业改革提供必要的外部条件；

第八，坚持公有制经济为主体，多种经济成分共同发展，国家为各种所有制经济平等参与市场竞争创造良好环境和条件。

中央关于国有企业改革的基本方针是在实践中产生、发展和完善起来的，既符合中国国情和社会主义本质特征，又符合市场经济规律和现代化生产要求。国有企业改革基本方针的明确，进一步树立了搞好国有企业的信心和决心，进一步解放了思想，统一了认识，从而把国有企业改革引向了深入。

（三）创造出了国有企业改革灵活多样的形式

我国国有企业量多面广，条件千差万别。这就决定了我国国有企业改革不可能采取一个模式，而应区别情况，分类指导，采取更为灵活多样的形式，多途径探索搞好国有企业的办法和路子。经过多年的探索，创造出了多种改制形式供国有企业改革推广。

股份制改造 对国有大中型企业和条件较好的少数国有小企业，通过产权界定、科学合理地设置国有股、集体股、个人股，按照《公司法》有关规定进行操作，登记注册，改组成有限责任公司或股份有限公司，并逐步与国际市场接轨，建立起完善的现代企业制度。股份制改造，是企业理顺和完善产权关系的一种改革方式。十五大报告指出：股份制是现代企业的一种资本组织形式，有利于所有权和经营权的分离，有利于提高企业和资本运作效率，资本主义可以用，社会主义也可以用。这对促进股份制改造，无疑具有十分重要的意义。

股份合作制改造 将企业产权的全部或大部分定向出售给本企业职工，吸收职工参股，实行劳动合作和资本合作相结合。股份合作制是国有小企业改革的有效形式。其主要特点有：一是全员认股，职工既是劳动者，又是所有者；二是企业领导班子由股东直接选举，领导体制为董事会领导下总经理负责制；三是分配形式为按劳分配和按股分红相结合。

联合 通过组建大企业、企业集团把国有企业联合起来，它是实现优势互补，追求经济规模的企业改革形式。在实践中主要有以下几类企业联合：以拳头产品为龙头，创名优商品，带动企业的发展和经济规模的扩大，使一批企业凝聚成产品联合体；以资本和技术为纽带，使同一行业相互依附，形成规模效益的区域企业联合体；以资本和技术为纽带，通过市场形成具有较强竞争力的跨地区、跨行业、跨所有制和跨国经营的大企业集团；集生产、加工、销售、服务一体的联合体；资源互补型联合体等等。

兼并 兼并是市场经济条件下优化社会存量资本结构、实现资源优化配置、促进资本积累从而推动社会生产力发展的重要经济机制，也是竞争机制的实现方式。企业兼并是企业自主经营的必然结果，是企业追求规模效益的必然选择。兼并是指在市场竞争中，具有优势的市场经营主体对那些劣势市场经营主体通过收购或控股及折股、承担债务、划转等方式以改变现存资产的产权关系从而实现其自身资本扩张的一种吞并行为；也可能是两个或两个以上的市场主体共同为了增强自身的竞争能力,通过"改组"或"联合"的方式以实现"强强"或"弱弱"之间的合并而形成新的单个资产主体的互补行为。

破产 对于一些由于管理混乱、技术落后、产品质量差、浪费严重等原因造成经营亏损的企业,应根据国家《破产法》实施破产,这是一种在市场竞争中优胜劣汰的机制。

拍卖 这种方式主要是对一些长期亏损、长期负债的国有小企业或微利的企业进行拍卖。

分离 对于整体解困无望的企业,将其中可以搞活或有可能搞活的部分切块分出,并与原企业脱钩,独自核算,自谋生路。采用分离形式,使国有企业裂变、分解、繁殖新的经济增长点,这也是国有企业改革可供选择的形式。

外资改造 通过招商引资,采取单枝嫁接、多枝嫁接、整体嫁接等多种形式,把企业的部分产权出售给境外投资者,成为合资企业。

托管经营 企业的资产所有者,将企业的整体或部分资产经营权以契约的形式,在一定条件下一定期限内委托给具备较强经营管理能力并能承担相应经营风险的其他法人或自然人进行管理,明晰企业所有者、受托方、被托方和经营者权、责、利关系,以实现企业资产保值增值的经营目标的一种经营方式。

承包 继续采用国有独资企业形式将企业承包给个人或集体经营,承包的主要指标是国有资产保值增值。

租赁 租赁是企业之间一种契约关系,出租方将自己拥有的企业财产权在一定时期内交给愿意承租的企业或经营者,承租方向出租方支付约定的租金,并在合同终止时将原出租方拥有的财产权交给出租方。

(四)国有企业改革取得了丰富的经验

国有企业在改革和发展中,积极探索,大胆实践,积累了丰富的经验,主要有:

做好宣传、发动、准备工作,依靠群众搞好改革 改革是一项群众性事业,需要赢得群众的理解、支持和参与。无数实践证明,只有思想上的大解放,认识上的大飞跃、大升华,才能全面推开国有企业改革,促进经济上的大发展。同时,只有改革符合广大职工的意愿,尊重他们的选择,才能保证改革的顺利进行。

不等不靠,积极推动改革深入发展 国有企业改革阻力大,困难多,只有不等不靠,积极探索,勇于改革,大胆创新,才能解决各种问题,促进改革深化。

严格改制操作规范,确保国有资产不受损失 有关部门和改制企业要认真落实各项法律、法规和政策,切实做好清产核资、资产评估工作,规范产权交易行为,加强产权转让收入的管理,严禁国有资产流失。这是企业改制的关键,也是企业改革能否取得成功的根本保障。

改革中必须加强领导 实践证明,国有企业无论在改制前的思想动员,还是改制过程中的操作规范,以及改制后的运行,都离不开各级政府的指导和帮助。

企业改革必须配套进行 国有企业改革涉及面广,难度大,各方面的配合是改革取得实质性进展的关键。因此,各部门要相互协调配合,形成强大的合力,保证改革顺利进行。

改革必须重点突破与整体推进相结合 重点突破和整体推进,是改革过程中探索出的工作方法,它是点和面的关系,是局部和全局的关系。没有专项改革的突破,不可能有整体推进的形成,没有点上改革经验的积累,也不可能有面上改革的全面展开。国有企业改革要抓试点,在抓试点的同时,不能放弃面上的改革。既要认真总结试点企业的经验,也要及时总结面上企业改革的成就;既要有典型示范,又要实行点面结合。点面相互结合与相互促进,这是当前国有企业改革必须十分重视的问题。

(五)转变了政府职能,企业真正成为市场主体

企业改制后,促使政府对企业由过去包揽一切,转向集中精力抓协调、监督、指导和服务,政府各部门的服务态度和质量有了明显改善。一是积极帮助企业解决实际问题,如为企业解决资金缺乏、人才缺乏、上项目等问题。二是集中力量,加强宏观管理,制定切合实际的政策,为企业发展创造良好的外部条件和宽松环境。三是改革政府管理机构,提高办事效率。政府通过精简机构,减少了对企业的干预行为,以往

的那些达标升级、评比检查、办班开会等活动明显减少，减轻了企业负担，促进了企业发展。

企业改制后，企业真正成为市场竞争主体。首先，企业实现了自主经营，由过去的政府附属物变成独立的市场主体，经营活动自己说了算，重大决策自己定，从根本上保证了自主进入市场。其次，实现了自负盈亏。企业改制后，对全部资产拥有了法人财产权，盈了多分利，亏了往里赔，自然形成了自负盈亏机制，强化了风险意识。再次，克服了短期行为，实现了自我发展。改制企业在利益驱动和竞争压力下，自我发展意识明显增强，不断加大投入，扩大规模，不断探索新的经营之道，调整经营发展战略，实现新的跳跃式发展。最后，克服了随意性，实现了自我约束。改制企业依法建立了股东会、董事会、监事会，制定了条款明细的公司章程，初步形成了权责明确、相互制约的约束机制。

(六)国有企业的整体素质得到了改善

随着国有企业改革，国有企业总体实力进一步增强，继续在国民经济中居于主导地位。1995 年，国有工业企业的户数、资产总额、销售收入、实现利税，分别占全国工业企业的 18%、61%、51.2%、56.5%。国有企业在核能、航空航天、电力、煤炭、石油、化工、冶金、机械等关键产业中居于主导地位。国家财政收入近六成来源于国有企业，国有企业仍是纳税的主体。

国有企业在改革中，加强了企业管理，加大了技术改造力度，进行了产品结构调整，企业活力得到了增强，运行质量和经济效益得到提高。1997 年，通过"三改一加强"和实施再就业工程，国有企业生产和效益正在止跌回升。

在市场竞争中，许多国有企业面向市场，解放思想，更新观念，转换经营机制，调整结构，强化管理，努力提高市场适应能力和竞争能力，涌现出一批优势国有企业、企业集团。

当前国有企业改革存在的问题

国有企业改革取得了很大成效，这是有目共睹的，从而更加坚定了搞好国有企业的信心。然而在充分肯定成绩的同时，还应看到当前改革中还存在着一些问题，主要有以下几点：

(一)部分国有企业不适应改革的要求和市场环境变化

部分国有企业自身不适应经济体制转轨的要求 近年来，国家相继出台了一些重大改革和政策调整措施，力度很大，这些措施最终都要落实到企业，从长远说对企业经营和发展是有利的，但企业需要有一个消化和适应的过程，目前相当一批企业承受能力较弱。另外，有一些企业观念陈旧，管理落后，经营粗放，仍未从根本上转变经济增长方式，仍未真正形成自主经营、自负盈亏、自我发展、自我约束的机制。同时，企业内部制度创新、管理创新、技术创新的动力仍未形成，资产流动、人才流动、所有者与经营者和劳动者相互制衡的约束机制也未形成。"等、靠、要"现象仍然未得到根除，部分企业缺乏独立进入市场的意识和能力。

不适应卖方市场向买方市场的转变 近年来，国内市场发生很大变化，大部分商品已由卖方市场转向买方市场，同时国外一些知名大公司正在进入我国市场，成为国内企业强有力的竞争对手。由于多年来低水平重复建设，国有企业产品结构不合理、部分产品生产能力过剩，加之许多企业技术改造投入不足，技术开发能力不强，产品结构调整缓慢，不能适应日益激烈的市场竞争要求。

(二)国有企业改革进展不平衡，运行不够规范

国有企业改革进展不平衡 大部分地区对国有企业改革不等不靠，勇于创新，大胆改革，取得了实质性的进展。而个别地区改革积极性不高，改革进展缓慢。

企业破产行为还不够规范 一些地方特别是非试点城市和企业在破产过程中存在着假破产、真逃债的现象；破产进入程序后有些环节收费不合理、乱收费现象较为严重；实施破产没有与调整结构、转换机制结合，达不到通过破产调整结构、转换机制的目的。

改制不规范 为照顾现已存在的不规则的公司，搞翻牌公司；为照顾某些机构不好取消，就增加管理层次；为感情上过得去，把那些过去有职务而无能

力的人安排到董事会、董事长、总经理等重要岗位上；许多企业董事长、总经理一人兼，董事会与经理班子成员重合；有的企业用党政联席会代替董事会，个别企业的董事长和总经理争权夺利，导致公司运转困难；公司领导体制中监事会的作用没有发挥出来，有的企业监事会形同虚设，甚至监事会议都开不起来；公司权力机构、决策机构、执行机构和监督机构的职能不到位，各个机构之间的有效制衡机制尚未形成；投资不实，集资款投向不规范，部分公司投资收益偏低；财产的剥离和使用不够规范，造成部分国有资产被无偿占用；政企关系尚未达到公司制的规范要求。

(三)国有资产流失现象偶有发生

在改革中，因工作疏忽而漏报、漏评、漏记资产而造成国有资产流失；有的商誉、商标使用权、专利权等无形资产未评估；有的在改制过程中采取多报存货损失、多计成本费用等手法截留利润，侵占国有资产；个别企业违反"改组或新设股份制企业，涉及的国有土地使用权必须作价入股"的规定，无偿占用国有土地；个别地方的有关部门，置国家的法律法规于不顾，任意将国有资产转作职工个人股本，严重侵犯了国家利益；在资产评估过程中，采用不科学的评估方法造成国有资产流失；个别企业存在评估确认的国有资产未能如数转入国家股本。

(四)外部配套改革滞后

主要表现在：一是社会保障体系不健全，劳动力市场建设滞后。现有的大量富余人员滞留在企业内部不能分流，增加了企业的成本和负担，也影响兼并破产、结构调整的推进和优胜劣汰机制的建立。二是国有企业没有建立起资本金机制，资本市场建设迟缓。由于资本市场发育不健全，国有企业没有资本金注入渠道，企业自身积累不够，企业生产经营困难。三是企业办社会负担仍很严重，企业资产负债结构仍未趋向合理水平。四是政府职能转换和政府机构改革没有到位。有的管理部门不肯放权，政企职责仍难以分开。有的行政管理部门从事"权力资本"的经营，运用手中权力进行不正当竞争，捞取好处。五是条块分割、市场封锁严重。现有政府机构部门林立，各有各的部门利益和行业利益，条块分割严重。为建立现代企业制度，国有企业改革要求政府出台一系列政策与之相配套，而一系列政策的出台必然要与政府部门现有的职能和权力、利益相矛盾，为了维护既有的权力和利益，谋取新的权力和利益，相互掣肘、各行其是、争权夺利的现象时有发生，不仅影响了企业改革的进展，而且还会造成某些混乱。与此同时，各省、市、自治区各自按行政区域进行规划，追求地区利益，阻碍全国统一市场的形成。条块分割也严重影响了对国有企业进行战略性改组，影响经济结构的调整，并继续导致重复建设和结构趋同化，带来资源的浪费和损失，最终影响国有企业进一步深化改革。

(五)建立现代企业制度试点企业大多选择国有独资公司形式，不利于机制转换

按照中央确定的国有企业改革目标，纳入建立现代企业制度试点改革的国有企业，应主要选择国家控股或参股的有限责任公司和股份有限公司的形式，实现投资主体多元化。然而，试点改革的现实却与政府的愿望相悖，多数试点企业选择了国有独资公司形式，而且，多数改组成的国有独资公司享有政府授权经营国有资产权力。国有独资的产权结构使企业难以真正实现政企分开，失去了提高资产经营效果的动力，丧失了筹集社会资金发展壮大自身的机会，不利于企业转换经营机制。

国有企业改革的展望

以党的十五大为标志，我国社会主义经济建设进入了一个新的发展时期。经济体制改革要进一步深化，对外开放将进一步扩大，这一切都将对国有企业改革起到极大的推动作用。按照社会主义市场经济体制和对外开放的要求，国有企业改革的指导思想为：以邓小平理论为指导，全面贯彻落实党的十四届三中、五中全会及党的十五大精神，紧密结合经济体制和经济增长方式的根本转变，以市场和产业政策为导向，以调整经济结构为重点，以提高经济效益为目标；坚持"三个有利于"的标准，进一步解放思想，转变观念，大胆探索，勇于实践；紧密依靠职工群众，尊重群众首创精神，保护群众切身利益；实事求是，从实际出发，采取多种形式和方法，加快国有企业改革步伐，加大改革力度，转换企业经营机制，促进国有企业健康、协调、跨世纪发展。

《国民经济和社会发展"九五"计划和2010年远景目标纲要》提出:要加大改革力度,使大多数国有大中型骨干企业在本世纪末初步建立起"以产权清晰、权责明确、政企分开、管理科学"为基本特征的现代企业制度,成为自主经营、自负盈亏、自我发展、自我约束的法人实体和市场竞争主体,使国有大中型企业在市场经济中继续发挥主导作用。党的十五大又进一步明确了这一企业改革战略目标,对搞好国有企业改革、开创改革新局面具有战略指导作用。

根据企业改革战略目标,今后深化国有企业改革的总体思路主要有:

(一)继续以转换经营机制为核心,建立现代企业制度为方向,深化内部改革

十五大报告提出:"建立现代企业制度是国有企业改革的方向。要按照产权清晰、权责明确、政企分开、管理科学的要求,对国有大中型企业实行规范的公司制改革,使企业成为适应市场的法人实体和竞争主体。进一步明确国家和企业的权利和责任。国家按投入企业的资本额享有所有者权益,对企业的债务承担有限责任;企业依法自主经营、自负盈亏。政府不能直接干预企业经营活动,企业也不能不受所有者的约束,损害所有者权益"。这说明建立现代企业制度,转换企业经营机制二者不可偏废。

转换经营机制,建立现代企业制度,是企业制度的一场深刻变革,使企业由过去的行政附属地位转为独立经营的主体地位,政府不再干预企业的生产经营活动,国家同时也解除了对企业承担的无限责任,从这个意义上讲,建立现代企业制度,实行有限责任制度,有可能实现政企分开。

搞好国有企业改革,必须突破原有企业制度模式,进行制度创新。因此,"九五"期间,具有条件的国有企业,要按照《公司法》改为规范的有限责任公司或股份有限公司,建立起符合现代大生产要求,与市场经济相适应的法人财产制度、有限责任制度和科学的治理结构及管理制度。国有企业体制改革的基本环节就在于建立一个科学、健全的企业法人治理结构,这一环节是国有企业改革的难点和关键所在,也是国有企业改革成功与否的基本标志之一。这一环节改不好,目前所进行的诸种外部体制和环境变革,均难以在国有企业身上奏效,国有企业所面临的效益低下的困境便无法摆脱,在国有企业中建立现代企业制度的尝试必然流于形式。建立科学、健全的企业法人治理结构,目的在于形成内部有效的激励和制约机制。就目前和今后一段时间来说,完善国有企业内部制约机制更为重要。建立科学规范的制衡监督体制,形成强有力的制约机制,是已初步形成的激励机制得以有效发挥的前提,是国有企业真正确立市场主体地位的基础。建立制衡法人治理结构,强化约束机制的思路主要有:一是健全国有资产管理、监督和运营体系,建立国有出资人制度,以明确国有资本的投资主体,落实国有资产的营运责任,规范出资人与企业的关系,使出资人统一行使选择经营者、企业重大决策和资产收益的职能。二是除少数特殊企业实行国有独资公司形式之外,其余大部分国有企业在改制中都应推行产权多元化。三是改革现行的企业人事管理制度,形成由市场竞争、经营效益和企业发展决定干部任免的制度。

转换企业经营机制,就是要通过对企业系统结构的变革,使企业主动进入市场,以适应市场的要求,因此,对企业来说,经营机制的转换和企业制度创新同样的重要。实现企业经营机制转换,从根本上来说,就是要把"转机"和"建制"结合起来,按照《公司法》的要求,把现代企业制度的基本特征和实质移植到企业中去,从而使企业的机制发生根本性转变。

(二)着眼于搞好整个国有经济,抓好大的,放活小的,对国有企业实施战略性改组

国有企业作为市场竞争主体,遵循着优胜劣汰的客观规律。从市场经济国家的发展历史看,无论是经济繁荣时期,还是经济衰退时期,都会有一部分企业破产、倒闭或被兼并,而另一些企业在竞争中取胜、壮大,通过资本的积累和集中形成大企业,从而促使整个经济的发展、扩大。

为搞好整个国有经济,必须通过存量资本的流动进行产权重组,对国有企业实施战略性改组。主要思路有:一是通过兼并、联合、破产等产权结构重组,使企业组织结构和产品结构趋于合理,实现企业存量资产的优化组合和合理配置。二是以产业政策为导向,通过市场机制对资源的优化配置作用,推动国有资产

流动和重组，盘活存量资产，并以调整存量资产同优化增量投入相结合。三是“抓大放小”。按照国有企业在国民经济中的职能和作用，实行分类指导，对不同类型企业分别采取加强、鼓励、允许、限制、禁止等不同产业政策导向，规范、指导、推动存量资产的合理流动和重组，促使国有企业重组的健康、有序进行。“抓大放小”战略思路的关键是“抓大”，抓住了国有大中型企业，就抓住了国有经济主要矛盾的主要方面，把国有大中型企业搞活了，就能牢牢地掌握国民经济的命脉和宏观经济调控的主导权。因此，对于国有独资经营的行业和国家必须控股经营的行业的大型企业，国家无论在资金和政策上都应予以大力支持和鼓励，使其健康发展，不断壮大。同时，通过兼并、收购、联合、合资等多种资产重组方式培育大型企业和企业集团，实现规模优势。对国有小企业，采取灵活形式，进一步放开搞活。“抓大”与“放小”有机结合，将会为国有经济发展找到有效途径。

(三)把国有企业改革同改组、改造、加强管理结合起来，提高企业整体素质

要使国有企业真正走向市场，增强活力，提高效益，必须坚持“三改一加强”，把改革、改组、改造和加强管理这四个方面的工作有机地结合起来，通过改革建立新的机制，通过改组优化组织结构，实现企业存量资产的优化组合和合理配置。通过技术改造，推动企业技术进步，提高技术含量。通过加强管理，巩固改革成果，充分发挥各种生产要素的作用，全面提高企业的整体素质，使企业有一个好机制、好产品、好装备、好队伍、好班子。搞好“三改一加强”，不只是抓企业的单项工作，而是企业各项工作紧密结合的有机整体，这是从根本上搞好国有企业的一个有效思路。

(四)以搞好国有企业为出发点，对国有经济实施结构调整

搞好经济结构调整是实现经济增长方式转变的关键，也是国有企业改革和发展的重要内容。国有经济结构调整主要包括国有资产经营的企业组织结构调整、行业结构调整、区域经济结构调整和产品结构调整。其指导思想是：要与国民经济结构调整相结合，依据国家产业政策和国有经济的作用范围，有计划、有步骤地组织实施；要实行以存量结构调整为主、增量结构调整为辅的原则，通过加快投资体制改革，以提高存量资产经营效益、充分发掘存量资产经营潜力为基础，用好用活增量资产，提高增量资产投资效益。

行业结构调整以强化国有经济主导作用为重点。企业组织结构调整以强化国有经济竞争实力为重点。以名优产品和企业集团为载体，实施大公司、大集团战略，使资源和要素在重组中向优势企业集中，形成一批跨地区、跨行业、跨所有制、国际化的大企业或企业集团。区域经济结构调整以发展具有特色的区域经济为重点。产品结构调整是以市场需求为导向，提高产品质量，开发新产品，发展名优品牌产品，发展高科技产品，发展特色商品，培育一批关联程度高、带动幅射作用强、市场需求量大、发展前景好的优势产品，推动产品结构优化升级，增强市场竞争能力。

(五)实施再就业工程

搞好国有企业改革的重大难题之一，就是企业内的大量富余人员如何安排。党的十五大报告指出：“随着企业改革深化，技术进步和经济结构调整，人员流动和职工下岗是难以避免的。这会给一部分职工带来暂时的困难，但从根本上说，有利于经济发展，符合工人阶级的长远利益。党和政府要采取积极措施，依靠社会各方面的力量，关心和安排好下岗职工的生活，搞好职业培训，拓宽就业门路。推进再就业工程”。这说明解决好下岗职工再就业问题是关系到当前改革、发展和稳定的一个重大问题。

“九五”期间，我国经济体制改革将进一步推进，产业和产品结构以及企业制度改革的任务十分艰巨，如果下岗职工再就业和富余人员分流问题处理不好，深化国有企业改革和调整经济结构都将难以顺利进行，而且还会增加社会不稳定因素。

实施再就业既是一个经济问题，也是一个政治问题。它是一项难度大、涉及部门多、政策性强的系统工程，必须调动政府、社会、企业、个人多方面的积极性，在全社会范围内进行就业结构的战略性调整，动员全社会力量共同实施再就业工程。

1998年中国经济热点问题

中国社会科学院经济研究所　杨　帆

关于承认公有制多种实现形式,加快改革

从邓小平逝世,到中共第十五次全国代表大会,中国政治实现平稳过渡,继续坚持邓小平的改革思想和路线,再次确认中国处于"社会主义初级阶段",给坚持经济建设为中心,承认和巩固改革成果,坚持深化改革的方向,奠定了理论基础。

改革以来,结合中国改革的实际需要,理论界出现了三次重要的突破和发展,第一次是关于真理标准的讨论,承认一切理论和政策都要经过实践的检验,给否定文革、开始改革创造了理论前提。第二次是关于"姓社姓资"的讨论,承认社会主义可以和市场经济相结合,为发展市场经济特别是资本要素市场扫清了障碍。第三次是目前刚刚开始的关于"姓公姓私"的争论,这次争论是紧密结合国有企业改革展开的,目的是要承认多种所有制在中国长期并存,承认公有制有多种实现形式,除国家所有以外,还包括集体所有和各种形式的股份制、合作制,也包括创造更高级的公有制形式——社会所有制,不能再以"反对私有化"为由阻碍国有企业改革。

关于"姓公姓私"的争论,背后涉及的实际利益关系,是关于国有企业的比重问题,坚持国有是公有制的最高形式,必须在国民经济中占很大比重的观点,实际上是把国有企业作为依靠力量,而把非国有企业看做"异己力量"。所以表面上的"姓公姓私"之争,实际上更多的是"国有与非国有之争"。经过争论和国有企业改革的实践,国有资产将缩小战线,向基础行业和垄断行业集中,而减少在竞争性行业的比重,国有企业改革本身,也会更多地采取股份制形式,而摆脱行政主管部门的控制。

20年以来,中国的渐进改革避开了对国有企业的正面改革,首先发展非国有经济和对外开放;避开了理论争论,集中力量发展社会生产力。目前中国改革已经进入新的阶段,就是我和历史学家萧功秦在1994年称为的"改革中期",这是中国改革最为关键,最为困难的时期,一方面社会利益主体多元化的形成,使得改革开放具有社会基础和深化动力,在一定程度上具有不可逆转的趋势;另一方面,触及了深层次的所有制问题,经济改革和社会政治改革相结合等问题,使改革具有正面攻坚的性质,阻力和争议将会更大,改革仍旧会有曲折。因此,十五大的理论突破意义就更加重大。

关于"软着陆"成功以后的经济增长

中国的经济周期,自1991年底启动,1992年和1993年经济增长率达到13%,而在1994年出现改革以来最高的零售物价水平(同比增长21.7%)。经过软着陆式的宏观调控,经济增长速度保持在10%左右,而物价指数在1996年为7%,1997年将为2%,控制通货膨胀在没有损害经济长期增长的情况下,取得了明显效果。这一方面是宏观调控成功和成熟的表现,一方面也是20年以来中国改革开放和发展的积累效果,使得中国的生产力水平跃上了一个历史台阶;基础设施建设正在逐步跟上经济和社会发展的要求,缓解了长期以来的极端紧张状况;工业生产能力全面提高,出现了一般消费品的供大于求,过剩的生产能力由于中国农村市场的广大仍旧有吸收空间,中国经济已出现总需求不足。但是中国经济再上一个台阶的时机尚未成熟,这主要是因为经济结构的转换

和改革不到位，单靠启动总需求并不能真正促进经济发展，通过结构性投资和消费信贷促进经济增长将是可能的选择。如果能够克服体制瓶颈，中国可能出现高速增长与较低物价并存的局面。

农业连续丰收是物价稳定的主要原因，但是中国农业基础仍然薄弱，农村改革没有新的明显进展，各种摊派十分严重，农民种粮收入低，依靠进城做工弥补，进城民工已达8 000万人。国家宣布继续延长土地承包制度30年，但是宪法规定耕地所有权属于集体所有，实际上掌握在部分干部手里。在搞开发区和农村产业化的口号下，土地难免不以低廉价格卖给大公司，出现土地集中与兼并，必须制止这种倾向，应在坚持"耕者有其田"的基础上开展土地使用权的流转，拓宽提高农民收入的出路，在提高投入和科技力量的同时，减少粮食种植增加经济作物，增加粮食进口；特别是要完善基层民主，保障农民基本权利，严禁乱摊派。

关于利用股市进行国有企业资产重组

国际金融市场自中国台湾和日本出现泡沫经济、墨西哥危机以后，1997年7月国际投机资本又冲击泰国固定汇率，迫使泰铢贬值，东南亚各国货币随后连锁贬值。大洋彼岸，美国股市攀升到8 000点也引起担心。防范金融风险，已经成为各国政府的共识，并开始了联合性的国际干预。放慢金融开放，控制国际投机资本，成为各国政府下一时期的政策取向。这一动荡使处于金融改革开放阶段的国家，处于两难选择并采取谨慎态度。

中国政府高度重视金融风险，是由于国有银行出现了严重的呆账。不能再将国有企业亏损和财政困难向银行转嫁，而应该逐步化解金融风险特别是国家金融风险。防范金融风险的特殊背景，是中国改革成本的承担者应该与改革收益的获得者相一致，如果出现少数人利用权力和资本独占改革收益，而将改革成本向社会转嫁，那么金融危机就难以避免。

在整顿股票市场以后，对股票市场走势出现了极为悲观的"熊市预测"，严重打击了股民信心，迫使国家一再放慢新股发行，股市疲软已经妨碍国有资产战略重组的进行。我一直认为，中国持续三四年的牛市有其特殊根据，这就是住宅和汽车暂时不能进入居民家庭，消费出现断层，有大量剩余资金；牛市也有改革的特殊需要，为推进国有资产重组和股份制改革，要通过股市进行融资，这就需要保持股票二级市场的牛市预期，和稳中有升的走势，否则一级市场的新股就发不动。1997年10月份降低利率并组建投资基金，对中国股市是重大利好消息。中国3 000万股民，由单纯的消费者变成投资者，是一种历史的飞跃，但是中国股市必须尽快规范，消除投机资本、大户垄断和各种做弊行为，能够保障中小股民利益。

关于人民币汇率机制改革与水平变动

90年代以来中国经济的迅速发展，一个重要因素是2 000亿美元外商直接投资和1 000亿美元外债的实际投入，带来了先进的设备、原材料、管理和国际贸易渠道。目前中国的外贸依存度已达到40%，进出口贸易达到3 000亿美元，到本世纪末将达到4 000亿美元，外商投资企业占中国总出口的比例将从30%达到50%，这是由于美国和中国香港、台湾等地进行产业结构改造，将劳动密集型产业转移到中国大陆，使中国廉价的劳动力特别是农村劳动力，能够和国外资源相结合，直接带动了出口和1 700万人的就业，间接带动的就业有5 000万人。加工出口的发展是外资与外贸相结合的一种国际经济合作形式，它的发展使得中国出口结构发生变化，在人民币汇率稳定、实际汇率升值的不利条件下，仍旧保持出口的高速增长，在国内需求不足时，成为经济增长的重要因素，其重要性从1994年的25%，上升到目前的40%左右。

1994年人民币汇率并轨以来，中国国际收支出现经常项目和资本项目双顺差，使得外汇市场持续供大于求，迫使人民币升值，为保证出口，国家发放大量基础货币，全部收购多余外汇，保持汇率基本稳定，同时收缩国内银行再贷款以控制货币发放总量。在外资大量进入的同时，大量外汇集中在国家手中又存放海外，增加了国家经济力量特别是流动性。但外汇储备的大量增加与国内储蓄大于投资是对应的。部分外资通过各种渠道流入，吃取国内外利息差，出现外币本币化,影响了国内货币政策的独立性。这说明国内外经济存在严重的不平衡,有必要加以调整,根本的措施是加速改革包括外汇管理,扩大内需,使中国经济再上一个新台阶。

国有企业改革全面展开,下岗工人急需社会保障

国有企业改革自1996年中央公布"抓大放小"方针以后,占工业总产值60%,就业人数75%的中小型国有企业,已经采取多种形式向市场化方向转变,十五大以后必将对大型国有企业改革采取更加积极的方针。目前国有企业资产重组正在积极展开,以大型绩优国有企业为中心,进行联合和兼并,并改组为股份企业,通过股票债券市场融资,将对中国国有企业改革和产业结构转换发生重大影响。在改革过程中会出现行政权力的干预,比如以部门为中心进行改组,阻碍国有企业真正向市场化方向转变;比如地方保护主义对国有企业进行假破产真逃债,在改组过程中继续出现国有资产流失等等,需要进行规范。

在国有企业改革中,3 000万老工人的下岗问题将逐步公开化,中国国有企业改革,包括部分工人下岗,是结构性问题,只能通过财政手段解决,不是经济总量问题,无法依靠提高经济速度解决,无法使用通货膨胀进行替代。根本的问题是,中央政府能够在这样大规模的改革中承认一代老工人的历史贡献,负起历史补偿的责任,承担体制转换中的改革成本。国有企业一代老工人的下岗问题,其严重性尚不在于失业;失业是市场经济中难以避免的,真正的不公正并且容易引起社会震动的,是下岗之后没有完善的社会保障,这是计划经济下长期低工资,财政统一扣除干部职工的退休医疗金造成的,扣除部分再投资建立了新的国有企业。这部分存放于国有资产中的社会保障基金,从来就不是真正的国有资产,在市场化改革中既然国家不再统一承担这一代人的保障义务,就应该从国有资产中将这大约占20%的部分拍卖出来,建立社会保障基金,这是全民所有制由国家所有向社会所有的转变,不仅可以保证工人生活,社会安定,也可以推动我们提高对社会主义市场经济的认识。中国的改革并不一定就是"从高级的社会主义国家所有制向新民主主义的倒退",如果搞得好,也应该有向更高级公有制形式的发展。

关于控制两极分化,保持社会安定

我们有理由对中国的改革持乐观态度,因为社会已经具备了充分的改革动力,未来5年保持经济增长和繁荣也没有问题。但是,我们必须防止社会出现两极分化的问题,不能让经济增长带来的好处被少数人独占,而将改革成本转嫁给全社会。

中国计划经济体制建立起来的强大的行政权力,在改革中分散化、市场化,出现了严重的权与钱的结合,开始可能是推动了市场化,现在则阻碍市场化和规范化,改革中出现的腐败,其特殊性就是渐进改革中两种体制长期并存,某些利益团体有不断加强利益密度,进行寻租和设租的趋势。即使结束了双轨制,公共权力如果没有严格的监督,还是要产生腐败。

目前某些垄断行业,限制竞争者进入,通过涨价保持高额利润,工资提高但人员素质并不提高,服务态度并无明显改善,已经引起消费者普遍不满。在邮电行业,竞争者的进入已经使移动通信部分完全改观,在天津已经开始在固定电话方面实行竞争。铁路运输在航空和汽车的竞争下,终于有所改善。西单民航大楼的电话查询,只能告诉你北京出发的飞机航班,而月坛一个小小的"中海服务部",却能够告诉你全国所有的航班。中国银行托收外汇要40天收到,不知国际标准是多少天?近年来,人才流动的方向从竞争性企业改为垄断企业、银行和国家机关,这是一种逆市场经济的倾向。

腐败的蔓延已经造成并继续扩大社会不合理的分化:东西分化,贫富分化,城乡分化,阶层分化和代际分化。所谓代际分化,就是我在《共和国第三代》中所描写的,以"老三届"为核心插队的那一代人,而目前大批下岗者可能又是他们,这样将改革成本集中在一代人身上的做法是不公平的,应该以政策加以调节。关于贫富分化,只看公开收入是不行的,实际收入可能要大得多,必须进行收入方面全面的改革,包括实名存款制,严格的税收调节制度和国家公务员公布财产等一系列制度。

1997年由于香港回归和十五大召开，社会治安抓得较紧，情况的确有所好转。我预计中国在未来一个时期，经济繁荣但是社会问题将大大增加，因此需要加快社会改革和政治改革，以防止社会问题严重化。从公平和防止两极分化的角度看，中国市场经济前面的"社会主义"四个字，绝不应该成为一个空洞无物的修饰性定语。

关于消费升级受阻与信用程度降低

中国改革以来出现了三次消费升级：第一次，1978～1984年，粮食达到人均800斤，基本解决了温饱问题，老四大件即缝纫机、收音机、黑白电视机、电扇在城市居民家庭普及；第二次，1984～1991年，以进口为带动，新四大件即彩色电视机、录音机、洗衣机、电冰箱开始普及；第三次是1992年以来，以千元级商品为代表的消费系列；以电话为代表的通讯系列；以空调和高级灶具为代表的厨房系列；以高级家具为代表的家庭高级装修和化妆系列；以出租车为代表的交通系列。第四次消费升级的代表品将是住宅和私人汽车，目前受到阻碍，形成消费断层。其原因表面上是居民收入低，实际上真正的原因，一是住宅改革落后，二是以有钱单位为需求主体，抬高了住宅和汽车的价格，三是消费信贷开展缓慢，四是地皮价格炒作太高，五是汽车厂家太多不具备规模生产能力。这些都涉及改革和经济结构问题，不是通过扩大货币发行就可以解决的，居民收入在没有消费信贷支持的情况下，是购买不起住宅和汽车的，结果就出现大量剩余存款。更加深刻的原因，是信用程度的降低。国有企业改革滞后，将大量债务积累在银行；大量银行资金漏出炒作股票和房地产，等于少数有金融权力的人利用国家信用为自己炒作，如果亏损则将风险转嫁给银行，如果盈利则为私人侵吞；通过各种关系向银行贷款，并不归还的事件，屡屡发生，数额惊人。许多金融活动，如期货、股票、保险、集资，都存在严重的诈骗，基本的一个路数，就是使用公款和居民存款为个人赚钱。市场经济的基本规则是"借债还钱"，如果被破坏，出现信用危机，正常的经济活动和社会生活就无法进行，这是中国改革中最大的风险。

关于环境资源保护

21世纪有两个人口大国将进入现代化，即13亿人口的中国和9亿人口的印度，如何处理现代化过程中的资源和环境问题，将关系到整个地球和人类的生存，现在仍旧是各国各为己战，将生产总值留给自己，将污染转嫁他人，缺乏基本的共识和国际合作。以美国为代表的发达国家，在国内极为重视环境保护，城市居民居住郊区而出现城市空心化，却将污染工业向发展中国家转移。美国消费着世界1/4的能源，大量进口资源而保护本土的耕地和石油、木材。近年来，限制移民已经成为西方发达国家的基本国策，他们将破坏环境、耗费资源的责任推给发展中国家的现代化。而发展中国家仍旧持续着高投入、低效益的发展方式，并努力在消费上向发达国家看齐。这个问题必然成为21世纪最为严重的国际问题，也是制约中国现代化的基本因素。中国绝对不能走先污染后治理的老路。

胡鞍钢先生曾经预言，中国在2030年左右将出现三大人口高峰：人口总量达到16亿～18亿，老年人口和过剩人口各3亿，中国的就业问题将越来越严重，为此我们必须利用目前30年的时机，完成体制转轨、国际接轨和经济社会发展的三重任务。

关于创造和利用国际和平环境

香港回归祖国，鼓舞了中国人民和海外华人的信心，"一国两制"的试验为世界所瞩目，同时对台湾问题将产生重要影响，台湾问题远比香港复杂和重要。在和平环境下继续发展两岸关系，争取在不远的将来以和平方式实现祖国统一，是中华民族根本利益所在。

苏联解体后国际战略格局正在进行大改组，基本形成了"一超四强"的多极格局。20年后，中美关系将成为国际战略格局中最重要的关系，因为一个是头号军事强国，世界"超级大国"，一个在人口和经济总规模上居世界第一，双方各自代表东西方文化的价值观念，双方的战略利益既有一致性又有矛盾性，未来的中美战略关系如何，双方都在进行大辩论。

在美国，主张“遏制”中国的是少数，越来越多的人士认识到中国发展的不可遏制性，认识到中国的稳定、改革开放不仅对中国有利，也符合美国根本利益和全球利益。以美国为代表的西方价值观念和现有的国际秩序，有其内在矛盾和对第三世界的不平等性，特别是限制移民，与其一贯提倡的“自由贸易”是矛盾的。而处于改革开放关键时期的中国，则应认识到争取和利用未来30年时机，完成改革和经济结构转换，把生产力提高到新水平，保持政治社会稳定，完成祖国统一的极端重要性。对于不平等的国际经济秩序，中国应该首先加入，然后努力加以改变，为此争取尽快加入WTO应为题中之义。

关于中国长期发展的潜力及其实现条件

中国经济80年代平均每年增长8%，90年代可望达到11%，在未来30年内仍旧有潜力维持8%甚至更高的增长速度。

保证中国经济持续发展的潜在因素是：

第一，农业的稳定与持续发展，农民收入提高和市场的扩大；

第二，体制改革的效应，特别是国有企业、国有银行、国有土地在市场化过程中的财富增长；

第三，对外开放的持续扩大，外资持续进入和外汇储备的有效利用，中国加入并改造国际规则；

第四，技术创新的开展，知识的增值和教育的普及提高；

第五，农村城市化和农民工进城，保持长期的低工资和国际竞争力；

第六，经济结构的高度化和消费升级；

第七，宏观调控成熟，减少经济波动的损失。

使上述七个方面的潜力，能够有效发挥并变成现实生产力的条件是：

第一，有效地制止腐败蔓延，控制社会两极分化，减少社会摩擦；

第二，彻底完成体制改革并健全市场经济规则，降低交易成本；

第三，实现经济增长方式的转换，不发生严重的环境和资源危机；

第四，防止信用危机和社会失控，保持社会基本稳定；

第五，利用和创造国际和平环境，把握现代化所需要的历史时机。

面对一个千年跨世纪，一个飞速发展的世界，立足于一个正在起飞的中国，最为重要的是把握机遇，完成体制转轨、国际接轨和经济发展的三大任务。如果说近代中国一再错失良机，使得近代史学家们无限惋惜，那么以邓小平理论为旗帜的当代中国的改革开放，应该以抓住历史机遇，而载入史册。

中国商业文化研究述评

贯立钢

1996年，中国商业文化研究会组织理论工作者、商业企业人员和一些政府机构人员开展了一系列商业文化研讨活动，有力地推动了商业企业的体制改革、商业的繁荣和商业领域物质文明与精神文明的协调发展。

深化了市场经济与商业道德的研究

1996年4月12日，中国商业文化研究会商业道德专业委员会与北京美雪民宝实业集团联合召开了市场经济与商业道德理论研讨会。北京、天津地区的企业界和理论界共30余人参加了会议。中国商业文化研究会会长胡平出席会议并作了重要发言。这次研讨会由中国商业文化研究会商业道德专业委员会会长贺名仑教授主持。

胡平在发言中说，商业道德或商业伦理在社会上呼声很高，中国商业文化研究会提出商业道德文化、商业伦理文化是商业文化的核心，从实际看越来越重要。商业道德、商业伦理有许多问题并未研究清楚，从社会要求、从企业自身要求来看，有待于很好地深入探索。接着胡平讲了以下四个问题：一是商业道德、商业伦理的定位；二是商业道德、商业伦理的内涵；三是继承历史遗产；四是如何建设商业道德、商业伦理问题。

胡平认为，商业伦理的定位应有广义与狭义之分，注重企业行为，特别是商业的企业行为，这是一种人文精神，或称市场经济条件下的商业精神。关于商业伦理的概念内涵，他认为商业道德是商业文化的核心，而商业文化在现代商品社会不仅是商业行业的文化，而且是社会性的大文化，因此，商业道德已决不只是营销环节的道德，至少包括生产、营销、消费领域中的道德问题。在谈到商业道德的继承和建设时，胡平强调中国古代是以伦理为核心的文化大国，有许多宝贵遗产值得批判继承，中国社会主义市场经济条件下的商业道德就是要在继承传统美德和吸收国外优秀的科学伦理精神的前提下，结合中国目前的实际状况进行新的道德文化的构建，以促进社会主义市场经济的健康发展。

在这次研讨会上，北京美雪民宝实业集团总裁吴宝民、中国人民大学教授李金轩、天津市社会科学院研究员胡光明、北京财贸管理干部学院教授郭志军、中国社会科学院研究员郭绦陈和杨雅彬、天津商学院教授佟德真等都就商业道德建设问题作了发言。这些发言，有的从社会分工、商品交换、市场规范和市场观念几方面较系统地阐释商业道德的内涵；有的从市场经济的双重性着眼，对市场经济的负面作用所引起的不道德现象进行分析，追溯其根源，提出克服的办法；有人提出培养和造就企业家队伍、公务员队伍和企业职工队伍是商业道德建设的根本途径；许多人指出杜绝“伪、劣、假、冒”商品不能只从国营商业企业入手，应从生产领域究其根源，并对集体、个体营销者加以监督检查，乃至形成全社会的“打假’舆论和健全措施。

推动了商业营销文化的研究

1996年4月5日，中国商业文化研究会营销文化分会在北京蓝岛大厦举行会长办公会议，在李贵保会长主持下研究了推进营销文化建设的工作。半年时间以后，即1996年10月1日至3日，中国商业文化研究会、中国商业文化研究会营销文化分会、珠海商贸(集团)有限公司在珠海市联合举办了“’96全国企业战略与拓展市场座谈会”。在座谈中，代表们就当前市场的发展状况及发展趋势、商业企业如何增强竞争力、扩大经营规模、提高组织化程度等问题展开了认真热烈的讨论。

北京蓝岛大厦总经理李贵保在发言中总结了90年代商业市场竞争经历的六个阶段：⑴环境竞争。商家大都进行装修环境投入；⑵商品竞争。侧重品类齐全和质量；⑶服务竞争。如大连天百的“十五条龙服务”、北京王府井的“一团火”、蓝岛的“一片情”、长安的“诚信”、西单的“以实为本”、贵友的“以德兴商”等等；⑷文化竞争，以文兴商；⑸价格竞争；⑹最后进入到了综合实力的竞争，包括规模的竞争、智力的竞争、人才的竞争、管理的竞争等。

在当前激烈的市场竞争条件下，大连天百集团副总经理丁宝生根据自身的经营体会指出：国有大型零售企业在整个社会流通中所占的主导地位没有变，它仍然是国家大市场、大流通的顶梁柱，是消费者心中的放心店，作为城市的形象窗口也没有变。但是，大型零售企业面临的危机很大，当前面临着六大冲击：1、不合理规模布局的冲击；2、社会购买力趋缓、减弱的冲击；3、市场各方面互相蚕食的冲击；4、新经营方式、经营理念的冲击；5、企业自身弱化的冲击；6、不平等竞争的冲击。

针对市场的对策和策略研究，是本次会议的主题。北京商学院刘秀生副院长提出了三个“跳出”的观点，第一要跳出社区经营的模式；第二要跳出自我发展模式，创造新的联合形式；第三是跳出单业经营的模式。

珠海百货集团张妙然总经理提出的对策是：坚持以大型百货商场为依托，发展连锁经营；以商号为龙头，拓展连带式服务；以贸易为主体，开展多种经营。

大连天百集团丁宝生副总经理提出面对市场冲击，大型零售企业要着重研究五个问题：一是研究经营，如缝隙经营、引进新品制度化、实行总代理总经销、用品牌制造消费高潮等。二是研究竞争。三是研究顾客，使顾客满意成为一切工作的起点、出发点、着眼点，又是终点、落脚点、立足点。四是研究效益，从购销调存要效益，向资金要效益，向资产要效益，向费用要效益，向能人要效益。五是研究管理。六是研究发展路子：超规模发展路子、大型配送中心的路子、输出管理的路子和综合商社的路子。

加强了商业领域企业文化的研究

为了加强商业领域企业文化的研究，中国商业文化研究会于1996年5月中旬专门成立了商业企业文化分会。中国商业文化研究会商业企业文化分会成立大会暨企业文化建设经验交流会于1996年5月14日至16日在北京举行。

企业文化建设是中国商业文化研究会成立以来工作的重点领域。与会的企业都在企业文化建设方面取得了丰富的经验和一定成果，为企业开拓市场，改善经营，加强管理奠定了坚实的基础。他们的经验表明，只有结合企业客观实际，建设和塑造具有突出个性魅力的企业文化，才能发挥企业的整体优势；才能使企业对内具有凝聚力，对外具有感召力；才能使企业在激烈的市场竞争中永远保持旺盛的活力。

具有半个多世纪历史的北京西单商场，是京城文化和京城商业文化的代表景观。近年来，北京西单商场顺应改革开放的大潮，注重结合地域文化即京城文化的特点，创造、培育出一种以实为本的的企业风格，结合运用先进的科学管理手段，使求实创新成为西单商场企业文化的主脉和灵魂。从而使西单商场取得了良好的经济效益和社会效益，涌现出以中国优秀企业家、中国劳动模范王权为代表的一批社会主义现代商人。目前，西单商场正在以重张营业为新的契机，努力建设既有浓郁京城文化特色，又可适应新世纪社会发展需要的现代企业。在这次研讨会和经验交流会上，西单商场的代表从“求实奋进——西单商场的灵魂”、“创新经营——西单营销文化的特色”、“建设以‘实’为本的服务文化”、“‘五位一体’的综合运行机制——具有西单特色的管理文化”、“塑造求实奋进的西单人”、“以科技为手段促进商业管理现代化”等方面，详细介绍了西单商场进行商业企业文化建设的经验。与会代表对这些经验给予了高度的评价。

在这次会议上，胡平以《情感智商和商业文化》为题发表了讲话。胡平认为，“情感智商跟中国的商业文化建设关系非常之大”。“企业本身有两个关系，一个是企业内部的，要以人为本；一个是面向顾客，顾客是上帝。企业的形象设计本身是高度的情感智商的发挥”。胡平还讲到，“我们过去讲过，商业伦理文化是商业文化的核心，比较早的时候提出德、智、美、情。德、智、美、情这四个字里有智力问题、有理智问题、也有情感问题，处理人与人之间的情绪问题。售货员内部要掌握自己，同时要关心顾客，我们说的‘一团火’是什么问题？被称为具有一团火精神的张秉贵当然有高度的智商，同时有高度的情感智商，这才有一团火，冷冰冰的怎么会有一团火？”胡平还提出，“企业本身重视了情感智商以后，员工就有了光荣感、责任感，内部就增加了凝聚力和创造力。有了这种情感智商的内在素质以后，我们通过各种销售渠道表现在社会上和顾客上，就是我们有魅力，人家喜欢亲近你，你有自己的活力，人家看了你这个企业蒸蒸日上，你自己的竞争力也就有了。由此给我们的消费者带来什么呢？信任感、一种温馨感。许多事情都跟情绪、情感有直接联系。现在问题是如果我们认为这个理解是对的，那么我们企业家本身、我们员工队伍的培养就要重视这个事情。我们企业领导要懂这个科学。”

在这次会议上，中共上海市财贸工委书记任徽典以《文化定位与企业文化建设》为题作了发言。他讲到，商业的“一半是文化，没有文化的商品不是精品，没有文化的企业不是高品位企业，没有文化的商人不是精明的商人。”对于企业进行文化定位，一是一定要有个性、有特色；二是注意它的科学性和整体性；三是要有一个实践过程、提炼过程，不是那一个人的脑子里拍出来的。

开展了“淮海路中西方商业文化之比较”研究

1996年12月下旬，中国商业文化研究会与上海市有关单位联合举办了“淮海路中西方商业文化之比较”研讨会。北京和上海的一些专家学者、企业界人士和政府机构人员到会进行了研讨。中共上海市卢湾区委书记李良园在发言中说：“淮海路商业文化建设，从企业个体到一条街整体，从实践到理论，都进行了积极的探索，并取得了一定的成效。”上海淮海商业(集团)有限公司董事长周厚文讲到：“淮海路在实现自己的发展的目标过程中，一直重视商业文化的培育和完善，为资产经营和商品经营营造了浓厚的文化氛围。但随着日趋白热化的商业竞争和新一轮的市场重新组合，淮海路如何发挥中外优秀商业文化积淀的优势，塑造具有领导上海商业文化发展潮流的现代化商业街，淮海路要提出一个淮海路商业文化价值观，这种从政府到企业，从企业到员工之间共识和认同的商业文化价值取向，成为街区商业企业共同遵循的基本准则和共同纲领，这是淮海路营造和发展现代商业文化的首要任务。”胡平认为，“要讲商业精神，淮海路处在一种特殊的地位，当然要有很强的世界意识，世纪意识。这也就是商业精神的时空观。有了这个时空观，生意才能做得好，才能胜利。淮海路是中国的传统文化和西方的商业文化、中国的商业精神和西方的商业精神融合的地方，要在比较研究中找到自己的位置。商业文化建设有一个继承、融合、创新、超越的问题。建设淮海路的商业文化要多方位、多层次的整体推进，要提升到一个新的境界，把淮海路建成一个有高雅的文化，有高超的商业精神，有高尚道德的商业中心。希望淮海路在建设商业文化、发扬商业精神方面独树一帜，担起历史的责任，这样中国的商业文化建设就有丰富的内容了。”

这次研讨会的特点：一是就一条商业街进行研究；二是以中西商业文化比较的角度进行研究。

(本文资料来源为中国商业文化研究会1996年度《商业文化通讯》)

1997年全国商品流通工作概况

国家内贸局　陈邦柱

一

1997年1月，江总书记为商品流通工作题词：“商品流通要坚持为人民生活服务，为生产建设服务的根本宗旨。”全国商品流通部门和企业广大干部职工，认真学习贯彻江总书记的重要题词，在各级党委、政府的正确领导和有关部门的大力支持下，努力实施“五三一工程”，做好各项工作，为实现国民经济稳中求进的总体要求作出了贡献。

(一)努力做好重要商品的宏观调控，促进“经济较快发展、物价涨幅较低”良好态势的形成

1997年国民经济适度快速增长，物价涨幅进一步回落，预计全年国内生产总值增长9%，全社会消费品零售总额增长11%，生产资料销售总额增长8%，商品零售价格涨幅低于2%，居民消费价格涨幅低于4%，“九五”计划的良好开局得到巩固和发展。

在中国农业连续3年丰收的情况下，为了保护农民种粮积极性，各地粮食部门坚决执行国务院按保护价敞开收购、不降价销售的指示，做到不拒收、不限收、不停收、不打白条。为了解决仓容紧张的矛盾，在有关部门的支持下，采取紧急抢运、租库储存和积极组织出口等措施。到10月末，共从东北组织调运粮食226亿斤，完成玉米和大米出口100亿斤，租用社会仓库储粮300多亿斤。全年粮食总库存大大超过历史最高水平，露天存粮数量猛增，而且有大量的高

水分粮入库。各地粮食部门精心管理,加班加点,连续奋战,不仅东北地区644亿斤高水分粮经过烘晒全部达到安全水分,而且露天存放的粮食也都安全度夏度汛,全年没有发生坏粮事故。

1997年是新一轮“菜篮子”工程的头一年,各地商业部门把主要力量放在调整重要商品储备结构、组织省际间余缺调剂调运、确保节日市场和灾区供应等项工作上。全年商品市场始终保持繁荣局面,没有发生大的波动,物价涨幅持续回落。由于“米袋子”、“菜篮子”商品价格稳中有降,老百姓感到满意,不仅有利于社会稳定,而且为其他各项改革创造了宽松的环境。

生产资料市场购销基本正常,物资部门和企业通过指令性计划分配、市场调节、进出口、物资储备等多种方式,积极参与重要生产资料的总量平衡,努力做好国家重点建设、国防军工、农业及救灾用物资的计划分配、产需衔接、订货和调运管理工作。设备成套系统积极推行采购招标和设备监理制度,努力为国家重点工程服务。物资储备系统在部分重要原材料市场价格波动时,及时利用储备物资吞吐调节,对稳定国内市场起了一定的作用。

市场体系建设取得进展。1997年出台了一些新的市场管理法规,批发市场的运营进一步规范,市场建设的管理部门开始理顺,市场形式和交易方式不断完善,交易规模逐步扩大,对繁荣市场、调节供需也发挥了重要作用。

(二)积极推进流通体制改革,努力开拓城乡市场

根据国务院的指示,我们积极配合有关部门进行粮食流通体制改革的调查研究,经过多方努力,已经初步形成了符合粮食改革方向、立足具体国情、具有较强操作性的初步方案。与此同时,1997年开始实行国家储备粮购储计划由国家粮食储备局直接下达到库点,费用补贴直接拨付到库点,粮库建设也直接监管到库点的新机制,为国家储备粮实行垂直管理积累了经验。

连锁经营取得了长足发展。目前全国已有连锁公司1 000多个,连锁店近15 000个,其中粮食系统有5 000多个。连锁店经营范围已由消费品发展到机电、农机等生产资料,业态形式发展为超市、便利店、仓储式商场、综合商场等多种形式并存,商品管理和配送的自动化程度有所提高。1997年有14个连锁企业被授予进出口经营权,推动连锁经营进一步扩大规模。目前,大中城市连锁店的销售额,已经达到全社会消费品零售总额的5%以上,而且销售增长幅度明显超过了传统的零售商店,成为开拓市场、扩大销售的新的增长点。

代理配送制试点取得重要进展。1997年钢材和汽车代理量分别比1996年增长4.1%和15.6%,代理方式逐步规范,佣金代理已开始进行试点。试点流通企业的代理业务实现盈利。到1997年12月,参加钢材和汽车代理试点的企业已经扩大到371家。一些地方在煤炭、纯碱、轮胎、塑料、玻璃、机电产品经营中,也开始进行代理销售的探索。配送工作重点扶持汽车“四位一体”、钢材剪切加工配送、动力配煤、散装水泥和商品混凝土配送等项目,已建成一批技术先进、受到用户欢迎、经济社会效益良好的配送企业。

在开拓市场方面,各地流通部门和企业深入实际调查研究,提出了不少新的思路和办法,进行了大量基础性、探索性的工作。国内贸易部同国家经贸委等6部门建立了“工商联手,开拓市场”领导小组,共同开展了“名厂名品进名店”、调剂库存商品、联合举办商品交易会等活动。上海、天津、郑州商品交易会,以及农机、糖酒等专业订货会,购销两旺,扩大了商品销售。为了开拓农村市场,各地建成了一批面向农村的交易市场,并在农村建立煤炭、水泥等代销点,为农民提供所需要的商品。旧货交易试点扩大到全国28个省区,拍卖业总成交额超过100亿元,租赁业务和分期付款等信用消费已经开始进行试点。饮食服务业开拓“大众化”市场,发展早点、快餐、理发、洗染、照相、沐浴业等便民项目。商办工业围绕市场调整结构,1997年总产值比1996年增长2.3%,利税增长10%。

(三)加大企业“三改一加强”的力度,扭亏增盈做了大量工作

各地内贸部门普遍加强对国有企业“三改一加强”工作的领导。通过联合、兼并、股权置换等多种产权重组形式,一批年销售额100亿元以上的大型流通集团开始形成,上海华联、浙江物产和部属中谷集团等6个内贸企业,被列为国家企业集团试点单位。中小流通企业的改制工作在全国逐步实施,各地因地制

宜,从本地本行业本企业的实际出发,采取股份合作制、承包、租赁、出售、兼并等多种形式,有效地增强了企业活力。

为了促进国有流通企业发展,我们积极向有关部门反映情况,1997年得到的支持政策主要有:对粮食企业的超合理库存进行补贴,对"菜篮子"流通实行优惠政策,对汽车报废和发展散装水泥进行扶持,"两棉"赊销款挂帐停息,逐步解决国有食品企业的历史挂帐,"九五"期间对民族贸易企业继续进行扶持等等。此外,对旧货试点企业增值税按小额纳税人标准减半征收的优惠政策,即将颁布执行;代理制试点流通企业的政策性亏损,近期将研究解决办法。各地政府也从本地实际出发,制定了不少支持和促进国有流通企业发展的政策。

在进行企业改革、改制、改组工作的同时,各地加强了以"促质量、压费用、降成本、上服务"为重点的全面管理工作。各地流通部门和企业,都把扭亏作为企业管理的重点,层层建立扭亏目标责任制,加强投资和经营决策管理,严格控制各项费用开支,并采取分流人员、减人增效、开展多种经营等多项措施,取得一定成效。内贸审计部门也把扭亏作为中心任务,审计项目比1996年有较大幅度增加。经过各方面的努力,尽管1997年全国内贸系统仍有较大亏损,但大家为扭转亏损付出的巨大努力是有目共睹的,扭亏工作也是有进展、有成绩的。特别是一些扭亏幅度很大的省市,以及持续保持盈利的省市,值得整个内贸系统学习。

(四)加强对全社会商品流通的行业管理,精神文明建设取得进展

在管理全社会商品流通方面,重点围绕加强流通法规建设、加大市场建设的规划和管理力度、配合有关部门整顿市场流通秩序等内容,做了大量的工作,并取得一定进展。《拍卖法》已从1997年1月1日起正式生效,授权商品流通部门主管全社会的拍卖行业。国务院最近又通过了《生猪屠宰管理条例》,明确规定各级商品流通部门负责全社会生猪屠宰的行业管理,并且赋予相应的执法监督权和处罚权。各地人大和政府,也分别通过了一批统管全社会商品流通的法规。内贸部同国家人事部建立了拍卖师执业资格制度,与劳动部联合下发了《关于推销员职业资格鉴定的通知》,对全社会的拍卖师和推销员实行统一考试,确定执业资格。内贸部起草并申报的国家标准,有14个被国家有关部门批准发布。餐饮、旅馆、美容美发、照相等7个行业的开业标准,已于1997年7月实施。内贸部还重点对不同地区、不同所有制流通企业经营的商品进行质量抽查,加强了对社会商品流通的监督。

内贸系统精神文明建设取得新的成绩。在广泛开展的"讲文明树新风"活动中,"百城万店无假货"、"让老百姓吃放心肉"等活动向纵深发展,全国60个大中型商场开展了联合服务活动;树立了内贸系统十大文明示范单位,表彰"青年文明号"、岗位能手、技术能手和见义勇为先进个人等先进集体和个人。部属和各地流通部门所属的院校,坚持教育体制改革,在出成果、出人才方面也作出很大成绩。这些都大大提高了内贸系统的职工素质和精神文明水平。

1997年内贸系统认真贯彻中央纪委第八次全会和国务院反腐败会议精神,坚持反腐败三项工作格局,突出重点,注重实效,狠抓落实。流通部门和企业领导干部,绝大部分能够自觉接受监督,严格自律,做廉洁奉公的表率;各地重视大案要案查处工作,一批腐败分子受到惩处;纠正行业不正之风的工作同开展社会承诺制结合,取得新的进展。由于实行标本兼治、综合治理,内贸系统的反腐败斗争和廉政建设都取得新的成绩。

1997年,在国务院的正确领导和各有关部委的大力支持下,全国商品流通部门和企业紧密团结,艰苦奋斗,取得了有目共睹的成绩。但是我们也要看到,在商品流通中也存在着一些突出的矛盾和问题。主要是:粮食流通体制不适应市场经济的要求,企业亏损挂帐包袱越来越重,财政不堪重负,改革势在必行;国有流通企业改革进展不大,仍然没有摆脱销售下降、效益下滑的困境;市场分割,监管不严,流通秩序还比较混乱;流通主管部门职能转变滞后,管理全社会商品流通的力度还需要加强;等等。我们必须重视这些问题,在今后的工作中加以解决。

二

1998年是全面落实十五大提出的各项任务的第一年,也是"九五"计划承上启下的的关键一年。当前

总的形势很好，全国政治稳定，经济发展，民族团结，社会进步。经济适度快速增长，物价涨幅进一步回落，国民经济的市场化程度进一步提高，主要生产资料和消费品的买方市场初步形成，结构调整出现新的积极变化，国际收支状况良好。同时，在国民经济运行中也存在着一些突出的矛盾和问题，主要是一些国有企业生产经营困难，下岗待业人员增加，金融风险因素不可忽视，农业基础脆弱的状况没有根本改变等等。中央经济工作会议在正确分析形势的基础上，确定1998年经济工作的总体要求是：高举邓小平理论伟大旗帜，全面贯彻落实党的十五大精神，继续推进经济体制和经济增长方式的根本转变，进一步加强农业基础地位，加快国有企业改革步伐，加大经济结构调整力度，加强和改善宏观调控，提高对外开放水平，安排好群众生活，实现国民经济持续快速健康发展和社会全面进步。并且提出，1998年的经济工作要继续贯彻稳中求进的方针。根据这一总体要求，中央确定1998年国民经济宏观调控的主要目标是：经济增长速度8%，商品零售价格涨幅控制在3%以内，居民消费价格涨幅控制在5%左右。

部党组认真学习了党的十五大和中央经济工作会议精神，认为1998年的商品流通工作将充满机遇和挑战。良好的政治和经济形势，为商品流通的进一步发展提供了有利的环境。但在买方市场条件下，激烈的市场竞争也会无处不在、无时不有，吃"计划饭"、"差价饭"、"垄断饭"的日子一去不复返了。1998年以至今后几年流通工作的主题，就是要学会如何在买方市场条件下做好商品流通工作。如果我们能够勇敢地面对挑战，解决好这个问题，就可以创造出更多的机遇。根据流通工作面临的形势，1998年商品流通工作的主要任务是：坚持"两个服务"的根本宗旨，继续实施"五三一工程"，适应买方市场的新形势，商品流通体制改革要有新举措，国有流通企业改革要有新的突破，重要商品宏观调控要有新的思路，开拓市场扩大销售要有新的发展，管理社会商品流通要有新的作为，行业精神文明建设要有新的面貌。

1998年全国商品市场形势的基本分析

国家内贸局 丁俊发

(一)1997年全国商品市场的几个特点

在国民经济高速增长的同时，保持了较低的通货膨胀率 低通胀，除了财政金融的宏观调控以外，得益于农副产品有效供给的明显改善。1996年农业大丰收，1997年产量虽低于1996年，但仍是一个好年景。日用工业品价格降多升少，生产资料全年同比下降2%左右。在1986年至1995年的10年间，平均粮食产量变动1%，粮食价格即随之波动11%。粮食的状况如何，对通胀率关系极大。

全国消费需求仍以较高速度增长，但没有明显的消费热点，结构性矛盾进一步加剧 从全国商品市场总体来看，没有明显的消费热点，少数商品畅销，大多数商品平销或滞销。畅销的是一些名、特、优、新商品和娱乐文化用品。工业品产销率比正常水平低3个百分点左右。社会库存已超过3万亿元，产业、企业、产品结构性矛盾进一步加剧。

商品市场在买方市场下运行 据商业信息中心对613种典型商品统计，1997年下半年供过于求的商品有195种，占总数的31.8%，比上半年增加26.5个百分点；供求基本平衡的商品有408种，占总数的66.6%，比上半年减少22.8个百分点；供不应求的商品有10种，占总数的1.6%。供求平衡与供大于求的商品从上半年的94.7%上升到下半年的98.4%。全国生产资料资源和消费大体同步增长，据物资信息中心统计，1～9月，16种 主要物资的资源供给增长

5.1%，需求增长5.7%，其中出口需求同比增长31.7%，国内需求相对不足。买方市场的出现，促进了国民经济的结构调整，促进了生产企业与流通企业的改革。市场经济的规律是不依人的意志为转移的，优胜劣汰，只有适应市场、驾驭市场才能取胜。

呈现不同商品市场同步发展，又不均衡发展的趋势 一是城市市场与农村市场同步发展，全年农村的社会消费品零售总额的增长率略低于城市2个百分点。二是东部、中部、西部商品市场同步发展，但东部、中部地区与西部地区的增长仍有较大差异，1～9月增长最快的湖北省与增长最慢的新疆，两者的差距近18个百分点。三是不同所有制流通企业的销售额同步增长，但国有与集体增长缓慢。在消费品零售总额中，1～9月，国有增长3.6%，集体增长8.8%，私营增长25.4%，联营增长28.2%，国有控股增长25.7%，外商独资增长26.4%。在全社会生产资料销售总额中，私有经济所占的份额同样增长较快，在木材等行业可以与公有制平分天下。

居民消费有新的变化 随着人民生活水平从温饱型向小康型转变，居民的消费结构、产品流通方式、商品经营业态变化明显加快，居民的消费心理进一步成熟。一是城镇居民的恩格尔系数1997年将达到47～48%，全国城乡将达到52%左右。这就是说居民用于食品的支出开始减少，而增加了住房、教育、文化娱乐、耐用消费品的支出，名牌、品牌意识明显增强，购物的选择性突出。为人民生活服务、为生产建设服务的各种流通组织结构、营销方式、经营业态日新月异，千姿百态，处于一个大变革时期。

出现了明显的无序竞争，或称竞争过度 据国务院发展研究中心等部门对全国企业经营者的调查，有57.5%的人认为在市场销售中竞争过度，有32.6%的人认为竞争适度，有7.1%的人认为存在垄断，有1.5%的人认为存在高度垄断。在不公平竞争中，处于前三位的是：低于成本价倾销，通过贿赂购销，假冒注册商标。生产部门、流通部门都出现了价格大战，这是一个值得注意的问题。

商品市场是国民经济运行状况的晴雨表，1997年商品市场的特点，既反映了经济软着陆后出现的好形势，也反映了国民经济运行中的深层次矛盾，必须认真加以分析，以便采取必要的对策。

(二)对1998年全国商品市场形势的基本分析

全国商品市场形势，在很大程度上决定于全国的宏观经济形势 1998年国家将继续贯彻“稳中求进”的总方针，以巩固与发展这几年改革与宏观调控取得的成果，并给国有企业的改革提供一个较为宽松的环境。1998年国民经济的增长率为8%，固定资产投资率为32%，全国零售物价涨幅控制在4%左右。这与1997年基本持平，所以全国商品市场的形势仍将以平稳为主调，继续在低通胀与买方市场下运行。预计1998年全社会消费品零售总额将达到3.22万亿元，同比增长15%左右，扣除物价因素，实际增长为10.5%左右。全社会生产资料销售总额可达到4.15万亿元，同比增长8%左右。只要不发生大的自然灾害，通胀率可以控制在4%以内。

由于1998年国民经济增长速度减缓的惯性作用，国民经济的增长率基本上与1997年持平，即超过9%，但要达到十分艰难 固定资产的投资规模会适当放松，使增长速度有所提高，但不可能增长很多。据此，可以预计，1998年全社会消费品零售总额的增长率会比1997年低0.5至1个百分点。全社会的生产资料销售总额的增长率很有可能连续第二年出现低于GDP的增长率。从总体上讲，不存在需求不足的问题，但有效需求增长趋缓的确十分明显。

这一基本分析基于以下原因：

第一，城乡人均收入增长减缓。1992年至1996年，国内生产总值的年均增长率为12.1%，而城镇居民人均生活费收入年均实际增长为7.2%，农村居民人均纯收入实际增长为5.7%。1997年1～9月，全国职工工资总额增长8.8%，增幅为10多年来的较低水平，比1994、1995、1996年同期分别低22.9、16.2和5.6个百分点；城镇居民人均可支配收入实际增长2.9%，农村居民人均现金收入实际增长4.7%，收入增长减缓。由于1998年城镇下岗人员将继续增加，农产品价格短期内难于提高，乡镇企业经营也比较困难，因此全年城乡人均收入增长速度将受到很大的限制，从而抑制了人们商品购买力的提高。

第二，现在只是一个较低层次的商品总量平衡，供过于求的商品比重不断增加，商品供需的结构失衡问题已相当严重。全国还没有形成比较明显的经济增长点，1998年也不可能形成集中的消费热点，商品库存积压严重，产销率低，不少产业部门生产能力的利用率只有50～60%。由于工业布局追求地区的“大而全”、“小而全”，没有形成合理的地区分工，在买方市场下，地区封锁，分割了全国统一大市场。

第三，支出分流进一步扩大，商品消费支出比例下降。城乡居民的收入目前向三个方向流动，一是储蓄，二是消费，三是金融市场。随着市场经济的发展，各种保险、医疗保健、子女上学、住房等非商品性支出不断增加。据国家统计局城市调查统计，1996年城镇居民家庭支出增长最快的四个项目全部是非商品性支出。其中，非储蓄性保险支出增长42.9%，医疗保健支出增长30.2%，教育支出增长23.1%，居住支出增长20.3%。而同期居民商品的消费性支出仅增长10%左右。同时，居民用于股票、国债的投资也增长较多。1998年这种支出分流将进一步扩大，商品性支出比例将有所下降。发展信用消费已提到日程上来。

第四，由于周边一些国家陷入金融危机，货币贬值，将影响1998年的出口，顺差减少，由于关税降低，进口会增加。据有关人士估计，1998年国内市场将增加4 000亿的商品压力，竞争进一步加剧。

第五，1998年全社会固定资产投资实际增长率与1997年相比略高，但投资需求对市场的拉动力不大。国家投入的一部分项目没有形成新的需求，如房地产投资，因现有住房没有真正的商品化、私有化，而形成了新一轮的积压，没有形成与增加新的需求。1998年固定资产投资的重点应当选择在哪里，是安居工程、城市基础设施建设、水利建设，还是其他方面，对整个商品市场影响极大。

第六，开拓城市与农村市场难于取得突破性进展。中国虽处于买方市场，但市场并没有饱和，也没有萎缩，市场是可以开拓的。1997年启动了城市的旧货市场；开展工商联手，扩大销售；推进连锁经营、代理配送制；推广公司加农户这种产销联合体等等，取得一定成效，但总体讲，没有取得实质性进展。1998年仍然是探索期。国家降低存贷款利率，可以启动商品市场，但目前作用不明显。

第七，国有流通企业改革滞后，管理粗放，效率下滑，包袱沉重，不能充分发挥其促进生产、引导消费的功能。1997年商业、物资、粮食系统亏损由于种种原因将成为历史上亏损最多的一年。

1998年，对全国商品市场来讲有许多有利因素，也有许多不利因素。但我们的立足点应当放在比较严峻的方面上来，把难度设想得更大一些。要坚持江泽民总书记提出的“商品流通要坚持为人民生活服务，为生产建设服务的根本宗旨”，继续推进“531工程”，既要充分发挥市场机制作用，又要进一步加强对重要商品的宏观调控，大刀阔斧地进行流通体制与流通企业改革，特别是粮食流通体制改革。

中国拍卖业的发展状况

国家内贸局　赵　杰

中国拍卖业在新中国成立前曾一度十分发达，新中国成立后中断了30年，从80年代中期开始恢复，至今经历了10年时间。10年中，拍卖业从无到有，从小到大，全国大多数省市建立了拍卖企业。拍卖企业分布从沿海、大城市向内地、中小城市发展，拍卖标的从最初的执法部门的罚没物品扩大到文物、无形资产、国家政策允许流通的各种动产和不动产。拍卖企业的经营规模也在逐年扩大。据统计，1994年全国只有十几家拍卖企业年经营额超过亿元，1995年即出现一次拍卖会拍卖额超亿元的企业。1996年全国拍卖总成交额近100亿元人民币。据初步统计，目前全国拍卖企业有1 000家左右，从业人员2万人左右。拍卖业恢复和发展，对于促进商品经济发展、促进廉政建设、保证国有资产保值增值、促进一些案件尽早结案、促进文化艺术品市场的繁荣都起到积极作用。总之，拍卖业恢复10年总的发展情况是好的，其成绩主要有以下几个方面：

建立健全了拍卖业的法律法规体系

拍卖业恢复以来，国家非常重视法律法规的建设，并不断完善。1992年国务院办公厅发布了48号文件，1993年发布了55号文件；1996年又经全国人大审议通过了《拍卖法》，这是内贸部组建后的第一部国家立法；围绕《拍卖法》，国务院还将制定相关文件；内贸部会同人事部制定颁布了拍卖师的有关规定，还将制定贯彻《拍卖法》的有关问题的通知等。这些都使拍卖业的法律法规体系进一步健全。在国家立法的同时，各地也搞了一些相关的地方法规。

《拍卖法》及相关配套法规的制定，标志着拍卖的法律法规体系已经建立起来，拍卖业已改变了无法可依的局面，这为中国拍卖业的健康发展打下了坚实的基础，也使拍卖业纳入了法制化和规范化的发展轨道。

交易行为不断规范

从各地反映的情况看，过去拍卖业主管部门五花八门，《拍卖法》出台前涉及审批的中央部门有好几家，地方从省市到地县都可审批，这种政出多门、多头管理在一定程度上促使了拍卖业的盲目发展。

为克服这种状况，内贸部于1994年颁布了《拍卖管理办法》(部长1号令)，对全国拍卖业进行初步清理、整顿，这项工作得到国务院和各地方的支持。经过两年的努力，基本摸清了全国拍卖业的情况，通过重新审核拍卖企业的资金、人员和业务开展情况，先后公告了三批合格企业，从而规范了企业的交易行为，抑制了盲目发展的势头，为《拍卖法》的贯彻实施奠定了良好基础，为今后的整顿带来了便利。

加强了人员培训，建立持证上岗制度

内贸部于1995年会同公安部、文化部、国家文物局等成立了全国拍卖培训领导小组，对拍卖从业人员进行了持证上岗培训，到目前已培训了1 200多人。各地方也在普及、提高培训方面做了大量工作，这些对全行业整体素质的提高起到了良好的作用。

几年来，拍卖业持证上岗培训工作得到了各相关部门、各地方的支持，也取得了企业的普遍认可和欢迎，拍卖人员培训工作走在了其他行业前面，对其他行业的培训起到了示范和促进作用。

在进行持证上岗培训的同时，还注重督促企业对进入拍卖企业的人员严格把关。前几年拍卖企业从业人员学历普遍较低，经过近几年的努力，企业人员学历结构变化很大，年轻的同志学历普遍较高，从参加拍卖师考试的人员来看，全部是大专以上学历，还有部分硕士、博士。

建立了拍卖师制度

经过深入调查研究和反复讨论，内贸部和人事部联合制定颁布了《拍卖师执业资格制度暂行规定》，使拍卖师制度纳入了国家执业资格制度的统一序列。目前已进行了两批考试，共有281人通过考试，成为中国首批拍卖师。

加强了理论研究和宣传工作

针对拍卖业的状况，内贸部把拍卖理论的研究和宣传做为一项重要工作来抓，取得了一定效果。在积极申请创办《中国拍卖市场》杂志的同时，中国拍卖行业协会与《中国商报》联合创办了拍卖收藏专刊，市场司与中国拍卖行业协会还办了《拍卖市场通讯》，建立起了自己的理论园地，较好地发挥了指导和宣传作用。1996年，在世界银行的支持下，在上海成功地召开了首届“中国与世界拍卖市场”国际研讨会，美国拍卖行业协会和拍卖市场学院、世界两大拍卖行苏富比和佳士得都派代表参加了研讨会。通过这次研讨会与国外同行建立起了经常联系，在国内外引起很大反响。另外，在中央电视台、北京电视台和中央人民广播电台、国际台等举办了若干次《拍卖法》和拍卖知识的宣传讲座。各地方也做了大量的宣传工作。

在建立宣传体系的同时，还围绕拍卖业发展中的热点问题，组织了一些专题研讨会。如1997年4月，针对电影、文学剧本知识产权拍卖的问题，邀请了国家版权局、著名作家、电影导演和出版社、部分拍卖企业代表在北京举办了研讨会，取得了较好的效果。

加强了与国际拍卖业的交流

近几年，从内贸部到各地市及拍卖企业，都重视与国外拍卖业的交流，考察交流活动有了很大进展，世界两大拍卖行在上海、北京都建立了办事处。中国拍卖行业协会与全美拍卖行业协会建立了固定的联系，与英国拍卖行业协会签署了友好合作意向，拟邀请外国专家来华开办讲座培训人员，特别是鉴定评估人员的培训。

对闲置资产的配置和促进廉政建设、增加财政收入发挥了重要作用

实践证明，国有资产通过拍卖一般都能够不同程度地增值。例如，1997年上半年，大连国际商品拍卖中心拍卖国有资产增值10%，上海国际商品拍卖中心增值20%左右，这些对防止国有资产流失、增加财政收入起到很大作用。另外，破产企业的资产通过拍卖，加速了企业闲置设备的重新组合和合理配置。在社会主义市场经济建设的过程中，落伍的企业破产，更有活力的企业诞生，这是社会发展和进步的标志，拍卖业将为推动社会进步和资产优化组合发挥积极作用，这也是拍卖企业今后应着力开拓的新领域。

促进了文物回流，活跃了艺术品市场

文物艺术品的拍卖，促进了文物的回流，活跃了艺术品市场。经过几年发展，一些企业开始走向国际市场挖掘资源，如中商盛佳'97春季拍卖会上，有一大批回流文物，包括青铜器、陶俑、玉器、字画、鎏金佛像等，中国博物馆在拍卖会上购得了两件国宝级文物，使长期流散在海外的珍贵文物又回到祖国的怀抱，受到文物界的赞誉。同时，拍卖还活跃了艺术品市场，改变了过去艺术品市场只有画廊的单一局面，受到画家和收藏家欢迎。

理顺了管理体制

经过几年努力，拍卖业的管理体制已基本建立起来，各省、自治区、直辖市都确定了主管部门。行业自律体系也不断完善，中国拍卖行业协会已正式成立并开展工作。政府管理和行业自律管理这两个体系的逐步完善，为拍卖业的健康发展创造了重要的前提条件。

中国拍卖业恢复10年，特别是近两年，取得了很大的发展。《拍卖法》的颁布、持证上岗制度的建立、拍卖师制度以及国际研讨会的召开等等，标志着中国拍卖业已从恢复、试点阶段过渡到了常规发展阶段，不能再用恢复、试点阶段的标准来要求主管部门和企业了，这是做好下一步工作的出发点和基础。

同时，也应看到中国拍卖业还存在一些问题和不足，如政出多门、多头管理问题还未完全解决；企业发展布局不合理；数量多、规模小；地区之间发展不平衡；企业管理不完善等。这些问题从根本上说是发展中的问题，在完善的过程中是会逐步解决的。

1997年中国消费品市场基本形势与主要特点

国家内贸局　韩　明

1997年是中国具有重大历史意义的一年，香港回归祖国、党的十五大召开，国民经济继续保持了1996年经济软着陆以后"高增长、低通胀"基础上持续、快速、健康发展的良好态势。各项宏观经济主要指标处在适度范围内，固定投资增长平稳，金融业在改革中平稳发展，工业生产稳定，社会供给增加，经济结构调整的力度加强，企业产销率上升，效益状况有一定好转。消费品市场保持了平稳发展的态势，市场商品充裕，物价涨幅逐月回落，消费心理稳定，商业竞争更趋激烈。全年社会消费品零售总额实现26 843.3亿元，同比增长11.1%，扣除物价因素实际增长10.2%，增幅较上年同期回落2.3个百分点。但社会消费品零售总额同比增幅却表现出逐季回落的局面。与上年同期相比，1～4季度，社会消费品零售总额分别增长13.6%、10.8%、9.8%和9.5%。1997年消费品市场主要特点是：

(一)工业生产增长平稳，商品市场供大于求

1997年全国乡及乡以上工业完成增加值20 476

亿元,比上年同期增长10.9%,轻工业产值比上年增长11.5%。全年产品产销率96.2%,比上年略有提高。彩电、洗衣机、电冰箱、空调器、影碟机等产品生产快速增长,而自行车、电风扇、照相机等产品生产下降。据对1997年主要商品供求排队分析,上半年609种主要商品中有94.7%的商品供求基本平衡或供过于求,而在下半年613种主要商品中供求基本平衡或供过于求的比例则上升到98.4%。其中447种日用工业商品中,供过于求的比重由上半年的2.7%上升为下半年的33.6%。商品市场明显呈供大于求的局面,商品供求结构性矛盾依然突出。

(二)工业消费品总体上货源充裕,大部分商品呈现买方市场特点,销售畅滞并存,市场竞争激烈

受市场需求趋淡,消费热点难以形成和商品供求结构性矛盾突出的影响,工业消费品销售呈现出畅滞并存的格局。从各类商品看,传统商品和大路商品销售平淡,而新兴换代品种和名优商品备受青睐,销售顺畅的品种主要集中在换代家电、金首饰、名优化妆品、洗涤用品和食品等几种商品上。据对百家零售商场统计,1～11月份,生活电器、黄金首饰、洗涤用品、化妆品、烟酒食品等几大类商品的销售额同比分别增长了47.8%、14.5%、30.6%、28.3%和29.2%;家电商品中,大屏幕彩电、全自动洗衣机、空调器、微波炉、影碟机、家用电脑等销售看好,销量同比分别增长了101.1%、32.3%、65.3%、165.1%、955.4%和63.6%。穿着类商品销售增幅不大,随着人们生活水平的提高,消费者更加注重款式、档次和品牌,风格多样、价格适中的应季服装销售较好。

(三)主要副食品供应明显改善,市场基本平稳

生　猪　受1996年度冻肉滞销、猪价偏低的影响,1997年一季度生猪生产下降,特别是育肥猪生产降幅较大,上市猪源减少,价格上扬。3月份10个主产省生猪平均收购价和仔猪价分别达每公斤8.53元和10.89元,同比分别上升30.8%和56.7%。内贸部为稳定生猪生产,及时组织实施了猪肉省际间调拨,加之各地国有食品企业采取了多项鼓励生产的措施,二季度生猪生产开始稳定增长,价格逐步稳定。据11月末生猪产销典调统计,四川、湖南、重庆等11个生产省(市)生猪社会总存栏20 905.46万头,同比增长3.1%,比8月末增长1.9%,比2月末增长11.4%;公母猪存栏同比涨幅达11.4%。12月上旬,10个生猪主产省生猪收购价平均为每公斤8.19元,同比上升5.2%,环比下降1.8%;仔猪价平均为每公斤14.35元,同比上升58%,环比下降1.2%。目前生猪产销基本平稳,猪源充足,价格稳中有降。

食　糖　1996～1997年榨季全国食糖产量680万吨,比上一榨季增产60万吨,实现了持续两年增产。从总体上看,食糖市场货源充裕,购销较为平淡,价格波动较大。开榨初期,由于受季节性供大于求及部分糖厂竞价抛糖等因素的影响,市场价格下滑,2月份南方产区糖价最低达每吨3 800元,销区也降到每吨4 100～4 200元。随着国家采取的有关措施逐步实施,即商业增加收购、工业临时收储和国储糖暂停轮库等,使糖价逐步回升。随着夏季用糖高峰的来临和糖源的减少,8月份两广白砂糖批发价回升到每吨4 200元左右。中秋过后,市场需求较平淡,糖价平稳运行。10月份新榨季开榨以来,随着新糖上市量的增加以及销区需求疲软,糖价再度下滑,至12月份南方产区白砂糖批发价又降至每吨3 700元,销区糖价也降到每吨4 000～4 100元左右。

蔬　菜　1997年以来,由于各地"菜篮子"市长负责制和副食品风险基金等各项制度的进一步落实,蔬菜生产持续稳定发展,供求总量平衡,市场品种丰富,供应充足。二、三季度受气候影响,持续的南涝北旱和部分沿海地区受强台风袭击,使部分城市出现了蔬菜货源减少,供应偏紧,价格上扬的情况。但由于各地积极采取措施,以及内贸部及时组织蔬菜调运,调控及时,缓解了灾区的蔬菜供应状况,使菜价涨势得到了抑制,未出现大的波动。1997年元旦、春节和中秋、国庆等节日期间,各地还运用副食品风险基金给予补贴,组织蔬菜定点限价供应,保证了市场供应和市场物价的稳定。

(四)购买力分流明显,商业竞争激烈

随着住房制度、医疗制度、劳动保险制度、用工制度等各项改革的深化,居民消费支出已越来越明显地显现出多元化、多渠道的特征,非商品支出比重进一步扩大,许多人将收入中的相当部分转入储蓄或各种

形式的投资，以备日后用于购房或需由个人负担的医疗费用以及下岗、待业期间的生活费用。据统计，1997年末，中国城乡居民储蓄存款余额达46 300亿元，新增7 500亿元。与此同时，商品流通领域不同形式的企业发展很快，百货商店、连锁店、超市、专卖店、仓储商店等以各自不同的业态形式和特色，吸引着广大消费者，商业企业间的竞争日趋激烈。

（五）物价涨幅明显回落，居民心理稳定

1997年宏观调控成绩显著，在取得经济较快增长的同时，又取得了抑制市场物价上涨的明显效果。1997年的市场物价表现出涨幅低、波动小、逐月回落的特点。同上年同期相比，居民消费价格涨幅由1月的5.9%逐月降至12月的0.4%，商品零售价格涨幅由1月的3.3%逐月降至12月的－1.2%，全年涨幅分别为2.8%和0.7%，分别比上年回落5.5和5.4个百分点。这主要是由于消费品市场大多数商品供过于求，且缺乏消费热点，因而导致物价水平持续走低。由于物价平稳，年内尽管国家几次下调存贷款利率，以及商家推出多种促销措施，都没有能掀起市场的消费热潮，这进一步表明了居民心理稳定，消费行为更趋成熟。

金融业在改革开放中稳步健康发展

中国人民银行办公厅　马德伦

1997年，金融系统积极执行党中央、国务院一系列方针政策，深化金融改革，扩大金融开放，加强金融监管，改进金融服务，认真实行适度从紧货币政策，进一步改革调控方式，有效控制货币供应量，取得明显成效，对加强和改善宏观调控、治理通货膨胀、促进经济发展和维护社会稳定，发挥了重要的作用。

货币供应量适度增长　1997年底，广义货币(M2)90 995亿元，增长17.3%；狭义货币(M1)34 826亿元，增长16.5%；现金流通量(M0)10 178亿元，全年增加1 376亿元，比年初计划超出176亿元，增长15.6%。全部金融机构各项本币存款82 392亿元，增加12 941亿元，增长18.6%，其中城乡居民储蓄存款46 280亿元，增加7 400亿元，增长19.3%；各项贷款74 914亿元，增加10 703亿元，增长16.7%。企业除了通过银行贷款外，全年还通过股票市场、发行债券、票据贴现以及企业股份制改造等途径筹集了大量资金。到年底，金融机构企业存款余额38 656亿元，比上年增长18.4%。可以说，货币供应与经济发展、物价的变化是适应的。

1997年底，全国外汇储备余额1 399亿美元，全年新增349亿美元。人民币年底汇率为1美元兑8.2 796元人民币，比上年底升值186个基本点。

加强金融监管，化解已出现的金融风险，保证了金融业平稳运行　基本完成银行与信托、证券分业经营，信托投资公司总数已降到244家。人民银行的稽核监察工作和各金融机构内法制建设明显加强。严肃查处金融机构违法违规行为和帐外经营。进一步完善金融机构市场准入管理和金融机构高级管理人员任职资格管理。对各类金融机构隐藏的金融风险进行了普遍调查，对高风险金融企业实行跟踪监控。顺利关闭“中农信”和收购“中银信托”。公开查处了一批证券市场上的违规行为。撤销了违规设立的保险公司分支机构近90个。清理违规证券回购有新进展，未偿债务已降到165亿元。

金融服务水平进一步提高　农村各项贷款大幅度增加。同时认真落实支持国有企业十条措施，培育企业集团，支持小企业进一步开放搞活；支持产品有市场、有效益、守信用企业的资金需要；开办银团贷款业务，完善主办银行制度，加大对纺织、煤炭等企业扭亏、清欠的支持力度，积极支持机电产品的出口。

到1997年末，粮棉油库存总值占贷款的比例，比1994年6月上升9.31个百分点。现代化支付系统工程正式启动，成立了会员制金融清算总中心和银行卡信息交换总中心，促使加快了社会资金周转，全国电子联行系统转帐笔数和金额均比上年增长70%以上。市场小票紧缺矛盾基本缓解。

金融企业经营效益有所提高 1997年，4家国有商业银行和14家商业银行实现利润均有所增加。全国保费收入1 078亿元，比上年增长38.9%，保险业的发展对促进经济和社会发展发挥了积极作用。

深化金融体制改革，积极稳妥地推进金融对外开放 1997年，国有商业银行撤并重复设立或长期严重亏损基层机构的工作已有较好的开端；农村信用社在与农业银行"脱钩"后运行正常；已批准筹建、开业的城市商业银行有85家。在华外资营业性机构达166家，资产总额达360.4亿美元，其中外汇贷款259.8亿美元。中国境外银行、保险、证券等分支机构达到687家，业务发展较快。

在亚洲一些国家出现金融危机的情况下，中国金融业继续保持稳定发展势头。从总体上看，尽管目前中国金融领域还存在一些风险和问题，但是现在不会发生类似亚洲一些国家出现的那种金融危机。这是因为，中国社会和经济发展保持着良好发展势头，金融运行比较平稳；国家宏观调控实力大大增强，粮食储备和外汇储备都达到历史最高水平，人民币汇率稳中有升，并对资本项目实行有效管理。中国引进外资的总量与结构比较合理，到1997年11月底，累计引进外资3 600亿美元，其中，外商直接投资2 200亿美元，占61%；外债1 238.48亿美元，占34%，偿债率、债务率和负债率等都大大低于国际控制标准。更重要的是，在以江泽民同志为核心的党中央领导下，全国政治稳定，全党全国各级党政干部的金融风险意识明显增强。这一切为有效防范和化解金融风险，保持中国金融业持续、安全、高效运行提供了良好的条件。但是，也应当汲取亚洲一些国家金融危机的教训。要坚持宏观经济总量平衡，警惕和抑制"泡沫经济"；要对金融业的开放，特别是对资本市场的开放，采取积极稳妥的方针；要建立强有力的金融调控体系和稳健的金融制度，保持较为充足的外汇储备。

中国金融文化建设进一步加强 金融文化，就是金融行业在长期的管理工作实践中努力培育和贯彻的、被员工群体所接受的并在工作实践中体现出的顾全大局、依法监管、规范服务、维护金融业稳定和发展的群体意识。1997年，金融业各家银行、保险公司和其他金融机构进一步加大金融文化建设的力度。中国人民银行选定江西赣州分行等10个基层分支行作为金融文化建设试点单位，并召开了金融文化建设理论研讨会和试点单位经验交流会。1997年人民银行系统开展金融文化建设的主要特点：一是试点工作成绩突出，除总行的10个试点行外，各省级分行都确定了自己的试点行。总的看，他们都把确立金融监管价值观念，提炼和宣传银行精神作为核心工作来抓，把建立以人为本的管理模式，实现科学管理作为工作目标，取得显著成效；二是对银行精神和银行价值观的提炼、总结和表述，已初步摆脱过去那种一般化、雷同的表述，进一步突出了个性化，突出强调人民银行"铁面无私、依法监管"的要求；三是对金融文化的宣传和理解进一步深化，初步摆脱了那种将金融文化视同为"唱歌、跳舞"等文化娱乐活动的片面认识，上升到管理界面进行考察、认识和实践。

金融行业其他行、司在金融文化建设方面也迈出了新的步伐。中国建设银行继1996年全方位导入企业形象识别系统后，1997年在全系统进一步开展理念教育，推行员工行为规范工作，有力地促进了全行各项工作顺利发展。中国农业银行在全系统广泛征集、筛选、归纳了农业银行企业理念及行歌，在企业行为方面，编写了《中国农业银行基本规章制度》，拍摄了《中国农业银行员工礼仪》片和10个专业岗位操作规程的电视教学片，进行规范服务教育。

金融行业开展金融文化建设的实践说明，金融文化建设是当前新形势下加强和改进金融行业思想政治工作的重要途径和手段，是加强金融行业内部管理提高管理水平的重要途径和手段，是提高金融行业干部队伍素质的重要途径和手段，也是贯彻落实党的十五大精神，建设有中国特色社会主义文化的重要内容。

总体上看，中国金融业在改革开放中稳步健康地发展。但也必须看到，金融领域也隐藏着严重的金融风险。国有金融企业不良资产比重高，非银行金融机构遗留问题较多，有些地方和部门非法设立金融机构或直接、变相从事金融业务；各种违法违规活动严重。目前金融领域的问题是多年积聚起来的，是国民经济深层次矛盾的综合反映。究其主要原因，是金融体制不适应改革和发展的需要，一度出现某些领域经济过热，社会信用观念淡薄，缺乏金融风险意识的结果。

1997年11月17～19日，中共中央、国务院召开了全国金融工作会议，对解决金融改革和发展中的重大问题作出了全面部署。会议认真讨论了《中共中央、国务院关于深化金融改革、整顿金融秩序、防范金融风险的通知》，江泽民主席、李鹏总理等领导同志作了重要讲话。中央要求，力争用三年左右时间大体建立与社会主义市场经济发展相适应的金融机构体系、金融市场体系和金融调控监管体系，显著提高金融业经营管理水平，基本实现全国金融秩序明显好转，消除金融隐患，增强防范和抵御金融风险能力，为进一步全面推进改革开放和现代化建设创造良好条件。这是党的十五大以后第一次具有全局意义的重要会议，也是中国金融业发展史上一次十分重要的会议，会议对建立中国现代金融体系、金融制度和良好的金融秩序，全面推进改革开放和现代化建设，将产生重大而深远的影响。

为了贯彻落实全国金融工作会议精神，1998年金融系统的工作任务和工作要求是：

建立现代金融体系 逐步推进人民银行和国有商业银行的改革。改革后的人民银行分行的工作重点是加强对辖区内金融业监管。国有商业银行和中保(集团)公司的分行、分公司要逐步集中。加快地方性金融机构的建设。按合作制原则，加快城乡信用社管理体制改革。在改组商业化的信用社的基础上，逐步在中心城市和经济发达的县(市)成立城市商业银行。积极稳妥地发展资本市场。

建立现代金融制度 金融企业必须依法设立，要有法律规定的资本金，实行自主经营，自担风险，力争在两年内使国有银行资本充足率达到8%以上，中保(集团)公司的资本金也要达到法定水平。健全金融企业的自律组织机构。切实加强金融机构内控制度建设。建立由总行(总公司)垂直领导和相对独立的内部稽核、监察体制；建立完善资产负债比例管理制度、贷款审贷分离和贷款担保低押制度、信贷资产质量管理责任制度等。参照国际惯例，结合中国实际，完善现行信贷资产分类和考核办法，抓紧修改金融机构呆坏帐准备金提取和核销制度等。建立统一、严格的财务会计、统计报表制度和信息披露制度。

建立良好的金融秩序 任何部门和任何人不得干预金融企业的业务经营。彻底取缔一切非法金融机构，严禁任何非法金融活动和各种名义的乱集资。整顿农村合作基金会。严格实行银行、信托、证券、保险业的分业经营，逐步实行分业管理。继续清理、查处金融机构一切违法违规经营活动。加大金融执法力度，依法严惩诈骗、抢劫、盗窃、贪污、收受贿赂和伪造凭证等各种金融犯罪行为。

继续实行适度从紧的货币政策，注意适时适度微调，使货币供应量增长与经济增长相适应 要保持国际收支平衡，保证人民币汇率稳定。综合运用各种货币政策工具，有效调控货币供应量。取消对国有商业银行贷款限额控制后，要在逐步实行资产负债比例管理和风险管理的基础上，实行“计划指导，自求平衡，比例管理，间接调控”的新的信贷资金管理体制。要合理引导信贷投向，促进经济结构调整。要大力支持农业生产，加大支持国有大中型企业改革力度，建立完善住房金融服务体系，大力支持住宅消费市场。积极支持高科技产业。

全面加强金融监管，提高金融企业经营管理水平，切实防范和化解金融风险 要进一步完善和全面加强中央银行的金融监管。主要是：健全金融监管责任制；加强对金融机构高级管理人员任职资格管理；加快金融法规建设；切实加强金融企业内控制度建设，显著提高经营管理水平。明确金融机构法人负责制。完善现行信贷资产质量分类和考核办法，全面清理金融资产，努力降低不良资产比例，参照国际银行界资产质量管理的先进经验与技术，结合中国实际情况，要求所有银行在1998年底初步推行资产质量五级分类和考核办法。坚持分业经营原则，进一步严格整顿金融秩序。提高金融机构资产流动性，及时防范和化解支付风险，加强对金融机构资产流动性的监控。

严厉惩处弄虚作假行为，恢复银行“三铁”信誉 要严厉打击一些金融机构领导者经营思想不端正，为追求个人名利和小团体利益，纵容、包庇甚至直接指使弄虚作假的行为。对截留利润或虚报盈亏，篡改会计、统计数据，制造虚假业绩的人员，要坚决取消其专业技术资格，并视情节、危害给予行政、党纪处分，直至追究法律责任。对授意、指使、强迫财会人员私设帐外帐的单位负责人，一律撤职，并视情节依法惩处。要把此纪律传达到金融系统每一个干部、职工，下决心恢复银行"铁帐本、铁算盘、铁规章"的行业形象。

中国电力工业的改革与发展

国家电力公司办公厅

改革开放以来，中国电力工业的整体面貌发生了根本性的变化。

电力工业取得了前所未有的发展

全国发电装机容量在1987年跃上1亿千瓦的台阶之后，经过短短几年的努力，1995年3月又突破2亿千瓦大关。到1996年底，全国发电装机总容量和发电量均已跃居世界第2位。历时多年的全国性严重缺电局面逐步缓和。尤其是从1988年起，全国已经连续10年每年新增大中型机组超过1 000万千瓦，到1997年底，全国发电装机总容量达到2.5亿千瓦，年发电量达到11 350亿千瓦时。从1993年开始，发电量每年平均以6.2%的速度增长，基本上满足了国民经济发展的需要。如此高的发展速度，在世界电力发展史上也是罕见的。

电网规模进一步扩大和加强。到目前为止，全国各主要电网已基本形成500千伏和330千伏的骨干网架，大电网已覆盖全部城市和大部分农村。三峡工程的开工建设，使以三峡为中心的全国联网工程开始启动。中国电网进入了远距离、超高压、跨大区输电的新阶段。电力扶贫共富工程解决了6 000万农民的用电问题，山东、宁夏、安徽、河北、浙江、福建、江苏、河南、广东9个省(自治区)实现了村村通电，全国实现村村通电的省(市、自治区)总数达到了14个。

电力工业的整体技术装备水平稳步提高，技术经济指标不断改善。随着电网规模的扩大，单机容量也相应提高，20万、30万千瓦及以上机组已成为主力机组。随着大型抽水蓄能电站和核电站的相继建成投产，风力发电、太阳能发电、地热发电、海洋能发电在近年来也开始起步，初步形成了多能互补发展的电源结构新格局。电力科技进步取得显著成绩，电网运行调度已进入自动化、现代化的新时期。目前电力工业已经形成了一个以国有资产为主体、比较完整的和初步现代化的工业体系，有力地支持了国民经济持续、快速、健康发展和社会全面进步。

经济体制改革迈出了关键性步伐

改革开放以来，电力工业始终沿着以改革促进发展的道路前进。从贯彻"二十字"方针到实施集团化战略，从扩大企业自主权到转换企业经营机制、确立以"公司制改组、商业化运营、法制化管理"为基本取向的改革战略，每一步改革都促使电力企业朝着具有"四自"功能的经济实体和市场竞争主体的方向不断迈进，每一次生产关系的调整都使电力工业的生产力得到了不同程度的解放。特别是1997年1月国家电力公司的成立，1998年3月九届全国人大一次会议通过国务院机构改革方案，撤销电力工业部，这是电力工业生产关系的又一次重大调整，标志着中国电力工业管理体制由计划经济向社会主义市场经济过渡实现了历史性转折。由于多年来认真贯彻集资办电的方针，进行投资体制改革，打破了过去那种只靠国家投资办电的单一模式，成功地走出了一条"多家办电，多渠道筹资办电"和利用外资办电的道路。

精神文明建设取得了丰硕成果

电力系统始终把社会主义精神文明建设放在十分突出的地位，坚持以邓小平理论为指导，不断加强和改善党的领导，深入进行思想道德建设和反腐败斗争，实施以"人民电业为人民"为宗旨的职业道德教育，广泛开展“供电社会服务承诺制”和“为人民服务，树行业新风”等创建文明行业和文明单位的活动，使精神文明建设得到了切实加强，行业作风显著变化，电力行业在社会上初步树立起良好的形象，促进了两个文明建设协调发展。据初步统计，截至1997年底，电力系统有46%的单位被评为省部级文明单位，有80%以上的单位被评为地市级文明单位。

电力法制建设取得了突破性进展

为了保证电力工业健康发展，多年来电力系统始终把加强电力法制建设作为一项重要工作来抓，并取得了突破性进展。1995年正式颁布了中国第一部《电力法》。目前，以《电力法》为龙头，以《电力设施保护条例》、《电网调度管理条例》和《电力供应与使用条例》等电力配套法律法规为骨架，以地方性法规为补充的电力法规体系已经初步建立，电力工业管理基本上做到了有法可依，有章可循。电力系统广大干部、职工依法经营和依法维护自身权益的意识明显增强，电力法规已成为规范和保护电力企业、投资者、用户行为与合法权益的有力武器，有力地促进了电力工业的发展。

企业管理得到了进一步加强

多年来，电力系统广泛开展了安全文明生产双达标、创一流和基建达标投产工作，并与“转机制、抓管理、练内功、增效益”活动紧密结合在一起，实施新厂新办法、老厂新机制、减员增效、模拟电力市场等，使电力企业在劳动生产率、科技进步、降低消耗、安全、质量、经济效益以及为用户服务等方面都有了明显提高。截至1997年底，已实现双达标的发供电企业占参加部达标考核企业总数的87.4%，华能大连等8个发电厂达到了一流电厂的标准，基建投产达标机组达到21台。多年来，电力企业在实践中逐步形成了“以安全文明生产为基础，以经济效益为中心，以优质服务为宗旨”的企业经营管理思想，企业自身实力和市场竞争意识明显增强，企业整体素质不断提高，促进了两个根本性转变。

近年来，随着电力工业的发展和国民经济结构的调整，中国电力供需形势虽然发生了新的变化，但目前出现的电力供求缓和，是一种低用电水平下的缓和。1997年全国人均拥有装机容量只有0.21千瓦，在世界主要国家中排名是第85位，人均年用电量900千瓦时，仅相当于世界平均水平的1/3，全国还有11个无电县，还有6 000万人口没有用上电，电力供需矛盾并没有根本解决；电力工业在发展中还存在着电网建设滞后、电源和机组结构不合理、区域发展不平衡等问题；目前大部分电网出现的电力供需平衡，既是一种暂时的平衡，又是一种很脆弱的平衡，经不起市场需求的波动，广大的农村电力市场还有待于开发。这些都说明今后电力工业发展的任务仍然十分繁重。因此，电力工业必须适应国民经济发展和人民生活水平提高对电力的需求，适当超前发展。为适应国民经济8～9%的增长速度，电力工业必须保持5～6%的增长速度，“九五”后三年每年新开工大中型电力项目应保持在1 000万千瓦左右。

同时，市场情况的变化明确地提醒我们，电力工业必须按照党的十五大所指出的，实施可持续发展战略，真正走出一条速度较快、效益较好、整体素质不断提高的经济协调发展的路子。今后将以十五大精神为指导，解放思想，调整思路，真正树立起以市场需求为导向、以经济效益为中心的观念，抓住当前电力供需矛盾暂时缓和的有利时机，加大电力结构调整的力度。既要保持一定的发展速度，又要注重质量的提高；既要处理好外延与内涵的关系，又要处理好速度与效益、总量与结构的关系。着眼于提高国有企业的控制力和主导作用，使电力工业真正走上持续、快速、健康发展的道路。

根据十五大提出的国民经济后50年分三步走的战略目标，电力工业的发展目标是：在完成本世纪发展目标，即到2000年全国发电装机总容量达到2.9亿千瓦，发电量达到1.4万亿千瓦时的基础上，到2010年全国发电装机总容量达到5亿千瓦，三峡水电站向华中、华东、四川和重庆送电，全国形成北、中、南三个跨大区互联电网的格局，农村基本实现电气化，电力技术经济指标与国际先进水平靠拢。2020年全国发电装机总容量达到7亿～8亿千瓦，电力结构合理，形成全国联合电网，资源在全国范围内合理配置，走上可持续发展的道路。2050年建立起与富强、民主、文明的社会主义现代化国家相适应的电力工业体系。

开创陆上石油工业发展的新局面

中国石油天然气总公司　周永康

石油工业是国民经济的基础产业,中国陆上石油工业作为中国石油工业的主体,1997年取得新的进展,正以崭新的姿态进入21世纪。

(一)1997年工作情况

1997年,是中国历史上非常重要而又极不平凡的一年,也是我们总公司非常重要而又不平凡的一年。在党中央、国务院正确领导下,经过广大石油职工的艰苦努力,各方面工作都有新的进展,生产经营计划全面超额完成,各项指标比上年都有新的提高。

油气储量　新增石油储量,探明7.3亿吨,控制7.3亿吨;新增天然气储量,探明1 170亿立方米,控制2 270亿立方米。

油气产量　生产原油14 322万吨、天然气171.7亿立方米,分别比上年增加181万吨和7.3亿立方米,还从国外获份额油97万吨。

销售收入　实现1 920亿元,比上年增加198亿元,增长11.5%。

上缴税费　实现258亿元(其中增值税162亿元,消费税20亿元),比上年增加36亿元,增长16.2%。

实现利润　达到100亿元,比上年增加11亿元,增长12.4%。

扭转亏损　亏损企业由上年的10户减少到5户,亏损额由上年的8亿元降低到4亿元。

一年来,主要是以下几个方面工作取得了新的进展:

勘探工作出现新的局面,开发水平有了新的提高　针对"八五"以来油气资源接替紧张的严峻局面,从总公司到各油气田都坚持把勘探工作放在首位,做到了思想认识、领导精力、资金投入、技术措施四个到位。经过大家的共同努力,新增油气储量创"七五"以来新水平,新增可采储量超过了当年的采出量,初步实现了资源投入产出的良性循环。资源序列也趋向合理,当年控制储量与探明储量之比,油达到1:1,气达到2:1。还发现了10个亿吨级储量规模的场面。

在油气田开发上,大力实施控水稳油工程,加强综合治理,使自然递减率继续控制在14%以内,含水上升率控制在1%以内。松辽盆地原油产量首次突破6 000万吨大关,其中大庆油田产油5 600万吨,实现了连续22年高产稳产。渤海湾盆地全年产油6 050万吨,递减速度得到减缓,其中胜利油田努力控制老区递减,加快滩海产能建设,全年产油2 800万吨。西部地区产油2 242万吨,比上年增加261万吨,上产幅度进一步加大。天然气产量也有较大增长:四川气田产气75亿立方米,增加1.2亿立方米;长庆气田已初步建成了一个年产15亿立方米的新的天然气生产基地。与油气田开发相配套,库鄯输油管道和陕京输气管道顺利建成投产。

企业改革继续深化,管理工作得到加强

坚持走油公司道路,加快解体"小而全",基本做到了油公司、专业技术服务、多种经营、社会服务的分离,初步形成了生产专业化、服务社会化的格局。

全面加强企业管理工作,投资和成本得到有效控制。全年投资增幅保持适度,投资方向合理,资金来源落实。全年原油单位成本与上年同口径相比,上升幅度为4.1%,与物价上涨幅度基本持平。

扭亏增盈力度明显加大,通过选好经营者,层层落实扭亏增盈责任制,并采取必要的扶持措施,见到明显成效。总公司资产负债结构进一步改善,在所有者权益增大的情况下,资产负债率由上年的58.3%降为56.3%,低于全国基础产业的平均水平。

科技进步获得丰硕成果,教育培训取得显著成绩　1997年,总公司又有12项科技成果获国家级奖励,其中"大中型天然气田形成条件、分布规律和勘探技术研究"、"石油水平井钻井成套技术"获国家科技进步一等奖。三维地震技术得到推广，分辨率和成像精度得到改善，东部复杂断块区钻探成功率达到80%左右，西部复杂构造带和下古生界内幕构造储层预测精度明显提高，复杂地表条件包括沙漠、山地和城市的三维地震技术有了新的突破。斜井、水平井、侧钻井技术得到发展，三次采油技术有了新的发展，聚合物驱工业化应用进一步扩大，全年增产原油350万吨，仅大庆油田就增加310万吨，复合驱、注气驱、微生物驱等三次采油新技术的研究进展也比较顺利。一些特殊类型油气藏的勘探开发技术，包括低孔低渗岩性油藏砂体预测、储层保护和压裂改造配套技术、稠油超稠油热采技术等也有了新的突破。

跨国经营取得较大进展，对外开放迈出新的步子 中央领导对我们开展跨国经营十分关心和重视，作了一系列重要指示。根据这些指示精神，在对世界油气资源和投资环境进行调研和论证，并对前几年取得成功的小型开发试验项目总结经验的基础上，决定以周边国家和发展中资源国家为主，以现有储量开发为主，努力避免各种风险，积极而慎重地开展跨国经营。全年与苏丹、委内瑞拉、哈萨克斯坦等国签订了7个项目合同，获得剩余可采储量4亿吨，预计2000年可获份额油1 200万吨左右。

陆上石油对外合作，新签合同14个，吸引外资2.8亿美元。

对外工程承包，新签合同7个，合同额达5.5亿美元，完成营业额1.37亿美元，均比上年有较大增长。在国外勘探开发项目带动下，石油物资装备进出口合同额达5.9亿美元，比上年翻了一番。

与世界石油界的交流空前活跃，特别是中国石油界成功地承办了第15届世界石油大会，既使我们进一步开阔了眼界，也使世界石油界进一步认识了我们，扩大了中国石油的影响，提高了国家的声誉。

企业领导班子考核建设工作得到加强，精神文明建设出现新的面貌 按照中央的要求，1997年总公司和各单位对所属企业领导班子普遍进行了一次认真的考核，同时全面实行干部聘任制，推行并完善"三干法"，使一大批优秀年轻干部进入领导班子。调整前后对比，局级领导班子平均职数由9.8人减少到8.2人，平均年龄由54.5岁降低到50.4岁，大专以上文化程度的由60.3%提高到90.6%。

江总书记1995年为大庆油田题词："发扬大庆精神，搞好二次创业。"这不仅是对大庆油田的要求，也是对整个石油战线的期望。各单位广泛宣传总书记这一号召，大力弘扬"爱国、创业、求实、奉献"的大庆精神，动员广大石油职工为搞好石油工业二次创业争作贡献。总公司树立了"新时期铁人"王启民、王为民两个先进典型，通过广泛宣传，起到了很好的榜样作用。

（二）中国陆上石油工业的发展战略及前景

石油是关系国家安全的重要战略物资。在国民经济持续快速健康发展中，石油工业肩负着重要的历史责任。根据陆上油气资源分布状况、勘探开发进程和市场需求情况，按照党中央、国务院关于石油工业发展的一系列重要指示精神，中国陆上石油工业实行"稳定东部、发展西部、油气并举、开拓国际"的战略方针。

稳定东部 东部地区是指太行山以东、长江以北的广大地区，现有大庆、胜利、辽河等12个油田。东部地区石油资源丰富，预测资源量占全国陆上资源量的一半以上。从60年代初大庆油田开发到后来胜利油田等渤海湾一系列油田的开发建设，东部地区逐步成为中国石油勘探开发的主要地区。目前已探明储量占全国陆上探明储量的80%以上，原油年产量占陆上的85%以上。东部地区尽管勘探程度相对较高，但无论在勘探上还是在开发上都还有较大潜力，今后依然是增储上产的主力地区。东部地区又地处或临近中国经济发达地区，实现东部稳定对中国经济发展具有重要意义。稳定东部主要按两大区进行组织，一是主要分布在黑龙江、吉林的松辽盆地，要抓好上产和稳产工作；二是主要分布在辽宁、河北、天津、山东省市区的渤海湾盆地和东部其他油田，要抓好稳产工作。实现东部稳定难度很大，主要是老油田采出程度高，资源接替形势严峻，勘探开发作业成本逐年上升等。但只要进一步加大勘探力度，努力提高油田开发水平，有针对性地采取各种措施，就可以确保稳定目标的实现。

发展西部 西部地区是指新疆和陕、甘、宁、青等省区，包括新疆、塔里木、吐哈、长庆、青海等7个油田。西部地区不但石油资源丰富，而且勘探程度较低，潜力很大，是中国石油工业的战略接替地区。西部主力战场是新疆准噶尔、塔里木、吐哈三大盆地和柴达木、鄂尔多斯盆地。自90年代初按中央确定的方针展开西部会战以来,整个西部地区油气勘探相继取得重大突破,原油产量也不断上台阶,发展势头很好。实现西部发展,尽管面临着地表复杂、地下情况复杂、油气离市场远等困难,但只要把工作做好,也是完全可以做到的。

油气并举 天然气作为一种高效、优质、清洁的能源,近年来备受世界各国重视,发展很快。目前,国外油气产量比已达1:0.7,而中国天然气工业比较落后,油气产量比仅为1:0.1,这种状况亟需改变。中国陆上天然气资源丰富,勘探程度又很低,资源和市场潜力都很大。"八五"以来天然气勘探取得重大进展,新增探明储量相当于前40年探明储量的总和,为加快天然气发展在资源上准备了条件。天然气勘探开发的重点是,发展四川老气区,加快建设陕甘宁新的天然气基地,抓好新疆地区的气田开发和伴生气回收利用,搞好东部地区天然气的开源节流。通过天然气工业的发展,可基本解决一批大中城市居民用气问题,还可带动化肥和气化工的发展,燃气发电今后将得到较快发展,石油工业将为国民经济发展和人民生活改善等作出新的贡献。

开拓国际 石油天然气作为一种国际性的商品,其资源在世界上的分布很不均衡。中国石油资源比较丰富,但人均占有量仅为世界人均占有量的1/6。解决国内石油供需缺口矛盾,必须充分利用两个市场、两种资源,主要通过国际贸易,同时积极慎重地选择有利地区发展国外油气勘探开发。目前世界上有20%的石油可采资源和40%的天然气可采资源有待发现,世界石油资源市场正在出现新一轮调整和再分配的局面,这对我们参与世界石油资源开发和利用是一个难得的机遇。

"九五"期间,总公司总的目标是要实现"两个基本、两个翻番",即基本实现油气资源的良性循环,基本建立起油公司和企业集团体制;与1995年相比,销售收入翻一番,主业队伍实物劳动生产率翻一番。2000年主要生产经营指标是:原油产量1.45亿~1.5亿吨,天然气产量200亿~250亿立方米,销售收入2 500亿元左右。现在看来,低限指标可以确保实现,高限指标经过努力也是有希望的。

2010年的远景目标,总体上要在国内国外共形成6个年产5 000万吨油气田的规模,销售收入比2000年再翻一番,总公司跻身于世界十大石油公司行列。6个"5 000万",包括国内4个,国外力争2个。国内4个,包括松辽盆地5 000万吨以上,渤海湾盆地5 000万吨以上,大西部5 000万吨,以及四川、陕甘宁、新疆等地区的天然气产量500亿立方米。国外2个,包括获份额油5 000万吨,从周边国家引进天然气500亿立方米。这样到2010年,总公司原油产量可达到2亿吨以上,天然气通过引进总计可达到1 000亿立方米。同时通过充分的经济技术论证,经过国家批准,建设东西、南北跨国输油气管道,形成全国油气管网。

实现上述目标,将会使总公司面貌发生重大变化,将会对国民经济持续快速健康发展和增强国有经济的主导作用作出更大贡献。

努力保持中国航天工业的良好发展势头

中国航天工业总公司　　刘纪原

1997年中国航天工业总公司的广大干部职工,在总公司党组的统一领导下,认真贯彻落实党中央、国务院、中央军委及其领导同志的指示精神,以高度的责任感和使命感,狠抓质量管理,各项工作都有较大发展,尤其是长征系列运载火箭取得了6次发射6次成功的好成绩。

1997年是中国航天史上运载火箭发射最多和成功率最高的一年,也是各项任务完成最好的一年,突出表现在：

航天型号科研生产任务圆满完成 1997年航天总公司完成了许多重点型号的研制任务，进行了多次重要的型号飞行试验，均取得了较好成绩。长征火箭进行了6次卫星发射：长征三号甲发射东方红三号通信卫星、长征三号发射风云二号气象卫星、长征三号乙分别发射菲律宾马部海卫星和香港亚太2R卫星、长征二号丙改进型火箭两次发射美国铱星都获得成功，总共把8颗国内外卫星送入预定轨道。特别是长征三号乙火箭在1996年失利后连续两次获得成功，长征二号丙改火箭首批连续两次成功，创造了长征火箭新的成功纪录。在应用卫星研制方面，东方红三号通信卫星和风云二号气象卫星完成了在轨测试任务。风云二号卫星已于1996年12月1日正式交付使用，专家及用户认为达到了90年代初同类卫星的国际水平，被评为1997年国内10大科技新闻之一。东方红三号卫星已完成在轨测试，即将投入使用。在武器导弹方面的研制工作进展顺利，预先研究和批生产任务也都按计划进行。

民品生产经营有新进展，经济效益有好转 以卫星应用、计算机应用、汽车及其零部件为三大支柱的航天民品有新的发展。航天VSAT网、船载卫星电视接收设备、中国卫星卫生科技教育网、地面数据采集系统、卫星应用天线、云图接收设备等卫星应用项目和产品都有较大的进展。增值税专用发票防伪税控系统正式通过国家鉴定，即将进入全面推广应用阶段。办公自动化设备的市场占有率不断提高。中外合资的汽车发动机项目正式开工建设。车用空调器等汽车零部件发展较快，产销大幅度增长。全年民品工业总产值达到65.68亿元，比上年增长20.1%；销售收入70.38亿元，比上年增长13.7%。与此同时，加快了企业改革的步伐，企业经济效益有所好转。

外贸和国际合作进一步拓展 在外贸出口方面，机电产品出口在继续巩固原有市场的同时，又开辟了新的市场。全年机电产品出口创汇4.94亿美元。对外发射服务顺利地完成了亚太2R卫星、马步海卫星和铱星等发射服务合同。在国际合作方面，与美国签订了低轨道卫星发射价格因素的备忘录，与法国签署了和平利用空间合作协议，与休斯公司签署了发射服务长期合作协议备忘录；鑫诺卫星和中巴合作的资源卫星进展顺利，已列入1998年的发射计划。亚太地区以联合研制小卫星为目标的多边合作进展良好，有关国家正在草签备忘录。

党的建设和精神文明建设得到加强 在党的建设方面，重点抓了党的十五大精神的学习，先后举办了两期厂所以上领导干部学习班，对今后深入学习邓小平理论，贯彻落实党的十五大精神打下了良好的思想基础。与此同时，加强了党委领导班子建设，着重抓了提高各级党委民主生活会的质量。在精神文明建设方面，加强了航天传统精神教育，在陕西、内蒙古、北京等地建成了3个航天精神教育基地。通过庆祝香港回归，开展了“落后就要挨打”的教育，先后组织了向香港特别行政区赠送卫星搭载的五星红旗和香港区旗的活动和“中国航天祝愿香港明天更美好”的百尺长卷万人签名活动，制作了国务院赠送香港特区的礼品“永远盛开的紫荆花”。另外，总公司还组织开展创建“先进职工之家”、“青年文明号”和“三优一满意”等活动，使航天职工的职业道德和精神风貌都有很大的提高。

1997年各项工作完成较好的原因，归纳起来主要有三条：

一是用中央领导同志的一系列重要指示精神统一广大干部职工的思想和行动 党中央、国务院、中央军委领导同志对航天科技工业的发展十分关心，李鹏总理等领导同志先后作出一系列重要指示，要求我们慎之又慎，严上加严，仔细再仔细，认真再认真地开展工作，务求发射必成。东方红三号发射成功后，经江总书记批准，国务院、中央军委等发来贺电。中央领导同志的这些指示精神进一步统一了广大干部职工的思想，使大家在实际工作中不断加深对形势的认识，增强了危机感、责任感与紧迫感，调动了广大职工的积极性和为完成任务的拼搏精神。

二是强化了质量管理 通过对前几年卫星故障和运载火箭、武器型号飞行失败的分析，认识到其原因虽有技术吃不透的问题，但更多的是管理不严造成的，大多是人为责任事故和重复性故障。针对这一情况，总公司着重抓了型号质量管理工作，先后制定并颁发了《关于强化航天科研生产管理的若干意见》、《关于加强质量管理的若干要求》和质量问题在技术上归零和管理上归零的两个五条标准，要求各单位在具体工作中，严格执行这些文件和标准，不放过任何可能发生问题的细小环节。同时还针对那些影响质量与安全的工艺、检测、试验的瓶颈环节，千方百计地创造条件加以改善，发挥了技术保障作用。

三是认真落实了责任制 1997年航天总公司在型号大型飞行试验任务方面，以总经理责任令的形式向承担重点型号飞行试验任务单位的行政一把手明确了任务和责任，要求主要领导要集中精力，亲临一线抓落实。1997年大型飞行任务之所以收到了比较好的效果，关键也是在认真落实了责任制的同时，兑现了奖惩政策。

1998年是全面贯彻落实党的十五大精神，继续保持航天科技工业良好的发展势头，以新的姿态进入21世纪非常关键的一年。

航天科研生产和大型飞行任务仍然十分艰巨和繁重，除完成国家重点武器导弹型号的研制任务外，全年共安排7次国内外卫星发射的任务。其中，资源一号卫星是中巴两国共同研制的，其成功与失败关系到中巴两国的利益；风云一号气象卫星02批对实现中国中长期天气预报至关重要；长征三号乙将进行3次发射，成功与否对占领国内卫星转发器市场和扩大中国对外发射服务市场份额意义重大。在航天民品发展方面，将适应市场经济环境，发挥航天优势，以三大支柱为龙头，带动整个民品的发展，努力形成规模经济效益。

1998年工作的总体要求是：认真贯彻党的十五大和中央经济工作会议精神，全面落实总公司第三次工作会议精神，以质量求生存，以管理促发展，着力抓落实，确保圆满完成导弹武器飞行和卫星发射任务，积极推进两个根本性转变，集中力量办大事，大力发展民品，加大企业改革力度，强化管理，提高经济效益，加强党的建设和精神文明建设，确保全年各项任务的圆满完成。

为确保1998年各项工作的完成，将把加强管理工作摆到突出的位置，下大气力抓好四项管理。

一是抓好经营决策管理 决策是一个单位所有管理工作的中心，单位中的全部管理工作都围绕最高决策的制定、执行、监督和反馈等工作展开的。长期以来，由于航天科研生产的特殊性，公司各级领导除组织生产与技术攻关外，很少需要做出经营管理、投资等决策。这就使得公司在市场经济条件下的决策管理显得很不适应，盲目决策、随意决策、可批决策时有发生，甚至个别与不正之风相关联的决策也出现了，给事业的发展带来了不小的损失。决策是行动的先导，是最重要的管理职能。决策的正确与否、水平高低，对单位目标的实现起着决定性作用，直接关系到单位的发展方向和前途，也直接影响广大职工的切身利益。因此，有必要通过强化管理工作，全面提高各级领导的决策水平，确保决策的正确，确保决策的快捷。

结合公司的实际，最重要的有三点。一是要抓好决策前的论证。现在有不少论证报告，不是可行性报告而是可批性报告。为改变这一状况，要求可行性报告，特别是面向市场的、有关投资决策的报告，要有真实的市场调查和预测，对投资环境进行系统的分析和研究，至少要有两个备选方案。二是要建立决策程序，实现民主决策。决策是一个全过程，领导者和领导层的经验和推断固然很重要，但是也必须要有完善的民主的决策程序，包括民主评议论证报告，必须要有科学的决策支持方法与手段。决策论证报告，必须要征求科技委、军转民科技委专家的意见，以保证决策的质量，避免以个人好恶决策和个人闭门决策现象发生。三是要强化决策制定、执行、监督、反馈等各个环节的管理，使决策意图能够真正落到实处。

二是抓好科研生产质量管理 1998年在科研生产质量管理方面，重点是抓好“三个三”。

第一个“三”，就是抓好质量管理工作的三个环节。一是立法环节，就是把已经建立的各项质量管理的规章制度纳入航天型号质量法规体系，用法规的形式固定下来，使每一件工作都能从源头抓起，保证每个岗位、每个环节从一开始就把工作做好；二是技术归零环节，就是执行质量问题在技术上归零的五条标准，不归零，不放行；三是管理归零环节，就是要执行质量问题在管理上归零的五条标准，完善管理制度，改进管理方法和更新管理手段，杜绝此类事故重复发生。

第二个“三”，就是要通过三个系统来落实法规。一是执行系统，从领导到设计人员、生产工人、检验人员，都要准确无误地照章办事；二是监督系统，要自上而下地建立起一支独立于科研、生产之外的监督队伍，及时纠正和解决不按规章制度办事的问题；三是奖惩系统，要建立一个比较科学的奖惩激励机制，制定相应的奖惩办法，调动各类人员的积极性和遵守各项规章制度的自觉性。

第三个“三”，就是要创造三个必要的保障条件。一是人员保障，要以人为本，通过思想教育、业务教育、技术技能教育，进行人员素质的培养与提高；二是物质保障，通过建立技术保障体系工作，确保解决影响产品质量的环境、检测以及卡脖子问题的关键设备和生产手段；三是信息保障，要建立稳定可靠、反应快捷的信息收集、传递、反馈系统，使规章制度在执行中出现的问题能够及时地得到反馈，使制度不断地得到修订和完善，使其更符合实际。

三是抓好人力资源管理 现代管理思想提倡以人为中心的管理。在航天事业跨世纪的发展过程中，我们面临着转变用人观念和用人机制、完成新老交替、培养使用新型经营管理人才和新一代科技带头人等人力资源管理的新问题。因此，抓好人力资源管理尤为重要。

首先，要抓好人力资源的“增值”与“保值”。长期以来，我们在人力资源的开发、管理上，一直是粗放的、放任自流的。其结果是技术专业人员的知识更新主要靠个人，管理人员的技能培养主要靠干中学，人才归部门所有，企业富余人员过多和人浮于事使大多数职工的平均社会劳动量不足。人力既然是资源，那么对他的管理也同样需要在不停的流动和组合过程中实现最优配置，而不能浪费。要充分利用和发挥航天人力资源丰富的优势，抓住经济发展和调整、完善所有制结构的机遇，真正形成企业优胜劣汰机制和劳动力合理流动机制。

其次，要遵循市场经济条件下人力资源管理的规律，使选人、用人、培养人的所有手段、各个环节都能与之相适应。近年来，在人事、劳动用工等方面虽有改革，但传统的计划经济色彩仍然比较浓重。当前，重要的是全面推进岗位责任制和落实竞争激励机制。前者是外在约束，应该是严格的、严密的，不因人而异；后者必须是积极明确的，有实际效果的。1998 年开始，进行人力资源流动和组合试点，由总公司任命正职，由正职挑选副职，按干部管理规定组建领导班子；根据岗位、职责、工作量核定人员总数、干部职数、工资总量，由正职主持自由组合，聘任或合同上岗；实行岗位系数工资，使个人收入与岗位挂钩，在不同的岗位领取不同的工资，人员能上能下，减员不减工资总额；推行下岗培训，保持一定数量的“待业”队伍，培训合格后再通过竞争重新上岗。

四是抓好基础性管理 最近几年，总公司在与国外一些大公司合作的过程中，无论是卫星监造，还是商业发射服务，深切感悟到在科研生产管理、经营管理、行政管理等各个方面都存在着薄弱环节。总公司决定从 1998 年开始，下决心用三年或更长一点时间，切实抓好各项基础管理工作。

强化基础管理工作的思路是，力争用 3 至 5 年时间，做到岗位有职责，工作有标准，行为有规范，过程有监督，考核有量化，奖惩有依据。为此，要科学设立岗位，合理分配工作量，改变过去那种有些事没人干，有些人没事干，有利益的事抢着干，得罪人的事绕着干的状况；要通过建立清晰明了的办事程序，使各项具体工作有章可循；要对工作实施目标管理，最大限度地减少盲目性和随意性，使日常工作正常有序地进行，明确的工作标准和行为规范也为考核提供了依据，使考核更加量化；要通过建立有效的奖惩激励机制和竞争机制，激发广大干部职工的积极性和主观能动性。同时，要鼓励职工参与管理，加大监督的力度。总之，实现了上述这些要求，就初步完成了对岗位、对工作过程、对工作人员的规范化管理，就为其他各方面的管理工作打下一个好基础。

附：北京新立机械厂

北京新立机械厂又称国营第六九九厂，是中国航天工业总公司第二研究院所属的大型骨干企业，专业生产精密机械电子产品。企业创建于 1957 年，工厂占地面积 6.2 万平方米，建筑面积 14.2 万平方米，资产总值 1.5 亿元，现有职工 1 600 余名，是国家大型二级企业。1995 年被评为中国 500 家最大机械工业企业。

北京新立机械厂自建厂以来,一直承担多种战略、战术武器型号飞行器的电子设备和精密机械产品的试制、生产任务,具有雄厚的科研生产能力和可靠的质量保证体系。北京新立机械厂制造技术装备精良,工艺技术实力雄厚,加工检测、试验手段齐全,是国家一级计量单位。工厂现有各类设备931台,仪器仪表841套,计算机近百台,设有多条精密机加生产线;钣金冲切生产线,电装生产线;还设有精密铸造、印制线路板、热处理、表面处理等特种工艺和模具加工生产线。拥有机电制造、经营管理与工艺技术等多方面的专家,工程技术人员600余名。

北京新立机械厂本着"军民结合,航天为本"的方针,不断开展科研开发活动和成果转化工作。几十年来共取得科研成果100余项,其中有60余项分别获得了国际、国家、部级科技成果奖;开发生产的十几项民用产品已颇具规模,如汽车前桥、传动轴、谐波齿轮减速器、抗氧化焊料、激光防伪压印机、真空冻干食品等产品以及金税、金卡工程相关产品,已应用于国民经济各领域,取得了良好的经济效益和社会效益。

北京新立机械厂的经营宗旨是:"质量第一,信誉至上";企业精神是:"开拓进取、创新务实、团结拼搏、自立自强"。

北京新立机械厂愿为用户提供最优质的产品和服务,并希望与社会各界朋友真诚合作、共同发展。

航空工业的形势和新举措

中国航空工业总公司　　朱育理

一

1997年,航空工业认真贯彻党中央提出的"把握大局,再接再厉,同心同德,开拓前进"的要求,认真组织好各项工作,取得了一定成绩。

经济继续保持增长　全年主要经济指标及其与上年的对比是:实现工业总产值增长12.8%,其中民品产值增长15.5%;外贸进出口总额增长11.1%;工业企业实现销售收入增长4.9%,其中民品销售收入增长4.1%;实现流转税增长5.2%;利润含财政补贴预计可实现2亿元左右。

科研生产取得较大进展　军品批生产任务如飞机、发动机、导弹均超额完成指令性计划;运8F-200取得国内型号合格证,运7-200A取证工作基本完成;AE31X中型客机正在抓紧商务合作合同的谈判;MD90-30实现了机身中段和机翼对接;汽车产量达12.7万辆,比上年增长32%。

改革调整工作继续推进　绝大多数企业按要求展开减员增效工作,已下岗分流4万多人;现代企业制度试点和资产经营责任制试点正在推进;企业上市进展顺利,南方摩托和西飞国际A股共募集资金近10亿元,中航技深圳集团H股在香港上市募集资金4.1亿港币,哈飞、昌河、东安和贵航的汽车部分联合组成的中航微型汽车集团已筹组完成。

科技教育和质量安全工作进一步加强　航空预研在飞机主动控制技术、变稳机试飞技术、直升机旋翼原理样机研制等一批重点项目有重大技术突破;列入国家"863计划"的重点实验室和一批总公司重点实验室通过验收;航空发动机高空模拟试车台获国家科技进步特等奖,火箭撬试验滑轨直线性精度达到世界一流水平;621所创汇达2 000万美元,名列全国科研院所首位;北航、西工大、南航三所院校的"211工程"建设全面展开,企事业领导干部工商管理培训已经启动;在全行业组织实施《质量振兴纲要》,积极推进了质量体系建设与认证工作。

精神文明建设取得新成绩　按中央要求,加大了对企事业领导班子建设与后备干部培养的力度。继续推进《航空凝聚力工程》建设,开展了适合航空工业特点的职业道德教育,反腐败斗争继续深入,全行业基本保持了稳定。

为了全面组织好1998年的工作,中央提出了"统揽全局,精心部署,狠抓落实,团结一致,艰苦奋斗,开拓前进"的要求。其中特别把搞好国有企业作为重点工作中的关键,要求坚决实现三年使大多数国有大中型企业摆脱困境和初步建立现代企业制度的目标。根据中央的分析与要求,1998年是航空工业发展中关键的一年,将在五个方面进入关键阶段,分别面临着一些重大机遇和挑战:

搞好企业到了一个关键阶段 目前国家下了最大的决心,把国有企业改革作为整个经济体制改革的中心环节和十分紧迫的重要任务,相应地出台了一系列强有力的政策措施。十五大后,国有企业改革已经在更广阔的范围内展开。而航空工业企业两极分化、利润下降的趋势日益明显。1997年全行业盈利企业33户中,7户企业盈利占到全行业的90%,有13户企业的盈利额不到100万元。现在一部分长期亏损企业以及一些微利企业已到了何去何从的紧要关头,国家要求困难企业走出困境,三年时间,任务艰巨,只有背水一战。

重点型号研制到了一个关键阶段 航空工业承担了一批"九五"国防武器装备重点项目,由于种种原因,在进展中遇到不同程度的困难和问题,有的甚至到了成败与否的关键时刻。特别是质量问题和一些久攻不克的技术难点,对型号发展带来重大影响。因此,1998年研制工作在于技术难点能否攻克,质量形势能否改观。如果抓得好,"九五"航空产品的好机遇就可能转化为发展的巨大动力,航空技术就此可以登上一个大台阶;如果抓得不力,就会错失良机,将对航空工业"九五"以至跨世纪的发展产生重大影响,将无法向国家和用户交待。

结构调整到了一个关键阶段 现有的产业和产品结构,总体上还是计划生产的模式,已越来越不适应市场竞争的需要。党的十五大后,国家加快了对国有企业战略性改组步伐,企业的联合兼并与资产重组迅速兴起,各种形式的企业集团相继组建,市场在剧烈的竞争中被进一步分割。面对强大的竞争压力,必须奋起应战,坚决改变力量分散、内部竞争的不利局面,坚决地进行调整。否则,一些重点产品可能难逃灭顶之灾,一些企业将会一蹶不振。

强化市场营销到了一个关键阶段 在市场经济迅速发展、企业实现两个转变的现实情况下,重视和抓好市场营销,已经成为总公司和每个企业生存与发展的关键。产品不成为商品不行,商品没有市场不行,有了市场占不住也不行,因而这个问题实际上是要求从计划导向转为市场导向,已到了非解决不可的时候了。所以,总公司成立后多次向中央领导同志郑重地报告,总公司决心向大集团的方向发展。正因为如此,根据党的十四届三中全会精神,国家批准总公司进行国家控股公司试点。而要完成试点任务,把总公司建成市场经济中具有竞争力的大集团,每一个企业要成为现代企业,市场营销这一关非过不可,而且一刻也不能再拖延。

领导班子建设到了一个关键阶段 改革发展的实践证明,面对严重困难,要想成就事业,关键在领导班子的精神状态,在领导班子的作为。党中央提出三年把国有企业的领导班子整顿好,1998年很关键。一定要以改革的精神,把大多数企业、特别是困难企业的领导班子首先整顿好,才有可能完成搞好企业的历史性任务。

总之,航空工业作为一个以大中型企业为主体的军工行业,在新一轮改革发展中处于一个比较艰难的时期,正面临着相当严峻的挑战,同时也有着自己特殊的机遇。挑战与机遇同在,关键在于抓住机遇,开拓进取,有所作为。要遵照江总书记关于"抓住机遇而不可丧失机遇,开拓进取而不可因循守旧"的重要指示,充分认清所承担的重大责任,知难求进,负重拼搏,不辱使命。为此,在1998年的工作中,航空工业要高举邓小平理论伟大旗帜,认真贯彻党的十五大和中央经济工作会议精神,进一步解放思想、转变观念、振奋精神,坚决打好企业改革、重点型号、结构调整、市场营销四个攻坚战,搞好领导班子建设一个关键,全面取得两个文明建设的新发展。1998年的经营目标是:实现工业总产值320亿～340亿元,其中民品产值280亿元;工业企业实现销售收入280亿元,其中民品销售收入210亿元。盈利企业盈利额不低于上年,亏损企业亏损额比上年减少20%以上,保持全行业经济效益稳中有升。

二

党的十五大是指导中国跨世纪发展的一次重要历史会议。其特点是以加速形成社会主义市场经济体制为核心,以“三个有利于”为指导,以国有企业改革为重点,突破理论禁区,解决实践难点。

要明确认识公有制多种实现形式的重要意义,迅速迈出产权制度改革的步子 党的十五大提出公有制实现形式可以而且应当多样化,将使国有企业经济结构发生很大变化,从而为国有企业改革和发展提供新领域,这就要求在所有制方面树立新观念:首先,在公有制占主导地位的前提下,航空工业要在经济发展、深化改革和结构调整中,积极采用能够促进生产力发展的各种经济成分,促进跨地区、跨行业、跨所有制和跨国的资产重组。其次,同一所有制在不同企业和领域可以有多种实现形式,公有制为主体并不等于国有经济为主体。因此,必须解决对股份制、股份合作制等多种实现形式另眼看待的问题,实践中要有突破,以进一步激活生产力。

探索公有制多种实现形式,航空工业还要解决两个具体问题:在产品发展上要学会和敢于利用各种有利条件。军品是特殊商品,只要是商品就要讲求经济效益,就要遵循市场规律,也就必须按照“三个有利于”的原则来加快发展。因此,航空工业要积极寻找适合军工特点的公有制多种实现形式,除了重点和关键的军品外,原则上都可以放开。现在军品不但存在国内外竞争问题,而且许多兄弟军工企业和一些民用企业也在积极介入航空装备领域。事实上,总公司在K8飞机上已进行过探索,而效果也比较好。对民用航空产品和非航空产品,要坚持求发展、求生存的方针,怎么有利于发展就怎么干。在企业发展上也要学会和敢于利用各种有利条件。在保军的前提下,只要有利于发展经济,就应当鼓励和引导实行投资主体多元化。特别是困难企业,只要有利于扭亏增盈,可以有进有退,对各种模式进行大胆的试验和探索。

要拓展企业发展的思路,树立强烈的资本经营观念 公有制实现形式的多样化,为资本经营创造了条件。在当代企业中,以联合、兼并、重组为核心的资本经营与产品经营同等重要,而在一些规模性竞争行业和产品领域中更重要。纵观世界航空工业的变迁,西欧在十几年里完成了大规模的收缩与集中,而且还要在空中客车集团和支线飞机集团的基础上再强化联合。美国在短短几年时间内,飞机制造公司就由近10家调整为2家。从世界上大公司的发展看,基本都是借助于资本经营这一手段,实现跳跃式发展。从中国国内形势分析,整个经济越来越具有集团竞争的特点,特别是在一些规模性竞争领域,已经或将要出现少数集团独霸市场的局面。回头看我们自己,在这些领域中的危机日益显现。由于残酷竞争使产品被迫削价,库存大量增加,1997年一些好企业的销售额和利润迅速减少;支柱民品制冷设备和摩托车产量一改往年大幅增长态势,1997年出现了下降,其中制冷设备下降了近40%,危机近在咫尺。就是眼下日子还好过一些的微车生产企业,前有强劲的竞争对手,后有大集团上微车的逼人态势,危机也为期不远。眼前的当务之急是,企业要很好地研究发展战略,尽快跳出一厂一所、孤军奋战的老路子,坚决树立联合、兼并、重组的资本经营观念,努力走出盘活资产,以联合求发展的路子。

要彻底摆脱“军工老大”、“军工特殊”的思想包袱,从根本上树立以经济效益为中心的观念 尽管多年来不断地转变观念,仍有一个很大的思想问题没有根本解决,这就是“军工老大”、“军工特殊”的观念根深蒂固。这种思想总使我们感到有特殊的困难,需要特殊的照顾,工作滞后有特殊的理由。这在很大程度上影响了工作的主动性和创造性,使我们的观念转变总是慢半拍,改革总是滞后一步,提高经济效益的精力总是集中不起来。我们应当承认军工企业有特殊性,但特殊性不能搞成特殊论。目前世界上很多国家都有军工企业,也都在按市场规律运行。所以,我们要彻底地甩掉“军工特殊”的思想包袱,更主动地融入到市场经济体制中去。

要彻底丢掉“等、靠、要”的思想包袱,从根本上坚定深化改革、适应市场的决心 经过多年市场经济的磨炼,航空企业干部职工观念有了很大转变,现在伸手要钱、要政策的少了,但是仍有部分企业还存在着“等、靠、要”的思想,老是抱有这样那样的幻想。现在看得越来越清楚,国有企业的问题是长期积累下来的,国家没有财力来很快解决。即使是国家出台的一些优惠政策,也只有少部分企业才能享受,并且这也不能从根本上解决企业的问题。这次中央经济工作会议提出，三年内要基本淘汰长期亏损的企业。我们再不应有任何幻想，叫苦叫难不如苦干实干。不认识到这一点，就横不下深化改革、减员增效这条心，就迈不开结构调整、联合兼并这一步，企业最关键的经营机制问题也就无法解决。总之，再也不能用传统的思维方式去对待改革，再也不要囿于一些抽象的争论。只有思想充满活力，改革才有动力；只有思想解放了，才能在揭示矛盾、解决矛盾中使改革深化。全行业上下都要行动起来，密切结合实际，大胆解放思想，转变观念，为深化改革创造至为重要的条件。

三

当前，国有企业改革进入攻坚阶段。为了完成这一艰巨任务，总公司制定了企业3年改革要点，1998年要切实抓好7个方面。

第一，探索公有制多种实现形式上有所突破 航空工业国有经济比重过大，不利于借助各种资源加快发展。为此，要在总公司实行国家独资的前提下，积极探索各种能够解决航空工业困难的公有制实现形式。对企业来说，除少数承担国防重点保密型号任务的企业继续保留国有独资形式外，其余的都可以积极探索投资主体多元化的路子。对企业下属的子公司，原则上鼓励实行产权制度和经营形式两个放开。对产品来说，除重点型号的主机产品、关键技术外，其余的都可以积极探索利用多种所有制促进发展的路子。其中，除了一些关键性的民用航空产品的支柱民品外，其他产品完全放开，让别人控股或进入其他集团也可以。主要办法是，大力发展对外合资合作；引导支持行业内企业之间相互持投；广泛吸引行业外的国有法人股和非国有法人股入股，包括债权转股权；有计划地实行企业上市；实行产权划转；把部分资产量化给职工，实行带资分流；推进企业局部的股份制改造等。对部分具备条件的企业，鼓励进行职工内部持股试点，经营者可以多认一些股份，但持股职工必须合理出资。股份合作制可以作为较小企业和大企业局部改制的一种选择，并在一些有前景的民品或项目中实施。与此同时，还可以探索租赁、承包、委托经营、国有民营等其他形式。航空劳服企业要在清产核资的基础上，更大胆地探索股份合作制和混合经济发展模式。为推进这项工作，机关要组织制定必要的规定与办法，加以积极引导。在实施中，还要注意不能“刮风”，特别要防止国有资产的流失。总之，要通过积极科学的探索，尽快在航空工业形成国有经济为主体、多种经济成分并存的新格局。

第二，大力推进建立现代企业制度 在国家控股公司试点、建立现代企业制度中，要着力建立价值化的国有资产管理制度，人格化的产权代表制度和市场化的资产运营制度。为此，要认真总结7家单位进行资产经营责任制试点经验，完善和颁发资产经营责任制的一系列规定，并在全行业普遍实施，力争今明两年基本建立具有航空工业特点的资产经营责任制。

现代企业制度试点要在三个问题上取得经验：在转换机制上取得经验，突破改革中的一些难点，着力形成企业经营的新机制；在公有制实现形式上取得经验，新改制的企业要尽量实行投资主体多元化，增强企业活力；在规范公司法人治理结构上取得经验，探讨发挥和完善董事会作用的办法，改善结构，明确职责，使董事会真正成为出资者的代表，并搞好派出监事会的试点。

第三，大力推进企业兼并破产和减员增效 1997年总公司在企业兼并上有了积极推进，特别是与以前不同，现在一些困难企业有了被兼并的要求，愿意“攀富结贵”，关键是优势企业要有一个正确的认识。要加大兼并力度，保证完成1998年的兼并计划，以用好国家的兼并政策，实现优势企业的低成本扩张，困难企业减轻负担。同时，要选择一两个生存无望的企业，会同地方政府一道，组织搞好破产清算工作。减员增效、实施再就业工程是搞好国有企业的根本性措施，1998年要进一步加大力度。企业要努力落实全年减员计划，特别是开辟多种渠道，积极安置下岗人员。科研事业单位和专业公司也要按此精神组织实施。为推动这项工作的深入，机关要认真制订有关申报计划，争取国家的更大支持。总公司将在四季度召开第二次减员增效工作会议，总结经验，再做部署，以确保实现3年减员增效目标。

第四，大力推进分块搞活 实行分块搞活，是航空工业改革的现实途径。大企业都要加快形成母子公司结构，困难企业要下决心把企业内部好的部分与困难部分剥离，进行债权债务重组，分块经营，走向市场。对后勤服务与生产辅助部门,能够推向社会的都要尽快推向社会,从而为分块转制、分块搞大、分块解困创造条件。要继续推进企业的劳动、人事、分配制度改革,认真探索按资本、按技术等生产要素以及按经营成本进行分配的办法。同时,企业还要认真做好建立多层次养老保险制度工作,积极参加失业、医疗等社会保险,搞好住房制度改革。

第五,大力推进科技体制改革 加快把市场机制引入科研院所,贯彻实施《关于加快航空科研院所高科技开发与产业化工作的若干意见》,推动产、学、研的进一步结合,应用股份制等办法加快科技成果的转化,继续探索科研与生产结合的途径。同时,要积极推进科研管理体制改革。科研院所要深化各项配套改革,进一步打破大锅饭,形成一套稳定队伍、吸引人才的必要机制。

第六,大力推进总公司机关改革 根据全行业发展的需要,1998 年要加大机关改革力度,按照积极稳妥的原则,大力精简和调整现有机构;通过减编减员、转岗转业和下岗分流,压缩冗员;深化聘任制改革,试行干部竞争上岗试点;加大分配制度和后勤服务改革。通过改革,一方面使机关干部职工树立危机感和紧迫感,实现人员能进能出,职务能升能降,收入能高能低,更重要的是转变职能和作风,把大事抓住、办好,把管不好也管不了的事彻底放开,从而为企事业改革发展提供更有效的服务。

第七,大力推进强化企业管理工作 各级领导要非常重视强化管理工作,做到依法治厂,从难从严,对生产经营各环节都要有监督,有奖惩,树立制度的权威。各单位要遏制近几年企业费用较快增长的趋势,抓住资金与成本的关键,提高产销率,大力降低成本,节约原材料,强化增收节支工作,力争使企业管理费用比上年降低 10%,流动资金周转期比上年加速 10%。现在少数单位在基本建设、科研费使用方面控制不力,甚至改变投资方向,任意扩大规模,这是不允许的。对国家的宝贵投资一定要精打细算,合理使用,对出现的问题要坚决纠正,总公司要加强项目管理和监督检查。

在全行业深化改革的情况下,机关和企事业领导干部都要下大功夫,研究、吃透、用好国家出台的各项政策,争取国家和地方政府的支持,并积极支持企业尽可能享受地方政策,争取在减轻企业负担上有所突破。要加强软科学研究,提供决策支持,以便为改革创造更有利的条件。

中国民族造船工业的发展状况

中国船舶工业总公司　　徐鹏航

1997 年,是邓小平同志对船舶工业指示 20 周年,也是船舶总公司成立 15 周年。这期间,中国船舶工业得到了快速发展,取得了显著成绩,不仅在国内产生了广泛和积极的影响,而且也令世界瞩目。

船舶总公司成立以来的简要回顾

自 1982 年船舶总公司成立以来,全系统广大职工坚决贯彻党的改革开放方针和邓小平同志对船舶工业的重要指示,发扬军工优良传统,艰苦拼搏,勤奋创业,在国家经济体制转轨和激烈的国内外市场竞争中经受了考验,初步走出了一条自强振兴之路,取得了显著成就。特别是党的十四大以来,在邓小平南方谈话和十四大精神鼓舞下,在以江泽民同志为核心的党的第三代中央领导集体的关怀下,总公司发展步伐加快,不仅在国内产生了积极影响,也引起了国际造船航运界的瞩目。

造修船生产迅速发展。船舶总公司造船产量由

1982年的42万吨提高到1997年的220万吨，翻了两番多，年均增长11.7%；占世界造船产量的份额由1982年的0.8%，居世界第17位，提高到1997年的5%，居世界第3位。修船产值年均增长17.2%。

船舶出口不断扩大。从1982年到1997年，船舶总公司累计承接出口船订单1 200万吨，已完工交付近900万吨，出口船舶进入世界主要航运大国、经济发达国家和造船先进国家。军贸出口、外轮修理和机电产品出口都取得较好成绩。船舶工业已成为中国机电产品出口的支柱产业。

科技水平有较大提高。船舶设计与建造技术有了长足进步，产品技术含量和档次逐步提高。主要骨干船厂进行了技术改造，造船周期不断缩短，管理水平逐步提高。船用主机从依赖进口到基本立足国内制造，并且开始出口。一批技术先进的非船产品也形成了规模。

综合实力增强。经过基本建设和挖潜改造，船舶总公司的年造船能力由80万吨提高到250万吨；坞修容量由38万吨提高到73万吨；非船产品产值比重由15.8%提高到29%。三产营业收入达到80亿元。从1982年到1997年，全公司净资产翻了一番，资产总额增加了6倍多。

经过十几年的努力，船舶总公司逐步实现了由以军品为主到军民结合，由生产计划型到市场竞争型，由单一的国内市场到面向国内国际两个市场的三个历史性转变。船舶总公司实现了邓小平同志“中国的船舶要打进国际市场”的战略要求，已经成为中国船舶工业参与国际竞争的国家队，成为中国重工业中为数不多的能够同国际强手较量的一支重要力量。同时，也应看到，中国与世界先进造船国家还有很大差距，自身也还存在 不少问题和困难，深化改革和加快发展的任务还十分艰巨。

回顾和总结船舶总公司的发展历程，主要有以下体会：

坚持以市场为导向，发展出口，是船舶工业发展壮大的正确选择 大胆参与国际竞争，积极发展出口，对船舶工业发展起到了重要的促进和推动作用。从普通船型入手，选准突破口，一边学习、引进，一边实践提高，坚决进军国际市场，在激烈的国际市场竞争中求生存、求发展，我们走出了一条“出口——引进——提高——再出口”的道路，为进一步开拓国内外市场创造了条件。

坚持科技进步，引进与创新相结合，是船舶工业增强国际竞争力的根本途径 总公司的发展，首先得益于科技与管理的进步。通过引进国外先进设计、生产技术，努力消化、吸收和创新，提高了产品开发、设计和制造水平。通过技术改造和工艺革新，使生产装备和工艺的落后状况得到了改善。通过学习推广国外先进管理经验，围绕缩短周期，转换造船模式，加强和改进管理，提高了生产效率。

坚持保军转民，军民结合，是船舶总公司必须遵循的重要原则 总公司始终将军品科研生产放在优先保证的重要地位，在确保完成军品任务的前提下，大力发展民船和非船产品。保军转民，军民结合，不仅是船舶工业发展的需要，更是海军现代化建设的需要。这是我们必须长期坚持的重要原则，任何时候都不能动摇。

坚持深化改革，增强活力，是推动船舶工业发展的内在动力 船舶工业率先进行管理体制改革，组建船舶总公司，对于保军转民，发展船舶出口起了重要作用。经过放权让利到承包经营到建立现代企业制度三个阶段的改革，企业劳动、人事和分配等内部制度改革逐步深化，经营机制逐步转变，对市场经济的适应能力增强，一批企业按规范改制。科研、教育体制改革也在不断深化。

船舶总公司发展的15年，是我们各级领导班子和全体职工坚定不移地贯彻执行十一届三中全会以来党的路线方针，坚持改革开放的15年；是高举邓小平理论伟大旗帜，坚定不移地贯彻邓小平同志对船舶工业一系列重要指示的15年；是结合船舶工业实际，勇于探索，大胆实践，奋力拼搏的15年。船舶总公司的成就，凝结着几代造船人的心血。

面临的形势与任务

伴随世纪的交替，中国船舶工业发展进入了新的关键时期。我们既面临着非常难得的发展机遇，也遇到了前所未有的严峻挑战。

从有利的方面看：

目前的国内经济形势是近年来最好的 国家宏观调控取得成效，实现了“高增长，低通胀”。根据党的十五大和中央经济工作会议精神，1998年和今后一段时期，中国经济仍将保持较快的增长，这为船舶工

业发展提供了良好的宏观经济环境。随着开放扩大，进出口增加，远洋运输和水运交通继续发展，国内船舶市场有较大开发潜力，海洋开发方兴未艾。国民经济持续健康发展，需求结构发生变化，产业、产品结构调整加快，为我们培育新的经济增长点带来了机遇。在深化国有企业改革方面，党的十五大作出了全面部署，提出了新的理论、新的要求、新的任务。中央经济工作会议指出，国有企业改革已经进入攻坚阶段，要求形成合力，打好这场攻坚战。这为我们深化改革明确了目标和方向，创造了更有利的条件。

国际船舶市场需求保持较高水平，是我们加快发展的难得机遇　据预测，今后几年世界新船年均成交量可达 4 000 万载重吨，大大高于 90 年代前半期水平。世界修船市场同样需求强劲，市场容量以年均 10%的速度增长。海洋工程也出现了多年未见的需求回升。世界造船格局的变化趋势也为我们提供了发展机遇。随着国际分工不断深化，造船工业在全球范围内的结构调整和专业化分工加快，世界造船中心继续东移。中国拥有发展船舶工业的诸多优势，有可能成为下一轮世界造船中心转移的聚焦点。

从不利的方面看：

国际市场竞争加剧　由于世界造船能力的增长超过新船需求的增长，在今后相当长一段时间内，国际船舶市场都将处于供大于求、船价低迷的激烈竞争状态。发达国家的造船企业加速改组，加强联合兼并，强化技术优势，大量裁员，呈现出较强的国际竞争力。日本、韩国利用货币贬值的有利时机，大量接船，挤占市场。他们还利用雄厚的资金实力，向发展中国家扩张造船。此外，东南亚金融危机对中国出口带来了不利影响，这种不利影响也加大了我们船舶出口的难度。

自身也存在较多问题　我们的企业小、散、弱、生产集中度不高的状况急需改变；我们的企业富余人员过多，历史负担沉重，资产负债率已高达 80%；我们的非船产品开发还不适应市场变化，许多配套企业处境困难；特别是我们在完工量增加的同时，经济效益却在逐年下滑，亏损企业增加，亏损额增大。

改革难度大，任务重　船舶工业面临的许多问题，既有历史的积淀，也有国企改革攻坚带来的新情况，还有自身发展中产生的问题，只有加快改革步伐，才能抓住症结，解决问题。

形势表明，我们正处在发展的又一个关键时期。我们面前有两种可能，一是抓住机遇，在市场竞争中进一步发展壮大；另一种是丧失机遇，丢掉已有的市场，在竞争中败下阵来。我们必须充分认识国际竞争加剧的严峻态势和我们竞争力减弱的严峻现实，在全系统干部职工中增强危机感，增强自身发展的紧迫感、责任感，构筑新的竞争优势，勇敢迎接挑战。既要看到危机与挑战，更要看到机遇与希望，要增强我们的信心与勇气。党的十五大为我们进一步解放思想，拓宽思路，加快改革与发展，提供了极为重要的理论指导和政策依据。我们自身拥有的人才、技术、物质基础和在市场竞争中取得的宝贵经验及信誉，为进一步发展奠定了基础。我们坚信，有党的十五大精神的正确指引，有国家的大力支持，有广大职工的共同努力，我们一定能够发挥优势，战胜困难，推动船舶工业更快发展。

当前和今后一个时期，我们的中心任务是　高举邓小平理论伟大旗帜，全面贯彻党的十五大精神，继续落实邓小平同志对船舶工业的重要指示，解放思想，拓宽思路，加大改革力度，抓大放小，择优扶强，减员增效，加快推进两个根本性转变，加速科技进步，努力降低成本，增强国际竞争力，壮大经济实力，开创船舶工业改革与发展的新局面。

到 2000 年，全公司销售收入、造船产量、工业增加值、全员劳动生产率、出口金额、经济效益等主要经济指标要有较快增长和明显改善，使中国稳居世界造船第 3 位。在此基础上，再经过若干年努力，使技术与管理水平进一步提高，整体素质全面提高，争取使中国早日成为世界造船强国。

到 2000 年的主要目标是：

扩大市场占有份额　使全公司工业产品销售额超过 300 亿元，工业增加值达到 80 亿元；造船产量在高技术含量高附加值船舶比例增加的基础上，争取 260 万吨；出口金额 18 亿美元。

力争使大多数骨干企业基本建立现代企业制度　形成几个在资本市场和产品市场上具有较强竞争力的大型企业集团和若干个有实力的专业公司；工业企业减员分流 30%；企业资产负债率降到 70%以下，使总公司资本运作能力和整体经济实力明显增强。

优化产业、产品结构，使修船产值占全公司总产值的比重达到 10%　非船产值占总产值的比重达到

1/3;第三产业营业收入达到100亿元;基本形成造船、修船、非船、三产协调发展的格局。

提高整体科技水平　力争科技进步对全公司经济发展的贡献率由“八五”期间的40%提高到50%;使产品设计与开发能力有较大增强;国产设备装船率达到60%。

全公司经济效益要有明显好转　工业企业销售成本占销售收入比重下降5至6个百分点;全员劳动生产率达到15万元;使大多数亏损企业走出困境。

国家医药管理局与中国医药业的现状和发展

国家医药管理局　　郑筱萸

国家医药管理局是全国医药行业的主管部门,负责全国药品、医疗器械、制药机械、卫生材料、医药包装材料生产和流通的行业管理。其职责是制订行业政策和发展规划,配合有关部门对医药经济运行进行引导和调控。组织贯彻实施国家关于药品管理的法律、法规,综合管理对开办药品生产、经营企业的审查和医疗器械生产、经营企业的审批,负责药械储备和特种药械管理。国家医药管理局负责药品、医疗器械等产品的质量管理,指导医药行业科研开发、人才培养,对外经济技术合作与交流。同时根据药品行政保护条例,负责药品行政保护,颁发行政保护证书,协助有关部门管理医药专利工作。

与上述职能相适应,国家医药管理局机关设立:办公室、人事劳动司、政策法规司、综合经济司、财务与市场流通司、质量管理司、医疗器械行政监督司、科技教育司、药品行政保护办公室、国际合作司等机构。国家医药管理局制订的政策、发展规划和管理的规章办法通过省(市、区)医药管理局或相应的医药管理部门贯彻实施。

医药是一种特殊的商品,与人们的健康和生命密切相关。为保证12亿人口用药的安全、有效、方便、及时,政府加强对医药的管理是十分必要的。近几年来,国家医药管理局进行了机构调整和人员精简,进一步转变职能、提高效率,加强宏观管理。在改革开放方针、政策指引下,中国医药事业有了长足的发展。近年来发展速度年平均20%以上,为世界各国所罕见。

目前中国医药工业已经形成较大规模和较完整的体系。拥有化学原料药、化学药品制剂、放射性药品、天然植物药、饲料和食品添加剂、保健品、医疗器械、制药机械、卫生材料、药品包装材料和中药等产业,能生产24大类1 300多种原料药,产量达35万吨,50多个剂型、3 500种规格的医药制剂产品,大型X线机、心电图机、B超等近万个品种规格的医疗器械产品。防病治病、医疗临床所需的基本药物品种和基本医疗装备都能生产并保证供应。党的十四大以来,医药经济总量持续快速增长,1996年医药工业总产值达1 251亿元,比1992年增长1倍;化学原料药产量居世界第2位,进入世界制药大国行列。医药产品进出口贸易增长很快,1995年以来,医药商品出口每年在30亿美元以上,300多个原料药品种形成了以出口为主的局面。医药工业“三资”企业近1 500家,产品销售额已占全行业的13%以上。1997年1～8月份医药工业不变价产值完成近900亿元,比上年同期增长13%;工业实现利税60亿元,比上年同期增长17.8%;商业实现利税21.4亿元,比上年同期增长14.6%。从总体上看,医药工业效益有所回升,医药商业经济效益下滑势头趋缓。医药行业认真贯彻1997年年初提出的结构调整、医药流通改革、精神文明建设和加强调查研究四项重点工作以来,医药经济结构调整步伐加快，在各地已普遍展开，部分地区和企业已见成效。近年来医药企业改革力度加大，资产重组步伐加快，以建立现代企业制度为标志，实施了大公司、大集团战略，增强了市场竞争力。医药行业已有A股上市企业31家，还有的企业在境外上市，共筹集50多亿资金，形成了以公有制为主的多元投资结构，为多种经济成分并存创造了条件。医药行业通过推进技术进步，加速产品更新换代，不断提高主要产品技术水平和竞争实力，近几年来，开发各类新产品1 500多种。

为保证广大人民群众用药安全有效，解决假劣药品泛滥、回扣风等问题，各级医药管理部门不断加强医药市场管理。通过整顿，市场经营秩序混乱和药品购销中的回扣问题得到有效遏制。同时加强了农村药品供应。为了从根本上解决医药市场上存在的不正当竞争，医药管理部门正在结合贯彻十五大精神，研究、探索、深化医药流通体制改革，以建立一个统一开放、竞争有序的医药市场体系。

医药行业企业文化建设也得到创新和发展，从开展企业文化建设比较早的沿海大中型医药企业、“三资”企业来看，已经初步实现了“培育企业精神，以塑企业之魂；加强教育培训，以提高职工的综合素质；建设职工文体娱乐圈，以满足各层次职工的文化生活需求”的三大目标。

以倡导崇高的职业道德为主线，注重提高医药职工的道德素质和技术业务素质，是医药企业文化建设的一个突出特点。如制药工业提出的“制药人想着用药人”；医药商业提出的“以优质药品奉献人民，以优良服务开拓市场”，以及“科技兴业，科技立业，为人民生产更多、更好的医药产品”等代表鲜明行业特色的企业文化建设的口号，充分体现了作为特殊行业的企业所追求的道德境界。为了使这种职业道德观念深入人心，变为职工的群体意识，许多医药企业开展了丰富多彩的企业文化建设活动。比较有代表性的像开展“假如我是一个用户”、“个人的岗位连接着千家万户的幸福与欢乐”；开展“企业有困难我们怎么办？国家有困难企业怎么办”的大讨论和以“爱国家为导向，爱企业为核心，爱岗位为落脚点”的“三爱”活动；开展群众性的“全员立功”、“岗位达标”等社会主义劳动竞赛和以提高产品质量、增加投入产出率为主要内容的QC小组及合理化建议活动；以及开展多层次、全员性的思想教育和技术业务培训、岗位练兵等等。这些活动的开展，有效地增强了医药职工的职业荣誉感和责任感，树立了“立足于本职工作，干一行、爱一行、钻一行”的“行为规范”。

医药行业企业文化建设取得了初步成效，但从总体水平看，都还处于初创阶段，而且发展还很不平衡。今后要在党的十五大精神指引下，以邓小平理论为指导，认真结合医药行业的特殊性和本企业的实际情况，建设有中国特色的社会主义医药企业文化。

中国是一个拥有12亿人口的大国，人均用药水平以每年增长百分之十几的幅度递增。以不变价格计算，中国人均药品消费额已从1981年的7.6元上升到1996年的80多元。但与发达国家的医药消费水平差距还很大，只相当于发达国家的几十分之一。随着人民生活水平的逐步提高，药品消费水平会进一步增长，中国的医药市场十分广大，医药工业大有潜力，发展前景广阔。我们设想到2000年中国医药工业总产值要达到或超过2 000亿元，整体实力接近医药工业发达国家水平，充分满足全国人民医疗保健用药和医疗装备的需要。到2010年基本上进入世界医药强国的行列。

为实现医药发展目标，要认真贯彻党的十五大精神，逐步建立起医药市场经济的新格局，加快实现大中型骨干医药企业向现代企业制度的转变。在国际国内市场竞争中，加快医药企业改组、改造和联合、兼并的步伐，促进医药企业走集团化、大型化的道路。同时，要通过改革把不同医药企业生产的药品由通用名变成商品名，经过优胜劣汰，使质量好、疗效高的品牌脱颖而出，形成医药企业自己创立的名牌，并与外资产品在竞争中发展提高，最终由国内市场走向国际市场。中国医药工业的发展今后将由增加投放、扩大规模转变为科技进步、加强管理、提高效率；由粗放型转变为集约型。科技进步对医药工业经济增长的贡献率将达到50%以上，新产品产值将占医药工业总产值的40%以上。

随着改革开放的深入，中国医药行业对外经济技术合作与交流在广度和深度上都将大大超过现有水平。大型医药企业和集团逐步把生产和营销伸展到境外，资本输出也会有一定发展，中国也将出现国际性跨国医药企业。与此同时，随着全球经济一体化程度提高，外资专利品通过合资、独资方式在中国生产销售,“三资”企业发展仍会异常迅速。外资将享受“国民待遇”,与国内企业平等竞争,享有同样权力和义务,用武之地更为广阔。

现代医药与中国传统医药相结合,发展和创造中西药结合的新天地,这是中国医药事业发展的优势和必然趋势。中西药结合将创造出新的有中国特色的医疗保健药品,将为中国和全人类的健康做出新贡献。

1997年中国旅游业

国家旅游局　何光暐

1997年,中国举办的“'97中国旅游年”取得了巨大的社会效益和经济效益。

1997年,旅游各项指标均以较大幅度超过1996年,全年来华旅游入境人数达5 758.79万人次,比1996年增长12.64%,超过年计划8.66%;外国旅游者人数达742.8万人次,比1996年增长10.14%,超过年计划3.17%;国际旅游外汇收入达120.74亿美元,比1996年增长18.37%,超过年计划9.76%。

1997年,国内公民旅游持续发展,出游6.44亿人次;国内旅游收入2 112.3亿人民币,比1996年增长29%,超过年计划17.4%。

1997年,中国旅游业的总收入为3 112.2亿人民币,比1996年增长25.1%。

据世界旅游组织最近统计,'97中国旅游年中国国际旅游入境过夜人数为2 377万人次,比1996年增长4.41%,仍排在世界第六位(前五名是法国、美国、西班牙、意大利和英国),占世界份额由1990年的2.3%增至3.85%;外汇收入120.74亿美元,增长18.37%,在世界的排名由1996年的第九位上升到第八位(前七名是美国、意大利、西班牙、法国、英国、德国和奥地利),占世界份额由1990年的0.82%增至2.69%。

一

'97中国旅游年是中国举办的国家级大型旅游促销活动,是中国“九五”期间旅游发展的重大举措。'97中国旅游年的活动丰富多彩,跌宕起伏,影响广泛,效果明显。

(一)大型活动高潮迭起,在海内外形成较大反响

'97中国旅游年策划了16项大型活动。这些大型活动,经过精心组织实施,在每季度形成一个高潮。

第一高潮　开年活动。1996年12月31日晚7时,国家主席江泽民在新年致词中向海内外宣布1997年中国举办旅游年,欢迎更多的海外朋友来华旅游,拉开'97中国旅游年的序幕。1997年1月1日,国家旅游局、中国民用航空总局、北京市政府在首都国际机场举行了盛大的'97中国旅游年迎接首日来华客人活动。同时,全国各地的旅游部门也在机场、车站、码头组织了隆重的迎接首日海外客人的活动,当地党政领导纷纷到口岸迎接海外朋友。当天晚上,中央电视台播出由国家旅游局主办、请国务院副总理钱其琛题名为“跃马神州”的大型文艺晚会。

第二高潮　4月中、下旬,国家旅游局在中国成功地承办了太平洋亚洲旅行协会(PATA)的年会、分会大会和交易会。其中年会、交易会在北京举行,分会大会在上海举行。在PATA年会开幕式上,国务院总理李鹏全面阐述了中国政府高度重视发展旅游业的决心和举措。国务委员兼国务院秘书长罗干作了“驾驭未来”的主题发言,给与会的1 500多名海外旅游业界人士留下了深刻的印象。PATA交易会是PATA历届交易会中规模最大的一次,注册代表1 650

名。通过承办这三个会议,向国际旅游业界的3 000多名同行展示了中国改革开放的形象和旅游业发展的新风貌。同时,也为中国旅游业及相关产业提供了一次参与国际竞争的最直接、最有利的宣传促销机会,形成了'97中国旅游年的第二个高潮。

第三高潮 7月前后,为给香港回归祖国这一盛事锦上添花,国家旅游局组织了"陆、海、空"立体的庆回归、迎同胞活动。对7月1日抵京的国航首班香港至北京航班和7月1日香港抵广州的首班轮船的香港客人,都举行了隆重的欢迎仪式;香港同胞乘坐列车自香港九龙至北京的回归之旅,受到了铁道部、国家旅游局领导的热烈欢迎。这三项活动,表达了祖国人民对香港同胞的亲情。旅游系统还组织了近百名劳模赴香港与香港同仁共同欢庆回归。特别是7月8日在人民大会堂举行了'97中国旅游年庆祝香港回归"九州月圆"文艺晚会,近万名中外宾客观看了演出。演出主题鲜明、气势宏大、气氛热烈,受到国内外观众的一致好评,形成了'97中国旅游年的第三个高潮。

第四高潮 以'97中国旅游年下半年加大在海外的宣传促销为铺垫,至11月下旬,国家主席江泽民在访问加拿大期间,出席"中华人民共和国国家旅游局与加拿大旅游局旅游合作谅解备忘录"的签字仪式达到高潮。接着,12月31日,国家旅游局与江苏省及苏州市政府,在寒山寺举行了隆重的'97中国旅游年闭幕式暨'98华夏城乡游开幕式。国务委员罗干,'97中国旅游年组委会部分成员单位的部委领导出席了此项活动,与2 000多名海内外宾客会聚一起,共度新年,为'97中国旅游年划上了圆满句号。

(二)48个节庆异彩纷呈,各地活动此起彼伏

由地方政府组织、旅游部门与相关部门配合的48个旅游节庆,以及各地为'97中国旅游年专门举办的各种活动都按计划举行。如广州在元旦当天为欢迎首批来粤的海外团队举行了由40多辆彩车组成的花车大巡游;北京在香港回归前夕举办了迎回归欢乐活动;上海在10月举办了上海旅游节;福建省借妈祖金身赴台巡游100天回銮之日,举办了第二届妈祖文化节暨首届旅游经贸洽谈会,等等,吸引了更多的海外游客。16项大型活动、48个节庆和各地举行的上千个各类活动,遍及全国31个省、自治区、直辖市的上百个城市,参加活动的海外游客近百万人。这些活动不但为海内外游客所喜爱,而且营造了祥和、热烈、欢乐的气氛,在全国各地产生了很大影响。

(三)丰富多彩的旅游产品,形成了较强的吸引力

作为'97中国旅游年的一项重要举措,国家旅游局在前几年逐年推出的'93中国山水风光游、'94中国文物古迹游、'95中国民俗风情游、'96中国度假休闲游的基础上,为完善、提高我国文化观光型、商务与度假相结合的不同类型的产品,推出了35个著名景点和16条旅游线路。在此基础上,各地一方面大力宣传当地被列入35个著名景点和16条专线中的线路、景点,一方面竞相推出当地的专线产品。如湖北省围绕三峡工程大江截流,借机、借力、借势宣传推广湖北在长江三峡线上的新产品、新形象、新面貌,清除"告别三峡游"错误导向的影响。广东省为迎接香港回归,全力推出名为"东莞之路"的珠江三角洲(广州、深圳、珠海、东莞四市联合)黄金旅游线路,受到海内外同胞,特别是香港同胞的欢迎,形成了"万人争看博物馆,人头涌动过虎门"的局面,仅东莞全年旅游人数就达173万人次,比上年增长70%。山东省推出了数十条精华线路和多项专线旅游产品,销售状况良好,其中青少年修学旅游等专项产品在日本等市场一直很受欢迎。甘肃省开发的西安——兰州——乌鲁木齐——阿拉木图——伊斯坦布尔的丝路跨国汽车旅游产品,开创了中国开展跨国汽车旅游的先例,在日本市场很受欢迎。丝路快车旅游产品也基本定型,1997年开通16次列车,接待了3 000多名海外旅游者,在东南亚和中国台湾市场有较大影响。沿丝路逐段长跑旅游已形成规模,在法国和中国台湾市场反响良好。天津在开发推广京、津、蓟(蓟县加清东陵)"金三角"旅游新产品上,取得重大突破,在马来西亚市场已形成规模,在日本市场看好,在澳大利亚、北欧市场已启动。

(四)宣传促销,筹备效率高,宣传形式多样,促销声势大

'97中国旅游年的宣传促销工作,采用了走出去与请进来相结合、常规促销手段与特色促销相结合、海外促销与国内宣传相结合、宣传促销的深度与广度

相结合的宣传促销方式，既造声势，又求效果，达到了预期的目的。

专为'97 中国旅游年制作了大量的旅游年宣传品，通过驻外办事处、出国参展、促销、国内大型活动、各地旅游部门、旅游企业及飞机航班、机场等多种渠道向海内外广泛散发，宣传旅游年 在此基础上，各地旅游部门和旅游企业也印制了大量既有'97 中国旅游年的统一标志、口号，又有地方和企业特色的旅游年宣传品，突出宣传了地方节庆活动、旅游新产品和旅游年期间地方或企业办的大型活动，在海内外促销活动中向客商和旅游者大量散发，起到了良好的宣传作用。

抓了旅游年的环境布置，营造欢快、热烈的氛围 在时间紧、任务重、协调方面多的情况下，完成了在首都北京的'97 中国旅游年环境布置。其他各地也都重视旅游年的环境布置。各省会城市和主要旅游城市的机场、码头、车站、街市、宾馆、景点等海内外旅游者常到之处和醒目地点，都设置了旅游年的宣传广告牌、霓虹灯、标语、标志、彩旗；旅游车辆大都张贴'97 中国旅游年宣传口号，使来华旅游者感受到旅游年的热烈气氛，还向社会宣传了'97 中国旅游年。

多层次、多方位在海外开展主题促销 从1996 年下半年起，国家旅游局组织的所有赴海外参展和促销，都以'97 中国旅游年为统一主题，集中力量，在主要目标市场形成一定的声势。在组织参展时，针对展销会的不同观念，相应采用不同的方式，以增强展览的实效性。在联合促销中，从线路安排、活动内容到活动方式都以有利销售为原则，以增强实效性。其中，组织西北五省到英、法、意三国进行丝绸之路的区域性专题促销，统一制作丝路促销专册，与客商面对面洽谈业务。由于主题明确，重点突出，产品对路，因此效果好。各地旅游部门、企业都积极参加国家旅游局组织的展览、促销。如海南省在参加'97 香港国际旅游博览会时，为配合迎香港回归，在铜锣湾时代广场对香港大众进行有奖宣传促销活动，共有 6 700 多人获奖，产生了轰动效应。同时，各地旅游部门、企业发挥主动性，参加本省（市）赴海外促销。山东省1997 年 1 月份赴日本东京，举办了长达两个多月的“中国山东省历史文物展”，展出了山东出土的秦、汉、魏、明等朝代的文物精品，参观人数达 4 万人，在东京及整个日本产生了较大影响。

充分运用新闻传媒，宣传'97 中国旅游年

1997 年，国家旅游局邀请 35 批来自 15 个国家和地区的海外记者，采访了 25 个省（区、市）；在海外大众或专业媒介上刊登广告，开辟专栏、专刊和专版，扩大了'97 中国旅游年在海外的影响。在国内，密切联系新闻单位，通过新华社、人民日报、中国新闻社、人民日报海外版、中央电视台、经济日报、中国日报、中央人民广播电台、中国国际广播电台等中央及北京的新闻单位，集中报道'97 中国旅游年的 4 个高潮和其他大型活动，造成了相当的声势。此外，还安排许多采访活动，刊登广告，在中央级的报刊杂志、电视台、电台开辟多个专版、专栏或专题，使'97 中国旅游年成了1997 年新闻传播的热门话题。这些宣传报道扩大了旅游年的影响，也使社会各界对旅游业的产业地位有了更深刻的认识。

二

1997 年中国旅游业的主要成绩：

（一）向国际社会宣传了中国继续改革开放、政治稳定、经济发展、社会繁荣的总体形象

'97 中国旅游年以进一步树立中国更加开放的形象为宗旨，“游中国——全新的感受”的主题，对海外游客有很强的感召力。旅游是一面折射镜，透过旅游这面镜子，可以反映出一个国家的国情和形象。只有在社会祥和、人民生活较为殷实的国度，旅游业才能被广泛重视和大力倡导。江泽民主席在新年致词中欢迎更多的海外朋友来中国旅游，李鹏总理在 PATA 年会上阐述中国政府大力发展旅游业的大政方针，国务委员罗干作“驾驭未来”的主题发言，不仅在国际旅游界引起了广泛关注，也在整个国际社会产生了强烈反响。它使国际社会从中国领导人如此重视旅游业这一事实中，看到了中国政治稳定、经济发展、社会繁荣和更加开放的现实。

1997 年在中国历史上是极不平凡的一年：香港回归祖国，党的十五大召开。这些重大历史事件举世瞩目，影响深远。'97 中国旅游年通过在海内外的中国整

体形象的宣传，通过举办各种各样的庆祝活动，为党的十五大召开增添了祥和的气氛，为香港回归这一盛事增添了绚丽色彩，为进一步展示中国对外更加开放的形象起到了很好的促进作用。众多的海外朋友在国外能感受到中国的影响；到中国旅游，能直接感受中国开放、稳定、发展、繁荣的景象，加深了对中国的了解。

（二）进一步宣传了中国丰富多彩的旅游资源和产品，锻炼了旅游队伍，展示了中国旅游业的整体形象，提高了中国旅游业在国际旅游市场上的影响力

'97中国旅游年是前一轮5年主题促销活动的高潮和总结，它向海内外旅游市场推出的16条专线、35个著名景点和以春、夏、秋、冬划分的48个旅游节庆活动，是前几年山水风光、文物古迹、民俗风情、度假休闲等门类旅游产品的精粹和代表，具有典型意义，因而带动了各地自主开发更多旅游精品线路，配合推向海内外旅游市场。'97中国旅游年所举办的一系列丰富多彩的活动，在宣传国家形象的同时，也树立了中国旅游业的形象。

举办'97中国旅游年也是中国旅游业的全体总动员，检验了行业的整体素质。在这一年里，旅游行业工作的主题是，大力加强精神文明建设，全面提高服务质量，努力办好'97中国旅游年。国家旅游局向全社会推出了十店十社为全行业文明窗口示范单位，同时公布旅行社、饭店优质服务10条要求，接受社会监督。通过发挥示范单位的带动作用，全面提高旅游服务质量。还深入开展了创建优秀旅游城市的工作，贯彻落实了《旅行社管理条例》的工作。通过'97中国旅游年全国自上而下的旅游产品的开发、促销，接待超过往年的大量的海内外旅游者，以及举办各种各样庆祝活动、节庆活动，使旅游队伍的组织能力和接待水平进一步提高，中国旅游业的整体形象更加鲜明，在旅游市场上的影响力更胜过以往。

（三）使旅游业在国内得到了更多的理解、关心和支持

'97中国旅游年活动自始至终得到了党中央、国务院的极大关注和支持。除了江泽民主席在1997年新年贺词中热情洋溢地宣布1997年中国举办中国旅游年，欢迎更多的海外朋友来中国旅游外，11月份，江泽民主席在加拿大访问期间，又出席了"中加旅游谅解备忘录"的签字仪式。李鹏总理、钱其琛副总理在1997年初，对中国旅游业1996年创汇超过百亿美元大关专门题词祝贺。4月份，李鹏总理又出席了太平洋亚洲旅游协会1997年会的开幕式，并发表了讲话。政协主席李瑞环11月份出席了黄山国际旅游节开幕式，对中国旅游业的发展作了重要论述。罗干国务委员12月底考察了江苏省旅游业，并出席了在苏州举行的'97中国旅游年闭幕式暨'98华夏城乡游开幕式。党和国家领导人的关怀和重视，给旅游业广大从业人员以极大的鼓舞，也极大地调动了各级政府、各行各业关心和支持旅游业发展的热情。

全国已有20多个省、市、自治区把旅游业作为优先或重点发展的产业。'97中国旅游年活动从一开始就得到各级政府的重视和支持。在各级政府的直接领导下，根据当地的旅游条件、旅游业发展情况和加快改革开放步伐的要求，认真制定了本地开展旅游年活动的方案。如广东省推出的"五彩缤纷广东游"活动、江西省推出的"'97中国旅游年——京九江西行"活动，很有新意。继而进行筹备和实施，使旅游年的活动无论从形式到内容都更加丰富多彩，壮大了声势。新年伊始，各地方党政主要领导出席迎首日客人活动，还纷纷通过电视、广播电台和报刊发表讲话和文章，宣传旅游年和旅游业发展的重要意义。各级政府精心组织地方重大旅游活动，使海外旅游者到处感受到旅游年的热烈气氛，留下了深刻印象。

（四）与相关行业建立了多层次全方位的合作关系

旅游业是一项综合性的产业，相关行业的密切配合是至关重要的。"旅游离不开航空，航空离不开旅游"，基于这一共同的认识，国家旅游局与中国民航总局再次合作，共同主办'97中国旅游年。为了共同办好'97中国旅游年，民航在飞行安全、基础建设、增加运力、创造精品样板等方面，为中外旅客创造了良好的乘机环境。民航安全形势总体稳定，运输飞行创造了33个月的安全记录，"空防"安全实现了"三连贯"的目标。机场建设速度加快，1997年先后建成投产了贵阳、福州、南京等9个机场，是民航历史上机场竣工投产最多的一年。新购进飞机46架，新开辟国际、地

区和国内航线百余条。全系统开展创建精品航线、文明机场、文明航班和文明售票活动。通过这些举措，高质量地满足了中外旅客的乘机需要。为在'97 中国旅游年吸引更多的海外游客来华旅游乘坐民航飞机，民航总局公布在 1997 年国内航线票价不上调，对乘坐民航航班的境外团队游客，在原先优惠的基础上，淡季优惠 30%，旺季优惠 20%，使广大中外游客得到了实惠。

民航及所属各航空公司还积极参与了'97 中国旅游年的宣传促销、广告制作、宣传品的印制及发放，共同筹办首迎式、回归第一团欢迎活动和"跃马神州"文艺晚会等工作。

财政部、文化部、文物局、铁道部、公安部、交通部、林业部、国家工商局、海关总署、广播电影电视部、国务院港澳办、国务院新闻办、新华社、人民日报社作为'97中国旅游年协办单位，也都以极大的热情积极参与了'97 中国旅游年的各项工作。这些部委的领导多次参加'97 中国旅游年组委会的工作会议，讨论决策重大事宜，并亲自出席活动。正是由于这些部委的全力配合，才使'97 中国旅游年得以全方位地展开。一些没有参加'97 中国旅游年组委会工作的部委和部门，也都给了'97 中国旅游年以极大的支持。如邮电部为'97 中国旅游年发行了"中国旅游年纪念邮票"，中国人民银行特批发行 5 万枚旅游年熊猫加字纪念币，中国摄影家协会帮助筹办了'97 中国旅游年摄影大赛，北京市户外宣传领导小组帮助解决了户外广告宣传的问题，等等。

特别是新华社、人民日报、中央电视台等各新闻单位，为'97 中国旅游年活动做了大量的宣传，使'97 中国旅游年在海内外产生了广泛深入的影响。

通过举办'97 中国旅游年活动，旅游业与社会各行各业建立了全方位、多层次的良好的合作关系，是'97中国旅游年的巨大收获，也是今后旅游业赖以发展的宝贵财富。

1997 年是不平凡的一年，对中国旅游业来说是辉煌的一年。'97 中国旅游年，使中国旅游业的发展又迈上了一个新的台阶。它的社会效益影响深远，为中国旅游业今后的持续发展打下了雄厚的基础，它的经济收益将永载中国旅游业发展的史册！

1996～1997 年中国民族工作情况

国家民委办公厅

1997 年中国的民族工作在建设有中国特色的社会主义事业中，取得了新的进展。民族地区社会稳定，经济发展，民族团结，边防巩固，精神文明建设取得新的成果，呈现出生机勃勃的景象。国家民委顺利地完成了全年工作任务。

结合民族工作实际，深入学习贯彻十五大精神

加强对学习贯彻十五大精神的领导，采取多种形式，密切联系实际，促进学习不断深入。召开全国部分民族工作者学习贯彻十五大精神座谈会，增强了各族干部高举邓小平理论伟大旗帜，进一步做好民族工作，维护祖国统一，巩固和发展社会主义民族关系的自觉性。

实行分类指导，推动了边境地区民族工作的进展

集中力量对边境地区的民族关系、经济社会发展状况进行了专题调查，在云南省西双版纳傣族自治州召开了全国边境地区民委工作会议，总结了党的十一届三中全会以来边境地区民族工作取得的成绩和经验，分析了全国边境地区民族工作面临的形势，提出了今后一个时期边境地区民族工作的指导思想、工作思路和基本任务。边境地区各级政府和民族工作部

门积极贯彻这次会议的精神，促进了边境民族地区的稳定和发展。

加强协调配合，促进了民族地区的发展和改革开放的深入

会同有关部门制定了“九五”期间民族贸易和民族用品生产的定点企业流动资金利率、网点建设和定点生产企业贴息贷款、税收优惠政策，确定了改革试点企业及具体项目。贯彻中央扶贫工作会议精神，加大扶贫力度，落实了扶贫工作责任制，加强了定点扶贫工作，推广了“公司＋农户”等扶贫模式。与国家体改委共同批准湖南省吉首市、四川省西昌市为民族地区改革开放试点市，推进了民族地区经济体制改革工作。

推进民族法制建设，巩固和发展社会主义民族关系

按照中央的要求，在有关部门的支持下，完成了中央代表团赴内蒙古参加自治区成立50周年庆祝活动的各项筹备工作。贯彻全国法制宣传教育工作会议精神，实施《国家民委法制宣传教育第三个五年规划》。开展创建民族团结进步模范活动，表彰先进。组织了民族地区国家重点扶持的贫困县领导干部参加的全国少数民族参观团，到北京、浙江和上海等地参观学习。配合有关部门和地方，掌握动态、信息，坚决打击民族分裂活动，妥善处理民族关系中发生的矛盾和问题。

开展宣传工作，繁荣民族文化

协助报社和电视台办好民族专版和栏目。举行“民族好新闻”评奖活动，对中央民族工作会议以来，在中央各大报刊、通讯社、电台、电视台播发的有关民族工作方面的消息、通讯、专题进行评选表彰。与新闻出版署等单位共同举办民族图书奖评选、少数民族声乐、舞蹈、文学创作评奖活动。会同有关部门召开了民族语文工作会议、维吾尔语名词术语规范化工作会议、藏文编码标准新闻发布会暨表彰会。

以提高教学质量和办学效益为重点，推动民族教育的发展

贯彻落实《中国教育改革和发展纲要》及《国家民委高等教育事业“九五”计划和2010年发展规划纲要》。大连民族学院正式建院。中央民族大学“211工程”通过了部门预审。与国家教委联合下发《关于认真贯彻中央扶贫工作会议精神，进一步加强对口支援民族和贫困地区发展教育事业的通知》，推动了民族地区的“普九”进程和对口支援工作。加强委属院校的工作，提高了教学质量和办学效益。对民族地区职业技术教育进行指导。

加大干部培训力度，配合有关部门做好少数民族干部培养选拔工作

根据《全国干部教育培训“九五”规划》，以委属院校为依托，开展干部继续教育。按照“三严、四自”要求，加强了领导班子建设。认真执行《国家公务员制度暂行条例》，推进人事分类管理制度的建立。制定委内司处级干部选拔任用暂行办法，加强了干部队伍的建设和人才资源的开发管理。积极配合有关部门做好少数民族干部的培训、交流和挂职锻炼方面的工作。

从实际出发，加强了民族理论和民族政策的研究

协调和动员各方面的力量，共同推进重大民族理论问题、少数民族和民族地区重大现实问题的研究。结合民族地区改革开放和经济建设的实践，开展了1997年民族关系、民族地区经济社会发展状况、世界民族热点问题的研究，与有关方面共同召开了纪念中国共产党实施民族区域自治制度50周年、世纪之交的民族问题趋势等理论研讨会，推动了民族政策、民族理论研究工作。

拓展对外交流渠道，扩大了对外影响

开展对外友好交往，宣传了中国的民族政策、民族工作成就，扩大了对外影响，增进了相互了解和友谊。拓宽利用外资渠道，促进了民族地区的外经外贸工作。配合有关部门，开展对港澳台的工作。参与在国际人权领域的对话，介绍中国对少数民族人权的保护状况，为挫败一些西方国家在联合国第53届人权大会上提出的反华提案做了相关工作。

开展精神文明创建活动，促进了机关的自身建设

坚持学习制度，办好党校进修班，以党员教育为重点，加强了党的思想、组织、作风建设。开展以创“三优文明机关、做人民满意的公务员”为主要目标的精神文明创建活动。抓党员领导干部廉洁自律，搞好纪检、监察和审计工作，促进党风廉政建设。丰富干部职工业余文化生活，改善离退休干部的福利待遇，加强了计划、财务、基本建设和后勤服务工作。

按照党的十五大对民族工作提出的要求，根据国民经济和社会发展"九五"计划和2010年远景目标纲要，1998年及其以后一个时期中国民族工作的指导思想和基本思路是：高举邓小平理论的伟大旗帜，以党的基本路线为指导，服从和服务于"抓住机遇，深化改革，扩大开放，促进发展，保持稳定"的全党全国工作大局，正确处理改革、发展、稳定的关系，进一步解放思想，全面贯彻党的民族政策，坚持民族平等原则，坚持和完善民族区域自治制度，加强民族团结，维护祖国统一和社会稳定，坚决反对一切分裂祖国和破坏民族团结的行为，促进少数民族和民族地区改革开放和经济、文化、教育、科技等各项事业的发展，搞好社会主义精神文明建设，巩固和发展平等、团结、互助的社会主义民族关系，促进各民族共同繁荣和全面进步。切实加强领导，提高工作水平，围绕实现两个目标("九五"计划、15年远景目标)、两个转变(经济体制和经济增长方式的转变)，形成与之相适应的、具有中国特色的社会主义民族理论体系、民族法规体系，建设能担此重任的宏大的少数民族干部队伍、科技人员队伍、产业工人队伍。到2000年，在全面完成现代化建设第二步战略部署，实现人均国民生产总值比1980年翻两番，人民生活达到小康水平的同时，各民族更加团结和睦，同心同德。在2010年实现国民生产总值比2000年翻一番，人民的小康生活更加宽裕，比较完善的社会主义市场经济体制形成的时候，民族关系进一步巩固发展，创造一个更加团结、和谐、良好的社会环境，中华各民族在共同繁荣的道路上阔步向前。

中国海关业务

中国海关总署　齐　兵　郑跃声

1996年，中国海关认真贯彻落实国家降低关税税率、调整进口税收减免优惠、实行加工贸易保证金台帐管理等政策措施，继续坚持"促进为主"、"从严治关"的方针和"依法行政、贯彻政策"的基本准则，较好完成了各项工作任务。

货运监管

1996年，中国海关加快了通关制度改革的进程，取得了显著进展。根据国务院深圳口岸管理体制改革的总体试点方案，制定了具体的实施方案；广东大铲岛监管站撤销后，对小型船舶的监管制度进行了相应的改革；加强了与有关方面的联系，盐田港集装箱货物监管制度改革措施得到了有效落实。1996年，中国海关进一步加强了对食用油、塑料原料、纺织原料、羊毛、氧化铝、汽车、钢材、食糖等重要进口商品的查验，严格凭国家各类有效证件验放，保证了有效监管。1996年，中国海关在认真试点的基础上，成功地在全国范围内实施了加工贸易保证金台帐制度，进一步加强和完善了对加工贸易的监管。1996年，中国海关共开出加工贸易保证金台帐联系单15万余份，登记备案加工贸易合同近40万份，合同金额1 144亿美元(以下单位不注明美元的均为人民币)，核销到期加工贸易合同36.65万份。1996年，各地海关还加强了知识产权边境保护工作。一年内，海关共受理境内外权利人知识产权备案申请645份，查获侵犯知识产权的进出境货物、物品705宗，价值1 580万元，其中海关主动查获的占98%。1996年，海关还查获了3条无证进口的光盘生产线。

1996年，全国海关共监管进出口货物4.05亿吨，比1995年(下同)增长5.66%，进出口货物总值2 899亿美元，增长3.22%。其中，监管进口货物2.16亿吨,增长 5.5%,进口货物总值 1 388 亿美元,增长 5.11%;监管出口货物 1.88 亿吨,增长 5.58%,出口货物总值 1 510 亿美元,增长 1.54%。监管进出境运输工具 1 027 万辆(艘、架),减少 5.44%。其中,监管进出境火车 37.94 万辆,增长 0.53%;监管进出境汽车 942.57 万辆,减少 6.29%;监管进出境船舶 37.74 万艘,增长 9.48%;监管进出境飞机 8.75 万架,增长 9.65%。监管进出口集装箱 1 236 万标准箱,增长 11.59%,箱载货物 8.337 万吨,增长 11.03%。其中,监管进口集装箱 559 万标准箱,增长 17.3%,箱载货物3 850万吨,增长 24%;监管出口集装箱 677 万标准箱,增长 7%,箱载货物 4 486 万吨,增长 2%。1996 年,中国海关共办理报关单 737.8 万张。

行李及邮递物品监管

1996 年,中国海关继续加大了旅检现场改革力度,进一步加速了通关速度。重新调整了旅客通关规定,全面采用了国际通行的"申报"和"无申报"通道验放做法;重新修订了入境旅客行李物品、个人邮递物品进口税税则归类表和完税价格表,规范了入境旅客行李物品及完税价格有关规定。1996 年,海关继续加强了"扫黄打非"工作,在旅检现场查获大量反动淫秽物品,与国务院有关部门联合对各地海关在印刷品监管和"扫黄打非"行动中做出突出贡献的先进集体和先进个人进行表彰。1996 年,海关还加强了邮检现场缉毒工作,昆明、九龙、上海海关均在邮检现场查获毒品,实现了海关邮检现场缉毒成果零的突破。

1996 年,中国海关共监管进出境旅客行李物品 1.31 亿人次,增长 10.62%。其中,验放港澳旅客行李物品 7 997 万人次,增长 9.93%;验放台湾省的旅客行李物品 359.7 万人次,增长 15.7%;验放外国籍旅客行李物品 927 万人次,增长 11.9%;验放华侨旅客行李物品 145 万人次,与上年持平;验放其他进出境旅客行李物品 3 713 万人次,增长 11.9%。1996 年,中国海关验放进出境邮递物品 434.9 万件,减少 30%。其中,验放进境邮递物品 181.5 万件,减少 30%;验放出境邮递物品 253.4 万件,减少 29.8%。1996 年,中国海关验放进出境音像制品 40.46 万盘,减少 35.7%;验放进出境印刷品 5 532 万件,增长 14%。其中,验放进境印刷品 3 047 万件,增长 3%;验放出境印刷品 2 484 万件,增长 31%。1996 年,中国海关共验放旅客带进的重点物品主要有:空调器 40 015个,减少 48.6%;摄、录、照像机 23 369 台,减少 37.6%;电视机 299 331 台,减少 26%;音响 45 235套,减少 46%;电冰箱 104 712 台,减少 21%;洗衣机 47 167 台,减少 30%;微波炉 119 574 个,比上年有所增长。

税收征管

1996 年,中国海关按照党中央、国务院关于多收税,为中央财政做出重大贡献的要求,进一步加强了税收征管工作,取得了显著成绩。明确提出了"依法征管,综合治税"的工作指导思想和"依率计征,依法减免,科学归类,正确估价,及时入库,严肃退补"的原则,把完成税收任务作为海关的中心工作来抓;切块向直属海关下达了税收指标,并作为任务考核,增强了各级领导干部的责任感,调动了各方面的积极因素,确保税收任务落到了实处;加强了对税源的分析工作,进一步建立健全了审价机构和价格信息网络,完善了进口商品的归类审价工作,全年通过海关价格信息网络传输的价格资料条数达 51 694 条,涉及商品税号2 600个,编写完成了 92 种商品的化验方法;加强了税收征管基础工作,规范了各项规章制度。与此同时,各地海关还认真贯彻政策,切实加强了对减免税的审批管理,防止了税款的流失。

1996 年,中国海关税收创历史最高水平。全年共征收进出口税 850.66 亿元,增加 151.99 亿元,增长 21.75%。其中,征收关税 339.78 亿元,增加 41.79 亿元,增长 14.02%;征收进口环节增值税及消费税 510.88 亿元,增加 110.20 亿元,增长 27.50%。加工贸易核销补税 68.34 亿元,催缴欠税 5.4 亿元,减免税减少 269 亿元。1996 年,中国海关共对 10.6 万宗货物进行了估价征税,通过审价制止偷逃税款 26.2 亿元,通过对商品归类化验补税 3.3 亿元。

海关稽查

1996 年,中国海关进一步拓宽了稽查工作领域,稽查工作在往年的基础上又取得了显著成绩。1996年,中国海关重点对进口敏感商品进行了专项稽查,稽查企业8 000余家,查获走私违规案件1 680多起,追补入库税款近14.6亿元,违规罚款近1.8亿元,向调查部门移交走私案件426起,增长76.03%,案值26.4亿元,增长15.79%。1996年,中国海关共稽查企业12 157个,其中稽查加工贸易企业11 017个。1996年,海关对报关企业和报关人员队伍继续进行了整顿,暂停报关员资格企业6.5个,取消报关权企业3 300个,暂停报关资格人员1.9万人,取消报关权人员1.3万人,并试点推广了报关员码卡管理。目前,中国报关单位已从20万家减少到近10万家,报关人员已从16万多人减少到12万人,有效地整顿规范了报关市场的混乱现象。1996年,海关积极开展了企业档案数据库的建立和数据录入工作,并与中国社会科学院共同研究设计了企业分类评估数学模型,对C类企业评估准确率达100%,对A类企业评估准确率达80%。1996年,海关进一步完善了稽查工作的规章管理制度,在原有对专业报关企业管理规定的基础上,又出台了对代理报关企业的管理规定,拟定了对自理报关企业的管理规定和对报关员的管理规定,制定了稽查违规案件处理的操作规程,规范了稽查部门案件审理的行为。目前,中国海关已建立了近2 000人的稽查队伍,并通过多种渠道对其中600余人进行了培训。有31个直属海关建立了稽查处,大部分隶属海关设立了稽查科。

查缉走私

1996年,中国海关针对局部海域走私严重、货运渠道商业瞒骗活动呈上升趋势的特点,积极开展了反走私联合行动和专项斗争,对绕越海关设关地擅自卸货的走私行为及走私汽车、香烟、食用油、纺织和化工原料等热门商品的走私活动给予了沉重打击,对"三假""洋垃圾""出口骗税"案件加大了打击力度,取得了显著成绩。

1996年,中国海关共查获走私案件8 360起,增长67%;查获走私案件案值89.70亿元,增长9%。其中,查获30万元以上走私大要案997起,减少17%;走私案值86.41亿元,增长9.8%。按规定向公安机关移送案件874起,依法惩处人员116人。查获陆路边境绕越走私案件127起,增长41%,案值3 772万元,增长1.89倍;查获利用运输工具藏匿走私案件285起,减少28%,案值1.04亿元,增长80%;查获进出口货物夹藏走私案件279起,减少16%,案值1.78亿元,减少53%;查获伪报逃证逃税走私案件387起,增长60%,案值32.34亿元,增长1.7倍;查获倒卖来料进料加工料件及成品走私案件282件,增长90%,案值20.02亿元,增长1.5倍;查获非法出售特定减免税货物走私案件60起,增长3%,案值1.75亿元,增长1.1倍;查获海上偷运走私案件394起,增长11%,案值8.40亿元,增长37%。1996年,各地海关查获"三假"案件212起,案值34.88亿元;查获"洋垃圾"案件29起,数量4 162吨,查获"骗取出口退税"案件154起,涉及骗退税额1.88亿元。1996年,中国海关查获的大宗走私物品有:汽车9 448辆,案值19.1亿元;食用油17.79万吨,案值10.7亿元;化工原料9.24万吨,案值9.83亿元;纺织原料3.89万吨,案值7.09亿元,钢材16.68万吨,案值6.86亿元;香烟20.58万箱,案值6.07亿元;铜白板纸2.85万吨,案值3.47亿元;铝锭2.89万吨,案值3.47亿元;电视机录像机等家用电器5万台,案值3.17亿元;成品油7.29万吨,案值1.45亿元;海洛因、鸦片、大麻脂等300余公斤、罂粟壳68公斤,较上年有很大增长。此外,查获武器弹药58件、文件3 926件、濒危动植物1 660件,均比上年相应减少。1996年,中国海关上缴罚没收入39.76亿元,增长33%。其中,上缴中央财政19.77亿元,增长33.54%;缴地方财政19.99亿元,增长32.52%。

海关统计

1996年,中国海关统计工作认真贯彻"抓住时机、深化改革、强化基础、拓宽服务"的指导思想,积极为领导决策服务、为发展对外贸易服务、为海关管理服务,统计数据质量不断提高,统计信息的整体功能得到了有效发挥,海关统计的社会影响进一步扩大。1996年,海关统计工作重点深化了海关业务统计制度的改革,对1993年版的《海关业务统计制度》作了较大修订,并于当年实施;会同科技部门共同研制开发了H883统一版本的海关统计子系统，经过一年多的试运行，从当年8月份开始在各地海关正式运行；会同征税部门共同完成了将1995年版进出口税则和统计目录向1996年版HS转换的工作；注意充分发挥海关统计的信息监督和咨询作用，加大了海关统计参与国家宏观经济决策和海关监管的力度，全年被中央办公厅和国务院办公厅采用的海关统计信息约占被中央办公厅和国务院办公厅采用的海关信息总数的1/3，全年共接待统计咨询3 000多人次，现已为60余家单位定期提供海关数据软盘、报表等海关统计资料；进一步拓宽了海关国际交流的途径，扩大了海关统计的国际影响，全年共与近30个国家（地区）及国际机构的统计部门建立了定期交换统计资料的关系，并将海关统计对外合作的形式推进到了合作进行专题分析的阶段，与联合国国际贸易中心合作完成了《1994年中国对外贸易述评》的专题分析报告，年初已由联合国以英、法、西3种文字印刷5 000册在世界各地发行；根据与有关国家（地区）海关双边协议或纪要，就双边贸易统计数字差异问题分别同日本、韩国、法国建立了统计专家小组，还参与了联合国对外贸易统计国际标准修订工作。目前，中国海关统计数据据发布的及时性已居世界前列，海关统计的可靠性和完整性在国际上受到高度评价。

海关科技

1996年，中国海关科技工作继续按照“海关业务依靠科技进步，海关科技进步为海关业务服务”的思想，业务科技一体化进程又有了新的进展。1996年，海关本着“边筹建开发、边试点运行、边移植推广”的原则，重点加强了中国海关信息管理系统工程即海关2000工程的建设工作，现工程已经国家批准立项，中国海关信息管理筹备办公室已经组建并相应开展了工作。海关2000工程的主要应用内容已作为EDI通关系统二期工程项目列入国家“九五”科技攻关计划，工程总体方案已经开始编写，新技术的选型和选用工作也已展开。海关信息管理系统的重点应用项目主要有综合业务数据分析系统、保证金台帐及保税加工管理系统、知识产权备案检索系统、转关运输管理系统、出口退税（及付汇核销）管理系统、报关员条码身份认证管理系统、税费会计管理系统，固定资产管理系统、许可证备案核销管理系统，目前正在加紧开发进口舱单核销管理系统等。中国海关信息管理系统工程海关综合业务数据分析制度已初步建立，分析的走私违规案件案值已超过亿元。与此同时，还规范了信息参数数据库的维护管理工作，与有关部门联合召开了“采用HS编码清理监管类法规文件”的会议，已明确逐步采用HS编码管理进出口商品。

1996年，中国海关科技工作在其他方面也取得了很大成绩。中国海关卫星通信网络全面开通运行，贸易统计、海关业务统计、价格资料库、海关财务管理及加工贸易保证金台帐系统等10多个项目全部上网，已建成的66个外围站系统工作可靠、数据、话音传输性能稳定，设备高峰期资源利用率已达40%；厦门、九龙、福州海关3套海上缉私指挥系统试运行工作良好，已于当年6月通过有关部门技术鉴定验收，并在评估3套系统性能的基础上，确立了全面推广应用的基本模式；海关总署——直属海关——隶属海关的三级保密传真网，通过系统网络调试和设备换型升级已全面建成并投入使用；文锦渡、皇岗海关两套集装箱检查系统已正式投入运行，发挥了应有的效能，自1994年系统试运以来，共检查车辆4万余辆，查获走私违规案件460多起，走私违规案件案值约1亿元；完成了加工贸易异地进出口单位证智能卡（即带CPU功能的IC卡）防伪系统的研制开发工作，并在大连、沈阳、长春海关投入试用。

海关法制
教育、外事、机构

海关法制工作认真贯彻《行政处罚法》，进一步加强了海关行政复议应诉工作，同时加强了执法检查力度，全年共派出7个执法执纪检查组对14个海关的执法执纪情况进行了检查，海关执法水平又有了新的提高。

海关教育工作从抓基础工作入手，进一步健全完善了教育培训制度，先后下发了岗前、岗位及资格培训教学计划、大纲等10多个文件，制订了《海关院校“九五”发展规划》和《海关系统干部培训“九五”发展规划》，举办了第10、11两期关长及海关院校校长研讨班，并对部分海关单位的教育培训工作进行了检查。

海关外事工作又有了新的进展。先后成功地举办了首届亚欧海关署长会议、APEC 海关风险管理研讨班、中美加现代海关制度研讨会、世界海关组织快递验放指南研讨会等活动，密切和加强中国海关与外国海关及有关国际组织间的友好合作关系，推动了中国海关业务改革，宣传扩大了中国海关的对外影响。海关外事工作全年共接待来访、谈判及参加各类会议的外国团组 20 余批，共计 150 人；组织出国参会、培训和考察等各类团组 258 个，共计 804 人。

海关机构又有了新的发展。1995 年，全年新批准设立海关 10 个，办事处 10 个。现中国共有海关机构 519 个，人员 33 729 人。

1997 年国民经济和社会发展统计公报

国 家 统 计 局

1997 年，在党中央、国务院的正确领导下，经过全国各族人民的共同努力，中国经济体制改革进一步深化，结构调整取得积极进展，国民经济实现了“高增长、低通胀”，国内市场平稳运行，重要商品储备充裕，国际收支状况良好，人民生活继续改善，各项社会事业有了新的发展。

综合

国民经济实现了“稳中求进”的总体要求，主要经济指标基本达到了全年宏观调控的预期目标。

国民经济保持适度快速增长。初步统计，全年国内生产总值 74 772 亿元，比上年增长 8.8%。其中，第一产业增加值 13 674 亿元，增长 3.5%，比重下降 1.9个百分点；第二产业增加值 36 770 亿元，增长 10.8%，比重上升 0.2 个百分点；第三产业增加值 24 328亿元，增长 8.2%，比重上升 1.7 个百分点。全年全社会劳动生产率 5 637 元，比上年提高 7.5%。

市场价格涨幅持续走低，呈现涨幅低、波动小的特征。全年商品零售价格比上年上涨 0.8%，居民消费价格上涨 2.8%，涨幅分别比上年回落 5.3 个和 5.5 个百分点。这主要得益于正确的宏观调控和农业连续丰收；买方市场形成，市场机制作用增强也在一定程度上抑制了物价的上涨(见附表 1)。

劳动就业工作有所加强。年末全国就业人员 69 600万人，比上年末增加 750 万人。其中城镇职工 14 760万人，比上年末减少 85 万人；城镇私营个体就业人员 2 669 万人，增加 340 万人。实施再就业工程取得进展，480 万下岗职工通过多种途径实现再就业。年末全国城镇登记失业率为 3.1%，比上年末上升0.1 个百分点。

国际收支状况良好。经常项目和资本项目继续保持“双顺差”的格局。外汇储备持续增加，年末达到 1 399 亿美元，比上年底增加 349 亿美元。人民币汇率稳中略升，由年初的 1 美元兑 8.2 984 元人民币上升到年末的 1 美元兑 8.2 796 元人民元，升值 188 个基本点。

国民经济和社会发展中也存在不少问题，主要是：国民经济整体素质和效益不高，产业结构还不合理，农业基础仍然薄弱；部分国有企业经营困难，企业经济效益仍处于较低水平；下岗职工较多，再就业压力加大；金融监管体系不够健全，金融秩序在某些方面比较混乱；一部分低收入居民家庭生活比较困难。

农业

农业获得较好收成。1997 年虽然北方地区遭受严重旱灾，但是由于各级政府加大对农业投入，大力推广应用农业科学技术，全国粮食总产量仍达 49 250 万吨，比上年减少 1 200 万吨，是历史上第二个高产年。经济作物产量有增有减。在棉花种植面积减少的情况下，由于主要棉花产区气候条件好，单产提高，总产量达430万吨，比上年略有增加。种植业结构进一步调整，名优特农产品增加。糖料、烤烟、茶叶、水果等农作物持续增产，油料作物、麻类等受市场供求关系的影响，调减了面积，产量下降。居民的“菜篮子”更加丰富（见附表2）。

造林绿化事业稳步发展。全年完成造林面积421万公顷。林业投入进一步加大，十大国家重点防护林工程项目已开始产生效益。林业资源的管理、保护工作进一步加强，森林面积扩大，覆盖率提高。全年完成中幼龄林抚育面积420万公顷，比上年增加10万公顷，林木蓄积量增加。

畜牧、水产业继续保持发展势头。全年肉类总产量达5 354万吨，比上年增长8%。水产品总产量3 561万吨，比上年增长8.3%。

农田水利蓬勃发展。全年新增有效灌溉面积121万公顷，新增节水灌溉面积123万公顷，节水100亿立方米。

工业和建筑业

国有工业企业改革步伐加快，“抓大放小”、“三改一加强”工作进一步展开，鼓励兼并、规范破产、下岗分流、减员增效、实施再就业工程取得新进展。企业组织结构调整力度加大，跨地区、跨部门、跨所有制企业兼并、联合有所突破。111个优化资本结构试点城市中，国有企业破产终结675家，被兼并企业1 022家。

工业生产在改革调整中保持平稳增长。全年完成工业增加值31 752亿元，比上年增长11.1%。国有及国有控股企业完成增加值11 726亿元，比上年增长7.1%，其中国有企业完成增加值9 894亿元，增长5.4%；集体企业完成增加值11 875亿元，增长11.7%；中外合资、合作经营和外资企业为主的其他经济类型工业完成增加值4 450亿元，增长13.4%；城乡个体工业完成增加值5 533亿元，增长18.1%。全年完成轻工业增加值14 680亿元，比上年增长11.7%；重工业增加值17 072亿元，增长10.5%。

产品结构有所调整，技术含量高、市场需求较旺的产品增长较快。全年新产品产值率为5.9%，比上年提高0.2个百分点。程控交换机、电子计算机、半导体集成电路、轿车、组合音响等产品产量分别比上年增长22%至170%，而一些生产能力严重过剩的一般日用消费品及机电设备的生产继续低速增长或下降（见附表2）。

工业企业经济效益开始回升。37万家乡及乡以上工业企业经济效益综合指数为91.3%，比上年上升3.1个百分点。工业产品销售率为96.2%，比上年上升0.3个百分点；企业资产负债率64.8%，降低0.3个百分点；资本保值增值率为112.8%，其中国有企业为109.4%。工业企业产品质量有所改进，主要工业产品质量等级品率84.7%，比上年提高3.1个百分点。企业扭亏增盈取得一定效果，利润增加，盈亏相抵实现利润总额比上年增长16.8%，其中国有企业增长11.9%。

工业经济运行中的主要问题是：相当一部分企业生产还不适应市场需求，产品积压问题仍然突出。1997年末，全国工业企业产成品资金占用5 921亿元，比上年末增长11.7%。企业亏损问题依然严重。1997年末全国独立核算工业亏损企业亏损额达1 341亿元，比上年末上升11.1%，其中国有企业亏损744亿元，上升8.2%。

建筑业稳步发展，经济效益有所回升。全国国有建筑业企业完成建筑业增加值1 334亿元，比上年增长2.6%。施工工程个数为22万个，实行投标承包的工程个数为8.8万个，投标承包面达39.6%，增长5.6个百分点。完成房屋竣工面积1.56亿平方米，比上年减少0.19亿平方米。工程质量优良品率为45%，比上年提高1.5个百分点。实现利税总额为152亿元，比上年增长8.7%。

地质勘查工作取得重要进展。全年完成1:5万区域地质调查10万平方公里。地质勘查完成机械岩心钻探工作量643万米，新发现矿产地220处，比上年增加18处。提交可供工农业建设利用的地质报告789份，比上年增加259份。有43种矿产新增探明（预测）储量，其中石油8.4亿吨，天然气2 025亿立方米，原煤23亿吨。

固定资产投资

投资总量平稳增长。全年全社会固定资产投资为25 300亿元，比上年增长10.1%（扣除价格因素，实际工作量增长8.3%）。其中，国有经济投资13 419

亿元，增长11.3%；集体经济投资3 873亿元增长5.8%；城乡居民个人投资3 427亿元，增长6.7%；其他经济类型投资4 581亿元，增长13.2%。按投资管理渠道划分，基本建设投资9 863亿元，比上年增长14.5%；更新改造投资3 870亿元，增长6.8%；房地产开发投资3 106亿元，下降3.4%。

投资结构呈现出一些积极的变化 。分行业看，基础产业、基础设施投资继续得到加强，比重上升。全年农林牧渔水利业投资470亿元，比上年增长40%，比全部投资的增幅高出近30个百分点，所占比重由上年的2.0%上升为2.5%；能源工业投资3 575亿元，增长21.7%，所占比重由17.3%上升到19.0%；运输邮电通信业投资3 288亿元，增长14.8%，所占比重由16.9%上升17.5%。分地区看，西部地区投资增速加快，所占比重上升1.1个百分点。

国家重点建设得到加强。全年129个国家重点建设项目共完成投资1 457亿元。其中举世瞩目的长江三峡和黄河小浪底水利枢纽工程顺利实现截流。沟通西南和中南沿海的铁路大通道——南昆铁路也在1997年底全线开通。

国家安居工程（经济实用住房建设）实施范围进一步扩大，全年竣工面积2 665万平方米。

投资效益有所提高。全年基本建设和更新改造建成投产项目86 181个，项目建成投资产率为55.8%，比上年提高1.6个百分点；新增固定资产8 271亿元，新增固定资产交付使用率为60.2%，提高1个百分点。

全国基本建设新增的主要生产能力有：原煤开采2 587万吨/年，发电机组容量1 376万千瓦，原油开采1 593万吨/年，天然气开采21亿立方米/年，钢材137万吨/年，化肥88万吨/年，木材采运15万立方米/年，新建铁路主线正线交付运营里程896公里，新建铁路复线交付运营里程551公里，新（扩）建港口码头年吞吐能力11 725万吨，局用交换机容量1 961万门，长途光缆2.7万皮长公里，新建数字微波线路1.4万公里，新建高速公路1 313公里。

交通和邮电业

交通运输和邮电通信业继续平稳增长，网络结构调整进一步朝着适应市场需求方向发展，运输和通信的服务质量有所提高。全年交通运输和邮电通信业增加值为4 525亿元，比上年增长10.7%。

铁路、公路、水运、民航基础设施不断改善，综合运输能力得到加强。全年各种运输方式完成的货物周转量38 232亿吨公里，比上年增长4.9%。其中，铁路13 098亿吨公里，增长1%；公路5 168亿吨公里，增长3.1%；水运19 352亿吨公里，增长8.3%；航空29亿吨公里，增长16.8%。旅客周转量完成9 637亿人公里，比上年增长5.3%。其中，铁路3 522亿人公里，增长5.9%；公路5 188亿人公里，增长5.7%；水运153亿人公里，下降5%；航空774亿人公里，增长3.4%。沿海主要港口货物吞吐量87 846万吨，比上年增长3.1%，其中外贸货物吞吐量35 915万吨，增长12.5%。

邮电部门业务总量全年完成1 779亿元，比上年增长33.3%。邮政传统业务下滑趋势明显，新型业务充满活力。公用电话交换机总容量突破1亿门大关，达到11 097万门，全国县以上城市全部实现电话交换程控化。中国电话网规模成为世界第二大网。移动电话新增用户638万户，年末用户达到1 323万户，比上年末增长98.1%。全国电话普及率8.1部/百人，其中城市电话普及率达到26.1部/百人。计算机互联网络用户达到16万户，比上年增长近4倍。数字数据业务、电子数据交换业务继续高速发展，数据通信总用户达到36万户。

国内贸易

商品市场在买方市场格局下继续保持平稳。全年社会消费品零售总额26 843亿元，比上年增长11.1%，扣除价格因素，实际增长10.2%。分城乡看，城市消费品零售额16 395亿元，实际增长10.9%；县及县以下消费品零售额10 449亿元，实际增长9.2%；分经济类型看，国有及国有控股企业消费品零售额7 248亿元，集体经济4 888亿元，私营经济990亿元，其他经济3 982亿元，分别比上年增长4.3%、7.1%、25.1%和13.6%；分行业看，批发零售贸易业零售额增长9.2%，餐饮业增长18.5%。生产资料市场货源充足，价格稳中有降。全国贸易业生产资料销售总额达19 142亿元，比上年增长4.5%。集贸市场成交活跃，全年商品成交额17 425亿元，比上年增长18.6%。

全国432家重点批发零售贸易企业全年销售收入净额2 350亿元，比上年增长8.3%；费用率为

5.8%,下降0.13个百分点。但经营效益仍未改观,全年利润总额44亿元,比上年下降5.9%。

对外经济

对外贸易持续快速发展。全年进出口总额3 251亿美元,比上年增长12.1%。其中,出口总额1 827亿美元,增长20.9%;进口总额1 424亿美元,增长2.5%;进出口相抵,实现贸易顺差403亿美元。外商投资企业进出口比上年增长11.3%。一般贸易出口增势强劲,占出口总额的比重由上年的41.6%上升到42.7%;加工贸易进出口继续快速增长,进出口商品结构进一步优化。机电产品继续保持中国出口第一大类产品的地位,占出口总额的比重由上年的31.9%上升到32.5%;进口商品中技术密集型和资源性商品迅速增长。对外贸易进一步朝着多元化方向发展,全年对拉丁美洲和非洲进出口贸易额分别比上年增长24.5%和40.6%,增幅比全部进出口总额高出12.4个和28.5个百分点。中国进出口贸易在世界各国(地区)中的排位,由第11位上升到第10位。

实际利用外资继续增长。全年利用外资协议额617亿美元,比上年下降24.2%。实际利用外资金额640亿美元,比上年增长15.7%。其中外商直接投资453亿美元,增长8.5%。外商投资到位率有所提高,投资结构进一步改善,基础设施和基础产业项目增加,中、西部地区招商引资比重加大。

承包工程、劳务合作和设计咨询业务取得新进展。全年新签合同额114亿美元,比上年增长10.5%;完成营业额84亿美元,增长8.9%。

国际旅游业取得新的成果。全年海外旅客入境人数为5 759万人,比上年增长12.6%,其中外国游客743万人,增长10.1%;港澳同胞4 794万人,增长12.8%;台湾同胞212万人,增长22.1%。国际旅游外汇收入121亿美元,比上年增长18.4%。

金融和保险业

金融体制改革继续深化,货币调控方式不断改进,金融风险防范工作进一步加强,对证券业的监督和调控力度加大,金融形势保持稳定。1997年末全部金融机构各项存款余额82 390亿元,比上年末增加12 940亿元,增长18.6%。其中,企业存款余额为28 656亿元,增长18.4%;城乡居民储蓄存款余额为46 280亿元,增长19.3%。各项贷款余额为74 914亿元,增长16.7%。其中,短期贷款余额为55 418亿元;中长期贷款余额为15 496亿元。年末现金流通量(M0)为10 178亿元,比上年末增长15.6%;狭义货币(M1)为34 826亿元,增长16.5%;广义货币(M2)为90 995亿元,增长17.3%。

证券市场比较活跃,国债发行和兑付工作顺利完成。股票市场在逐步规范和加强监督中稳步发展,全年在上海、深圳证券交易所发行A股188只,共发行106亿股,筹资655亿元。年末A股上市公司数量由上年末的530家增加到745家,市价总值17 529亿元。通过发行B股、H股和对外发行债券,吸收外资81亿美元。全年共发行国债2 412亿元,到期国债兑付圆满结束。

保险事业得到较大发展。全年保费收入1 080亿元,增长39.3%。其中,财产险保费收入480亿元;人身险保费收入600亿元。财产险赔款金额276亿元,人身险给付金额176亿元。

金融保险业存在的主要问题是:国有银行不良贷款比例较高,非银行金融机构存在问题较多,有些地方和部门非法设立金融机构,直接或变相从事金融业务。

科学技术和教育

科技队伍继续扩大。1997年末国有企事业单位共有各类专业技术人员2 914万人,比上年末增长0.4%。全国县级以上国有独立研究开发机构5 399个,高等院校办科研机构3 425个,大中型工业、建筑企业办科研机构11 976个;从事科技活动人员262万人,其中科学家和工程师168万人。1997年引进外国专家8.2万人,比上年增长2.5%。

科技经费投入增加。1997年,全国科技机构、高等院校、大中型工业和建筑企业等单位用于科技活动的经费支出为961亿元,比上年增长8.6%。其中,研究与发展经费支出368亿元,增长10.4%,相当于国内生产总值的0.5%。

科技事业取得新的成果,科学技术在经济增长中的作用进一步增强。1997年全国共取得省部级以上重大科技成果30 566项,其中达到国际先进水平的科技成果5 267项,获国家奖励的成果626项。受理国内外专利申请11.4万件,授权专利5.1万件,分别比上年增长11.2%和16.5%。1997年国家自然科学基金资助科研项目4 063项,资助金额7.8亿元。完成科技攻关、科技成果产业化工程、工业实验项目33项。1997年,又连续6次发射卫星成功。

国家技术创新工作取得新的进展。1997年国家组织完成了115项技术创新项目,组织实施了1 296项国家级重点新产品试产,完成了34项重大技术装备的研制及鉴定验收。全年参加"产业、高校、研究机构"合作的单位3.1万个,参加人数54万人,合作开发项目1.7万个。

技术市场更加活跃。全国共签订技术合同25万份,成交金额351亿元,分别比上年增长10.4%和17%。

质量检测、标准化建设和天气预报服务进一步完善。全国共有产品质量检验机构3 097个,其中国家检测中心225个。国家监督抽查产品16.7万种,抽查商品32.9万种。全年制定、修订各类国家标准1 162个,其中新制定657个。全国共有法定计量技术机构3 903个,全年强制检定计量器具2 579万台件。全国共建立城乡天气预报服务网发射站点1 290个,卫星云图接收站点195个。全国共拥有地震台站1 245个,遥测台网25个。全国对502个海洋检测站点检测,收集海洋数据2 521万笔。测绘部门测绘各种比例尺地图40 571幅,公开出版地图675种。

各级各类教育事业稳步发展,学校布局进一步调整,普及九年制义务教育工作取得新成绩。全国共有普通高校1 020所,招生100万人,在校生317万人;研究生培养单位735个,招生6.4万人,在学研究生18人;成人高校1 107所,招生100万人,在校生273万人。普通高中13 880所,在校生850万人;各类高级中等职业学校17 116所,在校生1 090万人(含技工学校学生193万人),占高中阶段在校生总数的56.2%。全国初中在校生5 249万人,初中入学率达87.1%;小学在校生13 995万人,小学学龄儿童入学率达98.9%。成人中等专业学校在校学生266万人。成人技术培训学校培训学员8 579万人次。全年共扫除文盲404万人。

文化、卫生和体育

文化事业进一步发展。1997年末全国共有艺术表演团体2 563个,文化馆3 097个,公共图书馆2 690个,博物馆1 218个。中、短波广播发射台和转播台744座,广播人口覆盖率85.8%。1 000瓦以上电视发射台和转播台1 295座,电视人口覆盖率87.4%。各类电影放映单位6.9万个。全年生产电影故事片88部,向国内销售影片(含复映片)373部,向国外销售126部。全年出版全国性和省级报纸193亿份,各类杂志25亿册,图书71亿册(张)。全国共有档案馆3 670个,已开放各类档案2 940万卷(件)。

卫生事业继续加强。1997年末,全国共有卫生机构(含诊所)32万个,床位314万张,其中医院、卫生院290万张。卫生技术人员440万人,其中医院、卫生院医生139万人,护师、护士105万人。全国共有卫生防疫、防治机构5 905个,卫生技术人员22万人。妇幼卫生机构2 748个,卫生技术人员7.1万人。县、乡、村三级卫生服务网进一步加强和完善。达到农村初级卫生保健规划目标的县数超过60%。农村乡(镇)共有卫生院5.1万个,床位74万张,卫生技术人员98万人。农村有医疗点的村数占总村数的89.3%,乡村医生和卫生员132万人。

体育事业取得新成绩。在国内外的各项比赛中,中国运动健儿获得了92个世界冠军;29人2队43次创29项世界纪录;20人1队33次创27项亚洲纪录;117人19队210次创115项全国纪录。第八届全运会在上海成功举行。全民健身活动推向新阶段。第八套广播体操普及推广活动和全民健身宣传周活动在全国各地普遍展开。

环境保护

环境保护事业加快发展。年末全国环境保护系统共有9.9万人,各级环境监测站2 170个,环境监测人员3.7万人。自然保护工作取得了新的成就,确定了第二批共36个生态示范区建设试点。全国自然保护区达932个,其中国家级自然保护区124个。自然保护区总面积7 671万公顷,占国土总面积的7.7%。环境法制建设大力加强,环境保护的执法力度进一步加大。到1997年末,制定的各类环境保护标准已达360项。年内设立的建设项目的环境影响评价制度执行率达85.6%。全年完成环境污染限期治理项目4 533个,总投资79亿元。在全国557个城市中建成了2 339个烟尘控制区,面积达15 791平方公里;在456个城市中建成了1 822个环境噪声达标区,面积达6 913平方公里。

重点流域和区域污染防治工作全面展开。淮河流域水污染防治工作第一阶段目标已基本实现,水质趋于好转。全流域共投入治理资金约 43 亿元,关停了 1 111 家 5 000 吨以下化学制浆造纸企业,取缔了 3 876家污染严重的小企业,对日排水 100 吨以上的 1 562家排污企业实行限期治理。

人口与人民生活

计划生育成绩显著,人口继续低速增长。全年出生人口 2 038 万人,出生率为 16.57‰;死亡人口 801 万人,死亡率为 6.51‰;全年净增人口 1 237 万人,自然增长率为 10.06‰。年末全国总人口为 123 626 万人。其中,城镇人口 36 989 万人,占 29.9%;乡村人口 86 637 万人,占 70.1%。

附表 1 市场价格变动情况

指数(上年=100)

类 别	1996 年	1997 年
全国居民消费价格	108.3	102.8
城市	108.8	103.1
35 个大中城市	109.3	103.4
农村	107.9	102.5
食品	107.6	99.9
粮食	106.5	91.1
肉禽及其制品	104.5	105.5
蛋品	116.5	79.3
水产品	106.0	100.2
鲜菜	119.7	100.0
衣着	107.4	103.0
家庭设备及用品	103.8	100.7
医疗保健用品	109.3	104.7
交通和通信工具	98.8	97.4
娱乐教育文化用品	110.4	100.9
居住商品	111.4	108.3
服务项目	116.0	116.5
全国商品零售价格	106.1	100.8
城市	105.8	100.8
35 个大中城市	105.7	100.8
农村	106.4	100.7
全国农业生产资料价格	108.4	99.5
全国农产品收购价格	104.2	95.5
全国工业品出厂价格	102.9	99.7
全国固定资产投资价格	104.0	101.7

附表 2 1997 年工农业主要产品

产品名称	计量单位	绝对数	比上年增长%
一、农产品产量			
粮食	万吨	49 250	−2.4
油料	万吨	2 150	−2.8
花生	万吨	962	−5.1
油菜籽	万吨	954	3.7
棉花	万吨	430	2.4
黄红麻	万吨	42	14.7
甘蔗	万吨	7 879	15.5
甜菜	万吨	1 485	−3.7
烤烟	万吨	392	33.1
茶叶	万吨	61	3.4
水果	万吨	5 045	8.4
肉类	万吨	5 354	8.0
猪牛羊肉	万吨	4 121	8.0
牛奶	万吨	663	5.4
绵羊毛	万吨	29	−1.4
蚕茧	万吨	50	−2.7
水产品产量	万吨	3 561	8.3
淡水	万吨	1 426	11.8
海水	万吨	2 135	6.1
二、工业产品产量			
纱	万吨	540	5.4
布	亿米	220	5.2
化纤	万吨	422	12.5
糖	万吨	680	6.3
卷烟	万箱	3 402	持平
彩色电视机	万台	2 643	4.2
家用电冰箱	万台	986	0.7
能源生产总量			
标准煤	亿吨	13.4	0.7
原煤	亿吨	13.9	持平
原油	亿吨	1.6	1.9
发电量	亿千瓦小时	11 320	4.7
钢	万吨	10 757	6.2
钢材	万吨	9 700	3.9
十种有色金属	万吨	550	5.4
水泥	亿吨	5.1	3.8
木材	万立方米	6 400	−4.6
硫酸	万吨	1 946	3.3
纯碱	万吨	703	5.1
乙烯	万吨	359	18.0
化肥	万吨	2 853	1.6(折 100%)
化学农药	万吨	55	23.4(折 100%)
发电设备	万千瓦	1 687	5.8
金属切削机床	万台	15	−16.5
汽车	万辆	159	7.8
轿车	万辆	49	26.7
拖拉机	万台	8	−2.0
集成电路	亿块	20.1	41.2
程控交换机	万线	2 638	16.0
微型电子计算机	万部	165	18.9

城乡居民收入稳定增长,生活水平继续提高。1997年全国城镇居民人均可支配收入5 160元。扣除物价因素,比上年实际增长3.4%;农村居民人均纯收入2 090元,比上年实际增长4.6%。城乡竣工住宅面积有所增加。1997年,城镇竣工住宅面积3.8亿平方米,农村竣工住宅面积7.6亿平方米。

社会保险事业发展迅速。年末全国有8 770万职工参加了基本养老保险,2 450多万离退休人员参加了离退休费社会统筹;1 300万职工参加了大病医疗费用社会统筹,103万离退休人员参加了医疗费用统筹。在过去的一年中,各级劳动保险机构为380多万人提供了失业救济。全国已有41.5%的乡镇建立了农村社会保障网络,参加农村社会养老保险的达7 035万人。

社会福利事业继续发展。1997年全国各类社会福利院床位达103万张,收养79万人。城镇社区服务网络持续快速发展,已建立起各种社区服务设施15万个,其中社区服务中心5 663个。社会救济工作进一步加强,全国330多个城市已建立居民最低生活保障制度,共有192万人得到 最低生活保障救济。城乡各种社会救济对象得到国家救济的已达5 532万人次。优抚安置工作有所加强,国家抚恤、补助各类优抚对象450万人,妥善安置了退伍军人的生活和就业。

注:1. 本公报为初步统计数。

2. 各项统计数据未包括香港特别行政区以及台湾省和澳门地区。

3. 国内生产总值、各产业增加值绝对数和劳动生产率按现价计算,增长速度按可比价格计算。

4. 全国基本建设新增主要生产能力中,原油开采、天然气开采、局用交换机容量、长途光缆、新建数字微波电路含更新改造和其他投资增加的能力。

国务院机构改革方案

按照中国共产党第十五次全国代表大会和十五届二中全会的要求,这次国务院机构改革的目标是:建立办事高效、运转协调、行为规范的政府行政管理体系,完善国家公务员制度,建设高素质的专业化行政管理队伍,逐步建立适应社会主义市场经济体制的有中国特色的政府行政管理体制。改革的原则是:按照社会主义市场经济的要求,转变政府职能,实现政企分开;按照精简、统一、效能的原则,调整政府组织结构,实行精兵简政;按照权责一致的原则,调整政府部门的职责权限,明确划分部门之间职责分工,完善行政运行机制;按照依法治国、依法行政的要求,加强行政体系的法制建设。

这次国务院机构改革的具体方案是:

一、拟不再保留的有15个部、委

1. 中华人民共和国电力工业部

2. 中华人民共和国煤炭工业部

3. 中华人民共和国冶金工业部

4. 中华人民共和国机械工业部

5. 中华人民共和国电子工业部

6. 中华人民共和国化学工业部

7. 中华人民共和国国内贸易部

8. 中华人民共和国邮电部

9. 中华人民共和国劳动部

10. 中华人民共和国广播电影电视部

11. 中华人民共和国地质矿产部

12. 中华人民共和国林业部

13. 中华人民共和国国家体育运动委员会

14. 中华人民共和国国防科学技术工业委员会

(组建新的国防科学技术工业委员会,将原国防科工委管理国防工业的职能、国家计委国防司的职能以及各军工总公司承担的政府职能，统归新组建的国防科学技术工业委员会管理。）

15. 中华人民共和国国家经济体制改革委员会（为了加强国务院对经济体制改革工作的领导，国家经济体制改革委员会改为国务院高层次的议事机构，总理兼主任，有关部长任成员，不再列入国务院组成部门序列。）

二、拟新组建的有4个部、委

1. 中华人民共和国国防科学技术工业委员会
2. 中华人民共和国信息产业部
3. 中华人民共和国劳动和社会保障部
4. 中华人民共和国国土资源部

三、拟更名的有3个部、委

1. 中华人民共和国国家计划委员会更名为中华人民共和国国家发展计划委员会

2. 中华人民共和国科学技术委员会更名为中华人民共和国科学技术部

3. 中华人民共和国国家教育委员会更名为中华人民共和国教育部

四、拟保留的有22个部、委、行、署

1. 中华人民共和国外交部
2. 中华人民共和国国防部
3. 中华人民共和国国家经济贸易委员会
4. 中华人民共和国国家民族事务委员会
5. 中华人民共和国公安部
6. 中华人民共和国国家安全部
7. 中华人民共和国监察部
8. 中华人民共和国民政部
9. 中华人民共和国司法部
10. 中华人民共和国财政部
11. 中华人民共和国人事部
12. 中华人民共和国建设部
13. 中华人民共和国铁道部
14. 中华人民共和国交通部
15. 中华人民共和国水利部
16. 中华人民共和国农业部
17. 中华人民共和国对外贸易经济合作部
18. 中华人民共和国文化部
19. 中华人民共和国卫生部
20. 中华人民共和国国家计划生育委员会
21. 中国人民银行
22. 中华人民共和国审计署

五、改革后除国务院办公厅外，列入国务院组成部门序列的共有29个部、委、行、署

1. 中华人民共和国外交部
2. 中华人民共和国国防部
3. 中华人民共和国国家发展计划委员会
4. 中华人民共和国国家经济贸易委员会
5. 中华人民共和国教育部
6. 中华人民共和国科学技术部
7. 中华人民共和国国防科学技术工业委员会
8. 中华人民共和国国家民族事务委员会
9. 中华人民共和国公安部
10. 中华人民共和国国家安全部
11. 中华人民共和国监察部
12. 中华人民共和国民政部
13. 中华人民共和国司法部
14. 中华人民共和国财政部
15. 中华人民共和国人事部
16. 中华人民共和国劳动和社会保障部
17. 中华人民共和国国土资源部
18. 中华人民共和国建设部
19. 中华人民共和国铁道部
20. 中华人民共和国交通部
21. 中华人民共和国信息产业部
22. 中华人民共和国水利部
23. 中华人民共和国农业部
24. 中华人民共和国对外贸易经济合作部
25. 中华人民共和国文化部
26. 中华人民共和国卫生部
27. 中华人民共和国国家计划生育委员会
28. 中国人民银行
29. 中华人民共和国审计署

中国部分地区与城市经济文化建设

首都物质文明建设和精神文明建设取得新成就

中共北京市委书记、北京市市长　贾庆林

1997年是首都改革开放和社会主义现代化进程中很不平凡的一年，在党中央、国务院的领导下，北京市委、市政府团结全市各族人民，高举邓小平理论的伟大旗帜，全面贯彻党的基本理论、基本路线、基本方针，励精图治，团结奋斗，克服困难，较好地完成了全市国民经济和社会发展计划，首都社会主义物质文明建设和精神文明建设取得了新进步。

国民经济持续快速增长，人民生活水平明显提高

1997年，全市实现国内生产总值1 807.5亿元，按可比价格计算，增长9.5%。物价涨幅明显回落，商品零售价格指数和居民消费价格指数涨幅分别为3.8%和5.3%，国民经济的发展开始步入“高增长、低通胀”的轨道。宏观经济效益明显改善，地方财政收入完成209.9亿元，增长25.5%，增幅连续3年保持在20%以上。城乡市场繁荣稳定，社会消费品零售额增长13.8%，扣除零售价格指数影响，实际增长9.6%。城乡人民收入明显提高，全年城镇居民人均可支配收入达到7 813元，扣除物价因素，实际增长7.8%；农民人均纯收入3 850元，扣除物价因素，实际增长5%。城乡居民储蓄存款余额达1 975.3亿元，比年初增长261.5亿元。人民群众的生活质量也有进一步改善。

高新技术产业和第三产业迅速发展，有力地带动了产业结构优化升级

高新技术及其产业是北京的优势所在，是首都经济的增长点，也是经济发展的战略先导。1997年，全市成立了北京市新技术产业开发试验区管理委员会，借鉴国际上科技、工业园区的成功经验，以北京市新技术产业开发试验区的海淀园区、丰台、昌平科技园区和北京经济技术开发区为基地，以信息产业为龙头，促进商品化、产业化和国际化，加快形成以电子信息、生物工程和新医药、光机电一体化、新材料等新兴产业为主导的高新技术产业群。到1997年底，全市经认定的高新技术企业已发展到6 000余家。北京市新技术开发试验区全年完成工业总产值232.2亿元，比上年增长28.3%，占全市工业比重达15.98%，对全市工业的贡献率达35.8%。

大力发展第三产业是首都经济的一个重要内容　随着经济的发展和人民生活水平的提高，对第三产业的需求越来越大，市场非常广阔。发展第三产业也有利于创造更多的就业机会。近年来，全市第三产业保持了较快的增长速度，1997年实现增加值971.7亿元，增长11.4%，占国内生产总值的比重达53.8%，对全市经济增长的贡献率达63.9%。金融保险业、运输邮电业、商业和房地产业发展较快，这几个行业的增加值达到611亿元，占第三产业的比重为62.9%。特别是旅游业呈现良好的发展势头，1997年入境旅游人数达到229.8万人次，旅游创汇22.5亿美元。国内旅游人数达8 221万人次，旅游收入391.3亿元。

工业在调整中稳步发展，经济效益逐步回升　1997年以来，认真实施“分批、分片、分块”的调整方案和政策，工业结构调整取得了明显进展。有15户企业被兼并，8户破产。汽车工业整合发展步伐加快，电子城已形成一定规模，纺织一条街建设进展顺利。优中选优，集中力量重点扶植71户企业，大力推

进名牌战略，提高了企业的竞争能力和优势产品的市场占有率。1997 年实现工业增加值 594 亿元，增长 8.7%。工业产销衔接较好，产销率达到 97.6%。经济效益比上年有所改善，独立核算工业企业累计实现利税107.3亿元，增长 13%；实现利润 21.1 亿元，增长 8.4%。工业综合经济效益指数、资产保值率、增加值率都高于上年水平。

农业向优质、高产、高效的现代化城郊型农业方向发展 进一步落实党在农村的各项政策，充分调动集体和农户两个积极性，探索农业规模经营和多种实现形式和组织形式，增强了农业发展的活力。第一产业实现增加值 85 亿元，高于上年水平。粮食生产克服了自然灾害等不利影响，总产量达到 237.5 万吨。“菜篮子”工程建设取得了新的进展，蔬菜总产量达到 400 万吨，肉类 39.6 万吨，鲜蛋 23 万吨，牛奶 22.2 万吨，淡水鱼 7.7 万吨，有效地保证了首都市场的供应。

集中力量建设城市基础设施六大系统，城市现代化水平不断提高

坚持把城市基础设施建设放在城市建设的首位，重点建设和发展供水、供气、供热、供电、道路交通和环境保护六大系统，努力实现城市基础设施的总体水平和供给能力基本与城市发展相适应的目标。1997 年共完成城市基础设施投资 221.3 亿元，增长 17.2%。建成了八达岭高速公路京昌段，完成了阜外大街、崇外大街、白颐路、北苑路等道路改扩建工程，全市道路总长度达到 3 700 公里，道路面积达到 3 900 万平方米。对全市有重要影响的地铁复八线工程、首都国际机场航站区扩建工程正在抓紧进行。

城市水、电、气、热供应能力增加 第三水厂改扩建工程达到供水条件，新增城市日供水能力 10 万吨。十三陵抽水蓄能电站 4 号机组投产发电，新增供电能力 20 万千瓦。投资近 30 亿元、日输气能力 100 万立方米的陕北天然气进京管线工程达到了接收条件，新增天然气用户 5 万户。投资 23 亿元的高碑店热电厂供热管网工程投产，全市集中供热采暖面积突破 8 000 万平方米。

邮电通信能力有较大提高 数据通信网建设取得成效，开通了国内智能网，公众多媒体通信网已完成北京图书馆、国家信息中心等国家级信息库和社会信息库上网。先后开通了西三旗、丰台南、四季青等一批电话局，电话交换机总容量达到 390 万门，增长 27.5%；电话普及率达到 38.5%。

缓解交通拥堵，优化交通流向取得成效 为缓解城市交通拥堵状况，实施了优化交通流向、路口交通管制、静态交通管理和整顿交通秩序等一系列措施。对 140 个路口交通流量进行优化，对 14 个车流量大的路口进行了改造。实行公交优先，在长安街、崇外大街等道路开通了 5 条公交专用线，提高了公共交通的运营效率。

城乡绿化美化水平进一步提高，生态环境有所改善 全市林木覆盖率达到 38.3%，城市绿化覆盖率达到 33.4%，市区扩大绿化面积 548 公顷，在城市隔离区发展片林 498 公顷。以防治大气污染为重点，制定了现有排放物超标污染源三年限期治理规划。城近郊加油站全部供应无铅汽油。新建噪声达标区 39 平方公里，环境噪声达标区覆盖率达到55.37%。

在加快城市基础设施建设的同时，全市的新区开发建设和旧城改造取得了新的进展 1997 年房屋建筑竣工面积 1 595 万平方米，增长 5.1%。为改善居民居住条件，进一步调整了房地产投资结构，重点向普通住宅、安居工程和危旧房改造倾斜。住宅竣工面积 995.4 万平方米，增长 22.6%。危旧房改造以房屋最破、市政条件最差的南城及近郊旧居民区为重点，完成 110 万平方米。多渠道推进安居工程建设，共完成 60 万平方米。城乡居民的居住条件有了明显改善。

加快国有企业改革与发展，进一步提高对外开放水平

国有企业改革是建设社会主义市场经济体制的关键环节。按照中央确定的目标，全市要通过改革、改组、改造和加强管理，用三年左右的时间，使大多数国有大中型亏损企业摆脱困境；使大多数国有大中型骨干企业初步建立起现代企业制度。1997 年国有企业的改革与发展取得了新的突破。一是建立现代企

业制度试点工作进入全面实施阶段。全市138家试点企业,有110家进行了公司制改组,有31户工业企业约2亿元中央级“拨改贷”转为国家资本金。对试点企业中的部分重点工业企业实施所得税近还等支持政策。增强了企业自我发展能力。二是上市融资取得突破性进展,企业改革与发展得到强有力的资金支持。1997年有9家市属企业上市,筹集资金71.9亿元。三是实施大集团战略的工作力度加大,成立了燕化、北京棉纺、输变电设备等企业集团,企业组织结构得到进一步优化。四是多种形式放活国有小企业。主要采取租赁、承包、出售、兼并、联合、股份合作制、下放管理权限、以大带小、托管经营等多种形式,促进小企业焕发生机和活力。在加快国有企业改革与发展的同时,下大力量搞好再就业工程,妥善安置企业下岗职工。1997年全市共有下岗职工17万人,有13.7万人得到分流安置,当年分流安置率达80.6%。城镇登记失业率为0.73%。为保障居民基本生活,维护社会稳定,完善了社会保障标准的正常调整机制。提高了最低生活保障线、职工最低工资、离退休职工离退休金、下岗待工人员基本生活费、失业救济金、企业退职、退养人员基本养老金等标准。

进一步完善全方位、多层次、宽领域的对外开放格局,发展开放型经济取得新进展。1997年实际利用外资25.9亿美元,增长14.8%。外商投资的领域向高新技术产业、现代农业、商业、金融、城市基础设施、住宅、危旧房改造等领域扩展。利用外资的水平明显提高,全球500家著名跨国公司中有138家来京投资。外贸进出口平稳增长,全市进出口总额58亿美元,增长4.7%,其中进口33.6亿美元,增长6.6%;出口24.4亿美元,增长3%。在出口总额中,“三资”企业出口11亿美元,增长22%,占出口总额的45.1%。在出口商品中,高科技产品和成套设备出口有较大增加,技术出口和服务贸易发展加快。

认真实施科教兴国战略和可持续发展战略,科技、教育等各项社会事业全面进步

发挥首都科技和人才优势,八项科技工程全面实施。以重点项目为中心,优化科技资源配置和布局,各项科技计划顺利实施,大力发展技术市场,建立利益共同体,推动产学研联合,完善技术推广体系,促进科技成果向现实生产力转化。加强与中央在京单位科研机构、高等院校的合作,积极扶持民营科技企业的发展。全年技术合同成交金额50亿元,增长10%。科技进步对经济的贡献率达到43.1%。

坚持依法治教,高标准实施《中国教育改革和发展纲要》,继续推进教育十大工程建设

九年义务教育积极推进应试教育向素质教育的转变,重点加强了基础薄弱校的建设。高等教育加快了结构和布局的调整,办学质量和效益有了新的提高。职业教育、成人教育进一步发展。对教育的投入有新的增加,全年财政用于教育的事业费支出36.1亿元,增长22.2%。向社会输送各类高等教育人才5万人,中等专业技术人才1.9万人。招收研究生1.4万人,本科生和大专生5.7万人。

文化、卫生、体育等社会事业也取得了新的成就 围绕香港回归和十五大召开,以歌颂祖国为主题,举办了一系列文化演出活动,弘扬了民族精神。创排了16台新剧目,话剧《天之骄子》、电影《离开雷锋的日子》等作品,获“五个一”工程奖。文化设施建设步伐加快,北京市戏曲学校排演场综合楼、中国评剧院剧场、中山公园音乐堂改造工程进展顺利,首都图书馆新馆全面开工建设。卫生改革取得新进展,制定并实施了《北京市实现“2000年人人享有卫生保健”规划》,医疗保健三级网进一步巩固。实施了医药费用“总量控制、结构调整”的改革方案。城市医疗服务体系进一步完善。全面落实人口政策,进一步完善计划生育管理体制,全市常住人口、户籍人口计划生育率分别达到98.05%和99.2%。群众体育、竞技体育和体育设施建设都取得新的进展。认真贯彻实施《全民健身计划纲要》,开展了“97京城市民健身大潮”系列活动。社区体育有较大发展。在八届全运会上,北京市运动员取得了较好成绩。

不断提高市民的文明素质和城市文明程度,努力建设社会主义精神文明的“首善之区”

社会主义精神文明是社会主义的重要特征,是现

代建设的重要目标和重要保证。按照首都文明城市建设和文化发展规划,全市上下形成了“一把手抓两手”的工作格局,精神文明建设迈出新的步伐。坚持精神文明建设办实事,下大力量解决了一批群众反映强烈的热点问题。以治理环境脏乱为突破口,集中力量开展了治理环境脏乱的三大战役,取得了明显成果。集中力量搞好255条主要大街、重点地区、居民区、集贸市场、城乡结合部、旅游景区以及公共场所的综合整治,创建了一批有较高水平的样板大街和先进地区。认真实施《首都市民文明公约》和《首都市民文明守则》,深入开展“讲文明、树新风”和“四要四不要”宣传教育活动,涌现出一批先进模范人物和群体,群众性创建文明城市活动取得了新的成果。切实搞好精神文明建设办实事活动,针对群众最关心、最不满意的问题,各级政府机关和公安、公共交通、邮政电信、市政公用、医疗卫生、金融等与群众生活密切相关的部门和窗口行业,以为人民服务为中心,强化职业道德,严肃职业纪律,努力提高服务质量。办实事活动看得见、摸得着,目标具体,措施得当,承诺内容基本得到了兑现,收到了实效。

1997年年底和1998年年初,北京市先后召开了第八次党代表大会和十一届人大一次会议,明确了首都面向新世纪的奋斗目标和指导思想。实现跨世纪发展的宏伟蓝图,必须把集中力量发展首都经济摆在首要地位。首都经济具有丰富而深刻的内涵,他应当是立足首都、服务全国、走向世界的经济;是充分体现北京城市的性质和功能,充分发挥首都比较优势,充分反映社会主义市场经济规律的经济;是向结构优化、布局合理、技术密集、高度开放、资源节约、环境洁净方向发展的经济;是既保持较高增长速度,又体现较好效益的经济。在新的一年里,我们要更加紧密地团结在以江泽民同志为核心的党中央周围,高举邓小平理论伟大旗帜,全面贯彻落实党的十五大精神,认真实施“九五”计划和市人代会批准的国民经济和社会发展计划,大力发展首都经济,积极推进经济体制和经济增长方式两个根本性转变,认真实施科教兴国战略和可持续发展战略,坚持以高新技术产业为战略先导,继续保持第三产业的快速发展,全面加快建设现代化国际城市的步伐,以社会主义物质文明建设和精神文明建设的新业绩,谱写首都跨越世纪的新篇章!

发挥优势　振兴朝阳

中共北京市朝阳区委书记　蒋效愚
北京市朝阳区区长　李凤玲

当国内外宾客乘飞机在首都机场降落,走下飞机第一步踏上的就是朝阳区的土地。人们说:全国看北京,北京看朝阳。朝阳区以其特殊的地理位置,人文环境,巨大的发展潜力及近年来在经济社会各方面所取得的令人瞩目的成就在首都北京占有特殊重要的地位。

朝阳区位于首都东部,是北京市面积最大,人口最多的城乡结合的近郊区。全区面积470.8平方公里,辖有21个街道办事处,5个地区办事处,19个乡,有居民委员会1 150个,村民委员会175个。全区常住人口154万,暂住人口53万。全区区域轮廓呈南北略长,东西稍窄的多边形,四周与北京市的9个区县相邻。朝阳区地处北京平原,是华北大平原的一部分,其地势从西北向东南缓缓倾斜,平均海拔34米,最高处海拔46米,土地肥沃,气候宜人,宜于耕种。

朝阳地方古属蓟县,自元大都城建立以来,历来为京畿腹地。1925年首次设区(东郊区),1949年以后,根据首都北京政治、经济和社会发展的需要,行政区划曾多次变更。1958年5月,经国务院批准,东郊区更名为朝阳区,从迄至今。经过近50年的努力,朝阳区已由一个贫穷落后的农业区变成了高楼林立,经济繁荣、环境优美、生活方便、社会稳定的城郊结合型的现代化的新兴开发区。

改革开放以来,朝阳区各项事业突飞猛进,经济持续、快速、健康发展,城乡面貌日新月异。1997年全区国内生产总值完成58.8亿元,同比增长16%。其中第一产业增加值完成3亿元,第二产业增加值完成

18.1亿元，第三产业增加值完成37.7亿元，第一、第二、第三产业在国内生产总值所占比重为5.1:30.8:64.1。基本上形成了三、二、一产业序列发展格局，第三产业迅速发展，龙头作用和主导地位日益明显。1997年农村集体经济总收入预计完成110亿元，利润总额预计完成6.9亿元。街道经济总收入预计完成46.5亿元，利润总额预计完成2.8亿元。城乡经济稳步发展，为朝阳区的更大发展奠定了基础。

据1996年底统计，全区共有区属企业6 843家，商业网点1 200多家，其中万米以上大型商业设施10个，中型商业设施10余个，超市、便民连锁店117家。有206家建筑施工企业，4家区属开发公司。中央驻区企业1 735家，市属驻区企业3 904家。北京市300多家大中型工业企业，有1/3位于朝阳区。

随着北京城市建设的蓬勃发展，逐渐形成了朝阳区的5大特点：

朝阳区是北京市对外交往的窗口区　各种涉外单位达1 300多个，占全市涉外单位总数的一半以上。除俄罗斯、卢森堡外，外国驻华使馆都在朝阳区内。具有世界各国建筑特色的使馆区和外交公寓成为朝阳区的独特景观。区内共有70多家星级饭店，全市星级饭店宾馆的1/3，五星级饭店的60%，驻京新闻机构90%都在朝阳区内。海外驻京商社、代表处等机构的2/5座落朝阳区。国贸中心、奥林匹克中心、亚运村、国际展览中心、国际会议中心、中日青年交流中心、京广中心、工人体育场等重要国际交往活动场所也在朝阳区境内。

朝阳区是北京市的经济发达区之一　早在建国初期，国家和北京市就在朝阳区兴建了一批国有大中型企业，形成了电子、纺织、化工、机械、汽车等门类齐全的工业生产基地。目前，电子城合资企业达24家，加上17家国有大中型电子骨干企业，4家国家级电子科研所，一个以电子信息产业为主体的综合性电子工业园区已初步形成，并已发挥明显效益。据统计，酒仙桥电子城工业销售收入从1993年的33亿元增长到1996年的76亿元，1997年又突破100亿元大关。随着经济的发展，房地产、广告、商业服务业、咨询服务业、旅游业等新兴产业也初具规模，在朝阳区国内生产总值中所占比重越来越大。1997年朝阳区财政收入达14.2亿，在北京市18个区县中列第一。

朝阳区是北京市城市发展的主要开发建设区　根据北京市总体规划，到2010年朝阳全境将划入北京城市总体规划市区范围内。在全市可供开发建设的用地中，有一半以上在朝阳区，现已建成和正在规划建设的较为完善的居住区达70多个。全市规划中的10个边缘住宅集团，有5个在朝阳境内。望京小区建设已初具规模，部分居民已开始入住。京通高速路已经竣工通车，复—八地铁等建设大大地加快了朝阳区城市发展的步伐。

朝阳区是首都市政条件、投资环境最好的区　四通八达的公路、铁路形成交通网，区内有市政道路985公里(区属有301公里)，面积970万平方米，其中高级、次高级道路624公里，面积808万平方米，干线道路密度达2.2公里/平方公里，是全市平均密度的2倍多。全区境内有立交桥29座，长10 600米，面积270 084平方米，如气势宏伟的大北窑高架桥、三元桥、四元桥；还有京昌、京通、机场、京津塘四条高速路，京包、京承、京广、京秦铁路穿越区境。在京津塘高速公路起点，十八里店乡还建有直通式口岸——朝阳口岸和北京国际货物流通中心，附设有海关、仓储、运输等设施，大大地方便了北方地区进出口贸易。国内最大的航空港——首都机场位于朝阳区东北部，隶属朝阳区辖区管理，距三环路不足20公里，出入境方便快捷。区内水、电、气、热供应设施完备，条件优越，左家庄供热厂、焦化厂、高碑店污水处理厂都是全市的重要市政设施。

朝阳区是北京市教育科技文化的密集区　现有驻区中央、市属科研院所159家。中科院有11个研究所在朝阳区。驻区高校(含成人高校)53所，其中普通高校21所，重点院校6所，数量仅次于海淀，居全市第二位。民营科技企业1 037家，科技进步对经济增长的贡献率为40.36%，与全市水平相当(北京市为40%)。全区共有中、小学333所，在校学生18万多人。其中职业高中32所，在校生1.2万人，开设专业60个。全区建立了以政府办学为核心，以企事业单位为基础，以联合协作为主要方式的培训网络系统，共有成人学校238所，年完成各类教育9万余人次，1996年朝阳区被评为北京市成人教育先进单位。

朝阳区现有文化娱乐场所603家，文化馆(站)43个。朝阳文化馆是北京市区县最大的文化馆。同时也是全国区县级最大的文化馆。朝阳剧场被列为市旅游定点单位。现有出版印刷厂 260 家，书店 220 个；公园 20 个，其中日坛公园是京城四大名坛之一，规划建设当中的的朝阳公园是北京市东部最大的公园；体育场馆 10 个。1996 年朝阳区获北京市文化先进区，1997 年被文化部授予"全国文化先进区"称号。驻区卫生机构 1 078 家，全区有区级医院、卫生站(所)共 40 余个。

根据党的十四届五中全会通过的《中共中央关于制定国民经济和社会发展"九五"计划和 2010 年远景目标的建议》，结合朝阳区实际制定了《朝阳区国民经济和社会发展"九五"计划和 2010 年远景目标纲要》。

"九五"期间，朝阳区经济发展的指导思想是：以建立社会主义市场经济体制为目标，以提高经济效益为中心，以转变经济增长方式为重点，以科技进步为先导，以深化经济体制改革为动力，合理调整产业结构和产业布局，拓宽产业发展领域，大力发展外向型经济，努力形成具有首都特点，符合朝阳实际的经济发展格局。

在经济发展的重点上，突出抓好 6 大工程：

"都市农业"工程 建设以"三高"为中心，具有旅游观赏、无公害等特点的"都市农业"。

企业集团和名牌战略工程 通过结构调整，形成一批企业集团、重点企业和名牌产品。

外向型三产工程 在城区特别是三环路沿线、朝阳门外和建国门外地区，发展一批外向型和国际化程度较高的第三产业。

土地开发、建筑建材、房地产业、物业管理的产业链工程 围绕边缘集团开发、乡域规划改造、重点工程建设及城市危旧房改造等，形成一级开发——建筑、建材业——房地产、物业管理产业链，并辐射带动其他行业的发展。

科技先导工程 以科技进步促进经济增长方式的转变和经济结构的调整。

继续加快"八五"计划的"三·一"工程的建设 力争到"九五"末形成规模。

"九五"期间和到 2010 年，朝阳区国民经济和社会发展的总目标是：根据首都的性质和《北京市城市总体规划》的要求，结合朝阳区作为北京市城市发展重点区的实际和特点，建设具有国际大都市水平的现代化城区，使朝阳区建设成为：对外交往的窗口区，首都经济的发达区，功能完善的新城区，社会进步的文明区。

到 2000 年，实现国内生产总值比 1995 年翻一番以上，超过 100 亿元。全区综合经济实力明显增强，初步形成适应社会主义市场经济体制的经济结构和产业布局；科技教育与经济和社会发展相适应；社会秩序和社会风气进一步好转；城市管理水平明显提高；社会主义民主与法制进一步健全；精神文明建设达到更高水平；社会事业全面发展，人民生活在提前实现小康的基础上，向比较宽裕的生活水平迈进。

到 2010 年，朝阳区国内生产总值比 2000 年再翻一番，城乡建设基本实现《北京市城市总体规划》的要求，朝阳区全境将划入北京 1 040 平方公里的规划市区中，占市区总面积的约 47%。到那时，朝阳区城市发展水平和社会文明程度将达到较高的水准，人民的小康生活更加宽裕，市政、交通、商业、金融、文化教育等将会更加发达，成为首都版图上的一颗璀璨的明珠。

北京市西城区 1997 年经济与社会发展概况

中共北京市西城区委书记　刘志华
北京市西城区区长　王长连

1997 年，北京市西城区坚持以经济建设为中心，物质文明和精神文明一齐抓，解放思想，开拓进取，真抓实干，推动全区改革开放、经济建设和各项社会事业的发展迈上一个新台阶，取得了较好成绩。

坚持稳中求进方针
全区经济快速发展

西城区作为首都的中心城区之一，注意大力发展适合首都中心城区特点的经济。以商业和服务业为主导，以房地产开发业为支柱，努力培育新的经济增长点，大力发展文化旅游、信息咨询业和金融业，形成都市现代服务业。

经济工作着眼于全面提高整体素质和运行质量，促进经济结构更加合理，运行质量有所提高。1997年全区国内生产总值完成32亿元(区域口径完成138亿元)，比上年增长11%；财政收入达到11亿元，比上年增长27.3%。

商业服务业保持了稳步增长。坚持开发与挖潜相结合，完成一批"短平快"项目，新增营业面积8 100平方米，使购物环境得到改善，扩大了商品销售量。1997年社会消费品零售总额达到98亿元，比上年增长18.4%。西单购物中心、北京复兴商业城等区属企业跨入北京市商业服务业"百强企业"的行列。全区"便民工程"得到完善和发展，保证了粮、油、蛋、肉、菜等群众生活必需品的供应。组建了"好邻居"便民连锁总店，在原75家连锁店、便民超市的基础上，调整结构，合理布局，加强管理，完善了两家配送中心，配送率达到80%以上。现制现售的主食厨房达到10家，比年计划超出5家。全年新建国营早点供应点52家，以华天饮食集团公司为主的国营早点供应达到110家，完成中式快餐连锁店25家。随着"好邻居"便民连锁店规模的扩大，初步形成了粮、油、蛋、肉、菜及生活日用品经营一体化的格局。同时，一些药店、商店坚持昼夜服务，使群众生活更加方便。

全区工业生产保持一定的发展速度。总产值完成4.2亿元，比上年增长9.7%。外商投资企业在工业中的所占比重不断增大。全年实际利用外资2亿美元，新批外商投资企业52家，协议引进外资3 300万美元。

增强区域发展意识，努力为各类企业创造良好的投资和发展环境，全区初步形成多种隶属关系并存、以公有制为主体多种所有制经济共同发展的格局。中央、市属三产和外省市投资企业数量不断增加，外商投资、民营、私营企业和个体经济健康发展，成为区域经济发展的重要力量。

经济体制改革进一步
深化企业改革取得新进展

全区各级领导干部认真学习邓小平理论和党的十五大报告关于经济改革的论述，进一步解放思想，更新观念，增强经济改革的紧迫感。认真坚持和完善公有制为主体，多种所有制经济共同发展的基本经济制度，积极调整和完善所有制结构，破除"区属"观念，树立"区域"大经济观，使政府为全社会各种所有制经济的发展提供良好的服务，促进经济迅速发展。对国有经济，从综合、高效运用全区资源、资产的需要出发，以资本为纽带，打破部门、行业、企业界限，通过多种方式进行调整重组，把该大的做大，抓大放小。在改组过程中进行改制，以建立现代企业制度为目标，对区属国有大中型企业进行规范的公司改造，转变机制，增强活力。

经济体制改革围绕壮大骨干企业实力，实行优化资源配置和企业组织结构调整。与城市改造相结合，在西单东南地区改造中，打破行业、隶属关系和所有制界限，把分属11个公司的40多家企业组建成一个有限责任公司，使拆迁还建、经营管理统筹实施，取得了一定效果。把地安门副食商场、好邻居便利超市与希福连锁店合并为好邻居便民连锁总店，实行统一经营、管理、配送、核算，正在取得成效。华天饮食集团公司等一批企业加快适应性调整，经营结构更加适应市场需求。推进现代企业制度试点，成立了一批有限责任公司。制定加快区属小企业改革的有关政策，调整完善"国有民营"企业管理办法，为放活小企业创造了较为宽松的政策环境，一批股份合作企业相继成立。集体企业清产核资和产权界定试点工作基本完成。对区街财政体制进行了调整，进一步调动了街道护税理财的积极性。

围绕企业改革，推进各项配套改革，加快了养老保险、失业保险、医疗保障等各项社会保障制度改革和分配方式改革，使社会保障制度改革稳步推进。养老保险属地化管理更加规范。大病医疗统筹平稳运行，经费管理实现收支平衡。落实解困政策，调整了最低生活保障线、失业救济金、最低工资和下岗人员基本生活费标准,保障了低收入居民和困难企业职工的基本生活。全面实施“再就业工程”,扩大转岗培训和职业介绍服务范围,安置下岗职工4 000多人,安置率达85%。登记失业率为0.2%,低于市下达指标。

宏观经济管理进一步加强。增强对全区经济运行质量的分析和预测,加大税收征管和执法力度,严格预算外资金的管理。加强物价监控工作,强化商品质量监督,打击了制售假冒伪劣商品违法行为。

城市建设步伐加快 市容市貌明显改观

城市基本建设保持一定规模,1997年实现开复工256万平方米,竣工65.8万平方米。重点工程建设推进较快,西单地区各项建设实现年度计划,西西工程、首都时代广场进展顺利。金融街金阳大厦、信达大厦等相继建成,南端已初具规模。住宅建设开复工82万平方米,竣工29.8万平方米,拆迁安置居民5 000户,实现了与大型公建的均衡发展。通过加快住宅建设,搞好房屋修缮,改善居民居住条件和环境。区政府十分重视发展教育事业,认真为教育发展办实事,解决教师的困难。7.4万平方米教师住宅建设计划全部落实。努力抓紧市政设施建设,阜外大街道路拓宽工程实现了“七一”前通车,金融街变电站投入运行,西单供电配套工程正抓紧施工,宣武门至新街口豁口道路改造工程如期完成。社会事业用房建设取得较大进展。青少年儿童图书馆竣工。工会大厦进入装修阶段。

平安大街、西单文化广场等6个工程列入市级国庆50周年献礼重点项目,目前已完成拆迁工作。结合城市建设和经济社会事业发展,确定了商业、社会事业、大型公建、基础设施和危旧房改造等方面一批工程作为区级国庆50周年献礼重点项目。

全面加强城市管理,环境质量有所提高。治理扰民污染源10个,植树13万株,扩大绿地6公顷,建成11个花园式垂直绿化单位,环保10件实事全部完成。什刹海地区拆除违法建设,治理污染源,环境面貌有所改观。同时,加强文明施工规范管理,建筑质量和施工现场管理水平进一步提高。

实验区工作逐步深入 社会各项事业协调发展

1995年西城区被批准为国家级经济社会发展综合实验区。几年来,做了大量的工作,取得了积极的进展。为了进一步抓好实验区建设,切实发挥实验区的作用,加大了工作力度。

坚持科教兴国和可持续发展战略,实验区初步建立起“强化领导,整体规划,项目示范,全员参与”的工作格局。干部群众以科技引导经济社会协调发展的意识有所增强,参与建设的积极性进一步提高。区财政拨专款500万元,推进示范项目的进展,20个示范项目已完成或取得阶段性成果,并逐步在全区推广。月坛社区卫生与健康促进示范工程的成果在10个街道全面推开。实行劳动通卡工程试点,完善养老保险个人帐户数据库,实现了社会化管理。许多部门自觉地把实验区工作与本单位工作相结合,推动实验区建设向新的领域发展。

科技工作充分利用区域资源优势,开展多层次、多形式的科普宣传活动,各街道投资兴建了科普画廊,为普及科技知识发挥了积极作用。信息化建设在部分机关和企事业单位相继启动,一批科研项目取得成果,并转化应用。大中型企业运用计算机管理更加广泛。

普通教育围绕提高教育质量和办学效益,深化教育教学改革,全面推进素质教育。中、高考成绩继续保持全市先进水平。校舍改造完成3.8万平方米,办学条件进一步改善。投入1 200万元,完成8所基础薄弱校2万多平方米校舍综合改造维修和增加教学设备,增加20%的办公经费,使基础薄弱校办学条件达到规定标准,教师全部达到合格学历。

区政府加大对卫生事业的投入,把增加预防保健经费、加快设施建设和解决职工住房等问题落到了实处。

广泛开展群众性文化、体育活动。“西城之春”艺术节、“迎回归长安之夜”等各种活动,有百万群众参与。

广泛开展全民健身体育活动。每月开展一次群众体育活动。吸引驻区单位和广大居民广泛参加。

加强体育设施建设，月坛、新街口、丰盛等街道社区服务中心新建和扩建了健身房。

以“迎回归、庆十五大”的为主题，组织了丰富多彩的群众文化活动。第十一届白云观民俗迎春会接待中外游客50万人。节日期间全区组织各种形式的演出700余场，参与群众达24万人次。第十届“西城之春”艺术节和夏日文化广场活动，共组织433场次、约5.6万人次参加演出，观众达35万人次。

社区建设进一步加强。积极开展争创“全国社区示范城区”活动，改善服务设施。依托社区开展了校外教育、预防保健工作，文化、体育活动和便民综合服务，社区已逐步成为做好城市工作的重要基础。

全面加强精神文明建设 社会文明程度进一步提高

精神文明建设围绕香港回归和党的十五大召开两件大事，全面实施十大工程。思想政治建设不断加强。坚持用邓小平理论武装干部和群众，重点学习江泽民同志在中央党校的讲话和十五大报告，干部群众增强了执行党的基本路线的自觉性。深入开展爱祖国、爱北京、爱西城系列教育活动，激发了干部群众的爱国主义热情，增强了民族自信心和自豪感。

群众性精神文明创建活动成效显著。各单位把“讲文明、树新风”和“四要四不要”的宣传教育贯穿于综合整治环境、创建文明城区等活动中，推动了《首都市民文明公约》的落实。工会、共青团和妇联开展的各具特色的创建活动取得良好效果。37个文明示范窗口单位在提高服务水平和加强行风建设方面发挥了良好示范作用。建立国防动员体制，圆满完成征兵任务，双拥工作水平进一步提高。

狠抓环境综合整治，重点解决环境脏乱和群众生活中的诸多不便。区财政拨专款4 000万元实施“五项工程”：

实施“连心工程”，更换3 000户居民28.6万米的老化电线；更换1 000扇残缺院门；全面整治四类公厕645个，改造公厕200个。在市有关部门的支持下，集中力量解决群众反映强烈的地外大街、北新华街等4处地下管道老化、污水外溢问题。

实施“还路工程”，撤销7个占路市场、412个零散摊点，更新250个允许保留的零散摊点的围档板。

实施“西亮工程”，完成宣武门至新街口豁口一线的综合整治，铺装路面和便道17万平方米，铺设盲道5 232米，修整了行道树，增强了夜晚灯光效果。该大街的整治带动了9条大街的“亮起来工程”，创建了西四北六条等40条“精品”街巷。

实施“百街工程”，全面整治100条可通行机动车的街巷，同时维修了破损路面。

实施“小区工程”，经过综合治理，120个居民小区达标，其中20个小区达到文明居民区的标准。

民主与法制建设不断 加强依法治区工作取得进展

大力推进依法治区，进一步坚持和健全民主制度。坚持和完善人民代表大会制度，保证区人大及其常委会依法履行地方权力机关的职能，加强对“一府两院”的法律监督和工作监督。区政府坚持重大事项及时向区人大常委会报告，全年向人大报告工作20项，办理议案、建议250件。有关职能部门就《教师法》、《城市市容环境卫生管理条例》等法律法规的执行情况接受了人大代表的评议并认真整改。坚持重要问题决策前在政协进行协商和向政协通报的制度。认真办理政协建议案和228件提案，及时吸纳政协委员、民主党派对经济和社会发展的意见和建议，推进了决策的民主化、科学化。支持工青妇组织积极开展工作。民族、宗教、侨务政策进一步落实，对台工作有了新的进展。贯彻落实市街道工作会议精神，充分发挥街道办事处在城市管理、社区服务、维护社会稳定中的作用。完成居(家)委会换届选举，居(家)委会成员素质有较大提高。

坚持依法治区，依法行政。制定并实施《西城区依法治区工作意见》，全面推进行政监督工作，实施行政执法责任制。加大执法监察力度，进行效能监察试点，各级行政部门依法办事、依法行政的水平有所提高。

深入开展法制宣传教育，为依法治区工作奠定坚实的法治思想基础。认真落实“三五”普法规划，结合经济体制改革，针对社会热点，深入开展法制宣传教育，树立维护法律尊严和在法律面前人人平等的观念，进一步增强市民的法律意识。领导干部能带头学习法律、法规知识，努力掌握和提高运用法律手段管理经济和社会事务的本领，依法决策、依法行政、依法用权、依法办事，以自身的实际行动影响和带动广大干部和群众，在全区形成学法用法的良好风气。

加大反腐败工作力度。以厉行节约制止奢侈浪费为重点，全面落实领导干部廉洁自律八项规定，领导干部廉洁自律、拒腐防变意识不断增强。严格公款出国(境)管理工作。严肃查处一批违法违纪案件，维护了党纪政纪的严肃性。减轻企业负担、规范预算外资金管理、制止中小学乱收费等专项治理取得新进展。继续深化社会服务承诺制试点，认真开展行风评议和创建文明行业活动，纠建并举，纠风工作取得新成效。

落实社会治安综合治理领导责任制，实行一票否决制，把社会治安责任落实到基层。区街两级筹集200万元，建立创建安全居(家)委会专项资金，加强安全工作基础建设。完善专群结合、群防群治网络，全面控制社会面和重点地区，加强对出租房屋和外来人口的管理，圆满完成重要节日、重大政治活动的安全保卫任务，严厉打击刑事犯罪，破获各类刑事案件，打掉各类犯罪团伙，社会治安秩序进一步好转。加强防火、防汛工作，六种非正常死亡人数均低于市下达控制指标。认真接待人民来信来访，做好调解工作，及时化解各类社会矛盾和不安定因素。

1998年是全面贯彻党的十五大精神，加快改革发展的一年。我们要高举邓小平理论伟大旗帜，全面贯彻党的十五大和北京市第八次党代会精神，坚持党的基本路线。继续推进经济体制和经济增长方式的根本性转变，加速推进国有企业改革，优化经济结构，努力发展适合中心城区特点的经济，加快国庆50周年献礼重点工程建设，扩大对外开放水平，保持经济快速健康发展的好势头。提高人民生活水平。切实加强社会发展综合实验区建设，以科技引导促进经济与社会事业协调发展，加强精神文明建设，扩大社会主义民主，健全社会主义法制，促进社会全面进步。

西城区要以高度的责任感，同心同德，开拓进取，全面完成全年各项任务。为西城区的经济繁荣和社会全面进步努力奋斗！

附：经济发展状况

北京市西城区是首都的中心城区，面积32平方公里，人口80万，它曾经也是老北京城的一部分。近年来，伴随国家改革开放的进程，西城区经济保持了持续、快速、健康发展，经济实力不断增强，城市面貌发生着日新月异的变化，旧城区焕发出新的青春，以其坚定有力的步伐向着国际化大都市的中心城区迈进。

综合经济实力明显增强

1997年，西城区国内生产总值达到138亿元，比1995年的112亿元增长23.2%，区级财政收入达到11亿元，比1995年的5.7亿翻了一番。

商业服务业是西城区的传统优势产业　西单、西四、地安门等都是已形成多年的商业区。近几年这样规模的商业区发展到10个。以10个商业区为依托，全区以商业、服务业为代表的第三产业近年来发展很快。目前第三产业增加值占国内生产总值的比重已达到85%左右。近两年，在市场竞争激烈、购买力分流、消费需求相对不足的情况下，全区商业仍保持了良好的发展势头。1997年，全区社会消费品零售额实现98亿元，比1995年的72亿元增长36%。商业规模正在不断扩大，一批新建商业设施陆续竣工，投入运营，全区万米以上商场已达到11家，商品零售额超亿元的商场达到12家。原有商业网点通过改造装修，近几年也增加出营业面积5.5万平方米。“好邻居”连锁店已发展到100家，初步形成了粮、油、肉、蛋、菜及生活日用品经营一体化格局。遍布全区的各类市场达81家，年创营业额15.6亿元。随着城区功能的不断完善，全区服务业得到较快发展。理发、洗染、修理等传统服务业适应时代发展的需求，正在改变服务方向、提高服务水平。新兴服务业发展更为迅速，房地产开发业销售收入占服务业总收入的比重达到64%，对区级财政收入的贡献率达20%。旅游文化娱乐业也有新的发展，全年共接待海内外旅游者1 000万人次，综合收入达25亿元。信息咨询等中介服务业也有较大发展。

全区工业保持了适度增长　1997年工业总产值

达到4.1亿元,工业综合效益指数达到80%。城区的工业企业多为小企业,生产的产品正在向少污染、少扰民、少能耗、高附加值的方向发展,以和市民生活密切相关的食品、服装、玩具、小电器为主,更加体现首都市区的特点。近年来按照国家改革开放的要求,工业企业中的"三资"企业正在逐渐增多,从产值结构看,"三资"企业已占到57%。

对外开放进一步扩大　坚持把利用外资做为对外开放的重点,至1997年末,共批准了外商投资企业748家,正式开业的企业已达407家。协议引进外资额达5.5亿美元,实际利用外资达10.5亿美元。海外投资者主要来自美国、日本、加拿大以及中国香港等15个国家和地区。外商投资企业在我区呈多层次、多领域分布格局,其中生产型企业占70%,非生产型企业占30%。非生产型企业主要包括信息咨询、装饰装修、房地产等行业。

非公有经济发展比较迅速　全区个体工商户达10 552户,从业人员1.4万人,私营企业达3 100家。光翌遮阳篷有限责任公司是我区最早成立的私营企业,经过几年的发展不仅已小有名气,而且已具备了一定的生产规模。非公有制企业占全区企业总数的比重为32%,"三资"、民营、个体、私营经济已成为区域经济发展的重要组成部分。

城市建设成效显著

西城区正在进行大规模的旧城改造。这种改造既是渐进式,又是快速的,既重视保留古都风貌,又要建设现代化的文明城区。近几年旧城改造保持了年开复工面积200多万平方米的规模。1997年全区完成固定资产投资23.8亿元,开复工面积达256.2万平方米,竣工66万平方米。

全区重点工程建设取得较大进展。西单商业区建设以"西西工程"和"东南工程"为重点全面展开。首都时代广场、中银大厦已进入结构施工,高登购物城已经竣工。金融街建设已实现南端初具规模的目标,顺城饭店已竣工开业,中国证监会已进驻金阳大厦。国企大厦、平安大厦、投资广场、通泰大厦、信达金融中心已近收尾阶段,北京国际金融中心已进入基础施工,亚洲金融中心即将开工建设。什刹海历史文化风景区建设也正在积极推进,望海楼项目已进入收尾阶段,这一地区的地安门商场改扩建项目已开始拆迁,建成之后将极大地改善这里的旅游购物环境。道路拓宽改造是旧城改造的重要任务之一。经过一年多的努力,阜外大街道路拓宽工程顺利竣工通车。宣武门至新街口道路铺装工程也已完成,有效地改善了道路条件和城市面貌,为居民出行提供了方便。近期平安里市政道路拓宽工程也已正式启动,建成以后北京市区将出现一条与长安街平行的平安大街。住宅建设被列为1997年全区基本建设重点,住宅建设开复工面积、竣工面积均比1996年翻了一番,住宅开复工面积达78.6万平方米,创历史最高水平。

经济体制改革不断深化

坚持以改革促发展,积极稳步推进以企业改革为主的经济体制改革。以建立现代企业制度为目标,积极探索、大胆实践,不断加快了企业改革的步伐,实施了跨行业、跨部门、跨所有制的结构调整。在时代广场建设过程中,我区将西单地区所属11个公司40多家企业组建成一家有限责任公司。万方实业总公司与西单友谊集团共同投资组建了"北京万方西单商场有限责任公司"。针对国有小型企业数量多、效益差的状况,始终把搞活小企业作为改革的重点,采取联合、兼并、租赁、出售、承包经营、股份合作制等多种形式,盘活资产,转变机制,增强活力,提高效益。1997年制定了国有小型企业改革实施细则,为小企业的改革发展创造了较为宽松的环境。在稳步推进企业改革的同时,加快了各项配套改革。养老、医疗保险改革试点不断扩大。养老保险实行了属地化管理,覆盖率达到了99%,基金收缴率达到100%。实行了大病医疗费用社会统筹,解决了企业负担奇轻奇重的矛盾。全面实施"再就业工程",下岗职工安置率达到85%。按照市政府统一安排,落实了居民最低生活保障制度,提高了居民最低生活费保障线,提高了失业救济金、最低工资、下岗人员基本生活费标准。

宏观经济管理水平不断提高

随着社会主义市场经济体制的逐步建立,市场调节经济运行的作用在不断增大,宏观经济管理也在发生变化。总体上看,宏观经济管理正在逐步加强,政府不再过多地干预微观经济活动。区计划经济委员会是计划委员会与经济委员会合一的机构,其基本职能已转向对全区宏观指标的编制、预测、调控,对财政、税务等综合经济部门的协调。财税体制改革自

1994年实行新体制以来一直在不断完善。工商、审计等工作亦在逐步加强，统计工作在向地域化转变。劳动管理已从对企业的用工、分配的直接管理中退出，转向宏观管理及社会保障体系的建立和完善。

人民生活水平显著提高

随着经济的快速发展，全区居民实际收入稳定增加，生活质量不断得到改善，消费结构更趋合理，人民生活水平显著提高。1997年，全区居民人均可支配收入达到8 500元，扣除物价因素，实际增长15%。在实际收入增加的基础上，居民储蓄存款大幅度增加，1997年末，居民储蓄存款余额达到185亿元，比1995年增加55亿元。居民消费结构不断改善，食品支出占总消费支出的比重，即恩格尔系数呈逐年降低的趋势，1997年为45%。用于交通、保健、文化、旅游、娱乐的支出占总消费支出的比重逐年增长。居民居住条件不断得到改善，1997年，人均居住面积达到12平方米，比1995年增加了3.5平方米。

（北京市西城区经济计划委员会）

商　贸

近两年，西城区商业服务业工作紧紧围绕“社会保障”职能和“资产保值增值”职能，全面实施“二次创业”，努力提高商业整体素质和经济效益各方面工作取得一定的成绩。

坚持“便民、利民、为民”的宗旨，实施“便民工程”，市场更加稳定和繁荣

健全“便民工程”体系，人民生活必需品供应体系得到进一步的完善，组建了“好邻居”便民连锁总店，初步形成粮、油、肉、蛋、菜及生活日用品经营一体化的格局。截至目前，全区连锁店铺发展到100家，其中发展便利超市75家，现制现售的主专卖店25家。同时，完善了2家配送中心，进一步加强了规范化管理，提高了配送能力，使配送率达到80%以上，与此同时，积极拓展便民领域，办实事，更加方便了人民生活。将早点供应纳入“便民工程”，新增早餐网点46家，使得包括华天饮食公司所属的88家餐馆以及其他行业在内的共110家餐馆全部恢复早点供应。增加快捷餐车10辆，改造和新建中式快餐连锁店25家。对部分地区较集中的理发摊点和修锁、修鞋零散摊点进行规范管理。地处西单北大街的部分商店营业时间延长到晚上9～10点，并在几个商店试行了24小时营业。

加快调整与改革的步伐，探索实现两个转变的思路更新，促进了企业的发展

为适应社会主义市场经济的需要，加快我区商贸企业的发展，本着“引入现代企业制度机制、优化资源配置，走集约经营、联合发展之路”的宗旨，根据区委、区政府的决定，于1996年推出了西城区商贸系统结构调整方案，成立了贯通经贸集团，新百商场和回收公司共同建组德外商厦；结合地百扩建和万方商城改扩建，将邻近小点产权置换。这一调整探索了国合商业企业走联合发展、资源向优势企业倾斜的有效途径。1997年结构调整方案通过组建好邻居连锁总店，在全市率先探索了国合商业突破单体经营格局向规模化、集团化、集约化方向转变的途径；通过实施西单东南角建设开发区商业企业拆迁安置方案，对于打破行业界限、引入现代企业制度机制、建立以资产为纽带的有限责任公司进行了有益的尝试。

为探索公有制实现的多种形式，结合西城区商业、服务业小型企业现状，围绕产权制度改革这一中心，积极推进企业股份制和股份合作制改造。1997年，万方公司与北京西单友谊集团共同组建北京市万方西单商场有限责任公司。这一改革尝试，开创了市属企业与区属企业跨行业、跨部门资产重组的先河，不仅为区商业服务业接通了与社会资本融通的渠道，而且为企业从根本上转变经营机制奠定了基础。月中月购物城、西外商场湘菜酒楼、西四电讯商店、首都复印机等单位对企业进行股份制改造的拟定，加快了企业的转机建制，也推动了商业服务业整体产权制度改革的步伐。

加强精神文明建设水平，商业服务工作更优

推出示范窗口，提高了精神文明建设水平，在全区八大窗口行业开展的示范窗口活动中，新街口百货商场、砂锅居饭庄、好邻居便利超市月坛北街店、万方商城等12家企业成为示范窗口。为落实中央文明委关于“讲文明、树新风”活动的部署，进一步提高商贸职工的文明素质，结合商业职业道德教育，在全系统

开展了"四要四不要"宣传教育活动和创建文明单位活动。这些活动的开展推动了全系统精神文明建设工作上水平。

解决难点热点问题,提高了优质服务水平。坚持以"便民、利民、为民"为宗旨,以解决群众关心的热点难点问题为突破口,以健全检查组织为基础,以抓典型树标兵为手段,把增加便民服务措施、退换商品无障碍和大件商品送货到位、实行挂牌服务及修订完善各行业原有的服务规范作为近两年办实事的主要内容来抓,全系统出现了投诉少、售后服务满意、表扬增多的局面。1997年,在市商委组织的4条繁华大街竞赛检查中,西单大街有7次名列第一名,被命为"商业文明示范街"。

继续做好商业设施建设工作,商业开发和建设的力度更大

在对西城区10个商业街区建设规划进行论证的基础上,依据这一规划,抓好商业基建工作。自1996年初,华联商城和西四万方超市竣工开业以来,又有万方商城和银岛商厦分别开业,为区属商业的发展增添了新的活力。商业大中型重点工程项目进展顺利,有的项目已开业、招商,有的项目正按照施工进度加紧落实中。"短、平、快"项目近两年共完成110项,新增营业面积5万余平方米。同时,按照商业基建工作会议确立的"淡化两头,强化中间"的工作方针,加大了研究连片改造工作的力度。1997年,为确保国庆50年献礼项目顺利开工,积极运作西单文化广场和平安大道商业网点搬迁安置工作。

(西城区商委办公室)

城市建设

西城区城市建设管理委员会系西城区人民政府所辖城市建设和城市管理的职能机构。

其所属城建系统共17个单位,其中承担城市管理职能的单位有7家:规划局、房管局、园林市政局、环保局、环卫局、人防办、什刹海管理处;城市综合开发单位有4家:西城区城市建设开发集团、住宅开发公司、华远集团、什刹海开发公司;建筑安装施工单位有4家:西建公司、二建公司、三建公司、四建公司;监理公司有1家:双利监理公司。

1996~1997年西城区城市建设取得巨大成就。⑴完成控规研究;⑵累计开复工511万平方米,竣工103.8万平方米,保持了较快的发展速度;⑶注重设计施工质量,保证建设项目的较高品质。

城市建设

西单商业街改造 西单商业街改造是西城区"繁荣西单,发展西城"战略的龙头项目,规划总建筑面积100余万平方米。目前,改造工程开复工面积达60万平方米。其中,西单北大街东侧改造已形成规模,华威大厦、华南大厦、高登广场已建成。一批代表首都现代水平的大型公共建筑正在顺利实施,如西单文化广场、首都时代广场、中银大厦等都将作为向国庆50周年的献礼项目,于1999年10月建成。西单地区将建设成为集金融、购物、餐饮、文化、娱乐、办公、服务等功能为一体的现代化商业中心。

金融街工程 金融街包括中国金融业、银行业、证券业和保险业的最高管理机构。建设一个功能完善、设施先进的国家金融管理、证券投资和信息中心。同时,金融街的绿化、交通、市政和总体环境将体现北京现代化、国际化大都市风范的街区。建设中的金融街位于北京市西二环路东侧,南起复兴门内大街,北至阜成门内大街,西自西二环路,东临太平桥大街。其规划用地面积88公顷,规划地上建筑面积200余万平方米。截至目前,累计开复工面积60万平方米,信达大厦、金龙大厦等已竣工,金融街南部已初具规模。1997年9月中国证监会进驻金阳大厦,标志着金融街由开发建设阶段逐步进入使用阶段。

什刹海地区综合保护与开发 什刹海由一水相连的前海、后海和西海组成,毗邻故宫、北海、景山。规划面积146.7公顷,其中水面34公顷。它历经时代变迁,仍保存着十分难得的自然景观和人文胜迹交相辉映的历史风貌。在1992年北京市政府批准的《什刹海总体规划方案》前提下,西城区以保护、整治、规划、建设、管理、利用为原则,对什刹海进行保护性开发与建设,同时聘请有关历史学家、文物专家、建筑专家等共同研究探讨什刹海地区的开发、保护与利用。近两年来对什刹海地区加强了维护整治,对水面实施长期保洁,对古园林、庙宇、故宅进行维修与保护。1997年投入资金100万元,新添路椅100多把,

安装护栏2 500米，油饰旧护栏4 400多米，铺装草地1 400平方米，并对环海周围的30多处污染源进行了彻底根治，打捞清运河脏900吨。

危房改造和安居工程　西城区坚持危房改造与新区开发，房地产经营、住房制度改革、保护古都风貌相结合的原则，不断改善居民生活条件，缓解居住困难。1996～1997年危改小区总开复工350万平方米，共拆迁安置居民近1万户。住宅建设占城市建设的比重逐年提高，1996～1997年住宅开复工146.6万平方米，竣工67万平方米。近年来先后建成一批住宅小区，如德宝、甘雨桥、裕中西里、露园、西八里庄、万明寺、西罗园、北营房东里等小区。南丰、桃园、东冠英、国英、官园等已实现大面积开工。部分居民的住房条件得到不同程度的改善，西城区正在为广大居民达到小康居住水平而努力。

城市基础设施建设　阜外大街市政道路工程是北京市政府1995年确定的市政基础设施重点建设项目。东起西二环阜成门立交桥，西至甘家口路中，全长1 676.5米，总投资4.26亿元，建成四上四下机动车的城市主干道，地下敷设8条市政管线。西城区成功地组织了该项工程，1997年6月27日全部建成通车。阜外大街的建成，对缓解城市交通紧张的状况，加强二、三环路之间道路连结，贯通东西交通动脉发挥积极的作用。

1997年西城区投资1 800万元对宣武门——新街口道路改造，该工程道路全长5.5公里，施工范围为全段路面修缮及人行步道砖更换，共完成铣刨旧路面7.15万平方米，铺装沥青混凝土9.3万平方米，砌路缘立道牙2.6万延长米，铺装彩砖步道7.1万平方米，其中新建盲道0.52万平方米，同时，配合电信部门解决了灵境至西四电信、电缆的沟通工作，新装IC卡电话100部，更换果皮箱430个。

城市管理与环境建设

以全面推进社会发展综合实验区为动力，提高综合环境质量，实现可持续发展为目标，西城区在加强城市管理和环境建设方面作出不懈努力。

根据《北京市城市总体规划》和国务院批复精神，为加强中心城区职能，合理利用城市土地资源。西城区于1995年开始全区控制性详细规划编制工作，两年内完成现状调查、计算机处理、方案分析论证等工作。目前，规划工作基本完成，上报市政府审批。

在城市绿化方面。1996～1997年共植树近20万株，铺草坪9.8万平方米，新增绿化面积12公顷，全区绿化覆盖率达26%。

花园式单位150多个。城市绿化已由平面向垂直立体化发展，工作重点由扩大种植向加强养护、建设花园式城区、提高绿化、美化、净化质量发展。

在环境综合治理方面。围绕每年为百姓办10件实事主题，两年来对140多条街巷，160个小区进行了综合环境治理，共拆除违章建筑1.6万平方米，腾退绿地7 640平方米，整治马路市场674个。深入开展“城市环境综合整治定量考核”工作，1997年综合治理污染源10个，查处违章违规单位137个。

在市容环卫管理方面。1996年全区全部撤销垃圾桶站，在全市率先实现了垃圾清运密闭化，共建成密闭式清洁站73座。1997年完成200座公厕改造，使全区一类公厕达到15座，道路机扫率提高到58.8%。全区市容卫生状况得到极大改善。

在节水防汛工作方面。加强计划用水和节水法制建设，两年来共对1万多户用水单位实施了执法检查，对其中的227家用水不规范单位实施了教育处罚。1995年和1996年，西城区分别被评为全国和北京市节水先进单位。防汛工作进一步充实完善三级防汛领导责任制，制定三级抢排险方案，组建抢险队伍，筹备大量抢险物资，确保万无一失。1997年实现防汛工作“十一连冠”。

建筑市场管理

贯彻《北京市建筑市场管理条例》，推行建设单位负责，企业保证、社会监理、政府监督相结合的管理机制。1997年在监工程项目250万平方米，监督覆盖率达100%，总招投标面积6万平方米，中标总价近1亿元。

以综合整治为手段，加强对施工现场管理和综合执法检查，确保施工现场文明秩序，两年来共对48起违章开工、违章用工、违法经营的单位进行了处罚。

开展“四项达标”和“文明安全二地”创建工作，推进文明施工，搞好安全生产，目前全区有9个工地达到市级“文明安全工地”标准，大大提高了施工现场的管理水平，为逐步解决城市改造与保持良好环境问题的矛盾奠定了基础。

（西城区城建办公室）

外向型经济

吸引外资成绩斐然

西城区的外向型经济是从1985年开始的。由北京银燕服务公司、中国航空工业规划设计研究院、北京国际信托投资公司与香港伟中行有限公司、香港凡事达实业有限公司合资兴办的“北京银燕电子闪光灯有限公司”是西城区第一家中外合资企业。这家合资企业的诞生,揭开了西城区利用外资工作的序幕。在此后的10多年间,西城区利用外资工作从小到大,稳步发展,已形成一定规模。90年代,是利用外资工作大发展阶段,共批准“三资”企业736家,投资总额20亿美元,协议外资5.9亿美元,分别是前5年的27.26倍、25.08倍和43.02倍。因此,西城区也从1990年到1994年,连续5年被北京市政府评为“利用外资工作先进区”,是18个区、县中唯一连续5年荣获该称号的区。截止1997年底,已累计审批外商投资企业763家,投资总额20.8亿美元,注册资本8.89亿美元,协议引进外资5.52亿美元,占注册资本的62.09%,实际利用外资10多亿美元。763家企业中,按投资方式划分:中外合资企业514家,占67.49%,中外合作企业58家,占7.6%,外商独资企业190家,占24.9%,股份制企业1家,占0.01%。按行业类型划分,生产型企业503家,占65.93%,非生产型企业234家,占30.67%。房地产企业26家,占3.4%。

海外投资者主要来自美国、日本、新加坡以及中国香港、台湾等37个国家和地区。其中香港投资最多,有314家,占41.15%,协议外资3.29亿美元,占全部协议外资的59.7%。其次为美国,有138家,占18%,协议外资4 287.94万美元,占全部协议外资额的7%。位居第三位的是台湾,有86家,占29.58%。国外投资的规模相差甚远。有的国家虽然项目数量不多,但投资规模大,如英属维尔京群岛,投资的项目只有6个,但投资总额高达1.6亿美元,平均项目规模为2 679万美元,协议外资也达7 433万美元,占全部协议外资的13.46%,高于美国和中国台湾省的投资。

投资领域广泛,带动了地区的发展。目前,外资在西城区投资的行业已达46种,涉及计算机、食品制造、房地产开发、医院、邮电通讯、餐饮娱乐、农业等领域。其中以计算机软件开发、电子机械产品、精细化工等高新技术企业居多。其次是咨询服务、餐饮娱乐、房地产类的服务型企业也发展较快,体现了中心城区服务为主的城市功能和发展方向。

“三资”企业的迅速崛起,大量吸引国外先进的技术和科学的管理方式,为西城区的经济振兴注入新的活力

“三资”企业的经济效益已成为西城区经济工作新的增长点,占全区财政收入比例连年上升 据统计,1996年“三资”企业完成总产值3.1亿元,居全区工业企业之首。1997年1～9月完成总产值2.7亿元。1996年“三资”企业实现销售收入20.3亿元,同比增长幅度高达163.8%。1997年1～9月为16.74亿元,上缴各类税金1.17亿元。1996年上缴财政为2.14亿元。1997年1～9月为2.35亿元,分别占全区财政收入的24.78%和30.57%。

弥补了资金不足,增强企业发展后劲,加快城市建设步伐 截至1997年底,西城区实际利用外资10.5亿美元,折合人民币约86.83亿。这些外来资金的注入,填补了我区生产建设资金的不足。特别是房地产项目的开发,利用外资效果尤为显著。在现有的25家房地产中,投资总额16.29亿美元,注册资本5.44亿美元,其中中方投资1.98亿美元,外方投资3.46亿美元。实际利用外资8.08亿美元。25家房地产企业开发建筑面积179.71万平方米,占地63.94公顷,多数用于开发写字楼、住宅及商业设施建设等。这些房地产项目的落成,可大大改善目前的区容区貌,加快城市建设步伐。

引进先进技术和设备,促进产业升级和产品更新换代,加快了技术进步的步伐 几年来西城区吸引外资的一个重要特点是吸引外国的先进技术和设备,加快了技术改造和产品更新换代的步伐。有些产品还填补了国内空白,达到了替代进口的作用。北京圣星电机整流子制造有限公司是一家与日本、中国台湾合资的公司,引进日本先进的生产设备、技术和工艺,使高精密度的微电子整流子的各类指标达到国际同类产品的标准,缩短了我国微机整流子产品与国际先进水平的差距,成为替代进口产品。仁达国际信息工程

有限公司，引进香港机器设备，采用信息高科技研制出的高分辨自动会聚大屏幕投影显示系统，在我国军事、防洪、水电等指挥系统中应用，填补了国内此项技术的空白。北京智凯办公自动化设备有限公司与日本合作伙伴联合设计、联合生产的 RICH 系统打印机，以其优良的性能和品质，在北京市举办的科技之光评选活动中，取得“优秀科技产品”的称号。同时，该公司也因具有一流的产品、一流的技术，一流的服务，夺得“优秀科技企业”的桂冠。爱普亚太电子有限公司是一家研制开发模糊智能控制技术的专业化高科技公司，它根据计算机、控制技术、模糊逻辑等高新技术，综合利用模糊处理方式，使被控制对象在多条件、多参数的复杂环境中得到最优先化控制，达到最理想的工作状态。该公司研制开发的新一代“模糊智能开发环境技术”通过了国家科委鉴定，并在“'96 世界中小企业技术交流会”上获最高奖，即“东京技术奖”。专家认为这项技术填补了国内空白，具有世界先进水平。

引进先进的科学管理方式，提高了企业管理水平

“三资”企业外方直接参加管理，传播了国外反映现代化生产 管理的先进经营管理方式，推动了同行业经济管理水平的提高，促进了经营观念的转变。北京银燕电子闪光灯有限公司采用先进的管理方式，建立了覆盖标准各要素一整套文件化的质量体系，使质量活动得到有效控制，产品质量进一步巩固和提高。率先通过了中质协质量保证中心关于 ISO9002 质量认证、审核，取得了 ISO9002 质量体系认证证书。此外，还有华威大厦、山釜餐厅、巴黎婚纱摄影等多家企业，由于引进国外先进的科学管理方式，使企业内部管理得到进一步改善和提高，保证了企业的正常运行。同时也取得了较好的经济效益。

扩大了出口渠道，提高了出口创汇能力 “三资”企业的兴办，打破了外销渠道长期依赖外贸公司收购外贸产品的局面，直接出口创汇连年递增，外汇收入不断增加。据不完全统计，“七五”期间为 119.5 万美元。“八五”期间增加到 1 003.18 万美元，增长了8.39倍。特别是 1997 年 1～9 月，外汇收入有大幅度增长，达 1 458.3 万美元，是“八五”期间的 1.45 倍，出口产品也由原来的单一的挑补绣花、彩蛋、手编毛衣等几种，拓展到电子闪光灯、洗发护发用品、自行车、体育运动器械、服装服饰和机电产品等几十种。产品远销美国、日本、英国等国家和地区。

健全的组织结构，优质高效的服务，为外向型经济的振兴打下了良好的基础

为了更好地改善投资环境，进一步提高引资工作的数量和质量，西城区成立了以王长连区长为组长的“西城区外资工作领导小组”，负责领导和协调全区利用外资工作。西城区对外经济贸易委员会作为区政府的职能部门，多年来始终以培养“廉洁、勤奋、团结、进取”的干部队伍为目标。树立“服务先行，效率第一”的公仆意识，努力为中外投资者提供优质、高效的一条龙服务。此外，还成立了西城区外商投资咨询服务中心、西城区外商投资企业协会、中国贸促会西城区支会、中国国际商会西城区商会。成立这些服务机构的目的是架起企业和政府之间的桥梁，促进企业间的信息交流，维护中外投资者的合法权益，更好地为投资者服务。这一切都不同程度的改善了我区的投资环境，为“三资”企业的健康发展创造了良好的环境。

根据国家和北京市的投资导向和西城区的实际情况政府确定的投资重点是：

市政、交通、能源、环境等城市基础设施建设；

投资的重点行业是电子、汽车配套产品、轻工食品、机械、新型建材工业和适宜城区无污染的行业；

鼓励举办先进技术型和出口创汇型企业以及生产适应国内外市场需求的无污染、低能耗、高效益的工业产品，以及附加值高、技术密集型程度高的产品；

房地产开发、居民住宅危旧房改造、绿色食品的开发、生产、新型建筑材料、快餐和便民饮食生产、旅游产品、商业设施、旅游景点建设、经济、科技信息咨询等项目。

（西城区对外经济委员会）

教育工作

深化教育改革，教育质量不断提高

1996 年以来，遵照中央、市、区的指示精神，大力推动素质教育的开展，从转变观念入手多次举办素质教育报告会，1996 年暑期用一周时间召开局属各单位党政一把手专题研讨会，1997 年 11 月又召开了交流

会。同时在基层广泛开展了素质教育的各种研讨活动,取得了良好的成绩。

(1)全区小学凡是符合入学条件的适龄儿童均全部入学,几年来小学毕业合格率一直保持在99.5%以上,并全部升入初中。除了极少数择优生外,均实现了就近入学。

(2)初中毕业生升学率已超过95%。

(3)高考持续稳定在较高水平。高分数段的学生一直处于全市领先地位。1996年文科600分以上的考生全市有72名,西城区就有26名,占全市36.11%;理科600分的考生全市有340名,西城区有135名,占39.21%。1997年文科550分以上的考生全市有140名,西城区就有55名,占39.3%;理科600分以上的考生全市有168名,西城区有78名,占全市46.4%。

全市文、理科各前10名的学生,1996年西城区文科有3名、理科5名,1997年文科有7名、理科2名。

近两年全校考生总平均分在全市前10名的中学中,1996年文科西城区占6所,理科占4所,1997年文科仍占6所,理科仍是4所。

两年来全区考生录取到名牌大学的数量居全市首位,如:北京大学1996年全市录取346名,西城区就有145名,占41.91%,1997年全市录取348名,西城区有134名,占38.5%。清华大学1996年全市录取385名,西城区有140名,占36.4%,1997年全市录取399名,西城区有163名,占40.9%等。

(4)开展丰富多彩的活动。为了坚持贯彻德、智、体全面育人的方针,广泛开展了以爱国主义为核心的教育活动,如:喜迎香港回归、观看电影《离开雷锋的日子》等,并积极抓好课外活动。目前在小学有兴趣小组1 144个,参加活动人达37 231人,占小学生总数68%。参加市区馆、校、宫、家活动的学生有8 010人,占学生总数15%。在中学有课外兴趣小组500多个,参加人数近万人,参加市、区体育训练的小学生有3 265人,中学生有2 078人。1997年向市级体育专业队输送24人,参加北京市的13项比赛获91枚金牌。在第十届世界杯中学生运动会比赛中八中学生刘涛获三级跳远金牌。另有20名中学生荣获北京市胡楚南优秀中学生奖。

(5)职高以《中华人民共和国职业教育法》为指导,形成了多专业、大容量、上规模的格局。两年招生7 600人,目前在校学生已突破1万人。近三年来又有7 773名职高毕业生走上了工作岗位。两年职高学生在国际大赛中获奖6次,在全国作文比赛中荣获特别奖1名、二等奖2名。

加大布局调整,优化资源配置

为使教育全面适应现代化建设对人才的需要、全面提高办学质量和办学效益,在加大教育投入的同时,又进一步走上内涵发展的道路。两年中对7所小学、14所中学进行了布局改造和结构调整,通过调整优化了教育资源的配置,提高了办学质量和效益,使部分学校改善了办学条件,扩大了办学规模,改变了基础薄弱校的的面貌。

增加投人,改善办学条件

增加资金投入实现“三个增长”　1997年区教育经费2.86亿元比上年增长27.08%,生均教育经费预计2 700元,比上年增长16.4%,生均公用经费900元,比上年增长36.3%。两年来在区财政大力支持下,顺利实施了重点校和示范校工程、基础薄弱校建设工程、调整教育结构与学校布局工程、职业教育建设工程、幼教工程、社区教育工程、师资队伍建设工程等“九大工程”,总投资1996年8 271.8万元,1997年9 701.3万元,除此以外两年来在精神文明建设、教育科研和帮助特困生等方面追加投资1 255.6万元。

基建投入　两年来综合维修、楼房加固、翻建危房、挑顶、防水等工程共计204校次,106 873平米。修上下管线、更新、维修、改建锅炉设备、维修电线、增容等计453校次,投资1 163.04万元。修操场九校5万平米。新建教学楼13 230平米。夏季防汛期间未出现塌房、倒房和伤亡事故。

安居工程　1996年改造七中建安居住宅楼施工面积2.5万平米,竣工1.2万平米。1997年施工36 000平米,竣工12 000平米(114套安居住房)。1996年购买安居住宅楼4 700平米(74套),解决、改善93户教职工住房,1997年购房6.9万平米,解决、改善了1 200户住房。

为确保广大住户生活,两年来综合大修两处宿舍楼、更换了两座整楼电线、改造整修了部分高层楼的消防水系统、外墙渗漏问题,并全部疏通了宿舍的下水系统。

积极培养青年教师

为了培养青年教师，小学举办了第五届“金秋杯”青年教师公开课邀请赛，组织参加青年教师风彩展校44所，参加听课人数达1.5万。中学开展了由49所学校推荐的、数百名青年教师参加的教学能力竞赛，通过三个阶段对参赛选手在教材分析、教案编写、教学语言、技术、手段等方面进行评奖，对青年教师的成长提高起了积极的推动作用。另外还有2名教师荣获“北京市中学惠普优秀教学管理”奖。

加强法制宣传教育，增强执法意识

教育局重新调整了法制教育领导小组，建立了《法律文库》，健全并培训了普法宣传员队伍，加大了对基层单位学法、执法的检查力度，坚持月报表制度，全局系统举办了全体教职工《教师法》的开卷考试。为不断深入学法，增强执法意识，教育局进一步开展了“家访促进师生情”、“学法、用法、大家谈”等活动，广大教师、职工依法办事的自觉性有了很大提高，遵纪守法、敬岗爱业的精神蔚然成风，违法违纪现象明显下降。

在学生队伍中违法犯罪的比率一直很低，1996年为0.57‰，1997年为0.33‰。

（西城区教育局党委宣传部）

科学技术与可持续发展

西城区加快“科教兴国”、“可持续发展”两大战略的实施，有力促进了全区两个文明的建设。

在全区范围内开展可持续发展行动，加快实验区建设

西城区被批准为国家社会发展综合实验区已有两年，在推进实验区的工作中注重发挥科技对可持续发展的支撑和引导作用，通过示范项目来促进、落实可持续发展的建设。从1995年起西城区共设计、启动、实施50项示范项目和示范工程，到目前为止，已完成10项，近15项取得阶段成果。示范项目体现了社会进步的要求，扩大了社会资源的综合、充分利用。卫生与健康促进示范工程被列入联合国计划开发署支持北京实施21世纪议程的首批项目之一，规范利用辖区内卫生资源，完善城市社会化医疗服务体系。已在居民区建立了20多所社区卫生保健站，为居民提供诊疗、咨询和健康服务2万多人次，建立居民健康档案1万余份，受到居民的好评。保持了在全市开展社区卫生综合服务的领先水平。区劳动部门承担的市劳动局在全市开展的通卡工程取得进展，以养老保险属地管理计算机系统为基础，在职工智能卡上实现综合社会保险、职工就业状况、职二技能培训、大病统筹、个人帐户等五类管理功能。现已完善了养老保险个人帐户数据库，开发了新的管理软件，首批发卡5 000张，五类功能正在分步实现，为加快社会保证体系建设适应社会化管理的要求提供了技术保证。教育社会化研究与示范完成了20多万字的研究报告，对建立大教育体系提出了总体构想和实施方案，建立了社区教育评价指导体系，4个专业指导中心，指导社区培训机构开展对居民、学生家长和流动人口等培训达数万人次。社区大气污染物排放总量控制研究是国家科技项目。目前已完成了社区大气污染物排放总量控制实用方法的研究，基本完成了地理信息系统的开发和污染源分布层的建立，在两个污染较为严重的地区建立了大气质量连续监测站，并列入治理计划。科技知识普及工程体现了以人为本，提高全区人民群众科学文化素质。西城区建立了全市规模最大的百米“实验区科普”画廊，有9个街道办事处建立了12个科普画廊、科普展厅，开展在居委会建立科普宣传栏的试点工作。各部门、各街道利用多种形式，向领导干部、青少年、居民群众开展对两大战略《中国21世纪议程》的宣传，突出宣传了社会发展综合实验区造福于民的宗旨和建设实验区所取得的成绩。

加快信息化建设步伐，增强地区可持续发展能力

近年来西城区积极推进信息化工作，启动了一批信息化建设工程，加强了城市的现代化管理，提高了工作效率，其中部分项目承担着市有关部门的试点任务，在全市居领先地位，为西城经济和社会事业发展打下良好的基础。在1995年底建成全市第一个区级办公自动化信息系统的基础上，又研制开发了具有分析统计数据功能的地理信息系统，可进行多个因素叠加的统计分析，同时方便、快捷地展示分析区经济社会发展事业状况。建立了计划经济部门、外经、科技、教育、财政、工商、税务、公安、劳动保险、规划等10个以上的子系统。规划管理系统在控制性规划基础数据资料的统计分析、规划方案的调整和图纸图册编制方面发挥了特有的功能，对土地使用控制、主要公共设施与服务设施的配套等方面达到定性、定量、定界的程度，明显提高了城市规划管理的水平。区商贸企业中的骨干企业全部实现了计算机管理。二龙路医院建成了在全国领先水平的全病案管理系统。

加强科技成果的转化和应用

西城区以科技成果转化和应用为重点，进一步加快了应用研究和新技术新产品开发。1997年列入国家、市级科技计划9项，区科技计划43项，获国家专利5项，获国家、市级以上科技奖励6项，获区科技进步奖19项。

涌现出一批优秀科研项目，"土木工程高层钢筋混凝土结构计算机辅助系统"和"深基坑支护软件"通过建设部技术评定，并获国家计算机软件著作权证书。该项目在计算机技术和信息处理技术的运用方面达到国际先进水平。"计算机全汉字信息处理系统集成"包括《郑码》汉字编码系统等，是当前最优秀的形码输入系统之一，获得全国科技信息化优秀成果一等奖。"动态轴计量高精度汽车衡"经技术鉴定，测量精度达到了国际同类产品的先进水平。科技成果的推广、应用范围不断扩大。节水器具得到推广应用，节水龙头在西单一条街上所有的街面商店、单位应用，在两年内累计节水10万吨，使西城区保持了全国节水先进区的称号，并处于领先地位。"双效制冷蓄冷机组"使用在全国电力调度指挥中心大楼，河北省三电办、电管局、节能办批准该项目在全省范围内推广。

西城区在民营科技企业，在发展高新技术、促进成果转化和实现两个根本性转化方面发挥积极的作用。到目前为止高新技术企业已达45家。一批企业已经过创业阶段，走向发展阶段，具有规模效益。天衡时代科技集团公司已成为跨地区，集科研、开发生产和销售为一体的科技企业，具有了兼并生产企业、实现资产重组的实力，1997年技工贸总收入已超过亿元。裕兴机械电子研究所自行开发的"裕兴电脑"学习机，1997年销售额达到1.5亿元。

技术市场保持了良好的发展势头，1997年西城区被评为全国贯彻技术合同法先进单位；市技术市场金桥奖，合同交易额达到5.5亿元。

为了实现以科技引导，加快可持续发展实验区建设的各项目标，西城区加大了科技投入，1997年用于实验区示范项目的专项基金、科技三项费和科普专项基金达640万元，1998年科技投入将大幅度增长，实验区示范项目的专项基金达1 000万元，科技三项费达500万元，科普经费达80万元，共计1 580万元。

（西城区科委）

文化文物工作

营造良好的文化环境，开展丰富多彩的群众文化活动

元旦、春节两节文化活动，近几年一直作为全年群众文化活动三大战役（元旦、春节；艺术节；夏日广场）的第一战役。1997年在"一个重点，全面开花"原则下，以白云观民俗迎春会为重点，10个街道社区和委、办、局普遍开展多达12项系列文化活动，即：十一届庙会迎新年、公益电影群众看、张灯结彩商脉连、节日回报爱心献、志愿服务孤老残、新婚移俗喜事办、双拥共建亲情感、尊老敬贤大拜年、新春秧歌舞长安、正月十五花灯展、职工汇演《新风赞》、体育健身全民参。

第十一届白云观民俗迎春会，共接待中外游客50万人，成功地为首都人民营造了一处春节文化娱乐的好去处。

在整个元旦、春节期间，全区各基层单位开展各种形式演出活动700余场，参加或参与活动的群众达24万余人次，加上迎春会活动，此间共接待70多万人次，群众文化活动盛况空前。

仅1997年《西城之春》艺术节和夏日文化广场群众文化活动就组织了433场次，有55 574人次参加各种形式的文艺演出，观众达347 715人次。同时，推出集群众性、思想性、艺术性为一体的群众文化精品《母亲·97·圆梦》和《军地之歌》，并与社会接轨推向广场，形成风格独特夏日文化广场风景线。

区文化馆发挥场馆优势，为社会服务，共组织、协助开展35次活动，有92场次，观众达106 100人次，尤其是京剧票房百期、曲艺票房百期、摄影沙龙聚会百期和王铁锤、王忠师生专场、蒋丹舞蹈专场，很大程度反映文化馆改革以来业务状况。改革后的文化馆在全区辅导作用初见成效。1997年有文化活动辅导单位75个，辅导20 575人次，辅导节目80多个，辅导歌曲100余首。其成果获市、区、部所的各种奖项有：特等奖1个、一等奖11个、二等奖7个、三等奖5个、优秀奖8个。

图书馆开架借阅率达到60%，并建立了一个密集书报库和清华大学学术期刊二级检索站。更好地发挥信息多的优势，对现有的《决策信息参考》改为每月二期，加大了信息量。

适应社会需求，筹办了《深切缅怀邓小平同志》、《迎香港回归》、《弘扬雷锋精神》、《'97北京科技周》等主题书展活动。

截至目前为止，新办证751个，累计办理借书证9 603个，借阅图书94 850人次，15 482册次，出动流动图书车84次，采购图书611种1 799册，订购专辑光盘期刊873种。

文化市场管理、繁荣共同发展

西城区文化市场近年发展迅速，已经形成多门类、多层次、多主体的整体文化消费结构。目前各种文化经营单位已达1 000多家。

为使文化市场健康、有序、繁荣发展，在完成《西城区文化市场宏观调控意见》基础上，提出了"大规模、高品位、大众化、易管理"的文化市场发展方针。从而进一步明确，在文化市场中积极扶植大众化消费水平的娱乐场所的发展，严格控制高消费的歌舞厅和大型迪斯科舞厅的发展；对餐饮卡拉OK，在政策上给予优惠，简化手续，优先发展；积极引导和扶植大、中型商场开办书店，支持社会力量办书店，严格控制个体书摊的发展。结合区内城市改造和集贸市场的整治，清理分散在小街小巷内的小型经营摊点，将其逐步调整集中到区一、二类重点大街上来，形成各门类相对集中的经营格局，也有利于社会监督和管理。

从1996年12月～1997年11月，新批各类文化企业190家。其中歌厅23家、餐饮卡拉OK17家，交谊舞厅3家、旱冰场1家、台球厅11家、社会办主、兼营书店37家、电子游艺厅1家、保龄球厅4家、字画店2家、棋牌室3家、电子出版物零售店23家、报纸零售41户、音像制品零售、出租店24家。

文化市场执法进一步规范，同时加强管理，到目前为止，出动检查922人次，行政处罚146件次。

在加强对文化市场检查、监督的同时，积极引导文化经营场所开展主题鲜明、内容健康的公益活动。

区属3家影院作为社会主义思想宣传阵地，积极落实中宣部、广电部的精神，放映国产片3 204场，观众379 890人次，放映专供录像20 156场，接待观众1 722 897人次，举办公益场168场，残疾人专场11场，接待未成年人专场36场。其中首都影院放映《离开雷锋的日子》获全市最佳组织奖。并且，首都电影院继1996年首次突破票款收入1 000万元后，1997年再次突破1 000万元。

将红楼电影院公共设施进行改造，开辟了全市首家残疾人影院；组织直属影院为离退休人员、教师及残疾人，发放"国产优秀影片观摩优惠金卡"；利用元旦、春节在娱乐场所为工薪阶层提供优惠服务；在寒暑假期间组织全区各影院、录像厅，免费为中小学生放映百部爱国主义教育影片。

保护文物、开发利用、服务于精神文明建设，培育新的经济增长点

西城区的城市性质、功能、特点，决定了西城区文物工作在全区建设中的重要地位和特殊作用。按照中央提出的"有效保护、合理利用、加强管理"的指导方针，明确一个整体的文物开发利用的思路。即"打开山门、亮出白塔、开发帝王庙"。

白塔寺保护整治实现历史性突破，搬迁了该寺东配殿的39户居民，妥善安置了白塔寺副食商场292名职工，将占地交付市文物局。将市对文物投入的20万元和区政府拨款65万元，全部用于修缮帝王庙围墙、石护栏、宰牲亭，为腾退帝王庙筹建西城区博物馆奠定了基础。

结合城市危改建设进行全区文物建设修缮工程，共计完成14项，总修缮面积为8 710平方米，共投入约672.5万元。

配合城市基建工程加强出土文物保护。在西单中银大厦工地的基础坑底部，发现距今约4万年华北晚更新世"诺氏古菱齿象"的象牙、臼齿、髋骨化石。化石出自深22米的古河道沙石沉积层中。这一发现对于研究北京城区平川地带，王府井古人类遗存(深16米，距今2.8万年)前后时期的古地理环境，古动物种类与活动，具有重要的科学价值。古象化石已经修复加固。

在西单教育街中华供销总社施工工地，发现东汉时期窖藏，出土仿铜陶壶、豆、罐、仓等13件陶器。这是复南地区早期文物埋藏区的又一重要发现。

在真武庙四条市政管道施工工地，两次发现3座清代墓葬，3件骨灰葬具均为青花瓷将军罐，高约80公分，完整无损，属此类文物中之精品。

宣传协调、动员有关单位在后库、太平桥大街、西单等地，共保护了5批约1 900块城砖和300多块清乾隆款黄琉璃板瓦，支援古城墙修复工程。

文化设施建设

西城区积极组织实施占地3 810平方米、建筑面积6 160平方米、全市最大的区青少年儿童图书馆。并购建一栋占地2 200平方米、建筑面积1.1万平方米的西城区图书馆新楼。同时，投资70万元改造了首都电影院放映环音系统和空气净化装置，大大改善了观映环境。胜利电影院投资210万元，增设了全市首家震感电影和按摩椅录像厅及供暖设备。

（西城区文化文物局）

卫生事业

西城区卫生事业，初步形成了三级卫生服务体系，重点学科建设和卫生科技水平及服务能力保持在北京市先进水平；中医药事业得到了继承、发展；卫生法制建设日趋完善；爱国卫生运动日益深入人心；人民群众健康水平不断提高，传染病总发病率处于全市较低水平，全区居民健康状况主要指标已位于发展中国家前列。

1997年全区人口期望寿命达到77岁，孕产妇死亡率0，婴儿死亡率7.28‰，5岁以下儿童死亡率8.49‰，4月龄婴儿母乳喂养率58.24%。甲乙类传染病发病连续14年下降，计划免疫全程接种率达99%以上，无脊髓灰质炎病例发生，结核病人全监化疗率和精神病人监护率保持在100%。继1996年跨入爱婴区之后，1997年西城区又代表北京市接受并通过了爱婴市的国际评估。

社区卫生工作是西城区国家级社会发展综合实验区的示范项目，也是全国和北京市卫生工作会议提出的城市卫生服务体系的重要组成部分。自1995年启动月坛社区卫生与健康促进示范工程以来，得到了各级领导的支持和社会的认可，已成为国家21世纪议程指定项目。目前西城区已初步建立起社区居民健康管理、健康教育和卫生监督的工作模式并形成了工作规范。近两年来已在10个街道建立社区卫生服务站24所，为社区居民建立健康档案9 213份，开展健康教育45 452人次，社区接诊病人18 021人次，开展治疗9 288人次，开设家庭病床584张，发放卫生保健联系卡5 226份。为体现政府对人民健康的关怀，卫生系统从解决最困难居民的保健入手，对辖区内70岁以上自费医疗的老人、优抚对象、残疾人进行免费体检6 000人，对35岁以上自费医疗的已婚妇女进行妇女病及防癌普查3 800人；对辖区内生活困难、无医疗保健的精神病患者提供基本治疗药物117人。

继续贯彻“科教兴国”和“可持续发展”战略，依靠科技和教育发展卫生事业。1997年公布获奖课题13项，其中市中医管理局科技进步奖2项；区科技进步奖11项。全年立项科研课题29项，其中区级以上立项14项，9项课题通过了专家鉴定。复兴医院“宫腔镜临床应用”全国推广学习班再次举办，来自全国22个省市的69名专业技术人员参加了培训；二龙路医院“中英文大肠肛门疾病文献数据库检索系统”研制成功；第二医院心理治疗的“漂浮疗法”日益受到患者的欢迎。

在开展“多给病人爱心，多给病人诊疗时间”和创建卫生系统“形象工程”的基础上，以职业道德建设为中心，以树立良好的行业作风为重点，积极开展以病人为中心、优质服务、树行业新风活动。局属医疗单位社会满意度达91.1%，五所医疗机构相继跨入西城区精神文明示范窗口行列，厂桥医院被首都精神文明建设委员会确立为首批文明行业示范单位。

进一步强化卫生行政执法，初步形成以卫生行政部门为执法主体的医政、药政、传染病防治、母婴保健执法体系。为加强食品卫生管理，1997年卫生局在全区各街道的区属医院设立了卫生监督站，聘任专兼职监督员30名，进行食品卫生监督18 708户次，较1996年同期提高了11.62%，完成对各类食品、食品用具监测14 237件，比上年同期提高了144.54%，进行行政处罚120起，罚款13.56万元，举办食品卫生培训班248期，培训2 000余人次。依国务院《医疗机构管理条例》，完成了辖区526个医疗机构的登记和28所医院定级申报工作。完成了10所局属医院第一周期的医疗机构评审。依《药品管理法》,完成辖区57家药品经营企业年检及33所药品生产经营单位和医疗机构的监督检查。完成186种制剂注册申报,完成药品验证11 669件,受理药品违法案件18件,取缔游医药贩4次,立案8件,查处8件,没收金额为88 769.90元,监督销毁折价17 224.73元。

(西城区卫生局办公室副主任　陈素英)

北京地百商贸股份有限公司

地百是西城区商贸系统第一家进行股份制改造的企业,改制3年来,企业管理求科学,经营重实效,不断探索建立适应市场经济的现代企业运行机制,努力推进"两个转变",企业发生了可喜的变化。

探索建立适合企业发展的运行体系

1994年8月,企业完成了由一个传统的国有企业到公司制企业的转变,为适应这种变革,地百按照市场经济体制的需要,先后实施了:集中管理,对各业务部在联营管理、资金使用等方面实行了集中管理,形成了资金优势的实力,理清了管理层次,培养了自营能力,促进了经济效益持续增长;放权经营,为充分发挥股份制企业的"四自"优势,给各经营单元以充分的施展空间,公司对所属9个商品部实施放权经营,将经营自主权、人员调配权、资金使用权、市场开发权、奖金分配权、费用支出权等全部下放到商品部,极大的激发了企业内部活力;资源重组,突出骨干商品、名牌商品的经营优势,打破部门界限,合理配置存量资产。

深化内部配套改革

公司从克服企业原有管理制度的弊端和提高企业运行效率出发,改革企业内部管理制度,引进科学的管理机制,调动各方积极性,达到国有资产增值、职工增收、企业增效的目的。引进竞争机制,完善干部聘任制;引进约束机制,改革企业用工制度;引进激励机制,完善分配制度;建立起职工利益的保障机制。并推出定岗分级的新举措,以巩固3项配套改革的成果,围绕"人从岗位抓,物从流程管"的基本思想,完成了公司内上至总经理,下至售货员99个岗位的定岗、定编、定职、定职务标准、职能标准、考核标准、考核办法,明确了培训——考核——评议——核定等级——分配挂钩的管理流程,进一步激发企业内部活力。

加强管理,集约经营

在推进"两个转变"的进程中,地百把强化企业管理,提高企业素质作为提高经济增长质量的有效手段。

抓重建,开发挖潜,改善购物环境;抓重调,改善经营布局;抓重组,民主评议重新聘任中层管理人员,建立了高效务实的干部队伍;抓重管,加大管理力度。通过一系列的调整,使企业管理层次更加清楚,管理基础更加扎实。

在加强管理的基础上,大胆尝试把资本的运营和经济结构重调结合起来,让资产以资本形态向高效益方向流动,扶优劣汰。把分布于3个部的小家电产品集中到具有经营优势的一楼显著位置,在资金的配置上从优,形成了专业商品经营的优势。在资源没有增加的条件下,资产的重组使经营从无序到有序,优化配置产生了优良效益。

在强化基础管理方面:

审计管理　通过强化审计管理,加强对企业资产的监控,促进了企业效益的实增长。3年来实施了年底的全面审计,清产核资;日常的滚动审计,重点审计,抽样审计,经理、组长离任、交接审计,为兼并企业而进行的产权审计,并自觉接受审计局、会计师事务所、监事会的审计。通过实施三色警戒单管理,加速了有问题商品的解决。3年来,审计消化有问题商品近300万,处理呆死帐19万元,挽回经济损失173万元,促进了从实物形态管理向价值形态管理的转变,从商品管理向资产管理的转变。

制度管理　遵循人尽其才,物循其规,权施其度的原则,对企业运行中各环节、各岗位的原有制度进行修订、完善,通过加强营销管理、财务管理、服务管理、教育管理,使企业管理更加规范,各组织间更加协调,实现了企业管理从行政管理向行为管理的转变。

加强联营管理　坚持了"五统一"的管理,做到四个落实即:组织落实、制度落实、检查落实、培训落实。通过签订合同,依法、依合同规范联营单位的经营行为,维护企业的信誉,逐步实现了联营管理从人治管理向法制管理的转变。同时,通过运用计算机对联营

的指标、成果进行有效监控，实现了经验型管理向科学管理的转变。

适应竞争，再塑形象

从适应市场经济，适应市场竞争出发，地百实施了：认同工程，导入CI系统，强化公众形象；向心工程，在企业的营销策略上，实施以顾客为中心，以市场定位为重点，有特色的企业形象再造。确立了“贴近百姓生活，面向大众消费”的市场定位。商品质量突出“优”，商品价格突出“实”，维护权益突出“诚”，营销环境突出“美”。

灵活经营，扩销增效

股份制改造完成后，按照现代企业制度规范企业行为，通过深化改革促进企业经营机制的转变，建立了企业自主经营的机制，形成了适应市场竞争的能力，壮大企业的功能。3年来累计完成销售6.08亿元，实现利润2 489万元，上缴利税4 581万元。资产大幅度增值，由创立时的4 487万元增到13 925万元，增幅210%，股东权益由创立时的3 433万元增到4 896万元，增幅142%。在1996年西城区综合效益分析中，地百的销售收入占西城区总体指标的5%，利润总额占7%，利税6%，成为西城区利税十强企业之一。企业规模不断壮大，多种业态形成，初步构筑一个跨行业、跨地区、科工贸一体化商业集团的基本框架。到本世纪末，古都龙脉上将矗立起一座2.2万平方米的现代化商业大厦，一个具一定规模的商业集团和一个业绩优秀的上市公司，地百人正坚定不移的朝着既定的目标迈进。

（西城区地百商贸公司）

北京金融街

1993年国务院批复新的《北京城市总体规划》高屋建瓴地提出：在西二环阜成门至复兴门一带，建设国家级金融管理中心，集中安排国家级银行总行和非银行金融机构总部。这就是人们常说的北京金融街。它南起复兴门内大街，北至阜成门内大街，西自西二环路，东临太平桥大街。南北长约1 700米，东西宽约600米，规划用地面积为88公顷。规划地上建筑面积200多万平方米。

北京金融街位居北京市几何中心地带。离天安门广场仅3公里。东距北京三大商业中心之一的西单商业区仅1公里，西抵正在崛起的三里河与复兴门外大街商业区，南距亚洲最大的铁路客运站北京西站3公里，北接科技力量雄厚的海淀区。以它为中心辐射方圆十余平方公里的区域，金融机构散布其间。环境位置优越，市政配套齐全，交通便捷，资讯丰富。

建成后的北京金融街将是一个功能完善、设施先进的金融管理、融资、结算和信息中心，将是中国金融业包括银行业、证券业和保险业的最高管理机构和全国最具实力的金融机构的集聚之地。拥有齐全的证券、期货、黄金、外汇、抵押、租赁等金融市场和通讯、报价、保安、保管等各类服务系统，并辅以为金融业配套服务的律师、会计师事务所，集高档商住、餐饮、服务、文教和娱乐于一体。

今天，落户金融街的中国人民银行、中国证券监督管理委员会、中国工商银行、中国银行、中国建设银行、中国人民保险（集团）公司、招商银行、交通银行、中信实业银行、平安保险公司及8家主要证券公司等中央级金融机构和政府管理部门，代表了中国金融业的核心力量。摩根士丹利、高盛、森·大厦、丰隆集团等大批海外实力企业投资纷至沓来，更是对北京金融街已成气候的投资热潮作了最有力的诠释，方兴未艾的北京金融街正吸引着越来越多的金融机构和海内外有识之士。

北京金融街的整体规划充分体现现代化，面向21世纪的总体意识。60%以上的土地用于绿化、道路和市政配套设施的建设。先进的理念突出体现在公共空间的设置和景观规划上。充满人文色彩的景观设计按不同功能地段的不同空间，有序安排休闲、步行空间及城市雕塑、绿地、文化、娱乐等公共设施。5个镶嵌在大厦周围的公共广场，与金融建筑的庄重典雅相得益彰，浑然天成，营造出鲜明的时代氛围。隔街相望的妙应寺白塔，更为小区增添一道浓厚的文化色彩。社区内不仅有“百盛”等大型的购物中心，有北京八中这样的一流名校，还安排建设了高级酒店、公寓等生活设施。

大市政规划　北京金融街规划着力加强市政基础设施建设。在金融大街、武定侯街、广宁伯街、太平桥大街等区内主要道路均铺设电力、煤气、热力、电信、上水、排水、雨水、污水等新的市政管线。完整的市政设施配套系统充分满足各方需要，保障金融建筑的使用。北京金融街及周边地区的市政面貌将焕然一新。

交通规划 北京金融街周围为4条城市主干路环绕，依照北京市区目前的交通状况，确定了路网结构。由一条南北向和两条东西向的城市次干路将整个区域划分成6个组团。合理便利的交通组织给区域创造了良好的道路环境。

园林规划 北京金融街的绿化方案既沿袭了传统园林的精髓又打破用地割据，提出"环境共享空间"的构想，将绿化、广场、小区、水景统筹考虑，融为一体。树种规划突出一季之胜，以"金花、金枝、金叶、金果"为绿化特色，与步行系统结合，丰富城市景观。对开发区的绿化统筹在北京尚属首例，其完美的构思，新颖的设计，体现出建设者的缜密巧思，将成为城市园林规划的经典。

自1993年北京金融街建设启动后至今，先后有8个项目开工建设，累计施工面积60万平米。其中金业大厦等5个项目于1997年相继竣工交用，C区市政配套设施基本完成。A区开始破土动工，B区也已进入全面拆迁阶段。110KV变电站已建成投入使用，8万门容量的中心电话局和国家电信指挥调度中心即将开工建设。海内外投资者对这一得天独厚的开发区域倾注了极大热情，先后有数十个国家的上百家客商前来洽谈投资合作事宜，达成多种合作形式的协议，大批实力金融机构已经落户。更大规模的建设在即，北京金融街的宏伟蓝图雏形初具，前程似锦。

地方税务工作

北京市西城区地方税务局于1994年9月5日正式成立。全局共设12个科室、10个基层税务所，共有干部职工314人，负责辖区内18 564户纳税人的地方税收征管工作。

两年来，这个局在西城区委、区政府和市地税局的正确领导下，按照"真诚、和谐、务实、高效"的治局方针，狠抓收入，锐意改革，勇于开拓，坚持两个文明一起抓，不仅培养出了一支能打硬仗的干部队伍，而且连年圆满完成了各项工作任务。

连年全面、超额完成税收任务

这个局注重强化计划监督、分析预测、征期申报和按期入库，狠抓征管基础和税源监控，坚持依法治税，加大检查执法力度，加强税收宣传，实现了税收收入高速、稳定增长，年平均增幅在20%以上。1996年和1997年共组织各项地方收入48亿元，完成市区两级工商税收41亿元，其中为西城区组织各项收入14亿元，为市区的财政收支平衡及经济建设和社会发展做出了贡献。1996年被评为北京市地税系统先进单位；最近，又被人事部和国家税务总局授予全国税务系统先进集体称号。

该局始终以组织收入为中心，狠抓征期申报率与税款入库率，使纳税申报率和税款入库率均达到98%以上；加大执法力度，强化纳税检查，两年共检查3 500户次，查补税及罚款6 900万元；对310件举报案件进行了查处，查补税及罚款350万元。同时与检察院、法院等司法部门密切配合，查处了我市首例个人所得税偷税大案。在税收宣传中不断提高和增强公民依法纳税的意识和自觉性，共发放各种宣传资料20多万份，召开各种辅导、座谈、培训会百余次，对外刊播通讯报道350余件，树立税务公告栏19块，使税收宣传达到了声势大、影响广、效果好的目的。

税收征管改革全面起步，成果显著

按照国家税务总局的工作部署，北京市地方税务系统从1995年开始进行了征管改革。该局作为试点局之一，在全市率先试行了邮寄申报，并在全市地税系统推广。全局邮寄申报企业已达1.4万户，占全局管户(个体除外)的85%。通过实行邮寄申报，进一步增强了纳税人的纳税意识，提高了纳税水平，明确了征纳双方的义务和权利，建立了新型的征纳关系，提高了工作效率，减轻了工作压力。

1995年北京市地方税务局决定在北京市地税系统建成一个开放型的集成网络系统——北京地方税务管理信息系统。按照这一决定，该局经过两年半的努力，大系统一期工程试点推广运行成功，并实现了系统联网运行。对完善征管基础工作、规范执法行为、简化工作程序，强化税源监控、优化纳税服务，强化税务检查、增强制约机制、改进技术手段，减少税款流失起到了促进作用，达到了税收从粗放型向集约型管理的转移。

狠抓干部队伍建设，全员素质普遍提高

干部素质普遍提高。该局通过组织各种培训、业务知识竞赛、制定规章制度和目标管理考核办法等，有效地提高了二部的整体素质，促进了各项工作任务的顺利完成。全局大专以上文化水平的干部已占90%以上，有240人取得全国计算机等级考试合格证书。

税务所服务水平不断提高。目前，该局各税务所在"优质征管、优质服务、优美环境"的总要求下，在纳税服务、职业道德建设、规范执法行为等方面争创一流工作水平。阜外税务所所长张凤兰同志被评为全国税务系统征管能手，第一税务所和厂桥税务所分别被命名为市、区青年文明号，第一税务所还被评为全国文明税务所。

廉政意识大大增强。这个局本着"教育在先，预防为主"和"一抓教育，二抓落实，三抓监督"的原则，发挥党团组织的战斗堡垒作用，建立了一整套切实可行的公开办税、文明廉政的规章制度和考核办法。先后印制了廉政监督卡和服务监督卡，设立了廉政箱、举报电话、文明执法监督岗，开展了"五讲两防两遵守"、服务忌语、文明用语、调查走访、"创建文明窗口，争当文明执法标兵"、执法监察等一系列活动；举办了廉政规定和税收职业道德教育与考试，组织了"增强服务意识，规范服务行为，提高服务质量"的大讨论；建立了内外部廉政监督网络，主动邀请和接受行风评议小组的评议，初步形成了文明执法，廉政为民的良好局面，树立起了地税干部的良好形象。据统计，有263人次拒吃请，有156人次拒收礼品、现金，折合人民币2万多元。

（胡　淼）

蓬勃发展的天津文化事业

天津市文化局宣传部

天津地处渤海之滨，素有"九河下梢，八方汇集"之谓。由于历史地理的原因，文化在东西交流，南北汇融中呈现出多样化和包容性的特点。民间泥人张、风筝魏、杨柳青年画流传年久，至今不衰，艺术舞台上名角荟集：曲艺、京剧、评剧、河北梆子在天津有广泛的群众基础，"五四"运动之后天津曾是中国新剧运动北方的摇篮。天津文化底蕴丰厚、素养较高。

改革开放以后，天津的文化事业更加繁荣发展。1997年天津市委、市政府紧紧抓住中国共产党第十五次全国代表大会的召开和中国政府恢复对香港行使主权，这一极好的机遇。坚持邓小平理论和党的基本路线，坚持"二为"方向和"双百"方针，弘扬主旋律，提倡多样化，以多出精品，繁荣文艺为中心，以满足人民日益增长的文化生活需求为目的。艺术生产成绩卓著，文化活动丰富多彩，创建工作不断深入，硬件建设取得突破，文化交流不断扩大，文化立法步伐加快，体制改革不断深化，经济政策逐步落实，党建工作得到加强。其他各项文化事业保持了良好的发展势头。

（一）艺术生产取得新成绩

天津市文化局按照江泽民同志"没有优秀作品，就没有导向。优秀作品是一个国家、一个时代精神文化水平的集中反映，对精神产品生产具有重要的示范和影响作用"的指示，把实施"精品战略"、多出优秀作品作为文化繁荣的关键，抓住不放。

在参加国家级有关奖项的评选中，河北梆子《庄稼院的红辣椒》荣获中宣部精神文明建设第六届"五个一工程"入选作品奖，儿童木偶剧《大肚弥勒佛》荣获第七届"文华新节目奖"，小品《翠翠》获第七届"群星奖"金奖。取得了"五个一工程"奖获得四连冠，"文华新剧目"奖获得五连冠，"群星奖"获得金奖零的突破。此外，杂技《单手倒立》获蒙特卡洛国际马戏节"银小丑"奖，儿艺演员齐丽华获第十四届中国戏剧梅花奖，为天津市争得了荣誉。

（二）文化活动创出新水平

1997年天津市文化局以迎香港回归和庆祝党的

十五大为主题，开展了丰富多彩的导向性文化活动。相继举办了’97迎香港回归天津市第三届合唱艺术节、天津市首届秧歌大赛、’97中国天津龙狮舞邀请赛、第十届“津门曲荟”、“庆回归”专场文艺演出、“海河之春”音乐会、“庆十五大”文艺演出月等大型文化活动。在全市庆祝香港回归四大项活动中，天津市文化局承担了“七·一”大会的文艺演出、大沽口炮台整修工程、举办中国艺术大展天津分展等三项大型活动。在搞好文化活动的同时，为满足广大农民群众的文化需求，天津文化局参与主办了“海河情”送戏下乡文艺演出，形成了本市今年空前火热的文艺下乡局面。“海河情”慰问团，云集名家新秀，荟萃精品佳作，深入蓟县、武清、北辰、宁河、塘沽、东丽、宝坻等地农村的乡间地头送戏下乡，行程2 000多公里，观众达20万人次，受到普遍好评。

(三)社会文化有了新进展

在社区文化建设活动中，天津争创先进区县活动深入发展，经过评选，有9个区县达到社区文化先进区县标准，8个区县镇跨入全国文化先进区县行列，还涌现出一批先进文化乡镇。静海县西双塘村和宁河县北田村两个农村儿童文化园被评为全国先进儿童文化园。“全国文化典范村研讨会”和“全国家庭文化研讨会”相继在天津召开，进一步推动了农村文化、家庭文化建设。企业文化、田野文化、园文化、军营文化等蓬蓬勃勃。

(四)文化设施建设取得新成就

自然博物馆新馆开工

原天津自然博物馆条件简陋、面积狭小，不能适应馆藏和展览的需要。在市委、市政府的重视，1997年初，建设自然博物新馆被列入市政府改善城乡人民生活20件实事内容，并于当年7月4日开工。该馆建设规模为标本收藏能力达50万件，总占地面积2万平方米，总建筑面积1.2万平方米，总投资1亿元，现已完成主体建筑工程，1998年10月1日正式开馆。

平津战役纪念馆顺利开馆

平津战役纪念馆占地近5万平方米，建筑面积1.7万平方米，在目前国内军事类博物馆中现代化水平较高，也是天津市唯一一座国家级博物馆。平津战役纪念馆自开馆以来吸引了天津市及全国的大量观众，成为天津市又一座重要的爱国主义教育基地。

周邓纪念馆建设进展顺利

中央批准在天津建立周恩来、邓颖超纪念馆，天津人民感到无比光荣。周邓纪念馆占地6公顷，建筑面积6 600平方米，投资7 200万元。自1996年12月份正式开工以来，现已完成土建工程并于年底完成布展工作，已于1998年2月下旬周总理的百年诞辰之际对外开放。

市少年儿童图书馆新馆址“六·一”开馆

为给少年儿童提供效为理想的学习，活动场所丰富中小学生的课余文化生活，天津市文化局将少儿馆迁至天津近代名居——张园内，并对张园进行了修缮。6月1日，市少儿图书馆新馆址举行开馆典礼，新馆址占地约3 000平方米，设有10个服务窗口，包括国内一流的多媒体电子阅览室和流动汽车图书馆。开馆仅一个月，就办理借阅证1.2万个，接待读者2万多人次，流通图书1.57万册次，受到广大少年儿童的普遍欢迎。

戏剧博物馆修缮完工

戏剧博物馆的修缮工作被列入市政府改善城乡人民生活20件实事之中，已于当年10月份全部完工。这次修缮主要包括博物馆外墙和馆内地面，为接近原有建筑风貌将2 000平方米地面改为方砖，同时接待条件也得到了较好的改善。

(五)文化立法获得新突破

1997年1月8日，《天津市文物市场管理条例》经市人大常委会审议通过，予以公布实施，为保护国家珍贵文物，方便民间正当交流提供了法律保证。《天津市文化娱乐业管理办法》于1997年11月5日由市政府批准公布，这是天津市文化市场立法工作的重大突破，为全市文化市场步入规范化、法制化管理轨道起到重要作用。为加强管理，更好地实施《天津市文化娱乐业管理办法》，促进文化市场繁荣，根据《天津市文化娱乐业管理办法》市文化局制定了《实施细则》，以规范全市文化娱乐业经营活动的管理，并根据美术品市场现状，制定了《天津市美术品市场管理暂行规定》，便于依法管理，建立良好的美术品市场秩序，繁荣美术品市场。

(六)文化交流开创新局面

在对内文化交流方面，组织了评剧院、京剧院、歌舞剧院、儿童艺术团赴北京、武汉、上海、重庆、山东、大连、深圳、兰州等近20个地区演出，同时还积极引进外省市优秀艺术院团、优秀剧(节)目来津演出。1年来，共组织接待了浙江小百花越剧团、安徽黄梅戏剧院、重庆歌舞剧院、甘肃歌舞剧院等10余个院团来津演出达70余场，不但丰富了演出市场，同时也加强了兄弟省市之间的文化交流。

在对外文化交流方面，加强了归口管理，向全市40多个单位下发了关于《加强对外文化交流归口管理规定及报送年度对外文化交流计划的通知》，将归口管理文件的精神落实到基层，以利于严格掌握和统筹规划；建立了天津文化艺术资源数据库，收集天津的文化艺术资源，推动天津对外宣传和文化交流工作。在引进文化交流方面，始终强化精品意识，通过多种渠道共引进各类演出、展览、考察及来访项目31项，接待外宾总数达627人，其中演出团体主要有莫斯科模范古典芭蕾舞团、奥地利维也纳节日乐团、西班牙恩波塔室内乐团、俄罗斯亚历山大红旗歌舞团、丹麦欧登赛交响乐团、委内瑞拉合唱团、肯尼亚塔菲舞蹈团、德国多特蒙德萨克斯小组、蒙古国家民间歌舞团等，共演出14场，观众达2万多人次；接待的友好访问团组主要有日本友好交流团、拉脱维亚政府文化代表团、乌拉圭访问团、美国桔郡政府访问团、海湾六国综合访问代表团等。1997年，天津市进行34项对外文化交流活动，有340多人到世界26个国家地区进行演出、展览、洽谈项目、考察、参加国际比赛等文化交流项目。其中，中国京剧艺术团到阿根廷、秘鲁、古巴、墨西哥巡回演出，中国天津艺术团到巴基斯坦、尼泊尔演出，天津杂技团到北非四国演出，天津历史文物展赴日本展览，都受到了当地观众的热烈欢迎，获得舆论界的高度评价和我国驻外使馆的一致好评。

天津市文化局在积极推动文化交流、发展文化事业的同时也促进了天津市人民与世界各国人民之间的了解和友谊。并为宣传天津起到积极的作用。

江苏省经济文化建设

江苏省委宣传部研究室　潘　漫

江苏省总面积为10.26万平方公里，占中国总面积的1.06%。人口为7 110.16万人，平均每平方公里693人，人口密度为中国之最。全省有13个省辖市，下设107个县(市)、区，其中31个县级市，33个县，43个市辖区。1978年以来，全省改革开放取得显著成效，以建立社会主义经济体制为目标，体制改革取得突破性进展，经济发展逐渐步入稳定运行快车道，经济总量和综合实力不断上新台阶。国民生产总值以平均每年12.8%的速度递增。全省国内生产总值1992年提前8年实现翻两番，人均国内生产总值1993年提前7年实现翻两番。1996年，全省国内生产总值为6 004.2亿元，比上年增长12.2%，在全国继续处于领先地位。精神文明建设、民主法制建设和各项社会事业发展良好，全省经济与社会协调发展，全面进步。人民生活水平显著提高，对照国家统计局确定的小康水平21项指标，江苏人均国民生产总值、人均年收入以及人均住房面积都已超过，苏南及沿江大部分地区在实现小康的基础上正向现代化迈进，淮北地区人民生活有了较大改善，正在为早日实现小康而努力。为加快实现现代化，1994年12月召开的江苏省第九次党代表大会，按照邓小平同志“三步走”的战略构想和党的十四大精神，从江苏的实际出发，提出了到本世纪末全省全面实现小康，部分地区初步实现现代化，到2010年全省基本实现现代化的奋斗目标，并确定了科教兴省、经济国际化、区域共同发展三大战略和主要措施。经过1996年2月召开的江苏省八届人大四次会议讨论通过，确定2010年国民经济和社会发展的主要奋斗目标是：全省基本实现现代化，人均国内生产总值在“九五”实现第三个翻番的基础上再翻一番半(3倍)，达到世界中等发达国家的水平。在建设有中国特色社会主义道路上进一步开拓前进，形成基本同国际接轨的比较完善的社会主义市场经济运行机制；产业结构和生产力布局趋于合理，工业、农业和科学技术基本现代化，第三产业较为发达，基础设施完善配套；全民受教育程度和劳动者素质基本适应现代化建设的需要；人民生活由小康走向富裕，生活环境有明显改善，逐步实现共同富裕和城乡一体化。努力把江苏建设成为经济繁荣、科教发达、生活富裕、法制健全、社会文明的省份。

1996年是实施国民经济与社会发展"九五"计划和2010年远景目标纲要的第一年。在邓小平建设有中国特色社会主义理论和党的基本路线指引下，全省上下认真贯彻党的十四届五中、六中全会以及省委一系列重要会议精神，正确处理改革、发展和稳定的关系，积极推进两个根本性转变。国民经济持续快速健康发展，改革开放进一步深化，通货膨胀得到有效控制，宏观经济环境有所改善，精神文明建设与物质文明建设协调发展，全省政治稳定，社会安定，人民生活水平进一步提高，实现了"九五"开好头、起好步的要求。

农业

1996年，全省各级党委、政府坚持把加强农业放在经济工作的首位，围绕保供增收两大目标，增加投入，稳定总产，优化结构，加速农业现代化进程，促进农村经济全面发展。全年完成农业增加值965.3亿元，增长7.8%。粮棉和油料作物喜获丰收，粮食单产、总产双超历史，全年粮食总产量达3 476.4万吨，增长5.8%，油料总产147.5万吨，为历史上第二个丰收年。林业生产建设和绿化工作在完善中提高，主要林产品产量有所增加。畜牧业稳定发展，主要畜产品产量和牲畜存栏头数均有不同程度增长。全年水产品产量245.7万吨，增长12%。多种经营较快发展，"菜篮子"工程建设成效显著。农业生产结构进一步优化，产业化进程加快。全年林牧渔业及农民家庭兼营的商品性工业增加值占农业增加值比重的37.2%，比上年提高3.4个百分点。农业资源综合开发进展顺利，全年建设吨粮田89.3千公顷，改造中低产田216.7千公顷。水利建设得到重视和加强，治淮、治太等重点工程加快实施，防汛抗旱取得重大胜利，减灾免灾效益显著。以乡镇企业为主体的农村非农产业继续较快增长，农村经济综合实力显著增强。"科教兴农"力度加大，农业科研攻关和科技成果推广应用取得成效，科技在农业增长中的贡献份额不断提高。农村改革顺利推进，农产品流通体制改革步伐加快，农业适度规模经营在全省积极稳妥地推进，贸工农一体化产业体系逐步形成，优质、高效农业和外向型农业发展迅速。

工业、交通

1996年，全省工业生产在宏观环境从紧、市场制约程度增大的情况下，依然保持良好的发展态势。生产保持平稳快速增长，全年乡及乡以上工业完成总产值7 202.7亿元，比上年增长15.9%。轻重工业增长基本同步，全年完成产值分别为3 574亿元和3 628.7亿元，分别增长16.4%和15.4%。国有工业增势平稳，完成产值1 821.47亿，增长11.3%。大中型企业增长趋缓，完成产值2 992.71亿元，增长8.9%。非国有工业增长较快，特别是乡办工业增长势头强劲，全年完成产值3 467.56亿元，增长22.2%。苏北徐、淮、盐、连四市生产发展加快，增速继续保持领先水平，增幅分别比全省工业平均水平高7.3、3.4、3.5和18.4个百分点。产品结构不断调整，能源、原材料、农用工业等主要产品产量有较大增长，产品质量和档次明显提高。新产品和出口产品生产增势较猛，全省工业完成新产品产值608.39亿元，增长29.9%，新产品产值率为7.75%；出口产品交货值达1 310.82亿元，增长18.3%。产品销售增长较快，工业产销率呈逐季稳步提高之势，全年工业产销率为95.04%，分别高于第一季度的92.4%、上半年的93.7%和第三季度末的94.1%。

交通运输生产持续增长，全年完成增加值254.7亿元，比上年增长15.4%。邮电通信业继续较快发展，全年完成增加值60.3亿元，比上年增长32.9%，全省电话普及率每百人达10.5部，比上年提高3部。建筑业稳定发展，全年完成增加值319.3亿元，比上年增长26.3%。

基建

1996年全省固定资产投资规模适度增长。全年全社会完成固定资产投资1 949.5亿，比上年增长16%，增幅回落10.2个百分点。在全社会固定资产投资中，国有经济投资比上年增长17.6%；集体经济投资比上年下降5.39%；城乡居民个人投资与上年基本持平，增长28.7%，而其他各种经济类型投资迅速

● 北京天安门广场

改革开放中的

1996年4月6日以江泽民为首的党中央领导第三次来朝阳区与群众一同在朝阳公园植树造绿。

President Jing Zemin with other state leaders planting trees with local people in Chaoyang District for the third time on April 6, 1996.

前排左一为江泽民总书记，前排右三为李鹏总理。左三为区委书记蒋效愚，前右二为区长索连生。

北京市朝阳区

位于朝阳区的

北京朝阳口岸和国际货物流通中心

Beijing Chaoyang Port and International Commodity Logistic Center in Chaoyang District.

国际展览中心

China International Exhibition Center

位于朝阳区的奥林匹克体育中心

National Olympic Sports Center in Changyang District

改革开放中的朝阳

作为京城的一个大区，朝阳区是首都对外交往的窗口，在已建成的138个驻华使馆中有136个在朝阳。海外驻京商社、代表处、新闻机构等全市有7 100多家，其中3/5云集朝阳。在这里，交通、通讯与世界相连，国际展览中心、文化交流中心、五星级宾馆饭店更是不胜枚举。

朝阳区、通产集团与美国贝赛尔公司合作签字仪式

八里桥雄姿 The Bali(Eight Li) Bridge

东岳庙 East Mt. Temple

朝阳区—中国北京最大的城近郊区。她是京城最先迎接太阳的地方，是古都新貌的缩影。优越的地理位置，良好的人文环境，飞速发展的经济，使她成为首都东部的一颗璀璨的明珠。

作为京畿文化的一部分，"朝阳"有着令人艳羡的美妙传说。远在新石器时代，人们将火、太阳和凤凰复合为图腾崇拜；称凤凰为"火中之精，生丹穴，状如鸡，五彩备举，鸟中之王，立于东方君主之国，翱翔于四海之外，自歌自舞，见则天下大安宁。"故"朝阳"又有"凤朝阳"之美喻。

新中国成立以后，特别是改革开放以来，朝阳区发生了翻天覆地的变化。今日的朝阳大地，是一片生机勃勃的热土，百业俱兴，日新月异；今天的朝阳人，正以昂扬的精神风貌，向着建设一个"对外交往窗口区，首都经济发达区，功能完善新城区，社区进步文明区"的既定目标迈进。

朝阳公园
A Corner of the Chaoyang Park

高速路、立交桥是一个国家和地区现代化的主要特征。如今朝阳区域内有4条高速路，29座立交桥。再加上700公里长的公路网络，42座人行过街桥和地下人行通道，使朝阳区的公路交通具备了立体化、现代化的雏形。号称“国内第一路”的首都机场高速公路，还有规模和造型堪称京城立交桥之最的四元桥都在朝阳区境内。

四元桥 Siyuan Overpass

朝阳区民间花会活动的历史可以追溯到明、清时期。近年来，朝阳区民间花会在传统的表演形式中又加进了新的内容，丰富了表演语汇，在北京市花会大赛中屡屡获奖，既为朝阳区赢得了荣誉，也丰富和弘扬了中国传统民间艺术。

“我也会扭中国秧歌”
"Mom, I've already mastered chinese dance"

闹市街头的花会表演
Folk art show

1998年春节游园会
Spring Festival Fair and sightseeing in 1998

雅宝路服装大世界
Yabolu market great world of dress

“OK”街就是北京的秀水街，“小巴黎”是指雅宝路，它们相距不远，却都是京城有名的服装市场。

“OK”街占地面积仅1 800多平方米，个体服装经营者却有400多人。每天来往的顾客主要是外国人，听得最多的英语单词就是“OK”，因此“OK”街的名字就传开了。

“小巴黎”比起“OK”街就大多了。后来居上，有商亭1 000多个，天人来车往，熙熙攘攘，人称小巴黎”。

这里的“摊主”拥有人、财、、产、供、销一体化的经营自主，所以生意极为火爆，两条街闻中外也就不足为怪了。

“OK” 街上风景线
Street scenes in OK Street.

朝阳曾经是个农业区。尽管改革开放以来，朝阳区城市化进程发展很快，农村土地一再被征用，但根据市场导向，按市场规律发展，努力推广农业科技，使朝阳区农业呈现出诱人的“都市农业”美景。

在朝阳区“九五”计划中，“都市农业”工程名列经济发展六大工程之首，高质、高产、高效，具有旅游观赏、无公害等特点的都市农业奠定了朝阳区农业发展的新格局。

“都市农业” Urban Agriculture

繁荣富庶的港

跨海大桥——厦门大桥

厦门市是一个风景秀丽的港口城市
也是中国著名的侨乡和台胞祖籍地。198
年10月国务院批准厦门设立经济特区，
于次年10月开始在湖里动工兴建。1984
2月，邓小平来厦门视察后，中央决定将
门特区范围扩大到全岛，并逐步实行自由
某些政策。1994年3月，全国人大授予厦
特区地方立法权。这样，厦门市逐渐形成
经济特区、保税区、台商投资区、经济开
区等多层次的对外开放格局。

厦门特区经过16年的改革与发展，
济与社会面貌发生了深刻的变化。综合经
实力明显增强。16年间，国内生产总值、
业总产值和地方财政收入分别以年均递
19.4%、24.8%、21.6%的速度持续增长。19
年该市就进入了全国大中城市综合实力
10强，1997年人均国内生产总值2.76万元
在全国大中城市中名列
茅。随着该市经济体制
革不断深化，外引内联
续发展，城市建设与管
水平明显提高，社会主
精神文明建设成效显著
连续三次被评为“全国
拥模范城”，还先后被评
“全国共建社会主义精神
明口岸”、“全省精神文
建设先进城市”。

体育东村

鼓浪屿海滨浴场

口城市——厦门

高崎联检站

湖里工业区

筼筜湖畔

海沧工业区

兴宁市田家炳中学校园一景

兴宁素有“文化之乡”美誉，教育历来发达。1992 年
1997年共为各类大中专院校输送新生17 224人，年均2 8
人。图为兴宁一中办公大楼。

兴宁——崛起中的现代化粤东商贸新市

兴宁市位于广东省东北部，属闽、粤、赣边重要的交通枢
和商品集散地，拥有极大的人缘、地缘优势，素有“文化之乡
“足球之乡”、“华侨之乡”、“纺织之乡”和“商贸之乡”的美
1994年6月8日国务院批准兴宁撤县设市，由梅州市代管，建
已有1663年历史的兴宁，从此带来经济发展和社会进步的良
机遇。（关于兴宁市的现代化建设情况，参见本年鉴第889页
宁——崛起中的现代化粤东商贸新市》一文。）

广东省兴宁市从1992年下半年至1997年先后共投入公路建设资金5.12亿元，新建公路1 226.8公里，公路密度达81.9公里，比1992年增长1.93倍，居全省山区市（县）前列。图为205国道新陂段。

兴宁市
通讯事业适
前发展，先
1992、1993年
进入全国邮
务收入、电
号百强县（
图为程控电
房一角。

兴宁市于1995年底实现了市至各镇公路水泥硬底化和全部管理区通公路两大目标，提前五年完成省政府下达的任务。图为刁坊镇乡村公路。

兴宁市于1994年成为广东省第二个实现镇镇开通有线电视的市（县）。图为由全国政协委员、香港知名实业家刘宇新博士和温学濂先生支持兴建的神光山广播电视发射塔。

兴宁市龙北镇优质食茶苗繁育基地

梅州市委书记谢强华，梅州市委常委、兴宁市委书记曾超麟，兴宁市委副书记陈桂光，市委常委幸定华等考察合水镇万亩龙眼生产基地。

兴宁优质食茶极品包装—锦盒单丛及
兴宁市黄蜂窝茶山旅游综合开发区茶场一景

喜摘“丰收果”（沙田柚）

兴宁市重视抓好粮食生产，大力推广良种良法，粮食生产连年丰收，实现自给有余，规划于1998年实现“吨谷市”目标。

兴宁市罗岗霞岚钒钛磁铁矿已探明探测地表风化壳矿石储量约1亿多吨，随着勘查范围的扩大和深入，可增至2亿多吨，远景储量可达4.5亿吨，是国内少见的较大型易采易选富铁矿床。图为梅州市市长陈善如，梅州市委常委、兴宁市委书记曾超麟，兴宁市市长林佛全等考察矿区。

广东明珠球阀集团股份有限公司名牌产品

兴宁市变压器厂生产的干式变压器

兴宁市发电能力达2.35亿千瓦时，比1992年增长2.5倍。图为华中电力股份有限公司1.2万千瓦火力发电厂一角。

旅港兴宁同胞、兴宁市荣誉市民陈茂棠先生独资兴办的协福织造厂。

兴宁市电机厂成品车间

兴宁市新城区一角

由香港知名实业家张赞鸿先生投资兴办的粤东最大的专业批发市场——兴宁商业城。

座落在黄蜂窝茶山旅游区的大茶壶，高7.8米，宽10.84米，壶身直径7.0米，底座自来水塔可容水22.86立方米；茶杯高2.8米，杯口直径3.2米，成为当地一大景观。

兴南大道大圆盘夜景

方兴未艾的第三产业（明珠酒店）

全国百强集贸市场之一——兴宁东岳宫市场

飞速发展的福清市

福清市雅称“融”，地处闽东海，1990年12月撤县建市，是全批综合改革试点县（市）、农村城试点县（市）、海峡两岸农业合作区之一。福清市具有5大优势：山势、区位优势、港口优势、侨力优旅游优势。改革开放特别是撤县建来，福清市紧紧抓住发展机遇，充挥自身优势，把农业和外向型经济经济腾飞的坚强“两翼”，带动经会全面繁荣。1997年该市经济综合跃居全省第三位，财政收入成为福第二个超5亿元的县（市），先后进全国农业、全国地方财政收入、全电收入、全国投资环境百强县（市全国绿化百佳县（市）行列，荣获科技工作先进县（市）等光荣称号

图片说明：

①江泽民总书记视察福清

②'96福州国际招商月福清分会场全景

③千家万户灯火辉煌

④泊位3万吨的元洪码头正迎接远方的巨轮

⑤福清融侨经济技术开发区

增长,增幅达34.3%。投资结构不断改善,投资继续向基础产业、支柱产业倾斜。三次产业完成投资额57.5亿元、905.4亿元和986.7亿元,分别增长40.4%、0.5%和20.4%。在二产中,用于能源工业投资112.6亿元,增长42.1%,用于原材料工业投资212.2亿元,增长6.7%;在三产中,用于交通运输、邮电、通讯业投资168.6亿元,增长33.9%,用于房地产及社会服务业方面投资571.8亿元,增长17.5%,用于科教文卫投资54.4亿元,增长20.9%。重点建设和基础设施建设取得较大进展。沪宁高速公路江苏段和宁连、宁通一级公路建成通车,宁盐、宁徐一级公路半幅通车;江阴长江公路大桥和南京禄口机场建设进度加快;一批重点建设工程已经建成,徐州华润电力有限公司彭城发电厂一号机组并网发电,扶贫通电工程提前完成任务。重点技术改造得到加强,技术改造一期"双加"工程开工实施率为88.3%,高于全国平均水平10个百分点,二期"双加"工程开始启动。投资效益有所提高。固定资产交付使用率和建设项目投产率提高,基本建设和更新改造施工项目7 648个,全部建成投资项目50 002个,新增固定资产524.9亿元。

市场

1996年,全省城乡市场繁荣稳定。消费品市场总体上保持平稳增长的态势,全年社会消费品零售总额2 005.4亿元,比上年增长21.5%,扣除价格因素,实际增长13.8%。具体来看,消费品市场保持较高增幅,但增长速度逐步趋降,上半年平均增幅25.2%,下半年多数在20%以下;城市实现消费品零售总额增幅高于农村,分别为23.6%和15.2%,差距有所扩大;各种经济类型的消费品零售额全面增长,非国有经济继续领先,1~12月份其他各种经济实现的零售额同期增幅达31.18%,明显高于国有经济和集体经济的10.8%和17.9%;批发零售贸易业增速低于其他行业,消费品市场销售上升趋缓的主要是工业品,这与生产企业产成品积压、产销率不高的情况是吻合的。在市场运行方面,货丰价稳,消费心理稳定,国家政策调整对市场影响不大,农村市场购买力大量流入城市,商品供需结构性矛盾较为突出,"价格战"是商业竞争的主题。生产资料市场销售稳中偏淡,购销规模继续下降,全省生产资料流通企业购进总额比上年同期下降。生产资料市场需求不旺,价格跌多升少。

通货膨胀得到有效抑制。全省认真执行国家宏观调控政策,及时出台一系列以抑制通货膨胀为目标的措施,实现了年初确定的物价调控目标,全省商品零售价格比上年上涨6.8%,增幅回落7.5个百分点,使物价涨幅降至1993年以来的最低水平。

金融形势基本稳定。年末全社会各项存款余额4 694亿元,贷款余额3 575亿元,分别比年初增加1 100.8亿元和629.3亿元,继续保持存差格局。存款中,企业存款余额1 642亿元,城乡居民储蓄余额2 570亿元,分别比年初增加440.6亿元和642.6亿元。贷款中,短期贷款余额2 714亿元,中长期贷款余额494亿元,分别比上年初增加491亿元和72.7亿元。年底全省金融机构贷款比上年年底增长24.3%,高出工业总产值增幅8.4个百分点,信贷资金被不合理占用和低效率使用的现象仍然存在,资金回笼和周转困难。

企业改革

1996年,全省各级领导和广大干部群众进一步解放思想,深化改革,加快建立社会主义市场经济新体制。认真贯彻江泽民总书记关于搞活国有企业的重要讲话精神,深化企业改革,积极推行建立现代企业制度试点工作。国家试点企业全面进入实施阶段,省内120家试点企业组织实施,试点企业资产负债率平均下降2个百分点,分流富余人员共5万人,企业改革在解决一些重点和难点问题上取得新的进展。股份制试点逐步规范,全省新组建股份有限公司15家。按照"抓住大的,放活小的"原则,企业组织结构调整不断加快。全年全省新组建冠以省名的企业集团271家,特别是在巩固和完善已组建的10家大型省级重点企业集团的基础上,又新组建了11家省级重点企业集团。继续推进股份合作制、承包、租赁、兼并、破产、托管等多种改制形式,进一步搞活中小企业,全省中小企业不同形式的改制面达50%以上。

流通体制改革进一步深化,一批改制后的大型国有流通企业集团在竞争中不断壮大,私营个体及股份制流通企业迅速发展,流通格局呈多元化趋势。连锁经营、物资配送、总经销、总代理等现代流通方式广泛推广和应用。市场建设在进一步完善网络的基础上,逐步向高层次、远幅射、大规模发展,全省共新批建各类市场40多个，其中省级市场10个，全省10亿～20亿元的市场237家，21亿～50亿元的市场7家，51亿～100亿元的市场4家，100亿元以上的市场2家，初步形成了门类较为齐全、综合配套、大中小并举、各要素市场有机结合的市场体系。

各项配套改革稳步推进。财税体制改革进一步深化和完善，以分税制为核心、增值税为主体的财税体制运行正常，成绩显著。金融体制改革进展顺利，完成了农业发展银行分支机构增设到县，农村信用社与农业银行脱钩等工作，新组建了招商银行南京分行，商业银行改革迈出新的步伐。证券、期货监管工作逐步规范。社会保障制度改革步伐加快，在镇江市职工医疗制度改革的基础上，又选择苏州、无锡、南通、盐城四市作为职工医疗制度改革扩大试点城市。全省城镇职工养老保险和失业保险覆盖面均达91%，社会统筹与个人帐户相结合的新养老保险筹资模式基本确立，建立了全省城市居民最低生活保障制度，省辖市基本建立了最低工资保障制度。住房制度改革取得新进展，住宅商品化进程不断加快。

外贸

1996年，在国家对外经贸政策进行较大调整的宏观环境下，全省各地、各部门克服困难，大力实施经济国际化战略，进一步扩大对外开放，全省开放型经济继续保持较好的发展势头。对外贸易稳中有升。全年自营进出口总额202.2亿美元，比上年增长20.4%，其中，出口131.2亿美元，进口70.94亿美元，分别增长11.3%和41.8%。自营出口企业成为外贸发展新的增长点。外商投资企业和其他生产企业出口持续大幅度增长，占全省出口总额的份额由上年的44.8%提高到50.4%。贸易结构继续改善，质量稳定。机电产品出口39亿美元，增长30%，占出口总额的比重由上年的25.2%提高到29.7%；部分出口产品逐步向高档次、高技术含量方向发展，与国际先进水平的差距呈缩小趋势；市场多元化战略取得新进展，全省出口商品销往177个国家和地区。实际利用外资稳定增长。全省实际利用外资55亿美元，比上年增长4.1%。世界著名跨国公司扩大在江苏的投资，全省利用外资呈现大项目增多、外商出资比重加大、投资结构改善的良好态势。全年新批外商投资企业中，总投资1 000万美元以上的项目352个，全省平均每家新批外资企业的合同外资364万美元，比上年增加45万美元。对外经济技术合作不断拓展。全省对外承包工程和劳务合作新签合同金额7.3亿美元，完成营业额6.8亿美元，分别比上年增长8.9%和33.9%；境外投资事业健康发展，全年新批境外非贸易企业19家，总投资4 558亿美元；经济技术合作方式开始转变，承包工程、项目总承包、技术服务的比重上升。各类开发区建设步伐加快，苏州工业园区和国家级、省级开发区合同利用外资和实际利用外资已占全省的50%，成为外引内联的窗口和新的经济增长点。国际旅游业发展势头良好，全年接待海外游客83.7万人次，创汇3.17亿美元，分别比上年增长9%和22%。

居民生活

1996年，全省人口增长继续得到有效控制，年末全省常住人口7 110.16万人，比上年末增加44.14万，自然增长率由上年的5.76‰下降为5.53‰。城乡居民生活水平进一步提高，全年城镇居民人均生活费收入4 689元，比上年增长11.4%，扣除价格因素，实际收入与上年基本持平，但城镇居民收入水平不平衡，部分地区职工生活比较困难。农村居民人均纯收入3 029元，比上年增长23.3%，扣除价格因素，实际增长12.6%，农村贫困人员比重缩小。劳动就业形势比较稳定，全年城镇就业人员20.78万人，年末城镇登记失业人数45.19万人，登记失业率2.2%。城乡居民居住条件进一步改善，全年城镇新建住房1 842万平方米，农村新建住宅7 380万平方米。

1997年经济发展情况良好

1997年，江苏省认真贯彻党中央、国务院一系列指示精神，牢牢把握稳中求进的总原则，切实推进两个根本性转变，全省经济持续、稳定、健康发展。主要表现在：一是国民经济保持平稳增长。1～9月份，实现国内生产总值4 291亿元，比去年同期增长10.9%。农村经济全面发展。夏粮再夺丰收，秋熟仍是较好的收成，全年粮食产量比去年同期有所增加。多种经营持续发展，农业产业化进程加快，乡镇企业生产经营状况有所好转，农业基础设施建设得到加强。工业经济运行质量提高。1～9月份，全省乡及乡以上工业产销率为94.7%，同比提高0.1个百分点；实现利税336.79亿元，增长14.78%。物价持续回落，城乡市场基本平稳,财政金融情况良好。二是结构调整取得初步成效。产业结构有所优化,今年1~9月份,全省四大支柱产业、省重点企业集团产值增长分别比全省平均水平高出6个和9.7个百分点,支柱产业和大中型企业对整个工业经济的带动作用进一步增强。技术结构得到优化。进入1997年后,全省开发市级以上新产品6 321个,二期"双加"工程项目开工166项。区域结构调整开始实施,1997年启动了23项南北产业转移项目,其中已有10个项目建成投产。企业组织结构调整取得较大进展。到目前为止,全省兼并破产重组企业300家,盘活资产存量100多亿元。三是重点建设进展顺利,基础产业和基础设施建设进一步加强。南京禄口机场、徐州观音机场正式通航,江阴长江公路大桥建设进展顺利,南京长江二桥开工建设,苏南运河四级航道建成通航。四是以产权制度改革为核心的各项改革向纵深推进。1997年上半年,全省新组建股份有限公司323家,其中上市公司38家,发行上市股票42只,募集资金总额175亿元。积极推行股份制、股分合和制等多种形式的改革,中小企业改制面已达60%以上。优化资本结构城市试点工作进展顺利,社会保障制度改革进一步深化,住房制度改革全面推进。五是开放型经济发展势头良好,质量逐步提高。1~9月份,全省新批外商直接投资项目1 566个,协议利用外资67.5亿美元,同比增长35.8%(按国家统计新口径);外商直接投资到帐40.3亿美元,增长39%。全省新批合资企业平均规模达413万美元,增长38.6%;第一产业项目数所占比重比去年同期提高2.2个百分点。对外贸易持续增长,1~9月份,全省进出口贸易总额达169亿美元,同比增长25%,其中出口贸易额116亿美元,增长22%;对外经济技术合作加速发展,合同额、营业额、外派人数的增幅均在25%以上。国际旅游业持续增长。

教育、科技、文化

近年来,全省在加快经济发展的同时,重视科技、教育、文化等各项事业全面发展,努力促进经济与社会事业协调发展。1996年,科技成果向现实生产力转化取得成效。启动实施重大科技攻关项目和重点攻关项目275个。高新技术产业规模扩大,国家级高新技术开发区、沿江火炬高新技术产业开发带和苏北星火密集区建设步伐加快,全年高新技术产品产值达370亿元;技工贸总收入400亿元,比上年增长50%。全省高新技术企业537家,当年认定高新技术产品371项,国家级新产品258项,省级新产品483项。"科教兴农"工作不断深入,以开展粮棉油单产增一成活动为重点,先进适用农业技术得到大力推广。省常设技术市场交易活跃,全年共签订技术合同3.1万项,技术交易额22.3亿元,比上年增长22.9%,省政府与国家专利局联合举办的1996年中国专利及新产品博览会获得成功。科学研究成效显著,全省获国家、省级科技成果奖689项。

教育事业得到较快发展。高等教育办学规模扩大,全省招收研究生0.45万人,普通高校扩招1.22万名学生的任务顺利完成,各类中等专业技术学校在校生40.99万人,比上年增加9.12万人,职业中学高中在校生25.79万人。全省普通中学在校生323.55万人,小学在校生687.82万人,分别比上年增加6.8万人和43.05万人,小学学龄儿童入学率达99.8%。有普及九年义务教育任务的4县38个乡镇已通过国家验收,全省已完成基本普及九年义务教育和基本扫除青壮年文盲的任务,成为全国首批实现"两基"目标的省区之一。职业技术教育和成人教育继续发展。教师队伍建设得到加强,教学质量有所提高,办学条件明显改善。教师住房建设力度加大,竣工面积134万平方米,相当于"八五"前四年的总和。教育现代化和教育促小康工程全面实施。教育为经济建设服务的功能进一步深化。

围绕实现把江苏建设成为与经济发展相适应的文化大省的目标,积极推进文化事业的繁荣和发展。全省精神产品生产成果累累,文学艺术、社会文化、广播电视、出版事业初具规模,群众文化生机勃勃,文化市场健康发展,文化体制改革逐步深入。到1996年末全省共有艺术表演团体131个,文化馆108个,公共图书馆96个,博物馆73个,文化艺术档案馆1个,广播电台61座,中、短波广播发射台和转播台21座,电视台54座,一千瓦以上电视发射台和转播台73座。各类电影放映单位3 126个。全年报纸出版17.5亿份,各类杂志出版7 062.4万册,图书出版45 264.3万册,在全国继续处于先进水平。坚持以"五个一工程"为龙头,推动整个精神产品生产,一批优秀作品在全国获奖。1996年,全省有5个项目的6个作品获中国"五个一工程奖"。其中苏州市滑稽剧团创作演出的儿童滑稽戏《一二三，起步走》在获中宣部“五个一工程奖”的同时，还获得文化部第七届全国文华大奖。

精神文明建设

1996年以来，围绕党的十四届六中全会的召开和会议精神的贯彻落实，江苏采取一系列有效措施，大力加强精神文明建设。

首先，制定和实施《江苏省社会主义精神文明建设“九五”规划纲要》 1996年初，全省就开始着手研究制定精神文明建设“九五”规划，在广泛调查研究和征求意见的基础上，数易其稿。1997年1月份，省委、省政府在对规划再次作了认真的审订后，正式颁布了《江苏省社会主义精神文明建设“九五”规划纲要》。《规划纲要》共分7个部分、32条。其主要内容可概括为：确立一个指导思想，实现三个“显著提高”，解决六个突出问题，并确定了加强精神文明建设的两项重大举措。确立一个指导思想，即：“以马克思列宁主义、毛泽东思想和邓小平建设有中国特色社会主义理论为指导，坚持党的基本路线和基本方针，加强思想道德建设，发展教育科学文化，以科学的理论武装人，以正确的舆论引导人，以高尚的精神塑造人，以优秀的作品鼓舞人，培育有理想、有道德、有文化、有纪律的社会主义公民。实现三个“显著提高”，即：实现以思想道德修养、科学教育水平、文明行为规范、民主法制观念为主要内容的公民素质的显著提高；实现以积极健康、丰富多彩、精品迭出、催人奋进为主要要求的文化生活质量的显著提高；实现以社会风气、公共秩序、生活环境、基础设施配套为主要标志的城乡文明程度的显著提高。解决六个突出问题，就是坚持重在建设的方针，把长远目标同阶段性任务结合起来，针对干部群众中普遍关心的一些突出问题，加大工作力度，力求取得实效。一是坚决制止党政机关和干部队伍中存在的消极腐败现象，使党风政风明显改善，各级领导机关努力形成文明、高效、廉洁的风气。二是坚决纠正损害群众利益的行业不正之风，反对假冒伪劣、欺诈行动，使行业作风明显改善，努力形成爱岗敬业、文明服务新风。三是坚决扫除“黄、赌、毒”等社会丑恶现象，反对封建迷信活动，使社会风气明显改善，努力形成科学、文明、健康的生活方式。四是坚决禁止制造和传播文化垃圾的行为，使文化市场秩序明显改善，努力形成优秀作品不断涌现，文化事业健康发展、繁荣活跃的局面。五是坚决治理“脏、乱、差”，使城乡面貌和社会治安明显改善，努力形成整洁、优美、文明、安定的社会环境。六是坚决改变社会事业发展相对滞后的现状，使文化基础设施建设的薄弱状况明显改善，努力形成经济和社会协调发展的格局。加强精神文明建设的两大举措，一是提出把江苏建成与经济发展相适应的“文化大省”目标。二是明确“九五”期间全省精神文明建设投入的增加幅度高于财政预算收入增长幅度的1～2个百分点，切实保证精神文明建设投入的不断加大。

其次，坚持以邓小平理论为指导，以爱国主义和“三德”教育为重点，切实加强思想道德建设 党的十四大以来，全省始终坚持把用邓小平建设有中国特色社会主义理论武装党员、教育干部和人民的工作放在首位，精心组织实施理论武装系统工程，推动邓小平建设有中国特色社会主义理论的学习、研究和宣传不断向广度、深度拓展。在此基础上，突出爱国主义教育，大力加强思想道德建设。1996年以来，全省紧紧围绕香港回归，形成规模空前的爱国主义教育热潮，营造了强烈的迎接、庆祝香港回归和激发爱国热情、振奋民族精神的舆论氛围。与此同时，继续贯彻落实我省爱国主义教育三年规划，深入开展以“爱我中华、兴我江苏”为主题的爱国主义教育系列活动，推出了《江苏百首爱国主义教育新歌集》，其中《廉政歌》已在大江南北唱响。进一步加强爱国主义教育基地建设，在广泛调查研究的基础上，评选、命名省100个爱国主义教育基地。以为人民服务为核心，大力加强社会公德、职业道德、家庭美德建设。结合六中全会《决议》的深入学习，全省普遍开展了社会主义道德的普及教育。全省社会公德建设从有益社会而不妨碍他人入手，普遍开展了“文明市民”教育和以“五讲十不”为主要内容的文明礼貌活动。职业道德建设从爱岗敬业入手，重点抓了与人民群众生产、生活密切相关的“窗口”行业和执法部门的行风建设。各行各业普遍针对行业特点，制定出科学、准确、简明、易记的道德规范和岗位工作规范，建立、健全了有关制度和社会监督机制。全省宣传和工商部门配合，以“打假治劣”为突破口，开展了“百城万店无假货”活动；不少行业、单位推出了服务承诺制，开展了各种“满意”活动。家庭美德建设从孝敬父母入手，开展了各类家庭文明创建活动。省委宣传部、省妇联、省民政厅联合开展

了全省首届“十佳家庭”和“五好家庭标兵”评比活动，表彰了一批先进典型。同时，成立了江苏省家庭文化建设促进会，并开展了各种活动。加大典型宣传的力度，努力形成积极向上、催人奋进的舆论氛围。全省在继续宣传张家港市等典型的同时，陆续推出了徐州市下水道四班、农业科技战线的“铁人”姜德明、盱眙县水冲港乡等一大批先进典型，在省内外产生了较大的反响。

其三，以提高市民素质和城乡文明程度为目标，以“三创”活动为主要内容的群众性精神文明创建活动蓬勃开展　经过多年的努力，江苏初步形成了群众性精神文明创建活动的五个层次：一是在群众中，广泛开展评选“文明职工”、“文明市民”、“文明个体工商户”等活动；二是在家庭，开展“新风户”、“文明户”、“五好家庭”等创建活动；三是在城乡基层单位，开展文明单位创建活动；四是在社区，开展“新风杯”、“文明小区”、“文明街道”以及军民、警民共建等多项创建活动；五是在城市，深入开展“创三优”（优质服务、优美环境、优良秩序）竞赛活动。这样，在全省形成了一个全方位、多层次、系列化的群众性自我教育、自我提高的精神文明创建活动网络。六中全会以来，根据中央的统一部署，全省在继续开展上述五个层次的群性精神文明创建活动的同时，着力抓了创建文明城市、文明行业和文明村镇三个重点活动。创建文明城市，以提高市民素质和城市文明程度为目标，以治理“脏、乱、差”为突破口，以创“三优”为抓手，以创建文明小区和文明社区为基础。按照文明小区——文明社区——文明城市这一工作思路，通过广泛深入的创建，进一步改善城市面貌和社会治安状况，逐步形成整洁、优美、文明、安定的社会环境。创建文明行业活动，以服务人民、奉献社会为宗旨，从“窗口”行业、执法部门优质服务入手，突出“为人民服务，树行业新风”的主题，按照文明职工——文明“窗口”——文明行业这一由点到线，由线到面的思路，广泛组织创建活动，努力纠正不正之风，树立行业文明形象。创建文明村镇活动，以提高农民素质、奔小康和建设社会主义新农村为目标，从“三提倡三反对”（提倡科学文明，反对封建迷信；提倡艰苦奋斗、勤俭节约，反对铺张浪费、大操大办；提倡民主法制，反对违法乱纪，打击聚众赌博和其他社会丑恶现象）入手，通过扎扎实实的工作，不断提高乡（镇）村的文明程度，促进农村经济和社会全面发展。目前，“三创”活动已在全省各地全面启动，并取得初步成效。1997 年，按照中央文明委的统一部署，全省各地、各部门还广泛开展了“讲文明、树新风”活动，取得了良好效果，受到了广大群众的欢迎。

湖北省劳动事业取得显著成绩

湖北省劳动厅办公室

改革开放特别是党的十四大以来，湖北省各级劳动部门面对由计划经济体制向市场经济体制转轨的新形势，高举邓小平理论伟大旗帜，以贯彻实施《劳动法》为统领，以培育和发展劳动力市场，建立新型劳动制度为目标，正确认识和处理放权与管理、服务与监察、破与立的关系，抓重点、攻难点、办试点，圆满完成了各项劳动工作任务，促进了劳动事业的全面发展，得到湖北省委、省政府和劳动部的充分肯定。近 4 年多来先后有 80 多个方面的单项业务工作或个人分别获省级以上表彰和奖励。1996 年，在国家劳动部组织的全国劳动系统首次评选表彰活动中，湖北省劳动厅被评为全国劳动系统先进集体。

劳动法制建设取得了很大进展　围绕《劳动法》的贯彻实施，采取“争取上级、联合同级、立足本级、鼓励下级”的多层次、多形式的办法，全省先后制定劳动工作地方法规、行政规章共计 110 部，积极推进了劳动法制建设。

突出了劳动力市场的培育发展，把促进就业工作放在劳动工作首位　实行了从省厅到各地市州县劳动局长分别与政府分管领导签订劳动就业工作目标责任书制度。职业介绍网络体系、劳动力市场运行规则体系、劳动力市场评价体系已经基本确立。全省职业介绍服务机构发展到 1 246 家。开建了北京、上海、广州、厦门、香港等 9 个劳务机构,在新加坡、塞班设立了劳务输出机构,先后向新加坡、美国、日本、俄罗斯等国输出劳动力 1 400 余人。以职业介绍、就业训练、失业保险、劳服企业为支柱的就业服务体系得到进一步发展和完善。先后培训下岗职工 15 万人次,为 33 万失业下岗职工实行了再就业。特别是 1997 年省委、省政府作出了再就业问题的决定,在全国产生了较大影响。

建立了解困工作机制 主动与有关部门密切配合,采取切实有效的措施,建立了解困工作机制。省政府成立了解困工作领导小组,着眼当前,立足长远,精心规划,普遍开展了调查摸底工作,进行登记建卡,掌握了困难企业职工的基本情况。会同有关部门制定优惠政策,多渠道筹集帮困资金。先后 13 次调整企业离退休人员的待遇,建立起了基本养老金的调整机制;为负担重的企业调剂养老金 1.5 亿元,为困难企业垫付发放养老金 4 000 万元。筹集资金7 000 多万元,用于开展"送温暖"活动。

社会保险制度改革取得突破性进展 通过三次大的改革,社会保障功能由小到大、由弱到强、保险的范围由国有企业逐步向各种经济成份拓展延伸、保险层次由单一的养老保险向基本养老保险、企业补充养老保险、个人储蓄性养老保险发展,保险费用实现了国家、企业、个人三方负担的原则,基本形成了资金来源多渠道、保险方式多层次、全方位、一体化的社会保险体系框架。在全国率先提出并实施以社会统筹与个人帐户相结合为中心内容的养老保险制度改革,为全国制定统一方案提供了参考依据。1997 年国家提出统一方案后,湖北省又在全国率先出台并轨方案。目前,全省国有企业养老保险费用社会统筹已经实现了全覆盖,参加养老保险社会统筹的职工达 353.2 万人,离退休人员 76.8 万人。城镇集体企业养老保险费社会统筹已覆盖 80 个市县,占全省市县的 89.9%。外资企业、私营企业和个体工商户养老保险社会统筹也有了良好的开端。

劳动工资宏观调控得到加强 确定了工资工作的基本指导思想是要正确处理好"适度从紧"与"适度增长"的关系、"限高"与"保低"的关系、总体上的宏观调控与个别监督检查的关系、经营者收入生产者收入的分配关系。在全国最早实行弹性工资计划,坚持《工资总额使用手册》管理制度,颁发了《湖北省最低工资暂行规定》。指导企业进行内部分配制度改革,探索国有企业经营者收入分配办法.国有企业经营者年薪制试点工作起步早、发展快。

职业技能开发取得新成绩 职业技能培训面向城镇、面向农村、面向全社会,树立"大培训"的观念,注重培训与就业相结合,发挥培训整体功能。全省共建技能鉴定所(站)161 个,培训考评员 2 400 多人。在全国率先建立职业技能鉴定试题库,开展了工人技师考评、工人技术等级考核,坚持了对机关事业单位工人技术等级的考核和技师的评聘。创办高级技校 5 所。13 所技校被评为国家级重点技校,数量居全国第三。全省技工学校全面推行两证制(毕业证和工人技术等级证),面向全社会培训技术人员,为提高劳动者素质作出了贡献。

劳动用工制度改革向深层次发展 全省城镇企业 535 万职工实行了劳动合同制,占全省职工总数的 98.5%。乡镇企业已有 67.2 万职工签订了劳动合同,占应实行劳动合同制职工 63.3%。私营企业和个体经济组织有 9.8 万人签订了劳动合同。制定了劳动合同管理的暂行规定,劳动合同的签订、鉴证、履行、变更、终止、解除等环节更加规范。

劳动监察工作取得突破性进展 劳动监察机构在全国率先实现了从省到地市州县机构的全覆盖。普遍建立了劳动监察年度检查制度。全方位、多层次、多形式地开展劳动监察工作,严格依法行政,做到快办案、办好案。全省共组织劳动用工大检查 4 次,专项监察 6 次,共受理群众举报劳动违法案件 5 694起,其中立案查处 4 203 起,结案 3 645 起,结案率为 86.7%。

劳动争议处理工作有新进展 建立了与工会组织、经济综合管理部门和人民法院的工作联系制度,广泛开展了劳动法律咨询服务,增强了社会预防劳动争议的功能。全省依法立案受理劳动争议案件 3 531起,结案 3 286 起。结案率为 93%。湖北省"立足仲裁,向两头延伸",向乡镇企业延伸,向人民法院延伸的作法受到了劳动部的肯定。

劳动安全监察和安全生产综合管理进一步加强　着重抓了企业第一责任人的落实，普遍推行了安全生产目标管理制度，把安全生产工作纳入了政府目标考核。多次组织开展全省安全生产大检查和矿山安全大检查，对事故突出的行业和部位，如乡镇矿山进了安全资格认证工作，加强了对事故的预防和查处，强化了检测检验工作，全省劳动安全非矿山事故年年呈下降趋势。“四项分级”（体力劳动强度分级、高温作业分级、有毒作业分级、生产性粉尘作业分级）技术标准受到劳动部肯定，并由地方标准上升为部颁标准。

1997 年西藏自治区的旅游业

西藏自治区位于中国西南边疆，旅游资源极其丰富。

1997 年，西藏旅游业在自治区党委、政府的指导下，在自治区旅游局直接领导下，经过旅游行业全体人员的共同努力，圆满完成了“’97 中国旅游年西藏圣地游”的各项活动，全年共接待国内外游客 35 万人次，其中海外游客 8.2 万人次，国内游客 26.8 万人次，均比 1996 年有所增长。

为配合“’97 中国旅游年西藏圣地游”，自治区旅游局重点推出了富有民族特色的传统项目“雪顿节”和“藏北恰青赛马旅游节”。

为了搞好旅游促销和西藏旅游形象的宣传工作，自治区旅游局邀请了英国广播公司、美国之音、《联合早报》（新加坡）、《南华早报》（香港）、日本东京广播公司等外国新闻机构驻京记者，宣传西藏旅游资源。

为了打开国内市场，自治区旅游局邀请上海电视台、东方电视台、解放日报、文汇报、新民晚报等 16 家上海新闻机构记者进藏采访，达到了预期的目的。

与此同时，旅游基础设施得到改善，行业管理力度进一步加强，在促进经济结构调整，推动精神文明建设等方面，也都发挥了重要作用，旅游业已经成为西藏国民经济发展越来越重要的增长点。

“世界文化遗产”——布达拉宫

布达拉宫是中国著名古建筑，是自治区现存最大最完整的古代宫堡式建筑。

布达拉宫始建于吐蕃松赞干布时期，当时叫“颇章玛尔布赤子”，后被雷电及战乱毁坏，成为一般寺庙。公元 1645 年，五世达赖罗桑加措为了巩固政教合一的封建农奴制度，扩大自己的政治影响，宣布重建布达拉宫，1693 年最终完工。布达拉宫已经多次增修与改建，始具今日规模。

布达拉宫由红山的南麓奠基，依据山坡的天然形状蜿蜒而上，主楼 13 层，高 113 米。气势磅礴，壮丽辉煌，向为古今中外人士称赞。

从东大门，通过厚达 4 米的宫墙的通道，来到一个 1 600 平米的平台，这个平台是供历代达赖在佳节期间观赏歌舞的场所，名叫德阳厦。

接着，可到措钦厦（东大殿），此殿建于公元 1645 年，由 48 根大柱建成，是白宫最大的宫殿。

由东大殿直上三楼，便到白宫的最高处。达赖长住的两套寝宫就在此处，由于终日阳光朗照，俗称日光殿。

红宫的主体建筑是历代达赖的灵塔殿及各类佛堂。共有灵塔殿 8 座。五世达赖的是第一座，也是最大的一座。

布达拉宫的其他建筑还有建于公元 7 世纪的布达拉宫最早建筑之一——曲结竹普（松赞干布修法洞）；帕巴拉康，殿前挂有清朝同治皇帝为其题书的“福田妙果”匾额。萨松朗杰（意为“胜三界”），是红宫最高宫殿，殿内供有乾隆皇帝画像和汉藏满蒙 4 种文字的皇帝“万岁”牌位。

布达拉宫的建筑艺术，主要显示了藏族传统的建筑形式和石木结构等风格，同时，也吸收了汉族建筑艺术的梁架、斗拱、金顶、藻井等特色。它既是藏族劳动人民智慧的结晶，也是汉藏人民团结协作进行文化技术交流的凭证。解放后，党和政府十分重视这一驰名中外的古建筑，1961 年被国务院列为全国重点文物保护单位，并已被列入联合国教科文组织“世界文化遗产”名录。

珠穆朗玛自然保护区

珠穆朗玛自然保护区位于西藏日喀则地区定日

县境内。

珠穆朗玛自然保护区内，不但有广袤的高原，奇丽的冰川，同时，当你走到喜玛拉雅南麓（海拔3 000米以下的地区），这里展现给你的将是另一个世界。茂密的林海遮天蔽日，林内百花争艳令你目不暇接，百鸟争鸣让你其乐无穷。

从喜玛拉雅南坡坡麓起，自下而上依次为低山热带季风雨林带、山地亚热带常绿半常绿阔叶林带、山林暖温带常绿针叶林、硬叶常绿阔叶林、亚高山寒温带常绿针叶林。

这里还有被誉为“世界级景观”之一的卡玛山谷。卡玛山谷位于珠穆朗玛峰东坡底部，即朋曲河与卡玛河的汇合处，海拔2 300米，东西长55公里。这里生长着茂密的原始森林，其中杜鹃有20多种，喜玛拉雅冷杉、落叶松、皱皮桦、刺柏灌丛、箭竹、云杉、尼泊尔檀木、木兰、乔松等主要树种和蕊木兰、三七、胡黄莲等具有较高观赏和药用价值的野生植物。在河谷中段的喜玛拉雅冷杉树胸径可达4～5米，古柏树在河谷的萨古唐一带成片生长。一到春季，杜鹃花漫山遍野，林中百鸟争鸣，真是一个花的海洋，鸟的世界。

随着珠穆朗玛保护区的建立，这里的一山一水一草一木将得到更好珍惜和保护，她将向世人展示“第三女神”的另一面风景。

（西藏自治区旅游局市场开发处　晋　美）

旅游经济要重视“文化力”开发

广州旅游业发展断想

广州市社会科学院　陆　唯

近几年来，在进行市场经济研究的过程，“文化力”的研究一直成为学术界越来越关心的课题。按照现代经济与文化“一体化”发展的根本趋势和客观要求，现代商品中的文化含量、文化附加值越来越高，文化因素在现代经济增长中的作用越来越强。从广州旅游经济来看，“文化力”也是它得以健康蓬勃发展的内在动力。

综观整个世界经济的发展，旅游业可谓是方兴未艾的“朝阳产业”，又可称为无烟工业，其外汇的收入不亚于其他工业，世界各国无一不在拓展其渠道

从一些国家将旅游业与工业、农业并称为“世界第三大产业”则可得知，旅游业已演变成为当今世界最大的产业之一。根据1985年世界旅游年鉴统计，全球旅游消费金额达14 800亿美元之巨，排列世界单项贸易的第三位，仅次于汽车及能源工业。而且旅游业还是一个跨行业、跨部门、跨地区的综合性产业。有人统计过，旅游与109个行业相关，特别是商业、房地产业、饮食服务业、交通运输业、金融业和通讯业等。按“乘数效应”的理论，旅游业的收入每增加一个单位，社会上的相关行业可以增加两倍半的收益。每当经济进一步繁荣时期，旅游业可以实现两倍于国内总值的增长。据深圳有关部门统计，在深圳旅游部门每收入1元，则社会综合效益就有6元。旅游业的功能还可从繁荣经济的基本层面，提升到友好交往，弘扬民族文化的哲学层次，甚至朝向国际社会的福祉目标迈进。因此，旅游业对于促进当地的社会经济发展起着重要的作用，正如吴学谦同志指出的：“旅游业是一棵摇钱树，根深才能叶茂。这棵树长大了于国于民于各行各业的发展都大有益处”。

据“世界旅游理事会”同美国运通基金会对亚太17个国家108个旅游企业的调查表明，亚太地区的游客增长速度遥遥领先于其他地区。从1985年到1990年亚太地区的增长率为68.5%，而同期世界接待的国际旅游者增长为35.9%，几乎超出了1倍。根据专家估计，1995年世界旅游接待总人数达5.15个亿，本世

纪末可达6.38个亿。1995年亚太地区国际旅游接待人数为9 500万，占世界总接待人数的18.5%。2000年达到1.4个亿，占世界接待总人数的21.9%。世界旅游的收入1995年达到了34 300亿美元，2000年可达527 000亿美元。亚太地区旅游收入1995年达8 600亿美元，占世界总收入的25.1%。2000年可达161 000亿美元，占世界总收入的30.6%。

从以上几个方面，我们可以不难看出，世界旅游业在本世纪末，特别是在亚太地区都将有长足的发展。随着香港的回归祖国，广州市政府推出了将广州市建成为国际化大都市的总体规划。广州市发展旅游业在地理环境、位置和社会经济条件上都有独到之处，具有高度的外向型特征和典型的市场经济性质，有着其他国内城市无可比拟的天时地利。因此，广州市旅游业市场的潜力是巨大的，前景是不可估量的。为使广州市旅游经济不断发展，必须重视旅游文化意识的培养和研究。

广州的旅游经济近十年来有了令人瞩目的发展，但最近几年出现的缓慢增长甚至停滞的趋势，却是值得重视的

广州接待旅游者的人数呈弱增长趋势，人均停留天数在减少。从各口岸接待旅游者出入境的人数来看，由1980年165万人次，发展到1993年的384.3万人次。14年共接待4 118.6万人次，年均增长率为6.23%。到1994年，接待人数为361万，比1993年减少6.04%。1995年人数为353万人，减幅2.21%。1996年接待人数为281.41万人次，减幅为20.3%。可见从1994年开始逐年呈下降趋势。

从各旅行社接待海外旅游者的人次来看，由1985年接待45.5万人次到1993年接待49.9万人次，9年来共接待506.2万人次，年平均增长率为0.94%。1994年接待50.56万人次，比上年增加了1.32%。1995年接待了32.49万人次，减幅为31.9%。1996年接待了33.43万人次，比上年增加了0.94万人次，增幅为2.89%。

近年来，广州市接待国内旅游者的人数逐年增加。1994年主要涉外宾馆接待国内旅游者961.12万人次，比上年同期增加了138.56万人次，增幅为16.84%。1995年接待国内旅游者为1 104.21万人，比上年增了43.09万人次，增幅为14.89%。1996年接待人数为1 326.41人次，比上年增加了20.12%。

接待的旅游客源结构呈现散客多、中转过境客多的状况。平均停留时间短，散客与有组织的旅游团队客人比例为7:3。在广州停留过夜的客人与中转不过夜的客人比例为1:1。到广州经商、探亲访友的海外旅游者数量很大，每年仅两届交易会就达总数的1/3。海外游客在广州停留时间短，人均停留天数只有1.7天，近年开始延长到1.9和2天左右。改革开放十几年来，广州接待旅游者的人数的总趋势是稳步增长的。但是新出现的问题也是必须予以重视和研究的。

广州市的旅游业也面临着激烈的竞争和挑战，1992年，北京、上海、深圳接待海外游人分别比上年增长32.28%、27.63%、17.15%，而广州市仅增长2.14%，在全国大城市中的位次，已由第一退居第二位。随着改革开放的不断深入和发展，香港回归后与全国各地的联系将不断密切，加上内地旅游业的不断完善和发展，可供旅客出入境的口岸越来越多(广东省的入境口岸有29个，全国可供旅客出入境的口岸达78个，其中空港口岸22个)，纷纷开办香港至内地的直航包机业务，导致海外游客对出入境口岸的选择机会也随之增多，愈来愈多的海外游客直接从我市上空飞跃或只做中转而不过夜，导致广州有组织接待的海外旅游者的团体则愈来愈少，甚至出现逐年递减现象。因此，我们的重点应放在拓展客源市场，提高自身旅游市场的吸引力上。这就从深度和广度上加大力度，开发和拓宽广州的旅游文化资源，增加广州旅游的吸引力。

广州接待旅游者接待能力不断增加，接待设施也不断完善，但缺乏有效的管理和协调，旅游商品性收汇比重较小

在广州主要涉外宾馆1980年的28家，客房8 146间、床位16 825个，发展到1993年有主要的涉外宾馆150家，客房37 778间，床位78 422张。14年广州涉外宾馆的客房增加4.46倍。

广州旅游外汇收入由1984年的9亿元增加到1993年23.8亿元。10年共创汇121亿元外汇券人民币，年均增长率为19%。

广州旅游的营业收入由1985年9亿元发展到1993年的74.8亿元，9年共收回人民币303.6亿元，年均增长率为26.53%。1994年达96.67亿元，增幅

为30.77%。1995年收入为106.29亿元，增幅为10.12%。1996年收入为257.86亿元，增幅为2.43倍。可见呈现出广州旅游兴旺发达之势头。据初步测算，1996年广州旅游业增加值为76.39亿元，占全市生产总值(1 445.84亿元)的比重达5.28%。

早在1992年，北京、上海和深圳分别比上年旅游外汇的收入增长30.61%、1.1倍、92.94%，高于广州市增长28.58%的速度。在全国大城市中的位次，由过去的第二位退居到北京、上海之后，居第三位。而外汇收入额度仅有北京的38.50%。而该年度，由国外游客评出的全国旅游最佳服务城市广州由前三名降为第七名，滑坡最大。

广州的旅游管理机构从无到有。1980年成立了广州旅游公司，专门负责广州的旅游接待工作。1992年在广州市服务局的基础上成立广州市旅游局，负责对广州市的旅游事业进行管理，并对广州市旅游发展进行规划和建设。为加强对广州旅游事业的领导、协调、管理，曾先后于1982年、1986年、1992年成立过广州旅游领导工作小组、广州旅游文物事业发展规划领导小组、广州地区旅游事业管理委员会三个机构，由市长、副市长挂帅，由有关部门领导同志担任成员。

广州旅游业的某些指数呈下降趋势，实际上是整个旅游事业内部管理机制混乱缺乏活力的结果。这表现在旅游业的宏观规划和管理严重欠缺。广州作为重点旅游城市，留不住客人的原因是多方面的，而一定程度上没有利用自己独特的人文资源无疑是其中一个重要原因。

虽然广州旅游业年创汇额近几年一直处于全国的领先地位，但旅游商品性收汇比重小于劳务性收汇，这与国际旅游发达城市普遍是商品性收汇高于劳务性收汇正好相反，加上广州对旅游商品的研究和开发仍未加强力度，广州旅游业商品性收汇还有不断下降的趋势。这充分说明了目前广州旅游商品生产销售力量薄弱，花色品种不多，不适应游客的需要，未能形成生产、销售一条龙。若能将岭南特色文化含量赋予在旅游商品中，在一定程度上将会改变当前整个旅游商品的生产和销售。

广州旅游业的旅游景点多，但是“满天星星，没有月亮”，需要发展出“众星捧月”的旅游拳头产品。

1990年前，广州市重点修复了一批文物古迹和园林景点，新建了几项现代化娱乐设施，现在可供参观游览的项目有70多处。全市已投旅游建设资金1.65亿元(含引进外资，但不含其他部门投入部分)。在“八五”期间，旅游规划重点转向开发建设大型旅游区和旅游度假区，开始逐步形成“群星拱月”的网络。目前，在广州在建和已建的大型旅游区共有25个项目，其中经批准的有国家级的南湖旅游度假区，省级的旅游度假区有从化温泉和花都芙蓉嶂，近年建成开放的有“飞龙世界”，这是以蛇文化为主题特色的大型游览度假区，占地面积65.6万平方米，总投资为9亿多人民币；“世界大观园”这是一个动静结合的旅游区，仅游览一遍需11小时，占地71万平方米，总投资超过6 000万美元。深圳的“锦绣中华”和“世界之窗”曾引起轰动效应，达到了意想不到的效果，其中，“世界之窗”每天接待游客3万人次，仅门票收入就有200万元。相对来说，广州市在此方面的力度明显不够，没有真正能够有独占鳌头的“拳头”产品。从更深的层次来说，没有挖掘出岭南文化丰富多彩的内涵，而深圳的旅游则紧紧抓住了中华文化和世界文化这两个重要主题做文章，先后建成了锦绣中华、民族文化村、世界之窗等几大景点，形成有丰富文化内涵、功能齐全、管理先进的文化旅游区，使其旅游业走在了全国的前列，这便是“文化力”所起的功不可没的作用。

旅游发展中要进一步增强生态经济文化的观念，树立环境保护的意识

发展旅游必须注重树立环境保护的意识，纠正那些破坏生态环境的种种现象。为此，近两年来，广州市委和有关部门极度重视，对白云山进行了大规模的还白云山原貌，大力拆除非法违章建筑的工作，使具有广州市“市肺”的白云山已将逐步恢复其原有的清新幽静，成为都市人们节假日体味赏心悦目、心旷神怡的一个好去处。珠江城市段严重的环境污染、珠江河水混浊不清的问题也已引起了人们的重视。世界上都很少有江河穿城而过，且城市边缘有占地28平方公里的山体矗立的巧夺天工之景象，广州的自然落成可谓是天之神笔，但严重污染却破坏了珠江原有的宜人的魅力。可欣慰的是整治珠江水的污染问题近期也成了有关部门的重要课题，我们同时也要唤起全市人民的生态环境保护意识。认为保护城市生态环境就等于为我们的子孙后代留快绿色，就是为保护自己的身心健康。

要大力发展旅游业，旅游景点的环境质量问题尤其重要，对整个旅游事业有着举足轻重的作用，因此，旅游景点的环境保护问题是发展旅游业的前提，应纳入广州市旅游发展的总体规划，使广州不可多得的人文和自然的旅游资源得以重视和保护，让广州的旅游业兴旺发达。需要树立生态经济文化的观念，认真研究旅游经济发展与城市自然生态和社会文化的关系，达到实现广州旅游经济长足发展。

有学者认为“文化力”包括方面的内容，一为智力因素、二为精神力量、三为文化网络、四则是传统文化

从以上剖析几个方面来看，目前阻碍广州旅游经济发展最根本的原因就是智力因素远远没有发挥出作用。经济的发展必须要有智力持续，智力因素是经济竞争最根本的武器，因此广州旅游经济发展则要有一批专业素质较高的管理队伍。旅游市场的竞争最终还是取决于旅游人才的竞争。尽快建立一支训练有素、德才兼备、结构合理、规模可观的旅游产业队伍，是广州旅游业在国内外市场竞争中立于不败之地的关键点。我们要制定好旅游人才的规划，也要搞好对各类旅游人才的培养，加强旅游人才培训基地的建设，积极推动旅游行业人事和劳动制度和体制的改革，努力培育出新型旅游人才的成长机制。如可以从国外市场招聘一批贤能之士为广州旅游业服务；从现有人才中不断选拔，进行高要求培养；同相关的旅游学校接轨，培养营造旅游人才，保证旅游人才后继有人；还可从其他行业中发现优秀人才，总之，人才问题是旅游业战略问题中的重点战略问题。要使广州旅游业有更高、新的台阶，人才问题是发展旅游业中的旅游资源、旅游手段、旅游设施、旅游资金等诸多因素的首要。邓小平同志说过，我国的经济，到建国100周年时，可能接近发达国家的水平。这样说的根据之一，就是在这段时间内，我们完全有可能将教育搞上去，提高中国的科学技术水平，培养出数以亿计的各类人才。邓小平同志的观点是高瞻远瞩的，用之于提高广州旅游经济发展速度极富战略指导意义。还要从提高旅游商品文化附加值入手，即充分发挥广州岭南文化的魅力，即传统文化，同样也是广州旅游业开发的“文化力”构成主要要素之一。

广州是一座具有2200多年历史的历史文化名城，历来是华南地区政治、经济、文化、交通中心。早在公元前9世纪的周朝，这里的“百越”人民和长江中游的楚国人民已有来往，春秋时期已是中国南方富饶地区，秦汉时期广州城市已初具规模，西汉时在广州建立了南越国，开辟了与阿拉伯国家和西方国家进行贸易的“海上丝绸之路”，据欧阳修等撰《新唐书·地理志》记载，广州扬帆的海船已到今伊拉克巴士拉和非洲东部的坦桑尼亚一带。当时来广州的外来船舶，最盛时每年达4 000余艘，江上桅樯如林，岸上珍货珠宝如山。通过“海上丝绸之路”，外商不断前来广州。从出土文物得知，早在汉代就有外国商人在广州居住。唐宋时期，大批外商云集“番坊”（今光塔街一带）。广州是外国教徒进行贸易和宗教活动的场所。据记载，在唐代就有数以万计的伊斯兰教徒、犹太教徒和基督教徒等。中国丝绸、瓷器的输出，促进了阿拉伯丝织、制瓷工艺的提高。中国绘画艺术推动了阿拉伯金银器皿、陶瓷制品的图案设计。中国重要医书和切脉术影响了阿拉伯医学。阿拉伯人推崇中国文化，成为中国文化西传的桥梁。

随着贸易带来宗教文化的传播，市区光孝寺是广州地区和海外进行文化交流最早的地方。东晋隆安五年（公元401年）起有昙摩那舍、求那跋陀罗、智药三藏、金刚智、般若等名僧在光孝寺译经受戒。梁大通元年（527年）印度僧人达魔携带释迦的衣钵也在此传授禅宗学说，并营建“西来庵”（华林寺），奉为佛教中国禅宗的初祖。公元7世纪时，伊斯兰教、阿拉伯人宛葛思在广州“番坊”捐建中国第一座清真寺——怀圣寺和光塔。公元9世纪阿拉伯人的《中国印度见闻录》，盛赞当时广东对外贸易时的商业道德和广州人喝茶的习惯。海珠广场附近的“石室”——圣心教堂，是全国唯一的纯花岗岩砌建的“哥特式”教堂，“石室”的建筑酷似法国巴黎圣母院，正面高耸着两座高达53.5米的钟楼，钟楼上锥形的双塔直插云天，设计者为法国工程师，历时25年竣工。国外学者都认为中国城市西式大厦群多兴建于二次大战前，高层建筑风格典雅，变幻无穷，堪称世界各国建筑艺术宝库，其景象可与纽约早年的繁荣相媲美，是很好的旅游观光人文资料，适用于现代旅游业的开发。

由于岭南亚热带气候和广州的中西文化汇合形成了广州的古代建筑布局的开放性和多元兼容性的特点。广州的古城楼城墙，上述有关宗教建筑（佛、

道、伊斯兰教、基督教等)，坛庙建筑、书院会馆瓷堂建筑、墓园建筑、近代西方古典建筑、近代民族形式建筑、近代住宅建筑、骑楼建筑、传统茶楼建筑以及著名的历史事件和历史人物有关的纪念性建筑系列等都体现出广州悠久的和源远流长的岭南文化特色，也是其他任何城市无法比拟的历史文化的风景处。

另外，广州还有传统的饮食文化，食在广州，众口皆碑，全国乃至世界闻名。广州更是购物者的“天堂”，有着丰富的商品文化，因此广州旅游发展所赋予的传统文化的内涵是非常之丰富的，我们要树立“文化力”的意识，提高旅游文化力的附加值，使广州的旅游经济开发获得新的视野。

广州自90年代以来，一大批新的旅游景点脱颖而出，世界大观、飞龙世界、华夏奇观、华夏春秋、南湖国家旅游度假区高尔夫乡村俱乐部、丹水坑旅游区、广州梦幻乐园、广州风情大世界、航天奇观、望海观音、飞图梦幻影城等景点正在建或已建成开放。今日广州的旅游景点日新月异，自然与人文相互交融，传统现代化的古城交相辉映，具有鲜明的特色和更为丰富的文化内涵。

我们可以欣喜地看到，广州的旅游景点建设近年来有了迅猛发展，大都从吸引游客和留住游客的目的出发，丰富了广州的旅游资源，提高了广州旅游的知名度。但整体来看，有些尚停留在观赏表演来体现，未能深度挖掘景点的魅力和内涵。因此建议广州旅游景点建设要借鉴世界著名旅游城市的经验，要立足于岭南文化和民族风情特色，建设一批具有代表性的、文化气郁浓的、品位较高的又能寓教于人的代表性景点。如澳大利亚的“信不信由你”博物馆、索维伦金矿博物馆；新西兰的海洋博物馆和南极博物馆等就很有特色，吸引大批游客。南极博物馆，有冰海雪景、企鹅和南极特色介绍，坐缆车进去，可潜入海底、可在雪地奔驰，给人一种身临其境的感觉；澳大利亚的“信不信由你”博物馆通过收集全世界200多种珍贵见闻，用报纸、蜡像、道具等表现形式，集知识性、趣味性于一体，具有很高的观赏价值。这些博物馆虽小，但特色鲜明。

广州的旅游业也可采用这种寓教于乐的方式，开设类似的博物馆，如吸引游客设计一个“蛇的博物馆”，或通过录像、图片、活体、标本等展示，从蛇本身的生理特点到其生活的生态环境及与人类社会的关系，包括对人的饮食、保健等方面的功效出发，让游客对这种神奇的动物有个全面的了解。在观赏中增长了知识，将会吸引更多的游客。还可成立“广州美食博物馆”，让更多的人了解广州悠久的饮食渊源和饮食历史发展，展示并有现场烹饪，集中粤菜之全部精华，还可分出其他菜系的分馆，让游人大开眼福，大饱口福。

旅游景点文化的内涵的高低，丰富与否及品位的高低是旅游业的生命力之灵魂所在。广州的旅游业要注重文化内涵的加强，广州的世界大观，有6个大剧场，4个大游乐院，98个国家的园林艺术、建筑雕塑、工艺餐饮等，26个国家的地貌奇观，真正做到高投入，高产出和高收入。此外，演出请素质较高的艺术团体进行表演，节目更新换代快，魅力常在。因此，努力提高旅游产品的文化档次也是吸引海内外游客众志趋往的首要条件。这样一来，将形成良性循环，有可观的经济效益。同时还要做好旅游市场的促销和宣传工作，从而产生部分轰动效应则为最好成绩，如形成到广州必须看“蛇”等。

“21世纪的经济格局，将在很大程度上取决于‘文化力’的较量”，我们将这一崭新的观点贯穿于整个广州旅游经济发展的格局，可以激发出广州发展旅游经济的巨大的源源不断的潜动力。21世纪的广州旅游经济将会有一个更新更高的层面，我们将拭目以待。

建设生态城市　实施可持续发展

——成都市综合整治府南河的实践与思考

中共成都市委宣传部

江泽民同志在十五大报告中明确指出："中国是人口众多、资源相对不足的国家，在现代化建设中必须实施可持续发展战略。"早在1995年9月，他就把保护环境作为一项基本国策，要求正确处理经济发展同人口、资源、环境的关系，"不仅要安排好当前的发展，还要为子孙后代着想，决不能吃祖宗饭，断子孙路，走浪费资源和先污染、后治理的路子。"我们从综合整治成都市府南河的实践中，深深感到江泽民同志这一讲话的真理性及其重大现实意义。

建设生态城市是对人民、对历史高度负责的体现

环绕成都的府河、南河，又叫锦江，历来被称为成都的"母亲河"。2000多年来，成都能够几度成为中国经济、商贸、文化繁荣的城市，得利于先秦李冰父子的都江堰灌溉水系，得利于这一水系中环绕城中心、全长29公里的府河和南河。古代的二江河清水深，水量丰沛，具有灌溉、供水、航运、泄洪等多种功能，是成都的水上交通要道。唐朝诗圣杜甫曾用"锦江水色来天地，玉垒浮云变古今"，"窗含西岭千秋雪，门泊东吴万里船"的诗句，描述府南河给成都带来的辉煌。但是，随着岁月的流逝，随着城市工业的发展，人口的增多，两条清水河逐渐失去了昔日的光彩；河道变窄，河床淤积，河岸低矮，河水日益变浑黑。在总长29公里的河段，有600多个排污口，每天倾注50多万吨污水。日复一日，府南河变成制造多种疾病的"臭水沟"，老百姓痛心地称之为"腐烂河"。"还一江清水"，彻底整治府南河，这是人民群众的呼声。1985年，成都龙江路小学的学生上书市长，呼吁"救救锦江"。这也是近几届成都市党委、政府魂牵梦绕的夙愿。环境保护，关系到中国经济和社会发展的全局，是应长期坚持的基本国策，绝不能目光短浅，用近期的、局部的发展损害长远的、全局的发展；不顾环境被破坏，只求经济的一时发展，会造成对子孙后代生存发展的威胁。因此，彻底整治府南河，是人民政府的神圣职责，对人民、对历史高度负责精神的具体体现。基于这一认识，经过多年的财力、物力的准备和周密的论证与规划，1992年，市委、市政府决定，用5年时间，投入27亿元，对府南河实施综合整治，彻底消除多年来影响成都市环境质量的隐患，为把成都建设成生态城市、现代化都市奠定基础。

建设生态城市推动经济和社会全面进步

历史上，曾有过对府南河的整治，但其内容主要集中泄洪、排洪和航运方面。今天对府南河的整治是综合整治，包括防洪、环保、绿化、道路管网和安居五大部分。在制定整治规划时，市委、市政府明确指出，综合整治府南河（岷江锦江段）不仅是成都有史以来规模最大、投资最多、牵涉面最广的一项综合性城市建设工程，而且也是成都建立现代化都会，建设生态城市，培育新的经济增长点，实施可持续发展，推动经济和社会全面进步的基础性工程、"龙头"工程。为确保工程圆满完成，市委、市政府还从组织、政策、机制等方面采取了一系列科学有力的管理措施。

经过近5年的努力，综合整治后的府南河社会经济效益已显示出来。

防洪方面　整治前，洪涝严重，给人民的生活和工农业生产造成较大的损失；整治后，排洪能力由十年一遇的防洪标准提高到二百年一遇。仅此一项，每次可减少洪灾造成的损失3 000万元。

环保方面　整治前，污染蔓延，每日50多万吨

生产废水、生活污水和其他污染物排入府南河。现在,府南河内外侧埋设了25公里的排污干管,工业废水、生活污水被截流后统一处理,达到国家三类水质标准后再排入成都下游的灌溉网;沿河有污染的企业搬迁城外,城区生态环境有了决定性改善。

绿化方面　在沿河两岸新开辟、培植近400亩绿化带和小公园、小游园,辅以滨河绿化带、多种形式的文化艺术标志作品和与之相映衬的城市雕塑,形成以巴蜀文化为内涵、各具特色的滨河绿化圈。

道路管网方面　沿河修建长14.79公里、宽25米的内环路,长8.6公里、宽20米～40米的外侧道以及沿河长10.79公里、宽16米的护河道,大大减缓了城市交通拥挤状况,年增直接经济效益1 300多万元。与道路施工同步,还进行了地下管网建设,将污水、雨水、自来水、电力、通讯、路灯、天然气等地下管线通盘考虑,为成都向现代化国际都会发展奠定了必要的设施基础。

——安居方面　整治前,沿河两岸房屋危破,3万余户居民住在低洼危破房屋内,恶劣的居住环境与日新月异的城市面貌和小康目标极不相称。现在,沿河两岸4平方公里范围内的危破房、建筑物以及有污染的工厂,按规划进行拆除、搬迁、改造。在旧城区内形成占地687亩的新商贸区和占地860亩的商住区,并新建24个居住小区,使沿河3万余户10万居民告别低矮、破旧、潮湿的棚屋。

综合整治府南河工程已是成都新的经济增长点,它不仅带动了建筑业、建材业、房地产业的发展,而且还带动了商业、旅游业及其他相关产业的发展。仅旅游业每年就新增1.5亿元的收入和3 000万元的税收。整治后的府南河业已成为成都的"翡翠项链",使它更加美丽动人,生态环境和投资环境有了很大改善。国际上不少著名大财团、大企业纷至沓来,有力地促进了成都市的对外开放。

府南河综合整治工程的浩大和业已昭彰的社会经济效益,受到国内外专家的赞叹和中央领导同志的高度评价。国家重点城市环境综合整治考核小组认为,这项工程不仅有力地抑制了环境污染的发展和生态环境恶化,而且解决了城市可持续发展问题。李鹏总理在视察中给予充分肯定,欣然题字:"治理府南河,振兴新蓉城"。姜春云副总理评价府南河工程是"综合治理,成功之作"。

府南河综合整治工程成功的启示

成都市以综合整治府南河为突破口,在建设生态城市,实施可持续发展战略,促进经济和社会全面进步方面,已收到初步成效。回顾5年的实践,感触很多,给人以最大启迪的是:

一切为了群众,一切相信群众,一切依靠群众,这是建设生态城市、实施可持续发展的出发点和取之不尽的力量源泉

江泽民同志在十五大报告中指出:"我们党来自人民,植根于人民,服务于人民。建设有中国特色社会主义全部工作的出发点和落脚点,就是全心全意为人民谋利益。共产党员要倾听群众呼声,关心群众疾苦,为群众办实事、办好事。"整治府南河,还一江清水,这是人民群众的呼声。成都市委、市政府决定综合整治府南河,就是倾听群众呼声,关心群众疾苦,为群众办实事、办好事。正是因为整治府南河工程顺应了民意,它才被人民群众称之为"民心工程"。

科学的决策需要切实有效的措施去落实。"一切依靠群众",这是这项工程胜利完成的根本保证。成都市委、市政府从工程开工之日起就把依靠群众、发动群众放在重要位置,把府南河的整治作为团结全市人民共建美好家园,营造向心力的凝聚点和切入点,在舆论导向中突出"母亲河"与蓉城儿女休戚与共的生命情结。由于指导思想明确,宣传和组织工作得力,成都人民参与工程的热情高涨。"政府为民办实事,我为政府分忧愁","为整治尽言,为整治尽力"成为广大群众的心声和自觉行动。自愿为这项工程捐款的市民达100多万人,30多万学生省下零花钱买树种,"为府南河添一片绿"。即使是难度最大的3万户居民的搬迁,也在一年内顺利完成。随着府南河整治、建设和管理的逐步深入,人们的生态、环境意识和文明素质逐步提高,维护府南河建设成果的活动在广大市民中展开,认养护府南河树木,自发护河护路,义务劳动搞清洁,已成为广大市民和学生的自觉行为。中央精神文明建设指导委员会调研组参观后认为,府南河综合整治工程是"蓉城建设之伟业,大得民心之

壮举”。府南河综合整治的成功表明，“一切为了群众，一切相信群众，一切依靠群众，我们党就能获得取之不尽的力量源泉。”

切实转变政府职能，转变观念，从可持续发展战略的高度处理好环境治理与经济建设投入的关系

经济建设需要投入，而生态城市的建设同样需要投入。正确处理二者关系的前提是，政府切实转变职能，转变观念，从只重视经济数量的增长转变到重视推动社会经济全面进步，既重视经济发展的数量与质量，又重视人民群众生活质量的提高。应从可持续发展的战略高度看待环境的治理。一个城市的生态环境变好了，既可培育出新的经济增长点，又可改善投资环境，吸引更多的外资投入，焕发出经济发展的持久魅力。

充分发挥社会主义制度的优越性，集中人力、物力、财力办大事

能够集中人力、物力、财力办大事，是社会主义制度的优越性。成都府南河综合整治工程得以上马和顺利完工，正是对这一优势的运用。整个工程投资近30亿元，超过当时（1992年）全市地方财政收入的总和。为了确保工程上马和顺利进行，市里压缩开支，砍掉一些包括修建政府办公楼在内的项目，使工程有足够的财力支撑。

府南河综合整治是一项投资规模大、涉及面广的工程，必须经过充分论证，周密规划，以科学的决策为基石，以科学的态度统揽工程的各项工作。在这项工程的决策和实施过程中，成都市委、市政府十分重视发挥专家、学者的积极性，听取专家、学者的意见。整个工程进展环环相扣，既符合现实需要，又满足了城市建设的长远规划，被专家学者称为“科学的结晶”。新闻宣传单位围绕开展群众共建生态城市活动营造舆论氛围，对广大市民起了引导作用，对建设者起了鼓舞作用，对工程起了推动作用。

建设生态城市，必须结合城市特点，找准全局的突破口

建设生态城市，必须抓住生态环境中存在的主要矛盾。成都市生态环境最突出的问题就是河流污染。这就决定了成都市在改善环境质量时，应以综合整治府南河为突破口，带动整个生态环境建设和城市建设。从实践效果看，这一突破口找对了。通过治理，成都市不仅恢复和丰富了历史文化名城“二江环抱”的自然风貌，改善了生态环境和投资环境，而且基础设施建设、居民住宅条件、对外开放形象、城市经济的布局等都得到大的改善，还带动了第三产业的发展，为50万人提供了就业机会。可以说，这是成都市迈向新世纪的重要一步，是连接过去、现在与未来的关键性的一链。

府南河综合整治工程是一项造福人民、利在千秋的工程，它的全面实施和顺利完工，还使人们看到改善生态环境所产生的效益，人们的生态环境意识增强了，人们建设和保护生态环境的自觉性提高了。在成都市，不仅出现了建设以县为区域的国家级生态农业带，而且还有不少基层干部提出建设生态村的目标。可以相信，进入21世纪的成都，将是一个具有良好生态环境的充满生机与活力的天府之都。

用强烈的文化意识指导城市建设

中共长沙市委书记　秦光荣

一

长沙市是国务院首批颁布的24个历史文化名城之一。全市现辖东、南、西、北、郊5个区和长沙、望城、宁乡3个县及浏阳市。总面积1.18万平方公里，人口563万，其中市区面积367平方公里，建成区101平方公里，人口142万。长沙自古就是湖湘首邑，有“楚汉名城”之称。历史源远流长，文化绚丽多彩，遗存十分丰富。现已发掘春秋古墓300余座、战国古墓1 800余座、汉墓8 000余座，保护完好的出土文物2

万多件，全市现有国家文物保护单位6处（占全省50%），有省级文物保护单位38处（占全省30%）。马王堆出土的西汉文物举世闻名，旧城区则是长沙主要历史文化遗存所在，城郊还有星罗棋布的历史遗迹和文物景点。长沙人文荟萃，有“潇湘洙泗”之称。屈原、贾谊、杜甫、辛弃疾、朱熹等历史文化名人，都在这里留下了脍炙人口的篇章。岳麓书院是中国古代四大书院唯一保存延续至今的千年学府，自宋代创建以来，兴学育人，蔚然成风，使长沙享有“惟楚有材，于斯为盛”的赞誉。长沙还有光荣的革命传统，有“革命摇篮”之称。近代以来，伟人辈出，长沙成为“弘扬前驱，彪炳后世”的革命圣地。旧民主主义革命时期有黄兴、蔡锷等先驱，新民主主义革命以来有毛泽东、蔡和森等杰出革命家，第一师范是毛泽东等青少年时期从事革命活动的地方；田汉、齐白石等名人，在长沙留下许多胜迹。长沙风景秀丽，有“山水城市”之称。岳麓山巍峨西峙，湘江穿城而过，桔子洲静卧江心，融山、水、洲、城于一体。这些都是我们不断推动城市发展的宝贵资源。我们应当在城市建设中，注意保护好名城，充分利用和发挥名城优势。

建国以来，长沙市对历史文化名城的地位一直十分珍惜和重视，在历史文化资源的保护、利用和开发方面做了大量工作。一是根据史载资料恢复和重建了47个文化遗址和人文景观，初步形成了自然风光、人文景观、民风民俗相得益彰的独具特色的大文化格局。二是通过人大立法，制定颁布了8个法规，使文化资源、环境的保护工作初步走上了法制化的轨道。三是把文化景点作为市政建设的重要内容，对岳麓山、桔子洲、烈士公园等风景名胜不断地进行修缮改造。四是坚持依托名城，发展经济。迄今全市来自文化方面的收入已达30亿元，约占全市国内生产总值的10%，比解放初期增加了37倍。全市经济综合实力已跻身到中国50强第20位。可以说，历史文化名城的各种优势，为长沙的发展注入了强劲的推动力。

二

改革开放促进了长沙经济和社会发展，同时也加快了长沙向现代化城市迈进的步伐。从长沙市近几年城市建设的实践来看，文化资源的保护利用与城市开发建设的矛盾日渐突出，集中体现在以下四个方面，需要我们认真加以解决。

历史文化资源保护利用与旧城改造的矛盾　搞好旧城改造，是历史文化名城向现代化城市过渡的一个关键环节。成功的改造，不仅可以使历史文化资源得到有效的保护和利用，而且可以充分展示城市个性，增添城市新的风采。建国40多年来，长沙旧城改造经历了解放初期的起步时期、十年动乱的停滞时期、80年代的全面启动时期和90年代的高起点筹划时期。第一个时期，由于受当时经济和社会条件的制约，旧城改造在低水平上运行，仅是一些小打小闹的修修补补。第二个时期，由于受“左”的思潮影响，旧城改造非但没有多大进展，一些重要的文化资源还遭到了破坏。第三个时期，随着改革开放的深入和经济社会的高速发展，旧城改造提到了重要议事日程，改造力度明显加大，但因为没有正确把握保护利用与建设改造的关系，也带来了一系列新的问题。第四个时期，在总结了前段经验的基础上，旧城改造开始步入健康发展轨道，但在实际运行过程中遇到了“三难”。一是规划难。城市规划实质上是一种社会规划，它的工作对象是城市社区，但它所考虑问题的范围往往要超越所在城市社区的界限。因此，城市规划所要解决的不仅仅是建筑学、工程学等方面的问题，而且涉及到社会学方面的问题。作为历史文化名城，其宝贵的历史文化资源，本身就是城市规划所应涉及的重要内容，而要找准这两者间的最佳结合点，往往会遇到一些棘手的问题。长沙市长期以来对历史文化资源的保护利用缺乏规划，而且全市的旧城改造也没有一个系统的规划，城市的总体规划也不甚完善。二是建设难。表现在旧城拆迁难开展，建筑风格难统一，建设资金难筹措。长沙市旧城区的几条主要马路，如黄兴路南通北不通，蔡锷路北通南不通，解放路东通西不通，最头疼的就是拆迁问题。岳麓山一带的居民住宅建设，拿出过几个方案，终因考虑要保持原有的自然人文风貌而未能实施。建设资金的捉襟见肘使旧城改造与历史文化资源保护利用难以兼顾。一方面，随着社会的不断发展，旧城改造势在必行；另一方面，改造资金相当匮乏，致使旧城改造品位低，质量差，更谈不上保留古城应有的风格特色。三是管理难。主要是管理体制不顺，管理职能分解不合理，造成了城市管理上的许多漏洞和空档。长沙市区内的历史文化景点,既有国家级的,又有省级的,这些景点的管理权限都在上面,许多实际管理责任又都落在地方,而地方缺乏统一的指挥协调机构,造成微观上有一定权威,宏观上管理失控的局面。据调查,由于政出多门,多头管理,仅岳麓山风景名胜区所在的河西新城区规划区内,近年内新增违章建筑就达 120 多处,在一定程度上破坏了风景名胜区的整体风貌。

历史文化资源保护利用与城市扩展的矛盾 随着社会的进步,城市的扩展已成为城市发展的一个定式。城市发展的目标,应该追求整个城市的高效、优美、节能、舒适。但是,城市迅速扩张的结果往往是人口密集、住房紧张,自然的和人文的环境遭到破坏,与城市发展的目标背道而驰。这几乎是世界城市发展史上普遍存在的问题。长沙城市的扩展速度是相当快的,从建国开始到现在,城区面积由 6.7 平方公里扩展到 101 平方公里,规划到 2010 年将达到 155 平方公里;城市人口由 20 万发展到 142 万,预计到 2020 年将达到 200 万人以上。在城市扩展过程中,暴露的问题比较严重。一是土地管理的无序。在确定土地用途、控制土地开发活动、防止城市设施与环境发展中的混乱无序现象等方面,缺乏强有力的制衡机制,造成政府在土地开发上的宏观失控。二是功能区划不清。在"西文东市"的总体格局下,城市中心商贸区,近城生活服务区和城郊工业区的区划布局没有形成。尤其是新城区的扩展,往往以经济开发来带动,考虑经济的因素多而考虑城市功能区划的因素少,造成城市建设在低层次、低水平上重复运行。三是文化资源的占有量仍然偏低。据统计,在城市扩展的几个主要区域内,文化、自然资源的有效利用率不足 10%。人文资源利用纳入建设规划的不足 20%;新城区有代表性的人文景点几乎没有。在城市建设的总投入中,用于文化资源利用与保护资金不足 1%,可见,我们在城市持续发展过程中对文化的认识很不够,短视行为还比较严重。

历史文化资源保护利用与市政功能完善的矛盾 市政功能的完善配套是城市现代化的先导工程,也是历史文化资源保护利用的基础性工作。作为历史文化名城,一方面要注意保护文化资源,一方面要加快基础设施建设,因而给市政功能的完善配套带来了新的难题。近年来,特别是进入 90 年代以来,长沙市政建设的资金投入相当于前 40 年投入的总和,但城市基础建设仍处于低水平发展状况,与城市现代化的进程仍然不相适应,水、电、路、房四大矛盾相当突出。一是供水问题。目前,市区日均供水需要 100 万吨以上,预测 2000 年日均供水需达到 200 万吨左右。进入 90 年代后,市政府加大了供水的投入。今年生产能力可达到 105 万吨。问题是管网矛盾突出。全市年供水管道长度由 1985 年的 529 公里增加到现在的 900 公里,增加不足 1 倍,而城区面积却扩大了两倍多。二是电的问题。目前,全市现有的 3 座 220 千伏变电站各有主变容量 24 万千伏安,最多只能带 19.2 万千瓦负荷,而 1994 年各变电站最高负荷均达到 20 万千瓦以上,全部严重超载运行,市内 11 座 110 千伏变电站也有 6 座严重超载运行。1995 年全市共拉闸限电 7 515 次,平均每天有 20 多条线路不能通电。从长远来看,到 2000 年,全市最高负荷为 125 万千瓦,年需求量至少要达到 70 亿千瓦时。三是路的问题。建国以来,长沙市城市道路增长 3.4 倍,而城市交通流量增加了 31 倍。现有的城区道路外不成环,内不联网,交通组织设施配套不完善,使城市交通压力越来越大。为了缓和这一矛盾,长沙市确定了"出城四条线(即长潭、长浏、长益、长岳四条高速公路),六桥三个环(即以五一路大桥、伍家岭大桥、河东的芙蓉路中段、河西的潇湘路中段为连接的内环,全长 13.2 公里;以猴子石大桥、三叉矶大桥和正在建设的城市环线为连接的中环,全长 48 公里;以黑石铺大桥、月亮岛大桥和连接 319、107 国道绕城线为外环,全长 82 公里),纵横二十四(即河东六纵十横、河西四纵六横的二十四条主干道),建好停车场"四句话的总体布局,但要最终完善配套,还需要相当长的时间。四是房的问题。1985 以来,长沙市下大力气解决住房问题,10 年间新建住房 646.9 万平方米,但由于城市人口基数太大,增加过快,全市人均住房面积只达到 7.32 平方米,不及全国城市居民的平均水平,特别是城市居民中一些无房户、危房户、拥挤户的老大难问题仍得不到有效的解决。为此,市委、市政府正组织实施"广厦(安居)工程",想通过这一德政工程使居者有其屋。城市功能不完善,使文化名城优势不能得到很好的发挥,如文化旅游事业,近几年来年均增长速度为 20% 左右,远远低于商业、餐饮业等相关产业的发展速度。

历史文化资源保护与经济建设现状的矛盾 长期以来,中国一些城市由于采取的是粗放式甚至掠夺式的高消耗、低效率的发展方式,城市的生态环境和人文环境都遭到严重破坏,大气被污染,绿地被蚕食,水质下降,噪声失控等等,这些问题伴随着城市的经济飞速发展而变得日益突出,严重地威胁着城市的生存与发展。从50年代的大炼钢铁,到60年代的乱砍滥伐,到70年代的五小企业兴起,到80年代的掠夺性经营,粗放发展的轨迹清晰可见,这给古城长沙的人文环境和自然风貌都造成了极大的损害。长沙城市的生态环境也是相当脆弱的,煤烟型污染比较严重,大气与酸沉降形势严峻,环境质量偏低,与现代化城市建设的要求差距较大。

三

以上情况说明,历史文化名城由于其鲜明的个性特征和特定的人文环境,对城市建设的要求更高。要攻克这道难题,一条总的原则,就是用强烈的文化意识指导城市的建设和发展,并把这种文化意识贯穿到城市的规划、建设、管理的全过程。

强化规划意识,从宏观上把握整体和局部的结合 城市建设不是简单的盖房子、修马路,而是一个艺术的创造过程。历史名城的现代化建设,必须高度重视城市的规划。坚持规划先行,通过科学地规划,把城市的整体与局部的完美统一起来。一是城市规划要有超前性。在时间上跨度要大,在空间上地域要广,既要考虑近期建设,又要考虑长远的目标,一个城市的规划至少可以五十年甚至上百年不变,以保持城市建设的可持续发展。二是城市规划要有预见性。科学地预测城市的未来,在改造与开发、工矿企业布局与生活设施配套、生态环境与人口密度、城市风格与建筑标准等方面留有余地,尽可能避免短期行为和重复建设,不能为子孙后代留下过多的憾事。三是城市规划要有协调性。大规划下的小规划,总体规划下的子规划,都要有机地联系起来,既要强调个性,又不能影响总体的风格。比如,长沙市确立的"西文东市"的城市格局,在东城区尽可以建高楼大厦,充分体现现代城市的新貌;西城市区则以山、水、洲与旧城传统景观为主调,对楼层和建筑风格加以限制,保持宁静古朴的古城风貌。建筑的高低错落,城市的一动一静,构成鲜明对比,历史感与现代感的有机结合,将构成长沙这个文化名城的独特风貌。四是城市规划要有权威性。这种权威性是通过法律的保护得以实现的。要加强对规划的立法,绝不能允许因某一任领导的好恶随意更改城市规划,影响城市整体发展。

强化特色意识,从建设上把握传统和现代的结合 中国的城市形态越来越雷同化了,缺乏城市的个性。究其原因,就是单纯地追求现代的大众化的建设格调,而忽视了地方传统文化的注入。值得指出的是,一个地方的文化是一个地方的根,一个城市的文化应该是这个城市的灵魂。现代化建设,离开了地方传统文化的营养,就缺乏必要的生命力。当然,尊重传统文化,也不能墨守陈规,要在继承中有所革新,有所创造。否则,就不会有城市的发展与进步。因此,城市建设中要处理好传统与现代的关系。一是在用地空间上,既要保证现代化项目的优先发展,又要给文化景点留足地盘。用地方法规固定下来,绝不能允许任何单位和个人侵犯。二是在建设构想上,既要接受国际上的先进构想,又要注意保留城市独特的地方文化特征。比如,正在建设的长沙湘江风光带是一处现代化的大型游览项目,我们在建设中注重传统与现代的融合,使人造景观、自然景观与历史文化景观浑然一体,以期达到天人合一的高雅境界。三是在项目安排上要有一些能折射地方历史文化,又有浓厚现代气息的城市代表作,使之成为一个城市的象征。纽约自由女神雕像、巴黎埃菲尔铁塔,都为各自的城市增添了亮丽的风采和独特的魅力。

强化基础意识,从高起点上把握城市功能和城市文化的结合 城市功能的主体是公用服务功能,包括路、房、水、电等基础设施。它是城市繁荣与进步的重要标志之一。历史文化名城的城市功能必须体现文化的特色,要把城市文化与城市基础设施建设有机地结合起来。在这方面要注意解决好两个问题。其一,城市基础设施(如路、桥、房等)的设计,既要考虑它的实用性,能在服务经济、服务群众方面发挥很好的效能,又要有观赏性,有较高的文化品位。要充分考虑周围的文化因素,通过基础建设对周围人文景观的衬托和影响,组合产生新的文化氛围,使整个城市鲜活起来。人们都赞美北京的桥,就因为北京桥多姿多彩,它包涵了浓厚的京味文化。其二,要千方百计保证对城市基础建设的投入,加快城市的现代化进程。当前,中国许多城市,尤其是历史文化名城,基础设施建设的任务十分艰巨,都面临建设资金紧张的问题。钱从哪里来,沿海城市的建设经验可资借鉴。一是解决思想变钱,把市政建设推向市场,以地生财。二是千方百计找钱,通过各种优惠的政策,广泛地招商引资。三是勒紧裤带挤钱,在有限的财力中,精打细算,想方设法保证对城市基础建设的最大投入。四是发动群众凑钱,坚持人民城市人民建,鼓励群众和社会各界集资支持城市建设。

强化环保意识,从社会发展上把握自然环境和社会环境的结合 城市发展带来的生态环境恶化,似乎是一种通病。像长沙这样的历史文化名城也面临环境质量下降的困扰。但这一"城市病"并不是不可克服的。只要我们在构建社会大环境中重视自然环境的保护和建设,把环保这一基本国策作为城市工作的重点,常抓不懈,就能够有效的解决城市发展快和环境质量差的矛盾。一是要把环境意识作为文化意识的一个重要方面,对城市居民进行广泛而深入的教育,营造"保护环境,人人有责"的社会大气候,使爱护环境,保护环境成为广大人民群众的自觉行动。二是从规划入手,按照历史文化名城的需求,在城市空间中多点缀一些绿化带、绿化区和园林小品,精心构思、精心设计,建成布局合理的城市绿化系统,保持城市的自然风貌。三是加强环保立法,并依法进行严格的管理,坚决制止有关部门和单位对自然景观和历史文化遗迹的建设性破坏行为。四是依靠科技的不断进步,提高处理城市"三废"的技术水平,减少对水源、大气的污染,改善人们的生活条件。

强化开放意识,从发展战略上把握文化和经济的结合 历史文化名城的优势何在?共同的看法是得天独厚的文化优势。文化的优势何在?文化资源和人口素质是优势的具体表现。我们在历史文化名城现代化发展的过程中,不能只把文化的优势当作口头的资本,应该把文化融汇入经济大潮中,按照一般国际标准,经济、科技教育和自然人文资源利用的投入产出比例分别为1:2、1:4和1:8,后者比较效益最高。因此,应该从战略上加速文化资源的开发利用,使之成为一个重要的产业,推动城市经济的不断发展。一是要将历史文化名城城市的地理、文物、典籍、名人、名胜和文化精神、文化传统等各种优势,渗透到农、工、商、运、建、服等各行各业及其产品、服务、经营、管理之中去,以期多角度、多侧面、多形式、多层次展示历史名城的人文精神风貌及文化特色,增加城市文化含量,提高城市文化品位,形成大经济与大文化互动共生的新的经济增长格局。二是利用历史文化名城的文化典籍、文化名人、文化传统和人才优势,开发、建设富有地方特色的文化市场,以文生财,以文富民。三是利用丰富的文化资源,开发发展独具地方特色的集观赏、认识、教育于一体的新型文化旅游事业。长沙市根据自己的文化资源优势,提出要把文化旅游作为一个重要的经济产业。在"九五"期间,按照发挥人文景观优势,建设休闲度假基地,形成旅游中转中心的思路,重点实施"三三三"工程。即规划三座山:岳麓山、大围山和沩山;开发三个岛:桔洲岛、月亮岛和腾飞岛;建设三条线:湘江沿岸风光一条线,市郊新世纪文化城度假一条线和坡子街为代表的民风、民俗、民食一条线。总的一句话,长沙这座历史文化名城要高度重视文化资源的利用和开发,使文化产业成为新的经济增长点,以文立市,走向世界,形成有自己鲜明特点的现代化国际性城市。

厦门市的投资环境

厦门市政府办公厅

厦门特区的建设概况

厦门是一个风景秀丽的港口城市,港区自然岸线达64.5公里,拥有可停泊5万~10万吨巨轮的天然良港;也是中国著名的侨乡和台胞祖籍地,旅居海外的华侨和港澳同胞达40万。全市辖7个区,面积1 516平方公里,1996年末户籍人口125万。1980年

10月国务院批准厦门设立经济特区，面积2.5平方公里，并于次年10月开始在湖里动工兴建。1984年2月，邓小平同志来厦门视察后，中央决定将厦门特区范围扩大到全岛，面积131平方公里，并逐步实行自由港某些政策。随后，国务院根据海峡两岸的发展态势，相继批准市辖海沧、杏林、集美地区辟为台商投资区，实行经济特区现行政策；批准象屿地区设立保税区，实行封闭管理。其间，国务院还批准厦门市为计划单列市，赋予省一级经济管理权。1994年3月，全国人大授予厦门特区地方立法权。这样，厦门市形成了经济特区、保税区、台商投资区、经济开放区等多层次的对外开放格局。

厦门特区经过16年的改革与发展，经济与社会面貌发生了深刻的变化：

综合经济实力明显增强

16年间，国内生产总值、工业总产值和地方财政收入分别以年均递增19.4%、24.8%和21.6%的速度持续增长；“八五”期间，发展速度进一步加快，GDP年均增长达25.2%，居全国大中城市第2位。1997年全市国内生产总值、工业总产值和财政总收入分别达361亿元、505亿元和48亿元，分别比1996年增长18%、20%和13.4%，基本实现了“九五”计划开好局、起好步的目标要求。1992年厦门市就进入了全国大中城市综合实力第10强，1997年人均国内生产总值2.76万元，在全国大中城市中名列前茅。

经济体制改革不断深化

在国有企业改革上，完成了国有工贸企业的清产核资和产权界定，组建了国有资产管理机构及其营运体系，成立了工业、商贸、城建国有资产投资公司，加快了国有企业改制、改组、改造步伐，先后组建了20家企业集团，兼并了25家劣势企业，推出10家股份公司股票上市，组织65家工厂进行易地改造，强化了企业管理工作，企业效益逐步提高。在市场体系建设上，建立了较完整的要素市场，开辟了九大类生产资料市场，放开了97%的商品价格，成立了产权交易中心，形成了具有先进管理水平的国际贸易展览体系和购物中心。在配套改革上，出台了养老、失业、工伤保险办法以及最低工资标准制度和城市居民最低生活保障制度，并把社会保障范围扩大到了“三资”企业。除此之外，医疗改革于1996年7月1日开始实施，住房制度改革、党政机构的改革已取得实质性进展。

外引内联持续发展

到1997年底，全市累计批准合同利用外资140.27亿美元，实际到资77.44亿美元，已开业“三资”企业3 448家，生产型企业占70%。“三资”企业是拉动我市工业快速增长的主要力量，1997年“三资”工业占全市乡及乡以上工业产值的比重达79.7%。多元结构的对外贸易有较大发展，16年累计完成外贸进出口总额330.08亿美元。1997年实现外贸进出口总值77.60亿美元，比1996年增长16.78%。横向经济技术协作全面发展，全国各地在厦门创办企业3 193家。同时，厦门市还开展了对口扶持和山海协作，通过产业转移、加工扩散、基地建设等形式，投入大量资金支持内地建设，仅“八五”期间就达23亿元。

城市建设与管理水平明显提高

16年间，完成固定资产投资788亿元。城市建成区面积由13.8平方公里扩大到62.5平方公里。1997年港口货物吞吐量达1 750万吨，比1996年增长18.22%，其中集装箱吞吐量55万标箱，厦门港进入全国一类港行列；空港客运量达360多万人次。同时，坚持建管并重，大力开展城市环境综合整治和专项治理，使城市交通、绿化、卫生面貌有较大改观。1996年被授予国家卫生城市称号，1997年荣获国家园林城市和国家环境保护模范城市称号。

社会各项事业全面发展

16年来，大力组织实施“科教兴市”战略，全市科技总投入逐年增加，特别是“八五”期间达到年均增长58%，获取科技成果677项，开发新产品611项，科技成果转化率达45%，科技进步对经济增长的贡献率达43%。组织实施“教育之城”规划，“八五”期间财政投入年均增长46.9%，全市已普及九年义务教育，并与国家教委等有关单位共建厦门大学、联办集美大学，初步形成了比较完整的教育体系。新闻、文化、卫生、体育等事业也有较大发展。人民生活水平显著提高。1997年城市居民人均可支配收入8 980元，增长6.06%。农民人均纯收入3 850元，增长14.7%。城镇居民和农村居民的恩格尔系数为49.8%，基本实现小康。城市人均住房面积12.5平方米，人民居住条件和卫生质量都有较大改善和提高。

社会主义精神文明建设成效显著

自1994年全国人大授予厦门市立法权以来，先后制定颁布了65件规章，出台了《厦门市台湾同胞投资保障条例》等30部法规。精神文明建设取得丰硕成果，全民文明素质明显提高，形成了“开明、守信、竞争、开拓、奉献”的特区精神，反腐倡廉深入开展，社会风气日益好转，连续三次被评为“全国双拥模范城”，还先后被评为“全国共建社会主义精神文明口岸”、“全省精神文明建设先进城市。”

厦门特区的投资环境

厦门是中国首批投资环境40优城市之一，是投资兴业的理想场所，与其他地区比较，有以下的特点：

具有国家赋予的一系列优惠政策

厦门是中国最早的四个经济特区之一，又有国务院批准设立的台商投资区和保税区，是国家鼓励外商投资的重点区域，具有许多优惠政策。其中，厦门本岛及鼓浪屿为经济特区，享受国家对经济特区的一切优惠政策，具有在全国改革开放中先行先试的有利条件，是厦门对外开放的核心；岛外杏林、集美、海沧地区为台商投资区，享受经济特区现行政策，是厦门发展工业的重要基地；同安县已撤县设区，享受沿海开放区政策和部分特区政策。1992年11月，国务院批准设立了厦门象屿保税区，试行自由港某些政策。

在经济管理权限上，厦门是计划单列市，具有省一级经济管理权限。同时，1994年3月，全国人大赋予了厦门特区立法权，可以就特区经济发展的具体问题立法保障，为投资者提供了良好的法制环境。

基础设施渐趋齐全，硬件配套日臻完善

16年来，厦门市集中力量重点建设了大型深水码头、国际机场、城市道路网、区域公路网、城市通信网和城市供水、供电、供气及污水处理系统，完成了鹰厦铁路电气化改造。目前，厦门的基础设施负载能力不断提高，海、陆、空交通四通八达，水、电、通讯设施日致完善。

港口方面　厦门港是天然良港，潜在吞吐量可达1亿多吨，现已建成码头泊位81个，其中万吨级以上15个。1997年港口货物吞吐量达1 750多万吨，已跻身国家一类港口行列。目前厦门港已与欧、美、日及东南亚等地40多个国家和地区的60多个港口通航。

航空方面　厦门高崎国际机场现已开辟国内国际航线57条。1996年空港实际接送旅客360万人次，在全国名列第六位，其中境外旅客进出港量名列第五位。随着厦门机场二期扩建的完成，厦门机场已成为全国规模最大、设施最先进的国际航空港之一。

陆路运输方面　铁路有鹰厦电气化铁路与全国铁路网相连接，公路有福厦、漳厦公路与本省各地及华东、华南地区公路干线相连接，与内地交通联系十分便捷。福厦高速公路厦门段和厦漳高速公路厦门段已于1997年通车。

城市供水、供电方面　目前，厦门的供水、供电充足，能够满足生产和生活的需要，而且厦门的供水、供电能力仍在随着经济的发展不断增强。

通讯方面　厦门拥有国际先进水平的程控电话交换系统，市话普及率居全国第二，可直拨世界上210多个国家和地区以及国内大多数市县。卫星地球站已投入使用，还开办了数字数据专线(DDN)、分组交换、电子数据交换(EDI)、邮政特快专递等。着眼于国际性城市发展的需要，厦门市在建设高质量的数据通讯网和信息系统网，已实现可视电话和视频点播以及国际联网信息查询。

开发区建设初具规模，成为新的经济增长点

厦门共有规模较大的开发区4个，即海沧、杏林、集美台商投资区和火炬高技术产业开发区。

海沧投资区位于厦门岛西面，三面环海，自然条件十分优越，是厦门21世纪的现代化新区和外向型、多功能、综合性的工业区及港区。经过6年的开发建设，海沧投资区的水、电、路、交通、通讯已完成配套，各项基础设施能够适应海沧大规模发展的需要。海沧投资区主要发展资金密集型的化工、能源等工业以及港口运输和仓储业，尤其是机械、化工、电力等更是重中之一重。

杏林台商投资区工业基础好，各项配套设施较完善。设立投资区后，市里和杏林区对投资区内水、电、路等基础设施进行了全面的扩建和改造，新建了柴油发电厂、污水处理厂、邮电大楼等设施，使杏林区的投资环境大为改观。杏林区主要发展纺织、机械、建材等产业，是理想的工业发展基地。

集美台商投资区主要发展教育、文化、旅游等第三产业和现代化轻型工业，随着近几年外资项目的引进，区内基础设施已逐步完善，具备了大规模开发的条件，将成为一个新兴的投资区。

火炬高技术产业开发区位于厦门本岛，是国家科委和厦门市政府共同创办的实施“火炬计划”的高新技术产业化的基地。重点发展电子信息产业，光机电一体化产业。该区海陆空交通便利，水、电、路、通讯配套，服务功能完备，是厦门实施科技兴市的摇篮。

城市配套服务功能齐全，投资软环境不断完善

厦门历史上是中国通往东南亚的物资集散地，更是华侨资本在中国大陆的主要运营中心。目前除了中国银行、中国工商银行、中国农业银行、中国建设银行、中国交通银行等国有商业银行外，还有一批外资银行，其中法国里昂信贷银行、新加坡大华银行、香港汇丰银行、美国花旗银行、日本第一劝业银行等都在厦门设有分支机构，它们可以为外商投资企业提供各种优质、文明、快捷、方便的金融服务。

厦门有较好的教育设施，有高等院校8所，中等专业学校11所，形成了高等教育、普通教育和职业教育组成的多层次教育网络，尤其是职业技术教育比较发达，为广大企业培养了大批的熟练工人和技术人员。目前，城市人口中具有大专以上文化程度的占10%，能为投资项目提供各类适用人才。

厦门社会治安良好，社会风气文明，城市环境优美整洁。1996年以来，厦门先后被评为“全国园林绿化城市”、“环境综合整治优秀城市”和“国家级卫生城市”，为投资者提供了良好的生活环境。

为了使投资项目更快更好的投产，尽早发挥效益，近年来，厦门市各有关部门不断简政放权、转变职能、改进工作作风，取得了良好的成效。尤其是1995年以来对乱收费、乱摊派、乱罚款进行了专项整治，令投资者十分满意。我们还加强了对投资项目的配套服务，目前，厦门的外资管理体制健全，中介机构发达，承办外商投诉及时，能为投资项目从立项到生产经营的全过程提供良好的服务。

为鼓励投资支柱产业、高新技术企业和重点行业，鼓励现有企业增资扩产，1998年1月份，市政府公布了厦门市进一步鼓励外商投资的8条规定。8条规定重点是对符合产业政策兴办的外资项目给予税费和用工的优惠，这类企业所得税由“二免三减半”改为“五免”；投资基础设施，可以“五免五减半”，5年免缴土地使用费；高新技术企业进口设备的税收可以用本企业今后上缴的地方税收分期返回；在岛外投资超过1 200万美元的项目，土地费可以分二年缴付；原有企业增资扩产，其增资部分产生的利润，所得税继续实行“二免三减半”；外商已在国内投资3个企业或到资3 000万美元以上的，可以设立投资性公司，所得税“一免二减半”；为鼓励引进外资改造老企业，中方以自有房产与外商合资时，可免征房产契税；企业每年可按0.5%的比例为技术和业务骨干办理蓝印户口，但每年办理数量有上限规定。

法制是投资环境的重要方面。厦门具有全国人民代表大会直接赋予的地方立法权.近两年来，厦门市围绕市场经济、城市管理、对外开放等方面，制定了《厦门市城市规划管理条例》、《厦门市环境保护条例》等法规、规章，在吸引外商方面，制定了鼓励外商投资，保障外商合法权益的一系列规定，特别在尝试国民待遇和市场准入方面有了明确的规定。

今后的发展思路

根据厦门市“九五”计划和2010年远景目标规划，到2000年，实现国内生产总值400亿元以上（按1990年不变价），年均增长20%左右。在经济体制和运行机制上，率先建立社会主义市场经济体制，在市场机制的主要环节上按国际惯例运作；在经济综合实力上，完成工业化阶段的任务，各项主要指标达到世界中等收入国家和地区90年代初的中上水平，实现人均国内生产总值3万元以上，居全国35个大中城市的领先地位；在城市功能布局上，初步建成“一环数片，众星拱月”的港口城市框架，成为中国重要的招商口岸和海峡两岸经济、技术、文化交流与合作的枢纽，成为与国际金融市场有着密切联系的区域性金融中心，成为具有国际航运功能的直达港、国内外航线发达的区域性航空枢纽和沟通海内外的重要信息港，成为国际性海滨旅游城市；在精神文明建设上，成为环境优美、科教发达、法制健全、政风廉明、社会治安良好、文化生活丰富、社会道德高尚的城市；在提高人民

生活水平和走共同富裕道路上，成为赶上中等收入国家水平和对国家贡献较大的城市之一。到2010年，实现国内生产总值比2000年翻两番，把厦门建设成为社会主义现代化国际性港口风景城市。

全力打好国有企业改革攻坚战

四平市市长　骆德春

国有企业改革是整个经济体制改革的中心环节。搞好国有企业，是建立和发展社会主义市场经济的重大课题，是深化改革、促进稳定的关键，不仅有着重要的经济意义，而且有着重大的政治意义。这次中央经济工作会议明确提出，要用3年左右的时间使大多数国有大中型亏损企业摆脱困境；力争到本世纪末使大多数国有大中型骨干企业初步建立起现代企业制度。目前，国有企业改革已经进入攻坚阶段，我们在前进的道路上还面临着许多矛盾和困难。但这些障碍决不是不可逾越的，必须增强国有企业改革和发展的紧迫感和必胜心，克服畏难情绪，紧密结合四平实际，坚持“三个有利于”的标准，认真贯彻“抓大放小”和“三改一加强”的方针，总结经验，扎实工作，加快结构调整步伐，全力打好国有企业改革攻坚战

以优化资本结构试点为“战机”，尽快使国有企业轻装上阵

国有企业与其他多种经济成分的企业相比，承担着更多的社会负担。多年来计划经济遗留的债务、冗员和各类基金严重地阻碍了国有企业的发展，加之政策上的不平等，国有企业在向市场经济转轨的过程中从一开始就与其他多种经济成份的企业没有站在同一个“起跑线”上，市场竞争能力很弱。因此，国有企业效益较差有其历史和客观的原因。

四平市国有企业所占的比重较大，资产负债率平均达到92.3%，运行极为艰难。1996年四平市被国家确定为优化资本结构试点城市，我们抓住这一有利条件，围绕国家给予试点城市的优惠政策大作文章，1997年冲销呆坏帐准备金2.33亿元。1998年我们要继续抓好优化资本结构试点工作。一是努力用好、用足、用活国家给予的政策，争取国家核定冲销呆坏帐准备金执行额度达到3亿元，使四平市国有企业资产负债率下降10个百分点左右。二是要坚持少破产、多兼并的原则，打破部门之间、所有制之间的界限，鼓励企业实施跨行业、跨区域、跨所有制的联合兼并。三是对严重资不抵债的企业依法实施破产，然后进行股份制或股份合作制改造，实行新企新制，先死后生。力争在国有企业的战略性重组和提高整体素质方面有新的突破，并取得实质性效果。

以产权制度改革为突破口，加快国有企业改组改制步伐

四平工业的突出问题是企业规模小，重复性建设多，没有一户当家的大型国有企业，没有形成自己的支柱产业。在今后的改革中，我们要注重资本的集聚和企业的扩张发展。就改革的意义来说，分是改革，合也是改革。因此必须坚持“两手抓”的方针，在“放小”的同时，重点在“抓大”上取得突破，通过产权制度改革，积极推进企业联合兼并，以资产重组促进企业改组，发挥存量资产的集聚效应，对有前途、有优势的行业、企业进行扶持和引导，培育和组建大企业、大集团，培植具有竞争力的支柱产业，形成稳固的经济基础，从而带动整个经济的快速发展。

积极组建企业集团　对于非股份有限公司的国有企业，要结合四平实际，通过主动“靠上去”和积极“聚起来”，尽快实现生产要素的合理流动，促进资源的合理配置和技术进步，达到资本扩张的目的。“靠上去”就是在以往企业划转的基础上，再划转一批，靠上大企业、大集团，发展壮大自己。“聚起来”就是以市场为导向，以资本为纽带通过强强联合，优势互补，或以一些管理基础好、后劲足、效益好的企业作为母公司，通过强弱联合，对众多中小企业实行兼并、联合、收购等办法，实施集团化战略，加速资本集聚。对其中一些有条件的要改造成股份有限公司，为将来上市创造条件。

抓好现有股份有限公司上市工作　要在1997年

的基础上,进一步加大组织协调力度,强化企业自身按上市公司标准进行规范,为公司上市创造有利条件,通过收购、兼并、重组等方式实现优势互补、规模经营,使之在规模、效益等方面达到上市公司的要求,争取早日上市,实现企业直接向社会融资。

为企业发展创造良好的环境　在组建集团和公司上市的过程中,要采取一事一议的办法,企业需要什么政策市里就制定什么政策。并根据实际情况下力量扶持一些利税大、潜力大、市场前景好的中小企业,经过发展由小变大,由弱变强,形成一批"小型巨人"企业。

以增强经济活力为目标,全面放开搞活中小企业

按照"放小"的原则,四平市绝大多数国有企业都在放开搞活之列。1998年我市要通过资本运营,搞活小企业。在坚持过去一些行之有效方式的基础上,我们确定要主推一个"售"字,完善一个"股"字,同时将一部分比较分散的国有资产从某些行业和企业中撤出,集中投向大企业、大集团,实现低成本扩张。主要形式有:

产权出售,改制经营　分为三种情况:对企业债务较轻、经济效益较好的企业,可将企业产权全部出售给本企业职工、企业法人或自然人,建立股份合作制企业或民营企业;对资不抵债的企业,采取资产裂变,将企业的优势资产独立出去,由职工购买,建立股份合作制企业,剩余部分资产仍归原企业;对资产大于债务,而资产额又较大的国有企业,将部分资产出售给职工,其余资产作为国有股,改为股份有限公司。

资产还贷,租赁经营　对债务较重、经济效益较差的企业,并且是资产与债务大体相当的企业,将资产评估作价,用企业资产抵还银行贷款后,建立股份有限公司或股份合作制企业,新企业再从银行将抵贷资产重新租赁进行经营。或把企业有使用价值的资产租赁给职工或其他企业,有效利用国有资产。

资产重组,联合经营　采取三种形式:一是整体划转,将较大的批发或零售企业整体划转给省内外的大企业集团,实现资产经营一体化。二是兼并经营。由系统内或系统外的优势企业按照优化资本结构试点城市有关政策对企业实施整体兼并;或将一些经济效益不好的企业的优势资产分离出来,由经济效益好的企业实施兼并。三是入股经营,由优势企业或自然人向资金紧张、经营困难的企业投入资金,占有一定的资产比例共同经营。

让出一块,量化经营　对于难以为继又资不抵债,无法出售的国有小企业,要把企业资产无偿量化给职工,发展个体私营企业,建立新企业新机制。

划出一块,退出经营　对于适合分散生产经营的餐饮业、旅游业、交通运输业、商品零售业等个体私营经济占绝对优势的行业,要坚决划给他们去经营。国有企业在上述行业要收缩战线,退出空间,使分散的国有资产有效集中。

以提高效益为核心,全面强化企业管理

管理是生产力,是高层次的效益。国有企业的改革在当前外部环境和条件尚不完全具备的情况下,加强和改进企业的内部管理是搞好国有企业最现实有效的一种办法,是企业永恒的主题。我市部分国有企业在向社会主义市场经济转轨的过程中仍然依恋着计划经济体制下粗放的经营管理方式,患上了"不适应症"。实践证明,经营不善,管理水平低是造成国有企业经济效益不好,亏损严重的一条重要原因。

围绕全省经济工作会议提出的目标,我们要狠抓企业管理,向管理要效益。一是继续贯彻《质量振兴纲要》,深入开展学邯钢活动,突出"十抓十查",重点抓好企业内部的质量管理、成本管理、现场管理和营销管理等基础工作,努力实现管理规范化、现代化。二是转变重产轻销的传统观念,坚持以市场需求为导向,建立灵活的销售网络,完善营销机制,提高产品的市场占有率。三是加强指挥调度,完善激励、约束机制,一手抓盈利大户的增盈,一手抓亏损大户的扭亏,千方百计遏制亏损势头。四是切实加强企业领导班子建设,把经营者的竞争机制和优胜劣汰引入企业,通过科学、公正的竞争,把政治上可靠、经营上懂行、事业心和责任感强的人选拔到领导岗位上来。五是充分发挥企业党组织的政治核心作用,使广大职工积极参与企业的经营管理,紧紧依靠工人阶级办好企业。通过全面提高企业管理水平,使国有企业经济效益得到好转,加速实现"两个根本性转变"。

以实施再就业工程为重点,解决下岗职工的生活问题

随着产业结构调整和国有企业改革步伐的加快,

出现日益增多的企业富余人员，这是市场经济发展的必然规律，企业只有生生死死，人员进进出出，才有发展的活力。同时也要看到，在社会保障体系尚不完善的情况下，将富余职工一下子全部推向社会，势必影响社会稳定的大局。积极稳妥地组织安排下岗职工重新就业，维护社会稳定，不仅是一个经济问题，也是一个政治问题。要从讲政治的高度，正确处理改革、发展、稳定的关系，加强领导，认真研究，千方百计解决下岗职工就业问题。

加大宣传力度，动员社会各方面力量，营造再就业工程的社会环境，使之成为全社会关注、支持的大事，努力为下岗职工寻找就业渠道。一是进一步完善行业、企业再就业服务中心和服务站的服务功能，引导和教育下岗职工转变就业观念，树立自主就业意识，开展生产自救，对职工进行转岗培训，提供用工信息，并为其分流提供全面服务。二是进一步完善社会保障制度和配套法规，实施多种形式和有效的社会保险措施，建立城市居民最低生活保障制度，加大下岗职工生活保障金和再就业资金的筹措力度，尽可能扩大资金来源，一定要保证职工最基本的“出路钱”和“救命钱”。三是大力发展经济。实施再就业工程的关键在于发展生产，说到底是一个经济问题。通过深化改革，扩大开放，拓展经济发展空间，增加新的就业岗位。同时要加快发展非公有制经济、第三产业、多种经营和劳动密集型产业，开展劳务输出，充分利用这些产业行业多、门类广、吸纳容量大的特点，广开就业门路，努力探索带动职工再就业的新路子。

华北工业重镇——唐山市

唐山市市长　张　和

唐山市地处环渤海地区中心地带，北依燕山，南临渤海，东与秦皇岛市相接，西与京津毗邻，是一座有着百年历史的华北工业重镇。唐山市总面积13 472平方公里，总人口 684 万。国务院于 1988 年批准唐山市为沿海对外经济开放地区。全市国民生产总值连续多年在全国超 200 亿的城市中排名 25 位之前，在全国 50 个综合实力最强城市中名列第 38 位。1997 年实现国民生产总值 710 亿元。

丰富的物产资源

唐山资源丰富，北部山区盛产板栗、核桃、苹果、红果等干鲜产品，“京东板栗”久负盛名；中部平原水源充足，土质肥沃，是玉米、小麦、水稻、花生、棉花等农副产品的集中产区，素有“冀东粮仓”之称；南部沿海既是渤海湾的重要渔场，又是“长芦盐”的主要产区，对虾、河蟹、淡水鱼、贝类等水产品产量居河北省第一位。矿产资源品种多，储量大，分布集中，易于开采。目前已发现并探明储量的矿藏有 47 种，其中煤、铁、石灰岩、石油、天然气、黄金储量相当可观。

唐山农业得山河之利，在大规模开发和改造中向产业化、外向化发展。全市有 6 个县(市)是全国粮食生产基地县，7 个县(市)是全国瘦肉型猪生产基地县。1997 年粮食总产达 341 万吨，农民人均纯收入3 175 元，在全省率先建成小康市。

唐山市旅游资源独具特色。位于遵化市境内的清东陵，是中国现存规模最大、建筑体系最为完整的皇家陵寝。迁西县境内的景忠山，庙宇雄伟壮观，潘家口水下长城堪称一绝。南部沿海有海中天然植物园——石臼坨岛。市区中心建有抗震纪念碑和抗震纪念馆。

布局合理、功能齐全的新型城市

1976 年 7 月 28 日的唐山大地震将这座具有百年历史的城市夷为一片废墟，城市基础设施几乎全部被摧毁。从 1979 年开始，唐山地震十周年时，一座功能分区明确、布局合理、市政公用设施配套、抗震性能良好、环境优美的新型城市已经基本建成。

新唐山市区分三大片，即中心区（路南区、路北区、开平区）、新区和古冶区。三片各相距 25 公里，有公路、铁路相连，呈三足鼎立之势。中心区以煤炭、钢铁、电力、陶瓷、建材工业为主，市的党政机关设在这里，为全市的政治、经济、文化、教育、科技中心。新区是按《唐山恢复建设总体规划》建设的工业区，以机械、纺织等工业为主。古冶区以开滦5个煤矿为基础，形成依矿建点，分散布局、相对集中、紧密相连的矿区城镇。

唐山的城市建设，首先采取了抗震、防灾的有效对策，市区一般工业和民用建筑均按国家规定的基本烈度（八度基本烈度）设防，城市生命线工程设防标准提高到九度。城市交通、供水、供电、通讯、建筑结构等方面，都充分考虑了防灾能力的加强和提高。

近年来，唐山市把城市基础设施建设与城市形象建设结合起来。按照"坚持标准、体现特色、全面规划、整体推进"的思路，唐山市重点抓了列入规划目标的18项高层建筑的建设，震后20年的唐山大地上第一次矗立起了超百米建筑。随着桧柏、银杏一条街、国槐、法桐一条街、陡河带状公园、古冶205国道带状公园等绿化工程的建成，"绿满唐山"的市区点、线、面结合的城市绿化体系进一步完善。"美、亮、活"工程的建设，提高了城市的品位和档次。

新唐山城市建设日臻完善。1990年唐山市荣获联合国"人居荣誉奖"，成为中国第一个获此殊荣的城市。

历史悠久、实力雄厚的工业

唐山是一座具有百年历史的重工业城市，是以煤炭、铁矿石、石灰石等自然资源开发起步，通过对资源型产品加工而逐步发展。

1878年，清政府在这里创办了开平矿务局（今开滦矿务局）。1880年，修建了中国第一条铁路——唐胥铁路。1881年，制造出中国第一台"龙号"蒸汽机车。1889年，唐山又办起全国最大的细棉工厂（今启新水泥厂），生产了中国第一袋水泥。唐山是中国近代工业摇篮。并素有"北方瓷都"、"北方煤都"的美誉。

经过100多年的发展，特别是改革开放以来，唐山市工业经济保持了持续、快速、健康发展，基本形成了以煤炭、钢铁、电力、机械、建材、化工、陶瓷等重工业为主，纺织、造纸、食品等轻工业为辅，交通、邮电、供电、供水等基础设施协调配套发展的工业生产体系，成为全国重要的能源、原材料工业基地。

全市目前共有113个工业门类，1 340多种工业产品，有工业企业5万多个，其中乡及乡以上工业企业4 000多个。在乡及乡以上工业企业中，国有企业有700个，集体企业有3 000个，其他企业300个。全市共有大中型企业153个，其中大型企业45个。开滦煤矿、唐山钢铁集团公司、陡河发电厂、冀东水泥厂、唐山陶瓷公司、胜利陶瓷集团、唐山机车车辆厂、南堡盐场、唐山碱厂等一大批国有企业在全国同行业占有举足轻重的地位。玉印集团、义龙化纤集团、豪门集团等一批合资或高科技含量的新型企业已呈崛起之势。

近年来，唐山市工业经济实现速度和效益同步增长，运行质量和效益逐步提高。1997年，全市工业坚持"抓大放小"的方针，坚持以市场为导向，不断深化国有企业改革，实施"十百千"工程，以转换机制为突破口，把企业改革、改组、改造和加强企业管理结合起来，加大企业扭亏增盈工作力度，以产品结构调整为重点，大力推进科技进步，加快工业结构优化升级，工业生产保持稳定增长。1997年全市年产原煤2 200万吨，年产钢361万吨，年发电量144亿千瓦小时，年产水泥1 039万吨，年产卫生瓷1 000万件，日用瓷2.5亿件。全市乡及乡以上工业完成销售产值527.71亿元，比上年增长11.9%，产品销售收入469.07亿元，增长8.1%，工业产品销售率97.79%，实现利税48.62亿元，比上年增长13.9%。经济效益综合指数、工业资金利税率、工业增加值率等经济指标均比上年提高。这表明工业企业经济效益有所好转，扭亏增盈工作取得显著成效。

社会各项事业蓬勃发展

改革开放以来，唐山市坚持经济发展与社会发展并重的方针，在经济建设取得辉煌成就的同时，科技、教育、文化、卫生、体育等各项社会事业得到全面发展，为推动改革开放和经济建设创造了良好的社会环境。

教育事业得到优先发展 全市提前五年实现了基本普及九年义务教育和扫除青壮年文盲。目前全市共有各级各类学校4 682所，在校生134万人，其中高校（含成人高校）在校生1.6万人，普通中学在校生39万人，小学在校生83万人，专职教师6.1万人。儿童入学率、小学生巩固率和初中在校生巩固率分别为99.9%、99.7%和98%。

文化事业繁荣活跃 文化工作坚持"二为"和"双百"方针，弘扬主旋律，活跃了城乡人民生活。文化基础设施和网络建设进一步加强。评剧、皮影、唐剧、乐亭大鼓等富有浓郁冀东地方特色的艺术形式深受人们喜爱。一批优秀文艺作品在国内外获奖,其中唐剧现代戏《乡里乡亲》还入选全国“五个一工程”。

广播电视事业发展迅速 到1997年,全市共有广播电台10座,广播人口覆盖率达100%;电视台11座,电视人口覆盖率达99.4%。

卫生体育事业成绩斐然 改革开放以来,唐山市的卫生事业得到长足发展。全市整体医疗技术水平不断提高,显微外科、断肢再植、重度大面积烧伤、预防医学等方面在国内居先进地位。

唐山市的体育具有广泛的群众基础 1994年被国家体委授予“田径之乡”荣誉奖。体育基础设施完备。自1986年以来,唐山市还先后成功承办了各类大型体育赛事。如第二届全国伤残人运动会、第二届全国城市运动会及有10个周边国家、地区参加的第三届中、日、韩青少年体育交流大会等。全民健身等群众体育普遍开展,全市达到《国家体育锻炼标准》的人数达95万人。

目前,唐山市正凭借已有的经济基础和优越条件,坚定不移地实施外向带动、科教兴市战略,实现双向开放、结构调整和科技进步三大突破,力争到2010年把新唐山建设得更繁荣更美好,基本实现现代化。

在改革开放中奋进的承德市

承德市市长 傅贵武

承德市位于河北省东北部,紧依京津,地近辽蒙,全市辖8县3区,境内有京承、锦承、京通、承隆4条铁路线,共有国家干线公路5条,市域面积近4万平方公里。1997年末总人口349.36万人。承德是国家首批公布的24个历史文化名城之一,全国首批公布的44个重点风景名胜区之一,中国十大名胜之一,全国旅游胜地40佳之一。1994年避暑山庄和外八庙被联合国教科文组织列入世界文化遗产,是享誉中外的旅游胜地。

1997年,全市按照“稳中求进,知难奋进,强力推进”的指导方针,抓重点,攻难点,启动经济增长点,在1996年开好局、起好步的基础上,实现了经济和社会的协调发展,较好地完成了国民经济和社会发展的主要目标,完成国内生产总值142.4亿元,比上年增长14.7%。

围绕搞活国有企业,加快工业发展步伐 全市已建企业集团8个,规划并着重培育“小巨人”企业20个,有35家中小企业加入市内外大公司、大集团,市、县(区)属工业企业改制面达到72.2%,股份合作制企业达到44家。全市乡及乡以上独立核算工业完成工业增加值29亿元,比上年增长18%。

实施开放带动战略,对内对外开放成果明显 充分利用自身优势,建立并发展了同京津沪的协作关系,通过京津,沟通沿海,联结外商。全市新签订外资项目70项,合同利用外资1.48亿美元,新批合资企业26家;实际利用外资7 069万美元,增长41.3%,其中直接利用外资3 600万美元,增长17.5%;引进国内市外资金18.5亿元,增长60.6%;外贸出口创汇1.2亿美元,增长39.5%;引进各类人才1 948人次。

以农业增产农民增收为目标,繁荣发展农村经济 强化农业基础地位,推进农业产业化经营,积极建设特色农业大市、林牧业强市。调整和优化农业经济结构,农业产业化步伐加快。12个特色产业规模扩大,发展加快,乡镇企业和个体私营经济保持快速发展的势头,农民人均纯收入中来自乡镇企业和个体私营经济中的份额达到35.4%。

加强基础设施和重点项目建设,为经济快速发展创造了条件 全社会固定资产投资完成52.5亿元,30个重点建设项目,竣工13项,在建11项。承栗公路二期、112国道北营房至黄酒馆路段、承围二级公路开工建设;承秦二级公路承德段列入交通部年度计划,并下达测设任务。滦电四期10万机组投入运营,榆树沟220千伏输变电工程开工建设,邮电通讯水平进一步提高,新建通讯基站25个,数字基站11个,程控电话增加2.68万门。

大力发展旅游产业,开展了争创中国优秀旅游城市活动 坚持“谋划大旅游,培育大产业,促进大发展”的思路,加快发展旅游产业。围绕完善“食、住、行、游、娱、购”六大功能,加强行业管理,开发建设了一批旅游景点,推出了以’97中国旅游年为主题的系列宣传活动,谋划了承德旅游园区项目,旅游的产业地位初步确立。

以完善功能、服务经济、方便生活为目标,强化了城市建设和管理 完成了半壁山坝及魁福园联接工程、新水源与老水网联结工程、中兴北路改造、通济桥和于家沟桥等18项工程。城市集中供热面积增加,供水能力提高,以解决城市中低收入家庭住房困难为主要目标的安居工程进展顺利,加强城市环境综合整治,城市面貌得到进一步改善,争创中国优秀旅游城市工作取得实质性进展。县城建设投入加大,管理加强,重点小城镇的规划和建设也取得了新的进展。

努力增加财政收入,保持了金融形势稳定

县级财政实施了“自立”、“上台阶”和“翻番”工程,财政收入持续增长。全市财政收入完成7.9亿元,其中地方财政收入5.3亿元,分别比上年增长20.2%和23.5%。深化金融体制改革,努力防范和化解金融风险,切实发挥金融对经济的支持保障作用。

大力发展科技教育,推进各项社会事业的全面进步 结合支柱产业、产品“两高一优”农业的发展,全市开发引进高新技术27项,组织实施重点技术攻关15项,推广先进实用技术48项,科技对工业的贡献率达到35.7%,对农业的贡献率达到40%。

落实各级政府办学责任,调整教育结构,启动素质教育,加强师资队伍建设,巩固了教育优先发展的战略地位。职业技术教育、成人教育和地方中、高等教育质量提高,发展加快。其中职业技术教育抓住市场,办出特色,培养出大量的经济发展急需的实用人才。承德市职教中心的旅游专业已成为地方特色专业,毕业生供不应求。丰宁县、围场县职教中心则发展成为全国的重点职业学校。

强化基层基础,巩固和完善了承德人口模式,人口自然增长率控制在7.5‰。加强环境保护,在巩固取缔、关停15种重污染小企业成果的同时,积极组织实施了“碧水、蓝天、绿地”计划。

附: 承德市职教中心

承德市职教中心位于承德市中心避暑山庄德汇门东侧。学校始建于1982年,共有教学楼、实习宾馆、综合楼4幢,总建筑面积13 672平方米。学校现有教职工181人,其中具有高级职称的教师有25人、中级职称的62人。建校15年来,先后开设了31个专业,已向社会输送各类合格毕业生5 000多人。学校现有普通中专、职业中专、职业高中、岗位培训四个办学层次,计16个专业,34个班,在校生1 700人。1992年被评为河北省示范性职业学校和国家教委确认的省级重点职业学校。

十几年来,学校认真贯彻党的教育方针,潜心探索职业教育的生存和发展之路。1996年制定了“发展纲要”,提出了“以法治校,以优求生”的发展战略,狠抓科学管理、特色专业和校风校貌的建设。在严峻的市场经济的大潮中站稳了脚跟,得到了突飞猛进的发展,办学质量和办学效益逐年提高。

学校管理工作上档次,出实招,有实效

近几年来,学校紧瞄市场经济发展需求,提出“内强素质,外树形象”。并确立了“立足市情,着眼实用,灵活办学,注重质量”的十六字办学方针,以及“以旅游综合服务为重点,为当地经济建设和社会发展服务”的办学指导思想。实现了管理的科学化、民主化、规范化。建立健全了一整套岗位目标责任制和教育教学评估体系,强化了激励机制,全体师生工作有目标、做事有办法、办事有程序,形成了民主和谐、奋发上进的良好氛围。

学校始终把政治思想道德建设放在首位,狠抓师生的德育工作,建立了一整套德育工作制度和规程 教师处处表现出“敬业乐教,甘为人梯,一专多能,为人师表”的辛勤园丁形象。学生的整体政治思想觉悟有了很大提高,3年来有23名学生光荣的加入了中国共产党。学校要求学生长上两支翅膀:"既要有崇高的职业道德,又要有精湛的技能技艺"。使他们德、智、体、美、劳全面发展。学校的毕业生已遍布承德市各企事业单位,北京人民大会堂、省委、省政府连续正式录用职中学生50多人,新加坡、阿联酋等6个国家、北京及省内外30多家星级饭店也都争相来校招收雇员。职教中心学生良好的职业道德、精湛的技能技艺受到用人单位的普遍赞誉。

狠抓教学管理,全面实施素质教育,重视因才施教,积极开展技能训练,使学生不仅掌握丰富的理论知识,而且掌握扎实的操作技能

1997年微机、电气、服务三个专业的学生参加两证考试,85%的学生取得了中级工证书,其他全部获初级工证书;在全省幼教专业技能竞赛中,这个学校代表承德市夺得团体第一名,两名学生获单项第一名;对口升入高等院校的学生连年增多,仅1997年就有15名学生考入高等院校深造。1997年学生赴日本参加亚洲民族风情节演出,她们扎实的技术功底受到高度赞扬,充分展示了学校的办学成果。

不断深化改革开放,扩大学校在全社会的影响 积极开拓办学门路,开门办学、联合办学取得了可喜成果,近两年来先后与市建委、公用事业局、审计局、文化局、旅游局等部门联合,招生数量连年提高,1996年完成招生550人,1997年达到了780人。

大力加强学校基础设施建设和校园文化建设,全面改善了育人环境 1997年学校被市政府命名为"花园式单位"。同时丰富、完善了各种教学实习实验操作室等教学设施。狠抓了校园文化建设,学校中充满了竞业竞学、奋发向上、争创一流的竞争气氛。多次被评为"精神文明先进单位",两次被省政府授予"河北省职业技术教育先进单位"称号。全员、全方位、全天候的开展综合治理工作,建立健全了相应的组织机构、管理制度和运行机制。有效的保障了校园的安全稳定。1997年学校被市委、市政府评为"社会治安综合治理优秀单位","国防教育先进单位","化解矛盾,维护稳定先进单位"。

承德市职业技术教育发展概况

承德市职业教育于1982年起步,十几年来各级政府投资3亿元用于发展职业教育。目前,有高等职业学校1所,中等职业学校37所,初等职业学校30余所。已形成了高、中、初协调发展的职教体系。职业学校生3万多人。县县都建起了职教中心,有2所进入了国家重点,3所进入了省重点。全市职业教育开设40多个专业,并结合当地经济发展特点,形成了旅游服务、建筑、农经、化工、果品加工等一批在国内外有较大影响的特色专业。

十几年来培养毕业生7万多人。毕业生就业率达到90%以上。毕业生中有些还被劳务输出到东南亚各国。北京、天津、石家庄、赤峰等地每年都到承德要职校毕业生。目前职校毕业生已经成为当地经济建设和社会发展的一支主力军,创造了巨大的经济效益和社会效益。

(承德市教育委员会)

烟台市的投资环境

烟台市代市长　杨金镜

烟台市位于山东半岛东部,濒临黄海和渤海,与日本、韩国隔海相望。烟台是中国首批14个沿海对外开放城市之一,是国家重点开发的环渤海经济圈内的重要城市,所辖4区、1县和7个县级市中,有11个是对外开放县市区、全市总面积1.37万平方公里,总人口638.37万,其中市区面积2 643.6平方公里,人口151.3万。

烟台市自然资源十分丰富。全市海岸海岛曲线长909公里,可开发的浅海滩涂900多万亩,盛产对虾、海参、鲍鱼、扇贝等70多个种类,是中国渔业基地之一;地下矿藏十分丰富,现已探明可供开采的30多种,其中黄金和滑石储量分别占全国的1/5;烟台市可耕地面积700多万亩,是中国北方有名的水果产地,土特产品久负盛名,烟台苹果、莱阳梨、长把梨、大樱桃、烟台大花生、龙口粉丝等享誉海内外;烟台依山傍海,气候宜人,全年平均气温12℃左右,是旅游避暑的胜地,沿海有许多天然浴场,“人间仙境”蓬莱阁、中国书法瑰宝文峰山魏碑石刻、秦始皇东巡遗址养马岛、长山列岛、牟氏庄园等一大批历史文化遗产和旅游观光景点,每年吸引着上千万中外游客光临。

烟台市基础设施较为完备。全市公路通车里程达到5 017公里,沟通所有乡镇和村庄;境内蓝烟铁路横贯东西,全长180多公里,火车直达北京、上海、济南、青岛等地,目前正在规划建设德烟铁路、蓝烟铁路复线和烟台至大连的轮渡铁路;全市现有港口8个,包括4个对外开放港口,全部港口年吞吐量达2 410万吨,其中烟台港年吞吐量1 251万吨,同70多个国家和地区的100多个港口直接通航;国际货运空港已经开通营运,国内客运已开辟北京、上海、广州、大连、深圳等20条航线,每周航班达到90多个。市话、长话、农话全部实现程控化,市话交换机总容量达到107万门,大多数乡镇都可直拨国际电话。完善的基础设施,使烟台市跨入“全国投资环境40优城市”行列。

烟台市综合经济实力较强。1991年中国“城市综合实力50强”中列第35位。1993年国家统计局公布的全国各大中城市国民生产总值的位次跃居到第13位。1996年,全市国内生产总值达到650.3亿元,比上年增长8.5%;地方财政收入完成18.53亿元,增长29.8%。1996年,城市居民年人均生活费收入5 317元,农民人均纯收入达到2 780元。居民储蓄存款达到412.2亿元。增长19.6%。⑴大力拓展山海田特色农业领域,以“两高一优”为目标的现代化农业得到较快发展。1996年全市粮食总产达到307.6万吨,增长0.9%;果品总产213.8万吨,增长12.3%;水产品总产154.2万吨,增长4.7%。乡镇企业以“龙虎工程”为重点,全面加速向科技主导型战略转变,呈现出群龙出海、百虎争雄的二次创业态势。全市已有11个县市区173个乡镇5 590个村达到小康标准。⑵以构筑“大高外”经济格局为主攻方向,工业经济运行质量稳步提高,速度和效益同步增长。经过多年的发展,烟台的工业已形成了包括轻工、食品、纺织、机械、电子、冶金、煤炭、建材等门类比较齐全的工业体系,主要产品有2 000多种,其中有450多种远销100多个国家和地区。导电玻璃、电子网目板等一批大型骨干企业相继建成,大高外工业的主体框架正在形成。1996年乡及乡以上工业产值630.7亿元,比上年增长17.3%;乡及乡以上工业完成销售收入502.5亿元,实现利税42.8亿元,分别比上年增长16.4%和6%。⑶坚持高起点、多成份、全方位的发展方针,以产业化、社会化、国际化为目标,积极构筑多层次、多功能、外向型的第三产业发展格局。1996年,城乡各类集贸市场达到605处,中国(烟台)化工交易市场、中国(烟台)纸张纸浆交易市场和北方物资交易中心已成为国内影响较大的专业交易市场,全市第三产业总产值191亿元,比上年增长5.9%;社会消费品零售总额175.4亿元,扣除物价因素实际增长17.1%。

烟台市对外开放发展迅猛。自1984年国务院批准烟台为沿海开放城市以来,烟台先后与日本国的别府市、美国的圣迭戈市和新西兰的陶朗加市缔结了友好城市关系,国际交往、经济技术合作的领域和规模日益扩大。到1996年底,全市累计批准利用外资项目5 000多个,合同外资额62亿美元,实际利用外资32亿美元。三资企业发展到3 372家,其中投产的1 592家。经济技术开发区中心辐射能力日益增强,累计固定资产投资达到73.2亿元,开发面积扩至20平方公里。当年完成国内生产总值23.66亿元,财政收入2.51亿元,分别比上年增长17.4%和21%。芝罘湾保税区的招商建设工作取得可喜进展,已被列为海关特别监管区,获准设立出口监管仓库,开办进口汽车、办公用品保税等业务。高新技术开发区、金沙滩旅游度假区、农业开放开发区的建设都取得了较大进展。

烟台市各项社会事业发展较快。几年来,不断深化科技教育体制改革,稳步推进九年义务教育,大力发展基础教育、中等职业教育和各类成人教育,积极发展国家、集体和民办科研机构,建立健全了市、县、乡、村和示范户等多层次的科技推广体系,有力地促进了科研成果和向现实生产力的转化,为推动经济加速发展注入了新的活力。到1996年,全市拥有国有科研机构47处,科技人员30多万人。全年共取得市级以上科技成果403项,推广科技成果300余项。民营科技企业累计达到1 119处。全市有3家企业进入中国高新技术企业百强行列,烟台市被授予“全国科教兴市先进城市”称号。科技进步对经济发展的贡献率达到50%。烟台自1984年被确定为全国教育综合改革实验区以来,现代化、多功能、外向型的大教育框架开始拉开，教育的规模和结构日趋合理，教育质量和办学效益大幅度提高。1995年，全市普及了九年制义务教育，提前5年实现了国家规定的“双基”目标。文化、卫生、体育等各项社会事业都有了很大发展。烟台市先后被命名为首批全国双拥模范城，国家级卫生城市，全国社会治安综合治理先进单位，全国文化模范市。烟台市还是“全国计划生育红旗单位”，1996年全市人口自然增长率为2.98‰。

“九五”到2010年，全市经济和社会发展的总任务是：坚持以邓小平同志建设有中国特色社会主义理论和党的基本路线为指导，牢牢把握“抓住机遇，深化改革，扩大开放，促进发展，保持稳定”的基本方针，突出发展主题，加快经济运行机制的转换，初步建立社会主义市场经济体制；加快经济增长方式的转变，培植起高素质的产业结构体系；最大限度地启动改革和开放两大动力，保持国民经济持续、快速、健康发展，促进社会全面进步；提高国民经济整体素质和集约化、市场化、国际化水平，显著增强全市综合经济实力、市场竞争能力和发展后续能力，显著提高人民生活水平和城市化水平。总的奋斗目标是：建成经济强市，人民生活进入富裕阶段，基本形成大高外经济格局和现代化国际性港口城市的主体框架。“九五”期间的发展要达到三个目标：即国内生产总值突破1 000亿元，按可比价格计算比1980年翻四番，人均水平居全国、全省前列；人民生活全面实现小康，并向富裕阶段迈进；加快建立现代企业制度。到2000年基本建立起社会主义市场经济体制格局，实现经济和社会的持续快速健康发展。

附：1997～1998中国烟台投资环境简介

投资环境优势 烟台市是1984年中国首批14个对外开放港口城市之一。地理位置优越，气候宜人，环境优美，是中国著名避暑胜地。交通发达，拥有8个港口，包括4个对外开放港口，与世界70多个国家和地区的100多个港口直接通航；烟台机场被国务院批准为对外籍飞机开放的国际空港，开通了20多条国内航线，开辟了飞往汉城、香港、澳门、新加坡(经上海)、大阪(货运)的国际航线和地区航线；铁路和高速公路运输也十分方便。通讯便捷，全市电话交换机容量已达107万门，与中国各大中城市和世界上170多个国家和地区直接通话，并开通了“GSM全球通”数字移动通讯电话网和无线寻呼网。能源保障条件较好，年发电量69.2亿千瓦，市区日供水能力30多万吨，工业、生活月水和用电供应充足。软环境建设较好，拥有各类高等院校7所，高中和中等专业学校164所，设立了外商企业协会、外商投资服务中心，兴办了国际学校、涉外定点医院，为外商来烟投资、生活提供方便。1994年，烟台被列为中国投资环境最优秀的40个城市之一。

经济优势 烟台工农业生产发达，综合实力较强。对外开放以来，一直保持着高速、稳定的经济增长率。“八五”期间，全市国内生产总值平均增长22.1%，1996年达到650亿元。1991年就进入“全国城市综合实力50强”行列。到目前，全市已建立起轻工、食品、纺织、机械、建材、丝绸、电子、仪表、化工、冶金、煤炭等门类比较齐全的工业生产体系。传统产业如葡萄酒、锁具、钟表、制冷设备、内燃机等，正在向规模经济方向迈进；新兴产业如导电玻璃、电子材料、化纤材料、聚氨酯及制品、计算机外围设备、电子网目板、车用空调器、工程机械等，正在蓬勃发展，已成为新的经济增长点；全市多功能、多层次、外向型的第三产业日益活跃，物资商品流量大，覆盖面广，社会购买力强，已成为国内具有巨大发展潜力的市场。烟台市积极发展外向型经济，对外经济技术交流与合作的领域、规模日益扩大。到目前，已有近50个国家和地区的客商在烟投资，全市累计批准利用外资项目5 000多个，总投资超过100亿美元，其中合同外资达到62亿美元，实际利用外资32亿美元；1996年全市进出口额达到27.4亿美元，有力地带动了全市国民经济的发展。

政策优势 烟台为沿海开放城市，并建有国家级的烟台经济技术开发区，享有国家沿海开放城市优惠政策和经济技术开发区优惠政策。

建设现代化的工业港口城市——福清

福清市市长　朱　健

福清市雅称“融”，地处闽东南沿海，1990年12月撤县建市，辖19镇1乡1街465个行政村(居)，市域总面积2 430平方公里，总人口117万。福清市是全国首批综合改革试点县(市)、农村城市化试点县(市)、海峡两岸农业合作实验区之一。

福清市具有5大优势：一是山海优势，全市海岸线长达348公里，占全省的13%；山地102万亩，浅海滩涂92万亩，耕地52万亩，山多海阔，气候宜人，自然资源十分丰富。二是区位优势，福清位于省内两大城市——福州与厦门之间，距福州长乐国际机场仅45公里，国道福厦公路和在建的福泉高速公路纵贯全境，交通十分便利。东临台湾海峡，与台湾最近处新竹市相距仅84海里，是祖国大陆距台湾最近的城市，发展对台经贸前景十分广阔。三是港口优势。兴化湾、福清湾两大天然港湾南北拱卫，松下港、壁头港、牛头尾港成“品”字型展开，可供开发建设中型泊位40～50个，深水泊位100多个，被辟为国家一类开发口岸。四是侨力优势。福清是全国著名侨乡，有60多万旅外乡亲遍布东南亚、欧美等地，长期以来，广大旅外乡亲爱乡恋土蔚然成风，为福清的经济发展和社会进步作出了重要贡献。五是旅游优势。福清山水形胜，风景秀美，境内拥有国家级灵石森林公园、省级旅游风景区石竹山和元朝雕凿的弥勒造像、明朝建造的瑞云塔、黄阁重纶坊、黄檗寺以及中国南少林寺遗址等一批名胜古迹，旅游资源十分丰富。

改革开放特别是撤县建市以来，福清市紧紧抓住发展机遇，充分发挥自身优势，把农业和外向型经济作为经济腾飞的坚强“两翼”，以“两区”(国家级融侨经济技术开发区、外商成片开发元洪投资区)建设为龙头，构筑起沿福厦、福北、大真公路3条经济走廊，带动经济社会全面繁荣，成为海峡西岸经济繁荣带和闽江口金三角经济圈中最具活力的地区之一。1997年，全市国民生产总值达167亿元，国内生产总值147亿元，工农业总产值262.9亿元，财政收入5.56亿元，分别比上年增长25%、25%、25%和18%，经济综合实力跃居全省第三位，财政收入成为福建省第二个超5亿元的县(市)，先后进入了全国农业、全国地方财政收入、全国邮电收入、全国投资环境百强县(市)和全国绿化百佳县(市)行列，荣获全国科技工作先进县(市)、全国体育工作先进县(市)和全国“普及九年义务教育，扫除青壮年文盲”县(市)等光荣称号，并被评为省创建文明城市一级达标县(市)。

20世纪最后几年，是影响和决定福清未来发展的关键几年。我们一定要按照十五大的部署要求，根据福建省委、省政府提出的建设海峡西岸经济繁荣带的战略规划，以及福州市委、市政府确定的新一轮创业构想，牢牢把握世纪之交的机遇，紧紧抓住福清市作为全国综合改革试点市、小城镇建设试点市和海峡两岸农业合作实验区的优势，立足新起点，再创新优势，进一步动员全市上下解放思想，实事求是，以提高国民经济整体素质和效益这个核心，调整优化经济结构，转变经济增长方式，深化经济体制改革，进一步夯实基础，壮大支柱产业和重点产业，培育新的经济增长点，实现国民经济持续快速健康发展和社会全面进步，推动全市改革开放和两个文明建设再上新台阶。力争到2000年全市国民生产总值达到220亿元，工农业总产值达到400亿元，财政收入运到近10亿元，把福清市建设成为第三产业繁荣、现代工业实力雄厚、现代创汇农业发达、经济结构布局合理的现代化沿海工业港口城市。

为了实现跨世纪奋斗目标，总的构想是继续锻造农业和外向型经济“两翼”，着力培育港口、海洋开发、第三产业三大经济新增长点，实施科技、规模、名牌、资本运营四大工程，全面推进“五大区域”的开放开发。这“五大区域”是：城市中心规划区，要加快城市中心建成区和融侨区、元洪区的发展步伐。在市区要加快一批重点第三产业项目的建设进程，重点发展金融业和商贸业。融侨经济技术开发区要完善内部配套，加快深部功能的开发，继续培育骨干企业和龙头产业，促进企业上规模、创名牌，壮大电子、汽车玻璃、化纤纺织、塑胶、食品等一批支柱产业。元洪投资区以推动区内外硬件配套为重点，续建大吨位码头，加大区域招商，提供有效政策服务，通过发挥一类口岸的优势，狠抓一批大项目的落地，促进投资区开发上规模、上档次。南部江阴半岛，依托不冻不淤的天然深水良港，以码头建设启动港区开发，以港区建设带动全岛开发，重点发展运量大、外向型为主的三大支柱产业，即临海能源、原材料基础工业以及电力、钢铁、机械、修造、制造工业和港口工业，形成福清重工业和临海大型工业集中发展区。东部龙高半岛，利用近台和已有对台经贸的基础，紧紧抓住海峡两岸三通的大趋势和台湾岛内企业向外转移的有利时机，以获准开放的南青屿台轮停泊点附近2平方公里左右沿海岸区为启动点，以建设牛头尾码头为未来发展推动力，加快龙高半岛海峡经贸加工区的创立和发展。西部旅游区，以南少林重建为龙头，重点推出中国南少林、黄蘖寺、省级石竹山风景区、灵石国家森林公园等一批旅游招商系列项目，分批建设连点成线的旅游走廊，逐步发展成以自然山水景观和宗教、历史文化相结合的旅游景点群体。“海上福清”，加快浅海滩涂的开发利用和浅海养殖，把浅海养殖的领域推到30米等深线之外，重点发展传统贝藻类、真鲷、鲈鱼、对虾养殖和欧鳗海水饲养、鳗鱼养殖等，加快水产加工业的发展，发展远洋捕捞业，开发综合水产产业。

兴宁——崛起中的现代化粤东商贸新市

中共梅州市委常委、兴宁市委书记　曾超麟
兴　宁　市　市　长　林佛全

兴宁市位于广东省东北部，总面积2 104.85平方公里，辖29个镇，1997年末总人口110.21万人，属闽、粤、赣边重要的交通枢纽和商品集散地，拥有极大的人缘、地缘优势，素有“文化之乡”、“足球之乡”、“华侨之乡”、“纺织之乡”和“商贸之乡”的美称。1994年6月8日国务院批准兴宁撤县设市，由梅州市代管，建县已有1663年历史的兴宁，从此带来经济发展和社会进步的良好机遇。

兴宁市境内自然资源丰富。全市主要矿藏有无烟煤、铁矿、石膏、石灰石、萤矿、稀土等39种，煤炭储量高达1.56亿吨，被列为全国重点产煤县（市）。1997年4月罗岗霞岚钒钛磁铁矿被国家地质矿产部批准立项，目前已探明探测地表风化壳矿石储量约1亿多吨，远景储量可达4.5亿吨，是国内少见的较大型易采易选富铁矿床，可与四川攀枝花矿媲美，具有广阔的开发前景。兴宁属亚热带海洋性季风气候区，气候温和、日照充裕、四季常绿、人杰地灵、风景如画。库容量达1亿多立方米的合水水库，被入选“中国名胜风光大辞典”。当年陶铸、贺龙、聂荣臻、叶剑英等老一辈革命家曾到此指导工作、游览观光。有8 000多亩茶山的黄蜂窝茶山旅游区。区中建有一座“世界上最大的茶壶”，高7.8米，宽10.84米，壶身直径7.0米，底座自来水塔可容水22.86立方米，壶旁茶杯高2.8米，杯口直径3.2米，成为当地一大景观。地处兴宁城西南面的神光山，融寺（神光寺）、坛（石古大王坛）、池（墨池）为一体，向来系重阳佳节登高好去处。此外，还有宋代便有“名胜八景”之称的狮子岩、鸡鸣山等。

兴宁市是广东省主要侨乡之一，旅外华侨、港澳台同胞有30多万人，遍布世界40多个国家和地区。长期以来，旅外乡亲心向祖国、情系故乡，竭诚为建设祖国、造福桑梓贡献智慧和力量。先后为家乡捐资达1.4亿元，兴办了一批公益事业，并大力投资办实业，有力地促进了兴宁市的两个文明建设。

在坚持以农业强市，以工业富市，以商贸旺市，以科教兴市，以基础立市和依法治市的思路指导下，兴宁市圆满完成了“八五”计划，“九五”开局态势良好。据统计，1997年，完成国内生产总值28.62亿元，比1992年增长154.85%；财政收入1.855亿元，比1992年增长258.8%；农村人均收入3 200元，比1992年增长197.4%。

着力完善基础设施

在公路建设方面，从大交通、大经济的思路出发，提出了分四步走的总体构想改变兴宁的交通落后状况。全市先后筹资5.12亿元用于公路建设和改造，新增公路1 226.8公里，公路密度为81.9公里，比“七五”期末增长33倍，被省、梅州市授予“八五”期间交通建设先进县(市)。公路建设“四步走”，第一步是完成境内共130多公里的国、省道改造并协助广梅汕铁路如期客货运至兴宁；第二步是至1995年底实现市至各镇通水泥公路以及管理区全部通公路两大目标；第三步是构筑兴宁大道。计划用10年时间，投资7.2亿元，构筑以火车客运站为中心连接汕梅高速公路长62公里的兴宁大道，成为兴宁经济发展的骨干线。其中总投资5 500多万元的兴合段(长14公里)于1997年12月通车；第四步是计划用10年时间，投资6亿元，改造1 000多公里的管理区公路，基本实现水泥公路硬底化。经过全市上下努力，1995年底如期实现市至29个镇辅通水泥公路，472个管理区都通路的目标，居全省山区市县前列，提前5年完成省政府下达的市至镇通水泥路的目标。1997年底全市已有242个管理区通水泥公路，占管理区总数的51%。邮电通讯事业的适度超前发展，于1993年、1994年先后被评为“全国邮电业务收入百强县”、“全国电话放号百强县”，电话普及率比1992年增长4.83倍。此外，加快了电力建设，先后兴办了1.2万千瓦火力发电厂、正在兴建与江西联办3.75万千瓦斗晏水电站、引资兴办5万千瓦火力发电厂等大型项目，全市发电能力达到2.35亿千瓦时，比1992年增长2.5倍。同时，配合新城区建设兴建日产10万吨的第二自来水厂，投资6 200万元的日供水5万吨的首期工程在1997年底已竣工投产。

与此同时，高起点规划，大胆改革城市基础设施投资体制，加强城市的规范化管理，加快了城市建设步伐，城区面积与人口分别比1992年增长1.5倍和1.3倍，城市基础设施配套不断完善。

努力建设农业强市

兴宁市始终抓紧粮食生产，由缺粮变为自给有余，1997年有21个镇实现“吨谷镇”，规划于1998年实现“吨谷市”目标。大力发展“三高”农业增长方式，有力地推进了产业化进程。

主要抓好两个“工程”：一是以单丛茶为龙头的“三高”农业“八三一五”工程。即发展优质茶、龙眼、荔枝、李果、蔬菜、生姜、烤烟、塘鱼各3万亩和一个5万亩优质沙田柚基地。经过5年努力，已于1997年上半年如期实现。现在全市“三高”农业面积达30.1万亩，与1992年对比，其中优质茶由5 500亩发展至3.8万亩，龙眼由2.44万亩发展至4.13万亩，优质柚由1.9万亩发展至5.42万亩，建成6个万亩茶果基地，45个千亩片，100个百亩点，125个种养专业村，52 277个小庄园。二是“三八一二”工程，即在实现“八三一五”工程后，立即提出“三高”农业要实现新的目标——以龙眼为龙头的“三八一二”工程，即至2000年，茶果面积每年递增3万亩，当年收益的其他种养面积每年保证8万亩以上，农业总产值(1990年不变价)达到12亿元以上。

近几年，在引导农业生产专业化、布局区域化、经营一体化、服务社会化、管理企业化的道路上已取得了一定成绩，主要表现在三方面：一是支柱产业的主导产品逐步形成规模。1997年，以茶叶、龙眼为主项的“八三一五”工程已实现，优质茶、龙眼等9大商品逐步成为兴宁农村经济的支柱产业。单丛、奇兰、黄金桂茶多次荣获国家、省“优质产品”、“绿色食品”等殊荣，在’97中国国际茶会上，送评9个样品共获八金、一银，兴宁市已成为广东省最大的优质茶生产基地之一。二是农业产业一体化发展的多种类型和组织方式得到有效运用，培育了一批龙头型企业。这些企业围绕产品的生产、加工、销售与生产基地和农户有机的联合，进行一体化经营，形成‘风险共担、利益共享”的经济共同体。三是大力发展和健全了种苗、科技、信息、加工、流通等产前、产中、产后领域的社会化服务，特别是种苗提供、产品加工及销售等方面为农民解决了许多后顾之忧。

这些做法，被来兴宁考察的中宣部和国务院的有关专家、教授赞为“中国农村山区实施可持续发展战略的模式”。

坚持深化国企改革

兴宁市工业生产多年来一直在艰难的运作，特别是“八五”期间，企业资金紧缺矛盾进一步加剧，资产负债率高达75.18%，部分企业难以为继，处于停产半停产状态，只有通过深化改革才能使矛盾得到解决。早改早主动、迟改就被动、不改走胡同。为此，我们重视抓好干部职工的思想教育，重点解决好两个认识问题：一是正确理解公有制为主体的含义，彻底纠正一些干部群众中存在的“搞公司制、股份制就是搞私有制”的错误认识。根据“三个有利于”的原则，大胆探索公有制的有效实现形式，对小企业要敢于放开。二是正确认识国有资产的流动问题。国有企业实行拍卖、转让、租赁、兼并、托管、股份制等形式，是国有资产由实物形态转化为价值形态，只是资产形态发生变化，是盘活国有资产的有效途径，并不是什么流失。在解决上述两个认识误区的同时，我们注意加大企业改革的宣传力度，使广大干部职工增强了改革的信心和自觉性，主动要求转制的企业越来越多。

兴宁市国有企业都是小企业，搞活小企业要从“三个有利于”的原则出发，因厂制宜，一厂一策。前几年，兴宁的工业转制，采取“改、让、联、并、引、包、租、分、停、托”十种做法。1997年以来，我们又加大了改革力度，对部分企业实施了新的转制措施。特别是对毛巾厂、油漆厂、电机厂、化二厂实行厂内职工全员负债持股，成立有限责任公司。采取内部职工全员负债持股这种形式兼顾了各方利益，受到企业和职工的欢迎，离退休人员、下岗人员的基本生活得到保障，政府也可以从企业发展的新增税利中得到回报。

至1997年年底，全市35户国有工业企业，已转机建制的有32户，占总企业数的九成多。同时，这些企业正在进一步建立现代企业制度，大大增强了活力。最早转制的广东明珠企业集团，现正进一步打破条条块块分割，以资本为纽带，实行跨地区、跨行业、跨所有制的联合，被确认为广东省大型企业集团。

通过系列改造，国有工业企业组织结构和产品结构趋于合理，优势企业得到巩固和发展，困难企业出现了转机，整体经济效益提高，1991年，兴宁市国有企业亏损1 100多万元，1996年实现扭亏增盈858.83万元，1997年产、销、税、利又有较大幅度增长，其中利润3 282.17万元，增长2.8倍。

商贸旺市新路越走越宽

为加快建设现代化的粤东商贸新市，我们把个体私营经济纳入国民经济发展的总体规划，列入各级党委、政府的议事日程，制定近期和远期的发展目标，作为社会主义市场经济的重要组成部分。为扶持个体私营经济和加速第三产业发展，提出以市场建设为骨干，把市场建设纳入城市、圩镇建设总体规划，统一布局，成行成市，形成规模。近年来，我们采取多渠道筹资办法，共投入市场建设资金3亿多元，新建、扩建市场20个，批发市场、交通商业城、供销市场、兴宁茶都、兴宁商业城、新兴商业城、城南市场等相继建成和投入使用，增加建筑面积18万平方米。目前，全市拥有城乡集贸市场42个，总面积25万多平方米，全市人均占有市场面积0.23平方米，比1992年增长2.8倍，为个体私营经济的发展创造了良好的条件。

目前全市个体工商户已有1.71万户，比1992年1.26万户增长36.23%，个体私营经济的发展，成为市财政收入的重要来源，约占本级工商税收的40%左右。从而加快了现代化粤东商贸新市建设步伐。

社会各项事业健康发展

全面实施“科教兴市”和可持续发展战略。从1993年起，提出并积极实施“科教领先”战略，全民的科技意识不断增强，科技投入逐年增加，科技队伍日益壮大，科技创新能力逐步增强，科技成果转化率由1992年的76%增至85%以上，科技进步贡献率由14.7%增至27.5%。坚持把教育放到优先发展的地位，不断改善办学条件，深化教育改革，推行素质教育，认真解决教师住房困难等问题，几年来，共投入1.9亿元用于“普九”工作，并于1995年顺利通过验收。兴宁师范标准化建设也于1996年5月通过验收。1992年至1997年共为各级各类大中专院校输送新生17 224人，平均每年2 871人。

针对人多田地少，资源相对紧缺的状况，积极实施可持续发展战略，坚持计划生育和保护环境两项基本国策。1997年人口出生率为14.18‰，多孩率为5.58%，计划生育率达到79.36%。资源开发和节约并举，不以牺牲环境谋求一时的发展。同时，加强了对城市的规范化管理，加强城镇绿化、净化、美化工作，环境质量综合水平得到提高。

全市29个镇均于1994年开通了有线电视，成为广东省第二个实现镇镇开通有线电视的市(县)，广播电视覆盖率达90%。农村医疗卫生和初级卫生保健工作进展顺利，民政工作得到加强，1996年被省政府、省军区授予“双拥模范市”称号。为塑造兴宁新形象，

1996年5月,新华社广东分社在兴宁市成功地召开了形象设计兴宁论证暨地区形象建设理论研讨会。

通过组派工作队,组织市直机关及部分企业与贫困管理区(村)挂扶等形式抓好农村基层组织建设。至1997年底全市472个农村管理区中有449个达到集体经济纯收入3万元以上,占95%,农村绝对贫困户由1994年5 994户、2.8万人减至202户、958人。

现在,兴宁市人民在各级领导带领下,积极推动各项改革,以开放的思想推动经济的发展,可以预见,不久的将来,兴宁——将会成为粤东一颗璀璨闪亮的明珠。

寻求农村经济发展的新突破

中共公主岭市委书记　栗振国

公主岭市地处松辽平原"黄金玉米带",作为国家重点商品粮基地,曾连续多年雄居全国产粮大县榜首,主要农副产品占有量在全省居于领先地位。但按照实现农业领域"两个根本性转变"的要求,还存在着比较效益低下、剩余劳动力多等诸多矛盾。经过调查研究,认为公主岭市农村经济落后的根本原因在于产品加工能力落后、商贸条件不足。为了使农村经济的发展尽快有一个突破,结合本地的实际情况,确定了以商兴市、以商促工、以工带农的工作思路,用3年到5年的时间,将现在以农业为主体、工业为从属、商贸为补充的农工贸型经济,逐步调整为商贸为先导、工业为主体、农业为基础,农工贸齐头并进、协调发展的贸工农型经济发展的新格局。按照这一战略思想,1998年农村社会总产值、乡镇财政收入、村集体经济、农村人均收入等四大指标均要比上年增长12%以上。为实现上述目标,市确定1998年农村经济工作的具体思路是:把握一条主线,突出两个主项,建好3大载体,实现4个突破,采取5条措施。

把握一条主线　农业产业化是在市场经济条件下促进农业和农村经济实现两个根本性转变的有效方式。在1998年及以后一个时期,要把农业产业化作为贯穿整个农村经济工作的主线,坚定不移、锲而不舍地在使其尽快、尽早、做大、做全上下功夫。

突出两大主项　就是立足本地资源优势,把粮食生产、加工、销售一条龙和生猪饲养、繁育、加工、销售一条龙作为加速产业化的重中之重来抓,使各环节及早实现组织系列化、分工专业化、经营规模化、服务社会化、效益最大化。

建好三大载体　就是以龙头、基地和市场建设为载体,走出一条种、养、加相结合,贸、工、农一体化,产、加、销相衔接的的链式发展的大农业路子。在龙头建设上,采取"稳老龙建新龙,扶弱龙变强龙,接短龙为长龙"的办法,尽快使全市的粮、猪、牛、菜、禽形成产业链;在基地建设上,本着依托资源,发挥优势,合理布局,分区发展,规模经营,集中连片的原则,力争在两三年内实现一户一场,一屯一品,一村一业,一乡一色的经济特色;在市场建设上,重点搞好城中城的开发和建设。在进一步完善现有的中国北方温州商城等市场网点的基础上,开发和建设好中国北方最大的药材城、电子工业城。

实现四个突破　一是粮食生产要有新突破。1997年的自然灾害给我市的粮食生产带来的教训是深刻的。1998年要继续加强农业的基础地位,不断加大自我投入,切实改善农业基础条件,全面提高农业综合生产能力。1998年粮食产量力争突破21亿公斤。二是畜牧业生产要有新突破。1998年猪、牛、羊、禽饲养量要分别比上年增长14.4%、7.8%、8.9%、8.9%,加大粮食转化率,力争在较短时间内,粮仓变成肉库。三是多种经营生产要有新突破。要紧紧围绕增量农业、生态农业、效益农业,重点抓好菜、鱼、果等各业生产,1998年多种经营收入要比上年增长16.6%。四是在乡镇企业的改革上要有新突破。通过转换经营机制、革新挖潜、改造、兴建等方式使乡镇企业重新焕发生机,通过招商引资,增添乡镇企业的活力。1998年全市乡镇企业产值要比上年增长30%以上。

采取五条措施

第一,要继续大搞招商引资。招商引资是振兴经济的富强和希望之路。在今后5年中,要继续加大责任制的落实力度,使全市的招商引资额以每年20亿~30亿元的速度递增。通过招商引资,逐步实现70%的城乡劳动力务工经商,30%的务农劳力用70%的剩余时间务工经商。

第二,要进一步深化农村改革。主要抓好四件事:一是完善土地承包机制,进一步健全土地的流转机制、补偿机制和制约机制,提高土地的利用 率和产出率。二是搞好企业转制。本着能卖则卖、能股则股,以卖为主、全面推进的原则,解放思想,加快步伐,大胆放手地采取多种方式,使乡镇企业从传统的经营范围中多领域地退出来,不断增强发展动力。三是不断完善双层经营。进一步抓好税费收缴办法改革,做好种子、化肥的统供专营工作,强化集体经营的优势。四是大力发展个体私营经济。要破除旧观念、旧思想的束缚,通过招商引资引进一批,前店后厂新建一批,龙头企业带动一批,市场建设吸纳一批,企业改制转化一批,优惠政策扶持一批,干部下海领办一批,使私营经济以每年翻一番的速度增长。

第三,要进一步实施好科教兴农战略。通过狠抓科技承包,民营科技,科技示范,科技培训,科研开发,科技扶贫,科技兴企,科技投入等工作,大力推广十项农业新技术,全面提高农业科技的含量。

第四,要营造最佳的经济发展环境。在重点抓好农村小集镇建设、村屯建设,搞好严打整治的同时,通过开展好"学习张家港,塑造岭人形象,创建文明城市"等活动载体,营造最佳的社会秩序和治安形势,保证经济建设的有序进行。

第五,强化领导,干部下乡。要继续从市直机关中抽调得力人员去抓乡、蹲村、包薄弱户,为群众办实事,送温暖。继续抓好基层班子建设,使其成为带动群众共同致富的坚强堡垒。

发展适度的规模经营,走产业化的道路,已成为加快农村经济发展的共识。要寻求农村经济发展的新突破,关键要有一股"狠"劲和"韧"劲,按照精心组织、科学安排的原则,保证各项工作指标的落实,争取在最短的时间内,发展经济,致富人民,使农村经济步入良性循环轨道。

地区形象设计的崛起与认识

——"英德地区形象设计与建设暨21世纪议程研讨会"述评

《人民日报》理论部　　卢继传

去年12月25日至26日,北京、广东、河北、广西等地的专家学者和有关代表110多人,云集山清水秀的粤北英德市,出席由该市市委、市政府召开的"英德地区形象设计与建设暨21世纪议程研讨会",对该市形象设计与建设构想提出了宝贵意见,交换思想,研讨颇为热烈。这次会议所探讨问题的意义不仅仅在于英德,而且对于在这世纪之交,各地区应以什么样的姿态迈向新的世纪,如何推进地区形象设计与建设及其持续健康发展,都具有重要的现实意义。

(一)具有生命力的新生事物

地区形象设计与建设是一个新生事物,是广大干部群众共同参与的创造性活动。1992年7月,广州南方现代市场经济研究院地区形象研究所在广东省花都市开了先河。他们对该市形象进行了考察与探讨研究,获得了该市广泛的支持,完成了《花都市形象建设》课题报告,为探索地区形象的初步理论与实践迈出了可喜的一步,获得了较大的反响。此后,山东省长岛县开展了"我为长岛树形象的活动",广东省兴宁市开展树立改革开放等五个方面形象的活动。至今,广东、浙江、山东等省的一些市、县,作为推动地区发展的一种思路,开展不同形式的地区形象设计与建设,都不同程度地为当地的两个文明建设作出了贡献,显示出它是具有生命力的新生事物。

认识一个地区,按照地区形象的概念,就是认识其形象。所谓地区形象就是一个地区的内部公众和外部公众对该地区的内在综合实力、外显活力和未来发展前景的具体感知与评价的总和。在本世纪90年代,中国出现地区形象的实践与理论研究,决非偶然。改革开放以来,形象问题成为中国人民谈论的新话题。邓小平同志就大力倡导塑造国家、民族的良好形象。他指出:“鸦片战争以来的一个多世纪里,外国人看不起中国人,侮辱中国人。中华人民共和国建立后,改变了中国的形象。中国今天的形象,不是晚清政府、不是北洋军阀、也不是蒋氏父子创造出来的。是中华人民共和国改变了中国的形象。”(《邓小平文选》第3卷第60页)他还强调:“无论如何要给国际上、给人民一个改革开放的形象,这十分重要。”(同上,第315～316页)

在市场经济条件下,随着现代科学文化的日新月异的发展,企业形象如何,愈来愈成为企业之间竞争的一个重要焦点,中国一些优秀的、高明的经营管理者或企业家纷纷策划出台所谓“形象制胜”战略。至于国外,则更是司空见惯。今天,国内外对形象的重视,反映了世界经济竞争的一种趋势。

同样,地区形象也是市场经济发展到一定阶段的必然产物。对此,与会学者作出了很有见地的论证。众所周知,随着国内外市场交流日益密切,地区形象的重要性将日益突出。良好的地区形象往往成为一种重要的投资环境,它以一种无形资源的魅力,把大量的外来资金项目吸引进来。正是在此情况下,理论学术界在企业形象理论(CI)的启迪下,进一步提出了地区形象的理论(DIS)。不言而喻,地区形象设计与建设,反映了现代市场经济发展的内在要求与趋势。今天,一个地区要走上全国乃至世界,走上国内外市场,首先要考虑的一个重要问题,就是以什么样的姿态出现。这正如众多学者所提出的,要走上市场,“地区形象先行”已经是一种带规律性的现象。事实证明,塑造地区形象这个智力投资的回报将是明显的。因此,地区形象设计与建设被愈来愈多的地区领导所重视,他们在集中精力投入有形的经济建设的同时,开始注视无形的地区形象的开发,这对促进地区全面发展是有益的。

(二)促进两个文明协调发展的一种好方式

在研讨会上,有的学者指出:“市场经济、市场竞争离不开形象、知名度和美誉度,离不开人的智慧的开发和整体素质的提高。试想,如果一个地区、一个企业,形象不好,怎么做到内有凝聚力、外有吸引力和发展竞争力呢?怎么能能够促进物质文明和精神文明的协调发展呢?”的确,如何把两个文明建设结合起来,是大家关注的问题,而地区形象设计与建设为促进两个文明的协调发展提供一种好的方式。今天,无形财富不仅是商标、品牌、信誉等,还包括地区的企业形象、窗口行业形象、干部形象、市民形象、城市形象等等。如上所述,开展地区形象设计与建设,首先是要给人一个良好的形象。对此,人们可以根据一系列统计数字来评价地区的形象。然而,更多的往往是根据一些实际的具体感知来衡量的,诸如城市交通、治安和环境情况,市民素质,社会风气,公共秩序,商业信誉等。这些往往更使人深切感受到一个地区的精神文明、文化道德和人的精神状态。由此可以认为,地区形象设计与建设是属于文化的范畴,要着力于精神状态和文化内涵的构建,开发和配置无形资产。有的学者形象地称此为“软件”设计。因此,地区形象建设可以归结为练内功。地区形象的展现在其内在的根据,其首先是人的整体素质。一个地区人的文化含量的整体素质决定于一个地区人的思想观念、价值追求、行为准则和改造客观世界的基础和表现形式,从而决定一个地区形象的水准。为此,我们强调地区形象建设要着力于进行思想道德建设和教育科学文化建设,培育人民成为有理想、有道德、有文化、有纪律的人民,培育干部成为“四有”干部,教育好青年、教育好后代。因此,有的学者指出:“形象建设必须以精神文明为主线,以人为本,要从文化层次寻找和挖掘本地特征和个性。”

从中国一些地区开展形象设计与建设的实践来看,尽管这个新生事物尚处于初起阶段,但它已产生了积极的效应。首先,有利于塑造、培养富有地方个性文化特征的地区形象,提高了整个地区的知名度和美誉度;其次,有利于增强人民群众的凝聚力,激发他们的自豪感、使命感,有效地开发人的创造力,充分调动和发挥了人的聪明才智;其三,有利于实现经济、社会、文化和人的和谐统一，推动地区可持续发展。显然，通过强化地区形象意识，以人为本，培育人的整体素质，有效地激发了人们对现代文明和行为的追求和奋斗激情，共同营造了地区发展的人和气顺之小环境，充满深化改革开放和社会主义现代化建设的气息与活力的社会氛围，激发广大人民群众和干部的开拓进取与创造精神，同心协力推动经济发展与社会进步，并在这个过程中共同不断再造地区好形象。事实上，各地区都将形象设计与建设同地区发展自然地、有机地结合起来，来完成塑造形象的任务。英德市委书记江惠生在发言中说：英德市被确立为省级历史文化名城，现在正在大力贯彻实施“九五”发展战略规划。召开这次研讨会，把大批专家学者请进来，其目的是要集他们之智慧，开展地区形象设计与建设活动，激励全市人民振奋精神，以人为本，以经济建设为中心，促进社会主义两个文明建设的协调发展，开创“政通人和、百业俱兴”的局面，力争完满地实现“九五”期间的总体发展战略目标，不断地推进英德经济持续、快速、健康发展。诚如与会者一致所强调的，塑造地区良好形象是不可能凭空进行的，要以地区发展战略（包括现实和未来的）为基础，为其做好服务和保障工作，同时，致力把无形财富转变为有形财富，大力推动地区经济社会全面发展，实现两个文明的内在统一。

中国部分高等院校和科研机构

浙　江　大　学

浙江大学的科学研究事业始于本世纪30年代中期。在抗日战争浙大西迁贵州遵义、湄潭时期，科研工作成果颇多，特别是在湄潭的理学院和农学院更为突出，当时有的研究课题就属国际学科的前沿。50年代初全国院系调整前，浙大曾经涌现出诸如竺可桢、苏步青、王淦昌、贝时璋、谈家桢、陈建功、钱令希、束星北、罗宗洛、张肇骞、谭其骧等等许多著名的科学家。新中国建立初期，学校在重建多科性理工科大学的同时，为加强领导，成立了“浙江大学科学研究委员会”；1953年设立科学研究科（后改为处）。虽历经曲折，但不少研究项目为日后研究领域的拓展奠定了基础，有的项目还列入了重大成果。如50年代末，研制成功了双水内冷发电机，在国际上属首创，为中国电机制造业的发展起了重要的作用，荣获1964年国家发明一等奖。又如60年代研制的高速摄影机，成功地拍摄了中国第一套频幅250万幅/秒的核爆炸过程照片，引起了巨大的反响。1978年全国科学大会上浙大有41个项目获奖，成为全国高校中获奖项目最多的学校。

党的十一届三中全会以后，科学迎来了春天。经过几十年的努力，浙江大学已建立比较齐全的科学研究组织体系，拥有一批国内外知名的高水平专家教授和为数众多的专兼职科技人员、教师和研究生，创造了良好的科研设施和设备条件、科研基地和进行国内外学术交流与合作的优良环境，科研规模不断扩大。近年来，学校每年承担纵横向科研项目1 000多项，科研经费大幅度增长；每年鉴定成果100多项，相继取得了一大批高水平、高效益的重大科研成果，并在有关重点行业、大中型企业和重点地区得到了很好的推广应用；授权专利累计509项（其中发明专利151项）；每年发表论文2 500多篇，出版著作和教材70多部，在发表的论文中，仅“八五”期间被世界四大检索系统收录的就有1 336篇。1978年以来，学校共获得省部级以上重大科技成果奖816项，其中国家自然科学奖5项：计算机图形生成和几何造型研究、稀土催化剂在高分子合成中的应用研究两项获三等奖，马丁－侯状态方程的发展和应用、光学与光电子薄膜理论与微结构的研究、非线性二阶偏微分方程的理论与应用3项获四等奖；国家发明奖36项；其中电液比例二通型流量控制阀、减压充氮直拉硅单晶技术等3项获二等奖，8－09.9－12 化铁炉高压离心风机、低压降比调节阀、含稀土的桩帽铸钢的研制、地基基床系数的现场测定及消振新方法等 17 项获三等奖；国家科技进步奖 33 项，其中离心通风机内流理论及设计计算系统的研究与应用等两项获一等奖，低中高频振动标准、加热炉的数学模型和计算机优化控制、钢锭轧前处理过程计算机控制、装潢图案创作智能 CAD 系统的研究等 11 项获二等奖，CL－I 型彩色亮度计、S－枪磁控制射流技术及其应用、XG_1 型狭缝式高速摄影机、化工旋转机械整机全速动平衡原理和方法的研究、纹织 CAD 系统、食用酒精提纯技术、液压挖掘机现代设计理论、方法和技术的研究及应用等 19 项获三等奖；省部级科技进步一等奖 56 项，如聚合反应工程基础研究、新型绕带式压力容器、催化裂化装置计算机递阶优化控制、成套通用电子工程 CAD 系统及彩色电视机设计、计算机辅助优化数值试验(CAT)理论及在工程气固多相流动研究中的应用、基于 UNIX 的机械产品 CAD 支撑软硬件系统、液压挖掘机现代设计理论、方法和技术的研究及应用、光学与光电子薄膜的理论和特性研究、地基中的瑞利(Rayleigh)波传播特性及应用等等。

从 1989 年开始，国家教委把浙大作为综合改革的试点学校。学校首先以教学、科研体制改革为突破口，对各项工作进行了综合改革，以改革求得了发展。学校科技工作坚持“科学技术是第一生产力”的思想，贯彻中央“经济建设必须依靠科学技术，科学技术工作必须面向经济建设”的战略方针，坚持教学、科研两个中心，不断深化科技体制改革，充分调动了科研人员的积极性。学校注重基础性、前沿性研究，同时坚持科研工作面向国民经济主战场，为国民经济的发展和科学技术的发展作出了应有的贡献。

深化体制改革，适应市场经济建设

全校相继在二级学科中有选择地建立了 100 多个研究所(室)，现在研究所(室)已成为学校“两个中心”建设中最具活力与生机的教学科研基本细胞。经过近 7 年的实践，学校科研经费翻了三番，从 1989 年的 2 510 万元上升到 1996 年的 2.32 亿元，“八五”期间，学校承担国家攻关项目 74 项总经费比“七五”增长两倍半；“863”高技术项目 63 项，总经费比“七五”增长 6 倍；国防军工预研项目 81 项，总经费比“七五”增长 10 多倍。据不完全统计，学校通过重大科技成果的推广应用，参与大中型企业的技术改造，加速了科技成果的转化，为国家新增利税从“七五”的 1.07 亿元上升到“八五”的 10.38 亿元，共为国家节支 7.13 亿元，出口创汇约 0.5 亿美元。如列入国家科委科技成果重点推广计划的中频电源技术，从 70 年代研制开发至今，在全国的技术覆盖面已达 90％以上，生产厂家估计已有 200 余家。

切实采取措施，稳定基础研究

在科研要“上水平、上规模、出效益”总体思想指导下，为了贯彻国家“稳住一头”的科技方针，学校自筹经费设立了校科研发展基金，重点支持瞄准国家自然科学奖和具有新思想、新苗头和有重大应用前景的基础研究项目，并制订了争取自然科学基金的 10 项优惠政策，对获得国家级基金资助的项目，在科研编制、校基金配套、奖励补贴等方面采取双重倾斜政策。1995 年，学校在香港著名实业家曹光彪先生的支持下，设立了 1 000 万港元的高科技发展基金，利用每年的利息资助学校的高技术基础研究工作。学校还鼓励科学论著的出版和学术论文的发表，对高水平的学术论著给予出版经费补贴；鼓励教师向国外刊物和国内一级刊物投稿，对 SCI、EI、ISTP 三大国际检索系统收录的论文作者进行物质奖励。

这些措施，对于稳定我校的基础研究起了很大的作用。这几年，浙大承担的国家自然科学基金项目数稳居全国高校第四位、工科院校第二位，1996 年经费已达 720 余万元。基础性研究取得了一批高水平的科研成果，其中已有 5 个项目获得了国家自然科学奖。

抓住重点学科，强化基地建设

重点学科、国家重点实验室、工程(技术)研究中心是浙大科学研究的重要基地，担负着出高水平成果和培养高层次人才的双重任务。学校本着“外争资助，内搞配套，选好基地，重点建设”的原则，在国家有关部门的大力支持下，除利用世界银行贷款建立了浙江大学分析测试中心外，还依托学校 9 个国家重点学科和其它优势领域，共建立了 6 个国家重点实验室、3 个国家专业实验室和 1 个国家教委开放实验室。学校除在人员编制、基本设施等方面给予支持外，在财政十分困难的情况下，自筹近 400 万元资金支持这些实验室的建设和运行。目前,"硅材料"、"CAD & CG"、"聚合反应工程"、"流体传动及控制"、"现代光学仪器"、"工业控制技术"等6个国家实验室和"洁净燃烧技术"国家教委开放实验室已建成开放。"CAD & CG"实验室被评为国家重点实验室"金牛奖"先进集体。这些重点基地已经成为学校基础研究的主体,培养高级专门人才和跟踪世界科技前沿的基地,也是科技面向经济建设的上游基地和坚强后盾。

建立工程(技术)研究中心,为学校研究机构和产业之间构筑了一条"通道",通过研究,将新技术、新成果在"通道"中进行再加工,以解决工业生产中将会出现的工程技术问题,并迅速向生产转移。同时在"通道"中培养出高质量的工程技术人才,实现成果、技术和人才的同步定向流动。浙大建立的工程(技术)研究中心实行"依托学校、背靠学科、面向行业、联合企业、独立核算、自主经营、自负盈亏、利益共享"的运行机制,是按市场经济运行的独立实体。已建成和正在建设的国家级工程(技术)中心有:"工业自动化"、"电力电子应用技术"、"光学仪器"、"水煤浆工程技术研究中心浙大燃烧技术研究所"等。建设这类研究中心,旨在办成多学科结合,育人与科研并举,同工业界密切合作与联系的,以开展工程基础研究和综合性关键技术开发与试验为重点的,具有较强自我发展能力的新型基地。正在以带头的、前沿的、基础的重点学科和重点实验室为核心,联合相应学科组建化学工程、光电信息技术及仪器工程、流体传动与装备自动化、生物医学工程、电力电子技术、半导体材料及功能材料与工程等6个学科群和CAD & CG、热能与环境工程、岩土工程、生产力发展及管理工程、工业控制工程与技术等5个学科点。通过学科群(点)的建设,以重点学科带动一般学科,拓宽学科内容,促进新学科的生长,提高教师、科技人员承担大项目的能力,使科研结合人才培养、学科交叉的综合优势和潜力真正得以发挥。

合理配置研究力量,形成学科良性循环

为了推进我校科技工作面向经济建设,学校遵循面向经济、依托学科的原则,对基础、应用和开发研究这三者力量进行合理配置,逐步形成了基础研究定向化、应用研究基地化、开发研究产业化(工程化)的合理布局和科研、开发、生产上中下游一条龙的良性循环。在具体实施步骤上,提出分"三步走"的设想,即第一步,二级学科建所;第二步,学科下游建立学科性公司(企业);第三步,学科下游在校外建立科研生产一体化基地。

根据科研上、中、下游协调发展、配套成龙和具体分"三步走"的发展思想,在完成二级学科建所的基础上,实施了以"十二条龙"为主体的科研、开发、生产发展计划,在条件较好的研究所下游建立了一批科技企业,我们称之为学科性公司(企业),内容涉及化工、能源、精密模具、电液控制、高分子材料、地基工程、电力电子、工业自动化、计算机等浙大主要学科领域,并在若干领域内已形成规模经营,初见成效。据统计,1995年学校43个学科性公司(企业)的产值已达到1.14亿元。建立学科性公司(企业),可促使研究所内人员相对分流,各就各位,各得其所,还在市场经济的大海洋中增强了适应能力,为学校、系和所三级基金的建立,支持学科的发展起到了重大作用。

高等学校具有科技和人才优势,但缺乏资金和场地,必须走出校门,与社会优势结合起来。我校在"圈圈之外,射程之内",即学校附近的周边县、市建立了一批依托学科的科研生产基地,把科技产业的发展提高到一个新的层次。以学科为龙头,将龙尾甩到社会上,以市场为导向,联合地方产业部门,在校外建立生产基地,形成规模开发集团。周边县、市的地方政府,根据本地工业、科技经济发展规划,依托浙江大学的科技优势,专门设立了科技开发基金,按对口科技开发项目申请立项。科技开发基金起到了孵化器的作用,加速了学校的"第三步"步伐。已在余杭、绍兴、德清、萧山等县、市建立了若干个校外基地,并相继在绍兴、余杭、宁波、台州等市设立了百万级到千万级的科技开发基金,其发展态势看好。

加强与重点地区合作,进行区域性开发

加强和重点地区的合作,集中优势兵力,进行区域性开发,是科技面向经济建设主战场的有效途径。近几年来,学校与天津、杭州、宁波等20多个省市重建和发展了稳定的科技合作关系,建立了30多个科研生产联合体。根据国家教委和浙江省政府指示,发起高等学校集中开发杭嘉湖地区,于1988年协助国家教委和省政府创办了杭嘉湖技术开发公司。杭嘉湖绍地区是浙江省的发达地区,其企业具有较强的经

济实力和接受高校科技成果的能力。浙江省每年拿出2 000万元的贷款和200万元的贴息，连续5年支持杭嘉湖绍科技开发试验区的区域性开发，由于有了政府、产业、学校三家的积极性，经过共同努力，该区已被誉为“天下第一园”。全国已有100多所高校到该试验区进行科技开发和成果转化。1988年以来，学校和在该地区的企业创办了19个科研生产联合体，在该地区的科技开发、转让项目累计达到1 100项，科研经费达6 616.4万元，在学校全部科技开发项目中所占的比重也逐年增加。如1995年学校为杭嘉湖绍地区有关企业服务的有207项，占总项目数46%，占浙江省项目数的69%，经费262.8万元，占总经费的47%，占浙江省项目经费的70%。通过在杭嘉湖绍科技开发试验区的区域开发，使一批科技成果得到了推广应用。

为加强和宁波的经济技术合作，还和宁波市人民政府联合组建了宁波东海科技实业公司，宁波市每年拨出500万元贷款和50万元贴息，支持浙大的科技成果到宁波进行产业化。如在宁波余姚市，我校与余姚光学仪器二厂联营建立了校外生产基地，进而与外商合资建立了三个中外合资企业，“借船出海”，走向国际市场，公司开发生产光学镜头并出口创汇，1995年联营企业的产值达到1.86亿元，新增利税2 100万元，创汇1 200万美元。1995年，我校为宁波地区服务的项目有35项，获得科技经费404.17万元。

建立严格的考核和奖励制度，最大限度调动科技人员积极性

在推进研究所实运转的同时，学校自1989年以来实施“五定一评”制度（定任务、定编制、定岗位、定经费、定教学科研用房、考核评估），作为深化人事制度改革，建立完善自我约束机制的重要内容。根据教学、科研布局、学科发展，按照工作量核定编制到系、所，对缺编单位奖励，对超编单位征收超编费，并鼓励超编人员合理流动。

学校对各研究所每年下达科研指标（经费数、鉴定项目和论文数等），对超指标单位，根据超指标数多少，年终进行奖励。根据各研究所完成科研情况的质和量，进行综合计点评分，计算科研编制和科研业绩点；同时，在工科类研究所中评出“十强研究所”，在文理科类研究所中各评出“五强研究所”，并进行精神和物质的奖励。

科研需要有良好的环境，科研设备、经费固然重要，但软环境也相当重要。在研究所推行所长负责制的同时，加强党支部建设，加强党风、校风建设，加强校园文明建设。振兴学校科技事业，在创造软环境方面关键在于做好人的思想工作，鼓励师生的斗志，善于及时发现每一个人的闪光点，促使广大科技人员的积极性得到最充分的发挥，创造祥和的政治氛围，努力做到人人心情畅快，团结紧张，严肃活泼，奋发向上。

浙江大学研究生院

浙江大学研究生院创建于1984年12月20日，是国务院首批批准成立的22个研究生院之一，也是受国家教委表彰，并由国家教委授牌首批正式建院的10个研究生院之一。

经历十几个春秋的创业和发展，浙江大学研究生教育已有了长足的发展。截止1996年底，学校已有90个硕士点、38个博士点（含一个一级学科博士点）、11个博士后流动站，形成了以理工学科为主，兼有文管、哲学、法学、经济和教育等学科门类比较齐全、结构比较合理的格局。研究生院现有研究生3 000余名，其中博士生1 000余名，研究生已成为学校教学科研工作的重要生力军。学校师资力量雄厚，现有中国科学院院士5人和中国工程院院士4人（其中两院院士1人），博士生导师188名，硕士生导师790余名，同时聘有国内外著名专家学者兼任导师，师资队伍的年龄结构趋于合理，层次结构不断提高。研究生院不断加强国际间的交流和合作，与美、日等国高等学校联合办学或联合培养博士生，接收各国研究生来校攻读学位；利用各种渠道选送教师出国访问、进修及参加国际会议，促进了学校学术水平的提高；研究生院通过各种形式加强与国内有关单位、企业、重点经济发展地区的联系，扩大社会服务；学校还通过各种渠道得到国内外有关组织和各界友好人士的资助，进一步提高了办学水平。

浙江大学研究生教育历史悠久，而今借改革开放之大潮，研究生教育事业发展迅猛，浙江大学已经成为一所独具特色、在国内外享有盛誉，为立足于国内培养高级人才的重要基地之一。

北京师范大学

北京师范大学1902年12月17日创办，距今已有95年的历史，它是中国建立最早的一所高等师范学校。

历史与现状

北京师范大学在其95年的历程中，历经时代变迁，自身也经历了起伏变革。

创办初，名为京师大学堂师范馆，是专门培养师资的最高学府。它的建立标志着中国师范教育自是时起，自成一个体系。1904年，师范馆改为优级师范科；1908年，又改为京师优级师范学堂，它是中国高等师范学校独立设置的开始。1912年，优级师范学堂改称北京高等师范学校，将国文、英语、历史地理、数学物理、物理化学、博物六个部设齐，从而为以后北京师范大学的系科、专业设置奠定了基础。1920年，高师开办教育研究科，招收高师和专门学校毕业生或大学三年级的学生，这是中国高等学校招收研究生的开始。1923年7月，北京师范大学成立，中国教育史上出现了第一个师范大学。改为大学以后，首先明确办学宗旨是："造就师范与中等学校教师及教育行政人员，并研究专门学术。"从一开始就明确了师范大学有培养师资和科学研究的双重任务。1927年、1928年和1931年北京师范大学曾一度更名，抗战期间曾西迁陕甘9年，为发展祖国西北地区的教育做出了开创性的贡献。1949年9月27日，北平师范大学改称北京师范大学。1952年底，原辅仁大学并入北京师范大学，同时并入的还有中国人民大学的教育研究室和教育专修班、燕京大学的教育系。

作为中国最早建立的一所高等师范院校，由于它基本上一直置身于祖国北京，特殊的地理位置，教学思想和教学方式的兼容并蓄，对政治的敏感以及新思想的广泛传播和迅速吸纳，使这所不同寻常的师范院校在历史上的重大运动中充当着不同凡响的角色，也涌现出了一大批著名的革命家、教育家和知名学者。

早在师范馆刚成立一年时，师范馆师生联名上书清政府，要求力拒中俄密约，打响了中国大学生为挽救国家危亡进行请愿的第一枪，在中国学生运动史上是一个创举。1919年5月4日，高师学生首先到达天安门集会，又书写了"五四"运动光辉的一页。1926年3月，在北京发生了段琪瑞政府残暴屠杀游行请愿群众的"三·一八"惨案，师大学生英勇地参加了这一斗争，刘和珍等学生在斗争中牺牲。30年代，北师大学生还投身到抗日救国运动中，在"一二·九"爱国学生运动中始终站在最前列。

将近一个世纪以来，北京师范大学已培养了数以10万计的优秀教育人才，涌现出了大批教育家、科学家、知名学者和革命家，如李达、周谷城、陆世嘉、苏秉琦、吴富恒、李曙森、王洛宾、孙志远等等，革命先驱李大钊、中国文化革命的伟大旗手鲁迅以及知名学者钱玄同都曾在高师任教。他们在教育战线和其他战线上勤勤恳恳地工作，为中国的革命和建设事业，并为中华民族的科学、文化、教育事业作了积极的贡献，以其历史、实力、贡献、特色和不断进取的精神在中国赢得了很高声誉，在国际上也产生了广泛的影响，受到全社会的高度评价，获得党和政府的高度重视。毛泽东主席曾亲临学校看望教师，接见师生代表，并亲笔题写校名。1992年，江泽民主席亲临学校祝贺教师节，发表重要讲话，并为学校题词："吸收和借鉴人类文明的一切优秀成果，谱写中国教育的新篇章。"

北京师范大学是国家重点投资建设的大学之一。1996年1月已通过国家教委"211工程"部门预审。目前，北京师范大学基本上形成了以教育为特色，教育、文、理、管理等门类较为齐全的学科专业体系，教育质量和科研水平较高、综合实力居国内高校前列、并有一定国际影响的师范大学。

教学与科研

作为国家教委指定的、全国少有的几所教学、科研两个中心的高校之一和作为全国师范教育的排头兵，学校提出了加强基础、拓宽专业、重视应用、培养能力、全面提高人才素质的指导思想，确立了知识、素质、能力结构的新的人才培养模式，大力开展教育教学改革。

学校大胆改革课程设置，合理调整专业，重视教材建设，全面修订教学计划。学校始终把本科教育放在突出地位，现有18个系、38个本科专业，共为本科生开设各类课程1 000多门，相当于60年代的10倍；学校每年投资100多万元课程建设的教材编写，近几年中，编写各类教材600余种，在1987、1991、1995年全国高校第一至第三届优秀教材评奖中，该校共有50种教材获奖，在全国高校中位居前列，在高师院校中居首位。经报国家教委批准，学校新增设了国际经济、影视教育、资源环境区划与管理、编辑学、应用心理学、应用化学、法学、系统工程等8个专业；学校全面实现教学手段现代化，计算机教学、远距离教学、外语电化教学、有声网络实验室等在推进教学改革中大显身手；学校在全国较早开展了教学评估研究，并成功运用于教学管理，教学工作规范有序，质量第一成为教师的共识；学校每年举办青年教师基本功大赛，一批批教学能手脱颖而出。目前学校已形成包括本科生、硕士生、博士生、博士后及夜大函授生、进修生和访问学者在内的多层次教育人才培养体系。从1993年起，在接收高层次留学生工作方面，处于国内高校前列。各文理科院系、研究生院、师资培训中心、教育管理学院、继续教育学院等机构健全、功能齐备，为教育人才的培养开展卓有成效的工作。近十几年来，学校通过各种渠道引进资金，相继建立起一批先进的教学科研设施，办学条件日益完善。图书馆馆藏丰富，共收藏各类图书270万册，文理兼备，现代化程度高，为全国教育中心馆，并形成了由图书馆、文科文献信息中心和检索资料室组成的文献服务体系。95周年校庆期间，孙庆军博士还向学校捐助2 000种电子出版物，并准备资助学校建电子图书馆。学校已成立了信息网络中心，正在全校范围内实施联网。

北师大高水平的教育教学质量得到了社会的公认。北师大教师连续荣获曾宪梓高校教师一等奖、全国优秀教学成果特等奖和宝钢教育教学特等奖。在1989年和1993年国家教委和北京市优秀成果奖评奖中，北师大共获得国家级优秀教学成果奖4项，北京市优秀教学成果奖29项。1995年和1996年，学校先后有7个系评为首批国家基础学科人才培养和科学研究基地。另外，还拥有3个师范生培养基地。

科研是滋养教学的沃土。到下个世纪，北师大将成为具有较强综合实力和整体优势的科研基地，部分博士点学科达到国内一流水平，部分博士点和国家重点学科达到或接近世界先进水平。目前，学校拥有40个博士点，在全国高校中位居前列；还拥有92个硕士点，7个国家重点学科和7个博士后流动站。广大教师、学者以攻关的精神努力探索，取得丰硕的研究成果。

“八五”期间学校共承担国家科技攻关项目25项，“863”高技术研究项目4项，国家攀登计划项目9项，国家自然科学基金面上项目210项，国家教委社科基金项目46项以及其他各种基金项目，总数达588项。其中，承担各类人文社科科研项目222项，其中国家级项目居全国高校第六位，国家教委项目居第九位，北京市项目排列并列第一。至1996年底已获得“九五”国家科技攻关项目6项，攀登计划1项，国家自然科学基金面上项目27项，国家社科基金项目22项以及其他各种基金项目等。“八五”期间文、理科教师共发表科研论文7 194篇，被美国三种检索系统SCI、EI、ISTP检索的论文数分别为：312、89和82篇。除科研论文外，还出版专著997部，被授权专利17项。1990年，获国家自然科学奖3项，是当年获奖最多的五个单位之一。此外，学校文科学报1996年的摘转率高达88.3%，在全国100家同类刊物中排名第一。1996年，在物理领域国际上最著名的美国的《物理评论快报》刊物上，北师大教师发表的文章占中国人在此刊物上发表的文章的1/7，名列全国第二。1996、1997年有3名教师的著作分别获得中宣部、新闻出版署、中国图书评论协会授予的“五个一工程”奖、“国家图书奖”和“中国图书奖”。1996年科研处被评为国家教委全国高等学校科技管理先进单位、北京市教委北京市高等学校科技管理先进单位。

在应用研究方面，也取得一批重大成果。如低能核物理研究所X光光学系统的研究水平已进入国际先进行列，成为继俄罗斯库马霍夫X学系统研究所之后世界上第二个X光聚束技术科学研究基地。“模糊数学和模糊推理机”国家专业实验室研制的模糊推理机，具有广阔的应用价值。他们在“模糊集基础理论及应用研究”成果中，提出了模糊落影理论，系统地提出了模糊信息处理与模糊识别方法，为人工智能及新一代计算机研制开发提供了理论基础。在医学、气象、地质、石油、化工、军事等领域具有广泛的开发、应用前景。1980～1990年，经各级主管部门鉴定的科技成果达200余项，其中3项成果还荣获了国家发明奖，两项成果荣获科技进步奖和国务院重大技术装备奖。北师大雄厚的科研实力在国民经济建设主战场正发挥着日益重要的科技先导作用。

师资队伍建设

北师大党委高度重视师德建设，将其作为一项系统工程常抓不懈。先后出台了“教师工作规范”、“教研室工作条例”、“关于主讲教师审批制度的规定”等一系列规章。

北师大积95年之学术底蕴，滋养了一批又一批学术研究的佼佼者，形成了目前雄厚的师资力量。全校共有教师近1 700人，其中教授、副教授900余人，博士生导师168人，中国科学院院士3人，国务院学术委员会学科评议组成员12人。改革开放以来，教师队伍结构发生了明显变化，大批具有硕士、博士学位的优秀青年进入教师队伍，大大提高了师资队伍的学术层次。500余名学成归国专家，带回了新的学术思想和成果，活跃了学术空气。目前，有硕士、博士和研究生学历的教师已从1988年的26%上升到60%。学校重视青年教师的培养与提高，1990年启动跨世纪人才培养计划，1996年又启动跨世纪优秀学科带头人培养计划，一批学有所长、颇有建树的青年教师获得资助。青年教师的成长，在全国产生了重要影响，1995年国家教委启动“跨世纪优秀人才培养计划”，北师大有6名优秀青年教师入选；1996年国家人事部等七部委实施“百千万人才工程”，北师大又有两名优秀青年教师入选。青年教师的崛起，给下个世纪的北京师范大学带来了希望和振奋，一支面向新世纪的、一流的教师队伍正在形成。

中国人民公安大学

中国人民公安大学前身为中央人民公安学院、中央政法干校，创建于1948年7月，1984年改建为全日制正规大学，是公安部直属的文理兼备的综合性新型公安高等院校。现设5个教学系，7个专业，8个研究所，有教职工1 220余名，其中正副高职220名，在校生2 500人。学校的办学方针是“从严治警，从严治校”，以“忠诚、求实、勤奋、严谨、开拓”的校风享誉国内外。

半个世纪以来，学校为公安政法战线培养了数以万计的领导干部和业务骨干，他们之中有省部级的主要领导，有地方党政部门和公安政法部门的领导和业务骨干，涌现出一批杰出的英雄模范人物。该校西藏班、新疆班培养出的少数民族学员在维护祖国统一，增进民族团结中，作出了突出贡献。

“八五”期间，学校根据公安大学第三次党代会提出的总体规划要求，以改革为动力，以争取列入“211工程”为契机，加大学校发展的步伐，取得了可喜的成绩。

在专业建设方面，学校现设7个本科专业：即警察管理、侦察、治安管理、安全防范、法学、警察体育、思想政治教育等。设有诉讼法学、刑法学两个硕士点。公安部管理干部学院设在该校，担负着高中级警官的培训任务。另有专修部、军保系、西藏预科班、夜大学、函授大学，并承担了公安系统自学高考主考任务。初步形成了包含专科、本科、研究生、干部培训、成人教育多层次、多形式、多规格，又有鲜明公安特色的教育体系。专业面基本覆盖了主要公安业务门类。

学校现有固定资产1亿余元，设备总值5 000万元，各级各类实验室30多个；教学科研设备、仪器3 000余台(件)，其中5万元以上100余台(件)；图书馆藏书35万册。计算机多媒体网等计算机辅助教学与刑侦技术实验系统达到了国内国际先进水平。

“七五”、“八五”期间，学校先后完成国家级科研项目《犯罪构成论》、《中国现阶段犯罪问题研究》、《人口普查与户口管理》、《辣根过氧化物酶标记DNA探针及光增强法检测DNA指纹图在法医学中的应用》、《重大犯罪心理问题研究》等35项；部级项目200余项，其他科研项目3 000余项。有15项成果获国家科技进步一、二、三等奖，5项获国家发明奖和全国科技大会奖。7项成果获北京市哲学社会科学优秀成果奖，4项成果获北京市中青年科研优秀成果奖。公安部为了重点办好公安大学，于1993年将部属刑事技术研究所和公共安全研究所划归公安大学，极大地增强了学校的整体科研实力。

学校十分重视人才引进和培养，师资队伍迅速发展壮大。教学科研人员从建校初期80人，扩大到658

人,其中正高职 44 人,副高职 156 人,享受国家级特殊贡献津贴的专家 38 人,一批在公安学、法学领域知名的专家学者在国内公安教学、科研战线享有盛誉。学校致力于优化师资结构,提高整体素质,培养学术梯队,选拔引进大批优秀的博士、硕士研究生来校任教,并从现有中青年教师中选拔出国进修、访问学者和进入研究生主要课程班学习,目前 40 岁以下教师中,有博士学位的 7 人,硕士学位和相关学历的 115 人,1996 年学校选拔了 6 名学科带头人和 12 名中青年学科带头人,他们在各自学科领域挑起了教学与科研的重任。

几年来,学校对校园环境、教学秩序、交通秩序、治安秩序等各方面进行了全方位的综合治理,使校园面貌焕然一新,在 1995 年 10 月,北京市高校专家组检查验收中达标,被北京市教工委、市高教局授予"文明校园"称号。

从 1991 年以来,学校在公安教育系统中,率先深化改革,以人事工资制度改革为突破口,以教学改革为核心,以后勤服务改革为保障,有步骤,有计划出台一系列改革方案,增强内部管理机制,提高了教学质量和办学效益。

对外交流方面,学校先后接待 20 多个国家和地区的警察官员、专家学者 2 300 人次。留学、访问学者和参加国际交流 260 余人次,莫西拿国际社会学刑罚与罪犯教养研究中心中国科学分部设在该校。学校还与英国莱斯特大学公共安全研究所、法国国际犯罪学研究中心、美国的休斯敦大学刑事司法学院、路易斯维尔大学刑事司法学院建立了经常联系。

"九五"期间学校总体目标是:在公安部及有关部门的关怀和大力支持下,以建设国内一流、国际知名的公安高等院校为目标,建成警察学科体系完整,教育结构合理,有较大办学规模,较高的教学科研水平和综合办学能力,若干学科接近或达到国际警察院校先进水平,能为国家公安战线培养跨世纪高层次公安专门人才的有鲜明中国公安特色的重点大学。

首都医科大学

首都医科大学是北京市市属重点高等院校之一,创建于 1960 年,36 年来已经办成兼有研究生教育、本科生教育、大专生教育和成人教育的多种层次、多种形式教育的高等学府,成为北京地区培养高级医学人才的医学教育基地。在把北京市建成全国第一流水平的现代化、国际化城市的宏伟工程中,能否不失时机地提高首都医科大学的办学地位与层次,把它办成与首都地位相称的、适应北京市医药卫生事业高速发展要求的学校,不仅关系到首医大的发展,更关系到北京市医药卫生事业的生命力和北京市的宏伟奋斗目标。

办学基本条件

学校设有校本部和 10 所附属医院(宣武医院、友谊医院、红十字朝阳医院、同仁医院、天坛医院、安贞医院、儿童医院、口腔医院、妇产医院、安定医院),四所教学医院(市复兴医院、市防疫站、佑安医院、中国康复研究中心)。这些医院均为国内第一流的大型综合或专科医院。此外还有与近远郊区九个县级医院建立挂钩联系的教学基地。附属医院有床位 6 584 张,教学医院有床位 1 139 张,在全国处于领先地位。

市政府和市卫生局领导十分重视首医大的临床教学工作,在市卫生局领导下,学校成立了临床教育委员会,指导临床教学工作,主任是市卫生局局长,副主任是学校的校长和卫生局主管教育的副局长。委员会委员由老专家、各附属、教学医院的院长和教学副院长组成。临床各系的主任由各医院的院长和教学副院长出任。各系下设有教育处主管日常的教学工作。学校已制定出一整套符合首医大临床教学体制的规章制度,全面保证了临床阶段的教育教学质量。

首医大基础和临床各学科均有一批较稳定的师资队伍,有一些教师是本专业中国内外知名的专家。近几年来,由于重视对中青年教师的培养,现已有不少中青年骨干教师成长起来,活跃在教学科研第一线。对个别师资梯队不健全的学科也在创造条件吸引国外留学人员和外院校的合适人才充实各学科师资队伍。

十几年来学校招收、培养了大批合格的硕士生和博士生，1992年经国家人事部批准又设立了博士后科研流动站。在临床医学专业有不少高水平的博士生和硕士生导师。

目前，学校共有副高职称以上教师1 372名，其中正副教授525名（正教授183名，副教授342名）。

仪器设备先进，全校教学、医疗、科研仪器设备总值有47 362万元（含附属医院，不含教学医院）。

图书资料充足，全校馆藏图书68.4万册（含附属医院，不含教学医院），馆舍建筑面积8 487平方米（含附属医院，不含教学医院）。

校园面积有69.5万平方米，基建面积有77.5万平方米。

1993年8月28日开工，在校本部增盖第二教学楼，面积26 745平方米，现主楼已竣工，这将大大改善教学科研条件。去年校本部完成新征地7.3万平方米。

专业设置

首医大现设有6个专业和3个专业方向，包括临床医学专业、儿科医学专业、口腔医学专业、口腔颌面外科专业、预防医学专业、生物医学工程专业以及康复医学专业方向、放射医学专业方向、精神病学与精神卫生专业方向。

临床医学系　共7个，这是该校重点系，即医学1至7系。医学一系在宣武医院、医学二系在友谊医院、医学三系在红十字朝阳医院、医学四系在同仁医院、医学五系在天坛医院、医学六系在安贞医院、医学七系在中国康复研究中心（承担康复专门化后期课程）。

儿科医学系　其临床教学主要在儿童医院和市复兴医院进行，在全国医学院儿科医学系中具有较高水平。北京儿童医院是联合国儿童基金会设在我国的3个儿科医师培训中心之一。

口腔医学系　是原教育部认可的5个全国口腔医学系之一，教学力量比较雄厚，学生在口腔医院学习口腔专业课程，在天坛医院学习内、外、妇、儿等医学课程。

生物医学工程系　这是理工科与医科结合的新兴边缘学科，是医学科学发展的重要支柱之一。它将促进医学教育、临床医疗、科学研究的发展，大大提高整体医学水平。

预防医学系　该系1988年首次招生，是首医大与市防疫站合办专业，共设有10个专业教研室，为北京市培养预防医学的专门人才。

大专生教育　大专生教育规模较小，现设有基础医学实验专科、护理学专科和预防医学专科。

成人教育　学历教育部分设有基础医学实验大专、电子计算机医用软件大专、临床医学大专。非学历教育部分设有专业证书班（基础医学、临床医学）、英语班、医学文献检索等短期班。

首医大获得硕士学位授予权的学科，按二级学科计有27个（其中基础13个、临床14个），覆盖了基础和临床主要学科。获博士学位授予权的学科按三级学科计共有8个（心血管内科、心胸外科、神经外科、普通外科、消化内科、耳鼻咽喉科、眼科、儿科），按二级学科则有5个（内科、外科、儿科、眼科、耳鼻咽喉科）。学校是北京市属高校和科研单位中第一家经国家人事部博士后管委会批准的博士后科研流动站的设站单位。

科学研究和学科建设

长期以来，学校十分重视科学研究和学科建设，神经生物学、生理学、细胞和分子生物学、基础免疫学、医学信息学等基础学科以及神经内外科、眼科、耳鼻咽喉科、心脏内外科、消化内科、呼吸内科、口腔颌面外科、儿科等临床医学已经或正在成为学校有特色的学科和较强的科研领域，它们与国内外有着广泛的学术联系，并在国内外同行中享有较高的学术地位。

近10年来，由于设备不断更新，科学研究的支撑条件大大加强，各附属医院除有较完善的中心实验室外，校本部还设有面向附属医院、教学医院服务的实验中心、实验动物科学部以及图书情报中心，科研水平和科研实力明显提高和增强，处于全国医学院校的先进行列。10年来共承担国家部委重大研究项目200项，完成重大研究成果940多项，其中国家、部（市）级以上获奖项目215项，局级项目685项，很多项目达到或接近国际先进水平。神经科学研究所完成的“肾上腺髓质组织脑内移植治疗巴金森氏病”的研究，是国际上第三个开展此项手术的国家，疗效达到国际领先水平，为巴金森氏病治疗开辟了新途径。目前，该项研究已进入基因治疗实验研究阶段，在全国处于领先地位。在针麻原理研究中，首次应用现代科学方法阐明了中医针刺镇痛的机制。在临床研究中,较早地应用显微外科技术开展了“枕动脉-小脑后下动脉颞颈浅动脉-大脑中动脉吻合术治疗脑缺血”手术。近几年来成功开展的心脏移植手术、T-N矫正法矫正牙畸形研究、细菌多糖免疫调节的研究、青霉素过敏反应的诊断和预报研究、多肽合成和临床应用研究沙眼发病机理、沙眼支原体单克隆抗体的研究等多项研究成果达到世界先进水平,引起国内外的关注。

南京中医药大学

南京中医药大学座落在“六朝古都”南京城西汉中门,在周围众多的名胜、山水环抱之中,沐浴着浓厚的历史文化氛围。现为江苏省属重点高校,是全国建校最早的高等中医药院校之一。

1955年建校时的第一任校长承谈安,为著名中医针灸学家,中科院学部委员;副校长叶橘泉,为著名中医药学家,中科院学部委员。这使学校在创建之初,就居于一个高起点之上。1958年,人民卫生出版社出版的第一本中医药现代教育的教材《中医学概论》、《中药学概论》分别发行100万与40万册,被国内外中医界誉为中医界划时代的盛事。50年代末、60年代初,学校为支援北京、山东、河北等省市中医学院的创建,输送了百余名优秀师资。当时,南京中医药大学以其开拓性的成绩在中医教育界享有较高声誉。著名英国科学家李约瑟博士等一批国外专家曾慕名来校访问交流。

南京中医药大学是联合国世界卫生组织传统医学合作中心、卫生部全国中医师资进修教育基地、临床药理基地、国际针灸培训中心。设有中医学博士后科研流动站,具有博士生导师自审权。学科专业设置较为齐全,目前设有中医学、中医外科学、中医养生康复学、中药学、中药药理学、中药制药学、针灸学、推拿学、国际贸易(医药)等10个本科专业,多个专科专业及专业方向。有9个博士点,博士生导师30位,21个硕士点,硕士生导师80余位。在校学生2 500余人。学校环境优雅,设施先进,为莘莘学子提供了良好的学习条件。

学校师资力量雄厚,共有教授122位,其中享受国务院政府特殊津贴的专家55位,副教授309位,讲师730位。既有蜚声海内的著名学者,又有造诣精深的中青年骨干。在学科建设方面,针灸学科为国家级重点学科,另有国家中医药管理局局级重点学科两个,省级重点学科5个。学校设有中医药研究院、植物药深加工工程研究中心、江苏省海洋药物研究开发中心、省级针灸学重点实验室等科研机构。近年来,在承担的国家、部省级科研项目中,已有30余项获国家或部省级奖励,有14项获得专利。正在组织编纂的国家重点课题《中华本草》,被李鹏总理誉为“当代《本草纲目》”。该书工程浩大,由学校宋立人教授为主编,集中了全国50余所高校、研究机构的专家学者参加,现精选本已臻完成,在海内外医药界引起了巨大反响,被誉为划时代的创举。卫生部部级课题《中医方剂大辞典》,由学校彭怀仁教授等主编,全国10余所院校的专家参与,搜集古今方剂10余万首,出版后获国内外专家一致好评,认为这是有史以来中医方剂学方面的全面整理和总汇。

南京中医药大学是国家教委首批批准接受外国留学生的4所中医高校之一。外事教育、交流与合作一直是其优势与特色。早在1957年就接受了卫生部委托的留学生教学任务,可靠的教学质量使许多海外学子前来求学。至今共为80多个国家和地区培养了近3 000名专业人才。通过互访交流与32个国家和地区的院校及学术机构建立了教研合作关系,为中医药学走向世界做出了积极的努力。建校至今,共接待了70余个国家和地区的政府官员、学术团体、高校学者300余批,约2 000人次,许多著名学者、专家来校讲学并被聘为客座教授。

学校设有国际教育学院,逐步建立了较为完善的留学生教育体制。目前,在校留学生300余人,在江苏省各高校中位居第二;世界卫生组织曾多次派官员来校考察评估,一再肯定和赞誉该校的外事教学成绩。留学生学成回国后,他们精湛的医术和良好的服务精神受到当地人民的尊重和赞誉。如新西兰的吉布(John William Gerald Gibb)教授、波兰的加纳泽斯基(Garnaszews Zbigniew)教授、奥地利柯尼格(Georg König)先生、美国的大卫(David)先生等分别当选为各自国家的中医或针灸协会的主席,为推动和促进其本国的中医针灸事业作出了贡献。英国的马万里(Giovanni Maciocia)、意大利的亚历山大·古丽(Alessandra Guli)等曾先后三四次来学校进修学习,学术上得到很大提高,成为该国的著名医生。学成归国的留学生宛如一颗颗对华友好的种子,撒向了世界各地。不仅使中医药事业造福全人类,而且增进了与世界各国人民的友谊。

经过40多年的发展,南京中医药大学遵循"以继承为基础,以发扬为先导"的办学方针,教育、科研两个中心并重,在人才培养、科学研究和社会服务方面成绩斐然,声誉日隆。"团结、奋进、继承、创新"的校风正激励着广大师生医护员工满怀豪情迈向新世纪。到本世纪末,南京中医药大学将成为专业结构合理,学科协调发展,科研实力明显增强,在国内外有广泛影响的重点中医药大学;成为国家培养中医药高层次专门人才、研究解决中医药学术发展中重大问题的重要基地,中医药国际学术中心之一。到2010年,学校将建成新校区,综合办学实力将处于国内同类院校领先地位,成为高层次、国际型、综合性的一流中医药大学。中医药这一中华民族的瑰宝,将以她的博大精深和卓越疗效造福全人类。

南京中医药大学是世界卫生组织确定的传统医学合作中心,中国卫生部确立的国际针灸培训中心。学校积极开展国际合作与学术交流活动,并接受世界各国的来华留学生。具体的合作形式和范围如下:

(1)接受来华留学生。来我校学习的留学生可以是几天到几个月的短期学习者,也可以是攻读学士、硕士、博士学位的长期学习者。

(2)开展对外汉语教学工作,接受来华学习汉语的境外学生。

(3)开展国际多边教育合作,与世界性组织、联合国及其他国际性组织机构开展教学合作项目。

(4)与外国高等院校开展校际交流。外国的高等院校可以是公立的,也可以是私立或民间的。

(5)开展合作办学。学校可以与国外组织、机构合作开展中医药教育,在境内、境外联合办学。

(6)积极开展与世界各国民间人士、民间组织、机构等的交流与合作。

(7)举办或与境外组织和机构合作举办中医药学国际学术会议。

(南京中医药大学校长 项平
校党委书记、校务委员会主任 程肖彭)

北方工业大学

北方工业大学的前身是国立北平高级工业职业学校,成立于1946年。学校设置机械、电机、矿冶3科,学制3年,学生享受公费待遇,校址在北平阜成门内北沟沿32号顺承王府。

1949年6月,北平和平解放,华北人民政府华北公营企业部接管国立高工,华北大学工学院并入该校,并于9月1日在阜成门内福绥境开始复课。

1951年1月1日,国立高工改名为北京重工业学校,隶属中央重工业部,全校共有14个科,28个班,1 360多名学生。1952年5月,北京重工业学校分为北京钢铁学校、北京机械制造工业学校。

1958年10月,经冶金工业部和中共北京市委同意,北京钢铁学校升格为冶金专科学校。1960年6月,经批准,北京冶金专科学校又升格为石景山冶金学院。当时全院共有67个班,在校学生2 652人。1963年8月,重新改为北京钢铁学校。1978年12月28日,经国务院批准,北京钢校正式改建为北京冶金机电学院,面向华北地区招生,设置有自动化、机械、炼钢、炼铁、轧钢5个专业,初期发展规模2 000人。1982年1月,国务院学位委员会宣布中国首批有权授予学士学位的高校共458所名单中北京冶金机电学院名列其中。

1983年9月,以仇春霖同志为首的新的领导班子组成。学校的各项建设不断得到完善,进入快速发展时期。1983年成立中国有色金属工业总公司，学校由冶金工业部划归中国有色金属工业总公司领导。

1985年7月15日，经中国有色金属工业总公司党组讨论决定，并经高教部批准，北京冶金机电学院改建为北方工业大学，发展规模为在校生5 000人，由仇春霖任校长兼党委书记。

北方工业大学现有两个校区，占地面积32公顷，建筑面积17万平方米，学校设有工学院、经济管理学院、建筑学院、人文社会科学学院、基础科学学院、成人教育学院和有色金属管理干部学院等7个学院，计有21个专业、36个学科、13个研究院所、33个实验室和图书馆、艺术馆、电化教育馆。现有在校生3 900人，教职工1 100人，其中教师450人。成人教育有12个函授专业，在全国已建立了14个函授站，现有学生2 000人。学校的科研工作也有所突破，在模糊控制器、工业窑炉、计算机图形学、机械工程测试、CAD/CAM一体化技术、电磁冶金学等方面取得了较大进展。自1985年以来，学校承担国家自然科学基金、社会科学基金及“863”项目24项，部委级项目80多项。有100多项成果通过省部级鉴定，有70多项成果获得国家省部级奖励，另有27项成果获国家专利权。随着科技政策的不断调整和科研队伍建设的进一步完善，科研经费连续保持稳步增长，近几年来科研纵横向经费总计约2 500万元。此外，理论研究也有很大进展，教师发表论文1 150多篇，出版专著211部。学校目前承担合同项目91项，其中“模糊控制技术在预焙铝电解槽上的开发应用”和“具有整机运行状态计算机显示和柔性传动系统的新型回转窑”的开发研究，被国家经贸委定为重点新技术开发示范推广项目；“计算机动画及计算机辅助教学系统”，被国家科委批准为国家高科技“863”智能计算机主题项目，并与美国摩托罗拉公司合作进行“图像压缩与恢复”的研究。1986年至1995年科研经费增长17倍。涌现出一批年轻有为的科技工作者。学校已形成一批具有一定实力的重点学科、研究所和重点研究方向，科研经费约占全校科研总经费的70%左右，并有一批科研成果在产品化、商品化方面效益显著，前景广阔。学校的校有产业也有所发展，近3年的营业额达4 112万元，纯收入747万元。学校的对外交流也有较大进展，已与美国、德国、日本等10个国家20多所大学建立了校际合作关系，“八五”期间共接受242名留学生，派出讲学、学习、出访计93人次，外事创收计133.5万元。“八五”期间教学用房、生活用房计增建4万多平方米，共投资5亿多元。

在科研方面，北方工大在十分重视基础科学研究的同时，以高新技术为主导，加大应用科学的研究以及技术开发的力度，积极投身经济建设的主战场，近几年来取得了一批具有国际水平和国内先进水平的科技成果。

模糊控制研究所多年来在模糊控制理论及其应用研究方面达到国际先进水平。研制开发出汽车防撞、工业窑炉控制、家电等系列快速自寻优模糊控制器产品。模糊控制器用于鞍钢、本钢、青铝、贵铝等冶金、有色企业的工业窑炉控制，能耗降低20～25%，产品合格率提高20～25%。机械工程测试与故障诊断研究所研制的“附着式大力值传感器”(发明专利)，经鉴定具有国际先进水平，获得第四届全国发明展览会金牌奖、中国专利局颁发的“中国专利优秀奖”和全国十年优秀发明展金杯奖。这一成果已列为国家重大技术装备项目，正在国内推广。这项成果和柔性传动技术综合应用在回转窑上，经专家鉴定，具有国际先进水平，获得了显著的经济效益。智能自动化与计算机应用研究所，研究开发了BR型工业红外热像仪及红外热线像技术，已达到国际同类产品的先进水平。CAD研究中心，在三维动画、计算机几何与分形几何方面取得了突破性成就，在国内首次研制成功了用电脑制作的卡通片的科教片，并参与了亚运会报道、申办奥运活动及中央电视台、北京电视台节目的电脑动画制作。中央电视台新闻联播节目的片头，就是该校与美国MICT公司用三维动画技术合作设计的，机械CAD/CAM研究室开发的冷弯成型计算机辅助设计与制造一体化技术、轧辊型CNC技术、高精度复杂型轧辊的CAD/CAM一体化技术等，在理论开发与实际应用的结合方面已达到国际先进水平。采用该技术，已先后建立了两个专业生产厂，并向6家企业转让部分成果，生产的高精度复杂型面轧辊已应用于国内10多个省市，替代同类轧辊的进口，为国家、企业节省了大量的外汇，创造了良好的社会、经济效益。“电磁铸造及电磁搅拌技术”是该校与兄弟单位合作完成的国家“七五”攻关项目和中国有色金属工业总公司的“八五”、“九五”重点新技术推广项目，应用于铝熔炼的搅拌过程中，可节约人力、提高成品率、降低能耗，成果已达到国际80年代后期水平。

为了开拓面向21世纪的科研新方向和开发综合性的科技新产品，学校设立了太阳能应用和电动车开发专项基金并成立了开发研制小组，开发出了太阳能应用电子产品和电动车系列，如微型电动车、电动助力自行车、太阳能电动助力自行车、家庭用低速轻型电动车、太阳能照明灯与多用途电源等。冶金工程研究所，在电磁冶金学、高效传热管材成形技术及金属回收与综合利用方面都有突破。为浙江萧山设计的4 000吨铝型材加工厂已基本竣工，为其他地区设计的铸轧生产线、薄壁管生产线、易拉罐回收生产线等也正在筹建。学校建材新技术研究所在建材新技术、新材料的开发方面也取得一定成果。如利用工业废渣生产建筑砖，不仅增加了墙体材料品种，节省了粘土砖耗用的耕地，而且治理了废渣对环境的污染。在立窑水泥厂技术改造、特种水泥生产技术、新型装饰玻璃和新型涂料生产技术方面也进行了大量有效的研究。

学校十分重视质量，把质量看作是学校的生命线。仇春霖校长倡导的"严肃、严谨、严格"的"三严"校风渗透到全校工作的各个方面。提出了"高水平、高素质、高学历"的建设目标。不拘一格，广罗人才。1990年以来，共引进博士生15人，硕士生79人，学校培养在读博士15人，到目前，博士生、硕士生在青年教师中所占比例分别为5.5%、34%；占全体教师的百分比为3.5%、22%。具有高级职称的教师占教师总数的37%。1992年北方工大第一个获得高校"文明校园"称号，1995年获得"首都精神文明单位"称号。

加强国际交流，是学校扩大开放，提高学校学术地位、学术水平和教学水平，促进学校发展的战略性措施。1993年该校加入了"世界科学工业园联合会"，成为我国在该组织的第一个高校会员。

根据交流协议和其他各种渠道，学校先后派出进修教师91人，讲学教师13人，以及派出进行科研合作和参加学术会议数十人次。

与此同时，学校先后聘请了100多位长、短期外国专家和外籍教师，从事讲学、合作科研、培训青年教师等。为了活跃学校学术气氛，促进学术交流，学校成功地于1989年举办了计算机在工业自动化中的应用国际研讨会、于1991年举办了CAD、CAM国际研讨会、于1992年举办了国际陶艺研讨会等许多有影响的国际学术会议。这标志学校交往能力、科研水平和知名度都有了很大提高。

为了促进我国同世界各国的教育、科技、文化交流和经贸合作，学校从1982年开始招收来华进修汉语的留学生，累计已达500多人。通过校际交流，学校获得外国朋友赠送的图书资料近4 000册。德国AEG公司提供设备和资金建设的AEG培训中心以及其他国家赠送的教学、实验设备，为改善教学、科研条件提供了支持。在"九五"期间，学校建设和发展将更上一层楼。

江西师范大学

江西师范大学是一所融文、法、理、工、艺术、体育和成人高等教育为一体的高等师范学校，为省属重点大学。

学校座落在风景秀丽的南昌市青山湖畔，占地33公顷，校舍建筑面积24万余平方米。校园布局有致，绿树成荫，湖亭相映，环境优美。

学校的前身是国立中正大学，创建于1940年。首任校长为国际著名学者、植物分类学家胡先骕博士。1949年8月更名为南昌大学。1952年全国高等院校进行院系调整。1953年11月以调整后的南昌大学师范部为基础，成立江西师范学院。1978年经省政府认定为省重点院校。为了适应教育事业发展的需要，把学校逐步办成全省师范教育中心和教育科学研究中心，1983年经省人民政府批准，改称现名。现任校长李贤瑜教授。

在半个多世纪的办学历程中，江西师大走过了一条艰难曲折的发展道路。

1983年，学校认真贯彻改革开放的方针政策，振奋精神，开拓创新，掀起了改革高潮，从管理改革入手，校党委按照"精减、高效"的原则和干部"四化"的标准，调整充实了系、处领导班子和基层管理干部；全校普遍试行了融岗位职责、考核、奖惩三位于一体的岗位责任制；在一些后勤单位还试行了经济承包制；在管理模式上，改传统的、单一的行政型为思想政治工作、行政手段、经济杠杆相结合的综合型，取得了良好的社会效益和经济效益。

在管理改革取得阶段性成果的基础上，学校适时地把改革重心逐步转移到以教学为中心的轨道上来，确定了“加强基础，培养能力；文理渗透，更新内容；因材施教，鼓励冒尖”的教学改革总体原则。在这一总体原则的指导下，对学校的专业设置、课程建设、教学方法、考试方法以及学生管理等多方面进行了一系列改革。根据中等教育发展和本省经济发展的需要，对原有专业进行调整、改造，增设了一批新专业；按照“少、精、新”的原则，删除了教材中陈旧、重复、繁琐的内容，充实了新理论、新技术、新知识。适当压缩了必修课，增加了选修课，使选修课的开设系列化。建立了教师工作量制度，实行了教学质量评估和考核制度，设立了教学优秀奖和教学改革成果奖。开展了课程评估和专业评估，确定了重点课程、重点学科和重点专业；修订、完善了学籍管理办法，实施了中期选拔制，“三一分流制”，优生推荐制。

改革给江西师范大学带来了深刻的变化和蓬勃的生机。学校现设有教育科学学院、文学院、外国语学院、数学与信息科学学院、体育学院、艺术学院、商学院、工学院、成人教育学院等9个学院和政治法律系、历史系、计算机科学系、化学系、物理系、传播系、环境资源科学系等7个直属系，共37个专业。其中中文、数学、化学3个专业为省重点专业；成人教育学院开设的各类专业达20多个。学校另设有高师师资培训中心、省外语培训中心和省出国外语考试中心。此外，学校还承担了江西省高校管理干部的培训和成人自学考试部分专业以及全省卫星电视师范专业的主考任务，形成了多学科、多门类、多层次、多规格、全方位的办学格局，形成了“团结、勤奋、求实、创新”的优良校风。从创办至今，已为国家培养输送了本专科生毕业生及研究生5万多人，成人教育毕业生3万多人，为江西乃至全国的教育事业和建设事业作出了重大贡献。

1997年新生入学后，学校有各类学生10 261人，其中全日制学生6 738人(包括联合培养的博士生5人，硕士生172人，留学生11人)，成人学历教育学生3 523人。

学校现有在职教职工1 800多人，其中教授(含研究员)92人，副教授(含副研究员)298人，占专任教学、科研人员总数的30.6%，在专任教师中，已获得博士学位的7人，已获得硕士学位的206人，并有21人正在职攻读博士学位。学校还常年聘请了一批外籍、外校知名学者和专家来校任教。

学校自1978年开始招收研究生，现有15个专业具有硕士学位授予权，2个专业与外校联合招收博士生。近年来，学科建设成绩突出。中国地方史、普通心理学、基础数学、有机化学、文艺学等5个学科为江西省重点学科；教育科学研究法、思想政治教育、中国古代文学、计算机软件、精细化工等5个学科为江西省“九五”期间重点建设学科。

全校设有各类研究机构20多个。近5年来，全校在国内外发表论文3 105篇，出版学术著作167部，科研成果获国家奖7项，省(部)级奖70项，其中被SCI、EI、ISTP收录62篇。目前全校承担国家“863”计划项目4项，国家计委、科委、经贸委课题14项，国家教委社科规划基金和青年社科基金项目1项，其他部门及省社科项目125项。

全校设有语言文学、古籍整理、教育科学、经济、数学、凝聚态物理、化学、人口、高等教育、国土开发与整治、心理应用技术、地理、传播、江西地方史、中国革命史、客家学、经济史、房地产开发研究、赣文化研究中心、健康科学与教育研究中心等20多个研究机构，科研成果累累，尤其在特种高分子材料、软件开发方法、计算机科学与软件工程一体化及基础数学、中国诗学体系论、中国经济史等研究领域成就突出，在国际国内具有一定影响。化学系宋才生教授研制的PEKK项目实现了江西“863”项目的突破。文学院陈良运研究员撰写的《中国诗学体系》、历史系黄今言教授撰写的《秦汉赋税制度研究》、数学与信息科学学院徐晓泉教授在格论、连续格理论和格上拓扑学方面所取得的一系列研究成果、计算机系薛锦云教授在软件开发方法方面的研究成果等，在学术界产生了重大影响。

学校现有实验室2.4万多平方米，仪器设备价值1 800多万元。图书馆收藏有大量善本、珍本和线装古籍，藏书量185万册，中外期刊2 700余种。学校编辑、出版的报刊有《江西师范大学学报》(分哲学社会科学版和自然科学版)、《读写月报》、《中学数学研究》、《江西师大报》等。江西省物理学会、心理学会、历史学会、陶行知研究会、研究生教育研究会、中国农村社会研究会、院校人事管理研究会等许多学术团体挂靠在江西师大。

对外交流日趋频繁,已和美国、加拿大、俄罗斯、匈牙利以及中国香港等国家和地区的许多院校建立了友好协作关系,并陆续派员出国、出境访问、进修、留学、考察、讲学。

学校附设有中学、小学和幼儿园,其师资力量雄厚,办学条件优越,教学质量在省内首屈一指。

近年来,江西师范大学从自己的实际出发,把学校下一步的发展目标概括为"8421"工程,即到本世纪末,在校全日制学生达 8 000 人;具有正、副高级职称的教师达 400 人;有 20 个以上的硕士学位授予点;突破一个博士点。学校力图通过实施"8421"工程,主动适应市场经济体制的需要,调整好学科结构,拓宽办学渠道、拓展专业内涵,做到师范性与非师范性并举,教学与科研并举,普通教育与成人教育并举,形成以师范性为主,文、理、艺术、体育与应用技术、自然科学融合在一起的多层次、多学科、多功能、全方位开放的办学格局,切实增强整体办学实力,力争跻身于全国同类院校的先进行列。

当前,学校的主要工作任务是:以学科建设为龙头,以师资队伍建设为重点,以教育改革为核心,以转换机制为突破口,以党的建设和思想政治工作为保证,加快改革和发展的步伐,大力提高教育质量、科研水平和办学效益。在党的十五大精神鼓舞下,江西师范大学一定能实现自己的发展目标,为江西和全国教育事业的发展作出更大贡献。

(江西师范大学宣传部)

外 交 学 院

外交学院座落在北京市西城区展览馆路南端,南临阜成门外大街,北靠百万庄路,占地面积近百亩。校舍总建筑面积约 6.1 万平方米,其中教学大楼 1.12 万平方米,可供 1 300 余人同时上课;学生公寓 7 600 平方米,可容纳 800 人住宿;图书馆 4 200 平方米,藏书 20 余万册,其中以专业图书为主。新的学生食堂、教工食堂、外籍专家、留学生楼,1996 年开始兴建并相继投入使用。

外交学院是外交部所属的培养德才兼备、从事外交、外事国际问题研究和涉外商贸、金融、法律等工作的复合型人才的高等学校。经国务院学位委员会批准,有权授予博士、硕士和学士学位。

外交学院创建于 1955 年 9 月。1954 年日内瓦会议后,由于中国国际地位的迅速提高和在国际事务中发挥日益重要的作用,中央作出了"加强外交工作"的决策。为了培养新中国新型的外交人才,周恩来总理亲自倡议,经党中央、毛主席批准,在中国人民大学外交系的基础上,成立外交学院。中国人民大学外交系 400 余名师生员工转入外交学院。国务院当时规定,外交学院的办学规模暂定在校生 600 人,教职工 300 人。学院当时的办学任务是培养研究生,4 年制(后改为 5 年制)本科生,2 年制专科生及轮训在职外交、外事干部。

50 年代后期,为了加强对各涉外部门在职干部的培训,经国务院批准,外交学院于 1958 年更名为"国际关系学院",为全国重点高等学校之一。1961 年复名"外交学院",陈毅副总理兼外交部长兼任外交学院院长。这时,学院的培养目标有了较大的变化。从 1962 年起停招本科生,开办外事调研班,招收大学文科本科毕业生学习外交业务课和外语课,学制 2 年。同时扩大在职外交、外事干部轮训的规模,并招收青年干部进行培训。

60 年代初,外交学院在外交部的领导下,随着国际形势的变化和国家对外交、外事人才的需要和培养对象的变化,对学院办学体制、课程设置和教学内容作了相应的变更。在总结办学经验的基础上,逐渐克服以前照搬原苏联办学经验而形成的办学模式,建立符合中国国情的专业教学体系和教学方式,压缩、精减科目繁多的外交业务课程,加大各外语语种课程,使培养的学生既能掌握必备的外交业务知识,又能熟练地掌握一门或两门外语。同时花大力气抓好教材建设,特别是外交业务课教材建设。到 60 年代中期,学院编写完成了《毛泽东同志关于国际问题的语录》、《马列主义关于国际关系基本理论》、《中国外交史》、《战后民族解放运动史》、《战后国际关系史》、《资本主义国家政治制度》、《基础英语》、《基础法语》等一系列教材。有些教材在当时处于全国领先地位。

这一时期,学院在外交部和上级教育主管部门的关怀下,在院党委的领导下,努力贯彻党的教育方针,团结一致,艰苦创业,呈现出一派奋发向上的生动局面。

"文化大革命"期间,外交学院于1969年被迫停办。校舍被占,教职工被安排到京内外其他单位,档案材料和部分图书资料散失,教学设备破坏殆尽。

1980年,在邓小平同志的关怀下,经国务院批准,恢复了外交学院。从此,外交学院又获得了新生。

外交学院创办40多年来,一直得到老一辈无产阶级革命家和以江泽民同志为核心的党中央的亲切关怀。周恩来总理、陈毅副总理曾多次来学院视察和指导工作。在学院建院40周年之际,江泽民总书记、李鹏总理、钱其琛副总理兼外交部长、李岚清副总理等党和国家领导人为学院题词,对学院寄予殷切的期望和给予亲切的关怀,学院师生员工受到巨大鼓舞。

外交学院建院40年来一向遵循周恩来总理提出的"站稳立场、掌握政策、熟悉业务、严守纪律"十六字方针组织教学,培养又红又专的外交人才。提倡理论联系实际,实事求是,刻苦严谨的学风。强调继承和发扬建院以来所形成的爱国、敬业的崇高理念;自强不息、开拓创新的进取精神;任劳任怨、埋头苦干的工作态度和淡泊名利、崇德尚文的浩然正气等优良传统。在培养学生方面,强调德智体全面施教。在思想政治品德上,重视对学生进行世界观、人生观、价值观教育,重视修养教育,尤其重视社会主义、爱国主义、集体主义和国情教育、组织纪律性教育,以及国内国际形势教育。在教学上,既重视基础理论课教学,又重视基本技能的训练和能力的培养;既重视外语水平的提高,又重视外交业务和经济、法律等基本知识的掌握,达到培养政治与业务、外语与专业、理论与实践相结合的复合型人才的目的。

近年来,学院根据冷战结束后国际形势的发展变化,国内教育改革的深入,外交、外事工作和社会上对各种人才的需求,结合学院的实际,认真执行《中国教育改革和发展纲要》、《教育法》和《教师法》,特别是认真学习、贯彻江泽民总书记在学院建院40周年所作的"立足祖国,放眼世界,面向未来,培养英才"的题词和钱其琛副总理兼外交部长提出的"面向世界,面向未来,面向社会,面向实际"的办学方针,加大教学改革力度,在招生和就业改革上实行招生"并轨";在教学管理体制上实行学分制;在专业设置和教学内容上,拓宽专业方向,增设外语语种,调整课程设置,更新教学内容,以求全面提高教育教学质量和办学效益。

外交学院复院以来,已建设了国际公法、国际私法、国际关系史、中华人民共和国对外关系史、外国政治制度、世界史、特殊用途英语、特殊用途法语等一批有硕士和博士学位授予权的重点学科。学院的科研工作出现了新面貌。据不完全统计,复院以来学院召开了数十次国际、校际、学院专业之间的科学讨论会,如"毛泽东外交思想研讨会"、"世界经济政治格局的变化与美国对外政策学术讨论会"、"国际法教学与研究国际研讨会"等。出版了一批如《现代国际关系史》、《中国外交史》、《战后中日关系史》、《外交智慧与谋略》、《中国近代外交史》、《中国与美国》、《国际私法学》、《外国人事制度》、《最新对外贸易实务指导》、《英语自学读本》、《外交文书》等专著。其中获国家级科学奖1项,省(市、部)级科研奖20多项,学院科研奖40多项。

外交学院现有教职工400余人,其中专职教师170余人,教授、副教授占教师总数的33%,讲师约占38%。此外还聘请了40多位资深高级外交官和知名专家、教授、学者担任兼职教授。同时聘请20余位相关专业的外国专家和教师。

学院现有在校博士生、硕士生、双学士学位生、本科生、专科生和各类进修生1 400多人。外国留学生30人。

学院现设有外交学系、英语系、外语系、国际法系、国际经济系、研究生部、成人教育部和国际法研究所、国际关系史研究所等教学、科研部门。中国国际法学会、中国国际关系史研究会挂靠外交学院。此外,还建立了联合国研究中心、欧洲研究中心、亚太研究中心、香港发展研究中心和中国文化研究中心等学术团体。

学院的现代化教学设备日臻完善。现设有10个语言室和视听室,一个电脑中心,一个小型计算机管理的专业文献机读书目数据库和微机辅助书目数据管理系统,各职能部门的办公自动化程度不断提高。

为了加强学院同社会的联系,增强办学活力,提高教学质量和科研水平，多渠道筹措办学资金，经外交部批准，学院于 1995 年 5 月成立了外交学院董事会。国务院副总理兼外交部长钱其琛任名誉董事长，外交部常务副部长田曾佩任董事长。

随着改革开放的发展，外交学院的国际交往也日益扩大，同英、美、法、俄、乌克兰、加拿大、澳大利亚、日本、韩国、阿曼、蒙古等国家的 10 多所大学或基金会建立了友好往来和学术交流关系，互派学者、留学生。学院每年参加各国外交学院院长会议，探讨学术问题，交流信息和办学经验。每年有不少国际上的知名学者、政治家、外交家和驻华大使来学院参观、访问或发表演说。

外交学院建院以来共培养各类学生 1 万余人，其中出任驻外大使的 120 余人，出任驻外使馆参赞和国内各部门司局级职务的数百人，具有高级职称的教授、学者 200 余人，担任部一级领导职务的 10 余人。50 年代和 60 年代初还培养了原苏联和东欧国家、朝鲜、越南等国家的留学生数十人，其中不少人担任了本国高级外交职务。

经外交部批准，外交学院到 2000 年，在校各类学生将达到 2 600 人左右，在校外国留学生约 100 人，随着建设有中国特色社会主义事业的蓬勃发展，培养外交、外事和涉外人才的基地——外交学院，必将进一步发展。

（外交学院院长办公室）

西 南 工 学 院

西南工学院创建于 1952 年，原名重庆建筑工程学校，1958 年升格为重庆建筑材料工业专科学校，1966 年迁校至石棉县，1974 年初迁校至绵阳市，1978 年经国务院批准升格为四川建材工业学院。1993 年 8 月，经国家教委批准进行办学管理体制改革，实行由国家建材局和绵阳市人民政府共建、大型企事业单位参与管理的管理体制，并更名为西南工学院。

学院的教育体系与主要学科

经过 45 年的发展，学院已建设成为既突出建材行业特色，又适应区域经济发展的教育、科研基地和以中国－加拿大国际合作为基础的“中国西部远距离教育中心”；形成了以工科为主、理工文相互渗透，以本科为主、兼有硕士研究生、专科、少数民族预科和成人教育等多层次、多形式的教育体系，实行学分制学籍管理。学院现设有 9 个教学系部和成人教育学院、计算机中心、电教中心，本、专科专业 30 余个，覆盖了材料、资源、环境、电子与信息、自动控制、机械、建筑、经济、外语、管理等学科领域，已建成了突出建材及非金属矿特色和区域经济特色，包括部级重点学科和重点专业的一些重点学科、专业和 10 个研究所；学院已培养本、专科毕业生 1.5 万人，他们遍布全国各地的数千家企事业单位，并以基础扎实、适应性强、作风朴实受到好评，许多人已成为有杰出贡献的科技专家、高级干部、企业家、技术骨干，为中国社会主义现代化建设发展作出了重要贡献。

人才培养与教学设施

1996 年，各类在校学生 4 000 余人，当年招收全日制和成人教育学生共 2 710 人，其中从绵阳市和各董事单位招收各类新生 208 名，毕业学生 1 580 人，向绵阳市和董事单位输送毕业生 210 名；教职工 1 043 人，其中教师 470 人；教师中教授 22 人、副教授 138 人，博士生导师、硕士生导师和获政府特殊津贴的专家 20 余人，院级学术带头人 8 人和跨世纪学术带头人 19 人；在董事单位聘请的首批 43 名任课教师已到位上课。学院建筑面积 14 万余平方米，教学仪器资产2 000万元，图书资料 56 万余册；开通了与国际INTERNET网联结的计算机校园网。

体制改革与主要科研成果

1996 年学院实施科研项目 141 项，科研经费 520 余万元。其中，获得国家、部、省等各级纵向项目 22 项，包括国家自然科学基金项目 3 项，“九五”攻关项目 1 项，国家建材行业基金 3 项，省科委资助项目 8 项，与董事单位合作项目 8 项；出版专(编)著 5 部，发表论文 350 余篇，核心期刊论文 60 余篇；获得国家教委科技进步二等奖两项、四川省科技进步奖两项、绵阳市科技进步奖4项。本年学院有7项教学成果获部省级一、二、三等奖;学院与董事单位联合申报的办学体制改革成果通过了部(省)级鉴定,并被推荐申报国家级教学成果一等奖。学院立足绵阳,积极为行业、区域经济和董事单位服务,与中国空气动力研究与发展中心共建工程力学专业、与长虹共建电子工程专业和长虹家电系列维修工程方向、与绵阳市环保局共建环境工程专业,到1997年均已有第一批毕业生。还为董事单位举办了英语口语强化培训班;总经费达340万加元的中加远距离教育国际合作项目正顺利实施,一年中有加拿大专家和学者22人次(包括4名大学生)到院开展项目工作;学院和中方合作伙伴共27人次(含4名大学生)赴加拿大进行了考察、进修、学习;北川县、长钢两个远距离教育校外学习点已经建立并开课,为把学院建设成为西部地区远距离教育中心奠定了基础。学院还荣获国家建材局"加强管理年"活动先进单位、四川省保密工作先进单位、绵阳市知识分子工作先进单位、绵阳市最佳文明单位和"园林式单位"、全国大学生数学建模省级一、三等奖等多项荣誉和成果。

(西南工学院院长办公室)

北京大学百年校庆

江泽民考察北京大学强调实施科教兴国战略

在北京大学建校百年庆典前夕,中共中央总书记、国家主席江泽民1998年4月29日上午来到北京大学考察工作。

江泽民在北京大学党委书记任彦申、校长陈佳洱等陪同下来到这所世界闻名的高等学府,先后参观了北京大学赛克勒考古与艺术博物馆、蛋白质工程及植物基因工程国家重点实验室、视觉与听觉信息处理国家重点实验室和计算中心、北大图书馆,同师生们亲切交谈,详细了解北大的教学与科研情况,并与北大师生代表进行座谈。听取师生发言后,江泽民发表了重要讲话。江泽民指出,当今世界,各国之间的竞争越来越表现为科学技术和人才的竞争。科技的发展,知识的创新,越来越决定着一个国家、一个民族的发展进程。创新是不断进步的灵魂。中华民族自古以来就具有自强不息、锐意创新的光荣传统。如果不能创新,不去创新,一个民族就难以发展起来,难以屹立于世界民族之林。创新,很根本的一条就是要靠教育,靠人才。培养同时代潮流和现代化要求相适应的大批人才,不断开拓新的科学研究领域,是关系中国的发展前景和国际地位的百年大计。

江泽民强调,实施科教兴国战略,高等教育是非常重要的一环。大学办得好不好,直接影响社会主义现代化建设。他说,高等教育战线的同志们肩上的责任十分重大。

世界百位校长共度北大百年庆典

1998年5月2日,来自世界各国和地区的60余所著名大学的校长、国内30余所大学的校长在北京聚集一堂,举行面向21世纪的高等教育——大学校长论坛。

举办这次大学校长论坛是北京大学百年庆典活动中的重要部分,在中国教育史上尚属首次。论坛会期两天,大学校长们共同探讨21世纪人类高等教育发展趋势,就大学的地位和作用、教学战略、大学与社会的联系、管理与财政事务等问题发表意见。

中共中央政治局常委、国务院副总理李岚清出席论坛开幕式并发表了热情洋溢的讲话。李岚清指出,迎着21世纪的曙光,人们正在迎接未来的机遇和挑战。其中知识,包括科学和技术,在新的世纪里比在人类存在的以往任何时期都将发挥更多更大的作用,这已成为人们的共识,中国政府认为中国现代化建设必须依靠教育，教育必须为中国现代化建设服务，并把发展中国的科学和教育事业作为头等重要任务，制定了“科教兴国”的战略。可以预言，中国的高等教育在21世纪一定会在中国的发展中发挥应有的作用。

北京大学校长陈佳洱在开幕式上致辞，向前来参加论坛的各国和地区的大学校长们表示感谢。他说：“在21世纪即将到来的时候，大学面临着的机遇和挑战，就像一枚硬币的正反面一样，是共存的”。陈佳洱强调指出，大学服务社会并不是跟着社会的脚步走，而要走在社会的前面。

英国牛津大学副校长科林·卢卡斯在谈到他参加这次大会的体会时说，在新世纪即将到来的时候，这样一次盛会对每一个大学校长都是有吸引力的。他认为，面对日益多变的社会现实，一些大学变得越来越相似，这令人担忧。他说：“就具体一所大学来说，保持自己的特色是十分重要的”。

美国加州大学伯克利分校前任校长田长霖说，未来的大学，必须非常关心学生的生活，因为学生在生活中学到的东西，往往比在课堂上学到的多。他还认为：“21世纪的大学要改变过去那种重技术、轻人文的倾向”。

台湾大学校长陈维昭说，东方国家在与西方国家交流时，不应抛弃东方传统文化。今后两岸三地的大学应进一步联合起来，共同探讨如何将中国传统文化与现代文明更好地衔接起来。

山东大学校长曾繁仁说：面对新世纪的挑战，高等学校必须努力培养大批高素质的跨世纪的高级专门人才，而这其中的关键，是要建设一支高素质的跨世纪的教师队伍。

在5月2日上午的大会上，美国斯坦福大学、日本东京大学等世界著名大学的校长，还就各自的办学思路、管理经验等向与会者作了介绍。

尽管许多大学校长尚未发言，尽管大学校长们就某一个具体问题的见解不完全一致，但与会的大学校长们普遍认为：这次大会的成功举办，必将对21世纪的高等教育产生深远的影响。

百年辉煌与世纪庆典

创立于1898年的北京大学，初名京师大学堂，她是戊戌维新运动的产物，是中国近代第一所由中央政府举办的国立综合性大学。1898年2月，在康有为、梁启超等维新志士的积极推动下，清光绪皇帝下令创办大学堂。当时，大学堂不仅是全国最高学府，而且也是负责管辖各省学堂的全国最高教育行政机关。戊戌变法失败后，各种新政措施大都被取缔，唯大学堂“以萌芽早，得不废”。

一百年来，北大在中国走向现代化的历史进程中，始终发挥重要的先锋作用，形成了爱国、进步、民主、科学的优良传统。

从1915年起，一场以爱国救亡为主旨、以“民主、科学”为旗帜的新文化运动在北京大学率先兴起，蔡元培校长倡导的“思想自由，兼容并包”原则，冲破封建旧思想的牢笼，为新思想、新文化的传播开辟了道路。陈独秀、李大钊、胡适、鲁迅、刘半农等一批新文化运动健将相继云集北大，使北大成为中国新文化运动的中心。在伟大的“五四”爱国运动中，，北大师生首先点燃反帝、反封建的革命火炬，表现了彻底的不妥协的革命精神和气概。作为中国最早传播马克思主义和中国共产党早期活动的重要阵地，北大培养和造就了一批中国最早的共产主义战士。

北大是中国最早的教育和科研中心，她聚集了一批优秀专家学者，并在培养高质量人才和出高水平成果方面作出了不懈的努力和探索。1903年，京师大学堂派出首批46名学生出国留学，这也是中国高校第一次向国外派遣留学生。1910年，京师大学堂7个分科大学开学，开中国大学下设学院的先河。1917年，北京大学设立数、理、化及国学研究所，成为中国最早设立科研机构的高等学校。1920年，北大正式招收女生入学，开中国高校男女生同校风气之先。

新中国成立后，经过1952年的院系调整，北大成为师资力量雄厚、文理外学科齐全的综合大学，北大师生的首创精神也得到了进一步的发挥。60年代，北大与兄弟单位合作，在世界上首次研制成功具有生物活力的蛋白质——人工合成牛胰岛素；70年代，北大研制成功中国第一台每秒运算百万次的电子计算机；80年代，北大研制出计算机——激光汉字编辑排版系统，使中国印刷业告别铅与火、跨入光与电时代。

百年辉煌，人才辈出。到目前为止，有近12万名毕业生、8万多名各种短训班结业人员从北大走出来，如今他们中的许多人已成为功勋卓著的政治家、科学家、教育家、文学家、企业家。北大校长陈佳洱院士告诉记者,在北大学习和工作过的两院院士达378人,仅在北大地质学系学习和工作过的两院院士就有57人,中科院数学学部2/3的院士来自北大,中国哲学界最有影响的4位学者,也都出自北京大学。中国知识分子的优秀代表蒋筑英、雷雨顺、王忠诚等都是北大的杰出校友。

经历了近20年改革开放的北京大学,如今对外交流合作的领域从互派学生、交换学者到合作研究、科技产业、争取国外捐赠等不断拓展,目前北大已与40个国家和地区的143所高校建立校际交流与合作关系。从1979年到1997年的19年中,北大共接待来访外宾21万人。1997年,是北京大学国际学术交流最为频繁和活跃的一年,这一年,北大与英国剑桥大学等国外著名高校新签校际交流协议13个,聘请外国专家近300人;这一年,北大主办、协办国际会议17次,接待外国元首、国外专家学者多达2.1万人,其中来访的大学校长达103位,创下全国高校之最。外国专家在北大开设40多门新课,美国耶鲁大学政治学博士开设的"数据整理与数据分析",电子共振测年方法创始人之一、澳大利亚第四纪测年研究中心主任讲授的"第四纪测年进展与问题"、"电子自旋共振测年的进展及其与对古人类研究的关系"等国际学术研究前沿成果,对促进北大重点学科建设产生了积极影响。

改革开放以来,北大已由原来的文理科综合大学发展成为多学科、多层次、多形式的新型综合大学。目前,北大共有8个学院和22个系、87个学士专业、148个硕士专业、101个博士专业;有2个国家级重点工程中心、42个国家重点学科和12个国家重点实验室,15个博士后科研流动站;有教授830人,副教授801人,博士生导师530人,两院院士30人,在校生23 983人。北大的博士点、博士生导师、中科院院士、教授数量及国家重点学科和国家重点实验室均居全国高校之首。北大已建立起较为完整的学士—硕士—博士—博士后培养体系,科学研究硕果累累,高科技产业从小到大、从单一发展到集团化,走出了一条产学研结合的成功之路,形成了以信息、制药、化工为骨干的支柱产业,1997年校办产业销售额超过60亿元,上缴国家税金5 000多万元。

北京大学带着整整一百年的辉煌,站在新世纪的起点上。当年西南联大学生李政道先生深情地说,作为北大人,应感到骄傲,因为百年的北大培养了大批的学术精英;同时也应有一种责任感,还要看下一个百年北大如何发展。面临世纪之交,北大任重而道远。

过去的百年,北大曾创造十几个中国之最;未来的百年,北大应该成为代表中国教育界最高水平、跻身世界前列的名牌大学,成为国际公认的中国高素质人才的摇篮;北大应该继续成为中国科学文化的一个标志,代表中华民族攀登世界科学文化高峰;北大应该成为国家开拓高新技术、开辟产学研结合道路、促进科技成果产业化的一个重要源头;北大应该是国家的一个智囊团、理论思想库和精神文明建设的重要基地、辐射源。

庆祝北京大学建校100周年大会5月4日上午在北京人民大会堂举行。党和国家领导人江泽民、李鹏、朱镕基、李瑞环、李岚清等出席大会。江泽民在讲话中代表党中央、国务院,并以他个人的名义,向北京大学的全体师生员工表示热烈的祝贺,向全国高等院校的师生员工和广大从事教育工作的同志们致以亲切的问候。

庆祝大会上,北京大学校长陈佳洱,教育部部长陈至立,北京市副市长林文漪,清华大学校长王大中,牛津大学校长卢卡斯,北大学友代表于敏,北大校友代表叶建第先后发言和致贺辞;联合国秘书长特使、秘书长外事办公室主任环纳宣读了安南秘书长的贺信。庆祝大会由北京大学党委书记任彦申主持。各界人士8 000多人参加了庆祝大会。

（郭钟义　汇编整理）

第 十 篇

智力资源开发与
中外著名企业(公司)经营管理

· 无限的智能和智能的无限
· 知识经济时代的文化力与文化冲击
· 中国企业文化建设成就和发展趋向
· 中国企业精神若干实例评析
· 部分国家企业的人力资源管理与开发
· 中外部分著名企业(公司)经营管理
· 中国食品工业的现状与发展趋势
· 中国食品工业协会关于全国食品行业质量效益型先进企业的公告
· 中国"全国食品行业质量效益型先进企业"事迹选登
· 中国部分"全国食品行业质量效益型先进企业"
· 中国部分外商投资(三资)企业

无限的智能和智能的无限

朱厚泽

当我们还在传统的农业经济条件下为解决几千万人的温饱而痛苦地挣扎，艰难地为实现传统工业化目标而拼命奋斗的时候，一场新的技术革命和产业革命已经在世界各地兴起。一种全新的经济正在形成、发展，爆发性地向全球扩张。这就是智能经济。也有人称之为知识经济。

当我们还在主要依靠廉价劳力、土地、能源和矿产资源来发展自己、创造未来，自以为很了不起的时候，人家已转向主要依靠知识和智能，正在进入人类文明发展的一个真正的新时代。一个新社会的形象正在逐渐的表现出来。

当我们还在吹拉弹唱，使出全般本事，继续热衷于造神，同时束缚个人的智慧，压抑个人的潜能，限制（或不保障）个人创业精神的时候，人家早已高扬人的个性，激励人的创造精神，保障和鼓励个人创业，让那些才华横溢的青年以其创造业绩迅速成为百亿富翁，并使自己的民族走在世界的前列。

当我们还在对外处处设防，反对什么演变，热衷于设置防火墙、安装过滤器时，人家已经及时修改法律，放开各种限制，跨行业、跨地区、跨所有制、跨洲跨国加速进入全球一体化的经济、技术、文化大交流、大融合之中。人们从中得到的，不仅仅是市场、物质资源，更重要的是得到了头脑、知识、智慧，从中创造出无数光辉业绩……。

这里简略谈谈正在兴起的智能经济。

智能经济与传统农业不同，传统农业是以广大的耕地和众多的人口劳力为基础的；智能经济与传统工业不同，传统工业是以大量的矿物能源和矿藏原料冶炼、加工、制造为基础的。这种新的经济，是以不断创新的知识和对这种知识的创造性应用为主要基础发展起来的。它依靠新的发现、发明、研究、创新的知识为基础，是一种知识密集型、智慧型的新经济。它以不断创新为特色，新的超过旧的，旧的退出市场丧失效用，新的占领市场获得超额价值。而这个创新过程是急速旋转，快捷异常，没有终止的。这种不断创新的知识与智慧，和土地、矿藏不同，它不具有唯一性和排它性。这块地你拥有了，他就不能同时拥有；种了玉米就不能同时又种水稻。这座矿藏为你占用就不能同时为他占用；挖完了就没有了。知识和智慧这个东西，它可以同时为多人所占有，并可一再重复使用。作为人类智慧的成果，它可以与其他知识连接、渗透、组合、交融，从而形成新的有用的知识。知识也有“自然磨损”，它的直接效用没有了，但还可以再开发，成为嫁接、培育新知识的“砧木”，成为启发新的智慧的火花……如此等等。

新知识的爆炸性增长和智能经济、知识经济的爆发性扩张，是与数字化、网络化为特征的现代信息技术革命紧密相关的，是借助于现代信息技术革命之翼而飞扬升空，从而形成爆炸性增长和爆发性扩张的。不断革新的计算机与光纤网络通信、卫星远程通信相结合，将知识的编码、储存、传输、扩散速度极大地提高了，方式极大地简单化了，成本极大地降低了，从而使数字化的多媒体网络通信成为一种普遍性的大众技术，使不断更新的知识成为全球任何角落里的人群大都可以随时廉价获得的。数字化、网络化通信技术革命与现代市场经济制度相结合，与风险投资和现代风险企业体制相结合，这就极大地促进了新知识的实际使用，促进了发明创新的物化过程，极大地加速了新知识的商品化、市场化、产业化进程。这是人类历史从未有过的文明大传播和文化大普及。一个人类智慧大开发和经济大发展的高潮已经到来了。正是这样，计算机的网络通信领域首先成为智能经济、知识经济发展最快的领域，而站在计算机网络通信领域最前列的，开创高科技风险企业，率先经营智能经济的科技企业家，首先成为企业发展最快，资产膨胀最迅速的“世界首富”，就不是什么不可理解的“海外奇谈"了。

居于这场全球性技术革命和产业革命最前列的，仍然是美国。这个地位，当然非一日之功。早在1956年，美国社会劳动者总数中的白领工人超过蓝领工人总数，就已预示着美国正在从传统工业社会中以体力劳动、制造实物产品为主，向后工业社会依靠脑力、以处理信息运用知识为主的转变，是美国在全世界率先出现经济结构的深刻转变和社会结构根本性转型的标志。40年来，美国经济在发展中波动起伏，曾被一些人判定已是"明日黄花"。日本人也自以为"可以说不"。曾几何时，日本这个"不"，似乎是说早了。90年代以来的美国经济，大体上是处于二战以来最好的时期。近年来更是保持着低失业率、低通胀下的高增长。联邦预算赤字也是逐年减少的。特别是在推动新世纪经济持续发展具有决定性意义的计算机和通信网络产业的关键技术领域发展方面，仍然走在前列。

80年代日美两国关于高清晰度电视技术路线上的不同选择，实践已经作出了判断。现在看得越来越清楚，美国紧紧抓住数字技术和网络技术的发展，表现出明显的远见。两国的不同选择，不只是技术路线上的正误之别，更重要的是，从中表现出两个民族两种大不相同的人文精神。日本人始终摆脱不了人的被动客体地位，一再在增加画面的扫描线数，改变画面的高宽比例……上下功夫，走不出"给什么吃什么，播什么看什么"的格局。而美国发展数字化网络化技术，建设双向互动的信息高速公路，实现各种媒体形式、全球各国各类信息源的全面贯穿和横向互连，实际正在从技术上摧毁传统的纵向等级层次结构，形成网络式的横向自主连接结构，表现着对人的尊重和从技术上支持人的自主选择权利，实际上体现着人的主体地位的高扬，是当代人文精神对传统的单纯工具理性的胜利。

要参预智能经济、知识经济，你就得有知识。这里讲的知识指的是什么，包括哪些内容呢？按传统的知识分类，天文、地理、化学、农工商医教……很难列举。OECD的报告把人类创造的全部知识，分为四类：Know-what；Know-why；Know-how；Know-who。如果允许再杜撰一个Know-where，那么就可以概括为关于"是什么"的知识；关于"为什么"的知识；关于"怎样做"的知识；关于"是谁(知道)的知识；关于"(知识)在哪里"的知识。

过去我们讲知识，偏重于"是什么"、"为什么"一类的知识，是对的。这首先是些博物学、分类学的知识，是前人大量收集、观察、比较、分类得出的知识。更深一层、更重要、更大量的则是些原理性的知识，是很重要的基础性、理论性、系统性的知识。一般说来，是依靠科学家们观察发现或实验研究归纳建构出来的系统化的科学理论。现时代的"是什么"和"为什么"，涉及面极其广泛，宏观上扩展到宇宙外空，微观上深入到细胞核内部、原子核内部。离开大学和专门研究机构，离开庞大、精确的现代实验设备、观测仪器，离开分工极其专业化、学术素养极高的专家群体，想凭什么个人"冥思苦想"，恐怕是想不出来的。

Know-how这个词，近十几年来人们比较熟悉了。改革开放初期，我们花钱买过一些专利，连同机器设备也引来了。一试车不会转，或者出不来合格产品。找到人家才知道，还有个Know-how我们不了解，是不包括在专利里边的"诀窍"。这类知识常常是企业产品开发、技术开发中的专门化的工艺技术成果。有的做起来非常简单，"小窍门"，但当你不掌握时，你就搞不好，甚至搞不成。这里指的"怎样做"，当然不只是这类小诀窍，而是指人类自古以来创造的制造一切产品，培育一切作物的全部知识总和，是近代工业化中创造积累得特别多，对人类特别有用的一大类知识。

"是谁"和"在哪里"这类知识，人们常常不视其为知识，只当做一则"消息"罢了。这在全球一体化、知识大爆炸的时代，在现代市场经济条件下，其实是很重要的知识。广东人大量发展"三来一补"，为香港、台湾老板加工产品，四川妹贵州妹去广东企业打工，为什么？还不就因为他掌握着国内外的市场信息吗！你不掌握，那就只能为他出卖劳力。现在的计算机互联网络上，知识信息浩如烟海，虽然人人允许自由漫游，你也驰骋不过来。于是，专门为人查找、搜索、分类、集成各种各样知识信息的网上代理服务商及其相应的软件出现了。他吃什么？还不就是他拥有"是谁""在哪里"为这类专门知识吗！上海的"跑街先生"、"包打听"大概也可归入贩卖或订购这类专门知识信息的服务商之列。

很明显，站在全球智能经济爆发性扩张背后的，是人，是本身具有相当丰富知识的人，是对新知识敏感而又善于学习、不断获取更新知识的人，是敢于和善于应用新的知识、将其物化为能满足人们需求的产品或服务的人，是善于将分散存在的知识融汇贯通、组合集成，创造出新的知识并付诸新的应用途径的人……。不难看出，这就不仅是知识，而且是一种驾驭知识的出众的能力，属于智慧的范畴了。

这就涉及国民基础教育、社会职业教育、专业知识教育以及全民终生教育等等。

发达国家之发达，首先是教育发达。真正的立国之本是教育。所有目光远大，真正对社会负责、对后代负责、对人类负责的政治家，莫不百般地关注本民族的教育事业。百年树人。教育是一项长期的艰辛的工程，需要国家大量的投入。教育更是一项十分严肃精心的事业，来不得半点花架子。在智能经济浪潮面前，对待教育的实际态度无疑是能否适应浪潮的基本试金石。

美国是站在当今信息技术革命和智能经济浪潮前头的国家，但是面对世纪之交的全球智能竞争，美国人对美国国民素质是不能不深表忧虑的。为了适应全球新的发展浪潮，克林顿提出了全美新的国民教育纲领，要求 8 岁以上的儿童"能读会写"，13 岁以上的少年"能上计算机网络获取知识"，18 岁以上的青年都接受"大学教育"，成年人接受"终身教育"。

中国教育法中国民义务教育的公开承诺，在不少地方至今还难于实现，不得不寄托于"希望工程"，令人担忧。为了在新世纪中中华民族还能立于世界民族之林，放弃一点其他"宏图大志"，也得即时把已经耽误了的国民教育搞上去。而且要全面改革教育，必须把提高人的素质，启迪人的创新意识，培育人的创新能力，放在首位。

20 世纪前期人类陷入过席卷全球的经济大危机和两次世界大战，经历了空前的灾难。传统的商品市场经济制度陷入深刻的矛盾和危机之中。生产大幅度下降，人们大范围失业；银行倒闭，股市狂跌；整个经济走到了全面崩溃的边沿。这一切都不是因为生产不足而是因为生产得太多了。这是多么荒谬而令人类感到难堪。对社会经济危机的恐惧和批判，导致对一种理想的公有制、理想的计划经济制度的向往和对国家的迷信、对政治权威、集权制政府的追求。20 世纪是人类在全球范围将这种理想和追求付诸实践的世纪。试验中的高度集权的体制，在高强度集中资本和资源上，推动后发展国家的初期工业化和战后恢复重建中表现了一定的力量，但成本是很高昂的。农业和轻工业的长期落后，粮食和消费品长期短缺，重工业也无力及时技术改造、自我更新，整个国民经济就难以为继了。特别是在日新月异的科学技术革命和持续高涨的全球经济增长面前，越来越显得僵滞、不相适应。怀疑增长着，新的探索和试验在进行，而制度的钢性却妨碍着体制的更新。正是在 90 年代初全球新的信息技术革命和智能经济爆发性扩张的浪潮面前，以东欧巨变和苏联解体为标志，这个制度全面崩溃了。

在几千年的人类文明历程中，不存在什么绝对理想、绝对优越的经济制度。在人们已经试验过的各种制度模式中，经历过 20 世纪自身变革的现代市场经济制度，可能是好处较多、害处较少，效率较高、成本较低，钢性较弱、弹性较强，排它性较少、包容性较广，比较易于自我更新的一种社会经济制度。是迄今为止，人类已经找到了的，有效组织人类社会经济生活的形式、制度、方法的基础。

20 世纪人类经历的另一场严重的灾难，是全球性的自然生态危机。这是人类在 300 年工业革命征服自然中节节胜利，忘乎所以，与自然界尖锐对抗所遭到的大自然的报复。生态意识的萌发和全球迅速响应，列为各国首脑会议的主要议题，反映了人类的共同觉醒。

生态意识的方法论意义在于，世界上许多事物，并不是可以简单地按照人的图纸，冲压、锻压、"引进"、"装配"得到的。它只能在一定的环境条件下，培育、发育、萌发、成长出来。你真想得到她吗？那就着力营造她所赖以萌发生长的环境吧。这就是自然生态，社会生态，学术生态，文化生态……如此等等。

人们喜欢热带兰的五彩缤纷、千姿百态，但又怕热带雨林的炎热和湿闷。人们珍爱高山雪莲的纯洁优美，但又畏惧"高处不胜寒"。老想用剪子把她剪下来，放到自己的小屋子里，她能不枯萎吗？

科学是自由思想开出的花朵，技术的不断进步则是市场经济竞争的产物。这并不妨碍在特定的历史条件下，科学可以是绞刑架前自由思想的花朵；而技术的飞跃进步，不是市场而是战场，不是竞争而是强迫推动的产物。你真想让科学发达、技术不断进步吗？那就着力营造自由开放的学术生态和社会文化环境吧！那就切实地推进平等竞争的市场经济体制的形成吧！否则，即令是花大本钱引进来的“最新技术”，也是落不了土，扎不下根，而难免不老化、枯萎的。

为迎接新的信息科技革命和智能经济在东亚的大发展而重建华夏大地的自然生态和社会文化生态环境吧！

（本文系笔者在几次学术讨论会上的发言摘要）

知识经济时代的文化力与文化冲击

周浩然

最近，知识经济这一概念，逐渐引起人们的注意。知识经济是和农业经济、工业经济相对应的一种全新的经济形态。最初的提法是“Knowledge based Economy”(知识基础经济)，这种经济建立在知识和信息的生产、分配之上，是指当今世界上一种新型的富有生命力的经济。1997年2月，美国总统克林顿在报告中明确地使用了“Knowledge Economy”(知识经济)一词，此后为学术界所沿用①。在未来的知识经济时代里，经济增长比过去任何时代都更依赖于知识的产生、传播和利用。科技软件在经济中的比例大大增加，在工业经济主干的新制造业中，科技含量愈来愈高。信息科技成为最活跃，与人们生活联系最密切相关的科学技术领域。知识生产力是竞争力和经济成就的关键因素，以智能为代表的人力资本和以高技术为代表的技术知识将成为经济发展的核心，知识即成为生产要素中的最重要组成部分。企业资产中无形资产的比例大大增长，企业人力资源的开发与管理越来越重要，企业的经营管理与企业文化建设将进入新的发展阶段。著名学者胡平先生最近谈到：知识经济时代将是高技术、高智慧、高文化的时代，这包括科学技术的创新与发展，人的智力潜能的开发与文化价值观念的转换和思想文化素质的提高。这一见解，对研究知识经济时代的特征具有一定的参考价值。

知识经济的兴起是一场无声的革命，必然对社会生产、流通、组织结构以及人们的生活方式与思维方式产生深刻的影响。对于知识经济引起的变化和将产生的影响力，还有待于作进一步的探讨。但知识经济的出现并不是突然降临的，我们可以从它产生与发展过程中，看到其某些特征与发展趋势。60年代以来，在当今世界的发展变化和经济增长中，知识经济时代的脚步声已由远而近。1970年，美国学者阿尔温·托夫勒在《未来的冲击》一书中预告，由于新技术革命的影响，人类正面临着未来超工业化的文化的震荡。80年代初期，随着《第三次浪潮》等未来学著作的问世，愈来愈多的人开始意识到，世界正发生着巨大的变化。这种变化与以电子技术为中心的新技术革命有直接关系。随着电子计算机、光纤和卫星通讯的广泛应用、信息的开发、存贮、传输有了突飞猛进的发展。信息作为一项重要的战略资源其作用已经超过资本，形成了在社会上占主导地位的信息产业。美国比尔·盖茨微软公司的出现即是知识经济形成的标志之一。此外，生命科技的迅速发展，新能源的不断开发，人类向空间、海洋的不断拓展，均在不断地叩击着知识经济时代的大门，预示着社会新文明的诞生。同时，随着经济增长与科技进步，在人们的思想文化领域里也发生着深刻的变化。社会文化价值观念的重构与社会道德进步已受到世界各国的高度重视。文化、教育在综合国力发展中的地位与作用日渐显著，人力资源的开发在发达国家的成功经验，产生了全球性的影响。可持续发展已成为众多国家追求的发展模式，人、自然、社会的协调发展将是人类21世纪的重大历史性课题。与此同时，文化研究走出了闭塞的

① 参见杨福家院士：“论述知识经济新时代”，《中国人力资源开发》月刊，1998年第2期，第11页。

书斋,广泛地拓展到社会经济的各个领域。商品生产中文化附加值越来越高,以文化为主要内涵,以信息为主要手段的高附加值的服务型经济正在全球兴起。经济活动中文化力的作用日益强烈地表现出来,经济与文化呈现出一体化发展的趋势。总之,工业经济的发展孕育了新的社会文明,人类社会的科技进步和文化建设铺设了通向知识经济时代的道路。

90年代初期以来,中国学术界关于市场经济发展中"文化力"的研究与人类向着知识经济时代的发展有着一定的联系。从目前已发表的学术著作来看,文化力主要包括以下构成部分:(一)以科技教育和人才培训为基础的智力因素;(二)以社会文化价值观念(包括思想、道德)为主体的精神力量;(三)以信息技术的智能化、国际化、现代化为载体的文化网络;(四)以直接或间接的形式融入市场经济与现代化进程中的传统文化与传统美德。文化力的核心是人的素质和人们在经济、文化、科技与社会生活的各个领域所表现出来的创造性力量。

在社会主义市场经济条件下,明确地提出和深入研究文化力,具有重要的意义。市场经济与文化发展存在着密切的联系。一方面经济发展和科技进步拓展了文化研究的领域,给文化发展提供了新的内涵,另一方面,经济的发展又产生了对文化的强烈需求并把社会文化发展中处于核心地位的文化价值观念推到更加突出的地位,成为判定现代人行为特征和方向的基本要素。任何重大的社会变革首先依赖于文化价值观念的更新。中国学术界在关于"文化力"的研究中,立足国民素质的提高和人力资源的开发,强调科技创新和文化建设在市场经济发展中的作用,揭示了由工业经济向更高的经济形态发展的某些趋势,为我们迎接即将来临的知识经济时代提供了一些思想上的准备。

在未来的知识经济时代里,文化力的研究与开发将会被提到更加重要的地位。科技教育投入的增长,科技体制、教育体制的改革,全社会对人力资源开发的重视必然赋予文化力发展中的智力因素以新的内容。知识成为资本将从根本上刷新社会价值观念,给思想文化建设提出各种新的问题。随着信息成为知识经济时代主要的动力、重要资源和竞争要素,分析在信息社会里,人们的智能与文化心理的形成与发展,是今后文化力研究的重要组成部分。民族文化精神无论是在中国深化改革、迈向新世纪的伟大而艰巨的历史进程中,还是在未来的知识经济时代里,都将具有不可忽视的作用。一个妄自尊大的民族,或者一个丧失了精神支柱的民族,均难以承受人类文明发展的巨大冲击。在民族文化精神的建设方面,文化力具有不可取替的作用。在21世纪市场经济竞争中,文化力的角逐将更加激烈,文化研究涉及的范围将更加广泛,文化力的核心问题即人的素质的提高和人才的培育显得至关重要。知识经济时代的人才不仅仅要有广泛的知识,更要求具有运用知识、扩大知识、处理信息、追求卓越以及处理人际关系的能力和高度的社会责任感,因此,在一定程度上可以说,知识经济时代,是科学技术高速发展与经济文化协调发展的时代,是人的全面发展和文化力充分发挥作用的时代。正因为如此,有的学者认为,知识经济亦可称作智力经济,因为后者更偏重于对知识的运用与创新、人的潜能的开发、人的精神的复兴和人的素质的提高,从而达到一种文化的自觉,实现人、自然、社会的和谐发展。

知识经济时代文化冲击主要是指生产关系、社会关系的调整和制度文化、思维方式、价值观念的转换和情感世界的变化。知识成为资本,并相应的使知识成为决定分配的要素,这将大大的改变知识的地位,使知识分子的作用更加显著,这对于发挥知识分子的积极性和创造性,推动科技进步,促进科技成果向生产力的转化,都将产生根本性的变化。知识分子在经济与社会中的地位与作用,已不再仅仅依托知识分子政策的制订和实施,而是在社会经济发展中形成制度化的保障。尊重知识、尊重人才,也不再只是社会良知的呼唤,而成为全社会公认的准则。有关专家学者认为,知识将取代权力和资本,成为重要的社会力量。做为先进生产力代表之一的知识分子,在物质生活与精神生产中的主导地位将愈来愈重要。在其社会地位改变的同时,知识分子的思想观念也将发生变化。在知识经济时代里,科学技术社会化的趋势将更加突出,当代科学技术的发展,需要国家力量的推动和组织,是国家实现现代化的重要依托,也是全球和平与发展目标的组成部分,需要各国进步力量的联合与共同推进,需要广泛的合作,因此在知识生产的创造性过程中,人们的集体意识和合作意识将得到加强。同时,知识经济要求生产者、劳动者知识化程度广泛提高,在中国,做为工人阶级的一个组成部分的知识分子,随着知识的普及化与生产过程中知识含量的提高,与社会全体成员的联系将更加广泛、更加稳固。

知识经济时代将对企业家的科技文化水平提出更高的要求。1996年信息基础结构国际会议在北京通过的《信息时代宣言》指出:人类正由工业文明向信息文明迈进,现代智能工具的广泛运用,使人类智慧成为一种新的资本形态,人类经济的增长再也不是一个以资本为中心的资本的积累与集中过程,而是以一个聪明的大脑为中心的组合各类资源的过程,它导致通过计算机互联网络将遍布世界的各自独立的资源、能源、信息行业、技术市场联系起来的能力正成为人类的第一需求。在这种情况下,企业与科技的结合,企业家对知识资本的融集和使用的能力,将成为企业生存与发展的决定因素。与此同时,企业文化建设中的科技文化和职业教育的比重也将大大增加,企业家做为一个社会群体在经济、文化、科技建设中的作用将更加重要。

上面提到的自然科学方面的知识分子和企业家知识化的发展趋向,作为人文科学的知识分子,更面临着严峻的挑战。90年代以来,面对着市场经济文化的巨大冲击,一部分人文知识分子感受到自身的深刻危机,传统的忧患意识与精英意识使他们从沉重的使命感出发,发出深深感叹与呼吁,但历史的发展在科技进步和市场经济的推动下,却依然呼啸而过。在这种情况下,一部分人文知识分子"被宿命般地排斥在市场经济之外","其自我期待已降到了百年来的最低点"(孟繁华《文化冲突问题》)。实际上,社会生活的发展一方面在毁掉一些旧的文明,但也在创造新的文明。市场经济要求人们所具有的并逐步形成的独立意识、创新意识、民主意识、法制观念以及平等与竞争意识无疑是一个巨大的进步。从自发的社会意识到自觉的精神文明的发展,却需要人文科学发挥积极的作用,需要从市场经济的现实生活中发掘新的社会文明的现实基础,探寻走向新的文明的现实途径。科技教育为文化注入了新的内容,知识经济的发展为文化建设开辟了广阔的前景,社会科学、自然科学的跨学科研究以及各种领域广泛合作,给人文科学注入了朝气蓬勃的生机。而且,科学技术的发展需要服务于人类可持续发展这一伟大的目标,人文科学将在人类实现这一目标的伟大变革中发挥卓越的作用。人文知识分子观念的更新和人文科学的振兴将不会十分遥远。

随着科学向社会的加紧渗透,在自然科学中富有跨学科性的成果也在自然科学与社会科学之间向更深层次发展,推动着人类认识世界的思维水平达到一个新高度。人们越来越认识到,经济文化的融合化、国际化,科学的综合化、人与环境的协调化,逐步实现经济—文化、社会—科技、人类—环境的相互促进、协调发展,已成为不可逆转的大势。鉴于这种发展的协同性,对于社会发展的战略问题和发展趋势的研究与解决,需要跨越不同的学科领域,需要集体协作、共同参与才能得到较好的解决。这就要求我们对世界的发展作整体分析。知识经济时代的信息技术和社会的信息化为现代的整体性、综合性的思维提供了新的基础。这种新的综合性思维的特征即在于把自然科学、技术科学和人文科学的知识、人的智慧、才能与各种信息、资料有机地结合起来,跨越层次和打破空间界限去认识和解决问题。通讯化网络把世界联结成一个整体,多种多样的和遥远的信息在瞬间可以存取,跨学科、跨文化的对话可以广泛交流,使每一个国家、地区和民族都同整个世界的经济、文化、科技发生更加紧密的联系,从而加快一个国家、地区的社会发展的进程。同时,也为人们提供了多样化选择的机会和能力,激发创造和推动变革。此外,这种整体的、综合性思维方式又是非线性的,多维互补的。非线性的变化可能导致我们接触和从事意识不到的活动,这就要求我们以新的思维方式去适应它。这一变化,对传统认识模式中的二元对立,特别是对建立在经验基础上的或先入为主的抽象的理性模式去规范实践的形而上学思想是一次极大的冲击。知识经济时代创造着新的思维方式,而这种新的思维方式又成为将推动新的时代发展的精神力量。可以预见,知识经济将使人类面临着一场伟大的思想解放。特别需要指出的是知识、文化、教育的成果与信息资源不同于自然资源和其他物质财富,它可以通过共享实现增值。共享与协作,将成为未来人类的一项基本的伦理原则,人的情感世界将发生根本性的变化。世界上一些学者曾经指出:没有相应的社会发展,就不会有成功的经济建设。当今最大的赤字不是经济赤字,而是爱的赤字,是精神文化的紊乱和情感的冷漠,"没有爱,没有共享,没有与他人的团结的教育,是尘埃,是虚设,是空谈,是抽象的文字"①。知识经济在人们的情感世界引起的变化,特别是协作与共享原则的确立,将有利于人际关系向着平等、协作、团结、友爱的方向发展。

中国是发展中国家,在相当长的时间,必然是知识经济形态、工业经济形态、农业经济形态并存的局面。但是我们可以利用在较长时间内和平的国际环境,努力掌握和运用最新科学技术成果和现代化管理方法,全面贯彻"科教兴国"的战略,充分发挥文化力在经济发展中的作用,进一步解放思想、扩大开放,缩短经济形态转换的过程,加速现代化的步伐,并经过长时间的努力,迎头赶上世界先进水平。

中国企业文化建设成就和发展趋向

中国企业文化研究会 荣德邻

改革开放以来,中国的企业文化建设溶于社会主义现代化建设的进程之中,和企业管理、企业改革、企业两个文明建设同步推进,取得了明显成绩。"六五"时期,随着中国经济体制改革的展开,企业文化建设在深圳特区和沿海城市开始兴起;"七五"时期,企业文化建设由沿海地区向内地大城市延伸,沿海地区也由少数外向型企业向多种行业扩展;"八五"时期,邓小平同志南方谈话发表和党的十四大以后,在中央、国务院和地方党政领导的重视下,企业文化建设在全国呈现全面发展态势,逐步在不同行业和不同所有制企业中开花结果;进入"九五"时期,在党的十四届三中、五中、六中全会精神指导下,企业文化建设的内容由虚变实,建设范围由窄变宽,研究队伍由小变大,具有中国特色的企业文化内涵更为丰富,特别是以企业为主体的社会主义市场经济文化取得了开创性进展。

第一,以企业形象战略、名牌战略和顾客满意战略为主题的实践探索和理论研究在全国各地广泛开展,涌现出青岛海尔、江苏小天鹅、广东科龙与格兰仕、沈阳宝船、西安杨森、北京同仁堂等一批企业典型,有力地影响和带动了中国市场经济文化的发展。

第二,在经济体制由计划经济向市场经济转变,经济增长方式由粗放型向集约型转变中,涌现出大庆油田、黑龙江龙电、河南洛玻、辽宁华曦外贸、北京化工等一批企业把企业文化建设贯穿于改制、改组、改造和加强管理的始终,推进转变观念、文化整合与管理创新、制度创新、技术创新并举的企业;还涌现出以人为本,加强成本管理,走内涵扩大再生产和质量效益型道路的河北邯钢、四川攀钢、山东水泥厂、济南锅炉厂、北京雪莲羊绒厂等企业,创造了优势企业再发展和困难企业解困的经验。

第三,为规范市场行为和适应消费审美趋势的发展,企业道德文化和企业审美文化的研究和实践已引起广泛重视。北京西单商场、北京电信、南京商厦、大港油田、贵阳航空发动机公司等企业不断提高企业道德规范和企业承诺制中的文化含量;上海宝钢、江苏好孩子集团、光明丝绸公司、山东齐鲁石化等企业开始把美学引入企业、引入产品、引入服务,不断提高满足广大顾客审美需求的水平。

第四,在一些省市和一些合资企业中,积极开展"中外企业文化比较"、"跨国文化管理"的研究和实践,不断召开研讨会,推动企业文化建设的国际交流和合资企业的发展。

由上可见,在发展社会主义市场经济和对外开放条件下,建设有中国特色、民族风格、企业个性的企业文化,在实践中继续深入,在理论上不断升华,既取得了建设成就,也展现出近期的发展趋向,特别是在促

① 参见《信使》杂志中文版,1997年第4期,第37页。

进“两个根本性转变”、建设两个文明和建立现代企业制度中将更好地发挥企业文化的积极作用。我认为,尤其在下述四个方面取得显著成就和基本经验的基础上,今后将会继续取得突破性进展。

以人为本 推进企业改革和管理

“以人为本”的管理思想是针对过去的一些企业普遍存在的一种“见物不见人”的管理方式而提出的。这些企业的经营者将企业中的人视为物质化的“生产要素”;视社会上的人为交易对象和外部生产要素。在这种思想指导下办企业,无法根本解决企业改革、内部治理和资源优化配置等问题,也无法解决企业与社会的根本关系问题。

在建设社会主义企业文化的实践中,一些优秀企业的经营者提出了“以人为本”的管理思想(或接受了这一管理思想),他们认为企业兴衰在于人,在于调动人的积极性、智慧和创造力。因此,他们将“为了人、依靠人、塑造人”作为企业文化建设的出发点和落脚点。“为了人”,指企业存在和发展的目的是不断以更新、更好、更多的产品和服务来满足消费者日益增长的物质和精神需要,“为了人”是企业价值观选择的基准。“依靠人”,指企业的改革和发展,企业的一切工作都要靠职工来完成,企业的经济效益和社会效益是职工创造的,全心全意依靠工人阶级是办好企业的基本方针、应有之理,依靠职工就要信任、关心、爱护和尊重职工,充分保障职工的合法权益。“塑造人”,就是提高企业全体职工的整体素质,培育和造就有理想、有智慧、有知识和能力、有道德、守纪律、能自觉自律、富有时代精神,有益于人民的人,全面发展的人。

一些优秀企业经营者在提出“以人为本”管理思想的同时,也注意到完善对“物”的管理,主张把“以人为本”的管理与对“物”的管理有机地结合起来,把“软管理”与“硬管理”有机地结合起来,促进企业经营管理中各要素的优化配置,实现功能的整体优化。大庆油田管理局提出的“以人为本,建设企业干部队伍”的发展战略,推动了油田的稳产、改革、发展。山东水泥厂等企业创造的“人本管理加成本管理”的管理思路和操作方法,有力地促进了企业经济增长方式的转变,使企业扭亏为盈。浙江省横店集团正在实施的“企业养生法”,也有效地提高了企业素质的培育效能。这些企业的实践表明,“以人为本”的管理思想,已为众多企业所认同。

1996 年 7 月,在中国企业文化研究会召开的“企业改革与以人为本”座谈会上,许多学者共同分析了“以人为本”管理思想产生的社会背景、历史沿革和政治、经济、文化条件;论述了中国古代思想家提出的“民本”思想对中国当代企业文化的影响;讨论了在中国由计划经济体制转向社会主义市场经济体制时期,贯彻党的全心全意依靠工人阶级办好企业的指导思想和实现方式;探索了在社会主义市场经济中,企业为消费者服务的宗旨、理念和行为准则等。经过这次研讨、座谈,使“以人为本”的管理思想和管理方式,在理论上得以升华,并为进一步开展实践探索指出了有效途径。

塑造有民族风格和气派的企业形象

中国的社会主义市场经济,具有市场经济一般规则与中国社会主义基本制度相结合的特征。它体现出竞争性,又提倡协作性;既要求企业保证资产的保值增值,又要求企业惠及顾客、服务社会。因此,在中国大地上塑造良好的企业形象,必然应有中国风格,必须有爱国主义、集体主义、社会主义价值导向的企业理念和满足顾客和社会需要的优质产品及完善的服务,做到企业内在素质与外在形象的和谐统一。

企业形象是企业文化构成的综合反映,是企业价值观、企业精神、企业哲学、企业道德等精神文化的外在显现,是企业精神文化、制度文化、物质文化的合成力量。实践表明,企业形象优劣直接影响着企业的生存和发展,而其决定因素主要取决于企业经营者、企业职工群体的思想道德和科技文化素质,取决于企业全员的市场经济觉悟程度和企业新产品、服务、科技进步、经营管理的整体素质。当前,一些优秀企业普遍重视实施企业形象塑造工程,它包括大力推行人才开发战略、科教兴企战略、名牌发展战略、顾客满意战略,促使企业的产品力、销售力、形象力不断增强。像北京蓝岛大厦的“一片情”服务,贵友大厦的顾客“零风险”购物,江苏“好孩子”集团的“保名牌、创新牌”战略等等,均得到广大消费者的识别、认同和信任,产生了名品、名店、名厂、名人效应,提高了市场竞争力。

市场经济是交换经济,也是契约经济,社会主义市场经济更要求"信誉高于一切"。中国企业是社会主义市场经济的主体和微观基础,通过企业形象反映出的企业风貌、企业道德、企业行为,对社会产生巨大的辐射作用,对社会主义精神文明和建立文明有序的市场经济有着深远影响。但是,一些企业在当前的企业形象建设中,走入了某些误区。一是把塑造企业形象,误认为是表层的"文化包装",忽视企业优秀理念、行为的建设和培育;二是把塑造企业形象,作为一种促销手段,降低了塑造良好形象的意义和作用;三是重共性,轻个性,缺乏企业特色和独立风格的企业形象;四是表里不一,欺骗顾客;五是在一些地方出现了用洋名、怪名以及殖民文化、封建文化来打扮形象的现象。

一些企业经营者和学者认为,产生以上问题固然有利益的牵动,更有科学文化水平和思想道德素质不高的原因,其中思想道德素质问题尤为突出。因此,在塑造企业形象中他们呼吁用美学培育企业,弘扬真善美,美化企业的主体——人(即经营者和职工群体),进而建设以主体美、环境美、产品美、行为美为核心内容的美好企业,形成健康文明的良好形象。按照"美的规律"塑造企业形象,明确地将美学导入经济、导入企业、导入商品,是中国企业文化建设中一项创新性开拓。现代市场经济和现代科技的发展,造就了有较高文化水准的审美主体(企业职工群体和社会消费者),出现了人们的审美追求和"美学冲击波",企业与顾客在注意商品实用价值的同时,更加重视商品(含服务)的审美价值。江苏省光明丝绸公司以"一针一线织光明"的精神,设计、生产造型美、花色新、款式多的丝绸面料和服装,不断满足消费者追求的保健型、宽松型、组合型、便捷型、系列型、高贵型、多功能型、流行色款型等等审美需求。北京西单购物中心将美的精神奉献给顾客,以"热心、耐心、诚心、爱心"接待顾客,在有限的购物面积之中精心设计、精心布置,形成"环境公园化、灯光舞台化、商品陈列艺术化",使西单购物中心顾客如潮,在商厦如林的首都别具一格。

企业经营者和美学理论学者以"美"为桥,共同搭起"企业美学"的新学科,并提出:根据"美的规律",按照审美方式陶冶企业主人的情操,构建美的企业、美的产品、美的环境,促使企业追求高尚与美好,从而开辟了以顾客为导向,以产品质量和优质服务为特色,以真、善、美、新的和谐统一为内涵,体现理念与行为相一致的民族风格和中国气派的现代企业形象的建设途径。同时也体现出中国传统文化的精华与国外企业文化有益经验 的融合,体现出继承与创新、民族性与时代性相结合、具有中国特色的社会主义企业形象。

推动经济与文化一体化发展

经济与文化的关系问题,是经济工作中的一个重大问题。作为意识形态的变化,是在一定的经济基础上产生的,又相对具有独立性,对经济起着能动的反作用。它影响着经济发展的质量和后劲,影响着企业的管理方针、目标、产品开发、市场开拓、经营方式、职工素质诸方面。

经济与文化的共生互动关系表明,经济需要文化,文化渗透经济,经济的增长和企业的发展,取决于经济中的文化含量大小、文化力作用的强弱和经济力与文化力、政治力相结合的程度。因此,有越来越多的企业认识到:发展生产力,一定要重视开发文化力。健全的市场经济需要有健康的经济文化和文化、政治环境相匹配,推动经济与文化一体化发展,形成经济与文化相互促进、相得益彰的发展机制。

在研究经济与文化一体化发展中,一些参加企业改制、改组试点的国有大中型企业在实践中体会到,由多个投资者、多个生产经营实体组成的股份制企业集团、大型联锁企业,在建构以产权(股权等经济要素)为纽带的维系、联结机制的同时,还必须建构以文化(经营观念、价值取向、理想信念、心理情感等)为纽带的另一个维系、联结机制。这是因为在改制、改组的进程中,新的企业组织不仅需要解决面临的深层次经济性矛盾(如产权、股权、运营机制、分配机制等),还需要解决那些非经济性的深层次矛盾(如统一认识、人际关系、信息沟通、感情交流等),特别是由于民族文化、区域文化的不同及受文化和利益牵动形成的企业理念、企业哲学、企业目标、整体价值观、行为方式、作风习俗、心理情感、人际关系等方面的差异,更困扰着新的组建的企业发挥其改制、改组后的效能和效益。

因此,经济与文化"双纽带"、"双联锁"、"文化整合"等观点的提出,为改制、改组后的新企业解决面临的各种矛盾,形成凝聚效应和整体合力提供了新思路。北京同仁堂集团、北京化工集团、辽宁华曦集团等优秀企业正是在改制中重视发挥"双纽带"、"双联锁"和"文化整合"的作用,取得了明显成效。这些企业认识到改制后的新企业在市场经济机制日益完善的情况下,办企业的出发点和落脚点在市场,消费者(客户)是企业的衣食父母,企业的业绩最终通过市场竞争来体现,因而转向市场经济的企业经营管理越来越重要。在实施管理中,凝聚投资者、经营者、劳动者之心,统一各经营管理层次的行为,调动投资者各方、母子公司体制中各成员的积极性,尤为重要。因而,"双纽带"、"双联锁"、"文化整合"已经成为这些企业领导班子驾驭企业集团、联锁经营、商社制等大型企业的重要管理方式。

构建有新时期特点的企业道德

企业道德是社会道德的重要组成部分,是企业文化的一个深层要素,相对社会宏观道德而言,企业道德是一种微观道德。思想道德是一个古老而常新的问题。党的十四届六中全会《关于加强社会主义精神文明建设若干重要问题的决议》提出了在新时期建设社会主义思想道德的任务,因此,思想道德已成为当今中国各界的热门话题。对中国企业来说,就是在发展社会主义市场经济和对外开放条件下如何构建现代企业道德问题。

企业道德作为社会道德在企业中的特殊反映,在商品经济、市场经济的条件下是普遍存在的,但在不同的社会制度、不同的经济发展阶段、不同的文化背景下,企业道德也会有不同的内涵。中国正处在经济体制转换期,企业道德显现出计划经济体制的道德体系向社会主义市场经济企业道德转换的状态,当前存在着兼有两种体制道德并存的特点。一方面,市场经济所要求的新的企业价值观念、道德原则、行为规范正在萌发、生成;另一方面,原有的企业道德体系正在逐步分解。在这一时期,企业道德的价值选择出现混乱,封建主义、资本主义腐朽思想泛起,市场经济负面影响扩大。因此,中国企业道德建设就有一个继承、借鉴和创新的过程。

在中国计划经济体制时期,社会主义道德的主要标志,是强调建立企业内部人与人之间平等互助关系,企业领导与职工上下平等团结协作关系;在企业与国家与社会的关系中,强调国家利益和社会利益,即企业服从国家,局部服从整体,一心为公,无私奉献。在这一时期的不足之处是企业道德存在着产品经济的印记,主要是忽视企业和职工个人的独立利益,难以形成企业功利道德与社会公德的有效统一。

在中国进入社会主义市场经济的新时期,要求企业界在社会主义市场经济体制下的企业道德建设中,引导人们正确处理竞争和协作、自主和监督、效率和公平、先富和共富、经济效益和社会效益等关系,反对见利忘义、唯利是图,形成把国家和人民利益放在首位而又充分尊重职工个人和企业合法利益的现代企业道德。也就是说,要以党的十四届六中全会决议为指导,继承和弘扬中国企业道德优良传统,抵御腐朽思想文化的侵袭,积极探索在发展社会主义市场经济和对外开放条件下的企业道德。

在新时期建设现代企业道德,是振兴中国经济,推动社会进步的一项伟大系统工程。这一工程建设,既要同中国社会主义基本经济、政治制度相结合,又要与社会主义精神文明建设目标、任务相吻合,也要体现与中国优秀文化和世界现代文明相融合,以利于社会主义生产力的不断发展和人民生活水平的不断提高。这一现代企业道德的主要内容应包括:市场经济文化,即反映市场经济观念、原则及运行机理的企业道德观。如企业法人道德规范;关心、依靠、尊重本企业职工及满足广大顾客需要的"以人为本"的道德规范;企业自主经营的道德规范等。应当包括:优秀传统文化。如以正确义利观、诚信观为核心内容的中华民族优秀传统道德。应当包括:弘扬中国革命文化。主要指20世纪30、40年代在中央苏区和在抗日战争烽火中诞生的企业,以及在建国初期建立的一批企业中,以为人民服务为核心内容的"奉献服务"的道德规范。上述三种文化,在当今的中国土地上,经过相互碰撞、沟通、渗透、融合,在经济体制和经济增长方式的转变中有机地结合起来,逐步形成有中国特色的社会主义企业道德体系。

现在,中国企业道德的探索正在逐步深入,涉及到的问题有:中国经济体制转变与企业道德;社会主义市场经济的伦理基础；经济发展中的伦理课题；立法、执法与企业道德；企业道德与工商教育；企业道德的个案实践研究；企业道德与中国发展的未来，等等。这些问题已引起中国企业界、学术界的广泛关注。四川攀枝花钢铁公司提出：不管大环境、"大气候"发生什么变化，不管企业领导班子成员如何变换，生产经营的改革工作多么繁忙，以弘扬攀钢精神为核心的思想道德文化建设坚定不移。上海锦江集团提出以"带一流队伍，创一流服务，办一流企业"为目标，从优化岗位素质抓起，认真搞好企业道德建设。这说明有一批优秀企业积极呼吁并从自身做起，大力加强企业道德建设，以推动中国社会主义市场经济向健康、有序、文明的方向发展，迎接新世纪的到来。

中国企业精神若干实例评析

贾春峰　贾立钢

中国的企业文化建设和理论研究，如果从本世纪80年代中期算起，已有10年的时间。10年来，经过企业界的实践探索和理论界研讨的逐步深化，早已渡过了进行知识传播、对企业精神的概括比较一般和雷同化的阶段，而明确提出了企业文化建设的中国气派和民族风格的问题①。已有相当一批企业在实现自己的发展战略和开拓市场的实践过程中，富有成效地进行了企业文化建设和企业形象设计，特别是在企业精神的概括上，追求个性、特色和文化品位，追求时代感和民族风格、民族文化底蕴，形成了独具魅力的企业精神。下面根据调查和自己掌握的一些资料，对于若干企业的企业精神做些评析。

永不休止地追求一流

这是中国国际航空公司的企业精神。

中国国际航空公司（以下简称国航）是国家指定的唯一载中华人民共和国国旗飞行的航空公司，是国家百强脊梁企业之一。近年来，国航最为社会所瞩目的是它在安全飞行和优质服务方面所取得的突出成就。国航飞行总队到1996年元旦，已实现安全飞行41周年，累计飞行150多万小时，创造了中国民航史上的光辉业绩，在世界近千家航空公司安全纪录上排名第二。美国优质服务科学协会根据中国国际航空公司在安全飞行、道德礼遇、高质量运营等方面的表现被公认为是世界上最卓越的航空公司，授予国航该组织最高荣誉——"五星钻石奖"。在世界诸多航空公司中，国航是首家"五星钻石奖"获得者。安全飞行和优质服务两翼齐飞，不仅为国航创造良好的经济效益奠定了坚实的基础，同时也表明国航正在逐步跨入世界先进航空公司之列。

国航总裁殷文龙同志、党委书记董永昌同志，非常重视企业文化建设，重视公司形象建设，重视企业精神的培育。在"1996年中国特色CI战略高层次研讨会"上，董永昌同志曾经对国航的企业精神作了这样的阐述："永不休止地追求一流"这一新的企业精神是在1995年8月从500多条征集提案中筛选出来的。它是国航对历史的总结、对现实的要求和对未来的展望，是国航精神文化意识的高度概括和凝炼，是国航的企业之魂。对它的具体解释是："永不休止"意味着不间断和无止境；"追求"就是要拼搏和实干，是追赶和取胜，也就是"全力和尽快"；"一流"则是最强、最快、最大、最精、最好。此外，"永不休止地追求一流"

① 参阅贾春峰："企业文化的中国气派与民族风格"，《学习》杂志，1995年第12期。

的国航精神还具有以下几方面的特征:(1)它具有历史感。作为中国民航的龙头企业,国航在安全、服务方面有着光辉的记录,在历史上享有很多的荣誉,但是,创造辉煌的行动"永不休止"。(2)它具有行业特点。作为航空运输企业,国航飞机每天24小时都在五大洲的上空飞翔,与日月同行、与云霞齐飞,是中国的"日不落公司"。(3)它反映了国航人的忧患意识和竞争精神。在当前激烈的国际国内航空市场的竞争之中,国航人应当居安思危,只有前行,只有创造,只有追求,才能永葆生存和发展。(4)它反映了公司的奋斗目标,体现了发展的观点、否定之否定的理论,体现了群众的观点和实事求是的观点。所谓"一流",包括一流的安全、一流的服务、一流的经营手段、一流的管理水平、一流的人员素质、一流的硬件设施、一流的思想政治工作、一流的环境和一流的形象,当然还有一流的待遇。一流是高标准,一流是严要求,一流是好效益。一流是发展国航、腾飞于世界航空界的决心和志气。1996年1~6月,国航在全体员工中广泛开展公司精神的宣讲活动,将公司口号化为每个员工的信念,成为万余名国航人从事生产、经营、管理活动的强大精神支柱。

国航的奋斗目标是:"中国民航第一,世界民航一强。"国航的经营战略是:"立足国际,发展国内,客货并举,多种经营。"国航的企业精神是实现这一奋斗目标和经营战略的内在驱动力,是重要的保证。

从企业文化理论的角度来剖析,国航的这个"永不休止地追求一流"的企业精神概括得好,好就好在它有行业特色、有个性,凝结了一种奋发向上、勇往直前的精神风貌。这个企业精神能激发、调动、诱导广大员工的潜在智慧和创造力,能够使公司上下、各个领域、各个岗位充满着、激荡着一种蓬勃向上的气息、激情和氛围。

从国航企业精神的来源来说,它不是凭空想出来的,而是来自国航人"创一流"的奋斗实践。用董永昌同志的话说,就是国航精神的形成有它"特定的环境"。可以说,凡是有强大生命力、有特色和文化个性、被广大员工所认同、所信奉、所实践的企业精神,都是在本企业特有的创业、兴业、发展、开拓的具体实践中生长、生发、凝结、概括出来的,而决不可能是生搬硬套过来的。

从国航企业精神的含义来说,具体分解开的几层意识,董永昌同志已经作了很好的说明。"永不休止"可从两方面理解:一是不间断,二是无止境。再就是"追求",就是拼搏、实干、你追我赶。而目标就是"一流",是"最强、最快、最大、最精、最好"。"永不休止地追求一流",虽然是简单的一句话,只有9个字,但从中体会,能想到目标与手段的统一,达到"一流",要通过追求,通过实干、奋力拼搏。同时还使人想到这是个动态的过程。因为"一流"并不是凝固不变的,随着科技进步,服务增值,"一流"的内涵、要求,肯定要有发展,要有新内容、新举措。比如一流的人员素质,这个素质就有个不断提高的过程,没有封顶的时刻。还有一流的硬件,而硬件本身也会发展、改进。所以,不能把一流凝固化,你今天达到了今天的"一流",而明天又发展了,你还固步自封,那就可能落入二流、三流。所以这里用"永不休止地追求",就表明了这个发展趋势和动态性,正因为"一流"的目标本身是动态的,那么,追求"一流"的手段、办法、举措、过程,就更是动态的了。特别欣赏这个"永不休止"四个字,就是想到:从追求的目标来说,是发展的,因为人的生活质量在提高,各种服务的质量也在提高;从达到这个不断发展、变化、丰富、提高的目标的手段、办法来说,也是不能一劳永逸,不能有任何松懈的时候。

国航的企业精神虽然只有9个字,但它囊括了丰富的内容,具有长久性和广泛性。随着外界科技进步和服务水平的发展,仍然是追求"一流",这句话仍有使用的价值,仍然保持着激发上进的力量。而在国航内部,不管什么岗位,都必须是追求"一流",必须是永不休止地追求一流。所以它有广泛的实用性。

国航的企业精神的概括,曾受到中国企业文化界一些专家学者的好评,国航的"航徽"也引起了许多学者研究的兴趣。董永昌同志谈到,国航的注册标志是一只腾飞的"凤凰"图案。"凤凰"是中国古代神话传说中的百鸟之王,国航选择"凤凰"作为公司的航徽,是因为它能代表中国传统文化特色,又象征着吉祥如意;图案中凤凰翘首高飞,展现了当代中国自强不息的精神;凤凰图案组合成VIP(Very Important Passanger)其含义为凡是乘坐国航班机的旅客都被视为贵宾,会受到最高礼遇。

关于这只腾飞的"凤凰"图案,国航的同志还作过这样的介绍:凤凰是一只美丽吉祥的神鸟。传统中黄帝的重臣天老曾这样描述过凤的形象:从前面看它像一只威武的麒麟，从后面看又像一只奔腾的骁鹿，它的颈像蛇，尾巴像鱼，下巴像燕子，口喙像鸡，它身上长着龙一样的花纹和龟一样的脊背。远远望去，五色缤纷，绚丽多彩。凤的故乡是素有仁德之称的东方君子之国。美丽的凤凰飞越高耸的昆仑山，翱翔于四海之外，食饮砥山下湍急的流水。它在弱水中濯洗高贵的羽毛，在险峻寒冷的风山上居住。这只神奇的鸟在哪里出现，就给哪里带来安乐与祥和。所以，每当它在蓝天中展翅飞翔，总有成千上万只各种各样的鸟伴随和跟从着它。选用凤作为国航的航徽，正是希望这神圣的生灵及其有关它的美丽的传说带给朋友们吉祥和幸福。

《诗经·大雅·卷阿》称："凤凰鸣矣，于彼高岗，梧桐生矣，于彼朝阳。"凤凰是中国各族人民共同喜爱的吉祥物。傣族民间的《凤凰情诗·序诗》中说："体态袅娜的凤凰啊，请你展翅飞翔吧！迎着绚丽的霞光，快快拍开你那色彩缤纷的羽翎！让你的翅膀披上白云，让你的身影伴随着清风。请衔着我这封圣洁的书信，越过宽广的平坝和高山，飞向我梦中想念的地方。把我的心、生命和爱情，带去献给我思念的情人。"这里寄托着圣洁的情思，象征着美好的前景。宋代诗人欧阳修还专门写了一首《咏凤诗》，诗云："南山有鸣凤，其音和且清。鸣于有道国，出则天下平。"而唐代的韩愈在《岐山下诗》中称凤凰的展翅飞翔为"和声随祥风"。关于这个介绍，可参阅《商业文化》杂志 1996 年第 5 期发表的祁庆富同志的文章：《百鸟之王——凤凰》。

这个凤凰航徽，显示了独有的魅力和深厚的东方文化底蕴。

燃烧自己 温暖他人
艰苦奋斗 开拓经营

大连市燃料总公司是一个有 40 多年发展历史的大中型国有企业。在经营实践中，公司形成了富有特性和个性的"燃烧自己，温暖他人；艰苦奋斗，开拓经营"的企业精神。公司总经理张海民同志谈到，作为企业灵魂的代表和企业的精神支柱，企业精神要形象具体并且有自己的特色。唯有形象化，才易于理解、接受和记忆，对职工起到生动的鼓舞作用。同时，由于各企业的历史、性质和经营方式不同，必须形成各自不同的企业特点。企业精神正要反映本企业的特点，以求深入人心，独树一帜，把职工紧紧团结在自己麾下。燃料公司集思广益，发动全体职工总结公司的发展史和个人成长过程，把公司成立 40 多年来的优良传统和作风总结归纳为——"燃烧自己，温暖他人；艰苦奋斗，开拓经营"。这样的企业精神既形象地体现了燃料战线职工像燃烧的煤一样发光发热，为千家万户送温暖的无私奉献精神，又反映出在艰苦环境中节俭持家，在改革大潮中勤奋开拓的创业精神。这是燃料公司发展过程中信念、理想、传统和作风的结晶。随着企业精神教育活动的开展，公司上下协调一致，进一步提高服务质量，内转机制，外拓市场，在困境中求生存，在探索中求发展。大连市燃料总公司的这个企业精神受到了企业文化理论界人士的好评。钟祥斌和汤闯所主编的《企业文化建设手册》在"企业精神培育"一章中，曾作为企业精神概括的范例加以介绍。这个企业精神概括得确实好，好就好在它有行业特点、行业个性，并且体现了一种奉献精神、献身精神。

来源于社会 奉献于社会

这是济南三株药业有限公司的企业精神。这个企业精神突出了"社会"二字。1995 年 9 月，"三株"公司吴炳新总裁在讲到企业党的建设和企业文化建设时曾经说道："三株事业的飞速发展对三株的企业文化建设提出了更高的要求。""我们的三株理念从内涵和外延上都需要加以丰富和扩大，这不仅有社会效益，同时也会产生巨大的经济效益，因为这代表着企业形象，是企业凝聚力的重要方面，希望大家一定要加以重视。""我们的信条是：企业来源于社会，回归于社会，服务于社会，奉献于社会。"① 这里突出的也是"社会"二字。在企业精神、企业理念中，突出"社会"二字，很有意义。这里不仅表明三株人认识到企业的发展离不开社会的支持，同时，也表明三株人认识到企业的生命也离不开自己对社会的奉献。"三株"的发展速度之快和效益之高，可以称得上是个奇迹。这

① 《吴炳新文采》，中国经济出版社，1995 年 12 月版，第 499、500 页。

个奇迹是在党的改革开放大政策之下,由“三株人”所创造的。而“三株人”就是社会的人,其知识、才能、品德,是离不开社会的。当然,“三株”事业发展的设备、技术条件、原料的提供,也离不开社会。这是“源于社会”。同时,“三株人”又为社会提供了健康产品,提供了良好服务,提供了税金,提供了就业岗位,提供了扶贫基金,为健康人生、为国家富强、为脱贫致富作出了自己的贡献。这又是吴炳新同志所讲的“回归于社会”、“奉献于社会”。把企业的发展、命运同全社会的发展、人民大众的命运紧紧地联系在一起,立足于社会,而又服务于社会,这正是三株精神、三株理念、三株企业文化的生命力之所在。

勤忍诚和

这是北京美雪民宝实业集团的企业精神,是由集团总裁吴宝民提出来的。集团副总裁、党委副书记刘德权曾经在全国商业文化、企业文化的一些会议上作过介绍,受到了与会人员的重视。

根据吴宝民同志《论“勤忍诚和”》的文章和刘德权同志的介绍,“勤忍诚和”四字是相互联系的辩证统一体,以勤为首,干字当头,以诚为本,以忍求和,团结共事,共创大业。“勤”字是讲怎么样做好事业,“忍诚和”是讲如何创造一个良好的人文环境以保证干好事业。

勤:简单地说,就是勤劳、勤勉、勤奋、勤恳。中华民族自古以勤劳著称,“一勤天下无难事”,“勤能补拙”,“业精于勤”。在工作中勤又具体化为“五勤”,即:脑勤、眼勤、腿勤、口勤、手勤。

忍:就是忍耐、容忍、宽容。忍耐是中华民族的美德,是中国传统文化中的重要内容。孔子说:“小不忍则乱大谋。”毛泽东同志曾指出,在非原则问题上,要求大同存小异。在集团内大家要以“百忍堂中有太和”作为内外共事的座右铭。“忍”字就像一种胶合剂,随时弥补人际间的裂缝,引导人们相互谅解,团结奋进。

诚:就是诚实,对企业、对国家、对人民都要忠诚,服务中对顾客要诚实。诚是做人的基本原则,诚信是中华民族传统中的美德。诚实是一个人的立身之本,也是立业之本。所以必须反对“无商不奸”的观念。企业在服务中对顾客要诚实,童叟无欺,认真服务。实践说明,诚招天下客。诚实虽然不是智慧,但却放射出了比智慧更灿烂的光芒。

和:就是和谐团结,就是同心同德,齐心协力。和,业则兴;和,业则成。创业靠和,守业靠和,发展企业也要靠和;在顺境中要和,在困难时更要和。古人讲:“天时不如地利,地利不如人和。”天时地利是外因,可遇不可求;人和,是事业发展的内因,自己可以创造。领导要真诚对待员工,努力创造温暖和谐的大家庭,使大家和睦相处,真诚相待,充分发挥各自的聪明才智。这样,才会创造辉煌的业绩。

总之,“勤忍诚和”四字间有其内在的有机联系。要做到勤必须戒逸戒惰;要做到忍必须戒气戒怒戒狂;要做到诚必须戒欺戒诈;要做到和必须戒骄戒躁。

勤忍诚和的企业精神,为美雪民宝实业集团提供了内部凝聚力量和发展动力。这四个字之所以易于为广大员工所接受、所认同、所实践,其中一个原因就是因为它们渗透着、体现着中华民族优秀传统文化和美德。

同心济世

在中医药发展历史上,北京的同仁堂,杭州的胡庆余堂,广州的“陈李济”,可以说是声名最著、名扬海内外的。“同心济世”,就是现在广州陈李济药厂的企业精神。这个药厂过去也曾名为“杏和堂”。

据黄一文同志在《同心济世数百年——广州陈李济药厂》一文的介绍。1600年岁末,南海县商人陈体全,收得货银回广州。船到广州后,他匆忙上岸,货银遗落在船上,被一位名叫李升佐的同船旅客拾获。李升佐也是南海县人(西樵区李村),颇谙医道,在广州开设一间中草药店。李升佐不见利忘义,整日在码头伫候,终将遗银璧还失主。陈感李高义隆情,品德诚实,意欲酬报,被婉言谢绝,于是他诚恳提出,拿出遗金半数,投资于李经营的中草药店。李谦辞再三,终不能却,只好应允。于是,两人用红柬写下合伙文书,曰:“本钱各出,利益均沾,同心济世,长发其祥。”并将其店号定名为“陈李济”,意为陈李二人合伙经营,同心济世。自此,“陈李济”的店号就在广州城南双门底(现厂址)挂将起来。

这就是“陈李济”的来历,也是“同心济世”精神的来历。“同心济世”,这四个字用得好,既简明、好记,又有丰厚的文化底蕴。陈李济药厂一直奉行“同心济世”的宗旨和精神，在解放以后，特别是在改革开放和社会主义现代化建设的新时期，有了很大发展，表现出勃勃向上的生机和活力。陈李济药厂的负责人曾谈到，“济世”不仅仅是悬壶卖药，还要参与对人身心健康有益的社会活动，参与精神文明建设，只有这样才能同大家一道促使社会更加文明、进步、健康。作为人本身，各方面素质肯定也会因此而得到提高。

济世养生

北京同仁堂创建于1669年(清康熙八年)。店名称“同仁堂”，是创办人乐显扬自己拟定的。他说过，“‘同仁’二字可以命堂名，吾喜其公而雅，需志之。”1706年，《乐氏世代祖传丸散膏丹下精配方》一书出版，序言中讲到，“遵肘后，辨地产，炮制虽繁必不敢省人工，品味虽贵必不敢减物力”。从此，“炮制虽繁必不敢省人工，品味虽贵必不敢减物力”这两句名言，便成了“同仁堂”选方、用药、配比及工艺的规范。同仁堂“所制产品，配方独特，选料上乘，工艺精湛，疗效显著，驰名中外”，在社会上享有很高信誉，也可以说是树起了一块金字招牌。之所以如此，是同它的“济世”、“养生”的企业精神，奉行“修合无人见，存心有天知”的信条分不开的。济世、养生，虽然只有四个字，但却很有特色，包含有很强的文化内涵、人道和伦理的价值。也正是用这样的精神、道德力量教育员工，才使同仁堂一直驰名中外，赢得全社会的信赖，成为长盛不衰、久负盛名的中华老字号企业。

近些年来，同仁堂员工在发展社会主义市场经济的新的历史条件下，继承和进一步发扬光大了济世养生的企业精神。

求实 戒欺 团结 创新

这是杭州胡庆余堂的企业精神。在这八个字中，最有个性、特色和引人注目的是“戒欺”二字。而这个“戒欺”二字的来历，是胡庆余堂的创办者清代颇有名气的“红顶商人”胡雪岩所题的店匾。

胡庆余堂创办于1874年(清同治十三年)。走进胡庆余堂营业厅，可以看到许多匾额和招牌。这些匾额和招牌大都是朝外挂的，却唯独有一块横匾是朝里挂的，对着药店的坐堂经理的面挂着。这就是胡雪岩写的“戒欺”二字。匾曰：“凡百贸易均不得欺字，药业关系性命，尤为万不可欺。余存心济世，誓不以劣品弋取厚利，唯愿诸君心余之心，采办务真，修制务精，不至欺予以欺世人，是则造福冥冥，谓诸君之善为余谋也可，谓诸君之善自为谋亦可。”

这块匾说明，凡做任何生意，都不可以欺诈谋利。“这就是中国中医药业奉为‘药业座右铭’的‘戒欺’匾，也是胡庆余堂以‘江南药王’饮誉120年的立业之本”①。

在胡庆余堂，还挂着一块金字招牌：“真不二价。”这个“真不二价”，反映了胡庆余堂的经营之道。“真不二价”，是中国的一个成语故事。相传中国古代有个叫韩康的人，深谙医道，以采药卖药为生。他经常亲自上山采药，然后把采来的药材拿到市上去卖。市场上别的卖药者常常以次充好，以假乱真，所以顾客也常常讨价还价，争执不休。韩康卖的却是货真价实的药材，不允许顾客讨价还价。韩康说：“我的药值这个价，就卖这个价，这叫做真不二价!”病人吃了韩康的药一两帖就见效。于是“韩康不二价”的说法就传开来，韩康的生意也越做越好。②。

中国传统文化讲，“医者，是乃仁术也”。正是从“是乃仁术”的思想出发，生发出“戒欺”、“真不二价”、“采办务真，修制务精”、“顾客乃养命之源”的经营之道和精神理念。

近年来，在全国的企业文化、商业文化研讨会上，杭州胡庆余堂领导曾这样介绍过“继承传统精华，建设企业文化”的经验：“为了承前启后，建立和完善一套适应技术进步、现代管理的行为规范、准则，自改革开放以来，我们根据‘各行各业都要大力加强职业道德建设’的精神，召开老药工、青工、干部多层次的座谈会，总结发扬戒欺传统经验；商讨制订庆余新型职业道德规范，采取从群众中来，到群众中去的方法，反复研究，概括提出了‘求实、戒欺、团结、创新’为内涵

① 王绍规主编：《胡庆余堂》，中国国际广播出版社，1994年版，第24页。
② 王绍规主编：《胡庆余堂》，中国国际广播出版社，1994年版，第19～20页。

的庆余精神，并制定出系统的、体现行业特色和企业个性的职工道德规范。职业道德规范体现了'戒欺'精神，贯彻了质量第一思想。'求实戒欺守信誉'作为全厂的职业道德内容，进一步强化了质量意识。"

"一团火"

北京王府井百货大楼的企业精神，被人们称为"一团火"精神。说到"一团火"精神，自然要提到张秉贵师傅。正好今天执笔写这个段落时看到了王府井百货大楼(集团)股份有限公司主办的、11月8日出版的《一团火时报》，上面刊登有记者张迎所写的《张秉贵的传人》一文。文中开头两段是这样写的：

"曾经，一位金发碧眼的老外指着百货大楼广场上张秉贵师傅的那面带微笑的塑像发问：这是谁？他的塑像为什么能坐落在这里？当别人告诉他：这就是他身后这座商店里的劳动模范张秉贵时，老外释然了，举起大拇指，用生硬的汉语连声称道：'张秉贵，了不起。'"

"的确，许多人认识北京市百货大楼是从张秉贵师傅开始的，是从张秉贵师傅'心有一团火，温暖万人心'的热情周到、体贴入微的服务开始的。如今，张师傅离开我们已经有9个年头了，可凡是到过百货大楼的人，却依然能感受到一股融融的春意扑面而来，这春意不只来自那装帧讲究的店堂、琳琅满目的商品，更来自柜台后一张张热情的笑脸和令顾客满意的服务。是的，张秉贵已不在了，但更多的张秉贵传人却向我们走来。"

1995年7月，王府井百货大楼股份有限公司与中国发展战略研究会曾经召开过一次"一团火"企业文化现象的研讨会。百货大楼领导和专家学者认为，"一团火"精神是一种崇高的敬业精神，是一种既传统又现代的思想。它直接出自中国共产党全心全意为人民服务的根本宗旨，是共产党的优秀传统和作风在行业、企业的生动体现，是这种优秀传统和作风在新的条件下为人民办事要"完全"、"彻底"精神的弘扬。同时，还要看到，"一团火"精神又是源远流长的中华民族优秀传统文化和传统美德在今天的开发、拓展和弘扬。这就是说，"一团火"精神的出现，还是深深地扎根于中华民族优秀传统文化的深厚土壤之上的。这也是"一团火"精神之所以能够在广大职工心灵扎根，并且被人们广为传颂的一个原因。

一片情

谈到王府井百货大楼的"一团火"精神，人们自然会联想到蓝岛大厦的"情义服务"，又简称为一片情的服务精神。

蓝岛大厦的发展，走了一条"以文兴商"之路，这是企业文化界、商业文化界人士所共司称道的。这个"以文兴商"之路，首先从店名的确立就鲜明地表现了出来。1994年4月，在洛阳召开的企业形象理论研讨会上，蓝岛大厦总经理李贵保讲道："蓝岛大厦在申请建设立项时，叫东大桥百货商场，后改成朝阳商业大厦，但这些名称，不但沿袭了传统的地域概念，而且体现不出企业的个性、特点，不适应现代竞争的需要，也丝毫体现不出文化的韵味。于是我们在原朝阳区百货公司系统内3 000多名职工中，征集企业名称。职工们发挥自己的聪明才智，献计献策，最后在征集到400多个名字中，'蓝岛大厦'金榜题名。大家一致认为，'蓝岛大厦'的名字，不仅朗朗上口，而且充满了文化的气息，体现了鲜明的时代色彩。而且，'蓝岛'的含义非常深远。首先，蓝岛是一个不规则的多边形，酷似一座岛屿，加上外覆蓝色玻璃幕墙，像蓝色的海洋，'蓝岛'之名自然而生。引申而言，蓝色的岛屿，蓝色象征蓝岛人宽广的胸怀，象征着蓝岛员工给予消费者满意的商品和温馨的服务；海中之岛，蕴藏着无尽的宝藏，预示着蓝岛永远繁荣富强。从名字上，蓝岛大厦就融入了浓浓的文化因素。"

在社会各界，包括在企业文化、商业文化研讨会、讲习班上，在报刊文字材料中，人们常常提到的蓝岛文化、蓝岛精神，其突出的特色，是一个"情"字。"情"贯穿于经营、管理、服务、公关等一切实践活动中，贯穿于蓝岛文化发展的整个过程，形成了独具魅力的"蓝岛情"。这个"蓝岛情"，在开业之初，叫做"情意服务"，后来又发展为"情义服务"。由"情意服务"到"情义服务"，虽是一字之变，但却表现了一种发展和升华，体现了"诚信为本，情义至上"的宗旨。

蓝岛人是奉行创新哲学的。总经理李贵保认为，"市场形势瞬息万变，要想在竞争中取胜，必须要有创新思维"，"只有创新思维，方立不败之地"。因为"创新思维是一个企业进步的灵魂。一个缺乏创新精神的企业将无法生存，一个缺乏新人才的企业将无法发展”。

随着经营、管理实践的不断发展，蓝岛大厦又提出了一片情的服务精神。在蓝岛人看来，一片情是量化了的情义服务，有30条措施，是过去点点滴滴、条条块块的蓝岛情的概括、总结和升华，其中包括保真保质蕴真情、亲切迎送赋友情、电话购物唤亲情、方便顾客显礼情、特殊服务含深情、送货上门递殷情、跟踪服务送温情、退换商品赠纯情、接待投诉暖心情、批量购物献挚情。

在实施对外服务的“一片情”之后，蓝岛大厦又启动了对内“一片情”工程。蓝岛领导认为，就企业而言，对外应视顾客为“上帝”，对内则应视员工为“上帝”。只有首先把对内的一片情传递给员工，员工才能更好地把对外一片情传递给顾客。对内、对外一片情的完善结合，才是真正企业精神意义上的“一片情”。

蓝岛大厦的成功，原因是多方面的。但其中有一个原因非常突出、非常鲜明，这就是蓝岛一片情的企业精神的巨大力量。这就是总经理李贵保1996年6月20日在企业表彰大会上所讲的，蓝岛事业的成功是全体蓝岛人发扬“一片情”的企业精神，亲和一致，超越创新的结果，是蓝岛文化力量的使然，是企业文化的四要素即合力、智力、磁力、势力共同作用的必然。正是由于此，蓝岛人才会对企业有无限的爱。正是由于爱，才使得干部员工愿尽最大的努力，留下最小的遗憾；愿用最少的时间，干完最大量的工作；愿用最少的钱办最多的事。正是由于对企业的爱，在蓝岛人的人生天平上，事业比爱情、婚姻、家庭、亲情、金钱更可贵，价更高；正是由于对企业的爱，蓝岛人为企业甘冒风险，衣带渐宽终不悔，为尹消得人憔悴。正是由于蓝岛人的爱心浇灌，才使企业的生命之树常青，企业之魂永驻。

以“实”为本

谈到西单商场的企业文化（人们常常简称为西单文化）、企业精神，都离不开一个“实”字，或者说是要突出一个“实”字，也就是说以“实”为本。作为一种在特定环境中、经历半个多世纪所形成和凝结起来的西单商业企业文化，其风格、特色是什么？灵魂何在？简单概括或者集中起来，就在于一个“实”字。这当然是我的一种学术观点。

之所以说西单企业文化、企业精神的内涵突出的是一个“实”字，有以下几点考虑或理由。

一是从西单的历史沿革来说 西单是京派商业文化的一个根脉之地。去年在上海召开的海派商业文化研讨会上，北京市商业文化建设协会的同志曾经提出，要研究京派商业文化。作为商业文化，北京的、上海的，还有天津、广州的，等等，当然都有自己的文化个性和特色。从商业文化的北京市民味来看，作为根脉之地，当然还应有大栅栏、天桥、东安市场等地方。王岫雯同志主编的富有“北京味”的《旧日西单商场》一书介绍说，最早是由摊贩们适应社会需要，把这里创建成熙熙攘攘的闹市。这里是小商人、小手工业者和商业企业家创业的地方，是许多著名艺人，如侯宝林、骆玉笙、魏喜奎演唱过的地方，也是市民们好逛的地方。市民们来这里购买小吃、日用杂品，“溜达”散步，看看杂耍，听听平民音乐。据说，北京市民最早买冰棍，就在西单这个地方。王权同志说过，西单商场诞生在西单北，那时从南到北由六个商场组成，有日用百货、服装鞋帽、珠宝玉翠、饭馆小吃、烟酒食品、美术照相、戏曲杂技，堪称五花八门，雅俗共赏。有的人来商场为买东西，有的人随便溜达，碰上称心的东西也许买点，遇上感兴趣的表演听一会看一阵，走累了就在茶社、咖啡馆里休息一下。这就是当时西城居民所以愿意逛新诞生的西单商场的原因。这也是那时的“京味”、民风、平民味。老百姓是最讲究“实”、讲究实惠的，喜欢实实在在，朴朴实实，说实话，做实事，讨厌那一套虚的、伪的、假的、空的东西。所以，西单文化的这个“实”，是根植在老百姓、广大市民的心眼里的。在商业文化中，突出一个“实”字，也是最得人心的。

二是从市场定位、经营定位来说 西单商场所考虑的或者说着眼点，是广大工薪阶层和广大市民的实际需要。西单商场是以中档商品为主，高档商品兼顾，小商品齐全，为广大工薪阶层和广大市民服务的。西单商场的领导和职工始终记着老北京人的话：“西单商场是北京人的。”因此总是考虑如何实实在在地满足京城广大工薪阶层和广大市民的实实在在的需要。早在1985年,商场一楼货场中心就设了"老年用品专柜",从老太太的黑绒帽,到老头儿的"痒痒挠"、健身球、拐杖,老人们偏好的物件一应俱全。这也是京味、特色。在今天商场林立、市场竞争日趋激烈的形势下,王权董事长斩钉截铁地说:面向广大工薪阶层的经营方针不能变,"全、真、廉"的三字经就是要唱,而且要唱好。人们看到,为了唱好"全",一楼大厅最好的黄金地段在经营民需小商品,且小商品品种达2 000种。为了唱好"真"和"廉",他们也采取了许多具体实际措施。"民需"小商品,乃市民之所需,平民百姓之所需,普普通通的日常生活之所需。这里蕴含着多么可贵的实实在在的为人民着想的精神啊!

三是从长期实干凝结出来的"求实奋进"的精神来说　这里的关键也是一个实字:实干,求实。西单商场已有65年的奋斗历史。70年代初,商场职工为了改变企业落后的经营环境,自己"摸爬滚打",不计报酬,不讲条件,用6年时间,推倒旧大棚,在原地建起一座营业大楼。那段艰苦奋斗的时光,至今商场职工记忆犹新。进入80年代、90年代后,西单人一直恪守着"老老实实做人,认认真真干事"的信条,进一步发扬、发展了这种精神本色,并且升华为以"实"为本的企业精神。若问"西单人"的座右铭是什么?那就是:"老老实实做人,认认真真干事。"所以"求实奋进"这四个字,在西单商场有着丰富、真切、生动、具体的内涵。这不是套用过来的原则话,不是做文章写出来的,而是"西单人"人人感受到、体会得最深刻的,是从奋斗、创业、兴业的具体实践中、从实干中凝结出来的,也是不断地在实干、求实的道路上得到升华和发展起来的。

四是从商场推出、广大职工实践的"三实工程"来说　"三实工程"即:实实在在的商品,实实在在的价格,实实在在的服务。讲究商品实,品种高中低全,质量包保真优。讲究价格实,净化进货渠道,减少中间环节,降低成本,"价格重超值"。讲究服务实,服务项目落实,对待顾客诚实,业务技能扎实。"三实工程",其核心,也是一个"实"字。

五是从商场的吉祥物来说　一看到那拟人化的大象,人们就会想到憨实、敦实、厚实。这同那虚、飘、空的感受是不一样的。所以,我说,这个吉祥物选得好,做到了同企业精神、企业理念的内在统一。

对于西单商场企业文化、企业精神,除了突出一个"实"字,坚持以"实"为本外,还有一句话,就是:创新兴业。以"实"为本,突出了一个"实"字,这个创新兴业,则是讲的一个"新"字。在西单商场发展历程中,一个是"实"很重要,另一个就是"新"字了。"实"是"新"的基础,如果没有这个"实",也就不会有发展,不会有创新。"西单人"的可贵之处在于,坚持以"实"为本,同时又不断地追求"新",不断地进行探索、创新。购物环境的新变化不用说,就拿计算机管理信息系统的应用来说,也是表现得很有远见,有新的追求。我们看到,计算机管理渗透到各个业务领域,做到了数据一次录入,整个系统共享,使商场各个管理环节能够统一成为整体。而且,实现信息高速公路,使商场成为集内部通讯自动化与外部各连锁店、银行、各部委、证交所实现远程数据通讯为一体的智能大厦。西单商场在现代科技运用于企业管理的各个方面,是走在前列的。这就非常令人欣喜。在今天的企业管理和营销中,既要注目于日益激烈的市场竞争,又要看到日新月异、迅速发展的现代科技。微电子、生物技术、新材料工业以及绿色革命、材料科学的革命、后勤保障体系的革命,都是企业在确立发展战略时绝不可忽视的。

在以"实"为本、创新兴业的道路上,"西单人"继续发扬务实、唯实、朴实、踏实、求实的精神,继续发扬创新、崇新、求新的气慨,就一定能从已经取得的辉煌走向新的更大的辉煌。

企业精神园地异彩纷呈

以上所提到的这些富有个性和特色的企业精神的概括,只是作为例举。其实,在中国大地上概括和表达得好的企业精神还很多很多。有些在有关文字材料中常常见到,这里没有再作详述。在作者研究这个问题的过程中,又陆续接触到一些资料,引发了作者准备进一步研究的兴趣。比如,广西黑五类食品集团公司提出:"致力黑色食品,共创健康人生。"在该公司的文字宣传材料中有公司董事长幸清文所写的这样一段话:"曾经有许多人这样真诚地问过我:'除了成功,您这一生最渴望拥有的是什么?'我总是毫不迟疑地回答:'健康和青春'。我想每一个人都和我一样，渴望永久地拥有健康，留住青春。这个愿望也是我和我们黑五类集团都孜孜以求的目标。希望我们黑五类集团能为每一个人，创造更多、更高品质的健康食品。为此，我将奉献我毕生的精力。希望能随着黑五类集团的发展壮大，能更好地与大家共同营造一片健康、青春的天地，共同创造健康的人生。”这段话对公司的精神、理念作了概括性的说明。又如以生产化妆品、医药保健品为主的江苏虹雨集团的企业精神是“至美至真”。再如南京金箔集团的企业精神是“敢于开拓、勇于创新、自力更生、艰苦奋斗、不断进取、永无句号”。这个“永无句号”，也表述得有特点。还有，广东格兰仕企业（集团）公司的企业理念：精益求精，一流主义，更新自我；大连体育用品商场的企业精神：“不挣亏心钱，爱心送健康。”这些也都受到了人们的称道。

部分国家企业的人力资源管理与开发

赵曙明　周　姝　王　戈　倪　炜

德　国

由于社会制度和文化背景等因素的影响，各国企业的人力资源管理各有其特色。在德国，贯穿企业人力资源管理的一个重要思想是重视人性管理，尊重员工自身价值，给予员工参与管理的权力，强调个人与企业整体的配合。这在企业雇佣制度、劳资协调体制、员工参与管理制度以及职业培训制度中有充分的体现①。

（一）企业的雇佣制度

德国《基本法》第12条第1款规定：“所有德国人都有自由选择职业、工作岗位和培训场所的权利。”根据这一基本原则，德国长期以来坚持“自由择业”政策。企业主或经理有权根据实际工作需要，自行招聘或解雇员工。员工本人也有选择工作的自由。公司与员工的“双向选择”是德国企业自由雇佣制度的核心内容。公司与求职人员经过双向选择达成一致意见，求职者填写求职表，体检合格后，就成为公司的正式员工。

值得一提的是，为了在企业与员工“双向选择”的过程中最终达到“人尽其才，才尽其用”的目的，避免个人由于客观因素影响主观才能的发挥，德国各级劳动局专门提供就业指导这项服务。德国劳动局作为一个公益机构，其宗旨是为每一个有需要的人服务，方式多样并尽量做到完全满足申请者的需要。就业指导工作的关键在于，一方面应正确地理解申请者的主客观愿望，另一方面还应弄清申请者的身体状况、智力、性格特征、兴趣爱好以及人际关系等等。与此相关的是弄清在考虑范围内的每一个职业有哪些具体要求，有无发展前途，然后再提供指导。就业指导的日常工作主要包括全面介绍职业选择中的问题、职业培训的多种途径、各类职业及其发展倾向（即所谓职业方向问题）等。就业指导不负责协助选定职业之后的落实问题，即协助介绍培训岗位、协助处理各种手续等。就业指导有一整套科学的工作方法。首先由劳动局下属的职业研究所对全国的、地区的以及国际劳动力市场和职业流向的现状和发展趋势进行科学的预测，以便向每一个人提供其感兴趣的职业培训情况、选择职业的可能性。同时，劳动局还大力发展就业情报工作，免费提供情报资料。此外，采取心理

① 赵曙明：《中国企业人力资源管理》，南京大学出版社，1995年，第354页。

测试的方法，了解求职人员的智力、兴趣爱好、潜在意识倾向等。而且就业指导人员一般都经过专门的职业培训，工作认真负责，这些都保证了就业指导工作的质量，达到了极好的社会效果①。

德国企业一向力求人员少、素质好、工作效率高。员工进入企业后，均设立人事档案。从经理、工程师到技术员都要进行定期考核，能者提薪晋级，平庸者则被劝退解职，违纪犯法者开除，实行因事定人、定岗、定位。与美国的快速提升相比，德国企业中员工的晋级比较缓慢。德国人通常认为，35岁以上的人才具有担当管理者的资格。在晋级企业管理人员时，德国企业强调技术第一。德国企业曾有过规定，在大企业工作的各级职员必须先在大学或职业学校受到基本扎实的传统技术培训。对企业管理者的要求，必须是技术专业毕业生，参加工作后，企业往往先把他们派遣到研究部门工作几年，然后再到实际工作部门去学习管理知识与经验。所以他们的晋级比较缓慢。即使是他们中间的出类拔萃者，也不会享受照顾待遇，通常要到40岁，甚至50岁才能出任总经理。这样就保证了企业高级管理者都是受过高等教育和有学位的人，基本上由专家来治理企业。德国的这种做法有以下三个优点：1. 职员能忠于企业；2. 领导层之间容易协调；3. 能不断提高员工技术水平。

德国法律禁止突然解雇工人。法律规定，厂方在每季度结束前六周宣布解雇名单，让工人有足够的思想准备和充裕的另寻职业的时间。一个工人如果工作得好，可以在一个企业连续受雇10年以上，这样既有利于开展公平竞争，又能保持一定的员工稳定性。

(二)企业的劳资协调体制

德国企业的劳资协调体制是以劳资协议为核心的。根据《基本法》关于劳资协议谈判自主权的规定，劳资双方的代表，即工会和雇主协会有权在不受国家干预的情况下就各行业雇员的劳动工资、福利待遇、劳动条件、解约条件等自主协商，缔结劳资协议。1949年颁行的《劳资协议法》规定，劳资协议包括三部分内容：缔结劳资协议双方的权利和义务、劳资关系的内容、劳资契约的缔结与终止；框架劳资协议，即具有普遍意义的、在较长时期内有效的规章条款，如休假、工作时间、工作保护、裁员保护等；工资协议是对框架协议的补充和具体化，明确规定工资、薪水、工资级别、计件工资、补贴和津贴。劳资协议是具有法律约束力，是劳资双方维护和发展各自利益的保障。因此，劳资协议具有保护功能、规范功能和安定功能。劳资协议一旦签订生效，在有效期间劳资双方都负有维护合约的义务。如果劳资协议的有效期届满，双方又未能达成新的一致意见，则由劳资双方依赖的中立人出面协调，通过谈判求得双方可以接受的条件，以签订新一轮劳资协议。国家不得以任何形式强迫劳资双方接受政府意见。当有重大事件导致劳资双方发生重大矛盾或冲突，甚至雇员要求罢工时，工会与雇主协会之间往往运用以双方妥协为主要特征的一套协调机制，促使劳资双方形成“社会伙伴关系”②。

职工参与决定制是德国劳资关系中的又一大特色。在西欧发达国家中，德国的职工参与决定制起源最早，制度化也是最为完善。早在1850年，德国爱伦堡就有4家印刷厂成立了工厂委员会，由雇主以及工人选举的1名职员和1名工人组成，其职能包括交流信息、咨询、共同管理福利计划、制订厂规、决定利润分享计划、解决监工与工人之间以及工人内部的纠纷等③。1919年通过的宪法中，明确规定成立工厂的工人委员会，后来又出现了矿业方面很多特别规定的制度。1950年以后，有关法律又几经修改，将工人参与的权力加大。这样除非是利害关系特别重大的事宜，在一般经营决策与管理中，工人的参与程度得到了实质性的提高。

目前，德国企业中的职工参与决策制体现在以下三个方面：

董事会中工人的代表性

德国工业法规定，职工人数超过1 000人的企业董事会中，须有工人代表参与，行使共同决策权。董事会一般有11名董事，其中，5名代表职工，5名代表资方(即股东)，还有1名中立的董事。所有董事的权利义务相同，他们都能自由工作，不受外来指示的束

① 张晓明：“德国的就业指导”，《欧洲》，1994年第2期。

② 顾俊礼：“德国的劳动力市场”，《欧洲》，1994年第5期。

③ 王宏昌：“西方企业制度进行的新里程：工人参与企业管理”，《生产力之声》，1994年第2期。

缚。代表职工的5名董事也由股东大会选举,候选人须由工厂委员会、工会及工会联合会提出。5名职工代表和5名股东代表以简单多数决定第11人的人选,至少要有3名职工代表和3名股东代表同意。

据对35个矿山和12个钢铁企业的调查,252名代表职工的董事的身份为:工厂职工105人,经济学家、律师和会计师42人,工会管理人员63人,政府官员32人,企业家和银行家10人。

联合管理

德国工厂法规定,雇佣5人以上的工商企业和雇佣10人以上的农业及伐木企业,须成立工厂委员会。工厂委员会委员由全体职工以秘密和直接投票选举,委员任期两年。视企业工人人数的多少,委员人数可由1人至35人不等。工厂委员会的任务如下:

一方面在企业经营及人事管理方面:

(1)为改进管理措施及提高生产率,向雇主提出建议;

(2)检查有关立法、法规以及劳资协议等实施执行情形;

(3)受理工人的申诉事项,向雇主交涉,寻求解决办法;

(4)帮助残疾职工和其他需要特别保护者,以支持他们的工作;

(5)与事业单位合作,加强安全卫生措施,防止灾害发生,维护工人健康。

另一方面雇主在如下方面不得单方面决定,必须获得工厂委员会的同意:

(1)每日开工及歇工时间,以及中间休息用餐的时间;

(2)给付工资日期、时间及地点;

(3)假期日程的安排;

(4)职业培训的安排;

(5)福利设施的兴办与管理;

(6)工作规则的制订与修正;

(7)生产方式的变动;

(8)工人受雇、迁调、解雇等项事宜。

如果一个企业有几个工厂,只要各厂的工厂委员会中有75%以上的职工代表愿意,可以成立联合工厂委员会。每个工厂委员会派3名代表参加联合工厂委员会。联合工厂委员会的权力并不高于单个工厂委员会。它不考虑单个工厂委员会能处理的问题,而是考虑关系全公司或工厂之间的问题。

雇佣工作超过100人的企业,还应设立经济委员会,半数委员由工厂委员会指派,另半数委员则由雇主指派。经济委员会负责报告与企业经济有关事项,如生产情况、生产方式、生产计划、财务状况、产品与市场情形以及其他影响工人利益的事项。

职工会议

德国所有国有企业的员工,可以组织职工会议,由单位各部门员工代表组成。按企业的大小,代表人数可多达25人。职工代表的选举程序、权利及义务均与民营企业中工厂委员会代表相同。

在德国企业的劳资协调体制中,工会的作用不容忽视。德国的16个行业工会在劳资双方中充当了协调角色,帮助工人参与民主管理,反映工人的疾苦与愿望,疏通资方与工人的对话。工会的润滑剂作用使工人与资方摩擦减少,这种经常性的疏导是德国工潮事件较少的重要因素。由于德国企业劳资关系比较协调,员工的民主权利得到了充分体现,调动了员工的积极性,大大提高了企业的劳动生产率。德国的工业劳动生产率仅低于日本,居世界第二位。

(三)企业的职业培训制度

战后几十年德国经济的发展说明,文化程度高且专业技术能力强的员工可以为企业在竞争中争取优势。在德国,企业已经把职业培训放在战略高度来认识,认为"职业培训是企业发展的柱石","是一个民族能否存在的基础"。在这种观念的指导下,德国的职业培训开展得相当普及,投入很大的财力物力。据1988年原联邦德国经济研究所对1 505家企业进行的典型调查表明,1988年联邦德国各企业用于职工培训的开支为270亿西德马克,超过了同年联邦政府对高等院校的投资(约为259亿西德马克)。按平均计算,每个职工的再培训开支为1 766西德马克,居世界前列①。这种投入得到了报偿。德国之所以能在世界市场的激烈竞争中保持不败地位,与其有众多训练有素的高水平劳动力直接相关,而劳动力素质提高又依

① 刘群:"保持德国经济持续发展的奥秘—德国的职业培训",《企业活力》,1993年第12期。

赖于职业培训。

经过多年的发展,德国的职业培训已形成了一个多阶段、多层次、多功能、形式多样、涉及面广、结构复杂的体系。就职业培训的内容而言,一般包括职业初始培训、职业进修和转业培训三个方面。职业初始培训,即为某一职业提供广泛的基础训练,并传授熟练从事这一职业所必需的专业技能和知识,使受培训的人获得必要的职业经验,属于基本职业教育。职业进修是为了使受培训人员能够保护并扩展知识的技能,适应技术发展或为职业晋升开辟道路。它包括了高等教育前的职业性进修并延伸至职业领域的继续教育。转业培训的目的是传授从事新的职业活动所必要的知识与技能。它存在于职业性的继续教育之中,但不是原来职业知识与技能的继续教育,而是新的职业知识与技能的开始。就职业培训的形式而言,主要有以下四种形式:

企业与学校相结合的"双轨制"培训

"双轨制"培训起始于1969年,并一直沿用至今,主要适用于青少年的职业初始培训。其根本的标志就是青少年在通常为私营企业接受职业训练的同时,在公立的部分时间制的职业学校里接受职业学校义务教育。在整个训练过程中,职业学校与训练企业密切配合,在同伙式的分工合作中共同实现教育和训练任务。训练企业和职业学校的每一方都是一个完整的训练体系不可分割的组成部分。

这种"双轨制"使德国2/3的15至18岁的年轻人同时接受学校教育和在职培训。他们每周用一至两天时间在教室里上课,其余几天到工厂、商店和办公室去实习。"双轨制"方案由雇主提供资金,并得到了联邦政府的批准。学生经过训练后,可获得440个工种的合格证。

企业办大学

在德国,大公司、大企业通常设有自己的职工培训中心。如赫斯特化学公司、戴姆勒—奔驰汽车中心、巴伐利亚汽车公司等都有规模很大的职业培训中心。它们根据联邦职工教育法的规定,举办职业培训班。技术工人在车间劳动五年左右,然后(或同时利用业余时间)参加为期一年或三年的师傅和技术员培训班学校的学习。学习结束时参加企业联合会的考试,考试合格者发给师傅证书或技术员证书。这种企业和企业联合会举办的职业培训是非常正规的成人教育,它有立法的保证、严格的考试制度以及合格的毕业证书,这种证书是联邦各州都承认的资格证书①。

跨企业的再培训中心

德国的再培训措施有半数都是由各大企业实施的。一些专家认为,这样会使大企业和中小企业间出现教育水平的差异过大。出于这种原因,一些州政府已经出资建立了许多跨企业的再培训中心,以使中小企业在不承担过重财务负担和组织方面困难的情况下,对其职工进行培训。

跨企业的进修班主办单位除雇主外,还有商会、工会、教会及其他机构。举办进修班种类也很多,有技术培训班、商务培训班、领导人员培训班、语言学习班等。其中以科学技术方面的讲座及自动化数据处理的培训班居多②。

市场模拟训练公司

德国有1 000家这类公司,涉及几十种行业,组成了"德国练习公司集团"。它们同许多中小企业一样,有经理、秘书、职工,内部也同样分为原料供应、生产管理、产品销售以及人事和会计等部门。与众不同的是,它不制造任何产品,一切生产程序都在纸和电脑上进行。市场模拟训练公司为学习商业和企业管理的人提供了最直观、最接近实际的学习环境,对德国战后经济腾飞及东西德统一后东部的复兴都作出了不可磨灭的贡献。

就职业培训的过程而言,它伴随劳动者的一生。"不培训不就业"是德国劳动力市场的格言。任何人,不管从事什么职业,都必须接受相应的职业培训,必须取得培训合格证,方可录用上岗。想改换职业,必须参加转业培训,取得转业培训合格证,职业介绍所才会推荐介绍新的工作。一般工人、小职员等普通员工如此,中高级雇员,除了必须具有相应学历证书外,录用后,也必须接受上岗前培训,才能上岗正式工作。这种全社会法制化的职业教育造就了德国员工的高

① 宋淑远:"西方国家培养实用人才的几点措施",《厂长经理日报》,1994年第6期。

② 袁克勤:"西欧国家劳资关系概略",《中国劳工(台北)》,1992年,第914页。

素质，促进了德国人力资源的开发，从而推动了德国企业的蓬勃发展。

美　国

(一)职工的培训与教育

美国是世界上教育经费开支最多的国家。美国人均教育经费为960美元，日本为555美元，中国仅有几十美元。美国现有高校3 800多所，在校学生1 300多万，研究生180多万。1990年教育经费达3 530亿美元，占财政总支出的15.8%，比同一年度的军费开支多500亿美元；35%的美国青年能进入大学。

美国企业非常重视职工的培训与教育，工商企业界每年用于培训在职职工的经费已达2 100亿美元。现阶段，由于科学技术的发展日新月异，职业教育和就业培训已成为提高劳动者素质、促进生产发展和经济增长的重要手段。美国一家机构预测，到2000年有65%以上的职业要求具备高中以上文化程度，同时大约有500万工人需要接受培训，以便有效地完成所做的工作。在美国，职业培训成了企业提高劳动力素质、消除技能与职业之间的差距的主要途径。克林顿政府把提高工人技能作为保持美国公司的竞争力和创造更好的职业的基本点。政府相信高质量的劳动力所提高的生产率将抵消美国企业到海外寻找廉价劳动力的任何优势。

美国企业职业培训教育有两个显著特点：

首先，其产生、运转和发展完全由劳动力市场需求所制约、所决定。职业培训内容的确定以及培训方式的选择，均取决于企业需要何种类型、何种程度的劳动力，并随着市场需求的变化而相应调整。因此，美国企业职业培训教育与生产力发展紧密联系，直接为其服务，并以能否增强商品竞争能力和适应市场需求为检验职业培训教育工作是否成功的唯一尺度。

其次，职业培训内容、形式、资金渠道多样化，没有统一的模式和标准，完全由各州因地制宜，由各社区学院、专科学校和企业自行决定培训的内容和方法，因材施教，形成灵活多样、分权管理和运行的机制①。

美国企业职业教育管理工作分为三个层次：第一层次是联邦政府，不干预各州的职业培训工作，主要是通过教育部和劳工部以及技能委员会、职业信息协调委员会等研究拟定有关职业培训的基本规划、政策、法令，搜集交流有关信息，拨付职业培训经费。第二层次是州政府，也不直接干预培训工作，主要是结合本州实际情况拟定本州劳动力供求信息，拟定本州职业培训的有关法则，并通过州职业培训委员会对职教院校进行指导，提供本州劳动力供求信息，拟定本州培训的具体规划，同时视各社区学院、专科学院执行州拟定法则、规划等情况，区别拨给经费，引导和支持职业培训工作。第三层次是社区学院、专科学校、研究单位、企业及高级中学。这是美国职业培训工作运行管理的实体。除高中外，其他单位均根据本地有关法规要求和本地区、本单位实际情况，自行研究决定开设何种职业培训课程或研究课题，自行决定培训内容和方式方法，自行聘任职教师资，自行拟定考核标准并根据有关情况变化相应调整培训计划。

美国企业对培训的认识很明确。便如IBM公司的负责人认为，每年对教育训练与内部沟通投资的增长率，应高于公司其他方面的增长率。他们认为，教育永无止境。

IBM公司的教育与培训可分成几类：1. 对普通员工的教育。任何新员工一进IBM必须首先接受为期3个月的教育培训，其主要内容包括公司的历史性传统、公司的原则、工作技能、工作过程中所需的各种知识、工作要求等。进入公司1－3年内，还会再接受一次在职训练教育，以后每隔5年便有一次“中间职员培训教育”，以研讨会、读书会、讲习会等形式，进行人事管理、新知识、新技术方面的教育。2. 对即将退休的员工培训教育。这种教育以开发新的职能教育为主，主要形式是举办多种短期培训班、读书会，其目的是使这些即将退休的员工在退休后，培养新的兴趣爱好，以便生活更充裕，从而也扩大了IBM的影响。3. 对各级管理人员的培训教育。IBM公司各部门的管理人员必须定期接受培训，无论来自哪一所名牌大学，不论有多少实际经验。营销与系统工程领域中选

① 郑国绮：“美国基本工资考察报告”，《经济学动态》，1992年第8期。

拔出来预备担任管理人员的职员，首先要接受一年的前导培训，包括实际的市场经验与正式的课堂教学，大约有75%的训练在所在分公司进行，分公司的负责人必须对其进行督促。第一线的经理在任职第一年，必须接受80小时的课堂训练。公司规定，在获晋升之后40天内，新任经理必须参加为期一周的训练。

职业培训教育不仅得到政府与企业的高度重视，而且美国的一些行会也起到了积极作用。美国商会是在美国影响很大的协会，这个协会为改进教育体系、促进企业职工培训起了很大作用。这一企业联合组织1990年就建立了一个有关职业培训的分支机构，并完成了学校经费模型的设计，它能使协会弄清学校每一美元的去向。1992年建立了质量学习服务机构，各州和地方商会是连接华盛顿学习计划和各企业人员的纽带，其内容十分广泛。美国商会会长莱希尔说，商会相信，如果美国工业要保持世界级地位，长期学习和培训是必要的。该组织还在推出一项计划，旨在用技术工具、多媒体和电脑软件来装备教育机构和地方各州所在商会，帮助改善教育和培训条件。

总之，美国的职业培训，对经济的增长、企业竞争力的提高都起着重要的作用，这也是政府、企业、行业协会不惜代价而努力的原因所在。

(二)创新改革中的工资制度

美国企业的工资标准由企业的劳资双方代表进行谈判，签订集体合同加以确定，工资等级和工资标准很不一致。合同的有限期一般为两年，详细规定两年期间工资分阶段的增长数额以及有关的福利待遇的标准。联邦政府除通过法律规定最低工资和加班工资标准外，对企业的具体工资事务一般不加干预。

职工的工资收入一般由基本工资和浮动工资组成。

基本工资是指根据岗位测评和市场因素确定的相对稳定的报酬，一般以小时工资制(针对蓝领工人)或月薪(针对白领职员)的形式出现。在美国企业中，行政人员一般实行薪金制，如公司董事长、总裁、总经理、公司监工以及技术人员和管理人员实行年薪制。工人一般实行小时工资制，即按其工作的每小时付给工资；也有企业实行计件工资制。

基本工资先由劳动岗位测评确定不同岗位的工资系数，再由市场劳动力供求所决定的价格确定某些关键岗位的工资水平，从而确定所有工资岗位的工资水平。劳动岗位测评有很多方法，如岗位排序、岗位定级、要素比较等等，无论哪种方法，其实质就是要区分不同的劳动岗位对劳动者智能、体能、责任的不同要求和劳动条件的不同，从而将劳动者的不同付出体现在劳动报酬的差别上。

浮动工资包括刺激性工资和福利津贴。基本工资的主要目的是企业吸引和稳定合格的劳动力，而刺激性工资是企业用增加工资的办法刺激职工的积极性。所谓刺激性工资，是以高于规定水平的生产率作为基础的各种工资形式。刺激性工资有按计件或按单位工作量支付的报酬，也有按超过定额的产量支付的奖金，也就是把报酬与产量挂钩，使工资随产量浮动，以刺激工人努力提高产量。一般来说，那些人工成本占总成本较大、竞争激烈、工人个人产量容易分清的行业，刺激性工资的作用较大，这种工资形式在服装、纺织、制鞋和一些金属制造业中很普遍。

80年代以来，由于经济衰退，美国许多企业为了降低人力成本费用和增加企业的利润，采取了一些较为灵活的工资形式：按知识付酬计划、职工持股计划、利润分享计划、生产率利益分享制等。

按知识付酬计划 是指按工人掌握的知识或技术的程度付酬，职工从领基本工资开始，随着不断掌握新的技术，工资也不断地提高，从一级可提到七级。这种制度实质上是把工资与工人的技能知识挂钩，工资高低取决于工人的知识和技能。对雇主来说，这意味着用工有更大的灵活性，还可以减少人员编制和人员流动，减少旷工和提高劳动生产率。对工人来说，这种制度有一定的激励作用，使工人素质不断提高，使他们感到只要努力就可以不断获得更高的报酬和不断改善自己的处境，同时还可以改善劳资关系。

利润分享计划和生产率利益分享制 目前，美国约有10万多家企业实行利润分享计划，具体做法是：企业把利润的一部分作为奖金或股份分给雇员。利润分享计划分为现金分享计划和递延计划。前者是立即用现金分配利润，可把工作实绩和报酬直接挂钩；后者是把归雇员的利润记入雇员的帐户，延迟到雇员退休时支付。在美国，对利润分享计划有两种不同的意见，一种认为，它是提高劳动生产率或增强劳动市场灵活性的有效手段;另一种认为,它通过把一部分相对稳定的工资和薪金改变为根据公司利润而定的报酬,使雇员承担风险。

生产率利益分享制实际上是一种职工参与制度。企业的职工,从总经理到一般工人都能从生产率提高的利益中分享好处。生产率的提高不仅有职工的努力,还有工厂的设备更新及其他因素的作用。

职工持股计划 职工持股计划是由公司定期拨出一部分资金存入职工股份制所设置的信托基金,而由雇主或公司管理阶层委任的该信托基金的受托管理人或职工股份制执行委员会负责执行。该受托人按年利用此项基金购入一定比例的企业主股票,再依参加员工年薪的多少,将这些股票分配在每位员工名下,当员工离职或退休时,可要求雇主出资将其股票购回。

80年代以来,美国大约有100多个企业为了改善经营不善的状况,实行职工持股计划形式。目前,美国职工持股计划的企业已发展到一万家左右。美国经济学家认为,职工持股计划能为建立一种生产率更高的合作经济提供动力,能为职工创造更多的参与各层次事务的机会,能为大多数职工提供更大的收入来源,是美国企业应该选择的积极方向。通过职工参与管理的方式使每个职工产生拥有企业一部分的主人翁意识,从而更加关心企业的命运。

职工持股计划有两种形式:非杠杆式与杠杆式股份制。

图 1 非杠杆式职工持股计划

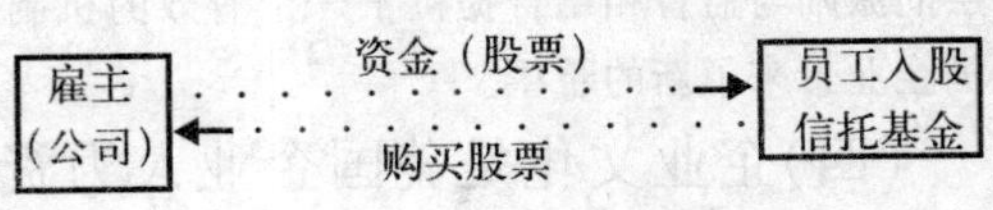

图 2 杠杆式职工持股计划

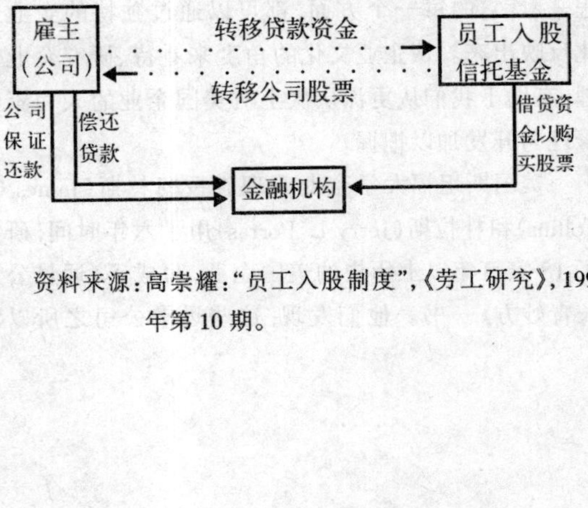

资料来源:高崇耀:"员工入股制度",《劳工研究》,1993年第10期。

从公司的角度来看,职工持股计划有以下好处:

(1)由于职工股份制强调"以人为本",它有利于提高广大员工的主人翁意识或提高员工工作的积极性,从而提高劳动生产率。据统计,实行职工股份制的公司,平均利润比同类企业要高出50%,其劳动生产率也高出同类企业的1/3。

(2)提供一个简便的公司股票流通市场,并供给公司一个便宜的资金来源。

(3)起着避税的作用。按照美国的一项立法,对实行职工持股计划的企业,在贷款和税收方面给予一定的优惠。1984年《直接减税法》规定,执行贷款给职工持股计划的企业,利息所得税可减免50%。

从许许多多的采用职工持股计划的成功事例中,我们可以发现一些共同的特征:

首先,让职工真正的参与 当制订一个职工持股计划时,管理者必须诚挚地邀请职工入股,并给予员工参与公司决策的投票权。

其次,视员工为企业的合伙人 职工持股计划如果只是被雇主用作预防接管或避税的工具,则将使员工产生被利用和欺骗的感觉,从而使职工持股计划失败。管理者不仅需要与职工共分股利,也需要能与职工共享经营权力,这样最终才能使员工与公司荣辱与共。

再次,加强与职工的信息沟通 公司内的沟通不应只是由上到下的,还应有由下到上的反馈交流。鼓励职工以合伙人的身份投入日常工作中,并在工作中建立良好的劳资关系。职工持股计划还能与奖惩制度联结在一起使用,使职工能更清楚地了解他们的工作成绩与奖惩的直接关系,以起到积极的作用。

最后,提供训练机会给入股员工 职工持股计划不仅要有详细周全的计划,同时也要对职工进行再教育,使其真正了解此项计划的目的与参与方法。职工本身也需要具备基本的经营管理知识与技巧,才能参与公司的决策过程。所以当公司实施了职工持股计划,管理者最好能组成一个咨询委员会引导员工共同建立组织内共享的企业文化。

(三)对经理阶层的特殊管理方式

90年代以来,美国公司在经济复苏中进行了大改组,经理阶层中新一代明星脱颖而出,给美国经济带来了勃勃生机。在美国战后第九次经济衰退之后，是靠他们整顿了美国企业，使之登上了一个新台阶，并大大提高了美国企业的劳动生产率和国际竞争能力。

美国的企业管理专家认为，一个企业能否取得较高的经济效益，首先取决于人，尤其是企业领导人。一个高素质的经理可以使一个企业起死回生，取得较高的经济效益。美国企业在选拔经理时，已逐渐从过去的过分重视人员在短期内获得利润的表现，到现在强调经理人员要保持企业生命力、灵活性和职工士气以推动企业不断发展。

在美国，公司经理已成为一种令人欣羡的职业。经理阶层通常不是企业的所有者而受聘于董事会。他们不同于普通职工的地方在于他们是“高级打工仔”。此外，他们同股东之间有着不断的交流，彼此之间没有不可逾越的障碍，这是普通职工难以达到的。尽管如此，他们仍然必须服从劳动力市场优胜劣汰的规律。

人们有时会问，实质上是雇员的经理阶层，为什么会对公司如此效忠呢？为什么要为财产的增值如此呕心沥血呢？答案首先在于这是他们的职业，而且是很体面的职业。他们能在这个职业中崭露头角，将使他们享有荣誉和社会地位。在美国，为克莱斯勒公司扭转乾坤的艾科卡被视为英雄，在社会上有很高的地位。

目前，在美国很时兴经理市场和经理介绍所。后者在美国也叫“猎头公司”(Head－hunter)。它是专为大公司猎取称职的公司领导而服务的。这种公司通过各种信息网络，掌握经理们的背景材料，对经理们的表现进行评估，同时又掌握市场需求情况，充当供求双方的媒介。从美国的实践经验来看，经理市场和经理介绍所对发掘人才、评估人才、促进经理阶层职业队伍的新陈代谢起到了积极的作用。它已成为实现高级人力资源优化配置的重要媒体。

在美国，经理阶层的效忠是由职业荣誉感和物质刺激双重机制来保证的。

美国企业对经理阶层实行的是强烈的物质刺激机制。这种做法虽引起了一定的争议，但它目前无疑是调动经理阶层积极性的一种有效的办法。

据美国商业周刊统计，1992 年美国大公司总经理的年平均收入是 3 842 247 美元，这个数目是工程师的 65 倍，教师的 112 倍，工人的 156 倍，而 1980 年他们的收入只相当于工程师的 21 倍，教师的 35 倍，工人的 41 倍。差距拉大的原因不在年薪和奖金而在长期性报酬，也就是所谓的期权奖励(Stock Option Grant)。期权奖励是由公司授予经理人员按现货价格购买若干年后本公司若干股期货的权利，这种激励机制的作用在于使经理阶层的利益与股东们相一致。企业经营得好，股票价格上升，经理们就可以从将来高价抛售股票中赚取巨额收益。实际上经理们由此得到的好处要比年薪和奖金多得多。例如 1992 年收入列第 1 位的美国医院公司总经理托玛斯，他所得的年薪和奖金不过 107 万美元，但是他从期权奖励中得到 1.62 亿美元的收益，使其年度总收入高达 1.27 亿美元。

美国公司经理受聘于董事会，享有高度的经营自主权，这是他们得以发挥创新精神的前提条件，但他们的工作必须在董事会的监督下进行。它们之间存在着一种制衡关系。过去一个时期大多数美国公司的总经理权力很大，董事会无所事事。这就有可能导致经理独断专行，损害股东们的利益。

1992 年通用汽车公司在调整行政领导之后又任命前宝洁公司退休总经理斯梅尔为不兼任行政职务的董事长，他把董事会变为一个有棱有角的制衡机构。在征得外部董事同意后起草了“董事会大宪章”。这个“大宪章”给美国公司吹来了一股新鲜空气，变过去董事会开会时那种呆板的、照本宣科作风为公开讨论，使董事会充满活力。每个人都可以坦诚发表意见，他们有权审查生产线上的产品质量。这对于经理阶层的激励与监督相结合提供了一个有效的机制，给美国企业带来了新的希望。

(四)企业文化是美国企业人力资源管理的精华和组成部分

虽然人力资源管理的内容十分丰富，但就其全过程来看，它的每一个方面，都可以通过独特的企业文化反映出来。从企业文化的角度来看待、研究企业管理，有助于我们从更深层次上对美国企业的人力资源管理与开发加以把握。

美国斯坦福大学企业管理教授柯林斯(James C. Collins)和朴拉斯(Jerry L. Porras)用了六年时间，研究了 18 家百年以上历史的美国企业，写成了《远景公司长青妙方》一书。他们发现，这些远景公司之所以世代常青，并不是因为它们有了不起的远景，也不是因为它们有伟大的产品点子和魅力十足的领导人，更不是因为它们遇事精心规划。它们之所以成功，完全是因为它们建立了强大的企业文化，创造一套稳定的价值体系，强调以人为中心的管理，使得这些远景公司能够经受激烈竞争环境的瞬息万变，历经管理阶层的变化更迭，永远处于不败之地。

美国企业文化带有典型的西方文化的色彩。美国社会是以个人主义、自由主义为其特征的，对经济利益和功名的追求是以美国为代表的典型的西方文化的反映。个人主义、英雄主义和理性主义是美国文化的三大特征，追求自主、自由、崇尚冒险竞争、依靠规章法制、以自我为中心等“美国方式”反映到企业文化中，同中、日企业文化的儒家伦理道德观念色彩大相径庭。

人是企业管理中最主要的因素，人的行为是受其价值观念所支配的，而价值观又取决于社会文化背景。中美学者曾对中美企业员工在工作中的需求进行了一次联合调查(如下表)。从表中可以看出，中美员工在某些方面需求有相似之处，但在更多的方面却有着明显的差异。反映到企业文化中，使其独具特色。

中美企业职工需求重要性顺序表

序列	美国样本	中国样本
1	能有所作为，获得自我实现感	工资和奖励较高
2	能做出成绩，获得成就感	能发挥我的才能
3	能发挥我的才能	能有所作为，获得自我实现感
4	能从事有挑战性的工作	福利待遇较好
5	能做有意义的工作	能体现个人价值
6	工资与奖金较高	工作有保障，职业稳定
7	能因为工作出色而受到赞扬	能从工作中得到友情
8	工作有保障，职业稳定	有自信心
9	能晋级与提升	能做出成绩，获得成就感
10	能体现个人价值	能做有意义的工作
11	有竞争感	有责任感
12	有责任感	能晋级与提升
13	能解决一些工作中的问题	地位较高
14	有自信心	能作重要决策
15	感觉到是企业的成员，有归属感	能从事有挑战性的工作
16	能作重要决策	有竞争感
17	福利待遇较好	能解决一些工作中的问题
18	能得到别人的赏识与赞扬	感觉到是企业的成员，有归属感
19	能从工作中得到友情	能得到别人的赏识与赞扬
20	地位较高	能因为工作出色而受到赞扬

资料来源：邹宜民，《比较管理学》，南京大学出版社，1993年，第190页。

开放性 美国企业中的经理与职工都是社会职业，可以自由流动。根据合同决定来去，而并不是像许多日本公司那样采用“终生雇佣制”。多民族的美国容忍、包纳多民族的文化、多种意识形态和多种宗教信仰，人们的思想观念是完全开放型的。美国企业主管普遍认为用一种统一的思想去规范全体职工的行为是违反自由原则的。美国企业与其职工的关系，一方面是由合同契约形式明确的利益关系，另一方面也为职工流动提供了更多的机会。

成功企业的领导人将职工视为最重要的资产和

提高生产力的主要因素。IBM公司董事长说:“本公司最重要的一个信条是尊重个人,这是一个最简单的概念,但在IBM公司,这是一条重要的原则。”他们深知,尊重职工对于充分调动职工积极性具有十分重要意义。

考评能力,迅速晋升 美国企业十分重视对职工的考评,依靠科学测评方法对管理人员和职工的工作行为作严格的分析与评价。这不仅是强化积极工作行为、纠正消极工作行为的手段,而且是决定对职工奖惩、去留和晋升的主要依据,它充分体现了美国企业所奉行的能力主义,以能力取人,把能力高低作为是否晋升的依据,拒绝以身世、资历、年龄等作为晋升的依据。从而能较好地保持晋升依据的客观性、公正性,并会促使人们提高和发挥自己的能力。

创新与竞争 美国企业文化的特征不仅表现在它的个体性上,也表现在它的激进性上。由于美国文化是移民文化,因此深受西方文化影响,从古希腊的尚武精神到罗马的角斗精神,中世纪孤注一掷的“骑士精神”以及启蒙运动以后的激进,无一不深深影响着美国企业。美国企业自企业主管到员工都不满足现状,不安于守成,敢于冒险,不断进取,乐于开拓创新。创新成功,树为英雄,大加奖励;失败了,也绝不指责。

我们对美国企业人力资源管理与开发的分析与研究,目的是为了吸取精华,洋为中用,为中国企业的人力资源管理提供借鉴。同时,任何国家的企业管理行为都深深地烙上了文化的痕迹。所以,我们在研究管理中的任何问题时都要放在具体的社会文化环境之中,从整体上来加以把握。

韩　国

韩国经济自60年代起飞,至今已取得了举世瞩目的成就,这一成就的微观基础和表现形式就体现在韩国企业的活力上,韩国企业的兴盛离不开其成功的人力资源管理与开发的实践。

(一)企业人力资源管理制度

根据资料分析,韩国的管理制度是日、美两国管理制度的混和物,同时受儒家文化的影响。从历史上看,由于从本世纪初直到1945年,韩国一直是日本的殖民地,因此这一时期日本对韩国管理方式的影响很大。1945年,韩国开始系统研究美国的管理制度。韩国派出学生前往美国学习技术,回国后便将美国的管理经验应用于韩国的企业,因此,这段时期以美国的影响为主。1965年韩日关系正常化以后,美日管理方式都在不同程度上影响着韩国。另外,儒家传统也深深影响了韩国的管理制度,儒家传统对韩国人价值观念和行为准则的影响已升华为韩国管理制度和企业内人际关系的基石。韩国企业事实上将企业道德建立在儒家道德标准的范围之内。

我们可以通过对韩、日、美三国的管理制度进行比较,以便更好地理解韩国人力资源管理的制度。哈佛大学哈维·莱本斯坦作了如下比较①。

下表所列韩国人力资源管理制度与管理特征是互相联系,密不可分的。韩国企业管理有如下几个特征:

企业家族化程度高

儒家学说于4世纪传入韩国,对韩国的政治、文化、道德观、生活方式、管理思想产生了极深的影响。韩国企业巨头——三星集团的创始人李秉吉先生试图将儒家规范与企业管理结合起来。按照儒家的学说,社会(从而企业)的规范和原则基本上就是指导家族人员之间关系的那些规范和原则的延伸。因此,家庭和家族的观念渗入韩国的管理制度之中,并成为其中的特征。

家庭人员首先要忠于直系亲属,其次是忠于近亲,最后忠于家族乃至宗族。因此,韩国人有一种根据家庭和宗族的原则来组建和管理企业的倾向,许多韩国企业都安排业主的亲属和宗族远亲在企业内工作,并且按照经常是与宗族制度内的规范相似的规范运作。

独特的准长期雇佣思想

美国学者哈维·莱本斯坦认为,韩国的雇佣观念似乎含有准长期的忠诚,但韩国雇员主要是忠于企业董事长或业主,而不是忠诚于公司。在日本,归属观念系基于团体和组织本身,其可能持续时间也与团体

① 宋丙洛:《韩国经济的崛起》,商务印书馆,1994年版,第203、206页。

或组织的持续时间一样长。在韩国,既然人们主要是忠于个人而不是忠于组织,因此,雇员承担义务的程度,也就取决于该雇员与董事长或业主之间那种和谐人际关系的持续时间。这样,韩国雇员对某个人的承诺导致了某种准长期雇佣观念,它不同于日本的那种基于对组织的承诺的长期雇佣观念,也不同于美国的那种基于定期雇佣契约的短期雇佣观念。

韩国、日本和美国的管理制度比较

韩国	日本	美国
公司像一个家庭型的集体	公司像一个集体	较少强调集体
所有者、管理者和工人之间差别明显	管理人员与工人之间差别不明显	差别明显
终生雇佣思想淡薄	终生雇佣思想	无终生雇佣思想
极为强调普遍的等级制	非常强调普遍的等级制	与职能相联系的管理等级
强调忠诚和合作	强调合作、融洽、和谐	在明确、严密的工作范围内强调个人的成绩
年龄和服务年限被看作一个重要标准	年龄和服务年限被明确为提升标准	年龄和服务年限仅勉强和提升有关
权力和具体责任分散	分散的权力和分散的责任	权力和责任表面上具体
管理权威在很大程度上受所有者的政策和利益限制	管理权威受内部劳动力流动性的限制	管理权威受到工会的挑战
企业工会居从属地位	几乎排除企业工会的作用	
普遍的在职培训以及同多工种有关的培训	为多种工作进行在职培训	工会为具体工作进行在职培训
相当多的工作轮换和范围灵活	工作轮换和范围灵活	集中在特定范围的特定工作
公司在年龄、经验和教育基础上吸收新成员	公司在年龄和教育基础上吸收新成员	公司在满足特定工作所需要的经验和技能的基础上吸收新成员

强调普遍的等级制度和"软性"管理

从很多方面看来,韩国是在某种垂直的组织原则上建立起来的高度同质的社会。由于受多层传统家庭制度的影响,韩国企业的层次似乎比日本企业还多,但各职能机构有确定的制度,每个人都在自己的职权范围内照常运作,分层负责。这样的等级制度反映了韩国企业注重管理的制度化,也就是注重"法治"的思想。

韩国企业的人力资源管理制度是以自上而下的方式实现管理功能的,强调企业管理中"软性"的一面,并在"情治"上做得很成功。韩国式的管理似乎又比强调一致和融洽的日本式管理更重视忠诚、温和及合作,组织行为更具系统性、更富人情味,这或许是韩国管理方式的最重要特征之一。甚至在美国,这种方式也被证明是成功的,如美国田纳西州的韩国企业幸福—金星电子公司在处理雇员和雇主关系上卓有成效的原因之一,就因为它依靠了这种组织方式。

重视非物质激励和企业文化激励

激励是企业人力资源管理的重要方面。以前,韩国企业试图提高全体雇员尽心尽力工作的精神,主要还是求助于韩国要摆脱贫穷,追求经济优越,提高韩国国际形象等国家目标的号召力。但现在随着韩国人均收入的提高,非物质的奖励形式越来越成为比货币奖励更重要的激励因素。对于曾受儒家思想深刻影响的韩国企业来说,重视人际关系和非物质奖励无疑可以有效提高工作效率和生产率。为此,韩国企业重视人力资源管理理论与实践的结合,许多企业通过完善现行的半终生雇佣制,促进雇主与雇员之间的真正共有关系;增强企业成员的归属意识;强化员工的责任感、忠诚感和共识感。

总之,韩国企业正试图将日、美企业的管理模式适当地结合起来,并放进儒家传统的"药引",逐步配成博采众长的企业人力资源管理理论和制度之"处方"。

(二)企业人力资源管理与开发的实践

韩国企业的人力资源管理

招聘 在韩国,经营者的一个重要生成机制是转职。有资料显示,经营者们的初职与现职存在着很大的差别,仅有30%的人两者是一致的,其余69%则是从其他企业或其他领域转职而来,这是韩国企业经营者生成的主要机制。特别是由金融界、政府部门、军界、学术界转职而来的企业经营者占相当大的比重;另一种机制即是内部提拔,在本企业内部,依靠个人聪明才智、通过提拔成为企业经营者。

无论是哪一种类型,韩国企业经营者生成的重要条件是学历要求—表明经营者自身素质的重要指标。据资料统计:一般经营者中,大学以上学历者占59.5%,来自金融界、政府部门、军界、学术界、评论界和国营公司的转职者中,大学以上学历者所占比重依次为60.7%、82.3%、95.2%、84.7%、82.3%、94.15%①。韩国企业经营者具有世界领先的高学历,已为世人所公认,充分反映了韩国企业和社会重视教育与崇尚学历,以学历作为选拔人才的重要依据的特点。

在韩国,企业劳动力主要来自于外部劳动力市场。韩国基本上形成了一定体系的劳动力市场,但企业的内部劳动力市场并不发达。在劳动力市场中,劳动者主要通过以下途径成为企业员工:公开考试录用,占总数33.5%左右;职业安排机关介绍,占2%;学校推荐,占4.7%;熟人介绍或其他方式,占59.8%。不论通过何种方式进入企业,其学历都是至关重要的。这种以学历定雇佣的劳动力吸收制度,延续到企业中,就是以学历定职位,以学历定劳动报酬。不同学历间收入的差别在韩国已达30%以上,且有进一步扩大的趋势,从而又反过来促进了员工提高素质,使企业有充足的人力资源可甄别、吸收。

决策 韩国企业集团的经营决策权集中于创业者及其家庭。这种高度集中的决策方式是与韩国企业集团的发展相适应的,但也存在一些不足,阻碍了企业集团与企业内部信息的合理流动。其一,高度集中的决策方式使企业内部每一个成员只对上负责,决策是自上而下垂直下达的,其结果必然造成企业决策下达渠道过窄,把相当一部分人排除在决策系统之外,其代价便是企业内部信息交流不足;其二,该方式往往造成企业信息的个人垄断或外流,这无疑与"企业信息的共享原则"相悖,造成了信息交流的偏差。

为此,韩国各大企业一方面提高决策者的素质,促使高度集中的权力使用正确;另一方面成立一些辅助机构,参与并协助做出决策,这些机构就是"秘书室"、"企划室"、"综合调整室",其作用类似于军队中的参谋部。

分配 韩国企业强调能力主义和学历主义。韩国企业的工资制度以"能力主义"为主要的分配原则,即认为职务是能力的反映,高职务应该有高报酬。所以其工资结构为工龄工资加职务工资,由此形成了高职务—高收入机制,必然鞭策员工奋发努力,报效企业。

在企业中,不同学历的劳动者的劳动报酬呈现出明显的差别,高学历是取得高报酬的主要原因。同时,高学历也是劳动者在企业的权力等级中取得一席之地的必要条件,因高职位又与高报酬相联系,所以职务与学历一道,成为拉开劳动收入差别的一个重要因素。这种现象不仅存在于企业集团中,在中小企业也非常普遍。这样一个有独特特点的劳动报酬确定机制可以充分激励员工重视教育,重视自我提高,从而提高企业人力资源素质,增强企业实力。

劳资关系 与其他资本主义国家比较,韩国企业的劳资关系还是比较稳定协调的。其原因主要在于韩国政府一直把限制工会运动作为其"治安对策"的重要组成部分,把低工资作为实现经济起飞的重要措施,因而政府与企业同属一条战线,造成劳资双方力量对比极为悬殊,企业员工方面不能结成强有力的联盟与资方抗衡。根据目前的有关法律,成立工会必须满足会员人数等一系列苛刻条件,而且只允许有一个工会存在。企业主往往利用自身的有利条件,率先成立自己的"御用工会"。也正因员工对工会作用失去了信心,他们对加入工会的态度非常冷淡,且有继续加重的趋势。另外,韩国规定,除金融机构外,大学毕业的管理人员(白领工人)不能加入工会。因为管理人员对本企业的情况了解得比较清楚,在劳资交涉中容易掌握主动权。韩国企业中劳资关系的协调性,对

① 吴春波、郭国庆著:《成"龙"的奥秘:韩国经济起飞透析》,中国人民大学出版社,1993年版,第79页。

企业的发展壮大是十分有利的。

重视开发人力资源

所有成功或希望成功的企业，没有不将培育与开发人力资源放在重要位置上的。韩国企业当然也不例外，三星集团作为韩国企业界的第一巨头，非常重视对员工的培训，三星集团通过技能培训和企业文化教育，全面提高员工素质，为企业发展提供“动力”。由于三星是韩国企业界的杰出代表，所以“窥一斑而知全豹”，我们藉此可以了解韩国企业人力资源开发的情况。

三星集团创始人、已故集团董事长李秉吉先生的信条是人才比资金和技术更重要，人才是企业的百年大计。他在1975年就提出了通过考试录用职工的制度。特别是集团经理最后面试时，李秉吉总是亲临现场，严格把关，甚至于他的长子、次子也均因考核不合格而名落孙山，唯独三子以自己的杰出才干赢得了他的嘉许。

李秉吉及其继承人李健熙非常重视教育培训。三星集团在新雇员上岗和原有雇员调往新的岗位之前，均对其进行有关的培训工作，通过这种方式，三星集团培训了一批又一批具有集体荣誉感、忘我精神的三星雇员①。

现任董事长李健熙建立了三星集团独有的企业文化，他的座右铭是：“这不是我的公司，而是我们的公司。”这句话在20万员工听来何等受用！他授与各部门经理的权力比在其他企业所能授与的多得多，以此证明他所言不虚。从秘书到各公司经理，所有人员均必须在公司办的14所学校接受培训，并接受为树立对公司的忠诚和自信心而设计出来的公司信念——“三星精神”，公司对“三星精神”进行了大量的灌输。三星集团没有工会，因此免却了罢工的麻烦。李主张，三星应给职工国内最好的补偿，有熟练技术的工人(每人)每小时除挣得5.9美元外，再加各种小额福利金4.9美元。由于韩国每周有6个工作日以及大量加班，这些加在一起，(每人)一年工资就达到14 500美元和福利金11 500美元②。

为了使员工的素质达到和保持在高水平上，三星每年投资1亿多美元使员工脱产学习。每个雇员在三星自己的学校里平均每年得到约16天的培训。

在靠近汉城的三星人力资源开发中心，既是军营、商业学校，又是思想教育课堂。每个新雇员都要在此接受为期24天的严格训练，每天从早上6:20开始直到晚上11点。这个中心的目的是培养职工对三星的奉献精神，同时也灌输基本的商业技巧。它的管理非常之严，如：禁止学生在任何时候抽烟和喝酒，必须着统一制服和戴姓名标签。为了得到晋升，每位经理必须回到一所三星学校里学习追加的课程，通常还包括英语、汉语、日语、德语等语言方面的训练。

为彻底贯彻“人才第一”的战略，三星首创了韩国企业界独资兴办员工培训院校进行正规化教育的先例。在人才战略中，他们不但注重培训人才，而且注重开发新的人才资源，公开招聘社会的人才，其核心机构的成员有70%是从社会上各行各业招聘来的业务骨干。这些人才为企业的发展竭尽了全部的力量③。

在工作作风方面，三星集团所属机关工作人员，每周只允许星期一和星期三在办公室办公，其余4天时间要到生产现场，监督指导生产，或者到售后服务中心去工作；不论会社还是各系列企业及协作工厂，要减少会议，改变会议形式，不可动辄就写书面讲话、印发书面会议精神。会议内容先由主讲者录音，通过放录音传送到基层。会议最后的决议要写成书面报告时，不得超过一页纸；负责总务和计划等机关工作的人员要精减一半，把精减的人员安排到经营部门工作。

在跨国经营方面，三星集团实行人力资源管理“当地化”。集团雇佣的熟练工人全部是当地人，管理这些工人的干部也由当地人来担任。“用当地人管理当地人”，这是该公司人力管理成功的宝贵经验。同时公司派遣的管理人员在生产第一线尽量少出面，多提拔当地人担任管理部门骨干，这不仅有利于管理工人，减少与工人的摩擦，也有利于调动当地管理干部的工作积极性，从而提高整个公司的劳动积极性。家

① 李德群：“韩国三星集团的成功之道”，《经营管理者》，1995年第4期。

② 崔仲强编译：“三星集团，星运辉煌”，《经济译文》，1994年第1期。

③ 徐建萍、罗建兰：“韩国集团企业在国际市场竞争中的策略”，《中国改革》，1995年第3期。

族式经营方式是其成功的又一重要因素。在人性淡漠的西方世界,三星公司领导亲临现场关心和过问工人的婚丧嫁娶,每月为工人开一个集体生日晚会,帮助女工打官司。三星关心工人生活,把工人视为一家人的家族式经营方式深得人心,工人在公司的关心和爱护下,也把公司视为自己的家。“爱厂如家”的思想极大地提高了劳动生产率①。

韩国的中、小企业也同样实行了大量成功的人力资源开发策略和措施,其中不乏精彩之作。例如,韩国一家生产卫生纸、包装纸和尿片的厂家别出心裁,实行独特的“一日厂长制”,以培养员工们的“主人翁意识”和经营管理责任感。

韩国企业既具备了现代企业的特征:外向型、制度严密、高科技、高质量、高劳动生产率,又融入了儒家思想的合理成份,如遵守团体纪律、忍耐、勤奋、忠诚、重视教育等等。二者的结合调动了企业中每个人的积极性,使个人的劳动和聪明才智极大限度地贡献于企业;而且,企业被认为是“人的社团”的职能组织,而不仅仅是员工工作的一个场所——企业的每个员工都有强烈的“社团意识”,也就是与企业的发展建立一种同呼吸、共命运的关系,企业价值、忠诚、理解与合作等信念激励着企业员工为“社团”的共同利益而努力工作。资料表明,韩国企业各行业员工的工作强度远在美、日之上,韩国工人平均每周工作 54 小时,企业加班加点成风,工人两班倒或 10 小时工作,在企业到处可看到强调“人才、勤勉、自强、协同”的标语。除了宏观战略、政策得当外,这就是韩国企业能取得巨大成功的最主要的微观原因②。

韩国企业人力资源管理的成功,给我们的最大启示也许就是:必须“法治”加“情治”。所谓“法治”是指建立科学、严密的管理制度依“法”行事,其评判标准应为责、权、利的对应统一,其核心部分是西方企业制度;所谓“情治”,是指通过感情、价值观的认同来沟通、协调、统一员工的意志,以达到为企业作贡献的合力效应,其评判标准为优良的企业文化的形成,其核心部分是积极合理的儒家思想。

新加坡

新加坡早在独立之初,就非常重视人力资源的开发和利用。新加坡在短短 30 年里,不仅成为亚洲新兴工业化国家,而且跻身于中等发达国家行列,其经济成就令世界瞩目,这在很大程度上有赖于其在人力资源的开发与管理上的成功。新加坡企业在参考并综合地吸取美、英、日等西方公司的管理方式时,也融合了华人的风俗习惯,兼顾了自己的国情、人情,形成了一套特有的人力资源管理体制,发展出一套行之有效的人力资源管理方法。本文首先从新加坡政府对人力资源管理的总的方针、策略入手,进而详细分析其具体措施,最后总结出新加坡企业在人力资源开发与管理方面的经验。

(一)人力资源管理与开发的基本策略

新加坡企业发展的关键在于,不但重视资本即资金的投入,而且更重视人力资本的不断增值,即根据社会和经济发展的需要,不断地使本企业员工增加新知识、新技能的积累,不断地提高员工的生产能力。为此,新加坡政府制订了以下政策。

(1)外国公司在新加坡投资建厂,要求东道国能提供与之相匹配的劳动力。同时,必须加强人力资源的开发。

(2)发展以科技为基础的新工业是经济增长的前提条件。一旦本地劳动力不具备这些技能,这些工业、技术就会流到别处。

(3)企业员工只有通过培训,才能提高他们的生产技能,生产出增值更高的产品,同时工人的工资也会相应提高。

(4)新加坡自然资源缺乏,为了不断维持、提高其经济增长率,唯一的途径是开发人力资源。

(二)人力资源的管理与开发措施

新加坡政府和企业都有这样的一个共识,即人的素质是生产力高低的决定因素之一。它使新加坡国家和企业能够多接纳以科技为基础的新工业,从而保持企业的竞争力,维持经济的增长。而人的素质的提

---

① 金姬玉:“韩国三星集团是如何进军欧共体市场的”,《世界经济与政治》,1994 年第 3 期。

② 李玲瑶著:《走西看东:从西方科技发展看中国现代化进程》,国际文化出版公司,1992 年版,第 86 页。

高在很大程度上依赖政府对教育的投资。新加坡政府对教育的投资可以说是不遗余力。自1960年以来，政府对教育的投资持续上升，从1960年的1 640万新加坡元增长到1970年的1.96亿新元、1980年的5.56亿新元、1990年的20.55亿新元，到1993年增长到32.06亿新元。同期，政府对教育的投资占国内总产值的比重也始终保持在3%左右，从1960年占3.00%，增加到1970年的3.46%、1980年的3.70%、1990年的3.11%，到1993年增加到3.60%。即使在新加坡建国初经济贫困和80年代中经济衰退的两个时期，教育投入 的增长幅度仍尤其显著，除了国防开支预算最大外，教育总排在第二位。这也反映出政府充分认识到人力资源的开发对经济发展的作用，也表现出政府对开发本国人力资源的信心。具体作法如下：

重视基础教育 为了使新加坡未来的劳动力具有较高的素质，新加坡政府十分重视基础教育。教育经费是政府财政支出中仅仅次于国防的最大部分，并每年以30%左右的速度递增，教育补贴已达到每个学生平均成本的90%①。

新加坡政府认为，教育的目的是要充分地开发孩子们的潜力和能力，使他们在人生的旅途中不断地学会应付瞬息变化的世界，并建立一个有责任感、内聚力、健康和兴旺的社会。通过幼儿园和小学、中学严格而良好的基础教育，为将来开发高层次的人才奠定了坚实的基础。

大力发展高等教育，栽培科技精英 70年代初，在工业化的第一阶段，新加坡的劳动力集中在少数工业。自1979年以来，为实现第二次工业革命，新加坡把它的工业部门引向了需要更多技术、更高工资和能产生更多附加价值的产品生产中。这就对劳动力结构提出了更高要求。为了满足劳动力对较高技能的要求，新加坡政府突出高等教育在教育体系中的地位，在1989～1990年把教育预算中的22%用于大学和工科院校。其中将培养高级专业化人才放在首位，新加坡政府努力使自己的名牌大学集中精力培养与重点发展工业工程师，这些院校的毕业生可以获得在工业生产中从事实际工作的能力，同时让一部分人升入技术学院进行更专业化的研究，重点专业中心的建立为研究生教育提供了极好的机会。新加坡的大学都有教学实验设备先进、完善，图书资料充实，重视教师与教学质量等共同特点。例如，新加坡国立大学有2/3以上的教师是博士毕业生，少数硕士毕业生被公费派往国外继续进修。新加坡理工学院用50多万元设立了一间模拟外汇交易室，让学生吸取实际外汇交易经验，为新加坡蓬勃发展的外汇、金融市场培养更多的人才。新加坡还设立了很有声望的研究奖，以把最优秀的学生吸收到研究生行列中来。1990年新加坡实现了10%的大学生成为研究生的目标。新加坡国立大学在新加坡政府确定的优先开展的研究领域中发挥了核心作用，已成为新加坡最大的科研机构，不仅与当地工业界合作密切，而且培养了大批高级人才。国有企业管理人员中的多数是由政府培养起来的。从70年代起，政府把每年高考中最好的几十名学生选拔出来，送到英、美、日、德等国大学深造。

进入90年代，新加坡政府为了让企业更好地学习、引进世界先进技术，先后与外国厂商联办高级人才训练中心7个。贸工部先后同日本、德国、法国等合作，建立了德新学院、法新学院等5所学院，每年培训5 000名高级技术人员为职工转入高级技术工作岗位做好准备。

开展各种形式的成人教育 为了促使企业对员工进行培训，新加坡政府明确规定，新加坡政府部门和各企业事业单位的每位职工都必须交纳本人工资的21.5‰作为社会福利和教育培训基金，有关单位亦必须相应地将其职工工资总额的18.5‰交给基金会。但是，有关单位和每个职工都可以申请教育培训基金补助，补助金额可达实际训练成本的90%。由于教育基金的积累，新加坡顺利地完成了80年代初期的大规模的国民文化普及教育培训任务，使他们能较容易地就业，并能操作计算机和较精密的仪器设备，保证了新加坡80年代中期的产业大调整、产业的升级和国外投资者对人力资源的需求。

从80年代开始，新加坡政府迅速增加各种教育培训设备和训练机构。新加坡国立大学迅速加强专业教育。1982年以后，南洋技术大学、新加坡工艺学

① 王瑞芳："新加坡的人力资源开发"，《外国经济与管理》，1993年第5期。

院、尼安工艺学院等高校相继成立,为工业训练特殊定向的工程技术人员。新加坡政府还于1979年设立了工业职业训练局,下设15个培训机构,开设50种全日制培训计划,专门负责对企事业单位职工的培训与进修。与此同时,新加坡政府还十分重视发挥各种民间组织机构在成人教育培训方面的作用。这些机构提供各种技能训练,并发放工业技术资格证书、国内贸易证书、职业训练证书以及商务研究和办公室技能证书等等。为了适应高新技术工业发展的需要,新加坡政府还与跨国公司及发达国家的政府合作,共同建立合作工业训练中心和技术机构。同时积极支持新加坡各大学和民间组织机构与世界各国许多著名的高等学府在新加坡共同联合举办MBA班。

在人力资源开发和技能训练方面,新加坡政府还注重吸收外国的经验。当他们在访问了德国、瑞士等国家,了解到这些国家学徒训练计划的优点后,回来就成立了一个由雇主、工会和政府三方高层人士组成的"学徒训练理事会",以便在新加坡企业中推行学徒训练计划。他们计划每年参加学徒的人数要达到4000人,至少占新加坡劳动力队伍人数的10%。

新加坡教育成功之处还在于能广泛吸引海外人才,一方面吸引海外人才为新加坡服务,并给予优厚的待遇,解决其后顾之忧,让其一心一意投入到自己的工作之中;另一方面,新加坡还举办许多语言学校、职业技术院校,广泛吸收外国留学生。这些专门院校与欧美院校相比,不仅收费低廉,而且为留学生提供诸多方便,又为毕业后愿留在新加坡工作、经商的留学生提供申请私人居留或公民身份证方面的服务。这是一个极为吸引海外人才的方法,使留学新加坡的海外学子,努力学习,学有所得,学有所用。

不论是基础教育,还是高等教育与成人培训教育,新加坡都始终贯彻教育为企业经济的发展服务的宗旨,将教育与实际应用紧密结合起来。

新加坡企业的工资和社会保险制度　在人力资源的管理方面,新加坡主要是依据其独特的工资制度与社会保险制度进行的。

新加坡是市场经济的国家,劳动力可以自由流动。一般就业者的工资都是由劳资双方议定的。自1988年以后,新加坡政府尽量鼓励商家和企业采用"灵活性工资制度",就是把每个工人的工资分为两个部分,第一部分是固定工资,第二部分是灵活工资或叫"花红"。固定工资大家都差不多,而花红则是由每个人的工作价值来决定的。工作价值大,花红就高,反之则低。在这种工资制度下,工资高低的决定因素不是年龄,而是工作态度、技术水平与个人素质。

新加坡的收入分配注意尽量合理。他们通过对高收入阶层高调节税、对低收入阶层提供各种补助的办法,使收入差距不至于太大。在他们的工资结构中,不同行业之间的收入差距不大,而在不同职业、不同教育水平之间,尤其是接受过高等教育的专业人士与非熟练工人之间的收入差距比较大。工资层次的差别主要是技能高低的差别。专业技术人员与行政管理人员的工资属于同一个层次,而体力劳动者与书记员等技能比较低的白领工人属于同一个层次。为了促进产业向高度化发展,鼓励发展高新技术产业,新加坡首先提高薪水,以便把劳动力重新分配给有能力付出高薪的雇主,企业家为了能付出高工资就只能转产附加价值高的产品。这样,工人要提高自己的工资就必须提高自己的专业技能。

新加坡的社会保障制度称作中央公积金体系,它有别于一般的西方国家的失业保险制度。西方国家规定每个工人必须按工资的一定比例交给失业救济金,而新加坡实行的公积金制度是当公民参加公积金体系后,他在公积金户头的存款就是他个人的储蓄,将来归他个人所有,其具体做法是按照月工资的40%的比例月月缴纳。员工只有勤奋工作,不断提高自己的工作能力,才能多赚钱,才能增加自己公积金户头存款,这也有效地刺激了工人努力工作。公积金制度有以下的特点:

公积金含有合作的精神:企业的雇主和雇员都需要参加公积金的组织,缴纳公积金款项的多少,又视个人的经济能力,采取灵活的方式加以处理。

公积金含有储蓄的意义:强迫所有企业员工,将其收入的一部分储蓄起来,积少成多,将来会在员工的生活中发挥重要作用。

公积金含有积极的作用:在公积金制度下,退休人员在退休时可以领回的公积金与个人在企业中的表现、成绩息息相关。

40年来,公积金法曾经多次修改,其范围也日益扩大。到今天,公积金的存款可以预先提出来购买房地产,也可用来购买某些证券或投保个人与家属的人寿保险。实践表明,这是一个十分有效的社会保障制度。

(三)企业人力资源管理与开发的经验

新加坡企业认为,人是最重要的资源,因而对人力资源不仅是管理,更重要的是开发。新加坡的企业在政府政策的积极指导下,在企业人力资源管理方面也有着自己独特的方法和经验。

新加坡的企业用系统的观点来看待企业的人力资源管理,并将其贯穿于求才、育才、用才、激才和留才的人力资源开发与管理的全过程之中 在求才方面,企业不只是通过招聘,而是主动在高校设置奖学金,得到奖学金的优秀学生毕业后必须到企业服务一定的年限。在用才与激才方面,国有企业对年轻人和学成归来的学生往往委以重任,让他们充分发挥自己的专长,绝不用论资排辈来压制他们。当他们在工作中表现出自己的才能以后,便有机会得到提升,去负责更大范围的工作。在国有企业中,有不少30几岁的总经理或总工程师,淡马锡集团这家新加坡最大的国有企业的执行副总裁,才刚满40岁。同时,企业不仅适才适用,还注意根据员工的潜力,给予新岗位以获得新的发展。

在育才方面,国有企业都有优良的教育培训设施和规范的培训程序,对新招员工进行引导训练,对在岗员工进行技能训练,另外还有员工的晋升训练和国外训练计划。规定工作满一年的员工可以申请夜大,由企业补贴。

为了保证职业培训计划的顺利实施,新加坡还建立了"技能发展基金",要求职工将工资的2%存入"发展基金"中去,作为企业培训员工的专款,每年培训费约近亿元。与此同时,新加坡政府的经济发展局、职业总会、劳工部、教育部等机构都设立企业教育培训中心,定期开展企业培训活动。

在留才方面,企业认为,高的薪金固然重要,但薪金不能决定一切。企业应该营造一个敬业、乐业的工作环境,让企业的发展与个人的发展紧密相连。

对职工的考核方面,企业要求每个员工上报自己对公司的主要贡献,一年一次 然后由该员工的上司填写评价意见,特别是要指明该员工需要在哪方面加以提高和改善,经过相互谈心、沟通,力争达成共识,最后由人事部门综合后,分成不同类别提交一个委员会决定岗位的重组、加薪和奖金的分配。企业评估的重点放在潜能提高上面①。

新加坡的企业认为,沟通在人力资源管理中的位置是至关重要的 沟通是组织内公共关系人员必须具备的基本技能,要接触、理解并影响他人就必须具备这一能力,这是领导人开展工作的先决条件。只有通过沟通与职工分享信息,让员工也参与管理,这样才能调动职工的积极性,让他们更有效地为企业工作,同时也能及时地发现并解决问题。

许多新加坡企业经常定期举行类似沟通的会议。在会议上,大家可以自由交换意见,通过这种真实的交流,员工能了解整个企业的目标,从而参与企业管理,提高士气,建立起员工的集体归属感与忠诚感,最终以提高整个企业的生产效率。

除了工资以外,新加坡企业也采用提高福利的方式来激励员工,增强企业的凝聚力,以减少不必要的人员流动 除了政府强制的公积金制度外,许多企业自己还制订了一些措施:

——做满一年的员工,企业都会给该员工购买人寿保险、工作意外保险,费用由企业负担。

——做满一年的员工都有额外的花红奖,员工在企业工作期限越长,得到的花红奖就越多。

——做满三年的员工,除了其他奖金、报酬以外,还会得到一个特别奖。

——有一套医疗保健服务制度。

新加坡的企业认为,完善的社会保障制度是现代社会、企业的重要组成部分,因为市场经济和社会保障都是围绕"人的要求"这一目标组织起来的。这是现代化大生产的客观要求,因此称之为"经济稳定器和社会安全网"。

把对人的管理、控制提升到了一个新的高度,使控制与工作、环境、自觉的参与融为一体,以最大限度地发挥人的积极性 许多企业没有打卡机,也没有考勤簿,车间里没有层层监督的

① 曹永新:"新加坡企业管理及其借签",《管理世界》,1995年第2期。

管理人员和辅助人员,主管人员都说:“我们的员工是自觉工作的。”正是这种相互信任,再加上员工本身的高素质,使得每一位员工都能发挥其主观能动性。企业内绿草如茵,环境优美,室内布局优雅,良好的环境给员工努力工作创造了条件。部门经理与职员都在一间大的办公室里工作。迟到和懈怠都被看作是丢脸的行为。良好的工作条件给员工带来了身心的放松与自豪感。

东方式的、充满人情味的管理在新加坡企业的人力资源管理中得到了很好的体现。新加坡的企业家认为,人是企业一切生产经营活动的根本,人才出事业,对人力资源不仅要管理,更重要的是开发。新加坡的许多企业不设人事部,而设立人力资源开发部,它的职能包括管理、开发的各个方面。人是企业最宝贵的资源,企业的成功不是因一两个天才的作用,而是全体员工通力合作、齐心协力的结果。一个成功的企业必须要有自己的企业哲学,以此形成全体员工共同的价值体系,形成企业共同的行为规范,从而使每个员工都能感到其自身在企业中的存在价值,使自我与企业共同发展。

日　本

二次大战后,日本能从经济崩溃状态一跃成为世界经济大国,不仅与日本人民族意识、团结合作和努力工作有关,更重要的是日本将西方管理思想与日本管理哲学相结合,企业注重人力资源的有效管理和合理开发,使人力资源得到很好的利用。终身雇佣制、年功序列工资制以及企业内工会是日本企业管理的三大传统。随着经营者和劳动者的价值取向、企业生产经营环境和组织生产方式的变化,在企业经营日趋国际化的今天,日本企业人力资源管理亦呈相应的改革,其中适应性、多样性及能力主义是其重要的发展趋势。

(一)企业文化对日本企业传统人力资源管理的影响

优秀的企业文化,可以提高企业的内聚力,提高企业自我发展和适应外部的能力,使企业能在激烈的竞争中生存与发展。企业人力资源管理与开发的理论和实践是受企业文化影响的,而企业文化也受到本国的民族文化影响。

日本民族是东方民族,它的文化来源于三方面:本民族产生的一种自然崇拜和民族社会信仰的特殊混合物——神道;经由中国传播过去的佛教;中国文化的主流——儒学。其中,儒学对日本文化有着非常重要的影响。为了得到社会的承认,人们必须按照符合社会公德和自己身份的准则行事。社会要求人们必须承担起各自的责任,在各种责任的压力下,个人利益常常被牺牲。

与欧美民族相比,日本人所受的责任约束较大,受控制的程度也较深,他们更习惯于人与人之间尊卑关系,而个人意志较淡薄。儒学的为人处世之道,对今天的日本企业经营有相当的影响。日本著名企业家横山亮次认为,终身雇佣制和年功序列制是由“礼”而产生的“忠”、“信”思想的体现,企业工会则是“和为贵”思想的体现。同时,日本企业职工还贯彻着“爱人者人恒爱之,敬人者人恒敬之”的儒家思想。

这种文化基调再加上由于自然环境使日本民族产生的一种强烈忧患意识与生存意识,使得日本企业成员与企业之间存在着一种其他民族很少具有的内聚力,它对日本企业文化和企业人力资源管理与开发也同样起着重要的影响作用。

以人为本的团体精神　日本企业文化的核心是尊重人、相信人,承认职工对企业的贡献。日本企业信奉“和为贵”以及忠诚的伦理观,他们普遍认为企业团体的“和”是第一位的。这种意识使经营者始终能将职工的士气视为企业主要的经营资源,并很早就注意到将企业的经营目标与满足职工多层次需求结合在一起。为了维护这种团队精神,日本企业形成了一套有效的管理制度和习惯做法。比如终身雇佣制既是对职工关心,也是对职工负责,因而它极大地增强了职工的安全感;工作丰富化的做法既有克服分工过细导致工作单调的一面,同时也加强了人们之间的交往与了解,非工业化事业历程也具有同样的功能;年功序列工资有助于不使职工之间的竞争产生表面利益上的分化而引起心理上的失衡;企业工会则有利于劳资双方妥协,避免在企业内造成对立等等。因此,日本企业通过各种精神激励的方法来不断强化企业员工的集体主义意识和共同的价值观念。

经营理念对人力资源的强化作用　经营理

念实质上就是企业管理哲学、经营思想及企业精神，日本企业常用“社训”、“社歌”和“社徽”等形式来表现经营理念。如日立公司的经营理念，就是该公司创业以来所标榜的“诚、开拓精神、和”。其中，“诚”指对社会和职工负责，“开拓精神”指独创技术，“和”指自由讨论风气。经营理念明确与否关系到企业文化的强弱，因为理念体现着共同的价值观，它可以增强职工的感情共鸣和使命感，从而激励职工的主观能动性，促使其自发努力，从而使企业人力资源得到有效的开发和利用。

注重对职工的培训教育 重视教育是日本企业人力资源管理的一个传统，“经营即教育”成了日本经营者的信条。他们认为：“人力资源开发的利益大得无穷”，“企业的教育训练投入产出系数最大”，“职工能力的提高与企业利润的增长呈几何级数关系”等等。日本企业内教育内容非常广泛，从新职工到企业第一天起，就处于企业教育系统内，其范围包括经营理念、价值观念、行为规范以及业务技术等等。另外，日本企业热心于教育并不完全仅仅从企业利益出发，同时还兼顾职工自我实现的需要，从而能够使职工在接受教育中增长才干，实现成就感，把企业作为实现自己理想的场所，树立高度献身精神的劳动道德。因此，重视教育使日本企业人力资源得到更充分的开发，企业更具竞争力。

提倡职工参与管理的意识 80年代在日本兴起的“企业文化热”，其实质就是促进职工更多地关心和参与企业管理活动，强化职工的主人翁意识，充分调动他们的积极性。著名管理学家彼得·德鲁提出的“目标管理制”被许多日本企业引入，并进一步得到发展。日本东芝公司在编写的《目标管理实践》中指出：“每一个职工，由于亲自参加制定目标，无疑会感到自己为达到目标负有责任，并以极大热情投入工作。”“职工建议制”也是日本企业广泛采用的一种方法。它全面地动员了企业全体员工，集思广益，在诸如优化产品设计、提高产品质量、改进工艺流程、降低产品成本以及福利等其他经营管理方面出谋献策。有关资料表明，在实行职工建议制的企业里，企业奖励费用与其收益之比为1:50。另外，质量控制小组是日本企业职工参与管理的另一个特色。质量控制小组是企业中职工以非正式的群体组织参与管理的一种形式，它是以自由结合、自愿参加的原则组织起来的。日本企业许多合理化建议的提出及其实施都是通过这类小组实现的，如大和精工的“三五运动”（提高生产率5%，节约经费5%，一切行动提前5分钟）；大分钢铁厂“001式企业”（事故为零，次品为零，质量第一）。目前，日本企业中这类小组有200万左右，每年为日本企业节约200～250亿美元，同时在很大程度上也保证了日本产品的竞争能力。

日本企业的人力资源管理具有终身雇佣制、年功序列工资制和企业工会三大管理特征①。

终身雇佣制 在日本，职工一旦进入公司，只要不违法或严重违反公司规定，只要公司不破产，他基本能在公司或关联公司一直干到退休。终身雇佣制使特定企业成为职工的终身劳动场所，从而使职工一方面有了“安全感”，另一方面也产生了“归属意识”，它将职工的命运同企业的命运联系起来。

终身雇佣制以股票分布所造成的社会经济结构为主要依托。首先，相互持股形成的“法人资本主义”消除了企业被兼并的可能性，企业有长期存在的安定感。日本有句名言：“公司是永远的。”由于相互持股是一种相互保险的机制，因而，日本几乎没有大企业破产的纪录，这是终身雇佣制存在的最基本的条件。另外，职工持有本公司的股票也加强了对企业的向心力，从而形成了“命运共同体”的意识。

年功序列制 职工年龄愈大，工龄愈长，熟练程度愈高，工资也愈多。这种资历工资制是与终身雇佣制相适应的。它对于稳定基本职工队伍、缓和劳资矛盾、增强职工对企业的向心力起到了十分重要的作用。年功序列制的工资体系有两个特点：(1)体现了一种企业跟职工的借贷关系。40岁以前，企业借职工的，企业压低了新职工的工资，工资增长幅度低于劳动生产率的增长。50岁以后，企业还职工的，因为过了劳动盛年期，工资增长幅度高于劳动生产率增长的幅度。45～50岁之间，是工资增长幅度最大的时期，因为在此时，职工正值劳动盛年，而且家庭负担最重，较大幅度加薪有利于人心稳定。同时，新进入企业的

---

① 姜波：“日本企业经营上的三件神器”，《经济日报》，1993年11月10日。

职工的表现,是以后加薪多少的依据,也是职工以后可能被提升的“档案”,这就引进了竞争机制。(2)岗位工资比重不大,各种补助名目繁多。据统计,日本企业的补贴种类有:职务补贴、地区补贴、住房补贴、家庭补贴等20几种。其中,岗位工资平均只占工资总额的25%。

企业内工会 所谓企业工会,就是以企业为单位组织的工会,它使企业和职工结成紧密的共同体。企业工会缓和了企业职工的矛盾,有利于企业实行家族式的经营管理。然而,它又是一个矛盾的复合体:既在某种程度上代表职工同资方交涉,争取自己的利益;又跟资方合作,从而共同保证企业的生产。总之,它对建立和谐的劳动关系,促进公司兴旺发达起了积极作用。

(二)企业人力资源管理的模式与改革因素

“经营在于用人”,这是日本企业经营管理的主导思想之一。人这种活资源的管理和开发,对企业的生存和发展起着举足轻重的作用。因此,日本企业把人力资源置于静态与动态的相互联系中加以管理,以期得到人力资源更有效地开发与利用。

日本企业人力资源管理采取了双重目标约束和管理模式,即维持目标和发展目标。维持的核心问题是解决好现有人力资源的有效运用,即解决好两种配合关系。第一种是用企业的人力资源的数量、质量和结构去适应企业独特的生产资料和生产的物质技术基础;第二种是使每个职工与他们从事的岗位相适应,不断培训开发人力资源,使之与不断发展的物质技术基础相适应。从生产力变化的连续性的要求上看,人力资源的不断开发是企业在发展中求生存的必然要求。

在日本企业中,职工进入企业后,被作为企业的资源分配到不同的工作岗位上,产生一定的绩效,然后通过对绩效的评估取得两类信息。一类是调整信息,用于改善人与工作的配合关系,提高人力资源运用的有效性;另一类是开发信息,输送到人力资源开发系统中,以期通过适当的培训和开发提高员工履行工作职责的能力。企业根据经营发展战略的要求和技术变化的预测,以及将来对人力数量、质量、结构的要求,对员工进行有组织、有计划的培训,并投入到人力资源的运用之中。这样,人力资源的运用和开发以及配合关系的调整两位一体,不断循环往复,确保生存与发展的连续。

这种类似内部劳动力市场的运作方式使得企业人员稳定,很少产生对人力资源开发损失的顾虑,并且促进整体职工的素质不断提高。同时,这种开发与适用的紧密联系,有益于企业形成凝聚力和向心力,使企业的生存真正赋予发展之中。

在国内外市场竞争加剧,新领域、新技术的不断革新以及企业经营国际化的影响,再加上日本企业还面临着现代化文化与传统文化较为严重的冲突,这无疑都给日本企业的传统人力资源管理产生极大的冲击。随着推崇能力的呼声越来越高,企业人力资源管理政策也在相应地调整,在原有管理基础上适度地加入了能力因素,以希望实现更为有效的管理。

日本经济同友会发表的题为“90年代的企业经营——新日本的经营创造”的报告中,对日本企业的组织——制度——企业人力资源进行了总体调查,阐述了90年代日本企业人力资源管理的特征。

新日本经营方法提倡发挥个人的能力主义,打破传统文化观念,注重企业员工的工作生活质量变化,以增加工作的情趣,激励职工进一步开发企业人力资源。在变革中,有两方面表现得尤其显著:一是提倡人的相互尊重;二是提倡人性的回归。许多研究同时表明,日本传统式的管理对人缺乏尊重,在某种程度上压制了个性的发展和独立的创造性。因此,现在的趋势是提倡人的相互尊重,即尊重人的能力,给有能力的人以较快的提升,并鼓励职工独立性,自发地发表自己的见解。

另外,不同的劳动人事制度的改革还有其具体的因素。

首先,从终身雇佣制来看,适应于终身雇佣制度的劳动者范围在现实中正在减少 同时,本来管理人员和职工适合于终身雇佣管理,可现在管理人员和职工对退休以前实行终身雇佣的要求淡薄;在激烈的技术革命中,技术人员不愿意把终身雇佣作为就职的前提条件。

其次,年功序列工资制随着终身雇佣制人员的减少,适合采用年功工资的固定劳动者的比例亦逐步减少 同时,年功序列工资的上升曲线开始趋向平稳。1958年,高中毕业的男子蓝领工人退休前的工资是学

徒工的5.7倍,工龄工资增长幅度很大。而现在工人就业周期工资差别减低到2~3倍,因为青年工人的工资上升,中高年工人提薪封项,所以初到工厂与退休前的工资差别缩小,故而年功工资对劳动者的吸引和挽留,特别是青年职工的工作欲望的刺激效果减弱。

再次,青年脱离工会,职工参加企业工会的欲望降低是日本企业工会遇到的现实问题　劳务省1986年7月发表的"对经济社会环境变化及日本雇佣惯例进行的调查、研究——日本的雇佣惯例的变化及其对应"一文中反映,从未想过要脱离工会的职工只占职工的1.7%。多数工会组织者因青年脱离工会而存在危机感。

(三)日本企业人力资源管理的改革

为了克服传统管理的某些缺点,更有效地激励员工的积极性,日本企业的人力资源管理活动在引入能力主义的思想基础上,近几年有了明显的变化。

以终身雇佣制为基础,发展多样化的雇佣方式　虽然提起日本的劳动人事制度,首先想到的就是终身雇佣制,但真正在日本某家企业工作25年以上的只占职工人数的5%。随着经营环境的多变和竞争的加剧,经常出现企业之间互相挖掘人才的现象。目前,许多中小企业甚至大型公司广泛采取了合同工制、定时工制以及中转职工等。

中途选用人才受到重视　日本企业受到世界经营环境及高新技术的影响,一些专业技术人才、高级管理人才经常以合同雇佣方式被中途选用。企业依据他们的经验、技术、能力、职称以及未来可能发挥的业绩等因素确定其工资标准,年薪制就是其中普遍的一种。

定期契约人员甚为流行　这是指以3~5年为期签订合同,在特定的行业、特定的领域雇佣那些掌握专门知识和技能的人的一种雇佣形式。据日本劳动省1988年《有关就业形式多样化的实态调查》,雇佣合同工的产业较多地集中在金融保险(占16%)、不动产(占11.9%)和服务行业(占12.0%)。在现今的日本企业中,合同工的比重还在扩大,有的甚至超过了正式工。

定时工制日益普遍　这种雇佣方式的劳动时间比一般常用工人少,工资待遇也比常用工人低,并签订了合同的一种雇佣形式。定时工制虽然在工资待遇和劳保福利待遇方面还存在不少问题,但因劳资双方互有所求,定时工的人数仍然逐年增加。据劳动省的雇佣管理调查:1983~1984年,雇佣定时工的企业占全企业的58.1%,1987年雇佣定时工较多的产业是制造业(占29.2%),批发、零售、饮食业(占39.8%),服务业(占22.1%)。

因人事制度多样化,发展复合型工资管理

过去只要是在同一企业的职工,其工资制度均按同一的标准执行。随着雇佣形式等人事制度多样化发展,工资管理亦呈多样化趋势,根据职工不同的身份、雇佣形式和期限的差异,有不同的工资结构。

业务型工资　依据职工业务性质划分成管理类、助理类、职工类等项。

工作地型工资　依据特定的工作地点,如国内、海外、后勤、事业部等均有不同的工资标准。另外,依据北海道、本州、四国、九州、冲绳等地区也划分若干工资标准。

职务型工资　依据职务性质,如管理、技术、研究、操作、机械等工种的不同制定工资标准。

奉行业绩主义,推行职务能力工资制,导入年薪制　日本企业的年功序列工资制正向能力主义转变。许多企业着手建立以智能为中心的劳动人事管理体系,其核心是职能资格制度。所谓职能是指履行其职务的能力,一定的职能构成一种资格,职能资格是多等级的,每个等级都有明确的标准。该制度由教育、调配、考核和报酬四个部分所组成,其鲜明特点是,注意和关心职工的思想、干劲和能力开发,激励职工努力向上。

在论资排辈的年功序列工资制日益受到冲击时,许多企业实行"基本工资+期间业绩工资"相结合的新工资制。年薪制盛行于高级管理者和科技专业人才之间,它不考虑年龄、工作时间长短、现任职务等个人及年功因素,而逐年以业绩评估来决定从业者的年薪高低。其优点是可让使用年薪制的人员位居特殊的地位而努力达到或超越既定目标。例如,东京瓦斯公司等采取管理者年薪制;菱屋公司及喜久屋公司等则采用全员年薪制。总之,业绩主义、职务能力工资制以及年薪制其宗旨是调动更多人的劳动热情,是今后企业职工工资制的发展潮流。

培训教育以适应企业的发展及国际化为原则 随着时代的发展和产业结构的变化,日本企业职工教育是随着市场的变化,企业经营战略的发展而变化的。随着信息产业的迅速发展,微电子化的飞跃,日本各公司在努力完善自己的服务系统,扩大销售网络,积极开拓国外市场的同时,积极培训适应微电子化及海外经营的高级管理者和技术人员。企业强化电子学、控制论、计算机及英语等课程的教育,加强机械电脑应用等方面的实践训练。在教育指导思想上,各企业强调开阔职工视野,着重开发职工独立工作能力。近几年,为适应企业国际化的发展,日本企业着重培养"经济型"、"未来型"人才,以期在竞争中取胜。

另外,日本企业的"FA"化(factory automation,工厂自动化)正迅速发展。根据日本中小企业厅发表的"白皮书"的报道,不少中小企业引进全自动设备时,缺乏操作以及设备维修等方面的专业人员。因此,积极开展FA系统的研究开发和"FAT"(factory automation technician)教育成为许多公司时下教育的热门课题。

在当前的职工教育中,日本企业纷纷提倡充分发挥职工的"活力",鼓励每位职工参与各个部门、各个阶层从局部到整体的经营、决策过程,注重教育与实践的结合。为了在激烈的竞争中立于不败之地,日本企业始终要求每位职工为公司的未来、个人的未来不断接受教育,接受新知识和新技能,通过教育培训的终身观,把企业和个人更紧密地联系起来。

中　国

当前,中国正处于建立和完善市场经济体制的过程中。如何建立与市场经济相适应的现代企业人力资源管理体制,通过人力资源的有效管理与开发来提高全体职工的素质,调动他们的积极性、主动性和创造性,已成为当今中国企业发展所共同关心的问题。

(一)企业人事管理制度的沿革

企业人事管理体制,很大程度上是由国家经济管理体制所决定的。中国传统的企业人事管理制度是与高度集中的计划经济体制相适应的,它的形成和发展是有其特定的历史背景的(如表1所示)。

表1　中国企业人事管理制度的沿革

年　代	人事管理阶段	特　征
1949～1952	萌芽期	统包统配 固定工制度
1952～1957	起步期	"一长制"的苏联管理模式 按劳分配,计件工资,奖励制度
1957～1966	发展期	厂长负责制 职工代表大会制 职工参与的民主管理 (两参一改三结合)
1966～1976 (文革时期)	停滞期	强化"三铁" (铁饭碗、铁交椅、铁工资)
1978年迄今	改革创新期	逐步改革计划经济体制下的人事管理制度,全方位的人力资源管理的理论与实践创新

建国以后,这套企业人事管理制度虽然起过积极作用,但随着改革开放的深入和市场经济体制的形成,其弊端也暴露得越来越明显,由于这些弊端的惯性作用,至今仍阻碍着经济的快速发展。企业人事管理的弊端在劳动、用工、人事分配等方面,集中表现为"铁饭碗"、"铁交椅"和"铁工资"。这显然是不符合市场经济发展的要求。在经济体制改革中,要改善企业经营管理机制,发展社会生产,必须进行企业人事管理制度的改革。

(二)企业劳动人事制度改革历程

从1978年开始,中国实行改革开放,特别是1992年以后,中国开始从高度计划经济的管理体制向市场经济的管理体制转换。近几年来,随着经济体制改革的不断深化,劳动人事制度改革也向纵深发展,根据各个时期的历史背景和主要特征,可划分为三个阶段(如表2所示)。

表2 中国企业劳动人事制度改革历程

时间		改革内容	特征
探索和试点阶段	80年代初期至中期	改革招工方法,实行向社会公开招聘、创办劳动服务公司,加强就业培训等	劳动、用工多元化
突破与扩展阶段	80年代中期至末期	实行承包制,逐步采用劳动合同制	以企业作为用工主体,以劳动合同确立劳动关系,以双向选择为手段
深化与提高阶段	90年代初以来	破"三铁",按照《劳动法》实行全员劳动合同制,宏观配套改革	向现代企业制度下的人力资源管理转变

(三)劳动者素质的变化与特点

当前,在由计划经济向市场经济的过渡中伴随劳动关系的巨大变化,中国人力资源除在其数量上的变化之外,其素质也发生了新的变化,呈现出新的特点。

劳动者思想意识与观念发生了巨大转变

改革开放的17年来,思想意识与观念的更新与变化,是中国当代劳动者诸多变化中最深刻的变化之一,其具体表现在以下三方面:

劳动者阶层意识基本形成 主要表现在劳动者对变革中的劳动关系及现实中自己的政治经济地位和权利有了新的认识。

劳动者组织意识日益增强 目前,中国许多劳动者强烈希望现有的工会能够真正代表和维护劳动者的利益。有调查表明,希望工会将"代表维护职工利益"放在第一位工作的占调查总数的72.5%①。

劳动者价值观念逐步改变和更新 由于市场经济的建立和外来文化的影响及冲击,中国广大劳动者几年来的价值取向发生了深刻变化。1)从理想到实际的追求。重实际、重实惠已成为劳动者现有观念的主要特点。2)从国家、集体利益至上到国家、集体、个人利益三者兼顾。据全国总工会调查,73.1%的职工已经把实现国家、集体和个人物质利益的共同增长作为自己的最高理想选择。3)从平均主义到平等竞争意识初步形成。"效率优先、兼顾公平","平等竞争、优胜劣汰"等观念已得到中国广大劳动者的普遍认同。

劳动者文化技术素质与经济发展的要求仍有差距

劳动者队伍整体文化水平虽然有所提高,但层次偏低 据统计,目前在美、日等发达国家大企业中,90%以上的就业人员具有大学或高中学历,而中国工业部门中初中以下文化程度者占81%,高中、技校毕业者占16%,大专以上文化程度者仅占3%。

部分劳动者技术素质和技术等级普遍偏低 据全国总工会统计,全国技术工人中高级技工仅占4%,中级技工占24%,初级技工占72%,而日本的相应比例却是32%、43%和25%。全国两亿多职工中,技师34万人,高级技师2 000人,10万工人中只有一名高级技师②。近年来,中国存在劳动用工的结构性短缺与结构性冗员并存的现象。一方面,训练有素的技能

① 王慧:"当前中国劳动者素质的变化及其特点",《工人日报》,1995年8月1日。

② 王慧:"当前中国劳动者素质的变化及其特点",《工人日报》,1995年8月1日。

人才难以寻觅,复合型、高技能劳动者和某些特殊职业的劳动者更是严重不足;另一方面,却有大批人员空闲,找不到合适的岗位。随着中国产业结构调整步伐的加快,这一问题将会愈来愈突出,有可能将成为困扰中国经济发展的严重障碍。

劳动者的心理素质亟待提高

心理健康是现代劳动者综合素质的重要内容,现代社会对劳动者心理状态的基本要求是有足够的适应能力和承受力。近几年,中国劳动者的心理素质在有所增强的同时,仍表现为不能适应市场经济的发展,一是部分劳动者的心态失衡,二是劳动者的心理冲突与心理危机问题日益突出。

造成这种状况的原因主要来自两个方面。从客观上看,由于中国的经济体制改革,经济成分发生了变化。在过去的全民、集体所有的基础之上,增加了“三资”、民营、私营企业等多种经济成分,劳动者从过去的“主人翁”变成为劳动关系中不具产权和经营权的劳动者,这种变化使部分劳动者一时难以适应,产生被剥夺感和失落感,导致心理失衡;从主观上看,是劳动者观念和素质的不适应。劳动者的观念是形成劳动者基本心理状态的基础,而劳动者的文化技术素质是劳动者谋职生存的第一要素,由于劳动者在这两个方面与市场经济的要求之间的差距,使他们在激烈的竞争中充满了恐惧感、危机感、压力感、无助感,甚至对旧体制怀有难言的依恋情结,怀念过去那种平稳、缓慢的社会环境和工作环境,这种内心的矛盾和冲突导致了心理失衡。

由此可见,中国当今劳动者素质一方面在不断提高并在逐步适应市场经济的要求,但另一方面中国劳动者素质与市场经济的发展需要尚有距离。因此,提高劳动者素质,不仅是现代经济发展的需要,而且也是稳定和协调劳动关系,保障劳动者权益的需要。

(四)企业的人力资源管理

计划经济下中国企业的人事行政管理只是消极地“管人”,它忽视劳动者自我发展的需要,难以调动劳动者的工作积极性。在市场经济下的企业人力资源管理是把人当作一种最重要的资源来对待,它把国家利益、企业利益和个人需要有机地结合起来,有利于生产效率的提高。具体来说,企业的人力资源管理包括以下内容(如表3所示)。

求才——吸收和寻求优秀人才

劳动力市场是企业求才的社会人才库。企业根据工作情况和人力资源计划,明确所需人才的数量、技术条件、等级和时间等,在全社会范围内建立统一的选才标准,引入公开竞争机制选择人才,并采用量化测评技术,围绕选才目标,确定适当的考核测评方法。在选聘人才时,要坚持不拘一格、德才兼顾、着眼发展、按需选才、适当储备的原则,以保证所选人才的数量和质量。市场经济下的企业拥有充分的用人自主权,人才主体也有相当的择业自主,这主要表现在人才择业的双向选择上。双向选择的机制是市场机制,它决定了企业一方面要主动向劳动力市场、向社会“要人”,另一方面必须依靠企业自身的“吸引力”吸引人才。因此,树立以人为本的管理思想,不断改善经营管理,提高企业经济效益,建立良好的企业形象,是企业吸引人才的根本性措施。

用才——充分发挥人才的优势,恰当地分配其工作

合理使用人力资源使之创造巨大效益,意味着要了解组织内个人和群体的需要,优化人员组合与群体结构以及机构设置,并处理好各阶层、各群体、各机构之间的关系,做到人尽其才,物尽其用。具体地说,首先要采用“以人为中心”的管理方式。在企业的生产经营中,注重发挥每个职工的作用,让全体职工都来关心企业,参与企业的管理决策,从而保证决策在集思广益的基础上进行,这样的决策不仅质量高,而且贯彻比较顺利。其次要创造人尽其才的环境。对人才,用其所长,避其所短,杜绝人才压抑的现象。在企业内部,形成互帮互爱的人际关系,及时调整职工之间、职工家庭内部的矛盾,让职工心情舒畅地工作,从而发挥其最佳能力。最后,在工作安排上要注意发挥两个优势,一是个人优势,一是集体优势。企业领导要了解职工的专业特长,使其能力得到充分发挥。而结构合理的集体会收到组合效益,在这个集体中,“虫”也会变成“龙”。

表 3 中国企业人才资源管理模式

	求 才	用 才	育 才	激 才	留 才
目的	吸收和寻求优秀人才	充分发挥人才优势,恰当地使用人	通过培训教育,进一步开发人才潜力	通过各种激励措施,充分调动人才积极性	珍惜人才,留住所需人才
条件	建立和完善劳动力市场	尊重员工、信任员工	建立员工培训、教育体系	建立良好激励机制	树立人才是企业之本的意识
方法	人力资源计划,统一的选才标准,双向选择机制	关心人,大胆使用人,创造人尽其才的环境,发挥个人、集体两个优势	个人开发、职业生涯开发、组织开发	目标管理配套考核、评估与奖惩机制	企业内部的文化与组织环境,企业外部的监督、约束与仲裁机制
关键	依靠良好的企业形象吸引人	树立"以人为中心"的管理思想	形成"经营即教育"的管理哲学	产生企业文化的凝聚力作用	极大程度地满足员工需要

育才——通过培训教育,进一步开发人才潜力

"经营即教育"是日本经营之神松下幸之助先生的一句名言。作为管理者,不仅要学会怎样用才,更重要的是要会育才,对下属职员进行经常性的工作指导,以纠正偏差,提高水平,促进管理目标的实现。这种经常性的指导属于非正式教育,它贯穿于管理的整个过程,能有效地提高职工的工作技能。教育的另一种方式是正规培训。企业的人力资源管理部门应把公司的战略目标与雇员的个人生涯发展相结合,这是现代人力资源管理的重要内容。只有这样,即把个人需要与组织的目标有机结合起来,这种育才的方式也会有效。由于企业现有人力资源的存在方式是多层次、多方面的,与之相适应的教育培训手段,也应当是灵活多样的。要坚持一切从效果出发,不追求教育培训的规模和数量,贯彻"企业时时事事是教育"的观点。

激才——通过各种激励措施,充分调动人才的积极性

市场经济下的现代企业制度,就是要求企业建立起一套科学的人才激励机制,运用各种管理技巧充分调动员工的积极性和主动性。这些技巧包括:(1)让员工参与企业或部门目标的制订。这不仅对许多员工产生较强的激励作用,并能增强员工为实现目标而努力工作的主动性。(2)采用宽严适度的领导方式。要通过严格的规章制度和"兄弟的心加厂长的手",使全体员工都做到心理平衡,心情舒畅,努力上进。(3)提倡管理者与职工间的双向沟通,从而达到提高认识、理顺情绪、相互理解、相互支持的目的。(4)企业应减少工资、奖金和福利发放中的固定部分,增大工资、奖金同个人、部门绩效挂钩的比重,以降低员工"保健"因素要求,提高货币激励效果。

留才——珍惜人才,留住所需的人才

近几年,中国国有企业职工的流动性不断增强。面对这种形势,企业能够留住所需人才,形成一支"称职的核心职工队伍"更为重要。这不仅有利于加强企业在人力资源培养、使用和引进方面的计划性和预见性,提高人力资源开发效益,而且企业还可以通过这支队伍来影响和带动流动性较强的职工,更好地实现企业目标。企业能否留住人才,关键在于企业能否最大限度地满足人才的需要。人的需要各不相同,总的来讲有两个层次:物质的和精神的,两者相辅相成。因此,企业要注重从这两个层次来满足职工的需要,积极培育具有企业和行业特色的、强有力的企业文化,提倡共同的价值观和目标,建立公平的分配体制,创造一个奋发向上、不断进取、凝聚力强的组织环境,以留住企业所需人才,保持职工队伍的相对稳定。

中外部分著名企业(公司)经营管理

丰田汽车公司

丰田汽车公司创建于1937年,当时是个只有1 200万日元资本的企业,10年后的1947年,才累计生产10万辆汽车。但在此后的几十年内,丰田汽车工业的发展突飞猛进,1991年销售额为780.6亿美元,利润额为31.43亿美元,雇员102 423人。在世界十大汽车厂商中,仅次于美国通用汽车公司和福特汽车公司,占世界第三位。探索其成功的奥秘,主要得益于以下几个方面。

生产管理——卡片制度,质量第一

丰田汽车公司一贯重视合理化生产,积极推行"卡片制度"。所谓"卡片制度"就是一种定量定质的生产制度。各个生产环节都按照卡片(上面标明交付部件的时间和数量)交付部件,不管是生产线还是装配线,概不生产不需要的部件。"卡片制度"的创始人、丰田汽车公司的副总经理大野耐一把这种生产合理化方式归纳为:上道工序不往下道工序输送次品,上道工序只生产下道工序领取数量的部件,没有卡片不许领取,不许领取超过卡片规定数量的部件,每个部件都必须附有卡片。

为了打开市场,提高竞争力,丰田汽车公司高度重视产品质量,把产品质量看成是"公司的生命"。公司自建厂以来,一直把"生产优良产品,提高丰田质量声誉"作为基本方针。从1961年开始,实行全公司性的质量管理活动,活动都以满足消费者的质量要求为目的,具体活动内容是:在产品规划、产品设计、生产准备、采购、生产、销售、服务等各个阶段中,管理好质量:进行严格检查,保证产品质量;对顾客进行适宜的服务;并对以上活动进行监查。公司把上述一系列活动编成体系,制定了公司的"质量保证规则",明确规定了从产品规划到销售服务的各个阶段的保证。在生产阶段,每道工序的工人自己进行质量检查,每当完成一定数量的加工品后,机器就自动停止,检查质量用的标识灯就发亮。工人对加工品进行质量检查,如果及格,机器就重新运转。不仅如此,丰田汽车公司还组织了4 000个质量管理小组,每个小组约10人,以消灭疏忽过错,保证质量和注意安全、节约成本为目标。质量管理小组的活动,对提高产品质量、降低成本等方面起了很大的作用;在销售阶段,公司建立了各种情报收集网,收集丰田车的市场质量情报,据此进一步采取改进质量的措施。1957年5月,丰田汽车公司生产出一种"光环牌"小轿车,国内销售价格为64.85万日元,这在当时的小轿车中是价格最便宜的。但由于新机轴质量太差,毛病百出,销量下降。1960年3月,经全部改型后,丰田已生产出第二代"光环"车,但又因车身太低等缺点,不受用户欢迎,被迫停止出售。丰田公司没有因此后退,公司更换了总工程师,集中技术力量修改"光环"车的设计,并对它的性能进行大量试验。先后两次派人赴美,在高速公路上检查"光环"车连续行驶时的噪音和震动问题,不断改进提高。为了扭转用户们认为"光环"车"不坚固"、"不耐用"的坏印象,丰田汽车公司对"光环"车进行了"空中飞车"、"悬崖坠落"、"猛撞油桶"等一系列非常惊险的破坏性试验。"空中飞车"是让高速行驶的"光环"车,忽地腾空而起2公尺,在空中飞行大约25公尺远,着地后照常行驶。"悬崖坠落"是使"光环"车从15公尺高的悬崖上坠落后照常行驶。这些试验,通过电视播放,大大改变了人们对"光环"车的印象。到1967年底,"光环"车的销量已在小型汽车市场上遥遥领先,并夺取了出口首位的桂冠。

丰田的座右铭——好产品,好主意

凡是到过丰田公司的人都注意到,工厂到处挂着"好产品,好主意"的标语牌。曾任丰田公司总经理的石田退三说:"好产品的意思是来自好主意,好产品也产生好主意。丰田讲的所谓好产品就是好汽车,所谓好主意就是如何去制造它,如何去推销它,又如何去改进它。"他还说:"汽车的生命在于各种机能和耐久力。而且必须物美价廉。汽车制造商的最终和最高目标是,产品要更好,价钱要更便宜。而且好主意还必须紧紧跟上好产品,改进质量和降低成本可以说是一个永恒的课题。”

为此,丰田在全公司广泛开展了提“合理化建议”活动,职工们以高度的责任感积极地献计献策,好建议层出不穷。如在1968年全公司提建议还只有2.9万条,到1976年达到46万条,近几年已达到 每年数百万条,平均每位工人每年提出50至60条。而欧洲汽车公司的工人是平均每人每年提1条建议。

提合理化建议的初期主要是围绕机械器具的改进献计献策。到70年代,这一活动范围已扩大到以降低成本、保证质量为中心的一系列环节,以及生产技术、产品开发、经营管理等等。总公司设立了“创造发明委员会”,在各部门、各分厂设立“合理化建议委员会”,在各个工作现场则自愿结合成“创造发明小组”。公司在各处设合理化建议箱,收集职工建议,并分三级进行审查,有重大发明建议者,由总经理予以表彰,发给重奖;经研究不予采用的建议,也发给一定数额的鼓励奖。

合理化建议活动的开展给丰田公司带来了可观的经济效益。如前些年公司提出了降低“皇冠”车成本的号召,指标是每辆车节约1万日元。这一活动不仅包括安装这种车的所有10个工厂,而且包括众多的合同公司。在活动中,职工们提出了大量的合理化建议,结果,每辆车节约1.2万日元,仅此一项活动,一年的“皇冠”车就节约100多亿日元。

公司还大力推行TQC运动(即全面质量管理),由总经理亲自担任质量管理部长。质量管理部编制了“质量保证活动一览表”,对每一个工序应对下一工序进行质量保证的项目、保证质量必须进行的作业和负责质量保证的负责人作了明确规定,要求每一工序都对下一工序保证质量,从而最终对用户保证质量。公司还建立了6 500多个质量管理小组,使保证质量有了广泛的群众基础。TQC活动开展以来,公司因产品质量返工和赔偿用户损失的金额成倍下降,而销售额直线上升,丰田汽车已名副其实地成为国际一流水平的汽车,博得用户的广泛赞誉。

人才使用——人人受训,逐级提升

丰田汽车公司总经理石田退一在谈到有关培养丰田式人才时说:“事业在于人。人要陆续地培养教育,一代一代地持续下去。任何工作,任何事业,要想大力发展,给它打坚实的基础,最要紧的一条是‘造就人才’。”在丰田,无论是汽车工业公司,还是汽车销售公司,尊重人才这一思想在根本上是与培养人才一脉相承的。为造就丰田公司的合格人才,他们注重抓住三个环节:一是把住入口关。丰田从招收新职工入手,抓进岗人员的基本素质,其重点是放在“人品”上。丰田汽车公司重视“有远见和思考灵活的人。既要有朝气,还要能求同存异,顾全大局”。二是业务培训关。职工进公司后,要通过多种形式进行岗位业务的培训。丰田汽车工业公司的企业内部教育,有通过工作来提高业务能力的教育,有业余教育,还有发挥职工个人上进心(自我启发)的教育,以此来保证新进职工人人受到教育培训。丰田汽车销售公司和丰田汽车工业公司一样,大体上分为正规教育和非正规教育来对职工进行业务培训。其中最受重视的是公司内进行交流业务的教育。每年4月1日招收大学毕业的男职工,10月1日安排工作。在这6个月期间,为使新职工成为一个“丰田人”,要进行彻底的基本训练。首先进行丰田汽车销售公司业务内容之类的一般教育,然后被送到丰田汽车工业公司的工厂去,同现场的职工混在一起,接受为时约2周的工厂实习教育。接着,随同老维修人员以现场实物为教材,再受为时约1周的维修实习教育。这一过程结束后,才可进入销售实习。三是岗位提拔关。无论是丰田汽车工业公司,还是丰田汽车销售公司,新人——骨干——副课长——课长,每升一级都要进行与各自岗位相应的进修,有关“培养人才”的热情之高是其他企业中所罕见的。

劳资关系——福利至上,相互信任

丰田汽车公司的工资标准高,福利待遇多。新职工可以住便宜的公司宿舍。5年以上工龄的职工可以从公司得到500万日元以下的低利购买住宅贷款,这笔款可以在20年内分期偿还,使35岁以上的丰田职工绝大部分能有自己的住宅。职工买丰田汽车有八折优待,经济有困难的,公司提供无息购车专用贷款。因此,几乎每个丰田职工都有一辆丰田车。

丰田汽车公司为职工建立的体育、文化、卫生设施都是相当庞大的。在公司体育中心里,有田径运动场、体育馆、各种球场、游泳池等。在总公司、各工厂、研究所和职工宿舍,也设有体育馆、游泳池和各类运动场。因此,有人说:“丰田的体育设施足够开全国运动会之用。”另外,在丰田还拥有一座340个床位的综合性医院,一座藏书7万册的图书馆。为活跃职工的业余文化、体育活动,丰田汽车公司建立了各种职工业余组织,仅体育运动、文化教育活动的各种部、会,就有七八十个。

为了加强丰田人之间的感情和联系,丰田汽车公司组织了各种各样名目繁多的会。除了有工作上的班长会、组长会、工长会、课长会、部长会外,还有按学历、资历划分组织的各种社团。如大学毕业生职工参加的“丰进会”,高中毕业生参加的“丰生会”,被提拔职工参加的“丰隆会”,自卫队退伍职工参加的“丰荣会”。女职工则分别参加“绿色会”、“若叶会”、“若草会”。在日常的运动会、社团组织会期间,公司的总经理、副总经理、董事等领导,只要时间允许都会参加,以加强与职工的感情沟通。

(唐骅　李荣启)

索尼公司

日本索尼公司成立于二战后的1946年,初创时只有20多人,500美元资金,主要业务是修理收音机和留声机等家用电器。到1991年,索尼已成为拥有雇员12万多人,年营业额达275亿美元的大型跨国企业集团。几十年来,索尼不断发展壮大,成为现在的规模,既得益于其卓越的经营行销,又得益于独具特色的企业文化。

卓越的经营行销

索尼公司的经营策略特色是保持高级品牌的形象,产品领域只限在电视、音响及相关的“软件”。不像一般的家电厂商,冰箱、洗衣机都在产销之列。80年代初,索尼公司销售额中各种产品所占比例为:电视机23%、录像机27%、收音机17%、音响设备7%、其他26%。在推出的许多产品中,比如单枪三束型彩色显像管电视机、随身听收音机、八厘米摄录影机等,迭创畅销产品的新纪录,也为公司带来丰厚的利润。

索尼公司从一开始,就努力成为国际性企业。公司董事长盛田昭夫到美国购得晶体管收音机的授权后,并未直接返回日本,而是辗转赴欧洲各地参观,当他到达荷兰时,心中豁然开朗,对飞利浦公司留下深刻印象。他在自撰畅销书《学历不用论》上写道:“1953年我第一次去参观荷兰的飞利浦公司时,觉得荷兰和日本地理环境相似,所以既然诞生于农业国家的飞利浦公司,能够在世界市场上获得如此势力,日本也可以同样去做。从这个时候起,我对于输出有了关心。”盛田昭夫倾力培养国际性的人际关系,广结美国高层人士。他在1963年举家迁往纽约,在一年半的时间里,英语达到了炉火纯青的地步。1969年美国摩根银行组成国际咨询委员会时,会员中有美国人士12名,外籍人士12名,盛田则是日本唯一的代表。索尼公司在美国设厂也是别具一格,1972年在加州设立电视机厂。当时美国许多厂家纷纷迁厂到东南亚或中南美一带,以降低生产成本。而索尼公司的着眼点却是日本对美输出迟早会带来贸易摩亲,与其如此,不如早着手转移生产据点,增加对方的就业机会,以缓和摩擦的压力。在美国设厂的同年,索尼公司也在日本成立贸易部门,专门进口美国的各种家用电器、酒、化妆品等,并宣称是为减缓美国对日的贸易赤字。索尼公司尽力协助,实际上是洞察了美日经济力消长互见后的对策。

索尼公司不仅在电视机、录像机、收音机、音响设备等“硬件”上独占鳌头,而且对于“软件”也下了很大功夫。1968年,索尼公司与美国哥伦比亚广播公司唱片公司合作,在日本成立唱片公司。1937年,以20亿美元买下美国哥伦比亚广播公司的唱片公司,对方由合作对象变成购并对象。1989年又以34亿美元购并哥伦比亚影业公司,主导事业是影片制作发行,并翻拍成录影像带。至此,索尼的营业总额,将有一半来自“软件”业务,如此便降低了传统以产销音响、电视机、录像机等“硬件”为主的比重,“软”、“硬”兼施,齐头并进。

重视科学技术,不断创新

索尼公司的历史是不断地向新的领域进军,不断地为社会创造新的热门商品的历史。通过开发富有魅力的产品而不断地开拓市场。从袖珍收音机开始，到使用电池的便携式电视机、平放式录像机、摄录一体机、微型激光唱片机和独具特色的彩色电视机单枪三束彩色显像管，以及引起音响革命的单放机等等，索尼公司一直在领导新潮流。

索尼公司的两位创建人井深大和盛田昭夫，都是物理系的毕业生，深知科学技术的重要性。由井深大撰写的公司创立宣言就确定，“公司的宗旨是迅速地将战时各种非常进步的技术应用到国民生产中去”，“及时地把各大学和研究所等最有应用价值的优秀研究成果变成产品和商品”。他们一直就把眼睛盯在科学技术上。此外，他们还大力引进国外先进技术，在日本率先生产出半导体收音机和磁带录音机，花了2.5万美元（当时是一笔巨款）购买了美国半导体晶体管的专利权。

目前索尼公司的产品阵容已不断扩大到半导体、电池、磁带、家用和专用声像设备、计算机、通信器材和产业机器人等广阔领域。这些产品是索尼公司9 000名工程师和研究人员夜以继日地工作的结晶。井深大在接受采访时说：“索尼成功的秘诀是决不模仿他人，这适用于一切商业、科学研究和技术开发领域。这也是我的哲学。”盛田昭夫和井深大两人，一个专务销售，一个专心业务。曾经风靡一时的袖珍半导体收音机、录像机和单放机，都是根据井深大的设想开发出来的。

为了防止公司内研究项目的重复，索尼公司还有专门检查监督和推进技术交流的全公司的横向结构——索尼企业研究所。主要负责两三个事业部和上百个产品开发小组的协调，出版登载技术信息的社内刊物，每年搞一次只对公司职员开放的大型技术展览会。公司的工程师和研究人员所搞的项目都在这里展出。各组一年来的成果通过展出互相竞争，也有许多不同的小组联合搞一个项目。公司最高负责人届时到展览会上仔细地观看各小组的成果。这同时也是各小组获得高层人员指导的大好机会。现在索尼公司每年推出约1 000种新产品，平均每个工作日开发出4种新产品。

人尽其才，互敬互爱

与日本其他电子公司一样，索尼公司都要从主要大学的理工科招聘技术人员，但索尼招聘的并不一定是取得最高分数的学生。井深大说，我不录用专家，因为他们常对你说这不能做那不能做的理由，而我们则要求独出心裁，研制新产品。索尼谋求的人才是那种乐观、心地宽广、兴趣广泛的人。索尼认为，最出色的技术人员是那些愿意积极参与各种产品开发小组、敢于在他们以前未曾接触的研究领域一试身手的人。公司视频事业及研究开发部专务森尾稔分析说，好的工程师常常是那些年轻、刚开始负责某个专业的人，如果在某个领域一直成功，就会过分相信自己，反而容易失去创造性。

为了鼓励人才流动，索尼公司设立了一项制度叫“社内招聘”。即允许工程师在公司的任何部门寻找项目而不须经过本部主管人员许可。这种制度能让上司放手自己的部下去找到适合他的职位，从而抓住晋升的机会。当然，即使部下在其他部门干得不好，本部门的上司也不会知道。这个制度造就了一批人才。比如软件工程师平山，他原是索尼总公司家用电脑生产组的程序设计人员，工作5年后，他感到有必要了解一下计算机市场的现状，以便于研究自己的产品。他说服产品部销售分部主任将他派往英国工作，1986年他到伦敦的分店从事技术研究工作，两年间，他悉心听取家用电脑的用户和零售商们遇到的困难、问题，总结出了供总公司开发人员参考的有关改良产品和提高产品性能的方案。平山回到日本后便开始研制自己命名的新产品——“辅助电脑”，高层领导人发现了他的这项成果并将其投入生产，这就是后来成为超级热门商品的可以通过手写输入的袖珍（手掌大小）计算机——掌上超级机。这种产品能够存储约会、地址、电话号码和个人备忘录，目前只能在日本买到，售价500美元。

在索尼公司，从未给作出过重大贡献的人员发放特别奖金，原因在于索尼把适当的人员安排到了适当的位置上。曾在单放机和便携桌式激光唱片机的研制上一显身手的音响事业部专务大曾根幸三曾经领导过几百次新产品开发项目，他根据自己积累的经验介绍说，如果想要降低现有产品制造成本或是改良制造方法，那就让经验丰富的老工程师去完成；如果是设计具有许多新的功能、价格昂贵的新产品，那你就放手让年轻的新兵去搞。这也许是索尼灵活用人的秘诀之一。

索尼公司从总裁、总经理到普通职员、普通工人，都一视同仁,互相敬爱、互相尊重。上班时间,大家都穿一样的茄克衫,在不分等级的餐厅里一起就餐,像一个融洽的大家庭,每个人都是家庭中的一分子,充满了人情味。索尼公司的高级主管、各厂厂长都没有单独的办公室,而是与工人们在一起,以便尽快地认识他们,熟悉他们。

(唐骅　李荣启)

韩国三星集团

三星集团概况

韩国三星集团是一个具有60年历史,集电子、机械、化工、金融及贸易服务为一体的综合集团。三星集团是韩国的最大企业之一,世界著名的跨国公司,在美国《幸福》杂志"世界500家大企业"排名第十四位(1994年)。

三星集团由5个子集团组成——电子、机械、化工、金融、汽车及其他领域。目前,其业务范围已包括35个行业。约有员工23万名,分布在世界上68个国家,设有423个办事处和机构。1996年的年营业额为927亿美元。

三星集团始于贸易公司,进而以电子产品,特别是电子高科技领域的新产品研制开发能力而闻名世界。随着三星的业务扩展到世界范围,其经营的产品已波及社会经济生活的许多领域,发展较快影响较大的产业有:

电子产业　三星电子子集团生产视听产品、家用电器、信息系统、计算机、半导体和娱乐产品。在集团各部门的通力合作下,能将原材料转化为高精尖的产品。生产出了世界上第一个IG动态随机存取芯片、宽幅电视,新的码分多址通讯系统、数字激光视盘机等。三星电管是世界上最大的彩电显像管制造商。该公司1996年共生产了4 400万个彩色显像管,占世界总产量的17%。电子数据系统开展了一种界面良好的在线服务,提供新闻、娱乐、教育、家庭购物和其他的电子服务。

销售额:268亿美元(28.9%)。

机械产业　三星机械是由一些公司水平及垂直整和而成的集团,这些公司原从事电厂及废物处置设施、基础设施和材料处理系统的设计及建造。三星机械也是机械产业和电子产业中介一电子机械产业的领先者。其销售额增长了近13%,接近61亿美元。

重工业接受了生产液化天然气、运输船和10.3万吨位钻探船的订单,这是迄今为止建造的最大的一艘钻探船。航空是开发韩国商务客机项目的重要承包商。

销售额:61亿美元(6.6%)。

化工产品　三星化工子集团的运营是围绕着石油化工产品进行的。以这些业务为基础,子集团的附属机构正扩展到许多高新精尖产品,包括高密度聚合物、工程塑料和特殊化工品。

三星综合化学正向用于电子、汽车配件、制药及农业的新基础材料产品扩展。韩国政府为表彰三星精细化工对韩国化学工业发展做出的努力,授予其出口宝塔奖和铜宝塔工业奖。三星BP化工建成了一个乙烯基醋酸脂单体工厂。

销售额:20亿美元(2.2%)。

汽车产业　三星汽车子集团组建于1997年,设计和制造高品质的家庭及商用汽车,其产品包括将于1998年投资的中型轿车、载重货车、油罐汽车、自动卸货车。三星汽车公司在韩国釜山建成了先进的生产厂,将于1998年初投产。商用汽车公司也正在扩大其生产线,以制造轻型和中型卡车,完善其原有成功的重型卡车的模式。

金融产业　金融子集团包括人寿、财产、灾害保险及信用卡、证券业务。这个子集团的目标是:成为21世纪全球市场上的佼佼者,并跻身于世界100家最大的金融机构之列。生命保险是第一家进入中国房地产市场的韩国公司。火灾和海上保险公司不断引进新的客户服务。证券公司是韩国十大证券企业之一,在机构投资者数量和公司债权认购方面排名第一。

销售额:229亿美元(24.7%)。

其他公司　三星集团的独立附属机构,包括有韩国的高级饭店、贸易公司和一流的报纸出版商,先进的医学研究机构和文化福利基金会等。

三星公司向 150 个国家出口价值 142 亿美元的产品,确立了其作为韩国最大的综合性贸易公司的地位。三星工程为中国吉林化工公司建造了生产乙烯、环氧乙烷/亚乙基二醇的工厂,并且得到为泰国石油化工公司建造年产量 70 万吨乙烯厂的订单。第一毛织在韩国龟尾开设了金色时装中心,将该公司纺织产品的生产能力与单一高科技运作结合起来。

销售额:349 亿美元(37.6%)。

三星集团的竞争精神

21 世纪将是一个充满文化和知识的时代。为了迎接未来激烈的国际竞争,三星集团会长李健熙先生提出"三星将成为世界最优秀企业之一","我们将使三星在 2000 年成为世界十大企业之一",并决心"努力突破我们原有的技术水平,成为全球市场上的领先者。"为达到上述目标,三星集团从 1993 年即已着手推行严谨的"新经营"计划,使三星转变为一个真正世界一流的公司。以此彻底改变公司的思维、工作和服务方式,迎接全球的挑战,满足当地社会的需要。这个计划的要点是:

确立竞争精神　三星认为:"世界的规则正在改变,越大不是越好,只有越好才是越好",明确指出:"质量重于数量,革新重于模仿,热爱重于自豪","目标已不再是打败对手,而是要赢得顾客的信任,为人类社会更加美好作出贡献"。三星进一步告诫全体员工,"这就是竞争的真正精髓,这就是真正的精神所在。"

几年来,三星通过全体员工在世界各地的一致努力,已经开始看到了新经营的效果。

强调质量第一　三星集团在经营过程中,十分重视自身的品牌和产品质量。他们从长远的全局的高度提出了"以质量为重点"的经营决策,认为"未来在于人和质量,不是数量",从而在实践中,非常关注"以世界一流的产品来建立世界一流的品牌"。并指出单凭广告不能达到这一点,"质量第一"才是三星销售每个产品的价值核心。他们深刻地体验到,在这个充满戏剧性的竞技场所中,杰出的品牌、成功的品牌,即使在强烈的竞争中,也会赢得消费者,只要以优质产品占领市场,处于市场竞争中的领先地位,就能在强手如林的竞争对手中,增强对消费者的吸引力,建立用户的信任感。这种挑战性的理念,是三星品牌革命的动力。三星就是靠像这样"以市场为动力的改革"推动着该公司所有的新产品及服务的发展。

实行全球运作当地化　1995 年,三星集团经过重组之后,在世界范围化分成五个地区总部:中国(总部设在北京)、欧洲(伦敦)、亚洲(新加坡)、日本(东京)、美国(新泽西州)。以此适应于集团的决策部门更加接近当地的客户,及时作出快速有效的反应;并加强业务公司之间的合作,按特殊需求制定营销策略。

目前,仅三星电子产品在世界各地即有生产厂 30 家。同时又在四个国家开设工厂和研究发展中心,依据不同的文化、语言和经济结构去精心地从事经营。到 2000 年,生产厂数目计划再翻一番。

促进创造与革新　三星集团还将在 21 世纪,从技术、产品质量和设计上进行投资,以创建新一代的"世界最好"产品,从而使三星的名字在世界上成为质量和革新的象征。

1994 年,三星电子开发出世界第一个 256M 动态存储器(动态存储器是决定计算机存储容量的关键部件)。1995 年开发出世界上第一个 22 英寸平面液晶显示屏。1996 年成功地开发出世界上第一个 1Gb 动态存储器。这将保证三星集团在 21 世纪初继续保持动态存储器市场的世界领先地位。

改进成长的环境　通过废除遏制改革和妨碍工作效率的规章制度,开拓富有创造性的公司文化,赋予管理者拥有完全的领导地位和自主权,建立人才与资源相结合的机制,在这个不断变化的世界中,重组新的经营,放弃旧的业务的二流的运营,改变过去人为障碍和两相分离的状况,用以启示性的新主张和新产品观念占领市场。

当然,这一切所取得的成果,出于李健熙先生及其三星集团主要领导者谋划的宏大目标和深远的决策,推动了三星集团的进一步发展。同时也是与三星全体员工的忠诚、热情、自信和献身精神所分不开的。

三星集团(中国)简介

早在 70 年代,三星集团开始与中国进行友好交往。1985 年,三星物产在众多韩国企业中率先进入中国并开设办事处。1991 年,三星集团在中国建立第一个办事处。1995 年,三星集团中国总部正式成立。

三星集团(中国)总部

三星集团(中国)的现任会长是李弼坤先生。该集团的管辖范围包括中国大陆、香港地区、台湾省和蒙古。现有职工 19 992 人(截止 1998 年 1 月底)。1995 年三星集团(中国)在中国的销售额为 49 亿美元,1996 年升为 54 亿美元。

三星集团(中国)在中国的投资

江泽民主席在访韩期间,会见了三星集团会长李健熙先生。李健熙先生向江主席承诺,三星集团将在中国投资 45 亿美元。到现在,三星集团(中国)已累计在中国投资规模达 18 亿美元。

三星集团(中国)在中国已建立 16 家合资企业,主要分布在天津、广东、山东及江苏。

三星集团(中国)在中国的投资是广泛的。在电子工业投资包括半导体、计算机部件、家用电器以及通讯设备等领域。在其他工业领域的投资包括:造船、纺织、服装等。三星集团(中国)未来在中国的投资将包括能源、交通、金融、服务业等。

三星集团(中国)在中国的投资不仅是资金的投入,而且包括技术转让、管理以及市场营销培训等各个方面。

三星集团(中国)在中国的经营理念之一是以中国用户的满意度为标准。以三星电子为例,在投资工业的同时,高度重视售后服务。现已投资 360 万美元在中国建立了 4 大区域管理技术服务中心,三星电子将继续投资 300 万美元,三星售后服务网将覆盖全国所有省、市、自治区。

在企业发展层面,三星集团(中国)愿将本集团成长为世界性大公司的经验介绍给中国,协助中国企业走向世界。

三星集团(中国)在中国的社会公益活动

三星集团以"为社会做贡献"为口号,为中国的社会公益事业做了大量的捐助。

教育事业捐赠

·赞助北京市高校摄影比赛

·向北京外交学院、北京广播学院、北京电子科技大学捐赠电脑以及相关教学设备

·向中国 10 所小学捐赠视听教育设备

·在北京大学、清华大学、复旦大学、天津大学等大学设立奖学金

·赞助首届韩—中大学生文化交流活动

·赞助举办北京、上海、广州、沈阳、成都 5 省市电视台联办的中学生智力竞赛

体育文化事业

·赞助中国天津足球队

·赞助"天津乒乓球队"

·赞助举办中国 10 大交响乐团音乐会

·赞助韩国"查理提"交响乐团访华演出

其他公益事业

·向云南丽江地震灾区捐款

·向贵州省贫困地区捐款

三星集团(中国)在中国的展望

三星集团将一如既往地保持对中国的投资信心,立足于中国,利用高新技术优势,秉承人才第一、质量为本的传统,运用国际化管理方式,实施当地化策略,把三星建成中国的三星。

(连 镇 刘健整理)

资料来源:①三星集团会长李健熙的文章;
②三星集团年度报告(1996 年);
③三星集团(中国)总部简介。

百事可乐公司

"可口可乐"自 1886 年诞生以后,以它巨大的魅力征服了世界亿万人的口味,成为"饮料之王"。然而在这样的"帝王"身后竟然站出一个也打出"可乐"牌号的对手,并夸下海口"要成为全世界顾客最喜欢的公司",这就是愈战愈强并终于同可口可乐鼎足而立的百事可乐公司。

百事可乐公司创建于 1898 年。第二次世界大战前,百事可乐始终处于劣势,公司曾两度处于破产边缘。二战以后,经过斯蒂尔、肯特、卡拉维等"百事英才"的奋斗,百事可乐终于成为"可乐"世界的又一霸

主,并在1991年以19 771亿美元的销售额评为世界上最大的饮料公司。奇迹的创造得益于如下做法。

机智灵活的经营策略

第二次世界大战结束时,百事可乐不仅在美国国内的销售量无法和可口可乐相比,而且海外市场大多也已被可口可乐公司捷足先登。面对劣势,后来成为公司总经理的肯特,以公司事业为已任,深入考察研究,发现仍有许多国家是可口可乐的“真空地带”,尤其是前苏联、中国以及亚洲、非洲的大片地区正是百事可乐可以施展的广阔天地。

1959年美国博览会在莫斯科召开,这对于百事可乐公司是一个绝好的机会。肯特利用与当时任副总统的尼克松私交笃深的特殊关系,要求尼克松“想办法让前苏联总理喝一杯百事可乐”。尼克松显然同赫鲁晓夫打过招呼,于是在各国记者的镁光灯前,赫鲁晓夫手举百事可乐瓶,脸上一副满意的表情。这当然是最特殊的广告。这件事对扩大百事可乐在前苏联和其他国家的销售起了很大的推动作用。特别是在前苏联,百事可乐从此站稳了脚跟。肯特本人也因此成为百事可乐公司国外部副经理,1971年肯特又以卓越的成就荣升为公司总经理。

1975年,百事可乐公司以为前苏联销售伏特加酒为交换条件,取得了在前苏联建立百事可乐生产工厂并垄断其销售的权力。

如果说百事可乐在前苏联的取胜是机智地利用了可口可乐的“空间差”,那么在两家“可乐”短兵相接的战场,百事可乐则是以灵活的经营策略取胜。

在以色列,可口可乐公司先行一步,设立了分厂。然而此举却遭到阿拉伯各国的联合抵制。百事可乐见此立即放弃以色列,一举取得中东其他市场。它占领了阿拉伯湾者小王国的每一个角落,使“百事可乐”成为一句阿拉伯语。

70年代末,由于印度政府想要迫使可口可乐公司透露秘方,双方发生分歧,致使可口可乐公司撤出印度。百事可乐和可口可乐不同,它在配方上没有秘密可言。因此,乘此时机以建粮食加工厂、增加农产品出口等作为交换条件,打入了这个重要市场。

在日本,两种“可乐”之战始终没有停歇。百事可乐公司不断地修正和调整战略,公司还在糖果部门与日本的“不二家”进行合作,雄心勃勃地要征服日本市场。与此同时,百事可乐集团将亚太区总部迁至香港地区,把下一个胜局设在了中国。百事可乐公司就是这样顽强地、千方百计地向“可乐”的世界市场进军。

五花八门的广告战

在日本大多数人喜欢喝可口可乐。自1959年百事可乐销于日本以来一直屈居可口可乐之后。也许是为了证实心理因素的作用,有人做了个有趣的实验:将数十位声称喜欢可口可乐的人蒙住眼睛,令其分别品尝可口可乐和百事可乐,结果竟有半数以上的人认为百事可乐比较好喝,当然他们自以为选择的是可口可乐。于是百事可乐马上利用这个实验在电视上大做广告:喜欢喝可口可乐的朋友,多半是喜欢喝百事可乐……

百事可乐的广告立刻引起可口可乐的反击,电视上立即出现了可口可乐的广告:可口可乐的销售量比百事可乐多一倍,全世界的人都爱喝可口可乐……对此广告百事可乐的经营者暗暗得意,因为以销售量作为依据分高低,对百事可乐并不丢面子,反而是很好的宣传。众所周知,仅在10年前可口可乐与百事可乐的销售比例还是10∶1,如今打成2∶1的局面,本身就是一个辉煌的战果。

“百事世代”是肯特先生为百事可乐创造的广告形象。那是一群精神饱满英姿勃勃的青年男女,或骑摩托车或踩冲浪板狂饮百事可乐。这一持续20多年的广告形象在“可乐”大战中起了重要的宣传作用。

1983年罗杰·安列科(现任美国百事可乐公司总经理)出任国际销售部负责人。他一到任便全力抓广告,他认为应该给“百事世代”的主题注入新的生命。

安列科对广告进行了大胆的创新。他不惜以500万美元的代价聘摇摆舞明星米契尔·杰克逊拍摄了两部广告片,并组织杰克逊兄弟进行广告旅行。这位全美最走红的明星以著名的旋转舞出现在电视观众眼前仅一个月,百事可乐的销售量就呈直线上升,成为1984年市场上最畅销的可乐饮料。据公司统计,在广告播出的一年中,大约有97%的美国人收看过这一节目,每人达12次以上。

此后安列科又聘请了另一位知名人士,当时的美国副总统候选人杰拉尔汀·费拉罗女士。政坛女杰的广告形象自然更吸引当时公众的注意。广告片上,极有影响力的费拉罗女士向家人娓娓叙说不含咖啡因饮料的种种好处,在她面前摆放的正是百事可乐。这种充满人情味的女强人形象适合大多数美国人的口味。

及时开拓新市场

公司总裁韦恩·卡拉维说:"百事可乐公司与其他公司不同,其他公司是随着消费者增多而发展,我们则认为,市场发展到一定程度时就要重新考虑另辟市场。"他认为"只要还没有失败就要坚持下去的想法是错误的,在当今经济社会中,知道要失败就要赶快改变战略,否则早晚会完蛋"。因此百事可乐没有死心眼地把鸡蛋放在一个篮子里,从60年代起公司就打破单一的业务种类,迅速发展其他行业,成为多角化企业。其中,在快餐业百事可乐又创造了一个新的奇迹。

自1977年百事可乐公司闯入快餐业后,以其优质、低价的食品,高效、多样的服务赢得了顾客的青睐,成为当今世界上赢利情况最好的公司。百事可乐的销售额和收入年年创纪录,许多老牌快餐公司已在百事可乐公司咄咄逼人的攻势下败落。公司所属的3家快餐公司——比萨饼屋、肯德基炸鸡店和特柯贝尔快餐店,甚至使最负盛名的快餐大王麦克唐纳公司也感到巨大威胁。麦克唐纳公司的年利润额为8%,而百事快餐公司的年利润却高达20%。

"力争成功"是每一个身在百事可乐公司的经理的座右铭。匹萨、肯德基和特柯贝尔店在未被百事可乐公司兼并之前只是些时冷时热的餐店,仅仅在自己狭隘的市场范围略有优势。百事可乐公司对他们实行兼并后,就立即提出目标和对手:"不应再是城里另一家炸鸡、馅饼店,而应是伟大的麦克唐纳!"于是在这个新的战场又开始了一场角逐。公司不断设法降低成本,制定了"简化、简化、再简化"的原则。当然这绝非是降低食品质量,而是减少非食品经营支出。如预先炸好玉米饼,切好洋葱,在店外炒牛肉……尽量减少厨房占地和降低人工成本;修改菜单,把做工快的菜放在首位等。结果每天高峰期,经营额超过以前两倍以上,而人力只有一半。因而实现了价格降低,利润上升,就餐者大大超过麦克唐纳,并带动了百事可乐饮料的销售。

百事可乐公司还开创了餐馆业的新潮流——送货上门。卡拉维说:"如果只等着忙碌的人们到餐厅来,我们是繁荣不起来的。我们要使炸鸡、馅饼的供应如同看时间那样方便。如今在美国百事可乐公司拥有15万个销售网点,保证了迅速、准时地把百事可乐的馅饼、炸鸡送到千百万个家庭、学校、办公室、足球场、飞机场……"

这些还不能满足百事可乐变革、创新的欲望。卡拉维经常对各经营机构进行经理人员大换班,甚至是经营状况优异的机构。其目的是打破因人所设的框框,甚至是拳头产品也得重新设计。百事可乐真正像奔驰前进的战车,永不减速,永无止境。

近一个世纪过去了,百事可乐终于赶上了它的对手,两家"可乐"打成平局。在零售方面,百事可乐甚至超过1.5%,即多做了1亿美元的生意。1990年美国旧金山一家公司对来自美、欧和日本的9 000名消费者进行调查,排出世界上最有影响的10大名牌产品,百事可乐和可口可乐同时得此殊荣。在美国《幸福》杂志1990年评选的"十家最令人钦佩的公司"中,百事可乐位居第6,可口可乐位居第8;而在按行业分世界最大的公司中,百事可乐公司摘取了世界饮料公司的桂冠。

先进的人事管理制度

百事可乐公司的成功还得益于先进、完善的人事管理制度。首先公司坚持"适者生存"的制度,推行这一制度通常采取两个步骤进行。第一步是年度工作检查。它要求一位上司每年同他的每一个管理人员至少谈一次话,谈话的焦点是了解下属今年做了什么使业务出现重大改观的实事,他制定的销售目标达到了吗?他制作的广告成功吗?如果一位管理人员达到了目标,他的上司的典型做法是进一步提高他第二年的工作标准。卡拉维本人每年也要花两个月亲自检查他的550名高级管理人员的工作,花费的时间从5分钟到30分钟不等,并同他们的上司和人事部门讨论他们的前途,在有关人的问题上所费的时间占他全部时间的40%。公司每年冬天进行人员评价过程中的第二个步骤,即人力资源规划工作。其目的是对百事可乐公司两万名管理人员的工作认真考查、评价,然后把人员分成四类。最高一类得到晋升;中间等级又划分为二类,一种人需要继续工作或接受特殊培训,另一种人可以晋升但目前没有合适的位置;纳入最后一类的人即被淘汰。当然淘汰之前也表示了怜悯之心,上司将设法找出原因并给予帮助,但一两年仍达不到目标就只能请他另谋职业了。

其次是锻造“百事英才”。百事可乐公司认为一个优秀的管理人员必须具有广泛的管理经验。卡拉维曾说:“不同的经历会造就了不起的管理人员。”而他自己就是一个很好的例子。韦恩·卡拉维是一个店主的儿子,曾在韦克·福里斯特篮球队打后卫,后来先后在理查森——维克斯公司和国际电话电报公司从事财务工作。1967年来百事可乐公司,从那时起卡拉维先后担任过9种工作,使他获得了财务、销售、经营管理和国际工作方面的经验,成为精明强干的“百事英才”,1986年跃升为公司总裁。

想要成为“百事英才”要经过极其严格的训练。卡拉维开办了一个管理人员基本培训中心,其训练标准令人劳累至极,且年年提高。在这里每个管理人员都必像企业家那样行事:敢冒风险、少写备忘录、少开会和遇事当机立断。他们必须适应每周工作60个小时,并习惯星期六、星期日照常工作。

只有积极进取的人才能在百事可乐公司站住脚。而站住脚的那些人们似乎都热爱公司。因为百事可乐公司造才,也爱才。他们以最简单明了的方式肯定英才的价值,公司认为像主人那样行事、拼命工作和取得巨大成果的管理人员应该得到巨大的报酬。公司中上层管理人员的年薪为9.6万美元到14.4万美元,还有奖金和其他额外津贴以及购股优先权。职位提升的速度也很快,一般两三年就有一次提升。另外优秀的管理人员可以乘坐飞机头等舱旅行,住豪华级旅馆,驾驶设备齐全的公司小汽车……百事可乐公司就是要让他的职工感到与众不同,卡拉维说:“坐头等舱是一种心态。我们是头等公司,拥有头等职工。”

(唐　骅　李荣启)

西门子公司

西门子公司是欧洲最大的电气电子工业公司,也是世界最大的电气电子公司之一,享有“电子帝国”的美誉。该公司前身是1847年10月1日韦纳·冯·西门子在柏林成立的西门子——哈尔斯克电报机制造公司,1966年取现名。设有电子元件部、数据系统部、电力工程和自动化部、电气设备部、通讯设备部、医疗设备部、动力厂部等产品部,产品超过10万种。公司总部设在德国慕尼黑。1991年销售额为448.6亿美元,利润额为11.4亿美元,雇员40.2万人,在世界500家最大的工业公司中排名第17位。该公司的管理特色如下:

技术领先,创新不止

西门子公司在国内外共有131家分公司和办事处,经营活动遍及125个国家和地区,其销售额的近一半是在国外实现的,主要市场是欧洲,其次是美洲。100多年来,西门子公司在发明创新及迅速应用先进技术开发新产品方面相当突出。彼得·西门子曾说:“放弃技术领先地位,就是放弃竞争和美好前景。”

一战前,西门子公司就已经凭借它在技术上的领先地位发展成为世界上为数不多的几家跨国公司之一。它与一些杰出的科学家合作,把科学技术转化为生产力,创造出无限的财富。如西门子公司利用1895年伦琴发现的X射线制成了X光射线仪,使之在医学界被广泛应用。一战后,公司的实力进一步加强,在法国、西班牙等国家建立了分公司。战后,在马歇尔计划的援助之下,逐步形成了世界一流水平的研究与开发实验中心。除拥有自己的科研机构外,它还经常联合政府和其他公司进行科学研究。现在,公司从事研究与开发的人员有41 700人,约占职工总数的11%。公司每年拨出巨额经费研制新产品。近几年,研究与开发经费占销售额的10%以上。除了公司自己的经费外,国家也给予相当于公司研究与开发经费4%的费用资助西门子公司的研究与开发。

西门子公司在研究与开发上的努力取得了不少新成果。公司自1957年它的第一台计算机(2002)运行成功之后,又先后研制出了更为高级的数据处理系统“3003”、“4004”,其中“4004”系统被成功地应用于1972年在慕尼黑召开的奥运会。在核能方面,自1965年一座完全由西门子人自己研制的50兆瓦容量的反应堆成功地运行之后,1969年在Neckar河边启用了328兆瓦的核电站,1972年在Stacle一座660兆瓦的核电站投入使用。两年之后,一座1 300兆瓦的超大型核电站又投入使用。在通讯方面,公司于70年代初成功地研制出用一条同轴电缆可同时传送10 800个电话讯号的传送电话讯号系统,使西德境内的电话全部实现了自动化,成为世界上最完善的通讯系统之一。在世界通讯器材市场上,西门子占了9%。另外,西门子公司还占据了世界高速发展的复印机市场的7%。西门子公司提倡创新,高度重视研究与开发,还可以从这组数据中见出端倪。公司1977～1978年度的产品中,最近5年研制出来的占45%,最近6～10年的占30%,10年前的占25%;而到了1982～1983年度,这几个数字依次分别为53%、28%和19%。现在,西门子公司有92%的产品问世不到4年,已拥有各类专利3万多项。

创新与创业精神使西门子公司度过了一轮又一轮的淘汰赛,被誉为创业管理的典范。在全球竞争日益激烈的今天,深谙创新甜头的西门子公司自然不甘在技术上居于人后而丧失其美好前景。

爱才育才,人尽其才

西门子公司拥有一群经验丰富,技术熟练,重视研究与开发,富有创新精神的领导者和职工队伍。100多年来,西门子公司能够抵挡住无数的风风雨雨立于不败之地,最主要的原因是它能够及时地培育、组织一批有识有才之士,坚持创新与创业精神。

西门子公司认为,职工技术是否熟练和技术专家的多少是增加生产、保证质量、提高竞争能力、赚取最大利润的关键。该公司善择人才,在培养人才方面不惜血本,早在1922年,就拨专款设立了专门用于培训工人的"学徒基金"。在公司的总部慕尼黑设有韦纳·冯·西门子学院,在爱尔兰设有技术助理学院,现公司已拥有60多个培训场所,公司给它们配备了最先进的设备,培训经费高达7.7亿马克。此外,西门子公司还出资资助学校的高材生,国内外大约有1 000人享受此待遇,以此来吸引这些人才到公司来施展才华。另一方面,西门子公司又直接从厂内选择工人送到科技大学及有关工程学院深造。现在,西门子公司车间主任以上的领导人都有工程师头衔,经理级领导阶层工程技术人员占40%以上,熟练工人占职工总数的一半以上。

识才、爱才又能容才、用才的西门子公司领导人领导着一批有识有才的西门子员工,这是西门子公司一笔无以计算的财富,西门子公司的员工为自己是"西门子人"而感到自豪,这种自豪感无形中产生了其对公司的向心力。同时,公司社会福利的不断提高又加固了这种向心力。如养老金制度,漂亮的办公大楼及雇员公寓,为雇员修建的休假别墅和休假中心,培养人才的巨额投资,不断提高的医疗保险基金,为失业者提供培训以增加就业机会,缩短工作时间,实行灵活的工时制和分时工作制,对妇女的尊重,高薪,等等。这一系列优厚的条件使得西门子人自然而然地把公司当作了自己的"家"一样来好好维护与建设。

对职工的优惠与奖励

西门子公司的股票一直是世界上最坚挺的股票,它的股票价优于德国的任何金融牌价。西门子公司把向本公司职工以优惠价提供优惠股份作为笼络职工的措施之一,每两个西门子公司职工中,就有一个是公司的股东。至1989年,西门子的职工股份占了约70%,有19.3万人持有股票,所持股份在120股以上。持股者每年参加公司的分红,分红数约占工资薪金的6%左右。公司的股票支出费用在1969～1989年为11亿马克,而1989年一年就支出了2亿马克。公司还把面额100马克的西门子股票赠给那些为战后重建家园付出艰辛劳动的老雇员们,作为额外的奖励。西门子公司通过兑换率产生的差价给职工带来了物质上的富裕和精神上的满足,从而增强了职工与公司的凝聚力。而西门子家族本身则始终拥有公司10%的股份,并持有受到保护的表决权。

高质量的商品和售后服务

今天,"西门子"一词似乎已经成为了"高质量"的代名词。这个驰名世界的商标已经为广大顾客所接受,其产品已勿需去做那些花花绿绿的广告,"西门子"一词本身就已经是最好的广告,是产品质量最有力的证明了。因此,高质量也就成为西门子公司成功的奥秘之一。

西门子公司认为产品质量是由工艺流程设计质量、外形设计质量、技术文件质量、付运质量、安装质量、维修质量共同完成的。因此,公司在产品规划、设计、发展、制造、安装及维修各阶段,对质量均予以高度重视。为了确保产品的质量,公司不仅要求质量专业人员关注质量问题,而且要求每位员工都来关心产品质量,以便提供优质、高效、可靠和易操作的产品及全面的维修服务，这是西门子公司的主要目标。

西门子公司的另一个重要策略是市场拓展，这是其在电气电子市场得以长期保持领先优势的关键。公司组织经验丰富的专业人员组成市场销售网络，这些人员为各种各样的难题提供最佳的解决办法，凡有西门子产品出售的地方就有西门子销售组织的存在，这是公司的基本政策。公司的服务是全天候和全球性的，在全球五大洲的129个国家里，5 000多名西门子技术服务人员不分昼夜每天24小时都为顾客提供各种服务。这种服务方式使得公司与顾客更加接近，服务也更加可靠。公司在这两方面的努力，使西门子销售组织在世界上首屈一指，是其成功的又一奥秘。

（唐 骅 李荣启）

中国铁道建筑总公司

中国铁道建筑总公司前身为中国人民解放军铁道兵部队，按国务院、中央军委命令于1984年1月1日并入铁道部。总公司辖10个工程局、1个工厂局、1个物资局、2所院校、1所设计研究设计院、3个直属处、3所医院工校疗养院等单位，正式职工15万人。

“八五”期间，总公司在邓小平同志建设有中国特色社会主义理论和党的十四大精神指引下，在部党组的正确领导下，以改革统揽全局，坚持生产经营为中心，追求最佳经济效益为目的，不断加快走向市场的步伐，紧密围绕铁路建设大会战，大力推进科技兴业战略，强化经营管理，全面加强队伍建设，各项工作都取得了可喜成绩。可以说，“八五”是总公司全面走向市场的5年，是企业快速发展的5年，是生产经营成就最为辉煌的5年。

——企业总产值翻了两番，实现利润2.1亿元。“八五”期间，企业总产值累计达到510亿元，比“七五”期间增加415亿元；施工产值437.2亿元，比“七五”期间增加359亿元；累计节余43亿元。施工企业全员劳动生产率42 141元，平均年增长率36.4%。其中，1995年企业总产值达到188亿元，实现利润3 800万元，全员劳动生产率6.1万元，均继续保持着全面发展的势头。

——企业市场竞争能力大大增强，累计承揽任务476.4亿元。其中承揽路外工程343.3亿元，占承揽任务总数的72.1%。“八五”期间，总公司整体素质、队伍结构、人才配置、机械化水平、管理能力、净资产总量等，有了快速的提高和发展，已拥有各类科技人员30 841人，比“七五”增加了16 758人，其中国家级、部级专家13人，具有高级职称的1 199人；新增各类施工机械8 198台，价值9.57亿元，技术装备率达到8 365元，动力装备率达到6.5千瓦；净资产增长了2.1亿元；施工生产从单一修铁路扩大到高层建筑、高等级公路、机场、水利、电力、市政设施、地下工程等众多领域。到“八五”末，全系统有48个工程处（公司）具有铁路综合、工业与民用建筑、市政、通号一级施工资质，10个工程局均为铁路（大型）一级施工资质，总公司和两个工程局具有一级工程总承包资质，这一切为企业在市场经济的大潮中搏击，奠定了坚实的基础。

——在铁路大会战中发挥了主力军作用，建设“六大通道”成绩卓著。京九线北段坚持高起点、高标准、高质量、高速度，率先完成了任务；南段强攻硬上，攻克道道难关，为实现部党组提前铺通的决心做出了积极的贡献；兰新复线按照加快提前的要求，团结拼搏，提前完成了463.5公里的施工任务；宝中线提前7个月完成了265.9公里的建设任务。侯月线一期工程于1995年底按期建成开通；浙赣、南昆等线都取得了较好成绩。另外，秦岭隧道Ⅱ线平导掘进超额完成年度计划要求，并创单口月成洞隧道施工的新水平。全系统“八五”期间累计完成土石方52 436万立方米，比“七五”期间增长140.8%；桥梁335 218折合米，增长134.8%；隧道423 899折合米，增长397.9%；完成铺轨4 714公里，保证了宝中、京九北段、京霸联络线、包神线等线段的按期分流和临运，累计完成新线运输1 000万吨；房建折合完成760万平方米，均创历史最高水平。

——积极参加路外重点工程建设，成为国民经济发展的脊梁企业。“八五”期间，全系统参加路外重点工程建设千余项,完成工程任务总额279亿元,占“八五”完成总数的56%。以济青、开洛等高等级公路,华威、聚豪等高层建筑,北京、广州等地下铁道,上海奉浦、青岛流亭立交等大桥,引大入秦、太平驿等水利、水电工程为代表的重点工程,其施工水平居国内领先地位,有的达到或接近国际水平,为企业走向市场、占领市场创出了牌子,为企业谋求发展创造了声誉。据1995年底国家公布统计的数据,总公司在全国500家脊梁企业中,排名为69位,在全国建筑业中名列第二。

——开拓国外市场有了突破性进展,对外经营发展前景看好。1992年底,经国家批准,总公司取得了对外承包工程以及国外工程项目所需的设备材料经营权。三年来,分别在新加坡、巴基斯坦、博茨瓦纳、澳门等地承揽到大型项目5个,中小型项目20多个,总投资8 350万美元,组织输出劳务431人次。除利用国外贷款开展进口设备、材料业务外,还独立融资组织了进出口贸易,累计贸易总额达200多万美元,取得了较理想的效益。至1995年底,总公司在国(境)外固定资产已达2 000多万元。

——工业和多经继续稳步发展,开发了一批拳头产品,扩大了多元经营的空间。“八五”期间,共完成工业总产值(不变价)16.73亿元,比“七五”增长1倍;产品销售收入23.4亿元,比“七五”增长2.5倍;实现利税1.4亿元,比“七五”增加1倍。共开发新产品20余项,其中获铁道部科技进步奖1项,总公司优秀科技进步奖12项。昆明机械厂被列为国家大型养路机械定点厂。水泥、桥梁、机电产品及配件等主要产品达到了100%合格率,机车修理一等品率保持了100%。同时,为京九、宝中等国家重点建设工程提供了大量桥梁、轨枕等路料,为铁路大会战作出了贡献。多种经营总收入平均每年递增41.4%,“八五”期间累计达到61.3亿元,经营总资产比“七五”翻了两番,达到13.06亿元,多经企业发展到783个,增加250个,经营范围涉及生产加工、商贸、餐饮、房地产、社会服务等行业。

——积极探索改革新路,企业活力进一步增强。“八五”期间,在深化改革方面,总公司紧紧围绕增强企业活力这个中心环节,以贯彻《企业法》和《转机条例》为重点,实行了第二轮局(处)长任期目标责任制,制定了贯彻条例的意见,坚持了多种形式的经济责任制,推行了项目法施工,实行了全员劳动合同制,进行了医疗卫生、养老保险、劳动人事、住房制度等项改革。同时,积极组织公司制试点,为建立现代企业制度摸索经验。与“七五”相比,经营方式更加灵活,生产要素配置趋向合理,企业管理水平明显提高,企业充满了生机和活力。

——科教兴业取得丰硕成果,科技实力和队伍整体素质明显提高。“八五”期间,全系统在开发、引进、推广应用新技术和教育培训方面取得显著成效,共鉴定科技成果68项,其中达到或接近国际先进水平的有19项,具有国内领先和先进水平的49项;共有173项科技成果获总公司以上科技进步奖,其中国家级2项,省部级22项。重点推广应用了50多项新技术,提高了生产水平和创新能力,共有219项工法被评为三级以上工法,其中二级工法60项,一级工法11项。群众性的“五小”科技活动广泛开展,共获得“五小”成果22 573项。尤其是在桥梁深水基础作业、钢桁梁架设、复杂地质条件隧道施工、路基和线路工程、高层建筑和高等级公路施工成套技术等方面,取得了长足进步或重大突破。全系统科技成果转化率达到80%以上,居全路领先水平,科技进步贡献率达到39.5%,标志着总公司科技进步进入了新的发展阶段。“八五”教育发展规划全面实现,五年来共培养各级学历教育毕业生13 700人,职工教育完成规范化岗位培训43 376人,适应性岗位培训25万人次。全系统各类办学基地达798个,办学能力总规模达40 229人,职工中有高中以上文化程度的占总数的47.5%,新工人全部经过岗前培训,队伍的技术素质和文化素质均有较大幅度提高。

——安全和质量基础工作不断加强,职工因工死亡一直保持了较低的事故率,大部分工程质量达到了90年代新水平。“八五”期间,总公司系统职工因工事故死亡率平均每年为0.11‰,较“七五”下降39.1%,有8个工程局实现了安全达标,有4个工程局荣获铁道部“劳动安全奖杯”。总体工程质量稳步上升,综合单位工程平均优良率达到90.3%,比“七五”提高了一个百分点;一些路内重点项目的下部主体工程实现了大线段创优,长、大、高、难工程内在结构与观感质量创造了90年代新水平,已完成重点难点工程的优良率均达95%以上。共评出优质工程74项,其中国优工程4项,省、部优工程8项,总公司优质工程62项,比"七五"有新的突破。

——职工物质文化生活明显改善,职工收入比"七五"期间增加近两倍。"八五"期间总公司共投入74 324万元用于职工住宅建设,到1995年底人均住房面积达到6平米,比"七五"末期增加2.5平米。人均年工资由"七五"末的2 616元,提高到1995年的7 673元,平均年增长率24%,扣除物价上涨因素,年均实际增长12.7%。职工"三线"建设成绩突出,改善了生产一线职工的居住条件、医疗条件、文化娱乐条件,陶冶了职工情操,增强了企业凝聚力。

——队伍全面建设呈现新的面貌,在市场竞争中成为一支作风硬、技术精、信誉高的建设劲旅。"八五"期间,总公司始终贯彻"两手抓、两手硬"的思想,大力加强党的建设和思想政治工作,保持了队伍的光荣传统,不断丰富和充实新时期企业的精神内涵,队伍全面建设进一步加强,涌现出一大批先进集体和模范人物。其中全国劳动模范8名,全国五一劳动奖章获得者5名,全国五一劳动奖状1个;省部级劳动模范70名,先进集体10个;全路火车头奖章312个,火车头奖杯47个。还涌现出以潘从富、张学施、王扬善、刘汉邦、何卫红、孔磊为代表的一大批英雄模范人物。

综观"八王"期间企业发展的全过程,如果说改工之初的两年和"七五"期间,总公司的各项工作是转轨变型、夯实基础、创造条件、谋求发展的话,那么"八五"期间则是企业伴随着铁路大会战的机遇,全面发展,实现腾飞的时期。今天,当全系统欢庆胜利的时候,总公司深深感到这些成就的取得,是与部党组、部机关的正确领导和支持、帮助分不开的。总公司要更加自觉地把企业置于部党组的统一领导之下,服从大局、服务大局,为铁路事业的发展当好先行。总公司企业的发展凝结着总公司和各局历任老领导历史性的贡献,他们在任职期间,呕心沥血,勤政敬业,退居二线和离退休后,还一直在为企业献计献策,解忧排难,有的甚至在辞世的当日还在为企业操劳,人们应当永远记住他们,尊敬他们。总公司的各级管理、经营、科技人员和广大一线职工,为了企业的生存发展,艰苦创业,夜以继日地奉献着自己的一切,应当感谢他们、关心他们。总公司的党政之间、干群之间、上下之间、单位与单位之间,团结一致,齐心协力,靠强有力的思想政治工作和勇往直前的革命精神,发挥了强大的集团威力。总公司要继续发挥这种优势,保持这种传统。

"九五"期间是企业改革与发展至关重要的时期。经济体制和经济增长方式的根本转变给本系统提出了更高的要求。"九五"期间,国民经济实现"翻两番",人民生活进入小康,铁路建设继续保持发展势头,现代化程度进一步提高。如何适应形势的发展,需要精心设计,科学规划,全面部署。结合总公司的实际,总公司要有适度超前的意识,闯出新路的勇气,稳步发展的举措,在"八五"发展的基础上,实现新的腾飞。

(王振侯)

中国民生银行

随着中国社会主义市场经济体制的建立,民营经济成为中国市场经济的重要组成部分,得以迅速发展。与此同时,中国现有金融机构对其提供的有限金融服务满足不了民营经济发展的需要。为引导中国民营经济健康发展,推动金融体制改革,中国民生银行应运而生。

1996年1月12日,经中华人民共和国国务院和中国人民银行批准,中国民生银行正式成立。这是中国首家主要由民营企业投资入股的全国性股份制商业银行。中国民生银行具有产权明晰、责权分明、管理科学的鲜明特色,重点为民营企业、有规模的乡镇企业、"三资"企业及高新技术产业提供金融服务和支持,同时也为国有大中型企业提供融资服务。中国民生银行奉行"开拓、敬业、团结、优质"的民生精神,坚持"信誉第一、服务第一、安全第一"的经营思想,坚持突出质量,稳健经营,逐步发展,在3～5年内完成打好基础、形成规模、创出特色,达到较好的效益。

中国民生银行走过了近两年的历程,已经打下了良好的基础。两年来业务发展迅速。截止到1997年底,总资产规模超过200亿,比开业时增长了14倍,创造了开业以来两年连续盈利的好成绩,并与境外170家商业银行建立了代理行关系,在国内外初步树立了中国民生银行良好的社会形象。

坚持稳健经营

中国民生银行坚持稳健经营,把防范风险放在首要位置。具体做法:一是防范风险制度化。严格推进内部控制机制,严格信贷授权、授信制度和审贷分离制度,严格审贷委员会工作流程;二是辅助业务社会化。聘请律师事务所、资产评估机构对信贷业务进行保全,委托国际上著名的普华会计公司来行进行审计。三是稽核工作规范化。强化内部稽核职能,防患于未然,,确保较好的资产质量。

中国民生银行在经营上严格按照资产负债比例管理要求,使市场开拓和风险控制、业务发展和资产质量提高兼顾,使资产与负债在相互协调、相互促进、相互保障的运作中实现优结构、快运转、高效益的目标。

支持民营企业

民生银行将继续加大支持民营经济发展的力度,在发展民营经济中发展民生银行。对民营经济既要有"硬"的支持,也要有"软"的支持。"硬"的支持主要是指结算、贷款、理财服务等;"软"的支持就是要加强对民营经济发展的研究,在理论上引导民营经济健康发展。中国民生银行正致力成为中国重要的民营经济研究部门。

完善"新机制"

中国民生银行的"新机制",涵义就是:有很高的效率,有很大的活力,有很强的凝聚力,有很严的约束力。这"四有"的关键是建立一整套有利于人才培养和使用的激励机制和约束机制,真正做到人尽其才、劳有所值。从人员的进出、职务的升降、分配的多寡、福利待遇的高低来体现激励机制。对民生银行来说,发挥新体制的另一个重要问题是认识和发挥股东的作用,认识到股东、股东大会、董事会的存在是民生银行的优势。

中国民生银行的诞生是中国坚持改革开放、民营经济迅速发展的产物,是中国金融体制改革的又一新举措。它以发起人的方式募集股本,其股本来源于民营企业,绝大多数股东是中华全国工商联合会会员企业。

中国民生银行是实行独立核算、自主经营、自负盈亏、自担风险、自我约束的独立法人。实行一级法人体制,根据国家《公司法》、《商业银行法》等有关法律、法规,采取灵活多样的形式,广泛筹集和融通国内外资金,主要为民营工商企业提供融资和各种金融服务,支持民营经济健康地发展,同时也为搞活国有经济提供融资和各种金融服务。

中国民生银行是股份有限公司形式的商业银行,实行所有权与经营权严格分开的原则。股东大会是银行的权力机构,董事会是股东大会的常设执行机构,董事长为法人代表,实行董事会领导下的行长负责制,行长主持日常经营工作;独立于董事会另设的监事会对银行进行监督、检查。中国民生银行服从中国人民银行的监管,依法经营,全面防范风险,广泛借鉴国内外商业银行先进的管理经验和业务作法,结合中国实际进行各项制度和业务品种的创新。

加快机构建设

两年来,中国民生银行在发展和巩固传统业务的基础上,积极拓展新的业务、探讨中间业务等新领域,办出民生银行的特色。同时,加强了分支机构的建设力度。截至1997年12月31日,中国民生银行设有北京管理部和广州、上海、深圳、武汉4家分行,共有12家支行。

在人事制度方面,建立了人才聘用、调配、选拔的科学管理制度,真正做到能上能下,"人尽其才、人尽其用"。行长、副行长由董事会聘任。上至高级行员、下至普通员工,均实行聘任制,以效益为中心,积极开拓业务。在金融业务品种和服务手段上,不断推陈出新,培养良好的职业道德,塑造企业文化,充分体现"新银行、新体制"的特色,努力争创"一流服务、一流管理、一流效益"的规范化、现代化、国际化的商业银行。

狠抓管理　稳步前进

1998年全行工作的中心任务是"抓管理、展业务、上台阶",亦即在狠抓管理的基础上,加大业务拓展力度,把银行经营管理的各项工作推上一个新台阶。为此,需要抓好五个方面的工作:一是抓好队伍建设,大力造就人才。要有爱才之心、用才之胆、容才之量,把人才问题作为一项战略任务抓紧、抓实、抓好。二是加强科技工作。把科技开发同业务发展的迫切需要联系起来,建立和完善科技开发成果的推广应用机制。三是加强对市场和经济的调研,拓展视野,提高预见性、自觉性和主动性。四是加强监督管理,大力提高管理水平,切实防范业务风险,加强金融业的内部控制和监管。五是加大建立基本客户群的工作力度,向新的经济增长点倾斜。

民生银行今年将培植以民营企业为主的重点客户。总、分、支三级各有侧重,互相配合,整体攻关,以此带动一般客户,推进相关业务发展。民生银行已走过了两年的历程,在各方面的关怀下不断成长壮大,新的历程铺展开新的图景,中国民生银行将继续发扬拼搏精神,抓住机遇、迎接挑战,促进银行的各项业务发展和经营管理水平的全面提高,稳步前进,创造更好的成绩,回报股东,回报社会,为推动中国金融体制改革和国民经济持续、健康、平稳发展作出应有的贡献。

(中国民生银行 樊大林 黄 黎)

中国光大银行

一

中国光大银行于1992年8月18日经国务院和中国人民银行批准成立,1996年顺利完成了股份制改造工作,目前已由中国光大(集团)总公司的全资附属企业改造成为包括中国光大集团总公司及亚洲开发银行在内的股份制商业银行。

五年来,中国光大银行按照"自立经营、自担风险、自我约束、自我发展"的经营机制,恪守"开拓、创新、优质、高效"的经营宗旨,依照国家有关金融法规,借鉴现代国际金融业经营管理方式,加强与国际金融同行的交流与合作,积极筹措和融通国内外资金,全面开展各项服务,不断提高市场占有率和资信水平。取得了迅速的发展和优良的经营业绩。目前,中国光大银行已设立了15家分支机构,形成包括黑龙江、深圳、上海、青岛、长春、大连、重庆、广州、昆明、武汉、烟台、海口、厦门、成都、福州等分、支行,在北京设立了管理部,在香港设立了代表处。金融业务范围遍布20多个省、市,形成了全国性商业银行的经营格局。

中国光大银行决心在今后的发展进程中,按朱小华董事长提出的"不求最大,但求最好"的发展战略,以"开拓、创新、优质、高效"为宗旨,为社会提供一流的服务,创造一流的资产质量,取得一流的经济效益,形成一流的员工队伍。到2000年,把中国光大银行建成具有鲜明企业特征的、符合现代化企业制度要求的国际化、现代化的股份制商业银行。

二

1997年在中国光大银行发展史上具有非同寻常的意义。年初,光大银行完成了增资扩股工作,股本金增至28亿元,资本总额达到44亿元;通过股份制改造,中国光大银行由中国光大(集团)总公司全资附属企业改造成为由中国光大(集团)控股,有132家股东参股的股份制商业银行。特别是国际金融组织——亚洲开发银行入股,这在新中国商业银行发展史上是前所未有的。1997年6月,经国务院批准,中国光大(集团)总公司将其持有的光大银行20%的股份转股,注入在香港联交所上市的中国光大控股有限公司,获得空前成功,扩大了光大银行国际影响力,使其成为拥有23.3%国际资本投资的银行,成为中国最具特色的商业银行之一。

股份制改造的完成,使光大银行资本实力及抵御风险能力大大增强,为下一步业务的全面发展奠定了坚实基础。1997年,银行各项业务保持了持续高速发展的态势,全年实现利润16.19亿多元,较上年有大幅度增长,资产、贷款、存款、结算等业务也保持了相当高的增长速度,各项业务拓展的深度和广度扩大,服务水平、服务手段正逐步提高和完善,市场占有率进一步提高。同时,光大银行还初步建立起了符合股份制商业银行运作规律的董事会、监事会、经营管理层、各司其职的宏观组织架构。实践证明,这个组织体系在1997年银行的各项工作中体现了相互协调,各有侧重的作用。

三

1998年,中国光大银行将继续以党的十五大精神为指导,严格遵守国家的经济金融法规,认真接受中国人民银行监管,合法合规地拓展各项金融业务;继续把握和发挥自身股权关系清晰、股权结构良好等体制上的优势,按照建立国际化、现代化股份制商业银行的要求,建立和完善股份制商业银行的组织架构、经营管理模式及运行机制;完善总行一级法人体制下的授权经营,抓好全行系统管理的基础建设工作,初步实现全行规章制度的统一,业务操作程序的统一,金融工具的统一,提高系统管理水平;强化内控机制,提高资产质量,防范和化解金融风险;坚持"大企业战略",即在资金使用和贷款投向上重点支持国有大中型企业建立现代企业制度改革,支持股份制企业和外商投资企业的发展;以开发新的业务品种、推行新的服务方式和提高电子化水平为拓展业务的主要方式,扩大业务开拓的深度和广度。

1998年,光大银行工作方针是"加强管理,完善制度,防范风险,稳中求进",全行将在高速发展的基础上,抓好基础建设,完善管理架构,提高资产质量,为进一步促进国民经济持续、健康发展做贡献。

(中国光大银行办公室)

中国粮油食品进出口总公司

公司总裁　　周明臣

中国粮油食品进出口总公司(简称中粮总公司,COFCO),创建于1952年,总部设在中国北京,新落成的"中粮广场"办公大厦,在京城繁华市区内,格外引人注目。

20世纪即将过去,21世纪快要到来,45年来,历经几代中粮人的奋斗与开拓,中粮总公司业务经营不断扩大,实业投资初具规模,国际化跨国经营日趋拓展,已经从单纯的贸易公司发展成为集实业、金融、信息、服务、科研为一体的大型企业集团。

伴随着共和国改革开放事业的伟大进程,中粮总公司的总体发展蒸蒸日上,45年进出口贸易额累计达到1 200多亿美元,1996年国内外总经营规模达到123亿美元,在《幸福》杂志评出的全球500家大企业中列370位,列全球同类企业20位。按净资产在"中国的脊梁"国有企业500强中列第63位,列经贸、食品行业首位。1996年进出口贸易额超过34.2亿美元,在中国500家最大的外贸企业中列第二位。截至1997年底,中粮总公司的资产总额已超过43亿美元。

进入20世纪80年代,在社会主义市场经济迅猛发展和外贸体制改革进一步深化的过程中,中粮总公司开展"一业为主,多种经营"、实施"实业化、国际化、集团化、综合化"的指导原则,以建立雄厚的实业基础为后盾,不断拓宽经济实力,形成新的竞争优势,经济效益得到了很好的发展。其主要特点是:

坚持实业化　中粮总公司一直把兴办现代化产业作为自身发展的重要战略任务。从本世纪80年代初期开始进行实业化投资,截至目前,在国内外共兴办实业项目230个(其中海外77个),投资总额83亿元人民币,初步形成了有自己公司特色的,以粮油食品为主体,生产、加工、运输、包装、服务相配套的实业化基础,体现了规模大、实力强、效益好、多元化综合发展的中粮特点。

产业发展系列化　中粮总公司的产业发展,以粮油食品为主体,注重多种产业经营的系列化。目前粮食油脂加工、农副产品和养殖业加工、工业食品加工、酒类饮料加工、物业开发、包装制品、仓储运输、酒店经营管理八个系列重点行业建设均已初具规模。

粮食、食用油脂综合加工系列　已投资兴办实业项目10个,食用油脂总加工能力达到110万吨,并已创出金龙鱼、福临门、元宝牌等在国内和港澳市场享有盛誉的名牌商标。与正大集团合资的秦皇岛鹏泰面粉厂,年生产能力45万吨,居全国首位。非油炸方便面年生产能力5万吨,品质稳定,市场看好。年生产能力30万吨的麦芽项目也正在投资兴建。

酒类、饮料工业生产系列　投资兴办的实业项目有21个。干白、干红、长城牌葡萄酒已成为名牌,在国内、港澳地区、东南亚享有声誉。年产2万吨的绍兴黄酒厂正在加紧建设。可口可乐项目:北京、上海、武汉、哈尔滨等11个城市的装瓶厂，总产量达到1.5亿标准箱，其中中粮总公司占总投资的21%。

农副产品和种植、养殖业加工系列 投资兴办实业项目54个。其中在马来西亚和印尼的棕榈油园开发面积有6.9万公顷(约103万亩)，并在园内投资兴建了相应的榨油厂，另有印尼加里曼丹的4万公顷，正在洽谈中，参与总开发面积将超过10万公顷。投资后，每年可生产毛油60多万吨。在畜禽养殖方面，已建成猪场、鸡场、鸭场等主要出口商品的货源基地，仅鸡一项的产量就达3万吨，主要出口日本。果蔬生产种植、养殖加工基地已经初具规模。

工业食品系列 投资参股兴办实体项目共21个，其中除传统的罐头项目外，还创出了深圳金帝巧克力、郑州郑荣火腿肠等名优产品。北京日清方便面、百富强口香糖、豆奶加工等市场前景看好的生产项目也在加紧建设中。

包装制品项目系列 现投资兴办实业13个。其中，无锡和福建两个马口铁项目全部投产后年生产能力将达到30万吨；正在扩建的目前全国最大的无锡华鹏嘉多公司瓶盖项目；建成后年产各种瓶盖50亿只；杭州美特容器有限公司的改造工程全部竣工后，年产各种印制铁制罐2亿个。此外，还建有一些制瓶厂、造纸厂、纸箱厂、胶粘袋厂等包装项目。

酒店经营管理系列 现建成项目有13个。包括在北京、哈尔滨、沈阳、大连、青岛等地已建成的9个凯莱连锁酒店。凯凤饭店、凯伦饭店、秦皇岛度假村和中粮培训中心均正式开业，在北京、深圳及新加坡、菲律宾、泰国等地还参与其他一些酒店经营管理。南昌、成都凯莱酒店正在兴建。

仓储运输项目系列 投资兴办实业26个，拥有6艘4万吨货轮、5艘集装箱船。仓储设施：建立了18个粮仓储藏加工项目，包括筛选烘干设备，全年周转粮食能力可达100万吨。码头建设：除已建成张家港长江沿岸300米长的码头和深圳赤湾深水码头外，在泰国又参与投资兴建了5万吨的深水码头和一个大型原糖仓库。

物业开发系列 先后投资参股兴办实业20多个。其中有中粮广场项目、沈阳一条街的改造工程，上海的不夜城建设项目，深圳西丽湖拥有27个洞的全国最大的高尔夫球场，三亚亚龙湾7000亩土地的开发项目等等，整个规模(包括发展权利)已达500万平方米。

除以上八个系列外，中粮总公司还兴办了一批属于贸易和综合经营的实业项目，涉及国内贸易、保险金融等行业，进一步丰富了投资领域，显示了中粮总公司形成大型外贸企业整体经营规模的经济实力和物质基础。

经营国际化 中粮公司的跨国经营在不断扩大。建立了21个海外机构，国际化经营从一般贸易扩展到易货贸易、转口贸易、期货贸易、产品种植、仓储运输、房地产开发、酒店经营管理等诸多方面。并充分利用国外的资源、技术和资金，在国内外投资设立了100多个实业项目。1994年和1995年在美国还成功地发行了1.5亿美元的商业债券，成功地进入了国际金融领域。1996年总公司海外机构经营额超过74亿美元。

在长期的对外贸易活动中，粮食的进出口贸易一直是中粮总公司的主要业务，粮食贸易量累计达到4.3亿吨，为世界粮食贸易的发展作出了积极的贡献。

企业发展集团化 中粮总公司的集团化建设正在蓬勃发展。自1993年正式组建以中粮总公司为核心的企业，已有196家外贸、生产、服务企业和科研单位参加中粮集团。集团成员在贸易、生产、资金、服务和新产品、新科技开发等方面，进行了卓有成效的合作，加强了整体竞争和抵御风险的能力，促进了各类企业的共同发展，为加快中国粮油食品对外贸易的发展发挥了重要作用。

中粮总公司从单纯的贸易公司逐步走向实业化、国际化、集团化、综合化的道路，成果是显著的，其主要管理方式是：

一业为主，多种经营，确立以扩大实业为基础的发展战略 因地制宜地合理安排跨国、跨行业、跨地区的实业项目投资，以此不断壮大中粮总公司的经济实力，在激烈竞争的市场经济大潮中，有力地促进产业建设的总体发展。

为了提高管理水平，中粮总公司制定了实业发展战略和项目投资与管理条例。并对企业管理进行了总体规划，把实业发展纳入规范化的轨道。对长远发展目标和经济效益进行科学论证，避免出现仓促上阵、盲目发展以及片面追求“短平快”、“撒胡椒面”等不利于实业发展的现象。

统筹规划、合理布局,处理好贸易与实业相互促进、相互发展的协调关系　贸易为实业发展提供广阔市场,实业为贸易规模经营提供雄厚的物资基础,以此互相促进、共同发展。

在具体方法上采用灵活多样的投资与合作方式,如对发展新项目的实业投资,采取了规范的参股形式。以中外合资、国内联营等方式参股发展,借"鸡"下蛋、搭"船"出海。

对能够获得最大的经济效益和规模效益的项目,在资金技术设备上,优先予以安排;并注重对中粮总公司发展具有影响和加强经济实力具有决定性因素的大中型项目(如油脂、粮食加工、凯莱酒店以及部分棕榈油的国际合作项目等),采取了控股或独资方式;对另一些经济效益好、投资规模大的长线项目(如上海不夜城等物业开发项目),则采取了参股入股方式;为了扩大贸易出口创汇,有些项目又采用了国内联营合作方式,以此努力兴办一批出口货源的基地建设(如种植业、养殖业的基地等)。

着眼特点,着眼发展,坚持高起点、高标准、高档次的原则　项目投资与管理首先起点要高,严格按照国际标准,生产高档次的产品,使项目具有市场竞争优势。

中粮总公司近几年兴办的大中型企业之所以经济效益显著,除加强经营管理外,先决条件就是技术设备具有国际一流、国内领先水平,否则宁可不建。同时通过对企业管理与产品生产高质量的要求,带动国内同行业的技术进步和技术革命,产品与技术投入市场,处于领先地位,以求促进中国行业水平的提高。

因势利导,有破有立,完善企业经营机制改革,适应市场经济的发展需要　首先,从机制上保证运行畅通。中粮总公司按照建立社会主义市场经济和现代化企业制度的要求,进一步转换在经营机制和完善管理性能方面做了大量的工作。逐步打破以商品为对象的业务分工模式,实行本部制,建立起以市场为导向,贸易、实业、信息、金融、服务相对专业化的经营管理格局。

其次,按层次明确管理职能和责任,形成集团总部决策、专业化和区域管理、业务经营层等三个层次的管理框架,任务与责任到人,效益与奖惩挂钩。人员配置,坚持少而精、不虚设。

再次,从实际工作中,切实把握好协调管理与信息中心、财务管理与投资中心、人事管理与培训中心三个有机结合,形成统一领导,密切配合,协调发展的良好工作秩序,逐步模索走向市场经济的企业管理经验。

最后,向现代企业管理的高层次过渡。抛弃过去一直沿用的平面直观管理,跳出"小生产"、"小作坊式"的管理经营模式,采取灵活有力措施,提高办事效率,从而使公司运行更加符合现代化企业发展的战略需要。

统一领导,各负其责,充分发挥董事会与公司管理的职能作用　实行统一规划、统一运作、统一指导。坚持大项目由董事会决策并参与管理,总公司直接负责管理;明确实业投资的审批权限,逐步把投资与管理、股东与经营相分离,既发挥董事会作用,同时又发挥管理公司的作用。

在董事会与管理公司的职能上,实行董事会下的公司分工责任制。做到大的决策和运作由董事会决定,管理事务由公司或聘用专家负责具体执行。充分发挥公司职工的整体威力,放手让公司干部敢抓敢管,敢于负责,果断地处理日常工作。

展望1998年和"九五"期间的公司发展,今后公司的奋斗目标是:把中粮总公司建设成为在国内外具有较强经济实力和市场竞争能力的大型跨国企业集团。

1998年到2000年,用本世纪末的最后三年时间,建立起比较巩固的出口商品生产基地和市场销售网络,基本完成实业化、国际化、集团化和综合化经营的战略目标和战略布局。总经营额平均每年递增10%,实现国有资产在1995年基础上增长一倍。

中粮总公司将面对着市场经济的新形势和跨世纪发展的新任务,结合总公司制定的新目标,全体职工将继续发扬"团结、开拓、守信、实效"的企业精神,一如既往地保持与海内外各界朋友的真诚合作,不断开创实业化、国际化、集团化经营的新局面,为中国现代化建设和世界经济繁荣做出新的贡献。

中国食品工业(集团)公司

公司总经理　　孙天泽

中国食品工业(集团)公司(简称中食(集团)公司),隶属中国轻工总会,是全民所有制企业,具有法人资格。实行自主经营,独立核算,自负盈亏。是集技工贸为一体的开发和经营型经济实体,是食品工业中唯一的全国性公司。

公司以社会主义市场经济体制为导向,依靠先进技术和科学管理,坚持外引内联,开发食品工业的新技术和新产品,推进科研成果转化为生产力;组织安排部分食品项目基建技改投资贷款;组织进口食品原辅材料和产品出口,开展国内物资调剂;开发食品原料和资源的综合利用;提供技术咨询和信息交流等各项服务。

公司在总部发展壮大的同时,拓展创建中国食品工业传统食品公司、中国食品工业供销公司、中国食品工业海南公司、北京北方食品包装涂料厂、中国食品工业(集团)公司燕郊开发中心和北京盛华物业管理有限责任公司、海南食品工业联合开发公司等四个全资企业,一个中心和两个控股公司。公司坚持引进国外资金和技术,发展中外合资企业,同时开展国内横向经济联合。先后在全国发展建立20多个中外合资和内联企业。其中有与美国可口可乐公司合资建立的天津津美饮料有限公司和天津可口可乐公司,与赛格集团等共同发起创建深圳中浩股份有限公司,并且是该上市公司的大股东之一。

公司受国家计委委托,自1984年以来,共组织优选、审定食品工业基建、技改项目250多个,安排相应的贷款7亿元。这些项目的选定和实施,促进了产品结构的调整,新产品的开发和技术水平的提高。

中食(集团)公司于1994年组建信息网络中心,已在全国发展网员,创刊出版《全国食品工业信息》杂志,这个中心和刊物以组织交流信息为主,刊登有关食品工业发展方向、政策法规,介绍新产品、新技术和企业经营管理经验,提供市场需求及国际食品科技、商贸信息等。

公司在河北省三河市燕郊经济开发区独资购买土地使用权345亩,规划开发建设一个以高、新技术为主体的"燕郊工业园"。该园位于开发区东部高科技工业区的南侧,京哈公路主干线旁,为入京之要道,地势平坦,位置优越,距塘沽港125公里,距天安门30公里,距首都机场30公里,距京秦电气化铁路燕郊火车站仅1公里,交通十分便利。该土地资产是本公司发展壮大,再创业绩的重要物质基础,依托和利用燕郊的土地资源,在国内外招商引资,进行有效的资产运作,既可以实现资产增值,又可以拓展建设新的经济增长点,最终实现本世纪内二次创业,再造辉煌的目标。1996年至今,已引进中外资金1亿多元,利用土地260余亩,与美商合资开发建立三河美乐饮料有限公司,与新疆屯河集团有限责任公司合资开发建设三河京通番茄制品有限公司和屯河纸业包装有限责任公司等3个企业,在如此发展势头的基础上,继续发挥土地资源的优势,不断扩充公司资产,发展壮大公司实力。

组建成立企业集团。以中食(集团)公司总部为核心企业,按照国家关于建立企业集团的有关规定,经国家经贸委批准,国家工商局核准注册登记,于1995年4月宣告成立"中食集团"。集团坚持自愿互利,平等合作的原则,以资产为联结纽带,以公有制企业为主体,成员单位包括工业、科研、贸易、信息和餐饮服务等企事业单位,分布在16个省、直辖市和中央有关部门,是食品工业中跨地区、跨行业的全国性的大型企业集团。集团内分为核心层、紧密层、半紧密层和松散层。

核心企业在集团的发展战略、调整结构、协调利益等方面发挥主导作用,并逐步发展成为集团的投融资、科技开发、对外贸易和经济技术交流等重大经营活动的决策中心。紧密层,由核心企业的全资和控股企业组成,隶属核心企业领导,并对其重要的生产经营决策和主要领导的聘任实行"六统一"管理。半紧密层,由核心企业投资参股的联营企业组成,该层次企业不改变原来的隶属关系,集团对其生产经营活动进行协调、指导、合作、服务。松散层,由核心企业较稳定的合作单位组成,集团通过合同、协议与其建立稳定的经济、贸易、技术、信息等方面的互利合作关系。

组建成立中食集团,对促进食品工业的发展,推动现代企业制度的建立起到重要作用。依照集团的宗旨和规划,其一,坚持发展食品工业为主,兼顾多种经营。食品工业是国民经济和向小康生活迈进的重要产业,直接关系国计民生。集团在国家产业政策指导下,以市场为导向,推动食品工业的发展。其二,集团充分发挥整体优势和综合功能,集中成员单位各自长处,进行项目开发,物资设备调剂,人才、技术、信息交流和资金融通等协调合作,实行扬长避短,优势互补。其三,集团要走出去引进来,加大对外开放力度,引进资金、技术和管理,扩大进出口贸易,进而争取获得进出口经营权。其四,充分利用国家对企业集团的优惠政策,不断发展壮大自我,落实国家支持企业集团建立技术中心的政策,发展集团的科技事业,争取融资权,强化集团融通资金手段,建立发展集团投资中心功能。

中食(集团)公司长期坚持物质文明和精神文明两手抓的指导方针,实现两个文明双丰收,在持续稳定取得较好经济效益的同时,精神文明建设取得优异成绩,自1993年以来,连续被评为"首都文明单位标兵"和"中央国家机关文明单位标兵"。1993年和1995年连续两次荣获"中国轻工总会先进集体"称号。

中国贵州茅台酒厂集团暨
中国贵州茅台酒厂(集团)有限责任公司

集团董事长兼总经理　季克良

中国贵州茅台酒厂是贵州省政府确定的22个省现代企业制度试点企业之一。1996年7月,贵州省政府批复同意贵州茅台酒厂改制为国有独资公司,更名为中国贵州茅台酒厂(集团)有限责任公司,同时,以该公司为核心企业组建企业集团,并命名为中国贵州茅台酒厂集团。集团首批成员单位包括全资子公司2个;控股子公司3个;参股单位4个。公司总面积68万平方米,建筑面积40多万平方米,现有职工近4 000人,年生产茅台酒4 000吨,拥有资产总值15亿多元,年利税3亿多元,年创汇1 000万美元,是国家特大型企业,全国白酒行业唯一的国家一级企业,全国优秀企业(金马奖),全国驰名商标第一名,是全国知名度最高的企业之一。

贵州茅台酒与苏格兰威士忌、科涅克白兰地同列为世界三大名酒。自1915年巴拿马万国博览会获得国际金奖以来,连续14次荣获国际金奖,并获得"亚洲之星"、"国际之星"包装奖,出口广告一等奖,蝉联历次国家名酒评比之冠,是中华人民共和国国酒。

几十年来,特别是十一届三中全会以来,茅台酒厂发扬传统工艺,加强科研管理,在建设社会主义市场经济的过程中,确定了"一品为主、多品开发,一业为主、多种经营,一厂多制、全面发展"的经营战略,各方面均取得了突飞猛进的发展。"八五"期间,茅台酒厂通过投资、持股、合资等方式建立了一些各种类型的企业,形成了母子公司结构的集团格局。这些企业分布在北京、上海、海南、深圳等地,分别从事酒店业、包装材料制造、内外贸易等跨行业经营管理;先后开发了43%(V/V)、38%(V/V)、33%(V/V)贵州茅台酒、汉帝茅台酒、茅台女王酒、茅台不老酒、贵州醇、贵州特醇、茅台醇等系列产品,形成了多品开发、多种经营、多元发展的新格局。1994年,茅台酒厂质量管理一次性通过GB/T19002-IS09002质量体系认证,在白酒行业中率先与国际质量标准接轨;1995年,在美国纪念巴拿马万国博览会金奖80周年名酒品评会上,贵州茅台酒再次夺得特别金奖第一名。

1951年到1997年,茅台酒厂固定资产总值从10万元发展到15亿元,茅台酒年产量从75吨发展到4 000吨,仅1992年到1995年4年间,茅台酒厂就为国家创利税8亿多元,上交利税6亿多元,出口创外汇2 000万美元。1996年,实现产量4 365吨,实现销售收入5.3亿元,利税完成2.9亿元,创外汇1 000多万美元,各项经济技术指标再创历史最好水平,为"九五"战略目标的实现起好了步、开好了局。随着现代企业制度的建立和逐步完善,中国贵州茅台酒厂集团将进一步解放思想,开拓进取,以更高的要求,更快的速度向前发展。

一

贵州茅台酒是世界三大名酒(蒸馏)之一,是中国大曲酱香型白酒的鼻祖,是酿造者以神奇的智慧,提高粱之精,取小麦之魂,采天地之灵气,捕捉特殊环境里不可代替的微生物发酵、揉和、升华而耸起的酒文化丰碑。

"物华天宝、人杰地灵"。集灵泉秀水于一身的赤水河,特殊的红壤,高温润湿的气候,纯朴、善良、喜饮的民风,藉东方酒文化、中华民族酒文化之催生,孕育出了香飘环宇的国酒茅台。

贵州茅台酒源远流长,据史载,早在公元前135年,古蜀地茅台镇就酿出了使汉武帝"甘美之"的枸酱酒,盛名于世。1915年,茅台酒荣获巴拿马万国博览会金奖,享誉全球。新中国成立后,先后14次荣获国际金奖,并蝉联国家名酒之冠,畅销100多个国家和地区,令五洲倾到,四海销魂。

茅台酒的生产工艺古老而独特,是当地历代酒师在长期的生产过程中创造和积累起来的,是独特的自然条件和酿造工艺科学结合的典范,它继承了古代酿造工艺的精华,闪烁着现代科技的光彩。茅台酒经精心酿制,长期贮存,精心勾兑而成,它以酱香突出、幽雅细腻、酒体醇厚、回味悠长、空杯留香持久的完美风格而冠盖群芳,被誉为国酒、外交酒、礼品酒,在中国的政治、经济生活中发挥了积极的作用。

改革开放以来,茅台人解放思想,更新观念,实施"一品为主、多品开发"的战略,在确保茅台酒质量稳步提高的基础上,先后开发出系列茅台酒新产品,形成了多品种、全方位发展的格局。尤其是以1915年巴拿马万国博览会时珍藏的老茅台酒精心勾制的陈年茅台酒——汉帝茅台酒,被世人誉为茅台至尊。

二

贵州茅台酒由于具有酱香突出,酒体幽雅、细腻、醇厚、协调、丰满,回味悠长、空杯留香长而舒适,酒度低而不淡、酒香而不艳、饮后不上头等特点,且具有不添加任何香气香味物质和对人体有一定的保健和疗效功能而深受国内外广大消费者的喜爱。国酒茅台是中国传统白酒中出口量最多、出口国家最多、吨酒创汇最多的白酒,曾多次荣获国际质量奖、装潢奖、广告奖,五次蝉联国家名酒称号,三次蝉联国家最高质量奖,多次荣获巴拿马万国博览会金奖和特别金奖,质量信誉数十年不倒,究其根本原因是质量上乘。

贵州茅台酒是中国大曲酱香型酒的典型代表。它为什么有如此完美的风格而只要品尝它几次后就被倾倒呢?这是广大消费者十分关心的问题,也是国内外专家们研究的问题。有的认为是由于茅台的土壤好,是朱砂土,所以有的企业不惜工本千里迢迢来茅台运土运石;有的说是这里的水好,中性硬度低,不污染;有的说是工艺好。众说纷纭。这些说法都是有一定道理的,但又是极其片面的!贵州茅台酒之所以在风格上独树一帜,如此完美,是由于当地的劳动人民根据当地的自然条件(包括水质、土壤、植物群、温度、湿度、风力、风向等)和酿酒的基本原理,经过反复实践,由实践、失败,再实践、再失败,再实践、直至成功,设计出了一套顺应这里的自然条件而又有别于其他名优酒生产工艺的生产工艺。可以说茅台酒工艺是顺应自然条件的产物,是茅台劳动人民智慧的结晶!是人类应用自然界微生物的典范!创造了一个离开茅台镇就生产不了茅台酒的这一特殊产品。

中国著名诗人雁翼先生对茅台酒工艺写了一首绝妙的诗:

不仅仅茅台神奇的人,
更是茅台人神奇的智慧。
提高梁的精,取麦牙的魂,
捕捉泥土和空气的情思。
集中、揉合、升华——
建立了一座液体的丰碑。
醉了历史,也醉了今朝,
化了人间多少悲愁成喜泪。
醉了中国,也醉了五大洲,
多少盛宴因您而魂颠神飞。

那么,到底贵州茅台酒的生产工艺和其他白酒生产工艺有哪些不同呢?

首先一条是季节性生产。茅台酒的传统工艺是端午踩曲,重阳投料,一年一个生产周期再经三年陈酿,加上原料进厂,勾兑存放的时间超过五年才能出产品,而一般优质酒生产,有的只需几十天,有的需要几个月,最多的用一年多时间即可出产品。

二是茅台酒全年分二次投料,而一般名优酒生产是一年四季都投料。

三是茅台酒有三种香型体组成,即酱香型酒、窖底香型酒、醇甜型酒,不像一般酒由单一的香型构成。

四是茅台酒同一批原料要经九次蒸煮(烤酒)、加曲、堆积发酵、入池发酵、七次取酒,历时整整一年。而一般名优酒只需一次二次或四、五次蒸煮即可完成。

五是采用了高温制曲、高温堆积、高温入池、高温接酒、低糖化本曲、低水份水池、低出酒率、低酒精浓度,用曲量大、粮耗高等工艺,与一般名优白酒的工艺反其道而行之。

由于工艺上的不同,致使酒体风格独树一帜。

一是由于茅台酒也是采用开放式固定发酵,生产发酵历时一年,且使用适宜温度范围宽,因此在茅台酒生产发酵过程中参与的微生物就比其他酒多,因此茅台的香气成份多,酒体显得丰满醇厚,香而不艳,低而不淡。

二是由于茅台酒由三种香型组成,酱香是主体香型酒,要将不同香型的酒、不同酒龄的酒、不同轮次的酒、不同浓度的酒进行精心勾兑。勾兑是一门技术,又是一门艺术,使酒体酱香突出,幽雅细腻、协调,空杯留香持久舒适。

三是由于茅台酒需要经过三年的长期贮存,部分酒贮存时间更长,接酒温度高且摘酒浓度、产品浓度都低于其他名优白酒,因此很多高沸点香味物质得以保存,很多低沸点的物质比较容易在贮存过程中挥发,酒精的水分子得于以充分综合,使酒具有低而不淡,饮后不上头等特点。

四是由于茅台酒摘酒浓度低,是以酒调度而不是以水调度,故酸度比较高,高沸点香味物质较多,因此酒体后味长,空杯留香长。

五是由于茅台酒过去、现在都不准外加任何物质,包括香味物质和水,这在任何酒中包括洋酒都是独一无二的,纯属天然发酵产品。

三

正因为有特殊工艺,才有茅台酒特殊的香味物质和量比关系;也正因为有特殊的香味物质和量比关系,才有茅台酒特殊的风格,使茅台酒喝了以后很舒服。有的人终身只饮茅台酒,别无其他选择;有的人说走遍大江南北,国内国外,喝来喝去还是茅台酒好喝;有的人说茅台酒怎么喝怎么顺;有的人喝来喝去最终还是选择了茅台酒。

茅台酒不但好喝顺口,有的人终身选用,更重要的原因是茅台酒还有保健和医疗效用。

据史书记载,我们敬爱的已故总理周恩来生前患感冒从来不吃药,不论是中药,还是西药,而是喝茅台酒,喝了就好。所以当中美关系解冻,尼克松 1972 年访华时,周恩来总理用茅台酒招待了尼克松,当谈到茅台酒的问题时,才有了茅台酒能治百病的说法。

茅台酒不但能治感冒,还能治糖尿病。传统说法糖尿病患者不能喝白酒。1993 年底天津长城质保公司的陈先生、叶先生来厂指导工作,因已 60 多高龄,且患有四个加号的糖尿病,因此爱人打电话到贵州省经贸委要求搞接待的同志注意不要让陈、叶二先生喝茅台酒,省经贸委的同志则向茅台酒厂的同志传达了。可是陈、叶两位来厂后,禁不住茅台酒的诱惑,开始小心的试着喝,后来大胆喝,春节回天津时经检查已由四个加号变成了两个加号,糖尿病不但没有变重反而好转了。

茅台酒还能治胃溃疡。有几个工人年轻时一喝酒就要进医院治疗胃出血,喝茅台酒以后,不再胃出血,更不用住院了。

据英国茅台酒代理商谢先生介绍,茅台酒还能治耳聋。英国一个耳聋病人,偶然在一个饭店喝了三次茅台酒,后来奇迹出现了,耳朵不聋了。到笔者访英时为止,该消费者坚持每周到饭店喝 2 至 3 次茅台酒。

酒的消化对肝有损伤这是医学界的共识,但茅台酒例外,这是遵义地区医院和茅台酒厂职工医院联合调查的结论。这两个医院的医生对长期喝茅台酒的群体和喝其他白酒的群体进行对照,结果发现长期喝茅台酒的群体患肝癌、肝炎、肝肿大、脂肪肝的很少,而喝其他白酒的群体上述肝病则较多。

中铁集装箱运输中心

中铁集装箱运输中心是中华人民共和国铁道部直属的铁路集装箱运输企业，负责对全国铁路的集装箱运输实行统一规划、统一管理、统一调配，通过集团化、国际化、多元化经营，推动铁路货物运输现代化进程，以适应社会主义市场经济和对外贸易发展的需要。

中铁集装箱运输中心与全国14个铁路局、53个铁路分局、617个铁路站段的集装箱运输管理机构组成中国铁路的集装箱运输系统，在铁路各级运输部门的统一组织和调度下，进行全国性的集装箱、零担和篷布运输、管理、经营工作。

中铁集装箱运输中心拥有5吨、10吨和20英尺、40英尺等各种类型的集装箱共计14.1万TEU，固定资产净值达20亿元人民币。1997年完成集装箱运量160万TEU计2 643万吨，其中过境及进出口的国际集装箱14.1万TEU。

中心系统在国内拥有各类集装箱货场，可办理各种箱型的发送、中转、集散业务。此外，还有箱码头、零担货物仓库、拖车和专用集装箱办理基地，可为客户提供租赁、代理、仓储、汽车门到门运输、技术咨询、上门服务等全方位的运输服务，为货主提供最大的方便。

中铁集装箱运输中心系统经营数条主要运输国际集装箱的“五定班列”运输线。集装箱“五定班列”做到定点开行、准时到达、手续简便、价格合理、优质服务。其中郑州(武汉)—九龙的班列由中心与香港九广铁路公司联合开行，每周一列，全程使用中心提单，一票到底、一次收费，1997年共开行56列，运输集装箱1 779TEU；上海—南京集装箱班列，每周两列双向对开，1997年共开行140列，运输集装箱9 945TEU；上海—成都的班列，每周三列，1997年共开行159列，运输集装箱8 008TEU；德惠—鲅鱼圈为国内首列冷藏集装箱运输班列，每周一列双向对开，1997年共开行90列，运输冷藏集装箱3 790TEU；青岛—郑州的班列，每周一列双向对开，1997年开行100列，运输集装箱2 186TEU；天津—西安的班列，每周一列双向对开，1997年开行90列，运输集装箱1 601TEU。

中铁集装箱运输中心系统经营的新亚欧大陆桥集装箱运输，为亚欧两大洲之间的经济贸易交往提供了有利条件。其中连云港—阿拉山口全程4 143公里，西行方向每天开行一列集装箱班列，运行156小时，1997年运输过境中国的集装箱15 765TEU；东行方向运输过境中国的集装箱14 677TEU。特别是1996～1997年，中心系统为美国杜邦公司运输了4列过境中国、哈萨克斯坦，到达乌兹别克斯坦的危险品集装箱专列，实行全程武装押运，做到了安全、快捷、准时，在国际运输界受到了广泛好评。

中铁集装箱运输中心为适应多式联运发展的需要，与港务局合作，建立了湛江、青岛、天津港铁路集装箱办理站，铁路与海运在港口连为一体，既减少了货损，又为货主节省了时间和费用。湛江、青岛港站自1997年5月、8月成立后，到年底，分别接运国际集装箱2 730TEU和3 362TEU，比上年同期分别增长200%和100%。

中铁集装箱运输中心在国内各口岸站、港口站和内地有关车站建立了电子信箱，每天可为客户提供可靠、及时、准确的国际集装箱出入境和过境信息。此外，在全国范围内对集装箱进行号码制全程跟踪管理的CIS系统也正在抓紧建设中。

中铁集装箱运输中心在Internet网上的主页网址为：http://www.crct.com 或 http://www.crctc.com 中铁集装箱运输中心的电子信箱(e-mail)地址为：crct@cenpok.net 或 crct@crct.com 可为客户提供信息服务。

中铁集装箱运输中心拥有6.5万个20英尺国际标准集装箱，对国内外客户开展租赁业务。租用铁路箱可免办回空，为客户节约了时间和资金。

到2000年，全路集装箱运量将实现260万TEU、4 000万吨，占货运总量的2.5%；到2010年，年运量将达到660万TEU、1亿吨，占货运总量的5%，形成以大型站为骨干、以中小型站为依托、以直达快运为主线，南接港澳、北连俄欧、东通海外、西达中亚，四通八达、方便快捷的集装箱运输网络。

到2000年,铁路集装箱保有量将达到17万TEU,集装箱平车达到2万辆;到2010年,集装箱保有量将达到34万TEU,集装箱平车将达到5万辆。

到2000年,将在全国建设大型集装箱集散站2个(郑州、成都),扩建中型集装箱货场5个;到2010年,将再建设大型集装箱集散站10个(哈尔滨、沈阳、北京、武汉、西安、南京、上海、广州、昆明、兰州),扩建中型集装箱货场33个。大型集装箱集散站年办理能力将达到20万TEU、200万吨以上,配备先进的装卸机械和管理设施,具备零担拼箱、门到门短途搬运、货物仓储、保税、一关四检、银行结汇、电话预订车位、上门服务、信息查询等齐全的功能,利用公路网络吸引周围250公里左右范围内的货源,使其成为集装箱集散和"五定班列"发到基地,达到国际先进水平。中型集装箱办理站年办理能力将达到10万TEU、100万吨以上,配备足够的机械能力和现代化手段,在全路起到骨干作用。

中铁集装箱运输中心下属的中铁国际货运代理有限责任公司是经外经贸部批准,在国家工商局登记注册的国际货运代理企业,下设有哈尔滨、沈阳、大连、天津、济南、武汉、成都、上海等8个分公司。经营范围为:承办进出口货物的国际运输代理业务,包括揽货、托运、仓储、中转、集装箱拼装拆箱、国际多式联运、结算运杂费、报关、报验、保险、相关的短途运输服务及咨询业务。公司还办理海运国际集装箱下船后直接进入中国内地的运输业务,保证空箱在规定时间内返回指定港口,这样既减少了作业环节和货损,又可为货主节省费用和时间。

(中铁集装箱运输中心办公室)

北大方正集团公司

一棵大树　顶天立地

在今天这样一个以知识经济为主导的社会里,传统工业经济中的制造业已呈现颓势,而知识型产品及其技术创新所释放出的威力却越来越难以估量。作为一种非均衡性、呈几何级数增长的新经济——知识经济的一个重要特征就是软件产业在全球范围内的勃兴。以美国为例,美国的前5 000家软件公司已成为近年来美国经济增长的最重要的源泉,其对世界经济的贡献已超过世界500强工业企业。回头再看看中国的国内工业,彩电大战尘埃落定,VCD竞争犹烈,降价成为行业内拼杀最后的杀手锏,而技术战呢,冷冷清清,无人问津。于是,有人将目光投注到了北大方正身上。10年前,方正从一个40万元的校办企业起家,到1997年,产值已超过60亿元,利税逾3.3亿元,被企业界誉为国内最成功的软件公司,并跻身于全国首批6家技术创新试点企业、国家120家大型试点企业集团和国家5大重点扶持PC生产厂商。1995年,方正集团控股的方正(香港)有限公司在海外成功上市,昭示着方正集团已由一个国内校办企业成为在国际高科技市场上代表中国民族工业的一支生力军,并稳步跨入国际舞台。

十年树木　常青不衰

曾有人将方正比喻成企业界的一棵常青树,从一叶幼苗负重而出,10年后,已是根深叶茂,枝枝桠桠,闪烁着满身的珠光宝气。在中关村,朝生夕死的小公司太多太多,不可胜数,持续发展10年以上的大公司却是寥若晨星,屈指可数。20年前,正是在这里,诞生了中国自行研制的第一台汉字激光照排系统,从而引发了全球中文电子出版业一次又一次声势浩大的技术革命。20年来,这里相继开发出的一系列科研成果又都走向了市场,纷纷开花结果,形成了规模化产业——从出版到通用软件、多媒体和硬件制造,从政府、银行的办公自动化到商场、邮电管理,从报业到动画制作、电视台流程管理到金融数学,从指纹识别到精细化工……。10年来,方正的新技术新产品可谓灿若群星,源源不断的技术滋养成为方正10年来茁壮成长的重要源泉。

在方正,技术研究院院长王选教授经常用"九死一生"来形容高科技公司的生存境遇,并以"成功是失败之母"来谆谆告诫企业的高层管理人员。因为在知识经济时代,技术发展的狂流往往是一日千里,身处其中,不进则退,而稍有懈怠,就会有覆顶之灾。王安、巨人、晓军……在计算机业,时间之河不知淘尽了多少英雄。但是,由于种种历史和现实的原因,长期以来,国内许多企业技术创新和吸纳消化的能力显得先天不足,而这样一来,高校企业似乎注定要承担这样的历史重任——在进行高新技术研究的同时,把成熟的科研成果转化为现实生产力,并形成产业化商品。方正人后来称之为顶天立地的方正风格,顶天即是要有高度的前瞻意识,立足于国际科技发展潮的潮头,感受市场最前沿的需求刺激,从而开发出一流的科技成果;立地则是要求将营销与开发、技术与市场紧密结合,使科研成果转化为商品,并形成产业。在方正,每一个开发部门与相对应的营销部门直接挂钩,开发人员与销售人员相举并重,远大的学术抱负、先锋精神和强烈的企业家欲望融为一体,一方面,创新技术拓展出全新的市场生存空间;另一方面,新的市场需求又刺激了技术开发人员的创造力和激情,从而成功地实现了市场与技术的互动。

为了实施北大的大企业战略,近年来,方正吸纳了一大批源自北大的尖端科技成果,充分发挥了高校企业的孵化器功能,先后将北大石青云院士主持研制的指纹自动识别技术、王川博士发明的多环麝香合成技术等转化为现实生产力,经历短短的几年,便获得超常规发展,成长为集团新的产业支柱。方正人创造出的一个个全新商机无一不源自其独特的创新精神和深远的忧患意识。

进军东瀛 蜚声海外

1996年12月,日本NHK电视台专程来北京,对方正技术研究院作专题采访,使他们大为惊讶的是,一个企业的技术中心,竟聚集了近400位专业开发人员,50%都具备硕士以上学历。他们中有4位院士,4位全国奥林匹克竞赛获得者,7位北大跨世纪学术带头人……。

“你为什么选择留在了方正?”日本记者问一名开发人员,“像你这样的情况,在国外读学位可以很容易地拿到奖学金,进公司薪水也是很高的。”

“在这里,我们要实现自己的梦想,把中国的软件打入日本市场就是我们现在努力的一个目标。”年轻人脱口而出。

5个月后,一场隆重的新闻发布会在人民大会堂举行。在会上,方正集团负责人郑重宣布:北大方正自主开发的日本版飞腾软件已开始大规模进入日本市场。这将是中国人第一次将拥有自主知识产权和自有品牌的软件产品出口到发达国家。今后方正将以亚洲市场为近期目标,逐步将产品扩展到国际市场,80%的出版系统将出口海外……。

几年前,方正就开始酝酿进入日本市场。技术人员在日本考察后发现,日本的印刷市场十分发达,不亚于美国,但印前技术却落后于方正,而且印前市场规模高达100亿美元,用王选教授的话来说,这个市场简直“太可爱了”。几经磨砺,方正人终于如愿以偿。在日本,方正的领先技术甚至吸引了富士通、日本IBM等著名软件公司,纷纷与方正洽谈合作事宜。1997年11月,方正与美国IBM公司在北京共同宣布:今后双方将结成战略性合作伙伴关系,除共同致力于媒体整体解决方案的软件开发之外,IBM将在全球范围内代理销售方正的飞腾排版软件。与此同时,在韩国市场上,方正韩文版飞腾软件开发也正在顺利进行中,方正将与韩国当地的一个最大排版公司组成合资企业。以亚洲市场为近期目标,以欧美市场为远期目标,立足国际化发展,方正的战略设计清晰可现。

国内许多有识之士曾指出,作为知识经济的标志性产业,现在乃至今后的一个时期内,发展民族软件业已显得刻不容缓,而当前制约国产软件业成长的瓶颈就是软件人才的聚集效应——能否将数百名软件奇才维系于一个企业,这样的企业将是中国软件业振兴的脊梁。与国外的许多大公司相比,方正虽然还是航空母舰侧畔的一叶小舢板,但王选教授指出,方正将肩负起这样的历史使命,希望在不远的将来,方正将诞生出10位院士和100位百万富翁,到那时,北大方正将不再只是中国的方正,也是世界的方正。从“修身、齐家、治国、平天下”的古代理想中走来,在知识经济时代,方正人立志要完成的是一番顶天立地的事业,以实现几代科技实业家实业报国的梦想。

(北大方正集团公司　　马向阳)

联想集团公司

90年代,随着社会主义市场经济体制的日益完善和改革开放的深入,中国经济步入了高速发展的轨道,中国计算机产业也进入了快速成长期。为了在激烈的市场竞争中把握先机,联想集团确立了成为"长久的、有规模的世界级高科技企业"的战略目标,以十几年的实践成功地探索了高科技企业技术开发与市场开发相结合的内涵发展模式,总结了以"贸工技三级跳"为核心的高技术产业化道路。

(一)"贸工技三级跳"发展模式的提出

"科教兴国"、"科技是第一生产力"应该切实体现为科技成果转化为批量的产品,能在市场运作中取得经济效益,而其中一部分效益又投入到科研开发之中,形成一个闭环。在这个闭环的构造过程中,高科技产品满足了市场需求,国家实现了税收,社会增加了就业人口,从而促进社会安定,经济繁荣,国力增强。

作为中国计算机行业的代表,联想集团以实现"长久、规模、高科技"为总目标,在借鉴国外高科技企业的发展经验和对自身实力不断论证的前提下,总结技术开发和市场开发相结合的经验得失,拓展高科技产业化空间,孕育了高科技产业化的内涵发展模式,即科研成果+规模生产+规模经销=经济效益,也就是贸工技三级跳的具体表现形式。因此可以说,联想集团在高科技产业化方面的一系列探索,包括1993年联想科技园的启动,1997年联想工业投资公司的组建都是旨在充分发挥集团在市场开拓,经营管理,生产研发等方面的优势,拓宽业务,扩充实力,提高抗风险的能力,最终实现战略发展目标。

(二)"贸工技三级跳"模式的运筹实施

高科技产业化的内涵是三部分的结合:科研成果、规模生产、规模经营,这三者的结合产生可观的规模经济效益。

学会规模经销

自1994年以来,联想电脑公司连续4年PC销售台数每年平均增长100%,而利润每年平均增长超过180%;市场份额由4%增长到10.5%,在中国市场排名第一,拉大了和第二名IBM的差距,跻身亚太六强。应该说生产和销售起了决定性作用,而经销的成功则为整个战役的胜利奠定了基础。

1994年,联想微机事业部组建后,首先确定了销售模式,将销售对象明确为代理经销商,改变了以前代理和终端用户混杂的状况。然后,进一步研究如何吸引代理,管理代理(主要是在价格政策和返回货款政策上),在CPU、DRAM等元器件价格急剧变化时,PC机好像新鲜水果不能存放,因此保证库存周期最短是关键,而市场预测准确就是基础。联想电脑公司对此采取了有力行动并作出了深刻理解,所以取得了业绩。

联想电脑的市场竞争,主要面对外国企业,要做得和外国品牌产品一样好或者比他们更好,但成本要远比他们低;对于国内同行则利用在管理上先行一步的优势,在工作效率上有更多的超过。从联想电脑公司的例子可以看出在PC形成规模产业的过程中,在有越来越多的科技含量注入联想PC产业的过程中,以销售的优势开拓市场份额、形成更大规模的产业是一条成功之路。

经销是门大学问,学会规模销售可以为高科技产业化奠定坚实基础。1987年联想做HP(惠普)公司的代理,1988年做AST(宏志)公司的代理,取得了规模销售的经验,这为1991年推出自有品牌电脑并形成产业创造了条件。现在联想由于在东芝笔记本销售方面取得了好成绩,东芝公司要求与联想联合生产;联想由于在HP喷墨打印机销售方面取得了好成绩,HP公司也提出要合作生产。就这样联想开拓了以高起点进入的笔记本电脑和激光打印机产业,以贸易为突破口实现产业化也就顺理成章。由此认为技、工、贸这三者当中,贸是基础,贸要先行,只有这样才能迅速扩大市场份额进而形成规模效益。

精通生产制造

重视生产制造,是高科技产业化过程中一个举足轻重的环节。欧美许多高科技企业都非常重视这个环节。

联想集团作为一个快速成长起来的高科技企业，一贯重视对生产制造的投入和管理，并把它作为企业快速发展的起点。高科技产业化当中的生产制造分为三大部分：产品开发技术，它是研究和制造的中间环节；制造技术，它是从生产角度保证产品质量、产量，降低成本的技术；管理技术，它是保证质量、产量，降低成本的管理条例。精益求精的掌握这三项技术并不容易，这可以从联想 QDI 板卡制造公司的实例中得到证实。

1996 年联想 QDI 板卡制造公司通过对从采购、研发、生产到销售的每个环节进行调整，取得了显著进步，制造技术和管理技术比起许多国有企业都要领先许多，产品更新换代的质量和产量都跻身世界前五位，但是与台湾著名的板卡制造公司华硕相比，还存在极大差距，究其原因，华硕的高明之处在于它掌握了生产制造这门大学问，并使开发技术在整个主板生产制造过程中起到重要作用。因此，联想 QDI 板卡制造公司在加大对生产制造投入的同时，也加强了对开发技术的催动，并使两者有机结合形成互动关系，促进产品的质量、数量实现大的飞跃。

总之，联想一直致力于研发、生产、销售这三个环节如何结合的研究，总体思路是根据市场需要进行研发，研发时考虑生产需求；准备组织生产时预先考虑如何做市场，如何做销售；做销售时又适时把市场预测反馈给生产体系，把用户需求反映给研发环节以调整产品性能，形成一个闭环系统。这之中，第一个突破口应该是经销，要先会卖，会做贸易，然后要掌握制造技术和生产管理技术，并为掌握开发技术奠定基础。在此前提下，再加大前瞻性科研力度，以完整实现高科技产业化。

(三)“贸工技三级跳”模式的战略需要

实现“贸工技三级跳”模式对企业发展有着十分重要的影响和借鉴意义。

跻身国际高科技企业的需要 科研开发的效益、利润最为丰厚。联想集团作为中科院所属的高科技企业，无论从自身发展的需要或是社会责任的要求都应致力于科技的发展和研究。问题是根据联想集团的现状通过什么途径才能有效提高科研开发效益的含量。联想集团认为：企业推出高新技术产品，除了开发技术本身的水平以外，还要有引导市场和教育市场的能力，才可能获得成功。而这种能力是对市场深透的了解、雄厚的财力、强大的市场运行手段等各种能力的综合。因此，从基本的工业产品制造和销售做起，逐步向核心技术逼近是缩小与世界先进信息技术企业差距的可行之路。这是因为用工业产品制造和销售作为发展科研开发的基石，一方面为科研开发积累了技术资本和资金，更重要的是在此过程中企业将把握科技产品研发与市场开拓的规律与关系，最终成为具有市场导向能力的集科研、开发、生产、销售一体化的世界一流企业。

实现信息产业内多元化战略的需要 联想集团公司的奋斗目标是进入世界 500 强的行列。为了实现这一目标，提出了“在信息产业领域内多元化发展”的战略路线。信息产业是世界上发展最快的产业之一，联想将发挥在这个产业中的整体优势，尽快形成规模效益。2000 年联想 PC 将达到 100 万台以上的规模，这 100 万台 PC 本身就会带来一个庞大的配套市场，如显示器、CD-ROM、硬盘等，就会使联想的产业规模进入一个新阶段。

解决企业发展“瓶颈”的需要 1996、1997 年联想连续两年夺得中国台式 PC 市场占有率第一；联想集团下属的 QDI 成为世界五大 PC 供应商之一；联想代理的所有业务都在市场上占有很高的份额，于是联想集团成为国外（信息产业内）著名厂商进入中国的首选合作伙伴。但与一些国际大公司相比，在大规模生产方面仍有不小的差距，在跟踪技术动态、把握技术发展方向、技术创新与技术储备以及 R&D 建设上的差距就更加明显，缺乏现代化大规模生产经验与管理能力已经成为进一步发展的“瓶颈”。因此联想集团将以保底市场为优势，在与外国著名企业合作中尽快掌握制造技术和生产管理技术，向核心技术逼近，早日成为一家名符其实的长久的、上规模的高科技企业。

寻找新的经济增长点的需要 联想集团要如期实现其近期、中期、远期战略目标，势必需要通过寻找新的经济增长点来夯实工业基础，拓宽业务范围，增强抗风险能力。联想集团的“奠定工业基础，开展科研开发”战略路线的实施步骤便是从基本的工业产品做起,从而步步逼近并掌握核心技术,最终把相应的高新技术转换为现实生产力,制造出有强劲竞争能力的高科技产品,"孵化"出新的经济增长点,联想科技园作为一个要在规模、技术、规划、管理等方面赶超国际先进水平的服务平台,其作用就是酝酿并"孵化"出新的工业经济增长点,促进并推动联想集团新的腾飞。

世纪之交,随着全球科技信息总量爆炸性地增长,加快实现高科技产业化的需要已迫在眉睫。据统计,1995 年世界信息技术市场营业额已达 5 000 亿美元,其中 70%被世界 20 家大的信息公司所垄断,美国 10 家,日本 6 家,德、法、意、英各占 1 家。韩国、新加坡、中国香港和台湾省仅占 1.5%;相形之下,1996 年中国电子企业百强前 10 家的销售总和也只有加拿大一家公司的 1/2。今天,面对工业化和信息化的双重挑战,中国信息产业界以何种姿态和何种策略迎接应对,将决定其在这一领域里的前途和命运,联想集团作为中国计算机行业的代表企业,正高擎民族工业大旗,以"奠定工业基础,开展科研开发,走高科技产业化道路"为目标,以工业经济叩响知识经济的世纪之门。

(联想集团公司　王　彦)

四通集团公司

四通集团公司——中国最大的民营高科技企业,成立于 1984 年 5 月,经过 14 年的发展,现已拥有 52 家独资、合资联营企业,4 家海外机构,职工人数达 3 700多人。1997 年销售额为 65.9 亿元,利税 2.36 亿元,工业总产值 47.5 亿元。14 年来技工贸总收入累计达 343.9 亿元,利税总额 14.86 亿元。1993 年荣获北京经济百强称号,在中国知名企业排列榜中名列第 13 位;1994 年获中国优秀企业(金马奖),在历届中国高新技术企业排名榜中名列前位;1996 年度中国高新技术企业第 3 名;1996 年和 1997 年中国电子百强企业排名第 5。

四通集团成立之初,本着"自筹资金、自由组合、自主经营、自负盈亏"的方针,凭借敏锐的市场意识、领先的观念、高效的机制、高质量的产品,经过 14 年的创业与发展,成就了今天的辉煌。

铅字打字统领了中国文字处理领域上百年之久,80 年代初国外计算机进入中国,但因其价格昂贵等因素未能被用户迅速接受。而四通打字机正是填补了由铅字打字到计算机作文字处理的长达近 10 年的空白,故被业内的专家称之为"中国文字处理的一次革命"。四通打字机的普及也带动了办公自动化的全领域的技术进步。高速自动印刷机、装订机等也相继进入该领域。目前由于计算机性能的优化及价格下跌,相当部分的文字处理市场已被其替代。但作为一种集键盘、显示器、主机和打印机四位一体的专用小型电脑,四通打字机无升级换代和病毒侵扰的烦恼,具有使用操作方便,实用耐用的特点,使其在市场上仍有一席之地,满足着不同层次用户的需求。

四通喜欢这样描述自己:四通就是一群有这样那样毛病的人,凑在一起要干大事情。然而要干大事也决非易事。四通公司在建立初期,80 年代,其规模是以每年 300%的速度成长,但是,进入 90 年代后,中国的经济生活,世界的技术潮流,出现了一些重要的、深刻的变化。伴随改革的深化、开放的扩大,以及电子技术在中国的飞速发展,公司盈利开始大幅度下滑。四通的发展甚至于生存,遇到极其严峻的考验。四通怎么办?四通向哪里去?四通的选择是调整自己,改革自己。四通称之为"二次创业"。它涵盖了战略、制度、组织、观念升华的几乎全方位内容,所触及的课题是如何应对发生于世纪之交的"三大挑战",即市场化的挑战、国际化的挑战和信息化的挑战。

四通赋予"二次创业"的基本内容是"股份化、集团化、产业化、国际化"。围绕"四化",四通从 1992 年以来,组织实施了一系列战役,主要有:改造重组若干骨干子公司,在香港股票市场上市;与一批大型跨国公司合资经营;进入国民经济信息化改造的主市场;组建金融产业;推行多元化产业发展。这种调整终于在 1996 年和 1997 年显示出成效,产值尤其是盈利显著增长,1997 年利税总额达到 2.63 亿元,这一业绩说明四通已基本摆脱了过去产品单一、产业脆弱的被动局面，凭借其若干年来积蓄的可观势能，又进到一个新的更加坚实的成长期。

四通研制、开发的银行票据专用打印机、计税收款机和普通收款机，以其技术优势积极参与各大银行自动柜员机(ATM)系统的建设，使商用机器与金融业务相结合，这是支付手段的一次革命，它标志着四通进入“金卡”工程。不久前，四通又研制成功一体化增值税防伪税控专用开票机。这是四通为中国国家金税工程研制的又一得力产品，这又标志着四通已进入中国国家金税工程。

1995年5月，建成投产的四通松下电工有限公司的产品，因品质优异，安全节能，历来供不应求，使以销售四通松下电工照明产品为主业的四通电工本部销售规模迅速增长，1997年11月该部门月销售额占全集团公司各部门月销售额排名之第1位。四通松下电工总投资为4 960万美元，四通占股40%，1997年产值达到近4亿元人民币，步入第一个全面盈利年度，全年利润约3 000万元，1998年将达到6～8亿元。进一步丰富品种，着力分销网络的建设和市场组织，经营规模和效益将有持续、大幅度的提高。

与此同时，四通还在积极推进与另一著名跨国公司关于紧凑型节能灯的合作，旨在通过业务范围的拓展，形成门类齐全的节能照明产业体系，对整个集团的成长发挥支柱作用，使四通进入到绿色照明事业、康居工程。

今后的软件市场必将是国际化的大市场，四通集团瞄准了这一市场，于1993年底与香港利方投资有限公司创建了四通利方公司。该公司自1994年初开发出中文平台系统软件后，每半年推出一个新的版本。1996年8月在美国微软公司宣布推出“’95视窗”的同时，四通利方也推出了面向国际信息网和家庭用户的“’95中文环境”软件。这种软件比微软产品具有更强的网络功能，更适合于中国用户。1997年10月11日，四通利方公司宣布完成近2年的国际化改造计划，吸收了三家国际著名的高科技风险投资公司作为公司新的股东成员，为公司增加风险投资650万美元，使公司有形资产与无形资产总值达到1 500万美元，比公司创立时的投资增加23倍，四通利方的两个最新产品：四通利方系统支持环境97专业版(Richwin97 for windows95)和四通利方系统环境97网络版(Richwin97 for Internet)也在1997年相应面世。四通软件产业正茁壮成长。

1996年8月8日，三菱四通集成电路有限公司在北京市上地信息产业基地举行了奠基典礼。这是中国北方大规模集成电路的中坚企业，是三菱电机第三个海外合作投资企业，也是四通集团到目前为止投资规模最大的合资企业，现已被列为北京市重点扶持企业。此项目预计总投资20亿美元，其中三菱电机株式会社出资60%，四通集团公司出资30%，三井物产株式会社出资10%。三菱四通集成电路有限公司的成立形成了中国北方半导体的生产基地，这将积极地促进中国半导体产业的发展。此项目分二期建设，第一期工程为后道封装、测试工程，现主体结构已完工，预计1998年初建成，5月投产，投产后月产半导体集成电路1 100万块。第二期工程为前道晶片加工工程，投产后生产水平为8英寸硅片，0.35～0.5微米精度，月产晶片为2万片，产品以64兆位内存(DRAM)为主，另有专用集成电路(ASIC)和微控制单元(MCU)两大类产品，产品在国内外销售，并提供售后服务，二期工程之一的计算机辅助设计(CAD)设计中心现已正式启动。

1997年下半年四通斥资1 660万美元入股全球卫星流动通讯网络，电讯业务将成为未来四通集团发展的重要方向。四通集团英特网(Internet)主页已经面世，并在全集团开通电子邮件(E-mail)系统和推行企业办公事务处理系统。现四通集团内联网正在加紧建设中，新建机房已交付使用。网络开发和运用标志着四通向现代化管理迈出了新的步伐。21世纪将是信息的世纪、科技经济的世纪、全球发展更趋一体的世纪。着眼于这一大背景，四通给自身的战略定位是：以营销为中心、以产业为基础的综合型、国际型电子企业集团。据此定位，四通的发展主要集中于两大工程、6个领域，即蓝色工程(电子系统)的计算机软件、硬件，系统集成，计算机外设设备，商用一体化机及集成电路，绿色工程的节能照明器材。

四通集团本着“雪中送炭”的原则，积极投入社会公益活动，尤其是对青少年教育的支持。历年共向社会公益事业捐助近千万元。如每年向北京某中学捐助25万元、北京某小学捐助5万元，8年累计共240万元；累计资助17名在学科奥林匹克大赛中获奖的选手大学奖学金及参赛代表团设备达35万元。连续8年出资举办北京市青少年计算机程序设计大奖赛等。为此四通总裁段永基先生还荣获了北京市“支持教育事业奖”。此外，四通还多次向各地受灾地区累计捐助150万元，处处实践着奉献社会的誓言。

四通正在鼓足干劲，振奋精神，加强学习，凭借14年来积累的经验教训，努力争取新的高速增长。四通的二次辉煌即将出现！

(四通集团供稿)

中国保险公司北京分公司

平安北分寿险从1995年1月1日分设以来，在市政府、人行及总公司的领导和关怀下，人员从18人发展到现在的1.5万人；办公地点从3个发展到现在的4个办事处、24个营业区、12个(团险)营业部、120个(个人)营业部、1 250个营业组。保费由1995初的2 639万元发展到现在年保费超过10亿元。并连续两年获得市场占有率第一，评为平安系统先进集体。回顾走过的路，深深感到，这些成绩的取得，与企业的文化建设有着紧密的关系。优秀的企业文化，使平安北分在激烈的市场竞争中沿着稳步而有序的方向健康发展。

作为一种企业文化，它的基本内涵应包括以科技教育为主要内容的智力因素，以思想文化价值观念为主体的精神力量，以信息技术的智能化、国际化、社会化为主要载体的文化网络。此外，传统文化中的自强意识、参与意识、民本意识也直接间接与现代化进程相融合，成为重要的精神动力因素。具体到平安保险公司，就不仅要讲究经营之道，按照市场经济规律办事；而且要培育企业精神，把为人民服务的宗旨渗透到经营中去，在为社会服务的过程中，培养一种崇高的理想和追求。这种理想与追求，与国家和企业、职工这三者的共同利益紧密相连，从而成为企业的精神支柱。所谓塑造企业形象，是指为人民提供优质服务，对社会、国家尽责任，做贡献，从而赢得人民的信任和荣誉。

为建立平安的企业文化，公司致力于使每个员工充分认识和领会企业文化的基本内涵，和在此内涵基础上形成的一些有本企业特点的企业文化形象。

确立北分寿险员工的行为准则——和亲一致，并用其规范全体员工的行为　坚持将企业办成家庭，办成学校，办成大熔炉，使员工互相关照，亲如手足，荣辱与共。同时为大家创造一种积极向上、奋发进取的成才氛围。

确立大服务观念　从大的方面讲，平安保险全体员工要为首都人民服务，为首都的经济发展服务，为提高本企业的经济效益做贡献。在这一前提下，公司领导要为员工服务，机关要为基层服务，二线要为一线服务，一线要为客户服务。此外，还具体制定了服务态度、服务质量、服务效率、服务环境、服务成果，使这一服务观念落到实处。具体又从三个方面去做。

第一确立客户第一，服务第一的观念　要一切为客户着想，以服务为本。如去年协助总公司建立了“客户服务日”；建立了客户档案，定期上门服务；首家推出客户服务中心和医务中心；首家举办“小儿健康知识讲座”。

第二确立全面服务业务的观念　改善服务体系，开展文明服务；维护客户利益，改进划帐方法，并推广应用文明用语标准。

第三提高服务质量　公司上下每个员工都要按照公司《员工守则》去做，实行科学管理。降低投诉率，保证向客户提供高质量的快捷的服务。

制定一些能充分体现平安寿险特点，能鼓舞士气、激励斗志的口号或座右铭　这些口号和警句，有些体现了总公司制定的经营思想，如“在竞争中求生存，在创新中求发展”，有些则由专人负责，根据形势需要，经过大家的认真研究，适时推出。到目前为止，共有近百条。

搞好企业文化活动　配合业务工作的开展，把定期的大型活动和经常性的送温暖活动结合起来，弘扬平安精神，强化平安的价值观。

首先，为了防止企业文化活动流于形式，注意把企业文化活动贯穿于企业的生产、销售、服务活动中，对提高企业的形象起到了良好的作用。例如，公司简介、条款的CI设计，设立“平安祝福卡”，在北京人民广播电台设立“祝你平安”专题节目，向沈金柱烈士家属及香港残疾儿童赠送保险以及建立北浦洼希望小学等等。

其次，为了使企业文化活动真正起到弘扬企业精神，团结全体员工的作用，公司设立了“八三先生节”。“八三先生节”与“三八妇女节”遥相呼应，使平安公司成为一个“完整的家”。此外，为在平安作出突出贡献的优秀女员工成立了一个“丽人沙龙”，使她们在紧张的工作中能感受到一点“家”的温馨。这些富有“人情味”的举措大大加强了企业的凝聚力，也为公司注入了新的活力。

再次，为了树立企业形象，为公司的发展营造良好的外部环境，还建立了“平安艺术团”、“平安足球队”、“龙城协会”，在北京电视台播出由平安的员工自编自演的电视剧《平安人》，为迎接本系统在京召开的寿险高峰会，由艺术团自己创作了5首高峰会歌。

为使企业文化落到实处，一年来，各部室还建立了部门文化激励表，办公室负责制定了全年公司的激励计划。今后，还要使企业文化活动进一步科学化、规范化、制度化。

在实施每一项文化工程中，都紧紧抓住了5个环节，即组织力量，调查研究；培训骨干，提高认识；提出构想，进行论证；组织实施，检查效果；检查改进，更新提高。在两年多的实践中，公司认为，这一工作方式是可行的，它保证了企业文化建设沿着健康有序的方向发展。

在企业发展的各种要素当中，人是最积极、最活跃、最有潜力的因素。充分发挥企业员工的创造性，增加客户和潜在客户对公司的认识和了解，是企业文化生命之所在。只有通过公司的工作，使客户从情感到价值观对平安公司有一种认同感，才能在未来激烈的市场竞争中立于不败之地。

具体从两个方面开展工作：

充分发挥企业员工的创造精神，树立公司良好形象

在工作中，公司各级领导注意发现员工对企业文化建设有积极意义的建议和思想火花，及时总结归纳，并在此基础上进行表彰和宣传。如开展了“榜样就在身边，职责就在岗位”的大型征文、演讲活动。为了倡导爱岗敬业精神，建立健全表彰奖惩制度，开辟了“勋章的足迹”专栏，以激励员工士气。

建立企业员工参与管理的制度，设立了“挑战节”。通过这一活动使公司员工可以充分发表对企业管理的意见和建议，公司的决策层可以集思广益，发挥全体员工的智慧和才能，推动公司的发展。为提高企业员工素质，加强企业的活力，公司还成立了“培训中心”、“信息中心”，对企业员工进行定期培训，使他们的专业素质和心理素质得到加强，从而提高了企业的形象，加强了企业的战斗力。

在弘扬企业文化过程中，始终遵循平安的经营哲学，即“在竞争中求生存，在创新中求发展”的宗旨，坚持创新，坚持发展。因此，在每个时期总是紧密配合公司的中心工作，注意选择好的创意，来树立公司形象。如以龙城协会、平安艺术团、五子棋协会、平安足球队为龙头，走向世界；以艺术活动和企划公关为重点，通过新闻媒体，扩大企业在国内的影响等。

以客户文化为保障，深化企业文化内涵

通过两年多的实践，公司体会到，随着企业的发展壮大，建立客户文化势在必行。根据实际情况，要想使客户对公司产生认同感，需要在以下几个方面开展工作。

首先，是客户和潜在客户认同公司事业的正义性、公益性和必要性。这里，既包括对保险事业的宣传，也包括对公司形象的宣传。要通过宣传，使更多的人认识到平安是可信赖的保险商，使公司的理念成为社会的理念，公司的宗旨被社会认同，并逐渐形成对公司有利的良好的社会舆论和外部环境。其次，在客户与公司之间，建立起一座相互信任，相互沟通的桥梁。最后，使客户在认可公司良好信誉和服务的基础上，与公司保持良好的业务关系或协助扩大业务。

经过具体的调查研究认为，客户文化的建设大致有以下几个途径：

树立企业为客户服务的观念，推广企业真诚为客户服务的形象　通过组织一批服务客户、回馈社会的公益活动，以及公司的业务人员在日常业务中的真诚服务，化解和消除客户与潜在客户的抱怨和疑难。通过长期工作，使客户真正认同平安服务第一的思想，从而对公司产生一种亲和力。

培养信任感，保持客户与公司之间良好的信息交

流　与客户搞好关系的关键在于良好的售后服务。业务人员要尊重客户,关怀客户,与客户建立经常而稳定的关系,真正帮助他们排忧解难。通过回访、理赔,组织客户活动,努力营造客户与企业真诚合作的良好关系。这种合作和沟通反过来可以进一步改进服务,拓展业务,优化外部环境。

抓住典型事例,使更多的潜在客户认识平安的可信赖形象　保险业在中国是一种新兴产业,存在着广阔的潜在市场。如何让更多的人认识它,信赖它,是保险从业人员的一种历史责任。而通过形象化的宣传可以获得事半功倍的效果。国外有一家保险公司,在洛杉矶的街头树立了一座广告牌,上面画着一个成年男子紧闭双眼,面部表情痛苦不堪。它向人们诉说着这样一个信息:如你不参加保险,遭到了损失,将后悔莫及。人们看过之后,很自然增加了紧迫感和忧患意识。1997 年 6 月,我公司员工得知礼士路小学优秀教师兰小玉患癌症住院,治疗癌症急需一大笔费用时,员工自发捐款送到医院。当时,公司正在推出防癌新险种,为了帮助兰小玉老师,也为了使广大客户了解公司的新险种,公司适时在内部宣传动员,起到了很好的效果,不仅为兰老师捐足了医疗费用,而且通过《北京青年报》、北京电视台等媒体的报道,在社会上引起了很大反响。正是通过这类典型事例,让更多的人了解平安,信任平安。

努力宣传公司的客户文化,在社会上产生积极的文化氛围　在工作实践中也感到,北分公司的企业文化建设尚存在一些问题,需要在今后的工作中加以研究和重视。比如,CI 内涵有待于进一步挖掘,使"平安"成为企业独有的一笔精神财富。应该把握"平安"是永远倡导的 CI 品质这一原则,使平安——保险永不分离。还要从实践和理论上对企业文化进一步提高认识,要有超前意识,能从宏观上去把握企业文化发展的现状和未来。

(平安保险公司北京分公司　马宏均)

北京翰海艺术品拍卖公司

北京翰海艺术品拍卖公司,成立于 1994 年 2 月,是全国文物系统首家国家文物管理部门批准的从事综合文物艺术品拍卖的专业公司,为全民所有制企业。公司由善于此业经营管理的专业技术人员组成,常设由国家级鉴定专家组成的审鉴机构。旨在通过拍卖活动,弘扬中华民族文化,提高中国艺术品在世界上的地位和影响,为海内外收藏家和团体提供一个物畅其流、物尽其用的高层次、高质量的文化交流空间。

公司属中介服务性机构,拍卖活动严格按照国际惯例规范操作。以名家名作、高精艺术品为主要征集对象,接受海内外收藏团体及个人的委托进行公开拍卖。自成立以来已举办 7 次大型艺术品拍卖会,共推出中国历代书画、古董珍玩、文房用具、古籍善本、碑帖等 8 700 余件文物艺术品,总成交额达 6.4 亿元人民币,总成交率达 85%以上,居同行业之首。其中,北宋张先《十咏图》、明永乐"青花轮花扁腹绶带葫芦瓶"、清代"田黄雕九龙平钮章"、清乾隆"粉彩轧道西蕃莲鼻烟壶"等精品的成功拍卖,使中国艺术品在国际市场的价位得以普遍的攀升和突破。

在业务开展过程中,公司坚持"严格甄选、全面奉献"的原则,尤以对拍卖品的严格鉴定的慎重选择给海内外收藏人士留下深刻的印象。

"文翰咸集,艺海求真",翰海艺术品拍卖公司愿与文化界同仁一道,为振兴民族艺术作出不懈的努力。

上海朵云轩艺术品拍卖公司

上海朵云轩艺术品拍卖公司成立于 1992 年 8 月,是中国国内首家专业艺术品拍卖公司。公司成立的 5 年,是中国国内的艺术品市场从启动走向逐步繁荣的 5 年;是艺术品拍卖行业从无序逐步走向有序的

5 年；是卖家与买家从单纯、狂热走向稳健、成熟的 5 年。在竞争激烈的艺术品市场里，朵云轩人难能可贵地走着一条求真务实、稳步前进的开拓之路。

1993 年 6 月 20 日，公司举行了成立后的首场拍卖会，153 件拍品经过紧张激烈的竞拍，成交 117 件，成交率高达 77%，成交总额 830 万港元，单件最高成交价（张大千的《晚山看云》）高达 143 万港元。为当时阴霾笼罩了许久的中国艺术品市场射进了一缕夺目的曙光。自此直至 1997 年，公司共举办了八届大型艺术品国际拍卖会和七届艺术品拍卖交易会，总成交额 2.5 亿元，销售收入和利润都稳步上升。这一业绩已使公司跻身于中国大型艺术品拍卖企业之列。

公司的成功决非偶然。早在 1992 年公司就和香港的拍卖机构合作，在香港举办了多届艺术品拍卖会，公司领导和干部又多次出国考察、海外培训、请教同行和收藏界前辈，对如何筹划、鉴定、传播以及组织国际艺术品拍卖会，积累了经验，为本公司的拍卖业务打下了扎实的基础，并使业务一开始就是高起点、与国际接轨。其次，借助于“朵云轩”这个中华百年老字号的人才优势，公司有自己一支懂专业、善经营的业务队伍，又经过这几年的调整、充实，人才更臻精良，为业务的成功和发展提供了有力的保证。

公司的成功，还在于始终坚持走勇于开拓之路。如果说朵云轩在 1992 年成立首家艺术品拍卖公司和 1993 年的首拍成功开创了国内大型国际拍卖会的先河，那么公司这五年中的以下这些“首次”，更表现了勇于开拓的气魄：1995 年春举办了首次中国古代字画拍卖专场；1995 年秋举办了首次中国扇画拍卖专场；1996 年春举办了首次对联专场；1997 年秋首次在上海举办了油画雕塑专场、在全国首次推出了海上画派精品专场。值得一提的是 1996 年 1 月，朵云轩与台北甄藏艺术品公司联手，以热线电话连接，首次进行异地同步竞拍，获得圆满成功，得到海峡两岸圈内人士的高度评价。正是这种勇于首创的气魄，使公司业务日趋发展，蒸蒸日上。

公司提倡求真务实、脚踏实地的敬业精神，把质量和服务看作是通向成功之路的两把金钥匙。

求真，就是严把质量关。公司依靠自身具备的扎实过硬的鉴定能力和明察秋毫的“眼力”的人才，对于拍卖品严格把关，强调不能“以假当真”，也不能“指真为假”。几年来，公司从委托人手里、在旧物堆里慧眼识宝，抢救了许多有价值的珍品，得到了买卖双方客户的称赞和信任，不但境内的许多收藏家乐意向我们提供拍品，就是境外的许多收藏家也源源不断地送来拍品，这些都对保证拍卖会的数量和质量产生了很大的作用。

讲究服务，是公司的又一特色。为了方便收藏家观摩，公司在立足国内市场的同时，还积极开拓海外市场。每届拍卖会开拍之前，都到新加坡、香港、台北等地进行巡回预展；同时开展多种形式的活动，诸如举办书画鉴赏的讲座和咨询等，以服务于藏家。对于买家，公司电脑管理系统内储有完整的资料，常年与他们保持联系，寄发《拍卖讯刊》及时提供拍卖信息；编印图录极为细致；在拍卖前就给所有的拍品打火漆印，极大地方便了海内外买家，并减少了他们的支出。对于卖家，公司同样提供优良服务，保持经常联系，寄赠图录，及时清帐。这种优良服务，使公司始终拥有源源不断的艺术品来源，也拥有源源不断的买家来源。

目前，中国的艺术品市场已出现了群雄并起、日益繁荣的局面，面对激烈的竞争，朵云轩人将一如既往，坚持为收藏界提供高质量的艺术品和优质服务。相信，辛勤的耕耘必将获得丰硕的成果，公司的明天一定会更好！

（上海朵云轩艺术品拍卖公司）

太平洋国际拍卖有限公司

太平洋国际拍卖有限公司成立于 1995 年 6 月 5 日，是由国家工商行政管理局批准注册的国家级综合性涉外拍卖公司，注册资金 3 000 万元人民币。公司经营范围主要包括中外文化艺术品拍卖、收售、鉴定、估价；知识产权拍卖、企业产权拍卖、土地使用权及不动产等拍卖业务，并开展与上述拍卖有关的咨询、培训、洽谈业务。

太平洋国际拍卖有限公司实行董事会下的总经理负责制,公司下设总经理办公室、财务部、策划公关部、市场开发部、保管展览部、中国书画部、瓷玉杂项部、油画部、珠宝部、综合部等部门。

太平洋公司自成立以来,在艺术品拍卖方面,发挥了自己敢于创新,善于探索的特点,在许多领域进行了不懈的开拓。公司定期于每年春秋两季举办大型艺术精品拍卖会,包括中国书画、古董珍玩、油画雕塑、翡翠珠宝、邮品钱币等专场,拍卖中汇集了各门类艺术精品,取得了良好的收益,历届拍卖会总成交额均超过数千万元人民币。同时,公司成立以来首先从面向普通收藏族、普及收藏和拍卖、推动艺术品拍卖市场建设的方面入手,在每个月末举办常规拍卖会。除了定期举办的艺术品拍卖会外,1996 年春季,太平洋独辟蹊径,领先跨出国门,独立在新加坡举办了一场中国书画和古旧相机拍卖,捷足先登打入国际市场,这是国内拍卖行首次在海外独立举行的艺术品拍卖会;在太平洋 1996 年岁末艺术精品拍卖会中,“主席用瓷”的拍卖在国内外引起轰动,文革期间为毛泽东专门设计和制造的“7501”瓷器首次在国内进行了拍卖,拍卖会自始至终热烈、紧张,拍品全部成交。新华社、美联社、法新社等均以最快的速度把消息传遍了全世界;1996 年 8 月在第四届中国艺术博览会上举办了拍卖会,这是国内博览会历史上的首次拍卖,参会人数近 2 000 人,成为国内参加人数最多的一次拍卖会;1996 年 11 月公司举办了国内首次大型钱币拍卖会,其中,“中新友谊纪念币”以 88 万的成交价创下现代中国金银币的最高拍卖价,此次拍卖在一定程度上促进了国内钱币市场的发展。

1997 年更是太平洋公司蓬勃发展,日益走向成熟的一年,太平洋向着专业化、集团化、规模化的方向大步迈进。公司非常注意整体形象的建设,重视专业人才的发现和培养,重视公司为客户提供优质的软、硬件服务,从而在激烈的市场竞争中取得了长足发展。公司自成立至今已在海内外注册了多家分公司,形成了集团化经营和管理的格局。公司自戍立至今已在海内外举办了 100 余场各种类型的拍卖会。除了艺术品拍卖外,太平洋公司还在其他领域进行了有益的尝试和开拓。1997 年 3 月在国内首先举行了景德镇当代艺术瓷器的拍卖会;6 月末举办了国内首次少数民族艺术品拍卖会;12 月举办了成立后的首次物资拍卖;12 月 21 日举行了法国极品葡萄酒的大型拍卖。公司本着立足于开发和拓展中国的艺术品市场,促进中国文化走向世界,同时也在加紧落实和深入挖掘知识产权、土地使用权及企业产权重组等市场的开发,使公司的经营向着多元化的方向发展,促进中国的拍卖市场走向更为广阔的发展空间。

太平洋国际拍卖公司在努力促进拍卖事业发展的同时,也在关注着社会公益事业的发展,1995 年末,公司为扶贫项目“光彩事业”进行了中央电视台公益广告的拍卖;1996 年 7 月为“自然之友”改造沙漠进行筹资义拍;1997 年 12 月为“厦门市资助特困教师学生基金”举行油画精品义拍。

太平洋国际拍卖有限公司以诚实、信誉为企业发展之本。通过不懈的努力,公司已在国内外拍卖行业和市场中形成了广泛的影响。公司将继续遵循“公开、公平、公正”的原则,竭诚为社会各界提供高质量、高效率的、符合国际规范的服务,使公司成为收藏家的伙伴、艺术家的发展园地、企业家的投资通道和合理配置稀缺资源的纽带。促进中国的拍卖业走向规范化、国际化和大众化,大范围、全方位地参与中国与世界的拍卖事业是我们的奋斗目标。太平洋国际拍卖有限公司将向着国际水准的企业迈进。

(太平洋国际拍卖有限公司)

海南京海物资拍卖市场

海南京海物资拍卖市场经海南省工商行政管理局注册批准,是海南省人民政府指定的缉私、罚没物资拍卖专业市场。

主要经营范围:承担海南省执法机关缉私、罚没物品;依法追缴的不予返还物品;依法决定应变卖的抵押品和查封、扣押应变卖充抵的物品;行政、事业单位处理的财产公物,破产企业的厂房、设备、产品和物品;国有、私有房产、土地使用权等有形、无形资产拍卖;同时,接受社会各界委托,开展公民个人财物、中外文化艺术品、珠宝翡翠、工艺品及其他物资的鉴定、估价、拍卖等业务。

回顾海南京海物资拍卖市场近几年来所走过的历程,令人们欣慰地看到,"京海"拍卖市场日趋成熟和完善,不但拥有一支高素质的员工队伍(现有员工26人,大中专以上学历的占96%,输送国家内贸部拍卖业务培训班学习的业务骨干4人,其中2人已获国家人事部、国内贸易部颁发的《执业拍卖师证》,获得国家工商局颁发的《经纪人资格证》3人),而且有一整套严格的管理制度和完善的拍卖规则及拍卖程序,使"京海"拍卖市场逐步走上健康稳步发展的有序化轨道,在海南大特区崭露头角。

1996年6月,"京海"人率先在椰城敲响了艺术品无底价拍卖的槌声,从而揭开了中国书画珍品在海南无底价拍卖的序幕,使艺术品拍卖的槌声在椰岛此起彼伏,槌声阵阵,令众人称道。近两年来,成交拍品约计4 000多件,成交总额达1 000万元,参与人数达3.5万人次以上(含参观人数),推动了海南艺术品文化市场的空前发展,使大特区艺术品拍卖走向红红火火。

1997年5月以来,"京海"拍卖市场承担了海南省首例海口市国有企业破产财产的拍卖业务,先后对海口纺织印染厂、海口橡胶三厂、海口市玻璃厂、海口毛巾厂、海口海山织造厂、海南省农垦海云胶鞋厂等破产财产向社会公开拍卖。拍卖标的总额约1.6亿元人民币,实际成交总额约1.2亿元人民币,其中海口纺织印染厂破产财产成交额为8 000万人民币,在海南的拍卖业务史上谱写了光辉的一页。

同时,"京海"拍卖市场还多次成功拍卖缉私部门委托的缉私罚没的进口汽车、柴油、饲料大米、初榨毛豆油、机械设备等走私物品,成交总额约达3 000万元人民币,受到委托部门的一致好评。

另外,还成功地拍卖了海口市大英天桥、宾园天桥、东湖天桥等5座人行天桥的广告媒体位置。1997年10月又受海南省移动通信局、海口市电信局的委托,对139全球通200个吉祥号码向社会公开义拍,参加人数达900人,200个义拍号码全部成交,其中1397688888号码以8万元人民币成交。海南省移动通信局和"京海"拍卖市场将70多万元义拍所得及佣金全部捐赠海南省高校特困学生。

1998年4月上旬,为隆重庆祝海南省办经济特区10周年暨第7届海南国际椰子节活动,"京海"拍卖市场和海南省总商会联合主办京海98春季珠宝翡翠精品海南拍卖会,这是海南省首次举办的大型珠宝翡翠拍卖活动。全部拍品计238件,均系缅甸老坑玻璃种翡翠、高档钻石、珍珠、红蓝宝石首饰,总价值约3 800万元人民币,每件拍品均附国际公认的《鉴定证书》。

成都人民商场(集团)股份有限公司

成都人民商场(集团)股份有限公司,原成都市人民商场,始建于1953年,坐落于成都市中心繁华商业区盐市口。商场由众多商家组成,经营范围包括70多个行业。1969年,商场正式成为独立的法人,同时改名为工农兵商场。1974年,工农兵商场与御河商场合并。1980年,工农兵商场恢复成都市人民商场的名称。1988年,合并成都市工业品信托贸易公司及下属锦城商场。1993年12月30日,经正式注册,成都市人民商场改组成为成都人民商场股份有限公司。公司股票于1994年2月24日在上海证券交易所挂牌上市,是西南地区以综合性商业服务为主的大型商业企业和四川省首家公开发行上市的商业股份制公司。1997年,公司在当年股本扩大80%的情况下,完成了销售10.43亿元,实现利润5 505.12万元,同比分别上升25.51%和22.14%。公司还连续3次名列"成都市工商企业纳税大户前十名",在国内贸易部商业信息中心,1996全国百家大型商业企业销售排名中列21位,是国内贸易部大型商业企业集团重点联系单位。1997年5月20日,以原成都人民商场股份有限公司为基础组建成立了成都人民商场(集团)股份有限公司,简称"成商集团"。目前集团公司总资产已达8.47亿元,净资产4.29亿元,员工5 300多人,拥有人民商场、武侯分场、北站分场、商品配送批发中心、成都商业大厦、春南商场有限责任公司、旧货交易市场、南桥商场、黄河商业城、自贡商厦、物业管理公司、进出口分公司、金地广告公司、储运分公司、物资经销公司、峨眉山凤凰有限责任公司等直属及参股、控股公司,主营零售、批发,兼营餐饮、娱乐、广告、房地产、进出口业务,并参股投资工业、金融业、影视业、旅游业。

随着改革开放的不断深入,成商集团逐步建立了与社会主义市场经济体制相适应的现代企业制度,按照"强基固本,开拓外延"的发展思路,靠规模求效益,靠价格占市场,靠服务争顾客,靠管理添后劲,取得了经济效益和社会效益双丰收。1993 年,通过股份制改制,企业内部发生了四大转变,一是提前还清了商场一期工程贷款所欠本息 1 亿元,减轻了企业债务负担,增加了国家所得;二是理顺了产权关系,形成了多元化产权结构,确保了国有资产的保值增值;三是建立了符合现代企业制度要求的公司法人治理机构股东大会、董事会、监事会;四是进行了三大制度改革,实行全员劳动合同制,从总经理到各级管理人员层层聘任,实行等级结构工资制,员工工资分为基本工资、岗位工资和效益工资三个部分,拉开了岗位工资的差距,扩大了效益工资的比重。成商集团从改制前 1991 年销售 2.5 亿元(含税)到改制后 1997 年销售 10.43 亿元(含税),6 年销售翻 2 番,上市历年来净资产收益率始终保持在 10%以上,在 1995 年沪市商业类上市公司中各项综合效益排名第一。

公司自 1985 年以来,一直是省、市"文明单位"、"优质服务示范单位";现已连续四届获得"全国执行物价计量政策法规最佳商店"称号,并荣登"全国工商百家知名企业排行榜",跻身"中国明星企业"、"全国百家最大零售企业"行列;近年来,获得"全国贯彻《消费者权益保护法》维护消费者合法权益成绩显著单位"、"中国商业企业最佳商誉特级"荣誉称号;1989 年以来,公司党委被授予全国、省、市"先进基层党组织"荣誉称号,企业知名度不断提高。目前,公司是成都市首批建立现代企业制度试点单位,四川省 37 家扩张型企业之一。

1997 年,公司充分发挥上市公司的筹资功能和大企业的整体优势,在摸索资本经营和资产经营方面进行了有益的尝试。一是将破产后接收的成都市华胜皮鞋厂改建为营业面积 1.1 万平方米的配送批发中心,探索物流和商流的结合;二是无形资产作价,输出商誉、经营模式、管理、人才优势,与房地产开发商以实物出资形式合作开办四川省规模最大的仓储超市武侯分场。该分场经营面积 1.6 万平方米,现日销售额超过 50 万元,是公司新的经济增长点;三是在成都新兴的高档消费小区与四川黄河商业城有限公司开办营业面积 2.2 万平方米的黄河商业城,预计年内开业。四是通过国家股实物配股(企业净资产折股),把一家商业前景良好的"活"企业——成都市针织品公司并入成商集团,其原有的批发业务与成商集团的零售业务优势互补,实现"强强联合"。五是随着"武侯模式"的成功,将其逐渐向成都市周边城市输出,利用无形资产的投入,不断扩大公司的经营规模,探索一条"投资省、风险低、见效快"的发展路子。

(成都人民商场(集团)股份有限公司办公室)

北京京伦饭店

1984 年 8 月 25 日,《北京日报》以一则"浪涌波涛起巨船"的标题新闻,报道了京伦饭店的试营业情况。

13 年过去了,改革开放的大潮中已是千帆竞发,百舸争流,而"京伦"这艘"巨船"却一直矗立潮头,破浪前行。

开业 13 年来,这家仅有 600 多间客房的饭店已创营业收入 13 亿元,向国家上缴利税 4.7 亿元,取得的利润和上缴国家的税费相当于赚回了 6 个京伦饭店。"京伦"的形象在世人的心目中越来越明晰,那是一艘迅捷的船,高扬着鼓满的帆。在这船上,既有同心奋力的"水手",又有善掌方向的"领航人",其中杰出的代表就是京伦饭店的总经理兼党委书记刘永生同志。是她,与中国酒店业的有识之士一道,励精图治,在国际酒店业的激烈竞争中,在改革开放的大潮中塑造着中国酒店崭新的形象。

京伦饭店开业10年后的一天，协助管理京伦饭店的日航国际酒店管理集团，委派著名酒店管理专家大泽英先生对全球所属50家酒店进行巡检。在京伦饭店，大泽先生不仅巡视了直接为客人服务的一线部门，而且不打招呼，亲自视察了职工食堂、职工宿舍、职工活动室和各办公室，连职工通道旁的宣传板报，也看得十分认真。最后，他深有感触地说：我不敢相信这是一家已经经营了10年的饭店，看上去还那么新。"特别使他吃惊的是饭店各部门办公室的整齐和有序，用他的话说："出乎意料，管理得相当好。"

在总结检查结果时，大泽先生对饭店各方面出色的管理给予高度评价，称京伦饭店是所属50家饭店中管理最好的，并特别提到，从员工宿舍和职工活动室的管理，他看到了饭店管理者对员工利益的重视，通过各部门墙报的内容他了解了饭店对员工教育与培训的重视。他认为这两点正是京伦饭店成功的重要原因。

若非日航巡查大员全面的、肯定的评判，刘永生可能还不会如此清晰地认识到她所忠诚供职10年的酒店已跻身国际先进酒店管理的行列。这件事若放在京伦初建时的1984年，那是多么不可思议。那时管理现代化的酒店在中国尚无先例可循，酒店业普遍沿用的还是"招待所"式的管理模式：服务谈不上统一严格的标准和程序，服务员个人的随意性很大，设备管理几乎是"救火"式的，哪里出了故障就修到哪里，没有维护保养的概念；财务对经营是"记帐式"的事后反应，管理者无从预测每日的经营成果，也就无从谋事在先制订经营策略……而协助中方管理的外方管理集团并没有带来现代酒店管理的只言片语，刘永生作为中方的主要管理成员，受命伊始便向自己提出一道命题："究竟我们与国际先进管理标准的差距在哪里？怎样与之接轨？她凭着个人的勤奋与悟性，从外方管理者的身体力行中去寻找答案。

无论对目标管理还是预算管理，或是其他国外先进经验，刘永生象海绵那样，善于汲取营养物质，给企业的运作不断加入活跃的因子，1994年，她倡导编纂了《京伦饭店规章制度》、《岗位规范》等4册丛书，将10年的经营管理实践上升到制度理论，对合资酒店的财务、人事、工程、餐饮、客房、安全等进行全面探讨。由此，"京伦管理模式"完成了从形成到完善的初步过程。有人戏称"照此框架，可以再开一家酒店"，刘永生却认为：企业的成功不在于制度有几本，规范有几百条。十年磨一剑，刘永生对企业管理悟出的"道道"是：企业的管理不仅是"人"对"物"的管理，而应以"人"的管理为主；"软管理"与"硬管理"兼备，而应以"软管理"为主。一句话，在企业中，没有无用的人，只有无效的管理。"以人为本"是刘永生对京伦饭店经营管理观念的简要概述。她意识到，引进外资，兴办合资企业不仅要学习国外先进经验，更重要的是学习借鉴国外一些行之有效的行为准则和价值观念，比如市场观念、时间观念、效率观念、宾客至上观念、企业形象观念。观念的更新是发掘企业人力资源的关键，而人是生产力中最积极、最活跃的因素，抓住了人的因素，也就把握住了竞争中制胜的关键。

刘永生首先从抓微笑、问好的习惯入手，她要求无论是总经理还是临时工，见到客人或互相见面必须微笑并问好。开业不久，"京伦的微笑、首都的骄傲"的锦旗便为饭店赢得了广泛的知名度和美誉。《北京日报》1991年10月22日，在一篇名为《京伦的微笑》的文章中称赞道："从总经理到服务员那种亲切自然、新鲜的微笑，一扫服务行业的'横眉冷对'，真有一种沙漠见绿洲，久旱逢甘雨之感……"

诸如此类的教育活动，像一股清新的空气，给京伦饭店的青年群体注入了全新的观念，使饭店的各项管理制度为员工所真诚接纳，自觉施行。

随着京伦饭店的发展，刘永生不断延展着"以人为本"的内涵。她提出了"集员工智慧的经营"，她认为集体经营的对立面是独裁经营，即饭店主要经营者担负着从方针、计划到具体实施的全部指挥工作。这一方式固然会使效率很高，但囿于个人的智慧与能力，不能最大限度地实现企业的经营目标。特别是不能充分调动员工的积极性，使员工享受劳动的成果和创造的乐趣。于是刘永生1993年建立了提案制度，员工的合理化建议会立即得到采纳并给予奖励。自1993年至今已收到提案近千条，近百条被运用于饭店的经营管理中，直接产生了经济效益。

刘永生还提出了"透明式经营"，将饭店的经营策略在年初向员工传达，将饭店的经营运作以"京伦快讯"等信息传递方式向员工通报，将饭店的经营成果分阶段性地向员工报告，这种经营方式既是对员工辛苦奉献和劳动成果的尊重，又使员工不约而同地产生了主人翁的责任感,员工经常有这样的表示,“取得了这样好的成绩,企业有希望,我们有奔头,下个月会再加把劲”。

“以人为本”的经营理念,像一根链条穿起了京伦饭店员工的心,从而使饭店的经营能够从各方面吸收一切有利于企业发展的积极因素,形成合力,使企业的经营发挥最佳效能。

(京伦饭店办公室)

海南乐普生商厦

商厦总经理 韩 旭

1997年10月6日,对海南乐普生商厦来说,是一个盛大的节日。这一天,国产名牌家电跨世纪发展战略研讨暨产品直销月活动在商厦广场隆重开幕。全国人大常委会副委员长铁木尔·达瓦买提专程到会祝贺。中央有关部门和省市领导与铁木尔副委员长一起为开幕式剪彩。来自首都和海南有关方面的50多位专家和学者,在研讨会上盛赞此举对构建营销新理念、新模式、塑造厂商新形象,具有重大意义。嗣后,中央和地方的10多家媒体,报道了开幕式和研讨会以及乐普生商厦本部和全省7个市县的直销活动。在研讨会上,一位专家对我说:“不论直销情况如何,这个活动本身是历史性的。提出忠诚营销的企业理念是富有创造性的。银行、厂家和商家强强联合,共同开创生产和营销新理念、新格局、新模式,不仅对于国产名牌家电行业是开创性的,而且对其他行业,也是一个重要的启示。这个创意符合中国工商业发展的历史的必然要求。这个历史的必然要求就是:立足国内,走向世界,开创中国工商业的新纪元。”这个评价给我以很大鼓舞。有人问我这个创意是怎样产生的?我回答说:“是海南乐普生三年来的实践,是日趋激烈的市场竞争态势,是面临跨世纪的发展民族工商业的历史责任感,推动着我们对企业的命运作深入的思考。”

本世纪80年代以来,发达国家的一些营销理念,诸如关系营销、感情营销、角色营销等相继介绍到国内。这些理念从不同角度强调了顾客至上、顾客中心、引导顾客和向顾客负责的精神,为我们提高认识,建立与市场经济体制相适应的营销理念起到了催化和推进的作用。

三年来,乐普生商厦在营销活动中一方面积极吸纳上述理念的合理部分,另一方面努力探求更加符合自身经营宗旨的企业理念,以便卓有成效地用以指导营销实践。乐普生开业前,对市场情况作了大量深入的调查。调查的中心题目是:什么样的市场定位能最大限度面向广大人民群众?经过调查,乐普生毅然定位中档。在当时经济发展过热,不少商家热衷为大款阶层服务,以定位高档为时尚,大型豪华商场纷纷涌现的时候,乐普生却把广大工薪阶层作为自己的服务对象,这是需要一点勇气的。决策者的心愿就是“我为大众服务”六个字。接着就是创意广告语大征集。征集广告一出,应者云集。全国26个省市3 000多名读者应征。来自湖北的一位应征者的“乐为普通百姓,编织美好生活”一语首选。后来,经过决策领导的反复讨论,“乐为普通百姓,创造美好生活”十二个字就成为乐普生商厦企业理念的精辟概括。这个理念,把乐普生的目标市场、服务对象、企业使命以至员工行为等内容,统统熔铸其中,成为乐普生精神的形象化体现。在这个理念的驱动下,乐普生提出了在经营活动中“以质量保证信誉,以信誉赢得发展”的行动口号。我们认为,在市场竞争中,“信誉高于一切”是个决不可忘记的重要原则。因此,除了不断推出“优质服务工程系列”,并以典型事件来推动优质服务工程,例如电视机架事件(顾客在商厦购买一个电视机架,因质量问题摔坏了电视机,商厦不仅赔了机架,而且还赔了电视机)和索尼事件(为维护消费者权益而停售索尼公司一切产品)等外,商厦更把注意力放在严把商品质量关上。开业之初,我们就明确提出要让顾客在商厦购物能“买得到、买得起、买得满意”。商厦的业务人员长期深入珠江和长江三角洲地区,采购国产名优商品,并根据市场需要,解决好关系到群众日常生活的针头线脑等小商品经营。目前，在商厦14个商品部的商品品种中，85%以上是适合大众消费的国货精品。1995年12月，商厦成功地举办了“首届上海名优商品海南展销月”，一次性将上海150家名优企业的6 000多种商品引进商厦。1996年11月，举办以“爱我中华，用我名牌”为主题的“全国名优商品展销月”，参销的数千种品牌均是获得“’95国产商品金桥奖”的国产名牌精品。

几年来的实践使我们深深体会到：商家要创名店，需要以厂家名牌产品为依托，因为没有名牌产品的名店是没有根基的；而厂家的名牌产品要得到广大消费者的认同和青睐，又离不开名店的鼎力配合。从这个意义上讲，营销过程就是商家和厂家不断沟通、同舟共济、共创新局面的过程。与此同时，商家直接面对的是千百万顾客，不单是要弄清和摆正谁是中心，谁为谁服务等位置上的主从关系，而且要着力从购物氛围、感情增进、服务升华等方面建构永久的伙伴关系，即购一次物交永远的朋友，其关键同样是如何在不断沟通中创造全新的营销局面和保持良好的消费态势。

我们感到，处理好商家与厂家、商家与消费者两方面关系的核心是恪守“忠诚”。它包括商家对厂家和消费者的忠诚、厂家对商家和消费者的忠诚、消费者对厂家和商家的忠诚。这诸种关系，概括起来说，就是“忠诚营销”四个字。

以“忠诚营销”理念为指导，我们承办了这次国家名牌家电跨世纪发展战略研讨会及直销月活动。首先，我们以国产名牌家电为切入点，与国内12家名牌家电企业进行合作，开展“名店销名牌”的活动。这是因为，第一，这12家国产名牌家电企业经过十几年的发展，其产品质量的许多技术指标已经达到国际标准，有的甚至超过发达国家的同类同规格产品；第二，这些产品无论是出厂价还是零售价，大都低于国外同类同规格产品；第三，售前、售中、售后服务便捷周到，并能和时代发展、科技进步保持同步，不断把科技创新转化为产品开发，加大产品的科技、文化含量。这些国产名牌家电在国内市场上有不可替代的竞争优势。从商厦方面看，如前所述，乐普生长期奉守“乐为普通百姓，创造美好生活”的企业理念，在社会上的商誉较好，已赢得了广大消费者的信赖。商厦在货款支付、品牌展示、广告宣传、售后配套服务等方面做到一丝不苟，对厂家是守信的、忠诚的。更重要的是，几年来，乐普生和银行有亲密的、和谐的、有成效的合作关系，在经营活动中取得了银行的信赖，所以这次活动得到银行的大力支持。也正是有了这样的基础，我们才能以忠诚换忠诚，取得厂家在供货方式、供货渠道、供货价格等方面的积极配合。相互忠诚既可保证商家有稳定的货源供应，又能使厂家有稳定的市场，二者共创生产和销售的新局面。

同样的道理，厂家、商家、消费者之间的相互忠诚也是十分重要的。厂家为了不断扩大市场份额就必须争取有限的顾客资源。顾客的选择是自主的、易变的，随着顾客规模日趋离散化，争取和稳定每一位顾客越来越显得十分重要。与现有顾客保持长期关系是不断吸引更多新顾客的有利因素。商家若培养不出一批忠诚的顾客，将始终处于十分被动的境地。然而，要求顾客对乐普生施予忠诚，成为乐普生的忠诚消费者，首先必须对顾客报以忠诚，与顾客共同讨论、磋商什么样的产品和服务最有助于实现消费者的目标，因为尽量满足顾客的要求是培养和保持顾客忠诚的基础。为此，我们制定了“顾客满意”战略。在厂家从顾客需求出发，开发出顾客满意的产品的前提下，设身处地提供令顾客满意的商家服务，使顾客尝到忠诚的回报而进一步激励他们的忠诚，进而增进顾客对厂家和商家的信赖。此外，从这次活动开始，我们还将注意用人际沟通方式经常向重点顾客询问他们对产品的想法、使用情况和新的要求，向顾客表达对其利益的关切之心，尽可能将双方的买卖关系升华为伙伴关系、朋友关系。在直销月中，我们将开展乐普生反省日、救助大赠送、放心大购物等活动，目的就是为了通过沟通和共创，密切与顾客的关系。我们正处于服务取胜的时代，产品质量创造企业形象，服务质量也在创造企业形象。而且，同样质量的产品可以因服务差而“减值”，也可以因服务好而“增值”。因此，企业必须把工作重心转到顾客身上，不断追求“服务创新”。这个时代，不能使顾客感到满意的企业决无立足之地，使顾客感到满意的企业才是不可战胜的。

山东滨州印染集团

集团董事长　刘连营

国际纺织业包括中国已经进入一个全面调整期，而且高潮即将来到。21世纪的纺织市场仍是一个需求扩张的市场，这为企业膨胀发展提供了有利的机遇和条件。振兴纺织，关键是先行一步提高印染。

从现在起，我们的发展战略应在上述定位的基础上，突出改革、发展主题，制订具体的阶段性规划目标。

当前，应着重在以下方面实施：

市场创新战略：一切为了市场，一切通过市场

市场创新战略是我们企业发展的核心战略。滨印是最早走出厂门、自找市场的国有企业之一。十几年来的风风雨雨，使我们体验最深的是"客户是企业的衣食父母，市场是发展的根本依托"。企业的实力体现在市场上，决策者的智慧要经过市场的检验，内部改革的效果要通过扩大市场来延续和深化，国家政策的效力也是作用于市场适应性的企业。从计划经济的"弃儿"到市场经济的"健儿"，滨印之所以取得较快发展，而且近十年来保持月月盈利、年年发展的良好状态，我们体会，最成功的东西，就是市场观念的牢牢确立，市场手段的充分运用，市场领域的层层推进，市场份额的年年增大。

第一，追求市场最大化。逐利是企业的本能，但市场最大与利润最大往往有时不会双得，我们的原则是"不求一日多获利，放眼长远求市场"。

第二，发挥市场全功能。我们的产品畅销市场，技术、人才要用市场手段获得，改组、改造的效果要通过市场检验，改革的重要目的也是让全员接触市场，接受市场的考核。搞资产重组和资本运营及组建大集团，当前正是国企改革的一个热点话题，但关键的问题在于，是不是市场目的和市场手段。我们企业在实践中切实注意到了这一点，也就使得我们的资产重组和集团化建设始终展现出高效益膨胀局面。

产品创新战略：铸造市场竞争的锐利武器

市场如战场，企业占领市场的武器是产品。实现产品创新，必须立足两个方面：一是市场需求结构；二是企业自身的技术装备综合水平。我们的目标是中国最好、亚洲最强、世界最大，这就要求我们在产品创新上走好两招棋：

一是找到市场需求结构与生产技术结构的最佳结合点，实现对常规产品的适应性创新。

二是跨入高科技领域，实现对高档产品的技术创新，由亚洲最大，变亚洲最强。

"四个三"的国际化战略：开拓商品经营、资本经营的广阔空间

第一个"三"是面向国际市场三个消费层次。纺织市场的需求层次是在步步提高，但无论怎样提高，都始终存在高、中、低的不同层次，即发达国家的高消费、准发达国家的中消费和发展中国家的低消费。针对这三个层次，我们有"三"种方式：发达国家建立销售公司"挤"，准发达国家设立工贸型多元经营企业"抢"，发展中国家创立生产企业"占"。同时，在企业国际化进程中注意做到"三"个结合：一是商品输出资本输出相结合；二是盘活国内资产与利用国际资源相结合；三是开拓国际市场与寻求新世纪发展机遇相结合。

实现上述国际化发展思路，我们在实践中又有一个"三"步走策略。第一步，靠商品输出打开通道。目前，我公司产品外销比重达80%以上，产品直销40多个国家和地区，仅非洲地区就遍及18个国家。尤其是"仿腊"系列作为非洲的传统消费产品，年产销3 000万米，居国内企业同类产品之首。更重要的是，在商品输出的同时，使我们对国际市场有了更充分的了解和把握，提高了企业素质，培养了国际化人才队伍，也扩大了国际影响，提高了国际竞争力。

第二步，投资建立境外销售据点，实现产品分销。我们先后在美国、澳大利亚、亚美尼亚、菲律宾、津巴布韦、肯尼亚建立了集团的销售公司或代办处，充分利用通往当地市场和欧美市场的便捷渠道，使我们的产品在没有配额的情况下，取得了向壁垒森严的国际

市场的扩充。现在我集团公司通过这些据点外销产品量已成为整个外销产品的主要渠道。

第三步，扩大资本输出，建立境外生产企业，使产业向目标国家转移。纺织业的调整冲击全球，从发达国家闲置下来的生产线向中国转移，而中国也有许多闲置资源。滨印先后整体并购了二家中型印染企业，吸纳盘活了十几家印染企业闲置的近3亿元资产，并结合中国"经济外交"及大经贸战略的实施，把在国内市场饱和，但在国外仍有长期发展前景的闲置资产进行优化重组，向国际上印染业发展空间较大的国家和地区转移。我们选择目标国家的原则是：贫（经济欠发达）、冷（产品市场有冷门）、大（经济发展的潜力大）、广（市场广阔，我方现有产品的适应性广）、稳（局势相对稳定、投资风险较小、适合长期发展）。近年内主攻方向是在东南亚、非洲和南美，特别是作为当今世界纺织业中心地带的东南亚地区。

机制创新战略：构筑适应市场经济发展的企业内部新型生产关系

国企改革十几年，困境仍未走出。原因固然很多，我们认为最根本的原因是还没有塑造出一个政府、企业、职工三方面相统一的坚强的改革主体。国企内部"人人是主人，人人不当家"的生产关系，本来就严重阻碍着企业生产力中最具活力的要素——劳动者生产积极性的发挥，而十几年来的改革措施几乎都是体现为国家少投、不投入，国企员付出式。国企职工默默奉献几十年，应得的隐性收益，在一次次改革中被层层冲销，难免使改革会遇到人为障碍。认清了这一点，我们把企业改制的出发点和落脚点都放在了调整企业内部生产要素成份及格局，重塑企业内部生产关系上，以求建立起"劳动者持股，多元化参股，经营者运作，所有者决策"的新型治理机制。这是我们进行管理创新的核心，也是形成滨印特色企业文化的基本内涵。

管理创新战略：培育企业发展永不枯竭的高素质人才大军

企业竞争的主体是产品，决定竞争胜负的是人才。人是企业活力的源泉，是企业管理的主要对象。管理创新，其思想实质即分析人的需求，培养人的追求，体现人的价值，激活人的潜力，增加人的贡献。滨印长期把企业文化的核心着眼于培养职工素质上，逐步解决了国企中职工干多干少一样、干与不干一样的问题。今后的管理创新将围绕解决职工"为什么干?""干到什么程度?"的问题开展。(1)运用量化折股的手段，使在企业发展过程中起决定作用、重要作用的关键性人才有酬、有资产、有地位、有发展前途；使一部分素质低、技能差、贡献小的普通人有危机意识、有奋进的紧迫感；(2)运用指标层层量化，考核科学具体的手段使各岗位员工有明确的优劣标准；(3)运用内外培训、进修、转岗、AB角等方法为员工及时"充电"，提高其综合素质；(4)运用塑造企业精神，建立企业文化培养员工的认同意识，增强对企业的向心力；(5)通过改革分配制度、用人制度、福利制度等引导员工树立按劳取酬、按值享受的社会及企业价值观。

北京市京洲企业集团公司

北京市京洲企业集团公司于1992年成立，现有50多家企业，是通县梨园镇大稿村办的乡镇企业，是北京市第一家村办企业集团公司。公司成立以来，从本企业的特点出发，把精神力量注入企业管理之中，形成了两个文明建设的合力，增强了企业的凝聚力和竞争力，取得了明显的经济效益和社会效益。

（一）建立和完善现代企业制度，走高科技、新产品的科技兴企道路

树立适应社会主义市场经济体制的经营思想 为适应市场上激烈的竞争，京洲的经营思想，是用优胜劣汰的方法搞活企业，即某个企业不能适应市场需要、经营不善就坚决淘汰掉；某个行业市场前景看好就立刻筹资办厂，逐步克服了等、靠、要的思想，以市场为导向，以经济效益为目的发展企业，并抓好了内资、外资两大财源，努力办了合资、独资企业。现在有50多家，并涌现了"京洲"牌抽油烟机、"大高塑料制品"等一批在市场上有一定影响的产品。

建立和完善企业内部的管理制度 从乡镇企业特点出发,严格企业厂长聘用制度,既不搞"一言堂",也不搞"一家亲",而是根据德、能、勤、绩,由董事会集体商议确定;加强人才培养,采取派出去、请进来的方式培训干部;实行劳动合同制,把按劳分配与按贡献分配结合起来,拉开分配档次;实行总公司一本帐的"内部银行"的管理制度,合理调配企业内部资源;在两个文明建设上实行对企业厂长"两个合同一起签,两个指标一起下"的方针,把精神文明建设指标写入了生产合同,调动了企业厂长的积极性。

树立高科技、新产品的发展思路,走科技兴企之路 几年来,每发展一家企业都要考虑它在市场中的竞争力和科技含量。1992 年京洲制造出了中国农民第一架飞机,1994 年又在海淀中关村成立了京洲计算机公司。这些高、精、尖企业的建立和发展,雄辩地证明乡镇企业必须也能够以科技取胜。

(二)加强企业的精神文明建设,树立全体职工认同的企业精神

在企业经营管理中始终注重挖掘和培养"大稿"精神,形成了职工群众认同的"励精图治、勇于创新、拼搏进取、自强不息"的企业精神。

京洲在企业精神的培育中,坚持两点:

在企业的发展中培育企业精神 京洲企业集团成立时就提出"励精图治、勇于创新、拼搏进取、自强不息"的企业精神,并提交职工代表大会讨论,得到了全体员工的认同。每当遇到困难时,企业精神就会鼓舞大家克服困难,勇往直前。企业生产设备出现故障,暂不能进行生产,职工们便会自动转到其他生产环节或清理生产环境,有的熟练工人还主动参与设备的检修。当生产任务紧张时,一线工人主动加班,保证按期交货。

在活动中强化企业精神 为使"京洲"精神扎根于职工心中,集团公司经常组织开展"生产竞赛",评选"文明职工",每年举办一次大型的运动会。此外,还长年坚持评选"优秀厂长家属"活动,为支持企业工作的家属披红挂彩,进行表彰。这些活动的开展,陶冶了职工群众情操,增强了企业的凝聚力。

(三)培育合格职工队伍,提高经营素质

企业经营管理的好坏离不开高素质的人,乡镇企业因为缺乏人才,就更需要采取多种措施提高经营者和职工整体素质。京洲集团始终把提高职工和经营者的素质放在第一位,坚持经常教育、培训相结合。

加强理论学习和人生观主题系列教育 着重学习"什么是中国特色的社会主义"、市场经济等理论,还学习了孔繁森的事迹,开展了"奉献在京洲"的主题演讲活动等。通过教育,增强了职工群众的是非辨别能力、竞争意识和拚搏精神,许多一线工人加入了党组织。

抓好培训,提高全体人员的科学文化素质 乡镇企业的员工许多是刚刚摆脱农业劳动的农民,文化水平低,业务从头学起。因此,必须提高他们的科学文化素质和业务水平,才能适应现代化大生产的需要。而对企业经营者的要求就更高了。

京洲集团常年开办职工岗位培训班和初高中文化补习班,要求职工领到"上岗证"才能上岗,每个职工的知识文化程度不能低于初中学历。1994 年又与北京经济管理干部学院合办了大专班,已办了 4 届,有 82 名学员拿到了国家承认的大专证书。他们都被安排到京洲企业的各个要职上。京洲还从社会招聘所需人才,并委以重任。公司副董事长朱秀山是 50 年代北京航天大学的毕业生,是"外来户",但他懂业务,会管理,因而成为京洲的决策层人员,并负责公司的技术工作。

(中国企业文化研究会供稿)

北京·松下彩色显像管有限公司

北京·松下彩色显像管有限公司(简称 BMCC),是中日合资的以生产彩色显像管为主要产品的生产

型企业,有3条生产线,年产量达300万支,年销售额23亿元,年创利近5亿元。

BMCC企业文化的主要特点是:

(一)中外合资企业企业文化的融合

将中外合资企业企业文化融合一体,形成以纲领、目标、精神及经营指导思想等内容的中外合资企业新文化主干,并能得到广大员工认可,主导合资企业经营活动顺利开展,以期为人类文化发展做出贡献,是中外双方投资者、合资企业经营者认识并解决的重要课题。

找准中外合资企业企业文化融合的结合点

中外合资企业企业文化的融合,并不是简单地拼合,而是合为一个整体,形成新的企业文化主干。首先要找准中外文化的结合点,也可以说是新的企业文化主干的生成点。

中日文化同源,中日合资企业企业文化的融合,结合点相比之下更多一些。松下电器经营理念中,最根本的一点是"以人为本",强调"制造优良产品之前,首先培养优秀人才",在"以人为本"的企业文化内涵中,推崇产业报国、敬业精神、团队精神、补位意识等等。而中国企业几十年来强调"人的因素第一",崇尚集体主义,讲求调动人的内在积极性、创造性,号召为国争光。

BMCC作为中日合资企业,她把握住了中日企业文化的结合点,形成了以"激发人的热情,创建精锐集团,向国际竞争挑战"为主旋律的新的企业文化内容。这样的企业文化精髓贯穿于BMCC全部经营活动之中。

中外企业体制结合,优势互补

中外合资企业企业文化是互补型的文化,这种企业文化的互补性还表现在企业体制上。合资企业体制既不完全同于国外的企业体制,也不是照搬国有企业的模式,而通常的是以一种模式为主,发挥各自优势,相互补充的一种新的经营体制。

BMCC实行的经营体制基本上是以松下的经营体制为主。当初双方约定,只要不违背中国法律,机构的设置,干部的配置,以及日常经营方式,基本上参照松下企业。这一点完全不同于国有企业,以充分发挥松下企业在管理技术上的优势。

但同时也不排斥中国国有企业的优良传统。在国有企业,党群组织有健全的组织体系,有着强有力的凝聚力、号召力。特别是党群组织的任务、作用具体表现为动员、组织广大职工群众,齐心协力搞好企业,成为优势互补的基础。在BMCC,党群组织的作用主要表现为:一是在广大的中方员工中形成团结的核心,动员、组织职工群众实现总经理的经营目标。二是与日方干部紧密配合,尊重并维护总经理、各部部长等中日双方干部在生产经营活动中的基本构思和指挥权威。三是运用各种宣传手段,如报纸、电视、宣传橱窗、板报、壁报以及朝会、夕会、恳谈会、忘年会、各种丰富多彩的文化体育活动等方式,及时有效地宣传总经理的经营方针、经营口号,不断提高经营透明度,增强企业凝聚力;不断推动合资企业企业文化建设的开展。

这一点又不完全同于松下的企业。有人担心党群组织在合资企业的作用会不会削弱合资企业的经营体制。事实说明,发挥党群组织的作用,非但没有削弱,反而是对合资企业经营体制的有力补充。中外合资企业中,中方员工占绝大多数,党群组织配合经营者(而不是越俎代庖),动员、组织职工群众共同搞好合资企业的经营活动,是中方企业文化优势所在。

BMCC将松下企业管理技术优势与中国企业群众工作优势结合起来,互相补充,形成了具有自己特色的经营体制。

骨干队伍的作用及人与人的协作

首先,中外企业文化的融合,需要有一支对中外企业文化有着深刻理解的骨干队伍去推动。合资企业中外文化融合成功重要标志之一,是体现在中外员工人与人的协作上。

BMCC创业之初,中方向日本松下方面派出250人之多的实习生队伍。这支队伍,一方面去学习松下彩管产品制造技术与企业经营管理技术,但更重要的是学习松下企业文化,树立新的经营理念和市场经济观念。经过较长一段时间的学习,这支队伍认识并接受了松下企业文化。他们把松下企业文化带回国,与传统的国有企业文化进行比较、融汇,最终创建了合资企业文化的主干。

BMCC制定了自己的纲领、目标、十大精神;提出了许多优秀的经营理念,如:"我就是这个岗位的最高责任者”,“管理者的职责在于使平凡的人在平凡的岗位做出不平凡的贡献”,“团结、纪律、服从”,“非我不能,非我不快”,等等。这些内容作为中日企业文化融合的结晶,在BMCC的生产经营活动中起着导向的作用,激励的作用,规范的作用。

其次,BMCC文化融合着力于中外员工之间人与人的协作。

企业文化融合的作用之一,在于将属于不同文化背景下的中外员工的工作热情调动起来,按照合资企业的价值观念及经营方向、经营目标,团结、协作,同心同德经营好合资企业。中外员工人与人协作的基础是合资企业新的文化主干能够为双方共同认识,共同接纳,成为共同遵守的、评判是非的共同标准。

BMCC制定了自己为之奋斗的纲领:“决心贯彻产业人的本分,力求改善并提高社会生活,以期为世界文化的发展做出贡献。”所确定的目标是:“北京·松下彩色显像管有限公司要精诚一致,向彩色显像管和照明事业的国际竞争挑战。”BMCC确定全体员工应遵奉的十大精神是:“工业报国之精神、实事求是之精神、改革发展之精神、友好合作之精神、光明正大之精神、团结一致之精神、奋发向上之精神、礼貌谦让之精神、自觉遵守之精神和服务奉献之精神。”这些内容规范和激励了中外员工的言行。在过去的10年合作中,中外员工互相理解、相互尊重、密切配合,正确处理各种矛盾,建立起良好的协作关系,保证了合资事业的成功。

中外企业企业文化融合重在交流

中外企业企业文化融合的过程中,必须重视相互间的交流。只有进行充分的交流,才能相互了解,进而相互理解与谅解;只有进行充分的交流,才能做到相互比较,相互吸收,互相补充;只有进行充分的交流,才能相互撞击,产生新的思想、新的文化。

中外员工是不同文化的载体,在合资企业中,应创造尽可能多的条件,使中外员工有更多的机会进行交流。要支持中外员工,特别是经营干部充分发表自己的意见,甚至是完全不同的意见,只有在不拘形式的见解中,才能使中外不同文化得以融合。

利用朝会、夕会、忘年会等各种形式,创造一种轻松和谐的气氛,让中外员工互相交流,从不同侧面了解、认识不同文化。

组织各种文化体育活动,如在“‘三八’国际劳动妇女节”、“‘六一’国际儿童节”等各种有意义的节日庆祝活动中,组织中外员工踊跃参加,组织双方员工互访活动。创业9年来,BMCC除了不断派出中方员工到日本松下企业学习,还多次派出员工参加松下方面的文化体育交流活动。松下方面也派团参加在BMCC举办的文化艺术活动。

通过以上各种形式的活动,使中外员工的思维方式、人生观、价值观、思想、感情以及生活习惯等各个方面得以充分的交流,促进了中外文化在合资企业的融合。

(二)经营思想是中外文化融合的集中体现

中外合资企业由中外双方干部组成的领导集团进行经营活动,其关键是如何确立为双方所共识的经营指导思想,它是中外文化融合的集体体现。

立足合资企业立场思考、处理问题

中外合资企业的文化是“一体化”的文化。合资企业有“一体化”的领导集团,“一体化”的经营目标,“一体化”的经营理念,“一体化”的经营实体。中外双方要将合资企业看作是对人类文化进步有所贡献的事业来看待。这样看问题,视野就宽阔多了。

因此,合资企业的文化要求双方干部都要立足于合资企业的立场思考问题、处理问题。BMCC中外双方约定,你不要说是松下的代表,我也不要说是北京的代表,我们大家都是BMCC的职员,要从BMCC的立场出发来认识问题。前任总经理蜷川先生,现任总经理久濑先生,他们共同的一句话是:“我的一半是北京人,一半是松下人。”久濑总经理讲:“无论进行怎样的判断,首先要看对BMCC是有利还是有损。即使是松下方面的要求,如果是对BMCC无利的要求,也要断然的反对。”中方干部对北京市方面也采取同样的态度。

立足合资企业的立场思考问题、处理问题,作为最为重要的经营指导思想,具有强烈的号召力,调动了广大中外员工的工作热情。中外员工将合资企业视为自己的企业,为经营好共同的企业而努力工作。

不以谈判的方式进行经营活动

中外合资企业的文化是“协调式”的文化。经营合资企业,最大量的工作是协调:协调中外双方的认识，协调双方处理问题的方式、方法。

以谈判的方式经营中外合资企业，势必缺乏和谐、团结一致的气氛，对员工言行势必缺乏评判是非的统一的标准，这就必然会削弱员工们的创造力，甚至可能会出现令员工手足无措的情况。

BMCC始终坚持“诚意、信赖、耐心”六字原则。在已经过去的近10年的共事中，中日双方的干部建立起“心心相印”的合作关系。诚意，就是双方诚心诚意进行合作。双方干部讲：“假如因为语言的关系，你没有听清楚我的话，你一定要从好意上来理解。”信赖，就是双方充分信赖，互相配合。耐心，就是双方遇事不要急躁，不要在没弄清情况，或在没有理解的情况下就急于下结论。要意识到毕竟是不同的民族文化，其融合要允许有一个过程，这就需要耐心。双方在“事前管理”理念的基础上，对于提出的每个课题，充分交换意见，站在对方角度，设身处地去理解、去协调，最终形成一致意见。

实行透明式的经营

中外合资企业的文化，应是“透明式”文化。中外双方干部都应是“透明人”。双方的想法，双方的性格，双方的为难之处，都应让对方了解得清清楚楚、明明白白。中外双方干部都应有换位思考问题的意识，主动了解、认识对方的想法的合理性。

除了在业余时间创造各种条件和机会让中外双方干部增加接触，增进交流，更重要的是BMCC在经营上实行光明正大的经营。BMCC每月定期召开5次经营会议。其中重要的是月初和月中两次举行的中日双方干部会议，月末举行的月度决算研讨会。参加会议的是双方经营干部及工会主席。以这样的会议形式，进行合资企业重要方案的审议和决定。如果重要议案在会上通不过，就不决定。在会议上审议的事项，原则上都要事先准备好中文和日文资料，虽然作文件和翻译比较费事，但却保证了正确的信息沟通。由于会议上将所有的内容公开，并进行充分的讨论，双方的意见得以透彻地说明。QD所以，各部门经营者的认识和行动也在讨论的过程中得到统一。特别是工会主席出席会议，经常了解合资企业的经营状况，能以工会的立场，提供适宜的建议和支援。以此在共识的基础上，推进中外合资企业的经营，这就是“透明式”经营。

中外合资企业企业文化的融合，实际上是经济活动全球化过程中，多国文化融合的一个侧面。

（中国企业文化研究会供稿）

中国食品工业的现状与发展趋势

中国食品工业协会副会长　姜　峻

“国以民为本，民以食为天”，食品是人类赖以生存和社会发展的物质基础，是人们生活的第一需要，其发展水平是反映民族文化和人民生活的重要标志。

中国传统食品有4 000多年的历史，其品种之多，风味之佳，烹饪之美，举世公认。中华美食是中华民族灿烂文化的重要组成部分。

但是，作为现代食品的标志——工业食品，在中国产生的历史则是比较短的，属于新兴发展中的产业。新中国建立以前，在半殖民地半封建的社会条件下，没有像样的食品工业，只有一些简单的粮食加工、植物油压榨、牲畜屠宰、糟坊酿造和卷烟工业，企业为数很少，大多数分布在城市，其他的都是些作坊式的手工业生产。据战前统计，旧中国食品厂共有1 379家，职工108 297人，解放前夕，处于停滞衰退状态，生产技术水平很低。

食品工业的形成和发展，还是在中华人民共和国成立之后,在中国共产党和人民政府领导下,经过了半个世纪的努力,才逐步成长壮大起来,从第一个五年计划开始,着手兴办南方蔗糖厂和北方甜菜糖厂。在全国各地安排不少粮食加工厂、肉联厂、罐头厂、卷烟厂和酒厂等。经过后几个五年计划的建设,食品工业已初具规模,并不断有所发展。

进入20世纪80年代,改革开放的政策不断深入人心,时代推动了整个国民经济的总体发展。随着生产力的提高和人民收入的增加,中国人民的营养膳食结构和身体素质发生了深刻变化。人们已不再满足于维持生存所需的初级食品,而要通过工业加工,提供适合东方民族特点的营养、卫生、味美、方便、实惠的优质食品,以满足不同年龄、职业、劳动强度、休闲与健康状况的各种不同需要,这是人类文明进步的标志。

在全国工作重点转向社会主义现代化建设,贯彻以经济建设为中心和改革开放的方针指引下,中央和地方都十分重视食品工业,制定了一系列优惠扶持政策,加大了国家投资比重,实现体制改革,试行行业管理,从而促进了全国食品工业总体水平的提高,中国食品工业进入了一个新的历史发展阶段。

发展状况

中国食品工业,是以农副产品为主要原料的新兴加工产业,是国民经济的重要组成部分。它负有满足人民物质文化生活和为国家积累资金的双重任务。在国民经济建设中,食品工业已发展成为一大支柱产业,1997年,其总产值已跃居全国各工业部门的第一位,其中肉类、味精等总产量已居世界第一。

(一)行业门类齐全,基本形成食品工业体系

全国食品工业现有独立核算企业60 995个,占全国工业企业总数的15%;职工总数为587万人。按照国家统计局现行的行业分类,全行业共有食品加工、食品制造、饮料、采盐、烟草5大类24个分行业。主要包括:粮食工业、油脂工业、肉类工业、水产工业、禽蛋工业、淀粉工业、制茶工业、制糖工业、制盐工业、酿酒工业、烟草工业、乳制品工业、饮料工业、罐头工业、果蔬品工业、调味品工业、食用添加剂工业以及糕点、糖果、食用菌等其他食品工业。

在每一个专业分工中,按其生产性质和特点,又分成若干个产品系列,例如酿酒工业,分为白酒、黄酒、啤酒、葡萄酒、果露酒工业等,其用料、工艺、风味各不相同。又如果品加工,能生产多种不同产品,主要有:果脯、果干、果汁、果酱、果类罐头、果酒、果葡糖浆等。主要行业情况如下:

酿酒工业　现有企业10 633个(比上年减少5 000个),职工112万人,是食品工业构成中的首户。承担着白、黄、啤、葡、果酒的生产,年产量2 650万吨,被称为世界酿酒大国。1996年总产值达到778亿元,占食品总产值的13.7%,实现利税191亿元。酒是高税产品,是国家财政收入的重要组成部分。

粮油工业　是中国食品工业的主体,承担着全国城镇成品粮和食用油的加工,企业遍布城乡,现有企业22 170个,职工总数245万人。粮油加工的年总产量:大米1 447万吨,面粉2 181万吨,植物油946万吨,挂面114万吨,方便面150万吨,饼干152万吨以及其他杂粮食品等。年总产值为1 324亿元,在食品工业构成中,居主要地位。

水产品工业　现有企业1 660个,职工总数16.5万人,分布在沿海、沿江、沿湖泊等水域,承担水产养殖业与加工业,1996年总产量为415万吨,总产值为272亿元,占食品工业总产值的3.8%,是中国食品行业中,发展较快的新兴产业。

饮料工业　现有企业3 497个,职工为20万人,年产软饮料880万吨,总产值达270亿元,占食品工业总产值比重的7%。

罐头工业　现有企业1 655个,承担出口任务的企业约450个,职工总数31万人,年产量282万吨,总产值115亿元,占全国食品工业总产值2.4%。出口量达85.9万吨,为历史最好水平。出口万吨以上的产品有11个,其中蘑菇、芦笋、马蹄的出口量居世界首位。

调味品工业　现有企业2 845个,职工人数为20万人,年总产值85.74亿元。主要产品有:酱油122万吨,食醋37.7万吨,酱类16.4万吨,酱菜9.4万吨,味精53万吨。

肉制品工业　现有企业总数3 728个,冷库有2 240座,冷藏容量271万吨,占社会冷库总容量的

85%。年屠宰能力:生猪1.8亿头,菜牛600万头,羊3 700万只。职工总数47.45万人,生产品种达十几大类300多种。1996年总产量达到4 966万吨,速冻食品240万吨,总产值397亿元。1997年全国肉类总产量达5 900万吨。

糕点糖果工业 现有企业5 747个,职工43.8万人,年产量270万吨,品种达5 000种以上,总产值336亿元。

烟草工业 烟草工业在中国社会统计中,也列入食品工业。企业只有416个,职工人数31万人。1996年的产值高达900亿元,占全国食品工业的16%,年生产卷烟3 401万箱,实现税利689亿元,成为中国食品行业完成税利的第一大户,被称为世界烟草大国。

伴随着食品行业的大发展,配套工业和科研院校等事业也在不断发展壮大。现已有食品机械制造厂2 600家,包装机械制造厂1 540家,另有科研设计院所220家。食品工业科教队伍逐步成长。现有食品研究设计院所180家,高等教育大专院校83家,中专学校249家,食品报刊杂志达120余家。

总之,伴随着共和国改革开放的伟大进程,中国食品工业,一个门类齐全、布局合理、生产配套、结构完整、技术力量雄厚、科教、新闻出版在内的比较完整的食品工业体系已经基本建立起来。

(二)食品工业发展速度较快,总体水平有了提高

改革开放近20年来,我国食品工业技术进步十分明显,生产发展很快,无论在数量上、品种上、还是在质量上、包装上都比过去有了很大进步。

从发展速度上看,1996年全国食品工业总产值达到5 673亿元,比1980年的568亿元增长了8倍,比1990年的2 285亿元翻了一番,平均年增长率达到10%以上,超过了共和国成立以来前30年平均年增长率6.2%的速度。食品工业总产值占全国工业总产值达9%以上。

从经济实力上看,近10年来,我国食品工业新建、扩建、改建和"三资"企业不断增多,行业生产能力不断扩大,经济实力增强。1996年固定资产原值达3 845亿元,净值2 848亿元,其年值与净值均分别超过19.8%与20.11%。新增固定资产500亿元,产品销售收入达到7 039亿元,出口创汇达70亿美元。1996年食品工业实现税利1 033亿元,其中烟占689亿元,酒占191亿元。其他食品工业多为薄利。

从地区发展水平上看,年总产值超过300亿元以上的省有:山东、广东、江苏、云南、四川、安徽等7个省区;年总产值达到200亿元至300亿元之间的有:浙江、湖北、福建、黑龙江、广西、上海、辽宁、湖南等8个省市。山东省县县兴办食品工业,1997年总产值达到860亿元,成为全国之冠。其他各省市也都有了不同程度的发展。

(三)产业结构与产品结构有了改善

重视食品营养 以"小康"生活水平为目标,逐步提高食物制成品植物蛋白的能力,增加动物蛋白的比重,在生产中注意营养素的合理平衡,大力发展现代食品,开发大豆植物蛋白系列和乳制品系列产品。

食品工业的产业结构有了变化 食品制造业比重明显上升,加工业的比重持平,卷烟和烈性酒的生产比重下降。白酒厂由3年前的2万多家关停并转近1.5万多家,现有5 424家,促进了产业结构的优化。在调整过程中,新兴的啤酒、饮料等得到了优先发展。1949年中国啤酒工业只有10家啤酒厂,年产7 000吨,1980年已有205家啤酒厂,年产68.78万吨,增长了近100倍。改革开放以后,发展更快。现有啤酒企业741家,年产量1 680万吨,仅次于美国,居世界第2位,但我国人均量较低,市场发展潜力很大。

配套工业产业结构的改革,也有了突破性的进展 10年来,新产品、新工艺、新设备不断涌现,中国多数产品已成套地立足于国内生产,提供的专用和通用设备,有的已达到世界90年代的先进水平。

产品结构趋向优化、系列化 粮油食品。增加了小包装专用粉、等级粉和精制米、免淘米;玉米开发了脱脂玉米粉和精制玉米粉。制成品的比重大大增加,改变了多年来人民生活只使用普通粉作面食的状况。

食用油系列也得到了开发。在工艺上变压榨为浸出法,精炼油代替了传统的毛油,大大提高了产品质量。

方便食品系列。10年来以发展大众食品为重点,适当发展中高档食品和粗杂纤维食品,增加肉、蛋、奶制品。1996年方便面年产量达到150万吨,方便米饭、粥、糕等营养快餐食品也日趋增多;速冻食品、膨化食品取得了重大进展。食盐加工,开发出了餐桌盐、加碘盐、调味盐。特别是开发食品添加剂,大大推动了食品产品品种多样化、系列化。

方便食品是中国80年代以来,食品工业的新发展、新成就,是一种大众化的新型食品。全国方便食品的大发展,适应了人们生活的快节奏,这是对中国食品工业产业结构改革的一次重大的战略性的突破,它为从根本上改变我国食品产品结构低档化的格局开了个好头。

保健营养食品,已开始形成了新兴的产业。全国已有生产企业3 000家,生产3 000个品种,年产值已达3 000万元,是前3年的3倍。新产品丰富多彩,各地开发的婴儿食品、老年人食品、妇孕食品、运动员食品、旅游食品以及航空航天食品等,都取得了良好的效益。以水产品为例,新开发的鱼糜制品,从最初的鱼丸、鱼糕、鱼饼逐步发展到仿蟹肉、仿对虾等人造食品,开发了烤鳗鱼、烤紫菜、烤鱼虾以及海藻制品、海产化工与水产药品等生产,从量的增加到质的飞跃,为我国开发营养性的海洋保健食品,增添了丰富多彩的内容。

保健食品作为新产品的时代特征,主要是从适应人体营养需要出发,改进了糕点、饮料、罐头的产品结构,形成了不同风味的系列,加上装潢精美、包装精致、用料精选、工艺精湛,使我国上市的保健食品、饮料、营养液等,多数已成为人们乐意选购的精品。有的还进入人们高档馈赠亲友的礼品行列,畅销市场、经久不衰。

传统食品系列,得到继承发扬。既具有浓厚的地方特色,又有传统风味,反映了各族人民饮食生活的时代特征。现行的各种传统食品、风味小吃、庙会快餐、节日食品等品种数以万计,加之地方烹饪美食,历史悠久、享誉中外,已成为中华饮食文化的宝贵财富。但仍需发掘与整理,走“传统食品现代化,现代食品国际化、大众食品系列化”的路子,使我国一些老字号食品在市场经济竞争中,增添了活力,足可与引进的国外食品相比美,得到了我国政府和食品行业的鼓励和支持。从而促进了中国传统食品、风味食品的发展。

烟酒产品在结构上的调整,主要是控制卷烟和种植烟草的比重。酿酒业则主要提倡发展果、啤、黄酒。过去白酒产品以高度酒为主,产品一统天下,现在,50度、40度、30度左右的白酒同时发展,其比重是各占1/3。

食品辅料配料品种作了相应改进。如调味品、淀粉制品、食用添加剂等均取得不同程度的发展,为食品工业的精、深加工,改进配料技术创造了条件,从而提高了糕点、肉类制品、乳品等工业的生产精度,增添了新的品种。

野生可食资源得到了开发。几年来,我国的食用菌、沙棘、猕猴桃、蜂蜜等制品,以及冬虫夏草、干鲜果品、山珍野味、海产藻类、昆虫等可食资源不断得到开发,形成特异的食品新秀,取得了引人注目的成果。

使用国外先进技术,引进国外先进食品,繁荣了市场,调剂了市场需求,丰富了食品品种,交流了中外食品经验。

食品工业综合利用有了改善。磨面、碾米、榨油、屠宰、酿造等工业,在生产中的废渣、废液、废料均程度不同地得到了利用,如粮油副产品作饲料,采盐发展化工,肉类副品作生物制药等,各地开发利用均有突破,成果显著。

(四)食品县和原料基地建设发展迅速

中国食品工业中小型企业较多,占90%以上,分布面较广,靠近原料产地,就地取材,就近加工,这对于缩小城乡差距和工农差别,加速农业产业结构的优化,促成良性循环、加快农民致富影响极大。目前全国有2 800多个县市、6万余个食品企业,平均每个县市占有企业20个以上。抓好一县,带动一片。因此,从1984年开始,许多省市已经十分重视开展“食品县”的试点,这也符合搞活市场经济精神。目前,达到1亿元产值的县有20个,达到3亿元以上产值的县也在不断增加,为食品工业搞活中、小,发展乡镇,积累了经验。

(五)企业集团化步伐加快

近4年来,各地已先后组建了食品工业大、中型集团企业共700余家,占全国食品企业总数的12%,1996年由国家经贸委和国家统计局颁布的工业大型企业500家内,食品企业有71家,占14.2%。集团企业的发展,标志着我国食品工业在新时期登上了新的台阶。许多企业成为行业的排头兵,增强了市场竞争能力,促进了食品工业的发展。

中国著名的国营大型食品企业——中粮总公司(COFCO)资产总额已达43亿美元、总经营额达123亿美元,历年经营总额累计达1 200亿美元,列中国经贸、食品行业首位,在被评为"中国的脊梁"500家国有大型企业中,居第63位。在世界《幸福》杂志评出的世界500家大企业中,列为中国的"三强"之一。改革开放以来,坚持"一业为主,多种经营"的指导原则,不断拓宽经济实力,形成新的竞争优势,经济效益得到了很好的发展。

在白酒行业中,驰名海内外的五粮液酒厂从1994年以来,实施技术创新,坚持走质量效益之路,多元化开拓发展,1996年实现年创税利7.47亿元;1997年达到10.2亿元,连续5年销售额、税利总额居全国同类行业第1名。享誉中外的著名企业——中国茅台酒厂集团通过改革创新,把茅台酒传统工艺和现代科学技术结合起来,稳步提高产品质量,通过贯彻"一品为主,多品开发;一业为主,多种经营;一厂多制,全面发展",1997年名酒产量已达4 365吨,1996年实现税利近3亿元,4年以来创税利达8亿元,成为国家一级企业。在国家级评酒中,连续5次荣获国家金奖,成为中国名酒厂唯一获金榜的"五连冠",国酒声誉,经久不衰。

中国粮油工业,被列为全国销售额最大的"百家企业"有26家。规模最大的大米厂是哈尔滨香坊米厂,规模最大的面粉厂是上海面粉公司,规模最大的植物油厂是大连油脂工业总厂。肉联企业首数河南"春都"集团,卷烟首数红塔集团。饮料工业知名度较高的列有20家,广东省的健力宝饮料厂名列首位。乳品工业年产超过万吨的首家企业是河北石家庄乳业(集团)公司,生产有2个系列59个品种,年产量为1.34万吨。

其他被列入行业先进的企业,也多为创一流、效益好的大型集团公司。

据统计,资产占30亿元人民币的集团企业有30个,占10亿以上的有150个,占1～10亿的有650个。这些企业,实力雄厚,名牌响亮,知名度高,竞争能力强,是我国改革以来新兴的骨干企业,对带动食品行业的中小企业有一定影响,成为我国食品工业跨世纪的一支生力军。

主要政策措施

中国食品工业之所以能有较快的发展,主要有以下一些政策措施:

实行食品工业大家办的方针 80年代以来党和政府十分重视食品工业,国务院批准的《2000年食品工业发展纲要》和《90年代中国食物结构改革与发展纲要》,中国食品工业协会发布的《90年代食品工业上新台阶的发展战略与对策》、《关于全国食品工业"九五"计划和2010年远景目标的建议》,指导了全国食品工业新时期的大发展。制定了若干优惠政策,扶持食品工业发展。不少省、市把发展食品工业作为战略问题摆上重要位置。

山东、四川、广东、黑龙江、吉林、湖北、湖南、陕西、北京等多数省市都把食品工业列入重点发展行业,安排了较多的投资项目,引进先进技术设备,采取扶持政策,有效地促进食品工业的大发展。

新建了一批食品骨干企业 80年代国家先后投入资金648.46亿元,比改革前30年92亿元增加了6倍。1992～1994年3年国家投资553.19亿元,新建项目4 951个。在此基础上,1995年国家又投资223.52亿元,新建项目达1 646个,当年已完成1 015个,交付使用率达65.4%。实行大中小并举的方针,加速了全国食品工业发展的步伐。

开展了老企业的技术改造 通过引进大量先进技术装备,不断提高企业生产规模和整体技术水平。例如:在制糖工业中,从东欧一些国家引进成套设备,经过国内消化吸收,先后改造了200个糖厂;在罐头、粮油、水产等工业中,从英法日意等国引进先进技术设备,改造了原有老厂,提高了生产能力。1992～1994年企业改造共13 648个,完成投产8 489个。1995年用于企业更新技术改造的项目达3 701个,已投产2 592个,占83.8%。

依靠技术进步,增强企业活力 通过加强科研与技术管理,改变了食品工业技术落后面貌,主要作法是:

引进国外生产技术装备 如屠宰和肉联加工业,引进国外先进生产线百条,研制生产了国产化的屠宰、火腿等生产线近百台套。生产动物蛋白饲料及生化产品等品种有十几大类300多种。全国食品工业实现机械化、联动化、自动化的生产水平提高很快。

重视开发科研新成果　对研制的新产品、新技术、新设备及时给予奖励。据统计，全国食品科研成果获部委级成果奖的有700项，获科技攻关成果奖的有170项，其中达到国际先进水平的有47项，达到国内先进水平的有109项，获食品专利成果奖达253项。这些成果的取得和应用在生产中，正在转化成为强大的生产力。

中国罐头工业采用电阻焊罐，代替了锡焊罐，在全行业实现了技术改造。制糖业提高了压榨机限速，采用高位双辊喂料压榨机，并改革洗涤工艺等先进技术和设备，提高了设备能力，降低了耗能。啤酒行业推广露天大罐发酵和提高糖化次数，改进了澄清工艺等技术，使啤酒产量、质量水平大幅度提高。卷烟工业采用膨胀烟丝烟草薄片，更新了烟丝卷烟和包装设备，达到了国际先进水平。

出现了一批具有多行业适用性强的新兴技术　生物技术、远红外技术、微电子控制技术、速冻技术、保温保鲜技术等得到了初步推广。冷冻干燥、微波、辐射、膜分离等技术使用也有了好的开端。保健食品还针对老年人的特殊需求，选用生物技术，开发出适合老年人的功能食品，生产了低糖、低脂肪、低盐、低胆固醇，以及增钙补锌的食品。针对婴儿不同特点研制了精炼乳品和糊状营养食品，填补了生产空白，满足了市场需要。

重视产品质量，严格食品质检、监测管理　各地加强质量管理，认真贯彻《质量管理法》，发展名牌、优质食品，建立生产许可证和卫生合格证制度；贯彻《食品卫生法》，改善企业卫生环境条件，强化管理力度，推动企业上标准、上档次、上水平；加强技术监督，增加企业监测、卫检、仪器仪表等手段，增配相应设备，培训质检人员，与国际市场接轨。食品工业现有国家标准963个，行业标准1 000余个，有218家企业被评为中国食品行业质量效益型先进企业。

抓好原料生产，建立原料基地　采取多种形式，实行“贸工农”、“农工商”、“技工贸”一体化，以及种、养、加、销一条龙，发展原料基地。不少地区和行业，积极推行原料建设“基地化、良种化、地域化”，为食品工业提供优质、稳定的原料。

存在问题

食品工业仍然是国民经济发展中的薄弱环节

发展速度低于全国工业增长速度。80年代食品工业产值年平均增长率为9%，比同期全国工业总产值增长率12.6%低3.6个百分点；90年代的年平均增长率为10%，比同期全国工业总产值年增长率低2.6%。与农业发展也不相适应。对农产品的原料加工，多数仍属于粗加工的初级食品。食品工业总产值低于农业总产值，仅为0.4:1，而世界经济发达国家的比重是2:1～3:1。

中国食品工业的制成品比重只占40%，而世界发达国家达到80%以上，在出口的制成品中，也只达到30%，而发达国家和地区，基本上以制成品出口。近10年平均税率只达到5.6%，低于全国其他产业平均税率10.4%的水平。

现代经营管理水平低　目前，食品工业的企业亏损面较大，1996年达13 938家。方便保健食品产量低、品种多，低于国际水平。

技术装备水平落后　老厂技术改革较少，乡镇食品企业多数未进行技术改造。厂房简陋、设备陈旧、工艺落后、企业耗能高、出品率低，手工业生产仍占一定比重，目前的机械化和自动化能力只占30%。食品的保鲜、保藏能力也不配套，每年粮食、水果、蔬菜的腐烂问题、运输问题、仓储问题、污染问题等仍程度不同地困扰着企业，急待解决。

企业专业技术人才比重少　全国食品工业职工总数587万人，专业科技人才只有8万人，占0.7%。与其他工业相比，石油工业占4.4%，化工占3.3%，机械占5.5%，国外占15%。重复建设、盲目上马，以及低水平的重复引进，在不少行业仍然存在。

综合利用较差　许多加工后的副产品，废料、废液、废渣含量较高，但加工利用率低，排放物被作低层次利用或被白白扔掉。例如酿酒工业的酒糟，高达2 000万吨，榨油后的各种饼粕上亿公斤，内含20～50%蛋白质，提取加工率不足1%。

展 望

中国人口众多，物产丰富，可食资源遍布祖国大地和海洋，食品工业有广阔的市场，有充足的原料，有良好的自然生产条件。但人均消费水平与资源占有率低，人民面临实现温饱奔小康，食品工业今后的发展任务还是十分艰巨的。

根据中国食品工业协会 1996 年提出的《关于食品工业"九五"计划和 2010 年远景目标》，中国食品工业仍然要持续、高速发展，实行工农结合，城乡结合和大中小企业相结合。争取 2010 年食品工业总产值实现每年平均递增 10～12％的目标。食品质量、品种和科技的总体要求将达到 20 世纪末的水平。

大力加强对可食资源的开发和利用，对农产品加工由 35％提高到 50％；继续依靠科技进步，加快技术改造步伐，优化产业结构，增加品种，提高质量；加快中西部地区的食品工业发展，加强国际间的经济技术交流与合作，不断提高食品行业的管理水平。中国食品工业将以一个新的面貌进入 21 世纪，前程似锦，大有可为。

中国食品工业协会简介

中国食品工业协会，是中国食品工业的行业管理组织，作为国家经济体制改革的试点，于 1981 年经中华人民共和国国务院批准成立。中国食品工业协会的建立，是对食品工业多部门分散管理进行改革的一种尝试。

为适应经济发展的专业化趋势，更有效地规范行业管理，中国食品工业协会在一些主要行业建立了全国性的专业协会和专业委员会，这些协会与委员会是中国食品工业协会的行业组成部分。

各省、自治区、直辖市和计划单列市以及地、县政府也相应建立了食品工业协会，形成全国性的食品全行业的管理网络。据初步统计，全国已有 1 300 多个地、县成立了这样的组织。

中国食品工业协会根据国务院[1984]第 33 次会议决定，作为全国食品工业的行业管理组织，负责对全国食品工业实行"统筹、规划、协调和服务"；对食品工业的重大方针、政策和措施提出建议；参与和组织食品工业各行业的标准、规范、法规的制订；加强对全国食品工业的宏观指导。

中国食品工业协会的主要任务：

1．开展食品工业行业调整与研究，为政府加强宏观管理和制订行业技术经济政策提供依据和建议，提出和编制食品工业近期和长远发展规划、计划的建议。

2．结合中国国情就全民的营养指导工作，组织食品各行业的专家，协同配合有关部门探讨和提出食物营养的发展战略方针和政策，提出中、长期营养工作的具体措施和发展规划，与国际营养界加强联系和信息交流。

3．为食品工业企业提供各方面的服务。包括组织先进生产技术企业管理的交流，新技术、设备的引进和推广应用；组织和协助各有关部门和企业培养、培训专业人才和技术干部；提供食品工业的经济、科技、技术、市场等方面的信息。

4．促进食品工业各行业的专业化管理，推动各种形式的联合、疏通与协调食品企业与各行业、各地区、各部门之间的关系，促进行业的交流与合作，推动全行业生产的发展。

5．组织安排食品工业经济、文化、科学、技术的国际间交往活动，调查研究国外食品工业的发展趋势，收集、整理、交流食品工业经济技术信息资料，以加强中国食品工业与国际方面的合作。

6．组织安排食品工业科技开发、技术改造以及国家标准制订、国优评比；组织和协同有关部门不断提高食品产品的质量，不断开发食品的新门类、新品种，以适应社会进步和不同人群的需要，同时大力恢复和发展传统名特食品和民族食品的生产，研究开发新型食品。

中国食品工业协会为适应上述工作任务的需要，设立了相应的工作机构：

经济规划部	科技教育部
质量管理部	政策调研部

国际联络部　　行业协会工作部

信息部　　办公室

下设：全国食品工业标准化技术委员会秘书处；

中国食品工业信息咨询中心；

中国食品报社；

中国食品工业杂志社。

中国食品工业协会关于全国食品行业质量效益型先进企业的公告

经省、直辖市、自治区食品工业协会审查、推荐，中国食品工业协会按照《全国食品行业质量效益型先进企业表彰办法》进行了严格的审查，研究决定授予218家食品企业为1997年度全国食品行业质量效益型先进企业称号，现予公布。

1997年12月25日

四川省宜宾五粮液酒厂

中国贵州茅台酒厂(集团)有限责任公司

北京燕京啤酒集团

天津顶益国际食品有限公司

四川全兴酒厂

四川泸州老窖股份有限公司

江苏维维集团

内蒙古宁城集团公司

广东佛山海天调味食品公司

广州致美斋食品有限公司

四川剑南春(集团)有限责任公司

上海冠生园(集团)有限公司

江苏双沟酒业集团有限公司

江苏洋河集团有限公司

深圳南海油脂工业(赤湾)有限公司

北京稻香村食品集团

石家庄三鹿集团股份有限公司

中法合营王朝葡萄酿酒有限公司

陕西省西凤酒厂

广东蓝带集团股份有限公司

哈尔滨啤酒有限公司

广西黑五类食品集团公司

四川沱牌曲酒股份有限公司

四川省古蔺郎酒厂

四川蓝剑集团公司

上海民乐啤酒饮料有限公司

石家庄三九啤酒有限责任公司

建平啤酒厂

深圳金威啤酒有限公司

广西桂林漓泉股份有限公司

武汉东啤集团公司

厦门银城股份有限公司

福建惠泉啤酒集团股份有限公司

肇庆蓝带啤酒卢堡有限公司

圣泉啤酒厂

齐齐哈尔啤酒厂

淮北啤酒厂

通化啤酒总公司

青岛啤酒西安责任有限公司

大连棒棰岛啤酒有限公司

新疆乌苏啤酒厂

本溪市啤酒厂

丹东啤酒厂
鞍山啤酒厂
阜新市啤酒厂
牡丹江镜泊啤酒有限公司
吉林省粤海银瀑啤酒有限公司
吉林松源食品医药工业公司
甘肃省武威啤酒厂
南京金陵啤酒有限公司
天长市天岛啤酒厂
宣化钟楼啤酒集团有限公司
天津橙宝鲜橙汁有限公司
沧州市冷饮厂
贵阳市瀑布冷饮制品公司
北京市东郊冷食品厂
长春欣东矿泉水食品有限公司
广西茶花山矿泉水饮料有限公司
深圳市益力矿泉水股份有限公司
中美合资西安中口乐饮品有限公司
陕西惠发绿色食品工业有限责任公司
上海百事可乐饮料有限公司
上海申美饮料食品有限公司
四平市宏宝莱饮品有限公司
云南太乙工贸有限责任公司
哈尔滨金苹果饮品有限公司
陕西省沙棘食品实验厂
广西梧州冰泉实业公司
广东省美怡乐食品总厂
陕西省果品加工厂
哈尔滨三九龙滨酒厂
甘肃彭阳春酒厂
北京京都酒集团
北京牛栏山酒厂
北京红星酿酒集团公司
内蒙古河套酒业集团股份有限公司
河南省林河酒业集团有限公司
成都长城川兴酒厂
安徽口子集团公司
安徽高炉酒厂
中国九九集团
陕西省安康市酒厂
新疆伊犁酿酒总厂
吉林天河实业有限公司
安徽种子酒总厂
江西麦饭石酒业有限公司
哈尔滨阿城酒厂
江西临川酒厂
四川省绵阳市丰谷酒业有限责任公司
大连市金州酒厂
大连酒厂
陕西太白酒厂
山西老陈醋有限公司
浙江蜜蜂集团有限公司
贵州省凯里市酱菜厂
贵州省遵义鸣庄调味品有限责任公司
北京市金狮食品酿造公司
贵州省安顺市酱菜厂
广东开平广合腐乳有限公司
揭阳市酱油厂
国营揭阳市味精厂
四川天府酿造实业有限公司
西安市第二酿造厂
上海太太乐调味食品有限公司
丹东酿造厂
宁波市天天调味品酿造公司
白山市酿造厂
天津天力独流老醋责任有限公司
天津利民调料责任有限公司
广东肇庆星湖股份有限公司
山东三九味精有限公司
甘肃凉州益民有限责任公司
北京瑞达急冻食品有限公司
北京红星淀粉厂
东莞市二轻米制品厂
湖南省湘潭市面粉厂
长春粮食第六仓库
北京市豆制品二厂
北京艾森绿宝油脂有限公司
湖北金华麦面集团有限公司
沧州望海实业有限责任公司
湖北省黄石市食品专用面粉公司
陕西省专用面粉厂
湖南省益阳市面粉厂

解放军九〇七六工厂
焦作市中州食品厂
河南省襄城县粮油集团
昆明天使食品总厂
江西吉安市粮油食品厂
西安市群众面粉厂
大连三发粮食集团有限公司
南宁面粉厂
深圳淘化大同食品有限公司
湖南省保靖蛋品肉类加工总厂
河南省长葛市众亚食品有限公司
增城市高泰稷发展有限公司
北京市京京肉食厂
江西煌上煌实业有限公司
北京鲲鹏食品集团公司
南京桂花鸭(集团)公司
青岛德维集团公司
山西大同同风集团
河南帮杰集团有限公司
南京雨润肉食品公司
吉林省凯帝股份有限责任公司
吉林省华龙股份有限公司
上海大江(集团)股份有限公司
昆明市高上高香肠厂
辽宁省大连海洋渔业集团公司鱼品加工厂
深圳光侨食品有限公司
安徽省池州肉类蛋品加工厂
西安银桥乳制品实业有限公司
武汉市牛奶公司乳品厂
广东省东莞得乐多工业公司
广东国营燕塘牛奶公司
黑龙江省光明松鹤乳品有限公司
陕西合阳乳品厂
南京市卫岗乳制品厂
上海牛奶集团有限公司
黑龙江省大庆乳品厂
广东汾煌食品工业公司
潮州市佳宝集团公司
广东康辉集团公司
广西柳州市糖果二厂
佳木斯市利华食品有限公司
洛阳三乐食品有限公司
上海新亚食品厂
中外合资上海大昌儿童食品有限公司
上海三明食品公司
山东莱芜香山食品厂
江西乔家栅食品厂
大庆市美食乐食品有限责任公司
国营西安市吉祥食品厂
广州果子食品厂
广东天马果饮品有限公司
广东雅士利食品有限公司
镇原艾波瑞柯果品有限公司
武汉武昌区曹祥泰食品厂
华夏葡萄酒有限公司
东风绍兴酒有限公司
宁波益民酒业有限公司
华东葡萄酿酒有限公司
广东省广前糖业发展公司
新疆芳草湖糖厂
新疆伊犁糖厂
黑龙江天菊集团
广西崇左东亚糖业有限公司
广西南宁制糖造纸厂
广州番禺梅山马利酵母公司
桂林市红星化工总厂
广州百花香料股份有限公司
广州省封开县粤丰实业公司
广西浦北酒厂
上海交大昂立生物制品有限公司
广州食品添加剂技术开发公司
番禺市海星食品工业公司
深圳海王同爱制药有限公司
广西梧州制药(集团)公司
南昌卷烟厂
成都卷烟厂
杭州卷烟厂
安徽滁州卷烟厂
贵州六盘水市食品总厂
内蒙古兴发集团公司
湖南长康实业有限公司
沈阳康福食品有限公司

武汉市蔬菜公司食品包装厂
宁波中篑太丰食品有限公司
西安太阳食品集团公司
陕西十万大山茶叶股份公司
南宁花茶厂
河北保定龙飞集团有限公司
秦皇岛正大有限公司
江苏汤沟酒厂
湖南湘泉集团有限公司
内蒙古敖汉赤波饮料(集团)公司
中国江苏三得利食品有限公司

中国“全国食品行业质量效益型先进企业”事迹选登

天津中法合营王朝葡萄酿酒有限公司

（本专栏协办单位）

中法合营王朝葡萄酿酒有限公司(以下简称王朝公司)是于1980年兴办的中国最早的外商投资企业之一。合营17年来,企业实现了超常规、跳跃式的发展。产品由单一品种发展为3大系列18个品种,产量由最初的年产10万瓶发展到1997年的2 100万瓶,人均创利税由1980年的1 000元增长到1997年的110万元,企业各项经济指标位居全国同行业之首。现在,王朝系列葡萄酒全部为市优、部优、国优产品,先后荣获14枚国际金奖,被世界最高规格的布鲁塞尔国际评酒会授予“国际最高质量奖”。目前,王朝公司已成为亚洲地区规模最大的现代化高档全汁干型葡萄酒生产企业。

王朝公司高速发展的根本原因之一是有效地实施了“全方位品牌管理”,形成了一整套独具“王朝”特色的产品品牌管理方法,走出了一条“创中华名牌”的新路子。

一个国家有一个国家的名牌。真正的名牌从来就是民族经济、民族文化、民族精神的象征,近年来许多国外名牌大举拥入国门,一些国内企业经过合资嫁接,原先家喻户晓、质量过硬的名牌纷纷被外国名牌所取代,企业沦为外国人的定牌加工厂。这种状况如任其发展,无疑将使中国的民族工业备受损害。实践证明,王朝人实施的国有名牌战略是具有远见卓识的。

在常人看来,成功地树立一个品牌的最有效方法无非就是做广告和搞推销。但在当今这种瞬息万变、竞争激烈的市场环境中,单凭这些并不能保证树立品牌的成功。事实表明,企业欲在市场上成功地树立自己的品牌,就必须超越营销业务本身,培育发展多种能力,如掌握市场变化和消费者心态细微变化的调研能力、优化库存成本的信息处理能力、优化产品质量的检测控制能力、加速新产品投放市场的产品开发能力、良好的售后服务和与消费者保持密切联系的沟通能力等等。应该清楚地看到,品牌不只是产品的名称,而是企业经营活动的全过程。王朝公司在创名牌保名牌的过程中,从五个方面实现了全方位的品牌管理。

正确选择品牌,保护国家和民族利益

王朝公司在产品品牌决策上,体现了战略远见。按照常理,与世界驰名的人头马集团合资,完全可以借“人头马”的商标打天下,“背靠大树好乘凉”,这既可保证产品销路,又能节省巨额广告投入,然而,王朝人并没有急功近利,而是着眼于国家民族利益,从零

起步,历尽艰辛地去创造一个完全属于中国的名牌,壮大发展中国的民族工业,培育自己品牌的拳头产品。他们确定"王朝"为商标,充分体现了开辟中国葡萄酿酒一代王朝的雄心壮志,同时也折射出民族文化的深厚底蕴,最终树立了中国产品的良好形象,增强了企业在国际市场上的竞争力。其次,在品牌归属决策上,王朝公司采取了"制造商品牌"策略,即所有产品的品牌均归王朝公司所有。此外,公司在国内及世界60多个国家和地区注册了"王朝"牌商标。品牌是企业的无形资产,它随着企业的发展会不断增值。因此,正确合理的品牌决策,可以防止企业资产(国有资产)的流失,并使之保值、增值。

王朝公司的品牌决策使单一品名牌变为名牌系列,国内名牌变为国际名牌。敢于向外国名牌挑战,预示着一个新的具有积极意义的经济现象的出现,表示了中国企业在经历了市场竞争的洗礼后,品牌意识的觉醒。

确定目标市场,科学进行产品定位

任何一个企业都不可能为市场上的全体顾客服务。所以,目标市场营销的观点日益被企业所接受。这种营销方式在确定市场机会和开发有效产品中更为有用。进行目标市场营销包括三个步骤,即市场细分、目标市场选择和产品定位。

王朝公司在营销策划中,根据人们的收入水平和生活方式的不同,将市场细分为高、中、低三个层次。公司生产的是高档全汁干型葡萄酒,同国内传统的葡萄酒不同。由于这种酒在国内尚属首创,且质量好、价格高,所以在开放程度和收入水平较高的城市和地区容易被接受。根据这种特性,王朝公司将国内大城市、高级宾馆和国际市场作为公司的首要目标市场,把王朝酒定位在"高档次、高质量、高服务、高享受"上。建厂初期,为了确定有特色的产品类型,他们几乎跑遍了国内所有酿造葡萄酒的厂家,还到法国、东南亚进行考察,品尝了各种高档名酒,认真听取一些评酒专家对各种名酒的评价,深入研究西方人和东方人生活习惯、口味爱好。特别是发现世界上一些国家大饭店的中餐厅都没有与之相配的中国餐酒,深受触动,也很受启发,又根据中国人喜欢吃玫瑰香葡萄,就把玫瑰香作为造酒原料;根据西方人爱喝绝干酒、中国人喜欢稍有甜味的特点,就把酒型确定为"半干"。还研究了中国葡萄酒发展的历史,"自古葡萄出汉宫",张骞通使西域,把葡萄引种到汉宫,后来就开始在王宫里酿造葡萄酒,这种酒主要是供皇帝享受的御膳酒,而公司的酒档次更高,工艺先进,开辟了中国葡萄酿酒的一代"王朝",因此,便把酒名定为"王朝"牌。由于目标市场选得准,产品类型独具特色,因而获得了一举成功的效果。企业1980年8月建成投产,1981年的产品"王朝"半干白葡萄酒就打进了国际市场。之后,市场销售逐年成倍增长,1993年市场销售量即达到838.3万瓶,比1981年的10万瓶增长了83倍,1994年在东德莱比锡和南斯拉夫卢比尔亚娜国际博览会上,王朝半干白葡萄酒以"既有欧洲风味,又有中国特点"而获得两枚国际金奖。可以说,第一次产品决策给刚刚诞生的合营企业注入了很强的生命力,为王朝酒公司发展壮大奠定了坚实的基础。

注重市场调研,制定营销策略

管理好一个企业,必须管理它的未来,而管理未来就是管理信息。在市场经济环境中,企业的生存取决于其产品的市场需求。随着人民生活水平的提高和购买力的不断增强,越来越多的人向往和追求名牌产品。但名牌是在激烈的市场竞争中形成的,是为社会和消费者所公认的,而不是企业自封的。所以市场是产品赖以生存的空间,是名牌的"竞技场"。企业要创造名牌产品,就必须重视市场信息,了解和掌握消费者的物质和精神需求。

王朝公司发展的15年,也是对市场不断进行考察了解、分析研究的15年。十多年来,公司主要通过四个渠道掌握市场信息:一是专题考察,即专门组织考察组对国际、国内市场进行考察。公司成立以来,曾先后进行了三次专题考察。1980年到法国、澳大利亚和国内的各酿酒厂家、各大宾馆、饭店进行了合资的可行性调查,以确定企业的产品类型;1993年又到法国盛产名葡萄酒的波尔多、香巴尼、高尼亚市、布根迪、卢瓦尔等地进行生产技术、产品结构和市场考察;1988年公司还到美国的加利福尼亚州、克罗瓦多、田纳西等地进行考察,主要考察美国葡萄酒的销售市场。二是利用每年两次召开董事会的机会，顺便考察国际市场，先后考察了马来西亚、新加坡、泰国、澳大利亚、意大利、英国等国市场，七次考察香港市场。三是利用与外宾、外商的接触机会，了解国际市场信息。四是通过销售中的信息反馈，了解市场，为此公司为销售人员制定了市场信息反馈制度。

由于采取了以上措施，公司始终对国际、国内市场有一个比较全面、深刻、准确的了解，对市场的发展变化也能较及时地掌握，并能细分市场层次，进而瞄准高层次市场空档，开发高档次的特色产品。

在群雄纷争、强手如林的国内、国际市场中，王朝酒何以异军突起，畅销不衰，其奥秘在于王朝人知己知彼，搞好营销，出奇制胜。他们认为，商战中只有一个制高点，谁先抢占它，就能赢得主动权。根据王朝酒档次高、质量高的产品特性，王朝人决定首先集中精力进入国际、国内高消费层，占领高档次消费市场。于是独具匠心地提出“先攻克制高点，而后全方位辐射”的营销战略。他们首先让王朝酒在人民大会堂和钓鱼台国宾馆国宴餐桌受到好评，再以王朝酒清新爽口、果香浓郁的特色在国内大城市、高级宾馆赢得中外宾客青睐。从此，王朝酒名声大振，订货者络绎不绝。而后他们又乘势向商业销售主渠道辐射，迅速占领了国内大众消费市场。十几年来，王朝酒在上海、北京、福建、东北等地的销量一直以几何级数上升，仅上海市年销量就达370多万瓶。占领国内市场后，王朝公司又马不停蹄地向国际市场挺进，向世界著名葡萄酒厂挑战，使产品不仅远销美国、加拿大等20多个国家和地区，还打入法国等葡萄酿酒先进发达的国家。并同时成为中国驻170多个国家使馆、领事馆的指定招待饮品。

王朝公司在拓展销售市场时，十分重视人的因素。企业现有职工200人，而销售人员就占职工总数的40%。每个销售人员既懂酿酒技术和酒文化，又有公共销售经验，可算得精兵强将。公司对销售人员实行定地区、定人员、定销量、定货款回收率和销售收入与个人收入挂钩的“四定一挂”销售责任制，极大地调动了员工的积极性。多年来，王朝酒的产销率始终保持100%，回款率保持90%的好势头。销售是企业发展的龙头，龙头一摆，全盘皆活，王朝公司已步入良性循环的轨道。

积极开发新品，加强品牌组合

全方位品牌管理要求企业必须注重新产品开发，这是因为：⑴新产品可以延长品牌的生命周期。美国营销专家科特勒指出：品牌具有最短的生命周期历史，而开发新产品就可使其得以延续；⑵新产品可以扩大品牌效应。冠以同一品牌的新产品会为公司建立进步和领先者地位的形象，增强产品忠诚者对企业和品牌的信心；⑶新产品可以增强市场辐射力，延长企业获利时间。产品新的特点既可满足更多细分市场的需求，又可激发经销商的热情，使企业从名牌产品中获取更丰厚的回报。所以名牌产品要保持长久的生命力，就必须不断地超越自我、更新换代，主动适应市场需求的发展。

产品系列化决定要立足于现在，着眼于未来，既要看到目前正在畅销的产品，又要看到未来市场的变化，为未来的市场准备产品。为此，必须进行合理的产品结构决策。所谓产品结构合理，就是既要从目前市场需求出发，使产品做到档次全、品种全、包装规格全，以增加市场的覆盖面；同时又要从未来市场的发展出发，不只具有一代产品，而要有三代甚至更多代准备产品，以适应未来市场的发展变化。这就是我们所说的立体产品结构。在高档酒中，分为特高档和中高档。特高档，如XO白兰地，中高档如VSOP白兰地和其他的“王朝”系列酒。在品种上已先后推出三大系列18个产品。在包装规格上，有大小瓶装，如有750毫升、700毫升、375毫升、187.5毫升装等。还准备了五代产品，即畅销的一代，初期进入市场的一代，准备投入市场的一代，试验中的一代，还有将开始试验的一代。正是由于公司的产品决策采用超前决策，而且有合理的产品结构，因此，企业的发展后劲较大，适应市场的能力较强，以至于在任何情况下，公司都能处于主动地位，保持企业增长的高速度。

强化内部管理，保证品牌质量

全方位品牌管理是现代化企业管理的重要组成部分，而要达到最终目的，必须要“以先进技术为依托，以品质创新为核心，以精益管理为手段”的品牌产品质量保证体系。因为构成名牌最实质、最核心的是品牌产品的质量。质量是产品成名的物质基础,也是企业全方位品牌管理实施过程中最核心的环节。王朝公司坚持建立品牌产品质量保证体系,使名牌产品以其内在质量和外在质量的统一,来满足消费者的物质和精神需求。

(一)狠抓产品内在质量

坚持采用国际标准 国际标准是产品进入国际市场的通行证。王朝公司从1987年起就组成了专门小组,搜集有关数据,制定高于国际标准的内控质量指标,建立相应的产品测试中心及计量管理机构,以保证检测的可靠性。目前,王朝公司已获得国际标准认证,并于1996年通过了ISO 9002产品质量体系认证。有了严格的标准,也就有了评判工作的尺度,为优质产品的形成提供了刚性约束。

积极引进先进技术和设备 借助与法国合资的优势,王朝公司先后投资700万美元,引进了当今最先进的葡萄酿酒技术和设备。同时,公司注重对引进技术的消化、吸收和创新,与科研单位合作开发计算机控温发酵技术,将发酵温度的精度由国际标准的±2℃提高到±0.2℃,提高了产品质量,显示了科学技术是第一生产力的威力。先进的技术为王朝公司创造名牌产品提供了坚实的物质基础。

严把产品原料关 优质原料是优质产品的基础,葡萄酒也是如此。为了保证王朝酒的质量,公司把葡萄原料质量作为龙头,从法国的名酒产区引进40多种优良葡萄品种,并在天津、山东、河北等地建立了葡萄基地,实现了葡萄生产的区域化、酒种化、良种化。并坚持"达不到理化指标的葡萄原料坚决不准进厂投产"的原则,从根本上保证了王朝酒的质量。

强化工艺操作规程 产品质量是生产出来的,而不是检验出来的。为此,王朝公司一方面健全工艺制度和岗位考核制度,对产品生产过程实行标准化、规范化管理,完善岗位质量责任制度,保证有关人员行使质量否决权;另一方面,通过法国技术专家的言传身教提高职工的质量意识和操作技术水平,树立"消费者是企业的用户,下道工序是上道工序的用户"的观念,不合格的半成品不允许流转到下一工序,不合格的产品不允许出厂,使生产过程精益求精,向"零缺陷"迈进。

(二)提高产品外在质量

加强对包装的研究 包装是品牌管理的一个要素,也是强有力的营销手段。好的包装不但能产生附加价值,而且是企业形象和产品形象最直观的表现,对树立成功的品牌有着重要的影响。独特的包装有助于消费者迅速辨认出公司或品牌。葡萄酒作为一种高雅产品,装酒容器的形状及外观对酒的质量具有烘托作用。因此,王朝公司精心研究包装及装潢,对树立品牌产生了积极的影响。

提供高质量的服务 产品质量是企业间的第一次较量,但市场竞争优胜劣汰的规律,使产品质量差异越来越小,而服务就成为决定竞争胜负的重要因素。在现实生活中,几乎没有纯粹的产品或纯粹的服务。消费者购买某种产品,会同时购买与之相关的服务。企业争夺顾客的主战场将逐渐转移到附加服务上来。为此,王朝公司树立了"服务就是企业的未来"的观念,一切为顾客着想,对产品实行终身负责,赢得了广泛的依赖和支持,把产品的品牌变为了产品与服务合一的名牌,推动企业从创造名牌向创造自身形象和素质的方向发展。

创立、保护和发展名牌如同造就其他事业一样,是一场耐心和毅力的较量,是智慧的体现,更是一种精神的考验。王朝人一步一个脚印地把"王朝"变为中国名牌并逐步发展成世界名牌。如今王朝商标从文字到图案已在国内和美国、英国、法国、德国、日本等60多个国家和地区注册,并实行家族品牌策略,将所有产品都冠以"王朝"品牌。随着企业兴旺发达,产品声名远播,名牌不仅给企业带来了丰厚的经济效益,而且名牌本身作为一种无形资产也不断增值。王朝公司成功地运用名牌战略,给人们以深刻的启示:放弃自己的名牌,就等于丢掉民族工业,只有坚定不移地创自己的名牌企业、名牌产品,才是我们民族工业的希望。

五粮液酒厂

1997年12月22日，宜宾五粮液酒厂、剑南春集团、成都全兴酒厂、沱牌股份有限公司、古蔺郎酒厂、泸州老窖股份有限公司——这6家代表四川名酒整体形象的6大名酒厂的领导，汇聚宜宾，共商发展大计。与会代表就如何进行新一轮创业发表了种种高论，在这些精辟的见解中，可以作为恒定决策的是强化品牌。

四川名酒"六朵金花"1997年实现销售收入80个亿，税利30个亿，而五粮液的利税就占"六朵金花"总利税的1/3，突破了11.4亿大关，创下历史的最好水平，个中原因，除了资本运作、营销策略、扩展战略等等之外，名牌之路，则是一个重要原因。

一个品牌叫响了，便成了名牌。名牌是品牌的化身，名牌品牌是历史性认定，实现二者转化的必要条件，是质量。这便是矛盾的同一律。厂长王国春始终认为，质量是企业的生命，是品牌的灵魂。

600年前，五粮液人挖掘下第一口窖池，奠定了"川南酒文化"的第一块基石；82年前，后人在巴拿马国际博览会上，夺得了五粮液的第一块国际金牌，奠定了"名酒文化"的第一块基石。从那以后至今天，五粮液共获国际金牌32枚，一路征程，一路凯歌，82年金牌不倒。五粮液这个由区域性品牌，变成了闻名全球的国际品牌，继而成为国际名牌而使其无形资产达30多个亿的演变史，揭示出的唯一真谛是质量。

改革开放以来，特别是在市场经济条件下，五粮液酒厂始终把质量追求作为永恒的目标，其内涵与外延是四大体系——质量保证体系、产品形象体系、销售服务体系、产品结构体系的科学建立。五粮液人的最高目标是：争创一流。用一流的规模、一流的设备、一流的技术、一流的检测手段来实现一流的产品。这是一条征服中国市场和国外市场的名牌之路，也是树立五粮液品牌永恒形象的必由之路。

为保证这一目标的实现，厂长王国春精辟地概括了坚持名牌之路的定向思维：用现代科技取代传统勾兑技术，走以规模效益和质量效益为中心的发展道路。

名牌需要实力作支撑，前提则是规模。近几年来，五粮液酒厂通过机制的转换和人事制度、用工制度、分配制度的变革，以成功的资本运作，拥有了全国之最的2万吨车间；在过去的包装基础上，投资1.5亿元从法国和意大利引进先进设备，建起了占地5.8万平方米的拥有10条国内堪称一流、年包装能力达8万吨的勾兑包装中心，从而使五粮液及其系列酒年生产能力达12万吨。

质量管理部门以"讲职业道德、尽职业责任、守职业纪律、学职业技能"为座右铭，建立和完善了从原材料进厂到终端产品出厂的质量保证体系。同时，工厂将最新科技运用于科研与生产，用现代微生物工程技术取代老式窖泥培养法，用微机技术控制制曲，用微机技术指导勾兑，推广运用"T"法新技术。这一系列新科技的推广运用，保证了产品质量，促成了世界性品牌、全国性品牌和地域性品牌的构成，同时构成了以五粮液为龙头的，以五粮春、五粮神、五粮醇、五湖液、川酒王、京酒、东方龙酒、圣酒、华西村等系列酒为"卫星品牌"的大产品结构体系，使五粮液名牌与名牌质量得以延伸，这些"卫星品牌"酒从"民牌"变成了群众心目中的名牌。

质于内而形于外。与此名牌质量相匹配的是外观形象。五粮液酒厂十分重视外观形象的设计，对瓶型设计进行了数次改变，瓶型由玻璃鼓型瓶到磨花水晶鼓型瓶，再到水晶多轮型；瓶盖从塑料型到一次性金属型，从激光防伪型到只能倒出不能倒进的"瓜纳"型再到三层防伪型。而珍品五粮液、一帆风顺五粮液及其12生肖五粮液，特请意大利设计专家设计，这种把东方艺术传统和西方现代雕刻艺术相融合的酒瓶已成为一种艺术珍品，极具收藏价值。而雕有秦始皇镀金座像的"秦皇五粮液"则被专家称为"中华第一瓶"。普通型、珍品型、极品型构成了五粮液和系列酒的多层次包装体系，使五粮液的包装迈向了高档次。

企业决胜在市场。近些年来，五粮液酒厂转变营销观念，把取信于民作为树立名牌形象的系统工程之一，建立了着眼于培育市场、服务市场的厂商合一的销售体系。1994年前，在全国各大城市建立了五粮液专卖柜；在这年之后，又将专卖柜扩展为专卖店，自在长沙市首创第一店以来,至今已在全国除台湾以外的省市建立了150多个专卖店;与此同时,又将营销网络发展到各省二级站,2 000多个销售网点遍布全国。还通过铁道部开通了北京至天津、天津至上海、重庆至峨嵋、重庆至宜宾的“五粮液号”、“尖庄号”列车,在卫星发射架上打出巨幅广告牌,通过Internet加入了国际互联网。在世界100多个国家建立了销售站。通过这些庞大的销售网络和对产品形象的宣传,五粮液酒厂制定和实施了三条重要的营销策略:其一,与商家共同开发区域性的系列酒,利益共享;其二,从城市包围农村,形成面向普通群众的销售格局,选择500多个县作为销售基地;其三,稳定五粮液价格,正确把握各种系列酒的价格定位。这一系列举措,据1997年国家内贸部对全国20多种名优酒的定点监测表明,五粮液品牌的市场覆盖率、消费者认可度、销售率均居全国第一。其他系列酒的销售量也位居全国之首,1997年,仅尖庄酒的销售量就比1996年增长80%。

质量保证体系、产品结构体系、产品形象体系和销售服务体系,此四者,开创了五粮液及其系列酒的名牌之路。今日的辉煌,使具有开拓、创新、奋进、拼搏精神的五粮液人无愧于前辈。

(黄国光　　左考本)

泸州老窖股份有限公司

泸州老窖股份有限公司,是国家白酒生产骨干企业,公众上市公司,其酿酒历史始于秦汉,距今已有2 200多年。公司占地近千亩,总资产10.6亿余元,拥有中国建造最早(始建于公元1573年)保存最完整的老窖池群,迄今已连续使用400余年。1996年12月,国务院国发(1996)47号文件将该窖池群列为国宝。“泸州酒好,好在窖老”——公司主导产品泸州老窖特曲就酿造于这批“国宝窖池”之中,是唯一蝉联历届国家评酒会金奖的浓香型白酒。早在1952年全国首届评酒会上就被国家确定为浓香型白酒的典型代表。目前,该香型白酒的市场占有率已达70%以上。自1915年泸州老窖特曲获美国旧金山巴拿马万国博览会金奖以来,屡获重大国际金奖。特别是80年后的1994年再获巴拿马名酒与食品品评会金奖,充分展示了“400年老窖飘香,八十年金牌不倒”的风采。其“泸州”牌注册商标被评为中国十大驰名商标。

“八五”期间,公司迅速发展壮大,综合经济实力不断增强,实现销售收入19.6亿,税利10亿元,分别比“八五”计划增长179%和138%。1997年实现销售收入12.2亿元,利税6.4亿元,公司先后荣获“中国最佳企业形象AAA级”、“全国质量效益型先进企业”、“全国计量先进单位”、“全国经济管理先进企业”、全国饮料行业前10名”、“全国职工教育先进单位”、“全国模范职工之家”、“全国五一劳动奖状”等称号,连续两次摘取了“中国明星企业”桂冠,连续多年跨入了“全国500家最佳综合经济效益企业”、“中国100家知名企业”行列。公司“泸州老窖”股票在1995全国首次上市,公司经营业绩综合评价中,以优秀业绩名列前茅,在1996年度中国530家上市公司经营业绩综合排序中名列第二。

1997年上半年,公司第二届领导班子继往开来,强化科学管理,带领全公司员工积极开拓,使泸州老窖的名酒事业呈现良好的发展态势。

中国是世界上最古老的酿酒之邦,泸州是中国著名的酒城。1983年泸州出土的第八号汉棺上有一幅“巫师祭酒图”,说明早在秦汉时期泸州即开始了酒业发展。

始建于明代万历年间(公元1573年)的泸州老窖池群是在源远流长的中国酒史长河中唯一保留下来的民族瑰宝。

这些老窖池群,作为中国浓香型的白酒摇篮,酿酒发酵微生物群的生命载体,从建造至今历经数百年沧桑,无数次战争和自然灾害,在一代又一代老窖传人的精心保护下安然无恙,年年岁岁健康发育,酵化老熟,日趋完美,并在今天的酒业发展中愈来愈显示出巨大的经济文化价值。

1996年12月,国务院国发(1996)47号文件,将泸州老窖池群公布为全国重点文物保护单位,列为国宝，使泸州老窖池群从中国名酒界脱颖而出，成为中国名酒皇冠上一颗光芒四射的明珠，成为中国酒坛一座巍巍耸立的高地，为公司建立名牌高地造就了得天独厚的条件。

狠抓质量，巩固名牌基础

名牌的竞争是质量的竞争，质量是名牌的基础，名牌名在质量上。公司从1979年开始，在同行业中率先推行全面质量管理，把TOC思想、理论、方法广泛应用于酿酒生产的全过程，把传统酿酒质量控制和现代管理方法有机结合起来，按照国际《质量管理和质量保证》标准建立了完善的质量保证体系，于1988年在同行业中，率先通过了国家质量认证，以后又多次通过了国家质量认证复查。经过长期的实践，逐步形成了一套具有自身特色的质量管理和质量保证模式。第一次把泸州老窖大曲酒这一传统名牌产品的质量控制从凭经验控制转变为科学控制。在此基础上，广泛应用数理统计方法，研究成功泸州老窖大曲酒数学模型和微机辅助管理，在同行业中，首家建成现代酒质量管理网络。

根据浓香型白酒的生产特点，公司按照国际质量标准的要求，对酿酒质量体系进行了进一步改造优化，将18个质量体系基本程序，展开为569项二级职能，920项具体活动，使质量体系实现了标准化、程序化，提高了质量管理和质量保证的可操作性。泸州老窖特曲因此连续多年质监合格，被四川省技术监督局指定为首批"免检产品"。公司被评为"全国质量效益型先进企业"。

加强技术改造，提高名牌含金量

市场需要技术附加值高，满足人们生活中高层次要求的产品。公司以占领科技制高点为指导思想，保持产品的技术优势，使产品不断提高其品位和含金量。投资上亿元对生产系统中的包装中心、酿酒基地、供电供气系统等进行技术改造，在酿酒行业，首家研制成功"人工培窖"、"浓香型白酒微机勾兑技术"、"微机控制立体制曲"、"泸型酒分层发酵新工艺"等多项成果。近年来公司共获国家专利5项，荣获省(部)级科技进步奖14项，其中，"气相色谱与计算机联网分析白酒微量组分技术研究及推广应用"获国内贸易部科技进步一等奖。"微机控制架式制曲研究"、"泸型酒提香新工艺研究"等，分别获四川省国内贸易部科技进步奖。

早在1992年，公司就在产品的内在质量和包装装潢上狠下功夫，推出了被誉为"东方第一瓶"的中国最高档名酒——泸州老窖超豪华特曲。该产品集王气、贵气、文气、洋气、阔气、喜气于一身，古朴典雅、华贵雍容，既是酒中珍品之珍品，又极具观赏价值和收藏价值。该产品上市至今不断引起市场和社会各界的强烈反响，塑造了第一流的泸州老窖名酒产品形象，市场前景十分广阔，为我们今天进一步开发国宝名酒产品积累了成功的经验。目前，泸州老窖精品特曲、泸州老窖国窖酒相继问世，使泸州老窖产品大花园春意盎然，一派生机。

树立名牌商标意识，"泸州"牌成为中国十大驰名商标之一

商标作为企业产品的名牌，是建立名牌高地的重点。1991年9月19日，首届"中国驰名商标"消费者评选在北京人民大会堂揭晓并举行颁奖大会。泸州老窖"泸州"牌等10枚商标摘取了首批"中国驰名"商标桂冠。出席颁奖会的党和国家领导人田纪云、陈慕华、王汉斌等向泸州老窖等驰名商标所属企业的代表颁发了证书和奖牌。这是在中国各行各业成千上万商标中，第一次产生的10枚"驰名商标"。至此，中国无驰名商标的历史宣告结束。

该次评选活动从1991年7月19日开始，历时8个月，全国300多家企业的337枚商标参加了评选，近10万名消费者参加了投票。泸州老窖"泸州"牌商标，因其产品质量优异，在广大消费者中享有崇高的声誉，数百年来其产品一直保持了较大的销量，其牌号为广大消费者熟悉和推崇，在国内外皆有相当的影响而被推举出来。

导入CI强化宣传，不断提升企业形象

近年来公司致力导入CI理论，树立最佳企业形象和品牌形象。在不断提炼企业理念的基础上，逐渐规范企业经营行为和市场行为，并利用视觉识别设计和应用，在员工和用户中，产生一致的认同感和价值观。在此同时，加强公司宣传的总体策划：统一宣传口径，加大宣传投入，讲求宣传效果。特别是今年上半年，公司对企业广告进行了重新定位，并通过中央电视台、人民日报等最具影响力的新闻媒体，有目的地组织了影响较大的宣传攻势，进一步提升了企业及

产品的美誉度。企业还进一步加快了企业文化建设的步伐,开放了泸州老窖国宝名酒文化陈列馆,为国宝窖池举行了揭牌仪式,对建立名牌高地产生了积极作用。

建立现代企业制度,为名牌发展提供动力

1993年泸州老窖酒厂改组成立了四川省酒类行业中第一家股份制企业——泸州老窖股份有限公司,开创了老窖发展史上的新纪元。

泸州老窖股份有限公司以产权改革为突破口,设立了股东会、董事会、监事会,建立了产权管理的组织领导和管理体制。

公司本着精简、高效的原则,在调整设置机构的同时,加强了"定责、定岗、定员、定薪"的管理,对人力、财力、物力、智力等资源和责、权、利进行了有效配置和优化组合,将原来的38个处室合并为10个部室。

"三项制度"的改革,使公司顺利实施了全员合同制,废除了终身制,建立了工人竞争上岗、试岗、待岗,管理干部能上能下,员工能进能出的自我激励机制。

分配上依据职责大小、技能水平高低适度调整岗位工资,奖金向销售、生产一线、高级管理层倾斜,按照"投入产出、联利计酬"的原则,根据市场需要和公司生产经营情况灵活调整考核方案,较为彻底地铲除了平均主义现象。

在实施两个根本转变中,公司领导班子带领全公司员工以改革促管理,向管理要效益,颁布了一系列的管理决定,建立了质量保证体系和十大保证措施。把现代微机管理系统广泛应用于生产、办公、仓储等各个环节;引进大型数据库软件ORCAIE及NOVELL网络软件,会计、统计、业务核算均实行微机电脑化,建立了"现代办公管理信息网络",大大推动了企业管理现代化进程。

公司以市场为导向,在全国建立了稳定完善的营销网络,理顺了主营渠道,与全国各地糖酒公司建立了良好的合作关系。

公司完成了由生产型企业向生产经营型和资本营运型企业的转变。实施股份制营运以来,开辟了新的融资渠道,为企业发展募集了大量资金,使企业成为四川省重点发展的扩张型企业。

加快资本扩张营运,为名牌发展开辟新天地

过去的发展,已大大增强了泸州老窖股份公司的综合竞争实力。公司作为年产量超过2万吨的国家大型酿酒骨干企业,拥有规模宏大,技术设备先进的现代化酿酒生产基地、现代化包装中心、中国浓香型酒质量控制中心、质量检测中心、自备热电厂、酿酒科学研究所、运输公司、酿酒技术学校、科技实验厂以及从事生物工程、蛋白饲料、宾馆、旅游、包装材料、印务、物业、名牌陶瓷、电力、玻化、煤焦等跨行业开发的14个全资、控股和合资附属公司。

目前,公司作为四川省37家重点扩张型企业之一,确立了"以酒业为主,发挥名牌优势,拓展国际国内市场,形成规模经济,加大科技开发力度,实施跨行业经营,逐步形成多种产业并存的跨国集团公司"的发展思路,并积极加大国际市场的开发力度,力争到2000年,在现在基础上,使曲酒产量再翻一番,销售收入达到22亿元以上。实现利税再翻一番。在中国的著名酒城泸州,造就一座民族经济的三碑,为民族经济的振兴,为国家和社会作出卓越的贡献。

江苏维维食品饮料有限公司

江苏维维食品饮料有限公司成立于1992年10月。几年来,公司坚持加快发展不动摇,发扬"追求卓越"的企业精神,以深化企业改革为动力,积极创名牌、上规模,裂变式发展,使企业从一个只有50多名职工、40多万元固定资产、10多万元利税的小型国营碾米厂,发展成为拥有1.6万名职工、6亿元固定资产的跨行业、跨地区国家大型企业集团,产值、利税连续六年翻番。1997年实现销售收入31亿元,利税3.5亿元。先后荣获"中国500家最佳经济效益工业企业"、"中国10家最大食品制造企业"、国际"科技与和平"贡献奖、"1997中国行业排头企业"、"1996～1997年度中国工业行业销售状元"等荣誉称号。

该公司现有6个原料供应基地,40多个生产基地,100多条现代化生产线,生产5大系列20多个品种，是全国最大的豆奶食品生产企业。其主产品“维维”牌豆奶粉为中国最畅销品牌之一，国内市场占有率居行业之首。先后荣获“中华国产精品”、“’97 市场竞争力排行榜奶粉类第一名”、“’97 消费者心目中理想品牌”、“’97 消费者实际购买品牌”、“’98 消费者购物首选品牌”三个第一名和“’97 消费者信得过产品”等荣誉称号，被誉为“中国豆奶大王”，1997 年获得“绿色食品”证书。在豆奶系列产品占领全国市场的同时，维维色拉油、营养麦片、纯净水、火腿肠、天然果汁饮料等系列产品也相继推向市场，并在房地产、物业、包装、运输、广告、建筑装潢等行业迈开了大发展的步伐。

抓销售、健全全国一体化的营销网络

维维集团经过几年来的努力，在全国已经建立了一个稳定的营销网络，产品覆盖了全国（包括台湾和香港），产品市场占有率达到了 66.6%，高于第二位 34 个百分点，取得了市场的霸主地位。产品销量逐年稳步增长。1998 年元月取得了开门红，实现销售 148 万箱，比 1997 年同期增长了 64%，维维几年来通过巨额的广告投入和过硬的产品质量，在全国已经树立了良好的企业形象和产品品牌形象。“维维豆奶，欢乐开怀”响遍全国。我们始终把企业植根于市场，利用市场机制，搞活企业经营，实施营销战略，推动企业发展。

维维集团向来都把企业营销工作视作企业各项工作的重中之重。首先，加强集团销售工作的领导。为此集团专门成立了五人销售领导小组，由常务副总经理亲自挂帅。同时抽调业务熟练的人员充实销售部的力量。第二，加强销售队伍建设和销售人员的业务培训。1997 年增加营销人员 140 余人，营销队伍达到 360 人，使销售力量大大加强。1997 年举办营销人员培训班 8 期。从市场销售经理到普通业务员，通过培训进一步提高了销售队伍的素质，为做好营销工作打下良好的基础。第三，完善市场组织机构。为了把市场做的更细，更好地开发三级市场和广大农村市场。公司于 1997 年 6 月份对市场销售组织机构进行了调整细分。由原来的 10 个公司重新划分为 28 个销售分公司，近 80 个市场部，发展到拥有客户近1 500家。形成以集团销售部为核心，以中心城市为依托，辐射全国的三级营销管理网络。第四，加大宣传力度和市场投入，有力地推动销售工作的开展。利用电视、广播、报纸、杂志等各种广告媒体加大对企业形象和产品的宣传力度。1997 年共投入广告费用1.6亿元。同时投资进行一些公益性宣传活动和市场促销活动。1997 年 7 月 1 日香港回归，维维集团取得了香港回归前的最后一趟北京开往香港和香港回归后的第一趟香港开往北京的“维维号”列车。1997 年投资近 4 600 万元购置了 20 辆大吨位运输车和 130 辆依维柯维维送货车，用于市场销售工作，确保销售量的稳定增长。

抓管理，上水平，提高产品质量

维维人信奉“名牌 = 质量 + 市场”。在当今市场经济的大潮中，市场竞争十分激烈。有市场才有企业，没有市场就没有企业，发展了市场就发展了企业，失掉了市场就断送了企业。我们一直把开拓市场作为自己的“生命工程”，把不断研究和满足社会需要视为自己的立企之本。维维人明白赢得市场，在市场上站稳脚跟最根本的就是产品质量过硬，真正达到“贴上维维商标，消费者就可以完全放心使用”的境界。为了保证做到这一点，我们除了把“质量就是市场、质量就是生命”作为全体职工天天必读的信条外。1997 年详细地修订了《维维集团全面质量管理细则》，按照责权利一致的原则，分别就产品质量，现场质量管理与质量考核等方面作了详细的规定，从而形成一种责任到人、全员参与、全程控制的全面质量管理体系。第二，推行国际质量管理体系标准。为提高管理水平和管理质量，集团从 1996 年 9 月份开始，专门成立了 ISO 9002 质量认证小组。主要领导亲自抓。在上海一家咨询公司的指导下进行了质量体系程序文件的编制、修订、于 1997 年 5 月总经理发布命令在全集团开始试运行。经过近一年的努力于 1997 年 10 月一次性顺利通过了中国方圆认证委员会的审核。于 1997 年 12 月取得了 ISO 9002 质量体系认证证书。使集团的管理工作上了一个新台阶。第三，加大考核力度，严格奖罚兑现。文件再好，不执行，等于一张废纸。要发挥制度、标准的作用，必须严格按标准执行。同时要加大考核力度，严格奖罚兑现。为此，所有生产单位每月的日常考核工作由生产部负责。同时由企管部、审计部、财务部、生产部抽调有关人员组织每两个月一次的联合检查。1997 年中根据检查结果，对管理不善的两名厂长给予撤职处分，一名厂长给予降职处分。对管理不善所造成的经济损失由有关责任人员全额赔偿。完善内部承包责任制,集团总经理与各生产单位负责人每年都签订承包责任状。包括生产计划、产品质量、安全生产、设备管理、综合管理等7项考核指标。并于每年年终进行综合考核兑现。维维正是牢牢依靠质量这个王牌,赢得了消费者的信赖。

抓好新产品开发及老产品更新换代,增加新的经济增长点

随着市场的不断发展,社会需要、消费者需求的不断变化,要想牢牢地站稳市场,在激烈的市场竞争中立于不败之地,还必须要加大科技投入。根据市场需要,一方面加快老产品的更新改造换代工作,另一方面要不断开发出新产品,既能够满足市场需求,又能够为企业注入新的活力,增加新的经济增长点,使企业能够稳定发展。

第一,引用进口设备和国产设备相结合,提高产品技术含量和内在质量。"维维牌"豆奶粉已进入市场近十年。1997年加大了科研力度和资金投入,投资2 000余万元,引进国外一流设备,研究生产颗粒状维维精品豆奶粉。根据社会需求,完善了豆奶粉的配方,满足了人们的营养需要。引用国产设备和自有技术相结合,完成了部分生产线的设备技术改造和节能改造。于1997年10月推出了维维新一代豆奶粉,实现了产品包装自动化。合理调整产品配方,在提高产品的内在质量和产品的包装质量的同时,解决了豆奶粉的速溶问题。

第二,加大科研力度,不断研制推出新产品,使产品向多元化系列化的方向发展。在完善豆奶粉系列产品的同时,1997年中相继推出了维维食用植物油系列,投资2 000余万元引进国外一流设备,研究推出了维维麦片,并引进国外设备研究生产了维维火腿肠、橙汁饮料、及维维纯净水等新产品。为企业注入了新的经济增长点。做到跟踪一代,开发一代,储备一代、生产一代。

抓住机遇、力争1998年大发展

1. 继续加大市场投入,运用现代营销方式,一方面在做好广告宣传的同时,另一方面在全国主要中心城市建设配送中心,配套建设一批连锁店,并在各大中城市投放直销车,完善网络的信息化工作。同时进一步完善营销管理工作。

2. 完成剩余生产线的设备技术改造。完成新一代豆奶粉的市场推广工作。

3. 加快新产品的试制,争取1998年上半年全部推向市场。同时加大新产品的宣传力度。

4. 走产学研相结合的路子,争取1998年建立省级食品工程技术开发中心,以提高自我研制和开发能力。

5. 进一步完善企业的内部管理制度,严格执行ISO 9002质量体系标准。同时推行目标管理,提高管理效益。

6. 将产品经营和资本经营有机结合,在无形资本市场寻求扩张。抓住发展机遇,利用品牌优势实现低成本资产扩张。

总之,要积极贯彻党的十五大精神,实施科技兴企战略、多元化发展战略、市场营销战略、深化改革战略。逐步实现以食品工业为主导,向多元化发展;以产品经营为主向资本经营为主过渡。进一步完善现代企业制度,突出抓好"三改一加强",以产品为龙头,以品牌、资产、技术为纽带,通过收购,兼并、联合、控股、参股、股票上市等各种形式实现裂变式再发展。我们的目标是"创中华精品、树世界名牌",成为国内一流食品企业集团,为发展中国的食品业作出更大的贡献。

佛山市海天调味食品有限公司

在佛山,人们对于海天的记忆是从酱油作坊开始的。今天的公司早已经脱胎换骨,堪称一家现代化企业,无论生产规模、产品种类、出口数量、品质、效益——各项经济指标在全国同行业中,均遥遥领先。

1997年,海天完成工业总产值2.64亿元,销售总额6.5亿元,实现税利首次突破亿元大关,达1.02亿元,分别比上年增长20%、18%和37%。而近年来的统计资料更表明,海天已连续4年保持产销年增20%左右,人均利税年增30%以上,劳动生产率年增20%以上的良好发展势头。

今年,海天将实现向大企业、大市场的发展。站在1998年的起跑线上,刚刚跻身佛山市税利超亿元大户之列的"海天人"显得踌躇满志。

以一家始终生产传统低值产品的老企业而能取得如此佳绩,在海天发生了并且正在发生着怎样的变革呢?

省委书记说:海天不简单,现代化大企业

以1998年春节前的海天和前两年这个时候人车挤塞、熙熙攘攘的热闹场面相比,厂区出乎意料地安静、整洁,董事长兼总经理庞康更出语惊人:"在我们这里,车水马龙的繁荣已经过时了"。

海天1997年销售了6.5亿元的调味料;按一年365天计算,几元一瓶的海天调味料每天要卖出近200万元,没有了车水马龙,这么多的瓶瓶罐罐,海天是怎么卖出去的?

到仓库门前一看方知,现在出货已全部改由专人操纵叉车上落,一溜平板大货车依次装满开出去,神气得很,"海天已经淘汰了大批小规模的经销商,精选保留下来的都具有相当的销售规模和市场辐射能力。海天的目标是要在厂商之间形成同舟共济的利益关系而非单纯的买卖关系,要通过保护大批发商的利益,逐步建立起海天品牌统一的市场形象"这番话,庞康说得胸有成竹,气定神闲。

矢志构建大企业的海天,没有了小商小贩和小店老板们在这里川流不息,沉静之余多了几分大气,不再与蝇头小利纠缠计较,海天人得以有宽广的视野去筹划发展大计。

春节前夕,庞康领着海天一班人撇开方方面面的应酬,连着开了三天会,专门研究部署新一年的市场拓展。在这次会上,海天数十年一贯制的一个销售部被细化为6个营销部,全国目标市场也按成熟的市场,发展中的市场以及南、北方市场等予以细化并制定了相应的管理目标和战略战术。

在海天向大企业迈进的里程中,这是一个具有标志性意义的决策。它表明海天的市场行为开始摆脱随意性极强的传统模式,体现现代大企业的风范,对于成熟、稳定的市场而言,需要研究的是如何巩固已有成果、寻找新的发展点、打假防伪并琢磨利用老产品带旺新产品等等;对于发展中的市场,则要制定周密方案,着重考虑怎样因地制宜攻城掠地,不同的阶段、不同的区域市场其管理目标和进攻策略必须要有所区别,这是海天人对市场经济游戏规则新的感悟。

关于除旧立新,海天人还有另一番心得。调味品行业一向被视为"工艺简单、产品落后",不再执著于蝇头小利的海天登高远眺,决意闯荡大市场,几经调查反复研究,他们决定改头换面重塑形象,首当其冲的是改换产品的"老土"形象,虽说不过是换个瓶型,却引来里里外外忧心忡忡的议论纷纷。

庞康和他的班子不为议论所动,坚守一个信念:要提升品牌形象必得先脱离大众化的行列。几个月后,品牌标识鲜明的新瓶型顺利完成了市场形象交接,销售稳步前进。闹情绪的经销商没意见了,推销员放心了,里里外外的议论烟消云散了。接下来的其他变革便都得以顺理成章地推行。

岁月流逝,不断的改革进取令海天成长壮大并扬起了出海的风帆。1985年海天的固定资产仅值1 166万元,现在已达1.4 473亿元。其中,既没有办连带副业,也没有搞其他多元化经营,所有的投资大多用于规模扩建和技术改造。乍一看,海天发展了十几年,从行业来说,只是单一地在做一个调味品,仔细一探查始惊觉,这里竟已发展成为一个有酱油、蚝油、酱料、味精、醋、调味料等几大系列高、中、低档近80个品种,琳琅满目绝对多元化的调味品王国。所以庞康可以很自豪地说:"海天几十年的发展中最成功的,就是认识到并且坚持扬长避短走了自己的路。"

近年来,不断更新市场意识,加上数十年积累的专业经验以及先进的生产工艺和设备,更使他们能够根据市场需求变化,及时调整产品结构,新品味产品,保健型产品等市场适销对路的品种层出不穷。

进东北市场时,针对当地人喜色鲜味浓,消费较低的特点,海天专门调整配方和包装材质,特制"浓色酱油"北上,顺利打进各大商场和超市;销售市场向全国铺开,他们及时推出特惠装,积极占领外省和农村市场;饭店、酒楼消耗大,他们又推出6公斤大号装促进销售;针对人们的饮食日益精尖,海天又调制了多款特色菜式调味料……,"海天产品所到之处,总有适合当地市场消费的档次和款色,绝不会无功而返",这是海天人的骄傲,也使得推销员们在不同消费水准、不同消费口味的区域市场推销都有充分的回旋余地。最近他们又与某科学院合作,研究通过注入高新技术,改造传统产品,进一步提升品牌的质量档次。

最新的统计数字表明,海天去年人均生产120吨调味品,人均销值已达60万元,人均利税10万元。这一骄人的成绩令全国绝大多数同行难以望其项背;而适度超前的技术改造,则可支持企业在今后三年内全力以赴开疆拓土,越来越多的人们将从商场货架上那支日益壮大的海天产品队列,和日益亮丽醒目的品牌形象中认识并且记住海天。

1978年,刚过完春节回来上班的中层干部和营销人员又聚在海天那间设备一流的电教室里,聆听两位大学教授专题讲授市场营销学。

到底做酱油能做出什么来呢?中共中央政治局委员、省委书记谢非看过海天之后说:不简单,现代化大企业。

海天的口号:一切面向市场人人参与竞争

"海天"这个名字,据说源出自本世纪初一位酱油坊老板的构思,含意其产品衍生于海、天之间的灵气精华。

近百年后,庞康感叹:"那是一个很有远见的人。"

庞康现在正在海天努力塑造一种具有现代意识的海天文化。

英雄创造历史,海天重奖的年轻人王力展是海天包装厂的助理工程师,4年前毕业于大学食品机械专业。由于他刻苦钻研、砺志创业,到厂1年多以后,便对整个包装设备的运转情况"了如指掌",对设备故障判断"非常准确",由一个学徒仔变成了"有几十年老师傅水平"的王力展师傅。

由他研制的机械手封箱机在海天包装生产线上全面推广;节省了7名操作工,年经济效益近20万元。他对注酱机的改造,降低了劳动强度,使注瓶速度翻了一番,孜孜不倦的求索令他将沉睡了20年的进口机械手装箱机更新为机、电、汽一体化的有用工具,其性能相当于价值60万元的新机水平;经他研制成功的喷码机稀释液和清洗液,已替代美国进口产品……。

为了嘉奖王力展的突出贡献,去年4月庞康和班子成员研究决定,不等年终总结排座次,破例开一个隆重的表彰会,授予王力展"海天标兵"称号,给予优先分配一套两房一厅住房和5 000元现金奖励。

重奖在海天员工中间引起了相当大的反响。庞康说,我们要的就是这个效果,重奖既为表彰这位年轻人,也为了肯定他所在团体的协作和支持,既要努力向员工们灌输敬业、创新精神,更要全力提倡团队精神,这是积极面向大企业的海天正在大力推进的一项工作。

热烈的反响更促使庞康思考,在海天是否还有更多有志、有心和有能力的人还没有被发掘出来?由此他倡导开设旨在推进企业民主管理的"海天论坛",并代表董事会撰文:海天正处于一个全新的发展时期,请积极参加吧!为企业发展出谋献策或许你的论点能使我们茅塞顿开;或许你的建议能为企业带来经济效益;或许从你的论文或演讲中能发现你的才华。

响应 者如其所愿的踊跃,一个月后,"海天论坛"正式"开坛"。首期中心话题为"寻求企业新的效益增长点。"有8位来自不同部门、岗位的论文作者登台演讲,他们从不同的角度对建立完善的营销情报系统,使股东财富最大化、促销组合策略运用、借助证券市场发展,以及发现人才网罗人才、以稳健的作风壮大海天等等论点进行阐述。说者满腔热忱,听者细细品味,海纳百川,有容乃大。在海天后来的一系列决策中,确实可以捕捉到论坛演讲者们思想的火花。而一批各怀所长的人才也从论坛上升起,被提拔到新的岗位去更好地为海天的发展贡献聪明才智,更多的人则因为他们的脱颖而出获得了积极进取的动力,踊跃为企业发展出谋献策。

庞康尤为高兴,单靠人事部门推荐使用干部,是不可能取得这样的效果的,而海天的民主管理更因此真正迈出了实质性的步伐。

现在,海天论坛两月开一次,春节前两天,外面热热闹闹的都在准备过年,海天论坛照样开坛照样气氛热烈,中心话题为:海天如何再创辉煌?

在虎年初一的传媒上发布的大幅彩色贺年广告中,海天开始宣称,在他们的财富中,除了资产、品牌、管理、技术等等之外,还有企业文化。

文化不是用简单的几句话可以涵盖的。在海天和庞康谈海天文化,说到了统一的产品标识、形象口号;说到升旗仪仗队员们的自豪感;说到员工工作服上喷薄于海、天之间的太阳;说到总共5大类19小条的海天职员自律准则……说得最多的,还是海天论坛和海天的激励机制。

在海天,绝对不鼓励领导事必躬亲。庞康说:我们推崇的是责任就是效益,国有企业很多的失误都是责任不到位造成的。只有各个岗位、职级的责任到位，企业才能创造出最大的效益。这正是海天激励机制的核心。

一位海天的区域销售经理，可以按规定享有在人、财、物方面的多项职权，并享受相应的物质待遇，但他同时也必须遵循海天对其职责任务制定的数十项规范、约束条例。

庞康如是解释：只有最大限度地使员工们人尽其才，使每一个人的人生价值得以充分实现，海天的发展才有坚实的基础。

发生在一个推销员身上的小故事让海天人为之感动。

海天产品1996年刚进哈尔滨宣传促销时，招牌刚一亮出，一位值勤警察走过来说：杂牌子不能在这里卖。推销员一听火了：你怎么能说海天是杂牌子呢？海天是全国最大的调味品生产企业、海天的酱油全国出口量最大、海天的效益全国最好——推销员滔滔不绝地说着，故事的结局是，那位警察掏出钱包，要求买两瓶海天酱油带回去尝尝。

推销员对品牌的自豪感和对企业的忠诚度感染了那位警察，而海天人这份日益强烈的情结也给越来越多的人留下深刻印象，一位经销商就感慨海天有与众不同的味道。

在那些为海天人所推崇的事例和准则中，海天人的言行里没有所谓的自谦，“海天是最好的”，无论庞康还是他的员工们，在坚定这个信念的同时，也在不断努力用踏踏实实的行动去达成这个目标。

海天前几年就已经转制，但转制与否并非发展与否的必然，庞康说：“企业的发展动力更多的源自经营者强烈的自觉意识，现在国有企业大都面临转制，实质上阻碍企业发展的关键是管理问题，而管理的症结就是怎样处理好人的问题。海天这几年以人为本，以大企业为发展目标，不断改革，努力化解矛盾，消除阻力，就是为了彻底解决这个一直困扰国有企业的关键问题。”

四年前庞康曾在海天倡导树立全员销售意识，去年，他又在全厂发动，要进一步树立全员竞争意识。“因为对于企业来说，不光要有优质的产品、优良的服务、更需要低成本的产品，才能在竞争中占据优势。”

所以，海天最新的口号是：一切面向市场，人人参与竞争。

宁城集团公司

宁城集团公司的前身是宁城县八里罕酒厂。八里罕是蒙古语，意思为“神圣的地方”。这里的酿酒业历史悠久，辽代名酒御容液就产自八里罕。

新中国的成立，给这个古老的酒乡带来了发展的良辰美时。1958年，宁城县人民政府组建起了八里罕酒厂。尽管只简单生产传统的老白干，但是它却在坚持延续和发展，直到改革开放，才又步入酿造业明媚的春天。1993年5月，更名为内蒙古宁城老窖酒厂。同年8月，以其为主组建起内蒙古宁城集团公司。经过近40年的奋斗和发展，它已经由一个小型酿酒企业成长为以中国优质名酒宁城老窖为主导产品，多业并举的国有大型企业集团，拥有6 000多名职工和4.48亿元资产。宁城老窖酒1990年被评为全国麸曲浓香型白酒的标杆，跻身全国优质名酒的行列。1994年，该集团公司跨入全国轻工企业200强行列，成为全国饮品行业最佳经济效益企业之一，进入内蒙古自治区最佳经济效益企业前5名。在大力发展主导产品的同时，企业不断研制新产品，努力开拓新的经营领域，先后开发出苁蓉保健酒、杏仁乳等纯天然饮品，并且向包装制品、饲料加工、养殖等相关产业延伸，形成以当地优质红高粱、矿泉水和山杏仁为依托，以名牌产品宁城老窖为载体的资源增值转化产业链。该集团公司创造和总结出的“创一个名牌，带一片产业，兴一地经济，富一方百姓”的宁城地域经济发展模式和经验享誉国内经济界。

该集团所属行业为轻工业中的白酒和饮料行业。它生产清香、浓香、酱香3大系列高中低档宁城老窖系列30个品种。其中，采用传统工艺、固体发酵法生产的优质高档名牌白酒，适应广大消费者的心理，得到广大消费者的青睐，年产量超过1万吨规模，在全国为数不多的优质高档白酒生产能力超万吨的厂家中,也具有颇为强劲的竞争力,经济效益十分可观。该集团公司利用当地山杏仁为原料,开发生产出“宁露”牌天然杏仁饮料,是获得国际绿色食品认证的高级饮料,形成年产1.2万吨的生产能力。设备先进,工艺先进,配方科学,质量优异,消耗少,价格低,市场占有率高,销势一直呈旺。

该集团公司有着自身明显的优势和特点。

首先,具有“三名”优势。集团坚持实施名牌、名人、名企三位一体的名牌战略,取得了很好的效果。“以质量求生存,以创优求发展”作为办企业的宗旨。80年代初就开始了实施名牌战略的行动。把产品质量作为名牌的战略核心,使企业的质量管理步入规范化、程序化、标准化的快车道。宁城老窖1979年获自治区优质产品称号;1984年获部优;1989年获国优;1990年获全国麸曲浓香型白酒分级评比第一名;1992年在日本第四届国际酒类博览会上与贵州茅台、五粮液同获金奖;1994年宁城老窖及其系列产品被评为国家优质酒并且通过验收;同年获中国方园质量标志认证,产品质量标准与国际标准接轨,实现了出口免检;1995年国家内贸部指定宁城老窖酒与20种中国名酒同为定点监测产品,宁城老窖名牌商标还被中国驰名商标保护组织所接纳。

该集团公司董事长、常委书记马德海带领干部职工兢兢业业,执着追求,艰苦奋斗,无私奉献,使企业一步步走向辉煌。他1986年以来每次被评为内蒙古自治区劳动模范;1989年被评为全国劳动模范;1990年获得内蒙古自治区明星企业家称号;1992年、1994年、1995年3次获得全国食品工业优秀企业家称号;1994年起享受国家政府特殊津贴;1990年获得全国“五一”劳动奖章,并且被中国企业家协会录入中国优秀企业家数据库。

该集团公司一年一个台阶,不断发展壮大,已经是自治区同行业的龙头企业。1995年在中国技术评价中心与国家统计局联合评比中,获“中国明星企业”称号。1997年在全国第三届工业普查中,销售收入和利税总额均进入全国饮料企业百强行列。现在,该集团公司已经成为内蒙古和中国东北地区规模最大、市场覆盖率比较高的白酒饮料生产企业。

名牌、名人、名企在社会上产生了巨大的效应,形成了一种无形资产和推动企业发展的力量。

其次,具有资源优势。该集团公司位于辽宁、河北与内蒙古三省区交界的的宁城县西南部八里罕镇。这里是中国北方燕山山脉和大兴安岭山脉相汇处。矿泉水、红高梁、山杏仁等资源异常丰富。发源于深山老林中的老哈河支流八里罕河流经区域,水质清纯,无任何污染。沿岸矿泉密布,久负盛名的景泰泉、隆盛泉、天后泉等山泉、水量丰富,绵软甘甜,非常适合酿造。宁城县处于北温带的地理条件以及因为地形、地貌、地质等因素所构造成的小气候,很适宜红高梁的生长。所以在这里建起了中国优质红高梁基地。所产的红高梁为宁城老窖酒的生产提供优质原料。这里荒山丘陵比较多,四季分明,昼夜温差变化大,为山杏生长提供了得天独厚的条件。这里出产的山杏核,皮薄仁满,所含对人体有益的各种成份多,又为宁城集团公司饮料生产提供了大量的优质原料。

另外,具备占有市场优势。多年来,该集团公司始终把市场开拓和市场建设放在工作的重要位置,把市场视为铸就名牌的桥梁。在实施名牌战略中,开拓市场,占有市场。在生产经营活动中,坚持以市场为导向,全面实施企业、商业、宣传三位一体的市场营销战略。该集团公司设有销售总公司,60个区域经理,在全国建立了6个大市场基地,30个销售区,300个直销网点,形成了一个比较完备的销售体系。产品已经行销包括台湾在内的全国各省市自治区,部分产品远销到俄罗斯、韩国和东南亚等国际市场。

再次,该集团公司还具有政策和管理优势。作为内蒙古少数民族地区的国有大型企业和自治区重点企业,享受国家及本地区的有关优惠政策。多年来,公司始终把消费者的利益放在首位,靠质量,靠信誉,靠诚实经营取信于消费者,所以对内狠抓经营管理,强调苦练内功,并且积累起丰富的经验。公司还培养了一支技术全面、素质比较高的管理队伍、技术队伍和职工队伍。有以国家级评酒员李印为首的150多名中高级职称技术人员,对保证产品质量和提高经营管理水平奠定了坚实的基础。

该集团公司实施名牌战略和以市场为中心的销售战略,以质量为中心的经营管理战略,使企业一步步发展壮大,终于走向成功和辉煌。1996年公司销售收入2.7亿多元,利税达到6 500万元。1997年,销售收入3.22亿元,利税达到8 289万元,均创历史记录。

最近，该集团公司的白酒提档升级、酒糟加工及综合利用，葡萄酒技改等项目方案都已经出台，公司的A股股票即将发行上市。该公司决心为振兴内蒙古地区的民族工业，加快优势资源的转化，带动贫困地区脱贫致富，再做贡献，从新的起点奔向新的目标，争取新的胜利和新的辉煌！

四川剑南春集团有限责任公司

西蜀文化古城绵竹，素有酒乡之称。这里是中国名酒剑南春的故乡，也是川酒发源地之一。

绵竹酿酒史已逾2 400年，唐代"剑南烧春"为当时天下名酒，是皇室专享的贡品，曾载入李肇《国史补》。

唐时的宫庭酒，今天已进入寻常百姓家，受到广大消费者的青睐，成为最受欢迎的中国八大名酒之一。曾3次蝉联中国名酒称号，59次荣获中国金奖、商业部和国际国内食品博览会金奖。远销美国、法国、德国、西班牙及港、澳、台等30多个国家和地区。

党的改革开放政策，使该公司迅速发展成为国家大型骨干企业、中国名酒生产基地，名列中国白酒业经济效益、市场占有份额百强前列。在全国工业企业综合评价最优500家中居第175位，位居四川省同行业之首。企业先后获"全国五一劳动奖状"、"全国模范职工之家"、"全国质量效益型先进企业"、"全国食品卫生先进单位"、"全国女职工先进集体"、"四川省优秀企业"、"四川省最佳文明单位"等荣誉称号。企业档案管理达国家一级标准。

新的起点

在建立现代企业制度的进程中，剑南春人率先迈出了一大步。1994年4月，在原剑南春酒厂的基础上建立了四川剑南春股份有限公司。1996年8月剑南春集团有限责任公司正式挂牌授权，为国资独立公司，由绵竹市人民政府授权经营。集团公司的建立，标志着剑南春人站在了一个更高更新的起点上。

在新的起点上，公司按照现代企业制度的要求，逐步建立起现代企业的组织制度和管理制度；在新的起点上，以名酒生产经营为主体，充分发挥名牌效应，积极发展第三产业和其他新兴行业，不断开拓生产经营项目，拓展生产经营领域；在新的起点上，企业已走上了一业为主，多种经营，全面发展的道路，取得了很大的成绩。1997年实现销售收入11亿元。

深化内部改革，转换经营机制

一个企业，如不图进取，必将失去活力和竞争力而被无情的市场经济淘汰。为了使剑南春股份有限责任公司百尺竿头，更进一步，该公司以股份制改革为契机，以劳动用工制度、劳动分配制度、干部人事制度改革为突破口，加大改革力度，促进了企业机制的转换。

在劳动用工制度上，该公司按照现代企业制度的要求，实行"老人老政策、新人新办法"，推行了"双向选择，考核录用，公平竞争，能进能出"的新的用工办法，对新招聘员工实行了两不要，即不要户籍，不要档案，只查核身份证、学历证明和技术证明，经过考试和审查，择优录用，试用3个月后签1至3年合同。按照新合同制招聘的员工，文化程度都在高中以上。1995年，按照《劳动法》规定，经过平等协商，企业行政与工会签订了《集体合同》，进一步规范了劳动用工制度。

在劳动分配制度上，该公司在酿酒行业率先推行了岗位技能工资制。个人劳动所得凭贡献、凭技术。根据责任大小、技术高低、工作环境、劳动强度等把全体员工工资（包括公司领导）分为11个等级，打破了过去的大锅饭。工资、奖金向一线工人和科技人员倾斜，形成了新的激励机制。

在干部人事制度上，该公司进一步完善了干部考核聘用制，根据德、才、能选拔聘用干部，打破了集体与全民、干部与工人的界限，搬掉了干部铁交椅。该公司大胆启用青年干部，注重培养跨世纪的管理人才，形成了举贤荐能，重用优者的新机制，提高了干部队伍整体素质和管理水平，激发了全体员工的竞取精神。

三项制度的改革，促进了企业机制的转变。今日剑南春充满生机和活力，上下团结一心，人人奋发向上，个个钻研技术，严格工艺操作，以高的工作质量保证产品的高质量，不断创新产品、多产名酒，开拓市场,产品一直保持了畅销好势头,被四川省名牌战略领导小组确定为全省十户质量效益型先进企业。

加强管理,提高企业综合素质

企业要发展,必须加强管理。管理出质量、出效益。

在生产管理上,该公司紧紧围绕"调整结构,增加名酒,提高剑南春合格率"的目标,加强车间和班组管理,严格规范生产工艺,认真推广应用"曲酒交替发酵工艺"、"陈酿处理技术"等新技术,同时工人工资奖金与名酒率挂钩,激发工人钻技术、创一流的生产积极性,提高了名酒合格率。

名牌产品的名贵,名在质量,贵在风格。而质量和风格要靠管理,靠科技。为了保证产品质量,该公司开展了主导产品生产过程质量保证活动。建立了三级质量管理机构和网络,制订了以技术标准为主体,包括工作标准、管理制度、内控标准在内的企业标准化系统,把质量保证落实到实处,做到质量管理系统化、制度化、标准化,形成了任务、职责权限明确。该公司成立了质量审核小组,定期对产品和工序进行审核,保证出厂产品质量。对曲酒酿造、制曲等关键工序,加强现场管理,建立了质量控制点,严格控制影响质量的因素,确保产品质量的稳定和提高。

科学技术是产品质量和生产名牌的重要保证。近年,该公司不断充实了科研力量,投资2 000多万元进行技术改造和科研,修建了名酒研究中心、勾兑中心,添置科研设备,不断取得科研成果,研制开发出剑南贡酒、剑南香、剑南神酒、剑南液、剑南美酒等新产品。

该公司在管理上下功夫,还加强了档案管理、商标管理、专利管理、设备管理、安全管理等基础管理工作,大大提高了该公司的综合素质,促进了该公司的发展。1996年该公司档案管理达国家一级标准。

努力开拓市场,实现多角经营

市场是联系生产者和消费者的纽带,每个企业的经营活动必然要受市场的制约并在市场中接受考验。企业有了高质量的产品,还需要努力开拓市场,才能扩大市场的覆盖面和占有率,在市场竞争中站稳脚,求得生存与发展。

由于认识到这一点,早在1989年,白酒市场疲软,名酒以计划调拨为主的计划经济向以市场销售为主的市场经济过渡时期,该公司就变生产导向型营销观念为市场导向型观念,抽调骨干人员组建了剑南春酒类经营公司。同时主动出击,派出干部和营销人员"南下北上",到全国52个大中城市走访用户,宣传产品,收集信息,建立经销点。经过几年的努力,已建立起较固定的经销点,这对开拓市场是至关重要的一点。

该公司十分注重市场考察,每年公司领导和营销人员都要到全国各地了解自己产品情况,以及同类产品的销售情况,及时发现问题,以便改进。在市场调查的基础上,根据各地人口状况、经济状况、消费习惯来决定产品的投放量。总的来说是做到了有的放矢。

在开拓市场过程中,该公司还注重选择那些实力强,信誉好,销售网点多,经营诚实的经销商来共同开发市场。该公司注意售前、售中和售后服务。坚持按合同办事,哪怕酒再紧俏也要执行。为了保护兑现合同,该公司严格控制无合同供酒和领导批条,严格实行一支笔批酒的控制办法。该公司领导都严格执行这些规定,从而保证了合同供酒和合同投放的计划性。在销售中,注意结算及时和发货及时。销售后,注意加强与经销商的联系,收集信息反馈,并相互交流。该公司的优质服务受到经销商的好评,企业信誉和知名度不断增强,市场不断扩大。

为拓展市场,该公司还根据市场需要开发出了38度、28度低度剑南春以及剑南贡酒、剑南香、剑南醇、剑南液、剑南神、剑南美酒等新产品,改进产品包装,受到广大消费者喜爱。

1995年,该公司取得了出口经营权。产品除畅销全国各地外,还远销美、法、德及港、澳、台等30多个国家和地区。

该公司以剑南春及其系列产品的生产经营为主体,努力开辟多产业营运。投资6 600万元修建了三星级涉外宾馆——剑南春大酒店,创办了"高新技术研究所",联合"中外合作绅士洋酒公司"、"活性干酵母生产厂"等厂家,投资成都"天益大酒店"、"锦城大厦"等,都取得了较好的经济效益。

为了更好地发挥名牌效应,加快企业发展速度,该公司建立了剑南春集团,今日剑南春正在向着更加辉煌的明天迈进。

江苏双沟酒业集团有限公司

江苏双沟集团是江苏省人民政府批准、省工商局核准的以江苏双沟酒业集团有限公司为核心企业,江苏双沟酒厂劳动服务公司、江苏双沟酒厂大车队、江苏双沟酒厂招待所、南京双沟酒家、宿迁双沟实业集团天然矿泉饮料有限公司为紧密层,江苏八大房地产开发公司、江苏新潮印务有限公司、江苏泗洪印刷实业有限公司、江苏双沟曲酒厂、江苏双沟酿酒厂为半紧密层,安丘玻璃厂等40多个单位为松散层,集科、工、贸为一体的跨地区、跨行业、跨所有制的省级企业集团。经营范围包括白酒、包装印刷、房地产、饮料、运输、饮食服务等。集团现有总资产8.58亿元,固定资产净值3.5亿元,年产值5.18亿元,年销售收入达9亿元,年实现利税2.6亿元,具有投资开发、经营多种产业和对内对外开拓业务的经济实力。

集团核心层企业——江苏双沟酒业集团有限公司是由江苏双沟酒厂改制而成的国有独资公司。企业具有悠久的历史。新中国建立以来,经过几代人的不懈努力,已从一个小型企业发展成为总资产6.2亿元,年生产能力5万吨,销售收入6.5亿元,利税总额2亿元的现代化国家大型一档企业,连续6年跻身中国最大工业500强。主产品双沟大曲在1984、1989年第四、五届全国评酒会上,均被评为国家名酒,荣获金质奖。自1985年以来,企业先后荣获“全国企业整顿先进单位”、“国家一级计量先进单位”、“国家‘八五’技术进步先进单位”、“全国五一劳动奖状”、“江苏省优秀企业”、“江苏省文明单位”、“全国思想政治工作优秀企业”等多项称号。在全国同行业中首批通过国家方圆标志认证和质量体系认证。双沟大曲系列产品畅销全国,并远销海外。公司的经营宗旨是:按照资本经营的要求,通过投资、控股、参股,实现资源的优化配置和高效运营;按照产业经营的要求,通过不断提高生产力水平和经济效益,实现授权范围内的国有资产保值增值。以壮大集团整体实力,实现跨世纪的宏伟目标。

该集团成立以来,充分发挥集团的资金优势、品牌优势、质量优势和市场占有率的优势,立足市场,加大了企业内部的改革,取得了较为明显的成效,1997年底终于一举扭转了经济效益连续3年下滑的被动局面。1997年度实现销售收入、利税总额分别比上年增长22.98%和18.63%,企业呈现了生机。双沟大曲高中低档系列产品,深受消费者欢迎。特别是1997年以来,我们注重对高档新产品开发,开发出的高档新产品不仅迎合了市场的需求,为企业增加了效益,而且进一步提高了“天下第一流”的企业形象,扩大了知名度。立足市场狠抓管理,兴办三厂,使该集团不断发展壮大。

加大销售工作力度,实现营销体系与市场的对接

作为双沟集团紧密层企业,销售总公司加大了改革和工作的力度,从公司抽调了两名副职协助销售工作,并规定公司正职一年跑市场的时间不能低于1/3,副职不能低于1/2。所有的公司领导均挂钩市场,实现经营决策、新品开发等与市场的对接。加强销售队伍的素质建设。采取竞争上岗,优胜劣汰的活机制,即通过一段时间锻炼,不胜任者退回原单位。每年至少还要办两次大的营销人员培训班,使营销队伍真正成为一支拉得出打得响的高素质队伍。加大对营销人员的奖罚力度,采取分片包干,定区域、定费用、定任务、定资金回笼率的办法,大大提高了营销人员工作的积极性与主动性。加强市场建设,建立和完善市场组织和信息的网络体系,积极推行直销、代理制方式的同时,在销售重点地区和城市成立“双沟大曲专营公司”,使网络稳固,联系加强。根据市场网络的反馈,制定正确的经营战略:即“立足江苏,巩固中原,拓展华东,面向全国”,并充分调动经销商、消费者和营销人员三者的积极性。积极主动地调整产品结构。通过内培外引的方式,提高新品研究与开发人员的水平与工作效率,加快了新品的开发步伐。及时推出了适销对路的新产品。进一步满足市场和不同层次的消费者的需求。

内抓企业管理,实现组织结构和生产经营的市场对接

抓集团成员企业的管理,实行“四个统一”。即统一产品、统一技术、统一质量、统一销售。从有限公司派出中层干部和质量员到各成员企业，帮助抓管理、抓质量，以提高集团的整体效益。抓有限公司的内部管理。对能实行独立核算的部门进行剥离。让他们在资金、人事管理及经营上有更加独立的自主权，让他们放手经营。分离企业办社会职能。在县委县政府的大力支持下，对附属小农场和子弟学校进行分离，减轻了企业的负担。狠抓产品质量，并对生产、经营的各个环节进了系统地规范。结合 ISO 9002 质量标准体系。重新修订并深入贯彻了公司的《质量手册》，公司 ISO 9002 的质量体系一次性通过了国家方圆委质量体系专家的认证。根据企业的实际情况，结合现代企业资本运营的要求，改革用工制度，实行上岗、轮岗、转岗、待岗等动态机制，大胆裁减冗员，使职工的危机意识进一步增强。

兴办“三产”，拓宽集团发展壮大的空间

该集团成立后，为了充分发挥资金优势，在寻求多种产业经营、投资开发等方面注入了较大的精力。投入一定的资金在南京搞房地产、股票、期货等经营；和淮阴市联合开发淮阴双沟大厦；和扬州市开发兴办邗江双沟宾馆等。另外专门选派年轻有为、经验丰富的两名公司副职专门从事新项目的考察认证和三产兴办工作，并成立了“三产办公室”。现已见效或考察成熟并准备付诸实施的三产有：在新区附近兴建了液化气供应站；在新区内建立加油站、养猪场、花木培养基地、停车场、饭店等这些投入少，见效快的项目，不仅为公司员工的生活提供了便利，创造了一定的效益，还使部分富余人员得到了就业；还和中国社会科学院签订了联合研制开发红曲莓素保健饮料和药品等。计划分期投入 2 000 万元和法国可涅克公司合资生产葡萄酒。一个跨行业、跨地区、跨所有制集科、工、贸为一体的大型企业集团正显示其无限的生机和活力，升起在宿迁大地上。

为更进一步加快现代企业制度改革的步伐，该集团暨江苏双沟酒业集团有限公司，将按照现代资本和产业经营的要求，积极推行集团的股份制的改革，努力使股票尽快上市，加大发展后劲，壮大集团整体实力，实现跨世纪的宏伟目标。

（张成跃　石业成）

成都长城川兴酒厂

四川“天府之国”，素称名酒之乡。该厂座落在蜀西平原，距成都 40 公里；这里交通发达方便，水质甘美，土地肥沃；厂区东面一马平川、西邻风景名胜“青城山”、“都江堰”、其山山水水、景色如画，令人流连忘返。此地酿酒，气候适宜，得天独厚，宋朝大诗人陆游赞叹：“陆游学道欠力量，不如闭门参曲生。”

该厂属军办全民企业，酿酒历史 20 多载。厂区建设整齐化一，环境清静优雅，占地面积 300 余亩。现有厂房和办公设施 7.8 万平方米，职工 686 人，工程技术人员 36 人，大小汽车 50 余辆，自备铁路罐车 82 台，大型储酒罐 120 个，总容量 1.25 万吨以上。拥有现代化最新通信设备和技术检测仪器，固定资产(含流动资金)9 500 万元，年产浓香型曲酒 2 万余吨，年创利税 1 800 万元以上。主要生产川兴牌系列酒：52 度、38 度川兴特曲、45 度川兴老窖、川兴头曲、42 度高梁酒和新推出的“川兴牌”巴将军系列酒(巴将军 48 度、45 度、38 度、28 度)以及(高档珍品)38 度川兴醇、古戟樽等 10 多个不同规格的系列产品；并以新颖、豪华的包装，合理的价格，严格的质量标准，赢得了广大市场消费者的喜爱，产品畅销全国 20 余个省(市)、自治区，多次荣获国内外金奖。其中，52 度川兴特曲，1958 年荣获成都市优质产品称号；1988 年获全军优质产品称号，同年在中国首届食品博览会上荣获金奖；1990 年获四川省优质产品称号，1991 年被国家农业部评为部优产品；38 度、52 度川兴头曲：1986 年先后被成都市、总后勤部评为市优、军优产品；1987 年在四川省第三届二次白酒评审会上荣获优质产品称号；1988 年在中国首届食品博览会上荣获银牌；1992 年 52 度川兴特曲在四川省首届巴蜀食品博览会上荣获两个金奖；1992 年 10 月，38 度、52 度特曲被中国优质白酒精品推荐委员会分别评为：中国优质白酒精品；1993 年 12 月，38 度川兴醇和 52 度头曲被中国优

质白酒精品推荐委员会分别评为：中国优质白酒精品；1993年12月，38度川兴醇和52度川兴特曲：在德国斯图加特第十四届国际博览会上一举荣获国际特别金奖和金奖两枚奖牌；1995年10月，38度川兴醇、52度川兴特曲再次荣获四川省优质产品称号；1996年1月，川兴牌系列酒被中国诗酒文化协会评为中国文化名酒；1997年度被中国酒文化研究会评为中国文化名酒。

"川兴牌"系列产品以优质高梁为主要原料，上等小麦制曲、用纯净稻壳经清蒸排除异味作填充剂，陈年老窖发酵，自然生香（发酵期60天以上）；续糟润粮，缓火蒸馏，量质摘酒，分级并坛。其酒液清亮透明，具有窖香浓郁，绵甜适口，甘冽醇和，余香悠长之特点，再配上古曲、豪华的装潢，方圆结合、溶古今为一体，是馈增、宴请亲朋好友之佳品。一流的设备，精湛的工艺，科学的管理，灵活的经营，使川兴酒厂逐步走向繁荣，成为全国酿酒行业中一颗耀眼的新星。

近5年来，该厂连年过盈利关，经济效益翻番跳跃，仅1996年就实现销售收入1.2亿元，创利税2 026万元，1997年上半年实现利税1 190万元，一跃成为经济实力比较雄厚的农场加工业和全军酒类行业的佼佼者。

该厂在近5年来迅速崛起的秘诀在于：一是靠各级党委、首长的正确决策；二是靠川兴人的创业精神。市场、质量很重要，但比二者更重要的是人的精神。搞市场经济，经济法规既不是唯一的，也不是万能的。我们用事业凝聚人心，用事业心来锻造川兴人的奉献精神，官兵职工的心凝聚在一起，形成了一股强劲的爆发力，不断创造着"川兴"的辉煌，也就铸就了"凝聚敬业、拼搏奉献、追求卓越、敢为人先"的川兴精神。

我们的宗旨是让军队了解"川兴"，让"川兴"造福社会。

强化全员质量意识，切实打牢质量管理的思想基础

该厂职工中，有75%来自附近农村，文化程度绝大多数在初中以下，各级管理人员中战士还有一定的比例。这些人员对产品质量的认识存在着一定的偏差。为了强化干部职工的质量意识，进一步打牢质量管理的思想基础，该厂及时组织厂里人员学习全兴酒厂和五粮液酒厂的先进经验，进行产品质量管理意识的再教育、再提高。同时，采取"走出去，请进来"的方法，组织领导班子成员和管理骨干参观了全兴酒厂，又请优秀企业家来厂作报告，使大家开阔了视野，感到学习先进经验是企业适应社会主义市场经济形势发展的需要。在强化全员质量意识的同时，该厂注重提高职工的技术业务素质，多渠道抓好人员培训。全厂有数十人参加了地方酿酒工艺、计量、勾调等专业培训班。厂质检科人员数量配置已达到国家规定的标准，全部人员均取得资格证书。该厂每年还安排一定的时间，对生产一线工人进行脱产培训，年培训率达85%以上。通过培训和教育，干部职工不仅技术业务有了很大的提高，而且质量意识也得到强化。

提高酿造质量，把开发高档次产品放在首位

⑴坚持走引进、消化、改造、提高的路子。为了酿造出高档次的产品，我们采取"借鸡下蛋"的办法，瞄准市场需求的前沿，走引进、消化、改造、提高的路子，取得了事半功倍的效果。90年代初，该厂开发的38度川兴醇和52度川兴特曲，在1993年12月德国斯图加特第十四届国际博览会上一举荣获国际特别金奖和金奖；今年投资数百万元开发的川兴酒系列高档珍品"巴将军"在重庆市一上市，即受到消费者的青睐。

⑵努力培养造就素质过硬的技术人员队伍。一是积极引进人才。先后从其他单位调入工程师8名，作为技术骨干；二是搞好培训。几年来，先后选拔16名有培养前途的职工到四川省食品工业协会举办的各类培训班学习，并分期分批组织人员到全兴酒厂参观见习，使他们尽快掌握酿酒专业知识，成为厂技术部门的中坚力量。同时，我们还经常组织技术人员参加酒类行业主管部门举办的学术交流会、培训班等，开阔视野、提高技术和业务素质；三是请专家教授进行指导。该厂先后请全国白酒评委和全兴酒厂专家来厂讲学和进行现场技术指导，既解决了技术难题，又传授了知识。

⑶为开发高质量的新产品创造良好条件。近几年来，该厂在开发散装酒和川兴牌系列瓶装酒的基础上，并在摸透市场行情的同时，积累了大量的第一手资料，为下一步开发高质量的拳头产品奠定了坚实的基础。

实行质量否决，切实把质量管理制度落实到位

⑴充实健全质量管理体系，形成产品质量保证网

络。在质保组织机构中,生产副厂长对产品技术质量负总责。厂里成立了全面质量管理办公室,全面负责质量管理和质量监督工作,包括原材料酿造工艺、勾兑、检验等7个子系统,形成了质量保证体系,对从原材料进厂、生产,到成品出厂全过程进行质量检验。同时,该厂把生产流程图的全过程设计出来,公诸于众,做到人人明白,增大把握质量标准的透明度,有效地保证了产品质量和各项管理制度的落实。1997年上半年,我们从外地运回一批红粮,发现有些装包红粮有霉烂的现象,该厂当即通知发货老板,限3日内来厂解决,厂领导态度坚决,这批红粮全部被退回,从而保证了进厂原料的质量。

⑵严格执行质检制度,维护质管工作权威。一是按工艺流程,按标准生产制度。在生产过程中,该厂对各车间不严格按制度、违反操作规程的,都进行严肃处理;二是质量考核奖惩制度。为了保证质量否决的顺利实施,该厂制定了相应的考核奖惩制度,对达不到质量,否决一次工资晋升资格的处罚。对达到质量标准的,按比例增发奖金,当月兑现。对质检人员的工作,每月定期进行考核奖惩;三是质量一票否决制度。该厂每年在年终讲评全年工作时,总是把完成质量目标的情况纳入考核范围,即使其他工作任务完成得再好,而质量出了问题,也要执行一票否决,扣发年终奖金,免去评选先进班组和先进个人的资格。

⑶实行质量检验卡,使产品质量检验系统化、规范化。该厂根据酿酒工序和质保体系的控制点,自行研究设计了27种质量检查卡表。覆盖全部质检控制点,实行从原材料进厂到产品出厂整个生产过程的质检控制、记录和备案,它对增强生产人员、专检人员的质量意识和工作责任心起到了一定作用,也为信息反馈,查找质量责任提供了便利条件和依据。

注重信息反馈,切实拓展质量管理的外延

酒厂领导十分重视用户对产品质量的意见,除认真及时处理有关反馈信息外,还带领有关人员登门听取用户反映。通过走访进一步掌握了产品质量状况,对反馈出的问题,有针对性地采取措施。这样,不仅保证了用户用得放心,而且使该厂的产品质量不断提高,信誉愈来愈高,经济效益和社会效益也愈来愈好。

与酒共荣的"川兴"人,以军人特有的豪爽气魄,团结、奉献、开拓、创新的奋进精神,给您热情、温馨的感受,给您雷厉风行的工作作风。该厂诚挚欢迎海内外八方佳宾,各界友人来厂洽谈业务,增进友谊,共求发展。

北京稻香村食品集团

北京稻香村食品集团是一个食品老字号企业。创业于1895年,生产经营各种南味食品,颇受时人欢迎。民国初年,鲁迅先生寓居北京时,曾是稻香村的常客。

在国家改革开放政策指引下,1984年1月,稻香村重新恢复营业。14年来,企业各项经济指标平均以40%左右的速度递增。1997年,销货额达到4亿元,利税达到4 000万元,在本地区、本行业名列前茅。现在食品加工厂占地70亩,建筑面积1.5万平方米。生产中式糕点、西式花点、肉食制品、南味糖食、什锦元宵、端午粽子、中秋月饼、各式面包、饼干、各种坛子肉、各种速冻食品、羊肉串等12个系列的400多种食品,成为企业的名牌产品。多种产品被东城区消费者协会推荐为"可信商品",月饼连续被评为"质量信誉商品"和"中国名牌月饼",元宵被评为"北京市重点宣传好产品"。集团直属营业部已发展到13个,分布在北京各城区。成立了商品配送中心,统购统销外进商品。成立了食品原料批发部,以适应餐饮业和机关食堂制作食品的需要。

该集团历年来被授予多种荣誉称号。全国的有:"中华集体商业优秀企业"、"中国食品工业优秀企业"、"中华老字号"、"中国食品行业质量效益型先进企业"、第六届(97)"保护消费者杯"获得者;北京市的有:"重合同守信誉单位"、"文明单位标兵"、"物价计量信得过单位"、"优秀食品老字号"等。

在改革开放条件下,该集团辉煌业绩的取得,决定性的因素是因为有了刘振英董事长这样一位决策人。刘振英先生是北京稻香村食品派系的第五代传

人，在领导企业恢复和发展的14年中付出了无与伦比的辛勤劳动，形成了指导企业的“刘振英经营思想”，并制订了企业经营宗旨和指导方针（简称48字方针）：

信誉第一，强化三优，顾客至上；

工贸一体，前店后厂，自产自销；

面向市场，抓住机遇，促进发展；

深化改革，管理科学，勤奋自律。

其中，强化三优，就是要加强管理，不断提高产品优质、服务优良、卫生优等的水平。

“刘振英经营思想”是企业经营经验的总结，是企业今后发展的行动指南，其核心是“三道九法”。

“三道”，就是严于律已的做人之道，着眼顾客的经营之道，艰苦奋斗的致胜之道。

九法分属于三道。在严于律已的做人之道中，要做到公私分明、是非分明、宽严分明，即要体现为“三明”。在着眼顾客的经营之道中，要做到产品优质、服务优良、卫生优等，即要体现为“三优”。在艰苦奋斗的致胜之道中，要做到不怕困难、不怕吃苦、不怕牺牲，即要体现为“三不”。这个以“三道九法”为核心的“刘振英经营思想”已经在该集团第三届职代会第三次会议上通过，从而成为企业经营的根本大法。

刘振英先生由于他作出的光辉业绩，被授予中国集体商业和中国食品工业“优秀企业家”的光荣称号，并被评为“北京市劳动模范”。

“刘振英经营思想”是稻香村的精神财富，也是企业的一笔巨大无形资产。毕国才先生作为集团总经理、企业法人代表，对于继承和发展“刘振英经营思想”具有极高的自觉性。他认为，要保持并进一步创造稻香村第二个14年的辉煌，诸多条件中最重要的一条就是用“刘振英经营思想”指导企业的经营活动。

在党的十五大精神指引下，根据董事长的总的部署，1997年第四季度，毕国才总经理具体组织了“一四二工程”活动。这是他运用“刘振英经营思想”于企业经营实践的一次在广度和深度上都属空前的大练兵，收到了丰硕的成果。

“一”就是转变一个观念。用十五大精神，用市场经济的观念武装班子成员和全体员工。通过学习和讨论，思想认识都有较大提高。

“四”就是四个提高，即提高产品质量；提高服务素质；提高科技含量；提高工作效率。通过讲课、演练、考评、引进设备，成效显著。

“二”就是两个确保。即通过上述措施，员工确保了企业的效益，企业确保员工的收入，实现了均衡合理的利益分配。

毕国才，风度翩翩，年轻有为。他说，他在商海搏击10多年，掌握了一些经商的基本要领，完全是老董事长手把手教导的结果。当然，师傅领进门，修行在个人，他也吃了苦中苦。他基本是常年住在企业，对企业方方面面的工作，心头都有一本帐。由于他的杰出成绩，而被评为“北京市劳动模范”，“东城区十大杰出青年”。

以毕国才总经理为首的集团领导班子是一个年轻的有活力的领导班子。他们都带头奉行“三点”精神：早来一点、晚走一点、多干一点。他们用自己的实际行动影响和带动着全体员工。春节、元宵节、中秋节，全体总动员，车间日夜24小时不停地生产，营业部上连班，以满足广大消费者的需要。1997年，元宵和月饼的产销量都达到了65万多公斤，雄居同行业之首。

该集团前景灿烂，令人鼓舞。1998年，销货额将达到5亿元，利税将达到5 000万元，到2000年达到销货7亿元，利税7 000万元计划的这艘巨轮，已经隐约看到它的桅顶，在商海万顷波涛中，正向目标驶去。在这个航程中，一个1 000多平方米的稻香村食品商场即将呈现在您的面前。

北京市豆制食品工业公司豆制品二厂

北京市最大的豆腐生产企业——北京市豆制品二厂，是一家老字号企业，始建于1956年，现隶属于北京市豆制食品工业公司。是目前北京市唯一的一家专业化生产盒豆腐的中型国有企业。

该厂是由合作经济发展起来的企业。1958年，由位于北京西城区附近的“四合顺豆腐坊”、“承德山豆腐坊”、“二合兴豆腐坊”、“王兴发南豆腐坊”等十多家作坊组建成北京市西城区豆制品一厂。1979年1月,北京市西城区豆制品一厂与西城区豆制品二厂合并,更名为北京市豆制品二厂。经过十几年的发展壮大,成长为今天的一个现代化的中型企业。从1994年到1997年的三年间,产量由3 440吨增至15 042吨,销售额由507万元增至2 552万元,利润由-92万元增至108万元。企业进入了一个飞速发展的时期。

二厂人以生产卫生好、质量高的产品为己任,以服务消费者为目标,把先进的科学技术和管理经验融入企业生产中,不断探索新工艺,引进新设备,开发新产品。该厂生产以“白玉”为主导品牌的一系列豆腐产品,包括“白玉”盒豆腐、散装北豆腐、“鲜”盒豆腐。其中,“白玉”盒豆腐以其上乘的质量和独特的口味在同类产品中独领风骚,北京地区的市场占有率高达90%以上。1995年,“白玉”盒豆腐被北京市技术监督局评为“北京市好产品”,该厂被北京市工商行政管理局认定为“重合同、守信誉企业”,被国内贸易部授予“中华老字号”企业。“白玉”盒豆腐在1995～1997年曾连续三年被中国消费者基金会确认为“消费者信得过产品”。

几十年来,该厂十分重视产品质量的提高和新产品开发,4年来用于此类项目的投资达1 600余万元。该厂在生产经营过程中,始终坚持走质量集约型发展道路,严把产品质量关,建立和健全质量管理体系,以质量求发展,抓管理促效益,走出了一条质量兴企之路。为了紧紧抓住质量不放,该厂制定并执行一套严格的质量方针,其核心内容为:一个永远(质量永远争第一);两个追求(追求产品变革适应社会消费需求,追求产品质量在同行业中居领先地位);三个服从(产品调整服从质量标准,生产条件服从产量要求,车间工作服从质检考核);四个不能(活动再多质量教育不能忘,困难再大完善质量体系步伐不能停,理由再充分坚持质量职能考核不能松,质量再好改进不能止)。由于质量管理落到实处,抓出成效,1997年该厂被中国食品工业协会评为“全国食品行业质量效益型先进企业”,跨入了中国食品行业216家质量先进企业的行列。

为了实现产品品种多元化,不断满足人们的美食要求,企业花大力气抓产品开发。1997的在原有品种的基础上,又开发研制出盒装北豆腐、盐卤充填豆腐及日本风味的蛋豆腐,从而使该厂的豆腐产品形成了一个家族体系。在这个豆腐家族里,每一品种成员皆独具特色。盒豆腐洁白细嫩,滑润爽口;北豆腐“烹煎适吾口,不畏老齿摧”(摘自《坚瓠集》);而行将上市的蛋豆腐,利用日本设备和技术,以鸡蛋为原料精制,兼具豆腐和鸡蛋之口感,是极具发展前途的新产品。

在日趋激烈的市场竞争中,该厂一直采取规模化生产、薄利多销的经营策略,努力把质量最好的产品,以最低的价格奉献给广大消费者。近年来,原料价格虽不断上涨,但产品却一直维持低价位水平。企业盈利的手段,是实现规模效益,即依靠生产规模的扩大降低产品成本,增加总体效益。一流的质量,低廉的价格,使“白玉”豆腐赢得了消费者一如既往的青睐和厚爱,成为市场上近乎家喻户晓的优质产品。

该厂进一步明确了“以质量求生存,以品种求发展,以科研作保障,向管理要效益”的办厂宗旨,以此作为该厂经营的目标和指导方针。企业的领导班子高瞻远瞩,把率先在行业中实现ISO 9000质量管理和质量保证体系作为重点工作来抓,并争取在2000年把该厂建成一个“质量领先,品种齐全,管理科学,经营多变,充满竞争活力”的更加发展的质量效益型企业。为此,该厂人将以“团结、自强、开拓、奉献”的企业精神为动力,以崭新的面貌,坚定的信心,蓬勃的斗志,去迎接21世纪的机遇和挑战。

北京瑞达急冻食品有限公司

北京瑞达急冻食品有限公司是专业生产经营速冻食品和微波食品的现代化企业,始建于1993年,年产能力1.4万吨,是北京市规模最大、技术最先进的速冻食品企业之一。该公司采用的隧道式速冻生产设备和蔬菜保汁技术曾被评为国内贸易部科技进步三等奖、北京市科技进步二等奖,被国家科委列入’95

国家级科技成果推广项目。先进的速冻设备可以使产品在－30℃以下的条件下，经过5～15分钟内完成冻结全过程，使产品中心温度达到－18℃。这样的速冻效果，可使产品的营养成分几乎不被破坏，确保产品的高质量。

该公司始终坚持以科技为先导的方针，科学技术在企业生产经营管理的各个环节中普遍受到重视。自行研制的高速气动饺皮机，已通过北京市科委组织的科技成果鉴定，并取得了国家专利。生产车间机械化程度水平较高，设备配置成龙配套，饺子生产线运行平稳，性能可靠，这是速冻产品产量稳定的基础。严格的检测制度，完备的检测手段，具有较高专业水平的检验人员，使产品从采购开始就已经在严密的监控下运行。标准化的量具、衡器、台秤、防备万一的金属检测仪，更使产品在质量上多了一道防线。电脑化的市场分析、管理网络、财务管理，均已初具雏型。

高起点、高档次是该公司的始终追求。生产车间的中央空调温度控制；清一色的不锈钢刀具、用具、器皿、运送工具；防止尘埃、细菌污染的风幕、门帘、黑色通道、净手间、风淋门、净脚消毒池；整齐划一的工作服，工作帕头纱、口罩、工作鞋；生熟分流的人行通道设计，体现了瑞达决策者的总体设计思路。出口免检肉联厂专供的冷却分割肉，定点供应的蔬菜生产基地，使该公司食品高质量、高品位有了保证。

瑞达牌速冻食品，几年来多次被北京市评为“消费者信得过产品”、“北京市好产品”、“拳头产品”、“消费者理想购买品牌和实际购买名牌”评比第一名，几年来一直保持在国内贸易部组织的北京市场速冻饺子销售排行榜中名列首位。瑞达牌汤圆1996年、1997年、1998年连续三年评为北京市优质汤圆生产企业。

该公司已取得了国家商检局出口食品厂卫生注册。瑞达速冻饺子已多次出口，销往日本、韩国。

该公司用1996、1997两年的时间投入了大量的人力、物力，编写整理、发布了包括质量手册、程序文件和技术标准、工作标准在内的20余万字的管理和技术文件。随着它的启动、实施，使企业管理踏上一个新的台阶，企业实力大大增强。在1997年末获得了国际互认的ISO 9002质量体系和产品质量的双认证。这在全国速冻食品行业中还是第一家。

广州致美斋食品有限公司

广州致美斋食品有限公司是以国营商办工业广州市致美斋食品厂为基础建立的合资企业，生产致美斋牌酱油、蚝油、调味酱、食醋等10大类60多个品种的调味食品，中高档调味食品应有尽有，广泛用于酒楼食肆及家庭的中西式烹调。随着国家改革开放的不断深入，该公司生产经营和总体素质得到了全面发展，生产规模和经济效益名列全国前茅。该公司1989年在全省商办工业企业中第一家被评为国家二级企业，1991年获广州市质量管理奖，1997年在全国调味品行业中首家获得ISO 9002质量认证。目前，该公司已有部优产品6个，广州市质量监督免检产品3个，省市名牌产品2个及省市优质产品一大批。

向管理要效益，走质量效益型的发展道路是致美斋公司长期的经营宗旨。致美斋人历来爱声誉重于一切，努力维护致美斋品牌的声誉。

加强了质量教育，提高全员质量意识

该公司领导管理意识较强，重视提高员工的素质，充分认识到人是企业之本的道理。因此，公司每年制订了员工的培训计划，并按计划实施培训，员工每年均需受质量意识，质量管理知识和专业技能培训和考核，以此作为年终评定的依据。

善于管理投人，增强企业竞争力

该公司长期以来，坚持抓内部管理，努力提高企业的综合实力，为同行树立了榜样。80年代初已在同行中率先引进了现代的全面质量管理，用PDCD循环的原理，对公司生产全过程实行质量管理，促进生产经营的发展，生产规模不断扩大，各种管理趋于规范，经济效益连年均以两位数的幅度快速增长，成为调味品行业的佼佼者。

该公司1995年开始贯彻ISO 9000系列标准，通过宣传贯彻，全公司员工充分认识到推行国际质量管理和质量保证标准,改善内部环境,争取与国际接轨的重要性。公司制定了"以全员投入,生产永恒的优质品;以科学管理,实现永恒的名牌;以满足客户,建立永恒的信誉,以推陈出新,开创永恒的致美斋"的质量方针,并将之竖立在公司的正门的巨幅墙栏上,这一方针已深深铭刻在每位员工的心中。经过全体员工两年的艰苦努力,终于建立起较为完善的质量体系,于1997年9月通了ISO 9002质量认证。公司的综合实力得到证实,竞争能力得到提高。

坚持技术革新,提高企业的生产力

科技乃第一生产力。要提高生产力,必须改造国内食品加工较落后的生产局面。该公司正因为有这样的经营意识,故在行动上对生产过程进行了无数次技术改造。如酱油的酿造工艺,在近10年里进行了数次大的革新:曲种培养实现了控温控湿培养;增加了原料的破碎工艺;改造了原料蒸煮工艺,实现了蒸气旋转蒸煮法;更新了制曲工艺,改用了微机控温的通风制曲;淘汰了水泥池发酵方法,变成了大罐发酵;添置了机械包装线。使酱油的生产形成了一条立体式的流水生产线,机械化程度提高了,产品质量较以前稳定。

该公司为贯彻推陈出新的质量方针,设置了专职的新产品开发室,充实了研制开发的技术力量,并对新产品开发过程实施科学管理。近年来,该公司新产品不断投放市场。如生抽XO、特鲜生抽王、排骨酱等很快受到消费者的青睐。

实施现场管理,加强各环节的质量检验

该公司运用全面质量管理的观点和方法开展现场管理,设置重点工序控制点,实行动态监控和现场检验。使各工序的生产趋于平衡。

为使质量检验科学、先进,该公司建成了在同行业中首屈一指的检验室,配备了高素质的检验人员,人力物力资源充足,加上井井有条的管理,使公司的原材料,半成品和成品处于受控状态。

该公司多年来坚持走质量效益型发展道路。实践证明:企业不断加强质量管理,整体素质明显提高,竞争力得到加强。今后,该公司将一如既往地执行国际标准和采用先进的管理手段,不断改进和完善质量体系,奉承"顾客至上,信誉第一,服务于大众,贡献社会"的服务宗旨,为人们提供更优质的产品和更优质的服务。

辽宁省建平啤酒厂

辽西红山遗址的发现,将人类历史向前推移了1 000多年。红山,人类文明的发祥地。辽宁省建平啤酒厂就座落在这个闻名遐迩的红山脚下。

基本概况

该厂现有职工900名,其中有各类专业技术人员200名;总资产9 500万元,其中固定资产6 300万元;四条装酒生产线,日装酒在300吨以上。啤酒生产基本实现了自动化,绝大多数岗位实现了微机控制。生产车间从麦芽、制酒到灌装,流水作业,自成体系。多种经营办公室下属印刷厂、饲料加工厂等。

主要产品有:松林牌11度啤酒、松林牌特制11度啤酒、嘉晟牌17度啤酒、中档啤酒,嘉晟牌14度黑啤酒、冰迪牌10度啤酒等10几个品种和建树牌各种类饲料。

靠自力更生起家

建平啤酒厂始建于1974年,于1979年投产,当时生产能力为3 000吨。该厂从开始筹建那天起就坚持"自力更生,艰苦奋斗"的方针,走自我发展,自我完善的道路。特别是党的十一届三中全会以后,发展的速度更快,1991年生产能力扩建到1.5万吨,1994年扩建到3万吨,1996年扩建到5万吨,1997年扩建到8万吨。成为辽西地区啤酒生产规模最大的厂家。

更值得一提的是1996年和1997年5万吨、8万吨扩建改造,是打了两个短平快的漂亮仗!正常生产不但没受影响,而且还大幅度增长,扩建改造工程如期完工。1997年8万吨扩建项目仍然如此,自5月15日动工,到11月18日全部竣工,整个工期为189天。而今,该厂已初具规模,生产能力跨入了大型啤酒生产企业行列。

靠质量赢得用户

该厂视产品质量为企业的生命，各项工作都建立健全质量管理体系，制定了质量管理办法和奖惩制度，实行质量一票否决权。因此，全厂上下人人重视产品质量，道道工序严把质量关，从原料入厂到生产成品出厂，不准有丝毫误差。同时，厂内制定的一些质量内控指标均高于国家标准，该高的则高，该低的则低。例如，制酒酸度相对低好，国标规定2.6以下，而厂内控指标为2.3以下；啤酒中二氧化碳含量相对高好，国标规定为4.0以止，而厂内控指标为4.5以上。由此可见，产品质量好，要求起点就高。

在实际生产过程中，实行"三工序"工作法，即是监督上道工序，搞好本道工序，保证下道工序。做到不合格的原材料不准入厂，不合格的半成品不准流入下道工序，不合格的产品不准出厂。工作中一旦出现质量事故，做到"三不放过"，即是找不到原因不放过，查不到责任者不放过，改进措施得不到落实不放过。对于事故的直接责任者，取消当年评先选模资格，并处以适当罚款；对于质量没达厂标者取消当月奖金，减发40%工资。因此，产品质量稳中有升，产品不但深受广大消费者的青睐，而且连获殊荣。主导产品松林牌啤酒1991年获省优；1997年荣获国际金奖，1995年被省政府批准为"十佳"产品，并向社会推荐为优质品，决定质量免检二年；1996年蝉联朝阳市第三届龙城杯消费者满意商品和在辽宁轻工"名优新"日用消费品博览会上评为畅销产品；1997年5月，在第三届中国国际新技术名优产品博览会上，被指定为推荐产品，获金牌奖；1997年6月，由中国食品评委监评，"松林"11度啤酒市场声誉高，被评为名牌产品，"嘉晟"12度啤酒被评为优秀产品。同时，企业荣获市级先进企业、市级先进党委、省级文明单位等称号。

靠服务稳定市场

该厂的产品在朝阳市境内市场覆盖面越来越大，并且迅速向外市区延伸，其主要原因除了产品质量过得硬之外，有两个不可忽视的因素，一是内部靠对用户服务热情、周到、到位，二是外部靠新闻媒介舆论导向，引导销售。

为搞好售前售后服务，他们充实和加强了销售队伍，加大服务力度。销售部门实行全天工作制，74小时客户什么时候到，什么时候都有人接待、服务，尽力为客户让方便。售后跟上技术指导，特别是对啤酒的储存、保管以及出现质量问题及时派员进行妥善处理，从而赢得了用户的满意。

靠管理提高效益

随着生产能力的提高和市场的拓宽，啤酒产品和经济效益也随之增加，特别是1997年产量、效益较上一年翻了一番。该厂建厂以来生产啤酒总数23.5万吨，实现利税总额7 325万元，现有资产总额9 500万元，等于投资17万元，养活900名职工，为国家挣了7 325万元，外得一个价值9 500万元的工厂。

该厂深化和完善了模拟市场核算，实行成本否决的管理方法，将产量、质量、消耗等各项指标都模拟市场进行核算。成本否决，大大地调动了职工的积极性，增强了责任心，加强了企业管理，取得了显著效果。酒损由去年9.66%下降到6%；标损由去年的3.04%下降到0.84%；吨酒粮耗由去年的191.93公斤降到184.99公斤。因此全厂总的吨酒成本由去年的889.01元降到790.41元，每吨成本下降90.60元，总产量4.3万吨，成本下降这一项就增值423万元。

高举旗帜继续前进

该厂的领导班子，是个团结进取开拓型的班子，队伍是个敢打硬仗，有拼搏精神的队伍，他们决不停留在已有的水平上，8万吨扩建工程刚刚投产，他们又开始勾画新的蓝图：

1. 要积极开拓市场，使8万吨生产能力尽快达产。

2. 在达产的基础上，进一步稳定和完善之后，在2000年之前再扩建2万吨，使生产能力达到10万吨。

3. 采取积极措施，使万吨饲料生产车间尽快达产，发挥效益。

4. 利用自有饲料资源，搞示范场，大搞养猪、养牛、养鸡，广开财源。

全厂决心在十五大精神指引下，高举邓小平理论旗帜，昂首阔步，迈向新世纪，为振兴经济，再创辉煌！

吉林省通化啤酒公司

吉林省通化啤酒公司始建于 1958 年,当时隶属于通化市葡萄酒厂的一个分装车间。1994 年,成立了通化啤酒公司,现有职工 1 073 人,各类专业技术人员 172 人。拥有固定资产 3 667 万元,年生产规模 4 万吨,厂区占地面积 6 万平方米,主要产品有"天池"牌通化啤酒 9 度、10 度、11 度、12 度 BX,精制 12 度 BX,黑米 12 度等系列啤酒以及威尔逊鲜啤酒和扎啤。通化啤酒系选用优质原料,采用传统工艺酿制而成,素以清澈透明、酒体醇厚、泡沫洁白细腻、挂杯持久、甘洌爽口而著称。在啤酒行业中,通化啤酒一枝独秀,深受广大消费者的喜爱,产品多次获得殊荣。

1994 年,行业评比被命名为吉林省行业优秀产品,同年 7 月在全国食品工业协会举办的评比中,通化 12 度啤酒被推荐为全国食品行业优秀产品奖;1995 年,12 度通化啤酒被推荐为 1995 年吉林省消费者喜爱产品;1996 年,获吉林省消费者协会产品信誉企业和关东八大名酒殊荣;1997 年,12 度通化啤酒获中国食品行业名牌产品。

该公司几年来,在以总经理方新阳同志为首的领导层带领下,深化企业内部改革,紧紧把握市场脉络,通过内涵挖潜改造,更新设备,兼并联合,资产重组,狠抓产品质量,推进技术进步,强化企业管理,使企业在短短的 4 年中,即从濒临破产的边缘,走上了振兴之路,四年四大步,企业面貌发生了根本变化,经济效益大幅度增长,一举成为通化市明星企业。

抓管理上水平,向管理要效益 总经理方新阳始终注重抓住管理不放松,形成了该公司独具特色的管理模式,即自主管理的组织体系;自主管理的目标体系;自主管理的考评体系。实行了成本控制等 8 项目标管理考核指标,把这些指标纵向分解落实到生产车间、班组及个人头上,使人人肩上有指标,个个身上有担子;横向上,加强了机关科室的责任心,实行了科室包车间的连带责任制,从而形成了人人关心生产,人人关心经营,人人关心效益的利益共同体。独具特色的管理模式给企业带来了巨大的经济效益。企业连续四年实现了产量、产值、销量、销售收入、税金、利润和酒损、瓶损、盖损、吨酒耗粮、耗煤、耗电等"六增六降",创造了历史最好水平。

抓质量上档次,向质量要效益 该公司坚持以质量求生存,向质量要效益。几年来,他们多次投资搞技术改造,先后解决了水质、设备、工艺、技术中的难题,使产品质量有了质的飞跃。建立了从原材料采购,到生产工序等一系列质量保证体系,建立健全了质量管理责任制,采取质量与工资奖金挂钩的办法,实行质量一票否决制,严格工艺纪律和操作规程,形成了人人重视质量,人人关心质量的好局面。良好的产品信誉,过硬的名牌效应,使企业步入了质量效益型的发展轨道。现在,该公司的产品供不应求,经济效益大幅度增加,1997 年实现利税 661 万元,一跃成为通化市直工业企业屈指可数的利税大户。

抓兼并上技改,向规模要效益 为了企业的长远发展,为了免于在激烈的市场竞争中被淘汰,该公司搞兼并,上技改,千方百计扩大企业规模。1997 年 3 月份,公司以产品和技术的优势兼并了辉南啤酒厂,成立了分厂。只花了 400 万元买断,节省资金1 400万元,以较小的代价就达到了扩大规模的目的,走出了一条以资本运营,低投入多产出,低成本搞扩张的路子。兼并后使生产规模达到了 2.5 万吨,但距全国小型啤酒厂的规模还差一截。为此,1997 年他们又投资 838 万元对现行生产的灌装生产线实行改造,扩大生产规模 1.5 万吨,至此该公司的生产能力已达到 4 万吨,为今后的大发展注入了新的活力,奠定了坚实的基础。

抓销售占市场,向销售要效益 该公司确立了"全厂围着生产转,生产围着销售转,销售围着市场转"的工作方针,畅销的增产,平销的限产,滞销的停产,始终盯住市场不放松,领导带头考察市场,走访用户,不断地调整销售政策和策略,不断地调整充实销售力量,提高销售水平,对销售人员实行"四包一定",充分调动了销售人员的积极性,不断地拓宽销售渠道,扩大市场容量,使该公司的销售形势越来越好,连续四年,市场占有率、回款率都达到了 100%。

通化啤酒公司以其独具特色的管理模式,使企业步入了质量效益型的发展轨道。企业多次荣获"优秀企业”、“三好企业”、“思想政治工作优秀企业”、“基层党组织先进单位”等称号，1997年又获“全国食品行业质量效益型先进企业”光荣称号。

（撰稿人 李 霞）

新疆乌苏啤酒厂

新疆乌苏啤酒厂是1986年建成投产的县办国有企业。建厂以来，经过3次技术改造，生产规模已由当年年产啤酒5 000吨发展到目前年产啤酒5万吨、麦芽8 000吨、饮料2 000吨、玻璃制品1.5万吨的国家中二型企业，自治区二级企业。该厂下属8个分厂，4个公司，9个职能科室，职工1 200人。企业拥有总资产1.4亿元，集啤酒、麦芽、饮料、高级调味品、玻璃制品、水泥制品、汽车运输、服务业为一体的跨行业，跨所有制，国有、集体、股份制多种经济成份并存的企业集团化框架已经形成。目前正在积极筹备组建股份制企业集团。

该厂建厂11年来，共计向市场提供优质啤酒24.5万吨，创产值2.58亿元，完成销售收入4.88亿元，实现利税1.4亿元。多年来，乌苏啤酒厂的12度淡色啤酒先后获得自治区优质产品奖；自治区新技术新产品开发奖；全国“明星啤酒”大奖；曼谷国际名酒博览会金奖；全国食品行业优秀产品和新技术、新成果发明金杯奖。企业也被授于AAA级企业形象；自治区级文明单位；自治州和地区级思想政治工作优秀企业；全国啤酒厂家经济效益百强企业之一；连续九年“重合同、守信用”先进单位；全国食品行业质量效益型先进企业等称号。乌苏啤酒以上乘质量畅销天山南北，受到各民族顾客的青睐，乌苏啤酒的名牌效应与日俱增。

1997年该厂各族干部职工高举邓小平理论的伟大旗帜，认认真真学邯钢，扎扎实实抓管理，迎来了建厂以来，生产经营效益最好的年景；全年生产啤酒47 510吨，完成销售收入12 128万元，创产值5 701.2万元，上缴税金2 335.3万元，实现利润1 050.8万元。与上年同期产值相比，分别增长了20.6%、17%、20.6%、44%和19倍多。

党的十五大提出了加快推进国有企业改革的经济发展战略，改革是企业发展的唯一途径。近年来，该厂以深化改革为轴心，一方面抓企业的经营机制转换，学邯钢、抓管理、降成本、增效益，建立完善四个体系，不断发挥名牌效应：一是建立以国有资产管理为核心的企业内部管理体系。树立全员以国有资产增值为管理目标的观念，建立完善各种规章制度，实行“计划统一、管理从严、分配合理、投入增值”的原则；二是建立以成本资金管理为中心的现代企业财务管理体系。完善财务制度，加强成本目标管理，层层分解经济指标，将物耗同工资挂钩，严把成本核算关；三是建立以不断提高产品质量为中心的质量管理体系。经过多年的努力，该厂已培养出一支素质高，能打硬仗的质量管理队伍。根据生产工艺要求，分别在制度、酿造、糖化、包装等生产关键部位和影响产品质量的主要环节，设立了36个产品质量检测点，用于指导和推动全厂全面提高产品质量工作。建立了32个QC小组，设立22个科研攻关课题，针对性地研究解决产品质量中的热点和难点问题，坚持用信誉和质量两块牌子取信于广大消费者。从1997年起，该厂积极开展产品质量认证工作，计划用两年时间，使乌苏啤酒达到ISO 9000标准，力争早日与世界质量标准接轨；四是建立以占领市场开拓市场为中心的市场营销管理体系。该厂首先充分发挥名牌效应，利用质量优、信誉好的优势巩固销售市场。其次加强销售队伍建设，组建一支能适应市场多变的高素质的销售队伍，以优质服务开拓新的销售市场。同时，坚持实用、经济、合理、有效的原则抓技术改造，尽力使企业的经营活动同市场需求接轨，以取得最佳经济效益。另一方面，该厂以资产为纽带，以优化结构为前提，实行多种形式的联合和股份制，使企业逐步向现代企业制度迈进。近年来，该厂先后以职工集资入股的形式建立了“西露饮料股份合作公司”；与香港兄弟股份公司、中国资源利用协会合资兴办了以啤酒酵母为原料的超鲜调味品有限公司；与其他企业联办了以造纸、纸箱生产为主的永达工贸股份公司。同时，兼并了一家连续多年亏损的水泥制品厂，实施了对新疆库尔勒啤酒厂的托管。最近该厂与哈萨克斯坦共和国塔迪库尔干联建啤酒厂项目,以及引进外资与芬兰拉赫帝波帝莫有限公司联建麦芽厂项目,已通过相互考察,达成协议,进入实施阶段。这样,一个跨行业、跨地区、跨所有制形式、跨国的经济母体已基本形成,为集约化、集团化适度规模经营打下坚实基础。

今后,该厂要高举邓小平理论伟大旗帜,在党的十五大精神鼓舞下,遵照"三改一加强"的方针,加强企业内部管理。在人才、成本、质量、市场诸多方面采取更切实可行的策略和更大规模的行动,加大融资、联合和技术改造的力度,使该厂到2000年形成年产啤酒20万吨,麦芽5万吨、饮料1万吨、玻璃制品3万吨,实现销售收入6亿元,税金1亿元,利润6 000万元,工业增加值达到2.4亿元,进入新疆较大型企业行列。

(方自强　撰稿)

甘肃农垦啤酒股份有限公司

甘肃农垦啤酒股份有限公司是省农垦直属的省一级国有工业企业。是由原甘肃武威啤酒厂、兰州啤酒厂和新疆喀什啤酒厂为骨干,以久负盛名的河西走廊15家国有农场优质啤酒花、啤酒大麦原料基地为后盾而组成。形成啤酒生产能力15万吨,有西凉、五泉两大系列21个品种的产品,拥有总资产4.5亿元,啤酒产业职工3 000人,各类专业技术人员360人,占地面积21万平方米。拥有主要生产设备280台套,其中进口设备15台套。该公司有为主业配套的2万吨麦芽分厂,凭借农垦得天独厚的原料优势,以雄厚的技术力量,一流的工艺设备为啤酒生产提供优质原料。还有纸箱厂、彩印厂、外贸公司、销售总公司及驻外40多个销售分公司。该公司是以啤酒为龙头,集种植、商贸、服务于一体的综合性跨行业经营运转的大型企业集团。

龙头企业武威啤酒厂建于1961年,1984年转产啤酒,经过13年技改和扩建,已形成年产4万吨的生产能力,年实现利税3 500万元以上,是武威地区的第一利税大户。该厂全面实施名牌战略,"西凉""花雨"两大系列14个品种畅销甘肃、新疆等省区,出口俄罗斯、乌兹别克、吉尔吉斯斯坦等国家,名列甘肃啤酒出口榜首。

骨干企业兰州啤酒厂始业于1958年,是西北啤酒工业的摇篮,从这里为甘肃及西北地区啤酒工业的发展培训、输送过不少人才,该厂拥有西北地区最先进的工艺设备,经过两次扩建,达到5万吨生产能力和10万吨的发展潜力,以传统工艺生产的"五泉"牌啤酒具有独特的风味,先后多次荣获国内外金奖,为全国明星啤酒。

公司所属新疆喀什啤酒厂位于祖国西疆边陲,环境优美,水资源丰富,生产11度、12度淡色啤酒及矿泉饮料,随着周边地区经济的飞速发展和南疆铁路的延伸,四个口岸的开放和国际机场的落成,将形成一个广阔的啤酒销售市场。

该公司以国有企业为主体,组成啤酒工业的联合舰队。组建后的集团,设备先进,工艺精良,技术力量雄厚,各厂优势互补,相得益彰。该公司实行董事会领导下的总经理负责制,并完全按照现代企业制度建制。顺应市场经济大潮,超前市场建设,构成了从内到外统一指挥、分级管理的销售网络体系。在"十五"大精神指引下,随着逐步实行股份制改造,将步入现代化管理的快车轨道。

该公司主管单位甘肃省农垦总公司,具有大规模发展啤酒工业的三大优势:一是得天独厚的原料优势。甘肃农垦已建成啤酒大麦基地250万亩,年产量达8万吨以上。大麦、酒花的深加工得以拓展,已形成以啤酒公司麦芽分厂、饮马、八一、黄羊河等麦芽厂为主的年产7万吨麦芽加工能力;与澳大利亚合资兴建的天马啤酒花公司,颗粒酒花年加工量0.2万吨,使甘肃农垦啤酒原料产业具备了相当规模,成为优势产业。甘肃农垦生产的大麦品质优良,可与"澳麦"媲美,被国内啤酒厂家所争购。二是啤酒企业的管理优势。武威啤酒厂是近年来异军突起的啤酒企业,经营情况一直呈快速上升势头,每年以25%的速度递增,效益连年提高。在市场竞争中,形成了一整套比较成功的管理制度和经验,培养了一批素质高,业务能力强的管理人员和销售人员。特别是今年省农垦总公司购并兰州啤酒厂以来,使农垦的优势、武啤的管理、兰啤的规模、喀啤的地缘优势得以有机的结合。该公司更以崭新的面貌,势不可挡的发展势头,屹立在风云变幻的市场上,是一颗升腾在黄河之滨、祁连之麓、西疆边陲璀璨夺目的明珠。三是名牌产品优势。现已形成的西凉、五泉两大系列产品,以精良的品质和优质的服务,深受消费者青睐。市场占有率不断提高,销售战线不断延伸。西凉牌啤酒被评为全国公认的最佳明星啤酒,荣获国家"绿色食品"标志和甘肃省首批名牌产品。1997年获全国食品行业名牌产品,为甘肃啤酒行业赢得唯一质量名牌的殊荣。在国家举行的"'97消费者心中的理想啤酒品牌"评选中金榜提名进入十佳。

面对21世纪,该公司将以老农垦人"开荒屯田、艰苦奋斗"的光荣传统为企业精神;以"优质、高产、低耗、严管"为企业宗旨;坚持"以质量求生存、以改革求发展的企业方针"。多渠道增加资本金,继续走兼并联合的道路,打破区域界限进行多元渗透,使啤酒产量早日跃上年产30万吨的新台阶。加大科技投入采用新技术、新工艺,吸取国内外同行业科技精华,以确保技术领先地位,不断提高产品档次和水平。扬起铸造自我品牌的风帆,用一流的产品质量叩开市场的大门,创造出不平凡的业绩,为发展中国民族工业谱写新的光辉篇章。

宣化钟楼啤酒集团有限公司

宣化钟楼啤酒集团有限公司是经河北省政府批准改制设立的国有独资公司,其前身是宣化啤酒厂,始建于1949年,是河北省最早生产啤酒的厂家,拥有固定资产5.6亿元,现有职工2 000余人,生产能力达30万吨,国家大型一档企业,河北省大型支柱性企业集团。

该公司生产的钟楼牌系列啤酒是河北省的名牌产品,免检产品,并被省政府命名为"河北五大名饮"之一,钟楼牌商标被定为"河北省著名商标"。自1984年以来,在历次质量评比中屡屡夺魁,产品畅销全国,特别是河北、山西、内蒙、宁夏、东北等地,并批量出口俄罗斯、蒙古、哈萨克斯坦等国家,市场占有率和市场竞争力均在全国同行业中排前10位,1995年获得了国家方圆认证委员会的质量认证,实现了与国际质量标准接轨。经河北省科委批准,在该公司设立了河北省啤酒研究所。

提高产品质量,实施名牌战略

质量是企业生存的保障,质量是增强消费者品牌意识的依据,没有质量便没有一切,企业要发展,质量是关键,该公司长期坚持"高质量、严管理、上档次,保名牌"的质量方针,把质量视为名牌的核心,视为名牌的生命,坚持以上乘的质量巩固名牌,具体作法:一是全面推行ISO 9000质量认证体系,1995年,该公司在省内同行业中率先通过了国家方圆认证委员会的质量认证。二是颁布厂长令,要求全公司把实施名牌战略作为"厂长工程"来抓,要求上岗职工严格执行(质量手册)。三是抓质量管理,对上岗职工进行教育和严格培训,使公司生产的每一瓶啤酒都要以名牌的质量为尺度,对每一位消费者负责。四是严把各道质量关,从原料进厂直至产品出厂实行全过程质量监控,各项质量指标层层分解,层层落实,责任到人,从而使钟楼啤酒的质量不断提高。

学邯钢经验,强化管理增效益

在市场经济大潮冲击下,该集团紧紧依靠改革管理、技术进步、挖潜增效,要求全体员工认真学习邯钢模拟市场核算,实行成本否决的成功经验。结合自身实际,实行"内部承包"和"内部银行"的管理办法,将各项经济指标层层分解,直到生产班组乃至个人,充分挖掘自身工作岗位的潜力,节能降耗。钟楼集团被全国轻工总会授予"全国节能先进企业",中国设备管理协会授予"全国设备管理优秀企业",河北省政府授予的"全省学邯钢先进企业"等称号。

树立市场经济观念,创规模效益

在激烈的市场竞争下,企业面临良好的机遇和严峻的挑战。公司领导经过对钟楼啤酒认真仔细的市场调研,看到了它的优势和劣势。其优势一是钟楼啤酒是老牌名酒,尤其是在华北及京津等地有很高的知名度。二是口味适合于北方人的消费习惯。三是价格适中,能为广大消费者所接受。其劣势在于规模较小,包装装潢落后造成部分市场萎缩,因此,公司坚持走"滚动发展,扩大规模"的道路。从1991年到1997年的7年间就跨了四大步,头一大步是1991年到1992年,啤酒生产能力由6万吨发展到8万吨;第二大步是1993年到1994年,由8万吨扩大到12万吨;第三大步是1994年到1996年,由12万吨扩大到15万吨;第四大步是到1997年底,生产能力由15万吨扩大到30万吨。1996年河北省省长叶连松同志,到钟楼集团视察时指示"钟楼啤酒要发展到100万吨",钟楼集团按照叶省长指示,抢抓机遇,不等不靠,着手实施百万吨规划,即在"九五"末啤酒生产能力达到100万吨,目前,前期的10万吨工程已打桩开工。

发展民族经济,走大集团道路

该公司是河北省现代企业制度试点企业和全省30户大型支柱性企业集团的核心企业之一,1994年开始现代企业制度试点以来,先后完成了公司化改造,国有资产授权经营和集团组建工作。目前,宣化钟楼集团,已发展成为拥有宣化钟楼啤酒集团鞋业公司、林胶厂,附属企业公司,承德啤酒厂,康保酿酒总厂,怀安啤酒厂6家子公司和7家包装材料配套厂家,以啤酒生产为主,制鞋、饲料、白酒、饮料、酿母等多种产品全面发展的大型综合性企业集团。为继续向集约化发展,实现产权组合产业结构的融合,充分发挥名牌效益之路,钟楼集团目前正与其他几家啤酒厂进行并购事宜的洽谈。

当好领头雁,求得大发展

公司的飞速发展离不开好的领路人,宣化钟楼啤酒集团有限公司董事长兼总经理要世威同志,是一位勇于开拓、敢于改革、求实真干的好经理。自1989年至1993年连续5年被省轻工业厅授予"省轻工系统优秀管理者"、"省轻工系统优秀企业家"等称号,1994年先后被省轻工业厅、省工业工会、中国轻工业工会分别授予河北省和全国"轻工系统全心全意依靠职工的优秀经营者"称号,国家轻工总会授予的"全国轻工业优秀企业家"等光荣称号。

1988年1月,要世威同志上任之际,首先下力抓领导班子建设,坚持了12个字,即"勤谈心、说明处、多帮助、做表率。"凡重大事情,都由集体研究决定,从不搞"一言堂"。大胆用人的魄力和艰苦细致的工作,使厂级领导班子形成了一个团结战斗的坚强领导核心。

九年来,宣化钟楼集团的啤酒生产能力由5万吨增到1997年的30万吨,九年增长6倍,利税由1 400万元增到6 288万元,九年增长4.5倍。在市场经济条件下,要总经理运筹帷幄,坚持走实施名牌战略,走科技兴厂之路,并亲自率领销售队伍攻占市场。为了适应市场经济,该公司以极大的魄力兼并了宣化制鞋厂,收购了破产的承德啤酒厂;集团的成立,不仅壮大了自身的实力,为地方财政增加了收入,而且也为社会作出了贡献。该集团在总经理的领导下将凭借雄厚的实力,雄姿勃勃地参与市场竞争。

(苏立轩)

新疆伊犁酿酒总厂

新疆伊犁酿酒总厂因盛产闻名遐迩的新疆第一酒——伊力特曲而享誉区内外。

该厂经过40年的发展,已由当初的酿酒作坊发展成为下辖15个科室、5个酿酒分厂及科研所、热电厂、纸箱厂、运输车队、伊力特大酒店、综合贸易公司等以酿酒为龙头,集生产、科研、服务于一体的综合经营性国家大型企业。拥有资产4.76亿元,年产曲酒万吨,创利税亿元。主要生产"伊力"牌伊力老窖、伊力特曲、伊力大曲、伊力酒、伊力白酒、伊力景天特曲等三大类19个品种规格的系列酒产品。产品畅销全国20多个省区,部分产品出口韩国、澳大利亚、独联体等国家和地区。

该厂具有国内同行业先进水平的立体发酵制曲微机监控系统、长窄形优质泥窖和上万吨的大型不锈钢贮酒罐等生产设备。企业内部建立了新疆农垦第一白酒科研所、色谱微机工作站及中试车间(拥有从浓香型白酒到保健酒等系列产品的各种试验窖、发酵池),并配备齐全了检验和试验装置。现有1名国家级评酒委员和3名自治区级检评委员。

在"质量一流、满足顾客、科技优先、超越自我"的质量方针指引下,该厂坚定不移地走质量效益型道路,坚持科学技术是第一生产力,企业质量管理水平不断提高,从制曲工艺到产品的勾兑检评,逐步采用了微机监控和微机管理,按照GB/T19002~1994 idt ISO 9002:1994质量管理标准完善有效的质量管理和质量体系。主要产品伊力特曲被誉为"新疆第一酒",并为全疆公认为名牌。"伊力"牌系列酒合格率经国家质量监督部门抽检,连续八年达100%。1990年、1991年分别荣获新疆维吾尔自治区和农业部质量管理奖;1992年被批准为大型二档企业,并列入全国饮料行业500家大型工业企业、100家大型饮料制造企业;1993年被评为"中国白酒制造业最佳经济效益百强之一";1994年名列"中国500家最佳经济效益工业企业饮料制造业第30位"及"中国饮料制造业最大经营规模工业企业第78位";1995年被评为"中国明星企业"、"中国企业最佳形象AAA级企业"以及"新疆维吾尔自治区优秀企业"和"全国信誉度百佳企业"称号;1997年"伊力"牌伊力老窖、伊力特曲被评为新疆维吾尔自治区质量监督免检产品,1997年荣获全国食品工业科技进步优秀企业,1997年获"全国酒行业优秀企业奖"。

1997年该厂全年实现工业总产值2.357亿元(按现价计算),生产(销售)白酒1.3万吨,销售收入达3.3 465亿元,创利税1.6 416亿元,产销率达100%,总资产报酬率达26.57%,净资产收益率达63.39%,资本保值增值率达83.52%,在新疆维吾尔自治区同行业处于领先水平。

近几年该厂的具体做法是:

重改革,转换机制添动力

在企业内部深化"三项制度"改革,把职工个人的切身利益和企业利益真正挂起钩来,激发和调动职工的积极性。推进"优化劳动组合"、"岗位定员合同制"和"上岗靠竞争、守岗靠技能、报酬靠奉献、管理靠制度"的激励机制。从而使职工与企业结成了休戚相关的利益共同体;加大以优化资产为重点的企业组织结构调整力度;加大工效挂钩弹性化的力度,采取了按效率取酬的办法,实行了个人收入与企业效益、工作实绩、产品质量、节能降耗相对称的分配体制,从而形成"一厂多制"的工资分配和兑现机制,通过机制的转换,为企业增添了动力。该厂依照《公司法》,采取改组、联合、兼并、租赁、承包经营等多种形式,对企业进行改制,使新疆伊力特实业股份有限公司的雏型基本形成。兼并了楼兰酒厂,参股了伊犁州投资信托公司,伊犁州糖烟酒公司,控股了乌市亚馨大酒店,首次实现了兵团工业企业跨地区、跨师局、跨隶属关系、效益重组和经营的突破。这些举措拓宽了该厂一业为主,多种经营的发展经济路子,增强了企业综合经济实力。

团结务实,开拓进取的领导班子,促进了企业经济效益的提高

该厂党委一班人能够认识自己肩负的责任,牢固树立公仆意识,发扬党的光荣传统和优良作风,能真抓实干,带头讲团结,大事讲民主、讲原则、多商量、多勾通,小事讲谅解,在工作中形成了合力,在敏感、热点问题上,能够有效地坚持民主集中制的原则,集体讨论,形成共识,以便达到最佳决策。

抓管理,节能降耗挖潜力

1997年逐步形成了定额的逐级管理,逐级考核的新体制,把主要定额指标纳入到经济责任制之中,进行严格的考核,使主要消耗指标达到了同行业的先进水平。

通过开展全面、全员、全过程的成本核算活动,迫使全厂职工主动面向市场、眼睛向内,由过去重产量、重产值观念向重质量、重效益的市场经济观念转变。1997年产品名优酒率达到88%,计划成本降低5.89%。

依靠科技,发展生产力

该厂坚持对内实行"三结合"(生产、科研和群众性小改小革相结合),积极开展群众性的QC小组活动,做好各种课题的研究和试验,近年来,该厂获得国家级QC成果优秀奖2个,兵团QC成果一等奖3个,二等奖6个,三等奖3个,轻工行业一等奖1个,二等奖3个。

固名牌,以质取胜求发展

该厂紧紧围绕企业名牌"三部曲"(树名牌、创名牌、扬名牌)的战略构想,积极推进了以全面质量管理

为龙头的质量方针，不断强化职工的质量意识，创优意识和竞争意识，健全责任制，全方位的实施了质量目标管理，以过硬的产品质量赢得和占有了市场。

拓市场、以销促产增效益

1997年，在白酒市场激烈竞争的情况下，紧紧围绕“重质量、创名牌、拓市场、求效益”的方针，在牢牢把握质量的前提下，大力开拓了市场。确立了“巩固新疆市场，占领西北市场，挺进中原辐射全国，沿陇海铁路建立黄金销售带”的营销策略。现在“伊力”牌名牌产品销往内地市场已达 4 770 吨，占总销售量的34%。

上海牛奶(集团)有限公司

上海牛奶(集团)有限公司自1956年发展至今，已成为中国最大的，以乳制品为主业，集牧、工、科、贸于一体的现代化乳制品专业集团公司之一。该公司在由专业化向多元化发展的稳健步伐中，在商业、房产、乳品机械等领域都取得不斐业绩。1997年，公司进入国际资本运作的新阶段：与香港红筹股领头羊“上海实业”合资运作的“上海光明乳业有限公司”正整合其庞大的生产规模、强大的科研能力、先进的技术设备、现代的行销网络，以“光明”品牌为先导，争做乳业国家队，并全力跻身国际乳品行业。

该公司拥有国内最大的牧场和世界一流的挤奶及恒温冷藏系统，控股、合资、承包经营大小牧场80多家，存栏奶牛28 000余头。先后控股经营的内蒙古呼伦贝尔光明乳品有限公司、黑龙江光明松鹤乳品有限公司、西安光明乳品有限责任公司等各地资源为集团公司因全国市场拉动而不断扩大的生产规模提供充足的新鲜原料。从50年代生产消毒牛奶至今，该公司已拥有相当成熟的国内领先的净化、标化、均质、保鲜、超高温等技术能力及其相应的国内最先进的系统设备，日处理生奶能力达650吨，年产鲜奶、奶粉、酸奶等乳制品近16万吨。在积极向国内同行辐射转移的同时，其自主开发和国外引进相结合的高科技设备已具有生产经“生物工程处理”的新一代产品的能力。

该公司分别与加拿大、丹麦政府合作建立的上海奶牛育种中心和上海乳品培训中心是具有世界先进水平的科研机构。育种中心引进加拿大原种公牛和奶牛，培育优良种质，提供培训、技术咨询和服务，每月能对20 000头奶牛进行DHI测试，年产冻精40万支，销往全国28个省市。乳品培训中心集教育培训、质量监测、新品开发、科研情报和技术服务于一体，拥有10条不同的乳品生产流水线，1997年实现了“一周一品”的新品开发目标，另外，它是国家授权的农业部食品监测中心、上海乳品检测站和绿色食品检测站。每天，优质生奶即是通过乳品培训中心监测后被源源不断地送到加工企业。

行销网络正由上海和华东向全国辐射。在上海，就拥有2 000多个鲜奶发送网点，1 000只冷柜，1 800多个直销网点，近600只牛奶亭和近100家24小时便民“可的”连锁店。这样的立体型、多功能网络保证了公司在上海市场上高达90%的市场占有率。目前，该公司已在华东、华南、中南、西南、西北、华北、东北地区辟有4 000多个销售网点。

该公司开拓了四大产品品牌：“光明”、“可的”、“三岛”、“松鹤”。“光明牌”商标是著名商标，“光明牌”乳制品是“上海市名牌产品”，其中多种产品被列为中国绿色食品。目前，“光明”乳品有鲜奶、酸奶、超高温灭菌奶(UHT)、高品奶、奶粉、100%果汁等11个产品系列，其产品线正不断延伸和深化。“可的”是以非乳制品食品为主的品牌，包括冻品系列、冰品系列、烘焙食品系列、饮用水等。该公司将不断为消费者提供令其满意的绿色食品。

创名牌，创效益的主要经验

创品牌的立意高 “创国内一流，与国际接轨”是公司奋斗的目标，创品牌不仅为提高销量，更为振兴民族工业。正由于此，在积极向外国同行学习的同时，敢于向他们挑战、抗衡、超越。在与法国达能公司合资生产酸奶时，坚决保持光明酸奶的生产，自1996年光明酸奶的市场份额超过达能后，目前，光明酸奶的日销量已是达能酸奶的4倍。

产品质量是品牌立足市场的基础 乳制品的质量直接受奶源的影响，该公司坚持按国家标准验收并

组织生产。为了对消费者负责。仅在标准化生产工艺的投入上,每年均在1 000万以上。

品牌必须有最大的市场份额 该公司立足上海,放眼全国,用全国资源做全国市场。"光明"在数年的市场风雨中,认识到要以现代营销理念改造自我,把握国企改革大趋势,大力扩展市场网络,提升品牌资产,进入良性大循环。

广告宣传是弘扬品牌的必要手段 1996年公司投入广告费用1 000多万,1997年达2 400多万,销售收入增长了25%。1998年将投入更多的资金塑造公司一流的企业形象。

高质量的新品是品牌长盛不衰的保证 争做乳业国家队的信念使该公司对"科技是第一生产力"有着深刻的体会,每年对新品的投入都不断加大力度,从而保证并将保持该公司产品在国内的领先地位。

该公司在质量、效益稳步提高中,社会效益同步增长,至今,已连续9次被评为"市优秀公司"。总经理王佳芬被评为全国优秀女企业家、全国食品行业优秀企业家、全国先进女职工、上海市三八红旗手、推荐为1997年度上海市劳动模范。可以预见,在"以光明品牌为核心,管理、营销、科技革命为三大基本点"的发展方针指引下,该公司将日益显示其"光明"品牌实力,不断超越自我,延伸和升华产品线,走上光明大道。

华夏葡萄酿酒有限公司

华夏葡萄酿酒有限公司成立于1988年,是由中国粮油进出口总公司、香港新时代公司和鹏利(法国)股份有限公司三方投资兴建的中外合资企业。主要生产"长城"牌高档干红葡萄酒,是中国第一家生产干红葡萄酒的专业公司,也是国内率先出口干红葡萄酒的企业。

该公司坚持"以科技为先导,以质量求发展,向管理要效益"的经营宗旨,树立"创名牌、发展名牌"的战略目标。公司成立十年来,曾先后荣获"'89第29届法国国际评酒会特别奖"、"'90第14届巴黎国际食品博览会金奖"、"'94布鲁赛尔国际葡萄酒选拔赛大奖",在国内获轻工业部"优质产品奖"、"国家科委'七五'星火计划成果博览会金奖"、"全国食品行业名牌产品",河北省"名牌产品"等20多种奖励。"长城"干红葡萄酒还被外交部指定用酒和和中国绿色食品发展中心认证为"绿色食品",1997年该公司又获"国家质量效益型先进企业",河北省政府"先进技术企业",河北科委"高新技术企业"等荣誉称号。1997年公司实现产值1.2亿元。销售收入1亿元,利税3 800多万元,资产总值由当初700万元发展到现在5 520多万元的规模,真正走出了一条速度较快,效益较好,整体素质不断提高的质量效益型发展道路。

作为国内干红葡萄酒的龙头企业,该公司从成立之日起就立足高起点、高档次,在注重引进外国先进生产设备的同时,还充分发挥自身技术优势,促进中国葡萄酒行业的发展。公司的具体作法有以下几点:

以全面质量管理为中心推动整体管理

该公司视质量为企业的生命,为争得名牌质量效应,自创办以来就首先通过了全面质量管理的达标验收,运用TQC思想建立从总经理—生产技术部经理—试化室主任—技术工人等质量管理体系,对产品质量实行一票否决制,通过分析质量信息中心的记录,采取纠正和预防措施使产品质量不断提高。该公司一开始就把产品质量与国际ISO 9000质量标准并轨,严格执行国际葡萄酒局(O、I、V)质量标准,并完成了"双采验收"。在国家技术监督局名优产品检测工作历次抽查中,该公司生产的"长城"牌干红葡萄酒质量始终处于领先地位,产品合格率100%,出口产品经商检局检验全部合格。

充分发挥当地的自然气候、土壤优势,引进国际新品发展自己的干红酒原料基地,从根本上提高产品档次

昌黎地区具有得天独厚的地理位置和自然条件,具有效积温、日照、昼夜温差,降雨量以及土壤、水质,采收期等方面都与法国干红酒著名产区——波尔多相似,某些方面还优于波尔多地区。1984年公司就以

1美元1株的价格从法国引进国际酿酒名种——赤霞株脱毒苗木,投资95万元率先在昌黎凤凰山区扩植,经过十几年的努力,初具规模,实现了原料基地化、基地良种化、良种区域化,形成了国内独一无二的最大最佳的酿制干红葡萄酒的良种葡萄园万余亩。

发挥国内技术优势,引进国外先进设备,以科技进步促效益

该公司技术力量雄厚,总经理严升杰是一位高级酿酒工程师,国家级评酒委员,此外还有专业技术人员多名,早在1980年就承担并完成了国家轻工业部的"葡萄酒新工艺"和"国家科委的高档干红葡萄酒"两个重大科研项目,填补了干红葡萄酒的国内空白,替代了进口酒。公司成立后一方面不断收集国内外的资料和信息;另一方面又从工艺设计、生产流程以及设备配置上下功夫,引进法、德、意酿造、灌装生产线的全套设备,为执行工艺技术条件奠定了坚实基础,为稳定产品质量提供了保障。

该公司更加注重科技人才和科技创新。坚持"公开招聘、公正录用、公平竞争"原则吸引人才,鼓励员工自学成才;派人去国外参观学习,进行学术交流,并邀请外国专家来厂进行技术讲座。不断提高员工科技文化水平。在公司现有员工中具有大专以上学历的占22%,专业技术人员占41%,员工的文化素质和专业素质居全国同行的前列。

实施名牌产品战略

该公司为树立中国自己的名牌"长城"干红葡萄酒,在创名牌、发展名牌的过程中,率先把产品推向国际市场,依托优良的品质和多次获国际大奖的优势,产品先后出口到英、法、德、荷、比、瑞典、新加坡、香港等十几个国家和地区。同时,积极培育国内市场,抓住国内干红酒热的有利时机,首先占领广东市场,进而带动上海、北京、四川以及全国其他市场。目前,该公司生产的"长城"牌干红葡萄酒出口量居第一位。在全国市场稳居主导地位,市场占有率30%以上。

为在将来的竞争中立于不败之地,该公司将继续"坚持信誉至上,质量第一"的原则,严把质量关;计划投资2 000万元兴建5 000平方米的钢体结构厂房和地下室,进口法国橡木桶2 000个实现法式橡桶存贮,提高产品的质量和生产能力;进一步调整产品结构,研制开发提供出口的新产品——华夏干红葡萄酒、开发华夏佐餐酒系列,以满足国内外市场不同消费者的需求。

杭州卷烟厂

杭州卷烟厂座落在美丽的西子湖畔,创建于1949年10月,原名利群卷烟厂,属军需工厂,1952年转为地方国营企业,1964年更名为杭州卷烟厂,1988年成为烟草行业第一批国家二级企业后,现已发展成一座现代化的大型烟草企业。1996年1月经国家局批准兼并了嘉兴卷烟厂,属全国烟草行业内的首例兼并。

目前,该厂拥有员工约1 900人,固定资产9.41亿元,拥有现代化的制丝、卷接包设备及先进的检测设备60余台(套),年产卷烟50多万箱,形成了以烤烟型为主,混合型、外香型并举的多品种、多规格系列产品。该厂发展至今,共为国家创税利86亿多元。

近年来,在厂长刘建设的带领下,该厂围绕"强化基础管理,优化产品结构,满足市场需求,加快效益增长"的目标,不断深化改革,积极转换经营机制,狠抓"产品改造"、"技术改造"、"管理改造"、"机制改造"和"队伍改造",使该厂的各项基础工作得到了全面理顺,职工队伍素质和该厂的综合实力得到了全面提高,促使生产经营得到持续、稳定、健康发展,保证了该厂的各项主要经济技术指标和生产效益都保持在较高的水平,成为全国烟草行业的先进企业,该厂建立的ISO 9002《质量管理和质量保证模式》于1997年11月获法国BVQI及浙江省质量体系审核中心的双重认证。企业连年跻身全国500家最佳经济效益最大经营规模工业企业行列,在浙江省200家最佳经济效益工业企业前列、先后被评为"浙江省文明单位"、"浙江省优秀企业"、"全国烟草行业先进集体"、"全国烟草行业和食品行业质量效益型先进企业"和"全国职业道德建设先进单位"。厂长刘建设在该厂的发展中,一心一意扑在工作上,勤奋踏实,开拓创新,为国家经济建设和该厂发展作出了突出贡献,先后被评为

“浙江省优秀企业家”、“杭州市劳动模范”和“杭州市经委、市轻工系统优秀共产党员”。虎年年初，又传捷报，经广大选民庄严投票，刘建设厂长当选为“杭州市上城区第十一届人大代表”。

随着该厂产品品牌和产品质量的不断提高，依靠先进的技术，一流的设备，科学的管理，高素质的职工队伍，开发、研制、改造了一批具有杭烟特色的中、高档产品，所生产出的“利群”、“雄狮”、“新安江”、“杭州”、“西湖”、“大红花”等20几只牌号的卷烟质量上乘，口感醇和细腻，香气纯正协调，深受消费者的青睐，产品不但畅销全国各地，还打入了国际市场。在产品结构调整和质量攻关中，实现了中、高档卷烟品牌的成功开发和规模性生产，从数量和质量上拓展了新的经济增长点。1994年和1995年，“杭州”牌和“雄狮”牌卷烟分别获得“浙江名牌”称号。“利群”牌卷烟在1997年的全国烟草行业卷烟质量等级评定中被评为“优等品”，“利群”和“杭州”牌卷烟双双入选49只“1997～1998年度全国名优卷烟牌号”，为了更好地迎接市场挑战和服务于消费者，该厂提出了“高质量生产好每一支卷烟，对每一个顾客负责”的质量方针，建立起了产品全过程受控的质量管理和质量保证，从原、辅材料采购、入库、仓贮、生产、投料和运输的全过程都加以控制，确保生产的每一支卷烟高质量；在把好生产质量关的同时，该厂严把服务关，积极开展信息收集和走访顾客活动，力争为每一个经销商和消费者服好务，努力实现“对每一个顾客负责”的质量承诺。

1997年该厂继续得到快速发展，实现销售收入超26亿元，创税利13亿元以上，利润4亿元，取得了三项指标分别比去年上升28%、45%、65%的良好业绩。该厂的10%重点技改项目也乘势而上，至今已完成了技改工程70%左右的投资额度，投资额达6亿多元。企业的专业和通用设备得到进一步更新和完善，所有的卷接、包装设备都是从德国和意大利进口的PROTOST-70、GDX机组，两台20吨/小时蒸发量的燃油锅炉为企业的动力保障提供了充分保证。技改中的办公大楼和土建工程也全面展开施工，并于1997年年底全面结顶。该厂的软、硬件环境迈上新台阶，为企业的长期，持久和快速发展奠定了雄厚的基础。

展望未来，该厂将在十五大精神的指引下，围绕国家局和省局（公司）的发展方向，以“市场开拓的再突破”、“产品结构的再突破”、“工艺质量的再突破”、“技术改造的再突破”、“基础工作的再突破”和“经济效益的再突破”为中心内容，发扬“精、实、严、创”的企业精神，抓住机遇，继续深化企业内部改革，努力朝着“国内一流、国际先进”的目标迈进。

梅山——马利酵母有限公司

梅山——马利酵母有限公司是中国首家生产高活性干酵母的中外合资企业，座落于美丽富饶的珠江三角洲，由中方的梅山糖业总公司和世界上最大的酵母生产商之一——澳大利亚宾纳斯——菲浦公司合资经营，成立于1985年，主要产品有面包酵母、酿酒酵母、鲜酵母、面包改良剂。

公司自成立至今，梅山牌酵母、改良剂系列产品一直是食品添加剂行业推崇的龙头产品，特别是在“世界杰出华人企业家”、“全国食品工业优秀企业家”等国内外数十项荣誉获得者——公司总经理谢拥葵的领导下，始终不渝地追求产品质量和服务质量，一步一个脚印，一年一个台阶，终于使梅山牌系列产品不仅保持了全国食品添加剂行业龙头产品的地位，而且使产品质量达到了世界最先进水平。

采用高科技，产品质量立足于高起点 公司成立之初，不但引进世界最先进的技术——高活性即发干酵母生产技术，而且从世界各国引进成套的高科技生产设备。产品质量本身具有高起点，出厂产品质量远远高于国家标准规定的优等品质量。不但填补了国内空白，而且成了国家替代进口产品。

大胆革新，产品质量稳步提高 该公司的技术骨干克服重重困难，在消化吸收国外先进技术的基础上大胆革新，对酵母发酵配方和生产过程进行改进，使生产原料全面国产化，产量提高20%，质量达到国际一流产品的水平。

**始终把顾客利益和服务质量放在突出位

置 1995年,创建了独具特色的梅山烘焙技术培训中心,并在全国各地设立分校,开创了行业中企业自己办培训之先河。并成立专门的服务组,一年中4/5的时间在全国各地办培训班、开演示会,手把手指导,在全国形成了优质高效的服务网络,极大地方便了全国广大用户。

采用世界上先进的质量管理模式,通过先进的质量管理系统,保证了产品和服务的高质量 1996年在该公司推行ISO 9002标准,用短短7个月的时间,在国内同行业中首家获得了ISO 9002证书。通过认证,该公司的面貌焕然一新,产品质量再上新台阶,受到了认证机构和国内外同行以及客户的高度评价。国家技术监督局将该公司成功推行ISO 9002的经验进行总结,作为范洌在全国进行推广。

永无止境的追求,不同凡响的杰作 该公司在产品质量长期处于行业龙头未满足,在国内同行业首家通过ISO 9002认证后未满足,而是向更高的目标迈进,要抢占世界第一的位置、争夺世界第一的荣誉。1997年在总经理谢拥葵的主持下,成功地开发出目前国内同行中,唯一能够与国际名牌产品媲美的优质产品——梅山酵母王和梅山牌M38高效改良剂,投放市场即引起轰动,而且供不应求。近期这两个新产品在国内举行的面包制作擂台赛中击败了号称世界第一的同类产品,赢得了同行的刮目相看。

公司正是凭借优质的产品和服务立足市场、取信顾客,在激烈的市场竞争中连创佳绩:梅山牌即发干酵母被授予同行业中唯一的"中国名牌产品"称号,该公司跻身于"中国食品行业500强"、"最佳经济效益50强"的行列,并先后获得国内外权威机构授予的"中国明星企业"、"国际商业名誉奖"等数十项殊荣,产品不仅遍销全国各大中城市,而且还出口到东南亚、中东、欧洲、非洲及港澳地区。1997年创下人均销售额110万元,人均利润26万元的国内同行业中首屈一指的经济效益,最近被授予"全国食品行业质量效益型先进企业"、"全国食品行业科技进步先进企业"更是实至名归。

公司拥有的一系列的国内乃至世界第一、一系列的同行业首创是与公司总经理谢拥葵的努力分不开的。这位年仅38岁的总经理,既是一位拥有多项技术发明奖的高级工程师,又是一位喝过"洋水"的国际型优秀企业家。该公司成立至今所取得的每一项业绩,都跟他的勤劳和智慧分不开,在企业的发展壮大中,他起到了中流砥柱的作用。"市场如水,企业似舟,质量象舵,人是舵手"的公司宗旨是他在多年的经营实践中总结出来的制胜法宝。"唯贤、唯德、能服于人"的他的座右铭,也是他的人品和才学的真实写照,公司在他的领导下一定能够从胜利走向胜利!

四川省成都全兴酒厂

四川省成都全兴酒厂是全国十七大名酒厂家之一。国家大型企业。老厂位于成都牛王庙35号,占地60亩;新厂建于成都外西土桥,占地13.98公顷,建筑面积11万平方米。其前身"全兴烧房",建于清代乾隆年间(公元1786年)。目前,该厂设有34个车间科室,拥有职工1 429人,该厂设备设施列同行业一流水平。现有固定资产3.3亿元。拥有中国名酒全兴大曲及全兴头曲、成都大曲等一系列国优、部省双优、市优产品,近几年又推出了豪华水晶瓶全兴大曲、全兴特曲、全兴液,恢复了清代名酒全兴成。全兴系列产品远销海内外。长期以来,全兴大曲供需缺口高达70%。1997年该厂实现产值5亿元,利税总额4.6亿元,为全国饮料制造业利税总额前十名,全国质量效益型先进企业,中国行业50家最佳工业企业之一和中国500家最佳经济效益工业企业之一。

目前,该厂已建有全兴销售公司、全兴进出口公司、成都九兴印刷包装有限公司和全兴大厦物业发展总公司。"九五"期间,该厂将坚持以酒业为主,综合发展,组建了集工、贸、物为一体的跨行业、多元化的大型企业集团——全兴集团有限公司。

该厂还很支持四川足球事业,于1993年底成立了四川全兴足球俱乐部,拥有一支全国甲级足球队——四川全兴队,为家乡、为全兴酒厂又塑造了一个崭新的形象。

江苏洋河集团有限公司

江苏洋河集团有限公司是由江苏洋河酒厂改制而成的国有独资公司，创建于1949年，该公司位于苏北古镇——洋河，地处泗阳、宿迁、泗洪三县（市）交界处，交通畅达。

公司现有员工5 000人，占地面积70万平方米，总资产7.34亿元，年产商品酒5万吨，销售收入8亿元，创税利总额2亿元以上，全员劳动生产率10.38万元/人年。连续多年进入中国最大工业企业500家和行业10强行列，在国家统计局和国家经贸委公布的全国工业企业综合评价最优500家中名列第126位。公司生产技术、设备先进，拥有各类专业技术人员300多人以及大批熟练工人，采用中国传统的大曲酒酿造工艺和现代先进生产技术。该公司管理科学、规范，计量、节能、档案管理为国家一级水平，标准化、设备管理为国家二级，曾两度获得国家质量管理奖金牌，该公司内全面推行ISO 9002国际管理标准，建立了既符合国际标准又切合企业实际的质量体系，1995年通过了国家级质量体系审核认证，产品出厂合格率达100%。

该公司主导产品洋河大曲是中国八大历史名酒，早在唐代就享有盛名，1915年参加巴拿马国际博览会获金奖，1923年在南洋国际名酒会上，获“国际名酒”称号，1972年以来，被评为江苏省历届名酒，曾连续三届被评为“中国名酒”，以“甜、绵、软、净、香”的独特风格，被誉为中国浓香型大曲酒的正宗代表，为中国“八大名酒”之一。55度、48度、38度、28度洋河大曲通过国家方圆标志认证，为江苏省出口免检产品，“洋河牌”商标是江苏省著名商标。

该公司一贯坚持“一切围绕销售转”的经营方针，在全国形成了以各糖酒公司为主渠道的稳定销售网络体系，产品畅销各地，并销往美国、韩国、澳洲、香港等国家和地区。

该公司今后的发展方向是，充分利用企业的名牌产品，先进的技术设备和现代的管理，进一步扩大现有产业的经营规模，不断发展新的产业，拓展国内、国际市场。“九五”期间，该公司将按建立现代企业制度的要求，强化管理，加大技术改造力度，坚持优质、低度、多品种、低消耗的方向，着力提高产品质量档次和名酒率，积极发展高科技产业。到“九五”末，力争总投资5.5亿元，实现工业总产值13.3亿元，年销售收入11.42亿元，税利5.626亿元。

四川省古蔺郎酒厂

四川省古蔺郎酒厂是在周恩来总理的关心支持下，1957年在原“集义酒厂”的基础上成立的。经过几代人的艰苦创业，该厂发生了翻天覆地的变化，由过去的一个小厂发展为国家大型企业。1997年末，资产总额9.44亿元，其中固定资产3.04亿元，流动资产6.4亿元，净资产6.84亿元，资产负债率28%，拥有职工2 700余人，其中专业技术人员250多人。1997年生产白酒6 000多吨（其中郎酒5 000多吨），实现销售收入4.82亿元，实现税利2亿元，上缴各种税费基金8 550万元，是市、县资产利税大户及经济发展和财政收入的支柱企业，也是国内最大的酱香型白酒生产企业。

该厂先后列为四川省“8＋5”工程中51户支柱企业和37户扩张型企业之一，先后荣获四川省优秀企业、四川省最佳文明单位称号，省经贸委将该厂作为全国1 000户重点企业之一向国家经贸委推荐。“八五”以来，该厂在原国家二级企业的基础上，先后被评为全国500家最佳经济效益企业、中国名星企业，荣获全国五一劳动奖状和全国食品行业质量效益型先进企业称号。该厂领导班子被省委、省府命名为“四好班子”，法定代理人被评为全国优秀经营管理者并荣获全国五一劳动奖章。

该厂主导产品郎酒，已有近百年生产历史，解放前就远销港、澳及东南亚一带，与贵州茅台酒有“姐妹酒”之称。郎酒1979年被评为国家优质酒后，1984年评为国家名酒，荣获国家金质奖，以后多次蝉联国家名酒称号并荣获各种国际国内大奖。近年来,郎酒及其体系先后通过了国家质量认证和BVQI国际质量认证。1996年,郎酒在全国名白酒中首家荣获绿色食品证书。郎牌商标已在13个国家和地区注册,1997年,"郎"商标被认定为中国驰名商标,成为中国白酒五大驰名商标之一。

深圳金威啤酒有限公司

深圳金威啤酒有限公司是由香港粤海企业集团有限公司和深圳市莱英达集团公司合资兴办的现代化大型啤酒生产企业,占地10万平方米,总投资11 733万美元,生产啤酒的全套设备是由啤酒王国——德国引进的世界名牌产品,有世界最大的、国内第一条6万瓶/小时(640ml/瓶)包装线,糖化能力达100吨/次,1天糖化8次的糖化设备和由有效容量600吨/个的发酵大罐组成的发酵罐群,这些设备不仅在国内首屈一指,在国际上也名列前茅,属90年代中期国际一流水平。年生产啤酒能力20万吨,该公司主要生产"金威"牌啤酒。"金威"啤酒具有国际淡爽型风味,采用世界上最优良的德国菌种、澳洲优质麦芽、上等大米和优质酒花酿制而成,为中德酿造技术的结晶。"金威"啤酒以其超群的品质,纯正的风味赢得了广大消费者和社会知名人士的赞赏。靠质量、靠管理、靠信誉,使金威啤酒的产量每年以30%的速度递增,并迅速地占了85%的深圳市场,销往国内20多个城市和港、澳、东南亚等地。

公司自1990年8月开业以来,在"让每瓶啤酒都得100分"的质量方针指引下,不仅取得了可观的经济效益,也取得了良好的社会效益,几年来先后被评为:"广东省食品行业名牌产品"、"广东省著名商标"、"深圳市著名商标"、"全国23个城市互助协作免检合格产品"、"全国食品行业质量效益型先进企业",连续6年被九龙海关评为"信誉良好企业",多次被银行界和市资信评估公司评为"AAA"信用良好企业。1994年10月上市的国内首创12度无色玻璃装特醇金威啤酒被评为"中国轻工优秀新产品一等奖",并于次年与12度金威啤酒一起被评为"'95全国啤酒行业优质产品奖",跻身中国轻工业经济效益200强行列。

一流的设备,一流的管理,一流的环境,加上一流的服务,使公司ISO 9002/94质量保证体系于1996年1月顺利通过英国标准化协会(BSI)专家小组的审核,从而成为中国第1个获得质量保证体系国际认证的啤酒企业,并于同年4月通过深圳市技术监督局的审核,获得ISO 9002国内认证。今后该公司将一如既往地继续发扬"团结、务实、超前、高效"的企业精神,立足深圳,面向国内和国际市场,为中国的啤酒走向世界而努力。

啤酒的品种有:640ml×12支装纸箱;640ml×24装塑箱;355ml×24玻璃瓶和易拉罐装,2公斤塑料罐装和30公斤桶装的金威生啤,以及13度特醇白玻璃瓶装、易拉罐装金威啤酒。

阜新市啤酒厂

阜新市啤酒厂位于驰名中外的具有8 000年人类文明发展史的"玉·龙"故乡。从60年代开始酿制啤酒,至今已有30多年的历史。党的十一届三中全会以后,该公司有了飞速发展,经过两次扩建改造已从过去的1 000吨能力形成了5万吨的生产规模。厂区占地面积3万平方米,拥有总资产1亿元,现有职工800人,其中工程技术人员158人,年实现利税总额以10%的速度递增,是辽西地区和国内贸易部系统较大的啤酒生产厂,也是全国500家大型饮料制造企业之一。1997年经济效益列全市榜首。实现利税首次突破2 000万元,创建厂史上的最好水平。

该厂为了摆脱企业的困境求发展,首先积极争取各有关部门的同情与支持。与此同时加大企业内部管理制度,并提出了"四抓"的企业发展方针,即:抓质量拓市场,抓管理降消耗,抓科技创名优,抓技改增后劲。根据这一方针,把20几台运输车辆卖给个人,这样不仅调动了司机的积极性,同时一年节省汽车修理费几十万元,并争先将酶制剂在啤酒生产中进行应用,这一科研成果不仅获得了国内啤酒专家的高度评价。每年可节省粮食几百吨。为了增强市场的竞争能力,还把"质量是企业的生命"的大牌子永久的固定在厂大门口,并提出谁砸企业的牌子,企业就砸谁的饭碗子,对哪些吃拿卡要用户的业务员和司机,对偷拿产品的个别人,对不遵守厂规厂纪的有关人员,该除名的除名,该处罚的处罚,同时对不合格产品坚决倒掉。这一严格而科学的管理方法。使该厂走上了正常的发展轨道。目前,该厂已拥有高中低三个档次十几个品种的啤酒,不仅满足了不同地区,也满足了不同层次消费者的需要,所生产的梅雪牌啤酒也先后被评为"全国食品行业名牌产品",辽宁名牌啤酒,该厂也被中国食品工业协会授予"中国食品行业质量效益型先进企业"光荣称号。

近年来,该厂由于始终以"质量第一,信誉第一"为办厂宗旨,不断采用新技术、新工艺,应用新材料,并常常聘请德国专家和国内有影响的工程技术人员,担任技术顾问,对生产的产品做到了班班有检测,批批有化验,不合格产品决不出厂,从而以可靠的质量,合理的价格和热城的服务赢得了消费者的信任。产品行销省内外20几个城乡市场,并出口到蒙古人民共和国,深受消费者的欢迎。

吉林省粤海银瀑啤酒有限公司

吉林省粤海银瀑啤酒有限公司是吉林省银瀑啤酒集团同深圳粤海(企业)集团合资组建的具有雄厚实力的集团公司,是吉林省大型啤酒企业之一。公司拥有资产3亿元,1998年生产能力16万吨,实际产销能力12万吨,年利税5 000万元,其中利润1 500万元,厂区面积12万平方米,建筑面积7.5万平方米。目前拥有银瀑、冰苑、女皇、爽心4个品牌13个品种。11度绿色银瀑啤酒是东北地区唯一允许使用绿色标志的啤酒,12度银瀑黑末啤酒,14度银瀑黑啤酒通过吉林省重大科研成果鉴定,分别获吉林省科学技术进步二等奖和长春市科学技术进步一等奖,是省和农业部先进企业。

公司承诺:让每瓶啤酒都打100分。

品牌之多堪称东北第一。

安徽高炉酒厂

安徽高炉酒厂座落在中国伟大的政治家、哲学家、道教创始人老子故乡,是国家大型企业,有着悠久的酿造历史。早在春秋战国时期,老子就曾在此设炉炼丹和开坊酿酒,至今仍留有"畅饮高炉老君酒,胜似仙人天上游"的美好传说。三国时期,曹操在此设立练兵营地,建立高炉数十座,铸造兵器,并征召各地酿酒名师来此酿酒,慰劳将士,"高炉酒十里飘香,汉三杰闻香下马"就是当时酿酒业繁荣昌盛的真实写照。在漫长的历史长河中,酿酒业时兴时衰,至清代后期,高炉酿酒业又兴旺发达起来。高炉酒品质卓越,四周商贾云集,产品远运蚌埠,转销全国,成为江淮大地知名度较高名牌产品。

今日该厂已成为国家大型一档企业,全国白酒五强之一,该厂现年产各类优质白酒6万多吨,其中双轮系列名酒三万多吨,拥有16 000条大曲酒发酵池,是全国最大的浓香型大曲酒生产厂家之一。1995年当选为全国浓香型第二协作会副会长,现拥有固定资产4亿多元。1997年,共实现销售收入11亿元,年创利税3.2亿元,连续四年利税高速增长。

该厂现拥有个系列68种产品,其中双轮系列名酒36种,双轮系列名酒是中国名牌、国产精品,省质量免检产品,该产品双轮发酵,矿泉酿造,风味独特。倍受广大消费者信赖,主要产品有:精品双轮王、五味双轮王、双轮王酒、双轮池酒等系列产品,从28度到51度各个品种都拥有不同度数的系列产品。可适应各个地区不同消费层次的需求。

安徽双轮集团发展前景广阔,除生产经营名优白酒外,还将生产双轮优质碘矿泉水、双轮制药业、双轮大理石等系列产品,并将在近期发行双轮股票,预计到2000年,双轮集团可实现年销售收入20亿元,年创利税5亿元以上。双轮集团的快速发展,将为祖国的四化建设作出更大贡献!

丹东酿造厂

丹东酿造厂始建于1942年,已有50多年生产调味的历史,是辽宁省丹东市唯一专业生产调味品的国有中型二类企业,资产总额1 948万元,年利润达百万元以上,经济效益居省同行业前列。

近年来,该厂在向市场经济迈步中,不断发展壮大,先后成立了光华醋分厂,光华畜牧场,光华经营处及食品发酵研究所。生产设备先进,技术力量雄厚,工艺科学,检测设施齐备。主要产品有酱油、酱、醋、腐乳、酱腌菜、醋精等6大类60多个品种。拥有国优、部优、省优产品多种,其中,光华醋采用日本工艺,以耐酸陶瓷发酵塔为主要设备,以白酒、大米为原料,经多种微生物发酵酿制而成,系中国著名无色米醋,鸭绿江畔名产之一。光华醋1985、1990、1997年连续三届荣获国家优质食品银质奖,出口美国、俄罗斯、新加坡、朝鲜、香港等国家和地区。光华醋精1994年获辽宁省优质食品奖,1997年全国名牌产品。光华腐乳为全国酒类食品展销会金奖产品。光华系列香辣酱1997年全国优秀产品。光华酱油、光华醋连续三年获丹东市万家评选消费者最满意产品称号。光华牌商标为丹东市著名商标,曾被省推荐参加国家弛名商标评选。

该厂近年来围绕提高经济效益这个中心,从改革入手,狠抓以人为本的企业管理,全面实施名牌战略,以优质的产品,良好的信誉抢市场,创效益、求发展,使老企业焕发了生机和活力。在企业改革中,做到"三引进",一是引进竞争上岗机制。行政管理人员及中层干部实行竞争上岗,一年一聘任。二是引进风险约束机制。全厂上下全面实行经济责任制。企业效益与全厂干部职工个人利益挂钩。三是引进分配激励机制,把职工的劳动报酬同劳动强度、劳动责任、劳动条件紧密结合,科学分工,车间实行定额超产计奖,各道环节均有指标控制考核,奖罚分明。产品生产上牢固树立质量第一的观念,建立了严密的产品质量检验制度,从原料进厂到半成品,产成品出厂各道工序均严格把关。产品销售实行联销计酬,销售额连年增长。该厂被辽宁省经贸委、贸易厅、商业管理协会授予企业管理先进单位;辽宁省企业信用评级AAA级单位;省卫生厅授予调味品卫生达示单位;省技术监督局授予酱油质量信得过企业;中国食品工业协会授予全国食品行业质量效益型先进企业。

该厂愿以一流的质量,一流的服务,欢迎国内外经济集团商洽合作、发展事宜。

吉林华润啤酒有限公司

吉林华润啤酒有限公司位于素以"吉林雾松"而闻名于世的东北松花江畔——吉林市,是由国家大型一档企业吉林松源食品医药工业公司与香港华润创业啤酒有限公司合资而成的横跨食品制药两个行业的大型合资企业。

该公司啤酒厂从丹麦丹布鲁公司、德国克朗斯公司引进了具有世界先进水平的生产工艺、技术、设备及成套质量控制、检测仪器,是具有年产25万吨啤酒和1万吨麦芽生产能力的现代化大型啤酒厂。该厂生产的华丹牌啤酒系采用发源于长白山老爷岭的牤牛河优质地下水、澳大利亚和加拿大优质麦芽、精制玉米米和上等酒花酿制而成。整个生产过程全部采用微机自动控制,各种工艺参数稳定可靠,产品质量精良,具有典型的西欧口味,酒体清亮透明,泡沫丰富、洁白细腻、持久挂杯,杀口力强,口味纯正。华丹啤酒自问世以来屡获殊荣,1989、1990年经中国食品质量监督检测中心检测,各项指标均达到A级标准;1991年被评为吉林省和轻工业部优质产品;1992年荣获第四届东京国际饮料，酒类博览会金奖；1994年被评为吉林市、吉林省和全国食品行业名牌产品，并通过了中国方圆标志认证委员会质量体系认证和产品质量认证；1995年被评为吉林省“九五消费者喜爱商品”、“用户满意首选产品”，并在由国家酿酒协会举办的优质啤酒推荐评审活动中，华丹系列三个品种同时被评为国家优质产品；1997年，在由中华酒文化研究会、香港中华总商会、香港威亚集团有限公司联合组办的“香港杯”’97香港回归国际啤酒、饮料品评会上，华丹啤酒又与茅台、五粮液、泸州老窖和神皇补酒同时获得该届品评会的最高金奖，在中国社会经济调查组组织进行的“’97啤酒喝什么暨消费者心中的理想品牌”调查活动中以优良的品质和良好的口碑被认定为消费者心中的理想品牌。华丹啤酒不仅在吉林省内是有口皆碑的畅销产品，在临近的两省和关内部分大城市受到消费者的青睐，在美国、俄罗斯等国家也受到了专家和消费者的高度赞誉。

该公司制药厂生产的维生素C采用国际上领先的“二步发酵法”工艺，执行GMP标准，产品质量符合中国药典90版、英国药典BP93版和美国药典US-PXXⅢ版，曾于1990年获北京国际博览会金奖，产品远销亚洲、欧洲等许多国家和地区，是国家出口免检产品。1995年被命名为“吉林名牌”。

高质量的产品赢得了用户，赢得了市场，促进了公司的发展和经济效益的不断增加。1991年以来，两大主导产品产量分别增长了10倍和5倍，每年实现利税都以1 200万元的速度递增，公司呈现出健康、持续、稳定发展的态势，已成为吉林市和吉林省的重点支柱企业。公司曾多次获得市级最佳企业、省级三好企业、全国轻工系统先进企业、全国质量效益型先进企业、全国用户满意企业、全国食品行业质量效益型先进企业等一系列荣誉。

该公司决心乘党的十五大的东风，充分发挥“强强”合资的优势，进一步抓住机遇、加快发展、扩大规模、增强实力、壮大名牌、增加效益，在新世纪到来之际，跻身中国大型啤酒集团之列，为越来越多的消费者提供满意的产品和服务的同时，为国家做出更大的贡献。

天津市利民调料酿造集团有限公司

天津市利民调料酿造集团有限公司是以原天津市副食调料公司和所属优势企业第一调料酿造厂及第一调料酿造厂名牌产品“利民牌”调料为龙头，以资产为纽带，按照资产优化配置和现代企业制度的要求组建的国有独资的有限责任公司。

原天津市副食调料公司，始之建于1978年，是国有副食调味品加工生产经营企业，年产值2亿多元，年创利税1 000余万元，是国内同行业的佼佼者。所属第一调料酿造厂主要生产经营利民牌蒜蓉辣酱、米醋精、酱腌菜、涮羊肉调料、蕃茄酱等，产品行销全国26个省、市、自治区。与日本合资生产的膨化食品畅销国内外。厂年创利润500余万元。1990年晋升为国家二级企业。1993年被团中央、国内贸易部评为文明经营单位；1988、1993、1997年被天津市总工会授予“七五”、“八五”、“九五”立功先进企业。该公司的宗旨是以本行业为主、多种经营、内外贸结合、坚持科工贸一体化发展调味品行业，创造规模效益。

该公司是天津市利民调料酿造集团的核心企业。第三调料酿造厂、第四调料酿造厂、第五调料酿造厂、光荣酱油厂、玉川居酱菜厂、同生酱菜厂、调味品研究所、干腌食品公司等13个生产经营企业为紧密层成员单位。注册资金6 105万元。主要生产经营酱油、食醋、面酱、蒜蓉辣酱、酱腌菜、芥茉油、腐乳、膨化食品、干腌食品及各种复合调味料共11大类500多个品种的产品。其中利民牌蒜蓉辣酱、光荣酱油厂红钟牌红钟酱油、第五调料厂长城牌浙醋等28个产品分获国家、部、市级优质产品奖。第五调料厂海河牌超级金鼎酱油；第四调料厂大楼牌天然甜面酱、多味辣酱；调味品研究所喷泉牌芥茉油、系列复合调味料；玉川居酱菜厂五环牌涮羊肉调料等产品，1997年被中国调味品协会推荐为优质名牌产品，畅销国内市场，部分产品已出口到日本、东南亚、香港等国家和地区。

经过多年的发展，该公司的设备能力、科技水平、生产经营规模和经济效益有了很大提高，在全国同行业中位居前列。

该公司董事长、总经理郭寿颐年富力强,带领全体员工开拓进取,奋力拼搏,使国有副食调味品行业保持持续、稳定、健康的发展。1994、1996年被天津市总工会授予“八五”、“九五”立功先进个人,并连续两届被评为天津市劳动模范。现兼任中国调味品协会常务理事、天津市调味品工业协会会长、天津市副食行业联合会副会长。

该公司将通过投资和生产经营协作与集团成员单位相互依托,优势互补,发挥联合优势和名牌优势,实现规模经营,继续开拓国内外市场,促进资源合理配置和技术进步,不断增强市场竞争能力,提高整体经济效益。

北京红星淀粉厂

北京红星淀粉厂原为总参淀粉厂,建于1968年,1988年被总后授予军工企业代号9132工厂,1991年注册为北京红星淀粉厂。拥有先进的生产线配有先进的检测仪器,具有现代化的检测手段,产品质量和企业知名度在市场享有盛誉。步入市场经济后,通过激烈的市场竞争,该厂始终坚持“顾客第一、质量第一”的原则。全面推行质量管理,制定了一套较为完整的实施措施,并及时调整产品结构适应市场的变化和需求,在提高产品质量上下功夫。形成了厂——车间——班组三级质量管理网络,层层把关人人负责,有效地提高了经济效益和社会效益。主要产品连续多年被评为全军优质产品及国际贸易博览会金奖、消费者信得过产品、食品行业名牌产品等荣誉称号。

1997年,该厂进行ISO 9000质量体系认证,组织干部、技术人员参加ISO 9000质量体系标准的学习,编写了“质量管理手册”“质量管理程序文件”以规范各工艺环节,严格工艺操作,加强工作协调,细化企业管理。

该厂“英戎”牌淀粉誉满京城,深受用户的欢迎,主要是该厂对生产第一线的质量管理极为重视。厂部要求各车间坚持按工艺生产标准检验,并在产品的生产过程中建立了八个质量控制点,做到了“四个加强”。即加强原料进厂的管理,坚持按标准严格把关;加强设备管理,严格执行工艺操作规程和设备保养制度,定期检查,定期维修;加强工艺管理,严格按照工艺规程和产品标准进行加工;加强环境的管理,做到现场清洁整齐、布局合理,尽可能创造良好的工作环境。1994年该厂还上马了环境治理项目,使水排放达到北京市地方二级标准,市环保局给予很高评价。

该厂始终把“一流的设备、一流的质量、一流的服务”做为企业宗旨。设有质量管理办公室,科室、车间和班组设质量管理员,形成了以厂长为首,质检科把关,车间、班组层层落实的质量保证任务。为有效保证产品质量,厂长亲自挂帅,严把五道关:⑴严把原料关。不达标、不合格的原料决不选购。⑵严把工艺流程关。⑶严把跟班检验关。及时发现质量问题及时改进。⑷严把产品入库关。不合格产品一律不予入库。⑸严把产品出库关。凡包装破损或产品有结块现象一律不发货。

为使厂“英戎”牌淀粉产品质量持续稳定,满足顾客需求,该厂自筹资金,投资300万元对原蛋白粉车间,提胚处理车间进行改造,增大市场容量,扩大了企业知名度,提高了企业经济效益。

为适应行业行势的变化和多层次消费的需求,该厂及时调整产品结构,及时上马了CS-01型阴离子淀粉、OS-03氧化淀粉LPEF100冷糊化淀粉和果糖,饴糖等深加工产品,已形成了多种类、多规格的生产态势。

湖南省益阳市面粉厂

湖南省益阳市面粉厂是集粮油储藏、面粉面条加工、饲料生产、养殖、贸易一体化的国有中二型企业。

有年生产3.5万吨90年代国内先进水平的专用粉生产线，有年生产3 000吨挂面生产线，有年生产1万吨电脑配方、微机控制的饲料生产线，仓储容量3 000万公斤，油库容量200万公斤，有年出栏5 000头牲猪养殖场。该厂主要产品有“资东”牌系列专用粉、高筋强力粉、特一粉、特二粉，“寿仙”牌系列面条，“利利达”牌浓缩饲料和全价配合饲料。主要产品均获省部级优质产品称号，其中“特一粉”1989年荣获商业部颁发的优质产品证书，“特二粉”1989年荣获湖南省优质产品称号，“寿仙”牌面条荣获首届中国食品博览会银质奖。

该厂坚持“以市场为导向，以质量求生存”，狠抓全面质量管理。从改造硬件入手，以调整产品结构，提高产品质量档次为目的，1993年投入资金进行大规模的技术改造，选用90年代具有世界先进技术水平的生产工艺和国内最先进的专用粉生产线。1996年又投资进口了具有世界先进水平的检测仪器，为产品上档次和保证质量打下了基础。1997年6月24日通过了市技术监督局企业质量管理整顿验收合格。

1995年8月，该厂成立了由厂长贺志高牵头、分管技术副厂长郭建潮以及各部门负责人参加的全面质量管理领导小组和全面质量管理办公室，全面负责制定企业质量管理目标，建立质量管理体系，检查、监督、审核各部门各项质量制度。

该厂组织了全面质量管理教育，参训率厂级领导100%，中层骨干90%，职工70%。通过这些教育培训，提高了全厂广大干部职工的质量意识和全面质量管理水平。

为了加强职工的工作责任感，确保产品质量稳定，该厂逐步完善了“原粮采购制度”，检验科各岗位责任制，制粉车间各岗位责任制，成品保管、发货员岗位责任制等一系列管理制度，并加强检查监督，使各岗位的工作人员严格按标准开展工作，从而达到保证产品质量的目的。

为进一步稳定产品质量，该厂从原粮购进到成品出厂设立5个质量控制点，即原粮购进控制点、安全储粮控制点、配麦控制点、制粉车间控制点、成品发货控制点。并将各控制点的工作内容、要求达到的水准、运作的方法落实到人，层层把关，层层控制，保证生产产品合格率达到98%以上，出厂率达到100%。

该厂QC小组活动积极探索搞好质量的新课题和新产品的开发取得了一定的成绩，1996年该厂QC项目荣获全省粮食系统QC活动二等奖。

为贯彻“名牌立市”的战略方针，在“九·五”规划中，把树立“资东”面粉创湖南省名牌提到了重要议事日程，并以此为契机，不断加强质量管理和调整工艺设备，促使产品质量再上新的台阶。

昆明天使食品总厂（昆明市联谊食品厂）

昆明天使食品总厂（昆明市联谊食品厂）建于1985年，是云南省土豆深加工的一个新型企业。有固定资产原值1 145.65万元，固定资产净值789.90万元。

该厂拥有二条从美国、澳大利亚引进的全自动油炸土豆片生产线，年生产2 000吨油炸土豆片；拥有一条国内先进的膨化食品生产线，年生产100吨荞麦系列、土豆系列膨化食品，1996年完成主产品“天使”牌风味土豆片销售1 968吨，“天使”荞麦片31吨，销售收入3 212万元，实现利税495万元，其中利润220万元，人均实现利税3.49万元。预计1997年可完成主产品“天使”牌风味土豆片销售2 100吨，“天使”荞麦片60吨，销售收入3 700万元，完成工业总产值4 217万元。

该厂领导树立了“以质量创名牌，以名牌创市场”的指导思想，教育全厂职工“质量是企业生存、成功、发展之本”；组织全厂职工学习业务，开展岗位培训，提高职工素质；组织全厂职工学习全面质量管理知识，开展QC组活动，提高企业的质量意识，使提高产品质量成为每个职工的自觉行动。除提高每个职工质量意识外，还注重加强企业的基础工作和管理工作。

油炸土豆片这一产品，国内尚无国家、行业标准。该厂在参照国外先进水平的基础上，结合自己的生产实际,1988年率先制定了国内第一个油炸土豆片产品标准,被云南省技术监督局批准为“云南省地方标准”。这是目前具有国内先进水平的产品标准,而且该厂的产品质量也一直处于国内领先水平。

结合生产实际,工厂还制定了各种原材料的入厂检验标准,使各项原材料都达到了生产使用标准,保证了产品质量,建立了较为完善的计量检测体系及质量检测体系,做到了“按标准采购,按标准生产,按标准检验。

由于严格的质量管理,主产品“天使”牌风味土豆片1989年被云南省评为“优质产品”,1990年被国家农业部评为“优质产品”,1992年被评为“首届中国食品博览会铜奖”,并在1994年及1995年连续两年被云南省保护消费者权益委员会组织的消费者评选活动中评为“云南省消费者喜爱商品”,1997年3月12日被评为云南省首届名牌产品。

单纯的产品质量好,还不能称之为名牌产品,还必须拥有广阔的市场和广大的消费者。该厂一开始就注重开拓国内这个巨大的市场,制定了“立足省内市场,扩大省外市场,辐射周边国家”的营销策略。通过采用多种形式的市场营销活动,产品的销售量逐步大幅度提高。特别是在近几年来,从年销量500多吨扩大到2 000吨,产品在全国许多大中城市成为畅销商品,成为继烟、茶、糖之后又一叫得响的云南产品,提高了云南产品的形象。“天使”牌风味土豆片和“天使”荞麦片在全国许多城市成为知名商品。连续5年被省经委、省工商局评为“重合同、守信用”企业。

由于近几年市场销售形势好,该厂通过技术改造,扩大了生产规模,从原来一条生产线生产1 000吨扩大为二条生产线生产2 000吨,不断占领更多的市场,扩大知名度。同时,针对影响产品质量稳定的因素,改进了调味料的加工工艺,通过核辐射,大大地提高了产品的卫生指标。目前,为了实施云南省政府“食品工业十年经济工作规划”的战略布署,进一步扩大企业经营规模,该厂正加大技术改造力度,准备从国外引进具有90年代先进水平的挤压成型土豆系列食品生产线。这个项目的实施,为云南的土豆深加工将起到示范作用,将对云南贫困山区的扶贫工作做出更大的贡献。

力争“九五”期末产值突破1亿元,为振兴云南食品工业做出更大贡献!

大连三发粮食集团有限公司

大连三发粮食集团有限公司是国家大型一档企业,原为大连市第三粮库,1992年更名为大连市第三粮食储运工业公司,经大连市政府确定为建立现代企业制度试点单位之后,于1997年改制为国有独资的大连三发粮食集团有限公司,并以集团公司为核心企业组建成立了大连三发粮食集团。

该集团公司是粮食仓储和面粉加工为一体的工商合一的国有粮食企业,是全国18家机械化骨干粮库之一,国家定点粮食中转、储备库,是东北三省及内蒙古地区最大的粮食接卸、转运、转口集散枢纽,并拥有国外引进的日加工小麦1 050吨的3条面粉生产线,年生产面粉20余万吨。是全国最大的面粉生产企业之一。所生产的“三发牌”系列面粉先后多次被评为省、部及市级优质产品,“三发牌”系列面粉有通用粉和专用粉两大类。通用粉有:超级粉、颗粒粉、高级粉、550粉、精制粉、特一粉、特二粉、标准粉和普通粉;专用粉有:饺子粉、面包粉、馒头粉、面条粉、糕点粉等;同时还可以根据用户需用,生产不同质量技术指标的合同粉。产品畅销东北地区,为大连市政府授予的名牌产品,已广泛得到大连市城乡居民的认可。近年来,该产品已走出国门,销售到俄罗斯、朝鲜、越南和香港特区。

由于粮食企业多年来一直实行严格的计划经济,所以使企业墨守陈规,无求进取,职工吃大锅饭,人浮于事,机构臃肿,管理处室20余个,职工人数1 300余人,企业效益低,无发展后劲,当时只有一条日加工小麦200吨的国产面粉生产线。1992年起,随着粮食企业的逐步放开,该集团公司紧紧抓住改革的契机,结合企业内部的实际,从转换经营机制入手,通过精简机构,减员增效,下岗分流,将下属各个企业全部推向市场，引进国外先进技术和设备等各种措施，使该集团公司得到了彻底的改造和极大的变化。目前管理处室精简50%，职工减员50%，而小麦加工量增加了5倍，企业的净资产也由原来的7 000万元增加到现在的2.3亿元。经济效益也比过去翻了几番。该集团公司多次被内贸部、省粮食局、大连市粮食局评为先进企业，总经理任有成同志也多次被评为优秀企业家。

深圳淘化大同食品有限公司

1908年淘化大同食品有限公司(业内简称“淘大”)于中国福建省厦门市创立酱油事业，至今已积累了90余年制造高品质酱油、酱料的经验。

1973年，淘大开始在香港制造冷冻食品，当今已发展成为大型冷冻食品制造商，1993年在广东省深圳市开设分厂，年产5 000吨。

目前，淘大是世界第六大综合食品公司法国达能集团旗下之全资附属公司，业务覆盖世界各地。

淘大一向重视产品品质，力求满足顾客的要求，他们的使命以服务顾客为本，取得东方酱料及冷冻食品市场之领导地位。

北京市京京肉食厂

北京市京京肉食厂是海淀区北太平庄街道集体企业，1986年创建以来，从几口大锅，20余名工人和几百平方米的作坊小厂，发展到目前拥有先进加工设备48台件，200名职工，3 000多万元资产和4 000多平方米生产车间的区、街道的中型骨干企业；产品从开始的七八种，日产不到1吨，发展开发到80个品种，日产超过15吨，销售网点从过去30余个发展到近1 000个，年创利从过去不足60万元发展到600多万元。实现了企业生产规模的快速扩张和经济效益的快速递增，连续多年被评为市、区先进企业和明星企业位居市500强的第161家，全国民政系统千强企业的515家，1995年该厂生产的“三文治火腿”被中国食品工业协会评为《中国名牌》产品称号，1997年被中国食品工业协会授予“全国食品行业质量效益型先进企业”称号。1995年由市政府食品工业办公室、北京市统计局联合公布的市食品工业经济规模100家排序的第79名，50家经济效益排序第22名。1996年规模100家排序第64名，50家经济效益排序第38名。

11年来，随着手工作业和半手工作业传统生产方式的淘汰和现代生产设备的运用，使生产规模迅速扩大，1995年完成年销售额4 100万元，1996年完成年销售额6 500万元，1997年完成年销售额5 800万元。主要做了以下几方面工作：

保证产品质量措施。为了确保产品质量，根据国家卫生法该厂制定了卫生管理目标，严把卫生关，认真落实卫生制度，防止各种交叉污染，让市民吃上放心熟食；产品质量上，严格按照生产工艺要求监督生产，在工序上层层把关，由专职质检人员对产品逐种抽样检查，在色泽、口感、咸淡、商标等方面全部合格后方能出厂。

实施销售人员收入与工效挂钩销售提成分配制度。每人每月必须完成15万元销售基数，完成多少提多少，实行上不封顶，下不保底，充分发挥个人能动性。

改善销售人员的工作条件，增添通讯工具，保证了销售通讯的畅通。

改善运输工具，近几年来该厂共更新3次送货车，开始是几部封闭小货车，1990年更新了14部130保温车，1995年又投资130万元购置了13部美国488机组的保温车，车辆性能的提高，保证了产品的新鲜、防尘和及时送货到店。

该厂的成功主要靠全体职工的艰苦创业、无私奉献的高尚精神。该厂厂长王庆云以身作则、开拓进取，10余年来对工作一丝不苟，兢兢业业，模范带头，雷厉风行，使该厂生龙活虎，迅速跻身于京城熟肉加工的前列。

目前,使该厂已成功地走上了快速发展的道路,完全摆脱了作坊式的手工、半手工加工方式,规模化、现代化、系统化,为今后的发展打下了良好的基础。

1997年底该厂根据中央的精神,完成了股份合作制,使每位职工与企业的利益捆在一起,更好地发挥每位职工的主人翁精神,为明天的京京作出更大的贡献。

南昌市煌上煌烤禽总社

南昌市煌上煌烤禽总社是加工畜禽肉食品为主的现代企业。该社采用先进工艺,以优质家禽,家畜为原料,天然食用香辛植物为辅料,精心生产各种具有赣味特色的烤卤制品。

煌上煌烤禽总社具有雄厚的技术力量和经济实力,90年代以来,进行了大规模的技术改造,添置了具有国内先进水平的烤卤加工设备及包装设备,建有大规模的禽畜养殖基地和宰杀加工基地,完善了质量检测手段和卫生保障体系,形成了完整的养殖、宰杀、冷藏、加工、运输、销售网络。

该社产品目前已达50余个品种,分为烧烤、卤制、炒制、凉拌四大系列。其中"皇禽"牌酱鸭及休闲旅游食品系列是拳头产品,采用特殊工艺,真空包装,高压蒸气消毒,卫生、安全、保质、保鲜。该公司产品先后荣获1994年全国名优食品博览会金奖,1996年第二届中国国际食品博览会"国际名牌食品"称号,1996年被评为"江西省食品行业优质产品",1997年中国食品工业协会南昌市技术监督局分别授予该社"产品质量信得过企业"和"全国食品行业质量效益型先进企业"称号。

该社产品特点体现在四个方面,即"选料与众不同、配料与众不同、工艺与众不同、口味与众不同。"以鲜、香、辣为其主要口味特色。烤卤制品外观清爽,色泽清亮、营养丰富、回味悠长,是居家旅游的美食,也是馈赠亲友的佳品。

该社实行严格的质量管理,严格遵守《食品卫生法》,经卫生管理部门多次抽查,均符合国家卫生质量标准。

"皇禽"牌烤卤制品不仅深受江西地区群众喜爱,而且风靡江南以及香港、台湾,并远销新加坡等东南亚地区。

目前,该社正大力开拓新的经营领域,向餐饮、食品、房地产业扩展,已投资千万元兴建商贸、餐饮、住宿及休闲服务大楼。

上海大江(集团)股份有限公司

上海大江(集团)股份有限公司是目前国内规模最大的中外合资股份制农牧企业,注册资本5.63亿元人民币,拥有净资产11.2亿元人民币。该公司以高标准、高起点引进良种、设备和管理技术,从饲料生产、良种繁殖、肉鸡饲养到屠宰加工,以至内外销售,实行一体化的连贯作业。如今已是国内最大最完善的养鸡"一条龙"企业。形成的年生产能力有:饲料180万吨,种苗鸡350万套,商品代苗鸡1亿羽,肉用鸡5 500万羽,鸡肉产品10万吨,其中4万吨出口创汇。由于严格的质量管理和先进的生产工艺,"大江牌"鸡肉产品不仅在日本免检,并且远销德国、法国、意大利、瑞士等国家,1996年鸡肉出口量分别占全国和上海口岸出口总量的16%和87%。

该公司坚持"外引内联",闯出了一个"大江模式",走出了一条适应农村发展现代化农牧业的新路。现已拥有直属企业19个,联营企业69个,契约承包经营企业9个,共97个。其中饲料厂有11个,祖代种鸡场5个,父母代种鸡场10个,商品代肉鸡场37个,孵化厂2个,肉鸡屠宰及食品加工厂5个。公司已成为国内闻名的饲料生产基地、良种繁育基地、副食品生产基地和出口创汇基地。公司还积极开拓生化制药、饲料机械制造业和餐饮业等新产业,形成一业为主多种经营的新格局。

“冷冻鸡肉、冰鲜鸡肉、鸡肉制品”这是大江牌食品的三大系列。大江食品主料采用自养鸡,保质保鲜,形成大江牌食品的独特品味。“大江牌”冰鲜鸡肉活鸡宰杀后不经速冻,直接保鲜上市的产品,除了具有高蛋白、低脂肪优点之外,还具有鲜度好,吃口嫩的特点。“大江牌”冰鲜鸡肉年销日本约1万余吨,目前上海市场上,大江冰鲜鸡肉已在全市各大超市连锁店销售,受到消费者欢迎。

此外,“大江”系列方便食品还有:冷冻点心、汉堡、腌腊制品、肉丸、西式熟食。

“大江牌”系列分割鸡肉产品,严格按照国际卫生标准和生产工艺组织生产,无污染、无药残、无激素,安全、卫生、放心。目前已由上海市技术监督局推荐,太平洋保险公司承保“产品责任险”。“大江牌”鸡肉产品被评为1995年出口创汇5 000万美元以上龙头商品,同年又被推荐为“中华科技精品”。“大江牌”汉堡系列在第二、第三届中国国际食品博览会上分别荣获“国际名牌食品”和“特奖”称号。上海大江为提前一步响应市府号召:从“菜篮子工程转至厨房工程”作出了贡献。

该公司以良好的经营业绩饮誉海内外,1989年起连续被评为上海市和全国外商投资创利、创汇“双优”企业,1993年起蝉联第六、第七、第八届“全国十大最佳合资企业”称号,跻身“上海市优秀企业”和“全国最佳家禽企业”行列,成为中国农牧业利用外资的成功典范。

大江奔腾,一往无前!

南京市卫岗乳制品厂

南京市卫岗乳制品厂位于南京市东郊名胜中山陵南侧,交通便利,环境优雅,固定资产3 300万元,总资产5 700万元,目前不仅为江苏省最大现代化乳品生产企业,而且成为“全国500家最大食品制造企业”之一,1995年又跨入全国食品行业上交利税百强之列,1996年被列为南京市综合效益知名企业,1997年被评为江苏省公众满意形象单位和中国食品行业质量效益型先进企业。

该厂原为一座实验牧场,1980年11月,南京卫岗乳制品厂正式命名成立,进行专业化乳品加工。1984年接受世界粮食计划署(WFP)援建的“中国2 647项目”后,生产加工能力由原来日产8万瓶上升到20万瓶,在整个工艺流程上配有许多台、套国内最先进的设备装置,其中关键部件直接由国外引进,同时还改建了部分厂房。1990年在欧共体(EEC)奶类项目援助下,又引进了3条具有国际先进水平的全自动的消毒牛奶铝泊封口罐装生产线,建成了日加工能力达30多万瓶的江苏省第1家现代化消毒奶厂家,同时还拥有国内先进,规模较大的乳粉、酸牛奶生产线。

经过70余年的发展,现具有上规模的高产奶牛场两座和1个前景广阔的“千头机械化奶牛基地”,栏存数高达2 300多头,名列全省同行业前茅,连年获得国家农业部和中国奶协,市奶业主管部门的奖励和表彰。在乳品加工上,设有鲜奶、酸奶、奶粉3个分厂,产品共有消毒牛奶、奶粉、酸牛奶、花色奶、饮料等5大类40多个品种。其中低脂酸牛奶,老年康寿奶粉等荣获部优产品称号,“卫岗”牌奶粉被评为1994年江苏省著名商标,被国家技术监督局评为1997年A级产品,“卫岗”牌消毒牛奶、酸奶荣获首届江苏省消费者信得过产品(综合类)测评“金杯奖”。如今“卫岗”牌产品在市场上享有较高的声誉。

该厂把提高市场占有率和覆盖面作为主攻目标,在40多辆车的运输系统的强有力保证下,建立了以南京为中心,辐射方圆100公里,20个县市的规模化市场体系,周边外延市场日销量占总销量的15%。1996年全厂销售额首次突破亿元大关。

该厂积极引进外资和技术。1996年成立了兴百事鲜果王饮品有限公司和新绿园乳品有限公司两个合资企业,生产的高档果品饮料系列和新型包装屋顶形牛奶填补了南京市乳品加工业的空白。现已风靡南京市场。

该厂在“两手抓,两手硬”的方针指导下,全心全意依靠工人阶级,团结拼搏,开拓进取,经济效益和社会效益日益显著,两个文明硕果累累,多次被评为市文明单位。1996年荣获《建设新南京先进企业》和1997年南京市先进集体荣誉称号。

南京市卫岗乳制品厂在厂长李寿森带领下,始终以质量、品种、效益、用户至上、精诚服务为宗旨,热忱为您服务,竭诚欢迎各界朋友惠顾合作!

大庆乳品有限责任公司

大庆乳品有限责任公司前身为大庆乳品厂,成立于1970年,是国家二级企业。现有员工700人,资产总额6 400万元,有5条制粉生产线,一条超高温灭菌奶生产线,经过20多年的技术改造和扩建,日处理鲜奶能力可达200吨,年均产乳制品1万吨,是全国10大乳制品企业之一。

该公司的主导产品是全脂甜奶粉,同时还生产全脂淡奶粉,婴儿奶粉、幼童奶粉、中小学生奶粉、低脂高钙奶粉、中老年奶粉、全脂加锌奶粉、工业淡奶粉及冷饮系列。1997年大庆牌超高温灭菌纯牛奶、甜牛奶隆重上市,奉献给消费者真正的纯鲜牛奶。新开发的糖尿病患者专用奶粉——降糖补钙奶粉正在向卫生部申报保健食品,不久也将以保健食品的名义问世。大庆牌全脂甜奶粉1992年被评为黑龙江省名牌产品,1994年7月被评为全国食品行业名牌产品,1996年7月在"'96中国地方名优、新产品博览会"上荣膺"大众认可名牌"。本产品严格按照GB5412生产,年产量3 000吨,工艺先进,完好地保持了鲜奶中的各种营养成分,无化学添加剂,奶香浓郁、速溶性强,是同类产品中的佼佼者。"大庆牌"纯、甜牛奶自问世以来,由于产品质量稳定,口感纯正,深受消费者青睐,订货合同源源涌来,1998年春节前夕产品出现供不应求的销售好势头。

要想有好的产品质量,就必须有好的原料,公司从原料抓起,严把鲜奶质量关,对鲜奶实行三级质量检查制度并以质论价,不合格奶宁可倒掉,也不和好奶一起流入下道工序,在生产过程中,认真执行生产工艺文件,严把各道工序中的质量关,认真把好产成品质量检验关,做到不合格的产品绝不出厂。为了在激烈的市场竞争中立于不败之地,公司领导果断地做出决策,投资450万元对原有部分老化设备进行技术改造,使技术装备达到国内一流水平,同时加大新产品开发力度,成立科研中心,配备专业人员研究开发新产品,到2000年,每年开发新产品2~3个,产品品种达30个以上,年产奶粉万吨,产值达1.7亿元,利税达1 400万元,提质降耗,增加经济效益,使产品的特级品率达到100%,奶粉质量达到全国最高水平,吨粉奶耗降到全国最低水平,为再创质量、效益全国最佳企业而努力。

该公司的宗旨是"质量第一,用户至上,与全国人民的健康携手共进"。

广东康辉(集团)公司

广东康辉(集团)公司是全国大型二档企业、全国食品制造业最大规模企业百强。是一个以潮州市康辉食品工业公司为核心、属下18家企业与公司组成的,融农、工、贸、技于一体,跨省、跨地区、多层次、多行业的企业集团,且拥有国家外经贸部批准自营进出口权。公司总部现占地面积6万平方米,厂房4.5万平方米,固定资产5 000多万元,集团公司职员共计1 000多人,属下配套有一条龙机械设备生产线,公司有现代化行政和生产机构设置,同时有一支懂科学管理,高素质的科技人才和管理人才及一批青年经营能手。1997年产值销售超2亿元,创税利1 600万元。

食品加工业是该公司龙头工业,生产"康辉牌"蜜饯,康辉话梅、康辉杨梅、康辉华华丹、康辉橄榄和康辉花生、葵花籽炒货系列等五大类产品。3年来夺下全国5项名牌和1项全国优秀产品、4项全国市场名牌,荣获广东1项8大名牌、2项广东10大名牌、4项广东名牌、广东省优秀新产品奖，所以产品连续保持畅销局面。

效益给该公司带来了很大的荣誉，3年来企业荣获全国7项殊荣：农业部授予全面质量管理达标单位、国家二级计量单位、全国质量管理优秀企业、全国质量效益型先进企业、中国CI形象优秀单位、全国1996年最佳信誉称号、广东省技术先进企业、省质量效益型先进企业，1995年潮州市模范企业、1996年潮州市明星企业，连续8年被市县评为纳税大户、纳税先进企业单位和市、县食品卫生、计量、物价、质量信得过单位、科技先导型企业等殊荣。

随着企业发展，总经理郭然被授予全国质量管理优秀企业家、全国食品工业优秀企业家、中国塑造企业形象优秀企业家、中国创造名牌优秀企业家、对广东省具有突出贡献优秀企业家和潮州市模范企业家等荣誉称号。

公司在郭然总经理的领导下，1994年响应中央的号召到广东省陆河县、湖北省钟祥市、新疆乌鲁木齐等贫困地区实施扶贫光彩事业，共投资1 000万元。同时慷慨解囊捐资福利事业，1996年共捐资265万元，其中捐资家乡办学100万元、庵埠中学60万元。为祝贺党十五大胜利召开，于1997年8月28日，在北京国际俱乐部主办了“’97首都名人网球邀请赛”庆祝活动，在结束时，中共中央政治局常委、政协主席李瑞环颁给广东康辉集团“康辉纪念杯”，由中共中央政治局委员、国务委员李铁映颁给总经理郭然香港科学院荣誉博士证书。目前康辉人正以稳健的步伐，开拓进取，决心把康辉事业推上一个崭新的台阶而奋力拼搏。

上海大昌儿童食品厂有限公司

上海大昌儿童食品厂有限公司是由上海儿童食品厂与中国国际信托投资公司香港集团属下的香港大昌行食品工业有限公司共同投资经营的合资企业。

该公司总投资1 321万美元。于1993年8月1日组建以来，香港大昌行食品工业有限公司先进的管理体制，发达的销售网络与原上海儿童食品厂雄厚的技术力量、成熟的工艺、先进的生产设备与优质的产品相结合，使公司的生产能力，获利能力，经济效益均居食品行业前列，逐步发展成一家具有自营进出口权的现代化大型二档企业。

该公司拥有一批从瑞士、澳大利亚、意大利、德国、丹麦、英国等国引进的先进生产流水线，主要生产糖果、巧克力、淀粉软糖、固体饮料、婴儿食品等5大类近200多个品种。该公司长期以来不断吸收、扩大、引进先进技术装备，使公司的巧克力、糖果生产规模为全国之最。1994年、1995年、1996年已连续3年跻身上海市工业企业销售收入前500强行列，经济效益在同行中名列前茅。

该公司注重质量声誉。公司建有与生产能力相适应的健全的质量管理和质量检验组织机构，具有行业较先进的产品质量检测设备，并采用国际标准及国家商业部标准检测产品，公司内部形成了“新品开发重质量，生产过程抓质量，硬件投资促质量，落实制度保质量”的质量管理格局。生产的巧克力，选用天然可可豆和天然油脂为原料，具有天然原味，口感润滑、细腻纯香的特点。“大昌儿童”牌巧克力全国市场占有率达10%，并以质量高档、价格适中，得到消费者好评，1995年、1996年连续两年被选为上海市名牌产品和上海市32只打假保护名牌产品之一。该公司首创的具有法国风味的专利产品——超霸立波糖，具有提神醒脑、开胃、消食、解渴等功效，达到了国际流行产品水平，深受消费者青睛。“大昌儿童牌”超霸柠檬立波糖系列，1995年曾被国内贸易部评为全国大商场推荐名优商品，1996年被评为上海市名牌产品。公司生产的各式象形软糖，以“生产规模大、质量优胜”著称，曾被评为国家银质奖，在国外市场也享有较大的盛誉。

最近，该公司又推出了黑巧克力、低糖巧克力、双色攀司巧克力、咖啡奶香糖、超霸松果仁、白脱花生糖、白领休闲糖、奇妙果冻粉等一批有特色的新产品，受到市场欢迎。历年来公司产品不仅畅销上海市及全国各地，还出口到美国、俄罗斯、东南亚、中东等20多个国家和地区。

今后，公司将不断完善经营运行机制，坚持以质量求生存，以品种谋发展，大力拓展国内外市场，使企业跨入国际先进行列。

公司董事、总经理曹成贤先生携全体同仁热忱欢迎国内外客商广泛合作,共创未来。

绍兴东风酒厂

绍兴东风酒厂位于中国历史文化名城、黄酒之乡绍兴城西,一座融古老传统工艺与现代科技于一体的“中国绍兴黄酒城”。是中国最大的黄酒生产基地和重点骨干企业之一,年 产能力可达 6 万吨,1996 年被列入国家大型一档企业,1992 年通过国家二级企业考评。1997 年 10 月顺利通过中国商检浙江评审中心 ISO 9002 正式认证,成为“中国黄酒第一证”。

该厂的前身为“云集酒厂”,始建于 1743 年,为绍兴东浦的云集信记酿酒坊,1915 年在美国旧金山为庆祝巴拿马运河开通举办的万国博览会上,中国绍兴黄酒赢得了第一枚国际金奖。

1969 年这个厂在文革中改名为“绍兴东风酒厂”至今。1993 年,该厂与香港益通食品工业股份有限公司合资 1 998 万美元组建了由中方控股的“东风绍兴酒有限公司”。现东风酒厂归口省轻工业厅(总会),素属于绍兴县计经委,是一家以国有企业为主包括多种经济成分的混合型企业。1991 年该厂与浙江省粮油进出口公司联办了“绍兴酒出口罐装联营厂”,1994 年又兼并了原绍兴啤酒厂,与上海联办了“绍兴王宝和酒厂”,还与绍兴县外贸、市糖烟酒公司、肖山、苏州、深圳等地联办多家销售分公司。全厂现拥有 10 套各年产 1 600 吨传统黄酒全能车间,两套现代化的机械化黄酒生产线,两条内销及出口的瓶装、罐装全自动化流水线,两套白酒酒精蒸馏塔。到 1997 年底全厂固定资产原值为 2 亿以上。目前正在按规范化公司制的要求进行改组、改制、改造,1998 年上半年将组建成“东风绍兴酒股份有限公司。

绍兴东风酒厂以专业生产经营绍兴酒系列产品著称于世。主要品种为绍兴加饭、元红、香雪、善酿酒、沉香酒、精雕醇、槽烧和禹陵醇。1997 年年产黄酒 4.3 万吨,65 度白酒 2 140 吨,瓶酒产量达 2 万吨,工业总产值(现价)为 2.48 亿元。出口交货值为 4 500 万美元,产品销售收入为 1.77 亿元,利税总额为 5 713 万元,实现利润为 3 624 万元,优质产品产值率为 78%。经济效益和出口创汇均属同行业之首。是中国 500 家最佳经济效益企业。产品的注册商标为“会稽山”、“云集”、“兰亭”等品牌。其味方正,属国家名酒。至今已 8 次荣获国际金奖,蝉联国家历次名酒质量评比金奖,产品一直被国际友人誉为“东方名酒之冠”,中国黄酒之极品,被列为国宴专用酒。在 1994 年美国巴拿马太平洋万国博览会上,再次为绍兴酒捧回金质奖。会稽山牌绍兴酒多次荣获经贸部出口商品金质奖,浙江省著名商标,“浙江名牌”,为浙江省免检产品”、“信得过和很满意产品”,浙江省 1993～1997 年“重合同守信用先进企业”、“轻工部(总会)优秀企业”、“浙江省首批星级企业”、“浙江黄白酒行业排头兵”称号。最近又被中国食品工业协会授予“全国食品行业质量效益型先进企业”,被省消费者协会、质量、技监部门推荐为“’97 购物首选品牌”。产品不仅畅销国内市场,而且远销日本、新加坡、欧美及港、澳等 30 多个国家和地区。

广东省封开县粤丰实业有限公司

广东省封开县粤丰实业有限公司的前身是粤丰实业总公司。于 1997 年改称为广东省封开县粤丰实业有限公司。现有职工 153 人,年生产食品添加剂山梨酸钾 600 吨,属高新科技产品。该公司先后获“全国食品行业质量效益型先进企业”、“广东省食品行业质量效益型先进企业”、“广东省先进集体”,被广东省工商局评为“连续十年重合同守信用企业”。

食品添加剂——山梨酸钾是国际上公认高效、安全、无毒的新一代食品防腐剂,具优异的防腐功能,极易溶于水,抑制细菌效果显著,促进人体的新陈代谢,不影响食品原有的色、香、味，符合国家卫生标准。广泛用于罐头、浓缩果汁、果酒、酱油、调味品、乳酸饮料、乳制品、面制品、豆制品、鱼肉类制品和部分中药制品，并起到鲜化保鲜的作用。质量完全符合美国食品化学药典及日本食品添加物公定书的标准。主要技术指标达到美国和日本同类产品水平。曾先后获广东省十大名牌食品添加剂、省十佳调味品添加剂金奖、全国食品行业名牌产品、1995年国际食品及加工技术博览会金奖等称号。

在经营过程中，由于抓好产品质量。经济效益年年有所增长，产品合格率达100%，产品销往全国30个省、市1 000多个厂家。公司董事长兼总经理王竹梅同志荣获全国先进女职工。全国优秀女企业家，省优秀食品企业家及省“五一”劳动奖章；并担任广东省食品协会理事，省烘焙、膨化及糖制品行业协会理事；化学工业部食品添加剂标准审查委员会委员。1998年1月当选为九届全国人大代表。

江苏汤沟酒厂

汤沟酒起源于北宋年间，闻名于明末清初，素有“南国汤沟酒，开坛十里香”之美誉，迄今已有300余年的历史，1973年9月成立“地方国营灌南县汤沟酒厂”，1985年升级更名为“江苏汤沟酒厂”。目前该厂已发展成为拥有资产总值27 097万元，占地面积68万平方米，职工3 380名，年产销量3万余吨，产值、销售收入均逾2亿元，年创税利5 000万元的国家大型企业，名优酒厂。

1915年，汤沟酒被选送参加德国莱比锡国际博览会获银质奖，1979年汤沟大曲参加省评酒会，力挫群雄，夺得总分第一名，被省政府授予“江苏省优质食品奖”称号。1984年省评酒会上，38度汤沟特液，53度汤沟特曲又双双夺魁，同年在四届全国评酒会获第5名，8大名酒有4个评在其后，五届评酒会上以其优异的质量和遥遥领先的得分，荣获国优。目前，38度特液、45度优曲、45度特曲、53度特曲四个产品均获得国家“方园”标志，成为国家质量认证的免检产品，顺利通过ISO 9000系列质量体系认证。连续四年跻身全国500家，全国轻工系统200家和全国同行业50家经济效益最佳工业企业行列，名列江苏省中流砥柱100强，是江苏省先进企业和文明单位。

该厂在厂长兼党委书记袁立峰的带领下，不断探索总结企业改革的经验，奋力拼搏，发扬“自尊自信，拼搏进取”的企业精神，积极推行激励机制，以干部实行聘任制，工人竞争上岗为改革的突破口，打破大锅饭，铁交椅，把岗位竞争和行政监督有机地结合起来，充分调动广大干群的工作潜能，使企业始终在良性循环的轨道上运转，取得了较好的经济效益。

近年来，该厂在生产中注重质量管理，加大科技投入，不断提高产品质量，开发具有高附加值的产品，以满足不同档次的消费者，每年新增科研经费200万元，购置先进设备，集中人才优势，在45度、53度特曲的基础上开发研制了45度、53度、29度、39度精品特曲系列及金汤银汤系列产品，投放市场后，立即得到消费者的认可，深受人们的青睐。1997年销售高档优质酒7 320吨，实现销售收入2亿余元，比上年增长了20.07%。

该厂瞄准市场，更新观念，从适应市场竞争要求出发，根据产品市场规模，建立完善自身特点的销售体制，以直销制取代过去的代理制、委托制，在省内外主要城市成立具有“四自”功效的经营部、有限公司、办事处26个，并逐步溶入股份制的特点，挖掘销售潜力，提高汤沟大曲系列产品的市场占有率，成功地实现了经营机制的转轨过渡，为企业改制作出了有益尝试。拥有400余人的营销队伍，大中专以上学历占40%，平均驻外人员年龄只有28岁，以市场为导向，倡导市场是企业的生命，信誉是市场的生命，将市场营销放在工作首位，企业的第一车间在市场，成立江苏汤沟酒厂销售总公司，由厂长亲自任总经理，另设常务副总经理1名，副总经理3名，丰富的工作经验，年富力强的厂级领导集体，多次受到市级以上政府的表彰，为企业驾驭市场，提高竞争力夯实了基础。

中国江苏三得利食品有限公司

1984 年 3 月 21 日,人民大会堂江苏厅春意盎然。原中共中央政治局委员、中日友好协会名誉会长、国家领导人王震,国家副主席荣毅仁,日本三得利株式会社社长佐治敬三及近百名中外记者出席了江苏三得利食品有限公司的合营签字仪式,在热烈的掌声中,一笔千钧,一个总投资额为 5 000 万美元、注册资本为 2 450 万美元、中国食品行业最大最早之一的合资企业宣告诞生了。这是一家以生产经营啤酒、麦芽和饮料为主的充满希望的企业。

该公司资金雄厚,设备全新,技术先进,管理一流。加上政界、金融部门的支持和保驾,可谓占尽天时、地利、人和。

10 余年寒暑风霜,该公司在经济大潮中飞舟击浪,奋勇拼搏,终于走出了最初的困境,成功地取得了骄人的成绩。公司的主产品"王子啤酒"以其过硬的产品质量披金挂银。

1992 年,王子啤酒被国务院社会调查事务所授予"全国最受消费者欢迎产品"称号。

1993 年,王子啤酒被江苏省技术监督局、省消费者协会作为推荐产品向社会推荐,同时被授予"江苏省免检产品"称号。

1992 年、1993 年、1994 年王子啤酒连续三年荣获布鲁塞尔世界酒类评选金奖,并荣获 1994 年唯一的一块世界高质量奖。

1996 年,该公司的质量管理体系和系列产品均一次性通过 ISO 9000 质量体系和产品质量认准。

1997 年,王子啤酒第二次被评定为江苏免检产品、江苏名牌产品、江苏省用户满意产品。

同时,该公司也实现了跳跃式的发展,啤酒产量从合资初期的 1 万多吨正向 12 万吨发展;利税由初期的负利税发展到现年盈利近 6 000 万元;产品由当初的麦芽和单一品种的啤酒发展到现在拥有麦芽、饮料和 15 个品种的啤酒的"王子家族";从经营的单一化发展到现在除啤酒工厂、麦芽工厂、麦芽研究所、啤酒大麦改良中心,还包括连云港太阳鸟经贸实业公司、连云港王子矿泉水有限公司、连云港王子贸易有限公司和连云港王子广告有限公司等四个分公司的大型集团。

诸多的殊荣,和令人瞩目的现况,靠的是公司有一个以总经理徐寿可为核心的坚强的领导集体和一支富有凝聚力的特别能战斗的员工队伍。

"我们不满足于昨天"这是三得利人的追求,也是公司希望之所在,三得利人正是用这种精神去书写历史,去创造辉煌。

内蒙古敖汉赤波饮料(集团)公司

内蒙古敖汉赤波饮料(集团)公司是生产天然饮料的专业企业。拥有资产 5 000 万元,现有员工 656 名(其中专业技术人员 78 名),具有 3 条国内最先进的饮料生产线,能生产 3 个系列 10 余个品种的各种纯天然饮料 1.5 万吨。该公司经过近几年的发展壮大已成为内蒙古自治区饮料行业的骨干企业。经中国企业评价中心内蒙古分中心评价,在全区工业企业中该公司在最大经营规模方面名列第 49 名,在最佳经济效益方面名列第 46 名;该公司是中国工商银行赤峰市分行评价的"AA"级信用企业,所使用的"赤波"牌商标是内蒙古著名商标;自 1994 年以来,该公司的产值、利税一直名列全区同行业前列,产品行销全国各省、市、自治区。1995 年、1997 年分别被中国食品工业协会授予"全国食品行业质量效益先进单位"和"全国食品行业质量效益型先进企业"称号。

该公司主导产品"赤波"牌杏仁乳是利用野生杏仁为原料,采用高新技术研制而成的集营养保健于一身的饮料精品,深受广大消费者的欢迎。

为了满足不同层次的市场需求,"赤波"牌系列饮品在原有压盖瓶包装的基础上,又增加了印铁三缩罐、聚丙烯罐和礼品盒等包装。

现在赤波饮料(集团)公司正蓬蓬勃勃向更高层次跨进。

内蒙古自治区第八届、九届人大代表、全国食品行业优秀企业家、集团公司总经理辛凤林偕全体员工愿与各界朋友合作。

中国部分“全国食品行业质量效益型先进企业”

(排名不分先后)

企业全称	负责人	地址
天津中法合营王朝葡萄酿酒有限公司	高孝德(总经理)	天津北辰区兴淀公路
五粮液酒厂	王国春(厂长)	四川省宜宾市岷江西路150号
泸州老窖股份有限公司	叶宗岚(总经理)	四川省泸州市桂花街46号
江苏维维食品饮料有限公司	崔桂亮(总经理)	江苏省徐州市建国东路205号
佛山市海天调味食品有限公司	庞　康(董事长)	佛山市文沙路16号
宁城集团公司	马德海(董事长)	内蒙古赤峰市宁城县八里罕
四川剑南春集团有限责任公司	田德举(董事长)	四川绵竹市剑南春大道
江苏双沟酒业集团有限公司	潘家洲(董事长兼总经理)	江苏省泗洪县双沟镇中大街173号
成都长城川兴酒厂	刘家能(厂长)	四川省成都市崇州市
北京稻香村食品集团	刘振英(董事长) 毕国才(总经理)	北京东直门内北小街草园胡同19号
北京市豆制食品工业公司豆制品二厂	季　凯(厂长)	北京市海淀区北下关净土寺28号
北京市瑞达急冻食品有限公司	郑允斌(总经理)	北京市朝阳姚家园西口
广州致美斋食品有限公司	翁风霞(总经理)	广东省广州市广花二路368号
辽宁省建平啤酒厂	石首成(厂长)	辽宁省建平县叶柏寿镇万寿路38号
吉林省通化啤酒公司	方新阳(总经理)	吉林省通化市前兴路28号
新疆乌苏啤酒厂	王国栋(厂长) 方自强(党委书记)	新疆乌苏市北京东路88号
甘肃农垦啤酒股份有限公司	张玉桥(总经理)	甘肃省兰州市武威路12号
宣化钟楼啤酒集团有限公司	要世威(总经理)	河北省张家口市宣化区火车站街29号
新疆伊犁酿酒总厂	徐勇辉(厂长)	新疆新源县肖尔布拉克
上海牛奶(集团)有限公司	王佳芬(总经理)	上海徐汇区枫林路251号
华夏葡萄酿酒有限公司	严升杰(总经理)	河北昌黎县昌抚公路西侧
杭州卷烟厂	刘建设(厂长)	杭州市中山南路77号

企业全称	负责人	地址
梅山－马利酵母有限公司	谢拥葵(总经理)	广东省番禺市黄阁梅山
四川省成都全兴酒厂	杨肇基(厂长)	成都外西土桥
江苏洋河集团有限公司	李大贤(董事长)	江苏省泗阳县洋河镇中大街118号
四川省古蔺郎酒厂	彭追远(厂长)	四川省古蔺县二郎镇
深圳金威啤酒有限公司	陈浩添(董事长)	深圳市布心东昌路1号
阜新市啤酒厂	王　清(厂长)	辽宁省阜新市太平区红纬路3号
吉林省粤海银瀑啤酒有限公司	张学文(总经理)	长春市双阳区通阳路
安徽高炉酒厂	刘俊卿(厂长)	安徽省涡阳县高炉镇
丹东酿造厂	孙德魁(厂长)	辽宁省丹东市元宝区菜市街22号
吉林华润啤酒有限公司	刘少敏(总经理)	吉林省吉林市龙潭区靠山街
天津市利民调料酿造集团有限公司	郭寿颐(总经理)	天津市河北区民权门外赵沽里
北京红星淀粉厂	魏志成(厂长)	北京市5102信箱75号
湖南省益阳市面粉厂	贺志高(厂长)	益阳市石壁路34号
昆明天使食品总厂	彭玉东(厂长)	云南省昆明市海埂路太家地
大连三发粮食集团有限公司	任有成(总经理)	大连市甘井子区华北路286号
深圳淘化大同食品有限公司	陈山(总经理) 霍锦雄(厂长)	深圳市龙岗区坪山镇南布村
北京市京京肉食厂	王庆云(厂长)	北京市海淀区西红旗
南昌市煌上煌烤禽总社	徐桂芬(总经理)	江西省南昌市绳金塔街130号
上海大江(集团)股份有限公司	李关生(总裁)	上海市松江县谷阳南路26号
南京市卫岗乳制品厂	李寿森(厂长)	江苏省南京市中山门外童卫路5号
大庆乳品有限责任公司	李向东(董事长)	大庆市高新技术产业开发区安萨路
广东康辉(集团)公司	郭然(总经理)	广东潮州庵埠庵凤路中段49号
上海大昌儿童食品厂有限公司	曹成贤(总经理)	上海市徐汇区枫林路200号
绍兴东风酒厂	任中华(厂长)	浙江省绍兴柯桥经济开发区
广东省封开县粤丰实业有限公司	王竹梅(董事长)	广东省封开县江口镇东方二路129号
江苏汤沟酒厂	袁立峰(厂长)	江苏连云港市灌南县汤沟镇
中国江苏三得利食品有限公司	徐寿可(总经理)	江苏省连云港市海州西门外
内蒙古敖汉赤波饮料(集团)公司	辛凤林(总经理)	内蒙古赤峰市敖汉旗新惠镇
陕西省西凤酒厂	李大信(厂长)	陕西省宝鸡市凤翔县柳林镇
福建惠泉啤酒集团股份有限公司	程汉川(董事长)	福建省惠安螺城建设大街157号
鞍山啤酒厂	吴永民(厂长)	辽宁省鞍山经济开发区二区

企业全称	负责人	地址
南京金陵啤酒有限公司	邓乃淳(总经理)	中国南京七里街20号
北京市东郊冷食品厂	刘志斌(厂长)	北京市朝阳区南皋乡北皋村西
吉林省四平市宏宝莱饮品有限公司	卢宪军(总经理)	吉林省四平市红嘴路20号
吉林天河实业有限公司	曹明新(董事长、总经理)	吉林省吉林市昌邑区九站街新塘路1号
哈尔滨阿城酒厂	李福清(厂长)	黑龙江省阿城市西区
浙江省宁波市天天调味品酿造公司	钟克敏(经理)	宁波市江东南路145号
抚顺天湖啤酒有限公司	陈　新(总经理)	辽宁省抚顺市露天区永嘉路36号
山东三九味精有限公司	杨立峰(总经理)	山东省茌平县顺河街239号
长春市粮食第六仓库	岳颖茂(总经理)	长春市宽城区铁北二路14-1号
河北省沧州望海实业有限责任公司	孙书栋(总经理)	河北省沧县望海寺
陕西省专用面粉厂	王东锋(厂长)	西安市丰禾路56号
湖南省保靖蛋品肉类加工总厂	彭种棠(厂长)	湖南省保靖县城喜阳桥11号
河南省长葛市众品食业有限公司	朱献福(总经理)	河南省长葛市长社路21号
青岛德维集团公司	王德学(总经理)	胶南市铁山西路59号
昆明市高上高香肠厂	张静兴(法人) 高厚基(厂长)	云南昆明老海埂路官庄
辽宁省大连海洋渔业集团公司鱼品加工厂	王宝顺(厂长)	辽宁省大连市甘井子区大连湾镇
深圳光侨食品有限公司	陈华希(总经理)	深圳市光明华侨畜牧场
武汉市牛奶公司	韩　震(经理)	武汉市汉口惠济路55号
广东国营燕塘牛奶公司	陈惠珍(经理)	广州沙河
潮州市佳宝集团公司	杨应林(总经理)	广东省潮安县庵埠镇文岐路
上海新亚食品厂	王小德(厂长)	上海闵行区沪闵路1724号
西安市吉祥食品厂	吴一天(厂长)	西安市吉祥路21号
广州果子食品厂	卢壮权(厂长)	广州市芳村大道中280号
甘肃镇原艾波瑞柯果品有限公司	刘治鹏(董事长、总经理)	甘肃镇原县城西街5号
华东葡萄酿酒有限公司	滕克勤(法人)	青岛市崂山南龙口北侧
广东省广前糖业发展有限公司	庞道文(董事长、总经理)	广东湛江遂溪城月镇
番禺海星食品工业公司	谢达和(总经理)	广东省番禺市石楼镇人民路168号
中外合资沈阳康福食品有限公司	丁　伟(董事长)	沈阳市大东区东站街57-1号
宁波中策太丰食品有限公司	陆仁德(总经理)	宁波江东北路221号

附：

中国部分外商投资(三资)企业①

企业名称	销售额(万元人民币)	利润额(万元人民币)	总资产额(万元人民币)	出口额(万美元)
上海大众汽车有限公司	2 430 674	275 299	1 151 267	1 113
摩托罗拉(中国)电子有限公司	1 630 000	—	815 300	69 000
广东核电合营有限公司	612 334	141 921	3 347 240	47 248
康佳集团股份有限公司	602 531	38 545	415 578	3 569
北京吉普汽车有限公司	536 448	25 106	310 352	235
上海贝尔电话设备制造有限公司	456 068	57 719	769 786	2 059
广东科龙电器股份有限公司	450 164	42 716	377 744	1 480
广州宝洁有限公司	399 580	207 332	299 229	13
庆铃汽车股份有限公司	392 455	56 068	664 045	—
上海三菱电梯有限公司	370 943	51 273	306 642	995
中国国际海运集装箱(集团)股份有限公司	347 799	22 365	302 605	33 915
广东容声冰箱有限公司	318 103	45 349	326 527	11 805
南京金城机械有限公司	307 909	16 018	195 707	1 107
上海嘉士德—华海集团有限公司	301 726	31 200	590 769	35 924
南海油脂工业(赤湾)有限公司	298 106	4 204	133 914	13 889
一汽—大众汽车有限公司	294 906	34	965 255	39
北京·松下彩色显像管有限公司	294 506	44 956	288 934	11 448
希捷国际科技(无锡)有限公司	281 145	26 859	127 700	33 872
上海大江(集团)股份有限公司	252 512	13 079	226 238	9 075
佳能珠海有限公司	250 488	13 020	156 132	30 129
广州钢铁股份有限公司	249 887	12 967	280 000	1 815
河南新飞电器有限公司	249 847	31 549	151 443	66
北海粮油工业(天津)有限公司	243 065	—	115 400	7 230
上海—易初摩托车有限公司	239 200	3 727	234 692	461
翔鹭涤纶纺纤(厦门)有限公司	234 289	—	288 416	8 211
东莞福安纺织印染有限公司	231 817	3 788	196 088	25 989
中国天津奥的斯电梯有限公司	229 353	28 803	158 386	128
五羊—本田摩托(广州)有限公司	229 206	2 966	170 101	1 439
爱普生技术(深圳)有限公司	226 594	4 764	30 001	22 086
浙江青鸿国际电脑有限公司	226 477	2 248	89 198	6 329
广东健力宝集团有限公司	223 271	12 090	157 300	3

① 资料来源：《世界经济年鉴》，经济科学出版社，1997 年卷。

企业名称	销售额（万元人民币）	利润额（万元人民币）	总资产额（万元人民币）	出口额（万美元）
上海永新彩色显像管有限公司	222 983	24 675	209 958	207
天津顶益国际食品有限公司	222 751	39 994	274 875	—
深圳南油(集团)有限公司	220 867	23 927	660 647	207
韶关钢铁有限公司	217 607	13 858	412 294	586
福建大丰投资集团有限公司	216 722	7 904	130 499	23 721
福建永恩投资(集团)有限公司	209 396	5 387	84 752	15 818
上海申美饮料食品有限公司	202 049	21 990	154 372	1 240
苏州飞利浦消费电子有限公司	199 322	2 518	133 372	4 752
天津三美电机有限公司	197 838	2 461	24 030	23 717
江苏春兰制冷设备股份有限公司	196 893	28 505	128 381	219
友利电电子(深圳)有限公司	195 818	5 505	71 939	23 185
华懋双汇实业(集团)有限公司	195 321	9 568	89 941	1 030
理光(深圳)工业发展有限公司	195 022	3 934	210 480	23 500
华强三洋电子有限公司	189 665	409	89 219	13 737
广东彩色显像管有限公司	187 928	12 697	307 709	1 099
冠捷电子(福建)有限公司	183 354	5 912	100 732	20 532
深圳妈湾电力有限公司	181 453	28 685	503 331	—
佳能大连办公设备有限公司	179 460	5 477	161 429	20 950
上海索广电子有限公司	178 734	1 555	39 512	21 360
深圳三九药业有限公司	176 397	36 990	366 902	1 328
顺德美的冷气机制造有限公司	175 278	4 207	102 321	1 764
平朔安太堡露天煤矿	172 989	45 025	375 562	25 654
顺德华宝电业有限公司	171 894	3 107	14 110	196
中山嘉华电子集团有限公司	171 863	4 080	142 680	16 447
北京国际交换系统有限公司	171 465	—	247 797	—
海南琼港轻骑摩托车开发有限公司	168 304	21 899	161 985	250
深圳三洋华强激光电子有限公司	167 295	620	18 843	20 131
惠州王牌视听电子股份有限公司	166 231	5 078	66 415	5 889
信华精机有限公司	164 365	3 704	42 609	19 581
中国国际贸易中心有限公司	162 829	70 054	458 700	—
深圳开发科技股份有限公司	161 938	30 651	150 702	19 510
湛江东兴石油企业有限公司	159 593	—	142 631	2 173
洛阳春都实业有限公司	159 401	6 129	95 096	—
厦门华侨电子企业有限公司	158 912	4 030	131 504	6 276
夏普办公设备(常熟)有限公司	158 518	7 545	43 348	18 915
福建恒安集团有限公司	157 000	12 850	75 630	400

企业名称	销售额（万元人民币）	利润额（万元人民币）	总资产额（万元人民币）	出口额（万美元）
三洋电机(蛇口)有限公司	156 360	2 148	76 636	18 870
吉林德大有限公司	155 096	5 599	171 425	6 000
北方易初摩托车有限公司	154 672	2 265	124 066	242
哈尔滨哈飞汽车制造有限公司	153 326	10 824	164 726	—
徐州维维食品饮料有限公司	152 654	19 339	69 181	—
江铃汽车有限公司	152 159	2 781	93 164	—
上海夏普电器有限公司	150 959	7 345	140 086	2 540
深圳赛格日立彩色显示器件有限公司	148 800	18 010	15 891	3 250
天津通广三星电子有限公司	148 153	9	135 595	4 947
中国迅达电梯有限公司	147 244	6 110	193 921	1 685
佛斯弟摩托车集团有限公司	147 089	6 552	111 802	236
惠州三星电子有限公司	145 000	—	67 000	17 400
上海白猫有限公司	144 861	3 186	72 448	537
西安杨森制药有限公司	143 472	40 970	118 419	705
珠海天草电子有限公司	142 219	－1 140	20 868	17 073
祈福房地产开发(深圳)有限公司	141 800	—	268 483	—
哈尔滨双太电子实业有限公司	140 685	5 146	261 003	13 500
天津华利汽车有限公司	140 039	7 060	50 000	—
北京爱立信移动通信有限公司	139 819	9 585	102 096	4 405
银川中策(长城)橡胶有限公司	139 456	7 115	110 745	504
华飞彩色显示系统有限公司	136 850	19 597	194 780	1 500
上海日立家用电器有限公司	134 562	2 172	99 798	—
合肥荣事达(集团)有限公司	134 502	10 072	216 000	518
青岛三美电机有限公司	128 698	－551	—	15 651
珠海市华丰食品工业(集团)股份有限公司	126 372	6 353	109 112	—
上海汽轮机有限公司	126 179	2 602	200 053	2 286
张家港润忠钢铁有限公司	123 971	1 270	208 849	—
葫芦岛东方铜业有限公司	121 318	192	138 507	—
广西玉柴机器股份有限公司	120 932	382	341 453	546
中美天津史克制药有限公司	120 533	48 000	121 907	1 200
和德(集团)有限公司	120 025	10 041	146 748	—
天津三星电机有限公司	119 809	－2 987	15 607	13 215
北京诺基亚移动通信有限公司	119 331	7 483	77 489	1 638

第十一篇

世界经济文化活动

· 90 年代重大国际会议概述
· 世界重大经济活动
· 人口、资源与环境保护活动
· 科技教育文化活动
· 理论研讨活动

90 年代重大国际会议概述

1996年6月14日产生的“伊斯坦布尔人居宣言”,标志着由联合国召开的本世纪最后一次全球大会落下了帷幕。近年来,为了寻求解决国际问题的最佳途径,人们越来越习惯于诉诸于国际行动。因此,本世纪最后10年全球性会议活动有了相当大的增加。从1990年3月的普及教育世界会议,到1996年6月的第二届人类住区大会,联合国主持召开了十余次重大国际会议,其范围涉及经济、社会及相关领域的方方面面;其成果的不断扩大必将对新世纪产生积极的影响。现从中选出8次会议,对各项主要结论及其拟定的共同行动与目标概述如下。

8 次选定的会议

世界儿童问题首脑会议 1990年9月29日至30日在纽约举行了“世界儿童问题首脑会议”。会议通过了《儿童生存、保护和发展世界宣言》以及一项详尽的1990年代执行儿童生存、保护和发展世界宣言行动计划,以便到2000年时达到雄心勃勃但可以实现的各项目标。会议通过了1990年至2000年期间的7项总体目标:⑴5岁以下幼儿死亡率降低1/3;⑵产妇死亡率降低一半;⑶儿童严重的和中等营养不良率降低一半;⑷向所有家庭提供安全水和卫生设备;⑸普及儿童基本教育并至少使80%的儿童完成初等教育(包括女童享有平等教育机会);⑹成人文盲率降低一半;⑺保护处境特别困难的数百万儿童,并在所有国家中遵守最近通过的《儿童权利公约》。为同一时期所规定的其他更为具体的目标涉及:⑴保护女童和妇女;⑵营养;⑶儿童健康;⑷教育。

联合国第8届贸发会议 1992年2月8日至25日在哥伦比亚卡塔赫纳举行。各成员国认识到各国之间日益增长的相互依存关系,同意建立有益于发展的新伙伴关系,并作出承诺,将发展列为国际社会议程中的优先项目。会议的重点放在建立经济上的相互依存关系以及所有国家共同负责采取支助性行动,以期使国际贸易和金融系统更加能够对经济增长、发展和扩充贸易的需要作出反应。会议讨论了9个共同关心的领域:⑴发展所需的资源;⑵国际贸易;⑶技术;⑷服务方面的贸易;⑸商品;⑹最不发达国家;⑺发展中国家间的经济合作;⑻可持续发展;⑼贸发会议进行体制改革。

第八届贸发会议还重新界定了贸发会议在迎接新的发展挑战方面发挥的作用和体制结构,并重申贸发会议发挥的作用是在联合国范围内综合处理发展与贸易、财政、投资、服务和技术相互有关的各项关键问题的最适当的中心。

联合国环境与发展会议 1992年6月3日至14日在巴西里约热内卢举行了联合国环境与发展会议(环发会议)。这是国际上就可持续发展问题进行合作和采取行动的一个重要里程碑。会议的工作量、参与的人数以及政府和非政府参与的规模和对公众产生的影响之巨大是前所未有的。会议发表了包括里约热内卢《环境与发展宣言》、《21世纪议程》(综合性行动方案)以及关于森林问题的原则声明。此外,《联合国气候变化框架公约》和《生物多样性公约》在会议上开放供签署,此后会员国都批准了这些公约。由于举行了环发会议,而倡议就防治沙漠化公约开展的工作现已结束。举行发展中小岛屿国家可持续发展全球会议以及联合国跨界和洄游鱼类会议,是环发会议的另外两个直接产物。

世界人权会议 世界人权会议在1993年6月25日通过的《维也纳宣言和行动纲领》,向联合国提供了一个实现《联合国宪章》所列人权领域各项目标的原则架构和活动方案。这次世界会议对于保护人权、加强民主和促进可持续发展采取了综合性全面解决办法。会议鉴定了享受人权方面的各项障碍和不足之处,特别是在国际保护这些人权方面,以及有助于克服当前各项困难的具体措施。

世界人权会议重申所有人权均具有普遍性，是全人类与生俱来的权利。会议承认各国政府的首要责任是在联合国的各项宗旨和原则范围内促进和保护这些人权，是国际社会理应关切的问题。会议强调所有人权——人权、民权、文化权利、经济权利、政治权利和社会权利——均有普遍、不可分割、相互依存、相互联系的性质，全世界必须以公平、平等的态度全面看待人权。会议重申发展权利是不可剥夺的人权。此外，会议还指出所有人的人权和基本自由得到普遍尊重和遵守，可以促进在国与国之间发展和平友好关系所需的稳定和福利，有助于改进和平与安全以及社会与经济发展的条件。

国际人口与发展会议 1994年9月5日至13日在开罗举行了国际人口与发展会议(人发会议)。其行动纲领共16章，内容涉及人口与可持续发展、男女平等、家庭、人口增长与结构、生殖与保健、人口移徙、教育、国家行动与国际合作等人口与发展领域的各项主要问题。这些问题反映出在过去20年期间，对各项人口问题在认识上发生的变化。《行动纲领》提出的主要原则是对人、人的健康和教育进行投资，是做到经济持久增长和可持续发展的主要因素。《行动纲领》赞成有关人口与发展的新认识——将重点从完全放在人口问题和目标方面，转为以妇女和男士的个人幸福作为可持续发展的中心问题。

《行动纲领》强调指出男女平等和授与女子和妇女权利的重要性，这些都是重要的目标，也是实现可持续发展的手段。它认识到必须将计划生育活动同更广泛的生育保健相结合，并重申所有夫妻和个人自由地并负责任地决定子女的人数和生育间隔以及掌握这么做所需的资料、教育和手段的基本人权。《行动纲领》强调必须以男女个人的愿望同宏观经济发展的目标相协调。

《行动纲领》在教育、健康和生育保健/计划生育领域列出了几项数量目标。实现这些目标包括的时间直到2015年，关心的问题是：⑴接受初级教育；⑵缩小初级教育和中学教育的性别差异；⑶减少婴儿和5岁以下儿童的死亡率；⑷减少孕产妇女死亡率；⑸获得生育保健；⑹满足计划生育需要。

社会发展问题世界首脑会议 1995年3月6日至12日在哥本哈根举行了社会发展问题世界首脑会议。会议认识到社会发展主要是国家的责任，但是也需要国际社会，包括联合国系统做出集体的努力。首脑会议把重点放在三个核心问题：消灭贫穷；扩大生产性就业；加强社会融合。会议强调指出，不能只靠采取部门行动来解决这些问题，还必须将各项社会目标纳入各阶层的一般性决策工作中。

首脑会议建议列入采取加强和扩大教育及保健服务的行动，以确保人人都能全面而平等地获得生产性资产和社会服务，并向无力自助的人提供支助。首脑会议呼吁各国政府和社会其它部门消除一切形式的歧视，以确保妇女能够全面参与所有的政治、经济和社会活动，并保护和促使脆弱和处境不利群体，包括老龄人、移民和难民、残疾人和土著人民参与经济和社会生活。首脑会议强调指出，实现这些目标需要创造有力的政治和经济环境，并且需要社会各部门，包括政府、商业界、工会、民间社会和国际社会共同作出努力。首脑会议还强调必须支持非洲和最不发达国家所做的发展努力，以确保将各项社会发展目标列入结构性调整方案内。会议呼吁加强进行促进社会发展的调集资源活动，并加强在这个领域进行国际合作的架构。

第4次妇女问题世界会议 1995年9月4日至15日，来自世界各地的妇女汇聚于北京国际会议中心，出席了第4次妇女问题世界会议。

代表们评估了每个国家和每个领域在实现妇女机会平等方面取得的进展；商定提高妇女地位《行动纲领》全球战略；确定包括联合国系统在内的国际社会将采取的优先行动；以及动员决策层和基层的妇女和男子实现商定的目标。会议讨论和通过了《北京宣言》和《行动纲领》，该纲领的重点是12个被确定为阻碍提高妇女地位的“关键问题领域”。这些领域涉及妇女与贫穷、妇女的教育与培训、妇女与保健、对妇女的暴力行为、妇女与武装冲突、妇女与经济、妇女参与权力和决议、提高妇女地位的机制、妇女的人权、妇女与媒体、妇女与环境以及女童。男女平等问题是整个纲领中所贯穿的公认的原则。

与正式会议并行的是1995年8月30日至9月8日举行的非政府组织妇女问题论坛，其内容包罗万象：从妇女健康和节省劳力技术到性别和政治、消除对妇女的暴力行为和女性在电视领域的职业。论坛对可持续人类发展的概念给予了特别关注。

联合国人类住区会议(生境二) 1996 年 6 月 3 日至 14 日,联合国人类住区会议(生境二)在土耳其伊斯坦布尔举行,这是本世纪联合国召开的最后一次全球大会。会议的两个主题是城市化世界中人类住区的可持续发展和人人享有适当的住房。

会议集中讨论了人居以及人民与其居住环境的关系,比如:如何改善人类住区的管理和财政?需要制定什么政策来改善最贫困的人民、家庭和社区条件?如何能够确保城市地区的基本卫生条件,又避免对环境造成长期损害?能否确保在预定时期内人人都有适当住房?必须采取什么行动以减轻自然灾害和战争的影响?能否打破贫穷、冲突、浩劫和失败的循环?经过激烈争论和反复磋商,大会通过了《人居议程》和《伊斯坦布尔宣言》。这两个文件强调经济、社会、环境资源协调发展对人类住区发展的重要作用,强调城乡协调发展,发挥政府和私人部门作用,按照不同国情解决人居问题。

共同行动与目标

上述世界性大会和首脑会议表明,自 90 年代以来,联合国始终把合作与发展视为其工作的首要议题。虽然各次会议的侧重点不尽相同,但它们都共同促进建立一个更为全面的发展概念,即发展首先必须关系到人类,而且应该是可持续的,以确保各代之间的公平。而且增长必须是持续不断,以便能为需要实现的更为广泛的发展目标产生必要的资源。因此,以人类为中心的可持续和持久的增长与发展就成了各次会议的总目标。在此基础上,会议讨论的内容几乎无所不包,其行动和目标大致可用以下 9 个主题加以概述:

一个有利于发展的稳定的宏观经济政策框架 在国际一级,其行动方案强调建立支持性的国际经济环境,确保更大的国际财政稳定性,强调发展权以及把对社会、人和环境的关切纳入得到国际社会支助的调整方案中。在国家一级,则强调所有国家持续的、无通货膨胀的增长,依靠市场作用,促进私营部门和有效地利用资源,将人口因素和政策纳入可持久发展战略。

为环境和外债筹资 在国际一级,强调增加多边资源以实现每次会议的目标;联合国、国际金融机构和捐助团体协调规划和筹资以改进外部资源的影响/费用效益;面向发展、有效而持久地解决外债问题。在国家一级,要求发展中国家调集外部和国内资源以促进发展。要求发达国家提供新的、附加的财政资源;官方发展援助达到国民生产总值的 0.7% 的目标;增加向发展中国家的外国直接投资。要求所有国家从削减了的军备开支筹集发展资源。

国际贸易和商品 在国际一级的目标是建立一个公开、公平、有保障、不歧视和可预见的国际贸易制度;全面完成和执行《乌拉圭回合协议》;便利所有国家纳入国际贸易体系;制定相互支持的贸易和环境政策;改进商品市场、商品协议的职能运作。在区域一级,要求加强南——南合作。在国家一级,要求所有国家停止和扭转保护主义;改进商品的竞争性。发展中国家应促进国家间的贸易,实行多样化以减少对商品的依赖性。发达国家应向发展中国家和转型期国家提供出口(包括商品)的机会,支助发展中国家多样化的努力。

科学与技术 在国际一级,强调便利技术和知识的转让,以确保建立发展中国家自身的能力和发展中国家间的技术合作;增加向发展中国家转让无害环境技术。在国家一级,强调促进技术开发;开发无害环境技术;适当应用生物技术。

消灭贫穷和饥饿 在国际一级,要求国际社会和后续行动制定高度优先目标;支助制定国家消灭贫穷的行动纲领和战略;国际合作消灭贫穷。在粮食保障方面,强调联合国与各国政府合作,制定区域和分区域的可持久发展农业和粮食安全的战略,以消灭饥饿,改进对农业和粮食领域问题的理解。在国家一级,要求采取反贫穷的措施,而不仅仅是方案;民主参与、重振经济的政策和稳定的宏观经济环境;解决贫穷根本原因(基础教育、初级保健和基本社会服务)的政策。还有男女平等、实现与儿童有关的目标,把男女平等的做法纳入消灭贫穷的工作;采取确保穷人获得基本服务和生产资源的机会的行动,再就业,促进社会保障方面的行动;制定国家灭贫战略,审查消灭贫穷的政策、方案和预算,制定衡量贫穷的指数。在粮食保障领域,国家应确保消灭饥饿;通过在可持续发展的农业中进行可持续粮食生产来促进粮食安全;改善粮食的分配和储存;改善进入市场的机会;改善低收入民众获得粮食的机会。根据人口趋势查明粮食安全的关键领域;国家政策审查;对可持久发展的农业和农村发展的鼓励政策;制定各部门计划以促进粮食生产并建立早期预警系统;确定土地所有权、财产权,尤其是妇女的所有权。

获得生产性就业机会、全民就业和家庭收入 国际会议为这一主题拟定的行动方案是强调健全的宏观经济增长框架的重要性,从而促进就业、培训、教育和再教育政策。鼓励私营部门、促进创业精神、便利兴办企业,通过取消歧视性规章,最大限度发挥非正规部门创造就业机会的潜力……;扶植中小企业,鼓励具有革新精神的创造就业的选择,视需要多搞劳力密集型企业;改善就业质量,实行劳动标准,改善工作环境;通过资源会计机制扩大工作和就业的定义,承认无报酬工作,包括家务活动;采取有效措施解决长短期失业(青年、妇女和处境不利的人)的问题。

两性平等、公平和赋予妇女权力 在国际一级,要求联合国在其活动中提高妇女地位和妇女的权力;监测所有议程的性别敏感性。在国家一级,要求促进两性平等、公平和赋予妇女权力;经由充分参与方式加强妇女对可持续发展的贡献。以一种对性别敏感的态度来审查和计划所有社会经济政策;统计数应确保男女数据分列。在议程后续工作所有方面考虑到性别因素,拟定和执行在社会所有方面取得平等的明确政府政策、准则和战略。尊重妇女和少女的人权;遵守并执行消除对妇女歧视公约和有关国际文书。在事实上和法律上消除歧视,确保平等取得生产资源和就业机会;缩短男女在教育上的差距,采取措施让女童继续就学,使妇女在非传统领域就业。促进男女在家庭、社区、社会的平等伙伴关系,包括采取措施,确保男子负起父职,以及计划生育。消除对妇女和儿童的暴力行为,使妇女更多参与决策、政府、环境、人口和发展的措施;制定法律、规定、措施(产假)使父母得以兼顾工作和家庭责任,确保在正式和非正式部门平等就业机会措施。

全民基本社会服务:初级保健、教育、营养、安全饮水和卫生、人口和住房 在国际一级,要求各国际组织支助和协调上述领域的国家行动(联合国人权教育10年);加强协调国际间/联合国在基本社会需要方面的行动,巩固资源。在国家一级,拟定有关国家行动计划和战略。全球会议为基本社会服务确定的目标和指标如下,保健:提高出生时估计寿命的目标(人发会议:2005年70岁,2015年75岁),加上按照整个死亡率制定的目标;社会首脑会议:2000年60岁。消灭/控制可传染性疾病:在2000年以前消灭麦地那龙线虫病、小儿麻痹,控制盘尾丝虫病,减少50～70%的幼儿因腹泻病而死的发生率,以及减少25～50%的其在最不发达国家的发生率;减少1/3的5岁以下儿童因急性呼吸道感染而死的发生率方案,在所有有关国家内的抗疟疾方案,寄生物感染控制方案,以减少40%和15%的血吸虫病和其他吸虫感染,一致努力抗艾滋病,抑制肺结核的恢复。儿童健康营养的目标:2000年以前,婴儿和5岁以下儿童死亡率比1990年减少1/3(或分别为每千名中50人和每千名中70人);在2015年以前,婴儿死亡率少于每千名中35人,5岁以下儿童少于每千名中45人;在2000年以前,5岁以下儿童严重和中度营养不良减半。宣传安全母道,包括普遍促进妇女健康的措施,到2000年时产妇死亡率比1990年减半。改善城区健康的目标,在2000年以前健康指数提高10～40%;到2000/2025年以前实现普遍安全饮水和卫生,消灭麦地那龙线虫病;监测在各适当级别上的保健和教育目标的执行情形。人口:在2015年以前,经由初级保健,人人享有生殖保健制度;在2015年以前满足计划生育需要。教育:在2000年以前,80%的有关年龄完成小学教育(宗甸会议);在2000年以前,成人文盲比1990年减半,强调妇女识字;在2015年以前普及小学教育;在2000年以前,50%接受中等教育;在2015年以前,注意男童和女童的教育品质;在2005年缩短小学和中学教育的两性差距。住房:到2000年时,按照全球住房战略改善人人有住房的情形,提出国家和国际行动的全球进度报告。

环境与自然资源 在国际一级,要求联合国审查其全体机构在实现环境和发展目标方面的适当性;加强国际合作,采取一致的政策支助发展中国家,协调联合国或其他援助,包括紧急援助。在国家一级,要求进行发展和监测方案和政策必不可少的环境影响分析;为制止环境恶化采取行动,改变挥霍性的消费和生产方式以及人口动态;建立保护环境的机制和市场信号;审查对付灾害的安排,制定灾前预防和灾后重建措施;制定综合性国家可持续发展战略。

本世纪最后10年,联合国在历次重大国际会议中还无一例外地谈到了促进社会融合,推动民主参与及合作问题,并对非洲与特殊类型国家给予了特别关注。围绕着和平与发展这一目标,联合国在全球会议中主持制定了种种承诺与目标,为人类步入更和平、更公正、更繁荣的21世纪奠定了基础。采取有力措施,实现这些承诺与目标,是国际社会、各国政府、社区及人民义不容辞的责任。

90年代联合国重大经社会议及其协议一览表

会议名称	所通过的协议
1. 普及教育世界会议,1990年3月5日~9日,泰国宗甸。	《普及教育世界宣言》和《满足基本学习需要行动纲领》
2. 世界儿童问题首脑会议,1990年9月29日~30日,美国纽约。	《儿童生存、保护和发展世界宣言》和《执行儿童生存、保护和发展世界宣言行动计划》
3. 第8届贸发大会,1992年2月8日~15日,哥伦比亚卡塔赫纳。	《新的发展伙伴关系:卡塔赫纳承诺》
4. 联合国环境与发展会议,1992年6月3日~14日,巴西里约热内卢。	《环境与发展宣言》、《21世纪议程》、《联合国气候变化框架公约》和《生物多样性公约》
5. 国际营养会议,1992年12月5日~11日,意大利罗马。	《世界营养宣言和行动计划》
6. 世界人权会议,1993年6月14日~25日,奥地利维也纳。	《维也纳宣言和行动纲领》
7. 小岛屿发展中国家可持续发展问题全球 会议,1994年4月25日~5月6日,巴巴多斯布里奇顿。	《巴巴多斯宣言》和《关于小岛屿发展中国家可持续发展的行动纲领》
8. 减少自然灾害世界会议,1994年5月23日~27日,日本横滨。	《横滨战略及行动纲领》
9. 国际人口与发展会议,1994年9月5日~13日,埃及开罗。	《国际人口与发展会议行动纲领》
10. 世界防治艾滋病会议,1994年12月1日,法国巴黎。	《艾滋病问题巴黎首脑会议宣言》
11. 社会发展问题世界首脑会议,1995年3月6日~12日,丹麦哥本哈根。	《社会发展问题哥本哈根宣言》和《行动纲领》
12. 第九届联合国预防犯罪和罪犯待遇大会,1995年4月29日~5月8日,埃及。	《第九届大会的决议和建议》
13. 联合国跨界鱼类和高度洄游鱼类会议,在纽约联合国总部召开了各届会议。 第1届会议:1993年4月19日~23日。 第2届会议:1993年7月12日~30日。 第3届会议:1994年3月14日~31日。 第4届会议1994年8月15日~26日。 第5届会议:1995年3月27日~4月12日。 第6届会议:1995年7月24日~8月4日。	会议于1995年8月4日通过了《1982年12月10日联合国海洋法公约有关养护和管理跨境鱼类和高度洄游鱼类的规定执行协定》
14. 第4次妇女问题世界会议,1995年9月4日~15日,中国北京。	《北京宣言》和《行动纲领》
15. 《1990年代支援最不发达国家行动纲领》执行情况中期全球审查高级别政府间会议,1995年9月25日~10月6日,美国纽约。	
16. 联合国贸易和发展会议第9届大会,1996年4月27日~5月11日,南非米德兰特。	《米德兰特宣言》和《促进增长和发展的伙伴关系》
17. 联合国人类住区会议,1996年6月3日~14日,土耳其伊斯坦布尔。	《人居议程》和《伊斯坦布尔人居宣言》
18. 世界粮食首脑会议,1996年11月13日~17日,意大利罗马。	《世界粮食安全罗马宣言》和《世界粮食首脑会议行动计划》

(北京图书馆参考部 **李跃进**)

世界重大经济活动

世界经济论坛年会 1996年世界经济论坛年会2月1日下午在瑞士达沃斯开幕。来自约100个国家和地区的近2 000名政治、经济界领导人和专家学者,在一周内围绕"推进全球经济一体化"这一主题展开热烈讨论。

论坛主席施瓦布在致开幕辞时说,目前全球经济一体化已成为一个不可逆转的进程。尽管这一进程有利于世界经济的发展,但目前它也遇到了多方面的阻力。世界上许多国家目前都存在高失业率和政府财政赤字等问题。全球经济一体化常常被误认为是导致这些社会问题的罪魁祸首。如何适应和推动全球经济一体化是今年达沃斯会议探讨的主题。中国国家经贸委副主任陈清泰同约20位中国企业界人士和学者出席了本次论坛的讨论。

'96中国国际经济合作学术年会 1996年9月3日～5日,'96中国国际经济合作学术年会在昆明召开,本届学术年会是由中国经济技术合作公司联合中央和地方有关部门主办的。

年会的重点议题是:外经企业如何更新发展思路,改革经济体制和运行机制,加强管理,以效益为中心,努力实现经济增长方式由粗放型向集约型的转变。会议收到有较高水平的学术论文50多篇,来自全国对外经济合作领域的80多位专家、学者和企业界人士参加了年会,共同检验一年来中国国际经济合作学术研究成果,进行理论和政策探讨,交流外经企业改革和发展的经验,以促进中国对外经济合作事业的加速发展。

云南省副省长刘京到会讲话,外经贸部孙广相部长助理就中国对外经贸事业的发展情况及有关热点问题做了专题报告,外经贸部合作司司长施何求介绍了中国承包工程、劳务合作情况及存在的问题,并对今后的工作提出了具体的目标和措施。

亚洲经济发展趋势座谈会 由经济日报社和美国亚洲大趋势集团联合主办的"亚洲经济发展趋势座谈会",1996年3月21日在北京人民大会堂举行。国务院发展研究中心主任孙尚清在开幕词中说,今天,历史正在发生巨变,亚洲正以惊人的态势重新崛起。事实证明,亚洲地区已成为当今世界新的投资热点和经济发展最快、最好的地区。作为世界知名的预言作家和未来学者约翰·奈斯比特先生,在他的新著《亚洲大趋势》中,以翔实的资料,阐述了亚洲飞跃的深层缘由以及对世界的影响,书中不少论断是科学的、睿智的、有启示性的,对西方某些执有偏见的人士有振聋发聩的意义。

美国亚洲大趋势集团主席奈斯比特在发言时指出,在当今世界上,亚洲需要西方,西方更需要亚洲。而没有什么事情比在中美两国之间建立良好关系更为重要了。他说中美两国必将成为世界上两大经济贸易实体。他对中国改革开放以来把市场经济引入社会主义制度所取得的重大进展,以及在面对诸多挑战方面所显示的智慧表示赞赏。

国务院发展研究中心原副主任、中国亚太学会会长张磐教授在会上发言指出,有些人认为21世纪是亚太世纪。我认为21世纪与其说是亚太世纪,不如说是和平与发展的世纪。

经济日报副总编辑余焕春代表总编辑杨尚德致闭幕词。

出席21日座谈会的还有马洪、于光远、童大林等有关部门负责人和经济学家。美国亚洲大趋势集团总裁张雯女士、国务院发展研究中心博士研究员赵晋平先生等在座谈会上发了言。

中国经济和商务国际会议 "中国经济和商务国际会议"1996年4月16～19日在北京举行。李岚清副总理、美国前国务卿基辛格等约400名国际著名经济、企业界人士与会,就中国经济前景、合作经验等进行交流探讨。

李岚清指出,维护和平与发展经济是当今世界的两大主题,世界明显呈多极化趋势。迄今在华的外企已超过20万家，中国将继续扩大和各国在各个领域的合作，始终不渝地为世界和平作贡献。

基辛格指出，冷战结束后，世界的变化惊人，格局在调整中。中国日益强大，政治影响自然不断扩大，美国等西方国家要适应这些变化。他批评一些美国人和媒体鼓吹遏制中国，把贸易作为政治勒索工具。他指出，这是屡试屡败的过时方法，任何亚洲、欧洲国家都不会参加遏制中国。中国有12亿人，有5 000年伟大文化，中国制裁不了，只会给自己带来混乱。他说，中美没有根本利害冲突，维护亚洲的和平稳定符合中美共同利益，应该是最大限度地发展和中国的交流与合作。

会议由美国《商业周刊》与国务院发展研究中心联合举办，波音、惠普等公司协办。

"中国经济的分析及预测"研讨会 1996年6月中旬在北京举行的"中国经济的分析及预测"研讨会，认为在未来25年，中国经济将长期持续稳定增长，平均每年增长幅度约为8%。同时在经济发展中，中国政府也面临一些新的挑战。

一批中外经济学专家出席了这次研讨会。中国社会科学院吴敬琏教授认为，中国政府在1995年运用市场经济政策和宏观经济管理措施，有效地控制了通货膨胀并使经济增长放缓。然而，中国政府仍要面对一些挑战和未解决的问题，现存的政策和法律需要进一步完善。美国史丹福大学刘遵义教授指出，到2020年，中国实际生产总值及人均国民生产总值将分别达到5万亿美元和3 500美元(按1990年价格计算)。通货膨胀率在1994年已达到顶点，1995年通货膨胀率开始放缓，到2020年，通货膨胀率约为5%。

中国社会科学院农村发展研究所韩俊博士在谈到中国农业生产前景时认为，在不久的将来，中国将在世界粮食市场担当更为重要的角色。从长远角度讲，中国的农业发展所面临的最大挑战是如何保持产量的稳定增长、生产成本的降低以及整体农业竞争力的提高。

举办此次研讨会的世界最大的投资银行之一所罗门兄弟公司亚太区首席地区经济师费安道博士也分析了中国经济发展的前景。

中马合作——北京研讨会 中国和马来西亚共同举办的"中马合作——北京研讨会"1996年8月26日在北京开幕。来访的马来西亚总理马哈蒂尔和中国国务院副总理朱镕基在开幕式上作了演讲。

马哈蒂尔在题为《亚洲世纪——马来西亚的展望》的演讲中说，与过去所谓的"欧洲的世纪"、"美洲的世纪"不同，21世纪将是一个"世界的世纪"。他说，亚洲国家希望繁荣，但并不是想使别人变得贫穷；一方得益一方受损并不是我们追求的目标。一些人应有尽有，一些人一无所有，不能为这个现代世界所取得的成就增色分毫。一个共同富裕的世界将为每个人创造更多的财富。

国务院副总理朱镕基在演讲中说，近几年来，中国在以江泽民同志为核心的党中央领导下，通过深化改革，扩大开放，加强和改善宏观调控，保持了国民经济的持续、快速、健康发展，初步确立社会主义市场经济体制的基本框架。他说，在未来5年里，中国还将进一步提高对外开放水平，充分利用国内和国际两种资源、两个市场，有步骤地开放金融、商业、旅游等服务领域，积极引导外资参与能源、交通、农业等基础设施项目的建设和企业的技术改造。逐步对外资企业实行国民待遇、规范税制、公平税赋，为中外企业创造平等竞争的条件。朱镕基指出，中国和马来西亚开展互利合作不仅大有可为，而且必将成为促进两国经济繁荣和睦邻友好关系的强大推动力量。他说，近年来，两国在各个领域进行着富有成效的全面合作，中马各有所长，经济具有很强的互补性，在资源、产品、技术和市场等领域可以建立长期稳定的合作伙伴关系。

中马两国企业、经济、银行、教育等方面人士约400人出席了研讨会。开幕式结束后，中马两国企业签署了一系列合作协议。

'96国际关系研讨会 由中国国际经济关系协会主办的'96国际经济关系研讨会1996年8月28日在北京举行。来自国内各主要经济研究机构、高等院校的国际问题专家就中国利用外资及大国关系等问题进行了两天讨论。与会的专家学者指出，随着跨国直接投资迅猛增加，世界经济全球化进程的加快，以及各国经济相互渗透和依存的加强，如何利用外资变得越来越重要。与会者指出，中国改革开放十多年来，大大扩展了利用外资的广度和深度，利用外资的成绩是显著的，但更要总结经验和教训。在经济国际化的大潮中，把握好我们的尺度和分寸，使外国投资有利于中国的现代化建设，有利于中国参与国际市场的竞争。

研讨会上，与会者就中国如何有效利用外资问题提出了不少有价值的建议，其中包括如何使外资用在引资国经济发展最需要的领域和部门，从而有利于发展引资国的支柱产业；如何协调引进外资和产业导向，制定出鼓励、允许、限制乃至禁止的不同的外资政策；引进外资要与引进尖端科学技术和先进的管理经验相结合等。

“展望21世纪论坛”首次会议 1996年9月4日～6日，由中国人民政治协商会议全国委员会举办的“展望21世纪论坛”首次会议在北京召开，来自世界18个国家的著名政治家和知名人士以及中国的专家学者在为期三天的会议中，就这一严肃的话题进行了探讨。

全国政协主席李瑞环主持了9月4日的开幕式，全国政协副主席、“展望21世纪论坛”组委会主席叶选平致开幕辞，国务院总理李鹏作了题为《中国的发展和亚洲的崛起对世界未来的影响》的讲话。国务院副总理钱其琛，全国政协副主席吴学谦、胡绳、朱光亚、秘书长朱训等出席了开幕式。

这次会议共收到论文35篇。会议期间，7位中外与会者先后发表了演说，有74人次分别在“经济大趋势”、“政治大趋势”、和“展望21世纪的中国”三场专题讨论中发言。

在9月6日的闭幕式上，吴学谦致闭幕辞。他说，21世纪的亚洲大有希望，它必将为世界的和平与发展做出更大的贡献。21世纪的亚洲，既面临机遇，也存在挑战。亚洲的未来离不开世界，只有在一个和平、繁荣、稳定的国际环境下，亚洲的美好前景才可以实现。美国前国务卿舒尔茨在闭幕式上发表了演讲，他就21世纪面临的一些重要问题，如加强研究、发展科技、能源问题以及中、美、日和中、美关系等问题发表了自己的见解。叶选平主持闭幕式，朱光亚、钱李仁等出席了闭幕式。

外贸企业改革与发展研讨会 由中国亚太地区国际贸易研究与培训中心和中国国际技术交流中心联合举办的中国对外贸易企业改革与发展研讨会1996年9月9日在北京召开。外经贸部部长助理刘向东在会上就中国外贸目前的形势、发展的出路、前景等作了讲话。

刘向东说，中国外贸企业要改变目前的被动状况，使对外贸易走上健康发展的道路，根本的就是实现两个转变。首先，要加快外贸体制改革，经过5年的努力，逐步建立起既符合中国社会主义市场经济要求，又符合国际贸易通行准则的外贸体制。这就要求我们首先要转变观念，改变以往要求政府给予优惠政策多，主动竞争少，讲求效益少的倾向，讲求经济效益；其次，企业决策要科学化、民主化，集思广益，减少决策失误。同时，还要加强财务核算，贯彻节约精神，精打细算。通过抓管理，抓效益，使外贸企业得以进一步发展。

“经济转轨”国际研讨会 “经济转轨”国际研讨会1996年10月12日～14日在北京举行。中国社会科学院副院长刘吉在开幕式上指出：“市场经济不可能只是一种模式，向市场经济过渡的方式也存在着多种可能性。对各国经济转轨的情况进行比较研究，深入探讨各国经济转轨中的共同点和不同点是非常有益的，它将有助于进一步认识转轨中的规律性问题，总结转轨过程中的经验和教训”。波兰、俄罗斯、捷克、匈牙利、斯洛伐克、英国、奥地利和日本等国的学者与中国国家体改委、中国人民银行等有关部门、有关院校的学者70多人，参加了研讨。

第二届中德经济合作与投资研讨暨洽谈会 第二届中德经济合作与投资研讨暨洽谈会，1996年11月18日在北京开幕。中国国际贸易促进委员会副会长安成信在开幕式上说，中国改革开放以来，双方经贸合作发展更为迅速，在各个领域的合作均不断深化，发展势头良好。1995年两国贸易总额为137.10亿美元，比上年增长了15.2%，占中国对欧洲贸易额的27%，占对欧盟15国的34%。截止1996年6月，德在华直接投资项目达1 411个，协议金额49.81亿美元，实际投入14.07亿美元。

贝塔斯曼公司总裁明克维茨认为，中国是一个巨大的消费市场，对德国企业来说有相当大的吸引力。他希望此次会议圆满成功，将涌现更多的合作伙伴及合资项目。贝塔斯曼公司是德国最大的出版、新闻和信息集团，也是世界第四大媒体集团。本届会议便是由该公司与中国贸促会和人民日报社联合主办。

参加会议的中方企业有107家，德方企业50多家,还有两国政府经济部门的一些高级官员、专家学者与会。他们分别就以下主题在大会上发表了看法:对中国"九五"计划期间道路建设、电讯、能源及交通运输的评估与分析;不断扩大中德在商品流通领域中的经济合资;中国吸收外资的有关政策;巴伐利亚州积极推动德国中型企业进入中国市场。另外,会议还举办了多领域的专题讨论会,诸如基本建设项目融资的不同类型、中国对在华外资企业的现行法律、中国的知识产权保护、德国中型企业来华入门及在华经商的经验等等。

中比经济贸易研讨会 1996年11月25日,中国－比利时经济贸易研讨会在北京举行。中国国务院副总理李岚清、比利时菲利普亲王、梅斯达德副首相先后致辞。比方经贸代表团一行150多人出席了研讨会。该代表团是中比自1971年建交以来比利时向中国派出的规模最大的经贸代表团。

李岚清向与会者介绍了中国的改革开放和经济发展的情况。他表示,中比合作目前已具备了一定的规模,为下一步扩大合作奠定了可靠的基础,扩大这种合作符合中比双方的共同利益,希望双方在总结经验的基础上采取切实可行的措施,加快两国经贸合作的步伐。

据介绍,自中比建交以来,双边贸易关系取得了令人可喜的发展。1971年至1995年,双边贸易额从2 234万美元增加到21.3亿美元;1981年至1995年,中国从比利时引进技术48项,合同金额2.1亿美元;1979年至1995年,中国实际利用比利时政府贷款1.2亿美元,同期比利时来华实际投资1.7亿美元。此外,双方还在发展合作、人员培训方面进行了成功的合作。

来自国家经贸委、外经贸部、海关总署、国家外汇管理局的有关官员介绍了中国中小企业、利用外资、关税改革和外汇管理制度、政策等。

深港经济衔接高层研讨会 随着香港主权回归日期的临近,加深香港和深圳的经济衔接,成了社会各方面关注的热点。1996年11月25日,北京、深圳、香港的一批著名经济学家和部分政府官员聚集在一起,就这个问题展开了热烈的讨论。

全国人大常委会副委员长王光英、程思远等出席了在新华社新闻大厦举行的"深港经济衔接高层研讨会"。这次研讨会是由经济参考报、中国综合开发研究院、深圳特区促进深港经济发展基金会联合发起组织的。

(以上为 唐 骅 李荣启 撰稿)

1996年中国经济发展的十大特征 一是国民经济继续保持适度快速增长。二是市场供求基本平衡。三是对外贸易增长平稳,外汇储备大幅度增长。四是物价走势比较平稳,物价涨幅回落。五是农村居民收入增长明显快于城镇居民收入增长。六是外商投资质量有所提高,结构有所改善。七是农业生产经营比较困难,经济效益有所下降。八是城镇失业人数有所增加。九是财政收支状态良好,金融形势平稳发展。十是经济改革稳步进行,经济改革措施出台的负作用明显减少。

亚太经合组织领导人非正式会议 1996年11月25日,亚太经合组织第四次领导人非正式会议在菲律宾的苏比克举行,会议通过《亚太经合组织经济技术合作原则框架宣言》、《马尼拉行动计划》、《亚太经合组织经济领导人宣言:从憧憬到行动》等三个文件。中国江泽民主席在会上作了重要发言,并同美国总统克林顿等首脑会晤。

国际商会第32届世界大会 1997年4月9日,国际商会第32届世界大会在上海市展览中心开幕。国务院总理李鹏应邀在开幕式上发表讲话。

作为具有重要影响的世界性民间商业组织,国际商会成立于1919年。其宗旨是:在经济和法律领域里,以有效的行动促进国际贸易和投资的发展。目前,国际商会会员分布在世界140个国家和地区,在60多个国家设立了国家委员会。据了解,由国际商会和国际商会中国国家委员会共同主办的本次大会,是国际商会历史上一次规模较大的会议,也是该组织首次在中国举行的大会。共有来自74个国家和地区的1 000多名银行家、企业家、经济学家、商会代表、国际组织代表、政府高级官员出席会议。本次会议在"全球经济中的亚洲"的主题下,将就全球经济、亚洲企业家看全球市场、中国在亚洲和世界上不断增长的作用、香港和上海的经济发展以及有关国际商会的政策等问题展开讨论。

各国政府对国际商会大会都非常重视。李鹏总理是专程到上海出席开幕式的。他在讲话中说,环顾全球,多极化趋势正在加速发展。科学技术突飞猛进,世界经济持续增长,国际贸易和投资不断扩大,世界各国经济联系更加紧密,区域性的经济合作势头强劲。建立一种公正、合理的国际经济新秩序,是世界人民的共同呼声。

李鹏指出,这块饱经沧桑的古老大陆,经济的发展已取得了举世瞩目的成就。特别是东亚经济增长速度连续多年保持领先地位,成为亚太乃至整个世界经济增长的一个推动力。亚洲人民正在努力把一个和平、稳定、繁荣、进步的亚洲带入21世纪。亚洲的发展潜力是巨大的,亚洲的前途是光明的。

李鹏在介绍了改革开放以来中国发生的巨大变化后说,中国是亚洲的一员,中国的发展与亚洲的繁荣息息相关。从今年到本世纪末的4年中,中国将向世界提供将近7 000亿美元的市场,当然要进入这个市场,竞争也是激烈的。希望一切有远见的企业家和商界人士都不要失去进入中国市场的大好机遇。

国务院副总理李岚清,国务委员李铁映,中共中央政治局委员、上海市委书记黄菊出席了开幕式。开幕式上,国际商会主席赫尔穆特·莫赫致了欢迎辞。上海市市长徐匡迪、中国国际贸易促进会会长郭东坡也分别致辞。

1996年发展中国家经济业绩 1997年1月31日,联合国秘书长在回顾世界经济业绩时称,1992至1996年期间,发展中国家的国内总产值(GDP)平均增长率约为每年5.3%。与之相比,80年代为3.1%,1991至1992年期间为4.2%。GDP的加速增长使得过去四年来人均GDP每年增长3%以上;而且增长范围逐渐扩大,人均GDP增长的国家数目已从1990~1993年平均55个国家(包含发展中国家人口的约83%),增加到1996年的75个国家(包含发展中国家人口的96%)。然而,撒哈拉以南非洲各国和最不发达国家并没有呈现这种情况。

增长业绩改善主要是因为国家政策的成功。1994~1996年间,发展中国家出口年均增长约达12%。以拉美、南亚和东亚以及中国的出口增长特别快。区域贸易安排的加强是发展中国家出口增长取得好成绩以及它们能继续打入发达市场经济体制成品市场的重要因素。随着发展中国家和中国GDP和出口的增长,制造业所实现的增值也见增长,其占世界总额的份额从1991年的约15%,增至1995年的约18%。

(李跃进)

世界银行发表衡量发展新指数 1997年4月6日,世界银行在华盛顿首次发布了《1997年世界发展指数》,这份长达339页的报告,汇集了有关世界200多个经济实体的数据统计,被视为当前世界发展近况最全面和完整的描述,它将成为今后衡量减轻贫困和改善人民生活的尺度。

世界发展指数不再单纯以国内生产总值或国民生产总值衡量国家的贫富,而是把"人和减轻贫困放在首位,并置于发展问题的中心位置"。报告汇集了75份统计图表,显示了当前全球在教育、经常项目平衡、营养、交通拥挤状况和税收等诸多方面的现状。在经济发展部分,1997年世界发展指数认为,1995年世界生活水平最高的是卢森堡,人均国民生产总值达41 210美元;美国以人均26 980美元名列第7位。但美国以7万亿美元的国民生产总值保持了世界第一经济大国地位。这份报告还根据国民总收入排列了当今10大"新兴巨人",依次是中国、巴西、俄罗斯、印度、墨西哥、阿根廷、印度尼西亚、土耳其、泰国和巴基斯坦。以上10个新兴大国的经济已占到世界总产出的近19%。

(李跃进)

关于宣布国际和平文化年的倡议 1997年6月27日,科特迪瓦常驻联合国代表在致秘书长的信中转达了该国政府提出的将2000年宣布为国际和平文化年的倡议。

科政府在随信所附的备忘录中指出,开展国际和平文化年活动,能够统一和协调国际社会促进和平文化的努力。为此,选择2000年是因为千年之交是一个有力的时间角度,可以俯瞰整个世纪,我们希望在这个期间促进和建立一个日常的和平文化。和平文化的内容有:非暴力和尊重人权、所有民族之间相互尊重和团结以及各文化之间的对话、和平与民主参与及可持续的人的发展的联系、信息和知识的自由流通和分享、推动预防冲突和冲突后建立和平、男女平等。

自从1989年7月教科文组织在亚穆苏克罗(科特迪瓦)举行了和平在人民心中国际大会,并首次提出和平文化的概念以来,和平文化已成为一个世界性的运动。联大通过了76个会员国所提题为“和平文化”的第51/101号决议,已经通过联合国系统承担了编写一项和平文化宣言和行动纲领的任务。1997年5月17日,拉美各报出版商和编辑和平文化会议产生的《普韦布拉宣言》,提出协调努力提醒国际社会注意促进和平文化这一问题的目标,并强烈建议联合国宣布国际和平文化年。

(李跃进)

世界经济面临七大难题 联合国贸易和发展会议在9月15日发表的“1997年贸易和发展报告”专题报告中指出,在当前世界经济中,有七个难题需要加以解决。

——世界经济持续低速增长。统计数字显示,1995年,全球经济增长率为2.4%,1996年为2.8%,一年中只增长了0.4个百分点。

——南北差距进一步加大。以人均国民生产总值为例,占全世界人口20%的世界上最富有国家,与同样占全世界人口20%的最贫穷国家相比较,1965年的差距是30倍;但是到了1990年,差距加大到60倍。

——贫富差距不仅在南北之间拉大距离。在发达国家内部,乃至在发展中国家内部,贫富分化的现象日益严重。

——发展中国家债务日趋严重。统计表明,一些发展中国家为支付债务的利息,每年要付出国民生产总值的15%。

——资本经营所获得的收入与劳动力所获得的收入失衡。这一现象在发展中国家尤其值得重视。目前,80%的发展中国家的工作人员的总体工资构成中,90年代与80年代比较,资本经营所获得的收入的比例上升,而劳动生产所获得的收入的比例下降。照此下去,全球经济就会失去得以发展的基础。

——失业问题难以缓解。就业方面存在的不稳定因素,使得许多国家的社会救济负担越来越沉重,这种现象不仅在发达国家存在,在一些发展中国家也同样存在,其结果是国家财政赤字越来越大。

——全球性的技术工人与非技术工人的工资收入差距在逐渐拉大。统计数字表明,这个差距已经由80年代的20%增加到90年代的30%。而且,这种差距增加的趋势还在发展。

联合国贸易与发展会议在这项报告中指出这7大难题之后强调,为了世界经济的健康发展,世界各国都应该认真研究解决这些问题的有效措施。

中共十五大报告强调经济政治文化协调发展 中国共产党总书记江泽民在中国共产党十五次代表大会的报告中指出:社会主义现代化应该有繁荣的经济,也应该有繁荣的文化。只有经济、政治、文化协调发展,只有物质文明与精神文明都搞好,才是中国特色的社会主义。建设中国特色的经济、政治、文化的基本目标和基本纲领,有机统一,不可分割,构成党的社会主义初级阶段的基本纲领。

在谈到社会主义文化建设时,江泽民指出有,中国特色的社会主义文化,是凝聚和激励全国各族人民的重要力量,是综合国力的重要标志。在全社会形成共同理想和精神支柱,是中国特色的社会主义建设的根本;发展教育和科技,是文化建设的基础工程;发展文化艺术、新闻出版、广播影视等事业,是文化建设的重要内容;营造良好的文化环境,是提高社会文明程度,推进改革开放和现代化建设的重要条件。建设有中国特色社会主义文化,就是以马克思主义为指导,以培育有理想、有道德、有文化、有纪律的公民为目标,发展面向现代化、面向世界、面向未来的民族的科学的大众的社会主义文化。这就要坚持用邓小平理论武装全党,教育人民,努力提高全民族的思想道德素质和科学文化水平。

中国共产党的这次代表大会于1997年9月12日至18日在北京隆重举行。江泽民报告的题目是《高举邓小平理论伟大旗帜,把建设有中国特色社会主义事业全面推向二十一世纪》。

首届亚欧经济部长会议 首届亚欧经济部长会议于1997年9月28日在日本千叶县幕张国际会议中心闭幕。会议发表了《主席声明》,强调亚欧会议成员国要进一步加强经济、技术等合作,以求共同发展。

来自亚洲和欧洲25个国家主管经济和贸易的部长以及欧盟委员会负责人参加了为期两天的会议。会议集中讨论了亚欧总体经济关系、工商交流、贸易与投资、基础建设和可持续增长等议题。会议还讨论了与世界贸易组织有关的问题,批准了《促进投资行动计划》和《贸易便利行动计划》,并规划今后的后续行动方针。

大会最后通过的《主席声明》说，与会部长们强调亚欧会议成员国的共同课题是保障能源安全、保护环境以及实现可持续的经济增长，并且要为这些课题的完成而进行合作。

声明说，部长们一致表示支持申请加入世界贸易组织的亚欧会议成员国通过谈判加入该组织。

声明说，部长们注意到今后10年亚洲对于电力、煤气、运输、通讯、水处理等基础设施的庞大需求，一致认为进行基础设施建设极为重要。

声明还说，部长们一致认为应为最大限度地发挥亚欧两地区经济的互补效益而进行合作。同时，部长们强调了保持贸易政策透明度的重要性。

声明宣布，第二届亚欧经济部长会议将于1999年10月在德国柏林举行。

最不发达国家经济去年继续增长 联合国最不发达国家、内陆国家和岛屿发展中国家特别协调人办公室日前在这里发布了“最不发达国家1997年年度报告”。该报告指出，1996年，全世界最不发达国家的国内生产总值比前一年增加了4.7%，其中非洲的最不发达国家的增长率为4.6%，亚洲最不发达国家的增长率为4.8%，而同期的世界国内生产总值平均增长2.8%。这表明总体上最不发达国家的经济在前年有较大增长的基础上，去年仍继续保持增长势头。

报告认为，最不发达国家的经济发展的重要原因，是其中多数国家在宏观经济上推行了改革政策，并改革汇率。报告认为，对经济制度和产业部门如农业继续进行改革，是保持这些国家经济继续增长、并最终消除贫困的必要条件。此外，近年来世界经济的持续增长，为最不发达国家的发展提供了较好的外部环境。全世界最不发达国家目前有48个，人口共5亿7千万，其中非洲有36个。

世行和国际货币基金组织年会 世界银行和国际货币基金组织理事会1997年度年会，1997年9月23日上午在香港会议展览中心隆重开幕。国务院总理李鹏出席年会开幕式并发表讲话。

这次年会是香港回归祖国后在港举办的规模最大的国际会议，也是世界银行和国际货币基金组织第一次在中国举行年会。

上午10点，中国财政部部长刘仲藜向与会的两组织理事和客人介绍承办这次年会的香港特区行政长官董建华，并请董建华致辞。

董建华说，承办这次年会对香港来说具有特殊的意义。李鹏总理和国际金融界贵宾们的到来，充分显示出对香港的有力支持，表明了香港作为国际主要金融中心的地位。

在热烈的掌声中，李鹏总理作为年会主办国政府首脑发表讲话。李鹏总理首先代表中国政府和中国人民对年会的召开表示热烈祝贺，向各位代表和来宾表示欢迎。他在讲话中说，刚刚结束的中共第十五次全国代表大会，是在世纪之交，承前启后，继往开来的一次极为重要的大会。大会总结了近20年来改革开放和现代化建设的经验，确立了邓小平理论为我们的行动指南。以江泽民同志为核心的党中央领导集体是强有力的，是有驾驭全局能力的，得到全党和全国人民的拥护。

随后，两组织理事会主席兼本届年会大会主席卡巴什宣布年会正式开始。世界银行行长沃尔芬森和国际货币基金组织总裁康德苏先后发表讲话，就当前国际经济金融问题、世界银行和国际货币基金组织的工作进行了阐述。

出席开幕式的有近4 000人。

会议于1997年9月25日结束。在上午举行的闭幕式上，世行行长沃尔芬森和基金组织总裁康德苏高度评价会议取得的成果，并感谢中国政府和香港特别行政区政府为会议成功所做的努力。

沃尔芬森在发言中表示，感谢李鹏总理和朱镕基副总理对大会给予有力的支持。他说，李鹏总理和朱镕基副总理的讲话，是令人激动的。

沃尔芬森说，世界银行当前要做的就是取得成果，帮助重债贫困国家，面对“接纳”的挑战，促进全球经济的发展。在香港举行年会的重要意义在于，既要说明亚洲取得的非凡成就，值得世界其他地方学习；又要说明现实的货币形势提醒我们所有的人，在发展的阶段会出现一些问题，我们必须准备处理这些问题。

康德苏发言指出，大会通过两项重要决议：建议将基金组织的份额提高45%；建议通过修正协定将特别提款权份额增加1倍，从而使所有成员国都能获得公平的与其份额相当的特别提款权。“重债贫困国动议”取得进展，各成员国在消除贫困的问题上普遍形成共识。一些低收入国家也加入到捐款人的行列之中，在消除贫困问题上表现出团结。他敦促尚未捐款的成员国表现出良心,尽快不附加条件地给贫困国家援助。

小浪底:腰斩黄河成功 中华民族治黄史上有里程碑意义的黄河小浪底工程,1997年10月28日10时28分实现截流。这标志着小浪底工程取得了重要的阶段性成果,也表明中国在治理黄河的道路上又迈出了可喜的一步。小浪底工程是一项具有防洪、防凌、减淤、灌溉、供水、发电等综合效益的水利枢纽工程。这项到2001年全部建成的工程,将使黄河中下游防洪由现在防御60年一遇洪水的标准,提高到防御千年一遇洪水的标准,并为下游河道整治争取宝贵的时间,为开展黄土高原水土保持提供良好的机遇,也为黄河中下游经济发展打下坚实的基础。

国际竹藤组织成立大会 国际竹藤组织成立大会1997年11月7日在北京隆重举行。国家主席江泽民为国际竹藤组织题匾;国务院总理李鹏题词:"办好国际竹藤组织,促进合作与交流"。

姜春云副总理出席大会并发表了热情洋溢的讲话,他指出:"保护生态环境和发展林业已成为世界各国共同关注的一个重大问题。中国政府对此十分重视。大力发展竹藤产业对于保护森林资源,改善生态环境,促进可持续发展,以及对发展中国家广大贫困地区的脱贫致富都将起到非常重要的作用。所以,国际竹藤组织的成立具有重要的深远意义。"

国际竹藤组织原是一个由加拿大国际发展研究中心和国际农发基金资助的以亚洲地区为主的竹藤科研网络项目,对促进世界竹藤科研和发展起到了重要的推动作用。

11月6日,《成立国际竹藤组织协议》在人民大会堂签署。国务院总理李鹏、副总理钱其琛会见了签字国代表并出席了签字仪式。

孟加拉、加拿大、中国、印度尼西亚、缅甸、尼泊尔、菲律宾、秘鲁、坦桑尼亚等9国的政府代表在协议上签了字。

国际竹藤组织是由中国和加拿大两国共同发起成立的国际组织。这是第一个总部设在中国的政府间国际组织。

国际竹藤组织的宗旨是,在保持竹藤资源的可持续发展的前提下,通过联合、协调和支持竹藤的战略性及适应性研究与开发,保护竹藤生产者和消费者的利益,提高国家一级竹藤研究开发机构及服务组织的能力和技术水平;加强各国和地区在竹藤领域的协调与合作。联合国成员国和联合国专门机构成员国,在接受国际竹藤组织宗旨的前提下,均可成为该组织的成员。

中国是竹藤生产大国,十分重视竹藤资源的保护、开发和利用。中国政府重视和支持成立国际竹藤组织的筹备工作,并把它视为落实联合国环发大会精神的重要后续行动之一。国际竹藤组织总部设在北京,不仅有利于这一领域的国际合作,而且还有利于中国竹藤业的发展和科研水平的提高。

中国最大的一起企业兼并实施 中国石化总公司齐鲁石化公司兼并淄博化纤总厂和淄博石油化工厂的签字仪式,于1997年11月10日举行。这起兼并涉及债务总额30多亿元,是建国以来最大的一起国有企业兼并行为。通过兼并,盘活20亿元的资产存量,实现规模经济和资源的合理配置,形成"一条龙"生产,这是贯彻十五大精神的一个重要成果。

全球主要股市动荡 受香港股市下跌以及亚洲金融市场混乱的影响,1997年10月27日,香港及东南亚各国以及纽约、东京、汉城、伦敦、巴黎、德国、墨西哥、圣保罗等全球各地的股市同时发生大幅度下跌。其中香港恒生指数、纽约道一琼斯指数等跌幅创纪录。随后几天,各地股市涨跌交织,继续动荡。这场股市风波在全球引起强烈反响,各国纷纷采取措施对付这场股市危机。

三峡工程胜利实现大江截流 1997年11月8日下午3时30分,随着最后一车石料倾入江中,举世瞩目的三峡工程胜利实现大江截流。李鹏总理宣布截流成功后,在如潮的欢呼声中,中共中央总书记、国家主席江泽民发表了重要讲话。

江泽民说,大江截流胜利实现,是中国现代化建设的一件大事,也是人类改造和利用自然史上的一个壮举。这必将给正在满怀信心地进行改革开放和现代化建设的全国各族人民以巨大的鼓舞。他代表党中央、国务院向三峡工程的建设者、科技工作者和库区干部群众表示热烈祝贺和亲切慰问,向所有支援三峡工程的海内外人士表示衷心感谢。

下午3时整,大江截流仪式开始,雄壮的国歌声在峡谷回荡。三峡工程开发总公司总经理陆佑楣向出席仪式的各界代表汇报了三峡工程进展情况。

下午3时30分，上游围堰截流成功，左右两道戗堤完全连接在一起。葛洲坝集团公司上游左岸总指挥和右岸总指挥跨过合拢处紧紧拥抱在一起。喝彩和欢呼声响彻云天。

李鹏总理宣布截流成功，紧接着3颗信号弹划破长空。此刻，截流现场的1 000多名施工大军、5 000多名来宾和两岸4万多名当地干群、移民和游客欢腾雀跃。

江泽民和李鹏从会场主席台来到截流围堰堤坝，向施工人员表示热烈祝贺和亲切慰问，工地又出现了一次欢庆的高潮。

国务院副总理邹家华主持了截流仪式。

参加今天大江截流仪式的领导人还有：丁关根、罗干、曾庆红、王丙乾、陈俊生、钱正英，各民主党派、工商联负责人和无党派人士，中央有关部门、三峡工程建设委员会、湖北、四川、重庆以及承担对口支援库区的有关省市的负责同志。

又据新华社专电，三峡工程将创下多少世界纪录？中国长江三峡工程开发总公司副总经理王家柱说，三峡工程至少有20多项世界之最。

三峡水库总库容为393亿立方米，防洪库容221.5亿立方米，水库调洪可消减洪峰流量达每秒2.7～3.3万立方米，是世界上防洪效益最为显著的水利工程。

三峡水电站总装机1 820万千瓦，年发电量847亿千瓦时，是世界上最大的电站。

三峡水库回水可改善川江650公里的航道，使宜渝船队吨队由现在的3 000吨级提高到万吨级，年单向通过能力由1 000万吨增加到5 000万吨，是世界上航运效益最为显著的水利工程。

三峡工程包括两岸非溢流坝在内，总长2 338米。泄流坝段483米，水电站机组70万千瓦×26台，双线5级船闸+升船机，无论单项、总体都是世界上建筑规模最大的水利工程。

三峡工程是世界上工程量最大、施工强度最大、施工期流量最大的水利工程。

三峡工程深水围堰最大水深60米，土石方月填筑量170万立方米，混凝土月灌筑量45万立方米，碾压混凝土最大月浇筑量38万立方米，月工程量都突破世界纪录，是水利施工强度最大的工程。

三峡工程截流设计流量9 010立方米/秒，施工导流最大洪峰流量79 000立方米/秒，是世界水利工程施工期流量最大的工程。

三峡工程泄洪闸最大泄洪能力10万立方米/秒，是世界上泄洪能力最大的泄洪闸。

三峡升船机的有效尺寸为120×18×3.5米，总重11 800吨，最大升程113米，过船吨位3 000吨，是世界上规模最大、难度最高的升船机。

三峡工程水库移民最终可达百万，是世界上水库移民最多、工作也最为艰巨的移民建设工程。

在这次大江截流施工过程中，三峡建设者们创造了一个又一个“世界之最”：1994年6月在一期围堰防渗墙施工中，成功地浇筑出长度达46.8米，世界最大的水泥预制特大槽；1996年12月，混凝土浇筑强度突破了世界纪录，月浇筑混凝土30万立方米；1996年12月30日，创造日产1.4万立方米混凝土的世界纪录，一举打破伊泰普电站施工日产1.39万立方米的“世界之最”。

亚太经合组织第9届部长级会议 亚太经合组织（APEC）第九届部长级会议于1997年11月21日上午在温哥华开幕。国务院副总理兼外交部部长钱其琛在会上发表讲话，宣布中国政府决定承办APEC2001年会议。

钱其琛在谈到部分东亚国家和地区遭受到金融市场波动的冲击时指出，这次波动给了我们很多启迪，我想在此强调以下几点：在世界全球化、一体化加速发展的情况下，各成员需要不断完善宏观经济管理体制，及时调整经济结构，使自身反应更快、更灵活；投机行为已经成为国际金融活动中一个十分突出的问题，往往能给某些国家、地区甚至全球的金融体系带来风险和破坏。因此，应该采取措施，结束过度投机；随着各成员经济联系日益密切，更需要加强国际与区域合作，为成员经济增长与发展保持一个稳定、有利的国际经济环境。特别是对发展中经济体而言，它们的经济基础相对较为薄弱，更易受到外部经济环境波动和投机行为的影响，这种合作尤其重要。

钱其琛最后说，我愿在此宣布，作为对亚太经合组织的贡献，中国政府决定承办APEC2001年会议。欢迎各成员在21世纪伊始相聚在中国，共同开创亚太合作的新篇章。

中国对外贸易经济合作部部长吴仪阐述了中国对部门自愿提前自由化问题的原则和立场。

她说，部门自愿提前自由化是今年亚太经合组织面临的一个十分重要的问题，与各成员利益攸关，应该以认真慎重的态度对待。中方认为，部门自由化是亚太经合组织实现茂物会议所确定的到2010/2020年分阶段实行自由与开放的贸易投资目标的一项有效措施，是执行现有单边行动计划的一个有益补充，中国原则上持积极支持态度。

亚太经合组织第5次领导人非正式会议 亚太经济合作组织第5次领导人非正式会议1997年11月25日下午闭幕，在此之前通过了题为《联系大家庭》的宣言。

本次会议在加拿大温哥华举行。会议期间，各成员领导人和代表们就贸易投资自由化、经济技术合作以及东南亚最近发生的金融危机等议题展开了讨论。与会者普遍认为，尽管一些亚洲国家最近发生了金融危机，但各成员仍应坚持市场开放和自由贸易的原则；他们还认为，经济技术合作落后于贸易投资自由化，亚太经合组织需要采取具体措施，促进经济技术合作，帮助发展中成员发展经济。

江泽民主席在会上作了主旨发言，就贸易投资自由化、经济技术合作以及亚太金融市场形势阐述了中国的立场。

会议决定接收俄罗斯、秘鲁和越南为新成员，从而使该组织的成员增加到21个。

亚太经合组织下次领导人非正式会议将于明年11月在马来西亚举行。

《联系大家庭》的宣言，决心寻求亚太地区持续增长和平等发展，并表示相信本地区经济将继续在全球经济中起主导作用。

宣言重申坚持茂物宣言确定的实现贸易投资自由化的两个时间表，对确定1997年为亚太经合组织的行动年表示欢迎，对一年来所取得的成就感到满意。

宣言说，领导人讨论了最近本地区出现的金融形势变化，对恢复和维持亚太地区金融市场稳定和健康持续发展深表关心，认为本地区长期发展的基础十分牢固，同时相信开放市场和继续寻求贸易投资自由化将给本地区带来巨大利益。

宣言对亚太地区高级财政金融官员会议最近在马尼拉达成的框架协议表示欢迎和支持，认为它是为加强合作和维护金融市场稳定所迈出的“建设性的一步”。这一框架协议的内容包括：建立防止金融危机的地区预警机制；加强地区经济和科技合作；采取措施提高国际货币基金组织对金融危机的反应能力；以及通过一项合作融资安排，弥补国际货币基金组织对有关国家援助资金的不足。

宣言说，鉴于单边行动计划仍是亚太经合组织贸易投资自由化的核心机制，领导人承诺逐年对它们进行完善。领导人还同意部长级会议提出的15个部门提前自由化的建议，并批准在1998年选定其中的9个部门于1999年开始实施。

宣言指出，科技在促进经济增长方面起着巨大作用，并同贸易投资发展有着密切联系。因此，领导人指示部长们制定走向21世纪的科技产业合作议程，并向吉隆坡会议提出报告，同时欢迎其他地区组织加强科技合作。宣言还要求对电子商务问题进行探讨。

宣言重申对世界贸易组织的承诺，表示将如期完成世界贸易组织框架下的金融谈判。

宣言指出，基础设施建设和可持续发展是亚太经合组织面临的两大挑战，要求部长们重视人力资源开发和未来技术运用，注意调动各界的积极性，充分发挥中小企业的作用。

中国金融工作会议 1997年11月17日至19日，中共中央和国务院在北京召开全国金融工作会议。会议的主要任务是以邓小平理论和党的十五大精神为指导，对解决金融改革和发展中的重大问题作出具体部署。

这次会议是党的十五大之后，由党中央、国务院召开的第一个全国性会议。其目的是正确估量当前经济、金融形势，充分认识进一步深化金融改革和整顿金融秩序、防范和化解金融风险的重要性和迫切性，明确做好这项工作的总体要求、指导原则、主要任务和重要措施。

中共中央总书记江泽民，中共中央政治局常委、国务院总理李鹏，中共中央政治局常委、国务院副总理朱镕基在会上作了重要讲话。

第七次中日经济讨论会举行 第七次中日经济讨论会1997年11月25日在厦门市隆重开幕。来自中日两国企业、金融、贸易、新闻等各界人士近

150人出席讨论会。

在开幕式上,人民日报社社长邵华泽和日本经济新闻社社长鹤田卓彦先后致词。

邵华泽在致词中说,今年是中日邦交正常化25周年。经过双方长期努力,中日两国已互为重要经贸合作伙伴,提高两国经贸合作水平已成为两国关系良好发展的重要目标之一。这次讨论会既是对中日邦交正常化25周年的纪念,也将有助于两国的经济合作。

鹤田卓彦在致词中说,日本是中国的最大贸易伙伴;对日本来说,中国是仅次于美国的第二大贸易伙伴。然而,两国经济界人士目前普遍有一种感觉,即日本的对华投资近年来处于原地踏步的状态。随着两国经济合作的加深,出现了许多亟待解决的问题。希望双方在本次讨论会上坦诚相见,为构建21世纪中日经济合作框架提出建设性意见。

本次讨论会是在中国政府恢复对香港行使主权和中共十五大胜利召开之后举行的。十五大向世人昭示,中国要以更加积极的姿态走向世界,中国将努力提高对外开放水平,发展开放型经济,完善全方位、多层次、宽领域的对外开放格局。在这一新形势下,如何进一步加强中日经贸合作,成为中日双方共同关注的问题。

在为期两天的讨论会上,中日双方发言人将围绕本次讨论会的主题——香港回归与中日经济合作发表演讲。中方的发言人是:国家计委副主任王春正、中国银行副行长高德柱、香港贸易发展局副总裁邱达宏;日方发言人是:伊藤忠商事副社长山村隆志、樱花银行顾问末松谦一、朝日啤酒股份有限公司总经理濑户雄三。

由人民日报社和日本经济新闻社联合主办的中日经济讨论会,从1984年至今已在中日两地各举行过三次。在中国的经济特区举行讨论会尚属首次;香港代表与会并担当中方发言人,在历届中日经济讨论会中也是第一次。

东盟——中日韩和中国——东盟首脑非正式会晤 值东南亚国家联盟创建30周年之际,这次1997年12月4日至16日的会晤,是东亚国家及中国与东盟历史上首次最高层会晤。东盟——中日韩首脑在非正式会晤期间,主要就21世纪东亚发展前景和东亚地区之间和经济合作交换了看法。中国——东盟首脑非正式会晤的主要议题是中国与东盟的关系,江泽民主席在会晤时作了重要讲话。会晤后双方发表联合声明,确立了中国与东盟面向21世纪的睦邻互信伙伴关系。

1997年十大国际新闻 1997年12月30日,人民日报、光明日报、中国国际广播电台联合评出1997年十大国际新闻(按时间顺序排列):

①一代伟人邓小平逝世,丰功伟绩永垂青史;②"克隆羊"成功问世,"复制人"明令禁止;③中非地区发生动荡,扎伊尔刚果(布)政权易手;④中国恢复对香港行使主权,"一国两制"获世界高度赞扬;⑤泰国爆发金融危机,波及世界金融市场;⑥"探路者"造访火星,"旅游者"成功探秘;⑦北约首脑聚会马德里,东扩启动首选波、捷、匈;⑧印尼大火损失惨重,"厄尔尼诺"推波助澜;⑨江泽民主席访问美国,中美致力建立建设性战略伙伴关系;⑩东亚首脑第一次聚会,商建睦邻互信伙伴关系。

人口、资源与环境保护活动

《联合国气候变化框架公约》第一次缔约方会议 该会议于1995年3月28日~4月7日在德国柏林举行,117个缔约国、53个非缔约国、16个联合国系统组织机构、176个非政府组织派代表团近3 000人出席了会议。会议分两个阶段进行,第一阶段3月28日~4月4日为高级官员会议,第二阶段4月5~7日为部长级会议。中国以国家计委副主任陈耀邦为团长、驻德国大使梅兆荣和中国气象局局长邹竞蒙为副团长的中国代表团出席了会议。国家科委、国家计委、外交部、电力部、财政部、国家环保局和中国气象局参加组团，一行 11 人出席了会议。

本次会议受到与会各国的高度重视。会议规模之大，出席国家之多，仅次于 1992 年的里约会议。德国总理科尔到会致词，强调对付气候变化的紧迫性；联合国秘书长加利发了书面致词。99 个国家的代表在部长级会议上讲话。

各方在关键问题上分歧较大，各种利益矛盾交错，整个会议进程艰难而紧张，各种问题的磋商或谈判常常日以继夜，通宵达旦。经过连续两周的激烈谈判，会议就议定书谈判、共同执行的活动、技术转让等问题达成一致意见，通过了柏林授权决定。会议共通过 30 项决定，其中重要的决定有：①关于公约附件——缔约方准备和提交国家报告：要求附件——缔约方在 1997 年 4 月 15 日提交第二次国家报告。1996 年 4 月 15 日前提交 1990～1994 年期间的逐年温室气体源和汇清单。1997 年以后，每年 4 月 15 日提交其前年的清单。②关于公约非附件——缔约方准备和提交第一次国家报告：要求非附件——缔约方在公约生效 3 年后提交第一次国家报告。③关于共同执行的活动（AIJ）：建立一个试验阶段，发展中国家可在自愿的基础上参加；这种活动必须得到政府的接受、批准或核实；每一缔约方根据公约所承担的义务不变；试验阶段减少的温室气体排放，不计算任何缔约方的"抵消额"；缔约方会议应在本世纪末就试验阶段结束与否作出决定。④关于向发展中国家提供技术和资金援助：定期编写发达国家技术转让的进度报告和减缓气候变化的无害环境技术清单并作出评估。⑤关于议定书问题：设立一个各缔约方均可参加的特设工作组，开始公约议定书的谈判，以使发达国家在 2000 年后进一步减少温室气体排放，而不对发展中国家增加任何新的义务。⑥公约秘书处设置：经 3 轮秘密投票，公约常设秘书处设在波恩。

（林晓红）

可持续旅游业世界会议　1995 年 4 月在加那利群岛举行。会议产生了新的可持续旅游业章程，此章程是旅游协会、旅游工业和各国政府在《21 世纪议程》的指导下，同环境规划署合作设计的。

（李跃进）

联合国环境署理事会第 18 届会议　该会议于 1995 年 5 月 15～26 日在肯尼亚首都内罗毕召开。53 个国家派代表团参加会议，其中 20 多个国家派出部长级代表团。49 个联合国会员国、25 个联合国机构和 4 个公约秘书处、13 个专门机构和 12 个政府间组织、34 个非政府组织派代表团或观察员出席了会议。中国以国务委员宋健为团长、国家环保局局长解振华和中国驻肯尼亚大使陈平初为副团长的中国政府代表团参加了会议。中国代表团团长宋健在会上提出 5 项主张：①经济发展应该与环境保护相协调。健全的环境政策和资源的永续利用，是经济持续发展和社会进步的基础。要大力保护森林、植树造林，发展生态农业，限制工业对环境的破坏，控制过度消费。经济发展要充分考虑全球的承载能力。②保护环境是全人类的共同任务，发达国家负有更大的责任。现实环境问题主要源于发达国家过度消耗资源和大量排放污染物的历史积累。发达国家在资金和技术转让上应该承担更多的义务，采取实际行动帮助发展中国家增强消除贫困和建立可持续发展能力。③保护环境需要加强国际合作。保护环境是全人类的共同事业，只有通过全球合作，建立真正的伙伴关系，促进共同进步和繁荣，人类环境才有望得到保护。在推进全球环境事业中，应该建立通过平等磋商解决争端的机制，不要动辄诉诸于制裁或其他对抗性手段。国际合作应该互相尊重主权。每个国家的自然环境、发展水平和文化传统各有差异，经济、社会发展和环境保护各不相同，世界多样性是长期存在的客观现实。各国按照自己的国情寻求环境与发展的道路应当得到鼓励。我们反对以环境保护为由，干涉别国内政，侵犯他国主权。在国际贸易中，不应该以保护为由，设置"新的非关税贸易壁垒"，限制发展中国家的经济增长和出口。④世界各国都应按 1994 年联合国开罗人口会议精神，努力控制人口增长。本世纪世界人口高速增长是对环境的最大压力。每一个已经出生在这个世界上的人，都有不可剥夺的生存和追求幸福的权利。使人口的再生速度逐步降到更替水平，是长远解决环境问题的最终出路。⑤加强对全球环境问题的科学研究。人类社会发展至今，对客观世界的认识日益深刻。但是，许多环境问题的不确定性依然有待深入研究，如全球气候变化问题，科学界一直高度关注并有着不同的见解。应该鼓励地质学、古气候学、环境、海洋等更多领域的科学家加强对重大环境问题的深入研究。

本届会议主要争论两个问题:①环境署的改革方向和工作重点。发达国家注重制定国际环境法律、加强环境与贸易关系研究,而忽视发展中国家面临的污染防治、淡水资源保护、防治荒漠化和摆脱贫困等环境与发展问题,遭到发展中国家的强烈反对。②方案的设置和资金分配比例。发达国家不仅坚持把有利于自身利益的方案安排和资金比例强加给发展中国家,而且还想就此通过赞赏性决议。发展中国家强调不能削弱其发展权利。

围绕上述问题,中国代表团与亚洲集团和77国集团积极协调立场,在辩论和磋商中坚持原则,最终把关注和资助发展中国家环境与发展问题、增强其可持续发展能力、加强区域合作列为环境署的工作重点。在资金分配上,经过激烈的辩论和磋商,最终使发展中国家坚持的相关领域(生物多样性保护、土地、淡水和海洋资源保护)有了大幅度的增加,比例由原来的34%上升到39%;而主要反映发达国家利益的方案领域(可持续生产和消费与全球一体化)则分别由14%降低到11%和8%。

大会最后通过了66项基决议案,数量超过历届理事会。其中有关于环境署的作用和优先安排;环境署与妇女参与环境和发展工作;环境与可持续发展;拟定一项在国际贸易中对某些危险化学品采用事先知情同意程序的具有法律约束力的国际文书;改进国际上对环境紧急情况作出的反映;新的环境状况报告;国际珊瑚礁行动;生物安全;环境培训;加强区域协调;区域方案;环境基金;信使卫星通讯系统;常驻代表委员会的作用;生物多样性;减少废物生产;环境技术评估;地方一级紧急事故警备措施;拟定关于出口对环境潜在影响的资料国际准则。

(林晓红)

防治沙漠化国际公约政府间谈判委员会第7届会议 1995年8月在内罗毕召开,环境规划署提供了实质性支持和捐助。谈判委员会审查了大会关于非洲紧急行动的决议的执行情况,并讨论了《公约》常设秘书处的组织和实际地点及设立科学技术委员会等问题。

(李跃进)

环境规划署全球青年论坛 1995年8月在美国旧金山举行。其规模是迄今最大的,共召集了60个国家的459位代表。

(李跃进)

《控制危险废物越境转移及其处置巴塞尔公约》第3次缔约国大会 联合国环境署于1995年9月18～22日在瑞士日内瓦召开了"《控制危险废物越境转移及其处置巴塞尔公约》第3次缔约国大会"。83个缔约国、20个非缔约国、22个联合国机构、专门机构、政府间组织和17个非政府组织派代表团出席了会议。中国国家环保局副局长王扬祖率中国代表团出席会议,代表团由国家环保局和外交部组成。环境署执行主任多德斯韦尔女士出席会议并发表讲话,指出管理危险废物是最困难的全球性问题之一。王扬祖在部长级会议上介绍了中国在实施《巴塞尔公约》进程中的新进展,包括国内立法、查处向我国非法转移危险废物和垃圾,呼吁各国共同打击危险废物的非法运输。

会议经过讨论,通过了29项决议,其中较重要的决议有:①关于《危险废物越境转移及其处置所造成损害的责任与赔偿决定书》。决定延长起草议定书特设工作组的工作,以便提交第4次缔约国会议审议和通过。②关于建立应急基金:由一个非正式工作组负责并向第四次缔约国大会报告。③关于危险废物和其他废物非法运输:要求各缔约国制定控制危险废物越境转移的法规,并严惩非法运输,与国际刑警组织合作,防止非法运输。④关于执行《巴塞尔公约》手册。⑤关于《巴塞尔公约》有效性评价:要求缔约国采取法律和技术步骤,保证公约的有效性。⑥关于建立地区危险废物管理培训和技术转让中心。决定在中国和印度尼西亚建立亚洲及太平洋地区管理危险废物和其他废物及废物产生减量化的培训和技术转让中心。⑦关于公约的修正案决议:禁止发达国家向发展中国家出口危险废物。

(林晓红)

环境规划署继续召集军事活动造成的环境破坏的责任和赔偿专家小组会议 1995年9月在日内瓦和1996年5月在伦敦举行。在这个过程中,已就主要问题得出了一套商定的结论,这将有助于联合国赔偿委员会的工作并促进环境破坏的责任和赔偿国际机制的发展工作。

(李跃进)

拉丁美洲和加勒比环境部长第9次会议

1995年9月，在环境署支持下在哈瓦那召开。这次会议后，召开了环境部长闭会期间委员会会议（1996年5月，墨西哥城）。在那次会上，环境署应请求拟定了联合国机构在区域一级进行所有环境项目的协调机制。

（李跃进）

欧洲环境第3届部长级会议 1995年10月在索非亚召开。会上，环境规划署受委托同欧洲委员会一起通过论坛和工作队来指导"泛欧生物和景观多样性战略"的执行工作。已向索非亚会议提供了关于军事活动和欧洲环境的会议成果。环境规划署在欧洲的倡议还包括编写综合管理里海的环境行动框架和审查《21世纪议程》关于水问题的执行情况。

（李跃进）

亚太区域环境与发展部长会议 联合国亚太经社会与联合国开发署、联合国环境署和亚洲开发银行，于1995年11月27～28日在泰国首都曼谷召开亚太区域环境与发展部长会议。41个国家的环境部长及其代表出席了会议。会议讨论了亚太地区跨世纪的环发政策及发展前景；审议和通过了《1996～2000年有益环境的可持续发展行动方案》和《亚太区域有益环境的可持续发展部长宣言》。中国国家环保局局长解振华应邀出席会议并在会上发表重要讲话，阐述中国政府的原则立场及提出处理的环发领域的四大关系（摘要）：①经济发展与环境保护的关系。加快发展经济、摆脱贫困是包括中国在内的绝大多数亚太国家的首要任务。这些国家在经济建设中，需要把实现可持续发展作为一个重要战略，把控制人口、节约资源、保护环境放到重要位置，使人口增长与社会生产力发展相适应，使经济发展与资源、环境相协调，实现良性循环。经济发展是神圣不可侵犯的国家主权，各国有权根据自己的国情，选择自己的发展道路。只有经济发展了，社会进步了，国家摆脱了贫穷与落后，才能为保护好环境创造更有力的物质基础。②全球共性与区域、国别特性的关系。保护环境是全人类的共同事业，只有通过全球合作，建立真正平等互利的伙伴关系，促进共同的进步和繁荣，人类环境才有望得到改善。在推进全球环境事业中，要注意区域和国别的环境问题与特点。搞好区域性协调与合作，是加强全球合作的基础。亚太区域的国情差异很大，每个国家的自然环境、发展水平和文化传统各不一样，经济发展和环境保护目标不尽相同，因此不能够强求一律。兼容并蓄，互相借鉴，优势互补，有利于共同发展和共同进步。只有针对本国。立足区域，才能更有效地推动全球环境问题的解决。③国际合作与自力更生的关系。联合国环发大会之后，人类可持续发展不断提高，全球和区域环境合作有所进展。国家之间的交流与合作也逐步加强，国际环境履约迈出新的步伐。发展中国家不能把改善本国环境的希望全部寄托在发达国家身上。因此，我们既提倡自力更生，主要依靠自己的力量把自己的事情办好；又强调加强国际合作，引进国外资金和先进技术，以尽快缩短与发达国家在环发领域的差距，促使亚太区域可持续发展战略顺利实施。④发达国家与发展中国家责任有别的关系。发达国家对解决全球环境问题负有主要责任。对发展中国家给予资金和技术方面的转让，采取实际措施帮助发展中国家增强消除贫困和建立可持续发展的能力，是发达国家必须履行的国际义务。发展中国家大都曾经是殖民地或半殖民地，受到过长期侵略和掠夺，在环境方面也是受害者。发展中国家对改善全球环境的责任，是与发达国家有区别的。

（林晓红）

《生物多样性公约》第2次缔约国大会

这次大会于1995年11月6～18日在印度尼西亚雅加达召开。来自120多个缔约国、10个非缔约国、120多个非政府组织、13个国际组织的代表团约1 000人出席了会议。以国家环保局副局长王玉庆为团长，外交部、财政部、中国科学院派人参加的中国代表团一行8人出席会议，国家环保局局长解振华出席了11月14～15日召开的部长级会议，并在大会上发表讲话。印度尼西亚副总统苏特利斯诺参加了部长级会议开幕式。会议通过了《雅加达履行生物多样性公约部长声明》、大会报告书和25项决议。会议决定第3次缔约国大会1996年11月4～15日在阿根廷布宜诺斯艾利斯召开，公约秘书处设在加拿大的蒙特利尔市。

会议就一些问题进行激烈的争论。①关于制定生物安全议定书问题。大多数国家明确表示制定生物安全议定书很有必要。但由于各国生物技术发展水平差异较大,吸收、利用和处理活生物体的能力不一,因此,关于议定书的机构设置、管辖范围和要素、发展进程的时间表等问题分歧较大。中国代表团主张缔约国大会先设一个不限名额的特设工作组,审议议定书的要素和形式,为今后的谈判打下基础。大会最后决定,成立不限名额特设工作组。②关于森林和生物多样性问题。会上有些国家主张成立《生物多样性公约》森林工作组,有些国家反对。我国支持77国集团的意见,反对成立森林工作组。会议最后决定取消成立森林工作组。③关于保护和持续利用沿海和海洋生物多样性问题。对此问题,有的国家过分强调保护,而忽视合理的持续利用。我国代表团强调要把保护和持续利用结合起来。在海洋养殖问题上,强调要把它结合到沿海及海洋区域综合管理中去。

(林晓红)

世界保护海洋环境会议 1995年11月,在华盛顿特区的一次政府间会议上,110个国家政府通过了保护海洋环境免受陆地活动影响全球行动纲领,并决定把环境规划署作为该倡议的秘书处。环境署在这项新任务中的主要任务包括执行一项全面行动计划,以消除陆基活动,特别是涉及持久有机污染物和城市废水的做法,对海岸、海洋环境以及有关河流流域造成的威胁。

第6届非洲部长级环境会议 1995年12月,环境规划署同非洲经济委员会和非洲统一组织合作,组织了第六届非洲部长级环境会议。

(李跃进)

《关于消耗臭氧层物质的蒙特利尔议定书》第7次缔约国会议 这次会议于1995年12月5~7日在奥地利首都维也纳召开。在这以前还开了4天的预备会,有140多个国家和地区、70多个国际组织、非政府组织的代表参加了会议。中国代表团由国家环保局王扬祖副局长率领,成员有外交部和财政部官员共4人与会。会议主题是对受控制的臭氧耗损物质(ODS)确定淘汰时间表,发达国家除自己已于1993年和1995年底分别停止生产和使用哈龙和氟氯化碳类物质外,还要求加速限控发展中国家的淘汰时间。发展中国家以77国集团加中国为代表密切配合和磋商协调,则要求在采取限控措施的同时,保护发展中国家的经济发展权益和适宜可行的替代。由于双方争论和分歧较大,会议成立了"接触小组"。中国代表参加了该小组进行小范围的实质性谈判。小组会议斗争激烈,在会期的最后时刻终于达成协议:具体是,发达国家于2010年停止使用和生产甲基溴(必要用途除外),2020年淘汰氟氯烃物质(可有10年0.5%维修必需量尾巴)。发展中国家在2010年淘汰哈龙和氟氯化碳类物质,2040年淘汰氟氯烃类物质;2002年甲基溴的生产和使用冻结在1995~1998年水平上。

(林晓红)

中国环境与发展国际合作委员会第四次会议 这次会议于1995年9月18~19日在北京昆仑饭店召开。国内外40多位环境部长、专家出席了会议。委员会已开过三次会,从本次会议开始为第二阶段,委员会的工作重点转移到更加实际的政策研究与政策措施和具体项目。委员会主席宋健、副主席霍盖特·拉贝尔博士、曲格平等出席了会议。宋健在开幕式上说,中国在经济快速发展中,更加注意环境与经济间的协调,积极执行可持续发展战略,努力把经济发展的重点转移到调整结构,增加效益,保护生态和提高质量上来。委员会秘书长解振华在会上报告了一年来中国环境与发展领域的主要情况、各工作组和秘书处的工作。

19日上午,李鹏总理在钓鱼台国宾馆会见了出席会议的代表。李鹏说,中国政府十分重视环境保护和可持续发展,强调不仅现在要加快发展,而且要考虑到子孙后代能否持续发展的问题。在制定"九五"计划和15年规划时,要适当增加环境保护的内容。李鹏指出,当前的重点是加紧对大气、水、固体废弃物和噪声重点污染源治理。对乡镇企业,一方面要鼓励和支持其发展;另一方面又要在环保方面对他们提出严格要求。我们要进一步加强环境保护方面的法制建设,而且执法要严格,这就需要广泛的监督,需要广大人民群众的监督以及科学监测。

经过两天的讨论,委员会向中国政府提出了7条建议(摘要):①协调解决好经济的快速增长与环境保护之间的矛盾,首先要解决污染严重的问题,要积极推行"预防为主,防治结合"的方针。解决水污染迫在眉睫,应得到最优先的考虑。大气方面,中国600座较大城市污染都十分严重,这些城市的人口达几亿。

它正制约着中国的经济发展,并影响着人民的身体健康,因此也应成为工作的重点。建议中国制定防治污染的目标和建立一整套更加合理的指标体系和监测系统。信息对于决策的准确性至关重要,建立一个标准统一的信息系统是关键。只有实现这一点,科学和技术才能得到正确的应用。②运用强有力的法律加强环境管理。国家环境保护局必须具有足够的执法权力,并拥有相应的人力、物力和财力。③将环境经济理论作为政策制定的依据。没有一套很好的理论框架作为基础,任何政策都将失去意义和依据。“具有中国特色的社会主义”或“社会主义市场经济”是很有用的字眼,因为单靠“自由市场”并不足以完成我们的目标。两者的结合至关重要。我们可以通过税收的办法惩罚错误的(例如污染),奖励正确的(例如创造财富)。④能源是所有问题的核心。能源的合理定价至关重要。通过“环境定价”,可以促进逐步解决中国存在的许多不平衡的问题。中国应该:减少对煤炭的依赖;增加替代能源的开发,例如,各种再生能源、燃料电池、生物能、天然气和核能;提高能源效率,特别是能源分配系统中的效率。制定一个综合性的资源规划,包括煤气化和示范项目等。⑤委员会的其他建议:发展可持续的农业,减少对化肥和农药的依赖,恢复生态平衡;建立一个综合的交通体系,应更加重视公共交通,同时开发汽车新技术;中国应在所有的经济领域内,包括重工业、汽车、农业等方面,发展清洁生产;保护生物多样性。⑥提高公众环境意识。不仅需要中央政府自上而下的努力,还需要来自各地群众的自下而上的行动。应该把环境保护纳入各级教育体系。不仅需要对儿童进行教育,而且也要对老师进行教育。⑦加强环境领域的国际合作。中国的国际地位对于国际公约的实施起着举足轻重的作用,中国应把环境保护放在各级政府决策的中心,加强国际合作,促进环境与经济的协调发展。

(林晓红)

环境署与粮农组织两次联合会议　1996年3月,在布鲁塞尔一起召开了关于拟定有关某些有害化学品和农药的国际贸易信息交流的事先通知同意公约的第一届谈判会议。此外,于1996年4月在哥本哈根召开了妥善管理有害化学品进一步措施的政府指定专家会议。(李跃进)

联合国环境署向可持续发展委员会第四届会议提出报告　1996年4月提出的这项有关无害环境技术信息系统的调查报告,作为对委员会讨论无害环境技术转让问题的贡献。委员会还请环境署制定无害环境技术信息网,以便加强同无害环境有关的信息系统和信息来源的兼容性和合作。

(李跃进)

第8次珊瑚礁倡议专题讨论会　1996年6月在巴拿马召开,环境署通过其海洋方案提供了财政和技术支助。

(李跃进)

联合国人口与发展委员会会议　联合国人口与发展委员会于1996年2月26日～3月1日在纽约举行了会议。本次会议的主题是:生殖权力、生殖健康,包括人口信息、教育和宣传。会议的主要内容是通过有关执行“国际人口与发展”精神的草案决议,以及联合国在人口方面的有效资金流动问题,该草案将提呈经济和社会理事会。代表们主要讨论了如何发挥非政府组织的作用以及先进技术带来的利益,肯定了扩大人口信息网络的好处。亚太经社会人口司主任 MR·NIBHON 代表大会秘书处发言,汇报了贯彻“国际人口与发展”大会通过的“行动纲领”和“人口与持续发展”的“巴里宣言”情况。

(林晓红)

亚太经社会第52次会议　亚太经济社会委员会第52次会议于1996年4月24日在曼谷闭幕,出席本次会议的有来自亚太地区59个国家和地区的代表、联合国各机构的代表以及部分观察员。会议主题“农村地区扶贫和可持续发展”与联合国的全球行动计划相一致。大会号召各国把改善贫困、减缓环境破坏的速度作为国家战略的一部分,这也是人口工作的当务之急。泰国外交大臣在开幕式上致词,他指出亚太地区各国发展很不平衡,泰国就是一个典型的例子。社会发展会产生一些难以预料的后果,如众多的社会和环境问题而造成人们生活质量下降。

(林晓红)

联合国第2次人类住区大会　联合国第2次人类住区大会于1996年6月14日在伊斯坦布尔召开,会议的主题是讨论城市人类住区问题。古巴卡斯特罗主席批评发达国家忽视住区问题。同时他指出,在今后20年内,拉丁美洲将有85%的人口集中在城市,如何应付由于城市化带来的居住、吃饭、就业、教育和环境等挑战,将是摆在拉丁美洲和加勒比地区人们面前的严峻课题。大会秘书长恩道发出警告,下世纪世界城市将面临水危机,中亚、巴基斯坦、印度等发展中国家将是水危机最主要的受害者,对水资源的争夺将成为未来50年内引发国际间冲突的最主要因素。

(林晓红)

第30届国际地质大会 第30届国际地质大会于1996年8月4日在北京开幕,来自120多个国家和地区的7 000多名代表出席了会议。大会的主题是大陆地质,特别是与大陆地质相关的地质构造、能源矿产、矿产资源、环境保护、地质减灾以及它们与人类生存和可持续发展的关系。这次大会将为人类建立一种新的保护地球的合作关系,为解决人类面临的重大问题起到促进作用。国务院总理李鹏指出,中国已经制定了未来15年发展的远景目标,并决定在未来经济发展中逐步实现经济增长方式的转变,走可持续发展的道路,把加强矿产资源保护和合理开发利用、把保护环境和保护自然生态平衡提到重要的战略地位。

(林晓红)

亚太经合组织能源部长会议 亚太经合组织能源部长会议于1996年8月27日在悉尼开幕。会议的主要议题是:确定主要挑战,商讨共同政策;关于能源合作的一些问题;通过部长宣言和给下一届APEC非正式首脑会议的报告。此次会议是亚太经合组织的第一次能源部长会议,亚太经合组织领导人1995年在大阪会议上提出的"三E"要求(即经济增长、能源保障和环境保护),是这次会议的基本指导原则。由于亚太地区强劲的经济增长对需求的迅速扩大,因此能源保障已成为维持亚太地区经济增长势头的一个关键性因素,同时因增加能源供应而导致的环境挑战也日益严峻。大会就如何采取行动,加强合作,既增强能源保障,又减轻环境压力进行了讨论,一致通过了14点《非约束性能源政策原则》,强调坚持"三E原则",开放能源市场,逐步减少能源补贴,促进资本流动和技术转让,减少温室气体的排放等。

(林晓红)

各国议联96届大会女议员会议 各国议会联盟第96届大会女议员会议于1996年9月15日在北京召开。100多位女议员出席了会议,旨在商讨全球妇女关注的问题,改变目前男女参与政治生活失衡的状况,会议还就"男女走向政治上的伙伴关系"进行了研讨。大会当选主席陈慕华指出,妇女进步事业任重道远,女议员对此负有重大推动责任。全球妇女只有通过行动,谋求男女的平等权利和平等机遇,积极参与国家事务和社会生活,才能达到提高妇女地位的目的。

(林晓红)

各国议联第96届大会 各国议会联盟第96届大会于1996年9月16日在北京开幕,来自124个国家的1 400多名代表出席了会议。大会通过了关于"进一步促进尊重和保护普遍人权,特别是妇女和儿童的权利"的决议;关于"在经济全球化和贸易自由化的今天,确保人类享有食物的权利的政策和战略"的决议。会议还通过了补充议题。据联合国粮农组织向大会提供的材料,当今世界上8亿人口食品匮乏,2亿5岁以下儿童营养不良。各国议员盛赞中国在改善人权、保障人民生存权、使人民过上温饱生活方面取得了"巨大的成就",称其为发展中国家树立了典范。

(林晓红)

世界太阳能首脑会议 在联合国教科文组织的倡议下,由世界太阳能委员会主持召开的世界太阳能首脑会议于1996年9月17日在哈拉雷闭幕,来自121个国家的1 000多名政府官员、能源专家和国际组织代表出席了会议。大会呼吁世界各国在今后10年内,建设253个开发利用太阳能以及其他可再生能源的示范项目。由世界太阳能委员会起草的《世界太阳能10年发展规划(1996~2005年)》,号召各国政府和有关组织团结协作,以便有效地执行农村电气化、全球教育与培训、饮用水净化、信息交流以及工业改革、市场开发和技术转让等五大类示范项目,以此向人们展示可再生能源对推动人类社会和经济持续发展的突出作用。会议还通过了关于利用太阳能以及其它可再生能源的《哈拉雷宣言》,强调各国应采取措施,控制温室效应和有害气体与物质在大气层的释放。并指出开发利用太阳能、风能、水能、地热、生物燃料等可再生能源，以及建立有效和洁净的能源系统，这是有效地缓解能源危机和减少环境退化的途径。

（林晓红）

第47届国际宇航联大会　为期5天的第47届国际宇航联大会，于1996年10月11日在北京闭幕，54个国家和地区的1 000多名代表出席了会议。与会代表就大会主题“扩大空间技术的应用”进行了广泛的讨论。展望21世纪，世界面临人口快速增长，地球不可再生资源日益减少，全球环境污染和气候恶化，交通运输的沉重负担和自然灾害的严重威胁等问题，而发展航天技术是解决上述问题的重要手段之一。资源卫星、太阳能卫星以及载人航天和未来的航天器等，将有效地开发和利用地球及空间资源，开发洁净的替代能源，为人类找到生存与发展的新的落脚点。

（林晓红）

世界粮食首脑会议　为期5天的世界粮食首脑会议于1996年11月17日在意大利首都罗马闭幕，这是第一次就粮食安全问题举行的最高级别会议，也是一次让世界消除饥饿的历史性会议。来自187个国家的国家元首、政府首脑或他们的代表以及地区国际机构和非政府组织的代表进行了发言，通过了《世界粮食安全罗马宣言》和《世界粮食首脑会议行动计划》，重申“人人享有粮食安全权利”，并确定了要在2015年以前，把全世界营养不良的人数减少到目前人数一半的近期目标。发展中国家和发达国家在如何看待和解决粮食安全、消除饥饿和营养不良问题上有较为明显的差异。许多发展中国家主要强调加强粮食安全和消除饥饿与营养不良的重要性和紧迫性，坚决反对把粮食作为施加政治和经济压力的手段。一些发达国家却认为，解决粮食安全等问题是各国自己的事情，对发展中国家要求它们共同承担这方面责任的呼声反应较为冷淡。

（林晓红）

世界卫生组织倡建全球卫生科研网　世界卫生组织科研咨询委员会于1996年10月15～18日在日内瓦举行。由24国专家参加会议，并发表声明，倡议建立一个全球卫生科研网，以加强世界各国科学家的合作，及时互通卫生科技信息，调查、跟踪了解世界各地区人民的健康状况，这将有助于改善各国的卫生状况，从而提高人类的寿命，提高人类的健康水平。

（林晓红）

纪念“六·五”世界环境日座谈会　1996年6月5日，在北京人民大会堂召开了纪念“六·五”世界环境日座谈会。

世界环境日始自1972年6月5日，至今已有24年历史。联合国环境署每年为6月5日确定一个主题，今年的主题是——我们的地球、居住地、家园的呼唤。

国家环保局副局长王玉庆作了题为“行动起来，保护我们共有的家园”的讲话。他说，24年的人类环保史，说到底是人类文明与愚昧斗争的历史。可持续发展是迄今为止人类在文明进程中找到的最好的方向和发展途径。

王玉庆说，从前的人类发展是靠人类自身的顺乎自然的力量，那么以后的发展则更多地要依靠人类自身的理智和保护自然的力量，达到没有破坏的发展。他还强调说，中国必须把实现可持续发展作为一个重大战略，把节约资源、保护环境放到重要位置，不仅要安排好当前发展，还要为子孙后代着想，决不能吃祖宗饭，断子孙路，走浪费资源和先污染后治理的路子。

（唐　骅　李荣启）

中德环保战略研讨会　1996年11月28日报导，由经济日报与德国驻华使馆共同举办的中德环保战略研讨会，吸引众多专家学者、企业经理及记者的热情参加。

远道而来的德国巴伐利亚州环保发展部长米勒先生，在会议上介绍了这个高技术州如何成功地将二战后很多人都失去信心的一个州，变成经济与环境协调发展的样板州的经验，听后使人耳目一新。近年该州国民生产总值提高了1/3，但耗用能源则降低了1/5。

中国国家环保局张坤民副局长，在讲述中国环保政策时，提出的中国工业污染防治将引入三个转变：⑴从末端治理转向源头控制。⑵从分散治理转变为分散和集中治理相结合。⑶从单纯的浓度控制转向总量与浓度控制相结合。张坤民还透露，95计划期间，国家将向环保投入大量资金，中国需要40亿美元的国外环保投资。这为外资的引进提供了一个难得的机遇。

汽车尾气排放已成为北京、上海等大城市气体污染的主要来源。北京武氏高技术公司总裁武斌发明的高效节油净化器，则不仅净化了尾气，且达到节约燃油目的。这名青年企业家在会上大声呼吁，对于汽车尾气净化装置，国家应给予政策上的倾斜，对于技术领先的环保产品国家应优先推广。使企业家能在实现中国"天常蓝，水常绿"的伟大事业中，贡献自己一份力量。

"可持续发展"与中国发展息息相关。因此，北大"中国可持续发展中心"主任叶文虎教授讲述"三种生产论"(可持续发展的基本理论)时，参会者听的津津有味。他将生产划分为三种。即人的生产(人的生育)、物质生产及环境生产。物质生产需由环境吸取资源，并向环境排放废物。环境生产可再生及不可再生资源。而人的生产中需要环境提供空气和淡水，及由物质生产提供各种商品，但向环境排放废物。三种生产形成一个三角关系。

随着人口的增长，消费的增加，向环境要越来越多的资源，而让环境接受越来越多的废物，大大超出了环境承载能力。所以，以往的工业文明发展模式不适用了，"可持续发展"便成为符合时代要求的发展模式。

为了我们的子孙，我们真应该踏踏实实地实现中国的可持续发展。

中国人大修改公布《中华人民共和国水污染防治法》 中国全国人民代表大会常务委员会1996年5月15日第19次会议，通过了关于修改《中华人民共和国水污染防治法》的决定。这个决定对原《中华人民共和国水污染防治法》作了23处修改和补充，共有7章62条。7章分别为：总则、水环境质量标准和污染物排放标准的制定、水污染防治的监督管理、防止地表水污染、附则、法律责任。修改补充后的《中华人民共和国水污染防治法》已重新公布，并从公布之日起施行。

中国第四次环境保护会议 中国第四次环境保护会议于1996年7月16日在北京召开。国家主席江泽民指出，必须把实施可持续发展战略作为大事来抓，控制人口和保护环境是基本国策，要长期坚持。在实行可持续发展战略中，要努力做好以下工作：一是坚持节水、节地、节能、节材、节粮以及节约其他各种资源，农业要高产、优质、高效、低耗，工业要讲质量、讲低耗、讲效益，第三产业与一、二产业要协调发展；二是继续控制人口增长，全面提高人口素质；三是消费结构要合理，消费方式要有利于环境与资源保护；四是加强环境保护的宣传教育，增强干部和群众自觉保护生态环境的意识；五是坚决遏制和扭转一些地方资源受到破坏和生态环境恶化的趋势。

(林晓红)

中国环境与发展国际合作会议 中国环境与发展国际合作委员会第五次会议于1996年9月25日在上海闭幕。国务委员宋健提出，保护环境的实质就是发展生产力，强调可持续发展是中华民族长期利益所在。中国将在环境与发展领域与国际社会进一步加强合作，广泛研究世界各国的成功经验，使中国的环境保护、经济和社会得到协调发展。大会提出的建议，对实现中国经济体制和经济增长方式两个根本性转变，实施"科教兴国"战略和可持续发展战略，从根源上杜绝或减少污染的产生，实现经济与环境协调发展将起到重要作用。

(林晓红)

中国21世纪议程高级国际圆桌会议 《中国21世纪议程》第二次高级国际圆桌会议于1996年10月26日在北京召开。此次会议是由中国国家计委、国家科委、外交部、经贸委、外经贸部、国家环保局与联合国开发计划署共同召开的。1992年联合国环境与发展大会以后，中国政府即开始制定、贯彻和实施《中国21世纪议程》。目前，中国实施可持续发展战略已取得了实质性进展，召开此次会议，推出中国21世纪议程优先项目计划，旨在进一步扩大中国政府与有关国际组织、各国政府和企业在环境与发展领域的国际交流和合作。第一次圆桌会议推出的优先项目，有41.5%已经启动，30%正在洽谈。

(林晓红)

中国计划生育科技大会 历时3天的全国计生科技大会于1996年3月17日在北京圆满结束。这是一次总结检阅全国计划生育工作成绩和科技成果的大会，标志着中国计划生育科学技术工作从此步入一个新的发展时期。大会统一了认识，交流了经验，明确了今后发展计划生育科技事业的指导思想、目标和任务。国务委员、国家计生委主任彭珮云强调，要紧密结合计生工作任务发展科学技术，加速科技成果的转化，切实加强基层计生服务网络的建设，大力做好优生工作，提高出生人口质量。张维庆副主任强调，深化计划生育科技体制改革，大力普及计划生育科学知识，提高计生科技队伍的整体素质。

（林晓红）

中国怎样养活养好中国人战略研讨会 由中国国土资源开发促进会主办的“中国怎样养活养好中国人”战略研讨会，于1996年5月30日在北京举行。会议旨在贯彻落实江泽民总书记、李鹏总理关于“立足国内解决粮食问题”的指示精神。大会着重从战略发展的高度，就解决好中国当前和未来粮食问题的思路和途径，从不同角度进行了认真的研讨，提出了“解决吃饭问题必须加大农业投入”，及“提高农业科技水平是增产粮食的根本途径”等见解。国家计生委副主任杨魁孚指出，要养活、养好中国人，必须进一步做好计生工作，坚持两手抓，一手抓粮食生产，一手抓人口控制。尤其是贫困地区，必须把扶贫开发与计划生育结合起来，改变“越穷越生、越生越穷”的恶性循环状况。

（林晓红）

美洲国家首脑讨论可持续发展 来自北美、加勒比海地区和中、南美洲的34国首脑和领导人，于1996年12月7日召开会议，就美洲经济可持续发展问题进行了讨论，并签署了《圣克鲁斯宣言》和《行动计划》。

中国优生科学大会 展示和检阅中国近年来优生科学领域成果的全国优生科学大会，于1996年11月3日在北京召开。来自全国各地的500多名代表总结和交流了中国自1992年11月第三次全国优生科学大会以来，广大优生科学工作者在基础优生、临床优生、环境优生和社会优生等方面取得的科技新成果和社区优生工作的新经验。中国在优生科学研究与临床应用等方面都有了长足的进步，一些常见遗传病的基因克隆和基因诊断技术已初步得到应用，染色体常规诊断，以细胞和染色体荧光原位杂交技术以及产前诊断技术等都有了新的突破。

（林晓红）

中国城市计划生育工作经验交流会 中国城市计划生育工作经验交流会于1996年12月18日在南京召开，来自全国各省、区、市的200多位代表出席了会议。国务委员、国家计生委主任彭珮云出席大会，并作了题为《努力开创城市计划生育工作的新局面》的重要讲话，强调当前深化城市计划生育工作改革，要着重研究解决三个问题：一是改革和完善计划生育管理体制，逐步建立健全适应社会主义市场经济体制的管理体制，形成单位负责，各部门参与，以市、区和街道为主管理的新局面；二是改革和完善计划生育服务体系，逐步建立健全能满足育龄群众不断增长的避孕节育、优生优育和生殖保健需求的服务体系，形成依托社区，各相关部门、群众团体优势互补、密切协作的新局面；三是改革和完善计划生育管理方法，逐步建立更加科学、合理的管理制度。

（林晓红）

水的挑战：展望未来 联合国于1997年1月20日发表了一份《全面评估世界淡水资源》研究报告，向全世界发出了淡水资源短缺的警报。报告说，自1990年以来，全球水减少量以年平均2.5%的速度增加——比人口增长还快。人类目前直接和间接使用的水为现有世界水可供应量的一半以上，全世界淡水人均拥有量，已从1950年的17 000立方米降至1955年的7 300立方米。全球水资源评价确定水的紧张程度为每年水的消失量在水的可提供量中所占的比率。如果比率为10～20%，说明水的可提供量正在成为一个限制因素，将来需要大量投资；如果水的消失量超过可提供量的20%左右，说明已进入用水高度紧张状态。最近，联合国经社理事会的自然资源委员会惊悉，占世界人口40%的约80个国家正遭受用水严重短缺的问题。在许多情况下，水资源缺乏已成为限制经济和社会发展的因素。这是由于不断增长的人口需求和人类活动日益增长的结果。预计到2025年，世界上有多达2/3的人口将生活在水紧张条件之下。

最近的淡水全面评估中所做的预测，是根据联合国中期人口增长预测做出的，并假定在政策和技术方面没有大的变化；它们代表当前趋势的继续。全球水消失率估计到2025年时每年为5 000多公里。常规发展设想预计的增长率要低得多，它根据的是全世界将向更节约用水的经济活动和水利用效率更高方向发展。它估计到2025年时，全部消失率4 300公里。联合国认为，未来30年的用水格局取决于人口和经济增长，对扩大水供应的投资，不同消费部门的相对需求，制定和采用新技术以及现存供应会受到污染的程度。

人口将影响需要多少水来满足包括粮食生产、工业发展和家庭用水等广泛的需求。根据联合国的中期预测，世界人口将从1995年的57亿增加到2025年的83亿，增加26亿人。增加人口中的大多数将生活在发展中国家迅速发展的城市地区，而这些地区中有许多已经遇到了水荒。另一个推动力是用水生产的粮食和工业品的消费量不断增加。在世界范围，农业仍然消费现有水供应的70%左右。因此，使用更多的水生产粮食来满足不断增长的人口必将出现压力。为数越来越多的缺水国家可能会将有限的水资源更多地投入到非农的出口产业，从而变种粮为买粮。粮农组织根据农业用水效率以及今后30年内需要养活的人口，与1995年相比几乎要多50%的构想，提出到2025年时，生产世界人口足够粮食所需的水的数额应增加50%到100%。持续的工业发展也将如此。联合国工发组织的一项研究显示，目前的趋势将导致2025年的工业用水比1995年增加一倍多，工业污染负荷将增加到4倍以上，除非进行某些变革。如果采用了更多节水的技术，将能减少浪费，从而减少为满足给定数额的粮食或工业产出需要，从各种水源获得的用水量。

有的数据表明，最易受家庭缺水之害的地区包括那些目前难以获得用水、人口增长迅速、城市化不受控制、存在着财政问题的地区。即使世界保持1990年代的供水发展速度，也将不足以确保人人获得安全饮用水。世界卫生组织估计，世界人口将近有一半患有由水作媒介或与水有关的疾病，每年因此而死亡的人数估计为500万。如果每一个人到2025年都获得卫生设施的话，这将意味着在30年内向50多亿人提供设施，高城市化率的地区要投资超过1%的国内生产总值。

对水的争夺所引起的冲突已经上升。这些冲突多是由于处于其邻国上游占据、强有力地位的国家实行修水坝或使水改道的计划引起的。目前的爆发点包括南美、北非和中东的跨国界江河流域，虽然在南亚最近签署了一项令人鼓舞的30年合作协议。如果共有江河流域的国家还有水提供量低、人口迅速增长、城市化和工业化以及持续缺少管制等情况，那么，未来的冲突就是一种强有力的危险。

联合国认为，今后几十年对水的管理将是一个发展问题(确保水的供应满足经济活动而又不破坏土壤与水的自然资源基地)，一个政治问题(避免为稀少资源而发生国内和国际冲突)及一个福利问题(提供人民以良好健康和生活质量所需的水的服务)。

(李跃进)

世界人口的老龄化趋势 1997年1月20日，联合国在题为“全球变化与可持续发展：重大趋势”的报告中称，在比较发达地区，每6个人中大约有1人至少有60岁；到2025年，这一比例将接近每4人中就有一名老年人。全球60岁和60岁以上老龄人，已从1950年的2亿上升到1982年的4亿，预计将于2001年达6亿，并将于2025年增至12亿。到2025年，70%以上的老龄人将居住在今天的一些发展中国家。80岁和80岁以上的老人数也在增长，并继续出现大幅度上升，由1950年的1 300万上升至今天的5 000多万，并预计于2025年达到1.37亿。目前，发达国家中65岁以上老年人的比重，已从1950年的将近8%增至13%以上。按照目前的趋势，到2020年将超过17%。老年人的比例将导致抚养比率剧增。这种现象不久将影响许多发展中国家，其老人数增长速度为各年龄段人数增长速度的两倍。照这种趋势，到21世纪末，世界老年人数将超过15岁以下少年人数。老龄化将使消费格局、就业、甚至文化态度受到影响。

(李跃进)

发达国家不可持续的消费形态 1997年1月22日，联合国发表了题为“消费形态的改变”的报告，指出了工业发达国家关于不可持续的消费和生产形态的一些趋势：

过去45年以来，全球经济几乎增加至5倍。谷物、牛肉和水的消费增加至3倍，纸的使用量则增加至6倍。石化燃料的使用量和二氧化碳的排放量增加至4倍。

自1950年以来，最富有的1/5人口人均消费的能源、肉食、木材、钢铁和铜增加至2倍，汽车拥有量增加至4倍，这反映出国民平均收入的差异。而最贫穷的1/5人口的人均消费几乎未曾增长。

经合组织国家的二氧化碳排放量占全球总排放量的44.7%。排放量不断增加,说明工业发达国家的经济不断增长。在发展中国家,特别是一些主要的发展中国家,有越来越多的人民正在开始接近发达国家中等收入阶级的消费形态。这些消费者总数约为7.5亿人,几乎与工业发达国家的8.5亿消费者差不多。

(李跃进)

联合国环境署第19届年会通过《宣言》

1997年1月27日,联合国环境署第19届理事会在其总部内罗毕开幕,100多个国家的代表出席了会议。环境署执行主任伊丽莎白女士在开幕式上批评某些西方国家没有按期交纳会费,致使许多环保项目无法实施。

会议于2月7日通过了《内罗毕宣言》。宣言呼吁加强环境署在全球环保工作中的领导地位,并对全球环境继续恶化表示关注。宣言称,1992年世界环发大会制定的《21世纪议程》应尽快得到落实。该议程要求发达国家为发展中国家执行这一议程提供额外资金,并以优惠条件向发展中国家转让对环境无害的技术。

近年来,一些西方国家认为环境署效率低下,大幅度减少对该机构提供的资金,使其预算金额从1991～1992年度的1.6亿美元剧减到1996～1997年度的9 000万美元。

联合国环境署发表《全球环境展望》

1997年1月27日,联合国环境署发表了《全球环境展望》的报告。报告认为,在过去10年中,尽管各国在环保工作方面取得了一些进展,但从全球角度看,环境状况在继续恶化。如47%的拉美牧场已经退化。发展中国家中有110个国家面临土壤退化问题。在发达国家,土壤的酸化是个大问题。全球的森林以每年2%的速度消失。非洲的热带雨林只剩下原先的1/3,亚洲的木材积量只能维持不到40年。全球有1/3以上人口缺乏安全清洁的饮水,每天有2.5万人因饮水不干净而死亡。更为严重的是,一些国家政府对制止环境恶化缺乏紧迫感。尽管许多环保技术是现成的。但各国使用这些技术解决环境问题的政治意愿和资金都不足。国际的环保合作也很薄弱,所取得的进展与实际需要之间的差距也越来越大。

报告认为,要扭转这种趋势,国际社会必须根本改变目前的能源消耗方式,减少废气废渣排放量并寻求新的替代能源,通过技术和资金方面的国际合作,扩大使用环保技术;制定一个全球性的更广泛的保护水源计划;加强环境资料数据的收集和分析。

(李跃进)

世界人口最新趋势 根据第十五轮联合国正式人口估计和预测《世界人口前景:1996年订正版》,1990～1995年期间的人口计算显示,与先前的估计相比,人口增长减缓得更快,国家生育率下降的广度和深度都更大,而移徙流动量也更高。最近一次中期生育率变量预测显示,世界人口将在2050年稳定在94亿人左右,比《1994年订正版》所预测的数字几乎减少5亿人。

1996年中期,世界人口为57.7亿。人口年增长从1950年的4 700万人起稳步增多,现在被认为1995年已达到8 100万左右的高峰。目前有45.9亿人(占世界人口的80%)住在较不发达地区。较发达地区人口为11.8亿。

从整体看,世界人口的年增长率从60年代的2%多一点的高峰水平,降至1990～1995年间的1.48%,远远低于过去两个10年期间的人口年增长率1.72%。目前的人口增长率是第二次世界大战以来最低的。根据目前的预测,1995～2000年间,人口增长率将继续下降至每年1.37%,2045～2050年间降至0.45%。因此,预计2000年世界人口将达60.9亿,2020年达到77亿。尽管增长率下降,世界人口年增长量将保持稳定,到2025年每年约为8 000万;2045年至2050年间,将逐步下降至4 100万,约为目前年增量的一半。1990～1995年间,较不发达区域的人口每年增加1.77%,而发达国家人口年增幅仅为0.4%。根据中期变量预测,1996～2050年间,较不发达区域人口将再增加79%。与此相反,预期到2025年较发达区域人口将增至12.2亿人,以后逐渐减少,2050年人口将比1996年少1%。因此,未来较不发达区域将占净人口增长的全部。

截至1997年,在世界上近30个国家中,包括欧洲所有较大的工业化国家和日本,人口转变已成为历史事实。由于估计寿命高,增长在每年0.4%左右浮动,其人口得到了有效稳定。欧洲少数国家出现了负增长率,东欧和前苏联的人口动态受到自1980年代后期以来的政治和经济转变的强烈影响。1990～

1995年间，该区域的生育率比上一个五年期低23%。同时，死亡率上升，例如，俄联邦男性的平均估计寿命从1987年的65岁骤然降至1994年的57岁。世界其它地区的景象更为多样化，其人口规模普遍增长。1995年非洲人口为7.2亿，增长率为2.7%，是当前最高的人口增长率。尽管有迹象表明马达加斯加、坦桑尼亚联合共和国、纳米比亚、南非和毛里塔尼亚生育率似乎已开始下降，但撒哈拉沙漠以南的非洲国家尚未完成生育率转变过程，17个国家的生育率等于或超过每名妇女6胎，减少得很少或甚至没有减少。然而，在拉美和亚洲某些地区，生育率下降已经非常明显。1995年拉美人口为4.77亿，年增长率为1.7%，总生育率为2.9胎。1995年亚洲总人口为34亿，年增长率为1.5%，总生育率为2.8胎。过去十年间，拉美和亚洲生育率下降率相近，大约为24%。

过去十年里，世界总生育率下降了17%，从每个妇女3.6胎下降到3.0胎。由于生育率下降得比以前预计的更快，所以，人口增长率下降得比人口学家预计的更迅速。但我们也不得不正视拥有5.79亿人的48个最不发达国家的现状，它们的生育率、死亡率和人口增长率均高于较不发达区域的其它国家。1990～1995年间，最不发达国家人口年增长率为2.6%，比较不发达区域的其他国家几乎多整整一个百分点。总生育率高达5.5胎，婴儿死亡率为每1 000个活产中有109胎死亡。而在较发达区域，这项指标仅为11胎死亡。事实上，在过去5年间，最不发达国家占世界人口增长总数的17%。

世界总生育率不断下降和人口加速增长同时出现，其部分原因是以前累积的“人口潜力”的结果，即大量年轻人现在进入生育年龄。世界某些地区还继续保持着高生育水平。联合国认为即使各地的生育率立即降至置换水平(每名妇女2.06个孩子)，“进行中”的年轻人比例高，这就确保世界人口增长再过两代人也不会停止。

（李跃进）

生物多样性继续受到威胁　1997年1月31日，联合国秘书长在一份环境报告中指出，生物多样性愈来愈遭受到破坏和损害天然生境的发展以及各种来源污染的威胁。根据联合国所做的生物多样性综合评估，地球物种总数将近1 400万种，而全世界受到绝种威胁的物种每十年有1～11%。物种所受到的最大威胁来自发展和污染对支持其生存的生态系统的威胁。因此，这与森林议程有直接的关连。占很大比例的海洋物种所赖以生存的海岸生态系统并不安全，世界海岸的1/3有极高的退化危险，另外的17%有中等危险。粮农组织估计，发展中国家的农村贫民依赖生物资源来满足其需求的90%；生物多样性的社会和经济价值因而是很高的。《生物多样性公约》于1993年12月生效，迄今有163个国家和一个区域经济一体化组织签署。

（李跃进）

首届世界水资源论坛通过《马拉喀什宣言》　1997年3月22日，在摩洛哥中部古城马拉喀什举行的第一届世界水资源论坛通过了《马拉喀什宣言》。宣言呼吁国际社会共同努力，制定一项合理使用、严格管理和保护淡水资源的长远战略。

与会者认真探讨了全球淡水资源消耗、供需状况和日益减少的紧迫形势，指出自本世纪初以来，水的消耗增长了6倍，比世界人口增长速度快两倍。目前世界上每6人中就有1人享受不到洁净水。到2025年，世界人口将从目前的57亿增加到83亿，对水的需求还将急剧增长。会议强调，世界各国必须尽快从各个方面来解决水资源问题，并制定一项保证全球水资源稳定供应的政策。

会议委托世界水资源理事会利用3年时间进行调研和磋商，把有关结论和建议提交各国政府，以便帮助它们采取措施，保证子孙后代能享用足够的水资源。

（李跃进）

“里约+5论坛”环保大会　1997年3月19日，为纪念联合国环发大会1992年在里约举行5周年而召开的“里约+5论坛”环保大会在里约热内卢闭幕，80多个国家的500多位环保专家参加了会议。大会通过了“地球宪章”草案。

3月22～24日地球环境伙伴关系世界会议在东京举行。这次会议是联合国可持续发展委员会与日本民间组织“地球环境行动会议”联合举办的，会议的中心议题是回顾1992年环发大会以来保护地球环境的状况及存在的问题。来自20个国家和国际机构的约200名代表出席了会议。

（李跃进）

可持续发展的资金筹措 1997年4月7日至25日，联合国可持续发展委员会第五届会议报出了惊人的统计：1993～1995年期间的平均官方发展援助，在绝对值以及在所占国民总产值(GNP)百分比方面均比1990～1992年期间为低，是30年来最低的。只有四个国家达到了占GNP0.7%的指标。这四国是丹麦、荷兰、挪威和瑞典。官方发展援助的减少显然不符合环发大会所引起的期望，它大大地限制了大多数发展中国家政府进行社会和环境方面投资的能力。因此，国际社会不得不通过别种机制来找寻新的和更多的内部筹资来源。

国际开发协会所提供的资金已获得补充，各个布雷登森林机构增加了它们对可持续发展的承诺，全球环境融资继续成为环境筹资的一个主要来源。环发会议之后，世界银行增加了对环境问题的关注，1996年它对环境项目的贷款总额已达到120亿美元，并且现在已经开始对其资助的项目进行环境和社会方面的评估。

环发会议以来，筹措可持续发展资金方面的最显著进展是流入发展中国家的私人资金的增加。1993～1994年间，从经合组织国家流入发展中国家的年均私人资金为1 020亿美元，约占该组织流入发展中国家资金总额的60%。尽管流入中等发展中国家的私人资金增加，但最贫穷的那些国家并没有获得所需要的私人资金流入，它们的外国直接投资与国民总产值的比率仍然只有中等收入发展中国家的一半。

（李跃进）

中美环境与发展讨论会 国务院总理李鹏和美国副总统戈尔1997年3月25日上午共同主持了在北京人民大会堂举行的"中美环境与发展讨论会"，并发表了讲话。李鹏总理提出中美环发合作四项原则主张：⑴相互尊重，求同存异；⑵平等互利，优势互补；⑶借鉴经验，拓展合作；⑷立足当前，着眼未来。

可持续城市化环境与经济政策研讨会 由中国亚太经济合作组织环境保护中心主办的《APEC可持续城市化环境与经济政策研讨会》，1997年9月18～20日在北京举行。来自14个APEC(亚太经济合作组织)成员的官员和专家60余人出席了本次研讨会。

这次研讨会是中国亚太经济合作组织环境保护中心成立以来的首次活动。国家主席江泽民向本次研讨会发了贺词。在贺词中，江泽民主席表达了对中国APEC环境保护中心首次研讨会的祝贺，同时强调了可持续城市化是城市建设和发展的必由之路。国务委员宋健向本次研讨会开幕式发来书面讲话。他指出：亚太地区人口已占世界人口的55%，伴随着工业化的快速发展，向城市地区移民的趋势日益明显。可持续城市化是APEC成员共同关注的题目。在城市化快速发展的今天，如何采取有效的政策措施来解决环境与经济协调发展的问题，从而达到城市的可持续发展目标，是各成员正在研究的热点问题，也正是这次研讨会的主题。

本次研讨会为期3天，代表们围绕与可持续城市化有关的环境与经济管理政策、指标体系、城市污染控制对策、清洁生产与废物无害化等方面的问题进行了广泛深入地探讨。

中国政府十分重视亚太地区的环境保护，并积极支持和参与APEC的环境保护合作。国家主席江泽民于1996年11月25日在菲律宾苏比克亚太经济合作组织领导人非正式会议上曾宣布："中国愿意开放一个环境保护中心，为亚太经合组织成员提供人员培训、信息交流和技术合作与开发的场所。"1997年6月4日，中国亚太经济合作组织环境保护中心在北京正式成立，江泽民主席亲自为中心题词。中国APEC环境保护中心的成立和本次研讨会的召开，是中国政府对APEC的重要贡献。

联合国防治荒漠化会议 联合国防治荒漠化会议1997年10月初在罗马开幕，大会提出了一个警告：世界上有10亿人正受到荒漠化问题的困扰，全球1/4的土地有干透的危险。

各国的环境部长们参加了本周举行的会议，这次大会是1996年联合国防治荒漠化会议之后的第一次后续会议。目标是起草一份"全球性解决办法"，该办法将涉及如何为这份历时19年之久、终于在去年签署的文件拨款和执行等问题。

但密切关注这次由非洲国家倡导召开的会议的仍然只是发展中国家，美国、日本和俄罗斯这三个重要国家没有在文件上签字。

联合国的专家们说，非洲现在有2/3的地区是沙漠或干旱地区，它的农耕干旱地中有73%已经严重或中度退化。

据设在罗马的联合国粮农组织统计，过去50年中，撒哈拉沙漠南端一个面积相当于索马里的地区已经变成了沙漠。

如果不采取措施制止荒漠化趋势，整个非洲大陆1/3的地区将会遭到同样的厄运。撒哈拉以南的非洲国家的处境最为危险，尼日尔的沙漠面积已经占该国总面积的90%以上。

与此同时，非洲的森林面积正在以每年约370万公顷的速度递减；1997年非洲的森林面积为7亿公顷。

如果这一趋势持续下去的话，非洲将有一半的森林在一个世纪之后消失。联合国粮农组织警告说，过度放牧、土地管理不当和为获取燃料而滥伐森林，依次是造成非洲荒漠化的主要原因。

亚洲的情况也好不了多少，那里的土地现在有71%已经退化，面积达140万公顷。

在亚洲，滥伐森林是造成荒漠化的主要原因，随后是过度放牧和土地管理不当。亚洲的森林面积仅占世界的16%，但它的木材产量却占世界的31%。

其他大陆尽管在程度上没有非洲和亚洲严重，但也面临着荒漠化问题。

如果不采取紧急措施，非洲现有的可耕地面积将在未来30年中减少1/3。非洲目前的比率是平均每个居民拥有0.3公顷土地，和亚洲某些国家一样，这个比率是世界上最低的。

80年代，悄悄发展的荒漠化趋势造成非洲1 000万人迁移。据联合国统计，这种情况目前每年给非洲大陆造成90亿美元的损失。

出席这次会议的美国代表、内政部副部长约翰·加拉门迪在大会上发表讲话说，华盛顿没有在宣言上签字，"并不表明美国不会继续支持发展中国家"与荒漠化问题作斗争。他在讲话中提到，仅仅在非洲，华盛顿1997年就资助了约3 350万美元。

与此同时，欧盟15国以及瑞士和挪威仍是同荒漠化作斗争的最大的资助者。自1986年以来，它们已经为防治荒漠化项目投入了23亿美元。

中国环境与发展国际合作委员会会议 第二届中国环境与发展国际合作委员会第一次会议1997年10月5日在北京闭幕。国务委员宋健出席闭幕式并讲话。

宋健说，中国政府在努力发展经济的同时，加大了生态保护和污染治理的力度，认真履行已加入的国际环境公约，开辟了有中国特色的环境保护之路。同时，中国将继续履行自己的责任，努力降低温室气体排放增长率。他感谢中国环境与发展国际合作委员会成立5年来为促进中国环境与发展事业所作的杰出贡献，希望委员会中外方代表提出更多的意见和创造性的建议，推动中国环保事业的发展。

联合国开发计划署驻华代表贺尔康在闭幕式上说，联合国开发计划署对委员会的工作表示满意，并将继续支持中国的环保项目，愿意与中国在污染控制、保护生物多样性、农业可持续发展等领域开展合作。

大会副主席、中国全国人大环境与资源保护委员会主任委员曲格平在闭幕式上说："中国的环保事业已经迈入了一个新的发展时期"。

全球城市可持续发展年会通过《沈阳宣言》 一项旨在推进全球城市可持续发展进程、采取联合行动解决全球环境问题的《沈阳宣言》，1997年10月4日在沈阳召开的联合国全球城市可持续发展'97年会上诞生。

由联合国人类居住中心和环境规划署召集，来自肯尼亚、波兰、埃及、菲律宾、古巴、坦桑尼亚、中国等20多个国家的150名代表参加了这次年会。会议最终通过了在各自地方层次上继续探索和应用城市可持续发展计划实践经验的《沈阳宣言》。

《沈阳宣言》指出，全球城市可持续发展计划和参与该计划的城市所组成的大家庭，对推进全球范围内城市可持续发展已起到积极作用。宣言强调，各城市要在致力于解决当地环境问题的基础上，以广泛合作的方式，吸引包括非政府组织和其他相关团体及民众的参与，增加可持续发展能力。

《沈阳宣言》以在全球层次上建立起强有力的城市可持续发展计划为目标，提出要通过年会、国际互联网和区域网络、区域专家工作组会议以及实践经验的归纳整理等方法，实现信息共享和相互学习；通过互助伙伴关系和其他技术交流机制，共享技术和资源；采取联合行动，推动城市环境论坛、构筑国际机构和计划组织间新的合作伙伴关系。

《宣言》最后承诺，参与者将不断寻求巩固和加强全球城市可持续发展大家庭及其活动，联合彼此间及国际合作伙伴的人力、财力和政治资源，支持全球城市可持续发展事业。

据了解，联合国人类居住中心是联合国推进城市可持续发展计划的主要部门。沈阳是被该中心列入全球大城市可持续发展计划的试点城市之一。

第15届世界石油大会 国际石油界的盛会——第15届世界石油大会1997年10月12日在北京人民大会堂隆重开幕，国家主席江泽民出席大会并在开幕式上致辞，热诚欢迎世界各国来宾。

江泽民说，在世界正朝着多极化方向发展的重要历史时期，各国的经济联系不断加深，在石油工业领域的合作日益加强。“人们可以预见，石油工业在即将到来的21世纪的世界经济中，将会继续产生深远的影响和发挥更大的作用。”

他指出，当今，保持世界石油工业的繁荣，实现石油工业与全球经济可持续发展，是国际石油界和各国政府的共同愿望和崇高使命。他说：“我相信，世界各国之间按照平等互利的原则加强石油领域的交流与合作，将会为世界石油工业的发展带来更大的生机和活力。”

江泽民说，中国石油工业近20年来取得了巨大的成就。“中国政府和人民有信心保持国内石油天然气生产的稳定增长。我们将继续坚持立足国内，扩大开放，走向世界，在平等相待、互利互惠的基础上，积极推动中国与世界各国石油界的交流与合作，实现共同发展。”

他强调：“在国际石油界和世界各国政府的共同努力下，未来的世界石油工业充满希望，必将为世界经济的繁荣和人类社会的进步作出新的贡献。”

吴邦国、贾庆林、温家宝、吴仪、宋健和朱光亚等出席了今天的开幕式。

第15届世界石油大会中国组委会主席王涛说，我们已经临近21世纪，世界石油工业的科技发展和市场变化日新月异，有着许多大家共同关心的问题。本届大会的主题“技术和全球化引导石油工业进入21世纪”，反映了世界石油工业的发展趋势和我们的共同愿望与责任。世界石油大会首次在中国举行，这为中国石油界了解世界，世界石油界了解中国，提供了良好的契机。

世界石油大会主席凡德·密尔说，这次大会的主题在中国得到了最好的诠释，在信息技术和交流便利条件的支持下，科学技术正以其前所未有的速度把世界各国更加紧密地联系在一起。

北京市市长贾庆林表示，北京将尽一切努力，为大会提供高效、便利的条件，保证大会的圆满成功。

开幕式前，江泽民主席会见了参加世界石油大会的外国贵宾。

开幕式后，本届大会中国组委会举行文艺演出和招待会，款待与会各国来宾。

为期5天的第15届世界石油大会10月16日圆满结束。60多位跨国石油公司、国家石油公司的总裁，世界各国石油界的高级管理者和一大批世界知名的能源专家，在会议期间就世界石油工业重大问题进行了广泛而深入的交流，探讨世界能源前景和世界石油工业的最新进展和21世纪的发展趋势。

这次大会举行了5次大会发言，召开了10次回顾与展望会议。与会代表在21个分组会上进行交流，各国专家学者在会上宣读93篇论文、张贴论文238篇。美国、沙特阿拉伯、俄罗斯等11个国家的能源或石油部长在部长论坛上介绍了本国的能源政策。

与会代表认为，下世纪世界石油工业的发展将通过石油新技术的进一步发展和全球化的石油合作降低成本，保证世界相对稳定的油气供应。这次大会取得的丰硕成果，将对21世纪世界石油工业的发展产生深远影响。

在下午的闭幕式上，凡德·密尔再次当选为世界石油大会主席。第15届世界石油大会中国组委会主席王涛将世界石油大会会旗移交给加拿大国家委员会主席。第16届世界石油大会将于2000年在加拿大的卡尔加里举行。

第23届国际人口科学大会 为期6天的第23届国际人口科学大会1997年10月12日在北京开幕。作为世界人口学界最高级别大会，此次会议吸引了80多个国家和地区的1 300多名专家学者及一些国际组织的代表。中国国务院总理李鹏出席会议并讲话，他指出：坚持综合治理人口问题，走可持续发展道路，促进人口与经济、社会、资源、环境的协调发展，是中国现代化建设的必然选择。

他说，中国是世界上人口最多的发展中国家，原来的经济基础薄弱，有些资源相对不足，地区间发展不平衡，生产力还不发达，这是中国的基本国情。在推进现代化建设的进程中，中国政府把正确处理经济建设和人口、资源、环境的关系摆在重要位置，逐步形成了一套行之有效的、符合中国实际的政策和措施。通过教育的方法，不断提高全民的人口意识，在人民自觉自愿的基础上实施计划生育政策，以达到控制人口增长、提高人口素质的目的。由于坚持不懈地实行计划生育政策，1996年中国人口自然增长率已降到10.42‰。从70年代初到现在，大约少生育3亿人。这不但缓解了对中国经济和社会发展的压力，而且对世界人口控制也是一个贡献。

在大会开幕前，李鹏总理亲切会见了国际人口科学联盟理事会成员和部分国际知名学者。他对国际人口科学联盟在促进人口问题的科学研究和国际间的交流与合作，推动联合国和各国政府制定并实施正确的人口政策方面所作的努力表示赞赏，并预祝大会取得圆满成功。

中国组委会主席、国务委员兼国家计生委主任、中国人口学会会长彭珮云在开幕式上代表中国组委会和中国人口学会向来自五大洲的朋友们和同行们表示最诚挚、最热烈的欢迎。她说，中国政府十分重视人口科学的理论研究和社会实践，在有效地控制人口过快增长的同时，人口科学研究也取得了多方面的进展。中国政府制定的《中华人民共和国国民经济和社会发展"九五"计划和2010年远景目标纲要》以及《中国21世纪议程》，把采取综合措施解决人口问题作为中国经济社会发展和可持续发展的战略重点之一，对中国人口科学的研究与实践提出了新的要求，也给人口科学者施展自己的才能提供了新的机遇。中国热切希望通过这次会议，学习、借鉴各国在人口科学研究领域取得的成果和经验，并进一步加强同国际人口科学界的交流与合作，为促进人口科学的繁荣发展，为控制全球人口增长，维护世界和平，促进人口与经济、社会、资源、环境协调发展和可持续发展作出应有的贡献。

大会国际组委会主席、中国组委会副主席蒋正华主持开幕式。国际人口科学联盟主席考德威尔、联合国人口基金执行主任萨迪克女士和联合国人口司司长沙米在开幕式上讲了话。

会议经过6天热烈友好的讨论和交流之后，于10月17日圆满结束。

这次大会的与会者，约有40%来自中国，30%来自其他发展中国家，30%来自发达国家。会上，各国人口科学工作者对人口科学以及人口与发展领域的许多问题进行了认真的讨论。

中国国务委员、国家计生委主任、本次大会中国组委会主席彭珮云在大会闭幕式上致辞时讲道：中国是世界上人口最多的发展中国家，而且人口所占比例高，文盲半文盲人口、贫困人口还占有一定的比重。这一基本国情决定了解决中国人口问题的长期性、艰巨性和复杂性。中国的生育率虽然已降到较低水平，但庞大的人口基数和每年净增的人口数量对中国经济发展、资源利用和环境保护仍然是巨大的压力。因此，中国在实行改革开放，保持国民经济持续、快速、健康发展的同时，必须实施可持续发展战略，进一步做好计划生育工作。还要采取综合措施，努力提高人口素质，改善人口结构，妥善解决就业和老年人口、贫困人口等问题，促进人口与经济、社会、资源、环境协调发展。在解决这些重大问题的过程中，需要大力加强人口科学研究，充分发挥人口科学工作者的重要作用。

在本次大会闭幕之前，国际人口科学研究联盟举行了庆祝联盟重建50周年纪念活动。国际人口科学研究联盟是从事人口科学研究的国际性科研组织。联盟现有会员近2 000人，其中1/3以上来自发展中国家。

联合国制定消除贫困十年规划 1997年10月17日是联合国消除贫困日，在今年联合国消除贫困日到来的时候，联合国发展计划署公布了《1997年度世界人类发展报告》，并制定了《联合国1997～2006年消除贫困10年规划》。

联合国发表的这份报告认为，世界的贫困现象不仅表现在收入极低一个方面，而且也表现在文盲数目大、儿童营养极度不良、预期寿命低、健康保健质量极差和缺乏卫生合格的饮用水等5个方面。

根据联合国的统计，经过多年不懈的努力，在人类即将进入21世纪的时候，已经有30亿到40亿人口的生活水平在营养方面得到了很大的改善，40亿到50亿人口在健康保健及基础教育方面得到了一定程度的提高。但是,仍然有将近10亿人口处于文盲状态,10亿多人口没有饮上卫生合格的水,8.4亿人仍然未能摆脱饥饿之苦,过着食不果腹,饥馑不堪的生活。世界上还存在着48个最不发达的国家,而在这些国家里,有一半左右的人的寿命还不到40岁。联合国发表的统计数字显示,世界贫困人口中的主要部分是妇女和儿童。目前,全世界有将近1.6亿不满5岁的儿童极度缺乏营养,有1.1亿儿童没有学上,有5.38亿妇女不识字。在发展中国家文盲妇女占所有成年文盲人数的75%左右。

联合国在宣布其向贫困宣战的10年规划时强调指出,贫困问题不仅在发展中国家存在,在工业化发达国家同样存在。在发达的工业化国家中,有1亿多人口生活在贫困线以下,有500万以上的人无家可归,有3 700万人处于长期失业状态。

《联合国1997~2006年消除贫困10年规划》除了强调在经济上消除贫困,还特别为人类向贫困宣战画出了蓝图:

——到2000年,世界各国人口预期寿命提高到不低于60岁。到2005年,世界人口预期寿命高于70岁,到2015年,世界人口预期寿命高于75岁。

——到2000年,不满5岁的儿童死亡人数与1990年相比减少1/3,使其死亡率下降到50~70/1 000之间;到2015年,这部分儿童的死亡率要下降到45/1 000以下。

——到2000年,新生儿的死亡率与1990年相比较要减少50%;而到2015年,新生儿的死亡率与2000年相比较还要减少50%。

——到2000年,不满5岁的缺乏营养的儿童与1990年比较要减少一半以上,特别是要消除男童与女童的营养问题上的不平等现象。

——到2000年,大多数人能得到基本健康保健服务。

——到2000年,基础教育应该得到普及,至少80%以上的适龄儿童有学可上;到2015年,所有国家的所有适龄儿童都应该接受小学教育。

——到2000年,成人文盲与1990年相比较将减少一半以上。

第11届世界森林大会 第11届世界森林大会呼吁进行更有效的合作。为期9天的第11届世界森林大会于1997年10月22日在土耳其安塔利亚闭幕,会议发表了一个要求更多的合作、更多的技术转让、更多的政治愿望和分配更合理的国际投资的"声明"。共有来自145个国家的4 200名代表出席了这次会议。

据参加这次会议的法国代表认为,与1991年在巴黎召开的上次大会相比,这次大会的"技术气氛要浓得多"。

出席会议的部长、技术专家、政府机构、国际组织和非政府组织强调指出,只有"在所有国家和最高层都具有更多的政治意愿"之后,世界森林消失和恶化加快的状况才有可能得到抑制。

"安塔利亚声明"要求各国表现出"政治意愿",要求森林问题专家开展宣传运动,促进森林规划的制订,培训人员,特别是培训妇女和青年。它还要求各国和国际上各"出资"团体更有效地动员地区和国际上的财力资源和加速技术转让。

声明还呼吁多种植生长快速的树木以减轻对自然林的压力,制订减少森林火灾危害的政策和管理办法。最后,它还要求森林工业制订"自觉的良好行为规范"以有利于对森林资源的长期管理。

中国1/3省市区人口已呈老年型 新华社1997年10月26日电:据最新的人口变动调查资料显示,随着中国60岁以上老年人口增长的不断加快,中国已有1/3的省市区人口已呈老年型。

据调查,上海、北京、天津、浙江、江苏、山东、湖南、广东、广西、四川等省市区65岁以上的老年人口已超过总人口的7%。这些省市区的人口已呈老年型。其中老年人口最多的是上海市,大约平均每6个人中就有1个60岁以上的老年人;平均每8个人中有1个65岁以上的老年人;平均每3户家庭中就有1户有60岁以上的老年人。此外,辽宁、河南、安徽、福建等省65岁以上的人口已接近7%,即将进入老年型。

调查显示,通常被称为长寿老人的80岁以上老年人,近年来在中国增加较快。在60岁以上人口中,80岁以上人口所占的比例被称为长寿比例。1982年中国老年人口的长寿比例为6.59%;1990年为7.92%;1995年为8.64%。中国百岁以上的老寿星增长更为迅速,由1982年的3 851人增加到1995年的10 811人,增长了1.8倍。而同期60岁以上的人口增加了60%；总人口仅增长了20%。

国际反对使用童工大会 为期4天的国际反对使用童工大会1997年10月30日通过一项行动计划后，在挪威首都奥斯陆闭幕。

行动计划呼吁世界各国为逐步消除使用童工而努力，特别是要禁止最恶劣的使用童工的方式，如把儿童当作奴隶使用或迫使女童卖淫等。

这次会议是由挪威政府、联合国儿童基金会和国际劳工组织联合发起的，来自40多个国家的约300名代表出席了会议。与会代表认为，贫困是造成大量童工的最主要原因，要解决这一问题需作出长期艰苦的努力，也需要国际合作。挪威首相邦德维克呼吁富国把更多的对外援助用于儿童的教育上。

拉美童工3 000万幼者五六岁 联合国儿童基金会1997年10月30日在此间散发的一份材料指出，拉美和加勒比国家目前的童工总数已多达3 000多万，这一数字"令人震惊"。

联合国儿童基金会驻哥伦比亚办事处是为配合正在奥斯陆召开的国际反对使用童工大会而公布上述材料的。材料披露，拉美和加勒比国家的很多童工从5岁或6岁就开始参加劳动。他们被迫在煤矿、鞭炮厂、垃圾处理站、建筑工地等危险的环境下工作，身心健康受到严重的摧残。

材料指出，大量14岁以下的儿童进入劳务市场带来的另一个严重后果是失学现象增加。据统计，拉美地区14岁以下童工中的40%是辍学儿童。

中西部非洲1/4儿童被迫当童工 联合国教科文组织1997年11月6日在阿比让宣布，西非和中非地区有1/4的儿童被迫参加劳动，而且"劳动条件恶劣，对他们的健康以及生理和心理成长极为有害"。

这一地区15岁以下的儿童约有1.32亿。非洲一位儿童工作者表示："随着贫困的加剧，西非和中非地区使用童工的情况越来越普遍了。"

中国崛起六座"环保模范城市" 1997年11月4日，国家环保局在人民大会堂召开表彰大会，向荣获国家环保模范城市称号的张家港市、大连市、深圳市、厦门市、威海市、珠海市授牌颁奖。雷洁琼、王丙乾、程思远、宋健、钱正英和中宣部、国家计委、国家经贸委、国家科委等部门的有关负责人出席了大会。

随着改革开放和社会经济的发展，中国城市化进程明显加快。到1996年底，中国的城市数达到666座。由于人口密集，工业集中，基础设施薄弱，中国城市的污染比较严重，城市环境保护一直是中国环保工作的重点。今年5月，全国开展了创建国家环境保护模范城市活动，国家环保局从城市的可持续发展能力、社会经济水平、环境质量及环境管理水平、公众参与等方面，制定了24项考核指标和3个基本条件。此项活动得到了全国各城市的响应。通过考核，专家认为，大连、深圳等6座城市在经济快速发展的同时，环境质量不仅没有恶化，而且有明显改善，符合国家环境保护模范城市的要求。

国务委员宋健在表彰大会上说，坚持环境、经济和社会的可持续发展，是中国一项长期的战略任务。实现城市的可持续发展，是环保的重要方向和目标。这次表彰有6座环保模范城市，是全国城镇建设和环境保护的典范，是全国城市学习的榜样。创建模范城市的实践证明，在经济高速增长的同时，完全能够同时建成经济、社会与环境协调发展的城市。今后要根据城市的经济、社会和环境的特点，按照国家的要求，经常进行考核和检查，使创建国家环境保护模范城市活动不断提高，促进全国各城市可持续发展目标的实现。

中国国家科委举行第二届"绿色论坛" 在1997年11月25日闭幕的国家科委召开的第二届"绿色论坛"中获悉：到21世纪30年代，中国只要能种好10亿亩高产田，就能养活养好16亿人口（中国人口的最高峰，以后将会下降）。

绿色论坛是"中国农业和农村科学技术专家咨询委员会"的活动之一。其目的是：发挥多学科专家群体优势，研讨农业、农村经济发展和科技进步中的重大问题，为中央、国务院及有关部门提供决策建议与方案。

第1届"绿色论坛"是在今年8月23日召开的。第2届"绿色论坛"于11月24～25日在北京举行，主题是"中国21世纪养活16亿人口的技术对策"，来自全国农、林、水等部门的近百位农业专家出席了会议。

著名农业宏观专家刘志澄研究员认为，21世纪中叶，中国人口将达到16亿的高峰，必须将此事尽早部署，把它提到国民经济的首要问题来对待，为此需要科学技术的强有力的支撑；食物安全专家梅方权研究员从中国现实出发，指出中国完全有能力自己养活自己；吨粮田专家王树安教授经过多年实践经验指出：一熟地区粮食亩产可达2 000斤，二熟地区亩产可达3 000斤，三熟地区可达4 000斤，种好10亿亩高产田，就能养活养好16亿人口。中国科学院综考会蒋世逵研究员从中国的土地资源出发，指出21世纪中国非耕地资源农业利用前景是广阔的、乐观的，南方10亿亩草山草坡，37亿亩可利用草地，未充分利用的19亿亩宜林地和1亿亩内陆淡水水域具有很大潜力，能为未来养活16亿人口作出自己的贡献。

黄鹤羽研究员、钱志林研究员、杜森研究员也相继作了“21世纪林业技术重大突破的前景与展望”、“21世纪畜牧业技术的前景与展望”、“21世纪水产技术的前景与展望”、“21世纪生物技术对农业贡献的前景与展望”等。

中国农业及农村科学技术专家咨询委员会已选出了100项重点技术及30项左右的关键技术，初步形成了“21世纪养活16亿人口关键技术清单”。

全球艾滋病毒感染者达2 260万 联合国艾滋病联合计划署和世界卫生组织最新统计，目前艾滋病蔓延速度正在加快。截止1996年底，全球艾滋病毒感染者已达2 260万。据统计，仅在1996年，全球就有310万人感染上艾滋病病毒，其中儿童有40万。1996年死于艾滋病和与艾滋病相关的人达150万，其中有35万儿童，成年人中男性有65万，女性有47万。自艾滋病成为流行病以来，全球累计有2 940万人感染艾滋病病毒，累计病例超过840万，死于艾滋病的总人数为640万。

《联合国气候变化框架公约》缔约方第3次会议 为了挽救21世纪的地球免受气候变暖的威胁，150多个国家和地区的代表聚集在一起举行的《联合国气候变化框架公约》缔约方第3次会议，于1997年12月11日下午通过京都协议后宣布闭幕。

京都协议写道，全体发达国家将削减二氧化碳等温室气体排放量5.2%。

关于发展中国家自觉地参加削减排放量的问题，美国和日本认为“为了减少将来的二氧化碳排放量，这样做是不可缺少的”。但是，发展中国家却反驳说，“这违反了曾经达成的不给发展中国家增加新义务的规定”。因此便从协议中删除了这一内容。

这次会议没有讨论发展中国家如何积极对待气候变暖等问题。另外关于通过方法等程序问题，也决定留待今后解决。

12月1日开幕的这次京都会议，比预定日程延长了一天，这是一次破例的会议。

附：各国温室气体排放量削减指标

国别	削减量	国别	削减量
澳大利亚	+8	拉脱维亚	−8
奥地利	−8	列支敦士登	−8
比利时	−8	立陶宛	−8
英国	−8	卢森堡	−8
保加利亚	−8	摩纳哥	−8
加拿大	−6	荷兰	−8
克罗地亚	−5	新西兰	0
捷克共和国	−8	挪威	+1
丹麦	−8	波兰	−6
爱沙尼亚	−8	葡萄牙	−8
芬兰	−8	罗马尼亚	−8
法国	−8	俄罗斯	0
德国	−8	斯洛伐克	−8
希腊	−8	斯洛文尼亚	−8
匈牙利	−6	西班牙	−8
冰岛	+10	瑞典	−8
爱尔兰	−8	瑞士	−8
意大利	−8	乌克兰	0
日本	−6	美国	−7

注：削减量是指与1990年水平相差的百分比。

中国环保工作会议确定全国2000年工业污染源全部达标排放 1997年12月26日，全国环境保护工作会议在深圳召开。国务院总理李鹏给会议发来贺信。贺信中说，长期以来，环保系统广大干部职工辛勤工作，尽职尽责，特别是在执行《国务院关于环境保护若干问题的决定》，关闭取缔污染严重的企业和治理“三河”、“三湖”水污染中，严格执法，加强监管，为保护环境，促进国民经济和社会发展作出了突出贡献。希望全国环保系统广大干部职工认真贯彻落实党的十五大精神，进一步加强两个文明建设，发扬成绩，勇于拼搏，积极进取，使中国的环境保护工作不断取得新的进展。

全国环保工作会议要求各地环保部门要按照2000年工业污染源全部达标排放的目标，把重点放在主攻难点上，对主攻项目制定限期治理计划，确定达标企业和工作进度。

科技教育文化活动

中国首次全国科普工作会议 1996年2月7日，首次全国科普工作会议在北京开幕。国务委员、国家科委主任宋健指出，全党、全社会都应以高度的历史责任感，重视并切实做好科普工作。宋健说，为把中国建成社会主义强国，赢得下一个世纪的国际竞争，中国一方面要培养和造就更多的科学家和技术专家；另一方面必须全面提高全国人民的整体科学文化素质。我们必须抓住机遇，在比较短的时间内，使国民整体科学文化素质有显著提高，才能保证经济的持续、快速、健康发展，从而在下一世纪的国际竞争中取胜。

宋健还说，科普工作是我国科技和教育工作的重要组成部分，为了加强科普工作，必须加强科普队伍的建设。要培养造就一大批懂科学，有文化，又具有政治和社会责任感的科普作家。针对不同的对象和题材，创造出雅俗共赏、有生气、有特色、为群众喜闻乐见的科普作品。要把科普工作者列入科技和教育工作者序列，享受相应的优惠政策，对优秀科普工作者的成就要给予国家级表彰。他强调，在科学探索的过程中，应坚持“双百方针”，鼓励人们对科学中的未知领域和世界科技前沿问题进行探索创新，提出新的假设，进行实事求是的讨论。科普工作要坚持科学真理，旗帜鲜明地反对迷信、愚昧和伪科学。

全国政协副主席朱光亚出席了开幕式。国家科委常委副主任朱丽兰、中宣部副部长刘云山、中国科协党组书记张玉台、中国科学院院长周光召也先后在开幕式上发了言。

2月9日，中共中央总书记、国家主席江泽民，中共中央政治局常委、国务院总理李鹏，中共中央政治局常委、书记处书记胡锦涛在人民大会堂亲切会见了出席全国科普工作会议的代表。

在热烈的掌声中，江泽民作了重要讲话。他代表党中央、国务院，向在科普工作第一线，为提高全民族科学文化素质而辛勤耕耘的同志们，表示深切的敬意，向全国先进科普工作集体和个人表示热烈的祝贺。

江泽民说，当代科学技术发展迅速，经济竞争在很大程度上取决于科学技术的发展和应用。一个民族如果不具备良好的科学文化素质，就难以在世界竞争中立足。在我们这样一个发展中国家，促进科学技术普及是一项十分重要的工作。必须认真落实党的“科教兴国”战略，全面提高中华民族的科学文化素质，为实现“两个转变”，造就越来越多的高素质的劳动者和管理人员。

丁关根、温家宝、宋健、朱光亚等参加了会见。

中国“863”十年成果展览会 中国高技术研究发展计划(863计划)十周年成果汇报展览会1996年4月1日在北京开幕。国务委员、国家科委主任宋健，全国政协副主席、中国科协主席朱光亚，国防科工委主任丁衡高等出席了开幕式。

展览会展示了863计划实施至今，在生物技术、航天技术、信息技术、激光技术、自动化技术、能源技术、新材料技术等7个领域所取得的重大成果。至1995年底，863计划已获鉴定成果1 398项，其中659项获国家或部委级奖励，550项具有国际水平。突破大规模并行处理技术的曙光Ⅰ型计算机、可探测全球97%深海域的6 000米水下机器人等展览内容吸引了参观者的注意。

展览会还展示了研究成果商品化、产业化成果。目前已有10%的实验室成果形成商品，有的正进入中试阶段，即将形成产业；38%的成果在经济和国防建设中得到了应用。

另悉，863计划实施10年来，培养了一支阵容整齐的研究队伍，其中有博士后207人，博士1 490人。目前，一半以上的研究人员在45岁以下，一批优秀的中青年科学家走上了领导岗位。863计划还组建了7个研究中心，17个中试实验室和中试线，这些基地为中国高技术发展积蓄了后劲。

“863”计划十周年工作会议 1996年4月2日，“863”计划十周年工作会议在北京开幕。中国科技界从事高科技研究的科学家、专家代表160余人，共同总结这项高技术研究发展计划实施10年来的经验，研究部署九五期间高技术发展的总体战略。

党和国家领导人为“863”计划实施10周年题词祝贺。江泽民总书记的题词是：“面向经济建设，勇攀科技高峰”。李鹏总理的题词是：“发展高新技术，增强综合国力”。邹家华、李岚清副总理，卢嘉锡副委员长也分别题词。国务委员宋健主持了开幕式，全国人大副委员长卢嘉锡、全国政协副主席朱光亚等出席。

国家科委常委副主任朱丽兰在总结生物技术、信息技术、自动化、能源与新材料五个领域10年来取得的1 200多项研究成果时指出，“863”计划形成的中国高技术研究发展布局，锻炼和凝聚的高技术研究开发队伍，建立的研究发展基地，形成的普及全国的研究开发网络，使中国高技术研究开发具有参与国际竞争与合作的实力，为中国高技术的未来发展奠定了坚实的基础。

在谈到“九五”奋斗目标时，她指出，将突破8至10项与国计民生密切相关的有产业化前景的重大基础技术，在提高农业科技与生产水平、改造传统产业和推动高科技产业化方面开展三大战役；大力开发高产、优质、高效的农业生产高新技术并促进其推广应用；瞄准中国制造业和服务业的需要，研究开发适合国情的自动化技术；以有中国特色和自主知识产权的高技术为突破口，为生物医药、信息、新材料等产业的形成奠定基础。

国防科工委副主任王统业指出，10年来在航天技术领域开展了空间科学及应用研究，在往返运输系统、大型运载火箭、空间站的研究和空间搭载试验、生命保障技术研究等方面取得了一批成果。在激光技术领域取得多方面重大进展，被广泛应用于国民经济与国防建设。这两个领域共鉴定成果124项。“九五”期间将继续在这两个领域内开展一系列应用与基础研究，建成并保持一支高水平、年轻化的高科技队伍。

中外专家研讨21世纪教育 国家教育发展研究中心1996年4月3日举行“面向21世纪教育”国际学术报告会，以此纪念这个中心成立10周年。国务院总理李鹏为此题词：“发扬实事求是作风，促进教育事业发展。”

田纪云、李岚清、李铁映、吴邦国、雷洁琼、吴阶平、钱伟长、钱正英等也分别题了词。

国家教委主任朱开轩在会上讲话。他指出，历史的经验告诉我们：在研究、谋划与建设21世纪的教育时，要避免和防止出现战略性的决策失误。要做到这一点，不能仅仅依靠个人的智慧和经验，重点问题的决策，必须采取科学的态度和方法，加强教育宏观决策的研究。

他说，国家教育发展研究中心是国务院批准建立的国家教育宏观决策咨询研究机构。10年来，该中心直接参与了《中国教育改革和发展纲要》及其《实施意见》等一些重点决策的意见论证和起草工作，并提交了有关社会主义市场经济和教育体制改革、教育事业“九五”计划和2010年远景目标，中国高等教育结构、初中后教育结构、中央业务部门所属高等学校管理体制改革等问题的一批有价值的研究报告和咨询报告，为教育决策的科学化做出了贡献。对此，中外教育专家在发言中给予了热情的赞扬。

参加会议的70多名中外教育专家在发言中就21世纪的教育观念、教育体制、教育内容进行了交流与研讨。北京师范大学研究生院院长顾明远教授认为，教育是未来的事业，就必须有未来的眼光，教育观念的转变极为重要。科学技术的不断革新使得一个人在学校学习的知识已经不能满足他一生的需要，终身教育已成为现代教育的重要标志。因此，学校教育的任务不只是传授一些现存的知识，而且要教会学生学习，在他们走出校门以后也能自己去获取知识，不断充实自己。这就是说学校教育要考虑到学生毕业以后的学习。美国加州伯克利大学校长田长霖博士提出，中国教育在改革开放的进程中不要忘记两点：一是不要忘记建立有自己特色的教育体制，不要“外来香”；二是在注重面向未来、面向世界的同时，不要忘记面向地方，面向贫困地区。

中国国家教委正式印发《全国教育事业“九五”计划和2010年发展规划》 1996年4月，国家教委正式印发了《全国教育事业“九五”计划和2010年发展规划》。《规划》提出“九五”期间全国教育事业发展的总目标，是以普及九年义务教育和扫除青壮年文盲为重点，积极发展职业教育和成人教育，适度发展高等教育；优化教育结构，努力提高教育质量和办学效益，形成具有中国特色的、面向21世纪的社会主义教育体制的基本框架。“九五”期间，全国在占85%的人口地区普及九年义务教育，在其余10%的人口地区普及5～6年小学教育，5%的人口地区普及3～4年初级小学教育；青壮年文盲率降低到5%以下；大城市和沿海经济发达地区努力普及高中阶段教育，全国各类高中阶段职业学校在校生占整个高中阶段在校生的比重提高到60%左右；高等教育在校生达到650万人左右，18～21周岁学龄人口毛入学率提高到8%左右；重点发展高等专科层次教育，特别是面向广大农村、中小企业、乡镇企业、城镇第三产业的高中专科教育和专科层次的高等职业教育；农村和城市未继续升学初中毕业生接受各种培训人数的比重分别达到50%和70%以上。

《规划》规定了未来15年教育体制改革的基本任务，即深入推进各项改革，逐步形成与社会主义市场经济体制、政治体制和科技体制相适应的教育体制和运行机制。到2010年，基本形成以政府办学为主，社会各界共同参与的办学体制及公立学校和民办学校共同发展的格局；中央政府管理少数有代表性的骨干学校和一些行业性强、地方政府不便管理的学校，较多的学校要转由地方政府管理或以地方为主管理；要积极推动高等学校和中等专业学校公费生和自费生并轨，普遍实行学生缴费上学制度；同时建立完善奖学金、贷学金、勤工俭学制度和对家庭经济困难学生实行减免学杂费制度。

中国国际农业新技术博览会 '96中国国际农业新技术博览会1996年4月16日在北京全国农展馆召开。中共中央政治局委员、国务院副总理姜春云和政治局后补委员、书记处书记温家宝出席了开幕式。这个由农业部定期主办的博览会已举办了三届。

这次博览会共有18个国家和地区、200多家厂商参展。其中中国、荷兰、法国、德国、英国、美国、南斯拉夫、以色列等8个国家是以国家展团形式参展的。他们以实物为主，辅以文字、图片、录像、现场表演等形式，向观众展示各自国家先进的农、牧、渔等技术和设备。

中国全国十大科技成就评选揭晓 “'95全国十大科技成就评选”1996年5月9日在北京揭晓。北大方正电子出版系统等十项重大科技成就的完成单位北京大学计算机所等受到表彰。国务院副总理邹家华、国务委员兼国家科委主任宋健、全国政协副主席朱光亚等向胸佩红花的获奖代表颁发了纪念杯和证书。

受到表彰的其余九项科技成就是：大庆石油管理局的大庆油田高含水期“稳油控水”系统工程，电子部第十四研究所的固态远程警戒雷达，中国石化总公司石化科研院等的ZRP－1分子筛的开发，全国中药普查办公室的全国中药资源普查，中国协和医科大学肿瘤研究所（医院）等的食管癌高发现场的综合防治研究，塔里木石油勘探指挥部等的塔里木沙漠公路工程，中国航空工业总公司第六二四所等的连续气源航空发动机高空模拟试车台，亚洲仿真控制系统工程（珠海）有限公司等的秦山300MW核电机组全范围仿真机，中国农科院植保所的应用基因工程技术创造抗黄矮病毒转基因小麦新种质。

这十项科技成就水平较高，经济效益显著，是国家科委组织专家从29个省区市、各部委申报的49项成果中遴选出来的。

信息社会与发展（ISAD）会议 1995年5月13日～15日，由东非共和国作东道主，在Midrand举行。作为全球信息社会7国集团部长会议（布鲁塞尔，1995年2月）的后续行动，信息社会与发展会议目的在于把一些有代表性的发展中国家和工业化国家召集到一起交流看法，并促成发展中国家参与信息革命的合作框架。来自不同地区的30个发展中国家和10个发达国家的代表参加了会议。

会议有三项主要目标：促进发达国家与发展中国家间的对话，及发展中国家内部就新兴的全球性信息社会进行的思考，开展工作使有关的社会部门取得一致看法，和促进制定“共同原则”和“协作行动”，以迎接全球信息社会的挑战。会议确定的具体项目需要的主题包括：满足人民基本需要的综合体制；普及使用；通过革新发展有关的应用及内容；人力资源的开发；文化遗产、建立基础设施等。

（李跃进）

图书倡导网络的地区间会议（INT－ER-BOOK） 1996年5月22日～24日，在教科文总部首次召开的这类会议聚集了来自22个国家的40名与会者，他们代表着出版业、有关捐助者机构和地区图书发展机构。

此次会议的主要目的是促使参与者之间开始进行对话，以便建立交往关系，使图书部门的数据规范化，为联合出版提供便利以及确定如何继续把发展图书作为文化产业的中心任务。这次会议还就新技术和电子传播之影响等国际图书界普遍关心的问题进行了探讨。会议的后续行动集中在：扩大和促进利用信息；争取使大学广泛地认识到图书既是经济产品又是文化及教育产品；发展内源出版业；通过制定国家图书政策、财政和立法措施，引进和提供税收便利等来表明政治意愿；发展联合出版伙伴关系；以及修订现行教科文组织的图书定义等。

（李跃进）

世界包装大会 世界包装组织于1996年5月28日～31日首次在中国北京召开世界包装大会。此次大会包括题为“21世纪世界包装技术和包装发展”国际包装学术研讨会、“’95世界之星”颁奖会和“中外包装技术、贸易洽谈”等几个会议，世界包装组织的近50个会员国的650位代表出席此次活动。

中国包装工业总产值由1980年的72亿元，增加到1995年的1 145亿元；每年完成3万亿元的工农业产品和1 000多亿美元出口商品的包装任务。现有县以上包装企业15 000家，中央和地方都有专门包装机构，纸、塑、金属、玻璃等包装门类齐全，包装工业体系已经形成。世界包装组织成立于1968年。此次活动由中国包装技术协会和中国包装进出口总公司举办。

国际公共电视展播会议（INPUT96） 1996年5月26日至6月1日在墨西哥瓜达拉哈拉举行。这项每年举行一次的活动，是关心电视的教育及文化作用的电视专业人员的一个非正式论坛，其目的是为了提供机会进行高层次的专业经验交流，全面介绍全世界公共事业生产的革新情况，以及促进电视节目在全世界范围的传播。1996年国际公共电视展播会议是19年来首次在欧洲/北美以外举行。与会者超过了1 000人。共放映了大约120套节目，其中20套来自中欧、东欧和中亚，4套来自非洲，19套来自拉丁美洲和加勒比地区。由于教科文组织和莫斯科开放社会研究所提供了资助，来自东欧、中亚和非洲的23名电视专业人员得以参加会议并展示自己的作品。此次会议的成果超过了预料，许多展播节目被其他公司的电视广播公司购买。此外，在倡导公共电视节目的文化及教育内容方面也取得了重要成果。

（李跃进）

关于21世纪前夕教育、科学、文化和传播的议会间会议 1996年6月3日～6日，应教科文组织总干事的邀请，各国议会联盟（IPU）在巴黎举行。总干事费德里科·马约尔先生、各国议会联盟秘书长皮埃尔·科尔尼翁先生以及来自70多个国家的各国议会联盟的议会会员和准会员出席了会议。

会议讨论了四个重要专题：21世纪教育、21世纪的文化与发展、信息高速公路与旁道：机遇与挑战，以及促进国际合作。参加会议的议会成员表示支持教科文组织《1996～2001年中期战略》并提出了一系列实施该战略的建议，同时也强调了这样一种情况，即教育、文化和传播政策必须与创建和平文化的目标一致。各国议会联盟和教科文组织广泛地传播了会议的最后文件，其中包括“议会对21世纪前夕之教育、文化和传播看法”及会议的成果和建议。

（李跃进）

世界语言权利会议 在国际笔会的倡议下，于1996年6月6日至9日在西班牙的巴塞罗那举行了一次世界语言权利会议。100多个有关该问题的主管协会、非政府组织和机构参加了这次会议。

会议希望制定公正合理的全球语言和平原则，作为社会和文化共处的关键因素，并认为以下基本目标是确保许多语言继续存在和发展的前提：(1)从政治角度设想语言多样性的安排，使所有的语言社区都能有效地参与这一新的增长模式。(2)从文化角度使世界传播空间与各国人民、各语言社区和所有个人对发展进程的公平参与完全一致起来。(3)从经济角度把持久发展建立在所有人的参与、重视各个社会的生态平衡以及各种语言和各种文化之间关系公正的基础之上。基于上述考虑，与会者在工作结束时，批准了《世界语言权利宣言》，并将签字文本寄给了教科文组织总干事，请他审议，以便今后以适当的形式提交联合国大会。

（李跃进）

全民教育十年中期总结会议 1996年6月

16 日至 19 日在约旦王国安曼举行，来自 73 个国家的大约 250 位人士出席了会议。此次会议是实现全民教育全球性运动的重大里程碑，与会人士通过安曼声明重申了他们努力实现全面教育目标的承诺，从而给在宗滴恩开始的国际运动以新的推动。

会议注意到自宗滴恩会议以来，基础教育已经取得了重要进展。估计目前在校生儿童比 1990 年多了 5 000 万人。数十年来持续增长而难以遏制的校外儿童人数首次开始呈现下降趋势。新的全民教育合作关系已经出现，已经动员了新的资源，基础教育的质量问题也更加受到重视。非洲正在以新的势头扭转以往十年教育方面的被动局面。

安曼会议还回顾了全民教育工作中存在的缺陷及长期面临的问题。首先，它强调指出迫切需要消除教育方面性别的差距，这既是个简单的公平问题，也是促进发展的最有效手段。它呼吁在今后数年采取优先行动促进教育。同时，各国还必须把当地的内容以及跨文化学习纳入基础教育，并促使母语在启蒙教育中发挥重要作用，以此适应越来越突出的多文化和多变化的社会现实。教育必须在加强相互尊重，社会凝聚力和民主管理等方面发挥更大作用；我们必须学会运用教育来防止冲突，并在发生危机时确保教育能够首先做出反应。最后，教师地位、培训与上进心都仍然需要摆在教育所关心的核心位置上。

（李跃进）

文化、旅游与发展：21 世纪的重大问题圆桌会议　1996 年 6 月 26 日至 27 日在教科文组织总部召开。42 个常驻代表团和大约 15 个机构的代表出席了会议。此次会议的目标是：加深对发展旅游的重大问题的认识和帮助教科文组织确定其在该领域的工作重点和行动方式。会议辩论了下列主题：(1)文化和自然这一旅游活动的基础经常被当作无偿的资源利用，而它们的保护却需要费用。因此，旅游政策应当为提供这些费用的所需资金做出贡献。(2)联系世界化和大众旅游，能否认为接待地居民生活方式的改变，对各种文化特性来讲是一种正常的或是有害的现象？(3)是否应当限制、甚至禁止游客参观某些遗址？(4)如何让当地居民参与旅游项目和进一步促使旅游专业人员和公众尊重当地文化？在会议结束时，与会者通过了一份包括 11 个重大问题的清单和将由教科文组织实施的数项行动建议，并根据“里约 1992”模式制定了一个“旅游 21 世纪议程”，拟定旅游经营者职业道德准则等问题提出了一些建议。

（李跃进）

第二教育与信息技术国际大会　1996 年 7 月 1 日至 5 日，教科文组织与俄罗斯联邦合作在莫斯科举行。参加这届大会的有来自 70 个国家的近1 000 名与会者和观察员。大会分析了国家、地区和国际上在教育体系中引进和使用新信息技术(NIT_S)的趋势和经验；回顾了新信息技术方面的最新发展并研究了它们在教育中的应用情况；围绕以下六个中心议题，讨论了国际、地区和国家在教育中使用新信息技术的会议问题，这六个议题是：学员；教师；技术；社会、经济和文化问题；政策与国际合作。大会通过了一项宣言，强调有必要加强教科文组织在世界范围内促进在教育中引进和利用新信息技术方面的作用，并建议为此目的采取具体行动。大会还支持国际 21 世纪教育委员会提出的关于在教科文组织建立相应机构（“观察所”）的建议，并促请教科文组织考虑建立一些国际重大项目，如在莫斯科设立教科文组织关于教育政策和新信息技术研究所的行动。

（李跃进）

国际中学教育组织讨论教学趋同化　国际中学教育组织 1996 年 7 月初举行了一次研讨会，这次研讨会表明，教育也可以实行全球一体化。

国际中学教育组织总部设在瑞士，其办事处分布于全世界。目前 5 大洲的 600 所中学已参加该组织。这个全球中学教育组织制定了雄心勃勃的目标：增进各国之间的了解，培养中学生使之适应于不断变化的劳工市场。

国际中学教育组织拉美分部负责人彼得·斯托伊指出：“我们正处于一体化和文化信息高速传递的时代。为此，我们的教育体制致力于使学生适应于发展的需要，适应于新型职业。”

这种国际教育体制采取灵活、开放的教学形式，师生可以畅所欲言地发表自己的看法，而不是墨守成规。国际中学教育组织颁发世界各地均承认的毕业文凭，毕业生求职因此具有较高的竞争力。该组织下属各所中学每年毕业考卷均送往英国，白国际中学教育组织委任的一批教授统一判卷。

国际中学教育组织反对百科全书式的教育方式，偏重于培养学生独立思考能力而不是局限于死记硬背资料数据。据国际中学教育组织领导人说，该组织有必要制定全球统一的教育大纲，但各地区与各国可根据具体情况制定各自的教学计划。参加国际中学教育组织的学校必须拥有齐备的基本教学设施，如实验室与图书馆等。

中国科委提出推动科技扶贫十条意见

国家科委1996年7月9日在北京召开了新闻发布会，公布了进一步推动科技扶贫工作的十条意见。这是国家科委对"九五"期间科技扶贫工作的总体部署，是对全国科技界和广大科技人员发出的总动员。

国家科委推动科技扶贫工作的意见是围绕解决现有6 500万贫困人口温饱问题，以及依靠科技进步提高贫困地区经济增长质量而形成的。内容包括：促进贫困地区农业和农业科技进步；振兴贫困地区传统支柱产业和培育新兴产业，保障贫困地区社会可持续发展；发展社会化服务系统；提高贫困地区人民科技文化素质；激励科技人员投身扶贫攻坚战役；组织区际间科技协作和对口支持；加大科技扶贫投入；广泛开展国际间的科技交流与合作。

中国制定"九五"星火计划实施纲要 国家科委在1996年9月12日召开的"星火计划实施十周年"的新闻发布会上宣布：星火计划"九五"发展纲要已经制定。纲要的指导思想是，以促进经济增长方式的转变为战略重点，把提高农村经济增长的质量和效益摆在首位，着重解决农村经济发展中的热点、难点问题。

纲要提出，"九五"期间，星火计划将主要在县域经济层次上推动农业产业化、农村工业化和城镇化。重点培育龙头企业和企业集团，主要以公司+基地+农户的方式，引导农村发展规模经济和实现共同富裕。

"九五"期间，星火计划还将实现东部燎原、星火西进的目标。东部重在巩固提高，加快技术扩散。中西部重在布点示范，开辟新领域、新产业。东西部之间要实现优势互补、共同发展。

纲要提出，"九五"期间，星火计划要在实施5大战略的同时，取得5个层次上的大发展。这就是：实施整体推进战略，在深度上大发展；实施均衡发展战略，在广度上大发展；实施信息引导战略，在高度上大发展；实施集团带动战略，在集成度上大发展；实施贴近市场战略，在开放度上大发展。

纲要提出的奋斗目标是：到2000年时，累计培育农村区域性支柱产业300个，其中产值10亿元以上的100个；建立100个国家级星火密集区，推动农村区域经济、科技、社会协调发展，使科技进步贡献率达到50%；培育造就乡镇企业家和农村经济带头人5 000人；实施星火项目10万项，其中国家级8 000项，项目要覆盖全国90%以上的县；年销售值要达到5 000亿元，利税500亿元，创节汇100亿美元。

"九五"期间中国将新建一批核电工程

1996年9月从核工业总公司获悉，"九五"期间，中国将有一批新的核电工程上马，到2001～2003年相继投产时，中国核电总发电量将达到900万千瓦。

秦山二期工程为两个60万千瓦的核电机组，计划投入的年度资金已全部到位，施工设计正在进行。目前，现场已完成土石方710万立方米，占整个工程土石方量的97%。

广东岭澳核电站位于大亚湾核电站附近，被誉为大亚湾第二，依然以中法合作为主的方式建设。电站为两个100万千瓦的核电机组。

辽宁核电站已于1995年3月经国家批准立项。同年6月，国务院对体制做了调整，由中核总为主建设，各项筹备工作正在抓紧进行。电站为两个100万千瓦的核电机组。

以上三个核电站均为压水堆型核电站，唯有秦山三期核电站为重水堆型。秦山三期为两个70万千瓦核电机组的核电站。由中国与加拿大合作建设，1995年10月国家已批准立项。加方承诺筹措全部工程贷款。目前，项目的研究报告和现场准备工作正在加紧进行。

此外，与核电相配套的核燃料工业将实现规模经营。"九五"期间，天然铀勘探、铀矿采冶、铀同位素分离、燃料组件制造等都要有新的发展。同时还要加快先进型压水堆AC－600的研究，2000年提供AC－600核岛的标准。

'96国际化工展 1996年9月23日至27日，'96国际化工展在北京中国国际展览中心举办。来自世界各地95个化工企业参展，其中包括一些世界知名的化工公司。国内也有2 000家企业参展。

本届国际展还邀请到了农业部和中国石化总公司协办,使得展览更全面地反映中国化学工业整体面貌。今年适逢化工部建部40周年,国际展将向世界充分展示新中国化工40年取得的巨大成就和未来规模。另外,随着两年一度国际化工展的举办,中国化工在国际上的知名度逐步提高。今年,一些中外化工界组织的研讨交流活动,也都安排在'96国际化工展前后举行。

国际教育大博览 中国教育国际交流协会、中央教育科学研究所、中国社会经济决策咨询中心和联合国教科文组织北京学术交流中心历经长达一年多的精心筹备,于1996年10月起在丹东、大连、北京等十余个城市相继巡回举办"国际教育大博览"。"大博览"包含世界上具有代表性的30多个国家和地区的基础教育,以体现世界现代基础教育发展和教育水平为主要内容。利用文字、图片、实物、音像及影视等多种手段,全面系统地介绍国际现代基础教育制度、基础教育课程设置与教材、学生用品及教学仪器、中小学学生生活等,为中国学生了解世界打开一扇窗口,为海外学生了解中国架设一座桥梁。

首届国际工业科技展览会 由中国科学技术协会主办,"第八届中国国际科学与和平周"系列活动之一,首届"国际工业科技展览会"于1996年11月6日在北京举行。

本届展览会有来自英国、瑞士、意大利和中国等国内外著名厂商参展,展出了工业焊接技术与设备、传感器与仪器仪表、生物工程和涂料等一批新技术、新工艺、新设备及产品,涉及机械、电子、化工、医药等行业。

第八届中国国际科学与和平周1996年11月9日在人民大会堂拉开帷幕。自1989年以来,中国已成功举办了七届国际科学与和平周,参加活动的人数累计达2 000多万人次。第八届国际科学与和平周宣传活动内容丰富,形式多样。其中有'96科学文化联合展览、全国专家义诊、科学文化优惠价书市及各类座谈会、科普报告会等几十项活动。温家宝、陈慕华、王光英、程思远、朱光亚等国家领导人,联合国驻华代表贺尔康、联合国科教文组织驻华代表处官员木卡拉及老挝、越南等国家驻华使节出席了开幕式。

北京纪念联合国教科文组织成立50周年

为庆祝联合国教科文组织成立50周年暨恢复中国在该组织合法席位25周年,中国联合国教科文组织全国委员会1996年11月7日京举行隆重纪念活动。国家有关部门负责人以及来自教育、科学、文化等各界代表应邀参加了座谈会并观看了图片展。

国家教委副主任、中国联合国教科文组织全委会主任韦钰在纪念座谈会上讲话。她说,中国与联合国教科文组织在许多领域的合作,如全民教育、扫盲、环境管理与保护、科技信息与发展、文化和自然遗产保护等,卓有成效,堪称典范。这些合作为中国的改革开放和参与国际智力合作起了推动作用。

她表示,中国举行的这次纪念活动,表明了中国继续重视和促进与教科文组织合作的愿望。中国愿意为维护世界和平和促进人类发展做出更加积极的贡献。

联合国教科文组织成立于1946年11月4日。1971年10月29日,中国继恢复在联合国的合法席位后,恢复了在教科文组织的合法席位。1979年,中国联合国教科文组织全国委员会成立,从此中国与该组织的合作进入了新的阶段。联合国教科文组织驻华代表武井士魂等参加了座谈会。

民间教育交流国际学术研讨会 中国教育国际交流协会成立15周年暨民间教育交流国际学术研讨会1996年11月7日在北京开幕。

为期两天的研讨会,讨论、交流民间教育国际交流的价值、民间教育交流与社会发展的关系、民间组织的哲学含义及21世纪民间教育国际交流的展望等专题。与会代表还进一步探讨了民间教育国际交流的意义、作用和发展,以便更好地推动政治、经济、教育、科技、文化、交通等领域的国际交流与合作。来自澳大利亚、比利时、日本、韩国、新加坡、瑞士、英国、美国等国家以及香港特别行政区与澳门地区的代表和学者,及中国大陆各地的代表和学者共150多人参加了研讨会。

全国政协副主席钱正英、国家教委副主任韦钰、中国人民对外友好协会副会长陈昊苏出席了研讨会。

(唐 骅 李荣启)

英国推出"电子政府"计划 据新华社伦敦1996年11月8日电:英国政府日前推出"电子政府"

计划，公众将可利用最新的信息技术获得政府的服务。

英国政府提供的材料称，“电子政府”将充分利用互联网络等新型电子技术，为公众提供纳税、办理各种执照、咨询政策、获取各种信息等便利。公众利用电脑将可更容易地进入政府信息系统。

英国政府称，“电子政府”计划将使英国进入“无纸政府”时代，使政府的办公效率大为提高，公众、企业界和学术界等的工作效率也将因之提高。

英国政府自1994年开始在互联网络上建立自己的网络地址“英国政府信息中心”，目前进入该地址后用户可查询到英国政府机构、学术机构、企业等的网络地址。

第四届中国国际工业装备展览会 由机械部委托中国机械工程学会和上海华展国际展览公司联合主办，以展示国内外先进工业装备为特色的第四届中国国际工业装备展览会，1996年11月11日至15日在上海举行。

展览会展出了国内外近300家著名厂商最新开发的新技术、新装备、新工艺、新材料，香港贸易发展局再度组织20余家香港相关厂商集体参展并特设香港馆，罗马尼亚商务部也再次携该国10家著名企业集体参展，展出其先进的工业设备。

本届展览的展品包括工业自动化装备与器件，测试、计量技术与设备，物料搬运技术与装备，控制与仪器仪表，基础零部件，表面处理与防护设备，金属加工机床，包装食品机械，印刷塑料机械等。

中国国际供热空调、卫生洁具及城建设备与技术展览会(简称ISH China) 1996年11月19日至22日在北京中国国际展览中心举办。

该展是由建设部城建司、中国国际贸易促进委员会、中国国际展览中心主办，由中国城镇供热协会和北京制冷协会承办，并由法兰克福展览有限公司和华港国际展览有限公司组织首次将世界著名的同类工业展移植中国的综合性专业国际展览会。展会今后每两年定期在北京举办一次。展品主要有：供热装置及设备，空调及通风系统、卫生洁具设备、管道设备、安装技术与设备等。

这届展览会共有来自17个国家和地区约150家公司参展，展场面积达8 000平方米，展会期间还有数十项技术交流讲座。

第二届中国国际运输与物流博览会 由中国交通运输协会主办的第二届中国国际运输与物流博览会于1996年11月18日至22日在京举行。

这届博览会是在中国举办的规模最大的、唯一的综合性的国际交通运输博览会。参加展出的中外企业约300家，国内的铁路、公路、水路、航空、管道5大运输系统及各系统的工业、工程、仓储、物资等行业参展。德国、美国、日本等国家和地区的企业带来了他们研制的最新产品和技术。展品既有大型机械设备，也有零配件；既有产品，也有技术资料和信息。同时，博览会期间还安排了高速公路的维修、小件物品物流、提高铁路运输速度等方面的专题技术交流会。

1996年度中国科技奖励评审揭晓 国家科委1996年12月16日公布了1996年度国家科技奖励评审结果。共有647个项目，近4 000人获奖。

本次共评审了三种奖项：国家技术发明奖、国家科学技术进步奖和国际科技合作奖。获国家技术发明奖的共有111项，其中：一等奖1项，二等奖8项，三等奖56项，四等奖46项。获国家科技进步奖的共有536项，其中：特等奖4项，一等奖20项，二等奖169项，三等奖343项。

今年还授予了为中国科技发展事业作出贡献的4名国际友人国际科技合作奖。他们是丁肇中(美国)、格·比施根斯(俄罗斯)、乌里·施瓦茨(德国)和贝聿铭(美国)。本次评审首次奖励了优秀科技著作，4种科技专著、5种科技教材、2种科普图书获科技进步奖。

美杂志公布全球10大最佳科技产品 美国《科学》杂志研究了1996年上市的各种高技术消费品，并按照不同种类选出10组最具创意和影响的最新发明。日本、美国和加拿大等国产品榜上有名。这些产品是：日本尼康公司生产的NIKON5照相机的自动对焦系统，有能力在每秒钟拍下8张照片，相机本身售价3 500美元。美国福特汽车公司的1997年的EXPEDITION型汽车，以强大的拖车威力和省油两大优点击退所有同类产品，其基本价格为2.8万美元。一种由加拿大全国研究理事会所发明的清除积雪用的可传电混凝土导体，这种新产品不仅可省却在冰天雪地里清除房前屋后的冰雪，也可清理机场跑道的积雪，以确保飞机安全。在电脑方面，由索尼和菲利浦销售的网络电脑盒当选，这种电脑可让消费者只需在电视机上增加一个这种盒子即可上网浏览和收发电子邮件，盒子的售价在300美元左右。JVC生产的GRIDV袖珍型摄录像机重量只有1.1磅，可装在衣袋内，并具备全部摄录功能，定价3 000美元，也是上榜产品。一种售价约100美元的滚轴滑轮鞋子，可随着孩子成长而延长鞋子的前方，并不影响后部的平衡，该产品受到专家和消费者的好评。由GT自行车厂设计的超级自行车和自动清洗浴缸或水盆污渍的洗刷器是较有创意的产品，也进入10佳之列。

中国科学家成功构建水稻基因物理全图 1997年1月6日，国家科委、中科院、上海市政府在沪联合举行新闻发布会，宣布中国科学家洪国藩等在世界上首次成功构建了水稻基因组物理全图。

中国庐山列入世界遗产名录 1997年1月6日《人民日报》报道：江西省人民政府日前在申报世界遗产时获得成功，庐山以“世界文化景观”列入世界遗产名录。

中国科学院和美国全国科学院举行高级会晤并发表联合声明 1997年1月15日～16日，中国科学院和美国全国科学院举行了高级会晤，双方达成多项协议，并发布《关于可持续发展的联合声明》。

《联合声明》指出，人类在21世纪所面临的主要挑战是，通过可持续发展来满足全世界人民的生活需要。中国是世界上人口最多，经济正在高速发展的国家；美国是世界上经济规模最大，消耗资源最多的国家。声明强调，中国必须根据其独特的人口及环境条件，创造性地开拓自己可持续发展道路；美国必须改变其生活方式、工业生产过程、资源消耗的种类和总量，以及所生产商品的特征和数量。可再生资源、节能、农业生产力的可持续发展和有效利用水资源，是美中两国所共同面临的一些重要议题。

中美两院已就运用科学技术来研究可持续发展中的一些主要问题进行合作研究。

（李跃进）

英国通过无性繁殖生产出“克隆羊” 1997年1月24日，英国《泰晤士报》披露了惊世骇俗的重大科技消息：据从事此项研究工作的苏格兰卢斯林研究所胚胎学家维勒穆博士证实，他领导的基因小组在绵羊无性繁殖技术领域取得重大突破，已通过无性繁殖生产出新一代“克隆羊”。

乐山大佛列入世界遗产名录 新华社1997年4月1日报道：中国的峨眉山——乐山大佛近日被列入《世界遗产名录》。

亚欧技术合作专家会议 1997年4月24日，亚欧技术合作专家会议在北京开幕。会议就加强亚欧之间的农业、环保和企业技术改造与更新方面的技术交流与合作交换了意见，并就如何加强合作提出了具体建议。来自欧亚的100多名负责国际科技合作的官员和有关专家出席了会议。

与会专家就亚欧技术合作的基础、目标、原则和优先领域达成了一致。专家们认为亚欧技术合作应超越传统的南北界限，遵守平等互惠、优势互补、避免重复和循序渐进、重点突出等原则；亚欧各国应努力创造双向的贸易和投资机会，在两大洲的企业界之间创造增进技术交流的环境，以促进亚欧经济和社会的发展。

4月25日，会议在北京闭幕。会议发表了《主席声明》，强调技术合作是亚欧新型伙伴关系的重要组成部分，加强两洲间的技术合作符合亚欧会议各国的共同利益。

（李跃进）

电脑“深蓝”战胜世界国际象棋冠军 1997年5月3日～11日，国际象棋世界冠军卡斯帕罗夫与IBM公司的超级电脑“深蓝”(DEEP BLUE)举行了第二次对抗赛。最后，“深蓝”以总分3.5比2.5赢得了胜利。这是有史以来在人类制定的规则之下，人类最高水平的选手首次在智力的较量中败给了人类自己制造出来的机器。

（李跃进）

第50届世界卫生大会 1997年5月5日至14日，第50届世界卫生大会在日内瓦举行。

会议审议和通过了世界卫生组织工作报告和1998～1999年度预算草案、改革方案以及评估2000年人人享有卫生保健全球战略进展情况等议题。

大会期间，代表们讨论了世界卫生组织提出的主题为“战胜病痛，造福人类”的《1996年世界卫生状况报告》。该报告呼吁国际社会努力同心血管病、癌症和糖尿病等慢性疾病作斗争，促进人类健康。代表们还在会上讨论了“人类无性繁殖(克隆)技术”问题。5月13日,大会通过一项决议指出,使用克隆技术复制人从伦理上说是不能接受的。会议期间,代表们还通过了有关利用互联网络促销药品、禁止暴力以及健全发展中国家卫生制度等决议。

(李跃进)

世界旅游组织领导人会议 1997年5月22日,世界旅游组织领导人会议在马尼拉举行。会议就旅游业的社会影响及如何治理与旅游业有关的一些不良社会现象通过了一项宣言。

(李跃进)

“风云二号”气象卫星发射成功 1997年6月10日,中国在西昌卫星发射中心,用“长征三号”运载火箭,成功地将第二代气象应用卫星“风云二号”发射升空,并准确入轨。这颗卫星重1.38吨,能覆盖以中国为中心的约1亿平方公里的地球表面,观测和提供中国及邻国的云图、温度、水气、风场等气象动态,对准确进行中长期天气预报具有重要的作用。

“银河——Ⅲ”百亿次巨型计算机研制成功 1997年6月19日,由国防科技大学计算机研究所研制的“银河——Ⅲ”百亿次巨型计算机系统,在北京通过了国家技术鉴定。这个系统综合技术达到了当前国际先进水平,并突破和掌握了更高量级计算机的关键技术,具备了研制更高性能巨型机的能力,它标志着中国高性能巨型机研制技术取得新突破。

中美工程技术研讨会 国家主席江泽民于1997年10月24日下午在人民大会堂会见参加第三届中美工程技术研讨会的全体外方代表和部分中方代表时说,积极引进国外智力,吸收和借鉴各国的先进技术和管理经验以及其它一切文明成果,加快自己的发展,是中国对外开放事业的重要组成部分。

江泽民首先向前来参加此次研讨会的全体外方代表及他们的家属表示热烈欢迎,并对这次研讨会的圆满成功表示祝贺。

江泽民说,在我对美国进行国事访问前夕,非常高兴和大家见面。这是在北京召开的第三届中美工程技术研讨会,前两届研讨会开得很好,专家们对改进中国企业的工程技术和管理,提出了许多好的建议,并促进了中美两国的交流与合作,我希望双方注意总结经验,继续拓宽两国经济技术合作的领域和渠道。

江泽民指出,人才是科技进步和社会经济发展最重要的资源,智力是活的知识力量。中国的改革和建设,需要一批又一批、一代又一代具有独立创新精神,又善于向别人学习的优秀人才,这是我们各项事业发展的主要智力支撑。我们也十分重视运用国外的智力资源。出席这次研讨会的外方代表,都是在工程技术领域学有所成的华人专家。欢迎诸位继续对中国的改革开放和现代化建设提出建议,欢迎大家经常到中国来走一走,看一看。

江泽民说,国家外国专家局等部门要努力工作,为来华的外国专家进一步创造良好的工作和生活条件,充分发挥他们的作用。要按照中国的法律和国际惯例,保护外国专家的知识产权和其它合法权益。

参加今天会见的还有钱其琛、李贵鲜、朱光亚、张劲夫,以及刘华秋、王忠禹、宋德福、万学远等有关部委负责人。

为期5天的中美工程技术研讨会今日在京结束。出席会议的300名代表就解决中国国有大型企业的工程技术问题,利用国际、国内两种资源,推动企业的技术创新,增强企业的竞争能力进行了讨论。

“百千万人才工程”学术论坛 中国“百千万人才工程”人选第一届专题学术论坛1997年10月27日在北京中国科技会堂开幕。近百名“百千万人才工程”人选、优秀的青年专家济济一堂,共同研讨有关学术、技术领域的前沿问题。

与会者畅谈作为一个科技工作者在中国跨世纪发展中的责任和任务;唐敖庆、王大珩等老一辈科学家也欣然与会,表现出他们对年轻一代的热切关注和大力支持。

人事部副部长徐颂陶在开幕式上讲话并介绍了实施“百千万人才工程”的情况。他说,中国人才队伍已达4 465万人,这是一支整体素质和实力不断增强的队伍。1995年由人事部、国家科委、国家教委等七部门联合启动的“百千万人才工程”,以培养跨世纪学术和技术带头人为主要任务,其具体目标是争取到本世纪末,在中国重点学科领域,培养造就一批能进入世界科研前沿、在世界科技界有较大影响的杰出科学家和具有国内领先水平的跨世纪的学术和技术带头人,在各学科领域培养一大批有较高学术造诣、成绩显著、起骨干作用的学术、技术带头人后备人选。从而改善中国学术、技术带头人队伍的结构，形成青年人才不断涌现和脱颖而出的机制，全面推动中国专业技术队伍建设工作，提高专业技术队伍的整体水平，为中国经济和社会发展提供高层次人才保障。据悉，“百千万人才工程”1996年第一批683名人选已经产生。他们是中国各学科技术领域中的佼佼者，年龄最大的45岁，其中35岁以下的有192人。从事自然科学研究的618人，从事社会科学的57人。从事科研的271人，从事高等教育的163人。据对20多个省市区的不完全统计，每年专门用于跨世纪人才培养的经费投入已超过6 000万元。

此次学术论坛设立了农业科学、高新技术和地球科学三个分论坛。共有三个主题：⑴21世纪农业科技发展及其对农业科技队伍建设的要求；⑵高新技术的发展战略及其在国民经济建设中的作用；⑶21世纪的地球科学与21世纪的地球科学家，着眼21世纪科学技术的发展，研讨问题，寻求对策。此次学术论坛是由人事部、农业部、中国科学院、国家地震局联合举办的。

文化交流贡献奖颁奖 1997年10月27日，由中华人民共和国文化部向对中国文化事业做出突出贡献的外国及香港特别行政区、澳门、台湾地区友好人士授予的“文化交流贡献奖”，今天首次在第五届中国艺术节盛会上颁奖。池田大作（日本）、团伊玖磨（日本）、伊蕾娜·路德维希（德国）、邵逸夫（香港）、陈廷华（香港）等5位外国及香港友好人士获此殊荣。

自中华人民共和国成立以来，特别是改革开放以来，热情关心中国建设和发展的外国和香港、澳门、台湾地区各界友好人士，或长期从事政府间及民间文化交流活动，或投身于对中国文物的保护、研究、交流、查找和归还工作，或致力于翻译中国优秀文学作品，或捐助巨额财物及具有相当价值的文化珍品等，支持中国文化艺术事业的发展，为中国文化交流事业做出了卓越贡献。为此，中华人民共和国文化部特设立“文化交流贡献奖”这一文化交流领域中的最高奖。

第九届世界华文文学国际研讨会 1997年11月8日，百余位海内外知名学者、作家在今天开幕的“第九届世界华文文学国际研讨会”上欢聚一堂。尽管他们的国籍分属于中、美、日、加、新加坡、比利时等等，但他们都是以汉语从事文学创作或文学研究工作的。

据介绍，不论在世界的哪个地方，凡用汉语写作的文学作品，都可统称华文文学。它被专家们划为中国（含香港特区和台湾省、澳门）、东南亚和日本、大洋洲及西欧北美三大板块。华文文学现在遍布五大洲，拥有全世界最大的作家群和读者群。它作为一条文化文学纽带，对促进全世界炎黄子孙的交流和了解，对增强中华文化的凝聚力和吸引力，具有深远的意义。

正因为如此，海内外学界对华文文学的研究日益重视。自80年代以来，仅在中国就先后举行了8次华文文学的国际会议。这次由中国社科院文学研究所主办的本届研讨会，更是一次高层次的学术对话。会议以“世界华文文学的综合研究”为主题，分别就世界华文文学的整体研究与发展态势、华文文学的文化学思考、华文文学的基本理论问题等进行多方面的学术交流。与会人士认为，这将对世界华文文学的健康发展起到积极推动作用。

第八届全国运动会 中华人民共和国第八届运动会1997年11月19日晚在上海闭幕。作为本世纪最后一次全国综合性运动会，以其竞争激烈、水平较高和新人辈出而载入史册。

八运会共有179人659次超41项世界纪录。其中16人19次超7项奥运项目世界纪录，4人4次平3项世界纪录，100人3队367次超55项亚洲纪录，88人6队142次创66项全国纪录。

闭幕式上，伍绍祖将会旗交给第九届全国运动会承办地代表、广东省省长卢瑞华。21世纪的首届全运会将于2001年在广东举行。

一年一度的诺贝尔奖揭晓 1997年诺贝尔医学奖授予美国加利福尼亚大学教授斯坦利·普鲁西内尔，以表彰他发现了朊病毒；诺贝尔和平奖授予设在美国的国际禁止地雷运动和该运动协调人美国的乔迪·威廉斯；诺贝尔经济学奖授予美国哈佛大学教授罗伯特·默顿和斯坦福大学教授迈伦·斯科尔斯，以表彰他们创立了期权定价理论；诺贝尔物理学奖授予美籍华人、美国斯坦福大学教授朱棣文、法国人克洛德·科昂——塔诺季和美国人威廉·菲利普斯，以表彰他们发现了用激光冷却和捕捉原子的方法；诺贝尔化学奖授予美国加州大学教授保罗·博耶、英国剑桥大学的约翰·沃克和丹麦奥胡斯大学的延斯·斯科。

第五届中国艺术节 1997年10月25日,第五届中国艺术节在成都开幕。本届艺术节以"爱国、团结、繁荣,荟萃艺术精品,弘扬民族文化,振奋民族精神,欢庆十五大,迎接新世纪"为宗旨,是一次民族团结、同胞团聚、加强对外交流的艺术聚会。本届艺术节是历届艺术节中规模较大、上演剧(节)目质量较高、群众文化活动最丰富的一届。艺术节期间,上演了49台国内外特色浓郁、异彩纷呈的剧(节)目。

(以上文稿除署名者外,均由郭钟义编撰)

理论研讨活动

企业改革与文化观念变革研讨会

中国企业文化研究会和北京城建集团于1996年1月,在北京联合召开了"企业改革与文化观念变革研讨会"。来自国务院发展研究中心、国家体改委、中国社科院、北京大学、清华大学、中国人民大学、复旦大学等20个单位的领导、专家学者以及部分企业家共60多人参加了研讨会。与会者就企业改革与文化观念变革的关系、建立社会主义市场经济和现代企业制度过程中的问题,在转变文化观念中如何继承中国优秀传统文化、吸收国外进步文化等问题提出许多深刻见解。

文化观念变革是建立和完善社会主义市场经济的必然要求,文化观念变革与现代企业制度的建立相辅相成,文化观念变革是企业深化改革的前提条件

会议充分肯定了文化观念变革在企业总体改革中的先导地位,认为文化观念变革是建立和完善市场经济体制的必然要求。与会者指出,深化企业改革的首要任务是变革文化观念,没有先进的文化观念做指导,没有进步的文化氛围为条件,就不会产生企业管理者先进的管理行为和改革措施。十一届三中全会以来,中国有过几次具有历史意义的改革,都是先有观念变革、思想解放,才有改革实践的深入,十几年改革的历史,就是文化观念变革的历史。没有文化观念的变革,就没有今天改革的大好局面。与会学者认为,中国现在正处在改组、改制和改造的转型过程中,要使国有企业拥有的巨大资产发挥更好的效用,必须迅速推进经济体制改革,变革与改革与其不相适应的文化观念。

与会者认为,现代企业文化观念的树立与现代企业制度的建立相辅相成。计划经济体制下形成的陈旧落后的文化观念严重地束缚着人民的思想,阻滞着企业改革的深入发展。在改革的诸多障碍中,文化障碍是最关键性的障碍。企业是市场经济的主体和微观基础,企业管理者的文化观念直接关系着企业改革的深度和广度,关系着市场经济体制完善的速度和质量。北京城建集团董事长肖玉良用本企业丰富生动的实践经验论证了企业改革过程中文化观念变革的艰巨性和文化观念变革后对企业改革所产生的推动作用。他们以文化观念变革为先导,将企业改革不断引向深入的做法,受到了专家学者的一致肯定。

当前文化观念变革的主要内容,是破除计划经济体制下形成的阻碍社会主义市场经济建立和企业改革深入发展的计划经济文化观念,树立社会主义市场经济文化观念

中国社会和企业都处在政治经济文化的转轨变型时期,各种文化观念都在经历着变革或重塑,其中要转变的中心内容,是计划经济文化及其价值观体系。同时,也要破除近年来给中国企业管理带来不良影响的西方文化观念。具体讲,有以下几个方面。

破除“大而全、小而全”的企业体制观念,树立市场导向的企业体制观念,在专业化基础上实行规模经营。这就要求破除长期计划经济体制下养成的依附观念,树立独立经营、风险推进的市场竞争观念。破除官本位观念,按企业发展规律管理企业,敢于打破企业行政级别限制,树立事业至上的文化观念。破除平均主义分配观念,树立效率优先兼顾公平的利益观念。改革只讲身份平等不讲贡献大小的所谓平等意识,培养权、责、利一体的主人翁意识。破除因循守旧的小农意识,克服懒散怠惰的精神状态,树立科学技术是第一生产力的观念和开拓进取的观念,发挥企业家和全体职工的创造力和想象力,培育“敢为天下先”的创新精神。破除过分强调个人决策而忽视集体智慧,强调硬性约束而忽视软性管理的观念,树立集体主义观念和软硬结合的管理观念。

会议认为,社会主义市场经济要求企业员工树立敬业、进取、创新和协作的价值观,强化效率、文明和科技三个意识。与会学者强调,这一切转变既属于管理观念的转变,也是社会文化观念的转变,落脚点都是对人的管理。企业生产、经营和管理不懂事在人为,就不能管好企业,生产经营的目的不懂事在人为,就会失去正确方向,管理必须从以物为中心向以人为中心的文化观念转变。

变革文化观念,需要从四个方面人手:提高经济工作和管理工作的文化意识,将文化观念变革与企业转机建制融为一体,批判地继承中国优秀传统文化,辩证地借鉴国外进步文化

在转变文化观念的途径和方法上,与会者一致认为,首先应该提高经济工作者和管理者的文化意识,充分认识文化在现代经济发展和现代企业管理中的地位作用。现代市场经济的发展有三个基本趋势,即经济与文化发展的一体化,人为相对优势将取代传统的经济发展优势,生产工艺流程对劳动者素质要求越来越高。现代产品中的文化含量、文化附加值越来越高,文化因素在经济发展中的作用日益增长。因此,搞现代市场经济,必须重视文化沟通,注重跨文化研究,注重文化力在发展经济改革企业中的作用。

企业文化观念变革不是外在于企业改革和建立现代企业制度的事物,要把文化观念变革纳入企业改革整体规划之中。文化是体制的反映并反作用于体制,体制不同,文化的内涵和性质也不同,任何一种体制都不仅仅是一种经济现象,还是一种文化现象。因此,在中国企业的再造和文化重塑过程中,必须将体制改革与文化观念变革紧密结合,同步进行。

如何继承和发扬中国优秀文化,是会上讨论的热门话题。与会者认为,中国几千年形成的优秀传统文化是一份宝贵财富,应该努力实现传统文化的现代转换,为中国市场经济建设服务。传统文化中生生不息、刚健文明的创造精神,至诚不息的天地精神,兼覆兼载的乾坤之德,价值合理性与目的工具合理性相统一的精神等丰富的内容,能帮助现代企业家形成较高的文化气质和现代企业精神。学者们也尖锐地指出,传统文化中也有一些消极的内容在影响着现代企业的改革和进步。如儒家文化中的重农轻商、言义不言利和重“道”不重“器”等思想,道家的“小国寡民”、“老死不相往来”的封闭的小农意识和“吾不为天下先”的思想等,都同现代市场经济所推崇的风险意识、竞争意识、创新意识和名牌意识相抵触。

在讨论如何借鉴国外进步文化时,与会者在批判西方消极文化影响的同时,着重论证了应该吸收的内容。认为诸如节俭和诚实守信的生产经营作风,反对自由放任,强调道德制约的健全的个体主义,忠诚敬业严格训练的事业精神,强烈的团队精神和名牌意识,积极创新勇于发展的开拓进取哲学,都反映了现代工业文明的基本特征,是人类文明的共同成果,必须加以吸收和借鉴。有些学者就如何科学理解西方个性文化观念提出了一些新的见解,认为建立现代市场经济,必然需要人的个性解放,这有利于发挥职工的积极性和创造性。重视整体发展过程中的个性自由发展,可以弥补东方文化传统在管理中的不足。在借鉴西方个性文化观念时,要注意克服它的消极作用,个性的提倡要适度,我们要培育一种个性文化与整体文化相结合的新文化。

与会学者阐述了转变文化观念推进企业改革应处理好的几个关系,即处理好传统文化与现代化的关系,促进二者的完美结合;处理好东西方文化的关系,注意二者的相互借鉴;处理好资本主义文化与社会主义文化的关系,着重研究社会主义市场经济文化;处理好社会主义市场经济与企业文化的关系,按社会主义本质含义建设企业文化;处理好社会主义文化与企业文化的关系，注意二者的相互影响和作用；处理好经济活动和文化活动的关系，注意二者的内在联系。他们强调，在企业转型期，要充分估计落后文化观念对企业改革的障碍，要充分利用企业转型所带来的进步文化推动企业进步。

（孟凡驰　韩　旭）

中国市场经济与商业道德理论研讨会

1996年4月12日，中国商业文化研究会商业道德专业委员会与北京美雪民宝实业集团联合召开了市场经济与商业道德理论研讨会。京津地区的企业界和理论界共30来人参加了会议。会议围绕当前中国市场经济与商业道德中的几个重要问题进行了深入的探讨。

商业道德在市场经济中的地位

一种意见认为，商业道德是市场经济的精神支柱 因为商业精神是市场经济的精神支柱，而商业精神的主体就是商业道德，因此，也可以说商业道德是市场经济的精神支柱。这种观点认为，人类社会在不同的历史发展阶段均有与之相适应的物质文明、制度文明、精神文明。这三种文明对其所在的历史阶段的社会分别起着不同的支柱作用，商业道德就体现在这三个文明中间，从各种不同的层面反映出来。其中的精神支柱作用十分重要。如革命精神是革命年代的精神支柱，为了推翻一个阶级，建设一个新社会，需要搏斗，你死我活，没有革命精神，没有革命道德是不行的。我们国家现在搞市场经济，市场经济就是商业社会。马克思讲，商业社会人人都是商人。恩格斯讲，航海和商业造就了近代文明。同一切社会的发展需要精神支柱一样，发展市场经济，要搞现代化，当然也要有一种精神去发展这个经济，去发展这个社会，这个社会才能进步。这种精神表现在商业上，就是商业精神、商业道德。我们就是要用商业精神、商业伦理去支持它、培育它、监督它、制约它、引导它。商业伦理有两方面的作用，积极的正面地引导的一面和消极的反面地制约的一面。前者推动市场经济的发展，后者制约市场经济的发展。市场经济的大厦，如果没有自己的道德精神支柱支撑，就可能倾覆。

另一种意见认为，商业道德是社会道德的一部分，它覆盖全社会 在市场经济条件下，生产是为了社会，产品主要是为了别人的需要；商品要通过市场进行交换；一、二产业也要直接进入流通，流通就是经商；消费者也得通过商业活动购买自己需要的产品。因此，不仅工、农、商需要懂得商业行为准则，消费者也需要懂得商业行为准则，自觉地保护自己，影响流通和生产，促进生产发展。总之，工、农、商、民，产、供、销各方面都有商业活动，均需了解和遵守商业道德。所以说，商业道德是社会道德的重要组成部分，它既受社会道德的影响，反过来又影响整个社会。商业道德不仅是有商业活动的企业和个人的行为准则，也是生产者、政府工作人员、广大消费者的行为准则。

市场经济条件下商业道德的内涵

市场经济条件下的商业道德的内涵，既有市场经济时代的特征，又对市场经济有激励、制约的功能，它不是一时一地之功，不是一家一户的问题，而是牵涉到整个社会伦理变化的趋势。因此，关于商业道德的内涵有以下几种说法：

市场经济条件下的商业道德的内涵应具有时代的特征 中国具有优秀的传统道德文化，古代的传统道德适合历史上当时的时代，“仁、义、礼、智、信”也好，“三纲五常”也好，“和为贵”也好，从孔孟起几千年来形成的伦理道德、伦理文化都起到过重要作用。其精华部分也有益于以后的各个历史时期。为什么日本、东南亚那些国家是资本主义社会，经济搞得好，很讲信誉？因为他们吸收了中国的优秀的传统道德。中国的传统道德有它消极的部分，这一部分不适合现实社会，但很大一部分精华如义，重义轻利；礼，经商要讲礼节、礼貌；智，是企业家的智慧头脑，怎么取胜，有谋略；信，要讲信用、诚实；勤俭是中国的古老的传统道德，要勤俭、节约，吃苦等，这些，不仅适用于过去，也适用于现在。新中国建立后，建立社会主义计划经济，许多优秀的东西被批判了，甚至在几十年里不敢提传统道德，使国家道德上有了空白，取而代之的是“为人民服务”，以“发展经济，保障供给”为宗旨，

不是以盈利为目的，这只能适合当时计划经济的特点。中国搞市场经济，来得很突然，人们思想跟不上，既无模式又没有经验可借鉴，老的传统的东西丢了，新的又没有，法制又没有跟上，结果经济虽然发展了，但经济领域的道德淡化了，秩序乱了。市场经济的指导思想是逐利、竞争，中国市场经济开始一段时间，主要表现在商品、价格上的竞争，因为物质不丰富，抢买、开后门，是卖方市场，商业道德上表现的是反对开后门，反对抢购套购等。随着市场经济的发展，市场物资丰富了，随之而来的是买方市场，产品是靠推销，于是商业道德开始转变到服务上来，转到企业形象上来。企业如果失去形象、知名度。信誉差了，顾客就不到你那里去了，你的东西就卖不出去。在这种情况下，企业要赚钱，要盈利，一是靠质量、靠宣传、靠服务；另一方面也出现了“假冒伪劣”、欺诈行为。面对当前的市场经济的新形势，反过头来看，商业道德的基本点，它的内涵、原则应该是什么呢？江泽民同志最近为《中国传统道德》一书题词：“弘扬中国古代优良道德传统和革命道德传统；吸取人类一切优良道德成就，努力创造人类先进的精神文明”。这个题词是中国传统道德实践经验的总结，又是新形势下研究探讨建设新的道德文化的方向。其意思很明显，就是要弘扬中国古代的道德传统，弘扬革命的道德传统，吸收人类其他先进的道德传统，实际上就是从这三个方面探索建设中国的精神文明。从实践上看，国内曾提出过“主动、热情、耐心、周到”的商业道德八字方针。但实践证明，这个八字方针，实际上讲的都是服务，没有体现竞争，不完全适合市场经济的情况。去年国内贸易部在广州提出了新的八字方针作为商业职业道德行为准则：“诚信、公平、情义、服务”。新的方针加进了“公平”的内容，弥补了只讲服务的不足。但是有人认为这八字新方针仍未完全体现市场经济的特点。

市场经济条件下的商业道德的内涵应突出“竞争”　有的发言认为市场经济是在激烈竞争情况下的经济，商业道德应赋予它的新的内容是“竞争”，即公平竞争。市场经济如果没有竞争，不往前跑，大家呆在一起那不行，必须大家一起跑，看谁跑得快，这是时代赋予的新的道德内容。这种道德不仅在国内，在国外跨国营销中更重要。企业家、商业家必须有这种道德，用这种精神去激励自己、激励职工，这涉及到商业本身的生存与发展，同时也涉及到民族在国际上的地位和前途。中国的传统道德，其核心是一个“和”字，以和为本，即以义为本；而今天的市场经济是以“争”为本，即“竞争”为本，以“利”为本，光讲“义”啊，“诚”啊，“信”啊，也做不好生意，商业机会丢掉了，我们俩关系很好，有什么商业机密，有什么商业信息都告诉你，钱就赚不成了。所以这种观点认为，中国传统道德文化的基本点、核心内容的“和”，是与市场经济相悖的。

但是市场经济的竞争是公平竞争。即是说，竞争必须是公平的、合理合法的、走正道的。光讲竞争不讲公平不行，光讲公平不讲竞争也不行。没有公平的竞争是不道德的竞争，没有竞争的公平是没有意义、没有活力的公平，不是真正的公平。公平竞争的核心是“和”和“争”，“义”和“利”的矛盾统一。所以，讲竞争的核心并不反对和，而是在坚持竞争的前提下讲和，要赋予它社会主义市场经济时代的新内容。这个新内容就是对顾客、对协作者、对政府、对社会的和；对竞争对手是公平竞争的和、合理合法的和，而不是放弃竞争的和。

市场经济条件下的商业道德应具有制度的特性，具有中国特色社会主义的特性　资本主义的市场经济以讲效率、讲合同为商业道德。中国原先的计划经济，有些企业不是以盈利为目的，那时传统的社会主义是大锅饭，强调公平不讲效率。目前中国的社会主义市场经济不同于计划经济，也不同于资本主义的市场经济。美国的伦理和法律是强调维护个人利益，中国的传统道德观念强调集体利益，所以自上而下管得多，这是由于中国中央集权历史太久，这是不同的。前者考虑个人多一些，后者考虑国家社会多一些，如果把两者结合起来，优点都有，就可能创造新时代的社会主义市场经济的商业道德。到了下个世纪，这一套也是最先进的，成为世界上最先进的伦理道德。现在还没有这种规范，或者虽然有了某些不完善的东西，但不执行也是很严重的。

市场经济条件下的商业道德的本质具有为他性　现代市场经济是商品生产经济，商品生产的目的是为了出卖，即为他人生产，具有为他性。商品进入市场交换一定是等价交换，一定是要自由流通，这个自由流通和等价交换的背后，内在需求就是为他人，一定是为他人的。如果商品为他的属性丢掉了，无论那一方面忽视掉了，产品进入市场都不成为商品，都不会为他人所接受，这个生产就失败了，商业信誉也丢掉了。商品如此，整个市场经济也是如此，都具有为他性。为他性就是为他人，为人民、为社会。实际上，为他性是商业道德的主要属性，离开了为他性，商业行动就失去了意义，商业利润也无法谈起，在正常的商业活动中，为他与为我达到高度和谐的统一。这样，作为市场经济的精神道德支柱，其内涵也必然是为他的，商业道德的为他，为人民，为社会，具体的体现就是为顾客，只要全心全意为顾客，就具备了商业道德。为他、为顾客，不是不要利，而是在为他中获取利润，为他在先，获利在后。获利是目的，也是途径。因为没有起码的利，生产经营就不能维持，为他也就为不成了，不存在了。因此，社会主义市场经济下的商业道德，还是“全心全意为顾客”的提法较为适当。

市场经济条件下的道德与法律

市场经济是法律经济，也是道德经济，不讲法律不行，不讲道德也不行。但是法律和道德不是平起平坐，不是“二一添作五”。

“道德”二字分开讲，“道”是客观规律，“德”是人们的行为规范、行为准则。道德合起来就是人们长期行为的准则、行为的规范。商业道德就是企业行为商业行为的规范。人是群体动物，凡是有群体生活，都应有一定约束。约束有两种形式，一是硬的，一是软的。法律是硬件，道德是软件。道德这个问题本身就是人的内在的自觉行为准则，是内在的自律的东西。法律是外在的他律的东西。现在谈商业道德，好像是他律的制约的多，可是你再怎么制约，不能化为他自觉行为，没有用，只有把他律转化为自律，这才是整个社会道德标准的提高。这是个理论问题，也是个实践问题。自觉的行为靠理念，也就是靠思想基础，指导思想。理念和商业行为结合起来就表现为商业道德。但理念这个东西，是个人内在的东西，不会自生自长，要靠教育，靠灌输，靠长期的修养。个人的理念完全靠法律不能约束得好，法律达不到的地方，还得有道德约束。这种道德约束，包括家庭内部，人的自觉的行动。这种约束应该说大大超过于法，法达不到的地方，它可以达到，如假冒伪劣，光靠法律解决不了，最后的解决，还要靠社会公德的提高，全民素质的提高。商业道德表现为行动，最后取得社会认可，那就形成了商誉，商业的信誉、商业的声誉。商誉、信誉反过来又会促进商德的发展提高。

虽然商德在市场经济中起根本的作用，但不能因此就否认法律的作用。在一定条件下，法律也起重要的决定性的作用。法律是后盾，是硬件。假冒伪劣被批判多年，由于从法律上缺乏整治的力度和刚性，逮一次罚一次，老用罚的方式根本不行。他搞了十次，你逮着他一次罚他一次，那九次他还是受益了。这样不行，太软了。国外有的地方如新加坡就不一样，你搞假冒，我就严格执法，有人骂李光耀是法西斯，他不怕。别管怎么样，人家新加坡还是治理得相当好。道德不是万能的，道德解决不了的要严格依法，你搞假冒，我罚你个底儿掉，叫你经济破产，严重的还要坐班房。对于搞假种子、弄假药和危害身体的食品的，枪毙。舆论上配合宣传，让他丢人，把他搞臭。现在搞假冒伪劣的人，在农村、在一些地方，他不感到丢人，好多人还夸他有本事，这怎么行。所以光靠道德不行，道德的实现要借助法律，借助舆论。

（郭钟义）

中国旅游消费学术研讨会

6月21日至22日，湖南师范大学经济与管理学院和《消费经济》编辑部联合举办了一次旅游消费学术研讨会。从消费的角度来研讨旅游，这在学术界还属首次。来自北京、南京、广州等地以及湖南省内的专家学者30多人出席了会议。大家就当前旅游消费领域的一些人们所关注的问题进行了研讨，学术气氛十分活跃。

发展旅游消费的意义

与会专家学者认为，旅游消费是现代消费中一种最富发展潜力的消费形式，发展旅游消费具有极其重要的意义。

有人提出，旅游消费是满足人的享受与发展需要的高层次消费，是一种精神文化消费。因此，旅游消费具有很明显的文化功能。通过旅游消费，能使消费者从高节奏的工作与生活压力下解放出来，获得心理上的调节和陶冶；能培养人内心深层的审美、爱美的情趣，高雅情操和高层次文化品位；能使人丰富生活内容，扩大视野，增长才能。发展旅游消费也会促进不同地区、不同民族的文化交流，解除地区文化封闭状态，并能使不同文化相互渗透、交融，产生出与时代共鸣的优秀文化。旅游消费还能优化一个社会的文化构建，使社会制度更加尊重和满足人的本能。

另有人提出，发展旅游消费，符合可持续发展的战略要求，不仅有助于经济的长远发展，而且也有助于保护生态环境和人文资源。中国即将实现小康，在人们生活向更高层次迈进时，要注重引导消费倾向，特别是要抑制那种依靠大量消耗资源的物质享受型消费的盲目膨胀。旅游消费作为一种高层次的消费，物质资源消耗较少，有益于经济的可持续发展。而且通过旅游消费，还能使人在娱乐中增进对自然、生态、环境的认识，增加历史、考古、科学史方面的知识，更好地认识社会，从而实现合理消费，并培养出爱自然、爱科学的思想品格。

还有人提出，发展旅游消费，能引发国民经济新的增长点。通过发展旅游业，可以带动一系列相关产业的发展，包括农业、工业、交通运输业，商业、金融、通讯、服务业等。旅游业的关联度大，世界上许多国家在经济起飞的过程中，都有它立下的不可磨灭的功劳。许多国家都把旅游业作为支柱产业来发展。

人们看到，中国目前正面临发展旅游业的良好机遇。从内部条件来看，居民收入水平、消费水平不断提高，精神文化消费的比重逐年上升，加之闲暇时间大量增多，这些都为旅游业的发展提供了客观条件。从外部条件看，有香港回归、世界旅游中心东移等有利因素，我们必须抓住这种机遇，更好地发展旅游消费与旅游产业。

大家欣喜地看到，1997 年是“中国旅游年”，中国旅游消费正欣欣向荣地向前发展。1996 年接待海外游客5 112万人次，创汇 102 亿美元，已跃居世界第 9 位；国内旅游达 6.39 亿人次，旅游收入 1 638 亿元。预计 1997 年要接待海外旅客 5 300 万人次，创汇 110 亿美元；国内旅游接待 6.5 亿人次，收入 1 800 亿元。中国还要在 1998 年以“华夏城乡游”为主题、1999 年以“生态环境游”为主题、2000 年以“神州世纪游”为主题开展旅游活动。旅游消费正在成为中国消费的热点，旅游产业的发展，正在成为中国新的支柱产业，成为国民经济新的增长点。

香港回归与内地旅游产业的发展

与会专家学者认为，香港回归将为中国内地省份旅游消费产业提供极好的发展机遇。香港是中国文化与世界文化的结合点，是连接内地与世界的枢纽、中转站，是海外游客的集散地。香港回归，香港更可以成为内陆省份的一个重要窗口，通过这个窗口，内陆省份可以更多地了解世界，吸引更多的海外游客；而海外游客也正好通过香港了解内地，进入内地，这种双向活动就为内地旅游业提供了良好的发展条件。

人们也看到，香港回归对内地旅游业的发展也带来一些挑战。香港有着旺盛、发达的旅游市场，是一座国际旅游城市。香港并无太多旅游自然资源，但她凭借其世界贸易中心、航运中心、金融中心、信息中心的地位，向世界展示了自己独具魅力的都市风光，商业风光以及良好的购物、金融、信息等各种条件，能满足前来旅游的消费者的消遣、娱乐以及吃、住、行、购等全方位的服务，从而吸引了来自五大洲的游客，使自己成为世界旅游城市。香港发展旅游业的经验是内地旅游业的榜样，但同时也形成对内地同行的竞争态势，内地旅游业必须提高管理水平，改善硬、软件条件，才能使内地的旅游消费与旅游业兴旺发达。

中国旅游消费领域当前的主要问题及对策

人们认为，中国旅游消费领域当前的主要问题，体现在以下几个方面：

第一，是“硬件”方面的问题。中国旅游消费有关的交通、通讯、电力等基础设施薄弱，交通不便，信息不灵，严重制约了旅游消费的发展。消费考感到不方便，甚至把旅游视为畏途。另一方面，一些地方却又用有限的资金，建造高档豪华宾馆、别墅，将服务对象的消费水平定位过高，超过了普遍消费者的消费能力，造成设备闲置的背理现象。

第二，旅游业“软件”也存在不少问题。中国旅游市场的管理体制尚未完全理顺，管理混乱，服务质量也较差。旅游业远没有真正实现行业管理，仍然条块分割。在服务范围，服务质量、价格等方面都存在问题，加之卫生条件差、游览地商贩云集，四处兜售，噪声震耳，甚至宰客，等等。

第三，许多地方旅游开发缺乏可持续发展的长远战略眼光。有些是“土地爷”（地方）办旅游，他们只从本地经济效益出发，没有资源开发知识，没有环境意识，进行掠夺式经营。造成环境被污染、资源被破坏的后果。

第四，旅游消费品内容贫乏，形式单一。许多旅游区没有独具特色的景点、纪念品，缺乏地方特色、民族特色。有些地方为了招徕顾客，千篇一律地建造“大世界”、仿造异国情调的建筑，投资巨大却没有多大吸引力。弄成了天下旅游一副孔，天下旅游纪念品一个样的尴尬局面。

大家认为，以上问题的存在，影响了中国旅游业的健康发展。如何解决这些问题，大家提了许多建议。

有人提出，应加快旅游业的体制改革，强化行业管理，逐步形成以行业管理为主、条块结合的管理体系，对旅游业的经营、管理、导游、服务以及收费等，都要制订法规，按规章与法规办事。

有人提出，应改善中国旅游业的“硬件”与“软件”，吃、住、行、游、娱、购各方面，都要有像香港旅游业那样的高质量，改善旅游服务质量，促进旅游消费产业的现代化、国际化。

另有人提出，应在提高旅游消费的层次上下功夫。目前中国的旅游占统治地位的仍然是观光旅游。仅仅让游客“看”旅游景观，而缺少一系列配套服务，游客并不满意。这是一种旅游业的“粗放经营”。应当发展多种形式的旅游消费方式，除了通常的观光外，还可提倡高层次的旅游方式，如文化旅游、生态旅游、民俗民风旅游、农业旅游、探险旅游、科学考察旅游等。中国幅员辽阔，地理、气候条件形式多样，开辟不同的旅游消费方式，既丰富了旅游消费内容，也平衡了旅游淡旺季节。

有人强调，发展旅游业要与保护生态环境和人文环境结合起来，注意防止旅游消费中的“不经济问题”，即旅游消费中给环境造成的损失超过了消费所获得的效益，而造成环境被破坏，资源枯竭。应该从可持续发展的高度把旅游开发与防止污染相结合、与资源保护相结合。

还有人提出，要提倡发展具有地方特色的旅游消费品的生产与供应，尤其是在“土”与“特”字上下功夫。要实施旅游名牌战略，拓展旅游消费市场。还有人提到，发展旅游业要与对外开放相结合，要注重发展国际旅游，增加外汇收入；要积极利用国际资金、技术、管理经验来建设旅游设施。可以考虑，在旅游资源条件好，近期大规模开发可行性强的旅游区辟建旅游开发区，给予特殊政策，吸引外商前来投资开发。

也有人提到，要提高旅游消费者的文化素质，提高其消费力。因为旅游消费的效果，除了旅游消费品客观因素之外，与消费者本人的精神文化消费力也直接相关，同样的旅游消费项目，会因消费者的消费力不同而效果完全不同。

关于一些问题的讨论

第一，发展旅游消费，是突出旅游产业化为好，还是突出旅游的文化性为好。

一种观点认为，发展旅游业，主要应从文化上下功夫，包括旅游点的文化档次问题，也包括旅游消费者的文化素质问题。旅游产业在其发展中，如果重产业轻文化，将是十分有害的。要以文化作为生命线，旅游才有发展前途。

另一种观点认为，旅游应作为一个产业来对待才有发展前途。至1996年底，中国至少有22个省市把旅游业作为一个支柱产业来发展了。忽视了旅游的产业化，旅游就无法产生效益，难以发展。

第二，现在许多旅游区热衷于建造“鬼域”、“十八层地狱”等类景观，这应不应该？

一种意见认为，在旅游区搞一搞此类景观是可以的，因为一方面，中国传统宗教文化许多与这东西有关。再说，人们的消费层次、消费水平、消费情趣是多种多样的，这样可以满足不同消费层次的人的需要。

另一种意见认为，这些景观是封建迷信的东西，应坚决反对和取缔。宗教文化与封建迷信完全是两回事，把这些东西说成是宗教文化，这是贴文化标签。这些东西与社会主义两个文明是格格不入的。

（郑用国）

亚洲消费者与家庭经济国际学术研讨会

亚洲消费者与家庭经济国际学术研讨会于7月4日至6日在广州新大地宾馆举行。来自美国、中国、日本、韩国、马来西亚、新加坡等十几个国家和地区的60多位代表出席了大会。会议由广东商学院院长罗国民教授主持，广东省副省长刘维明、广东省消费者协会会长乐朝沛出席了开幕式并讲了话。亚洲消费者与家庭经济学会会长、美国北卡罗林纳大学教授Widdows先生致开幕词。

开幕式后，大会安排了一个特邀论坛，论坛的主题是“中国的消费市场”。中国代表认为，住房消费将成为城镇居民的消费热点，将成为国民经济新的增长点。对农村居民而言，家用电器将成为热点，这是一个十分广阔，潜力巨大的市场。文化含量、科技含量高的新产品将更加走俏，房地产市场、精神文化产品市场以及旅游市场将有一个大发展。发言分析了农村消费市场的多样化发展趋势，其原因是农村消费结构和消费需求都呈现出多样化态势，不同地区，不同民族，都有不同的消费结构和消费习惯。近几年，中国消费市场出现了严重的相对过剩，大量的工业消费品卖不出去，解决这一问题的对策是，调整产业结构，提倡适度消费，降低部分重点商品的价格，如居民住宅，小汽车等，降低利息率，以刺激消费。90年代以来，在中国人的食物消费中，植物性食物的比重下降，动物性食物的比重上升，这使得肉、鱼、蛋、奶、海产品等动物性食品的市场发展较快。对绿色食品、保健食品、方便食品和快餐食品等的需求增加很快，方便食品、绿色食品和保健食品市场将会有一个大发展。发言分析了商业结构变化对消费的影响，如百货公司趋向高档化；超级市场虽起步较晚却发展早熟；综合性购物中心正在城市商业中心崛起；连锁店迅速发展等等，这些都将影响人们的消费方式，使得追求时髦、名牌成为一种趋势；经营冷冻食品成为一种商业潮流；购买住房已成为必需的消费。

随后，大会进行了分组会，各国代表就消费教育、消费者保护、食物消费、家庭消费、消费信息、消费文化等问题进行了广泛而深入的讨论。

消费教育和消费者保护　消费教育是本次会议的一个重要问题，中国代表认为，消费教育不仅有助于提高消费者素质、改进生活质量、避免畸形消费，而且还可以促进公民意识和社会稳定，促进消费市场的发育和成长。消费教育在中国还比较薄弱，需要大力发展。例如，在大学的经济院系开设消费经济学专业或课程；利用消费者协会的广泛的群众基础和进行消费教育的经验，开展消费教育活动；开拓中小学的消费教育，利用新媒体宣传消费教育；进行消费教育立法等等。日本代表还就日本消费者损害的现状和消费者保护等问题作了发言，提出了加强消费者保护的一些具体对策，例如，日本这些年损害消费者的案件持续增加，原因之一就是许多消费者不知道自己的权利和义务，因此需要加强消费者教育，使消费者懂得有关消费者权利、义务、消费者保护法等方面的知识。

食物消费　食物支出在亚洲是最重要的消费支出。随着社会的发展，人们对食物越来越追求方便快捷，省时省力。韩国是亚洲发展较快的国家之一，在食物支出模式上，在外就餐的支出迅速增长。韩国的代表深入具体地分析了影响人们在外消费食物的因素，认为妇女参加工作，家长的年龄，家庭人数，受教育程度都会影响在外就餐。由于居民在外就餐的主要原因是节约时间成本，所以，餐饮业、快餐业等提供人们在外就餐的行业，要着重考虑如何使人们更加节省时间，更加方便。孟加拉国的代表作了“孟加拉国食物消费模式”的发言，作为亚洲较贫穷国家的典型代表的孟加拉国，居民的食物消费近20年来增长较为缓慢，且食物消费中以谷物为主，奶、鱼、蛋等高蛋白的食物还属于奢侈品，有48%的农村人口和44%的城市人口甚至还达不到最低的营养标准。因此，其食物消费的一项重要政策是增加消费蛋白质含量较高且价格较低的食物，如小麦等。

家庭消费　韩国代表对韩国居民中的债务问题进行了分析。在韩国，约有1/3的已婚家庭处于负债状态，影响居民债务的因素主要有社会人口因素、家庭生命周期因素、经济因素等几类。过高的家庭债务,将可能使家庭在以后陷入经济困境,这一点引起了韩国经济学家的忧虑,认为有必要及早加以引导。并提出,政府应将消费信贷的正确使用作为消费教育的一项重要内容,同时,应当建立相应的法律监督信贷市场,以保护消费者的利益。印度代表提出,最近几十年,印度人口增长很快,且大量的农村人口涌向城市,给城市住房带来很大的压力。约有52%的城市人口住在贫民窟里,到2001年,这一比例将会达到75%。这一状况引起了经济学家的极大关注。以印度孟买为例,孟买是世界上人口增长最快的城市之一,人口的迅速增长,加剧了住房的拥挤程度,使得住房的租金迅速提高。在孟买,居民的平均住房租金为每年14 800卢比,而平均年收入则为47 500卢比,房租－收入比为31%,这一比率比其他发展中国家高许多。过高的房租－收入比使得许多家庭,特别是低收入家庭的住房需求不能得到满足。

消费信息和消费文化 有的代表指出,商品的标签,反映了商品的各种信息,因其附于商品上,在购买和使用时易于看到,是消费者获得商品信息最重要的信息源之一。食品的标签则更加重要,因为食品标签提供的信息如果不真实或者不全面,则会影响消费者的健康。但许多消费者却不懂得有效利用食品标签的信息,只是凭习惯或经验购买食品。因而,如何帮助消费者有效地利用食品标签所提供的信息,就是一个重要的问题了。许多消费者对食品标签上关于有效期、生产日期、营养成分等等信息的含义并不清楚,因此,有必要对消费者加强有关法规和营养方面知识的教育。研究消费者的信息源,不仅有助于消费者的选择,而且它还是企业促销的重要依据。马来西亚的代表对耐用品的信息源进行了研究,发现消费者在购买耐用品时,店内帮助是最重要的信息源。这种情况给商品的销售商一个重要的启示,要求商店要配备具有丰富的商品知识、待人热情、助人为乐的销售员。马来西亚的代表还对马来西亚城市消费者进行了跨文化研究,并根据这种研究,分析了不同文化群体的消费特点以及商家在推销商品时的策略。

6日下午,韩国、美国、日本、中国、孟加拉国、马来西亚等国家的代表作了各自国家的"国家报告"。湖南经济干部学院尹清非副教授作了题为"消费经济学在中国的新发展"的"国家报告",受到与会代表的好评。最后,由学会主席Widdows教授主持了工作会议,对本届年会的工作进行了总结,并对下届年会的有关事宜作了安排。

(东　非)

市场经济与人的素质理论研讨会

由中国社会科学院哲学研究所、国家人事部人事与人才科学研究所、中央党校哲学教研部、中国人民大学哲学系、辽宁公安司法管理干部学院、沈阳物资开发股份有限公司、辽宁社会科学院和人民日报社理论部联合发起的"社会主义市场经济与人的素质"理论研讨会,于1996年9月在大连召开。来自全国各省、市的50多名专家学者参加了会议,主要就社会主义市场经济引起的人的素质的变化、市场经济对人的素质提出的新要求和全面提高人的素质这三个问题深入地进行了讨论。与会者认为,人的素质问题的提出,是建设有中国特色社会主义的需要。它不仅关系到每个人的自身完善,而且也关系到社会主义市场经济的建康发展,国家和民族的振兴。

市场经济的发展从整体上促进了人的素质的提高

与会者指出,在实现经济体制转变过程中,人的素质发生了深刻的变化。市场经济的发展,培养和强化了人们的竞争意识、公平意识、科技意识、信息意识、效率意识、法制意识和独立自主意识,思想政治素质和觉悟水平也有了明显的提高。市场经济的发展还促进了人们充分认识了自己,充分发挥了积极性、主动性和创造性。

建立社会主义市场经济体制,不仅会极大地推动物质文明建设和社会全面发展,而且也会对人的道德素质产生巨大的积极影响。与会者认为,如何准确地评价中国目前的道德素质发展现状,关键是要掌握全面的道德评价标准和辩证的评价方法。全面的评价标准既要包含以社会主义市场经济实践为核心的社会实践这一根本性评价原则，也应包括起必要参与作用的社会伦理道德观念这样的辅助性评价标准。而后者最终是由社会实践标准（生产力标准）所检验决定的。以这种道德评价标准理解和把握道德现状，就可以看到目前中国的道德价值取向，在总体上是朝着与社会主义市场经济实践相符合的方向发展，具有积极进步的性质，并成为社会发展的主流。市场经济为人的素质的充分发展提供了广阔的空间，并以职业道德规范促进社会公德的提高。但是，由于市场经济体制还不完善，因而在一定范围内存在着消极落后的道德价值取向和道德失范行为，这与社会主义市场经济相背离，也与新的经济体制的社会伦理道德规范不相适应，应加以引导解决。

建立市场经济新体制对人的素质提出了更高的要求

建立社会主义市场经济体制，是一场深刻的革命，它呼唤全社会人的素质全面提高。与会学者提出，由于受中国经济文化长期比较落后的制约，以及计划经济体制的影响，人的素质同市场经济的要求还有一定的差距，就人的文化素质而言，现代市场经济的特征决定了它对现代的高科技和高文化素质的要求，人们原有的知识结构，与这种新的要求不相适应。就思想素质而言，市场经济是以追求效益为目标，以等价交换为原则，以公平竞争为动力，人们要在这样一种经济体制中立于不败之地，就必须不断地更新观念，转换思维方式，勇于开拓和进取。就道德素质而言，市场经济的效益观和等价交换原则，仅限于人们的经济活动中，不能把这种观念推及全社会各个角落，以至无论做什么都要讲等价交换。但不能不承认，市场经济“重利”原则也潜藏着诱发人们见利忘义的价值取向，导致拜金主义和极端个人主义产生。目前，我们急需建构有利于发展社会主义市场经济的价值观念，规范人的道德行为。就职业素质而言，市场经济从客观上规定了不同行业的人应具备的职业素质要求。应当说，对于工人、农民、企业家、教师、科技人员、工商税务人员、公检法干部等职业素质的要求都比过去高了，这些不同行业的的素质的好坏高低也决定着本行业和本部门工作的成效。因而，改善和提高人们的职业素质，是社会主义市场经济提出的客观要求。

在市场经济条件下如何全面提高人的素质

培养有理想、有道德、有文化、有纪律的社会主义新人，是全面提高人的素质的总目标。与会者指出，社会环境对于人的素质产生一定的影响。人在与环境的相互作用中，改变着自己的生活方式、价值取向、道德风尚等。创建一个良好的社会环境，就要求人们确立积极向上的人生观和价值导向，树立良好的道德风尚。这就要制定有关的法律、规章制度，以便建立良好的社会制约机制，使道德、文化等方面健康发展，引导人的素质日益提高。同时，要加强道德修养教育。对中华民族传统文化和现代西方文化中蕴藏的优秀道德观念因素，要加以继承、改造和创新，使之适用于建设有中国特色社会主义。这就要依据道德建设的内在规律，善于通过喜闻乐见的方式、方法，对不同年龄、不同职业、不同层次的群体开展相应的思想道德修养教育。要加强法制建设，强化公民法律意识，建立适应社会主义市场经济发展的法律体系，使法制建设科学化、系统化和现代化。建立健全执法监督机制和法律服务机构，开展普法教育，进而提高全民族的法律素质和法律意识，自觉地运用法律维护市场经济的发展。要教育人们把个人的利益与集体、国家的利益有机地统一起来，逐步形成以国家和人民利益为基础的义利统一的价值观。还应提倡树立自尊、自信、自强的民族精神，热爱国家和人民，热爱社会主义。与会者强调，在社会主义市场经济条件下，在选拔使用干部时，应坚持德才兼备的原则。选择德才兼备的干部，对人的素质既可起到示范作用，也能发挥其导向作用。

（哲　彦）

《世界经济文化年鉴》出版座谈会

《世界经济文化年鉴》1995/1996 卷（以下简称《年鉴》）已于 1996 年 8 月正式出版发行。同年 9 月 14

日，中外经济文化研究委员会在北京召开了有关这部《年鉴》的出版座谈会。出席座谈会的有关方面专家学者、十几个部委的有关领导以及《人民日报》、《光明日报》、《经济日报》、中央电视台、人民出版社等新闻出版单位的代表，共40余人。与会者除对《年鉴》的独特创意表示赞赏外，还对它的意义、内容、框架等给予了极高的评价，同时也提出了一些改进和完善的宝贵建议。

《世界经济文化年鉴》的编辑方针、主要内容及编撰经过

周浩然（中外经济文化研究委员会副主任、《年鉴》主编）：《世界经济文化年鉴》是由中外经济文化研究委员会负责编辑，中国社会科学出版社出版的一部大型经济文化工具书。全书210万字，其主要内容包括世界经济文化发展综述、世界人口与环境、世界教育与科技、世界贸易与国际跨国营销文化、世界消费与消费文化、中外著名企业经营管理与企业文化建设、世界经济文化活动与交叉科学研究成果等内容。它向读者展示了世界各国经济、文化、科技的发展状况及经济文化协调发展和可持续发展的信息、经验，具有综合性、学术性、实用性和历史价值。

《年鉴》的编辑方针是，在总结中国现代经济文化研究成果的基础上，博采各年鉴之长，从整体发展观出发，以经济文化一体化发展为主线并涉及经济与社会发展领域的各个方面，较为系统地分析介绍世界各国科技、文化、教育状况及其在经济增长中的作用、背景等，同时对于人口发展与环境保护等实现可持续发展的重大问题也作了专题介绍，以体现经济文化一体化发展的历史性潮流，反映实现可持续发展的重大历史性活动，对于较为正确地预测未来世界的发展，促进中国社会主义市场经济建设和精神文明建设，为制定区域经济文化与企业发展战略具有参考价值。

《世界经济文化年鉴》是中国经济文化研究和世界经济文化协调发展新潮流、新成果的反映，同时也是一个重要贡献、一个重要推动

贾春峰（中共中央宣传部研究员、中国市场经济学会副会长、《年鉴》名誉主编）：从80年代中期开始，在中国学术理论界有一个现代经济文化研究的兴起，这是一个有重大理论意义和实践意义的事情。随着中国市场经济改革深入的发展，一批经济学专家开始关注现代经济文化的研究和探索，其中包括企业文化，1988年中国企业文化研究会的成立，对中国企业文化研究的推动有重大关系。1988年中国商业文化研究会成立，原商业部长胡平任会长。应该说，这几年商业文化的研究也有了很大的进展，这是经济文化很重要的一个方面。再一个是金融文化，这个稍晚一些，随着专业银行向商业银行转变，促使他们感到银行文化、银行信誉、银行形象十分重要。经济文化研究又推动了地区形象的研究，最近从广东开始，一些地区相继召开了地区形象建设研讨会。其他还有生态文化、科技美学等的发展。这些研究随着市场经济的发展而发展，它推动市场经济体制的完善和发展，推动社会主义市场经济体制新秩序的形成，对提高企业的品位、形象塑造、开拓市场具有重大意义，从而受到各方面的重视。现代经济文化研究是以上各种专业经济文化的综合性研究，这项工作始于1988年的一个杂志叫《经济文化》，周浩然同志任主编。中国第一篇论述现代经济文化物质特征的学术性文章，就是由周浩然撰写的。随后中外经济文化研究委员会成立，一批捕捉时代精神的学者开始从事这方面的研究并获得重大成果，一批专著专辑先后出版发行。同时经济文化学科正在形成，什么文化力呀、形象力呀、形象致胜、形象营销等一些概念相继出现，它反映了许多新的境地，反映了许多新的理论，是一个贡献，是一个创新，是一个有远见的实践。《世界经济文化年鉴》的出版，正是这个新潮流、新成果的反映，也是一个重要推动。

韩天石（中共中央纪律检查委员会原书记、中国企业文化研究会理事长）：人类的发展就是物质和精神结合起来的发展。物质文明当然不都是经济，但主要是经济；精神文明不全是文化，但主要是文化。把两者结合起来就是经济文化。我们国家为什么有的时候发展比较快，比较全面？就是文化和经济很好结合的时候。如果只考虑经济或物质的发展，不注重搞精神建设、文明建设，这个时候就出现了偏向，反之也是这样。中国历史上为什么有一个落后阶段呢？就是因为只重视文化即精神道德建设，而没有注意科学技术物质生产，所以落后。所谓社会全面进步就是精神和物质的全面进步。人类的发展也是这样。在这个问题上今后还有很多文章要作。人的思维的发展也会促进物质生产的发展。《世界经济文化年鉴》就

是研究、指导、反映这个结合，促进社会全面发展的书。所以这本《年鉴》是很有意义的，它是十几年来中国经济文化研究成果的反映，对中国经济文化协调发展也会有重要意义。

林振淦（中国社会科学院世界经济与政治研究所编审）：世界经济与文化的结合，它是从来就有的，但是发展到目前的结合并且形成一个学科，是近十年来逐步发展起来的。经济文化的发展，也是我们国家改革开放的重要成果。经济文化的发展与市场经济是紧密联系的，如果没有改革开放，如果中国还是计划经济的话，企业文化、经济文化就很简单，有个鞍钢宪法就够了。现在企业文化很丰富，市场经济很活跃，给我们开展经济文化研究、编撰出版《年鉴》开创了很好的条件，所以说，它是改革开放的一个丰硕的成果。

牛学忠（许昌市市长）：许昌市近年来发展很快，有飞机场，还有高速公路可直通郑州。精神文明、教育、文化也取得了显著成就。许昌市的发展，使我们深深感到，作为一个地区的领导人，注重经济文化协调发展是多么重要。《世界经济文化年鉴》创刊号用较大篇幅宣传了许昌，对我们鼓舞很大，对我们加速走向世界大有好处。

《世界经济文化年鉴》填补了目前出版的专业性年鉴的一项空白，其创新价值受到关注

喻锫丹（中国社会科学出版社编审）：编辑出版《世界经济文化年鉴》是件开拓性的工作，若干年来，全国编辑出版的年鉴已有近2 000种，其中科学性的大年鉴是比较少的，有《中国经济年鉴》、《中国科技年鉴》、《新闻年鉴》等。有的年鉴历史比较长，容易规范，而经济文化的提出，还不到十年，是一个新的学科，其创新价值受到世人关注。为促使现代化与社会发展及其相关联的这个新学科的发展与成熟，是这本年鉴的一个重要目的。它涵盖中外，学科交叉面广，又是第一本，其难度相当大，成果很大，值得庆贺。

薛德震（人民出版社社长兼总编辑）：中外经济文化研究委员会与社会科学出版社合作出版了这么一大本书，这是对我们出版部门工作的一个很大贡献。万事开头难，经济文化作为一门新的学科，经过十年的研究，已经有了一个初步框架，这个框架在这部年鉴中已经看得出来，这在中国来说是个开创性的，在国际上也可以这样说。既然是开创性的工作，就有许多工作要做，我看了一下，感到《世界经济文化年鉴》实际上是经济文化研究成就的十年总结。

谷源洋（中国社会科学院世界经济与政治研究所所长）：现在我们国家各种综合性《年鉴》有1 000多种，《世界经济年鉴》是1978年搞的，《世界经济文化年鉴》是新的一种，它实现了两个结合：经济与政治的结合，经济与文化的结合。把这两个结合起来，是一个硕果。另外，我们国家至今还没有一部文化年鉴，这部年鉴填补了这项空白。

杲文川（《中国社会科学院通讯》编辑）：《世界经济文化年鉴》填补了我们社会科学研究的一项空白。我们中国社会科学院有文学所，没有文化方面的研究。这些年我们国家出现了文化热，这部《年鉴》在比较文化方面提出很多丰富的资料，填补了这项空白。

《世界经济文化年鉴》贯彻了可持续发展的思想，既有学术性，又有实用性。政府部门、企业界人士、理论工作者，都可以从中得到自己需要的东西

宋静存（《经济日报社》副总编辑、高级审编）：这本书很有价值，给我们提供了一本很好的工具书。它给我的第一个感觉是很新鲜，给我们提供了一个新的视角来观察世界，在比较当中来研究我们的问题。这本书告诉我们，就经济谈经济谈不清楚，就经济抓经济是抓不上去的，经济文化一体化发展不但已成为世界的潮流，在国内也成为一种趋势，谁经济文化结合得好，谁就发展得快。在这种情况下提供这样一本工具书，是很有意义的。第二个感觉是既有学术性，又有实用性。这部书可以说，它不仅是一种汇编、一种成果，也有很多发展，实用性也很强。它既有大量的数据可以查阅，也有很多研究成果、重要的论著，这两者结合得很不错。书的扉页上有一句话："谨以此书献给正在迈向21世纪、为实现经济与社会可持续发展而奋力推进现代经济文化建设的人们。"这对经济文化工作者是个很大的鼓舞。总之，我认为这部书不仅会对经济文化学科建设起到推动作用，而且对国家的发展也会做出自己的贡献，非常难能可贵。

叶文虎（北京大学可持续发展研究中心主任）：我搞了多年的自然科学，又搞了多年的社会科学，我感触最深的是，社会科学和自然科学怎样互相渗透对我们国家经济发展有至关重要的作用。那么怎样结合

呢?《世界经济文化年鉴》可以促使这两 大学科很好地结合。当然真正结合得好也不大容易,很费劲。这里面我认为不仅是学术技术问题,更重要的是观念、是文化。任何行为都是观念在支配,观念不对头没有办法调整,你的行为怎么正确呢? 怎么符合人与自然的应有关系呢? 所以我认为《世界经济文化年鉴》第一次在国内出现,我很高兴。

喻锫丹:这本书有三大特色:第一是功能性,资料和信息量较大,比起其他经济年鉴来说,资料信息以及相关的理论文章刊载量都是先天的比较领先的。其次是它的科学性,资料数据准确,完全来自官方,可以信赖。第三是启示性,许多新的研究成果和比较数据,可使我们获得启示和借鉴。

《世界经济文化年鉴》对中国经济文化建设和开展经济文化学术研究有重要的作用

周浩然:应该强调的是,经济文化不是经济加文化,而是要研究当代经济文化一体化发展的规律,研究经济活动中文化的功能,研究经济发展中社会文化价值观念的发展趋势。因此,这本书具有以下几个方面的意义:

1. 展示文化力在经济发展中的地位和作用,引起全社会对文化、教育、科技的高度重视。

2. 揭示经济文化一体化发展的客观规律,确立与社会主义市场经济机制相适应的社会文化价值观念,有利于社会道德进步和提高中国企业在国际经济中的竞争力,促进中外经济、文化、科技的交流和社会的可持续发展。

3. 从整体发展的思想出发,澄清"经济决定论"的单纯经济增长观点和脱离实际的"文化决定论"的倾向,使研究工作更加客观、更加实际,更紧密地联系市场经济的现实,为理论研究和区域经济文化发展战略以及企业发展战略的制定提供新的思路。

4. 对于企业文化、商业文化、科技文化、消费文化等起到推动作用,从更为广泛的领域里为这些研究提供理论依据和新的研究素材。

陈吉元(中国社会科学院农经所所长):我认为《世界经济文化年鉴》的出版是很有意义的事情,意义可以讲很多条,我自己感受最大的有两点:第一点是《年鉴》的出版对经济文化的研究起积极的推动作用,虽然经济文化的研究开始于 80 年代,但《年鉴》的出版把经济文化研究的一些成果集中起来了,作为一本工具书,对经济文化向前推进,肯定会起促进作用。经济文化一体化确实是世界的一个潮流,社会主义市场经济与资本主义市场经济不同,肯定有它自己的制度因素、文化因素。企业经济不与文化结合不行,从我们研究农村问题来看,现在也越来越看到经济文化要成为一体化这个趋势,如"小康"的标准,不能只看纯收入,还有环境、居住条件、文化素质、健康水平等。所以研究农村问题,要把经济文化结合起来已提到议事日程。第二点是《年鉴》在"世界"两字上做文章,给我们进行理论上的比较研究提供了一个很好的工具。科学要发展,理论要进步,我们就要提倡比较研究的方法。比较有纵向和横向。纵向是跟我们中国过去的经验、做法进行比较,从中可得知哪些做得对、哪些不对;另一种是横向比较,当然国内也可以,如省与省、县与县等,但是国与国之间的横向比较十分重要,通过横向比较,可以启发我们的智慧,启发我们的思路,从中得知我们哪些做得对,哪些还有问题。借鉴哪些适合中国情况的有益我们发展和改革的经验。《年鉴》的出版又给我们提供了一部很好的工具书,通过《年鉴》进行比较研究,可以推动我们的学术研究的前进,推动经济文化建设事业的前进。

《世界经济文化年鉴》有一个继续完善的过程,与会的同志对年鉴今后如何改进提出了许多宝贵意见

宋静存:这本年鉴的体例尚要不断完善,不断规范。框架大体上是立起来了,但还需要做些调整,怎样更科学更有连续性,一年一年接起来。

薛德震:信息现在被称为第四产业,在这方面既可以创造财富,又可丰富《年鉴》。建议《年鉴》编辑部应该成为世界经济文化的信息中心。大家需要的信息在这里可以得到,如果能形成一个产业,《年鉴》在经济上也可获得补充。

周满生(国家教委比较教育研究室主任):教育是当前国家战略发展的重点。已被列入各部门发展的重点之一。在谈到国家可持续发展和经济文化协调发展的时候,教育发展都有它极其重要的作用。因此在编这部书时,在编撰方向上怎样确定重点? 教育是搞上去了,我很高兴,但尚需侧重。

作为《世界经济文化年鉴》,应侧重国际经济文化

的国际发展或国际间比较,有比较才能有启示。在比较经济学、比较文化学、比较价值学的时候,要把我们国家摆进去,弄清我们国家在比较的诸领域中处于什么位置中。还应力争搞些比较方面的文章。

叶文虎:国外关于环境科学和可持续发展问题的很多重要著作,在《年鉴》中应加以介绍,如1965年出版的《急骤的增添》、1987年的《增长的极限》、1987年的《我们共同的未来》,还有最近的《世界无末日》。这些书联系起来看,可以看出一种文化观念、一种动态、一种共同的趋势。

王怀宁(中国世界经济学会副会长、研究员):《世界经济文化年鉴》一定要突出自己的特色、自己的特点,这个特色就是要体现世界经济全球化,世界经济一体化。一体化就要牵涉到政治、文化,因此,要把与经济文化相关连的研究、资料突出起来,独树一帜。只要有了特色,就有生命力。希望《年鉴》要坚持下去,每年出一本,坚持一二十年,越办越好。

(国防大学　郭钟义)

企业家理论与实践研讨会

1996年9月,为了加强对企业家队伍建设的理论和实践的研究,中国管理科学研究院国情与管理研究所和跨世纪企业管理论坛在北京召开了“全国企业家理论与实践研讨会”,来自全国各地的理论工作者和企业家40多人,就建立企业家队伍的理论与实践的有关问题进行了认真探讨。

企业改革与企业家队伍建设

与会者指出,在发展社会主义市场经济的过程中,进行企业改革,其目标是建立现代企业制度,使企业真正成为市场的主体,构筑社会主义市场经济条件下的经济基础。显然,造就一支优秀的企业家队伍,是社会主义市场经济发展的迫切需要,是建立现代企业制度的主要条件,也是加强企业管理的重要内容。中共天津市委组织部研究室和中共天津市委商业工作委员会干部处的代表介绍了他们从1993年开始立题,专门组织力量对121家大中型企业的632名企业领导干部进行了问卷调研,先后邀请70余名大中型企业经理、厂长和书记进行座谈研讨,认为建立社会主义企业家队伍势在必行,提出了“大力培养造就企业家队伍,推动国有大中型企业的第二次创业”的建议。

有的代表对现有的企业家队伍作了分析,指出,目前中国已涌现出一批优秀经营管理者,从整体上看,他们正在逐步适应社会主义市场经济的发展,其表现主流是好的:一是许多企业家的政治素质、专业素质和道德素质,逐步适应了社会主义市场经济的要求;二是许多企业家的观念转变较快,确立了市场观念,实现了从计划经济到市场经济的转变;三是他们的改革开放意识较强,大胆改革,取得较大的成绩,其所在的企业已取得较好的经济效益。但是,不少企业的经营机制没有多大的转变,其中一个重要原因是企业经营者管理观念、素质与现代企业运行机制不相适应。因此,要努力培育企业家队伍,以实现朱镕基副总理提出的“建设一支德才兼备,精明强干的国有资产管理队伍”的要求。

有的代表强调,在建立现代企业制度的过程中,必将逐步形成一支具有专门管理技能的企业经营管理者队伍,这标志着经营者将逐步成为企业家。换言之,这些经营管理者把经营管理企业作为一种职业,靠企业的发展获得自己的社会价值和社会地位。正如与会者所强调的,搞好企业家队伍建设,造就一支优秀的企业家队伍是社会主义市场经济发展的需要,是建立现代企业制度的重要条件,也是加强企业管理的重要内容。

一些代表还指出,当前企业家队伍建设中存在一些不可忽视的问题,这些问题包括:培养和造就企业家这项工作还没有引起现有企业管理者的足够重视,许多企业还没有形成一个培养和造就企业家队伍的实施方案;不少人对企业家的概念、应具备的素质、能力和怎样建设这支队伍还不太清楚;企业家的培养、管理、监督机制还没有真正建立起来。目前中国企业经营模式和管理体制已发生了重大变化,在加速企业家队伍建设中,这些问题应当引起足够的重视。

企业家的素质和修养

企业家的素质和修养问题又是一个讨论的热点

问题。与会者指出,在新的历史时期,中国企业家面临又一次管理观念变革与知识更新的挑战。有的经营管理者,一时戴上了“企业家”的桂冠,但又成了昙花一现的人物,被历史所淘汰。其客观的原因很多,但主要是有的经营管理者的自身素质不高。对此,与会者提出了中国企业家要有强烈的使命感、危机感、责任感;要有开拓能力和敬业精神;要有正确的人生观、世界观;要有百折不挠、不被困难吓倒的精神;要有时间观念、质量观念和效益观念;要有勤俭节约、艰苦朴素的作风;要更多懂得一些市场经济的知识以及一定的专业知识;要重视个人品德和企业信誉修养等。他们强调,作为一个社会主义的企业家除了必须掌握一定的现代管理知识、具备一定的管理能力,才能驾驭现代企业蓬勃发展之外,还应具有较高的思想道德素质,才能够带领职工建设一个有高度凝聚力的现代企业;具有马克思主义理论修养和坚定的社会主义信念,才能坚定政治方向,把坚持改革开放与坚持四项基本原则紧密结合起来,全心全意依靠工人阶级,塑造企业的良好形象,为搞好企业的经营管理作出贡献。

企业家的形成机制

改革的深化和市场经济体制的建立,企业成为独立的市场竞争主体,这就必须改革传统的企业干部管理体制,使得一大批有经营才能的优秀经营管理者在竞争中脱颖而出。来自浙江省温州市企业家协会的代表介绍了他们创建企业家队伍的经验。他们指出,企业家队伍的形成有一个外部环境与职业化的问题,当务之急是要尽快建立一个企业家形成机制和激励机制,全社会都应该为企业家的成长创造条件,给他们一个更加广阔的施展才华的空间。只要有了一个良好的社会环境和企业家发展的机制,许多优秀企业家必将在竞争中获得更多的发展机会。

有的代表强调,国家要从战略上制定企业家的培养计划,逐渐建立企业家培训中心,建立健全培养选拔机制。还有的代表建议,有关部门应尽快制定企业家条例,通过一定的法律形式规范下来,为企业家队伍的建设提供法律保证。通过大力加强法制建设,规范市场行为,努力为企业家创造平等竞争的条件。同时,建立优秀企业家奖励条例,不仅要在制度上创造经营管理者实绩与经济效益挂钩的机制,还要有良好的舆论环境,使其成为人们向往的社会职业。可以认为,企业家队伍的形成和壮大是经济发展的必要条件,而经济的不断发展又为企业家队伍的壮大发展提供了更大更好的舞台。改革开放以来,各地都针对保护企业家权益的问题做出了一些规定,起到很好的作用,但还不够规范,不够权威,缺乏法律效力。因此,有关部门应组织力量,调查研究,尽快制定维护企业家合法权益的法规条例,规范执行监控部门的行为,创造良好的法制环境,鼓励企业家在合法经营的前提下,放开手脚,勇于创业。有的代表还建议,应建立以社会保险为主要内容的企业家保障机制。因为,企业家责任大,贡献大,风险也大,应当建立一套保障机制,以解除他们的后顾之忧,通过企业和本人共同承担的方式,为企业家办理待业、退休养老和医疗保险等。当然,也应建立一套企业家的约束机制和防腐制约机制。如实行任职资格考核,充分发挥企业内部董事会、监事会、职代会、党组织等监督约束作用等等。只有这样,才能使企业家把经营管理企业作为自己的职责,切实搞好企业经营管理,把他们的智慧奉献给社会。当然,企业家走向市场、走向职业化,需要一段历程。在这个过程中,每个企业家都不要忘记自身的素质培养和道德锻炼,以无愧于人民,无愧于中华民族。

（李保明　　李　颀）

文化与生产力学术研讨会

中国生产力学会与中共贵州省委宣传部、贵州省文化厅等单位于 1996 年 9 月 21 日在贵阳市举办了“全国第一次文化与生产力学术研讨会”。党中央一再强调“两手抓,两手都要硬”的方针,本次会议就是为促进社会主义精神文明建设,繁荣文化事业而召开的。来自全国各地的专家、学者及文化工作者百余人参加了会议。与会者就抓好精神文明建设和文化建设,促进生产力发展这个主题,进行了深入的讨论,其主要观点是：

关于文化与经济一体化的问题

与会者指出，文化包括科学技术、教育培训、卫生保健、素质培育、文学艺术等方面的广泛内容。当今，文化因素日益渗透到经济活动中，成为生产力因素的一个组成部分。如通过文化生活消费（接受培训、读书阅报等）能够提高劳动者的科学文化和技术素质，最终为生产力和整个社会经济发展，提供了高质量的劳动力和各类人才。综观世界，当代经济竞争的实质是以教育和科学发展为核心的文化竞争。因此只有用文化观才能准确地概括当代文化的本质和功能，正确地处理文化与生产力的发展关系，才能准确地概括现代生产力的本质，正确处理当代生产力发展过程中的决策问题。

与会者认为，从本世纪 50 年代以来，科学技术日新月异的进步，推动世界各国经济、社会发展。世界经济与科技一体化、经济与文化一体化日趋明显，科学技术成为经济增长中的首要因素。因此，人类社会进入了一个新一代的生产力时期，即依靠科学技术进步发展生产力。近年来，之所以出现了经济与文化融合的趋势，即"文化的经济化"和"经济的文化化"这个趋势，是由于文化含有影响经济发展的功能和需要通过文化促进经济发展所决定的。在这种形势下，社会生产力确实存在一个"档次"和"品位"的问题。档次，主要指产品所含的科技分量。品位，则是指产品的文化含量。一个国家，特别是贫困落后地区，只有采用"内源发展战略"，其经济的发展才有可能符合集约型经济发展方式，从而才有可能逐步缩短与发达地区的差距，与他们并驾齐驱，甚至后来居上。基于这种认识，在中国与发达国家存在经济差异，中国东西部发展不平衡的现实条件下，中国的经济建设要与文化建设同步进行，优先发展教育，提高科技水平，提高劳动者素质，以文化促进生产力的发展，既是当务之急，又是举足轻重之举。

对精神文明建设应有更深层次的理解

在社会主义市场经济条件下，道德进步对生产力发展具有十分重要的作用。精神文明建设一个最重要的方面就是道德建设。其归根结底就是要用社会主义道德标准和价值取向来规范人的行为准则。当前，搞好社会主义精神文明建设的重要意义就在于，用道德进步来制约"向钱看"、"权钱交易"、"损人利己"等社会负面作用的恶性膨胀。

与会者认为，社会主义精神文明建设应确立三个基本高度：第一高度是，塑造民族和全民的精神支柱，包括爱国主义，先公后私、先人后己的集体主义，奋斗进取、勇于竞争、实事求是、崇尚科学的创业精神，符合市场经济规范的职业道德和敬业精神，以及科学的工作态度和生活方式等。第二高度是，在此基础上，倡导以共产主义信念为最高境界。第三高度是，养成健康、文明、卫生的良好的生活习惯，培育和弘扬真善美的高尚品格，抵制封建迷信和愚昧陋习，消除文盲，普及初等教育，为社会主义精神文明建设打下坚实的基础。应当清醒地认识到，精神文明建设不仅仅是人们行为的需要，而且是整个社会的需要，是社会化生产和大众化生活的需要，因而也是社会行为和政府行为的支柱。因此，社会主义精神文明建设必须建立在从基层抓起，党员干部带头，全社会投入这样一个大的建设工程之中。

营造企业文化氛围

社会生产力只有在文化与经济的协调发展中才能得到最大限度的实现，经济体制和经济增长方式的转变都在呼唤文化结构的巨大变革。因此，当前面临的任务是，大力实现经济体制、增长方式和文化结构的转变，推动文化与经济协调发展。与会者强调，企业文化是企业在长期经营活动中逐渐形成的理想道德、价值观念、伦理意识、经营哲学、发展战略、管理方法、科技水平和知识水平等方面的综合体现，是亟待开发的无形价值资源。在社会主义市场经济体制下，必须通过企业文化建设，把企业单纯谋利的动机上升到一种社会成就感和社会责任感，使职工单纯的经济行为上升为高尚的敬业精神，把单纯重视货币资本的意识上升为首先重视人力资本的意识，把损人利己的经营行为上升为互惠互利的经营行为，把安逸享乐意识上升为追求生活价值和生活意义的高尚精神。总之，社会主义市场经济的构建应兼顾经济效益、社会效益、环境效益和人文价值，充分反映现代市场经济的一般性和社会主义市场经济的特殊性。这就是说，应以文化与经济一体化为立足点，推进中国经济增长方式的转化，保障国民经济的可持续增长。因此，加快精神文明建设速度，必须加大科技发展力度，增加教育事业的投入，用先进的科学文化知识武装广大人民群众，改变其精神面貌，提高社会主义精神文明建设的整体水平，进而大力推动物质文明的发展，以有效地促进生产力的发展。

（余清楚）

企业形象与市场经济研讨会

塑造有中华民族风格的企业形象，是1996年秋季由中国企业文化研究会和中共江苏省昆山市委联合举办的“企业形象与市场经济”研讨会的主题。会上着重讨论了以下几个问题：

按照中国社会主义市场经济的需要，塑造企业形象

社会主义市场经济，既体现竞争性，又提倡协作性；既要求企业保证资产的保值增值，又要求企业惠及顾客、服务社会。因此，塑造良好的企业形象，必须具有符合爱国主义、集体主义、社会主义价值导向的企业理念，必须具有满足顾客和社会需要的优质产品及完善的服务，必须做到企业内在素质与外在形象的和谐统一。

与会的学者和企业代表认为，企业形象是企业文化构成的综合反映，是企业价值观、企业精神等精神文化的外部表现，具体包括：企业的物质形象（如企业的生产经营环境、生产设备、建筑物式样、装饰涂色等）；厂名、店名、品牌、商标、广告形象；生产和经营人员形象；企业产品与服务质量形象。一般而论，企业的内在精神决定了企业的外部表现即企业形象，但两者又相辅相成，不能替代。在一定意义上，企业文化的品位与企业形象成正比。

有的学者还指出，企业形象如何，往往取决于企业领导者、企业职工全员的素质和企业的整体素质。因此，大力推行人才开发战略、科教兴企战略、名牌发展战略、顾客满意战略，是塑造良好企业形象所必需的。企业形象力的不断增强，并得到广大消费者的识别、认同和信任，必将产生名品、名店、名厂效应，必将提高企业的市场竞争力。

按照中国社会主义精神文明建设的要求，塑造企业形象

市场经济是交换经济，也是契约经济，社会主义市场经济更要求“信誉高于一切”。与会学者和企业代表认为，中国企业是社会主义市场经济的主体和基础，通过企业形象反映出的企业风貌、企业道德、企业行为，以其巨大的辐射作用对社会产生深远的影响。

与会者指出，当前，有人把塑造企业形象，误认为表层的“文化包装”；把塑造企业形象作为一种促销手段；重共性，轻个性，缺乏企业特色和独立风格；表里不一，出现欺骗消费者的现象；更为恶劣的，是在一些地方出现了怪名及殖民文化、封建文化等等不良文化倾向。

产生以上问题，固然有利益的牵动，更有科学文化水平和思想道德素质不高的原因，其中企业道德问题尤为突出。企业道德是社会道德的重要组成部分，也是企业两个文明建设结合点——企业文化的一个更重要的要素。与会的学者和企业代表认为，在塑造企业形象中应大力提高企业道德的含量，目的在于提高企业成员的思想道德素质，增强抵御封建主义、资本主义腐朽思想侵蚀的能力，从而形成健康文明的社会主义新风尚和良好的企业形象。

按照“美的规律”，塑造企业形象

明确地将美学导入经济、导入企业，并按照“美的规律”建设企业文化和塑造企业形象，是中国企业文化建设中的一项创新性的开拓。与会学者和企业代表认为，现代市场经济和现代科技与生产力的发展，既造就了有较高文化水准的审美主体，也造成了机械化、标准化、程序化、符号化等“刻板”、“简化”的倾向，因而出现了人们审美观的误导。然而，美学和美育的主要特点，是以人为本，根据“美的规律”、按照审美的方式陶冶人的思想情操，构建美的企业、美的产品、美的环境，促使人追求高尚与美好，并由此成为沟通企业目标、企业精神与全体员工的桥梁，把外在的东西变为内在的信念，提高员工队伍的素质，从而使企业处于最佳运行状态。因此，发展企业美学和美育是塑造良好企业形象，为企业取得丰硕经济效益与社会效益的重要途径。

与会者强调，目前随着生产力的发展和经济水平的提高，人们的生活水平和消费需求也随之变化，人们不仅以实用标准而且以审美标准评判企业和企业的产品及服务。这表明，审美因素已在社会生活中日益占有重要地位。因此，适应消费者的求真、求新、求美的心理需求，应当构建以市场为导向，以产品质量和优化服务为特色，以科教兴企为战略，以真、善、美和谐统一为内涵，体现理念与行为相一致的企业形象。

与会者和企业代表指出，"求实创新"是中国企业进行形象设计和实施形象发展战略的重要原则和创意思想，那种简单套用国外的某些做法，或者一味追求复古、复旧的倾向，都不会形成有中国特色和企业个性的高品位现代化的企业形象。因此，应按照求实创新的原则，塑造企业形象。

（荣德邻）

'96商业道德国际研讨会

1996年10月28～30日，中国商业经济学会、中国企业文化研究会、燕京研究院、《中华工商时报》和美国国际科技教育服务机构共同在北京举办了"'96商业道德国际研讨会"。海内外专家、学者、企业家近200人参加了会议，有近30位代表作了大会发言，共同对当前中国和世界商业道德的发展形势、内涵、地位、建设方向等重大理论和实践问题广泛进行了交流和探讨，取得了许多共识。这次会议适逢中共中央十四届六中全会通过"关于加强社会主义精神文明建设若干重要问题的决议"后不久，因而引起了新闻传媒及社会普遍的关注。会议取得的学术成果，不仅会对商业道德建设产生深远影响，而且对整个社会的精神文明道德建设也会有良好的借鉴作用，现仅就其重要的学术观点综述如下：

商业道德建设与市场经济发展

与会代表认为，随着中国新经济秩序的确立，建立符合现代市场经济体制的新的道德规范是个十分紧迫的问题，重塑商业道德形象，更是经济工作者必须抓紧解决的重大现实问题。会议的发言以详细的案例和调查资料，论证了目前中国市场经济中商业道德方面的现状、问题及其原因。发言认为，中国虽然过去有良好的商业道德传统，并且这些传统仍然在许多企业继承和发扬，但从总体上看问题十分突出，低水平的无序竞争和商业欺诈行为普遍化，什么假冒伪劣、以次充好、短斤缺两、强买强卖、坑蒙拐骗、不正当竞争、随意毁约、赖帐不还等十分普遍；行政性垄断侵入市场，权钱交易和腐败行为使市场经济功能失灵，资源配置效率下降；企业经营者对现代化伦理的熟悉程度低，对商业伦理重要性的认识明显不足，但对实际生活中非道德行为却表现出很大的忍耐性；经营者期待诚信公正、合乎人性的商业伦理关系，但日渐功利的现实和自身利益的驱动，往往又使得他们采取违反应有道德伦理规范的行为；顾客屡屡受坑害，对市场的经济信誉失去信心；政府部门对禁而不止习以为常，甚至进而"睁只眼闭只眼"或坦护纵容。

商业经营秩序的混乱和商业道德的堕落是表象，症结主要因为转型时期的社会环境和经营者本身缺乏道德自省，而经济转轨期间的利益驱动、市场秩序失控与多年来商业道德的宣传教育缺乏则是深层次的原因。在旧体制下，偏重阶级斗争特别是不计报酬的"为人民服务"教育，人们几乎不存在追求自身利益的机会与可能。市场经济是驱利经济，在这种环境中，人们受到利益的驱动而发挥积极性，易超越规则，忘却道德；但市场经济又要求人们的这种逐利积极性必须建立在遵守规则的限境内，但这种规则尚未完善，这种教育几乎尚未认真进行。

会议对世界商业道德的发展形势也进行了交流，共同认为商业道德建设也是个世界性的问题。它不仅在中国这样的处于转型经济时期的国家十分迫切，在新兴的经济发展中国家和高度发达的国家或地区仍然十分重要。会上，美国、韩国、新加坡以及中国香港特别行政区的代表，分别介绍了各自的情况。

韩　国　在经济发展的初期，曾牺牲了相当部分的企业伦理，结果是虽然经济发展了，但却失去了许多国民精神、健全的价值观、环境意识、美风良俗，在国民大多数精神里占据着黄金万能、物质至上的观念。"经济增长可以用多一些时间来达到。但失去的精神可随着时间的推移更加恶化"。幸亏如今的韩国对企业的伦理在国家和国民角度进行恢复和推进，这种恢复和推进虽然是缓慢的，但走正道要比快速而不走正道重要得多。

香　港　据廉政公署估计，1997年罪案将有上升趋势。

新加坡　在发展经济的头20年中，公务员待遇是相当低的，政府领导者以身作则的愿意牺牲的精神，以及他们崇高的道德规范标准树立了规范。这种崇高的道德导致了经济的增长，也导致了买者与卖者、员工和管理层、新加坡人和外国人及机构、原料供应商和成品制造商之间的信任，这种信任又导致了更多的专业化和交易。“新加坡的伦理是由整个社会的更广大的伦理基础来支撑的”。政府的文明行为使商人们受到鼓励。而政府对员工及管理层的信任迹象是明显的，反之亦然。有整体社会中各部门和各价层之间的相互支撑来维持更高层的信任，从而形成了“善信循环”。“善信循环”使新加坡经济社会全面发展，对将来，对于纵然没有自然资源和市场可以依靠的弹丸小国依然存在。新加坡必须继续不断地对其他国家在开放他们市场、科技和资源的善意中展现自己的信任。

美　国　根据资料观察，从60年代开始，劳工的“诚实及信誉”逐渐下降，因而导致生产效率增长率下降；美国的储蓄率在二次世界大战后不断低落，资料显示，此趋势与日渐淡薄的“社会关怀”意识有连带关系。

总之，虽然各国经济发展的程度和道路不同，但其所显示的共同规律是，市场经济和社会越发展，越应当重视商业道德建设，商业行为必须建立于良好的道德的基础之上。道德是企业的灵魂和生命，是永恒的动力，是不可缺少的资源和不断增值的无形资产。“德胜者其群必盛，德衰者其群必衰”（梁启超）。重视企业伦理的企业经营或经济发展是更加长久之道，是企业和国家的百年大计；漠视企业伦理而运营的企业会危害国家和机构员工，将丧失消费者，结果会自取灭亡，古今中外概不例外。

商业道德的定义、价值准则和评价标准

关于商业道德的定义有多种不同的表述　商业道德离不开人类的道德的共同标准，人类的道德是人们共同生活及其行为的准则与规范，据此，商业道德应是人们在商品生产特别是商品交换的长期过程中形成的一种道德规范；商业道德是社会道德在经济活动中的生动延伸，是社会精神文明的集中表现；商业道德是研究商业活动中伦理上对与错的课题；商业道德是在经济活动（包括制造活动）中调整供产销多方面关系的规范和准则，它不仅规范着企业的行为活动，而且起着导向和激励作用。以上种种表述虽然说法不同，但商业道德的基本含义是“工商企业行为规范”或“商业活动中的行为规范”却是共同的。

商业道德的地区性与国际性　会议发言认为，由于国家、地区的情况不同，对商业道德的评价标准和道德准则也是不同的，商业道德有其地区、民族独特的伦理标准，如中国商业道德源于孔孟哲学思想，西方的商业伦理的哲学基础源于亚伯拉罕的圣经信仰。但商业道德同时又有其较强的宇宙性的价值取向。虽然它有宇宙性的价值取向，但也有处境性的实践，并且均会涉及时、空、人等向度。今天的商业活动倾向于跨越国界，东西文化虽然在某些地方，如人权、民主等价值观上有所不同，但这种差异并不影响人类建立一套共同的商业价值。与会专家盼望能把商业伦理的讨论提升到超越意识形态争论的范畴。正如宗教思想可同时反映不同阶段的经济发展，并刺激更先进的经济理念，商业伦理不仅可反映今天的商业行为，更可建立一些准则，使商业行为可以建基于道德之上，以致商业活动能更有效地配合其它社会活动，共同促进人类的幸福。现今世界经济一体化的发展趋势，促使人们共同追求的正是这样一个经济环境。研究探讨商业道德的民族性和共同性是学术界的一项重要的紧迫的课题。

中国特色社会主义商业道德有其自身的特征　一是它的商业道德是建设有中国特色社会主义和社会主义精神文明的组成部分，是以爱国主义、集体主义思想为基础的；二是企业是市场的竞争主体，应根据法律和国内外市场通常的、公平的、文明的道德取向的原则，既讲竞争又讲协作，二者不可缺一；三是企业的目的是盈利，但不是唯利是图、失德失义、损人利己、损公肥私，或者只追求“德”与“义”的虚名而不计利之实，应是德、义和利的统一。会议代表高度评价中共中央十四届六中全会“关于加强社会主义精神文明建设若干重要问题的决议”，决议中所指出的“把国家和人民利益放在首位而又充分尊重公民个人合法

权益的社会主义义利观”的说法，应该成为今后中国加强商业道德规范的一个重要尺度。因为在中国实行社会主义市场经济的背景下，尊重和承认公民个人合法权益和社会主义义利观的提高，不能不说是人们思想观念上的一大进步，是符合时代潮流的表现。

关于商业道德价值取向和价值标准问题　发言认为，自从人类社会发生商业行为以来，始终就存在着两种截然不同的商业道德取向，即“己所不欲勿施于人”和谋求最大利益，概言之就是利与义。在商业行为中，有的重利轻义，有的重义轻利。前者认为作为商人不需考虑商德问题，因为商业活动的唯一目的就是利用有限的资源谋取最大的利润。后者认为前者忽视了社会责任，主张商业提倡实行“丈夫重义如泰山、轻利如鸿毛”，把社会责任放在首位。会议发言认为，这两种取向均不完备，正确的取向应是义、利兼而有之。轻义自然不对，轻利也会影响企业和社会的发展，它是文革中“只算政治帐，不算经济帐”的翻版。另有发言认为，商业道德的标准是法律，只要遵纪守法就是遵守商业道德。还有的人认为，商德的标准是良心，说“一个觉悟的良心是最终的法官”。多数发言人认为，标准不能单一，应包括四个方面：“奉公守法、尊重生命、商业常规、人性良知”，这四句话还可概括为六个字：“公平、合理、互惠”。其核心思想是“诚信为本、买卖公平”，认为这个核心思想是历代中国经商之道，也应是现代中国商业道德的标准。一个商业活动，只要做到这一点，就算是道德的商业活动。

商业伦理的层次系统和类型区分

商业道德层次系统　有的发言认为商业道德是一个复杂的有层次的系统，有高低之别。具体可分为四个层次：第一，义与利的统一是商业道德的最起码的要求，是商业活动中铁的行为准则；第二，“信誉高于一切”是企业的生命，是社会主义市场经济的必要条件，企业崇高的信誉形象是企业无形的资产；第三，一方面用真、善、美、新的产品和服务，以满足人们不断提高的物质和精神需要，另一方面在服务中取得报偿——盈利，发展自己；第四，“让人生活得更好，推进人类的全面发展和社会全面进步”应成为商业道德追求的崇高目标。这四条总的要求是商业道德建设要为推进和加强社会主义精神文明建设做出贡献，其最高取向是让人们生活得更美好，求得人类的全面发展和社会的全面进步。

商业道德的类型　有代表认为商业道德按行为主体的不同可分为“个人的”即内向的伦理和“组织的”即外向的伦理。按着毛佑特性的不同，可分为“不能做的”即消极的伦理和“越做越好的”即积极的伦理。

内向消极的企业伦理：公司资金的过多支出和公款留用、行贿受贿、对劳动阶层非人格的态度，公司内对男女性别差异、死板的人事制度。

外向消极的企业伦理：投机倒把、偷税漏税、引致公害，政治经济互相利用、官商勾结、侵犯中小企业固有领域。

内向积极的企业伦理：个人的人格尊重、提供能力开发机会、职员的主人翁精神、确立专门人才体系。

外向积极的企业伦理：社会福利、奖学事业、产学结合、文化创新事业，消费者保护等。

商业道德的基本问题　发言认为，商业道德的基本问题应反映在企业如何处理自身利益和发展与顾客、合作者(供应商、银行、职工)、竞争者、政府和社会的利益关系上。对顾客应当顾客至上；对合作者的利益应当均衡兼顾，使其具有持久的合作意愿；对政府和社会应当履行必要的社会责任，尽力奉献，共生共荣；对竞争者应当机会均等，平等、合法、正当竞争。这些也可概括为“货真价实、名实相符，利润合理、诚信无欺，恪守合同、注重信誉，取信于民、月之于民，繁荣区社、造福社会”。

加强商业道德建设的核心、内容和途径

关于商业道德建设的核心，中外专家各有不同的表述。中国代表认为可简单概述为“顾客至上，全心全意为顾客服务”。这种观点认为“工商企业义不容辞的责任就是在政府大力加强法制建设、新闻媒介引导社会与舆论营造健康市场熏淘条件下，发挥联手优势，诚信为顾客服务，造福社会”。西方有代表认为“经济公义、神人之约”等已成为现代资本主义的伦理基础，并又界定了商场的道德性及商业机构在商场之本质，这个基础，也就是商业道德建设的核心。

关于商业道德建设的内容，应是以“牢固树立全心全意为人民服务的道德观念，掌握与运用职业技能、技巧，培养造就一批适应市场经济需要的商业职工队伍等”来表述，以体现出有中国特色的国有商业

企业道德规范。

关于商业道德建设的途径问题涉及的面比较多，综合代表发言，有以下几个方面：

商业道德建设的基础是社会　发言认为社会道德水平的高低直接影响商德的高低。而社会道德应该从政府抓起，然后普及到社会。在内容上其关键在于确定符合时代要求的商业价值观。目前由于伦理、体制与社会主义市场经济不协调，使得人们的商业价值显得游离矛盾。要建立社会主义的商德，必须探索建立社会主义市场经济条件下的价值系统，以此统贯经济生活。因此必须研究义与利、竞争与服务、盈利与奉献、自强与自律、竞争与团结的辩证统一关系。

商业道德建设要与商业文化建设相结合　商业文化强调以人为本、科学审美为基础的商业观念和方式，它使生产者、经营者、消费者在文化认同的前提下实现各自利益的最大满足；商业文化提升了商业竞争的品格，是商德建设的新境界。

商业道德建设应从学校教育抓起　新加坡为所有的大学生提供了混合专业和人际关系之伦理的训练。商科的学生也透过组织机构行为课程这方面有所落实。因此学生一旦毕业，就能轻易地适应他们所任职的企业或政府部门。学校课程所强调的是功用的运作，因而学生不经思索地认为实践背面的伦理是已经赋予了。新毕业生所面临的是他们实践认识，而不是实践认识的背后的伦理道德。另外，西方大学的商管课程，甚至商业机构的员工培训计划，也包括商业伦理这门课。在商业伦理中强调商业机构与股东间之道义与责任，强调诸多良好目的中之各种道义责任，并借此作出适切的决策，会议认为新加坡成功的经验和西方的一些做法可以作为借鉴。结合中国的情况有发言认为，商业道德教育是一项社会工程，因为商业道德是社会公德的重要组成部分，应当引起社会的重视。要在小学、中学、大学和社会上采取多种形式长期持久、全面地进行商德建设。其课程设置应有企业伦理、企业文化、企业病态分析、环境保护、公共关系、组织商德等。

商业道德建设要与法制教育、舆论导向紧密结合

因为舆论、道德、法律是维持社会正常运转的三大法宝。道德主内，起软作用；法制主外，起硬作用；舆论如中介，起联合导向作用。商德在市场经济社会中处于中枢地位，只有在法律约束与舆论正确导向的作用下，才能更好地发扬光大。

商业道德建设的重点是企业法人和工商管理者

企业违法与违背社会公理的行为，虽然发生在企业，却根源于企业或工商管理者，因为大多数背理之事都是在企业主管的指示中实施的。这些主管者借背理之事获取收入，将背理之事看作经营之道。有无德的主管，才有无德的公司企业。要使企业管理者不仅具有扎实的理论基础、精湛的务实技能，很强的协调能力和卓越的创新精神，而且还要有高尚的品德和强烈的责任感。培养造就这样的企业领袖是工商教育的第一目标。敬德之主管起始于有德之教育。

关于“为商必奸”与“儒道商德”

商业道德与“为商必奸”　中国自古就有“为商必奸”的说法。但与会专家认为，商和奸不能划等号。其根据有二：一是经商谋取合法利润是成就事业的必由之路，合理合法的利，既有利于国家，又有利于买卖双方，只有不合理的利、不正当的途径才能与“奸”相联系。另外，根据中国商业史以及海外华人做生意的情况看，做商业决定时，道德考虑是极其重要的。注重人际关系及强调道德操守已成为华人经商的一大特色。香港工商管理学院院长李金汉教授十年前有一个调查，结论是通过商业教育，“商”和“奸”可以脱勾，为商不必要奸，有高尚动机，可以更有创业精神，却不一定有不道德倾向。

儒道与商德　有发言对中国古代商业道德观与现代市场经济道德观做了比较，认为那种“只要把儒家的道德范畴加以转换，即把孔孟的‘仁义’思想转换为现代人道主义思想，儒家的道转换为现代企业的价值观点就成了”的说法是行不通的。因为现代商业道德的哲学基础同儒家伦理的哲学基础在本质上是对立的，这就是功利与反功利的对立、竞争与反竞争的对立。不讲功利不讲竞争，就没有市场经济的效率与效益。慈悲人道，在日常生活中的人际关系上是应该称赞的传统观念。在顾客与经营者的关系上也可行，如“和气生财”、“童叟无欺”、“买卖不成仁义在”、“诚招天下客”等，但在市场竞争中就未必是合时宜的了。中国的商业道德必须从现阶段中国社会主义市场经济的实践中产生、具有中国特色、适合中国现在国情。古代的、西方的可以借鉴汲取，但不能照搬过来。

（郭钟义）

中国国际经济论坛 1996 年会议

1996 年 11 月 13 日开幕的中国国际经济论坛 1996 年会议，比前两次显得更加隆重和热烈。韩国副总理兼财政经济院长官韩升洙，欧盟委员会副主席布里坦，英国前首相撒切尔夫人，日本前首相海部俊树，以及一大批跨国公司总裁，和一大批中国高级官员、中国企业家，共聚一堂，以"走向 21 世纪的中国及世界经济共同繁荣"为题，进行了两天的讨论。

也许旁观者清，也许他们在更大的时空跨度上观察。当我们正在为国有企业的困难担忧，为经济效益低下而烦恼的时候，境外朋友们谈论的却是中国的成功。

香港百富勤投资集团主席杜辉康，在投影屏幕上显示了一系列的图表和曲线，他用详尽资料数据和严密的经济分析来评述中国的形势。他用略带亢奋的音调说："当我 1994 年第一次站在这个讲台上的时候，中国及其投资环境都弥漫着不明朗因素。1995 年我站在这里的时候，墨西哥的比索危机不公平地波及到亚洲市场。现在我又来到北京，我向这个国家的经济专家们说一声：恭喜！为什么？你们审慎的货币政策加上坚定不移的决心，使中国的经济成功地实现了'软着陆'。"

对中国经济是否实现了"软着陆"，今年年初在中国经济专家中还有不同看法。因为这涉及到是否还要继续坚持以"软着陆"为目标的宏观调控政策。下半年情况有些变化。中共中央政治局委员李铁映在这次论坛上说："到目前为止，各项宏观调控目标已基本实现，中国经济成功地实现了'软着陆'。"中国宏观调控政策的主要操作者朱镕基副总理在开幕式上的致词中没有提"软着陆"是否完成，但他提供的一组数字令人乐观：预计，全年 GNP 增长速度在 10% 左右，物价增长控制在 6.5% 左右，年底外汇储备将超过 1 000亿美元。

国际企业界关注中国经济的增长。韩国浦项钢铁公司俞翰树算了一笔帐：1980 年中国的 GDP 为 1 590亿美元，不到美国的 1/22，仅为日本的 1/7。1995 年中国的 GDP 为 6 370 亿美元，达到了美国的 1/8，日本的 1/3。这说明中国的改革开放是很成功的。

有的发言者认为用标准外汇兑换率计算，大大低估了中国的经济规模，按这个算法，1995 年中国居世界第 10 位。他们援引布鲁金斯学院用"购买力评价"法计算的结果：1995 年，中国的 GDP 居世界第三位，大约是美国的 1/4，日本的 60%。对中国的经济实力的估计，外国朋友的估计比我们自己的统计高得多。中国官员和学者的发言对此并没有认同，他们还是坚持中国统计局的数字。

一些国际跨国公司在这次会上表现出极大的热情。瑞士 ABB 公司、香港百富勤公司、英国保诚集团、法国安盛卫保险集团、韩国浦项钢铁公司、马来西亚杨忠礼机构等都在会上发表演讲，散发资料，召开新闻发布会。他们希望得到更多的投资机会。会后中外企业间的交流活动紧锣密鼓。中国是 21 世纪潜力最大的市场，作为跨国公司，都想争得一席之地。对外经贸部长吴仪在《中国对外经济贸易前景展望》的发言中说："我们预计，到 2000 年，中国年进出口总额将达到 4 000 亿美元，出口额和进口额各为 2 000 亿美元；而 1995～2000 年五年间，进口外国技术和资源产品的金额累计将超过 1 万亿美元。这为国外企业进入中国市场提供了巨大的机遇。"这大概是跨国公司热情高涨的原因。

对中国改革开放的成就，无论是学者、政治家还是商界人士，几乎是众口一词地肯定。撒切尔夫人在《中国与世界》的发言中指出，中国为几个世纪的闭关自守付出了代价，对此西方国家也负有责任。邓小平的远见卓识使中国走上了改革开放之路.这方面的成就是举世公认的，这个趋势不会逆转。韩升洙博士的发言更有学者的深邃，他说："下个世纪的历史学家们会认定，中国在经济和政治领域的复兴，是本世纪后 25 年里最具有历史意义的事件。从某些方面讲，它可以和美国在 19 世纪同一时期发展成为世界强国相比。"

与会者相信韩升洙博士的预言。热烈掌声就是证明。

（杨继绳）

东亚文化与21世纪研讨会

中国社会科学出版社和《亚文》编辑委员会近日在京举行了东亚文化与21世纪研讨会。张岱年、汝信、厉以宁、庞朴、张立文、李景源、周桂钿、张智彦、沈恒炎等专家学者参加了研讨会。

东亚文化的内涵

与会者认为,所谓东亚文化是指流传于中国、日本、韩国等东亚国家的,以儒学为核心的文化系统。从地域上看,中、日、韩三国是一衣带水的邻邦,日、韩两国的文字起源于中国的汉字,儒学也在这两个国家广为流传。因此,这三个国家常常被称为"汉字文化圈"、"儒家文化圈"。儒学对这个地区的社会结构与功能、价值系统、伦理道德规范和行为模式的形成有着极其重要的影响。

东亚经济腾飞与东亚文化的关系

与会者认为,经济的现代化与文化的现代化是相互影响和相互推动的,经济是文化的基础,文化对经济有着巨大的反作用。如果没有文化的推动,现代经济制度的确立和经济的高速发展都是不可能的。儒学文化重视农业,在生产中,以勤劳为美德;在消费中,以俭朴为荣;在流通领域中,主张遵守诚信的原则;在分配中,互助共存。与以个人主义为核心的欧美文化不同,儒学文化主张将个人欲望与社会意志相协调,主张维护正常的社会秩序。与会者认为,儒学文化的这些特质为东亚经济的腾飞奠定了文化基础。

东亚文化与21世纪

与会者认为,20世纪是冲突、对抗与科技迅猛发展的世纪,是强食弱、富掠贫、大凌小的世纪,即将来临的21世纪将是和平、融合、注重生态环境的世纪,强与弱、富与贫、大与小将相互冲突融合。冲突融合的前提是文化的多元化,这意味着世界文化的多元化和多元文化的世界化。就前者而言,世界文化的多元化即社会的典章制度、民族种族和文化价值观念、宗教信仰、思维方式、风俗习惯等不可强求一律;而后者则蕴含着和平发展、融合对话、生态环保之道,亦即"和合之道"。这是东西方学者所应当思考的人类所以安身立命的问题。在即将来临的21世纪,东亚的中、日、韩三国将有可能成为带动世界经济发展的国家;由三国文化冲突融合而形成的新的东亚文化将有助于这一地区经济的持续增长与社会发展。

(李亚彬)

中国改革与发展理论研讨会

由中共中央党校科研部、河北省社会科学院主办,河北社会发展研究中心和新华出版社承办的"中国改革与发展理论研讨"活动,总共收到了来自全国30个省、市、自治区的征文4 000多篇,从中选了364篇论文和调研报告,编辑出版了《中国改革与发展的理论思考》一书,并评选出66篇优秀论文。这些入选论文,坚持理论与实践的统一,运用邓小平建设有中国特色社会主义理论,认真分析了中国改革开放和现代化建设中遇到的重大问题。现将主要论点综述如下:

从实际出发,加快改革与发展

论文作者一致认为,经过十多年的实践,中国的改革已积累了不少的经验,新体制正在确立。但是,由于改革是一个涉及社会各个方面、各个阶层利益的复杂的、长期的系统工程,不是一蹴而就的。特别是目前,我们的体制总的说来还处在转轨的过程中,新旧两种体制尚处于并存的状态,这种情况导致了经济生活中出现诸多矛盾。所以,深化改革切忌脱离国情实际,要周密设计,适时、适度,每一项改革措施的推出以及具体运作,都必须考虑到当时经济发展的条件和人民群众的实际承受能力及参与的积极性,都必须经过可行性论证,并在一定的范围内进行试验,待取得成熟经验后,再加以推广,这样才能保证改革的顺利进行,既有利于发展,又有利于稳定。

坚持改革与发展的社会主义原则

论文作者提出，改革是社会主义制度的自我完善，发展是要加快社会主义现代化建设，其核心都是要围绕着建设有中国特色的社会主义。众所周知，社会主义性质首要的一条，就是生产资料的公有制。所以，改革与发展必须坚持以公有制为主体这一社会主义根本原则。我们的发展要不断壮大公有制的力量，增强公有制的优势，否则社会主义就失去了赖以存在的物质基础。10多年来的经济体制改革，在所有制方面进行的重要调整，一是以公有制为主体，多种经济成分共同发展，重视发挥国有经济的主导作用。二是探索在市场经济条件下，公有制经济的实现形式，并通过深化改革，使公有制经济得到发展。三是探索国有经济如何转换经营机制，从整体上增强国有经济的活力。这些改革和调整，都是为了解放和发展生产力，推动国民经济的发展。当前，改革到了关键时期，进入了攻坚阶段，碰到了一些困难，有的人对以公有制为主体产生了怀疑，或对改革产生了畏难情绪。这是不正确的。我们的改革，必须坚持以公有制为主体的原则。历史的经验教训表明，私有化在中国走不通。论文作者一再强调，我们深化改革的任务，乃在于解决公有制与市场经济相结合，解决公有制在市场经济条件下的有效实现形式问题。

两个文明一起抓，实现社会全面进步

论文作者认为，社会的发展不应当仅仅视为一种经济现象，而应当是全面的发展，它是一个包括经济、科技、社会和人的素质的综合和协调发展的过程。他们认为，必须始终强调，经济发展与社会发展要均衡协调，要把发展看成是全面的、整体的、综合的。中国作为社会主义国家，特别要体现社会主义的优越性、先进性，讲发展，讲建设，不能单纯理解为物质文明建设，还应包括精神文明建设，只有物质文明和精神文明都搞好了，才是有中国特色的社会主义。加强社会主义精神文明建设，不仅可以为改革开放和社会主义现代化建设提供智力支持和精神动力，而且可以形成良好的社会环境。要充分认识人的现代化是社会主义现代化的重要内容，精神文明是建设物质文明的强大动力。要强化两个文明一起抓、两手都要硬的自觉意识，切实克服"物质文明上去了，精神文明自然会上去"、"先抓物质文明，后抓精神文明"、"经济要发展，难免牺牲一点精神文明"等糊涂观念。要真正以马列主义、毛泽东思想、邓小平建设有中国特色社会主义理论为指导，解放思想，开拓进取，适应社会主义市场经济发展的要求，并把共产主义理想、社会主义信念与当前的开拓创新、务实奉献结合起来。此外，对精神文明建设，应有必要的投入。建设精神文明要有载体，要有硬件建设，必须重视这方面的投资。

（王元瑞　李连明）

1997年"世界经济论坛"年会

1997年1月底，在瑞士苏黎世国际机场上，一年一度的"世界经济论坛"服务中心的醒目牌子又一次悬挂起来，涂着不同国旗的客机从世界各地送来了2 000余名的政府首脑、部长、跨国公司领导人以及专家学者。从苏黎世机场出发，沿着阿尔卑斯山脉的皑皑雪峰和陡峰下的平湖，驱车两小时，便到达"世界经济论坛"1997年年会的所在地——瑞士东部小城达沃斯。

笔者是第二次参加这个论坛活动。今年"世界经济论坛"的主题是"建立网络社会"。"世界经济论坛"主席、日内瓦大学经济学教授克劳德·施瓦布在开幕辞中向与会者发出警世性的预言："这一场席卷全球的信息革命势不可挡。如果我们不这样聚集一堂，用我们的全部关注和智慧来认真探讨这一挑战对人类的涵义，我们就可能走上歧途，甚至可能被淘汰。"

这位在1971年创办了"世界经济论坛"的经济学家的话引起了许多与会者的响应。他们当中，有被称为"主宰当今计算机革命"的微软公司总裁比尔·盖茨，有自1974年以来担任美国麻省理工学院计算机科学实验室主任、为全球500多家"幸运"公司及欧美许多政府担任科技顾问的德托佐斯教授，有英特尔公司总裁葛鲁夫，有《大趋势》和《亚洲大趋势》的作者、未来学家奈斯比，等等。他们以各自的经验、从不同的角度支持着施瓦布教授的观点，介绍着信息技术革

命发展的现状并预言着未来。值得一提的是，在“达沃斯”的大部分听众是全球1 000多家大公司的首席行政长官(CEO)，由他们掌握的企业的年营业额达4万多亿美元。可以想象，今后将有多少资金投向这一场信息革命。

但是，人们对这一场革命的性质及影响还是争论不止。在本届年会上，人们关注的焦点是，在这场来势迅猛的科学技术挑战面前，人类的应对支点，应对能力，应对策略究竟是什么？一位欧洲企业家说，“企业界领袖不仅需要信息，他们更需要知识和智慧，而这三者是不能完全等同的。”人们注意到，由这场信息革命为先导的全球化进程是一个十分复杂的过程。一位西方与会者十分形象地描绘道，在冷战时期，人们对威胁安全的因素可归纳为ABC，即原子弹(atomic)，生物武器(biological)和化学武器(chemical)，而在冷战后时代，人们更担心D和E，即数控(digital)和电子(electronic)。

当讨论深入到如何“有选择地使用信息网络”时，人们的分歧就更明显了。西方代表强调必须“破除一切障碍，让各种信息无阻挡地自由传递，由人们自己来根据需要做取舍。”而来自新加坡、埃及等国的知名人士则坚持“必须加强政府职能，做好管理。”新加坡驻美国大使陈庆珠说：“新加坡政府极其重视信息联网。但是，新加坡也将采取最坚决的措施，防止色情与其他糟粕的泛滥。”

在达沃斯，与大企业家们同席而坐的，还有不少国家的首脑和政府高级官员。他们注视着这一场直接涉及自己国家与民众未来的深刻革命，考虑着应对的措施。面对目前这一席卷全球的科技革命和信息革命，人们需要的是眼光、决断和实干。一位上一世纪的欧洲大思想家在19世纪末的预言对我们仍有极大的启示作用：“要了解和重视我们时代的异常革命的性质——在这个时代里，蒸汽和风力，电力和印刷机，大炮和金矿的联合作用在一年当中引起的变化和革命要多过以往整整一个世纪。”这一位欧洲伟人就是恩格斯。

(袁　明)

实施《质量振兴纲要》高层研讨会

1997年3月，由国家经贸委、国家技术监督局、建设部和经济日报等16家单位联合召开“实施《质量振兴纲要》高层研讨会”。

参加研讨会的有：国务院副秘书长徐志坚、中国质量管理协会会长宋季文、中国质量管理协会常务副会长程连昌、全国人大常委、著名经济学家刘国光、全国政协常委赵维臣、机械工业部部长包叙定、冶金部部长刘淇、国家行政学院院长、著名经济学家桂世镛、国家经贸委副主任李荣融、国家技术监督局局长李传卿、经济日报社社长徐心华、建设部副部长谭庆琏、建设部总工程师姚兵、煤炭部副部长范维雄、邮电部副部长林金泉、林业部副部长李育才、中国轻工总会副会长朱焘、中共党史研究室副主任陈威、中国工业经济协会常务副会长盛树仁、中国民航总局副局长沈元康、国家商检局副局长王凤清等领导同志和专家学者，还有中国知名企业宝钢集团公司、武钢集团公司、小天鹅集团公司、春兰集团公司、双汇集团公司的代表等企业界人士，共90余人参加了研讨会，30多位同志在会上发言。经济日报总编辑艾丰主持研讨会开幕。

这样多的部门和单位的领导、专家、企业代表参加本次研讨会，生动地反映了国务院颁布《质量振兴纲要》引起的强烈反响和各个方面对《纲要》的重视。

与会同志认为，《纲要》是在中国进入改革和发展的重要时期颁布的，认真实施《纲要》，必将有力地促进“两个转变”，加快经济结构调整，对提高中国经济的整体素质和国际竞争力，振兴民族经济，具有重要的现实意义和长远的历史意义。

有关部门的同志介绍了《纲要》历时3年、16易其稿的制定过程。与会同志指出，《纲要》是中国质量工作发展史的一个里程碑，是中国质量工作跨世纪的宏伟纲领。其主要特点是：一，第一次在社会主义市场经济大背景下，全面规划质量工作。二，鲜明地把质量问题提到经济战略的高度。三，把质量工作和“两个转变”有机结合起来。市场竞争是提高质量的强大动力，技术进步是提高质量的基本途径。质量在“两个转变”中提高，又促进“两个转变”的实现。主要依托市场机制解决质量问题，同时靠提高质量来增强企业的市场竞争力和中国经济的国际竞争力。四，把质量工作提到千秋万代的民族事业来认识，解决质量问题，要靠企业的努力，也要靠全社会各个方面、各个部门的积极参与和协调行动，靠全民族质量意识和整体素质的提高，靠各种手段的综合治理。五，按照市场经济的要求，提出了一些新的手段和新的措施，具有较强的可操作性。

参加研讨的各个主管部门的领导同志还介绍了自己的行业在贯彻落实《纲要》方面已经开始的行动和将要采取的措施。知名企业介绍了他们抓质量增强竞争力从而获得快速发展的成果。他们的发言，通过实实在在的内容，展示了各行各业对《纲要》的重视和落实《纲要》的自觉性。

研讨会上，一些同志还对如何更好地实施《纲要》，特别是在如何加强协调，形成合力的问题上，提出了一些建议。参加研讨的经贸委、技术监督局等主管部门的领导同志表示，要很好地研究大家的意见，为落实《纲要》进一步做好组织、协调、服务工作。

研讨会还通过了《联合倡议书》。

参加主办这次研讨会的单位还有：《求是》杂志社、中国轻工总会、国家烟草专卖局、国家商检局、中国质量万里行组委会、中国工业经济协会、中国质量管理协会、中国企业管理协会、中国新闻文化促进会、中国集团公司促进会、中国质量万里行杂志社、驰名商标保护组织等。名牌实业建设开发总公司和中国标准技术开发公司参与协办。

（周　泉　刘晓峰）

产业升级、体制转换与国际合作讨论会

由中国社会科学院工业经济研究所主办的“产业升级、体制转换与国际合作讨论会”1997年3月29日在北京召开，来自美、英、德、日和俄罗斯、澳大利亚、韩国、新加坡等国的专家、学者以及世界银行、联合国和国际货币基金等国际组织的官员和专家、学者，同中国经济学界、政府部门及企业界的代表参加了会议。

与会代表指出，世界各国的许多经济学家都在谈论中国经济发展和经济改革的新经验，将中国的成就视为发展中国家实现持续经济增长和计划经济体制向市场经济体制过渡的一个有世界意义的成功案例。然而，应当十分清楚地认识到，中国经济的运行和发展还面临许多尚未解决的难题，中国企业改革和调整的任务迫切而艰巨。

中国进入产业调整和产业升级的新阶段

与会代表认为，当前在中国进行的产业调整同80年代以前的产业调整有实质性的区别。50～90年代中期，中国实行过两次重大的产业结构调整，以缓解严重的产业结构比例失调现象。到80年代中后期，轻重工业比例失调的问题得到基本解决；到90年代中期，基础产业及基础设施与加工工业的比例失衡现象也得到明显的缓解。但随着中国经济市场化程度的提高，深层的产业结构矛盾日益突出，这直接表现为众多的企业生产能力闲置，尤其国有企业难以适应市场需求结构以及要素成本的变化而形成的竞争压力，经济效益下降。因此，中国的产业升级已经从主要进行产业间的比例调整，转向必须进行深层次的产业结构调整的新阶段，实现产业调整和升级虽然仍需要有国家的产业结构政策的指导，但在更大程度上是企业的自主性行为。

一些代表还指出，80年代以前的产业调整和升级的基本特点之一是实现产业间的总体结构平衡，最迫切的任务首先是克服“瓶颈”，其次是填补”空白”。产业结构政策在很大程度上是以“补短”为目标的。90年代以来，产业调整和升级的主要目标则是各个产业中的各家企业必须在市场竞争中寻找到自己的位置

和发展空间,使生产结构适应不断变化的市场需求结构。而且,这种产业结构调整和升级的过程越来越具有市场竞争的性质。也就是说,现在的产业调整和产业升级不仅需要选择一个正确的方向,而且决定性地依赖于企业所具有的市场竞争力。

更值得注意的是,90年代中国的产业调整和产业升级不仅面向国内的市场竞争,而且更面临国际竞争的巨大压力,产业调整和产业升级必须在进一步扩大对外开放中得以实现。通过对外开放,参加国际竞争和国际分工,才能促使民族产业最大限度地发挥比较优势和竞争优势,使生产结构适应国内、国际市场需求结构及其变化,从而达到产业发展的良性循环。

促进产业升级的关键之一是实现机制转换

一些代表指出,目前,妨碍中国产业升级的主要障碍是:第一,国有企业的机制落后,市场竞争的优胜劣汰作用难以发挥。第二,产业升级与就业的矛盾比较突出。第三,传统的计划经济体制下形成的地区分割,使统一市场难以形成,各地区产业结构趋同,重复投资。第四,金融体制不适应产业体制和产业升级的要求,尤其是对技术进步的金融支持不够。可见,要促进产业结构的调整与升级,首先必须实现经济机制的转换。与会代表指出,国有经济结构的调整和改善是中国产业结构调整和升级的前提和基础,以产业升级为目标实现国有企业的机制转换和资产重组是当务之急。

在讨论会上,外国经济学家介绍了各国进行产业调整和体制转换的经验和教训。韩国在产业调整中,实现了产业升级的机制转换,从政府主导型转向企业主导型。俄罗斯的经验和教训则表明,在体制转换和产业升级的过程中,既要充分发挥市场机制的作用,也必须加强宏观调控,发挥政府的协调和规范作用。日本经济学家指出,市场经济条件下,一定程度的重复投资和资源浪费往往难以避免,关键是要形成有效的市场竞争机制,为产业结构的优化创造条件。美国学者指出,应将企业机制转换与经营效率问题相结合,结构调整和体制转换都要以使企业获得最大的经济效益为目标。

技术进步机制以及技术进步在经济增长中的作用也是与会代表关注的一个问题,他们指出,能否实现技术进步,使其成为经济增长的更有效的因素,是产业升级和体制转换的关键问题之一。

在扩大对外开放中实现产业升级和体制转换

与会专家、学者分析了改革开放以来中国对外经济贸易关系所发生的历史性变化,指出中国经济正在以很快的速度实现全面的对外开放,成为世界经济体系不可忽视的重要组成部分。

在中国经济的进一步对外开放和国际经贸合作过程中,如何实现产业升级?一些代表指出,中国的一些具有比较优势的传统产业,例如纺织工业,虽然仍能够保持较大的国际市场份额,但必须调整结构,以保持自己的比较优势和竞争优势。一些技术含量不高,比较优势不强的产业,例如饮料工业,正在受到外国品牌产品的强大冲击。一些技术成熟,已形成了大规模生产能力的产业,例如洗衣机、电冰箱、电风扇、空调器等,在获得了十几年的长足发展的基础上,目前市场竞争达到白热化的程度,需要通过国际合作,引进先进技术,实现进一步的产业升级。一些技术含量高,产品质量已接近世界先进水平的产业,例如彩电行业,正面临着很大的国际竞争压力和产业升级的挑战,实现进一步的产业升级,达到世界先进水平,是一项艰巨的任务。一些技术含量高,尚未形成国际竞争力的产业,例如汽车工业,以及高新技术产业,例如电子计算机工业,要形成中国自己的民族产业,还要经过长期的艰苦努力。这些产业的发展在一定时期内需要得到一定程度的国家保护,国内市场的开放也可以有一个过渡期。但是,国际竞争是不可能回避的。这些产业也必须尽快提高产业升级的能力,在不长的过渡期内形成一定的国际竞争力,迎接开放条件下的国际竞争。

(金　碚)

可持续发展战略学术研讨会

1997年4月，北京大学现代科学与哲学研究中心召开了可持续发展战略学术研讨会。会议就下列问题展开了热烈的讨论。

可持续发展概念的界定

学者们认为，可持续发展的思想由来已久，可持续发展是对不可持续发展的否定和反思。人类发展经过远古时代、农业文明和工业文明，特别是工业文明一方面强调了人对自然的征服和改造，另一方面，又造成了对自然空前严重的破坏。于是，人们反思工业文明的道路，认为这是一条不可持续发展的道路，这种发展模式的实质是人类的生存方式出了问题，特别是人类的经济行为出了问题，从而造成了不可持续发展的危机。对可持续发展，学者们提出应从三个层次上展开和深入探讨。这三个层次是：观念形态层次、经济——社会体制层次、科学技术层次。重点应放在第二个层次上。

可持续发展是诸因素的综合协调

学者们提出，可持续发展包括资源、环境、经济、社会这四大系统的协调发展。核心是发展，是以人为中心的经济、社会的发展。可持续发展可以说是不造成破坏的发展，不产生负面影响的发展，也就是不仅当代人应该生存、发展，而且后代人也能更好地生存、发展。可持续发展是一种复杂的网络系统，应当使可持续发展所涉及的各个系统内部、系统之间、系统与环境之间、主体与客体之间，能够动态协同，达到整体优化的综合效果，并且应当运用从定性到定量综合集成的方法来实现这种动态协同、整体优化。

可持续发展的哲学思考

有的学者对可持续发展作了矛盾分析，指出可持续发展要正确解决人与自然、人与人两大矛盾。一方面，人对自然有认识关系、改造关系、价值关系，另一方面，自然对人又有制约作用。这两者应是交互作用、动态协调的过程。同时，人与人的矛盾比起人与自然的矛盾更复杂。人与人的矛盾制约和影响着人与自然的矛盾。因此，应当使这两类关系综合协调，实施可持续发展战略。有的学者主张，实施可持续发展，应当建立新的以人类为中心的发展观。认为这种发展观是对西方"人类中心论"的扬弃。这种发展观是以人与自然的和谐发展为前提的，是以社会全面进步和人的自由的全面的发展为目标的，是以全球意识为指导，适应和平与发展的时代主题的。

（冯国瑞）

社会服务承诺制规范化问题研讨会

1997年4月，中国行政管理学会、山东社会科学院、烟台市城乡建设委员会和中国行政管理杂志社在烟台市召开社会服务承诺制规范化问题研讨会。会议对社会服务承诺制的概念、实施范围、意义和规范化等问题进行了研讨。现将主要内容综述如下：

就当前中国社会服务承诺制基本情况来看，所谓社会服务承诺制，就是政府机关、公用事业单位或企业将自己的工作目标、服务内容、标准、程序和办事时限等公开向公众作出承诺，设立监督机构和举报电话，明确经济赔偿标准，未实现承诺的责任单位和责任人要按照规定给当事人以赔偿。有学者认为，社会服务承诺制属于精神文明建设范畴，是承诺主体自愿、无偿或低偿地为社会或他人提供超过一般标准的高质量服务或超过本职工作范围的服务。就其本质而言，社会服务承诺制是竞争不充分的补救机制。当前的社会服务承诺具有标准具体化、监督机制较完善和赏罚严明三个特点，其内在逻辑是：通过公开承诺和社会监督，形成社会舆论要求履行契约的外部压力，进而把这种外部压力转化为提高服务水平的内部动力。

按照中国当前实施社会服务承诺制单位的性质划分，实施范围包括政府机关、公用事业单位和企业三大类。有的学者指出，在一些发达国家，服务承诺制均由政府启动，实施范围一般限于三类服务行业：

垄断和半垄断性服务行业，如铁路、邮政、水电部门；非营利性公共服务行业，如环卫、城市公交、公共文化设施等，这些行业虽然外部经济和社会效益很大，但内部不经济性使其难以吸引私人资本，于是成为政府的“责任”行业；管制性服务行业，如户籍管理、公共安全、执照核发等，这些部门的特殊性不允许私人团体经营，成为公共权威独立经营的服务行业。

在市场机制还不完善，竞争不充分的条件下，实行承诺制是一个巨大的社会进步，大范围应用也是一种历史的必然。有的学者认为，在公共服务领域推行承诺制，是现阶段加强职业道德建设的一个核心内容。承诺制强调公权组织与公民个体的权利义务关系，讲求公共权力行使的公开性，以人民满意程度作为判断评价标准，从根本上为社会主义职业道德建设打下了基础。与会者认为，过去，劣质服务、劣质管理不易发现，发现了不好定性，定性后难以处理，往往以不痛不痒的批评教育告终，其结果必然形成恶性循环。承诺制这种带有契约性质的服务机制，则是一种硬性约束，承诺主体必须尽心尽力地把工作做好。这是一种自我约束和社会监督相结合的新机制，是一种新的领导方法和管理方法。它把领导机关领导干部的权力转变为为人民服务的责任和义务，把为人民服务的宗旨转变为为人民服务的自觉行动，把对领导机关领导干部的事后、被动和少数人监督转变为事前、全程、主动和多数人监督，拓展了监督时间和监督空间，使监督体系得到完善，效能得到发挥。

有的学者认为，承诺规范化就是把活动内容、规范进一步制度化、完善化，首先是道德规范的完善化，具有自律的特征；其次是法律规范的完善化，具有他律和契约的特征。承诺制规范化要有重点。社会服务承诺制要用制度制约制度。凡是准备承诺的事项，一定要选择群众反应强烈、要求迫切、社会反响大的热点难点问题。关于制定承诺内容的依据问题，有的学者指出，高质量的社会服务无疑是一种社会需求。需求强度、广度和分布特征是社会需求的三个重要指标，它们应成为制定承诺内容的依据。“群众反应强烈”可以说是目前判断需求强度的主要方法。这种方法的特点是从群众最不满意的地方开刀，其主要效果在于纠正行业不正之风。这种方法的局限性在于，它难以确认那些潜在的正面需求，即难以确定将会给群众带来很大实惠的新措施和新的服务项目。根据需求广度制定的承诺内容，可以保证有限资源用于那些能给多数人带来实惠的方面。社会需求分布的不平衡要求有限资源的相应合理配置，社会需求的分布特征是承诺服务中资源配置的重要依据。

（李中军）

圣·加伦国际经济研讨会

1997年5月，在瑞士召开的第27届圣·加伦国际经济研讨会围绕“全球化推动世界经济发展”的主题作了全面探讨。

自冷战结束以来，世界经济全球化进程加快。对这个关乎整个人类切身利益的问题，在研讨会上作大会发言的30位政治家和专家学者从不同的角度进行了论述，并得出了同样的结论，即世界经济全球化不但是20世纪末期推动世界发展，在进入21世纪之后仍将是世界经济发展的主要推动力。他们之所以作出这样的论断，是因为当前世界经济出现了以下几个主要特点：第一，世界局势正在由对抗走向对话，从而为全球经济的合作创造了良好的基础，世界经济的全球化也正是在这样的条件下得到了长足发展。目前，整个世界经济出现了全面发展的势头，特别是广大发展中国家的经济增长令世界瞩目，其中，亚洲的发展中国家和地区，连续多年处于世界各国经济增长的领先地位。非洲国家虽然经济情况差异很大，但是总的来看，非洲经济发展已经走出困境。中、东欧的经济转轨国家已经摆脱了经济下滑，出现了向上增长的势头。拉美国家的经济处于健康发展的轨道，预计1997年将在1996年发展的基础上继续增长3%左右。发展中国家经济发展形势看好，而发达国家的经济则以美国经济稳步增长、日本经济出现回升、欧盟则以欧元地位的确定和一体化程度的加强作为经济发展处于良性轨道的主要特征。所有这些，都是世界经济全球化的直接结果。

第二,世界经济全球化带动了国际贸易与国际投资的发展。与会的专家学者认为,在竞争日趋激烈的今天,企业纷纷在全世界各地寻找发展机遇,于是国际间直接投资便应运而生且飞速发展。近20年来,这种投资已经从微不足道的250亿美元猛增到3 150亿美元,20年增长了12倍,推动了整个世界经济的发展。特别值得一提的是,国际间的直接投资虽然主要是工业化发达国家投向广大发展中国家和地区。但是,近几年来,也出现了发展中国家向工业化发达国家投资的现象。从1990年到1995年,发展中国家投入到发达国家的资金增长幅度已经达到35%,虽然这样的现象目前只出现在为数不多的一些新兴的发展中国家和地区,但这是一种不可忽视的双向相互连接的合作纽带。与此同时,由于乌拉圭回合谈判取得了积极的成果,成为另一条国际合作的纽带,并将世界各地紧紧地连在一起。

第三,世界经济全球化促进了跨国公司迅速发展,有力地带动了世界经济的增长。目前,全球跨国公司已经发展到4万多家,其子公司在世界各个国家和地区星罗棋布,数目已经发展到将近30万家。跨国公司资本雄厚,技术先进,活动范围大,在世界经济中占有重要的地位,其生产总值占全世界国内生产总值的1/4,贸易量占全世界进出口贸易成交总量的1/3。与会者几乎一致认为,跨国公司以资本、技术、设备及贸易的形式将各国有机地连接起来,因此可以说,跨国公司的发展促进了世界经济的全球化,而世界经济全球化的发展反过来又为跨国公司的发展提供了广泛的空间和良好的条件。

第四,中国经济的腾飞是世界经济全球化的重要组成部分。在这次研讨会上,中国经济的持续、快速稳定的发展成为专家学者们的热门话题。与会者一致认为,自中国改革开放以来,中国经济取得了巨大的成就,不但国民经济平均年增长率在9%以上,而且,通货膨胀还得到了有效的控制,这不但使中国自己受益匪浅,还带动了世界经济向前发展。从这个意义上讲,中国经济的腾飞,是世界经济全球化的一个不可缺少的重要组成部分。

圣·加伦国际经济研讨会原是1969年由圣·加伦国际经济管理大学的五位大学生发起的。如今,圣·加伦国际经济研讨会与达沃斯世界经济研讨会一样成为世界知名的国际研讨会之一。

(杨广志)

建筑文化研讨会

1997年6月26日,中外经济文化研究委员会,《世界经济文化年鉴》编辑部,北京天地行建筑装饰集团共同召开了“建筑文化研讨会”。中国社会科学院、中国人民大学、北京大学、中国企业文化研究会、中国市场经济学会等有关专家学者出席了会议。

与会者认为,自从人类社会出现以来,建筑就成为人类的基本实践活动之一。在漫长的人类发展史中,作为一种劳动产品,建筑不仅满足了人们物质生活的需要,而且满足了人们精神生活的需要,体现着不同时代人们的意识形态、行为规范和道德观念、审美理想,更体现了各个时代经济、文化、科技等的发展水平。建筑文化即是贯穿于不同时代建筑活动始终的内核,并且影响着建筑事业的发展。

社会主义市场经济的发展是以广义上的经济文化现代化建设为基础和内容的,现代建筑文化是现代经济文化研究和发展的内容之一。

中国地域辽阔、民族众多,中国文化也是多源文化构成的博大的综合体系。不同时代的意识形态、审美趋向,不同区域对建筑使用功能的要求,不同民族的文化习俗、崇尚,使中国各地建筑风格多样,建筑文化丰富多彩,在市场经济条件下,积极开展对现代建筑文化的研究,有助于建设单位、科研单位、设计部门、建筑行业乃至环境保护等相关部门了解其丰富性和统一性,有利于增强各部门的兼容性、开放性和适应性的内在特性。

随着中国改革开放的深入,中西文化的交流日益频繁,建筑行业也不例外。世界各国的建筑行业都在努力研究和介入对方的市场,以谋求更大的生存和发展空间。虽然,在交流与融合中,由于各自的文化支撑的观念有所不同,会存在激烈的冲撞,但国外建筑行业具有的科技、文化、管理等方面的先进因素,却是值得学习和借鉴的。这有利于完善和健全中国建筑行业自身的机能,有利于增强综合竞争力,以至立足于发达、规范有序的国内市场,参与国际市场的竞争。

现代建筑文化不仅仅是指设计、建筑活动、管理的表象,而是通过对深层次因素的把握、运用、调节和完善来发挥其独特的功效,力求树立一种建筑领域正确的发展思维模式、崇高的价值观念以及有利于公平有序竞争的方法和观念,即蕴藏于建筑活动中的心理、伦理、传统、环境及价值观念、思维方式等,来更为有效地指导和组织建筑活动。可以说,现代建筑文化是从更深层次提高竞争能力、规范竞争行为的有效途径,它是建筑事业改革、发展的要求和必然产物。

现代建筑文化的研究和建设对塑造社会主义市场经济条件下建筑行业的形象,提高管理水平和增强综合竞争力有重要的现实意义。从建筑行为本身来说,仅仅是一种经济行为,从深层次来说,它又是一种文化行为。从中国建筑领域的实践活动来看,一定的文化传统、价值观、道德观在很大程度上制约、左右着建筑经营管理者的行为方式,并影响着建筑的管理运作机制,乃至影响到整个建筑市场竞争机制的形成。市场竞争的内核是文化,建筑活动的主体是经营管理者和实际工作者,其思维模式、发展战略思想、行为规范、道德观念就是建筑文化最生动、最具体的表现。从文化的角度来研究和发展建筑事业,不仅给建筑事业带来生机和活力,也为社会大众和研究人员认识、评价、研究建筑行业找到了新的视角。同时,研究建筑文化,对于中国的房地产开发,对于寻求新的经济增长点均有重要意义。

(陈　平)

21世纪亚太地区经济、科技、文化发展和国际交流研讨会

1997年7月8日,国务院总理李鹏在中南海会见了出席"21世纪亚太地区经济、科技、文化发展和国际交流研讨会"的主要外宾。

李鹏对各国与会代表表示欢迎,希望这次研讨会有助于加深相互了解、扩大共识,为增进亚太各国的友好合作作出积极贡献。李鹏说,"人类正处在世纪交替的重要时期,人们都在思考应该把一个什么样的世界带入21世纪。

李鹏说,亚太各国乃至全人类将面临新的机遇和挑战。如何建立一种稳定的国际和平环境,如何做到各国都享有平等参与国际事务的权利,如何建立互利互补、共同发展的新型国际经济关系,如何共同恪守互不干涉内政、尊重各国人民根据本国国情选择发展道路的原则,如何通过国际合作有效对付人类面临的环境保护和可持续发展等种种挑战和问题,都是各国必须回答的问题。李鹏指出,就东亚和东北亚各国来说,它们应该努力保持经济持续增长的势头,并适应科技高速发展的挑战。

李鹏说,中国是亚洲和太平洋地区的一员,奉行独立自主的和平外交政策。中国历来重视同亚太各国的交流与合作,一贯致力于亚太地区乃至世界的和平与稳定。

日本国际研修交流协会理事长、日本东北电力株式会社董事长明间辉行代表与会外宾表示,完全同意李鹏总理所发表的见解,各国都应以新的姿态迎接21世纪。他说,中国在亚太乃至世界正发挥非常重要的作用。因此,以21世纪发展前景为主题的研讨会在北京举行具有重要意义。

中国方面参加会见的有朱开轩、汪道涵、黄辛白、李滔、丁石孙等。今天开始的研讨会是由中国教育国际交流协会和日本国际研修交流协会共同主办的。中国、日本、美国、加拿大、德国等国的政界、企业界、教育界和学术界代表与会。

(杨国钧)

跨向21世纪的中国——海峡两岸学者学术研讨会

1997年8月，由辽宁大学、台湾大学、辽宁省台湾研究会共同发起组织的“跨向21世纪的中国——海峡两岸学者学术研讨会”，在辽宁省鞍山市举行。出席大会的专家学者近百人，其中来自台湾大学、高雄大学、淡江大学等高校的台湾省的学者36人，来自清华大学、中央财经大学、厦门大学、辽宁大学、辽宁社会科学院、辽宁省委党校等单位的学者和企业界人士近60人。这是海峡两岸学术交流规模较大、层次较高的一次盛会。

与会者首先对内地社会经济发展的未来趋势进行了分析、预测和评估。他们都主张，对未来的经济走势，应当实事求是地进行分析，保持清醒的头脑，不赞成国外某些学者对中国目前实力和未来发展评估过高的观点。与会者认为，在可以预见的未来，中国内地仍将处于高速增长阶段，但要保持持续高速增长，必须相应地解决一系列重大问题。学者们就如何深化改革，提高宏观调控能力，加强法制建设等问题，提出了一系列建议。

关于比较研究，会议主要从三个方面进行了研讨，一是公务员制度的比较研究，二是管理文化的比较研究，三是探索了进一步拓宽两岸技术经济交流和经贸合作的问题。其中，学者们以无可辩驳的事实和数据，说明了两岸经贸关系正以惊人的速度向前发展，成就是巨大的，对两岸经济发展的促进作用是十分明显的，同时也揭示了进一步发展所面临的亟待解决的问题。

关于两岸学者学术交流问题，学者们极其关注，因而都以极大的热情和兴趣提出自己的看法和建议。大家一致认为，由于亲缘、血缘、地缘和文化渊源，两岸学者交流有坚实的基础，并且已经有了良好的开端。问题在于，如何脚踏实地努力去做，从学校管理、教学模式、学科建设、人才培养、信息沟通、人员互访、合作研究等方面，进行多渠道、多形式、多层次的交流与合作。

（张今声）

文化力与综合国力研讨会

1997年9月6日，由北京亚太经济文化研究中心、《世界经济文化年鉴》编辑委员会、北京亚太广告公司联合召开了“文化力与综合国力研讨会”。来自中国人民大学、北京大学、中央党校、中央编译局、中国社会科学院、国家教委、外交学院、中国企业文化研究会等单位的专家学者和人民日报、光明日报、经济日报社等新闻单位及部分企业界人士参加了会议。与会人员就社会主义市场经济发展中的文化力的涵义与功能、综合国力的构成要素、文化力在综合国力中的作用与地位等问题展开了讨论。

文化力的涵义、功能与综合国力的构成要素

与会者认为，随着世界经济的发展和科学的进步，教育、科技在全球竞争中的作用日益突出，智力资源的开发和企业文化建设，直接关系到企业的生存竞争与国民经济的发展。经济活动中文化力的作用日益强烈地表现出来，经济文化一体化发展正成为现代建设中的历史性潮流。在这种情况下，加强市场经济中“文化力”的研究已引起学术界和企业界人士广泛的兴趣与重视。“文化力”主要包括：⑴以科技教育和人力资源的开发为主要内容的智力因素；⑵以社会文化价值观念（包括理想、道德）为主体的精神力量；⑶以信息技术智能化、国际化、现代化为载体的文化网络；⑷以直接或间接的形式融入市场经济与现代化进程的优秀传统文化和传统美德。总之，文化力是指在市场经济活动中以人为主体蕴涵，并通过人们的活动整合和显化出来的综合力，其核心是人的素质和人民群众在经济、文化、科技与社会生活领域中表现出的

创造性能量。

综合国力是指一个主权国家赖以生存与发展拥有的全部实力，它反映国民经济和社会发展的各个方面，即一个国家政治、经济、军事、资源、教育、科技等各个方面相互作用的综合体。与会者认为，中外的专家学者已对综合国力的研究方面进行大量的研究，中国的一些研究人员正在探索建立具有中国特色的综合国力评价结构体系。有关专家学者认为，综合国力的评价指标体系包括：⑴资源能力（人力资源、矿产资源、自然资源等）；⑵经济实力（工业、农业、能源、交通运输、结构效益等）；⑶对外经济活动能力（贸易、储备等，主要体现一个国家的对外开放程度，国际商业文化力，国际经济竞争中整体形象等）；⑷教科文能力（教育、科技、文化等）；⑸社会发展程度（城市化水平、环保指标、通讯、人文指标等）。在综合国力的诸要素中，劳动者素质即人力资源的开发，产业结构与经济效益、企业管理制度与企业文化建设，对外开放程度与跨国营销的商业文化力，科技教育水平和社会文化发展、社会环保指标、通讯能力、人口素质、教育程度、文化生活、健康水平在综合国力中占有很大的比重，特别是当科技教育已成为综合国力竞争焦点的今天，反映科技、教育、人才培育等因素变得日益重要，甚至有着决定性的作用，直接关系到经济与社会的可持续发展和综合国力的强弱。

与会者认为，通过对综合国力的分析，可以看出，文化力是综合国力的重要构成要素。

重视文化力开发，增强综合国力，促进经济与社会的可持续发展

与会者认为，改革开放以来，中国的综合国力有了明显的提高，90年代以来，中国经济连续高速增长；对外经济活动能力有较快的发展；教育科技水平也不不同程度地提高，表现在国际比较中的位次提前，与发达国家的差距缩小。但是产业结构不合理，经济效益不高，劳动生产率低下；人口数量过多，人力资源总体质量偏低，教育设施落后，社会综合发展程度滞后，综合国力与发达国家相比还存在着一定的距离。其中主要原因在于文化力开发不够，文化教育的发展水平相对落后。因此，我们应该：⑴高度重视智力资源开发，全面提高人口素质，努力建设一支健康的、有文化的、具有良好的职业道德、富有创造力的劳动大军；⑵加大教育投入促进科技发展，全面实施科教兴国的战略决策；⑶重视企业文化、商业文化、金融文化、社区文化、人口文化、生态文化等现代经济文化的研究，充分发挥文化力在经济领域的导向功能与驱动作用；⑷在经济发展中正确处理速度与效益、数量与质量的关系；⑸重视人口、资源、环境问题，实施经济与社会可持续发展战略；⑹重视企业、地区、政府部门乃至民族与国家的整体形象建设。

与会者认为，重视对文化力的研究与开发，确实对促进中国民族思想文化的升华和综合国力的提高有着十分重要的意义。最近由群众出版社出版的贾春峰《文化力观》一书，从文化力开发的高度对当代经济与社会的可持续发展进行了值得重视的探索；由山西经济出版社出版的陈吉元、胡必亮等编著的《当代中国村庄经济与村落文化》一书，对当代农村经济文化的发展进行了深入的调查研究，指出了中国农村经济发展与文化变迁的互动关系，在学术研究上具有开创性的意义。由中外经济文化研究委员会编著的《世界经济文化年鉴》1996年版和中央编译出版社出版的罗治英等编著的《地区形象建设理论与实践丛书》分别介绍了世界各国经济文化一体化发展与综合国力的状况，揭示了文化力在地区形象建设中的作用。这些学术著作，对于研究现代经济文化的发展规律和综合国力有重要参考价值。

（周浩然）

保险文化建设研讨会

改革开放以后，中国的保险市场迅速发展，已深入到人民生活的各个方面，显示着巨大的发展潜力。如何建立和培育起发达规范的保险市场体系和公平有序的市场竞争机制，提高保险从业人员素质，加强保险法制建设已经成为中国保险业发展中亟待解决的重大课题。将保险市场的发展战略与保险文化建设结合起来，不失为一个有益的尝试。

1997年10月18日，中国平安保险公司北京分公司在京召开了“保险文化建设研讨会”。来自中国社会科学院、国家计委、北京亚太经济文化研究中心、中国保险学会、中国企业文化研究会等单位的专家学者参加了会议。与会者就金融体制的改革与中国保险市场的现状与前景、保险文化的内涵、功能和保险企业的形象建设等问题展开了讨论。

与会者认为，最近几年来，特别是1996年，世界保险业极为活跃，保险需求也日益加大。随着以市场为取向的经济改革的深入，中国保险市场蕴藏着巨大的潜力，有着广阔的前景。据世界银行预测，到2000年，中国的保险费收入可以达到2000亿元(1994年为500亿元)。目前，中国保险市场的特点是：其一，保险业有较大发展，现有保险公司每年的业务增长率高于国民经济的增长速度；其二，中国的保险费收入占国内生产总值的比例很低。发展中国家的泰国、菲律宾等的保险费收入占国内生产总值的比例都远高于中国水平。从总体上说，中国保险业发展相对落后，保险市场潜力很大；保险业本身的发展还远不能满足社会的需要，保险业技术水平、从业人员素质等还未完全适应市场要求。在这种情况下，保险法制的建设、保险企业的形象建设和人员素质的提高、保险文化的提出和建设，已成为中国市场经济和保险业发展中的现实性课题。因此，中国平安保险公司北京分公司在这次研讨会上把保险企业的发展战略和保险文化的建设结合起来，是极有价值的探索和富有远见的创举。

与会者认为，目前，学术界关于“文化力”的论述和综合评价，很大程度上提示了未来社会发展中行业竞争的明显特点。在市场经济条件下，保险公司将面临国内外保险活动的市场竞争，需要通过自身文化力量的增强来提高形象力、驱动力、竞争力。现阶段，中国的保险业已从单一体制发展为多种成分并存的多元格局。在未来的国内外保险业的发展竞争中，自我封闭、自我循环和发展的管理机制将被打破。加强保险文化的理论研究和建设，对培育发达规范的保险市场体系和建立公平有序的市场竞争机制，对于深化企业改革和保持社会稳定有着重要的现实意义。

保险文化是现代经济文化发展理论的重要组成部分，是保险企业在发展中形成和具有的精神文化财富的总和及全民族的保险文化意识。就保险文化的内涵和核心而言，主要指的是贯穿于保险企业活动始终的、具有一定稳态的思维模式、行为准则、道德观念、价值取向等。保险文化包括保险管理文化、保险伦理文化、保险市场文化等以及保险公司的形象设计与建设。

(周浩然)

中国区域经济学会’97年会暨南阳市发展战略研讨会

中国区域经济学会’97年会暨南阳市发展战略研讨会于1997年9月在文化历史名城南阳市召开，来自科研院所、大学和政府部门近百人出席会议。会议就以下一些问题展开了讨论。

中国区域经济发展的成就和经验 与会代表认为，近20年来，中国的改革开放政策使各地区经济都在原有基础上获得了快速增长，居民生活水平显著提高，全国经济布局进一步由东向西、由南向北拓展；区域经济合作加强；各地区的经济外向化有不同程度的加深；不同类型的区域经济发展水平不一，发展模式各具特色。

当前区域经济发展存在的主要问题 与会代表认为，当前中国区域经济发展主要存在以下方面的问题：一是区域发展的不平衡仍然突出，东西发展差距90年代以来扩大的趋势仍未得到有效抑制；二是新一轮的地区产业结构趋同严重，目前各地区纷纷把汽车、电子和石油化工等产业列为本地区支柱产业，对此应当通过加快市场化改革从根本上消除低水平重复建设现象；三是区际贸易摩擦和地方保护主义依然存在，但更为隐蔽；四是地方经济政策与国家宏观经济政策的矛盾日趋显露，为此，必须按照市场经济的要求，理顺中央与地方的经济关系；五是地缘性贫困化问题不仅表现在农村地区，近年来在部分城市也出现了贫困问题。

区域经济协调发展的途径与政策 与会代表认为，为了实现地区经济的协调发展，当前急需采取以下几个方面的措施:⑴从宏观经济合理布局的角度,统筹部署全国经济的空间发展问题,建立以经济核心区和发展轴为主体的网络型经济体系;⑵实行鼓励向中西部地区投资的政策,促进中西部地区形成产业结构合理,辐射能力较强的经济增长区,以此来推动整个中西部地区的经济发展;⑶搞好综合经济区划,逐步改变垂直分工为主的地区协作关系,建立以水平分工和垂直分工相结合的全国区域经济分工新格局;⑷继续搞好各类开发区,在进行综合评价的基础上,提出促进开发区发展的分类政策措施;⑸建立各具特色的重点产业区,并制定相应的政策措施加以引导和扶持;⑹实行规范的中央财政转移支付制度,逐步增加对中西部地区特别是贫困地区的财政转移;⑺按照互补互利,先富帮贫困的原则,进一步搞好东部与中西部地区之间的经济技术协作和对口支援工作;⑻进一步扩大中西部地区的对外开放,积极引导外资更多地投向中西部地区;⑼实施可持续发展战略,加强生态环境的建设和保护,促进中国人口、经济、社会、资源和环境的协调发展;⑽重视法制建设,加紧制定区域经济政策,使中国地区经济合理布局和协调发展逐步纳入法制化轨道。

专家们对南阳市发展战略与经济布局规划提出了许多建议 专家们认为,南阳市委、市政府所提出的“农业奠基,工业立市,科教兴宛,开放带动,城乡一体,富县富民奔小康”27字方针,指导性强,体现了南阳市人民发展经济的信心和决心。专家建议南阳市在工业发展上,一要选准支柱产业,选择具有一定规模的优势,关联度大,带动性强的产业作为支柱产业,并尽快实现规模化经营;二要培育名牌产品,在产品相对过剩的情况下,产品的竞争就是品牌竞争;三要为大企业的成长创造条件,应根据市场经济发展客观要求,根据自愿原则发展企业集团。在农业发展上,应提高集约化、专业化和商品化水平;要强化科技兴农,搜集全国各地成熟的增产技术,结合南阳自然气候情况,进行适用性筛选,然后迅速向全市推广。在第三产业发展上,应以旅游业为龙头,带动旅游产品、商贸、饮食、旅馆业的发展。

(李风圣　崔民选)

社会发展理论研讨会

由中国社会科学院哲学所、复旦大学哲学系、安徽大学哲学系、安徽省社会科学院哲学所、江淮论坛杂志社等近30家单位共同发起召开的全国社会发展理论研讨会,于1997年10月下旬在安徽省黄山市召开。来自全国17个省市的近80名专家学者参加会议。这次会议的主题是在邓小平理论和党的十五大精神指导下,研讨当代中国跨世纪的社会发展。

关于邓小平的社会发展理论及实践

邓小平理论是当代中国最深刻、最全面、最科学的社会发展理论,也是被中国改革开放和现代化建设实践证明最成功的社会发展理论。与会同志从不同侧面探讨了邓小平的社会发展理论。

与会者认为,邓小平的社会发展理论具有五个方面的基本特征:坚持社会发展的平衡性与不平衡性的辩证统一;坚持社会形态确定性与不确定性的辩证统一;坚持不同社会制度既有对立又相对统一的思想;坚持社会发展阶段的不可超越性与可超越性的辩证统一;时代新、实践基础新、概念范畴新、思想观念新、理论境界新,是当代最新的发展观。邓小平社会发展观的哲学意蕴在于:它符合历史发展基本规律,阐明了社会发展特别是当代中国社会发展的客观历史进程、道路以及一系列的基本问题;肯定了以社会规律为基础的唯物的主体性理论,揭示了人的主体性、能动性和创造性对社会发展的推动作用;提出了以人为中心的科学的全面发展理论,为造就一代新人和推动社会全面进步指明了根本途径。

关于社会的可持续发展

可持续发展是十五大报告中提出的两大社会发展战略之一,也是这次研讨会的热点话题。

与会者认为,可持续发展的内涵即1987年联合国环发委员会公布的《我们共同的未来》的报告下的定义:“既满足当代人的需要,又不对后代人满足其需要的能力构成威胁和危害的发展”。这个定义是在当今社会发展的困境中形成的,是人们反思传统发展模式、面向未来重新探索的产物。它抓住了发展关心的核心问题(即人类未来持续发展的可能性)和人类与自然这一人类社会存在和发展过程中的根本矛盾。它始终把人置于发展的主体与核心位置;确立了人与自然辩证统一、和谐相处的观念;它是一种包括经济、政治、文化、社会与环境共同发展的整体发展观;体现了当代人的需求与后代的利益及人类长远利益的有机统一。

实现可持续发展必须同制定和实施正确的社会发展战略联系在一起。有人提出了6个问题:社会发展速度问题,国有企业改革问题,经济结构调整问题,社会保障问题,扶贫攻坚问题,社会发展理论研究与其他学科研究问题。可持续发展的实施是一个综合的系统工程,包括政府调控行为、科技能力建设和公众参与。国家和地方政府是推进可持续发展的主要社会力量,科学技术在可持续发展的能力建设中具有重大作用,公众参与是可持续发展得以实现的基础。

关于社会的全面进步

与会者认为,社会的文明与全面进步,不仅包括物质文明和精神文明建设,还应包括制度文明建设。物质文明、精神文明不能涵盖"制度文明"。没有制度文明作保证,物质文明和精神文明的推进是非常困难的。

制度是一种社会资源,在推进社会全面发展过程中,在合理优化社会资源配置时,要注重制度资源的优化配置。"制度资源"可以界定为:制度资源是可配置的,可以自然地生成,也可以继承、引进、杂交和创造;制度资源是可以再生的,即生产出符合自己本性又超越自身状态的新法则、规则、规范,以及新制度、观念、理论、体系等;制度资源和物质、文化资源有一个如何合理协调、优化配置问题,有一个成本效益问题。社会全面发展和可持续发展,需要物质资源、精神资源(文化资源)、制度资源共同支撑。三种资源优化配置,三大文明协调发展,才能推动社会全面进步。

关于深化社会发展理论研究

与会者就如何深化社会发展理论研究提出了自己的看法:要注重发展理论研究的立足点和方法论的研究。社会发展理论研究应立足于当代中国的社会发展,立足于为中国社会发展服务,把实践中的问题提炼上升到理论层次,不联系实际的社会发展理论研究没有意义、没有出路。在研究方法上,要注意跨学科研究方法、群体研究方法的运用,从而取得综合效益。要在已有研究成果的基础上,建构有中国特色的社会发展理论的范畴、原理、体系等。要进一步研究社会区域发展问题,形成区域社会发展理论。要加强社会发展指标体系的研究。尤其要大力加强邓小平社会发展哲学思想的研究,加强对邓小平社会理论的总体性研究和邓小平方法论研究,通过哲学、社会学、经济学、政治学等多学科、多视角,整体地透析邓小平理论,揭示其总立场、总精神、总理念。

(庆跃先)

第26届国际培训与开发组织联合会世界大会

1997年10月28日,吉隆坡迎来了全球38个国家的上千名与会代表。这次国际培训与开发组织联合会世界大会是第26届。代表来自企业界、大学和各种研究机构。宝钢是中国大陆的唯一参会代表。此次盛会在30日圆满结束。

在大会上作主题发言的有美国贾迪斯·帕里克(Jagdish Parikh)博士,题目是《全球性人力资源开发:新模式》;荷兰查尔斯·汉普顿-图默(Charles Hampden-Tumer)教授,题目是《全球化/全球价值观:全球价值的两种概念》;美国丹娜·佐哈(Danah Zohar)女士,题目是《合作思考:重新发现人的潜能》;美国摩托罗拉大学校长艾·威廉·威根霍姆(A William Wiggenhom),题目是《人力资源开发的全面质量管理:人力资源开发的质量和技术》;马来西亚阿布杜拉(Abdullah)博士,题目是《新的学习环境:整合信息与学习技术》。

人力资源全面质量管理

这是世界人力资源管理发展的最新趋势。许多代表都提到质量管理学大师戴明(Deming)及其14项原则，主张把戴明的质量管理思想引入人力资源管理中来。

保罗·皮扎罗(Paulo Pizarro)博士认为，任何组织都存在两个系统，一是技术系统，二是人及群体系统。全面质量管理不仅仅适用于一个企业的技术系统，也同样适用于人及群体组织系统，这就提出了人力资源管理的质量问题。

约瑟夫·R·杰布伦斯基(Joseph R Jablonski)博士认为，人力资源质量管理是指"经济活动中的合作方式，这种合作能依靠劳动者和管理者双方的才能和智慧持续地改进团体质量和生产力"。

阿布德尔·贝里·杜拉(Abdel Bari Durra)教授认为，人力资源全面质量管理不仅仅是一种哲学和思想流派，也是一整套技术手段和工具。

卢尔瓦·缪特拉克(Lulwa Mutlaq)博士提出了高质量的人力资源管理概念和方法。他认为，高质量人力资源开发意味着经过高度训练和很好发展的人力资源，他们可以以有效而较低的成本持续地满足企业需要和期望。他说："人力资源开发的投资对于一个企求不断成功的现代企业是至关重要的。"这必然导致企业对高质量人力资源的追求，以提高组织的竞争力。高质量人力资源管理是达到高水平人力资源开发的途径，也是一个企业不断改进的过程。

高质量人力资源管理与10个问题有关：⑴目的：组织和个人的发展目标、职业定向、工作分析、评价、职位设计等等。⑵哲学：整个组织必须接受质量概念，尤其是高质量人力资源管理必须始终处于高水平。⑶高质量第一：在正常体制、文化、政治结构中，选择恰当的人来培养，这最重要。⑷计划：共五个步骤，运用分析法。⑸改进。⑹培训。⑺领导：至关重要，高素质高质量的领导具备适当的品质迎接各种挑战，决定了人力资源质量管理的水平。⑻授权：由人力资源管理专家及员工在共同的知识和工作过程中作出决定。⑼一个质量管理组织。⑽掌握变化：高质量人力资源管理是个变化和挑战抵触的过程。

关于人的潜能开发研究

这方面的代表性报告有5篇。这反映了西方经济社会经过长期发展后，在体制和组织结构完善的前提下，进入到最后资源——人力资源自身的最大限度发挥上来。由此可知，西方企业近年盛行人本管理的原因。

菲律宾的亨利·S·特内达木(Henry S Tenedero)认为：人力资源开发质量管理包括着人的全面发展概念，充分的人力资源开发是整体开发的核心，而离开了人的潜能开发来谈论组织机构的发展是不可想象的，因此，他主张扩展传统的智力和智商概念，重视情感、想象等非智力因素在人的发展中提供的机会和可能，只有当新的智商概念和学习哲学与亚洲文化和人力资源制度恰当地整合为一体时，亚洲人力资源开发才能进入新的模式。

赫尔曼国际公司的执行官迈克尔·摩根(Michael Morgen)认为，强烈的个性是每个人成功的关键，他以牛顿、塞缪尔·佩皮斯(Samuel Pepys)、老子、毕加索为例，说明是思维方式、行为方式的不同才使他们成为伟人。现代社会每个人要成功都必须有与别人不同的想法，事实上，每个人都有与众不同的潜质。

他以保罗·麦克利安(Paul Mclean)三维结构脑理论和罗杰·斯佩里(Roger Sperry)左右脑理论以及在此两者基础上综合而成的内德·赫尔曼(Ned Herrmann)整体脑模式说明，在生理基础上，人天然地具有与众不同的思维方式，形成与众不同的个性，是自然的事。

他的结论是，人力资源开发就是要帮助人发展其个性。这是组织或个人成功发展的双方需要。

马来西亚戈·乔伊·卿(Goh Chooi Chin)小姐曾师从美国加州的催眠术之父吉尔·博伊内(Gil Boyne)博士，获催眠术硕士学位，现在马来西亚工业园区开了一家以催眠术技术开发企业人力资源的公司。

她认为，在经济急速变化的今天，人的潜能开发正成为现代公司培训从首席执行官到普通员工的现实需要，她详尽分析了意识与潜意识提出以催眠术来联结人的意识和潜意识，促进人脑潜力的扩张发挥，使催眠术成为人的潜能开发的重要工具。

迪利普·穆克尔詹(Dilip Mukerjea)认为，人生来是没有武装的，而人脑是人唯一拥有的武器，在信息时代，企图用工业时代的思维技巧来解决问题是不可能的。信息时代也就是智力竞争时代，任何企业在任何领域对员工的培训和发展焦点都落在脑的培训和开发上。

他提出脑力训练的方法技术体系，即脑力运筹(已成为专利注册商品)、速度阅读、记忆提升。其中脑力运筹技术已为世界前100家大公司运用。

关于全球主义

汉普森—特纳(Hampson·Tayer)博士认为西方和东亚都已认识到全球主义是世界未来趋势,但在基本观念上却迥然不同。白内特(Burnett)博士(W&W公司)认为未来的成功将是国际型的,为了成功,企业必须形成另一种优势思维,即企业员工及管理者来自全球,他们的思维和规划以多种价值行为观念为基础,而不是局限于一地的习惯和文化。他强调公司具有弹性、整合力、创新力,在领导方式、行为和价值观上实现文化转变。

在跨国公司涉足范围日益广泛的背景下,主张雇员当地化成为一种选择,为此,必须研究文化冲突及应对策略,并在培训和人力资源政策方面作调整,在组织内部,必须组建文化交叉者团队,倡导融合和合作。

组织变革与人力资源管理模式

国际管理咨询与培训专家迈克·乔治(Mike George)认为,经济正引起社会各方面发生不同水平的变化,技术的发展导致民族、社区、组织内的迅速变化,企业再造、人力资源质量管理、工作团队,都是整合现代技术。重新设计工作以满足雇员、客户的种种需求,这必然导致企业内工作设计雇佣方式的变化。

英国教授裘迪·怀塔克尔(Judy Whittaker)提出IPD模式。这个模式重视人事和开发的核心、雇员开发的高标准,并讨论了怎样实现这些标准。这个模式的目的是为了实现在全球范围内人力资源的全面开发。

国际培训与开发组织联合会(IFTDO)前任主席、亚太人力资源开发中心主任莱斯·皮克特(Les Pickett)认为,全球竞争的激烈对企业人力资源管理能力效率提出了很高要求,其中,知识与学习、培训与开发是提高人力资源管理质量的有效途径。

当代信息技术、学习技术为知识传播、学习培训提供了有利条件。

21世纪企业可能对人力资源管理产生以下影响:⑴经济全球化改变企业的组织和运作方式。⑵企业组织形式多样化。⑶企业将雇佣来自不同背景,对不同工作有较强适应、受过多种职业训练的人。⑷雇员将负更大责任。⑸通讯和信息将打破企业的国别、民族界限。

未来企业人力资源将向学习组织发展。麻省理工学院的彼得·申吉(Peter senge)和查尔斯·汉迪(Charles handy)提出建立学习型企业。

总之,企业组织的变化已经把传统的人事管理推向战略导向阶段。

(蒋世荣　刘桂林)

国际华侨华人文化研讨会

由广州华侨文化发展基金会、广州市社会科学院、广州华侨研究会、广州市华侨历史学会联合主办的国际华侨华人文化研讨会于1997年10月在广州举行。来自东南亚、港澳地区和中国内地的华侨华人理论研究的知名专家和学者,就华侨华人文化的理论与实践问题进行了广泛而深入的研讨。

关于华侨华人文化的含义　与会学者有以下的共识:属于跨地域文化,既具有华夏文化的根,又具有外来异质文化的因素,是中华文化和外来文化相互渗透的产物。但也有不同见解:其一,华侨华人文化属于中华民族文化在与其他民族文化的交融中产生的一种亚文化体系。其二,华侨华人文化是华侨华人固有的民族文化性、价值体系、意识形态和人生哲学。其三,华侨华人文化是一种既包含有中华文化成分,又包含有因入境随俗和谋生需要而吸收的当地国家文化成分的综合文化。有学者指出,应以二战为分界线区分华侨文化与华人文化概念。华侨文化是以中华文化为主的海外分支,华人文化是保留某种中华文化成分而又不同于中华文化的多元化的新文化样式。

关于华侨华人文化在中华民族文化中的地位　有学者认为,华侨华人文化是中华民族文化优良传统的保持者,是中华民族文化走向现代化的前驱。有学者指出,华侨华人文化在中华民族文化向世界性的民族文化转型过程中起了重要作用：一者，作为中华民族文化的亚文化体系，它的现代化本身就是中华民族文化现代化的一个重要部分；二者，作为一种在地域上相分离、在体系上相对独立的亚文化体系，她在与母体文化的紧密联系和接触中不断地为母体文化输送现代化的文化因素和信息，不断地为母体文化输送世界性文化的新鲜血液。

关于华侨华人文化的特点和发展趋势

学者们一致认为，开放性、兼容性、主体性、地缘性、务实性和灵活性是华侨华人文化的特点，而现代化、多元化、本土化、智能化是华侨华人文化发展的趋势。其一，华侨华人文化发展越来越面向世界、面向现代化。它越来越呈现出主动开放意识加强、被动开放因素弱的态势。其二，华侨华人文化越来越趋向于本土化、当地化，母体文化的色彩越来越淡。这与华侨华人在政治上加入当地国籍并日益同化于当地人是有密切关系的。其三，华侨华人文化越来越由以中华民族文化为主要部分、以当地或外来文化为次要成分的结构向以当地文化或外来文化为主要成分、以中华民族文化为次要成分的结构转化。

此外，研讨会还对华侨华人文化的结社文化、教育文化、文学艺术、华文报刊、饮食文化、民俗等方面的内容进行了深入的研讨。

（丰　世）

全球经济与中国经济发展国际研讨会

1997年11月24日，中外专家学者聚集北京，举行了“全球经济与中国经济发展”国际研讨会。该研讨会是由经济合作与发展组织（OECD）发展中心主办、国家计委产业经济与技术经济研究所和中国社会科学院数量与技术经济研究所组织的。

研讨会的主题是关于中国经济与世界经济的比较。OECD发展中心总裁江·博文先生介绍了OECD关于中国增长研究的最新信息。OECD高级顾问、世界著名经济学家安格斯·麦迪森教授、OECD发展中心高级经济学家大卫·奥卡那博士和OECD发展中心客座研究员、中国经济学家任若恩教授等人，分别就中国经济的国际比较和世界经济新时代的机遇与挑战作了精彩的专题演讲。

奥卡那博士对战后30年全球经济一体化时代原因、所带来的机遇、尚待解决的问题和各国经济改革与发展的政策进行了深入详尽的分析，他认为，就发展中国家而言，亚洲经济充满活力表现在良好的宏观经济政策、坚持外向型经济以及对人力资源长期的高投资率。中国在这方面取得的成效最为显著。中国经济快速增长是显而易见的，其结果将使其人均收入大大提高，到2020年，以购买力计算的中国人均收入将提高1/3。为了发展这种形势，应当通过体制改革，加强本国的竞争力，减少贸易壁垒，取消对资本流动的限制等。

任若恩教授就中国经济的国际比较进行了角度新颖的论述。他说，在过去近20年中，中国是世界上经济增长最快的国家，但由于中国的统计体制改革尚未完成，在国际可比意义下对中国经济发展状态的计量和比较还不能令人满意，大多数专家认为，已公布的数据可能大大低估了中国的国民收入。根据国际可比性，中国具有一个比通常理解的更大规模的经济，中国的GDP在世界上将排在很前的位置。

麦迪森教授在这次研讨会上作的专题报告中进一步从中国经济发展与世界发达国家发展过程的定量比较角度，分析了中国经济改革前后发展的实绩阶段，展望了中国走向21世纪的经济前景。他认为，自1978年改革以来，中国经济进入了黄金时代，就效率而言，在农业、工业和服务业等方面，都取得了明显实效。更具有重要意义的是中国实行了对外开放，经济开放刺激了竞争，发展了经济，改进了质量，提高了中国人民的生活消费水平。麦迪森在比较俄罗斯和其他国家的转型经济中发生的情况后指出，中国的宏观经济政策是相当成功的。

与会的中国专家学者分别就上述报告进行了评论与研讨。

（张　杰）

中国经济适度快速稳定增长理论与政策国际研讨会

由中国社会科学院、中国对外贸易经济合作部、广西壮族自治区人民政府和经济合作与发展组织(OECD)发展中心联合主办的"中国经济适度快速稳定增长理论与政策国际研讨会"于1997年10月在广西北海市举行,50余名中外专家学者出席了会议。代表们围绕中国经济的快速稳定增长这一会议主题进行了讨论。

正确把握改革、发展与稳定之间的关系

1978年以来,中国的经济发展取得了举世瞩目的成就。与会专家学者在高度评价中国经济发展所取得的成绩的同时,更为感兴趣的是,中国是怎样取得这些成绩的,以便把其中的经验上升到理论高度,用以指导中国今后经济发展的实践。中国学者在发言中,结合中国的经验,更多地论述了改革、发展与稳定三者之间的一致性;而原苏联东欧学者则结合各自国家的改革实践,说明了三者之间可能存在的冲突;研究中国经济问题的西方经济学家分析的是三者之间在中长期中的一致性与在短期内的替换性,从而强调把握各自的"度"的重要性。刘国光教授认为,在中国现阶段,经济发展中的快速增长与稳定增长具有内在的一致性。其基本机制在于,由于历史和现实的原因,改革以来,中国始终保持了一个较高的积累率,而按照经济学所揭示的增长规律,在这一条件下,稳定增长路径就是快速增长路径,因而二者是一致的。张卓元教授着力强调了改革对发展与稳定的促进作用,他说,改革是发展的动力;在中国经济体制转轨时期,只有不断推进市场化改革,依靠市场机制优化资源配置的效应才能充分发挥出来,政府也才能更加有效地主要依靠经济手段调控宏观经济运行,使其健康发展。

世界银行驻中国代表处首席经济学家盖保德分析了改革以来中国的改革、增长与稳定之间的关系,他把这种关系称为替换关系。从短期看,市场化改革对稳定会带来一定影响,但从中长期看,如果没有改革也就没有稳定和增长。这种短期的不稳定是否会威胁到经济与社会的稳定,则是一个"度"的问题。如果在短期内能把这种不稳定控制在一定的程度又有助于改革,则会在长期内使快速与稳定增长的能力得到加强。

中国经济长期稳定增长的分析与对策

对中国经济发展的前景,与会专家学者普遍持乐观态度。与会专家在对中国经济发展进行预测的同时,还结合中国经济发展的实际和国际经验,对中国经济长期稳定增长的构成因素和所面临的问题进行了深入具体的分析。专家们认为,中国未来保持持续快速稳定增长的可能性首先来自于中国仍然是发展中国家这样一个事实,从而决定了中国的经济发展、市场需求仍有广阔的空间。克莱茵教授指出,中国经济近年来虽然有了快速增长,但仍然未进入工业化的成熟阶段,与发达的工业化国家相比仍有很长的路要走,因而仍然需要几十年强有力的发展。黄达教授在发言中指出,中国作为一个远未充分开发的市场,与超稳定的后工业化国家相比,有着多得多的机遇,从而有可能创造高的发展速度。李京文教授也指出,中国与发达国家存在的技术差距和中国对外开放的政策,使得中国在传统产业仍具有很大增长空间的同时,还具备了经济增长的后备新兴产业。

专家们认为,中国可望在较长时期内保持较高的积累率,这是中国经济快速稳定增长的物质基础。刘国光教授认为,使中国的高积累率得以保持的机制在于,在经济快速增长过程中,人们消费习惯的相对稳定性使消费的增长滞后于收入的增长,从而促进了积累率的提高。李京文教授指出,中国居民具有的高储蓄传统与高储蓄率,与未来经济稳定快速增长要求的高投资率相一致,并认为,这一情况在未来几十年将会继续下去。

(赵京兴)

第十二篇

世界经济文化统计资料

· 细目
· 人口
· 资源与环境保护
· 经济
· 教育
· 科技
· 文化卫生
· 人文指数
· 旅游

细 目

(一)人口

人口密度

单位:人/平方公里

国家、地区	人/平方公里	国家、地区	人/平方公里	国家、地区	人/平方公里	国家、地区	人/平方公里
中国	129	古巴	100	印度尼西亚	107	马来西亚	61
新加坡	4 896	阿富汗	36	捷克共和国	134	伊朗	39
马里	8	斯洛伐克共和国	112	阿尔巴尼亚	119	丹麦	123
伊拉克	46	毛里塔尼亚	2	南非	34	阿尔及利亚	12
多米尼加	99	爱尔兰	52	毛里求斯	556	西班牙	78
阿根廷	13	多米尼加共和国	162	以色列	268	墨西哥	48
斯里兰卡	280	亚美尼亚	133	厄瓜多尔	41	意大利	195
蒙古	2	苏丹	11	澳大利亚	2	埃及	58
牙买加	233	摩洛哥	61	瑞典	21	奥地利	97
萨尔瓦多	271	日本	39 640	莫桑比克	21	瑞士	178
孟加拉国	920	爱沙尼亚	35	约旦	1 510	缅甸	69
叙利亚	77	白俄罗斯	50	埃塞俄比亚	56	哈萨克斯坦	6
荷兰	456	塔吉克斯坦	42	玻利维亚	7	芬兰	17
肯尼亚	47	新西兰	13	坦桑尼亚	34	巴西	19
法国	106	朝鲜	198	尼日尔	7	泰国	114
文莱	54	加蓬	4	韩国	454	尼日利亚	122
突尼斯	58	保加利亚	76	格鲁吉亚	77	科威特	93
挪威	14	土耳其	79	布隆迪	244	德国	234
吉尔吉斯坦	24	巴基斯坦	169	土库曼斯坦	10	柬埔寨	57
加纳	75	老挝	21	巴拉圭	12	乌干达	96
喀麦隆	29	危地马拉	98	拉脱维亚	41	秘鲁	19
乌克兰	89	加拿大	3	几内亚	27	黎巴嫩	391
菲律宾	230	英国	242	智利	19	海地	260
利比里亚	29	波兰	127	美国	29	哥伦比亚	35
洪都拉斯	53	利比亚	3	葡萄牙	108	乌兹别克斯坦	55
刚果	8	香港地区	6 252	立陶宛	57	罗马尼亚	99
乌拉圭	18	科特迪瓦	44	匈牙利	111	澳门地区	20 750
俄罗斯	9	委内瑞拉	25	克罗地亚	85	印度	313
马达加斯加	23	沙特阿拉伯	9	越南	226	扎伊尔	19
赞比亚	12	津巴布韦	28				

资料来源:联合国《世界发展指标》1997年。

出生时预期寿命(岁)

国家、地区	1970年		1992年		1995年		国家、地区	1970年		1992年		1995年	
	男	女	男	女	男	女		男	女	男	女	男	女
中国	61	63	68	71	68	71	马来西亚	60	63	69	73	69	74
美国	67	75	73	80	74	80	墨西哥	59	64	67	74	69	75
日本	69	75	76	82	77	83	荷兰	71	77	—	—	75	81
德国	69	74	73	79	73	79	挪威	71	77	—	—	75	81
法国	68	76	73	81	74	82	巴基斯坦	50	49	59	59	62	64
英国	69	74	73	79	75	79	秘鲁	52	56	—	—	65	68
意大利	69	75	74	81	75	81	菲律宾	56	59	63	67	64	68
加拿大	69	76	75	81	76	82	波兰	67	74	66	75	67	76
印度	50	49	61	62	62	63	葡萄牙	64	71	—	—	72	79
阿根廷	64	70	68	75	69	76	罗马尼亚	67	71	—	—	66	74
澳大利亚	68	75	74	80	75	80	俄罗斯	—	—	64	75	64	75
巴西	57	61	64	69	63	71	南非	50	56	60	66	61	67
智利	59	66	69	76	72	78	新加坡	65	70	72	77	74	79
丹麦	71	72	72	78	72	78	西班牙	70	75	73	81	74	81
埃及	50	52	60	63	64	66	瑞典	72	76	75	81	76	82
芬兰	66	74	72	80	73	80	瑞士	70	76	75	82	75	82
匈牙利	67	73	65	74	66	74	泰国	56	61	67	72	67	72
以色列	70	73	75	78	75	79	土耳其	55	59	65	70	66	71
印度尼西亚	47	49	59	62	62	66	委内瑞拉	63	68	67	73	70	75
韩国	58	62	67	75	68	76	津巴布韦	49	52	58	61	56	58

资料来源:世界银行《世界发展报告》1994年;《世界发展指标》1997年。

注:"—"未得到数据或数据不可用;以下均同。

1996年世界人口数据表

国家、地区	1996年年中人口数(百万)	出生率(‰)	死亡率(‰)	自然增长率(%)	人口倍增时间(年)	人口预测数(百万) 2010年	2025年	婴儿死亡率①(‰)	总和生育率②	15岁以下及65岁以上人口(%) <15	65⁺	出生预期寿命(年) 总人口	男	女	城市人口比重(%)	已婚妇女避孕率(%) 总计	现代方法	政府对出生率的看法③	中学入学百分比(%)④ 男	女	人均国民生产总值(美元,1994年)
世界	5 771	24	9	1.5	46	6 974	8 193	62	3.0	32	6	66	64	68	43	57	50	—	58	50	4 740
发达地区	1 171	12	10	0.1	501	1 231	1 268	9	1.6	20	14	74	70	78	75	—	57	—	92	95	18 130
不发达地区	4 600	27	9	1.9	37	5 743	6 925	68	3.4	35	5	64	62	65	35	54	48	—	52	42	1 090
不发达地区(不含中国)	3 383	31	10	2.2	32	4 356	5 433	73	4.0	38	4	61	60	63	38	42	35	—	50	39	1 320
非洲	732	41	13	2.8	25	1 039	1 462	91	5.7	44	3	55	53	56	31	22	17	—	36	30	660
南撒哈拉地区	597	44	14	2.9	24	867	1 248	96	6.1	46	3	52	51	54	27	16	11	—	26	21	550
北部非洲	164	32	8	2.4	29	215	272	64	4.3	40	4	64	62	65	45	40	36	—	61	52	1 100
阿尔及利亚	29.0	30	6	2.4	29	38.0	47.2	55	4.3	40	4	67	67	68	50	47	43	H	66	55	1 690
埃及	63.7	30	7	2.2	31	80.7	97.6	62	3.6	40	4	64	62	65	44	48	46	H	81	69	710
利比亚	5.4	45	8	3.7	19	8.9	14.4	63	6.4	45	3	64	62	66	85	—	—	S	95	95	—
摩洛哥	27.6	29	6	2.2	31	34.2	40.7	57	4.0	38	5	68	66	70	47	42	36	H	40	29	1 150
苏丹	28.9	42	12	3.0	23	41.5	58.4	80	6.1	43	3	54	53	55	27	9	6	H	24	19	—
突尼斯	9.2	23	6	1.7	41	11.3	13.4	43	3.4	37	5	68	67	69	60	50	40	H	55	49	1 800
西撒哈拉	0.2	47	19	2.8	25	0.3	0.4	152	7.0	—	—	46	45	17	—	—	—	—	—	—	—
西部非洲	204	45	14	3.1	23	310	463	92	6.1	46	3	53	52	54	24	9	4	—	28	20	330
贝宁	5.6	49	18	3.1	22	8.3	12.3	86	7.1	47	3	48	46	49	36	9	1	S	17	7	370
布基纳法索	10.6	47	19	2.8	24	14.5	20.9	94	6.9	48	3	45	44	46	15	8	4	H	11	6	300
佛得角	0.4	27	8	1.9	36	0.6	0.7	65	4.1	45	6	65	64	66	44	—	—	H	21	20	910
科特迪瓦	14.7	50	15	3.5	20	22.1	33.4	88	5.7	47	2	51	50	52	46	11	4	S	33	17	510
冈比亚	1.2	48	21	2.7	26	1.6	2.1	90	5.9	45	2	50	48	52	26	12	7	H	25	13	360
加纳	18.0	42	12	3.0	23	26.6	38.0	66	5.5	45	3	56	54	58	36	20	10	H	44	28	430
几内亚	7.4	44	20	2.4	29	9.5	13.1	139	5.9	44	3	44	42	46	29	—	—	H	17	6	510
几内亚比绍	1.1	43	21	2.1	32	1.5	2.0	140	5.8	43	3	44	42	45	22	—	—	H	9	4	240
利比里亚	2.1	44	12	3.1	22	4.5	6.8	113	6.4	44	3	58	55	60	44	6	5	H	—	—	—
马里	9.7	52	20	3.1	22	15.0	23.7	106	7.3	48	3	46	44	48	26	5	1	H	12	6	250
毛里塔尼亚	2.3	39	14	2.5	28	3.3	4.4	101	5.0	45	4	52	50	53	39	4	1	S	19	11	480

续表1

国家、地区	1996年年中人口数（百万）	出生率（‰）	死亡率（‰）	自然增长率（%）	人口倍增时间（年）	人口预测数（百万）		婴儿死亡率[1]（‰）	总和生育率[2]	15岁以下及65岁以上人口（%）		出生预期寿命（年）			城市人口比重（%）	已婚妇女避孕率（%）		政府对出生率的看法[3]	中学入学百分比（%）[4]		人均国民生产总值（美元，1994年）
						2010年	2025年			<15	65⁺	总人口	男	女		总计	现代方法		男	女	
尼日尔	9.5	53	19	3.4	21	14.8	22.4	123	7.4	49	3	47	45	48	15	4	2	H	9	4	230
尼日利亚	103.9	43	12	3.1	22	162.0	246.0	87	6.0	45	3	56	55	58	16	6	4	H	32	27	280
塞内加尔	8.5	43	16	2.7	26	12.2	16.9	68	6.0	45	3	49	48	50	43	7	5	H	21	11	610
塞拉利昂	4.6	46	19	2.7	26	6.4	8.7	143	6.2	44	3	46	44	47	35	—	—	H	22	12	150
多哥	4.6	47	11	3.6	19	7.4	11.7	89	6.9	49	2	57	55	59	30	34	3	S	34	12	320
东部非洲	227	45	15	2.9	24	322	456	106	6.3	47	3	50	48	51	21	16	11	—	16	12	210
布隆迪	5.9	46	16	3.0	23	8.6	12.2	102	6.6	46	4	50	48	52	6	9	1	H	8	5	150
科摩罗	0.6	47	11	3.6	20	0.9	1.4	80	6.8	48	3	58	56	60	29	—	—	H	21	17	510
吉布提	0.6	38	16	2.2	32	0.8	1.1	115	5.8	41	2	48	47	50	77	—	—	S	14	10	780[6]
厄立特里亚	3.6	43	15	2.8	25	5.2	7.0	105	6.1	44	3	50	49	52	17	8	4	H	17	13	—
埃塞俄比亚	57.2	46	16	3.1	23	90.0	129.7	120	6.8	49	3	50	48	52	15	4	3	H	12	11	130
肯尼亚	28.2	40	13	2.7	25	38.0	49.1	62	5.4	48	3	51	49	52	27	33	27	H	28	23	260
马达加斯加	15.2	44	12	3.2	22	23.3	34.4	93	6.1	46	3	57	55	58	26	17	5	H	14	14	230
马拉维	9.5	50	20	3.0	23	12.7	18.5	134	6.7	48	3	46	45	46	17	13	7	H	6	3	140
毛里求斯	1.1	20	7	1.3	54	1.3	1.5	18.1	2.4	29	6	69	65	73	44	75	49	S	58	60	3 180
莫桑比克	16.5	45	19	2.7	26	24.7	35.1	148	6.5	46	2	46	45	48	33	—	—	H	9	6	80
留尼旺	0.7	21	6	1.6	44	0.8	0.9	8	2.3	31	6	73	69	77	73	67	62	—	—	—	—
卢旺达	6.9	44	17	2.7	25	9.2	13.7	110	6.2	48	3	47	46	49	5	21	13	H	11	9	210[6]
塞舌尔	0.1	23	8	1.5	46	0.1	0.1	12.9	2.7	31	7	70	68	73	50	—	—	H	—	—	6 210
索马里	9.5	50	19	3.2	22	14.5	21.3	122	7.0	48	3	47	45	49	24	—	—	S	9	5	—
坦桑尼亚	29.1	43	14	3.0	23	38.7	56.3	92	6.3	47	3	49	47	50	21	20	13	H	6	5	90[6]
乌干达	22.0	52	19	3.3	21	26.7	37.4	115	7.3	47	3	45	44	46	11	5	3	H	14	8	200
赞比亚	9.2	45	15	3.0	23	12.6	18.5	107	6.5	47	3	49	48	50	42	15	9	H	25	14	350
津巴布韦	11.5	35	9	2.5	28	14.1	17.3	53	4.4	45	3	62	61	62	31	48	42	H	51	40	490
中部非洲	86	46	16	2.9	24	126	189	106	6.3	46	3	49	47	51	33	—	—	—	30	15	—
安哥拉	11.5	47	20	2.7	26	17.7	26.6	137	6.5	45	3	46	44	48	32	—	—	H	—	—	—
喀麦隆	13.6	41	12	2.9	24	20.2	29.2	65	5.9	44	4	56	55	58	41	16	4	H	32	23	680
中非共和国	3.3	42	17	2.5	28	3.9	5.2	97	5.1	43	3	49	47	52	39	5	3	H	17	6	370

续表 2

国家、地区	1996年年中人口数（百万）	出生率（‰）	死亡率（‰）	自然增长率（%）	人口倍增时间（年）	人口预测数（百万）		婴儿死亡率①（‰）	总和生育率②	15岁以下及65岁以上人口（%）		出生预期寿命（年）			城市人口比重（%）	已婚妇女避孕率（%）		政府对出生率的看法③	中学入学百分比（%）④		人均国民生产总值（美元，1994年）
						2010年	2025年			<15	65^{+}	总人口	男	女		总计	现代方法		男	女	
乍得	6.5	44	18	2.6	27	9.3	12.9	122	5.9	41	3	48	46	49	22	—	—	S	13	2	190
刚果	2.5	40	17	2.3	31	3.2	4.2	109	5.2	44	3	46	44	48	58	—	—	H	—	—	640
赤道几内亚	0.4	41	15	2.6	27	0.6	0.9	103	5.3	43	4	52	50	54	37	—	—	S	—	—	430
加蓬	1.2	29	14	1.5	47	1.4	1.8	95	5.0	34	5	55	52	58	73	—	—	L	—	—	3 550
圣多美和普林西比	0.1	35	9	2.6	26	0.2	0.2	50.8	4.5	47	4	63	62	65	46	—	—	H	—	—	250
扎伊尔	46.5	48	16	3.2	22	69.1	107.6	108	6.6	48	3	48	46	50	29	8	3	S	33	15	—
南部非洲	51	32	8	2.4	29	66	82	49	4.3	38	4	65	62	67	53	50	48	—	67	79	2 840
博茨瓦纳	1.5	38	11	2.7	26	2.2	3.0	41	5.0	43	5	66	64	71	46	33	32	H	49	55	2 800
莱索托	2.1	38	12	2.6	27	2.9	3.8	79	5.2	41	5	55	54	57	16	23	19	H	22	31	700
纳米比亚	1.6	37	11	2.7	26	2.2	3.0	57	5.4	42	5	59	58	60	32	29	26	H	49	61	2 030
南非	44.5	31	8	2.3	30	57.5	70.1	46	4.1	37	5	66	63	68	63	53	52	H	71	84	3 101
斯威士兰	1.0	43	11	3.2	22	1.6	2.5	93	6.1	46	2	56	52	61	30	20	17	H	51	50	1 160
北美洲	295	15	9	0.6	114	331	372	7	2.0	22	13	76	73	79	75	71	66	—	99	98	25 220
加拿大	30.0	13	7	0.6	116	33.6	36.6	6.2	1.6	21	12	78	74	81	77	73	69	S	104	103	19 570
美国	265.2	15	9	0.6	114	297.7	335.1	7.5	2.0	22	13	76	72	79	75	71	65	S	98	97	25 860
拉丁美洲和加勒比地区	486	26	7	1.9	36	584	678	43	3.1	35	5	69	66	72	71	63	53	—	—	—	3 290
中美洲	127	28	5	2.3	30	162	197	37	3.4	37	4	71	68	74	65	61	52	—	51	52	3 310
伯利兹	0.2	38	5	3.3	21	0.3	0.4	34	4.5	44	4	72	70	74	48	47	42	H	46	48	2 550
哥斯达黎加	3.6	26	4	2.2	31	4.6	5.5	13.0	3.1	34	5	76	74	79	44	75	65	H	45	49	2 380
萨尔瓦多	5.9	32	6	2.6	27	7.4	9.2	41	3.8	40	4	68	65	70	45	53	48	H	27	30	1 480
危地马拉	9.9	36	7	2.9	24	13.4	17.0	51	5.1	45	3	65	62	67	39	31	27	H	25	23	1 190
洪都拉斯	5.6	34	6	2.8	25	7.6	9.7	50	5.2	45	3	68	66	71	47	47	34	H	29	37	580
墨西哥	94.8	27	5	2.2	32	119.0	142.1	34	3.1	36	4	73	70	76	71	65	56	H	57	58	4 010
尼加拉瓜	4.6	33	6	2.7	26	6.7	9.1	49	4.6	44	3	65	62	68	63	49	45	H	39	44	330
巴拿马	2.7	22	4	1.8	39	3.2	3.8	18	3.0	33	5	73	71	75	55	58	54	S	60	65	2 670
加勒比地区	36	23	8	1.5	45	41	47	42	2.8	31	7	69	67	72	60	60	56	—	46	52	—
安提瓜和巴布达	0.1	18	6	1.2	58	0.1	0.1	18	1.7	25	6	73	71	75	31	53	51	S	—	—	6 970
巴哈马	0.3	18	5	1.3	52	0.3	0.4	23.8	1.9	29	5	72	68	75	84	62	60	S	95	95	11 790

续表3

国家、地区	1996年年中人口数(百万)	出生率(‰)	死亡率(‰)	自然增长率(%)	人口倍增时间(年)	人口预测数(百万)		婴儿死亡率①(‰)	总和生育率②	15岁以下及65岁以上人口(%)		出生预期寿命(年)			城市人口比重(%)	已婚妇女避孕率(%)		政府对出生率的看法③	中学入学百分比(%)④		人均国民生产总值(美元,1994年)
						2010年	2025年			<15	65⁺	总人口	男	女		总计	现代方法		男	女	
巴巴多斯	0.3	14	9	0.5	133	0.3	0.3	9.1	1.6	24	12	76	73	78	38	55	53	S	90	80	6 530
古巴	11.0	14	7	0.7	102	11.8	12.4	9.4	1.5	22	9	75	73	77	74	88	85	S	73	81	—
多米尼加	0.1	20	7	1.3	55	0.1	0.1	18.4	2.1	32	10	78	74	80	61	50	48	H	—	—	2 830
多米尼加共和国	8.1	29	6	2.3	31	9.9	11.7	52	3.3	37	4	68	66	71	61	56	52	H	30	43	1 320
格林纳达	0.1	29	6	2.4	29	0.1	0.2	12	3.8	43	5	71	68	73	—	54	49	H	—	—	2 620
瓜德罗普	0.4	18	6	1.2	56	0.5	0.5	10.3	2.0	26	9	75	71	78	48	—	—	—	—	—	—
海地	7.3	35	12	2.3	30	8.8	11.2	74	4.8	40	4	57	55	58	32	18	14	H	22	21	220
牙买加	2.6	24	5	1.8	38	2.9	3.3	24.0	3.0	34	7	74	71	76	53	67	63	H	62	70	1 420
马提尼克	0.4	15	6	0.9	75	0.5	0.5	6	1.7	24	10	76	73	79	81	—	—	—	—	—	—
荷属安的列斯	0.2	20	7	1.3	53	0.2	0.3	6.3	2.2	26	7	75	72	78	92	—	—	—	—	—	—
波多黎各	3.8	17	8	1.0	71	4.0	4.3	11.5	2.1	27	10	74	70	79	73	70	62	—	—	—	7 000⑥
圣基茨－尼维斯	0.04	22	9	1.3	54	0.1	0.1	24	2.4	32	9	69	66	71	42	41	37	H	—	—	4 760
圣卢西亚	0.1	26	6	2.0	35	0.2	0.2	23.0	3.1	37	7	72	69	75	48	47	46	H	—	—	3 450
圣文森特和格林纳丁斯	0.1	25	7	1.8	38	0.1	0.2	17	3.1	37	6	73	71	74	25	58	55	H	—	—	2 120
特立尼达和多巴哥	1.3	18	7	1.2	60	1.3	1.4	12.2	2.2	31	6	71	68	73	65	53	44	H	74	78	3 740
南美洲	323	25	7	1.8	39	380	434	46	3.0	34	5	68	65	71	75	65	52	—	—	—	3 360
阿根廷	34.7	20	8	1.2	58	40.9	46.5	22.9	2.7	31	9	72	69	76	87	—	—	S	70	75	8 060
玻利维亚	7.6	36	10	2.6	27	10.2	13.1	71	4.8	41	4	60	59	62	58	45	18	S	40	34	770
巴西	160.5	25	8	1.7	41	181.9	202.3	58	2.8	34	4	66	64	69	76	66	56	S	—	—	3 370
智利	14.5	21	6	1.6	45	16.5	18.1	13.1	2.5	30	7	72	69	76	85	—	—	S	65	70	3 560
哥伦比亚	38.0	27	6	2.1	33	45.9	52.7	28	3.0	33	4	69	66	72	67	72	59	S	57	68	1 620
厄瓜多尔	11.7	29	6	2.3	31	14.9	17.8	40	3.6	36	4	69	66	71	59	57	46	H	54	56	1 310
圭亚那	0.7	25	7	1.8	39	0.8	0.8	48	2.6	38	4	65	62	68	33	—	—	S	56	59	530
巴拉圭	5.0	34	6	2.8	25	7.0	9.4	38	4.5	42	4	69	66	71	50	51	41	S	36	38	1 570
秘鲁	24.0	29	7	2.1	33	29.4	33.9	60	3.5	36	4	66	64	68	70	59	33	H	66	60	1 890

续表 4

国家、地区	1996年年中人口数(百万)	出生率(‰)	死亡率(‰)	自然增长率(%)	人口倍增时间(年)	人口预测数(百万)		婴儿死亡率①(‰)	总和生育率②	15岁以下及65岁以上人口(%)		出生预期寿命(年)			城市人口比重(%)	已婚妇女避孕率(%)		政府对出生率的看法③	中学入学百分比(%)④		人均国民生产总值(美元,1994年)
						2010年	2025年			<15	65⁺	总人口	男	女		总计	现代方法		男	女	
苏里亚	0.4	23	6	1.6	43	0.5	0.6	28	2.4	35	5	70	68	73	49	—	—	S	—	—	870
乌拉圭	3.2	18	10	0.8	84	3.5	3.7	20.1	2.3	26	12	73	69	76	90	—	—	L	—	—	4 650
委内瑞拉	22.3	26	5	2.1	33	28.7	34.8	23.5	3.1	38	4	72	69	75	84	—	—	S	29	41	2 760
亚洲	3 501	24	8	1.6	43	4 240	4 898	62	2.9	32	5	65	64	67	33	59	54	—	57	45	2 150
亚洲(不含中国)	2 283	28	9	1.9	37	2 853	3 406	68	3.5	35	5	63	62	64	35	45	39	—	56	42	3 110
西亚	176	32	7	2.4	29	243	328	48	4.4	39	4	67	65	69	63	—	—	—	63	46	3 840
亚美尼亚	3.8	14	7	0.7	98	3.8	4.1	15	1.7	31	7	71	68	74	69	—	—	S	80	90	670
阿塞拜疆	7.6	21	7	1.4	50	9.0	10.3	25	2.2	33	5	71	66	75	53	—	—	S	89	88	500
巴林	0.6	29	3	2.6	27	0.8	0.9	19	3.7	32	2	73	71	76	88	54	30	S	98	101	7 500
塞浦路斯	0.7	16	8	0.9	81	0.9	1.0	9	2.2	25	11	77	75	79	53	—	—	L	94	96	10 380⑥
加沙	0.9	55	5	5.0	14	1.7	3.8	32	8.0	51	3	71	70	72	94	—	—	—	—	—	—
格鲁吉亚	5.4	11	9	0.2	330	5.7	6.0	18	1.3	24	10	73	69	76	55	—	—	S	—	—	580⑥
伊拉克	21.4	44	7	3.7	19	34.5	52.6	67	6.7	47	3	66	65	67	70	18	10	L	53	34	—
以色列	5.8	21	6	1.5	47	6.9	8.0	6.9	2.9	30	9	77	75	79	90	—	—	L	84	91	14 410
约旦	4.2	32	6	2.6	27	6.1	8.3	34	4.6	42	3	68	66	70	78	35	27	H	52	54	1 390
科威特	1.8	26	2	2.3	30	2.9	3.4	12	3.6	29	1	75	73	77	96	35	32	S	60	60	19 040
黎巴嫩	3.8	25	5	2.0	34	5.0	6.1	28	2.9	33	7	75	73	78	86	65	39	S	73	78	—
阿曼	2.3	53	4	4.9	14	3.6	5.5	24	6.9	36	3	71	70	72	12	9	8	S	64	57	5 200
卡塔尔	0.7	18	2	1.6	43	0.8	0.9	11	3.6	30	1	73	70	75	91	26	24	S	82	84	14 540
沙特阿拉伯	19.4	36	4	3.2	22	31.1	50.3	24	5.5	43	2	70	69	72	79	—	—	S	54	43	7 240
叙利亚	15.6	44	6	3.7	19	23.3	31.7	44	6.9	49	4	66	65	67	51	—	—	S	52	42	—
土耳其	63.9	23	7	1.6	43	78.3	91.8	47	2.7	33	5	68	65	70	63	63	35	H	74	48	2 450
阿拉伯联合酋长国	1.9	23	4	1.9	36	2.5	3.0	23	4.1	32	1	72	70	74	82	—	—	S	84	94	21 420⑥
约旦河西岸	1.7	45	5	4.0	17	2.5	3.4	33	4.3	48	4	71	69	72	—	—	—	—	—	—	—
也门	14.7	53	21	3.2	22	23.7	36.6	83	7.7	52	3	52	51	53	23	10	6	H	38	7	280

续表 5

国家、地区	1996年年中人口数（百万）	出生率（‰）	死亡率（‰）	自然增长率（%）	人口倍增时间（年）	人口预测数（百万） 2010年	2025年	婴儿死亡率①（‰）	总和生育率②	15岁以下及65岁以上人口（%） <15	65⁺	出生预期寿命（年） 总人口	男	女	城市人口比重（%）	已婚妇女避孕率（%） 总计	现代方法	政府对出生率的看法③	中学入学百分比（%）④ 男	女	人均国民生产总值（美元，1994年）
中南亚	1 385	30	10	2.1	34	1 752	2 105	80	3.8	37	4	59	59	60	27	39	34	—	54	36	340
阿富汗	21.5	50	22	2.8	24	34.0	45.3	163	6.9	41	3	43	43	44	18	—	—	H	22	8	—
孟加拉国	119.8	31	11	2.0	35	149.2	175.8	88	3.7	40	3	57	57	16	45	36	H	25	13	230	—
不丹	0.8	39	16	2.3	30	1.1	1.5	121	5.4	39	4	51	51	50	17	—	—	S	8	2	400
印度	949.6	29	10	1.9	37	1 182.7	1 384.6	79	3.4	36	4	59	58	59	26	41	36	H	59	38	310
伊朗	63.1	36	7	2.9	24	84.2	106.8	57	5.1	44	3	67	65	68	58	65	45	H	74	58	—
哈萨克斯坦	16.5	18	9	0.9	81	18.4	20.5	27	2.3	31	6	69	64	73	56	59	46	S	89	91	1 110
吉尔吉斯斯坦	4.6	25	8	1.6	43	5.6	7.0	29	3.1	38	5	68	64	72	35	—	—	S	—	—	610
马尔代夫	0.3	43	7	3.6	19	0.4	0.6	50	6.2	47	3	65	63	66	26	—	—	S	49	49	900
尼泊尔	23.2	39	12	2.6	26	32.4	43.5	98	5.2	42	3	55	56	53	10	23	22	H	46	23	200
巴基斯坦	133.5	39	10	2.9	24	176.4	232.9	91	5.6	41	3	61	61	61	28	12	9	H	28	13	440
斯里兰卡	18.4	20	5	1.5	47	21.2	23.2	18.4	2.3	35	4	73	70	75	22	66	44	H	71	78	640
塔吉克斯坦	5.9	28	7	2.1	33	9.2	13.1	47	3.7	43	4	68	65	71	28	—	—	H	98	101	350
土库曼斯坦	4.6	32	8	2.4	29	5.9	7.9	46	3.9	41	4	66	62	69	45	—	—	S	99	97	—
乌兹别克斯坦	23.2	29	7	2.3	30	31.9	42.3	28	3.5	41	4	69	66	72	39	—	—	S	96	92	950
东南亚	496	27	8	1.9	37	614	727	52	3.3	36	4	64	62	66	30	53	46	—	48	44	1 240
文莱	0.3	27	3	2.4	29	0.4	0.4	7.4	3.1	35	3	74	73	76	67	—	—	S	67	74	14 240
柬埔寨	10.9	45	16	2.9	24	15.7	22.8	111	5.8	46	3	49	48	51	13	—	—	H	—	—	—
印度尼西亚	201.4	24	8	1.6	43	240.6	276.5	66	2.9	35	4	63	61	65	31	55	52	H	48	39	880
老挝	5.0	43	15	2.9	24	7.2	9.8	102	6.1	45	3	52	50	53	19	19	—	S	31	19	320
马来西亚	20.6	28	5	2.4	29	27.5	34.5	11	3.3	36	4	72	70	75	51	56	37	H	56	61	3 520
缅甸	46.0	31	12	1.9	37	58.2	72.2	49	4.0	36	4	61	60	62	25	—	—	H	23	23	—
菲律宾	72.0	30	9	2.1	33	93.9	113.5	34	4.1	38	4	65	63	66	49	40	25	H	71	75	960
新加坡	3.0	16	5	1.1	62	3.3	3.6	4.0	1.8	23	7	76	74	79	100	65	—	L	69	71	23 360
泰国	60.7	20	6	1.4	48	68.5	75.0	35	2.2	30	4	70	68	72	19	66	64	H	38	37	2 210

续表 6

国家、地区	1996 年年中人口数（百万）	出生率（‰）	死亡率（‰）	自然增长率（%）	人口倍增时间（年）	人口预测数（百万） 2010 年	2025 年	婴儿死亡率①（‰）	总和生育率②	15 岁以下及 65 岁以上人口（%） <15	65⁺	出生预期寿命（年） 总人口	男	女	城市人口比重（%）	已婚妇女避孕率（%） 总计	现代方法	政府对出生率的看法③	中学入学百分比（%）④ 男	女	人均国民生产总值（美元，1994 年）
越南	76.6	30	7	2.3	30	99.0	118.8	42	3.7	40	5	65	63	67	19	49	37	H	—	—	190
东亚	1 443	16	7	1.0	70	1 630	1 739	40	1.8	26	7	71	69	73	36	81	78	—	64	57	3 940
中国	1 217.6	17	7	1.1	66	1 387.0	1 492.0	44	1.8	27	6	70	68	72	29	83	81	S	60	51	530
香港	6.4	12	5	0.7	99	7.4	8.1	5.0	1.2	19	9	78	75	81	—	81	75	—	69	73	21 650
日本	125.8	10	7	0.2	315	130.4	125.8	4.2	1.5	16	15	80	77	83	78	64	57	L	95	97	34 630
朝鲜	23.9	24	6	1.9	38	28.5	32.1	28	2.4	29	4	70	67	73	61	—	—	S	—	—	—
韩国	45.3	15	6	0.9	75	49.7	50.8	11	1.7	23	6	72	68	76	74	79	70	S	97	96	8 220
澳门	0.4	15	3	1.2	58	0.5	0.6	6	1.6	24	7	69	67	71	97	—	—	—	—	—	—
蒙古	2.3	22	8	1.4	51	3.0	3.6	61	3.8	40	4	64	62	65	55	—	—	S	—	—	340
台湾	21.4	15	5	1.0	70	24.0	25.5	5.1	1.8	24	7	74	72	78	75	75	68	—	94	98	—
欧洲	728	11	11	-0.1	—	745	743	11	1.5	19	14	73	68	77	74	—	—	—	89	94	12 310
北欧	94	13	11	0.2	445	98	100	6	1.7	20	15	76	73	79	83	73	71	—	95	99	18 340
丹麦	5.2	13	12	0.2	462	5.4	5.4	5.4	1.8	17	15	75	73	78	85	78	72	S	112	115	28 110
爱沙尼亚	1.5	9	15	-0.5	—	1.4	1.4	15	1.4	20	13	70	64	75	70	—	—	L	87	96	2 820
芬兰	5.1	13	10	0.3	224	5.2	5.2	4.7	1.8	19	14	77	73	80	64	—	—	S	110	130	18 850
冰岛	0.3	17	7	1.0	68	0.3	0.3	3.4	2.1	25	11	79	77	81	91	—	—	S	105	101	24 590
爱尔兰	3.6	13	9	0.5	144	3.7	3.8	5.9	1.9	25	11	76	74	79	57	—	—	S	101	110	13 630
拉脱维亚	2.5	9	16	-0.7	—	2.4	2.3	19	1.3	21	13	67	61	73	69	—	—	L	84	90	2 290
立陶宛	3.7	12	12	-0.1	—	3.8	3.9	14	1.5	22	12	69	63	75	68	—	—	S	76	79	1 350
挪威	4.4	14	10	0.4	182	4.7	5.0	5.2	1.9	19	16	78	75	81	73	76	72	S	118	114	26 480
瑞典	8.8	12	11	0.1	630	9.2	9.6	4.4	1.9	19	17	78	76	81	83	78	71	S	99	100	23 630
英国	58.8	13	11	0.2	385	61.1	62.5	6.2	1.7	19	16	77	74	79	90	72	71	S	91	94	18 410
西欧	181	11	10	0.1	716	189	187	6	1.4	18	15	77	73	80	79	77	69	—	104	104	24 900
奥地利	8.1	11	10	0.1	866	8.2	8.2	5.5	1.4	18	15	77	73	80	65	71	56	S	109	104	24 950
比利时	10.2	12	10	0.1	630	10.4	10.5	7.6	1.6	18	16	76	73	80	97	79	75	S	103	104	22 920

续表 7

国家、地区	1996年年中人口数（百万）	出生率（‰）	死亡率（‰）	自然增长率（%）	人口倍增时间（年）	人口预测数（百万） 2010年	2025年	婴儿死亡率①（‰）	总和生育率②	15岁以下及65岁以上人口（%） <15	65⁺	出生预期寿命（年） 总人口	男	女	城市人口比重（%）	已婚妇女避孕率（%） 总计	现代方法	政府对出生率的看法③	中学入学百分比（%）④ 男	女	人均国民生产总值（美元，1994年）
法国	58.4	12	9	0.3	217	61.7	63.6	6.1	1.7	20	15	78	74	82	74	81	67	L	104	107	23 470
德国	81.7	9	11	−0.1	—	83.4	79.3	5.5	1.3	16	15	76	72	79	85	75	72	L	101	100	25 580
列支敦士登	0.03	12	7	0.5	139	0.03	0.03	5.6	1.3	19	10	72	68	75	—	—	—	S	—	—	—
卢森堡	0.4	14	9	0.4	169	0.4	0.4	5.3	1.7	18	14	76	73	79	86	—	—	L	72	73	39 850
荷兰	15.5	13	9	0.4	173	16.8	17.4	5.5	1.6	18	13	77	74	80	61	76	71	S	126	120	21 970
瑞士	7.1	12	9	0.3	231	7.6	7.5	5.1	1.5	18	15	78	75	82	68	71	65	L	93	89	37 180
东欧	309	10	14	−0.4	—	315	319	16	1.4	21	12	68	62	73	68	—	—	—	80	89	2 310
白俄罗斯	10.3	10	13	−0.3	—	10.8	11.2	13	1.4	22	12	69	64	74	69	50	42	S	89	96	2 160
保加利亚	8.4	9	13	−0.4	—	8.1	7.9	15.5	1.4	19	15	71	68	75	68	—	—	L	66	70	1 160
捷克共和国	10.3	10	11	−0.1	—	10.4	10.6	7.9	1.4	19	13	73	70	77	75	69	43	S	85	88	3 210
匈牙利	10.2	11	14	−0.3	—	9.9	9.3	11.5	1.6	18	14	70	65	74	64	73	62	L	79	82	3 840
摩尔多瓦	4.3	14	12	0.3	277	4.8	5.1	23	2.0	27	9	68	64	71	47	—	—	S	67	72	870
波兰	38.6	12	10	0.2	462	40.4	40.5	13.5	1.7	23	11	72	68	76	62	—	—	S	82	87	2 470
罗马尼亚	22.6	10	12	−0.2	—	22.2	21.2	23.9	1.3	21	12	70	66	73	55	57	14	L	83	82	1 230
俄罗斯	147.7	9	15	−0.5	—	149.5	153.1	18	1.4	21	12	65	57	71	73	—	22	L	84	91	2 650
斯洛伐克	5.4	12	10	0.3	248	5.7	6.1	11.2	1.7	23	11	72	68	77	57	74	42	S	87	90	2 230
乌克兰	51.1	10	15	−0.5	—	53.0	54.0	14	1.5	20	14	68	63	73	68	—	—	L	65	95	1 570
南欧	143	10	9	0.1	652	144	137	11	1.3	17	14	76	73	79	75	—	—	—	88	93	14 180
阿尔巴尼亚	3.3	23	6	1.7	41	4.0	4.6	33.2	2.8	33	6	72	70	76	37	—	—	S	84	72	360
波斯尼亚－黑塞哥维那	3.6	13	7	0.6	122	3.9	3.9	—	—	23	7	72	70	75	—	—	—	S	—	—	—
克罗地亚	4.4	11	11	0.0	—	4.4	4.2	10.2	1.5	20	12	71	66	75	54	—	—	L	80	86	2 530
希腊	10.5	10	9	0.1	1 386	10.2	10.0	8.3	1.3	18	13	77	75	80	72	—	—	L	100	98	7 710
意大利	57.3	9	10	0.0	—	57.7	54.4	8.3	1.2	15	16	77	74	80	97	—	—	S	81	82	19 270
马其顿	2.1	16	8	0.8	86	2.3	2.3	24.1	2.1	24	8	72	70	74	58	—	—	H	53	55	790
马耳他	0.4	13	7	0.6	120	0.4	0.4	9.1	1.9	22	11	77	75	79	89	—	—	S	91	84	7 970⑥

续表 8

国家、地区	1996年年中人口数（百万）	出生率（‰）	死亡率（‰）	自然增长率（%）	人口倍增时间（年）	人口预测数（百万）		婴儿死亡率①（‰）	总和生育率②	15岁以下及65岁以上人口（%）		出生预期寿命（年）			城市人口比重（%）	已婚妇女避孕率（%）		政府对出生率的看法③	中学入学百分比（%）④		人均国民生产总值（美元，1994年）
						2010年	2025年			<15	65⁺	总人口	男	女		总计	现代方法		男	女	
葡萄牙	9.9	11	10	0.1	866	10.2	10.0	7.9	1.4	18	14	75	71	78	48	—	—	L	63	74	9 370
圣马利诺	0.03	11	8	0.3	204	0.03	0.03	7.5	1.2	15	15	76	73	79	91	—	—	S	—	—	—
斯洛文尼亚	2.0	10	10	0.0	6 931	2.0	2.0	6.5	1.3	19	12	73	69	77	50	—	—	L	88	90	7 140
西班牙	39.3	9	9	0.1	1 155	37.8	34.6	7.2	1.2	17	15	77	73	81	64	79	75	S	107	120	13 280
南斯拉夫⑥	10.2	13	10	0.3	224	10.6	10.6	18.6	1.9	22	11	72	69	74	57	—	—	S	64	65	—
大洋洲	29	19	7	1.1	60	34	39	24	2.5	26	10	73	71	76	70	—	—	—	70	71	13 770
澳大利亚	18.3	14	7	0.8	92	20.8	23.1	5.8	1.8	21	12	78	75	81	85	76	72	S	83	86	17 980
密克罗尼西亚联邦	0.1	38	8	3.0	23	0.1	0.2	52	5.6	43	3	64	62	66	26	—	—	H	—	—	1 890
斐济	0.8	25	5	2.0	34	1.0	1.1	19	3.0	38	3	63	61	65	39	—	—	H	64	65	2 320
法属波利尼西亚	0.2	26	5	2.1	34	0.3	0.4	13	3.1	36	3	70	68	72	57	—	—	—	68	87	—
关岛	0.2	30	4	2.6	27	0.2	0.2	9.7	3.5	30	4	74	72	76	38	—	—	—	—	—	—
马绍尔群岛	0.1	26	4	2.2	31	0.1	0.2	63	5.9	51	3	62	60	63	65	—	—	H	—	—	1 680
新喀里多尼亚	0.2	26	6	2.0	31	0.2	0.3	8	3.0	33	5	72	70	75	70	—	—	—	82	88	—
新西兰	3.6	16	8	0.9	82	4.0	4.3	7.0	2.0	23	12	76	73	79	85	—	—	S	103	103	13 190
帕劳	0.02	22	8	1.4	50	0.02	0.02	25	3.1	30	6	67	—	—	69	—	—	—	—	—	—
巴布亚新几内亚	4.3	34	10	2.3	30	5.8	7.5	63	4.7	42	2	56	56	57	15	18	—	H	15	10	1 160
所罗门群岛	0.4	39	5	3.4	20	0.6	0.8	28	5.7	47	3	70	68	73	13	—	—	H	21	13	800
瓦努阿图	0.2	38	9	2.9	24	0.2	0.3	45	5.3	44	4	63	—	—	18	—	—	S	23	18	1 150
西萨摩亚	0.2	31	8	2.3	30	0.2	0.3	21	4.8	41	4	65	—	—	21	—	—	H	—	—	970

①每千名活产婴儿的婴儿死亡数；②每个妇女在一生中所生子女的平均数；③H－太高，S－满意，L－太低；④中学入学总人数与适龄组总人数之比（总入学比）；⑤1992年4月27日，塞尔维亚和门的内哥罗形成南斯拉夫联邦共和国的一个新省；⑥1993。

（林晓红 译）

资料来源：美国人口咨询局。

1996年世界各国人口、经济与社会指标

国家、地区	1996年年总人口（百万）	2025年人口预测数（百万）	1995～2000年人口平均增长率（%）	城镇人口比重（%）	1995～2000年人口平均增长比重（%）	平均每公顷可耕地人口（人）	总和生育率	避孕率（%）所有方法	避孕率（%）现代方法	人均国内生产总值（美元，1993年）	中央政府支出（%）教育	中央政府支出（%）卫生	外国人口援助（美元，千）	5岁以下儿童死亡率（‰）男	5岁以下儿童死亡率（‰）女	人均能源消费（千克）	饮用洁净水人口（%）
世界	5 804.1	8 294.3	1.5	45	2.5	—	2.98	57	49	—	—	—	(776 624)	—	—	—	—
发达地区	1 170.7	1 238.4	0.3	75	0.7	—	1071	71	51	—	—	—	—	—	—	—	—
欠发达地区	4 633.4	7 055.9	1.8	38	3.3	—	3.29	53	49	—	—	—	—	—	—	—	—
最不发达地区	591.8	1 162.3	2.7	22	5.2	—	5.37	20	15	—	—	—	—	—	—	—	—
非洲	748.1	1 495.8	2.7	34	4.3	—	5.35	19	15	—	—	—	161 500	—	—	—	—
东部非洲	233.7	494.6	2.8	22	5.3	—	5.98	—	—	—	—	—	—	—	—	—	—
布隆迪	6.6	13.5	2.8	8	6.4	234	6.28	9	1	157	—	—	3 984	185	165	24	37
厄立特里亚	3.6	7.0	2.6	17	4.7	—	5.34	—	—	—	—	—	209	211	190	—	—
埃塞俄比亚	56.7	126.9	2.9	13	5.1	66	6.51	4	3	118	9.9	3.0	9 269	216	194	23	18
肯尼亚	29.1	63.4	2.8	28	5.6	47	5.76	33	27	218	20.1	5.4	16 909	110	95	99	28
马达加斯加	15.2	34.4	3.1	27	5.6	26	5.65	17	5	265	17.2	6.6	6 471	160	141	34	30
马拉维	11.4	22.3	1.8	14	4.6	225	6.69	13	7	189	10.4	7.8	2 376	238	215	35	53
毛里求斯	1.1	1.5	1.1	41	1.6	211	2.28	75	49	3 009	14.6	8.1	616	25	20	391	100
莫桑比克	16.5	35.1	3.4	34	7.1	26	6.06	—	—	94	—	—	2 744	283	269	43	24
卢旺达	8.2	15.8	2.6	6	4.7	423	6.00	21	13	198	—	—	3 904	206	185	27	64
索马里	9.5	21.3	3.1	26	4.7	15	6.51	—	—	106	—	—	312	205	186	7	56
乌干达	22.0	48.1	2.9	13	5.4	174	6.72	5	3	182	—	—	9 270	216	194	23	21
坦桑尼亚	30.5	62.9	2.8	24	5.7	57	5.48	20	13	85	—	—	8 336	158	139	35	52
赞比亚	9.7	19.1	2.6	43	3.3	17	5.50	15	9	404	6.2	5.3	3 707	187	167	146	59
津巴布韦	11.5	19.6	2.1	32	4.4	93	4.53	48	22	526	15.7	5.1	4 349	66	53	471	36
中部非洲	84.9	189.1	3.0	3.3	4.5	—	6.02	—	—	—	—	—	—	—	—	—	—
安哥拉	11.5	26.6	3.3	32	5.6	21	6.69	—	—	—	—	—	1 281	220	198	96	50
喀麦隆	13.6	29.2	2.8	45	4.7	47	5.30	16	4	885	15.3	4.3	3 098	124	109	87	34
中非共和国	3.4	6.4	2.4	39	3.5	38	5.29	24	4	391	—	—	1 721	183	163	29	12
乍得	6.5	12.9	2.8	21	4.1	9	5.51	—	—	199	—	—	1 501	216	194	16	—
刚果	2.7	5.7	2.7	59	4.2	14	5.87	—	—	1 018	—	—	1 108	175	157	165	20
加蓬	1.4	2.7	2.8	50	4.2	16	5.70	—	—	5 413	—	—	260	162	143	953	72

续表 1

国家、地区	1996年年总人口（百万）	2025年人口预测数（百万）	1995～2000年人口平均增长率（%）	城镇人口比重（%）	1995～2000年人口平均增长比重（%）	平均每公顷可耕地人口（人）	总和生育率	避孕率（%）所有方法	避孕率（%）现代方法	人均国内生产总值（美元，1993年）	中央政府支出（%）教育	中央政府支出（%）卫生	外国人口援助（美元，千）	5岁以下儿童死亡率（‰）男	5岁以下儿童死亡率（‰）女	人均能源消费（千克）	饮用洁净水人口（%）
扎伊尔	45.3	104.6	3.0	29	4.3	113	6.24	8	2	242	—	—	453	156	138	48	34
北部非洲	164.1	268.6	2.1	46	3.1	—	3.73	—	—	—	—	—	—	—	—	—	—
阿尔及利亚	28.6	45.5	2.2	56	3.5	16	3.41	47	43	1 862	—	—	1 503	80	66	955	78
埃及	64.2	97.3	1.9	45	2.6	820	3.44	46	45	697	13.4	2.8	12 730	93	80	576	90
利比亚	5.6	12.9	3.3	86	3.9	4	5.92	—	—	4 990	—	—	21	91	76	1 883	97
摩洛哥	27.6	40.7	1.8	48	2.9	30	3.10	50	42	1 027	18.2	3.0	8 475	84	69	299	61
苏丹	28.9	58.4	2.7	25	4.7	13	5.37	8	7	231	—	—	2 597	171	152	68	—
突尼斯	9.1	13.3	1.7	57	2.6	20	2.75	60	51	1 693	17.5	6.6	3 268	63	51	576	68
南部非洲	48.5	82.8	2.2	48	3.3	—	3.92	—	—	—	—	—	—	—	—	—	—
博茨瓦纳	1.5	3.0	2.9	28	6.3	2	4.46	33	32	2 722	21.0	4.7	1 212	49	37	388	56
莱索托	2.1	4.2	2.6	23	5.8	61	4.86	23	19	390	21.9	11.5	2 467	73	61	—	46
纳米比亚	1.6	3.0	2.6	37	5.3	1	4.90	29	26	1 753	22.2	9.7	1 156	92	79	—	—
南非	42.4	71.0	2.2	51	3.0	6	3.81	50	48	2 882	—	—	169	77	63	2 399	—
西部非洲	216.9	460.6	2.9	37	4.9	—	6.08	—	—	—	—	—	—	—	—	—	—
贝宁	5.6	12.3	2.9	31	4.6	127	6.60	9	1	418	—	—	1 663	193	172	20	50
布基纳法索	10.6	21.7	2.5	27	8.9	59	6.06	8	4	288	—	—	3 409	205	186	16	67
科特迪瓦	14.7	36.8	3.2	44	4.7	42	6.88	11	4	700	—	—	5 292	138	121	109	83
加纳	18.0	38.0	2.9	36	4.4	101	5.53	20	10	370	25.7	9.0	6 631	138	120	96	56
几内亚	6.9	15.1	2.9	30	5.5	65	6.51	2	1	503	—	—	3 593	237	213	66	33
几内亚比绍	1.1	2.0	2.1	22	4.6	55	5.42	—	—	235	2.7	1.4	574	248	224	37	25
利比里亚	3.1	7.2	3.2	45	4.5	31	6.33	6	5	—	11.0	5.1	428	223	201	38	54
马里	11.1	24.6	3.0	27	5.4	24	6.60	5	1	288	9.0	2.1	6 485	212	189	20	49
毛里塔尼亚	2.3	4.4	2.5	54	4.3	4	5.03	3	1	438	—	—	760	207	186	105	66
尼日尔	9.5	22.4	3.3	17	5.8	57	7.10	4	2	260	—	—	5 504	218	196	38	59
尼日利亚	115.0	238.4	2.8	39	4.8	103	5.97	6	4	271	—	—	12 899	192	174	141	46
塞内加尔	8.5	16.9	2.7	42	4.0	111	5.62	7	5	709	—	—	3 787	113	98	115	55
塞拉利昂	4.6	8.7	2.3	36	4.4	94	6.06	—	—	164	2.1	1.5	1 094	253	229	72	42

续表 2

国家、地区	1996 年年总人口（百万）	2025 年人口预测数（百万）	1995～2000 年人口平均增长率（%）	城镇人口比重（%）	1995～2000 年人口平均增长比重（%）	平均每公顷可耕地人口（人）	总和生育率	避孕率（%）所有方法	避孕率（%）现代方法	人均国内生产总值（美元，1993 年）	中央政府支出（%）教育	中央政府支出（%）卫生	外国人口援助（美元，千）	5 岁以下儿童死亡率（‰）男	5 岁以下儿童死亡率（‰）女	人均能源消费（千克）	饮用洁净水人口（%）
多哥	4.3	9.4	3.0	31	4.8	105	6.08	12	3	345	—	—	959	145	127	47	71
亚洲	3 513.2	4 960.0	1.5	35	3.2	—	2.89	58	54	—	—	—	165 574	—	—	—	—
东亚	1 438.3	1 745.8	0.9	37	2.9	—	1.92	—	—	—	—	—	—	—	—	—	—
中国	1 234.3	1 526.1	1.0	30	3.6	155	1.95	83	83	361	—	—	13 694	43	32	632	78
朝鲜	24.3	33.4	1.6	61	2.3	349	2.23	—	—	—	—	—	1 079	32	26	1 701	—
香港	5.9	5.9	0.3	95	0.5	798	1.21	81	75	20 004	—	—	9	7	2 278	99	—
日本	125.4	121.6	0.2	78	0.4	132	1.50	59	53	33 667	—	—	(83 227)	7	5	3 642	—
蒙古	2.5	3.8	2.0	61	2.9	1	3.27	—	—	267	1 062	88	1 062	88	73	1 089	66
韩国	45.4	54.4	0.9	81	2.1	418	1.80	79	70	7 497	16.2	1.2	1 237	18	13	2 863	93
东南亚	492.8	713.4	1.7	34	3.7	—	3.03	—	—	—	—	—	—	—	—	—	—
柬埔寨	10.5	19.7	2.5	21	5.6	166	4.86	—	—	232	—	—	27	178	160	52	—
印度尼西亚	200.6	275.6	1.5	35	4.1	240	2.63	55	52	844	9.8	2.8	13 442	98	82	330	42
老挝	5.0	9.7	2.8	22	5.7	184	6.03	19	15	290	—	—	300	168	149	39	29
马来西亚	20.6	31.6	2.0	54	3.4	110	3.24	48	31	3 325	19.6	5.9	1 333	20	14	1 545	79
缅甸	47.5	75.6	2.1	26	3.7	192	3.81	17	14	1 238	17.4	6.8	1 201	108	91	39	32.5
菲律宾	69.0	104.5	2.0	54	3.7	321	3.57	40	25	839	15.0	4.1	15 901	56	44	328	81
新加坡	2.9	3.4	0.8	100	0.8	257	1.73	74	—	20 486	22.9	6.2	125	7	6	5 563	100
泰国	59.4	73.6	1.0	20	2.8	138	2.10	66	64	2 157	21.1	8.1	4 342	36	26	673	72
越南	76.2	118.2	2.1	21	3.5	611	3.51	65	44	181	—	—	6 000	50	38	77	50
中南亚	1 409.7	2 196.3	2.0	29	3.4	—	3.77	—	—	—	—	—	—	—	—	—	—
阿富汗	21.5	45.3	5.6	20	7.7	27	6.37	2	2	—	—	—	206	254	230	145	21
孟加拉国	123.1	196.1	2.2	18	5.2	823	3.90	46	39	208	11.2	4.8	39 575	127	132	59	80
不丹	1.7	3.1	2.3	6	6.3	0	5.44	—	—	—	10.7	4.8	231	187	195	33	32
印度	953.0	1 392.1	1.8	27	3.0	301	3.42	41	36	279	2.1	1.6	21 884	104	108	243	75
伊朗	68.7	123.5	2.1	59	3.0	26	4.52	65	45	1 782	11.9	4.2	2 087	88	81	1 235	89
尼泊尔	22.5	40.7	2.5	14	6.5	404	4.95	23	22	180	10.9	4.7	6 726	139	145	22	36
巴基斯坦	144.5	284.8	2.8	35	4.6	248	5.59	12	9	422	1.6	1.0	15 028	142	129	226	56
斯里兰卡	18.6	25.0	1.2	22	2.8	387	2.29	66	44	578	10.1	4.8	1 888	24	19	110	60

续表3

国家、地区	1996年年总人口（百万）	2025年人口预测数（百万）	1995～2000年人口平均增长率（%）	城镇人口比重（%）	1995～2000年人口平均增长比重（%）	平均每公顷可耕地人口（人）	总和生育率	避孕率（%）		人均国内生产总值（美元，1993年）	中央政府支出（%）		外国人口援助（美元，千）	5岁以下儿童死亡率（‰）		人均能源消费（千克）	饮用洁净水人口（%）
								所有方法	现代方法		教育	卫生		男	女		
西亚	172.5	304.6	2.4	66	3.4	—	4.13	—	—	—	—	—	52 510	—	—	—	—
伊拉克	21.0	42.7	3.0	75	3.7	39	5.25	14	10	2 692	—	—	138	76	62	1 103	93
以色列	5.8	7.8	1.5	91	1.6	36	2.65	—	—	13 362	11.1	4.4	103	13	10	2 607	—
约旦	5.7	12.0	3.3	72	4.1	20	5.13	35	27	1 373	12.9	5.2	1 591	41	32	922	99
科威特	1.5	2.8	3.2	97	3.4	18	2.90	35	32	13 601	13.7	6.0	243	19	15	4 217	100
黎巴嫩	3.1	4.4	1.8	87	2.3	71	2.75	53	23	1 955	—	—	568	47	36	727	98
阿曼	2.3	6.1	3.9	13	7.4	59	6.67	9	8	5 721	11.0	5.7	351	28	20	2 408	64
沙特阿拉伯	18.4	42.7	3.5	80	3.9	7	5.94	—	—	7 431	—	—	30	38	29	4 552	95
叙利亚	15.2	33.5	3.3	52	4.3	23	5.36	36	28	1 396	8.6	1.9	2 334	50	38	798	79
土耳其	63.1	90.9	1.8	69	3.5	68	3.04	63	34	3 027	20.0	3.5	8 958	72	66	983	92
阿拉伯联合酋长国	1.9	3.0	2.0	84	2.5	0	3.88	—	—	19 592	15.0	6.9	395	27	22	16 878	100
也门	15.1	33.7	3.2	34	5.9	39	7.14	7	6	322	—	—	1 975	162	144	285	—
欧洲	727.7	718.2	0.1	74	0.5	—	1.59	72	45	—	—	—	4 975	—	—	—	—
东欧	308.2	299.4	-0.1	70	0.5	—	1.63	—	—	—	—	—	—	—	—	—	—
保加利亚	8.7	7.8	-0.4	71	0.3	16	1.50	76	8	1 246	22.7	2.1	111	22	17	1 954	—
捷克共和国	10.3	10.6	0.1	65	0.4	—	1.83	69	45	3 026	—	—	69	14	10	—	—
匈牙利	10.1	9.4	-0.3	65	0.4	17	1.71	73	64	3 769	3.3	7.9	63	21	15	2 385	99
波兰	38.4	41.5	0.2	65	0.9	35	1.88	75	26	2 241	—	—	72	20	14	2 390	89
罗马尼亚	22.8	21.7	-0.2	55	0.6	26	1.50	57	14	1 141	10.0	9.2	587	32	24	1 785	—
斯洛伐克	5.4	6.0	0.4	59	1.2	—	1.92	74	41	2 081	—	—	62	18	13	—	77
北欧	93.8	98.6	0.2	84	0.4	—	1.85	—	—	—	—	—	—	—	—	—	—
丹麦	5.2	5.1	0.1	85	0.2	8	1.70	78	72	26 077	9.3	1.0	(29 473)	9	7	3 861	—
爱沙尼亚	1.5	1.4	-0.5	73	-0.1	—	1.61	—	—	2 619	—	—	57	18	13	—	—
芬兰	5.1	5.4	0.4	63	1.0	14	1.92	80	78	16 629	13.9	3.2	(8 781)	9	7	5 635	100
爱尔兰	3.6	3.9	0.3	58	0.8	8	2.10	—	—	13 495	12.2	13.0	—	7	6	3 016	—
拉脱维亚	2.5	2.3	-0.7	73	-0.2	—	1.63	—	—	2 145	—	—	—	25	17	1 717	—
立陶宛	3.7	3.8	0.0	72	0.7	—	1.83	—	—	1 231	—	—	5	23	16	2 596	—
挪威	4.4	4.7	0.4	73	0.7	22	2.00	76	72	24 060	9.4	10.3	(42 852)	9	7	5 096	—

续表 4

国家、地区	1996年年总人口（百万）	2025年人口预测数（百万）	1995～2000年人口平均增长率（%）	城镇人口比重（%）	1995～2000年人口平均增长比重（%）	平均每公顷可耕地人口（人）	总和生育率	避孕率（%）		人均国内生产总值（美元，1993年）	中央政府支出（%）		外国人口援助（美元，千）	5岁以下儿童死亡率（‰）		人均能源消费（千克）	饮用洁净水人口（%）
								所有方法	现代方法		教育	卫生		男	女		
瑞典	8.8	9.8	0.4	83	0.5	10	2.10	78	71	21 320	9.3	0.8	(37 005)	8	6	5 385	—
英国	58.4	61.5	0.3	90	0.4	6	1.81	82	—	16 255	13.2	13.8	(47 177)	10	8	3 718	100
南欧	144.2	139.3	0.2	65	0.6	—	1.41	—	—	—	—	—	—	—	—	—	—
阿尔巴尼亚	3.5	4.7	1.0	37	2.2	142	2.66	—	—	330	—	—	897	42	37	455	—
波斯尼亚－黑塞哥维那	3.5	4.5	4.5	49	6.1	—	1.60	—	—	—	—	—	332	27	19	—	—
克罗地亚	4.5	4.2	-0.3	64	0.9	—	1.65	—	—	2 445	—	—	—	17	12	1 109	—
希腊	10.5	9.9	0.2	65	1.0	23	1.40	—	—	7 053	—	—	42	12	9	2 160	—
意大利	57.2	52.3	0.0	67	0.2	19	1.27	78	32	17 356	5.5	7.5	(17 547)	12	9	2 697	—
马其顿（前南斯拉夫共和国）	2.2	2.6	0.8	60	1.5	—	1.97	—	—	821	—	—	—	40	30	—	—
葡萄牙	9.8	9.7	0.0	36	1.4	39	1.55	66	33	8 611	12.0	8.0	68	13	10	1 781	58
斯洛文尼亚	1.9	1.8	0.0	64	1.2	—	1.46	—	—	6 015	—	—	13	12	9	1 531	—
西班牙	39.7	37.6	0.1	76	0.4	12	1.23	59	38	12 122	5.3	7.0	(578)	11	9	2 373	98
南斯拉夫	10.9	11.5	-0.3	57	0.9	31	2.03	55	12	—	—	—	23	38	29	2 353	75
西欧	181.5	180.9	0.2	81	0.4	—	1.52	—	—	—	—	—	—	—	—	—	—
奥地利	8.0	8.3	0.4	56	0.7	10	1.60	71	56	23 159	9.4	13.0	(803)	11	9	3 277	—
比利时	10.1	10.4	0.3	97	0.3	—	1.71	79	75	20 957	10.2	1.4	(2 281)	13	10	4 989	92
法国	58.2	61.2	0.4	73	0.5	8	1.74	75	68	21 779	6.1	14.1	(13 422)	11	8	4 031	100
德国	81.8	76.4	0.0	87	0.3	14	1.30	75	72	23 679	0.5	13.8	(50 657)	9	7	4 170	—
荷兰	15.6	16.3	0.6	89	0.6	26	1.61	80	77	20 237	10.8	13.9	(37 490)	9	7	4 533	100
瑞士	7.3	7.8	0.8	61	1.3	11	1.67	71	65	32 919	—	—	(6 146)	9	7	3 491	—
拉丁美洲和加勒比地区	490.4	709.8	1.7	74	2.3	—	2.83	59	49	—	—	—	—	—	—	—	—
加勒比地区	36.2	49.6	1.2	62	2.0	—	2.66	—	—	—	—	—	—	—	—	—	—
古巴	11.1	12.7	0.6	76	1.2	32	1.82	70	67	—	—	—	1 476	15	11	839	97.7
多米尼加共和国	8.0	11.2	1.6	65	2.7	72	2.80	56	52	1 261	10.2	14.0	3 486	54	49	340	67
海地	7.3	13.1	2.1	32	4.1	283	4.60	18	14	211	—	—	2 340	160	141	47	41
牙买加	2.5	3.3	0.8	54	1.7	152	2.10	62	58	1 696	—	—	1 691	19	15	1 096	72
波多黎各	3.7	4.6	0.8	73	1.4	0	2.10	70	62	9 909	—	—	139	18	14	2 018	—

续表 5

国家、地区	1996 年年总人口（百万）	2025 年人口预测数（百万）	1995～2000 年人口平均增长率（%）	城镇人口比重（%）	1995～2000 年人口平均增长比重（%）	平均每公顷可耕地人口（人）	总和生育率	避孕率（%）所有方法	避孕率（%）现代方法	人均国内生产总值（美元，1993 年）	中央政府支出（%）教育	中央政府支出（%）卫生	外国人口援助（美元，千）	5 岁以下儿童死亡率（‰）男	5 岁以下儿童死亡率（‰）女	人均能源消费（千克）	饮用洁净水人口（%）
特立尼达和多巴哥	1.3	1.8	1.1	72	1.8	70	2.25	53	44	3 654	—	—	436	21	15	4 696	96
中美洲	129.1	197.5	2.0	68	2.6	—	3.12	—	—	—	—	—	—	—	—	—	—
伯利兹	0.2	0.4	2.6	47	2.6	60	3.66	47	42	2 595	16.8	6.6	187	58	45	426	73
哥斯达黎加	3.5	5.6	2.1	50	3.2	26	2.95	75	65	2 337	19.1	32.0	2 359	19	15	558	94
萨尔瓦多	5.9	9.7	2.2	45	2.9	145	3.59	53	48	1 382	12.8	7.5	4 486	52	47	222	43
危地马拉	10.9	21.7	2.8	42	4.1	148	4.90	23	19	1 128	—	—	7 326	84	76	159	61
洪都拉斯	5.8	10.7	2.8	44	4.3	69	4.30	47	35	629	—	—	4 215	70	57	180	70
墨西哥	95.5	136.6	1.8	75	2.4	26	2.80	53	45	4 064	13.9	1.9	14 490	49	37	1 439	78
尼加拉瓜	4.6	9.1	3.1	63	4.0	22	4.50	49	45	437	—	—	2 462	75	68	241	53
巴拿马	2.7	3.8	1.6	53	2.4	26	2.63	58	54	2 587	16.1	21.8	577	28	23	599	83
南美洲	325.1	462.7	1.6	78	2.2	—	2.74	—	—	—	—	—	—	—	—	—	—
阿根廷	35.0	46.1	1.2	88	1.5	2	2.58	—	—	7 633	9.9	3.0	573	38	33	1 351	—
玻利维亚	7.6	13.1	2.3	61	3.8	11	4.36	45	18	762	16.6	8.2	3 591	115	106	310	66
巴西	164.4	230.3	1.5	78	2.3	15	2.65	66	57	3 242	3.7	6.9	7 786	76	70	666	87
智利	14.5	19.8	1.4	84	1.6	9	2.44	—	—	3 302	13.3	11.1	1 807	24	18	911	86
哥伦比亚	35.7	49.4	1.5	73	2.2	19	2.49	66	55	1 515	—	—	4 600	29	21	661	92
厄瓜多尔	11.7	17.8	2.0	58	3.1	41	3.10	57	46	1 303	18.2	11.0	2 759	64	51	561	70
巴拉圭	5.1	9.0	2.5	53	3.8	9	3.92	48	35	1 452	12.7	4.3	1 517	49	38	214	34
秘鲁	24.2	36.7	1.9	72	2.5	26	3.11	59	33	1 796	—	—	7 404	75	61	332	58
乌拉圭	3.2	3.7	0.6	90	0.8	3	2.25	—	—	4 174	6.8	5.0	562	28	20	715	84
委内瑞拉	22.3	34.8	2.0	93	2.4	9	2.98	49	38	2 869	—	—	262	43	35	2 369	89
北美洲	295.7	369.6	0.9	76	1.2	—	2.06	71	67	—	—	—	—	—	—	—	—
加拿大	29.8	38.3	1.0	77	1.2	1	1.93	73	70	18 982	2.9	5.2	(24 728)	10	8	7 821	—
美国	265.8	331.2	0.9	76	1.2	1	2.08	71	67	24 279	1.8	16.0	(366 562)	12	9	7 918	—
大洋洲	29.0	41.0	1.4	70	1.4	—	2.45	—	—	—	—	—	—	—	—	—	—
澳大利亚－新西兰	21.9	29.0	1.2	85	1.2	—	1.91	—	—	—	—	—	—	—	—	—	—
澳大利亚	18.3	24.7	1.2	85	1.2	0.2	1.87	76	72	16 444	7.0	12.7	(6 347)	10	8	5 316	—

续表 6

国家、地区	1996年年总人口（百万）	2025年人口预测数（百万）	1995~2000年人口平均增长率（%）	城镇人口比重（%）	1995~2000年人口平均增长比重（%）	平均每公顷可耕地人口（人）	总和生育率	避孕率（%） 所有方法	避孕率（%） 现代方法	人均国内生产总值（美元，1993年）	中央政府支出（%） 教育	中央政府支出（%） 卫生	外国人口援助（美元，千）	5岁以下儿童死亡率（‰） 男	5岁以下儿童死亡率（‰） 女	人均能源消费（千克）	饮用洁净水人口（%）
美拉尼西亚	5.9	10.1	2.2	21	3.6	—	4.31	—	—	—	—	—	—	—	—	—	—
新喀里多尼亚	0.2	0.3	1.5	62	2.2	26	2.53	—	—	—	—	—	—	24	17	3 398	—
新西兰	3.6	4.4	1.0	86	1.3	2	2.10	70	62	12 530	13.9	12.1	(756)	11	8	4 299	97
巴布亚新几内亚	4.4	7.5	2.2	16	4.0	538	4.63	—	—	1 248	15.0	7.9	617	78	64	238	34
瓦努阿图	0.2	0.3	2.5	19	3.9	42	4.36	—	—	1 019	14.8	7.6	159	64	51	280	71
处于经济转变中的前苏联国家																	
亚美尼亚	3.6	4.7	1.2	69	1.6	—	2.40	—	—	643	—	—	6	29	21	897	—
阿塞拜疆	7.6	10.1	1.1	56	1.7	—	2.30	—	—	636	—	—	—	44	33	2 470	—
白俄罗斯	10.1	9.9	-0.1	71	0.8	—	1.65	—	—	2 679	—	—	—	21	15	3 427	—
格鲁吉亚	5.5	6.1	0.3	59	1.1	—	2.10	—	—	606	—	—	298	27	19	891	—
哈萨克斯坦	17.2	21.7	0.7	60	1.4	—	2.37	59	47	1 502	—	—	600	43	32	4 435	—
吉尔吉斯斯坦	4.8	7.1	1.6	39	2.4	—	3.30	—	—	829	—	—	365	52	40	965	—
摩尔多瓦	4.4	5.1	0.3	52	1.8	—	2.10	—	—	851	—	—	—	32	23	1 345	—
俄罗斯联邦	146.7	138.5	-0.2	76	0.3	—	1.53	21	13	2 214	—	—	260	28	20	4 411	—
塔吉克斯坦	6.3	11.8	2.7	32	3.2	—	4.50	—	—	416	—	—	285	70	57	634	—
土库曼斯坦	4.2	6.7	2.1	45	2.5	—	3.62	—	—	1 347	—	—	248	78	64	2 268	—
乌克兰	51.3	48.7	-0.2	70	0.6	—	1.64	—	—	2 126	—	—	—	25	17	3 960	—
乌兹别克	23.3	37.7	2.1	41	2.8	—	3.54	—	—	998	—	—	600	59	47	2 033	—

资料来源：联合国人口基金《1996年世界人口状况》。

注：* 最近许多出版物指出这个数字可能过高，未来的出版物将反映对此数字的评价。

(二)资源与环境保护

世界能源平衡表

单位:标准煤万吨

国家、地区	年份	一次能源产量					库存变化	进口
		总计	固体	液体	气体	电力		
世界总计	1991	1 144 448.4	317 014.3	456 722.7	261 697.0	109 014.5	5 959.3	356 997.0
	1992	1 149 365.4	320 430.2	459 303.4	258 574.9	111 056.9	4 678.6	414 766.3
	1993	1 149 474.3	312 086.6	458 300.3	264 914.6	114 272.9	3 644.9	420 375.4
	1994	1 189 344.3	333 083.5	466 631.6	271 902.2	117 726.9	7 162.4	422 183.3
非洲	1991	73 920.0	14 276.7	48 585.3	9 993.6	1 064.4	159.9	7 007.6
	1992	73 369.0	13 991.9	48 415.7	9 897.6	1 063.9	-310.5	7 320.4
	1993	73 212.1	14 538.1	47 402.8	10 307.3	936.9	-389.3	7 577.3
	1994	73 232.7	14 609.6	46 858.1	10 705.6	1 059.4	-276.0	8 011.8
北美洲	1991	299 854.9	80 692.4	98 255.8	84 463.0	36 443.7	1 053.0	76 175.7
	1992	300 995.3	80 063.8	97 420.8	87 106.4	36 404.3	-1 430.4	80 090.1
	1993	297 256.5	74 809.9	95 826.5	89 465.7	37 154.4	487.7	87 491.3
	1994	323 623.2	94 551.9	96 186.5	93 948.5	38 936.3	4 596.5	91 667.8
南美洲	1991	49 304.1	3 068.0	33 172.2	8 127.0	4 936.9	310.7	8 432.1
	1992	50 085.0	2 802.9	34 143.0	8 121.9	5 017.2	197.9	8 750.8
	1993	52 727.6	2 881.1	36 013.4	8 437.3	5 395.7	12.5	9 659.1
	1994	56 138.3	3 076.4	38 315.8	9 092.3	5 653.7	-130.9	10 119.8
亚洲①	1991	327 039.0	111 751.7	165 764.6	31 483.1	18 039.6	3 559.6	109 222.6
	1992	374 022.3	126 210.2	182 512.3	46 338.4	18 961.4	3 089.4	128 911.0
	1993	385 980.3	129 260.8	187 154.8	48 789.1	20 775.6	3 289.6	132 426.0
	1994	401 671.4	135 763.0	192 695.6	51 396.6	21 826.2	1 705.1	135 927.3
欧洲①	1991	148 572.7	48 756.1	31 948.0	30 873.4	36 995.3	854.1	152 846.0
	1992	326 190.7	81 405.7	92 299.1	103 617.7	48 868.2	3 191.5	186 589.2
	1993	315 337.1	74 499.7	87 407.7	104 130.1	49 299.6	559.4	179 429.7
	1994	308 553.0	67 730.9	88 308.9	102 901.8	49 611.3	1 788.0	172 559.0
大洋洲	1991	23 991.1	15 072.1	4 926.0	3 224.5	768.5	21.9	2 854.3
	1992	24 703.2	15 955.8	4 512.4	3 492.9	742.1	-59.3	3 139.6
	1993	24 960.6	16 097.0	4 495.0	3 685.0	683.7	-314.9	3 781.8
	1994	26 125.8	17 351.8	4 266.8	3 857.3	650.0	-520.2	3 887.5
前苏联	1980	199 570.7	56 228.8	86 514.8	51 858.6	4 968.5	112.0	1 206.4
	1989	247 822.2	57 840.9	87 119.1	92 217.7	10 644.5	2 512.7	3 088.0
	1990	235 231.8	48 671.4	81 884.4	93 934.4	10 741.3	744.5	2 523.4
	1991	221 766.6	43 397.4	74 070.7	93 532.3	10 766.1	—	448.4

续表

单位:标准煤万吨

国家、地区	年份	出口	能源消费量					
			人均消费量（公斤）	总 计	固 体	液 体	气 体	电力
世界总计	1991	352 903.7	2 045	1 086 462.4	323 853.8	401 078.5	256 317.6	105 212.6
	1992	351 649.1	2 032	1 095 135.5	318 708.0	405 889.1	261 511.8	109 026.7
	1993	406 023.8	2 003	1 096 128.8	322 627.0	402 814.4	259 597.7	111 189.6
	1994	409 867.1	1 994	1 108 492.3	320 671.9	407 425.3	265 874.4	114 520.8
非 洲	1991	46 082.5	448	28 189.4	10 114.8	12 054.3	5 015.2	1 005.1
	1992	48 896.9	447	28 958.3	10 392.8	12 418.8	5 118.5	1 028.2
	1993	48 657.7	432	28 764.0	10 122.6	12 754.4	4 875.1	1 011.9
	1994	48 141.2	438	30 042.6	10 679.8	13 168.9	5 282.7	911.2
北美洲	1991	43 517.4	7 529	319 602.7	70 800.8	132 064.9	82 260.0	34 477.1
	1992	47 321.3	7 486	322 278.3	70 333.6	130 446.3	85 024.0	36 474.4
	1993	48 225.0	7 483	326 733.8	70 786.3	132 055.1	87 458.2	36 434.2
	1994	46 937.4	7 520	333 013.2	68 432.6	136 722.6	90 332.4	37 525.6
南美洲	1991	20 467.2	1 068	31 304.1	2 479.9	16 459.3	7 687.3	4 677.6
	1992	22 607.1	1 090	32 541.0	2 679.2	16 859.4	8 079.4	4 921.2
	1993	22 428.1	1 082	32 876.3	2 391.9	17 424.2	8 064.4	4 996.1
	1994	24 567.0	1 114	34 444.6	2 102.2	18 617.9	8 397.8	5 326.7
亚 洲①	1991	135 714.3	844	265 913.6	121 466.8	95 048.1	32 116.7	17 282.0
	1992	134 318.9	866	276 373.4	126 989.5	99 655.2	31 704.0	18 024.6
	1993	157 476.5	950	315 051.2	138 492.8	113 372.9	44 083.2	19 102.4
	1994	162 455.1	971	326 979.3	143 756.1	116 461.3	45 870.3	20 891.5
欧 洲①	1991	57 910.8	4 056	234 605.6	67 173.1	85 297.0	45 371.6	36 763.9
	1992	58 376.8	4 644	233 249.1	61 337.6	87 215.2	47 416.8	37 279.4
	1993	116 652.4	5 205	377 281.7	94 807.6	121 510.7	112 160.3	48 803.2
	1994	114 423.3	5 071	367 999.1	89 503.6	116 335.2	112 971.4	49 189.0
大洋洲	1991	10 275.4	5 597	14 939.0	5 611.8	5 674.5	2 960.9	691.8
	1992	11 578.3	5 550	15 044.2	5 779.0	5 630.7	2 866.0	768.4
	1993	12 584.1	5 655	15 420.8	6 026.0	5 696.4	2 956.5	741.8
	1994	13 343.0	5 661	15 678.6	5 863.4	6 118.6	3 019.8	676.8
前苏联	1980	35 421.3	5 995	159 196.5	53 295.4	55 918.0	45 238.3	4 744.8
	1989	42 206.8	6 947	199 609.3	54 877.4	55 960.2	78 604.9	10 166.9
	1990	38 941.3	6 631	191 877.6	46 206.1	54 462.2	80 902.1	10 307.2
	1991	28 549.9	6 415	186 729.7	41 196.3	53 662.5	81 342.4	10 528.6

注:①未包括前苏联有关共和国。

资料来源:联合国《能源年鉴》1994 年。

淡水资源(1995年)

国家、地区	人均水资源量(立方米)	水抽取总量(立方千米)	抽取总量占资源总量(%)	用水量(%)		
				农业	工业	家庭
中国	2 333	460.0	16.4	87	7	6
美国	9 418	467.3	18.9	42	45	13
日本	4 369	90.8	16.6	50	33	17
德国	2 089	46.3	27.1	20	70	11
法国	3 410	37.7	19.1	15	69	16
英国	1 213	11.8	16.8	3	77	20
意大利	2 919	56.2	33.7	59	27	14
加拿大	97 987	45.1	1.6	12	70	18
印度	2 243	380	18.2	93	4	3
澳大利亚	18 999	14.6	4.3	33	2	65
阿根廷	28 674	27.6	2.8	73	18	9
巴西	43 650	36.5	0.5	59	19	22
智利	32 900	16.8	3.6	89	5	4
埃及	1 005	56.4	97.1	85	9	6
以色列	398	1.9	84.1	79	5	16
韩国	1 474	27.6	41.8	46	35	19
墨西哥	3 892	77.6	21.7	86	8	4
荷兰	5 821	7.8	8.7	34	61	5
挪威	90 032	2.0	0.5	8	72	20
秘鲁	1 679	6.1	15.3	72	9	19
波兰	1 456	29.5	9.1	61	21	18
俄罗斯联邦	28 813	117.0	2.7	23	60	17
南非	1 206	13.3	26.2	72	11	17
西班牙	2 839	30.8	27.6	62	26	12
瑞典	20 385	2.9	1.6	9	55	36
泰国	3 073	31.9	17.8	90	6	4
土耳其	3 163	33.5	17.3	57	19	24
乌克兰	1 684	34.7	40.0	30	54	16
委内瑞拉	60 772	4.1	0.3	46	11	43
津巴布韦	1 816	1.2	6.1	79	7	14

资料来源:世界银行《世界发展指标》1997年。

世界一些国家环保投资占同期GNP比例比较(%)

国家	美国	日本	德国	英国	丹麦	中国
70~80年代	1.5(1974)	1.8(1972)	1.5(70年代)	1.5		0.52(1981)
	2.0(1980)	2.1(1975)	2.1(80年代)			
1990~1995年	2.3	3.2	2.6	2.0	2.0	0.8-1

中国"九五"期间的污染治理投资需求约4 500亿元(1995年价格),预计约占同期GNP的1.2%;北京、上海确定"九五"期间环保投资占同期GNP的3%,天津2%,江苏、广东省1.5%。

商业性能源的使用

	能源使用量(石油当量)								净能源进口占能源消费的百分比		二氧化硫排放量			
	总量(千公吨)		人均使用量(千克)		年平均增长率(%)		每千克能源使用产生的GDP(美元)				总排放量(百万公吨)		人均排放量(公吨)	
	1980	1994	1980	1994	1980～1990	1990～1994	1980	1994	1980	1994	1980	1992	1980	1992
低收入国家	652 586$_t$	1 222 928$_t$	271$_w$	384$_w$	5.5$_w$	3.7$_w$	—	1.0$_w$	—	—	2 195.1$_t$	4 012.9$_t$	0.91$_w$	1.30$_w$
除中国和印度外	—	230 666$_t$	—	174$_w$	—	—	—	1.9$_w$	—	—	355.8$_t$	575.5$_w$	0.40$_w$	0.45$_w$
1 卢旺达	—	209	—	27	—	—	—	2.8	—	78	0.3	0.5	0.05	0.06
2 莫桑比克	1 123	614	93	40	-5.8	5.8	1.8	2.4	-15	74	3.2	1.0	0.26	0.07
3 埃塞俄比亚	624	1 156	17	21	6.4	0.9	—	4.1	91	86	1.8	2.9	0.05	0.05
4 坦桑尼亚	1 023	975	55	34	-0.7	2.9	—	3.5	92	83	1.9	2.1	0.10	0.08
5 布隆迪	—	143	—	23	—	—	—	7.0	—	97	0.1	0.2	0.03	0.03
6 塞拉利昂	—	323	—	73	—	—	—	2.6	—	100	0.6	0.4	0.18	0.10
7 马拉维	—	370	—	39	—	—	—	3.5	—	59	0.7	0.7	0.12	0.07
8 乍得	—	100	—	16	—	—	—	9.1	—	100	0.2	0.3	0.05	0.04
9 乌干达	—	425	—	23	—	—	—	9.4	—	58	0.6	1.0	0.05	0.05
10 马达加斯加	—	479	—	37	—	—	—	4.0	—	83	1.6	0.9	0.18	0.08
11 尼泊尔	174	486	12	23	7.2	16.4	11.2	8.3	91	84	0.5	1.3	0.04	0.07
12 越南	4 024	7 549	75	105	4.0	8.3	—	2.1	32	-55	17.0	21.5	0.32	0.31
13 孟加拉国	2 809	7 700	32	65	9.0	5.8	4.6	3.4	60	31	7.6	17.2	0.09	0.15
14 海地	—	326	—	47	—	—	—	5.0	—	70	0.8	0.8	0.14	0.12
15 尼日尔	—	327	—	37	—	—	—	4.7	—	83	0.6	1.1	0.10	0.13
16 几内亚比绍	—	39	—	37	—	—	—	6.2	—	100	0.1	0.2	0.17	0.21
17 肯尼亚	1 991	2 792	120	107	4.2	3.3	3.6	2.5	95	82	6.2	5.3	0.37	0.22
18 马里	—	205	—	22	—	—	—	9.1	—	80	0.4	0.4	0.06	0.05
19 尼日利亚	9 879	17 503	139	102	2.9	4.6	9.4	2.0	-968	-484	68.1	96.5	0.96	0.95
20 也门共和国	1 364	3 165	160	214	7.8	1.9	—		100	-406	3.3	10.1	0.39	0.73
21 布基纳法索	—	160	—	16	—	—	—	11.6	—	100	0.4	0.6	0.06	0.06
22 蒙古	—	2 550	—	1 079	—	—	—	0.3	—	15	6.7	9.3	4.03	4.08
23 印度	93 907	222 262	137	243	6.9	4.8	1.8	1.3	21	20	350.1	769.4	0.51	0.87
24 老挝人民民主共和国	—	182	—	38	—	—	—	8.4	—	-19	0.2	0.3	0.06	0.06
25 多哥	—	183	—	46	—	—	—	5.4	—	100	0.6	0.7	0.23	0.19

续表 1

	能源使用量(石油当量)										二氧化硫排放量			
	总量(千公吨)		人均使用量(千克)		年平均增长率(%)		每千克能源使用产生的GDP(美元)		净能源进口占能源消费的百分比		总排放量(百万公吨)		人均排放量(公吨)	
	1980	1994	1980	1994	1980～1990	1990～1994	1980	1994	1980	1994	1980	1992	1980	1992
26 冈比亚	—	60	—	56	—	—	—	6.0	—	100	0.2	0.2	0.25	0.20
27 尼加拉瓜	—	1 001	—	241	—	—	—	1.8	—	84	2.0	2.5	0.72	0.64
28 赞比亚	1 685	1 292	294	140	-3.0	2.3	2.3	2.7	32	29	3.5	2.5	0.62	0.29
29 塔吉克斯坦	—	3 695	—	642	—	—	—	0.6	—	55	—	4.0	—	0.71
30 贝宁	149	97	43	18	-1.4	-2.3	9.4	15.7	93	-239	0.5	0.6	0.14	0.12
31 中非共和国	—	93	—	29	—	—	—	9.4	—	76	0.1	0.2	0.05	0.07
32 阿尔巴尼亚	3 058	1 350	1 145	422	-1.0	-12.0	0.5	1.3	0	28	7.4	4.0	2.77	1.24
33 加纳	1 303	1 511	121	91	1.6	0.5	3.4	3.6	57	64	2.4	3.8	0.23	0.24
34 巴基斯坦	11 698	32 247	142	255	8.0	6.4	2.0	1.6	38	38	31.7	71.9	0.38	0.60
35 毛里塔尼亚	—	229	—	103	—	—	—	4.5	—	100	0.6	2.9	0.39	1.36
36 阿塞拜疆	15 001	10 545	2 433	1 414	5.2	-18.8	—	0.3	1	-41	—	63.9	—	8.71
37 津巴布韦	2 797	4 654	399	432	5.5	0.7	1.9	1.2	28	26	9.7	18.7	1.39	1.82
38 几内亚	—	418	—	65	—	—	—	8.1	—	87	0.9	1.0	0.21	0.17
39 中国	413 130	770 000	421	647	5.6	4.0	0.5	0.7	-4	-1	1 489.2	2 668.0	1.52	2.29
40 洪都拉斯	—	969	—	169	—	—	—	3.4	—	71	2.1	3.1	0.56	0.56
41 塞内加尔	875	840	158	102	0.8	-1.5	3.4	4.6	100	100	2.8	2.8	0.50	0.36
42 科特迪瓦	1 435	2 350	175	170	1.6	17.9	7.1	2.9	87	82	4.7	6.3	0.57	0.49
43 刚果	262	279	157	147	0.6	7.3	6.5	4.2	-1 193	-2 492	0.4	4.0	0.23	1.64
44 吉尔吉斯共和国	1 938	3 197	534	715	0.9	2.9	—	0.9	-113	76	—	15.4	—	3.42
45 斯里兰卡	1 411	1 979	96	111	0.5	7.5	2.9	5.9	91	83	3.4	5.0	0.23	0.29
46 亚美尼亚	—	2 500	—	667	—	—	—	1.0	—	87	—	4.2	—	1.14
47 喀麦隆	774	1 077	89	83	3.5	-1.2	9.7	6.9	-269	-525	3.9	2.2	0.45	0.18
48 阿拉伯埃及共和国	15 176	34 538	371	608	7.2	3.0	1.5	1.2	-120	-67	45.2	84.0	1.11	1.54
49 莱索托	—	—	—	—	—	—	—	—	—	—	—	—	—	—
50 格鲁吉亚	4 474	3 098	882	572	-1.7	-12.2	—	0.7	-5	81	—	13.8	—	254
51 缅甸	—	—	—	—	—	—	—	—	—	—	4.8	4.4	0.14	0.10
中等收入国家	—	2 501 145$_t$	—	1 593$_w$	—	—	—	1.7$_w$	—	—	4 009.3$_t$	5 370.8$_t$	5.23$_w$	3.52$_w$
下中等收入	—	1 689 117$_t$	—	1 540$_w$	—	—	—	1.1$_w$	—	—	—	—	—	—

续表 2

		能源使用量(石油当量)										二氧化硫排放量			
		总量(千公吨)		人均使用量(千克)		年平均增长率(%)		每千克能源使用产生的GDP(美元)		净能源进口占能源消费的百分比		总排放量(百万公吨)		人均排放量(公吨)	
		1980	1994	1980	1994	1980～1990	1990～1994	1980	1994	1980	1994	1980	1992	1980	1992
52	玻利维亚	1 713	2 220	320	307	-0.6	4.4	1.8	2.5	-107	-90	4.5	6.6	0.84	0.96
53	前南斯拉夫马其顿共和国	—	—	—	—	—	—	—	—	—	—	—	4.1	—	1.99
54	摩尔多瓦	—	4 185	—	962	—	—	—	0.9	—	99	—	14.2	0.00	3.26
55	印度尼西亚	25 028	74 794	169	393	7.4	9.3	3.1	2.3	-275	-101	94.6	184.6	0.64	1.00
56	菲律宾	13 406.	24 428	277	364	2.6	8.3	2.4	2.6	79	70	36.5	49.7	0.76	0.77
57	乌兹别克斯坦	—	42 209	—	1 886	—	—	—	0.5	—	3	—	123.3	—	5.74
58	摩洛哥	4 927	8 107	254	307	3.6	4.3	3.8	3.8	87	95	16.0	27.3	0.82	1.08
59	哈萨克斯坦	76 799	62 308	5 153	3 710	3.6	-10.8	—	0.3	0	-16	—	298.0	—	17.55
60	危地马拉	1 443	1 921	209	186	0.3	9.2	5.5	6.7	84	70	4.5	5.7	0.65	0.58
61	巴布亚新几内亚	—	990	—	236	—	—	—	5.5	—	-150	1.8	2.3	0.60	0.56
62	保加利亚	28 476	23 500	3 213	2 786	0.3	-2.6	0.7	0.4	74	63	74.9	54.4	8.45	6.37
63	罗马尼亚	63 846	39 782	2 876	1 750	0.3	-8.8	—	0.8	19	27	191.4	122.1	8.62	5.36
64	厄瓜多尔	4 209	5 807	529	517	2.6	0.0	2.8	2.9	-156	-223	13.4	18.9	1.69	1.76
65	多米尼加共和国	—	2 591	—	340	—	—	—	4.0	—	89	6.4	10.2	1.12	1.40
66	立陶宛	11 353	8 164	3 326	2 194	3.0	-19.6	—	0.6	-2	80	—	22.0	—	5.88
67	萨尔瓦多	—	1 236	—	219	—	—	—	6.6	—	58	2.1	3.6	0.47	0.66
68	约旦	1 710	4 024	784	997	5.8	5.0	—	1.5	100	97	4.7	11.3	2.17	3.03
69	牙买加	2 169	2 776	1 017	1 112	-0.3	2.3	1.2	1.5	99	100	8.4	8.0	3.96	3.29
70	巴拉圭	550	1 251	175	261	6.8	9.6	8.3	6.3	88	-141	1.5	2.6	0.47	0.58
71	阿尔及利亚	12 078	28 244	647	1 030	6.2	4.7	3.5	1.5	-452	-273	66.2	79.2	3.55	3.02
72	哥伦比亚	13 972	22 271	501	613	3.7	1.3	2.4	3.0	7	-103	39.3	61.5	1.41	1.76
73	突尼斯	3 083	5 204	483	590	4.0	3.4	2.8	3.0	-99	-7	9.5	13.6	1.48	1.60
74	乌克兰	108 290	170 910	2 164	3 292	6.9	-9.8	—	0.5	-1	43	—	611.3	—	11.72
75	纳米比亚	—	—	—	—	—	—	—	—	—	—	—	—	—	—
76	秘鲁	8 139	8 159	471	351	-0.5	3.1	2.5	6.1	-36	1	23.5	22.3	1.36	1.00
77	白俄罗斯	—	27 881	—	2 692	—	—	—	0.7	—	89	—	102.0	—	9.89

续表 3

		能源使用量(石油当量)										二氧化硫排放量			
		总量(千公吨)		人均使用量(千克)		年平均增长率(%)		每千克能源使用产生的GDP(美元)		净能源进口占能源消费的百分比		总排放量(百万公吨)		人均排放量(公吨)	
		1980	1994	1980	1994	1980～1990	1990～1994	1980	1994	1980	1994	1980	1992	1980	1992
78	斯洛伐克共和国	—	—	—	—	—	—	—	—	—	—	—	37.0	—	6.97
79	拉脱维亚	—	4 469	—	1 755	—	—	—	1.3	—	88	—	14.8	—	5.62
80	哥斯达黎加	—	1 843	—	558	—	—	—	4.5	—	41	2.5	3.8	1.08	1.20
81	波兰	124 500	98 800	3 499	2 563	-0.4	0.2	0.5	0.9	3	5	459.6	341.9	12.92	8.91
82	泰国	12 093	44 655	259	770	9.5	10.0	2.7	3.2	96	59	40.0	112.5	0.86	1.98
83	土耳其	31 314	58 100	705	955	5.8	2.7	1.8	2.3	45	56	76.0	145.5	1.71	2.49
84	克罗地亚	—	5 051	—	1 057	—	—	—	2.8	—	28	—	16.2	—	3.39
85	巴拿马	1 376	1 479	703	566	-1.7	6.6	2.6	4.7	97	83	3.6	4.2	1.86	1.68
86	俄罗斯联邦	750 240	599 027	5 397	4 038	4.2	-8.9	—	0.6	0	-52	—	2 103.1	—	14.14
87	委内瑞拉	35 011	49 355	2 354	2 331	1.5	4.6	2.0	1.2	-280	-245	89.6	116.4	6.03	5.75
88	博茨瓦纳	—	549	—	380	—	—	—	7.3	—	55	1.0	2.2	1.10	1.60
89	爱沙尼亚	—	5 325	—	3 552	—	—	—	0.9	—	42	0.4	20.9	0.28	13.53
90	伊朗伊斯兰共和国	38 347	97 891	980	1 565	7.5	8.9	2.4	0.7	-118	-127	116.1	235.5	2.97	3.97
91	土库曼斯坦	7 948	14 090	2 778	3 198	25.0	-29.9	—	—	-101	-116	—	42.3	—	10.48
上中等收入		475 209$_t$	810 681$_t$	1 297$_w$	1 715$_w$	4.9$_w$	3.5$_w$	—	2.8$_w$	—	—	1 358.3$_t$	1 907.7$_t$	3.71$_w$	4.17$_w$
92	巴西	72 141	110 000	595	691	4.3	3.2	3.3	5.0	65	38	183.6	217.1	1.51	1.41
93	南非	60 511	91 349	2 074	2 253	3.6	0.0	1.3	1.3	-14	-33	213.4	290.3	7.31	7.49
94	毛里求斯	—	431	—	387	—	—	—	7.9	—	92	0.6	1.4	0.61	1.26
95	捷克共和国	29 394	40 324	2 873	3 902	73.7	-4.5	1.0	0.9	-29	13	—	135.6	—	13.15
96	马来西亚	9 522	33 662	692	1 711	9.4	11.2	2.6	2.1	-58	-66	28.0	70.5	2.03	3.76
97	智利	7 743	13 200	695	943	3.9	4.3	3.6	3.9	50	66	27.0	34.7	2.42	2.55
98	特立尼达和多巴哥	3 863	5 891	3 570	4 549	3.9	-0.4	1.6	0.8	-240	-89	16.7	20.6	15.41	16.28
99	匈牙利	28 322	25 191	2 645	2 455	0.8	-3.4	0.8	1.6	49	44	82.0	59.9	7.66	5.80
100	加蓬	759	676	942	520	-3.6	5.6	5.6	5.8	-1 106	-2 268	4.8	5.6	5.93	4.50
101	墨西哥	97 434	139 600	1 453	1 577	2.3	2.0	2.0	2.7	-49	-55	260.1	332.9	3.83	3.92
102	乌拉圭	2 208	1 971	758	623	-0.9	2.7	4.6	7.9	89	68	5.8	5.0	1.98	1.61
103	阿曼	1 346	4 924	1 223	2 347	12.4	5.8	4.4	2.4	-1 024	-801	5.9	10.0	5.33	5.24
104	斯洛文尼亚	—	2 995	—	1 506	—	—	—	4.7	—	19	—	5.5	—	2.76
105	沙特阿拉伯	35 496	85 326	3 787	4 744	5.8	6.1	4.4	1.4	-1 361	-435	130.8	220.6	13.95	13.11
106	希腊	15 973	23 300	1 656	2 235	3.6	1.2	2.5	3.3	77	63	51.4	73.9	5.33	7.16

续表 4

	能源使用量(石油当量)										二氧化硫排放量			
	总量(千公吨)		人均使用量(千克)		年平均增长率(%)		每千克能源使用产生的GDP(美元)		净能源进口占能源消费的百分比		总排放量(百万公吨)		人均排放量(公吨)	
	1980	1994	1980	1994	1980～1990	1990～1994	1980	1994	1980	1994	1980	1992	1980	1992
107 阿根廷	39 669	47 850	1 411	1 399	1.1	3.5	1.9	5.9	8	−21	107.5	117.0	3.82	3.50
108 韩国	41 426	133 374	1 087	3 000	8.5	10.2	1.5	2.8	77	85	125.7	289.8	3.30	6.64
低收入和中等收入国家	—	3716 470$_t$	—	782$_w$		—	—	1.5$_w$			6 378.8$_t$	9 849.7$_t$	1.75$_w$	2.14$_w$
撒哈拉以南非洲	104 833$_t$	155 832$_t$	276$_w$	272$_w$	3.2$_w$	1.0$_w$	—	1.9$_w$			356.8$_t$	478.6$_t$	0.94$_w$	0.88$_w$
东亚与太平洋	566 538$_t$	1 162 092$_t$	405$_w$	670$_w$	5.9$_w$	5.4$_w$	—	1.3$_w$			1 979.2$_t$	3 682.4$_t$	1.42$_w$	2.18$_w$
南亚	112 057$_t$	269 625$_t$	124$_w$	221$_w$	7.0$_w$	5.1$_w$	—	1.5$_w$	—	—	395.2$_t$	866.5$_t$	0.44$_w$	0.74$_w$
欧洲与中亚	—	1 329 092$_t$	—	2 727$_w$	—	—	—	0.8$_w$			—	—	—	—
中东与北非	143 540$_t$	333 267$_t$	821$_w$	1 250$_w$	6.4$_w$	6.2$_w$	—	1.5$_w$			500.5$_t$	860.2$_t$	2.86$_w$	3.40$_w$
拉丁美洲与加勒比地区	322 214$_t$	453 021$_t$	898$_w$	962$_w$	2.5$_w$	2.7$_w$	—	3.7$_w$			857.6$_t$	1 047.0$_t$	2.39$_w$	2.31$_w$
高收入国家和地区	3 743 415$_t$	4 392 058$_t$	4 822$_w$	5168$_w$	1.5$_w$	1.4$_w$	—	4.7$_w$	—	—	9 835.0$_t$	10 087.4$_t$	12.67$_w$	12.03$_w$
109 葡萄牙	10 291	18 100	1 054	1 828	4.7	2.6	2.8	4.8	86	90	27.1	47.2	2.77	4.78
110 新西兰	9 202	15 200	2 956	4 352	4.5	2.2	2.4	3.3	39	5	17.6	26.2	5.65	7.60
111 西班牙	68 692	94 500	1 837	2 414	2.6	1.3	3.1	5.1	77	69	200.0	223.2	5.32	5.72
112 爱尔兰	8 485	11 200	2 495	3 136	2.1	1.5	2.4	4.6	78	70	25.1	30.9	7.37	8.69
113 + 以色列	8 616	15 151	2 222	2 815	4.5	6.7	2.6	5.1	98	96	21.1	41.6	5.45	8.13
114 澳大利亚	70 399	92 300	4 792	5 173	2.1	1.5	2.3	3.6	−22	−91	202.8	267.9	13.80	15.33
115 英国	201 200	219 200	3 572	3 754	1.0	0.6	2.7	4.6	2	−9	588.3	566.2	10.44	9.76
116 芬兰	24 998	30 300	5 230	5 954	2.3	1.3	2.1	3.2	72	62	55.1	41.2	11.53	8.17
117 意大利	139 190	154 800	2 466	2 710	1.4	−0.1	3.3	6.6	86	81	372.1	407.7	6.59	7.17
118 + 科威特	9 500	12 337	6 909	7 615	4.1	11.7	3.0	2.0	−739	−711	24.7	16.0	17.99	11.42
119 加拿大	193 170	228 000	7 854	7 795	1.6	2.2	1.4	2.4	−7	−46	430.2	409.9	17.49	14.36
120 + 香港	5 628	13 822	1 117	2 280	7.0	7.7	5.1	9.5	100	100	16.4	29.1	3.26	5.01
121 荷兰	65 106	70 100	4 601	4 558	1.0	1.2	2.6	4.7	−10	9	152.8	139.0	10.80	9.16
122 + 新加坡	6 049	19 210	2 651	6 556	7.2	10.5	1.9	3.6	100	100	30.1	49.8	13.19	17.67
123 比利时	46 122	51 500	4 684	5 091	1.3	1.2	2.6	4.4	83	77	127.7	101.8	12.97	10.13

续表 5

	能源使用量(石油当量)										二氧化硫排放量			
	总量(千公吨)		人均使用量(千克)		年平均增长率(%)		每千克能源使用产生的GDP(美元)		净能源进口占能源消费的百分比		总排放量(百万公吨)		人均排放量(公吨)	
	1980	1994	1980	1994	1980~1990	1990~1994	1980	1994	1980	1994	1980	1992	1980	1992
124 法国	190 660	222 400	3 539	3 839	1.9	0.2	3.5	6.0	75	47	484.1	362.1	8.9	6.31
125 瑞典	40 992	49 200	4 933	5 603	2.1	0.2	3.1	4.0	61	36	71.4	56.8	8.60	6.55
126 奥地利	23 449	26 300	3 105	3 276	1.6	-0.4	3.3	7.5	67	65	52.2	56.6	6.91	7.15
127 德国	359 170	334 000	4 587	4 097	0.5	-1.5	—	6.1	49	58	1 068.3	878.1	13.64	10.89
128 美国	1 801 000	2 060 400	7 908	7 905	1.3	1.8	1.5	3.2	14	19	4 623.2	4 881.3	20.30	19.1
129 挪威	18 865	23 100	4 611	5 326	1.9	1.5	3.1	4.7	-195	-636	40.0	60.2	9.78	14.06
130 丹麦	19 488	20 800	3 804	3 996	0.5	2.4	3.4	7.0	97	27	63.2	53.9	12.34	10.42
131 日本	347 120	478 000	2 972	3 825	2.4	2.3	3.1	9.6	88	82	933.9	1 093.5	8.00	8.79
132 瑞士	20 840	25 200	3 298	3 603	2.1	0.2	4.9	10.3	66	59	40.9	43.7	6.48	6.36
133+阿拉伯联合酋长国	8 558	24 017	8 205	12 795	8.8	4.4	3.5	—	-996	-470	36.3	70.6	34.77	39.74
全世界	6 711 356$_t$	8 035 058$_t$	1 516$_w$	1 434$_w$	2.7$_w$	0.3$_w$	—	3.3$_w$	—	—	15 659.9$_t$	18 821.8$_t$	3.54$_w$	3.46$_w$

a. 由工业生产过程中产生.

土地使用与城市化

	土地使用(占土地总面积的百分比)						城市人口				1990年聚集100万及其以上人口的城市占下列两项的百分比			
	耕地		永久性牧场		其他		占总人口的百分比		年平均增长率(%)		城市数		总人口数	
	1980	1993	1980	1993	1980	1993	1980	1994	1980~1990	1990~1994	1980	1994	1980	1994
低收入国家	11$_w$	13$_w$	28$_w$	31$_w$	62$_w$	56$_w$	22$_w$	28$_w$	4.2$_w$	3.8$_w$	32$_w$	34$_w$	7$_w$	10$_w$
除中国和印度外	6$_w$	8$_w$	27$_w$	30$_w$	68$_w$	61$_w$	23$_w$	29$_w$	4.4$_w$	4.4$_w$	29$_w$	31$_w$	7$_w$	9$_w$
1 卢旺达	54	47	29	18	17	34	5	6	4.9	4.4	0	0	0	0
2 莫桑比克	4	4	62	56	33	40	13	33	9.1	7.4	48	41	6	13
3 埃塞俄比亚	13	13	41	41	46	47	10	13	4.7	3.2	30	29	3	4
4 坦桑尼亚	1	4	10	40	89	56	15	24	6.8	6.4	30	24	5	6
5 布隆迪	8	53	6	36	86	12	4	7	6.9	6.7	0	0	0	0

续表 1

	土地使用(占土地总面积的百分比)						城市人口				1990 年聚集 100 万及其以上人口的城市占下列两项的百分比			
	耕地		永久性牧场		其他		占总人口的百分比		年平均增长率(%)		城市数		总人口数	
	1980	1993	1980	1993	1980	1993	1980	1994	1980～1990	1990～1994	1980	1994	1980	1994
6 塞拉利昂	3	8	13	31	84	62	24	35	5.0	4.9	0	0	0	0
7 马拉维	25	18	35	20	40	62	9	13	6.1	5.7	0	0	0	0
8 乍得	3	3	37	36	60	62	19	21	3.4	3.5	0	0	0	0
9 乌干达	41	34	13	9	46	57	9	12	4.9	5.6	0	0	0	0
10 马达加斯加	7	5	79	41	14	53	18	26	5.7	5.7	0	0	0	0
11 尼泊尔	17	17	14	15	69	68	6	13	8.0	7.4	0	0	0	0
12 越南	22	20	1	1	77	79	19	21	2.5	3.0	27	32	5	7
13 孟加拉国	79	75	5	5	15	21	11	18	5.9	4.9	46	46	5	8
14 海地	5	33	3	18	92	49	24	31	3.9	4.0	55	56	13	17
15 尼日尔	3	3	8	7	90	90	13	22	7.5	6.9	0	0	0	0
16 几内亚比绍	10	12	38	38	51	50	17	22	3.5	4.3	0	0	0	0
17 肯尼亚	3	8	48	37	49	55	16	27	7.5	6.1	32	28	5	8
18 马里	2	2	22	25	76	74	18	26	5.1	5.7	0	0	0	0
19 尼日利亚	33	36	44	44	23	21	27	38	5.8	5.3	23	27	6	10
20 也门共和国	3	3	28	30	70	67	20	33	7.0	8.4	0	0	0	0
21 布基纳法索	13	13	48	22	39	65	9	25	10.0	11.5	0	0	0	0
22 蒙古	1	1	65	80	34	19	52	60	3.9	2.9	0	0	0	0
23 印度	73	57	5	4	22	39	23	27	3.2	2.9	25	35	6	9
24 老挝人民民主共和国	6	3	5	3	89	93	13	21	6.2	6.4	0	0	0	0
25 多哥	17	45	48	4	36	52	23	30	5.3	4.8	0	0	0	0
26 冈比亚	1	18	0	9	99	73	18	25	6.0	6.5	0	0	0	0
27 尼加拉瓜	10	11	41	46	48	43	53	62	3.9	4.2	42	44	23	28
28 赞比亚	7	7	40	40	53	53	40	43	4.2	3.6	23	32	9	14
29 塔吉克斯坦	—	6	—	25	—	70	34	32	2.3	2.0	0	0	0	0
30 贝宁	16	17	4	4	80	79	32	41	5.2	4.9	0	0	0	0
31 中非共和国	7	3	11	5	82	92	35	39	3.0	3.5	0	0	0	0
32 阿尔巴尼亚	26	26	15	15	59	59	34	37	2.9	−0.4	0	0	0	0
33 加纳	13	19	23	22	63	59	31	36	4.3	4.2	30	27	9	10
34 巴基斯坦	26	30	6	6	67	64	28	34	4.5	4.7	39	52	11	18
35 毛里塔尼亚	0	0	40	38	60	62	29	52	7.6	5.5	0	0	0	0

续表 2

	土地使用(占土地总面积的百分比)						城市人口				1990 年聚集 100 万及其以上人口的城市占下列两项的百分比			
	耕地		永久性牧场		其他		占总人口的百分比		年平均增长率(%)		城市数		总人口数	
	1980	1993	1980	1993	1980	1993	1980	1994	1980~1990	1990~1994	1980	1994	1980	1994
36 阿塞拜疆	—	23	—	26	—	51	53	56	1.9	1.6	48	44	26	25
37 津巴布韦	7	7	14	13	78	80	22	31	6.0	5.0	0	0	0	0
38 几内亚	7	3	65	22	27	75	19	29	5.7	5.7	65	77	12	22
39 中国	12	10	39	43	49	47	19	29	4.8	4.1	41	35	8	10
40 洪都拉斯	7	17	10	14	82	69	36	47	5.4	4.9	0	0	0	0
41 塞内加尔	23	12	30	16	47	72	36	42	4.0	4.0	49	55	18	23
42 科特迪瓦	14	12	59	41	27	47	35	43	5.4	5.3	44	45	15	19
43 刚果	0	0	5	29	95	70	41	58	5.9	5.1	0	0	0	0
44 吉尔吉斯共和国	—	7	—	47	—	46	38	39	1.9	0.8	0	0	0	0
45 斯里兰卡	10	29	2	7	87	64	22	22	1.4	2.2	0	0	0	0
46 亚美尼亚	—	20	—	24	—	55	66	69	1.6	1.8	51	50	34	34
47 喀麦隆	2	15	2	4	96	81	31	44	5.4	5.3	19	36	6	16
48 阿拉伯埃及共和国	2	3	—	5	98	92	44	45	2.6	2.4	52	51	23	23
49 莱索托	2	11	12	66	86	24	13	22	6.8	6.1	0	0	0	0
50 格鲁吉亚	—	14	—	29	—	57	52	58	1.6	0.7	42	43	22	25
51 缅甸	30	15	1	1	69	84	24	26	2.5	3.3	27	32	7	8
注:数据可比性及统计口径,见技术注释.														
中等收入国家	8_w	10_w	25_w	23_w	74_w	67_w	52_w	61_w	3.0_w	2.4_w	32_w	33_w	16_w	20_w
下中等收入	8_w	11_w	17_w	18_w	83_w	71_w	47_w	56_w	3.0_w	2.3_w	28_w	30_w	12_w	16_w
52 玻利维亚	3	2	43	24	54	73	46	58	4.2	3.2	30	29	14	17
53 前南斯拉夫马其顿共和国	—	26	—	25	—	49	54	59	1.5	1.6	0	0	0	0
54 摩尔多瓦	—	67	—	11	—	22	40	51	2.7	1.5	0	0	0	0
55 印度尼西亚	31	17	19	7	50	76	22	34	5.3	3.8	33	38	7	13
56 菲律宾	26	31	3	4	70	65	38	53	5.2	4.4	33	25	12	13
57 乌兹别克斯坦	—	11	—	52	—	37	41	41	2.5	2.6	28	24	11	10
58 摩洛哥	15	22	40	47	44	31	41	48	3.5	3.0	26	37	11	18
59 哈萨克斯坦	—	13	—	70	—	17	54	59	1.9	0.9	12	12	6	7
60 危地马拉	28	17	21	23	52	60	37	41	3.4	4.0	0	0	0	0
61 巴布亚新几内亚	1	1	0	0	99	99	13	16	3.6	3.7	0	0	0	0

续表 3

	土地使用(占土地总面积的百分比)						城市人口				1990 年聚集 100 万及其以上人口的城市占下列两项的百分比			
	耕地		永久性牧场		其他		占总人口的百分比		年平均增长率(%)		城市数		总人口数	
	1980	1993	1980	1993	1980	1993	1980	1994	1980～1990	1990～1994	1980	1994	1980	1994
62 保加利亚	11	39	5	17	84	44	61	70	1.0	0.0	20	23	12	16
63 罗马尼亚	62	43	26	21	12	36	49	55	1.3	0.2	18	17	9	9
64 厄瓜多尔	9	11	15	8	77	82	47	58	4.2	3.6	29	44	14	26
65 多米尼加共和国	29	30	43	0	27	70	50	64	4.1	3.1	49	51	25	33
66 立陶宛	—	46	—	7	—	47	61	71	2.1	0.9	0	0	0	0
67 萨尔瓦多	35	35	29	29	36	35	42	45	1.9	2.7	0	0	0	0
68 约旦	4	5	9	9	88	87	60	71	5.1	7.0	49	40	29	28
69 牙买加	4	20	3	24	94	56	47	55	2.3	2.1	0	0	0	0
70 巴拉圭	4	6	40	54	56	40	42	52	4.8	4.4	0	0	0	0
71 阿尔及利亚	3	3	15	13	82	84	43	55	4.8	3.9	25	24	11	13
72 哥伦比亚	10	5	75	39	14	56	64	72	2.8	2.7	34	38	22	28
73 突尼斯	13	32	10	23	77	46	51	57	3.2	2.8	34	39	17	22
74 乌克兰	—	59	—	13	—	28	62	70	1.2	0.9	22	22	14	15
75 纳米比亚	1	1	46	46	53	53	23	36	6.2	6.2	0	0	0	0
76 秘鲁	3	3	21	21	76	76	65	72	3.0	2.6	40	43	26	31
77 白俄罗斯	—	30	15	15	—	55	56	70	2.2	1.5	24	24	14	17
78 斯洛伐克共和国	—	34	—	17	—	49	52	58	1.5	1.1	0	0	0	0
79 拉脱维亚	—	28	—	13	—	59	68	73	1.0	-0.8	0	0	0	0
80 哥斯达黎加	15	10	61	46	23	44	43	49	3.8	3.3	0	0	0	0
81 波兰	49	48	13	13	38	38	58	64	1.4	1.0	31	28	18	18
82 泰国	50	41	2	2	48	58	17	20	2.8	2.4	59	56	10	11
83 土耳其	45	36	15	16	39	48	44	67	5.8	4.6	39	34	17	23
84 克罗地亚	—	25	—	22	—	52	50	64	2.2	1.5	0	0	0	0
85 巴拿马	7	9	18	20	75	71	50	54	2.8	2.7	0	0	0	0
86 俄罗斯联邦	—	8	—	5	—	88	70	73	1.2	-0.2	23	25	16	19
87 委内瑞拉	7	4	31	20	62	75	83	92	3.5	2.9	20	29	16	27
88 博茨瓦纳	0	1	6	45	94	54	15	30	8.9	7.6	0	0	0	0
89 爱沙尼亚	—	27	—	7	—	66	70	73	1.0	-0.9	0	0	0	0
90 伊朗伊斯兰共和国	6	11	21	27	73	62	50	58	5.0	3.9	26	35	13	20
91 土库曼斯坦	—	3	—	74	—	23	47	45	2.0	5.1	0	0	0	0
上中等收入	9_w	7_w	37_w	32_w	55_w	61_w	64_w	74_w	3.0_w	2.6_w	40_w	40_w	26_w	30_w

续表 4

	土地使用(占土地总面积的百分比)						城市人口				1990年聚集100万及其以上人口的城市占下列两项的百分比			
	耕地		永久性牧场		其他		占总人口的百分比		年平均增长率(%)		城市数		总人口数	
	1980	1993	1980	1993	1980	1993	1980	1994	1980～1990	1990～1994	1980	1994	1980	1994
92 巴西	15	6	52	22	33	72	66	77	3.3	2.7	42	42	27	32
93 南非	10	11	59	67	31	23	48	50	2.7	2.9	23	37	11	19
94 毛里求斯	2	52	0	3	98	44	42	41	0.4	1.4	0	0	0	0
95 捷克共和国	—	43	—	11	—	46	64	65	0.3	0.1	18	18	12	12
96 马来西亚	17	15	0	0	83	85	42	53	4.4	4.0	16	12	7	6
97 智利	2	6	6	18	91	76	81	86	2.1	1.8	41	41	33	35
98 特立尼达和多巴哥	41	24	4	2	56	74	63	66	1.6	1.7	0	0	0	0
99 匈牙利	46	55	11	13	43	33	57	64	0.5	0.6	34	31	19	20
100 加蓬	8	2	82	18	10	80	36	49	6.0	5.1	0	0	0	0
101 墨西哥	17	13	52	39	31	48	66	75	2.9	2.8	41	38	27	28
102 乌拉圭	3	7	27	77	70	15	85	90	1.0	0.9	49	46	42	42
103 阿曼	0	0	3	5	97	95	8	13	8.7	7.6	0	0	0	0
104 斯洛文尼亚	—	15	—	28	—	57	48	63	2.6	1.3	0	0	0	0
105 沙特阿拉伯	1	2	40	56	59	42	67	80	6.9	4.1	28	27	19	21
106 希腊	38	27	51	41	11	32	58	65	1.3	1.5	54	54	31	35
107 阿根廷	10	10	52	52	38	38	83	88	1.9	1.6	42	44	35	39
108 韩国	38	21	1	1	62	78	57	80	3.8	2.9	65	64	37	51
低收入和中等收入国家	10_w	11_w	27_w	26_w	68_w	63_w	32_w	39_w	3.6_w	3.1_w	32_w	34_w	10_w	13_w
撒哈拉以南非洲	4_w	7_w	24_w	33_w	72_w	60_w	24_w	31_w	4.9_w	4.8_w	21_w	24_w	5_w	8_w
东亚与太平洋	13_w	12_w	35_w	34_w	52_w	54_w	22_w	32_w	4.6_w	3.9_w	40_w	36_w	9_w	11_w
南亚	50_w	45_w	12_w	10_w	39_w	45_w	22_w	26_w	3.5_w	3.3_w	27_w	36_w	6_w	10_w
欧洲与中亚	39_w	13_w	16_w	16_w	72_w	71_w	58_w	65_w	2.0_w	1.0_w	24_w	24_w	14_w	16_w
中东与北非	4_w	6_w	19_w	24_w	78_w	70_w	48_w	56_w	4.4_w	3.7_w	32_w	35_w	15_w	18_w
拉丁美洲与加勒比地区	9_w	7_w	38_w	29_w	53_w	64_w	65_w	74_w	3.0_w	2.6_w	36_w	37_w	24_w	28_w
高收入国家和地区	15_w	12_w	32_w	25_w	54_w	63_w	76_w	77_w	0.8_w	0.3_w	40_w	43_w	30_w	34_w
109 葡萄牙	34	34	9	9	57	56	29	35	1.4	1.3	46	52	13	18
110 新西兰	2	14	53	51	45	35	83	86	0.9	1.2	0	0	0	0
111 西班牙	25	40	13	21	62	40	73	76	0.7	0.5	27	23	20	18
112 爱尔兰	5	13	19	68	77	18	55	57	0.6	0.7	0	0	0	0
113 + 以色列	11	21	3	7	86	72	89	90	—	—	41	39	37	35

续表 5

	土地使用(占土地总面积的百分比)						城市人口				1990 年聚集 100 万及其以上人口的城市占下列两项的百分比			
	耕地		永久性牧场		其他		占总人口的百分比		年平均增长率(%)		城市数		总人口数	
	1980	1993	1980	1993	1980	1993	1980	1994	1980～1990	1990～1994	1980	1994	1980	1994
114 澳大利亚	6	6	57	54	37	39	86	85	1.4	1.0	55	68	47	58
115 英国	11	27	18	46	71	27	89	89	0.3	0.4	28	26	25	23
116 芬兰	8	8	1	0	91	91	60	63	0.7	1.1	0	0	0	0
117 意大利	53	41	22	15	25	45	67	67	0.1	0.2	39	31	26	20
118 + 科威特	0	0	1	8	99	92	90	97	5.1	-5.4	67	70	60	67
119 加拿大	8	5	5	3	87	92	76	77	1.4	1.3	38	45	29	35
120 + 香港	5	—	1	—	94	—	92	95	1.6	1.7	100	100	91	95
121 荷兰	24	27	35	31	41	41	88	89	0.6	0.8	8	16	7	14
122 + 新加坡	14	2	0	0	86	98	100	100	1.7	2.0	100	100	100	100
123 比利时	—	31	—	21	—	48	95	97	0.2	0.5	13	11	12	11
124 法国	34	35	23	20	42	45	73	73	0.4	0.6	29	28	21	21
125 瑞典	21	7	5	1	74	92	83	83	0.3	0.6	20	21	17	17
126 奥地利	20	18	25	24	56	58	55	55	0.3	1.0	49	46	27	26
127 德国	—	34	—	15	—	51	83	86	0.4	1.0	46	47	38	40
128 美国	30	20	38	25	32	55	74	76	1.2	1.3	49	56	36	43
129 挪威	3	3	0	0	97	97	71	76	0.6	0.8	0	0	0	0
130 丹麦	63	60	6	5	31	35	84	85	0.2	0.4	32	30	27	26
131 日本	22	12	3	2	76	86	76	78	0.7	0.4	44	48	34	37
132 瑞士	12	11	47	32	40	56	57	61	1.0	1.4	0	0	0	0
133 + 阿拉伯联合酋长国	0	0	2	2	97	97	72	83	6.1	3.7	0	0	0	0
全世界	11_w	11_w	28_w	26_w	65_w	63_w	39_w	45_w	2.7_w	2.3_w	34_w	35_w	14_w	16_w

森林与水资源

	森林面积			1994年国家保护面积			1970～1994年年度淡水抽取量			
	总面积（千平方公里）	1981～1990年年消失量							人均抽取量（立方米）	
	1990	千平方公里	占总面积的百分比	千平方公里	数量	占总保护面积的百分比	总量（立方千米）	占水资源的百分比	家庭使用	其他
低收入国家	—	—	—	2 006.6$_t$	1 666$_t$	5.0$_w$				
除中国和印度外				1 282.4$_t$	829$_t$	4.7$_w$				
1 卢旺达	2	0.0	0.2	3.3	2	12.4	0.2	2.4	6	18
2 莫桑比克	173	1.4	0.8	0.0	1	0.0	0.8	0.4^C	13	42
3 埃塞俄比亚	142	0.4	0.3	60.2	23	5.5	2.2	2.0	6	45
4 坦桑尼亚	336	4.4	1.3	138.9	30	14.7	0.5	0.5^C	7	28
5 布隆迪	2	0.0	0.6	0.9	3	3.2	0.1	2.8	7	13
6 塞拉利昂	19	0.1	0.6	0.8	2	1.1	0.4	0.2	7	92
7 马拉维	35	0.5	1.5	10.6	9	8.9	0.2	0.9^C	7	13
8 乍得	114	0.9	0.8	114.9	9	9.0	0.2	0.4^C	6	29
9 乌干达	63	0.6	1.0	19.1	31	8.1	0.2	0.3^C	7	14
10 马达加斯加	158	1.3	0.9	11.1	37	1.9	16.3	4.8	16	1 568
11 尼泊尔	50	0.5	1.1	11.1	12	7.9	2.7	1.6	6	144
12 越南	83	1.4	1.6	13.3	59	4.0	28.9	7.7	54	361
13 孟加拉国	8	0.4	4.9	1.0	8	0.7	22.5	1.0^C	7	213
14 海地	0	0.0	6.5	0.1	3	0.4	0.0	0.4	2	5
15 尼日尔	24	0.1	0.4	84.2	5	6.6	0.3	0.9^C	9	33
16 几内亚比绍	20	0.2	0.8	—	—	—	0.0	0.0^C	3	8
17 肯尼亚	12	0.1	0.6	35.0	36	6.0	1.1	3.6^C	14	37
18 马里	121	1.1	0.9	40.1	11	3.2	1.4	1.4^C	3	159
19 尼日利亚	156	1.2	0.8	29.7	19	3.2	3.6	1.3^C	13	28
20 也门共和国	41	0.0	0.0	—	—	—	3.4	136.0	17	318
21 布基纳法索	44	0.3	0.7	26.6	12	9.7	0.2	0.5	5	13
22 蒙古	139	1.3	0.9	61.7	15	3.9	0.6	2.2	30	243
23 印度	517	3.4	0.7	143.5	374	4.4	380.0	18.2^C	18	594
24 老挝人民民主共和国	132	1.3	1.0	24.4	17	10.3	1.0	0.4	21	239
25 多哥	14	0.2	1.6	6.5	11	11.4	0.1	0.8^C	17	11

续表 1

		森林面积			1994 年国家保护面积			1970～1994 年年度淡水抽取量			
		总面积（千平方公里）1990	1981～1990 年年消失量							人均抽取量（立方米）	
			千平方公里	占总面积的百分比	千平方公里	数量	占总保护面积的百分比	总量（立方千米）	占水资源的百分比	家庭使用	其他
26	冈比亚	1	0.0	0.8	0.2	5	2.0	0.0	0.3[C]	2	27
27	尼加拉瓜	60	1.2	2.1	9.0	59	6.9	0.9	0.5	92	275
28	赞比亚	323	3.6	1.1	63.6	21	8.5	0.4	0.3[C]	54	32
29	塔吉克斯坦	—	—	—	0.9	3	0.6	12.6	13.2[C]	123	2 332
30	贝宁	49	0.7	1.4	7.8	2	6.9	0.1	0.4[C]	7	19
31	中非共和国	306	1.3	0.4	61.1	13	9.8	0.1	0.0	5	20
32	阿尔巴尼亚	14	0.0	0.0	0.3	11	1.2	0.2	0.9[C]	6	88
33	加纳	96	1.4	1.4	11.0	9	4.6	0.3	0.6[C]	12	23
34	巴基斯坦	19	0.8	4.1	37.2	55	4.7	153.4	32.8[C]	21	2 032
35	毛里塔尼亚	6	0.0	0.0	17.5	4	1.7	0.7	6.4[C]	59	436
36	阿塞拜疆	—	—	—	1.9	12	2.2	15.8	56.4[C]	90	2 158
37	津巴布韦	89	0.6	0.7	30.7	25	7.9	1.2	6.1[C]	19	117
38	几内亚	67	0.9	1.3	1.6	3	0.7	0.7	0.3	14	126
39	中国	1 246	8.8	0.7	580.7	463	6.1	460.0	16.4	28	433
40	洪都拉斯	46	1.1	2.4	8.6	44	7.7	1.5	2.1[C]	12	282
41	塞内加尔	75	0.5	0.7	21.8	10	11.1	1.4	3.5[C]	10	191
42	科特迪瓦	109	1.2	1.1	19.9	12	6.2	0.7	0.9	15	52
43	刚果	199	0.3	0.2	11.8	10	3.4	0.0	0.0[C]	12	7
44	吉尔吉斯共和国	—	—	—	2.8	5	1.4	11.7	24.0	82	2 647
45	斯里兰卡	17	0.3	1.5	8.0	56	12.1	6.3	14.6	10	493
46	亚美尼亚	—	—	—	2.1	4	7.2	3.8	45.8[C]	149	996
47	喀麦隆	204	1.2	0.6	20.5	14	4.3	0.4	0.1	17	20
48	阿拉伯埃及共和国	0	0.0	0.0	7.9	12	0.8	56.4	97.1[C]	67	889
49	莱索托	0	—	—	0.1	1	0.2	0.1	1.0	7	24
50	格鲁吉亚	—	—	—	1.9	15	2.7	4.0	6.5[C]	156	586
51	缅甸	289	4.0	1.4	1.7	2	0.3	4.0	0.4	7	94

注：数据可比性及统计口径．见技术注释．

中等收入国家				$2\,984.5_t$	$2\,675_t$	4.9_w				
下中等收入				$2\,161.0_t$	$1\,670_t$	5.4_w				

续表 2

		森林面积			1994 年国家保护面积			1970～1994 年年度淡水抽取量			
		总面积（千平方公里）	1981～1990 年年消失量							人均抽取量（立方米）	
		1990	千平方公里	占总面积的百分比	千平方公里	数量	占总保护面积的百分比	总量（立方千米）	占水资源的百分比	家庭使用	其他
52	玻利维亚	493	6.3	1.3	92.3	25	8.4	1.2	0.4	20	181
53	前南斯拉夫马其顿共和国	9	0.0	0.1	2.2	16	8.4	—	—	—	—
54	摩尔多瓦	—	—	—	0.1	2	0.2	3.7	29.1[C]	60	793
55	印度尼西亚	1 095	12.1	1.1	185.6	175	9.7	16.6	0.7	12	83
56	菲律宾	78	3.2	4.0	6.1	27	2.0	29.5	9.1	123	562
57	乌兹别克斯坦	—	—	—	2.4	10	0.5	82.2	76.4[C]	165	3 956
58	摩洛哥	90	-1.2	-1.3	3.6	10	0.8	10.9	36.2	23	404
59	哈萨克斯坦	—	—	—	8.9	9	0.3	37.9	30.2[C]	92	2 202
60	危地马拉	42	0.8	1.9	8.3	17	7.6	0.7	0.6	13	127
61	巴布亚新几内亚	360	1.1	0.3	0.8	5	0.2	0.1	0.0	8	20
62	保加利亚	37	-0.1	-0.2	3.7	46	3.3	13.9	6.8[C]	43	1 501
63	罗马尼亚	63	0.0	0.0	10.9	39	4.6	26.0	12.5[C]	91	1 044
64	厄瓜多尔	120	2.4	2.0	111.1	15	39.2	5.6	1.8	41	541
65	多米尼加共和国	11	0.4	3.3	10.5	17	21.5	3.0	14.9	22	423
66	立陶宛	—	—	—	6.3	76	9.7	4.4	19.0[C]	83	1 107
67	萨尔瓦多	1	0.0	2.6	0.1	2	0.2	1.0	5.3	17	228
68	约旦	1	0.0	-1.0	2.9	10	3.3	0.4	32.1[C]	50	123
69	牙买加	2	0.3	11.2	0.0	1	0.2	0.3	3.9	11	148
70	巴拉圭	129	4.0	3.1	14.8	19	3.6	0.4	0.1[C]	16	93
71	阿尔及利亚	41	0.3	0.8	119.2	19	5.0	3.0	20.3[C]	35	125
72	哥伦比亚	541	3.7	0.7	93.6	79	8.2	5.3	0.5	71	103
73	突尼斯	7	-0.1	-1.8	0.4	7	0.3	2.3	60.5[C]	41	276
74	乌克兰	92	-0.2	-0.3	5.2	20	0.9	34.7	40.0[C]	108	565
75	纳米比亚	126	0.4	0.3	102.2	12	12.4	0.1	0.3[C]	7	103
76	秘鲁	679	2.7	0.4	41.8	22	3.2	6.1	15.3	57	243
77	白俄罗斯	63	-0.3	-0.4	2.4	10	1.2	3.0	5.4[C]	94	200
78	斯洛伐克共和国	18	0.0	0.1	10.2	40	20.7	1.8	5.8	—	—
79	拉脱维亚	—	—	—	7.8	45	12.0	0.7	2.2[C]	110	152
80	哥斯达黎加	14	0.5	3.5	6.4	29	12.5	1.4	1.4	31	749
81	波兰	87	-0.1	-0.1	30.6	111	9.8	12.3	21.9[C]	42	279
82	泰国	127	5.2	4.0	70.2	111	13.7	31.9	17.8[C]	24	578

续表 3

	森林面积			1994年国家保护面积			1970～1994年年度淡水抽取量			
	总面积（千平方公里）1990	1981～1990年年消失量							人均抽取量（立方米）	
		千平方公里	占总面积的百分比	千平方公里	数量	占总保护面积的百分比	总量（立方千米）	占水资源的百分比	家庭使用	其他
83 土耳其	202	0.0	0.0	8.2	44	1.1	33.5	17.3^C	140	445
84 克罗地亚	20	0.0	0.1	3.8	29	6.8	—	—	—	—
85 巴拿马	31	0.6	2.1	13.3	15	17.6	1.3	0.9	91	664
86 俄罗斯联邦	—	—	—	655.4	199	3.8	117.0	2.7^C	134	656
87 委内瑞拉	457	6.0	1.3	263.2	100	28.9	4.1	0.3^C	164	218
88 博茨瓦纳	143	0.8	0.5	106.6	9	18.3	0.1	0.6^C	5	94
89 爱沙尼亚	—	—	—	4.4	39	9.8	3.3	21.2^C	105	1 992
90 伊朗伊斯兰共和国	180	0.0	0.0	83.0	68	5.0	45.4	38.6^C	54	1 307
91 土库曼斯坦	—	—	—	11.1	8	2.3	22.8	32.6^C	64	6 326
上中等收入				823.5_t	$1\ 005_t$	4.0_w				
92 巴西	5 611	36.7	0.7	321.9	273	3.8	36.5	0.5^C	54	191
93 南非	45	-0.4	-0.8	69.3	237	5.7	14.7	29.3^C	47	348
94 毛里求斯	1	0.0	0.2	0.0	3	2.0	0.4	16.4	66	344
95 捷克共和国	26	0.0	0.0	10.7	34	13.5	2.7	4.7	109	157
96 马来西亚	176	4.0	2.3	14.9	54	4.5	9.4	2.1	177	592
97 智利	88	-0.1	-0.1	137.2	66	18.1	16.8	3.6	98	1 528
98 特立尼达和多巴哥	2	0.0	-1.9	0.2	6	3.1	0.2	2.9	40	108
99 匈牙利	17	-0.1	-0.5	5.7	53	6.2	6.8	5.7^C	59	601
100 加蓬	182	1.2	0.6	10.4	6	3.9	0.1	0.0	41	16
101 墨西哥	486	6.8	1.4	97.3	65	5.0	77.6	21.7	54	845
102 乌拉圭	7	0.0	-0.6	0.3	8	0.2	0.6	0.5^C	14	227
103 阿曼	41	0.0	0.0	37.4	29	17.6	0.5	24.0	17	547
104 斯洛文尼亚	10	0.0	0.0	1.1	10	5.3	—	—	—	—
105 沙特阿拉伯	12	0.0	0.0	62.0	10	2.9	3.6	163.6	224	273
106 希腊	60	0.0	0.0	2.2	24	1.7	5.0	8.6^C	42	481
107 阿根廷	592	0.9	0.1	43.7	86	1.6	27.6	2.8^C	94	949
108 韩国	65	0.1	0.1	6.9	28	7.0	27.6	41.8	117	515
低收入和中等收入国家				$4\ 991.1_t$	$4\ 341_t$	5.0_w				
撒哈拉以南非洲				$1\ 361.7_t$	677_t	5.7_w				
东亚与太平洋				997.4_t	993_t	6.1_w				
南亚				212.6_t	520_t	4.1_w				
欧洲与中亚				807.0_t	940_t	3.3_w				

续表 4

	森林面积			1994年国家保护面积			1970~1994年年度淡水抽取量			
	总面积（千平方公里）1990	1981~1990年年消失量							人均抽取量（立方米）	
		千平方公里	占总面积的百分比	千平方公里	数量	占总保护面积的百分比	总量（立方千米）	占水资源的百分比	家庭使用	其他
中东与北非				318.2$_t$	172$_t$	3.2$_w$				
拉丁美洲与加勒比地区				1 294.2$_t$	1 039$_t$	6.3$_w$				
高收入国家和地区				4 324$_t$	5 508$_t$	13.6$_w$				
109 葡萄牙	31	-0.1	-0.4	5.8	25	6.3	7.3	10.5^c	111	628
110 新西兰	75	—	—	61.5	206	22.7	2.0	0.6	271	318
111 西班牙	256	0.0	0.0	42.5	215	8.4	30.8	27.6^c	94	687
112 爱尔兰	4	0.0	-1.1	0.5	12	0.7	0.8	1.6^c	37	196
113+以色列	1	0.0	-0.3	3.1	15	14.6	1.9	84.1^c	65	343
114 澳大利亚	1 456	0.0	0.0	935.5	892	12.1	14.6	4.3	607	327
115 英国	24	-0.2	-1.0	51.3	191	20.9	11.8	16.6	41	164
116 芬兰	234	-0.1	0.0	27.3	82	8.1	2.2	1.9^c	53	387
117 意大利	86	—	—	22.8	172	7.6	56.2	33.7^c	138	848
118+科威特	0	0.0	0.0	0.3	2	1.5	0.5	—	336	189
119 加拿大	4 533	—	—	825.5	640	8.3	45.1	1.6	288	1 314
120+香港	0	0.0	-0.5	—	—	—	—	—	—	—
121 荷兰	3	0.0	-0.3	3.9	79	10.4	7.8	8.7^c	26	492
122+新加坡	0	0.0	2.5	0.0	1	4.8	0.2	31.7	38	46
123 比利时	6	0.0	-0.3	0.8	3	2.5	9.0	72.2^c	101	816
124 法国	135	-0.1	-0.1	56.0	110	10.2	37.7	19.1^c	106	559
125 瑞典	280	-0.1	0.0	29.9	214	6.6	2.9	1.6^c	123	218
126 奥地利	39	-0.1	-0.4	20.0	170	23.9	2.4	2.6^c	101	203
127 德国	107	-0.5	-0.4	92.0	504	25.8	46.3	27.1^c	64	518
128 美国	2 960	3.2	0.1	1 042.4	1 494	11.1	467.3	18.9^c	244	1 626
129 挪威	96	—	—	55.4	114	17.1	2.0	0.5^c	98	390
130 丹麦	5	0.0	0.0	13.9	113	32.2	1.2	9.2^c	70	163
131 日本	238	0.0	0.0	27.6	80	7.3	90.8	16.6	125	610
132 瑞士	12	-0.1	-0.6	7.3	109	17.7	1.2	2.4^c	40	133
133+阿拉伯联合酋长国	0	0.0	0.0	—	—	—	0.9	300.0	97	787
全世界				9 315.5$_t$	9 849$_t$	7.1$_w$				

a. 数据可能是较早年份的，由世界自然保护监测中心在最近的1994年报告。b. 指1970~1994年间的任一年份。
c. 水资源总量包括来自其他国家的河水流量。

土地资源

国家、地区	土地面积（千公顷）	可耕地面积			
		占土地面积（%）	（千公顷）		
	1994 年	1994 年	1984 年	1994 年	1984～1994 年增减量
中国	932 641	9.9	95 404	92 516	-2 888
美国	915 912	20.3	187 765	185 742	-2 023
日本	37 652	10.6	4 220	3 999	-221
德国	34 927	33.4	11 952	11 805	-147
法国	55 010	33.3	17 809	18 316	+507
英国	24 160	24.6	6 934	5 942	-992
意大利	29 406	28.3	9 097	8 329	-769
加拿大	922 097	4.9	45 975	45 420	-555
印度	297 319	55.9	165 616	166 100	+484
阿根廷	273 669	23.7	25 000	25 000	0
澳大利亚	764 444	9.1	47 080	47 000	-80
比利时－卢森堡	3 282	5.1	762	777	+15
巴西	845 651	55.9	41 700	43 213	+1 513
丹麦	4 243	18.8	2 624	2 372	-252
希腊	12 890	2 920	2 920	2 421	-499
匈牙利	9 234	51.4	5 027	4 749	-278
韩国	9 873	19.0	2 017	1 877	-140
墨西哥	190 869	12.1	23 138	23 150	+12
荷兰	3 392	27.1	817	920	+103
波兰	30 442	47.0	14 535	14 300	-235
葡萄牙	9 195	23.9	2 403	2 200	-203
西班牙	49 944	31.3	15 651	15 609	-42
泰国	51 089	34.4	17 401	17 600	+199
土耳其	76 963	32.1	24 502	24 705	+203

资料来源：联合国粮农组织《生产年鉴》1995 年。

森林资源

国家、地区	森林面积(千平方公里)			国家保护面积[1]		
	1984年	1994年	1984~1994年增减量	千平方公里	数量	占总保护面积(%)
中国	130 865	130 496	-369	58 017	463	6.1
美国	290 900	259 990	+5 090	1 042.4	1 494	11.1
日本	25 105	25 000	-105	27.6	80	7.3
德国	10 293	10 700	+407	92.0	504	25.8
法国	14 608	15 005	+397	56.0	110	10.2
英国	2 256	2 500	+244	51.3	191	20.9
意大利	6 403	6 770	+367	22.8	172	7.6
加拿大	493 000	494 000	+1 000	825.5	640	8.3
印度	67 334	68 500	+1 166	143.5	374	4.4
阿根廷	50 900	50 900	0	43.7	86	1.6
澳大利亚	106 000	145 000	+39 000	935.5	892	12.1
玻利维亚	58 000	58 000	0	92.3	25	8.4
巴西	508 210	488 000	-20 210	321.9	273	3.8
缅甸	32 147	32 400	+253	1.7	2	0.3
喀麦隆	35 900	35 900	0	20.5	14	4.3
哥伦比亚	52 100	50 000	-2 100	93.6	79	8.2
芬兰	23 321	23 186	-135	27.3	82	8.1
印度尼西亚	113 433	111 774	-1 659	185.6	175	9.7
马来西亚	20 300	22 304	+2 004	14.9	54	4.5
墨西哥	47 000	48 700	+1 700	97.8	65	5.0
秘鲁	84 850	84 800	-50	41.8	22	3.2
加蓬	19 960	19 900	-60	—	—	—
俄罗斯	—	765 912	—	655.4	199	3.8
西班牙	15 543	16 137	+594	42.5	215	8.4
瑞典	28 005	28 000	-5	29.9	2.14	6.6
坦桑尼亚	33 700	33 700	0	138.9	30	14.7
泰国	15 151	13 500	-1 651	70.2	111	13.7
土耳其	20 199	20 199	0	8.2	44	1.2
委内瑞拉	31 915	30 000	-1 915	263.2	100	28.9
扎伊尔	166 000	173 800	—	—	—	—
赞比亚	30 000	32 000	+2 000	63.6	21	8.5

注:①本数据是根据1994年世界自然保护监测中心的报告。

资料来源:联合国粮农组织《生产年鉴》1995年,世界银行《世界发展报告》1996年。

濒危物种(1994 年)

国家、地区	哺乳动物(种)		鸟类		高等植物	
	总数	濒危	总额	濒危	种数	濒危
中国	499	94	1 186	183	30 000	1 009
日本	132	17	583	31	4 700	704
德国	76	2	503	5	2 600	16
法国	93	5	506	5	4 500	117
英国	50	1	219	2	1 550	28
意大利	90	4	490	6	5 463	273
加拿大	193	6	578	5	2 920	649
俄罗斯	—	17	—	35	—	127
印度	316	40	1 219	71	15 000	1 256
阿根廷	320	20	976	40	9 000	170
澳大利亚	252	43	751	51	15 000	1 597
巴西	394	45	1 635	103	5 500	463
智利	91	11	448	15	5 125	292
印度尼西亚	436	57	1 531	104	27 500	281
韩国	49	6	372	19	2 898	7
马来西亚	286	20	736	31	15 000	510
墨西哥	450	24	1 026	24	25 000	1 048
荷兰	55	2	456	3	1 170	1
摩洛哥	105	7	416	11	3 600	195
挪威	54	3	453	3	1 650	20
巴基斯坦	151	10	671	22	4 929	12
秘鲁	344	29	1 678	60	17 121	377
菲律宾	153	22	556	86	8 000	371
波兰	79	4	421	5	2 300	27
葡萄牙	63	6	441	7	2 500	240
罗马尼亚	84	3	368	11	3 175	122
南非	247	25	790	16	23 000	953
西班牙	82	7	506	10	—	896
瑞典	60	3	937	9	3 132	9
泰国	265	22	915	44	11 000	382
突尼斯	78	5	356	6	2 150	24
土耳其	116	4	418	3	8 472	1 827
乌克兰	—	4	—	10	2 927	16
坦桑尼亚	322	16	1 005	30	10 000	406
委内瑞拉	305	12	1 296	22	20 000	107
津巴布韦	270	9	648	7	4 200	94
希腊	95	5	398	9	4 900	539
孟加拉国	109	16	684	28	5 000	24

空气污染、垃圾(最近年份)

国家、地区	空气污染(按人口平均计算)					
	硫氧化物(公斤)	氮氧化物(公斤)	二氧化碳[①](吨)	工业废物 吨/百万美元	城市垃圾 公斤/人	核废料[②] 吨/按百万油产量计算
澳大利亚	—	—	16	126	—	—
奥地利	9	23	7	41	430	—
比利时	—	—	11	172	400	2.0
加拿大	107	68	15	—	660	7.7
捷克共和国	149	68	14	—	401	1.1
丹麦	30	51	11	20	460	—
芬兰	28	53	11	206	620	2.3
法国	21	26	6	48	470	5.1
德国	48	36	11	59	360	1.8
希腊	51	34	7	45	310	—
冰岛	33	88	9	9	560	—
爱尔兰	53	37	9	—	—	—
意大利	30	36	7	34	350	—
日本	7	12	9	61	410	1.8
卢森堡	26	—	29	184	490	—
墨西哥	—	—	4	70	310	0.1
荷兰	11	36	11	32	500	0.2
新西兰	—	43	8	—	—	—
挪威	8	53	7	39	510	—
葡萄牙	29	22	5	—	330	—
西班牙	57	32	6	28	360	1.9
瑞典	12	46	6	89	370	5.1
瑞士	8	22	6	9	400	3.4
土耳其	29 9	3 86	390	—		
英国	55	40	10	61	350	5.0
美国	76	82	20	147	730	0.9

注:①仅能源排放的二氧化碳;②核电站的废料。

资料来源:欧洲经合组织《观察家:成员国统计》1996 年。

欧洲经合组织成员国环保支出(90年代初)

国家、地区	环保支出占国内生产总值%[①]	环保投资占国家投资%	用于环保的研究与开发预算占国家预算%
澳大利亚	0.7	1.9	3.0
奥地利	1.7[②]	3.7	2.2
比利时	—	—	1.7
加拿大	0.9	1.7	2.1
丹麦	—	—	4.5
芬兰	1.4	—	3.1
法国	1.2	1.8	1.1
德国[②]	1.5	3.2	3.7
希腊	—	—	1.9
冰岛	—	—	1.7
爱尔兰	—	—	0.6
意大利	0.9	2.2	2.2
日本	1.6	3.0	0.5
墨西哥	—	—	0.4
荷兰	1.9	3.1	3.5
新西兰	—	—	2.6
挪威	1.2[②]	—	3.3
葡萄牙	0.7	1.6	2.9
西班牙	—	—	1.9
瑞典	1.2	1.8	3.6
瑞士	2.1	3.1	4.6
英国	1.4	—	1.4
美国	1.6	3.4	0.7

注:①家庭环保支出除外;②前联邦德国;②经合组织估计数。

资料来源:欧洲经合组织《观察家:成员国统计》1996年。

(三)经济

国内生产总值

单位:百万美元

国家、地区	1990	1991	1992	1993	1994	1995
中国	364 900	369 651	506 075	425 611	522 172	697 647
美国	5 392 200	5 610 800	5 920 199	6 259 899	6 648 013	6 952 020
日本	2 942 890	3 362 282	3 670 979	4 214 204	4 590 971	5 108 540
德国	1 488 210[1]	1 574 316[1]	1 789 261[1]	1 910 760	2 045 991	2 415 764
法国	1 190 780	1 199 286	1 319 883	1 251 689	1 330 381	1 536 089
英国	975 150	876 758	903 126	819 038	1 017 306	1 105 822
意大利	1 090 750	1 150 516	1 222 962	991 386	1 024 634	1 086 932
加拿大	570 150	510 835	493 602	477 468	542 954	568 928
俄罗斯	—	—	387 476	329 432	376 555	344 711
印度	254 540	221 925	214 598	225 431	293 606	324 082
阿尔巴尼亚	—	—	—	—	1 808	2 192
阿尔及利亚	42 150	32 678	35 674	39 836	41 941	41 435
阿根廷	93 260	114 344	228 779	255 595	281 922	281 060
亚美尼亚	—	—	2 718	2 190	2 607	2 058
澳大利亚	296 300	299 800	294 760	289 390	331 990	348 782
奥地利	157 380	163 992	185 235	182 067	196 546	233 427
阿塞拜疆	—	—	5 432	4 992	3 541	3 475
孟加拉国	22 880	23 394	23 784	23 977	26 164	29 110
白俄罗斯	—	—	30 125	27 545	20 287	20 561
比利时	192 390	196 873	218 836	210 576	227 550	269 081
贝宁	1 810	1 886	2 181	2 125	1 522	1 522
不丹	280	240	238	—	—	420
玻利维亚	4 480	5 019	5 270	5 382	5 506	6 131
博茨瓦纳	2 700	3 644	3 700	3 813	4 011	4 318
巴西	414 060	414 061	360 405	444 205	554 587	688 085
保加利亚	19 910	7 909	10 847	10 369	10 199	12 366
布基纳法索	3 060	2 629	2 790	2 698	1 856	2 325
布隆迪	1 000	1 035	986	855	1 001	1 062
喀麦隆	11 130	11 666	10 397	11 082	7 470	7 931
中非共和国	1 220	1 202	1 251	1 172	8 72	1 128
乍得	1 100	1 236	1 247	1 133	910	1 138
智利	27 790	31 311	41 203	43 684	51 957	67 297
哥伦比亚	41 120	41 692	48 583	54 076	67 266	76 112
刚果	2 870	2 909	2 816	2 385	1 578	2 163
哥斯达黎加	5 700	5 560	6 530	7 577	8 281	9 233
科特迪瓦	7 610	7 283	8 726	8 087	6 706	10 069
克罗地亚	—	—	—	—	14 017	18 081
捷克共和国	—	—	26 187	31 613	36 024	44 772
丹麦	130 960	112 084	123 546	117 587	146 076	172 220

国内生产总值(续一)

单位:百万美元

国家、地区	1990	1991	1992	1993	1994	1995
多米尼加共和国	7 310	7 172	7 729	9 510	10 416	11 277
厄瓜多尔	10 880	11 595	12 681	14 421	16 556	17 939
埃及	33 210	30 265	33 553	35 784	42 923	47 349
萨尔瓦多	5 400	5 915	6 443	7 625	8 116	9 471
爱沙尼亚	—	—	429	5 092	4 578	4 007
埃塞俄比亚	5 490	5 982	6 257	5 750	4 688	5 287
芬兰	137 250	110 033	93 869	74 124	97 961	125 432
加蓬	4 720	4 863	5 913	5 420	3 945	4 691
冈比亚	—	—	—	—	—	384
格鲁吉亚	—	—	—	—	—	2 325
加纳	6 270	6 413	6 884	6 084	5 421	6 315
希腊	57 900	57 900	67 278	63 240	77 721	90 550
危地马拉	7 630	9 353	10 434	11 309	12 919	14 489
几内亚	2 820	2 937	3 233	3 172	3 395	3 686
海地	2 760	2 641	—	—	1 623	2 043
洪都拉斯	2 360	2 661	2 813	2 867	3 333	3 937
香港	59 670	67 555	77 828	89 997	131 881	143 669
匈牙利	32 920	30 795	35 218	38 099	41 374	43 712
印度尼西亚	107 290	116 476	126 314	114 707	174 640	198 079
伊朗	116 040	96 989	110 258	107 335	63 716	—
爱尔兰	—	—	—	—	52 060	60 780
以色列	53 200	62 687	69 762	69 739	77 777	91 965
牙买加	3 970	3 497	3 294	3 825	4 241	4 406
约旦	3 330	3 524	4 091	4 441	6 105	6 105
哈萨克斯坦	—	—	28 580	24 728	18 167	21 413
肯尼亚	7 540	7 125	6 884	4 691	6 860	9 095
韩国	236 400	282 970	296 136	330 831	376 505	455 476
科威特	23 540	—	—	22 402	24 289	26 650
吉尔吉斯坦	—	—	3 665	3 915	2 666	3 028
老挝	870	1 027	1 195	1 334	1 534	1 760
拉脱维亚	—	—	5 081	4 601	5 817	6 034
莱索托	340	578	536	609	886	1 029
马达加斯加	2 750	2 488	2 767	3 126	1 918	3 198
马拉维	1 660	1 986	1 671	1 810	—	1 465
马来西亚	42 400	46 980	57 568	64 450	70 626	85 311
马里	2 452	2 451	2 827	2 662	1 871	2 431
毛里塔尼亚	950	1 030	1 080	859	1 027	1 068
墨西哥	237 750	282 526	329 011	343 472	377 115	250 038
蒙古	—	—	—	539	741	861
摩洛哥	25 220	27 652	28 401	26 635	30 803	32 412

国内生产总值(续二)

单位:百万美元

国家、地区	1990	1991	1992	1993	1994	1995
莫桑比克	1 320	1 219	965	1 367	1 467	1 469
纳米比亚	—	—	2 106	2 109	2 884	3 033
尼泊尔	2 890	3 063	2 763	3 551	4 048	4 232
荷兰	279 150	290 725	320 290	309 227	329 768	395 900
新西兰	42 760	42 861	41 304	43 699	50 777	57 070
尼加拉瓜	—	—	—	—	—	1 191
尼日尔	2 520	2 284	2 345	2 220	1 540	1 860
尼日利亚	34 760	34 124	29 667	31 344	35 200	26 817
挪威	105 830	105 929	112 906	103 419	109 568	145 954
阿曼	7 700	10 236	11 520	11 686	11 628	12 102
巴基斯坦	35 500	40 244	41 904	46 360	52 011	60 649
巴拿马	4 750	5 544	6 001	6 565	6 975	7 413
巴布亚新几内亚	—	—	—	—	5 403	4 901
巴拉圭	5 260	6 254	6 446	6 825	7 826	7 743
秘鲁	36 550	48 366	22 100	41 061	50 077	57 424
菲律宾	43 860	44 908	52 462	54 068	64 162	74 180
波兰	63 590	78 031	83 823	85 853	92 580	117 663
葡萄牙	56 820	65 103	79 547	85 665	87 257	102 337
摩尔多瓦	—	—	5 637	4 292	3 672	3 518
罗马尼亚	34 730	27 619	24 438	25 969	30 086	35 533
沙特阿拉伯	80 890	108 640	111 343	121 530	117 236	125 501
塞内加尔	5 840	5 774	6 277	5 770	3 881	4 867
新加坡	34 600	39 984	46 025	55 153	68 949	83 695
斯洛伐克共和国	—	—	9 958	11 076	12 370	17 414
斯洛文尼亚	—	—	10 655	40 337	14 037	18 550
南非	90 720	91 167	103 651	105 636	121 888	136 035
西班牙	491 240	527 131	574 844	478 582	482 841	558 617
斯里兰卡	7 250	8 195	8 769	9 377	11 712	12 915
瑞典	228 110	206 411	220 834	166 745	196 441	228 679
瑞士	224 850	232 000	241 406	232 161	260 352	300 508
塔吉克斯坦	—	—	—	2 520	2 009	—
土库曼	—	—	—	—	5 156	—
泰国	80 170	93 310	110 337	124 862	143 209	167 056
多哥	1 620	1 633	1 611	1 249	981	981
特立尼达和多巴哥	4 750	4 920	5 388	4 487	4 792	5 327
突尼斯	11 080	11 594	13 854	12 784	15 770	18 035
土耳其	96 500	95 763	99 696	156 413	131 014	164 789
乌干达	2 820	2 527	2 998	3 037	4 001	5 655
阿联酋	28 270	—	42 467	34 935	35 405	39 107
坦桑尼亚②	2 060	2 223	2 345	2 086	3 378	3 602
乌克兰	—	—	94 831	109 078	91 307	80 127
乌拉圭	8 220	9 479	11 405	13 144	15 539	17 847
委内瑞拉	48 270	53 440	61 137	59 995	58 257	75 106
越南	—	—	—	12 834	15 570	20 351
赞比亚	3 120	3 831	3 831	3 685	3 481	4 073
津巴布韦	5 310	5 543	5 035	4 986	5 432	6 522

人均国民生产总值

单位:美元

国家、地区	1990	1991	1992	1993	1994	1995
中国	370	370	470	490	530	620
美国	21 790	22 240	23 240	24 740	25 880	26 980
日本	25 430	26 930	28 190	31 490	34 630	39 640
德国	22 320[①]	23 650[①]	23 030	23 560	25 580	27 510
法国	19 490	20 380	22 260	22 490	23 420	24 990
英国	16 100	16 550	17 790	18 060	18 340	18 700
意大利	16 830	18 520	20 460	19 840	19 300	19 020
加拿大	20 470	20 440	20 710	19 970	19 510	19 380
俄罗斯	—	3 220	2 510	2 340	2 650	2 240
印度	350	330	310	300	320	340
阿尔巴尼亚	—	—	—	340	380	670
阿尔及利亚	2 060	1 980	1 840	1 780	1 650	1 600
阿根廷	2 370	2 790	6 050	7 220	8 110	8 030
亚美尼亚	—	2 150	780	660	680	730
澳大利亚	17 000	17 050	17 260	17 500	18 000	18 720
奥地利	19 060	20 140	22 380	23 510	24 630	26 890
阿塞拜疆	—	1 670	740	730	500	480
巴哈马	11 420	11 750	12 070	11 420	11 800	11 940
巴林	—	7 130	—	8 030	7 460	7 840
孟加拉国	210	220	220	220	220	240
巴巴多斯	6 540	6 630	6 540	6 230	6 560	6 560
白俄罗斯	—	3 110	2 930	2 870	2 160	2 070
比利时	15 540	18 950	20 880	21 650	22 870	24 710
伯利兹	1 990	2 010	2 220	2 450	2 530	2 630
贝宁	360	380	410	430	370	370
不丹	190	180	180	—	400	420
玻利维亚	630	650	680	760	770	790
博次瓦纳	2 040	2 530	2 790	2 790	2 800	3 020
巴西	2 680	2 940	2 770	2 930	2 970	3 640
文莱	—	—	—	—	14 240	—
保加利亚	2 250	1 840	1 330	1 140	1 250	1 330
布基纳法索	330	290	300	300	300	230
布隆迪	210	210	210	180	160	160
喀麦隆	960	850	820	820	680	650
佛得角	890	750	850	920	930	960
中非共和国	390	390	410	400	370	340
乍得	190	210	220	210	180	180
智利	1 940	2 160	2 730	3 170	3 520	4 160
哥伦比亚	1 260	1 260	1 330	1 400	1 670	1 910
科摩罗	480	500	510	560	510	470
刚果	1 010	1 120	1 030	950	620	680
哥斯达黎加	1 900	1 850	1 960	—	—	2 610
科特迪瓦	750	690	670	630	610	660
克罗地亚	—	—	—	—	2 560	3 250
塞浦路斯	8 020	8 640	9 820	10 380	10 260	—
捷克共和国	—	—	2 450	2 710	3 200	3 870
丹麦	22 080	23 700	26 000	26 730	27 970	31 250
多米尼加	—	2 440	2 520	2 720	2 800	2 990
多米尼加共和国	830	940	1 050	1 230	1 330	1 460

人均国民生产总值(续一)

单位:美元

国家、地区	1990	1991	1992	1993	1994	1995
厄瓜多尔	980	1 000	1 070	1 200	1 280	1 390
埃及	600	610	640	660	720	790
萨尔瓦多	1 110	1 080	1 170	1 320	1 360	1 610
赤道几内亚	330	330	330	420	430	380
爱沙尼亚	—	3 830	2 760	3 080	2 820	2 860
埃塞俄比亚	120	120	110	100	100	100
斐济	1 780	1 930	2 010	2 130	2 250	2 440
芬兰	26 040	23 980	21 970	19 300	18 850	20 580
加蓬	3 330	3 780	4 450	4 960	3 880	3 490
冈比亚	260	360	370	350	330	320
加纳	390	400	450	430	410	390
希腊	5 990	6 340	7 290	7 390	7 700	8 210
危地马拉	900	930	980	1 100	1 200	1 340
几内亚	440	460	510	500	520	550
几内亚比绍	180	180	220	240	240	250
圭亚那	330	430	330	350	530	—
海地	270	370	—	—	230	250
洪都拉斯	590	580	580	600	600	600
香港	11 490	13 430	15 360	18 060	21 650	22 990
匈牙利	2 780	2 720	2 970	3 350	3 840	4 120
冰岛	21 400	23 170	23 880	24 950	24 630	24 950
印度尼西亚	570	610	670	740	880	980
伊朗	2 490	2 170	2 200	—	—	—
爱尔兰	9 550	11 120	12 210	13 000	13 530	14 710
以色列	10 920	11 950	13 220	13 920	14 530	15 920
牙买加	1 500	1 380	1 340	1 440	1 540	1 510
约旦	1 240	1 050	1 120	1 190	1 440	1 510
哈萨克斯坦	—	2 470	1 680	1 560	1 160	1 330
肯尼亚	370	340	310	270	250	280
韩国	5 400	6 330	6 790	7 660	8 260	9 700
科威特	—	—	—	19 360	19 420	17 390
吉尔吉斯坦	—	1 550	820	850	630	700
老挝	200	220	250	280	320	350
拉脱维亚	—	3 410	1 930	2 010	2 320	2 270
莱索托	530	580	590	650	720	770
卢森堡	28 730	31 780	35 160	37 320	39 600	41 210
马达加斯加	230	210	230	220	200	230
马拉维	200	230	210	—	170	170
马来西亚	2 320	2 520	2 790	3 140	3 480	3 890
马尔代夫	450	460	500	820	950	990
马里	270	280	310	270	250	250
马耳他	6 610	7 280	—	7 970	—	—
毛里塔尼亚	500	510	530	500	480	460
毛里求斯	2 250	2 410	2 700	3 030	3 150	3 380
墨西哥	2 470	3 030	3 470	3 610	4 180	3 320
蒙古	—	—	—	—	300	310
摩洛哥	950	1 030	1 030	1 040	1 040	1 110
莫桑比克	80	80	60	90	90	80
纳米比亚	—	—	—	1 820	1 970	2 000

人均国民生产总值(续二)

单位:美元

国家、地区	1990	1991	1992	1993	1994	1995
尼泊尔	170	180	170	190	220	200
荷兰	17 320	18 780	20 480	20 950	22 010	24 000
新西兰	12 680	12 350	12 300	12 600	13 350	14 340
尼加拉瓜	—	460	340	340	340	380
尼日尔	310	300	280	270	230	220
尼日利亚	290	340	320	300	280	260
挪威	23 120	24 220	25 820	25 970	26 390	39 640
阿曼	—	6 120	6 480	4 850	7 040	4 820
巴基斯坦	380	400	420	430	430	460
巴拿马	1 830	2 130	2 420	2 600	2 580	2 750
巴布亚新几内亚	—	830	950	1 130	1 240	1 160
巴拉圭	1 110	1 270	1 380	1 510	1 580	1 690
秘鲁	1 160	1 070	950	1 490	2 110	2 310
菲律宾	730	730	770	850	950	1 050
波兰	1 690	1 790	1 910	2 260	2 410	2 790
葡萄牙	4 900	5 930	7 450	9 130	9 320	9 740
卡塔尔	15 860	14 770	16 750	15 030	12 820	11 600
摩尔多瓦	—	2 170	1 300	1 060	870	—
罗马尼亚	1 640	1 390	1 130	1 140	1 270	1 480
圣多美和普林西比	400	400	360	350	250	350
沙特阿拉伯	7 050	7 820	7 510	—	7 050	7 040
塞内加尔	710	720	780	750	600	600
塞舌耳	4 670	5 110	5 460	6 280	6 680	6 620
塞拉利昂	240	210	160	150	160	180
新加坡	11 160	14 210	15 730	19 850	22 500	26 730
斯洛伐克共和国	—	—	1 930	1 950	2 250	2 950
斯洛文尼亚	—	—	6 540	6 490	7 040	8 200
南非	2 530	2 560	2 670	2 980	3 040	3 160
西班牙	11 020	12 450	13 970	13 590	13 440	13 580
斯里兰卡	470	500	540	600	640	700
瑞典	23 660	25 110	27 010	24 740	23 530	23 750
瑞士	32 680	33 610	36 080	35 760	37 930	40 630
塔吉克斯坦	—	1 050	470	470	360	340
泰国	1 420	1 570	1 840	2 110	2 410	2 740
多哥	410	410	390	340	320	310
特立尼达和多巴哥	3 610	3 670	3 940	3 830	3 740	3 770
突尼斯	1 440	1 500	1 720	1 720	1 790	1 820
土耳其	1 630	1 780	1 980	2 970	2 500	2 780
乌干达	220	170	170	180	190	240
阿联酋	19 860	20 140	22 020	21 430	—	17 400
坦桑尼亚[②]	110	100	160	90	140	120
乌克兰	—	2 340	1 820	2 210	1 910	1 630
乌拉圭	2 560	2 840	3 340	3 830	4 660	5 170
委内瑞拉	2 560	2 730	2 910	2 840	2 760	3 020
越南	—	—	—	170	200	240
赞比亚	420	—	—	380	350	400
津巴布韦	640	650	570	520	500	540

注:①前联邦德国;②仅大陆部分。

资料来源:世界银行《世界发展报告》1992、1993、1994、1995、1996、1997年。

国内生产总值增长率

单位：%

国家、地区	1970～80年	1980～90年	1987年	1988年	1989年	1990年	1991年	1992年	1993年	1994年	1995年
阿尔巴尼亚	—	1.2	-0.8	-1.4	9.8	-10.0	-28.0	-7.2	9.6	9.4	8.6
阿尔及利亚	6.0	2.6	-0.2	-1.5	5.4	-1.1	-0.8	1.5	-2.4	-0.9	4.3
安提瓜和巴布达	—	6.4	7.9	7.0	5.2	3.9	4.9	0.4	3.5	4.8	-4.2
阿根廷	2.9	-0.9	2.5	-1.8	-6.3	0.2	8.9	8.6	6.0	7.4	-4.4
亚美尼亚	—	—	…	2.2	9.0	-12.7	-8.8	-51.0	-16.5	5.4	6.9
澳大利亚	3.3	3.0	5.2	4.5	2.9	-0.7	0.3	3.2	4.2	5.2	3.1
奥地利	3.6	2.1	1.6	4.1	3.8	4.3	3.0	1.8	-0.1	3.0	1.8
阿塞拜疆	—	1.0	4.1	0.2	-6.3	-11.7	-0.7	-22.1	-23.1	-14.1	-8.3
巴哈马	2.8	2.9	3.0	2.3	2.3	1.2	-2.7	-2.0	1.7	0.9	0.3
巴林	—	0.7	-0.3	-4.0	2.4	4.6	4.6	7.8	8.2	2.3	1.2
孟加拉国	1.5	4.8	4.1	3.5	5.0	5.1	4.1	4.8	4.8	4.7	4.7
巴巴多斯	2.8	1.1	0.6	6.9	5.4	-5.5	-2.3	-5.5	0.8	4.0	2.3
白俄罗斯	6.8	4.4	4.4	5.4	8.3	-1.4	-1.3	-9.2	-10.6	-12.2	-10.2
比利时	3.2	1.9	2.0	4.8	3.4	3.2	2.3	1.9	-1.7	2.2	1.9
伯利兹	7.3	4.7	11.9	8.8	12.1	9.3	4.6	10.4	3.6	2.2	3.7
贝宁	2.7	2.7	-1.7	3.8	-2.4	3.4	4.8	4.2	3.2	4.1	6.0
百慕大	3.7	—	2.7	2.8	—	—	—	—	—	—	—
不丹	—	7.3	19.4	3.1	2.7	5.6	5.1	4.1	5.7	6.0	7.0
玻利维亚	4.2	0.1	2.6	3.8	2.9	5.2	4.6	2.8	4.1	5.0	3.7
博茨瓦纳	15.5	10.2	8.8	15.7	12.9	5.9	7.6	3.0	1.9	3.0	4.9
巴西	8.5	1.5	3.3	-0.3	3.3	-4.6	0.4	-1.2	5.3	5.7	—
文莱	—	-1.7	2.9	1.9	-0.3	2.9	3.4	—	—	—	—
保加利亚	—	2.4	6.8	10.9	-2.5	-9.9	-11.7	-7.3	-1.5	1.8	2.6
布基纳法索	3.3	3.6	1.0	5.9	0.9	-1.5	10.0	2.5	-0.8	1.2	4.2
布隆迪	2.3	4.5	5.7	4.8	1.6	3.6	5.2	2.7	-5.8	-6.7	-3.7
柬埔寨	—	—	—	12.4	3.0	1.0	7.8	8.0	6.2	4.0	4.4
喀麦隆	8.0	2.1	-5.1	-9.1	1.1	-7.0	-4.9	-3.1	-3.2	-2.5	3.3
加拿大	4.6	2.9	4.1	5.0	2.4	-0.3	-1.9	0.7	2.3	4.1	2.3
佛得角	4.2	5.6	6.0	6.4	3.4	2.5	4.9	3.4	4.0	4.5	4.7
中非共和国	1.3	1.5	-2.8	2.5	2.7	0.7	-1.6	-2.1	-2.5	5.0	2.2
乍得	-2.2	5.6	-2.8	16.2	5.2	0.7	6.8	0.3	-2.9	4.0	3.2
智利	2.9	3.7	6.5	7.3	9.9	3.2	7.2	11.0	6.2	4.2	8.5
中国	—	9.3	11.6	11.3	4.1	3.8	9.3	14.2	13.5	11.9	10.5
哥伦比亚	5.5	3.4	5.4	4.1	3.4	4.1	1.8	4.2	5.3	5.5	5.2
科摩罗	—	2.7	1.7	2.7	-1.6	0.8	2.1	1.6	1.3	0.8	0.6
刚果	6.4	4.9	0.2	1.8	2.9	1.1	2.4	2.7	-1.0	-5.5	0.9

续表 1

国家、地区	1970～80年	1980～90年	1987年	1988年	1989年	1990年	1991年	1992年	1993年	1994年	1995年
哥斯达黎加	5.6	2.4	4.8	3.4	5.7	3.6	2.2	7.8	6.5	4.5	2.5
科特迪瓦	5.3	-0.2	-1.6	-2.0	-1.0	-2.1	-0.8	…	-0.2	1.8	7.0
克罗地亚	—	—	—	—	—	—	—	-15.1	-12.8	-3.2	0.8	2.0
塞浦路斯	—	6.2	7.1	8.6	8.0	7.3	0.7	10.6	1.7	6.0	5.0
捷克共和国	—	—	0.6	2.1	4.5	-1.2	-14.2	-6.4	-0.5	2.1	4.8
丹麦	2.2	2.0	0.4	1.1	0.5	1.5	1.4	1.0	1.4	4.4	2.6
吉布提	—	0.7	-0.6	0.8	-2.6	-0.6	0.4	-0.2	-3.9	-2.9	-3.1
多米尼克	-0.6	5.5	7.1	7.6	1.1	6.3	2.2	2.7	1.9	2.1	1.8
多米尼加	6.9	2.7	7.5	0.7	12.7	-4.8	0.9	7.8	2.9	4.3	4.7
厄瓜多尔	8.9	2.1	-6.3	10.7	0.2	2.9	5.0	3.6	2.1	4.4	2.3
埃及	6.6	4.8	2.5	4.2	3.0	2.4	2.1	0.3	0.5	3.9	4.6
萨尔瓦多	3.2	-0.0	2.7	1.9	1.0	3.0	3.9	5.0	5.9	6.0	6.1
赤道几内亚	—	—	6.5	2.7	-1.2	3.3	-1.1	13.0	7.2	6.8	10.7
爱沙尼亚	5.2	0.1	3.5	2.9	3.1	-7.1	-22.1	-21.6	-8.4	-0.1	3.2
埃塞俄比亚	—	—	13.7	0.4	0.4	3.8	-6.7	-2.7	13.3	7.6	5.1
斐济	4.9	1.9	-6.6	1.0	13.5	4.8	0.7	3.1	3.5	4.2	2.4
芬兰	3.4	3.1	4.0	5.0	5.7	…	-7.2	-3.5	-1.5	4.4	4.2
法国	3.3	2.4	2.3	4.5	4.3	2.5	0.8	1.1	-0.9	2.8	2.2
加蓬	7.6	1.5	-17.1	13.5	6.6	3.6	5.0	0.7	3.2	1.7	3.2
冈比亚	5.3	4.0	1.2	6.1	5.6	0.7	8.2	-5.8	7.4	3.6	-4.1
格鲁吉亚	6.0	-0.4	1.2	5.6	-7.2	-14.8	-20.1	-40.3	-39.4	-11.4	2.4
德国	2.7	2.2	1.5	3.7	3.6	5.7	13.2	2.2	-1.1	2.9	1.9
加纳	0.3	2.2	4.6	5.5	4.9	3.1	5.2	3.6	4.8	3.8	4.5
希腊	4.7	1.5	-0.5	4.5	3.3	-1.1	3.7	0.9	0.4	2.5	2.0
格林纳达	—	—	7.9	6.7	4.9	6.6	2.3	-1.2	1.0	1.4	0.5
危地马拉	5.7	0.9	3.5	3.9	3.9	3.1	3.7	5.2	3.7	4.0	4.9
几内亚	—	—	3.0	5.7	3.2	4.2	2.5	3.3	4.7	4.0	4.6
几内亚比绍	1.0	5.0	6.6	7.3	4.6	3.3	3.1	1.8	2.5	5.0	4.2
圭亚那	1.3	-3.4	0.7	-3.9	-4.8	-3.4	6.4	8.4	8.3	8.5	5.5
海地	4.3	-0.4	-0.7	0.8	1.1	-0.1	-3.0	-14.8	-2.6	-6.4	3.8
洪都拉斯	5.4	2.4	5.9	4.9	3.8	0.0	3.1	5.7	6.3	-1.5	3.6
匈牙利	4.7	1.5	5.7	-0.3	0.3	-2.5	-7.1	-3.0	-0.8	2.9	1.5
冰岛	6.3	2.7	8.6	-0.1	0.2	1.1	1.2	-2.7	0.3	3.6	2.2
印度	3.0	5.9	4.7	10.0	6.6	5.6	0.5	4.6	3.5	6.3	6.8
印度尼西亚	7.7	5.6	4.9	5.8	7.4	7.0	6.7	6.5	6.4	7.5	8.1
伊朗	—	2.7	-1.5	-5.6	3.8	10.3	10.0	6.8	2.6	0.9	2.8
伊拉克	7.5	-10.2	-1.5	-10.0	7.5	-30.7	-50.6	—		1.0	2.0

续表 2

国家、地区	1970~80年	1980~90年	1987年	1988年	1989年	1990年	1991年	1992年	1993年	1994年	1995年
爱尔兰	4.7	3.7	4.7	4.3	7.4	8.6	2.9	5.0	4.0	6.7	2.2
以色列	5.7	3.6	7.2	2.0	0.9	6.6	7.7	7.3	3.7	6.5	7.1
意大利	3.8	2.2	3.1	4.1	2.9	2.2	1.2	0.7	-1.2	2.2	3.0
牙买加	-0.8	2.5	7.7	2.9	6.8	5.5	0.5	1.8	1.0	0.5	0.5
日本	4.5	4.1	4.1	6.2	4.7	4.8	4.3	1.1	0.1	0.5	0.9
约旦	—	—	3.9	-4.1	-21.4	0.4	2.0	16.9	5.9	5.9	6.4
哈萨克斯坦	4.8	0.9	1.8	3.2	-1.2	-4.6	-6.8	-13.0	-12.9	-25.0	-8.9
肯尼亚	8.0	4.1	5.9	6.2	4.7	4.2	1.5	-0.7	0.3	3.9	5.0
吉里巴斯	-3.5	0.3	-2.9	10.9	-3.0	-4.5	2.4	1.5	—	—	—
韩国	8.6	9.0	11.8	11.3	6.4	9.7	9.2	5.0	5.6	8.6	9.0
科威特	-0.6	—	7.1	-10.0	25.9	-26.2	-41.0	69.9	48.6	0.2	1.6
吉尔吉斯	4.2	4.5	1.2	13.3	2.8	6.9	-9.1	-15.8	-16.3	-26.5	1.3
老挝	—	—	-1.5	-2.1	14.3	7.1	3.6	7.0	5.9	8.2	7.0
拉脱维亚	5.0	3.3	2.4	5.1	5.7	-1.2	-8.1	-35.0	-14.9	0.6	-1.6
莱索托	7.4	4.3	5.7	13.9	12.3	3.9	2.2	3.5	8.0	12.0	9.0
利比里亚	1.8	—	-1.0	3.1	-10.8	0.3	2.9	1.9	2.2	2.2	2.7
利比亚	1.8	—	-3.2	0.7	0.6	—	—	—	—	—	—
立陶宛	4.6	3.1	5.8	11.4	3.3	-3.3	-13.1	-39.3	-16.2	1.0	2.6
卢森堡	2.6	4.5	3.1	10.2	9.9	3.4	5.4	5.8	8.5	4.1	3.5
马其顿	—	—	—	—	—	—	-9.8	-12.4	-8.4	-8.2	-3.0
马达加斯加	1.0	0.5	1.2	3.4	4.1	3.2	-6.7	1.1	2.1	1.1	2.0
马拉维	6.2	2.4	1.4	3.1	0.5	9.4	5.7	-7.3	9.7	-9.3	9.5
马来西亚	7.8	6.0	5.4	8.9	9.2	9.7	8.7	7.8	8.3	8.7	9.5
马尔代夫	—	—	7.3	10.3	9.3	15.1	4.7	8.7	6.5	6.6	7.2
马里	4.4	1.8	1.2	-0.2	11.8	0.4	-2.5	7.8	-2.4	2.4	6.0
马耳他	10.4	3.9	4.1	8.4	8.2	6.3	6.3	4.7	4.5	5.0	6.2
毛里塔尼亚	1.7	1.7	2.2	1.8	4.2	-2.1	2.8	1.8	5.3	4.4	4.3
毛里求斯	5.4	6.2	9.8	6.5	4.3	7.3	4.0	6.2	5.2	4.7	4.1
墨西哥	6.6	1.6	1.9	1.3	3.5	4.3	3.9	2.8	0.4	3.5	-6.9
摩尔多瓦	5.0	3.0	1.2	1.7	7.9	-0.6	-18.7	-25.0	-8.3	1.8	—
蒙古	—	5.6	1.9	8.5	5.2	-2.3	-8.4	-8.6	-1.6	2.3	—
摩洛哥	5.5	3.9	-2.3	10.2	2.3	4.7	5.9	-4.0	-1.1	11.5	-6.9
莫桑比克	—	0.1	14.7	8.2	6.5	1.0	4.9	-0.8	19.3	5.7	3.0
缅甸	4.7	1.3	-4.1	-11.5	3.7	2.7	-0.9	9.4	5.8	7.5	9.8
纳米比亚	—	1.0	4.5	0.4	2.3	0.4	6.7	7.0	-1.3	5.4	2.6
尼泊尔	2.1	4.7	7.7	4.3	4.6	6.4	4.1	3.1	7.1	3.0	5.8
荷兰	2.9	2.0	1.2	2.6	4.7	4.1	2.3	1.3	0.4	2.6	2.3

续表 3

国家、地区	1970~80年	1980~90年	1987年	1988年	1989年	1990年	1991年	1992年	1993年	1994年	1995年
新西兰	2.1	1.9	1.5	3.9	-1.4	0.1	-3.7	0.3	5.5	4.1	2.2
尼加拉瓜	0.4	-1.4	-0.7	-11.1	-1.3	0.0	-0.7	0.8	-0.7	3.3	4.2
尼日尔	2.0	-0.8	-2.7	5.0	-3.5	5.2	2.5	-6.5	1.4	3.9	3.0
尼日利亚	4.7	1.0	-2.8	9.6	7.5	7.8	5.4	2.6	1.5	1.3	3.0
挪威	4.7	2.5	2.1	-0.4	0.8	1.7	1.6	3.4	3.3	5.0	3.3
阿曼	5.5	8.9	-3.7	5.8	3.5	7.5	9.5	6.9	6.5	3.5	2.0
巴基斯坦	4.7	6.3	6.4	7.8	4.8	4.5	5.5	7.8	1.9	4.0	4.5
巴拿马	5.5	0.7	2.5	-15.6	-0.4	4.6	9.6	8.5	5.4	4.8	2.3
巴布亚新几内亚	2.5	1.3	2.6	3.0	-1.9	-3.0	10.2	12.4	17.4	3.2	-4.7
巴拉圭	8.9	2.8	4.4	6.5	5.8	3.1	2.4	1.8	3.7	3.1	4.2
秘鲁	3.6	-0.7	8.3	-9.0	-10.7	-4.9	2.8	-2.4	6.5	13.1	7.0
菲律宾	5.9	1.6	4.3	6.8	6.2	2.7	-0.2	0.3	2.2	4.4	4.8
波兰	—	-0.2	0.7	1.7	1.1	-2.4	-2.7	3.3	3.8	6.0	6.5
葡萄牙	4.7	3.0	5.5	5.6	5.6	4.3	2.1	1.1	-1.2	0.7	2.3
波多黎各	4.3	3.6	4.5	6.5	5.3	3.9	2.4	3.2	3.2	—	—
罗马尼亚	—	0.0	-7.2	-0.9	-5.9	-6.5	-13.2	-13.9	1.2	4.0	6.9
俄罗斯	—	2.4	1.4	2.9	2.7	-3.6	-12.8	-19.0	-12.0	-15.0	-4.0
卢旺达	5.4	1.8	-1.6	0.3	-5.7	-0.4	-4.3	6.6	-6.8	-49.0	24.6
圣基茨尼维斯	—	5.1	7.8	9.8	6.7	3.0	3.9	3.0	4.5	3.2	4.9
圣卢西亚	—	—	3.9	13.1	9.0	3.8	2.2	7.0	2.3	2.2	4.1
圣文森特	2.9	6.5	6.1	9.1	6.4	5.0	3.5	4.8	2.1	0.2	4.4
圣多美和普林西比	5.9	-1.6	-1.5	2.0	3.1	-2.1	1.4	1.5	1.3	1.5	—
沙特阿拉伯	10.3	0.4	-1.8	7.4	…	8.7	9.7	3.1	-0.5	-0.1	-0.8
塞内加尔	1.7	3.3	4.0	5.1	-0.4	4.5	-0.7	2.8	-2.1	2.0	4.5
塞舌尔	7.5	3.3	4.5	4.2	10.3	7.5	2.7	6.9	5.8	-1.1	-1.8
塞拉利昂	2.1	1.8	5.4	2.1	2.7	4.9	3.7	-2.7	0.7	0.2	-2.8
新加坡	9.0	7.1	9.5	11.2	9.2	8.7	6.7	6.0	10.1	10.1	8.9
斯洛伐克	—	—	2.8	1.9	1.0	-2.5	-14.6	-6.2	-4.1	4.9	7.4
斯洛文尼亚	—	—	—	—	—	—	-9.3	-5.7	1.0	5.3	4.9
所罗门群岛	4.3	6.6	2.4	3.6	8.1	1.8	3.2	8.2	—	—	—
索马里	3.4	1.8	5.1	-0.7	-0.1	-1.6	—	—	—	—	—
南非	3.4	1.5	2.0	4.2	2.5	-0.3	-1.0	-2.2	1.3	2.7	3.3
西班牙	3.5	3.0	5.6	5.2	4.8	3.7	2.3	0.7	-1.1	2.1	3.0
斯里兰卡	4.4	4.5	1.2	2.7	2.1	6.3	4.5	4.1	6.9	5.6	5.4
苏丹	3.8	1.2	2.2	-4.3	7.4	-1.5	0.7	11.3	5.0	4.3	4.5
苏里南	1.4	—	25.8	8.5	4.0	0.1	2.4	3.9	-5.7	-2.3	4.0
斯威士兰	4.8	6.4	7.4	6.5	9.1	7.9	-0.1	1.2	2.5	2.6	3.1
瑞典	2.0	2.0	3.1	2.2	2.4	1.4	-1.2	-1.5	-2.5	2.6	3.0

续表 4

国家、地区	1970～80年	1980～90年	1987年	1988年	1989年	1990年	1991年	1992年	1993年	1994年	1995年
瑞士	1.2	2.1	2.0	2.9	3.9	2.3	−0.0	−0.3	−0.9	1.2	0.7
叙利亚	9.9	2.2	0.6	14.5	−10.7	7.6	7.1	10.5	3.9	5.5	5.0
塔吉克斯坦	5.4	2.2	−0.0	9.7	−4.4	−2.4	−8.7	−28.9	−11.1	−21.4	−12.5
坦桑尼亚	3.4	3.4	4.8	4.5	4.0	4.2	5.1	4.6	3.9	3.6	4.0
泰国	6.9	7.9	9.6	13.3	12.2	11.7	8.4	7.9	8.3	8.8	8.7
多哥	4.3	1.1	0.5	6.3	4.0	0.2	−0.9	−6.3	−15.5	13.9	8.3
汤加	—	—	1.7	−3.5	0.7	−0.3	6.3	1.0	—	4.8	—
特立尼达和多巴哥	6.4	−0.0	−4.6	−3.9	−0.8	1.6	2.7	−1.7	−1.6	4.2	3.5
突尼斯	7.4	3.6	6.6	0.2	1.8	7.8	3.8	7.8	2.3	3.3	3.5
土耳其	5.1	5.4	10.7	2.1	0.4	9.1	1.0	6.0	8.1	−3.0	—
土库曼斯坦	3.7	3.0	3.2	11.1	−4.0	0.8	−4.7	−5.3	−10.0	−20.0	−10.4
乌干达	—	—	3.7	8.1	6.5	5.5	3.4	8.3	6.5	11.0	6.5
乌克兰	4.3	2.7	4.6	2.9	3.5	−3.3	−11.9	−17.0	−16.8	−23.7	−11.8
阿拉伯联合酋长国	—	—	6.2	−2.6	13.3	17.5	0.2	2.8	−1.5	1.1	3.0
英国	2.0	2.6	4.8	5.0	2.2	0.4	−2.0	−0.5	2.0	3.8	2.4
美国	2.7	2.7	3.0	3.9	2.8	1.3	−0.4	2.5	3.4	4.1	2.0
乌拉圭	3.0	−0.1	8.0	…	1.4	1.0	3.2	7.9	3.0	6.8	−2.4
乌兹别克斯坦	6.3	3.5	0.9	9.1	3.0	2.0	−0.6	−11.1	−2.3	−4.2	−1.8
瓦努阿图	—	3.7	0.3	0.5	4.4	5.1	−8.9	0.6	7.6	2.0	—
委内瑞拉	2.7	0.8	3.6	5.8	−8.6	6.5	9.7	6.1	0.3	−2.8	2.2
越南	—	—	3.6	5.1	7.8	4.9	6.0	8.6	8.1	8.8	9.5
美属维尔京群岛	5.5	—	7.4	1.6	7.1	—	—	—	—	—	—
西萨摩亚	—	−0.1	0.5	−1.5	6.4	−9.4	−2.1	−0.9	6.3	−7.8	6.7
也门共和国	—	—	—	—	—	—	—	4.2	5.9	—	3.6
扎伊尔	0.4	1.3	2.7	0.5	−1.3	−6.6	−8.4	−10.5	−14.5	−7.2	−0.7
赞比亚	1.4	1.0	3.1	9.3	−3.7	−0.5	…	−2.5	6.4	−3.0	−3.9
津巴布韦	2.8	4.0	−1.6	8.9	5.6	−0.6	4.9	−8.2	3.0	6.1	−1.9
撒哈拉以南非洲	—	—	1.3	3.7	3.4	1.2	0.8	0.1	0.8	1.5	—
南亚	—	—	4.8	9.1	6.1	5.6	1.3	4.9	3.5	4.9	—
东亚和太平洋	—	—	8.8	9.6	6.2	6.4	7.6	9.2	9.5	9.7	—
拉丁美洲和加勒比海	—	—	3.3	0.6	0.9	0.0	3.5	2.7	3.8	4.7	—
中东和北非	—	—	−0.9	−0.4	2.5	2.7	2.6	4.0	—	3.0	—
欧洲和中亚	—	—	2.4	3.2	2.1	−2.3	−8.8	−12.8	−3.9	−10.3	—
中、低收入国家	—	—	3.4	3.9	3.2	1.5	0.2	0.1	2.9	1.8	—
低收入国家	—	—	5.7	8.1	4.9	3.9	3.4	6.7	7.0	7.4	—
中等收入国家	—	—	2.8	2.7	2.6	0.7	−0.9	−2.2	1.3	−0.7	—
高收入国家	—	—	3.5	4.5	3.5	2.3	1.0	1.6	1.5	3.6	22
经合组织成员国	—	—	3.3	4.3	3.6	2.5	0.8	1.7	0.9	2.8	2.1
世界	—	—	3.5	4.7	3.7	2.6	1.5	2.4	2.4	3.7	3.5

资料来源：世界银行《世界数据表》1996年；国际货币基金组织《国际金融年鉴》1996年；《世界经济展望》1996年10月。

人均国民生产总值(美元)

单位:美元

国家、地区	1980年	1985年	1987年	1988年	1989年	1990年	1991年	1992年	1993年	1994年	1995年
撒哈拉以南非洲	720	570	510	540	530	520	530	540	520	460	490
贝宁	410	280	330	390	370	370	390	420	430	370	370
博茨瓦纳	930	1 020	1 230	1 540	1 900	2 270	2 620	2 980	2 790	2 800	3 020
布基纳法索	220	160	220	270	270	270	290	310	300	300	230
布隆迪	220	240	260	250	230	220	220	210	180	160	160
喀麦隆	810	800	1 020	1 070	1 070	950	890	900	820	680	650
佛得角	430	350	500	650	680	660	740	960	920	930	960
中非共和国	340	270	340	410	420	430	420	430	400	370	340
乍得	170	120	160	200	190	190	210	230	210	180	180
科摩罗	370	300	420	520	520	520	540	590	560	510	470
刚果	890	1 020	1 040	1 050	1 020	1 030	1 070	1 140	950	620	680
科特迪瓦	1 300	630	830	910	820	740	680	680	630	610	660
赤道几内亚	—	—	—	380	360	360	340	410	420	430	550
埃塞俄比亚	—	—	—	—	—	—	120	110	100	100	100
加蓬	4 070	3 730	3 420	4 160	4 380	4 520	5 080	5 120	4 960	3 880	3 490
冈比亚	370	240	270	300	320	330	360	350	350	330	320
加纳	430	350	410	430	400	400	420	450	430	410	390
几内亚	—	—	—	430	420	440	460	490	500	520	550
几内亚比绍	150	180	190	190	210	240	240	250	240	240	250
肯尼亚	450	300	370	410	400	380	350	330	270	250	280
莱索托	450	370	370	450	540	590	560	600	650	720	770
马达加斯加	440	280	260	240	210	220	200	210	220	200	230
马拉维	190	160	150	160	160	180	210	190	200	170	170
马里	240	130	200	240	260	250	240	280	270	250	250
毛里塔尼亚	470	380	440	500	510	490	510	530	500	480	460
毛里求斯	1 260	1 070	1 620	2 020	2 160	2 350	2 520	2 850	3 030	3 150	3 380
莫桑比克	—	140	150	120	90	90	90	80	90	90	80
纳米比亚	—	1 050	1 240	1 440	1 540	1 610	1 710	1 860	1 820	1 970	2 000
尼日尔	470	220	280	330	310	320	310	290	270	230	220
尼日利亚	1 160	950	460	390	350	350	350	330	300	280	260
卢旺达	250	270	330	380	380	340	310	270	210	80	180
塞内加尔	540	370	570	720	700	720	720	790	750	600	600
塞舌尔	2 150	2 480	3 290	3 990	4 540	4 960	5 170	6 010	6 280	6 680	6 620
塞拉利昂	350	320	250	250	220	230	180	150	150	160	180
索马里	110	120	130	130	130	120	—	—	—	—	—
南非	2 130	2 010	2 080	2 460	2 540	2 530	2 700	2 900	2 980	3 040	3 160
苏丹	430	360	—	—	—	—	—	—	—	—	—

续表 1

国家、地区	1980 年	1985 年	1987 年	1988 年	1989 年	1990 年	1991 年	1992 年	1993 年	1994 年	1995 年
斯威士兰	890	830	740	930	880	1 050	1 110	1 190	1 190	1 100	1 170
坦桑尼亚	290	290	220	180	140	120	110	100	90	140	120
多哥	440	240	330	420	430	430	430	410	340	320	310
乌干达	—	160	310	400	420	340	260	200	180	190	240
扎伊尔	630	240	240	250	240	—	—	—	—	—	120
赞比亚	640	330	270	300	390	430	380	360	380	350	400
津巴布韦	740	620	580	680	710	690	650	550	520	500	540
南亚	250	270	320	360	360	350	330	330	310	320	350
孟加拉国	150	150	180	190	200	210	220	220	220	220	240
印度	250	280	330	380	370	370	330	330	300	320	340
尼泊尔	140	160	180	200	210	210	210	200	190	200	200
巴基斯坦	290	360	380	410	400	400	400	420	430	430	460
斯里兰卡	280	370	430	460	450	470	500	550	600	640	700
东亚及太平洋	420	470	540	590	610	660	720	780	820	860	800
斐济	1 870	1 620	1 780	1 780	1 860	1 890	1 930	2 050	2 130	2 250	2 440
印度尼西亚	490	520	520	530	540	570	620	680	740	880	980
韩国	2 330	2 260	3 230	4 110	4 850	5 770	6 670	7 210	7 660	8 260	9 700
老挝	—	—	—	—	220	200	220	250	280	320	350
马来西亚	1 800	1 910	1 960	2 130	2 240	2 400	2 540	2 830	3 140	3 480	3 890
蒙古	—	—	—	—	—	—	—	—	390	300	310
巴布亚新几内亚	810	720	820	950	950	880	940	1 000	1 130	1 240	1 160
菲律宾	690	520	610	680	720	750	760	800	850	950	1 050
所罗门群岛	440	510	630	670	740	730	680	710	740	810	910
泰国	720	810	980	1 190	1 350	1 530	1 700	1 910	2 110	2 410	2 740
越南	—	—	—	—	—	—	—	—	170	200	240
瓦努阿图	—	920	870	980	1 070	1 160	1 170	1 230	1 230	1 150	1 200
拉丁美洲和加勒比海	2 130	1 770	1 950	2 080	2 110	2 280	2 470	2 730	2 950	3 340	3 320
安提瓜和巴布达	—	3 440	3 750	5 040	5 280	5 600	6 100	6 210	6 540	6 770	—
阿根廷	2 890	3 050	3 540	3 880	2 950	3 290	3 940	6 120	7 220	8 110	8 030
巴巴多斯	3 350	4 480	5 700	6 310	6 790	6 550	6 350	6 200	6 230	6 560	6 560
伯利兹	1 380	1 180	1 580	1 820	2 000	2 160	2 210	2 380	2 450	2 530	2 070
玻利维亚	550	440	610	730	720	700	710	740	760	770	800
巴西	2 190	1 580	2 060	2 270	2 590	2 790	2 930	2 840	2 930	2 970	3 640
智利	2 160	1 410	1 550	1 800	2 060	2 180	2 390	2 850	3 170	3 520	4 160
哥伦比亚	1 270	1 240	1 260	1 330	1 290	1 270	1 250	1 350	1 400	1 670	1 910
哥斯达黎加	2 030	1 270	1 650	1 710	1 710	1 790	1 830	2 010	2 150	2 400	2 610
多米尼加	1 160	760	820	780	870	890	1 010	1 170	1 230	1 330	1 460
厄瓜多尔	1 370	1 150	1 170	1 180	1 040	980	1 050	1 130	1 200	1 280	1 390

续表 2

国家、地区	1980 年	1985 年	1987 年	1988 年	1989 年	1990 年	1991 年	1992 年	1993 年	1994 年	1995 年
萨尔瓦多	790	810	940	1 000	1 000	1 030	1 090	1 200	1 320	1 360	1 610
危地马拉	1 200	1 150	1 010	970	960	920	940	1 000	1 100	1 200	1 340
圭亚那	760	490	440	450	250	240	300	320	350	530	590
海地	270	300	380	390	390	420	450	—	—	230	250
洪都拉斯	700	790	940	980	870	700	600	600	600	600	600
牙买加	1 220	930	980	1 360	1 570	1 670	1 570	1 450	1 440	1 540	1 510
墨西哥	2 640	2 180	1 950	1 990	2 210	2 580	2 970	3 390	3 610	4 180	3 320
尼加拉瓜	690	760	920	830	430	360	280	340	340	340	380
巴拿马	1 880	2 290	2 560	2 110	1 990	2 040	2 220	2 450	2 600	2 580	2 750
巴拉圭	1 440	1 130	970	1 080	1 090	1 120	1 250	1 390	1 510	1 580	1 690
秘鲁	1 040	900	1 220	1 050	970	1 020	1 310	1 350	1 490	2 110	2 310
圣卢西亚	—	—	2 300	2 600	2 860	2 800	2 880	3 220	3 380	3 130	3 370
苏里南	2 590	2 490	2 530	3 430	2 400	1 760	1 400	1 260	1 180	860	880
特立尼达和多巴哥	4 950	6 140	4 510	3 920	3 600	3 600	3 810	4 020	3 830	3 740	3 770
乌拉圭	2 930	1 500	2 200	2 500	2 600	2 640	2 970	3 500	3 830	4 660	5 170
委内瑞拉	4 340	3 750	3 410	3 440	2 610	2 650	2 710	2 880	2 840	2 760	3 020
中东和北非	2 380	2 340	2 340	2 240	2 060	1 990	2 000	1 980	—	1 580	1 780
阿尔及利亚	2 070	2 490	2 880	2 810	2 610	2 380	2 030	1 940	1 780	1 650	1 600
埃及	500	620	720	760	710	660	660	660	660	720	790
伊朗	2 210	3 420	3 390	2 930	2 470	2 370	2 300	2 120	—	—	—
约旦	—	1 890	2 250	2 220	1 530	1 250	1 060	1 130	1 190	1 440	1 510
摩洛哥	990	600	750	920	950	1 020	1 080	1 080	1 040	1 140	1 110
阿曼	3 540	6 430	5 260	4 680	4 680	5 030	5 350	5 520	4 850	5 140	4 820
沙特阿拉伯	14 250	8 300	6 910	6 740	6 270	6 600	7 410	7 810	—	7 050	7 040
叙利亚	1 540	1 680	1 250	1 170	890	970	1 150	—	—	—	1 120
突尼斯	1 360	1 140	1 280	1 360	1 320	1 430	1 480	1 720	1 720	1 790	1 820
以色列	5 750	6 380	8 250	9 970	10 400	11 460	12 400	13 710	13 920	14 530	15 920
欧洲和中亚	—	—	2 470	2 860	3 060	3 100	2 900	2 630	2 450	2 090	2 220
亚美尼亚	—	—	—	—	—	2 140	1 970	870	660	680	730
阿塞拜疆	—	—	—	—	—	1 370	1 400	890	730	500	480
白俄罗斯	—	—	—	—	—	3 330	3 440	3 210	2 870	2 160	2 070
保加利亚	—	1 990	2 760	3 150	2 830	2 180	1 510	1 350	1 140	1 250	1 330
爱沙尼亚	—	—	—	—	—	4 750	4 340	3 150	3 080	2 820	2 860
格鲁吉亚	—	—	—	—	—	2 280	1 820	930	580	—	440
匈牙利	2 110	1 890	2 440	2 750	2 830	2 920	3 030	3 210	3 350	3 840	4 120
哈萨克斯坦	—	—	—	—	—	2 380	2 210	1 900	1 560	1 160	1 330
吉尔吉斯	—	—	—	—	—	1 340	1 290	1 020	850	630	700
拉脱维亚	—	—	—	—	—	4 500	4 260	2 630	2 101	2 320	2 270

续表 3

国家、地区	1980年	1985年	1987年	1988年	1989年	1990年	1991年	1992年	1993年	1994年	1995年
摩尔多瓦	—	—	—	—	—	2 320	1 880	1 320	1 060	870	920
波兰	—	2 020	1 980	2 010	1 990	1 730	1 840	1 970	2 260	2 410	2 790
罗马尼亚	—	—	—	—	1 850	1 760	1 460	1 170	1 140	1 270	1 480
俄罗斯	—	—	—	—	—	4 160	3 650	2 830	2 340	2 650	2 240
塔吉克斯坦	—	—	—	—	—	880	810	600	470	360	341
土库曼斯坦	—	—	—	—	—	1 610	1 490	1 390	—	—	920
乌克兰	—	—	—	—	—	2 770	2 640	2 440	2 210	1 910	1 630
乌兹别克斯坦	—	—	—	—	—	1 070	1 100	1 010	970	960	970
高收入国家	10 810	11 220	15 000	18 150	19 230	20 040	20 880	22 540	23 090	23 420	24 930
经合组织	11 030	11 470	15 370	18 630	19 720	20 570	21 430	23 100	23 650	—	—
日本	10 440	10 950	17 270	23 570	25 460	26 100	26 960	28 750	31 490	34 630	39 640
美国	12 830	16 270	19 810	21 620	22 040	22 380	22 600	23 790	24 740	25 880	26 980
加拿大	11 040	13 250	15 470	17 690	18 970	19 640	19 990	20 270	19 970	19 510	19 380
德国	14 150	10 560	15 400	20 060	21 250	22 720	20 660	23 360	23 560	25 580	27 510
英国	8 550	8 180	11 320	14 200	15 300	16 170	16 580	18 130	18 060	18 340	17 800
法国	12 660	9 420	13 900	17 810	18 740	19 710	20 490	22 720	22 490	23 420	24 990
意大利	8 010	7 480	11 340	14 870	16 050	17 360	18 810	21 050	19 840	19 300	19 020
荷兰	13 060	9 190	12 860	16 130	17 130	18 110	18 880	20 830	20 950	22 010	24 000
爱尔兰	5 690	4 990	7 280	9 050	9 720	11 030	11 700	13 010	13 000	13 530	14 710
比利时	12 940	7 970	11 920	15 630	16 710	17 830	19 160	21 580	21 650	22 870	24 710
芬兰	10 720	10 470	15 500	20 180	22 850	24 470	23 490	22 780	19 300	18 850	20 580
奥地利	10 660	8 740	12 790	16 860	17 980	19 310	20 470	23 170	23 510	24 630	26 890
挪威	13 850	13 950	18 480	21 240	22 100	23 340	24 340	26 440	25 970	26 390	31 250
丹麦	13 990	10 940	16 280	20 770	21 550	22 600	23 620	26 360	26 730	27 970	29 890
瑞典	15 410	11 550	16 960	21 120	22 700	24 330	25 660	27 530	24 740	23 530	23 750
瑞士	18 590	15 540	22 490	29 460	30 860	32 180	33 240	36 280	35 760	37 930	40 630
葡萄牙	2 900	2 220	3 630	4 830	5 410	6 100	7 000	8 630	9 130	9 320	9 740
西班牙	5 660	4 200	6 540	8 640	9 770	11 100	12 420	14 140	13 590	13 440	13 580
卢森堡	16 930	14 120	20 090	26 190	28 480	31 760	34 460	38 250	37 320	39 600	41 210
冰岛	15 220	11 610	18 410	22 760	23 210	23 600	24 150	25 450	24 950	24 630	24 950
希腊	4 660	3 490	4 270	5 250	5 630	5 960	6 490	7 350	7 390	7 700	8 210
澳大利亚	11 270	11 370	12 610	14 840	16 340	17 060	17 340	17 770	17 500	18 000	18 720
新西兰	7 420	6 770	9 210	11 630	12 590	12 890	12 190	12 490	12 600	13 350	14 340
土耳其	1 550	1 060	1 410	1 570	1 870	2 230	2 420	2 840	2 970	2 500	2 780
世界	2 570	2 520	3 190	3 730	3 890	4 010	4 120	4 360	4 420	4 470	4 480

资料来源：世界银行《世界图表集》1997 年，《世界数据表》1996 年，《世界发展报告》1996 年。

按购买力平价法计算的人均国民生产总值

国家、地区	1995年按三年平均汇率法计算的国民生产总值(百万美元)	按三年平均汇率法计算的人均GNP(美元)		1985年至1995年汇率法人均国民生产总值年均增长率(%)	1995年按购买力平价法计算的人均GNP(国际元)
		1994年	1995年		
孟加拉国	28 599	230	240	2.1	1 380
印度	319 660	310	340	3.1	1 400
印度尼西亚	190 105	880	980	6.0	3 800
伊朗	—		—	0.5	5 470
以色列	87 875	14 410	15 920	2.5	16 490
日本	4 963 587	34 630	39 640	2.9	22 110
哈萨克斯坦	22 143	1 110	1 330	-8.6	3 010
韩国	435 137	8 220	9 700	7.6	11 450
马来西亚	78 321	3 520	3 890	5.7	9 020
蒙古	767	340	310	-3.8	1 950
巴基斯坦	59 991	440	460	1.2	2 230
菲律宾	71 865	960	1 050	1.5	2 850
新加坡	79 831	23 360	26 730	6.2	22 770
斯里兰卡	12 616	640	700	2.7	3 250
泰国	159 630	2 210	2 740	8.4	7 540
土耳其	169 452	2 450	2 780	2.2	5 580
越南	17 634	190	240	4.2	—
埃及	45 507	710	790	1.1	3 820
尼日利亚	28 411	280	260	1.2	1 220
南非	130 918	3 010	3 160	-1.0	5 030
加拿大	573 695	19 570	19 380	0.4	21 130
墨西哥	304 596	4 010	3 320	0.1	6 400
美国	7 100 007	25 860	26 980	1.4	26 980
阿根廷	278 431	8 060	8 030	1.9	8 310
巴西	579 787	3 370	3 640	-0.7	5 400
委内瑞拉	65 382	2 760	3 020	0.5	7 900
白俄罗斯	21 356	2 160	2 070	-5.2	4 220
保加利亚	11 225	1 160	1 330	-2.2	4 480
捷克共和国	39 990	3 210	3 870	-1.8	9 770
法国	1 451 051	23 470	24 990	1.5	21 030
德国	2 252 343	25 580	27 510	—	20 070
意大利	1 088 085	19 270	19 020	1.7	19 870
荷兰	371 039	21 970	24 000	1.8	19 950
波兰	107 829	2 470	2 790	-0.4	5 400
罗马尼亚	33 488	1 230	1 480	-4.0	4 360
俄罗斯	331 948	2 650	2 240	-5.1	4 480
西班牙	532 347	13 280	13 580	2.6	14 520
英国	1 094 734	18 410	18 700	1.4	19 260
乌克兰	84 084	1 570	1 630	-9.2	2 400
澳大利亚	337 909	17 980	18 720	1.4	18 940
新西兰	51 655	13 190	14 340	0.6	16 360

资料来源：世界银行《世界图表集》1997年。

中央政府财政收入占国内生产总值的比重

单位：%

国家、地区	1980年	1985年	1988年	1989年	1990年	1991年	1992年	1993年	1994年	1995年
印度	17.13	13.77	14.08	14.78	13.51	14.48	14.29	13.56	—	—
印度尼西亚	21.92	20.67	16.23	16.69	18.01	18.26	16.48		—	—
伊朗	22.52	18.79*	11.91	13.78	18.06	16.69	18.51*	23.52	24.75	—
以色列	43.03	45.46	40.28	36.87	38.30*	37.39*	39.24	39.91	39.99	40.78
日本	12.01①	12.43	13.82	13.87	14.38	22.92	21.42	21.39	—	—
马来西亚	31.12	30.15	25.73	25.72	27.14	28.73	28.81	28.01	28.83	—
缅甸	16.00	13.61	8.48	9.50	10.56	9.66	8.14	7.78	—	—
韩国	18.34①	16.97	17.19	17.40	17.87	17.07	18.22	19.00	20.04	20.52
巴基斯坦	22.55②	16.17	17.74	18.63	19.14	16.72	17.88	18.09	18.67	19.41
菲律宾	11.89①	11.99	13.90	16.29	16.56	17.44	17.80	17.56	19.76	18.84
新加坡	25.31	37.92	27.26	28.24	31.09	30.32	31.85	35.14	—	—
斯里兰卡	20.94	22.32	18.81	21.43	21.12	20.53	20.17	19.71	19.01	20.59
泰国	15.85	15.69	16.82	17.79	19.20	19.70	18.44	18.45	18.51	18.96
土耳其	—	17.55	13.95	14.20	14.00	14.21	16.05	18.36	19.35	—
埃及	—	36.74	32.33	29.43	24.39	31.86	35.71	37.79	—	—
南非	27.53	26.14	25.61	29.19	26.88	26.45	25.27	26.41	26.42	26.71
加拿大	37.75	18.74	19.30	20.12	20.73	20.93	20.78	20.70	20.64	—
墨西哥	19.64	16.50	17.28	18.29	14.05	16.82	17.43	15.51	15.13	15.80
美国	32.19	19.94	20.01	20.22	19.86	19.84	19.61	19.72	20.06	19.89
阿根廷	28.23	15.62	9.26	9.85	5.68	4.44	5.68	6.04	5.54	—
巴西	27.72	26.34	20.06	25.57	33.29	27.24	27.99	30.43	—	—
委内瑞拉	21.23①	28.17	19.18	19.41	23.07	27.73	18.69	17.89	18.95	—
法国	43.51	41.75	40.85	40.51	40.54	40.82	40.60	40.51	37.85	40.61
德国	45.55	30.19	28.89	29.47*	28.77	30.53	31.53	31.70	32.50	32.12
意大利	33.39①	33.66*	36.65*	37.98	38.78	39.76	41.41	42.86	40.52	—
荷兰	52.39	51.05	50.31	47.42	47.07	49.95	49.30	50.28	48.10	46.12
罗马尼亚	49.99	44.15	42.48	48.29	34.73	37.33	36.78	33.92	—	—
西班牙	27.14	27.19	30.11	31.75*	30.58	31.15	32.17	22.15	20.40	21.25
英国	41.18	37.45	35.92	35.45	36.84	36.97	36.01	34.90	35.31	36.34
南斯拉夫	30.17	26.42	27.56	27.21	—	—	—	—	—	—
澳大利亚	31.72	27.29	28.13	26.95	27.05	27.31	25.61	25.02	25.30	24.80
新西兰	38.58	36.99	40.40	*	43.16	38.95	36.50	35.34	37.44	37.33

注：①1982年数字；②1979年数字。

资料来源：国际货币基金组织《政府财政统计年鉴》1996年。

中央政府财政盈余/赤字占国内生产总值的比重

单位：%

国家、地区	1980年	1985年	1988年	1989年	1990年	1991年	1992年	1993年	1994年	1995年
印度	-7.90	-8.49	-8.10	-7.92	-8.12	-5.82	-5.68	-7.42	-6.52	—
印度尼西亚	-2.09	-0.96	-2.96	-1.93	0.39	0.42	-0.40	0.59	—	—
伊朗	-13.81	-3.77*	-9.15	-3.92	-1.82	-2.25	-1.45*	-0.47	-0.13	—
以色列	-13.63	-2.79	-8.03	-5.36	-5.11*	-8.61*	-4.31	-2.54	-3.11	-5.01
日本	-6.82①	-4.82	-2.56	-2.90	-1.57*	1.70	0.32	-1.57	—	—
马来西亚	-6.54	-2.55	-0.25	-0.45	-1.30	-0.24	0.70	1.65	2.38	—
缅甸	1.23	-0.79	-3.02	-4.16	-5.13	-4.18	-2.83	-2.21	—	—
韩国	-2.23	-1.15	1.51	0.19	-0.67	-1.62	-0.49	0.64	0.32	0.29
巴基斯坦	-9.88②	-7.16	-6.28	-7.40	-5.40	-7.55	-7.88	-8.87	-6.94	-4.79
菲律宾	-4.54①	-1.95	-2.91	-2.11	-3.45	-2.11	-1.18	-1.48	1.07	0.53
新加坡	2.06	2.10	6.57	9.63	10.33	8.42	12.17	15.31	—	—
斯里兰卡	-18.29	-9.66	-12.70	-8.65	-7.82	-9.45	-5.39	-6.42	-8.55	-6.99
泰国	-4.97	-5.33	0.71	3.07	4.71	4.86	2.91	2.15	1.88	3.00
土耳其	-4.19③	-7.44	-3.07	-3.41	-3.00	-5.22	-4.31	-6.87	-3.89	—
埃及	-15.57②	-9.23	-7.66	-5.37	-5.72	-0.96	-3.47	1.70	—	—
南非	-2.33	-3.92	-5.18	-0.23	-4.15	-4.28	-8.03	-6.63	-5.75	-5.43
加拿大	-4.20	-5.90	-2.19	-2.52	-3.11	-3.61	-4.28	-4.38	-3.69	—
墨西哥	-3.55	-8.40	-10.33	-5.22	0.74	-0.23	1.54	0.33	-0.69	-0.59
美国	-1.94	-5.43	-3.23	-2.78	-3.99	-4.84	-4.93	-4.05	-3.04	-2.15
阿根廷	-10.59	-5.51	-1.88	-0.38	-0.36	-0.53	-0.03	-0.61	-0.67	—
巴西	-3.96	-11.12	-15.17	-18.57	-6.16	-0.45	-3.93	-9.37	—	—
委内瑞拉	2.15②	5.26*	-4.78	-0.08	0.86	4.41	-3.64	-2.86	-4.31	—
法国	-0.70	-2.72	-2.34	-1.93	-2.10	-1.26	-3.90	-5.40	-5.13	-6.43
德国	-3.73	-1.10	-1.70	-0.16	-1.63	-2.35	-2.39	-2.50	-1.32	-1.86
意大利	-9.92①	-13.35*	-10.56*	-10.50	-10.25	-9.90	-10.86	-10.34	-10.51	—
荷兰	-5.33	-5.49	-4.06	-4.12	-4.51	-2.76	-3.38	-0.94	-0.50	-4.93
罗马尼亚	0.69	2.55	5.83	8.22	0.94	1.94	-4.72	-0.50	—	—
西班牙	-4.21	-6.96	-3.59	-2.25*	-3.23	-3.67	-4.73	-6.93	-7.76	-6.21
英国	-5.21	-2.87	1.55	1.54	0.73	-0.99	-5.02	-6.55	—	—
南斯拉夫	0.77	0.86	0.59	-0.05	—	—	—	—	—	—
澳大利亚	-4.12	-3.13	0.81	1.86	2.24	0.62	-2.37	-3.52	-2.69	-2.49
新西兰	-5.33	-4.55	2.01	*	4.05	1.94	-2.30	0.11	0.08	0.13

注：①1982年；②1979年；③1983年。

资料来源：国际货币基金组织《国际金融统计年鉴》1996年。

总消费占国内生产总值的比重

单位：%

国家、地区	1980年	1985年	1987年	1988年	1989年	1990年	1991年	1992年	1993年	1994年	1995年
世界	76.8	78.2	78.3	77.4	76.5	77.2	78.7	78.7	79.1	78.7	78.0
孟加拉国	97.5	95.5	96.8	97.4	97.4	97.3	95.9	94.2	93.0	92.6	91.8
印度	82.6	78.6	79.0	77.0	75.0	73.2	73.1	70.6	72.8	70.7	78.0
印度尼西亚	7.08	70.2	67.1	66.0	62.5	63.3	64.1	61.8	64.7	64.4	62.1
伊朗	74.0	76.5	74.9	81.2	78.2	76.8	73.9	72.4	69.7	70.7	68.0
以色列	92.8	94.9	98.4	95.0	92.4	92.2	90.2	89.1	92.0	91.6	87.0
日本	68.7	68.5	68.2	67.1	66.8	66.5	65.7	66.5	67.7	69.0	70.0
马来西亚	67.1	67.3	62.7	63.7	65.2	66.6	67.9	64.5	64.1	63.1	63.0
韩国	76.2	68.6	62.3	60.6	63.5	63.8	63.6	64.8	64.6	64.3	63.3
巴基斯坦	92.2	93.7	86.1	87.6	87.4	86.5	82.6	83.0	85.2	84.4	85.0
菲律宾	73.4	81.2	79.0	78.9	79.7	81.3	83.4	85.1	86.2	85.1	85.3
新加坡	61.2	59.4	59.9	57.3	55.3	53.9	53.0	52.8	51.5	48.7	49.0
斯里兰卡	88.8	88.1	87.2	88.0	87.8	85.7	87.2	85.0	84.0	84.8	84.5
泰国	77.7	75.7	71.4	66.8	65.0	65.3	64.2	64.3	64.4	64.4	64.0
土耳其	—	—	76.4	73.0	77.4	79.7	80.3	79.7	79.7	77.8	80.0
埃及	87.7	82.2	84.0	84.7	83.1	83.0	83.9	83.0	83.3	84.9	83.1
尼日利亚	72.3	84.9	78.7	84.2	66.2	60.6	72.5	77.2	80.6	85.5	90.1
南非	64.6	70.8	74.1	74.3	74.2	76.9	78.9	82.0	81.3	81.3	81.3
加拿大	74.8	77.4	77.7	76.6	77.3	79.1	82.3	83.0	82.6	80.7	79.5
墨西哥	75.1	74.1	74.7	77.4	78.0	78.3	79.7	81.0	81.0	81.6	77.7
美国	80.6	82.8	84.2	83.8	83.8	84.3	85.0	84.9	84.7	84.3	83.7
阿根廷	76.2	76.9	80.1	78.0	78.0	80.3	83.6	84.8	83.6	82.4	82.0
巴西	78.5	75.3	74.2	72.0	66.5	75.6	78.6	77.0	77.8	78.0	78.0
委内瑞拉	67.1	74.8	76.7	78.8	75.5	70.5	76.2	78.8	81.5	78.4	78.8
捷克共和国	60.3	62.8	64.6	64.9	65.7	67.4	65.9	—	79.8	79.9	77.2
法国	77.0	80.5	879.7	78.5	77.6	77.6	78.1	79.0	80.7	79.8	79.5
德国	77.2	76.8	75.6	74.8	73.7	72.6	72.3	72.5	73.5	72.7	78.0
意大利	77.2	79.4	79.3	79.1	79.3	79.4	80.1	80.7	80.3	80.1	78.0
荷兰	79.0	75.2	76.7	74.7	73.5	73.2	73.8	74.9	75.4	74.7	73.8
波兰	76.1	70.8	68.9	65.3	57.3	67.2	82.0	82.8	83.5	83.1	81.0
罗马尼亚	63.0	60.2	61.2	62.1	70.5	79.2	75.9	77.0	76.0	75.1	78.0
俄罗斯	—	—	—	—	—	—	—	49.8	60.9	67.2	65.8
西班牙	79.1	78.8	74.1	69.9	66.1	61.9	78.6	80.1	80.7	79.8	78.5
乌克兰	—	—	—	—	—	—	—	—	63.6	64.0	67.8
英国	81.4	81.9	83.2	83.4	83.2	83.6	85.1	86.3	86.3	85.6	85.4
澳大利亚	76.4	78.1	76.6	75.1	74.6	76.9	80.3	81.5	80.5	79.7	77.0
新西兰	79.3	76.9	76.1	76.7	77.3	79.6	78.7	79.3	76.8	75.0	75.0

资料来源：货币基金组织《国际金融统计年鉴》1996年，世界银行《世界发展指标》1997年。

总储蓄占国内生产总值的比重

单位：%

国家、地区	1980 年	1985 年	1987 年	1988 年	1989 年	1990 年	1991 年	1992 年	1993 年	1994 年	1995 年
世　　界	24.2	22.1	22.4	23.2	23.7	22.9	22.7	22.1	21.9	21.0	21.0
孟加拉国	2.1	2.0	3.9	3.2	2.7	2.9	4.3	6.2	7.9	7.9	8.0
印　　度	17.4	20.8	21.1	22.4	23.2	22.8	22.2	22.0	21.1	21.6	22.0
印度尼西亚	37.1	27.9	29－8.8	30.6	31.8	31.5	31.9	32.6	29.9	30.3	36.0
伊　　朗	26.5	21.0	24.9	18.0	20.8	24.8	28.6	31.7	30.4	23.2	34.0
以 色 列	10.9	11.3	10.6	11.3	11.8	12.4	14.8	16.2	13.7	13.0	13.0
日　　本	31.3	31.5	31.8	32.9	33.2	33.5	34.3	33.5	32.3	32.0	31.0
哈萨克斯坦	25.4	21.0	22.5	23.7	22.1	25.9	9.5	—	16.4	20.4	19.0
马来西亚	32.9	32.7	37.3	36.3	34.8	33.4	31.1	35.5	35.9	36.9	37.0
蒙　　古	26.6	28.0	16.5	15.6	13.1	15.2	10.7	9.4	16.1	15.3	—
缅　　甸	17.6	11.5	8.0	11.1	9.0	11.2	14.2	12.8	11.5	12.0	11.0
韩　　国	24.8	30.9	37.1	39.0	36.3	36.4	36.4	35.6	34.7	39.2	36.0
巴基斯坦	6.9	6.7	11.4	9.9	11.1	13.5	19.4	17.0	14.6	16.8	16.0
菲 律 宾	24.2	17.4	18.0	20.1	19.8	18.4	17.2	16.4	15.7	17.4	15.0
新 加 坡	37.5	40.1	39.9	42.3	43.7	45.7	47.4	48.4	47.7	51.1	51.0
斯里兰卡	11.2	11.7	12.6	11.8	12.0	14.1	12.6	15.5	16.0	15.1	14.0
泰　　国	22.9	25.5	28.4	31.2	32.5	33.6	35.1	35.4	35.7	32.5	36.0
土 耳 其	14.1	17.8	24.1	27.8	21.7	21.9	21.6	21.0	22.1	22.8	20.0
越　　南	—	—	5.1	7.3	4.4	6.0	16.5	20.2	16.0	13.5	16.0
埃　　及	15.2	14.5	6.6	9.5	10.5	6.8	10.1	10.9	5.4	5.9	6.0
尼日利亚	32.3	12.6	16.4	14.6	21.0	28.3	22.3	21.2	18.5	11.0	—
南　　非	36.5	29.2	26.5	26.4	26.3	23.1	21.3	18.5	19.1	19.7	18.0
加 拿 大	25.4	22.8	22.8	23.2	22.9	20.6	18.1	17.4	17.6	18.0	21.0
墨 西 哥	24.9	26.3	25.4	22.0	21.2	20.7	20.2	19.0	18.6	19.2	19.0
美　　国	19.3	17.2	15.7	16.1	16.7	15.7	15.1	15.0	15.2	15.0	15.0
阿 根 廷	23.8	23.1	19.9	22.0	22.0	19.7	16.2	15.2	16.4	17.6	18.0
巴　　西	21.1	24.4	25.6	27.9	28.0	23.2	20.9	22.4	21.4	18.3	21.0
委内瑞拉	33.3	27.7	25.1	21.0	24.1	29.5	23.4	21.2	18.1	18.7	21.0
白俄罗斯	31.6	34.2	34.4	35.3	35.8	29.6	33.6	33.8	26.6	27.0	20.0
保加利亚	39.0	31.8	31.1	34.1	31.4	22.0	35.8	18.8	10.5	22.2	25.0
捷克共和国	—	—	31.3	31.6	30.6	29.9	36.7	27.9	22.2	20.0	20.0
法　　国	23.0	19.5	20.3	21.5	22.4	22.4	21.7	21.1	19.7	20.0	20.0
德　　国	22.9	23.1	24.4	25.3	26.3	27.3	23.5	23.0	22.3	22.0	23.0
意 大 利	24.3	22.1	21.7	21.7	21.3	21.1	20.6	19.5	20.4	20.0	22.0
荷　　兰	21.5	24.8	23.3	25.3	26.5	26.8	26.1	25.0	24.5	24.0	29.0
波　　兰	23.4	29.0	31.2	35.3	42.7	32.8	18.0	16.7	16.5	17.2	19.0
罗马尼亚	35.0	37.2	38.8	37.9	29.5	20.8	24.1	23.4	22.0	24.8	21.0
俄 罗 斯	22.5	29.1	27.8	28.3	34.7	31.9	42.5	35.5	32.1	28.2	26.0
西 班 牙	20.9	21.2	21.7	22.5	21.9	22.0	21.4	19.9	19.3	19.0	22.0
乌 克 兰	26.5	28.4	27.9	28.0	27.2	25.2	16.4	11.3	7.4	3.0	—
英　　国	19.1	18.2	16.9	16.7	16.9	16.5	15.1	14.0	13.7	14.0	15.0
澳大利亚	23.6	22.2	23.4	24.4	23.5	21.0	19.7	19.1	19.2	19.0	22.0
新 西 兰	19.6	23.9	23.8	24.0	23.2	20.4	19.7	21.4	24.0	24.0	26.0

资料来源：世界银行《世界数据表》1996 年，《世界发展指标》1997 年，《世界发展报告》1996 年。

全球国际收支平衡差额

单位:10 亿美元

国家、地区	1990 年	1991 年	1992 年	1993 年	1994 年	1995 年
经营项目差额	-127.8	120.0	-114.1	-80.4	-78.8	-82.4
商品贸易差额	16.1	29.7	44.3	73.3	96.9	114.6
服务差额	-44.9	-45.7	-35.5	-26.9	-17.8	-30.2
运输	-46.7	-48.6	-53.4	-55.6	-59.7	-72.6
旅游	10.7	14.9	13.1	23.3	22.0	23.6
政府服务	-13.6	-32.9	-23.7	-11.5	-9.7	-10.5
其他服务	4.7	20.8	28.5	16.9	29.5	29.3
收入	-66.6	-69.8	-81.3	-82.1	-102.5	-123.2
职工报酬	-7.1	-7.0	-8.7	-9.2	-9.6	-9.2
收益投资	50.5	46.3	37.0	44.1	44.4	52.2
其他直接投资收入	-8.2	-0.7	2.3	-2.9	-1.7	-18.1
证券及其他投资收入	-101.8	-108.4	-111.8	-114.1	-135.7	-148.1
经常性转移差额	-32.4	-34.1	-41.7	-44.7	-55.4	-43.5
资本项目差额	11.6	7.8	12.3	9.9	5.2	10.9
金融项目差额	102.2	155.3	134.1	78.6	90.6	69.3
直接投资	-34.1	-39.5	-24.6	-11.6	3.2	19.2
证券投资	16.1	71.1	101.5	132.6	74.6	148.6
其他投资	153.3	145.6	86.5	22.6	47.1	-38.4
储备及构成国外当局储备的负债	-33.1	-21.8	-29.3	-65.0	-34.3	-60.1
误差	14.0	-43.2	-32.2	-8.1	-17.0	2.1
经常项目差额占流动交易总量的比重(%)	1.2	1.1	1.0	0.7	0.6	0.5
贸易差额占货物交易总量的比重(%)	0.2	0.4	0.6	1.0	1.2	1.2
服务差额占服务交易总量的比重(%)	2.5	2.5	1.8	1.3	0.8	1.2
收入差额占收益交易总量的比重(%)	3.8	3.9	4.4	4.4	5.1	5.0
经常性转移差额占经常性转移总量的比重(%)	6.1	5.1	6.7	7.6	9.1	6.6
资本项目差额占资本业务的比重(%)	35.9	34.9	45.3	33.7	12.2	24.2

资料来源:国际货币基金组织《国际收支统计年鉴》1996 年。

进出口贸易差额

单位:亿美元

国家、地区	1980 年	1985 年	1990 年	1993 年	1994 年	1995 年	1996 年
世界总计	-749.0	-739.0	-1 237.9	-809.9	-909.7	-729.2	-903.0
孟加拉国	-18.1	-17.7	-19.5	-17.1	-20.4	-33.3	—
印度	-62.8	-67.9	-56.1	-12.2	-18.2	-38.6	-43.2
印度尼西亚	110.8	83.3	38.4	84.9	80.6	45.0	68.8
伊朗	22.5	16.9	—	—	—	—	—
以色列	-41.4	-38.8	-52.1	-77.9	-83.6	-106.0	204.9
日本	-108.5	466.8	522.3	1 206.3	1 217.8	1 072.8	617.5
马来西亚	21.4	31.4	1.9	14.7	-8.2	-39.0	—
缅甸	1.2	0.2	0.5	-2.3	-1.2	-4.9	-6.7
韩国	-47.8	-8.5	-48.6	-16.0	-63.2	-100.6	-203.8
巴基斯坦	-27.3	-31.5	-17.9	-28.1	-15.2	-34.7	-28.1
菲律宾	-25.5	-8.5	-49.7	-76.6	-92.5	-108.4	-137.0
新加坡	-46.3	-34.7	-80.4	-112.2	-58.4	-62.4	-63.2
斯里兰卡	-9.7	-5.5	-7.8	-11.4	-15.7	-13.9	-13.2
泰国	-27.1	-21.2	-99.6	-91.2	-92.0	-172.4	—
土耳其	-50.0	-33.9	-93.4	-138.3	-51.6	-141.1	—
越南	-7.6	-8.4	-3.5	-9.3	-17.8	-23.0	—
埃及	-18.1	-36.6	-66.2	-59.6	-67.4	-83.1	—
尼日利亚	93.1	36.7	72.7	24.1	28.6	41.9	—
南非	59.3	49.7	55.5	42.4	16.0	-27.0	-8.0
加拿大	51.9	103.1	43.8	61.4	103.0	241.5	264.7
墨西哥	-38.9	81.2	-28.4	-199.1	-264.5	15.4	—
美国	-314.1	-1 336.5	-1 234.0	-1 386.7	-1 767.0	-1 865.3	-1 932.7
阿根廷	-25.5	45.8	82.7	-36.6	-58.7	8.5	0.4
巴西	-48.3	113.1	88.9	108.6	75.6	-81.7	477.6
委内瑞拉	73.9	63.3	103.4	18.3	74.5	74.6	102.6
白俄罗斯	0.0	0.0	0.0	-0.3	0.0	-4.8	—
保加利亚	0.0	0.0	4.6	-7.3	-1.6	0.7	—
捷克共和国	-127.7	-121.5	131.1	5.2	-6.8	-35.5	-72.4
法国	-188.4	-65.8	-230.4	54.8	54.3	112.7	135.8
德国	48.6	254.4	653.4	314.0	452.6	636.5	654.3
意大利	-226.4	-109.8	-115.9	194.4	223.3	271.6	439.0
荷兰	-33.5	47.4	55.8	95.9	153.8	194.0	166.0
波兰	-25.0	-3.7	52.2	-46.9	-43.4	-61.6	-127.0
罗马尼亚	-26.3	9.0	40.6	-16.3	-9.6	-18.7	—
俄罗斯①	79.0	42.0	-164.5	114.9	127.2	202.2	275.5
西班牙	-133.6	-57.2	-321.2	-190.2	-192.1	-234.1	-197.9
乌克兰	—	—	—	6.9	-2.8	5.7	
英国	-54.1	-77.0	-392.2	-247.6	-221.6	-232.8	-254.9
南斯拉夫	-61.0	-15.1	-45.8	—	—	—	—
澳大利亚	-4.6	-32.9	22.6	-27.8	-59.0	-72.3	-48.9
新西兰	-0.5	-2.7	-1.6	9.0	2.7	-2.1	-2.9

注:①1991 年调整卢布与美元汇率,数字与以前不可比。1994 年以前数字不包括独联体内部之间贸易额。

资料来源:联合国《统计月报》1996 年 10 月、1997 年 4 月;国际货币基金组织《国际金融统计月报》1997 年 6 月。

外汇储备总额(年末数)

单位:百万美元

国家、地区	1991	1992	1993	1994	1995
中国	21 712	19 443	21 199	51 620	73 597
美国	66 660	60 270	62 350	63 280	74 780
日本	72 059	71 623	98 524	125 860	183 250
德国	63 001	90 967	77 640	77 363	85 005
法国	31 284	27 028	22 649	26 257	26 853
英国	41 890	36 640	36 780	41 010	42 020
意大利	48 679	27 643	27 545	32 265	34 905
加拿大	16 252	11 431	12 481	12 286	15 049
阿根廷	6 005	9 990	13 791	14 327	14 288
澳大利亚	16 535	11 208	11 102	11 285	11 896
巴西	8 033	22 521	30 604	37 070	49 708
智利	7 041	9 168	9 640	13 808	14 140
埃及	5 325	10 810	12 904	13 481	16 181
匈牙利	3 936	4 428	6 771	6 810	12 052
芬兰	7 609	5 213	5 411	10 662	10 038
印度	3 627	5 757	10 199	19 698	17 922
印度尼西亚	9 258	10 449	11 263	12 133	13 708
以色列	6 279	5 127	6 383	6 792	8 119
韩国	13 701	17 121	20 228	25 639	32 678
马来西亚	10 886	17 228	27 249	25 423	23 774
沙特阿拉伯	11 673	5 935	7 428	7 378	8 622
墨西哥	17 726	18 942	25 110	6 278	16 847
荷兰	17 798	21 937	31 344	34 532	33 714
挪威	13 232	11 940	19 622	19 026	22 518
巴基斯坦	527	850	1 197	2 929	1 733
秘鲁	2 443	2 849	3 408	6 992	8 222
菲律宾	3 246	4 403	4 676	6 017	6 327
波兰	3 633	4 099	4 092	5 842	14 774
葡萄牙	20 629	19 129	15 840	15 513	15 850
俄罗斯	—	—	5 835	3 980	14 383
新加坡	34 133	39 885	48 361	58 177	68 695
南非	899	992	1 020	1 685	2 820
西班牙	65 822	45 504	41 045	41 546	34 485
瑞典	18 331	22 624	19 050	23 254	24 051
瑞士	29 004	33 255	32 635	34 729	36 413
泰国	17 517	20 359	24 473	29 332	35 982
土耳其	5 144	6 159	6 272	7 169	12 442
乌克兰	—	469	162	651	1 051
坦桑尼亚	204	327	203	332	270
委内瑞拉	10 666	9 562	9 216	8 067	6 283
津巴布韦	150	222	432	405	596
突尼斯	790	852	854	1 462	1 605

资料来源:国际货币基金组织《国际金融统计年鉴》1996 年。

黄金储备(年末数)

单位:百万纯金盎司

国家、地区	1991	1992	1993	1994	1995
中国	12.7	12.7	12.7	12.7	12.7
美国	261.91	261.84	261.79	261.73	261.70
日本	24.23	24.23	24.23	24.23	24.23
德国	95.18	95.18	95.18	95.18	95.18
法国	81.85	81.85	81.85	81.85	81.85
英国	18.89	18.61	18.45	18.44	—
意大利	66.67	66.67	66.67	66.67	66.67
加拿大	12.96	9.94	6.05	3.89	3.41
阿根廷	4.123	4.373	4.374	4.374	4.374
澳大利亚	7.93	7.93	7.90	7.90	7.90
巴西	2.02	2.23	2.93	3.71	4.58
智利	1.863	1.867	1.865	1.864	1.861
埃及	2.432	2.432	2.432	2.432	2.432
匈牙利	0.258	0.102	0.114	0.110	0.111
芬兰	2.002	2.002	2.002	2.003	1.600
印度	11.282	11.348	11.457	11.800	12.780
印度尼西亚	3.111	3.101	3.101	3.101	3.101
以色列	0.421	0.009	0.009	0.009	0.009
韩国	0.321	0.323	0.324	0.325	0.327
马来西亚	2.350	2.390	2.390	2.390	2.390
墨西哥	0.923	0.688	0.484	0.426	0.514
荷兰	43.94	43.94	35.05	34.77	34.77
挪威	1.184	1.184	1.184	1.184	1.184
巴基斯坦	1.961	2.021	2.044	2.052	2.055
秘鲁	1.831	1.822	1.305	1.116	1.116
菲律宾	3.366	2.798	3.221	2.892	3.580
波兰	0.473	0.473	0.473	0.473	0.473
葡萄牙	15.87	16.06	16.06	16.07	16.07
俄罗斯	—	—	10.195	8.417	9.414
沙特阿拉伯	4.596	4.596	4.596	4.596	4.596
南非	6.47	6.65	4.76	4.20	4.25
西班牙	15.62	15.62	15.62	15.62	15.63
瑞典	6.069	6.069	6.069	6.069	4.804
瑞士	83.28	83.28	83.28	83.28	83.28
泰国	2.476	2.474	2.474	2.474	2.474
土耳其	4.163	4.047	4.031	3.820	3.747
乌克兰	—	0.1	4.4	13.7	18.3
突尼斯	0.215	0.215	0.215	0.216	0.217
委内瑞拉	11.46	11.46	11.46	11.46	11.46
津巴布韦	0.41	0.55	0.50	0.47	0.76

资料来源:国际货币基金组织《国际金融统计年鉴》1996年。

对外贸易总额

单位：百万美元

国家、地区		1991	1992	1993	1994	1995
中国	进口	63 790	80 590	103 960	115 610	132 080
	出口	71 840	84 940	91 740	121 010	148 770
	差额	8 050	4 350	-12 220	5 400	16 690
香港地区	进口	100 255	123 430	138 658	161 777	192 774
	出口	98 577	119 512	135 248	151 395	173 754
	差额	-1 678	-3 918	-3 410	-10 382	-19 020
美国	进口	508 363	553 923	603 438	689 215	770 958
	出口	421 730	448 163	464 773	512 627	584 743
	差额	-86 633	-105 760	-138 665	-176 588	-186 215
日本	进口	237 289	233 265	241 652	275 268	335 991
	出口	315 163	339 911	362 286	397 048	443 265
	差额	77 873	106 646	120 635	121 780	107 274
德国	进口	390 423	403 268	346 130	384 746	444 554
	出口	402 982	422 706	382 631	429 075	508 398
	差额	12 558	19 438	36 501	44 329	63 844
法国	进口	230 832	238 875	200 750	230 639	275 796
	出口	213 441	231 913	206 231	236 072	286 897
	差额	-17 392	-6 962	5 481	5 434	11 100
英国	进口	209 864	221 638	206 321	226 172	265 321
	出口	185 306	190 542	181 559	204 009	242 036
	差额	-24 557	-31 096	-24 761	-22 163	-23 288
意大利	进口	182 750	188 456	148 308	169 179	204 047
	出口	169 536	178 164	167 746	190 056	231 331
	差额	-13 214	-10 291	19 438	20 877	27 285
加拿大	进口	124 782	129 268	139 039	155 076	168 053
	出口	127 163	134 441	145 182	165 380	192 204
	差额	2 381	5 173	6 144	10 305	24 151
阿根廷	进口	8 275	14 872	16 784	21 527	20 122
	出口	11 978	12 235	13 118	15 659	20 967
	差额	3 703	-2 637	-3 666	-5 868	846
澳大利亚	进口	41 651	43 808	45 478	53 425	60 317
	出口	41 855	42 839	42 704	47 525	53 097
	差额	204	-969	-2 773	-5 900	-7 220
巴西	进口	22 950	23 068	27 740	35 997	53 783
	出口	31 620	35 793	38 597	43 558	46 506
	差额	8 670	12 725	10 857	7 561	-7 277
智利	进口	8 094	10 129	11 125	11 825	15 914
	出口	8 942	10 007	9 199	11 604	16 039
	差额	848	-121	-1 926	-221	125
埃及	进口	8 310	8 325	8 214	10 218	11 760
	出口	3 790	3 063	2 252	3 475	3 450
	差额	-4 520	-5 262	-5 962	-6 743	-8 310

对外贸易总额(续一)

单位:百万美元

国家、地区		1991	1992	1993	1994	1995
匈牙利	进口	11 416	11 106	12 521	14 383	15 046
	出口	10 199	10 676	8 888	10 689	12 435
	差额	-1 217	-430	-3 632	-3 694	-2 612
印度	进口	20 445	23 594	22 789	36 843	34 403
	出口	17 727	19 641	21 573	25 022	30 540
	差额	-2 718	-3 953	-1 217	-1 821	-3 863
印度尼西亚	进口	25 869	27 280	28 328	31 985	40 918
	出口	29 142	33 967	36 823	40 054	45 417
	差额	3 273	6 687	8 495	8 069	4 499
以色列	进口	18 849	20 262	22 623	25 237	29 579
	出口	11 921	13 119	14 825	16 884	19 046
	差额	-6 928	-7 143	-7 798	-8 353	-10 533
韩国	进口	81 525	81 775	83 800	102 348	135 119
	出口	71 870	76 632	82 236	96 013	125 058
	差额	-9 655	-5 143	-1 564	-6 335	-10 061
马来西亚	进口	36 649	39 854	45 657	59 581	77 614
	出口	34 350	40 772	47 131	58 755	73 715
	差额	-2 298	918	1 474	-826	-3 898
墨西哥	进口	38 214	48 998	50 147	60 979	46 887
	出口	27 318	27 704	30 241	34 530	48 430
	差额	-10 806	-21 294	-19 906	-26 449	1 544
荷兰	进口	125 912	134 670	124 739	139 795	175 112
	出口	133 672	140 356	139 127	155 554	194 683
	差额	7 760	5 686	14 388	15 760	19 571
挪威	进口	25 576	25 916	23 892	27 303	32 973
	出口	34 116	35 193	31 778	34 685	41 994
	差额	8 540	9 277	7 885	7 382	9 021
巴基斯坦	进口	8 439	9 379	9 501	8 889	11 461
	出口	6 528	7 317	6 688	7 365	7 992
	差额	-1 911	-2 062	-2 813	-1 524	-3 469
秘鲁	进口	4 195	4 861	4 859	6 691	9 224
	出口	3 329	3 484	3 515	4 555	5 575
	差额	-866	-1 377	-1 345	-2 136	-3 649
菲律宾	进口	12 786	15 449	18 754	22 546	28 337
	出口	8 767	9 752	11 089	13 304	17 502
	差额	-4 019	-5 698	-7 666	-9 242	-10 835
波兰	进口	15 757	15 701	18 834	21 383	29 050
	出口	14 903	13 324	14 143	17 042	22 892
	差额	-854	-2 377	-4 691	-4 341	-6 158
俄罗斯	进口	—	2 219	2 651	10 748	11 379
	出口	—	3 774	3 222	10 305	11 567
	差额	—	1 555	571	-443	188

对外贸易总额(续二)

单位:百万美元

国家、地区		1991	1992	1993	1994	1995
沙特阿拉伯	进口	29 079	33 698	28 198	23 338	27 829
	出口	47 797	50 280	42 395	42 614	—
	差额	18 718	16 582	14 198	19 276	—
新加坡	进口	66 093	72 132	85 229	102 670	124 502
	出口	58 964	63 435	74 008	96 826	118 263
	差额	−7 129	−8 697	−11 222	−5 844	−6 239
南非	进口	17 837	18 714	19 090	22 470	29 608
	出口	22 288	22 416	23 339	24 082	26 918
	差额	4 451	3 702	4 249	1 612	−2 690
西班牙	进口	93 330	99 765	81 888	72 503	114 972
	出口	60 197	64 342	62 872	73 288	91 533
	差额	−33 133	−35 422	−19 016	−19 215	−23 439
瑞典	进口	50 001	50 050	42 687	51 732	64 447
	出口	55 229	56 154	49 864	61 301	79 919
	差额	5 228	6 104	7 177	9 569	15 472
瑞士	进口	66 502	61 763	56 722	64 085	77 006
	出口	61 532	61 403	58 694	66 238	77 670
	差额	−4 970	−360	1 972	2 154	664
坦桑尼亚	进口	1 546	1 453	1 498	1 504	1 679
	出口	342	412	450	519	685
	差额	−1 204	−1 041	−1 048	−985	−994
泰国	进口	37 579	40 680	46 076	54 438	73 426
	出口	28 439	32 467	36 963	45 236	56 191
	差额	−9 140	−8 213	−9 113	−9 202	−17 236
土耳其	进口	21 047	22 872	29 174	23 270	35 710
	出口	13 594	14 716	15 343	18 106	21 600
	差额	−7 453	−8 156	−13 831	−5 164	−14 110
乌克兰	进口	—	2 219	2 651	10 748	11 379
	出口	—	3 774	3 222	10 305	11 567
	差额	—	1 555	571	−443	188
委内瑞拉	进口	11 256	14 145	12 269	9 292	11 961
	出口	15 233	14 343	14 536	16 912	18 489
	差额	3 977	199	2 267	7 620	6 528
津巴布韦	进口	2 037	2 202	1 817	2 241	2 661
	出口	1 530	1 442	1 565	1 881	2 115
	差额	−506	−760	−253	−360	−547

资料来源:联合国《统计月报》1997 年 3 月;中国根据国家统计局《中国统计年鉴》1996 年。

(四)教育

教育发展状况(1993年)

国家、地区	成人识字率(%)	初等、中等、高等教育综合入学率(%)	教育指数(%)
高水平国家	99	79	—
美国	90	96	0.98
日本	99	78	0.92
德国	99	79	0.92
法国	99	88	0.95
英国	99	83	0.94
意大利	97.4	70	0.88
加拿大	99	100	0.99
阿根廷	96	80	0.91
澳大利亚	99	79	0.92
比利时	99	75	0.91
捷克共和国	99	67	0.88
芬兰	95	96	0.98
以色列	95	76	0.89
韩国	97.6	81	0.92
挪威	99	90	0.96
荷兰	99	89	0.96
新加坡	90.3	68	0.83
西班牙	98	87	0.94
瑞典	99	80	0.93
瑞士	99	80	0.91
阿联酋	78.2	81	0.79
委内瑞拉	90.6	69	0.84
中等发展水平国家	80.7	62	—
中国	80.0	57	0.72
巴西	82.4	72	0.79
埃及	49.8	69	0.56
印度尼西亚	82.9	61	0.89
马来西亚	82.2	61	0.75
菲律宾	94.2	77	0.90
南非	81.0	78	0.80
泰国	93.6	54	0.81
津巴布韦	84	70	0.79
低发展水平国家	48.9	46	—
孟加拉国	37.0	40	0.42
喀麦隆	60.8	48	0.57
印度	50.6	55	0.52
马达加斯加	45.8	35	0.31
莫桑比克	37.9	25	0.34
巴基斯坦	36.4	37	0.37
乌干达	59.7	35	0.51
赞比亚	76.2	49	0.67

资料来源:国际开发署《人类发展报告》1996年。

各级学校学生入学率

（入学人数占各年龄组人口的%）

国家、地区	小学生入学率				中学生入学率				高等教育	
	女生		男生		女生		男生			
	1980	1993	1980	1993	1980	1993	1980	1993	1980	1993
中国	103	116	121	120	37	51	54	60	1	4
美国	100	106	101	107	—	97	—	98	56	81
日本	101	102	101	102	94	97	92	95	31	30
德国	99	98	99	97	92	100	96	101	26	36
法国	110	105	112	107	92	107	77	104	25	50
英国	103	113	103	112	85	94	82	91	19	37
意大利	100	99	100	98	70	82	73	81	27	37
加拿大	99	104	99	106	89	103	87	104	52	103
阿根廷	106	107	106	108	60	75	52	70	22	41
澳大利亚	110	107	112	108	72	86	70	83	25	42
巴西	97	—	101	—	36	—	31	—	11	12
智利	108	98	110	99	56	70	49	65	12	27
埃及	61	89	84	105	39	69	61	81	16	17
匈牙利	97	94	96	94	67	82	72	79	14	17
芬兰	96	100	97	100	105	130	94	110	32	63
印度	67	91	98	113	20	38	39	59	5	—
印度尼西亚	100	112	115	116	23	39	35	48	—	10
以色列	97	96	95	95	76	91	66	84	29	35
韩国	111	102	109	100	74	92	82	93	15	48
马来西亚	92	93	93	93	46	61	50	56	4	—
墨西哥	121	110	122	114	46	58	51	57	14	14
荷兰	101	99	99	96	90	120	95	126	29	45
挪威	100	99	100	99	96	114	92	118	26	54
巴基斯坦	27	49	51	80	8	—	20	—	—	—
秘鲁	111	—	117	—	54	—	63	—	17	40
菲律宾	112	—	113	—	69	—	61	—	24	26
波兰	99	97	100	98	80	87	75	82	18	26
葡萄牙	123	118	124	122	40	—	34		11	23
俄罗斯	102	107	102	107	97	91	95	84	46	45
新加坡	106	—	109	—	59	—	56	—	8	—
南非	—	110	—	111	—	84	—	71	—	13
西班牙	109	105	110	104	89	120	85	101	18	34
瑞典	97	100	96	100	93	100	83	99	31	38
瑞士	—	102	—	100	—	89	—	93	18	31
泰国	97	97	100	98	28	37	30	38	13	19
土耳其	90	98	102	107	24	48	44	74	5	16
乌克兰	—	87	—	87	—	95	—	65	42	46
坦桑尼亚	86	69	99	71	2	5	4	6	—	—
委内瑞拉	104	97	104	95	25	41	18	29	21	29
津巴布韦	57	114	65	123	7	40	8	51	1	6

资料来源：世界银行《世界发展报告》1996年。

部分国家大学在校学生数

单位：万人

国家、地区	1985	1990	1991	1992	1993	1994
中国	178	215	212	227	264	—
美国	1 224	1 371	1 436	1 442	1 447	—
日本	235	268①	290	—	—	—
德国	—	205	203	182	188	—
法国	128	170	184	195	208	—
英国	103	126	139	153	161	—
意大利	119	145	153	162	168	—
加拿大	163	192	194	202	201	—
俄罗斯	540	510	469	459	446	—
印度	447	495	—	—	—	—
阿根廷	85	—	108	—	—	105
澳大利亚	—	—	—	—	—	—
巴西	145②	154	—	154	159	166
智利	20	26	—	32	33	34
埃及	75	60	52	56	62	—
芬兰	13	17	17	19	20	—
希腊	—	28	27	30	31	—
匈牙利	10	10	11	12	13	—
印度尼西亚	98③	152①	177	180	—	—
以色列	6	7	8	8	9	—
韩国	146	169	—	—	210	220
马来西亚	9	12	14	16	17	—
墨西哥	121	131	—	—	—	—
荷兰	40	48	49	51	51	—
挪威	9	14	15	17	18	—
秘鲁	45	68	73	73	—	76
波兰	45	54	55	62	75	—
葡萄牙	10	19	19	25	28	—
罗马尼亚	16	—	—	24	25	—
沙特阿拉伯	11	15	16	19	20	—
南非	—	44	—	49	55	62
西班牙	94	122	130	137	147	—
瑞典	18	19	21	23	23	—
瑞士	11	14	14	15	15	—
泰国	15	—	—	27	—	33
土耳其	47	75	—	92	114	117
委内瑞拉	44	55	55	—	—	—
津巴布韦	3	5	4	6	—	—

注：①1989 年数；②1986 年数；③1984 年数。

资料来源：联合国教科文组织《统计年鉴》1996 年。

部分国家中学在校学生数

单位：万人

国家、地区	1985	1990	1991	1992	1993	1994
中国	5 093	5 105	5 227	5 354	5 384	—
美国①	2 063	1 927	—	2 052	2 058	—
日本	1 106	1 103	1 068	1 026	1 020	—
德国	—	740	750	766	780	—
法国	537	552	561	557	574	—
英国①	447	386	388	395	402	—
意大利	536	512	501	489	472	—
加拿大①	225	229	234	241	247	—
俄罗斯	1 334	1 396	1 389	1 372	1 373	—
印度①	4 381	5 418	5 567	6 142	6 326	—
阿根廷	180	216	226	—	203	224
澳大利亚	128	128	—	129	128	127
巴西	302	350	—	409	418	451
智利	67	72	70	—	65	66
埃及	383	551	—	552	613	614
芬兰	42	43	45	46	46	—
希腊	81	85	87	84	85	—
匈牙利	42	51	53	53	52	—
印度尼西亚	948	1 097	1 092	1 097	1 136	—
以色列	25	31	33	33	34	—
韩国	493	456	—	—	448	457
马来西亚	127	—	148	153	159	—
墨西哥①	572	591	—	597	618	643
荷兰	162	140	138	137	135	—
挪威	39	37	37	38	38	—
秘鲁	143	170	—	170	172	200
波兰	157	189	—	203	211	244
葡萄牙	58	67	76	—	78	—
罗马尼亚	148②	284	—	245	234	225
沙特阿拉伯	60	89	97	107	120	—
南非①	159②	270	290	—	266	352
西班牙	456	476	477	474	473	—
瑞典	—	38	37	38	40	—
瑞士	63	57	56	56	56	—
泰国	—	223	—	272	317	343
土耳其	293	381	399	430	452	—
委内瑞拉	269	281	289	299	311	—
津巴布韦①	48	66	71	66	64	—

注：本表所指中学包括普通中学、职业中学、师范。

①仅普通中学。②1986 年数。

资料来源：联合国教科文组织《统计年鉴》1996 年。

部分国家每10万人中的大学生数

单位:人

国家、地区	1990	1991	1992	1993	1994
中国	329	—	359	377	—
美国	5 486	5 687	5 677	5 546	—
日本	2 340	2 340	—	—	—
德国	2 581①	—	2 269	2 319	—
法国	2 995	3 229	3 409	3 623	—
英国	2 192	2 405	2 646	2 788	—
意大利	2 547	2 687	2 829	2 944	—
加拿大	6 897	6 903	7 096	6 980	—
俄罗斯	3 444②	3 351②	3 169	3 104	3 025
印度	582	—	—	—	—
澳大利亚	2 872	—	3 219	3 267	3 135
巴西	1 078	1 078	1 079	1 080	1 081
埃及	1 598	—	1 560	1 542	—
匈牙利	988	—	1 145	1 312	—
芬兰	3 323	—	3 739	3 902	—
韩国	3 946	4 070	4 253	4 756	4 930
墨西哥	1 551	1 482	1 477	1 509	—
荷兰	3 203	—	3 339	3 352	—
挪威	3 360	—	3 890	4 111	—
波兰	1 429	—	1 611	1 902	—
罗马尼亚	710	—	1 019	1 086	—
西班牙	3 112	—	3 474	3 719	—
瑞典	2 250	—	2 622	2 697	—
南非	1 184	—	—	1 264	1 394
泰国	1 738	—	2 029	—	2 166

资料来源:联合国教科文组织《统计年鉴》1996年。

部分国家教育经费支出

单位:10 亿本币

国家、地区	年份	支出总额	占国民生产总值%	占政府支出总额%
中国	1990	43 386	2.3	12.8
(元)	1992	53 874	2.0	12.2
	1993	64 439	1.9	—
	1994	111 769	2.6	—
美国	1990	292 944	5.3	12.3
(美元)	1992	328 396	5.5	—
日本	1990	20 258 000	4.7	16.5
(日元)	1991	21 300 000	4.7	—
德国(前联邦德国)	1990	9 842	4.0	8.6
(马克)	1993	151 033	4.8	9.5
法国[①]	1990	351 867	5.4	—
(法郎)	1992	393 004	5.7	—
	1993	406 772	5.8	10.4
英国	1990	26 677	4.9	—
(英镑)	1991	29 534	5.2	—
	1992	32 162	5.4	11.2
意大利[②③]	1990	40 846 282	3.2	—
(里拉)	1991	43 141 268	3.1	—
	1992	62 009 503	4.2	—
	1993	79 310 895	5.2	9.0
加拿大	1990	43 487	6.8	14.2
(加元)	1991	47 764	7.4	—
	1992	49 955	7.6	14.3
俄罗斯	1990	22 237	3.5	—
(卢布)	1991	49 996	3.9	—
	1992	679 434	4.0	—
	1993	6 917 781	4.4	9.6
印度	1990	207 897	3.9	10.9
(卢比)	1991	232 425	3.8	11.9
	1992	260 169	3.8	12.8
澳大利亚	1990	19 364	5.3	14.8
(澳元)	1991	20 417	5.5	14.1
智利[②]	1990	232 516	2.7	10.4
(比索)	1992	407 645	2.9	12.9
	1993	477 307	2.7	—
	1994	620 095	2.9	13.4
埃及[②④]	1990	3 737	4.9	—
(埃镑)	1991	4 557	4.7	9.7
	1992	5 839	5.0	11.0
匈牙利	1990	122 120	6.1	7.8
	1992	193 772	6.9	7.7
	1993	229 000	6.7	—
	1994	278 322	6.7	—

部分国家教育经费支出(续)

单位:10 亿本币

国家、地区	年份	支出总额	占国民生产总值%	占政府支出总额%
以色列	1990	6 239	5.8	10.5
	1991	8 157	5.8	6.0
	1992	10 182	6.0	11.1
韩国	1990	6 159 073	3.5	—
(圆)	1991	8 543 059	4.0	—
	1992	10 019 080	4.2	14.8
	1993	11 756 385	4.5	16.0
马来西亚	1990	6 033	5.5	18.3
(林吉特)	1992	7 702	5.5	16.9
	1993	8 074	5.2	15.7
	1994	9 263	5.3	15.5
墨西哥	1990	26 640 958	4.0	—
(比索)	1992	48 143 389	4.8	—
	1993	62 408 008	5.6	—
	1994	71 190 760	5.8	—
荷兰	1990	30 697	6.0	—
(荷盾)	1991	31 709	5.9	—
	1993	31 318	5.5	9.2
挪威	1990	51 119	7.9	14.6
(挪威克朗)	1991	54 709	8.2	14.6
	1992	59 201	8.7	14.1
	1993	65 666	9.2	—
波兰	1991	41 956 000	5.4	14.6
(兹罗提)	1992	62 442 000	5.5	14.0
	1993	83 697 000	5.5	14.0
西班牙	1990	2 181 935	4.4	9.4
(比塞塔)	1991	2 445 957	4.5	—
	1992	2 680 764	4.6	9.3
	1993	2 841 459	4.7	—
南非	1990	17 153	6.5	—
(兰特)	1993	26 339	7.1	22.9
瑞典	1990	101 363	8.8	12.7
(瑞典克朗)	1992	116 298	4.8	18.6
泰国	1991	87 876	3.6	19.1
(铢)	1992	109 890	4.0	19.6
	1993	128 786	4.1	20.6
	1994	135 358	3.8	18.9
土耳其	1990	8 506 541	2.2	—
(里拉)	1991	14 943 536	2.4	—
	1992	30 357 203	2.8	—
	1994	124 763 000	3.3	—

注:①城镇教育经费。②仅中央政府支出。③不包括大学的教育经费。④不包括爱兹哈尔大学的经费。

资料来源:联合国教科文组织《统计年鉴》1996 年。

(五)科技

欧洲经合组织成员国政府对研究与开发的拨款

(1994年)

国家、地区	总金额(百万美元)	其中:用于国防	占国内生产总值%
澳大利亚①	2 162.0	7.8	0.63
奥地利①	1 062.1	0	0.70
比利时	1 190.9	0.2	0.63
加拿大①②	3 388.6	6.2	0.63
丹麦	673.4	0.5	0.66
芬兰	841.8	2.1	1.03
法国③	13 667.6	33.6	1.27
德国	14 674.9	8.4	0.96
希腊③	214.0	1.4	0.24
冰岛②	22.4	0	0.47
爱尔兰	148.1	0	0.29
意大利③	8 038.4	6.5	0.80
日本④	12 761.2	6.0	0.50
墨西哥①	1 168.4	—	0.22
荷兰	2 331.9	3.5	0.83
新西兰③	260.8	1.6	0.49
挪威	952.8	4.9	1.12
葡萄牙	498.0	1.7	0.47
西班牙	2 585.1	10.6	0.49
瑞典	1 902.8	18.9	1.22
瑞士	541.4①②	18.5①⑤	0.34①②
英国	8 680.1	44.5	0.83
美国①⑥	68 331.0	55.3	1.03
经合组织成员国平均	—	$5\frac{1}{2}$	1/2

注:①仅联邦政府部分。②1992年数。③1993年数。④不包括社会和人文科学。⑤1991年。⑥不包括全部资本支出。

资料来源:欧洲经合组织《观察家:成员国统计》1996年。

欧洲经合组织成员国研究与开发费用(1993年)

	全国研究与开发支出		资金来源		人均研究与开发支出(美元)	企业的研究与开发支出			资金来源	
	总支出(百万美元)	占国内生产总值%	政府占%	工业占%		总支出(百万美元)	占全国支出%	占国内工业产值%	工业	政府
澳大利亚	4 661.3①	1.58①	49.9①	44.3①	267①	2 238.2	44.7①	0.74①	93.7	2.4
奥地利	2 321.1	1.52	49.1	47.7	291	949.9②	58.6②	1.05②	89.1②	5.6②
比利时③	2 851.4	1.66	31.3	64.8	285	1 896.0	66.5	1.40	91.3	7.8
加拿大	8 376.1	1.50	42.4	42.3	291	4 557.4	54.4	1.16③	72.2③	9.8③
丹麦	1 786.4	1.80	37.7	50.0	344	1 041.6	58.3	1.59	84.1	5.8
芬兰	1 754.3	2.22	39.8	56.6	346	1 024.3	58.4	1.93	92.3	6.1
法国	26 430.5	2.45	44.3	46.2	458	16 307.0	61.7	2.00	72.0	16.6
德国	37 149.2	2.48	37.0	60.2	458	24 847.0	66.9	2.12	87.7	9.2
希腊	545.0	0.60	47.3	20.1	53	146.1	26.8	0.21	67.7	6.1
冰岛①	64.2	1.33	69.8	24.4	247	14.1	22.0	0.40	84.4	9.4
爱尔兰	602.6	1.22	25.3	63.8	169	414.3	68.7	0.94①	86.2	10.6
意大利	13 214.4	1.31	45.9	49.9	236	7 661.6	58.0	0.94	83.8	10.2
日本	74 382.2	2.94	21.6	68.2	597	49 122.5	66.0	2.18	98.3	1.4
墨西哥	1 959.4	0.32	82.3	9.3	22	157.2	8.0	0.03	98.5	0.5
荷兰	5 083.9	1.89	44.7	47.3	332	2 693.5	53.0	1.24	82.6	7.8
新西兰	409.7③	0.88③	65.2③	32.9③	120③	145.8①	31.7③	0.35②	89.4①	7.5①
挪威	1 597.0	1.94	49.1	44.3	370	854.6	53.5	1.35	76.6	16.0
葡萄牙①	702.7	0.63	59.4	20.2	71	152.5	21.7	—	80.5	9.1
西班牙	4 564.8	0.88	50.2	43.7	117	2 220.7	48.6	0.53	80.5①	11.4①
瑞典	4 786.6	3.26	34.3	61.5	549	3 402.5	71.1	3.52	86.9	10.3
瑞士①	4 245.3	2.65	28.4	67.4	618	2 975.0	70.1	—	95.4	1.7
土耳其	1 465.2	0.46	65.2	31.8	25	335.6	22.9	0.12	98.8	0.1
英国	21 576.9	2.19	32.3	52.1	371	14 229.2	65.9	1.97	72.1	12.4
美国	166 299.3	2.66	39.2	58.7	645	118 334.0④	71.2	2.29①④	80.7④	19.3

注:①1992年。②1989年。③1991年。④不包括全部资本支出。

资料来源:欧洲经合组织《观察家:成员国统计》1996年。

部分国家科研人员与科研经费支出

国家、地区	年份	科学家工程师	技术员	年份	科研经费		
		人/每万人			支出总额（千本币）	占国民生产总值%	人均支出额（本币）
中　　国	1993	537	187	1993	19 600 000	0.6	16
美　　国	1993	3 732	—	1995	171 000 000	2.4	650
日　　本	1992	5 677	869	1991	13 771 524	3.0	111 137
德　　国	1991	3 016	1 607	1991	7 704 000	2.6	933
法　　国	1993	2 537	2 926	1993	173 721 000	2.5	3 021
英　　国	1993	2 417	1 019	1993	13 829 000	2.2	239
意 大 利	1993	1 303	796	1993	19 518 867	1.3	341 675
加 拿 大	1991	2 322	978	1994	11 649 000	1.6	400
俄 罗 斯	1993	4 358	905	1993	1 313 557	0.8	8 876
印　　度	1990	151	114	1990	8 475 300	0.8	49
澳大利亚	1990	2 477	943	1990	5 087 600	1.4	301
巴　　西	1995	165	58	1994	1 491 165	0.4	9
埃　　及	1991	458	340	1991	955 273	1.0	17
匈 牙 利	1993	1 157	588	1993	34 686 000	1.0	3 397
芬　　兰	1993	3 675	2 360	1993	10 677 100	2.3	2 111
韩　　国	1994	2 636	317	1994	7 894 746	2.8	117 159
墨 西 哥	1993	95	27	1993	3 566 158	0.3	40
荷　　兰	1991	2 656	1 774	1991	10 381 000	1.9	689
挪　　威	1993	3 434	1 705	1993	14 262 600	1.9	3 318
波　　兰	1992	1 083	1 380	1992	9 557 064	0.9	249 773
罗马尼亚	1994	1 382	613	1994	337 379 000	0.7	14 719
西 班 牙	1993	1 098	342	1993	557 401 895	0.9	14 008
瑞　　典	1993	3 714	3 173	1993	48 382 000	3.5	5 565
泰　　国	1991	173	51	1991	3 928 100	0.2	70

资料来源：联合国教科文组织《统计年鉴》1996 年。

部分发达国家研究与开发支出占 GDP 的比重

单位：%

国家、地区	1980	1990	1991	1992	1993
总支出：美国	2.31	2.73	2.80	2.77	2.67
日本	2.01	2.89	2.87	2.80	—
德国	2.45	2.75	2.65	2.53	—
法国	1.82	2.42	2.42	2.36	—
英国	—	2.19	2.13	2.12	—
意大利	0.75	1.30	1.32	1.38	1.40
其中：非国防部门支出					
美国	1.76	2.01	2.11	2.10	2.02
日本	2.00	2.87	2.84	2.77	—
德国	2.33	2.61	2.53	2.42	—
法国	1.41	1.85	1.92	1.92	—
英国	—	1.81	1.73	1.71	—
意大利	0.74	1.25	1.26	1.33	1.35

资料来源：美国《每年统计摘要》1996 年。

美国从事科学研究与开发的科学家和工程师

单位:千人

	1980	1985	1989	1991	1993
总人数	651.1	801.9	924.2	960.4	962.7
在工业部门中的比重(%)	72.1	80.9	79.3	80.8	79.4
在政府部门中的比重(%)	9.0	6.5	6.4	6.1	6.2
在大学及非盈利机构中的比重(%)	18.9	12.6	14.3	13.1	14.3

资料来源:美国《每年统计摘要》1995年。

日本科学研究与开发经费支出

单位:10亿日元

		1985	1990	1991	1992	1993	1994	1995
经费支出总额		7 894	11 815	13 078	13 772	13 909	13 709	13 596
公司企业	合计	5 137	8 234	9 267	9 743	9 561	9 054	8 980
	人员费用	2 160	3 243	3 592	3 768	3 926	3 962	4 022
	原材料费	1 051	1 741	1 980	2 025	1 882	1 693	1 681
	固定资产投资	797	1 285	1 435	1 526	1 244	1 025	934
科研机构	合计	1 033	1 452	1 514	1 621	1 773	1 897	1 863
	人员费用	377	488	532	557	580	597	615
	原材料费	139	248	282	237	285	284	312
	固定资产投资	269	332	325	329	381	484	452
大学	合计	1 724	2 129	2 297	2 408	2 576	2 759	2 753
	人员费用	1 107	1 422	1 543	1 632	1 730	1 798	1 862
	原材料费	102	133	137	142	156	170	170
	固定资产投资	282	281	294	294	328	402	320

资料来源:日本总理府《统计年鉴》1989年、1995年、1997年。

日本从事科学研究与开发人员

单位:人

		1985	1990	1991	1992	1993	1994	1995
科技人员总数		762 821	905 643	940 306	953 067	983 720	994 622	992 465
公司企业	合计	427 585	530 985	560 013	564 602	585 686	585 180	579 172
	研究人员	233 070	316 570	232 748	342 393	358 131	368 973	378 086
	助理研究人员	80 581	86 420	87 201	87 850	88 879	81 121	74 225
	技术员	74 984	81 246	90 320	85 129	85 555	80 843	75 790
科研机构	合计	87 645	99 895	100 143	102 729	103 958	106 624	105 326
	研究人员	51 260	61 182	60 456	62 813	63 943	66 341	67 996
	助理研究人员	8 156	8 711	8 889	8 859	8 201	7 753	6 063
	技术员	11 612	10 734	10 888	10 522	10 321	10 494	10 303
大学	合计	247 591	274 763	280 150	285 736	294 076	302 818	307 967
	研究人员	195 778	224 785	230 631	236 143	244 573	252 936	259 426
	助理研究人员	11 793	10 986	10 089	10 304	9 921	10 278	12 063
	技术员	12 684	12 210	12 354	12 363	12 244	12 063	12 049

资料来源:日本总理府《统计年鉴》1989年、1995年、1997年。

部分国家高技术产品出口、专利费

国家、地区	高技术产品出口		专利费(百万美元)			
	总额(百万美元)	占制造业出口%	收入		支出	
			1990	1995	1990	1995
中国	24 393	19	0	0	0	0
美国	181 233	43	16 635	26 960	3 138	6 300
日本	165 972	39	2 490	6 060	6 040	9 363
德国	—	—	1 987	2 778	3 797	5 439
法国	67 152	31	1 295	1 850	1 629	2 320
英国	79 256	41	2 540	4 566	2 992	2 855
意大利	32 496	16	1 040	462	1 959	1 166
加拿大	27 648	23	—	—	—	—
阿根廷	1 126	16	4	14	409	206
澳大利亚	5 802	41	162	240	827	1 015
巴西	4 021	16	12	32	54	529
以色列	4 722	28	63	124	73	152
韩国	47 805	42	37	299	136	2 385
墨西哥	21 438	35	73	114	380	484
荷兰	44 729	40	1 086	2 350	1 751	3 050
波兰	1 688	10	0	4	0	44
新加坡	69 249	70	0	0	0	0
南非	1 879	15	54	66	130	102
西班牙	11 834	17	90	196	1 022	1 269
泰国	14 826	36	0	1	170	630

资料来源：世界银行《世界发展指标》1997 年。

(六)文化卫生

部分国家日报发行量

国家、地区	发行种数			总发行份数(千)			每千人平均份数		
	1985	1990	1994	1985	1990	1994	1985	1990	1994
中国	70	44	38	39 000	48 000	27 790	36	42	23
美国	1 676	1 611	1 548	62 800	62 328	59 305	263	249	228
日本	124	125	121	68 296	72 524	71 924	565	587	576
德国	358	414	411	30 428	24 174	25 757	107	143	214
法国	92	79	118	10 670	11 792	13 685	392	305	317
英国	104	103	103	22 495	23 350	20 372	397	389	351
意大利	72	76	74	5 511	6 000	5 985	97	105	105
加拿大	117	108	107	5 566	5 800	5 500	215	209	189
俄罗斯	—	—	17	—	—	39 301	—	—	267
印度	—	—	—	19 804	—	—	26	—	—
澳大利亚	33	25	23	2 729	2 706	3 736	361	351	472
阿根廷	218	159	187	3 940	4 000	4 705	130	123	138
巴西	322	356	317	6 534	8 100	7 200	48	55	45
埃及	12	14	17	2 383	2 400	3 949	48	43	64
以色列	21	30	34	1 100	1 200	1 534	260	258	281
韩国	35	39	62	10 000	12 000	18 000	245	280	404
匈牙利	28	34	27	2 717	2 460	2 321	257	233	228
墨西哥	332	285	309	9 964	11 237	10 420	132	133	113
荷兰	88	45	46	4 496	4 500	5 138	310	301	334
挪威	82	85	83	2 120	2 588	2 623	510	610	607
波兰	45	67	66	7 714	4 889	5 404	207	128	141
罗马尼亚	36	65	69	3 601	6 300	6 800	158	271	297
南非	24	22	17	1 440	1 340	1 346	44	36	33
西班牙	102	125	148	3 078	3 450	4 100	80	88	104
瑞典	115	107	94	4 389	4 499	4 219	526	526	483
瑞士	97	94	80	3 213	3 063	2 920	492	448	409
泰国	32	34	35	4 350	4 500	2 766	85	81	48
乌克兰	—	2	3	—	55	44	—	27	21

资料来源:联合国教科文组织《统计年鉴》1996年。

文化传播工具拥有量(1995年)

单位:每千人平均数

国家、地区	日报[①](份)	收音机(台)	电视机(台)	移动电话(个)	传真机(台)	个人计算机(个)	联网主机(台)
中国	43	163	250	3.0	0.2	2.2	0.09
美国	236	—	776	128.4	53.9	328.0	313.16
日本	577	—	619	81.5	48.1	152.5	39.65
德国	—	—	550	42.8	17.8	164.9	66.96
法国	—	—	579	23.8	32.7	134.3	32.69
英国	383	—	612	98	30.8	186.2	99.01
意大利	106	102	436	67.4	3.5	83.7	19.97
加拿大	215	—	647	86.5	18.1	192.5	143.33
阿根廷	143	—	347	9.9	1.4	24.6	2.72
澳大利亚	265	—	641	127.7	26.3	275.8	220.15
奥地利	398	348	497	47.6	31.0	124.2	88.27
白俄罗斯	186	320	265	0.6	0.9	—	0.10
比利时	310	—	464	23.2	16.4	138.3	42.78
巴西	55	—	278	8.0	1.3	13.0	2.90
智利	147	—	280	13.8	1.1	37.8	9.27
埃及	41	—	126	0.1	0.4	3.4	0.14
香港地区	822	—	359	129.0	46.0	116.3	38.09
匈牙利	282	—	444	25.9	2.5	39.2	24.58
印度	31	120	61	0.1	0.1	1.3	0.02
以色列	246	—	295	53.5	25.0	99.8	71.75
韩国	412	—	115	36.6	8.4	120.8	10.70
墨西哥	116	—	192	7.0	2.1	26.1	2.21
荷兰	303	—	495	33.2	32.3	200.5	138.88
挪威	607	—	561	224.4	30.1	273.0	277.46
波兰	159	—	408	1.9	0.8	28.5	9.95
葡萄牙	47	—	332	34.3	3.4	60.4	17.70
罗马尼亚	324	—	201	0.4	0.9	5.3	1.20
俄罗斯	386	341	379	0.6	0.2	17.7	2.17
新加坡	336	—	362	97.7	19.9	172.4	128.5
南非	32	—	101	12.9	1.8	26.50	20.10
西班牙	104	1 022	490	24.1	5.5	81.6	15.93
瑞典	515	—	476	229.4	37.3	192.5	211.02
瑞士	377	—	461	63.5	28.0	348.0	145.87
泰国	85	208	221	18.5	1.0	15.3	1.08

①1992年发行量。

资料来源:世界银行《世界发展指标》1997年。

部分国家各类图书馆及藏书

国家、地区	年份		图书馆数(个)	藏书(千册)
中　国	1989	国家	1	13 768
	1993	公共	2 579	314 100
	1993	高等学校	1 075	406 471
日　本	1990	国家	1	5 528
	1990	公共	1 475	161 694
	1990	高等学校	507	181 839
德　国	1992	国家	8	29 438
	1992	非专业性	38	17 062
	1992	公共	14 019	128 922
	1993	高等学校	271	126 117
法　国	1992	国家	1	12 000
	1991	非专业性	1	400
	1992	公共	1 325	—
	1991	高等学校	73	—
英　国	1990	国家	3	27 500
	1990	非专业性	26	8 026
	1993	公共	167	133 134
	1990	高等学校	215	89 832
意大利	1992	国家	2	10 960
	1992	非专业性	34	7 835
	1992	公共	42	27 518
	1993	高等学校	10	6 190
加拿大	1991	国家	1	—
	1990	公共	1 027	60 955
俄罗斯	1993	国家	2	68 271
	1993	非专业性	7	10 266
	1993	公共	51 111	884 754
	1993	高等学校	519	324 696
巴　西	1993	国家	1	5 280
	1994	公共	2 739	—
埃　及	1991	国家	1	2 195
	1991	非专业性	105	832
	1989	高等学校	272	35 790
匈牙利	1992	国家	1	2 660
	1992	非专业性	1	1 296
	1993	公共	3 032	49 102
	1993	高等学校	29	12 803
墨西哥	1989	国家	1	1 500
	1993	公共	4 894	19 875
	1993	高等学校	1 139	12 776
西班牙	1990	国家	1	3 500
	1992	非专业性	59	—
	1992	公共	3 993	29 718
	1992	高等学校	648	18 618

资料来源:联合国教科文组织《统计年鉴》1996 年。

部分国家新闻纸消费量

单位:吨

国家、地区	年份	消费量	国家	年份	消费量
中国	1985	784 200	意大利	1985	382 000
	1990	717 000		1990	597 000
	1993	997 265		1993	543 529
	1994	1 109 091		1994	621 000
美国	1985	12 323 500	加拿大	1985	716 300
	1990	13 003 700		1990	346 700
	1993	12 555 703		1993	150 576
	1994	12 627 000	俄罗斯	1993	268 628
日本	1985	2 841 400		1994	361 400
	1990	3 788 400	印度	1985	388 000
	1993	3 407 756		1990	395 000
	1994	3 474 700		1993	494 933
德国	1993	2 109 000		1994	479 037
	1994	2 217 000	澳大利亚	1985	651 600
法国	1985	568 300		1990	658 700
	1990	788 100		1993	632 100
	1993	743 394		1994	664 300
	1994	807 000	阿根廷	1985	203 300
英国	1985	1 561 000		1990	168 000
	1990	1 858 600		1993	294 817
	1993	1 932 307		1994	237 593
	1994	2 263 000			
巴西	1985	299 000	罗马尼亚	1985	60 000
	1990	348 900		1990	54 024
	1993	419 084		1993	56 022
	1994	530 001		1994	54 699
埃及	1985	35 300	南非	1985	120 100
	1990	58 200		1990	279 489
	1993	75 300		1993	63 950
	1994	69 800		1994	330 707
匈牙利	1985	67 500	西班牙	1985	263 100
	1990	51 600		1990	410 000
	1993	25 847		1993	440 300
	1994	24 700		1994	465 000
韩国	1985	230 800	瑞典	1985	242 300
	1990	481 700		1990	503 800
	1993	879 884		1993	455 766
	1994	980 582		1994	424 000
墨西哥	1985	297 500	瑞士	1985	247 000
	1990	454 600		1990	310 000
	1993	378 967		1993	323 600
	1994	441 967		1994	326 000
荷兰	1985	297 500	泰国	1985	137 800
	1990	454 600		1990	194 900
	1993	378 967		1993	289 167
	1994	441 967		1994	314 100

资料来源:联合国教科文组织《统计年鉴》1996 年。

每个人平均新闻纸消费量

单位:公斤/千人

国家、地区	1985	1990	1993	1994
中国	—	—	—	—
美国	733	621	834	917
日本	51 678	52 031	48 680	48 448
德国	23 514[①]	30 666[①]	27 364	27 839
法国	10 301	13 895	12 927	13 975
英国	27 571	32 374	33 359	38 955
意大利	6 729	10 469	9 514	10 865
加拿大	27 612	12 475	5 225	—
俄罗斯	—	—	1 818	2 452
印度	505	464	549	522
澳大利亚	41 660	39 004	35 880	37 209
阿根廷	6 704	5 162	8 728	6 951
巴西	2 214	2 350	2 678	3 330
埃及	710	1 034	1 248	1 132
匈牙利	6 381	4 978	2 532	2 431
韩国	5 656	11 237	19 938	22 004
墨西哥	3 939	5 379	4 029	4 811
荷兰	26 511	32 992	32 101	33 513
罗马尼亚	2 640	2 328	2 433	2 386
南非	3 635	7 540	—	8 155
西班牙	6 838	10 440	11 143	11 752
瑞典	29 018	58 862	52 423	48 524
瑞士	37 791	45 361	45 862	47 118
泰国	2 695	3 506	5 022	5 398

资料来源:联合国教科文组织《统计年鉴》1996年。

注:①前联邦德国。

部分国家卫生、保健状况

国家、地区	卫生、保健支出占国内生产总值(%)			每个医生负担人数(人)		每个护士负担人数(人)		每张病床负担人数(人)	
	总计	公共部门	私人	1980	1993	1980	1993	1980	1993
	1990～95	1990～95	1990～95						
中国	3.8	1.8	1.9	1 100	1 063	2 100	1 490	500	612
美国	14.3	6.3	7.9	549	421	196	121	171	194
日本	7.0	5.5	1.5	740	608	210	—	89	64
德国	9.5	7.0	2.5	452	367	—	—	—	118
法国	9.7	7.6	2.1	462	334	110	—	—	109
英国	6.9	5.8	1.1	611	—	207	202	107	161
意大利	8.3	5.9	2.5	750	207	250	333	—	131
加拿大	9.8	7.0	2.7	560	464	122	107	—	150
俄罗斯	4.8	4.1	0.6	248	222	88	90	77	77
印度	3.5	0.7	2.8	2 694	2 459	4 674	3 323	1 299	1 371
阿尔及利亚	4.6	3.3	1.3	—	1 062	—	330	—	390
阿根廷	10.6	4.3	6.3	—	330	—	1 783	—	218
澳大利亚	8.4	5.8	2.7	559	—	146	—	—	178
奥地利	9.7	6.2	3.6	440	231	170	—	90	95
白俄罗斯	6.4	5.3	1.1	295	236	102	89	80	80
比利时	8.2	7.2	1.0	401	274	130	—	107	121
巴西	7.4	2.7	4.7	1 301	844	1 140	3 379	—	299
捷克共和国	9.9	7.8	2.1	—	273	—	—	—	122
丹麦	6.6	5.5	1.1	420	360	140	153	—	177
埃及	4.9	—	—	939	1 316	762	489	493	517
芬兰	8.3	6.2	2.1	530	406	100	101	64	93
匈牙利	7.3	6.8	0.5	400	306	157	321	110	97
印度尼西亚	1.5	0.7	0.8	12 458	7 028	—	2 732	—	1 423
爱尔兰	7.9	6.0	1.9	784	632	141	153	103	101
以色列	4.1	—	—	401	—	103	—	197	164
韩国	5.4	1.8	3.6	1 690	951	—	454	586	300
墨西哥	5.3	2.8	2.6	1 149	615	—	—	—	1 074
摩洛哥	3.4	1.6	1.7	18 558	4 665	898		814	775
荷兰	8.8	6.9	2.0	480	399	168	123	80	170
新西兰	7.5	5.7	1.7	638	518	81	—	—	149
挪威	7.3	6.9	0.4	524	308	70	73	67	210
巴基斯坦	—	0.8	—	3 500	1 923	5 870	3 330	1 742	1 769
秘鲁	4.9	2.6	2.3	1 395	939	—	—	—	664
菲律宾	2.4	1.3	1.0	7 848	8 273	2 591		589	780
波兰	—	4.6	—	560	451	227	189	178	180
葡萄牙	7.6	4.3	3.4	494	353	—	—	—	227
罗马尼亚	—	3.3	—	678	538	280	—	114	127
沙特阿拉伯	2.2	—	—	1 819	749	738	329	686	401
新加坡	3.5	1.1	2.4	1 111	714	321	—	239	275
西班牙	7.4	5.8	1.6	361	261	281	262		209
瑞典	7.7	6.4	1.3	454	394	107	108	68	161
瑞士	9.6	6.9	2.7	—	580	128	—	—	93
泰国	5.3	1.4	3.9	6 803	4 416	2 280	1 067	651	765
突尼斯	5.9	3.0	2.9	3 694	1 549	956	411	470	350
土耳其	4.2	2.7	1.5	1 642	976	1 239	1 098	445	403
阿拉伯联合酋长国	2.2	1.9	0.3	936	1 208	410	718	351	—
委内瑞拉	7.1	2.3	4.8	1 188	633	—	329	2 969	385
津巴布韦	—	2.1	—	6 105	7 384	921	1 594	—	—

资料来源:世界银行《世界发展指标》1997年。

(七)人文指数

人文发展指数趋势

指　标	最不发达国家	所有发展中国家	工业化国家
预期寿命			
1960 年	39	46	69
1993 年	51	62	74
婴儿死亡率(每千个活产的死亡率)			
1960 年	173	150	—
1993 年	110	70	13
五岁以下体重不足的儿童(百分比)			
1975 年	51	40	—
1985～1995 年	45	30	4
人均商业能源用量(1 公斤石油当量)			
1971 年	42	255	4 211
1993 年	50	536	4 589
每日人均大卡热量供应			
1970 年	2 060	2 140	3 190
1992 年	2 040	2 520	3 350
成人识字率(百分比)			
1970 年	28	43	—
1993 年	47	71	98
各级学校入学率(百分比,6～23 岁)			
1980 年	31	46	
1993 年	35	55	82
人均国民生产总值(按购买力平价美元)			
1960 年	561	915	
1993 年	894	2 709	15 211
人均国民生产总值增长率(百分比)			
1965～1980 年	0.4	2.9	3.1
1980～1993 年	0.5	3.9	1.2

资料来源:根据《1996 年人的发展报告》(各表);1996 年世界粮食首脑会议提供的大卡热量供应数据。

(北京图书馆参考部　　李跃进)

人文发展指标
（1995 年）

国家、地区	人文发展指标	国家、地区	人文发展指标	国家、地区	人文发展指标
加拿大	0.950	美国	0.937	日本	0.937
荷兰	0.934	芬兰	0.934	冰岛	0.933
挪威	0.932	法国	0.930	西班牙	0.930
瑞典	0.929	澳大利亚	0.929	比利时	0.926
瑞士	0.925	奥地利	0.925	德国	0.921
丹麦	0.920	新西兰	0.919	英国	0.916
爱尔兰	0.915	意大利	0.912	以色列	0.907
希腊	0.907	塞浦路斯	0.906	香港地区	0.905
巴巴多斯	0.900	巴哈马	0.894	卢森堡	0.893
哥斯达黎加	0.883	伯利兹	0.883	阿根廷	0.882
韩国	0.882	乌拉圭	0.881	智利	0.880
马耳他	0.880	新加坡	0.878	葡萄牙	0.873
圣文森特	0.874	捷克共和国	0.873	特立尼达－多巴哥	0.873
斯洛伐克共和国	0.872	文莱	0.868	白俄罗斯	0.866
爱沙尼亚	0.862	巴林	0.862	阿拉伯联合酋长国	0.861
斐济	0.860	委内瑞拉	0.859	拉脱维亚	0.857
巴拿马	0.856	匈牙利	0.856	波兰	0.855
俄罗斯	0.854	墨西哥	0.842	乌克兰	0.842
安提瓜和巴布达	0.840	卡塔尔	0.838	哥伦比亚	0.836
泰国	0.827	马来西亚	0.822	毛里求斯	0.821
科威特	0.821	塞舌尔	0.810	巴西	0.804
哈萨克斯坦	0.798	保加利亚	0.796	土耳其	0.792
格林纳达	0.786	厄瓜多尔	0.784	多米尼加	0.776
伊朗	0.770	立陶宛	0.769	古巴	0.769
利比亚	0.768	博茨瓦纳	0.763	突尼斯	0.763
沙特阿拉伯	0.762	苏里南	0.762	叙利亚	0.761
圣文森特	0.761	约旦	0.758	摩尔多瓦	0.757
阿尔巴尼亚	0.739				

资料来源：联合国开发署《人类和发展报告》1996 年。

世界各国人文发展指数(1995 年)

HDI 排名	出生时的预期寿命（岁）1992	成人识字率(%)1992	初等、中等和高等教育综合入学率(%)1992	实际人均 GDP (PPP $) 1992	调整后人均实际 GDP	预期寿命指数	教育指数	GDP 指数	人文发展指数 1992	实际人均 GDP (PPP $) 排序减去 HDI 排序 a
高排序	72.9	95.8	76	13 605	—	—	—	—	0.888	—
1 加拿大	77.4	99	100	20 520	5 359	0.87	0.99	0.98	0.950	7
2 美国	76	99	100	23 760	5 374	0.85	0.98	0.99	0.937	−1
3 日本	79.5	99	77	20 520	5 359	0.91	0.92	0.98	0.937	5
4 荷兰	77.4	99	88	17 780	5 343	0.87	0.95	0.98	0.934	16
5 芬兰	75.7	99	96	16 270	5 337	0.85	0.98	0.98	0.934	19
6 冰岛	78.2	99	81	17 660	5 343	0.89	0.93	0.98	0.933	15
7 挪威	76.9	99	88	18 580	5 345	0.87	0.95	0.98	0.932	8
8 法国	76.9	99	86	19 510	5 347	0.87	0.95	0.98	0.930	3
9 西班牙	77.6	98	86	13 400	5 307	0.88	0.94	0.97	0.930	20
10 瑞典	78.2	99	78	18 320	5 344	0.89	0.92	0.98	0.929	7
11 澳大利亚	77.6	99	79	18 220	5 344	0.88	0.92	0.98	0.929	7
12 比利时	76.4	99	84	18 630	5 345	0.86	0.94	0.98	0.926	2
13 瑞士	78	99	74	22 580	5 372	0.88	0.91	0.99	0.925	−11
14 奥地利	76.2	99	84	18 710	5 345	0.85	0.94	0.98	0.925	−1
15 德国	76	99	81	21 120	5 367	0.85	0.93	0.98	0.921	−9
16 丹麦	75.3	99	84	19 080	5 346	0.84	0.94	0.98	0.920	−4
17 新西兰	75.5	99	85	14 990	5 314	0.84	0.94	0.97	0.919	9
18 英国	76.2	99	77	17 160	5 341	0.85	0.92	0.98	0.916	5
19 爱尔兰	75.3	99	83	12 830	5 304	0.84	0.94	0.97	0.915	11
20 意大利	77.5	97.4	70	18 090	5 344	0.88	0.88	0.98	0.912	−1
21 以色列	76.5	95	77	14 700	5 312	0.86	0.89	0.97	0.907	6
22 希腊	77.6	93.8	78	8 310	5 233	0.88	0.88	0.96	0.907	21
23 塞浦路斯	77	94	75	15 050	5 314	0.87	0.88	0.97	0.906	2
24 中国香港	78.6	91.2	70	20 340	5 348	0.89	0.84	0.98	0.905	−14
25 巴巴多斯	75.6	97	74	9 667	5 255	0.84	0.89	0.96	0.900	12
26 巴哈马	73.1	98	74	17 360	5 342	0.80	0.90	0.98	0.894	−4
27 卢森堡	75.7	99	56	21 520	5 369	0.85	0.85	0.99	0.893	−22
28 哥斯达黎加	76.3	94.3	66	5 480	5 158	0.86	0.85	0.95	0.883	32
29 伯利兹	73.6	;6	76	5 519[b]	5 165[b]	0.81	0.89	0.95	0.883	28
30 阿根廷	72.1	95.9	79	8 860	5 242	0.79	0.90	0.96	0.882	9
31 韩国	71.1	97.4	79	9 250	5 249	0.77	0.91	0.96	0.882	7
32 乌拉圭	72.5	96.9	77	6 070	5 182	0.79	0.90	0.95	0.881	21
33 智利	73.8	94.5	71	8 410	5 235	0.81	0.87	0.96	0.880	8

续表 1

HDI 排名	出生时的预期寿命（岁）1992	成人识字率（%）1992	初等、中等和高等教育综合入学率（%）1992	实际人均 GDP（PPP $）1992	调整后人均实际 GDP	预期寿命指数	教育指数	GDP 指数	人文发展指数 1992	实际人均 GDP（PPP $）排序减去 HDI 排序 a
34 马耳他	76.1	87	75	8 281[b]	5 232[b]	0.85	0.83	0.96	0.880	10
35 新加坡	74.8	89.9	68	18 330	5 344	0.83	0.82	0.98	0.878	-19
36 葡萄牙	74.6	86.2	77	9 850	5 258	0.83	0.83	0.96	0.874	-2
37 圣基茨和尼维斯	70	99	78	5 938[b]	5 177[b]	0.75	0.92	0.95	0.873	19
38 捷克	71.3	99	68	7 690	5 221	0.77	0.89	0.96	0.872	8
39 特立尼达和多巴哥	71.6	97.4	68	9 760	5 256	0.78	0.88	0.96	0.872	-3
40 斯洛伐克	70.9	99	71	6 690	5 199	0.77	0.90	0.95	0.872	8
41 文莱	74.2	86.4	68	20 589[b]	5 361[b]	0.82	0.80	0.98	0.868	-34
42 白俄罗斯	69.8	97.9	74	6 440	5 193	0.75	0.90	0.95	0.866	9
43 爱沙尼亚	69.3	99	70	6 690	5 199	0.74	0.89	0.95	0.862	5
44 巴林	71.6	83.5	84	14 590	5 312	0.78	0.83	0.97	0.862	-16
45 阿联酋	73.8	77.7	80	21 830	5 370	0.81	0.78	0.99	0.861	-41
46 斐济	71.5	90.1	78	5 410	5 154	0.78	0.86	0.95	0.860	17
47 委内瑞拉	71.7	90.4	71	8 520	5 237	0.78	0.84	0.96	0.859	-7
48 拉脱维亚	69.1	99	68	6 060	5 181	0.74	0.89	0.95	0.857	6
49 巴拿马	72.8	89.6	68	5 600	5 164	0.80	0.83	0.95	0.856	10
50 匈牙利	69	99	67	6 580	5 196	0.73	0.88	0.95	0.856	0
51 波兰	71.1	99	75	4 830	4 830	0.77	0.91	0.88	0.855	20
52 俄罗斯	67.6	98.7	69	6 140	5 184	0.71	0.89	0.95	0.854	0
53 墨西哥	70.8	88.6	65	7 300	5 213	0.76	0.81	0.96	0.842	-6
54 乌克兰	69.4	95	70	5 010	5 010	0.74	0.87	0.92	0.842	14
55 安提瓜和巴布达	74	96	76	4 436[b]	4 436[b]	0.82	0.89	0.81	0.840	17
56 卡塔尔	70.5	78.1	75	22 380	5 371	0.76	0.77	0.99	0.838	-53
57 哥伦比亚	69.3	90.3	67	5 480	5 158	0.74	0.83	0.95	0.836	3
58 泰国	69	93.5	53	5 950	5 178	0.73	0.80	0.95	0.827	-3
59 马来西亚	70.8	81.5	60	7 790	5 223	0.76	0.74	0.96	0.822	-14
60 毛里求斯	70.2	81.1	59	11 700	5 297	0.75	0.74	0.97	0.821	-28
61 科威特	74.9	76.9	47	8 326[b]	5 233[b]	0.83	0.67	0.96	0.821	-19
62 塞舌尔	71	77	61	5 619[b]	5 165[b]	0.77	0.72	0.95	0.810	-5
63 巴西	66.3	81.9	70	5 240	5 142	0.69	0.78	0.94	0.804	1
中排序	66.8	79.3	59	2 631	—	—	—	—	—	—
64 哈萨克斯坦	69.6	97.5	67	4 270	4 270	0.74	0.87	0.78	0.798	10
65 保加利亚	71.2	93	67	4 250	4 250	0.77	0.84	0.78	0.796	11
66 土耳其	66.5	80.5	61	5 230	5 141	0.69	0.74	0.94	0.792	-1

续表 2

HDI 排名	出生时的预期寿命（岁）1992	成人识字率(%)1992	初等、中等和高等教育综合入学率(%)1992	实际人均GDP（PPP $）1992	调整后人均实际GDP	预期寿命指数	教育指数	GDP指数	人文发展指数1992	实际人均GDP(PPP $)排序减去HDI排序 a
67 格林纳达	70	98	78	3 822[b]	3 822[b]	0.75	0.91	0.70	0.786	12
68 厄瓜多尔	68.8	88.4	71	4 350	4 350	0.73	0.83	0.79	0.784	5
69 多米尼加	72	97	77	3 526[b]	3 526[b]	0.78	0.90	0.64	0.776	16
70 伊朗	67.5	64.9	68	5 420	5 155	0.71	0.66	0.95	0.770	−8
71 立陶宛	70.4	98.4	67	3 700	3 700	0.76	0.88	0.67	0.769	11
72 古巴	75.3	94.9	65	3 412[b]	3 412[b]	0.84	0.85	0.62	0.769	16
73 利比亚	63.1	72.4	66	9 782[b]	5 257[b]	0.64	0.70	0.96	0.768	−38
74 博茨瓦纳	64.9	67.2	71	5 120	5 120	0.67	0.68	0.94	0.763	−7
75 突尼斯	67.8	62.8	64	5 160	5 133	0.71	0.63	0.94	0.763	−9
76 沙特阿拉伯	69.7	60.6	52	9 880	5 258	0.75	0.58	0.96	0.762	−43
77 苏里南	70.3	92.2	71	3 730	3 730	0.76	0.85	0.68	0.762	4
78 叙利亚	67.1	67.7	67	4 960[b]	4 960[b]	0.70	0.67	0.91	0.761	−9
79 圣文森特	71	98	78	3 322[b]	3 322[b]	0.77	0.91	0.60	0.761	14
80 约旦	67.9	83.9	66	4 270	4 270	0.72	0.78	0.78	0.758	−6
81 摩尔多瓦	67.6	96	76	3 670	3 640	0.71	0.89	0.67	0.757	2
82 阿尔巴尼亚	72	85	69	3 500	3 500	0.78	0.80	0.64	0.739	4
83 朝鲜	71.1	95	75	3 026[b]	3 026[b]	0.77	0.88	0.55	0.733	14
84 圣卢西亚	72	93	74	3 026[b]	3 026[b]	0.78	0.87	0.55	0.732	13
85 阿尔及利亚	67.1	57.4	66	4 870	4 870	0.70	0.60	0.89	0.732	−15
86 土库曼斯坦	65	97.7	77	3 400	3 400	0.67	0.91	0.62	0.731	3
87 巴拉圭	70	91.2	59	3 390	3 390	0.75	0.80	0.62	0.723	3
88 牙买加	73.6	83.7	65	3 200	3 200	0.81	0.77	0.58	0.721	8
89 吉尔吉斯斯坦	69	97	77	2 850	2 850	0.73	0.90	0.51	0.717	13
90 亚美尼亚	72.6	98.8	78	2 420	2 420	0.79	0.92	0.43	0.715	21
91 阿曼	69.6	35	59	11 710	5 297	0.74	0.43	0.97	0.715	−60
92 格鲁吉亚	72.8	99	78	2 300	2 300	0.80	0.92	0.41	0.709	25
93 秘鲁	66	87.3	79	3 300	3 300	0.68	0.84	0.60	0.709	1
94 乌兹别克斯坦	69.2	97.2	77	2 650	2 650	0.74	0.90	0.48	0.706	12
95 南非	62.9	80.6	76	3 799[b]	3 799[b]	0.63	0.79	0.69	0.705	−15
96 多米尼加	69.6	80.7	72	3 280	3 280	0.74	0.78	0.59	0.705	−1
97 斯里兰卡	71.9	89.3	66	2 850	2 850	0.78	0.82	0.51	0.704	5
98 罗马尼亚	69.9	96.9	61	2 840	2 840	0.75	0.85	0.51	0.703	6
99 阿塞拜疆	70.6	96.3	68	2 550	2 550	0.76	0.87	0.46	0.696	9

续表 3

HDI 排名	出生时的预期寿命（岁）1992	成人识字率（%）1992	初等、中等和高等教育综合入学率（%）1992	实际人均 GDP（PPP $）1992	调整后人均实际 GDP	预期寿命指数	教育指数	GDP 指数	人文发展指数 1992	实际人均 GDP（PPP $）排序减去 HDI 排序 a
100 菲律宾	66.3	94	77	2 550	2 550	0.69	0.88	0.46	0.677	8
101 黎巴嫩	68.5	91.4	73	2 500	2 500	0.73	0.85	0.45	0.675	9
102 西萨摩亚	67.6	98	78	1 869	1 869	0.71	0.91	0.33	0.651	22
103 塔吉克斯坦	70.2	96.7	67	1 740	1 740	0.75	0.87	0.31	0.643	26
104 印度尼西亚	62.7	82.5	60	2 950	2 950	0.63	0.75	0.53	0.637	-5
105 圭亚那	65.2	97.5	68	1 800	1 800	0.67	0.88	0.32	0.622	20
106 伊拉克	66	54.6	55	3 413[b]	3 413[b]	0.68	0.55	0.62	0.617	-19
107 埃及	63.6	49.1	67	3 540	3 540	0.64	0.55	0.64	0.613	-23
108 纳米比亚	58.8	40	81	4 020	4 020	0.56	0.54	0.73	0.611	-31
109 尼加拉瓜	66.7	64.7	61	2 790	2 790	0.7	0.63	0.5	0.611	-4
110 蒙古	63.7	81.1	60	2 389[b]	2 389[b]	0.65	0.74	0.43	0.604	6
111 中国	68.5	79.3	55	1 950	1 950	0.73	0.71	0.35	0.594	12
112 危地马拉	64.8	54.2	43	3 330	3 330	0.66	0.5	0.6	0.591	-20
113 玻利维亚	59.4	80.7	66	2 410	2 410	0.57	0.76	0.43	0.588	-1
114 加蓬	53.5	58.9	47	3 913	3 913	0.48	0.55	0.71	0.579	-36
115 萨尔瓦多	66.4	69.8	54	2 250	2 250	0.69	0.64	0.4	0.579	3
116 洪都拉斯	67.7	70.7	59	2 000	2 000	0.71	0.67	0.36	0.578	4
117 摩洛哥	63.3	40.6	43	3 370	3 370	0.64	0.41	0.61	0.554	-26
118 马尔代夫	62.1	92.6	66	1 200	1 200	0.62	0.84	0.21	0.554	27
119 瓦努阿图	65.2	65	52	1 956[b]	1 956[b]	0.67	0.61	0.35	0.541	3
120 越南	65.2	91.9	49	1 010	1 010	0.67	0.78	0.17	0.539	31
121 津巴布韦	53.7	83.4	70	1 970	1 970	0.48	0.79	0.35	0.539	0
122 刚果	51.3	70.7	56	2 870	2 870	0.44	0.66	0.52	0.538	-21
123 佛得角	64.7	66.4	59	1 750	1 750	0.66	0.64	0.31	0.536	4
124 斯威士兰	57.5	74	70	1 700	1 700	0.54	0.73	0.3	0.522	7
125 所罗门群岛	70.4	24	44	2 616[b]	2 616[b]	0.76	0.31	0.47	0.511	-18
126 巴布亚新几内亚	55.8	69.7	34	2 410	2 410	0.51	0.58	0.43	0.508	-16
127 喀麦隆	56	59.6	50	2 390	2 390	0.52	0.56	0.43	0.503	-12
低排序	55.8	48.3	45	1 299	—	—	—	—	0.403	—
128 巴基斯坦	61.5	35.7	25	2 890	2 890	0.61	0.32	0.52	0.483	-28
129 加纳	56	60.7	45	2 110	2 110	0.52	0.55	0.38	0.482	-10
130 肯尼亚	55.7	74.5	57	1 400	1 400	0.51	0.69	0.24	0.481	7
131 莱索托	60.5	68.6	57	1 060	1 060	0.59	0.65	0.18	0.473	17
132 缅甸	57.6	82	47	751[b]	751[b]	0.54	0.7	0.12	0.457	29

续表 4

HDI 排名	出生时的预期寿命（岁）1992	成人识字率（%）1992	初等、中等和高等教育综合入学率（%）1992	实际人均GDP（PPP $）1992	调整后人均实际GDP	预期寿命指数	教育指数	GDP指数	人文发展指数1992	实际人均GDP（PPP $）排序减去HDI排序 a
133 圣多美和普林西比	67	60	48	600	600	0.7	0.56	0.09	0.451	36
134 印度	60.4	49.9	55	1 230	1 230	0.59	0.52	0.21	0.439	7
135 马达加斯加	56.5	81.4	35	710	710	0.53	0.66	0.11	0.432	30
136 赞比亚	48.9	75.2	49	1 230	1 230	0.4	0.67	0.21	0.425	6
137 也门	50.2	41.7	44	2 410	2 410	0.42	0.42	0.43	0.424	-24
138 老挝	51	53.5	48	1 760	1 760	0.43	0.52	0.31	0.420	-12
139 科摩罗	56	55.6	37	1 350	1 350	0.52	0.49	0.23	0.415	-1
140 多哥	55	47.9	60	1 220	1 220	0.5	0.52	0.21	0.409	4
141 尼日利亚	50.4	52.5	51	1 560	1 560	0.42	0.52	0.27	0.406	-6
142 赤道几内亚	48	75.3	60	700	700	0.38	0.7	0.11	0.399	25
143 扎伊尔	52	74.1	39	523[b]	523[b]	0.45	0.62	0.08	0.384	29
144 苏丹	53	42.7	31	1 620	1 620	0.47	0.39	0.28	0.379	-10
145 象牙海岸	51	36.6	39	1 710	1 710	0.43	0.37	0.3	0.369	-15
146 孟加拉国	55.6	36.4	38	1 230	1 230	0.51	0.37	0.21	0.364	-5
147 坦桑尼亚	52.1	64.4	34	620	620	0.45	0.54	0.1	0.364	21
148 海地	56.6	42.6	30	1 046[b]	1 046[b]	0.53	0.38	0.18	0.362	1
149 中非共和国	49.4	53.9	37	1 130	1 130	0.41	0.48	0.19	0.361	-2
150 毛里塔尼亚	51.5	36.2	32	1 650	1 650	0.44	0.35	0.29	0.359	-18
151 尼泊尔	53.5	25.6	55	1 170	1 170	0.48	0.36	0.2	0.343	-5
152 塞内加尔	49.3	30.5	31	1 750	1 750	0.41	0.31	0.31	0.340	-25
153 柬埔寨	51.6	37.8	30	1 250	1 250	0.44	0.35	0.22	0.337	-13
154 吉布提	48.3	43.2	18	1 547[b]	1 547[b]	0.39	0.35	0.27	0.336	-18
155 贝宁	47.6	32.9	34	1 630	1 630	0.38	0.33	0.29	0.332	-22
156 卢旺达	47.3	56.8	39	710	710	0.37	0.51	0.11	0.332	9
157 马拉维	45.6	53.9	46	820	820	0.34	0.51	0.13	0.330	-2
158 乌干达	44.9	58.6	37	860	860	0.33	0.51	0.14	0.329	-4
159 利比里亚	55.4	35.4	17	1 045[b]	1 045[b]	0.51	0.29	0.18	0.325	-9
160 不丹	50.7	39.2	31	750	750	0.43	0.36	0.12	0.305	3
161 冈比亚	45	35.6	33	1 260	1 260	0.33	0.35	0.22	0.299	-22
192 乍得	47.5	44.9	28	760	760	0.38	0.39	0.12	0.295	-2
163 几内亚比绍	43.5	51.7	28	820	820	0.31	0.44	0.13	0.293	-8
164 安哥拉	46.5	42.5	33	751[b]	751[b]	0.36	0.39	0.12	0.291	-3
165 布隆迪	50.2	32.9	31	720	720	0.42	0.32	0.12	0.286	-1
166 索马里	47	27	7	1 001[b]	1 001[b]	0.37	0.2	0.17	0.246	-14

续表 5

HDI 排名	出生时的预期寿命（岁）1992	成人识字率（%）1992	初等、中等和高等教育综合入学率（%）1992	实际人均 GDP（PPP $）1992	调整后人均实际 GDP	预期寿命指数	教育指数	GDP 指数	人文发展指数 1992	实际人均 GDP（PPP $）排序减去 HDI 排序 a
167 莫桑比克	46.4	36.9	25	380	380	0.36	0.33	0.05	0.246	6
168 几内亚	44.5	33	22	592[b]	592[b]	0.33	0.29	0.09	0.237	2
169 布基纳法索	47.4	17.4	19	810	810	0.37	0.18	0.13	0.228	-10
170 阿富汗	43.5	28.9	14	819[b]	819[b]	0.31	0.24	0.13	0.228	-12
171 埃塞俄比亚	47.5	32.7	14	330	330	0.38	0.26	0.04	0.227	3
172 马里	46	27.2	15	550	550	0.35	0.23	0.08	0.222	-1
173 塞拉利昂	39	28.7	28	880	880	0.23	0.28	0.15	0.221	-20
174 尼日尔	46.5	12.4	14	820	820	0.36	0.13	0.13	0.207	-18
所有发展中国家	61.5	68.3	54	2 591	—	—	—	—	0.570	—
欠发达国家	50.9	46.7	34	935	—	—	—	—	0.337	—
撒哈拉以南非洲	50.8	54.9	42	1 346	—	—	—	—	0.389	—
工业化国家	76.1	98.3	80	15 291	—	—	—	—	0.916	—
全世界	62.8	76	58	5 410	—	—	—	—	0.759	—

注：a. 正值表示 HDI 排序比实际人均 GDP（PPP $）排名要好，负值则表示相反。

b. 由 PENN Word Tables 初步估算，采用 Summers 和 Heston1991 提出的国际比较方法。

资料来源：第 1 列：联合国 1994K；第 2 列：联合国教科文组织 1994b；第 3 列：联合国教科文组织 1994c；第 4 列：据世界银行 1995 年估计的数字计算。

资料来源：UNDP《人类发展报告》1995 年。

（王诵芬　整理）

“人文发展指数”词释

1. 人文发展的含义及指标选择

人文发展指数是联合国开发计划署（United Nation Development Programme，简写 UNDP）于 1990 年 5 月发表的第一份《人类发展报告》（HUMAN DEVELOPMENT REPORT）中公布的。该指数是联合国的专家在经社理事会的支持下，经过 6 年的紧张研究之后得出的结果。它改变了以往研究中存在的偏向，即要么只注重收入，要么只注重社会发展，而是把收入与社会发展相结合，使两方面的数值复合在一起。考虑到人是一个国家的真正财富，人既是发展的手段，又是发展的目的，因此国家发展的基本目标应以人为中心。

该报告使用的“人文发展”这个词，既指扩大人们的选择过程，也指人们已实现的福利水平。实际上是把商品生产和分配以及人的能力的扩大和使用都结合起来了。该报告建议，目前对人文发展的衡量应当以人生的三大要素为重点，即过一种健康长寿的生活，有受教育的机会，能有过像样生活水平所需的资源。衡量人生三大要素的指示指标分别采用出生时的预期寿命、成人识字率和实际人均 GDP。将以上三个指示指标的数值合成为一个复合指数，即为人文发展指数。

2. 人文发展指数的计算与合成

人文发展指数的计算与合成方法是，分别选定上述三大要素的指示指标各自的最小值和最大值，如预期寿命定为 25 岁和 85 岁；成人识字率定为 0% 和 100%；实际人均 GDP 则是用购买力平价计算的人均 GDP，其数值每年都有变化。

对于人文发展指数的各组成部分来说，每一个指数可根据下列的公式进行计算。

$$指数=\frac{实际\ X_i\ 值-最小\ X_i\ 值}{最大\ X_i\ 值-最小\ X_i\ 值}$$

将三大要素的指示指标分别计算出来的指数简单相加,进行算术平均,即得人文发展指数。

但是,在实际操作的过程中,从已发表的6份《人类发展报告》里,对上述三项指示指标的选择和使用,也有变化。

1. 第一个要素是过一种健康长寿的生活,选择预期寿命指标来表示,几年来一直未变动。长寿同足够的营养、良好的健康与教育状况以及其他受到重视的成就有密切相互的联系。

2. 第二个要素是有受教育的机会,选择成人识字率指标来表示,因为识字是一个人从事学习和积累知识的第一步。但是识字率只能粗略地反映受教育的一般情况,对于现代生产和生活是十分必要的高质量的教育,也应有所反映,因此1990年《人类发展报告》只用了成人识字率,1991年《人类发展报告》则拓宽了内容,加入受教育的平均年限指标,即用2/3成人识字率和1/3的受教育的平均年限组成获得教育指数。由于计算受教育平均年限的公式很复杂,并且需要大量数据。此外,任何一个联合国机构都不提供这样的数据。因此在1995年《人类发展报告》里,将受教育的平均年限改为联合国教科文组织(UNESCO)提供的综合入学率,是对24岁以下人口识字率的估计。这个变量的权重规定为1/3,成人识字率权重仍为2/3来组成获得教育指数。

3. 第三个要素是像样的生活水平,选择实际人均GDP(即按购买力平价计算的人均GDP)指标来表示。前提是为了得到适宜的生活水平,人们并不需要无穷无尽地增加收入,但需要足以达到合理生活水平的收入。这个界线是根据"卢森堡收入研究所"计算的工业化国家贫困线收入额来确定的。在1990年《人类发展报告》里,是以9个工业化国家(澳大利亚、加拿大、联邦德国、荷兰、挪威、瑞典、瑞士、英国、美国)按购买力平价计算的平均官方"贫困线"收入,即4 861国际美元(对数为3.68)定为理想值或足够值,按购买力平价调整的人均GDP的最低值为220国际美元(对数值为2.34)。由于各国人均收入额的差别较大,所有的人均GDP数额均取对数来进行计算。

把工业化国家的贫困线数额作为发展中国家合理的收入目标,这样做不尽合适。因此,1994年《人类发展报告》中的人均收入界限值改为用购买力平价计算的人均实际GDP全球平均值。1994年经过按购买力平价计算的调整,各国人均GDP最低和最大的界限值为370国际美元到5 371国际美元。1995年《人类发展报告》各国人均GDP最低和最大的界限值为330国际美元到5 448国际美元。

截至1993年,按购买力平价计算人均GDP数据主要来源于"培恩世界统计"(PENN WORLD TABLES)。1994年《人类发展报告》则尽可能改用世界银行的数据。

3. 各年人类发展报告的主题及主要内容①

1.1990年:人类发展的概念和测量。

提出人文发展的概念和它的量度,探讨了经济增长和人文发展之间的联系。它表明:经济增长和人文进步之间的联系并不是自动的,即使在较为一般收入水平下也有可能达到相当可观的人文发展水平。而在某些国家中较高的GDP增长却未能造福其人民。在90年代一个有利于增长的外部环境,对支持人文发展战略是很重要的。

2.1991年:人类发展的财政支出。

报告试图回答这一根本问题,即是否有可能调整发展中国家的开支模式,并在这些国家中帮助分配投资到基本的人文发展中去。结论是:对忽视人文发展负责的往往是缺乏政治意志,而并不是缺少经济方面的资源。

3.1992年:全球范围的人类发展。

考查了一国人文发展努力的国际联系和外部环境。结论是:在发展中国家中,国际市场上的贸易和经济机遇比为提高人文发展的主动性的帮助更加需要。

4.1993年:民众参与。

它评估了有多少人参与形成他们生活的决策和进程。它也提出了一个新的以人为中心的具体建议。

5.1994年:人类安全的新领域。

介绍了人类安全的一个新概念——人民在他们

① 引自UNDP《人类发展报告》,1995年。

的家里、在他们工作岗位上、在他们的社团中和在他们的环境里的安全性。它确认了人类安全这一新概念所需要的国家的政策和全球政策的变化。

6.1995年:男女平等的革命。

在过去几十年间,发展的一个关键不足之处是持续地忽视了半数人类的创造性和生产能力。在人类发展的争论和对话中情况也是如此。在多数情况下,他们已经触及性别问题——但还没有真正地集中讨论这些问题。

人类发展概念的四个关键要素——生产率、公正、持续和权能授予——要求把性别问题突出出来。其不可抗拒的理由是:发展,如果不论及权能授予,就会受到危害。只有当人所有潜力都已充分实现时,我们才能谈论真正的人类发展。因此,1995年的报告集中研讨性别和发展。

世界部分国家人口城市化发展数据

国家、地区	城市人口占总人口的(%)			城市人口年平均增长率(%)		1990年人口在100万及100万以上的城市人口占城市总人口的百分比
	1980	1990	1994	1980～1990	1990～1994	
中国	19	26	29	4.8	4.1	35
美国	74	75	76	1.2	1.3	56
日本	76	77	78	0.7	0.4	48
德国	—	84	86	0.4	1.0	47
法国	73	74	73	0.4	0.6	28
英国	89	84	89	0.3	0.4	26
意大利	67	69	67	0.1	0.2	31
加拿大	76	77	77	1.4	1.3	45
印度	23	27	27	3.2	2.9	35
阿根廷	83	86	88	1.9	1.6	44
澳大利亚	86	86	85	1.4	1.0	68
巴西	66	75	77	3.3	2.7	42
智利	81	86	86	2.1	1.8	41
埃及	44	47	45	2.6	2.4	51
匈牙利	57	61	64	0.5	0.6	31
以色列	89	92	90	—	—	39
韩国	57	72	80	3.8	2.9	64
墨西哥	66	73	75	2.9	2.8	38
尼日利亚	27	35	38	5.8	5.3	27
挪威	71	—	73	0.6	0.8	0
巴基斯坦	28	32	34	4.5	4.7	52
罗马尼亚	49	53	55	1.3	0.2	17
波兰	58	62	64	1.4	1.0	28
俄罗斯	70	—	73	1.2	-0.2	25
西班牙	73	78	76	0.7	0.5	23
瑞典	83	84	83	0.3	0.6	21
瑞士	57	60	61	1.0	1.4	0
泰国	17	23	20	2.8	2.4	56
土耳其	44	61	67	5.8	4.6	34
委内瑞拉	83	84	92	3.5	2.9	29

资料来源:世界银行《世界发展报告》1992年、1996年。

世界主要城市住宅

国家、地区	年 份	新建住宅		全部住宅	
		套 数	居住面积（平方米）	套 数	居住面积（平方米）
中国					
北京	1991	—	—	3 431 000	—
上海	1992	—	5 434 800	—	94 460 000
天津	1992	—	2 147 000	—	58 720 000
印度					
德里	1992	2 865	257 881	1 860 748①	—
海德拉巴	1992	11 303	—	451 995	—
马德拉斯	1992	4 373	352 524	—	—
印度尼西亚					
雅加达	—	—	—	—	—
伊朗					
伊斯法罕	1992	4 403	1 337 350	—	—
马什哈德	1992	2 777	858 733	—	—
日本					
大阪	1992	22 889	1 514 503	963 380	—
东京	1992	102 628	6 403 474	3 112 590	—
横滨	1992	48 561	3 440 548	1 001 800	—
哈萨克斯坦					
阿拉木图	1992	4 561	295 468	354 212②	19 831 272②
韩国					
仁川	1992	70 818	4 907 511	391 598	—
釜山	1992	—	3 234 354	516 555	—
汉城	1992	122 041	9 144 077	1 463 081	—
菲律宾					
马尼拉	1992	2 553	306 360	—	—
新加坡					
新加坡	1992	21 611	4 222 000	—	—
泰国					
曼谷	1992	1 083	—	1 383 267	—
土耳其					
伊斯坦布尔	—	—	—	460 000	—
伊兹密尔	1992	26 083	2 766 187	367 318③	36 566 245③
埃及					
开罗	—	—	—	1 943 300	—
加拿大					
蒙特利尔	1991	9 529	—	315 269	—
墨西哥					
墨西哥城	1990	—	—	1 789 171	—

续表

国家、地区	年 份	新建住宅		全部住宅	
		套 数	居住面积（平方米）	套 数	居住面积（平方米）
美国					
休斯顿	1992	3 562	661 922	—	—
纽约	1991	—	—	2 980 763	—
阿根廷					
布宜诺斯艾利斯	1991	—	—	1 023 464	—
巴西					
圣保罗	1992	—	—	2 803 638	—
萨尔瓦多	1991	101 711	—	492 942	—
捷克共和国					
布拉格	1992	5 742	393 296	516 293[4]	30 605 000[4]
法国					
巴黎	—	—	—	1 097 452	61 460 000
原联邦德国					
柏林	1992	8 360	661 000	1 734 320	117 322 000
汉堡	1992	7 471	566 100	800 784	56 342 800
慕尼黑	1992	6 250	—	671 965	—
意大利					
米兰	1992	761	57 708	641 402	50 157 636
波兰					
华沙	1992	5 166	363 703	600 039	28 731 981
罗马尼亚					
布加勒斯特	1992	2 273	—	761 156	26 295 800
俄罗斯					
喀山	1992	6 346	368 255	320 064	15 660 948
莫斯科	1993.01.01	—	—	3 195 328	163 920 000
圣彼得堡	1992	13 342	760 500	1 449 256	80 383 231
西班牙					
马德里	1991	—	—	1 162 944	—
巴塞罗那	1992	4 103	—	711 440	56 915 200
乌克兰					
基辅	1992	18 578	1 132 100	—	—
英国					
伯明翰	1992	1 625	—	399 040	—
伦敦	—	—	—	2 889 000	—
澳大利亚					
珀斯	1992	12 151	—	445 544	—

注：①1990 年数字。②1993 年 1 月 1 日。③1964～1992 年数字。④1991 年 3 月 3 日普查数。

资料来源：《世界大都市比较统计年表》1994 年。

(八)旅游

世界地区国际旅游人数和旅游收入

国家、地区	1990	1991	1992	1993	1994	1995
旅游人数(百万人次)						
全 球	459.2	466.0	503.6	518.3	546.3	567.4
非洲地区	15.1	16.0	17.8	18.3	18.5	18.7
美洲地区	93.6	97.0	103.6	104.0	107.2	211.9
东亚太地区	53.1	54.9	62.7	69.6	77.0	84.0
欧洲地区	286.7	287.9	307.3	313.7	329.8	337.2
中东地区	7.6	7.0	8.6	9.0	9.9	11.1
南亚地区	3.2	3.3	3.6	3.6	3.9	4.4
旅游收入(亿美元)						
全 球	2 647	2 718	3 086	3 140	3 467	3 726
非洲地区	52	49	59	60	66	69
美洲地区	695	768	848	907	951	952
东亚太地区	388	401	470	522	619	702
欧洲地区	1 440	1 433	1 626	1 575	1 748	1 898
中东地区	51	43	54	48	51	67
南亚地区	21	24	28	28	32	37

资料来源:《中国旅游年鉴》1996 年。

旅游到达人数

单位:千人

国家、地区	旅游到达人数			国家、地区	旅游到达人数		
	1991	1992	1993		1991	1992	1993
中 国	12 464	16 512	18 982	匈牙利	21 860	20 188	22 804
香港地区	6 795	8 011	8 938	印度尼西亚	2 570	3 064	3 403
澳门地区	3 047	3 180	3 850	以色列	943	1 509	1 654
美 国	39 539	47 556	45 793	韩 国	3 196	3 231	3 331
日 本	2 104	2 103	1 925	马来西亚	5 847	6 016	6 504
德 国	15 648	15 913	14 348	墨西哥	16 281	17 273	16 534
法 国	55 041	59 710	60 100	摩洛哥	4 162	4 390	4 027
英 国	17 125	185 351	191 861	荷 兰	5 842	6 083	5 757
意大利	25 878	26 113	26 379	新西兰	963	1 056	1 157
加拿大	14 912	14 741	15 105	挪 威	2 114	2 375	2 556
印 度	1 678	1 868	1 765	秘 鲁	232	217	273
阿根廷	2 870	3 031	3 532	波 兰	11 350	16 200	17 000
奥地利	19 092	19 098	18 257	葡萄牙	8 657	8 884	8 434
澳大利亚	2 370	2 603	2 996	新加坡	4 913	5 446	5 804
比利时	2 944	3 220	3 285	南 非	1 710	2 892	3 358
巴 西	1 192	1 475	1 650	西班牙	38 539	39 638	40 085
智 利	1 349	1 283	1 412	瑞 典	623	650	659
丹 麦	1 429	1 543	1 569	瑞 士	12 600	12 800	12 400
埃 及	2 112	2 944	2 112	泰 国	5 087	5 136	5 761
希 腊	8 036	9 331	9 413	土耳其	5 158	6 549	5 904

资料来源:联合国《统计年鉴》1993 年。

部分国家旅游收入

单位:百万美元

国家、地区	旅游收入				国家、地区	旅游收入			
	1990	1991	1992	1993		1990	1991	1992	1993
中国	2 218	2 845	3 947	4 683	印度	1 437	1 351	1 451	1 487
香港地区	5 032	5 078	6 037	7 562	印度尼西亚	2 105	2 522	3 278	3 958
澳门地区	1 473	1 761	2 234	2 500	以色列	1 382	1 306	1 876	2 110
美国	43 007	48 384	53 861	56 501	韩国	3 559	3 426	3 272	3 510
日本	3 578	3 435	3 588	3 557	马来西亚	1 667	1 530	1 768	1 876
德国	10 531	10 424	11 055	10 509	墨西哥	5 467	5 881	6 085	6 167
法国	20 185	21 375	25 051	23 410	摩洛哥	1 259	1 052	1 360	1 243
英国	14 940	13 070	13 932	34 449	荷兰	3 630	4 246	5 237	4 690
意大利	20 016	18 421	21 450	20 521	新西兰	1 019	1 021	1 032	1 165
加拿大	5 612	5 886	5 712	5 897	挪威	1 570	1 646	1 975	1 849
阿根廷	1 976	2 336	3 090	3 614	秘鲁	259	252	237	268
奥地利	13 410	13 800	14 526	13 566	波兰	358	2 800	4 100	4 500
澳大利亚	4 088	4 484	4 405	4 655	葡萄牙	3 555	3 710	3 721	4 176
比利时	3 718	3 606	4 053	4 071	新加坡	4 593	4 557	5 250	5 793
巴西	1 444	1 559	1 307	1 449	南非	992	1 131	1 226	1 190
智利	540	700	706	824	西班牙	18 593	19 004	22 181	19 425
丹麦	3 322	3 475	3 784	3 052	瑞典	2 916	2 704	3 055	2 650
埃及	1 994	2 029	2 730	1 332	瑞士	6 789	7 026	7 463	7 001
希腊	2 587	2 567	3 268	3 335	泰国	4 326	3 923	4 829	5 014
匈牙利	824	1 002	1 231	1 181	土耳其	3 225	2 654	3 639	3 959

资料来源:联合国《统计年鉴》1993 年。

部分国家旅游支出

单位:百万美元

国家、地区	旅游支出				国家、地区	旅游支出			
	1990	1991	1992	1993		1990	1991	1992	1993
中国	470	511	812	555	印度	393	394	394	400
香港地区	—	—	—	—	印度尼西亚	836	969	1 166	1 539
澳门地区	39	49	57	71	以色列	1 442	1 551	1 674	2 313
美国	37 349	35 322	39 872	41 260	韩国	3 166	3 784	3 794	4 105
日本	24 928	23 983	26 837	26 860	马来西亚	1 450	1 584	1 770	1 960
德国	29 509	31 027	36 626	37 514	墨西哥	5 519	5 814	6 107	5 562
法国	12 424	12 321	13 914	12 805	摩洛哥	184	190	242	245
英国	19 063	17 609	19 850	17 244	荷兰	7 376	8 149	9 649	8 974
意大利	14 045	11 648	16 530	13 053	新西兰	958	987	977	1 003
加拿大	10 401	11 367	11 289	10 629	挪威	3 679	3 413	3 870	3 565
阿根廷	1 171	1 739	2 211	2 445	秘鲁	495	477	480	304
奥地利	7 723	7 392	8 393	8 180	波兰	423	143	132	181
澳大利亚	4 535	4 247	4 301	4 100	葡萄牙	867	1 024	1 165	1 846
比利时	5 471	5 528	6 603	6 363	新加坡	1 803	1 942	2 403	3 022
巴西	1 505	1 214	1 221	1 842	南非	1 117	1 148	1 544	1 598
智利	426	409	459	568	西班牙	4 254	4 530	5 542	4 706
丹麦	3 676	3 377	3 779	3 214	瑞典	6 134	6 291	6 969	4 464
埃及	129	225	918	1 048	瑞士	5 817	5 682	6 068	5 803
希腊	1 171	1 739	2 211	2 445	泰国	854	1 266	1 590	2 092
匈牙利	477	443	640	741	土耳其	520	592	776	863

资料来源:联合国《统计年鉴》1993 年。

北京西城

北京市西城区是中华人民共和国首都的中心城区之一，面积31.66平方公里，常住人口80万。西城是全国政治、文化中心的重要载体。中共中央、全国人大常委会、国务院、全国政协、中央纪委、中央军委等机关，均设在西城。

西城区交通便利，通讯快捷，商业服务业发达，科技力量比较雄厚，金融业、信息咨询业等也很发达。1995年7月被国家有关部门批准为国家级经济社会发展综合实验区，要求以科技为先导，实现经济、社会与人口、环境、资源的协调可持续发展，为加快全国城镇发展探索经验提供示范。

西城区改革开放、经济建设和社会各项事业迅速发展，经济、科技、教育卫生、招商引资等工作取得了显著成绩。西城区的历史文化资源丰富，具有一大批国家级历史文物保护单位，随着妙应寺白塔的开发建设和“阜景一条街”的兴建，许多新的人文景观和名胜古迹将成为中外游客观光游览的好去处。西城人民正在开拓前进，为把西城区建成国际化大都市的现代文明城区而努力奋斗。

①

②

图片说明：

①中共北京市委书记、市长贾庆林在区长王长连等陪同下视察便民蔬菜市场。

②区委书记刘志华、区长王长连在基层检查工作。

③西城区与广西防城港市缔结友好市区签约仪式留影。

③

①

②

区计经委系统

西城区计划经济委员会是区政府的综合经济职能部门，负责全区经济社会发展的宏观管理。其主要职能是研究制定全区经济社会发展战略、改革与发展方案及配套政策，编制全区经济与社会发展的综合计划，编制全区固定资产投资、基本建设、工业、旅游等工作单项计划；对全区经济运行状况进行分析、预测，报告计划执行情况；对区综合经济部门、基本建设、重点工程、工业、金融、旅游等各项工作进行协调、指导和服务。该部门对促进西城区经济建设和各项社会事业协调发展发挥了重要作用。

③

④

⑤

⑥

图片说明：

① 区技术监督局专业人员走上街头，举行打假咨询活动。

② 区劳动局人才交流服务中心举行安置下岗职工洽谈会。

③ 区计经委的领导在机房研究工作。

④ 工商管理人员依法检查市场。

⑤ 超音波音响世界。

⑥ 校办企业生产车间一角。

⑦ 区税务人员正热情指导纳税人员办理纳税手续。

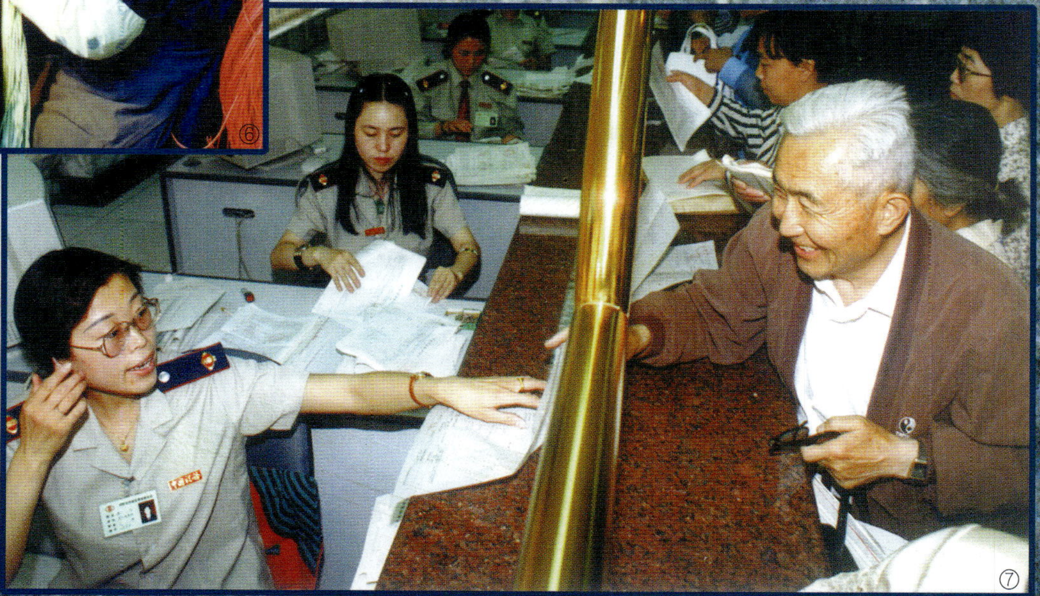

⑦

北京西城经济文化建设

西城区的城市建设水平和管理水平不断提高。80年代以来，全区道路建设取得显著成绩，复兴门、阜成门、西直门、德胜门、马甸等多处立交桥拔地而起，商业区的过街人行天桥腾空飞越，地铁等地下通道四通八达。一幢幢现代化大楼簇拥而立，与一片片古建筑群相互辉映，展示出古都风貌与现代化建筑相结合的新姿，近年来，西城区建设居民住宅小区，搞活街巷、绿化美化环境，在德外塔院、展览路、真武庙、万明寺、裕中西里等地建起10个住宅小区，小区内人均住宅使用面积达10.3平方米，为市民提供了优美的生活环境。

国家建设部副部长谭庆琏视察华远集团公司

城市建设

区住宅建设开发公司领导正在研究工作

复兴门鸟瞰

新拓宽的阜成门外大街

危房改造小区建设工地一角

建设中的国英居民小区

区城市建设开发公司领导正在研究工作

木樨地之夜

北京西城经济文化建设

商业服务业是西城区的支柱产业。1992年西城区委区政府提出“繁荣西单，发展西城”的战略规划，以西单商业街为龙头，促进西四、新街口、地安门、三里河、复兴门、西直门外、阜成门外等商业区蓬勃发展，经济效益迅速增长，服务水平不断提高，市场繁荣兴旺。目前西城区商业服务业网点已达1.3万多个。社会消费零售额1997年达98亿元，到2000年计划达到144亿元，比1995年翻一番。服务业主要发展房地产开发经营、餐饮、信息咨询服务、旅游、金融业等。西城区商业区在朝着大商业、大市场、大流通目标迅速发展。

①

商业服务业

②

③

④

图片说明：

① 北京市复兴商业城。
② 桂香村食品店的招幌引人注目。
③ 白塔寺药店。
④ 流光溢彩的西单北大街。
⑤ 西单购物中心。
⑥ 新街口百货商场。
⑦ 万方商城食品专柜一角。
⑧ “好邻居”月坛北街店。
⑨ “元长厚”茶具展销会。
⑩ 地安门商场。

对外贸易

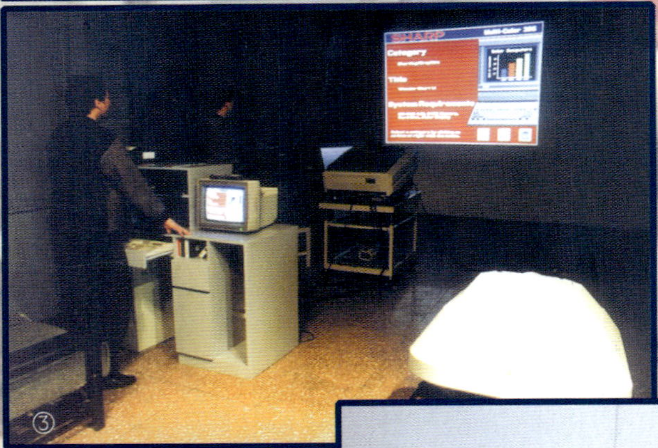

西城区对外经济贸易委员会是西城区开展对外经济贸易工作的主管部门。近年来，该部门努力为外商投资提供全方位服务，创造良好投资环境，全区对外经济贸易事业发展顺利。西城区从发展适合首都城区经济特点的要求出发，大力引进外资，推动外贸事业发展，已有美国、日本、英国、德国、法国、奥地利等国家和中国香港、台湾地区的企业家来西城投资兴办企业，取得了较好的经济效益。今后，西城区将继续利用科技力量雄厚的优势，积极探索多种形式开展对外贸易的途径，迅速发展全区的外贸事业。

图片说明：

① 北京精良齿科技工有限公司工作室一角。

② 北京银燕电子闪光灯有限公司生产流水线。

③ 北京仁达国际信息工程有限公司产品演示厅。

④ 西城区有关领导和区对外经济贸易委员会领导与外商签订合作协议书后互相祝贺。

社会发展综合实验区

国务院有关部门于1995年7月批准西城区为国家级社会发展综合实验区，要求西城区在以科技为先导，实现全区经济、社会与人口、资源等可持续协调发展方面探索经验和提供示范。西城区认真开展工作，先后确定了实验区工作目标，设立了专项资金500万元进行实践探索，确定月坛街道为试点，实施卫生与健康示范工程，建立科普长廊，普及科技知识，建成街道办公自动化系统等。实验区工作取得了阶段成果。目前，西城区把实验区建设作为一面旗帜，扎扎实实地开展各方面工作。

①

②

③

图片说明：

① 区五套班子领导参加人口和可持续发展理论讲座。

② 区领导与区科委的负责同志等参观街道科普展览。

③ 大乘巷家委会垃圾分类存放受到社会好评。

④ 百米科普长廊。

④

①

②

西城区教育事业发达，普通教育、职业教育、成人教育、特殊教育等构成西城教育事业的格局。全区现有中小学150所，在校学生12万名，中小学教育一直保持全市较高水平。16所职业高中共设45个专业，学生7 000余人，培育的学生职业道德和专业技能都受到用人单位好评。特殊教育自成体系，1993年被评为特殊教育先进区。近年来，西城区政府加大对教育事业的投资，完善教学设备，全区教学的整体水平逐年提高。

③

图片说明：

① 中、小学生观看航空模型表演。
② 北京师范附属实验中学语音教室一角。
③ 秀丽的北京四中校园。
④ 职大学生正在练习素描。
⑤ 中学生民乐队表演文艺节目。

④

⑤

教育事业

体育卫生

①

西城区医疗卫生设施完备，技术力量雄厚。全区有部级、市级医院和区级医院、社区保健站等完善的医疗网络。近年来，西城区政府加大投资，改善区级医院和社区保健站的医疗条件，使居民的人均床位、医护人员数量，在全市居较高水平。

②

西城区体育事业兴旺，全民健身活动广泛开展，学校体育教学在北京市名列前茅。全区性体育竞赛活跃，群众性体育锻炼遍及居民。区内有西城业余体校、什刹海体育运动学校、少年宫业余体校等，在校学生经过严格训练，许多被选送到北京市体育专业队伍，不少人在全国及国际比赛中获得好成绩。西城区还有月坛体育馆等多处设施先进、器材优良的体育锻炼场所，供人们开展体育活动。

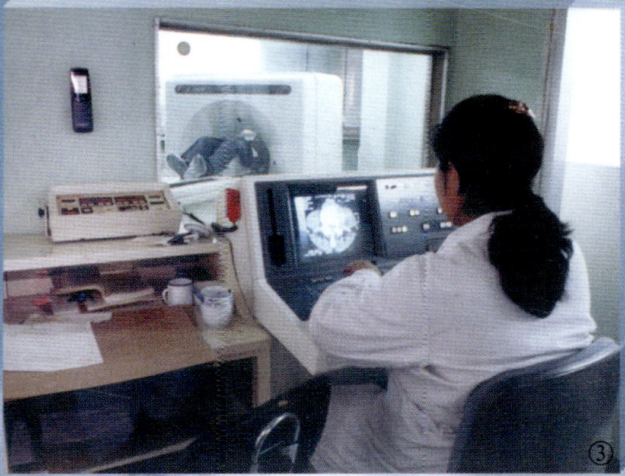
③

图片说明：

① 大家来做广播操。

② 月坛体育馆比赛大厅。

③ CT 诊疗室一角。

④ 北京复兴医院。

④

文化

白云观

西城区历史文化旅游资源丰富，皇家园林、王府寺庙、名人故居等历史文物单位40余处。北海公园、景山公园、恭王府花园和什刹海水系等在国内外享有盛名。近年来，西城区投资开发历史文化遗产，使妙应寺白塔重现雄姿，阜成门至景山一条街开发建设中的历代帝王庙、广济寺、永寿寺等一展风采，成为人们观光旅游的新景观。西城区群众文化生活丰富多彩，白云观迎春庙会、西城之春艺术节、社区文化中的戏剧清唱、扭秧歌等吸引众多居民踊跃参加。

位于西便门的北京城城墙遗迹

恭王府湖心亭

旅游

景山公园

德胜门

妙应寺白塔

胡同旅游

北海公园

北京西城经济文化建设

人定湖公园

恭王府花园

民族文化宫

什刹海夏日

饮食文化

北京华天饮食集团公司

北京华天饮食集团公司是西城区商业服务业的骨干企业，是拥有百余家大中型餐馆的企业集团。西城区饮食业历史悠久，集团所属老字号餐饮企业各具特色。鸿宾楼饭庄享有“清真泰斗”之誉，又一顺爆、烤、涮堪称“京顺一绝”。烤肉宛饭庄、烤肉季、砂锅居、柳泉居饭庄等老字号享誉京城。目前，华天饮食集团公司在激烈的市场竞争中，继承历史传统，发扬创新精神，积极培养现代烹饪高级技术人才，提高服务水平，创出更多的名菜系列，让华天饮食集团公司的事业更加兴旺发达。

红火的华天便民早点

位于什刹海北侧的烤肉季饭庄

砂锅居工作间一角

公司举行饮食文化技术交流会

北京金融街

在北京市西二环东侧，正在崛起的一片现代化建筑群就是北京金融街。根据《北京城市总体规划》的要求，金融街的总体功能是适应北京发展成为现代化国际城市需要，集中安排国家级银行总行、外资银行分行和重要金融机构，形成现代化的金融管理和商务活动中心，为全国性和国际性的金融办公、商务交往提供完善服务。目前，金融街建设初具规模，一幢幢办公大楼拔地而起，中国人民银行、中国银行、中国工商银行等数十家金融机构已在此落户，一条南起复兴门立交桥、北至阜成门立交桥长约 1 700 米，东西宽 600 米，规划面积 103 公顷的北京金融街正在蓬勃兴起。

图片说明：

① 中国银行及中国人民保险公司办公大厦。

② 中共北京市委副书记张福森和区委书记刘志华、区长王长连听取北京金融街建设开发公司领导汇报工作。

③ 方兴未艾的北京金融街。

④ 中国人民银行总行办公楼。